# REGULAMENTO DO ICMS DO ESTADO DE SÃO PAULO

**Decreto nº 45.490, de 30 de novembro de 2000**

**Atualizado até o Decreto nº 61.130, de 23 de fevereiro de 2015**

REGULAMENTO DO IMPOSTO SOBRE OPERAÇÕES RELATIVAS À CIRCULAÇÃO DE MERCADORIAS E SOBRE PRESTAÇÕES DE SERVIÇOS DE TRANSPORTE INTERESTADUAL E INTERMUNICIPAL E DE COMUNICAÇÃO

*O livro é a porta que se abre para a realização do homem.*

Jair Lot Vieira

6ª EDIÇÃO
2015

Supervisão editorial
JAIR LOT VIEIRA

# REGULAMENTO DO ICMS DO ESTADO DE SÃO PAULO

## Decreto nº 45.490, de 30 de novembro de 2000

**Atualizado até o Decreto nº 61.130, de 23 de fevereiro de 2015**

**REGULAMENTO DO IMPOSTO SOBRE OPERAÇÕES RELATIVAS À CIRCULAÇÃO DE MERCADORIAS E SOBRE PRESTAÇÕES DE SERVIÇOS DE TRANSPORTE INTERESTADUAL E INTERMUNICIPAL E DE COMUNICAÇÃO**

**Legislação complementar e alteradora**

**Índice remissivo**

edipro

# REGULAMENTO DO ICMS DO ESTADO DE SÃO PAULO

Regulamento do Imposto sobre Operações relativas à Circulação de Mercadorias e sobre Prestações de Serviços de Transporte Interestadual e Intermunicipal e de Comunicação

DECRETO ESTADUAL (SP) Nº 45.490, DE 30.11.2000

LEGISLAÇÃO COMPLEMENTAR E ALTERADORA

Supervisão editorial: Jair Lot Vieira

6ª Edição 2015 – Atualizado até DOE de 3.3.2015



**Editores:** Jair Lot Vieira e Maíra Lot Vieira Micales
**Coordenação editorial:** Fernanda Godoy Tarcinalli
**Editoração:** Alexandre Rudyard Benevides
**Revisão**: Sandra Cristina Lopes e Francimeire Leme Coelho
**Arte**: Karine Moreto Massoca

Dados Internacionais de Catalogação na Publicação (CIP)
(Câmara Brasileira do Livro, SP, Brasil)

Regulamento do Imposto sobre Operações Relativas à Circulação de Mercadorias e sobre Prestações de Serviços de Transporte Interestadual e Intermunicipal e de Comunicação (RICMS) do Estado de São Paulo – Decreto Estadual (SP) nº 45.490, de 30.11.2000 / supervisão editorial Jair Lot Vieira, 6. ed. – São Paulo : EDIPRO, 2015. (Série Legislação).

ISBN 978-85-7283-920-4

1. Direito tributário – São Paulo – Brasil 2. Direito administrativo – São Paulo – Brasil 3. Direito fiscal – São Paulo – Brasil 4. Regulamentação tributária I. Vieira, Jair Lot II. Título III. Série

06-0189 CDU-344.3

Índices para catálogo sistemático:
1. São Paulo : Brasil : Leis : Direito tributário : Regulamentação : 344.3
2. Direito tributário : São Paulo : Brasil : Leis : 344.3
3. Direito fiscal : São Paulo : Brasil : Leis : 344.3

EDITORA AFILIADA

edipro
edições profissionais ltda.
São Paulo: Fone (11) 3107-4788 – Fax (11) 3107-0061
Bauru: Fone (14) 3234-4121 – Fax (14) 3234-4122
www.edipro.com.br

# SUMÁRIO

**Nota do Editor:** Os Convênios ICMS, Ajustes SINIEF, Portarias e demais Atos Complementares citados nesta obra são encontrados, na íntegra, no site: <**www.fazenda.sp.gov.br/servicos**>.

# DECRETO Nº 45.490, DE 30 DE NOVEMBRO DE 2000

***Aprova o Regulamento do Imposto sobre Operações Relativas à Circulação de Mercadorias e sobre Prestações de Serviços de Transporte Interestadual e Intermunicipal e de Comunicação – RICMS.***

Mário Covas, Governador do Estado de São Paulo, no uso de suas atribuições legais e objetivando regulamentar a aplicação da Lei nº 6.374, de 1º.3.1989, com as alterações das Leis nºs 6.556, de 30.11.1989, 7.646, de 26.12.1991, 8.198, de 15.12.1992, 8.456, de 8.12.1993, 8.991, de 23.12.1994, 8.996, de 26.12.1994, 9.176, de 2.10.1995, 9.278, de 19.12.1995, 9.329, de 26.12.1995, 9.355, de 30.5.1996, 9.359, de 18.6.1996, 9.399, de 21.11.1996, 9.794, de 30.9.1997, 9.903, de 30.12.1997, 9.973, de 15.5.1998, 10.134, de 23.12.1998, 10.136, de 23.12.1998, 10.532, de 30.3.2000 e 10.619, de 19.7.2000, e da Lei nº 10.086, de 19.11.1998,

Decreta:

**Art. 1º.** Fica aprovado o Regulamento do Imposto Sobre Operações Relativas à Circulação de Mercadorias e Sobre Prestações de Serviços de Transporte Interestadual e Intermunicipal e de Comunicação – RICMS anexo a este Decreto.

**Art. 2º.** Este Decreto entra em vigor na data de sua publicação, produzindo efeitos a partir de 1º de janeiro de 2001, quando então ficarão revogados o Decreto nº 33.118, de 14.3.1991 e o regulamento por ele aprovado, com todas as suas modificações e o Decreto nº 43.738, de 30.12.1998.

Palácio dos Bandeirantes, 30 de novembro de 2000.

*Mário Covas* – Governado do Estado

*Yoshiaki Nakano* – Secretário da Fazenda

*João Caramez* – Secretário-Chefe da Casa Civil

*Antonio Angarita* – Secretário do Governo e Gestão Estratégica

Publicado na Secretaria de Estado do Governo e Gestão Estratégica, aos 30 de novembro de 2000.

*DOE de 1º.12.2000*

# OFÍCIO GS-CAT Nº 840/2000

Senhor Governador,

Tenho a honra de encaminhar a Vossa Excelência a inclusa minuta de decreto que aprova o novo Regulamento do Imposto Sobre Operações Relativas à Circulação de Mercadorias e Sobre Prestações de Serviços de Transporte Interestadual e Intermunicipal e de Comunicação – RICMS, em substituição àquele aprovado pelo Decreto nº 33.118, de 14 de março de 1991.

Trata-se de mais uma medida decorrente dos projetos desenvolvidos por esta Secretaria da Fazenda no âmbito do Programa de Modernização da Coordenadoria da Administração Tributária – PROMOCAT. A iniciativa atende, também, ao disposto na Lei Complementar Estadual nº 863, de 29.12.1999, que determina a consolidação dos atos legais estaduais.

A edição de um novo regulamento do ICMS atende aos anseios de todos os usuários da legislação do ICMS em São Paulo, abrangendo contribuintes, Agentes Fiscais de Rendas, advogados, Procuradores do Estado, membros do Poder Judiciário, empresas de consultoria, contadores e muitas outras pessoas que, direta ou indiretamente, são afetadas pelo nosso ordenamento tributário.

O atual regulamento do ICMS ao longo de mais de nove anos de vigência sofreu inúmeras e profundas modificações em seu texto, afetando consideravelmente a sua estrutura e, principalmente, a sua inteligibilidade.

De fato, a pesquisa de uma matéria no atual regulamento tem sido uma tarefa das mais árduas mesmo para os mais experientes hermeneutas. A complexidade da legislação do ICMS decorre de inúmeros fatores, tais como a dinâmica da economia, o efetivo exercício de políticas tributárias, a celebração de acordos entre as unidades da Federação, a edição de leis complementares reguladoras do imposto e o próprio desenvolvimento do país. Basta lembrar que nos últimos nove anos o atual regulamento foi alterado por centenas de decretos e complementado por outras centenas de normas infrarregulamentares.

À vista disso, o trabalho desenvolvido por esta Secretaria norteou-se pela busca da simplificação e do didatismo, implicando diversas modificações de cunho formal que serão explicitadas mais adiante. É óbvio que o processo de simplificação da legislação encontra limitações na própria complexidade do sistema tributário nacional, problema sobejamente conhecido por toda a sociedade brasileira e que só terá solução mais efetiva com a aprovação de uma reforma tributária.

A despeito disso, procurou-se dar maior clareza à legislação, com o intuito de reduzir as dificuldades do usuário em identificar, compreender, analisar, e cumprir as normas tributárias. Isso sem deixar de prestigiar o didatismo do atual regulamento do ICMS. Para esse fim, procurou-se dar maior precisão a alguns termos e expressões utilizados largamente no regulamento, além de uma padronização na redação de diversos dispositivos. Com o objetivo de facilitar a localização de matérias no novo regulamento, está sendo inserido em seu início um índice sistemático.

Outra preocupação do trabalho foi a de realizar uma atualização de todo o texto do regulamento, resultando na eliminação de dispositivos revogados tacitamente ou incompatíveis com o sistema tributário atualmente em vigor. Também foram trazidas para o regulamento algumas disciplinas constantes de normas esparsas, como é o caso do regime especial de tributação para o fornecimento de alimentação e da disciplina da microempresa e da empresa de pequeno porte. Ainda em termos de atualização, foi feita uma completa revisão de denominações e expressões, tais como nomes de Órgãos Públicos, do documento de inscrição de empresas no cadastro federal e de outros documentos vinculados à exportação.

No que respeita à sistematização, foi feito um minucioso trabalho de remanejamento, abrangendo parágrafos, artigos, capítulos e até mesmo anexos do regulamento, com o objetivo de facilitar a consulta e localização das matérias e, em alguns casos, também pelo entendimento de que a matéria não estava em local apropriado. As principais inovações a esse respeito são:

***A) NOVOS ANEXOS*** – várias matérias foram retiradas do corpo do regulamento e transformadas em anexos, quer em razão de se destinarem a um número reduzido de usuários, de tratarem de procedimentos vinculados a produtos ou atividades específicas ou de se constituírem em verdadeiros regimes especiais normatizados. Com isso, pretendeu-se preservar o corpo principal do regulamento para as normas mais gerais e estáveis, facilitando, consequentemente, a pesquisa tanto por meio manual como mediante a utilização de meios informatizados. Assim, foram transformadas em anexos as disciplinas relativas a cana-de-açúcar, controle de leite no entreposto, depósito fechado, armazém geral, depósito de combustíveis, transporte por empresa de "courier", construção civil, fabricantes de veículo, oficinas de veículo, seguradoras, empresas aéreas, empresas de telecomunicações, empresas de energia elétrica, operações realizadas pela CONAB e mercadorias vendidas em bolsa. Além disso, incorporou-se a disciplina das operações destinadas a Manaus e outras áreas incentivadas que hoje se encontra no corpo do regulamento ao próprio dispositivo de isenção (vide art. 84 do Anexo I);

***B) BENEFÍCIOS FISCAIS*** – houve uma completa reformulação da estrutura dos anexos que tratam de isenção, redução de base de cálculo e crédito outorgado, a saber:

— eliminação das tabelas que separavam os benefícios com vigência por tempo indeterminado daqueles por tempo determinado;

— redação dos dispositivos na forma de artigos e não mais de itens, facilitando a sua leitura e compreensão e com observância da Lei Complementar nº 863/1999;

— inclusão de verbetes no início de cada artigo, em ordem alfabética, para possibilitar a localização mais rápida de um benefício fiscal. Mesmo considerando que essa ordem não possa ser preservada de forma absoluta em razão da inclusão futura de novos benefícios, ainda por um bom tempo será possível localizar rapidamente um benefício determinado;

— identificação do prazo de vigência dos benefícios por tempo determinado por meio de um parágrafo ao final de cada artigo;

— padronização e atualização da redação dos dispositivos;

***C) PRAZOS DE RECOLHIMENTO*** – foi dado um novo formato ao anexo que contempla os prazos de recolhimento, buscando não apenas a simplificação da redação, como também a facilidade de alteração do texto no futuro. Foi dado o formato de artigos, em substituição às atuais tabelas do Anexo VI do RICMS/91. Os prazos para entrega da Guia de Informação e Apuração do ICMS – GIA passaram a constar no art. 254 do regulamento;

***D) ALÍQUOTAS*** – o dispositivo que contempla as alíquotas de ICMS foi subdividido em cinco novos artigos, cada um tratando de uma alíquota ou de uma situação específica. Isso foi necessário em função das inúmeras alterações feitas no atual regulamento a respeito dessa matéria desde 1991, gerando uma diversidade de alíquotas e produtos distintos tratados de forma que veio a se tornar desordenada. Assim sendo, o novo formato favorecerá a leitura e a compreensão da matéria;

***E) PROCESSOS DE EMISSÃO DE DOCUMENTOS E LIVROS FISCAIS E DISCIPLINA DE ESTABELECIMENTOS GRÁFICOS*** – essas matérias encontravam-se isoladas no atual regulamento, embora estivessem diretamente vinculadas ao cumprimento das obrigações acessórias. Assim, decidiu-se trazê-las para próximo da disciplina relativa aos documentos e livros fiscais;

***F) SUBSTITUIÇÃO TRIBUTÁRIA DE VEÍCULOS*** – foi criada uma seção única – Seção VIII do Capítulo I do Título II do Livro II – arts. 299 a 309, para abranger as sistemáticas de substituição tributária de automóveis e de motocicletas, incluindo, ainda, a disciplina relativa ao faturamento direto ao consumidor que é comum aos dois tipos de veículo;

***G) PROCESSO MECANIZADO*** – a disciplina relacionada com a emissão e escrituração de documentos e livros fiscais por processo mecanizado não foi reproduzida no novo regulamento, por se tratar de um método que vem sendo substituído pela utilização de processos informatizados, sendo utilizado por um número cada vez menor de contribuintes. Até que sejam concluídos novos estudos a respeito da matéria, deverão ser aplicadas as disposições contidas no antigo Regulamento do ICMS;

***H) CENTRALIZAÇÃO DA APURAÇÃO E DO RECOLHIMENTO*** – foi inserida a disciplina decorrente da Lei Complementar *(federal)* nº 102, de 11.7.2000, que possibilita o recolhimento centralizado dos saldos apurados nos diversos estabelecimentos da mesma empresa existentes no território de cada Estado;

***I) CONSIGNAÇÃO INDUSTRIAL*** – foi introduzida uma seção composta dos arts. 470 a 474 para disciplinar operações de consignação de insumos destinados à industrialização, matéria inexistente no regulamento atual, mas que foi objeto de reiteradas consultas tributárias resultando na edição da decisão normativa sobre a matéria. Saliente-se que a expressão utilizada – "consignação industrial" – não corresponde propriamente a uma categoria do direito comercial, tendo sido cunhada com a finalidade precípua de designar uma operação corrente no mercado;

***J) MICROEMPRESA E EMPRESA DE PEQUENO PORTE*** – foi incorporada ao regulamento, no Anexo XX, a disciplina regulamentadora da microempresa e da empresa de pequeno porte que constava de legislação esparsa;

***K) CÓDIGOS DA NBM/SH*** – foram mantidos nos dispositivos do RICMS que fazem menção à Nomenclatura Brasileira de Mercadorias – Sistema Harmonizado os códigos da tabela que vigorou até 31.12.1996 para garantir fidelidade com o alcance da norma originária. No entanto, quando o código referir-se ao sistema harmonizado vigente até 31.12.1996, essa circunstância está sendo expressamente indicada no dispositivo.

Além dessas inovações na estrutura, foram feitas diversas alterações de forma e mérito em dispositivos isolados do regulamento e de seus anexos, das quais destacamos as seguintes:

***1)*** no art. 4º, que trata das definições para fins da aplicação da legislação do ICMS, foram incluídos novos conceitos que, a despeito de serem termos técnicos reconhecidos pela maioria, eram objeto de alguma imprecisão na interpretação dos dispositivos do regulamento. É o caso dos conceitos de produtor, de devolução e de retorno de mercadorias;

***2)*** no art. 7º, onde são elencadas as hipóteses de não incidência do ICMS, foi excluída a saída de bens do ativo permanente e de moldes, matrizes, gabaritos, padrões, chapelonas, modelos e estampos para fornecimento de trabalho fora do estabelecimento, atualmente constante no inciso XVI do art. 7º do RICMS/91. No caso do bem do ativo, há uma hipótese genérica de não incidência; para os demais produtos o tratamento tributário adequado é o da suspensão do imposto, razão pela qual essa disposição foi transposta para o art. 327;

***3)*** os arts. 46 e 47 do RICMS/91 explicitavam formas de determinação do valor do imposto devido nos retornos de mercadorias submetidas a industrialização por conta de terceiro, face à suspensão e ao diferimento aplicáveis a essas operações; as normas neles contidas, entretanto, não se referem a base de cálculo propriamente dito, razão pela qual foram remanejadas para o capítulo próprio, onde passaram a constar como §§ 2º e 3º do art. 402 do novo regulamento;

***4)*** no art. 61, relativo ao crédito do imposto, foram incluídos os §§ 10 e 11 para disciplinar a apropriação e transferência do crédito decorrente de operações com bens do ativo permanente, em função das modificações introduzidas nessa matéria pela Lei Complementar nº 102/2000. Nesse mesmo sentido, chamamos atenção para o item 1 do § 2º do art. 66 que explicita as hipóteses de vedação do crédito de bens do ativo;

***5)*** no art. 73, que trata das hipóteses de transferência de crédito acumulado, foi introduzida a possibilidade do estabelecimento comercial adquirir bens do ativo fixo com crédito acumulado até o limite de 30% de cada compra. Também foi retirado o limite existente para compra de mercadorias ou bens com crédito acumulado por estabelecimento industrial;

***6)*** no art. 115, que contempla as hipóteses de recolhimento do imposto por guia de recolhimentos especiais, foi incluído o síndico, como responsável pelo imposto devido na alienação decorrente de falência;

***7)*** no art. 146, que cuida da Nota Fiscal/Conta de Energia Elétrica, acrescentou-se o § 6º para permitir a discriminação do produto sem a inclusão do valor do imposto, atendendo a exigência de órgão federal relacionado com essa atividade. Também foi acrescentado o § 7º para permitir a emissão de Nota Fiscal em substituição à Nota Fiscal/Conta de Energia Elétrica em situações especiais, tal como a transferência de parte do valor de uma conta de energia elétrica no caso de existência de dois ou mais estabelecimentos funcionando no mesmo local, com apenas um relógio de força comum a todos. Nessa hipótese, os estabelecimentos consumidores da energia elétrica poderão partilhar, na medida do seu consumo individual, o crédito de ICMS correspondente;

***8)*** no art. 254, que define os prazos para entrega de GIA, foi incluído um parágrafo para prever a entrega da GIA – ST por parte dos sujeitos passivos por substituição estabelecidos em outros Estados, que destinarem mercadorias ao território paulista, obrigação criada pelo Ajuste SINIEF nº 9/1998;

***9)*** no art. 590 que prevê a liquidação de débito fiscal com utilização de crédito acumulado do ICMS, foi incluída a possibilidade do contribuinte pagar parte do débito com o crédito acumulado (quando este for inferior ao débito) e requerer o parcelamento do valor remanescente. Na redação atual (art. 655 do RICMS/91) exige-se do contribuinte o recolhimento integral da diferença entre o valor do débito e o do crédito acumulado. Em muitos casos, isso acaba inviabilizando a quitação parcial do débito, em prejuízo do contribuinte e do próprio Estado;

***10)*** os arts. 3º e 4º das Disposições Transitórias trazem a disciplina aplicável às aquisições e transferências de bens do ativo permanente adquiridos até 31 de dezembro de 2000, para os quais é garantido o creditamento integral do imposto por ocasião da sua aquisição, conforme redação original da Lei Complementar nº 87/1996. Tal situação veio a ser modificada pela Lei Complementar nº 102/2000, que impõe a partir de 1º de janeiro de 2001 o creditamento ao longo de 48 parcelas mensais, de acordo com o disposto no § 10 do art. 61;

***11)*** o art. 10 das Disposições Transitórias estabelece que as informações relativas às operações interestaduais com combustíveis derivados do petróleo e com álcool anidro deverão continuar a ser prestadas por meio de demonstrativos e relatórios previstos no RICMS/91 até que seja implementado o programa de computador para captação desses dados, em fase de desenvolvimento;

***12)*** no art. 24 do Anexo I – isenção na saída interna de óleo diesel para consumo em embarcações pesqueiras – foram suprimidas todas as normas procedimentais para fruição do benefício, que deverão constar em disciplina infrarregulamentar;

***13)*** no art. 69 do Anexo I foi inserida a desoneração para as operações relativas a insumos, materiais e equipamentos destinados à indústria naval e às atividades de pesquisa e lavra de jazidas de petróleo e de gás;

***14)*** em vários dispositivos do Anexo II – reduções de base de cálculo – foi modificada a redação para adotar o conceito de "carga líquida", o que facilita para o contribuinte a emissão do documento fiscal. Também eliminou-se de vários dispositivos a previsão de estorno proporcional de créditos, uma vez que na Lei nº 6.374/1989 não existe mais tal previsão. Essa modificação também está presente nos arts. 66 e 67 que tratam, respectivamente, da vedação e do estorno do crédito;

***15)*** nos modelos de documentos e livros fiscais foi feita uma revisão e atualização dos modelos atualmente previstos na legislação, eliminando-se alguns não mais compatíveis com o ordenamento legal, como é o caso dos livros Registro de Armazéns Gerais e Registro de Produtos Agrícolas em Máquinas de Beneficiamento.

Com essas justificativas e propondo a edição de decreto conforme a minuta, aproveito o ensejo para reiterar-lhe meus protestos de estima e alta consideração.

*Yoshiaki Nakano* – Secretário da Fazenda

Ao
Excelentíssimo Senhor
Doutor MÁRIO COVAS
Digníssimo Governador do Estado de São Paulo
Palácio dos Bandeirantes

*DOE de 1º.12.2000*

# REGULAMENTO DO ICMS DO ESTADO DE SÃO PAULO

*Com a retificação do Diário Oficial do Estado de 13.1.2001.*

***(Atualizado até o Decreto nº 61.130, de 23.2.2015)***

# LIVRO I – DAS DISPOSIÇÕES BÁSICAS

## TÍTULO I – DO IMPOSTO

### CAPÍTULO I – DA INCIDÊNCIA

**Art. 1º.** O Imposto sobre Operações Relativas à Circulação de Mercadorias e sobre Prestações de Serviços de Transporte Interestadual e Intermunicipal e de Comunicação (ICMS) incide sobre (Lei nº 6.374/1989, art. 1º, na redação da Lei nº 10.619/2000, art. 1º, I):

I – operação relativa à circulação de mercadorias, inclusive o fornecimento de alimentação, bebidas e outras mercadorias em qualquer estabelecimento;

II – prestação de serviços de transporte interestadual e intermunicipal, por qualquer via;

III – prestação onerosa de serviços de comunicação, por qualquer meio, inclusive a geração, a emissão, a recepção, a transmissão, a retransmissão, a repetição e a ampliação de comunicação de qualquer natureza;

IV – fornecimento de mercadorias com prestação de serviços:

a) não compreendidos na competência tributária dos municípios;

b) compreendidos na competência tributária dos municípios, mas que, por indicação expressa de lei complementar, sujeitem-se à incidência do imposto de competência estadual;

V – entrada de mercadoria ou bem, importados do exterior por pessoa física ou jurídica, qualquer que seja a sua finalidade (Lei nº 6.374/1989, art. 1º, V, na redação da Lei nº 11.001/2001, art. 1º, VII);

- *Inciso V com redação dada pelo Decreto nº 46.529, de 4.2.2002 – DOE de 5.2.2002 – Efeitos a partir de 22.12.2001.*

VI – o serviço prestado no exterior ou cuja prestação se tenha iniciado no exterior;

VII – a entrada, no território paulista, de petróleo, inclusive lubrificantes e combustíveis líquidos e gasosos dele derivados, e de energia elétrica, quando não destinados à comercialização ou à industrialização, decorrente de operações interestaduais;

VIII – a venda do bem ao arrendatário, na operação de arrendamento mercantil.

Parágrafo único. O disposto no inciso V aplica-se, também, em relação ao bem destinado a consumo ou ativo permanente do importador (Lei nº 6.374/1989, art. 1º, parágrafo único, acrescentado pela Lei nº 11.001/2001, art. 2º, III).

- *Parágrafo único acrescido pelo Decreto nº 46.529, de 4.2.2002 – DOE de 5.2.2002 – Efeitos a partir de 22.12.2001.*

**Art. 2º.** Ocorre o fato gerador do imposto (Lei nº 6.374/1989, art. 2º, na redação da Lei nº 10.619/2000, art. 1º, II, e Lei Complementar Federal nº 87/1996, art. 12, XII, na redação da Lei Complementar nº 102/2000, art. 1º):

I – na saída de mercadoria, a qualquer título, de estabelecimento de contribuinte, ainda que para outro estabelecimento do mesmo titular;

II – no fornecimento de alimentação, bebidas e outras mercadorias por qualquer estabelecimento, incluídos os serviços que lhe sejam inerentes;

III – no fornecimento de mercadoria com prestação de serviços:

a) não compreendidos na competência tributária dos municípios;

b) compreendidos na competência tributária dos municípios, mas que, por indicação expressa de lei complementar, sujeitem-se à incidência do imposto de competência estadual;

- *V. Lei Complementar Federal nº 116/2003, de 31.7.2003, que dispõe sobre o Imposto Sobre Serviços de Qualquer Natureza, de competência dos Municípios e do Distrito Federal, e dá outras providências.*

IV – no desembaraço aduaneiro de mercadoria ou bem importados do exterior, observado o disposto no § 1º (Lei nº 6.374/1989, art. 2º, IV, na redação da Lei nº 11.001/2001, art. 1º,VIII);

- *Inciso IV com redação dada pelo Decreto nº 46.529, de 4.2.2002 – DOE de 5.2.2002 – Efeitos a partir de 22.12.2001.*

V – na aquisição, em licitação promovida pelo Poder Público, de mercadoria ou bem importados do exterior e apreendidos ou abandonados;

VI – na entrada, em estabelecimento de contribuinte, de mercadoria oriunda de outro Estado destinada a uso ou consumo ou ao ativo permanente;

VII – na entrada, no território paulista, de lubrificantes e combustíveis líquidos e gasosos derivados de petróleo e de energia elétrica oriundos de outro Estado, quando não destinados à comercialização ou à industrialização;

VIII – na transmissão de propriedade de mercadoria ou de título que a represente, quando esta não transitar pelo estabelecimento do transmitente;

IX – na transmissão de propriedade de mercadoria depositada em armazém geral ou em depósito fechado;

X – no início da prestação de serviços de transporte interestadual e intermunicipal, por qualquer via;

XI – no ato final do transporte iniciado no exterior;

XII – na prestação onerosa de serviços de comunicação feita por qualquer meio, inclusive na geração, emissão, recepção, transmissão, retransmissão, repetição e ampliação de comunicação de qualquer natureza;

XIII – no recebimento, pelo destinatário, de serviço prestado ou iniciado no exterior;

XIV – na utilização, por contribuinte, de serviço cuja prestação se tenha iniciado em outro Estado e não esteja vinculada a operação ou prestação subsequente alcançada pela incidência do imposto;

XV – por ocasião da venda do bem arrendado, na operação de arrendamento mercantil;

XVI – na entrada em estabelecimento de contribuinte sujeito às normas do Regime Especial Unificado de Arrecadação de Tributos e Contribuições devidos pelas Microempresas e Empresas de Pequeno Porte – "Simples Nacional", de mercadorias, oriundas de outro Estado ou do Distrito Federal.

- *Inciso XVI acrescido pelo Decreto nº 52.104, de 29.8.2007 – DOE de 30.8.2007 – Efeitos a partir da publicação.*

§ 1º. Na hipótese do inciso IV (Lei nº 6.374/1989, art. 2º, § 1º, na redação da Lei nº 10.619/2000, art. 1º, II, e § 6º, acrescentado pela Lei nº 11.001/2001, art. 2º, IV):

- *§ 1º com redação dada pelo Decreto nº 46.529, de 4.2.2002 – DOE de 5.2.2002 – Efeitos a partir de 22.12.2001.*

1 – se a entrega da mercadoria ou bem importados do exterior ocorrer antes da formalização do desembaraço aduaneiro, considera-se ocorrido o fato gerador no momento da entrega, oportunidade em que o contribuinte deverá comprovar, salvo disposição em contrário, o pagamento do imposto;

2 – após o desembaraço aduaneiro, a entrega pelo depositário, da mercadoria ou bem importados do exterior somente se fará (Convênio ICMS-143/02):

a) à vista do comprovante de recolhimento do imposto ou do comprovante de exoneração do pagamento, se for o caso, e de outros documentos previstos na legislação;

b) se autorizada pelo órgão responsável pelo seu desembaraço, autorização esta dada à vista do comprovante de pagamento do imposto incidente no ato do despacho aduaneiro, salvo disposição em contrário prevista na legislação.

- *Item 2 com redação dada pelo Decreto nº 47.626, de 5.2.2003 – DOE de 6.2.2003 – Efeitos a partir de 19.12.2002.*

§ 2º. Na hipótese do inciso XII, caso o serviço seja prestado mediante pagamento em ficha, cartão ou assemelhados, ou por qualquer outro instrumento liberatório do serviço, ainda que por débito em conta corrente ou meio eletrônico de dados, considera-se ocorrido o fato gerador quando do fornecimento ou disponibilidade desses instrumentos pelo prestador, ou quando do seu pagamento, se tal pagamento se fizer em momento anterior.

§ 3º. O imposto incide, também, sobre a ulterior transmissão de propriedade de mercadoria que, tendo transitado pelo estabelecimento transmitente, deste tenha saído sem pagamento do imposto em decorrência de operações não tributadas.

§ 4º. São irrelevantes para a caracterização do fato gerador:

1 – a natureza jurídica das operações de que resultem as situações previstas neste artigo;

2 – o título jurídico pelo qual a mercadoria, saída ou consumida no estabelecimento, tiver estado na posse do respectivo titular;

3 – o título jurídico pelo qual o bem, utilizado para a prestação do serviço, tiver estado na posse do prestador;

4 – a validade jurídica do ato praticado;

5 – os efeitos dos fatos efetivamente ocorridos.

§ 5º. Nas hipóteses dos incisos VI e XIV, a obrigação do contribuinte consistirá, afinal, em pagar o imposto correspondente à diferença entre a alíquota interna e a interestadual.

§ 6º. Na hipótese do inciso XVI, o valor do imposto devido será calculado mediante a multiplicação do percentual correspondente à diferença entre a alíquota interna e a interestadual pela base de cálculo, quando a alíquota interestadual for inferior à interna (Lei Complementar Federal nº 123/2006, art. 13, § 1º, XIII).

- *§ 6º acrescido pelo Decreto 52.104, de 29.8.2007 – DOE de 30.8.2007, e com redação dada pelo Decreto nº 52.858, de 2.4.2008 – DOE de 3.4.2008 – Efeitos a partir da publicação.*

§ 7º. Poderá ser exigido o pagamento antecipado do imposto, conforme disposto no regulamento, relativamente a operações, prestações, atividades ou categorias de contribuintes, na forma estabelecida pelo Poder Executivo.

- *§ 7º acrescido pelo Decreto nº 52.515, de 20.12.2007 – DOE de 21.12.2007 – Efeitos a partir de 1º.1.2008.*

**Art. 3º.** Para efeito deste Regulamento, considera-se saída do estabelecimento (Lei nº 6.374/ 1989, art. 3º):

I – na data do encerramento de suas atividades, a mercadoria constante do estoque;

II – de quem promover o abate, a carne e todo o produto da matança do gado abatido em matadouro público ou particular, paulista, não pertencente ao abatedor;

III – do depositante localizado em território paulista, a mercadoria depositada em armazém geral deste Estado e entregue, real ou simbolicamente, a estabelecimento diverso daquele que a tiver remetido para depósito, ainda que a mercadoria não tenha transitado pelo estabelecimento depositante;

IV – do importador, do arrematante ou do adquirente em licitação promovida pelo Poder Público, neste Estado, a mercadoria saída de repartição aduaneira com destino a estabelecimento diverso daquele que a tiver importado, arrematado ou adquirido, observado o disposto no § 2º.

§ 1º. O disposto no inciso III aplica-se, também, a depósito fechado do próprio contribuinte, localizado neste Estado.

§ 2º. Para efeito do inciso IV, não se considera diverso outro estabelecimento de que seja titular o importador, o arrematante ou o adquirente, desde que situado neste Estado.

**Art. 4º.** Para efeito de aplicação da legislação do imposto, considera-se (Convênio SINIEF-6/89, art. 17, § 6º, na redação do Convênio ICMS-125/89, cláusula primeira, I, e Convênio AE-17/72, cláusula primeira, parágrafo único):

I – industrialização, qualquer operação que modifique a natureza, o funcionamento, o acabamento, a apresentação ou a finalidade do produto ou o aperfeiçoe para consumo, tal como:

a) a que, executada sobre matéria-prima ou produto intermediário, resulte na obtenção de espécie nova (transformação);

b) que importe em modificação, aperfeiçoamento ou, de qualquer forma, alteração do funcionamento, da utilização, do acabamento ou da aparência do produto (beneficiamento);

c) que consista na reunião de produtos, peças ou partes e de que resulte um novo produto ou unidade autônoma (montagem);

d) a que importe em alteração da apresentação do produto pela colocação de embalagem, ainda que em substituição à original, salvo quando a embalagem aplicada destinar-se apenas ao transporte da mercadoria (acondicionamento ou reacondicionamento);

e) a que, executada sobre o produto usado ou partes remanescentes de produto deteriorado ou inutilizado, o renove ou restaure para utilização (renovação ou recondicionamento);

II – em relação à prestação de serviço de transporte (Ajuste SINIEF-2/08, cláusula primeira, I):

a) remetente, a pessoa que promove a saída inicial da carga;

b) destinatário, a pessoa a quem a carga é destinada;

c) tomador do serviço, a pessoa que contratualmente é a responsável pelo pagamento do serviço de transporte, podendo ser o remetente, o destinatário ou um terceiro interveniente;

d) emitente, o prestador de serviço de transporte que emite o documento fiscal relativo à prestação do serviço de transporte;

e) subcontratação de serviço de transporte, aquela firmada na origem da prestação do serviço, por opção do prestador de serviço de transporte em não realizar o serviço por meio próprio;

f) redespacho, o contrato entre transportadores em que um prestador de serviço de transporte (redespachante) contrata outro prestador de serviço de transporte (redespachado) para efetuar a prestação de serviço de parte do trajeto;

- *Inciso II com redação dada pelo Decreto nº 53.159, de 23.6.2008 – DOE de 24.6.2008 – Efeitos a partir de 2.6.2008.*

III – em estado natural, o produto tal como se encontra na natureza, que não tenha sido submetido a nenhum processo de industrialização referido no inciso I, não perdendo essa condição o que apenas tiver sido submetido a resfriamento, congelamento, secagem natural, acondicionamento rudimentar ou que, para ser comercializado, dependa necessariamente de beneficiamento ou acondicionamento;

IV – devolução de mercadoria, a operação que tenha por objeto anular todos os efeitos de uma operação anterior;

V – transferência, a operação de que decorra a saída de mercadoria ou bem de um estabelecimento com destino a outro pertencente ao mesmo titular;

VI – produtor, a pessoa natural dedicada à atividade agropecuária que realize operações de circulação de mercadorias

VII – abrangidos pelo termo magnético, os termos eletrônico e digital (Lei nº 6.374/1989, art.108-A na redação da Lei nº 13.918/2009, art.12, XX).

- *Inciso VII acrescido pelo Decreto nº 55.437, de 17.2.2010 – DOE de 18.2.2010 – Efeitos a partir de 23.12.2009.*

§ 1º. Relativamente ao disposto no inciso I, não perde a natureza de primário o produto que apenas tiver sido submetido a processo de beneficiamento, acondicionamento ou reacondicionamento.

§ 2º. Salvo disposição em contrário, inclue-se no conceito de produtor previsto no inciso VI a pessoa natural que exerça a atividade de extrator, de pescador ou de armador de pesca.

## CAPÍTULO II – DOS BENEFÍCIOS FISCAIS

### Seção I – Das Disposições Gerais

**Art. 5º.** O benefício fiscal que dependa de requisito não prevalecerá se este não for satisfeito, considerando-se devido o imposto no momento em que tiver ocorrido a operação ou a prestação (Lei nº 6.374/1989, art. 6º).

Parágrafo único. O pagamento do imposto far-se-á, mediante guia de recolhimentos especiais, com multa e demais acréscimos legais, que serão devidos a partir do vencimento do prazo em que o tributo deveria ter sido pago caso a operação ou a prestação não fosse efetuada com o benefício fiscal, observadas, quanto ao termo inicial de incidência, as normas reguladoras da matéria.

**Art. 6º.** A outorga de benefício fiscal não dispensará o contribuinte do cumprimento de obrigações acessórias (Lei nº 6.374/1989, art. 6º, § 2º).

### Seção II – Da Não Incidência

**Art. 7º.** O imposto não incide sobre (Lei Complementar Federal nº 87/1996, art. 3º, Lei nº 6.374/1989, art. 4º, na redação da Lei nº 10.619/2000, art. 1º, III; Convênios ICM-12/75, ICMS-37/90, ICMS-124/93, cláusula primeira, V, 1, e ICMS-113/96, cláusula primeira, parágrafo único):

I – a saída de mercadoria com destino a armazém geral situado neste Estado, para depósito em nome do remetente;

II – a saída de mercadoria com destino a depósito fechado, localizado neste Estado, do próprio contribuinte;

III – a saída de mercadoria de estabelecimento referido no inciso I ou II, em retorno ao estabelecimento depositante;

IV – a saída de mercadoria, pertencente a terceiro, de estabelecimento de empresa de transporte ou de depósito, por conta e ordem desta, ressalvada a aplicação do disposto no inciso X do art. 2º;

V – a saída de mercadoria com destino ao exterior e a prestação que destine serviço ao exterior;

VI – a saída com destino a outro Estado de energia elétrica ou de petróleo, inclusive lubrificante ou combustível líquido ou gasoso, dele derivados;

VII – a saída e o correspondente retorno de equipamentos e materiais, promovidos por pessoa ou entidade adiante indicada, utilizados exclusivamente nas operações vinculadas às suas atividades ou finalidades essenciais, observado o disposto no § 4º:

a) a União, os Estados e os Municípios;

- *V. Lei Complementar Federal nº 116, de 31.7.2003, que dispõe sobre o Imposto Sobre Serviços de Qualquer Natureza, de competência dos Municípios e do Distrito Federal, e dá outras providências.*

b) os templos de qualquer culto;

c) os partidos políticos e suas fundações, as entidades sindicais dos trabalhadores e as instituições de educação ou de assistência social, sem fins lucrativos, atendidos os requisitos da lei;

VIII – a saída, de estabelecimento prestador de serviço de qualquer natureza definido em lei complementar como de competência tributária do município, de mercadoria a ser ou que tenha sido utilizada na prestação de tal serviço, ressalvadas as hipóteses previstas na alínea "b" do inciso III do art. 2º;

- *V. Lei Complementar Federal nº 116, de 31.7.2003, que dispõe sobre o Imposto Sobre Serviços de Qualquer Natureza, de competência dos Municípios e do Distrito Federal, e dá outras providências.*
- *V. Decreto-Lei Federal nº 406, de 31.12.1968, art. 8º – Dispõe sobre fato gerador do Imposto sobre Serviço de Qualquer Natureza – ISS, apresentando a "Lista de Serviços", cuja redação foi alterada pelo inciso VII do art. 3º do Decreto-Lei Federal nº 834/1969 e casos de incidência do ICM.*

IX – a saída de máquinas, equipamentos, ferramentas ou objetos de uso do contribuinte, bem como de suas partes e peças, com destino a outro estabelecimento para lubrificação, limpeza, revisão, conserto, restauração ou recondicionamento ou em razão de empréstimo ou locação, desde que os referidos bens voltem ao estabelecimento de origem;

X – a saída, em retorno ao estabelecimento de origem, de bem mencionado no inciso anterior, ressalvadas as hipóteses de fornecimento de mercadoria previstas no inciso III do art. 2º;

XI – a operação com ouro, quando definido em lei como ativo financeiro ou instrumento cambial;

- *V. Lei Federal nº 7.766, de 11.5.1989 – Dispõe sobre o ouro, ativo financeiro, e sobre o seu tratamento tributário.*

XII – a operação decorrente de alienação fiduciária em garantia, bem como sobre a operação posterior ao vencimento do respectivo contrato de financiamento efetuada pelo credor fiduciário em razão do inadimplemento do devedor;

XIII – a operação ou prestação que envolver livro, jornal ou periódico ou o papel destinado à sua impressão;

XIV – a saída de bem do ativo permanente;

XV – a saída, com destino a outro estabelecimento do mesmo titular, de material de uso ou consumo;

XVI – a operação de qualquer natureza de que decorra a transmissão de bens móveis salvados de sinistro para companhias seguradoras;

XVII – a saída de bem ou mercadoria com destino ao exterior sob amparo do Regime Aduaneiro Especial de Exportação Temporária, bem como a posterior reimportação, em retorno, desse mesmo bem ou mercadoria, desde que observados os prazos e condições previstos na legislação federal;

- *Inciso XVII acrescido pelo Decreto nº 54.314, de 8.5.2009 – DOE de 9.5.2009 – Efeitos a partir da publicação.*

XVIII – operações e prestações praticadas por órgãos da administração pública direta estadual paulista.

- *Inciso XVIII acrescido pelo Decreto nº 55.092, de 30.11.2009 – DOE de 1º.12.2009 – Efeitos a partir de 1º.12.2009.*

§ 1º. O disposto no inciso V, observadas, no que couber, as disposições dos arts. 439 a 450, aplica-se, também:

1 – à saída de mercadorias, com o fim específico de exportação, com destino a:

a) empresa comercial exportadora, inclusive *trading*;

b) armazém alfandegado ou entreposto aduaneiro;

c) outro estabelecimento da mesma empresa;

2 – à saída de produto industrializado de origem nacional para uso ou consumo em embarcação ou aeronave de bandeira estrangeira, aportada no país, desde que cumulativamente:

a) a operação seja acobertada por comprovante de exportação, na forma estabelecida pelo órgão competente, devendo constar na Nota Fiscal, como natureza da operação, a indicação: "Fornecimento para Uso ou Consumo em Embarcação ou Aeronave de Bandeira Estrangeira";

b) o adquirente esteja sediado no exterior;

c) o pagamento seja efetuado em moeda estrangeira conversível, mediante fechamento de câmbio em banco devidamente autorizado, ou mediante débito em conta de custeio mantida pelo agente ou representante do armador adquirente;

d) o embarque seja comprovado por documento hábil;

3 – à transferência de titularidade, entre empresas comerciais exportadoras, da mercadoria depositada em armazém alfandegado ou entreposto aduaneiro, localizado neste Estado, desde que:

a) a remessa para depósito da mercadoria tenha ocorrido sem incidência do ICMS, nos termos da alínea "b" do item 1;

b) as empresas comerciais exportadoras estejam previamente credenciadas perante a Secretaria da Fazenda para efetuar este tipo de operação, nos termos e disciplina por ela estabelecida;

c) cada operação de transferência de titularidade seja previamente autorizada pela Secretaria da Fazenda;

d) a mercadoria permaneça em depósito até a efetiva exportação;

e) a exportação da mercadoria seja efetuada no prazo originalmente previsto desde a remessa para depósito.

- *Item 3 acrescido pelo Decreto nº 53.258, de 22.7.2008 – DOE de 23.7.2008 – Efeitos a partir da publicação.*

§ 2º. Para efeito da alínea "a" do item 1 do parágrafo anterior, entende-se por empresa comercial exportadora a que estiver inscrita como tal no órgão federal competente.

§ 3º. O benefício previsto na alínea "b" do item 1 do § 1º será também aplicado na hipótese de remessa de mercadoria de um para outro entreposto aduaneiro, mesmo quando situado em outro Estado, mantida a exigência do fim específico de exportação, devendo a ocorrência, dentro do prazo de 15 (quinze) dias, ser comunicada à repartição fiscal a que estiver vinculado o estabelecimento depositante:

1 – pelo entreposto aduaneiro, se localizado em território paulista;

2 – pelo estabelecimento depositante, se o entreposto aduaneiro situar-se em outro Estado.

§ 4º. O disposto no inciso VII, relativamente à alínea "a", é extensivo às autarquias e às fundações instituídas e mantidas pelo Poder Público.

§ 5º. Relativamente às operações e prestações de que trata o inciso XVIII, competirá à Secretaria da Fazenda, quando necessário, dispor sobre as obrigações acessórias.

- *§ 5º acrescido pelo Decreto nº 55.092, de 30.11.2009 – DOE de 1º.12.2009 – Efeitos a partir de 1º.12.2009.*

§ 6º. A não incidência do imposto sobre as operações com o papel destinado à impressão de livro, jornal ou periódico, a que se refere o inciso XIII, depende de prévio reconhecimento pelo fisco, nos termos de disciplina estabelecida pela Secretaria da Fazenda.

- *§ 6º acrescido pelo Decreto nº 55.308, de 30.12.2009 – DOE de 31.12.2009 – Efeitos a partir de 1º.4.2010.*

### Seção III – Da Isenção

**Art. 8º.** Ficam isentas do imposto as operações e as prestações indicadas no Anexo I.

Parágrafo único. As isenções previstas no Anexo I aplicam-se, também, às operações e prestações realizadas por contribuinte sujeito às normas do Regime Especial Unificado de Arrecadação de Tributos e Contribuições devidos pelas Microempresas e Empresas de Pequeno Porte – "Simples Nacional".

- *Parágrafo único acrescido pelo Decreto nº 56.338, de 27.10.2010 – DOE de 28.10.2010 – Efeitos a partir de 1º.11.2010.*
- *V. Lei Complementar Federal nº 24, de 7.1.1975 – Estabelece disciplina para a celebração, ratificação e revogação de convênios, relacionados com a concessão de isenção e demais benefícios do ICM.*

# TÍTULO II – DA SUJEIÇÃO PASSIVA

## CAPÍTULO I – DO CONTRIBUINTE

**Art. 9º.** Contribuinte do imposto é qualquer pessoa, natural ou jurídica, que de modo habitual ou em volume que caracterize intuito comercial, realize operações relativas à circulação de mercadorias ou preste serviços de transporte interestadual ou intermunicipal ou de comunicação (Lei nº 6.374/1989, art. 7º, na redação da Lei nº 9.399/1996, art. 1º, III).

**Art. 10.** É também contribuinte a pessoa natural ou jurídica que, mesmo sem habitualidade ou intuito comercial (Lei nº 6.374/1989, art. 7º, parágrafo único, na redação das Leis nºs 9.399/1996, art. 1º, III, e 11.001/2001, art. 1º, IX):

- *Art. 10,* caput, *com redação dada pelo Decreto nº 46.529, de 4.2.2002 – DOE de 5.2.2002 – Efeitos a partir de 22.12.2001.*

I – importe mercadoria ou bem do exterior, qualquer que seja a sua finalidade (Lei nº 6.374/1989, art. 7º, parágrafo único, 1, na redação da Lei nº 11.001/2001, art. 1º, IX);

- *Inciso I com redação dada pelo Decreto nº 46.529, de 4.2.2002 – DOE de 5.2.2002 – Efeitos a partir de 22.12.2001.*

II – seja destinatária de serviço prestado no exterior ou cuja prestação se tenha iniciado no exterior;

III – adquira, em licitação, mercadoria ou bem importados do exterior e apreendidos ou abandonados;

IV – adquira energia elétrica ou petróleo, inclusive lubrificantes e combustíveis líquidos ou gasosos dele derivados, oriundos de outro Estado, quando não destinados à comercialização ou à industrialização;

V – administre ou seja sócia de fato de sociedade empresarial constituída por interpostas pessoas (Lei nº 6.374/1989, art. 7º, na redação da Lei nº 13.918/2009, art.12, I).

- *Inciso V acrescido pelo Decreto nº 55.437, de 17.2.2010 – DOE de 18.2.2010 – Efeitos a partir de 23.12.2009.*

## CAPÍTULO II – DO RESPONSÁVEL

**Art. 11.** São responsáveis pelo pagamento do imposto devido (Lei nº 6.374/1989, arts. 8º, inciso XXV e § 14, e 9º, os dois primeiros na redação da Lei nº 10.619/2000, art. 2º, I, e o último com alteração da Lei nº 10.619/2000, art. 1º, VI):

I – o armazém geral ou o depositário a qualquer título:

a) na saída de mercadoria depositada por contribuinte de outro Estado;

b) na transmissão de propriedade de mercadoria depositada por contribuinte de outro Estado;

c) solidariamente, no recebimento ou na saída de mercadoria sem documentação fiscal;

II – o transportador:

a) em relação à mercadoria proveniente de outro Estado para entrega a destinatário incerto em território paulista;

b) solidariamente, em relação à mercadoria negociada durante o transporte;

c) solidariamente, em relação à mercadoria aceita para despacho ou transporte sem documentação fiscal;

d) solidariamente, em relação à mercadoria entregue a destinatário diverso do indicado na documentação fiscal;

III – o arrematante, em relação à saída de mercadoria objeto de arrematação judicial;

IV – o leiloeiro, em relação à saída de mercadoria objeto de alienação em leilão;

V – solidariamente, o contribuinte que promover a saída de mercadoria sem documentação fiscal, relativamente às operações subsequentes;

VI – solidariamente, aquele que não efetivar a exportação de mercadoria ou de serviço recebidos para esse fim, ainda que em decorrência de perda ou reintrodução no mercado interno;

VII – solidariamente, as empresas concessionárias ou permissionárias de portos e aeroportos alfandegados e de recintos alfandegados de zona primária e de zona secundária, definidos pela legislação federal, ou outro depositário a qualquer título ou outra pessoa que promova:

a) a remessa de mercadoria para o exterior sem documentação fiscal;

b) a entrega ou remessa de mercadoria ou bem originários do exterior com destino ao mercado interno sem a apresentação da documentação fiscal ou a observância de outros requisitos regulamentares (Lei nº 6.374/1989, art. 9º, VII, na redação da Lei nº 13.918/2009, art. 11, II);

• *Alínea "b" com redação dada pelo Decreto nº 55.437, de 17.2.2010 – DOE de 18.2.2010 – Efeitos a partir de 23.12.2009.*

c) a entrega ou remessa de mercadoria ou bem originários do exterior sem as correspondentes autorizações:

1 – do órgão responsável pelo desembaraço;

2 – da Secretaria da Fazenda;

• *Alínea "c" com redação dada pelo Decreto nº 55.437, de 17.2.2010 – DOE de 18.2.2010 – Efeitos a partir de 23.12.2009.*

d) a entrega ou remessa de mercadoria ou bem originários do exterior com destino a estabelecimento ou pessoa diversos daqueles que os tiverem importado, arrematado ou adquirido em licitação promovida pelo Poder Público.

• *Alínea "d" acrescida pelo Decreto nº 47.626, de 5.2.2003 – DOE de 6.2.2003 – Efeitos a partir de 19.12.2002.*

VIII – solidariamente, a pessoa que realizar intermediação de serviço:

a) com destino ao exterior sem a correspondente documentação fiscal;

b) iniciado ou prestado no exterior sem a correspondente documentação fiscal ou que vier a ser destinado a pessoa diversa daquela que o tiver contratado;

IX – solidariamente, o representante, mandatário, comissário ou gestor de negócio, em relação a operação ou prestação feitas por seu intermédio;

X – a pessoa que, tendo recebido mercadoria ou serviço beneficiados com isenção ou não incidência sob determinados requisitos, não lhes der a correta destinação ou desvirtuar suas finalidades;

XI – solidariamente, as pessoas que tiverem interesse comum na situação que tiver dado origem à obrigação principal;

XII – solidariamente, todo aquele que efetivamente concorrer para a sonegação do imposto;

XIII – o destinatário paulista de mercadoria ou bem importados do exterior por importador de outro Estado ou do Distrito Federal e entrados fisicamente neste Estado, pelo imposto incidente no desembaraço aduaneiro e em operação subsequente da qual decorrer a aquisição da mercadoria ou bem, ressalvado o disposto no § 2º;

XIV – solidariamente, as pessoas prestadoras de serviços de intermediação comercial em ambiente virtual, com utilização de tecnologias de informação, inclusive por meio de leilões eletrônicos, em relação às operações ou prestações sobre as quais tenham deixado de prestar informações solicitadas pelo fisco (Lei nº 6.374/1989, art. 9º, XIII, acrescentado pela Lei nº 13.918/2009, art.12, III);

• *Inciso XIV acrescido pelo Decreto nº 55.437, de 17.2.2010 – DOE de 18.2.2010 – Efeitos a partir de 23.12.2009.*

XV – solidariamente, as pessoas prestadoras de serviços de tecnologia de informação, tendo por objeto o gerenciamento e controle de operações comerciais realizadas em ambiente virtual, inclusive dos respectivos meios de pagamento, em relação às operações ou prestações sobre as quais tenham deixado de prestar informações solicitadas pelo fisco (Lei nº 6.374/1989, art. 9º, XIV, acrescentado pela Lei nº 13.918/2009, art.12, III);

• *Inciso XV acrescido pelo Decreto nº 55.437, de 17.2.2010 – DOE de 18.2.2010 – Efeitos a partir de 23.12.2009.*

XVI – solidariamente, as pessoas prestadoras de serviços de intermediação comercial de operações que envolvam remetentes de mercadorias em situação cadastral irregular perante a Secretaria da Fazenda (Lei nº 6.374/1989, art. 9º, XV, acrescentado pela Lei nº 13.918/2009, art.12, III).

• *Inciso XVI acrescido pelo Decreto nº 55.437, de 17.2.2010 – DOE de 18.2.2010 – Efeitos a partir de 23.12.2009.*

§ 1º. Presume-se ter interesse comum, para efeito do disposto no inciso XI, o adquirente da mercadoria ou o tomador do serviço, em operação ou prestação realizadas sem documentação fiscal.

§ 2º. A responsabilidade prevista no inciso XIII não se aplicará se o importador efetuar o pagamento, a este Estado, dos impostos ali referidos.

**Art. 12.** São também responsáveis (Lei nº 6.374/1989, art. 10):

I – solidariamente, a pessoa natural ou jurídica, pelo débito fiscal do alienante, quando adquirir fundo de comércio ou estabelecimento comercial, industrial ou profissional, na hipótese de o alienante cessar a exploração do comércio, indústria ou atividade;

II – solidariamente, a pessoa natural ou jurídica, pelo débito fiscal do alienante, até a data do ato, quando adquirir fundo de comércio ou estabelecimento comercial, industrial ou profissional e continuar a respectiva exploração, sob a mesma ou outra denominação ou razão social ou, ainda, sob firma ou nome individual, na hipótese de o alienante prosseguir na exploração ou iniciar, dentro de 6 (seis) meses, a contar da data da alienação, nova atividade no mesmo ou em outro ramo de comércio, indústria ou profissão;

III – a pessoa jurídica que resultar de fusão, transformação ou incorporação, pelo débito fiscal da pessoa jurídica fusionada, transformada ou incorporada;

IV – solidariamente, a pessoa jurídica que tiver absorvido patrimônio de outra em razão de cisão, total ou parcial, pelo débito fiscal da pessoa jurídica cindida, até a data do ato;

V – o espólio, pelo débito fiscal do *de cujus*, até a data da abertura da sucessão;

VI – o sócio remanescente ou seu espólio, pelo débito fiscal da pessoa jurídica extinta, quando continuar a respectiva atividade, sob a mesma ou outra razão social ou sob firma individual;

VII – solidariamente, o sócio, no caso de liquidação de sociedade de pessoas, pelo débito fiscal da sociedade;

VIII – solidariamente, o tutor ou o curador, pelo débito fiscal de seu tutelado ou curatelado;

IX – solidariamente, todo aquele que tiver fabricado, fornecido, instalado, cedido, alterado ou prestado serviço de manutenção a equipamentos ou dispositivos eletrônicos de controle fiscal, bem como as respectivas partes e peças, capacitando-os a fraudar o registro de operações ou prestações, pelo débito fiscal decorrente de sua utilização pelo contribuinte (Lei nº 6.374/1989, art. 10, XI, acrescentado pela Lei nº 13.918/2009, art.12, IV);

- *Inciso IX acrescido pelo Decreto nº 55.437, de 17.2.2010 – DOE de 18.2.2010 – Efeitos a partir de 23.12.2009.*

X – solidariamente, todo aquele que tiver desenvolvido, licenciado, cedido, fornecido, instalado, alterado ou prestado serviço de manutenção a programas aplicativos ou ao "software" básico do equipamento Emissor de Cupom Fiscal ECF, capacitando-os a fraudar o registro de operações ou prestações, pelo débito fiscal decorrente de sua utilização pelo contribuinte (Lei nº 6.374/1989, art. 10, XI, acrescentado pela Lei nº 13.918/2009, art.12, IV);

- *Inciso X acrescido pelo Decreto nº 55.437, de 17.2.2010 – DOE de 18.2.2010 – Efeitos a partir de 23.12.2009.*

XI – solidariamente, a pessoa natural, na condição de sócio ou administrador, de fato ou de direito, de pessoa jurídica, pelo débito fiscal desta última quando (Lei nº 6.374/1989, art. 10, XI, acrescentado pela Lei nº 13.918/2009, art.12, IV):

a) tiver praticado ato com excesso de poder ou infração de contrato social ou estatuto;

b) tiver praticado ato ou negócio, em infração à lei, com a finalidade de dissimular a ocorrência do fato gerador do tributo ou a natureza dos elementos constitutivos da obrigação tributária, especialmente nas hipóteses de interposição fraudulenta de sociedade ou de pessoas e de estruturação fraudulenta de operações mercantis, financeiras ou de serviços;

c) tiver praticado ato com abuso da personalidade jurídica, caracterizado pelo desvio de finalidade ou confusão patrimonial;

d) o estabelecimento da pessoa jurídica tiver sido irregularmente encerrado ou desativado;

e) tiver concorrido para a inadimplência fraudulenta da pessoa jurídica, decorrente da contabilização irregular de bens, direitos ou valores ou da transferência destes para empresas coligadas, controladas, sócios ou interpostas pessoas;

f) em descumprimento a notificação, tiver deixado de identificar ou identificado incorretamente os controladores ou beneficiários de empresas de investimento sediadas no exterior, que figurem no quadro societário ou acionário de pessoa jurídica em que tenham sido constatados indícios da prática de ilícitos fiscais;

g) tiver promovido a ocultação ou alienação de bens e direitos da pessoa jurídica, com o propósito de obstar ou dificultar a cobrança do crédito tributário;

h) tiver contribuído para a pessoa jurídica incorrer em práticas lesivas ao equilíbrio concorrencial, em razão do descumprimento da obrigação principal, ou o aproveitamento de crédito fiscal indevido;

- *Inciso XI acrescido pelo Decreto nº 55.437, de 17.2.2010 – DOE de 18.2.2010 – Efeitos a partir de 23.12.2009.*

XII – solidariamente, a pessoa natural ou jurídica que tiver participado, de modo ativo, de organização ou associação constituída para a prática de fraude fiscal estruturada, realizada em proveito de terceiras empresas, beneficiárias de esquemas de evasão de tributos, pelos respectivos débitos fiscais (Lei nº 6.374/1989, art. 10, XI, acrescentado pela Lei nº 13.918/2009, art.12, IV).

- *Inciso XII acrescido pelo Decreto nº 55.437, de 17.2.2010 – DOE de 18.2.2010 – Efeitos a partir de 23.12.2009.*

**Art. 13.** A solidariedade referida nos arts. 11 e 12 não comporta benefício de ordem, salvo se o contribuinte apresentar garantias ou oferecer em penhora bens suficientes ao total pagamento do débito (Lei nº 6.374/1989, art. 11, na redação da Lei nº 13.918/2009, art. 11, III).

- *Art. 13 com redação dada pelo Decreto nº 55.437, de 17.2.2010 – DOE de 18.2.2010 – Efeitos a partir de 23.12.2009.*

## CAPÍTULO III – DO ESTABELECIMENTO

**Art. 14.** Para efeito deste Regulamento, estabelecimento é o local, público ou privado, construído ou não, mesmo que pertencente a terceiro, onde o contribuinte exerça toda ou parte de sua atividade, em caráter permanente ou temporário, ainda que se destine a simples depósito ou armazenagem de mercadorias ou bens relacionados com o exercício dessa atividade (Lei nº 6.374/1989, art. 12, na redação da Lei nº 10.619/2000, art. 1º, VII).

§ 1º. Considera-se extensão do estabelecimento o escritório onde o contribuinte exerce atividades de gestão empresarial ou de processamento eletrônico de suas operações ou prestações (Lei nº 6.374/1989, art. 12, § 1º, na redação da Lei nº 13.918/2009, art. 11, IV).

• *§ 1º acrescido pelo Decreto nº 55.437, de 17.2.2010 – DOE de 18.2.2010 – Efeitos a partir de 23.12.2009.*

§ 2º. Na impossibilidade de determinação do estabelecimento nos termos deste artigo, considera-se como tal o local em que tiver sido efetuada a operação ou a prestação, encontrada a mercadoria ou constatada a prestação.

• *§ 2º, primitivo parágrafo único, renumerado pelo Decreto nº 55.437, de 17.2.2010 – DOE de 18.2.2010 – Efeitos a partir de 23.12.2009.*

**Art. 15.** É de responsabilidade do respectivo titular a obrigação tributária atribuída pela legislação ao estabelecimento (Lei nº 6.374/1989, art. 15).

§ 1º. São considerados em conjunto todos os estabelecimentos do mesmo titular, relativamente à responsabilidade por débito do imposto, atualização monetária, multas e acréscimos de qualquer natureza.

§ 2º. Para efeito de cumprimento de obrigação tributária, entende-se autônomo cada estabelecimento do mesmo titular, ainda que simples depósito.

**Art. 16.** Considera-se, também, estabelecimento autônomo (Lei nº 6.374/1989, art. 12, § 2º, na redação da Lei nº 10.619/2000, art. 1º, VII; V Convênio do Rio de Janeiro, cláusula primeira):

I – o veículo utilizado na venda de mercadoria sem destinatário certo, em território paulista, por contribuinte de outro Estado;

II – o veículo utilizado na captura de pescado;

III – a área onde se realize a atividade de revenda de combustíveis e de outros derivados de petróleo, conforme definida em legislação federal, quando se tratar de atividade secundária (Lei nº 6.374/1989, art. 12, § 2º, item 3, acrescentado pela Lei nº 11.929/2005, art. 8º, I).

• *Inciso III acrescido pelo Decreto nº 50.698, de 5.4.2006 – DOE de 6.4.2006, e com redação dada pelo Decreto nº 51.131, de 25.9.2006 – DOE de 26.9.2006 – Efeitos a partir da publicação.*

**Art. 17.** Para efeito deste Regulamento, é considerado (Lei nº 6.374/1989, art. 14):

I – depósito fechado, o estabelecimento que o contribuinte mantiver exclusivamente para armazenamento de suas mercadorias;

II – comercial, o local fora do estabelecimento rural de produtor em que o titular deste comercializar seus produtos;

III – comercial ou industrial, o estabelecimento rural:

a) cujo titular for pessoa jurídica;

b) que estiver autorizado pelo fisco à observância das disposições a que se sujeitarem os estabelecimentos de comerciantes ou de industriais;

c) ou que industrializar a sua própria produção.

**Art. 18.** Considera-se comerciante ambulante a pessoa natural, sem estabelecimento fixo, que, por conta própria e a seus riscos, portando todo o seu estoque de mercadorias, exerça pessoalmente atividade comercial (Lei nº 6.374/1989, art. 14, parágrafo único).

## CAPÍTULO IV
## DO CADASTRO DE CONTRIBUINTES

• *Capítulo IV (arts. 19 a 34) com redação dada pelo Decreto nº 51.305, de 24.11.2006 – DOE de 25.11.2006 – Efeitos a partir da publicação.*

### Seção I – Da Inscrição

#### *Subseção I – Das Disposições Gerais*

**Art. 19.** Desde que pretendam praticar com habitualidade operações relativas à circulação de mercadoria ou prestações de serviço de transporte interestadual ou intermunicipal ou de comunicação, deverão inscrever-se no Cadastro de Contribuintes do ICMS, antes do início de suas atividades (Lei nº 6.374/1989, art. 16, na redação da Lei nº 12.294/2006, art. 1º, IV):

I – o industrial, o comerciante, o produtor e o gerador;

II – o prestador de serviço de transporte interestadual ou intermunicipal ou de comunicação;

III – a cooperativa;

IV – a instituição financeira e a seguradora;

V – a sociedade simples de fim econômico;

VI – a sociedade simples de fim não econômico que explorar estabelecimento de extração de substância mineral ou fóssil, de produção agropecuária, industrial, ou que comercializar mercadoria que, para esse fim, adquirir ou produzir;

VII – os órgãos da Administração Pública, as entidades da administração indireta e as fundações instituídas e mantidas pelo Poder Público, que praticarem operações ou prestações de serviço relacionadas com a exploração de atividade econômica regida pelas normas a que estiverem sujeitos os empreendimentos privados, ou em que houver contraprestação ou pagamento de preços ou tarifas;

VIII – a concessionária ou permissionária de serviço público de transporte interestadual ou intermunicipal, de comunicação ou de energia elétrica;

IX – o prestador de serviço não compreendido na competência tributária do município, quando envolver fornecimento de mercadoria;

X – o prestador de serviço compreendido na competência tributária do município, quando envolver fornecimento de mercadoria, com incidência do imposto estadual ressalvada em lei complementar;

XI – o fornecedor de alimentação, bebida ou outra mercadoria;

XII – os partidos políticos e suas fundações, os templos de qualquer culto, as entidades sindicais de trabalhadores, as instituições de educação ou de assistência social, sem fins lucrativos;

XIII – o representante comercial ou o mandatário mercantil;

XIV – aquele que, em propriedade alheia, produzir mercadoria e promover saída em seu próprio nome;

XV – aquele que prestar, mediante utilização de bem pertencente a terceiro, serviço de transporte interestadual ou intermunicipal ou de comunicação;

XVI – as demais pessoas naturais ou jurídicas de direito público ou privado que praticarem, habitualmente, em nome próprio ou de terceiro, operações relativas à circulação de mercadoria ou prestações de serviço de transporte interestadual ou intermunicipal ou de comunicação.

§ 1º. Inscrever-se-ão, também, no Cadastro de Contribuintes do ICMS, antes do início de suas atividades:

1 – a empresa de armazém geral, de armazém frigorífico, de silo ou de outro armazém de depósito de mercadorias;

2 – o prestador de serviço de transporte de carga intramunicipal ou internacional.

§ 2º. Qualquer pessoa mencionada neste artigo que mantiver mais de um estabelecimento, seja filial, sucursal, agência, depósito, fábrica ou outro, inclusive escritório meramente administrativo, fará a inscrição em relação a cada um deles.

§ 3º. A revenda de combustíveis e demais derivados de petróleo, conforme definida na legislação federal, deverá ser inscrita de forma específica e individualizada, quando realizada como atividade secundária.

- *Art. 19 com redação dada pelo Decreto nº 51.305, de 24.11.2006 – DOE de 25.11.2006 – Efeitos a partir da publicação.*

**Art. 20.** A inscrição, conforme disciplina estabelecida pela Secretaria da Fazenda (Lei nº 6.374/1989, art. 16, § 1º, na redação da Lei nº 12.294/2006, art.1º, IV):

I – deverá ser solicitada, mediante declaração prestada pelo requerente;

II – poderá ser efetuada de ofício, no interesse da Administração Tributária;

III – poderá ser concedida por prazo certo ou indeterminado;

IV – poderá ter sua situação cadastral alterada de ofício, a qualquer tempo;

V – poderá ter a sua renovação exigida a qualquer tempo, quando se fizer necessário aferir a regularidade dos dados cadastrais anteriormente declarados ao fisco e, especialmente, quando for constatada a ocorrência de débito fiscal ou a participação do contribuinte em ilícitos com repercussão na esfera tributária (Lei nº 6.374/1989, art. 16, § 1º, item 1, alínea "e", acrescentada pela Lei nº 13.918/2009, art. 12, V).

- *Inciso V com redação dada pelo Decreto nº 55.437, de 17.2.2010 – DOE de 18.2.2010 – Efeitos a partir de 23.12.2009.*

§ 1º. Caso o estabelecimento seja imóvel situado no território de mais de um município, o domicílio fiscal será aquele em que se localize sua sede ou, na impossibilidade de determinação desta, no município onde estiver localizada a maior área territorial do estabelecimento.

§ 2º. Em relação aos ambulantes, feirantes, pescadores, armadores de pesca e prestadores autônomos de serviços, considerar-se-á como domicílio fiscal o local de sua residência neste Estado.

§ 3º. A falta ou a irregularidade da inscrição no Cadastro de Contribuintes do ICMS inabilita o contribuinte à pratica de operações relativas à circulação de mercadorias e de prestações de serviços de transporte interestadual e intermunicipal e de comunicação.

§ 4º. Na hipótese de inscrição concedida por prazo certo, o termo final deverá constar em todos os documentos fiscais emitidos pelo contribuinte.

- *Art. 20 com redação dada pelo Decreto nº 51.305, de 24.11.2006 – DOE de 25.11.2006 – Efeitos a partir da publicação.*

§ 5º. A Secretaria da Fazenda poderá utilizar informações constantes de cadastros de outros órgãos públicos ou concessionários de serviços públicos (Lei nº 6.374/1989, art. 16, § 5º, acrescentado pela Lei nº 13.918/2009, art. 12, V, alínea "b").

- *§ 5º acrescido pelo Decreto nº 55.437, de 17.2.2010 – DOE de 18.2.2010 – Efeitos a partir de 23.12.2009.*

**Art. 21.** A Secretaria da Fazenda poderá exigir, antes de deferir o pedido de inscrição ou de sua renovação (Lei nº 6.374/1989, art. 17, na redação da Lei nº 12.294/2006, art.1º, IV):

I – o preenchimento de requisitos específicos, conforme o tipo societário adotado, a atividade econômica a ser desenvolvida, o porte econômico do negócio ou o regime de tributação;

II – a apresentação de documentos, além de outros previstos na legislação, conforme a atividade econômica a ser praticada, que permitam a comprovação:

a) da localização do estabelecimento;

b) da identidade e da residência do titular pessoa física, dos sócios ou diretores;

c) da capacidade econômico-financeira do contribuinte e dos sócios ou diretores para o exercício da atividade pretendida;

III – a apresentação dos documentos submetidos ao Registro Público de Empresas Mercantis e Atividades Afins, ao Registro Civil das Pessoas Jurídicas;

IV – a prestação, por qualquer meio, de informações julgadas necessárias à apreciação do pedido.

- *Art. 21,* caput, *com redação dada pelo Decreto nº 53.916, de 29.12.2008 – DOE de 30.12.2008 – Efeitos a partir da publicação.*

§ 1º. A Secretaria da Fazenda poderá exigir, também, a prestação de garantia ao cumprimento das obrigações tributárias em razão:

1 – de antecedentes fiscais que desabonem as pessoas físicas ou jurídicas interessadas na inscrição, assim como suas coligadas, controladas ou, ainda, seus sócios;

2 – da existência de débito fiscal definitivamente constituído em nome da empresa, de suas coligadas, controladas ou de seus sócios;

3 – do tipo de atividade econômica desenvolvida pelo estabelecimento.

§ 2º. A garantia a que se refere o § 1º será prestada na forma permitida em direito, conforme disciplina estabelecida pela Secretaria da Fazenda.

§ 3º. São exemplos de antecedentes fiscais desabonadores, para fins do disposto no item 1 do § 1º:

1 – a participação de pessoa ou entidade, na condição de empresário, sócio, diretor, dirigente, administrador ou procurador em empresa ou negócio considerado em situação irregular perante o fisco, conforme disciplina estabelecida pela Secretaria da Fazenda;

2 – a condenação por crime contra a fé pública ou a administração pública, como previsto no Código Penal:

a) de falsificação de papéis ou documentos públicos ou particulares, bem como de selo ou sinal público;

b) de uso de documento falso;

c) de falsa identidade;

d) de contrabando ou descaminho;

e) de facilitação de contrabando e descaminho;

f) de resistência visando a impedir a ação fiscalizadora;

g) de corrupção ativa;

3 – a condenação por crime de sonegação fiscal;

4 – a condenação por crimes contra a ordem tributária tipificados nos arts. 1º e 2º da Lei nº 8.137, de 27 de dezembro de 1990;

5 – a indicação em lista relativa à emissão de documentos inidôneos, ou em lista de pessoas inidôneas, elaborada por órgão da Administração Federal, Estadual ou Municipal;

6 – a comprovação de insolvência;

7 – a pessoa física ou jurídica interessada na inscrição, alteração de dados cadastrais ou renovação da inscrição ter participado, na condição de empresário, sócio, diretor, dirigente, administrador ou procurador, em empresa que teve a eficácia da inscrição cassada, há menos de 5 (cinco) anos, contados da data em que a referida cassação tornou-se definitiva, em decorrência da produção, aquisição, entrega, recebimento, exposição, comercialização, remessa, transporte, estocagem ou depósito de mercadoria que não atenda às especificações do órgão regulador competente, nos termos do art. 4º da Lei nº 11.929, de 12 de abril de 2005.

- *Item 7 com redação dada pelo Decreto nº 56.649, de 11.1.2011 – DOE de 12.1.2011 – Efeitos a partir da publicação.*

§ 4º. Em substituição ou em complemento à garantia prevista no § 1º, poderá a Secretaria da Fazenda submeter o contribuinte a regime especial para o cumprimento das obrigações tributárias.

§ 5º. Após a concessão da inscrição ou da renovação, ocorrendo qualquer dos fatos a que se refere o § 1º, poderá ser exigida a garantia nos termos dos §§ 2º e 4º, sujeitando-se o contribuinte à suspensão ou cassação da eficácia de sua inscrição caso não a ofereça no prazo fixado.

- *§ 5º com redação dada pelo Decreto nº 53.916, de 29.12.2008 – DOE de 30.12.2008 – Efeitos a partir da publicação.*

### *Subseção II*
### *Da Autorização e Dispensa de Inscrição*

**Art. 22.** A Secretaria da Fazenda poderá conceder inscrição que não seja obrigatória, dispensar inscrição, bem como determinar inscrição de pessoa ou estabelecimento não indicado no art. 19 (Lei nº 6.374/1989, art. 16, § 2º, na redação da Lei nº 12.294/2006, art. 1º, IV).

- *Art. 22 com redação dada pelo Decreto nº 51.305, de 24.11.2006 – DOE de 25.11.2006 – Efeitos a partir da publicação.*

**Art. 23.** Salvo exigência da Secretaria da Fazenda, ficam dispensados da inscrição (Lei nº 6.374/1989, art. 16, § 2º, na redação da Lei nº 12.294/2006, art. 1º, IV):

I – o profissional ou trabalhador autônomo ou avulso que executar pessoalmente, por encomenda, operação integrante de processo de industrialização, por conta de terceiro regularmente inscrito no Cadastro de Contribuintes do ICMS, de produto destinado a posterior comercialização ou industrialização;

II – o prestador autônomo de serviço de transporte de carga que o executar pessoalmente;

III – o representante ou mandatário que se limitar a angariar pedidos de mercadorias a serem remetidas diretamente do estabelecimento fornecedor aos respectivos adquirentes;

IV – o veículo a que se refere o inciso I do art. 16.

• *Art. 23 com redação dada pelo Decreto nº 51.305, de 24.11.2006 – DOE de 25.11.2006 – Efeitos a partir da publicação.*

### *Subseção III*
### *Da Solicitação de Inscrição e de suas Alterações*

**Art. 24.** A Secretaria da Fazenda estabelecerá disciplina para dispor sobre (Lei nº 6.374/1989, art. 16, § 1º e art. 19, na redação da Lei nº 12.294/2006, art. 1º, IV):

• *Art. 24,* caput, *com redação dada pelo Decreto nº 51.305, de 24.11.2006 – DOE de 25.11.2006 – Efeitos a partir da publicação.*

I – solicitação de inscrição cadastral;

• *Inciso I com redação dada pelo Decreto nº 51.305, de 24.11.2006 – DOE de 25.11.2006 – Efeitos a partir da publicação.*

II – alteração de dados cadastrais anteriormente informados;

• *Inciso II com redação dada pelo Decreto nº 51.305, de 24.11.2006 – DOE de 25.11.2006 – Efeitos a partir da publicação.*

III – comunicação de encerramento de atividades;

• *Inciso III com redação dada pelo Decreto nº 51.305, de 24.11.2006 – DOE de 25.11.2006 – Efeitos a partir da publicação.*

IV – prestação de quaisquer outras informações, além das previstas neste Regulamento;

• *Inciso IV com redação dada pelo Decreto nº 51.305, de 24.11.2006 – DOE de 25.11.2006 – Efeitos a partir da publicação.*

V – renovação da inscrição.

• *Inciso V com redação dada pelo Decreto nº 53.916, de 29.12.2008 – DOE de 30.12.2008 – Efeitos a partir da publicação.*

§ 1º. A solicitação de inscrição cadastral, de alteração de dados cadastrais anteriormente informados ou de renovação da inscrição será denegada pela Secretaria da Fazenda quando:

• *§ 1º, primitivo parágrafo único, renumerado pelo Decreto nº 58.451, de 11.10.2012 – DOE de 12.10.2012 – e* caput *com redação dada pelo Decreto nº 53.916, de 29.12.2008 – DOE de 30.12.2008 – Efeitos a partir da publicação.*

1 – não for efetuada nos termos de disciplina estabelecida pela Secretaria da Fazenda;

• *Item 1 com redação dada pelo Decreto nº 51.305, de 24.11.2006 – DOE de 25.11.2006 – Efeitos a partir da publicação.*

2 – não forem:

a) atendidas as exigências efetuadas nos termos do art. 21;

b) apresentadas as garantias exigidas nos termos do art. 21;

• *Item 2 com redação dada pelo Decreto nº 51.305, de 24.11.2006 – DOE de 25.11.2006 – Efeitos a partir da publicação.*

3 – constatada a falsidade:

a) de dados declarados ao fisco;

b) de documentos apresentados pelo contribuinte;

• *Item 3 com redação dada pelo Decreto nº 51.305, de 24.11.2006 – DOE de 25.11.2006 – Efeitos a partir da publicação.*

4 – o solicitante, os sócios, diretores, dirigentes, administradores ou procuradores do solicitante estiverem impedidos de exercer a atividade econômica declarada em razão de decisão judicial ou de não atendimento de exigência imposta pela legislação.

• *Item 4 com redação dada pelo Decreto nº 51.305, de 24.11.2006 – DOE de 25.11.2006 – Efeitos a partir da publicação.*

§ 2º. Tratando-se de comunicação de suspensão de atividade ou de solicitação de baixa de inscrição cadastral de estabelecimento, o contribuinte poderá, nas hipóteses e condições estabelecidas pela Secretaria da Fazenda, ser dispensado de apresentar documentos pertinentes à referida comunicação ou solicitação, sem prejuízo de posterior verificação fiscal.

• *§ 2º acrescido pelo Decreto nº 58.451, de 11.10.2012 – DOE de 12.10.2012 – Efeitos a partir da publicação.*

**Art. 25.** A transferência do estabelecimento a qualquer título, a mudança de endereço, a alteração de sócios, a suspensão ou encerramento das atividades do estabelecimento, bem como qualquer outra alteração dos dados anteriormente declarados (Lei nº 6.374/1989, art. 19, na redação da Lei nº 12.294/2006):

I – deverá ser comunicada à Secretaria da Fazenda, até o último dia útil do mês subsequente ao da ocorrência, pelo contribuinte;

II – poderá ser promovida de ofício pela Secretaria da Fazenda, no interesse da Administração Tributária, nos termos de disciplina estabelecida pela Secretaria da Fazenda.

Parágrafo único. A transferência de titularidade do estabelecimento será comunicada tanto pelo transmitente quanto pelo adquirente.

• *Art. 25 com redação dada pelo Decreto nº 51.305, de 24.11.2006 – DOE de 25.11.2006 – Efeitos a partir da publicação.*

**Art. 26.** Os dados cadastrais são de exclusiva responsabilidade do declarante e a inscrição não implicará reconhecimento da eficácia do ato nem da existência legal da pessoa inscrita.

• *Art. 26 com redação dada pelo Decreto nº 51.305, de 24.11.2006 – DOE de 25.11.2006 – Efeitos a partir da publicação.*

### *Subseção IV – Do Número de Inscrição*

**Art. 27.** Concedida a inscrição, será atribuído o número correspondente, que deverá constar em todos os documentos fiscais utilizados pelo contribuinte (Lei nº 6.374/1989, art. 22, na redação da Lei nº 12.294/2006, art. 1º, IV).

• *Art. 27 com redação dada pelo Decreto nº 51.305, de 24.11.2006 – DOE de 25.11.2006 – Efeitos a partir da publicação.*

**Art. 28.** O contribuinte, por si ou seus prepostos, sempre que ajustar a realização de operação ou prestação com outro contribuinte, fica obrigado a comprovar a sua regularidade perante o Fisco, de acordo com o item 4 do § 1º do art. 59, e, também, a exigir o mesmo procedimento da outra parte, quer esta figure como remetente da mercadoria ou prestador do serviço, quer como destinatário ou tomador (Lei nº 6.374/1989, art. 22-A, na redação da Lei nº 12.294, art. 1º, IV).

• *Art. 28,* caput, *com redação dada pelo Decreto nº 51.305, de 24.11.2006 – DOE de 25.11.2006 – Efeitos a partir da publicação.*

Parágrafo único. A obrigação instituída neste artigo também se aplica à pessoa que promover intermediação comercial, que deverá comprovar a regularidade fiscal das pessoas jurídicas que forem parte do negócio por ela intermediado (Lei nº 6.374/1989, art. 22-A, parágrafo único, acrescentado pela Lei nº 13.918/2009, art.12, VI).

• *Parágrafo único acrescido pelo Decreto nº 55.437, de 17.2.2010 – DOE de 18.2.2010 – Efeitos a partir de 23.12.2009.*

### *Subseção V – Do Código da Atividade Econômica*

**Art. 29.** A atividade econômica do estabelecimento será identificada por código numérico atribuído em conformidade com a relação de códigos da Classificação Nacional de Atividades Econômicas – CNAE, aprovada pela Fundação Instituto Brasileiro de Geografia e Estatística – IBGE, de acordo com a atividade econômica principal do estabelecimento (Lei nº 6.374/1989, art. 17, I, na redação da Lei nº 12.294/2006).

§ 1º. O código de atividade será atribuído na forma prevista pela Secretaria da Fazenda, com base em declaração do contribuinte, quando:

1 – da inscrição inicial;

2 – ocorrerem alterações em sua atividade econômica;

3 – exigido pela Secretaria da Fazenda.

§ 2º. Na hipótese do item 2 do §1º, a comunicação deverá ser efetuada até o último dia útil do mês subsequente ao da ocorrência do fato.

§ 3º. A Secretaria da Fazenda poderá, sem prejuízo da aplicação de eventual penalidade, alterar de ofício o código de atividade econômica do estabelecimento, quando constatar divergência entre o código declarado e a atividade econômica preponderante exercida pelo estabelecimento.

• *Art. 29 com redação dada pelo Decreto nº 51.305, de 24.11.2006 – DOE de 25.11.2006 – Efeitos a partir da publicação.*

### *Subseção VI – Da Situação Cadastral*

**Art. 30.** A inscrição no Cadastro de Contribuintes do ICMS será enquadrada como nula, a partir da data de sua concessão ou de sua alteração, quando, mediante processo administrativo, for constatada a (Lei nº 6.374/1989, art. 21, na redação da Lei nº 12.294/2006, art. 1º, IV):

I – simulação de existência do estabelecimento ou da empresa;

II – simulação do quadro societário da empresa;

III – inexistência do estabelecimento para o qual foi concedida a inscrição;

IV – indicação incorreta da localização do estabelecimento;

V – indicação de outros dados cadastrais falsos.

Parágrafo único. Considera-se simulação:

1 – a existência do estabelecimento ou da empresa quando:

a) a atividade relativa a seu objeto social, segundo declaração do contribuinte, não tiver sido ali efetivamente exercida;

b) não tiverem ocorrido as operações e prestações de serviços declaradas nos respectivos registros contábeis e fiscais;

2 – relativamente ao quadro societário, quando a sociedade ou entidade for composta por pessoa interposta, assim entendidos os sócios, diretores ou administradores que:

a) não sejam localizados nos endereços informados como sendo de sua residência ou domicílio;

b) não disponham de capacidade econômica compatível com as funções a eles atribuídas;

c) sejam constatadas pelo fisco evidências da qualidade de pessoa interposta.

• *Art. 30 com redação dada pelo Decreto nº 51.305, de 24.11.2006 – DOE de 25.11.2006 – Efeitos a partir da publicação.*

**Art. 31.** A eficácia da inscrição, nos termos de disciplina estabelecida pela Secretaria da Fazenda, poderá ser cassada ou suspensa, de ofício, nas seguintes situações (Lei nº 6.374/1989, art. 20, na redação da Lei nº 12.294/2006, art. 1º inciso IV, e Lei nº 12.279/2006):

I – inatividade do estabelecimento para o qual foi obtida a inscrição;

II – prática de atos ilícitos que tenham repercussão no âmbito tributário;

III – indicação incorreta ou não indicação dos dados de identificação dos controladores ou beneficiários de empresas de investimento sediadas no exterior, que figurem no quadro societário ou acionário de empresa envolvida em ilícitos fiscais;

IV – inadimplência fraudulenta;

V – práticas sonegatórias que levem ao desequilíbrio concorrencial;

VI – falta de prestação de garantia ao cumprimento das obrigações tributárias, quando exigida nos termos do art. 21;

VII – falta de comunicação de reativação das atividades ou de apresentação de pedido de baixa de inscrição, após decorridos 12 (doze) meses contados da data da comunicação da interrupção temporária das atividades;

VIII – falta de solicitação de renovação da inscrição no prazo estabelecido ou indeferimento do pedido de renovação da inscrição;

- *Inciso VIII com redação dada pelo Decreto nº 53.916, de 29.12.2008 – DOE de 30.12.2008 – Efeitos a partir da publicação.*

IX – indeferimento do pedido de alteração de dados cadastrais, nos casos expressamente previstos na legislação;

- *Inciso IX acrescido pelo Decreto nº 56.649, de 11.1.2011 – DOE de 12.1.2011 – Efeitos a partir da publicação.*

X – cancelamento ou não obtenção de registro, autorização ou licença necessária para o exercício da atividade, nos termos da legislação pertinente.

- *Inciso X acrescido pelo Decreto nº 56.649, de 11.1.2011 – DOE de 12.1.2011 – Efeitos a partir da publicação.*

§ 1º. A inatividade do estabelecimento, a que se refere o inciso I, será:

1 – constatada, se comprovada pelo fisco;

2 – presumida, se decorrente da falta de entrega de informações econômico-fiscais pelo contribuinte.

§ 2º. Incluem-se entre os atos ilícitos a que se refere o inciso II:

1 – a participação em organização ou associação constituída para a prática de fraude fiscal estruturada, assim entendida aquela decorrente da implementação de esquema de evasão fiscal mediante artifícios envolvendo a simulação ou dissimulação de atos, negócios ou pessoas, e com potencial de lesividade ao erário;

2 – o embaraço à fiscalização, como tal entendida a falta injustificada de apresentação de livros, documentos e arquivos digitais a que estiver obrigado o contribuinte, bem como o não fornecimento ou o fornecimento de informações incorretas relativamente a mercadorias e serviços, bens, negócios ou atividades, próprias ou de terceiros que tenham interesse comum em situação que dê origem à obrigação tributária;

3 – a resistência à fiscalização, como tal entendida a restrição ou negativa de acesso da autoridade fiscal ao estabelecimento ou a qualquer de suas dependências, ao domicílio fiscal ou a qualquer outro local onde o contribuinte exerça sua atividade ou onde se encontrem mercadorias, bens, documentos ou arquivos digitais de sua posse ou propriedade, relacionados com situações que deem origem à obrigação tributária;

4 – a receptação de mercadoria roubada ou furtada;

5 – a produção, aquisição, entrega, recebimento, exposição, comercialização, remessa, transporte, estocagem ou depósito de mercadoria falsificada ou adulterada;

6 – a utilização como insumo, comercialização ou estocagem de mercadoria objeto de contrabando ou descaminho;

7 – a simulação da realização de operação com combustíveis ou solventes, assim considerada aquela em que o respectivo documento fiscal:

a) indique como destinatário, estabelecimento em situação irregular perante o fisco ou que não tenha encomendado, adquirido ou recebido o produto;

b) contiver declaração falsa quanto ao local de saída do produto;

c) não corresponder a uma efetiva saída do estabelecimento do emitente.

- *Item 7 acrescido pelo Decreto nº 51.733, de 4.4.2007 – DOE de 5.4.2007 – Efeitos a partir da publicação.*

§ 3º. A cassação da eficácia da inscrição de estabelecimento, em razão das hipóteses descritas nos itens 5 e 6 do § 2º, sujeitará os sócios, pessoas físicas ou jurídicas, em conjunto ou separadamente, às seguintes restrições, pelo prazo de 5 (cinco) anos, contados da data da cassação:

1 – impedimento de exercerem o mesmo ramo de atividade, mesmo que em outro estabelecimento;

2 – impossibilidade de obter inscrição de nova empresa no mesmo ramo de atividade.

§ 4º. Para efeito do disposto no inciso III, considera-se:

1 – empresa de investimento sediada no exterior (*offshore*), aquela que tem por objeto a inversão de investimentos financeiros fora de seu país de origem, onde é beneficiada por supressão ou minimização de carga tributária e por reduzida interferência regulatória do governo local;

2 – controlador ou beneficiário, a pessoa física que efetivamente detém o controle da empresa de investimento (*beneficial owner*), independentemente do nome de terceiros que eventualmente figurem como titulares em documentos públicos.

§ 5º. Para o efeito do inciso IV, considera-se inadimplência fraudulenta a falta de recolhimento de (Lei nº 6.374/1989, art. 20, § 4º, na redação da Lei nº 13.918/2009, art.11, V):

1 – débito tributário vencido, quando o contribuinte detém disponibilidade financeira comprovada, ainda que por coligadas, controladas ou seus sócios;

2 – débito tributário decorrente de retenção por substituição tributária.

• *§ 5º com redação dada pelo Decreto nº 55.437, de 17.2.2010 – DOE de 18.2.2010 – Efeitos a partir de 23.12.2009.*

§ 6º. Para efeito do disposto no inciso V, fica caracterizada a prática sonegatória que leve ao desequilíbrio concorrencial quando comprovado que o contribuinte tenha:

1 – rebaixado, artificialmente, os preços de venda de mercadoria ou de serviço ou se aproveitado de crédito fiscal indevido;

2 – ampliado sua participação no segmento econômico, com prejuízo aos seus concorrentes, em decorrência de um dos procedimentos descritos no item 1.

• *Art. 31 com redação dada pelo Decreto nº 51.305, de 24.11.2006 – DOE de 25.11.2006 – Efeitos a partir da publicação.*

**Art. 31-A.** A eficácia da inscrição poderá também ser cassada, de ofício, nos termos de disciplina estabelecida pela Secretaria da Fazenda, observados o contraditório e a ampla defesa, na hipótese de ocorrência de ilícito não indicado no art. 31 e que não tenha repercussão direta no âmbito tributário, desde que haja expressa previsão legal.

§ 1º. O procedimento administrativo de cassação da eficácia da inscrição estadual somente será iniciado após ter sido proferida contra o contribuinte decisão judicial condenatória, transitada em julgado ou proferida por órgão colegiado, relativa ao ilícito.

§ 2º. Excepcionalmente, em casos específicos autorizados por lei, o procedimento referido no § 1º poderá ser iniciado a partir de decisão administrativa sancionatória, contra a qual não caiba mais recurso, proferida por autoridade competente para fiscalizar e apurar o ilícito, em procedimento no qual tenham sido observados os princípios do contraditório e da ampla defesa.

§ 3º. Em se tratando de ilícito que configurar, em tese, crime ou contravenção penal, sem prejuízo do disposto nos §§ 1º e 2º, também poderá ser iniciado o procedimento administrativo de cassação da eficácia da inscrição estadual, desde que tenha havido decisão judicial condenatória, transitada em julgado ou proferida por órgão colegiado, e esteja comprovada a responsabilidade do contribuinte em decorrência de sua vinculação com a conduta.

• *Art. 31-A acrescido pelo Decreto nº 55.386, de 1º.2.2010 – DOE de 2.2.2010, e com redação dada pelo Decreto nº 59.170, de 13.5.2013 – DOE de 14.5.2013 – Efeitos a partir da publicação.*

### Seção II – Do Cadastro do Produtor Não Equiparado a Comerciante ou a Industrial

**Art. 32.** Observadas, no que couber, as demais disposições deste capítulo, o produtor de que trata o inciso VI do art. 4º deverá inscrever seu estabelecimento rural no Cadastro de Contribuintes do ICMS antes do início de suas atividades, conforme disciplina estabelecida pela Secretaria da Fazenda (Lei nº 6.374/1989, art. 16 na redação da Lei nº 12.294/2006, art. 1º, IV).

§ 1º. Para fins do disposto neste artigo considera-se produtor rural, o empresário rural, pessoa natural, não equiparado a comerciante ou industrial, que realize profissionalmente atividade agropecuária, de extração e exploração vegetal ou animal, de pesca ou de armador de pesca.

§ 2º. O disposto nesta seção aplica-se igualmente à sociedade em comum de produtor rural, assim considerada a sociedade que, cumulativamente:

1 – tenha como sócios apenas pessoas naturais;

2 – não seja inscrita no Registro Público de Empresas Mercantis;

3 – realize profissionalmente atividade agropecuária, de extração e/ou exploração vegetal ou animal, de pesca ou de armador de pesca.

§ 3º. Não estão abrangidos pelas disposições deste artigo, a pessoa ou sociedade que:

1 – faça uso do imóvel rural exclusivamente para recreio ou lazer;

2 – explore o imóvel rural exclusivamente com atividades cuja produção seja destinada ao próprio consumo;

3 – comercialize produtos agropecuários produzidos por terceiros ou recebidos em transferência de estabelecimento localizado em outra unidade da Federação;

4 – promova a compra e venda de bovino ou bufalino, desde que os animais permaneçam em seu poder por prazo inferior a 52 (cinquenta e dois) dias, quando em regime de confinamento, ou 138 (cento e trinta e oito) dias, nos demais casos.

§ 4º. Não perde a condição de produtor rural, a pessoa ou sociedade que promova a compra e venda de até 10 (dez) cabeças de gado bovino ou bufalino, em prazo inferior aos previstos no item 4 do § 3º, no período de 1º de janeiro a 31 de dezembro de cada ano.

§ 5º. Ao pescador ou armador de pesca, conceder-se-á a inscrição em função da localidade de sua residência, quando situada na orla marítima ou fluvial, e, nos demais casos, da localidade da Capitania dos Portos ou do órgão subordinado em que estiver inscrita a embarcação.

• *Art. 32 com redação dada pelo Decreto nº 51.305, de 24.11.2006 – DOE de 25.11.2006 – Efeitos a partir da publicação.*

**Art. 33.** O produtor rural poderá manter um depósito fechado exclusivamente para armazenagem de mercadoria de sua produção, desde que no município onde estiver inscrito seu estabelecimento rural que se sujeitará às disposições desta seção e, no que couber, ao disposto nos arts. 1° e 2° do Anexo VII deste Regulamento, podendo, nos termos de disciplina estabelecida pela Secretaria da Fazenda, ser dispensada a manutenção de livros fiscais.

- *Art. 33 com redação dada pelo Decreto nº 51.305, de 24.11.2006 – DOE de 25.11.2006 – Efeitos a partir da publicação.*

**Art. 34.** (Revogado).

- *Art. 34 revogado pelo Decreto nº 57.621, de 12.12.2011 – DOE de 13.12.2011 – Efeitos a partir de 1º.1.2012.*

**Art. 35.** (Revogado).

- *Art. 35 revogado pelo Decreto nº 50.607, de 29.3.2006 – DOE de 30.3.2006 – Efeitos a partir de 20.3.2006.*

# TÍTULO III
# DA OBRIGAÇÃO PRINCIPAL

## CAPÍTULO I
## DO LOCAL DA OPERAÇÃO OU DA PRESTAÇÃO

**Art. 36.** O local da operação ou da prestação, para efeito de cobrança do imposto e definição do estabelecimento responsável, é (Lei nº 6.374/1989, arts. 13 e 23, este na redação da Lei nº 10.619/2000, art. 1°, XII, Lei Complementar Federal nº 87/1996, art. 11, com alterações da Lei Complementar nº 102/2000, art. 1°, Convênio SINIEF-6/89, art. 73, na redação do Ajuste SINIEF-1/89, cláusula segunda, Convênio ICMS-25/90, cláusula sexta, Convênio ICMS-120/89):

I – tratando-se de mercadoria ou bem:

a) onde se encontrem, no momento da ocorrência do fato gerador;

b) onde se encontrem, quando em situação fiscal irregular pela falta de documentação fiscal ou quando acompanhados de documentação inábil;

c) o de desembarque do produto, na hipótese de captura de peixe, crustáceos e moluscos;

d) o da extração do ouro, ainda que em outro Estado, relativamente à operação em que deixar de ser considerado ativo financeiro ou instrumento cambial;

e) este Estado, se aqui estiver localizado o adquirente, inclusive consumidor final, nas operações interestaduais com energia elétrica e petróleo, lubrificantes e combustíveis dele derivados, quando não destinados à industrialização ou à comercialização;

f) o da situação do estabelecimento onde ocorrer a entrada física da mercadoria ou bem, importados do exterior e desembaraçados;

g) o do domicílio do adquirente não estabelecido, tratando-se de mercadoria ou bem importados do exterior e desembaraçados;

h) aquele onde for realizada a licitação, no caso de arrematação de mercadoria ou bem importados do exterior e apreendidos ou abandonados;

i) o da situação do estabelecimento que transferir a propriedade da mercadoria por ele adquirida no País ou do título que a represente, quando esta não tiver transitado pelo estabelecimento, ressalvado o disposto no § 2º;

j) o da situação do estabelecimento transmitente, no caso de ulterior transmissão de propriedade de mercadoria que tiver saído do estabelecimento em operação não tributada;

l) o da situação do estabelecimento depositante localizado em território paulista, no caso de posterior saída de armazém geral ou de depósito fechado do próprio contribuinte, neste Estado;

II – tratando-se de prestação de serviço de transporte:

a) onde tiver início a prestação;

b) onde se encontrar o transportador, quando em situação fiscal irregular pela falta de documentação fiscal ou quando acompanhada de documentação inábil;

c) o do estabelecimento destinatário do serviço, neste Estado, no caso de utilização de serviço cuja prestação se tiver iniciado em outro Estado e não estiver vinculada a operação ou prestação subsequente alcançada pela incidência do imposto;

III – tratando-se de prestação onerosa de serviço de comunicação:

a) o da prestação do serviço de radiodifusão sonora e de som e imagem, assim entendido o da geração, emissão, transmissão e retransmissão, repetição, ampliação e recepção;

b) o do estabelecimento da concessionária ou permissionária que fornecer ficha, cartão, assemelhados ou qualquer outro instrumento liberatório do serviço, ainda que por débito em conta corrente ou meio eletrônico de dados;

c) o do estabelecimento destinatário do serviço, neste Estado, no caso de utilização de serviço cuja prestação se tiver iniciado em outro Estado e não estiver vinculada a operação ou a prestação subsequente alcançada pela incidência do imposto;

d) o do estabelecimento ou domicílio do tomador do serviço, quando prestado por meio de satélite;

e) onde for cobrado o serviço, nos demais casos;

IV – tratando-se de serviço prestado ou iniciado no exterior, o do estabelecimento ou domicílio do destinatário;

V – tratando-se de operação ou prestação decorrente de transação realizada, parcial ou totalmente, em ambiente virtual, e na impossibilidade de se precisar o local da sua ocorrência, nos termos dos demais incisos deste artigo, qualquer estabelecimento da empresa ou a residência da pessoa física, neste Estado (Lei nº 6.374/1989, art. 23, V, acrescentado pela Lei nº 13.918/2009, art.12, VII).

- *Inciso V acrescido pelo Decreto nº 55.437, de 17.2.2010 – DOE de 18.2.2010 – Efeitos a partir de 23.12.2009.*

§ 1º. Para efeito do disposto na alínea "d" do inciso I, o ouro, quando definido como ativo financeiro ou instrumento cambial, deverá ter sua origem identificada, aplicando-se, na sua ausência, o disposto na alínea "a" do inciso I.

§ 2º. Na hipótese da alínea "i" do inciso I, quando a mercadoria estiver em regime de depósito em unidade da Federação diversa da do transmitente, o local da operação é o da situação da mercadoria no momento da ocorrência do fato gerador.

§ 3º. Para efeito da alínea "a" do inciso II:

1 – considera-se local de início da prestação de serviço de transporte de passageiros aquele onde se inicia trecho de viagem indicado no bilhete de passagem, exceto, no transporte aéreo, os casos de escala ou conexão;

2 – não caracterizam o início de nova prestação de serviço de transporte os casos de transbordo de carga, de turistas, de outras pessoas ou de passageiros, realizados pela empresa transportadora, ainda que com interveniência de outro estabelecimento, desde que utilizado veículo próprio e mencionados no documento fiscal respectivo o local de transbordo e as condições que o tiverem ensejado;

3 – relativamente ao item anterior, considera-se veículo próprio, além daquele que se achar registrado em nome do prestador do serviço, o utilizado em regime de locação ou forma similar;

4 – se o serviço de transporte iniciado no exterior for efetuado por etapas, a que tiver origem em território paulista constituir-se-á como início da prestação, desde que não se configure mero transbordo;

5 – na remessa de vasilhame, recipiente ou embalagem vazias, inclusive sacaria e assemelhados, para retorno com mercadoria, considera-se local de início da prestação do serviço de transporte, na remessa e no retorno, aquele onde tiver início cada uma dessas prestações.

§ 4º. Presume-se interna a operação caso o contribuinte não comprove a saída da mercadoria do território paulista com destino a outro Estado ou a sua efetiva exportação.

§ 5º. Na hipótese do inciso III:

1 – tratando-se de serviços não medidos que envolvam outras unidades da Federação, e cujo preço seja cobrado por períodos definidos, o imposto devido será recolhido em partes iguais às unidades da Federação onde estiverem localizados o prestador e o tomador do serviço;

2 – para efeito do disposto na alínea "e", salvo disposição expressa em contrário, será considerado como local de cobrança do serviço o que estiver diretamente vinculado à prestação realizada, assim entendido o local da prestação do serviço ou o local do estabelecimento ou domicílio do prestador, do tomador ou do destinatário (Lei nº 6.374/1989, art. 23, § 4º, 2, na redação da Lei nº 11.001/2001, art. 1º, I);

- *Item 2 com redação dada pelo Decreto nº 46.529, de 4.2.2002 – DOE de 5.2.2002 – Efeitos a partir de 22.12.2001.*

3 – tratando-se de prestação onerosa de serviço de comunicação, na modalidade acesso à internet, em que o estabelecimento prestador esteja localizado em unidade federada diversa da do usuário, o pagamento do imposto deve ser efetuado na proporção de 50% (cinquenta por cento) à unidade federada de localização do usuário do serviço e 50% (cinquenta por cento) àquela de localização da empresa prestadora (Convênio ICMS 79/03, cláusula segunda).

- *Item 3 acrescido pelo Decreto nº 48.294, de 2.12.2003 – DOE de 3.12.2003 – Efeitos a partir de 3.11.2003.*

4 – tratando-se de modalidades pré-pagas de prestações de serviços de comunicação, disponibilizadas por quaisquer meios físicos ou eletrônicos, por ocasião (Lei nº 6.374/1989, arts. 2º, XII e § 2º, e 23, III, "b", e Convênio ICMS-55/05, com alteração do Convênio ICMS-12/07):

a) da disponibilização de créditos passíveis de utilização exclusivamente em terminal de uso particular, assim compreendido o momento de seu reconhecimento ou ativação pela empresa de telecomunicação de modo a possibilitar o consumo dos créditos, o pagamento do imposto deverá ser efetuado à unidade federada onde o terminal estiver habilitado;

b) de seu fornecimento a intermediário ou ao usuário final, para utilização fracionada em terminais telefônicos, e que não se vincule a um terminal específico, o pagamento do imposto deve ser efetuado à unidade federada em que deverá ocorrer o fornecimento.

- *Item 4 acrescido pelo Decreto nº 49.910, de 22.8.2005, e com redação dada pelo Decreto nº 53.835, de 17.12.2008 – DOE de 18.12.2008 – Efeitos a partir da publicação.*

## CAPÍTULO II – DO CÁLCULO DO IMPOSTO

### Seção I – Da Base de Cálculo

**Art. 37.** Ressalvados os casos expressamente previstos, a base de cálculo do imposto nas hipóteses do art. 2º é (Lei nº 6.374/1989, art. 24, na redação da Lei nº 10.619/2000, art. 1º, XIII):

I – quanto às saídas de mercadorias aludidas nos incisos I, VIII, IX e XV, o valor da operação;

II – quanto ao fornecimento aludido no inciso II, o valor total da operação, compreendendo as mercadorias e os serviços;

III – quanto aos fornecimentos aludidos no inciso III:

a) na hipótese da alínea "a", o valor total da operação;

b) na hipótese da alínea "b", o preço corrente da mercadoria fornecida ou empregada;

IV – quanto ao desembaraço aludido no inciso IV, o valor constante do documento de importação, acrescido do valor dos Impostos de Importação, sobre Produtos Industrializados e sobre Operações de Câmbio, bem como de quaisquer outros impostos, taxas, contribuições e despesas aduaneiras, observado o disposto nos §§ 5º, 6º e 8º (Lei nº 6.374/1989, art. 24, IV, na redação da Lei nº 11.001/2001, art. 1º, X);

- *Inciso IV com redação dada pelo Decreto nº 53.833, de 17.12.2008 – DOE de 18.12.2008 – Efeitos a partir da publicação.*

V – quanto às aquisições aludidas no inciso V, o valor da arrematação, acrescido dos valores do Imposto de Importação, Imposto sobre Produtos Industrializados e de todas as despesas cobradas do adquirente ou a ele debitadas;

VI – quanto às entradas aludidas no inciso VI, o valor sujeito ao imposto no Estado de origem;

VII – quanto às entradas aludidas no inciso VII, o valor da operação de que decorrer a entrada;

VIII – quanto aos serviços aludidos nos incisos X, XI e XII, o respectivo preço, observado o disposto no art. 40;

IX – quanto ao serviço aludido no inciso XIII, o valor da prestação do serviço, acrescido, se for o caso, de todos os encargos relacionados com a sua utilização;

X – quanto à utilização de serviço aludida no inciso XIV, o valor sujeito ao imposto no Estado de origem.

§ 1º. Incluem-se na base de cálculo:

1 – seguros, juros e demais importâncias pagas, recebidas ou debitadas, descontos concedidos sob condição, bem como o valor de mercadorias dadas em bonificação;

2 – frete, se cobrado em separado, relativo a transporte intramunicipal, intermunicipal ou interestadual, realizado pelo próprio remetente ou por sua conta e ordem;

3 – o montante do Imposto sobre Produtos Industrializados, salvo quando a operação, realizada entre contribuintes e relativa a produto destinado à industrialização ou à comercialização, configurar fato gerador de ambos os impostos;

4 – o valor do Imposto sobre Produtos Industrializados incidente na operação de que tiver decorrido a entrada da mercadoria no estabelecimento, quando esta, recebida para fins de comercialização ou industrialização, for posteriormente destinada a consumo ou a ativo imobilizado do estabelecimento;

5 – a importância cobrada a título de montagem e instalação, nas operações com máquina, aparelho, equipamento, conjunto industrial e outro produto, de qualquer natureza, quando o estabelecimento remetente ou outro do mesmo titular tenha assumido contratualmente a obrigação de entregá-lo montado para uso, observado o disposto no art. 126.

§ 2º. Na operação ou prestação interestadual, entre estabelecimentos de contribuintes diferentes, quando houver reajuste de valor depois da remessa ou da prestação, a diferença ficará sujeita ao imposto.

§ 3º. Quando o frete for cobrado por estabelecimento pertencente ao mesmo titular da mercadoria ou por outro estabelecimento de empresa que com aquele mantiver relação de interdependência, em valor que exceder os níveis normais de preços em vigor, no mercado local, para serviço semelhante, constantes em tabelas elaboradas pelos órgãos competentes, o valor excedente será havido como parte do preço da mercadoria.

§ 4º. Para efeito do parágrafo anterior, consideram-se interdependentes duas empresas quando:

1 – uma delas, por si, seus sócios ou acionistas, e respectivos cônjuges e filhos menores, for titular de mais de 50% (cinquenta por cento) do capital da outra, ou uma delas locar ou transferir à outra, a qualquer título, veículo destinado ao transporte de mercadoria;

2 – uma mesma pessoa fizer parte de ambas, na qualidade de diretor ou sócio com funções de gerência, ainda que exercidas sob outra denominação.

§ 4º-A. O valor correspondente à gorjeta fica excluído da base de cálculo do ICMS incidente no fornecimento de alimentação e bebidas promovido por bares, restaurantes, hotéis e estabelecimentos similares, observando-se que:

1 – não poderá ultrapassar 10% (dez por cento) do valor da conta;

2 – tratando-se de gorjeta cobrada pelo contribuinte ao cliente, como adicional na conta, o valor deverá ser discriminado no respectivo documento fiscal;

3 – tratando-se de gorjeta espontânea, para ter reconhecida a exclusão do valor da gorjeta da base de cálculo do ICMS, o contribuinte deverá manter à disposição da fiscalização, pelo prazo previsto no art. 202 deste Regulamento:

a) documentação comprobatória de que os empregados trabalham, nos termos de legislação, acordo ou convenção coletiva, sob a modalidade de gorjeta espontânea;

b) expressa indicação nas contas, cardápios ou em avisos afixados no estabelecimento de que o serviço (gorjeta) não é obrigatório;

c) demonstrativo mensal do valor da gorjeta espontânea que circulou pelos meios de recebimento da receita do estabelecimento.

4 – o benefício e condições previstos neste parágrafo aplicam-se também a contribuinte sujeito às normas do Regime Especial Unificado de Arrecadação de Tributos e Contribuições devidos pelas Microempresas e Empresas de Pequeno Porte – Simples Nacional.

• *§ 4º-A acrescido pelo Decreto nº 58.374, de 6.9.2012 – DOE de 7.9.2012 – Efeitos a partir da publicação.*

§ 5º. Na hipótese do inciso IV, o valor de importação expresso em moeda estrangeira será convertido em moeda nacional pela mesma taxa de câmbio utilizada no cálculo do Imposto de Importação, sem qualquer acréscimo ou devolução posterior se houver variação da taxa de câmbio até o pagamento efetivo do preço, observando-se o seguinte:

1 – o valor fixado pela autoridade aduaneira para base de cálculo do Imposto de Importação, nos termos da lei aplicável, substituirá o valor declarado;

2 – não sendo devido o Imposto de Importação, utilizar-se-á a taxa de câmbio empregada para cálculo do Imposto de Importação no dia do início do despacho aduaneiro.

§ 6º. Para o fim previsto no inciso IV, entendem-se como demais despesas aduaneiras aquelas efetivamente pagas à repartição alfandegária até o momento do desembaraço da mercadoria, tais como diferenças de peso, classificação fiscal e multas por infrações.

§ 7º. O disposto neste artigo não exclui a aplicação de outras normas relativas à base de cálculo, decorrentes de acordos celebrados com outros Estados.

§ 8º. Na hipótese do inciso IV:

1 – havendo suspensão de tributos federais por ocasião do desembaraço aduaneiro, o lançamento da parcela do imposto correspondente a esses tributos federais fica também suspenso, devendo ser efetivado no momento em que ocorrer a cobrança, pela União, dos tributos federais suspensos;

2 – tratando-se de reimportação de bem ou mercadoria remetidos ao exterior sob amparo do Regime Aduaneiro Especial de Exportação Temporária para Aperfeiçoamento Passivo, disciplinado pela legislação federal específica, a base de cálculo do imposto será o valor dispendido ou pago pelo importador relativamente ao aperfeiçoamento passivo realizado no exterior, acrescido dos tributos federais e das multas eventualmente incidentes na reimportação, bem como das respectivas despesas aduaneiras.

• *§ 8º acrescido pelo Decreto nº 53.833, de 17.12.2008 – DOE de 18.12.2008, e com redação dada pelo Decreto nº 54.314, de 8.5.2009 – DOE de 9.5.2009 – Efeitos a partir da publicação.*

**Art. 38.** Na falta do valor a que se referem os incisos I e VII do artigo anterior, ressalvado o disposto no art. 39, a base de cálculo do imposto é (Lei nº 6.374/1989, art. 25, na redação da Lei nº 10.619/2000, art. 1º, XIV):

I – o preço corrente da mercadoria ou de sua similar no mercado atacadista do local da operação ou, na sua falta, no mercado atacadista regional, caso o remetente seja produtor, extrator ou gerador, inclusive de energia;

II – o preço FOB estabelecimento industrial à vista, caso o remetente seja industrial, observado o disposto no § 1º;

III – o preço FOB estabelecimento comercial à vista, nas vendas a outros comerciantes ou industriais, caso o remetente seja comerciante, observado o disposto nos §§ 1º e 2º.

§ 1º. Para a aplicação dos incisos II e III adotar-se-á sucessivamente:

1 – o preço efetivamente cobrado pelo estabelecimento remetente na operação mais recente;

2 – caso o remetente não tenha efetuado venda de mercadoria, o preço corrente da mercadoria ou de sua similar no mercado atacadista do local da operação ou, na falta deste, no mercado atacadista regional.

§ 2º. Na hipótese do inciso III, se o estabelecimento remetente não efetuar vendas a outros comerciantes ou industriais ou, em qualquer caso, se não houver mercadoria similar, a base de cálculo será equivalente a 75% (setenta e cinco por cento) do preço de venda corrente no varejo, observado o disposto no parágrafo anterior.

§ 3º. Na saída para estabelecimento situado neste Estado, pertencente ao mesmo titular, em substituição aos preços previstos nos incisos I a III, poderá o estabelecimento remetente atribuir à operação outro valor, desde que não inferior ao custo da mercadoria.

**Art. 39.** Na saída de mercadoria para estabelecimento localizado em outro Estado, pertencente ao mesmo titular, a base de cálculo é (Lei nº 6.374/1989, art. 26, na redação da Lei nº 10.619/2000, art. 1º, XV, e Convênio ICMS-3/95):

I – o valor correspondente à entrada mais recente da mercadoria;

II – o custo da mercadoria produzida, assim entendido a soma do custo da matéria-prima, do material secundário, da mão de obra e do acondicionamento, atualizado monetariamente na data da ocorrência do fato gerador;

III – tratando-se de mercadorias não industrializadas, o seu preço corrente no mercado atacadista do estabelecimento remetente.

Parágrafo único. A Secretaria da Fazenda, em regime especial, tendo em vista peculiaridade do contribuinte, devidamente comprovada, poderá fixar:

• *Parágrafo único com redação dada pelo Decreto nº 47.452, de 16.12.2002 – DOE de 17.12.2002 – Efeitos a partir de 17.12.2002.*

1 – em relação ao inciso I, que o valor da entrada mais recente da mercadoria seja obtido com base em período previamente determinado, preferencialmente dentro do mês da ocorrência do fato gerador;

2 – em relação ao inciso II, que o custo da mercadoria produzida seja o obtido com base em período determinado.

**Art. 40.** Nas prestações sem preço determinado, a base de cálculo é o valor corrente do serviço no local da prestação (Lei nº 6.374/1989, art. 27, na redação da Lei nº 10.619/2000, art. 1º, XVI).

**Art. 40-A.** No caso de sujeição passiva por substituição com retenção antecipada do imposto, a base de cálculo será o preço final a consumidor, único ou máximo, autorizado ou fixado por autoridade competente (Lei nº 6.374/1989, art. 28, na redação da Lei nº 12.681/2007, art. 1º, II).

Parágrafo único. Tratando-se de veículo automotor novo importado, ao preço único ou máximo de venda deverão ser acrescidos os valores relativos aos acessórios colocados no veículo pelo sujeito passivo por substituição.

- *Art. 40-A acrescido pelo Decreto nº 52.148, de 10.9.2007 – DOE de 11.9.2007 – Efeitos a partir de 25.7.2007.*

**Art. 41.** Na falta de preço final a consumidor, único ou máximo, autorizado ou fixado por autoridade competente, a base de cálculo do imposto para fins de substituição tributária com retenção antecipada do imposto será o preço praticado pelo sujeito passivo, incluídos os valores correspondentes a frete, carreto, seguro, impostos e outros encargos transferíveis ao adquirente, acrescido do valor resultante da aplicação de percentual de margem de valor agregado estabelecido conforme disposto pela legislação em cada caso (Lei nº 6.374/1989, art. 28-A, I, na redação da Lei nº 12.681/2007, art. 1º, III).

Parágrafo único. Quando existir preço final a consumidor sugerido pelo fabricante ou importador, adotar-se-á esse preço como base de cálculo para retenção do imposto por substituição tributária, desde que (Lei nº 6.374/1989, art. 28-A, VIII, na redação da Lei nº 12.681/2007, art. 1º, III):

1 – a entidade representativa do fabricante ou importador apresente pedido formal, nos termos de disciplina estabelecida pela Secretaria da Fazenda, devidamente documentado por cópias de Notas Fiscais e demais elementos que possam comprovar o preço praticado;

2 – na hipótese de deferimento do pedido referido no item 1, o preço sugerido será aplicável somente após ser editada a legislação correspondente.

- *Art. 41 com redação dada pelo Decreto nº 52.148, de 10.9.2007 – DOE de 11.9.2007 – Efeitos a partir de 25.7.2007.*

**Art. 42.** Na impossibilidade de inclusão dos valores referentes a frete, seguro ou outro encargo na base de cálculo a que se refere o *caput* do art. 41, por serem esses valores desconhecidos do sujeito passivo por substituição, o pagamento do imposto sobre as referidas parcelas deverá ser efetuado pelo contribuinte substituído que receber a mercadoria diretamente do sujeito passivo por substituição, nos termos do art. 280, devendo tal condição ser indicada no documento fiscal por este emitido.

Parágrafo único. O disposto neste artigo não se aplica na hipótese de ter sido aplicado percentual de margem de valor agregado específico para operações sem a inclusão do valor do frete na base de cálculo da retenção.

- *Art. 42 com redação dada pelo Decreto nº 54.239, de 14.4.2009 – DOE de 15.4.2009 – Efeitos a partir de 23.12.2008.*
- *V. art. 3º do Decreto nº 54.239, de 14.4.2009 – DOE de 15.4.2009.*

**Art. 43.** Em substituição ao disposto no art. 41, a Secretaria da Fazenda poderá fixar como base de cálculo da substituição tributária, com retenção antecipada do imposto, a média ponderada dos preços a consumidor final usualmente praticados no mercado considerado, apurada por levantamento de preços, ainda que por amostragem ou por meio de dados fornecidos por entidades representativas dos respectivos setores (Lei nº 6.374/1989, art. 28-B, acrescentado pela Lei nº 12.681/2007, art. 2º, II).

§ 1º. O levantamento de preços a que se refere este artigo:

1 – deverá apurar, no mínimo, o preço de venda à vista no varejo, incluindo o frete, seguro e demais despesas cobradas do adquirente;

2 – não deverá considerar os preços de promoção, bem como aqueles submetidos a qualquer tipo de comercialização privilegiada;

3 – poderá ser promovido pela Secretaria da Fazenda ou, a seu critério, por entidade representativa do setor que realiza operações ou prestações sujeitas à substituição tributária;

4 – poderá ser adotado pela Secretaria da Fazenda com base em pesquisas já realizadas por instituto de pesquisa de mercado de reputação idônea.

§ 2º. Na hipótese de o levantamento de preços ser promovido por entidade representativa de setor, este deverá ser realizado por instituto de pesquisa de mercado de reputação idônea, desvinculado da referida entidade, devendo ser encaminhado à Secretaria da Fazenda para efeitos de subsidiar a fixação da base de cálculo do imposto, acompanhado de:

1 – relatório detalhado sobre a metodologia utilizada;

2 – provas que demonstrem a prática dos preços pesquisados pelo mercado.

§ 3º. Para fins do disposto neste artigo, a Secretaria da Fazenda poderá utilizar os dados fornecidos por contribuintes de um determinado setor da economia, em atendimento a obrigações acessórias fixadas pela legislação.

• *Art. 43 com redação dada pelo Decreto nº 52.148, de 10.9.2007 – DOE de 11.9.2007 – Efeitos a partir de 25.7.2007.*

**Art. 44.** Para fins de estabelecimento do percentual de margem de valor agregado a que se refere o art. 41, o levantamento de preços previsto no art. 43 deverá apurar também (Lei nº 6.374/1989, art. 28-C, acrescentado pela Lei nº 12.681/2007, art. 2º, III):

I – o preço de venda à vista no estabelecimento fabricante ou importador, incluindo o ICMS da operação própria, IPI, frete, seguro e demais despesas cobradas do destinatário, excluído o valor do ICMS relativo à substituição tributária;

II – o preço à vista no estabelecimento atacadista, incluindo o ICMS da operação própria, frete, seguro e demais despesas cobradas do destinatário, excluído o valor do ICMS relativo à substituição tributária.

§ 1º. O percentual de margem de valor agregado será fixado pela Secretaria da Fazenda com base nos preços obtidos pelo levantamento, estabelecendo-se a relação percentual entre os valores apurados relativamente:

1 – ao item 1 do § 1º do art. 43 e o inciso I;

2 – ao item 1 do § 1º do art. 43 e o inciso II.

§ 2º. Poderão ser adotados percentuais de margem de valor agregado ou preço final a consumidor fixados em acordo celebrado pelo Estado de São Paulo com outras unidades da Federação, com observância do disposto em lei complementar relativa à matéria.

• *Art. 44 com redação dada pelo Decreto nº 52.148, de 10.9.2007 – DOE de 11.9.2007 – Efeitos a partir de 25.7.2007.*

**Art. 45.** Tendo o contribuinte utilizado base de cálculo inferior à prevista na legislação, sobre a diferença será devido o imposto.

**Art. 46.** O valor mínimo das operações ou prestações poderá ser fixado em pauta expedida pela Secretaria da Fazenda (Lei nº 6.374/1989, art. 30).

§ 1º. A pauta poderá ser:

1 – modificada, a qualquer tempo;

2 – aplicada em uma ou mais regiões do Estado, tendo em conta categorias, grupos ou setores de atividades econômicas, e ter seu valor atualizado sempre que necessário.

§ 2º. Havendo discordância em relação ao valor fixado, caberá ao contribuinte comprovar a exatidão do valor por ele declarado, que prevalecerá como base de cálculo.

§ 3º. Nas operações ou prestações interestaduais, a aplicação do disposto neste artigo dependerá de celebração de acordo entre os Estados envolvidos, para estabelecer os critérios de fixação dos valores.

**Art. 47.** O valor da operação ou da prestação poderá ser arbitrado pela autoridade fiscal em hipótese prevista no art. 493, sem prejuízo da aplicação das penalidades cabíveis (Lei nº 6.374/1989, art. 31, com alteração da Lei nº 10.619/2000, art. 2º, III).

Parágrafo único. A contestação do valor arbitrado será feita no processo iniciado pelo lançamento de ofício efetuado pela autoridade fiscal.

**Art. 48.** O valor da operação ou da prestação deverá ser calculado em moeda nacional, procedendo-se, na data em que ocorrer o fato gerador do imposto (Lei nº 6.374/1989, art. 32, com alteração da Lei nº 10.619/2000, art. 1º, XVII):

I – à conversão do valor expresso em moeda estrangeira, mediante aplicação da taxa cambial do dia, exceto em relação à mercadoria ou bem importados do exterior, caso em que se observará o disposto no § 5º do art. 37;

II – à apuração do valor expresso em título reajustável, mediante aplicação do valor nominal do dia;

III – à atualização do valor vinculado à indexação de qualquer natureza, mediante aplicação do índice vigente no dia.

**Art. 49.** O montante do imposto, inclusive na hipótese do inciso IV do art. 2º, integra sua própria base de cálculo, constituindo o respectivo destaque mera indicação para fins de controle (Lei nº 6.374/1989, art. 33, na redação da Lei nº 11.001/2001, art. 1º, XI).

• *Art. 49 com redação dada pelo Decreto nº 46.529, de 4.2.2002 – DOE de 5.2.2002 – Efeitos a partir de 22.12.2001.*

**Art. 50.** (Revogado).

• *Art. 50 revogado pelo Decreto nº 51.520, de 29.1.2007 – DOE de 30.1.2007 – Produzindo efeitos aos fatos geradores que ocorrerem a partir de 1º.2.2007.*

**Art. 51.** Fica reduzida a base de cálculo nas operações ou prestações arroladas no Anexo II, exceto na operação própria praticada por contribuinte sujeito às normas do Regime Especial Unificado de Arrecadação de Tributos e Contribuições devidos pelas Microempresas e Empresas de Pequeno Porte – "Simples Nacional", em conformidade com suas disposições (Lei nº 6.374/1989, art. 5º e Lei Complementar federal nº 123/2006).

Parágrafo único. A redução de base de cálculo prevista para as operações ou prestações internas aplica-se, também:

1 – nas saídas destinadas a não contribuinte do imposto localizado em outra unidade da Federação;

2 – no cálculo do valor do imposto a ser recolhido a título de substituição tributária, quando a redução da base de cálculo for aplicável nas sucessivas operações ou prestações até o consumidor ou usuário final.

• *Art. 51 com redação dada pelo Decreto nº 54.650, de 6.8.2009 – DOE de 7.8.2009 – Efeitos a partir de 1º.8.2009.*

## Seção II – Da Alíquota

**Art. 52.** As alíquotas do imposto, salvo exceções previstas nos arts. 53, 54, 55 e 56-B, são: (Lei nº 6.374/1989, art. 34, caput, com alterações da Lei nº 10.619/2000, arts. 1º, XVIII, e 2º, IV, § 1º, 4, e § 4º, Lei nº 6.556/1989, art. 1º, Lei nº 10.991/2001, art. 1º, Resoluções do Senado Federal nº 22, de 19.5.1989, nº 95, de 13.12.1996 e nº 13, de 25.4.2012, e Lei Complementar nº 123/2006):

- *Art. 52,* caput, *com redação dada pelo Decreto nº 58.923, de 27.2.2013 – DOE de 28.2.2013 – Efeitos a partir de 1º.1.2013.*

I – nas operações ou prestações internas, ainda que iniciadas no exterior, 18% (dezoito por cento);

- *V. Lei nº 10.706, de 28.12.2000 – Dispõe sobre alíquota do Imposto sobre Operações Relativas à Circulação de Mercadorias e sobre Prestação de Serviços de Transporte Interestadual e Intermunicipal e de Comunicação – ICMS.*

II – nas operações ou prestações interestaduais que destinarem mercadorias ou serviços a contribuintes localizados nos Estados das regiões Norte, Nordeste e Centro-Oeste e no Estado do Espírito Santo, 7% (sete por cento), observado o disposto no § 2º;

- *Incio II com redação dada pelo Decreto nº 58.923, de 27.2.2013 – DOE de 28.2.2013 – Efeitos a partir de 1º.1.2013.*

III – nas operações ou prestações interestaduais que destinarem mercadorias ou serviços a contribuintes localizados nos Estados das regiões Sul e Sudeste, 12% (doze por cento), observado o disposto no § 2º;

- *Inciso III com redação dada pelo Decreto nº 58.923, de 27.2.2013 – DOE de 28.2.2013 – Efeitos a partir de 1º.1.2013.*

IV – nas prestações interestaduais de transporte aéreo de passageiro, carga e mala postal, em que o destinatário do serviço seja contribuinte do imposto, 4% (quatro por cento);

V – Nas operações com energia elétrica, no que respeita aos fornecimentos adiante indicados:

a) 12% (doze por cento), em relação à conta residencial que apresentar consumo mensal de até 200 (duzentos) kWh;

b) 25% (vinte e cinco por cento), em relação à conta residencial que apresentar consumo mensal acima de 200 (duzentos) kWh;

c) 12% (doze por cento), quando utilizada no transporte público eletrificado de passageiros;

d) 12% (doze por cento), nas operações com energia elétrica utilizada em propriedade rural, assim considerada a que efetivamente mantiver exploração agrícola ou pastoril e estiver inscrita no Cadastro de Contribuintes do ICMS.

§ 1º. O imposto incidente sobre o serviço prestado no exterior deverá ser calculado mediante aplicação da alíquota prevista no inciso I.

- *§ 1º, primitivo parágrafo único, renumerado pelo Decreto nº 58.923, de 27.2.2013 – DOE de 28.2.2013 – Efeitos a partir de 1º.1.2013.*

§ 2º. Relativamente aos incisos II e III, nas operações interestaduais com bens e mercadorias importados do exterior, a alíquota será de 4%, observado o seguinte:

1 – a alíquota de 4% será aplicada nas operações com bens e mercadorias importados do exterior que, após o desembaraço aduaneiro:

a) não tenham sido submetidos a processo de industrialização;

b) ainda que submetidos a processo de transformação, beneficiamento, montagem, acondicionamento, reacondicionamento, renovação ou recondicionamento, resultem em mercadorias ou bens com conteúdo de importação superior a 40% (quarenta por cento), conforme disciplina específica;

2 – a alíquota de 4% não será aplicada nas operações com os seguintes bens e mercadorias:

a) bens e mercadorias importados do exterior que não tenham similar nacional, assim considerados aqueles previstos em lista publicada pelo Conselho de Ministros da Câmara de Comércio Exterior – CAMEX para os fins da Resolução do Senado Federal nº 13, de 25 de abril de 2012;

b) bens e mercadorias produzidos em conformidade com os processos produtivos básicos de que tratam o Decreto-Lei nº 288, de 28 de fevereiro de 1967, e as Leis nºs 8.248, de 23 de outubro de 1991, 8.387, de 30 de dezembro de 1991, 10.176, de 11 de janeiro de 2001, e 11.484, de 31 de maio de 2007;

c) gás natural importado do exterior.

- *§ 2º acrescido pelo Decreto nº 58.923, de 27.2.2013 – DOE de 28.2.2013 – Efeitos a partir de 1º.1.2013.*

**Art. 53.** (Revogado).

- *Art. 53 revogado pelo Decreto nº 51.520, de 29.1.2007 – DOE de 30.1.2007 – Produzindo efeitos aos fatos geradores que ocorrerem a partir de 1º.2.2007.*

**Art. 53-A.** Aplica-se a alíquota de 7% (sete por cento) nas operações internas com os produtos adiante indicados, ainda que se tiverem iniciado no exterior (Lei nº 6.374/1989, art. 34, § 1º, itens 14, 16 e 17, o primeiro acrescentado pela Lei nº 9.399/1996, art. 2º, V, o segundo acrescentado pela Lei nº 9.794/1997, art. 4º, e o último na redação da Lei nº 10.619/2000, art. 1º):

I – preservativos classificados no código 4014.10.0000 da Nomenclatura Brasileira de Mercadorias do Sistema Harmonizado – NBM/SH vigente em 31 de dezembro de 1996;

II – ovo integral pasteurizado, ovo integral pasteurizado desidratado, clara pasteurizada desidratada ou resfriada e gema pasteurizada desidratada ou resfriada;

III – embalagens para ovo *in natura*, do tipo bandeja ou estojo, com capacidade para acondicionamento de até 30 (trinta) unidades.

• *Art. 53-A acrescido pelo Decreto nº 52.743, de 22.2.2008 – DOE de 23.2.2008 – Efeitos a partir da publicação.*

**Art. 54.** Aplica-se a alíquota de 12% (doze por cento) nas operações ou prestações internas com os produtos e serviços adiante indicados, ainda que se tiverem iniciado no exterior (Lei nº 6.374/1989, art. 34, § 1º, itens 2, 5, 6, 7, 9, 10, 12, 13, 15, 18, 19 e 20 e § 6º, o terceiro na redação da Lei nº 9.399/1996, art. 1º, VI, o quarto na redação da Lei nº 9.278/1995, art. 1º, I, o quinto ao décimo acrescentados, respectivamente, pela Lei nº 8.198/1992, art. 2º, Lei nº 8.456/1993, art. 1º, Lei nº 8.991/1994, art. 2º, I, Lei nº 9.329/1995, art. 2º, I, Lei nº 9.794/1997, art. 4º, Lei nº 10.134/1998, art. 1º, o décimo-primeiro e o décimo-segundo acrescentados pela Lei nº 10.532/2000, art. 1º, o último acrescentado pela Lei nº 8.991/1994, art. 2º, II):

I – serviços de transporte;

II – ave, coelho ou gado bovino, suíno, caprino ou ovino em pé e produto comestível resultante do seu abate, em estado natural, resfriado ou congelado;

III – farinha de trigo, bem como mistura pré-preparada de farinha de trigo classificada no código 1901.20.9900 da Nomenclatura Brasileira de Mercadorias – Sistema Harmonizado – NBM/SH vigente em 31 de dezembro de 1996, e massas alimentícias não cozidas, nem recheadas ou preparadas de outro modo;

IV – pedra e areia, no tocante às saídas;

V – implementos e tratores agrícolas, máquinas, aparelhos e equipamentos industriais e produtos da indústria de processamento eletrônico de dados, neste último caso desde que não abrangidos pelo inciso III do art. 53, observadas a relação dos produtos alcançados e a disciplina de controle estabelecidas pelo Poder Executivo;

• *V. Decreto nº 30.488, de 27.9.1989, na redação dada pelo Decreto nº 33.498/1991. Institui o Programa de Desenvolvimento do Estado de São Paulo.*

• *V. art. 8º das DDTT. Prevê a aquisição de implementos e tratores agrícolas mediante transferência de crédito, até 31.12.2001, por estabelecimento rural de produtor pecuarista de gado bovino ou suíno.*

VI – óleo diesel e etanol hidratado combustível – EHC (Lei nº 6.374/1989, art. 34, § 1º, item 10, na redação da Lei nº 11.593/2003, art. 1º, I);

• *Inciso VI, com redação dada pelo Decreto nº 59.997, de 20.12.2013 – DOE de 21.12.2013 – Efeitos a partir de 1º.3.2014.*

VII – ferros e aços não planos comuns, indicados no § 1º;

VIII – produtos cerâmicos e de fibrocimento, indicados no § 2º;

IX – painéis de madeira industrializada, classificados nos códigos 4410.19.00, 4411.11.00, 4411.19.00, 4411.21.00, 4411.29.00 da Nomenclatura Brasileira de Mercadorias – Sistema Harmonizado – NBM/SH;

X – veículos automotores, quando tais operações sejam realizadas sob o regime jurídico-tributário da sujeição passiva por substituição com retenção do imposto relativo às operações subsequentes, sem prejuízo do disposto no inciso seguinte;

XI – independentemente de sujeição ao regime jurídico-tributário da sujeição passiva por substituição, os veículos classificados nos códigos 8701.20.0200, 8701.20.9900, 8702.10.0100, 8702.10.0200, 8702.10.9900, 8704.21.0100, 8704.22.0100, 8704.23.0100, 8704.31.0100, 8704.32.0100, 8704.32.9900, 8706.00.0100 e 8706.00.0200 da Nomenclatura Brasileira de Mercadorias – Sistema Harmonizado – NBM/SH vigente em 31 de dezembro de 1996;

XII – no fornecimento de alimentação aludido no inciso II do art. 2º, bem como nas saídas de refeições realizadas por empresas preparadoras de refeições coletivas, excetuado, em qualquer dessas hipóteses, o fornecimento ou a saída de bebidas;

XIII – segundo a Nomenclatura Brasileira de Mercadorias – Sistema Harmonizado – NBM/SH, no tocante às saídas:

a) assentos – 9401, exceto os classificados no código 9401.20.00 (Lei nº 6.374/1989, art. 34, § 1º, 19, "a", na redação da Lei nº 10.708/2000, art. 3º);

• *Alínea "a" com redação dada pelo Decreto nº 45.644, de 26.1.2001 – DOE de 27.1.2001 – Efeitos a partir de 1º.1.2001.*

b) móveis – 9403;

c) suportes elásticos para camas – 9404.10;

d) colchões – 9404.2;

XIV – segundo a Nomenclatura Brasileira de Mercadorias – Sistema Harmonizado – NBM/SH, no tocante às saídas:

a) chapas, folhas, películas, tiras e lâminas de plásticos – 3921.90.1 e 3921.90.90;

b) papel e cartão revestidos – Impregnados – 4811.31.20;

XV – segundo a Nomenclatura Brasileira de Mercadorias – Sistema Harmonizado – NBM/SH, as operações com os produtos (Lei nº 6.374/1989, art. 34, § 1º, 21, acrescentado pela Lei nº 10.708/2000, art. 2º, II):

• *Inciso XV acrescido pelo Decreto nº 45.644, de 26.1.2001 – DOE de 27.1.2001 – Efeitos a partir de 1º.1.2001.*

a) elevadores e monta cargas, 8428.10;

b) escadas e tapetes rolantes, 8428.40;

c) partes de elevadores, 8431.31;

d) seringas descartáveis, 9018.31.19;

e) agulhas descartáveis, 9018.32.19;

XVI – pão não abrangido pelo inciso I do art. 53 e desde que classificado nas subposições 1905.10, 1905.20 ou 1905.90 e pão torrado, torradas ou produtos semelhantes da subposição 1905.40, todas da Nomenclatura Brasileira de Mercadorias – Sistema Harmonizado – NBM/SH (Lei nº 6.374/1989, art. 34, § 1º, 6, "c", acrescentado pela Lei nº 10.708/2000, art. 2º, I);

- *Inciso XVI acrescido pelo Decreto nº 45.644, de 26.1.2001 – DOE de 27.1.2001, e com redação dada pelo Decreto nº 49.709, de 23.6.2005 – DOE de 24.6.2005 – Efeitos a partir de 1º.5.2005.*

XVII – nas operações com as soluções parenterais abaixo indicadas, todas classificadas no código 3004.90.99 da Nomenclatura Brasileira de Mercadorias – Sistema Harmonizado – NBM/SH (Lei nº 6.374/1989, art. 34, § 1º, 6, "c", acrescentado pela Lei nº 10.708/00, art. 2º, I):

a) solução de glicose a 1,5%, 5%, 10%, 25%, 50% ou a 70%;

b) solução de cloreto de sódio a 0,9%, 10%, 17,7% ou a 20%;

c) solução glicofisiológica;

d) solução de ringer, inclusive com lactato de sódio;

e) manitol a 20%;

f) diálise peritoneal a 1,5% ou a 7%;

g) água para injeção;

h) bicarbonato de sódio a 8,4% ou a 10%;

i) dextran 40, com glicose ou com fisiológico;

j) cloreto de potássio a 10%, 15% ou a 19,1%;

l) fosfato de potássio 2mEq/ml;

m) sulfato de magnésio 1mEq/ml, a 10% ou a 50%;

n) fosfato monossódico + dissódico;

o) glicerina;

p) sorbitol a 3%;

q) aminoácido;

r) dipeptiven;

s) frutose;

t) haes-steril;

u) hisocel;

v) hisoplex;

x) lipídeos;

- *Inciso XVII acrescido pelo Decreto nº 47.452, de 16.12.2002 – DOE de 17.12.2002, e com redação dada pelo Decreto nº 48.739, de 21.6.2004 – DOE de 22.6.2004 – Efeitos a partir de 22.6.2004.*

XVIII – dentifrício, classificado no código 3306.10.00, escovas de dentes e para dentadura, exceto elétricas, classificadas no código 9603.21.00, todos da Nomenclatura Brasileira de Mercadorias – Sistema Harmonizado – NBM/SH (Lei nº 6.374/1989, art. 34, § 1º, item 6, alínea "d", acrescentada pela Lei nº 12.221/2006, art. 1º, I).

- *Inciso XVIII acrescido pelo Decreto nº 50.473, de 20.1.2006 – DOE de 21.1.2006 – Efeitos a partir de 10.1.2006.*

§ 1º. Os produtos a que se refere o inciso VII são os adiante indicados, observada a classificação segundo a Nomenclatura Brasileira de Mercadorias – NBM/SH:

1 – fio-máquina de ferro ou aços não ligados:

a) dentados, com nervuras, sulcos ou relevos, obtidos durante a laminagem, 7213.10.00;

b) outros, de aços para tornear, 7213.20.00;

2 – barras de ferro ou aços não ligados, simplesmente forjadas, laminadas, estiradas ou extrudadas, a quente, incluídas as que tenham sido submetidas a torção após laminagem:

a) dentadas, com nervuras, sulcos ou relevos, obtidos durante a laminagem, ou torcidas após a laminagem, 7214.20.00;

b) outras: de seção transversal retangular, 7214.91.00; de seção circular, 7214.99.10; outras, 7214.99.90;

3 – perfis de ferro ou aços não ligados:

a) perfis em "U", "I" ou "H", simplesmente laminados, estirados ou extrudados, a quente, de altura inferior a 80 mm, 7216.10.00;

b) perfis em "L" simplesmente laminados, estirados ou extrudados, a quente, de altura inferior a 80 mm, 7216.21.00;

c) perfis em "T" simplesmente laminados, estirados ou extrudados, a quente, de altura inferior a 80 mm, 7216.22.00;

d) perfis em "U" simplesmente laminados, estirados ou extrudados, a quente, de altura igual ou superior a 80 mm, 7216.31.00;

e) perfis em "I" simplesmente laminados, estirados ou extrudados, a quente, de altura igual ou superior a 80 mm, 7216.32.00;

f) fios de ferro ou aços não ligados: outros, não revestidos, mesmo polidos, 7217.10.90;

4 – armações de ferro prontas, para estrutura de concreto armado ou argamassa armada, 7308.40.00;

5 – grades e redes, soldadas nos pontos de interseção, de fios com, pelo menos, 3 mm na maior dimensão do corte transversal e com malhas de 100 $cm^2$ ou mais, de superfície de aço, não revestidas, para estruturas ou obras de concreto armado ou argamassa armada, 7314.20.00;

6 – outras grades e redes, soldadas nos pontos de interseção:

a) galvanizadas, 7314.31.00;

b) de aço, não revestidas, para estruturas ou obras de concreto armado ou argamassa armada, 7314.39.00;

7 – outras telas metálicas, grades e redes:

a) galvanizadas, 7314.41.00;

b) recobertas de plásticos, 7314.42.00;

8 – arames:

a) galvanizados, 7217.20.90;

b) plastificados, 7217.90.00;

c) farpados, 7313.00.00;

9 – gabião, 7326.20.00;

10 – grampos de fio curvado, 7317.00.20 (Lei nº 6.374/1989, art. 34, § 7º, 10, acrescentado pela Lei nº 10.708/2000, art. 2º, III);

- *Item 10 acrescido pelo Decreto nº 45.644, de 26.1.2001 – DOE de 27.1.2001 – Efeitos a partir de 1º.1.2001.*

11 – pregos, 7317.00.90 (Lei nº 6.374/1989, art. 34, § 7º, 11, acrescentado pela Lei nº 10.708/2000, art. 2º, III).

- *Item 11 acrescido pelo Decreto nº 45.644, de 26.1.2001 – DOE de 27.1.2001 – Efeitos a partir de 1º.1.2001.*

§ 2º. Os produtos a que se refere o inciso VIII são os adiante indicados, observada a classificação segundo a Nomenclatura Brasileira de Mercadorias – Sistema Harmonizado – NBM/SH:

1 – argamassa, 3214.90.00;

2 – tijolos cerâmicos, não esmaltados nem vitrificados, 6904.10.00;

3 – tijoleiras (peças ocas para tetos e pavimentos) e tapa-vigas (complementos da tijoleira) de cerâmica não esmaltada nem vitrificada, 6904.90.00;

4 – telhas cerâmicas, não esmaltadas nem vitrificadas, 6905.10.00;

5 – telhas e lajes planas pré-fabricadas, 6810.19.00;

6 – painéis de lajes, 6810.91.00;

7 – pré-lajes e pré-moldados, 6810.99.00;

8 – blocos de concreto, 6810.11.00;

9 – postes, 6810.99.00;

10 – chapas onduladas de fibrocimento, 6811.10.00;

11 – outras chapas de fibrocimento, 6811.20.00;

12 – painéis e pranchas de fibrocimento, 6811.20.00;

13 – calhas e cumeeiras de fibrocimento, 6811.20.00;

14 – rufos, espigões e outros de fibrocimento, 6811.20.00;

15 – abas, cantoneiras e outros de fibrocimento, 6811.20.00;

16 – tanques e reservatórios de fibrocimento, 6811.90.00;

17 – tampas de reservatórios de fibrocimento, 6811.90.00;

18 – armações treliçadas para lajes, 7308.40.00;

19 – pias, lavatórios, colunas para lavatórios, banheiras, bidês, sanitários e caixas de descarga, mictórios e aparelhos fixos semelhantes para uso sanitário, de porcelana ou cerâmica, 6910.10.00 e 6910.90.00 (Lei nº 6.374/1989, art. 34, § 1º, item 15, alínea "t", acrescentada pela Lei nº 12.220/2006);

- *Item 19 acrescido pelo Decreto nº 50.473, de 20.1.2006 – DOE de 21.1.2006 – Efeitos a partir de 10.1.2006.*

20 – ladrilhos e placas de cerâmica, exclusivamente para pavimentação ou revestimento, 6907 e 6908 (Lei nº 6.374/1989, art. 34, § 1º, item 15, alínea "u", acrescentada pela Lei nº 12.220/2006);

- *Item 20 acrescido pelo Decreto nº 50.473, de 20.1.2006 – DOE de 21.1.2006 – Efeitos a partir de 10.1.2006.*

21 – tubo, calha ou algeroz e acessório para canalização, de cerâmica, 6906.00.00 (Lei nº 6.374/1989, art. 34, § 1º, item 15, alínea "v", acrescentada pela Lei nº 12.221/2006, art. 1º, II);

- *Item 21 acrescido pelo Decreto nº 50.473, de 20.1.2006 – DOE de 21.1.2006 – Efeitos a partir de 10.1.2006.*

22 – revestimento de pavimento de polímeros de cloreto de vinila, 3918.10.00 (Lei nº 6.374/1989, art. 34, § 1º, item 15, alínea "x", acrescentada pela Lei nº 12.221/2006, art. 1º, II).

- *Item 22 acrescido pelo Decreto nº 50.473, de 20.1.2006 – DOE de 21.1.2006 – Efeitos a partir de 10.1.2006.*

§ 3º. Aplica-se, ainda, a alíquota prevista neste artigo em relação ao inciso X (Lei nº 6.374/1989, art. 34, § 6º, com alteração da Lei nº 11.001/2001, art. 2º, I):

1 – no recebimento do veículo importado do exterior por sujeito passivo por substituição, para o fim de comercialização ou integração no seu ativo imobilizado;

2 – na saída realizada pelo fabricante ou importador, sujeito passivo por substituição, que destine o veículo diretamente a consumidor ou usuário final, inclusive quando destinado ao ativo imobilizado;

3 – em operação posterior àquela abrangida pela retenção do imposto ocorrida no ciclo de comercialização do veículo novo.

- *§ 3º com redação dada pelo Decreto nº 46.529, de 4.2.2002 – DOE de 5.2.2002 – Efeitos a partir de 22.12.2001.*

§ 4º. Não altera a carga tributária prevista no inciso VI, desde que nas proporções definidas e autorizadas pelo órgão competente, a adição de biodiesel ao óleo diesel, para a fabricação da mistura óleo diesel/biodiesel (Convênio ICMS 113/06, cláusula terceira).

- *§ 4º acrescido pelo Decreto nº 53.933, de 31.12.2008 – DOE de 1º.1.2009 – Efeitos a partir da publicação.*

**Art. 55.** Aplica-se a alíquota de 25% (vinte e cinco por cento) nas operações ou prestações internas com os produtos e serviços adiante indicados, ainda que se tiverem iniciado no exterior, observada a classificação segundo a Nomenclatura Brasileira de Mercadorias – Sistema Harmonizado – NBM/SH vigente em 31 de dezembro de 1996 (Lei nº 6.374/1989, art. 34, § 1º, itens 1 e 8, este acrescentado pela Lei nº 7.646/91, art. 4º, I, e § 5º, com alteração da Lei nº 9.399/1996, art. 1º, VII, Lei nº 6.556/1989, art. 2º, e Lei nº 7.646/1991, art. 4º, II):

I – nas prestações onerosas de serviço de comunicação;

II – bebidas alcoólicas, classificadas nas posições 2204, 2205 e 2208, exceto os códigos 2208.40.0200 e 2208.40.0300;

III – fumo e seus sucedâneos manufaturados, classificados no capítulo 24;

IV – perfumes e cosméticos, classificados nas posições 3303, 3304, 3305 e 3307, exceto as posições 3305.10 e 3307.20, os códigos 3307.10.0100 e 3307.90.0500, as preparações antissolares e os bronzeadores, ambos classificados na posição 3304;

V – peleteria e suas obras e peleteria artificial, classificadas nos códigos 4303.10.9900 e 4303.90.9900;

VI – motocicletas de cilindrada superior a 250 centímetros cúbicos, classificadas nos códigos 8711.30 a 8711.50;

VII – asas-delta, balões e dirigíveis, classificados nos códigos 8801.10.0200 e 8801.90.0100;

VIII – embarcações de esporte e de recreio, classificadas na posição 8903;

IX – armas e munições, suas partes e acessórios, classificados no capítulo 93;

X – fogos de artifício, classificados na posição 3604.10;

XI – trituradores domésticos de lixo, classificados na posição 8509.30;

XII – aparelhos de sauna elétricos, classificados no código 8516.79.0800;

XIII – aparelhos transmissores e receptores (do tipo "walkie-talkie"), classificados no código 8525.20.0104;

XIV – binóculos, classificados na posição 9005.10;

XV – jogos eletrônicos de vídeo (vídeo-jogo), classificados no código 9504.10.0100;

XVI – bolas e tacos de bilhar, classificados no código 9504.20.0202;

XVII – cartas para jogar, classificadas na posição 9504.40;

XVIII – confetes e serpentinas, classificados no código 9505.90.0100;

XIX – raquetes de tênis, classificadas na posição 9506.51;

XX – bolas de tênis, classificadas na posição 9506.61;

XXI – esquis aquáticos, classificados no código 9506.29.0200;

XXII – tacos para golfe, classificados na posição 9506.31;

XXIII – bolas para golfe, classificadas na posição 9506.32;

XXIV – cachimbos, classificados na posição 9614.20;

XXV – piteiras, classificadas na subposição 9614.90 (Lei nº 6.374/1989, art.34, § 5º, item 24, com alteração da Lei nº 12.294/2006, art. 1º, V);

- *Inciso XXV com redação dada pelo Decreto nº 50.669, de 30.3.2006 – DOE de 31.3.2006 – Efeitos a partir da publicação.*

XXVI – etanol anidro combustível – EAC, classificado no código 2207.10.0100, querosene de aviação classificado no código 2710.00.0401 e gasolina classificada nos códigos 2710.00.0301, 2710.00.0302, 2710.00.0303 e 2710.00.0399 (Lei nº 6.374/1989, art. 34, § 5º, item 25, na redação da Lei nº 11.593/2003, art. 1º, II);

- *Inciso XXVI com redação dada pelo Decreto nº 59.997, de 20.12.2013 – DOE de 21.12.2013 – Efeitos a partir de 1º.3.2014.*

XXVII – solvente, assim considerado todo e qualquer hidrocarboneto líquido derivado de frações resultantes do processamento de petróleo, frações de refinarias e de indústrias petroquímicas, independente da designação que lhe seja dada, com exceção de qualquer tipo de gasolina, de gás liquefeito de petróleo – GLP, de óleo diesel, de nafta destinada à indústria petroquímica, ou de querosene de avião, especificados pelo órgão federal competente (Lei nº 6.374/1989, art. 34, § 5º, item 26, acrescentado pela Lei nº 13.918/2009, art.12, VIII);

- *Inciso XXVII com redação dada pelo Decreto nº 55.437, de 17.2.2010 – DOE de 18.2.2010 – Efeitos a partir de 24.3.2010.*

**Art. 56.** Aplicam-se as alíquotas internas às operações ou às prestações que destinarem mercadorias ou serviços a pessoa não contribuinte localizada em outro Estado (Lei nº 6.374/1989, art. 34, § 3º, na redação do inciso XVIII do art. 1º da Lei nº 10.619/2000).

- *Art. 56,* caput, *com redação dada pelo Decreto nº 46.295, de 23.11.2001 – DOE de 24.11.2001 – Efeitos a partir de 24.11.2001.*

Parágrafo único. Para efeito de aplicação das alíquotas internas, conforme o caso:

1 – prevalecerá a alíquota fixada pelo Senado Federal, como segue:

a) a máxima, se inferior à prevista neste artigo;

b) a mínima, se superior à prevista neste artigo;

2 – prevalecerão as alíquotas estabelecidas em convênio pelos Estados.

**Art. 56-A.** Na operação que destine mercadorias a empresa de construção civil localizada em outra unidade da Federação, deverá ser aplicada a alíquota interna (Lei nº 6.374/1989, art. 34, § 3º, na redação do inciso XVIII do art. 1º da Lei nº 10.619/2000).

§ 1º. Para os fins deste artigo:

1 – aplica-se o conceito de empresa de construção civil constante no art. 1º do Anexo XI;

2 – o documento relativo à inscrição no cadastro de contribuintes do ICMS não faz prova da condição de contribuinte.

§ 2º. (Revogado).

• *§ 2º revogado pelo Decreto nº 52.921, de 18.4.2008 – DOE de 19.4.2008 – Efeitos a partir de 1º.5.2008.*

• *Art. 56-A acrescido pelo Decreto nº 47.278, de 29.10.2002 – DOE de 30.10.2002 – Efeitos a partir de 30.10.2002.*

**Art. 56-B.** Tratando-se de operação ou prestação praticada por contribuinte sujeito às normas do Regime Especial Unificado de Arrecadação de Tributos e Contribuições devidos pelas Microempresas e Empresas de Pequeno Porte – "Simples Nacional", salvo disposição em contrário, o imposto será calculado segundo as regras do art. 18 da Lei Complementar nº 123, de 14 de dezembro de 2006.

• *Art. 56-B acrescido pelo Decreto nº 52.104, de 29.8.2007 – DOE de 30.8.2007 – Efeitos a partir da publicação.*

### Seção III
### Da Devolução e do Retorno Interestaduais

**Art. 57.** Na operação interestadual de devolução ou retorno, total ou parcial, de mercadoria ou bem, inclusive o recebido em transferência, aplicar-se-ão a mesma base de cálculo e a mesma alíquota constantes no documento fiscal que acobertou a operação original da qual resultou o recebimento da mercadoria ou do bem (Convênio ICMS-54/2000).

## CAPÍTULO III – DO LANÇAMENTO

**Art. 58.** O lançamento do imposto será feito nos documentos e nos livros fiscais, com a descrição da operação ou prestação, na forma prevista neste Regulamento (Lei nº 6.374/1989, art. 35).

Parágrafo único. Essa atividade é de exclusiva responsabilidade do contribuinte, ficando sujeita a posterior homologação pela autoridade administrativa.

## CAPÍTULO IV – DA NÃO CUMULATIVIDADE

### Seção I – Das Disposições Gerais

**Art. 59.** O imposto é não cumulativo, compensando-se o que for devido em cada operação ou prestação com o anteriormente cobrado por este ou outro Estado, relativamente à mercadoria entrada ou à prestação de serviço recebida, acompanhada de documento fiscal hábil, emitido por contribuinte em situação regular perante o fisco (Lei nº 6.374/1989, art. 36, com alteração da Lei nº 9.359/1996).

§ 1º. Para efeito deste artigo, considera-se:

1 – imposto devido, o resultante da aplicação da alíquota sobre a base de cálculo de cada operação ou prestação sujeita à cobrança do tributo;

2 – imposto anteriormente cobrado, a importância calculada nos termos do item precedente e destacada em documento fiscal hábil;

3 – documento fiscal hábil, o que atenda a todas as exigências da legislação pertinente, seja emitido por contribuinte em situação regular perante o fisco e esteja acompanhado, quando exigido, de comprovante do recolhimento do imposto;

4 – situação regular perante o fisco, a do contribuinte que, à data da operação ou prestação, esteja inscrito na repartição fiscal competente, se encontre em atividade no local indicado e possibilite a comprovação da autenticidade dos demais dados cadastrais apontados ao fisco.

§ 2º. Não se considera cobrado, ainda que destacado em documento fiscal, o montante do imposto que corresponder a vantagem econômica decorrente da concessão de qualquer subsídio, redução da base de cálculo, crédito presumido ou outro incentivo ou benefício fiscal em desacordo com o disposto no art. 155, § 2º, inciso XII, alínea "g", da Constituição Federal.

**Art. 60.** A isenção ou a não incidência, salvo determinação em contrário (Lei nº 6.374/1989, art. 37):

I – não implicará crédito para compensação com o valor devido nas operações ou prestações seguintes;

II – acarretará a anulação do crédito relativo às operações ou prestações anteriores.

Parágrafo único. O disposto no *caput* também se aplica no caso de operação ou prestação sujeita a redução de base de cálculo, proporcionalmente à parcela correspondente à redução.

• *Parágrafo único acrescido pelo Decreto nº 50.436, de 28.12.2005 – DOE de 29.12.2005 – Efeitos a partir de 1º.4.2006.*

### Seção II – Do Crédito do Imposto

**Art. 61.** Para a compensação, será assegurado ao contribuinte, salvo disposição em contrário, o direito de creditar-se do imposto anteriormente cobrado, nos termos do item 2 do § 1º do art. 59, relativamente a mercadoria entrada, real ou simbolicamente, em seu estabelecimento, ou a serviço a ele prestado, em razão de operações ou prestações regulares e tributadas (Lei nº 6.374/1989, art. 38, alterado pela Lei nº 10.619/2000, art. 1º, XIX; Lei Complementar Federal nº 87/1996, art. 20, § 5º, na redação da Lei Complementar nº 102/2000, art. 1º; Convênio ICMS nº 54/2000).

§ 1º. O direito ao crédito do imposto condicionar-se-á à escrituração do respectivo documento fiscal e ao cumprimento dos demais requisitos previstos na legislação.

§ 2º. O crédito deverá ser escriturado por seu valor nominal.

§ 3º. O direito ao crédito extinguir-se-á após 5 (cinco) anos, contados da data da emissão do documento fiscal.

§ 4º. Salvo hipótese expressamente prevista neste Regulamento, é vedada a apropriação de crédito do imposto destacado em documento fiscal se este:

1 – indicar como destinatário da mercadoria ou tomador do serviço estabelecimento diverso daquele que o registrar;

2 – não for a primeira via ou Documento Fiscal Eletrônico – DFE.

- *Item 2 com redação dada pelo Decreto nº 52.097, de 28.8.2007 – DOE de 29.8.2007 – Efeitos a partir da publicação.*

§ 5º. Se o imposto for destacado a maior do que o devido no documento fiscal, o excesso não será apropriado como crédito.

§ 6º. O disposto no parágrafo anterior também se aplicará quando, em operação interestadual, o Estado de origem fixar base de cálculo superior à estabelecida em lei complementar ou em acordo firmado entre os Estados.

§ 7º. O crédito será admitido somente após sanadas as irregularidades contidas em documento fiscal que:

1 – não for o exigido para a respectiva operação ou prestação;

2 – não contiver as indicações necessárias à perfeita identificação da operação ou prestação;

3 – apresentar emenda ou rasura que lhe prejudique a clareza.

§ 8º. Quando se tratar de mercadoria importada que deva ser registrada com direito a crédito, o imposto pago em conformidade com o disposto na alínea "a" do inciso I e na alínea "b" do inciso IV do art. 115 poderá ser escriturado no período de apuração em que tiver ocorrido o seu recolhimento, ainda que a entrada efetiva da mercadoria se verifique em período seguinte.

§ 9º. (Revogado).

- *§ 9º revogado pelo Decreto nº 51.520, de 29.1.2007 – DOE de 30.1.2007 – Produzindo efeitos aos fatos geradores que ocorrerem a partir de 1º.2.2007.*

§ 10. O crédito decorrente de entrada de mercadoria destinada à integração no ativo permanente, observado o disposto no item 1 do § 2º do art. 66:

1 – será apropriado à razão de um quarenta e oito avos por mês, devendo a primeira fração ser apropriada no mês em que ocorrer a entrada no estabelecimento;

2 – para seu cálculo, terá o quociente de um quarenta e oito avos proporcionalmente aumentado ou diminuído *pro rata die*, caso o período de apuração seja superior ou inferior a um mês.

- *V. arts. 3º e 4º das DDTT, do RICMS 2000 – Relativos, respectivamente, ao crédito pela aquisição de mercadorias destinadas a integração no ativo permanente e ao seu saldo remanescente.*

§ 11. Na transferência de bem pertencente ao ativo imobilizado antes de ser concluída a apropriação de crédito prevista no parágrafo anterior, fica assegurado ao estabelecimento destinatário o direito de creditar-se das parcelas remanescentes até consumar-se o aproveitamento integral do crédito relativo àquele bem, observado o procedimento a seguir:

1 – na Nota Fiscal relativa à transferência do bem deverão ser indicados no campo "Informações Complementares", a expressão "Transferência de Crédito do Ativo Imobilizado – Art. 61, § 11 do RICMS", o valor total do crédito remanescente, a quantidade e o valor das parcelas, o número, a data da Nota Fiscal de aquisição do bem e o valor do crédito original;

2 – a Nota Fiscal prevista no item anterior deverá ser acompanhada de cópia reprográfica da Nota Fiscal relativa à aquisição do bem, a qual deverá ser conservada nos termos do art. 202.

§ 12. Na entrada de mercadoria ou bem decorrente de operação interestadual de devolução ou retorno, inclusive em caso de transferência, o direito ao crédito fica limitado ao valor do imposto destacado no documento fiscal relativo à remessa para o outro Estado.

- *V. art. 1º das DDTT – Define os casos em que será admitido crédito relativo à energia elétrica e comunicação, no período de 1º.1.2001 a 31.12.2002.*
- *V. art. 3º das DDTT – Dispõe sobre o crédito relativo às entradas de bens destinados ao ativo permanente ocorridas até 31.12.2000.*
- *V. art. 4º das DDTT – Dispõe sobre a transferência de bens do ativo permanente entrado no estabelecimento até 31.12.2000.*

§ 13. As microempresas e as empresas de pequeno porte sujeitas às normas do Regime Especial Unificado de Arrecadação de Tributos e Contribuições devidos pelas Microempresas e Empresas de Pequeno Porte – "Simples Nacional" não farão jus à apropriação nem transferirão créditos relativos ao imposto, exceto a hipótese prevista no inciso XI do art. 63 (Lei Complementar Federal nº 123/2006, art. 23, *caput*).

- *§ 13 acrescido pelo Decreto nº 52.104, de 29.8.2007 – DOE de 30.8.2007, e com redação dada pelo Decreto nº 54.136, de 17.3.2009 – DOE de 18.3.2009 – Efeitos a partir de 1º.1.2009.*

§ 14. Na hipótese em que o documento fiscal deva ser registrado eletronicamente na Secretaria da Fazenda, nos termos do art. 212-P, o crédito somente será admitido se, observadas as demais condições previstas na legislação:

1 – o respectivo Registro Eletrônico de Documento Fiscal – REDF tiver sido regularmente gerado;

2 – na ausência do respectivo Registro Eletrônico de Documento Fiscal – REDF, o destinatário comunicar o fato à Secretaria da Fazenda, nos termos de disciplina por esta estabelecida;

3 – havendo divergência entre os dados constantes no documento fiscal e as informações contidas no respectivo Registro Eletrônico de Documento Fiscal – REDF, o destinatário comunicar a irregularidade à Secretaria da Fazenda, nos termos de disciplina por esta estabelecida.

- *§ 14 acrescido pelo Decreto nº 52.097, de 28.8.2007 – DOE de 29.8.2007 – Efeitos a partir da publicação.*

### Seção III – Dos Créditos Outorgados

**Art. 62.** Constituirão, também, crédito do imposto os valores indicados no Anexo III, nas hipóteses ali indicadas (Lei nº 6.374/1989, art. 44).

### Seção IV – Dos Outros Créditos

**Art. 63.** Poderá, ainda, o contribuinte creditar-se independentemente de autorização (Lei nº 6.374/1989, arts. 38, § 4º, 39 e 44, e Convênio ICMS-4/1997, cláusula primeira):

I – do valor do imposto debitado por ocasião da saída da mercadoria, no período em que tiver ocorrido a sua entrada no estabelecimento, e observadas as disposições dos arts. 452 a 454, nas seguintes hipóteses:

a) devolução de mercadoria, em virtude de garantia ou troca, efetuada por produtor ou por qualquer pessoa natural ou jurídica não considerada contribuinte ou não obrigada à emissão de documentos fiscais;

b) retorno de mercadoria por qualquer motivo não entregue ao destinatário;

c) devolução de mercadoria, efetuada por estabelecimento de contribuinte sujeito às normas do Regime Especial Unificado de Arrecadação de Tributos e Contribuições devidos pelas Microempresas e Empresas de Pequeno Porte – "Simples Nacional", ou por estabelecimento sujeito a regime especial de tributação sempre que for vedado o destaque do valor do imposto no documento fiscal emitido por esses estabelecimentos;

- *Alínea "c" com redação dada pelo Decreto nº 52.104, de 29.8.2007 – DOE de 30.8.2007 – Efeitos a partir da publicação.*

II – do valor do imposto pago indevidamente, em virtude de erro de fato ocorrido na escrituração dos livros fiscais ou no preparo da guia de recolhimento, mediante lançamento, no período de sua constatação, no livro Registro de Apuração do ICMS, no quadro "Crédito do Imposto – Outros Créditos", anotando a origem do erro;

III – do valor do imposto correspondente à diferença, a seu favor, verificada entre a importância recolhida e a apurada em decorrência de desenquadramento do regime de estimativa, no período de sua apuração, observado o disposto na alínea "a" do inciso II do art. 92;

IV – do valor do crédito recebido em devolução ou transferência, efetuada em hipótese expressamente autorizada e com observância da disciplina estabelecida pela legislação, no período de seu recebimento;

V – do valor do imposto indevidamente pago, inclusive em caso de reforma, anulação, revogação ou rescisão de decisão condenatória, quando a restituição tiver sido requerida administrativamente e, por motivo a que o interessado não tiver dado causa, a decisão não tiver sido proferida no prazo de 45 (quarenta e cinco) dias, contados da data do respectivo pedido, observado o disposto nos §§ 1º a 3º;

VI – do valor recolhido antecipadamente, a título de imposto, nos termos do art. 60 da Lei nº 6.374, de 1º.3.1989, no caso de não ocorrer o fato gerador;

VII – do valor do imposto indevidamente pago em razão de destaque a maior em documento fiscal, até o limite estabelecido pela Secretaria da Fazenda, mediante lançamento no livro Registro de Apuração do ICMS, no quadro "Crédito do Imposto – Outros Créditos", com a expressão "Recuperação de ICMS – art. 63, VII, do RICMS", observado o disposto no § 4º;

VIII – do valor do imposto destacado na Nota Fiscal relativa à aquisição do bem pela empresa arrendadora, por ocasião da entrada no estabelecimento de bem objeto de arrendamento mercantil, observadas às regras pertinentes ao crédito, inclusive sobre vedação e estorno, contidas neste Regulamento, e o disposto no § 5º;

IX – do valor do imposto relativo às mercadorias existentes no estoque, no caso de enquadramento no Regime Periódico de Apuração – RPA após exclusão do Regime Especial Unificado de Arrecadação de Tributos e Contribuições devidos pelas Microempresas e Empresas de Pequeno Porte – Simples Nacional;

- *Inciso IX acrescido pelo Decreto nº 53.356, de 26.8.2008 – DOE de 27.8.2008 – Efeitos a partir de 1º.7.2007.*

X – do valor correspondente às parcelas restantes do imposto relativo à entrada de mercadoria destinada à integração no ativo permanente ocorrida anteriormente à exclusão do Regime Especial Unificado de Arrecadação de Tributos e Contribuições devidos pelas Microempresas e Empresas de Pequeno Porte – Simples Nacional, nas condições do § 10 do art. 61;

- *Inciso X acrescido pelo Decreto nº 53.356, de 26.8.2008 – DOE de 27.8.2008 – Efeitos a partir de 1º.7.2007.*

XI – do valor do imposto indicado no campo "Informações Complementares" ou no corpo da Nota Fiscal relativa à mercadoria adquirida de contribuinte sujeito às normas do Regime Especial Unificado de Arrecadação de Tributos e Contribuições devidos pelas Microempresas e Empresas de Pequeno Porte – "Simples Nacional", desde que a mercadoria seja destinada à industrialização ou à comercialização, observado o disposto nos §§ 7º e 8º (Lei Complementar Federal nº 123/2006, art. 23, §§ 1º e 2º).

• *Inciso XI acrescido pelo Decreto nº 54.136, de 17.3.2009 – DOE de 18.3.2009 – Efeitos a partir de 1º.1.2009.*

§ 1º. Na hipótese do inciso V, a superveniente decisão contrária obrigará o contribuinte a efetuar o recolhimento da importância creditada, até 15 (quinze) dias contados da data da notificação, com atualização monetária e acréscimos legais, inclusive multa, mediante a utilização de guia de recolhimentos especiais.

§ 2º. O recurso interposto contra decisão que tiver negado a restituição não terá efeito suspensivo para o fim do parágrafo anterior.

§ 3º. Para efeito da atualização monetária prevista no § 1º, far-se-á:

1 – a conversão da importância creditada em quantidade determinada de Unidades Fiscais do Estado de São Paulo – UFESPs, considerado o seu valor no último dia do período de apuração em que for constatada a falta de pagamento do imposto em razão do lançamento como crédito;

2 – a reconversão em moeda corrente, pelo valor daquela unidade fiscal na data do efetivo pagamento.

§ 4º. O crédito a que se refere o inciso VII somente poderá ser efetuado à vista de autorização firmada pelo destinatário do documento fiscal, com declaração sobre a sua não utilização, devendo tal documento ser conservado nos termos do art. 202.

§ 5º. O crédito do imposto de que trata o inciso VIII será lançado à vista de via adicional ou de cópia autenticada da primeira via da Nota Fiscal relativa à aquisição do bem pelo arrendador, na qual deverão constar, além dos demais requisitos, os dados cadastrais do estabelecimento arrendatário, observadas as regras pertinentes ao crédito do imposto relativo a bem do ativo permanente.

§ 6º. Na hipótese do inciso IX:

1 – o direito ao crédito restringe-se às mercadorias:

a) existentes no estoque inicial do dia a partir do qual o contribuinte estiver enquadrado no Regime Periódico de Apuração – RPA;

b) recebidas de contribuintes enquadrados no Regime Periódico de Apuração – RPA, desde que a operação subsequente seja tributada ou, não o sendo, haja expressa previsão legal de manutenção do crédito;

2 – o direito ao crédito fica condicionado ao levantamento do estoque de mercadorias existente no dia imediatamente anterior ao da exclusão do Simples Nacional, mediante escrituração do livro Registro de Inventário, modelo 7, na forma do art. 221, desde a data da entrada das referidas mercadorias no estoque;

3 – o valor do crédito será apurado com base nos documentos fiscais relativos às entradas das mercadorias no estabelecimento, observado o critério contábil PEPS – primeiro que entra, primeiro que sai.

• *§ 6º acrescido pelo Decreto nº 53.356, de 26.8.2008 – DOE de 27.8.2008 – Efeitos a partir de 1º.7.2007.*

§ 7º. Na hipótese do inciso XI:

1 – o valor do crédito fica limitado ao valor do imposto efetivamente devido pelo remetente sujeito às normas do Simples Nacional em relação à respectiva operação;

2 – a alíquota aplicável ao cálculo do crédito:

a) deverá estar informada no campo "Informações Complementares" ou no corpo da Nota Fiscal relativa à entrada da mercadoria;

b) corresponderá ao percentual do imposto previsto na legislação federal que disciplina o Simples Nacional para a faixa de receita bruta a que o remetente estiver enquadrado.

• *§ 7º acrescido pelo Decreto nº 54.136, de 17.3.2009 – DOE de 18.3.2009 – Efeitos a partir de 1º.1.2009.*

§ 8º. O contribuinte não terá direito ao crédito do imposto referido no inciso XI na hipótese de (Lei Complementar Federal nº 123/2006, art. 23, § 4º):

1 – o remetente:

a) estar sujeito à tributação no Simples Nacional por valores fixos mensais;

b) não informar o valor do crédito do imposto e a alíquota a que se refere o item 2 do § 7º na Nota Fiscal relativa à saída da mercadoria;

c) optar pela incidência da alíquota a que se refere o item 2 do § 7º sobre a receita recebida no mês;

2 – haver isenção para a faixa de receita bruta na qual o remetente estiver enquadrado no mês em que ocorrer a operação;

3 – a operação ou prestação estiver amparada por imunidade ou não incidência.

• *§ 8º acrescido pelo Decreto nº 54.136, de 17.3.2009 – DOE de 18.3.2009 – Efeitos a partir de 1º.1.2009.*

## Seção V – Das Disposições Comuns

### *Subseção I – Da Escrituração do Crédito*

**Art. 64.** A escrituração de crédito previsto neste capítulo será efetuada (Lei nº 6.374/1989, arts. 36, § 2º, 38, § 1º, e 67, *caput*):

I – quanto ao aludido no art. 61, no período em que se verificar a entrada da mercadoria no estabelecimento ou a utilização do serviço;

II – nas demais hipóteses, nos momentos definidos nos arts. 62 e 63.

**Art. 65.** A escrituração fora dos momentos aludidos no artigo anterior somente poderá ser feita quando (Lei nº 6.374/1989, art. 38, § 1º):

I – tiverem sido anotadas as causas determinantes da escrituração extemporânea:

a) na hipótese do crédito previsto no art. 61, no documento fiscal respectivo e na coluna "Observações" do livro Registro de Entradas;

b) nas demais hipóteses, no quadro "Observações" do livro Registro de Apuração do ICMS;

II – for decorrente de reconstituição de escrita fiscal, observado o disposto no art. 226.

### *Subseção II – Da Vedação do Crédito*

**Art. 66.** Salvo disposição em contrário, é vedado o crédito relativo à mercadoria entrada ou adquirida, bem como ao serviço tomado (Lei nº 6.374/1989, arts. 40 e 42, o primeiro na redação da Lei nº 10.619/2000, art. 1º, XX):

I – alheios à atividade do estabelecimento;

II – para integração no produto ou consumo em processo de industrialização ou produção rural de produto cuja saída não seja tributada ou esteja isenta do imposto;

III – para comercialização ou prestação de serviço, quando a saída ou a prestação subsequentes não forem tributadas ou forem isentas do imposto;

IV – que exceder ao montante devido, por erro ou inobservância da correta base de cálculo, determinada em lei complementar ou na legislação deste Estado;

V – para uso ou consumo do próprio estabelecimento, assim entendida a mercadoria que não for utilizada na comercialização ou a que não for empregada para integração no produto ou para consumo no respectivo processo de industrialização ou produção rural, ou, ainda, na prestação de serviço sujeita ao imposto;

VI – para integração ou consumo em processo de industrialização ou produção rural, para comercialização ou para prestação de serviço, quando a saída do produto ou a prestação subsequente for beneficiada com redução da base de cálculo, proporcionalmente à parcela correspondente à redução;

- *Inciso VI acrescido pelo Decreto nº 50.436, de 28.12.2005 – DOE de 29.12.2005 – Efeitos a partir de 1º.4.2006.*

VII – para comercialização em área onde se realize a atividade de revenda de combustíveis e de outros derivados de petróleo, conforme definida em legislação federal, quando essa não for a atividade preponderante do estabelecimento, por serem considerados alheios à sua atividade (Lei nº 6.374/1989, art. 40, § 4º, acrescentado pela Lei nº 11.929/2005, art. 8º, III).

- *Inciso VII acrescido pelo Decreto nº 50.698, de 5.4.2006 – DOE de 6.4.2006 – Efeitos a partir de 13.12.2005.*

VIII – por contribuinte sujeito às normas do Regime Especial Unificado de Arrecadação de Tributos e Contribuições devidos pelas Microempresas e Empresas de Pequeno Porte – "Simples Nacional".

- *Inciso VIII acrescido pelo Decreto nº 52.104, de 29.8.2007 – DOE de 30.8.2007 – Efeitos a partir da publicação.*

§ 1º. A vedação do crédito estende-se ao imposto incidente sobre serviço de transporte ou de comunicação relacionado com mercadoria que vier a ter qualquer das destinações mencionadas neste artigo.

§ 2º. Além da aplicação, no que couber, das hipóteses previstas no *caput*, é também vedado o crédito relativo à mercadoria destinada a integração no ativo permanente:

1 – se previsivelmente, sua utilização relacionar-se exclusivamente com mercadoria ou serviço objeto de operações ou prestações isentas ou não tributadas;

2 – em qualquer hipótese em que o bem deixar de ser utilizado no estabelecimento para o fim a que se destinar antes de decorridos os prazos previstos no § 10 do art. 61, a partir da data da ocorrência do fato, em relação à parcela restante do crédito.

§ 3º. Uma vez provado que a mercadoria ou o serviço mencionados neste artigo tenham ficado sujeitos ao imposto por ocasião de posterior operação ou prestação ou, ainda, que tenham sido empregados em processo de industrialização do qual resulte produto cuja saída se sujeite ao imposto, pode o estabelecimento creditar-se do imposto relativo ao serviço tomado ou à respectiva entrada, na proporção quantitativa da operação ou prestação tributadas.

§ 4º. O contribuinte que tiver adquirido produtos agropecuários com isenção ou não tributação poderá creditar-se do imposto incidente em operação anterior à isenta ou não tributada, desde que a saída que promover seja onerada pelo imposto.

### *Subseção III – Do Estorno do Crédito*

**Art. 67.** Salvo disposição em contrário, o contribuinte deverá proceder ao estorno do imposto de que se tiver creditado, sempre que o serviço tomado ou a mercadoria entrada no estabelecimento (Lei nº 6.374/1989, arts. 41 e 42, o primeiro na redação da Lei nº 10.619/2000, art. 1º, XXI):

I – vier a perecer, deteriorar-se ou for objeto de roubo, furto ou extravio;

II – for objeto de saída ou prestação de serviço não tributada ou isenta, sendo esta circunstância imprevisível à data da entrada da mercadoria ou da utilização do serviço;

III – for integrada ou consumida em processo de industrialização ou produção rural, quando a saída do produto resultante não for tributada ou estiver isenta do imposto, sendo esta circunstância imprevisível à data de entrada da mercadoria ou à utilização do serviço;

IV – vier a ser utilizada em fim alheio à atividade do estabelecimento;

V – para industrialização ou comercialização, vier a ser utilizada ou consumida no próprio estabelecimento;

VI – for integrada ou consumida em processo de industrialização ou produção rural, ou objeto de saída ou prestação de serviço, com redução da base de cálculo, sendo esta circunstância imprevisível à data da entrada da mercadoria ou da utilização do serviço, hipótese em que o estorno deverá ser proporcional à parcela correspondente à redução;

- *Inciso VI acrescido pelo Decreto nº 50.436, de 28.12.2005 – DOE de 29.12.2005 – Efeitos a partir de 1º.4.2006.*

VII – estiver acobertada por documento fiscal que, após decorridos os prazos de que trata o § 2º do art. 212-P, não tenha sido registrado ou apresente divergências entre os dados nele constantes e as informações contidas no respectivo Registro Eletrônico de Documento Fiscal – REDF.

- *Inciso VII acrescido pelo Decreto nº 53.217, de 7.7.2008 – DOE de 8.7.2008 – Efeitos a partir da publicação.*

§ 1º. Havendo mais de uma operação ou prestação e sendo impossível determinar a qual delas corresponde a mercadoria ou o serviço, o imposto a estornar deverá ser calculado mediante aplicação da alíquota vigente na data do estorno sobre o preço mais recente da aquisição ou do serviço tomado.

§ 2º. Sem prejuízo das demais hipóteses previstas na legislação, o imposto creditado nos termos do inciso VIII do art. 63, deverá, também, ser integralmente estornado quando o arrendatário, qualquer que seja o fator determinante, promover a devolução do bem ao arrendador.

§ 3º. O estorno do crédito estende-se ao imposto incidente sobre serviço de transporte ou de comunicação relacionado com mercadoria que vier a ter qualquer das destinações mencionadas neste artigo.

§ 4º. O contribuinte que efetuar operações interestaduais com gasolina "C" resultante da mistura de etanol anidro combustível – EAC com gasolina "A" deverá efetuar o estorno, mediante adoção dos procedimentos previstos no inciso III do art. 420, em relação ao imposto correspondente ao volume de etanol anidro combustível – EAC contido na mistura (Convênio ICMS-110/07, cláusula vigésima primeira, § 10).

- *§ 4º acrescido pelo Decreto nº 53.480, de 25.9.2008 – DOE de 26.9.2008, e com redação dada pelo Decreto nº 59.997, de 20.12.2013 – DOE de 21.12.2013 – Efeitos a partir de 1º.3.2014.*

§ 5º. O contribuinte que efetuar operações interestaduais com óleo diesel resultante da mistura com biodiesel puro – B100 deverá efetuar o estorno, mediante adoção dos procedimentos previstos no inciso III do art. 420-C, em relação ao imposto correspondente ao volume de B100 contido na mistura (Convênio ICMS-110/07, cláusula vigésima primeira, § 10 na redação do Convênio ICMS-136/08, cláusula primeira).

- *§ 5º acrescido pelo Decreto nº 53.480, de 25.9.2008 – DOE de 26.9.2008, e com redação dada pelo Decreto nº 59.997, de 20.12.2013 – DOE de 21.12.2013 – Efeitos a partir de 1º.3.2014.*

### *Subseção IV – Da Manutenção do Crédito*

**Art. 68.** Não se exigirá o estorno do crédito do imposto (Lei nº 6.374/1989, art. 43, na redação da Lei nº 10.619/2000, art. 1º, XXII):

I – em relação às operações não tributadas, previstas no inciso V e no § 1º do art. 7º;

- *Inciso I com redação dada pelo Decreto nº 51.131, de 25.9.2006 – DOE de 26.9.2006 – Efeitos a partir de 1º.1.2066.*

II – (revogado);

- *Inciso II revogado pelo Decreto nº 51.520, de 29.1.2007 – DOE de 30.1.2007 – Efeitos a partir de 1º.2.2007.*

III – na saída, com destino a outro Estado, de energia elétrica ou petróleo, inclusive lubrificante ou combustível, líquido ou gasoso, dele derivados;

IV – em relação à operação com papel destinado à impressão de livro, jornal ou periódico (Lei Complementar Federal nº 87/1996, art. 21, § 2º, na redação da Lei Complementar nº 120/2005, art. 1º).

- *Inciso IV acrescido pelo Decreto nº 51.131, de 25.9.2006 – DOE de 26.9.2006 – Efeitos a partir de 1º.1.2006.*

### *Subseção V – Da Vedação de Restituição, Aproveitamento e Transferência de Crédito*

**Art. 69.** Ressalvadas disposições em contrário, é vedada (Lei nº 6.374/1989, arts. 45 e 46):

I – a restituição ou a autorização para aproveitamento como crédito fiscal do valor do imposto que tiver sido utilizado como crédito pelo estabelecimento destinatário;

II – a restituição ou a autorização para aproveitamento, de saldo de crédito existente na data do encerramento das atividades de qualquer estabelecimento;

III – a transferência de saldo de crédito de um para outro estabelecimento.

### *Subseção VI – Da Transferência de Crédito*

**Art. 70.** É permitida a transferência de crédito simples do imposto, decorrente da entrada de bem destinado à integração no ativo permanente, nos termos de disciplina estabelecida pela Secretaria da Fazenda (Lei nº 6.374/1989, art. 46):

I – de um para outro estabelecimento do mesmo titular;

II – entre estabelecimentos:

a) de cooperativa e seus cooperados;

b) de uma mesma cooperativa;

c) de cooperativa e da cooperativa central ou da federação de cooperativas da qual fizer parte;

d) de cooperativa central e de federação de cooperativas da qual fizer parte;

III – entre estabelecimentos interdependentes, observado o disposto no inciso II e § 1º do art. 73.

- *Art. 70,* caput, *com redação dada pelo Decreto nº 56.133, de 25.8.2010 – DOE de 26.8.2010 – (Efeitos a partir de 1º.1.2011) – Por determinação do Decreto nº 57.084, de 27.6.2011 – DOE de 28.6.2011 – Efeitos a partir de 1º.1.2012.*

§ 1º. A transferência prevista neste artigo:

1 – dependerá de prévia autorização da Secretaria da Fazenda;

2 – será limitada ao menor valor de saldo credor apurado no livro de Registro de Apuração do ICMS – RAICMS e transcrito na correspondente Guia de Informação e Apuração do ICMS – GIA no período compreendido desde o mês do direito ao crédito até o da transferência;

3 – não poderá ser requerida para crédito relativo a período anterior a 60 (sessenta) meses, contados da data da protocolização do pedido;

4 – será vedada ao contribuinte que, por qualquer estabelecimento paulista, tiver débito fiscal sujeito às mesmas condições previstas no art. 82;

5 – não poderá ser requerida por estabelecimento de contribuinte que optou por adotar a centralização da apuração do imposto prevista no art. 96;

6 – salvo disposição em contrário somente poderá ser feita entre estabelecimentos situados em território paulista;

7 – somente será admitida se o estabelecimento do contribuinte interessado estiver em efetiva atividade na data da apresentação do pedido.

- *§ 1º com redação dada pelo Decreto nº 56.133, de 25.8.2010 – DOE de 26.8.2010 – (Efeitos a partir de 1º.1.2011) – Por determinação do Decreto nº 57.084, de 27.6.2011 – DOE de 28.6.2011 – Efeitos a partir de 1º.1.2012.*

§ 2º. Para os efeitos do item 7 do § 1º, além das demais hipóteses previstas na legislação, considera-se inativo o estabelecimento quando ficar evidenciada, pela análise das informações econômico-fiscais disponíveis, a paralisação continuada do movimento de operações e prestações sujeitas ao imposto.

- *§ 2º com redação dada pelo Decreto nº 56.133, de 25.8.2010 – DOE de 26.8.2010 – (Efeitos a partir de 1º.1.2011) – Por determinação do Decreto nº 57.084, de 27.6.2011 – DOE de 28.6.2011 – Efeitos a partir de 1º.1.2012.*

§ 3º. A Secretaria da Fazenda poderá condicionar a transferência:

1 – à confirmação da legitimidade dos valores lançados a crédito na escrituração fiscal;

2 – ao regular lançamento do crédito nos livros fiscais e demonstrativos de controle próprios na forma e prazo estabelecidos na legislação;

3 – a que todos os estabelecimentos do contribuinte situados em território paulista estejam com os dados atualizados no Cadastro de Contribuintes do ICMS e em dia com as obrigações principais e acessórias.

- *§ 3º com redação dada pelo Decreto nº 56.133, de 25.8.2010 – DOE de 26.8.2010 – (Efeitos a partir de 1º.1.2011) – Por determinação do Decreto nº 57.084, de 27.6.2011 – DOE de 28.6.2011 – Efeitos a partir de 1º.1.2012.*

§ 4º. O imposto exigido mediante auto de infração, em decorrência de infração relativa ao crédito do imposto ou relativa à operação ou prestação em que tenha havido falta de pagamento do imposto, será deduzido do valor do crédito passível de transferência, até que:

1 – seja proferida decisão definitiva na esfera administrativa, favorável ao contribuinte;

2 – ocorra o pagamento integral do débito fiscal correspondente.

- *§ 4º com redação dada pelo Decreto nº 56.133, de 25.8.2010 – DOE de 26.8.2010 – (Efeitos a partir de 1º.1.2011) – Por determinação do Decreto nº 57.084, de 27.6.2011 – DOE de 28.6.2011 – Efeitos a partir de 1º.1.2012.*

§ 5º. A dedução prevista no § 4º:

1 – será realizada em cada mês de apuração e considerará o imposto exigido relativo às infrações ocorridas no mês correspondente, de modo que, existindo saldo credor que repercuta em período subsequente, o imposto exigido relativo às infrações ocorridas no referido mês será deduzido do valor passível de transferência de período subsequente;

2 – ficará limitada ao menor saldo credor que for apurado entre o mês de ocorrência da infração e o que anteceder ao mês de referência do pedido de transferência, sem prejuízo da aplicação do disposto no item 2 do § 1º;

3 – na hipótese de o imposto exigido ser superior ao valor passível de transferência, a importância remanescente da exigência será deduzida do valor passível de transferência nos meses subsequentes, até que se esgote, enquanto existir saldo credor suficiente para tanto;

4 – caso a transferência já tenha sido feita, sem a dedução referida neste artigo, o estabelecimento interessado deverá pagar a importância correspondente ou eventual diferença com os acréscimos legais, mediante o uso da Guia de Arrecadação Estadual – GARE-ICMS.

- *§ 5º com redação dada pelo Decreto nº 56.133, de 25.8.2010 – DOE de 26.8.2010 – (Efeitos a partir* *de 1º.1.2011) – Por determinação do Decreto nº 57.084, de 27.6.2011 – DOE de 28.6.2011 – Efeitos a partir de 1º.1.2012.*

§ 6º. O disposto nesta Subseção não se aplica ao crédito de estabelecimento rural de produtor ou de estabelecimento de cooperativa de produtores rurais, recebido em transferência de seus cooperados, mencionados na subseção VII.

- *§ 6º com redação dada pelo Decreto nº 56.133, de 25.8.2010 – DOE de 26.8.2010 – (Efeitos a partir de 1º.1.2011) – Por determinação do Decreto nº 57.084, de 27.6.2011 – DOE de 28.6.2011 – Efeitos a partir de 1º.1.2012.*

§ 7º. O débito fiscal relativo ao imposto poderá ser liquidado mediante compensação com o crédito simples de que trata o *caput*, nos termos de disciplina estabelecida pela Secretaria da Fazenda, aplicando-se, no que couber, as regras dos arts. 586 a 592.

- *§ 7º acrescido pelo Decreto nº 57.609, de 12.12.2011 – DOE de 13.12.2011 – Efeitos a partir de 1º.1.2012.*

§ 8º. A compensação de que trata o § 7º não se aplica ao débito fiscal relativo ao imposto retido em razão do regime jurídico-tributário de sujeição passiva por substituição.

- *§ 8º acrescido pelo Decreto nº 57.609, de 12.12.2011 – DOE de 13.12.2011 – Efeitos a partir de 1º.1.2012.*

§ 9º. O estabelecimento que receber o crédito em transferência e não tiver débitos do imposto em valor suficiente para absorvê-lo poderá considerar a parcela não absorvida como crédito simples para utilização nos termos deste artigo.

- *§ 9º acrescido pelo Decreto nº 58.442, de 10.10.2012 – DOE de 11.10.2012 – Efeitos a partir da publicação.*

### Subseção VII
### Da Transferência de Crédito por Estabelecimento Rural de Produtor ou por Estabelecimento de Cooperativa de Produtores Rurais

- *Subseção VII (arts. 70-A a 70-H) acrescida pelo Decreto nº 56.133, de 25.8.2010 – DOE de 26.8.2010 – (Efeitos a partir de 1º.1.2011) – Por determinação do Decreto nº 57.084, de 27.6.2011 – DOE de 28.6.2011 – Efeitos a partir de 1º.1.2012.*

**Art. 70-A.** É permitida a transferência de crédito do imposto, nos termos de disciplina estabelecida pela Secretaria da Fazenda (Lei nº 6.374/1989, art. 46):

I – do estabelecimento rural de produtor, que o possuir em razão de sua atividade:

a) para estabelecimento destinatário da mercadoria localizado neste Estado, quando o produtor não estiver obrigado ao pagamento do imposto em seu próprio nome em saída que efetuar, ainda que a saída seja isenta ou não tributada;

b) aos estabelecimentos indicados no item 2 do § 1º para pagamento de aquisição de mercadorias ou de bens, desde que destinados exclusivamente à utilização na atividade rural do próprio estabelecimento ou de estabelecimento rural situado neste Estado pertencente ao mesmo titular, observado o disposto no § 5º;

c) para outro estabelecimento rural pertencente ao mesmo titular, observado o disposto no § 5º;

II – por estabelecimento de cooperativa de produtores rurais, do crédito recebido em transferência de seus cooperados, para pagamento de aquisição das mercadorias adiante indicadas, desde que destinadas exclusivamente à revenda aos seus cooperados, aos seguintes estabelecimentos:

a) fabricante ou revendedor autorizado, tratando-se de máquinas e implementos agrícolas;

b) fabricante ou revendedor, tratando-se de insumos agropecuários, sacaria nova e outros materiais de embalagem.

§ 1º. Relativamente ao disposto:

1 – na alínea "a" do inciso I, a transferência de imposto não será admitida na saída de mercadoria que deva retornar ao estabelecimento rural do produtor;

2 – na alínea "b" do inciso I, a transferência de imposto somente poderá ser efetuada nas aquisições adiante indicadas aos seguintes estabelecimentos:

a) fabricante ou revendedor autorizado, tratando-se de máquinas e implementos agrícolas;

b) fabricante ou revendedor, tratando-se de insumos agropecuários, sacaria nova e outros materiais de embalagem;

c) revendedor de combustíveis, conforme definido na legislação federal, tratando-se de combustíveis utilizados para movimentação de máquinas e implementos agrícolas ou para abastecimento de veículo de propriedade do produtor, utilizado exclusivamente para transporte de carga na atividade rural;

d) empresa concessionária de serviço público, tratando-se de energia elétrica;

e) cooperativa, inclusive de eletrificação rural, da qual faça parte, tratando-se de máquinas e implementos agrícolas, insumos agropecuários, energia elétrica, sacaria nova e outros materiais de embalagem.

§ 2º. A transferência dependerá de prévia autorização da Secretaria da Fazenda.

§ 3º. As máquinas e os implementos agrícolas mencionados na alínea "a" do inciso II e nas alíneas "a" e "e" do item 2 do § 1º:

1 – são os discriminados na relação a que se refere o inciso V do art. 54;

2 – deverão permanecer na posse do produtor pelo prazo mínimo de 1 (um) ano;

3 – deverão ser efetivamente utilizados na atividade de produção rural do próprio estabelecimento do produtor.

§ 4º. Para fins do disposto na alínea "a" do inciso II e nas alíneas "a" do item 2 do § 1º, considera-se:

1 – fabricante – a empresa industrial que realiza a fabricação ou montagem de máquinas e implementos agrícolas;

2 – revendedor autorizado – a empresa comercial pertencente à respectiva categoria econômica, que realiza a comercialização de máquinas e implementos agrícolas novos e de suas partes, peças e acessórios, presta assistência técnica a esses produtos e exerce outras funções pertinentes à atividade.

§ 5º. Para efeito das alíneas "b" e "c" do inciso I, consideram-se estabelecimentos rurais pertencentes ao mesmo titular aqueles que possuírem os mesmos titulares, detendo cada um desses titulares a mesma participação em cada um dos estabelecimentos.

- *Art. 70-A acrescido pelo Decreto nº 56.133, de 25.8.2010 – DOE de 26.8.2010 – (Efeitos a partir de 1º.1.2011) – Por determinação do Decreto nº 57.084, de 27.6.2011 – DOE de 28.6.2011 – Efeitos a partir de 1º.1.2012.*

**Art. 70-B.** O crédito dos estabelecimentos mencionados no art. 70-A dir-se-á:

I – informado, quando declarado o respectivo valor em sistema informatizado da Secretaria da Fazenda;

II – utilizável, quando o valor correspondente for disponibilizado pelo Fisco, em conta corrente do sistema informatizado, conforme disciplina estabelecida pela Secretaria da Fazenda.

- *Art. 70-B acrescido pelo Decreto nº 56.133, de 25.8.2010 – DOE de 26.8.2010 – (Efeitos a partir de 1º.1.2011) – Por determinação do Decreto nº 57.084, de 27.6.2011 – DOE de 28.6.2011 – Efeitos a partir de 1º.1.2012.*

**Art. 70-C.** A transferência de crédito deverá ser solicitada e far-se-á mediante autorização gerada através de sistema informatizado, observada a disciplina estabelecida pela Secretaria da Fazenda.

Parágrafo único. A Secretaria da Fazenda poderá estabelecer que a autorização eletrônica seja substituída por forma diversa.

- *Art. 70-C acrescido pelo Decreto nº 56.133, de 25.8.2010 – DOE de 26.8.2010 – (Efeitos a partir de 1º.1.2011) – Por determinação do Decreto nº 57.084, de 27.6.2011 – DOE de 28.6.2011 – Efeitos a partir de 1º.1.2012.*

**Art. 70-D.** O documento de autorização eletrônica relativo à transferência:

I – será lançado pelo Fisco na conta corrente do sistema informatizado;

II – deverá ser escriturado pelo destinatário diretamente no livro Registro de Apuração do ICMS – RAICMS e transcrito na correspondente Guia de Informação e Apuração do ICMS – GIA, no quadro "Crédito do Imposto – Outros Créditos".

Parágrafo único. Na hipótese do destinatário ser estabelecimento de cooperativa de produtores rurais, o lançamento de que trata o inciso II será efetuado pelo Fisco na sua conta corrente do sistema informatizado.

- *Art. 70-D acrescido pelo Decreto nº 56.133, de 25.8.2010 – DOE de 26.8.2010 – (Efeitos a partir de 1º.1.2011) – Por determinação do Decreto nº 57.084, de 27.6.2011 – DOE de 28.6.2011 – Efeitos a partir de 1º.1.2012.*

**Art. 70-E.** Sobrevindo o desfazimento do negócio ou ato que justificou a transferência, o crédito transferido, desde que não utilizado pelo destinatário, será devolvido ao estabelecimento de origem:

I – totalmente, se total o desfazimento;

II – parcialmente, se parcial o desfazimento, em importância igual à que exceder o valor final do negócio ou ato.

§ 1º. O estabelecimento de origem, para receber o crédito em devolução, deverá previamente requerer autorização, por meio do sistema informatizado.

§ 2º. O estabelecimento que devolver o crédito recebido deverá acessar o sistema e registrar seu aceite ao pedido de devolução feito nos termos do § 1º.

§ 3º. Autorizada a devolução, o estabelecimento que devolver o crédito recebido deverá lançar o valor devolvido no livro Registro de Apuração do ICMS – RAICMS com a correspondente transcrição na Guia de Informação e Apuração do ICMS – GIA, no quadro "Débito do Imposto – Outros Débitos".

§ 4º. Confirmado, pelo Fisco, o lançamento a que se refere o § 3º, o valor devolvido será lançado a crédito na conta corrente do sistema informatizado.

§ 5º. Na hipótese deste artigo, quando o crédito transferido tiver sido utilizado pelo destinatário, o valor deverá ser recolhido pelo estabelecimento de origem, por meio de Guia de Arrecadação Estadual – GAREICMS, com os acréscimos legais contados a partir do último dia do mês em que ocorreu a transferência.

§ 6º. O valor do imposto efetivamente recolhido conforme o § 5º, poderá ser objeto de solicitação para seu lançamento pelo Fisco a crédito na conta corrente do sistema informatizado.

- *Art. 70-E acrescido pelo Decreto nº 56.133, de 25.8.2010 – DOE de 26.8.2010 – (Efeitos a partir de 1º.1.2011) – Por determinação do Decreto nº 57.084, de 27.6.2011 – DOE de 28.6.2011 – Efeitos a partir de 1º.1.2012.*

**Art. 70-F.** O valor do crédito lançado na conta corrente do sistema informatizado poderá ser incorporado pela cooperativa de produtores rurais, total ou parcialmente, hipótese em que o estabelecimento, quando for o caso, deverá:

I – informar, por meio do sistema informatizado, na forma estabelecida pela Secretaria da Fazenda, o valor para a baixa na conta corrente;

II – no último dia do mês, escriturá-lo no livro Registro de Apuração do ICMS – RAICMS e transcrevê-

-lo na correspondente Guia de Informação e Apuração do ICMS – GIA, no quadro "Crédito do Imposto – Outros Créditos".

§ 1º. A incorporação será obrigatória sempre que, num mesmo período, no livro Registro de Apuração do ICMS – RAICMS e na conta corrente, se apurar, cumulativamente:

1 – saldo devedor no mencionado livro fiscal;

2 – saldo de crédito na conta corrente não utilizado no mês.

§ 2º. Relativamente ao disposto no § 1º, o crédito será incorporado:

1 – em valor igual ao do saldo devedor, se superior ou igual a este;

2 – totalmente, se inferior ao saldo devedor.

- *Art. 70-F acrescido pelo Decreto nº 56.133, de 25.8.2010 – DOE de 26.8.2010 – (Efeitos a partir de 1º.1.2011) – Por determinação do Decreto nº 57.084, de 27.6.2011 – DOE de 28.6.2011 – Efeitos a partir de 1º.1.2012.*

**Art. 70-G.** O débito fiscal relativo ao imposto poderá ser liquidado mediante compensação com crédito disponível na conta corrente do sistema informatizado, observadas, no que couber, as disposições dos arts. 586 a 592 (Lei nº 6.374/1989, art. 102).

Parágrafo único. O disposto neste artigo não se aplica ao débito fiscal relativo ao imposto retido em razão do regime jurídico-tributário de sujeição passiva por substituição.

- *Art. 70-G acrescido pelo Decreto nº 56.133, de 25.8.2010 – DOE de 26.8.2010, e com redação dada pelo Decreto nº 56.457, de 30.11.2010 – DOE de 1º.12.2010 – (Efeitos a partir de 1º.1.2011) – Por determinação do Decreto nº 57.084, de 27.6.2011 – DOE de 28.6.2011 – Efeitos a partir de 1º.1.2012.*

**Art. 70-H.** São vedadas as transferências de crédito de produtor rural e de cooperativas de produtores rurais que, por qualquer estabelecimento paulista, tiverem débito fiscal relativo ao imposto sujeito às mesmas condições previstas no art. 82.

- *Art. 70-H acrescido pelo Decreto nº 56.133, de 25.8.2010 – DOE de 26.8.2010 – (Efeitos a partir de 1º.1.2011) – Por determinação do Decreto nº 57.084, de 27.6.2011 – DOE de 28.6.2011 – Efeitos a partir de 1º.1.2012.*

#### *Subseção VIII – Da Transferência de Crédito de Estabelecimento Fabricante de Açúcar ou Etanol para Estabelecimento de Cooperativa Centralizadora de Vendas de que faça parte*

- *Subseção VIII acrescida pelo Decreto nº 58.442, de 10.10.2012 – DOE de 11.10.2012 – Efeitos a partir da publicação.*

**Art. 70-I.** A transferência de crédito do imposto, simples ou decorrente de hipótese geradora de crédito acumulado, de estabelecimento de fabricante de açúcar ou etanol para cooperativa centralizadora de vendas de que faça parte poderá ser autorizada nos termos de disciplina estabelecida pela Secretaria da Fazenda.

- *Art. 70-I acrescido pelo Decreto nº 58.442, de 10.10.2012 – DOE de 11.10.2012 – Efeitos a partir da publicação.*

## CAPÍTULO V
## DO CRÉDITO ACUMULADO DO IMPOSTO

- *Capítulo V com redação dada pelo Decreto nº 54.249, de 17.4.2009 – DOE de 18.4.2009 – Efeitos a partir de 1º.1.2010.*

### Seção I – Da Formação do Crédito Acumulado

- *Seção I com redação dada pelo Decreto nº 54.249, de 17.4.2009 – DOE de 18.4.2009 – Efeitos a partir de 1º.1.2010.*

#### *Subseção I – Das Disposições Gerais*

- *Subseção I com redação dada pelo Decreto nº 54.249, de 17.4.2009 – DOE de 18.4.2009 – Efeitos a partir de 1º.1.2010.*

**Art. 71.** Para efeito deste capítulo, constitui crédito acumulado do imposto o decorrente de (Lei nº 6.374/1989, art. 46, e Convênio AE-7/71, cláusula primeira):

I – aplicação de alíquotas diversificadas em operações de entrada e de saída de mercadoria ou em serviço tomado ou prestado;

II – operação ou prestação efetuada com redução de base de cálculo nas hipóteses em que seja admitida a manutenção integral do crédito;

III – operação ou prestação realizada sem o pagamento do imposto nas hipóteses em que seja admitida a manutenção do crédito, tais como isenção ou não incidência, ou, ainda, abrangida pelo regime jurídico da substituição tributária com retenção antecipada do imposto ou do diferimento.

- *V. Decreto nº 53.051, de 3.6.2008 – Institui o Programa de Incentivo ao Investimento pelo Fabricante de Veículo Automotor – ProVeículo.*

Parágrafo único. Em se tratando de saída interestadual, a constituição do crédito acumulado nos termos do inciso I somente será admitida quando, cumulativamente, a mercadoria:

1 – for fisicamente remetida para o Estado de destino;

2 – não regresse a este Estado, ainda que simbolicamente.

- *Art. 71 com redação dada pelo Decreto nº 54.249, de 17.4.2009 – DOE de 18.4.2009 – Efeitos a partir de 1º.1.2010.*

### *Subseção II – Da Geração e da Apropriação do Crédito Acumulado*

• *Subseção II com redação dada pelo Decreto nº 54.249, de 17.4.2009 – DOE de 18.4.2009 – Efeitos a partir de 1º.1.2010.*

**Art. 72.** O crédito acumulado dir-se-á (Lei nº 6.374/1989, art. 46):

I – gerado, quando ocorrer hipótese descrita no art. 71;

II – apropriado, após autorização do Fisco, mediante notificação específica, observado o disposto nesta subseção e a disciplina estabelecida pela Secretaria da Fazenda, quando lançado o respectivo valor, concomitantemente:

a) pelo contribuinte, no livro Registro de Apuração do ICMS e transcrito na correspondente Guia de Informação e Apuração do ICMS – GIA, no quadro "Débito do Imposto – Outros Débitos";

b) pelo Fisco, em conta corrente de sistema informatizado mantido pela Secretaria da Fazenda;

III – utilizável, quando o valor correspondente estiver disponível na conta corrente de sistema informatizado mantido pela Secretaria da Fazenda.

• *Art. 72 com redação dada pelo Decreto nº 54.249, de 17.4.2009 – DOE de 18.4.2009 – Efeitos a partir de 1º.1.2010.*

**Art. 72-A.** O crédito acumulado gerado em cada período de apuração do imposto será determinado por meio de sistemática de custeio que identifique na saída de mercadoria ou produto e na prestação de serviços, observada a disciplina estabelecida pela Secretaria da Fazenda, o custo e o correspondente imposto relativo:

I – à entrada de mercadoria destinada à revenda;

II – à entrada de insumo destinado à produção ou à prestação de serviços;

III – ao recebimento de serviço relacionado às situações indicadas nos incisos anteriores;

IV – à entrada de mercadoria ou ao recebimento de serviço, com direito a crédito do imposto, consumido ou utilizado na estocagem, comercialização e entrega de mercadorias.

§ 1º. As informações relativas ao custeio:

1 – abrangerão a totalidade das operações de entrada e saída de mercadorias e das prestações de serviço recebidas ou realizadas pelo contribuinte;

2 – serão apresentadas por meio de arquivo digital, em padrão, forma e conteúdo que atendam a disciplina estabelecida pela Secretaria da Fazenda.

§ 2º. Caso o estabelecimento gerador do crédito acumulado registre entrada de mercadoria por transferência, poderá ser exigida a comprovação do custo e do correspondente imposto, conforme sistemática de custeio prevista neste artigo.

• *Art. 72-A acrescido pelo Decreto nº 54.249, de 17.4.2009 – DOE de 18.4.2009 – Efeitos a partir de 1º.1.2010.*

**Art. 72-B.** A apropriação do crédito acumulado gerado:

I – ficará condicionada à prévia autorização do Fisco, observada a disciplina estabelecida pela Secretaria da Fazenda;

II – será limitada ao menor valor de saldo credor apurado no Livro de Registro de Apuração do ICMS e transcrito na correspondente Guia de Informação e Apuração do ICMS – GIA no período compreendido desde o mês da geração até o da apropriação;

III – salvo disposição em contrário, somente abrangerá o valor do saldo credor resultante das operações e prestações próprias do estabelecimento gerador;

IV – não poderá ser requerida para período anterior a 60 (sessenta) meses, contados da data do registro do pedido de apropriação no sistema.

• *Inciso IV com redação dada pelo Decreto nº 59.654, de 25.10.2013 – DOE de 26.10.2013 – Efeitos a partir da publicação.*

V – somente será admitida se o estabelecimento do contribuinte interessado estiver em efetiva atividade na data da apresentação do pedido.

§ 1º. Para os efeitos do inciso V, além das demais hipóteses previstas na legislação, considera-se inativo o estabelecimento quando ficar evidenciada, pela análise das informações econômico-fiscais disponíveis, a paralisação continuada do movimento de operações e prestações de serviços sujeitas ao imposto.

§ 2º. A Secretaria da Fazenda poderá condicionar a apropriação:

1 – à confirmação da legitimidade dos valores lançados a crédito na escrituração fiscal;

2 – à comprovação de que o crédito originário de entrada de mercadoria em operação interestadual não é beneficiado por incentivo fiscal concedido em desacordo com a legislação de regência do imposto;

3 – à comprovação da efetiva ocorrência das operações ou prestações geradoras e do seu adequado tratamento tributário;

4 – a que todos os estabelecimentos do contribuinte situados em território paulista:

a) estejam com os dados atualizados no Cadastro de Contribuintes do ICMS e em dia com as obrigações principais e acessórias;

b) sejam usuários de sistema eletrônico de processamento de dados para fins fiscais e apresentem mensalmente, conforme disciplina estabelecida pela Secretaria da Fazenda, a Escrituração Fiscal Digital – EFD, se obrigado a tanto, ou o arquivo digital com os registros fiscais de todas as suas operações e prestações.

§ 3º. Somente se admitirá a apropriação do crédito acumulado gerado, após a comprovação:

1 – da efetiva exportação, em se tratando de crédito acumulado decorrente de operação de exportação ou de saída referida no item 1 do § 1º do art. 7º;

2 – do ingresso da mercadoria nas áreas incentivadas sob administração da Superintendência da Zona Franca de Manaus – SUFRAMA, em se tratando de crédito acumulado decorrente de operação referida no art. 84 do Anexo I e no art. 14 das Disposições Transitórias.

§ 4º. O valor do crédito acumulado decorrente da entrada de leite originário do Estado de Minas Gerais, conforme acordo celebrado com esse Estado será determinado e terá a sua utilização disciplinada pela Secretaria da Fazenda.

- *§ 4º com redação dada pelo Decreto nº 55.407, de 9.2.2010 – DOE de 10.2.2010 – Efeitos a partir de 10.2.2010.*
- *Art. 72-B acrescido pelo Decreto nº 54.249, de 17.4.2009 – DOE de 18.4.2009 – Efeitos a partir de 1º.1.2010.*

**Art. 72-C.** O imposto exigido mediante auto de infração e imposição de multa, em decorrência de infração relativa ao crédito do imposto, ou relativa à operação ou prestação em que tenha havido falta de pagamento do imposto, será deduzido do valor do crédito acumulado gerado passível de apropriação, até que:

I – seja proferida decisão definitiva na esfera administrativa, favorável ao contribuinte;

II – ocorra o pagamento integral do débito fiscal correspondente.

§ 1º. A dedução de que trata este artigo será realizada em cada mês de geração do crédito acumulado e considerará o imposto exigido relativo às infrações ocorridas no mês correspondente.

§ 2º. Não tendo ocorrido geração ou não tendo sido requerida apropriação para determinado mês e, em existindo saldo credor que repercuta em período subsequente, o imposto exigido relativo às infrações ocorridas no referido mês será deduzido do valor passível de apropriação de período subsequente.

§ 3º. A dedução prevista no § 2º ficará limitada ao menor saldo credor que for apurado entre o mês de ocorrência da infração e o que anteceder ao mês de referência da geração, sem prejuízo da aplicação do disposto nos incisos II e III do art. 72-B.

§ 4º. Na hipótese de o imposto exigido ser superior ao valor passível de apropriação, a importância remanescente da exigência será deduzida do valor passível de apropriação nos meses subsequentes, até que se esgote, enquanto existir saldo credor suficiente para tanto.

§ 5º. Caso a apropriação já tenha sido feita, sem a dedução referida neste artigo, na hipótese de o crédito acumulado:

1 – ainda não ter sido utilizado, o valor equivalente ao imposto exigido, deverá ser reincorporado ao livro Registro de Apuração do ICMS, nos termos do art. 80, antes de qualquer outra utilização;

2 – já ter sido utilizado, ainda que parcialmente, deverá:

a) reincorporar o valor disponível, nos termos do item 1, quando houver saldo na conta corrente a que se refere a alínea "b" do inciso II do art. 72;

b) pagar a importância correspondente ou eventual diferença com os acréscimos legais.

- *Art. 72-C acrescido pelo Decreto nº 54.249, de 17.4.2009 – DOE de 18.4.2009 – Efeitos a partir de 1º.1.2010.*

**Art. 72-D.** Mediante Regime Especial, sem prejuízo das disposições deste Capítulo e atendidas as condições nele previstas, poderá ser autorizada a apropriação do crédito acumulado mediante verificação fiscal sumária e oferecimento de garantia, observada a disciplina estabelecida pela Secretaria da Fazenda.

Parágrafo único. O Regime Especial aplicar-se-á às operações geradoras que se realizarem a partir de mês seguinte ao do despacho de concessão.

- *Art. 72-D acrescido pelo Decreto nº 54.249, de 17.4.2009 – DOE de 18.4.2009 – Efeitos a partir de 1º.1.2010.*

## Seção II – Da Utilização do Crédito Acumulado

- *Seção II com redação dada pelo Decreto nº 54.249, de 17.4.2009 – DOE de 18.4.2009 – Efeitos a partir de 1º.1.2010.*

### *Subseção I*
### *Da Transferência do Crédito Acumulado*

- *Subseção I com redação dada pelo Decreto nº 54.249, de 17.4.2009 – DOE de 18.4.2009 – Efeitos a partir de 1º.1.2010.*

**Art. 73.** O crédito acumulado poderá ser transferido (Lei nº 6.374/1989, art. 46, e Convênio AE-7/71, cláusulas primeira, segunda e quarta, as duas últimas na redação dos Convênios ICM-5/87, cláusula primeira, e ICM-21/87, respectivamente):

I – para outro estabelecimento da mesma empresa;

II – para estabelecimento de empresa interdependente, observado o disposto no § 1º, mediante prévio reconhecimento da interdependência pela Secretaria da Fazenda;

III – para estabelecimento fornecedor, observado o disposto no § 2º, a título de pagamento das aquisições feitas por estabelecimento industrial, nas operações de compra de:

a) matéria-prima, material secundário ou de embalagem, para uso pelo adquirente na fabricação, neste Estado, de seus produtos;

b) máquinas, aparelhos ou equipamentos industriais, novos, para integração no ativo imobilizado e utilização, pelo prazo mínimo de um ano, em estabelecimento da empresa localizado neste Estado;

c) caminhão ou chassi de caminhão com motor, novos, para utilização direta em sua atividade no transporte de mercadoria, pelo prazo mínimo de um ano, em estabelecimento da empresa localizado neste Estado;

d) mercadoria ou material de embalagem a serem empregados pelo adquirente no acondicionamento ou reacondicionamento de produtos, realizada neste Estado;

• *Alínea "d" acrescida pelo Decreto nº 56.101, de 18.8.2010 – DOE de 19.8.2010 – Efeitos a partir de 1º.4.2010.*

IV – para estabelecimento fornecedor, observado o disposto nos itens 1 e 3 do § 2º, a título de pagamento das aquisições feitas por estabelecimento comercial, nas operações de compra de:

a) mercadorias inerentes ao seu ramo usual de atividade, para comercialização neste Estado;

b) bem novo, exceto veículo automotor, destinado ao ativo imobilizado, para utilização direta em sua atividade comercial, pelo prazo mínimo de um ano, em estabelecimento da empresa localizado neste Estado;

c) caminhão ou chassi de caminhão com motor, novos, para utilização direta em sua atividade comercial no transporte de mercadoria, pelo prazo mínimo de um ano, em estabelecimento da empresa localizado neste Estado;

V – para o fornecedor de leite situado no Estado de Minas Gerais, observado o disposto em acordo celebrado pelas unidades federadas envolvidas e disciplina estabelecida pela Secretaria da Fazenda;

VI – para o estabelecimento industrializador do petróleo bruto, decorrente de operação com combustível líquido ou gasoso ou lubrificante, derivado de petróleo, na hipótese do inciso III do art. 71, ou decorrente de operação interestadual com álcool carburante, na hipótese do inciso I desse artigo;

VII – para estabelecimento industrializador, decorrente de operação interna realizada por estabelecimento atacadista com amendoim em baga ou em grão, adquirido de produtor paulista e ao abrigo do diferimento previsto no inciso II do art. 350.

§ 1º. Para efeito do inciso II, consideram-se interdependentes duas empresas quando:

1 – uma delas, por si, for titular de 50% (cinquenta por cento) ou mais do capital da outra;

2 – seus sócios ou acionistas forem titulares de capital social não inferior a 50% (cinquenta por cento) em uma e a 30% (trinta por cento) na outra.

§ 2º. Relativamente ao disposto nos incisos III e IV, observar-se-á o seguinte:

1 – nos casos de venda à ordem ou para entrega futura, a transferência somente poderá ocorrer após o efetivo recebimento da mercadoria;

2 – as máquinas, aparelhos e equipamentos industriais referidos na alínea "b" do inciso III são os discriminados na relação a que se refere o inciso V do art. 54;

3 – as transferências referidas nas alíneas "c" dos incisos III e IV somente poderão ser feitas para estabelecimento fabricante do caminhão ou chassi com motor novo ali indicado, ainda que adquirido de estabelecimento revendedor.

• *Art. 73 com redação dada pelo Decreto nº 54.249, de 17.4.2009 – DOE de 18.4.2009 – Efeitos a partir de 1º.1.2010.*

VIII – para estabelecimento de cooperativa centralizadora de vendas de que faça parte, por estabelecimento fabricante de açúcar ou álcool, observada a disciplina estabelecida pela Secretaria da Fazenda.

• *Inciso VIII acrescido pelo Decreto nº 57.609, de 12.12.2011 – DOE de 13.12.2011 – Efeitos a partir de 1º.1.2012.*

**Art. 74.** Salvo disposição em contrário, a transferência somente poderá ser feita entre estabelecimentos situados em território paulista.

• *Art. 74 com redação dada pelo Decreto nº 54.249, de 17.4.2009 – DOE de 18.4.2009 – Efeitos a partir de 1º.1.2010.*

**Art. 75.** A transferência do crédito acumulado far-se-á mediante autorização gerada através de sistema eletrônico, devendo ser requerida por meio da internet, na forma estabelecida pela Secretaria da Fazenda.

Parágrafo único. A Secretaria da Fazenda poderá estabelecer que a autorização eletrônica seja substituída por forma diversa.

• *Art. 75 com redação dada pelo Decreto nº 54.249, de 17.4.2009 – DOE de 18.4.2009 – Efeitos a partir de 1º.1.2010.*

**Art. 76.** O documento de autorização relativo à transferência do crédito acumulado será (Lei nº 6.374/1989, art. 67, § 1º):

I – lançado pelo Fisco na conta corrente prevista na alínea "b" do inciso II do art. 72;

II – escriturado pelo destinatário diretamente no livro Registro de Apuração do ICMS e transcrito na correspondente Guia de Informação e Apuração do ICMS – GIA, no quadro "Crédito do Imposto – Outros Créditos".

• *Art. 76 com redação dada pelo Decreto nº 54.249, de 17.4.2009 – DOE de 18.4.2009 – Efeitos a partir de 1º.1.2010.*

### *Subseção II*
### *Da Devolução do Crédito Acumulado*

• *Subseção II com redação dada pelo Decreto nº 54.249, de 17.4.2009 – DOE de 18.4.2009 – Efeitos a partir de 1º.1.2010.*

**Art. 77.** Sobrevindo o desfazimento do negócio ou ato que justificou a transferência, o crédito acumulado transferido, desde que não utilizado pelo destinatário, será devolvido ao estabelecimento de origem (Lei nº 6.374/1989, arts. 46 e 67, § 1º):

I – totalmente, se total o desfazimento;

II – parcialmente, se parcial o desfazimento, em importância igual à que exceder o valor final do negócio ou ato.

§ 1º. O estabelecimento de origem para receber o crédito acumulado em devolução deverá previamente requerer autorização, por meio da internet.

§ 2º. O estabelecimento que devolver o crédito acumulado deverá acessar o sistema e registrar seu aceite ao pedido de devolução feito nos termos do § 1º.

§ 3º. Autorizada a devolução, o estabelecimento que devolver o crédito deverá lançar o valor devolvido no livro Registro de Apuração do ICMS com a correspondente transcrição na Guia de Informação e Apuração do ICMS – GIA, no quadro "Débito do Imposto – Outros Débitos".

§ 4º. Confirmado, pelo Fisco, o lançamento a que se refere o § 3º, o valor devolvido será lançado na conta corrente prevista na alínea "b" do inciso II do art. 72.

§ 5º. na hipótese deste artigo, quando o crédito acumulado transferido tiver sido utilizado pelo destinatário, o valor deverá ser recolhido pelo estabelecimento de origem, por meio de guia de recolhimentos especiais, com os acréscimos legais contados a partir do último dia do mês em que ocorreu a transferência, podendo o estabelecimento de origem, em relação ao valor do imposto efetivamente recolhido:

1 – lançar a crédito, no quadro "Crédito do Imposto – Outros Créditos" da Guia de Informação e Apuração do ICMS – GIA, ou;

2 – solicitar o lançamento a crédito na conta corrente de que trata a alínea "b" do inciso II do art. 72.

- *Art. 77 com redação dada pelo Decreto nº 54.249, de 17.4.2009 – DOE de 18.4.2009 – Efeitos a partir de 1º.1.2010.*

### Subseção III – Da Compensação do Imposto com Crédito Acumulado

- *Subseção III com redação dada pelo Decreto nº 54.249, de 17.4.2009 – DOE de 18.4.2009 – Efeitos a partir de 1º.1.2010.*

**Art. 78.** Por regime especial, o imposto exigível mediante guia de recolhimentos especiais poderá ser compensado com crédito acumulado (Lei nº 6.374/1989, art. 71, alterado pela Lei nº 10.619/2000, art. 2º, VII, e Convênio AE-7/71, cláusula terceira).

§ 1º. Tratando-se de importação, o regime especial somente será concedido se o desembarque e desembaraço aduaneiro forem processados em território paulista.

§ 2º. No caso de importação de que trata o § 1º poderá ser compensado com crédito acumulado além do imposto, a multa moratória e os juros de mora, quando for o caso.

- *Art. 78 com redação dada pelo Decreto nº 56.334, de 27.10.2010 – DOE de 28.10.2010 – Efeitos a partir da publicação.*

### Subseção IV – Da Liquidação de Débito Fiscal com Crédito Acumulado

- *Subseção IV com redação dada pelo Decreto nº 54.249, de 17.4.2009 – DOE de 18.4.2009 – Efeitos a partir de 1º.1.2010.*

**Art. 79.** Segundo as regras dos arts. 586 a 592, o débito fiscal relativo ao imposto poderá ser liquidado mediante compensação com crédito acumulado (Lei nº 6.374/1989, art. 102).

- *Art. 79,* caput, *com redação dada pelo Decreto nº 54.249, de 17.4.2009 – DOE de 18.4.2009 – Efeitos a partir de 1º.1.2010.*

Parágrafo único. O disposto neste artigo não se aplica ao débito fiscal relativo ao imposto retido em razão do regime jurídico-tributário de sujeição passiva por substituição

- *Parágrafo único, primitivo § 1º, renumerado pelo Decreto nº 55.407, de 9.2.2010 – DOE de 10.2.2010 – Efeitos a partir da publicação.*

§ 2º. (Revogado).

- *§ 2º revogado pelo Decreto nº 55.407, de 9.2.2010 – DOE de 10.2.2010 – Efeitos a partir da publicação.*

### Subseção V Da Reincorporação do Crédito Acumulado

- *Subseção V com redação dada pelo Decreto nº 54.249, de 17.4.2009 – DOE de 18.4.2009 – Efeitos a partir de 1º.1.2010.*

**Art. 80.** O valor do crédito acumulado lançado na conta corrente prevista na alínea "b" do inciso II do art. 72 poderá ser reincorporado, total ou parcialmente, hipótese em que o estabelecimento deverá: (Lei nº 6.374/1989, art. 46):

I – informar, por meio da internet, na forma estabelecida pela Secretaria da Fazenda, o valor para a baixa na conta corrente;

II – no último dia do mês, escriturá-lo no livro Registro de Apuração do ICMS e transcrevê-lo na correspondente Guia de Informação e Apuração do ICMS – GIA, no quadro "Crédito do Imposto – Outros Créditos".

§ 1º. A reincorporação será obrigatória sempre que, num mesmo período, no livro Registro de Apuração do ICMS e na conta corrente, se apurar, cumulativamente:

1 – saldo devedor no mencionado livro fiscal;

2 – saldo de crédito acumulado não utilizado no mês.

§ 2º. Relativamente ao disposto no parágrafo 1º, o crédito acumulado será reincorporado:

1 – em valor igual ao do saldo devedor, se superior ou igual a este;

2 – totalmente, se inferior ao saldo devedor.

- *Art. 80 com redação dada pelo Decreto nº 54.249, de 17.4.2009 – DOE de 18.4.2009 – Efeitos a partir de 1º.1.2010.*

### *Subseção VI – Da Utilização do Crédito Acumulado Recebido em Transferência*

• *Subseção VI com redação dada pelo Decreto nº 54.249, de 17.4.2009 – DOE de 18.4.2009 – Efeitos a partir de 1º.1.2010.*

**Art. 81.** Poderá ser autorizada a apropriação e a utilização como crédito acumulado, pelo estabelecimento de destino, do crédito recebido em transferência nos termos do art. 73 ou decorrente de autorização do Secretário da Fazenda (Lei nº 6.374/1989, art. 46).

§ 1º. Para fins deste artigo:

1 – observar-se-ão, no que couberem, as disposições dos arts. 72, 72-B e 72-C;

2 – considerar-se-á como crédito acumulado o crédito recebido em transferência por:

a) estabelecimento de frigorífico, comprovado conforme disciplina estabelecida pela Secretaria da Fazenda, vinculado à operação de aquisição de gado bovino ou suíno de estabelecimento rural amparada por diferimento;

• *Alínea "a" com redação dada pelo Decreto nº 56.133, de 25.8.2010 – DOE de 26.8.2010 – (Efeitos a partir de 1º.1.2011) – Por determinação do Decreto nº 57.084, de 27.6.2011 – DOE de 28.6.2011 – Efeitos a partir de 1º.1.2012.*

b) estabelecimento fabricante, distribuidor ou revendedor, remetido por produtor rural ou cooperativa de produtores rurais em pagamento de máquinas e implementos agrícolas, insumos agropecuários, combustíveis, sacaria nova ou outros materiais de embalagem.

§ 2º. Autorizada a apropriação, é permitido o uso do crédito acumulado para os fins e efeitos previstos neste capítulo e sob as mesmas condições.

• *Art. 81 com redação dada pelo Decreto nº 54.249, de 17.4.2009 – DOE de 18.4.2009 – Efeitos a partir de 1º.1.2010.*

### Seção III – Das Disposições Comuns

• *Seção III com redação dada pelo Decreto nº 54.249, de 17.4.2009 – DOE de 18.4.2009 – Efeitos a partir de 1º.1.2010.*

**Art. 82.** São vedadas a apropriação e a utilização de crédito acumulado ao contribuinte que, por qualquer estabelecimento paulista, tiver débito fiscal relativo ao imposto, inclusive se objeto de parcelamento.

§ 1º. O disposto neste artigo não se aplica ao débito:

1 – apurado pelo fisco enquanto não julgado definitivamente, sem prejuízo da aplicação do disposto no art. 72-C;

2 – objeto de pedido de liquidação, nos termos do art. 79;

3 – inscrito na dívida ativa e ajuizado, quando garantido, em valor suficiente para a integral liquidação da dívida e enquanto ela perdurar, por depósito, judicial ou administrativo, fiança bancária, imóvel com penhora devidamente formalizada ou outro tipo de garantia, a juízo da Procuradoria Geral do Estado.

§ 2º. As vedações previstas no *caput* deste artigo estendem-se à hipótese de existência de débito do imposto, inclusive àquele objeto de parcelamento, por qualquer estabelecimento paulista de:

1 – sociedade cindida, até a data da cisão, de cujo processo resultou, total ou parcialmente, o patrimônio do contribuinte;

2 – empresa em relação à qual o fisco apure, a qualquer tempo:

a) que o contribuinte é sucessor de fato;

b) a ocorrência de simulação societária tendente a ocultar a responsabilidade do contribuinte pelo respectivo débito.

• *Art. 82 com redação dada pelo Decreto nº 54.249, de 17.4.2009 – DOE de 18.4.2009 – Efeitos a partir de 1º.1.2010.*

**Art. 83.** O uso da faculdade prevista neste capítulo não implicará reconhecimento da legitimidade do crédito acumulado, nem homologação dos lançamentos efetuados pelo contribuinte (Convênio AE-7/71, cláusula quinta).

• *Art. 83 com redação dada pelo Decreto nº 54.249, de 17.4.2009 – DOE de 18.4.2009 – Efeitos a partir de 1º.1.2010.*

**Art. 84.** O Secretário da Fazenda poderá autorizar:

I – o aproveitamento, na forma deste capítulo, de crédito em razão de ocorrência não prevista no art. 71, desde que a acumulação tenha a mesma natureza de crédito acumulado;

II – a transferência de crédito acumulado entre estabelecimentos de empresas que não forem interdependentes.

• *Art. 84 com redação dada pelo Decreto nº 54.249, de 17.4.2009 – DOE de 18.4.2009 – Efeitos a partir de 1º.1.2010.*

## CAPÍTULO VI – DA APURAÇÃO DO IMPOSTO

### Seção I – Das Disposições Preliminares

**Art. 85.** O valor do imposto a recolher corresponderá à diferença, em cada período de apuração, entre o imposto devido sobre as operações ou prestações tributadas e o cobrado relativamente às anteriores (Lei nº 6.374/1989, art. 47, alterado pela Lei nº 10.619/2000, art. 2º, V).

**Art. 86.** Salvo disposição em contrário, o estabelecimento de contribuinte obrigado à escrituração fiscal deverá apurar o valor do imposto a recolher, em conformidade com o regime em que estiver enquadrado (Lei nº 6.374/1989, art. 48):

I – regime periódico de apuração;

II – regime de estimativa.

• *V. arts. 281 a 283 e 287 do RICMS/2000.*

## Seção II – Do Regime Periódico de Apuração e do Regime de Estimativa

### *Subseção I – Do Regime Periódico de Apuração*

**Art. 87.** Os estabelecimentos enquadrados no regime periódico de apuração, em relação às operações ou prestações efetuadas no período, apurarão (Lei nº 6.374/1989, arts. 48, parágrafo único, e 49):

I – no livro Registro de Saídas:

a) o valor contábil total das operações ou prestações;

b) o valor total da base de cálculo das operações ou prestações com débito do imposto e o valor total do respectivo imposto debitado;

c) o valor fiscal total das operações ou prestações isentas ou não tributadas;

d) o valor fiscal total de outras operações ou prestações sem débito do imposto;

II – no livro Registro de Entradas:

a) o valor contábil total das operações ou prestações;

b) o valor total da base de cálculo das operações ou prestações com crédito do imposto e o valor total do respectivo imposto creditado;

c) o valor fiscal total das operações ou prestações isentas ou não tributadas;

d) o valor fiscal total de outras operações ou prestações sem crédito do imposto;

III – no livro Registro de Apuração do ICMS, após os lançamentos de que tratam os incisos anteriores:

a) o valor do débito do imposto, relativamente às operações de saída ou às prestações de serviço;

b) o valor de outros débitos;

c) o valor dos estornos de créditos;

d) o valor total do débito do imposto;

e) o valor do crédito do imposto, relativamente às entradas de mercadoria ou aos serviços tomados;

f) o valor de outros créditos;

g) o valor dos estornos de débitos;

h) o valor total do crédito do imposto;

i) o valor do saldo devedor, que corresponderá à diferença entre os valores mencionados nas alíneas "d" e "h";

j) o valor das deduções previstas pela legislação;

l) o valor do imposto a recolher ou o valor do saldo credor a transportar para o período seguinte, que corresponderá à diferença entre os valores mencionados nas alíneas "h" e "d".

§ 1º. Salvo disposição em contrário, a apuração do imposto far-se-á mensalmente, no último dia do mês.

§ 2º. Os valores referidos no inciso III serão declarados ao fisco, conforme disposto nos arts. 253 a 258, observados, quanto ao imposto a recolher, os prazos a que se refere o art. 112.

§ 3º. O regime de apuração previsto neste artigo poderá ser estendido, mediante requerimento, ao contribuinte não obrigado à escrituração fiscal que se comprometer a realizá-la e a observar as condições deste Regulamento.

### *Subseção II – Do Regime de Estimativa*

**Art. 88.** O estabelecimento enquadrado no regime de estimativa terá o valor do imposto a recolher mensalmente determinado pelo fisco (Lei nº 6.374/1989, art. 50).

§ 1º. O imposto será estimado para período certo e prevalecerá enquanto não revisto.

§ 2º. O enquadramento do estabelecimento no regime de estimativa obedecerá a critérios do fisco, que poderá ter em conta categorias, grupos ou setores de atividades econômicas.

§ 3º. Com base em dados declarados pelo contribuinte e em outros de que dispuser o fisco, serão estimados os montantes das operações de entrada e de saída de mercadoria e das prestações tomadas e realizadas, bem como o valor do imposto a recolher no período considerado.

§ 4º. O valor do imposto a recolher, estimado na forma do parágrafo anterior, será dividido em parcelas, em quantidade correspondente ao número de meses compreendidos no período.

**Art. 89.** O contribuinte será notificado do seu enquadramento no regime de estimativa e da parcela a recolher em cada mês (Lei nº 6.374/1989, art. 51).

**Art. 90.** Notificado nos termos do artigo anterior, o contribuinte, em relação a cada estabelecimento enquadrado no regime de estimativa, fica obrigado (Lei nº 6.374/1989, arts. 56, 59 e 67, *caput*, o primeiro alterado pela Lei nº 10.619/2000, art. 1º, XXIII);

I – a recolher, mensalmente, as parcelas do imposto estimado, no prazo a que se refere o art. 113;

II – em relação às operações ou prestações que realizar:

a) a emitir os documentos fiscais previstos no art. 124;

b) a escriturar os livros fiscais previstos no art. 213;

III – a apresentar a guia de informação correspondente ao período, no prazo a que se refere o art. 254, vedada a sua apresentação segundo o regime periódico de apuração.

**Art. 91.** O contribuinte, em relação a cada estabelecimento enquadrado no regime de estimativa, fará, em 30 de junho e 31 de dezembro de cada exercício, a apuração de que trata o art. 87 (Lei nº 6.374/1989, arts. 48, parágrafo único, e 52, §§ 1º a 3º, este na redação da Lei nº 9.329/1995).

§ 1º. Os valores do imposto e das operações de entrada e saídas de mercadorias e dos serviços prestados ou tomados relacionados com infrações, cujos débitos exigidos em auto de infração tenham sido recolhidos no curso do respectivo período, devem ser considerados na apuração de que trata este artigo.

§ 2º. A diferença do imposto verificada entre o montante determinado pelo fisco e o apurado no livro Registro de Apuração do ICMS:

1 – se favorável ao fisco, observado o disposto no art. 566, poderá ser recolhida sem os acréscimos legais correspondentes à multa prevista no art. 528 e aos juros de mora, independentemente de qualquer iniciativa fiscal, até o último dia útil do mês subsequente ao término do período de apuração;

2 – se favorável ao contribuinte, será deduzida em recolhimentos futuros.

§ 3º. A dedução de que trata o item 2 do parágrafo anterior poderá ser efetuada pela Secretaria da Fazenda, independentemente de requerimento, desde que:

1 – o contribuinte tenha entregue, em prazo, a guia de informação prevista no art. 253, e recolhido todas as parcelas do imposto estimado;

2 – a análise da guia de informação e de outros elementos indiciários confirme o saldo apurado pelo contribuinte.

**Art. 92.** Interrompida a aplicação do regime de estimativa, antecipar-se-á o cumprimento da obrigação prevista no inciso III do art. 90 e no *caput* do artigo anterior, hipótese em que a diferença do imposto verificada entre o montante determinado pelo fisco e o apurado (Lei nº 6.374/1989, art. 52, § 3º, na redação da Lei nº 9.329/1995, art. 1º, IV):

I – se favorável ao fisco, no caso de cessação de atividade do estabelecimento ou de seu desenquadramento do regime de estimativa, observar-se-á o disposto no item 1 do § 2º do artigo anterior;

II – se favorável ao contribuinte, será:

a) compensada, nos casos de desenquadramento, mediante lançamento no livro Registro de Apuração do ICMS, no quadro "Crédito do Imposto – Outros Créditos", com a expressão "Excesso de Estimativa";

b) restituída, a requerimento do contribuinte, nos casos de cessação de atividade, observada a vedação contida no inciso II do art. 69.

Parágrafo único. Relativamente ao disposto na alínea "b" do inciso II, a Secretaria da Fazenda, após verificação fiscal, se necessária, efetuará a restituição no prazo de 90 (noventa) dias, contados da data em que o pedido tiver sido protocolado, implicando a inobservância desse prazo atualização monetária, a partir do protocolamento, segundo a variação da UFESP.

**Art. 93.** O aproveitamento de diferença ou a restituição, de que tratam os arts. 91 e 92, não impedirá a feitura de levantamento fiscal, nos termos do art. 509, nem a sua revisão (Lei nº 6.374/1989, art. 52, § 4º, na redação da Lei nº 9.329/1995, art. 1º, IV).

**Art. 94.** O fisco poderá, a qualquer tempo e a seu critério (Lei nº 6.374/1989, art. 53):

I – promover o enquadramento de qualquer estabelecimento no regime de estimativa;

II – rever os valores estimados e reajustar as parcelas mensais subsequentes à revisão, mesmo no curso do período considerado;

III – promover o desenquadramento de qualquer estabelecimento do regime de estimativa.

**Art. 95.** A questão objeto de reclamação relacionada com a aplicação do disposto no artigo anterior será decidida pelo Chefe da repartição fiscal a qual o estabelecimento estiver vinculado, com recurso à autoridade imediatamente superior (Lei nº 6.374/1989, art. 54).

Parágrafo único. As reclamações e recursos não terão efeito suspensivo, sendo de 30 (trinta) dias o prazo para sua interposição, contados, para a reclamação, da data da respectiva notificação e, para o recurso, da data da intimação do despacho que julgar a reclamação.

### *Subseção III*
### *Da Centralização da Apuração e do Recolhimento*

**Art. 96.** Os saldos devedores e credores resultantes da apuração prevista nos arts. 87 ou 88, efetuada a cada período em cada um dos estabelecimentos do mesmo titular localizados em território paulista, poderão ser compensados centralizadamente, sendo o resultado, quando devedor, objeto de recolhimento único.

- *Art. 96 com redação dada pelo Decreto nº 53.355, de 26.8.2008 – DOE de 27.8.2008 – Efeitos a partir do período de apuração relativo a agosto de 2008.*

**Art. 97.** Para compensação, os saldos referidos no art. 96 serão transferidos, total ou parcialmente, para estabelecimento centralizador, eleito segundo o regime de apuração do imposto, pelo titular, entre aqueles que estiverem sujeitos ao menor prazo para recolhimento do imposto.

§ 1º. A compensação somente se fará entre estabelecimentos enquadrados no mesmo regime de apuração do imposto.

§ 2º. Todos os estabelecimentos pertencentes a uma mesma empresa, situados neste Estado, deverão ser incluídos na centralização, elegendo-se, dentre eles, um como centralizador.

§ 3º. Adotada a forma centralizada de apuração e recolhimento do imposto prevista nesta subseção, em relação aos saldos transferidos, deverá ser observado o seguinte:

1 – se o saldo for devedor, a transferência deverá ser total;

2 – se o saldo for credor, a transferência não poderá exceder o montante a ser absorvido pelo estabelecimento centralizador no mesmo período de apuração, observado o disposto no parágrafo único do art. 99.

• *Art. 97 com redação dada pelo Decreto nº 53.355, de 26.8.2008 – DOE de 27.8.2008 – Efeitos a partir do período de apuração relativo a agosto de 2008.*

**Art. 98.** Para a transferência de que trata o art. 97, deverá o estabelecimento:

I – emitir Nota Fiscal que conterá, além dos demais requisitos, as seguintes indicações:

a) natureza da operação: Transferência de Saldo (Devedor/Credor) – Art. 98 do RICMS;

b) como destinatário, o estabelecimento centralizador, com seus dados identificativos;

c) no campo "Informações Complementares", a expressão: Transferência do Saldo (Devedor/Credor) – Apuração do Mês de (...);

d) o valor do saldo transferido, em algarismos e por extenso;

II – registrar a Nota Fiscal no livro Registro de Saídas, com a utilização, apenas, das colunas "Documento Fiscal" e "Observações", anotando-se nesta a expressão: Transferência de Saldo (Devedor/Credor) – Art. 98 do RICMS;

III – lançar o valor transferido, no mesmo período de apuração do imposto, no livro Registro de Apuração do ICMS, no quadro "Crédito do Imposto – Outros Créditos", se o valor se referir a saldo devedor ou no quadro "Débito do Imposto – Outros Débitos", se o valor se referir a saldo credor apurado, com a expressão "Transferência de Saldo – Art. 98 do RICMS".

• *Art. 98 com redação dada pelo Decreto nº 53.355, de 26.8.2008 – DOE de 27.8.2008 – Efeitos a partir do período de apuração relativo a agosto de 2008.*

**Art. 99.** O estabelecimento centralizador deverá lançar o valor recebido em transferência, no mesmo período de apuração do imposto, no livro Registro de Apuração do ICMS, no quadro "Débito do Imposto – Outros Débitos" ou no quadro "Crédito do Imposto – Outros Créditos", conforme o caso, com a indicação do número e data de emissão do documento fiscal e o número de inscrição estadual do estabelecimento transmitente.

Parágrafo único. Fica vedado ao estabelecimento centralizador apurar saldo credor em razão das transferências previstas nesta subseção.

• *Art. 99 com redação dada pelo Decreto nº 53.355, de 26.8.2008 – DOE de 27.8.2008 – Efeitos a partir do período de apuração relativo a agosto de 2008.*

**Art. 100.** A geração, apropriação e utilização de crédito acumulado, previstas nos arts. 72 e seguintes, somente poderão ser efetuadas no âmbito de cada estabelecimento gerador.

• *Art. 100 com redação dada pelo Decreto nº 53.355, de 26.8.2008 – DOE de 27.8.2008 – Efeitos a partir do período de apuração relativo a agosto de 2008.*

**Art. 101.** O disposto nesta subseção não se aplica:

I – ao valor do imposto devido na condição de sujeito passivo por substituição tributária com retenção antecipada do imposto;

II – à operação ou prestação, relativamente à qual a legislação exija recolhimento do imposto em separado;

III – aos saldos devedores e credores resultantes da atividade de revenda de combustíveis e demais derivados de petróleo, conforme definido na legislação federal, com os saldos devedores e credores de outro estabelecimento do mesmo titular que exerça atividade diversa (Lei nº 6.374/1989, art. 65-A, parágrafo único, acrescentado pela Lei nº 11.929/2005, art. 8º, IV).

• *Art. 101 com redação dada pelo Decreto nº 53.355, de 26.8.2008 – DOE de 27.8.2008 – Efeitos a partir do período de apuração relativo a agosto de 2008.*

**Art. 102.** A opção pela faculdade prevista no art. 96, a renúncia a ela e a alteração do estabelecimento centralizador serão efetuadas por meio de termo lavrado no livro Registro de Utilização de Documentos Fiscais e Termos de Ocorrências de cada estabelecimento abrangido, que produzirá efeitos:

I – a partir do primeiro dia do mês subsequente em relação à primeira opção;

II – a partir do primeiro dia do terceiro mês subsequente ao de sua renúncia, bem como ao da segunda opção em diante;

III – a partir do primeiro dia do ano subsequente, na alteração do estabelecimento centralizador, devendo o termo ser lavrado até o último dia do mês de novembro.

§ 1º. O termo previsto no *caput* conterá:

1 – os dados identificativos do estabelecimento centralizador, quando lavrado pelos demais estabelecimentos;

2 – os dados identificativos dos demais estabelecimentos, quando lavrado pelo estabelecimento centralizador.

§ 2º. Observada a condição de menor prazo, estabelecida no art. 97, a inclusão de novo estabelecimento na sistemática prevista nesta subseção far-se-á mediante lavratura do termo no seu livro Registro de Utilização de Documentos Fiscais e Termos de Ocorrências.

§ 3º. Além do termo previsto no *caput* deste artigo, cada estabelecimento deverá informar a opção, renúncia ou alteração do estabelecimento centralizador ao Posto Fiscal a que estiver vinculado.

• *Art. 102 com redação dada pelo Decreto nº 53.355, de 26.8.2008 – DOE de 27.8.2008 – Efeitos a partir do período de apuração relativo a agosto de 2008.*

### Seção III – Outras Formas de Apuração

**Art. 103.** Tratando-se de contribuinte não obrigado a manter escrituração fiscal, bem como em outros casos expressamente previstos, o valor do imposto a recolher corresponderá à diferença entre o imposto devido sobre operação ou prestação tributada e o cobrado na imediatamente anterior, efetuada com a mesma mercadoria ou seus insumos ou com o mesmo serviço, observado o disposto no inciso VIII do art. 115 (Lei nº 6.374/1989, art. 55).

**Art. 104.** Na hipótese do artigo anterior, o documento comprobatório do crédito será desdobrado pela repartição fiscal do local em que ocorrer a saída parcelada da mercadoria ou cada prestação de serviço (Lei nº 6.374/1989, art. 55).

**Art. 105.** Em relação aos contribuintes que só efetuem operações ou prestações durante períodos determinados, tais como finados, festas natalinas, juninas ou carnavalescas, em caráter eventual e transitório, a apuração do imposto, observado o disposto nos incisos XI e XII do art. 115, será feita (Lei nº 6.374/1989, art. 67, *caput*, e § 1º):

I – provisoriamente, pelo fisco, mediante estimativa do montante das operações ou prestações;

II – pelo contribuinte, na própria guia de recolhimento, quanto à diferença entre o valor real e o valor estimado.

### Seção IV – Dos Restaurantes, Bares e Estabelecimentos Similares

**Art. 106.** (Revogado).

- *Art. 106 revogado pelo Decreto nº 51.520, de 29.1.2007 – DOE de 30.1.2007 – Produzindo efeitos aos fatos geradores que ocorrerem a partir de 1º.2.2007.*

**Art. 107.** (Revogado).

- *Art. 107 revogado pelo Decreto nº 57.404, de 6.10.2011 – DOE de 18.8.2011 – Efeitos a partir da publicação.*

### Seção V
### Das Disposições Comuns à Apuração do Imposto

**Art. 108.** A diferença de imposto apurada pelo contribuinte será lançada no livro Registro de Apuração do ICMS, no quadro "Débito do Imposto – Outros Débitos", com a expressão "Diferenças Apuradas", consignando-se em "Observações" a origem da diferença (Lei nº 6.374/1989, art. 59).

Parágrafo único. A providência a que se refere este artigo será adotada sem prejuízo do recolhimento, por guia de recolhimentos especiais, da correção monetária e dos acréscimos legais.

**Art. 109.** Os valores das operações ou prestações, o valor do imposto a recolher ou, em sendo a hipótese, o saldo credor a ser transportado, obtidos ao final de cada período de apuração, serão declarados em guia de informação, observado o disposto nos arts. 253 a 258 (Lei nº 6.374/1989, art. 56, na redação da Lei nº 10.619/2000, art. 1º, XXIII).

**Art. 110.** (Revogado).

- *Art. 110 revogado pelo Decreto nº 55.867, de 27.5.2010 – DOE de 28.5.2010 – Efeitos a partir de 1º.1.2010.*

## CAPÍTULO VII – DO PAGAMENTO DO IMPOSTO

### Seção I – Da Guia de Recolhimento

**Art. 111.** O recolhimento do imposto será feito mediante guia preenchida pelo contribuinte, conforme modelo aprovado pela Secretaria da Fazenda, que fixará, também, a quantidade de vias e sua destinação (Lei nº 6.374/1989, arts. 66 e 67, § 2º).

Parágrafo único. A Secretaria da Fazenda poderá determinar que o recolhimento se faça mediante guia por ela fornecida ou por meio de outro sistema, ficando-lhe facultado exigir retribuição pelo custo.

### Seção II
### Dos Prazos para Pagamento no Regime Periódico de Apuração e no Regime de Estimativa

**Art. 112.** O imposto apurado na forma do art. 87 e declarado nos termos dos arts. 253 a 258, observado o disposto no art. 566, poderá ser recolhido sem os acréscimos legais, tais como a multa prevista no art. 528 e os juros de mora, até o dia indicado no Anexo IV (Lei nº 6.374/1989, art. 59).

**Art. 113.** O contribuinte enquadrado no regime de estimativa, observado o disposto no art. 566, poderá recolher as parcelas mensais até o dia 16 do mês subsequente ao de referência, sem os acréscimos legais, tais como a multa prevista no art. 528 e os juros de mora (Lei nº 6.374/1989, art. 59, e Convênio ICMS-92/1989, cláusula primeira, § 1º).

§ 1º. O pagamento da primeira parcela, observado o disposto no art. 566, poderá ser efetuado dentro de 15 (quinze) dias a contar da data da notificação do enquadramento, sem os acréscimos legais.

§ 2º. Sendo a guia de recolhimento fornecida pela Secretaria da Fazenda, o dia do pagamento será o nela fixado, observado o disposto no art. 566.

**Art. 114.** O código de prazo de recolhimento do imposto referido nesta seção, indicado no Anexo IV, salvo disposição em contrário, será atribuído pela Secretaria da Fazenda de acordo com a atividade econômica declarada pelo contribuinte, seu regime de tributação do imposto ou seu porte econômico.

### Seção III – Do Pagamento por Guia de Recolhimentos Especiais

**Art. 115.** Além de outras hipóteses expressamente previstas, o débito fiscal será recolhido mediante guia de recolhimentos especiais, observado o disposto no art. 566, podendo efetivar-se sem os acréscimos legais, tais como a multa prevista no art. 528 e os juros de mora, até os momentos adiante indicados, relativamente aos seguintes eventos (Lei nº 6.374/1989, art. 59, Convênio ICM-10/81, cláusulas primeira e terceira, Convênio ICMS-25/90, cláusulas terceira e quarta, II, e Convênio ICMS-49/90):

I – operação de importação de mercadoria ou bem do exterior:

a) até o momento do desembaraço aduaneiro, exceto em relação aos contribuintes inscritos no Cadastro de Contribuintes do ICMS detentores de regime especial e desde que o desembaraço ocorra em território paulista;

b) em hipóteses não abrangidas pela alínea anterior, inclusive naquelas em que a entrega da mercadoria ocorra antes do desembaraço aduaneiro ou naquelas em que, por qualquer motivo, não puder ter sido exigido o pagamento ali indicado – no recebimento da mercadoria ou do bem;

- *Alínea "b" com redação dada pelo Decreto nº 46.588, de 8.3.2002 – DOE de 9.3.2002 – Efeitos a partir de 22.12.2001.*

II – operação realizada por estabelecimento rural de produtor, quando não estiver atribuída ao destinatário a responsabilidade pelo pagamento do imposto, conforme segue, observado o disposto no § 1º:

a) na saída de mercadoria com destino a outro Estado, ao exterior ou a pessoa de direito público ou privado não inscrita no Cadastro de Contribuintes do ICMS – pelo produtor, no momento da saída;

b) na transmissão de propriedade de mercadoria depositada em seu nome em armazém geral ou qualquer outro local, quando não transitar pelo estabelecimento depositante ou deste tiver saído sem o pagamento do imposto, salvo se o adquirente for comerciante, industrial, cooperativa ou pessoa de direito público ou privado inscrita no Cadastro de Contribuintes do ICMS, estabelecido neste Estado – pelo produtor, no momento da saída;

c) na saída de mercadoria sem destinatário certo – pelo produtor, no momento da saída;

d) na saída de mercadoria com destino a consumidor ou a outro produtor – pelo produtor, relativamente às saídas efetuadas no mês, até o dia 15 (quinze) do mês seguinte;

III – operação a ser realizada em território paulista, sem destinatário certo, com mercadoria oriunda de outro Estado – pelo detentor da mercadoria, observado o disposto no art. 433;

IV – operação de saída de mercadoria, decorrente de:

a) arrematação judicial – pelo arrematante, antes da expedição da carta de arrematação ou adjudicação;

b) arrematação de mercadoria importada do exterior, em leilão ou licitação, promovidos pelo poder público – pelo arrematante, até o momento do registro da Declaração de Arrematação ou documento equivalente;

V – operação de saída de mercadoria, decorrente de alienação em leilão, falência ou inventário – pelo contribuinte, leiloeiro, síndico ou espólio, quando da alienação, no início da remessa da mercadoria;

VI – operação eventual realizada por contribuinte de outro Estado com mercadoria existente em território paulista – pelo contribuinte, no momento da saída da mercadoria ou da operação;

VII – operação de saída de mercadoria de estabelecimento beneficiador de produtos agrícolas, com destino a pessoa ou estabelecimento diverso daquele que a tiver remetido para beneficiamento – pelo estabelecimento beneficiador, no momento da saída da mercadoria;

VIII – na hipótese do art. 103 relativamente às operações realizadas no mês – pelo contribuinte, no momento da saída da mercadoria, observado o disposto no § 2º;

IX – prestação de serviço de transporte de carga, com início em território paulista, realizada por transportador autônomo, qualquer que seja o seu domicílio, ou por empresa transportadora estabelecida fora do território paulista e não inscrita no Cadastro de Contribuintes do ICMS deste Estado, na hipótese de inaplicabilidade da sujeição passiva por substituição prevista no art. 316 – pelo transportador autônomo ou pela empresa transportadora, no momento do início da prestação, observado o disposto nos §§ 3º e 5º;

X – prestação de serviço de transporte de pessoas ou passageiros, com início em território paulista, realizada por transportador autônomo, qualquer que seja o seu domicílio, ou por empresa transportadora estabelecida fora do território paulista e não inscrita no Cadastro de Contribuintes do ICMS deste Estado – pelo transportador autônomo ou pela empresa transportadora, no momento do início da prestação, observado o disposto no § 5º;

XI – operação ou prestação efetuada por contribuinte que só opere em períodos determinados, tais como finados, festas natalinas, juninas ou carnavalescas, ainda que em estabelecimento provisório, inclusive o instalado em lugar destinado a recreação, esporte, exposições ou outras atividades semelhantes – pelo contribuinte, no momento do início da prestação de serviço ou da movimentação da mercadoria para o estabelecimento transitório ou local de atividade, observado o disposto no inciso I do art. 105;

XII – diferença verificada entre o valor estimado e o valor efetivo da operação ou prestação efetuada na forma do inciso anterior – no dia imediato ao da cessação da atividade, observado o disposto no inciso II do art. 105;

XIII – exigência decorrente de ação fiscal – dentro do prazo fixado na notificação ou no auto de infração;

XIV – saídas de produtos resultantes da industrialização do petróleo bruto promovidas pelo estabelecimento refinador de petróleo no período de 1º (primeiro) a 15 (quinze) de cada mês, observado o disposto no § 6º, no dia 25 (vinte e cinco) do mesmo mês, não se aplicando em relação:

a) a querosene de aviação, querosene iluminante, gasolina de aviação e óleo combustível;

b) ao valor do imposto retido a título de substituição tributária.

XV – saídas de subprodutos da matança do gado para outro Estado – no momento da saída ou conforme o disposto no item 1 do § 1º do art. 383;

XV-A – na entrada em estabelecimento de contribuinte sujeito às normas do Regime Especial Unificado de Arrecadação de Tributos e Contribuições devidos pelas Microempresas e Empresas de Pequeno Porte – "Simples Nacional", até o último dia do segundo mês subsequente ao da entrada:

- *Inciso XV-A,* caput, *acrescido pelo Decreto nº 52.104, de 29.8.2007 – DOE de 30.8.2007, e com redação dada pelo Decreto nº 59.967, de 17.12.2013 – DOE de 18.12.2013 – Efeitos a partir da publicação em relação aos fatos geradores que ocorrerem a partir de 1º.1.2014.*

a) de mercadoria destinada a industrialização ou comercialização, material de uso e consumo ou bem do ativo permanente, remetido por contribuinte localizado em outro Estado ou no Distrito Federal, o valor resultante da multiplicação do percentual correspondente à diferença entre a alíquota interna e a interestadual pela base de cálculo, quando a alíquota interestadual for inferior à interna (Lei Complementar Federal nº 123/2006, art. 13, § 1º, XIII);

- *Alínea "a" acrescida pelo Decreto nº 52.104, de 29.8.2007 – DOE de 30.8.2007, e com redação dada pelo Decreto nº 52.858, de 2.4.2008 – DOE de 3.4.2008 – Efeitos a partir da publicação.*

b) de petróleo, inclusive lubrificantes e combustíveis líquidos e gasosos dele derivados, bem como energia elétrica, oriundos de outro Estado ou Distrito Federal, quando não destinados à comercialização ou industrialização, calculado pela alíquota interna.

- *Alínea "b" acrescida pelo Decreto nº 52.104, de 29.8.2007 – DOE de 30.8.2007 – Efeitos a partir da publicação.*

XVI – casos não regulados – até 15 (quinze) dias, contados da data da operação, do ato ou da prestação que tiver dado origem à obrigação.

§ 1º. Na hipótese do inciso II, o produtor poderá abater na própria guia de recolhimentos especiais o crédito do imposto, na forma estabelecida pela Secretaria da Fazenda.

§ 2º. Relativamente ao inciso VIII, deverão ser anexados à guia de recolhimento os documentos fiscais comprobatórios da identidade da mercadoria ou do serviço e do pagamento do imposto na operação ou prestação imediatamente anterior.

§ 3º. Relativamente ao inciso IX:

1 – a guia de recolhimentos especiais, que servirá, se for o caso, como comprovante para crédito do imposto, deverá conter, além dos demais requisitos, ainda que no verso, os seguintes dados:

a) o preço do serviço;

b) a base de cálculo do imposto, se o seu valor for diferente do preço;

c) a alíquota aplicável e o valor do imposto;

d) o número, a série e a data da emissão do documento fiscal relativo à mercadoria transportada;

e) a identificação do tomador do serviço: nome, endereço e números de inscrição, estadual e no CNPJ ou CPF;

f) os locais de início e fim da prestação do serviço;

g) a identificação do transportador: nome, placa do veículo e nome do motorista, no caso de transporte rodoviário, ou outros elementos identificativos, nos demais casos;

2 – ressalvado o disposto no item seguinte, fica dispensada a emissão de conhecimento de transporte, desde que, em havendo documento fiscal referente à mercadoria ou bem, nele conste, além dos demais requisitos, os seguintes dados relativos à prestação do serviço:

a) o preço;

b) a base de cálculo do imposto, se o seu valor for diferente do preço;

c) a alíquota aplicável e o valor do imposto;

d) a identificação do responsável pelo pagamento do imposto: nome, endereço e números de inscrição, estadual e no CNPJ, ou CPF;

3 – a empresa transportadora estabelecida fora do território paulista e não inscrita no Cadastro de Contribuintes deste Estado deverá:

a) emitir o correspondente conhecimento de transporte ao final da prestação do serviço;

b) escriturar o referido documento fiscal no livro Registro de Saídas, utilizando apenas as colunas "Documento Fiscal" e "Observações", e anotando nesta a expressão "§ 3º do art. 115 – RICMS/SP";

c) recolher eventual diferença de imposto devido a este Estado por meio de Guia Nacional de Recolhimento de Tributos Estaduais, até o dia 9 (nove) do mês subsequente ao do início da prestação;

4 – o estabelecimento que fizer a entrega da mercadoria ao transportador autônomo ou à empresa transportadora estabelecida em outro Estado deverá exigir destes a guia de recolhimento do imposto, ainda que via adicional ou cópia reprográfica, que deverá conservar pelo prazo definido no art. 202, sob pena de responsabilidade solidária prevista no inciso XII do art. 11;

5 – caso o início da prestação ocorra em dia ou hora em que não haja expediente bancário:

a) por meio de regime especial e desde que o titular do estabelecimento que efetuar a entrega da carga ao transportador autônomo ou à empresa transportadora estabelecida em outro Estado, assuma a responsabilidade solidária pelo pagamento do imposto devido na prestação, o imposto poderá ser recolhido até o primeiro dia útil seguinte;

b) efetuado o recolhimento do imposto pelo responsável solidário nos termos da alínea anterior, o transportador autônomo ou a empresa transportadora estabelecida em outro Estado fica dispensada do cumprimento daquela obrigação.

§ 4°. Nos casos em que o imposto deva ser recolhido no momento da saída da mercadoria ou do início da prestação do serviço, a guia de recolhimento, que conterá, além dos demais requisitos, ainda que no verso, o número, a série e a data da emissão do respectivo documento fiscal, acompanhará a mercadoria ou o transporte para ser entregue ao destinatário da mercadoria ou ao tomador do serviço.

§ 5°. Relativamente aos incisos IX e X, o recolhimento do imposto poderá ser feito antecipadamente em outro Estado por meio de guia nacional de recolhimento aprovada por acordo celebrado entre os Estados.

§ 6°. Relativamente ao inciso XIV, a informação do recolhimento será apenas indicada no campo "Observações" do Livro Registro de Apuração do ICMS, com a expressão "Recolhimento Especial de Imposto, nos termos do § 6° do art. 115", vedado qualquer lançamento no quadro "Crédito do Imposto".

- *§ 6° com redação dada Decreto nº 45.824, de 25.5.2001 – DOE de 26.5.2001 – Efeitos a partir de 1°.6.2001.*

§ 7°. O disposto no inciso I aplica-se ao contribuinte sujeito às normas do Regime Especial Unificado de Arrecadação de Tributos e Contribuições devidos pelas Microempresas e Empresas de Pequeno Porte – "Simples Nacional".

- *§ 7° acrescido pelo Decreto nº 52.104, de 29.8.2007 – DOE de 30.8.2007 – Efeitos a partir da publicação.*

§ 8°. Para fins do disposto na alínea "a" do inciso XV-A, a alíquota interestadual a ser adotada será a de:

1 – 4% (quatro por cento), nas operações com mercadorias abrangidas pela Resolução do Senado Federal nº 13, de 25 de abril de 2012;

2 – 12% (doze por cento), nas demais operações.

- *§ 8° acrescido pelo Decreto nº 52.104, de 29.8.2007 – DOE de 30.8.2007 – com redação dada pelo Decreto nº 58.923, de 27.2.2013 – DOE de 28.2.2013 – Efeitos a partir de 1°.1.2013.*

## Seção IV – Outras Formas de Pagamento

**Art. 116.** Quando estiver atribuída ao destinatário da mercadoria ou ao tomador do serviço a obrigação de pagar o imposto relativo à mercadoria entrada, real ou simbolicamente, em seu estabelecimento ou ao serviço tomado, o contribuinte deverá, no período de ocorrência do evento, observar as seguintes normas (Lei nº 6.374/1989, art. 59):

I – o imposto será escriturado no livro Registro de Apuração do ICMS, no quadro "Débito do Imposto – Outros Débitos", com a expressão "Entradas com Imposto a Pagar" ou "Utilização de Serviços com Imposto a Pagar", conforme o caso;

II – o imposto será computado, quando for o caso, como crédito no livro Registro de Entradas, no mesmo período em que o serviço tiver sido tomado ou a mercadoria tiver entrado no estabelecimento.

Parágrafo único. O disposto neste artigo não se aplica:

1 – à operação ou prestação em que o lançamento do imposto deva ser efetuado em momento subsequente, hipótese em que se observará o disposto no art. 430;

2 – quando este Regulamento conferir ao destinatário a obrigação de recolher, mediante guia de recolhimentos especiais, o imposto relativo ao serviço tomado ou à mercadoria entrada em seu estabelecimento, hipótese em que:

a) o imposto a pagar será recolhido nos prazos fixados neste Regulamento;

b) o imposto será computado como crédito, quando cabível, no período em que for efetivamente recolhido, unicamente no livro Registro de Apuração do ICMS, no quadro "Crédito do Imposto – Outros Créditos", com a expressão "Entradas com Imposto a Pagar mediante Guia de Recolhimentos Especiais" ou "Utilização de Serviços com Imposto a Pagar mediante Guia de Recolhimentos Especiais".

**Art. 117.** Em caso de entrada, real ou simbólica, de mercadoria oriunda de outro Estado, destinada a uso, consumo ou integração no ativo imobilizado, ou de utilização de serviço cuja prestação se tiver iniciado fora do território paulista e não estiver vinculada a operação ou prestação subsequente alcançada pela incidência do imposto, sendo a alíquota interna superior à interestadual, o contribuinte deverá escriturar no livro Registro de Apuração do ICMS, no período em que a mercadoria tiver entrado ou tiver sido tomado o serviço (Lei nº 6.374/1989, art. 59):

I – como crédito, no quadro "Crédito do Imposto – Outros Créditos", com a expressão "Inciso I do art. 117 do RICMS", o valor do imposto pago em outro Estado, relativo à respectiva operação ou prestação;

II – como débito, no quadro "Débito do Imposto – Outros Débitos", com a expressão "Inciso II do art. 117 do RICMS", o valor do imposto decorrente da aplicação da alíquota interna sobre a base de cálculo correspondente à operação ou prestação aludida no inciso anterior.

§ 1°. O documento fiscal relativo à operação ou à prestação será escriturado no livro Registro de Entradas, devendo ser anotado, na coluna "Observações", o valor correspondente à diferença do imposto devido a este Estado, com utilização das colunas sob os títulos "ICMS – Valores Fiscais" e "Operações ou Prestações sem Crédito do Imposto"

• *§ 1º com redação dada pelo Decreto nº 46.295, de 23.11.2001 – DOE de 24.11.2001 – Efeitos a partir de 1º.1.2001.*

§ 2º. O procedimento referido no *caput* não se aplica às situações a seguir indicadas, hipótese em que o imposto devido será recolhido mediante guia de recolhimentos especiais, na qual se deduzirá o valor do imposto pago a outro Estado:

1 – em relação a contribuinte:

a) enquadrado no regime de estimativa;

b) não obrigado à escrituração fiscal, inclusive produtor;

2 – quando o imposto for exigido antecipadamente, nos termos do art. 118.

§ 3º. Em havendo devolução da mercadoria, o imposto debitado na forma do inciso II será lançado como crédito no quadro "Crédito do Imposto – Estornos de Débitos", do livro Registro de Apuração do ICMS, com a expressão "§ 3º do art. 117 do RICMS".

§ 4º. Com exceção do disposto no § 1º, não se aplicam as disposições deste art. aos casos em que haja isenção da parcela do imposto relativa ao diferencial de alíquota.

§ 5º. Na hipótese de o remetente da mercadoria localizado em outro Estado ou o prestador do serviço estar sujeito ao Regime Especial Unificado de Arrecadação de Tributos e Contribuições devidos pelas Microempresas e Empresas de Pequeno Porte – "Simples Nacional", o contribuinte deverá escriturar no livro Registro de Apuração do ICMS, no período em que a mercadoria tiver entrado ou tiver sido tomado o serviço:

1 – como crédito, no quadro "Crédito do Imposto – Outros Créditos", com a expressão "Inciso I do Art. 117 do RICMS", o valor do imposto resultante da aplicação da alíquota interestadual sobre a base de cálculo correspondente à respectiva operação ou prestação;

• *Item 1 com redação dada pelo Decreto nº 58.923, de 27.2.2013 – DOE de 28.2.2013 – Efeitos a partir de 1º.1.2013.*

2 – como débito, no quadro "Débito do Imposto – Outros Débitos", com a expressão "Inciso II do Art. 117 do RICMS", o valor do imposto decorrente da aplicação da alíquota interna sobre a base de cálculo correspondente à operação ou prestação aludida no item 1.

• *§ 5º acrescido pelo Decreto nº 53.216, de 7.7.2008 – DOE de 8.7.2008 – Efeitos a partir da publicação.*

§ 6º. Para fins do disposto no item 1 do § 5º, a alíquota interestadual a ser adotada será a de:

1 – 4% (quatro por cento), nas operações com mercadorias abrangidas pela Resolução do Senado Federal nº 13, de 25 de abril de 2012;

2 – 12% (doze por cento), nas demais operações.

• *§ 6º acrescido pelo Decreto nº 58.923, de 27.2.2013 – DOE de 28.2.2013 – Efeitos a partir de 1º.1.2013.*

**Art. 118.** O recolhimento do imposto poderá ser exigido antecipadamente em operação ou prestação promovida por contribuinte submetido a regime especial de fiscalização, no momento da entrega ou remessa da mercadoria ou no início da prestação do serviço (Lei nº 6.374/1989, art. 60).

## Seção V – Das Disposições Comuns

**Art. 119.** Dentro do prazo de 60 (sessenta) dias, contados da data a que se refere o art. 112, o imposto apurado e declarado nos termos do art. 253, bem como o transcrito pelo fisco nos termos do art. 257, poderá ser recolhido independentemente de autorização fiscal, com os acréscimos legais (Lei nº 6.374/1989, art. 62, na redação da Lei nº 13.918/2009, art. 11, VII).

• *Art. 119,* caput, *com redação dada pelo Decreto nº 55.437, de 17.2.2010 – DOE de 18.2.2010 – Efeitos a partir de 23.12.2009.*

Parágrafo único. No prazo de que trata o *caput* e até o 60º (sexagésimo) dia seguinte, poderá o fisco intentar cobrança amigável e, não havendo o recolhimento do débito, adotar medidas assecuratórias do êxito da execução fiscal a ser proposta.

• *Parágrafo único com redação dada pelo Decreto nº 55.437, de 17.2.2010 – DOE de 18.2.2010 – Efeitos a partir de 23.12.2009.*

**Art. 120.** Não sendo pago no prazo de que trata o artigo anterior, o débito fiscal será inscrito na dívida ativa (Lei nº 6.374/1989, art. 62).

**Art. 121.** Depende de prévia autorização fiscal o recolhimento do imposto após decorrido o prazo de que trata o *caput* do art. 119 e antes de inscrito o débito fiscal na dívida ativa (Lei nº 6.374/1989, arts. 62, § 2º, e 63).

§ 1º. Após a inscrição na dívida ativa, o recolhimento do débito deverá observar as normas da Procuradoria Geral do Estado.

§ 2º. O recolhimento efetuado com inobservância do disposto neste artigo não anula nem invalida a exigência do débito fiscal, qualquer que seja a fase em que se encontre a cobrança, podendo a importância recolhida ser, a critério do fisco, objeto de restituição pela via administrativa ou de utilização como crédito do imposto.

**Art. 122.** Depende de autorização fiscal o recolhimento da parcela mensal do imposto devida por contribuinte enquadrado no regime de estimativa, após o período de apuração (Lei nº 6.374/1989, art. 64).

Parágrafo único. Não sendo paga a parcela mensal dentro do período de apuração, inscrever-se-á o débito na dívida ativa, observado o disposto nos §§ 1º e 2º do artigo anterior.

**Art. 123.** A cobrança e o recolhimento efetuados nos termos desta seção não elidem o direito de a Fazenda do Estado proceder a ulterior revisão fiscal (Lei nº 6.374/1989, art. 65).

# TÍTULO IV
# DAS OBRIGAÇÕES ACESSÓRIAS

## CAPÍTULO I – DOS DOCUMENTOS FISCAIS

### Seção I – Dos Documentos em Geral

**Art. 124.** A pessoa inscrita no Cadastro de Contribuintes do ICMS emitirá, conforme as operações ou prestações que realizar, os seguintes documentos fiscais (Lei nº 6.374/1989, art. 67, §§ 1º e 2º, com alteração da Lei nº 13.918/2009; Convênio de 15.12.1970 – SINIEF, art. 6º, na redação do Ajuste SINIEF-5/94, cláusula primeira, I, com alterações dos Ajustes SINIEF-4/95 e SINIEF-9/97 e art. 19, na redação do Ajuste SINIEF-3/94, cláusula primeira, IX; Ajuste SINIEF-3/78 e Convênio SINIEF-6/89, art. 1º, com as alterações dos Ajustes SINIEF-1/89, cláusula primeira, SINIEF-4/89, cláusula primeira, SINIEF-14/89, cláusula primeira, I, e SINIEF-15/89, cláusula primeira, I):

- *Art. 124,* caput, *com redação dada pelo Decreto nº 56.276, de 13.10.2010 – DOE de 14.10.2010 – Efeitos a partir da publicação.*

I – Nota Fiscal, modelo 1 ou 1-A;

II – Nota Fiscal de Venda a Consumidor, modelo 2;

III – Cupom Fiscal emitido por Equipamento Emissor de Cupom Fiscal – ECF;

IV – Nota Fiscal de Produtor, modelo 4;

V – Nota Fiscal/Conta de Energia Elétrica, modelo 6;

VI – Nota Fiscal de Serviço de Transporte, modelo 7;

VII – Conhecimento de Transporte Rodoviário de Cargas, modelo 8;

VIII – Conhecimento de Transporte Aquaviário de Cargas, modelo 9;

IX – Conhecimento Aéreo, modelo 10;

X – Conhecimento de Transporte Ferroviário de Cargas, modelo 11;

XI – Bilhete de Passagem Rodoviário, modelo 13;

XII – Bilhete de Passagem Aquaviário, modelo 14;

XIII – Bilhete de Passagem e Nota de Bagagem, modelo 15;

XIV – Bilhete de Passagem Ferroviário, modelo 16;

XV – Despacho de Transporte, modelo 17;

XVI – Resumo de Movimento Diário, modelo 18;

XVII – Ordem de Coleta de Carga, modelo 20;

XVIII – Nota Fiscal de Serviço de Comunicação, modelo 21;

XIX – Nota Fiscal de Serviço de Telecomunicações, modelo 22;

XX – Manifesto de Carga, modelo 25;

XXI – Conhecimento de Transporte Multimodal de Cargas, modelo 26 (Ajuste SINIEF-6/03);

- *Inciso XXI acrescido pelo Decreto nº 48.294, de 2.12.2003 – DOE de 3.12.2003 – Efeitos a partir de 3.11.2003.*

XXII – Documento Fiscal Eletrônico – DFE;

- *Inciso XXII acrescido pelo Decreto nº 50.437, de 28.12.2005 – DOE de 29.12.2005, e com redação dada pelo Decreto nº 52.097, de 28.8.2007 – DOE de 29.8.2007 – Efeitos a partir da publicação.*

XXIII – Documento Auxiliar da Nota Fiscal Eletrônica – DANFE (Ajuste SINIEF 7/05);

- *Inciso XXIII acrescido pelo Decreto nº 50.437, de 28.12.2005 – DOE de 29.12.2005 – Efeitos a partir de 29.12.2005.*

XXIV – Nota Fiscal de Serviço de Transporte Ferroviário, modelo 27 (Lei nº 6.374/1989, art. 67, § 1º, Convênio SINIEF-6/89, na redação do Ajuste SINIEF-07/06, cláusula primeira);

- *Inciso XXIV acrescido pelo Decreto nº 51.300, de 23.11.2006 – DOE de 24.11.2006 – Efeitos a partir de 1º.1.2007.*

XXV – Documento Auxiliar do Conhecimento de Transporte Eletrônico – DACTE (Ajuste SINIEF- 9/07);

- *Inciso XXV acrescido pelo Decreto nº 54.869, de 2.10.2009 – DOE de 3.10.2009 – Efeitos a partir da publicação.*

XXVI – Documento Auxiliar do Manifesto Eletrônico de Documentos Fiscais – DAMDFE (Ajuste SINIEF 21/10);

- *Inciso XXVI acrescido pelo Decreto nº 59.565, de 1º.10.2013 – DOE de 2.10.2013 – Efeitos a partir da publicação.*

XXVII – Documento Auxiliar da Nota Fiscal de Consumidor Eletrônica – DANFE-NFC-e;

- *Inciso XXVII acrescido pelo Decreto nº 61.084, de 29.1.2015 – DOE de 30.1.2015 – Efeitos a partir da publicação.*

XXVIII – Extrato de Emissão do Cupom Fiscal Eletrônico – CF-e-SAT.

- *Inciso XXVIII acrescido pelo Decreto nº 61.084, de 29.1.2015 – DOE de 30.1.2015 – Efeitos a partir da publicação.*

§ 1º. A Secretaria da Fazenda pode determinar:

1 – o uso de impresso de documento fiscal ou de outro impresso fiscal por ela fornecido, ficando-lhe facultado cobrar retribuição pelo custo;

2 – a adoção e utilização, por parte dos contribuintes, de dispositivos de controle, inclusive eletrônicos, que visem monitorar ou registrar as suas atividades de produção, armazenamento, transporte

e suas operações ou prestações, no interesse da fiscalização do imposto.

• *§ 1º com redação dada pelo Decreto nº 56.276, de 13.10.2010 – DOE de 14.10.2010 – Efeitos a partir da publicação.*

§ 2º. É obrigatória a manutenção de impresso de Nota Fiscal em cada estabelecimento, ainda que exclusivamente varejista, excetuado o estabelecimento rural de produtor.

§ 3º. Os documentos referidos neste artigo, exceto os previstos nos incisos III, XXII, XXIII, XXV, XXVI, XXVII e XXVIII, obedecerão aos modelos contidos no Anexo/Modelos.

• *§ 3º com redação dada pelo Decreto nº 61.084, de 29.1.2015 – DOE de 30.1.2015 – Efeitos a partir da publicação.*

§ 4º. É vedada a utilização simultânea dos modelos 1 e 1-A do documento fiscal de que trata o inciso I, salvo quando adotadas séries distintas, nos termos do art. 196.

## Seção II – Dos Documentos Fiscais Relativos a Operações com Mercadorias

### *Subseção I – Da Nota Fiscal*

**Art. 125.** O contribuinte, excetuado o produtor, emitirá Nota Fiscal (Lei nº 6.374/1989, art. 67, §§ 1º e 3º, e Convênio SINIEF de 15.12.1970, arts. 6º, I, e 20, IV, na redação do Ajuste SINIEF-3/94, cláusulas primeira, III, e segunda, III; art. 7º, § 3º, na redação do Ajuste SINIEF-4/87, cláusula primeira, e art. 18, com alteração do Ajuste SINIEF-3/94, cláusula segunda, II, arts. 20 e 21, I e V, e § 1º):

I – antes de iniciada a saída da mercadoria;

II – no momento do fornecimento de alimentação, bebida ou outra mercadoria, em qualquer estabelecimento;

III – antes da tradição real ou simbólica da mercadoria:

a) em caso de transmissão de propriedade de mercadoria ou de título que a represente, quando esta não transitar pelo estabelecimento do transmitente;

b) em caso de ulterior transmissão de propriedade de mercadoria que, tendo transitado pelo estabelecimento transmitente, deste tiver saído sem pagamento do imposto, em hipóteses tais como locação ou remessa para armazém geral ou depósito fechado, observado o disposto no § 2º;

• *Alínea "b" com redação dada pelo Decreto nº 47.278, de 29.10.2002 – DOE de 30.10.2002 – Efeitos a partir da publicação.*

IV – relativamente à entrada de mercadoria ou bem ou à aquisição de serviços nas hipóteses e nos momentos definidos no art. 136;

V – nas hipóteses expressamente previstas na legislação do Imposto sobre Produtos Industrializados – IPI.

§ 1º. A mercadoria com preço de venda estabelecido para o todo e que não possa ser transportada de uma só vez está sujeita às seguintes normas:

1 – será emitida Nota Fiscal para o todo, sem indicação correspondente a cada peça ou parte, com destaque do valor do imposto, devendo nela constar que a remessa será feita em peças ou partes;

2 – a cada remessa corresponderá nova Nota Fiscal, sem destaque do valor do imposto, com menção do número, da série e da data de emissão da Nota Fiscal a que se refere o item anterior.

§ 2º. A Nota Fiscal emitida na ulterior transmissão de propriedade de mercadoria, prevista na alínea "b" do inciso III, mencionará o número de ordem, a série e a data da emissão da Nota Fiscal relativa à efetiva saída da mercadoria.

§ 3º. A mercadoria de procedência estrangeira que, sem entrar em estabelecimento do importador ou do arrematante, for por ele remetida a terceiro, deverá ser acompanhada de Nota Fiscal por ele emitida com a declaração de que a mercadoria sairá diretamente da repartição federal em que tiver sido desembaraçada.

§ 4º. A entrega de mercadoria remetida a contribuinte deste Estado poderá ser feita em outro estabelecimento pertencente ao mesmo adquirente, quando, cumulativamente:

1 – ambos os estabelecimentos do adquirente estiverem situados neste Estado;

2 – constarem no documento fiscal emitido pelo remetente os endereços e os números de inscrição de ambos os estabelecimentos do adquirente, bem como a indicação expressa do local da entrega da mercadoria.

§ 5º. O documento fiscal a que se refere o parágrafo anterior será registrado unicamente no estabelecimento em que, efetivamente, entrar a mercadoria.

• *V. Decreto nº 47.065, de 6.9.2002 – Introduz alterações no Regulamento do Imposto sobre Circulação de Mercadorias e Prestações de Serviços – RICMS para disciplinar a confecção, a distribuição e o uso do Selo de Controle e o credenciamento de estabelecimento gráfico.*

§ 6º. (Revogado).

• *§ 6º acrescido pelo Decreto nº 51.199, de 17.10.2006 – DOE de 18.10.2006, e revogado pelo Decreto nº 53.916, de 29.12.2008 – DOE de 30.12.2008 – Efeitos a partir da publicação.*

§ 7º. Tratando-se de destinatário não contribuinte do imposto, a entrega da mercadoria poderá ser efetuada em qualquer de seus domicílios ou em domicílio de outra pessoa, desde que esta também seja não contribuinte do imposto e o local da entrega esteja expressamente indicado no documento fiscal relativo à operação, observando-se o seguinte:

1 – nas operações interestaduais, o local de entrega deverá estar situado na mesma unidade federada de destino;

2 – o disposto neste parágrafo não se aplica à mercadoria cuja entrega seja destinada a não contribuinte do imposto situado ou domiciliado no Estado do Mato Grosso.

• *§ 7º acrescido pelo Decreto nº 54.735, de 2.9.2009 – DOE de 3.9.2009, e com redação dada pelo Decreto nº 60.499, de 30.5.2014 – DOE de 31.5.2014 – Efeitos a partir da publicação.*

**Art. 126.** Quando, na hipótese do item 5 do § 1º do art. 37, o contrato previr pagamentos parcelados, coincidentes ou não com as saídas parciais, poderá ser emitida, por ocasião do recebimento de cada parcela, Nota Fiscal com destaque do valor do imposto, na qual será declarado que sua emissão se destina a simples faturamento (Lei nº 6.374/1989, art. 67, § 1º).

§ 1º. A Nota Fiscal será escriturada no livro Registro de Saídas no período em que for emitida.

§ 2º. A última Nota Fiscal, que corresponderá ao saldo do valor da operação, será emitida quando ocorrer a saída da última parte da máquina, aparelho, equipamento ou conjunto industrial, salvo se antes ocorrer o pagamento da última parcela do preço, hipótese em que se observará o disposto no *caput*.

§ 3º. Em cada saída parcial, será emitida Nota Fiscal de remessa com destaque do valor do imposto, observado o disposto no parágrafo seguinte, nela indicando-se o número de ordem, a série e a data da emissão das Notas Fiscais emitidas em decorrência do recebimento de cada parcela do preço e das saídas parciais.

§ 4º. O destaque do valor do imposto a que alude o parágrafo anterior será de valor equivalente à diferença para mais entre o montante do tributo devido pelas saídas parciais realizadas e o do imposto já debitado.

§ 5º. O estabelecimento remetente manterá, em livro ou ficha, demonstrativo de cada operação realizada nos termos deste artigo, no qual serão mencionados os dados relativos ao contrato celebrado, as datas e os valores dos pagamentos parcelados e os números de ordem das respectivas Notas Fiscais, bem como das Notas correspondentes às saídas parciais.

**Art. 127.** A Nota Fiscal conterá nos quadros e campos próprios, observada a disposição gráfica dos modelos 1 e 1-A, as seguintes indicações (Convênio SINIEF de 15.12.1970, art. 19, na redação do Ajuste SINIEF-3/94, cláusula primeira, IX, com alterações dos Ajustes SINIEF-2/95, SINIEF-4/95, SINEF-2/96, SINIEF-6/96, SINIEF-2/97 e SINIEF-9/97):

I – no quadro "Emitente":

a) o nome ou a razão social;

b) o endereço;

c) o bairro ou o distrito;

d) o município;

e) a Unidade da Federação;

f) o telefone, fax e/ou *e-mail*;

g) o Código de Endereçamento Postal;

h) o número de inscrição no Cadastro Nacional de Pessoa Jurídica do Ministério da Fazenda;

i) a natureza da operação de que decorrer a saída ou a entrada, tais como: venda, compra, transferência, devolução, importação, consignação, remessa (para fins de demonstração, de industrialização ou outra);

j) o Código Fiscal de Operações e Prestações – CFOP;

l) o número de inscrição estadual do substituto tributário na unidade da Federação em favor da qual é retido o imposto, observado o disposto no § 5º;

m) o número de inscrição estadual;

n) a denominação "Nota Fiscal";

o) a indicação da operação, se de entrada ou de saída;

p) o número de ordem da Nota Fiscal e, imediatamente abaixo, a expressão "Série", acompanhada do número correspondente, quando adotada nos termos do art. 196;

q) o número e destinação da via da Nota Fiscal;

r) no campo destinado à indicação da data-limite para emissão da Nota Fiscal, "00.00.00";

s) a data de emissão da Nota Fiscal;

t) a data da efetiva saída ou entrada da mercadoria no estabelecimento;

u) a hora da efetiva saída da mercadoria do estabelecimento;

II – no quadro "Destinatário /Remetente":

a) o nome ou a razão social;

b) o número de inscrição no Cadastro Nacional de Pessoas Jurídicas ou no Cadastro de Pessoas Físicas do Ministério da Fazenda;

c) o endereço;

d) o bairro ou distrito;

e) o Código de Endereçamento Postal;

f) o município;

g) o telefone, fax e/ou *e-mail*;

h) a unidade da Federação;

i) o número de inscrição estadual;

III – no quadro "Fatura", se adotado pelo emitente, as indicações previstas na legislação própria:

IV – no quadro "Dados do Produto":

a) o código adotado pelo estabelecimento para identificação do produto;

b) a descrição dos produtos, compreendendo: nome, marca, tipo, modelo, série, espécie, qualidade e demais elementos que permitam sua perfeita identificação;

c) o código estabelecido na Nomenclatura Comum do Mercosul/Sistema Harmonizado – NCM/SH, nas operações realizadas por estabelecimento industrial ou a ele equiparado, nos termos da legislação federal, e nas operações de comércio exterior (Convênio s/nº, de 15.12.1970, art.19, IV, "c", na redação do Ajuste SINIEF-11/09, cláusula primeira);

- *Alínea "c" com redação dada pelo Decreto nº 55.001, de 9.11.2009 – DOE de 10.11.2009 – Efeitos a partir de 1º.1.2010.*

d) o Código de Situação Tributária – CST;

e) a unidade de medida utilizada para a quantificação dos produtos;

f) a quantidade dos produtos;

g) o valor unitário dos produtos;

h) o valor total dos produtos;

i) a alíquota do ICMS;

j) a alíquota do IPI, quando for o caso;

l) o valor do IPI, quando for o caso;

V – no quadro "Cálculo do Imposto":

a) a base de cálculo total do ICMS;

b) o valor do ICMS incidente na operação;

c) a base de cálculo aplicada para a determinação do valor do ICMS retido por substituição tributária, observado o disposto no § 5º;

d) o valor do ICMS retido por substituição tributária, observado o disposto no § 5º;

e) o valor total dos produtos;

f) o valor do frete;

g) o valor do seguro;

h) o valor de outras despesas acessórias;

i) o valor total do IPI, quando for o caso;

j) o valor total da nota;

VI – no quadro "Transportador/Volumes Transportados":

a) o nome ou a razão social do transportador e a expressão "Autônomo", se for o caso;

b) a condição de pagamento do frete, se por conta do emitente ou do destinatário;

c) a placa do veículo, no caso de transporte rodoviário, ou outro elemento indicativo nos demais casos;

d) a unidade da Federação de registro do veículo;

e) o número de inscrição do transportador no Cadastro Nacional de Pessoas Jurídicas ou no Cadastro de Pessoas Físicas do Ministério da Fazenda;

f) o endereço do transportador;

g) o Município do transportador;

h) a unidade da Federação do domicílio do transportador;

i) o número de inscrição estadual do transportador, quando for o caso;

j) a quantidade de volumes transportados;

l) a espécie dos volumes transportados;

m) a marca dos volumes transportados;

n) a numeração dos volumes transportados;

o) o peso bruto dos volumes transportados;

p) o peso líquido dos volumes transportados;

VII – no quadro "Dados Adicionais":

a) no campo "Informações Complementares" – outros dados de interesse do emitente, tais como: número do pedido, vendedor, emissor da Nota Fiscal, local de entrega, quando diverso do endereço do destinatário nas hipóteses previstas na legislação, propaganda etc.;

b) no campo "Reservado ao Fisco",deixar em branco e, em se tratando de estabelecimento localizado no município de São Paulo, o código da repartição fiscal a que estiver vinculado, com a indicação da expressão "Código do Posto Fiscal;

- *Alínea "b" com redação dada pelo Decreto nº 49.115, de 10.11.2004 – DOE de 11.11.2004 – Efeitos a partir da publicação.*
- *V. Decreto nº 47.065, de 6.9.2002, art. 3º, II – Os impressos de Nota fiscal, modelo 1 ou 1-A, confeccionados sem a aposição do Selo de Controle até 1.12.2002, poderão ser utilizados até 30 de junho de 2003.*

c) o número de controle do formulário, no caso de Nota Fiscal emitida por processamento eletrônico de dados;

VIII – no rodapé ou na lateral direita da Nota Fiscal: o nome, o endereço e os números de inscrição, estadual e no Cadastro Nacional de Pessoas Jurídicas do Ministério da Fazenda, do impressor da nota; a data e a quantidade da impressão; o número de ordem da primeira e da última nota impressa e respectiva série, quando for o caso; e o número da autorização para impressão de documentos fiscais;

IX – no comprovante de entrega dos produtos, que deverá integrar a 1ª via da Nota Fiscal, na forma de canhoto destacável:

a) a declaração de recebimento dos produtos;

b) a data do recebimento dos produtos;

c) a identificação e assinatura do recebedor dos produtos;

d) a expressão "Nota Fiscal";

e) o número de ordem da Nota Fiscal.

§ 1º. A Nota Fiscal será de tamanho não inferior a 21,0 x 28,0 cm e 28,0 x 21,0 cm para os modelos 1 e 1-A, respectivamente, e suas vias não poderão ser impressas em papel jornal, observado o seguinte:

1 – os quadros terão largura mínima de 20,3 cm, exceto os quadros:

a) "Destinatário/Remetente", que terá largura mínima de 17,2 cm;

b) "Dados Adicionais", no modelo 1-A;

2 – o campo "Reservado ao Fisco" terá tamanho mínimo de 8,0 cm x 3,0 cm, em qualquer sentido;

3 – os campos "CNPJ", "Inscrição Estadual do Substituto Tributário", "Inscrição Estadual", do quadro "Emitente", e os campos "CNPJ/CPF" e "Inscrição Estadual", do quadro "Destinatário/Remetente", terão largura mínima de 4,4 cm.

§ 2º. Serão impressas tipograficamente as indicações:

1 – das alíneas "a" a "h", "m", "n", "p", "q" e "r" do inciso I, devendo as indicações das alíneas "a", "h" e "m" ser impressas, no mínimo, em corpo "8", não condensado;

2 – do inciso VIII, devendo ser impressas, no mínimo, em corpo "5", não condensado;

3 – das alíneas "d" e "e" do inciso IX.

§ 3º. As indicações a que se referem as alíneas "a" a "h" e "m" do inciso I poderão ser dispensadas de impressão tipográfica, desde que a Nota Fiscal seja fornecida e visada pela repartição fiscal.

§ 4º. Observados os requisitos da legislação pertinente, a Nota Fiscal poderá ser emitida por processamento eletrônico de dados, com:

1 – as indicações das alíneas "b" a "h", "m" e "p" do inciso I e da alínea "e" do inciso IX impressas por esse sistema;

2 – espaço em branco de até 5,0 cm na margem superior, na hipótese de uso de impressora matricial;

§ 5º. As indicações a que se referem a alínea "l" do inciso I e as alíneas "c" e "d" do inciso V só serão efetuadas quando o emitente da Nota Fiscal for substituto tributário.

§ 6º. Nas operações de exportação, o campo destinado ao município, do quadro "Destinatário/Remetente", será preenchido com a cidade e o país de destino.

§ 7º. A Nota Fiscal poderá servir como fatura, feita a inclusão dos elementos necessários no quadro "Fatura", caso em que a denominação prevista nas alíneas "n" do inciso I e "d" do inciso IX, passa a ser Nota Fiscal – Fatura.

§ 8º. Nas vendas a prazo, quando não houver emissão de Nota Fiscal-Fatura ou de fatura ou, ainda, quando esta for emitida em separado, a Nota Fiscal, além dos requisitos deste artigo, deverá conter, impressas ou mediante carimbo, no campo "Informações Complementares" do quadro "Dados Adicionais", indicações sobre a operação, tais como: preço a vista, preço final, quantidade, valor e datas de vencimento das prestações.

§ 9º. Serão dispensadas as indicações do inciso IV se estas constarem de romaneio, que passará a constituir parte inseparável da Nota Fiscal, desde que obedecidos os requisitos abaixo:

1 – o romaneio deverá conter, no mínimo, as indicações das alíneas "a" a "e", "h", "m", "p", "q", "s" e "t" do inciso I; "a" a "d", "f", "h" e "i" do inciso II; "j" do inciso V; "a", "c" a "h" do inciso VI e as do inciso VIII;

2 – a Nota Fiscal deverá conter as indicações do número e da data do romaneio e, este, do número e da data daquela.

§ 10. A indicação da alínea "a" do inciso IV deverá ser efetuada com os dígitos correspondentes ao código de barras, se o contribuinte utilizar o referido código para o seu controle interno.

§ 11. (Revogado).

- *§ 11 revogado pelo Decreto nº 55.001, de 9.11.2009 – DOE de 10.11.2009 – Efeitos a partir de 1º.1.2010.*

§ 12. (Revogado).

- *§ 12 revogado pelo Decreto nº 60.499, de 30.5.2014 – DOE de 31.5.2014 – Efeitos a partir da publicação.*

§ 13. Os dados relativos ao Imposto sobre Serviços de Qualquer Natureza serão inseridos, quando for o caso, entre os quadros "Dados do Produto" e "Cálculo do Imposto", conforme legislação municipal, observado o disposto no item 4 do § 2º do art. 183.

§ 14. Caso o transportador seja o próprio remetente ou o destinatário, essa circunstância será indicada no campo "Nome/Razão Social", do quadro "Transportador/Volumes Transportados", com a expressão "Remetente" ou "Destinatário", dispensadas as indicações das alíneas "b" e "e" a "i" do inciso VI.

§ 15. Na Nota Fiscal emitida relativamente à saída de mercadoria em retorno ou em devolução deverão ser indicados, ainda, no campo "Informações Complementares", o número, a data da emissão e o valor da operação do documento original.

§ 16. No campo "Placa do Veículo" do quadro "Transportador/Volumes Transportados", deverá ser indicada a placa do veículo tracionado, quando se tratar de reboque ou semirreboque desse tipo de veículo, devendo a placa dos demais veículos tracionados ser indicada no campo "Informações Complementares".

§ 17. A aposição de carimbos nas Notas Fiscais, quando do trânsito da mercadoria, deve ser feita no seu verso, salvo quando forem carbonadas.

§ 18. Caso o campo "Informações Complementares" não seja suficiente para conter todas as indicações, poderá ser utilizado, excepcionalmente, o quadro "Dados do Produto", desde que não prejudique a sua clareza.

§ 19. É permitida a inclusão de operações enquadradas em diferentes códigos fiscais numa mesma Nota Fiscal, hipótese em que estes serão indicados no campo "CFOP" no quadro "Emitente" e no quadro "Dados do Produto", na linha correspondente a cada item após a descrição do produto.

§ 20. É permitida a indicação de informações complementares de interesse do emitente, impressas tipograficamente no verso da Nota Fiscal, hipótese em que sempre será reservado espaço, com a dimensão mínima de 10 cm x 15 cm, em qualquer sentido, para atendimento ao disposto no § 17.

§ 21. A inserção na Nota Fiscal do comprovante da entrega de mercadoria, na forma de canhoto destacável, é facultativa, devendo o contribuinte que optar pela não inserção informar ao fisco mediante indicação na Autorização de Impressão de Documentos Fiscais – AIDF.

§ 22. A Nota Fiscal poderá ser confeccionada em tamanho inferior ao estabelecido no § 1º, exclusivamente nos casos de emissão por processamento eletrônico de dados, desde que as indicações a serem impressas quando da sua emissão sejam grafadas em, no máximo, 17 caracteres por polegada, sem prejuízo do disposto no § 2º.

§ 23. No campo "Reservado ao Fisco" do quadro "Dados Adicionais", o estabelecimento gráfico que confeccionar os impressos de Nota Fiscal deverá apor, na 1ª via, Selo de Controle destinado ao controle da origem do documento fiscal.

- *§ 23 acrescido pelo Decreto nº 47.065, de 6.9.2002 – DOE de 7.9.2002 – Efeitos a partir da publicação.*

§ 24. O disposto no parágrafo anterior não se aplica à Nota Fiscal emitida:

1 – por contribuinte sujeito às normas do Regime Especial Unificado de Arrecadação de Tributos e Contribuições devidos pelas Microempresas e Empresas de Pequeno Porte – "Simples Nacional";

- *Item 1 com redação dada pelo Decreto nº 52.104, de 29.8.2007 – DOE de 30.8.2007 – Efeitos a partir da publicação.*

2 – em formulário de segurança destinado à impressão e emissão simultâneas do documento fiscal, nos termos de disciplina estabelecida pela Secretaria da Fazenda.

- *§ 24 acrescido pelo Decreto nº 47.065, de 6.9.2002 – DOE de 7.9.2002 – Efeitos a partir da publicação.*

§ 25. Tratando-se de medicamento (Convênio s/ nº, de 15.12.1970, art. 19, § 25, acrescentado pelo Ajuste SINIEF-7/02, e Ajuste SINIEF-3/03):

1 – classificado nos códigos 3003 e 3004 da Nomenclatura Brasileira de Mercadorias/Sistema Harmonizado – NBM/SH, na descrição prevista na alínea "b" do inciso IV, deverá ser indicado o número do lote de fabricação a que a unidade pertencer, devendo a discriminação ser feita em função dos diferentes lotes de fabricação e respectivas quantidades e valores;

2 – relacionado na Lei Federal nº 10.147, de 21 de dezembro de 2000, os estabelecimentos industriais ou importadores deverão indicar no campo "Informações Complementares" da Nota Fiscal a identificação e subtotalização dos itens, por agrupamento, conforme segue:

a) "LISTA NEGATIVA", relativamente aos produtos classificados nas posições 3002 (soros e vacinas), exceto nos itens 3002.30 e 3002.90, 3003 (medicamentos), exceto no código 3003.90.56, e 3004 (medicamentos), exceto no código 3004.90.46, nos itens 3306.10 (dentifrícios), 3306.20 (fios dentais), 3306.90 (enxaguatórios bucais) e nos códigos 3005.10.10 (ataduras, esparadrapos, gazes, sinapismos, pensos etc.), 3006.60.00 (preparações químicas contraceptivas à base de hormônios) e 9603.21.00 (escovas dentifrícias), todos da Nomenclatura Brasileira de Mercadorias/Sistema Harmonizado – NBM/SH;

b) "LISTA POSITIVA", relativamente aos produtos classificados nas posições 3002 (soros e vacinas), exceto nos itens 3002.30 e 3002.90, 3003 (medicamentos), exceto no código 3003.90.56, e 3004 (medicamentos), exceto no código 3004.90.46, e nos códigos 3005.10.10 (ataduras, esparadrapos, gazes, sinapismos, pensos etc.) e 3006.60.00 (preparações químicas contraceptivas à base de hormônios), todos da Nomenclatura Brasileira de Mercadorias/Sistema Harmonizado – NBM/SH, quando beneficiados com a outorga do crédito para o PIS/PASEP e COFINS prevista no art. 3º da Lei Federal nº 10.147/2000;

c) "LISTA NEUTRA", relativamente aos produtos classificados nos códigos e posições relacionados na Lei nº 10.147/2000, exceto aqueles de que tratam as alíneas "a" e "b", desde que não tenham sido excluídos da incidência das contribuições previstas no inciso I do *caput* do art. 1º da referida lei, na forma do § 2º desse mesmo artigo.

- *§ 25 acrescido pelo Decreto nº 47.626, de 5.2.2003 – DOE de 6.2.2003, e com redação dada pelo Decreto nº 48.034, de 19.8.2003 – Efeitos a partir de 1º.9.2003.*

3 – A Nota Fiscal emitida por fabricante, importador ou distribuidor, relativa à saída, para estabelecimento atacadista ou varejista, dos produtos classificados nos códigos 3002, 3003, 3004 e 3006.60 da Nomenclatura Brasileira de Mercadorias/Sistema Harmonizado – NBM/SH, exceto para as operações com produtos veterinários, homeopáticos ou amostras grátis, deverá conter, na coluna "Descrição dos Produtos" do quadro "Dados do Produto", a indicação do valor correspondente ao preço constante da tabela, sugerido pelo órgão competente para venda a consumidor, e, na falta desse preço, o valor correspondente ao preço máximo de venda a consumidor, sugerido ao público pelo estabelecimento industrial (Convênio SINIEF s/nº, de 15.12.1970, art. 19, § 26, acrescentado pelo Ajuste SINIEF-12/03, na redação dada pelo Ajuste SINIEF-07/04).

- *Item 3 acrescido pelo Decreto nº 48.475, de 28.1.2004 – DOE de 29.1.2004, e com redação dada pelo Decreto nº 48.920, de 2.9.2004 – DOE de 3.9.2004 – Efeitos a partir de 1º.1.2005.*
- *V. art. 3º do Decreto nº 48.739, de 21.6.2004.*

§ 26. Nas operações não alcançadas pelo disposto na alínea "c" do inciso IV do *caput* deste artigo, será obrigatória somente a indicação do correspondente capítulo da Nomenclatura Comum do Mercosul/Sistema Harmonizado – NCM/SH (Convênio s/nº, de 15.12.1970, art.19, § 27, acrescentado pelo Ajuste SINIEF-11/09, cláusula segunda).

- *§ 26 acrescido pelo Decreto nº 55.001, de 9.11.2009 – DOE de 10.11.2009 – Efeitos a partir de 1º.1.2010.*

**Art. 128.** O contribuinte que efetuar vendas financiadas mediante contratos de abertura de crédito poderá, desde que autorizado pelo fisco e observadas as normas fixadas pela Secretaria da Fazenda, ser dispensado do lançamento, em cada Nota Fiscal, das despesas relativas ao financiamento (Lei nº 6.374/1989, art. 67, § 1º).

Parágrafo único. Concedida a autorização, o contribuinte emitirá no último dia do mês Nota Fiscal correspondente à soma de todos os acréscimos por financiamentos verificados no período, para efeito de escrituração no livro Registro de Saídas.

• *V. Decreto nº 48.831, de 29.7.2004.*

**Art. 129.** Nas vendas à ordem ou para entrega futura, poderá ser emitida Nota Fiscal com indicação de que se destina a simples faturamento, vedado o destaque do valor do imposto (Lei nº 6.374/1989, arts. 32, III, e 67, § 1º, e Convênio SINIEF de 15.12.1970, art. 40, na redação do Ajuste SINIEF-1/87).

§ 1º. Na venda para entrega futura, o uso da faculdade prevista neste artigo condiciona-se à emissão, por ocasião da saída global ou parcial da mercadoria, de Nota Fiscal que, além dos demais requisitos, conterá:

1 – o valor da operação ou, se tiver ocorrido reajuste contratual do preço da mercadoria, este preço, se lhe for superior;

2 – o destaque do valor do imposto;

3 – como natureza da operação, a expressão "Remessa – Entrega Futura";

4 – o número de ordem, a série e a data da emissão da Nota Fiscal relativa ao simples faturamento.

§ 2º. No caso de venda à ordem, por ocasião da entrega, global ou parcial, da mercadoria a terceiro, deverá ser emitida Nota Fiscal:

1 – pelo adquirente original em favor do destinatário, com destaque do valor do imposto, quando devido, consignando-se, sem prejuízo dos demais requisitos, o nome do titular, o endereço e os números de inscrição, estadual e no CNPJ, do estabelecimento que irá promover a remessa;

2 – pelo vendedor remetente:

a) em favor do destinatário, para acompanhar o transporte da mercadoria, sem destaque do valor do imposto, na qual, além dos demais requisitos, constarão: como natureza da operação, a expressão "Remessa por Ordem de Terceiro", o número de ordem, a série e a data da emissão da Nota Fiscal de que trata o item anterior, bem como o nome, o endereço e os números de inscrição, estadual e no CNPJ, do seu emitente;

b) em favor do adquirente original, com destaque do valor do imposto, quando devido, na qual, além dos demais requisitos, constarão: como natureza da operação, a expressão "Remessa Simbólica – Venda à Ordem", o número de ordem, a série e a data da emissão da Nota Fiscal prevista na alínea anterior, bem como o número de ordem, a série, a data da emissão e o valor da operação, constantes na Nota Fiscal relativa ao simples faturamento.

§ 3º. Na escrituração dos documentos previstos neste artigo, pelo emitente, no livro Registro de Saídas e, pelo destinatário, no livro Registro de Entradas, utilizar-se-ão, em relação à Nota Fiscal emitida nos termos:

1 – do *caput*, para simples faturamento, as colunas relativas a "Documento Fiscal" e "Observações", apondo-se nesta a expressão "Simples Faturamento";

2 – do item 1 do § 2º, as colunas próprias;

3 – do § 1º e da alínea "b" do item 2 do § 2º, para entrega efetiva da mercadoria, no primeiro caso, e simbólica, no segundo, as colunas próprias, anotando-se na de "Observações" os dados identificativos do documento fiscal emitido para efeito de faturamento;

4 – da alínea "a" do item 2 do § 2º, para remessa da mercadoria, as colunas relativas a "Documento Fiscal" e "Observações", anotando-se nesta os dados identificativos do documento fiscal emitido para efeito de remessa simbólica, referido no item anterior.

• *Art. 129 com redação dada pelo Decreto nº 48.475, de 28.1.2004 – DOE de 29.1.2004 – Efeitos a partir de 1º.2.2004.*

**Art. 129-A.** A entrega de bens e mercadorias adquiridos por órgãos ou entidades da Administração Pública Direta da União, dos Estados, do Distrito Federal e dos Municípios, bem como suas autarquias e fundações, poderá ser feita diretamente a outros órgãos ou entidades, indicados pelo adquirente, observando-se o disposto neste artigo.

• *Art. 129-A,* caput*, acrescido pelo Decreto nº 52.666, de 24.1.2008 – DOE de 25.1.2008, e com redação dada pelo Decreto nº 60.499, de 30.5.2014 – DOE de 31.5.2014 – Efeitos a partir da publicação.*

Parágrafo único. O fornecedor deverá emitir a Nota Fiscal Eletrônica – NF-e, modelo 55, relativamente:

1 – ao faturamento, com destaque do imposto, se devido, contendo, além das informações previstas na legislação:

a) como destinatário, o órgão ou entidade da Administração Pública Direta ou Indireta adquirente;

b) no grupo de campos "Identificação do Local de Entrega", o nome, o CNPJ e o endereço do destinatário efetivo;

c) no campo "Nota de Empenho", o número da respectiva nota.

2 – a cada remessa das mercadorias, sem destaque do imposto, contendo além das informações previstas na legislação:

a) como destinatário, aquele determinado pelo adquirente;

b) como natureza da operação, a expressão "Remessa por conta e ordem de terceiros";

c) no campo "Chave de Acesso da NF-e Referenciada", a chave de acesso da NF-e relativa ao faturamento, emitida de acordo com o disposto no item 1;

d) no campo "Informações Complementares", a expressão "NF-e emitida nos termos do art. 129-A do RICMS".

• *Parágrafo único acrescido pelo Decreto nº 52.666, de 24.1.2008 – DOE de 25.1.2008, e com redação dada pelo Decreto nº 60.060, de 14.1.2014 – DOE de 15.1.2014 – Efeitos a partir da publicação.*

- *V. Decreto nº 52.665, de 24.1.2008 – Disciplina o recolhimento de ICMS relativo ao estoque de medicamentos, bebidas alcoólicas, produtos de perfumaria e de higiene pessoal recebidos antes do início do regime de retenção antecipada por substituição tributária.*

**Art. 129-B.** Na saída de mercadoria a título de demonstração deverá ser emitida Nota Fiscal contendo, além dos demais requisitos, as seguintes indicações (Ajuste SINIEF-8/08, cláusulas segunda, quarta e sétima e Convênio de 15.12.1970 – SINIEF, art. 54, VI, na redação do Ajuste SINIEF-3/94, cláusula primeira, XII):

I – no campo natureza da operação, a expressão "Remessa para demonstração";

II – no campo CFOP, o código 5.912 ou 6.912, conforme o caso;

III – o valor do imposto, quando devido;

IV – no campo "Informações Complementares", a expressão "Mercadoria remetida para demonstração".

§ 1º. Considera-se demonstração a operação pela qual o contribuinte remete mercadoria a terceiros, em quantidade necessária para se conhecer o produto, desde que retorne ao estabelecimento de origem no prazo de 60 (sessenta) dias contados a partir da data da remessa.

§ 2º. O trânsito da mercadoria remetida para demonstração, em todo o território nacional, deverá ser efetuado com a Nota Fiscal prevista no *caput*, desde que a mercadoria retorne no prazo estabelecido no § 1º.

§ 3º. No retorno da mercadoria deverá ser emitida Nota Fiscal:

1 – pelo contribuinte que a remeteu para demonstração, na hipótese da operação ter sido efetuada com não contribuinte, devendo constar no documento fiscal, além dos demais requisitos, as seguintes indicações:

a) como remetente, a pessoa que promover o retorno;

b) no campo CFOP, o código 1.913 ou 2.913, conforme o caso;

2 – pelo contribuinte que a recebeu para demonstração, devendo, neste caso, constar no documento fiscal, além dos demais requisitos, as seguintes indicações:

a) como destinatário, o estabelecimento de origem;

b) no campo CFOP, o código 5.913 ou 6.913, conforme o caso.

§ 4º. Na hipótese de saída interna de mercadoria a título de demonstração, deverá ser observado, também, o disposto nos arts. 319 a 325.

- *Art. 129-B acrescido pelo Decreto nº 53.480, de 25.9.2008 – DOE de 26.9.2008 – Efeitos a partir de 1º.8.2008.*

**Art. 129-C.** Na saída de mercadoria a título de mostruário deverá ser emitida Nota Fiscal contendo, além dos demais requisitos, as seguintes indicações (Ajuste SINIEF-8/08, cláusulas terceira, quinta, sexta e sétima):

I – como destinatário, o empregado ou representante do emitente;

II – no campo natureza da operação, a expressão "Remessa de mostruário";

III – no campo CFOP, o código 5.949 ou 6.949, conforme o caso;

IV – o valor do imposto, quando devido, calculado mediante aplicação da alíquota interna sobre a base de cálculo;

V – no campo "Informações Complementares", a expressão "Mercadoria enviada para compor mostruário de venda".

§ 1º. Considera-se:

1 – mostruário a amostra de mercadoria formada por peças únicas, ainda que o produto seja composto por mais de uma unidade com características idênticas;

2 – operação com mostruário a remessa de amostra de mercadoria com valor comercial a empregado ou representante, desde que retorne ao estabelecimento de origem no prazo de 90 (noventa) dias contados da data da remessa.

§ 2º. O trânsito da mercadoria remetida para mostruário, em todo o território nacional, deverá ser efetuado com a Nota Fiscal prevista no *caput*, desde que a mercadoria retorne no prazo estabelecido no item 2 do § 1º.

§ 3º. Na hipótese de remessa de mostruário para treinamento sobre o seu próprio uso, aplica-se o disposto neste artigo, devendo constar na Nota Fiscal, além dos demais requisitos, as seguintes indicações:

1 – como destinatário, o próprio remetente;

2 – no campo natureza da operação, a expressão "Remessa para treinamento";

3 – no campo CFOP, o código 5.949 ou 6.949, conforme o caso;

4 – o valor do imposto, quando devido, calculado pela aplicação da alíquota interna sobre a base de cálculo;

5 – no campo "Informações Complementares", o endereço do local de treinamento.

§ 4º. No retorno da mercadoria deverá ser emitida Nota Fiscal:

1 – pelo contribuinte que a remeteu a título de mostruário, na hipótese da operação ter sido efetuada com não contribuinte, devendo constar no documento fiscal, além dos demais requisitos, as seguintes indicações:

a) como remetente, a pessoa que promover o retorno;

b) no campo CFOP, o código 1.949 ou 2.949, conforme o caso;

2 – pelo contribuinte que a recebeu para mostruário, devendo, neste caso, constar no documento fiscal, além dos demais requisitos, as seguintes indicações:

a) como destinatário, o estabelecimento de origem;

b) no campo CFOP, o código 5.949 ou 6.949, conforme o caso.

• *Art. 129-C acrescido pelo Decreto nº 53.480, de 25.9.2008 – DOE de 26.9.2008 – Efeitos a partir de 1º.8.2008.*

**Art. 130.** A Nota Fiscal será emitida, no mínimo, em 4 (quatro) vias, que terão a seguinte destinação (Lei nº 6.374/1989, art. 67, § 1º, e Convênio SINIEF de 15.12.1970, art. 45, na redação do Ajuste SINIEF-3/94, cláusula primeira, X):

I – nas operações internas:

a) a 1ª via acompanhará a mercadoria para ser entregue pelo transportador ao destinatário;

b) a 2ª via ficará presa ao bloco, para exibição ao fisco;

c) a 3ª via, salvo disposição em contrário, não terá fins fiscais;

d) a 4ª via acompanhará a mercadoria e poderá ser retida pelo fisco deste Estado, mediante visto na 1ª via;

II – nas operações interestaduais:

a) a 1ª via acompanhará a mercadoria para ser entregue pelo transportador ao destinatário;

b) a 2ª via ficará presa ao bloco, para exibição ao fisco;

c) a 3ª via acompanhará a mercadoria e destinar-se-á ao controle do fisco de destino;

d) a 4ª via acompanhará a mercadoria e poderá ser retida pelo fisco deste Estado, mediante visto na 1ª via;

III – na saída para o exterior de mercadoria que tiver de ser embarcada neste Estado:

a) a 1ª via acompanhará a mercadoria e será entregue à repartição fiscal estadual do local de embarque, que a visará, servindo o visto como autorização de embarque, ressalvada a aplicação do disposto no § 8º;

• *Alínea "a" com redação dada pelo Decreto nº 48.739, de 21.6.2004 – DOE de 22.6.2004 – Efeitos a partir da publicação.*

b) a 2ª via ficará presa ao bloco, para exibição ao fisco;

c) a 3ª via, salvo disposição em contrário, não terá fins fiscais;

d) a 4ª via acompanhará a mercadoria até o local de embarque, onde será entregue, juntamente com a 1ª via, à repartição fiscal, que a reterá;

IV – na saída para o exterior de mercadoria cujo embarque deva se processar em outro Estado:

a) a 1ª via acompanhará a mercadoria e será entregue, pelo transportador, ao destinatário;

b) a 2ª via ficará presa ao bloco, para exibição ao fisco;

c) a 3ª via acompanhará a mercadoria para ser entregue ao fisco estadual do local de embarque;

d) a 4ª via, antes da saída da mercadoria do estabelecimento, será entregue, pelo contribuinte, juntamente com a 1ª e a 3ª vias, à repartição fiscal a que estiver vinculado, que a reterá e visará as demais, devolvendo-as para fins do disposto nas alíneas "a" e "c", ressalvada a aplicação do disposto no § 8º.

• *Alínea "d" com redação dada pelo Decreto nº 48.739, de 21.6.2004 – DOE de 22.6.2004 – Efeitos a partir da publicação.*

§ 1º. O contribuinte poderá mandar confeccionar a Nota Fiscal em 3 (três) vias, desde que, nos 6 (seis) meses anteriores ao pedido de autorização para a sua impressão, as operações internas representem, no mínimo, 80% (oitenta por cento) da totalidade das operações de saída de mercadoria, hipótese em que:

1 – esta circunstância deverá ser declarada, pelo contribuinte, na Autorização para Impressão de Documentos Fiscais, com a utilização da expressão "Declaro, sob as penas da lei, que, nos últimos 6 (seis) meses, esta empresa realizou no mínimo 80% (oitenta por cento) de operações internas";

2 – nas hipóteses previstas nos incisos I e III, a 4ª via será substituída pela 3ª.

§ 2º. O contribuinte poderá utilizar cópia reprográfica da 1ª via da Nota Fiscal para:

1 – substituir a 4ª via, na hipótese do parágrafo anterior, quando realizar operação interestadual ou de exportação que tratam os incisos II e IV;

2 – utilizá-la como via adicional, quando a legislação a exigir, exceto quando ela deva acobertar o trânsito da mercadoria.

§ 3º. Nas operações internas, destinando-se a mercadoria a praça diversa da do emitente da Nota Fiscal e sendo o transporte feito por qualquer via, exceto a rodoviária, a 1ª e a 4ª vias acompanharão a mercadoria até o local do despacho e, realizado este, serão pelo emitente, juntamente com o documento referente ao despacho, remetidas ao destinatário.

§ 4º. A mercadoria retirada de armazém ou estação da empresa transportadora, na hipótese do parágrafo anterior, deverá ser acompanhada, até o local de destino, pelas 1ª e 4ª vias da Nota Fiscal recebidas pelo destinatário.

§ 5º. Relativamente aos incisos III e IV, considera-se local de embarque aquele onde a mercadoria é colocada no meio de transporte, qualquer que seja, que a levará ao exterior.

§ 6º. Na hipótese de o contribuinte utilizar Nota Fiscal-Fatura e de ser obrigatório o uso de livro copiador, a segunda via será substituída pela folha do referido livro.

§ 7º. O destinatário conservará em seu poder a 1ª via nos termos do art. 202 e a 4ª via pelo prazo de 1 (um) ano.

§ 8º. A obtenção de visto prévio nas hipóteses previstas na alínea "a" do inciso III e "d" do inciso IV poderá ser dispensada nos termos de disciplina estabelecida pela Secretaria da Fazenda.

- *§ 8º acrescido pelo Decreto nº 48.739, de 21.6.2004 – DOE de 22.6.2004 – Efeitos a partir da publicação.*

**Art. 131.** Na saída de vasilhames, recipientes ou embalagens, inclusive sacaria, em retorno ao estabelecimento do remetente ou a outro do mesmo titular, ou a depósito em seu nome, em substituição à emissão da Nota Fiscal, poderá ser utilizada via adicional do documento que acompanhou a operação de remessa, vedado o uso de cópia reprográfica (Convênio 15.12.1970 – SINIEF, art. 45, § 2º, 2, na redação do Ajuste SINIEF-3/94, cláusula primeira, X, e Convênio ICMS-88/91, cláusula segunda).

**Art. 131-A.** (Revogado).

- *Art. 131-A acrescido pelo Decreto nº 50.437, de 28.12.2005 – DOE de 29.12.2005, e revogado pelo Decreto nº 52.097, de 28.8.2007 – DOE de 29.8.2007 – Efeitos a partir da publicação.*

**Art. 131-B.** (Revogado).

- *Art. 131-B acrescido pelo Decreto nº 50.437, de 28.12.2005 – DOE de 29.12.2005, e revogado pelo Decreto nº 52.097, de 28.8.2007 – DOE de 29.8.2007 – Efeitos a partir da publicação.*

### *Subseção II*
### *Da Nota Fiscal de Venda a Consumidor*

**Art. 132.** Em substituição ao Cupom Fiscal referido no art. 135, poderá ser emitida Nota Fiscal de Venda a Consumidor, modelo 2, qualquer que seja seu valor, por meio de Equipamento Emissor de Cupom Fiscal – ECF, com os requisitos previstos em disciplina estabelecida pela Secretaria da Fazenda e observado, no que couber, o disposto no mencionado art. 135 (Lei nº 6.374/1989, art. 67, § 1º, Convênio SINIEF de 15.12.1970, art. 50, na redação do Ajuste SINIEF-10/99).

Parágrafo único. Fica dispensada a exigência de Autorização de Impressão de Documentos Fiscais para a confecção de impressos de Nota Fiscal de Venda a Consumidor, modelo 2, em formulário contínuo, quando destinados a emissão por meio de Equipamento Emissor de Cupom Fiscal – ECF.

- *Parágrafo único acrescido pelo Decreto nº 46.778, de 21.5.2002 – DOE de 22.5.2002 – Efeitos a partir da publicação.*

**Art. 132-A.** Ressalvado o disposto no art. 132, nas demais hipóteses previstas na legislação, tais como não obrigatoriedade de uso de Equipamento Emissor de Cupom Fiscal – ECF ou na impossibilidade de seu uso, poderá ser emitida, nas vendas à vista a pessoa natural ou jurídica não contribuinte do imposto, em que a mercadoria for retirada pelo comprador ou por este consumida no próprio estabelecimento, a Nota Fiscal de Venda a Consumidor, modelo 2 (Lei nº 6.374/1989, art. 67, § 1º, e Convênio de 15.12,1970 – SINIEF, art. 50, na redação do Ajuste SINIEF-10/99):

- *Art. 132-A acrescido pelo Decreto nº 52.097, de 28.8.2007 – DOE de 29.8.2007 – Efeitos a partir da publicação.*

I – mediante utilização de impressos fiscais, na forma de talonário, formulário contínuo ou jogos soltos, observado o disposto no art. 212-P;

II – por meio eletrônico, na forma prevista no § 12 do art. 212-O.

- *Inciso II com redação dada pelo Decreto nº 61.084, de 29.1.2015 – DOE de 30.1.2015 – Efeitos a partir da publicação.*

Parágrafo único. É vedada a emissão do documento fiscal de que trata este artigo:

1 – nas operações com valores acima de R$ 10.000,00 (dez mil reais), hipótese em que deverá ser emitido um dos seguintes documentos:

a) Nota Fiscal Eletrônica – NF-e, modelo 55;

b) Nota Fiscal de Consumidor Eletrônica – NFC-e, modelo 65;

c) Nota Fiscal, modelo 1 ou 1-A, se o contribuinte não for obrigado à emissão de Nota Fiscal Eletrônica – NF-e;

2 – nas operações com veículos sujeitos a licenciamento por órgão oficial, hipótese em que deverá ser emitido um dos seguintes documentos:

a) Nota Fiscal Eletrônica – NF-e, modelo 55;

b) Nota Fiscal, modelo 1 ou 1-A, se o contribuinte não for obrigado à emissão da Nota Fiscal Eletrônica – NF-e;

3 – em estabelecimento ao qual não se aplica a obrigatoriedade de uso de equipamento Emissor de Cupom Fiscal – ECF conforme disposto na alínea "d" do item 1 do § 3º do art. 251, salvo disposição em contrário.

- *Parágrafo único acrescido pelo Decreto nº 53.217, de 7.7.2008 – DOE de 8.7.2008, e com redação dada pelo Decreto nº 61.084, de 29.1.2015 – DOE de 30.1.2015 – Efeitos a partir da publicação.*

**Art. 133.** A Nota Fiscal de Venda a Consumidor emitida nos termos do inciso I do art. 132-A deverá conter as seguintes indicações (Lei nº 6.374/1989, art. 67, § 1º, e Convênio de 15.12.1970 – SINIEF, art. 51, na redação do Ajuste SINIEF-10/99):

I – a denominação "Nota Fiscal de Venda a Consumidor";

II – o número de ordem, a série e o número da via;

III – a data de emissão;

IV – o nome do titular, o endereço e os números de inscrição, estadual e no CNPJ, do estabelecimento emitente;

V – a discriminação da mercadoria: quantidade, marca, tipo, modelo, espécie, qualidade e demais elementos que permitam sua perfeita identificação;

VI – os valores, unitário e total, das mercadorias, outros valores cobrados a qualquer título e o total da operação;

VII – o nome, o endereço e os números de inscrição, estadual e no CNPJ, do impressor do documento, a data e a quantidade da impressão, o número de ordem do primeiro e do último documento impresso, a série e subsérie e o número da Autorização de Impressão de Documentos Fiscais.

§ 1º. Quando solicitado pelo consumidor, o número de inscrição no Cadastro de Pessoas Físicas – CPF ou no Cadastro Nacional de Pessoas Jurídicas – CNPJ que o identifique deverá constar no corpo da Nota Fiscal de Venda a Consumidor.

§ 2º. As indicações dos incisos I, II, IV e VII serão impressas tipograficamente.

§ 3º. A Nota Fiscal de Venda a Consumidor será:

1 – de tamanho não inferior a 7,4 cm x 10,5 cm, em qualquer sentido;

2 – emitida, no mínimo, em 2 (duas) vias, destinando-se a 1ª (primeira) via ao comprador e a 2ª (segunda) via à exibição ao fisco.

§ 4º. Aplica-se, na hipótese de venda a prazo ou de entrega de mercadoria em domicílio em território paulista, o disposto no § 3º do art. 135.

- *Art. 133 com redação dada pelo Decreto nº 52.097, de 28.8.2007 – DOE de 29.8.2007 – Efeitos a partir da publicação.*

**Art. 134.** A emissão da Nota Fiscal de Venda a Consumidor por contribuinte que não utilize Equipamento Emissor de Cupom Fiscal – ECF, desde que não exigida pelo consumidor, será facultada na operação de valor inferior a 50% (cinquenta por cento) do valor da Unidade Fiscal do Estado de São Paulo – UFESP, fixado para o 1º (primeiro) dia do mês de janeiro do exercício, arredondado para o valor inteiro mais próximo da unidade monetária vigente (Lei nº 6.374/1989, art. 67, § 1º).

- *V. Comunicados DA (de emissão periódica) que divulgam valor mínimo para emissão de Nota Fiscal de Venda a Consumidor.*

§ 1º. No final do dia, o contribuinte emitirá Nota Fiscal de Venda a Consumidor, englobando o total das operações referidas no *caput*, em relação às quais não tenha sido emitido o citado documento fiscal, procedendo ao seu registro no livro Registro de Saídas.

§ 2º. As vias do documento fiscal emitido nos termos do parágrafo anterior não serão destacadas do talão.

### *Subseção III – Do Cupom Fiscal*

**Art. 135.** O Cupom Fiscal será emitido por meio de Equipamento Emissor de Cupom Fiscal – ECF, nas vendas à vista a pessoa natural ou jurídica não contribuinte do imposto, em que a mercadoria for retirada ou consumida no próprio estabelecimento pelo comprador (Lei nº 6.374/1989, art. 67, § 1º, Convênio SINIEF de 15.12.1970, art. 50, na redação do Ajuste SINIEF-10/99):

- *Art. 135,* caput, *com redação dada pelo Decreto nº 54.869, de 2.10.2009 – DOE de 3.10.2009 – Efeitos a partir da publicação.*

I – na hipótese de uso obrigatório de ECF, prevista no art. 251;

II – quando autorizado pelo fisco, na forma disciplinada pela Secretaria da Fazenda.

§ 1º. Na hipótese de o adquirente da mercadoria, ainda que não contribuinte do imposto, estar inscrito no Cadastro de Contribuintes, poderá ser emitida a Nota Fiscal ou a Nota Fiscal de Produtor, nos termos da legislação específica, em substituição ao Cupom Fiscal.

§ 2º. Além do cupom fiscal, deverá ser emitida, também, a Nota Fiscal nos casos em que a legislação exija esse documento ou quando solicitada pelo adquirente da mercadoria, hipótese em que:

1 – serão anotados nas vias do documento fiscal emitido, os números de ordem do Cupom Fiscal e do ECF, este atribuído pelo estabelecimento;

2 – o documento fiscal será escriturado no livro Registro de Saídas apenas na coluna "Observações", onde serão indicados o seu número e a sua série;

3 – o Cupom Fiscal será anexado à via fixa do documento fiscal emitido.

§ 3º. É permitida a utilização de Cupom Fiscal, desde que indicados por qualquer meio gráfico indelével, ainda que no verso, a identificação do adquirente, por meio do nome, dos números da inscrição estadual, do CNPJ ou do CPF, e o endereço do destinatário, a data e a hora da saída das mercadorias, nas seguintes hipóteses:

1 – na entrega de mercadoria em domicílio, em território paulista;

2 – nas vendas a prazo, hipótese em que deverão constar, também, as informações referidas no § 8º do art. 127.

§ 4º. O contribuinte que também seja contribuinte do Imposto sobre Produtos Industrializados – IPI deve, ainda, atender à legislação desse imposto.

§ 5º. O cupom fiscal de que trata este artigo será emitido com os requisitos previstos em disciplina estabelecida pela Secretaria da Fazenda, que poderá, também, disciplinar a sua emissão na hipótese de prestações de serviços de transporte e de comunicação, exceto telecomunicação.

§ 6º. Quando solicitado pelo consumidor, o número de inscrição no Cadastro de Pessoas Físicas – CPF ou no Cadastro Nacional de Pessoas Jurídicas – CNPJ que o identifique deverá constar no Cupom Fiscal.

- *§ 6º acrescido pelo Decreto nº 52.097, de 28.8.2007 – DOE de 29.8.2007 – Efeitos a partir da publicação.*

§ 7º. Fica vedada a emissão de Cupom Fiscal nas operações com:

1 – valores superiores a R$ 10.000,00 (dez mil reais), hipótese em que deverá ser emitido um dos seguintes documentos:

a) Nota Fiscal Eletrônica – NF-e, modelo 55;

b) Nota Fiscal de Consumidor Eletrônica – NFC-e, modelo 65;

c) Nota Fiscal, modelo 1 ou 1-A, se o contribuinte não for obrigado à emissão da Nota Fiscal Eletrônica – NF-e;

2 – veículos sujeitos a licenciamento por órgão oficial, hipótese em que deverá ser emitido um dos seguintes documentos:

a) Nota Fiscal Eletrônica – NF-e, modelo 55;

b) Nota Fiscal, modelo 1 ou 1-A, se o contribuinte não for obrigado à emissão da Nota Fiscal Eletrônica – NF-e.

• *§ 7º acrescido pelo Decreto nº 54.869, de 2.10.2009 – DOE de 3.10.2009, e com redação dada pelo Decreto nº 61.084, de 29.1.2015 – DOE de 30.1.2015 – Efeitos a partir da publicação.*

§ 8º. Nas operações a seguir indicadas fica dispensada a emissão de Cupom Fiscal, devendo, em substituição, ser emitida Nota Fiscal Eletrônica – NF-e, modelo 55, Nota Fiscal de Consumidor Eletrônica – NFC-e, modelo 65, ou Cupom Fiscal Eletrônico – CF-e-SAT, modelo 59:

1 – operações realizadas fora do estabelecimento, hipótese em que também poderá ser emitida a Nota fiscal, modelo 1 ou 1-A, devendo ser observada a legislação que disciplina as referidas operações;

2 – operações em que o destinatário for órgão da Administração Pública.

• *§ 8º acrescido pelo Decreto nº 56.457, de 30.11.2010 – DOE de 1º.12.2010, e com redação dada pelo Decreto nº 61.084, de 29.1.2015 – DOE de 30.1.2015 – Efeitos a partir da publicação.*

### *Subseção IV – Da Emissão de Nota Fiscal na Entrada de Mercadorias*

**Art. 136.** O contribuinte, excetuado o produtor, emitirá Nota Fiscal (Lei nº 6.374/1989, art. 67, § 1º, e Convênio SINIEF de 15.12.1970, arts. 54 e 56, na redação do Ajuste SINIEF-3/94, cláusula primeira, XII):

I – no momento em que entrar no estabelecimento, real ou simbolicamente, mercadoria ou bem:

a) novo ou usado, remetido a qualquer título por produtor ou por pessoa natural ou jurídica não obrigada à emissão de documentos fiscais;

b) em retorno, quando remetido por profissional autônomo ou avulso ao qual tiver sido enviado para industrialização;

c) em retorno de exposição ou feira, para a qual tiver sido remetido exclusivamente para fins de exposição ao público;

d) em retorno de remessa feita para venda fora do estabelecimento;

e) em retorno, em razão de não ter sido entregue ao destinatário;

f) importado diretamente do Exterior, observado o disposto no art. 137;

g) arrematado ou adquirido em leilão ou concorrência, promovidos pelo Poder Público;

II – (revogado);

• *Inciso II revogado pelo Decreto nº 56.457, de 30.11.2010 – DOE de 1º.12.2010 – Efeitos a partir de 1º.3.2011.*

III – em outras hipóteses previstas na legislação.

§ 1º. O documento previsto neste artigo servirá para acompanhar o trânsito da mercadoria até o local do estabelecimento emitente nas seguintes hipóteses:

1 – quando o estabelecimento destinatário assumir o encargo de retirá-la ou de transportá-la nas situações previstas na alínea "a" do inciso I;

2 – nos retornos a que se referem as alíneas "b" e "c" do inciso I;

3 – nos casos das alíneas "f" e "g" do inciso I.

§ 2º. O campo "Hora da Saída" e o canhoto de recebimento somente serão preenchidos quando a Nota Fiscal acobertar o transporte de mercadoria.

§ 3º. A Nota Fiscal conterá, no campo "Informações Complementares":

1 – nas hipóteses das alíneas "b", "c" e "e" do inciso I, os dados identificativos do documento fiscal correspondente à respectiva remessa;

2 – na hipótese da alínea "d" do inciso I, as seguintes indicações:

a) o valor das operações realizadas fora do estabelecimento;

b) o valor das operações realizadas fora do estabelecimento, em outro Estado;

c) os números e a série, quando adotada, das Notas Fiscais emitidas por ocasião da entrega da mercadoria;

3 – na hipótese da alínea "f" do inciso I, a identificação da repartição onde se tiver processado o desembaraço, bem como o número e a data do documento de desembaraço.

§ 4º. (Revogado).

• *§ 4º revogado pelo Decreto nº 56.457, de 30.11.2010 – DOE de 1º.12.2010 – Efeitos a partir de 1º.3.2011.*

§ 5º. Para emissão de Nota Fiscal na hipótese deste artigo, o contribuinte deverá:

1 – no caso de emissão por processamento eletrônico de dados, arquivar as 2ªs vias dos documentos emitidos, separadamente das relativas às saídas;

2 – nos demais casos, sem prejuízo do disposto no item anterior, reservar bloco ou faixa de numeração sequencial de jogos soltos ou formulários contínuos, registrando o fato no livro Registro de Utilização de Documentos Fiscais e Termos de Ocorrências.

§ 6º. A emissão da Nota Fiscal, na hipótese do item 1 do § 1º, não exclui a obrigatoriedade da emissão da Nota Fiscal de Produtor.

**Art. 137.** Relativamente à mercadoria ou bem importado a que se refere a alínea "f" do inciso I do artigo anterior, observar-se-á, ainda, o seguinte (Lei nº 6.374/1989, art. 67, § 1º, Convênio de 15.12.1970 – SINIEF, art. 55, na redação do Ajuste SINIEF-3/94, cláusula primeira, XII; Convênio ICM-10/81, cláusula quarta, §§ 1º, 2º, 3º e 4º, o segundo na redação original e os demais na redação do Convênio ICMS-132/98, cláusulas primeira e segunda, e Convênios ICMS-49/90 e ICMS-121/95):

I – quando a mercadoria for transportada de uma só vez, o transporte será acobertado pelo documento de desembaraço e pela Nota Fiscal;

II – tratando-se de remessa parcelada, a primeira parcela será transportada com a Nota Fiscal relativa à totalidade da mercadoria, na qual constará a expressão "Primeira Remessa", e com o documento de desembaraço; cada posterior remessa será acompanhada de Nota Fiscal, na qual, além dos demais requisitos, serão indicados:

a) o número de ordem e a data do documento de desembaraço;

b) a identificação da repartição onde se tiver processado o desembaraço;

c) o número de ordem, a série e a data da emissão da Nota Fiscal relativa à totalidade da mercadoria;

d) o valor total da mercadoria importada;

e) o valor do imposto, se devido, bem como a identificação da respectiva guia de recolhimentos especiais;

III – o transporte da mercadoria far-se-á acompanhar, também, da correspondente guia de recolhimentos especiais, quando for o caso, podendo esta, a partir da segunda remessa, ser substituída por cópia reprográfica autenticada;

IV – conhecido o custo final da importação e sendo ele superior ao valor consignado no documento fiscal referido nos incisos I ou II, será emitida Nota Fiscal, no valor complementar, na qual constarão:

a) todos os demais elementos componentes do custo;

b) remissão ao documento fiscal emitido por ocasião da entrada da mercadoria;

V – a Nota Fiscal do valor complementar, emitida nos termos do inciso anterior, além do lançamento normal no livro Registro de Entradas, terá seu número de ordem anotado na coluna "Observações", na linha correspondente ao lançamento do documento fiscal emitido por ocasião da entrada da mercadoria no estabelecimento.

§ 1º. Se a operação estiver desonerada do imposto em virtude de isenção ou não incidência, bem como no caso de diferimento, suspensão ou outro motivo previsto na legislação, o transporte da mercadoria deverá ser acompanhado, além da Nota Fiscal e do documento de desembaraço, quando exigidos, da Guia para Liberação de Mercadoria Estrangeira sem Comprovação do Recolhimento do ICMS, que obedecerá ao modelo contido no Anexo/Modelos e será emitida de acordo com disciplina estabelecida pela Secretaria da Fazenda.

§ 2º. Para efeito deste artigo, é permitido ao estabelecimento importador manter talão de Nota Fiscal em poder de preposto, hipótese em que fará constar essa circunstância na coluna "Observações" do livro Registro de Utilização de Documentos Fiscais e Termos de Ocorrência.

**Art. 138.** No caso do art. 136, a Nota Fiscal será emitida, no mínimo, em 3 (três) vias, que terão a seguinte destinação (Lei nº 6.374/1989, art. 67, § 1º, e Convênio de 15.12.1970 – SINIEF, arts. 54, § 7º, e 57, na redação do Ajuste SINIEF-3/94, cláusula primeira, XII):

I – nas hipóteses das alíneas "a" e "b" do inciso I:

a) a 1ª e a 3ª vias serão entregues ou enviadas ao remetente, até 15 (quinze) dias da data do recebimento da mercadoria;

b) a 2ª via ficará presa ao bloco, para exibição ao fisco;

II – nas hipóteses das alíneas "c", "d", "e", "f" e "g" do inciso I:

a) a 1ª via ficará em poder do emitente, pelo prazo de 1 (um) ano;

b) a 2ª via ficará presa ao bloco, para exibição ao fisco;

c) a 3ª via ficará em poder do emitente, pelo prazo de 1 (um) ano, caso não tenha sido retida pelo fisco ao interceptar a mercadoria na sua movimentação;

III – (revogado);

- *Inciso III revogado pelo Decreto nº 56.457, de 30.11.2010 – DOE de 1º.12.2010 – Efeitos a partir de 1º.3.2011.*

### *Subseção V – Da Nota Fiscal de Produtor*

**Art. 139.** O estabelecimento rural de produtor emitirá Nota Fiscal de Produtor, modelo 4 (Lei nº 6.374/1989, art. 67, §1º, e Convênio SINIEF de 15.12.1970, art. 58, na redação do Ajuste SINIEF-9/97, cláusula primeira, V):

- *O estabelecimento rural de produtor emitirá Nota Fiscal de Produtor, modelo 4 (Lei nº 6.374/1989, art. 67, §1º, e Convênio de 15.12.1970 – SINIEF, art. 58, na redação do Ajuste SINIEF-9/97, cláusula primeira, V).*

I – sempre que promover a saída de mercadoria;

II – na transmissão da propriedade de mercadoria;

III – sempre que, no estabelecimento, entrarem bens ou mercadorias, real ou simbolicamente, nas hipóteses previstas no inciso I do art. 136;

IV – em outras hipóteses previstas na legislação.

§ 1º. Fica dispensada a emissão da Nota Fiscal de Produtor no transporte manual de produto da agricultura ou da criação ou seus derivados, excluída a condução de rebanho.

§ 2º. Poderá a Secretaria da Fazenda estender a dispensa da emissão da Nota Fiscal de Produtor a outras hipóteses.

**Art. 140.** A Nota Fiscal de Produtor conterá as seguintes indicações (Lei nº 6.374/1989, art. 67, §1º, e Convênio SINIEF de 15.12.1970, art. 59, na redação do Ajuste SINIEF-9/97, cláusula primeira, V):

I – no quadro "Emitente":

a) o nome do produtor;

b) a denominação da propriedade;

c) a localização, com indicação do bairro, distrito e, conforme o caso, do endereço;

d) o município;

e) a unidade da Federação;

f) o telefone, fax e/ou *e-mail*;

g) o Código de Endereçamento Postal;

h) o número de inscrição no Cadastro Nacional de Pessoas Jurídicas;

• *Alínea "h" com redação dada pelo Decreto nº 53.259, de 22.7.2008 – DOE de 23.7.2008 – Efeitos a partir da publicação.*

i) a natureza da operação de que decorrer a saída ou a entrada, tais como: venda, transferência, devolução, importação, consignação, remessa (para fins de demonstração, de industrialização ou outra) e retorno de exposição ou feira;

j) o número de inscrição estadual;

l) a denominação "Nota Fiscal de Produtor";

m) o número de ordem da Nota Fiscal de Produtor e, imediatamente abaixo, a expressão "Série", acompanhada do número correspondente, quando adotada de acordo com o art. 196;

n) o número e destinação da via da Nota Fiscal de Produtor;

o) a data de validade da inscrição cadastral ou a indicação "00-00-00", quando se tratar de inscrição por tempo indeterminado;

p) a data de sua emissão;

q) a data da efetiva saída ou entrada da mercadoria no estabelecimento;

r) a hora da efetiva saída ou entrada da mercadoria no estabelecimento;

II – no quadro "Destinatário":

a) o nome ou razão social;

b) o número de inscrição no Cadastro Nacional de Pessoas Jurídicas ou no Cadastro de Pessoas Físicas do Ministério da Fazenda;

c) o endereço, constando, se for o caso, o bairro ou distrito e o Código de Endereçamento Postal;

d) o município;

e) a unidade da Federação;

f) o número de inscrição estadual;

III – no quadro "Dados do Produto":

a) a descrição dos produtos, compreendendo: nome, marca, tipo, modelo, série, espécie, qualidade e demais elementos que permitam sua perfeita identificação;

b) a unidade de medida utilizada para a quantificação dos produtos;

c) a quantidade dos produtos;

d) o valor unitário dos produtos;

e) o valor total dos produtos;

f) a alíquota do ICMS;

IV – no quadro "Cálculo do Imposto":

a) o número de autenticação da guia de recolhimento do ICMS e a data, na hipótese prevista no § 4º;

b) a base de cálculo do ICMS;

c) o valor do ICMS incidente na operação;

d) o valor total dos produtos;

e) o valor total da Nota;

f) o valor do frete;

g) o valor do seguro;

h) o valor de outras despesas acessórias;

V – no quadro "Transportador/Volumes Transportados":

a) o nome ou a razão social do transportador e a expressão "Autônomo", se for o caso;

b) a condição de pagamento do frete: se por conta do emitente ou do destinatário;

c) a placa do veículo, no caso de transporte rodoviário, ou outro elemento identificativo, nos demais casos;

d) a unidade da Federação de registro do veículo;

e) o número de inscrição do transportador no Cadastro Nacional de Pessoas Jurídicas ou no Cadastro de Pessoas Físicas do Ministério da Fazenda;

f) o endereço do transportador;

g) o município do transportador;

h) a unidade da Federação do domicílio do transportador;

i) o número de inscrição estadual do transportador;

j) a quantidade de volumes transportados;

l) a espécie dos volumes transportados;

m) a marca dos volumes transportados;

n) a numeração dos volumes transportados;

o) o peso bruto dos volumes transportados;

p) o peso líquido dos volumes transportados;

VI – no quadro "Dados Adicionais":

a) no campo "Informações Complementares" – outros dados de interesse do emitente, tais como:

número do pedido, vendedor, local de entrega, quando diverso do endereço do destinatário nas hipóteses previstas na legislação e propaganda;

b) o número de controle do formulário, no caso de emissão por sistema eletrônico de processamento de dados, observado o disposto nos §§ 15 e 16;

VII – no rodapé ou na lateral da Nota Fiscal de Produtor: o nome, o endereço e os números de inscrição, estadual e no Cadastro Nacional de Pessoas Jurídicas do Ministério da Fazenda, do impressor da nota; a data e a quantidade da impressão; o número de ordem da primeira e da última nota impressa e respectiva série, quando for o caso, e o número da autorização para impressão de documentos fiscais; e, em se tratando de estabelecimento de produtor localizado na cidade de São Paulo, o código da repartição fiscal a que estiver vinculado, com a indicação da expressão "Código do Posto Fiscal: (...)";

VIII – no comprovante de entrega dos produtos, que deverá integrar apenas a 1ª via da Nota Fiscal de Produtor, na forma de canhoto destacável:

a) a declaração de recebimento dos produtos;

b) a data do recebimento dos produtos;

c) a identificação e assinatura do recebedor dos produtos;

d) a expressão "Nota Fiscal de Produtor";

e) o número de ordem da Nota Fiscal de Produtor.

§ 1º. A Nota Fiscal de Produtor será de tamanho não inferior a 21 x 20,3 cm, em qualquer sentido, e suas vias não poderão ser impressas em papel jornal.

§ 2º. Serão impressas tipograficamente as indicações:

1 – das alíneas "a" a "h" e "j" a "o" do inciso I, devendo as indicações das alíneas "a" a "h", "j" e "l" ser impressas, no mínimo, em corpo "8", não condensado;

2 – do inciso VII, devendo as indicações ser impressas, no mínimo, em corpo "5", não condensado;

3 – das alíneas "d" e "e" do inciso VIII.

§ 3º. As indicações a que se referem as alíneas "a" a "h" e "j" do inciso I poderão ser dispensadas de impressão tipográfica nas hipóteses previstas no art. 145.

§ 4º. O destaque do valor do imposto só será efetuado nas operações em que o recolhimento do tributo deva ser feito pelo emitente, hipótese em que a Nota Fiscal de Produtor conterá, também, a indicação da guia pela qual tiver sido recolhido o imposto.

§ 5º. Nas hipóteses de entrada de mercadoria ou bem no estabelecimento rural, a qualquer título, quando o remetente não estiver obrigado a emitir documento fiscal, o produtor deverá especificar essa circunstância no campo "Natureza da Operação".

§ 6º. A Nota Fiscal do Produtor poderá servir como fatura, feita a inclusão dos elementos necessários no campo "Informações Complementares", caso em que a denominação prevista na alínea "l" do inciso I e na alínea "d" do inciso VIII, passa a ser "Nota Fiscal-Fatura de Produtor".

§ 7º. Nas operações sujeitas a mais de uma alíquota, os dados do quadro "Dados do Produto" deverão ser subtotalizados por alíquota.

§ 8º. Caso o transportador seja o próprio remetente ou o destinatário, essa circunstância será indicada no campo "Nome/Razão Social", do quadro "Transportador/Volumes Transportados", com a expressão "Remetente" ou "Destinatário", dispensadas as indicações das alíneas "b" e "e" a "i" do inciso V.

§ 9º. No campo "Placa do Veículo" do quadro "Transportador/Volumes Transportados", deverá ser indicada a placa do veículo tracionado, quando se tratar de reboque ou semirreboque desse tipo de veículo, devendo a placa dos demais veículos tracionados ser indicada no campo "Informações Complementares".

§ 10. A aposição de carimbos na Nota Fiscal de Produtor, durante o trânsito da mercadoria, deve ser feita no seu verso, salvo quando as vias forem carbonadas.

§ 11. Caso o campo "Informações Complementares" não seja suficiente para conter todas as indicações, poderá ser utilizado, excepcionalmente, o quadro "Dados do Produto", desde que não prejudique a sua clareza.

§ 12. É facultada:

1 – a indicação de outras informações complementares de interesse do produtor, impressas tipograficamente no verso da Nota Fiscal de Produtor, hipótese em que sempre será reservado espaço, com a dimensão mínima de 10 x 15 cm, em qualquer sentido, para atendimento ao disposto no § 10;

2 – a impressão de pautas no quadro "Dados do Produto" de modo a facilitar o seu preenchimento manuscrito.

§ 13. Serão dispensadas as indicações do inciso III se estas constarem de romaneio, que passará a constituir parte inseparável da Nota Fiscal de Produtor, desde que obedecidos os requisitos abaixo:

1 – o romaneio deverá conter, no mínimo, as indicações das alíneas "a" a "e", "h", "j", "m", "n", "p" e "q" do inciso I; do inciso II; da alínea "e" do inciso IV; das alíneas "a" a "h" do inciso V e do inciso VII;

2 – a Nota Fiscal de Produtor deverá conter as indicações do número e da data do romaneio e, este, do número e da data daquela.

§ 14. Os dados referidos nas alíneas "d" e "e" do inciso III e "b" a "e" do inciso IV poderão ser dispensados quando as mercadorias estiverem sujeitas a posterior fixação de preço, indicando-se no documento essa circunstância.

§ 15. A Nota Fiscal de Produtor poderá ser emitida por sistema eletrônico de processamento de dados, observado o seguinte:

1 – poderá existir espaço em branco de até 5,0 cm na margem superior, na hipótese de uso de impressora matricial;

2 – deverão ser cumpridos, no que couber, os requisitos da legislação pertinente em relação ao contribuinte usuário de sistema eletrônico de processamento de dados.

§ 16. A Nota Fiscal de Produtor poderá ser confeccionada em tamanho inferior ao estabelecido no § 1º, exclusivamente nos casos de emissão por sistema eletrônico de processamento dados, desde que as indicações a serem impressas quando da sua emissão sejam grafadas em, no máximo, 17 caracteres por polegada, sem prejuízo do disposto no § 2º.

**Art. 141.** Na saída de mercadoria para destinatário localizado neste Estado, a Nota Fiscal de Produtor será emitida, no mínimo, em 3 (três) vias, que terão a seguinte destinação (Lei nº 6.374/1989, art. 67, §1º, e Convênio SINIEF de 15.12.1970, art. 60, I, na redação do Ajuste SINIEF-9/97, cláusula primeira, V):

I – a 1ª via acompanhará a mercadoria para ser entregue, pelo transportador, ao destinatário;

II – a 2ª via ficará presa ao bloco, para exibição ao fisco;

III – a 3ª via acompanhará a mercadoria e poderá ser retida pelo fisco deste Estado, mediante visto na 1ª via.

§ 1º. O destinatário conservará a 1ª via em seu poder, nos termos do art. 202, e remeterá ao produtor a 1ª e a 3ª vias da Nota Fiscal relativa à entrada das mercadorias em seu estabelecimento.

§ 2º. A 2ª via da Nota Fiscal de Produtor, presa ao bloco, e a 3ª via da Nota Fiscal recebida pelo produtor na forma do parágrafo anterior serão apresentadas à repartição fiscal na forma e prazo fixados pela Secretaria da Fazenda.

§ 3º. Destinando-se a mercadoria a praça diversa da do emitente da Nota Fiscal de Produtor e sendo o transporte feito por qualquer via, exceto a rodoviária, a 1ª e a 3ª vias acompanharão a mercadoria até o local do despacho e, realizado este, serão, pelo produtor, juntamente com o documento referente ao despacho, remetidas ao destinatário.

§ 4º. A mercadoria retirada do armazém ou estação da empresa transportadora, na hipótese do parágrafo anterior, deverá ser acompanhada, até o local de destino, pelas 1ª e 3ª vias da Nota Fiscal de Produtor recebidas pelo destinatário.

**Art. 142.** Na saída de mercadoria para destinatário localizado em outro Estado, a Nota Fiscal de Produtor será emitida, no mínimo, em 4 (quatro) vias, que terão a seguinte destinação (Lei nº 6.374/1989, art. 67, §1º, e Convênio SINIEF de 15.12.1970, art. 60, II e §§ 1º e 2º, na redação do Ajuste SINIEF-9/97, cláusula primeira, V):

I – a 1ª via acompanhará a mercadoria e será entregue, pelo transportador, ao destinatário;

II – a 2ª via ficará presa ao bloco, para exibição ao fisco;

III – a 3ª via acompanhará a mercadoria e destinar-se-á ao controle do fisco de destino;

IV – a 4ª via acompanhará a mercadoria e poderá ser retida pelo fisco estadual, mediante visto na 1ª via.

Parágrafo único. Aplica-se à Nota Fiscal de Produtor o disposto nos §§ 1º e 2º do art. 130.

**Art. 143.** Na saída de mercadoria para o exterior, a Nota Fiscal de Produtor será emitida (Lei nº 6.374/1989, art. 67, § 1º, e Convênio SINIEF de 15.12.1970, art. 60, na redação do Ajuste SINIEF-9/97, cláusula primeira, V):

I – se a mercadoria tiver de ser embarcada neste Estado, com observância do disposto no art. 141;

II – se o embarque tiver de ser processado em outro Estado, com observância do disposto no artigo anterior.

§ 1º. Na hipótese do inciso I, a 1ª e a 3ª vias acompanharão a mercadoria até o local de embarque, neste Estado, onde serão entregues à repartição fiscal, que reterá a 3ª via e visará a 1ª, servindo esta como autorização de embarque.

§ 2º. Na hipótese do inciso II, o produtor entregará, antes da saída da mercadoria de seu estabelecimento, a 4ª via do documento à repartição fiscal a que estiver vinculado, que visará a 1ª e a 3ª vias, as quais acompanharão a mercadoria no transporte.

§ 3º. Considera-se local de embarque aquele onde a mercadoria é colocada no meio de transporte, qualquer que seja, que a levará ao exterior.

**Art. 144.** Aplica-se à Nota Fiscal de Produtor, no que couber, o disposto (Lei nº 6.374/1989, art. 67, § 1º):

I – nos §§ 2º a 5º do art. 125;

II – nos incisos I e II do art. 138, no tocante à emissão relativa à entrada prevista no inciso III do art. 139.

**Art. 145.** A Secretaria da Fazenda poderá fornecer os impressos da Nota Fiscal de Produtor, para emissão pelo produtor, bem como emitir tal documento fiscal, quando entender conveniente, ficando-lhe facultado exigir retribuição pelo custo (Lei nº 6.374/1989, art. 67, § 2º).

### *Subseção VI*
### *Da Nota Fiscal/Conta de Energia Elétrica*

**Art. 146.** A pessoa jurídica que, na condição de contribuinte ou de substituta tributária, praticar, sob regime de concessão ou de permissão, operação relativa à circulação de energia elétrica, objeto de saída por ela promovida, destinando-a diretamente a estabelecimento ou domicílio situado no território paulista, para nele ser consumida pelo respectivo destinatário, deverá, observada disciplina específica estabelecida pela Secretaria da Fazenda, emitir Nota Fiscal/Conta de Energia Elétrica, modelo 6, para acobertar a respectiva operação, na qual deverão constar, no mínimo, as seguintes informações:

I – a denominação "Nota Fiscal/Conta de Energia Elétrica";

II – o número da conta;

III – as datas de emissão, de apresentação e de vencimento da conta;

IV – a data de leitura da medição da energia elétrica consumida

V – o nome do titular, o endereço e os números de inscrição, estadual e no CNPJ, do estabelecimento emitente;

VI – o nome e o endereço do destinatário, bem como os números de inscrição deste no:

a) Cadastro de Pessoas Físicas – CPF da Receita Federal do Brasil – RFB, se for pessoa natural;

b) Cadastro Nacional de Pessoas Jurídicas – CNPJ da RFB, se for pessoa jurídica, e no Cadastro de Contribuintes do ICMS do Estado de São Paulo, se também for contribuinte do ICMS neste Estado;

VII – a discriminação da operação;

VIII – o valor da operação, nele incluído o montante do ICMS dele integrante;

IX – outros valores, cobrados a qualquer título, que não estejam sujeitos à incidência do ICMS;

- *Inciso IX com redação dada pelo Decreto nº 55.867, de 27.5.2010 – DOE de 28.5.2010 – Efeitos a partir de 1º.9.2010.*

X – o valor total do documento fiscal;

XI – a base de cálculo do imposto;

XII – a alíquota aplicável;

XIII – o montante do imposto devido, cujo destaque representa mera indicação para fins de controle.

§ 1º. A Nota Fiscal/Conta de Energia Elétrica será de tamanho não inferior a 9 x 15 cm, em qualquer sentido, e terá quadro específico reservado para a discriminação das informações a serem obrigatoriamente prestadas ao consumidor, destinatário da energia elétrica objeto da operação referida no *caput*, por força do regime de concessão ou de permissão sob o qual tal operação tiver sido realizada e da respectiva legislação aplicável, emanada pelo poder concedente.

§ 2º. Salvo disposição em contrário, a Nota Fiscal/Conta de Energia Elétrica deverá ser emitida, no mínimo, em 2 (duas) vias, que terão a seguinte destinação:

1 – a 1ª via será entregue ao destinatário;

2 – a 2ª via ficará em poder do emitente, para exibição ao fisco.

§ 3º. A Nota Fiscal/Conta de Energia Elétrica poderá ser emitida em uma única via quando a sua emissão for efetuada por meio de sistema eletrônico de processamento de dados.

§ 4º. A Nota Fiscal/Conta de Energia Elétrica abrangerá o fornecimento efetuado em período de até 33 (trinta e três) dias, exceto para o primeiro faturamento da unidade consumidora, ou quando ocorrer remanejamento de rota ou reprogramação do calendário de leitura, desde que respeitados os limites mínimo e máximo definidos pela agência reguladora.

- *§ 4º com redação dada pelo Decreto nº 59.088, de 15.4.2013 – DOE de 16.4.2013 – Efeitos a partir de 1º.5.2013.*

§ 5º. A Nota Fiscal/Conta de Energia Elétrica não poderá ser emitida para acobertar operações relativas à circulação de energia elétrica não destinada a consumidor final, hipótese em que deverá ser emitida a Nota Fiscal, modelo 1 ou 1-A, de que trata o inciso I do art. 124 deste regulamento.

- *Art. 146 com redação dada pelo Decreto nº 55.421, de 10.2.2010 – DOE de 11.2.2010 – Efeitos a partir de 1º.9.2010.*
- *V. Lei nº 14.147, de 21.6.2010 (DOE de 22.6.2010). Obriga as concessionárias e empresas de energia elétrica e de telefonia a demonstrar, nas suas faturas, o procedimento de cobrança do ICMS.*

## Seção III
## Documentos Fiscais Relativos a Prestações de Serviço de Transporte

### *Subseção I*
### *Da Nota Fiscal de Serviço de Transporte*

**Art. 147.** A Nota Fiscal de Serviço de Transporte, modelo 7, será emitida, antes do início da prestação do serviço, por agência de viagem ou por transportador, sempre que executar, em veículo próprio ou afretado, serviço de transporte interestadual ou intermunicipal de pessoas, tal como do tipo turismo ou fretamento por período determinado (Lei nº 6.374/1989, art. 67, § 1º, e Convênio SINIEF-6/89, arts. 10, I e parágrafo único, na redação do Ajuste SINIEF-14/89, cláusula primeira, II, e 12, com as alterações dos Ajustes SINIEF-1/89, cláusula segunda, e SINIEF-14/89, cláusula primeira, III).

§ 1º. Considera-se veículo próprio, além daquele registrado em nome do prestador do serviço, o utilizado em regime de locação ou por outra forma contratual.

§ 2º. A Nota Fiscal de Serviço de Transporte será emitida em relação a cada veículo e a cada viagem contratada.

§ 3º. Em excursão com contrato individual referente a cada passageiro, será facultada a emissão de uma única Nota Fiscal de Serviço de Transporte, por veículo.

§ 4º. Quando a Nota Fiscal de Serviço de Transporte acobertar a prestação por modal dutoviário, esta deverá ser emitida mensalmente e em até 4 (quatro) dias úteis após o encerramento do período de apuração (Ajuste SINIEF-6/13).

- *§ 4º acrescido pelo Decreto nº 56.321, de 26.10.2010 – DOE de 27.10.2010, e com redação dada pelo Decreto nº 59.241, de 28.5.2013 – DOE de 29.5.2013 – Efeitos a partir de 12.4.2013.*

**Art. 148.** A Nota Fiscal de Serviço de Transporte será, também, emitida (Lei nº 6.374/1989, art. 67, § 1º, e Convênio SINIEF-6/89, art. 10, II, III, IV e V, na redação do Ajuste SINIEF-14/89, cláusula primeira, II, com alteração do Ajuste SINIEF-9/99):

I – por transportador de valores, para englobar, em relação a cada tomador de serviço, as prestações realizadas, desde que dentro do período de apuração do imposto;

II – (revogado);

- *Inciso II revogado pelo Decreto nº 51.362, de 13.12.2006 – DOE de 14.12.2006 – Efeitos a partir de 1º.1.2007.*

III – por transportador de passageiros, para englobar, no final do período de apuração do imposto, os documentos de excesso de bagagem emitidos nesse período;

IV – por transportador que executar serviço de transporte de bens ou mercadorias utilizando-se de outros meios ou formas, em relação aos quais não haja previsão de documento fiscal específico.

**Art. 149.** A Nota Fiscal de Serviço de Transporte conterá as seguintes indicações (Lei nº 6.374/1989, art. 67, § 1º; Convênio SINIEF de 15.12.1970, art. 19, § 7º, c/c o Convênio SINIEF-6/89, arts. 11, com a alteração do Ajuste SINIEF-15/89, cláusula primeira, II, e 89):

I – a denominação "Nota Fiscal de Serviço de Transporte";

II – o número de ordem, a série e subsérie e o número da via;

III – a natureza da prestação do serviço;

IV – a data da emissão;

V – o nome do titular, o endereço e os números de inscrição, estadual e no CNPJ, do estabelecimento emitente;

VI – o nome do usuário, o endereço e os números de inscrição, estadual e no CNPJ ou no CPF, exceto na hipótese do inciso III do artigo anterior;

VII – o percurso, exceto na hipótese do artigo anterior;

VIII – a identificação do veículo transportador, exceto na hipótese do artigo anterior;

IX – a discriminação do serviço prestado, de modo que permita sua perfeita identificação;

X – o valor do serviço prestado, bem como outros valores cobrados a qualquer título;

XI – o valor total da prestação;

XII – a base de cálculo do imposto;

XIII – a alíquota e o valor do imposto;

XIV – o período da prestação, no caso de serviço contratado por período determinado, observado o disposto no § 3º;

XV – o nome, o endereço e os números de inscrição, estadual e no CNPJ, do impressor do documento, a data e a quantidade da impressão, o número de ordem do primeiro e o do último documento impresso, a série e subsérie e o número da Autorização de Impressão de Documentos Fiscais.

§ 1º. As indicações dos incisos I, II, V e XV serão impressas tipograficamente.

§ 2º. A Nota Fiscal de Serviço de Transporte será de tamanho não inferior a 14,8 x 21 cm, em qualquer sentido.

§ 3º. Na hipótese do inciso XIV, quando se tratar de transporte de pessoas com características de transporte urbano ou metropolitano, o documento fiscal deverá:

1 – conter, além dos demais requisitos, os horários e dias da prestação do serviço, os locais de início e fim do trajeto, bem como as demais indicações do contrato que identifiquem perfeitamente a prestação;

2 – estar disponível para apresentação ao fisco durante o percurso, acompanhado do respectivo contrato de prestação do serviço e, se for o caso, do despacho concessório de isenção, o qual poderá estabelecer outros requisitos, substituível aquele ou este, por cópia reprográfica devidamente autenticada.

§ 4º. A Nota Fiscal de Serviço de Transporte poderá servir como fatura, feita a inclusão dos elementos necessários, caso em que a denominação prevista no inciso I passará a ser Nota Fiscal-Fatura de Serviço de Transporte.

**Art. 150.** Na prestação intermunicipal de serviço de transporte, realizada em território paulista, a Nota Fiscal de Serviço de Transporte será emitida, no mínimo, em 3 (três) vias, que terão a seguinte destinação (Lei nº 6.374/1989, art. 67, § 1º, e Convênio SINIEF-6/89, arts. 12, § 2º, e 13, com alteração do Ajuste SINIEF-14/89, cláusula primeira, III e IV):

I – a 1ª via será entregue ao contratante ou usuário;

II – a 2ª via acompanhará o transporte, para controle da fiscalização;

III – a 3ª via ficará presa ao bloco, para exibição ao fisco.

Parágrafo único. Relativamente à destinação das vias:

1 – na hipótese do § 3º do art. 147, a 1ª via será arquivada no estabelecimento do emitente, a ela sendo anexada, quando se tratar de transporte rodoviário, a autorização do Departamento de Estradas de Rodagem ou do Departamento Nacional de Estradas de Rodagem;

2 – nas hipóteses dos incisos I, II e III do art. 148, a emissão será em, no mínimo, 2 (duas) vias, que terão a seguinte destinação:

a) a 1ª via será entregue ao contratante ou usuário, no caso do inciso I ou II, e permanecerá em poder do emitente no caso do inciso III;

b) a 2ª via ficará presa ao bloco, para exibição ao fisco.

**Art. 151.** Na prestação interestadual de serviço de transporte, a Nota Fiscal de Serviço de Transporte será emitida, no mínimo, em 4 (quatro) vias, que terão a seguinte destinação (Lei nº 6.374/1989, art. 67, § 1º, e Convênio SINIEF-6/89, art. 14, com a alteração do Ajuste SINIEF-14/89, cláusula primeira, V):

I – a 1ª via será entregue ao contratante ou usuário;

II – a 2ª via acompanhará o transporte, para controle do fisco de destino;

III – a 3ª via acompanhará o transporte, para controle do fisco deste Estado;

IV – a 4ª via ficará presa ao bloco, para exibição ao fisco.

Parágrafo único. Na prestação de serviço interestadual aplica-se, também, o disposto no parágrafo único do artigo anterior, na ocorrência de hipótese ali prevista.

### *Subseção I-A – Da Nota Fiscal de Serviço de Transporte Ferroviário*

• *Subseção I-A (arts. 151-A a 151-C) acrescida pelo Decreto nº 51.300, de 23.11.2006 – DOE de 24.11.2006 – Efeitos a partir de 1º.1.2007.*

**Art. 151-A.** A Nota Fiscal de Serviço de Transporte Ferroviário, modelo 27, poderá ser utilizada pelos transportadores ferroviários de cargas, em substituição à Nota Fiscal de Serviço de Transporte, modelo 7 (Lei nº 6.374/1989, art. 67, § 1º, Convênio SINIEF-6/89, na redação do Ajuste SINIEF 03/07, cláusula primeira).

• *Art. 151-A acrescido pelo Decreto nº 51.300, de 23.11.2006 – DOE de 24.11.2006, e com redação dada pelo Decreto nº 51.801, de 9.5.2007 – DOE e 10.5.2007 – Efeitos a partir de 1º.1.2007.*

**Art. 151-B.** A Nota Fiscal de Serviço de Transporte Ferroviário conterá, no mínimo, as seguintes indicações (Lei nº 6.374/1989, art. 67, § 1º, Convênio SINIEF-6/89, na redação do Ajuste SINIEF-07/06, cláusula segunda):

I – a denominação "Nota Fiscal de Serviço de Transporte Ferroviário";

II – o número de ordem, a série e subsérie e o número da via;

III – a natureza da prestação do serviço;

IV – a data da emissão;

V – o nome do titular, o endereço e os números de inscrição, estadual e no CNPJ, do estabelecimento emitente;

VI – o nome do tomador do serviço, o endereço e os números de inscrição, estadual e no CNPJ, ou CPF;

VII – a origem e o destino;

VIII – a discriminação do serviço prestado, de modo que permita sua perfeita identificação;

IX – o valor do serviço prestado, bem como outros valores cobrados a qualquer título;

X – o valor total dos serviços prestados;

XI – a base de cálculo do imposto;

XII – a alíquota e o valor do imposto;

XIII – o nome, o endereço, e os números de inscrição, estadual e no CNPJ, do impressor do documento, a data e a quantidade de impressão, o número de ordem do primeiro e do último documento impresso, a série e subsérie e o número da Autorização de Impressão de Documentos Fiscais.

§ 1º. As indicações dos incisos I, II, V e XIII serão impressas tipograficamente.

§ 2º. A Nota Fiscal de Serviço de Transporte Ferroviário será de tamanho não inferior a 14,8 x 21 cm, em qualquer sentido.

• *Art. 151-B acrescido pelo Decreto nº 51.300, de 23.11.2006 – DOE de 24.11.2006 – Efeitos a partir de 1º.1.2007.*

**Art. 151-C.** Na prestação de serviço de transporte ferroviário, a Nota Fiscal de Serviço de Transporte Ferroviário será emitida, no mínimo, em 2 (duas) vias, que terão a seguinte destinação (Lei nº 6.374/1989, art. 67, § 1º, Convênio SINIEF-6/89, na redação do Ajuste SINIEF-07/06, cláusula segunda):

I – a 1ª via será entregue ao tomador do serviço;

II – a 2ª via ficará presa ao bloco, para exibição ao fisco.

• *Art. 151-C acrescido pelo Decreto nº 51.300, de 23.11.2006 – DOE de 24.11.2006 – Efeitos a partir de 1º.1.2007.*

### *Subseção II – Do Conhecimento de Transporte Rodoviário de Cargas*

**Art. 152.** O Conhecimento de Transporte Rodoviário de Cargas, modelo 8, será emitido antes do início da prestação do serviço por transportador, sempre que executar serviço de transporte rodoviário interestadual ou intermunicipal de carga, e conterá as seguintes indicações (Lei nº 6.374/1989, art. 67, § 1º, e Convênio SINIEF-6/89, arts. 16, 17, *caput*, este com a alteração do Ajuste SINIEF-8/89, cláusula primeira, I, e §§ 1º e 2º, e art. 18, com a alteração do Ajuste SINIEF-1/89, cláusula terceira):

I – a denominação "Conhecimento de Transporte Rodoviário de Cargas";

II – o número de ordem, a série e subsérie e o número da via;

III – a natureza da prestação do serviço;

IV – o local e a data da emissão;

V – o nome do titular, o endereço e os números de inscrição, estadual e no CNPJ, do estabelecimento emitente;

VI – o nome, o endereço e os números de inscrição, estadual e no CNPJ ou no CPF, do remetente e os do destinatário;

VII – o percurso, o local de recebimento da carga e o de sua entrega;

VIII – a quantidade e a espécie dos volumes ou das peças;

IX – o número da Nota Fiscal, o valor e a natureza da carga, bem como a quantidade em quilogramas, metros cúbicos ou litros;

X – a identificação do veículo transportador: placa, local e Estado;

XI – a discriminação do serviço prestado, de modo que permita sua perfeita identificação;

XII – a condição de pagamento do frete: pago ou a pagar;

XIII – os valores dos componentes do frete;

XIV – as informações relativas ao redespacho e ao consignatário, pré-impressas ou indicadas por outra forma, quando da emissão do documento;

XV – o valor total da prestação;

XVI – a base de cálculo do imposto;

XVII – a alíquota e o valor do imposto, observado o disposto no § 2º;

XVIII – o nome, o endereço e os números de inscrição, estadual e no CNPJ, do impressor do documento, a data e a quantidade da impressão, o número de ordem do primeiro e o do último documento impresso, a série e subsérie e o número da Autorização de Impressão de Documentos Fiscais.

§ 1º. As indicações dos incisos I, II, V e XVIII serão impressas tipograficamente.

§ 2º. É vedado o destaque do valor do imposto previsto no inciso XVII em conhecimento de transporte emitido por transportador autônomo, hipótese em que naquele documento constará, tipograficamente impressa, a expressão "Este documento não tem valor para efeito de crédito do ICMS".

§ 3º. O Conhecimento de Transporte Rodoviário de Cargas será de tamanho não inferior a 9,9 x 21 cm, em qualquer sentido.

§ 4º. O transportador autônomo fica dispensado da emissão do conhecimento de transporte.

**Art. 153.** Na prestação intermunicipal de serviço de transporte rodoviário de carga, realizada em território paulista, o Conhecimento de Transporte Rodoviário de Cargas será emitido, no mínimo, em 4 (quatro) vias, que terão a seguinte destinação (Lei nº 6.374/1989, art. 67, § 1º, e Convênio SINIEF-6/89, art. 19, na redação do Ajuste SINIEF-14/89, cláusula primeira, VIII):

I – a 1ª via será entregue ao tomador do serviço;

II – a 2ª via acompanhará o transporte até o destino, podendo servir como comprovante de entrega;

III – a 3ª via acompanhará o transporte, para controle do fisco deste Estado;

IV – a 4ª via ficará presa ao bloco, para exibição ao fisco.

**Art. 154.** Na prestação interestadual de serviço de transporte rodoviário de carga, o Conhecimento de Transporte Rodoviário de Cargas será emitido, no mínimo, em 5 (cinco) vias, obedecida a destinação do artigo anterior, devendo a 5ª via acompanhar o transporte, para controle do fisco de destino (Lei nº 6.374/ 1989, art. 67, § 1º, e Convênio SINIEF-6/89, art. 20, na redação do Ajuste SINIEF-14/89, cláusula primeira, IX).

Parágrafo único. Na prestação de serviço de transporte de mercadoria amparada por benefício fiscal, com destino ao Município de Manaus, sendo necessária via adicional do Conhecimento de Transporte Rodoviário de Cargas, esta poderá ser substituída por cópia reprográfica da 1ª via do documento.

### *Subseção III – Do Conhecimento de Transporte Aquaviário de Cargas*

**Art. 155.** O Conhecimento de Transporte Aquaviário de Cargas, modelo 9, será emitido antes do início da prestação do serviço por transportador, sempre que executar serviço de transporte aquaviário interestadual ou intermunicipal de carga, e conterá as seguintes indicações (Lei nº 6.374/1989, art. 67, § 1º, e Convênio SINIEF-6/89, arts. 22, 23 e 24, o primeiro e o terceiro, na redação do Ajuste SINIEF-4/89, e o segundo, com as alterações desse ajuste e do Ajuste SINIEF-8/89, cláusula primeira, II):

I – a denominação "Conhecimento de Transporte Aquaviário de Cargas";

II – o número de ordem, a série e subsérie e o número da via;

III – a natureza da prestação do serviço;

IV – o local e a data da emissão;

V – o nome do armador, o endereço e os números de inscrição, estadual e no CNPJ;

VI – a identificação da embarcação;

VII – o número da viagem;

VIII – o porto de embarque;

IX – o porto de desembarque;

X – o porto de transbordo;

XI – o nome, o endereço e os demais dados identificadores do embarcador;

XII – o nome, o endereço e os números de inscrição, estadual e no CNPJ, do destinatário;

XIII – o nome, o endereço e os números de inscrição, estadual e no CNPJ, do consignatário;

XIV – o número da Nota Fiscal, o valor e a identificação da carga transportada, com a discriminação, código, marca, quantidade em quilogramas, metros cúbicos ou litros, espécie e volume;

XV – os valores dos componentes do frete;

XVI – o valor total da prestação;

XVII – a base de cálculo do imposto;

XVIII – a alíquota e o valor do imposto, observado o disposto no § 2º;

XIX – o local e a data do embarque;

XX – a condição de pagamento do frete: pago ou a pagar;

XXI – a assinatura do armador ou agente;

XXII – o nome, o endereço e os números de inscrição, estadual e no CNPJ, do impressor do documento, a data e a quantidade da impressão, o número de ordem do primeiro e o do último documento impresso, a série e subsérie e o número da Autorização de Impressão de Documentos Fiscais.

§ 1º. As indicações dos incisos I, II, V e XXII serão impressas tipograficamente.

§ 2º. É vedado o destaque do valor do imposto previsto no inciso XVIII em conhecimento de transporte emitido por transportador autônomo, hipótese em que naquele documento constará, tipograficamente impressa, a expressão "Este documento não tem valor para efeito de crédito do ICMS".

§ 3º. O Conhecimento de Transporte Aquaviário de Cargas será de tamanho não inferior a 21 x 30 cm, em qualquer sentido.

**Art. 156.** Na prestação intermunicipal de serviço de transporte aquaviário de carga, realizada em território paulista, o Conhecimento de Transporte Aquaviário de Cargas será emitido, no mínimo, em 4 (quatro) vias, que terão a seguinte destinação (Lei nº 6.374/1989, art. 67, § 1º, e Convênio SINIEF-6/89, art. 25, na redação do Ajuste SINIEF-14/89, cláusula primeira, X):

I – a 1ª via será entregue ao tomador do serviço;

II – a 2ª via acompanhará o transporte até o destino, podendo servir como comprovante de entrega;

III – a 3ª via acompanhará o transporte, para controle do fisco deste Estado;

IV – a 4ª via ficará presa ao bloco, para exibição ao fisco.

**Art. 157.** Na prestação interestadual de serviço de transporte aquaviário de carga, o Conhecimento de Transporte Aquaviário de Cargas será emitido, no mínimo, em 5 (cinco) vias, obedecida a destinação do artigo anterior, devendo a 5ª via acompanhar o transporte para controle do fisco de destino (Lei nº 6.374/1989, art. 67, § 1º, e Convênio SINIEF-6/89, art. 26, na redação do Ajuste SINIEF-14/89, cláusula primeira, XI).

Parágrafo único. Na prestação de serviço de transporte de mercadoria abrangida por benefício fiscal, com destino aos Municípios de Manaus, Rio Preto da Eva e Presidente Figueiredo, sendo necessária via adicional do Conhecimento de Transporte Aquaviário de Cargas, esta poderá ser substituída por cópia reprográfica da 1ª via do documento.

### *Subseção IV – Do Conhecimento Aéreo*

**Art. 158.** O Conhecimento Aéreo, modelo 10, será emitido antes do início da prestação do serviço por transportador, sempre que executar serviço de transporte aeroviário interestadual ou intermunicipal de carga, e conterá as seguintes indicações (Lei nº 6.374/1989, art. 67, § 1º, e Convênio SINIEF-6/89, arts. 30, 31 e 32, o primeiro e o terceiro, na redação do Ajuste SINIEF-14/89, cláusula primeira, XII e XV, e o segundo, com as alterações dos Ajustes SINIEF-8/89, cláusula primeira, III, e SINIEF-14/89, cláusula primeira, XIII e XIV):

I – a denominação "Conhecimento Aéreo";

II – o número de ordem, a série e subsérie e o número da via;

III – a natureza da prestação do serviço;

IV – o local e a data da emissão;

V – o nome do titular, o endereço e os números de inscrição, estadual e no CNPJ, do estabelecimento emitente;

VI – o nome, o endereço e os números de inscrição, estadual e no CNPJ, do remetente;

VII – o nome, o endereço e os números de inscrição, estadual e no CNPJ, do destinatário;

VIII – o local de origem;

IX – o local de destino;

X – a quantidade e a espécie de volumes ou de peças;

XI – o número da Nota Fiscal, o valor e a natureza da carga, bem como a quantidade em quilogramas, metros cúbicos ou litros;

XII – os valores dos componentes do frete;

XIII – o valor total da prestação;

XIV – a base de cálculo do imposto;

XV – a alíquota e o valor do imposto, observado o disposto no § 2º;

XVI – a condição de pagamento do frete: pago ou a pagar;

XVII – o nome, o endereço e os números de inscrição, estadual e no CNPJ, do impressor do documento, a data e a quantidade da impressão, o número de ordem do primeiro e o do último documento impresso, a série e subsérie e o número da Autorização de Impressão de Documentos Fiscais.

§ 1º. As indicações dos incisos I, II, V e XVII serão impressas tipograficamente.

§ 2º. É vedado o destaque do valor do imposto previsto no inciso XV em conhecimento de transporte emitido por transportador autônomo, hipótese em que naquele documento constará, tipograficamente impressa, a expressão "Este documento não tem valor para efeito de crédito do ICMS".

§ 3º. O Conhecimento Aéreo será de tamanho não inferior a 14,8 x 21 cm, em qualquer sentido.

**Art. 159.** Na prestação intermunicipal de serviço de transporte aeroviário de carga, realizada em território paulista, o Conhecimento Aéreo será emitido, no mínimo, em 3 (três) vias, que terão a seguinte destinação (Lei nº 6.374/1989, art. 67, § 1º, e Convênio SINIEF-6/89, art. 33, na redação do Ajuste SINIEF-14/89, cláusula primeira, XVI):

I – a 1ª via será entregue ao tomador do serviço;

II – a 2ª via acompanhará o transporte até o destino, podendo servir como comprovante de entrega;

III – a 3ª via ficará presa ao bloco, para exibição ao fisco.

**Art. 160.** Na prestação interestadual de serviço de transporte aeroviário de carga, o Conhecimento Aéreo será emitido, no mínimo, em 4 (quatro) vias, obedecida a destinação do artigo anterior, devendo a 4ª via acompanhar o transporte, para controle do fisco de destino (Lei nº 6.374/1989, art. 67, § 1º, e Convênio SINIEF-6/89, art. 34, na redação do Ajuste SINIEF-14/89, cláusula primeira, XVII).

Parágrafo único. Na prestação de serviço de transporte de mercadoria abrangida por benefício fiscal, com destino aos Municípios de Manaus, Rio Preto da Eva e Presidente Figueiredo, sendo necessária via adicional do Conhecimento Aéreo, esta poderá ser substituída por cópia reprográfica da 1ª via do documento.

### *Subseção V – Do Conhecimento de Transporte Ferroviário de Cargas*

**Art. 161.** Conhecimento de Transporte Ferroviário de Cargas, modelo 11, será emitido antes do início da prestação do serviço por transportador, sempre que executar serviço de transporte ferroviário interestadual ou intermunicipal de carga, e conterá as seguintes indicações (Lei nº 6.374/1989, art. 67, § 1º, Convênio SINIEF-6/89, arts. 37, 38 e 39, e Convênio ICMS-125/89, cláusula segunda):

I – a denominação "Conhecimento de Transporte Ferroviário de Cargas";

II – o número de ordem, a série e subsérie e o número da via;

III – a natureza da prestação do serviço;

IV – o local e a data da emissão;

V – o nome do titular, o endereço e os números de inscrição, estadual e no CNPJ, do estabelecimento emitente;

VI – o nome, o endereço e os números de inscrição, estadual e no CNPJ, do remetente;

VII – o nome, o endereço e os números de inscrição, estadual e no CNPJ, do destinatário;

VIII – a procedência;

IX – o destino;

X – a condição do carregamento e a identificação do vagão;

XI – a via de encaminhamento;

XII – a quantidade e a espécie de volumes ou peças;

XIII – o número da Nota Fiscal, o valor e a natureza da carga, bem como a quantidade em quilogramas, metros cúbicos ou litros;

XIV – os valores dos componentes do frete;

XV – o valor total da prestação;

XVI – a base de cálculo do imposto;

XVII – a alíquota e o valor do imposto;

XVIII – a condição de pagamento do frete: pago ou a pagar;

XIX – o nome, o endereço e os números de inscrição, estadual e no CNPJ, do impressor do documento, a data e a quantidade da impressão, o número de ordem do primeiro e o do último documento impresso, a série e subsérie e o número da Autorização de Impressão de Documentos Fiscais.

§ 1º. As indicações dos incisos I, II, V e XIX serão impressas tipograficamente.

§ 2º. O Conhecimento de Transporte Ferroviário de Cargas será de tamanho não inferior a 19 x 28 cm, em qualquer sentido.

**Art. 162.** Na prestação intermunicipal de serviço de transporte ferroviário de carga, realizada em território paulista, o Conhecimento de Transporte Ferroviário de Cargas será emitido, no mínimo, em 3 (três) vias, que terão a seguinte destinação (Lei nº 6.374/1989, art. 67, § 1º, Convênio SINIEF-6/89, art. 40, e Convênio ICMS-125/89, cláusula segunda):

I – a 1ª via será entregue ao tomador do serviço;

II – a 2ª via acompanhará o transporte até o destino, podendo servir como comprovante de entrega;

III – a 3ª via ficará presa ao bloco, para exibição ao fisco.

**Art. 163.** Na prestação interestadual de serviço de transporte ferroviário de carga, o Conhecimento de Transporte Ferroviário de Cargas será emitido, no mínimo, em 4 (quatro) vias, obedecida a destinação do artigo anterior, devendo a 4ª via acompanhar o transporte, para controle do fisco de destino (Lei nº 6.374/1989, art. 67, § 1º, Convênio SINIEF-6/89, art. 41, e Convênio ICMS-125/89, cláusula segunda).

### *Subseção V-A – Do Conhecimento de Transporte Multimodal de Cargas*

- *Subseção V-A acrescida pelo Decreto nº 48.294, de 2.12.2003 – DOE de 3.12.2003 – Efeitos a partir de 1º.1.2004.*

**Art. 163-A.** O Conhecimento de Transporte Multimodal de Cargas, modelo 26, será utilizado pelo

Operador de Transporte Multimodal – OTM que executar serviço de transporte Intermunicipal, interestadual e internacional de cargas, em veículo próprio, afretado ou por intermédio de terceiros sob sua responsabilidade, utilizando duas ou mais modalidades de transporte, desde a origem até o destino, e conterá, no mínimo, as seguintes informações (Convênio SINIEF-6/89, arts. 42 e 42-A, acrescentados pelo Ajuste SINIEF-6/03, cláusula segunda):

I – a denominação: "Conhecimento de Transporte Multimodal de Cargas";

II – o espaço para código de barras;

III – o número de ordem, a série e subsérie e o número da via;

IV – a natureza da prestação do serviço, o Código Fiscal de Operações e Prestações – CFOP e o Código da Situação Tributária;

V – o local e a data da emissão;

VI – a identificação do emitente: o nome, o endereço e os números de inscrição, estadual e no CNPJ;

VII – a modalidade do frete: pago na origem ou a pagar no destino;

VIII – os locais de início e término da prestação multimodal, município e UF;

IX – a identificação do remetente: o nome, o endereço e os números de inscrição, estadual e no CNPJ ou no CPF;

X – a identificação destinatário: o endereço e os números de inscrição, estadual e no CNPJ ou no CPF;

XI – a identificação do consignatário: o nome, o endereço e os números de inscrição, estadual e no CNPJ ou no CPF;

XII – a identificação do redespacho: o nome, o endereço e os números de inscrição, estadual e no CNPJ ou no CPF;

XIII – a identificação dos modais e dos transportadores; o local de início, de término e da empresa responsável por cada modal;

XIV – a mercadoria transportada: natureza da carga, espécie ou acondicionamento, quantidade, peso em quilograma (kg), metro cúbico ($m^3$) ou litro (l), o número da nota fiscal e o valor da mercadoria;

XV – a composição do frete, de modo que permita a sua perfeita identificação;

XVI – o valor total da prestação;

XVII – o valor não tributado;

XVIII – a base de cálculo do ICMS;

XIX – a alíquota aplicável;

XX – o valor do ICMS;

XXI – a identificação do veículo transportador: deverá ser indicada a placa do veículo tracionado, do reboque ou semirreboque e a placa dos demais veículos ou da embarcação, quando houver;

XXII – no campo "INFORMAÇÕES COMPLEMENTARES", outros dados de interesse do emitente;

XXIII – no campo "RESERVADO AO FISCO", indicações estabelecidas na legislação e outras de interesse do fisco;

XXIV – a data, a identificação e a assinatura do expedidor;

XXV – a data, a identificação e a assinatura do Operador do Transporte Multimodal;

XXVI – a data, a identificação e a assinatura do destinatário;

XXVII – o nome, o endereço e os números de inscrição, estadual e no CNPJ, do impressor do documento, a data e a quantidade de impressão, o número de ordem do primeiro e do último documento impresso e as respectivas série e subsérie e o número da autorização para impressão dos documentos fiscais.

§ 1º. As indicações dos incisos I, III, VI e XXVII serão impressas.

§ 2º. O Conhecimento de Transporte Multimodal de Cargas será de tamanho não inferior a 21,0 x 29,7 cm, em qualquer sentido.

§ 3º. No transporte de carga fracionada ou na unitização da mercadoria, desde que emitido o Manifesto de Carga, modelo 25, de que trata o art. 167, serão dispensadas as indicações do inciso XXI, bem como a utilização da 3ª via mencionada na alínea "c" do inciso I e da via adicional prevista no art. 163-C.

• *Art. 163-A acrescido pelo Decreto nº 48.294, de 2.12.2003 – DOE de 3.12.2003 – Efeitos a partir de 1º.1.2004.*

**Art. 163-B.** O CTMC será emitido antes do início da prestação do serviço, sem prejuízo da emissão do Conhecimento de Transporte correspondente a cada modal (Convênio SINIEF-6/89, art. 42-B, acrescentado pelo Ajuste SINIEF-6/03, cláusula segunda).

Parágrafo único. A prestação do serviço deverá ser acobertada pelo CTMC e pelos Conhecimentos de Transporte correspondentes a cada modal.

• *Art. 163-B acrescido pelo Decreto nº 48.294, de 2.12.2003 – DOE de 3.12.2003 – Efeitos a partir de 1º.1.2004.*

**Art. 163-C.** O Conhecimento de Transporte Multimodal de Cargas será emitido (Convênio SINIEF-6/89, arts. 42-C, 42-D e 42-E, acrescentados pelo Ajuste SINIEF 6/03, cláusula segunda):

I – na prestação de serviço para destinatário localizado neste Estado, no mínimo, em 4 (quatro) vias, que terão a seguinte destinação:

a) a 1ª via será entregue ao tomador do serviço;

b) a 2ª via ficará fixa ao bloco para exibição ao fisco;

c) a 3ª via terá o destino previsto na legislação da unidade federada de início do serviço;

d) a 4ª via acompanhará o transporte até o destino, podendo servir de comprovante de entrega.

II – na prestação de serviço para destinatário localizado em outro Estado, o Conhecimento de Transporte Multimodal de Cargas será emitido com uma via adicional (5ª via), que acompanhará o transporte para fins de controle do fisco do Estado de destino da mercadoria;

§ 1º. Poderá ser acrescentada via adicional, a partir da 4ª ou 5ª via, conforme o caso, a qual poderá ser substituída por cópia reprográfica da 4ª via do documento, para ser entregue ao tomador do serviço no momento do embarque da mercadoria.

§ 2º. Nas prestações de serviço de transporte de mercadorias abrangidas por benefícios fiscais, com destino à Zona Franca de Manaus, havendo necessidade de utilização de via adicional do Conhecimento de Transporte Multimodal de Cargas – CTMC, esta poderá ser substituída por cópia reprográfica da 1ª via do documento.

- *Art. 163-C acrescido pelo Decreto nº 48.294, de 2.12.2003 – DOE de 3.12.2003 – Efeitos a partir de 1º.1.2004.*

**Art. 163-D.** Quando o Operador de Transporte Multimodal – OTM utilizar serviço de terceiros, deverão ser adotados os seguintes procedimentos (Convênio SINIEF-6/89, art. 42-F, acrescentado pelo Ajuste SINIEF 6/03, cláusula segunda):

I – o terceiro que receber a carga:

a) emitirá conhecimento de transporte, lançando o frete e o imposto correspondente ao serviço que lhe couber executar, informando de que se trata de serviço multimodal e a razão social e os números de inscrição, estadual e no CNPJ, do OTM;

b) anexará a 4ª via do conhecimento de transporte emitido na forma da alínea anterior, à 4ª via do conhecimento emitido pelo OTM, os quais acompanharão a carga até o seu destino;

c) entregará ou remeterá a 1ª via do conhecimento de transporte, emitido na forma da alínea "a" deste inciso, ao OTM no prazo de 5 (cinco) dias, contados da data do recebimento da carga;

II – o Operador de Transportador Multimodal de cargas:

a) anotará na via do conhecimento que ficará em seu poder, o nome do transportador, o número, a série e subsérie e a data do conhecimento referido na alínea "a" do inciso I, deste artigo;

b) arquivará em pasta própria os conhecimentos recebidos para efeito de comprovação de crédito do ICMS, quando for o caso.

- *Art. 163-D acrescido pelo Decreto nº 48.294, de 2.12.2003 – DOE de 3.12.2003 – Efeitos a partir de 1º.1.2004.*

### *Subseção VI – Do Despacho de Transporte*

**Art. 164.** Em substituição ao conhecimento de transporte, poderá ser emitido o Despacho de Transporte, modelo 17, que conterá as indicações a seguir mencionadas, por empresa transportadora, inscrita neste Estado, que contratar transportador autônomo para concluir a execução de serviço de transporte de carga em meio de transporte diverso do original, cujo preço tiver sido cobrado até o destino da carga (Lei nº 6.374/1989, art. 67, § 1º, e Convênio SINIEF-6/89, art. 60, *caput* e §§ 1º e 5º, na redação do Ajuste SINIEF-1/89, cláusula segunda, com as alterações do Ajuste SINIEF-14/89, cláusula primeira, XXV):

I – a denominação "Despacho de Transporte";

II – o número de ordem, a série e subsérie e o número da via;

III – o local e a data da emissão;

IV – o nome do titular, o endereço e os números de inscrição, estadual e no CNPJ, do estabelecimento emitente;

V – a procedência;

VI – o destino;

VII – o remetente;

VIII – as informações relativas ao conhecimento original e à quantidade de cargas desmembradas;

IX – o número da Nota Fiscal, o valor e a natureza da carga, bem como a quantidade em quilogramas, metros cúbicos ou litros;

X – o nome, os números de inscrição, no CPF e no INSS, a placa do veículo, o Estado, o número do certificado do veículo, o número da carteira de habilitação e o endereço completo do transportador autônomo;

XI – o cálculo do frete pago ao transportador autônomo: o valor do frete, o do INSS reembolsado, o do IR-Fonte e o valor líquido pago;

XII – a assinatura do transportador autônomo;

XIII – a assinatura do emitente;

XIV – o valor do imposto retido;

XV – o nome, o endereço e os números de inscrição, estadual e no CNPJ, do impressor do documento, a data e a quantidade da impressão, o número de ordem do primeiro e o do último documento impresso, a série e subsérie e o número da Autorização de Impressão de Documentos Fiscais.

Parágrafo único. As indicações dos incisos I, II, IV e XV serão impressas tipograficamente.

**Art. 165.** O Despacho de Transporte, para cada veículo, será emitido antes do início da prestação do serviço, no mínimo, em 3 (três) vias, que terão a seguinte destinação (Lei nº 6.374/1989, art. 67, § 1º, e Convênio SINIEF-6/89, art. 60, §§ 2º e 3º, na redação do Ajuste SINIEF-1/89, cláusula segunda):

I – a 1ª e a 2ª vias serão entregues ao transportador autônomo;

II – a 3ª via ficará presa ao bloco, para exibição ao fisco.

### *Subseção VII – Da Ordem de Coleta de Cargas*

**Art. 166.** A Ordem de Coleta de Cargas, modelo 20, que conterá as indicações a seguir mencionadas, será emitida por transportador que executar serviço de coleta de carga, para acobertar o transporte em território paulista desde o endereço do remetente até o seu estabelecimento (Lei nº 6.374/1989, art. 67, § 1º, e Convênio SINIEF-6/89, art. 71, na redação do Ajuste SINIEF-1/89, cláusula segunda):

I – a denominação "Ordem de Coleta de Cargas";

II – o número de ordem, a série e subsérie e o número da via;

III – o local e a data da emissão;

IV – o nome do titular, o endereço e os números de inscrição, estadual e no CNPJ, do estabelecimento emitente;

V – o nome e o endereço do remetente;

VI – a quantidade de volumes coletados;

VII – o número de ordem e a data da emissão do documento fiscal que estiver acompanhando a carga;

VIII – a assinatura do recebedor;

IX – o nome, o endereço e os números de inscrição, estadual e no CNPJ, do impressor do documento, a data e a quantidade da impressão, o número de ordem do primeiro e o do último documento impresso, a série e subsérie e o número da Autorização de Impressão de Documentos Fiscais.

§ 1º. As indicações dos incisos I, II, IV e IX serão impressas tipograficamente.

§ 2º. A Ordem de Coleta de Cargas será de tamanho não inferior a 14,8 x 21 cm, em qualquer sentido.

§ 3º. A Ordem de Coleta de Cargas será emitida, no mínimo, em 3 (três) vias, que terão a seguinte destinação:

1 – a 1ª via acompanhará a mercadoria coletada, desde o endereço do remetente até o do transportador, devendo ser arquivada após a emissão do conhecimento de transporte;

2 – a 2ª via será entregue ao remetente;

3 – a 3ª via ficará presa ao bloco, para exibição ao fisco.

§ 4º. Recebida a carga no estabelecimento transportador, será emitido o conhecimento relativo ao transporte desde o endereço do remetente até o local de destino.

§ 5º. O número da Ordem de Coleta de Cargas será indicado no conhecimento de transporte correspondente.

### *Subseção VIII – Do Manifesto de Carga*

**Art. 167.** O Manifesto de Carga, modelo 25, poderá ser emitido por transportador antes do início da prestação do serviço, em relação a cada veículo, no caso de transporte de carga fracionada, e conterá as seguintes indicações (Lei nº 6.374/1989, art. 67, § 1º, e Convênio SINIEF-6/89, art. 17, §§ 4º e 5º, na redação do Ajuste SINIEF-14/89, cláusula primeira, VII, e do Ajuste SINIEF-15/89, cláusula primeira, III, respectivamente):

I – a denominação "Manifesto de Carga";

II – o número de ordem;

III – o nome do titular, o endereço e os números de inscrição, estadual e no CNPJ, do estabelecimento emitente;

IV – o local e a data da emissão;

V – a identificação do veículo transportador: placa, local e Estado;

VI – a identificação do condutor do veículo;

VII – os números de ordem, as séries e subséries dos conhecimentos de transporte;

VIII – os números de ordem das Notas Fiscais;

IX – o nome do remetente;

X – o nome do destinatário;

XI – o valor da mercadoria.

§ 1º. Emitido o Manifesto de Carga, serão dispensadas, relativamente aos correspondentes conhecimentos de transporte:

1 – a identificação do veículo transportador, prevista no inciso X do art. 152;

2 – a indicação prevista no inciso I do art. 205;

3 – as vias destinadas ao fisco deste Estado, a que aludem o inciso III do art. 153 e o *caput* do art. 154.

§ 2º. Para efeito deste artigo, entende-se por carga fracionada a que corresponda a mais de um conhecimento de transporte.

§ 3º. Na prestação intermunicipal de serviço de transporte de carga, realizada em território paulista, o Manifesto de Carga será emitido, no mínimo, em 2 (duas) vias, que acompanharão o transporte, tendo a seguinte destinação:

1 – a 1ª via permanecerá em poder do transportador, até o destino final de toda a carga;

2 – a 2ª via poderá ser arrecadada pelo fisco deste Estado.

§ 4º. Na prestação interestadual de serviço de transporte de carga, o Manifesto de Carga será emitido, no mínimo, em 3 (três) vias, obedecida a destinação do parágrafo anterior, devendo a 3ª via acompanhar, também, o transporte, para controle do fisco de destino.

§ 5º. Se o Manifesto de Carga incluir conhecimentos de transporte destinados ao Estado de São Paulo e a outro Estado, será observado o disposto no parágrafo anterior.

### *Subseção IX*
### *Do Bilhete de Passagem Rodoviário*

**Art. 168.** O Bilhete de Passagem Rodoviário, modelo 13, será emitido antes do início da prestação do serviço por transportador, sempre que executar serviço de transporte rodoviário interestadual ou intermunicipal de passageiros, e conterá as seguintes indicações (Lei nº 6.374/1989, art. 67, § 1º, e Convênio SINIEF-6/89, arts. 43, 44, 45, *caput* e § 1º, e 46, os dois últimos com as alterações do Ajuste SINIEF-15/89, cláusula primeira, IV, e do Ajuste SINIEF-1/89, cláusula segunda, respectivamente):

I – a denominação "Bilhete de Passagem Rodoviário";

II – o número de ordem, a série e subsérie e o número da via;

III – a data da emissão, bem como a data e a hora do embarque;

IV – o nome do titular, o endereço e os números de inscrição, estadual e no CNPJ, do estabelecimento emitente;

V – o percurso;

VI – o valor do serviço prestado, bem como os acréscimos cobrados a qualquer título;

VII – o valor total da prestação;

VIII – o local da emissão, ainda que por meio de código;

IX – a observação "O passageiro manterá em seu poder este bilhete para fins de fiscalização em viagem";

X – o nome, o endereço e os números de inscrição, estadual e no CNPJ, do impressor do documento, a data e a quantidade da impressão, o número de ordem do primeiro e o do último documento impresso, a série e subsérie e o número da Autorização de Impressão de Documentos Fiscais.

§ 1º. As indicações dos incisos I, II, IV, IX e X serão impressas tipograficamente.

§ 2º. O Bilhete de Passagem Rodoviário será de tamanho não inferior a 5,2 x 7,4 cm, em qualquer sentido.

§ 3º. O Bilhete de Passagem Rodoviário deverá ser emitido, no mínimo, em 2 (duas) vias, que terão a seguinte destinação (Ajuste SINIEF-1/11):

1 – a 1ª via será entregue ao passageiro, que deverá conservá-la durante a viagem;

2 – a 2ª via ficará em poder do emitente, para exibição ao fisco;

- *§ 3º com redação dada pelo Decreto nº 57.029, de 31.5.2011 – DOE de 1º.6.2011 – Efeitos a partir da publicação.*

§ 4º. Havendo excesso de bagagem, será emitido, além do documento previsto neste artigo, o conhecimento de transporte previsto no art. 152 ou o documento de excesso de bagagem de que trata o art. 212.

**Art. 169.** No caso de cancelamento de Bilhete de Passagem Rodoviário antes do início da prestação do serviço, escriturado no livro fiscal próprio, poderá ser estornado o débito do imposto, desde que (Lei nº 6.374/1989, art. 67, § 1º, e Convênio SINIEF-6/89, art. 45, §§ 2º e 3º, na redação do Ajuste SINIEF-15/89, cláusula primeira, IV):

I – tenha sido devolvido ao adquirente do bilhete o valor da prestação;

II – conste no bilhete de passagem:

a) a identificação, o endereço e a assinatura do seu adquirente;

b) a identificação e a assinatura do responsável pela agência ou posto de venda;

c) a justificativa da ocorrência;

III – seja elaborado demonstrativo dos bilhetes cancelados, para fins de dedução do imposto, no final do período de apuração.

### *Subseção X*
### *Do Bilhete de Passagem Aquaviário*

**Art. 170.** O Bilhete de Passagem Aquaviário, modelo 14, será emitido antes do início da prestação do serviço por transportador, sempre que executar serviço de transporte aquaviário interestadual ou intermunicipal de passageiros, e conterá as seguintes indicações (Lei nº 6.374/1989, art. 67, § 1º, e Convênio SINIEF-6/89, arts. 47, 48, 49 e 50, o primeiro e o terceiro, na redação do Ajuste SINIEF-4/89, o segundo, com a alteração desse ajuste, e o último na redação desse ajuste e com alterações do Ajuste SINIEF-1/89, cláusula segunda):

I – a denominação "Bilhete de Passagem Aquaviário";

II – o número de ordem, a série e subsérie e o número da via;

III – a data da emissão, bem como a data e a hora do embarque;

IV – o nome do titular, o endereço e os números de inscrição, estadual e no CNPJ, do estabelecimento emitente;

V – o percurso;

VI – o valor do serviço prestado, bem como os acréscimos cobrados a qualquer título;

VII – o valor total da prestação;

VIII – o local da emissão, ainda que por meio de código;

IX – a observação "O passageiro manterá em seu poder este bilhete para fins de fiscalização em viagem";

X – o nome, o endereço e os números de inscrição, estadual e no CNPJ, do impressor do documento, a data e a quantidade da impressão, o número de ordem do primeiro e o do último documento impresso, a série e subsérie e o número da Autorização de Impressão de Documentos Fiscais.

§ 1º. As indicações dos incisos I, II, IV, IX e X serão impressas tipograficamente.

§ 2º. O Bilhete de Passagem Aquaviário será de tamanho não inferior a 5,2 x 7,4 cm, em qualquer sentido.

§ 3º. O Bilhete de Passagem Aquaviário será emitido, no mínimo, em 2 (duas) vias, que terão a seguinte destinação:

1 – a 1ª via ficará em poder do emitente, para exibição ao fisco;

2 – a 2ª via será entregue ao passageiro, que deverá conservá-la durante o transporte.

§ 4º. Havendo excesso de bagagem, será emitido, além do documento previsto neste artigo, o conhecimento de transporte previsto no art. 155 ou o documento de excesso de bagagem de que trata o art. 212.

### *Subseção XI*
### *Do Bilhete de Passagem e Nota de Bagagem*

**Art. 171.** O Bilhete de Passagem e Nota de Bagagem, modelo 15, será emitido antes do início da prestação do serviço por transportador, sempre que executar serviço de transporte aeroviário interestadual ou intermunicipal de passageiros, e conterá as seguintes indicações (Lei nº 6.374/1989, art. 67, § 1º, e Convênio SINIEF-6/89, arts. 51, 52, 53 e 54, o primeiro, na redação do Ajuste SINIEF-14/89, cláusula primeira, XX, o segundo e o terceiro, com as alterações desse ajuste, cláusula primeira, XXI e XXII, e o último, com as alterações desse ajuste, cláusula primeira, XXIII, e do Ajuste SINIEF-1/89, cláusula segunda):

I – a denominação "Bilhete de Passagem e Nota de Bagagem";

II – o número de ordem, a série e subsérie e o número da via;

III – a data e o local da emissão;

IV – o nome do titular, o endereço e os números de inscrição, estadual e no CNPJ, do estabelecimento emitente;

V – a identificação do voo e da classe;

VI – o local, a data e a hora do embarque e os locais de destino e, quando houver, o de retorno;

VII – o nome do passageiro;

VIII – o valor da tarifa;

IX – os valores das taxas e de outros acréscimos;

X – o valor total da prestação;

XI – a observação "O passageiro manterá em seu poder este bilhete para fins de fiscalização em viagem";

XII – o nome, o endereço e os números de inscrição, estadual e no CNPJ, do impressor do documento, a data e a quantidade da impressão, o número de ordem do primeiro e o do último documento impresso e a série e subsérie.

§ 1º. As indicações dos incisos I, II, IV, XI e XII serão impressas tipograficamente.

§ 2º. O Bilhete de Passagem e Nota de Bagagem será de tamanho não inferior a 8 x 18,5 cm, em qualquer sentido.

§ 3º. O Bilhete de Passagem e Nota de Bagagem será emitido, no mínimo, em 2 (duas) vias, que terão a seguinte destinação:

1 – a 1ª via ficará em poder do emitente, para exibição ao fisco;

2 – a 2ª via será entregue ao passageiro, que deverá conservá-la durante a viagem.

§ 4º. O documento previsto neste artigo poderá ser acrescido de vias adicionais, quando houver mais de um destino ou retorno documentados pelo mesmo bilhete.

§ 5º. Havendo excesso de bagagem, será emitido, além do documento previsto neste artigo, o conhecimento de transporte previsto no art. 158 ou o documento de excesso de bagagem de que trata o art. 212.

### *Subseção XII*
### *Do Bilhete de Passagem Ferroviário*

**Art. 172.** O Bilhete de Passagem Ferroviário, modelo 16, será emitido antes do início da prestação do serviço por transportador, sempre que executar serviço de transporte ferroviário interestadual ou intermunicipal de passageiros, e conterá as seguintes indicações (Lei nº 6.374/1989, art. 67, § 1º, e Convênio SINIEF-6/89, arts. 55, 56 e 57, este na redação do Convênio ICMS-125/89, cláusula primeira, II):

I – a denominação "Bilhete de Passagem Ferroviário";

II – o número de ordem, a série e subsérie e o número da via;

III – a data da emissão, bem como a data e a hora do embarque;

IV – o nome do titular, o endereço e os números de inscrição, estadual e no CNPJ, do estabelecimento emitente;

V – o percurso;

VI – o valor do serviço prestado, bem como os acréscimos cobrados a qualquer título;

VII – o valor total da prestação;

VIII – o local da emissão;

IX – a observação "O passageiro manterá em seu poder este bilhete para fins de fiscalização em viagem";

X – o nome, o endereço e os números de inscrição, estadual e no CNPJ, do impressor do documento, a data e a quantidade da impressão, o número de ordem do primeiro e o do último documento impresso e a série e subsérie.

§ 1º. As indicações dos incisos I, II, IV, IX e X serão impressas tipograficamente.

§ 2º. O Bilhete de Passagem Ferroviário será de tamanho não inferior a 5,2 x 7,4 cm, em qualquer sentido.

§ 3º. O Bilhete de Passagem Ferroviário será emitido, no mínimo, em 2 (duas) vias, que terão a seguinte destinação:

1 – a 1ª via ficará em poder do emitente, para exibição ao fisco;

2 – a 2ª via será entregue ao passageiro, que deverá conservá-la durante a viagem.

§ 4º. Havendo excesso de bagagem, será emitido, além do documento previsto neste artigo, o conhecimento de transporte previsto no art. 161 ou o documento de excesso de bagagem de que trata o art. 212.

**Art. 173.** Em substituição ao documento de que trata o artigo anterior, o transportador poderá emitir documento simplificado de embarque de passageiro, desde que, no final do período de apuração, emita Nota Fiscal de Serviço de Transporte, segundo o Código Fiscal de Operações e Prestações, com base em controle diário da receita auferida, por estação, mediante prévia autorização do fisco (Lei nº 6.374/1989, art. 67, § 1º, e Convênio SINIEF-6/89, art. 58, na redação do Convênio ICMS-125/89, cláusula primeira, II).

### *Subseção XIII*
### *Do Resumo de Movimento Diário*

**Art. 174.** O Resumo de Movimento Diário, modelo 18, documento auxiliar de escrituração do livro Registro de Saídas, será emitido, em relação a cada estabelecimento, por contribuinte que prestar serviço de transporte de passageiros, possuidor de inscrição única abrangendo mais de um estabelecimento, e conterá as indicações a seguir mencionadas (Lei nº 6.374/1989, art. 67, § 1º, e Convênio SINIEF-6/89, art. 61, com as alterações do Ajuste SINIEF-15/89, cláusula primeira, V, e do Convênio ICMS-125/89, cláusula primeira, III, e arts. 62, 63 e 64):

I – a denominação "Resumo de Movimento Diário";

II – o número de ordem, a série e subsérie e o número da via;

III – a data da emissão;

IV – o endereço e os números de inscrição, estadual e no CNPJ, do estabelecimento centralizador, bem como sua denominação, se houver;

V – o nome do titular, o endereço e os números de inscrição, estadual e no CNPJ, do estabelecimento emitente;

VI – a denominação, o número de ordem e a série e subsérie de cada documento emitido;

VII – o valor contábil;

VIII – os códigos, contábil e fiscal;

IX – a base de cálculo, a alíquota e o imposto debitado;

X – os valores das prestações isentas, não tributadas ou não sujeitas ao pagamento do imposto;

XI – os totais das colunas de valores a que aludem os incisos IX e X;

XII – o campo "Observações";

XIII – o nome, o endereço e os números de inscrição, estadual e no CNPJ, do impressor do documento, a data e a quantidade da impressão, o número de ordem do primeiro e o do último documento impresso, a série e subsérie e o número da Autorização de Impressão de Documentos Fiscais.

§ 1º. As indicações dos incisos I, II, IV e XIII serão impressas tipograficamente.

§ 2º. O Resumo de Movimento Diário será de tamanho não inferior a 21 x 29,5 cm, em qualquer sentido.

§ 3º. Se o controle da quantidade de passageiros for efetuado por meio de catraca ou outro equipamento, a numeração prevista no inciso VI será substituída pelos números indicados no equipamento, relativos à primeira e à última viagem, bem como pela quantidade de vezes que tiver sido atingida sua capacidade máxima de acumulação.

§ 4º. O Resumo de Movimento Diário será emitido ao final de cada dia, no mínimo, em 2 (duas) vias, que terão a seguinte destinação:

1 – a 1ª via será, no prazo de 3 (três) dias, contados da data da emissão, enviada pelo emitente ao estabelecimento centralizador, para registro no livro Registro de Saídas, devendo ser conservada à disposição do fisco nos termos do art. 202;

2 – a 2ª via ficará em poder do emitente, para exibição ao fisco.

§ 5º. O Resumo de Movimento Diário poderá ser emitido na sede da empresa de transporte de passageiros, mesmo que fora do território paulista, com base em demonstrativo de venda de bilhetes, desde que escriturado no livro Registro de Saídas, no prazo de 10 (dez) dias, contados da data do encerramento do período de apuração a que se referir.

§ 6º. O demonstrativo de venda de bilhetes, a que alude o parágrafo anterior, será emitido em cada estabelecimento ou ponto de venda, terá numeração e seriação controladas pela empresa transportadora e deverá ser conservado nos termos do art. 202.

## Seção IV – Dos Documentos Fiscais Relativos a Prestações de Serviço de Comunicação

### *Subseção I*
### *Da Nota Fiscal de Serviço de Comunicação*

**Art. 175.** A Nota Fiscal de Serviço de Comunicação, modelo 21, será emitida, antes do início da prestação do serviço, por estabelecimento que prestar serviço de comunicação, e conterá as seguintes indicações (Lei nº 6.374/1989, art. 67, § 1º, e Convênio SINIEF-6/89, arts. 74, 75, 79 e 80):

I – a denominação "Nota Fiscal de Serviço de Comunicação";

II – o número de ordem, a série e subsérie e o número da via;

III – a natureza da prestação do serviço;

IV – a data da emissão;

V – o nome do titular, o endereço e os números de inscrição, estadual e no CNPJ, do estabelecimento emitente;

VI – o nome, o endereço e os números de inscrição, estadual e no CNPJ ou no CPF, do tomador do serviço;

VII – a discriminação do serviço prestado, de modo que permita sua perfeita identificação, com especificação, se for o caso, do período contratado;

VIII – o valor do serviço prestado, bem como outros valores cobrados a qualquer título;

IX – o valor total da prestação;

X – a base de cálculo do imposto;

XI – a alíquota e o valor do imposto;

XII – a data ou o período da prestação do serviço;

XIII – o nome, o endereço e os números de inscrição, estadual e no CNPJ, do impressor do documento, a data e a quantidade da impressão, o número de ordem do primeiro e o do último documento impresso, a série e subsérie e o número da Autorização de Impressão de Documentos Fiscais.

§ 1º. As indicações dos incisos I, II, V e XIII serão impressas tipograficamente.

§ 2º. A Nota Fiscal de Serviço de Comunicação será de tamanho não inferior a 14,8 x 21 cm, em qualquer sentido.

§ 3º. A Nota Fiscal de Serviço de Comunicação poderá servir como fatura, feita a inclusão dos elementos necessários, caso em que a denominação passará a ser Nota Fiscal-Fatura de Serviço de Comunicação.

§ 4º. Na impossibilidade de emissão do documento fiscal para cada um dos serviços prestados, estes poderão ser englobados em um único documento, por período não excedente ao de apuração do imposto.

**Art. 176.** Na prestação de serviço de comunicação realizada no território deste Estado, a Nota Fiscal de Serviço de Comunicação será emitida, no mínimo, em 2 (duas) vias, que terão a seguinte destinação (Lei nº 6.374/1989, art. 67, § 1º, e Convênio SINIEF-6/89, art. 76):

I – a 1ª via será entregue ao tomador do serviço;

II – a 2ª via ficará presa ao bloco, para exibição ao fisco.

**Art. 177.** Na prestação de serviço interestadual de comunicação, a Nota Fiscal de Serviço de Comunicação será emitida, no mínimo, em 3 (três) vias, que terão a seguinte destinação (Lei nº 6.374/1989, art. 67, § 1º, e Convênio SINIEF-6/89, art. 77):

I – a 1ª via será entregue ao tomador do serviço;

II – a 2ª via destinar-se-á ao controle do fisco a que estiver vinculado o tomador do serviço;

III – a 3ª via ficará presa ao bloco, para exibição ao fisco.

### *Subseção II – Da Nota Fiscal de Serviço de Telecomunicações*

**Art. 178.** A Nota Fiscal de Serviço de Telecomunicações, modelo 22, será emitida por estabelecimento que prestar serviço de telecomunicação e conterá as seguintes indicações (Lei nº 6.374/1989, art. 67, § 1º, e Convênio SINIEF-6/89, arts. 81 e 82):

I – a denominação "Nota Fiscal de Serviço de Telecomunicações";

II – o número de ordem, a série e subsérie e o número da via;

III – a data da emissão;

IV – a classe do usuário do serviço: residencial ou não residencial;

V – o nome do titular, o endereço e os números de inscrição, estadual e no CNPJ, do estabelecimento emitente;

VI – o nome e o endereço do usuário;

VII – a discriminação do serviço prestado, de modo que permita sua perfeita identificação;

VIII – o valor do serviço prestado, bem como outros valores cobrados a qualquer título;

IX – o valor total da prestação;

X – a base de cálculo do imposto;

XI – a alíquota e o valor do imposto;

XII – a data ou o período da prestação do serviço;

XIII – o nome, o endereço e os números de inscrição, estadual e no CNPJ, do impressor do documento, a data e a quantidade da impressão, o número de ordem do primeiro e o do último documento impresso, a série e subsérie e o número da Autorização de Impressão de Documentos Fiscais.

§ 1º. As indicações dos incisos I, II, V e XIII serão impressas tipograficamente.

§ 2º. A Nota Fiscal de Serviço de Telecomunicações será de tamanho não inferior a 9 x 15 cm, em qualquer sentido.

§ 3º. A Nota Fiscal de Serviço de Telecomunicações poderá servir como fatura, feita a inclusão dos elementos necessários, caso em que a denominação passará a ser Nota Fiscal-Fatura de Serviço de Telecomunicações.

**Art. 179.** A Nota Fiscal de Serviço de Telecomunicações será emitida por serviço prestado ou, quando este for medido periodicamente, no final do período da medição (Lei nº 6.374/1989, art. 67, § 1º, e Convênio SINIEF-6/89, art. 84, com alteração do Convênio ICMS-87/95).

Parágrafo único. A Nota Fiscal de Serviço de Telecomunicações não poderá abranger período superior a 30 (trinta) dias, exceto em razão do pequeno valor da prestação, hipótese em que poderá englobar serviço prestado em mais de um período de medição, desde que não ultrapasse 12 (doze) meses.

**Art. 180.** A Nota Fiscal de Serviço de Telecomunicações, quando o serviço for prestado ou cobrado mediante ficha, cartão ou assemelhado ou por qualquer outro instrumento liberatório do serviço, ainda que por débito em conta corrente ou meio eletrônico de dados, será emitida (Lei nº 6.374/1989, art. 67, § 1º):

I – na entrega dos referidos instrumentos pela prestadora de serviço ao usuário final ou a quem o deva a ele entregar;

II – no momento da liberação do serviço ou da transação eletrônica;

III – por ocasião do pagamento, se este ocorrer em momento anterior às hipóteses previstas nos incisos I e II.

§ 1º. Para o fim previsto neste artigo, poderá ser emitida a Nota Fiscal em lugar da Nota Fiscal de Serviço de Telecomunicações.

§ 2º. Mediante autorização da Secretaria da Fazenda, em regime especial, poderá ser emitido um único documento que englobe os fornecimentos de determinado período.

**Art. 181.** A Nota Fiscal de Serviço de Telecomunicações será emitida, no mínimo, em 2 (duas) vias, que terão a seguinte destinação (Lei nº 6.374/1989, art. 67, § 1º, e Convênio SINIEF-6/89, art. 83):

I – a 1ª via será entregue ao tomador do serviço;

II – a 2ª via ficará em poder do emitente, para exibição ao fisco.

Parágrafo único. A Nota Fiscal de Serviço de Telecomunicações poderá ser emitida em uma única via, se utilizado sistema eletrônico de processamento de dados, nos termos do art. 250.

### Seção V – Das Disposições Comuns aos Documentos Fiscais

#### *Subseção I – Das Disposições Aplicáveis a todos os Documentos Fiscais*

**Art. 182.** Os documentos fiscais previstos no art. 124 serão também emitidos, conforme o caso (Lei nº 6.374/1989, art. 67, § 1º, Convênio SINIEF de 15.12.1970, art. 21, e Convênio SINIEF-6/89, arts. 4º e 89):

I – no reajustamento de preço em razão de contrato escrito ou de qualquer outra circunstância que implique aumento no valor original da operação ou prestação;

II – na exportação, se o valor resultante do contrato de câmbio acarretar acréscimo ao valor da operação constante na Nota Fiscal;

III – na regularização em virtude de diferença no preço, em operação ou prestação, ou na quantidade de mercadoria, quando efetuada no período de apuração do imposto em que tiver sido emitido o documento fiscal original;

IV – para lançamento do imposto, não efetuado em época própria, em virtude de erro de cálculo ou de classificação fiscal, ou outro, quando a regularização ocorrer no período de apuração do imposto em que tiver sido emitido o documento fiscal original;

V – na data do encerramento das atividades do estabelecimento, relativamente à mercadoria existente como estoque final;

VI – em caso de diferença apurada no estoque de selos especiais de controle fornecidos ao usuário pelas repartições do fisco federal ou estadual para aplicação em seus produtos, desde que a emissão seja efetuada antes de qualquer procedimento do fisco.

§ 1º. Na hipótese do inciso I ou II, o documento fiscal será emitido dentro de 3 (três) dias, contados da data em que se tiver efetivado o reajustamento do preço ou o acréscimo ao valor da operação.

§ 2º. Na hipótese do inciso III ou IV, se a regularização se efetuar após período mencionado, o documento fiscal também será emitido, devendo o contribuinte:

1 – recolher em guia de recolhimentos especiais a diferença do imposto com as especificações necessárias à regularização, indicando, na via do documento presa ao talão, essa circunstância, bem como o número da autenticação e a data da guia de recolhimento;

2 – efetuar, no livro Registro de Saídas:

a) a escrituração do documento fiscal;

b) a indicação da ocorrência, na coluna "Observações", nas linhas correspondentes aos lançamentos do documento fiscal original e do documento fiscal complementar;

3 – registrar o valor do imposto recolhido na forma do item 1 no livro Registro de Apuração do ICMS, no quadro "Crédito do Imposto – Estornos de Débitos", com a expressão "Diferença do Imposto – Guia de Recolhimento nº (...), de __/__/__".

§ 3º. Não se aplicará o disposto nos itens 1 e 3 do parágrafo anterior se, no período de apuração em que tiver sido emitido o documento fiscal original e nos períodos subsequentes, até o imediatamente anterior ao da emissão do documento fiscal complementar, o contribuinte tiver mantido saldo credor do imposto nunca inferior ao valor da diferença.

§ 4º. Na hipótese do inciso VI, a falta de selos caracterizará saída de produto sem emissão do documento fiscal e sem pagamento do imposto.

**Art. 183.** O documento fiscal, que não poderá conter emenda ou rasura, será emitido por qualquer meio gráfico indelével, compreendendo os processos eletrônico, mecânico ou manuscrito, com decalque a carbono ou em papel carbonado nas vias subsequentes à primeira, garantida a legibilidade dos seus dados em todas as vias. (Lei nº 6.374/1989, art. 67, § 1º, e Convênio SINIEF de 15.12.1970, art. 7º, *caput* e § 2º, item 3, e § 4º, com as alterações dos Ajustes SINIEF-16/89, cláusula primeira, I, SINIEF-3/94, cláusula primeira, IV, e SINIEF-2/95, cláusulas primeira, I, e segunda, I).

§ 1º. No documento fiscal, será permitido:

1 – acrescentar indicações necessárias ao controle de outros tributos federais e municipais, atendidas as normas da legislação de cada tributo;

2 – acrescentar indicações de interesse do emitente, que não prejudiquem a clareza;

3 – suprimir os campos referentes ao controle do Imposto sobre Produtos Industrializados – IPI, no caso de utilização de documentos em operações não sujeitas a esse tributo, exceto o campo "Valor Total do IPI" do quadro "Cálculo do Imposto", hipótese em que nada será anotado neste campo;

4 – alterar a disposição e o tamanho de qualquer campo, desde que não haja prejuízo à finalidade e à clareza.

§ 2º. O disposto nos itens "2" e "4" do parágrafo anterior não se aplica à Nota Fiscal, exceto quanto:

1 – à inclusão do nome de fantasia, endereço telegráfico, números do telex, fax, *e-mail* e o da caixa postal, no quadro "Emitente";

2 – à inclusão, no quadro "Dados do Produto":

a) de colunas destinadas à indicação de descontos concedidos e outras informações correlatas, que complementem as indicações previstas para o referido quadro;

b) de pauta gráfica, quando os documentos forem manuscritos;

3 – à inclusão, na parte inferior da Nota Fiscal, de indicações expressas em código de barras, desde que determinadas ou autorizadas pelo fisco estadual;

4 – à alteração no tamanho dos quadros e campos, respeitados o tamanho mínimo previsto no § 1º do art. 127 e a sua disposição gráfica;

5 – à inclusão de propaganda na margem esquerda dos modelos 1 e 1-A, desde que haja separação de, no mínimo, 0,5 (cinco décimos) de centímetro dos quadros do modelo;

6 – à deslocação do comprovante de entrega, na forma de canhoto destacável, para a lateral direita ou para a extremidade superior do impresso;

7 – à utilização de retícula e fundo decorativo ou personalizante, desde que não excedentes aos seguintes valores da escala "Europa":

a) 10% (dez por cento) – para as cores escuras;

b) 20% (vinte por cento) – para as cores claras;

c) 30% (trinta por cento) – para as cores creme, rosa, azul, verde e cinza, em tintas próprias para fundos.

§ 3º. Fica permitida a utilização de carta de correção para a regularização de erro ocorrido na emissão de documento fiscal, desde que o erro não esteja relacionado com (Ajuste SINIEF-01/07):

1 – as variáveis que determinam o valor do imposto tais como base de cálculo, alíquota, diferença de preço, quantidade, valor da operação ou da prestação;

2 – a correção de dados cadastrais que implique mudança do emitente, tomador, remetente ou do destinatário (Ajuste SINIEF-2/08, cláusula primeira, II);

- *Item 2 com redação dada pelo Decreto nº 53.159, de 23.6.2008 – DOE de 24.6.2008 – Efeitos a partir de 2.6.2008.*

3 – a data de emissão ou de saída.

- *§ 3º com redação dada pelo Decreto nº 52.118, de 31.8.2007 – DOE de 1º.9.2007 – Efeitos a partir da publicação.*

**Art. 184.** Considerar-se-á desacompanhada de documento fiscal a operação ou prestação acobertadas por documento inábil, assim entendido, para esse efeito, aquele que (Lei nº 6.374/1989, art. 68, Convênio SINIEF de 15.12.1970, art. 7º, § 1º, e Convênio SINIEF-6/89, art. 89, *caput*):

I – for emitido por contribuinte que não esteja em situação regular perante o fisco nos termos do item 4 do § 1º do art. 59;

II – não for o exigido para a respectiva operação ou prestação;

III – contiver declaração falsa, ou estiver adulterado ou preenchido de forma que não permita identificar os elementos da operação ou prestação;

IV – for emitido em hipótese não prevista na legislação;

V – contiver valores diferentes nas diversas vias;

VI – possuir, em relação a outro documento do contribuinte, o mesmo número de ordem e a mesma série e subsérie;

VII – não estiver provido de selo de controle, quando exigido pela legislação;

VIII – tiver sido confeccionado:

a) sem autorização fiscal, quando exigida;

b) por estabelecimento diverso do indicado;

c) sem obediência aos requisitos previstos na legislação;

IX – tiver sido emitido por máquina registradora, Terminal Ponto de Venda – PDV, Equipamento Emissor de Cupom Fiscal – ECF, sistema eletrônico de processamento de dados, bem como quaisquer outros processos mecânicos ou eletrônicos, quando não cumpridas as exigências fiscais para utilização do equipamento;

X – de qualquer modo, ainda que formalmente regular, tiver sido emitido ou utilizado com dolo, fraude, simulação ou erro, que possibilite, mesmo que a terceiro, o não pagamento do imposto ou qualquer outra vantagem indevida;

XI – não tiver sido previamente registrado em sistema estabelecido pela Secretaria da Fazenda;

- *Inciso XI acrescido Decreto nº 51.199, de 17.10.2006 – DOE de 18.10.2006 – Efeitos a partir da publicação.*

XII – não contiver o número de registro relativo ao documento, à operação ou à prestação fornecido pela Secretaria da Fazenda ou contiver número de registro diverso do fornecido pela Secretaria da Fazenda;

• *Inciso XII acrescido Decreto nº 51.199, de 17.10.2006 – DOE de 18.10.2006 – Efeitos a partir da publicação.*

XIII – após sua emissão, não tenha sido registrado eletronicamente na Secretaria da Fazenda, para fins de gerar o respectivo Registro Eletrônico de Documento Fiscal – REDF, nos termos do art. 212-P;

• *Inciso XIII acrescido pelo Decreto nº 52.097, de 28.8.2007 – DOE de 29.8.2007 – Efeitos a partir da publicação.*

XIV – após decorridos os prazos de que trata o § 2º do art. 212-P, apresente divergências entre os dados nele constantes e as informações contidas no respectivo Registro Eletrônico de Documento Fiscal – REDF, relativas a valores ou a outros elementos que caracterizam a operação ou a prestação correspondente;

• *Inciso XIV acrescido pelo Decreto nº 52.097, de 28.8.2007 – DOE de 29.8.2007 – Efeitos a partir da publicação.*

XV – em se tratando de Cupom Fiscal Eletrônico – CF-e- SAT, modelo 59, emitido por meio do Sistema de Autenticação e de Transmissão de Cupom Fiscal Eletrônico – SAT, não for objeto de confirmação eletrônica, expedida pela autoridade fiscal competente, de que o seu arquivo digital foi regularmente recepcionado pelo fisco antes do encerramento do prazo para a sua transmissão ao ambiente de processamento de dados da Secretaria da Fazenda, conforme a periodicidade por esta estabelecida.

• *Inciso XV acrescido pelo Decreto nº 56.587, de 24.12.2010 – DOE de 25.12.2010, e com redação dada pelo Decreto nº 58.846, de 15.1.2013 – DOE de 16.1.2013 – Efeitos a partir da publicação.*

Parágrafo único. O documento inábil fará prova apenas em favor do fisco.

• *V. art. 12 das DDTT. Autoriza a utilização de impressos de documentos fiscais, ainda que mencionem dispositivos do regulamento anterior.*

**Art. 185.** As diversas vias dos documentos fiscais não se substituirão em suas respectivas funções e a sua disposição obedecerá ordem sequencial crescente, vedada a intercalação de vias adicionais (Lei nº 6.374/1989, art. 67, § 1º, Convênio SINIEF de 15.12.1970, art. 8º, na redação do Ajuste SINIEF-3/94, cláusula primeira, V e Convênio SINIEF-6/89, art. 89, *caput*).

**Art. 186.** É vedado o destaque do valor do imposto quando a operação ou prestação forem beneficiadas por isenção, não incidência, suspensão, diferimento ou, ainda, quando estiver atribuída a outra pessoa a responsabilidade pelo pagamento do imposto, devendo essa circunstância ser mencionada no documento fiscal, com indicação do dispositivo pertinente da legislação, ainda que por meio de código cuja decodificação conste no próprio documento fiscal (Lei nº 6.374/1989, art. 67, § 4º, Convênio SINIEF de 15.12.1970, art. 9º, e Convênio SINIEF-6/89, art. 89, *caput*).

**Art. 187.** Quando o valor da base de cálculo for diverso do valor da operação ou prestação, o contribuinte mencionará essa circunstância no documento fiscal, indicando o dispositivo pertinente da legislação, bem como o valor sobre o qual tiver sido calculado o imposto (Lei nº 6.374/1989, art. 67, § 1º).

**Art. 188.** Tratando-se de operação ou prestação em que seja exigido o recolhimento do imposto mediante guia de recolhimentos especiais, essa circunstância deverá ser mencionada no documento fiscal, indicando-se, ainda, o número e a data da autenticação, bem como o nome do banco arrecadador (Lei nº 6.374/1989, art. 67, § 1º).

**Art. 189.** Na saída de minerais, o contribuinte deverá anotar no documento fiscal, além das indicações exigidas, o código do produto, conforme estabelecido na legislação federal em vigor em 28 de fevereiro de 1989 (Lei nº 6.374/1989, art. 67, § 1º).

**Art. 190.** A discriminação das mercadorias ou dos serviços no documento fiscal, exceto em relação à Nota Fiscal, poderá ser feita por meio de códigos, desde que, no próprio documento, ainda que no verso, haja a correspondente decodificação (Lei nº 6.374/1989, art. 67, § 1º, e Convênio SINIEF de 15.12.1970, art. 19, IV, "b", na redação do Ajuste SINIEF-3/94, cláusula primeira, IX).

**Art. 191.** Os documentos fiscais serão numerados por espécie, em ordem crescente de 1 a 999.999, e enfeixados em blocos uniformes de 20 (vinte), no mínimo, e 50 (cinquenta), no máximo (Lei nº 6.374/1989, art. 67, § 1º, Convênio SINIEF de 15.12.1970, art. 10, com alteração dos Ajustes SINIEF-3/94, cláusula primeira, VI, SINIEF-4/95, cláusula primeira, II, e SINIEF-9/97, cláusula segunda; Convênio SINIEF-6/89, art. 89, *caput*).

§ 1º. Atingido o número 999.999, a numeração deverá ser recomeçada com a mesma designação de série e subsérie.

§ 2º. A emissão dos documentos fiscais será feita pela ordem de numeração.

§ 3º. Os impressos de documentos fiscais serão usados pela ordem sequencial crescente de numeração, vedada a utilização de blocos ou conjunto de formulários sem que estejam simultaneamente em uso ou já tenham sido utilizados os de numeração inferior.

§ 4º. Cada estabelecimento, seja matriz, filial, sucursal, agência, depósito ou qualquer outro, terá talonário próprio.

§ 5º. A numeração do documento fiscal referido no inciso I ou IV do art. 124 será reiniciada sempre que houver adoção de séries distintas, nos termos do art. 196, ou troca do modelo 1 para 1-A e vice-versa, em se tratando de Nota Fiscal.

**Art. 192.** A critério do fisco, poderá ser dispensada a emissão de documento fiscal, em relação a operação ou prestação isenta ou não tributada, realizada no território do Estado (Lei nº 6.374/1989, art. 67, § 1º, Convênio SINIEF de 15.12.1970, arts. 10, § 5º, e 13; e Convênio SINIEF-6/89, art. 89, *caput*).

**Art. 193.** O estabelecimento poderá emitir documentos fiscais em formulários contínuos ou jogos soltos, por processo mecanizado ou por sistema eletrônico de processamento de dados, observadas as disposições dos arts. 249 e 250 e do art. 13 das Disposições Transitórias (Lei nº 6.374/1989, art. 67, § 1º, Convênio SINIEF de 15.12.1970, art. 10, *caput*, com alteração do Ajuste SINIEF-3/94, cláusula primeira, VI, e Convênio SINIEF-6/89, art. 89, *caput*).

Parágrafo único. Na hipótese deste artigo, se o documento fiscal for emitido por processo datilográfico, a última via será substituída pela folha do copiador especial, conforme disciplina específica.

- *V. art. 13 das DDTT – Dispõe sobre a emissão e escrituração de documentos e livros fiscais por processo mecanizado.*

**Art. 194.** O contribuinte somente poderá confeccionar, mandar confeccionar ou utilizar os impressos fiscais previstos nos incisos I, II, IV, VI a XII, XV a XIX e XXI do art. 124, e no § 9º do art. 127, bem como outros impressos previstos na legislação ou aprovados em regimes especiais, mediante prévia autorização da Secretaria da Fazenda, na forma estabelecida nos arts. 239 a 245 (Lei nº 6.374/1989, art. 67, § 1º, Convênio de 15.12.1970 – SINIEF, art. 16, na redação do Ajuste SINIEF-1/90, com alteração do Ajuste SINIEF-3/94, cláusula primeira, VIII, Convênio SINIEF-6/89, art. 89, *caput*, e Ajuste SINIEF-06/03).

- *Art. 194 com redação dada pelo Decreto nº 48.294, de 2.12.2003 – DOE de 3.12.2003 – Efeitos a partir da publicação.*
- *V. art. 12 das DDTT – Autoriza a utilização de impressos de documentos fiscais, ainda que mencionem dispositivos do regulamento anterior.*

**Art. 195.** A Secretaria da Fazenda, tendo em conta setores, grupos ou categorias de atividades econômicas ou, ainda, o contribuinte ou a mercadoria considerados isoladamente, poderá estabelecer disciplina determinando que (Lei nº 6.374/1989, art. 67, § 1º):

- *Art. 195,* caput, *com redação dada pelo Decreto nº 51.199, de 17.10.2006 – DOE de 18.10.2006 – Efeitos a partir da publicação.*

I – os impressos fiscais somente possam ser utilizados após prévia autenticação;

- *Inciso I com redação dada pelo Decreto nº 51.199, de 17.10.2006 – DOE de 18.10.2006 – Efeitos a partir da publicação.*

II – a operação ou prestação seja previamente registrada conforme a disciplina por ela estabelecida, hipótese em que poderá ser exigida a menção do número desse registro no respectivo documento fiscal.

- *Inciso II com redação dada pelo Decreto nº 52.668, de 24.1.2008 – DOE de 25.1.2008 – Efeitos a partir da publicação.*

**Art. 196.** Relativamente à seriação da Nota Fiscal ou da Nota Fiscal de Produtor, será observado o seguinte (Lei nº 6.374/1989, art. 67, § 1º, Convênio SINIEF de 15.12.1970, art. 11, I e II e §§ 1º e 2º, na redação do Ajuste SINIEF-9/97, cláusula primeira, III):

I – a utilização de séries distintas não é obrigatória, exceto no caso de uso concomitante da Nota Fiscal e da Nota Fiscal-Fatura de que trata o § 7º do art. 127 ou da Nota Fiscal de Produtor e da Nota Fiscal-Fatura de Produtor, de que trata o § 6º do art. 140;

II – é facultada ao contribuinte a utilização de séries distintas;

III – as séries, quando adotadas, serão designadas por algarismos arábicos, em ordem crescente, a partir de 1 (um), vedada a utilização de subsérie.

Parágrafo único. O romaneio, a que se refere o § 9º do art. 127, ou o § 13 do art. 140, terá, se adotado, a mesma série do documento fiscal do qual é parte inseparável.

**Art. 197.** Os documentos fiscais previstos nos incisos II e VI a XIX do art. 124 serão confeccionados e utilizados com observância das seguintes séries (Lei nº 6.374/1989, art. 67, § 1º, Convênio SINIEF de 15.12.1970, art. 11, II, e §§ 1º e 2º, na redação do Ajuste SINIEF-9/97, cláusula primeira, III; Convênio SINIEF-6/89, arts. 3º e 89, *caput*):

I – "B" – na prestação com início neste Estado e término em seu território ou no exterior:

a) Nota Fiscal de Serviço de Transporte, modelo 7;

b) Conhecimento de Transporte Rodoviário de Cargas, modelo 8;

c) Conhecimento de Transporte Aquaviário de Cargas, modelo 9;

d) Conhecimento Aéreo, modelo 10;

e) Conhecimento de Transporte Ferroviário de Cargas, modelo 11;

f) Despacho de Transporte, modelo 17;

g) Ordem de Coleta de Cargas, modelo 20;

h) Nota Fiscal de Serviço de Comunicação, modelo 21;

i) Nota Fiscal de Serviço de Telecomunicações, modelo 22;

II – "C" – documento arrolado no inciso anterior – na prestação com início neste Estado e término em outro;

III – "D" – na operação ou prestação em que o destinatário ou usuário for consumidor:

a) Nota Fiscal de Venda a Consumidor, modelo 2;

b) Bilhete de Passagem Rodoviário, modelo 13;

c) Bilhete de Passagem Aquaviário, modelo 14;

d) Bilhete de Passagem e Nota de Bagagem, modelo 15;

e) Bilhete de Passagem Ferroviário, modelo 16;

IV – "F" – Resumo de Movimento Diário, modelo 18.

§ 1º. Relativamente aos documentos fiscais de que trata este artigo, será observado, ainda, o seguinte:

1 – cada série poderá ter duas ou mais subséries;

2 – deverão conter o algarismo designativo da subsérie, em ordem crescente a partir de 1, aposto à letra indicativa da série;

3 – deverá ser utilizada subsérie distinta sempre que o contribuinte realizar:

a) operações ou prestações não sujeitas ao imposto, simultaneamente com operações ou prestações a ele sujeitas;

b) ao mesmo tempo, operações ou prestações com alíquotas diferentes; operações com produto estrangeiro de importação própria;

c) operações com produto estrangeiro adquirido no mercado interno;

d) outras operações ou prestações para as quais a legislação estabeleça essa obrigatoriedade.

§ 2º. O disposto na alínea "d" do item 3 do parágrafo anterior somente se aplica ao contribuinte do Imposto sobre Produtos Industrializados – IPI.

§ 3º. O contribuinte que possuir inscrição centralizada poderá adotar série ou subsérie, conforme o caso, distintas para cada local de emissão de documento fiscal.

§ 4º. O fisco poderá restringir a quantidade de série ou subséries.

**Art. 198.** Salvo disposição em contrário, para emissão de documentos fiscais, é permitida a utilização simultânea de quaisquer espécies ou meios previstos neste Regulamento, observada a disciplina específica de cada um (Lei nº 6.374/1989, art. 67, § 1º, Convênio SINIEF de 15.12.1970, art.11, § 1º, na redação do Ajuste SINIEF-9/97, cláusula primeira, III, e Convênio SINIEF-6/89, art. 89, *caput*).

**Art. 199.** Para emissão dos documentos fiscais previstos nos incisos II e VI a XIX do art. 124 por processo eletrônico, mecanográfico ou datilográfico, é permitido o uso (Lei nº 6.374/1989, art. 67, § 1º, Convênio SINIEF de 15.12.1970, art. 10, § 8º, na redação do Ajuste SINIEF-3/94, cláusula primeira, VI; Convênio SINIEF-6/89, arts. 3º, com alteração do Ajuste SINIEF-1/95, cláusula segunda, e 89, *caput*):

I – de "Série Única", em relação a cada espécie de documento, que englobe todas as operações ou prestações referentes à seriação prevista no art. 197;

II – de série "B", "C", "D" ou "F", seguida da expressão "Única", sem distinção por subséries, que englobe operações ou prestações para as quais sejam exigidas subséries distintas.

§ 1º. É obrigatória a separação, em quadro próprio, das operações ou prestações em relação às quais o art. 197 exija subsérie distinta, para que os valores sejam totalizados independentemente.

§ 2º. A separação a que alude o parágrafo anterior poderá ser feita por meio de códigos, desde que, no próprio documento, ainda que no verso, haja a correspondente decodificação.

§ 3º. O estabelecimento que emitir mais de uma série única de documento previsto no inciso I, poderá distingui-las na forma do disposto no item 2 do § 1º do art. 197.

- *V. art. 13 das DDTT – Dispõe sobre a emissão e escrituração de documentos e livros fiscais por processo mecanizado.*

**Art. 200.** Conservar-se-ão todas as vias no talonário, no formulário contínuo ou nos jogos soltos, quando o documento fiscal (Lei nº 6.374/1989, art. 67, § 1º, Convênio SINIEF de 15.12.1970, art. 12, e Convênio SINIEF-6/89, art. 89, *caput*):

I – for cancelado, com declaração dos motivos determinantes do cancelamento e referência, se for o caso, ao novo documento emitido;

II – emitido por exigência da legislação, não tiver, relativamente às suas vias, destinação específica.

Parágrafo único. Os motivos a que se refere o inciso I serão anotados, também, no livro copiador, em se tratando de documento copiado.

**Art. 201.** Sem prévia autorização do fisco, os documentos e os impressos fiscais não poderão ser retirados do estabelecimento, salvo (Lei nº 6.374/1989, art. 67, §§ 1º e 7º, Convênio SINIEF de 15.12.1970, art. 88, e Convênio SINIEF-6/89, art. 89, *caput*):

I – em caso expressamente previsto na legislação;

II – para serem levados à repartição fiscal;

III – se permanecerem sob guarda de escritório de profissional contabilista responsável pela escrita fiscal do contribuinte, conforme indicação quando de sua inscrição cadastral, hipótese em que a exibição, quando exigida, será efetuada em local determinado pelo fisco.

§ 1º. Na hipótese do inciso III:

1 – o contribuinte deverá lavrar termo no livro Registro de Utilização de Documentos Fiscais e Termos de Ocorrências para declarar que os seus livros fiscais permanecerão sob guarda do contabilista por ele indicado quando de sua inscrição cadastral;

2 – a substituição do profissional contabilista responsável pela escrita fiscal do contribuinte e respectiva alteração cadastral implicará imediata alteração do local para guarda dos livros, devendo o contribuinte refazer o termo previsto no item anterior;

3 – a Secretaria da Fazenda, na salvaguarda dos seus interesses, poderá limitar, no todo ou em parte, em relação a determinado contribuinte, o exercício da faculdade de que trata o inciso III.

§ 2º. Presumir-se-á retirado do estabelecimento o livro não exibido ao fisco quando solicitado.

**Art. 202.** Os documentos fiscais, bem como faturas, duplicatas, guias, recibos e todos os demais documentos relacionados com o imposto, deverão ser conservados, no mínimo, pelo prazo de 5 (cinco) anos, e, quando relativos a operações ou prestações objeto de processo pendente, até sua decisão definitiva, ainda que esta seja proferida após aquele prazo (Lei nº 6.374/1989, art. 67, § 5º).

§ 1º. Aos documentos previstos neste artigo aplica-se o disposto no § 2º do art. 232.

§ 2º. Em caso de dissolução de sociedade, serão observadas, quanto aos documentos relacionados com o imposto, as normas que regulam, nas leis comerciais, a guarda e conservação dos documentos relativos aos negócios sociais.

**Art. 203.** O destinatário da mercadoria ou do serviço é obrigado a exigir documento fiscal hábil, com todos os requisitos legais, de quem o deva emitir, sempre que obrigatória a emissão (Lei nº 6.374/1989, art. 67, § 1º, Convênio SINIEF de 15.12.1970, art. 14, e Convênio SINIEF-6/89, art. 89, *caput*).

Parágrafo único. Aplica-se, no que couber, o disposto no art. 184.

**Art. 204.** É vedada a emissão de documento fiscal que não corresponda a uma efetiva saída ou entrada de mercadoria ou a uma efetiva prestação de serviço, exceto nas hipóteses expressamente previstas na legislação do Imposto sobre Produtos Industrializados ou do Imposto de Circulação de Mercadorias e de Prestação de Serviços (Lei nº 6.374/1989, art. 67, § 1º, Convênio SINIEF de 15.12.1970, art. 44, e Convênio SINIEF-6/89, art. 89, *caput*).

### *Subseção II*
### *Das Disposições Específicas Aplicáveis aos Documentos Fiscais de Prestações de Serviço de Transporte*

**Art. 205.** Tratando-se de subcontratação de serviço de transporte, como definida no inciso II do art. 4º, a prestação será acobertada pelo conhecimento de transporte emitido pelo transportador contratante, observado o seguinte (Lei nº 6.374/1989, art. 67, § 1º, e Convênio SINIEF-6/89, art. 17, § 3º, na redação do Ajuste SINIEF-14/89, cláusula primeira, VI, e § 7º, na redação do Ajuste SINIEF-15/89, cláusula primeira, III):

I – no campo "Observações" desse documento fiscal ou, sendo o caso, do Manifesto de Carga previsto no art. 167, deverá ser anotada a expressão "Transporte Sub-Contratado com (...), proprietário do veículo marca (...), placa nº (...), UF (...)";

II – o transportador subcontratado ficará dispensado da emissão do conhecimento de transporte.

**Art. 206.** Quando o serviço de transporte de carga for efetuado por redespacho, deverão ser adotados os seguintes procedimentos (Lei nº 6.374/1989, art. 67, § 1º, e Convênio SINIEF-6/89, art. 59, com a alteração do Ajuste SINIEF-14/89, cláusula primeira, XXIV):

I – o transportador contratado, que receber a carga para redespacho:

a) emitirá o competente conhecimento de transporte, nele lançando o valor do frete e, se for o caso, o valor do imposto correspondente ao serviço a executar, bem como os dados relativos ao redespacho;

b) anexará a 2ª via do conhecimento de transporte, emitido na forma da alínea anterior, à 2ª via do conhecimento de transporte que tiver acobertado a prestação do serviço até o seu estabelecimento, as quais acompanharão a carga até o destino;

c) entregará ou remeterá a 1ª via do conhecimento de transporte, emitido na forma da alínea "a", ao transportador contratante do redespacho, dentro de 5 (cinco) dias, contados da data do recebimento da carga;

II – o transportador contratante do redespacho:

a) fará constar na via do conhecimento presa ao bloco, referente à carga redespachada, o nome e o endereço do transportador contratado, bem como o número, a série e subsérie e a data da emissão do conhecimento referido na alínea "a" do inciso anterior;

b) arquivará em pasta própria os conhecimentos recebidos do transportador contratado ao qual tiver remetido a carga, para comprovação do crédito do imposto, quando admitido.

**Art. 206-A.** O documento fiscal relativo à prestação de serviço de transporte de carga deverá conter nos campos destinados à indicação do remetente e do destinatário os mesmos dados consignados na Nota Fiscal que acompanha a carga, quando essa for exigida (Ajuste SINIEF-2/08, cláusula primeira, I).

- *Art. 206-A acrescido pelo Decreto nº 53.159, de 23.6.2008 – DOE de 24.6.2008 – Efeitos a partir de 2.6.2008.*

**Art. 206-B.** No caso de o documento fiscal referente à prestação de serviço de transporte de cargas ter sido emitido com erro nos valores que determinam o montante do imposto, o contribuinte poderá efetuar a anulação desses valores, desde que o erro seja devidamente comprovado e não descaracterize a prestação, devendo ser observado o seguinte:

- *Art. 206-B,* caput, *acrescido pelo Decreto nº 53.159, de 23.6.2008 – DOE de 24.6.2008, e com redação dada pelo Decreto nº 61.084, de 29.1.2015 – DOE de 30.1.2015 – Efeitos a partir da publicação.*

I – na hipótese de o tomador de serviço ser contribuinte:

a) o tomador deverá emitir documento fiscal próprio, pelo valor total do serviço, sem destaque do imposto, consignando como natureza da operação "Anulação de valor relativo à aquisição de serviço de transporte", informando o número do documento fiscal emitido com erro, os valores anulados e o motivo, devendo a primeira via do documento ser enviada ao prestador de serviço de transporte;

b) após receber o documento referido na alínea "a", o prestador de serviço de transporte deverá emitir outro Conhecimento de Transporte, referenciando o documento original emitido com erro, consignando a expressão "Este documento está vinculado ao documento fiscal número (...) e data (...) em virtude de (especificar o motivo do erro)";

II – na hipótese de o tomador de serviço não ser contribuinte:

a) o tomador deverá emitir declaração mencionando o número e data de emissão do documento fiscal original, bem como o motivo do erro;

b) após receber o documento referido na alínea "a", o prestador de serviço de transporte deverá emitir Conhecimento de Transporte, pelo valor total do serviço, sem destaque do imposto, consignando como natureza da operação "Anulação de valor relativo à prestação de serviço de transporte", informando o número do documento fiscal emitido com erro e o motivo;

c) o prestador de serviço de transporte deverá emitir outro Conhecimento de Transporte, referenciando o documento original emitido com erro, consignando a expressão "Este documento está vinculado ao documento fiscal número (...) e data (...) em virtude de (especificar o motivo do erro)".

§ 1º. O prestador de serviço de transporte e o tomador deverão estornar eventual débito ou crédito relativo ao documento fiscal emitido com erro, observadas as disposições do Capítulo IV do Título III do Livro I deste Regulamento.

- *§ 1º acrescido pelo Decreto nº 53.159, de 23.6.2008 – DOE de 24.6.2008 – Efeitos a partir de 2.6.2008.*

§ 2º. O disposto neste artigo não se aplica quando o erro for passível de correção mediante emissão de documento fiscal complementar ou carta de correção, conforme previsto nos arts. 182 e 183, § 3º.

- *§ 2º acrescido pelo Decreto nº 53.159, de 23.6.2008 – DOE de 24.6.2008 – Efeitos a partir de 2.6.2008.*

**Art. 207.** O retorno da carga por qualquer motivo não entregue ao destinatário poderá ser acobertado pelo conhecimento de transporte original, desde que conste o motivo no verso desse documento (Lei nº 6.374/1989, art. 67, § 1º, e Convênio SINIEF-6/89, art. 72, na redação do Ajuste SINIEF-1/89, cláusula segunda).

**Art. 208.** Quando a carga for retirada de local diverso do endereço do remetente, tal circunstância será mencionada no campo "Observações" do conhecimento de transporte, devendo ser ainda indicados os dados identificativos do estabelecimento ou da pessoa, tais como nome, números de inscrição, estadual e no CNPJ ou CPF, e endereço do local de retirada (Lei nº 6.374/1989, art. 67, § 1º).

**Art. 209.** O prestador de serviço de transporte fica autorizado a manter, fora de seu estabelecimento, em seu poder ou em poder de prepostos, impressos de documentos fiscais (Lei nº 6.374/1989, art. 67, § 1º).

Parágrafo único. O contribuinte deverá indicar no livro Registro de Utilização de Documentos Fiscais e Termos de Ocorrências o local onde se encontrarem os impressos de documentos fiscais, a sua espécie e os números de ordem, inicial e final.

**Art. 210.** O transportador autônomo fica dispensado da emissão do conhecimento de transporte nos termos do item 2 do § 3º do art. 115 ou do § 3º do art. 316 e na hipótese do art. 164 (Convênio SINIEF de 15.12.1970, art. 13, e Convênio SINIEF-6/ 89, art. 89, *caput*).

**Art. 211.** O estabelecimento que prestar serviço de transporte de passageiros poderá (Lei nº 6.374/1989, art. 67, § 1º, e Convênio SINIEF-6/89, arts. 61, § 2º, e 66):

I – utilizar bilhete de passagem emitido por perfuração, picotamento ou assinalação, em todas as vias, dos dados relativos à viagem, que contenha, impressas, todas as indicações exigidas, inclusive com os nomes das localidades e paradas autorizadas na sequência das seções permitidas pelos órgãos concedentes;

II – efetuar a cobrança da passagem por meio de contador dotado de catraca ou equipamento similar com dispositivo de irreversibilidade, no transporte de linha com preço único, desde que o procedimento tenha sido autorizado por regime especial, mediante pedido que contenha os dados identificadores do equipamento, da forma de registro das prestações no livro fiscal próprio e dos locais em que serão utilizados, quer sejam agências, filiais, postos ou veículos;

III – manter em outro estabelecimento, ainda que de outra empresa, mesmo fora do território paulista, impressos de Bilhete de Passagem ou de Resumo de Movimento Diário, devendo indicar no livro Registro de Utilização de Documentos Fiscais e Termos de Ocorrências o local onde se encontrarem os impressos e seus números de ordem, inicial e final.

Parágrafo único. Na hipótese do inciso III, as vias destinadas ao contribuinte e ao fisco deverão, para fins de escrituração, retornar ao estabelecimento de origem, no prazo de 5 (cinco) dias, contados da data de sua emissão.

**Art. 212.** Em caso de excesso de bagagem no transporte de passageiros, poderá ser emitido, em substituição ao conhecimento de transporte exigido no § 4º do art. 168, no § 4º do art. 170, no § 5º do art. 171 e no § 4º do art. 172, e antes do início da prestação do serviço, documento que conterá as seguintes indicações (Lei nº 6.374/1989, art. 67, § 1º, e Convênio SINIEF-6/89, arts. 67 e 68, na redação do Ajuste SINIEF-14/89, cláusula primeira, XXVI e XXVII):

I – o nome, o endereço e os números de inscrição, estadual e no CNPJ, do emitente;

II – o número de ordem e o número da via;

III – o preço do serviço;

IV – o local e a data da emissão;

V – a natureza da prestação: transporte de excesso de bagagem;

VI – o nome, o endereço e os números de inscrição, estadual e no CNPJ, do impressor do documento, a data e a quantidade da impressão, bem como o número de ordem do primeiro e o do último documento impresso.

§ 1º. As indicações dos incisos I, II e VI serão impressas tipograficamente.

§ 2º. O documento previsto neste artigo será emitido, no mínimo, em 2 (duas) vias, que terão a seguinte destinação:

1 – a 1ª via será entregue ao usuário do serviço;

2 – a 2ª via ficará presa ao bloco, para exibição ao fisco.

§ 3º. No final do período de apuração, será emitida Nota Fiscal de Serviço de Transporte, que englobará o total das prestações objeto dos documentos de excesso de bagagem e na qual, além dos demais requisitos, serão mencionados os números de ordem desses documentos.

§ 4º. A Nota Fiscal de Serviço de Transporte prevista no parágrafo anterior:

1 – será lançada no livro Registro de Saídas;

2 – não terá suas vias destacadas do bloco.

## Seção VI – Do Selo de Controle

### *Subseção I*
### *Das Especificações do Selo de Controle*
### *Subseção II – Do Credenciamento do Impressor*
### *Subseção III – Dos Requisitos de Segurança no Processo de Confecção de Selos de Controle e das Instalações do Impressor*
### *Subseção IV – Da Distribuição do Selo de Controle*
### *Subseção V – Das Demais Disposições*

**Art. 212-A** ao **Art. 212-N.** (Revogados).

• *Seção VI – Subseções I a V (arts. 212-A ao 212-N) acrescida pelo Decreto nº 47.065, de 6.9.2002 – DOE de 7.9.2002 – e revogada pelo Decreto nº 49.115, de 10.11.2004 – DOE de 11.11.2004 – Efeitos a partir da publicação.*

## Seção VII
## Do Documento Fiscal Eletrônico – DFE e do Registro Eletrônico de Documento Fiscal – REDF

• *Seção VII (arts. 212-O a 212-Q) acrescida pelo Decreto nº 52.097, de 28.8.2007 – DOE de 29.8.2007 – Efeitos a partir da publicação.*

**Art. 212-O.** São Documentos Fiscais Eletrônicos – DFE:

I – a Nota Fiscal Eletrônica – NF-e, modelo 55;

II – o Cupom Fiscal Eletrônico – CF-e-SAT, modelo 59;

III – a Nota Fiscal de Consumidor Eletrônica – NFC-e, modelo 65;

IV – o Conhecimento de Transporte Eletrônico – CT-e, modelo 57;

V – o Manifesto Eletrônico de Documentos Fiscais – MDF-e, modelo 58;

VI – a Nota Fiscal/Conta de Energia Elétrica, modelo 6;

VII – a Nota Fiscal de Serviço de Comunicação, modelo 21;

VIII – a Nota Fiscal de Serviço de Telecomunicações, modelo 22;

IX – os demais documentos fiscais relativos à prestação de serviço de comunicação ou ao fornecimento de energia elétrica ou de gás canalizado;

X – os documentos fiscais para os quais tenha sido gerado o respectivo Registro Eletrônico de Documento Fiscal – REDF, desde que já decorrido o prazo para a retificação ou cancelamento deste;

XI – a Nota Fiscal de Venda a Consumidor "On-line" – NFVC- "On-line", modelo 2.

§ 1º. Os documentos fiscais previstos neste artigo serão armazenados eletronicamente na Secretaria da Fazenda.

§ 2º. A Secretaria da Fazenda estabelecerá disciplina para tratar dos critérios e cronogramas relativos à atribuição da obrigatoriedade de emissão dos documentos fiscais previstos neste artigo, bem como da forma, condições e momento de emissão, transmissão, consulta, substituição, retificação, cancelamento e armazenamento eletrônico dos referidos documentos.

§ 3º. A Secretaria da Fazenda poderá, para fins do disposto no § 2º, determinar a obrigatoriedade da emissão dos documentos previstos neste artigo, ou tornar esta facultativa, apenas em relação a determinadas operações ou prestações ou a determinados contribuintes ou estabelecimentos, segundo os seguintes critérios:

1 – valor da receita bruta do contribuinte;

2 – valor da operação ou da prestação praticada pelo contribuinte;

3 – tipo ou modalidade de operação ou de prestação praticada pelo contribuinte;

4 – atividade econômica exercida pelo contribuinte;

5 – tipo de carga transportada, quando aplicável;

6 – regime de apuração do imposto.

§ 4º. Salvo disposição em contrário, o contribuinte que estiver enquadrado nos critérios estabelecidos pela Secretaria da Fazenda para fins de atribuição da obrigatoriedade de emissão do respectivo Documento Fiscal Eletrônico – DFE deverá emiti-lo relativamente a todas as operações ou prestações que devam ser acobertadas por tal documento, praticadas por seus estabelecimentos localizados no território paulista.

§ 5º. Os documentos de que tratam os incisos I a V:

1 – serão emitidos e armazenados exclusivamente em meio eletrônico, tendo existência apenas digital;

2 – terão a sua autenticidade, a sua integridade e a sua autoria garantidas pela assinatura digital do seu respectivo arquivo, gerada com base em certificado digital expedido em nome do contribuinte emitente.

§ 6º. A Nota Fiscal Eletrônica – NF-e, modelo 55:

1 – será emitida em substituição à emissão dos seguintes documentos fiscais:

a) Nota Fiscal, modelo 1 ou 1-A, de que trata o inciso I do art. 124;

b) Nota Fiscal de Produtor, modelo 4, de que trata o art. 139, quando o contribuinte estiver inscrito no Cadastro Nacional de Pessoa Jurídica – CNPJ;

2 – será considerada emitida no momento em que a Secretaria da Fazenda conceder, por meio eletrônico, a respectiva Autorização de Uso desse documento fiscal;

3 – por ocasião de sua emissão, acarretará ao contribuinte o dever de imprimir, salvo hipótese de dispensa prevista na legislação, o Documento Auxiliar da Nota Fiscal Eletrônica – DANFE, o qual:

a) deverá acompanhar o trânsito das mercadorias;

b) servirá, também, para facilitar a consulta da Nota Fiscal Eletrônica – NF-e que acoberta a operação;

c) não poderá ser utilizado para apropriação de crédito do imposto nele destacado, exceto em casos expressamente previstos na legislação, uma vez que não se trata de documento fiscal hábil para fins de escrituração fiscal.

§ 7º. O Cupom Fiscal Eletrônico – SAT (CF-e-SAT), modelo 59:

1 – será emitido por meio do Sistema de Autenticação e de Transmissão de Cupom Fiscal Eletrônico – SAT:

a) nas vendas, com valor até R$ 10.000,00 (dez mil reais), a não contribuinte do imposto, quando a mercadoria for retirada ou consumida no próprio estabelecimento pelo comprador ou quando a mercadoria for entregue em domicílio, em território paulista;

b) nas prestações de serviços de transporte interestadual ou intermunicipal de passageiros;

2 – poderá ser emitido nas vendas com valor até R$ 10.000,00 (dez mil reais) realizadas fora do estabelecimento, desde que o adquirente da mercadoria seja não contribuinte do imposto, devendo ser observada, quanto à remessa e ao retorno da mercadoria e demais procedimentos, a legislação que disciplina as referidas operações;

3 – na hipótese de a legislação exigir a emissão de Nota Fiscal, modelo 1 ou 1-A, ou Nota Fiscal Eletrônica – NF-e em alguma das operações indicadas na alínea "a" do item 1 ou no item 2, poderá ser emitido:

a) em substituição aos aludidos documentos, desde que possua os campos necessários para a indicação das informações exigidas pela referida legislação;

b) conjuntamente com a emissão da Nota Fiscal, modelo 1 ou 1-A, quando não for possível a adoção do procedimento indicado na alínea "a" deste item ou quando o contribuinte não for credenciado à emissão da NF-e, devendo a Nota Fiscal, modelo 1 ou 1-A, ser escriturada no livro Registro de Saídas apenas na coluna "Observações";

4 – terá a sua emissão vedada nas operações com veículos sujeitos a licenciamento por órgão oficial, hipótese em que deverá ser emitido um dos seguintes documentos:

a) Nota Fiscal Eletrônica – NF-e, modelo 55;

b) Nota Fiscal, modelo 1 ou 1-A, se o contribuinte não for obrigado à emissão da Nota Fiscal Eletrônica – NF-e.

5 – terá a sua emissão dispensada, devendo, em substituição, ser emitida a Nota Fiscal Eletrônica – NF-e, modelo 55, quando tratar-se de operação enquadrada na alínea "a" do item 1 ou no item 2 e o adquirente da mercadoria:

a) for Administração Pública;

b) estiver inscrito no Cadastro de Contribuintes do ICMS, ainda que não contribuinte do imposto;

c) solicitar a emissão da Nota Fiscal Eletrônica – NF-e, modelo 55;

6 – terá as seguintes denominações:

a) CF-e-SAT – Cupom Fiscal, nos casos a que se referem a alínea "a" do item 1 e o item 2;

b) CF-e-SAT – Bilhete de Passagem Rodoviário, quando relativo à prestação de serviço de transporte rodoviário interestadual ou intermunicipal de passageiros;

c) CF-e-SAT – Bilhete de Passagem Aquaviário, quando relativo à prestação de serviço de transporte aquaviário interestadual ou intermunicipal de passageiros;

d) CF-e-SAT – Bilhete de Passagem Ferroviário, quando relativo à prestação de serviço de transporte ferroviário interestadual ou intermunicipal de passageiros;

e) CF-e-SAT – Bilhete de Passagem e Nota de Bagagem, quando relativo à prestação de serviço de transporte aeroviário interestadual ou intermunicipal de passageiros;

7 – será considerado emitido no momento em que o Sistema de Autenticação e de Transmissão de Cupom Fiscal Eletrônico – SAT, após ter gerado o arquivo digital do respectivo documento fiscal, atribuir assinatura digital a esse arquivo;

8 – por ocasião de sua emissão, acarretará ao contribuinte o dever de imprimir, salvo hipótese de dispensa expressamente prevista na legislação, o extrato correspondente para ser entregue ao adquirente da mercadoria ou ao passageiro;

9 – poderá ser substituído, em algumas ou em todas as operações, pela Nota Fiscal Eletrônica – NF-e, modelo 55, ou pela Nota Fiscal de Consumidor Eletrônica – NFC-e, modelo 65, observada a disciplina específica relativa a esses documentos fiscais.

§ 8º. A Nota Fiscal de Consumidor Eletrônica – NFC-e, modelo 65:

1 – poderá ser emitida, por opção do contribuinte, ainda que esteja obrigado à emissão do CF-e-SAT, nas vendas a não contribuinte do imposto:

a) quando a mercadoria for retirada ou consumida no próprio estabelecimento pelo comprador ou quando a mercadoria for entregue em domicílio, em território paulista;

b) realizadas fora do estabelecimento, devendo ser observada, quanto à remessa e ao retorno da mercadoria e demais procedimentos, a legislação que disciplina as referidas operações;

2 – na hipótese de a legislação exigir a emissão de Nota Fiscal, modelo 1 ou 1-A, ou Nota Fiscal Eletrônica – NF-e em alguma das operações indicadas no item 1, poderá ser emitida:

a) em substituição aos aludidos documentos, desde que possua os campos necessários para a indicação das informações exigidas pela referida legislação;

b) conjuntamente com a emissão da Nota Fiscal, modelo 1 ou 1-A, quando não for possível a adoção do procedimento indicado na alínea "a" ou quando o contribuinte não for credenciado à emissão da NF-e, devendo a Nota Fiscal, modelo 1 ou 1-A, ser escriturada no livro Registro de Saídas apenas na coluna "Observações";

3 – terá a sua emissão vedada nas operações com veículos sujeitos a licenciamento por órgão oficial, hipótese em que deverá ser emitido um dos seguintes documentos:

a) Nota Fiscal Eletrônica – NF-e, modelo 55;

b) Nota Fiscal, modelo 1 ou 1-A, se o contribuinte não for obrigado à emissão da Nota Fiscal Eletrônica – NF-e.

4 – terá a sua emissão dispensada, devendo, em substituição, ser emitida a Nota Fiscal Eletrônica – NF-e, modelo 55, quando tratar-se de operação enquadrada no item 1 e o adquirente da mercadoria:

a) for Administração Pública;

b) estiver inscrito no Cadastro de Contribuintes do ICMS, ainda que não contribuinte do imposto;

c) solicitar a emissão da Nota Fiscal Eletrônica – NF-e, modelo 55;

5 – será considerada emitida no momento em que a Secretaria da Fazenda conceder, por meio eletrônico, a respectiva Autorização de Uso desse documento fiscal;

6 – por ocasião de sua emissão, acarretará ao contribuinte o dever de imprimir o Documento Auxiliar da Nota Fiscal de Consumidor Eletrônica – DANFE-NFC-e, para representar as operações acobertadas por NFC-e ou para facilitar a consulta desse documento, salvo hipóteses de dispensa expressamente previstas na legislação que disciplina a NFC-e.

§ 9º. O Conhecimento de Transporte Eletrônico – CT-e, modelo 57:

1 – será emitido:

a) por transportador que executar serviço de transporte interestadual ou intermunicipal de cargas, inclusive por meio de dutos;

b) por Operador de Transporte Multimodal – OTM que executar serviço de transporte intermunicipal, interestadual e internacional de cargas, em veículo próprio, afretado ou por intermédio de terceiros sob sua responsabilidade, utilizando duas ou mais modalidades de transporte, desde a origem até o destino;

2 – será considerado emitido no momento em que a Secretaria da Fazenda conceder, por meio eletrônico, a respectiva Autorização de Uso desse documento fiscal;

3 – por ocasião de sua emissão, acarretará ao contribuinte o dever de imprimir, salvo hipótese de dispensa prevista na legislação, o Documento Auxiliar do Conhecimento de Transporte Eletrônico – DACTE, o qual:

a) deverá acompanhar a carga durante o transporte;

b) poderá ser utilizado para facilitar a consulta do Conhecimento de Transporte Eletrônico – CT-e que acoberta a prestação;

c) não poderá ser utilizado para a apropriação de crédito do imposto nele destacado, exceto nos casos expressamente previstos na legislação, uma vez que não se trata de documento fiscal hábil para fins de escrituração fiscal.

§ 10. O Manifesto Eletrônico de Documentos Fiscais – MDF-e, modelo 58:

1 – deverá ser emitido, nas situações previstas em disciplina específica estabelecida pela Secretaria da Fazenda, por contribuinte emitente de:

a) Conhecimento de Transporte Eletrônico – CT-e, modelo 57;

b) Nota Fiscal Eletrônica – NF-e, modelo 55, desde que o transporte de bens ou mercadorias seja realizado em veículo próprio ou arrendado, ou mediante contratação de transportador autônomo de carga;

2 – será considerado emitido no momento em que a Secretaria da Fazenda conceder, por meio eletrônico, a respectiva Autorização de Uso desse documento fiscal;

3 – por ocasião de sua emissão, acarretará ao contribuinte o dever de imprimir o Documento Auxiliar do Manifesto Eletrônico de Documentos Fiscais – DAMDFE, o qual deverá acompanhar a carga durante o transporte para possibilitar o controle dos documentos fiscais vinculados ao MDF-e, salvo hipótese de dispensa expressamente prevista na legislação.

§ 11. Os documentos fiscais de que tratam os incisos VI a IX, salvo disposição em contrário, serão:

1 – emitidos exclusivamente por meio de processamento eletrônico de dados;

2 – submetidos a processo de codificação digital para garantia da integridade dos seus dados;

3 – gravados em arquivos eletrônicos, os quais deverão ser assinados digitalmente pelo emitente e transmitidos para a Secretaria da Fazenda.

§ 12. A Nota Fiscal de Venda a Consumidor "On-line" - NFVC-"On-line", modelo 2, de que trata o inciso XI:

1 – será emitida diretamente no ambiente de processamento eletrônico de dados da Secretaria da Fazenda, cujo acesso será disponibilizado de forma individualizada e restrita a cada contribuinte emitente;

2 – após sua emissão nos termos do item 1, ficará disponível aos interessados, para consulta, "download" e impressão, no ambiente de processamento eletrônico de dados da Secretaria da Fazenda, mediante informação dos dados identificadores do respectivo documento fiscal;

3 – existirá apenas na forma de arquivo digital, cuja impressão servirá exclusivamente como demonstrativo de que foi emitida e armazenada eletronicamente na Secretaria da Fazenda".

- *Art. 212-O acrescido pelo Decreto nº 52.097, de 28.8.2007 – DOE de 29.8.2007, e com redação dada pelo Decreto nº 61.084, de 29.1.2015 – DOE de 30.1.2015 – Efeitos a partir da publicação.*

**Art. 212-P.** Os documentos fiscais a seguir indicados deverão, após sua emissão, ser registrados eletronicamente na Secretaria da Fazenda:

I – a Nota Fiscal, modelo 1 ou 1-A;

II – a Nota Fiscal de Venda a Consumidor, modelo 2;

III – o Cupom Fiscal emitido por meio de Equipamento Emissor de Cupom Fiscal – ECF.

- *Art. 212-P,* caput, *acrescido pelo Decreto nº 52.097, de 28.8.2007 – DOE de 29.8.2007 – Efeitos a partir da publicação.*

§ 1º. A partir do procedimento previsto no *caput*, será gerado, para cada documento fiscal registrado nos termos deste artigo, o respectivo Registro Eletrônico de Documento Fiscal – REDF, assim entendido o conjunto de informações armazenadas eletronicamente na Secretaria da Fazenda que correspondem aos dados do documento fiscal informados pelo contribuinte emitente.

- *§ 1º acrescido pelo Decreto nº 52.097, de 28.8.2007 – DOE de 29.8.2007 – Efeitos a partir da publicação.*

§ 2º. A Secretaria da Fazenda estabelecerá a forma, condições e prazos que deverão ser observados pelos contribuintes para:

1 – registrar eletronicamente na Secretaria da Fazenda os documentos fiscais por eles emitidos;

2 – retificar ou cancelar o Registro Eletrônico de Documento Fiscal – REDF correspondente a cada documento fiscal emitido.

- *§ 2º acrescido pelo Decreto nº 52.097, de 28.8.2007 – DOE de 29.8.2007 – Efeitos a partir da publicação.*

§ 3º. O Registro Eletrônico de Documento Fiscal – REDF de que trata o § 1º:

1 – passará a ser considerado via adicional do documento fiscal que lhe deu origem, desde que, cumulativamente:

a) o respectivo documento fiscal tenha sido emitido por contribuinte em situação regular perante o fisco, na forma e condições previstas na legislação;

b) já tenha decorrido o prazo para a sua eventual retificação ou cancelamento;

- *Alínea "b" com redação dada pelo Decreto nº 52.147, de 10.9.2007 – DOE de 11.9.2007 – Efeitos a partir da publicação.*

2 – ficará armazenado na Secretaria da Fazenda, no mínimo, pelo prazo previsto no art. 202;

3 – deverá ser cancelado quando o documento fiscal que lhe deu origem tiver sido cancelado.

- *§ 3º acrescido pelo Decreto nº 52.097, de 28.8.2007 – DOE de 29.8.2007 – Efeitos a partir da publicação.*

§ 4º. Salvo disposição em contrário, o contribuinte ficará, após os prazos de que trata o § 2º, dispensado de apresentar ao fisco paulista a sua via em papel das Notas Fiscais de Venda a Consumidor e dos Cupons Fiscais por ele emitidos, desde que os tenha registrado eletronicamente na Secretaria da Fazenda, nos termos deste artigo.

- *§ 4º acrescido pelo Decreto nº 52.097, de 28.8.2007 – DOE de 29.8.2007, e com redação dada pelo Decreto nº 52.147, de 10.9.2007 – DOE de 11.9.2007 – Efeitos a partir da publicação.*

§ 5º. O disposto no § 4º não dispensa o contribuinte do cumprimento das demais obrigações tributárias previstas nas legislações paulista e federal.

- *§ 5º acrescido pelo Decreto nº 52.097, de 28.8.2007 – DOE de 29.8.2007 – Efeitos a partir da publicação.*

§ 6º. O contribuinte deverá, antes de decorrido o prazo para retificação do Registro Eletrônico de Documento Fiscal – REDF, regularizar eventuais divergências existentes entre as informações nele contidas e os dados constantes no documento fiscal que lhe deu origem.

- *§ 6º acrescido pelo Decreto nº 52.097, de 28.8.2007 – DOE de 29.8.2007 – Efeitos a partir da publicação.*

§ 7º. O contribuinte que constar como destinatário nos documentos fiscais de que trata o *caput*, deverá verificar se o respectivo Registro Eletrônico de Documento Fiscal – REDF foi regularmente gerado, e na hipótese de constatar, após os prazos de que trata o § 2º, a ausência do REDF ou a divergência entre as informações nele contidas e os dados constantes no respectivo documento fiscal, deverá, nos termos de disciplina estabelecida pela Secretaria da Fazenda, alternativamente:

1 – comunicar o fato à Secretaria de Fazenda;

2 – estornar o crédito relativo ao respectivo documento fiscal, nos termos do art. 67.

- *§ 1º acrescido pelo Decreto nº 52.097, de 28.8.2007 – DOE de 29.8.2007, e com redação dada pelo Decreto nº 53.217, de 7.7.2008 – DOE de 8.7.2008 – Efeitos a partir da publicação.*

§ 8º. O disposto no *caput* não se aplica à Nota Fiscal de Venda a Consumidor "On-line" – NFVC-"On-line", modelo 2, de que trata o inciso II do art. 212-O.

- *§ 8º acrescido pelo Decreto nº 52.147, de 10.9.2007 – DOE de 11.9.2007 – Efeitos a partir da publicação.*

**Art. 212-Q.** O contribuinte deverá informar à Secretaria da Fazenda, nos termos de disciplina por ela estabelecida, alterações de natureza tributária ou comercial relativas às operações ou prestações acobertadas pelos Documentos Fiscais Eletrônicos – DFE de que trata o art. 212-O.

- *Art. 212-Q acrescido pelo Decreto nº 52.097, de 28.8.2007 – DOE de 29.8.2007 – Efeitos a partir da publicação.*

## CAPÍTULO II – DOS LIVROS FISCAIS

### Seção I – Dos Livros em Geral

**Art. 213.** Salvo disposição em contrário, o contribuinte deverá manter, em cada estabelecimento, conforme as operações ou prestações que realizar, os seguintes livros fiscais (Lei nº 6.374/1989, art. 67, *caput* e § 1º; Convênio SINIEF de 15.12.1970, art. 63 e Ajuste SINIEF-1/92):

I – Registro de Entradas, modelo 1;

II – Registro de Entradas, modelo 1-A;

III – Registro de Saídas, modelo 2;

IV – Registro de Saídas, modelo 2-A;

V – Registro de Controle da Produção e do Estoque, modelo 3;

VI – Registro do Selo Especial de Controle, modelo 4;

VII – Registro de Impressão de Documentos Fiscais, modelo 5;

VIII – Registro de Utilização de Documentos Fiscais e Termos de Ocorrências, modelo 6;

IX – Registro de Inventário, modelo 7;

X – Registro de Apuração do IPI, modelo 8;

XI – Registro de Apuração do ICMS, modelo 9;

XII – Livro de Movimentação de Combustíveis – LMC.

XIII – Livro de Movimentação de Produtos – LMP (Ajuste SINIEF-4/01).

- *Inciso XIII acrescido pelo Decreto nº 46.027 de 22.8.2001 – DOE de 23.8.2001 – Efeitos a partir de 1º.8.2001.*

§ 1º. Os livros fiscais obedecerão aos modelos contidos no Anexo/Modelos.

§ 2º. O livro Registro de Entradas, modelo 1, e o Registro de Saídas, modelo 2, serão utilizados por contribuinte sujeito, simultaneamente, à legislação do Imposto sobre Produtos Industrializados e à do Imposto de Circulação de Mercadorias e de Prestação de Serviços.

§ 3º. O livro Registro de Entradas, modelo 1-A, e o Registro de Saídas, modelo 2-A, serão utilizados por contribuinte sujeito apenas à legislação do Imposto de Circulação de Mercadorias e de Prestação de Serviços.

§ 4º. O livro Registro de Controle da Produção e do Estoque será utilizado por estabelecimento industrial ou a ele equiparado pela legislação federal, e por atacadista, podendo, a critério do fisco, ser exigido de estabelecimento de contribuinte de outro setor, com as adaptações necessárias.

§ 5º. O livro Registro do Selo Especial de Controle será utilizado nas hipóteses previstas na legislação do Imposto sobre Produtos Industrializados.

§ 6º. O livro Registro de Impressão de Documentos Fiscais será utilizado por estabelecimento que confeccionar impressos de documentos fiscais para terceiro ou para uso próprio.

§ 7º. O livro Registro de Utilização de Documentos Fiscais e Termos de Ocorrências será utilizado por todos os estabelecimentos.

§ 8º. O livro Registro de Inventário será utilizado por todos os estabelecimentos.

§ 9º. O livro Registro de Apuração do IPI será utilizado por estabelecimento industrial ou a ele equiparado, contribuinte do Imposto sobre Produtos Industrializados.

§ 10. O livro Registro de Apuração do ICMS será utilizado por todo estabelecimento inscrito como contribuinte do Imposto de Circulação de Mercadorias e de Prestação de Serviços.

§ 11. Nos livros fiscais de que trata este artigo, o contribuinte poderá acrescentar outras indicações de seu interesse, desde que não lhes prejudiquem a clareza.

§ 12. O disposto neste artigo não se aplica aos produtores, salvo quanto ao livro Registro de Entradas, em hipótese e forma estabelecidas pela Secretaria da Fazenda.

§ 13. O Livro de Movimentação de Combustíveis – LMC – será escriturado diariamente por posto revendedor de combustíveis, observada a legislação federal específica, sem prejuízo de eventuais normas complementares expedidas pela Secretaria da Fazenda.

§ 14. O Livro de Movimentação de Produtos – LMP – será escriturado diariamente pelo Transportador Revendedor Retalhista – TRR – e pelo Transportador Revendedor Retalhista na Navegação Interior – TRRNI, e destina-se ao registro dos estoques e das movimentações de compra e venda de óleo diesel, querosene iluminante e óleos combustíveis, de acordo com o modelo estabelecido e os termos da legislação federal específica, sem prejuízo de eventuais normas complementares expedidas pela Secretaria da Fazenda (Ajuste SINIEF-4/01).

• *§ 14 acrescido pelo Decreto nº 46.027, de 22.8.2001 – DOE de 23.8.2001 – Efeitos a partir de 1º.8.2001.*

## Seção II – Do Livro Registro de Entradas

**Art. 214.** O livro Registro de Entradas, modelo 1 ou 1-A, destina-se à escrituração da entrada, a qualquer título, de mercadoria no estabelecimento ou de serviço por este tomado (Lei nº 6.374/1989, art. 67, § 1º, e Convênio SINIEF de 15.12.1970, art. 70, com alteração dos Ajustes SINIEF-1/80, cláusula segunda, SINIEF-1/82, cláusula primeira, SINIEF-16/89, cláusula primeira, V, SINIEF-3/94, cláusula primeira, XIII, e SINIEF-6/95, cláusula primeira, I).

§ 1º. Serão também escriturados os documentos fiscais relativos a aquisição de mercadoria que não transitar pelo estabelecimento adquirente.

§ 2º. Os registros serão feitos por operação ou prestação, em ordem cronológica das entradas efetivas de mercadoria no estabelecimento ou, na hipótese do parágrafo anterior, de sua aquisição ou desembaraço aduaneiro ou, ainda, dos serviços tomados.

§ 3º. Os registros serão feitos documento por documento, desdobrados em tantas linhas quantas forem as alíquotas do imposto e as naturezas das operações ou prestações, segundo o Código Fiscal de Operações e Prestações, nas colunas próprias, conforme segue:

• *V. Anexo V deste Regulamento – Dispõe sobre o Código Fiscal de Operações.*

1 – coluna "Data da Entrada": a data da entrada efetiva da mercadoria no estabelecimento ou a data da sua aquisição ou do desembaraço aduaneiro na hipótese do § 1º, ou, ainda, a data da utilização do serviço;

2 – colunas sob o título "Documento Fiscal": a espécie, a série e subsérie, o número de ordem e a data da emissão do documento fiscal correspondente à operação ou prestação, bem como o nome do emitente e seus números de inscrição, estadual e no CNPJ; em se tratando de Nota Fiscal emitida em decorrência de entrada de mercadoria, serão indicados, em lugar dos dados do emitente, os do remetente;

3 – coluna "Procedência": sigla do outro Estado onde estiver localizado o estabelecimento emitente;

4 – coluna "Valor Contábil": o valor total constante no documento fiscal;

5 – colunas sob o título "Codificação":

a) coluna "Código Contábil": o mesmo código que o contribuinte, eventualmente, utilizar no seu plano de contas contábil;

b) coluna "Código Fiscal": o Código Fiscal de Operações e Prestações;

6 – colunas sob os títulos "ICMS – Valores Fiscais" e "Operações ou Prestações com Crédito de Imposto":

a) coluna "Base de Cálculo": o valor sobre o qual incidir o imposto;

b) coluna "Alíquota": a alíquota do imposto aplicada sobre a base de cálculo referida na alínea anterior;

c) coluna "Imposto Creditado": o valor do imposto creditado;

7 – colunas sob os títulos "ICMS – Valores Fiscais" e "Operações ou Prestações sem Crédito do Imposto":

a) coluna "Isenta ou Não Tributada": o valor da operação ou prestação, deduzida a parcela do Imposto sobre Produtos Industrializados – IPI, se consignada no documento fiscal, quando se tratar de mercadoria ou serviço cuja saída ou prestação tiver sido beneficiada com isenção ou estiver amparada por não incidência, bem como, ocorrendo a hipótese, o valor da parcela correspondente à redução da base de cálculo;

b) coluna "Outras": o valor da operação ou prestação, deduzida a parcela do IPI, se consignada no documento fiscal, quando se tratar de entrada de mercadoria ou de serviço tomado que não confira ao estabelecimento destinatário ou ao tomador do serviço crédito do imposto, ou quando se tratar de entrada de mercadoria ou de serviço tomado sem lançamento do imposto por ocasião da respectiva saída ou prestação, por ter sido atribuída a outra pessoa a responsabilidade pelo seu pagamento;

8 – colunas sob os títulos "IPI – Valores Fiscais" e "Operações com Crédito do Imposto":

a) coluna "Base de Cálculo": o valor sobre o qual incidir o IPI;

b) coluna "Imposto Creditado": o valor do imposto creditado;

9 – colunas sob os títulos "IPI – Valores Fiscais" e "Operações sem Crédito do Imposto":

a) coluna "Isenta ou Não Tributada": o valor da operação, quando se tratar de entrada de mercadoria cuja saída do estabelecimento remetente tiver sido beneficiada com isenção do IPI ou estiver amparada por não incidência, bem como o valor da parcela correspondente à redução da base de cálculo, quando for o caso;

b) coluna "Outras": o valor da operação, deduzida a parcela do IPI, se consignada no documento fiscal, quando se tratar de entrada de mercadoria que não confira ao estabelecimento destinatário crédito do IPI ou quando se tratar de entrada de mercadoria cuja saída do estabelecimento remetente tiver sido beneficiada com suspensão do recolhimento do IPI;

10 – coluna "Observações": informações diversas.

§ 4º. Poderão ser lançados englobadamente, no último dia do período de apuração, os documentos fiscais relativos a:

1 – mercadorias, segundo a sua origem, deste ou de outro Estado, e a sua destinação:

a) (revogada);

• *Alínea "a" revogada pelo Decreto nº 56.457, de 30.11.2010 – DOE de 1º.12.2010 – Efeitos a partir de 1º.3.2011.*

b) para integração no ativo imobilizado;

2 – (revogado);

• *Item 2 revogado pelo Decreto nº 56.457, de 30.11.2010 – DOE de 1º.12.2010 – Efeitos a partir de 1º.3.2011.*

3 – serviços de comunicação tomados.

§ 5º. Relativamente ao parágrafo anterior, sem prejuízo do disposto no § 1º do art. 117, os documentos fiscais relativos a operações ou prestações originadas ou iniciadas em outro Estado, serão totalizados segundo a alíquota interna aplicável, indicando-se na coluna "Observações" o valor total correspondente à diferença de imposto devida a este Estado.

§ 6º. (Revogado).

• *§ 6º revogado pelo Decreto nº 56.457, de 30.11.2010 – DOE de 1º.12.2010 – Efeitos a partir de 1º.3.2011.*

§ 7º. A escrituração do livro deverá ser encerrada no último dia do período de apuração; inexistindo documento a escriturar, essa circunstância será mencionada.

§ 8º. Após a escrituração de que trata o parágrafo anterior, deverá o estabelecimento, em relação às operações e prestações interestaduais realizadas no período, elaborar demonstrativo por Estado de origem da mercadoria ou de início da prestação de serviço, contendo os totais do valores escriturados nas colunas "valor contábil", "base de cálculo", "outras" e o valor do imposto pago por substituição tributária, indicado na coluna "observações".

## Seção III – Do Livro Registro de Saídas

**Art. 215.** O livro Registro de Saídas, modelo 2 ou 2-A, destina-se à escrituração da saída de mercadoria, a qualquer título, ou da prestação de serviço (Lei nº 6.374/1989, art. 67, § 1º, e Convênio 15.12.1970 – SINIEF, art. 71, com alteração do Ajuste SINIEF-6/95, cláusula primeira, II).

§ 1º. Será também escriturado o documento fiscal relativo à transmissão de propriedade de mercadoria que não transitar pelo estabelecimento.

§ 2º. Os registros serão feitos em ordem cronológica, segundo as datas de emissão dos documentos fiscais, pelos totais diários, com desdobramento em tantas linhas quantas forem as alíquotas aplicadas às operações ou prestações de mesma natureza, de acordo com o Código Fiscal de Operações e Prestações, sendo permitido o registro conjunto dos documentos de numeração seguida da mesma série e subsérie.

§ 3º. Os registros serão feitos nas colunas próprias, conforme segue:

1 – colunas sob o título "Documento Fiscal": a espécie, a série e subsérie, os números de ordem, inicial e final, e a data da emissão dos documentos fiscais;

2 – coluna "Valor Contábil": o valor total constante nos documentos fiscais;

3 – colunas sob o título "Codificação":

a) coluna "Código Contábil": o mesmo código que o contribuinte, eventualmente, utilizar no seu plano de contas contábil;

b) coluna "Código Fiscal": o Código Fiscal de Operações e Prestações;

4 – colunas sob os títulos "ICMS – Valores Fiscais" e "Operações ou Prestações com Débito do Imposto":

a) coluna "Base de Cálculo": o valor sobre o qual incidir o imposto;

b) coluna "Alíquota": a alíquota do imposto aplicada sobre a base de cálculo referida na alínea anterior;

c) coluna "Imposto Debitado": o valor do imposto debitado;

5 – colunas sob os títulos "ICMS – Valores Fiscais" e "Operações ou Prestações sem Débito do Imposto":

a) coluna "Isenta ou Não Tributada": o valor da operação ou prestação, deduzida a parcela do Imposto sobre Produtos Industrializados – IPI, se consignada no documento fiscal, quando se tratar de mercadoria ou serviço cuja saída ou prestação tiver sido beneficiada com isenção ou amparada por não incidência, bem como, ocorrendo a hipótese, o valor da parcela correspondente à redução da base de cálculo;

b) coluna "Outras": o valor da operação ou prestação, deduzida a parcela do IPI, se consignada no documento fiscal, quando se tratar de mercadoria ou serviço cuja saída ou prestação tiver sido efetivada sem lançamento do imposto, por ter sido atribuída a outra pessoa a responsabilidade pelo seu pagamento;

6 – colunas sob os títulos "IPI – Valores Fiscais" e "Operações com Débito do Imposto":

a) coluna "Base de Cálculo": o valor sobre o qual incidir o IPI;

b) coluna "Imposto Debitado": o valor do imposto debitado;

7 – colunas sob os títulos "IPI – Valores Fiscais" e "Operações sem Débito do Imposto":

a) coluna "Isenta ou Não Tributada": o valor da operação, quando se tratar de mercadoria cuja saída tiver sido beneficiada com isenção do IPI ou amparada por imunidade ou não incidência, bem como, ocorrendo a hipótese, o valor da parcela correspondente à redução da base de cálculo;

b) coluna "Outras": o valor da operação, deduzida a parcela do IPI, se consignada no documento fiscal, quando se tratar de mercadoria cuja saída do estabelecimento tiver sido beneficiada com suspensão do recolhimento daquele imposto;

8 – coluna "Observações": informações diversas.

§ 4º. Na hipótese do inciso III ou IV do art. 182, a ocorrência deverá ser indicada na coluna "Observações", nas linhas correspondentes aos registros do documento fiscal original e do complementar.

§ 5º. A escrituração do livro deverá ser encerrada no último dia do período de apuração; inexistindo documento a escriturar, essa circunstância será mencionada.

§ 6º. Após a escrituração de que trata o parágrafo anterior, deverá o estabelecimento, em relação às operações e prestações interestaduais realizadas no período, elaborar demonstrativo, separando as realizadas com contribuintes daquelas com não contribuintes, por Estado de destino da mercadoria ou da prestação do serviço, contendo os totais dos valores escriturados nas colunas "valor contábil", "base de cálculo", e o valor do imposto cobrado por substituição tributária, indicado na coluna "observações".

§ 7º. Os prestadores de serviço de transporte de passageiro, possuidores de inscrição única abrangendo mais de um estabelecimento, emitirão, como auxiliar de escrituração do livro Registro de Saídas, em relação a cada estabelecimento, o Resumo de Movimento Diário – RMD, modelo 18, previsto no art. 174.

### Seção IV – Do Livro Registro de Controle da Produção e do Estoque

**Art. 216.** O livro Registro de Controle da Produção e do Estoque, modelo 3, destina-se à escrituração dos documentos fiscais e dos documentos de uso interno do estabelecimento, correspondentes às entradas e saídas, à produção e às quantidades referentes aos estoques de mercadorias (Lei nº 6.374/1989, art. 67, § 1º, e Convênio SINIEF de 15.12.1970, art. 72).

§ 1º. Os registros serão feitos operação a operação, devendo ser utilizada uma folha para cada espécie, marca, tipo e modelo de mercadoria.

§ 2º. Os registros serão feitos nos quadros e colunas próprios, conforme segue:

1 – quadro "Produto": a identificação da mercadoria, como definida no parágrafo anterior;

2 – quadro "Unidade": a especificação da unidade, tal como quilograma, metro, litro ou dúzia, de acordo com a legislação do Imposto sobre Produtos Industrializados – IPI;

3 – quadro "Classificação Fiscal": a indicação relacionada com o código da Nomenclatura Brasileira de Mercadorias – Sistema Harmonizado – NBM/SH e a alíquota, previstas na legislação do IPI, observado o disposto no § 5º;

4 – colunas sob o título "Documento": a espécie, a série e subsérie, o número de ordem e a data da emissão do documento fiscal ou do documento de uso interno do estabelecimento, correspondente a cada operação;

5 – colunas sob o título "Lançamento": o número e a folha do livro Registro de Entradas ou do livro Registro de Saídas em que o documento fiscal tiver sido lançado, bem como a codificação fiscal, e, quando for o caso, a contábil;

6 – colunas sob o título "Entradas":

a) coluna "Produção – No Próprio Estabelecimento": quantidade do produto industrializado no próprio estabelecimento;

b) coluna "Produção – Em Outro Estabelecimento": quantidade do produto industrializado em outro estabelecimento da mesma empresa ou de terceiro, com mercadoria anteriormente remetida para esse fim;

c) coluna "Diversas": a quantidade de mercadoria não classificada nas alíneas anteriores, incluindo a recebida de outro estabelecimento da mesma empresa ou de terceiro para industrialização e posterior retorno; nesta última hipótese, o fato será mencionado na coluna "Observações";

d) coluna "Valor": a base de cálculo do IPI, quando a entrada da mercadoria originar crédito desse tributo, ou, caso contrário, o valor total atribuído à mercadoria;

e) coluna "IPI": o valor do imposto creditado, quando de direito;

7 – colunas sob o título "Saídas":

a) coluna "Produção – No Próprio Estabelecimento": em se tratando de matéria-prima, produto intermediário ou material de embalagem, a quantidade remetida do almoxarifado para o setor de fabricação, para industrialização no próprio estabelecimento ou, em se tratando de produto acabado, a quantidade saída, a qualquer título, de produto industrializado no próprio estabelecimento;

b) coluna "Produção – Em Outro Estabelecimento": em se tratando de matéria-prima, produto intermediário ou material de embalagem, a quantidade saída para industrialização em outro estabelecimento da mesma empresa ou de terceiro, quando o produto industrializado deva retornar ao estabelecimento remetente ou, em se tratando de produto acabado, a quantidade saída, a qualquer título, de produto industrializado em estabelecimento de terceiro;

c) coluna "Diversas": quantidade de mercadoria saída, a qualquer título, em caso não compreendido nas alíneas anteriores;

d) coluna "Valor": a base de cálculo do IPI ou o valor total atribuído à mercadoria, em caso de saída com isenção ou não incidência;

e) coluna "IPI": o valor do imposto, quando devido;

8 – coluna "Estoque": quantidade em estoque, após cada registro de entrada ou de saída;

9 – coluna "Observações": informações diversas.

§ 3º. Quando se tratar de industrialização no próprio estabelecimento, será dispensada a indicação dos valores relativos às operações referidas na alínea "a" do item 6 e na primeira parte da alínea "a" do item 7 do parágrafo anterior.

§ 4º. Não será escriturada a entrada de mercadoria para integração no ativo imobilizado ou consumo do estabelecimento.

§ 5º. O disposto no item 3 do § 2º não se aplica a estabelecimento comercial não equiparado a industrial.

§ 6º. O livro referido neste artigo poderá, a critério do fisco, ser substituído por fichas:

1 – impressas com os mesmos elementos do livro substituído;

2 – numeradas tipograficamente, observando-se, quanto à numeração, o disposto no art. 191;

3 – prévia e individualmente autenticadas pelo fisco.

§ 7º. Na hipótese do parágrafo anterior, deverá, ainda, ser previamente visada pelo fisco a ficha-índice, que obedecerá ao modelo contido no Anexo/Modelos, e na qual, observada a ordem numérica crescente, será registrada a utilização de cada ficha.

§ 8º. A escrituração do livro ou das fichas de que tratam os §§ 6º e 7º não poderá atrasar-se por mais de 15 (quinze) dias.

§ 9º. No último dia do período de apuração, deverão ser somadas as quantidades e valores constantes nas colunas "Entradas" e "Saídas", acusando-se o saldo das quantidades em estoque, que será transportado para o mês seguinte.

§ 10. A Secretaria da Fazenda poderá fixar modelos especiais do livro referido neste artigo, de modo a adequá-lo às atividades de determinadas categorias econômicas de contribuintes, bem como substituí-lo por demonstrativos periódicos.

- *V. Anexo X, art. 8º, inciso II, deste Regulamento – Dispensa o estabelecimento fabricante de açúcar e álcool da escrituração do livro Registro de Controle da Produção e do Estoque, devendo esta ser efetivada nos livros exigidos pela legislação federal: Livro de Produção Diária de Açúcar (LPD – parte I) e Livro de Produção Diária de Álcool (LPD – parte II).*
- *V. Anexo X, art. 16, deste Regulamento – Dispõe que o engenho deverá elaborar Demonstrativos das entradas, da produção, das saídas e dos estoques, conforme modelo aprovado pela Secretaria da Fazenda, em substituição ao livro de que trata este artigo.*

**Art. 217.** O Livro Registro de Controle da Produção e do Estoque poderá ser escriturado com as seguintes simplificações (Lei nº 6.374/1989, art. 67, § 1º, e Ajustes SINIEF-2/72 e SINIEF-3/81):

I – registro de totais diários na coluna "Produção – No Próprio Estabelecimento", sob o título "Entradas";

II – registro de totais diários na coluna "Produção – No Próprio Estabelecimento", sob o título "Saídas", em se tratando de matéria-prima, produto intermediário ou material de embalagem, na remessa do almoxarifado ao setor de fabricação, para industrialização no próprio estabelecimento;

III – nos casos previstos nos incisos I e II, com exceção da coluna "Data", dispensa da escrituração das colunas sob os títulos "Documento" e "Lançamento", bem como das colunas "Valor" sob os títulos "Entradas" e "Saídas";

IV – registro do saldo na coluna "Estoque" uma só vez, no final dos lançamentos do dia;

V – agrupamento numa só folha de mercadorias com pequena expressão na composição do produto final, tanto em termos físicos quanto em valor, desde que se enquadrem no mesmo código da Tabela de Incidência do Imposto sobre Produtos Industrializados – IPI.

§ 1º. O estabelecimento atacadista não equiparado a industrial fica dispensado da escrituração do quadro "Classificação Fiscal", das colunas "Valor" sob os títulos "Entradas" e "Saídas" e da coluna "IPI" sob o título "Saídas".

§ 2º. O estabelecimento industrial ou a ele equiparado pela legislação do IPI ou o atacadista, que possuírem controles quantitativos de mercadoria que permitam perfeita apuração dos estoques permanentes, poderão optar pela utilização desses controles em substituição ao livro de que cuida este artigo, observando que:

1 – a opção será comunicada, por escrito, ao Órgão do Departamento da Receita Federal a que estiverem vinculados e à Secretaria da Fazenda, devendo ser anexados modelos dos formulários adotados;

2 – os controles substitutivos serão exibidos ao fisco, federal ou estadual, sempre que solicitados;

3 – no modelo, poderão ser acrescentadas as colunas "Valor" e "IPI", tanto na entrada quanto na saída de mercadoria, na medida em que tiverem por finalidade a obtenção de dados para a declaração de informações do IPI;

4 – é dispensada a prévia autenticação dos formulários adotados em substituição ao livro;

5 – será mantida, sempre atualizada, uma ficha-índice ou equivalente.

## Seção V
## Do Livro Registro do Selo Especial de Controle

**Art. 218.** O livro Registro do Selo Especial de Controle, modelo 4, destina-se à escrituração dos dados relativos ao recebimento e à utilização do selo especial de controle previsto pela legislação do Imposto sobre Produtos Industrializados – IPI, que se fará nos termos dessa legislação (Convênio SINIEF de 15.12.1970, art. 73).

### Seção VI – Do Livro Registro de Impressão de Documentos Fiscais

**Art. 219.** O livro Registro de Impressão de Documentos Fiscais, modelo 5, destina-se à escrituração da confecção de impressos de documentos fiscais previstos no art. 124, para terceiro ou para o próprio estabelecimento impressor (Lei nº 6.374/1989, art. 67, § 1º, e Convênio SINIEF de 15.12.1970, art. 74).

§ 1º. Os registros serão feitos operação a operação, em ordem cronológica das saídas dos impressos fiscais confeccionados, ou de sua elaboração no caso de serem utilizados pelo próprio estabelecimento.

§ 2º. Os registros serão feitos nas colunas próprias, conforme segue:

1 – coluna "Autorização de Impressão – Número": o número da Autorização de Impressão de Documentos Fiscais, quando exigida;

2 – colunas sob o título "Comprador":

a) coluna "Número de Inscrição": os números de inscrição, estadual e no CNPJ;

b) coluna "Nome": o nome do contribuinte usuário do impresso de documento fiscal confeccionado;

c) coluna "Endereço": o local do estabelecimento do contribuinte usuário do impresso de documento fiscal confeccionado;

3 – colunas sob o título "Impressos":

a) coluna "Espécie": a espécie do impresso de documento fiscal;

b) coluna "Tipo": o tipo do impresso de documento fiscal confeccionado, tal como bloco, folha solta, formulário contínuo;

c) coluna "Série e Subsérie": a série e subsérie do impresso de documento fiscal;

d) coluna "Numeração": os números de ordem dos impressos de documentos fiscais confeccionados; no caso de impressão sem numeração tipográfica sob regime especial, essa circunstância deverá constar na coluna "Observações";

4 – colunas sob o título "Entrega":

a) coluna "Data": o dia, o mês e o ano da efetiva entrega ao contribuinte usuário, dos impressos de documentos fiscais confeccionados;

b) coluna "Notas Fiscais": a série e o número da Nota Fiscal emitida pelo estabelecimento gráfico, relativa à saída do impresso de documento fiscal confeccionado;

5 – coluna "Observações": informações diversas.

### Seção VII – Do Livro Registro de Utilização de Documentos Fiscais e Termos de Ocorrências

**Art. 220.** O livro Registro de Utilização de Documentos Fiscais e Termos de Ocorrências, modelo 6, destina-se à escrituração da entrada de impressos de documentos fiscais previstos no art. 124, confeccionados por estabelecimentos gráficos ou pelo próprio contribuinte usuário, bem como à lavratura de termos de ocorrências (Lei nº 6.374/1989, art. 67, § 1º, e Convênio SINIEF de 15.12.1970, art. 75).

§ 1º. Os registros serão feitos operação a operação, em ordem cronológica de aquisição ou confecção própria, devendo ser utilizada uma folha para cada espécie, série e subsérie do impresso de documento fiscal.

§ 2º. Os registros serão feitos nos quadros e colunas próprios, conforme segue:

1 – quadro "Espécie": a espécie do impresso de documento fiscal;

2 – quadro "Série e Subsérie": a série e subsérie do impresso de documento fiscal;

3 – quadro "Tipo": o tipo do impresso de documento fiscal confeccionado, tal como bloco, folha solta, formulário contínuo;

4 – quadro "Finalidade da Utilização": o fim a que se destina o impresso de documento fiscal, tal como vendas a contribuintes, vendas a não contribuintes, vendas a contribuintes de outros Estados;

5 – coluna "Autorização de Impressão": o número da Autorização de Impressão de Documentos Fiscais, quando exigida;

6 – coluna "Impressos – Numeração": os números de ordem dos impressos de documentos fiscais confeccionados; no caso de impressão sem numeração tipográfica sob regime especial, essa circunstância deverá constar na coluna "Observações";

7 – colunas sob o título "Fornecedor":

a) coluna "Nome": o nome do contribuinte que tiver confeccionado os impressos de documentos fiscais;

b) coluna "Endereço": o local do estabelecimento impressor;

c) coluna "Inscrição": os números de inscrição, estadual e no CNPJ, do estabelecimento impressor;

8 – colunas sob o título "Recebimento":

a) coluna "Data": o dia, o mês e o ano do efetivo recebimento dos impressos de documentos fiscais confeccionados;

b) coluna "Nota Fiscal": a série e o número da Nota Fiscal emitida pelo estabelecimento impressor por ocasião da saída dos impressos de documentos fiscais confeccionados;

9 – coluna "Observações": informações diversas, incluindo referências a:

a) extravio, perda ou inutilização de impressos de documentos fiscais;

b) supressão da série ou subsérie;

c) entrega de impressos de documentos fiscais à repartição para inutilização.

§ 3º. Do total de folhas deste livro, 50% (cinquenta por cento), no mínimo, serão destinadas à lavratura, pelo fisco, de termos de ocorrências, as quais, devidamente numeradas, deverão ser impressas no final do livro, de acordo com o modelo contido no Anexo/Modelos.

§ 4º. Nas folhas referidas no parágrafo anterior, serão também lavrados termos pelo contribuinte, nas hipóteses expressamente previstas.

- *V. Anexo XIV, art. 9º, inciso I, deste Regulamento – Dispensa a empresa seguradora da manutenção de livros fiscais, exceto o livro Registro de Apuração do ICMS e o livro Registro de Utilização de Documentos Fiscais e Termos de Ocorrências, obrigando-se a arquivar os documentos fiscais, por espécie e em ordem cronológica, para exibição ao fisco.*

### Seção VIII – Do Livro Registro de Inventário

**Art. 221.** O livro Registro de Inventário, modelo 7, destina-se a arrolar, pelos seus valores e com especificações que permitam sua perfeita identificação, mercadorias, matérias-primas, produtos intermediários, materiais de embalagem, produtos manufaturados e produtos em fabricação, existentes no estabelecimento na época do balanço (Lei nº 6.374/1989, art. 67, § 1º, e Convênio SINIEF de 15.12.1970, art. 76).

§ 1º. No livro referido neste artigo serão também arrolados, separadamente:

1 – mercadorias, matérias-primas, produtos intermediários, materiais de embalagem e produtos manufaturados pertencentes ao estabelecimento, em poder de terceiros;

2 – mercadorias, matérias-primas, produtos intermediários, materiais de embalagem, produtos manufaturados e produtos em fabricação, de terceiros, em poder do estabelecimento.

§ 2º. O arrolamento em cada grupo deverá ser feito:

1 – segundo a ordenação da tabela prevista na legislação do Imposto sobre Produtos Industrializados – IPI;

2 – de acordo com a situação tributária da mercadoria, tal como tributada, não tributada, isenta.

§ 3º. Os registros serão feitos nas colunas próprias, conforme segue:

1 – coluna "Classificação Fiscal": a indicação relacionada com o código da Nomenclatura Brasileira de Mercadorias – Sistema Harmonizado – NBM/SH;

2 – coluna "Discriminação": especificação que permita a perfeita identificação da mercadoria – espécie, marca, tipo, modelo;

3 – coluna "Quantidade": a quantidade em estoque na data do balanço;

4 – coluna "Unidade": a especificação da unidade, tal como quilograma, metro, litro ou dúzia, de acordo com a legislação do IPI;

5 – colunas sob o título "Valor":

a) coluna "Unitário": o valor de cada unidade de mercadoria, pelo custo de aquisição ou de fabricação ou pelo preço corrente de mercado ou de bolsa, prevalecendo o critério de valoração pelo preço corrente, quando este for inferior ao preço de custo; no caso de matérias-primas ou produto em fabricação, o valor será o de seu preço de custo;

b) coluna "Parcial": o valor correspondente ao resultado da multiplicação da quantidade pelo valor unitário;

c) coluna "Total": o valor correspondente ao somatório dos valores parciais constantes no mesmo código referido no item 1;

6 – coluna "Observações": informações diversas.

§ 4º. Após o arrolamento, deverá ser consignado o valor total de cada grupo mencionado no *caput* e no § 1º e, ainda, o total geral do estoque existente.

§ 5º. O disposto no item 1 do § 2º e no item 1 do § 3º não se aplica a estabelecimento comercial não equiparado a industrial.

§ 6º. Se a empresa não mantiver escrita contábil, o inventário será levantado em cada estabelecimento no último dia do ano calendário.

§ 7º. A escrituração deverá ser efetivada dentro de 60 (sessenta) dias, contados da data do balanço referido no *caput* ou, no caso do parágrafo anterior, do último dia do ano civil.

§ 8º. Inexistindo estoque, o contribuinte mencionará esse fato na primeira linha, após preencher o cabeçalho da página.

- *V. Anexo VII, art. 5º, inciso II – Dispõe que o depósito fechado deverá lançar no livro Registro de Inventário, separadamente, o estoque de cada estabelecimento depositante.*

### Seção IX – Do Livro Registro de Apuração do IPI

**Art. 222.** O livro Registro de Apuração do IPI, modelo 8, destina-se à escrituração dos valores relacionados com o Imposto sobre Produtos Industrializados – IPI, que se fará nos termos da legislação própria (Convênio SINIEF de 15.12.1970, art. 77).

### Seção X
### Do Livro Registro de Apuração do ICMS

**Art. 223.** O livro Registro de Apuração do ICMS, modelo 9, destina-se a anotar os totais dos valores contábeis e os dos valores fiscais, relativos ao imposto, das operações de entrada e de saída e das prestações recebidas e realizadas, extraídos dos livros próprios e agrupados segundo o Código Fiscal de Operações e Prestações (Lei nº 6.374/1989, art. 67, § 1º, e Convênio SINIEF de 15.12.1970, art. 78).

§ 1º. No livro a que se refere este artigo serão registrados, também, os débitos e os créditos fiscais, a apuração dos saldos e os dados relativos às guias de informação e às guias de recolhimento do imposto.

§ 2º. A escrituração do livro será feita no final do período de apuração do imposto.

- *V. Anexo XIV, art. 9º, inciso I, deste Regulamento. Dispensa a empresa seguradora da manutenção de livros fiscais, exceto o livro Registro de Apuração do ICMS e o livro Registro de Utilização de Documentos Fiscais e Termos de Ocorrências, obrigando-se a arquivar os documentos fiscais, por espécie e em ordem cronológica, para exibição ao fisco.*

## Seção XI
## Das Disposições Comuns aos Livros Fiscais

**Art. 224.** Os livros fiscais serão impressos e terão folhas numeradas tipograficamente em ordem crescente, costuradas e encadernadas, de forma a impedir sua substituição (Lei nº 6.374/1989, art. 67, § 1º, e Convênio SINIEF de 15.12.1970, art. 64, com alteração do Ajuste SINIEF-3/85).

§ 1º. O livro terá termos de abertura e de encerramento, conforme modelos constantes do Anexo/ Modelos, lavrados e assinados pelo contribuinte, termos esses de cuja ocorrência se fará assentamento no livro Registro de Utilização de Documentos Fiscais e Termos de Ocorrências, consignando-se o respectivo número de ordem e data do evento.

§ 2º. Poderá a Secretaria da Fazenda disciplinar a aposição de visto autenticador nos livros fiscais no momento de sua apresentação à fiscalização, em qualquer situação prevista na legislação ou para atendimento de exigência fiscal.

**Art. 225.** A escrituração dos livros fiscais será feita a tinta, com clareza, não podendo atrasar-se por mais de 5 (cinco) dias, ressalvada a escrituração daqueles para os quais forem atribuídos prazos especiais (Lei nº 6.374/1989, art. 67, § 1º, e Convênio SINIEF de 15.12.1970, art. 65).

Parágrafo único. Os livros não poderão conter emendas ou rasuras.

**Art. 226.** A escrita fiscal somente será reconstituída quando, evidenciada a impossibilidade ou a inconveniência de saneá-la por meio de registros corretivos, for (Lei nº 6.374/1989, art. 67, § 1º):

I – autorizada pelo fisco, a requerimento do contribuinte;

II – determinada pelo fisco.

§ 1º. Em qualquer caso, a reconstituição, que se fará no prazo fixado pela repartição fiscal, não eximirá o contribuinte do cumprimento da obrigação principal e das obrigações acessórias, mesmo em relação ao período em que estiver sendo efetuada.

§ 2º. O débito apurado em decorrência da reconstituição ficará sujeito à atualização monetária e aos acréscimos legais.

**Art. 227.** Salvo disposição em contrário, quando o contribuinte mantiver mais de um estabelecimento, seja filial, sucursal, agência, depósito, fábrica ou outro, fará em cada um deles escrituração em livros fiscais distintos, vedada a sua centralização (Lei nº 6.374/1989, art. 67, § 1º, e Convênio SINIEF de 15.12.1970, art. 66).

**Art. 228.** A pessoa inscrita no Cadastro de Contribuintes deverá manter escrituração fiscal, ainda que efetue, unicamente, operações ou prestações não sujeitas ao imposto (Lei nº 6.374/1989, art. 67, § 1º).

**Art. 229.** Sem prévia autorização do fisco, os livros fiscais não poderão ser retirados do estabelecimento, salvo (Lei nº 6.374/1989, art. 67, §§ 1º e 7º, e Convênio SINIEF de 15.12.1970, arts. 67 e 88):

I – nos casos expressamente previstos na legislação;

II – para serem levados à repartição fiscal;

III – se permanecerem sob guarda de escritório de profissional contabilista responsável pela escrita fiscal do contribuinte, conforme indicação quando de sua inscrição cadastral, hipótese em que a exibição, quando exigida, será efetuada em local determinado pelo fisco.

§ 1º. Na hipótese do inciso III:

1 – o contribuinte deverá lavrar termo no livro Registro de Utilização de Documentos Fiscais e Termos de Ocorrências para declarar que os seus livros fiscais permanecerão sob guarda do contabilista por ele indicado quando de sua inscrição cadastral;

2 – a substituição do profissional contabilista responsável pela escrita fiscal do contribuinte e respectiva alteração cadastral implicará imediata alteração do local para guarda dos livros, devendo o contribuinte refazer o termo previsto no item anterior;

3 – a Secretaria da Fazenda, na salvaguarda dos seus interesses, poderá limitar, no todo ou em parte, em relação a determinado contribuinte, o exercício da faculdade de que trata o citado inciso.

§ 2º. Presumir-se-á retirado do estabelecimento o livro não exibido ao fisco quando solicitado.

**Art. 230.** Os livros fiscais serão conservados, no mínimo, pelo prazo de 5 (cinco) anos, contados da data do seu encerramento, e quando contiverem escrituração relativa a operações ou prestações objeto de processo pendente, até sua decisão definitiva, ainda que esta seja proferida após aquele prazo (Lei nº 6.374/1989, art. 67, § 5º).

Parágrafo único. Em caso de dissolução de sociedade, observado o prazo fixado no *caput*, serão atendidas, quanto aos livros fiscais, as normas que regulam, nas leis comerciais, a guarda e conservação dos livros de escrituração.

**Art. 231.** O contribuinte fica obrigado a apresentar os livros fiscais à repartição fiscal competente dentro de 30 (trinta) dias, contados da data da cessação da atividade para cujo exercício estiver inscrito, a fim de serem lavrados os termos de encerramento da atividade (Convênio SINIEF de 15.12.1970, art. 68).

Parágrafo único. Após a devolução dos livros pelo fisco estadual, o contribuinte os encaminhará ao fisco federal, nos termos da legislação própria.

**Art. 232.** Na hipótese de fusão, incorporação, transformação, cisão ou aquisição, o novo titular do estabelecimento deverá comunicar à Secretaria da Fazenda, na forma por ela estabelecida, até o último dia útil do mês subsequente ao da ocorrência, a transferência, para o seu nome, dos livros fiscais em uso, assumindo a responsabilidade por sua guarda, conservação e exibição ao fisco (Convênio SINIEF de 15.12.1970, art. 69).

§ 1°. É permitida a adoção de livros novos em substituição aos que se encontram em uso.

§ 2°. O novo titular assumirá, também, a responsabilidade pela guarda, conservação e exibição ao fisco dos livros fiscais já encerrados, pertencentes ao estabelecimento, bem como dos substituídos nos termos do parágrafo anterior.

• *V. § 1° do art. 202.*

**Art. 233.** Fica facultada a escrituração dos livros fiscais por processo mecanizado ou por sistema eletrônico de processamento de dados, observadas as disposições dos arts. 249 e 250 (Lei n° 6.374/1989, art. 67, § 1°, Convênio SINIEF de 15.12.1970, art. 65, § 3°, e Convênio ICMS-57/95).

**Art. 234.** O estatuído nesta seção aplica-se, salvo disposição em contrário, a quaisquer outros livros de uso do contribuinte, relacionados com o imposto, inclusive livros copiadores (Lei n° 6.374/1989, art. 67, § 1°).

**Art. 235.** A critério da Secretaria da Fazenda, poderá ser estabelecida disciplina complementar para escrituração dos livros fiscais, ainda que decorrente de adaptação dos modelos existentes.

## CAPÍTULO III
## DAS OBRIGAÇÕES
## DOS ESTABELECIMENTOS GRÁFICOS

### Seção I – Das Disposições Preliminares

**Art. 236.** A Secretaria da Fazenda poderá determinar que a confecção de impressos para fins fiscais somente seja efetuada por estabelecimento gráfico credenciado conforme disciplina estabelecida.

• *Art. 236,* caput, *com redação dada pelo Decreto n° 47.065, de 6.9.2002 – DOE de 7.9.2002 – Efeitos a partir da publicação.*

Parágrafo único. O estabelecimento gráfico deverá possuir funcionário, sócio ou dirigente com conhecimentos da legislação sobre a confecção de impressos de documentos fiscais.

• *Parágrafo único com redação dada pelo Decreto n° 50.669, de 30.3.2006 – DOE de 31.3.2006 – Efeitos a partir da publicação.*

**Art. 236-A.** A Secretaria da Fazenda poderá vedar por até 4 (quatro) anos a confecção de impressos para fins fiscais a estabelecimento gráfico que tiver confeccionado impressos irregularmente, mesmo que por terceiro, sem prejuízo da aplicação das penalidades previstas no art. 527.

Parágrafo único. A vedação prevista no *caput* alcança a pessoa do titular, sócio ou dirigente de gráfica, que também não poderá solicitar credenciamento utilizando-se de outro estabelecimento existente ou que venha a existir.

• *Art. 236-A acrescido pelo Decreto n° 47.065, de 6.9.2002 – DOE de 7.9.2002, e com redação dada pelo Decreto n° 50.669, de 30.3.2006 – DOE de 31.3.2006 – Efeitos a partir da publicação.*

**Art. 237.** O estabelecimento gráfico, quando confeccionar impressos numerados para fins fiscais, neles fará constar sua firma ou razão social, o endereço, o número de inscrição, a data e a quantidade de cada impressão, bem como o número da Autorização de Impressão de Documentos Fiscais (Lei n° 6.374/1989, art. 70).

**Art. 238.** Para impressão de livros fiscais, bem como de guias de informação e de guias de recolhimento, o estabelecimento gráfico deverá solicitar autorização do fisco.

§ 1°. O pedido será dirigido ao Delegado Regional Tributário do domicílio fiscal do estabelecimento gráfico e instruído com as provas tipográficas dos modelos dos livros fiscais ou das guias a imprimir.

§ 2°. Recebido o pedido, a autoridade competente verificará, à vista das provas apresentadas, se as composições gráficas guardam conformidade com as especificações dos respectivos modelos e se atendem aos demais requisitos estabelecidos pela Secretaria da Fazenda.

§ 3°. Deverão constar, impressos nos livros fiscais e guias, o nome do titular do estabelecimento gráfico, sua inscrição estadual e o número do processo pelo qual tiver sido concedida a autorização.

### Seção II – Da Autorização para Confecção de Impressos Fiscais

**Art. 239.** O estabelecimento gráfico somente poderá confeccionar impressos dos documentos fiscais referidos nos incisos I, II, IV, VI a XII, XV a XIX e XXI do art. 124 e no § 9° do art. 127, bem como outros impressos, para fins fiscais, previstos na legislação ou aprovados em regimes especiais, mediante autorização prévia da Secretaria da Fazenda, em formulário por esta aprovado, denominado Autorização de Impressão de Documentos Fiscais – AIDF (Convênio de 15.12.1970 – SINIEF, art. 16, na redação do Ajuste SINIEF-1/90 e com alteração do Ajuste SINIEF-3/94, Convênio SINIEF-6/89, art. 89, *caput*, e Ajuste SINIEF-06/03).

• *Art. 239,* caput, *com redação dada pelo Decreto n° 48.294, de 2.12.2003 – DOE de 3.12.2003 – Efeitos a partir da publicação.*

Parágrafo único. Poderá a Secretaria da Fazenda exigir que, para impressão do formulário previsto neste artigo, seja solicitada autorização nos termos de disciplina por ela estabelecida.

**Art. 240.** Cada estabelecimento gráfico deverá possuir formulários próprios, em jogos soltos, de Autorização de Impressão de Documentos Fiscais – AIDF.

§ 1º. É vedado ao estabelecimento gráfico confeccionar para terceiro o formulário AIDF.

§ 2º. A Secretaria da Fazenda poderá determinar que a autorização para confecção de impressos fiscais seja solicitada em formulário por ela fornecido.

**Art. 241.** A autorização para confecção de impressos fiscais será concedida, por solicitação prévia à repartição fiscal a que estiver vinculado o estabelecimento usuário, mediante apresentação do formulário previsto no art. 239, e conterá, no mínimo, as seguintes indicações (Convênio SINIEF de 15.12.1970, art. 17, *caput*, §§ 1º e 4º, o último na redação do Ajuste SINIEF-10/97):

I – a denominação "Autorização de Impressão de Documentos Fiscais" – AIDF;

II – o número de ordem, o número da via e a série;

III – o nome do titular, o endereço e os números de inscrição, estadual e no CNPJ, do estabelecimento gráfico;

IV – o nome, o endereço e os números de inscrição, estadual e no CNPJ, do usuário dos impressos fiscais a serem confeccionados;

V – a espécie do impresso fiscal, a série e subsérie, quando for o caso, o número inicial e o final dos impressos a serem confeccionados, a quantidade e o tipo;

VI – o nome do signatário do formulário e a espécie e o número do seu documento de identidade;

VII – a data da entrega dos impressos, o número e a série da Nota Fiscal emitida pelo estabelecimento gráfico;

VIII – a data e a quantidade da impressão, o número de ordem do primeiro e o do último formulário AIDF impresso e a autorização para impressão do formulário.

§ 1º. As indicações dos incisos I, II, III e VIII serão impressas tipograficamente.

§ 2º. As indicações do inciso VII constarão apenas na 2ª e na 3ª vias e serão apostas pelo estabelecimento usuário e pelo estabelecimento gráfico, respectivamente.

§ 3º. Os formulários serão numerados em ordem crescente de 1 a 999.999, reiniciando-se a numeração quando atingido esse limite.

§ 4º. Será utilizado um jogo do formulário para cada espécie, tipo, série e subsérie de impressos a serem confeccionados.

§ 5º. A AIDF poderá ser emitida e apresentada em meio magnético, de acordo com disciplina estabelecida pela Secretaria da Fazenda.

**Art. 242.** O formulário Autorização de Impressão de Documentos Fiscais – AIDF – será preenchido (Convênio SINIEF de 15.12.1970, art. 17, § 2º):

I – sendo o autor da encomenda deste Estado, em 3 (três) vias, que terão a seguinte destinação:

a) 1ª via – repartição fiscal;

b) 2ª via – estabelecimento usuário;

c) 3ª via – estabelecimento gráfico;

II – sendo o autor da encomenda de outro Estado, em 4 (quatro) vias, que terão a seguinte destinação:

a) 1ª via – repartição fiscal a que estiver vinculado o estabelecimento usuário;

b) 2ª via – estabelecimento usuário;

c) 3ª via – estabelecimento gráfico;

d) 4ª via – repartição fiscal a que estiver vinculado o estabelecimento gráfico.

**Art. 243.** Relativamente às confecções subsequentes à primeira, cada autorização somente será concedida mediante a apresentação da 2ª via do formulário da autorização imediatamente anterior, oportunidade em que a repartição fiscal indicará, nessa via, a circunstância de ter sido autorizada a confecção dos impressos de documentos fiscais, em continuação, e os números correspondentes.

**Art. 244.** Estando o estabelecimento gráfico situado em outro Estado, o formulário de autorização será apresentado às respectivas repartições fiscais pelo estabelecimento gráfico e pelo estabelecimento usuário, devendo a deste preceder a daquele (Convênio SINIEF de 15.12.1970, art. 17, § 3º, na redação do Ajuste SINIEF-4/86).

**Art. 245.** É vedado ao estabelecimento gráfico confeccionar os impressos referidos no art. 239 quando a Autorização de Impressão de Documentos Fiscais – AIDF – contiver qualquer emenda ou rasura.

### Seção III
### Da Máquina Intercaladora de Vias de Impressos Fiscais, Dotada de Numerador Automático

**Art. 246.** Fica facultada, à empresa gráfica usuária de máquinas intercaladoras de vias de impressos e dotadas de dispositivo numerador automático, a numeração de impressos de documentos fiscais por meio desse equipamento, desde que atendidas as seguintes exigências:

I – os impressos terão, em todas as vias, no local destinado a receber a numeração pela máquina intercaladora, faixa de segurança impressa, tal como "Benday", azurado ou outro, que ofereça garantia contra falsificação ou modificação do número;

II – a numeração da 1ª via do impresso será feita a tinta tipográfica indelével, sendo repetida nas demais vias por decalque do papel carbono integrante do jogo de impressos.

§ 1º. A empresa gráfica, quando pretender utilizar este sistema de impressão deverá comunicar, previamente, a adoção à repartição fiscal a que se achar vinculada, apresentando, para isso, declaração em 2 (duas) vias, à qual será juntado um jogo de impressos, numerado na forma dos incisos I e II.

§ 2º. A declaração para numeração de impressos de documentos fiscais por máquina intercaladora dotada de numerador automático, formulada, datilograficamente, em 2 (duas) vias, conterá no mínimo as seguintes indicações:

1 – em epígrafe, a expressão "Declaração para Numeração de Documentos Fiscais por Máquina Intercaladora Dotada de Numerador Automático – Art. 246 do RICMS";

2 – o nome, o endereço, os números de inscrição, estadual e no CNPJ, e a Classificação Nacional de Atividades Econômicas – Fiscal (CNAE-fiscal) do declarante;

3 – as características da máquina: marca, modelo e capacidade de intercalação;

4 – a data a partir da qual o equipamento será utilizado;

5 – a localidade, a data, a assinatura do contribuinte ou de seu representante, o nome do signatário e a espécie e o número do seu documento de identidade.

§ 3º. A repartição fiscal visará e devolverá a 2ª via da declaração, como prova de sua entrega, retendo a 1ª via.

§ 4º. Sempre que a confecção de impressos de documentos fiscais se fizer com utilização da faculdade prevista neste artigo, essa circunstância será indicada na Autorização de Impressão de Documentos Fiscais – AIDF correspondente.

§ 5º. A faculdade prevista neste artigo poderá, a critério do fisco ser cassada a qualquer tempo.

### Seção IV – Das Demais Disposições

**Art. 247.** O disposto neste Título IV aplica-se, também, na hipótese de a tipografia pertencer ao próprio usuário (Lei nº 6.374/1989, art. 70, parágrafo único, e Convênio SINIEF de 15.12.1970, art. 16, § 1º, na redação do Ajuste SINIEF-1/90).

**Art. 248.** Na Nota Fiscal emitida por estabelecimento gráfico para acompanhar os impressos de documentos fiscais por ele confeccionados deverão constar a natureza, a espécie, a numeração inicial e final, a série e subsérie, quando for o caso, dos referidos impressos e o número da Autorização de Impressão de Documentos Fiscais – AIDF.

- *Art. 248 com redação dada pelo Decreto nº 49.547, de 19.4.2005 – DOE de 20.4.2005 – Efeitos a partir da publicação.*

## CAPÍTULO IV
## DA EMISSÃO E ESCRITURAÇÃO DE DOCUMENTOS E LIVROS POR PROCESSOS ESPECIAIS

**Art. 249.** A emissão dos documentos fiscais previstos nos incisos I, II, V a X e XV a XX do art. 124, bem como a sua escrituração, poderá ser efetuada por processo mecanizado, em forma e condições estabelecidas pela Secretaria da Fazenda (Lei nº 6.374/1989, art. 67, § 1º, Convênio SINIEF de 15.12.1970, art. 10, § 6º, na redação do Ajuste SINIEF-2/88, cláusula primeira, e Convênio SINIEF-6/89, art. 89, *caput*).

Parágrafo único. Para efeito deste artigo, considera-se processo mecanizado todo e qualquer sistema mecanográfico ou datilográfico em que não seja utilizado sistema eletrônico de processamento de dados.

**Art. 250.** A emissão e a escrituração de documentos e de livros fiscais poderão ser efetuadas por sistema eletrônico de processamento de dados, na forma e condições estabelecidas pela Secretaria da Fazenda (Lei nº 6.374/1989, art. 67, §1º, e Convênio ICMS-57/95, com alterações dos Convênios ICMS-91/95, 115/95, 54/96, 75/96, 97/96, 32/97, 55/97, 74/97, 96/97, 131/97, 45/98, 66/98, 31/99, 39/00, 42/00, 40/01, 30/02, 69/02, 142/02, 75/03, 76/03, 18/04, 19/04, 20/04, 33/04, 114/04, 12/05, 15/05, 54/05, 12/06, 22/07, 70/07, 136/07 e 142/07).

- *Art. 250,* caput, *com redação dada pelo Decreto nº 52.666, de 24.1.2008 – DOE de 25.1.2008 – Efeitos a partir de 1º.1.2008.*

§ 1º. As pessoas inscritas no Cadastro de Contribuintes do ICMS deverão entregar, em arquivo digital, informações relativas às operações e prestações realizadas, nos termos de disciplina estabelecida pela Secretaria da Fazenda.

- *§ 1º acrescido pelo Decreto nº 48.475, de 28.1.2004 – DOE de 29.1.2004 – Efeitos a partir da publicação.*

§ 2º. Poderá ser autorizada a emissão de documento fiscal em uma única via quando utilizado o sistema eletrônico de processamento de dados, nos termos de disciplina específica estabelecida pela Secretaria da Fazenda (Convênio ICMS-115/03, alterado pelos Convênios ICMS-133/05 e 15/06).

- *§ 2º acrescido pelo Decreto nº 48.475, de 28.1.2004 – DOE de 29.1.2004, e com redação dada pelo Decreto nº 50.769, de 9.5.2006 – DOE de 10.5.2006 – Efeitos a partir de 1º.5.2006.*

**Art. 250-A.** A Escrituração Fiscal Digital – EFD deverá ser efetuada pelo contribuinte mediante o registro eletrônico, em arquivo digital padronizado, de todas as operações, prestações e informações sujeitas à escrituração nos seguintes livros fiscais (Lei nº 6.374/1989, art. 67 e Ajuste SINIEF-02/09):

- *Art. 250-A,* caput, *com redação dada pelo Decreto nº 54.401, de 1º.6.2009 – DOE de 2.6.2009 – Efeitos a partir de 8.4.2009.*

I – Registro de Entradas;

II – Registro de Saídas;

III – Registro de Inventário;

IV – Registro de Apuração do IPI;

V – Registro de Apuração do ICMS.

§ 1º. A Secretaria da Fazenda disciplinará:

1 – a forma, as condições e os prazos em que o arquivo digital da EFD de que trata o *caput* deverá ser gerado pelo contribuinte e enviado por este à Secretaria da Fazenda, observado o disposto no item 1 do § 4º;

2 – as hipóteses de:

a) substituição do arquivo digital da EFD com a finalidade de retificação da escrituração;

b) dispensa da EFD, em que o contribuinte ficará obrigado a efetuar a escrituração das operações, prestações e informações de que trata o *caput*, nos termos do disposto nos arts. 213, 214, 215, 221, 223, 224, 225, 226, 229, 231 e 233 deste Regulamento.

§ 2º. O contribuinte não poderá efetuar a escrituração de que trata o *caput* de forma diversa da prevista neste artigo, salvo nas hipóteses de dispensa da EFD de que trata alínea "b" do item 2 do § 1º.

§ 3º. O arquivo digital da EFD deverá conter a assinatura digital do contribuinte, ou de seu representante legal, certificada por entidade credenciada pela Infraestrutura de Chaves Públicas Brasileira (ICP-Brasil), de forma a garantir a autenticidade, a integridade e a validade jurídica das informações nele contidas.

§ 4º. Salvo disposição em contrário, o contribuinte deverá, para cada período de referência, relativamente a cada estabelecimento localizado neste Estado:

1 – gerar um único arquivo da EFD e enviá-lo uma única vez à Secretaria da Fazenda;

2 – conservar o arquivo digital da EFD pelo prazo previsto no art. 202.

§ 5º. As obrigações de gerar, enviar e conservar o arquivo digital da EFD, não poderão ser substituídas pela impressão em papel das informações relativas a operações e prestações sujeitas à EFD.

§ 6º. As operações, prestações e informações sujeitas à EFD nos termos deste artigo consideram-se escrituradas nos livros fiscais indicados neste artigo, a partir do momento em que for gerado o recibo de entrega do respectivo arquivo digital da EFD regularmente recepcionado pela Secretaria da Fazenda.

§ 7º. A regular recepção do arquivo digital da EFD pela Secretaria da Fazenda não implicará no reconhecimento da veracidade e legitimidade das informações nele contidas, nem na homologação da apuração do imposto informada pelo contribuinte.

§ 8º. Não se aplicam à EFD os seguintes dispositivos deste Regulamento:

1 – os incisos I, II, III, IV, IX, X, XI, do art. 213;

2 – o § 1º do art. 213 e os arts. 224, 225, 226, 229, 231 e 233, relativamente aos respectivos livros de que trata este artigo.

- *Art. 250-A acrescido pelo Decreto nº 53.934, de 31.12.2008 – DOE de 1º.1.2009 – Efeitos a partir da publicação.*

**Art. 251.** É obrigatório o uso de Equipamento Emissor de Cupom Fiscal – ECF por estabelecimento que efetue operação com mercadoria ou prestação de serviços em que o destinatário ou o tomador do serviço seja pessoa física ou jurídica não contribuinte do imposto (Lei nº 6.374/1989, art. 67, § 1º; Convênio de 15.12.1970, art. 50, §§ 1º e 3º, na redação do Ajuste SINIEF-10/99; Convênio ECF-1/98, cláusulas primeira e terceira, com alteração dos Convênios ECF-2/98, ECF-6/99 e ECF-1/00).

§ 1º. Ressalvados os casos previstos na legislação, ao contribuinte obrigado ao uso de ECF somente será permitida a emissão de documento fiscal por outro meio, inclusive o manual, por razões de força maior ou caso fortuito, tais como falta de energia elétrica, quebra ou furto do equipamento, desde que atendidas as normas contidas na legislação, hipótese em que deverá anotar no livro Registro de Utilização de Documentos Fiscais e Termos de Ocorrências o motivo, a data da ocorrência e os números, inicial e final, dos documentos fiscais emitidos.

§ 2º. É vedada a utilização, em recinto de atendimento ao público, de equipamento não integrado ao ECF que possibilite o registro ou o processamento de dados relativo a operação ou a prestação de serviços, sendo obrigatória a utilização do ECF para emissão do documento fiscal da respectiva operação ou prestação e, na hipótese de pagamento efetuado com cartão de crédito ou de débito, para a impressão do correspondente comprovante de pagamento, de tal forma que ambos os documentos fiquem vinculados um ao outro (Convênio ECF-1/98, cláusula quarta).

- *§ 2º com redação dada pelo Decreto nº 58.846, de 15.1.2013 – DOE de 16.1.2013 – Efeitos a partir da publicação.*

§ 3º. A obrigatoriedade prevista neste artigo não se aplica:

1 – a estabelecimento:

a) (revogada);

- *Alínea "a" revogada pelo Decreto nº 56.457, de 30.11.2010 – DOE de 1º.12.2010 – Efeitos a partir de 1º.11.2010.*

b) de concessionária ou permissionária de serviço público relacionado com fornecimento de energia elétrica, fornecimento de gás canalizado ou distribuição de água;

c) prestador de serviço de comunicação e de transporte de carga e de valor;

d) que utilize sistema eletrônico de processamento de dados para emissão de Nota Fiscal, modelo 1 ou 1-A, ou utilize Nota Fiscal Eletrônica – NF-e, modelo 55.

- *Alínea "d" com redação dada pelo Decreto nº 61.084, de 29.1.2015 – DOE de 30.1.2015 – Efeitos a partir da publicação.*

e) usuário de sistema eletrônico de processamento de dados, para emissão de Bilhete de Passagem nas prestações de serviços de transporte intermunicipal, interestadual e internacional de passageiros (Convênio ECF-2/04);

- *Alínea "e" acrescida pelo Decreto nº 48.739, de 21.6.2004 – DOE de 22.6.2004 – Efeitos a partir de 1º.5.2004.*

2 – ao contribuinte que tenha auferido receita bruta no exercício imediatamente anterior de até R$ 120.000,00 (cento e vinte mil reais), observado o disposto nos §§ 1º e 2º do art. 252;

3 – (revogado);

- *Item 3 revogado pelo Decreto nº 56.457, de 30.11.2010 – DOE de 1º.12.2010 – Efeitos a partir de 1º.11.2010.*

4 – (revogado);

- *Item 4 revogado pelo Decreto nº 56.457, de 30.11.2010 – DOE de 1º.12.2010 – Efeitos a partir de 1º.11.2010.*

§ 4º. A adoção, o uso e outras atividades relacionadas com o ECF observarão disciplina estabelecida pela Secretaria da Fazenda.

- *V. art. 18 das DDTT do RICMS/2000 – Dispõe sobre a não aplicação, até 31.12.2005, da obrigatoriedade do uso de Equipamento Emissor de Cupom Fiscal – ECF, nos termos do art. 251 do RICMS/2000, ao estabelecimento prestador de serviços de transporte interestadual e intermunicipal de passageiro.*

§ 5º. Salvo disposição em contrário, é vedado o uso de ECF pelo contribuinte que estiver sujeito à obrigatoriedade de emissão do Cupom Fiscal Eletrônico – CF-e-SAT, modelo 59, nos termos do § 7º do art. 212-O, ou que, obrigado à emissão do Cupom Fiscal Eletrônico – CF-e-SAT, modelo 59, tenha optado pela emissão da Nota Fiscal de Consumidor Eletrônica – NFC-e, modelo 65.

- *§ 5º acrescido pelo Decreto nº 56.587, de 24.12.2010 – DOE de 25.12.2010, e com redação dada pelo Decreto nº 61.084, de 29.1.2015 – DOE de 30.1.2015 – Efeitos a partir da publicação.*

§ 6º. A vedação prevista no § 2º não se aplica a equipamento não integrado ao ECF que for utilizado:

1 – para fins de emissão de Nota Fiscal eletrônica – NF-e, modelo 55, Nota Fiscal de Consumidor Eletrônica – NFC-e, modelo 65, Cupom Fiscal Eletrônico – CF-e-SAT, modelo 59, Documento Auxiliar da Nota Fiscal Eletrônica – DANFE, Documento Auxiliar da Nota Fiscal de Consumidor Eletrônica – DANFE-NFC-e ou Extrato de Emissão do Cupom Fiscal Eletrônico – CF-e-SAT;

- *Item 1 com redação dada pelo Decreto nº 61.084, de 29.1.2015 – DOE de 30.1.2015 – Efeitos a partir da publicação.*

2 – para fins de registro e processamento de pagamento efetuado com cartão de crédito ou de débito, desde que conste no respectivo comprovante de pagamento o número de inscrição no CNPJ do estabelecimento.

- *§ 6º acrescido pelo Decreto nº 56.692, de 27.1.2011 – DOE de 28.1.2008 – Efeitos a partir da publicação.*

**Art. 252.** O estabelecimento com expectativa de receita bruta anual superior a R$ 120.000,00 (cento e vinte mil reais) deverá adotar Equipamento Emissor de Cupom Fiscal – ECF com memória de Fita-Detalhe (MFD) (Convênio ECF – 1/98, cláusula sexta, IV, na redação do Convênio ECF – 1/00):

- *Art. 252,* caput, *com redação dada pelo Decreto nº 51.299, de 23.11.2006 – DOE de 24.11.2006 – Efeitos a partir de 1º.11.2006.*

§ 1º. Para a apuração da receita bruta prevista neste artigo, deverá ser considerado o somatório da receita bruta anual de todos os estabelecimentos, situados neste Estado, pertencentes ao mesmo titular.

§ 2º. Considera-se receita bruta para efeito deste artigo o produto da venda de bens e serviços nas operações em conta própria, o preço dos serviços prestados e o resultado auferido nas operações em conta alheia, não incluído o valor do Imposto sobre Produtos Industrializados – IPI, o das vendas canceladas e o dos descontos concedidos incondicionalmente.

## CAPÍTULO V
## DAS INFORMAÇÕES ECONÔMICO-FISCAIS

**Art. 253.** A pessoa inscrita no Cadastro de Contribuintes do ICMS deverá declarar em guia de informação, em forma e modo estabelecidos pela Secretaria da Fazenda (Lei nº 6.374/1989, arts. 56, com alteração da Lei nº 10.619/2000, arts. 1º, XXIII, 57, 58, 67, *caput*, e 69, Lei Complementar Federal nº 63/1990 e Convênio SINIEF de 15.12.1970, arts. 80 e 81, ambos na redação do Ajuste SINIEF-1/96, cláusula primeira, II, o primeiro com alteração do Ajuste SINIEF-7/96):

I – os valores das operações ou prestações realizadas no período de apuração detalhadas por Código Fiscal de Operações e Prestações – CFOP;

II – o valor do imposto a recolher ou do saldo credor a transportar para o período seguinte, apurado nos termos do art. 87 ou 91;

III – informações relativas ao seu movimento econômico, para fins de fiscalização do tributo;

IV – informações relacionadas com a apuração dos índices de participação dos municípios paulistas na arrecadação do imposto;

- *V. Lei nº 3.201, de 23.12.1981 – Dispõe sobre a parcela, pertencente aos Municípios, do produto da arrecadação do ICM. Alterada pela Lei nº 8.510/1993, retificada no DOE de 31.12.1993.*

V – suas operações interestaduais de entrada ou saída de mercadoria, bem como os serviços tomados ou prestados, com detalhamento dos valores por Estado remetente ou destinatário;

VI – outras informações econômico-fiscais relacionadas com sua atividade, conforme definido pela Secretaria da Fazenda.

**Art. 254.** Salvo disposição em contrário, a guia de informação será entregue no mês subsequente ao da apuração e até os dias a seguir indicados, de acordo com o último algarismo do número de inscrição estadual do estabelecimento (Lei nº 6.374/1989, art. 56, com alteração da Lei nº 10.619/2000, art. 1º, XXIII; Convênio SINIEF de 15.12.1970, arts. 80 e 81, ambos na redação do Ajuste SINIEF-1/96, cláusula primeira, II, o primeiro com alteração do Ajuste SINIEF-7/96; Ajuste SINIEF-4/93, cláusulas oitava, parágrafo único, e décima, na redação do Ajuste SINIEF-9/98):

I – finais 0 e 1 – até o dia 11;

II – finais 2, 3 e 4 – até o dia 12;

III – finais 5, 6 e 7 – até o dia 13;

IV – finais 8 e 9 – até o dia 14.

Parágrafo único. O contribuinte de outra unidade federada que, na condição de responsável, efetuar retenção do imposto a favor deste Estado, deverá apresentar, até o dia 10 do mês subsequente ao da apuração do imposto, a Guia Nacional de Informação e Apuração do ICMS Substituição Tributária – GIA-ST.

**Art. 255.** O contribuinte ficará obrigado a comprovar os dados constantes na declaração, a juízo da autoridade fiscal.

Parágrafo único. Se o contribuinte não fizer a comprovação no prazo fixado ou a fizer de modo insatisfatório, a autoridade fiscal poderá, com base nos elementos que possuir:

1 – arbitrar as importâncias relativas à declaração, para efeito de levantamento fiscal, ou

2 – propor a rejeição da guia de informação, hipótese em que oferecerá os dados necessários para que ela seja substituída de ofício.

• *Parágrafo único com redação dada pelo Decreto nº 46.529, de 4.2.2002 – DOE de 5.2.2002 – Efeitos a partir de 1º.1.2002.*

**Art. 256.** A alteração de dados constantes na guia de informação somente será admitida com observância de critérios, condições e prazos fixados pela Secretaria da Fazenda (Lei nº 6.374/1989, art. 56, com alteração da Lei nº 10.619/2000, art. 1º, XXIII).

**Art. 257.** Na falta da entrega da guia de informação, o fisco transcreverá os dados do livro fiscal próprio, devendo o contribuinte ser, no mesmo ato, cientificado da transcrição (Lei nº 6.374/1989, art. 58).

**Art. 258.** O imposto a recolher, declarado na guia de informação ou transcrito nos termos do artigo anterior, é exigível independentemente da lavratura de auto de infração ou de notificação (Lei nº 6.374/1989, art. 57).

## CAPÍTULO VI
## DA DIVULGAÇÃO DO DOCUMENTO FISCAL DE EMISSÃO OBRIGATÓRIA

**Art. 259.** O contribuinte que efetuar vendas a consumidor deverá manter em seu estabelecimento, em local visível e de fácil leitura, por intermédio de cartaz ou outro meio, indicação do documento fiscal que estiver obrigado a emitir, observada a disciplina estabelecida pela Secretaria da Fazenda (Lei nº 6.374/1989, art. 67).

# LIVRO II
# DA SUJEIÇÃO PASSIVA POR SUBSTITUIÇÃO, DA SUSPENSÃO, DO DIFERIMENTO E DO PAGAMENTO ANTECIPADO

## TÍTULO I
## DAS OPERAÇÕES REALIZADAS POR PRODUTOR

**Art. 260.** Salvo disposição em contrário, na saída promovida por produtor situado em território paulista com destino a comerciante, industrial, cooperativa ou qualquer outro contribuinte, exceto produtor, o imposto será arrecadado e pago pelo destinatário deste Estado, quando devidamente indicado na documentação correspondente, no período em que a mercadoria entrar no estabelecimento, observado o disposto no art. 116 (Lei nº 6.374/1989, art. 8º, I, e § 10, 2, com alteração da Lei nº 9.176/1995, art. 1º, I).

## TÍTULO II
## DA RETENÇÃO ANTECIPADA, DA SUSPENSÃO, DO DIFERIMENTO E DO PAGAMENTO ANTECIPADO DO IMPOSTO

### CAPÍTULO I
### DOS PRODUTOS SUJEITOS À RETENÇÃO DO IMPOSTO

#### Seção I – Das Disposições Gerais

##### *Subseção I – Da Disciplina Comum*

**Art. 261.** O contribuinte que realizar operações ou prestações submetidas ao pagamento do imposto pelo regime jurídico-tributário de sujeição passiva por substituição com retenção do imposto, sem prejuízo do cumprimento de disciplina complementar estabelecida pela Secretaria da Fazenda, observará, além de outras cabíveis, as disposições deste capítulo (Convênio ICMS-81/93, cláusula nona).

Parágrafo único. O contribuinte paulista que, na condição de responsável, retiver imposto em favor de outro Estado:

1 – deverá observar a disciplina estabelecida pelo Estado de destino da mercadoria;

2 – terá seu estabelecimento, relativamente às operações ou prestações com retenção do imposto, sujeito a fiscalização pelos Estados de destino das mercadorias ou serviços, cujos agentes, para tanto, serão previamente credenciados pela Secretaria da Fazenda deste Estado, salvo se a fiscalização for exercida sem a presença física do agente fiscal no estabelecimento fiscalizado (Convênio ICMS-81/93, cláusula nona, na redação do Convênio ICMS-16/06).

- *Item 2 com redação dada pelo Decreto nº 50.769, de 9.5.2006 – DOE de 10.5.2006 – Efeitos a partir de 18.4.2006.*
- *V. Decreto nº 46.082, de 6.9.2001 – Institui regime de diferimento relativamente ao ICMS incidente no fornecimento de insumos para a indústria naval.*

**Art. 262.** O disposto no *caput* do artigo anterior aplica-se, também, a contribuinte estabelecido em outro Estado, quando, na condição de responsável, efetuar retenção do imposto em favor deste Estado (Convênio ICMS-81/93, cláusula sétima, § 2º).

§ 1º. A Secretaria da Fazenda providenciará:

1 – a inscrição do contribuinte de que trata este artigo no Cadastro de Contribuintes do ICMS, conforme disciplina por ela estabelecida;

2 – a divulgação de disciplina por ela estabelecida para cumprimento das obrigações relacionadas com a sujeição passiva por substituição.

§ 2º. A fiscalização de contribuinte estabelecido em outro Estado será efetuada com observância do disposto em acordo celebrado entre os dois Estados.

§ 3º. Na hipótese de falta da inscrição referida no item 1 do § 1º, independente da ação fiscal cabível, o imposto retido devido a este Estado deve ser recolhido por ocasião da saída da mercadoria do estabelecimento, mediante Guia Nacional de Recolhimentos Especiais – GNRE, em relação à qual deverá ser observado o seguinte (Convênio ICMS-81/93, cláusula sétima, § 3º, na redação do Convênio ICMS-95/01, cláusula primeira):

1 – será emitida uma guia para cada destinatário;

2 – no campo “Informações Complementares”, deverá constar o número da Nota Fiscal a que se refere o correspondente recolhimento;

3 – uma via da GNRE deverá acompanhar o transporte da mercadoria.

- *§ 3º com redação dada pelo Decreto nº 46.295, de 23.11.2001 – DOE de 24.11.2001 – Efeitos a partir de 4.10.2001.*

**Art. 263.** As operações ou prestações enquadradas no regime de sujeição passiva por substituição, destinadas a estabelecimento de contribuinte sujeito às normas do Regime Especial Unificado de

Arrecadação de Tributos e Contribuições devidos pelas Microempresas e Empresas de Pequeno Porte – "Simples Nacional", submetem-se regularmente à retenção do imposto incidente sobre as operações ou prestações subsequentes.

• *Art. 263,* caput, *com redação dada pelo Decreto nº 52.104, de 29.8.2007 – DOE de 30.8.2007 – Efeitos a partir da publicação.*

Parágrafo único. Na hipótese de que trata este artigo, para a retenção do imposto será aplicável a alíquota interna a que estiver submetida a mercadoria ou serviço.

**Art. 264.** Salvo disposição em contrário, não se inclui na sujeição passiva por substituição, subordinando-se às normas comuns da legislação, a saída, promovida por estabelecimento responsável pela retenção do imposto, de mercadoria destinada a (Lei nº 6.374/1989, art. 66-F, I, na redação da Lei nº 9.176/1995, art. 3º, e Convênio ICMS-81/93, cláusula quinta):

I – integração ou consumo em processo de industrialização;

II – estabelecimento paulista, quando a operação subsequente estiver amparada por isenção ou não incidência;

• *Inciso II com redação dada pelo Decreto nº 52.104, de 29.8.2007 – DOE de 30.8.2007 – Efeitos a partir da publicação.*

III – outro estabelecimento do mesmo titular, desde que não varejista;

IV – outro estabelecimento responsável pelo pagamento do imposto por sujeição passiva por substituição, em relação à mesma mercadoria ou a outra mercadoria enquadrada na mesma modalidade de substituição;

V – estabelecimento situado em outro Estado;

VI – estabelecimento ao qual for atribuída, por regime especial, a condição de sujeito passivo por substituição tributária.

• *Inciso VI acrescido pelo Decreto nº 59.089, de 15.4.2013 – DOE de 16.4.2013 – Efeitos a partir da publicação.*

§ 1º. Nas hipóteses dos incisos III, IV e VI, a responsabilidade pela retenção do imposto será do estabelecimento destinatário, devendo tal circunstância ser indicada no campo "Informações Complementares" do respectivo documento fiscal.

• *§ 1º com redação dada pelo Decreto nº 59.089, de 15.4.2013 – DOE de 16.4.2013 – Efeitos a partir da publicação.*

§ 2º. O disposto nos incisos III e IV não autoriza o estabelecimento destinatário atacadista a receber, sem a retenção antecipada do imposto, mercadoria de outro contribuinte responsável por tal retenção.

§ 3º. O disposto no inciso IV não se aplica na hipótese em que o estabelecimento destinatário da mercadoria tenha a responsabilidade tributária atribuída pela legislação apenas pelo fato de receber mercadoria de outro Estado.

• *§ 3º acrescido pelo Decreto nº 45.824, de 25.5.2001 – DOE de 26.5.2001 – Efeitos a partir da publicação.*

§ 3º-A. A aplicação do disposto no inciso VI observará disciplina específica a ser estabelecida pela Secretaria da Fazenda, podendo o regime especial ser concedido a pedido do contribuinte ou instituído de ofício.

• *§ 3º-A acrescido pelo Decreto nº 59.089, de 15.4.2013 – DOE de 16.4.2013 – Efeitos a partir da publicação.*

§ 4º. Na ocorrência de qualquer saída ou evento que descaracterizar situação prevista nos incisos, o imposto relativo à substituição tributária será exigido do remetente, podendo o fisco exigi-lo do destinatário.

• *§ 4º acrescido pelo Decreto nº 45.824, de 25.5.2001 – DOE de 26.5.2001 – Efeitos a partir da publicação.*

**Art. 265.** O complemento do imposto retido antecipadamente deverá ser pago pelo contribuinte substituído, observada a disciplina estabelecida pela Secretaria da Fazenda, quando:

I – o valor da operação ou prestação final com a mercadoria ou serviço for maior que a base de cálculo da retenção, na hipótese desta ter sido fixada nos termos do art. 40-A;

II – da superveniente majoração da carga tributária incidente sobre a operação ou prestação final com a mercadoria ou serviço.

• *Art. 265 com redação dada pelo Decreto nº 54.239, de 14.4.2009 – DOE de 15.4.2009 – Efeitos a partir de 23.12.2008.*

**Art. 266.** O imposto relativo à prestação de serviço de transporte, ainda que a mercadoria transportada tenha sido submetida à retenção antecipada do imposto, deverá ser pago pelo transportador, de acordo com a legislação própria, exceto nas hipóteses previstas no art. 316.

Parágrafo único. O tomador do serviço poderá creditar-se do imposto incidente sobre a prestação de serviço de transporte, quando admitido.

• *Art. 266 com redação dada pelo Decreto nº 54.239, de 14.4.2009 – DOE de 15.4.2009 – Efeitos a partir da publicação.*

**Art. 267.** Não recolhido o imposto pelo sujeito passivo por substituição (Lei nº 6.374/1989, art. 66-C, na redação da Lei nº 9.176/1995, art. 3º):

I – em decorrência de decisão judicial, enquanto não retomada a substituição tributária, deverão os contribuintes substituídos cumprir todas as obrigações tributárias, principal e acessórias, pelo sistema de débito e crédito, observadas as normas comuns previstas na legislação;

II – tratando-se de débito não declarado em guia de informação, o débito fiscal poderá ser exigido do contribuinte substituído:

a) em razão de fraude, dolo ou simulação, mediante lavratura de Auto de Infração e Imposição de Multa – AIIM;

b) nos demais casos, mediante notificação, cujo não atendimento acarretará lavratura de Auto de Infração e Imposição de Multa – AIIM.

- *Inciso II com redação dada pelo Decreto nº 46.027, de 22.8.2001 – DOE de 23.8.2001 – Efeitos a partir da publicação.*

### *Subseção II*
### *Do Imposto Retido*

**Art. 268.** O valor do imposto a ser recolhido a título de sujeição passiva por substituição é a diferença entre o valor do imposto calculado mediante aplicação da alíquota interna sobre a base de cálculo prevista para a operação ou prestação sujeita à substituição tributária e o valor do imposto devido pela operação ou prestação própria do remetente (Lei nº 6.374/1989, arts. 2º, § 5º, e 66-D).

- *Art. 268,* caput, *com redação dada pelo Decreto nº 54.137, de 17 de março de 2009 – DOE de 18.3.2009 – Efeitos a partir de 1º.1.2009.*

§ 1º. Nas hipóteses previstas nos incisos VI e XIV do art. 2º, o valor do imposto a ser recolhido a título de sujeição passiva por substituição será a diferença entre os valores resultantes da aplicação, ao valor da operação ou prestação, da alíquota interna praticada neste Estado e da alíquota interestadual.

- *§ 1º,* caput, *com redação dada pelo Decreto nº 54.137, de 17 de março de 2009 – DOE de 18.3.2009 – Efeitos a partir de 1º.1.2009.*

§ 2º. Na hipótese de o sujeito passivo por substituição tributária estar sujeito às normas do Regime Especial Unificado de Arrecadação de Tributos e Contribuições devidos pelas Microempresas e Empresas de Pequeno Porte – "Simples Nacional":

- *§ 2º,* caput, *com redação dada pelo Decreto nº 54.137, de 17 de março de 2009 – DOE de 18.3.2009 – Efeitos a partir de 1º.1.2009.*

1 – o valor do imposto a ser recolhido a título de sujeição passiva por substituição é a diferença entre o valor do imposto calculado mediante a aplicação da alíquota interna sobre a base de cálculo prevista para a operação ou prestação sujeita à substituição tributária e o valor resultante da aplicação da alíquota interna ou interestadual, conforme o caso, sobre o valor da operação ou prestação própria do remetente;

- *Item 1 com redação dada pelo Decreto nº 54.650, de 6.8.2009 – DOE de 7.8.2009 – Efeitos a partir de 1º.8.2009.*

2 – deverá ser elaborado, até o último dia útil da primeira quinzena de cada mês, relatório demonstrativo de apuração do valor a ser recolhido a título de sujeição passiva por substituição, contendo todas as indicações individualizadas das operações e prestações, necessárias à verificação fiscal;

- *Item 2 com redação dada pelo Decreto nº 54.137, de 17 de março de 2009 – DOE de 18.3.2009 – Efeitos a partir de 1º.1.2009.*

3 – o valor do imposto devido na condição de sujeito passivo por substituição tributária deverá ser recolhido por guia de recolhimentos especiais, até o último dia do segundo mês subsequente ao da saída da mercadoria ou da prestação do serviço.

- *Item 3 com redação dada pelo Decreto nº 59.967, de 17.12.2013 – DOE de 18.12.2013 – Efeitos a partir da publicação em relação aos fatos geradores que ocorrerem a partir de 1º.1.2014.*

### *Subseção III*
### *Do Ressarcimento do Imposto Retido*

**Art. 269.** Nas situações adiante indicadas, o estabelecimento do contribuinte substituído que tiver recebido mercadoria ou serviço com retenção do imposto, observada a disciplina estabelecida pela Secretaria da Fazenda, poderá ressarcir-se (Lei nº 6.374/1989, art. 66-B, na redação da Lei nº 9.176/1995, art. 3.º, e Convênio ICMS-81/93, cláusula terceira, § 2º, na redação do Convênio ICMS-56/97, cláusula primeira, I):

I – do valor do imposto retido a maior, correspondente à diferença entre o valor que serviu de base à retenção e o valor da operação ou prestação realizada com consumidor ou usuário final;

II – do valor do imposto retido ou da parcela do imposto retido relativo ao fato gerador presumido não realizado;

III – do valor do imposto retido ou da parcela do imposto retido relativo ao valor acrescido, referente à saída que promover ou à saída subsequente amparada por isenção ou não incidência;

- *Inciso III com redação dada pelo Decreto nº 52.104, de 29.8.2007 – DOE de 30.8.2007 – Efeitos a partir da publicação.*

IV – do valor do imposto retido ou da parcela do imposto retido em favor deste Estado, referente a operação subsequente, quando promover saída para estabelecimento de contribuinte situado em outro Estado.

§ 1º. Estando a operação subsequente amparada por desoneração referida no inciso III, o remetente, observado o disposto no art. 274, acrescentará no campo "Informações Complementares" do documento fiscal a seguinte indicação: "A Substituição Tributária Não Inclui a Operação do Destinatário – Art. 269 do RICMS".

§ 2º. As situações indicadas no *caput* serão comprovadas na forma estabelecida pela Secretaria da Fazenda.

§ 3º. O contribuinte substituído também poderá ressarcir-se do valor do imposto retido a maior, na hipótese de superveniente redução da carga tributária incidente sobre a operação ou prestação final com a mercadoria ou serviço.

§ 4º. Para o fim dos incisos II ao IV, considerar-se-á:

1 – imposto retido, o valor informado pelo remetente, quando a mercadoria tiver sido recebida diretamente do sujeito passivo por substituição;

2 – parcela do imposto retido:

a) o valor resultante da aplicação da alíquota interna sobre a diferença entre a base de cálculo da retenção e o valor da base de cálculo que seria atribuída à operação própria do contribuinte substituído do qual foi recebida a mercadoria, caso estivesse submetida ao regime comum de tributação;

b) quando a desoneração indicada no inciso III referir-se à saída subsequente, o valor resultante da aplicação da alíquota interna sobre a diferença entre a base de cálculo da retenção e o valor da base de cálculo que seria atribuída à operação própria do contribuinte substituído que a estiver promovendo, caso estivesse submetida ao regime comum de tributação.

§ 5º. Ocorrendo a desoneração referida no inciso III, será incluída no campo "Informações Complementares" dos documentos fiscais correspondentes a seguinte indicação "Operação não abrangida pela Substituição Tributária", hipótese em que as eventuais operações subsequentes ficarão submetidas às normas comuns previstas na legislação.

§ 6º. O disposto no inciso I aplica-se apenas na hipótese de a base de cálculo do imposto devido por substituição tributária ter sido fixada nos termos do art. 40-A (Lei nº 6.374/1989, art. 66-B, § 3º, na redação da Lei nº 13.291/2008).

- *§ 6º acrescido pelo Decreto nº 54.239, de 14.4.2009 – DOE de 15.4.2009 – Efeitos a partir de 23.12.2008.*

**Art. 270.** O ressarcimento de que trata o artigo anterior poderá ser efetuado, alternativamente, observada a disciplina estabelecida pela Secretaria da Fazenda, nas seguintes modalidades (Lei nº 6.374/1989, art. 66-B, na redação da Lei nº 9.176/1995, art. 3º e art. 67, § 1º; Convênio ICMS-81/93, cláusula terceira, na redação do Convênio ICMS-56/97, cláusula primeira, I):

I – Compensação Escritural: conjuntamente com a apuração relativa às operações submetidas ao regime comum de tributação, mediante lançamento no livro Registro de Apuração do ICMS;

II – Nota Fiscal de Ressarcimento: quando a mercadoria tiver sido recebida diretamente do estabelecimento do sujeito passivo por substituição, mediante emissão de documento fiscal, que deverá ser previamente visado pela repartição fiscal, indicando como destinatário o referido estabelecimento e como valor da operação aquele a ser ressarcido;

III – Pedido de Ressarcimento: mediante requerimento à Secretaria da Fazenda.

§ 1º. O Pedido de Ressarcimento, no que concerne à sua instrução e apreciação, será processado prioritariamente pelas unidades competentes da Secretaria da Fazenda.

§ 2º. O valor do imposto a ser ressarcido poderá ser utilizado para liquidação de débito fiscal do estabelecimento ou de outro do mesmo titular.

§ 3º. O ressarcimento previsto neste artigo:

1 – não exclui a responsabilidade do contribuinte substituído por erro, omissão ou apresentação de informações falsas que levem a ressarcimento indevido;

2 – não impõe responsabilidade ao sujeito passivo por substituição, salvo a ocorrência de dolo, simulação, fraude ou a não observância das disposições previstas na legislação.

§ 4º. Observada a disciplina estabelecida pela Secretaria da Fazenda, a Nota Fiscal de Ressarcimento, prevista no inciso II, poderá ser autorizada em outras hipóteses.

- *§ 4º acrescido pelo Decreto nº 46.027, de 22.8.2001 – DOE de 23.8.2001 – Efeitos a partir da publicação.*

§ 5º. O valor do imposto a ser ressarcido proveniente de operações de revenda de combustíveis e de outros derivados de petróleo, conforme definida em legislação federal, poderá ser utilizado, na forma do § 2º, apenas para liquidação de débito fiscal do próprio estabelecimento ou de outros do mesmo titular, cuja atividade principal seja revenda de combustíveis e de outros derivados de petróleo, conforme definida em legislação federal (Lei nº 6.374/1989, art. 102, § 3º, acrescentado pela Lei nº 11.929/2005, art. 8º, V).

- *§ 5º acrescido pelo Decreto nº 50.698, de 5.4.2006 – DOE de 6.4.2006, e com redação dada pelo Decreto nº 51.131, de 25.9.2006 – DOE de 26.9.2006 – Efeitos a partir da publicação.*

**Art. 271.** O ressarcimento do valor do imposto retido ou da parcela do imposto retido, previsto no inciso IV do art. 269 não impedirá o aproveitamento do crédito pelo contribuinte substituído, quando admitido, do imposto incidente sobre a operação de saída promovida pelo sujeito passivo por substituição, mediante lançamento no livro Registro de Apuração do ICMS, no quadro "Crédito do Imposto – Outros Créditos", com a expressão "Crédito Relativo à Operação Própria do Substituto" (Lei nº 6.374/1989, art. 36, com alteração da Lei nº 9.359/1996, art. 2º, I).

§ 1º. Na hipótese de a mercadoria ter sido recebida de outro contribuinte substituído, o valor do imposto incidente até a operação anterior será calculado mediante aplicação da alíquota interna sobre a base de cálculo que seria atribuída à operação própria do remetente, caso estivesse submetida ao regime comum de tributação.

§ 2º. O valor do crédito a que se refere o parágrafo anterior não poderá ser superior ao resultante da aplicação da alíquota interna sobre o valor da base de cálculo da retenção efetuada pelo sujeito passivo por substituição.

§ 3º. Na impossibilidade de identificação da operação de entrada da mercadoria, o contribuinte substituído poderá considerar o valor do crédito correspondente às entradas mais recentes, suficientes para comportar a quantidade envolvida.

**Art. 272.** O contribuinte que receber, com imposto retido, mercadoria não destinada a comercialização subsequente, aproveitará o crédito fiscal, quando admitido, calculando-o mediante aplicação da alíquota interna sobre a base de cálculo que seria atribuída à operação própria do remetente, caso estivesse submetida ao regime comum de tributação (Lei nº 6.374/1989, art. 36, com alteração da Lei nº 9.359/1996, art. 2º, I).

Parágrafo único. Se a operação de que decorreu a entrada da mercadoria estiver beneficiada por redução de base de cálculo, seu valor, para determinação do crédito fiscal, será reduzido em igual proporção.

### *Subseção IV – Da Emissão de Documentos Fiscais pelo Sujeito Passivo por Substituição*

**Art. 273.** O sujeito passivo por substituição emitirá documento fiscal para as operações e prestações sujeitas à retenção do imposto, que, além dos demais requisitos, deverá conter, nos campos próprios, as seguintes indicações (Lei nº 6.374/1989, art. 67, § 1º, e Convênio SINIEF de 15.12.1970, art. 19, I, "l" e V, "c" e "d", e § 23, na redação do Ajuste SINIEF-3/94, cláusula primeira, IX, os primeiros e o último, pelo Ajuste SINIEF-2/96, cláusula primeira):

I – a base de cálculo da retenção, apurada nos termos do art. 41;

II – o valor do imposto retido, cobrável do destinatário;

III – a base de cálculo e o valor do imposto incidente sobre a operação própria.

- *Inciso III acrescido pelo Decreto nº 53.295, de 4.8.2008 – DOE de 5.8.2008 – Efeitos a partir da publicação.*
- *Decreto nº 53.295, de 4.8.2008: Art. 3º. Produzem os efeitos atribuídos pelo inciso III do art. 273 do Regulamento do ICMS, na redação dada pelo art. 2º deste Decreto, os destaques do ICMS sobre a operação própria nas Notas Fiscais Eletrônicas – NF-e e nos Documentos Auxiliares da Nota Fiscal Eletrônica – DANFEs, que tenham sido emitidos por sujeito passivo por substituição tributária anteriormente a publicação deste Decreto. (DOE de 5.8.2008)*

§ 1º. Deverá ser consignado no campo "Informações Complementares" do documento fiscal de que trata este artigo a expressão "O destinatário deverá, com relação às operações com mercadoria ou prestações de serviço recebidas com imposto retido, escriturar o documento fiscal nos termos do art. 278 do RICMS".

- *§ 1º com redação dada pelo Decreto nº 53.295, de 4.8.2008 – DOE de 5.8.2008 – Efeitos a partir da publicação.*

§ 2º. O documento fiscal emitido por sujeito passivo por substituição de outro Estado, deverá conter, também, o número de sua inscrição no Cadastro de Contribuintes deste Estado, ainda que por meio de carimbo.

§ 3º. Quando um mesmo documento fiscal referir-se, além de operações sujeitas ao imposto, também a outras, não sujeitas, cujas mercadorias se submetam ao regime de substituição tributária em operações subsequentes, o substituto deverá indicar o valor do imposto retido referente a umas e a outras separadamente, no campo "Informações Complementares".

§ 4º. Quando houver decisão judicial para efeito de não retenção do imposto devido por substituição tributária, esta circunstância (Lei nº 10.753/2001, art. 1º):

1 – será mencionada no documento fiscal, no campo "Informações Complementares", indicando a obrigação do destinatário em relação ao recolhimento do imposto na operação subsequente;

2 – tratando-se de fabricante e de distribuidor de combustível líquido ou lubrificante, derivados de petróleo, deverá, também, encaminhar à Diretoria Executiva da Administração Tributária – DEAT, situada na Av. Rangel Pestana nº 300, 10º andar, São Paulo-SP, CEP-01091-900, até o dia 5 (cinco) do mês subsequente ao da saída da mercadoria, relação dos destinatários dos produtos, contendo, no mínimo, as seguintes informações:

a) o nome ou a razão social;

b) os números de inscrição estadual e no Cadastro Nacional de Pessoa Jurídica do Ministério da Fazenda – CNPJ;

c) o número, a série e a data da Nota Fiscal;

d) o tipo, a quantidade do produto e o correspondente valor.

- *§ 4º com redação dada pelo Decreto nº 45.824, de 25.5.2001 – DOE de 26.5.2001 – Efeitos a partir de 24.1.2001.*

§ 5º. O sujeito passivo por substituição deverá discriminar no campo "Informações Complementares" do documento fiscal, relativamente a cada mercadoria, o valor da base de cálculo da retenção, bem como o valor do imposto retido.

§ 6º. A relação prevista no item 2 do § 4º poderá ser encaminhada por meio de arquivo magnético na forma disciplinada pela Secretaria da Fazenda.

- *§ 6º acrescido pelo Decreto nº 45.824, de 25.5.2001 – DOE de 26.5.2001 – Efeitos a partir da publicação.*

### *Subseção V – Da Emissão de Documentos Fiscais pelo Contribuinte Substituído*

**Art. 274.** O contribuinte substituído, ao realizar operação com mercadoria ou prestação de serviço que tiver recebido com imposto retido, emitirá documento fiscal, sem destaque do valor do imposto, que conterá, além dos demais requisitos, a seguinte indicação "Imposto Recolhido por Substituição – Art. (...)

do RICMS" (Lei nº 6.374/1989, art. 67, § 1º, e Ajuste SINIEF-4/93, cláusula terceira, na redação do Ajuste SINIEF-1/94).

§ 1º. O documento fiscal terá subsérie distinta, salvo se for Nota Fiscal.

§ 2º. Quando o contribuinte substituído tiver adquirido a mercadoria ou serviço sem a retenção do imposto devido por substituição tributária em virtude de decisão judicial, qualquer que seja o favorecido da referida decisão, esta circunstância será mencionada no documento fiscal que emitir, no campo "Informações Complementares", indicando a obrigação do destinatário em relação ao recolhimento do imposto na operação subsequente.

§ 3º. O contribuinte substituído que realizar operações destinadas ao território paulista, com a finalidade de comercialização subsequente, ou prestação de serviço vinculada a operação ou prestação abrangida pela substituição tributária, deverá, no campo "Informações Complementares" do documento fiscal:

1 – indicar a base de cálculo sobre a qual o imposto foi retido e o valor da parcela do imposto retido cobrável do destinatário;

2 – relativamente a cada mercadoria, discriminar as indicações previstas no item anterior.

§ 4º. O transportador que prestar serviço de transporte de mercadoria cuja operação tenha sido submetida à retenção antecipada do imposto emitirá o documento fiscal relativo à prestação com destaque do valor do imposto, exceto na hipótese prevista no § 3º do art. 316.

- *§ 4º com redação dada pelo Decreto nº 54.650, de 6.8.2009 – DOE de 7.8.2009 – Efeitos a partir de 1º.8.2009.*

### *Subseção VI – Da Escrituração Fiscal pelo Sujeito Passivo por Substituição*

**Art. 275.** O sujeito passivo por substituição escriturará o documento fiscal no livro Registro de Saídas, conforme segue (Lei nº 6.374/1989, art. 67, § 1º, e Ajuste SINIEF-4/93, cláusula quarta):

I – nas colunas adequadas, os dados relativos à operação ou prestação própria, na forma prevista neste Regulamento;

II – na coluna "Observações", na mesma linha do registro de que trata o inciso anterior, o valor do imposto retido e o da respectiva base de cálculo, referidos no art. 273, com utilização de colunas distintas para essas indicações, sob o título comum "Substituição Tributária".

Parágrafo único. Os valores constantes na coluna relativa ao imposto retido serão totalizados no último dia do período de apuração, para lançamento no livro Registro de Apuração do ICMS, na forma prevista no art. 281.

**Art. 276.** Ocorrendo devolução de mercadoria cuja saída tiver sido escriturada nos termos do artigo anterior, o sujeito passivo por substituição deverá registrar no livro Registro de Entradas (Lei nº 6.374/1989, art. 67, § 1º, e Ajuste SINIEF-4/93, cláusula quinta):

I – o documento fiscal relativo à devolução, com utilização das colunas "Operações ou Prestações com Crédito do Imposto", na forma prevista neste Regulamento;

II – na coluna "Observações", na mesma linha do registro referido no inciso anterior, o valor da base de cálculo e o do imposto retido, referidos no art. 273, relativos à devolução, na forma do inciso II do artigo precedente.

Parágrafo único. Os valores constantes na coluna relativa ao imposto retido serão totalizados no último dia do período de apuração, para lançamento no livro Registro de Apuração do ICMS, na forma prevista no art. 281.

**Art. 277.** O estabelecimento que, recebendo mercadoria diretamente de outro Estado, seja responsável pelo pagamento, por ocasião da entrada, do imposto incidente na sua própria operação de saída e nas subsequentes, deverá escriturar o livro Registro de Entradas, conforme segue (Lei nº 6.374/1989, art. 67, § 1º):

I – nas colunas adequadas, os dados relativos à operação de aquisição, na forma prevista neste Regulamento;

II – na coluna "Observações", na mesma linha do registro de que trata o inciso anterior, com utilização de colunas distintas sob o título comum "Substituição Tributária":

a) o valor pago antecipadamente a título de imposto incidente sobre sua própria operação e a base de cálculo;

b) o valor do imposto retido incidente sobre as operações subsequentes e o da sua base de cálculo;

III – o valor do imposto recolhido antecipadamente, por meio de guia de recolhimentos especiais, nos termos do art. 426-A, sem prejuízo dos demais lançamentos previstos neste artigo, deverá ser escriturado no livro Registro de Entradas, na coluna "Observações", na mesma linha do registro relativo à respectiva entrada, com utilização de colunas distintas sob o título "Recolhimento Antecipado – Art. 426-A", indicando:

a) a data do recolhimento;

b) o código de receita utilizado;

c) o valor recolhido.

- *Inciso III acrescido pelo Decreto nº 52.742, de 22.2.2008 – DOE de 23.2.2008 – Efeitos a partir de 1º.2.2008.*

§ 1º. Nos documentos fiscais que contenham registro de mercadorias sujeitas a diferentes percentuais de margem de valor agregado, o estabelecimento deverá discriminar, em relação a cada uma delas, ainda que no verso, os valores indicados no inciso II, de modo a permitir o lançamento englobado no livro Registro de Entradas.

§ 2º. Os valores mencionados no inciso II serão totalizados no último dia do período de apuração para lançamento no livro Registro de Apuração do ICMS, conforme segue:

1 – tratando-se de estabelecimento atacadista, inclusive distribuidor:

a) o mencionado na alínea "a", no quadro "Débito do Imposto – Outros Débitos", com a indicação "Pagamento Antecipado – Art. 277 do RICMS", juntamente com a escrituração de suas operações próprias;

b) o mencionado na alínea "b", na forma prevista no art. 281;

2 – tratando-se de estabelecimento varejista, mediante lançamento no livro Registro de Apuração do ICMS, no quadro "Débito do Imposto – Outros Débitos", com a expressão "Pagamento Antecipado – art. 277 do RICMS".

§ 3º. Sem prejuízo dos lançamentos previstos no *caput* e no § 2º, o valor do imposto recolhido antecipadamente por meio de guia de recolhimentos especiais, nos termos do art. 426-A, deverá ser escriturado no livro Registro de Apuração do ICMS – RAICMS, conforme segue:

1 – o valor relativo à operação própria, no quadro "Crédito do Imposto – Outros Créditos", com a expressão "Recolhimento Antecipado – art. 426-A do RICMS";

2 – o valor relativo às operações subsequentes, na forma prevista no art. 281, no quadro "Crédito do Imposto – Outros Créditos", com a expressão "Recolhimento Antecipado – art. 426-A do RICMS".

• *§ 3º com redação dada pelo Decreto nº 52.742, de 22.2.2008 – DOE de 23.2.2008 – Efeitos a partir de 1º.2.2008.*

§ 4º. Tratando-se de contribuinte sujeito às normas do Regime Especial Unificado de Arrecadação de Tributos e Contribuições devidos pelas Microempresas e Empresas de Pequeno Porte – "Simples Nacional", não sendo aplicável a antecipação de recolhimento prevista no *caput* do art. 426-A:

• *§ 4º,* caput, *acrescido pelo Decreto nº 52.742, de 22.2.2008 – DOE de 23.2.2008 – Efeitos a partir de 1º.2.2008.*

1 – o imposto devido, na condição de sujeito passivo por substituição tributária, relativamente à sua própria operação de saída e, se for o caso, às subsequentes, a que se refere o inciso II, deverá ser calculado, aplicando-se, no que couber, o disposto nos §§ 2º, 3º e 5º do art. 426-A;

• *Item 1 acrescido pelo Decreto nº 52.742, de 22.2.2008 – DOE de 23.2.2008 – Efeitos a partir de 1º.2.2008.*

2 – os valores mencionados no inciso II serão totalizados no último dia do período de apuração e recolhidos por meio de guia de recolhimentos especiais, conforme disciplina estabelecida pela Secretaria da Fazenda, até o último dia do segundo mês subsequente ao da ocorrência das entradas, não se aplicando o disposto no § 2º.

• *Item 2 acrescido pelo Decreto nº 52.742, de 22.2.2008 – DOE de 23.2.2008, e com redação dada pelo Decreto nº 59.967, de 17.12.2013 – DOE de 18.12.2013 – Efeitos a partir da publicação em relação aos fatos geradores que ocorrerem a partir de 1º.1.2014.*

### *Subseção VII – Da Escrituração Fiscal pelo Contribuinte Substituído*

**Art. 278.** O contribuinte substituído, relativamente às operações com mercadoria ou prestações de serviço recebidas com imposto retido, escriturará o livro Registro de Entradas e o Registro de Saídas na forma prevista neste Regulamento, com utilização da coluna "Outras", respectivamente, de "Operações ou Prestações sem Crédito do Imposto" e "Operações ou Prestações sem Débito do Imposto" (Lei nº 6.374/1989, art. 67, § 1º, e Ajuste SINIEF-4/93, cláusula sexta, com alteração do Ajuste SINIEF-2/96, cláusula segunda).

§ 1º. O valor do imposto retido ou de parcela do imposto retido, indicado no documento fiscal:

1 – não será incluído na escrituração da coluna "Outras";

2 – será indicado na coluna "Observações", ressalvado o disposto no parágrafo seguinte.

§ 2º. Na escrituração, no livro Registro de Entradas, de Nota Fiscal que acoberte operações interestaduais sujeitas ou não ao imposto, cujas mercadorias estejam sujeitas ao regime de substituição tributária, os valores do imposto retido relativo a tais operações serão lançados, separadamente, na coluna "Observações".

§ 3º. Sem prejuízo da escrituração prevista neste artigo, a Secretaria da Fazenda poderá estabelecer disciplina para o lançamento de outros elementos inerentes à substituição tributária nos livros fiscais.

**Art. 279.** O transportador que realizar prestação de serviço em conformidade com o disposto no *caput* do art. 266, relativamente a mercadoria com imposto retido, escriturará no livro Registro de Saídas o documento fiscal que emitir, com utilização das colunas "Valor Contábil" e "Outras" de "Operações ou Prestações sem Débito do Imposto", fazendo constar na coluna "Observações" a expressão "Transporte de Mercadoria Sujeita a Substituição Tributária" (Lei nº 6.374/1989, art. 67, § 1º).

**Art. 280.** Na hipótese do art. 42, o contribuinte substituído que receber a mercadoria diretamente do sujeito passivo por substituição lançará o imposto a pagar no livro Registro de Apuração do ICMS, no quadro "Débito do Imposto – Outros Débitos", com a expressão "Subst. Tributária sobre parcelas do frete, seguro ou outro encargo", no período em que a mercadoria entrar no seu estabelecimento, sendo vedado o crédito desse imposto (Lei nº 6.374/1989, art. 59).

Parágrafo único. O imposto a pagar a que se refere o *caput* será o valor resultante da aplicação da alíquota prevista para a operação interna com a mercadoria sobre o valor obtido da soma das parcelas referentes a frete, seguro ou outro encargo, acrescido do valor resultante da aplicação do percentual de margem de valor agregado, estabelecido pela legislação em cada caso.

- *Art. 280 com redação dada pelo Decreto nº 54.239, de 14.4.2009 – DOE de 15.4.2009 – Efeitos a partir de 23.12.2008.*

### *Subseção VIII – Da Apuração, da Informação e do Recolhimento do Imposto Retido*

**Art. 281.** O sujeito passivo por substituição apurará os valores relativos ao imposto retido, no último dia do período, no livro Registro de Apuração do ICMS, em folha subsequente à da apuração referente às suas operações próprias, fazendo constar a expressão "Substituição Tributária" e utilizando, no que couber, os quadros "Débito do Imposto", "Crédito do Imposto" e "Apuração dos Saldos", onde serão lançados (Lei nº 6.374/1989, arts. 49 e 67, § 1º, e Ajuste SINIEF-4/93, cláusula sétima):

I – o valor de que trata o parágrafo único do art. 275 ou a alínea "b" do item 1 do § 2º do art. 277, no campo "Por Saídas com Débito do Imposto";

II – o valor de que trata o parágrafo único do art. 276, no campo "Por Entradas com Crédito do Imposto".

**Art. 282.** Os valores referidos no artigo anterior serão declarados ao fisco, separadamente dos relativos às operações próprias, conforme disciplina estabelecida pela Secretaria da Fazenda, observado, quanto aos prazos de apresentação, o disposto no art. 254 (Lei nº 6.374/1989, art. 56, na redação da Lei nº 10.619/2000, art. 1º, XXIII, e Ajuste SINIEF-4/93, cláusulas oitava e décima, a primeira com alteração e a segunda na redação do Ajuste SINIEF-9/98, cláusulas primeira e segunda).

**Art. 282-A.** O contribuinte sujeito às normas do Regime Especial Unificado de Arrecadação de Tributos e Contribuições devidos pelas Microempresas e Empresas de Pequeno Porte – "Simples Nacional" deverá observar o prazo de recolhimento previsto no § 4º do art. 277.

- *Art. 282-A acrescido pelo Decreto nº 52.104, de 29.8.2007 – DOE de 30.8.2007, e com redação dada pelo Decreto nº 52.858, de 2.4.2008 – DOE de 3.4.2008 – Efeitos a partir da publicação.*

**Art. 283.** O sujeito passivo por substituição efetuará o recolhimento do imposto retido antecipadamente, apurado nos termos desta subseção, até o dia indicado no Anexo IV, independentemente do resultado da apuração relativa às suas operações próprias (Lei nº 6.374/1989, arts. 49, § 4º, e 59, e Ajuste SINIEF-4/93, cláusula nona).

- *Art. 283 com redação dada pelo Decreto nº 52.836, de 26.3.2008 – DOE de 27.3.2008 – Efeitos a partir da publicação.*

### *Subseção IX – Das Operações Realizadas fora do Estabelecimento por Contribuinte deste Estado*

**Art. 284.** O sujeito passivo por substituição, estabelecido neste Estado, que realizar operações com mercadoria abrangida pela substituição tributária prevista neste capítulo, fora do estabelecimento, inclusive por meio de veículo, sem destinatário certo, em território paulista, deverá, em lugar da sistemática prevista no art. 434, observar o seguinte procedimento (Lei nº 6.374/1989, art. 67, § 1º, e Convênio SINIEF de 15.12.1970, art. 41):

I – emitir Nota Fiscal para acompanhar a mercadoria que conterá, além dos demais requisitos:

a) os números e, quando adotada, a série dos impressos de Notas Fiscais a serem emitidas por ocasião das entregas;

b) como natureza da operação, "Remessa para Venda Fora do Estabelecimento";

c) o valor do imposto incidente na operação própria e o devido por sujeição passiva por substituição;

II – a Nota Fiscal de remessa prevista no inciso anterior deverá:

a) ser lançada no livro Registro de Saídas, consignando-se o valor das mercadorias apenas na coluna "ICMS – Valores Fiscais – Operações ou Prestações sem Débito do Imposto – Outras";

b) ter o valor do imposto incidente na operação própria consignado no livro Registro de Apuração do ICMS, no quadro "Débito do Imposto – Outros Débitos", com a expressão "ICMS Próprio em Remessa para Venda Fora do Estabelecimento";

c) ter o valor do imposto devido por sujeição passiva por substituição consignado no livro Registro de Apuração do ICMS, em folha subsequente à da apuração referente às suas operações próprias, no quadro "Débito do Imposto – Outros Débitos", com a expressão "Imposto Retido em Remessa para Venda Fora do Estabelecimento";

III – em relação às mercadorias entregues e às eventualmente retornadas ao estabelecimento:

a) será emitida Nota Fiscal relativa às mercadorias não entregues, mencionando, no campo "Informações Complementares", o número e, quando adotada, a série, bem como a data da emissão e o valor da Nota Fiscal correspondente à remessa;

b) a Nota Fiscal de retorno prevista na alínea anterior deverá ser lançada no livro Registro de Entradas, consignando-se o valor das mercadorias apenas na coluna "ICMS – Valores Fiscais – Operações ou Prestações sem Crédito do Imposto – Outras";

c) o valor do imposto incidente na operação própria, constante na Nota Fiscal de remessa, será consignado no livro Registro de Apuração do ICMS, no quadro "Crédito do Imposto – Estorno de Débitos", com a expressão "Estorno do ICMS Próprio no Retorno – Venda Fora do Estabelecimento";

d) o valor do imposto devido por sujeição passiva por substituição, constante na Nota Fiscal de remessa, será consignado no livro Registro de Apuração do ICMS, em folha subsequente à da apuração referente às suas operações próprias, no quadro "Crédito do Imposto – Estorno de Débitos", com a expressão "Estorno do Imposto Retido no Retorno – Venda Fora do Estabelecimento";

e) as Notas Fiscais emitidas por ocasião das entregas, com as indicações previstas no art. 273, serão lançadas no livro Registro de Saídas, nos termos do art. 275.

Parágrafo único. Relativamente a cada remessa a que se refere este artigo, arquivar-se-ão conjuntamente, as primeiras vias das Notas Fiscais de remessa e de retorno, bem como, as vias destinadas à exibição ao fisco das Notas Fiscais emitidas por ocasião das entregas.

**Art. 285.** O contribuinte substituído, estabelecido neste Estado, que realizar operações com mercadoria recebida com imposto retido, fora do estabelecimento, inclusive por meio de veículo, sem destinatário certo, em território paulista, deverá, em lugar da sistemática prevista no art. 434, observar o seguinte procedimento (Lei nº 6.374/1989, art. 67, § 1º, e Convênio SINIEF de 15.12.1970, art. 41):

I – emitir Nota Fiscal para acompanhar a mercadoria que conterá, além dos demais requisitos:

a) os números e, quando adotada, a série dos impressos de Notas Fiscais a serem emitidas por ocasião das entregas;

b) como natureza da operação, "Remessa para Venda Fora do Estabelecimento";

c) a indicação "Imposto Recolhido por Substituição, nos termos do art. (...) do RICMS";

II – a Nota Fiscal de remessa prevista no inciso anterior deverá ser lançada no livro Registro de Saídas, consignando-se o valor das mercadorias apenas na coluna "Observações";

III – em relação às mercadorias entregues e às eventualmente retornadas ao estabelecimento:

a) será emitida Nota Fiscal relativa às mercadorias não entregues, mencionando, no campo "Informações Complementares", o número e a série, bem como a data da emissão e o valor da Nota Fiscal correspondente à remessa;

b) a Nota Fiscal de retorno prevista na alínea anterior deverá ser lançada no livro Registro de Entradas, consignando-se o valor das mercadorias apenas na coluna "Observações";

c) as Notas Fiscais emitidas por ocasião das entregas, com as indicações previstas no art. 274, serão lançadas no livro Registro de Saídas, nos termos do art. 278, sem prejuízo do lançamento de outros elementos inerentes à substituição tributária, na forma estabelecida pela Secretaria da Fazenda.

Parágrafo único. Relativamente a cada remessa a que se refere este artigo, arquivar-se-ão conjuntamente, as primeiras vias das Notas Fiscais de remessa e de retorno, bem como, as vias destinadas à exibição ao fisco das Notas Fiscais emitidas por ocasião das entregas.

**Art. 285-A.** Ao realizar as operações referidas nos arts. 284 e 285, o contribuinte, no ato da entrega das mercadorias, e sem prejuízo do disposto na alínea "e" do inciso III do art. 284 e na alínea "c" do inciso III do art. 285, deverá observar o que se segue:

I – se o adquirente for contribuinte do imposto, deverá ser emitida Nota Fiscal Eletrônica – NF-e, modelo 55, ou Nota Fiscal, modelo 1 ou 1-A;

II – se o adquirente não for contribuinte do imposto, deverá ser emitido um dos seguintes documentos:

a) Nota Fiscal Eletrônica – NF-e, modelo 55;

b) Nota Fiscal, modelo 1 ou 1-A;

c) Cupom Fiscal Eletrônico – CF-e-SAT, modelo 59;

d) Nota Fiscal de Consumidor Eletrônica – NFC-e, modelo 65;

e) Cupom Fiscal emitido por Equipamento Emissor de Cupom Fiscal – ECF, caso o contribuinte ainda não esteja obrigado à emissão do CF-e-SAT.

§ 1º. Os documentos aludidos nos incisos I e II, além dos demais requisitos, deverão conter, no campo "informações complementares", a indicação da série e do número da NF-e ou da Nota Fiscal, modelo 1 ou 1-A, a que se refere o inciso I do art. 284 ou o inciso I do art. 285, conforme o caso, observada a legislação específica do documento utilizado.

§ 2º. Se, no momento da entrega de que trata o inciso I, ocorrer contingência que impossibilite a transmissão da NF-e à Secretaria da Fazenda ou a obtenção de resposta à solicitação de Autorização de Uso da NF-e, e desde que a entrega seja feita neste Estado, o contribuinte poderá emitir Cupom Fiscal Eletrônico – CF-e-SAT, que deverá conter, no campo "Informações Complementares de Interesse do Contribuinte", o nome ou o nome empresarial e o número de inscrição estadual do adquirente da mercadoria.

§ 3º. O contribuinte que proceder em conformidade com o disposto no § 2º, após o término da contingência, emitirá NF-e, modelo 55, que, além dos demais requisitos, deverá:

1 – conter no campo "Informações Complementares", a expressão "Emitida nos termos do § 3º do art. 285-A do RICMS/2000";

2 – conter a indicação do CFOP 5.929;

3 – ser escriturada pelo:

a) emitente, no livro Registro de Saídas apenas na coluna "Observações";

b) destinatário, no livro Registro de Entradas, na forma prevista na legislação, inclusive para efeito de crédito fiscal, quando admitido.

§ 4º. O contribuinte que optar pela utilização do CF-e-SAT ou do Cupom Fiscal emitido por ECF, conforme disposto no inciso II, deverá, previamente à saída das mercadorias de seu estabelecimento:

1 – lavrar termo no livro Registro de Utilização de Documentos Fiscais e Termos de Ocorrências, modelo 6, contendo a marca, modelo, tipo e número de autorização de cada equipamento Emissor de Cupom Fiscal – ECF ou o número de série de cada equipamento SAT a ser utilizado, conforme o caso;

2 – emitir, para acompanhar a movimentação do equipamento Emissor de Cupom Fiscal – ECF e do equipamento SAT, um dos seguintes documentos:

a) Nota Fiscal Eletrônica – NF-e, modelo 55;

b) Nota Fiscal, modelo 1 ou 1-A, se o contribuinte não for obrigado à emissão da Nota Fiscal Eletrônica – NF-e.

§ 5º. A Nota Fiscal emitida para os fins do item 2 do § 4º deverá :

1 – conter a marca, modelo, tipo e número de autorização de cada equipamento Emissor de Cupom Fiscal – ECF ou o número de série de cada equipamento SAT, conforme o caso;

2 – ser registrada no livro Registro de Saídas, apenas na coluna "Observações".

• *Art. 285-A acrescido pelo Decreto nº 61.084, de 29.1.2015 – DOE de 30.1.2015 – Efeitos a partir de 1º.3.2015.*

### *Subseção X*
### *Das Operações Realizadas em Território Paulista por Contribuinte de outro Estado*

**Art. 286.** Nas operações sujeitas a substituição tributária, com mercadoria trazida por contribuinte de outro Estado para venda, em território paulista, sem destinatário certo, não estando atribuída ao adquirente paulista a qualidade de sujeito passivo por substituição, o imposto incidente nas operações subsequentes será calculado na forma prevista no art. 268 e recolhido juntamente com o exigido nos termos do art. 433 (Lei nº 6.374/1989, arts. 8º, 59, 60, I, 66-G, este na redação da Lei nº 9.176/1995, arts. 3º, e 67, § 1º).

Parágrafo único. O documento fiscal emitido pelo contribuinte de outro Estado deverá conter, além dos demais requisitos, as indicações do art. 273.

### *Subseção XI*
### *Do Sujeito Passivo por Substituição enquadrado no Regime de Estimativa*

**Art. 287.** O sujeito passivo por substituição enquadrado no regime de estimativa, sem prejuízo da observância das demais disposições deste capítulo, a cada período do regime periódico de apuração, independentemente dos valores correspondentes às suas operações próprias (Lei nº 6.374/1989, arts. 49, § 4º, 56, na redação da Lei nº 10.619/2000, arts. 1º, XXIII, 59 e 66-F, este na redação da Lei nº 9.176/1995, art. 3º):

I – declarará os valores relativos ao imposto separadamente dos relativos às operações próprias, conforme disciplina estabelecida pela Secretaria da Fazenda, observado quanto aos prazos de apresentação, o disposto no art. 254;

II – recolherá o valor do imposto retido, por meio de guia de recolhimento própria, observado o disposto no art. 566, até o dia indicado no art. 113, sem os acréscimos legais.

### Seção II
### Das Operações ou Prestações Efetuadas por Representante, Mandatário ou Outros

**Art. 288.** Fica atribuída a responsabilidade pelo pagamento do imposto ao remetente ou ao prestador de serviço:

I – estabelecido neste Estado, relativamente ao imposto devido nas subsequentes operações ou prestações realizadas pelas pessoas adiante indicadas, que, a critério do fisco, estiverem dispensadas de inscrição no Cadastro de Contribuintes:

a) representante, mandatário, comissário, gestor de negócios ou adquirente de mercadoria;

b) revendedor que realize vendas exclusivamente a consumidor final pelo sistema porta a porta;

II – estabelecido em outro Estado, signatário de acordo implementado por este Estado, relativamente ao imposto devido nas subsequentes saídas realizadas por revendedor, nas hipóteses de venda exclusivamente a consumidor final efetuada:

a) pelo sistema porta a porta;

b) em banca de jornal.

§ 1º. Para fins do disposto no inciso I e na alínea "a" do inciso II do *caput*, o responsável tributário poderá solicitar à Secretaria da Fazenda a dispensa de inscrição das pessoas ali indicadas.

§ 2º. O disposto no inciso II do *caput* aplica-se também na saída promovida por contribuinte de outro Estado com destino a contribuinte paulista regularmente inscrito, em relação ao pagamento do imposto incidente nas subsequentes saídas promovidas por este e pelos seus revendedores para venda porta a porta.

§ 3º. A atribuição da responsabilidade prevista neste artigo será efetivada mediante regime especial, que deverá ser solicitado pelo responsável tributário à Secretaria da Fazenda conforme disciplina por ela estabelecida, no qual se fixarão as regras para sua operacionalização, podendo a concessão do referido regime ficar condicionada à prestação de fiança ou de outra forma de garantia.

§ 4º. Para determinação da base de cálculo, em caso de inexistência do preço máximo ou único de venda a ser praticado pelo contribuinte substituído, fixado por autoridade competente, será adotado o valor fixado para venda a consumidor final indicado em catálogos ou listas de preço emitidos pelo remetente, acrescido do valor do frete, quando não incluído no preço.

§ 5º. Em substituição ao disposto no § 4º, a Secretaria da Fazenda poderá fixar, como base de cálculo do imposto em relação às saídas subsequentes, o preço praticado pelo remetente da mercadoria, incluídos os valores correspondentes a frete, carreto, seguro, impostos e outros encargos transferíveis ao adquirente, acrescido do valor resultante da aplicação do percentual de margem de valor agregado específico para as hipóteses previstas neste artigo, calculado com observância dos arts. 40-A a 44 deste Regulamento e divulgado pela Secretaria da Fazenda.

§ 6º. A Nota Fiscal emitida pelo responsável tributário, em relação às operações realizadas com revendedores, além dos demais requisitos, conterá o número do regime especial a que se refere o § 3º, bem como a identificação e o endereço do revendedor, e servirá para acobertar a saída que este promover, desde que acompanhada de documento comprobatório dessa condição.

- *Art. 288 com redação dada pelo Decreto nº 59.357, de 15.7.2013 – DOE de 16.7.2013 – Efeitos a partir da publicação.*

### Seção III – Das Operações com Fumo ou seus Sucedâneos Manufaturados

**Art. 289.** Na saída de fumo ou seus sucedâneos manufaturados com destino a estabelecimento localizado em território paulista, fica atribuída a responsabilidade pelo pagamento do imposto incidente nas operações subsequentes (Lei nº 6.374/1989, art. 8º, VII, na redação da Lei nº 9.176/1995, arts. 1º, I, e 60, I, e Convênio ICMS-37/94):

I – a estabelecimento de fabricante ou de importador ou a arrematante de mercadoria importada do exterior e apreendida, localizado neste Estado;

II – a estabelecimento revendedor atacadista que tiver recebido a mercadoria de estabelecimento situado em outro Estado sem a retenção antecipada do imposto.

§ 1º. Em relação aos produtos classificados na posição 2402 e no código 2403.10.0100 da Nomenclatura Brasileira de Mercadorias – Sistema Harmonizado – NBM/SH vigente em 31 de dezembro de 1996, a atribuição da responsabilidade prevista neste artigo estende-se, ainda:

1 – ao estabelecimento do fabricante ou do importador, localizado em outro Estado signatário de acordo implementado por este Estado, arrolado na tabela VII do Anexo VI;

2 – a estabelecimento situado em outro Estado que, tendo recebido o produto com retenção antecipada do imposto relativo às operações subsequentes, promover saída diretamente para contribuinte estabelecido no território deste Estado.

§ 2º. Na hipótese do inciso II:

1 – o imposto incidente na operação própria e nas subsequentes será pago no período de apuração em que tiver ocorrido a entrada da mercadoria no estabelecimento, com observância do disposto no art. 277;

2 – na saída da mercadoria do estabelecimento será emitido documento fiscal nos termos do art. 274 e escriturado o livro Registro de Saídas na forma do art. 278;

3 – no tocante ao imposto pago de acordo com o item 1, aplicar-se-á o disposto no inciso VI do art. 63 e no art. 269.

**Art. 290.** Para determinação da base de cálculo, em caso de inexistência do preço máximo ou único de venda a ser praticado pelo contribuinte substituído, fixado por autoridade competente ou de preço final a consumidor sugerido pelo fabricante ou importador, será de 50% (cinquenta por cento) o percentual de margem de valor agregado a que se refere o art. 41 (Lei nº 6.374/1989, arts. 28 e 28-A, na redação da Lei nº 9.794/1997, arts. 1º e 2º, e Convênio ICM-37/94, cláusula segunda, II).

### Seção IV – Das Operações com Cimento

**Art. 291.** Na saída de cimento classificado na posição 2523 da Nomenclatura Brasileira de Mercadorias – Sistema Harmonizado – NBM/SH, com destino a estabelecimento localizado em território paulista, fica atribuída a responsabilidade pelo pagamento do imposto incidente nas operações subsequentes, inclusive na entrada para o uso ou consumo do destinatário (Lei nº 6.374/1989, arts. 8º, VIII, na redação da Lei nº 9.176/1995, arts. 1º, I, e 60, I; Protocolo ICM-11/85, cláusulas primeira, na redação do Protocolo ICMS-30/97, cláusula primeira, e segunda, *caput*):

I – a estabelecimento de fabricante ou de importador ou a arrematante de mercadoria importada do exterior e apreendida, localizado neste Estado;

II – a estabelecimento localizado em outro Estado, signatário de acordo implementado por este Estado, arrolado na Tabela I do Anexo VI, como segue:

a) do fabricante, importador ou do arrematante da mercadoria importada do exterior e apreendida;

b) do distribuidor, depósito ou atacadista, ainda que tenha recebido a mercadoria com retenção antecipada do imposto.

III – a qualquer estabelecimento que receber cimento diretamente de outro Estado, em hipótese não abrangida pelo inciso anterior.

Parágrafo único. Na hipótese do inciso III:

1 – o imposto incidente na operação própria e nas subsequentes será pago no período de apuração em que tiver ocorrido a entrada da mercadoria no estabelecimento, com observância do disposto no art. 277;

2 – na saída da mercadoria do estabelecimento será emitido documento fiscal nos termos do art. 274 e escriturado o livro Registro de Saídas na forma do art. 278;

3 – no tocante ao imposto pago de acordo com o item 1, aplicar-se-á o disposto no inciso VI do art. 63 e no art. 269.

**Art. 292.** Para determinação da base de cálculo, em caso de inexistência do preço final a consumidor, único ou máximo, autorizado ou fixado por autoridade competente, ou do preço final a consumidor sugerido pelo fabricante ou importador, aprovado e divulgado pela Secretaria da Fazenda, o percentual de margem de valor agregado previsto no art. 41 será o Índice de Valor Adicionado Setorial – IVA-ST, calculado e divulgado pela Secretaria da Fazenda.

- *Art. 292 com redação dada pelo Decreto nº 60.566, de 24.6.2014 – DOE de 25.6.2014 – Efeitos a partir de 1º.7.2014.*

## Seção V – Das Operações com Refrigerante, Cerveja, inclusive Chope e Água

**Art. 293.** Na saída de refrigerante, cerveja, inclusive chope e água, classificados nas posições 2201 a 2203 da Nomenclatura Brasileira de Mercadorias – Sistema Harmonizado – NBM/SH, com destino a estabelecimento localizado em território paulista, fica atribuída a responsabilidade pelo pagamento do imposto incidente nas operações subsequentes (Lei nº 6.374/1989, art. 8º, IX, e § 2º, na redação da Lei nº 9.176/1995, arts. 1º, 59, 60, I, e 67, § 1º; Protocolo ICMS-11/91, cláusulas primeira, na redação do Protocolo ICMS-4/98, terceira, *caput*, e décima primeira):

I – a estabelecimento de fabricante, inclusive de engarrafador de água, ou de importador ou de arrematante de mercadoria importada do exterior e apreendida, localizado neste Estado;

II – a estabelecimento localizado em outro Estado, signatário de acordo implementado por este Estado, arrolado na Tabela II do Anexo VI, como segue:

a) do fabricante, inclusive do engarrafador de água, do importador ou do arrematante da mercadoria importada do exterior e apreendida;

b) do distribuidor, depósito ou atacadista, ainda que tenha recebido a mercadoria com retenção antecipado do imposto;

III – a qualquer estabelecimento que receber mercadoria diretamente de outro Estado, em hipótese não abrangida pelo inciso anterior.

§ 1º. O disposto neste artigo aplica-se, também:

1 – às operações com xarope ou extrato concentrado, classificados no código 2106.90.10 da Nomenclatura Brasileira de Mercadorias – Sistema Harmonizado – NBM/SH, destinados ao preparo de refrigerante em máquina *pré-mix* ou *post-mix*;

2 – a produtos de outros fabricantes, dos quais forem os estabelecimentos indicados nos incisos I a III representantes ou concessionários.

§ 2º. Equiparam-se a refrigerantes as bebidas hidroeletrolíticas (isotônicas) e energéticas, classificadas nas posições 2106.90 e 2202.90 da Nomenclatura Brasileira de Mercadorias – Sistema Harmonizado – NBM/SH (Protocolo ICMS-11/91, cláusula primeira, § 2º, na redação do Protocolo ICMS-28/03).

- *§ 2º com redação dada pelo Decreto nº 49.115, de 10.11.2004 – DOE de 11.11.2004 – Efeitos a partir da publicação.*

§ 3º. Na hipótese do inciso III:

1 – o imposto incidente na operação própria e nas subsequentes será pago no período de apuração em que tiver ocorrido a entrada da mercadoria no estabelecimento, com observância do disposto no art. 277;

2 – na saída da mercadoria do estabelecimento será emitido documento fiscal nos termos do art. 274 e escriturado o livro Registro de Saídas na forma do art. 278;

3 – no tocante ao imposto pago de acordo com o item 1, aplicar-se-á o disposto no inciso VI do art. 63 e no art. 269.

**Art. 294.** Para determinação da base de cálculo, em caso de inexistência do preço máximo ou único de venda a ser praticado pelo contribuinte substituído, fixado por autoridade competente, ou de preço final a consumidor sugerido pelo fabricante ou importador, aprovado e divulgado pela Secretaria da Fazenda, o percentual de margem de valor agregado a que se refere o art. 41 será (Lei nº 6.374/1989, art. 28 e 28-A, na redação da Lei nº 9.794/1997, arts. 1º e 2º, e Protocolo ICMS-11/91, cláusula quarta, com alteração dos Protocolos ICMS-31/91, ICMS-58/91e ICMS-24/99):

- *Art. 294,*caput, *com redação dada pelo Decreto nº 49.345, de 24.1.2005 – DOE de 25.1.2005 – Efeitos a partir de 1º.2.2005.*

I – em hipóteses previstas nos incisos I e II do artigo anterior, quando a base de cálculo for formada a partir do preço praticado pelo fabricante, inclusive engarrafador, ou importador:

a) 250% (duzentos e cinquenta por cento) para água natural, mineral, gasosa ou não, ou potável, em garrafa de vidro, retornável ou não, com capacidade acima de 300 ml e até 500 ml;

b) 66% (sessenta e seis por cento) para refrigerantes;

c) 120% (cento e vinte por cento) para água natural, mineral, gasosa ou não, ou potável, em garrafa plástica de 1.500 ml;

d) 100% (cem por cento) para água natural, mineral, gasosa ou não, ou potável, em embalagem com capacidade igual ou superior a 5.000 ml;

e) 140% (cento e quarenta por cento) para xarope ou extrato concentrado, classificados no código 2106.90.10 da NBM/SH, destinados ao preparo de refrigerante em máquina "pré-mix" ou "post-mix", ou água natural, mineral, gasosa ou não, ou potável, em copo plástico ou embalagem plástica com capacidade de até 500 ml;

- *Alínea "e" com redação dada Decreto nº 45.824, de 25.5.2001 – DOE de 26.5.2001 – Efeitos a partir da publicação.*

f) 140% (cento e quarenta por cento) para chope;

g) 140% (cento e quarenta por cento), quando se tratar de água natural, mineral, gasosa ou não, ou potável, em embalagem de vidro, não retornável, com até 300 ml;

h) 140% (cento e quarenta por cento) nos demais casos, incluída a água gaseificada ou aromatizada artificialmente;

II – na hipótese prevista no inciso III do artigo anterior, tratando-se de estabelecimento atacadista, inclusive distribuidor, a soma do preço de aquisição da mercadoria com os valores referentes a frete, carreto, seguro, impostos e outros encargos assumidos pelo adquirente, acrescida do valor resultante da aplicação, sobre o referido montante, de um dos percentuais de margem de valor agregado previstos no inciso anterior;

III – ainda no tocante à hipótese prevista no inciso III do artigo anterior, tratando-se de estabelecimento varejista, a soma do preço de aquisição da mercadoria com os valores referentes a frete, carreto, seguro, impostos e outros encargos assumidos pelo adquirente, acrescido do valor resultante da aplicação, sobre o referido montante, dos seguintes percentuais de margem de valor agregado:

a) 70% (setenta por cento) para cerveja em garrafa de vidro retornável;

b) 70% (setenta por cento) para cerveja em lata ou em garrafa não retornável;

c) 115% (cento e quinze por cento) para chope;

d) 40% (quarenta por cento) para refrigerante em garrafa de vidro retornável igual a 600 ml;

e) 20% (vinte por cento) para refrigerante em garrafa de vidro retornável acima de 600 ml;

f) 20% (vinte por cento) para refrigerante em garrafa plástica não retornável com 2 (dois) litros ou 2,5 (dois e meio) litros;

g) 20% (vinte por cento) para refrigerante em garrafa plástica não retornável com 1 (um) litro;

h) 37% (trinta e sete por cento) para refrigerante em garrafa plástica retornável com até 2 (dois) litros;

i) 35% (trinta e cinco por cento) para refrigerante em lata e garrafa não retornável;

j) 70% (setenta por cento) para refrigerante em garrafa retornável com até 330 ml;

l) 100% (cem por cento) para xarope ou extrato concentrado, classificados no código 2106.90.10 da NBM/SH, destinados ao preparo de refrigerante em máquina "pré-mix" ou "post-mix";

- *Alínea "l" com redação dada pelo Decreto nº 45.824, de 25.5.2001 – DOE de 26.5.2001 – Efeitos a partir da publicação.*

m) 58% (cinquenta e oito por cento) para água natural, mineral, gasosa ou não, ou potável em garrafa plástica ou de vidro retornável ou não com capacidade até 500 ml;

n) 32% (trinta e dois por cento) para água natural, mineral, gasosa ou não, ou potável em garrafa plástica ou de vidro retornável ou não com capacidade de acima de 500 ml até 2 (dois) litros;

o) 32% (trinta e dois por cento) para água natural, mineral, gasosa ou não, ou potável em embalagem igual ou superior a 5.000 ml;

p) 92% (noventa e dois por cento) para água natural, mineral, gasosa ou não, ou potável em copo plástico de até 300 ml;

q) 40% (quarenta por cento) nos demais casos.

IV – nas hipóteses previstas nos incisos I e II do art. 293, quando a base de cálculo for formada a partir do preço praticado pelo estabelecimento distribuidor, depósito ou atacadista, 100% (cem por cento) para xarope ou extrato concentrado, classificados no código 2106.90.10 da NBM/SH, destinados ao preparo de refrigerante em máquina "pré-mix" ou "post-mix".

- *Inciso IV com redação dada pelo Decreto nº 49.841, de 5.8.2005 – DOE de 6.8.2005 – Efeitos a partir de 1º.8.2005.*

Parágrafo único. (Revogado).

- *Parágrafo único revogado pelo Decreto nº 49.345, de 24.1.2005 – DOE de 25.1.2005 – Efeitos a partir de 1º.2.2005.*

### Seção VI – Das Operações com Sorvete

**Art. 295.** Na saída de sorvete, de qualquer espécie, ou de preparado para fabricação de sorvete em máquina, com destino a estabelecimento localizado no território paulista, fica atribuída a responsabilidade pelo pagamento do imposto incidente nas operações subsequentes (Lei nº 6.374/1989, art. 8º, X, na redação da Lei nº 12.681/2007, art. 1º, I; art. 8º, § 3º, na redação da Lei nº 9.176/1995, art. 60, I, e Protocolo ICMS-20/05, cláusulas primeira e quarta):

- *Art. 295,* caput, *com redação dada pelo Decreto nº 52.148, de 10.9.2007 – DOE de 11.9.2007 – Efeitos a partir de 25.7.2007.*

I – a estabelecimento de fabricante ou de importador ou a arrematante de mercadoria importada do exterior e apreendida, localizado neste Estado;

II – a estabelecimento de fabricante ou importador ou a arrematante de mercadoria importada do exterior e apreendida, localizado em outro Estado, signatário de acordo implementado por este Estado, arrolado na Tabela III do Anexo VI;

III – a qualquer estabelecimento que receber sorvete ou preparado para fabricação de sorvete em máquina diretamente de outro Estado, em hipótese não abrangida pelo inciso II.

- *Inciso III com redação dada pelo Decreto nº 52.148, de 10.9.2007 – DOE de 11.9.2007 – Efeitos a partir de 25.7.2007.*

§ 1º. Na hipótese do inciso III:

1 – o imposto incidente na operação própria e nas subsequentes será pago no período de apuração em que tiver ocorrido a entrada da mercadoria no estabelecimento, com observância do disposto no art. 277;

2 – na saída da mercadoria do estabelecimento será emitido documento fiscal nos termos do art. 274 e escriturado o livro Registro de Saídas na forma do art. 278;

3 – no tocante ao imposto pago de acordo com o item 1, aplicar-se-á o disposto no inciso VI do art. 63 e no art. 269.

§ 2º. O disposto neste artigo aplica-se:

1 – aos sorvetes de qualquer espécie, classificados na posição 2105.00 da NBM/SH;

2 – aos acessórios, como casquinhas, copos descartáveis, copinhos, taças, pazinhas, colheres plásticas, xaropes, coberturas e farofas, desde que, na operação praticada pelo sujeito passivo por substituição, integrem ou acondicionem os sorvetes de que trata o inciso I.

3 – aos preparados para fabricação de sorvete em máquina, classificados nas posições 1806, 1901 e 2106 da NBM/SH.

- *Item 3 com redação dada pelo Decreto nº 53.176, de 26.6.2008 – DOE de 27.6.2008 – Efeitos a partir de 14.4.2008.*

**Art. 296.** Para determinação da base de cálculo, em caso de inexistência de preço único ou máximo de venda a ser praticado pelo contribuinte substituído, autorizado ou fixado por autoridade competente, ou de preço final a consumidor sugerido pelo fabricante ou importador, o percentual de margem de valor agregado a que se refere o art. 41 será de (Protocolo ICMS-20/05, cláusula segunda, parágrafo único):

I – 70% (setenta por cento) para os produtos indicados no item 1 do § 2º do art. 295;

II – 328% (trezentos e vinte e oito por cento) para os produtos indicados no item 3 do § 2º do art. 295.

- *Art. 296 com redação dada pelo Decreto nº 52.148, de 10.9.2007 – DOE de 11.9.2007 – Efeitos a partir de 25.7.2007.*

### Seção VII – Das Operações com Fruta

**Art. 297.** Na saída de amêndoa, avelã, castanha, noz, pêra ou maçã, que não tiver sofrido qualquer processo de industrialização, com destino a estabelecimento localizado em território paulista, fica atribuída a responsabilidade pelo pagamento do imposto incidente nas operações subsequentes (Lei nº 6.374/1989, art. 8º, XII, e § 4º, na redação da Lei nº 9.176/1995, arts. 1º, e 60, I, e Convênio AE-15/72):

I – a estabelecimento de importador, de atacadista, de cooperativa ou a arrematante de mercadoria importada do exterior e apreendida, localizado neste Estado;

II – a qualquer estabelecimento que receber mercadoria de outro Estado.

§ 1º. A aplicação do disposto neste artigo às operações com produto nacional ou proveniente de país membro da Associação Latino-Americana de Integração – ALADI obedecerá a normas estabelecidas pela Secretaria da Fazenda.

§ 2º. Na hipótese do inciso II:

1 – o imposto incidente na operação própria e nas subsequentes será pago no período de apuração em que tiver ocorrido a entrada da mercadoria no estabelecimento, com observância do disposto no art. 277;

2 – na saída da mercadoria do estabelecimento será emitido documento fiscal nos termos do art. 274 e escriturado o livro Registro de Saídas na forma do art. 278;

3 – no tocante ao imposto pago de acordo com o item 1, aplicar-se-á o disposto no inciso VI do art. 63 e no art. 269.

**Art. 298.** Para determinação da base de cálculo, em caso de inexistência do preço máximo ou único de venda a ser praticado pelo contribuinte substituído, fixado por autoridade competente ou de preço final a consumidor sugerido pelo fabricante ou importador, será de 40% (quarenta por cento) o percentual de margem de valor agregado a que se refere o art. 41 (Lei nº 6.374/1989, art. 28, na redação da Lei nº 9.794/1997, e Convênio AE-15/72).

### Seção VIII – Das Operações com Veículo Automotor Novo

#### *Subseção I – Das Operações com Veículo Automotor de Duas Rodas*

**Art. 299.** Na saída de veículo novo motorizado classificado na posição 8711 da Nomenclatura Brasileira de Mercadorias – Sistema Harmonizado – NBM/SH vigente em 31 de dezembro de 1996, com destino a estabelecimento localizado em território paulista, fica atribuída a responsabilidade pela retenção de pagamento do imposto incidente na subsequente saída ou na entrada para integração no ativo imobilizado do estabelecimento destinatário (Lei nº 6.374/1989, arts. 8º, XII e § 4º, na redação da Lei nº 9.176/1995, art. 1º, I, com alteração da Lei nº 10.136/1998, art. 4º, e 60, I; Convênio ICMS-52/93, com alteração dos Convênios ICMS-88/93, ICMS-44/94, ICMS-88/94 e ICMS-9/01):

- *Art. 299,* caput, *com redação dada pelo Decreto nº 45.824, de 25.5.2001 – DOE de 26.5.2001 – Efeitos a partir de 16.4.2001.*
- *V. Decreto n.º 45.824, de 25.5.2001, art. 5º – Convalida os procedimentos relacionados com a retenção do imposto por substituição tributária, adotados até 16 de abril de 2001, para outros veículos classificados na posição 8711 da Nomenclatura Brasileira de Mercadorias – Sistema Harmonizado – NBM/SH, que não se encontravam abrangidos pelo* caput *do art. 299 do Regulamento do ICMS, na redação dada pelo inciso VI do art. 1º deste Decreto.*

I – a estabelecimento de fabricante, de importador ou de arrematante de mercadoria importada do exterior e apreendida, localizado neste Estado;

II – a estabelecimento de fabricante ou de importador, localizado em outro Estado;

III – a estabelecimento situado em outro Estado que, tendo recebido veículo com retenção antecipada do imposto relativo à sua subsequente operação, promover saída diretamente para contribuinte estabelecido no território deste Estado;

IV – a qualquer estabelecimento que receber mercadoria referida neste artigo diretamente de outro Estado, em hipótese não abrangida pelos incisos anteriores.

§ 1º. O disposto neste artigo aplica-se aos acessórios colocados no veículo por estabelecimento responsável pelo pagamento do imposto.

§ 2º. Além das hipóteses previstas no art. 264, o regime de que trata este artigo também não se aplica:

1 – às remessas em que as mercadorias devam retornar ao estabelecimento remetente;

2 – aos acessórios colocados pelo revendedor do veículo.

§ 3º. Na hipótese do inciso IV:

1 – o imposto incidente na operação própria e nas subsequentes será pago no período de apuração em que tiver ocorrido a entrada da mercadoria no estabelecimento, com observância do disposto no art. 277;

2 – na saída da mercadoria do estabelecimento será emitido documento fiscal nos termos do art. 274 e escriturado o livro Registro de Saídas na forma do art. 278;

3 – no tocante ao imposto pago de acordo com o item 1, aplicar-se-á o disposto no inciso VI do art. 63 e no art. 269.

**Art. 300.** Para fins de substituição tributária, a base de cálculo do imposto será (Lei nº 6.374/1989, arts. 28 e 28-A, na redação da Lei nº 9.794/1997, arts. 1º e 2º; Convênio ICMS-52/93, cláusulas terceira e oitava, a primeira na redação do Convênio ICMS-44/94, cláusula primeira e a segunda na redação do Convênio ICMS-88/94, cláusula primeira, II).

I – em relação aos veículos saídos, real ou simbolicamente, das montadoras ou de suas concessionárias, o valor correspondente ao preço de venda a consumidor constante em tabela estabelecida ou sugerida ao público por órgão competente ou, na falta desta, em tabela sugerida pelo fabricante, incluídos os valores do frete, do Imposto sobre Produtos Industrializados – IPI – e dos acessórios a que se refere o § 2º do art. 301;

- *Inciso I com redação dada pelo Decreto nº 52.148, de 10.9.2007 – DOE de 11.9.2007 – Efeitos a partir de 25.7.2007.*

II – em relação a veículo importado, o preço máximo ou único de venda utilizado pelo contribuinte substituído, fixado por autoridade competente, acrescido do valor do frete e dos acessórios a que se refere o § 1º do art. 299.

§ 1º. Para determinação da base de cálculo em caso de inexistência dos valores de que tratam os incisos I e II, será de 34% (trinta e quatro por cento) o percentual de margem de valor agregado previsto no art. 41.

§ 2º. Para determinação da base de cálculo relativa aos acessórios, serão adotadas as regras previstas neste artigo.

### *Subseção II – Das Operações com os demais Veículos Automotores*

**Art. 301.** Na saída de veículo novo com destino a estabelecimento localizado em território paulista, fica atribuída a responsabilidade pela retenção e pagamento do imposto incidente nas subsequentes saídas até e inclusive a promovida pelo primeiro estabelecimento revendedor varejista ou na entrada para integração no ativo imobilizado (Lei nº 6.374/1989, art. 8º, XII e § 4º, na redação da Lei nº 9.176/1995, art. 1º, I, com alteração da Lei nº 10.136/98, arts. 4º, e 60, I; Convênio ICMS-132/92, com alteração dos Convênios ICMS-87/93, ICMS-52/94, ICMS-88/94, cláusulas terceira, II, e quarta, ICMS-163/94 e ICMS-125/98, cláusula primeira):

I – a estabelecimento de fabricante, de importador ou de arrematante de mercadoria importada do exterior e apreendida, localizado neste Estado;

II – a estabelecimento de fabricante ou de importador, localizado em outro Estado;

III – a estabelecimento situado em outro Estado que, tendo recebido veículo com retenção antecipada do imposto relativo à sua subsequente operação, promover saída diretamente para contribuinte estabelecido no território deste Estado.

IV – a qualquer estabelecimento que receber mercadoria referida neste artigo diretamente de outro Estado, em hipótese não abrangida pelos incisos anteriores.

§ 1º. O regime instituído neste artigo aplica-se exclusivamente aos veículos adiante indicados, classificados nos seguintes códigos da Nomenclatura Brasileira de Mercadorias – Sistema Harmonizado – NBM/SH (Convênio ICMS-132/92, Anexo II, na redação do Convênio ICMS-81/01):

- *§ 1º com redação dada pelo Decreto nº 46.295, de 23.11.2001 – DOE de 24.11.2001 – Efeitos a partir de 22.10.2001.*

1 – veículos automóveis para transporte de 10 pessoas ou mais, incluindo o motorista, com motor de pistão, de ignição por compressão (diesel ou semidiesel), com volume interno de habitáculo, destinado a passageiros e motorista, superior a 6 m³, mas inferior a 9 m³ – 8702.10.00;

2 – outros veículos automóveis para transporte de 10 pessoas ou mais, incluindo o motorista, com volume interno de habitáculo, destinado a passageiros e motorista, superior a 6m³, mas inferior a 9 m³ – 8702.90.90;

3 – automóveis com motor explosão, de cilindrada não superior a 1000 cm³ – 8703.21.00;

4 – automóveis com motor explosão, de cilindrada superior a 1000 cm³, mas não superior a 1500 cm³, com capacidade de transporte de pessoas sentadas inferior ou igual a 6, incluído o condutor – 8703.22.10, exceto carro celular;

5 – outros automóveis com motor explosão, de cilindrada superior a 1000 cm³, mas não superior a 1500 cm³ – 8703.22.90, exceto carro celular;

6 – automóveis com motor explosão, de cilindrada superior a 1500 cm³, mas não superior a 3000 cm³, com capacidade de transporte de pessoas sentadas inferior ou igual a 6, incluído o condutor – 8703.23.10, exceto carro celular, carro funerário e automóveis de corrida;

7 – outros automóveis com motor explosão, de cilindrada superior a 1500 cm³, mas não superior a 3000 cm³ – 8703.23.90, exceto carro celular, carro funerário e automóveis de corrida;

8 – automóveis com motor explosão, de cilindrada superior a 3000 cm³, com capacidade de transporte de pessoas sentadas inferior ou igual a 6, incluído o condutor – 8703.24.10, exceto carro celular, carro funerário e automóveis de corrida;

9 – outros automóveis com motor explosão, de cilindrada superior a 3000 cm³ – 8703.24.90, exceto carro celular, carro funerário e automóveis de corrida;

10 – automóveis com motor diesel ou semidiesel, de cilindrada superior a 1500 cm³, mas não superior a 2500 cm³, com capacidade de transporte de pessoas sentadas inferior ou igual a 6, incluído o condutor – 8703.32.10, exceto ambulância, carro celular e carro funerário;

11 – outros automóveis com motor diesel ou semidiesel, de cilindrada superior a 1500 cm³, mas não superior a 2500 cm³ – 8703.32.90, exceto ambulância, carro celular e carro funerário;

12 – automóveis com motor diesel ou semidiesel, de cilindrada superior a 2500 cm³, com capacidade de transporte de pessoas sentadas inferior ou igual a 6, incluído o condutor – 8703.33.10, exceto carro celular e carro funerário;

13 – outros automóveis com motor diesel ou semidiesel, de cilindrada superior a 2500 cm³ – 8703.33.90, exceto carro celular e carro funerário;

14 – veículos automóveis para transporte de mercadorias, de peso em carga máxima não superior a 5 toneladas, chassis com motor diesel ou semidiesel e cabina – 8704.21.10, exceto caminhão de peso em carga máxima superior a 3,9 toneladas;

15 – veículos automóveis para transporte de mercadorias, de peso em carga máxima não superior a 5 toneladas, com motor diesel ou semidiesel, com caixa basculante – 8704.21.20, exceto caminhão de peso em carga máxima superior a 3,9 toneladas;

16 – veículos automóveis para transporte de mercadorias, de peso em carga máxima não superior a 5 toneladas, frigoríficos ou isotérmicos, com motor diesel ou semidiesel – 8704.21.30, exceto caminhão de peso em carga máxima superior a 3,9 toneladas;

17 – outros veículos automóveis para transporte de mercadorias, de peso em carga máxima não superior a 5 toneladas, com motor diesel ou semidiesel – 8704.21.90, exceto carro-forte para transporte de valores e caminhão de peso em carga máxima superior a 3,9 toneladas;

18 – veículos automóveis para transporte de mercadorias, de peso em carga máxima não superior a 5 toneladas, com motor a explosão, chassis e cabina – 8704.31.10, exceto caminhão de peso em carga máxima superior a 3,9 toneladas;

19 – veículos automóveis para transporte de mercadorias, de peso em carga máxima não superior a 5 toneladas, com motor explosão, caixa basculante – 8704.31.20, exceto caminhão de peso em carga máxima superior a 3,9 toneladas;

20 – veículos automóveis para transporte de mercadorias, de peso em carga máxima não superior a 5 toneladas, frigoríficos ou isotérmicos com motor explosão – 8704.31.30, exceto caminhão de peso em carga máxima superior a 3,9 toneladas;

21 – outros veículos automóveis para transporte de mercadorias, de peso em carga máxima não superior a 5 toneladas, com motor a explosão – 8704.31.90, exceto carro-forte para transporte de valores e caminhão de peso em carga máxima superior a 3,9 toneladas.

- *V. Decreto nº 46.295, de 23.11.2001 – Art. 4º: Estabelece disciplina relativa ao estoque de veículos existente em concessionária, em função da inclusão de novos veículos automotores na sistemática da substituição tributária.*

§ 2º. O disposto neste artigo aplica-se aos acessórios colocados no veículo por estabelecimento responsável pelo pagamento do imposto.

§ 3º. Além das hipóteses previstas no art. 264, o regime de que trata este artigo também não se aplica:

1 – às remessas em que as mercadorias devam retornar ao estabelecimento remetente;

2 – aos acessórios colocados pelo revendedor do veículo.

§ 4º. Na hipótese do inciso IV:

1 – o imposto incidente na operação própria e nas subsequentes será pago no período de apuração em que tiver ocorrido a entrada da mercadoria no estabelecimento, com observância do disposto no art. 277;

2 – na saída da mercadoria do estabelecimento será emitido documento fiscal nos termos do art. 274 e escriturado o livro Registro de Saídas na forma do art. 278;

3 – no tocante ao imposto pago de acordo com o item 1, aplicar-se-á o disposto no inciso VI do art. 63 e no art. 269.

**Art. 301-A.** O estabelecimento fabricante que efetuar a retenção do imposto, nos termos desta subseção, deverá remeter a tabela dos preços sugeridos ao público, em arquivo eletrônico, à Secretaria de Fazenda em até 10 (dez) dias após qualquer alteração de preços, conforme disciplina por ela estabelecida (Convênio ICMS- 60/05, cláusula primeira).

• *Art. 301-A acrescido pelo Decreto nº 49.910, de 22.8.2005 – DOE de 23.8.2005 – Efeitos a partir de 23.8.2005.*

**Art. 302.** Para fins de substituição tributária, a base de cálculo do imposto será (Lei nº 6.374/1989, arts. 28 e 28-A, na redação da Lei nº 9.794/1997, arts. 1º e 2º; Convênio ICMS-132/92, cláusula terceira, na redação do Convênio ICMS-83/96):

I – em relação aos veículos saídos, real ou simbolicamente, das montadoras ou de suas concessionárias, o valor correspondente ao preço de venda a consumidor constante em tabela estabelecida ou sugerida ao público por órgão competente ou, na falta desta, em tabela sugerida pelo fabricante, incluídos os valores do frete, do Imposto sobre Produtos Industrializados – IPI – e dos acessórios a que se refere o § 2º do art. 301;

• *Inciso I com redação dada pelo Decreto nº 52.148, de 10.9.2007 – DOE de 11.9.2007 – Efeitos a partir de 25.7.2007.*

II – em relação às demais situações, o preço máximo ou único de venda utilizado pelo contribuinte substituído, fixado por autoridade competente, ou, na falta desse preço, o valor da operação praticado pelo substituto, incluídos os valores correspondentes a frete, carreto, seguro, impostos e outros encargos transferíveis ao varejista, acrescido do valor resultante da aplicação do percentual de 30% (trinta por cento) de margem de valor agregado.

§ 1º. Em se tratando de veículo importado, o valor da operação praticado pelo substituto a que se refere o inciso II, para efeito de apuração da base de cálculo da substituição tributária, não poderá ser inferior ao que serviu de base de cálculo para pagamento dos Impostos de Importação e sobre Produtos Industrializados.

§ 2º. As disposições do inciso I aplicam-se às importadoras que promovem a saída de veículos importados constantes em tabelas sugeridas pelos fabricantes ali referidas.

§ 3º. Para determinação da base de cálculo relativa aos acessórios, serão adotadas as regras previstas neste artigo.

§ 4º. Na operação interestadual, realizada por estabelecimento fabricante e importador, com os produtos relacionados nos Anexos I, II e III do Convênio ICMS-133/02, de 21 de outubro de 2002, aplicar-se-á a redução da base de cálculo do imposto prevista no art. 25 do Anexo II (Convênio ICMS-133/02, com alteração do Convênio ICMS-166/02).

• *§ 4º acrescido pelo Decreto nº 47.626, de 5.2.2003 – DOE de 6.2.2003 – Efeitos a partir da publicação.*

### *Subseção III – Do Faturamento do Veículo Diretamente ao Consumidor*

**Art. 303.** Nas operações com veículo automotor novo, constante nas posições 8429.59, 8433.59 ou no capítulo 87, excluída a posição 8713, da Nomenclatura Brasileira de Mercadoria/Sistema Harmonizado – NBM/SH, na hipótese de ocorrer faturamento direto ao consumidor pela montadora ou importador, deve, também, ser observada a disciplina contida nesta subseção (Convênio ICMS-51/00, cláusula primeira).

Parágrafo único. O disposto nesta subseção aplica-se somente nas hipóteses em que:

1 – a entrega do veículo ao consumidor seja efetuada pela concessionária envolvida na operação;

2 – a operação esteja sujeita ao regime jurídico da substituição tributária previsto nesta seção.

**Art. 304.** Para a aplicação do disposto nesta subseção, a montadora ou o importador deverão: (Convênio ICMS-51/00, cláusula segunda, com alteração do Convênio ICMS-19/01):

I – emitir Nota Fiscal relativa ao faturamento direto ao consumidor adquirente com duas vias adicionais, que serão entregues à concessionária e ao consumidor;

II – apresentar listagem contendo especificamente as operações realizadas com base nesta subseção, conforme disciplina estabelecida pela Secretaria da Fazenda.

Parágrafo único. A Nota Fiscal prevista no inciso I deverá conter no campo "Informações Complementares", além dos demais requisitos:

1 – a expressão "Faturamento Direto ao Consumidor – Convênio ICMS-51/00, art. 304 do RICMS/SP";

2 – a base de cálculo, de forma detalhada, relativa à operação do estabelecimento emitente (montadora ou importadora) e à operação sujeita ao regime da sujeição passiva por substituição, indicando as parcelas do imposto decorrentes de cada uma, observado o disposto no artigo seguinte;

3 – os dados identificativos da concessionária que efetuará a entrega do veículo ao consumidor adquirente.

• *Art. 304 com redação dada pelo Decreto nº 45.824, de 25.5.2001 – DOE de 26.5.2001 – Efeitos a partir de 1º.6.2001.*

**Art. 305.** A base de cálculo relativa à operação da montadora ou do importador que remeter o veículo a concessionária localizada em outra unidade federada, encarregada da entrega ao adquirente, será obtida pela aplicação de um dos percentuais indicados no Convênio ICMS-51/00, de 15 de setembro de 2000, considerando-se a alíquota do Imposto Sobre Produtos Industrializados – IPI incidente na operação, sobre o valor faturado diretamente ao consumidor (Convênio ICMS-51/00, cláusula segunda, parágrafo único).

• *Art. 305,* caput, *com redação dada pelo Decreto nº 59.211, de 17.5.2013 – DOE de 18.5.2013 – Efeitos a partir de 4.10.2012.*

I – Norte, Nordeste, Centro Oeste e o Estado do Espírito Santo, com a alíquota do IPI de:

a) 0%, 45,08%;
b) 1%, 44,59%;
c) 1,5%, 44,35%;
d) 3%, 43,66%;
e) 4%, 43,21%;
f) 5%, 42,75%;
g) 5,5%, 42,55%;
h) 6%, 43,21%;
i) 6,5%, 42,12%;
j) 7%, 42,78%;
k) 7,5%, 41,70%;
l) 8%, 42,35%;
m) 9%, 41,94%;
n) 9,5%, 40,89%;
o) 10%, 41,56%;
p) 11%, 40,24%;
q) 12%, 39,86%;
r) 13%, 39,49%;
s) 14%, 39,12%;
t) 15%, 38,75%;
u) 16%, 38,40%;
v) 18%, 37,71%;
w) 20%, 36,83%;
x) 25%, 35,47%;
y) 35%, 32,70%;

II – Sul e Sudeste, com alíquota de IPI de:

a) 0% e isento, 81,67%;
b) 1%, 80,73%;
c) 1,5%, 80,28%;
d) 3%, 78,96%;
e) 4%, 78,10%;
f) 5%, 77,25%;
g) 5,5%, 76,84%;
h) 6%, 78,01%;
i) 6,5%, 76,03%;
j) 7%, 77,19%;
k) 7,5%, 75,24%;
l) 8,0%, 76,39%;
m) 9%, 75,60%;
n) 9,5%, 73,69%;
o) 10%, 74,83%;
p) 11%, 72,47%;
q) 12%, 71,75%;
r) 13%, 71,04%;
s) 14%, 70,34%;
t) 15%, 69,66%;
u) 16%, 68,99%;
v) 18%, 67,69%;
w) 20%, 66,42%;
x) 25%, 63,49%;
y) 35%, 58,33%.

• *Art. 305 com redação dada pelo Decreto nº 56.457, de 30.11.2010 – DOE de 1º.12.2010 – Efeitos a partir de 16.12.2009.*

**Art. 306.** Sobre a base de cálculo obtida por meio dos percentuais referidos no art. 305, aplicar-se-á a alíquota vigente neste Estado para as operações internas.

• *Art. 306,* caput, *com redação dada pelo Decreto nº 59.211, de 17.5.2013 – DOE de 18.5.2013 – Efeitos a partir de 4.10.2012.*

**Art. 307.** A Nota Fiscal emitida nos termos do art. 304 (Convênio ICMS-51/00, cláusulas segunda, II, quarta e quinta, I, e sexta):

I – será registrada pela montadora ou pelo importador, no livro Registro de Saídas, com a utilização de todas as colunas relativas a operações com débito do imposto e com substituição tributária, apondo-se na coluna "Observações" a expressão "Faturamento Direto ao Consumidor";

II – será registrada pela concessionária, no livro Registro de Entradas, à vista da via adicional, ficando facultada a utilização apenas das colunas "Documento Fiscal" e "Observações", devendo nesta ser indicada a expressão "Entrega de Veículo por Faturamento Direto ao Consumidor";

III – acompanhará o transporte do veículo do estabelecimento da montadora ou do importador para o da concessionária, dispensada a emissão de outro documento fiscal para esse fim.

**Art. 308.** Fica facultada a emissão de Nota Fiscal para a entrega do veículo pela concessionária ao adquirente (Convênio ICMS-51/00, cláusula quinta, II).

**Art. 309.** (Revogado).

• *Art. 309 revogado pelo Decreto nº 48.034, de 19.8.2003 – Efeitos a partir de 3.2.2003.*

### Seção IX
### Das Operações com Pneumáticos e Afins

**Art. 310.** Na saída de pneumáticos, câmaras de ar e protetores de borracha, classificados nas posições 4011 e 4013 e no código 4012.90.0000 da Nomenclatura Brasileira de Mercadorias – Sistema Harmonizado – NBM/SH vigente em 31 de dezembro de 1996, com destino a estabelecimento localizado em território paulista, fica atribuída a responsabilidade pela retenção e pagamento do imposto incidente nas subsequentes saídas, nas entradas para integração no ativo imobilizado do estabelecimento destinatário ou para seu uso ou consumo (Lei nº 6.374/1989, arts. 8º, XIII, e § 4º, e 60, I, e Convênio ICMS-85/93, cláusula primeira):

I – a estabelecimento de fabricante, de importador ou de arrematante de mercadoria importada do exterior e apreendida, localizado neste Estado;

II – a estabelecimento de fabricante, de importador ou de arrematante de mercadoria importada do exterior e apreendida, localizado em outro Estado;

III – a estabelecimento situado em outro Estado que, tendo recebido mercadoria com retenção antecipada do imposto relativo à sua subsequente operação, promover saída diretamente para contribuinte estabelecido no território deste Estado;

IV – a estabelecimento de indústria fabricante de veículo situado neste ou em outro Estado que, tendo recebido mercadoria, não aplicá-la em seu processo produtivo.

V – a qualquer estabelecimento que receber mercadoria referida neste artigo diretamente de outro Estado, em hipótese não abrangida pelos incisos anteriores.

§ 1º. Além das hipóteses previstas no art. 264, o regime de que trata este artigo também não se aplica:

1 – às remessas em que as mercadorias devam retornar ao estabelecimento remetente;

2 – a pneus e câmaras *de* ar de bicicletas.

§ 2º. Na hipótese do inciso V:

1 – o imposto incidente na operação própria e nas subsequentes será pago no período de apuração em que tiver ocorrido a entrada da mercadoria no estabelecimento, com observância do disposto no art. 277;

2 – na saída da mercadoria do estabelecimento será emitido documento fiscal nos termos do art. 274 e escriturado o livro Registro de Saídas na forma do art. 278;

3 – no tocante ao imposto pago de acordo com o item 1, aplicar-se-á o disposto no inciso VI do art. 63 e no art. 269.

**Art. 311.** A base de cálculo do imposto para fins de substituição tributária é o preço único ou máximo, autorizado ou fixado por autoridade competente, ou o preço final a consumidor sugerido pelo fabricante ou importador, aprovado e divulgado pela Secretaria da Fazenda.

• *Art. 311,* caput, *com redação dada pelo Decreto nº 60.566, de 24.6.2014 – DOE de 25.6.2014 – Efeitos a partir de 1º.7.2014.*

§ 1º. Em caso de inexistência dos preços referidos no *caput*, o percentual de margem de valor agregado previsto no art. 41 será o Índice de Valor Adicionado Setorial – IVA-ST, calculado e divulgado pela Secretaria da Fazenda.

• *§ 1º com redação dada pelo Decreto nº 60.566, de 24.6.2014 – DOE de 25.6.2014 – Efeitos a partir de 1º.7.2014.*

§ 2º. Na operação interestadual, realizada por estabelecimento fabricante e importador, com pneumático novo de borracha e câmaras de ar de borracha, classificados, respectivamente, nas posições 4011 e 4013 da Nomenclatura Brasileira de Mercadorias – Sistema Harmonizado – NBM/SH, aplicar-se-á a redução da base de cálculo do imposto prevista no art. 24 do Anexo II (Convênio ICMS-127/02).

• *§ 2º acrescido pelo Decreto nº 47.278, de 29.10.2002 – DOE de 30.10.2002 – Efeitos a partir de 14.10.2002.*

### Seção X – Das Operações com Tintas, Vernizes e outros Produtos da Indústria Química

**Art. 312.** Na saída das mercadorias arroladas no § 1º, com destino a estabelecimento localizado em território paulista, fica atribuída a responsabilidade pela retenção e pelo pagamento do imposto incidente nas saídas subsequentes ou na entrada para uso ou consumo do estabelecimento destinatário (Lei nº 6.374/1989, arts. 8º, XV e 60, I; Convênio ICMS-74/94, com alteração dos Convênios ICMS-28/95, ICMS-44/95, ICMS-86/95, ICMS-127/95 e ICMS-109/96):

I – a estabelecimento de fabricante, de importador ou de arrematante de mercadoria importada do Exterior e apreendida, localizado neste Estado;

II – a estabelecimento localizado em outro Estado, signatário de acordo implementado por este Estado, arrolado na Tabela VIII do Anexo VI, como segue:

a) de fabricante, de importador ou de arrematante de mercadoria importada do exterior e apreendida;

b) do distribuidor, depósito ou atacadista, ainda que tenha recebido a mercadoria com retenção antecipada do imposto;

III – a qualquer estabelecimento que receber mercadoria referida neste artigo diretamente de outro Estado em hipótese não abrangida pelo inciso anterior.

§ 1º. O disposto neste artigo aplica-se exclusivamente às mercadorias adiante indicadas, classificadas nas seguintes posições, subposições ou códigos da Nomenclatura Brasileira de Mercadorias – Sistema Harmonizado – NBM/SH (Convênio ICMS-104/08, cláusula terceira):

1 – tintas, vernizes e outros, 3208, 3209 ou 3210;

2 – preparações concebidas para solver, diluir ou remover tintas, vernizes e outros, 2707, 2710 (exceto posição 2710.11.30), 2901, 2902, 3805, 3807, 3810 ou 3814;

3 – massas, pastas, ceras, encáusticas, líquidos, preparações e outros para dar brilho, limpeza, polimento ou conservação, 2710, 3404, 3405.20, 3405.30, 3405.90, 3905, 3907 ou 3910 (Convênio ICMS-08/12);

- *Item 3 com redação dada pelo Decreto nº 58.282, de 8.8.2012 – DOE de 9.8.2012 – Efeitos a partir de 1º.9.2012.*

4 – xadrez e pós assemelhados (exceto pigmentos à base de dióxido de titânio classificados no código 3206.11.19), 2821, 3204.17 e 3206 (Convênio ICMS-74/94, Anexo, item IV, na redação do Convênio ICMS-40/09, cláusula segunda);

- *Item 4 com redação dada pelo Decreto nº 54.679, de 13.8.2009 – DOE de 14.8.2009 – Efeitos a partir de 1º.8.2009.*

5 – piche, pez, betume e asfalto, 2706.00.00 e 2714;

- *Item 5 com redação dada pelo Decreto nº 61.085, de 29.1.2015 – DOE de 30.1.2015 – Efeitos a partir da publicação.*

6 – produtos impermeabilizantes, imunizantes para madeira, alvenaria e cerâmica, colas (exceto cola escolar branca e colorida em bastão ou líquida nas posições NCM 3506.1090 e 3506.9190) e adesivos, 2707, 2713, 2714, 2715.00.00, 3214, 3506, 3808, 3824, 3907, 3910, 6807;

- *Item 6 com redação dada pelo Decreto nº 56.804, de 3.3.2011 – DOE de 4.3.2011 – Efeitos a partir de 1º.3.2011.*

7 – secantes preparados, 3211.00.00;

8 – preparações iniciadoras ou aceleradoras de reação, preparações catalíticas, aglutinantes, aditivos, agentes de cura para aplicação em tintas, vernizes, bases, cimentos, concretos, rebocos e argamassas, 3208, 3815, 3824, 3909 e 3911 (Convênio ICMS-08/12);

- *Item 8 com redação dada pelo Decreto nº 58.282, de 8.8.2012 – DOE de 9.8.2012 – Efeitos a partir de 1º.9.2012.*

9 – indutos, mástiques, massas para acabamento, pintura ou vedação, 3214, 3506, 3909 ou 3910;

10 – corantes para aplicação em bases, tintas e vernizes, 3204, 3205.00.00, 3206 ou 3212.

- *§ 1º com redação dada pelo Decreto nº 53.660, de 6.11.2008 – DOE de 7.11.2008 – Efeitos a partir de 1º.1.2009.*

§ 2º. (Revogado).

- *§ 2º revogado pelo Decreto nº 61.085, de 29.1.2015 – DOE de 30.1.2015 – Efeitos a partir de 1º.3.2015.*

§ 3º. Na hipótese do inciso III:

1 – o imposto incidente na operação própria e nas subsequentes será pago no período de apuração em que tiver ocorrido a entrada da mercadoria no estabelecimento, com observância do disposto no art. 277;

2 – na saída da mercadoria do estabelecimento será emitido documento fiscal nos termos do art. 274 e escriturado o livro Registro de Saídas na forma do art. 278;

3 – no tocante ao imposto pago de acordo com o item 1, aplicar-se-á o disposto no inciso VI do art. 63 e no art. 269.

§ 4º. Não se considera integrada ou consumida em processo de industrialização, nos termos do inciso I do art. 264, a tinta submetida a mistura, por qualquer meio, no estabelecimento destinatário, para obtenção de cor nova, devendo, nesta hipótese, aplicar-se a substituição tributária prevista neste artigo.

**Art. 313.** Para determinação da base de cálculo, em caso de inexistência do preço final a consumidor, único ou máximo, autorizado ou fixado por autoridade competente, ou do preço final a consumidor sugerido pelo fabricante ou importador, aprovado e divulgado pela Secretaria da Fazenda, o percentual de margem de valor agregado previsto no art. 41 será o Índice de Valor Adicionado Setorial – IVA-ST, calculado e divulgado pela Secretaria da Fazenda com base nas informações prestadas pelos contribuintes (Lei nº 6.374/1989, arts. 28 e 28-A, na redação da Lei nº 12.681/2007, art. 1º, II e III, e arts. 28-B e 28-C, acrescentados pela Lei nº 12.681/2007, art. 2º, II e III).

- *Art. 313 com redação dada pelo Decreto nº 53.660, de 6.11.2008 – DOE de 7.11.2008 – Efeitos a partir de 1º.1.2009.*

### Seção XI – Das Operações com Medicamentos

- *Seção XI (arts. 313-A e 313-B) acrescida pelo Decreto nº 52.364, de 13.11.2007 – DOE de 14.11.2007 – Efeitos para os fatos geradores ocorridos a partir de 1º.1.2008.*
- *V. Decreto nº 52.665, de 24.1.2008 – Disciplina o recolhimento de ICMS relativo ao estoque de medicamentos, bebidas alcoólicas, produtos de perfumaria e de higiene pessoal recebidos antes do início do regime de retenção antecipada por substituição tributária.*

**Art. 313-A.** Na saída das mercadorias arroladas no § 1º com destino a estabelecimento localizado em território paulista, fica atribuída a responsabilidade pela retenção e pelo pagamento do imposto incidente nas saídas subsequentes (Lei nº 6.374/1989, arts. 8º, XXXI, e § 8º, 1, e 60, I):

• *Art. 313-A acrescido pelo Decreto nº 52.364, de 13.11.2007, e com redação dada pelo Decreto nº 52.804, de 13.3.2008 – DOE de 14.3.2008 – Efeitos a partir de 1º.4.2008.*

I – a estabelecimento de fabricante ou de importador ou a arrematante de mercadoria importada do exterior e apreendida, localizado neste Estado;

II – a qualquer estabelecimento localizado em território paulista que receber mercadoria referida neste artigo diretamente de outro Estado sem a retenção antecipada do imposto

III – a estabelecimento localizado em outra unidade da Federação, conforme definido em acordo celebrado por este Estado.

• *Inciso III acrescido pelo Decreto nº 55.000, de 9.11.2009 – DOE de 10.11.2009 – Efeitos a partir da publicação.*

§ 1º. O disposto neste artigo:

1 – aplica-se exclusivamente às mercadorias adiante indicadas, classificadas nas seguintes posições, subposições ou códigos da Nomenclatura Brasileira de Mercadorias – Sistema Harmonizado – NBM/SH:

a) medicamentos, 3003 e 3004;

b) preparações químicas contraceptivas à base de hormônios ou de espermicidas, 3006.60;

c) provitaminas e vitaminas, naturais ou reproduzidas por síntese (incluídos os concentrados naturais), bem como os seus derivados utilizados principalmente como vitaminas, misturados ou não entre si, mesmo em quaisquer soluções, 29.36;

• *Alínea "c" acrescida pelo Decreto nº 53.511, de 6.10.2008 – DOE de 7.10.2008 – Efeitos a partir de 1º.3.2009.*

d) soros e vacinas, exceto para uso veterinário, 3002;

• *Alínea "d" acrescida pelo Decreto nº 53.511, de 6.10.2008 – DOE de 7.10.2008 – Efeitos a partir de 1º.3.2009.*

e) algodão, atadura, esparadrapo, haste flexível ou não, com uma ou ambas extremidades de algodão, gazes, pensos, sinapismos, e outros, impregnados ou recobertos de substâncias farmacêuticas ou acondicionados para venda a retalho para usos medicinais, cirúrgicos ou dentários, 3005;

• *Alínea "e" acrescida pelo Decreto nº 53.511, de 6.10.2008 – DOE de 7.10.2008 – Efeitos a partir de 1º.3.2009.*

f) luvas cirúrgicas e luvas de procedimento, 4015.11.00 ou 4015.19.00;

• *Alínea "f" acrescida pelo Decreto nº 53.511, de 6.10.2008 – DOE de 7.10.2008 – Efeitos a partir de 1º.3.2009.*

g) seringas, 9018.31;

• *Alínea "g" acrescida pelo Decreto nº 53.511, de 6.10.2008 – DOE de 7.10.2008 – Efeitos a partir de 1º.3.2009.*

h) agulhas para seringas, 9018.32.1;

• *Alínea "h" acrescida pelo Decreto nº 53.511, de 6.10.2008 – DOE de 7.10.2008 – Efeitos a partir de 1º.3.2009.*

i) contraceptivos (dispositivos intrauterinos – DIU), 9018.90.99.

• *Alínea "i" acrescida pelo Decreto nº 53.511, de 6.10.2008 – DOE de 7.10.2008 – Efeitos a partir de 1º.3.2009.*

2 – não se aplica a medicamentos e contraceptivos que se destinem exclusivamente a uso veterinário.

§ 2º. Na hipótese do inciso II:

1 – o imposto incidente na operação própria e nas subsequentes será pago conforme previsto no art. 426-A;

• *Item 1 com redação dada pelo Decreto nº 53.002, de 15.5.2008 – DOE de 16.5.2008 – Efeitos a partir da publicação.*

2 – na saída da mercadoria do estabelecimento será emitido documento fiscal nos termos do art. 274 e escriturado o livro Registro de Saídas na forma do art. 278;

3 – no tocante ao imposto pago de acordo com o item 1, aplicar-se-á o disposto no inciso VI do art. 63 e no art. 269;

4 – quando o estabelecimento que receber a mercadoria for armazém geral e o depositante estiver localizado em outra unidade da Federação, o armazém geral deverá calcular e pagar o imposto incidente na operação própria e nas subsequentes de acordo com as normas relativas ao regime jurídico da substituição tributária previstas neste regulamento, no período de apuração em que ocorrer a saída da mercadoria com destino a outro estabelecimento localizado em território paulista.

• *Item 4 acrescido pelo Decreto nº 54.375, de 26.5.2009 – DOE de 27.5.2009 – Efeitos a partir de 1º.6.2009.*

**Art. 313-B.** Em caso de inexistência do preço final a consumidor, único ou máximo, autorizado ou fixado por autoridade competente, ou do preço final a consumidor sugerido pelo fabricante ou importador, aprovado e divulgado pela Secretaria da Fazenda, a base de cálculo para fins de retenção e pagamento do imposto relativo às saídas subsequentes das mercadorias arroladas no § 1º do art. 313-A será divulgada pela referida Secretaria, observando-se o disposto na legislação, especialmente o previsto nos arts. 41 a 44 e nos parágrafos deste artigo.

§ 1º. Em se tratando de medicamento integrante do elenco de produtos disponibilizados no âmbito do "Programa Farmácia Popular do Brasil – Aqui Tem Farmácia Popular", instituído pelo Governo Federal por meio do Decreto nº 5.090, de 20 de maio de 2004, a base de cálculo para fins de retenção e pagamento do imposto relativo às saídas subsequentes será:

1 – a média ponderada dos preços a consumidor final usualmente praticados no mercado, apurada por levantamento de preços e fixada pela Secretaria da Fazenda;

2 – na ausência da base de cálculo mencionada no item 1, o "valor de referência" divulgado por ato editado pelo Ministério da Saúde que dispõe sobre o citado Programa, devendo ser observados o princípio ativo, a concentração e a unidade farmacotécnica constantes do referido ato.

§ 2º. As bases de cálculo referidas no § 1º deverão ser observadas independentemente de a aquisição do medicamento pelo consumidor final ocorrer, ou não, por meio do "Programa Farmácia Popular do Brasil – Aqui Tem Farmácia Popular".

- *Art. 313-B acrescido pelo Decreto nº 52.364, de 13.11.2007 – DOE de 14.11.2007, e com redação dada pelo Decreto nº 57.816, de 27.2.2012 – DOE de 28.2.2012 – Efeitos a partir de 1º.1.2012.*

### Seção XII
### Das Operações com Bebidas Alcoólicas

- *Seção XII (arts. 313-C e 313-D) acrescida pelo Decreto nº 52.364, de 13.11.2007 – DOE de 14.11.2007 – Efeitos para os fatos geradores ocorridos a partir de 1º.1.2008.*
- *V. Decreto nº 52.665, de 24.1.2008 – Disciplina o recolhimento de ICMS relativo ao estoque de medicamentos, bebidas alcoólicas, produtos de perfumaria e de higiene pessoal recebidos antes do início do regime de retenção antecipada por substituição tributária.*

**Art. 313-C.** Na saída de bebida alcoólica, exceto cerveja e chope, com destino a estabelecimento localizado em território paulista, fica atribuída a responsabilidade pela retenção e pelo pagamento do imposto incidente nas saídas subsequentes (Lei nº 6.374/1989, art. 8º, XXVI e § 8º, 1):

- *Art. 313-C acrescido pelo Decreto nº 52.364, de 13.11.2007 – DOE de 14.11.2007 – Efeitos para os fatos geradores ocorridos a partir de 1º.1.2008.*

I – a estabelecimento de fabricante ou de importador ou a arrematante de mercadoria importada do exterior e apreendida, localizado neste Estado;

II – a qualquer estabelecimento localizado em território paulista que receber mercadoria referida neste artigo diretamente de outro Estado sem a retenção antecipada do imposto

III – a estabelecimento localizado em outra unidade da Federação, conforme definido em acordo celebrado por este Estado.

- *Inciso III com redação dada pelo Decreto nº 55.000, de 9.11.2009 – DOE de 10.11.2009 – Efeitos a partir da publicação.*

Parágrafo único. Na hipótese do inciso II:

1 – o imposto incidente na operação própria e nas subsequentes será pago conforme previsto no art. 426-A;

- *Item 1 com redação dada pelo Decreto nº 53.002, de 15.5.2008 – DOE de 16.5.2008 – Efeitos a partir da publicação.*

2 – na saída da mercadoria do estabelecimento será emitido documento fiscal nos termos do art. 274 e escriturado o livro Registro de Saídas na forma do art. 278;

3 – no tocante ao imposto pago de acordo com o item 1, aplicar-se-á o disposto no inciso VI do art. 63 e no art. 269;

4 – quando o estabelecimento que receber a mercadoria for armazém geral e o depositante estiver localizado em outra unidade da Federação, o armazém geral deverá calcular e pagar o imposto incidente na operação própria e nas subsequentes de acordo com as normas relativas ao regime jurídico da substituição tributária previstas neste regulamento, no período de apuração em que ocorrer a saída da mercadoria com destino a outro estabelecimento localizado em território paulista.

- *Item 4 acrescido pelo Decreto nº 54.375, de 26.5.2009 – DOE de 27.5.2009 – Efeitos a partir de 1º.6.2009.*

**Art. 313-D.** Para determinação da base de cálculo, em caso de inexistência do preço final a consumidor, único ou máximo, autorizado ou fixado por autoridade competente, ou do preço final a consumidor sugerido pelo fabricante ou importador, aprovado e divulgado pela Secretaria da Fazenda, o percentual de margem de valor agregado previsto no art. 41 será o Índice de Valor Adicionado Setorial – IVA-ST, calculado e divulgado pela Secretaria da Fazenda com base nas informações prestadas pelos contribuintes (Lei nº 6.374/1989, arts. 28 e 28-A, na redação da Lei nº 12.681/2007, art. 1º, II e III, e arts. 28-B e 28-C, acrescentados pela Lei nº 12.681/2007, art. 2º, II e III).

- *Art. 313-D acrescido pelo Decreto nº 52.364, de 13.11.2007 – DOE de 14.11.2007 – Efeitos para os fatos geradores ocorridos a partir de 1º.1.2008.*

### Seção XIII
### Das Operações com Produtos de Perfumaria

- *Seção XIII (arts. 313-E e 313-F) acrescida pelo Decreto nº 52.364, de 13.11.2007 – DOE de 14.11.2007 – Efeitos para os fatos geradores ocorridos a partir de 1º.1.2008.*
- *V. Decreto nº 52.665, de 24.1.2008 – Disciplina o recolhimento de ICMS relativo ao estoque de medicamentos, bebidas alcoólicas, produtos de perfumaria e de higiene pessoal recebidos antes do início do regime de retenção antecipada por substituição tributária.*

**Art. 313-E.** Na saída das mercadorias arroladas no § 1º com destino a estabelecimento localizado em território paulista, fica atribuída a responsabilidade pela retenção e pelo pagamento do imposto incidente nas saídas subsequentes (Lei nº 6.374/1989, art. 8º, XXIX, e § 8º, 1):

• *Art. 313-E acrescido pelo Decreto nº 52.364, de 13.11.2007 – DOE de 14.11.2007 – Efeitos para os fatos geradores ocorridos a partir de 1º.1.2008.*

I – a estabelecimento de fabricante ou de importador ou a arrematante de mercadoria importada do exterior e apreendida, localizado neste Estado;

II – a qualquer estabelecimento localizado em território paulista que receber mercadoria referida neste artigo diretamente de outro Estado sem a retenção antecipada do imposto;

III – a estabelecimento localizado em outra unidade da Federação, conforme definido em acordo celebrado por este Estado.

• *Inciso III acrescido pelo Decreto nº 55.000, de 9.11.2009 – DOE de 10.11.2009 – Efeitos a partir da publicação.*

§ 1º. O disposto neste artigo aplica-se exclusivamente às mercadorias adiante indicadas, classificadas nos seguintes códigos da Nomenclatura Brasileira de Mercadorias – Sistema Harmonizado – NBM/SH:

1 – perfumes (extratos), 3303.00.10;

2 – águas *de* colônia, 3303.00.20;

3 – produtos de maquilagem para os lábios, 3304.10.00;

4 – sombra, delineador, lápis para sobrancelhas e rímel, 3304.20.10;

5 – outros produtos de maquilagem para os olhos, 3304.20.90;

6 – preparações para manicuros e pedicuros, 3304.30.00;

7 – pós, incluídos os compactos, para maquilagem, 3304.91.00;

8 – outros produtos de beleza ou de maquilagem preparados e preparações para conservação ou cuidados da pele, 3304.99.90;

9 – preparações para ondulação ou alisamento, permanentes, dos cabelos, 3305.20.00;

10 – laquês para o cabelo, 3305.30.00;

11 – cremes de beleza, cremes nutritivos e loções tônicas, 3304.99.10;

12 – outras preparações capilares, 3305.90.00.

§ 2º. Na hipótese do inciso II:

1 – o imposto incidente na operação própria e nas subsequentes será pago conforme previsto no art. 426-A;

• *Item 1 com redação dada pelo Decreto nº 53.002, de 15.5.2008 – DOE de 16.5.2008 – Efeitos a partir da publicação.*

2 – na saída da mercadoria do estabelecimento será emitido documento fiscal nos termos do art. 274 e escriturado o livro Registro de Saídas na forma do art. 278;

3 – no tocante ao imposto pago de acordo com o item 1, aplicar-se-á o disposto no inciso VI do art. 63 e no art. 269;

4 – quando o estabelecimento que receber a mercadoria for armazém geral e o depositante estiver localizado em outra unidade da Federação, o armazém geral deverá calcular e pagar o imposto incidente na operação própria e nas subsequentes de acordo com as normas relativas ao regime jurídico da substituição tributária previstas neste regulamento, no período de apuração em que ocorrer a saída da mercadoria com destino a outro estabelecimento localizado em território paulista.

• *Item 4 acrescido pelo Decreto nº 54.375, de 26.5.2009 – DOE de 27.5.2009 – Efeitos a partir de 1º.6.2009.*

**Art. 313-F.** Para determinação da base de cálculo, em caso de inexistência do preço final a consumidor, único ou máximo, autorizado ou fixado por autoridade competente, ou do preço final a consumidor sugerido pelo fabricante ou importador, aprovado e divulgado pela Secretaria da Fazenda, o percentual de margem de valor agregado previsto no art. 41 será o Índice de Valor Adicionado Setorial – IVA-ST, calculado e divulgado pela Secretaria da Fazenda com base nas informações prestadas pelos contribuintes (Lei nº 6.374/1989, arts. 28 e 28-A, na redação da Lei nº 12.681/2007, art. 1º, II e III, e arts. 28-B e 28-C, acrescentados pela Lei nº 12.681/2007, art. 2º, II e III).

• *Art. 313-F acrescido pelo Decreto nº 52.364, de 13.11.2007 – DOE de 14.11.2007 – Efeitos para os fatos geradores ocorridos a partir de 1º.1.2008.*

## Seção XIV
## Das Operações com Produtos de Higiene Pessoal

• *Seção XIV (arts. 313-G e 313-H) acrescida pelo Decreto nº 52.364, de 13.11.2007 – DOE de 14.11.2007 – Efeitos para os fatos geradores ocorridos a partir de 1º.1.2008.*

• *V. Decreto nº 52.665, de 24.1.2008 – Disciplina o recolhimento de ICMS relativo ao estoque de medicamentos, bebidas alcoólicas, produtos de perfumaria e de higiene pessoal recebidos antes do início do regime de retenção antecipada por substituição tributária.*

**Art. 313-G.** Na saída das mercadorias arroladas no § 1º com destino a estabelecimento localizado em território paulista, fica atribuída a responsabilidade pela retenção e pelo pagamento do imposto incidente nas saídas subsequentes (Lei nº 6.374/1989, art. 8º, XXX e § 8º, 1):

• *Art. 313-G acrescido pelo Decreto nº 52.364, de 13.11.2007 – DOE de 14.11.2007 – Efeitos para os fatos geradores ocorridos a partir de 1º.1.2008.*

I – a estabelecimento de fabricante ou de importador ou a arrematante de mercadoria importada do exterior e apreendida, localizado neste Estado;

II – a qualquer estabelecimento localizado em território paulista que receber mercadoria referida neste artigo diretamente de outro Estado sem a retenção antecipada do imposto;

III – a estabelecimento localizado em outra unidade da Federação, conforme definido em acordo celebrado por este Estado.

- *Inciso III acrescido pelo Decreto nº 55.000, de 9.11.2009 – DOE de 10.11.2009 – Efeitos a partir da publicação.*

§ 1º. O disposto neste artigo aplica-se exclusivamente às mercadorias adiante indicadas, classificadas nos seguintes códigos da Nomenclatura Brasileira de Mercadorias – Sistema Harmonizado – NBM/SH:

1 – xampus para o cabelo, 3305.10.00;

2 – dentifrícios, 3306.10.00;

3 – fios utilizados para limpar os espaços interdentais (fio dental), 3306.20.00;

4 – outras preparações para higiene bucal ou dentária, 3306.90.00;

5 – preparações para barbear (antes, durante ou após), 3307.10.00;

6 – desodorantes corporais e antiperspirantes, líquidos, 3307.20.10;

7 – outros desodorantes corporais e antiperspirantes, 3307.20.90;

8 – sais perfumados e outras preparações para banhos, 3307.30.00;

9 – outros produtos de perfumaria ou de toucador preparados, 3307.90.00;

10 – outros sabões, produtos e preparações, em barras, pedaços ou figuras moldados, inclusive lenços umedecidos, 3401.19.00;

- *Item 10 com redação dada pelo Decreto nº 57.815, de 27.2.2012 – DOE de 28.2.2012 – Efeitos a partir de 1º.3.2012.*

11 – sabões de toucador em barras, pedaços ou figuras moldados, 3401.11.90;

- *Item 11 acrescido pelo Decreto nº 52.804, de 13.3.2008 – DOE de 14.3.2008 – Efeitos a partir de 1º.4.2008.*

12 – sabões de toucador sob outras formas, 3401.20.10;

- *Item 12 acrescido pelo Decreto nº 52.804, de 13.3.2008 – DOE de 14.3.2008 – Efeitos a partir de 1º.4.2008.*

13 – produtos e preparações orgânicos tensoativos para lavagem da pele, na forma de líquido ou de creme, acondicionados para venda a retalho, mesmo contendo sabão, 3401.30.00;

- *Item 13 acrescido pelo Decreto nº 52.804, de 13.3.2008 – DOE de 14.3.2008 – Efeitos a partir de 1º.4.2008.*

14 – papel higiênico, 4818.10.00;

- *Item 14 acrescido pelo Decreto nº 52.804, de 13.3.2008 – DOE de 14.3.2008 – Efeitos a partir de 1º.4.2008.*

15 – lenços (incluídos os de maquilagem) e toalhas de mão, 4818.20.00;

- *Item 15 acrescido pelo Decreto nº 52.804, de 13.3.2008 – DOE de 14.3.2008 – Efeitos a partir de 1º.4.2008.*

16 – fraldas, 9619.00.00;

- *Item 16 acrescido pelo Decreto nº 52.804, de 13.3.2008 – DOE de 14.3.2008, e com redação dada pelo Decreto nº 57.815, de 27.2.2012 – DOE de 28.2.2012 – Efeitos a partir de 1º.3.2012.*

17 – tampões higiênicos, 9619.00.00;

- *Item 17 acrescido pelo Decreto nº 52.804, de 13.3.2008 – DOE de 14.3.2008, e com redação dada pelo Decreto nº 57.815, de 27.2.2012 – DOE de 28.2.2012 – Efeitos a partir de 1º.3.2012.*

18 – absorventes higiênicos externos, 9619.00.00;

- *Item 18 acrescido pelo Decreto nº 52.804, de 13.3.2008 – DOE de 14.3.2008, e com redação dada pelo Decreto nº 57.815, de 27.2.2012 – DOE de 28.2.2012 – Efeitos a partir de 1º.3.2012.*

19 – escovas de dentes, incluídas as escovas para dentaduras, 9603.21.00.

- *Item 19 acrescido pelo Decreto nº 52.804, de 13.3.2008 – DOE de 14.3.2008 – Efeitos a partir de 1º.4.2008.*

20 – henna, em embalagens de conteúdo igual ou inferior a 200 gramas, 1211.90.90;

- *Item 20 acrescido pelo Decreto nº 53.511, de 6.10.2008 – DOE de 7.10.2008, e com redação dada pelo Decreto nº 54.092, de 10.3.2009 – DOE de 11.3.2009 – Efeitos a partir de 1º.3.2009.*

21 – vaselina, 2712.10.00;

- *Item 21 acrescido pelo Decreto nº 53.511, de 6.10.2008 – DOE de 7.10.2008 – Efeitos a partir de 1º.3.2009.*

22 – amoníaco em solução aquosa (amônia), 2814.20.00;

- *Item 22 acrescido pelo Decreto nº 53.511, de 6.10.2008 – DOE de 7.10.2008 – Efeitos a partir de 1º.3.2009.*

23 – peróxido de hidrogênio (água oxigenada), mesmo solidificado com ureia, em embalagens de conteúdo igual ou inferior a 500 ml, 2847.00.00;

- *Item 23 acrescido pelo Decreto nº 53.511, de 6.10.2008 – DOE de 7.10.2008, e com redação dada pelo Decreto nº 54.092, de 10.3.2009 – DOE de 11.3.2009 – Efeitos a partir de 1º.3.2009.*

24 – soluções à base de acetona, em embalagens de conteúdo igual ou inferior a 500 ml, 2914.1;

- *Item 24 acrescido pelo Decreto nº 53.511, de 6.10.2008 – DOE de 7.10.2008, e com redação dada pelo Decreto nº 59.619, de 18.10.2013 – DOE de 19.10.2013 – Efeitos a partir de 1º.11.2013.*

25 – lubrificação íntima, 3006.70.00;

• *Item 25 acrescido pelo Decreto nº 53.511, de 6.10.2008 – DOE de 7.10.2008 – Efeitos a partir de 1º.3.2009.*

26 – óleos essenciais (desterpenados ou não), incluídos os chamados "concretos" ou "absolutos"; resinoides; oleorresinas de extração; soluções concentradas de óleos essenciais em gorduras, em óleos fixos, em ceras ou em matérias análogas, obtidas por tratamento de flores através de substâncias gordas ou por maceração; subprodutos terpênicos residuais da desterpenação dos óleos essenciais; águas destiladas aromáticas e soluções aquosas de óleos essenciais, em embalagens de conteúdo igual ou inferior a 500 ml, 3301;

• *Item 26 acrescido pelo Decreto nº 53.511, de 6.10.2008 – DOE de 7.10.2008, e com redação dada pelo Decreto nº 54.092, de 10.3.2009 – DOE de 11.3.2009 – Efeitos a partir de 1º.3.2009.*

27 – soluções para lentes de contato ou para olhos artificiais, 3307.90.00;

• *Item 27 acrescido pelo Decreto nº 53.511, de 6.10.2008 – DOE de 7.10.2008 – Efeitos a partir de 1º.3.2009.*

28 – mamadeiras, 3923.30.00, 3924.10.00, 3924.90.00, 4014.90.90 ou 7010.20.00;

• *Item 28, acrescido pelo Decreto nº 53.511, de 6.10.2008 – DOE de 7.10.2008, e com redação dada pelo Decreto nº 54.448 de 16.6.2009 – DOE de 17.6.2009 – Efeitos a partir da publicação.*

29 – bolsa para gelo ou para água quente, 4014.90.10;

• *Item 29 acrescido pelo Decreto nº 53.511, de 6.10.2008 – DOE de 7.10.2008 – Efeitos a partir de 1º.3.2009.*

30 – chupetas e bicos para mamadeiras e chupetas, 4014.90.90;

• *Item 30 acrescido pelo Decreto nº 53.511, de 6.10.2008 – DOE de 7.10.2008 – Efeitos a partir de 1º.3.2009.*

31 – malas e maletas de toucador, 4202.1;

• *Item 31 acrescido pelo Decreto nº 53.511, de 6.10.2008 – DOE de 7.10.2008 – Efeitos a partir de 1º.3.2009.*

32 – toalhas e guardanapos, de mesa, 4818.30.00;

• *Item 32 acrescido pelo Decreto nº 53.511, de 6.10.2008 – DOE de 7.10.2008 – Efeitos a partir de 1º.3.2009.*

33 – (revogado);

• *Item 33 revogado pelo Decreto nº 59.619, de 18.10.2013 – DOE de 19.10.2013 – Efeitos a partir de 1º.11.2013.*

34 – sutiã descartável, assemelhados e papel para depilação, 5603.92.90;

• *Item 44 acrescido pelo Decreto nº 53.511, de 6.10.2008, e com redação dada pelo Decreto nº 59.619, de 18.10.2013 – DOE de 19.10.2013 – Efeitos a partir de 1º.11.2013.*

35 – pinças para sobrancelhas, 8203.20.90;

• *Item 35 acrescido pelo Decreto nº 53.511, de 6.10.2008 – DOE de 7.10.2008 – Efeitos a partir de 1º.3.2009.*

36 – espátulas (artigos de cutelaria), 8214.10.00;

• *Item 36 acrescido pelo Decreto nº 53.511, de 6.10.2008 – DOE de 7.10.2008 – Efeitos a partir de 1º.3.2009.*

37 – utensílios e sortidos de utensílios de manicuros ou de pedicuros (incluídas as limas para unhas), 8214.20.00;

• *Item 37 acrescido pelo Decreto nº 53.511, de 6.10.2008 – DOE de 7.10.2008 – Efeitos a partir de 1º.3.2009.*

38 – termômetros, inclusive o digital, 9025.11.10 ou 9025.19.90;

• *Item 38 acrescido pelo Decreto nº 53.511, de 6.10.2008 – DOE de 7.10.2008 – Efeitos a partir de 1º.3.2009.*

39 – escovas e pincéis de barba, escovas para cabelos, para cílios ou para unhas e outras escovas de toucador de pessoas, incluídas as que sejam partes de aparelhos, exceto escovas de dentes, 9603.2;

• *Item 39 acrescido pelo Decreto nº 53.511, de 6.10.2008 – DOE de 7.10.2008, e com redação dada pelo Decreto nº 57.815, de 27.2.2012 – DOE de 28.2.2012 – Efeitos a partir de 1º.3.2012.*

40 – pincéis para aplicação de produtos cosméticos, 9603.30.00;

• *Item 40 acrescido pelo Decreto nº 53.511, de 6.10.2008 – DOE de 7.10.2008 – Efeitos a partir de 1º.3.2009.*

41 – sortidos de viagem, para toucador de pessoas, para costura ou para limpeza de calçado ou de roupas, 9605.00.00;

• *Item 41 acrescido pelo Decreto nº 53.511, de 6.10.2008 – DOE de 7.10.2008 – Efeitos a partir de 1º.3.2009.*

42 – pentes, travessas para cabelo e artigos semelhantes; grampos (alfinetes) para cabelo; pinças ("pince-guiches"), onduladores, bobs (rolos) e artefatos semelhantes para penteados, e suas partes, exceto os da posição 8516 e suas partes, 9615;

• *Item 42 acrescido pelo Decreto nº 53.511, de 6.10.2008 – DOE de 7.10.2008 – Efeitos a partir de 1º.3.2009.*

43 – borlas ou esponjas para pós ou para aplicação de outros cosméticos ou de produtos de toucador, 9616.20.00;

• *Item 43 acrescido pelo Decreto nº 53.511, de 6.10.2008 – DOE de 7.10.2008 – Efeitos a partir de 1º.3.2009.*

44 – hastes flexíveis (uso não medicinal), 5601.21.90;

• *Item 44 acrescido pelo Decreto nº 54.092, de 10.3.2009 – DOE de 11.3.2009, e com redação dada pelo Decreto nº 57.815, de 27.2.2012 – DOE de 28.2.2012 – Efeitos a partir de 1º.3.2012.*

45 – papel toalha de uso institucional do tipo comercializado em rolos igual ou superior a 80 metros e do tipo comercializado em folhas intercaladas, 4818.20.00;

• *Item 45 acrescido pelo Decreto nº 54.735, de 2.9.2009 – DOE de 3.9.2010, e com redação dada pelo Decreto nº 57.815, de 27.2.2012 – DOE de 28.2.2012 – Efeitos a partir de 1º.3.2012.*

46 – toalhas de cozinha, 4818.90.90;

• *Item 46 acrescido pelo Decreto nº 57.815, de 27.2.2012 – DOE de 28.2.2012 – Efeitos a partir de 1º.3.2012.*

47 – aparelhos e lâminas de barbear, 8212.20.10 ou 8212.10.20.

• *Item 47 acrescido pelo Decreto nº 59.619, de 18.10.2013 – DOE de 19.10.2013 – Efeitos a partir de 1º.11.2013.*

§ 2º. Na hipótese do inciso II:

1 – o imposto incidente na operação própria e nas subsequentes será pago conforme previsto no art. 426-A;

• *Item 1 com redação dada pelo Decreto nº 53.002, de 15.5.2008 – DOE de 16.5.2008 – Efeitos a partir da publicação.*

2 – na saída da mercadoria do estabelecimento será emitido documento fiscal nos termos do art. 274 e escriturado o livro Registro de Saídas na forma do art. 278;

3 – no tocante ao imposto pago de acordo com o item 1, aplicar-se-á o disposto no inciso VI do art. 63 e no art. 269;

4 – quando o estabelecimento que receber a mercadoria for armazém geral e o depositante estiver localizado em outra unidade da Federação, o armazém geral deverá calcular e pagar o imposto incidente na operação própria e nas subsequentes de acordo com as normas relativas ao regime jurídico da substituição tributária previstas neste regulamento, no período de apuração em que ocorrer a saída da mercadoria com destino a outro estabelecimento localizado em território paulista.

• *Item 4 acrescido pelo Decreto nº 54.375, de 26.5.2009 – DOE de 27.5.2009 – Efeitos a partir de 1º.6.2009.*

**Art. 313-H.** Para determinação da base de cálculo, em caso de inexistência do preço final a consumidor, único ou máximo, autorizado ou fixado por autoridade competente, ou do preço final a consumidor sugerido pelo fabricante ou importador, aprovado e divulgado pela Secretaria da Fazenda, o percentual de margem de valor agregado previsto no art. 41 será o Índice de Valor Adicionado Setorial – IVA-ST, calculado e divulgado pela Secretaria da Fazenda com base nas informações prestadas pelos contribuintes (Lei nº 6.374/1989, arts. 28 e 28-A, na redação da Lei nº 12.681/2007, art. 1º, II e III, e arts. 28-B e 28-C, acrescentados pela Lei nº 12.681/2007, art. 2º, II e III).

• *Art. 313-H acrescido pelo Decreto nº 52.364, de 13.11.2007 – DOE de 14.11.2007 – Efeitos para os fatos geradores ocorridos a partir de 1º.1.2008.*

## Seção XV – Das Operações com Ração Animal

• *Seção XV (arts. 313-I e 313-J) acrescida pelo Decreto nº 52.804, de 13.3.2008 – DOE de 14.3.2008 – Efeitos a partir de 1º.4.2008.*

**Art. 313-I.** Na saída de ração tipo "pet" para animais domésticos, classificada na posição 23.09 da Nomenclatura Brasileira de Mercadorias – Sistema Harmonizado – NBM/SH, com destino a estabelecimento localizado em território paulista, fica atribuída a responsabilidade pela retenção e pelo pagamento do imposto incidente nas saídas subsequentes (Lei nº 6.374/1989, arts. 8º, XXVIII e § 8º, 1, e 60, I):

• *Art. 313-I acrescido pelo Decreto nº 52.804, de 13.3.2008 – DOE de 14.3.2008 – Efeitos a partir de 1º.4.2008.*

I – a estabelecimento de fabricante ou de importador ou a arrematante de mercadoria importada do exterior e apreendida, localizado neste Estado;

II – a qualquer estabelecimento localizado em território paulista que receber mercadoria referida neste artigo diretamente de outro Estado sem a retenção antecipada do imposto;

III – a estabelecimento localizado em outra unidade da Federação, conforme definido em acordo celebrado por este Estado.

• *Inciso III com redação dada pelo Decreto nº 55.000, de 9.11.2009 – DOE de 10.11.2009 – Efeitos a partir da publicação.*

Parágrafo único. Na hipótese do inciso II:

1 – o imposto incidente na operação própria e nas subsequentes será pago conforme previsto no art. 426-A;

• *Item 1 com redação dada pelo Decreto nº 53.002, de 15.5.2008 – DOE de 16.5.2008 – Efeitos a partir da publicação.*

2 – na saída da mercadoria do estabelecimento será emitido documento fiscal nos termos do art. 274 e escriturado o livro Registro de Saídas na forma do art. 278;

3 – no tocante ao imposto pago de acordo com o item 1, aplicar-se-á o disposto no inciso VI do art. 63 e no art. 269;

4 – quando o estabelecimento que receber a mercadoria for armazém geral e o depositante estiver localizado em outra unidade da Federação, o armazém geral deverá calcular e pagar o imposto incidente na operação própria e nas subsequentes de acordo com as normas relativas ao regime jurídico da substituição tributária previstas neste regulamento, no período de apuração em que ocorrer a saída

da mercadoria com destino a outro estabelecimento localizado em território paulista.

- *Item 4 acrescido pelo Decreto nº 54.375, de 26.5.2009 – DOE de 27.5.2009 – Efeitos a partir de 1º.6.2009.*

**Art. 313-J.** Para determinação da base de cálculo, em caso de inexistência do preço final a consumidor, único ou máximo, autorizado ou fixado por autoridade competente, ou do preço final a consumidor sugerido pelo fabricante ou importador, aprovado e divulgado pela Secretaria da Fazenda, o percentual de margem de valor agregado previsto no art. 41 será o Índice de Valor Adicionado Setorial – IVA-ST, divulgado pela Secretaria da Fazenda com base nas informações prestadas pelos contribuintes (Lei nº 6.374/1989, arts. 28 e 28-A, na redação da Lei nº 12.681/2007, art. 1º, II e III, e arts. 28-B e 28-C, acrescentados pela Lei nº 12.681/2007, art. 2º, II e III).

- *Art. 313-J acrescido pelo Decreto nº 52.804, de 13.3.2008 – DOE de 14.3.2008 – Efeitos a partir de 1º.4.2008.*

### Seção XVI
### Das Operações com Produtos de Limpeza

- *Seção XVI (arts. 313-K e 313-L) acrescida pelo Decreto nº 52.804, de 13.3.2008 – DOE de 14.3.2008 – Efeitos a partir de 1º.4.2008.*

**Art. 313-K.** Na saída das mercadorias arroladas no § 1º com destino a estabelecimento localizado em território paulista, fica atribuída a responsabilidade pela retenção e pelo pagamento do imposto incidente nas saídas subsequentes (Lei nº 6.374/1989, arts. 8º, XXXI, e § 8º, 1, e 60, I):

- *Art. 313-K acrescido pelo Decreto nº 52.804, de 13.3.2008 – DOE de 14.3.2008 – Efeitos a partir de 1º.4.2008.*

I – a estabelecimento de fabricante ou de importador ou a arrematante de mercadoria importada do exterior e apreendida, localizado neste Estado;

II – a qualquer estabelecimento localizado em território paulista que receber mercadoria referida neste artigo diretamente de outro Estado sem a retenção antecipada do imposto;

III – a estabelecimento localizado em outra unidade da Federação, conforme definido em acordo celebrado por este Estado.

- *Inciso III acrescido pelo Decreto nº 55.000, de 9.11.2009 – DOE de 10.11.2009 – Efeitos a partir da publicação.*

§ 1º. O disposto neste artigo aplica-se exclusivamente às mercadorias adiante indicadas, classificadas nas seguintes posições, subposições ou códigos da Nomenclatura Brasileira de Mercadorias – Sistema Harmonizado – NBM/SH:

1 – água sanitária, branqueador ou alvejante, 2828.90.11, 2828.90.19, 3206.41.00 e 3808.94.19;

- *Item 1 com redação dada pelo Decreto nº 55.937, de 21.6.2010 – DOE de 22.6.2010 – Efeitos a partir de 1º.7.2010.*

2 – odorizantes/desodorizantes de ambiente e superfície, 3307.41.00, 3307.49.00, 3307.90.00 e 3808.94.19;

- *Item 2 com redação dada pelo Decreto nº 54.448 de 16.6.2009 – DOE de 17.6.2009 – Efeitos a partir da publicação.*

3 – sabões em barras, pedaços ou figuras moldados, 3401.19.00;

4 – sabões ou detergentes em pó, flocos, palhetas, grânulos ou outras formas semelhantes, 3401.20.90 e 3402.20.00;

5 – detergentes líquidos, 3402.20.00;

6 – outros agentes orgânicos de superfície (exceto sabões); preparações tensoativas, preparações para lavagem (incluídas as preparações auxiliares para lavagem) e preparações para limpeza (inclusive multiuso e limpadores), mesmo contendo sabão, exceto as da posição 34.01 e os produtos descritos nos itens 4 e 5, 34.02;

- *Item 6 com redação dada pelo Decreto nº 53.511, de 6.10.2008 – DOE de 7.10.2008 – Efeitos a partir de 1º.3.2009.*

7 – pomadas, cremes e preparações semelhantes, para calçados ou para couros, 3405.10.00;

8 – pastas, pós, saponáceos e outras preparações para arear, 3405.40.00;

9 – facilitadores e goma para passar roupa, 3505.10.00, 3506.91.20, 3809.91.90 e 3905.12.00;

- *Item 9 com redação dada pelo Decreto nº 57.085, de 27.6.2011 – DOE de 28.6.2011 – Efeitos a partir de 1º.8.2011.*

10 – inseticidas, rodenticidas, fungicidas, raticidas, repelentes e outros produtos semelhantes, apresentados em formas ou embalagens exclusivamente para uso domissanitário direto, 3808.50.10, 3808.91, 3808.92.1 e 3808.99;

- *Item 10 com redação dada pelo Decreto nº 54.735, de 2.9.2009 – DOE de 3.9.2009 – Efeitos a partir de 1º.9.2009.*

11 – desinfetantes apresentados em quaisquer formas ou embalagens, 3808.94;

- *Item 11 com redação dada pelo Decreto nº 54.448 de 16.6.2009 – DOE de 17.6.2009 – Efeitos a partir da publicação.*

12 – amaciante/suavizante, 3809.91.90;

13 – esponjas para limpeza, 3924.10.00, 3924.90.00, 6805.30.10 e 6805.30.90.

14 – álcool etílico para limpeza, 2207.10.00 ou 2207.20.10;

- *Item 14 acrescido pelo Decreto nº 53.511, de 6.10.2008 – DOE de 7.10.2008 – Efeitos a partir de 1º.3.2009.*

15 – (revogado);

• *Item 15 acrescido pelo Decreto nº 53.511, de 6.10.2008 – DOE de 7.10.2008, e revogado pelo Decreto nº 54.402, de 1º.6.2009 – DOE de 2.6.2009 – Efeitos a partir de 1º.6.2009.*

16 – óleo para conservação e limpeza de móveis e outros artigos de madeira, 2710.12.90;

• *Item 16 acrescido pelo Decreto nº 53.511, de 6.10.2008 – DOE de 7.10.2008, e com redação dada pelo Decreto nº 58.285, de 8.8.2012 – DOE de 9.8.2012 – Efeitos a partir da publicação.*

17 – dicloro estabilizado, 2933.69.19; ácido tricloro isocianúrico, 2933.69.11; hipocloritos, hipoclorito de cálcio comercial, cloritos, hipobromitos, 28.28, nas formas líquida, sólida, gasosa, em tabletes, granulados, em pó, com qualquer tipo de preparação química ou na sua forma química concentrada; demais desinfetantes utilizados em água de piscinas, 3808.94; cloradores flutuantes de qualquer tipo, tamanho ou composição química, que contenham os produtos identificados pelas NBM/SH 2933.69.19, 2933.69.11, 3808.94 e 2828.10.00;

• *Item 17 acrescido pelo Decreto nº 53.511, de 6.10.2008 – DOE de 7.10.2008, e com redação dada pelo Decreto nº 54.846, de 30.9.2009 – DOE de 1º.10.2009 – Efeitos a partir de 1º.10.2009.*

18 – carbonato de sódio 99%, 2803.00.90;

• *Item 18 acrescido pelo Decreto nº 53.511, de 6.10.2008 – DOE de 7.10.2008 – Efeitos a partir de 1º.3.2009.*

19 – cloreto de hidrogênio (ácido clorídrico); ácido clossulfúrico, em solução aquosa, 2806.10.20;

• *Item 19 acrescido pelo Decreto nº 53.511, de 6.10.2008 – DOE de 7.10.2008 – Efeitos a partir de 1º.3.2009.*

20 – limpador abrasivo e/ou soda cáustica em forma ou embalagem para uso direto de conteúdo igual ou inferior a 25 litros ou 25 kg, 28.15;

• *Item 20 acrescido pelo Decreto nº 53.511, de 6.10.2008 – DOE de 7.10.2008, e com redação dada pelo Decreto nº 57.085, de 27.6.2011 – DOE de 28.6.2011 – Efeitos a partir de 1º.8.2011.*

21 – desumidificador de ambiente, 2827.20.90;

• *Item 21 acrescido pelo Decreto nº 53.511, de 6.10.2008 – DOE de 7.10.2008 – Efeitos a partir de 1º.3.2009.*

22 – floculantes clarificantes, decantadores à base de cloretos, oxicloretos, hidrocloretos, 2827.32.00, 2827.49.21 e 2924.1; sulfatos de alumínio e outros sais de alumínio, 2833.22.00; todos na forma líquida, granulada, em pó, pastilhas, tabletes, todos utilizados em piscinas e em embalagem de conteúdo igual ou inferior a 25 litros ou 25 kg;

• *Item 22 acrescido pelo Decreto nº 53.511, de 6.10.2008 – DOE de 7.10.2008, e com redação dada pelo Decreto nº 57.085, de 27.6.2011 – DOE de 28.6.2011 – Efeitos a partir de 1º.8.2011.*

23 – (revogado);

• *Item 23 acrescido pelo Decreto nº 53.511, de 6.10.2008 – DOE de 7.10.2008, e revogado pelo Decreto nº 54.448 de 16.6.2009 – DOE de 17.6.2009 – Efeitos a partir da publicação.*

24 – tira-manchas e produtos para pré-lavagem de roupas, 2832.20.00 ou 2901.10.00;

• *Item 24 acrescido pelo Decreto nº 53.511, de 6.10.2008 – DOE de 7.10.2008 – Efeitos a partir de 1º.3.2009.*

25 – barrilha leve, carbonatos de sódio, carbonato de cálcio, 2836.20.10 e 2836.50.00; hidrogeno carbonato de sódio ou bicarbonado de sódio, 2836.30.00; todos utilizados em piscinas e em embalagem de conteúdo igual ou inferior a 25 kg;

• *Item 25 acrescido pelo Decreto nº 53.511, de 6.10.2008 – DOE de 7.10.2008, e com redação dada pelo Decreto nº 57.085, de 27.6.2011 – DOE de 28.6.2011 – Efeitos a partir de 1º.8.2011.*

26 – naftalina, 2902.90.20;

• *Item 26 acrescido pelo Decreto nº 53.511, de 6.10.2008 – DOE de 7.10.2008 – Efeitos a partir de 1º.3.2009.*

27 – antiferrugem, 2917.11.10;

• *Item 27 acrescido pelo Decreto nº 53.511, de 6.10.2008 – DOE de 7.10.2008 – Efeitos a partir de 1º.3.2009.*

28 – clarificante em embalagem de conteúdo igual ou inferior a 25 litros, 2923.90.90;

• *Item 28 acrescido pelo Decreto nº 53.511, de 6.10.2008 – DOE de 7.10.2008, e com redação dada pelo Decreto nº 57.085, de 27.6.2011 – DOE de 28.6.2011 – Efeitos a partir de 1º.8.2011.*

29 – controlador de metais em embalagem de conteúdo igual ou inferior a 25 litros, 2931.00.79 ou 2931.90.79;

• *Item 29 acrescido pelo Decreto nº 53.511, de 6.10.2008 – DOE de 7.10.2008, e com redação dada pelo Decreto nº 58.285, de 8.8.2012 – DOE de 9.8.2012 – Efeitos a partir da publicação.*

30 – flutuador 4x1, 2933.69.19;

• *Item 30 acrescido pelo Decreto nº 53.511, de 6.10.2008 – DOE de 7.10.2008 – Efeitos a partir de 1º.3.2009.*

31 – (revogado);

• *Item 31 acrescido pelo Decreto nº 53.511, de 6.10.2008 – DOE de 7.10.2008, e revogado pelo Decreto nº 54.448 de 16.6.2009 – DOE de 17.6.2009 – Efeitos a partir da publicação.*

32 – limpa-bordas em embalagem de conteúdo igual ou inferior a 25 litros, 3402.90.39;

• *Item 32 acrescido pelo Decreto nº 53.511, de 6.10.2008 – DOE de 7.10.2008, e com redação dada pelo Decreto nº 57.085, de 27.6.2011 – DOE de 28.6.2011 – Efeitos a partir de 1º.8.2011.*

33 – preparações lubrificantes e preparações dos tipos utilizados para lubrificar e amaciar matérias têxteis, para untar couros, peleteria e outras matérias, 34.03;

- *Item 33 acrescido pelo Decreto nº 53.511, de 6.10.2008 – DOE de 7.10.2008 – Efeitos a partir de 1º.3.2009.*

34 – (revogado);

- *Item 34 acrescido pelo Decreto nº 53.511, de 6.10.2008 – DOE de 7.10.2008, e revogado pelo Decreto nº 54.402, de 1º.6.2009 – DOE de 2.6.2009 – Efeitos a partir de 1º.6.2009.*

35 – neutralizador/eliminador de odor, 38.02;

- *Item 35 acrescido pelo Decreto nº 53.511, de 6.10.2008 – DOE de 7.10.2008 – Efeitos a partir de 1º.3.2009.*

36 – algicidas, 2922.13, 3808.92, 3808.93, 3808.94 e 3808.99; removedores de gordura, 2842.10.90; e oleosidade, 2923.90.90, à base de sais, peróxido-sulfato de sódio ou potássio, 2815.30.00; todos utilizados em piscinas e em embalagem de conteúdo igual ou inferior a 25 litros;

- *Item 36 acrescido pelo Decreto nº 53.511, de 6.10.2008 – DOE de 7.10.2008, e com redação dada pelo Decreto nº 57.085, de 27.6.2011 – DOE de 28.6.2011 – Efeitos a partir de 1º.8.2011.*

37 – kit teste ph / cloro, fita-teste, 3822.00.90;

- *Item 37 acrescido pelo Decreto nº 53.511, de 6.10.2008 – DOE de 7.10.2008 – Efeitos a partir de 1º.3.2009.*

38 – produtos para limpeza pesada em embalagem de conteúdo igual ou inferior a 25 litros ou 25 kg, 3824.90.49;

- *Item 38 acrescido pelo Decreto nº 53.511, de 6.10.2008 – DOE de 7.10.2008, e com redação dada pelo Decreto nº 57.085, de 27.6.2011 – DOE de 28.6.2011 – Efeitos a partir de 1º.8.2011.*

39 – redutor de pH: produtos em solução aquosa ou não, de ácidos clorídricos, 2806.10.20, sulfúrico, 2807.00.10, fosfórico, 2809.20.1, e outros redutores de pH da posição 3824.90.79, todos utilizados em piscinas e em embalagem de conteúdo igual ou inferior a 5 litros;

- *Item 39 acrescido pelo Decreto nº 53.511, de 6.10.2008 – DOE de 7.10.2008, e com redação dada pelo Decreto nº 57.085, de 27.6.2011 – DOE de 28.6.2011 – Efeitos a partir de 1º.8.2011.*

40 – sacos de lixo de conteúdo igual ou inferior a 100 litros, 3923.2;

- *Item 40 acrescido pelo Decreto nº 53.511, de 6.10.2008 – DOE de 7.10.2008, e com redação dada pelo Decreto nº 54.092, de 10.3.2009 – DOE de 11.3.2009 – Efeitos a partir de 1º.3.2009.*

41 – rodilhas, esfregões, panos de prato ou de cozinha, flanelas e artefatos de limpeza semelhantes, 6307.10.00;

- *Item 41 acrescido pelo Decreto nº 53.511, de 6.10.2008 – DOE de 7.10.2008 – Efeitos a partir de 1º.3.2009.*

42 – aparelhos mecânicos ou elétricos odorizantes, desinfestantes e afins, 8424.89 ou 8516.79.90;

- *Item 42 acrescido pelo Decreto nº 53.511, de 6.10.2008 – DOE de 7.10.2008 – Efeitos a partir de 1º.3.2009.*

43 – vassouras, rodos, cabos e afins, 9603.10.00 ou 9603.90.00.

- *Item 43 acrescido pelo Decreto nº 53.511, de 6.10.2008 – DOE de 7.10.2008 – Efeitos a partir de 1º.3.2009.*

§ 2º. Na hipótese do inciso II:

1 – o imposto incidente na operação própria e nas subsequentes será pago conforme previsto no art. 426-A;

- *Item 1 com redação dada pelo Decreto nº 53.002, de 15.5.2008 – DOE de 16.5.2008 – Efeitos a partir da publicação.*

2 – na saída da mercadoria do estabelecimento será emitido documento fiscal nos termos do art. 274 e escriturado o livro Registro de Saídas na forma do art. 278;

3 – no tocante ao imposto pago de acordo com o item 1, aplicar-se-á o disposto no inciso VI do art. 63 e no art. 269;

4 – quando o estabelecimento que receber a mercadoria for armazém geral e o depositante estiver localizado em outra unidade da Federação, o armazém geral deverá calcular e pagar o imposto incidente na operação própria e nas subsequentes de acordo com as normas relativas ao regime jurídico da substituição tributária previstas neste regulamento, no período de apuração em que ocorrer a saída da mercadoria com destino a outro estabelecimento localizado em território paulista.

- *Item 4 acrescido pelo Decreto nº 54.375, de 26.5.2009 – DOE de 27.5.2009 – Efeitos a partir de 1º.6.2009.*

**Art. 313-L.** Para determinação da base de cálculo, em caso de inexistência do preço final a consumidor, único ou máximo, autorizado ou fixado por autoridade competente, ou do preço final a consumidor sugerido pelo fabricante ou importador, aprovado e divulgado pela Secretaria da Fazenda, o percentual de margem de valor agregado previsto no art. 41 será o Índice de Valor Adicionado Setorial – IVA-ST, divulgado pela Secretaria da Fazenda com base nas informações prestadas pelos contribuintes (Lei nº 6.374/1989, arts. 28 e 28-A, na redação da Lei nº 12.681/2007, art. 1º, II e III, e arts. 28-B e 28-C, acrescentados pela Lei nº 12.681/2007, art. 2º, II e III).

- *Art. 313-L acrescido pelo Decreto nº 52.804, de 13.3.2008 – DOE de 14.3.2008 – Efeitos a partir de 1º.4.2008.*

## Seção XVII
## Das Operações com Produtos Fonográficos

• *Seção XVII (arts. 313-M e 313-N) acrescida pelo Decreto nº 52.804, de 13.3.2008 – DOE de 14.3.2008 – Efeitos a partir de 1º.4.2008.*

**Art. 313-M.** Na saída das mercadorias arroladas no § 1º com destino a estabelecimento localizado em território paulista, fica atribuída a responsabilidade pela retenção e pelo pagamento do imposto incidente nas saídas subsequentes (Lei nº 6.374/1989, arts. 8º, XXXII e § 8º, 1, e 60, I):

• *Art. 313-M acrescido pelo Decreto nº 52.804, de 13.3.2008 – DOE de 14.3.2008, e com redação dada pelo Decreto nº 52.921, de 18.4.2008 – DOE de 19.4.2008 – Efeitos a partir de 1º.5.2008.*

I – a estabelecimento de fabricante ou de importador ou a arrematante de mercadoria importada do exterior e apreendida, localizado neste Estado;

II – a qualquer estabelecimento localizado em território paulista que receber mercadoria referida neste artigo diretamente de outro Estado sem a retenção antecipada do imposto;

III – a estabelecimento localizado em outra unidade da Federação, conforme definido em acordo celebrado por este Estado.

• *Inciso III com redação dada pelo Decreto nº 55.000, de 9.11.2009 – DOE de 10.11.2009 – Efeitos a partir da oublicação.*

§ 1º. O disposto neste artigo aplica-se exclusivamente às mercadorias adiante indicadas, classificadas nas seguintes posições, subposições ou códigos da Nomenclatura Brasileira de Mercadorias – Sistema Harmonizado – NBM/SH:

1 – fitas magnéticas de largura não superior a 4 mm, em cassetes, 8523.29.21;

2 – fitas magnéticas de largura superior a 4 mm mas inferior ou igual a 6,5 mm, 8523.29.22;

3 – fitas magnéticas de largura superior a 6,5 mm mas inferior ou igual a 50,8 mm (2"), em rolos ou carretéis, 8523.29.23;

4 – fitas magnéticas de largura superior a 6,5 mm, em cassetes para gravação de vídeo, 8523.29.24;

5 – outras fitas magnéticas não gravadas, 8523.29.29;

6 – fitas magnéticas para reprodução de fenômenos diferentes do som ou da imagem, 8523.29.31;

7 – fitas magnéticas de largura não superior a 4 mm, em cartuchos ou cassetes, exceto as do subitem 8523.29.31, 8523.29.32;

8 – fitas magnéticas de largura superior a 6,5 mm – exceto as do subitem 8523.29.31 -, 8523.29.33;

9 – outras fitas magnéticas gravadas, 8523.29.39;

10 – outros suportes magnéticos para reprodução ou gravação de som e imagem, 8523.29.90;

11 – discos para sistema de leitura por raios "laser" com possibilidade de serem gravados uma única vez, 8523.40.11;

12 – outros suportes ópticos para gravação de som e imagem, 8523.40.19;

13 – outros suportes ópticos para reprodução apenas do som, 8523.40.21;

14 – outros suportes ópticos para reprodução de fenômenos diferentes do som ou da imagem, 8523.40.22;

15 – outros suportes ópticos para reprodução de som e imagem, 8523.40.29;

16 – discos fonográficos, 8523.80.00.

§ 2º. Na hipótese do inciso II:

1 – o imposto incidente na operação própria e nas subsequentes será pago conforme previsto no art. 426-A;

• *Item 1 com redação dada pelo Decreto nº 53.002, de 15.5.2008 – DOE de 16.5.2008 – Efeitos a partir da publicação.*

2 – na saída da mercadoria do estabelecimento será emitido documento fiscal nos termos do art. 274 e escriturado o livro Registro de Saídas na forma do art. 278;

3 – no tocante ao imposto pago de acordo com o item 1, aplicar-se-á o disposto no inciso VI do art. 63 e no art. 269;

4 – quando o estabelecimento que receber a mercadoria for armazém geral e o depositante estiver localizado em outra unidade da Federação, o armazém geral deverá calcular e pagar o imposto incidente na operação própria e nas subsequentes de acordo com as normas relativas ao regime jurídico da substituição tributária previstas neste regulamento, no período de apuração em que ocorrer a saída da mercadoria com destino a outro estabelecimento localizado em território paulista.

• *Item 4 acrescido pelo Decreto nº 54.375, de 26.5.2009 – DOE de 27.5.2009 – Efeitos a partir de 1º.6.2009.*

**Art. 313-N.** Para determinação da base de cálculo, em caso de inexistência do preço final a consumidor, único ou máximo, autorizado ou fixado por autoridade competente, ou do preço final a consumidor sugerido pelo fabricante ou importador, aprovado e divulgado pela Secretaria da Fazenda, o percentual de margem de valor agregado previsto no art. 41 será o Índice de Valor Adicionado Setorial – IVA-ST, divulgado pela Secretaria da Fazenda com base nas informações prestadas pelos contribuintes (Lei nº 6.374/1989, arts. 28 e 28-A, na redação da Lei nº 12.681/2007, art. 1º, II e III, e arts. 28-B e 28-C, acrescentados pela Lei nº 12.681/2007, art. 2º, II e III).

• *Art. 313-N acrescido pelo Decreto nº 52.804, de 13.3.2008 – DOE de 14.3.2008 – Efeitos a partir de 1º.4.2008.*

### Seção XVIII – Das Operações com Autopeças

- *Seção XVIII (arts. 313-O e 313-P) acrescida pelo Decreto nº 52.804, de 13.3.2008 – DOE de 14.3.2008 – Efeitos a partir de 1º.4.2008.*

**Art. 313-O.** Na saída das mercadorias arroladas no § 1º com destino a estabelecimento localizado em território paulista, fica atribuída a responsabilidade pela retenção e pelo pagamento do imposto incidente nas saídas subsequentes (Lei nº 6.374/1989, arts. 8º, XXXIV, e 60, I):

- *Art. 313-O acrescido pelo Decreto nº 52.804, de 13.3.2008 – DOE de 14.3.2008, e com redação dada pelo Decreto nº 52.920, de 18.4.2008 – DOE de 19.4.2008 – Efeitos a partir de 1º.4.2008.*

I – a estabelecimento de fabricante ou de importador ou a arrematante de mercadoria importada do exterior e apreendida, localizado neste Estado;

- *Inciso I com redação dada pelo Decreto nº 52.920, de 18.4.2008 – DOE de 19.4.2008 – Efeitos a partir de 1º4.2008.*

II – a estabelecimento de fabricante de veículo automotor que, tendo recebido a mercadoria, não aplicá-la em processo produtivo;

- *Inciso II com redação dada pelo Decreto nº 52.920, de 18.4.2008 – DOE de 19.4.2008 – Efeitos a partir de 1º4.2008.*

III – a qualquer estabelecimento localizado em território paulista que receber mercadoria referida neste artigo diretamente de outro Estado sem a retenção antecipada do imposto;

IV – a estabelecimento localizado em outra unidade da Federação, conforme definido em acordo celebrado por este Estado.

- *Inciso IV acrescido pelo Decreto nº 53.002, de 15.5.2008 – DOE de 16.5.2008, e com redação dada pelo Decreto nº 55.000, de 9.11.2009 – DOE de 10.11.2009. Efeitos a partir da publicação.*

§ 1º. O disposto neste artigo aplica-se exclusivamente às mercadorias adiante indicadas, classificadas nas seguintes posições, subposições ou códigos da Nomenclatura Brasileira de Mercadorias – Sistema Harmonizado – NBM/SH:

- *§ 1º, exceto os itens assinalados com notas específicas, com redação dada pelo Decreto nº 53.040, de 29.5.2008 – DOE de 30.5.2008 – Efeitos a partir de 1º.6.2008.*

1 – catalizadores em colmeia cerâmica ou metálica para conversão catalítica de gases de escape de veículos, 3815.12.10 ou 3815.12.90;

2 – tubos e seus acessórios (por exemplo, juntas, cotovelos, flanges, uniões), de plásticos, 39.17;

3 – protetores de caçamba, 3918.10.00;

4 – reservatórios de óleo, 3923.30.00;

5 – frisos, decalques, molduras e acabamentos, 3926.30.00;

6 – correias de transmissão de borracha vulcanizada, de matérias têxteis, mesmo impregnadas, revestidas ou recobertas, de plástico, ou estratificadas com plástico ou reforçadas com metal ou com outras matérias, 4010.3 ou 5910.0000;

- *Item 6 com redação dada pelo Decreto nº 53.626, de 30.10.2008 – DOE de 31.10.2008 – Efeitos a partir de 1º.11.2008.*

7 – juntas, gaxetas e outros elementos com função semelhante de vedação, 4016.93.00 ou 4823.90.9;

8 – partes de veículos automóveis, tratores e máquinas autopropulsadas, 4016.10.10;

9 – tapetes e revestimentos, mesmo confeccionados, batentes, buchas e coxins, 4016.99.90 ou 5705.00.00;

- *Item 9 com redação dada pelo Decreto nº 59.243, de 28.5.2013 – DOE de 29.5.2013 – Efeitos a partir de 1º.7.2013.*

10 – tecidos impregnados, revestidos, recobertos ou estratificados, com plástico, 5903.90.00;

11 – mangueiras e tubos semelhantes, de matérias têxteis, mesmo com reforço ou acessórios de outras matérias, 5909.00.00;

12 – encerados e toldos, 6306.1;

13 – capacetes e artefatos de uso semelhante, de proteção, para uso em motocicletas, incluídos ciclomotores, 6506.10.00;

14 – guarnições de fricção (por exemplo, placas, rolos, tiras, segmentos, discos, anéis, pastilhas), não montadas, para freios, embreagens ou qualquer outro mecanismo de fricção, à base de amianto, de outras substâncias minerais ou de celulose, mesmo combinadas com têxteis ou outras matérias, 68.13;

15 – vidros de dimensões e formatos que permitam aplicação automotiva, 7007.11.00 ou 7007.21.00;

16 – espelhos retrovisores, 7009.10.00;

17 – lentes de faróis, lanternas e outros utensílios, 7014.00.00;

18 – cilindro de aço para GNV (gás natural veicular), 7311.00.00;

19 – molas e folhas de molas, de ferro ou aço, 73.20;

20 – obras moldadas, de ferro fundido, ferro ou aço, 73.25, exceto 7325.91.00;

21 – peso de chumbo para balanceamento de roda, 7806.00;

22 – peso para balanceamento de roda e outros utensílios de estanho, 8007.00.90;

23 – fechaduras e partes de fechaduras, 8301.20 ou 8301.60;

24 – chaves apresentadas isoladamente, 8301.70;

25 – dobradiças, guarnições, ferragens e artigos semelhantes de metais comuns, 8302.10.00 ou 8302.30.00;

- *Item 25 com redação dada pelo Decreto nº 53.626, de 30.10.2008 – DOE de 31.10.2008 – Efeitos a partir de 1º.11.2008.*

26 – triângulo de segurança, 8310.00;

27 – motores de pistão alternativo dos tipos utilizados para propulsão de veículos do Capítulo 87, 8407.3;

28 – motores dos tipos utilizados para propulsão de veículos automotores, 8408.20;

29 – partes reconhecíveis como exclusiva ou principalmente destinadas aos motores das posições 84.07 ou 84.08, 84.09.9;

30 – motores hidráulicos, 8412.2 (Protocolo ICMS-5/11, cláusula primeira, IV);

- *Item 30 com redação dada pelo Decreto nº 57.086, de 27.6.2011 – DOE de 28.6.2011 – produzindo efeitos para os fatos geradores ocorridos a partir de 1º.7.2011.*

31 – bombas para combustíveis, lubrificantes ou líquidos de arrefecimento, próprias para motores de ignição por centelha ou por compressão, 84.13.30;

32 – bombas de vácuo, 8414.10.00;

33 – compressores e turbocompressores de ar, 8414.80.1 ou 8414.80.2;

34 – partes das bombas, compressores e turbocompressores dos itens 31, 32 e 33, 84.13.91.90, 84.14.90.10, 84.14.90.3 ou 8414.90.39 (Protocolo ICMS-72/08);

- *Item 34 com redação dada pelo Decreto nº 53.480, de 25.9.2008 – DOE de 26.9.2008 – Efeitos a partir de 14.7.2008.*

35 – máquinas e aparelhos de ar condicionado, 8415.20;

36 – aparelhos para filtrar óleos minerais nos motores de ignição por centelha ou por compressão, 8421.23.00;

37 – filtros a vácuo, 8421.29.90;

38 – partes dos aparelhos para filtrar ou depurar líquidos ou gases, 8421.9;

39 – extintores, mesmo carregados, 8424.10.00;

40 – filtros de entrada de ar para motores de ignição por centelha ou por compressão, 8421.31.00;

41 – depuradores por conversão catalítica de gases de escape, 8421.39.20;

42 – macacos, 8425.42.00;

43 – partes para macacos do item 42, 8431.1010;

44 – partes reconhecíveis como exclusiva ou principalmente destinadas às máquinas agrícolas ou rodoviárias, 84.31.49.2 (Protocolo ICMS-72/08);

- *Item 44 com redação dada pelo Decreto nº 55.868, de 27.5.2010 – DOE de 28.5.2010 – Efeitos a partir de 1º.7.2010.*

45 – válvulas redutoras de pressão, 8481.10.00;

46 – válvulas para transmissão óleo-hidráulicas ou pneumáticas, 8481.2 (Protocolo ICMS-5/11, cláusula primeira, IV);

- *Item 46 com redação dada pelo Decreto nº 57.086, de 27.6.2011 – DOE de 28.6.2011 – produzindo efeitos para os fatos geradores ocorridos a partir de 1º.7.2011.*

47 – válvulas solenóides, 8481.80.92;

48 – rolamentos, 84.82;

49 – árvores de transmissão (incluídas as árvores de "cames" e virabrequins) e manivelas; mancais e "bronzes"; engrenagens e rodas de fricção; eixos de esferas ou de roletes; redutores, multiplicadores, caixas de transmissão e variadores de velocidade, incluídos os conversores de torque; volantes e polias, incluídas as polias para cadernais; embreagens e dispositivos de acoplamento, incluídas as juntas de articulação, 84.83;

50 – juntas metaloplásticas; jogos ou sortidos de juntas de composições diferentes, apresentados em bolsas, envelopes ou embalagens semelhantes; juntas de vedação mecânicas (selos mecânicos), 84.84;

51 – acoplamentos, embreagens, variadores de velocidade e freios, eletromagnéticos, 8505.20;

52 – acumuladores elétricos de chumbo, do tipo utilizado para o arranque dos motores de pistão, 8507.10.00;

53 – aparelhos e dispositivos elétricos de ignição ou de arranque para motores de ignição por centelha ou por compressão (por exemplo, magnetos, dínamos-magnetos, bobinas de ignição, velas de ignição ou de aquecimento, motores de arranque); geradores (dínamos e alternadores, por exemplo) e conjuntores-disjuntores utilizados com estes motores, 85.11;

54 – aparelhos elétricos de iluminação ou de sinalização (exceto os da posição 85.39), limpadores de para-brisas, degeladores e desembaçadores (desembaciadores) elétricos, 8512.20 ou 8512.40 ou 8512.90;

55 – telefones móveis, 8517.12.13;

56 – (revogado);

- *Item 56 revogado pelo Decreto nº 58.809, de 27.12.2012 – DOE de 28.12.2012 – Efeitos a partir de 1º.1.2013.*

57 – aparelhos de reprodução de som, 85.19.81;

58 – aparelhos transmissores (emissores) de radiotelefonia ou radiotelegrafia (rádio receptor/transmissor), 8525.50.1 ou 8525.60.10;

59 – (revogado);

- *Item 59 revogado pelo Decreto nº 58.809, de 27.12.2012 – DOE de 28.12.2012 – Efeitos a partir de 1º.1.2013.*

60 – (revogado);

- *Item 60 revogado pelo Decreto nº 52.862, de 3.4.2008 – DOE de 4.4.2008 – Efeitos a partir da publicação.*

61 – circuitos impressos, 8534.00.00;

62 – interruptores e seccionadores e comutadores, 8535.30 ou 8536.5 (Protocolo ICMS-5/11, cláusula primeira, IV);

- *Item 62 com redação dada pelo Decreto nº 57.086, de 27.6.2011 – DOE de 28.6.2011 – produzindo efeitos para os fatos geradores ocorridos a partir de 1º.7.2011.*

63 – fusíveis e corta-circuitos de fusíveis, 8536.10.00;

64 – disjuntores, 8536.20.00;

65 – relés, 8536.4;

66 – partes reconhecíveis como exclusivas ou principalmente destinados aos aparelhos dos itens 62, 63, 64 e 65, 8538;

67 – (revogado);

- *Item 67 revogado pelo Decreto nº 57.086, de 27.6.2011 – DOE de 28.6.2011 – produzindo efeitos para os fatos geradores ocorridos a partir de 1º.7.2011.*

68 – faróis e projetores, em unidades seladas, 8539.10;

69 – lâmpadas e tubos de incandescência, exceto de raios ultravioleta ou infravermelhos, 8539.2;

70 – cabos coaxiais e outros condutores elétricos coaxiais, 8544.20.00;

71 – jogos de fios para velas de ignição e outros jogos de fios, 8544.30.00;

72 – carroçarias para os veículos automóveis das posições 87.01 a 87.05, incluídas as cabinas, 87.07;

73 – partes e acessórios dos veículos automóveis das posições 87.01 a 87.05, 87.08;

74 – parte e acessórios de motocicletas (incluídos os ciclomotores), 8714.1;

75 – engates para reboques e semirreboques, 8716.90.90;

76 – medidores de nível; medidores de vazão, 9026.10 (Protocolo ICMS-5/11, cláusula primeira, IV);

- *Item 76 com redação dada pelo Decreto nº 57.086, de 27.6.2011 – DOE de 28.6.2011 – produzindo efeitos para os fatos geradores ocorridos a partir de 1º.7.2011.*

77 – aparelhos para medida ou controle da pressão, 9026.20 (Protocolo ICMS-5/11, cláusula primeira, IV);

- *Item 77 com redação dada pelo Decreto nº 57.086, de 27.6.2011 – DOE de 28.6.2011 – produzindo efeitos para os fatos geradores ocorridos a partir de 1º.7.2011.*

78 – contadores, indicadores de velocidade e tacômetros, suas partes e acessórios, 90.29;

79 – amperímetros, 9030.33.21;

80 – aparelhos digitais, de uso em veículos automóveis, para medida e indicação de múltiplas grandezas tais como: velocidade média, consumos instantâneo e médio e autonomia (computador de bordo), 9031.80.40;

81 – controladores eletrônicos, 9032.89.2;

82 – relógios para painéis de instrumentos e relógios semelhantes, 9104.00.00;

83 – assentos e partes de assentos, 9401.20.00 ou 9401.90.90;

84 – acendedores, 9613.80.00.

85 – tubos de borracha vulcanizada não endurecida, mesmo providos de seus acessórios, 4009;

- *Item 85 acrescido pelo Decreto nº 54.092, de 10.3.2009 – DOE de 11.3.2009 – Efeitos a partir de 1º.3.2009.*

86 – juntas de vedação de cortiça natural e de amianto, 4504.90.00 e 6812.99.10;

- *Item 86 acrescido pelo Decreto nº 54.092, de 10.3.2009 – DOE de 11.3.2009 – Efeitos a partir de 1º.3.2009.*

87 – papel-diagrama para tacógrafo, em disco, 4823.40.00;

- *Item 87 acrescido pelo Decreto nº 54.092, de 10.3.2009 – DOE de 11.3.2009 – Efeitos a partir de 1º.3.2009.*

88 – fitas, tiras, adesivos, autocolantes, de plástico, refletores, mesmo em rolos; placas metálicas com película de plástico refletora, próprias para colocação em carrocerias, para-choques de veículos de carga, motocicletas, ciclomotores, capacetes, bonés de agentes de trânsito e de condutores de veículos, atuando como dispositivos refletivos de segurança rodoviários, 3919.10.00, 3919.90.00 e 8708.29.99;

- *Item 88 acrescido pelo Decreto nº 54.092, de 10.3.2009 – DOE de 11.3.2009 – Efeitos a partir de 1º.3.2009.*

89 – cilindros pneumáticos, 8412.31.10;

- *Item 89 acrescido pelo Decreto nº 54.092, de 10.3.2009 – DOE de 11.3.2009 – Efeitos a partir de 1º.3.2009.*

90 – bomba elétrica de lavador de para-brisa, 8413.19.00, 8413.50.90 e 8413.81.00;

- *Item 90 acrescido pelo Decreto nº 54.092, de 10.3.2009 – DOE de 11.3.2009 – Efeitos a partir de 1º.3.2009.*

91 – bomba de assistência de direção hidráulica, 8413.60.19 e 8413.70.10;

- *Item 91 acrescido pelo Decreto nº 54.092, de 10.3.2009 – DOE de 11.3.2009 – Efeitos a partir de 1º.3.2009.*

92 – motoventiladores, 8414.59.10 e 8414.59.90;

- *Item 92 acrescido pelo Decreto nº 54.092, de 10.3.2009 – DOE de 11.3.2009 – Efeitos a partir de 1º.3.2009.*

93 – filtros de pólen do ar-condicionado, 8421.39.90;

- *Item 93 acrescido pelo Decreto nº 54.092, de 10.3.2009 – DOE de 11.3.2009 – Efeitos a partir de 1º.3.2009.*

94 – "máquina" de vidro elétrico de porta, 8501.10.19;

- *Item 94 acrescido pelo Decreto nº 54.092, de 10.3.2009 – DOE de 11.3.2009 – Efeitos a partir de 1º.3.2009.*

95 – motor de limpador de para-brisa, 8501.31.10;

- *Item 95 acrescido pelo Decreto nº 54.092, de 10.3.2009 – DOE de 11.3.2009 – Efeitos a partir de 1º.3.2009.*

96 – bobinas de reatância e de autoindução, 8504.50.00;

• *Item 96 acrescido pelo Decreto nº 54.092, de 10.3.2009 – DOE de 11.3.2009 – Efeitos a partir de 1º.3.2009.*

97 – baterias de chumbo e de níquel-cádmio, 8507.20 e 8507.30;

• *Item 97 acrescido pelo Decreto nº 54.092, de 10.3.2009 – DOE de 11.3.2009 – Efeitos a partir de 1º.3.2009.*

98 – aparelhos de sinalização acústica (buzina), 8512.30.00;

• *Item 98 acrescido pelo Decreto nº 54.092, de 10.3.2009 – DOE de 11.3.2009 – Efeitos a partir de 1º.3.2009.*

99 – instrumentos para regulação de grandezas não elétricas, 9032.89.8 ou 9032.89.9 (Protocolo ICMS-5/11, cláusula primeira, IV);

• *Item 99 acrescido pelo Decreto nº 54.092, de 10.3.2009 – DOE de 11.3.2009, e com redação dada pelo Decreto nº 57.086, de 27.6.2011 – DOE de 28.6.2011 – produzindo efeitos para os fatos geradores ocorridos a partir de 1º.7.2011.*

100 – analisadores de gases ou de fumaça (sonda lambda), 9027.10.00;

• *Item 100 acrescido pelo Decreto nº 54.092, de 10.3.2009 – DOE de 11.3.2009 – Efeitos a partir de 1º.3.2009.*

101 – perfilados de borracha vulcanizada não endurecida, 4008.11.00 (Protocolo ICMS-5/11, cláusula segunda);

• *Item 101 acrescido pelo Decreto nº 57.086, de 27.6.2011 – DOE de 28.6.2011, produzindo efeitos para os fatos geradores ocorridos a partir de 1º.7.2011.*

102 – catálogos contendo informações relativas a veículos, 4911.10.10 (Protocolo ICMS-5/11, cláusula segunda);

• *Item 102 acrescido pelo Decreto nº 57.086, de 27.6.2011 – DOE de 28.6.2011, produzindo efeitos para os fatos geradores ocorridos a partir de 1º.7.2011.*

103 – artefatos de pasta de fibra para uso automotivo, 5601.22.19 (Protocolo ICMS-5/11, cláusula segunda);

• *Item 103 acrescido pelo Decreto nº 57.086, de 27.6.2011 – DOE de 28.6.2011, produzindo efeitos para os fatos geradores ocorridos a partir de 1º.7.2011.*

104 – tapetes/carpetes – naylon, 5703.20.00 (Protocolo ICMS-5/11, cláusula segunda);

• *Item 104 acrescido pelo Decreto nº 57.086, de 27.6.2011 – DOE de 28.6.2011, produzindo efeitos para os fatos geradores ocorridos a partir de 1º.7.2011.*

105 – tapetes de matérias têxteis sintéticas, 5703.30.00 (Protocolo ICMS-5/11, cláusula segunda);

• *Item 105 acrescido pelo Decreto nº 57.086, de 27.6.2011 – DOE de 28.6.2011, produzindo efeitos para os fatos geradores ocorridos a partir de 1º.7.2011.*

106 – forração interior capacete, 5911.90.00 (Protocolo ICMS-5/11, cláusula segunda);

• *Item 106 acrescido pelo Decreto nº 57.086, de 27.6.2011 – DOE de 28.6.2011, produzindo efeitos para os fatos geradores ocorridos a partir de 1º.7.2011.*

107 – outros para-brisas, 6903.90.99 (Protocolo ICMS-5/11, cláusula segunda);

• *Item 107 acrescido pelo Decreto nº 57.086, de 27.6.2011 – DOE de 28.6.2011, produzindo efeitos para os fatos geradores ocorridos a partir de 1º.7.2011.*

108 – moldura com espelho, 7007.29.00 (Protocolo ICMS-5/11, cláusula segunda);

• *Item 108 acrescido pelo Decreto nº 57.086, de 27.6.2011 – DOE de 28.6.2011, produzindo efeitos para os fatos geradores ocorridos a partir de 1º.7.2011.*

109 – corrente de transmissão, 7314.50.00 (Protocolo ICMS-5/11, cláusula segunda);

• *Item 109 acrescido pelo Decreto nº 57.086, de 27.6.2011 – DOE de 28.6.2011, produzindo efeitos para os fatos geradores ocorridos a partir de 1º.7.2011.*

110 – corrente transmissão, 7315.11.00 (Protocolo ICMS-5/11, cláusula segunda);

• *Item 110 acrescido pelo Decreto nº 57.086, de 27.6.2011 – DOE de 28.6.2011, produzindo efeitos para os fatos geradores ocorridos a partir de 1º.7.2011.*

111 – condensador tubular metálico, 8418.99.00 (Protocolo ICMS-5/11, cláusula segunda);

• *Item 111 acrescido pelo Decreto nº 57.086, de 27.6.2011 – DOE de 28.6.2011, produzindo efeitos para os fatos geradores ocorridos a partir de 1º.7.2011.*

112 – trocadores de calor, 8419.50 (Protocolo ICMS-5/11, cláusula segunda);

• *Item 112 acrescido pelo Decreto nº 57.086, de 27.6.2011 – DOE de 28.6.2011, produzindo efeitos para os fatos geradores ocorridos a partir de 1º.7.2011.*

113 – partes de aparelhos mecânicos de pulverizar ou dispersar, 8424.90.90 (Protocolo ICMS-5/11, cláusula segunda);

• *Item 113 acrescido pelo Decreto nº 57.086, de 27.6.2011 – DOE de 28.6.2011, produzindo efeitos para os fatos geradores ocorridos a partir de 1º.7.2011.*

114 – macacos hidráulicos para veículos, 8425.49.10 (Protocolo ICMS-5/11, cláusula segunda);

- *Item 114 acrescido pelo Decreto nº 57.086, de 27.6.2011 – DOE de 28.6.2011, produzindo efeitos para os fatos geradores ocorridos a partir de 1º.7.2011.*

115 – caçambas, pás, ganchos e tenazes para máquinas rodoviárias, 8431.41.00 (Protocolo ICMS-5/11, cláusula segunda);

- *Item 115 acrescido pelo Decreto nº 57.086, de 27.6.2011 – DOE de 28.6.2011, produzindo efeitos para os fatos geradores ocorridos a partir de 1º.7.2011.*

116 – geradores de corrente alternada de potência não superior a 75 kVA, 8501.61.00 (Protocolo ICMS-5/11, cláusula segunda);

- *Item 116 acrescido pelo Decreto nº 57.086, de 27.6.2011 – DOE de 28.6.2011, produzindo efeitos para os fatos geradores ocorridos a partir de 1º.7.2011.*

117 – aparelhos elétricos para alarme de uso automotivo, 8531.10.90 (Protocolo ICMS-5/11, cláusula segunda);

- *Item 117 acrescido pelo Decreto nº 57.086, de 27.6.2011 – DOE de 28.6.2011, produzindo efeitos para os fatos geradores ocorridos a partir de 1º.7.2011.*

118 – bússolas, 9014.10.00 (Protocolo ICMS-5/11, cláusula segunda);

- *Item 118 acrescido pelo Decreto nº 57.086, de 27.6.2011 – DOE de 28.6.2011, produzindo efeitos para os fatos geradores ocorridos a partir de 1º.7.2011.*

119 – indicadores de temperatura, 9025.19.90 (Protocolo ICMS-5/11, cláusula segunda);

- *Item 119 acrescido pelo Decreto nº 57.086, de 27.6.2011 – DOE de 28.6.2011, produzindo efeitos para os fatos geradores ocorridos a partir de 1º.7.2011.*

120 – partes de indicadores de temperatura, 9025.90.10 (Protocolo ICMS-5/11, cláusula segunda);

- *Item 120 acrescido pelo Decreto nº 57.086, de 27.6.2011 – DOE de 28.6.2011, produzindo efeitos para os fatos geradores ocorridos a partir de 1º.7.2011.*

121 – partes de aparelhos de medida ou controle, 9026.90 (Protocolo ICMS-5/11, cláusula segunda);

- *Item 121 acrescido pelo Decreto nº 57.086, de 27.6.2011 – DOE de 28.6.2011, produzindo efeitos para os fatos geradores ocorridos a partir de 1º.7.2011.*

122 – termostatos, 9032.10.10 (Protocolo ICMS-5/11, cláusula segunda);

- *Item 122 acrescido pelo Decreto nº 57.086, de 27.6.2011 – DOE de 28.6.2011, produzindo efeitos para os fatos geradores ocorridos a partir de 1º.7.2011.*

123 – instrumentos e aparelhos para regulação, 9032.10.90 (Protocolo ICMS-5/11, cláusula segunda);

- *Item 123 acrescido pelo Decreto nº 57.086, de 27.6.2011 – DOE de 28.6.2011, produzindo efeitos para os fatos geradores ocorridos a partir de 1º.7.2011.*

124 – pressostatos, 9032.20.00 (Protocolo ICMS-5/11, cláusula segunda).

- *Item 124 acrescido pelo Decreto nº 57.086, de 27.6.2011 – DOE de 28.6.2011, produzindo efeitos para os fatos geradores ocorridos a partir de 1º.7.2011.*

§ 2º. Na hipótese do inciso III:

1 – o imposto incidente na operação própria e nas subsequentes será pago conforme previsto no art. 426-A;

- *Item 1 com redação dada pelo Decreto nº 53.002, de 15.5.2008 – DOE de 16.5.2008 – Efeitos a partir da publicação.*

2 – na saída da mercadoria do estabelecimento será emitido documento fiscal nos termos do art. 274 e escriturado o livro Registro de Saídas na forma do art. 278;

3 – no tocante ao imposto pago de acordo com o item 1, aplicar-se-á o disposto no inciso VI do art. 63 e no art. 269;

4 – quando o estabelecimento que receber a mercadoria for armazém geral e o depositante estiver localizado em outra unidade da Federação, o armazém geral deverá calcular e pagar o imposto incidente na operação própria e nas subsequentes de acordo com as normas relativas ao regime jurídico da substituição tributária previstas neste regulamento, no período de apuração em que ocorrer a saída da mercadoria com destino a outro estabelecimento localizado em território paulista.

- *Item 4 acrescido pelo Decreto nº 54.375, de 26.5.2009 – DOE de 27.5.2009 – Efeitos a partir de 1º.6.2009.*

§ 3º. O disposto neste artigo não se aplica na saída com destino a estabelecimento de fabricante de veículo automotor ou de fabricante de autopeças.

- *§ 3º com redação dada pelo Decreto nº 52.920, de 18.4.2008 – DOE de 19.4.2008 – Efeitos a partir de 1º.4.2008.*

§ 4º. Para os efeitos do disposto neste artigo:

1 – entende-se por estabelecimento de fabricante de veículo automotor qualquer estabelecimento de fabricante de veículos de carga, de passageiros ou misto, bem como de máquinas, implementos e veículos agrícolas ou rodoviários;

2 – equipara-se a estabelecimento de fabricante o estabelecimento atacadista de peças controlado por fabricante de veículo automotor, que opere exclusivamente junto aos concessionários integrantes da rede de distribuição do referido fabricante, mediante contrato de fidelidade.

• *§ 4º com redação dada pelo Decreto nº 53.626, de 30.10.2008 – DOE de 31.10.2008 – Efeitos a partir de 1º.11.2008.*

**Art. 313-P.** Para determinação da base de cálculo, em caso de inexistência do preço final a consumidor, único ou máximo, autorizado ou fixado por autoridade competente, ou do preço final a consumidor sugerido pelo fabricante ou importador, aprovado e divulgado pela Secretaria da Fazenda, o percentual de margem de valor agregado previsto no art. 41 será o Índice de Valor Adicionado Setorial – IVA-ST, divulgado pela Secretaria da Fazenda com base nas informações prestadas pelos contribuintes (Lei nº 6.374/1989, arts. 28 e 28-A, na redação da Lei nº 12.681/2007, art. 1º, II e III, e arts. 28-B e 28-C, acrescentados pela Lei nº 12.681/2007, art. 2º, II e III).

• *Art. 313-P acrescido pelo Decreto nº 52.804, de 13.3.2008 – DOE de 14.3.2008 – Efeitos a partir de 1º.4.2008.*

## Seção XIX – Das Operações com Pilhas e Baterias

• *Seção XIX (arts. 313-Q e 313-R) acrescida pelo Decreto nº 52.804, de 13.3.2008 – DOE de 14.3.2008 – Efeitos a partir de 1º.4.2008.*

**Art. 313-Q.** Na saída de pilhas e baterias novas, classificadas na posição 85.06 da Nomenclatura Brasileira de Mercadorias – Sistema Harmonizado – NBM/SH, com destino a estabelecimento localizado em território paulista, fica atribuída a responsabilidade pela retenção e pelo pagamento do imposto incidente nas saídas subsequentes (Lei nº 6.374/1989, arts. 8º, XXXV, e 60, I):

• *Art. 313-Q acrescido pelo Decreto nº 52.804, de 13.3.2008 – DOE de 14.3.2008 – Efeitos a partir de 1º.4.2008.*

I – a estabelecimento de fabricante ou de importador ou a arrematante de mercadoria importada do exterior e apreendida, localizado neste Estado;

II – a qualquer estabelecimento localizado em território paulista que receber mercadoria referida neste artigo diretamente de outro Estado sem a retenção antecipada do imposto;

III – a estabelecimento localizado em outra unidade da Federação, conforme definido em acordo celebrado por este Estado.

• *Inciso III com redação dada pelo Decreto nº 55.000, de 9.11.2009 – DOE de 10.11.2009 – Efeitos a partir da publicação.*

Parágrafo único. Na hipótese do inciso II:

1 – o imposto incidente na operação própria e nas subsequentes será pago conforme previsto no art. 426-A;

• *Item 1 com redação dada pelo Decreto nº 53.002, de 15.5.2008 – DOE de 16.5.2008 – Efeitos a partir da publicação.*

2 – na saída da mercadoria do estabelecimento será emitido documento fiscal nos termos do art. 274 e escriturado o livro Registro de Saídas na forma do art. 278;

3 – no tocante ao imposto pago de acordo com o item 1, aplicar-se-á o disposto no inciso VI do art. 63 e no art. 269;

4 – quando o estabelecimento que receber a mercadoria for armazém geral e o depositante estiver localizado em outra unidade da Federação, o armazém geral deverá calcular e pagar o imposto incidente na operação própria e nas subsequentes de acordo com as normas relativas ao regime jurídico da substituição tributária previstas neste regulamento, no período de apuração em que ocorrer a saída da mercadoria com destino a outro estabelecimento localizado em território paulista.

• *Item 4 acrescido pelo Decreto nº 54.375, de 26.5.2009 – DOE de 27.5.2009 – Efeitos a partir de 1º.6.2009.*

**Art. 313-R.** Para determinação da base de cálculo, em caso de inexistência do preço final a consumidor, único ou máximo, autorizado ou fixado por autoridade competente, ou do preço final a consumidor sugerido pelo fabricante ou importador, aprovado e divulgado pela Secretaria da Fazenda, o percentual de margem de valor agregado previsto no art. 41 será o Índice de Valor Adicionado Setorial – IVA-ST, divulgado pela Secretaria da Fazenda com base nas informações prestadas pelos contribuintes (Lei nº 6.374/1989, arts. 28 e 28-A, na redação da Lei nº 12.681/2007, art. 1º, II e III, e arts. 28-B e 28-C, acrescentados pela Lei nº 12.681/2007, art. 2º, II e III).

• *Art. 313-R acrescido pelo Decreto nº 52.804, de 13.3.2008 – DOE de 14.3.2008 – Efeitos a partir de 1º.4.2008.*

## Seção XX
## Das Operações com Lâmpadas Elétricas

• *Seção XX (arts. 313-S e 313-T) acrescida pelo Decreto nº 52.804, de 13.3.2008 – DOE de 14.3.2008 – Efeitos a partir de 1º.4.2008.*

**Art. 313-S.** Na saída das mercadorias arroladas no § 1º com destino a estabelecimento localizado em território paulista, fica atribuída a responsabilidade pela retenção e pelo pagamento do imposto incidente nas saídas subsequentes (Lei nº 6.374/1989, arts. 8º, XXXVI, e 60, I):

• *Art. 313-S acrescido pelo Decreto nº 52.804, de 13.3.2008 – DOE de 14.3.2008 – Efeitos a partir de 1º.4.2008.*

I – a estabelecimento de fabricante ou de importador ou a arrematante de mercadoria importada do exterior e apreendida, localizado neste Estado;

II – a qualquer estabelecimento localizado em território paulista que receber mercadoria referida neste artigo diretamente de outro Estado sem a retenção antecipada do imposto;

III – a estabelecimento localizado em outra unidade da Federação, conforme definido em acordo celebrado por este Estado.

• *Inciso III com redação dada pelo Decreto nº 55.000, de 9.11.2009 – DOE de 10.11.2009 – Efeitos a partir da publicação.*

§ 1º. O disposto neste artigo aplica-se exclusivamente às mercadorias adiante indicadas, classificadas nas seguintes posições, subposições ou códigos da Nomenclatura Brasileira de Mercadorias – Sistema Harmonizado – NBM/SH:

1 – lâmpadas e tubos elétricos de incandescência ou de descarga, incluídos os artigos denominados "faróis e projetores, em unidades seladas" e as lâmpadas e tubos de raios ultravioleta ou infravermelhos; lâmpadas de arco (excluídos os automotivos), 85.39;

2 – lâmpadas, tubos e válvulas, eletrônicos, de cátodo quente, cátodo frio ou fotocátodo (por exemplo, lâmpadas, tubos e válvulas, de vácuo, de vapor ou de gás, ampolas retificadoras de vapor de mercúrio, tubos catódicos, tubos e válvulas para câmeras de televisão), 85.40;

3 – reatores para lâmpadas ou tubos de descargas, 8504.10.00;

4 – "*starter*", 8536.50;

• *Item 4 com redação dada pelo Decreto nº 54.448 de 16.6.2009 – DOE de 17.6.2009 – Efeitos a partir da publicação.*

5 – lâmpadas de LED (Diodos Emissores de Luz), 8543.70.99.

• *Item 5 acrescido pelo Decreto nº 60.949, de 4.12.2014 – DOE de 5.12.2014 – Efeitos a partir de 1º.4.2015.*

§ 2º. Na hipótese do inciso II:

1 – o imposto incidente na operação própria e nas subsequentes será pago conforme previsto no art. 426-A;

• *Item 1 com redação dada pelo Decreto nº 53.002, de 15.5.2008 – DOE de 16.5.2008 – Efeitos a partir da publicação.*

2 – na saída da mercadoria do estabelecimento será emitido documento fiscal nos termos do art. 274 e escriturado o livro Registro de Saídas na forma do art. 278;

3 – no tocante ao imposto pago de acordo com o item 1, aplicar-se-á o disposto no inciso VI do art. 63 e no art. 269;

4 – quando o estabelecimento que receber a mercadoria for armazém geral e o depositante estiver localizado em outra unidade da Federação, o armazém geral deverá calcular e pagar o imposto incidente na operação própria e nas subsequentes de acordo com as normas relativas ao regime jurídico da substituição tributária previstas neste regulamento, no período de apuração em que ocorrer a saída da mercadoria com destino a outro estabelecimento localizado em território paulista.

• *Item 4 acrescido pelo Decreto nº 54.375, de 26.5.2009 – DOE de 27.5.2009 – Efeitos a partir de 1º.6.2009.*

**Art. 313-T.** Para determinação da base de cálculo, em caso de inexistência do preço final a consumidor, único ou máximo, autorizado ou fixado por autoridade competente, ou do preço final a consumidor sugerido pelo fabricante ou importador, aprovado e divulgado pela Secretaria da Fazenda, o percentual de margem de valor agregado previsto no art. 41 será o Índice de Valor Adicionado Setorial – IVA-ST, divulgado pela Secretaria da Fazenda com base nas informações prestadas pelos contribuintes (Lei nº 6.374/1989, arts. 28 e 28-A, na redação da Lei nº 12.681/2007, art. 1º, II e III, e arts. 28-B e 28-C, acrescentados pela Lei nº 12.681/2007, art. 2º, II e III).

• *Art. 313-T acrescido pelo Decreto nº 52.804, de 13.3.2008 – DOE de 14.3.2008 – Efeitos a partir de 1º.4.2008.*

### Seção XXI – Das Operações com Papel

• *Seção XXI (arts. 313-U e 313-V) acrescida pelo Decreto nº 52.804, de 13.3.2008 – DOE de 14.3.2008 – Efeitos a partir de 1º.4.2008.*

**Art. 313-U.** Na saída da mercadoria arrolada no § 1º com destino a estabelecimento localizado em território paulista, fica atribuída a responsabilidade pela retenção e pelo pagamento do imposto incidente nas saídas subsequentes (Lei nº 6.374/1989, arts. 8º, XXXVII, e 60, I):

• *Art. 313-U acrescido pelo Decreto nº 52.804, de 13.3.2008 – DOE de 14.3.2008 – Efeitos a partir de 1º.4.2008.*

I – a estabelecimento de fabricante ou de importador ou a arrematante de mercadoria importada do exterior e apreendida, localizado neste Estado;

II – a qualquer estabelecimento localizado em território paulista que receber mercadoria referida neste artigo diretamente de outro Estado sem a retenção antecipada do imposto;

III – a estabelecimento localizado em outra unidade da Federação, conforme definido em acordo celebrado por este Estado.

• *Inciso III acrescido pelo Decreto nº 55.000, de 9.11.2009 – DOE de 10.11.2009 – Efeitos a partir da publicação.*

§ 1º. O disposto neste artigo aplica-se exclusivamente ao papel, do tipo utilizado para escrita, impressão ou outros fins gráficos, em folhas, de peso igual ou superior a 40 g/m2 mas não superior a 150 g/m2, nas quais um lado não seja superior a 435 mm e o outro a 297 mm, quando não dobradas, classificado na subposição 4802.56 da Nomenclatura Brasileira de Mercadorias – Sistema Harmonizado – NBM/SH, excluídos os papéis para impressão de papel-moeda.

§ 2º. Na hipótese do inciso II:

1 – o imposto incidente na operação própria e nas subsequentes será pago conforme previsto no art. 426-A;

• *Item 1 com redação dada pelo Decreto nº 53.002, de 15.5.2008 – DOE de 16.5.2008 – Efeitos a partir da publicação.*

2 – na saída da mercadoria do estabelecimento será emitido documento fiscal nos termos do art. 274 e escriturado o livro Registro de Saídas na forma do art. 278;

3 – no tocante ao imposto pago de acordo com o item 1, aplicar-se-á o disposto no inciso VI do art. 63 e no art. 269;

4 – quando o estabelecimento que receber a mercadoria for armazém geral e o depositante estiver localizado em outra unidade da Federação, o armazém geral deverá calcular e pagar o imposto incidente na operação própria e nas subsequentes de acordo com as normas relativas ao regime jurídico da substituição tributária previstas neste regulamento, no período de apuração em que ocorrer a saída da mercadoria com destino a outro estabelecimento localizado em território paulista.

• *Item 4 acrescido pelo Decreto nº 54.375, de 26.5.2009 – DOE de 27.5.2009 – Efeitos a partir de 1º.6.2009.*

**Art. 313-V.** Para determinação da base de cálculo, em caso de inexistência do preço final a consumidor, único ou máximo, autorizado ou fixado por autoridade competente, ou do preço final a consumidor sugerido pelo fabricante ou importador, aprovado e divulgado pela Secretaria da Fazenda, o percentual de margem de valor agregado previsto no art. 41 será o Índice de Valor Adicionado Setorial – IVA-ST, divulgado pela Secretaria da Fazenda com base nas informações prestadas pelos contribuintes (Lei nº 6.374/1989, arts. 28 e 28-A, na redação da Lei nº 12.681/2007, art. 1º, II e III, e arts. 28-B e 28-C, acrescentados pela Lei nº 12.681/2007, art. 2º, II e III).

• *Art. 313-V acrescido pelo Decreto nº 52.804, de 13.3.2008 – DOE de 14.3.2008 – Efeitos a partir de 1º.4.2008.*

## Seção XXII – Das Operações com Produtos da Indústria Alimentícia

• *Seção XXII (arts. 313-W e 313-X) acrescida pelo Decreto nº 52.921, de 18.4.2008 – DOE de 19.4.2008 – Efeitos a partir de 1º.5.2008.*

**Art. 313-W.** Na saída das mercadorias arroladas no § 1º com destino a estabelecimento localizado em território paulista, fica atribuída a responsabilidade pela retenção e pelo pagamento do imposto incidente nas saídas subsequentes (Lei nº 6.374/1989, arts. 8º, XXVII, e 60, I):

• *Art. 313-W acrescido pelo Decreto nº 52.921, de 18.4.2008 – DOE de 19.4.2008 – Efeitos a partir de 1º.5.2008.*

I – a estabelecimento de fabricante ou de importador ou a arrematante de mercadoria importada do exterior e apreendida, localizado neste Estado;

II – a qualquer estabelecimento localizado em território paulista que receber mercadoria referida neste artigo diretamente de outro Estado sem a retenção antecipada do imposto;

III – a estabelecimento localizado em outra unidade da Federação, conforme definido em acordo celebrado por este Estado.

• *Inciso III acrescido pelo Decreto nº 55.000, de 9.11.2009 – DOE de 10.11.2009 – Efeitos a partir da publicação.*

§ 1º. O disposto neste artigo aplica-se exclusivamente às mercadorias adiante indicadas, classificadas nas seguintes posições, subposições ou códigos da Nomenclatura Brasileira de Mercadorias – Sistema Harmonizado – NBM/SH:

1 – chocolates:

a) chocolate branco, em embalagens de conteúdo inferior ou igual a 1 kilo, 1704.90.10;

• *Alínea "a" com redação dada pelo Decreto nº 53.511, de 6.10.2008 – DOE de 7.10.2008 – Efeitos a partir de 1º.3.2009.*

b) chocolates contendo cacau, em embalagens de conteúdo inferior ou igual a 1 kilo, 1806.31.10 ou 1806.31.20;

• *Alínea "b" com redação dada pelo Decreto nº 53.511, de 6.10.2008 – DOE de 7.10.2008 – Efeitos a partir de 1º.3.2009.*

c) chocolate em barras, tabletes ou blocos ou no estado líquido em pasta, em pó, grânulos ou formas semelhantes, em recipientes ou embalagens imediatas de conteúdo igual ou inferior a 2 kilos, 1806.32.10 e 1806.32.20;

d) chocolates e outras preparações alimentícias contendo cacau, em embalagens de conteúdo igual ou inferior a 1 kilo, excluídos os achocolatados em pó, 1806.90;

• *Alínea "d" com redação dada pelo Decreto nº 53.511, de 6.10.2008 – DOE de 7.10.2008 – Efeitos a partir de 1º.3.2009.*

e) bombons, inclusive à base de chocolate branco, caramelos, confeitos, pastilhas e outros produtos de confeitaria, sem cacau, 1704.90.20 e 1704.90.90;

• *Alínea "e" acrescida pelo Decreto nº 53.511, de 6.10.2008 – DOE de 7.10.2008 – Efeitos a partir de 1º.3.2009.*

f) gomas de mascar com ou sem açúcar, 1704.10.00 e 2106.90.50;

• *Alínea "f" acrescida pelo Decreto nº 53.511, de 6.10.2008 – DOE de 7.10.2008 – Efeitos a partir de 1º.3.2009.*

g) achocolatados em pó, em embalagens de conteúdo igual ou inferior a 1 kilo, 1806.90;

• *Alínea "g" acrescida pelo Decreto nº 53.511, de 6.10.2008 – DOE de 7.10.2008 – Efeitos a partir de 1º.3.2009.*

h) bombons, balas, caramelos, confeitos, pastilhas e outros produtos de confeitaria, contendo cacau, 1806.90.00;

• *Alínea "h" acrescida pelo Decreto nº 53.511, de 6.10.2008 – DOE de 7.10.2008 – Efeitos a partir de 1º.3.2009.*

i) balas, caramelos, confeitos, pastilhas e produtos semelhantes sem açúcar, 2106.90.60 e 2106.90.90;

- *Alínea "i" acrescida pelo Decreto nº 53.511, de 6.10.2008 – DOE de 7.10.2008 – Efeitos a partir de 1º.3.2009.*

2 – sucos e bebidas prontas:

a) bebidas prontas a base de mate ou chá, 2101.20 e 2202.90.00;

b) preparações em pó para a elaboração de bebidas, 2106.90.10 e 1701.91.00;

c) refrescos e outras bebidas não alcoólicas, exceto os refrigerantes e as demais bebidas de que trata o art. 293 deste Regulamento, 2202.10.00;

- *Alínea "c" com redação dada pelo Decreto nº 53.511, de 6.10.2008 – DOE de 7.10.2008 – Efeitos a partir de 1º.3.2009.*

d) bebidas prontas à base de café, 2202.90.00;

e) sucos de frutas, ou mistura de sucos de frutas, 2009;

- *Alínea "e" com redação dada pelo Decreto nº 53.511, de 6.10.2008 – DOE de 7.10.2008 – Efeitos a partir de 1º.3.2009.*

f) água de coco, 2009.80.00;

g) néctares de frutas e outras bebidas não alcoólicas prontas para beber, 2202.90.00;

h) bebidas alimentares prontas a base de soja, leite ou cacau, 2202.90.00;

i) refrescos e outras bebidas prontas para beber a base de chá e mate, 2202.10.00;

- *Alínea "i" acrescida pelo Decreto nº 53.511, de 6.10.2008 – DOE de 7.10.2008 – Efeitos a partir de 1º.3.2009.*

3 – laticínios e matinais:

a) leite em pó, blocos ou grânulos, exceto creme de leite, 0402.1, 0402.2, 0402.9;

b) preparações em pó para elaboração de bebidas instantâneas, em embalagens de conteúdo inferior a 1 kilo, 1702.90.00;

c) farinha láctea, 1901.10.20;

d) leite modificado para alimentação de lactentes, 1901.10.10;

e) preparações para alimentação infantil a base de farinhas, grumos, sêmolas ou amidos e outros, 1901.10.90 e 1901.10.30;

f) leite "longa vida" (UHT – "Ultra High Temperature"), em recipiente de conteúdo inferior ou igual a 2 litros, 0401.10.10 e 0401.20.10;

- *Alínea "f" acrescida pelo Decreto nº 53.511, de 6.10.2008 – DOE de 7.10.2008 – Efeitos a partir de 1º.3.2009.*

g) creme de leite e leite condensado, em recipiente de conteúdo inferior ou igual a 1 kilo, 04.02;

- *Alínea "g" acrescida pelo Decreto nº 53.511, de 6.10.2008 – DOE de 7.10.2008 – Efeitos a partir de 1º.3.2009.*

h) iogurte, leite fermentado e bebida láctea, em recipiente de conteúdo inferior ou igual a 2 litros, 04.03;

- *Alínea "h" acrescida pelo Decreto nº 53.511, de 6.10.2008, e com redação dada pelo Decreto nº 59.621, de 18.10.2013 – DOE de 19.10.2013 – Efeitos a partir de 1º.11.2013.*

i) requeijão e similares, em recipiente de conteúdo inferior ou igual a 1 kilo, exceto as embalagens individuais de conteúdo igual ou inferior a 10 gramas, 04.04 e 04.06;

- *Alínea "i" acrescida pelo Decreto nº 53.511, de 6.10.2008 – DOE de 7.10.2008, e com redação dada pelo Decreto nº 57.815, de 27.2.2012 – DOE de 28.2.2012 – Efeitos a partir de 1º.3.2012.*

j) manteiga, em embalagem de conteúdo inferior ou igual a 1 kilo, exceto as embalagens individuais de conteúdo igual ou inferior a 10 gramas, 04.05;

- *Alínea "j" acrescida pelo Decreto nº 53.511, de 6.10.2008 – DOE de 7.10.2008, e com redação dada pelo Decreto nº 57.815, de 27.2.2012 – DOE de 28.2.2012 – Efeitos a partir de 1º.3.2012.*

k) margarina e creme vegetal, em recipiente de conteúdo inferior a 1 kg, exceto as embalagens individuais de conteúdo igual ou inferior a 10 gramas, 15.17;

- *Alínea "k" acrescida pelo Decreto nº 53.511, de 6.10.2008 – DOE de 7.10.2008, e com redação dada pelo Decreto nº 59.621, de 18.10.2013 – DOE de 19.10.2013 – Efeitos a partir de 1º.11.2013.*

l) creme de leite, em recipiente de conteúdo inferior ou igual a 1 kilo, 04.01;

- *Alínea "l" acrescida pelo Decreto nº 54.735, de 2.9.2009 – DOE de 3.9.2009 – Efeitos a partir de 1º.9.2009.*

4 – snacks, cereais e congêneres:

- *Item 4,* caput, *com redação dada pelo Decreto nº 53.511, de 6.10.2008 – DOE de 7.10.2008 – Efeitos a partir de 1º.3.2009.*

a) produtos a base de cereais, obtidos por expansão ou torrefação, 1904.10.00 e 1904.90.00;

b) salgadinhos diversos, 1905.90.90;

c) batata frita, inhame e mandioca frita, 2005.20.00 e 2005.9;

d) amendoim e castanhas tipo aperitivo, em embalagem de conteúdo inferior ou igual a 1 kilo, 2008.1;

- *Alínea "d" acrescida pelo Decreto nº 53.511, de 6.10.2008 – DOE de 7.10.2008, e com redação dada pelo Decreto nº 54.402, de 1º.6.2009 – DOE de 2.6.2009 – Efeitos a partir de 1º.6.2009.*

5 – molhos, temperos e condimentos:

a) catchup em embalagens imediatas de conteúdo inferior ou igual a 650 gramas, exceto as embalagens contendo envelopes individualizados (sachês) de conteúdo igual ou inferior a 10 gramas, 2103.20.10;

- *Alínea "a" com redação dada pelo Decreto nº 53.837, de 17.12.2008 – DOE de 18.12.2008 – Efeitos a partir de 1º.3.2009.*

b) condimentos e temperos compostos, incluindo molho de pimenta e outros molhos, em embalagens imediatas de conteúdo inferior ou igual a 1 kg, exceto as embalagens contendo envelopes individualizados (sachês) de conteúdo igual ou inferior a 3 gramas, 2103.90.21 e 2103.90.91;

- *Alínea "b" com redação dada pelo Decreto nº 59.621, de 18.10.2013 – DOE de 19.10.2013 – Efeitos a partir de 1º.11.2013.*

c) molhos de soja preparados em embalagens imediatas de conteúdo inferior ou igual a 650 gramas, exceto as embalagens contendo envelopes individualizados (sachês) de conteúdo igual ou inferior a 10 gramas, 2103.10.10;

- *Alínea "c" com redação dada pelo Decreto nº 53.837, de 17.12.2008 – DOE de 18.12.2008 – Efeitos a partir de 1º.3.2009.*

d) farinha de mostarda em embalagens de conteúdo inferior ou igual a 1 kg, 2103.30.10;

e) mostarda preparada em embalagens imediatas de conteúdo inferior ou igual a 650 gramas, exceto as embalagens contendo envelopes individualizados (sachês) de conteúdo igual ou inferior a 10 gramas, 2103.30.21;

- *Alínea "e" com redação dada pelo Decreto nº 53.837, de 17.12.2008 – DOE de 18.12.2008 – Efeitos a partir de 1º.3.2009.*

f) maionese em embalagens imediatas de conteúdo inferior ou igual a 650 gramas, exceto as embalagens contendo envelopes individualizados (sachês) de conteúdo igual ou inferior a 10 gramas, 2103.90.11;

- *Alínea "f" com redação dada pelo Decreto nº 53.837, de 17.12.2008 – DOE de 18.12.2008 – Efeitos a partir de 1º.3.2009.*

g) tomates preparados ou conservados, exceto em vinagre ou em ácido acético, em embalagens de conteúdo inferior ou igual a 1 kilo, 20.02;

- *Alínea "g" acrescida pelo Decreto nº 53.511, de 6.10.2008 – DOE de 7.10.2008 – Efeitos a partir de 1º.3.2009.*

h) molhos de tomate em embalagens imediatas de conteúdo inferior ou igual a 1 kilo, 2103.20.10;

- *Alínea "h" acrescida pelo Decreto nº 53.511, de 6.10.2008 – DOE de 7.10.2008 – Efeitos a partir de 1º.3.2009.*

i) vinagres e seus sucedâneos obtidos a partir do ácido acético, para usos alimentares, em embalagens imediatas de conteúdo inferior ou igual a 1 litro, 2209.00.00;

- *Alínea "i" acrescida pelo Decreto nº 53.511, de 6.10.2008 – DOE de 7.10.2008, e com redação dada pelo Decreto nº 53.837, de 17.12.2008 – DOE de 18.12.2008 – Efeitos a partir de 1º.3.2009.*

6 – barras de cereais:

a) barra de cereais, 1704.90.90, 1904.20.00 e 1904.90.00;

- *Alínea "a" com redação dada pelo Decreto nº 61.093, de 29.1.2015 – DOE de 30.1.2015 – Efeitos a partir de 1º.3.2015.*

b) barra de cereais contendo cacau, 1806.31.20, 1806.32.20 e 1806.90.00;

- *Alínea "b" com redação dada pelo Decreto nº 61.093, de 29.1.2015 – DOE de 30.1.2015 – Efeitos a partir de 1º.3.2015.*

c) complementos alimentares compreendendo, entre outros, shakes para ganho ou perda de peso, barras e pós de proteínas, tabletes ou barras de fibras vegetais, suplementos alimentares de vitaminas e minerais em geral, ômega 3 e demais suplementos similares, ainda que em cápsulas, 2106.10.00, 2106.90.30 e 2106.90.90;

- *Alínea "c" acrescida pelo Decreto nº 53.511, de 6.10.2008 – DOE de 7.10.2008 – Efeitos a partir de 1º.3.2009.*

7 – produtos à base de trigo e farinhas:

a) massas alimentícias, cozidas ou recheadas (de carne ou de outras substâncias) ou preparadas de outro modo, 19.02;

b) pão denominado knackebrot, 1905.10.00;

c) bolo de forma, pães industrializados, inclusive de especiarias – exceto panetones classificados no código 1905.20.10 -, 1905.20;

- *Alínea "c" com redação dada pelo Decreto nº 55.868, de 27.5.2010 – DOE de 28.5.2010 – Efeitos a partir de 1º.7.2010.*

d) biscoitos e bolachas (exceto os do art. 22 do Anexo III deste Regulamento), 1905.31;

e) "waffles" e "wafers", 1905.32;

f) torradas, pão torrado e produtos semelhantes torrados, 1905.40.00;

g) outros pães de forma, 1905.90.10;

h) outras bolachas, exceto casquinhas para sorvete, 1905.90.20;

i) outros pães e bolos industrializados e produtos de panificação não especificados anteriormente, exceto casquinhas para sorvete, 1905.90.90;

- *Item 7 com redação dada pelo Decreto nº 53.511, de 6.10.2008 – DOE de 7.10.2008 – Efeitos a partir de 1º.3.2009.*

8 – óleos:

- *Item 8,* caput, *acrescido pelo Decreto nº 53.511, de 6.10.2008 – DOE de 7.10.2008, e com redação dada pelo Decreto nº 57.954, de 5.4.2012 – DOE de 6.4.2012 – Efeitos a partir de 1º.3.2012.*

a) óleo de soja refinado, em recipientes com capacidade inferior ou igual a 5 litros, exceto as embalagens individuais de conteúdo igual ou inferior a 15 mililitros, 1507.90.11;

• *Alínea "a" acrescida pelo Decreto nº 53.511, de 6.10.2008 – DOE de 7.10.2008, e com redação dada pelo Decreto nº 57.954, de 5.4.2012 – DOE de 6.4.2012 – Efeitos a partir de 1º.3.2012.*

b) óleo de amendoim refinado, em recipientes com capacidade inferior ou igual a 5 litros, exceto as embalagens individuais de conteúdo igual ou inferior a 15 mililitros, 15.08;

• *Alínea "b" acrescida pelo Decreto nº 53.511, de 6.10.2008 – DOE de 7.10.2008, e com redação dada pelo Decreto nº 57.954, de 5.4.2012 – DOE de 6.4.2012 – Efeitos a partir de 1º.3.2012.*

c) azeites de oliva, em recipientes com capacidade inferior a 2 litros, exceto as embalagens individuais de conteúdo igual ou inferior a 15 mililitros, 15.09;

• *Alínea "c" acrescida pelo Decreto nº 53.511, de 6.10.2008 – DOE de 7.10.2008, e com redação dada pelo Decreto nº 59.621, de 18.10.2013 – DOE de 19.10.2013 – Efeitos a partir de 1º.11.2013.*

d) outros óleos e respectivas frações, obtidos exclusivamente a partir de azeitonas, mesmo refinados, mas não quimicamente modificados, e misturas desses óleos ou frações com óleos ou frações da posição 15.09, em recipientes com capacidade inferior ou igual a 5 litros, exceto as embalagens individuais de conteúdo igual ou inferior a 15 mililitros, 1510.00.00;

• *Alínea "d" acrescida pelo Decreto nº 53.511, de 6.10.2008 – DOE de 7.10.2008, e com redação dada pelo Decreto nº 57.954, de 5.4.2012 – DOE de 6.4.2012 – Efeitos a partir de 1º.3.2012.*

e) óleo de girassol ou de algodão refinado, em recipientes com capacidade inferior ou igual a 5 litros, exceto as embalagens individuais de conteúdo igual ou inferior a 15 mililitros, 1512.19.11 e 1512.29.10;

• *Alínea "e" acrescida pelo Decreto nº 53.511, de 6.10.2008 – DOE de 7.10.2008, e com redação dada pelo Decreto nº 57.954, de 5.4.2012 – DOE de 6.4.2012 – Efeitos a partir de 1º.3.2012.*

f) óleo de canola, em recipientes com capacidade inferior ou igual a 5 litros, exceto as embalagens individuais de conteúdo igual ou inferior a 15 mililitros, 1514.1;

• *Alínea "f" acrescida pelo Decreto nº 53.511, de 6.10.2008 – DOE de 7.10.2008, e com redação dada pelo Decreto nº 57.954, de 5.4.2012 – DOE de 6.4.2012 – Efeitos a partir de 1º.3.2012.*

g) óleo de linhaça refinado, em recipientes com capacidade inferior ou igual a 5 litros, exceto as embalagens individuais de conteúdo igual ou inferior a 15 mililitros, 1515.19.00;

• *Alínea "g" acrescida pelo Decreto nº 53.511, de 6.10.2008 – DOE de 7.10.2008, e com redação dada pelo Decreto nº 57.954, de 5.4.2012 – DOE de 6.4.2012 – Efeitos a partir de 1º.3.2012.*

h) óleo de milho refinado, em recipientes com capacidade inferior ou igual a 5 litros, exceto as embalagens individuais de conteúdo igual ou inferior a 15 mililitros, 1515.29.10;

• *Alínea "h" acrescida pelo Decreto nº 53.511, de 6.10.2008 – DOE de 7.10.2008, e com redação dada pelo Decreto nº 57.954, de 5.4.2012 – DOE de 6.4.2012 – Efeitos a partir de 1º.3.2012.*

i) outros óleos refinados, em recipientes com capacidade inferior ou igual a 5 litros, exceto as embalagens individuais de conteúdo igual ou inferior a 15 mililitros, 1515.90.22 ou 1512.29.90;

• *Alínea "i" acrescida pelo Decreto nº 53.511, de 6.10.2008 – DOE de 7.10.2008, e com redação dada pelo Decreto nº 57.954, de 5.4.2012 – DOE de 6.4.2012 – Efeitos a partir de 1º.3.2012.*

j) misturas de óleos refinados, para consumo humano, em recipientes com capacidade inferior ou igual a 5 litros, exceto as embalagens individuais de conteúdo igual ou inferior a 15 mililitros, 1517.90.10;

• *Alínea "j" acrescida pelo Decreto nº 53.511, de 6.10.2008 – DOE de 7.10.2008, e com redação dada pelo Decreto nº 57.954, de 5.4.2012 – DOE de 6.4.2012 – Efeitos a partir de 1º.3.2012.*

9 – produtos à base de carne e peixe:

a) enchidos (embutidos) e produtos semelhantes, de carne, miudezas ou sangue, 1601.00.00;

b) outras preparações e conservas de carne, miudezas ou de sangue, 16.02;

c) preparações e conservas de peixes; caviar e seus sucedâneos preparados a partir de ovas de peixe, 16.04;

d) crustáceos, moluscos e outros invertebrados aquáticos, preparados ou em conservas, 16.05;

• *Item 9 acrescido pelo Decreto nº 53.511, de 6.10.2008 – DOE de 7.10.2008 – Efeitos a partir de 1º.3.2009.*

10 – produtos hortícolas e frutas:

a) produtos hortícolas, cozidos em água ou vapor, congelados, em embalagens de conteúdo inferior ou igual a 1 kilo, 07.10;

b) frutas, não cozidas ou cozidas em água ou vapor, congeladas, mesmo adicionadas de açúcar ou de outros edulcorantes, em embalagens de conteúdo inferior ou igual a 1 kilo, 08.11;

c) produtos hortícolas, frutas e outras partes comestíveis de plantas, preparados ou conservados em vinagre ou em ácido acético, em embalagens de conteúdo inferior ou igual a 1 kilo, 20.01;

d) cogumelos e trufas, preparados ou conservados, exceto em vinagre ou ácido acético, em embalagens de conteúdo inferior ou igual a 1 kilo, 20.03;

e) outros produtos hortícolas preparados ou conservados, exceto em vinagre ou em ácido acético, congelados, com exceção dos produtos da posição 20.06, em embalagens de conteúdo inferior ou igual a 1 kilo, 20.04;

f) outros produtos hortícolas preparados ou conservados, exceto em vinagre ou em ácido acético, não congelados, com exceção dos produtos da posição 20.06, excluídos batata, inhame e mandioca frita, em embalagens de conteúdo inferior ou igual a 1 kilo, 20.05;

g) produtos hortícolas, frutas, cascas de frutas e outras partes de plantas, conservados com açúcar (passados por calda, glaceados ou cristalizados), em embalagens de conteúdo inferior ou igual a 1 kilo, 2006.00.00;

h) doces, geleias, "marmelades", purês e pastas de frutas, obtidos por cozimento, com ou sem adição de açúcar ou de outros edulcorantes, em embalagens de conteúdo inferior ou igual a 1 kilo, exceto as embalagens individuais de conteúdo igual ou inferior a 10 gramas, 20.07;

- *Alínea "h" com redação dada pelo Decreto nº 57.815, de 27.2.2012 – DOE de 28.2.2012 – Efeitos a partir de 1º.3.2012.*

i) frutas e outras partes comestíveis de plantas, preparadas ou conservadas de outro modo, com ou sem adição de açúcar ou de outros edulcorantes ou de álcool, não especificadas nem compreendidas em outras posições, excluídos os amendoins e castanhas tipo aperitivo, da posição 2008.1, em embalagens de conteúdo inferior ou igual a 1 kilo, 20.08;

- *Item 10 acrescido pelo Decreto nº 53.511, de 6.10.2008 – DOE de 7.10.2008 – Efeitos a partir de 1º.3.2009.*

11 – outros:

- *Item 11, primitivo item 7, renumerado pelo Decreto nº 53.511, de 6.10.2008 – DOE de 7.10.2008 – Efeitos a partir de 1º.3.2009.*

a) preparações alimentícias compostas homogeneizadas (alimento infantil em conserva salgado ou doce), 2104.20.00;

b) preparações para caldos e sopas em embalagens igual ou inferior a 1 kg, 2104.10.11;

c) bolo de forma, pães industrializados, inclusive de especiarias, 1905.20;

- *Alínea "c" acrescida pelo Decreto nº 53.511, de 6.10.2008 – DOE de 7.10.2008, e com redação dada pelo Decreto nº 53.837, de 17.12.2008 – DOE de 18.12.2008 – Efeitos a partir de 1º.3.2008.*

d) café torrado e moído, em embalagens de conteúdo inferior ou igual a 2 kilos, 09.01;

- *Alínea "d" acrescida pelo Decreto nº 53.511, de 6.10.2008 – DOE de 7.10.2008 – Efeitos a partir de 1º.3.2009.*

e) chá, mesmo aromatizado, 09.02,1211.90.90 e 2106.90.90;

- *Alínea "e" acrescida pelo Decreto nº 53.511, de 6.10.2008 – DOE de 7.10.2008, e com redação dada pelo Decreto nº 59.621, de 18.10.2013 – DOE de 19.10.2013 – Efeitos a partir de 1º.11.2013.*

f) mate, 0903.00;

- *Alínea "f" acrescida pelo Decreto nº 53.511, de 6.10.2008 – DOE de 7.10.2008 – Efeitos a partir de 1º.3.2009.*

g) açúcar, em embalagens de conteúdo inferior ou igual a 2 kilos, exceto as embalagens contendo envelopes individualizados (sachês) de conteúdo igual ou inferior a 10 gramas, 1701.1 ou 1701.99;

- *Alínea "g" acrescida pelo Decreto nº 53.511, de 6.10.2008 – DOE de 7.10.2008, e com redação dada pelo Decreto nº 54.092, de 10.3.2009 – DOE de 11.3.2009 – Efeitos a partir de 1º.3.2009.*

h) milho para pipoca (micro-ondas), 2008.19.00;

- *Alínea "h" acrescida pelo Decreto nº 53.511, de 6.10.2008 – DOE de 7.10.2008 – Efeitos a partir de 1º.3.2009.*

i) extratos, essências e concentrados de café e preparações à base destes extratos, essências ou concentrados ou à base de café, em embalagens de conteúdo inferior ou igual a 500 gramas, 2101.1, exceto as preparações indicadas na alínea "m" deste item;

- *Alínea "i" acrescida pelo Decreto nº 53.511, de 6.10.2008 – DOE de 7.10.2008, e com redação dada pelo Decreto nº 61.093, de 29.1.2015 – DOE de 30.1.2015 – Efeitos a partir de 1º.3.2015.*

j) extratos, essências e concentrados de chá ou de mate e preparações à base destes extratos, essências ou concentrados ou à base de chá ou de mate, em embalagens de conteúdo inferior ou igual a 500 gramas, exceto as bebidas prontas à base de mate ou chá, 2101.20;

- *Alínea "j" acrescida pelo Decreto nº 53.511, de 6.10.2008 – DOE de 7.10.2008 – Efeitos a partir de 1º.3.2009.*

k) pós, inclusive com adição de açúcar ou outro edulcorante, para a fabricação de pudins, cremes, sorvetes, flans, gelatinas ou preparações similares, de conteúdo inferior ou igual a 500 gramas, 2106.90.2;

- *Alínea "k" acrescida pelo Decreto nº 53.511, de 6.10.2008 – DOE de 7.10.2008 – Efeitos a partir de 1º.3.2009.*

l) edulcorantes em geral, em embalagem de conteúdo igual ou inferior a 5 litros, 2106.90.30, 2106.90.90, 2924.29.91, 2925.11.00, 2929.90.11, 2905.43.00, 2905.44.00 ou 2940.00.93;

- *Alínea "l" " acrescida pelo Decreto nº 53.511, de 6.10.2008 – DOE de 7.10.2008, e com redação dada pelo Decreto nº 57.815, de 27.2.2012 – DOE de 28.2.2012 – Efeitos a partir de 1º.3.2012.*

m) preparações em pó para cappuccino, em embalagens de conteúdo inferior ou igual a 500 gramas, 1901.90.90, 2101.11.90 e 2101.12.00.

- *Alínea "m" acrescida pelo Decreto nº 59.621, de 18.10.2013 – DOE de 19.10.2013, e com redação dada pelo Decreto nº 61.093, de 29.1.2015 – DOE de 30.1.2015 – Efeitos a partir de 1º.3.2015.*

§ 2º. Na hipótese do inciso II:

1 – o imposto incidente na operação própria e nas subsequentes será pago conforme previsto no art. 426-A;

• *Item 1 com redação dada pelo Decreto nº 53.002, de 15.5.2008 – DOE de 16.5.2008 – Efeitos a partir da publicação.*

2 – na saída da mercadoria do estabelecimento será emitido documento fiscal nos termos do art. 274 e escriturado o livro Registro de Saídas na forma do art. 278;

3 – no tocante ao imposto pago de acordo com o item 1, aplicar-se-á o disposto no inciso VI do art. 63 e no art. 269;

4 – quando o estabelecimento que receber a mercadoria for armazém geral e o depositante estiver localizado em outra unidade da Federação, o armazém geral deverá calcular e pagar o imposto incidente na operação própria e nas subsequentes de acordo com as normas relativas ao regime jurídico da substituição tributária previstas neste regulamento, no período de apuração em que ocorrer a saída da mercadoria com destino a outro estabelecimento localizado em território paulista.

• *Item 4 acrescido pelo Decreto nº 54.375, de 26.5.2009 – DOE de 27.5.2009 – Efeitos a partir de 1º.6.2009.*

**Art. 313-X.** Para determinação da base de cálculo, em caso de inexistência do preço final a consumidor, único ou máximo, autorizado ou fixado por autoridade competente, ou do preço final a consumidor sugerido pelo fabricante ou importador, aprovado e divulgado pela Secretaria da Fazenda, o percentual de margem de valor agregado previsto no art. 41 será o Índice de Valor Adicionado Setorial – IVA-ST, divulgado pela Secretaria da Fazenda com base nas informações prestadas pelos contribuintes (Lei nº 6.374/1989, arts. 28 e 28-A, na redação da Lei nº 12.681/2007, art. 1º, II e III, e arts. 28-B e 28-C, acrescentados pela Lei nº 12.681/2007, art. 2º, II e III).

• *Art. 313-X acrescido pelo Decreto nº 52.921, de 18.4.2008 – DOE de 19.4.2008 – Efeitos a partir de 1º.5.2008.*

### Seção XXIII – Das Operações com Materiais de Construção e Congêneres

• *Seção XXIII (arts. 313-Y e 313-Z) acrescida pelo Decreto nº 52.921, de 18.4.2008 – DOE de 19.4.2008 – Efeitos a partir de 1º.5.2008.*

**Art. 313-Y.** Na saída das mercadorias arroladas no § 1º com destino a estabelecimento localizado em território paulista, fica atribuída a responsabilidade pela retenção e pelo pagamento do imposto incidente nas saídas subsequentes (Lei nº 6.374/1989, arts. 8º, XXXIII, e 60, I):

• *Art. 313-Y acrescido pelo Decreto nº 52.921, de 18.4.2008 – DOE de 19.4.2008 – Efeitos a partir de 1º.5.2008.*

I – a estabelecimento de fabricante ou de importador ou a arrematante de mercadoria importada do exterior e apreendida, localizado neste Estado;

II – a qualquer estabelecimento localizado em território paulista que receber mercadoria referida neste artigo diretamente de outro Estado sem a retenção antecipada do imposto;

III – a estabelecimento localizado em outra unidade da Federação, conforme definido em acordo celebrado por este Estado.

• *Inciso III acrescido pelo Decreto nº 55.000, de 9.11.2009 – DOE de 10.11.2009 – Efeitos a partir da publicação.*

§ 1º. O disposto neste artigo aplica-se exclusivamente às mercadorias adiante indicadas, classificadas nas seguintes posições, subposições ou códigos da Nomenclatura Brasileira de Mercadorias – Sistema Harmonizado – NBM/SH:

1 – cal para construção civil, 25.22;

2 – argamassas, seladoras, massas para revestimento, aditivos para argamassas e afins, classificados nos códigos 3214.10.20, 3214.90.00, 3816.00.1, 3824.40.00 e 3824.50.00, exceto os constantes no § 1º do art. 312 deste Regulamento;

• *Item 2 com redação dada pelo Decreto nº 54.092, de 10.3.2009 – DOE de 11.3.2009 – Efeitos a partir de 1º.3.2009.*

3 – silicones em formas primárias, para uso na construção civil, 3910.00;

4 – revestimentos de PVC e outros plásticos; forro, sancas e afins de PVC, para uso na construção civil, 39.16;

5 – tubos e seus acessórios (por exemplo, juntas, cotovelos, flanges, uniões), de plásticos, para uso na construção civil, 39.17;

6 – revestimento de pavimento de PVC e outros plásticos, 39.18;

7 – chapas, folhas, tiras, fitas, películas e outras formas planas, autoadesivas, de plásticos, mesmo em rolos, para uso na construção civil, 39.19;

• *Item 7 com redação dada pelo Decreto nº 54.092, de 10.3.2009 – DOE de 11.3.2009 – Efeitos a partir de 1º.3.2009.*

8 – veda rosca, lona plástica, fitas isolantes e afins, 39.19, 39.20 e 39.21;

• *Item 8 com redação dada pelo Decreto nº 54.092, de 10.3.2009 – DOE de 11.3.2009 – Efeitos a partir de 1º.3.2009.*

9 – telhas plásticas, chapas, laminados plásticos em bobina, para uso na construção civil, 39.21;

• *Item 9 com redação dada pelo Decreto nº 53.511, de 6.10.2008 – DOE de 7.10.2008 – Efeitos a partir de 1º.3.2009.*

10 – banheiras, boxes para chuveiros, pias, lavatórios, bidês, sanitários e seus assentos e tampas, caixas de descarga e artigos semelhantes para usos sanitários ou higiênicos, de plásticos, 39.22;

11 – artefatos de higiene/toucador de plástico, 39.24;

12 – artefatos para apetrechamento de construções, de plásticos, não especificados nem compreendidos em outras posições, incluindo persianas, sancas, molduras, apliques e rosetas, telhas, cumeeiras, caixas d'água, portas, janelas, caixilhos de polietileno e outros plásticos, 3925.10.00 ou 3925.90.00;

• *Item 12 com redação dada pelo Decreto nº 53.511, de 6.10.2008 – DOE de 7.10.2008 – Efeitos a partir de 1º.3.2009.*

13 – outras obras de plástico, para uso na construção civil, 3926.90;

14 – fitas emborrachadas, 4005.91.90;

15 – tubos de borracha vulcanizada não endurecida, mesmo providos dos respectivos acessórios (por exemplo, juntas, cotovelos, flanges, uniões) para uso na construção civil, 40.09;

16 – revestimentos para pavimentos (pisos) e capachos de borracha vulcanizada não endurecida, 4016.91.00;

17 – papel de parede e revestimentos de parede semelhantes; papel para vitrais, 48.14;

18 – abrasivos naturais ou artificiais, em pó ou em grãos, aplicados sobre matérias têxteis, papel, cartão ou outras matérias, mesmo recortados, costurados ou reunidos de outro modo, 68.05;

19 – (revogado);

• *Item 19 revogado pelo Decreto nº 57.954, de 5.4.2012 – DOE de 6.4.2012 – Efeitos a partir de 1º.3.2012.*

20 – caixas d'água, tanques e reservatórios e suas tampas, telhas, calhas, cumeeiras e afins, de fibrocimento, cimento-celulose ou semelhantes, contendo ou não amianto, 68.11;

21 – pias, lavatórios, colunas para lavatórios, banheiras, bidês, sanitários, caixas de descarga, mictórios e aparelhos fixos semelhantes para usos sanitários, de cerâmica, 69.10;

22 – artefatos de higiene/toucador de cerâmica, 6912.00.00;

23 – (revogado);

• *Item 23 revogado pelo Decreto nº 54.092, de 10.3.2009 – DOE de 11.3.2009 – Efeitos a partir de 1º.3.2009.*

24 – caixas diversas (tais como caixa de correio, de entrada de água, de energia, de instalação) de ferro ou aço, próprias para a construção civil, 73.10;

• *Item 24 com redação dada pelo Decreto nº 53.837, de 17.12.2008 – DOE de 18.12.2008 – Efeitos a partir de 1º.1.2009.*

25 – artefatos de higiene ou de toucador, e suas partes, de ferro fundido, ferro ou aço, incluídas as pias, banheiras, lavatórios, cubas, mictórios, tanques e afins de ferro fundido, ferro ou aço, 73.24;

• *Item 25 com redação dada pelo Decreto nº 53.837, de 17.12.2008 – DOE de 18.12.2008 – Efeitos a partir de 1º.1.2009.*

26 – outras obras moldadas, de ferro fundido, ferro ou aço, para uso na construção civil, 73.25;

27 – tubos de cobre e suas ligas, para instalações de água quente e gás, de uso na construção civil, 7411.10.10;

28 – acessórios para tubos (por exemplo, uniões, cotovelos, luvas ou mangas) de cobre e suas ligas, para uso na construção civil, 74.12;

29 – artefatos de higiene/toucador de cobre, 7418.20.00;

30 – manta de subcobertura aluminizada, 7607.19.90;

31 – (revogado);

• *Item 31 revogado pelo Decreto nº 54.092, de 10.3.2009 – DOE de 11.3.2009 – Efeitos a partir de 1º.3.2009.*

31-A – tubos de alumínio e suas ligas, para refrigeração e ar condicionado, de uso na construção civil, 7608;

• *Item 31-A acrescido pelo Decreto nº 58.758, de 20.12.2012 – DOE de 21.12.2012 – Efeitos a partir de 1º.1.2013.*

32 – acessórios para tubos (por exemplo, uniões, cotovelos, luvas ou mangas), de alumínio, para uso na construção civil, 7609.00.00;

33 – artefatos de higiene/toucador de alumínio, 7615.20.00;

34 – aquecedores de água não elétricos, de aquecimento instantâneo ou de acumulação, 8419.1;

35 – torneiras, válvulas (incluídas as redutoras de pressão e as termostáticas) e dispositivos semelhantes, para canalizações, caldeiras, reservatórios, cubas e outros recipientes, 84.81;

36 a 44 – (revogados);

• *Itens 36 a 44 revogados pelo Decreto nº 54.338, de 15.5.2009 – DOE de 16.5.2009 – Efeitos a partir de 1º.6.2009.*

45 – banheira de hidromassagem, 90.19;

46 – (revogado);

• *Item 46 revogado pelo Decreto nº 54.338, de 15.5.2009 – DOE de 16.5.2009 – Efeitos a partir de 1º.6.2009.*

47 – ardósia, em qualquer formato, com até $2m^2$, e suas obras, 2514.00.00, 6802 ou 6803;

• *Item 47 acrescido pelo Decreto nº 53.511, de 6.10.2008 – DOE de 7.10.2008 – Efeitos a partir de 1º.3.2009.*

48 – (revogado);

• *Item 48 acrescido pelo Decreto nº 53.511, de 6.10.2008 – DOE de 7.10.2008, e revogado pelo Decreto nº 54.092, de 10.3.2009 – DOE de 11.3.2009 – Efeitos a partir de 1º.3.2009.*

49 – portas, janelas e afins, de plástico, 3925.20.00;

• *Item 49 acrescido pelo Decreto nº 53.511, de 6.10.2008 – DOE de 7.10.2008 – Efeitos a partir de 1º.3.2009.*

50 – postigos, estores (incluídas as venezianas) e artefatos semelhantes e suas partes, 3925.30.00;

- *Item 50 acrescido pelo Decreto nº 53.511, de 6.10.2008 – DOE de 7.10.2008 – Efeitos a partir de 1º.3.2009.*

51 – juntas, gaxetas e semelhantes, de borracha vulcanizada não endurecida, 4016.93.00;

- *Item 51 acrescido pelo Decreto nº 53.511, de 6.10.2008 – DOE de 7.10.2008 – Efeitos a partir de 1º.3.2009.*

52 – folhas para folheados (incluídas as obtidas por corte de madeira estratificada), folhas para compensados (contraplacados) ou para outras madeiras estratificadas semelhantes e outras madeiras, serradas longitudinalmente, cortadas em folhas ou desenroladas, mesmo aplainadas, polidas, unidas pelas bordas ou pelas extremidades, de espessura não superior a 6 mm, 4408;

- *Item 52 acrescido pelo Decreto nº 53.511, de 6.10.2008 – DOE de 7.10.2008 – Efeitos a partir de 1º.3.2009.*

53 – pisos de madeira, 44.09;

- *Item 53 acrescido pelo Decreto nº 53.511, de 6.10.2008 – DOE de 7.10.2008 – Efeitos a partir de 1º.3.2009.*

54 – painéis de partículas, painéis denominados "oriented strand board" (OSB) e painéis semelhantes (por exemplo, "waferboard"), de madeira ou de outras matérias lenhosas, recobertos na superfície com papel impregnado de melamina, mesmo aglomeradas com resinas ou com outros aglutinantes orgânicos, em ambas as faces, com película protetora na face superior e trabalho de encaixe nas quatro laterais, dos tipos utilizados para pavimentos, 4410.11.21;

- *Item 54 acrescido pelo Decreto nº 53.511, de 6.10.2008 – DOE de 7.10.2008 – Efeitos a partir de 1º.3.2009.*

55 – pisos laminados com base de MDF (Medium Density Fiberboard) e/ou madeira, 44.11;

- *Item 55 acrescido pelo Decreto nº 53.511, de 6.10.2008 – DOE de 7.10.2008 – Efeitos a partir de 1º.3.2009.*

56 – obras de marcenaria ou de carpintaria para construções, incluídos os painéis celulares, os painéis montados para revestimento de pavimentos (pisos) e as fasquias para telhados "shingles e shakes", de madeira, 44.18;

- *Item 56 acrescido pelo Decreto nº 53.511, de 6.10.2008 – DOE de 7.10.2008 – Efeitos a partir de 1º.3.2009.*

57 – persianas de madeiras, 44.18 e 44.21;

- *Item 57 acrescido pelo Decreto nº 53.511, de 6.10.2008 – DOE de 7.10.2008 – Efeitos a partir de 1º.3.2009.*

58 – tapetes e outros revestimentos para pavimentos (pisos), de matérias têxteis, tufados, mesmo confeccionados, 57.03;

- *Item 58 acrescido pelo Decreto nº 53.511, de 6.10.2008 – DOE de 7.10.2008 – Efeitos a partir de 1º.3.2009.*

59 – tapetes e outros revestimentos para pavimentos (pisos), de feltro, exceto os tufados e os flocados, mesmo confeccionados, 57.04;

- *Item 59 acrescido pelo Decreto nº 53.511, de 6.10.2008 – DOE de 7.10.2008 – Efeitos a partir de 1º.3.2009.*

60 – linóleos, mesmo recortados; revestimentos para pavimentos (pisos) constituídos por um induto ou recobrimento aplicado sobre suporte têxtil, mesmo recortados, 59.04;

- *Item 60 acrescido pelo Decreto nº 53.511, de 6.10.2008 – DOE de 7.10.2008 – Efeitos a partir de 1º.3.2009.*

61 – persianas de materiais têxteis, 6303.99.00;

- *Item 61 acrescido pelo Decreto nº 53.511, de 6.10.2008 – DOE de 7.10.2008 – Efeitos a partir de 1º.3.2009.*

62 – ladrilhos de mármores, travertinos, lajotas, quadrotes, alabastro, onix e outras rochas carbonáticas, e ladrilhos de granito, cianito, charnokito, diorito, basalto e outras rochas silicáticas, com área de até 2 m$^2$, 68.02;

- *Item 62 acrescido pelo Decreto nº 53.511, de 6.10.2008 – DOE de 7.10.2008 – Efeitos a partir de 1º.3.2009.*

63 – painéis, chapas, ladrilhos, blocos e semelhantes, de fibras vegetais, de palha ou de aparas, partículas, serragem (serradura) ou de outros desperdícios de madeira, aglomerados com cimento, gesso ou outros aglutinantes minerais, para uso na construção civil, 6808.00.00;

- *Item 63 acrescido pelo Decreto nº 53.511, de 6.10.2008 – DOE de 7.10.2008 – Efeitos a partir de 1º.3.2009.*

64 – obras de gesso ou de composições à base de gesso, 68.09;

- *Item 64 acrescido pelo Decreto nº 53.511, de 6.10.2008 – DOE de 7.10.2008 – Efeitos a partir de 1º.3.2009.*

65 – obras de cimento, de concreto ou de pedra artificial, mesmo armadas, exceto poste acima de 3 m de altura e tubos, laje, pré-laje e mourões, 68.10;

- *Item 65 acrescido pelo Decreto nº 53.511, de 6.10.2008 – DOE de 7.10.2008 – Efeitos a partir de 1º.3.2009.*

66 – tijolos, placas (lajes), ladrilhos e outras peças cerâmicas de farinhas siliciosas fósseis ("kieselghur", tripolita, diatomita, por exemplo) ou de terras siliciosas semelhantes, 6901.00.00;

- *Item 66 acrescido pelo Decreto nº 53.511, de 6.10.2008 – DOE de 7.10.2008 – Efeitos a partir de 1º.3.2009.*

67 – tijolos, placas (lajes), ladrilhos e peças cerâmicas semelhantes, para construção, refratários,

que não sejam de farinhas siliciosas fósseis nem de terras siliciosas semelhantes, 69.02;

- *Item 67 acrescido pelo Decreto nº 53.511, de 6.10.2008 – DOE de 7.10.2008 – Efeitos a partir de 1º.3.2009.*

68 – tijolos para construção, tijoleiras, tapa-vigas e produtos semelhantes, de cerâmica, 69.04;

- *Item 68 acrescido pelo Decreto nº 53.511, de 6.10.2008 – DOE de 7.10.2008 – Efeitos a partir de 1º.3.2009.*

69 – telhas, elementos de chaminés, condutores de fumaça, ornamentos arquitetônicos, de cerâmica, e outros produtos cerâmicos para construção civil, 69.05;

- *Item 69 acrescido pelo Decreto nº 53.511, de 6.10.2008 – DOE de 7.10.2008 – Efeitos a partir de 1º.3.2009.*

70 – tubos, calhas ou algerozes e acessórios para canalizações, de cerâmica, 6906.00.00;

- *Item 70 acrescido pelo Decreto nº 53.511, de 6.10.2008 – DOE de 7.10.2008 – Efeitos a partir de 1º.3.2009.*

71 – ladrilhos e placas de cerâmica, exclusivamente para pavimentação ou revestimento, 69.07 e 69.08;

- *Item 71 acrescido pelo Decreto nº 53.511, de 6.10.2008 – DOE de 7.10.2008 – Efeitos a partir de 1º.3.2009.*

72 – vidro vazado ou laminado, em chapas, folhas ou perfis, mesmo com camada absorvente, refletora ou não, mas sem qualquer outro trabalho, 70.03;

- *Item 72 acrescido pelo Decreto nº 53.511, de 6.10.2008 – DOE de 7.10.2008 – Efeitos a partir de 1º.3.2009.*

73 – vidro estirado ou soprado, em folhas, mesmo com camada absorvente, refletora ou não, mas sem qualquer outro trabalho, 70.04;

- *Item 73 acrescido pelo Decreto nº 53.511, de 6.10.2008 – DOE de 7.10.2008 – Efeitos a partir de 1º.3.2009.*

74 – vidro flotado e vidro desbastado ou polido em uma ou em ambas as faces, em chapas ou em folhas, mesmo com camada absorvente, refletora ou não, mas sem qualquer outro trabalho, 70.05;

- *Item 74 acrescido pelo Decreto nº 53.511, de 6.10.2008 – DOE de 7.10.2008 – Efeitos a partir de 1º.3.2009.*

75 – vidros temperados, 7007.19.00;

- *Item 75 acrescido pelo Decreto nº 53.511, de 6.10.2008 – DOE de 7.10.2008 – Efeitos a partir de 1º.3.2009.*

76 – vidros laminados, 7007.29.00;

- *Item 76 acrescido pelo Decreto nº 53.511, de 6.10.2008 – DOE de 7.10.2008 – Efeitos a partir de 1º.3.2009.*

77 – vidros isolantes de paredes múltiplas, 70.08;

- *Item 77 acrescido pelo Decreto nº 53.511, de 6.10.2008 – DOE de 7.10.2008 – Efeitos a partir de 1º.3.2009.*

78 – espelhos de vidro, mesmo emoldurados, excluídos os de uso automotivo, 70.09;

- *Item 78 acrescido pelo Decreto nº 53.511, de 6.10.2008 – DOE de 7.10.2008 – Efeitos a partir de 1º.3.2009.*

79 – fios de ferro ou aço não ligados, não revestidos, mesmo polidos; cordas, cabos, tranças (entrançados), lingas e artefatos semelhantes, de ferro ou aço, não isolados para usos elétricos, 7217.10.90 ou 7312;

- *Item 79 acrescido pelo Decreto nº 53.511, de 6.10.2008 – DOE de 7.10.2008 – Efeitos a partir de 1º.3.2009.*

80 – outros fios de ferro ou aço, não ligados, galvanizados, 7217.20.90;

- *Item 80 acrescido pelo Decreto nº 53.511, de 6.10.2008 – DOE de 7.10.2008 – Efeitos a partir de 1º.3.2009.*

81 – acessórios para tubos (inclusive uniões, cotovelos, luvas ou mangas), de ferro fundido, ferro ou aço, 73.07;

- *Item 81 acrescido pelo Decreto nº 53.511, de 6.10.2008 – DOE de 7.10.2008 – Efeitos a partir de 1º.3.2009.*

82 – portas e janelas, e seus caixilhos, alizares e soleiras de ferro fundido, ferro ou aço, 7308.30.00;

- *Item 82 acrescido pelo Decreto nº 53.511, de 6.10.2008 – DOE de 7.10.2008 – Efeitos a partir de 1º.3.2009.*

83 – material para andaimes, para armações (cofragens) e para escoramentos, (inclusive armações prontas, para estruturas de concreto armado ou argamassa armada), eletrocalhas e perfilados de ferro fundido, ferro ou aço, próprios para construção, 7308.40.00 ou 7308.90;

- *Item 83 acrescido pelo Decreto nº 53.511, de 6.10.2008 – DOE de 7.10.2008 – Efeitos a partir de 1º.3.2009.*

84 – barras próprias para construções, inclusive vergalhões, 7214.20.00 ou 7308.90.10;

- *Item 84 acrescido pelo Decreto nº 53.511, de 6.10.2008 – DOE de 7.10.2008, e com redação dada pelo Decreto nº 54.092, de 10.3.2009 – DOE de 11.3.2009 – Efeitos a partir de 1º.3.2009.*

85 – arame farpado, de ferro ou aço; arames ou tiras, retorcidos, mesmo farpados, de ferro ou aço, dos tipos utilizados em cercas, 7313.00.00;

- *Item 85 acrescido pelo Decreto nº 53.511, de 6.10.2008 – DOE de 7.10.2008 – Efeitos a partir de 1º.3.2009.*

86 – telas metálicas, grades e redes, de fios de ferro ou aço, 73.14;

- *Item 86 acrescido pelo Decreto nº 53.511, de 6.10.2008 – DOE de 7.10.2008 – Efeitos a partir de 1º.3.2009.*

87 – correntes de rolos, de ferro fundido, ferro ou aço, 7315.11.00;

- *Item 87 acrescido pelo Decreto nº 53.511, de 6.10.2008 – DOE de 7.10.2008 – Efeitos a partir de 1º.3.2009.*

88 – outras correntes de elos articulados, de ferro fundido, ferro ou aço, 7315.12.90;

- *Item 88 acrescido pelo Decreto nº 53.511, de 6.10.2008 – DOE de 7.10.2008 – Efeitos a partir de 1º.3.2009.*

89 – correntes de elos soldados, de ferro fundido, de ferro ou aço, 7315.82.00;

- *Item 89 acrescido pelo Decreto nº 53.511, de 6.10.2008 – DOE de 7.10.2008 – Efeitos a partir de 1º.3.2009.*

90 – tachas, pregos, percevejos, escápulas, grampos ondulados ou biselados e artefatos semelhantes, de ferro fundido, ferro ou aço, mesmo com a cabeça de outra matéria, exceto cobre, 7317.00;

- *Item 90 acrescido pelo Decreto nº 53.511, de 6.10.2008 – DOE de 7.10.2008 – Efeitos a partir de 1º.3.2009.*

91 – parafusos, pinos ou pernos, roscados, porcas, tira-fundos, ganchos roscados, rebites, chavetas, cavilhas, contrapinos, arruelas (incluídas as de pressão) e artefatos semelhantes, de ferro fundido, ferro ou aço, 73.18;

- *Item 91 acrescido pelo Decreto nº 53.511, de 6.10.2008 – DOE de 7.10.2008 – Efeitos a partir de 1º.3.2009.*

92 – esponjas, esfregões, luvas e artefatos semelhantes para limpeza, polimento e usos semelhantes, de ferro ou aço, 73.23;

- *Item 92 acrescido pelo Decreto nº 53.511, de 6.10.2008 – DOE de 7.10.2008 – Efeitos a partir de 1º.3.2009.*

93 – abraçadeiras, 73.26;

- *Item 93 acrescido pelo Decreto nº 53.511, de 6.10.2008 – DOE de 7.10.2008 – Efeitos a partir de 1º.3.2009.*

94 – (revogado);

- *Item 94 acrescido pelo Decreto nº 53.511, de 6.10.2008 – DOE de 7.10.2008, e revogado pelo Decreto nº 58.282, de 8.8.2012 – DOE de 9.8.2012 – Efeitos a partir de 1º.8.2012.*

95 – tachas, pregos, percevejos, escápulas e artefatos semelhantes, de cobre, ou de ferro ou aço com cabeça de cobre; parafusos, pinos ou pernos, roscados, porcas, ganchos roscados, rebites, chavetas, cavilhas, contrapinos, arruelas (incluídas as de pressão), e artefatos semelhantes, de cobre, 74.15;

- *Item 95 acrescido pelo Decreto nº 53.511, de 6.10.2008 – DOE de 7.10.2008 – Efeitos a partir de 1º.3.2009.*

96 – construções e suas partes (por exemplo, pontes e elementos de pontes, torres, pórticos ou pilones, pilares, colunas, armações, estruturas para telhados, portas e janelas, e seus caixilhos, alizares e soleiras, balaustradas), de alumínio, exceto as construções pré-fabricadas da posição 94.06; chapas, barras, perfis, tubos e semelhantes, de alumínio, próprios para construções, 76.10;

- *Item 96 acrescido pelo Decreto nº 53.511, de 6.10.2008 – DOE de 7.10.2008 – Efeitos a partir de 1º.3.2009.*

97 – outras obras de alumínio, próprias para construções, incluídas as persianas, 76.16;

- *Item 97 acrescido pelo Decreto nº 53.511, de 6.10.2008 – DOE de 7.10.2008 – Efeitos a partir de 1º.3.2009.*

98 – cadeados, fechaduras e ferrolhos (de chave, de segredo ou elétricos), de metais comuns, incluídas as suas partes; fechos e armações com fecho, com fechadura, de metais comuns; chaves para estes artigos, de metais comuns; excluídos os de uso automotivo, 83.01;

- *Item 98 acrescido pelo Decreto nº 53.511, de 6.10.2008 – DOE de 7.10.2008 – Efeitos a partir de 1º.3.2009.*

99 – dobradiças de metais comuns, de qualquer tipo, 8302.10.00;

- *Item 99 acrescido pelo Decreto nº 53.511, de 6.10.2008 – DOE de 7.10.2008 – Efeitos a partir de 1º.3.2009.*

100 – outras guarnições, ferragens e artigos semelhantes de metais comuns, para construções, inclusive puxadores, exceto persianas de alumínio constantes do item 97, 8302.4 ou 76.16;

- *Item 100 acrescido pelo Decreto nº 53.511, de 6.10.2008 – DOE de 7.10.2008 – Efeitos a partir de 1º.3.2009.*

101 – pateras, porta-chapéus, cabides, e artigos semelhantes de metais comuns, 8302.50.00;

- *Item 101 acrescido pelo Decreto nº 53.511, de 6.10.2008 – DOE de 7.10.2008 – Efeitos a partir de 1º.3.2009.*

102 – tubos flexíveis de metais comuns, mesmo com acessórios, para uso na construção civil, 83.07;

- *Item 102 acrescido pelo Decreto nº 53.511, de 6.10.2008 – DOE de 7.10.2008 – Efeitos a partir de 1º.3.2009.*

103 – fios, varetas, tubos, chapas, eletrodos e artefatos semelhantes, de metais comuns ou de carbonetos metálicos, revestidos exterior ou interiormente de decapantes ou de fundentes, para soldagem (soldadura) ou depósito de metal ou de carbonetos metálicos; fios e varetas de pós de metais comuns aglomerados, para metalização por projeção, 83.11;

- *Item 103 acrescido pelo Decreto nº 53.511, de 6.10.2008 – DOE de 7.10.2008 – Efeitos a partir de 1º.3.2009.*

104 e 105 – (revogados);

- *Itens 104 e 105 acrescidos pelo Decreto nº 53.511, de 6.10.2008 – DOE de 7.10.2008 e revogados pelo Decreto nº 54.338, de 15.5.2009 – DOE de 16.5.2009 – Efeitos a partir de 1º.6.2009.*

106 – partes de máquinas e aparelhos para soldadura forte ou fraca – NBM 8515.1, e de máquinas e aparelhos para soldar metais por resistência – NBM 8515.2, 8515.90.00;

- *Item 106 acrescido pelo Decreto nº 53.511, de 6.10.2008 – DOE de 7.10.2008 – Efeitos a partir de 1º.3.2009.*

107 a 122 – (revogados);

- *Itens 107 a 122 acrescidos pelo Decreto nº 53.511, de 6.10.2008 – DOE de 7.10.2008 e revogados pelo Decreto nº 54.338, de 15.5.2009 – DOE de 16.5.2009 – Efeitos a partir de 1º.6.2009.*

§ 2º. Na hipótese do inciso II:

1 – o imposto incidente na operação própria e nas subsequentes será pago conforme previsto no art. 426-A;

- *Item 1 com redação dada pelo Decreto nº 53.002, de 15.5.2008 – DOE de 16.5.2008 – Efeitos a partir da publicação.*

2 – na saída da mercadoria do estabelecimento será emitido documento fiscal nos termos do art. 274 e escriturado o livro Registro de Saídas na forma do art. 278;

3 – no tocante ao imposto pago de acordo com o item 1, aplicar-se-á o disposto no inciso VI do art. 63 e no art. 269.

§ 3º. O disposto neste artigo não se aplica à saída destinada a estabelecimento de empresa de construção civil, exceto se este promover a circulação de mercadorias em seu próprio nome ou no de terceiro;

4 – quando o estabelecimento que receber a mercadoria for armazém geral e o depositante estiver localizado em outra unidade da Federação, o armazém geral deverá calcular e pagar o imposto incidente na operação própria e nas subsequentes de acordo com as normas relativas ao regime jurídico da substituição tributária previstas neste regulamento, no período de apuração em que ocorrer a saída da mercadoria com destino a outro estabelecimento localizado em território paulista.

- *Item 4 acrescido pelo Decreto nº 54.375, de 26.5.2009 – DOE de 27.5.2009 – Efeitos a partir de 1º.6.2009.*

**Art. 313-Z.** Para determinação da base de cálculo, em caso de inexistência do preço final a consumidor, único ou máximo, autorizado ou fixado por autoridade competente, ou do preço final a consumidor sugerido pelo fabricante ou importador, aprovado e divulgado pela Secretaria da Fazenda, o percentual de margem de valor agregado previsto no art. 41 será o Índice de Valor Adicionado Setorial – IVA-ST, divulgado pela Secretaria da Fazenda com base nas informações prestadas pelos contribuintes (Lei nº 6.374/1989, arts. 28 e 28-A, na redação da Lei nº 12.681/2007, art. 1º, II e III, e arts. 28-B e 28-C, acrescentados pela Lei nº 12.681/2007, art. 2º, II e III).

- *Art. 313-Z acrescido pelo Decreto nº 52.921, de 18.4.2008 – DOE de 19.4.2008 – Efeitos a partir de 1º.5.2008.*

## Seção XXIV
## Das Operações com Produtos de Colchoaria

- *Seção XXIV (arts. 313-Z1 e 313-Z2) acrescida pelo Decreto nº 54.105, de 12.3.2009 – DOE de 13.3.2009 – Efeitos a partir de 1º.4.2009.*

**Art. 313-Z1.** Na saída das mercadorias arroladas no § 1º com destino a estabelecimento localizado em território paulista, fica atribuída a responsabilidade pela retenção e pelo pagamento do imposto incidente nas saídas subsequentes (Lei nº 6.374/1989, arts. 8º, XXXIX e § 8º, 1, e 60, I):

- *Art. 313-Z1 acrescido pelo Decreto nº 54.105, de 12.3.2009 – DOE de 13.3.2009 – Efeitos a partir de 1º.4.2009.*

I – a estabelecimento de fabricante ou de importador ou a arrematante de mercadoria importada do exterior e apreendida, localizado neste Estado;

II – a qualquer estabelecimento localizado em território paulista que receber mercadoria referida neste artigo diretamente de outro Estado sem a retenção antecipada do imposto;

III – a estabelecimento localizado em outra unidade da Federação, conforme definido em acordo celebrado por este Estado.

- *Inciso III acrescido pelo Decreto nº 55.000, de 9.11.2009 – DOE de 10.11.2009 – Efeitos a partir da publicação.*

§ 1º. O disposto neste artigo aplica-se exclusivamente às mercadorias adiante indicadas, classificadas nas seguintes posições, subposições ou códigos da Nomenclatura Brasileira de Mercadorias – Sistema Harmonizado – NBM/SH:

1 – suportes para camas (somiês), inclusive "box", 9404.10.00;

- *Item 1 com redação dada pelo Decreto nº 58.760, de 20.12.2012 – DOE de 21.12.2012 – Efeitos a partir de 1º.1.2013.*

2 – colchões, 9404.2;

- *Item 2 com redação dada pelo Decreto nº 58.760, de 20.12.2012 – DOE de 21.12.2012 – Efeitos a partir de 1º.1.2013.*

3 – travesseiros e pillow, 9404.90.00.

§ 2º. Na hipótese do inciso II:

1 – o imposto incidente na operação própria e nas subsequentes será pago conforme previsto no art. 426-A;

- *Item 1 com redação dada pelo Decreto nº 54.250, de 17.4.2009 – DOE de 18.4.2009 – Efeitos a partir de 1º.4.2009.*

2 – na saída da mercadoria do estabelecimento será emitido documento fiscal nos termos do art. 274 e escriturado o livro Registro de Saídas na forma do art. 278;

3 – no tocante ao imposto pago de acordo com o item 1, aplicar-se-á o disposto no inciso VI do art. 63 e no art. 269;

4 – quando o estabelecimento que receber a mercadoria for armazém geral e o depositante estiver localizado em outra unidade da Federação, o armazém geral deverá calcular e pagar o imposto incidente na operação própria e nas subsequentes de acordo com as normas relativas ao regime jurídico da substituição tributária previstas neste regulamento, no período de apuração em que ocorrer a saída

da mercadoria com destino a outro estabelecimento localizado em território paulista.

- *Item 4 acrescido pelo Decreto nº 54.375, de 26.5.2009 – DOE de 27.5.2009 – Efeitos a partir de 1º.6.2009.*

**Art. 313-Z2.** Para determinação da base de cálculo, em caso de inexistência do preço final a consumidor, único ou máximo, autorizado ou fixado por autoridade competente, ou do preço final a consumidor sugerido pelo fabricante ou importador, aprovado e divulgado pela Secretaria da Fazenda, o percentual de margem de valor agregado previsto no art. 41 será o Índice de Valor Adicionado Setorial – IVA-ST, divulgado pela Secretaria da Fazenda com base nas informações prestadas pelos contribuintes (Lei nº 6.374/1989, arts. 28 e 28-A, na redação da Lei nº 12.681/2007, art. 1º, II e III, e arts. 28-B e 28-C, acrescentados pela Lei nº 12.681/2007, art. 2º, II e III).

- *Art. 313-Z2 acrescido pelo Decreto nº 54.105, de 12.3.2009 – DOE de 13.3.2009 – Efeitos a partir de 1º.4.2009.*

## Seção XXV – Das Operações com Ferramentas

- *Seção XXV (arts. 313-Z3 e 313-Z4) acrescida pelo Decreto nº 54.105, de 12.3.2009 – DOE de 13.3.2009 – Efeitos a partir de 1º.4.2009.*

**Art. 313-Z3.** Na saída das mercadorias arroladas no § 1º com destino a estabelecimento localizado em território paulista, fica atribuída a responsabilidade pela retenção e pelo pagamento do imposto incidente nas saídas subsequentes (Lei nº 6.374/1989, arts. 8º, XL, e § 8º, 1, e 60, I):

- *Art. 313-Z3 acrescido pelo Decreto nº 54.105, de 12.3.2009 – DOE de 13.3.2009 – Efeitos a partir de 1º.4.2009.*

I – a estabelecimento de fabricante ou de importador ou a arrematante de mercadoria importada do exterior e apreendida, localizado neste Estado;

II – a qualquer estabelecimento localizado em território paulista que receber mercadoria referida neste artigo diretamente de outro Estado sem a retenção antecipada do imposto;

III – a estabelecimento localizado em outra unidade da Federação, conforme definido em acordo celebrado por este Estado.

- *Inciso III acrescido pelo Decreto nº 55.000, de 9.11.2009 – DOE de 10.11.2009 – Efeitos a partir da publicação.*

§ 1º. O disposto neste artigo aplica-se exclusivamente às mercadorias adiante indicadas, classificadas nas seguintes posições, subposições ou códigos da Nomenclatura Brasileira de Mercadorias – Sistema Harmonizado – NBM/SH:

1 – ferramentas de borracha vulcanizada não endurecida, 4016.99.90;

2 – ferramentas, armações e cabos de ferramentas, de madeira, 4417.00.10 e 4417.00.90;

3 – mós e artefatos semelhantes, sem armação, para moer, desfibrar, triturar, amolar, polir, retificar ou cortar; pedras para amolar ou para polir, manualmente, e suas partes, de pedras naturais, de abrasivos naturais ou artificiais aglomerados ou de cerâmica, mesmo com partes de outras matérias, 6804;

4 – pás, alviões, picaretas, enxadas, sachos, forcados e forquilhas, ancinhos e raspadeiras; machados, podões e ferramentas semelhantes com gume; tesouras de podar de todos os tipos; foices e foicinhas, facas para feno ou para palha, tesouras para sebes, cunhas e outras ferramentas manuais para agricultura, horticultura ou silvicultura, exceto os produtos de uso agrícola constantes em relação a que se refere o inciso V do art. 54, 8201;

- *Item 4 com redação dada pelo Decreto nº 54.402, de 1º.6.2009 – DOE de 2.6.2009 – Efeitos a partir de 1º.6.2009.*

5 – serras manuais; folhas de serras de todos os tipos (incluídas as fresas-serras e as folhas não dentadas para serrar), 8202;

6 – limas, grosas, alicates (mesmo cortantes), tenazes, pinças, cisalhas para metais, corta-tubos, cortapinos, saca-bocados e ferramentas semelhantes, manuais, 8203;

- *Item 6 com redação dada pelo Decreto nº 58.285, de 8.8.2012 – DOE de 9.8.2012 – Efeitos a partir da publicação.*

7 – chaves de porcas, manuais (incluídas as chaves dinamométricas); chaves de caixa intercambiáveis, mesmo com cabos, 8204;

8 – ferramentas manuais (incluídos os diamantes de vidraceiro) não especificadas nem compreendidas em outras posições, lamparinas ou lâmpadas de soldar (maçaricos) e semelhantes; tornos de apertar, sargentos e semelhantes, exceto os acessórios ou partes de máquinas-ferramentas; bigornas; forjas-portáteis; mós com armação, manuais ou de pedal, 8205;

9 – ferramentas de pelo menos duas das posições 82.02 a 82.05, acondicionadas em sortidos para venda a retalho, 8206.00.00;

- *Item 9 com redação dada pelo Decreto nº 58.285, de 8.8.2012 – DOE de 9.8.2012 – Efeitos a partir da publicação.*

10 – ferramentas intercambiáveis para ferramentas manuais, mesmo mecânicas, ou para máquinas-ferramentas (por exemplo: de embutir, estampar, puncionar, roscar, furar, mandrilar, brochar, fresar, tornear, aparafusar), incluídas as fieiras de estiragem ou de extrusão, para metais, e as ferramentas de perfuração ou de sondagem, exceto forma ou gabarito de produtos em epóxy, 8207;

11 – facas e lâminas cortantes, para máquinas ou para aparelhos mecânicos, 8208;

12 – plaquetas, varetas, pontas e objetos semelhantes para ferramentas, não montados, de ceramais ("cermets"), 8209.00;

- *Item 12 com redação dada pelo Decreto nº 58.285, de 8.8.2012 – DOE de 9.8.2012 – Efeitos a partir da publicação.*

13 – facas (exceto as da posição 82.08) de lâmina cortante ou serrilhada, incluídas as podadeiras de lâmina móvel, e suas lâminas, exceto as de uso doméstico, 8211;

14 – tesouras e suas lâminas, 8213;

15 – instrumentos e aparelhos de geodésia, topografia, agrimensura, nivelamento, fotogrametria, hidrografia, oceanografia, hidrologia, meteorologia ou de geofísica, exceto bússolas; telêmetros, 9015;

16 – instrumentos de desenho, de traçado ou de cálculo; metros, micrômetros, paquímetros, calibres e semelhantes; partes e acessórios, 9017.20.00, 9017.30, 9017.80 e 9017.90.90;

17 – termômetros, exceto os clínicos, suas partes e acessórios, 9025.11.90 e 9025.90.90;

18 – pirômetros, suas partes e acessórios, 9025.19 e 9025.90.90.

§ 2º. Na hipótese do inciso II:

1 – o imposto incidente na operação própria e nas subsequentes será pago conforme previsto no art. 426-A;

- *Item 1 com redação dada pelo Decreto nº 54.250, de 17.4.2009 – DOE de 18.4.2009 – Efeitos a partir de 1º.4.2009.*

2 – na saída da mercadoria do estabelecimento será emitido documento fiscal nos termos do art. 274 e escriturado o livro Registro de Saídas na forma do art. 278;

3 – no tocante ao imposto pago de acordo com o item 1, aplicar-se-á o disposto no inciso VI do art. 63 e no art. 269;

4 – quando o estabelecimento que receber a mercadoria for armazém geral e o depositante estiver localizado em outra unidade da Federação, o armazém geral deverá calcular e pagar o imposto incidente na operação própria e nas subsequentes de acordo com as normas relativas ao regime jurídico da substituição tributária previstas neste regulamento, no período de apuração em que ocorrer a saída da mercadoria com destino a outro estabelecimento localizado em território paulista.

- *Item 4 acrescido pelo Decreto nº 54.375, de 26.5.2009 – DOE de 27.5.2009 – Efeitos a partir de 1º.6.2009.*

**Art. 313-Z4.** Para determinação da base de cálculo, em caso de inexistência do preço final a consumidor, único ou máximo, autorizado ou fixado por autoridade competente, ou do preço final a consumidor sugerido pelo fabricante ou importador, aprovado e divulgado pela Secretaria da Fazenda, o percentual de margem de valor agregado previsto no art. 41 será o Índice de Valor Adicionado Setorial – IVA-ST, divulgado pela Secretaria da Fazenda com base nas informações prestadas pelos contribuintes (Lei nº 6.374/1989, arts. 28 e 28-A, na redação da Lei nº 12.681/2007, art. 1º, II e III, e arts. 28-B e 28-C, acrescentados pela Lei nº 12.681/2007, art. 2º, II e III).

- *Art. 313-Z4 acrescido pelo Decreto nº 54.105, de 12.3.2009 – DOE de 13.3.2009 – Efeitos a partir de 1º.4.2009.*

### Seção XXVI
### Das Operações com Bicicletas

- *Seção XXVI (arts. 313-Z5 e 313-Z6) acrescida pelo Decreto nº 54.105, de 12.3.2009 – DOE de 13.3.2009 – Efeitos a partir de 1º.4.2009.*

**Art. 313-Z5.** Na saída das mercadorias arroladas no § 1º com destino a estabelecimento localizado em território paulista, fica atribuída a responsabilidade pela retenção e pelo pagamento do imposto incidente nas saídas subsequentes (Lei nº 6.374/1989, arts. 8º, XLV e § 8º, 1, e 60, I):

- *Art. 313-Z5 acrescido pelo Decreto nº 54.105, de 12.3.2009 – DOE de 13.3.2009 – Efeitos a partir de 1º.4.2009.*

I – a estabelecimento de fabricante ou de importador ou a arrematante de mercadoria importada do exterior e apreendida, localizado neste Estado;

II – a qualquer estabelecimento localizado em território paulista que receber mercadoria referida neste artigo diretamente de outro Estado sem a retenção antecipada do imposto;

III – a estabelecimento localizado em outra unidade da Federação, conforme definido em acordo celebrado por este Estado.

- *Inciso III acrescido pelo Decreto nº 55.000, de 9.11.2009 – DOE de 10.11.2009 – Efeitos a partir da publicação.*

§ 1º. O disposto neste artigo aplica-se exclusivamente às mercadorias adiante indicadas, classificadas nas seguintes posições, subposições ou códigos da Nomenclatura Brasileira de Mercadorias – Sistema Harmonizado – NBM/SH:

1 – pneus novos de borracha dos tipos utilizados em bicicletas, 4011.50.00;

2 – câmaras de ar de borracha novas dos tipos utilizados em bicicletas, 4013.20.00;

3 – aparelhos de iluminação ou de sinalização visual dos tipos utilizados em bicicletas, 8512.10.00;

4 – bicicletas e outros ciclos (incluídos os triciclos), sem motor, 8712.00;

5 – partes e acessórios das bicicletas da posição 87.12, 8714.9.

§ 2º. Na hipótese do inciso II:

1 – o imposto incidente na operação própria e nas subsequentes será pago conforme previsto no art. 426-A;

• *Item 1 com redação dada pelo Decreto nº 54.250, de 17.4.2009 – DOE de 18.4.2009 – Efeitos a partir de 1º.4.2009.*

2 – na saída da mercadoria do estabelecimento será emitido documento fiscal nos termos do art. 274 e escriturado o livro Registro de Saídas na forma do art. 278;

3 – no tocante ao imposto pago de acordo com o item 1, aplicar-se-á o disposto no inciso VI do art. 63 e no art. 269;

4 – quando o estabelecimento que receber a mercadoria for armazém geral e o depositante estiver localizado em outra unidade da Federação, o armazém geral deverá calcular e pagar o imposto incidente na operação própria e nas subsequentes de acordo com as normas relativas ao regime jurídico da substituição tributária previstas neste regulamento, no período de apuração em que ocorrer a saída da mercadoria com destino a outro estabelecimento localizado em território paulista.

• *Item 4 acrescido pelo Decreto nº 54.375, de 26.5.2009 – DOE de 27.5.2009 – Efeitos a partir de 1º.6.2009.*

**Art. 313-Z6.** Para determinação da base de cálculo, em caso de inexistência do preço final a consumidor, único ou máximo, autorizado ou fixado por autoridade competente, ou do preço final a consumidor sugerido pelo fabricante ou importador, aprovado e divulgado pela Secretaria da Fazenda, o percentual de margem de valor agregado previsto no art. 41 será o Índice de Valor Adicionado Setorial – IVA-ST, divulgado pela Secretaria da Fazenda com base nas informações prestadas pelos contribuintes (Lei nº 6.374/1989, arts. 28 e 28-A, na redação da Lei nº 12.681/2007, art. 1º, II e III, e arts. 28-B e 28-C, acrescentados pela Lei nº 12.681/2007, art. 2º, II e III).

• *Art. 313-Z6 acrescido pelo Decreto nº 54.105, de 12.3.2009 – DOE de 13.3.2009 – Efeitos a partir de 1º.4.2009.*

## Seção XXVII
## Das Operações com Instrumentos Musicais

• *Seção XXVII (arts. 313-Z7 e 313-Z8) acrescida pelo Decreto nº 54.105, de 12.3.2009 – DOE de 13.3.2009 – Efeitos a partir de 1º.4.2009.*

**Art. 313-Z7.** Na saída das mercadorias arroladas no § 1º com destino a estabelecimento localizado em território paulista, fica atribuída a responsabilidade pela retenção e pelo pagamento do imposto incidente nas saídas subsequentes (Lei nº 6.374/1989, arts. 8º, XLVII, e 60, I):

• *Art. 313-Z7 acrescido pelo Decreto nº 54.105, de 12.3.2009 – DOE de 13.3.2009 – Efeitos a partir de 1º.4.2009.*

I – a estabelecimento de fabricante ou de importador ou a arrematante de mercadoria importada do exterior e apreendida, localizado neste Estado;

II – a qualquer estabelecimento localizado em território paulista que receber mercadoria referida neste artigo diretamente de outro Estado sem a retenção antecipada do imposto;

III – a estabelecimento localizado em outra unidade da Federação, conforme definido em acordo celebrado por este Estado.

• *Inciso III acrescido pelo Decreto nº 55.000, de 9.11.2009 – DOE de 10.11.2009 – Efeitos a partir da publicação.*

§ 1º. O disposto neste artigo aplica-se exclusivamente às mercadorias adiante indicadas, classificadas nas seguintes posições, subposições ou códigos da Nomenclatura Brasileira de Mercadorias – Sistema Harmonizado – NBM/SH:

1 – pianos, mesmo automáticos; cravos e outros instrumentos de cordas, com teclado, 92.01;

2 – outros instrumentos musicais de cordas (por exemplo: guitarras (violões), violinos, harpas), 92.02;

3 – outros instrumentos musicais de sopro (por exemplo: clarinetes, trompetes, gaitas de foles), 92.05;

4 – instrumentos musicais de percussão (por exemplo: tambores, caixas, xilofones, pratos, castanholas, maracás), 9206.00.00;

5 – instrumentos musicais cujo som é produzido ou deva ser amplificado por meios elétricos (por exemplo: órgãos, guitarras, acordeões), 92.07;

6 – partes e acessórios de instrumentos musicais, 92.09.

§ 2º. Na hipótese do inciso II:

1 – o imposto incidente na operação própria e nas subsequentes será pago conforme previsto no art. 426-A;

• *Item 1 com redação dada pelo Decreto nº 54.250, de 17.4.2009 – DOE de 18.4.2009 – Efeitos a partir de 1º.4.2009.*

2 – na saída da mercadoria do estabelecimento será emitido documento fiscal nos termos do art. 274 e escriturado o livro Registro de Saídas na forma do art. 278;

3 – no tocante ao imposto pago de acordo com o item 1, aplicar-se-á o disposto no inciso VI do art. 63 e no art. 269;

4 – quando o estabelecimento que receber a mercadoria for armazém geral e o depositante estiver localizado em outra unidade da Federação, o armazém geral deverá calcular e pagar o imposto incidente na operação própria e nas subsequentes de acordo com as normas relativas ao regime jurídico da substituição tributária previstas neste regulamento, no período de apuração em que ocorrer a saída da mercadoria com destino a outro estabelecimento localizado em território paulista.

• *Item 4 acrescido pelo Decreto nº 54.375, de 26.5.2009 – DOE de 27.5.2009 – Efeitos a partir de 1º.6.2009.*

**Art. 313-Z8.** Para determinação da base de cálculo, em caso de inexistência do preço final a consumidor, único ou máximo, autorizado ou fixado por autoridade competente, ou do preço final a consumidor sugerido pelo fabricante ou importador, aprovado e divulgado pela Secretaria da Fazenda, o percentual de margem de valor agregado previsto no art. 41 será o Índice de Valor Adicionado Setorial – IVA-ST, divulgado pela Secretaria da Fazenda com base nas informações prestadas pelos contribuintes (Lei nº 6.374/1989, arts. 28 e 28-A, na redação da Lei nº 12.681/2007, art. 1º, II e III, e arts. 28-B e 28-C, acrescentados pela Lei nº 12.681/2007, art. 2º, II e III).

- *Art. 313-Z8 acrescido pelo Decreto nº 54.105, de 12.3.2009 – DOE de 13.3.2009 – Efeitos a partir de 1º.4.2009.*

### Seção XXVIII – Das Operações com Brinquedos

- *Seção XXVIII (arts. 313-Z9 e 313-Z10) acrescida pelo Decreto nº 54.251, de 17.4.2009 – DOE de 18.4.2009 – Efeitos a partir de 1º.5.2009.*

**Art. 313-Z9.** Na saída das mercadorias arroladas no § 1º com destino a estabelecimento localizado em território paulista, fica atribuída a responsabilidade pela retenção e pelo pagamento do imposto incidente nas saídas subsequentes (Lei nº 6.374/1989, arts. 8º, XLVI e § 8º, 1, e 60, I):

I – a estabelecimento de fabricante ou de importador ou a arrematante de mercadoria importada do exterior e apreendida, localizado neste Estado;

II – a qualquer estabelecimento localizado em território paulista que receber mercadoria referida neste artigo diretamente de outro Estado sem a retenção antecipada do imposto;

III – a estabelecimento localizado em outra unidade da Federação, conforme definido em acordo celebrado por este Estado.

- *Inciso III acrescido pelo Decreto nº 55.000, de 9.11.2009 – DOE de 10.11.2009 – Efeitos a partir da publicação.*

§ 1º. O disposto neste artigo aplica-se a triciclos, patinetes, carros de pedais e outros brinquedos semelhantes de rodas, carrinhos para bonecos, bonecos, outros brinquedos, modelos reduzidos e modelos semelhantes para divertimento, mesmo animados, e quebra-cabeças ("puzzles") de qualquer tipo, classificados na subposição 9503.00 da Nomenclatura Brasileira de Mercadorias – Sistema Harmonizado – NBM/SH.

§ 2º. Na hipótese do inciso II:

1 – o imposto incidente na operação própria e nas subsequentes será pago conforme previsto no art. 426-A;

2 – na saída da mercadoria do estabelecimento será emitido documento fiscal nos termos do art. 274 e escriturado o livro Registro de Saídas na forma do art. 278;

3 – no tocante ao imposto pago de acordo com o item 1, aplicar-se-á o disposto no inciso VI do art. 63 e no art. 269;

4 – quando o estabelecimento que receber a mercadoria for armazém geral e o depositante estiver localizado em outra unidade da Federação, o armazém geral deverá calcular e pagar o imposto incidente na operação própria e nas subsequentes de acordo com as normas relativas ao regime jurídico da substituição tributária previstas neste regulamento, no período de apuração em que ocorrer a saída da mercadoria com destino a outro estabelecimento localizado em território paulista.

- *Item 4 acrescido pelo Decreto nº 54.375, de 26.5.2009 – DOE de 27.5.2009 – Efeitos a partir de 1º.6.2009.*
- *Art. 313-Z9 acrescido pelo Decreto nº 54.251, de 17.4.2009 – DOE de 18.4.2009 – Efeitos a partir de 1º.5.2009.*

**Art. 313-Z10.** Para determinação da base de cálculo, em caso de inexistência do preço final a consumidor, único ou máximo, autorizado ou fixado por autoridade competente, ou do preço final a consumidor sugerido pelo fabricante ou importador, aprovado e divulgado pela Secretaria da Fazenda, o percentual de margem de valor agregado previsto no art. 41 será o Índice de Valor Adicionado Setorial – IVA-ST, divulgado pela Secretaria da Fazenda com base nas informações prestadas pelos contribuintes (Lei nº 6.374/1989, arts. 28 e 28-A, na redação da Lei nº 12.681/2007, art. 1º, II e III, e arts. 28-B e 28-C, acrescentados pela Lei nº 12.681/2007, art. 2º, II e III).

- *Art. 313-Z10 acrescido pelo Decreto nº 54.251, de 17.4.2009 – DOE de 18.4.2009 – Efeitos a partir de 1º.5.2009.*

### Seção XXIX – Das Operações com Máquinas e Aparelhos Mecânicos, Elétricos, Eletromecânicos e Automáticos

- *Seção XXIX (arts. 313-Z11 e 313-Z12) acrescida pelo Decreto nº 54.251, de 17.4.2009 – DOE de 18.4.2009 – Efeitos a partir de 1º.5.2009.*

**Art. 313-Z11.** Na saída das mercadorias arroladas no § 1º com destino a estabelecimento localizado em território paulista, fica atribuída a responsabilidade pela retenção e pelo pagamento do imposto incidente nas saídas subsequentes (Lei nº 6.374/1989, arts. 8º, XLII, e § 8º, 1, e 60, I):

- *Art. 313-Z11 acrescido pelo Decreto nº 54.251, de 17.4.2009 – DOE de 18.4.2009 – Efeitos a partir de 1º.5.2009.*

I – a estabelecimento de fabricante ou de importador ou a arrematante de mercadoria importada do exterior e apreendida, localizado neste Estado;

II – a qualquer estabelecimento localizado em território paulista que receber mercadoria referida neste artigo diretamente de outro Estado sem a retenção antecipada do imposto;

III – a estabelecimento localizado em outra unidade da Federação, conforme definido em acordo celebrado por este Estado.

• *Inciso III acrescido pelo Decreto nº 55.000, de 9.11.2009 – DOE de 10.11.2009 – Efeitos a partir da publicação.*

§ 1º. O disposto neste artigo aplica-se exclusivamente às mercadorias adiante indicadas, classificadas nas seguintes posições, subposições ou códigos da Nomenclatura Brasileira de Mercadorias – Sistema Harmonizado – NBM/SH:

1 – (revogado);

• *Item 1 revogado pelo Decreto nº 58.809, de 27.12.2012 – DOE de 28.12.2012 – Efeitos a partir de 1º.1.2013.*

2 – (revogado);

• *Item 2 revogado pelo Decreto nº 58.809, de 27.12.2012 – DOE de 28.12.2012 – Efeitos a partir de 1º.1.2013.*

3 – (revogado);

• *Item 3 revogado pelo Decreto nº 58.809, de 27.12.2012 – DOE de 28.12.2012 – Efeitos a partir de 1º.1.2013.*

4 – (revogado);

• *Item 4 revogado pelo Decreto nº 58.809, de 27.12.2012 – DOE de 28.12.2012 – Efeitos a partir de 1º.1.2013.*

5 – aparelhos para filtrar ou depurar água, exceto os elétricos, 8421.21.00;

• *Item 5 com redação dada pelo Decreto nº 58.809, de 27.12.2012 – DOE de 28.12.2012 – Efeitos a partir de 1º.1.2013.*

6 – concentradores de oxigênio por depuração do ar, com capacidade de saída inferior ou igual a 6 litros por minuto, 8421.39.30;

7 – balanças para pessoas, incluídas as balanças para bebês, balanças de uso doméstico, 8423.10.00;

8 – pistolas aerográficas e aparelhos semelhantes, 8424.20.00;

9 – máquinas e aparelhos de jato de água e vapor e aparelhos de jato semelhantes e suas partes, exceto lavadoras de alta pressão, 8424.30.10, 8424.30.90 e 8424.90.90;

• *Item 9 com redação dada pelo Decreto nº 58.809, de 27.12.2012 – DOE de 28.12.2012 – Efeitos a partir de 1º.1.2013.*

10 – máquinas e aparelhos de impressão, por ofsete, dos tipos utilizados em escritórios, alimentados por folhas de formato não superior a 22 cm x 36 cm, quando não dobradas, 8443.12.00;

11 – ferramentas pneumáticas, hidráulicas ou com motor (elétrico ou não elétrico) incorporado, de uso manual, exceto os produtos de uso agrícola constantes em relação a que se refere o inciso V do art. 54 e as furadeiras elétricas classificadas na NCM 8467.21.00, 84.67;

• *Item 11 com redação dada pelo Decreto nº 58.809, de 27.12.2012 – DOE de 28.12.2012 – Efeitos a partir de 1º.1.2013.*

12 – maçaricos de uso manual e suas partes, 8468.10.00 e 8468.90.10;

13 – máquinas e aparelhos a gás e suas partes, 8468.20.00 e 8468.90.90;

14 – (revogado);

• *Item 14 revogado pelo Decreto nº 58.809, de 27.12.2012 – DOE de 28.12.2012 – Efeitos a partir de 1º.1.2013.*

15 – máquinas e aparelhos para soldadura forte ou fraca, 8515.1;

16 – máquinas e aparelhos para soldar metais por resistência, 8515.2;

17 – partes de máquinas e aparelhos para soldadura forte ou fraca da posição 8515.1, e de máquinas e aparelhos para soldar metais por resistência da posição 8515.2 – exceto dos produtos destinados à construção civil (item 106 do § 1º do art. 313-Y), 8515.90;

18 – (revogado);

• *Item 18 revogado pelo Decreto nº 58.809, de 27.12.2012 – DOE de 28.12.2012 – Efeitos a partir de 1º.1.2013.*

19 – (revogado);

• *Item 19 revogado pelo Decreto nº 58.809, de 27.12.2012 – DOE de 28.12.2012 – Efeitos a partir de 1º.1.2013.*

20 – (revogado);

• *Item 20 revogado pelo Decreto nº 58.809, de 27.12.2012 – DOE de 28.12.2012 – Efeitos a partir de 1º.1.2013.*

21 – talhas, cadernais e moitões, 84.25.

• *Item 21 acrescido pelo Decreto nº 55.303, de 30.12.2009 – DOE de 31.12.2009 – Efeitos a partir de 1º.1.2010.*

§ 2º. Na hipótese do inciso II:

1 – o imposto incidente na operação própria e nas subsequentes será pago conforme previsto no art. 426-A;

2 – na saída da mercadoria do estabelecimento será emitido documento fiscal nos termos do art. 274 e escriturado o livro Registro de Saídas na forma do art. 278;

3 – no tocante ao imposto pago de acordo com o item 1, aplicar-se-á o disposto no inciso VI do art. 63 e no art. 269;

4 – quando o estabelecimento que receber a mercadoria for armazém geral e o depositante estiver localizado em outra unidade da Federação, o armazém geral deverá calcular e pagar o imposto incidente na operação própria e nas subsequentes de acordo com as normas relativas ao regime jurídico

da substituição tributária previstas neste regulamento, no período de apuração em que ocorrer a saída da mercadoria com destino a outro estabelecimento localizado em território paulista.

• *Item 4 acrescido pelo Decreto nº 54.375, de 26.5.2009 – DOE de 27.5.2009 – Efeitos a partir de 1º.6.2009.*

**Art. 313-Z12.** Para determinação da base de cálculo, em caso de inexistência do preço final a consumidor, único ou máximo, autorizado ou fixado por autoridade competente, ou do preço final a consumidor sugerido pelo fabricante ou importador, aprovado e divulgado pela Secretaria da Fazenda, o percentual de margem de valor agregado previsto no art. 41 será o Índice de Valor Adicionado Setorial – IVA-ST, divulgado pela Secretaria da Fazenda com base nas informações prestadas pelos contribuintes (Lei nº 6.374/1989, arts. 28 e 28-A, na redação da Lei nº 12.681/2007, art. 1º, II e III, e arts. 28-B e 28-C, acrescentados pela Lei nº 12.681/2007, art. 2º, II e III).

• *Art. 313-Z12 acrescido pelo Decreto nº 54.251, de 17.4.2009 – DOE de 18.4.2009 – Efeitos a partir de 1º.5.2009.*

## Seção XXX
## Das Operações com Produtos de Papelaria

• *Seção XXX (arts. 313-Z13 e 313-Z14) acrescida pelo Decreto nº 54.251, de 17.4.2009 – DOE de 18.4.2009 – Efeitos a partir de 1º.5.2009.*

**Art. 313-Z13.** Na saída das mercadorias arroladas no § 1º com destino a estabelecimento localizado em território paulista, fica atribuída a responsabilidade pela retenção e pelo pagamento do imposto incidente nas saídas subsequentes (Lei nº 6.374/1989, arts. 8º, XXXVIII e § 8º, 1, e 60, I):

• *Art. 313-Z13 acrescido pelo Decreto nº 54.251, de 17.4.2009 – DOE de 18.4.2009 – Efeitos a partir de 1º.5.2009.*

I – a estabelecimento de fabricante ou de importador ou a arrematante de mercadoria importada do exterior e apreendida, localizado neste Estado;

II – a qualquer estabelecimento localizado em território paulista que receber mercadoria referida neste artigo diretamente de outro Estado sem a retenção antecipada do imposto;

III – a estabelecimento localizado em outra unidade da Federação, conforme definido em acordo celebrado por este Estado.

• *Inciso III acrescido pelo Decreto nº 55.000, de 9.11.2009 – DOE de 10.11.2009 – Efeitos a partir da publicação.*

§ 1º. O disposto neste artigo aplica-se exclusivamente às mercadorias adiante indicadas, classificadas nas seguintes posições, subposições ou códigos da Nomenclatura Brasileira de Mercadorias – Sistema Harmonizado – NBM/SH:

1 – tinta guache, 3213.10.00;

2 – massas ou pastas para modelar, próprias para recreação de crianças, 3407.00.10;

3 – colas escolares, branca e colorida, em bastão ou líquida, 3506.10.90 e 3506.91.90;

4 – corretivo, 3824.90.29;

5 – espiral – perfil para encadernação, de plástico e outros materiais das posições 39.01 a 39.14, 3916.20.00;

6 – papel celofane, 3920.20.19;

7 – artigos de escritório e artigos escolares de plástico e outros materiais das posições 39.01 a 39.14, exceto estojos, 3926.10.00;

8 – estojo escolar; estojo para objetos de escrita, 3926.10.00, 4202.3 e 4420.90.00;

9 – borracha de apagar, inclusive caneta borracha e lápis borracha, 4016.92.00;

10 – maletas e pastas para documentos e de estudante, e artefatos semelhantes, 4202.1 e 4202.9;

11 – prancheta, 4421.90.00 e 3926.90.90;

12 – quadro branco, verde e cortiça, 4421.90.00;

13 – bobina para fax, 4802.20.90 e 4811.90.90;

14 – papel seda, 4802.54.9;

15 – bobina branca para máquina de calcular ou PDV, 4802.54.99, 4802.57.99 e 4816.20.00

16 – cartolina escolar e papel cartão, brancos e coloridos; recados auto adesivos (LP note); papéis de presente, 4802.56.9, 4802.57.9 e 4802.58.9;

17 – papel fotográfico, exceto: (i) os papéis fotográficos emulsionados com haleto de prata tipo brilhante, matte ou lustre, em rolo e, com largura igual ou superior a 102 mm e comprimento igual ou inferior a 350 m, (ii) os papéis fotográficos emulsionados com haleto de prata tipo brilhante ou fosco, em folha e com largura igual ou superior a 152 mm e comprimento igual ou inferior a 307 mm, (iii) papel de qualidade fotográfica com tecnologia "Thermo-autoChrome", que submetido a um processo de aquecimento seja capaz de formar imagens por reação química e combinação das camadas cyan, magenta e amarela, 3703.10.10, 3703.10.29, 3703.20.00, 3703.90.10, 3704.00.00 e 4802.20.00;

• *Item 17 com redação dada pelo Decreto nº 54.846, de 30.9.2009 – DOE de 1º.10.2009 – Efeitos a partir da publicação.*

18 – papel almaço, 4810.13.90;

19 – papel hectográfico, 4816.10.00;

20 – papel tipo celofane, 3920.20.19;

21 – papel impermeável, 4806.20.00;

22 – papel crepon, 4808.10.00;

23 – papel fantasia, 4810.22.90;

24 – papel-carbono, papel autocopiativo (exceto os vendidos em rolos de diâmetro igual ou maior do que 60 cm e os vendidos em folhas de formato igual ou maior do que 60 cm de altura e igual ou maior

que 90 cm de largura) e outros papéis para cópia ou duplicação (incluídos os papéis para estênceis ou para chapas ofsete), estênceis completos e chapas ofsete, de papel, em folhas, mesmo acondicionados em caixas, 48.09 e 48.16;

- *Item 24 com redação dada pelo Decreto nº 55.951, de 24.6.2010 – DOE de 25.6.2010 – Efeitos a partir de 1º.7.2010.*

25 – envelopes, aerogramas, bilhetes-postais não ilustrados e cartões para correspondência, de papel ou cartão, caixas, sacos e semelhantes, de papel ou cartão, contendo um sortido de artigos para correspondência, 48.17;

26 – livros de registro e de contabilidade, blocos de notas, de encomendas, de recibos, de apontamentos, de papel para cartas, agendas e artigos semelhantes, cadernos, pastas para documentos, classificadores, capas para encadernação (de folhas soltas ou outras), capas de processos e outros artigos escolares, de escritório ou de papelaria, incluídos os formulários em blocos tipo "manifold", mesmo com folhas intercaladas de papel-carbono, de papel ou cartão, álbuns para amostras ou para coleções e capas para livros, de papel ou cartão, 4820;

27 – cartões postais impressos ou ilustrados, cartões impressos com votos ou mensagens pessoais, mesmo ilustrados, com ou sem envelopes, guarnições ou aplicações (conhecidos como cartões de expressão social – de época/sentimento), 4909.00.00;

28 – barbante de algodão e de fibra sintética combinada com algodão, 5202.99.00 e 5509.53.00;

29 – papel camurça, 5210.59.90;

30 – papel laminado e papel espelho, 7607.11.90;

31 – apontador de lápis, 8214.10.00;

32 – porta-canetas, 8304.00.00;

33 – instrumento de desenho, de traçado ou de cálculo, 9017.20.00;

34 – pincéis de escrever e desenhar, 9603.30.00;

35 – apagador para quadro, 9603.90.00;

36 – canetas esferográficas, canetas e marcadores, com ponta de feltro ou com outras pontas porosas, canetas-tinteiro e outras canetas, estiletes para duplicadores, lapiseiras, canetas porta-penas, porta-lápis e artigos semelhantes, suas partes (incluídas as tampas e prendedores), 96.08;

37 – lápis, minas, pastéis, carvões, gizes para escrever ou desenhar e gizes de alfaiate, 96.09;

38 – lousas e quadros para escrever ou desenhar, mesmo emoldurados, 9610.00.00.

§ 2º. Na hipótese do inciso II:

1 – o imposto incidente na operação própria e nas subsequentes será pago conforme previsto no art. 426-A;

2 – na saída da mercadoria do estabelecimento será emitido documento fiscal nos termos do art. 274 e escriturado o livro Registro de Saídas na forma do art. 278;

3 – no tocante ao imposto pago de acordo com o item 1, aplicar-se-á o disposto no inciso VI do art. 63 e no art. 269;

4 – quando o estabelecimento que receber a mercadoria for armazém geral e o depositante estiver localizado em outra unidade da Federação, o armazém geral deverá calcular e pagar o imposto incidente na operação própria e nas subsequentes de acordo com as normas relativas ao regime jurídico da substituição tributária previstas neste regulamento, no período de apuração em que ocorrer a saída da mercadoria com destino a outro estabelecimento localizado em território paulista.

- *Item 4 acrescido pelo Decreto nº 54.375, de 26.5.2009 – DOE de 27.5.2009 – Efeitos a partir de 1º.6.2009.*

**Art. 313-Z14.** Para determinação da base de cálculo, em caso de inexistência do preço final a consumidor, único ou máximo, autorizado ou fixado por autoridade competente, ou do preço final a consumidor sugerido pelo fabricante ou importador, aprovado e divulgado pela Secretaria da Fazenda, o percentual de margem de valor agregado previsto no art. 41 será o Índice de Valor Adicionado Setorial – IVA-ST, divulgado pela Secretaria da Fazenda com base nas informações prestadas pelos contribuintes (Lei nº 6.374/1989, arts. 28 e 28-A, na redação da Lei nº 12.681/2007, art. 1º, II e III, e arts. 28-B e 28-C, acrescentados pela Lei nº 12.681/2007, art. 2º, II e III).

- *Art. 313-Z14 acrescido pelo Decreto nº 54.251, de 17.4.2009 – DOE de 18.4.2009 – Efeitos a partir de 1º.5.2009.*

## Seção XXXI
## Das Operações com Artefatos de Uso Doméstico

- *Seção XXXI (arts. 313-Z15 e 313-Z16) acrescida pelo Decreto nº 54.251, de 17.4.2009 – DOE de 18.4.2009 – Efeitos a partir de 1º.5.2009.*

**Art. 313-Z15.** Na saída das mercadorias arroladas no § 1º com destino a estabelecimento localizado em território paulista, fica atribuída a responsabilidade pela retenção e pelo pagamento do imposto incidente nas saídas subsequentes (Lei nº 6.374/1989, arts. 8º, XLIV, e 60, I):

- *Art. 313-Z15 acrescido pelo Decreto nº 54.251, de 17.4.2009 – DOE de 18.4.2009 – Efeitos a partir de 1º.5.2009.*

I – a estabelecimento de fabricante ou de importador ou a arrematante de mercadoria importada do exterior e apreendida, localizado neste Estado;

II – a qualquer estabelecimento localizado em território paulista que receber mercadoria referida neste artigo diretamente de outro Estado sem a retenção antecipada do imposto;

III – a estabelecimento localizado em outra unidade da Federação, conforme definido em acordo celebrado por este Estado.

• *Inciso III acrescido pelo Decreto nº 55.000, de 9.11.2009 – DOE de 10.11.2009 – Efeitos a partir da publicação.*

§ 1º. O disposto neste artigo aplica-se exclusivamente às mercadorias adiante indicadas, classificadas nas seguintes posições, subposições ou códigos da Nomenclatura Brasileira de Mercadorias – Sistema Harmonizado – NBM/SH:

1 – serviços de mesa e outros utensílios de mesa ou de cozinha, de plástico, inclusive os descartáveis, 3924.10.00;

2 – artefatos de madeira para mesa ou cozinha, 4419.00.00;

3 – filtros descartáveis para coar café ou chá, 4823.20.9;

4 – bandejas, travessas, pratos, xícaras ou chávenas, taças, copos e artigos semelhantes, de papel ou cartão, 4823.6;

5 – artigos para serviço de mesa ou de cozinha, de porcelana e de cerâmica, 6911.10 e 6912.00.00;

6 – objetos de vidro para serviço de mesa ou de cozinha, 7013;

7 – artigos para serviço de mesa ou de cozinha, e suas partes, de ferro fundido, ferro, aço, cobre e alumínio, 7323.9, 7418 e 7615;

• *Item 7 com redação dada pelo Decreto nº 58.285, de 8.8.2012 – DOE de 9.8.2012 – Efeitos a partir da publicação.*

8 – facas de lâmina cortante ou serrilhada, incluídas as podadeiras de lâmina móvel, e suas lâminas, de uso doméstico, 8211;

9 – colheres, garfos, conchas, escumadeiras, pás para tortas, facas especiais para peixe ou manteiga, pinças para açúcar e artefatos semelhantes, 8215;

10 – garrafas térmicas e outros recipientes isotérmicos montados, com isolamento produzido pelo vácuo, bem como suas partes (exceto ampolas de vidro), 9617.00.

§ 2º. Na hipótese do inciso II:

1 – o imposto incidente na operação própria e nas subsequentes será pago conforme previsto no art. 426-A;

2 – na saída da mercadoria do estabelecimento será emitido documento fiscal nos termos do art. 274 e escriturado o livro Registro de Saídas na forma do art. 278;

3 – no tocante ao imposto pago de acordo com o item 1, aplicar-se-á o disposto no inciso VI do art. 63 e no art. 269;

4 – quando o estabelecimento que receber a mercadoria for armazém geral e o depositante estiver localizado em outra unidade da Federação, o armazém geral deverá calcular e pagar o imposto incidente na operação própria e nas subsequentes de acordo com as normas relativas ao regime jurídico da substituição tributária previstas neste regulamento, no período de apuração em que ocorrer a saída da mercadoria com destino a outro estabelecimento localizado em território paulista.

• *Item 4 acrescido pelo Decreto nº 54.375, de 26.5.2009 – DOE de 27.5.2009 – Efeitos a partir de 1º.6.2009.*

**Art. 313-Z16.** Para determinação da base de cálculo, em caso de inexistência do preço final a consumidor, único ou máximo, autorizado ou fixado por autoridade competente, ou do preço final a consumidor sugerido pelo fabricante ou importador, aprovado e divulgado pela Secretaria da Fazenda, o percentual de margem de valor agregado previsto no art. 41 será o Índice de Valor Adicionado Setorial – IVA-ST, divulgado pela Secretaria da Fazenda com base nas informações prestadas pelos contribuintes (Lei nº 6.374/1989, arts. 28 e 28-A, na redação da Lei nº 12.681/2007, art. 1º, II e III, e arts. 28-B e 28-C, acrescentados pela Lei nº 12.681/2007, art. 2º, II e III).

• *Art. 313-Z16 acrescido pelo Decreto nº 54.251, de 17.4.2009 – DOE de 18.4.2009 – Efeitos a partir de 1º.5.2009.*

## Seção XXXII
## Das Operações com Materiais Elétricos

• *Seção XXXII (arts. 313-Z17 e 313-Z18) acrescida pelo Decreto nº 54.251, de 17.4.2009 – DOE de 18.4.2009 – Efeitos a partir de 1º.5.2009.*

**Art. 313-Z17.** Na saída das mercadorias arroladas no § 1º com destino a estabelecimento localizado em território paulista, fica atribuída a responsabilidade pela retenção e pelo pagamento do imposto incidente nas saídas subsequentes (Lei nº 6.374/1989, arts. 8º, XLIII, e 60, I):

• *Art. 313-Z17 acrescido pelo Decreto nº 54.251, de 17.4.2009 – DOE de 18.4.2009 – Efeitos a partir de 1º.5.2009.*

I – a estabelecimento de fabricante ou de importador ou a arrematante de mercadoria importada do exterior e apreendida, localizado neste Estado;

II – a qualquer estabelecimento localizado em território paulista que receber mercadoria referida neste artigo diretamente de outro Estado sem a retenção antecipada do imposto;

III – a estabelecimento localizado em outra unidade da Federação, conforme definido em acordo celebrado por este Estado.

• *Inciso III acrescido pelo Decreto nº 55.000, de 9.11.2009 – DOE de 10.11.2009 – Efeitos a partir da publicação.*

§ 1º. O disposto neste artigo aplica-se exclusivamente às mercadorias adiante indicadas, classificadas nas seguintes posições, subposições ou códigos da Nomenclatura Brasileira de Mercadorias – Sistema Harmonizado – NBM/SH:

1 – eletrobombas submersíveis – exceto as destinadas à construção civil descritas no item 104 do § 1º do art. 313-Y, 8413.70.10;

2 – transformadores, conversores, retificadores, bobinas de reatância e de autoindução, exceto reatores para lâmpadas elétricas de descarga classificados na posição 8504.10.00, os produtos de uso automotivo e os descritos nos itens 28, 29 e 30 do § 1º do art. 313-Z19, 85.04;

- *Item 2 com redação dada pelo Decreto nº 54.338, de 15.5.2009 – DOE de 16.5.2009 – Efeitos a partir de 1º.6.2009.*

3 – lanternas elétricas portáteis destinadas a funcionar por meio de sua própria fonte de energia (por exemplo: de pilhas, de acumuladores, de magnetos) – exceto os aparelhos de iluminação utilizados em ciclos e automóveis, 85.13;

4 – aquecedores elétricos de água, incluídos os de imersão, chuveiros ou duchas elétricos, torneiras elétricas, resistências de aquecimento, inclusive as de duchas e chuveiros elétricos e suas partes, exceto os produtos descritos no item 36 do § 1º do art. 313-Z19, 85.16;

- *Item 4 com redação dada pelo Decreto nº 54.338, de 15.5.2009 – DOE de 16.5.2009 – Efeitos a partir de 1º.6.2009.*

5 – aparelhos elétricos para telefonia; outros aparelhos para transmissão ou recepção de voz, imagens ou outros dados, incluídos os aparelhos para comunicação em redes por fio ou redes sem fio (tal como um rede local (LAN) ou uma rede de área estendida (WAN)) e suas partes – exceto os de uso automotivo e os das posições 8517.62.51, 8517.62.52 e 8517.62.53 -, 8517;

- *Item 5 com redação dada pelo Decreto nº 55.868, de 27.5.2010 – DOE de 28.5.2010 – Efeitos a partir de 1º.7.2010.*

6 – partes reconhecíveis como exclusiva ou principalmente destinadas aos aparelhos das posições 85.25 a 85.28 – exceto as de uso automotivo e as destinadas à construção civil descritas nos itens 110 e 111 do § 1º do art. 313-Y, 85.29;

7 – aparelhos elétricos de sinalização acústica ou visual (por exemplo, campainhas, sirenes, quadros indicadores, aparelhos de alarme para proteção contra roubo ou incêndio) – exceto os produtos de uso automotivo e os destinados à construção civil descritos nos itens 112 e 113 do § 1º do art. 313-Y, 85.31;

8 – (revogado);

- *Item 8 revogado pelo Decreto nº 61.091, de 29.1.2015 – DOE de 30.1.2015 – Efeitos a partir da publicação.*

9 – resistências elétricas (incluídos os reostatos e os potenciômetros), exceto de aquecimento, 85.33;

10 – circuitos impressos – exceto os de uso automotivo, 8534.00.00;

11 – aparelhos para interrupção, seccionamento, proteção, derivação, ligação ou conexão de circuitos elétricos (por exemplo, interruptores, comutadores, corta-circuitos, para-raios, limitadores de tensão, eliminadores de onda, tomadas de corrente e outros conectores, caixas de junção), para tensão superior a 1.000V exceto os de uso automotivo e os destinados à construção civil descritos no item 37 do § 1º do art. 313-Y, 85.35;

12 – aparelhos para interrupção, seccionamento, proteção, derivação, ligação ou conexão de circuitos elétricos (por exemplo, interruptores, comutadores, relés, corta-circuitos, eliminadores de onda, plugues e tomadas de corrente, suportes para lâmpadas e outros conectores, caixas de junção), para uma tensão não superior a 1.000V; conectores para fibras ópticas, feixes ou cabos de fibras ópticas – exceto os de uso automotivo e os destinados à construção civil descritos no item 38 do § 1º do art. 313-Y, 85.36;

13 – quadros, painéis, consoles, cabinas, armários e outros suportes com dois ou mais aparelhos das posições 85.35 ou 85.36, para comando elétrico ou distribuição de energia elétrica, incluídos os que incorporem instrumentos ou aparelhos do Capítulo 90, bem como os aparelhos de comando numérico – exceto os destinados à construção civil descritos no item 39 do § 1º do art. 313-Y, 85.37;

14 – partes reconhecíveis como exclusiva ou principalmente destinadas aos aparelhos das posições 85.35, 85.36 ou 85.37 – exceto as de uso automotivo e os destinados à construção civil descritos no item 40 do § 1º do art. 313-Y, 85.38;

15 – diodos emissores de luz (LED) – exceto diodos "laser" e os destinados à construção civil descritos no item 115 do § 1º do art. 313-Y, 8541.40.11, 8541.40.21 e 8541.40.22;

16 – eletrificadores de cercas – exceto os destinados à construção civil descritos no item 41 do § 1º do art. 313-Y, 8543.70.92;

17 – fios, cabos (incluídos os cabos coaxiais) e outros condutores, isolados ou não, para usos elétricos (incluídos os de cobre ou alumínio, envernizados ou oxidados anodicamente), mesmo com peças de conexão; fios e cabos telefônicos e para transmissão de dados; cabos de fibras ópticas, constituídos de fibras embainhadas individualmente, mesmo com condutores elétricos ou munidos de peças de conexão; cordas, cabos, tranças e semelhantes, de alumínio, não isolados para uso elétricos – exceto para uso automotivo e os destinados à construção civil descritos nos itens 42 e 116 do § 1º do art. 313-Y, 85.44, 7413.00.00, 7605 e 7614;

18 – isoladores de qualquer matéria, para usos elétricos – exceto os destinados à construção civil descritos no item 43 do § 1º do art. 313-Y, 85.46;

19 – peças isolantes inteiramente de matérias isolantes, ou com simples peças metálicas de monta-

gem (suportes roscados, por exemplo) incorporadas na massa, para máquinas, aparelhos e instalações elétricas; tubos isoladores e suas peças de ligação, de metais comuns, isolados interiormente – exceto os destinados à construção civil descritos no item 44 do § 1º do art. 313-Y, 85.47;

20 – instrumentos e aparelhos para regulação ou controle, automáticos, suas partes e acessórios – exceto os classificados na posição 9032.89.2, os de uso automotivo e os produtos descritos no item 57 do § 1º do art. 313-Z19, 90.32 e 9033.00.00;

- *Item 20 com redação dada pelo Decreto nº 54.338, de 15.5.2009 – DOE de 16.5.2009 – Efeitos a partir de 1º.6.2009.*

21 – aparelhos e instrumentos para medida ou controle da tensão, intensidade, resistência ou da potência, sem dispositivo registrador – exceto os de uso automotivo e os destinados à construção civil descritos no item 118 do § 1º do art. 313-Y, 9030.3;

22 – analisadores lógicos de circuitos digitais, de espectro de frequência, frequencímetros, fasímetros, e outros instrumentos e aparelhos de controle de grandezas elétricas e detecção – exceto os destinados à construção civil descritos no item 119 do § 1º do art. 313-Y, 9030.89;

23 – interruptores horários e outros aparelhos que permitam acionar um mecanismo em tempo determinado, munidos de maquinismo de aparelhos de relojoaria ou de motor síncrono – exceto os destinados à construção civil descritos no item 46 do § 1º do art. 313-Y, 9107.00;

24 – aparelhos de iluminação (incluídos os projetores) e suas partes, não especificados nem compreendidos em outras posições; anúncios, cartazes ou tabuletas e placas indicadoras luminosos, e artigos semelhantes, contendo uma fonte luminosa fixa permanente, e suas partes não especificadas nem compreendidas em outras posições – exceto os destinados à construção civil descritos nos itens 120, 121 e 122 do § 1º do art. 313-Y, 94.05.

§ 2º. Na hipótese do inciso II:

1 – o imposto incidente na operação própria e nas subsequentes será pago conforme previsto no art. 426-A;

2 – na saída da mercadoria do estabelecimento será emitido documento fiscal nos termos do art. 274 e escriturado o livro Registro de Saídas na forma do art. 278;

3 – no tocante ao imposto pago de acordo com o item 1, aplicar-se-á o disposto no inciso VI do art. 63 e no art. 269;

4 – quando o estabelecimento que receber a mercadoria for armazém geral e o depositante estiver localizado em outra unidade da Federação, o armazém geral deverá calcular e pagar o imposto incidente na operação própria e nas subsequentes de acordo com as normas relativas ao regime jurídico da substituição tributária previstas neste regulamento, no período de apuração em que ocorrer a saída da mercadoria com destino a outro estabelecimento localizado em território paulista.

- *Item 4 acrescido pelo Decreto nº 54.375, de 26.5.2009 – DOE de 27.5.2009 – Efeitos a partir de 1º.6.2009.*

**Art. 313-Z18.** Para determinação da base de cálculo, em caso de inexistência do preço final a consumidor, único ou máximo, autorizado ou fixado por autoridade competente, ou do preço final a consumidor sugerido pelo fabricante ou importador, aprovado e divulgado pela Secretaria da Fazenda, o percentual de margem de valor agregado previsto no art. 41 será o Índice de Valor Adicionado Setorial – IVA-ST, divulgado pela Secretaria da Fazenda com base nas informações prestadas pelos contribuintes (Lei nº 6.374/1989, arts. 28 e 28-A, na redação da Lei nº 12.681/2007, art. 1º, II e III, e arts. 28-B e 28-C, acrescentados pela Lei nº 12.681/2007, art. 2º, II e III).

- *Art. 313-Z18 acrescido pelo Decreto nº 54.251, de 17.4.2009 – DOE de 18.4.2009 – Efeitos a partir de 1º.5.2009.*

### Seção XXXIII – Das Operações com Produtos Eletrônicos, Eletroeletrônicos e Eletrodomésticos

- *Seção XXXIII (arts. 313-Z19 e 313-Z20) acrescida pelo Decreto nº 54.338, de 15.5.2009 – DOE de 16.5.2009 – Efeitos a partir de 1º.6.2009.*

**Art. 313-Z19.** Na saída das mercadorias arroladas no § 1º com destino a estabelecimento localizado em território paulista, fica atribuída a responsabilidade pela retenção e pelo pagamento do imposto incidente nas saídas subsequentes (Lei nº 6.374/1989, arts. 8º, XLI, e 60, I):

- *Art. 313-Z19 acrescido pelo Decreto nº 54.338, de 15.5.2009 – DOE de 16.5.2009 – Efeitos a partir de 1º.6.2009.*

I – a estabelecimento de fabricante ou de importador ou a arrematante de mercadoria importada do exterior e apreendida, localizado neste Estado;

II – a qualquer estabelecimento localizado em território paulista que receber mercadoria referida neste artigo diretamente de outro Estado sem a retenção antecipada do imposto;

III – a estabelecimento localizado em outra unidade da Federação, conforme definido em acordo celebrado por este Estado.

- *Inciso III acrescido pelo Decreto nº 55.000, de 9.11.2009 – DOE de 10.11.2009 – Efeitos a partir da publicação.*

§ 1º. O disposto neste artigo aplica-se exclusivamente às mercadorias adiante indicadas, classificadas nas seguintes posições, subposições ou códigos da Nomenclatura Brasileira de Mercadorias – Sistema Harmonizado – NBM/SH:

1 – fogões de cozinha de uso doméstico e suas partes, 7321.11.00, 7321.81.00, 7321.90.00 e 8516.60.00;

- *Item 1 com redação dada pelo Decreto nº 54.846, de 30.9.2009 – DOE de 1º.10.2009 – Efeitos a partir da publicação.*

2 – combinações de refrigeradores e congeladores ("freezers"), munidos de portas exteriores separadas, 8418.10.00;

3 – refrigeradores do tipo doméstico, 8418.2;

4 – congeladores ("freezers") horizontais tipo arca, de capacidade não superior a 800 litros, 8418.30.00;

5 – congeladores ("freezers") verticais tipo armário, de capacidade não superior a 900 litros, 8418.40.00;

6 – outros congeladores ("freezers"), 8418.50.10 e 8418.50.90;

7 – mini adega e similares, 8418.69.9;

8 – partes dos refrigeradores, congeladores e mini adegas, descritos nos itens 2, 3, 4, 5, 6 e 7, 8418.99.00;

9 – secadoras de roupa de uso doméstico, 8421.12;

10 – outras secadoras de roupas e centrífugas para uso doméstico, 8421.19.90;

11 – bebedouros refrigerados para água, 8418.69.31;

- *Item 11 com redação dada pelo Decreto nº 54.402, de 1º.6.2009 – DOE de 2.6.2009 – Efeitos a partir de 1º.6.2009.*

12 – partes das secadoras de roupas e centrífugas de uso doméstico e dos aparelhos para filtrar ou depurar água, descritos nos itens 9, 10 e 11, 8421.9;

13 – máquinas de lavar louça do tipo doméstico e suas partes, 8422.11.00 e 8422.90.10;

14 – máquinas que executem pelo menos duas das seguintes funções: impressão, cópia ou transmissão de telecópia (fax), capazes de ser conectadas a uma máquina automática para processamento de dados ou a uma rede, 8443.31;

15 – outras impressoras, máquinas copiadoras e telecopiadores (fax), mesmo combinados entre si, capazes de ser conectados a uma máquina automática para processamento de dados ou a uma rede, 8443.32;

16 – outras máquinas e aparelhos de impressão por meio de blocos, cilindros e outros elementos de impressão da posição 84.42; e de outras impressoras, máquinas copiadoras e telecopiadores (fax), mesmo combinados entre si, suas partes e acessórios, 8443.99;

17 – máquinas de lavar roupa, mesmo com dispositivos de secagem, de uso doméstico, e suas partes, 84.50;

18 – máquinas de secar de uso doméstico, e suas partes, 8451.21.00, 8451.29.90 e 8451.90;

19 – máquinas de costura de uso doméstico, 8452.10.00;

20 – máquinas automáticas para processamento de dados, portáteis, de peso não superior a 10 kg, contendo pelo menos uma unidade central de processamento, um teclado e uma tela, 8471.30;

21 – outras máquinas automáticas para processamento de dados, 8471.4;

22 – unidades de processamento, de pequena capacidade, exceto as das subposições 8471.41 ou 8471.49, podendo conter, no mesmo corpo, um ou dois dos seguintes tipos de unidades: unidade de memória, unidade de entrada e unidade de saída; baseadas em microprocessadores, com capacidade de instalação, dentro do mesmo gabinete, de unidades de memória da subposição 8471.70, podendo conter múltiplos conectores de expansão ("slots"), e valor FOB inferior ou igual a US$ 12.500,00, por unidade, 8471.50.10;

23 – unidades de entrada – exceto as do código 8471.60.54 –, 8471.60.5;

- *Item 23 com redação dada pelo Decreto nº 55.868, de 27.5.2010 – DOE de 28.5.2010 – Efeitos a partir de 1º.7.2010.*

24 – outras unidades de entrada ou de saída, podendo conter, no mesmo corpo, unidades de memória, 8471.60.90;

25 – unidades de memória, 8471.70;

26 – outras máquinas automáticas para processamento de dados e suas unidades; leitores magnéticos ou ópticos, máquinas para registrar dados em suporte sob forma codificada, e máquinas para processamento desses dados, não especificadas nem compreendidas em outras posições, 8471.90;

27 – partes e acessórios das máquinas da posição 84.71, 8473.30;

28 – outros transformadores, exceto os produtos classificados nas posições 8504.33.00 e 8504.34.00, 8504.3;

29 – carregadores de acumuladores, 8504.40.10;

30 – equipamentos de alimentação ininterrupta de energia (UPS ou "no break"), 8504.40.40;

31 – aspiradores, 8508;

32 – aparelhos eletromecânicos de motor elétrico incorporado, de uso doméstico e suas partes, 8509;

33 – chaleiras elétricas, 8516.10.00;

34 – ferros elétricos de passar, 8516.40.00;

35 – fornos de micro-ondas, 8516.50.00;

36 – outros fornos; fogareiros (incluídas as chapas de cocção), grelhas e assadeiras, 8516.60.00;

37 – outros aparelhos eletrotérmicos para uso doméstico, 8516.7;

38 – partes das chaleiras, ferros, fornos e outros aparelhos eletrotérmicos da posição 85.16, descritos nos itens 33, 34, 35, 36 e 37, 8516.90.00;

39 – aparelhos telefônicos por fio com unidade auscultador-microfone sem fio, 8517.11.00;

- *Item 39 com redação dada pelo Decreto nº 58.285, de 8.8.2012 – DOE de 9.8.2012 – Efeitos a partir da publicação.*

40 – telefones para redes celulares e para outras redes sem fio, exceto os de uso automotivo, 8517.12;

41 – outros aparelhos telefônicos, 8517.18.9;

42 – aparelhos para transmissão ou recepção de voz, imagem ou outros dados em rede com fio, exceto os das posições 8517.62.51, 8517.62.52 e 8517.62.53, 8517.62.5;

43 – microfones e seus suportes; alto-falantes, mesmo montados nos seus receptáculos, fones de ouvido (auscultadores), mesmo combinados com microfone e conjuntos ou sortidos constituídos por um microfone e um ou mais alto-falantes, amplificadores elétricos de audiofrequência, aparelhos elétricos de amplificação de som; suas partes e acessórios, 8518;

- *Item 43 com redação dada pelo Decreto nº 58.809, de 27.12.2012 – DOE de 28.12.2012 – Efeitos a partir de 1º.1.2013.*

44 – aparelhos de gravação de som; aparelhos de reprodução de som; aparelhos de gravação e de reprodução de som; partes e acessórios. Exceto os de uso automotivo, 8519 e 8522;

45 – outros aparelhos videofônicos de gravação ou de reprodução, mesmo incorporando um receptor de sinais videofônicos, 8521.90.90;

46 – cartões de memória ("memory cards"), 8523.51.10;

47 – cartões inteligentes ("smart cards"), 8523.52.00;

48 – câmeras fotográficas digitais e câmeras de vídeo e suas partes, 8525.80.29;

49 – aparelhos receptores para radiodifusão, mesmo combinados num mesmo invólucro, com um aparelho de gravação ou de reprodução de som, ou com um relógio, 8527.

- *Item 49 com redação dada pelo Decreto nº 58.809, de 27.12.2012 – DOE de 28.12.2012 – Efeitos a partir de 1º.1.2013.*

50 – monitores e projetores que não incorporem aparelhos receptores de televisão, policromáticos, 8528.49.29, 8528.59.20 e 8528.69;

- *Item 50 com redação dada pelo Decreto nº 58.285, de 8.8.2012 – DOE de 9.8.2012 – Efeitos a partir da publicação.*

51 – outros monitores dos tipos utilizados exclusiva ou principalmente com uma máquina automática para processamento de dados da posição 84.71, policromáticos, 8528.51.20;

52 – aparelhos receptores de televisão, mesmo que incorporem um aparelho receptor de radiodifusão ou um aparelho de gravação ou reprodução de som ou de imagens, 8528.7;

53 – câmeras fotográficas dos tipos utilizadas para preparação de clichês ou cilindros de impressão, 9006.10;

- *Item 53 com redação dada pelo Decreto nº 58.285, de 8.8.2012 – DOE de 9.8.2012 – Efeitos a partir da publicação.*

54 – câmeras fotográficas para filmes de revelação e copiagem instantâneas, 9006.40.00;

55 – aparelhos de diatermia, 9018.90.50;

56 – aparelhos de massagem, 9019.10.00;

57 – reguladores de voltagem eletrônicos, 9032.89.11;

58 – jogos de vídeo dos tipos utilizáveis com receptor de televisão, 9504.50.00;

- *Item 58 com redação dada pelo Decreto nº 58.285, de 8.8.2012 – DOE de 9.8.2012 – Efeitos a partir da publicação.*

59 – multiplexadores e concentradores, 8517.62.1;

- *Item 59 acrescido pelo Decreto nº 55.868, de 27.5.2010 – DOE de 28.5.2010 – Efeitos a partir de 1º.7.2010.*

60 – centrais automáticas privadas, de capacidade inferior ou igual a 25 ramais, 8517.62.22;

- *Item 60 acrescido pelo Decreto nº 55.868, de 27.5.2010 – DOE de 28.5.2010 – Efeitos a partir de 1º.7.2010.*

61 – outros aparelhos para comutação, 8517.62.39;

- *Item 61 acrescido pelo Decreto nº 55.868, de 27.5.2010 – DOE de 28.5.2010 – Efeitos a partir de 1º.7.2010.*

62 – roteadores digitais, em redes com ou sem fio, 8517.62.4;

- *Item 62 acrescido pelo Decreto nº 55.868, de 27.5.2010 – DOE de 28.5.2010 – Efeitos a partir de 1º.7.2010.*

63 – aparelhos emissores com receptor incorporado de sistema troncalizado ("trunking"), de tecnologia celular, 8517.62.62;

- *Item 63 acrescido pelo Decreto nº 55.868, de 27.5.2010 – DOE de 28.5.2010 – Efeitos a partir de 1º.7.2010.*

64 – outros aparelhos de recepção, conversão e transmissão ou regeneração de voz, imagens ou outros dados, incluindo os aparelhos de comutação e roteamento, 8517.62.9;

- *Item 64 acrescido pelo Decreto nº 55.868, de 27.5.2010 – DOE de 28.5.2010 – Efeitos a partir de 1º.7.2010.*

65 – antenas próprias para telefones celulares portáteis, exceto as telescópicas, 8517.70.21;

- *Item 65 acrescido pelo Decreto nº 55.868, de 27.5.2010 – DOE de 28.5.2010 – Efeitos a partir de 1º.7.2010.*

66 – aparelhos ou máquinas de barbear, máquinas de cortar o cabelo ou de tosquiar e aparelhos de depilar, e suas partes, 8214.90 e 8510;

- *Item 66 acrescido pelo Decreto nº 58.809, de 27.12.2012 – DOE de 28.12.2012 – Efeitos a partir de 1º.1.2013.*

67 – ventiladores, exceto os produtos de uso agrícola constantes em relação a que se refere o inciso V do art. 54, 8414.5;

- *Item 67 acrescido pelo Decreto nº 58.809, de 27.12.2012 – DOE de 28.12.2012 – Efeitos a partir de 1º.1.2013.*

68 – coifas com dimensão horizontal máxima não superior a 120 cm, 8414.60.00;

- *Item 68 acrescido pelo Decreto nº 58.809, de 27.12.2012 – DOE de 28.12.2012 – Efeitos a partir de 1º.1.2013.*

69 – partes de ventiladores ou coifas aspirantes, 8414.90.20;

- *Item 69 acrescido pelo Decreto nº 58.809, de 27.12.2012 – DOE de 28.12.2012 – Efeitos a partir de 1º.1.2013.*

70 – máquinas e aparelhos de ar-condicionado contendo um ventilador motorizado e dispositivos próprios para modificar a temperatura e a umidade, incluídas as máquinas e aparelhos em que a umidade não seja regulável separadamente e suas partes e peças, 8415.10, 8415.8, 8415.90.10 e 8415.90.20;

- *Item 70 acrescido pelo Decreto nº 58.809, de 27.12.2012 – DOE de 28.12.2012 – Efeitos a partir de 1º.1.2013.*

71 – aparelhos para filtrar ou depurar água, elétricos (purificadores de água refrigerados) – NCM 8421.21.00;

- *Item 71 acrescido pelo Decreto nº 58.809, de 27.12.2012 – DOE de 28.12.2012, e com redação dada pelo Decreto nº 59.486, de 30.8.2013 – DOE de 31.8.2013 – Efeitos a partir da publicação.*

72 – lavadoras de alta pressão e suas partes, 8424.30.10, 8424.30.90 e 8424.90.90;

- *Item 72 acrescido pelo Decreto nº 58.809, de 27.12.2012 – DOE de 28.12.2012 – Efeitos a partir de 1º.1.2013.*

73 – furadeiras elétricas, 8467.21.00;

- *Item 73 acrescido pelo Decreto nº 58.809, de 27.12.2012 – DOE de 28.12.2012 – Efeitos a partir de 1º.1.2013.*

74 – aparelhos elétricos para aquecimento de ambientes, 8516.2;

- *Item 74 acrescido pelo Decreto nº 58.809, de 27.12.2012 – DOE de 28.12.2012 – Efeitos a partir de 1º.1.2013.*

75 – secadores de cabelo, 8516.31.00;

- *Item 75 acrescido pelo Decreto nº 58.809, de 27.12.2012 – DOE de 28.12.2012 – Efeitos a partir de 1º.1.2013.*

76 – outros aparelhos para arranjos do cabelo, 8516.32.00;

- *Item 76 acrescido pelo Decreto nº 58.809, de 27.12.2012 – DOE de 28.12.2012 – Efeitos a partir de 1º.1.2013.*

77 – Climatizadores de ar – NCM 8479.60.00;

- *Item 77 acrescido pelo Decreto nº 59.486, de 30.8.2013 – DOE de 31.8.2013 – Efeitos a partir de 1º.10.2013.*

78 – Outras partes para máquinas e aparelhos de ar-condicionado que contenham um ventilador motorizado e dispositivos próprios para modificar a temperatura e a umidade, incluindo as máquinas e aparelhos em que a umidade não seja regulável separadamente – NCM 8415.90.90;

- *Item 78 acrescido pelo Decreto nº 59.486, de 30.8.2013 – DOE de 31.8.2013 – Efeitos a partir de 1º.10.2013.*

79 – câmeras de televisão e suas partes – 8525.80.19.

- *Item 79 acrescido pelo Decreto nº 61.092, de 29.1.2015 – DOE de 30.1.2015 – Vigência a partir da publicação e efeitos a partir de 1º.4.2015.*

§ 2º. Na hipótese do inciso II:

1 – o imposto incidente na operação própria e nas subsequentes será pago conforme previsto no art. 426-A;

2 – na saída da mercadoria do estabelecimento será emitido documento fiscal nos termos do art. 274 e escriturado o livro Registro de Saídas na forma do art. 278;

3 – no tocante ao imposto pago de acordo com o item 1, aplicar-se-á o disposto no inciso VI do art. 63 e no art. 269;

4 – quando o estabelecimento que receber a mercadoria for armazém geral e o depositante estiver localizado em outra unidade da Federação, o armazém geral deverá calcular e pagar o imposto incidente na operação própria e nas subsequentes de acordo com as normas relativas ao regime jurídico da substituição tributária previstas neste regulamento, no período de apuração em que ocorrer a saída da mercadoria com destino a outro estabelecimento localizado em território paulista.

- *Item 4 acrescido pelo Decreto nº 54.375, de 26.5.2009 – DOE de 27.5.2009 – Efeitos a partir de 1º.6.2009.*

**Art. 313-Z20.** Para determinação da base de cálculo, em caso de inexistência do preço final a consumidor, único ou máximo, autorizado ou fixado por autoridade competente, ou do preço final a consumidor sugerido pelo fabricante ou importador, aprovado e divulgado pela Secretaria da Fazenda, o percentual de margem de valor agregado previsto no art. 41 será o Índice de Valor Adicionado Setorial – IVA-ST, divulgado pela Secretaria da Fazenda com base nas informações prestadas pelos contribuintes (Lei nº 6.374/1989, arts. 28 e 28-A, na redação da Lei nº 12.681/2007, art. 1º, II e III, e arts. 28-B e 28-C, acrescentados pela Lei nº 12.681/2007, art. 2º, II e III).

• *Art. 313-Z20 acrescido pelo Decreto nº 54.338, de 15.5.2009 – DOE de 16.5.2009 – Efeitos a partir de 1º.6.2009.*

## CAPÍTULO II
## DA PRESTAÇÃO DE SERVIÇO SUJEITA À SUBSTITUIÇÃO TRIBUTÁRIA

### Seção I – Da Prestação de Serviço realizada por mais de um Prestador

**Art. 314.** Na prestação de serviço realizada neste Estado por mais de uma empresa, fica atribuída a responsabilidade pelo pagamento do imposto ao prestador de serviço que promover a cobrança integral do preço (Lei nº 6.374/1989, art. 8º, XX, e Convênio ICMS-25/90, cláusula primeira).

**Art. 315.** A base de cálculo na hipótese do artigo anterior será o preço total cobrado do tomador do serviço (Lei nº 6.374/1989, art. 29-B, acrescentado pela Lei nº 9.176/1995, art. 2º, II).

### Seção II
### Da Prestação de Serviço de Transporte de Carga realizada por Transportador Autônomo ou por Empresa Transportadora de outro Estado

**Art. 316.** Na prestação de serviço de transporte de carga, com início em território paulista, realizada por transportador autônomo, qualquer que seja o seu domicílio, ou por empresa transportadora estabelecida fora do território paulista, inclusive a optante pelo Regime Especial Unificado de Arrecadação de Tributos e Contribuições devidos pelas Microempresas e Empresas de Pequeno Porte – "Simples Nacional" e não inscrita no Cadastro de Contribuintes deste Estado, fica atribuída a responsabilidade pelo pagamento do imposto ao tomador do serviço, quando contribuinte do imposto neste Estado, ressalvado o disposto no § 6º (Lei nº 6.374/1989, art. 8°, XXI, Convênio ICMS-25/90, cláusula segunda, com alteração do Convênio ICMS-132/10, e Lei Complementar federal nº 123/2006, art. 13, § 1°, XIII, "a").

• *Art. 316,* caput, *com redação dada pelo Decreto nº 56.457, de 30.11.2010 – DOE de 1º.12.2010 – Efeitos a partir da publicação.*

§ 1º. Ressalvado o disposto no § 2º, o imposto devido nos termos deste artigo será pago na forma prescrita no art. 116, observado o seguinte:

1 – para efeito dos lançamentos ali previstos, será emitida Nota Fiscal, identificada como de entrada, que conterá, além dos demais requisitos, os seguintes dados relativos à prestação do serviço:

a) o preço;

b) a base de cálculo do imposto, se o seu valor for diferente do preço;

c) a alíquota aplicável e o valor do imposto;

d) a identificação do transportador: nome, endereço e os números de inscrição estadual e no CNPJ ou no CPF;

2 – a Nota Fiscal poderá ser emitida no último dia do período de apuração, englobando os serviços de transporte realizados nesse período, exceto se o tomador dos serviços for usuário de sistema eletrônico de processamento de dados (Convênio SINIEF s/nº, de 15.12.1970, art. 54, § 4º, *caput*, na redação do Ajuste SINIEF-01/04, cláusula primeira, I).

• *Item 2 com redação dada pelo Decreto nº 48.831, de 29.7.2004 – DOE de 30.7.2004 – Efeitos a partir de 1º.1.2005.*

§ 2º. O imposto será pago por ocasião do início da prestação, mediante guia de recolhimentos especiais, que deverá acompanhar o transporte, quando o sujeito passivo por substituição:

1 – não estiver obrigado à escrituração fiscal;

2 – estiver enquadrado no regime de estimativa;

3 – enquadrar-se como contribuinte sujeito às normas do Regime Especial Unificado de Arrecadação de Tributos e Contribuições devidos pelas Microempresas e Empresas de Pequeno Porte – "Simples Nacional".

• *Item III com redação dada pelo Decreto nº 52.104, de 29.8.2007 – DOE de 30.8.2007 – Efeitos a partir da publicação.*

§ 3º. O transportador autônomo e a empresa transportadora de que trata este artigo ficam dispensados da emissão de conhecimento de transporte desde que, no documento fiscal relativo à mercadoria, constem, além dos demais requisitos, os seguintes dados relativos à prestação do serviço:

1 – o preço;

2 – a base de cálculo do imposto, se o seu valor for diferente do preço;

3 – a alíquota aplicável e o valor do imposto;

4 – a identificação do responsável pelo pagamento do imposto: nome, endereço e números de inscrição, estadual e no CNPJ ou no CPF.

§ 4º. O tomador do serviço, referido no *caput*, será dispensado da responsabilidade pelo pagamento do imposto desde que:

1 – o transportador autônomo ou a empresa transportadora, recolha o tributo no início da prestação, mediante guia de recolhimentos especiais emitida na forma do § 3º do art. 115;

2 – exija do transportador a referida guia de recolhimento, ainda que em via adicional ou cópia reprográfica, que deverá conservar pelo prazo definido no art. 202.

§ 5º. O recolhimento de que trata o parágrafo anterior poderá ser feito antecipadamente em outro

Estado por meio de guia nacional de recolhimento aprovada por acordo celebrado entre os Estados.

§ 6º. Na hipótese de o tomador do serviço ser produtor rural ou Microempreendedor Individual – MEI, o imposto será pago, antes do início da prestação, pelo transportador referido no *caput*, mediante guia de recolhimentos especiais, que deverá acompanhar o transporte (Convênio ICMS-132/10).

- *§ 6º acrescido pelo Decreto nº 56.457, de 30.11.2010 – DOE de 1º.12.2010 – Efeitos a partir da publicação.*

### Seção III – Da Prestação de Serviço de Transporte Rodoviário por Empresa Transportadora deste Estado para Contribuinte do Imposto

**Art. 317.** (Revogado).

- *Art. 317 revogado pelo Decreto nº 53.258, de 22.7.2008 – DOE de 23.7.2008 – Efeitos a partir de 1º.8.2008.*

**Art. 318.** (Revogado).

- *Art. 318 revogado pelo Decreto nº 53.258, de 22.7.2008 – DOE de 23.7.2008 – Efeitos a partir de 1º.8.2008.*

**Art. 318-A.** Na prestação de serviço de transporte rodoviário de bem, mercadoria ou valor, realizada por empresa transportadora estabelecida em território paulista, contribuinte sujeito às normas do Regime Especial Unificado de Arrecadação de Tributos e Contribuições devidos pelas Microempresas e Empresas de Pequeno Porte – "Simples Nacional", serão observadas as regras previstas na legislação específica (art. 18, § 5º, VI da Lei Complementar nº 123/2006).

Parágrafo único. Nas prestações iniciadas em outro Estado ou no Distrito Federal, deverão ser observadas também as regras das referidas unidades da federação.

- *Art. 318-A acrescido pelo Decreto nº 52.104, de 29.8.2007 – DOE de 30.8.2007 – Efeitos a partir da publicação.*

## CAPÍTULO III
## DA SUSPENSÃO DO LANÇAMENTO DO IMPOSTO

### Seção I – Da Mercadoria em Demonstração

#### *Subseção I – Da Suspensão*

**Art. 319.** O lançamento do imposto incidente na saída, para o território do Estado, de mercadoria remetida para demonstração, inclusive com destino a consumidor ou usuário final, fica suspenso, devendo ser efetivado no momento em que ocorrer a transmissão de sua propriedade (Lei nº 6.374/1989, art. 59).

§ 1º. Constitui condição da suspensão o retorno da mercadoria ao estabelecimento de origem, dentro de 60 (sessenta) dias, contados da data da saída, se nesse prazo não for realizada a transmissão de sua propriedade.

§ 2º. A suspensão compreende, também, a saída da mercadoria promovida pelo destinatário em retorno ao estabelecimento de origem.

§ 3º. Decorrido o prazo de que trata o § 1º sem que ocorra a transmissão da propriedade ou o retorno da mercadoria, será exigido o imposto devido por ocasião da saída, sujeitando-se o recolhimento espontâneo à atualização monetária e aos acréscimos legais, na forma prevista no art. 320.

#### *Subseção II*
#### *Das Obrigações dos Estabelecimentos nas Operações Relativas a Mercadoria em Demonstração*

**Art. 320.** Na saída de mercadoria a título de demonstração, promovida por estabelecimento comercial ou industrial, será emitida Nota Fiscal, sem destaque do valor do imposto (Lei nº 6.374/1989, art. 67, § 1º).

§ 1º. Ocorrendo o decurso do prazo de que trata o artigo anterior, será emitida, no 61º (sexagésimo primeiro) dia, contado da saída original, outra Nota Fiscal para efeito de:

1 – recolhimento do imposto devido, que se fará por guia de recolhimentos especiais, com atualização monetária e acréscimos legais;

2 – transmissão, quando for o caso, do correspondente crédito ao destinatário.

§ 2º. Além da data da emissão e dos dados relativos ao destinatário, na Nota Fiscal prevista no parágrafo anterior constarão apenas:

1 – o número de ordem, a série e a data de emissão da Nota Fiscal original;

2 – a expressão "Emitida nos termos do art. 320 do RICMS";

3 – o número, a data e o valor da guia de recolhimentos especiais aludida no item 1 do parágrafo anterior;

4 – o destaque do valor do imposto recolhido.

§ 3º. Essa Nota Fiscal será lançada no livro Registro de Saídas, mediante utilização, apenas, das colunas "Documento Fiscal" e "Observações", devendo nesta constar a expressão "Emitida nos termos do art. 320 do RICMS".

**Art. 321.** O estabelecimento que receber, em retorno, mercadoria remetida nos termos do art. 319, para demonstração a particular ou a produtor ou, ainda, a qualquer pessoa natural ou jurídica não considerada contribuinte ou não obrigada à emissão de documentos fiscais, deverá (Lei nº 6.374/1989, art. 67, § 1º, e Convênio SINIEF de 15.12.1970, art. 54, VI, na redação do Ajuste SINIEF-3/94, cláusula primeira, XII):

I – emitir Nota Fiscal relativa à mercadoria que retorna, indicando o número de ordem, a série, a data da emissão e o valor do documento fiscal original, bem como a identificação da pessoa que promover o retorno, anotando a espécie e o número do respectivo documento;

II – registrar a Nota Fiscal no livro Registro de Entradas, na coluna "ICMS – Valores Fiscais – Operações ou Prestações sem Crédito do Imposto".

§ 1º. Essa Nota Fiscal servirá para acompanhar a mercadoria em seu retorno ao estabelecimento de origem.

§ 2º. No retorno efetuado por produtor, será emitida Nota Fiscal de Produtor para acompanhar a mercadoria em seu transporte, devendo o estabelecimento de origem emitir Nota Fiscal para o registro da operação.

§ 3º. Tendo ocorrido o recolhimento de que trata o item 1 do § 1º do art. 320, a Nota Fiscal relativa à mercadoria que retorna será lançada no livro Registro de Entradas, na coluna "ICMS – Valores Fiscais – Operações ou Prestações com Crédito do Imposto".

**Art. 322.** A transmissão da propriedade de mercadoria remetida para demonstração a particular ou a produtor ou, ainda, a qualquer pessoa natural ou jurídica não contribuinte ou não obrigada à emissão de documentos fiscais, sem que tenha retornado ao estabelecimento de origem, acarretará a este as seguintes exigências (Lei nº 6.374/1989, art. 67, § 1º e Convênio SINIEF de 15.12.1970, art. 54, VI, na redação do Ajuste SINIEF-3/94, cláusula primeira, XII):

I – emitir Nota Fiscal, identificada como de entrada de mercadoria, na qual consignará, como natureza da operação, "Retorno Simbólico de Mercadoria em Demonstração", mencionando o número de ordem, a série, bem como a data da emissão e o valor, tanto da Nota Fiscal emitida por ocasião da remessa para demonstração, como da emitida nos termos do inciso III;

II – registrar esse documento fiscal no livro Registro de Entradas, na coluna "ICMS – Valores Fiscais – Operações ou Prestações sem Crédito do Imposto";

III – emitir Nota Fiscal com o nome do adquirente como destinatário, com destaque do valor do imposto, mencionando o número, a série, a data da emissão e o valor do documento fiscal da remessa para demonstração, e a natureza da operação "Transmissão da Propriedade";

IV – registrar essa Nota Fiscal no livro Registro de Saídas, na forma prevista neste Regulamento.

Parágrafo único. Tendo ocorrido o recolhimento de que trata o item 1 do § 1º do art. 320, a Nota Fiscal será lançada no livro Registro de Entradas, na coluna "ICMS – Valores Fiscais – Operações ou Prestações com Crédito do Imposto".

**Art. 323.** O estabelecimento comercial, industrial ou qualquer outro obrigado à emissão de Nota Fiscal que remeter, em retorno ao estabelecimento de origem, mercadoria recebida para demonstração, deverá emitir esse documento fiscal sem destaque do valor do imposto, que conterá, além dos demais requisitos, o número, a série, a data da emissão e o valor da Nota Fiscal pela qual tiver recebido a mercadoria em seu estabelecimento (Lei nº 6.374/1989, art. 67, § 1º).

Parágrafo único. Na transmissão de crédito do imposto na forma prevista no item 2 do § 1º do art. 320, a Nota Fiscal prevista neste artigo será emitida com destaque do valor do imposto, devendo nela constar, também, o número, a série e a data da emissão da Nota Fiscal de que trata o mencionado § 1º.

**Art. 324.** Na transmissão da propriedade de mercadoria remetida para demonstração a estabelecimento comercial, industrial, ou qualquer outro obrigado à emissão de Nota Fiscal, sem que tenha retornado ao estabelecimento de origem, observar-se-ão as seguintes disposições (Lei nº 6.374/1989, art. 67, § 1º):

I – o estabelecimento adquirente deverá:

a) emitir Nota Fiscal com o nome do estabelecimento de origem como destinatário, na qual consignará, como natureza da operação, "Retorno Simbólico de Mercadoria em Demonstração", sem destaque do valor do imposto, mencionando, ainda, o número, a série, a data da emissão e o valor da Nota Fiscal pela qual tiver recebido a mercadoria em seu estabelecimento;

b) registrar essa Nota Fiscal no livro Registro de Saídas, na forma prevista neste Regulamento;

c) registrar no livro Registro de Entradas a Nota Fiscal de que trata a alínea "b" do inciso seguinte;

II – o estabelecimento transmitente deverá:

a) registrar no livro Registro de Entradas a Nota Fiscal emitida nos termos da alínea "a" do inciso anterior;

b) emitir Nota Fiscal com o nome do estabelecimento adquirente como destinatário, com destaque do valor do imposto, mencionando o número, a série, a data da emissão e o valor do documento fiscal emitido por ocasião da remessa para demonstração e, como natureza da operação, "Transmissão da Propriedade";

c) registrar essa Nota Fiscal no livro Registro de Saídas, na forma prevista neste Regulamento.

Parágrafo único. Na transmissão de crédito do imposto nos termos do item 2 do § 1º do art. 320, observar-se-á o seguinte:

1 – o estabelecimento adquirente emitirá a Nota Fiscal prevista na alínea "a" do inciso I com destaque do valor do imposto, devendo nela constar, também, o número, a série e a data da emissão da Nota Fiscal de que trata o § 1º do art. 320;

2 – o estabelecimento transmitente registrará essa Nota Fiscal no livro Registro de Entradas, na coluna "ICMS – Valores Fiscais – Operações ou Prestações com Crédito do Imposto".

**Art. 325.** O disposto nesta seção aplica-se, no que couber, às operações relativas à demonstração de mercadorias isentas ou não tributadas bem como àquelas efetuadas por contribuintes optantes do Regime Especial Unificado de Arrecadação de Tributos e Contribuições devidos pelas Microempresas e Empresas de Pequeno Porte – "Simples Nacional".

- *Art. 325 com redação dada pelo Decreto nº 52.104, de 29.8.2007 – DOE de 30.8.2007 – Efeitos a partir da publicação.*

### Seção II – Dos Produtos Destinados a Cirurgia

**Art. 326.** O lançamento do imposto incidente na saída, de estabelecimento fabricante, de produto adiante mencionado, classificado segundo códigos ou posições da Nomenclatura Brasileira de Mercadorias / Sistema Harmonizado – NBM/SH vigente em 31 de dezembro de 1996, com destino a hospitais para utilização em cirurgia cardiovascular ou de implantação de prótese de silicone, fica suspenso, devendo ser efetivado no momento em que ocorrer a cirurgia (Lei nº 6.374/1989, art. 59):

I – cânula aórtica, 9018.39.0299;

II – cânula aórtica em PVC, para perfusão de artéria femural, 9018.39.0299;

III – cânula venosa aramada em PVC, 9018.39.0299;

IV – cânula venosa em PVC, 9018.39.0299;

V – cânula em cava em PVC, 9018.39.0299;

VI – sonda naso-enteral, 9018.39.0299;

VII – oxigenador descartável, 9018.90.2100;

VIII – reservatório para cardiotomia, 9018.90.9999;

IX – reservatório para cardioplegia, 9018.90.9999;

X – kit para circulação extracorpórea descartável, 9018.90.9999;

XI – válvula cardíaca artificial, tipo "Star Edwards", 9021.30.0100;

XII – válvula de pericárdio bovino, 9021.30.0100;

XIII – anel de "Carpentier", 9021.30.9900;

XIV – canal lacrimal reto, 9021.30.9900;

XV – enxerto de pericárdio bovino, 9021.30.9900;

XVI – faixa oftalmológica, 9021.30.9900;

XVII – globo ocular, 9021.30.9900;

XVIII – pneu oftalmológico, 9021.30.9900;

XIX – prótese arterial bifurcada, 9021.30.9900;

XX – prótese arterial linear, 9021.30.9900;

XXI – prótese de queixo, 9021.30.9900;

XXII – prótese peniana, 9021.30.9900;

XXIII – prótese testicular oca, 9021.30.9900;

XXIV – prótese testicular maciça, 9021.30.9900.

§ 1º. Constitui condição da suspensão o retorno da mercadoria ao estabelecimento de origem, dentro de 90 (noventa) dias, contados da data da saída, se nesse prazo não ocorrer a cirurgia.

§ 2º. A suspensão compreende, também, a saída da mercadoria promovida pelo destinatário em retorno ao estabelecimento de origem.

§ 3º. Decorrido o prazo de que trata o § 1º sem que tenha ocorrido a cirurgia ou o retorno da mercadoria, será exigido o imposto devido por ocasião da saída, sujeitando-se o recolhimento espontâneo à atualização monetária e aos acréscimos legais.

§ 4º. Às operações de que trata este artigo aplicar-se-ão, no que couber, as disposições contidas nos arts. 320 a 325.

### Seção III – Da Saída de Bens para Utilização fora do Estabelecimento, com Previsão de Retorno

**Art. 327.** Fica suspenso o lançamento do imposto incidente na saída de moldes, matrizes, gabaritos, padrões, chapelonas, modelos e estampos, não integrados ao ativo imobilizado, para fornecimento de trabalho fora do estabelecimento, ou com destino a outro estabelecimento inscrito como contribuinte para serem utilizados na elaboração de produtos encomendados pelo remetente, e desde que devam retornar ao estabelecimento de origem dentro do prazo de 180 (cento e oitenta) dias contados da data da saída efetiva, prorrogável a critério do fisco (Convênio ICMS-19/91, cláusula terceira, com alteração do Convênio ICMS-6/99).

§ 1º. A suspensão compreende, também, a saída da mercadoria promovida pelo destinatário em retorno ao estabelecimento de origem no prazo indicado.

§ 2º. Decorrido o prazo de que trata este artigo sem que ocorra o retorno da mercadoria, será exigido o imposto devido por ocasião da saída, sujeitando-se o recolhimento espontâneo à atualização monetária e aos acréscimos legais.

§ 3º. Às operações de que trata este artigo aplicar-se-ão, no que couber, as disposições contidas nos arts. 320 a 325.

### Seção IV
### Da Mercadoria ou Bem Importado sob o Regime Aduaneiro Especial de Depósito Afiançado (DAF)

- *Seção IV (arts. 327-A ao 327-C) acrescida pelo Decreto nº 49.709, de 23.6.2005 – DOE de 24.6.2005 – Efeitos a partir de 25.4.2005.*

**Art. 327-A.** O lançamento do imposto incidente no desembaraço aduaneiro de mercadoria ou bem importados sem cobertura cambial, destinados à manutenção e ao reparo de aeronave pertencente a empresa autorizada a operar no transporte comercial internacional, e utilizados nessa atividade para estocagem no Regime Aduaneiro Especial de Depósito Afiançado (DAF), nos termos da legislação federal, fica suspenso por período idêntico ao previsto no referido regime (Convênio ICMS-09/05, cláusula primeira).

• *Art. 327-A acrescido pelo Decreto nº 49.709, de 23.6.2005 – DOE de 24.6.2005 – Efeitos a partir de 25.4.2005.*

§ 1º. Constitui condição da suspensão a prévia habilitação do contribuinte no Regime Aduaneiro Especial de Depósito Afiançado (DAF), administrado pela Secretaria da Receita Federal.

• *§ 1º, primitivo Parágrafo único, renumerado pelo Decreto nº 53.480, de 25.9.2008 – DOE de 26.9.2008 – Efeitos a partir de 1º.1.2008.*

§ 2º. O disposto neste artigo aplica-se, também, nos voos internacionais, aos materiais que integrem provisões de bordo, assim considerados os alimentos, as bebidas, os uniformes e os utensílios necessários aos serviços de bordo (Convênio ICMS-9/05, cláusula primeira, com alteração do Convênio ICMS-64/08, cláusula primeira).

• *§ 2º acrescido dada pelo Decreto nº 53.480, de 25.9.2008 – DOE de 26.9.2008 – Efeitos a partir de 1º.1.2008.*

**Art. 327-B.** O imposto suspenso será devido quando ocorrerem as seguintes hipóteses (Convênio ICMS-09/05, cláusulas segunda, terceira, quinta e sexta):

• *Art. 327-B acrescido pelo Decreto nº 49.709, de 23.6.2005 – DOE de 24.6.2005 – Efeitos a partir de 25.4.2005.*

I – desabilitação do contribuinte do Regime Aduaneiro Especial de Depósito Afiançado (DAF), sendo exigível o imposto relativo ao estoque de mercadorias que não forem, no prazo de 30 (trinta) dias, contado da data de publicação do ato de desabilitação, reexportadas ou destruídas;

II – decurso do prazo a que se refere o art. 327-A sem que a mercadoria ou bem importados tenham sido utilizados na manutenção ou no reparo de aeronaves, sendo exigível o imposto relativo ao estoque de mercadorias;

III – cobrança, pela União, dos tributos federais relativos a mercadoria ou bem importados sob amparo do Regime Aduaneiro Especial de Depósito Afiançado (DAF);

IV – não cumprimento de qualquer condição necessária à conversão da suspensão em isenção.

§ 1º. Nas hipóteses previstas no *caput*, o imposto devido deverá ser recolhido por meio de Guia de Arrecadação Estadual – GARE-ICMS, acrescido de multa e demais acréscimos legais, calculados a partir da data de registro da declaração de admissão das mercadorias ou bens no regime, inclusive em relação ao extravio, avaria ou acréscimo de mercadorias.

§ 2º. Na hipótese do inciso I, os resíduos de destruição que se prestarem à utilização econômica deverão ser despachados para consumo, como se tivessem sido importados no estado em que se encontrarem, sujeitando-se ao recolhimento do imposto correspondente.

§ 3º. Para efeito de cálculo do imposto devido, nas hipóteses previstas nos incisos I e II, as mercadorias constantes do estoque deverão ser relacionadas às declarações de admissão no regime, com base no critério contábil "Primeiro que Entra, Primeiro que Sai" (PEPS).

**Art. 327-C.** Caso sejam cumpridas as condições para admissão da mercadoria ou bem no Regime Aduaneiro Especial de Depósito Afiançado (DAF) e desde que tal mercadoria ou bem sejam efetivamente utilizados na manutenção ou reparo de aeronaves, a suspensão de que trata o art. 327-A converter-se-á na isenção prevista no art. 117 do Anexo I (Convênio ICMS-09/05, cláusula quarta).

• *Art. 327-C acrescido pelo Decreto nº 49.709, de 23.6.2005 – DOE de 24.6.2005 – Efeitos a partir de 25.4.2005.*

## Seção V
## Das Partes, Peças e Componentes Aeronáuticos para Estoque Próprio em Poder de Terceiros

• *Seção V (arts. 327-D a 327-G) acrescida pelo Decreto nº 54.403, de 1º.6.2009 – DOE de 2.6.2009 – Efeitos a partir de 1º.5.2009.*

**Art. 327-D.** O lançamento do imposto incidente na saída de partes, peças e componentes aeronáuticos para estoque próprio em poder de terceiros fica suspenso até o momento em que ocorrer (Convênio ICMS-23/09, cláusula primeira, e cláusula quarta, *caput* e § 2º):

I – a entrada, em devolução, no estabelecimento do depositante;

II – a saída do depositário do estoque para aplicação na aeronave;

III – o perecimento, deterioração, roubo, furto ou extravio da mercadoria.

§ 1º. O disposto nesta seção aplica-se exclusivamente às empresas nacionais da indústria aeronáutica, às da rede de comercialização, inclusive as oficinas reparadoras ou de conserto de aeronaves, e às importadoras de material aeronáutico, mencionadas em ato do Comando da Aeronáutica do Ministério da Defesa e relacionadas em Ato COTEPE previsto no § 3º da cláusula primeira do Convênio 75/91, de 9 de dezembro de 1991.

§ 2º. Poderão ser depositários do estoque próprio em poder de terceiros apenas:

I – empresas aéreas registradas na Agência Nacional de Aviação Civil – ANAC;

II – oficinas autorizadas reparadoras ou de conserto de aeronaves;

III – órgãos da Administração Pública Direta ou Indireta, Municipal, Estadual e Federal.

• *Art. 327-D acrescido pelo Decreto nº 54.403, de 1º.6.2009 – DOE de 2.6.2009 – Efeitos a partir de 1º.5.2009.*

**Art. 327-E.** Na saída das partes, peças e componentes aeronáuticos para estoque próprio em poder de terceiros, o remetente deverá emitir Nota Fiscal em seu próprio nome (Convênio ICMS-23/09, cláusula quarta, *caput*).

• *Art. 327-E acrescido pelo Decreto nº 54.403, de 1º.6.2009 – DOE de 2.6.2009 – Efeitos a partir de 1º.5.2009.*

**Art. 327-F.** Na saída da mercadoria do estoque para aplicação na aeronave (Convênio ICMS-23/09, cláusula quarta, §1º):

I – o depositante emitirá Nota Fiscal contendo, além dos demais requisitos, as seguintes indicações:

a) no campo natureza da operação, a expressão "Saída de mercadoria do estoque próprio em poder de terceiros";

b) o destaque do valor do imposto, se devido;

II – a empresa aérea depositária do estoque registrará a Nota Fiscal no livro Registro de Entradas.

• *Art. 327-F acrescido pelo Decreto nº 54.403, de 1º.6.2009 – DOE de 2.6.2009 – Efeitos a partir de 1º.5.2009.*

**Art. 327-G.** O estabelecimento depositante das partes, peças e componentes aeronáuticos deverá manter o controle permanente de cada estoque (Convênio ICMS-23/09, cláusula quarta, §§ 3º e 4º).

Parágrafo único. Os locais de estoque próprio em poder de terceiros serão divulgados pela Secretaria da Fazenda.

• *Art. 327-G acrescido pelo Decreto nº 54.403, de 1º.6.2009 – DOE de 2.6.2009 – Efeitos a partir de 1º.5.2009.*

## Seção VI – Da Mercadoria ou Bem Importado e Desembaraçado para Admissão em Regime Aduaneiro Especial

• *Secção VI (art. 327-H) acrescida pelo Decreto nº 54.944, de 21.10.2009 – DOE de 22.10.2009 – Efeitos a partir da publicação.*

**Art. 327-H.** O lançamento do imposto incidente no desembaraço aduaneiro de mercadoria ou bem importado do exterior e admitido nos Regimes Aduaneiros Especiais abaixo indicados fica suspenso pelo prazo e nas condições previstas na legislação federal específica:

I – Depósito Especial;

II – Entreposto Aduaneiro na Importação;

III – Trânsito Aduaneiro.

§ 1º. A suspensão prevista neste artigo fica condicionada à concessão, pela Receita Federal do Brasil, dos Regimes Aduaneiros Especiais indicados no *caput*, que preveem a suspensão do pagamento de tributos federais.

§ 2º. O imposto suspenso será devido nas seguintes hipóteses:

1 – não cumprimento do prazo ou das condições estabelecidas no Regime Aduaneiro Especial concedido pela Receita Federal do Brasil;

2 – cobrança, pela União, dos tributos federais suspensos relativos a mercadoria ou bem importado e admitido nos Regimes Aduaneiros Especiais referidos no *caput*.

§ 3º. Na hipótese prevista no item 1 do § 2º, o imposto devido deverá ser recolhido por meio de Guia de Arrecadação Estadual – GARE-ICMS, acrescido de multa e demais acréscimos legais, calculados a partir da data do desembaraço aduaneiro das mercadorias ou bens para admissão no Regime Aduaneiro Especial, inclusive em relação ao extravio, avaria ou acréscimo de mercadorias.

• *Art. 327-H acrescido pelo Decreto nº 54.944, de 21.10.2009 – DOE de 22.10.2009 – Efeitos a partir da publicação.*

## Seção VII
## Das Operações com Cátodo de Cobre

• *Seção VII acrescida pelo Decreto nº 60.056, de 14.1.2014 – DOE de 15.1.2014 – Efeitos a partir da publicação.*

**Art. 327-I. (CÁTODO DE COBRE) –** O lançamento do imposto incidente no desembaraço aduaneiro de cátodo de cobre, NCM 7403.11.00, quando a importação for efetuada diretamente por estabelecimento industrial que realize a metalurgia do cobre importado em seu próprio estabelecimento localizado em território paulista, fica suspenso, na proporção de 33,33% (trinta e três inteiros e trinta e três centésimos por cento) do valor da respectiva base de cálculo, para o momento em que o estabelecimento importador promover a saída do produto resultante da industrialização.

§ 1º. A suspensão prevista neste artigo condiciona-se a que, cumulativamente:

1 – seja concedido regime especial ao estabelecimento importador, nos termos de disciplina estabelecida pela Secretaria da Fazenda;

2 – o desembarque e o desembaraço aduaneiro da mercadoria importada ocorram em território paulista.

§ 2º. Não satisfeitas as condições estabelecidas neste artigo, não prevalecerá a suspensão, hipótese em que o importador deverá recolher o imposto com multa e demais acréscimos legais, calculados desde a data do desembaraço aduaneiro, por meio de Guia de Arrecadação Estadual (GARE-ICMS).

• *Art. 327-I acrescido pelo Decreto nº 60.056, de 14.1.2014 – DOE de 15.1.2014 – Efeitos a partir da publicação.*

## CAPÍTULO IV – DO DIFERIMENTO DO LANÇAMENTO DO IMPOSTO

### Seção I – Das Operações Relacionadas com Cooperativa de Estabelecimentos Rurais

**Art. 328.** O lançamento do imposto incidente na saída de mercadoria, promovida por estabelecimento rural com destino a cooperativa de que fizer parte, situado neste Estado, fica diferido para o momento em que ocorrer a subsequente saída da mercadoria (Lei nº 6.374/1989, art. 8º, XIX, e § 8º, na redação da Lei nº 9.176/1995, art. 1º, I).

§ 1º. O diferimento estende-se às subsequentes saídas da mesma mercadoria para o território do Estado promovidas:

1 – pela cooperativa com destino:

a) a outro estabelecimento dela mesma;

b) a estabelecimento de cooperativa central ou de federação de cooperativas de que fizer parte;

2 – pela cooperativa central de que trata a alínea "b" do item anterior com destino a estabelecimento da federação de cooperativas.

§ 2º. O lançamento do imposto far-se-á no momento em que ocorrer a última saída promovida por estabelecimento mencionado no parágrafo anterior.

### Seção II – Das Operações com Algodão em Caroço, Algodão em Pluma ou outro Produto Resultante do Beneficiamento

**Art. 329.** O lançamento do imposto incidente nas sucessivas saídas de algodão em caroço de produção paulista fica diferido para o momento em que ocorrer (Lei nº 6.374/1989, art. 8º, XVII, e § 10, na redação da Lei nº 9.176/1995, art. 1º, I):

I – sua saída para outro Estado ou para o exterior;

II – a saída:

a) de algodão em pluma ou de caroço de algodão resultantes de seu beneficiamento com destino a outro Estado ou ao exterior;

b) dos produtos resultantes da industrialização do algodão em pluma ou do caroço de algodão;

c) de outro produto resultante de seu beneficiamento.

Parágrafo único. Na hipótese da alínea "c" do inciso II, o lançamento do imposto fica diferido para o momento em que ocorrer a saída subsequente ao retorno ao estabelecimento que tiver remetido o algodão em caroço para beneficiamento.

**Art. 330.** O lançamento do imposto incidente nas sucessivas saídas de algodão em pluma ou de caroço de algodão, resultantes do beneficiamento de algodão em caroço de produção paulista, fica diferido para o momento em que ocorrer (Lei nº 6.374/1989, art. 8º, XVII, e § 10, na redação da Lei nº 9.176/1995, art. 1º, I):

I – sua saída para outro Estado ou para o exterior;

II – a saída dos produtos resultantes da sua industrialização.

**Art. 331.** O recolhimento do imposto relativo a algodão em caroço de produção paulista e algodão em pluma resultante do beneficiamento de algodão em caroço de produção paulista, quando a saída for efetuada com destino a outro Estado, será feito por ocasião da remessa, mediante guia de recolhimentos especiais, que acompanhará a mercadoria, para ser entregue ao destinatário juntamente com o respectivo documento fiscal (Lei nº 6.374/1989, art. 59).

§ 1º. Na guia de recolhimento, além dos demais requisitos, deverão constar, ainda que no verso, o número, a série e a data da emissão do documento fiscal.

§ 2º. A Secretaria da Fazenda poderá autorizar o pagamento do imposto por meio de lançamento a débito nos livros fiscais.

**Art. 332.** Em operação realizada com algodão em caroço ou em pluma (Lei nº 6.374/1989, arts. 67, § 1º, e 69):

I – o estabelecimento beneficiador de algodão em caroço deverá:

a) beneficiar em separado o de produção paulista;

b) fazer constar nos fardos de algodão em pluma, além das exigências normais, uma das seguintes expressões, conforme o caso: "Originário de Algodão em Caroço de Produção Paulista", ou "Originário de Algodão em Caroço Produzido em Outro Estado";

II – o documento fiscal da operação com algodão em pluma, além dos demais requisitos, deverá conter:

a) a identificação de cada fardo de algodão em pluma, mencionando o número e a marca do estabelecimento beneficiador, o número do fardo, seu peso de origem e o peso real;

b) a indicação de que se trata de produto resultante de beneficiamento de algodão em caroço de produção paulista, quando for o caso.

Parágrafo único. Os dados da alínea "a" do inciso II poderão constar em relação autenticada pelo contribuinte e anexada a cada uma das vias do documento fiscal, que mencionará essa circunstância.

### Seção III – Das Operações com Café Cru

#### *Subseção I – Do Diferimento e do Prazo para Recolhimento do Imposto*

**Art. 333.** O lançamento do imposto incidente nas sucessivas saídas de café cru, em coco ou em grão, fica diferido para o momento em que ocorrer (Lei nº 6.374/1989, art. 8º, I, XVII, e § 10, na redação da Lei nº 9.176/1995, arts. 1º, I, e 59; e Convênio ICMS-15/90, cláusula quinta):

I – sua saída para outro Estado;

II – sua saída para o exterior;

III – sua saída para órgão ou entidade do Governo Federal;

IV – a saída dos produtos resultantes de sua industrialização, inclusive da torração.

§ 1º. O recolhimento do imposto, nas hipóteses dos incisos I e III, será efetuado por ocasião da remessa.

§ 2º. Na saída do produto para outro Estado, diretamente do estabelecimento em que tiver sido produzido, para cooperativa a que seu titular estiver filiado ou a armazém geral para depósito em nome do remetente, o recolhimento do imposto será efetuado:

1 – antes do embarque de exportação, se a saída para o exterior for efetuada pelo próprio remetente ou pela cooperativa;

2 – até o 5º (quinto) dia útil, contado da data em que ocorrer a primeira transmissão da propriedade da mercadoria;

3 – por ocasião da saída do produto em retorno ao estabelecimento de origem;

4 – até 180 (cento e oitenta) dias, contados da data da saída do produto com destino à cooperativa ou ao armazém geral, se nesse lapso de tempo não tiver ocorrido qualquer dos eventos previstos nos itens anteriores.

§ 3º. A aplicação do disposto no parágrafo anterior condiciona-se a:

1 – aposição de visto, antes da remessa, no documento fiscal, pela repartição fiscal a que estiver vinculado o estabelecimento remetente, ocasião em que será retida a via destinada a controle do fisco;

2 – credenciamento da cooperativa ou do armazém geral pela Secretaria da Fazenda deste Estado para recebimento daquele produto.

### *Subseção II – Da Base de Cálculo*

**Art. 334.** A base de cálculo do imposto (Lei nº 6.374/1989, arts. 24, I, e 30, e Convênio ICMS-15/90):

I – no caso do inciso I do artigo anterior, poderá ser fixada em pauta, nos termos do art. 46;

II – no caso do inciso III do artigo anterior, é o preço mínimo de garantia fixado por órgão ou entidade federal competente.

### *Subseção III*
### *Do Local e da Forma de Pagamento do Imposto*

**Art. 335.** Em saída destinada ao Governo Federal, o imposto poderá ser recolhido na localidade em que se situar a entidade ou o órgão perante o qual se processar o faturamento (Lei nº 6.374/1989, art. 59).

**Art. 336.** Salvo disposição em contrário, o imposto será recolhido mediante guia de recolhimentos especiais, em nome do estabelecimento que promover saída referida no art. 333 (Lei nº 6.374/1989, art. 59, e Convênio ICMS-15/90, cláusula quinta).

**Art. 337.** A guia de recolhimentos especiais, nos casos dos incisos I e III do art. 333, além dos demais requisitos, deverá conter (Lei nº 6.374/1989, art. 59):

I – a quantidade de sacas e o valor total da operação;

II – o valor da pauta fiscal e o número do ato que a tiver fixado, se houver;

III – o valor da base de cálculo, quando diverso do da pauta fiscal;

IV – o número, a série e a data da emissão do documento fiscal;

V – o valor do crédito, comprovado nos termos do art. 340, a ser deduzido do imposto devido;

VI – o valor do crédito eventual a ser deduzido do imposto devido.

Parágrafo único. A guia de recolhimento do imposto, na hipótese do inciso I do art. 333 (Convênio ICMS-71/90, cláusula segunda, § 1º, na redação do Convênio ICMS-57/02):

1 – acompanhará o café cru em sua movimentação, devendo ser entregue ao destinatário como comprovante da legitimidade do crédito;

2 – quando, observado o disposto no art. 338, inexistir imposto a recolher, será emitida guia negativa que será autenticada pela autoridade fiscal para fins deste artigo, com observância de disciplina estabelecida pela Secretaria da Fazenda.

- *Parágrafo único com redação dada pelo Decreto nº 47.022, de 22.8.2002 – DOE de 23.8.2002 – Efeitos a partir da publicação.*

### *Subseção IV – Dos Créditos*

**Art. 338.** No pagamento do imposto devido em decorrência de operação prevista nos incisos I e III do art. 333, será deduzido na própria guia de recolhimentos especiais, a título de crédito, o valor do imposto pago a outro Estado por ocasião da remessa do café cru, observado o disposto no art. 340 (Lei nº 6.374/1989, art. 36, com alteração da Lei nº 9.359/1996, art. 2º, I).

Parágrafo único. O imposto pago a outro Estado poderá ser utilizado na saída de café cru que não seja o correspondente à operação geradora do crédito fiscal.

**Art. 339.** Eventuais créditos decorrentes do pagamento do imposto, uma vez comprovados, poderão ser deduzidos na própria guia de recolhimento (Lei nº 6.374/1989, art. 36, com alteração da Lei nº 9.359/1996, art. 2º, I).

Parágrafo único. O valor do crédito deduzido será lançado no livro Registro de Apuração do ICMS, no quadro "Débito do Imposto – Estornos de Créditos", com a expressão "Dedução Direta – Guia nº (...)".

**Art. 340.** Tratando-se de café cru originário de outro Estado, o crédito fiscal correspondente ao imposto pago à unidade de origem será comprovado na forma estabelecida pela Secretaria da Fazenda (Lei nº 6.374/1989, art. 36, com alteração da Lei nº 9.359/1996, art. 2º, I).

***Subseção V – Dos Documentos Fiscais***

**Art. 341.** O documento fiscal de operação com café cru deverá conter, além dos demais requisitos, as seguintes indicações (Lei nº 6.374/1989, art. 67, § 1º):

I – o Estado produtor;

II – o número do conhecimento de transporte e o da consignação, o nome da estação e a data do embarque, tratando-se de transporte ferroviário;

III – o nome e o endereço do transportador e o número da placa do veículo, tratando-se de transporte rodoviário;

IV – os dados relacionados com a comprovação do crédito a que se refere o artigo anterior;

V – o número e a data da guia de recolhimento do imposto, se ocorrer uma das saídas em que é exigido o recolhimento em guia de recolhimentos especiais;

VI – o nome e o endereço do estabelecimento onde se encontrar a mercadoria no momento da saída.

§ 1º. Exceto nas hipóteses previstas nos incisos I e III do art. 333, não se fará o destaque do valor do imposto em documento fiscal relativo a saída de café cru.

§ 2º. Nos casos em que o crédito, comprovado na forma do artigo anterior, for deduzido na própria guia de recolhimento, o documento fiscal correspondente deve ser visado pela repartição fiscal antes de iniciada a remessa.

***Subseção VI – Dos Livros Fiscais***

**Art. 342.** O documento fiscal relativo à entrada de café cru no estabelecimento será escriturado no livro Registro de Entradas, na coluna "Operações ou Prestações sem Crédito do Imposto – Outras", mesmo que o imposto tenha sido pago a outro Estado (Lei nº 6.374/1989, art. 67, § 1º).

Parágrafo único. O disposto neste artigo não se aplica à entrada de café cru em estabelecimento para industrialização, inclusive torração, hipótese em que o lançamento será feito no livro Registro de Entradas, nas colunas "Operações ou Prestações com Crédito do Imposto", mencionando-se, em "Observações", o número e a data da guia de recolhimento.

**Art. 343.** O documento fiscal relativo à saída de café cru do estabelecimento, quando a este não incumbir o recolhimento do imposto, será lançado no livro Registro de Saídas, na coluna "Operações ou Prestações sem Débito do Imposto – Outras" (Lei nº 6.374/1989, art. 67, § 1º).

**Art. 344.** Na saída de café cru do estabelecimento, quando a este incumbir o recolhimento do imposto, o contribuinte deverá (Lei nº 6.374/1989, art. 67, § 1º):

I – registrar a operação no livro Registro de Saídas, nas colunas "Operações ou Prestações com Débito do Imposto";

II – registrar no livro Registro de Apuração do ICMS, no período da emissão do documento fiscal, no quadro "Crédito do Imposto – Outros Créditos":

a) com a expressão "ICMS s/ Café Cru – Recolhimento – Guia nº (...)", o valor do imposto efetivamente recolhido por guia de recolhimentos especiais, se o pagamento ocorrer no mesmo período da emissão do documento fiscal;

b) com a expressão "Art. 340 do RICMS", o valor do crédito deduzido do imposto devido na operação;

c) com a expressão "Eventuais Créditos Relativos a Operações com Café Cru", o total de valores do imposto destacados nos documentos fiscais;

III – registrar no livro Registro de Apuração do ICMS, no período da emissão do documento fiscal, no quadro "Crédito do Imposto – Estornos de Débitos", com a expressão "ICMS s/ Café Cru – Imposto a ser Recolhido em Período Seguinte", o valor do imposto a ser efetivamente recolhido, com vencimento em período posterior.

Parágrafo único. Na hipótese do inciso III, efetuado o recolhimento do imposto, os dados da guia serão indicados no livro Registro de Apuração do ICMS, no quadro "Observações" do período em que tiver ocorrido a emissão do documento fiscal.

**Seção IV**
**Das Operações com Mercadorias Destinadas à Fabricação de Açúcar, Álcool, Melaço ou à Geração de Energia a partir da Biomassa**

- *Título da Seção IV com redação dada pelo Decreto nº 61.104, de 3.2.2015 – DOE de 4.2.2015 – Efeitos a partir de 1º.3.2015.*

***Subseção I – Do Diferimento***

**Art. 345.** O lançamento do imposto incidente nas sucessivas saídas internas das matérias-primas de produção paulista e subprodutos relacionados no § 4º, destinados à fabricação de açúcar, álcool ou melaço, fica diferido para o momento em que ocorrer a entrada no estabelecimento que os receba para fabricação dos referidos produtos em seu próprio estabelecimento (Lei nº 6.374/1989, art. 8º, XVII, e § 10, na redação da Lei nº 9.176/1995, art. 1º, I).

§ 1º. O recolhimento do imposto incidente nas operações de que trata o *caput* será efetuado por meio de Guia de Arrecadação Estadual – GARE-ICMS até o 6º (sexto) dia útil do mês subsequente ao da entrada, no estabelecimento, das matérias-primas e subprodutos indicados no § 4º.

§ 2º. O lançamento do crédito correspondente ao imposto referido no § 1º somente poderá ser efetuado, quando permitido, após o respectivo pagamento.

§ 3º. Por regime especial, o lançamento do imposto previsto no *caput* poderá ser diferido para o momento em que ocorrer a saída do produto resultante da respectiva industrialização.

§ 4º. O diferimento previsto neste artigo aplica-se:

1 – às seguintes matérias-primas de origem agrícola ou florestal: cana-de-açúcar, sorgo sacarino, milho, eucalipto, bem como palha, cavaco e outros resíduos de sua colheita;

2 – aos seguintes subprodutos resultantes da industrialização das matérias-primas indicadas no item 1: melaço e bagaço.

• *Art. 345 com redação dada pelo Decreto nº 61.104, de 3.2.2015 – DOE de 4.2.2015 – Efeitos a partir de 1º.3.2015.*

**Art. 346.** O lançamento do imposto incidente na saída interna dos produtos resultantes da industrialização de matérias-primas de produção paulista e subprodutos relacionados no § 4º do art. 345, com destino à cooperativa de que faça parte o remetente, fica diferido para o momento em que a cooperativa promover sua saída (Lei nº 6.374/1989, art. 8º, XVII, e § 10, na redação da Lei nº 9.176/1995, art. 1º, I, e 59).

• *Art. 346 com redação dada pelo Decreto nº 61.104, de 3.2.2015 – DOE de 4.2.2015 – Efeitos a partir de 1º.3.2015.*

**Art. 346-A.** Fica diferido o lançamento do imposto incidente nas saídas das seguintes mercadorias, com destino a empresa geradora de energia termoelétrica, para o momento em que ocorrer a saída da energia elétrica para o Sistema Interligado Nacional, observado o disposto no Anexo XVIII deste Regulamento (Lei nº 6.374/1989, art. 8º, XVII, e § 10).

I – bagaço e torta de filtro resultantes da fabricação de açúcar, álcool ou melaço;

• *Inciso I com redação dada pelo Decreto nº 61.104, de 3.2.2015 – DOE de 4.2.2015 – Efeitos a partir de 1º.3.2015.*

II – palha, cavaco e outros resíduos da colheita das matérias-primas indicadas no item 1 do § 4º do art. 345;

• *Inciso II com redação dada pelo Decreto nº 61.104, de 3.2.2015 – DOE de 4.2.2015 – Efeitos a partir de 1º.3.2015.*

III – água ou vapor d'água.

• *Art. 346-A acrescido pelo Decreto nº 53.158, de 23.6.2008 – DOE de 24.6.2008 – Efeitos a partir da publicação.*

**Art. 346-B.** Fica diferido o lançamento do imposto incidente nas saídas internas de energia elétrica e de energia térmica (vapor d'água), promovidas por empresa geradora de energia termoelétrica, com destino a estabelecimento fabricante de açúcar, álcool ou melaço, para o momento em que este promover a saída de seus produtos.

Parágrafo único. O disposto neste artigo aplica-se apenas à saída de energia elétrica:

1 – que tiver sido gerada nos termos e condições do art. 346-A;

2 – desde que o contrato celebrado entre a empresa geradora e o fabricante de açúcar, álcool ou melaço não deva ser registrado na Câmara de Comercialização de Energia Elétrica.

• *Art. 346-B acrescido pelo Decreto nº 53.158, de 23.6.2008 – DOE de 24.6.2008, e com redação dada pelo Decreto nº 61.104, de 3.2.2015 – DOE de 4.2.2015 – Efeitos a partir de 1º.3.2015.*

### *Subseção II*
### *Das Obrigações Acessórias da Usina Açucareira, da Destilaria de Álcool e do Estabelecimento Fabricante de Aguardente de Cana-de-Açúcar*

**Art. 347.** As obrigações acessórias relativas à usina açucareira, à destilaria de álcool e ao estabelecimento fabricante de aguardente de cana-de-açúcar são disciplinadas no Anexo X.

### Seção V – Das Operações com Feijão

**Art. 348.** O lançamento do imposto incidente nas sucessivas saídas de feijão fica diferido para o momento em que ocorrer (Lei nº 6.374/1989, art. 8º, XVII, e § 10, na redação da Lei nº 9.176/1995, arts. 1º, I, e 59):

I – a entrada em estabelecimento:

a) varejista, inclusive de restaurante, ou de cooperativa de consumo;

b) industrial, inclusive o que simplesmente acondicionar ou reacondicionar a mercadoria;

II – a saída com destino:

a) ao exterior;

b) a outro Estado;

c) (revogada);

• *Alínea "c" revogada pelo Decreto nº 52.104, de 29.8.2007 – DOE de 30.8.2007 – Efeitos a partir da publicação.*

d) a consumidor.

§ 1º. Aplica-se o disposto neste artigo a feijão depositado em armazém geral ou em qualquer outro local em nome de estabelecimento ali indicado.

§ 2º. Na hipótese do inciso I, o pagamento do imposto deverá ser efetuado no período em que ocorrer a entrada da mercadoria nos estabelecimentos ali indicados, na forma prevista no art. 116.

§ 3 º. (Revogado);

- *§ 3º revogado pelo Decreto nº 52.104, de 29.8.2007 – DOE de 30.8.2007 – Efeitos a partir da publicação.*

**Art. 349.** A empresa varejista que efetuar aquisição centralizada de feijão para posterior transferência a outros estabelecimentos poderá recolher o imposto por ocasião da entrada da mercadoria no estabelecimento centralizador, obedecidas, no que couber, as demais disposições do art. 348.

Parágrafo único. Na hipótese deste artigo, aplicam-se às saídas internas por transferência as normas comuns que regulam o prazo e a forma de pagamento do imposto.

### Seção VI – Das Operações com Mamona, Soja e outros Produtos

**Art. 350.** O lançamento do imposto incidente nas sucessivas saídas dos produtos a seguir indicados, com exceção das operações previstas no art. 351-A, fica diferido para o momento em que ocorrer:

- *Art. 350,* caput, *com redação dada pelo Decreto nº 56.846, de 18.3.2011 – DOE de 19.3.2011 – Efeitos a partir da publicação.*

I – mamona em cacho, em baga ou em grão, de produção paulista:

a) sua saída para outro Estado;

b) sua saída para o exterior;

c) a saída dos produtos resultantes de sua industrialização;

II – amendoim em baga ou em grão, milho em palha, em espiga ou em grão, e soja, em vagem ou batida:

- *Inciso II,* caput, *com redação dada pelo Decreto nº 46.501 de 18.1.2002 – DOE de 19.1.2002 – Efeitos a partir da publicação.*

a) sua saída para outro Estado;

b) sua saída para o exterior;

c) sua saída para estabelecimento varejista;

d) a saída dos produtos resultantes de sua industrialização;

III – ovo ou larva do bicho-da-seda:

a) sua saída para outro Estado;

b) sua saída para o exterior;

c) a saída do casulo;

IV – goma resina de pinus:

a) sua saída para outro Estado;

b) sua saída para o exterior;

c) as saídas dos produtos resultantes de sua industrialização;

V – essência de terebintina ou colofônia:

a) sua saída para outro Estado;

b) sua saída para o exterior;

c) a saída dos produtos resultantes de sua industrialização;

VI – plantas ornamentais, ainda que plantadas em suporte de plástico, barro, xaxim ou lata:

a) sua saída para outro Estado;

b) sua saída para o exterior;

c) a saída do produto do estabelecimento varejista;

VII – madeira de pinus, de araucária ou de eucalipto, em tora, torete, cavacos ou resíduos de madeira, exceto quando destinados à indústria de aglomerado ou de compensado:

a) sua saída para outro Estado;

b) sua saída para o exterior;

c) a saída dos produtos resultantes de sua industrialização, ainda que decorrente de simples desbaste ou serragem;

- *Inciso VII, e alíneas, com redação dada pelo Decreto nº 56.089, de 16.8.2010 – DOE de 17.8.2010 – Efeitos a partir da publicação.*

VIII – prancha, pranchão, bloco e tábua, de pinus, de araucária ou de eucalipto, exceto quando destinados à indústria de aglomerado ou de compensado, bloco moldado com serragem ou resíduos de fibras vegetais ou bloco moldado com fibras recicladas, para fabricação de paletes ou estrados de madeira:

a) sua saída para outro Estado;

b) sua saída para o exterior;

c) a saída dos produtos resultantes de sua industrialização;

- *Inciso VIII, e alíneas, com redação dada pelo Decreto nº 56.089, de 16.8.2010 – DOE de 17.8.2010 – Efeitos a partir da publicação.*

IX – polpa de fruta congelada:

a) sua saída para outro Estado;

b) sua saída para o exterior;

c) sua saída do estabelecimento varejista;

d) a saída dos produtos resultantes de sua industrialização.

X – (revogado);

- *Inciso X acrescido pelo Decreto nº 45.644, de 26.1.2001 – DOE de 27.1.2001 e revogado pelo Decreto nº 49.610, de 23.5.2005, DOE de 24.5.2005, com efeitos a partir de 1º.6.2005.*

XI – borracha natural e matérias-primas provenientes de sua extração:

- *Inciso XI,* caput, *com redação dada pelo Decreto nº 54.447, de 16.6.2009 – DOE de 17.6.2009 – Efeitos a partir da publicação.*

a) sua saída para outro Estado;

b) sua saída para o exterior;

c) a saída dos produtos resultantes de sua industrialização.

- *Inciso XI acrescido pelo Decreto nº 46.588 de 8.3.2002 – DOE de 9.3.2002 – Efeitos a partir de 1º.4.2002.*

§ 1º. O diferimento previsto no inciso VII aplica-se também quando os produtos nele indicados forem destinados a estabelecimento fabricante de:

1 – painéis de partículas de madeira (MDP) classificados nos códigos 4410.11.10 a 4410.11.90 da Nomenclatura Comum do Mercosul – NCM;

2 – painéis de fibras de madeira de média densidade (MDF) classificados nos códigos 4411.12 a 4411.14 da Nomenclatura Comum do Mercosul – NCM;

3 – chapas de fibras de madeira classificadas nos códigos 4411.92 a 4411.94 da Nomenclatura Comum do Mercosul – NCM.

- *§ 1º acrescido pelo Decreto nº 56.874, de 23.3.2011 – DOE de 24.3.2011 – Efeitos a partir de 1º.4.2011.*

§ 2º. (Revogado).

- *§ 2º revogado pelo Decreto nº 60.366, de 15.4.2014 – DOE de 16.4.2014 – Efeitos a partir de 1º.7.2014.*

**Art. 351.** Nas hipóteses previstas nas alíneas "a" e "c" do inciso II do artigo anterior, o imposto será recolhido pelo remetente, por ocasião da saída, mediante guia de recolhimentos especiais, que acompanhará a mercadoria para ser entregue ao destinatário juntamente com o documento fiscal (Lei nº 6.374/1989, art. 59).

Parágrafo único. Na guia de recolhimento, além dos demais requisitos, deverão constar, ainda que no verso, o número, a série e a data da emissão do documento fiscal.

**Art. 351-A.** O lançamento do imposto incidente na saída interna de amendoim em baga ou em grão de estabelecimento industrial beneficiador com destino a outro estabelecimento industrial fica diferido, na proporção de 40% (quarenta por cento) do valor da operação, para o momento em que ocorrer a saída do produto resultante de sua industrialização.

Parágrafo único. O disposto neste artigo:

1 – aplica-se apenas a estabelecimento industrial beneficiador que, cumulativamente:

a) possua máquinas e equipamentos próprios para o beneficiamento do amendoim;

b) esteja credenciado perante a Secretaria da Fazenda, nos termos de disciplina por ela estabelecida;

2 – fica condicionado a que o contribuinte industrial beneficiador:

a) esteja em situação regular perante o fisco;

b) não possua, por qualquer dos seus estabelecimentos:

I – débitos fiscais inscritos na dívida ativa deste Estado;

II – débitos do imposto declarados e não pagos no prazo de até 30 (trinta) dias contados da data do seu vencimento;

III – débitos do imposto decorrentes de Auto de Infração e Imposição de Multa – AIIM, em relação ao qual não caiba mais defesa ou recurso na esfera administrativa, não pagos no prazo fixado para o seu recolhimento;

IV – débitos decorrentes de Auto de Infração e Imposição de Multa – AIIM ainda não julgado definitivamente na esfera administrativa, relativos a crédito indevido do imposto, proveniente de operações ou prestações amparadas por benefícios fiscais de ICMS concedidos em desacordo com o disposto no art. 155, § 2º, XII, "g", da Constituição Federal;

3 – na hipótese de o contribuinte industrial beneficiador não atender à condição prevista na alínea "b" o item 2:

a) os débitos estejam garantidos por depósito, judicial ou administrativo, fiança bancária, seguro de obrigações contratuais ou outro tipo de garantia, a juízo da Procuradoria Geral do Estado, se inscritos na dívida ativa, ou a juízo do Coordenador da Administração Tributária, caso ainda pendente de inscrição na dívida ativa;

b) os débitos declarados ou apurados pelo Fisco sejam objeto de pedido de parcelamento deferido e celebrado, que esteja sendo regularmente cumprido;

c) o Auto de Infração e Imposição de Multa – AIIM ainda não julgado definitivamente na esfera administrativa seja garantido por depósito administrativo, fiança bancária, seguro de obrigações contratuais ou outro tipo de garantia, a juízo do Coordenador da Administração Tributária.

- *Art. 351-A, acrescido pelo Decreto nº 56.846, de 18.3.2011 – DOE de 19.3.2011 – Efeitos a partir da publicação.*

**Art. 352.** O lançamento do imposto incidente nas operações com cominho fica diferido para o momento em que ocorrer (Lei nº 6.374/1989, art. 8º, XVII e § 10, na redação da Lei nº 9.176/1995, art. 1º, I):

I – sua saída para outro Estado;

II – sua saída para o exterior;

III – sua saída do estabelecimento varejista;

IV – a saída dos produtos resultantes de sua industrialização.;

- *Art. 352 com redação dada pelo Decreto nº 45.644, de 26.1.2001 – DOE de 27.1.2001 – Efeitos a partir de 1º.1.2001.*

**Art. 352-A.** O lançamento do imposto incidente nas operações internas com trigo em grão, exceto para semeadura, classificado na posição 1001.00 da Nomenclatura Brasileira de Mercadorias – Sistema Harmonizado – NBM/SH fica diferido para o momento em que ocorrer (Lei nº 6.374/1989, arts. 8º, XVII e § 10, na redação da Lei nº 9.176/1995, art. 1º, I, e 59):

a) sua saída para outro Estado;

b) sua saída para o exterior;

c) a saída dos produtos resultantes de sua industrialização;

Parágrafo único. Tratando-se de desembaraço aduaneiro de mercadoria importada do exterior:

1 – o diferimento aplica-se apenas à operação realizada por estabelecimento fabricante de farinha de trigo ou de produto derivado de sua industrialização, situado em território paulista;

2 – o desembarque e desembaraço aduaneiro da mercadoria deverão ser realizados em território paulista.

• *Art. 352-A acrescido pelo Decreto nº 52.585, de 28.12.2007 – DOE de 29.12.2007 – Efeitos para os fatos geradores que ocorrerem a partir de 28.12.2007.*

**Art. 353.** O lançamento do imposto incidente na saída dos produtos hortifrutigranjeiros em estado natural relacionados no art. 36 do Anexo I com destino a estabelecimento industrial localizado neste Estado, para fins de industrialização, fica diferido para o momento em que ocorrer a saída dos produtos resultantes (Lei nº 6.374/1989, art.8º, inciso XVII e § 10, na redação da Lei nº 9.176/1995, art. 1º, I e 59).

• *Art. 353 com redação dada pelo Decreto nº 46.027 de 22.8.2001 – DOE de 23.8.2001 – Efeitos a partir da publicação.*

## Seção VII
## Da Primeira Saída de Produto *In Natura*

**Art. 354.** O lançamento do imposto incidente na primeira saída, para o território do Estado, de produto *in natura* adiante relacionado, ainda que acondicionado ou embalado para transporte, promovida pelo estabelecimento em que tiver sido produzido, com destino a estabelecimento comercial ou industrial, fica diferido para o momento em que ocorrer a saída subsequente do mesmo produto ou de outro resultante de sua industrialização, efetuada pelo estabelecimento destinatário (Lei nº 6.374/1989, art. 8º, XVII, e § 10, na redação da Lei nº 9.176/1995, art. 1º, I):

I – casulo do bicho-da-seda;

II – centeio em casca ou em cacho;

III – cevada em casca ou em cacho;

IV – chá em folha;

V – folhas de eucalipto;

VI – fumo em folha;

VII – gergelim em vagem ou batido;

VIII – girassol em semente;

IX – guandu em vagem ou batido;

X – menta ou hortelã, em folha;

XI – oliveira em baga ou em cacho;

XII – rami em fibra natural ou engomada;

XIII – sorgo em espiga, em cacho ou em grão;

XIV – tungue em semente.

Parágrafo único. O diferimento previsto neste artigo compreende a subsequente saída interna, em transferência, do mesmo produto.

• *Parágrafo único com redação dada pelo Decreto nº 46.027 de 22.8.2001 – DOE de 23.8.2001 – Efeitos a partir de 23.8.2001.*

## Seção VIII
## Das Operações com Sementes e outros Insumos

### *Subseção I – Das Operações com Sementes*

**Art. 355.** O lançamento do imposto incidente nas operações com semente destinada ao plantio fica diferido para o momento em que ocorrer (Lei nº 6.374/1989, art. 8º, XVII, e § 10, na redação da Lei nº 9.176/1995, art. 1º, I):

I – sua saída para outro Estado;

II – sua saída para o exterior;

III – a saída dos produtos resultantes promovida pelo estabelecimento rural onde tiver sido consumida a semente.

§ 1º. O diferimento fica condicionado a que:

1 – as sementes sejam certificadas ou fiscalizadas de acordo com as normas expedidas pelos órgãos competentes do Ministério da Agricultura e do Abastecimento e das Secretarias de Agricultura e, em relação às sementes importadas, sejam acobertadas pelo Certificado Fitossanitário e pelo Boletim Internacional de Análises de Sementes;

2 – as operações sejam realizadas por contribuintes registrados na Secretaria da Agricultura para o exercício da atividade de produção ou comercialização de sementes, pela Companhia Nacional de Abastecimento ou pela Secretaria da Agricultura.

§ 2º. O documento fiscal correspondente à operação conterá a expressão "ICMS Diferido – Art. 355 do RICMS".

• *V. art. 17 das DDTT – Suspende a disciplina do diferimento do lançamento do imposto, prevista nos arts. 355 a 361 do RICMS/2000, enquanto vigorar o benefício fiscal de isenção previsto no art. 41 do Anexo I, exclusivamente em relação aos produtos ali indicados.*

### *Subseção II – Das Operações com outros Insumos Agropecuários*

**Art. 356.** O lançamento do imposto incidente nas operações com ração animal, concentrado ou suplemento, sendo o fabricante ou importador registrado no Ministério da Agricultura e do Abastecimento, fica diferido para o momento em que ocorrer (Lei nº 6.374/1989, art. 8º, XVII e § 10, na redação da Lei nº 9.176/1995, art. 1º, I):

I – sua saída para outro Estado;

II – sua saída para o exterior;

III – a saída dos produtos resultantes promovida pelo estabelecimento rural onde tiver sido consumido produto acima referido.

§ 1º. Aplica-se o diferimento exclusivamente a ração animal, concentrado ou suplemento com:

1 – registro no órgão competente do Ministério da Agricultura e do Abastecimento e indicação do seu número no documento fiscal;

2 – rótulo ou etiqueta de identificação;

3 – destinação exclusiva à pecuária, à avicultura, à apicultura, à aquicultura, à cunicultura, à ranicultura ou à sericicultura.

§ 2°. O documento fiscal correspondente à operação conterá a expressão "ICMS Diferido – Art. 356 do RICMS".

§ 3°. O diferimento se aplica, ainda, à ração animal preparada em estabelecimento rural, na transferência a outro estabelecimento rural do mesmo titular ou na remessa a outro estabelecimento rural com o qual o titular do remetente mantiver contrato de produção integrada.

§ 4°. Relativamente ao disposto neste artigo, entende-se por:

1 – ração animal, qualquer mistura de ingredientes capaz de suprir as necessidades nutritivas para manutenção, desenvolvimento e produtividade dos animais a que se destinam;

2 – concentrado, a mistura de ingredientes que, adicionada a um ou mais alimentos em proporção adequada e devidamente especificada pelo seu fabricante, constitua uma ração animal;

3 – suplemento, o ingrediente ou a mistura de ingredientes capaz de suprir a ração ou concentrado, em vitaminas, aminoácidos ou minerais, permitida a inclusão de aditivos.

- *Item 3 com redação dada pelo Decreto n° 46.778 de 21.5.2002 – DOE de 22.5.2002 – Efeitos a partir de 9.4.2002.*
- *V. art. 17 das DDTT – Suspende a disciplina do diferimento do lançamento do imposto, prevista nos arts. 355 a 361 do RICMS/2000, enquanto vigorar o benefício fiscal de isenção previsto no art. 41 do Anexo I, exclusivamente em relação aos produtos ali indicados.*

**Art. 357.** O lançamento do imposto incidente nas operações com amônia, ácido nítrico, ácido sulfúrico, ácido fosfórico, cloreto de potássio, enxofre, fosfato de amônia, fosfato natural bruto, nitrato de amônio, ou de suas soluções, nitrocálcio, ureia, sulfato de amônio, MAP (mono-amônio-fosfato), DAP (di-amônio-fosfato), fica diferido para o momento em que ocorrer (Lei n° 6.374/1989, art. 8°, XVII e § 10, na redação da Lei n° 9.176/1995, art. 1°, I):

I – sua saída para outro Estado;

II – sua saída para o exterior;

III – a saída, de estabelecimento industrializador, de adubo, simples ou composto, fertilizante ou fosfato bicálcio destinado à alimentação animal;

IV – a saída dos produtos resultantes do estabelecimento rural onde tiver sido consumido produto acima referido.

§ 1°. O diferimento se aplica exclusivamente:

1 – à saída de estabelecimento onde se tiver processada a industrialização ou importação de mercadoria relacionada no *caput* com destino a:

a) estabelecimento onde seja industrializado adubo, simples ou composto, fertilizante ou fosfato bicálcio, destinado à alimentação animal;

b) estabelecimento rural dedicado à agropecuária, nesta compreendidas a avicultura, a apicultura, a aquicultura, a cunicultura, a ranicultura e a sericicultura;

c) qualquer estabelecimento, para fim exclusivo de armazenagem, bem como à saída em retorno, real ou simbólico;

d) outro estabelecimento do mesmo titular;

2 – à saída de mercadoria indicada no *caput* promovida entre si por estabelecimentos referidos no item anterior;

3 – ao recebimento de mercadoria indicada no *caput* importada pelo estabelecimento industrial, para fins de produção de adubo, simples ou composto, fertilizante ou fosfato bicálcio, destinado à alimentação animal.

§ 2°. No documento fiscal correspondente à operação deverá constar a expressão "ICMS Diferido – art. 357 do RICMS".

§ 3°. O disposto nos parágrafos anteriores se aplica, também, à saída de mercadoria relacionada no *caput* promovida por estabelecimento que a tenha recebido de estabelecimento fabricante da mesma empresa localizado em outro Estado.

- *V. art. 17 das DDTT – Suspende a disciplina do diferimento do lançamento do imposto, prevista nos arts. 355 a 361 do RICMS/2000, enquanto vigorar o benefício fiscal de isenção previsto no art. 41 do Anexo I, exclusivamente em relação aos produtos ali indicados.*

**Art. 358.** O lançamento do imposto incidente nas operações com adubo, simples ou composto, fertilizante, calcário ou gesso, destinados exclusivamente a uso na agricultura, fica diferido para o momento em que ocorrer (Lei n° 6.374/1989, art. 8°, XVII e § 10, na redação da Lei n° 9.176/1995, art. 1°, I):

I – sua saída para outro Estado;

II – sua saída para o exterior;

III – a saída dos produtos resultantes promovida pelo estabelecimento rural onde tiver sido consumido produto relacionado no *caput*.

§ 1°. O diferimento previsto neste artigo:

1 – fica condicionado, no que se refere a calcário ou gesso, ao uso na agricultura como corretivo ou recuperador do solo;

2 – é extensivo à correspondente prestação de serviço de transporte.

- *§ 1° com redação dada pelo Decreto n° 53.630, de 30.10.2008 – DOE de 31.10.2008 – Efeitos a partir de 1°.10.2008.*

§ 2°. (Revogado).

- *§ 2° revogado pelo Decreto n° 53.258, de 22.7.2008 – DOE de 23.7.2008 – Efeitos a partir de 1°.8.2008.*

§ 3º. No documento fiscal correspondente à operação ou prestação deverá constar a expressão "ICMS Diferido – Art. 358 do RICMS".

• *V. art. 17 das DDTT – Suspende a disciplina do diferimento do lançamento do imposto, prevista nos arts. 355 a 361 do RICMS/2000, enquanto vigorar o benefício fiscal de isenção previsto no art. 41 do Anexo I, exclusivamente em relação aos produtos ali indicados.*

**Art. 359.** O lançamento do imposto incidente nas operações com acaricida, carrapaticida, desfolhante, desinfetante, dessecante, espalhante adesivo, estimulador ou inibidor de crescimento (regulador), germicida, fungicida, formicida, herbicida, inseticida, nematicida, parasiticida, raticida, sarnicida, soro ou medicamento de uso veterinário, vacina, vermífugo, vermicida, com destinação exclusiva a uso na agricultura, pecuária, apicultura, aquicultura, avicultura, cunicultura, ranicultura ou sericicultura, fica diferido para o momento em que ocorrer (Lei nº 6.374/1989, art. 8º, XVII e § 10, na redação da Lei nº 9.176/1995, art. 1º, I):

I – sua saída para outro Estado;

II – sua saída para o Exterior;

III – a saída dos produtos resultantes promovida pelo estabelecimento rural onde tiver sido consumido produto acima referido.

Parágrafo único. No documento fiscal correspondente à operação deverá constar a expressão "ICMS Diferido – Art. 359 do RICMS".

• *V. art. 17 das DDTT – Suspende a disciplina do diferimento do lançamento do imposto, prevista nos arts. 355 a 361 do RICMS/2000, enquanto vigorar o benefício fiscal de isenção previsto no art. 41 do Anexo I, exclusivamente em relação aos produtos ali indicados.*

**Art. 360.** O lançamento do imposto incidente nas operações realizadas com os insumos indicados no § 1º, desde que destinados à alimentação animal ou a emprego na composição ou fabricação de ração animal, concentrado ou suplemento, em qualquer caso com destinação exclusiva a uso na pecuária, apicultura, aquicultura, avicultura, cunicultura, ranicultura, ou sericicultura, fica diferido para o momento em que ocorrer (Lei nº 6.374/1989, art. 8º, XVII e § 10, na redação da Lei nº 9.176/1995, art. 1º, I):

I – a saída para outro Estado;

II – a saída para o exterior;

III – a saída dos produtos resultantes promovida pelo estabelecimento rural onde tiver sido consumida mercadoria indicada no § 1º.

§ 1º. Estão abrangidas pelo diferimento as seguintes mercadorias:

1 – alfafa, feno, milho ou sorgo;

2 – farinha de peixe, de ostra, de carne, de osso, de sangue, de vísceras ou de penas;

3 – farelo ou torta de algodão, de amendoim, de babaçu, de cacau, de canola, de linhaça, de mamona, de milho, de soja, de trigo;

4 – farelo de arroz, de girassol, de glúten de milho, de gérmen de milho, de casca ou de semente de uva e de polpa cítrica;

5 – alho em pó, sal mineralizado, aditivos e ingredientes, incluídas as crisálidas do bicho da seda secas e moídas e calcário calcítico;

6 – caroço de algodão, glúten de milho, DL Metionina e seus análogos;

7 – outros resíduos industriais.

§ 2º. Fica dispensado o pagamento do imposto diferido quando, na hipótese do inciso III, as saídas de ovos estiverem abrangidas por isenção ou eventual dispensa do pagamento do imposto.

§ 3º. No documento fiscal correspondente à operação deverá constar a expressão "ICMS Diferido – Art. 360 do RICMS".

• *V. art. 17 das DDTT – Suspende a disciplina do diferimento do lançamento do imposto, prevista nos arts. 355 a 361 do RICMS/2000, enquanto vigorar o benefício fiscal de isenção previsto no art. 41 do Anexo I, exclusivamente em relação aos produtos ali indicados.*

**Art. 361.** O lançamento do imposto incidente nas operações realizadas com as mercadorias indicadas no § 1º fica diferido para o momento em que ocorrer (Lei nº 6.374/1989, art. 8º, XVII e § 10, na redação da Lei nº 9.176/1995, art. 1º, I):

I – sua saída para outro Estado;

II – sua saída para o exterior;

III – a saída dos produtos resultantes promovida pelo estabelecimento rural onde tiverem sido consumidas aquelas mercadorias.

§ 1º. Estão abrangidas pelo diferimento as seguintes mercadorias:

1 – sêmen congelado ou resfriado, embrião, girino, alevino, ovo fértil e pintos e marrecos de um dia, exceto quanto a sêmen e embrião, de bovino, ovino e caprino, em operação que os destine a uso na pecuária, hipótese em que se aplica a isenção indicada no art. 28 do Anexo I;

2 – muda de planta;

3 – enzima preparada para decomposição de matéria orgânica animal, classificada no código 3507.90.04 da Nomenclatura Brasileira de Mercadorias – Sistema Harmonizado – NBM/SH.

• *V. art. 17 das DDTT – Suspende a disciplina do diferimento do lançamento do imposto, prevista nos arts. 355 a 361 do RICMS/2000, enquanto vigorar o benefício fiscal de isenção previsto no art. 41 do Anexo I, exclusivamente em relação aos produtos ali indicados.*

### Seção IX – Das Operações com Coelho e Aves

**Art. 362.** O lançamento do imposto incidente nas sucessivas saídas de coelho fica diferido para o momento em que ocorrer (Lei nº 6.374/1989, art. 8º, XVII, e § 10, na redação da Lei nº 9.176/1995, art. 1º, I):

I – sua saída para outro Estado;

II – sua saída para o exterior;

III – a saída dos produtos resultantes do abate.

**Art. 363.** O lançamento do imposto incidente nas sucessivas saídas de aves fica diferido para o momento em que ocorrer (Lei nº 6.374/1989, art. 8º, XVII e § 10, na redação da Lei nº 9.176/1995, arts. 1º, I, e 38, § 6º)

I – saída de aves vivas com destino:

a) a outro Estado;

b) ao Exterior;

c) a consumidor;

II – a saída:

a) de aves abatidas ou produtos comestíveis resultantes de sua matança, em estado natural, resfriados, congelados ou simplesmente temperados, do estabelecimento abatedor;

b) de preparações ou conservas de carnes ou produtos comestíveis resultantes de sua matança, do estabelecimento industrializador;

III – o fornecimento, como alimentação, de produtos comestíveis resultantes de sua matança, em restaurante ou estabelecimento similar.

§ 1º. Aplica-se o diferimento previsto neste artigo ao recebimento decorrente de importação do exterior de pintos de um dia e de avestruz.

§ 2º. (Revogado).

- *§ 2º revogado pelo Decreto nº 50.456, de 29.12.2005 – DOE de 30.12.2005 – Efeitos a partir de 1º.1.2006.*

§ 3º. (Revogado).

- *§ 3º revogado pelo Decreto nº 50.456, de 29.12.2005 – DOE de 30.12.2005 – Efeitos a partir de 1º.1.2006.*

§ 4º. (Revogado).

- *§ 4º revogado pelo Decreto nº 50.456, de 29.12.2005 – DOE de 30.12.2005 – Efeitos a partir de 1º.1.2006.*

### Seção X – Das Operações com Gado em Pé e Produtos Resultantes da Matança

#### *Subseção I – Do Diferimento, da Base de Cálculo e do Recolhimento do Imposto*

**Art. 364.** O lançamento do imposto incidente nas sucessivas operações com gado em pé bovino ou suíno fica diferido para o momento em que ocorrer: (Lei nº 6.374/1989, art. 8º, XVII, § 10, na redação da Lei nº 9.176/1995, art. 1º, I):

I – a saída de gado em pé com destino:

a) a outro Estado;

b) ao exterior;

c) a consumidor;

II – a saída de produtos comestíveis resultantes de seu abate, de estabelecimento frigorífico ou de qualquer outro que promova o abate, ainda que submetidos a outros processos industriais;

III – a saída dos subprodutos da sua matança referidos no art. 383.

**Art. 365.** O lançamento do imposto incidente nas sucessivas saídas de gado em pé das demais espécies fica diferido para o momento em que ocorrer (Lei nº 6.374/1989, art. 8º, XVII, e § 10, na redação da Lei nº 9.176/1995, art. 1º, I):

I – sua saída com destino:

a) a outro Estado;

b) ao exterior;

c) a consumidor;

II – seu abate, ainda que efetuado em matadouro não pertencente ao abatedor;

**Art. 366.** A base de cálculo do imposto é (Lei nº 6.374/1989, art. 24, na redação da Lei nº 10.619/2000, arts. 1º, XIII, e 30):

I – nas hipóteses do art. 364 e do inciso I do art. 365, o valor da operação, na forma prevista neste Regulamento.

II – na hipótese do inciso II do art. 365, o valor da operação de que tiver decorrido a entrada do gado em pé no estabelecimento abatedor, na forma prevista neste Regulamento.

Parágrafo único. O valor mínimo da operação poderá ser fixado em pauta fiscal, nos termos do art. 46.

**Art. 367.** Relativamente aos arts. 364 e 365, o imposto, observado o disposto no art. 566, poderá ser recolhido sem os acréscimos legais (Lei nº 6.374/1989, art. 59):

I – nas hipóteses do art. 364 e do inciso I do art. 365 – pelo estabelecimento que promover a saída, por ocasião desta;

II – na hipótese do inciso II do art. 365:

a) quando o abate for efetuado em estabelecimento próprio – pelo abatedor, até o primeiro dia útil que se seguir ao do abate;

b) quando o abate for efetuado em estabelecimento arrendado pelo abatedor ou em estabelecimento de terceiro – pelo abatedor, até o primeiro dia útil que se seguir ao do abate ou antes de iniciada a saída, com destino ao estabelecimento do abatedor, dos produtos resultantes do abate, se esta ocorrer na fluência desse prazo; em qualquer destas hipóteses, o comprovante do recolhimento será exibido para retirada da mercadoria, devendo acompanhar o respectivo transporte.

§ 1º. O imposto será recolhido mediante guia de recolhimentos especiais, no local da situação:

1 – do estabelecimento que promover saída prevista no inciso I do art. 364 ou no inciso I do art. 365;

2 – do estabelecimento que promover o abate, facultado, na hipótese do inciso II do art. 365, o recolhimento na localidade onde se situar o matadouro;

3 – da exposição ou feira onde se encontrar o gado no momento da saída;

4 – em qualquer caso, tratando-se de contribuinte sujeito às normas do Regime Especial Unificado de Arrecadação de Tributos e Contribuições devidos pelas Microempresas e Empresas de Pequeno Porte – "Simples Nacional".

- *Item 4 acrescido pelo Decreto nº 52.104, de 29.8.2007 – DOE de 30.8.2007 – Efeitos a partir da publicação.*

§ 2º. Na hipótese do inciso II do art. 364, o imposto será pago em conta gráfica no período em que ocorrer a saída da mercadoria.

**Art. 368.** A guia de recolhimentos especiais, além dos demais requisitos, deverá conter (Lei nº 6.374/1989, art. 59 e Convênio SINIEF de 15.12.1970, art. 54, VI, na redação do Ajuste SINIEF-3/94, cláusula primeira, XII):

I – no caso do inciso I do art. 364 e do inciso I do art. 365:

a) a espécie do gado, a quantidade de cabeças e o valor total da operação;

b) o valor da pauta fiscal e o número do ato que a tiver fixado;

c) o valor da base de cálculo, quando diverso do da pauta fiscal;

d) o número, a série e a data da emissão do correspondente documento fiscal;

e) o valor do crédito comprovado nos termos do art. 370 a ser deduzido do imposto devido;

f) o valor de crédito eventual a ser deduzido do imposto devido.

II – no caso do inciso II do art. 365:

a) a data do abate, a espécie de gado abatido e o número do boletim de abate de que trata o art. 375;

b) o nome do titular do matadouro e o município de sua localização;

c) a quantidade de cabeças abatidas e o valor total da aquisição;

d) o valor da pauta fiscal e o número do ato que a tiver fixado;

e) o valor total da base de cálculo, quando diverso do da pauta fiscal;

f) o valor do crédito comprovado na forma do art. 370 a ser deduzido do imposto devido.

§ 1º. Será utilizada uma guia de recolhimento para cada espécie de gado abatido.

§ 2º. Havendo dispensa de emissão do boletim de abate, serão também indicados na guia de recolhimento:

1 – os nomes e endereços dos remetentes;

2 – os números e a série, bem como as datas de emissão e os valores das Notas Fiscais emitidas pelo abatedor.

### *Subseção II – Dos Créditos*

**Art. 369.** Quando do pagamento do imposto devido por operação prevista no inciso I do art. 364 ou no art. 365, poderá ser deduzido na própria guia de recolhimentos especiais, a título de crédito, o valor do imposto pago a outro Estado na operação anterior (Lei nº 6.374/1989, art. 36).

§ 1º. O imposto pago a outro Estado poderá ser utilizado na saída de gado em pé que não o correspondente à operação geradora do crédito fiscal.

§ 2º. O valor do crédito deduzido deverá ser lançado no livro Registro de Apuração do ICMS, no quadro "Débito do Imposto – Estornos de Créditos", com a expressão "Dedução Direta – Guia nº __".

- *Art. 369 com redação dada pelo Decreto nº 57.621, de 12.12.2011 – DOE de 13.12.2011 – Efeitos a partir de 1º.1.2012.*

**Art. 370.** (Revogado).

- *Art. 370 revogado pelo Decreto nº 57.621, de 12.12.2011 – DOE de 13.12.2011 – Efeitos a partir de 1º.1.2012.*

**Art. 371.** Eventuais créditos relativos a mercadoria entrada ou serviço recebido poderão também ser deduzidos na própria guia de recolhimento (Lei nº 6.374/1989, art. 36, com alteração da Lei nº 9.359/1996, art. 2º, I).

Parágrafo único. O valor do crédito deduzido será lançado no livro Registro de Apuração do ICMS, no quadro "Débito do Imposto – Estornos de Créditos", com a expressão "Dedução Direta – Guia nº (...)".

**Art. 372.** (Revogado).

- *Art. 372 revogado pelo Decreto nº 50.456, de 29.12.2005 – DOE de 30.12.2005 – Efeitos a partir de 1º.1.2006.*

### *Subseção III*
### *Das Obrigações dos Estabelecimentos Abatedores*

**Art. 373.** O abatedor emitirá Nota Fiscal no momento em que receber gado em pé, qualquer que seja a sua procedência ou o título da remessa, mesmo quando acompanhado de documento fiscal (Lei nº 6.374/1989, art. 67, § 1º e Convênio de 15.12.1970-SINIEF, art. 54, VI, na redação do Ajuste SINIEF-3/94, cláusula primeira, XII).

§ 1º. Além dos demais requisitos, a Nota Fiscal deverá conter as seguintes indicações:

1 – o município e o Estado de origem do gado;

2 – o valor da operação;

3 – (revogado);

• *Item 3 revogado pelo Decreto nº 57.621, de 12.12.2011 – DOE de 13.12.2011 – Efeitos a partir de 1º.1.2012.*

4 – os dados da guia de recolhimento do imposto e dos documentos fiscais emitidos pelo estabelecimento remetente;

5 – o número do romaneio de que trata o artigo seguinte.

§ 2º. (Revogado).

• *§ 2º revogado pelo Decreto nº 57.621, de 12.12.2011 – DOE de 13.12.2011 – Efeitos a partir de 1º.1.2012.*

**Art. 374.** Poderá o abatedor, no ato do recebimento de gado em pé, emitir romaneio, segundo modelo aprovado pela Secretaria da Fazenda, hipótese em que a Nota Fiscal de que trata o artigo anterior será emitida na data do abate (Lei nº 6.374/1989, art. 67, § 1º).

Parágrafo único. O romaneio:

1 – só poderá ser emitido se o gado estiver em condições de ser abatido e o abate se verificar dentro de 30 (trinta) dias, contados da data da entrada do gado no estabelecimento;

2 – não será lançado no livro Registro de Entradas;

3 – ficará sujeito às disposições aplicáveis aos documentos fiscais.

**Art. 375.** O abatedor emitirá, para cada espécie de gado e em relação ao abate efetuado no dia, boletim de abate, em forma e modelo aprovados pela Secretaria da Fazenda, no qual indicará as entradas, a quantidade abatida e o peso das peças inteiras de carne e osso, excluídos os subprodutos da matança, bem como indicará as saídas de gado em pé e o saldo de cabeças para o abate seguinte (Lei nº 6.374/1989, arts. 67 e 69).

Parágrafo único. A critério do fisco, poderá ser dispensado da emissão do boletim de abate o abatedor que efetuar abates de pequenos lotes de gado, hipótese em que, para recolhimento do imposto, observar-se-á o disposto no § 2º do art. 368.

**Art. 376.** Poderá a Secretaria da Fazenda exigir, do responsável pelo pagamento do imposto incidente sobre as sucessivas saídas de gado em pé, a emissão de guia de informação, em função de ocorrência indicada na legislação como determinante do momento em que deverá ser pago o imposto diferido.

**Art. 377.** O documento fiscal para movimentação de gado em pé deverá conter, além dos demais requisitos, as seguintes indicações (Lei nº 6.374/ 1989, art. 67, § 1º):

I – o Estado produtor;

II – o número do conhecimento de transporte e o da consignação, o nome da estação e a data do embarque, tratando-se de transporte ferroviário;

III – o nome e o endereço do transportador e o número da placa do veículo, tratando-se de transporte rodoviário;

IV – (revogado);

• *Inciso IV revogado pelo Decreto nº 57.621, de 12.12.2011 – DOE de 13.12.2011 – Efeitos a partir de 1º.1.2012.*

V – o número e a data da guia de recolhimentos especiais, se for o caso;

VI – o nome e o endereço do estabelecimento onde se encontrar a mercadoria no momento da saída.

§ 1º. (Revogado).

• *§ 1º revogado pelo Decreto nº 57.621, de 12.12.2011 – DOE de 13.12.2011 – Efeitos a partir de 1º.1.2012.*

§ 2º. (Revogado).

• *§ 2º revogado pelo Decreto nº 57.621, de 12.12.2011 – DOE de 13.12.2011 – Efeitos a partir de 1º.1.2012.*

**Art. 378.** (Revogado).

• *Art. 378 revogado pelo Decreto nº 57.621, de 12.12.2011 – DOE de 13.12.2011 – Efeitos a partir de 1º.1.2012.*

**Art. 379.** As operações de saída de gado em pé do estabelecimento abatedor, quando a este não incumbir o recolhimento do imposto, serão lançadas no livro Registro de Saídas, nas colunas "Operações ou Prestações sem Débito do Imposto" (Lei nº 6.374/1989, art. 67, § 1º).

• *Art. 379 com redação dada pelo Decreto nº 57.621, de 12.12.2011 – DOE de 13.12.2011 – Efeitos a partir de 1º.1.2012.*

**Art. 380.** Nas operações de saída de gado em pé do estabelecimento abatedor, quando a este incumbir o recolhimento do imposto, o contribuinte deverá (Lei nº 6.374/1989, art. 67, § 1º):

I – lançar as operações no livro Registro de Saídas, nas colunas "Operações ou Prestações com Débito do Imposto";

II – lançar no livro Registro de Apuração do ICMS, no quadro "Crédito do Imposto – Outros Créditos", com a expressão "ICMS s/ Gado em Pé – Recolhimento – Guia nº (...)", o valor do imposto efetivamente recolhido por guia de recolhimentos especiais.

**Art. 381.** Serão também lançados no livro Registro de Apuração do ICMS, no quadro "Crédito do Imposto – Outros Créditos", com a expressão (Lei nº 6.374/1989, art. 67, § 1º):

I – "ICMS s/ Abate de Gado – Recolhimento – Guia nº (...)", o valor do imposto efetivamente recolhido por guia de recolhimentos especiais, na forma prevista no § 1º do art. 367, pelo abate do gado;

II – "Crédito", o valor do crédito do imposto comprovado na forma do art. 370, deduzido por ocasião do recolhimento a que se refere o inciso I ou o artigo anterior.

**Art. 382.** Poderá a Secretaria da Fazenda exigir que os pecuaristas em geral – produtores, criadores, recriadores e invernistas – e os abatedores em geral – frigoríficos, marchantes, matadouros e açougueiros

– elaborem, em forma e modelo por ela aprovados, demonstrativos de movimento de gado e de documentos de comprovação de crédito (Lei nº 6.374/1989, art. 67, § 1º).

### *Subseção IV – Das Operações com Subproduto da Matança do Gado*

**Art. 383.** O lançamento do imposto incidente nas saídas internas de couro ou pele, em estado fresco, salmourado ou salgado, de produto gorduroso não comestível de origem animal, inclusive o sebo, de osso, de chifre ou de casco, fica diferido para o momento em que ocorrer (Lei nº 6.374/1989, arts. 8º, XIV, e § 10, e 59):

- *Art. 383,* caput, *com redação dada pelo Decreto nº 52.379, de 19.11.2007 – DOE de 20.11.2007 – Efeitos a partir de 1º.11.2007.*

I – sua saída para outro Estado;

- *Inciso I com redação dada pelo Decreto nº 50.456, de 29.12.2005 – DOE de 30.12.2005 – Efeitos a partir de 1º.1.2006.*

II – sua saída para o exterior;

- *Inciso II com redação dada pelo Decreto nº 50.456, de 29.12.2005 – DOE de 30.12.2005 – Efeitos a partir de 1º.1.2006.*

III – sua entrada em estabelecimento industrial, ainda que para simples curtimento;

- *Inciso III com redação dada pelo Decreto nº 50.456, de 29.12.2005 – DOE de 30.12.2005 – Efeitos a partir de 1º.1.2006.*

IV – (revogado).

- *Inciso IV revogado pelo Decreto nº 52.104, de 29.8.2007 – DOE de 30.8.2007 – Efeitos a partir da publicação.*

§ 1º. Na hipótese do inciso III, o contribuinte adquirente:

1 – escriturará o valor do imposto a pagar no livro Registro de Apuração do ICMS, no quadro "Débito do Imposto – Outros Débitos", com a expressão "Entradas de Sebo (ou Osso, ou Chifre, ou Casco)";

2 – registrará o valor do imposto pago, como crédito, quando admitido, unicamente no livro Registro de Apuração do ICMS, no quadro "Crédito do Imposto – Outros Créditos", com a expressão "Entradas Sebo (ou Osso, ou Chifre, ou Casco)".

- *§ 1º com redação dada pelo Decreto nº 52.379, de 19.11.2007 – DOE de 20.11.2007 – Efeitos a partir de 1º.11.2007.*

§ 2º. (Revogado).

- *§ 2º revogado pelo Decreto nº 52.379, de 19.11.2007 – DOE de 20.11.2007 – Efeitos a partir de 1º.11.2007.*

**Art. 384.** (Revogado).

- *Art. 384 revogado pelo Decreto nº 52.379, de 19.11.2007 – DOE de 20.11.2007 – Efeitos a partir de 1º.11.2007.*

### *Subseção V – Das Demais Disposições*

**Art. 385.** Os documentos fiscais emitidos pelos pecuaristas deverão conter, além dos demais requisitos, as indicações previstas no art. 377 (Lei nº 6.374/1989, art. 67, § 1º).

**Art. 386.** Quando o imposto tiver de ser recolhido por ocasião da saída de gado em pé de estabelecimento paulista, o estabelecimento abatedor, ao recebê-lo, exigirá a guia de recolhimento do imposto incidente na operação, respondendo, na sua falta, pelo pagamento, nos termos do inciso XI do art. 11, com o valor devidamente atualizado e acréscimos legais, sem prejuízo da aplicação das penalidades cabíveis ao remetente (Lei nº 6.374/1989, art. 9º, XI).

**Art. 387.** Sendo o abate efetuado em estabelecimento de terceiro, observar-se-á o seguinte (Lei nº 6.374/1989, art. 67, § 1º):

I – seu titular, para liberação dos produtos resultantes, exigirá o comprovante do recolhimento do imposto incidente nas sucessivas saídas do gado em pé;

II – no documento fiscal que acompanhar os produtos resultantes da matança, no transporte para o estabelecimento que tiver promovido o abate, deverão constar o número e a data da guia de recolhimento do imposto, bem como a identificação do órgão arrecadador;

III – essa guia de recolhimento acompanhará, no transporte, os produtos resultantes do abate.

### Seção XI – Das Operações com Equinos de Raça

**Art. 388.** O imposto devido na circulação de equino, de qualquer raça, que tenha controle genealógico oficial e idade superior a 3 (três) anos, será pago uma única vez em um dos seguintes momentos, o que ocorrer primeiro (Lei nº 6.374/1989, arts. 9º, IV, 24-I, IV, 30 e Ajuste SINIEF-5/87, cláusula primeira, com alteração do Ajuste SINIEF-5/98):

I – no recebimento, pelo importador, de equino importado do exterior;

II – no ato de arrematação em leilão do animal;

III – no registro da primeira transmissão da propriedade no "Stud Book" da raça;

IV – na saída para fora do Estado.

§ 1º. A base de cálculo do imposto é o valor da operação.

§ 2º. Na hipótese do inciso II, o imposto será arrecadado e pago pelo leiloeiro.

§ 3º. Na hipótese do inciso III, o documento fiscal relativo à transmissão de propriedade deverá conter, além do valor da operação, indicação da quantidade correspondente de Unidades Fiscais do Estado de São Paulo – UFESPs, com base no valor do dia de sua emissão.

§ 4º. O imposto a ser pago na data do registro resultará da conversão da quantidade de UFESPs apurada nos termos do parágrafo anterior pelo seu valor nessa data.

§ 5º. Nas saídas para fora do Estado, quando inexistir o valor de que trata o § 1º, a base de cálculo do imposto será aquela fixada em pauta.

§ 6º. O imposto será pago através de guia de recolhimentos especiais, na qual constarão todos os elementos necessários à identificação do animal.

§ 7º. Por ocasião do recolhimento do tributo, em se tratando de animal oriundo de outra unidade da Federação, o imposto que eventualmente tenha sido pago no Estado de origem será abatido do imposto a recolher.

§ 8º. O animal, em seu transporte, deverá estar sempre acompanhado (Convênio ICMS 136/93, cláusula primeira, §§ 6º e 9º, acrescentado pelo Convênio ICMS 80/03):

1 – da guia de recolhimento do imposto, facultada a lavratura de termo, pelo fisco da unidade federada onde ocorreu o recolhimento ou daquela em que o animal está registrado, no Certificado de Registro Definitivo ou Provisório ou no Cartão ou Passaporte de Identificação fornecido pelo "Stud Book", no qual deverão constar os dados relativos à guia de recolhimento;

2 – do Certificado de Registro Definitivo ou Provisório, permitida fotocópia autenticada por cartório, admitida a substituição do certificado pelo Cartão ou Passaporte de Identificação fornecido pelo "Stud Book" da raça, que deverá conter o nome, a idade, a filiação e demais características do animal, além do número de registro no "Stud Book".

- *§ 8º com redação dada pelo Decreto nº 48.294, de 2.12.2003 – DOE de 3.12.2003 – Efeitos a partir de 3.11.2003.*

§ 9º. O animal com até 3 (três) anos de idade poderá circular acompanhado apenas do Certificado de Registro Definitivo ou Provisório, fornecido pelo "Stud Book" da raça, permitido fotocópia autenticada, desde que o certificado contenha todos os dados que permitam a plena identificação do animal.

§ 10. O animal com mais de 3 (três) anos de idade, cujo imposto ainda não tenha sido pago por não ter ocorrido nenhum dos eventos previstos neste artigo, poderá circular acompanhado apenas do Certificado de Registro Definitivo ou Provisório, fornecido pelo "Stud Book" da raça, desde que o certificado contenha todos os dados que permitam a plena identificação do animal, permitido fotocópia autenticada por cartório, válida por 6 (seis) meses.

§ 11. O proprietário ou possuidor do equino registrado que observar as disposições deste artigo ficam dispensados da emissão de Nota Fiscal para acompanhar o animal em trânsito dentro do Estado.

§ 12. Nas saídas de equinos com destino a concursos hípicos em outro Estado, bem como no seu retorno, ressalvado o disposto no parágrafo seguinte, fica dispensada a emissão de Nota Fiscal, desde que o trânsito do animal se faça acompanhado do Passaporte de Identificação, expedido pela Confederação Brasileira de Hipismo – CBH, contendo, no mínimo, as indicações a seguir:

1 – nome, data de nascimento, raça, pelagem, sexo e resenha gráfica do animal;

2 – número de registro na Confederação Brasileira de Hipismo – CBH;

3 – nome, identidade, endereço e assinatura do proprietário.

§ 13. Na saída de animal com idade superior a 3 (três) anos para fora do Estado, para cobertura ou para participação em provas ou para treinamento, e cujo imposto ainda não tenha sido pago, fica suspenso o recolhimento do imposto, desde que emitida a Nota Fiscal respectiva e que o retorno do animal ocorra dentro do prazo de 60 (sessenta) dias, prorrogável, uma única vez, por período igual ou menor, a critério da repartição fiscal a que estiver vinculado o remetente.

- *Portarias que fixam valores mínimos para cálculo do ICMS nas operações com gado e carne: Portaria CAT nº 122, de 4.8.2010 (DOE 5.8.2010) (efeitos a partir de 5.8.2010); Portaria CAT nº 31, de 22.2.2010 (DOE de 23.2.2010) (efeitos a partir de 23.2.2010).*

## Seção XII – Das Operações com Leite

### *Subseção I – Do Diferimento*

**Art. 389.** O lançamento do imposto incidente nas sucessivas saídas de leite cru, pasteurizado ou reidratado fica diferido para o momento em que ocorrer (Lei nº 6.374/1989, art. 8º, XVII, e § 10, na redação da Lei nº 9.176/1995, art. 1º, I):

I – sua saída para outro Estado;

II – sua saída para o exterior;

III – a saída dos produtos resultantes de sua industrialização;

IV – sua saída do estabelecimento que promover o engarrafamento ou envasamento em embalagens invioláveis, para distribuição.

Parágrafo único. Quando se tratar de leite pasteurizado tipo especial, com 3,2% de gordura, leite pasteurizado magro, reconstituído ou não, com até 2% de gordura, ou leite pasteurizado tipo "A" ou "B", o diferimento interromper-se-á na saída para consumidor final.

### *Subseção II*
### *Do Controle Fiscal do Leite Cru no Entreposto*

**Art. 390.** O controle fiscal relacionado com o leite cru em entreposto situado neste Estado será feito de acordo com a disciplina constante no Anexo IX.

## Seção XIII – Das Operações com Pescado

**Art. 391.** O lançamento do imposto incidente nas operações com pescados, exceto os crustáceos e os moluscos, em estado natural, resfriados, congelados, salgados, secos, eviscerados, filetados, postejados ou defumados para conservação, desde que não enlatados ou cozidos, fica diferido para o momento em que ocorrer (Lei nº 6.374/1989, art. 8º, XVII, redação da Lei nº 9.176/1995, art. 1º, I):

I – sua saída para outro Estado;

II – sua saída para o exterior;

III – sua saída do estabelecimento varejista;

IV – a saída dos produtos resultantes de sua industrialização.

## Seção XIV
## Das Operações com Material Reciclável

### *Subseção I*
### *Das Operações com Resíduos de Materiais*

• *Seção XIV, Subseções I e II (arts. 392 a 394-A) com redação dada pelo Decreto nº 47.278, de 29.10.2002 – DOE de 30.10.2002 – Efeitos a partir dos fatos geradores ocorridos a partir do mês de novembro de 2002.*

**Art. 392.** O lançamento do imposto incidente nas sucessivas saídas de papel usado ou apara de papel, sucata de metal, caco de vidro, retalho, fragmento ou resíduo de plástico, de borracha ou de tecido fica diferido para o momento em que ocorrer (Lei nº 6.374/1989, arts. 8º, XVI, e § 10, 2, na redação da Lei nº 9.176/1995, art. 1º, I, e 59; Convênio SINIEF de 15.12.1970, art. 54, I e VI, na redação do Ajuste SINIEF-3/94, cláusula primeira, XII):

• *Art. 392 com redação dada pelo Decreto nº 47.278, de 29.10.2002 – DOE de 30.10.2002 – Efeitos a partir dos fatos geradores ocorridos a partir do mês de novembro de 2002.*

I – sua saída para outro Estado;

II – sua saída para o exterior;

III – sua entrada em estabelecimento industrial.

§ 1º. Na hipótese do inciso III, deverá o estabelecimento industrial:

1 – emitir Nota Fiscal, relativamente a cada entrada ou a cada aquisição de mercadoria;

2 – escriturar a operação no livro Registro de Entradas, utilizando as colunas sob os títulos "ICMS – Valores Fiscais – Operações ou Prestações com Crédito do Imposto", quando o crédito for admitido;

3 – escriturar o valor do imposto a pagar no livro Registro de Apuração do ICMS, no quadro "Débito do Imposto – Outros Débitos", com a expressão "Entradas de Resíduos de Materiais";

4 – tratando-se de contribuinte sujeito às normas do Regime Especial Unificado de Arrecadação de Tributos e Contribuições devidos pelas Microempresas e Empresas de Pequeno Porte – "Simples Nacional", proceder conforme os itens 1 e 2 e efetuar o recolhimento do ICMS devido, mediante guia de recolhimento especial, até o último dia do segundo mês subsequente ao da operação.

• *Item 4 acrescido pelo Decreto nº 52.104, de 29.8.2007 – DOE de 30.8.2007, e com redação dada pelo Decreto nº 59.967, de 17.12.2013 – DOE de 18.12.2013 – Efeitos a partir da publicação em relação aos fatos geradores que ocorrerem a partir de 1º.1.2014.*

§ 2º. Na entrada de mercadoria de peso inferior a 200 kg (duzentos quilogramas), adquirida de particulares, inclusive catadores, fica dispensada a emissão da Nota Fiscal referida no item 1 do parágrafo anterior para cada operação; deverá o contribuinte, ao fim do dia, emitir uma única Nota Fiscal pelo total das operações, para escrituração no livro Registro de Entradas.

**Art. 393.** (Revogado).

• *Art. 393 revogado pelo Decreto nº 52.379, de 19.11.2007 – DOE de 20.11.2007 – Efeitos a partir de 1º.11.2007.*

**Art. 393-A.** Na hipótese de industrialização de sucatas de metais não ferrosos indicadas no § 1º, por conta e ordem de terceiro, além do cumprimento das obrigações acessórias previstas nos arts. 404 a 408, o imposto será calculado e pago sobre o valor da matéria-prima recebida e sobre o valor total cobrado do autor da encomenda:

I – na saída de produto resultante da industrialização em retorno ao estabelecimento autor da encomenda;

II – na saída que, antes do retorno do produto resultante da industrialização ao estabelecimento autor da encomenda, por ordem deste, for promovida pelo estabelecimento industrializador com destino a outro, também industrializador.

§ 1º. O disposto neste artigo aplica-se às seguintes mercadorias, classificadas nas correspondentes subposições da Nomenclatura Brasileira de Mercadorias – Sistema Harmonizado – NBM/SH:

1. desperdícios e resíduos de cobre, inclusive a sucata de cobre, e quaisquer outras mercadorias classificadas na subposição 7404.00;

2. desperdícios e resíduos de níquel, inclusive a sucata de níquel, e quaisquer outras mercadorias classificadas na subposição 7503.00;

3. desperdícios e resíduos de alumínio, inclusive a sucata de alumínio, e quaisquer outras mercadorias classificadas na subposição 7602.00;

4. desperdícios e resíduos de chumbo, inclusive a sucata de chumbo, e quaisquer outras mercadorias classificadas na subposição 7802.00;

5. desperdícios e resíduos de zinco, inclusive a sucata de zinco, e quaisquer outras mercadorias classificadas na subposição 7902.00;

6. desperdícios e resíduos de estanho, inclusive a sucata de estanho, e quaisquer outras mercadorias classificadas na subposição 8002.00;

§ 2º. O disposto neste artigo não se aplica quando:

1. o estabelecimento autor da encomenda estiver localizado em outro Estado e a operação esteja amparada por regime especial concedido com a anuência deste Estado, hipótese em que o imposto será calculado e pago sobre o valor total cobrado do autor da encomenda, conforme dispõe o art. 402;

2. o produto resultante da industrialização estiver classificado na posição 7601 da Nomenclatura Brasileira de Mercadorias – Sistema Harmonizado – NBM/SH indicada no art. 400-D, em hipótese abrangida pelo diferimento previsto neste Capítulo.

- *Art. 393-A acrescido pelo Decreto nº 49.612, de 23.5.2005 – DOE de 24.5.2005 – Efeitos a partir de 1º.6.2005.*

**Art. 394.** (Revogado).

- *Art. 394 revogado pelo Decreto nº 52.379, de 19.11.2007 – DOE de 20.11.2007 – Efeitos a partir de 1º.11.2007.*

### *Subseção II*
### *Das Operações com Garrafas Pet e do Produto Resultante de sua Moagem ou Trituração*

**Art. 394-A.** O lançamento do imposto incidente nas sucessivas saídas de garrafas PET usadas e do produto resultante de sua moagem ou trituração fica diferido para o momento em que ocorrer (Lei nº 6.374/1989, arts. 8º, XXIV, e § 10, 2, na redação da Lei nº 9.176/1995, art. 1º, I, e 59):

I – sua saída para outro Estado;

II – sua saída para o exterior;

III – a saída do produto resultante de sua industrialização.

- *Art. 394-A acrescido pelo Decreto nº 47.278, de 29.10.2002 – DOE de 30.10.2002, produzindo efeitos para os fatos geradores ocorridos a partir do mês de novembro de 2002.*

## Seção XV
## Das Operações com Partes e Peças para a Fabricação de Trator, Caminhão e Ônibus

**Art. 395.** (Revogado).

- *Art. 395 revogado pelo Decreto nº 51.520, de 29.1.2007 – DOE de 30.1.2007, produzindo efeitos para os fatos geradores ocorridos a partir de 1º.2.2007.*

## Seção XV-A – Das Operações com Partes, Peças e Componentes para Fabricação de Máquinas e Equipamentos de Uso na Extração Mineral e na Construção

- *Seção XV-A (arts. 395-A e 395-B) acrescida pelo Decreto nº 56.336, de 27.10.2010 – DOE de 28.10.2010 – Efeitos a partir da publicação.*

**Art. 395-A.** O lançamento do imposto incidente na operação interna promovida pelo estabelecimento fabricante de partes, peças e componentes destinados ao estabelecimento fabricante de máquinas e equipamentos de uso na extração mineral e na construção, classificado no código do grupo 285 da Classificação Nacional de Atividades Econômicas – CNAE, fica diferido para o momento em que ocorrer a subsequente saída do destinatário da mesma mercadoria ou de outra resultante de sua industrialização (Lei nº 6.374/1989, art. 8º, XXIV e § 10, na redação da Lei nº 9.176/1995, art. 1º).

Parágrafo único. O disposto neste artigo fica condicionado a que:

1 – seja concedido regime especial ao estabelecimento fabricante de máquinas e equipamentos, nos termos de disciplina estabelecida pela Secretaria da Fazenda;

2 – haja expressa adesão do estabelecimento fabricante de partes, peças e componentes ao regime especial concedido conforme indicado no item 1.

- *Art. 395-A acrescido pelo Decreto nº 56.336, de 27.10.2010 – DOE de 28.10.2010 – Efeitos a partir da publicação.*

**Art. 395-B.** O lançamento do imposto incidente no desembaraço aduaneiro de partes, peças e componentes, quando a importação for efetuada diretamente por estabelecimento fabricante de máquinas e equipamentos de uso na extração mineral e na construção, classificado no código do grupo 285 da Classificação Nacional de Atividades Econômicas – CNAE, fica suspenso para o momento em que ocorrer a saída do importador da mesma mercadoria ou de outra resultante de sua industrialização.

§ 1º. A suspensão prevista neste artigo fica condicionada:

1 – ao atendimento da condição referida no item 1 do parágrafo único do art. 395-A;

2 – a que o estabelecimento importador:

a) seja usuário do sistema eletrônico de processamento de dados para a emissão e escrituração de documentos fiscais, nos termos de disciplina estabelecida pela Secretaria da Fazenda;

b) promova o desembarque e o desembaraço aduaneiro da mercadoria importada em território paulista.

§ 2º. Não satisfeitas as condições estabelecidas neste artigo, não prevalecerá a suspensão, hipótese em que o importador deverá recolher o imposto devido com multa e demais acréscimos legais, calculados desde a data do desembaraço aduaneiro, por meio de Guia de Arrecadação Estadual (GARE-ICMS).

- *Art. 395-B acrescido pelo Decreto nº 56.336, de 27.10.2010 – DOE de 28.10.2010 – Efeitos a partir da publicação.*

**Seção XV-B**
**Das Operações com Matéria-Prima e Produto Intermediário para Fabricação de Eletrodomésticos**

- *Seção XV-B (arts. 395-C a 395-E) acrescida pelo Decreto nº 56.874, de 23.3.2011 – DOE de 24.3.2011 – Efeitos a partir de 1º.4.2011.*

**Art. 395-C.** O lançamento do imposto incidente na saída interna de matéria-prima e produto intermediário destinados a estabelecimento fabricante de fogões, refrigeradores, congeladores (freezers), máquinas de lavar louça, máquinas de lavar roupa ou máquinas de secar roupa, todos de uso doméstico, classificado no código 2751-1/00 da Classificação Nacional de Atividades Econômicas – CNAE, fica diferido para o momento em que ocorrer a saída do produto resultante da industrialização ao qual tenha sido integrada a referida matéria-prima e produto intermediário.

- *Art. 395-C,* caput, *acrescido pelo Decreto nº 56.874, de 23.3.2011 – DOE de 24.3.2011 – Efeitos a partir de 1º.4.2011.*

§ 1º. O disposto neste artigo fica condicionado a que:

1 – seja concedido regime especial ao estabelecimento fabricante de fogões, refrigeradores, congeladores (freezers), máquinas de lavar louça, máquinas de lavar roupa ou máquinas de secar roupa, todos de uso doméstico, nos termos de disciplina estabelecida pela Secretaria da Fazenda;

2 – haja expressa adesão do estabelecimento fornecedor de matéria-prima e produto intermediário ao regime especial concedido conforme indicado no item 1.

- *§ 1º acrescido pelo Decreto nº 56.874, de 23.3.2011 – DOE de 24.3.2011 – Efeitos a partir de 1º.4.2011.*

§ 2º. (Revogado).

- *§ 2º acrescido pelo Decreto nº 56.874, de 23.3.2011 – DOE de 24.3.2011, e revogado pelo Decreto nº 60.366, de 15.4.2014 – DOE de 16.4.2014 – Efeitos a partir de 1º.7.2014.*

**Art. 395-D.** O lançamento do imposto incidente no desembaraço aduaneiro de matéria-prima e produto intermediário, quando a importação for efetuada diretamente por estabelecimento fabricante de fogões, refrigeradores, congeladores (freezers), máquinas de lavar louça, máquinas de lavar roupa ou máquinas de secar roupa, todos de uso doméstico, classificado no código 2751-1/00 da Classificação Nacional de Atividades Econômicas – CNAE, fica suspenso para o momento em que ocorrer a saída, do importador, do produto resultante da industrialização ao qual tenha sido integrada a referida matéria prima e produto intermediário.

- *Art. 395-D,* caput, *acrescido pelo Decreto nº 56.874, de 23.3.2011 – DOE de 24.3.2011 – Efeitos a partir de 1º.4.2011.*

§ 1º. A suspensão prevista neste artigo fica condicionada:

1 – a que não haja similar da matéria-prima e do produto intermediário produzidos no país, conforme atestado por órgão federal competente ou entidade representativa de seu setor produtivo com abrangência nacional;

2 – ao atendimento do disposto no item 1 do § 1º do art. 395-C;

3 – a que o estabelecimento importador:

a) seja usuário do sistema eletrônico de processamento de dados para a emissão e escrituração de documentos fiscais, nos termos de disciplina estabelecida pela Secretaria da Fazenda;

b) promova o desembarque e o desembaraço aduaneiro da mercadoria importada em território paulista.

- *§ 1º acrescido pelo Decreto nº 56.874, de 23.3.2011 – DOE de 24.3.2011 – Efeitos a partir de 1º.4.2011.*

§ 2º. Não satisfeitas as condições estabelecidas neste artigo, não prevalecerá a suspensão, hipótese em que o importador deverá recolher o imposto devido com multa e demais acréscimos legais, calculados desde a data do desembaraço aduaneiro, por meio de Guia de Arrecadação Estadual (GARE-ICMS).

- *§ 2º acrescido pelo Decreto nº 56.874, de 23.3.2011 – DOE de 24.3.2011 – Efeitos a partir de 1º.4.2011.*

§ 3º. (Revogado).

- *§ 3º acrescido pelo Decreto nº 56.874, de 23.3.2011 – DOE de 24.3.2011, e revogado pelo Decreto nº 60.366, de 15.4.2014 – DOE de 16.4.2014 – Efeitos a partir de 1º.7.2014.*

**Art. 395-E.** O diferimento e a suspensão previstos, respectivamente, nos arts. 395-C e 395-D condicionam-se a que:

1 – o contribuinte esteja em situação regular perante o fisco;

2 – o contribuinte não possua, por qualquer de seus estabelecimentos:

a) débitos fiscais inscritos na dívida ativa deste Estado;

b) débitos do imposto declarados e não pagos no prazo de até 30 (trinta) dias contados da data de seu vencimento;

c) débitos do imposto decorrentes de Auto de Infração e Imposição de Multa – AIIM, em relação ao qual não caiba mais defesa ou recurso na esfera administrativa, não pagos no prazo previsto na legislação;

d) débitos decorrentes de Auto de Infração e Imposição de Multa – AIIM ainda não julgado definitivamente na esfera administrativa, relativos a crédito indevido do imposto proveniente de operações ou prestações amparadas por benefícios fiscais concedidos em desacordo com o disposto no art. 155, § 2°, XII, "g", da Constituição Federal;

3 – na hipótese de o contribuinte não atender ao disposto no item 2:

a) os débitos estejam garantidos por depósito, judicial ou administrativo, fiança bancária, seguro de obrigações contratuais ou outro tipo de garantia, a juízo da Procuradoria Geral do Estado, se inscritos na dívida ativa, ou a juízo do Coordenador da Administração Tributária, caso ainda pendentes de inscrição na dívida ativa;

b) os débitos declarados ou apurados pelo fisco sejam objeto de pedido de pedido de parcelamento deferido e celebrado, que esteja sendo regularmente cumprido;

c) o Auto de Infração e Imposição de Multa – AIIM ainda não julgado definitivamente na esfera administrativa seja garantido por depósito administrativo, fiança bancária, seguro de obrigações contratuais ou outro tipo de garantia, a juízo do Coordenador da Administração Tributária.

- *Art. 395-E acrescido pelo Decreto n° 56.874, de 23.3.2011 – DOE de 24.3.2011 – Efeitos a partir de 1°.4.2011.*

**Seção XV-C**
**Das Operações com Matéria-Prima e Produto Intermediário para Fabricação de Lâmpadas LED**

- *Seção XV-C (arts. 395-F a 395-H) acrescida pelo Decreto n° 56.874, de 23.3.2011 – DOE de 24.3.2011 – Efeitos a partir de 1°.4.2011.*

**Art. 395-F.** O lançamento do imposto incidente na saída interna de matéria-prima e produto intermediário, destinados aos contribuintes adiante indicados, fica diferido para o momento em que ocorrer a saída do produto resultante da industrialização ao qual tenha sido integrada a referida matéria-prima e produto intermediário:

I – estabelecimento fabricante classificado no código 2740-6/01 da CNAE, para fabricação de lâmpada LED (NCM 8543.70.99), luminária LED (NCM 9405.10.99), refletor LED (NCM 9405.10.93), fita LED (NCM 9405.40.90) e painel LED (NCM 8531.20.00);

II – estabelecimento fabricante classificado no código 2740-6/02 da CNAE, para fabricação de luminária LED (NCM 9405.40.90).

- *Art. 395-F,* caput, *acrescido pelo Decreto n° 56.874, de 23.3.2011 – DOE de 24.3.2011, e com redação dada pelo Decreto n° 60.063, de 14.1.2014 – DOE de 15.1.2014 – Efeitos a partir da publicação.*

§ 1°. O disposto neste artigo fica condicionado a que:

- *§ 1°,* caput, *acrescido pelo Decreto n° 56.874, de 23.3.2011 – DOE de 24.3.2011 – Efeitos a partir de 1°.4.2011.*

1 – seja concedido regime especial ao estabelecimento fabricante dos produtos indicados nos incisos do *caput* deste artigo, nos termos de disciplina estabelecida pela Secretaria da Fazenda;

- *Item 1 acrescido pelo Decreto n° 56.874, de 23.3.2011 – DOE de 24.3.2011, e com redação dada pelo Decreto n° 60.063, de 14.1.2014 – DOE de 15.1.2014 – Efeitos a partir da publicação.*

2 – haja expressa adesão do estabelecimento fornecedor de matéria-prima e produto intermediário ao regime especial concedido conforme indicado no item 1.

- *Item 2 acrescido pelo Decreto n° 56.874, de 23.3.2011 – DOE de 24.3.2011 – Efeitos a partir de 1°.4.2011.*

§ 2°. (Revogado).

- *§ 2° revogado pelo Decreto n° 60.366, de 15.4.2014 – DOE de 16.4.2014 – Efeitos a partir de 1°.7.2014.*

**Art. 395-G.** O lançamento do imposto incidente no desembaraço aduaneiro de matéria-prima e produto intermediário, quando a importação for efetuada diretamente por contribuintes adiante indicados, fica suspenso para o momento em que ocorrer a saída, do importador, do produto resultante da industrialização ao qual tenha sido integrada a referida matéria-prima e produto intermediário:

I – estabelecimento fabricante classificado no código 2740-6/01 da CNAE, para fabricação de lâmpada LED (NCM 8543.70.99), luminária LED (NCM 9405.10.99), refletor LED (NCM 9405.10.93), fita LED (NCM 9405.40.90) e painel LED (NCM 8531.20.00);

II – estabelecimento fabricante classificado no código 2740-6/02 da CNAE, para fabricação de luminária LED (NCM 9405.40.90).

- *Art. 395-G,* caput, *acrescido pelo Decreto n° 56.874, de 23.3.2011 – DOE de 24.3.2011, e com redação dada pelo Decreto n° 60.063, de 14.1.2014 – DOE de 15.1.2014 – Efeitos a partir da publicação.*

§ 1°. A suspensão prevista neste artigo fica condicionada:

1 – a que não haja similar da matéria prima e do produto intermediário produzidos no país, conforme atestado por órgão federal competente ou entidade representativa de seu setor produtivo com abrangência nacional;

2 – ao atendimento do disposto no item 1 do § 1° do art. 395-F;

3 – a que o estabelecimento importador:

a) seja usuário do sistema eletrônico de processamento de dados para a emissão e escrituração de documentos fiscais, nos termos de disciplina estabelecida pela Secretaria da Fazenda;

b) promova o desembarque e o desembaraço aduaneiro da mercadoria importada em território paulista.

• *§ 1º acrescido pelo Decreto nº 56.874, de 23.3.2011 – DOE de 24.3.2011 – Efeitos a partir de 1º.4.2011.*

§ 2º. Não satisfeitas as condições estabelecidas neste artigo, não prevalecerá a suspensão, hipótese em que o importador deverá recolher o imposto devido com multa e demais acréscimos legais, calculados desde a data do desembaraço aduaneiro, por meio de Guia de Arrecadação Estadual (GARE-ICMS).

• *§ 2º acrescido pelo Decreto nº 56.874, de 23.3.2011 – DOE de 24.3.2011 – Efeitos a partir de 1º.4.2011.*

§ 3º. (Revogado).

• *§ 3º acrescido pelo Decreto nº 56.874, de 23.3.2011 – DOE de 24.3.2011, e revogado pelo Decreto nº 60.366, de 15.4.2014 – DOE de 16.4.2014 – Efeitos a partir de 1º.7.2014.*

• *Art. 395-G acrescido pelo Decreto nº 56.874, de 23.3.2011 – DOE de 24.3.2011 – Efeitos a partir de 1º.4.2011.*

**Art. 395-H.** O diferimento e a suspensão previstos, respectivamente, nos arts. 395-F e 395-G condicionam-se a que:

1 – o contribuinte esteja em situação regular perante o fisco;

2 – o contribuinte não possua, por qualquer de seus estabelecimentos:

a) débitos fiscais inscritos na dívida ativa deste Estado;

b) débitos do imposto declarados e não pagos no prazo de até 30 (trinta) dias contados da data de seu vencimento;

c) débitos do imposto decorrentes de Auto de Infração e Imposição de Multa – AIIM, em relação ao qual não caiba mais defesa ou recurso na esfera administrativa, não pagos no prazo previsto na legislação;

d) débitos decorrentes de Auto de Infração e Imposição de Multa – AIIM ainda não julgado definitivamente na esfera administrativa, relativos a crédito indevido do imposto proveniente de operações ou prestações amparadas por benefícios fiscais concedidos em desacordo com o disposto no art. 155, § 2º, XII, "g", da Constituição Federal;

3 – na hipótese de o contribuinte não atender ao disposto no item 2:

a) os débitos estejam garantidos por depósito, judicial ou administrativo, fiança bancária, seguro de obrigações contratuais ou outro tipo de garantia, a juízo da Procuradoria Geral do Estado, se inscritos na dívida ativa, ou a juízo do Coordenador da Administração Tributária, caso ainda pendentes de inscrição na dívida ativa;

b) os débitos declarados ou apurados pelo fisco sejam objeto de pedido de parcelamento deferido e celebrado, que esteja sendo regularmente cumprido;

c) o Auto de Infração e Imposição de Multa – AIIM ainda não julgado definitivamente na esfera administrativa seja garantido por depósito administrativo, fiança bancária, seguro de obrigações contratuais ou outro tipo de garantia, a juízo do Coordenador da Administração Tributária.

• *Art. 395-H acrescido pelo Decreto nº 56.874, de 23.3.2011 – DOE de 24.3.2011 – Efeitos a partir de 1º.4.2011.*

## Seção XV-D
## Das Operações com Matéria-Prima e Produto Intermediário para Fabricação de Células Fotovoltaicas

• *Seção XV-D (arts. 395-I a 395-K) acrescida pelo Decreto nº 56.874, de 23.3.2011 – DOE de 24.3.2011 – Efeitos a partir de 1º.4.2011.*

**Art. 395-I.** O lançamento do imposto incidente na saída interna de matéria-prima e produto intermediário destinados a estabelecimento fabricante de células fotovoltaicas em módulos ou painéis, classificadas nos códigos 8541.40.31 ou 8541.40.32 da Nomenclatura Comum do Mercosul – NCM, fica diferido para o momento em que ocorrer a saída do produto resultante da industrialização ao qual tenha sido integrada a referida matéria-prima e produto intermediário.

§ 1º. O disposto neste artigo fica condicionado a que:

1 – seja concedido regime especial ao estabelecimento fabricante de células fotovoltaicas em módulos ou painéis, nos termos de disciplina estabelecida pela Secretaria da Fazenda;

2 – haja expressa adesão do estabelecimento fornecedor de matéria-prima e produto intermediário ao regime especial concedido conforme indicado no item 1.

§ 2º. (Revogado).

• *§ 2º revogado pelo Decreto nº 60.366, de 15.4.2014 – DOE de 16.4.2014 – Efeitos a partir de 1º.7.2014.*

• *Art. 395-I acrescido pelo Decreto nº 56.874, de 23.3.2011 – DOE de 24.3.2011 – Efeitos a partir de 1º.4.2011.*

**Art. 395-J.** O lançamento do imposto incidente no desembaraço aduaneiro de matéria-prima e produto intermediário, quando a importação for efetuada diretamente por estabelecimento fabricante de células fotovoltaicas em módulos ou painéis, classificadas nos códigos 8541.40.31 ou 8541.40.32 da Nomenclatura Comum do Mercosul – NCM, fica suspenso para o momento em que ocorrer a saída, do importador, do produto resultante da industrialização ao qual tenha sido integrada a referida matéria prima e produto intermediário.

• *Art. 395-J,* caput, *acrescido pelo Decreto nº 56.874, de 23.3.2011 – DOE de 24.3.2011 – Efeitos a partir de 1º.4.2011.*

§ 1º. A suspensão prevista neste artigo fica condicionada:

1 – a que não haja similar da matéria prima e do produto intermediário produzidos no país, conforme atestado por órgão federal competente ou entidade representativa de seu setor produtivo com abrangência nacional;

2 – ao atendimento do disposto no item 1 do § 1º do art. 395-I;

3 – a que o estabelecimento importador:

a) seja usuário do sistema eletrônico de processamento de dados para a emissão e escrituração de documentos fiscais, nos termos de disciplina estabelecida pela Secretaria da Fazenda;

b) promova o desembarque e o desembaraço aduaneiro da mercadoria importada em território paulista.

• *§ 1º acrescido pelo Decreto nº 56.874, de 23.3.2011 – DOE de 24.3.2011 – Efeitos a partir de 1º.4.2011.*

§ 2º. Não satisfeitas as condições estabelecidas neste artigo, não prevalecerá a suspensão, hipótese em que o importador deverá recolher o imposto devido com multa e demais acréscimos legais, calculados desde a data do desembaraço aduaneiro, por meio de Guia de Arrecadação Estadual (GARE-ICMS).

• *§ 2º acrescido pelo Decreto nº 56.874, de 23.3.2011 – DOE de 24.3.2011 – Efeitos a partir de 1º.4.2011.*

§ 3º. (Revogado).

• *§ 3º acrescido pelo Decreto nº 56.874, de 23.3.2011 – DOE de 24.3.2011, e revogado pelo Decreto nº 60.366, de 15.4.2014 – DOE de 16.4.2014 – Efeitos a partir de 1º.7.2014.*

• *Art. 395-J acrescido pelo Decreto nº 56.874, de 23.3.2011 – DOE de 24.3.2011 – Efeitos a partir de 1º.4.2011.*

**Art. 395-K.** O diferimento e a suspensão previstos, respectivamente, nos arts. 395-I e 395-J condicionam-se a que:

1 – o contribuinte esteja em situação regular perante o fisco;

2 – o contribuinte não possua, por qualquer de seus estabelecimentos:

a) débitos fiscais inscritos na dívida ativa deste Estado;

b) débitos do imposto declarados e não pagos no prazo de até 30 (trinta) dias contados da data de seu vencimento;

c) débitos do imposto decorrentes de Auto de Infração e Imposição de Multa – AIIM, em relação ao qual não caiba mais defesa ou recurso na esfera administrativa, não pagos no prazo previsto na legislação;

d) débitos decorrentes de Auto de Infração e Imposição de Multa – AIIM ainda não julgado definitivamente na esfera administrativa, relativos a crédito indevido do imposto proveniente de operações ou prestações amparadas por benefícios fiscais concedidos em desacordo com o disposto no art. 155, § 2º, XII, "g", da Constituição Federal;

3 – na hipótese de o contribuinte não atender ao disposto no item 2:

a) os débitos estejam garantidos por depósito, judicial ou administrativo, fiança bancária, seguro de obrigações contratuais ou outro tipo de garantia, a juízo da Procuradoria Geral do Estado, se inscritos na dívida ativa, ou a juízo do Coordenador da Administração Tributária, caso ainda pendentes de inscrição na dívida ativa;

b) os débitos declarados ou apurados pelo fisco sejam objeto de pedido de parcelamento deferido e celebrado, que esteja sendo regularmente cumprido;

c) o Auto de Infração e Imposição de Multa – AIIM ainda não julgado definitivamente na esfera administrativa seja garantido por depósito administrativo, fiança bancária, seguro de obrigações contratuais ou outro tipo de garantia, a juízo do Coordenador da Administração Tributária.

• *Art. 395-K acrescido pelo Decreto nº 56.874, de 23.3.2011 – DOE de 24.3.2011 – Efeitos a partir de 1º.4.2011.*

## Seção XV-E
## Das Operações com Insumos para a Fabricação de Painéis de Partículas de Madeira (MDP), Painéis de Fibras de Madeira (MDF) e Chapas de Fibras de Madeira

• *Seção XV-E (art. 395-L) acrescida pelo Decreto nº 56.874, de 23.3.2011 – DOE de 24.3.2011 – Efeitos a partir de 1º.4.2011.*

**Art. 395-L.** O lançamento do imposto incidente na saída interna efetuada pelo estabelecimento fabricante de resina de uréia-formaldeído, classificada nos códigos 3909.10.00 ou 3909.20.29 da Nomenclatura Comum do Mercosul – NCM, com destino a estabelecimento fabricante dos produtos a seguir relacionados, fica diferido na proporção de 33,33% (trinta e três inteiros e trinta e três centésimos por cento) do valor da operação, para o momento em que ocorrer a saída do produto resultante de sua industrialização:

I – painéis de partículas de madeira (MDP) classificados nos códigos 4410.11.10 a 4410.11.90 da Nomenclatura Comum do Mercosul – NCM;

II – painéis de fibras de madeira de média densidade (MDF) classificados nos códigos 4411.12 a 4411.14 da Nomenclatura Comum do Mercosul – NCM;

III – chapas de fibras de madeira classificadas nos códigos 4411.92 a 4411.94 da Nomenclatura Comum do Mercosul – NCM.

• *Art. 395-L,* caput, *acrescido pelo Decreto nº 56.874, de 23.3.2011 – DOE de 24.3.2011 – Efeitos a partir de 1º.4.2011.*

§ 1º. O disposto neste artigo fica condicionado a que:

1 – o estabelecimento fabricante de MDP, MDF ou chapas de fibras de madeira esteja em situação regular perante o fisco;

2 – seja concedido regime especial ao estabelecimento fabricante de MDP, MDF ou chapas de fibras de madeira, nos termos de disciplina estabelecida pela Secretaria da Fazenda;

3 – haja expressa adesão do estabelecimento fornecedor da resina ao regime especial concedido conforme indicado no item 2.

• *§ 1º acrescido pelo Decreto nº 56.874, de 23.3.2011 – DOE de 24.3.2011 – Efeitos a partir de 1º.4.2011.*

§ 2º. O disposto neste artigo condiciona-se também a que:

1 – o contribuinte fabricante de MDP, MDF ou chapas de fibras de madeira não possua, por qualquer dos seus estabelecimentos:

a) débitos fiscais inscritos na dívida ativa deste Estado;

b) débitos do imposto declarados e não pagos no prazo de até 30 (trinta) dias contados da data do seu vencimento;

c) débitos do imposto decorrentes de Auto de Infração e Imposição de Multa – AIIM, em relação ao qual não caiba mais defesa ou recurso na esfera administrativa, não pagos no prazo fixado para o seu recolhimento;

d) débitos decorrentes de Auto de Infração e Imposição de Multa – AIIM ainda não julgado definitivamente na esfera administrativa, relativos a crédito indevido do imposto, proveniente de operações ou prestações amparadas por benefícios fiscais de ICMS concedidos em desacordo com o disposto no art. 155, § 2º, XII, "g" da Constituição Federal;

2 – na hipótese de o contribuinte não atender à condição prevista no item 1:

a) os débitos estejam garantidos por depósito, judicial ou administrativo, fiança bancária, seguro de obrigações contratuais ou outro tipo de garantia, a juízo da Procuradoria Geral do Estado, se inscritos na dívida ativa, ou a juízo do Coordenador da Administração Tributária, caso ainda pendente de inscrição na dívida ativa;

b) os débitos declarados ou apurados pelo Fisco sejam objeto de pedido de parcelamento deferido e celebrado, que esteja sendo regularmente cumprido;

c) o Auto de Infração e Imposição de Multa – AIIM ainda não julgado definitivamente na esfera administrativa seja garantido por depósito administrativo, fiança bancária, seguro de obrigações contratuais ou outro tipo de garantia, a juízo do Coordenador da Administração Tributária.

• *§ 2º acrescido pelo Decreto nº 56.874, de 23.3.2011 – DOE de 24.3.2011 – Efeitos a partir de 1º.4.2011.*

§ 3º. (Revogado).

• *§ 3º acrescido pelo Decreto nº 56.874, de 23.3.2011 – DOE de 24.3.2011, e revogado pelo Decreto nº 60.366, de 15.4.2014 – DOE de 16.4.2014 – Efeitos a partir de 1º.7.2014.*

## Seção XVI – Das Operações com Insumos e Produtos Acabados da Indústria de Processamento Eletrônico de Dados

• *Título da Seção XVI com redação dada pelo Decreto nº 51.011, de 28.7.2006 – DOE de 29.7.2006 – Efeitos a partir de 1º.10.2006.*

**Art. 396.** (Revogado).

• *Art. 396 revogado pelo Decreto nº 51.520, de 29.1.2007 – DOE de 30.1.2007 – Produzindo efeitos aos fatos geradores que ocorrerem a partir de 1º.2.2007.*

**Art. 396-A.** O lançamento do imposto incidente no desembaraço aduaneiro de partes, peças, componentes e matérias-primas, quando a importação for efetuada diretamente por estabelecimento fabricante de produtos da indústria de processamento eletrônico de dados, abrangido pelo art. 4º da Lei federal nº 8.248, de 23 de outubro de 1991, para serem utilizados na fabricação de produto da referida indústria, fica suspenso para o momento em que ocorrer a saída:

I – da mercadoria resultante de sua industrialização;

II – dos insumos mencionados neste artigo para assistência técnica.

§ 1º. A suspensão prevista neste artigo:

1 – fica condicionada a que o estabelecimento importador:

a) seja usuário do sistema eletrônico de processamento de dados para a emissão e escrituração de documentos fiscais, nos termos de disciplina estabelecida pela Secretaria da Fazenda;

b) promova o desembarque e o desembaraço aduaneiro da mercadoria importada em território paulista;

c) esteja regular com o cumprimento das obrigações acessórias;

d) esteja credenciado pela Secretaria da Fazenda, conforme disciplina por ela estabelecida;

2 – aplica-se, também, à saída interna dos insumos mencionados neste artigo promovida pelo estabelecimento fabricante de produtos de processamento eletrônico de dados com destino a outro estabelecimento, também fabricante de produto beneficiado pela Lei federal nº 8.248, de 23 de outubro de 1991, credenciado nos termos da alínea "d" do item 1 do § 1º.

§ 2º. A Secretaria da Fazenda publicará lista contendo os dados cadastrais dos estabelecimentos que estejam abrangidos pelo art. 4º da Lei federal nº 8.248, de 23 de outubro de 1991, com base:

1 – em informações recebidas de entidade representativa da indústria de produtos de processamento eletrônico de dados com abrangência em todo território nacional;

2 – no credenciamento de que trata a alínea "d" do item 1 do § 1º.

§ 3º. Não satisfeitas as condições estabelecidas neste artigo, não prevalecerá a suspensão, hipótese em que o importador deverá recolher o imposto com multa e demais acréscimos legais, calculados desde a data do desembaraço aduaneiro, por meio de Guia de Arrecadação Estadual (GARE-ICMS).

- *Art. 396-A acrescido pelo Decreto nº 51.011, de 28.7.2006 – DOE de 29.7.2006 – Efeitos a partir de 1º.10.2006.*

**Art. 396-B.** (Revogado).

- *Art. 396-B acrescido pelo Decreto nº 58.763, de 20.12.2012 – DOE de 21.12.2012, e revogado pelo Decreto nº 58.876, de 5.2.2013 – DOE de 6.2.2013 – Produzindo efeitos a partir de 30.10.2012.*

## Seção XVII
## Das Operações com Bebidas Destinadas a Insumos de outras Bebidas

**Art. 397.** (Revogado).

- *Art. 397 revogado pelo Decreto nº 51.520, de 29.1.2007 – DOE de 30.1.2007 – Produzindo efeitos aos fatos geradores que ocorrerem a partir de 1º.2.2007.*

## Seção XVIII
## Das Operações com Caixas e Paletes de Madeira

**Art. 398.** (Revogado).

- *Art. 398 revogado pelo Decreto nº 51.520, de 29.1.2007 – DOE de 30.1.2007 – Produzindo efeitos aos fatos geradores que ocorrerem a partir de 1º.2.2007.*

## Seção XIX
## Das Operações com Máquinas ou Implementos Agrícolas com Destino a Estabelecimento Rural

**Art. 399.** (Revogado).

- *Art. 399 revogado pelo Decreto nº 51.520, de 29.1.2007 – DOE de 30.1.2007 – Produzindo efeitos aos fatos geradores que ocorrerem a partir de 1º.2.2007.*

## Seção XX
## Das Operações com Palha (ou Lã) de Ferro ou Aço

**Art. 400.** (Revogado).

- *Art. 400 revogado pelo Decreto nº 51.520, de 29.1.2007 – DOE de 30.1.2007 – Produzindo efeitos aos fatos geradores que ocorrerem a partir de 1º.2.2007.*

## Seção XXI
## Das Operações com Pilhas e Baterias Usadas

**Art. 400-A.** (Revogado).

- *Seção XXI (art. 400-A) acrescida pelo Decreto nº 45.644, de 26.1.2001 – DOE de 27.1.2001 e revogada pelo Decreto nº 49.709, de 23.6.2005 – DOE de 24.6.2005 – Efeitos a partir de 25.4.2005.*

## Seção XXII – Das Operações com Impressos em Papel e Papel-Cartão

- *Secção XXII (art. 400-B) acrescida pelo Decreto nº 47.778 de 22.4.2003 – DOE de 23.4.2003 e revogada pelo Decreto nº 53.628, de 30.10.2008 – DOE de 31.10.2008 – Efeitos a partir de 1º.11.2008.*

**Art. 400-B.** (Revogado).

- *Art. 400-B revogado pelo Decreto nº 53.628, de 30.10.2008 – DOE de 31.10.2008 – Efeitos a partir de 1º.11.2008.*

## Seção XXIII
## Das Operações com Produtos Têxteis

- *Secção XXIII (art. 400-C) acrescida pelo Decreto nº 48.042, de 21.8.2003 – DOE de 22.8.2003 – Efeitos a partir de 1º.9.2003.*

**Art. 400-C.** (Revogado).

- *Art. 400-C acrescido pelo Decreto nº 48.042, de 21.8.2003, e revogado pelo Decreto nº 56.019, de 16.7.2010 – DOE de 17.7.2010 – Efeitos a partir da publicação.*

## Seção XXIV – Das Operações com Alumínio

- *Seção XXIV (arts. 400-D e 400-E) acrescida pelo Decreto nº 49.612, de 23.5.2005 – DOE de 24.5.2005 – Efeitos a partir de 1º.6.2005.*

**Art. 400-D.** O lançamento do imposto incidente nas operações internas com alumínio em formas brutas, alumínio não ligado, ligas de alumínio, inclusive a granalha de alumínio, e quaisquer outras mercadorias classificadas na posição 7601 da Nomenclatura Brasileira de Mercadorias – Sistema Harmonizado – NBM/SH, fica diferido para o momento em que ocorrer (Lei nº 6.374/1989, arts. 8º, XXIV, e item 1 do § 10, na redação da Lei nº 9.176/1995, e 59, Convênio de 15.12.1970-SINIEF, art. 54, I e VI, na redação do Ajuste SINIEF-3/94, cláusula primeira, XII):

- *Art. 400-D acrescido pelo Decreto nº 49.612, de 23.5.2005 – DOE de 24.5.2005 – Efeitos a partir de 1º.6.2005.*

I – sua saída para outro Estado;

II – sua saída para o exterior;

III – sua entrada em estabelecimento industrial que promova a transformação da mercadoria, em suas próprias instalações, para formas acabadas ou semiacabadas, exceto quanto às mercadorias das posições 7601 e 7602 NBM/SH.

- *Inciso III com redação dada pelo Decreto nº 49.779, de 18.7.2005 – DOE de 19.7.2005 – Efeitos a partir de 1º.6.2005.*

Parágrafo único. Na entrada de que trata o inciso III, deverá o estabelecimento industrial:

1. emitir Nota Fiscal, relativamente a cada entrada ou a cada aquisição de mercadoria, quando recebida de pessoa ou de estabelecimento não obrigados à emissão de Nota Fiscal;

2. escriturar a operação no livro Registro de Entradas, utilizando as colunas sob os títulos "ICMS – Valores Fiscais – Operações ou Prestações com Crédito do Imposto", quando for o caso, com a expressão "Entradas de Alumínio da posição 7601;

3. escriturar o valor do imposto a pagar no livro Registro de Apuração do ICMS, no quadro "Débito do Imposto – Outros Débitos", com a expressão "Entradas de Alumínio da posição 7601";

4 – tratando-se de contribuinte sujeito às normas do Regime Especial Unificado de Arrecadação de Tributos e Contribuições devidos pelas Microempresas e Empresas de Pequeno Porte – "Simples Nacional", proceder conforme os itens 1 e 2 e efetuar o recolhimento do ICMS devido, mediante guia de recolhimento especial, até o último dia do segundo mês subsequente ao da operação.

- *Item 4 acrescido pelo Decreto nº 52.104, de 29.8.2007 – DOE de 30.8.2007, e com redação dada pelo Decreto nº 59.967, de 17.12.2013 – DOE de 18.12.2013 – Efeitos a partir da publicação em relação aos fatos geradores que ocorrerem a partir de 1º.1.2014.*

**Art. 400-E.** Na hipótese de industrialização de alumínio nas formas e posição indicadas no art. 400-D, por conta e ordem de terceiro, além do cumprimento das obrigações acessórias previstas nos arts. 404 a 408, o imposto será calculado e pago sobre o valor da matéria-prima recebida e sobre o valor total cobrado do autor da encomenda (Convênio AE-15/74, com a alteração dos Convênios ICM-25/81 e ICM-35/82, e Convênio ICMS-34/90):

I – na saída de produto resultante da industrialização em retorno ao estabelecimento autor da encomenda;

II – na saída que, antes do retorno do produto resultante da industrialização ao estabelecimento autor da encomenda, por ordem deste, for promovida pelo estabelecimento industrializador com destino a outro, também industrializador.

Parágrafo único. O disposto neste artigo não se aplica quando:

1. o estabelecimento autor da encomenda estiver localizado em outro Estado e a operação esteja amparada por regime especial concedido com a anuência deste Estado, hipótese em que o imposto será calculado e pago sobre o valor total cobrado do autor da encomenda, conforme dispõe o art. 402;

2. o produto resultante da industrialização estiver classificado na posição 7601 da Nomenclatura Brasileira de Mercadorias – Sistema Harmonizado – NBM/SH indicada no art. 400-D, em hipótese abrangida pelo diferimento previsto neste Capítulo.".

- *Art. 400-E acrescido pelo Decreto nº 49.612, de 23.5.2005 – DOE de 24.5.2005 – Efeitos a partir de 1º.6.2005.*

## Seção XXV – Das Operações com Insumos da Indústria de Aminoácidos

- *Seção XXV (arts. 400-F e 400-G) acrescida pelo Decreto nº 51.198, de 17.10.2006 – DOE de 18.10.2006, e com redação dada pelo Decreto nº 58.924, de 27.2.2013 – DOE de 28.2.2013 – Efeitos a partir da publicação.*

**Art. 400-F.** O lançamento do imposto incidente na saída interna das mercadorias relacionadas no § 1º promovida pelo estabelecimento fabricante com destino a estabelecimento fabricante dos seguintes aminoácidos, classificados nos códigos da Nomenclatura Comum do Mercosul – NCM, fica diferido para o momento em que ocorrer a saída dos aminoácidos fabricados (Lei nº 6.374/1989, art. 8º, XXIV e § 10):

I – glutamato monossódico, 2922.42.10 e 2922.42.20;

II – lisina, 2922.41.10 e 2922.41.90;

III – treonina, 2922.50.99;

IV – glutamina, 2924.19.99;

V – leucina e isoleucina, 2922.49.90;

VI – valina, 2922.49.90 e 2924.19.99;

VII – arginina, 2925.29.1.

§ 1º O diferimento aplica-se nas saídas das mercadorias a seguir relacionadas, classificadas nos códigos da Nomenclatura Comum do Mercosul – NCM:

1 – açúcar, 1701.11.00, 1701.13.00 e 1701.14.00;

2 – melaço, 1703.10.00;

3 – xarope, 1703.90.00;

4 – aline, 2106.90.90;

5 – farelo de soja, 2304.00.90;

6 – ácido clorídrico, 2806.10.20;

7 – ácido sulfúrico, 2807.00.10;

8 – ácido fosfórico, 2809.20.19 e 2809.20.11;

9 – amônia anidra, 2814.10.00;

10 – soda cáustica, 2815.12.00;

11 – oxigênio, 2804.40.00;

12 – antiespumantes, 3402.13.00 e 3814.00.90;

13 – glicerina, 1520.00.10;

14 – carbonato dissódico anidro, 2836.20.10;

15 – sulfato de amônio, 3102.2100.

§ 2º. O diferimento previsto neste artigo fica condicionado a que:

1 – o estabelecimento remetente e o destinatário:

a) sejam usuários de sistema eletrônico de processamento de dados para emissão e escrituração de documentos fiscais, nos termos de disciplina estabelecida pela Secretaria da Fazenda;

b) estejam regulares com o cumprimento das obrigações acessórias;

2 – o estabelecimento destinatário:

a) esteja credenciado pela Secretaria da Fazenda, conforme disciplina por ela estabelecida;

b) entregue ao remetente declaração de que atende às condições exigidas para o diferimento e de que as mercadorias adquiridas serão destinadas exclusivamente à fabricação dos aminoácidos relacionados no caput deste artigo.

§ 3º. O diferimento previsto neste artigo aplica-se também nas seguintes hipóteses:

1 – saída interna promovida por estabelecimento de cooperativa de que faça parte o estabelecimento fabricante das mercadorias relacionadas no § 1º;

2 – devolução da mercadoria ao remetente;

3 – transferência interna das mercadorias relacionadas no § 1º, recebidas com diferimento, entre estabelecimentos fabricantes dos aminoácidos para fabricação dos produtos relacionados no caput deste artigo.

§ 4º. Não satisfeitas as condições estabelecidas neste artigo, não prevalecerá o diferimento, hipótese em que o imposto deverá ser recolhido com multa e demais acréscimos legais devidos a partir do vencimento do prazo em que o imposto deveria ter sido pago, por meio de Guia de Arrecadação Estadual (GARE-ICMS), pelo:

1 – remetente:

a) se o destinatário não estiver credenciado pela Secretaria da Fazenda, conforme previsto na alínea "a" do item 2 do § 2º;

b) caso não possua a declaração a que se refere a alínea "b" do item 2 do § 2º;

2 – destinatário, em qualquer outra hipótese.

§ 5º. A base de cálculo do imposto a ser recolhido na hipótese prevista no item 2 do § 4º será o preço correspondente à ultima entrada da mercadoria.

- *Art. 400-F acrescido pelo Decreto nº 51.198, de 17.10.2006 – DOE de 18.10.2006, e com redação dada pelo Decreto nº 58.924, de 27.2.2013 – DOE de 28.2.2013 – Efeitos a partir da publicação.*

**Art. 400-G.** O lançamento do imposto incidente no desembaraço aduaneiro das mercadorias relacionadas no § 1º do art. 400-F, quando a importação for efetuada diretamente por estabelecimento fabricante dos seguintes aminoácidos, classificados nos códigos da Nomenclatura Comum do Mercosul – NCM, fica suspenso para o momento em que ocorrer a saída dos aminoácidos fabricados (Lei nº 6.374/1989, art. 8º, XXIV e § 10):

I – glutamato monossódico, 2922.42.10 e 2922.42.20;

II – lisina, 2922.41.10 e 2922.41.90;

III – treonina, 2922.50.99;

IV – glutamina, 2924.19.99;

V – leucina e isoleucina, 2922.49.90;

VI – valina, 2922.49.90 e 2924.19.99;

VII – arginina, 2925.29.1. (NR).

§ 1º- A suspensão prevista neste artigo fica condicionada a que o estabelecimento importador:

1 – seja usuário de sistema eletrônico de processamento de dados para a emissão e escrituração de documentos fiscais, nos termos de disciplina estabelecida pela Secretaria da Fazenda;

2 – promova o desembarque e o desembaraço aduaneiro da mercadoria importada em território paulista;

3 – esteja regular com o cumprimento das obrigações acessórias;

4 – esteja credenciado pela Secretaria da Fazenda, conforme disciplina por ela estabelecida.

§ 2º. Não satisfeitas as condições estabelecidas neste artigo, não prevalecerá a suspensão, hipótese em que o importador deverá recolher o imposto com multa e demais acréscimos legais, calculados desde a data do desembaraço aduaneiro, por meio de Guia de Arrecadação Estadual (GARE-ICMS).

- *Art. 400-G acrescido pelo Decreto nº 51.198, de 17.10.2006 – DOE de 18.10.2006, e com redação dada pelo Decreto nº 58.924, de 27.2.2013 – DOE de 28.2.2013 – Efeitos a partir da publicação.*

### Seção XXVI – Das Operações com Insumos Utilizados na Fabricação de Produtos para Produção de Energia Eólica

- *Seção XXVI (arts. 400-H e 400-I) acrescida pelo Decreto nº 56.333, de 27.10.2010 – DOE de 28.10.2010 – Efeitos a partir da publicação.*

**Art. 400-H.** O lançamento do imposto incidente na saída interna de mercadoria utilizada como matéria-prima ou produto intermediário na fabricação dos produtos indicados no § 1º fica diferido para o momento em que ocorrer a entrada da mercadoria no estabelecimento fabricante.

§ 1º. O disposto neste artigo aplica-se às mercadorias utilizadas como matéria-prima ou produto intermediário na fabricação dos produtos a seguir relacionados, classificados nos códigos da Nomenclatura Comum do Mercosul – NCM:

1 – aerogeradores para conversão de energia dos ventos em energia mecânica para fins de bombeamento de água e/ou moagem de grãos, 8412.80.00;

2 – aerogeradores de energia eólica, 8502.31.00;

3 – torre para suporte de gerador de energiaeólica, 7308.20.00 e 9406.00.99;

4 – pás de motor ou turbina eólica, 8503.00.90;

5 – rotor (hub) para gerador de energia eólica, 8503.00.90.

• *Item 5 acrescido pelo Decreto nº 59.039, de 3.4.2013 – DOE de 4.4.2013 – Efeitos a partir da publicação.*

§ 2º. O disposto neste artigo fica condicionado a que:

1 – seja concedido regime especial ao estabelecimento fabricante dos produtos relacionados no § 1º, nos termos de disciplina estabelecida pela Secretaria da Fazenda;

2 – haja expressa adesão do estabelecimento fornecedor da mercadoria utilizada como matéria-prima ou produto intermediário na fabricação dos referidos produtos ao regime especial concedido conforme indicado no item 1.

• *Art. 400-H acrescido pelo Decreto nº 56.333, de 27.10.2010 – DOE de 28.10.2010, e com redação dada pelo Decreto nº 57.145, de 18.7.2011 – DOE de 19.7.2011 – Efeitos a partir da publicação.*

**Art. 400-I.** O lançamento do imposto incidente no desembaraço aduaneiro da mercadoria, sem similar produzida no país, utilizada como matéria-prima ou produto intermediário na fabricação dos produtos indicados no § 1º do art. 400-H, quando a importação for efetuada diretamente por estabelecimento fabricante dos referidos produtos, fica suspenso para o momento em que ocorrer a entrada da mercadoria no mencionado estabelecimento.

• *Art. 400-I,* caput, *acrescido pelo Decreto nº 56.333, de 27.10.2010 – DOE de 28.10.2010, e com redação dada pelo Decreto nº 57.145, de 18.7.2011 – DOE de 19.7.2011 – Efeitos a partir da publicação.*

§ 1º. A suspensão prevista neste artigo fica condicionada a que o estabelecimento fabricante:

1 – esteja sob regime especial concedido pela Secretaria da Fazenda;

2 – seja usuário do sistema eletrônico de processamento de dados para a emissão e escrituração de documentos fiscais, nos termos de disciplina estabelecida pela Secretaria da Fazenda;

3 – promova o desembarque e o desembaraço aduaneiro da mercadoria importada em território paulista.

§ 2º. A inexistência de mercadoria similar produzida no país deverá ser atestada por órgão federal competente ou por entidade representativa do setor produtivo de tais mercadorias, com abrangência em todo o território nacional.

§ 3º. Não satisfeitas as condições estabelecidas neste artigo, não prevalecerá a suspensão, hipótese em que o importador deverá recolher o imposto devido com multa e demais acréscimos legais, calculados desde a data do desembaraço aduaneiro, por meio de Guia de Arrecadação Estadual (GARE-ICMS).

• *Art. 400-I acrescido pelo Decreto nº 56.333, de 27.10.2010 – DOE de 28.10.2010 – Efeitos a partir da publicação.*

## Seção XXVII – Das Operações com Embalagens Industriais Usadas

• *Seção XXVII acrescida pelo Decreto nº 58.391, de 14.9.2012 – DOE de 15.9.2012 – Efeitos a partir de 1º.10.2012.*

**Art. 400-J.** O lançamento do imposto incidente nas sucessivas saídas das embalagens industriais usadas indicadas no § 3º fica diferido para o momento em que ocorrer a saída:

I – da embalagem:

a) a outro Estado;

b) ao exterior;

II – de mercadoria acondicionada na embalagem, após esta ser submetida a processo de limpeza, descontaminação e recuperação.

§ 1º. Caso as embalagens indicadas no § 3º, após serem submetidas ao processo de limpeza e descontaminação, sejam:

1 – recicladas pelo próprio estabelecimento que promoveu a limpeza e descontaminação, ou remetidas a outro estabelecimento para fins de reciclagem, o imposto a que se refere o *caput* deste artigo fica diferido para o momento em que ocorrer a saída da mercadoria resultante da reciclagem;

2 – transformadas em retalho, fragmento ou resíduo de plástico ou em sucata de metal, as sucessivas saídas destes produtos sujeitar-se-ão à disciplina prevista no art. 392, ficando o imposto a que se refere o *caput* deste artigo diferido para os momentos estabelecidos no referido dispositivo.

§ 2º. Para fins do disposto neste artigo, considera-se reciclagem o processo de transformação das embalagens industriais usadas em um novo produto.

§ 3º. O disposto neste artigo aplica-se exclusivamente às seguintes embalagens industriais usadas, classificadas nos correspondentes códigos da Nomenclatura Comum do Mercosul – NCM:

1 – tambores metálicos, 73.10.10.90;

2 – bombonas plásticas, 39.23.90.00;

3 – contêineres plásticos do tipo "Intermediate Bulk Container" (IBC), 39.23.90.00.

§ 4º. A aplicação do diferimento previsto neste artigo fica condicionada:

1 – a que os contribuintes que efetuarem as operações com as embalagens relacionadas no § 3º, ainda que limpas, descontaminadas ou recuperadas, estejam credenciados pela Companhia de Tecnologia de Saneamento Ambiental – CETESB;

2 – à indicação, no documento fiscal, no campo "informações complementares":

a) dos números de registro e datas de validade das Licenças de Operação concedidas pela CETESB ao estabelecimento emitente do documento fiscal e à indústria de limpeza, descontaminação e recuperação das embalagens;

b) da expressão "Embalagens Industriais Usadas Recuperadas" ou "Embalagens Industriais Usadas Não Recuperadas", conforme o caso.

- *Art. 400-J acrescido pelo Decreto nº 58.391, de 14.9.2012 – DOE de 15.9.2012 – Efeitos a partir de 1º.10.2012.*

### Seção XXVIII – Das operações com Matéria-Prima e Produto Intermediário Utilizados na Fabricação de Aquecedores Solares de Água

- *Seção XXVIII acrescida pelo Decreto nº 59.039, de 3.4.2013 – DOE de 4.4.2013 – Efeitos a partir da publicação.*

**Art. 400-K.** O lançamento do imposto incidente na saída interna de mercadoria utilizada como matéria-prima ou produto intermediário na fabricação de aquecedores solares de água, classificados no código 8419.19.10 da Nomenclatura Comum do MERCOSUL – NCM, fica diferido para o momento em que ocorrer a entrada da mercadoria no estabelecimento fabricante.

Parágrafo único. O disposto neste artigo fica condicionado a que:

1 – seja concedido regime especial ao estabelecimento fabricante dos aquecedores referidos no *caput*, nos termos de disciplina estabelecida pela Secretaria da Fazenda;

2 – haja expressa adesão do estabelecimento fornecedor da mercadoria utilizada como matéria-prima ou produto intermediário na fabricação dos referidos aquecedores ao regime especial concedido conforme indicado no item 1.

- *Art. 400-K acrescido pelo Decreto nº 59.039, de 3.4.2013 – DOE de 4.4.2013 – Efeitos a partir da publicação.*

**Art. 400-L.** O lançamento do imposto incidente no desembaraço aduaneiro da mercadoria, sem similar produzida no país, utilizada como matéria-prima ou produto intermediário na fabricação de aquecedor solar de água indicado no *caput* do art. 400-K, quando a importação for efetuada diretamente por estabelecimento fabricante do referido produto, fica suspenso para o momento em que ocorrer a entrada da mercadoria no mencionado estabelecimento.

§ 1º. A suspensão prevista neste artigo fica condicionada a que o estabelecimento fabricante:

1 – seja detentor de regime especial concedido pela Secretaria da Fazenda;

2 – seja usuário de sistema eletrônico de processamento de dados para a emissão e escrituração de documentos fiscais, nos termos de disciplina estabelecida pela Secretaria da Fazenda;

3 – promova o desembarque e o desembaraço aduaneiro da mercadoria importada em território paulista.

§ 2º. A inexistência de mercadoria similar produzida no país deverá ser atestada por órgão federal competente ou por entidade representativa do setor produtivo de tais mercadorias, com abrangência em todo o território nacional.

§ 3º. Não satisfeitas as condições estabelecidas neste artigo, não prevalecerá a suspensão, hipótese em que o importador deverá recolher o imposto devido com multa e demais acréscimos legais, calculados desde a data do desembaraço aduaneiro, por meio de Guia de Arrecadação Estadual (GARE-ICMS).

- *Art. 400-L acrescido pelo Decreto nº 59.039, de 3.4.2013 – DOE de 4.4.2013 – Efeitos a partir da publicação.*

### Seção XXIX – Das Operações com Matéria-Prima e Produto Intermediário Utilizados na Fabricação de Medicamentos por Sociedade de Propósito Específico

- *Seção XXIX acrescida pelo Decreto nº 58.997, de 25.3.2013 – DOE de 26.3.2013 – Efeitos a partir da publicação.*

**Art. 400-M.** O lançamento do imposto incidente na saída interna de mercadoria destinada a sociedade de propósito específico, localizada neste Estado, para posterior fornecimento como matéria-prima ou produto intermediário na fabricação de medicamento pela Fundação para o Remédio Popular – FURP, fica diferido para o momento em que a referida sociedade promover a saída da mercadoria de seu estabelecimento.

- *Art. 400-M,* caput, *acrescido pelo Decreto nº 58.997, de 25.3.2013 – DOE de 26.3.2013, e com redação dada pelo Decreto nº 59.242, de 28.5.2013 – DOE de 29.5.2013 – Efeitos a partir de 26.3.2013.*

Parágrafo único. O estabelecimento que promover saída interna beneficiada nos termos do *caput* deverá emitir documento fiscal inserindo, no campo "Informações Complementares", a expressão "Diferimento do ICMS – art. 400-M do RICMS".

- *Parágrafo único acrescido pelo Decreto nº 58.997, de 25.3.2013 – DOE de 26.3.2013 – Efeitos a partir da publicação.*

**Art. 400-N.** O lançamento do imposto incidente no desembaraço aduaneiro de mercadoria, sem similar produzida no país, destinada a sociedade de propósito específico, localizada neste Estado, para posterior fornecimento como matéria-prima ou produto intermediário na fabricação de medicamento pela Fundação para o Remédio Popular – FURP, quando a importação for efetuada diretamente pela referida sociedade, fica suspenso para o momento em que esta promover a saída da mercadoria de seu estabelecimento.

- *Art. 400-N,* caput, *acrescido pelo Decreto nº 58.997, de 25.3.2013 – DOE de 26.3.2013, e com redação dada pelo Decreto nº 59.242, de 28.5.2013 – DOE de 29.5.2013 – Efeitos a partir de 26.3.2013.*

§ 1º. A suspensão prevista neste artigo fica condicionada a que a sociedade de propósito específico promova o desembarque e o desembaraço aduaneiro da mercadoria importada em território paulista.

- *§ 1º acrescido pelo Decreto nº 58.997, de 25.3.2013 – DOE de 26.3.2013, e com redação dada pelo Decreto nº 59.242, de 28.5.2013 – DOE de 29.5.2013 – Efeitos a partir de 26.3.2013.*

§ 2º. A sociedade de propósito específico, na hipótese de realizar importação beneficiada nos termos do *caput*, deverá emitir documento fiscal inserindo, no campo "Informações Complementares", a expressão "Suspensão do ICMS – art. 400-N do RICMS".

- *§ 2º acrescido pelo Decreto nº 58.997, de 25.3.2013 – DOE de 26.3.2013 – Efeitos a partir da publicação.*

§ 3º. A expressão "Suspensão do ICMS – art. 400-N do RICMS" deverá constar também na Guia para Liberação de Mercadoria Estrangeira sem Comprovação do Recolhimento do ICMS.

- *§ 2º acrescido pelo Decreto nº 58.997, de 25.3.2013 – DOE de 26.3.2013 – Efeitos a partir da publicação.*

§ 4º. Não satisfeitas as condições estabelecidas neste artigo, não prevalecerá a suspensão, hipótese em que o importador deverá recolher o imposto devido com multa e demais acréscimos legais, calculados desde a data do desembaraço aduaneiro, por meio de Guia de Arrecadação Estadual (GARE-ICMS).

- *§ 4º acrescido pelo Decreto nº 58.997, de 25.3.2013 – DOE de 26.3.2013 – Efeitos a partir da publicação.*

### Seção XXX – Das Operações com Insumos da Indústria de Petroquímicos

- *Seção XXX acrescida pelo Decreto nº 59.232, de 27.5.2013 – DOE de 28.5.2013 – Efeitos a partir da publicação.*

**Art. 400-O.** O lançamento do imposto incidente nas sucessivas saídas internas de nafta para petroquímica, NCM 2710.12.41, fica diferido para o momento em que ocorrer a saída dos produtos resultantes de sua industrialização.

- *Art. 400-O acrescido pelo Decreto nº 59.232, de 27.5.2013 – DOE de 28.5.2013 – Efeitos a partir da publicação.*

**Art. 400-P.** O lançamento do imposto incidente nas sucessivas saídas internas de etileno, NCM 2901.21.00, e propeno, NCM 2901.22.00, destinadas a estabelecimento fabricante de polietileno, NCM 39.01, polipropileno, NCM 39.02, e policloreto de vinila, NCM 39.04, fica diferido para o momento da saída dos produtos resultantes, promovida pelo respectivo estabelecimento fabricante.

- *Art. 400-P acrescido pelo Decreto nº 59.232, de 27.5.2013 – DOE de 28.5.2013 – Efeitos a partir da publicação.*

**Art. 400-Q.** O diferimento previsto nos artigos 400-O e 400-P aplica-se também nas seguintes hipóteses:

I – devolução da mercadoria ao remetente;

II – transferência interna da mercadoria entre estabelecimentos do mesmo titular;

III – saída interna da mercadoria com destino a outro contribuinte credenciado pela Secretaria da Fazenda nos termos do inciso II do *caput* do art. 400-R.

- *Art. 400-Q acrescido pelo Decreto nº 59.232, de 27.5.2013 – DOE de 28.5.2013 – Efeitos a partir da publicação.*

**Art. 400-R.** O diferimento previsto nos artigos 400-O, 400-P e 400-Q fica condicionado a que:

I – o estabelecimento remetente e o destinatário:

a) sejam usuários de sistema eletrônico de processamento de dados para emissão e escrituração de documentos fiscais, nos termos de disciplina estabelecida pela Secretaria da Fazenda;

b) estejam regulares com o cumprimento das obrigações acessórias;

II – o estabelecimento destinatário esteja credenciado pela Secretaria da Fazenda, conforme disciplina por ela estabelecida.

§ 1º. Não satisfeitas as condições estabelecidas neste artigo, não prevalecerá o diferimento, hipótese em que o imposto deverá ser recolhido com multa e demais acréscimos legais devidos a partir do vencimento do prazo em que o imposto deveria ter sido pago, por meio de Guia de Arrecadação Estadual (GARE-ICMS), pelo:

1 – remetente, se o destinatário não estiver credenciado pela Secretaria da Fazenda, conforme previsto no inciso II do *caput* deste artigo;

2 – destinatário, em qualquer outra hipótese.

§ 2º. A base de cálculo do imposto a ser recolhido na hipótese prevista no item 2 do § 1º será o preço correspondente à última entrada da mercadoria.

- *Art. 400-R acrescido pelo Decreto nº 59.232, de 27.5.2013 – DOE de 28.5.2013 – Efeitos a partir da publicação.*

**Art. 400-S.** O lançamento do imposto incidente no desembaraço aduaneiro de nafta para petroquímica, NCM 2710.12.41, etileno, NCM 2901.21.00, e propeno, NCM 2901.22.00, quando a importação for efetuada diretamente por estabelecimento fabricante das referidas mercadorias ou de polietileno, NCM 39.01, polipropileno, NCM 39.02, e policloreto de vinila, NCM 39.04, fica suspenso para o momento em que ocorrer a saída dos produtos resultantes da industrialização da mercadoria importada.

§ 1º. A suspensão prevista neste artigo fica condicionada a que o estabelecimento importador:

1 – seja usuário de sistema eletrônico de processamento de dados para a emissão e escrituração de documentos fiscais, nos termos de disciplina estabelecida pela Secretaria da Fazenda;

2 – promova o desembarque e o desembaraço aduaneiro da mercadoria importada em território paulista;

3 – esteja regular com o cumprimento das obrigações acessórias;

4 – esteja credenciado pela Secretaria da Fazenda, conforme disciplina por ela estabelecida.

§ 2º. Não satisfeitas as condições estabelecidas neste artigo, não prevalecerá a suspensão, hipótese em que o importador deverá recolher o imposto com multa e demais acréscimos legais, calculados desde a data do desembaraço aduaneiro, por meio de Guia de Arrecadação Estadual (GARE-ICMS).

- *Art. 400-S acrescido pelo Decreto nº 59.232, de 27.5.2013 – DOE de 28.5.2013 – Efeitos a partir da publicação.*

### Seção XXXI – Das Operações com Embalagem para Acondicionamento de Leite UHT

- *Seção XXXI acrescida pelo Decreto nº 59.502, de 5.9.2013 – DOE de 6.9.2013 – Efeitos a partir da publicação.*

**Art. 400-T.** O lançamento do imposto incidente na saída interna, promovida pelo estabelecimento fabricante, de mercadoria utilizada como embalagem para acondicionamento de leite esterilizado "longa vida" (UHT – Ultra High Temperature), classificada nos códigos 3920.10.99, 3923.30.00 e 4811.59.23 da NCM, com destino a estabelecimento fabricante classificado nas CNAEs 1051-1/00 e 1052-0/00, fica diferido para o momento em que este promover a saída do leite acondicionado na referida embalagem.

- *Art. 400-T,* caput, *acrescido pelo Decreto nº 59.502, de 5.9.2013 – DOE de 6.9.2013, e com redação dada pelo Decreto nº 60.567, de 24.6.2014 – DOE de 25.6.2014 – Efeitos a partir da publicação.*

Parágrafo único. O fabricante que promover saída interna beneficiada nos termos do *caput* deverá emitir documento fiscal inserindo, no campo "Informações Complementares", a expressão "Diferimento do ICMS – art. 400-T do RICMS".

- *Parágrafo único acrescido pelo Decreto nº 59.502, de 5.9.2013 – DOE de 6.9.2013 – Efeitos a partir da publicação.*

### Seção XXXII – Das Operações com Matéria-Prima e Produto Intermediário Utilizados na Fabricação de Embarcações para Esporte e Lazer

- *Seção XXXII acrescida pelo Decreto nº 59.614, de 17.10.2013 – DOE de 18.10.2013 – Efeitos a partir da publicação.*

**Art. 400-U.** O lançamento do imposto incidente na saída interna de mercadoria utilizada como matéria-prima ou produto intermediário na fabricação de embarcações para esporte e lazer, classificadas na posição 8903 da Nomenclatura Comum do MERCOSUL – NCM, com destino a fabricante das referidas embarcações, fica diferido para o momento em que ocorrer a saída do produto resultante da industrialização ao qual tenha sido integrada a referida matéria-prima e produto intermediário.

Parágrafo único. O disposto neste artigo fica condicionado a que:

1 – seja concedido regime especial ao estabelecimento fabricante das embarcações referidas no *caput*, nos termos de disciplina estabelecida pela Secretaria da Fazenda;

2 – haja expressa adesão do estabelecimento fornecedor da matéria-prima e produto intermediário ao regime especial concedido conforme indicado no item 1.

- *Art. 400-U acrescido pelo Decreto nº 59.614, de 17.10.2013 – DOE de 18.10.2013 – Efeitos a partir da publicação.*

**Art. 400-V.** O lançamento do imposto incidente no desembaraço aduaneiro de mercadoria, sem similar produzida no país, utilizada como matéria-prima ou produto intermediário na fabricação das embarcações indicadas no *caput* do art. 400-U, quando a importação for efetuada diretamente por estabelecimento fabricante das referidas embarcações, fica suspenso para o momento em que ocorrer a saída do produto resultante da industrialização ao qual tenha sido integrada a referida matéria-prima e produto intermediário.

§ 1º. A suspensão prevista neste artigo fica condicionada a que o estabelecimento fabricante:

1 – obtenha regime especial nos termos de disciplina estabelecida pela Secretaria da Fazenda;

2 – seja usuário de sistema eletrônico de processamento de dados para a emissão e escrituração de documentos fiscais, nos termos de disciplina estabelecida pela Secretaria da Fazenda;

3 – promova o desembarque e o desembaraço aduaneiro da mercadoria importada em território paulista.

§ 2º. A inexistência de mercadoria similar produzida no país deverá ser atestada por órgão federal competente ou por entidade representativa do setor produtivo de tais mercadorias com abrangência em todo o território nacional.

§ 3º. Não satisfeitas as condições estabelecidas neste artigo, não prevalecerá a suspensão, hipótese em que o importador deverá recolher o imposto devido com multa e demais acréscimos legais, calculados desde a data do desembaraço aduaneiro, por meio de Guia de Arrecadação Estadual (GARE-ICMS).

- *Art. 400-V acrescido pelo Decreto nº 59.614, de 17.10.2013 – DOE de 18.10.2013 – Efeitos a partir da publicação.*

## Seção XXXIII
## Das Operações Realizadas por Estabelecimento que Centralize a Aquisição de Insumos Agropecuários para Utilização pelos Estabelecimentos do Mesmo Titular

● *Seção XXXIII acrescida pelo Decreto nº 61.104, de 3.2.2015 – DOE de 4.2.2015 – Efeitos a partir de 1º.3.2015.*

**Art. 400-W.** O lançamento do imposto incidente na saída interna de mercadorias indicadas no § 1º, realizada por estabelecimento centralizador de aquisição de insumos que pertença a sociedade que exerça exclusivamente atividade agropecuária, com destino a estabelecimento do mesmo titular, fica diferido para o momento em que este promover a saída dos produtos resultantes da utilização das referidas mercadorias.

§ 1º. As mercadorias a que se refere o *caput* são as seguintes:

1 – óleo diesel;

2 – sementes, adubos, ração e outros insumos agropecuários, exceto os beneficiados pela isenção prevista no art. 41 do Anexo I deste Regulamento.

§ 2º. O diferimento de que trata este artigo fica condicionado a que o estabelecimento centralizador e os estabelecimentos destinatários, indicados no *caput*, elaborem planilha de controle da destinação e utilização das mercadorias referidas no § 1º, a qual deverá ser mantida à disposição do fisco pelo prazo previsto no art. 202 deste Regulamento.

§ 3º. Na hipótese de ocorrer saída de mercadoria ou qualquer outro fato que impossibilite a ocorrência do evento estabelecido no *caput* como momento do lançamento do imposto, o diferimento fica interrompido, devendo o lançamento do imposto ser efetuado pelo estabelecimento em que ocorrer a referida saída ou fato.

§ 4º. Enquadra-se, também, na hipótese prevista no § 3º, a saída de mercadoria constante do § 1º com destino a prestador de serviço vinculado à atividade do estabelecimento.

§ 5º. O pagamento do imposto, nas hipóteses dos §§ 3º e 4º, será efetuado nos termos do art. 430 deste Regulamento.

§ 6º. O disposto neste artigo aplica-se também às sociedades exclusivamente agropecuárias que exerçam, em um ou mais estabelecimentos, atividade de preparação de ração animal, de fertilizantes ou de outro insumo agropecuário a ser utilizado unicamente por estabelecimento do mesmo titular.

● *Art. 400-W acrescido pelo Decreto nº 61.104, de 3.2.2015 – DOE de 4.2.2015 – Efeitos a partir de 1º.3.2015.*

# CAPÍTULO V
# DA INDUSTRIALIZAÇÃO POR CONTA DE TERCEIRO

## Seção I – Da Industrialização no Exterior

**Art. 401.** (Revogado).

● *Art. 401 revogado pelo Decreto nº 54.314, de 8.5.2009 – DOE de 9.5.2009 – Efeitos a partir da publicação.*

## Seção II – Da Remessa para Industrialização

### *Subseção I – Da Suspensão*

**Art. 402.** O lançamento do imposto incidente na saída de mercadoria com destino a outro estabelecimento ou a trabalhador autônomo ou avulso que prestar serviço pessoal, num e noutro caso, para industrialização, observado o disposto nos arts. 409 e 410, fica suspenso, devendo ser efetivado no momento em que, após o retorno dos produtos industrializados ao estabelecimento de origem, autor da encomenda, por este for promovida a subsequente saída dos mesmos produtos (Lei nº 6.374/1989, art. 8º, XVIII, e § 10, na redação da Lei nº 9.176/1995, arts. 1º, I e 59 e Convênio AE-15/74, com a alteração dos Convênios ICM-35/82 e ICMS-34/90).

§ 1º. Ressalvado o disposto no § 2º, a suspensão compreende:

1 – a saída que, antes do retorno dos produtos ao estabelecimento autor da encomenda, por ordem deste for promovida pelo estabelecimento industrializador com destino a outro, também industrializador;

2 – a saída promovida pelo estabelecimento industrializador em retorno ao do autor da encomenda.

§ 2º. Salvo disposição em contrário, na saída de mercadoria em retorno ao estabelecimento que a tiver remetido nas condições deste artigo, o estabelecimento que tiver procedido à industrialização calculará e recolherá o imposto sobre o valor acrescido.

§ 3º. Para efeito do parágrafo anterior, entende-se por valor acrescido o total cobrado pelo estabelecimento industrializador, nele incluídos o valor dos serviços prestados e o das mercadorias empregadas no processo industrial.

§ 4º. Ressalvados os casos de regime especial, concedido com anuência de outro Estado, o disposto neste capítulo não se aplica às operações interestaduais efetuadas com sucata de metais e com produtos primários de origem animal, vegetal ou mineral.

### *Subseção II – Do Diferimento*

**Art. 403.** (Revogado).

● *Art. 403 revogado pelo Decreto nº 51.520, de 29.1.2007 – DOE de 30.1.2007 – Produzindo efeitos aos fatos geradores que ocorrerem a partir de 1º.2.2007.*

### Seção III – Das Obrigações Acessórias do Estabelecimento Industrializador e do Estabelecimento Autor da Encomenda

**Art. 404.** Na saída de mercadoria em retorno ao estabelecimento de origem, autor da encomenda, que a tiver remetido nas condições previstas no art. 402, o estabelecimento industrializador deverá (Lei nº 6.374/1989, art. 67, § 1º):

I – emitir Nota Fiscal que terá como destinatário o estabelecimento de origem, autor da encomenda, na qual, além dos demais requisitos, constarão:

a) o número, a série e a data da emissão, o nome, o endereço e os números de inscrição, estadual e no CNPJ, do emitente da Nota Fiscal que acompanhou a mercadoria recebida em seu estabelecimento;

b) o valor da mercadoria recebida para industrialização, o valor das mercadorias empregadas e o valor total cobrado do autor da encomenda;

II – efetuar, na Nota Fiscal que emitir, relativamente ao valor total cobrado do autor da encomenda, o destaque do valor do imposto, ressalvada a aplicação do disposto no art. 403.

**Art. 405.** Na hipótese do artigo anterior, se a mercadoria tiver de transitar por mais de um estabelecimento industrializador antes de ser entregue ao autor da encomenda, cada um deles deverá (Lei nº 6.374/1989, art. 67, § 1º):

I – emitir Nota Fiscal para acompanhar o transporte da mercadoria com destino ao industrializador seguinte, sem destaque do valor do imposto, na qual, além dos demais requisitos, constarão:

a) a indicação de que a remessa se destina a industrialização por conta e ordem do autor da encomenda, que será qualificado nessa Nota Fiscal;

b) o número, a série e a data da emissão, o nome, o endereço e os números de inscrição, estadual e no CNPJ, do emitente da Nota Fiscal que tiver acompanhado a mercadoria recebida em seu estabelecimento;

II – emitir Nota Fiscal em nome do estabelecimento autor da encomenda, na qual, além dos demais requisitos, constarão:

a) o número, a série e a data da emissão, o nome, o endereço e os números de inscrição, estadual e no CNPJ, do emitente da Nota Fiscal que tiver acompanhado a mercadoria recebida em seu estabelecimento;

b) o número, a série e a data da emissão da Nota Fiscal referida no inciso anterior;

c) o valor da mercadoria recebida para industrialização, o valor das mercadorias empregadas e o total cobrado do autor da encomenda;

d) o destaque do valor do imposto, que será calculado sobre o valor total cobrado do autor da encomenda, ressalvada a aplicação do disposto no art. 403.

Parágrafo único. O último estabelecimento industrializador, ao promover a saída da mercadoria em retorno ao estabelecimento de origem, autor da encomenda, deverá emitir Nota Fiscal na forma prevista no artigo anterior.

**Art. 406.** Quando um estabelecimento mandar industrializar mercadoria, com fornecimento de matéria-prima, produto intermediário ou material de embalagem, adquirido de fornecedor que promover a sua entrega diretamente ao estabelecimento industrializador, observar-se-á o seguinte (Lei nº 6.374/1989, art. 67, § 1º, e Convênio SINIEF de 15.12.1970, art. 42):

I – o estabelecimento fornecedor deverá:

a) emitir Nota Fiscal em nome do estabelecimento adquirente, na qual, além dos demais requisitos, constarão o nome do titular, o endereço e os números de inscrição, estadual e no CNPJ, do estabelecimento em que os produtos serão entregues, bem como a circunstância de que se destinam a industrialização;

b) efetuar, nessa Nota Fiscal, o destaque do valor do imposto, se devido;

c) emitir Nota Fiscal, sem destaque do valor do imposto, para acompanhar o transporte da mercadoria para o estabelecimento industrializador, na qual constarão, além dos demais requisitos, o número, a série, a data da emissão da Nota Fiscal referida na alínea "a", o nome, o endereço e os números de inscrição, estadual e no CNPJ, do adquirente, por cuja conta e ordem a mercadoria será industrializada;

II – o estabelecimento autor da encomenda deverá, ressalvado o disposto no parágrafo único:

a) emitir Nota Fiscal relativa à remessa simbólica em nome do estabelecimento industrializador, sem destaque do valor do imposto, mencionando, além dos demais requisitos, o número, a série e data do documento fiscal emitido nos termos da alínea "a" do inciso anterior;

b) remeter a Nota Fiscal ao estabelecimento industrializador, que deverá anexá-la à Nota Fiscal emitida nos termos da alínea "c" do inciso anterior e efetuar anotações pertinentes na coluna "Observações", na linha correspondente ao lançamento no livro Registro de Entradas;

III – o estabelecimento industrializador deverá:

a) emitir Nota Fiscal na saída do produto industrializado com destino ao adquirente, autor da encomenda, na qual, além dos demais requisitos, constarão o nome, o endereço e os números de inscrição, estadual e no CNPJ, do fornecedor, o número, a série, quando adotada, e a data da emissão da Nota Fiscal referida na alínea "c" do inciso I, bem como o valor da mercadoria recebida para industrialização, o valor das mercadorias empregadas e o total cobrado do autor da encomenda;

b) efetuar, na Nota Fiscal que emitir, o destaque do valor do imposto sobre o valor total cobrado do autor da encomenda, ressalvada a aplicação do disposto no art. 403.

Parágrafo único. O estabelecimento fornecedor fica dispensado da emissão da Nota Fiscal de que trata a alínea "c" do inciso I, desde que:

1 – a saída das mercadorias com destino ao estabelecimento industrializador seja acompanhada da Nota Fiscal prevista na alínea "a" do inciso II;

2 – indique, no corpo da Nota Fiscal aludida no item anterior, a data da efetiva saída das mercadorias com destino ao industrializador;

3 – observe na Nota Fiscal a que se refere a alínea "a" do inciso I, a circunstância de que a remessa da mercadoria ao industrializador foi efetuada com a Nota Fiscal prevista na alínea "a" do inciso II, mencionando-se, ainda, os seus dados identificativos.

**Art. 407.** Na hipótese do artigo anterior, se a mercadoria tiver de transitar por mais de um estabelecimento industrializador antes de ser entregue ao autor da encomenda, cada um deles procederá na forma prevista no art. 405 (Lei nº 6.374/1989, art. 67, § 1º, e Convênio SINIEF de 15.12.1970, art. 43).

**Art. 408.** Na operação em que, estando os estabelecimentos autor da encomenda e industrializador localizados neste Estado, a remessa dos produtos for efetuada pelo industrializador, por conta e ordem do autor da encomenda, diretamente a estabelecimento que os tiver adquirido, observar-se-á o seguinte (Lei nº 6.374/1989, art. 67, § 1º):

I – o estabelecimento autor da encomenda deverá:

a) emitir Nota Fiscal em nome do titular do estabelecimento adquirente, na qual, além dos demais requisitos, constarão o nome do titular, o endereço e os números de inscrição, estadual e no CNPJ, do estabelecimento industrializador que irá promover a remessa da mercadoria ao adquirente;

b) efetuar, nessa Nota Fiscal, o destaque do valor do imposto, se devido;

II – o estabelecimento industrializador deverá:

a) emitir Nota Fiscal em nome do estabelecimento adquirente para acompanhar o transporte da mercadoria, sem destaque do valor do imposto, na qual, além dos demais requisitos, constarão a natureza da operação, "Remessa por Conta e Ordem de Terceiros", o número, a série e a data da emissão da Nota Fiscal referida no inciso anterior, bem como o nome, o endereço e os números de inscrição, estadual e no CNPJ, do seu emitente;

b) emitir Nota Fiscal em nome do estabelecimento autor da encomenda, na qual, além dos demais requisitos, constarão: como natureza da operação, a expressão "Retorno Simbólico de Produtos Industrializados por Encomenda", o nome do titular, o endereço e os números de inscrição, estadual e no CNPJ, do estabelecimento adquirente para o qual for efetuada a remessa dos produtos, bem como o número e a série da Nota Fiscal emitida na forma da alínea anterior, o número, a série e a data da emissão da Nota Fiscal pela qual a mercadoria tiver sido recebida em seu estabelecimento para industrialização, o nome, o endereço e os números de inscrição, estadual e no CNPJ, do emitente, e, ainda, o valor da mercadoria recebida para industrialização, o valor das mercadorias empregadas e o valor total cobrado do autor da encomenda;

c) indicar, ainda, no corpo da Nota Fiscal emitida nos termos da alínea anterior, o valor do imposto que será calculado sobre a importância das mercadorias empregadas e aproveitado pelo autor da encomenda como crédito, quando admitido.

§ 1º. O disposto neste artigo aplica-se, também, à remessa feita pelo estabelecimento industrializador a outro estabelecimento pertencente ao titular do estabelecimento autor da encomenda.

§ 2º. O estabelecimento industrializador fica dispensado da emissão da Nota Fiscal de que trata a alínea "a" do inciso II, desde que:

1 – a saída dos produtos com destino ao estabelecimento adquirente seja acompanhada da Nota Fiscal prevista no inciso I;

2 – no corpo da Nota Fiscal aludida no item anterior, seja mencionada a data da efetiva saída da mercadoria com destino ao adquirente;

3 – na Nota Fiscal a que se refere a alínea "b" do inciso II, seja mencionada a circunstância de ter sido a remessa da mercadoria ao adquirente efetuada com o documento fiscal previsto na alínea "a" do inciso I, indicando, ainda, os seus dados identificativos.

### Seção IV – Das Disposições Comuns

**Art. 409.** Constitui condição da suspensão e do diferimento previstos neste capítulo o retorno dos produtos industrializados ao estabelecimento de origem, dentro do prazo de 180 (cento e oitenta) dias contados da data da saída da mercadoria do estabelecimento autor da encomenda, prorrogável, a critério do fisco, por igual período, e admitida, ainda, excepcionalmente, uma segunda prorrogação, por mais 180 (cento e oitenta) dias (Lei nº 6.374/1989, art. 8º, XVIII, na redação da Lei nº 9.176/1995, art. 1º, I).

**Art. 410.** Salvo prorrogação autorizada pelo fisco, decorrido o prazo de que trata o artigo anterior sem que ocorra o retorno da mercadoria ou dos produtos industrializados, será exigido o imposto devido por ocasião da saída, sujeitando-se o recolhimento espontâneo à atualização monetária e aos acréscimos legais.

## CAPÍTULO VI
## DAS OPERAÇÕES COM PETRÓLEO, COMBUSTÍVEIS LÍQUIDOS OU GASOSOS, INCLUSIVE ÁLCOOL CARBURANTE, OU LUBRIFICANTES

### Seção I – Das Operações com Petróleo e Combustíveis ou Lubrificantes dele Derivados

**Art. 411.** O lançamento do imposto incidente nas sucessivas operações com petróleo bruto, desde a importação ou extração, poderá ser diferido para o momento em que ocorrer a saída dos produtos dele derivados, desde que o contribuinte que realize tais operações seja credenciado perante a Secretaria da Fazenda conforme disciplina por ela estabelecida.

- *Art. 411,* caput, *com redação dada pelo Decreto nº 57.971, de 12.4.2012 – DOE de 13.4.2012 – Efeitos a partir de 18.4.2012.*

§ 1º. O credenciamento referido no *caput* poderá ser concedido de ofício, a titulo precário, para determinado contribuinte, considerando-se a conveniência e oportunidade, sem prejuízo do cumprimento da disciplina estabelecida para o caso.

- *§ 1º acrescido pelo Decreto nº 57.971, de 12.4.2012 – DOE de 13.4.2012 – Efeitos a partir de 18.4.2012.*

§ 2º. A condição de contribuinte credenciado deverá constar do campo "observações" da Nota Fiscal, nos seguintes termos: "ICMS diferido conforme disposto no art. 411 do RICMS/00 – Credenciado – Processo ...".

- *§ 2º acrescido pelo Decreto nº 57.971, de 12.4.2012 – DOE de 13.4.2012 – Efeitos a partir de 18.4.2012.*
- *V. Lei nº 10.336, de 19.12.2001 – Institui Contribuição de Intervenção no Domínio Econômico incidente sobre a importação e comercialização de petróleo e seus derivados, gás natural e seus derivados e álcool etílico combustível (CIDE), e dá outras providências.*
- *V. Emenda Constitucional nº 33, art. 4º – Enquanto não entrar em vigor a lei complementar de que trata o art. 155, § 2º, XII, alínea "h", da Constituição Federal, os Estados e o Distrito Federal, mediante convênio celebrado nos termos do §2º, XII, alínea "g", do mesmo artigo, fixarão normas para regular provisoriamente a matéria.*
- *V. Decreto nº 46.439, de 27.12.2001 – Dispõe sobre as alterações na legislação do ICMS relativa a operações com combustíveis derivados de petróleo, a partir de 1º.1.2002.*

**Art. 411-A.** O lançamento do imposto incidente na saída interna de óleo lubrificante básico decorrente do re-refino do óleo lubrificante usado ou contaminado, processado de acordo com a legislação em vigor por empresas devidamente autorizadas pelo órgão federal competente, quando destinado a fabricante de óleo lubrificante para utilização exclusiva como matéria-prima na sua produção, fica diferido para o momento em que ocorrer a saída do produto resultante.

- *Art. 411-A acrescido pelo Decreto nº 48.920, de 2.9.2004 – DOE de 3.9.2004, e com redação dada pelo Decreto nº 57.971, de 12.4.2012 – DOE de 13.4.2012 – Efeitos a partir de 18.4.2012.*

**Art. 412.** Fica atribuída a responsabilidade pela retenção do imposto incidente nas operações subsequentes até o consumo final, realizadas com combustível líquido ou gasoso ou lubrificante, derivados de petróleo, exceto gás liquefeito propano ou butano (Lei nº 6.374/1989, art. 8º, III e V, §§ 8º e 10, 2, e arts. 60 e 66-F, I, o primeiro e o terceiro na redação da Lei nº 9.176/1995, art. 1º, I, sendo a alínea "a" do inciso III do art. 8º com alteração da Lei nº 10.136/1998, art. 3º, e o inciso V do art. 8º, com alteração da Lei nº 9.355/1996, art. 1º, e Convênio ICMS-3/99, cláusulas primeira e segunda, com alterações do Convênio ICMS-138/01):

I – a estabelecimento do distribuidor de combustíveis, como tal definido e autorizado por órgão federal competente, ou a importador, localizado neste Estado, tratando-se de:

a) aguarrás mineral, classificada no código 2710.00.92 da Nomenclatura Brasileira de Mercadorias – Sistema Harmonizado – NBM/SH;

b) óleo combustível, gasolina de aviação, querosene de aviação e querosene iluminante;

II – a estabelecimento fabricante de combustíveis ou a importador, localizado neste Estado, tratando-se dos demais combustíveis líquidos ou gasosos, derivados de petróleo;

III – a estabelecimento, localizado neste Estado, do fabricante de lubrificante ou do importador desse produto;

IV – a remetente, a seguir indicado, localizado em Estado signatário de acordo implementado por este Estado, arrolado na Tabela V do Anexo VI, inclusive na hipótese de o adquirente ser usuário ou consumidor final, ainda que o imposto tenha sido retido em operação anterior:

a) estabelecimento do fabricante de combustíveis, do importador, do distribuidor de combustíveis, como tal definido e autorizado por órgão federal competente, ou do Transportador Revendedor Retalhista – TRR, tratando-se de combustíveis líquidos ou gasosos, derivados de petróleo, ou de aguarrás mineral;

b) estabelecimento do fabricante, do revendedor ou importador, tratando-se de lubrificante;

V – a qualquer estabelecimento que receber o produto diretamente de outro Estado, em hipótese não prevista no inciso anterior

§ 1º. Tratando-se de combustível líquido ou gasoso, derivado de petróleo, recebido do exterior por importador, inclusive a refinaria ou o formulador, o imposto devido por substituição tributária será retido e recolhido por ocasião do pagamento do imposto relativo à importação.

§ 2º. Na operação realizada por estabelecimento importador com outro estabelecimento indicado como responsável pelo pagamento do imposto para aquela mercadoria, a referida operação não se inclui na sujeição passiva por substituição, subordinando-se às normas comuns da legislação, hipótese em que a responsabilidade pela retenção do imposto será do estabelecimento destinatário, podendo o estabelecimento importador creditar-se do valor pago a título de substituição tributária, quando do desembaraço aduaneiro.

§ 3º. Na hipótese do inciso V:

1 – o imposto incidente na operação própria e nas subsequentes será pago no período de apuração em que tiver ocorrido a entrada da mercadoria no estabelecimento, com observância do disposto no art. 277;

2 – na saída da mercadoria do estabelecimento será emitido documento fiscal, nos termos do art. 274, e escriturado o livro Registro de Saídas, na forma do art. 278;

3 – no tocante ao imposto pago de acordo com o item 1, aplicar-se-á o disposto no inciso VI do art. 63 e no art. 269.

§ 4º. A atribuição da responsabilidade prevista neste artigo aplica-se, igualmente, a arrematante de qualquer dos produtos mencionados.

• *Art. 412 com redação dada pelo Decreto nº 46.588 de 8.3.2002 – DOE de 9.3.2002 – Efeitos a partir de 1º.1.2002.*

**Art. 413.** Na operação com combustível líquido ou gasoso, derivado de petróleo, promovida por contribuinte estabelecido em outro Estado, que, tendo recebido o produto com imposto retido na origem, destiná-lo ao território paulista, o repasse do imposto devido a este Estado será feito pela refinaria de petróleo ou suas bases, nos termos de disciplina complementar prevista em convênio específico firmado entre os Estados signatários, arrolados na Tabela V do Anexo VI (Convênio ICMS 3/99, cláusula sétima, parágrafo único, na redação do Convênio ICMS 72/03, cláusula primeira; cláusulas oitava, nona, parágrafo único, e décima, parágrafo único, as duas últimas na redação do Convênio ICMS 59/02, cláusula primeira, I; décima primeira, alterada pelos Convênios ICMS 08/01, ICMS 138/01, ICMS 05/02 e ICMS 59/02, cláusula primeira, III; cláusulas décima terceira a vigésima quinta, com alterações dos Convênios ICMS 27/99, ICMS 84/99, ICMS 21/00, ICMS 138/01 e ICMS 59/02, cláusulas primeira, V a VIII, segunda, II a IV, e terceira).

• *Art. 413,* caput, *com redação dada pelo Decreto nº 48.294, de 2.12.2003 – DOE de 3.12.2003 – Efeitos a partir de 1º.11.2003.*

§ 1º. Nos termos da disciplina mencionada no *caput*, será observada:

1 – a forma como a refinaria de petróleo ou suas bases farão o cálculo do imposto devido a este Estado e o correspondente repasse;

2 – a forma como serão entregues as informações relacionadas com operações interestaduais que ensejarão o repasse do imposto a este Estado.

• *§ 1º com redação dada pelo Decreto nº 47.021, de 22.8.2002 – DOE de 23.8.2002 – Produzindo efeitos em relação aos fatos geradores que ocorrerem a partir de 1º de outubro de 2002.*

§ 2º. Se o valor do imposto devido a este Estado for diverso do imposto cobrado no Estado de origem, observar-se-á o que segue:

1 – se superior, o remetente deverá, por ocasião da saída da mercadoria, efetuar o recolhimento complementar do imposto em favor deste Estado, por meio da Guia Nacional de Recolhimento de Tributos Estaduais – GNRE, a qual deverá acompanhar o transporte;

2 – se inferior, o remetente poderá pleitear o correspondente ressarcimento da diferença, nos termos previstos na legislação do Estado de origem.

• *§ 2º com redação dada pelo Decreto nº 47.021, de 22.8.2002 – DOE de 23.8.2002 – Produzindo efeitos em relação aos fatos geradores que ocorrerem a partir de 1º de outubro de 2002.*

§ 3º. O disposto neste artigo não exclui a responsabilidade do TRR, do estabelecimento do distribuidor de combustíveis ou do importador pela omissão ou apresentação de informações falsas ou inexatas, podendo deles ser exigido o imposto devido a este Estado e correspondentes acréscimos, a partir da operação por eles realizadas até a última, bem como os acréscimos incidentes em decorrência da entrega extemporânea das informações.

• *§ 3º com redação dada pelo Decreto nº 47.021, de 22.8.2002 – DOE de 23.8.2002 – Produzindo efeitos em relação aos fatos geradores que ocorrerem a partir de 1º de outubro de 2002.*

§ 4º. Na hipótese deste artigo, sendo o remetente pessoa não inscrita no Cadastro de Contribuintes do ICMS deste Estado, a operação deverá estar acompanhada pela Guia Nacional de Recolhimento de Tributos Estaduais – GNRE, conforme disciplina prevista no § 3º do art. 262.

• *§ 4º com redação dada pelo Decreto nº 47.021, de 22.8.2002 – DOE de 23.8.2002 – Produzindo efeitos em relação aos fatos geradores que ocorrerem a partir de 1º de outubro de 2002.*

§ 5º. Na operação referida no parágrafo anterior, se o sujeito passivo por substituição tiver efetuado o repasse do imposto a este Estado, conforme previsto no *caput*, o remetente poderá requerer ao fisco paulista a devolução desse valor, com apresentação de cópia dos seguintes documentos, além de outros exigidos pela legislação pertinente:

1 – Nota Fiscal relativa à operação realizada com o destinatário deste Estado;

2 – Guia Nacional de Recolhimento de Tributos Estaduais – GNRE;

3 – listagem das operações realizadas em território paulista e do correspondente protocolo de entrega das informações, na forma do § 1º.

• *§ 5º com redação dada pelo Decreto nº 47.021, de 22.8.2002 – DOE de 23.8.2002 – Produzindo efeitos em relação aos fatos geradores que ocorrerem a partir de 1º de outubro de 2002.*

§ 6º. Na hipótese de dilação, a qualquer título, do prazo de pagamento do imposto pela unidade federada de origem, o imposto deverá ser repassado integralmente a este Estado no prazo estabelecido pela disciplina mencionada no *caput* (Convênio ICMS-03/99, cláusula décima primeira, § 8º acrescentado pelo Convênio ICMS-155/02, cláusula primeira, I).

- *§ 6º acrescido pelo Decreto nº 47.626, de 5.2.2003 – DOE de 6.2.2003 – Efeitos a partir de 1º.1.2003.*

**Art. 413-A.** O contribuinte substituído será responsável solidário pelo recolhimento do imposto devido a este Estado, inclusive seus acréscimos legais, na aquisição de combustível líquido ou gasoso derivado de petróleo, etanol anidro combustível – EAC e biodiesel puro – B100, cuja operação, conforme o caso, não tiver sido (Lei nº 6.374/1989, art. 9º, X e XI, e Convênio ICMS-110/07):

- *Art. 413-A,* caput, *acrescido pelo Decreto nº 48.294, de 2.12.2003 – DOE de 3.12.2003, e com redação dada pelo Decreto nº 59.997, de 20.12.2013 – DOE de 21.12.2013 – Efeitos a partir de 1º.3.2014.*

I – objeto de retenção e recolhimento, por qualquer motivo;

II – informada ao responsável pelo repasse, nos termos do art. 424-A.

- *Art. 413-A – Efeitos a partir de 15.10.2003.*

**Art. 414.** Na operação com combustível líquido ou gasoso, derivado de petróleo, promovida por contribuinte estabelecido neste Estado, que, tendo recebido o produto com imposto retido, destiná-lo ao território de outro Estado, ainda que para uso ou consumo final, o contribuinte remetente terá direito ao ressarcimento do imposto pago a este Estado, tanto daquele pago em razão da aquisição, como do retido antecipadamente (Convênio ICMS-3/99, cláusula oitava; cláusulas nona, parágrafo único, e décima, parágrafo único, ambas na redação do Convênio ICMS-59/02, cláusula primeira, I; cláusulas décima terceira e décima quarta; cláusula décima quinta, com alteração do Convênio ICMS-59/02, cláusula primeira, V; cláusulas décima nona a vigésima primeira, na redação do Convênio ICMS-138/01, cláusula primeira, I, VI, VII e IX, e alterações do Convênio ICMS- 59/02, cláusulas primeira, VI, e segunda, III; cláusula vigésima segunda, §§ 2º e 3º, na redação do Convênio ICMS-21/00, cláusula primeira, II, e alteração do Convênio ICMS-59/02, cláusula primeira, VII; e cláusula vigésima quinta, na redação do Convênio ICMS-59/02, cláusula terceira, II):

§ 1º. O ressarcimento referido neste artigo:

1 – tratando-se de produto adquirido diretamente do sujeito passivo por substituição:

a) limitar-se-á à diferença entre o imposto cobrado pela operação própria e por substituição tributária na operação originária e o imposto devido à unidade federada de destino da mercadoria, caso este último seja de valor inferior;

b) será feito pelo estabelecimento refinador de petróleo ou suas bases, mediante a emissão, pelo interessado, de Nota Fiscal de Ressarcimento, observada a disciplina estabelecida pela Secretaria da Fazenda, à vista das informações das operações interestaduais realizadas, fornecidas na forma da disciplina prevista em convênio específico firmado entre os Estados signatários, arrolados na Tabela V do Anexo VI;

2 – tratando-se de produto adquirido de outro contribuinte substituído, será feito na forma da legislação pertinente.

§ 2º. O estabelecimento refinador de petróleo ou suas bases escriturarão a Nota Fiscal a que se refere a alínea "b" do item 1 do parágrafo anterior no período de apuração em que for efetuado o ressarcimento ali previsto, mediante lançamento no Livro Registro de Apuração do ICMS, no campo "Outros Créditos", com a expressão "Ressarcimento relativo a operações interestaduais com combustíveis", nos termos do art. 281.

§ 3º. O disposto neste artigo aplica-se ainda que o combustível tenha sido recebido de outro Estado.

§ 4º. Na hipótese deste artigo, sendo o remetente pessoa não inscrita no Cadastro de Contribuintes do ICMS do Estado destinatário, hipótese em que a operação deverá estar acompanhada pela Guia Nacional de Recolhimento de Tributos Estaduais – GNRE – em favor daquele Estado, a devolução do imposto pago em decorrência da aquisição do produto e do retido antecipadamente por substituição deverá ser requerida ao Estado de destino da mercadoria, na forma de sua legislação.

- *Art. 414 com redação dada pelo Decreto nº 47.021, de 22.8.2002 – DOE de 23.8.2002 – Produzindo efeitos em relação aos fatos geradores que ocorrerem a partir de 1º de outubro de 2002.*

**Art. 415.** Em relação às operações interestaduais que promover com combustíveis derivados de petróleo, cujo imposto tenha sido retido anteriormente, o contribuinte a seguir indicado deverá (Convênio ICMS 3/99, cláusulas nona, décima, décima-A e vigésima quarta, a última na redação do Convênio ICMS 59/02, cláusula primeira, VIII, e todas com alteração do Convênio ICMS 122/02, cláusula primeira):

I – tratando-se de importador:

a) indicar no campo "Informações Complementares" da Nota Fiscal as bases de cálculo utilizadas para retenção do imposto por substituição tributária na operação anterior e a utilizada em favor da unidade federada de destino, o valor do ICMS devido à unidade federada de destino e a expressão "ICMS a ser repassado nos termos da cláusula décima primeira do Convênio ICMS 03/99";

b) registrar os dados relativos a cada operação com a utilização do programa aprovado pela COTEPE/ICMS, nos termos de disciplina complementar prevista em convênio específico firmado entre os Estados signatários, arrolados na Tabela V do Anexo VI;

c) entregar as informações relativas a essas operações nos prazos fixados no art. 424-A e na forma estabelecida no convênio referido na alínea anterior;

II – tratando-se dos demais contribuintes, na hipótese de aquisição do produto diretamente do sujeito passivo por substituição:

a) indicar, no campo "Informações Complementares" da Nota Fiscal, as bases de cálculo utilizadas para a retenção do imposto por substituição tributária na operação anterior e a utilizada em favor da unidade a federada de destino, o valor do ICMS devido à unidade federada de destino e a expressão "ICMS a ser repassado nos termos da cláusula décima primeira do Convênio ICMS 03/99";

b) registrar os dados relativos a cada operação com a utilização do programa aprovado pela COTEPE/ ICMS, nos termos de disciplina complementar prevista em convênio específico firmado entre os Estados signatários, arrolados na Tabela V do Anexo VI;

c) entregar as informações relativas a essa operações, juntamente com as recebidas de seus clientes, nos prazos fixados no art. 424-A e na forma estabelecida no convênio referido na alínea anterior à unidade federada de origem da mercadoria, à unidade federada de destino da mercadoria e à refinaria de petróleo ou suas bases;

III – tratando-se dos demais contribuintes, na hipótese de aquisição do produto de outro contribuinte substituído:

a) indicar, no campo "Informações Complementares" da Nota Fiscal, as bases de cálculo utilizadas para retenção do imposto por substituição tributária na operação anterior e a utilizada em favor da unidade federada de destino, o valor do ICMS devido à unidade federada de destino e a expressão "ICMS a ser repassado nos termos da cláusula décima primeira do Convênio ICMS 03/99";

b) registrar os dados relativos a cada operação com a utilização do programa aprovado pela COTEPE/I CMS, nos termos de disciplina complementar prevista em convênio específico firmado entre os Estados signatários, arrolados na Tabela V do Anexo VI;

c) entregar as informações relativas a essas operações, juntamente com as recebidas de seus clientes, nos prazos fixados no art. 424-A e na forma estabelecida no convênio referido na alínea anterior à unidade federada de origem da mercadoria, à unidade federada de destino da mercadoria e ao estabelecimento do contribuinte que forneceu, com imposto retido, a mercadoria revendida.

§ 1º. O contribuinte que receber de seus clientes informações relativas a operações interestaduais deverá registrá-las observando, conforme o caso, o disposto:

1 – na alínea "c" do inciso II, tratando-se de hipótese prevista no inciso II;

2 – na alínea "c" do inciso III, tratando-se de hipótese prevista inciso III.

§ 2º. Para efeito do disposto nas alíneas "a" dos incisos deste artigo, o valor unitário médio da base de cálculo utilizada para a substituição tributária na unidade federada de origem será determinado pela divisão do somatório do valor das bases de cálculo das entradas e do estoque inicial pelo somatório das respectivas quantidades, observado o seguinte:

1 – o valor unitário médio da base de cálculo da retenção deverá ser apurado mensalmente, ainda que o contribuinte não tenha realizado operações interestaduais;

2 – a indicação, no campo "Informações Complementares" da Nota Fiscal, da base de cálculo utilizada para a substituição tributária na unidade federada de origem, será feita com base no valor unitário médio da base de cálculo da retenção, apurado no mês imediatamente anterior ao da remessa.

• *Art. 415 com redação dada pelo Decreto nº 48.475, de 28.1.2004 – DOE de 29.1.2004 – Efeitos a partir da publicação.*

**Art. 415-A.** (Revogado).

• *Art. 415-A acrescido pelo Decreto nº 46.588 de 8.3.2002 – DOE de 9.3.2002, e revogado pelo Decreto nº 47.021, de 22.8.2002 – DOE de 23.8.2002 – Produzindo efeitos em relação aos fatos geradores que ocorrerem a partir de 1º.10.2002.*

**Art. 416.** Sem prejuízo do disposto no art. 413, na operação interestadual de remessa de combustíveis e lubrificantes, promovida por estabelecimento localizado em outra unidade federada, em que não tenha ocorrido a retenção do imposto na operação anterior, o imposto devido a este Estado, incidente nas operações subsequentes até o consumo final, deve ser recolhido pelo remetente, por ocasião da saída da mercadoria do estabelecimento, por meio de Guia Nacional de Recolhimento de Tributos Estaduais – GNRE, observando-se o seguinte:

I – será emitida uma guia para cada destinatário;

II – deverá constar no campo "Informações Complementares" da guia o número da Nota Fiscal a que se refere o correspondente recolhimento;

III – uma via da GNRE deverá acompanhar o transporte da mercadoria.

• *Art. 416 com redação dada pelo Decreto nº 46.588 de 8.3.2002 – DOE de 9.3.2002 – Efeitos a partir de 1º.1.2002.*

• *V. Decreto nº 44.280, de 28.9.1999, art. 3º – Dispõe que enquanto a Comissão Técnica Permanente do ICMS-COTEPE/ICMS não aprovar o programa de computador de uso obrigatório para registro, em meio magnético, dos dados relativos às operações interestaduais com combustíveis sujeitas ao regime da substituição tributária, conforme dispõe a cláusula décima terceira do Convênio ICMS-03/1999, de 16.4.1999, essas informações serão entregues por meio de demonstrativos e relatórios e nos prazos previstos nos arts. 414, 415, 416 e 419 do RICMS/2000.*

**Art. 417.** A base de cálculo do imposto, para fins de substituição tributária, é o preço máximo ou único de venda a consumidor fixado por autoridade competente ou o preço final sugerido pelo fabricante ou importador aprovado e divulgado pela Secretaria da Fazenda (Lei nº 6.374/1989, art. 28, Convênio ICMS-110/07).

§ 1º. Inexistindo esses preços, a base de cálculo será:

1 – o Preço Médio Ponderado a Consumidor Final – PMPF, com ICMS incluso, praticado nas operações internas, divulgado mediante Ato COTEPE publicado no Diário Oficial da União;

2 – na operação que promover a entrada em território paulista de combustível líquido ou gasoso ou lubrificante, derivados de petróleo, para uso ou consumo final do adquirente:

a) o valor da operação praticado pelo remetente, como tal entendido o preço de aquisição pelo destinatário, nele incluído o respectivo ICMS, se a mercadoria não tiver sido submetida à substituição tributária com retenção do imposto em operação anterior;

b) aquela definida no item 1, se o imposto tiver sido retido anteriormente.

§ 2º. Na hipótese de inexistência dos preços indicados no *caput* e no § 1º deste artigo ou no caso de decisão administrativa ou judicial determinar a não aplicação dos referidos preços, a base de cálculo será:

1 – nas hipóteses previstas nos incisos I, II, III e IV do art. 412, o montante formado pelo preço estabelecido por autoridade competente para o sujeito passivo por substituição, nele incluído o respectivo valor do ICMS nas operações internas, ou, em caso de inexistência daquele, o valor da operação acrescido dos valores correspondentes a frete, seguro, tributos, contribuições e outros encargos transferíveis ou cobrados do destinatário, adicionados, ainda, em ambos os casos, do valor resultante da aplicação dos percentuais de margem de valor agregado divulgados mediante Ato COTEPE publicado no Diário Oficial da União;

2 – em relação aos combustíveis líquidos ou gasosos, derivados de petróleo, importados do exterior, o montante formado pelo valor da mercadoria constante no documento de importação, que não poderá ser inferior ao valor que serviu de base de cálculo para o Imposto de Importação, acrescido dos valores correspondentes a impostos, inclusive o ICMS devido pela importação, taxas, contribuições e despesas aduaneiras, acrescido, ainda, da parcela resultante da aplicação dos percentuais de margem de valor agregado divulgados mediante Ato COTEPE publicado no Diário Oficial da União;

3 – na hipótese prevista no inciso V do art. 412, a soma do preço de aquisição da mercadoria com os valores correspondentes a frete, seguro, tributos e outros encargos devidos pelo adquirente, acrescida da parcela resultante da aplicação, sobre o referido montante, dos percentuais de margem de valor agregado divulgados mediante Ato COTEPE publicado no Diário Oficial da União;

4 – na hipótese prevista no art. 416, o montante formado pelo valor da operação acrescido dos valores correspondentes a frete, seguro, tributos, contribuições e outros encargos transferíveis ou cobrados do destinatário, adicionados, ainda, do valor resultante da aplicação dos percentuais de margem de valor agregado divulgados mediante Ato COTEPE publicado no Diário Oficial da União.

§ 3º. Em substituição aos percentuais de margem de valor agregado estabelecidos para as situações de que trata o § 2º, deverão ser adotados, conforme o caso, percentuais específicos, também divulgados mediante Ato COTEPE publicado no Diário Oficial da União, nas seguintes hipóteses:

1 – quando o estabelecimento produtor nacional de gasolina automotiva, óleo diesel e gás liquefeito de petróleo praticar preço sem computar no seu cálculo os valores integrais:

a) da Contribuição de Intervenção no Domínio Econômico – CIDE;

b) das Contribuições para o Programa de Integração Social – PIS, para o Programa de Formação do Patrimônio do Servidor Público – PASEP e para o Financiamento da Seguridade Social – COFINS;

2 – quando o importador realizar o desembaraço aduaneiro de gasolina automotiva, óleo diesel, gás liquefeito de petróleo, querosene de aviação ou gasolina de aviação com suspensão ou sem o pagamento do valor integral de qualquer uma das contribuições referidas no item 1;

3 – quando a distribuidora de combustível, assim definida e autorizada por órgão federal competente, praticar preço sem computar o valor integral de qualquer uma das contribuições referidas no item 1.

• *Art. 417 com redação dada pelo Decreto nº 59.997, de 20.12.2013 – DOE de 21.12.2013 – Efeitos a partir de 1º.3.2014.*

### Seção II
### Das Operações com Etanol Combustível

• *Título da Seção II com redação dada pelo Decreto nº 59.997, de 20.12.2013 – DOE de 21.12.2013 – Efeitos a partir de 1º.3.2014.*

#### *Subseção I – Das Operações com Etanol Hidratado Combustível – EHC*

• *Título da Subseção I com redação dada pelo Decreto nº 59.997, de 20.12.2013 – DOE de 21.12.2013 – Efeitos a partir de 1º.3.2014.*

**Art. 418.** Na saída de etanol hidratado combustível – EHC com destino a estabelecimento localizado em território paulista, fica atribuída a responsabilidade pelo pagamento do imposto devido nas operações subsequentes até o consumo final a (Lei nº 6.374/1989, arts. 8º, IV, 28 e 66-F, Convênio ICMS – 110/2007, cláusula primeira):

I – estabelecimento do distribuidor de combustíveis, como tal definido e autorizado por órgão federal competente, localizado neste Estado, desde que a sua condição de sujeito passivo por substituição tributária não esteja suspensa, observado o disposto no art. 418-C;

II – estabelecimento do distribuidor de combustíveis, como tal definido e autorizado por órgão federal competente, localizado em Estado signatário de acordo firmado com o Estado de São Paulo, que remeter a mercadoria aos destinatários adiante indicados, observado o disposto no art. 418-D:

a) distribuidor de combustíveis suspenso da condição de sujeito passivo por substituição tributária, observado o disposto no § 3º;

b) posto revendedor varejista;

III – estabelecimento de fabricante, cooperativa de produtores ou empresa comercializadora de etanol, como tal definido e autorizado por órgão federal competente, localizado em território paulista ou em Estado signatário de acordo firmado com o Estado de São Paulo, que destinar a mercadoria a distribuidor de combustíveis suspenso da condição de sujeito passivo por substituição tributária, observado o disposto no § 3º e nos arts. 418-B e 418-D;

IV – qualquer estabelecimento, excetuado o de fabricante, cooperativa de produtores ou empresa comercializadora de etanol, que receber essa mercadoria diretamente de outro Estado, sem retenção do imposto, em hipóteses não abrangidas pelos incisos II e III, observado o disposto no art. 418-E.

§ 1º. Na falta do preço máximo ou único de venda a consumidor fixado por autoridade competente, a base de cálculo será o montante formado pelo preço estabelecido por autoridade competente para o sujeito passivo por substituição tributária, nele incluído o respectivo valor do ICMS nas operações internas, ou, em caso de inexistência deste preço, pelo valor da operação acrescido dos valores correspondentes a frete, seguro, tributos, contribuições e outros encargos transferíveis ou cobrados do destinatário, adicionados, ainda, em ambos os casos, do valor resultante da aplicação dos percentuais de margem de valor agregado divulgados mediante Ato COTEPE publicado no Diário Oficial da União (Convênio ICMS-110/2007, cláusulas sétima e oitava).

§ 2º. Na hipótese de a base de cálculo de que trata o § 1º, por litro, ser inferior ao Preço Médio Ponderado a Consumidor Final – PMPF divulgado mediante Ato COTEPE publicado no Diário Oficial da União, este preço será adotado como base de cálculo da substituição tributária.

§ 3º. A relação dos distribuidores de combustíveis que estiverem com a condição de sujeito passivo por substituição tributária suspensa por descumprimento das obrigações tributárias, nos termos de disciplina estabelecida pela Secretaria da Fazenda, será publicada no Diário Oficial do Estado, bem como estará disponível para consulta no endereço eletrônico <www.fazenda.sp.gov.br>.

• *Art. 418 com redação dada pelo Decreto nº 59.997, de 20.12.2013 – DOE de 21.12.2013 – Efeitos a partir de 1º.3.2014.*

**Art. 418-A.** O contribuinte localizado em território paulista que fabricar ou comercializar etanol hidratado combustível – EHC, exceto o varejista, poderá solicitar credenciamento perante a Secretaria da Fazenda, conforme disciplina por ela estabelecida, para fins de cumprimento das obrigações fiscais nos termos do inciso I do art. 418-B ou inciso I do art. 418-C.

§ 1º. O credenciamento previsto no *caput*:

1 – poderá ser solicitado também por contribuinte localizado em outra unidade da Federação, desde que esteja inscrito como substituto tributário neste Estado, para cumprimento das obrigações fiscais nos termos do inciso I do art. 418-D;

2 – não será concedido a distribuidor de combustíveis suspenso da condição de sujeito passivo por substituição tributária.

§ 2º. A Secretaria da Fazenda poderá credenciar determinado contribuinte, de ofício, a título precário, sem prejuízo da exigência do cumprimento da disciplina estabelecida para o credenciamento.

§ 3º. O contribuinte credenciado, ao emitir o documento fiscal, deverá fazer constar no campo "Observações" as seguintes expressões: "Remetente credenciado conforme o art. 418-A – Processo ..." e/ou "Destinatário credenciado conforme o art. 418-A – Processo ...".

• *Art. 418-A com redação dada pelo Decreto nº 59.997, de 20.12.2013 – DOE de 21.12.2013 – Efeitos a partir de 1º.3.2014.*

**Art. 418-B.** Tratando-se de saída de etanol hidratado combustível – EHC promovida por fabricante, cooperativa de produtores ou empresa comercializadora de etanol localizado em território paulista (Lei nº 6.374/1989, art. 8º, IV):

I – credenciado nos termos do art. 418-A, o remetente deverá:

a) cumprir as obrigações tributárias, principal e acessórias, pelo sistema de débito e crédito, observando as normas comuns previstas na legislação;

b) quando for substituto tributário, conforme inciso III do art. 418, cumprir as obrigações tributárias, principal e acessórias, no tocante às operações próprias, pelo sistema de débito e crédito, e operações subsequentes, observando as normas comuns previstas na legislação, inclusive as relativas ao regime jurídico da substituição tributária;

II – não credenciado nos termos do art. 418-A com destino a contribuinte credenciado nos termos do art. 418-A, o imposto incidente na operação fica diferido para o momento em que ocorrer a entrada da mercadoria no estabelecimento do destinatário, devendo este observar o disposto no art. 116;

III – não credenciado nos termos do art. 418-A para destinatário diverso do indicado no inciso II, o remetente deverá:

a) recolher o imposto relativo à operação própria por meio de Guia de Arrecadação Estadual – GARE-ICMS, antes de promover cada saída, observando os §§ 1º a 3º;

b) quando for substituto tributário, conforme inciso III do art. 418, recolher o imposto por meio de Guia de Arrecadação Estadual – GARE-ICMS, antes de promover cada saída, sendo uma guia de recolhimento para a operação própria e outra para as operações subsequentes, observando os §§ 1º e 2º.

§ 1º. Na hipótese do inciso III, o valor do imposto referente à operação própria, recolhido por meio de Guia de Arrecadação Estadual – GARE-ICMS, deverá ser o equivalente a 70% (setenta por cento) do valor do imposto destacado no documento fiscal, sem prejuízo da apuração a ser efetuada a cada período nos termos do art. 87 e observado o seguinte:

1 – o valor recolhido deverá ser lançado no livro Registro de Apuração do ICMS, no quadro "Crédito do Imposto – Outros Créditos", com a expressão "ICMS recolhido nos termos do art. 418-B, inciso III", no período do recolhimento;

2 – o valor do imposto destacado no documento fiscal deverá ser lançado no livro Registro de Saídas.

§ 2º. As Guias de Arrecadação Estadual – GARE-ICMS deverão:

1 – ser juntadas aos correspondentes Documentos Auxiliares da Nota Fiscal Eletrônica – DANFE;

2 – conter o número da correspondente Nota Fiscal Eletrônica – NF-e impresso no campo "Observações".

§ 3º. Na hipótese da alínea "a" do inciso III, o valor do imposto destacado no documento fiscal emitido pelo remetente deverá ser lançado pelo destinatário, no livro de Registro de Entradas, da seguinte forma:

1 – o valor recolhido pelo remetente por meio de Guia de Arrecadação Estadual – GARE-ICMS, desde que a guia de recolhimento tenha sido juntada ao Documento Auxiliar da Nota Fiscal Eletrônica – DANFE, conforme previsto no § 2º;

2 – em separado, o valor correspondente a 30% (trinta por cento) do valor do imposto destacado no referido documento fiscal.

§ 4º. A soma dos valores indicados nos itens 1 e 2 do § 3º não poderá ser maior que o valor do imposto destacado no documento fiscal emitido pelo remetente.

• *Art. 418-B com redação dada pelo Decreto nº 59.997, de 20.12.2013 – DOE de 21.12.2013 – Efeitos a partir de 1º.3.2014.*

**Art. 418-C.** Tratando-se de saída de etanol hidratado combustível – EHC promovida por distribuidor de combustíveis localizado em território paulista:

I – credenciado nos termos do art. 418-A, o remetente deverá, na condição de substituto tributário conforme inciso I do art. 418, cumprir as obrigações tributárias, principal e acessórias, no tocante às operações próprias, pelo sistema de débito e crédito, e operações subsequentes, observando as normas comuns previstas na legislação, inclusive as relativas ao regime jurídico da substituição tributária;

II – não credenciado nos termos do art. 418-A, o remetente deverá, na condição de substituto tributário conforme inciso I do art. 418, recolher o imposto por meio de Guia de Arrecadação Estadual – GARE-ICMS, antes de promover cada saída, sendo uma guia de recolhimento para a operação própria e outra para as operações subsequentes, observando os §§ 1º e 2º;

III – que tenha recebido a mercadoria com retenção antecipada do imposto por estar suspenso da condição de sujeito passivo por substituição tributária, deverão ser observadas as normas previstas na legislação aplicáveis aos substituídos tributários.

§ 1º. Na hipótese do inciso II, o valor do imposto referente à operação própria, recolhido por meio de Guia de Arrecadação Estadual – GARE-ICMS, deverá ser o equivalente a 10% (dez por cento) do valor do imposto destacado no documento fiscal, sem prejuízo da apuração a ser efetuada a cada período nos termos do art. 87 e observado o seguinte:

1 – o valor recolhido deverá ser lançado no livro Registro de Apuração do ICMS, no quadro "Crédito do Imposto – Outros Créditos", com a expressão "ICMS recolhido nos termos do art. 418-C, inciso II", no período do recolhimento;

2 – o valor do imposto destacado no documento fiscal deverá ser lançado no livro Registro de Saídas.

§ 2º. As Guias de Arrecadação Estadual – GARE-ICMS a que se referem o inciso II e o § 1º deverão:

1 – ser juntadas aos correspondentes Documentos Auxiliares da Nota Fiscal Eletrônica – DANFE;

2 – conter o número da correspondente Nota Fiscal Eletrônica – NF-e impresso no campo "Observações".

§ 3º. Na hipótese do inciso II, o destinatário da mercadoria deverá exigir a apresentação das Guias de Arrecadação Estadual – GARE-ICMS em conformidade com o § 2º, sob pena de ser responsabilizado solidariamente, nos termos do inciso XII do art. 11 deste regulamento, pelo imposto não recolhido.

• *Art. 418-C acrescido pelo Decreto nº 59.997, de 20.12.2013 – DOE de 21.12.2013 – Efeitos a partir de 1º.3.2014.*

**Art. 418-D.** Na hipótese de o sujeito passivo por substituição tributária relativamente à saída de etanol hidratado combustível – EHC ser fabricante, cooperativa de produtores, empresa comercializadora de etanol ou distribuidor de combustíveis localizados em Estado signatário de acordo firmado com o Estado de São Paulo, conforme incisos II e III do art. 418, o remetente (Convênio ICMS-110/07, cláusula primeira):

I – quando inscrito como substituto tributário neste Estado e credenciado nos termos do art. 418-A, deverá cumprir as obrigações tributárias, principal e acessórias, no tocante às operações subsequentes, observando as normas relativas ao regime jurídico da substituição tributária previstas na legislação;

II – nos demais casos, deverá recolher o imposto relativo às operações subsequentes por meio de Guia Nacional de Recolhimento de Tributos Estaduais – GNRE, nos termos do § 3º do art. 262.

§ 1º. Na hipótese do inciso I, o imposto retido deverá ser recolhido até o 10º (décimo) dia subsequente ao término do período de apuração em que tiver ocorrido a operação. (Convênio ICMS – 110/2007, cláusula décima sexta).

§ 2º. Não havendo o recolhimento previsto no inciso II, o contribuinte paulista que conste como destinatário no documento fiscal deverá efetuar antecipadamente, na entrada da mercadoria no território deste Estado, o recolhimento, nos termos do art. 418-E:

1 – do imposto devido pela própria operação de saída da mercadoria;

2 – em sendo o caso, do imposto devido pelas operações subsequentes sujeitas à retenção antecipada, mesmo que esteja suspenso da condição de sujeito passivo por substituição tributária.

- *Art. 418-D acrescido pelo Decreto nº 59.997, de 20.12.2013 – DOE de 21.12.2013 – Efeitos a partir de 1º.3.2014.*

**Art. 418-E.** Na hipótese de estabelecimento localizado neste Estado, excetuado o de fabricante, cooperativa de produtores e empresa comercializadora de etanol, receber etanol hidratado combustível – EHC diretamente de outro Estado, sem retenção do imposto, conforme disposto no inciso IV do art. 418, deverá ser observado o seguinte:

I – o imposto incidente na operação própria e nas subsequentes será recolhido na entrada da mercadoria no território deste Estado, por meio de guia de recolhimentos especiais, conforme disciplina estabelecida pela Secretaria da Fazenda;

II – a escrituração das operações a que se refere este artigo será efetuada nos termos do art. 277, considerando-se o valor recolhido por antecipação como imposto devido pela própria operação de saída da mercadoria, exceto no caso de contribuinte não varejista enquadrado no Regime Periódico de Apuração – RPA, hipótese em que o valor recolhido por antecipação será assim considerado:

a) como parcela relativa ao imposto devido pela própria operação de saída da mercadoria, o valor resultante da multiplicação da diferença entre a alíquota interna e a interestadual pela base de cálculo da operação de entrada da mercadoria;

b) como parcela relativa ao imposto devido pelas operações subsequentes, na condição de sujeito passivo por substituição, o valor total recolhido, deduzido do valor calculado nos termos da alínea "a".

III – na saída da mercadoria do estabelecimento será emitido documento fiscal nos termos do art. 274 e escriturado o livro Registro de Saídas na forma do art. 278;

IV – no tocante ao imposto recolhido de acordo com o inciso I, aplicar-se-á o disposto no inciso VI do art. 63 e no art. 269.

- *Art. 418-E acrescido pelo Decreto nº 59.997, de 20.12.2013 – DOE de 21.12.2013 – Efeitos a partir de 1º.3.2014.*

**Art. 418-F.** O lançamento do imposto, relativo à operação própria, incidente nas sucessivas saídas internas de etanol hidratado combustível – EHC, promovidas por distribuidor de combustíveis com destino a outro distribuidor de combustíveis, em ambos os casos como definido e autorizado por órgão federal competente, fica diferido para o momento em que ocorrer a saída com destino a:

I – posto revendedor varejista;

II – consumidor final;

III – distribuidor de combustíveis suspenso da condição de sujeito passivo por substituição tributária.

Parágrafo único. O disposto neste artigo:

1 – aplica-se também à saída de etanol hidratado combustível – EHC com destino a outro estabelecimento não indicado no *caput* e seus incisos;

2 – não prejudica a aplicação das disposições relativas à substituição tributária, conforme o caso, nos termos dos arts. 418, 418-C, 418-E e no inciso III do art. 423.

- *Art. 418-F acrescido pelo Decreto nº 59.997, de 20.12.2013 – DOE de 21.12.2013 – Efeitos a partir 1º.2.2014.*

### *Subseção II – Das Operações com Etanol Anidro Combustível – EAC*

- *Título da Subseção II com redação dada pelo Decreto nº 59.997, de 20.12.2013 – DOE de 21.12.2013 – Efeitos a partir de 1º.3.2014.*

**Art. 419.** Na operação interna ou interestadual que destinar etanol anidro combustível – EAC a estabelecimento do distribuidor de combustíveis, como tal definido e autorizado por órgão federal competente, o lançamento do imposto incidente fica diferido para o momento em que ocorrer a saída da gasolina "C" resultante da mistura de etanol anidro combustível – EAC com gasolina "A", promovida pelo estabelecimento do distribuidor de combustíveis, desde que, nos termos de disciplina editada pela Secretaria da Fazenda:

I – o remetente e o destinatário estejam previamente cadastrados no Sistema de Controle do Diferimento do Imposto nas Operações com EAC – CODIF;

II – o diferimento seja previamente autorizado, nos termos do disposto no § 2º;

III – o destinatário apresente pedido, por escrito, relativo à fixação da quantidade, nos termos:

a) da alínea "a" do item 1 do § 2º, se estiver localizado neste Estado;

b) da alínea "b" do item 1 do § 2º, se estiver localizado em outro Estado.

§ 1º. O imposto devido a este Estado nas operações com etanol anidro combustível – EAC será pago pela refinaria de petróleo ou suas bases, conforme segue:

1 – nas operações internas, englobadamente com o imposto retido por substituição tributária incidente sobre as subsequentes operações com a gasolina;

2 – nas operações interestaduais de saída do produto do território paulista, no mesmo momento do pagamento do imposto retido por substituição tributária incidente sobre as subsequentes operações com combustíveis derivados de petróleo, devido por repasse a este Estado, observado o disposto no item 1 do § 2º do art. 419-A.

§ 2º. A autorização mencionada no inciso II:

1 – será concedida, observada a quantidade apurada e fixada a pedido do estabelecimento do distribuidor interessado ou de ofício pela Secretaria da Fazenda, limitada:

a) tratando-se de destinatário localizado neste Estado, à quantidade de etanol anidro combustível – EAC necessária e suficiente para ser adicionada à gasolina "A", cujo imposto tenha sido pago anteriormente por substituição tributária, para preparo de gasolina "C" pelo estabelecimento do distribuidor de combustíveis, com base no percentual de mistura fixado na legislação federal, deduzida a quantidade de etanol anidro combustível – EAC adquirida de estabelecimento localizado em outro Estado;

b) tratando-se de destinatário localizado em outro Estado, à quantidade de etanol anidro combustível – EAC estabelecida nos termos de disciplina editada pela Secretaria da Fazenda;

2 – deverá ter seu número indicado na Nota Fiscal Eletrônica – NF-e, modelo 55, no campo "Informações Complementares", com a expressão "ICMS DIFERIDO ART. 419 DO RICMS – AUTORIZAÇÃO Nº...", e no campo "Código de Autorização/Registro do CODIF";

3 – fica dispensada, nas transferências internas de etanol anidro combustível – EAC para estabelecimento distribuidor de combustíveis pertencente ao mesmo titular;

4 – não tem efeito homologatório, devendo o estabelecimento do distribuidor de combustíveis comprovar, quando notificado, que efetivamente o etanol anidro combustível – EAC foi adicionado à gasolina "A", cujo imposto tenha sido pago anteriormente por substituição tributária, para preparo de gasolina "C", com base no percentual de mistura fixado na legislação federal.

§ 3º. Ficarão disponíveis para consulta por 90 (noventa) dias na página da Secretaria da Fazenda no endereço eletrônico <http://www.fazenda.sp.gov.br>, as informações relativas:

1 – ao número, série e data da Nota Fiscal Eletrônica – NF-e;

2 – aos números de inscrição, estadual e no CNPJ, do remetente e do destinatário;

3 – à quantidade de etanol anidro combustível – EAC referente a cada autorização.

§ 4º. O lançamento do imposto deverá ser efetuado pelo estabelecimento do distribuidor de combustíveis na hipótese de não ser efetuada a comprovação mencionada no item 4 do § 2º, devendo o imposto ser recolhido por meio de Guia de Arrecadação Estadual – GARE-ICMS, acrescido de multa e demais acréscimos legais calculados desde a data da saída do estabelecimento remetente, sem prejuízo, se for o caso, do pagamento do imposto relativo à saída do próprio estabelecimento do distribuidor.

§ 5º. O diferimento previsto neste artigo fica interrompido, devendo o pagamento do imposto ser efetuado, mediante guia de recolhimentos especiais, em favor da unidade federada remetente do etanol anidro combustível – EAC, pelo estabelecimento paulista de distribuidor de combustíveis em que ocorrer:

1 – saída de etanol anidro combustível – EAC amparada por não incidência ou isenção;

2 – qualquer outra saída ou evento que impossibilitar o lançamento do imposto no momento indicado no *caput* deste artigo.

§ 6º. A interrupção do diferimento a que se refere o § 5º implicará glosa do repasse previsto no item 2 do § 2º do art. 419-A quando a operação anteriormente diferida tiver origem em outra unidade federada.

§ 7º. O estabelecimento do distribuidor de combustíveis, localizado em outro Estado, que deixar de informar as operações interestaduais nos termos do art. 419-A poderá ter seu cadastro desativado no Sistema de Controle do Diferimento do Imposto nas Operações com EAC – CODIF, até que seja regularizada a situação.

• *Art. 419 com redação dada pelo Decreto nº 59.997, de 20.12.2013 – DOE de 21.12.2013 – Efeitos a partir de 1º.3.2014.*

**Art. 419-A.** Nas operações interestaduais com etanol anidro combustível – EAC, deverá ser observado o convênio específico firmado entre os Estados arrolados na Tabela V do Anexo VI e as disposições deste artigo.

§ 1º. O estabelecimento do distribuidor de combustíveis localizado em outro Estado que receber etanol anidro combustível – EAC remetido por contribuinte paulista, com o diferimento previsto no art. 419, deverá:

1 – registrar, com utilização do Sistema de Captação e Auditoria dos Anexos de Combustíveis – SCANC, aprovado pela COTEPE/ICMS, os dados relativos a cada operação;

2 – identificar:

a) o sujeito passivo por substituição que tenha retido anteriormente o imposto relativo à gasolina "A", com base na proporção da sua participação no somatório das quantidades do estoque inicial e das entradas ocorridas no mês, relativamente à gasolina "A" adquirida diretamente de sujeito passivo por substituição tributária;

b) o fornecedor da gasolina "A", com base na proporção da sua participação no somatório das quantidades do estoque inicial e das entradas ocorridas no mês, relativamente à gasolina "A" adquirida de outro contribuinte substituído;

3 – enviar as informações a que se referem os itens 1 e 2, por transmissão eletrônica de dados, na forma e prazos previstos em convênio específico firmado entre os Estados arrolados na Tabela V do Anexo VI.

§ 2º. A refinaria de petróleo ou suas bases, à vista das informações fornecidas por distribuidores de combustíveis estabelecidos neste e em outros Estados procederão conforme segue:

1 – em relação às operações interestaduais de saída de etanol anidro combustível – EAC do território paulista, repassarão o imposto incidente nessas operações a este Estado;

2 – em relação às operações de aquisição de etanol anidro combustível – EAC de outros Estados, repassarão o imposto incidente nessas operações interestaduais ao Estado de origem, deduzindo esse montante do imposto retido, relativo à gasolina, devido a este Estado.

§ 3º. Na hipótese de dilação, a qualquer título, do prazo de pagamento do imposto pela unidade federada de destino, o imposto relativo às operações com etanol anidro combustível – EAC deverá ser repassado integralmente a este Estado no prazo estabelecido no convênio específico firmado entre os Estados arrolados na Tabela V do Anexo VI.

§ 4º. A inobservância das disposições previstas no § 1º, inclusive a omissão ou apresentação de informações falsas ou inexatas, implicará a responsabilidade do estabelecimento do distribuidor de combustíveis, podendo dele ser exigido:

1 – o imposto devido a este Estado e correspondentes acréscimos legais;

2 – no caso de entrega extemporânea das informações, o imposto devido a este Estado, calculado mediante imputação, com os acréscimos decorrentes do recolhimento ou repasse em atraso, sem prejuízo da multa punitiva prevista na alínea "d" do inciso VII do art. 527.

● *Art. 419-A acrescido pelo Decreto nº 59.997, de 20.12.2013 – DOE de 21.12.2013 – Efeitos a partir de 1º.3.2014.*

**Art. 420.** Na operação de saída interestadual de gasolina "C", resultante da mistura de etanol anidro combustível – EAC com gasolina "A", além das demais disposições previstas na legislação, deverá ser observado o convênio específico firmado entre os Estados arrolados na Tabela V do Anexo VI e o seguinte:

I – o estabelecimento do distribuidor de combustíveis localizado neste Estado que remeter a gasolina "C" deverá observar o disposto nos incisos II e III do art. 415, em relação ao registro e ao envio das informações relativas a cada operação, com utilização do Sistema de Captação e Auditoria dos Anexos de Combustíveis – SCANC, aprovado pela COTEPE/ICMS;

II – a refinaria de petróleo ou suas bases observarão o disposto no convênio específico firmado entre os Estados arrolados na Tabela V do Anexo VI em relação ao repasse, para o Estado de destino, do imposto relativo à gasolina "C" anteriormente retido em favor deste Estado;

III – o imposto devido nos termos do § 4º do art. 67, relativo ao etanol anidro combustível – EAC contido na gasolina "C", deverá ser pago pelo estabelecimento do distribuidor de combustíveis remetente, mediante lançamento no livro Registro de Apuração do ICMS, no quadro "Débito do Imposto – Outros Débitos", com a expressão "Estorno de ICMS – Art. 420, III, do RICMS", devendo ser calculado na seguinte conformidade:

a) o valor unitário médio das operações de entrada de etanol anidro combustível – EAC ocorridas no mês será apurado com base no valor total das operações, incluindo o respectivo ICMS;

b) a base de cálculo será o resultado da multiplicação do valor unitário médio pela quantidade de etanol anidro combustível – EAC contido na gasolina "C" remetida a outra unidade federada;

c) sobre a base de cálculo será aplicada a alíquota média ponderada incidente sobre as operações de entrada de etanol anidro combustível – EAC ocorridas no mês.

● *Art. 420 com redação dada pelo Decreto nº 59.997, de 20.12.2013 – DOE de 21.12.2013 – Efeitos a partir de 1º.3.2014.*

### Seção II-A
### Das Operações com Biodiesel Puro – B100

● *Seção II-A acrescida pelo Decreto nº 59.997, de 20.12.2013 – DOE de 21.12.2013 – Efeitos a partir de 1º.3.2014.*

**Art. 420-A.** Na operação interna ou interestadual que destinar biodiesel puro – B100 a estabelecimento do distribuidor de combustíveis, como tal definido e autorizado por órgão federal competente, o lançamento do imposto incidente fica diferido para o momento em que ocorrer a saída do óleo diesel resultante da mistura com biodiesel, promovida pelo estabelecimento do distribuidor de combustíveis (Lei nº 6.374/1989, art. 8º, III, e § 10, e Convênio ICMS-110/07, cláusulas primeira a terceira, vigésima primeira e vigésima terceira a trigésima primeira).

§ 1º. O imposto devido a este Estado será pago pela refinaria de petróleo ou suas bases, conforme segue:

1 – nas operações internas, englobadamente com o imposto retido por substituição tributária incidente sobre as subsequentes operações com o óleo diesel resultante da mistura com biodiesel;

2 – nas operações interestaduais de saída do produto do território paulista, no mesmo momento do pagamento do imposto retido por substituição tributária incidente sobre as subsequentes operações com combustíveis derivados de petróleo, devido por repasse a este Estado, observado o disposto no item 1 do § 2º do art. 420-B.

§ 2º. O lançamento do imposto deverá ser efetuado pelo estabelecimento do distribuidor de combustíveis, na hipótese de:

1 – não ser comprovada a adição do biodiesel puro – B100 ao óleo diesel, cujo imposto tenha sido pago anteriormente por substituição tributária, com base no percentual de mistura estabelecido na legislação federal, devendo neste caso o imposto ser recolhido por meio de Guia de Arrecadação Estadual – GARE-ICMS, acrescido de multa e demais acréscimos legais calculados desde a data da saída do estabelecimento remetente, sem prejuízo, se for o caso, do pagamento do imposto relativo à saída do próprio estabelecimento do distribuidor de combustíveis;

2 – saída de óleo diesel resultante da mistura com biodiesel em proporção superior à que se refere o item 1, quando autorizado o uso específico ou experimental conforme previsto na legislação federal, apurado sobre o valor do biodiesel puro – B100 que exceder ao volume que serviu de base para a retenção antecipada por substituição tributária, devendo neste caso o imposto ser recolhido pela operação que o estabelecimento do distribuidor de combustíveis realizar, observando as normas comuns previstas na legislação.

§ 3º. O diferimento previsto neste artigo fica interrompido, devendo o pagamento do imposto ser efetuado, mediante guia de recolhimentos especiais, em favor da unidade federada remetente do biodiesel puro – B100, pelo estabelecimento paulista de distribuidor de combustíveis em que ocorrer:

1 – saída de biodiesel puro – B100 amparada por não incidência ou isenção;

2 – qualquer outra saída ou evento que impossibilitar o lançamento do imposto no momento indicado no *caput* deste artigo.

§ 4º. A interrupção do diferimento a que se refere o § 3º implicará glosa do repasse previsto no item 2 do § 2º do art. 420-B quando a operação anteriormente diferida tiver origem em outra unidade federada.

• *Art. 420-A acrescido pelo Decreto nº 59.997, de 20.12.2013 – DOE de 21.12.2013 – Efeitos a partir de 1º.3.2014.*

**Art. 420-B.** Nas operações interestaduais com biodiesel puro – B100, deverá ser observado o convênio específico firmado entre os Estados arrolados na Tabela V do Anexo VI e as disposições deste artigo.

§ 1º. O estabelecimento do distribuidor de combustíveis localizado em outro Estado que receber biodiesel puro – B100 remetido por contribuinte paulista, com o diferimento previsto no art. 420-A, deverá:

1 – registrar, com utilização do Sistema de Captação e Auditoria dos Anexos de Combustíveis – SCANC, aprovado pela COTEPE/ICMS, os dados relativos a cada operação;

2 – identificar:

a) o sujeito passivo por substituição que tenha retido anteriormente o imposto relativo ao óleo diesel, com base na proporção da sua participação no somatório das quantidades do estoque inicial e das entradas ocorridas no mês, relativamente ao óleo diesel adquirido diretamente de sujeito passivo por substituição tributária;

b) o fornecedor do óleo diesel, com base na proporção da sua participação no somatório das quantidades do estoque inicial e das entradas ocorridas no mês, relativamente ao óleo diesel adquirido de outro contribuinte substituído;

3 – enviar as informações a que se referem os itens 1 e 2, por transmissão eletrônica de dados, na forma e prazos previstos em convênio específico firmado entre os Estados arrolados na Tabela V do Anexo VI.

§ 2º. A refinaria de petróleo ou suas bases, à vista das informações fornecidas por distribuidores de combustíveis estabelecidos neste e em outros Estados procederão conforme segue:

1 – em relação às operações interestaduais de saída de biodiesel puro – B100 do território paulista, repassarão o imposto incidente nessas operações a este Estado;

2 – em relação às operações de aquisição de biodiesel puro – B100 de outros Estados, repassarão o imposto incidente nessas operações interestaduais ao Estado de origem, deduzindo esse montante do imposto retido, relativo ao óleo diesel, devido a este Estado.

§ 3º. Na hipótese de dilação, a qualquer título, do prazo de pagamento do imposto pela unidade federada de destino, o imposto relativo às operações com biodiesel puro – B100 deverá ser repassado integralmente a este Estado no prazo estabelecido no convênio específico firmado entre os Estados arrolados na Tabela V do Anexo VI.

§ 4º. A inobservância das disposições previstas no § 1º, inclusive a omissão ou apresentação de informações falsas ou inexatas, implicará a responsabilidade do estabelecimento do distribuidor de combustíveis, podendo dele ser exigido:

1 – o imposto devido a este Estado e correspondentes acréscimos legais;

2 – no caso de entrega extemporânea das informações, o imposto devido a este Estado, calculado mediante imputação, com os acréscimos decorrentes do recolhimento ou repasse em atraso, sem prejuízo da multa punitiva prevista na alínea "d" do inciso VII do art. 527.

- *Art. 420-B acrescido pelo Decreto nº 59.997, de 20.12.2013 – DOE de 21.12.2013 – Efeitos a partir de 1º.3.2014.*

**Art. 420-C.** Na operação de saída interestadual do óleo diesel resultante da mistura com biodiesel, além das demais disposições previstas na legislação, deverá ser observado o convênio específico firmado entre os Estados arrolados na Tabela V do Anexo VI e o seguinte:

I – o estabelecimento do distribuidor de combustíveis localizado neste Estado que remeter o óleo diesel resultante da mistura com biodiesel deverá observar o disposto nos incisos II e III do art. 415, em relação ao registro e ao envio das informações relativas a cada operação, com utilização do Sistema de Captação e Auditoria dos Anexos de Combustíveis – SCANC, aprovado pela COTEPE/ICMS;

II – a refinaria de petróleo ou suas bases observarão o disposto no convênio específico firmado entre os Estados arrolados na Tabela V do Anexo VI em relação ao repasse, para o Estado de destino, do imposto relativo ao óleo diesel resultante da mistura com biodiesel anteriormente retido em favor deste Estado;

III – o imposto devido nos termos do § 5º do art. 67, relativo ao biodiesel puro – B100 contido no óleo diesel, deverá ser pago pelo estabelecimento do distribuidor de combustíveis remetente, mediante lançamento no livro Registro de Apuração do ICMS, no quadro "Débito do Imposto – Outros Débitos", com a expressão "Estorno de ICMS – Art. 420-C, III, do RICMS", devendo ser calculado na seguinte conformidade:

a) o valor unitário médio das operações de entrada de biodiesel puro – B100 ocorridas no mês será apurado com base no valor total das operações, incluído o respectivo ICMS;

b) a base de cálculo será o resultado da multiplicação do valor unitário médio pela quantidade de biodiesel puro – B100 contido no óleo diesel remetido a outra unidade federada;

c) sobre a base de cálculo será aplicada a alíquota média ponderada incidente sobre as operações de entrada de biodiesel puro – B100 ocorridas no mês.

- *Art. 420-C acrescido pelo Decreto nº 59.997, de 20.12.2013 – DOE de 21.12.2013 – Efeitos a partir de 1º.3.2014.*

### Seção III – Das Operações com Querosene de Aviação, Querosene Iluminante, Gasolina de Aviação e Óleo Combustível

**Art. 421.** O lançamento do imposto incidente nas sucessivas operações anteriores com querosene de aviação, querosene iluminante, gasolina de aviação e óleo combustível, assim como com o petróleo bruto utilizado na sua fabricação, fica diferido para o momento em que ocorrer a sua saída do estabelecimento distribuidor de combustível, como tal definido e autorizado por órgão federal competente (Lei nº 6.374/1989, art. 8º, XXIV e § 10, item 2, na redação da Lei nº 9.176/1995, art. 1º, I).

### Seção IV – Das Operações com Gás Natural

**Art. 422.** O lançamento do imposto incidente nas sucessivas operações internas com gás natural a ser consumido em processo de industrialização em usina geradora de energia elétrica fica diferido para o momento em que ocorrer a saída da energia desse estabelecimento industrializador (Lei nº 6.374/1989, art. 8º, XXIV e § 10, item 2, na redação da Lei nº 9.176/1995, art. 1º, I).

- *Art. 422,* caput, *com redação dada pelo Decreto nº 47.649 de 14.2.2003 – DOE de 15.2.2003 – Efeitos a partir de 1º.3.2003.*

Parágrafo único. O diferimento previsto neste artigo é extensivo à prestação de serviço de transporte relacionada com a mercadoria.

**Art. 422-A.** Na saída de Gás Natural Veicular – GNV com destino a estabelecimento localizado em território paulista, fica atribuída a responsabilidade pelo pagamento do imposto devido nas operações subsequentes até o consumo final (Lei nº 6.374/1989, art. 8º, III, 28, § 2º, e 66-F, I, o primeiro e terceiro, na redação da Lei nº 9.176/1995, art. 1º, I e 3º, respectivamente, sendo o primeiro, também, com alteração da Lei nº 10.619/2000, art. 1º, IV, e o segundo, na redação da Lei nº 9.794/1997):

I – a estabelecimento de empresa concessionária dos serviços de distribuição de gás canalizado localizado neste Estado;

II – a qualquer estabelecimento que receber essa mercadoria diretamente de outro Estado.

- *Art. 422-A,* caput, *acrescido pelo Decreto nº 46.966, de 31.7.2002 – DOE de 1.8.2002 – Efeitos a partir de fatos geradores ocorridos a partir de 1º.9.2002.*

§ 1º. Para determinação da base de cálculo, em caso de inexistência do preço máximo ou único de venda a ser praticado pelo contribuinte substituído, fixado por autoridade competente ou de preço final a consumidor sugerido pelo fabricante ou importador, o percentual de margem de valor agregado previsto no art. 41 será divulgado em ato expedido pela Secretaria da Fazenda.

- *§ 1º acrescido pelo Decreto nº 46.966, de 31.7.2002 – DOE de 1.8.2002, e com redação dada pelo Decreto nº 59.375, de 22.7.2013 – DOE de 23.7.2013 – Efeitos a partir de 1º.8.2013.*

§ 2º. Na hipótese do inciso II:

1 – o imposto incidente na operação própria e nas subsequentes será pago no período de apuração em que tiver ocorrido a entrada da mercadoria no estabelecimento, com observância do disposto no art. 277;

2 – na saída da mercadoria do estabelecimento será emitido documento fiscal nos termos do art. 274 e escriturado o livro Registro de Saídas na forma do art. 278;

3 – no tocante ao imposto pago de acordo com o item 1, aplicar-se-á o disposto no inciso VI do art. 63 e no art. 269.

- *§ 2º acrescido pelo Decreto nº 46.966, de 31.7.2002 – DOE de 1.8.2002 – Efeitos a partir de fatos geradores ocorridos a partir de 1º.9.2002.*

**Art. 422-B.** O lançamento do imposto incidente na saída interna de gás natural destinado a estabelecimento fabricante de vidro classificado nas posições 7003, 7005, 7006, 7007 e 7009 da Nomenclatura Comum do Mercosul – NCM, fica diferido para o momento em que ocorrer a saída do vidro resultante da industrialização na qual tenha sido utilizado o referido gás.

§ 1º. O disposto neste artigo fica condicionado a que seja concedido regime especial ao estabelecimento fabricante de vidro, nos termos de disciplina estabelecida pela Secretaria da Fazenda.

§ 2º. Não satisfeitas as condições estabelecidas neste artigo, inclusive na hipótese de o gás adquirido não ser utilizado no processo de industrialização, não prevalecerá o diferimento, situação em que o fabricante de vidro deverá recolher o imposto diferido, com multa e demais acréscimos legais, calculados desde a data do fornecimento do gás, por meio de Guia de Arrecadação Estadual (GARE-ICMS).

- *Art. 422-B acrescido pelo Decreto nº 59.653, de 25.10.2013 – DOE de 26.10.2013 – Efeitos a partir da publicação.*

### Seção V – Das Disposições Comuns

**Art. 423.** Submetem-se à sujeição passiva por substituição com retenção antecipada do imposto, prevista neste capítulo, as seguintes operações, a elas não se aplicando o disposto, respectivamente, nos incisos I, III e IV do art. 264 (Lei nº 6.374/1989, art. 8º, III, IV e § 10, item 2, na redação da Lei nº 9.176/1995, art. 1º, I):

- *Art. 423,* caput, *com redação dada pelo Decreto nº 46.588 de 8.3.2002 – DOE de 9.3.2002 – Efeitos a partir de 1º.1.2002.*

I – saída de gasolina e etanol anidro combustível – EAC com destino ao distribuidor de combustíveis;

- *Inciso I com redação dada pelo Decreto nº 59.997, de 20.12.2013 – DOE de 21.12.2013 – Efeitos a partir de 1º.3.2014.*

II – saída da mercadoria, na hipótese do art. 416, em transferência para outro estabelecimento do mesmo titular;

- *Inciso II com redação dada pelo Decreto nº 46.588 de 8.3.2002 – DOE de 9.3.2002 – Efeitos a partir de 1º.1.2002.*

III – saída de combustíveis, exceto etanol hidratado carburante – EHC, com destino a outro estabelecimento responsável, quando ocorrer transmissão de propriedade.

- *Inciso III com redação dada pelo Decreto nº 59.997, de 20.12.2013 – DOE de 21.12.2013 – Efeitos a partir de 1º.3.2014.*

**Art. 423-A.** O contribuinte deverá entregar as informações relativas às operações interestaduais que promover com combustíveis derivados de petróleo em que o imposto tenha sido retido anteriormente ou com etanol anidro combustível – EAC cuja operação tenha ocorrido com diferimento do lançamento do imposto com observância de programa de transmissão eletrônica de dados e das disposições de convênio sobre o assunto (Convênio ICMS-110/07).

- *Art. 423-A,* caput, *acrescido pelo Decreto nº 48.475, de 28.1.2004 – DOE de 29.1.200, e com redação dada pelo Decreto nº 59.997, de 20.12.2013 – DOE de 21.12.2013 – Efeitos a partir de 1º.3.2014.*

§ 1º. O contribuinte deverá entregar as informações previstas no *caput* por meio de relatórios, conforme estabelecido pela Secretaria da Fazenda, nos casos:

I – de impossibilidade técnica de transmissão das informações com utilização de programa específico de transmissão eletrônica de dados;

II – de entrega das informações fora do prazo previsto da legislação.

- *§ 1º acrescido pelo Decreto nº 48.475, de 28.1.2004 – DOE de 29.1.2004 – Efeitos a partir de 17.12.2003.*

§ 2º. Na hipótese prevista no inciso II, as informações deverão ser apresentadas mediante requerimento, exclusivamente à unidade federada em favor da qual o imposto deve ser repassado.

- *§ 2º acrescido pelo Decreto nº 48.475, de 28.1.2004 – DOE de 29.1.2004 – Efeitos a partir de 17.12.2003.*

**Art. 423-B.** À vista das informações previstas no art. 423-A, a Secretaria da Fazenda poderá, até o dia 8 (oito) de cada mês, comunicar a refinaria de petróleo ou suas bases, a não aceitação da dedução informada tempestivamente, nas seguintes hipóteses (Convênio ICMS 3/99, cláusula vigésima sexta, na redação do Convênio ICMS 107/03, cláusula segunda):

I – constatação de operações de recebimento do produto, cujo imposto não tenha sido retido pelo sujeito passivo por substituição;

II – erros que impliquem elevação indevida de dedução.

§ 1º. A comunicação de que trata o *caput* deverá ter:

1 – anexados, os elementos de prova que se fizerem necessários;

2 – uma cópia encaminhada, na mesma data prevista no *caput*, à unidade federada envolvida na operação.

§ 2º. A Refinaria de Petróleo ou suas bases que receber a comunicação prevista no *caput* deverá efetuar provisionamento do imposto devido à unidade federada, para que o repasse seja realizado até o 20º (vigésimo) dia do mês subsequente àquele em que tenham ocorrido as operações interestaduais.

§ 3º. Efetuada a comunicação de que trata o *caput*, a Secretaria da Fazenda deverá, até o 18º (décimo oitavo) dia do mês subsequente àquele em que tenham ocorrido as operações interestaduais, manifestar-se de forma expressa e motivada, contra a referida dedução, caso em que o valor anteriormente provisionado para repasse será recolhido em favor deste Estado.

§ 4º. Caso não haja a manifestação prevista no § 3º, a Refinaria de Petróleo ou suas bases deverá efetuar o repasse do imposto provisionado, devendo o imposto ser recolhido para a unidade federada em favor da qual foi efetuado o provisionamento, até o 20º (vigésimo) dia do mês subsequente àquele em que tenham ocorrido as operações interestaduais.

§ 5º. O contribuinte que prestou as informações que motivaram a comunicação prevista neste artigo será responsável pelo repasse glosado e devidos acréscimos legais.

§ 6º. A refinaria de petróleo ou suas bases:

1 – que efetuar a dedução após recebimento da comunicação efetuada nos termos deste artigo será responsável pelo valor deduzido indevidamente e respectivos acréscimos;

2 – que deixar de efetuar repasse em hipóteses não previstas neste artigo será responsável pelo valor não repassado e respectivos acréscimos.

§ 7º. A não aceitação da dedução prevista neste artigo fica limitada ao valor da parcela do imposto deduzido a maior.

- *Art. 423-B acrescido pelo Decreto nº 48.475, de 28.1.2004 – DOE de 29.1.2004 – Efeitos a partir de 17.12.2003.*

**Art. 424.** Aplicam-se, no que couber (Convênio ICMS-3/99, cláusulas vigésima primeira e vigésima terceira, ambas na redação do Convênio ICMS-84/99):

I – às Centrais de Matéria-Prima Petroquímica (CPQ), assim entendidas aquelas definidas e autorizadas por órgão federal competente, as normas contidas neste capítulo aplicáveis à refinaria de petróleo ou suas bases;

II – à sujeição passiva por substituição prevista neste capítulo, a disciplina contida nos arts. 261 a 313.

**Art. 424-A.** O contribuinte obrigado a prestar as informações de que trata o art. 423-A sobre os valores de repasse, dedução, ressarcimento e complemento do imposto incidente nas operações interestaduais com combustíveis derivados de petróleo e etanol anidro combustível – EAC por meio de transmissão eletrônica de dados, relativamente ao mês imediatamente anterior, deverá observar os prazos estabelecidos em ato expedido pela Secretaria da Fazenda para o cumprimento dessa obrigação. (Convênio ICMS- 110/07).

- *Art. 424-A acrescido pelo Decreto nº 46.295, de 23.11.2001 – DOE de 24.11.2001, e com redação dada pelo Decreto nº 59.997, de 20.12.2013 – DOE de 21.12.2013 – Efeitos a partir de 1º.3.2014.*
- *V. Decreto nº 46.295, de 23.11.2001, art. 5º – Aprova o programa SICOPI – Sistema de Controle de Operações Interestaduais com Combustível, que passa a ser utilizado pelos contribuintes a partir de outubro para informar ao fisco as operações interestaduais com combustível derivado de petróleo e com álcool etílico anidro carburante.*
- *V. Decreto nº 46.588, de 8.3.2002, art. 4º – Dispõe sobre a obrigação do contribuinte que realizar operação interestadual com combustíveis apresentar mensalmente, em papel, relatórios e demonstrativos para fins de controle do Fisco até a implantação de uma nova versão do programa SICOPI, software especialmente desenvolvido pelas Secretarias da Fazenda.*

**Art. 424-B.** Os fabricantes e os importadores de combustíveis derivados de petróleo, inclusive de solventes, as usinas e destilarias de açúcar e álcool, as distribuidoras de combustíveis, inclusive de solventes, como tal definidas e autorizadas por órgão federal competente, e os Transportadores Revendedores Retalhistas – TRR deverão enviar à Secretaria da Fazenda, até o dia 15 (quinze) de cada mês, em forma e condições por ela estabelecidas, arquivo com o registro fiscal de todas as suas operações e prestações efetuadas a qualquer título no mês anterior (Lei nº 6.374/1989, art. 67).

- *Art. 424-B acrescido pelo Decreto nº 48.139, de 8.10.2003 – DOE de 9.10.2003 – Efeitos a partir de 1º.1.2004.*

**Art. 424-C.** O revendedor varejista de combustíveis e os contribuintes do ICMS que adquirirem combustíveis para consumo deverão enviar à Secretaria da Fazenda, até o dia 15 (quinze) de cada mês, em forma e condições por ela estabelecidas, arquivo com o registro fiscal de todas as operações efetuadas a qualquer título no mês anterior com combustíveis derivados de petróleo, gás natural veicular e etanol hidratado combustível – EHC (Lei nº 6.374/1989, art. 67).

• *Art. 424-C,* caput, *acrescido pelo Decreto nº 48.139, de 8.10.2003 – DOE de 9.10.2003, e com redação dada pelo Decreto nº 59.997, de 20.12.2013 – DOE de 21.12.2013 – Efeitos a partir de 1º.3.2014.*

§ 1º. O revendedor varejista de combustíveis informará, além de suas aquisições, apenas as operações de saídas acobertadas por Nota Fiscal, modelo 1 ou 1-A.

• *§ 1º acrescido pelo Decreto nº 48.139, de 8.10.2003 – DOE de 9.10.2003 – Efeitos a partir de 1º.1.2004.*

§ 2º. Os contribuintes que adquirirem combustíveis para consumo informarão apenas as aquisições acobertadas por Nota Fiscal, modelo 1 ou 1-A.

• *§ 2º acrescido pelo Decreto nº 48.139, de 8.10.2003 – DOE de 9.10.2003 – Efeitos a partir de 1º.1.2004.*

**Art. 424-D.** Os arquivos de que tratam os arts. 424-B e 424-C deverão ser enviados à Secretaria da Fazenda por meio da internet, com a utilização de programa de computador, disponível para "download" na página de "Serviços(MAIOR)Download" do Posto Fiscal Eletrônico da Secretaria da Fazenda, no endereço eletrônico: http://pfe.fazenda.sp.gov.br.

§ 1º. Os arquivos deverão ser enviados ainda que, em caráter eventual, não tenham sido realizadas operações no período, inclusive no caso de o contribuinte encontrar-se com suas atividades paralisadas temporariamente.

§ 2º. O disposto no § 1º não se aplica ao contribuinte do ICMS que apenas adquirir combustíveis para consumo.

• *Art. 424-D acrescido pelo Decreto nº 48.139, de 8.10.2003 – DOE de 9.10.2003 – Efeitos a partir de 1º.1.2004.*

## CAPÍTULO VII
## DAS OPERAÇÕES COM ENERGIA ELÉTRICA

**Art. 425.** A responsabilidade pelo lançamento e pagamento do imposto incidente nas sucessivas operações internas com energia elétrica, desde a sua importação ou produção, fica atribuída (Lei Complementar Federal nº 87/1996, art. 9º, § 1º, II, e Lei nº 6.374/1989, art. 8º, VI, na redação da Lei nº 10.619/2000, art. 1º, IV):

I – a empresa distribuidora, responsável pela operação de rede de distribuição no Estado de São Paulo, que praticar operação relativa à circulação de energia elétrica, objeto de saída por ela promovida, destinando-a diretamente a estabelecimento ou domicílio situado no território paulista para nele ser consumida pelo respectivo destinatário, quando este, na condição de consumidor, estiver conectado a linha de distribuição ou de transmissão, integrante da rede por ela operada, em razão da execução de:

a) contrato de fornecimento de energia elétrica, com ela firmado sob o regime da concessão ou da permissão da qual é titular;

b) contratos de conexão e de uso da respectiva rede de distribuição, com ela firmados para fins do consumo da energia elétrica adquirida pelo destinatário por meio de contratos de comercialização por ele avençados, ainda que com terceiros, situados neste ou em outro Estado, em ambiente de contratação livre;

c) qualquer outro tipo de contrato, com ela firmado para fins de entrega de energia elétrica para o consumo do destinatário;

II – ao destinatário que, estando conectado diretamente à rede básica de transmissão na condição de consumidor, promover a entrada de energia elétrica no seu estabelecimento ou domicílio, situado no território paulista, para nele consumi-la em razão da execução de contrato de comercialização de energia elétrica firmado em ambiente de contratação livre.

§ 1º. A base de cálculo do imposto será o valor da operação, nele incluídos:

1 – nas hipóteses das alíneas "a" e "c" do inciso I, a soma de todos os valores e encargos inerentes ao consumo da energia elétrica, ainda que devidos a terceiros.

2 – nas hipóteses da alínea "b" do inciso I e do inciso II, o valor devido, cobrado ou pago pela energia elétrica, os valores e encargos cobrados pelas empresas responsáveis pela operação da rede de distribuição ou de transmissão à qual estiver conectado o destinatário, e quaisquer outros valores e encargos inerentes ao consumo da energia elétrica, ainda que devidos a terceiros.

§ 2º. O destinatário da energia elétrica nas hipóteses das alíneas "b" e "c" do inciso I deverá, para fins da apuração da base de cálculo, prestar, à Secretaria Fazenda, declaração do valor devido, cobrado ou pago pela energia elétrica.

§ 3º. Na ausência da declaração de que trata o § 2º ou quando esta, a critério do fisco, não merecer fé, a base de cálculo do imposto, nas hipóteses das alíneas "b" e "c" do inciso I, será o preço praticado pela empresa distribuidora em operação relativa à circulação de energia elétrica objeto de saída, por ela promovida sob o regime da concessão ou permissão da qual é titular, com destino ao consumo de destinatário, situado no território paulista, em condições técnicas equivalentes de conexão e de uso do respectivo sistema de distribuição.

§ 4º. A Secretaria da Fazenda estabelecerá disciplina específica para fins do cumprimento do disposto nos §§ 1º a 3º.

• *Art. 425 com redação dada pelo Decreto nº 54.177, de 30.3.2009 – DOE de 31.3.2009 – Retificação DOE de 1º.4.2009 – Efeitos a partir de 1º.6.2009.*

**Art. 425-A.** O estabelecimento gerador ou distribuidor de energia elétrica localizado em outro Estado que praticar operação interestadual relativa à circulação de energia elétrica, destinando-a diretamente, por meio de linha de distribuição ou de transmissão por ele operada, não interligada ao Sistema Interligado Nacional – SIN, a estabelecimento ou domicílio situado no território paulista, para nele ser consumida pelo respectivo adquirente, deverá pagar o imposto devido nessa operação em favor deste Estado (Lei Complementar Federal nº 87/1996, art. 9º, § 2º; Lei nº 6.374/1989, art. 8º, § 8º, item 2, na redação da Lei nº 10.619/2000, art. 1º, V; e Convênio ICMS-83/00, cláusula primeira).

Parágrafo único. Para efeito deste artigo, aplica-se:

1 – o disposto no item 1 do § 1º do art. 425;

2 – no que couber, a disciplina estabelecida nos arts. 261 a 287.

- *Art. 425-A acrescido pelo Decreto nº 54.177, de 30.3.2009 – DOE de 31.3.2009 – Retificação DOE de 1º.4.2009 – Efeitos a partir de 1º.6.2009.*

**Art. 426.** Para fins do disposto neste capítulo, o contribuinte substituto ou substituído nas hipóteses dos arts. 425 e 425-A deverá observar, no que couber, as disposições previstas no Anexo XVIII.

- *Art. 426 com redação dada pelo Decreto nº 54.177, de 30.3.2009 – DOE de 31.3.2009 – Retificação DOE de 1º.4.2009 – Efeitos a partir de 1º.6.2009.*

## CAPÍTULO VIII – DO PAGAMENTO ANTECIPADO

- *Capítulo VIII (arts. 426-A e 426-B) acrescido pelo Decreto nº 52.515, de 20.12.2007 – DOE de 21.12.2007 – Efeitos a partir de 1º.1.2008.*

**Art. 426-A.** Na entrada no território deste Estado de mercadoria indicada no § 1º, procedente de outra unidade da Federação, o contribuinte paulista que conste como destinatário no documento fiscal relativo à operação deverá efetuar antecipadamente o recolhimento (Lei nº 6.374/1989, art. 2º, § 3º-A):

I – do imposto devido pela própria operação de saída da mercadoria;

II – em sendo o caso, do imposto devido pelas operações subsequentes, na condição de sujeito passivo por substituição.

- *Art. 426-A,* caput, *com redação dada pelo Decreto nº 52.742, de 22.2.2008 – DOE de 23.2.2008 – Efeitos a partir de 1º.2.2008.*

§ 1º. O disposto neste artigo aplica-se às mercadorias sujeitas ao regime jurídico da substituição tributária referidas nos arts. 313-A a 313-Z20, exceto se o remetente da mercadoria tiver efetuado a retenção antecipada do imposto, na condição de sujeito passivo por substituição, conforme previsto na legislação.

- *§ 1º com redação dada pelo Decreto nº 54.338, de 15.5.2009 – DOE de 16.5.2009 – Efeitos a partir de 1º.6.2009.*

§ 2º. O imposto a ser recolhido deverá ser calculado, em se tratando de mercadoria cuja base de cálculo da sujeição passiva por substituição seja:

1 – determinada por margem de valor agregado, pela aplicação da fórmula IA = VA x (1 + IVA-ST) x ALQ – IC, onde:

a) IA é o imposto a ser recolhido por antecipação;

b) VA é o valor constante no documento fiscal relativo à entrada, acrescido dos valores correspondentes a frete, carreto, seguro, impostos e outros encargos suportados pelo contribuinte;

c) IVA-ST é o Índice de Valor Adicionado;

d) ALQ é a alíquota interna aplicável;

e) IC é o imposto cobrado na operação anterior;

2 – o preço final a consumidor, único ou máximo, autorizado ou fixado por autoridade competente, ou o sugerido pelo fabricante ou importador, aprovado e divulgado pela Secretaria da Fazenda, mediante a multiplicação dessa base de cálculo pela alíquota interna aplicável, deduzindo-se o valor do imposto cobrado na operação anterior, constante no documento fiscal relativo à entrada.

- *§ 2º com redação dada pelo Decreto nº 52.742, de 22.2.2008 – DOE de 23.2.2008 – Efeitos a partir de 1º.2.2008.*

§ 3º. Tratando-se de mercadoria remetida por contribuinte sujeito às normas do Regime Especial Unificado de Arrecadação de Tributos e Contribuições devidos pelas Microempresas e Empresas de Pequeno Porte – "Simples Nacional", o imposto cobrado na operação anterior a que ser refere a alínea "e" do item 1 e o item 2 do § 2º será, na hipótese de o contribuinte paulista estar:

- *§ 3º,* caput, *com redação dada pelo Decreto nº 54.135, de 17.3.2009 – DOE de 18.13.2009 – Efeitos a partir de 1º.1.2009.*

1 – enquadrado no Regime Periódico de Apuração – RPA, o valor do crédito do imposto indicado no campo "Informações Complementares" ou no corpo do documento fiscal relativo à entrada (Lei Complementar Federal nº 123/2006, art. 23);

- *Item 1 com redação dada pelo Decreto nº 54.135, de 17.3.2009 – DOE de 18.13.2009 – Efeitos a partir de 1º.1.2009.*

2 – sujeito às normas do "Simples Nacional", o valor resultante da aplicação da alíquota interestadual sobre o valor da operação ou prestação própria do remetente (Lei Complementar federal nº 123/2006, art. 13, § 1º, XIII, "a" e "g", e § 6º).

- *Item 2 com redação dada pelo Decreto nº 54.650, de 6.8.2009 – DOE de 7.8.2009 – Efeitos a partir de 1º.8.2009.*

§ 4º. O imposto calculado nos termos do § 2º será recolhido por meio de guia de recolhimentos especiais, conforme disciplina estabelecida pela Secretaria da Fazenda:

1 – na entrada da mercadoria no território deste Estado, na hipótese de o contribuinte paulista estar enquadrado no Regime Periódico de Apuração – RPA;

2 – até o último dia do segundo mês subsequente ao da entrada da mercadoria no território deste Estado, tratando-se de contribuinte sujeito às normas do "Simples Nacional", devendo observar o disposto no item 2 do § 4º do art. 277.

• *§ 4º com redação dada pelo Decreto nº 59.967, de 17.12.2013 – DOE de 18.12.2013 – Efeitos a partir da publicação em relação aos fatos geradores que ocorrerem a partir de 1º.1.2014.*

§ 5º. A escrituração das operações a que se refere este artigo será efetuada nos termos do art. 277, considerando-se o valor recolhido por antecipação como imposto devido pela própria operação de saída da mercadoria, exceto no caso de contribuinte não varejista enquadrado no Regime Periódico de Apuração – RPA, hipótese em que o valor recolhido por antecipação será assim considerado:

1 – como parcela relativa ao imposto devido pela própria operação de saída da mercadoria, o valor resultante da multiplicação da diferença entre a alíquota interna e a interestadual pela base de cálculo da operação de entrada da mercadoria;

2 – como parcela relativa ao imposto devido pelas operações subsequentes, na condição de sujeito passivo por substituição, o valor total recolhido, deduzido do valor calculado nos termos do item 1.

• *§ 5º com redação dada pelo Decreto nº 52.742, de 22.2.2008 – DOE de 23.2.2008 – Efeitos a partir de 1º.2.2008.*

§ 6º. Salvo disposição em contrário, fica dispensado o recolhimento a que se refere este artigo na entrada de mercadoria destinada a:

• *§ 6º,* caput, *com redação dada pelo Decreto nº 52.742, de 22.2.2008 – DOE de 23.2.2008 – Efeitos a partir de 1º.2.2008.*

1 – integração ou consumo em processo de industrialização;

• *Item 1 com redação dada pelo Decreto nº 52.742, de 22.2.2008 – DOE de 23.2.2008 – Efeitos a partir de 1º.2.2008.*

2 – estabelecimento responsável pelo pagamento do imposto por sujeição passiva por substituição, em relação à mesma mercadoria ou a outra mercadoria enquadrada na mesma modalidade de substituição, hipótese em que a respectiva saída da mercadoria subordinar-se-á ao regime jurídico da substituição tributária previsto neste Regulamento, ressalvado o disposto no § 6º-A;

• *Item 2 com redação dada pelo Decreto nº 52.836, de 26.3.2008 – DOE de 27.3.2008 – Efeitos a partir da publicação.*

3 – estabelecimento paulista pertencente ao mesmo titular do estabelecimento remetente, hipótese na qual a responsabilidade pela retenção do imposto será do estabelecimento destinatário, que deverá observar as demais normas relativas ao regime jurídico da substituição tributária previsto neste Regulamento, se, cumulativamente:

a) esse estabelecimento não for varejista;

b) a mercadoria entrada tiver sido fabricada, importada ou arrematada, quando importada do exterior e apreendida, por qualquer estabelecimento do mesmo titular.

• *Item 3 com redação dada pelo Decreto nº 52.742, de 22.2.2008 – DOE de 23.2.2008 – Efeitos a partir de 1º.2.2008.*

§ 6º-A. O disposto no item 2 do § 6º não se aplica na hipótese em que o estabelecimento destinatário da mercadoria:

1 – seja atacadista;

2 – tenha a responsabilidade tributária atribuída pela legislação apenas pelo fato de receber mercadoria de outra unidade da Federação.

• *§ 6º-A acrescido pelo Decreto nº 52.836, de 26.3.2008 – DOE de 27.3.2008, e com redação dada pelo Decreto nº 54.239, de 14.4.2009 – DOE de 15.4.2009 – Efeitos a partir de 15.4.2009.*

§ 7º. Na ocorrência de qualquer saída ou evento que descaracterize a situação prevista no § 6º, o recolhimento do imposto devido por antecipação nos termos deste artigo será exigido do estabelecimento paulista que recebeu a mercadoria procedente de outra unidade da Federação.

• *§ 7º com redação dada pelo Decreto nº 52.742, de 22.2.2008 – DOE de 23.2.2008 – Efeitos a partir de 1º.2.2008.*

§ 8º. O estabelecimento remetente da mercadoria, localizado em outra unidade da Federação, poderá ser autorizado a recolher o imposto de que trata este artigo, até o dia 15 (quinze) do mês subsequente ao da saída da mercadoria, mediante regime especial, concedido nos termos do art. 489.

• *§ 8º com redação dada pelo Decreto nº 52.742, de 22.2.2008 – DOE de 23.2.2008 – Efeitos a partir de 1º.2.2008.*

• *Art. 426-A acrescido pelo Decreto nº 52.515, de 20.12.2007 – DOE de 21.12.2007 – Efeitos a partir de 1º.1.2008.*

**Art. 426-B.** Não sendo aplicável o recolhimento antecipado previsto no art. 426-A, o imposto devido na condição de sujeito passivo por substituição deverá ser pago segundo as normas comuns relativas ao regime jurídico da substituição tributária previstas na legislação.

• *Art. 426-B acrescido pelo Decreto nº 53.002, de 15.5.2008 – DOE de 16.5.2008 – Efeitos a partir da publicação.*

**Art. 426-C.** Nas operações interestaduais destinadas a contribuinte paulista, beneficiadas ou incentivadas em desacordo com o disposto na alínea "g" do inciso XII do § 2º do art. 155 da Constituição Federal, o imposto correspondente ao valor do benefício ou incentivo deverá ser recolhido ao Estado de São

Paulo pelo adquirente da mercadoria, observando-se o seguinte:

I – O imposto correspondente ao valor do benefício ou incentivo deverá ser recolhido até o momento da entrada da mercadoria no território deste Estado, por meio de guia de recolhimentos especiais, conforme disciplina estabelecida pela Secretaria da Fazenda;

II – A Secretaria da Fazenda divulgará os benefícios ou incentivos concedidos por outras Unidades da Federação, para fins de cálculo do valor a ser recolhido;

III – Relativamente aos benefícios ou incentivos divulgados na forma do inciso II, presume-se que estes foram utilizados pelo remetente da mercadoria, acarretando ao adquirente paulista a obrigação do recolhimento de que trata este artigo.

• *Art. 426-C,* caput, *acrescido pelo Decreto nº 55.437, de 17.2.2010 – DOE de 18.2.2010, e com redação dada pelo Decreto nº 58.918, de 27.2.2013 – DOE de 28.2.2013 – Efeitos a partir de 1º.3.2013.*

§ 1º. O disposto neste artigo aplica-se também às operações interestaduais sujeitas ao regime de substituição tributária, hipótese em que o adquirente paulista deverá recolher o imposto correspondente ao valor do benefício ou incentivo utilizado na operação própria do remetente.

• *§ 1º acrescido pelo Decreto nº 58.918, de 27.2.2013 – DOE de 28.2.2013 – Efeitos a partir de 1º.3.2013.*

§ 2º. Desde que efetuados antes da entrada da mercadoria neste Estado, admitir-se-á que os recolhimentos de que tratam o caput e § 1º sejam realizados pelo remetente da mercadoria, a favor deste Estado, por meio de Guia Nacional de Recolhimento de Tributos Estaduais – GNRE, conforme disciplina estabelecida pela Secretaria da Fazenda.

• *§ 2º acrescido pelo Decreto nº 58.918, de 27.2.2013 – DOE de 28.2.2013 – Efeitos a partir de 1º.3.2013.*

§ 3º. Uma via do documento de arrecadação a que se referem o inciso I e §§ 1º e 2º deverá acompanhar a mercadoria durante o seu transporte.

• *§ 3º acrescido pelo Decreto nº 58.918, de 27.2.2013 – DOE de 28.2.2013 – Efeitos a partir de 1º.3.2013.*

§ 4º. Os recolhimentos previstos neste artigo poderão ser dispensados nos casos em que o remetente comprovar, antecipadamente, conforme disciplina estabelecida pela Secretaria da Fazenda, que não utilizou os benefícios ou incentivos divulgados na forma do inciso II.

• *§ 4º acrescido pelo Decreto nº 58.918, de 27.2.2013 – DOE de 28.2.2013 – Efeitos a partir de 1º.3.2013.*

§ 5º. O crédito integral do imposto destacado no documento fiscal correspondente às operações de que trata o *caput* e o § 1º fica condicionado ao atendimento do disposto neste artigo, além das demais normas estabelecidas na legislação.

• *§ 5º acrescido pelo Decreto nº 58.918, de 27.2.2013 – DOE de 28.2.2013 – Efeitos a partir de 1º.3.2013.*

## TÍTULO III
## DAS DISPOSIÇÕES GERAIS

**Art. 427.** A sujeição passiva por substituição com responsabilidade pelo imposto relativo a operações anteriores se efetiva nas seguintes hipóteses, devendo o lançamento ser efetuado pelo estabelecimento em que ocorrer (Lei nº 6.374/1989, art. 8º, § 10, na redação da Lei nº 9.176/1995, art. 1º, I):

I – a saída de mercadoria com destino a consumidor ou usuário final ou, ainda, a pessoa de direito público ou privado não contribuinte;

II – a saída de mercadoria ou prestação de serviço, amparada por não incidência ou isenção;

III – a saída ou qualquer evento que impossibilitar a ocorrência das operações ou das prestações indicadas neste Livro.

**Art. 428.** A suspensão e o diferimento de que trata este Livro ficam interrompidos, devendo o lançamento do imposto ser efetuado pelo estabelecimento em que ocorrer (Lei nº 6.374/1989, art. 8º, § 10, na redação da Lei nº 9.176/1995, art. 1º, I):

I – a saída da mercadoria com destino a consumidor ou usuário final, inclusive pessoa de direito público ou privado não contribuinte, ressalvada a hipótese prevista no art. 319;

II – saída de mercadoria ou prestação de serviço amparadas por não incidência ou isenção;

III – qualquer outra saída ou evento que impossibilitar o lançamento do imposto no momento expressamente indicado.

**Art. 429.** Sendo isenta ou não tributada a saída de mercadoria ou a prestação de serviço subsequente promovida pelo estabelecimento destinatário, caberá a este efetuar o pagamento do imposto diferido ou suspenso, sem direito a crédito (Lei nº 6.374/1989, art. 59).

Parágrafo único. Esse pagamento fica dispensado quando se tratar de:

1 – remessa de mercadoria ou prestação de serviço não tributada ou isenta, quando a legislação admitir a manutenção integral do crédito;

2 – saída para outro Estado de energia elétrica ou petróleo, incluídos os lubrificantes ou combustíveis líquidos ou gasosos dele derivados, destinados a comercialização ou industrialização.

**Art. 430.** A pessoa em cujo estabelecimento se realizar qualquer operação, prestação ou evento, previsto neste Livro como momento do lançamento do imposto diferido ou suspenso, efetuará, na qualidade de responsável, o pagamento correspondente às saídas ou prestações anteriores (Lei nº 6.374/1989, art. 8º, §10, na redação da Lei nº 9.176/1995, art. 1º, I, e arts. 59 e 67, § 1º):

I – de uma só vez, englobadamente com o imposto devido pela operação ou prestação tributada que realizar, em função da qual, na qualidade de contribuinte, for devedor por responsabilidade original, sem direito a crédito;

II – nas demais hipóteses, observado o disposto no artigo anterior, no período em que ocorrer a operação, a prestação ou o evento, mediante lançamento no livro Registro de Apuração do ICMS, no quadro "Débito do Imposto – Outros Débitos", com a expressão "Diferimento – Vide Observações", ou na guia de recolhimentos especiais, se for o caso, sem direito a crédito;

III – tratando-se de contribuinte sujeito às normas do Regime Especial Unificado de Arrecadação de Tributos e Contribuições devidos pelas Microempresas e Empresas de Pequeno Porte – "Simples Nacional", de uma só vez, mediante guia de recolhimento especial, até o último dia do segundo mês subsequente ao das operações.

- *Inciso III acrescido pelo Decreto nº 52.104, de 29.8.2007 – DOE de 30.8.2007, e com redação dada pelo Decreto nº 59.967, de 17.12.2013 – DOE de 18.12.2013 – Efeitos a partir da publicação em relação aos fatos geradores que ocorrerem a partir de 1º.1.2014.*

Parágrafo único. No caso do inciso II, no campo "Observações", o contribuinte identificará, com os dados mínimos necessários, a operação, a prestação ou o evento e demonstrará a apuração do imposto.

**Art. 431.** Salvo disposição em contrário, caracterizar-se-á como momento de pagamento do imposto diferido ou suspenso, nos termos deste Livro, a entrega simbólica a destinatário de outro Estado de mercadoria depositada em armazém geral localizado neste Estado (Lei nº 6.374/1989, art. 8º, § 10, na redação da Lei nº 9.176/1995, arts. 1º, I, e 59).

**Art. 432.** Se houver regra específica de suspensão, de diferimento ou de substituição tributária em relação a operação, prestação ou evento, prevista na legislação como determinante do lançamento do imposto, prevalecerá aquela regra.

# LIVRO III
# DAS DIVERSAS ATIVIDADES E DOS REGIMES ESPECIAIS

## TÍTULO I
## DO PROCEDIMENTO APLICÁVEL A DIVERSAS ATIVIDADES

### CAPÍTULO I
### DAS OPERAÇÕES REALIZADAS FORA DO ESTABELECIMENTO, INCLUSIVE POR MEIO DE VEÍCULO

#### Seção I – Das Operações Realizadas por Contribuinte de outro Estado

**Art. 433.** Na entrega, a ser realizada em território paulista, de mercadoria proveniente de outro Estado, sem destinatário certo, o imposto será calculado mediante aplicação da alíquota vigente para as operações internas sobre o valor da mercadoria transportada, e recolhido no primeiro município paulista por onde transitar, deduzido o valor do imposto cobrado na origem até a importância resultante da aplicação da alíquota vigente para as operações interestaduais realizadas entre contribuintes sobre o valor da mercadoria indicado no documento fiscal (Lei nº 6.374/1989, arts. 60, I, e 61, e V, Convênio do Rio de Janeiro, de 16.10.1968, cláusula 1ª).

§ 1º. Esse recolhimento poderá ser feito antecipadamente em outro Estado por meio de guia nacional de recolhimento, aprovada por acordo celebrado entre os Estados.

§ 2º. A mercadoria proveniente de outro Estado, sem documentação comprobatória de seu destino, presume-se destinada a entrega neste Estado, hipótese em que o imposto será devido pelo seu valor total, sem qualquer dedução.

§ 3º. Na entrega de mercadoria por preço superior ao que tiver servido de base de cálculo, será devido o imposto sobre a diferença, a ser pago em qualquer município paulista.

§ 4º. Poderá a Secretaria da Fazenda determinar que o imposto a ser recolhido seja calculado com base em valor estimado, dispensada, nesta hipótese, a aplicação do disposto no parágrafo anterior.

#### Seção II – Das Operações Realizadas por Contribuinte deste Estado

**Art. 434.** As operações realizadas fora do estabelecimento, por contribuinte deste Estado, com mercadorias não sujeitas à substituição tributária, deverão ser efetuadas conforme disciplina específica estabelecida pela Secretaria da Fazenda, que também será aplicada, no que couber, às operações internas realizadas por contribuintes optantes pelo Regime Especial Unificado de Arrecadação de Tributos e Contribuições devidos pelas Microempresas e Empresas de Pequeno Porte – "Simples Nacional".

- *Art. 434 com redação dada pelo Decreto nº 61.084, de 29.1.2015 – DOE de 30.1.2015 – Efeitos a partir de 1º.3.2015.*

**Art. 434-A.** (Revogado).

- *Art. 434-A revogado pelo Decreto nº 61.084, de 29.1.2015 – DOE de 30.1.2015 – Efeitos a partir de 1º.3.2015.*

### CAPÍTULO II – DOS FEIRANTES E AMBULANTES

**Art. 435.** O feirante e o ambulante manterão em seu poder, onde estiverem exercendo atividade comercial (Lei nº 6.374/1989, art. 67, § 1º):

I – as 1ªs vias dos documentos fiscais relativos à aquisição das mercadorias que detiver;

II – os impressos de documentos fiscais em uso.

Parágrafo único. O disposto neste artigo, salvo disposição em contrário, não dispensa o contribuinte do cumprimento das demais obrigações.

**Art. 436.** Os livros fiscais, bem como os documentos e papéis relacionados com o imposto, não arrolados no artigo anterior, poderão permanecer na residência do contribuinte (Lei nº 6.374/1989, art. 67, § 5º).

### CAPÍTULO III – DAS VENDAS A PRAZO

**Art. 437.** A pessoa que apresentar duplicata ou promissória rural a qualquer estabelecimento de crédito para cobrança, desconto, caução, custódia ou apresentação a quem o deva assinar, fica obrigada a extrair uma relação, em 2 (duas) vias, em que conste, com respeito a cada título:

I – o número e a data da emissão;

II – o nome e o endereço do emitente e os do sacado;

III – o valor do título e a data do vencimento.

§ 1º. Uma das vias da relação será entregue ao estabelecimento de crédito, ficando a outra, visada por este, em poder do interessado para exibição ao fisco.

§ 2º. A relação poderá ser feita em impresso do próprio estabelecimento de crédito, desde que contenha os requisitos mínimos previstos neste artigo.

**Art. 438.** A duplicata ou triplicata deverá conter o número de inscrição do contribuinte que a emitir e na fatura constará, ainda, o número do documento fiscal correspondente à operação realizada.

## CAPÍTULO IV
## DAS OPERAÇÕES
## QUE ANTECEDEM A EXPORTAÇÃO

### Seção I – Dos Procedimentos do Remetente

**Art. 439.** O contribuinte que promover remessa de mercadoria com destino a estabelecimento indicado no item 1 do § 1º do art. 7º localizado neste Estado, deverá fazer constar no documento fiscal correspondente, além dos demais requisitos (Lei nº 6.374/1989, art. 67, § 1º):

I – o número de registro do destinatário, se houver, no órgão federal competente para proceder ao cadastramento das empresas que operam no comércio exterior;

II – a circunstância da exoneração tributária, indicando o dispositivo legal pertinente;

III – a observação: "Mercadoria a ser exportada por intermédio de (razão social e números de inscrição, estadual e no CNPJ do destinatário)";

IV – em se tratando da empresa comercial exportadora – "*trading company*" – referida no Decreto-Lei federal nº 1.248, de 29.11.1972:

a) relativamente à operação de venda, as observações "Operações Realizadas nos termos do art. 1º do Decreto-Lei federal nº 1.248, de 29.11.1972", e "Saída Não Tributada – Art. 7º, inciso V, do RICMS";

b) relativamente à entrega da mercadoria: local do embarque de exportação ou dados identificadores do entreposto aduaneiro – nome do titular, endereço, e números de inscrição, estadual e no CNPJ.

**Art. 440.** Na remessa de mercadoria com destino a estabelecimento indicado no item 1 do § 1º do art. 7º localizado em outro Estado, observar-se-á o que segue (Convênio SINIEF de 15.12.1970, art. 45, na redação do Ajuste SINIEF-3/94, cláusula primeira, X; Convênio ICMS-113/96, cláusula segunda, *caput*, na redação do Convênio ICMS-54/97):

I – o estabelecimento remetente deverá emitir Nota Fiscal contendo, além dos demais requisitos, no campo "Informações Complementares", a expressão "Remessa com o Fim Específico de Exportação";

II – antes da saída da mercadoria, o remetente deverá apresentar a 1ª, a 3ª e a 4ª vias da Nota Fiscal à repartição fiscal a que estiver vinculado, para visto nas duas primeiras e retenção da última para controle, ressalvada a aplicação do disposto no parágrafo único;

- *Inciso II com redação dada pelo Decreto nº 48.739, de 21.6.2004 – DOE de 22.6.2004 – Efeitos a partir da publicação.*

III – quando o remetente utilizar sistema eletrônico de processamento de dados, para efeito do inciso anterior deverão ser apresentadas à repartição fiscal a 1ª e a 2ª vias e a via adicional.

Parágrafo único. A obtenção de visto na hipótese prevista no inciso II poderá ser dispensada nos termos de disciplina estabelecida pela Secretaria da Fazenda.

- *Parágrafo único acrescido pelo Decreto nº 48.739, de 21.6.2004 – DOE de 22.6.2004 – Efeitos a partir da publicação.*

**Art. 440-A.** Na remessa de mercadoria para formação de lotes em recintos alfandegados localizados neste ou em outro Estado para posterior exportação, o estabelecimento remetente deverá emitir Nota Fiscal em seu próprio nome, sem destaque do valor do imposto, contendo, além dos demais requisitos (Convênio ICMS-83/06, cláusula primeira):

I – a indicação, como natureza da operação, "Remessa para Formação de Lote para Posterior Exportação";

II – a indicação de não incidência do imposto, por se tratar de saída de mercadoria com destino ao exterior;

III – a identificação e o endereço do recinto alfandegado onde serão formados os lotes para posterior exportação.

- *Art. 440-A acrescido pelo Decreto nº 51.300, de 23.11.2006 – DOE de 24.11.2006 – Efeitos a partir de 1º.11.2006.*

**Art. 440-B.** Na exportação de mercadoria remetida para formação de lotes em recintos alfandegados localizados neste ou em outro Estado, o estabelecimento remetente deverá (Convênio ICMS-83/06, cláusula segunda):

I – emitir Nota Fiscal relativa à entrada em seu próprio nome, sem destaque do valor do imposto, indicando como natureza da operação "Retorno Simbólico de Mercadoria Remetida para Formação de Lote e Posterior Exportação";

II – emitir Nota Fiscal relativa à saída para o exterior, contendo, além dos demais requisitos, a indicação:

a) de não incidência do imposto, por se tratar de saída de mercadoria com destino ao exterior;

b) do local de onde sairão fisicamente as mercadorias;

c) no campo "Informações Complementares", dos números das Notas Fiscais a que se refere o art. 440-A, correspondentes às remessas de mercadorias para formação do lote.

Parágrafo único. Na hipótese de ser insuficiente o campo a que se refere a alínea "c" do inciso II, os números das Notas Fiscais poderão ser indicados em relação anexa ao respectivo documento fiscal.

- *Art. 440-B acrescido pelo Decreto nº 51.300, de 23.11.2006 – DOE de 24.11.2006 – Efeitos a partir de 1º.11.2006.*

### Seção II – Dos Procedimentos do Estabelecimento Exportador

**Art. 441.** O estabelecimento exportador, ao emitir a Nota Fiscal que documentará a remessa da mercadoria para o exterior, deverá indicar, além dos demais requisitos, o número, a série e a data da Nota Fiscal emitida pelo estabelecimento remetente (Lei nº 6.374/1989, art. 67, § 1º, e Convênio ICMS-113/96, cláusula segunda, *caput*, na redação do Convênio ICMS-54/97).

**Art. 441-A.** Na exportação direta em que o adquirente da mercadoria, situado no exterior, determinar que essa mercadoria seja destinada diretamente a outra empresa, situada em país diverso, o estabelecimento exportador deverá, por ocasião da exportação da mercadoria, emitir a Nota Fiscal que documentará a remessa da mercadoria para o exterior em nome do adquirente, situado no exterior, na qual deverá constar, além dos demais requisitos (Convênio ICMS-59/07):

I – no campo natureza da operação: "Operação de exportação direta";

II – no campo do CFOP: o código 7.101 ou 7.102, conforme o caso;

III – no campo Informações Complementares: o número do Registro de Exportação (RE) do SISCOMEX (Sistema Integrado do Comércio Exterior).

§ 1º. Por ocasião do transporte, o estabelecimento exportador deverá emitir Nota Fiscal de saída de remessa de exportação em nome do destinatário situado em país diverso daquele do adquirente, na qual deverá constar, além dos demais requisitos:

I – no campo natureza da operação: "Remessa por conta e ordem";

II – no campo do CFOP: o código 7.949 (Outras saídas de mercadorias não especificadas);

III – no campo Informações Complementares: o número do Registro de Exportação (RE) do SISCOMEX (Sistema Integrado do Comércio Exterior), bem como o número, a série e a data da Nota Fiscal mencionada no *caput*.

§ 2º. Uma cópia reprográfica da Nota Fiscal mencionada no *caput* deverá acompanhar o trânsito até a transposição da fronteira do território nacional.

- *Art. 441-A acrescido pelo Decreto nº 52.118, de 31.8.2007 – DOE de 1º.9.2007 – Efeitos a partir de 12.7.2007.*

**Art. 442.** O estabelecimento exportador emitirá documento denominado "Memorando – Exportação", conforme modelo constante do Anexo/Modelos, em 3 (três) vias, que conterá, no mínimo, as seguintes indicações (Convênio ICMS-113/96, cláusula Quarta, na redação do Convênio ICMS-107/01, e Anexo Único acrescentado pelo Convênio ICMS-107/01, cláusula quarta.

- *Art. 442,* caput, *com redação dada pelo Decreto nº 46.501 de 18.1.2002 – DOE de 19.1.2002 – Efeitos a partir de 1º.1.2002.*

I – a denominação "Memorando – Exportação";

II – o número de ordem e o número da via;

III – a data da emissão;

IV – o nome, o endereço e os números de inscrição, estadual e no CNPJ, do estabelecimento emitente;

V – o nome, o endereço e os números de inscrição, estadual e no CNPJ, do estabelecimento remetente da mercadoria;

VI – a série, o número e a data da emissão da Nota Fiscal que tiver acompanhado a remessa da mercadoria ao seu estabelecimento e da Nota Fiscal emitida pelo exportador;

VII – o número do despacho de exportação, a data de seu ato final e o número do registro de exportação por Estado produtor ou fabricante (Convênio ICMS-113/96, cláusula quarta, VII, na redação do Convênio ICMS-107/01, cláusula segunda);

- *Inciso VII com redação dada pelo Decreto nº 46.501 de 18.1.2002 – DOE de 19.1.2002 – Efeitos a partir de 1º.1.2002.*

VIII – o número e a data da emissão do Conhecimento de Embarque;

IX – a discriminação do produto exportado;

X – o país de destino da mercadoria;

XI – a data e a assinatura do representante legal do estabelecimento exportador;

XII – a identificação do Estado produtor ou fabricante no registro de exportação (Convênio ICMS-113/96, cláusula quarta, XII, acrescentado pelo Convênio ICMS-107/01, cláusula terceira).

- *Inciso XII acrescido pelo Decreto nº 46.501 de 18.1.2002 – DOE de 19.1.2002 – Efeitos a partir de 1º.1.2002.*

§ 1º. As indicações dos incisos I, II e IV deverão ser impressas tipograficamente, salvo se o documento for apresentado em meio magnético.

§ 2º. As vias do memorando terão a seguinte destinação:

1 – a 1ª via será encaminhada ao estabelecimento remetente, deste ou de outro Estado, até o último dia do mês subsequente ao da efetivação do embarque da mercadoria para o exterior, acompanhada de cópia do Conhecimento de Embarque referido no inciso VIII e do comprovante de exportação emitido pelo órgão competente;

2 – a 2ª via deverá ser anexada à 1ª via da Nota Fiscal, ou à cópia reprográfica desta, emitida pelo remetente, permanecendo no estabelecimento exportador para exibição ao fisco;

3 – a 3ª via será encaminhada pelo exportador à repartição fiscal a que estiver vinculado, podendo ser exigida a sua apresentação em meio magnético, nos termos de disciplina estabelecida pela Secretaria da Fazenda.

- *Item 3 com redação dada pelo Decreto nº 48.739, de 21.6.2004 – DOE de 22.6.2004 – Efeitos a partir da publicação.*

**Art. 443.** Na saída para feiras ou exposições no exterior, bem como na exportação em consignação, o memorando previsto no artigo anterior somente deverá ser emitido após a efetiva contratação cambial (Convênio ICMS-113/96, cláusula quinta).

Parágrafo único. Até o último dia do mês subsequente ao da contratação cambial, o estabelecimento exportador deverá emitir o memorando, conservando o comprovante da venda pelo prazo previsto no art. 202.

**Art. 444.** A Secretaria da Fazenda informará ao Ministério do Desenvolvimento, Indústria e Comércio, sempre que o contribuinte, relativamente a operações de comércio exterior (Convênio ICMS-113/96, cláusula décima primeira):

I – estiver respondendo a processo administrativo;

II – tiver sido punido em decisão administrativa por infringência à legislação fiscal.

### Seção III – Da Não Efetivação da Exportação

**Art. 445.** O estabelecimento remetente deste Estado fica obrigado ao recolhimento do imposto devido, com observância do disposto no art. 5º, em relação às saídas previstas no § 1º do art. 7º e no art. 440-A, nos casos em que não se efetivar a exportação (Lei nº 6.374/1989, arts. 6º e 59, e Convênio ICMS-113/96, cláusulas sexta, com alteração do Convênio ICMS-34/98, oitava e nona e Convênio ICMS-83/06, cláusula terceira):

I – após decorrido o prazo de:

a) 180 (cento e oitenta) dias, contados da data da saída da mercadoria do seu estabelecimento, tratando-se de saídas previstas no § 1º do art. 7º;

b) 90 (noventa) dias, contados da data da emissão da primeira Nota Fiscal de remessa para formação do lote, tratando-se de saídas previstas no art. 440-A;

II – em razão de perda da mercadoria, qualquer que seja a causa;

III – em virtude de reintrodução da mercadoria no mercado interno, ressalvado o disposto no § 3º.

• *Art. 445,* caput, *com redação dada pelo Decreto nº 51.300, de 23.11.2006 – DOE de 24.11.2006 – Efeitos a partir de 1º.11.2006.*

§ 1º. O prazo estabelecido no inciso I poderá ser prorrogado, uma única vez, por igual período, a critério do fisco da situação do estabelecimento remetente.

§ 2º. O recolhimento por guia de recolhimentos especiais será efetuado:

1 – dentro do prazo de 15 (quinze) dias, contados da data da ocorrência do fato, nas hipóteses dos incisos I e II;

2 – na data em que for efetuada a operação, na hipótese do inciso III.

§ 3º. O recolhimento do imposto não será exigido:

1 – no retorno da mercadoria ao estabelecimento remetente, no prazo previsto no inciso I;

2 – na transmissão da propriedade de mercadoria depositada sob regime aduaneiro de exportação, efetuada pelo estabelecimento remetente para qualquer das pessoas mencionadas no § 1º do art. 7º, desde que a mercadoria permaneça em entreposto até a efetiva exportação.

§ 4º. O armazém alfandegado ou o entreposto aduaneiro deverão exigir o comprovante do recolhimento do imposto, para liberação da mercadoria, sempre que ocorrer hipótese prevista no *caput*, devendo manter cópia à disposição do fisco, observado o prazo fixado no art. 202.

§ 5º. Vencido o prazo previsto no inciso I, o armazém alfandegado ou o entreposto aduaneiro deverão entregar, até o dia 15 (quinze) de cada mês, na repartição fiscal a que estiverem vinculados, relação de mercadorias nele depositadas com o fim específico de exportação, identificando o respectivo titular.

**Art. 446.** O estabelecimento remetente fica dispensado do recolhimento previsto no artigo anterior, se o pagamento do débito fiscal for efetuado pelo destinatário que tiver recebido a mercadoria para exportação (Convênio ICMS-113/96 cláusula sétima).

### Seção IV
### Da Mercadoria sob o Regime de Depósito Alfandegado Certificado

**Art. 447.** À remessa de mercadoria de produção nacional com destino a armazém alfandegado, para depósito sob o regime de Depósito Alfandegado Certificado, nos termos da legislação federal, aplicam-se as disposições da legislação estadual tributária relativas à exportação para o exterior (Convênio ICM-2/88, cláusula primeira, *caput*).

**Art. 448.** Considerar-se-á efetivado o embarque e ocorrida a exportação no momento em que a mercadoria for admitida no regime, com a emissão do Certificado de Depósito Alfandegado – CDA (Convênio ICM-2/88, cláusula primeira, § 1º).

**Art. 449.** Sem prejuízo das demais exigências deste Regulamento, deverá o remetente (Lei nº 6.374/1989, art. 67, § 1º, e Convênio ICM-2/88, cláusula terceira):

I – fazer constar na Nota Fiscal:

a) os dados identificativos do estabelecimento depositário;

b) a expressão "Depósito Alfandegado Certificado – Convênio ICM-2/88";

II – obter, na repartição fiscal a que estiver vinculado, visto na Nota Fiscal, mediante exibição do comprovante de exportação, antes de iniciada a remessa para o armazém alfandegado.

**Art. 450.** As disposições desta seção não prevalecerão no caso de reintrodução no mercado interno, por abandono, da mercadoria que tiver saído do estabelecimento vendedor com isenção ou não incidência (Lei nº 6.374/1989, arts. 36 e 59, e Convênio ICM-2/88, cláusula primeira, §§ 2º e 3º).

§ 1º. O adquirente da mercadoria recolherá, mediante guia de recolhimentos especiais, o imposto devido a este Estado sobre o valor de saída do estabelecimento vendedor, com aplicação da alíquota que seria utilizada naquela saída.

§ 2º. O comprovante do pagamento previsto no parágrafo anterior será exibido à repartição aduaneira, por ocasião do desembaraço.

§ 3º. Realizado o leilão da mercadoria abandonada, o imposto recolhido nos termos deste artigo será abatido do imposto devido pelo arrematante na aquisição.

## Seção V
## Do Regime Especial Simplificado de Exportação

• *Seção V (arts. 450-A ao 450-I) acrescida pelo Decreto nº 48.957, de 21.9.2004 – DOE de 22.9.2004 – Efeitos a partir de 1º.11.2004.*

**Art. 450-A.** O Regime Especial Simplificado de Exportação, previsto nesta seção, poderá ser concedido a contribuinte localizado neste Estado que, devidamente credenciado perante a Secretaria da Fazenda, adquirir matéria-prima, produto intermediário e material de embalagem para serem integrados no processo de fabricação de mercadoria destinada à exportação (Lei nº 6.374/1989, arts. 8º, XXIV, § 10, e 59).

§ 1º. O regime especial a que se refere o *caput* deste artigo aplica-se, alternativamente, a contribuinte:

1 – habilitado em um dos seguintes regimes aduaneiros especiais administrados pela Secretaria da Receita Federal, que preveem a suspensão do pagamento de tributos federais:

a) Regime Aduaneiro Especial de Entreposto Industrial sob Controle Informatizado (RECOF);

b) Regime Especial de Entreposto Aduaneiro na Importação e na Exportação, na modalidade de regime comum, restrito às operações de industrialização;

2 – qualificado como empresa preponderantemente exportadora mediante ato declaratório executivo, expedido pela Secretaria da Receita Federal, que possibilite a suspensão do pagamento dos tributos federais.

§ 2º. O Regime Especial Simplificado de Exportação condiciona-se a que:

1 – o contribuinte interessado:

a) esteja habilitado em um dos regimes aduaneiros especiais administrados pela Secretaria da Receita Federal, indicados no item 1 do § 1º ou registrado como empresa preponderantemente exportadora;

b) esteja previamente credenciado perante a Secretaria da Fazenda, nos termos de disciplina por ela estabelecida;

c) integre a matéria-prima, produto intermediário e material de embalagem adquiridos com suspensão ou diferimento do imposto na fabricação de mercadoria a ser por ele exportada;

2 – a Secretaria da Fazenda tenha livre e permanente acesso a sistema informatizado de controle exigido pela Secretaria da Receita Federal;

3 – sejam regularmente cumpridos os procedimentos de controle estabelecidos pela Secretaria da Fazenda.

• *Art. 450-A acrescido pelo Decreto nº 48.957, de 21.9.2004 – DOE de 22.9.2004, e com redação dada pelo art. 1º do Decreto nº 49.778, de 18.7.2005 – DOE de 19.7.2005 – Efeitos a partir de 1º.10.2005.*

**Art. 450-B.** O lançamento do imposto incidente na saída interna de matéria-prima, produto intermediário e material de embalagem, com destino a contribuinte beneficiário do Regime Especial Simplificado de Exportação para fabricação de mercadoria a ser exportada, quando o contribuinte fornecedor constar do despacho relativo ao credenciamento, fica diferido para o momento em que ocorrer a entrada no estabelecimento do contribuinte beneficiário (Lei nº 6.374/1989, art. 8º, XXIV, e § 10, na redação da Lei nº 9.176/1995, art. 1º, I).

• *Art. 450-B acrescido pelo Decreto nº 48.957, de 21.9.2004 – DOE de 22.9.2004, e com redação dada pelo Decreto nº 52.016, de 27.7.2007 – DOE de 28.7.2007 – Efeitos a partir de 1º.9.2007.*

• *V. art. 2º do Decreto nº 52.016, de 27.7.2007 – DOE de 28.7.2007: Art. 2º. Relativamente aos credenciamentos já concedidos, o beneficiário do Regime Especial Simplificado de Exportação deverá apresentar ao Posto Fiscal de sua vinculação, no prazo de em 30 (trinta) dias, a relação de contribuintes fornecedores a cujas saídas será aplicado o diferimento previsto no art. 450-B do Regulamento do Imposto sobre Operações Relativas à Circulação de Mercadorias e sobre Prestações de Serviços de Transporte Interestadual e Intermunicipal e de Comunicação. (Efeitos a partir da publicação).*

**Art. 450-C.** O lançamento do imposto incidente no desembaraço aduaneiro de matéria-prima, produto intermediário e material de embalagem empregados na fabricação de mercadoria destinada à exportação, quando a importação seja promovida por contribuinte beneficiário do Regime Especial Simplificado de Exportação, fica suspenso por período idêntico ao previsto no regime aduaneiro especial administrado pela Secretaria da Receita Federal, no qual o contribuinte esteja habilitado (Lei nº 6.374/ 1989, art. 59).

Parágrafo único. A suspensão prevista neste artigo condiciona-se a que o desembarque e o desembaraço da matéria-prima, do produto intermediário e do material de embalagem importados do exterior sejam realizados neste Estado.

• *Art. 450-C acrescido pelo Decreto nº 48.957, de 21.9.2004 – DOE de 22.9.2004 – Efeitos a partir de 1º.11.2004.*

**Art. 450-D.** O lançamento do imposto deverá ser efetuado pelo estabelecimento quando ocorrerem as seguintes hipóteses:

I – exportação:

a) da mercadoria resultante do processo de fabricação no qual tenham sido integrados a matéria-prima, produto intermediário e material de embalagem adquiridos sob amparo do regime previsto nesta seção;

b) da matéria-prima, produto intermediário ou material de embalagem no mesmo estado em que foram importados ou adquiridos no mercado interno;

c) de resíduo ou subproduto do processo industrial.

II – saída interna ou interestadual:

a) da mercadoria resultante do processo de fabricação no qual tenham sido integrados a matéria-prima, produto intermediário e material de embalagem adquiridos sob amparo do regime previsto nesta seção;

b) da matéria-prima, produto intermediário ou material de embalagem no estado em que foram importados;

c) de resíduo ou subproduto do processo industrial;

III – perecimento, roubo, furto ou extravio da matéria-prima, produto intermediário ou material de embalagem, adquiridos sob amparo do regime ou da mercadoria resultante do processo de fabricação no qual tenham sido integrados a matéria-prima, produto intermediário ou material de embalagem;

- *Inciso III com redação dada pelo Decreto nº 49.909, de 22.8.2005 – DOE de 23.8.2005 – Efeitos a partir da publicação.*

IV – decurso do prazo previsto no regime aduaneiro especial administrado pela Secretaria da Receita Federal, caso o contribuinte beneficiário do regime não promova a saída da mercadoria fabricada ou da matéria-prima, produto intermediário ou material de embalagem no mesmo estado em que foram adquiridos;

V – cancelamento da habilitação ou desabilitação do contribuinte do regime aduaneiro especial administrado pela Secretaria da Receita Federal;

- *Inciso V com redação dada pelo Decreto nº 49.909, de 22.8.2005 – DOE de 23.8.2005 – Efeitos a partir da publicação.*

VI – descredenciamento do contribuinte do Regime Especial Simplificado de Exportação pela Secretaria da Fazenda.

Parágrafo único. O imposto devido deverá ser lançado na data de ocorrência das hipóteses previstas no *caput*, sendo que:

1 – na hipótese do inciso I, deverá ser observado o disposto nos arts. 428 e 429 deste Regulamento;

2 – nas hipóteses dos incisos II e III, deverá ser recolhido por meio de Guia de Arrecadação Estadual – GARE-ICMS;

3 – nas hipóteses dos incisos IV, V e VI deverá ser recolhido por meio de Guia de Arrecadação Estadual – GARE-ICMS, acrescido de multa e demais acréscimos legais calculados desde a data do desembaraço aduaneiro.

- *Parágrafo único com redação dada pelo Decreto nº 49.909, de 22.8.2005 – DOE de 23.8.2005 – Efeitos a partir da publicação.*
- *Art. 450-D acrescido pelo Decreto nº 48.957, de 21.9.2004 – DOE de 22.9.2004 – Efeitos a partir de 1º.11.2004.*

**Art. 450-E.** Relativamente a resíduos, subprodutos do processo industrial e perda inerente ao processo deverá ser observado o seguinte:

I – os resíduos e subprodutos do processo industrial que se prestarem à utilização econômica deverão ser:

a) exportados;

b) destinados para consumo no mercado interno, hipótese em que será devido o imposto relativo à operação de saída;

c) destruídos, às expensas do beneficiário do regime;

II – para a perda inerente ao processo, assim entendida a redução quantitativa de estoque de matéria-prima, produto intermediário ou material de embalagem que, por motivo de deterioração ou defeito de fabricação, tornaram-se inúteis para utilização produtiva, ou que foram inutilizadas acidentalmente no processo produtivo, fica estabelecido o percentual máximo de tolerância de 1% (um por cento).

Parágrafo único. O imposto devido, correspondente às perdas que excederem o percentual de tolerância fixado no inciso II, deverá ser recolhido por meio de Guia de Arrecadação Estadual – GARE-ICMS.

- *Art. 450-E acrescido pelo Decreto nº 48.957, de 21.9.2004 – DOE de 22.9.2004, e com redação dada pelo inciso IV do art. 1º do Decreto nº 49.909, de 22.8.2005 – DOE de 23.8.2005 – Efeitos a partir da publicação.*

**Art. 450-F.** Será descredenciado do Regime Especial Simplificado de Exportação, nos termos de disciplina estabelecida pela Secretaria da Fazenda e a partir da data da ocorrência das hipóteses a seguir indicadas, o contribuinte que:

I – for desabilitado do regime aduaneiro especial administrado pelo Secretaria da Receita Federal ou deixar de atender as condições previstas no § 2º do art. 450-A;

II – não efetuar a entrega de declarações e informações econômico-fiscais ou deixar de cumprir qualquer outro controle estabelecido pela Secretaria da Fazenda;

III – deixar de observar o disposto nesta seção e na disciplina estabelecida pela Secretaria da Fazenda;

IV – deixar de cumprir a obrigação principal.

Parágrafo único. O contribuinte descredenciado poderá voltar a ser beneficiário do regime, a critério do fisco, decorrido o prazo de 1 (um) ano da data do ato do descredenciamento, desde que:

1 – tenha cumprido todas as obrigações principal e acessórias relativas às operações realizadas durante o período de descredenciamento;

2 – atenda as condições previstas no § 2º do art. 450-A.

• *Art. 450-F acrescido pelo Decreto nº 48.957, de 21.9.2004 – DOE de 22.9.2004 – Efeitos a partir de 1º.11.2004.*

**Art. 450-G.** A Nota Fiscal relativa à entrada da mercadoria importada com suspensão do imposto deverá ser emitida sem destaque do imposto e conterá, além dos demais requisitos, a referência ao número do ato concessivo do regime e a expressão "Importação amparada pelo Regime Especial Simplificado de Exportação", no campo "Informações Complementares".

• *Art. 450-G acrescido pelo Decreto nº 48.957, de 21.9.2004 – DOE de 22.9.2004 – Efeitos a partir de 1º.11.2004.*

**Art. 450-H.** A Nota Fiscal relativa à saída de mercadoria destinada a contribuinte beneficiário do regime, sob amparo do diferimento, deverá ser emitida sem destaque do imposto e conter, além dos demais requisitos, os seguintes dados no campo "Informações Complementares":

I – o número do ato concessivo do regime de que é titular o destinatário da mercadoria;

II – a expressão "Operação sujeita ao diferimento do ICMS com amparo no Regime Especial Simplificado de Exportação – art. 450-B do RICMS".

• *Inciso II com redação dada pelo Decreto nº 49.909, de 22.8.2005 – DOE de 23.8.2005 – Efeitos a partir da publicação.*

• *Art. 450-H acrescido pelo Decreto nº 48.957, de 21.9.2004 – DOE de 22.9.2004 – Efeitos a partir de 1º.11.2004.*

**Art. 450-I.** A Nota Fiscal relativa à saída da mercadoria para o exterior deverá conter, no campo "Informações Complementares", a expressão "Operação amparada pelo Regime Especial Simplificado de Exportação" e o número do ato concessivo.

• *Art. 450-I acrescido pelo Decreto nº 48.957, de 21.9.2004 – DOE de 22.9.2004 – Efeitos a partir de 1º.11.2004.*

## CAPÍTULO V DOS ARMAZÉNS GERAIS E DOS DEPÓSITOS FECHADOS

**Art. 451.** Nas operações realizadas com armazém geral e depósito fechado, será observada a disciplina estabelecida no Anexo VII.

## CAPÍTULO VI – DA DEVOLUÇÃO E DO RETORNO DE MERCADORIA

**Art. 452.** O estabelecimento que receber, em virtude de garantia ou troca, mercadoria devolvida por produtor ou por qualquer pessoa natural ou jurídica não contribuinte ou não obrigada à emissão de documento fiscal poderá creditar-se do imposto debitado por ocasião da saída da mercadoria, desde que (Lei nº 6.374/1989, arts. 38, § 4º, e 67, § 1º e Convênio SINIEF de 15.12.1970, art. 54, § 3º na redação do Ajuste SINIEF-3/94, cláusula primeira, XII):

I – haja prova cabal da devolução;

II – o retorno se verifique:

a) dentro do prazo de 45 (quarenta e cinco) dias, contados da data de saída da mercadoria, tratando-se de devolução para troca;

b) dentro do prazo determinado no documento respectivo, tratando-se de devolução em virtude de garantia.

§ 1º. Para efeito do disposto neste artigo, considera-se:

1 – garantia, a obrigação assumida pelo remetente ou fabricante de substituir ou consertar a mercadoria, se esta apresentar defeito;

2 – troca, a substituição de mercadoria por uma ou mais da mesma espécie ou de espécie diversa, desde que de valor não inferior ao da substituída.

§ 2º. O estabelecimento recebedor deverá:

1 – emitir Nota Fiscal, mencionando o número e a série, a data da emissão e valor do documento fiscal original, bem como a identificação da pessoa que promover a devolução, mencionando a espécie e o número do respectivo documento de identidade;

2 – registrar a Nota Fiscal prevista no item anterior no livro Registro de Entradas, consignando os respectivos valores nas colunas "ICMS – Valores Fiscais – Operações ou Prestações com Crédito do Imposto".

§ 3º. A Nota Fiscal prevista no parágrafo anterior servirá para acompanhar a mercadoria em seu retorno ao estabelecimento de origem.

§ 4º. Na devolução efetuada por produtor, será emitida Nota Fiscal de Produtor para acompanhar a mercadoria em seu transporte, hipótese em que o estabelecimento de origem emitirá Nota Fiscal relativa à entrada da mercadoria em seu estabelecimento para o registro da operação.

**Art. 453.** O estabelecimento que receber, em retorno, mercadoria por qualquer motivo não entregue ao destinatário, deverá (Lei nº 6.374/1989, art. 67, § 1º, e Convênio SINIEF de 15.12.1970, art. 54, § 3º, na redação do Ajuste SINIEF-3/94, cláusula primeira, XII);

I – emitir Nota Fiscal pela entrada da mercadoria no estabelecimento, com menção dos dados identificativos do documento fiscal original, registrando-a no livro Registro de Entradas, e consignando os respectivos valores na coluna "ICMS – Valores Fiscais – Operações ou Prestações com Crédito do Imposto" ou "ICMS – Valores Fiscais – Operações ou Prestações sem Crédito do Imposto", conforme o caso;

II – manter arquivada a 1ª via da Nota Fiscal emitida por ocasião da saída, que deverá conter a indicação prevista no parágrafo único;

III – mencionar a ocorrência na via presa ao bloco ou em documento equivalente;

IV – exibir ao fisco, quando exigido, todos os elementos, inclusive os contábeis, comprobatórios de que a importância eventualmente debitada ao destinatário não tenha sido recebida.

Parágrafo único. O transporte da mercadoria em retorno será acompanhado pela própria Nota Fiscal emitida pelo remetente, cuja 1ª via deverá conter indicação, no verso, efetuada pelo destinatário ou pelo transportador, do motivo de não ter sido entregue a mercadoria.

**Art. 454.** O estabelecimento que receber mercadoria devolvida por estabelecimento de contribuinte sujeito às normas do Regime Especial Unificado de Arrecadação de Tributos e Contribuições devidos pelas Microempresas e Empresas de Pequeno Porte – "Simples Nacional", poderá, quando admitido, creditar-se do valor do imposto debitado por ocasião da saída, desde que (Lei nº 6.374/1989, art. 38, § 1º, e Convênio de 15.12.1970 – SINIEF, art. 54, § 3º, na redação do Ajuste SINIEF-3/94, cláusula primeira, XII):

• *Art. 454,* caput, *com redação dada pelo Decreto nº 52.104, de 29.8.2007 – DOE de 30.8.2007 – Efeitos a partir da publicação.*

I – emita Nota Fiscal, relativa à entrada da mercadoria em seu estabelecimento, mencionando o número, a data da emissão do documento fiscal pela microempresa ou pela empresa de pequeno porte e o valor do imposto a ser creditado;

II – registre a Nota Fiscal no livro Registro de Entradas, consignando os respectivos valores nas colunas "ICMS – Valores Fiscais – Operações ou Prestações com Crédito do Imposto";

III – arquive a 1ª via da Nota Fiscal juntamente com a 1ª via do documento fiscal emitido pela microempresa ou pela empresa de pequeno porte.

Parágrafo único. É facultado ao estabelecimento recebedor emitir a Nota Fiscal referida neste artigo englobando as devoluções ocorridas no dia.

**Art. 454-A.** Por opção do remetente original, tratando-se de operação interna, a devolução da mercadoria poderá ser efetuada para outro estabelecimento do mesmo titular situado em território paulista, hipótese em que o contribuinte que efetuar a devolução deverá:

I – emitir Nota Fiscal a título de "Devolução Simbólica", para o fim de anular parcial ou totalmente a operação anteriormente realizada, indicando:

a) como destinatário, o estabelecimento remetente original;

b) o estabelecimento onde a mercadoria será entregue, mencionando o endereço e os números de inscrição, estadual e no CNPJ deste;

c) o número e a data da emissão do documento fiscal que acobertou a operação original;

d) como natureza da operação: "Devolução Simbólica – art. 454-A do RICMS";

e) o destaque do valor do imposto, se devido;

II – emitir Nota Fiscal, sem destaque do imposto, que servirá para acompanhar a mercadoria no seu transporte até o estabelecimento destinatário da devolução, indicando, além dos demais requisitos:

a) o número, a data da emissão do documento fiscal que acobertou a operação original e da Nota Fiscal a que se refere o inciso I;

b) como natureza da operação: "Remessa por Devolução Simbólica – art. 454-A do RICMS".

§ 1º. O estabelecimento que tiver realizado a operação original deverá:

1 – registrar a Nota Fiscal referida no inciso I no livro Registro de Entradas, consignando os respectivos valores nas colunas "ICMS – Valores Fiscais – Operações com Crédito do Imposto";

2 – emitir Nota Fiscal para "Transferência Simbólica" da mercadoria ao estabelecimento destinatário da devolução, que conterá, além dos demais requisitos:

a) o destaque do valor do imposto, se devido, observado, quanto à base de cálculo, o disposto no art. 39;

b) o número e a data da emissão da Nota Fiscal a que se refere o inciso I.

§ 2º. O estabelecimento destinatário da devolução deverá registrar no livro Registro de Entradas:

1 – a Nota Fiscal prevista no inciso II, com utilização, apenas, das colunas "Documento Fiscal" e "Observações", fazendo constar nesta última a expressão: "Remessa por Devolução Simbólica – art. 454-A do RICMS";

2 – a Nota Fiscal prevista no item 2 do parágrafo anterior.

§ 3º. O estabelecimento que efetuar a devolução fica dispensado da emissão da Nota Fiscal de que trata o inciso II, desde que:

1 – a saída da mercadoria com destino ao estabelecimento destinatário da devolução seja acompanhada da Nota Fiscal prevista no item 2 do § 1º;

2 – seja indicada na Nota Fiscal aludida no item anterior, a data da efetiva saída das mercadorias remetidas ao destinatário da devolução;

3 – se observe, na Nota Fiscal a que se refere o inciso I, a circunstância de que a remessa da mercadoria ao destinatário da devolução foi efetivada com a Nota Fiscal prevista no item 2 do § 1º, mencionando-se, ainda, os seus dados identificativos.

• *Art. 454-A acrescido pelo Decreto nº 47.278, de 29.10.2002 – DOE de 30.10.2002 – Efeitos a partir da publicação.*

## CAPÍTULO VII – DOS BRINDES OU PRESENTES

### Seção I
### Da Distribuição de Brindes por Conta Própria

**Art. 455.** Considera-se brinde a mercadoria que, não constituindo objeto normal da atividade do contribuinte, tiver sido adquirida para distribuição gratuita a consumidor ou usuário final.

**Art. 456.** O contribuinte que adquirir brindes para distribuição direta a consumidor ou usuário final deverá (Lei nº 6.374/1989, art. 67, § 1º):

I – registrar a Nota Fiscal emitida pelo fornecedor no livro Registro de Entradas, com direito a crédito do imposto destacado no documento fiscal;

II – emitir, no ato da entrada da mercadoria no estabelecimento, Nota Fiscal com destaque do valor do imposto, incluindo na base de cálculo do imposto o valor do Imposto sobre Produtos Industrializados – IPI lançado no documento fiscal de aquisição, e fazendo constar, além dos demais requisitos:

1 – no quadro "Destinatário/Remetente", no campo "Nome/Razão Social", a expressão "Diversos – Brindes" e nos demais campos, os dados do emitente;

2 – no campo "Código Fiscal de Operações e Prestações – CFOP", o código 5.949;

3 – no campo "Informações Complementares", a expressão "Nota Fiscal emitida nos termos do inciso II do art. 456 do RICMS – Nota Fiscal de aquisição nº ..., de.../.../...";

- *Inciso II com redação dada pelo Decreto nº 54.008, de 12.2.2009 – DOE de 13.2.2009 – Efeitos a partir da publicação.*

III – registrar a Nota Fiscal prevista no inciso anterior no livro Registro de Saídas, na forma prevista neste Regulamento.

§ 1º. Fica dispensada a emissão de Nota Fiscal na entrega ao consumidor ou usuário final.

§ 2º. O contribuinte que efetuar transporte de brindes para distribuição direta a consumidor ou usuário final observará o seguinte:

1 – emitirá Nota Fiscal relativa a toda a carga transportada, nela mencionando, além dos demais requisitos:

a) no quadro "Destinatário/Remetente", no campo "Nome/Razão Social", a expressão "Diversos – Remessa de Brindes" e nos demais campos, os dados do emitente;

b) no campo "Código Fiscal de Operações e Prestações – CFOP", o código 5.910;

c) no campo "Informações Complementares", a expressão "Nota Fiscal emitida nos termos do § 2º do art. 456 do RICMS – Nota Fiscal emitida na entrada nº ..., de.../.../...";

- *Item 1 com redação dada pelo Decreto nº 54.008, de 12.2.2009 – DOE de 13.2.2009 – Efeitos a partir da publicação.*

2 – a Nota Fiscal prevista no item 1 será registrada no livro Registro de Saídas, com a utilização apenas das colunas "Documento Fiscal" e "Observações", anotando-se nesta a expressão "Remessa de brindes".

- *Item 2 com redação dada pelo Decreto nº 54.008, de 12.2.2009 – DOE de 13.2.2009 – Efeitos a partir da publicação.*

**Art. 457.** Quando o contribuinte adquirir brindes para distribuição por intermédio de outro estabelecimento, seja este filial, sucursal, agência, concessionário ou outro qualquer, cumulada ou não com distribuição direta a consumidor ou usuário final, observar- se-á o seguinte (Lei nº 6.374/1989, art. 67, § 1º):

I – o estabelecimento adquirente deverá:

a) registrar a Nota Fiscal emitida pelo fornecedor no livro Registro de Entradas, com direito a crédito do imposto destacado no documento fiscal;

b) emitir, em remessa a estabelecimento referido no *caput*, Nota Fiscal com destaque do valor do imposto, incluindo no valor da mercadoria adquirida a parcela do Imposto sobre Produtos Industrializados – IPI lançado pelo fornecedor;

c) emitir, no final do dia, relativamente às entregas efetuadas a consumidores ou usuários finais, Nota Fiscal com destaque do valor do imposto, incluindo no valor da mercadoria adquirida o montante do IPI lançado pelo fornecedor, e fazendo constar no local reservado à indicação do destinatário a expressão "Emitida nos Termos do art. 457 do RICMS";

d) registrar as Notas Fiscais previstas nas alíneas "b" e "c" no livro Registro de Saídas, na forma prevista neste Regulamento;

II – o estabelecimento destinatário referido no *caput* deverá:

a) proceder na forma do artigo anterior, se apenas efetuar distribuição direta a consumidores ou usuários finais;

b) observar o disposto no inciso I, se, também, remeter a mercadoria a outro estabelecimento para distribuição.

Parágrafo único. Os estabelecimentos referidos neste artigo observarão, também, o disposto nos §§ 1º e 2º do artigo anterior.

### Seção II – Da Entrega de Brindes ou Presentes por Conta e Ordem de Terceiro

**Art. 458.** O estabelecimento fornecedor poderá proceder à entrega de brindes ou presentes em endereço de pessoa diversa da do adquirente, sem consignar o valor da operação no documento de entrega, desde que (Lei nº 6.374/1989, art. 67, § 1º):

I – no ato da operação, emita Nota Fiscal tendo como destinatário o adquirente, que conterá, além dos demais requisitos, a observação "Brinde ou Presente a Ser Entregue a (...), à (...), nº (...), pela Nota Fiscal nº (...), Série (...), desta Data";

II – emita Nota Fiscal para a entrega da mercadoria à pessoa indicada pelo adquirente, dispensada a anotação do valor, que conterá, além dos demais requisitos:

a) a natureza da operação: "Entrega de Brinde" ou "Entrega de Presente";

b) o nome e o endereço da pessoa a quem será entregue a mercadoria;

c) a data da saída efetiva da mercadoria;

d) a observação: "Emitida nos Termos do art. 458 do RICMS, Conjuntamente com a Nota Fiscal nº (...), Série (...), desta Data".

§ 1º. Se forem vários os destinatários, a observação referida no inciso I poderá ser feita em documento apartado, emitido com o mesmo número de vias da Nota Fiscal relativa à operação de venda, com citação do número e da série da Nota Fiscal de entrega, e no qual serão indicados os nomes e endereços dos destinatários.

§ 2º. As vias dos documentos fiscais terão a seguinte destinação:

1 – da Nota Fiscal de que trata o inciso I:

a) a 1ª via será entregue ao adquirente;

b) a 2ª via ficará presa ao bloco, para exibição ao fisco;

c) a 3ª via acompanhará a mercadoria e, após a entrega, permanecerá em poder do estabelecimento emitente;

2 – da Nota Fiscal de que trata o inciso II:

a) a 1ª e a 3ª vias acompanharão a mercadoria e serão entregues ao destinatário;

b) a 2ª via ficará presa ao bloco, para exibição ao fisco.

§ 3º. A Nota Fiscal aludida no inciso II será registrada no livro Registro de Saídas, apenas na coluna "Observações", na linha correspondente ao registro da Nota Fiscal prevista no inciso I.

§ 4º. Se o adquirente da mercadoria for contribuinte do imposto, deverá:

1 – registrar o documento fiscal relativo à aquisição da mercadoria, de que trata a alínea "a" do item 1 do § 2º, no livro Registro de Entradas, com direito a crédito do imposto nele destacado;

2 – emitir e registrar no livro Registro de Saídas, na data do registro do documento fiscal citado no item anterior, Nota Fiscal com destaque do valor do imposto e com observância do que segue:

a) a base de cálculo compreenderá, além do valor da mercadoria, a parcela do Imposto sobre Produtos Industrializados que eventualmente tiver onerado a operação de que for decorrente a entrada da mercadoria;

b) deverá ser anotada a expressão "Emitida nos Termos do Item 2 do § 4º do art. 458 do RICMS, Relativamente às Mercadorias Adquiridas pela Nota Fiscal nº (...), Série (...), de __/__/__, Emitida por (...)".

§ 5º. O fisco poderá, a seu critério e a qualquer tempo, impedir o exercício da faculdade prevista neste artigo, em relação a determinado contribuinte.

## CAPÍTULO VIII
## DO PORTE DE MERCADORIA E DO TRANSPORTE POR CONTA PRÓPRIA OU DE TERCEIRO

**Art. 459.** Salvo disposição em contrário, a mercadoria deverá estar acompanhada das vias do documento fiscal exigido pela legislação, bem como da guia de recolhimento nos casos em que o imposto deva ser recolhido por ocasião da saída da mercadoria (Lei nº 6.374/1989, art. 75, § 2º, e Convênio SINIEF de 15.12.1970, art. 15).

§ 1º. Todo aquele que, por conta própria ou de terceiro, transportar mercadoria responderá pela falta das vias do documento fiscal ou da guia de recolhimento que deva acompanhá-la, bem como pela entrega do documento ao estabelecimento nele indicado.

§ 2º. Qualquer pessoa que estiver portando mercadoria adquirida em estabelecimento comercial ou industrial, em momento imediatamente anterior, é obrigada a exibir à fiscalização, quando exigido, o correspondente documento fiscal, devendo, na ausência deste, declarar formalmente o preço e o local onde a mercadoria tiver sido adquirida, sob pena de sua apreensão.

**Art. 460.** As empresas de transporte, excetuadas as rodoviárias, por ocasião da retirada de mercadoria de seus armazéns ou estações, exigirão do destinatário a exibição das vias do documento fiscal emitido no ato da remessa da mercadoria que se encontrem em seu poder (Lei nº 6.374/1989, art. 67, § 1º).

§ 1º. Na falta do documento fiscal, a mercadoria poderá ser entregue mediante a apresentação de memorando ou declaração do destinatário, com emissão em 2 (duas) vias, onde constarão, no mínimo, a indicação do número de volumes, o nome e o endereço do remetente e a assinatura do destinatário.

§ 2º. O original do memorando ou da declaração será retido pela empresa e remetido, até o dia 15 (quinze) do mês seguinte, à repartição fiscal local, e a cópia, depois de visada pela empresa, será restituída ao interessado, para acompanhar a mercadoria até o lugar de destino.

§ 3º. Na hipótese do § 1º, dentro de 15 (quinze) dias, contados da data da retirada da mercadoria, o destinatário deverá entregar à repartição fiscal a 3ª via da Nota Fiscal com a cópia do respectivo memorando ou declaração.

- *§ 3º com redação dada pelo Decreto nº 48.294, de 2.12.2003 – DOE de 3.12.2003 – Efeitos a partir da publicação.*

§ 4º. Poderá ser prorrogado o prazo previsto no parágrafo anterior, bem como autorizada a adoção de outro sistema de controle que concilie os interesses das empresas de transporte com os do fisco.

**Art. 461.** Quando o transporte de mercadoria exigir dois ou mais veículos, observar-se-á o seguinte (Lei nº 6.374/1989, art. 67, § 1º):

I – a cada veículo corresponderá um documento fiscal se a mercadoria, por sua quantidade e volume, comportar divisão cômoda;

II – será facultada a emissão de um único documento fiscal em relação à mercadoria cuja unidade exigir o transporte por mais de um veículo, desde que todos trafeguem juntos para efeito de fiscalização.

**Art. 462.** Na prestação de serviço de transporte de carga, com início em território paulista, realizada por transportador autônomo, qualquer que seja o seu domicílio, ou por empresa transportadora estabelecida fora do território paulista e não inscrita no Cadastro de Contribuintes do ICMS deste Estado, na hipótese de inaplicabilidade da sujeição passiva por substituição prevista no art. 316 – fica dispensada a emissão de conhecimento de transporte no momento do início da prestação, observado o disposto nos §§ 3º e 5º do art. 115.

## CAPÍTULO IX – DOS SÍNDICOS, COMISSÁRIOS E INVENTARIANTES

**Art. 463.** O imposto devido pela alienação de bens em falência, concordata ou inventário será arrecadado na forma prevista no inciso V do art. 115, sob responsabilidade do síndico, comissário ou inventariante, cujas contas não poderão ser aprovadas sem a exibição da guia de recolhimento ou de declaração do fisco de ter sido o tributo regularmente pago (Lei nº 6.374/1989, art. 59).

## CAPÍTULO X – DOS LEILOEIROS

**Art. 464.** Para efetuar o pagamento do imposto na forma prevista no inciso V do art. 115, os leiloeiros deverão obter visto fiscal prévio na guia de recolhimento, que conterá a indicação da mercadoria vendida, o valor da venda, os nomes e endereços, do vendedor e do comprador de cada lote ou peça vendida (Lei nº 6.374/1989, art. 59).

Parágrafo único. Os dados exigidos neste artigo poderão ser discriminados em relação apartada, assinada e datilografada em tantas vias quantas forem as da guia de recolhimento, complementando-a.

## CAPÍTULO XI DAS OPERAÇÕES EM CONSIGNAÇÃO

### Seção I – Da Consignação Mercantil

**Art. 465.** Na saída de mercadoria a título de consignação mercantil (Lei nº 6.374/1989, art. 67, § 1º, e Ajuste SINIEF-2/93, cláusula primeira):

I – o consignante emitirá Nota Fiscal contendo, além dos demais requisitos:

a) natureza da operação: "Remessa em Consignação";

b) destaque dos valores do ICMS e do IPI, quando devidos;

II – o consignatário registrará a Nota Fiscal no livro Registro de Entradas, creditando-se do valor do imposto, quando permitido.

**Art. 466.** Havendo reajuste do preço contratado por ocasião da remessa em consignação mercantil (Lei nº 6.374/1989, art. 67, § 1º, e Ajuste SINIEF-2/93, cláusula segunda):

I – o consignante emitirá Nota Fiscal complementar, contendo, além dos demais requisitos:

a) natureza da operação: "Reajuste de Preço de Mercadoria em Consignação";

b) base de cálculo: o valor do reajuste;

c) destaque dos valores do ICMS e do IPI, quando devidos;

d) a indicação dos dados da Nota Fiscal prevista no artigo anterior, com a expressão "Reajuste de Preço de Mercadoria em Consignação – NF nº (...), de __/__/__";

II – o consignatário registrará a Nota Fiscal no livro Registro de Entradas, creditando-se do valor do imposto, quando permitido.

**Art. 467.** Na venda da mercadoria recebida a título de consignação mercantil (Lei nº 6.374/1989, art. 67, § 1º, e Ajuste SINIEF-2/93, cláusula terceira):

I – o consignatário deverá (Ajuste SINIEF-2/93, cláusula terceira, com alteração do Ajuste SINIEF-9/08):

a) emitir Nota Fiscal relativa à venda da mercadoria contendo, além dos demais requisitos, no campo natureza da operação, a expressão "Venda de Mercadoria Recebida em Consignação" e, no campo do CFOP, o código 5.115 ou 6.115, conforme o caso;

b) emitir Nota Fiscal relativa à devolução simbólica da mercadoria contendo, além dos demais requisitos, no campo natureza da operação, a expressão "Devolução simbólica de mercadoria recebida em consignação", no campo do CFOP, o código 5.919 ou 6.919, conforme o caso, e, no campo Informações Complementares, a expressão "Nota fiscal emitida em função de venda de mercadoria recebida em consignação pela NF nº ..., de.../.../...;

c) registrar a Nota Fiscal de que trata o inciso II, no livro Registro de Entradas, apenas nas colunas "Documento Fiscal" e "Observações", apondo nesta a expressão "Compra em Consignação – NF nº ... de .../.../...";

• *Inciso I com redação dada pelo Decreto nº 53.480, de 25.9.2008 – DOE de 26.9.2008 – Efeitos a partir de 1º.8.2008.*

II – o consignante emitirá Nota Fiscal, sem destaque dos valores do ICMS e do IPI, contendo, além dos demais requisitos:

a) natureza da operação: "Venda";

b) valor da operação: o valor correspondente ao preço da mercadoria efetivamente vendida, neste incluído, quando for o caso, o valor relativo ao reajuste do preço;

c) a expressão "Simples Faturamento de Mercadoria em Consignação – NF nº (...), de __/__/__ (e, se for o caso) Reajuste de Preço – NF nº (...), de __/__/__".

Parágrafo único. O consignante registrará a Nota Fiscal prevista no inciso II, no livro Registro de Saídas, apenas nas colunas "Documento Fiscal" e "Observações", apondo nesta a expressão "Venda em Consignação – NF nº (...), de __/__/__".

**Art. 468.** Na devolução de mercadoria recebida em consignação mercantil (Lei nº 6.374/1989, art. 67, § 1º, e Ajuste SINIEF-2/93, cláusula quarta):

I – o consignatário emitirá Nota Fiscal contendo, além dos demais requisitos:

a) natureza da operação: "Devolução de Mercadoria Recebida em Consignação";

b) base de cálculo: o valor da mercadoria efetivamente devolvida, sobre o qual foi pago o imposto;

c) destaque do ICMS e indicação do IPI nos valores debitados, por ocasião da remessa em consignação;

d) a expressão "Devolução (Parcial ou Total) de Mercadoria em Consignação – NF nº (...), de __/__/__";

II – o consignante registrará a Nota Fiscal, no livro Registro de Entradas, creditando-se do valor do imposto, quando permitido.

**Art. 469.** As disposições desta seção não se aplicam às mercadorias sujeitas ao regime de substituição tributária (Ajuste SINIEF-2/93, cláusula quinta).

### Seção II – Da Consignação Industrial

**Art. 470.** Para efeito desta seção, entende-se por consignação industrial a operação na qual ocorre remessa, com preço fixado, de mercadoria com finalidade de integração ou consumo em processo industrial, em que o faturamento dar-se-á quando da utilização desta mercadoria pelo destinatário.

**Art. 471.** Na saída de mercadoria a título de consignação industrial (Lei nº 6.374/1989, art. 67, § 1º e Protocolo ICMS-52/00):

- *Art. 471,* caput, *com redação dada pelo Decreto nº 46.966 de 31.7.2002 – DOE de 1º.8.2002 – Efeitos a partir de 21.5.2002.*

I – o consignante emitirá Nota Fiscal contendo, além dos demais requisitos:

a) natureza da operação: "Remessa em Consignação Industrial";

b) destaque dos valores do ICMS e do IPI, quando devidos;

c) a informação, no campo "Informações Complementares", de que será emitida uma Nota Fiscal, para efeito de faturamento, englobando todas as remessas de mercadorias em consignação e utilizadas durante o período de apuração.

II – o consignatário registrará a Nota Fiscal no livro Registro de Entradas, creditando-se do valor do imposto, quando permitido.

**Art. 472.** Havendo reajuste do preço contratado após a remessa em consignação industrial (Lei nº 6.374/1989, art. 67, § 1º):

I – o consignante emitirá Nota Fiscal complementar, contendo, além dos demais requisitos:

a) natureza da operação: "Reajuste de Preço – Consignação Industrial";

b) base de cálculo: o valor do reajuste;

c) destaque dos valores do ICMS e do IPI, quando devidos;

d) a indicação dos dados da Nota Fiscal prevista no artigo anterior, com a expressão "Reajuste de Preço – Consignação Industrial – NF nº (...), de __/__/__";

II – o consignatário registrará a Nota Fiscal no livro Registro de Entradas, creditando-se do valor do imposto, quando permitido, indicando os seus dados na coluna "Observações" da linha onde foi registrada a Nota Fiscal prevista no artigo anterior.

**Art. 473.** Até o último dia do período de apuração (Lei nº 6.374/1989, art. 67, § 1º):

- *Art. 473,* caput, *com redação dada pelo Decreto nº 46.027 de 22.8.2001 – DOE de 23.8.2001 – Efeitos a partir da publicação.*

I – o consignatário:

a) poderá emitir Nota Fiscal globalizada, com os mesmos valores atribuídos por ocasião do recebimento das mercadorias efetivamente utilizadas ou consumidas no seu processo produtivo, sem destaque do valor do ICMS, contendo, além dos demais requisitos, como natureza da operação, a expressão "Devolução Simbólica – Mercadorias em Consignação Industrial";

b) deverá registrar a Nota Fiscal de que trata o inciso seguinte, no livro Registro de Entradas, apenas nas colunas "Documento Fiscal" e "Observações", apondo nesta a expressão "Compra em Consignação Industrial – NF nº (...), de __/__/__";

II – o consignante emitirá Nota Fiscal, sem destaque do valor do ICMS, contendo, além dos demais requisitos:

a) natureza da operação: "Venda";

b) valor da operação: o valor correspondente ao preço da mercadoria efetivamente vendida, neste incluído, quando for o caso, o valor relativo ao reajuste do preço;

c) no campo "Informações Complementares", a expressão "Simples Faturamento – Consignação Industrial – NF nº (...), de __/__/__ (e, se for o caso) Reajuste de Preço – NF nº (...), de __/__/__".

§ 1º. O consignante registrará a Nota Fiscal prevista no inciso II no livro Registro de Saídas, apenas nas colunas "Documento Fiscal" e "Observações", apondo nesta a expressão "Venda em Consignação Industrial – NF nº (...), de __/__/__".

§ 2º. (Revogado).

- *§ 2º revogado pelo Decreto nº 46.295, de 23.11.2001 – DOE de 24.11.2001 – Efeitos a partir de 1º.1.2002.*

**Art. 474.** Na devolução de mercadoria recebida em consignação industrial (Lei nº 6.374/1989, art. 67, § 1º):

I – o consignatário emitirá Nota Fiscal contendo, além dos demais requisitos:

a) natureza da operação: "Devolução de Mercadoria – Consignação Industrial";

b) valor: o valor da mercadoria efetivamente devolvida, sobre o qual foi pago o imposto;

c) destaque do ICMS e indicação do IPI nos mesmos valores debitados, por ocasião da remessa em consignação;

d) no campo "Informações Complementares", a expressão "Devolução (Parcial ou Total) – Consignação Industrial – NF nº (...), de __/__/__";

II – o consignante registrará a Nota Fiscal, no livro Registro de Entradas, creditando-se do valor do imposto.

**Art. 474-A.** O disposto nesta seção estende-se às operações interestaduais realizadas com contribuintes estabelecidos nos Estados de Alagoas, Bahia, Ceará, Espírito Santo, Goiás, Maranhão, Mato Grosso do Sul, Minas Gerais, Paraíba, Paraná, Pernambuco, Rio de Janeiro, Rio Grande do Norte, Rio Grande do Sul, Santa Catarina e Sergipe, observado o que segue (Protocolos ICMS-52/00, com alteração dos Protocolos ICMS-14/01, ICMS-08/01, ICMS-25/01, ICMS-34/01, ICMS-12/02, ICMS-17/02, ICMS-27/03, ICMS-12/04, ICMS-21/05 e ICMS-182/09).

I – a emissão da Nota Fiscal de retorno simbólico, prevista no inciso I do art. 473, será obrigatória;

II – o consignante deverá entregar à repartição fiscal a que estiver vinculado, em meio magnético, até o dia 10 do mês subsequente ao da realização das operações, demonstrativo de todas as remessas interestaduais efetuadas em consignação e das correspondentes devoluções, com a identificação das mercadorias;

III – o disposto neste artigo não se aplica às mercadorias sujeitas ao regime de substituição tributária.

- *Art. 474-A acrescido pelo Decreto nº 46.027, de 22.8.2001 – DOE de 23.8.2001, e com redação dada pelo Decreto nº 55.438, de 17.2.2010 – DOE de 18.2.2010 – Efeitos a partir de 21.12.2009.*

## CAPÍTULO XII
## DAS OPERAÇÕES COM METAL NÃO FERROSO

**Art. 475.** (Revogado).

- *Art. 475 revogado pelo Decreto nº 52.379, de 19.11.2007 – DOE de 20.11.2007 – Efeitos a partir de 1º.11.2007.*

**Art. 476.** (Revogado).

- *Art. 476 revogado pelo Decreto nº 52.379, de 19.11.2007 – DOE de 20.11.2007 – Efeitos a partir de 1º.11.2007.*

## CAPÍTULO XIII
## DAS MICROEMPRESAS E DAS EMPRESAS DE PEQUENO PORTE

**Art. 477.** (Revogado).

- *Art. 477 revogado pelo Decreto nº 52.104, de 29.8.2007 – DOE de 30.8.2007 – Efeitos a partir da publicação.*

## CAPÍTULO XIV
## DOS SISTEMAS APLICADOS A OUTRAS OPERAÇÕES, PRESTAÇÕES E ATIVIDADES ECONÔMICAS

**Art. 478.** As obrigações tributárias relacionadas com as operações, prestações ou atividades econômicas adiante enumeradas são disciplinadas nos seguintes anexos deste Regulamento:

I – Operações Realizadas por Intermédio de Bolsa – Anexo VIII;

II – Empresas de Construção Civil – Anexo XI;

III – Operações Realizadas por Fabricante de Veículos e seus Concessionários – Anexo XII;

IV – Operações Realizadas por Oficinas de Veículos Automotores – Anexo XIII;

V – Operações Realizadas por Empresa Seguradora – Anexo XIV;

VI – Transporte de Mercadoria Decorrente de Encomenda Aérea Internacional por Empresa de "Courier" ou a ela Equiparada – Anexo XV;

VII – Empresas de Transporte Aéreo, exceto Táxi Aéreo e Congêneres – Anexo XVI;

VIII – Empresas de Comunicações – Anexo XVII;

- *Inciso VIII com redação dada pelo Decreto nº 53.835, de 17.12.2008 – DOE de 18.12.2008 – Efeitos a partir da publicação.*

IX – Operações com Energia Elétrica – Anexo XVIII;

- *Inciso IX com redação dada pelo Decreto nº 54.177, de 30.3.2009 – DOE de 31.3.2009 – Retificação DOE de 1º.4.2009 – Efeitos a partir de 1º.6.2009.*

X – Operações Realizadas pela Companhia Nacional de Abastecimento – CONAB – Anexo XIX;

Parágrafo único. A disciplina relacionada com a comprovação de internamento de mercadoria nos municípios da Zona Franca de Manaus consta no art. 84 do Anexo I.

# TÍTULO II
# DOS REGIMES ESPECIAIS

## CAPÍTULO I – DOS REGIMES ESPECIAIS DE INTERESSE DO CONTRIBUINTE

### Seção I – Dos Objetivos

**Art. 479.** (Revogado).

- *Art. 479 revogado pelo Decreto nº 51.520, de 29.1.2007 – DOE de 30.1.2007 – Produzindo efeitos aos fatos geradores que ocorrerem a partir de 1º.2.2007.*

**Art. 479-A.** Com o objetivo de facilitar ao contribuinte o cumprimento das obrigações fiscais, poderá ser permitida, a critério do fisco, a adoção de regime especial para a emissão de documentos e a escrituração de livros fiscais (Lei nº 6.374/1989, art. 71, e Convênio AE-9/72).

§ 1º. O despacho que conceder o regime estabelecerá as normas especiais a serem observadas pelos contribuintes.

§ 2º. Caberá ao Coordenador da Administração Tributária da Secretaria da Fazenda decidir sobre os pedidos relativos à matéria tratada neste capítulo, bem como delegar a outras autoridades, em situações determinadas, essa atribuição.

- *Art. 479-A acrescido pelo Decreto nº 51.633, de 7.3.2007 – DOE de 8.3.2007 – Efeitos a partir de 1º.2.2007.*

### Seção II – Do Pedido e seu Encaminhamento

**Art. 480.** O pedido de concessão de regime especial será apresentado pelo estabelecimento-matriz à repartição fiscal a que estiver vinculado, e conterá, além de outros requisitos fixados pela Secretaria da Fazenda (Convênio AE-9/72, art. 1º):

I – a identificação do requerente: nome, endereço, números de inscrição, estadual e no CNPJ, e a Classificação Nacional de Atividades Econômicas – Fiscal (CNAE-fiscal);

II – a identificação de cada um dos demais estabelecimentos envolvidos: endereço, números de inscrição, estadual e no CNPJ, e a CNAE-fiscal.

Parágrafo único. O pedido será instruído com:

1 – fac-símile de modelos relativos ao sistema previsto;

2 – cópia reprográfica do ato concessivo de regime especial, por outro Estado, quando se tratar de pedido de aplicação neste Estado.

**Art. 481.** Situando-se o estabelecimento-matriz em outro Estado e ocorrendo a hipótese de serem os estabelecimentos filiais localizados neste Estado os únicos interessados em determinado benefício, o pedido será formulado pelo estabelecimento principal deste Estado, assim eleito pelo contribuinte, tornando-se prevento em relação a pedidos de averbação e alteração.

**Art. 482.** O pedido de regime especial será apreciado pelo fisco estadual, que dará ao interessado ciência do despacho, entregando, na hipótese de ser ele concessivo, cópia de seu inteiro teor, acompanhada das vias autenticadas dos modelos e sistemas aprovados, quando for o caso (Convênio AE-9/72, arts. 1º, parágrafo único, e 2º).

§ 1º. Quando o regime pleiteado abranger estabelecimento de contribuinte do Imposto sobre Produtos Industrializados – IPI, o pedido será examinado pelo fisco estadual no que se relacionar à legislação do Imposto de Circulação de Mercadorias e de Prestação de Serviços e, se favorável, emitirá parecer, encaminhando o procedimento ao fisco federal para decisão.

§ 2º. Quando o pedido se referir a matéria não sujeita à legislação do IPI, o fisco estadual decidirá autonomamente, ainda que, em razão de outras operações, o requerente seja contribuinte do tributo federal.

§ 3º. A decisão concessória será publicada, em resumo ou na íntegra, no *Diário Oficial do Estado.*

### Seção III – Da Averbação

**Art. 483.** A utilização do regime especial pelos demais estabelecimentos não abrangidos pela concessão fica condicionada a averbação (Convênio AE-9/72, arts. 3º e 4º, parágrafo único).

Parágrafo único. A averbação consistirá em despacho de autoridade competente do fisco estadual com declaração de estarem os estabelecimentos nele especificados autorizados à utilização do regime especial.

**Art. 484.** O pedido de averbação de regime especial obedecerá aos mesmos procedimentos previstos nos arts. 480 a 482 (Convênio AE-9/72, art. 4º).

### Seção IV
### Da Alteração, da Cassação e da Extinção

**Art. 485.** O regime especial concedido poderá ser alterado ou cassado a qualquer tempo (Convênio AE-9/72, arts. 5º e 6º).

§ 1º. Em caso de alteração, o estabelecimento que tiver solicitado a concessão ou averbação deverá apresentar, devidamente instruído, pedido na forma prescrita no art. 480, que seguirá os mesmos trâmites da concessão original.

§ 2º. É competente para determinar a cassação ou alteração do regime a mesma autoridade que o tiver concedido, na forma do art. 482.

§ 3º. A cassação ou alteração do regime especial poderá ser solicitada à autoridade concedente pelo fisco de outro Estado.

§ 4º. Ocorrendo a cassação ou alteração, será dada ciência ao fisco do Estado onde houver estabelecimento beneficiário do regime especial.

**Art. 486.** O beneficiário do regime especial poderá requerer a sua cessação à autoridade fiscal concedente (Convênio AE-9/72, art. 7º).

Parágrafo único. Decorrido o prazo de 30 (trinta) dias sem que tenha havido manifestação do fisco, considerar-se-á extinto o regime especial.

### Seção V – Do Recurso

**Art. 487.** Do ato que indeferir o pedido ou determinar a cassação ou alteração do regime especial caberá recurso, sem efeito suspensivo (Convênio AE-9/72, art. 8º, na redação do Convênio ICM-17/80):

I – se do fisco estadual, para a autoridade imediatamente superior;

II – se do fisco federal, para o Coordenador do Sistema de Tributação.

## CAPÍTULO II
## DOS REGIMES ESPECIAIS DE OFÍCIO

**Art. 488.** Quando o contribuinte deixar reiteradamente de cumprir as obrigações fiscais, a autoridade fiscal, nos termos do § 2º do art. 479, poderá impor-lhe regime especial para o cumprimento dessas obrigações (Lei nº 6.374/1989, art. 71).

**Art. 489.** O Coordenador da Administração Tributária da Secretaria da Fazenda, no interesse do contribuinte ou do fisco, poderá determinar regime especial para o pagamento do imposto, bem como para a emissão de documentos e a escrituração de livros fiscais, aplicável a contribuintes, determinadas categorias, grupos ou setores de quaisquer atividades econômicas ou, ainda, em relação a determinada espécie de fato gerador (Lei nº 6.374/1989, art. 71).

- *Art. 489 com redação dada pelo Decreto nº 51.633, de 7.3.2007 – DOE de 8.3.2007 – Efeitos a partir de 1º.2.2007.*

# LIVRO IV
# DA ADMINISTRAÇÃO TRIBUTÁRIA

## TÍTULO I
## DA FISCALIZAÇÃO

### CAPÍTULO I – DA COMPETÊNCIA

**Art. 490.** A fiscalização do imposto compete privativamente ao Agente Fiscal de Rendas que, no exercício de suas funções, deverá, obrigatoriamente, exibir ao contribuinte sua cédula funcional, fornecida pela Secretaria da Fazenda (Constituição Federal, art. 37, XVIII, Código Tributário Nacional, art. 200, Constituição Estadual, art. 115, XX, Lei nº 6.374/1989, arts. 72 e 73).

§ 1º. As atividades da Secretaria da Fazenda e de seus Agentes Fiscais de Rendas, dentro de sua área de competência e vinculação, terão precedência sobre os demais setores da Administração Pública.

§ 2º. O Agente Fiscal de Rendas, para o desempenho de suas funções, solicitará auxílio policial, sempre que necessário.

**Art. 491.** O Agente Fiscal de Rendas, quando, no exercício de suas funções, comparecer a estabelecimento de contribuinte, lavrará, obrigatoriamente, termos circunstanciados de início e de conclusão da verificação fiscal, fazendo constar o período fiscalizado, as datas inicial e final da execução dos trabalhos, a relação dos livros e documentos examinados e o histórico das infrações apuradas, com indicação das medidas preventivas ou repressivas adotadas, bem como quaisquer outros dados de interesse da fiscalização (Código Tributário Nacional, art. 196).

§ 1º. Os termos serão lavrados no livro Registro de Utilização de Documentos Fiscais e Termos de Ocorrências – RUDFTO – ou, na sua falta, em qualquer outro livro fiscal ou, ainda, se não exibido nenhum livro, em instrumento apartado, entregando-se cópia ao interessado.

§ 2º. No termo de início de fiscalização lavrado em apartado, o Agente Fiscal de Rendas deverá notificar o contribuinte a apresentar os livros e documentos.

§ 3º. Qualquer autoridade fiscal que tomar conhecimento de início de fiscalização sem a lavratura do correspondente termo é obrigada a representar para efeito de instauração de procedimento administrativo contra o Agente Fiscal de Rendas para apuração de responsabilidade funcional.

§ 4º. A Secretaria da Fazenda poderá adotar disciplina diversa ou complementar à estabelecida neste artigo, inclusive para adoção de procedimentos decorrentes de sistema eletrônico de processamento de dados.

**Art. 492.** O fisco poderá utilizar dispositivo de segurança, inclusive lacre, na verificação de mercadoria, bem móvel, livro, documento, impresso ou qualquer outro papel, nos termos estabelecidos pela Secretaria da Fazenda.

**Art. 493.** O arbitramento do valor da operação ou da prestação previsto no art. 47 poderá ser efetuado nas seguintes hipóteses (Lei nº 6.374/1989, art. 31, com alteração da Lei nº 10.619/2000, art. 2º, III):

I – não exibição ao fisco dos elementos necessários à comprovação do valor da operação ou prestação, incluídos os casos de perda ou extravio de livros ou documentos fiscais;

II – fundada suspeita de que os documentos fiscais não reflitam o preço real da operação ou prestação;

III – declaração, no documento fiscal, de valor notoriamente inferior ao preço corrente da mercadoria ou do serviço;

IV – transporte, posse ou detenção de mercadoria desacompanhada de documento fiscal.

§ 1º. Em caso de perda ou extravio de livros fiscais, poderá a autoridade fiscal, para verificação do pagamento do tributo, notificar o contribuinte a comprovar o montante das operações ou prestações escrituradas ou que deveriam ter sido escrituradas nos referidos livros.

§ 2º. Se o contribuinte se recusar a fazer a comprovação ou não puder fazê-la e, bem assim, nos casos em que ela for considerada insuficiente, o montante das operações ou prestações será arbitrado pela autoridade fiscal pelos meios ao seu alcance, computando-se, para apuração de diferença de imposto, os recolhimentos devidamente comprovados pelo contribuinte ou pelos registros da repartição.

### CAPÍTULO II
### DOS QUE ESTÃO SUJEITOS À FISCALIZAÇÃO

**Art. 494.** Não podem embaraçar a ação fiscalizadora e, mediante notificação escrita, são obrigados a exibir impressos, documentos, livros, programas e arquivos magnéticos relacionados com o imposto e a prestar informações solicitadas pelo fisco (Lei nº 6.374/1989, art. 75):

I – a pessoa inscrita ou obrigada à inscrição no Cadastro de Contribuintes e a que tomar parte em operação ou prestação sujeita ao imposto;

II – aquele que, embora não contribuinte, prestar serviço a pessoa sujeita a inscrição no Cadastro de Contribuintes do imposto;

III – o serventuário da Justiça;

IV – o funcionário público e o servidor do Estado, o servidor de empresa pública, de sociedade em que o Estado seja acionista majoritário, de sociedade de economia mista ou de fundação;

V – a empresa de transporte de âmbito municipal e o proprietário de veículo que fizer do transporte profissão lucrativa e que não seja contribuinte do imposto;

VI – o banco, instituição financeira, estabelecimento de crédito, empresa seguradora ou empresa de "leasing" ou arrendamento mercantil;

VII – o síndico, comissário ou inventariante;

VIII – o leiloeiro, corretor, despachante ou liquidante;

IX – a empresa de administração de bens;

X – as empresas administradoras de cartões de crédito ou débito, relativamente às operações ou prestações de serviço realizadas por contribuinte do imposto (Lei nº 6.374/1989, art. 75, X, acrescentado pela Lei nº 12.294/2006, art. 2º, II);

- *Inciso X acrescido pelo Decreto nº 51.199, de 17.10.2006 – DOE de 18.10.2006 – Efeitos a partir de 7.3.2006.*

XI – as empresas de informática que desenvolvem programas aplicativos para usuário de Equipamento Emissor de Cupom Fiscal – ECF (Lei nº 6.374/1989, art. 75, XI, acrescentado pela Lei nº 12.294/2006, art. 2º, II);

- *Inciso XI acrescido pelo Decreto nº 51.199, de 17.10.2006 – DOE de 18.10.2006 – Efeitos a partir de 7.3.2006.*

XII – qualquer pessoa que realize atividades relacionadas à administração de rodovias, ferrovias, hidrovias, portos, aeroportos ou ainda de controle e movimentação de carga de veículos, inclusive os responsáveis pela cobrança de pedágio, de rastreamento de veículos e cargas, de gerenciamento de risco de transporte e de planejamento logístico (Lei nº 6.374/1989, art. 75, XII a XVI acrescentados pela Lei nº 13.918/2009, art.12, XIV);

- *Inciso XII acrescido pelo Decreto nº 55.437, de 17.2.2010 – DOE de 18.2.2010 – Efeitos a partir de 23.12.2009.*

XIII – os prestadores de serviços de intermediação comercial em ambiente virtual, com utilização de tecnologias de informação, inclusive por meio de leilões eletrônicos;

- *Inciso XIII acrescido pelo Decreto nº 55.437, de 17.2.2010 – DOE de 18.2.2010 – Efeitos a partir de 23.12.2009.*

XIV – os prestadores de serviços de tecnologia de informação, tendo por objeto o gerenciamento e controle de operações comerciais realizadas em meio eletrônico, inclusive dos respectivos meios de pagamento;

- *Inciso XIV acrescido pelo Decreto nº 55.437, de 17.2.2010 – DOE de 18.2.2010 – Efeitos a partir de 23.12.2009.*

XV – os prestadores de serviços de logística para a entrega de mercadorias oriundas de transações comerciais em ambiente virtual;

- *Inciso XV acrescido pelo Decreto nº 55.437, de 17.2.2010 – DOE de 18.2.2010 – Efeitos a partir de 23.12.2009.*

XVI – as pessoas responsáveis por atribuir, registrar ou gerenciar cadastros de domínios de sítios na rede mundial de computadores.

- *Inciso XVI acrescido pelo Decreto nº 55.437, de 17.2.2010 – DOE de 18.2.2010 – Efeitos a partir de 23.12.2009.*

§ 1º. A obrigação prevista neste artigo, ressalvado o disposto em normas específicas ou a exigência de prévia autorização judicial, não abrange a prestação de informações quanto a fatos sobre os quais o informante estiver legalmente obrigado a observar segredo em razão de cargo, ofício, função, ministério, atividade ou profissão.

§ 2º. A obrigação prevista neste artigo abrange, também, a pessoa natural, quando estiver portando mercadoria, com indícios de tê-la adquirido em estabelecimento comercial ou industrial em momento imediatamente anterior, caso em que será instada verbalmente pela fiscalização a exibir o documento fiscal correspondente com observância do disposto no § 2º do art. 459 e do art. 499.

§ 3º. Observado o disposto nos arts. 201 e 229, o Agente Fiscal de Rendas arrecadará, mediante termo, todos os livros, documentos e impressos encontrados fora do estabelecimento e, depois de tomar as providências cabíveis, os devolverá ao contribuinte.

**Art. 495.** A empresa seguradora, a empresa de arrendamento mercantil, o banco, a instituição financeira e outros estabelecimentos de crédito são obrigados a franquear à fiscalização o exame de contratos, duplicatas e triplicatas, promissórias rurais e outros documentos relacionados com o imposto (Lei nº 6.374/1989, art. 76).

**Art. 496.** Os estabelecimentos referidos no artigo anterior são obrigados, ainda, a prestar à autoridade administrativa todas as informações de que dispuserem com relação a bens, negócios ou atividades de terceiro, seu cliente ou não, quando absolutamente necessárias à defesa do interesse público ou à comprovação de sonegação do imposto (Lei nº 6.374/1989, art. 75, VI).

Parágrafo único. Para efeito deste artigo, relativamente aos bancos, instituições financeiras e outros estabelecimentos de crédito, observar-se-á o seguinte:

1 – o pedido de esclarecimento e informações terá a forma de notificação escrita, em que se fixará prazo adequado para o atendimento;

2 – é competente para a formulação do pedido de esclarecimento o Agente Fiscal de Rendas, devidamente autorizado pelo Chefe da unidade fiscal ou por seus superiores hierárquicos;

3 – a prestação de esclarecimentos e informações independerá da existência de processo administrativo instaurado;

4 – os informes e esclarecimentos prestados deverão ser conservados em sigilo, somente sendo permitida sua utilização quando necessária à defesa do interesse público, ou à comprovação de sonegação do imposto.

**Art. 497.** Os livros comerciais e contábeis são de exibição obrigatória ao agente do fisco, não tendo aplicação qualquer dispositivo legal excludente ou limitativo do direito do fisco de examinar mercadorias, livros, arquivos, documentos, papéis, efeitos comerciais ou fiscais e os programas e arquivos magnéticos de pessoas arroladas no art. 19 (Lei nº 6.374/1989, art. 67, §§ 5º, 6º e 8º, na redação das Leis nºs 10.619/2000 e 13.918/2009).

- *Art. 497 com redação dada pelo Decreto nº 55.437, de 17.2.2010 – DOE de 18.2.2010 – Efeitos a partir de 23.12.2009.*

**Art. 498.** O contribuinte do imposto deverá cumprir as obrigações acessórias que tiverem por objeto prestações positivas ou negativas, previstas na legislação (Lei nº 6.374/1989, art. 69).

§ 1º. O disposto neste artigo, salvo disposição em contrário, aplica-se às demais pessoas inscritas ou obrigadas à inscrição no Cadastro de Contribuintes.

§ 2º. Poderá a Secretaria da Fazenda dispensar o cumprimento das obrigações referidas neste artigo ou estabelecer outras formas de cumpri-las.

**Art. 498-A.** Está sujeito ao exercício regular da fiscalização tributária o escritório onde o contribuinte desenvolve atividades de gestão empresarial ou de processamento eletrônico de suas operações ou prestações, ainda que não inscrito (Lei nº 6.374/1989, art. 76-A, acrescentado pela Lei nº 13.918/2009, art. 12, XV).

§ 1º. A restrição ou negativa de acesso do Agente Fiscal de Rendas ao escritório do contribuinte caracteriza resistência à fiscalização.

§ 2º. Aplica-se o disposto neste artigo ao escritório de administrador, sócio ou ex-sócio de empresa ou empresas de contribuinte, na hipótese de indícios ou de fundada suspeita da existência, no local, de documentos e informações, em meio digital ou não, que se relacionem ao imposto.

- *Art. 498-A acrescido pelo Decreto nº 55.437, de 17.2.2010 – DOE de 18.2.2010 – Efeitos a partir de 23.12.2009.*

## CAPÍTULO III
## DA APREENSÃO, DEVOLUÇÃO OU LIBERAÇÃO DE BENS, MERCADORIAS OU DOCUMENTOS

### Seção I – Da Apreensão

**Art. 499.** Ficam sujeitos à apreensão bem ou mercadoria, inclusive Equipamento Emissor de Cupom Fiscal – ECF ou qualquer outro equipamento que possibilite o registro ou o processamento de dados relativos à operação ou prestação de serviços, que constituírem prova material de infração à legislação tributária (Lei nº 6.374/1989, art. 77).

§ 1º. A apreensão poderá ser feita, ainda, quando a mercadoria ou o bem estiverem:

1 – sendo transportados ou quando forem encontrados sem as vias dos documentos fiscais ou de qualquer outro documento exigido pela legislação, que devam acompanhá-los, inclusive na hipótese do § 2º do art. 494, ou quando encontrados em local diverso do indicado na documentação fiscal;

2 – acompanhados em seu transporte de documento com evidência de fraude;

3 – em poder de contribuinte que não provar a regularidade de sua inscrição no Cadastro de Contribuintes;

4 – em poder de contribuinte habitualmente inadimplente com o recolhimento do imposto.

§ 2º. Havendo prova ou fundada suspeita de que bem ou mercadoria que objetivar a comprovação da infração se encontrem em residência particular ou em outro local a que a fiscalização não tenha livre acesso, deverá ser promovida busca e apreensão judicial, sem prejuízo das medidas necessárias para evitar a remoção sem anuência do fisco.

§ 3º. Considera-se habitualmente inadimplente, nos termos do item 4 do § 1º, o contribuinte que descumprir obrigação de pagamento do imposto decorrente do regime especial de que trata o art. 488.

**Art. 500.** Poderá também ser apreendido livro, documento, impresso, papel, programa ou arquivo magnético, com a finalidade de comprovar infração à legislação tributária (Lei nº 6.374/1989, art. 78).

**Art. 501.** Da apreensão administrativa deverá ser lavrado termo, assinado pelo detentor ou, na sua ausência ou recusa, por duas testemunhas e, ainda, sendo o caso, pelo depositário designado pela autoridade que fizer a apreensão (Lei nº 6.374/1989, art. 78, parágrafo único, na redação da Lei nº 10.619/2000, art. 1º, XXVI).

§ 1º. Uma das vias do termo será entregue ao detentor do bem, mercadoria ou objeto apreendidos e outra ao seu depositário, se houver.

§ 2º. Quando se tratar de mercadoria de fácil deterioração, essa circunstância será expressamente mencionada no termo.

**Art. 502.** Os bens ou mercadorias apreendidos devem ser depositados, a juízo da autoridade fiscal (Lei nº 6.374/1989, art. 80, na redação da Lei nº 13.918/2009, art. 11, XI):

I – em mãos do próprio detentor;

II – em estabelecimento de contribuinte idôneo que concorde em manter os bens ou mercadorias depositados, sem ônus para o Estado;

III – em repartição pública;

IV – em depósito de terceiro, previamente contratado pela Secretaria da Fazenda, que poderá encarregar-se das remoções determinadas pela autoridade fiscal.

§ 1º. Será garantida a preservação da integridade dos bens e mercadorias apreendidos pelo fisco, conforme disciplina estabelecida pela Secretaria da Fazenda, com observância do seguinte:

1 – os bens ou mercadorias serão removidos, armazenados e segurados de modo a garantir sua preservação física;

2 – os custos ou despesas correspondentes à remoção, armazenamento e seguro correrão por conta:

a) do contribuinte;

b) da Secretaria da Fazenda se, ao final do processo administrativo ou judicial, não ficar comprovada a infração.

§ 2º. O veículo transportador não será retido, ressalvada a restrição da sua circulação pelo tempo necessário às providências de apreensão, remoção, armazenagem e seguro dos bens e mercadorias.

§ 3º. A critério da autoridade fiscal, os bens e mercadorias apreendidos poderão ser removidos e armazenados em outro local ou devolvidos ao contribuinte antes do pagamento das despesas decorrentes das remoções e depósitos anteriores, quando devidas.

- *Art. 502 com redação dada pelo Decreto nº 56.276, de 13.10.2010 – DOE de 14.10.2010 – Efeitos a partir da publicação.*

**Art. 503.** O risco do perecimento natural ou da perda de valor da coisa apreendida é do proprietário ou do detentor no momento da sua apreensão (Lei nº 6.374/1989, art. 81, § 4º).

### Seção II – Da Devolução

**Art. 504.** A devolução de livro, documento, impresso, papel, programa ou arquivo magnético apreendidos somente poderá ser feita se, a critério do fisco, não prejudicar a comprovação da infração (Lei nº 6.374/1989, art. 81).

§ 1º. Quando o livro, documento, impresso, papel, programa ou arquivo magnético tiverem de permanecer retidos, a autoridade fiscal poderá determinar, a pedido do interessado, que deles se extraia, total ou parcialmente, cópia autêntica para entrega ao contribuinte, retendo os originais e sendo-lhe facultada a cobrança de retribuição pelo custo.

§ 2º. A devolução de mercadoria ou bem apreendidos somente poderá ser autorizada após o pagamento das despesas de apreensão e se o interessado, dentro de 5 (cinco) dias, contados da ocorrência, exibir elementos que comprovem o pagamento do imposto devido ou a regularidade fiscal da situação do contribuinte, da mercadoria ou do bem.

§ 3º. Sendo a mercadoria de rápida deterioração, esse prazo é de 48 (quarenta e oito) horas, salvo se outro, menor, for fixado no termo de apreensão, à vista do estado ou da natureza da mercadoria.

### Seção III – Do Leilão e da Distribuição

**Art. 505.** Findo o prazo previsto para a devolução da mercadoria ou bem apreendidos, deverá ser iniciado o procedimento destinado a levá-los à venda em leilão público para pagamento do imposto, da multa, dos juros, da atualização monetária e das despesas de apreensão (Lei nº 6.374/1989, art. 82).

Parágrafo único. A mercadoria, depois de avaliada pela repartição fiscal, deverá ser distribuída a casas ou instituições de beneficência, nas seguintes hipóteses:

1 – se de rápida deterioração, após o decurso do prazo previsto no § 3º do artigo anterior;

2 – se o valor da avaliação for inferior ao do custo do leilão, acrescido das despesas de apreensão, remoção, depósito e seguro. (Lei nº 6.374/1989, art. 82, parágrafo único, 2, na redação da Lei nº 13.918/2009, art. 11, XII).

- *Item 2 com redação dada pelo Decreto nº 56.276, de 13.10.2010 – DOE de 14.10.2010 – Efeitos a partir da publicação.*

### Seção IV – Da Liberação

**Art. 506.** A liberação da mercadoria ou bem apreendidos poderá ser feita até o momento do leilão ou da distribuição, desde que o interessado deposite importância equivalente à totalidade do débito (Lei nº 6.374/1989, art. 83).

Parágrafo único. Se o interessado na liberação for contribuinte com estabelecimento fixo localizado neste Estado, o depósito poderá ser substituído:

1 – pela constituição de garantia idônea, real ou fidejussória;

2 – por parcelamento do débito fiscal e pagamento das despesas de apreensão.

### Seção V – Das Demais Disposições

**Art. 507.** A devolução ou a liberação do que tiver sido apreendido somente poderão ser efetuadas mediante recibo passado pela pessoa cujo nome figurar no termo de apreensão como seu proprietário ou detentor, ressalvados os casos de mandato escrito e de prova inequívoca da propriedade feita por outrem (Lei nº 6.374/1989, art. 83, § 2º).

**Art. 508.** A importância depositada para liberação da mercadoria ou bem apreendidos ou o produto de sua venda em leilão deverá ficar à disposição do fisco até o término do processo administrativo, findo o qual, da referida importância, será deduzido o valor total do débito e devolvido ao interessado o saldo, se houver, com seu valor atualizado, prosseguindo-se na cobrança se o saldo for devedor (Lei nº 6.374/1989, art. 84).

Parágrafo único. No valor total do débito incluem-se os impostos e demais encargos legais, bem como as despesas de remoção, depósito, seguro e outras havidas em função da apreensão da mercadoria (Lei nº 6.374/1989, parágrafo único do art. 84, acrescentado pela Lei nº 13.918/2009, art.12, XVI).

• *Parágrafo único acrescido pelo Decreto nº 55.437, de 17.2.2010 – DOE de 18.2.2010 – Efeitos a partir de 23.12.2009.*

### CAPÍTULO IV – DO LEVANTAMENTO FISCAL

**Art. 509.** O movimento real tributável realizado pelo estabelecimento em determinado período poderá ser apurado por meio de levantamento fiscal, em que poderão ser considerados, isolados ou conjuntamente, os valores das mercadorias entradas, das mercadorias saídas, dos estoques inicial e final, dos serviços recebidos e dos prestados, das despesas, dos outros encargos e do lucro do estabelecimento, bem como de outros elementos informativos (Lei nº 6.374/1989, art. 74, o *caput* e o § 4º na redação da Lei nº 13.918/2009, art. 11, X).

• *Art. 509,* caput, *com redação dada pelo Decreto nº 55.437, de 17.2.2010 – DOE de 18.2.2010 – Efeitos a partir de 23.12.2009.*

§ 1º. No levantamento fiscal poderá ser utilizado qualquer meio indiciário, bem como aplicado coeficiente médio de lucro bruto, de valor acrescido ou de preço unitário, consideradas a atividade econômica, a localização e a categoria do estabelecimento.

§ 2º. O levantamento fiscal poderá ser renovado sempre que forem apurados dados não levados em conta quando de sua elaboração.

§ 3º. A diferença apurada por meio de levantamento fiscal será considerada como decorrente de operação ou prestação tributada.

§ 4º. O imposto devido sobre a diferença apurada em levantamento fiscal deverá ser calculado mediante aplicação da alíquota prevista no inciso I do art. 52, salvo se o contribuinte tiver praticado qualquer operação ou prestação de serviços sujeita a alíquota maior, no período de levantamento, hipótese em que deverá ser considerada esta alíquota, independentemente do regime de tributação a que estiver sujeita a mercadoria.

• *§ 4º com redação dada pelo Decreto nº 55.437, de 17.2.2010 – DOE de 18.2.2010 – Efeitos a partir de 23.12.2009.*

### CAPÍTULO V
### DA PRESUNÇÃO DA OCORRÊNCIA DE OPERAÇÕES TRIBUTÁVEIS

• *Capítulo V acrescido pelo Decreto nº 55.437, de 17.2.2010 – DOE de 18.2.2010 – Efeitos a partir de 23.12.2009.*

**Art. 509-A.** Presume-se a ocorrência de omissão de operações e prestações de serviços tributáveis, realizadas sem o pagamento do imposto, nas seguintes hipóteses (Lei nº 6.374/1989, art. 74-A, acrescentado pela Lei nº 13.918/2009, art.12, XIII):

I – existência de saldo credor de caixa;

II – constatação de suprimentos a caixa não comprovados;

III – manutenção, no passivo, de obrigações já pagas ou inexistentes;

IV – constatação de ativos ocultos;

V – existência de entrada de mercadorias não registradas;

VI – declaração de vendas pelo contribuinte em valores inferiores às informações fornecidas por instituições financeiras e administradoras de cartões de crédito ou débito;

VII – falta de escrituração de pagamentos efetuados;

VIII – existência de valores creditados em conta de depósito ou de investimento mantida junto a instituição financeira, em relação aos quais o titular, regularmente notificado a prestar informações, não comprove, mediante documentação hábil e idônea, a origem dos recursos utilizados nessas operações;

IX – constatação de outros indícios que levem em consideração as disposições do art. 509, observado o disposto em disciplina específica.

§ 1º. Para fins da apuração do imposto identificado nos termos deste artigo, aplicam-se, no que couberem, as disposições do art. 509.

§ 2º. Diante da presunção de que trata este artigo, caberá ao contribuinte o ônus da prova da não ocorrência dos fatos geradores ou do pagamento do imposto.

• *Art. 509-A acrescido pelo Decreto nº 55.437, de 17.2.2010 – DOE de 18.2.2010 – Efeitos a partir de 23.12.2009.*

## TÍTULO II – DA CONSULTA

### CAPÍTULO I – DAS CONDIÇÕES GERAIS

**Art. 510.** Todo aquele que tiver legítimo interesse poderá formular consulta sobre interpretação e aplicação da legislação tributária estadual (Lei nº 6.374/1989, art. 104).

**Art. 511.** A entidade representativa de atividade econômica ou profissional poderá formular consulta em seu nome, sobre matéria de interesse geral da categoria que representar (Lei nº 6.374/1989, art. 104).

§ 1º. A resposta à consulta formulada por entidade representativa de atividade econômica ou profissional deverá ser previamente aprovada pelo Coordenador da Administração Tributária.

§ 2º. Em consulta de interesse individual de filiado, a entidade poderá intervir na qualidade de procurador do consulente.

**Art. 512.** O órgão competente para apreciar a consulta é a Consultoria Tributária da Secretaria da Fazenda (Lei nº 6.374/1989, art. 104).

**Art. 513.** A consulta será formulada por meio de formulário eletrônico no sistema "Consulta Tributária Eletrônica – eCT", disponível na página da Secretaria da Fazenda, no endereço eletrônico <http://www.fazenda.sp.gov.br> e conterá:

I – a qualificação do consulente;

II – a matéria de fato e de direito objeto de dúvida, na seguinte forma:

a) exposição completa e exata da hipótese consultada, com a citação dos correspondentes dispositivos da legislação e a indicação da data do fato gerador da obrigação principal ou acessória, se já ocorrido;

b) informação sobre a certeza ou possibilidade de ocorrência de novos fatos geradores idênticos;

c) indicação, de modo sucinto e claro, da dúvida a ser dirimida;

III – declaração quanto à existência ou não de procedimento fiscal contra o consulente.

• *Art. 513,* caput, *com redação dada pelo Decreto nº 60.392, de 24.4.2014 – DOE de 25.4.2014 – Efeitos a partir da publicação.*

§ 1º. O consulente poderá, a seu critério, expor a interpretação por ele dada aos dispositivos da legislação tributária aplicáveis à matéria consultada e anexar parecer.

§ 2º. Cada consulta deverá referir-se a uma só matéria, admitindo-se a cumulação, numa mesma petição, quando se tratar de questões conexas.

§ 3º. A consulta poderá ser formulada:

1 – pelo interessado;

2 – por representante legal ou procurador, observada a disciplina estabelecida pela Secretaria da Fazenda.

• *§ 3º com redação dada pelo Decreto nº 60.392, de 24.4.2014 – DOE de 25.4.2014 – Efeitos a partir da publicação.*

**Art. 514.** Após o envio do formulário eletrônico pelo sistema, será disponibilizado ao consulente um protocolo, que permitirá o acompanhamento do processo e o acesso à Resposta à Consulta.

• *Art. 514 com redação dada pelo Decreto nº 60.392, de 24.4.2014 – DOE de 25.4.2014 – Efeitos a partir da publicação.*

**Art. 515.** A consulta deverá ser respondida dentro do prazo de 30 (trinta) dias, contados da data indicada no protocolo (Lei nº 6.374/1989, art. 104). (NR);

• *Art. 515,* caput, *com redação dada pelo Decreto nº 60.392, de 24.4.2014 – DOE de 25.4.2014 – Efeitos a partir da publicação.*

Parágrafo único. As diligências e os pedidos de informações solicitados pela Consultoria Tributária suspenderão, até o respectivo atendimento, o prazo de que trata este artigo.

## CAPÍTULO II – DOS EFEITOS DA CONSULTA

**Art. 516.** A apresentação de consulta pelo contribuinte ou responsável, inclusive pelo substituto (Lei nº 6.374/1989, art. 104, §§ 1º e 2º):

I – suspenderá o curso do prazo para pagamento do imposto, em relação à situação sobre a qual for pedida a interpretação da legislação aplicável;

II – impedirá, até o término do prazo fixado na resposta, o início de qualquer procedimento fiscal destinado à apuração de infrações relacionadas com a matéria consultada.

§ 1º. A suspensão do prazo não produzirá efeitos relativamente ao imposto devido sobre as demais operações realizadas, vedado o aproveitamento do crédito controvertido antes do recebimento da resposta.

§ 2º. A consulta, se o imposto for considerado devido, produzirá as seguintes consequências:

1 – a atualização monetária será devida em qualquer hipótese;

2 – quanto aos acréscimos legais:

a) se a consulta for formulada no prazo previsto para o recolhimento normal do imposto e se o interessado adotar o entendimento contido na resposta no prazo que lhe for assinalado, não haverá incidência de multa de mora e juros moratórios;

b) se a consulta for formulada no prazo previsto para o recolhimento normal do imposto e se o interessado não adotar o entendimento contido na resposta no prazo que lhe for assinalado, a multa de mora e os juros moratórios incidirão a partir do vencimento do prazo fixado na resposta;

c) se a consulta for formulada fora do prazo previsto para o recolhimento normal do imposto e se o interessado adotar o entendimento contido na resposta no prazo que lhe for assinalado, a multa de mora e os juros moratórios incidirão até a data da formulação da consulta;

d) se a consulta for formulada fora do prazo previsto para o recolhimento norma do imposto e se o interessado não adotar o entendimento contido na resposta no prazo que lhe for assinalado, a multa de mora e os juros moratórios incidirão, sem qualquer suspensão ou interrupção, a partir do vencimento do prazo para o pagamento normal do imposto fixado na legislação.

**Art. 517.** Não produzirá efeito a consulta formulada (Lei nº 6.374/1989, art. 105):

I – sobre fato praticado por estabelecimento, em relação ao qual tiver sido:

a) lavrado auto de infração;

b) lavrado termo de apreensão;

c) lavrado termo de início de verificação fiscal;

d) expedida notificação, inclusive a prevista no art. 595;

II – sobre matéria objeto de ato normativo;

III – sobre matéria que tiver sido objeto de decisão proferida em processo administrativo já findo, de interesse do consulente;

IV – sobre matéria objeto de consulta anteriormente feita pelo consulente e respondida pela Consultoria Tributária;

V – em desacordo com as normas deste título.

§ 1º. O termo a que se refere a alínea "c" do inciso I deixará de ser impediente de consulta depois de decorridos 90 (noventa) dias, contados da data da sua lavratura ou de sua prorrogação determinada pela autoridade competente nos termos do § 2º do art. 533.

§ 2º. O disposto neste artigo e no anterior não se aplica à consulta de que trata o *caput* do art. 511, que só produzirá efeitos após a aprovação prévia a que se refere o § 1º do mesmo artigo.

## CAPÍTULO III – DA RESPOSTA

### Seção I – Dos Efeitos da Resposta

**Art. 518.** O consulente deverá adotar o entendimento contido na resposta dentro do prazo que esta fixar, não inferior a 15 (quinze) dias (Lei nº 6.374/1989, art. 104).

§ 1º. Não havendo prazo fixado, este será de 15 (quinze) dias, contados do recebimento da notificação.

§ 2º. O imposto considerado devido deverá ser recolhido com o apurado no período em que se vencer o prazo fixado para o cumprimento da resposta.

**Art. 519.** O consulente que não proceder em conformidade com os termos da resposta, nos prazos a que se refere o artigo anterior, ficará sujeito à lavratura de auto de infração e às penalidades aplicáveis (Lei nº 6.374/1989, art. 104).

Parágrafo único. Após o decurso dos prazos a que se refere o artigo anterior, o recolhimento do imposto antes de qualquer procedimento fiscal sujeitar-se-á à atualização monetária e aos acréscimos legais, inclusive juros e multa de mora, nos termos do § 2º do art. 516.

**Art. 520.** A resposta aproveitará exclusivamente ao consulente, nos exatos termos da matéria de fato descrita na consulta (Lei nº 6.374/1989, art. 106).

Parágrafo único. A observância da resposta dada à consulta eximirá o contribuinte de qualquer penalidade e do pagamento do imposto considerado não devido, enquanto prevalecer o entendimento nela consubstanciado.

**Art. 521.** A resposta dada à consulta poderá ser modificada ou revogada a qualquer tempo (Lei nº 6.374/1989, art. 107):

I – por outro ato da Consultoria Tributária;

II – pelo Coordenador da Administração Tributária.

Parágrafo único. Na hipótese de modificação de resposta à consulta, o novo entendimento aplica-se apenas aos fatos geradores ocorridos após a notificação do consulente ou a publicação de ato normativo, salvo se o novo entendimento for mais favorável ao consulente, hipótese em que poderá ser aplicado também aos fatos geradores ocorridos no período abrangido pela resposta anteriormente exarada.

- *Parágrafo único com redação dada pelo Decreto nº 56.276, de 13.10.2010 – DOE de 14.10.2010 – Efeitos a partir da publicação.*

**Art. 522.** A Consultoria Tributária poderá propor ao Coordenador da Administração Tributária a expedição de ato normativo, sempre que uma resposta tiver interesse geral (Lei nº 6.374/1989, art. 104).

**Art. 523.** Das respostas da Consultoria Tributária não caberá recurso ou pedido de reconsideração (Lei nº 6.374/1989, art. 104).

### Seção II – Da Comunicação da Resposta

**Art. 524.** O consulente será comunicado da disponibilização da Resposta à Consulta por uma das seguintes formas (Lei nº 13.918, arts. 1º ao 10):

I – pessoalmente, por meio do Domicílio Eletrônico do Contribuinte – DEC, nos termos de disciplina específica;

II – por carta, com aviso de recebimento;

III – por edital, publicado no *Diário Oficial do Estado*.

§ 1º. A Resposta à Consulta ficará disponível ao consulente, seu representante legal ou procurador, no sistema "Consulta Tributária Eletrônica – eCT", mediante indicação do número do protocolo.

§ 2º. A Secretaria da Fazenda poderá divulgar o teor da Resposta à Consulta ao público, para orientar os demais contribuintes.

- *Art. 524 com redação dada pelo Decreto nº 60.392, de 24.4.2014 – DOE de 25.4.2014 – Efeitos a partir da publicação.*

## CAPÍTULO IV – DAS DISPOSIÇÕES GERAIS

**Art. 525.** Se os fatos descritos na consulta não corresponderem à realidade, serão adotadas, desde logo, as providências fiscais que couberem (Lei nº 6.374/1989, art. 104).

**Art. 526.** Se a autoridade fiscal discordar da interpretação dada pela Consultoria Tributária, deverá representar ao seu superior hierárquico, indicando fundamentadamente a interpretação que preconizar (Lei nº 6.374/1989, art. 104).

# TÍTULO III – DAS DISPOSIÇÕES PENAIS

## CAPÍTULO I
## DAS INFRAÇÕES E DAS PENALIDADES

- *V. Lei nº 10.175, de 30.12.1998, art. 3º – Dispõe que as penalidades previstas na legislação, expressas em UFESPs, serão reconvertidas para reais, pelo valor dessa unidade em 1.1.1999. Retificação – DOE de 5.3.1999.*

**Art. 527.** O descumprimento da obrigação principal ou das obrigações acessórias, instituídas pela legislação do Imposto sobre Circulação de Mercadorias e sobre Prestações de Serviços, fica sujeito às seguintes penalidades (Lei nº 6.374/1989, art. 85, com alteração da Lei nº 9.399/1996, art. 1º, IX, da Lei nº 10.619/2000, arts. 1º, XXVII a XXIX, 2º, VIII a XIII, e 3º, III e da Lei nº 13.918/2009, art.11, XIII e art. 12, XVIII):

- *Art. 527,* caput, *com redação dada pelo Decreto nº 55.437, de 17.2.2010 – DOE de 18.2.2010 – Efeitos a partir de 23.12.2009.*

I – infrações relativas ao pagamento do imposto:

a) falta de pagamento do imposto, apurada por meio de levantamento fiscal – multa equivalente a 80% (oitenta por cento) do valor do imposto;

b) falta de pagamento do imposto, quando o documento fiscal relativo à respectiva operação ou prestação tiver sido emitido mas não escriturado regularmente no livro fiscal próprio – multa equivalente a 75% (setenta e cinco por cento) do valor do imposto;

c) falta de pagamento do imposto nas seguintes hipóteses: emissão ou escrituração de documento fiscal de operação ou prestação tributada como não tributada ou isenta, erro na aplicação da alíquota, na determinação da base de cálculo ou na apuração do valor do imposto, desde que, neste caso, o documento tenha sido emitido e escriturado regularmente – multa equivalente a 50% (cinquenta por cento) do valor do imposto;

d) falta de pagamento do imposto, decorrente de entrega de guia de informação com indicação do valor do imposto a recolher em importância inferior ao escriturado no livro fiscal destinado à apuração – multa equivalente a 100% (cem por cento) do valor do imposto não declarado;

e) falta de pagamento do imposto, quando a operação ou prestação estiver escriturada regularmente no livro fiscal próprio e, nos termos da legislação, o recolhimento do tributo tiver de ser efetuado por guia de recolhimentos especiais – multa equivalente a 50% (cinquenta por cento) do valor do imposto;

f) falta de pagamento do imposto, quando, indicada zona franca como destino da mercadoria, por qualquer motivo seu ingresso não tiver sido provado, a mercadoria não tiver chegado ao destino ou tiver sido reintroduzida no mercado interno do país – multa equivalente a 100% (cem por cento) do valor do imposto;

g) falta de pagamento do imposto, quando, indicado outro Estado como destino da mercadoria, esta não tiver saído do território paulista – multa equivalente a 50% (cinquenta por cento) do valor total da operação;

h) falta de pagamento do imposto, quando, indicada operação de exportação, esta não se tiver realizado – multa equivalente a 50% (cinquenta por cento) do valor da operação;

i) falta de pagamento do imposto, decorrente do uso de máquina registradora, Terminal Ponto de Venda – PDV, Equipamento Emissor de Cupom Fiscal – ECF ou qualquer outro equipamento não homologado ou não autorizado pelo fisco – multa equivalente a 150% (cento e cinquenta por cento) do valor do imposto;

j) falta de pagamento do imposto, decorrente do uso de máquina registradora, Terminal Ponto de Venda – PDV, Equipamento Emissor de Cupom Fiscal – ECF ou qualquer outro equipamento, com adulteração do "software" básico ou da memória fiscal – MF, troca irregular da placa que contém o "software" básico ou a memória fiscal, ou interligação a equipamento de processamento eletrônico de dados sem autorização legal – multa equivalente a 150% (cento e cinquenta por cento) do valor do imposto;

l) falta de pagamento do imposto, em hipótese não prevista nas demais alíneas deste inciso – multa equivalente a 150% (cento e cinquenta por cento) do valor do imposto;

- *Alínea "l" com redação dada pelo Decreto nº 55.437, de 17.2.2010 – DOE de 18.2.2010 – Efeitos a partir de 23.12.2009.*

m) falta de pagamento do imposto, decorrente do uso de Equipamento Emissor de Cupom Fiscal – ECF que tenha sido objeto de troca irregular da placa que contém o "software" básico, a Memória Fiscal – MF ou a Memória da Fita-Detalhe – MFD – multa equivalente a 200% (duzentos por cento) do valor do imposto;

- *Alínea "m" acrescida pelo Decreto nº 55.437, de 17.2.2010 – DOE de 18.2.2010 – Efeitos a partir de 23.12.2009.*

n) falta de pagamento do imposto, decorrente do uso de Equipamento Emissor de Cupom Fiscal – ECF acionado por programa aplicativo que possibilite a gravação da operação ou prestação em dispositivo de armazenamento digital controlado pelo contribuinte, sendo inobservada a concomitância da captura do item de venda ou serviço com a visualização, registro e impressão do cupom fiscal – multa equivalente a 300% (trezentos por cento) do valor do imposto, sem prejuízo da aplicação da penalidade pelo uso do equipamento.

• *Alínea "n" acrescida pelo Decreto nº 55.437, de 17.2.2010 – DOE de 18.2.2010 – Efeitos a partir de 23.12.2009.*

II – infrações relativas ao crédito do imposto:

a) crédito do imposto, decorrente de escrituração de documento que não atender às condições previstas no item 3 do § 1º do art. 59 e que não corresponder a entrada de mercadoria no estabelecimento ou a aquisição de sua propriedade ou, ainda, a serviço tomado – multa equivalente a 50% (cinquenta por cento) do valor indicado no documento como o da operação ou prestação, sem prejuízo do recolhimento da importância creditada e da anulação da respectiva escrituração;

b) crédito do imposto, decorrente de escrituração não fundada em documento e sem a correspondente entrada de mercadoria no estabelecimento ou sem a aquisição de propriedade de mercadoria ou, ainda, sem o recebimento de prestação de serviço – multa equivalente a 40% (quarenta por cento) do valor escriturado como o da operação ou prestação, sem prejuízo do recolhimento da importância creditada e da anulação da respectiva escrituração;

c) crédito do imposto, decorrente de entrada de mercadoria no estabelecimento ou de aquisição de sua propriedade ou, ainda, de serviço tomado, acompanhado de documento que não atender às condições previstas no item 3 do § 1º do art. 59 – multa equivalente a 35% (trinta e cinco por cento) do valor indicado no documento como o da operação ou prestação, sem prejuízo do recolhimento da importância creditada;

d) crédito do imposto, decorrente de escrituração de documento que não corresponder a entrada de mercadoria no estabelecimento ou a aquisição de propriedade de mercadoria ou, ainda, a serviço tomado – multa equivalente a 30% (trinta por cento) do valor indicado no documento como o da operação ou prestação, sem prejuízo do recolhimento da importância creditada e da anulação da respectiva escrituração;

e) crédito do imposto, decorrente de sua apropriação em momento anterior ao da entrada da mercadoria no estabelecimento ou ao do recebimento do serviço – multa equivalente a 10% (dez por cento) do valor da operação ou prestação, sem prejuízo do pagamento da atualização monetária e dos acréscimos legais, em relação à parcela do imposto cujo recolhimento tiver sido retardado;

f) transferência ou recebimento de crédito do imposto entre estabelecimentos ou a sua utilização pelo estabelecimento detentor, em hipótese não permitida, ou sem autorização ou visto fiscal, bem como sem observância de outros requisitos previstos na legislação – multa equivalente a 50% (cinquenta por cento) do valor do crédito transferido, recebido ou utilizado irregularmente, sem prejuízo do recolhimento da importância transferida, recebida ou utilizada;

• *Alínea "f" com redação dada pelo Decreto nº 55.437, de 17.2.2010 – DOE de 18.2.2010 – Efeitos a partir de 23.12.2009.*

g) transferência ou recebimento entre estabelecimentos ou utilização de crédito acumulado do imposto apropriado em desacordo com a legislação – multa equivalente a 60% do valor do crédito transferido, recebido ou utilizado irregularmente, sem prejuízo do recolhimento da importância transferida, recebida ou utilizada;

• *Alínea "g" com redação dada pelo Decreto nº 55.437, de 17.2.2010 – DOE de 18.2.2010 – Efeitos a partir de 23.12.2009.*

h) crédito do imposto recebido em transferência de contribuinte estabelecido em outra unidade da Federação, sem que haja acordo firmado com aquela unidade federada, sem autorização ou visto fiscal, ou com não observância de outros requisitos previstos na legislação – multa equivalente a 50% (cinquenta por cento) do valor do crédito recebido, sem prejuízo do recolhimento da importância creditada;

i) crédito do imposto recebido em transferência decorrente de escrituração de documento que não atenda às condições previstas no item 3 do § 1º do art. 59 – multa equivalente a 100% (cem por cento) do valor do crédito recebido, sem prejuízo do recolhimento da importância creditada;

j) crédito indevido do imposto, em hipótese não prevista nas alíneas anteriores, incluída a de falta de estorno – multa equivalente a 100% (cem por cento) do valor do crédito indevidamente escriturado ou não estornado, sem prejuízo do recolhimento da respectiva importância;

III – infrações relativas à documentação fiscal em entrega, remessa, transporte, recebimento, estocagem ou depósito de mercadoria ou, ainda, quando couber, em prestação de serviço:

a) entrega, remessa, transporte, recebimento, estocagem ou depósito de mercadoria desacompanhada de documentação fiscal – multa equivalente a 50% (cinquenta por cento) do valor da operação, aplicável ao contribuinte que tiver promovido entrega, remessa ou recebimento, estocagem ou depósito da mercadoria; 20% (vinte por cento) do valor da operação, aplicável ao transportador; sendo o transportador o próprio remetente ou destinatário – multa equivalente a 70% (setenta por cento) do valor da operação;

b) remessa ou entrega de mercadoria a destinatário diverso do indicado no documento fiscal – multa equivalente a 40% (quarenta por cento) do valor da operação, aplicável tanto ao contribuinte que tiver promovido a remessa ou entrega como ao que tiver recebido a mercadoria; 20% (vinte por cento) do valor da operação, aplicável ao transportador; sendo o transportador o próprio remetente ou destinatário – multa equivalente a 60% (sessenta por cento) do valor da operação;

c) recebimento de mercadoria ou de serviço sem documentação fiscal, cujo valor for apurado por meio de levantamento fiscal – multa equivalente a 30% (trinta por cento) do valor da mercadoria ou do serviço;

d) entrega ou remessa de mercadoria depositada por terceiro a pessoa ou estabelecimento diverso do depositante, quando este não tiver emitido o documento fiscal correspondente – multa equivalente a 20% (vinte por cento) do valor da mercadoria entregue ou remetida, aplicável ao depositário;

e) prestação ou recebimento de serviço desacompanhado de documentação fiscal – multa equivalente a 50% (cinquenta por cento) do valor da prestação, aplicável ao contribuinte que tiver prestado o serviço ou que o tiver recebido;

f) prestação de serviço a pessoa diversa da indicada no documento fiscal – multa equivalente a 40% (quarenta por cento) do valor da prestação, aplicável tanto ao prestador do serviço como ao contribuinte que o tiver recebido;

g) entrega, pelo depositário estabelecido em recinto alfandegado, de mercadoria ou bem importados do exterior, sem a observância de requisitos regulamentares – multa equivalente a 50% (cinquenta por cento) do valor da operação de importação;

- *Alínea "g" acrescida pelo Decreto nº 55.437, de 17.2.2010 – DOE de 18.2.2010 – Efeitos a partir de 23.12.2009.*

IV – infrações relativas a documentos fiscais e impressos fiscais:

a) falta de emissão de documento fiscal – multa equivalente a 50% (cinquenta por cento) do valor da operação ou prestação;

b) emissão de documento fiscal que consignar declaração falsa quanto ao estabelecimento de origem ou de destino da mercadoria ou do serviço; emissão de documento fiscal que não corresponder a saída de mercadoria, a transmissão de propriedade da mercadoria, a entrada de mercadoria no estabelecimento ou, ainda, a prestação ou a recebimento de serviço – multa equivalente a 30% (trinta por cento) do valor da operação ou prestação indicado no documento fiscal;

c) adulteração, vício ou falsificação de documento fiscal; utilização de documento falso ou de documento fiscal cujo impresso tiver sido confeccionado sem autorização fiscal ou por estabelecimento gráfico diverso do indicado, para propiciar, ainda que a terceiro, qualquer vantagem indevida – multa equivalente a 100% (cem por cento) do valor indicado no documento;

d) utilização de documento fiscal com numeração e seriação em duplicidade ou emissão ou recebimento de documento fiscal que consignar valores diferentes nas respectivas vias – multa equivalente a 100% (cem por cento) do valor total da operação ou prestação;

e) emissão ou recebimento de documento fiscal que consignar importância inferior à da operação ou da prestação – multa equivalente a 100% (cem por cento) do valor da diferença entre o valor real da operação ou prestação e o declarado ao fisco;

f) reutilização de documento fiscal em outra operação ou prestação – multa equivalente a 100% (cem por cento) do valor da operação ou da prestação ou, à falta deste, do valor indicado no documento exibido;

g) destaque de valor do imposto em documento referente a operação ou prestação não sujeita ao pagamento do tributo – multa equivalente a 30% (trinta por cento) do valor da operação ou prestação indicado no documento fiscal; quando o valor do imposto destacado irregularmente tiver sido lançado para pagamento no livro fiscal próprio – multa equivalente a 1% (um por cento) do valor da operação ou prestação constante no documento;

h) emissão de documento fiscal com inobservância de requisito regulamentar ou falta de obtenção de visto em documento fiscal – multa equivalente a 1% (um por cento) do valor da operação ou prestação relacionada com o documento;

i) emissão ou preenchimento de qualquer outro documento com inobservância de requisito regulamentar ou falta de obtenção de visto fiscal, quando exigido – multa equivalente a 1% (um por cento) do valor da operação ou da prestação relacionada com o documento;

j) extravio, perda ou inutilização de documento fiscal, bem como sua permanência fora do estabelecimento em local não autorizado ou sua não exibição à autoridade fiscalizadora – multa no valor de 15 (quinze) UFESPs por documento;

l) confecção para si ou para terceiro, bem como encomenda para confecção de impresso de documento fiscal sem autorização fiscal – multa equivalente ao valor de 70 (setenta) UFESPs, aplicável tanto ao impressor como ao encomendante;

- *Alínea "l" com redação dada pelo Decreto nº 55.437, de 17.2.2010 – DOE de 18.2.2010 – Efeitos a partir de 23.12.2009.*

m) fornecimento, posse ou detenção de falso documento fiscal, de documento fiscal cujo impresso tiver sido confeccionado sem autorização fiscal ou por estabelecimento gráfico diverso do indicado – multa no valor de 20 (vinte) UFESPs por documento;

n) extravio, perda ou inutilização de impresso de documento fiscal, bem como sua permanência fora do estabelecimento em local não autorizado ou sua não exibição à autoridade fiscalizadora – multa no valor de 15 (quinze) UFESPs por impresso de documento fiscal;

o) confecção, para si ou para terceiro, ou encomenda para confecção, de falso impresso de documento fiscal, ou de impresso de documento fiscal em duplicidade – multa no valor de 20 (vinte) UFESPs por impresso de documento fiscal;

p) fornecimento, posse ou detenção de falso impresso de documento fiscal ou de impresso de documento fiscal que indicar estabelecimento gráfico diverso do que o tiver confeccionado – multa no valor de 20 (vinte) UFESPs por impresso de documento fiscal;

q) emitir comprovante com indicação "controle interno", "sem valor comercial", "operação não sujeita ao ICMS" ou qualquer outra expressão análoga, em operação sujeita ao imposto – multa equivalente a 100% (cem por cento) do valor da operação ou prestação, sem prejuízo da interdição de uso, até que seja substituído ou regularizado;

- *Alínea "q" com redação dada pelo Decreto nº 55.437, de 17.2.2010 – DOE de 18.2.2010 – Efeitos a partir de 23.12.2009.*

r) deixar de emitir diariamente, no início do expediente, cupom de leitura dos totalizadores fiscais (leitura "X") dos equipamentos – multa no valor de 6 (seis) UFESPs, por equipamento e por dia, limitada a 100 (cem) UFESPs por equipamento no ano;

s) deixar de emitir diariamente e/ou deixar de arquivar em ordem cronológica o cupom de leitura dos totalizadores fiscais, com redução a zero dos totalizadores parciais (redução "Z"), de todos os equipamentos autorizados – multa no valor de 8 (oito) UFESPs, por equipamento e por dia, limitada a 500 (quinhentas) UFESPs por equipamento no ano;

t) deixar de emitir e/ou apresentar à fiscalização, quando solicitado, leitura da memória fiscal – MF ou memória da fita-detalhe – MFD do Equipamento Emissor de Cupom Fiscal, em papel ou em arquivo digital, ao final de cada período de apuração – multa equivalente ao valor de 15 (quinze) UFESPs, por documento;

- *Alínea "t" com redação dada pelo Decreto nº 55.437, de 17.2.2010 – DOE de 18.2.2010 – Efeitos a partir de 23.12.2009.*

u) romper fita-detalhe, quando esta for de emissão obrigatória – multa no valor de 30 (trinta) UFESPs, por segmento fracionado;

v) deixar de emitir o Mapa-Resumo de Caixa, Mapa-Resumo de PDV ou Mapa-Resumo de ECF, quando exigidos pela legislação – multa no valor de 20 (vinte) UFESPs por documento, limitada a 300 (trezentas) UFESPs por ano;

x) deixar de apresentar ao fisco, quando requerido, bobinas de fita – detalhe ou listagem atualizada de todas as mercadorias comercializadas em que constem o código da mercadoria, a descrição, a situação tributária e o valor unitário – multa no valor de 50 (cinquenta) UFESPs, por bobina ou listagem;

y) extraviar, danificar, tornar ilegível, apagar ou não tomar os devidos cuidados para a conservação de fita-detalhe do Equipamento Emissor de Cupom Fiscal – ECF, dos componentes eletrônicos de Memória Fiscal – MF ou da Memória de Fita-Detalhe – MFD, após a cessação de uso do equipamento – multa de 2 (duas) UFESPs por documento ou 500 (quinhentas) UFESPs no caso de MF ou MFD, para cada componente;

- *Alínea "y" acrescida pelo Decreto nº 55.437, de 17.2.2010 – DOE de 18.2.2010 – Efeitos a partir de 23.12.2009.*

z) falta de Registro Eletrônico de Documento Fiscal – REDF ou de transmissão de documento fiscal ou de autorização de uso de documento fiscal, quando exigidos pela legislação – multa equivalente a 50% (cinquenta por cento) do valor da operação ou prestação indicada no documento fiscal, nunca inferior a 15 (quinze) UFESPs por documento; no caso de solicitação após transcurso do prazo regulamentar, multa equivalente a 1% (um por cento) do valor da operação ou prestação constante do documento, nunca inferior a 6 (seis) UFESPs, por documento ou impresso;

- *Alínea "z" acrescida pelo Decreto nº 55.437, de 17.2.2010 – DOE de 18.2.2010 – Efeitos a partir de 23.12.2009.*

z1) falta de solicitação de cancelamento de documento fiscal eletrônico, quando exigido pela legislação, ou solicitação de cancelamento desses documentos após transcurso do prazo regulamentar – multa equivalente a 10% (dez por cento) do valor da operação ou prestação constante do documento, nunca inferior a 15 (quinze) UFESPs, por documento ou impresso; no caso de solicitação após transcurso do prazo regulamentar, multa equivalente a 1% (um por cento) do valor da operação ou prestação constante do documento, nunca inferior a 6 (seis) UFESPs, por documento ou impresso;

- *Alínea "z1" acrescida pelo Decreto nº 55.437, de 17.2.2010 – DOE de 18.2.2010 – Efeitos a partir de 23.12.2009.*

z2) falta de solicitação de inutilização de número de documento fiscal eletrônico, quando exigido pela legislação, ou solicitação de sua inutilização após o transcurso do prazo regulamentar – multa equivalente ao valor de 15 (quinze) UFESPs por número de documento fiscal; no caso de solicitação após transcurso do prazo regulamentar, multa equivalente a 6 (seis) UFESPs, por número de documento;

- *Alínea "z2" acrescida pelo Decreto nº 55.437, de 17.2.2010 – DOE de 18.2.2010 – Efeitos a partir de 23.12.2009.*

z3) falta de inutilização de impresso de documento fiscal, quando exigido pela legislação, ou falta de comunicação de sua inutilização, bem como inutilização ou comunicação de inutilização desses documentos após transcurso do prazo regulamentar – multa equivalente ao valor de 15 (quinze) UFESPs por documento ou impresso; no caso de solicitação após transcurso do prazo regulamentar, multa equivalente ao valor de 6 (seis) UFESPs, por impresso;

- *Alínea "z3" acrescida pelo Decreto nº 55.437, de 17.2.2010 – DOE de 18.2.2010 – Efeitos a partir de 23.12.2009.*

z4) emissão ou impressão de documento fiscal com valor ou destinatário diverso do contido no correspondente documento fiscal eletrônico – multa equivalente a 100% (cem por cento) do valor total da operação ou prestação;

- *Alínea "z4" acrescida pelo Decreto nº 55.437, de 17.2.2010 – DOE de 18.2.2010 – Efeitos a partir de 23.12.2009.*

z5) emissão ou impressão de documento fiscal com informações divergentes das contidas no correspondente documento fiscal eletrônico, em hipóteses não abrangidas pela alínea "z4" – multa equivalente ao valor de 20 (vinte) UFESPs por documento;

- *Alínea "z5" acrescida pelo Decreto nº 55.437, de 17.2.2010 – DOE de 18.2.2010 – Efeitos a partir de 23.12.2009.*

V – infrações relativas a livros fiscais, contábeis e registros magnéticos:

- *Inciso V,* caput, *com redação dada pelo Decreto nº 55.437, de 17.2.2010 – DOE de 18.2.2010 – Efeitos a partir de 23.12.2009.*

a) falta de escrituração de documento relativo à entrada de mercadoria no estabelecimento ou à aquisição de sua propriedade ou, ainda, ao recebimento de serviço, quando já escrituradas as operações ou prestações do período a que se referirem – multa equivalente a 10% (dez por cento) do valor da operação ou prestação constante no documento;

b) falta de escrituração de documento relativo à entrada de mercadoria, à aquisição de sua propriedade ou à utilização de serviço praticada por estabelecimento enquadrado no regime de estimativa ou por estabelecimento enquadrado em regime tributário simplificado atribuído à microempresa ou empresa de pequeno porte, com o objetivo de ocultar o seu movimento real, quando já escrituradas as operações ou prestações do período a que se referirem – multa equivalente a 50% (cinquenta por cento) do valor da operação ou prestação constante no documento;

c) falta de escrituração de documento relativo à saída de mercadoria ou à prestação de serviço, em operação ou prestação não sujeita ao pagamento do imposto – multa equivalente a 5% (cinco por cento) do valor da operação ou prestação constante no documento; ou a 20% (vinte por cento) desse valor se a mercadoria ou o serviço sujeitar-se ao pagamento do imposto em operação ou prestação posterior;

d) falta de registro de documento fiscal em meio magnético quando já registradas as operações ou prestações do período – multa equivalente a 10% (dez por cento) do valor da operação ou prestação constante no documento;

e) falta de elaboração de documento auxiliar de escrituração fiscal ou sua não exibição ao fisco – multa equivalente a 1% (um por cento) do valor das operações ou prestações que nele devam constar;

f) adulteração, vício ou falsificação de livro fiscal – multa equivalente a 100% (cem por cento) do valor da operação ou prestação a que se referir a irregularidade;

g) atraso de escrituração do livro fiscal destinado à escrituração das operações de entrada de mercadoria ou recebimento de serviço ou do livro fiscal destinado à escrituração das operações de saída de mercadoria ou de prestação de serviço – multa equivalente a 1% (um por cento) do valor das operações ou prestações não escrituradas, em relação a cada livro; do livro fiscal destinado à escrituração do inventário de mercadorias – multa equivalente a 1% (um por cento) do valor do estoque não escriturado;

h) atraso de escrituração de livro fiscal não mencionado na alínea anterior – multa no valor de 6 (seis) UFESPs por livro, por mês ou fração;

i) atraso de registro em meio magnético – multa equivalente a 1% (um por cento) do valor das operações ou prestações não registradas;

j) falta de livro fiscal ou sua utilização sem prévia autenticação da repartição competente – multa no valor de 6 (seis) UFESPs por livro, por mês, ou fração, contado da data a partir da qual tenha sido obrigatória a manutenção do livro ou da data da utilização irregular;

l) extravio, perda, inutilização ou não exibição à autoridade fiscalizadora de livro fiscal ou contábil – multa equivalente a 1% (um por cento) do valor das operações e prestações que nele devam constar; não existindo operações ou prestações – multa equivalente ao valor de 70 (setenta) UFESPs, por livro;

- *Alínea "l" com redação dada pelo Decreto nº 55.437, de 17.2.2010 – DOE de 18.2.2010 – Efeitos a partir de 23.12.2009.*

m) falta de autorização fiscal para reconstituição de escrita – multa equivalente a 1% (um por cento) do valor das operações ou prestações a que se referir a reconstituição de escrita;

n) utilização, em equipamento de processamento de dados, de programa para a emissão de documento fiscal, ou escrituração de livro fiscal com vício, fraude ou simulação – multa equivalente a 80% (oitenta por cento) do valor da operação ou prestação a que se referir a irregularidade, não inferior ao valor de 100 (cem) UFESPs;

o) irregularidade de escrituração não prevista nas alíneas anteriores – multa equivalente a 1% (um por cento) do valor das operações ou prestações a que se referir a irregularidade;

p) permanência de livro fiscal ou contábil fora do estabelecimento ou em local não autorizado – multa equivalente ao valor de 15 (quinze) UFESPs por livro;

- *Alínea "p" acrescida pelo Decreto nº 55.437, de 17.2.2010 – DOE de 18.2.2010 – Efeitos a partir de 23.12.2009.*

q) transmissão à Secretaria da Fazenda, por meio de arquivo digital, de informações de documentos fiscais divergentes daquelas constantes no documento fiscal entregue ao consumidor ou a este disponibilizado em meio digital pelo contribuinte – multa equivalente a 100% (cem por cento) do valor da operação ou prestação;

- *Alínea "q" acrescida pelo Decreto nº 55.437, de 17.2.2010 – DOE de 18.2.2010 – Efeitos a partir de 23.12.2009.*

r) transmitir informação em meio digital contendo dados falsos quanto à aquisição de energia elétrica em ambiente de contratação livre, multa equivalente a 100% (cem por cento) do valor das aquisições de energia elétrica no respectivo período, nunca inferior ao valor de 100 (cem) UFESPs.

- *Alínea "r" acrescida pelo Decreto nº 55.437, de 17.2.2010 – DOE de 18.2.2010 – Efeitos a partir de 23.12.2009.*

VI – infrações relativas à inscrição no Cadastro de Contribuintes, à alteração cadastral e a outras informações:

a) falta de inscrição no cadastro de contribuintes – multa equivalente ao valor de 70 (setenta) UFESPs por mês de atividade ou fração, sem prejuízo da aplicação das demais penalidades previstas;

- *Alínea "a" com redação dada pelo Decreto nº 55.437, de 17.2.2010 – DOE de 18.2.2010 – Efeitos a partir de 23.12.2009.*

b) falta de comunicação de suspensão de atividade do estabelecimento – multa equivalente ao valor de 70 (setenta) UFESPs;

- *Alínea "b" com redação dada pelo Decreto nº 55.437, de 17.2.2010 – DOE de 18.2.2010 – Efeitos a partir de 23.12.2009.*

c) falta de comunicação de encerramento de atividade do estabelecimento – multa equivalente a 5% (cinco por cento) do valor das mercadorias existentes em estoque na data da ocorrência do fato não comunicado, nunca inferior ao valor correspondente a 70 (setenta) UFESPs; inexistindo estoque de mercadoria ou em se tratando de estabelecimento prestador de serviço – multa equivalente ao valor de 70 (setenta) UFESPs;

- *Alínea "c" com redação dada pelo Decreto nº 55.437, de 17.2.2010 – DOE de 18.2.2010 – Efeitos a partir de 23.12.2009.*

d) falta de comunicação de mudança de estabelecimento para outro endereço – multa equivalente a 3% (três por cento) do valor das mercadorias remetidas do antigo para o novo endereço, nunca inferior ao valor correspondente a 70 (setenta) UFESPs; inexistindo remessa de mercadoria ou em se tratando de estabelecimento prestador de serviço – multa equivalente ao valor de 70 (setenta) UFESPs;

- *Alínea "d" com redação dada pelo Decreto nº 55.437, de 17.2.2010 – DOE de 18.2.2010 – Efeitos a partir de 23.12.2009.*

e) falta de informação necessária à alteração do Código de Atividade Econômica do estabelecimento – multa equivalente ao valor de 70 (setenta) UFESPs; caso dessa omissão resulte falta ou atraso no recolhimento do imposto, a multa deve ser equivalente ao valor de 140 (cento e quarenta) UFESPs, sem prejuízo de exigência da correção monetária incidente sobre o imposto e dos demais acréscimos legais, inclusive multa;

- *Alínea "e" com redação dada pelo Decreto nº 55.437, de 17.2.2010 – DOE de 18.2.2010 – Efeitos a partir de 23.12.2009.*

f) falta de comunicação de qualquer modificação ocorrida relativamente aos dados constantes do formulário de inscrição – multa equivalente ao valor de 70 (setenta) UFESPs;

- *Alínea "f" com redação dada pelo Decreto nº 55.437, de 17.2.2010 – DOE de 18.2.2010 – Efeitos a partir de 23.12.2009.*

g) não prestação de informação solicitada pela fiscalização – multa equivalente ao valor de 70 (setenta) UFESPs;

- *Alínea "g" com redação dada pelo Decreto nº 55.437, de 17.2.2010 – DOE de 18.2.2010 – Efeitos a partir de 23.12.2009.*

h) deixar de comunicar a cessação de uso de máquina registradora, de terminal ponto de venda – PDV, de Equipamento Emissor de Cupom Fiscal – ECF ou de qualquer outro documento, bem como transferi-lo para outro estabelecimento, ainda que da mesma empresa, sem prévia autorização do fisco – multa equivalente ao valor de 70 (setenta) UFESPs, por equipamento;

- *Alínea "h" com redação dada pelo Decreto nº 55.437, de 17.2.2010 – DOE de 18.2.2010 – Efeitos a partir de 23.12.2009.*

i) falta de indicação ou indicação incorreta, inexata ou incompleta, conforme dispuser o regulamento do imposto, de dados cadastrais relativos à identificação do contribuinte que realize operações ou prestações em ambiente virtual – multa equivalente a 1.000 (mil) UFESPs;

- *Alínea "i" acrescida pelo Decreto nº 55.437, de 17.2.2010 – DOE de 18.2.2010 – Efeitos a partir de 23.12.2009.*

VII – infrações relativas à apresentação de informação econômico-fiscal e à guia de recolhimento do imposto:

a) falta de entrega de guia de informação – multa de 2% (dois por cento) do valor das operações de saídas ou das prestações de serviço realizadas no período, nunca inferior ao valor correspondente a 350 (trezentas e cinquenta) UFESPs; entrega até o décimo quinto dia após o transcurso do prazo regulamentar – multa equivalente ao valor de 70 (setenta) UFESPs; entrega após o décimo quinto dia – multa de 1% (um por cento) do valor das operações de saídas ou das prestações de serviço realizadas no período, nunca inferior ao valor correspondente a 140 (cento e quarenta) UFESPs; não existindo operações de saída ou de prestações de serviço – multa equivalente ao valor de 200 (duzentas) UFESPs na falta de entrega ou de 70 (setenta) UFESPs na entrega após o transcurso do prazo regulamentar; em qualquer caso, as multas serão aplicadas por guia não entregue;

• *Alínea "a" com redação dada pelo Decreto nº 55.437, de 17.2.2010 – DOE de 18.2.2010 – Efeitos a partir de 23.12.2009.*

b) omissão ou indicação incorreta de dado ou informação econômico-fiscal em guia de informação ou em guia de recolhimento do imposto – multa no valor de 50 (cinquenta) UFESPs por guia;

c) apresentação indevida de guia de informação, estando o estabelecimento enquadrado no regime de estimativa – multa equivalente a 5% (cinco por cento) do valor das saídas de mercadoria ou das prestações de serviço indicadas na guia de informação; a multa não deverá ser inferior ao valor de 8 (oito) UFESPs nem superior ao de 80 (oitenta) UFESPs; inexistindo saída de mercadoria ou prestação de serviço – multa no valor de 8 (oito) UFESPs; a multa será aplicada, em qualquer caso, por guia de informação entregue;

d) falta de entrega de informação fiscal, comunicação, relação ou listagem exigida pela legislação, em forma e prazos regulamentares – multa equivalente a 1% (um por cento) do valor das saídas de mercadoria ou das prestações de serviço efetuadas pelo contribuinte no período relativo ao documento não entregue; a multa não será inferior ao valor de 8 (oito) UFESPs nem superior ao de 50 (cinquenta) UFESPs em relação a cada documento; inexistindo saída de mercadoria ou prestação de serviço – multa no valor de 8 (oito) UFESPs;

e) indicação falsa de dado ou de informação sobre operações ou prestações realizadas, para fins de apuração do valor adicionado, necessário para o cálculo da parcela da participação dos Municípios na arrecadação do imposto – multa no valor de 50 (cinquenta) UFESPs, por documento;

f) não fornecimento ou fornecimento incompleto de informações econômico-fiscais relativas a operações ou prestações de terceiros realizadas em ambiente virtual ou mediante a utilização de cartões de crédito ou débito – multa equivalente a 2% (dois por cento) do valor das operações ou prestações no período contemplado na notificação fiscal, não inferior a 5.000 (cinco mil) UFESPs;

• *Alínea "f" acrescida pelo Decreto nº 55.437, de 17.2.2010 – DOE de 18.2.2010 – Efeitos a partir de 23.12.2009.*

VIII – infrações relativas a sistema eletrônico de processamento de dados e ao uso e intervenção em máquina registradora, Terminal Ponto de Venda – PDV, Equipamento Emissor de Cupom Fiscal – ECF – ou qualquer outro equipamento:

a) uso de sistema eletrônico de processamento de dados para emissão de documento fiscal ou escrituração de livro fiscal, sem prévia autorização do fisco – multa equivalente a 2% (dois por cento) do valor das operações ou prestações do período, se não atendidas as especificações da legislação para uso do sistema, ou equivalente a 0,5% (cinco décimos por cento), se atendidas, nunca inferior, em qualquer hipótese, a 100 (cem) UFESPs;

b) falta de comunicação de alteração de uso de sistema eletrônico de processamento de dados – multa no valor de 100 (cem) UFESPs;

c) uso para fins fiscais de máquina registradora, Terminal Ponto de Venda – PDV, Equipamento Emissor de Cupom Fiscal – ECF ou de qualquer outro equipamento, bem como alteração de uso, sem prévia autorização do fisco, quando esta autorização for exigida – multa no valor de 150 (cento e cinquenta) UFESPs por equipamento;

d) uso, no recinto de atendimento ao público, de qualquer equipamento que emita comprovante não fiscal, sem a devida autorização do fisco – multa no valor de 150 (cento e cinquenta) UFESPs por equipamento;

e) utilização para fins fiscais de máquina registradora, Terminal Ponto de Venda – PDV, Equipamento Emissor de Cupom Fiscal – ECF ou qualquer outro equipamento deslacrado ou com o respectivo lacre violado ou, ainda, com lacre que não seja o legalmente exigido – multa no valor de 6 (seis) UFESPs, por equipamento e por dia de utilização; na hipótese de não se poder determinar o número de dias em que os equipamentos foram utilizados, a multa será de 200 (duzentas) UFESPs por equipamento;

f) utilização para fins fiscais de máquina registradora, Terminal Ponto de Venda – PDV, Equipamento Emissor de Cupom Fiscal – ECF ou qualquer outro equipamento desprovido de qualquer outro requisito regulamentar – multa no valor de 6 (seis) UFESPs, por equipamento e por dia de utilização; na hipótese de não se poder determinar o número de dias em que os equipamentos foram utilizados, a multa será de 200 (duzentas) UFESPs por equipamento;

g) alterar, inibir, reduzir ou zerar totalizador de Equipamento Emissor de Cupom Fiscal – ECF, em casos não previstos na legislação – multa equivalente ao valor de 500 (quinhentas) UFESPs por equipamento, aplicável tanto ao usuário como ao interventor e ao fabricante que tiver delegado funções de intervenção técnica;

• *Alínea "g" com redação dada pelo Decreto nº 55.437, de 17.2.2010 – DOE de 18.2.2010 – Efeitos a partir de 23.12.2009.*

h) intervenção em máquina registradora, em Terminal Ponto de Venda – PDV, Equipamento Emissor de Cupom Fiscal – ECF ou qualquer outro equipamento por empresa não credenciada ou não autorizada para a marca e modelo do equipamento ou, caso ela o seja, por preposto não autorizado na forma regulamentar – multa no valor de 100 (cem) UFESPs, aplicável tanto ao usuário como ao interventor;

i) permanência fora do estabelecimento em local não autorizado, extravio, perda ou inutilização de lacre ainda não utilizado de máquina registradora, de Terminal Ponto de Venda – PDV, Equipamento Emissor de Cupom Fiscal - ECF ou qualquer outro equipamento, ou não exibição de tal lacre à autoridade fiscalizadora – multa no valor de 30 (trinta) UFESPs por lacre, aplicável ao credenciado;

j) deixar de utilizar Equipamento Emissor de Cupom Fiscal – ECF, estando obrigado ao seu uso – multa equivalente a 2% do valor das operações ou prestações, nunca inferior a 100 (cem) UFESPs;

l) sendo usuário de Equipamento Emissor de Cupom Fiscal – ECF, não possuir ou não disponibilizar ao fisco, o programa aplicativo necessário para obtenção da leitura da memória fiscal para o meio magnético, caso o equipamento não disponha deste recurso mediante teclado ou outro dispositivo – multa no valor de 50 (cinquenta) UFESPs por equipamento;

m) interligar máquinas registradoras ou Equipamento Emissor de Cupom Fiscal (ECF-MR) não interligado ("stand alone") entre si ou a equipamento eletrônico de processamento de dados, sem a devida autorização fiscal ou sem o parecer técnico de homologação do equipamento – multa no valor de 200 (duzentas) UFESPs por equipamento;

n) emitir cupom fiscal por meio de máquinas registradoras interligadas entre si ou a equipamento eletrônico de processamento de dados, Terminal Ponto de Venda – PDV, Equipamento Emissor de Cupom Fiscal – ECF ou qualquer outro equipamento que deixe de identificar corretamente o código e a descrição da mercadoria e/ou serviço, o valor da operação ou prestação e a respectiva situação tributária – multa no valor de 6 (seis) UFESPs por documento, até o limite do maior total mensal de imposto lançado a débito nos 12 (doze) meses anteriores ao da constatação da infração;

o) utilizar máquina registradora, Terminal Ponto de Venda – PDV, Equipamento Emissor de Cupom Fiscal – ECF ou qualquer outro equipamento, sem identificação do estabelecimento no cupom fiscal ou com identificação ilegível – multa no valor de 20 (vinte) UFESPs por equipamento;

p) remover a memória que contém o "software" básico, a Memória Fiscal – MF ou a Memória de Fita-Detalhe – MFD, em desacordo com o previsto na legislação – multa de valor equivalente a 500 (quinhentas) UFESPs, por equipamento; multa igualmente aplicável ao interventor e ao fabricante que tiver delegado funções de lacração;

• *Alínea "p" com redação dada pelo Decreto nº 55.437, de 17.2.2010 – DOE de 18.2.2010 – Efeitos a partir de 23.12.2009.*

q) alterar o "hardware" ou "software" de máquina registradora, Terminal Ponto de Venda – PDV, Equipamento Emissor de Cupom Fiscal – ECF ou qualquer outro equipamento, em desacordo com o disposto na legislação ou no parecer de homologação do equipamento – multa no valor de 500 (quinhentas) UFESPs por equipamento; multa aplicável igualmente ao interventor;

r) utilizar máquina registradora, Terminal Ponto de Venda – PDV, Equipamento Emissor de Cupom Fiscal – ECF ou qualquer outro equipamento com conector ("jumper"), dispositivo ou "software" capaz de inibir, anular ou reduzir qualquer operação já totalizada – multa equivalente a 150% (cento e cinquenta por cento) do valor do imposto arbitrado;

s) fornecimento de lacre de máquina registradora, de Terminal Ponto de Venda – PDV, de Equipamento Emissor de Cupom Fiscal – ECF ou de qualquer outro equipamento sem habilitação ou em desacordo com requisito regulamentar, bem como o seu recebimento – multa no valor de 20 (vinte) UFESPs por lacre, aplicável tanto ao fabricante como ao recebedor;

t) falta de emissão, por meio de Equipamento Emissor de Cupom Fiscal – ECF, do comprovante de pagamento relativo à operação ou prestação efetuada por cartão de crédito ou débito automático em conta corrente, por contribuinte obrigado ao uso do ECF – multa no valor de 6 (seis) UFESPs por documento, até o limite do maior total mensal do imposto lançado a débito nos 12 (doze) meses anteriores ao da constatação da infração;

u) deixar de atender notificação, no prazo indicado pela fiscalização, para apresentar informação em meio magnético – multa no valor de 10 (dez) UFESPs por dia de atraso, até o máximo de 300 (trezentas) UFESPs;

v) fornecimento de informação em meio magnético em padrão ou forma que não atenda às especificações estabelecidas pela legislação, ainda que acompanhada de documentação completa do sistema, que permita o tratamento das informações pelo fisco – multa equivalente a 1% (um por cento) do valor das operações ou prestações do período, nunca inferior ao valor de 100 (cem) UFESPs;

x) não fornecimento de informação em meio magnético ou sua entrega em condições que impossibilitem a leitura e tratamento e/ou com dados incompletos ou não relacionados às operações ou prestações do período – multa equivalente a 2% (dois por cento) do valor das operações ou prestações do respectivo período, nunca inferior ao valor de 100 (cem) UFESPs;

z) não fornecimento de informação em meio magnético ou a sua entrega em condições que impossibilitem a leitura e tratamento e/ou com dados incompletos, correspondente ao controle de estoque e/ou registro de inventário – multa equivalente a 1% (um por cento) do valor do estoque no final do período, nunca inferior ao valor de 100 (cem) UFESPs;

z1) utilizar programa aplicativo com capacidade de inibir ou sobrepor-se ao controle do "software" básico do Equipamento Emissor de Cupom Fiscal – ECF, de forma a obstar a concomitância da captura do item de venda ou serviço com a visualização, registro e impressão do cupom fiscal ou a possibilitar a impressão de cupom fiscal não levado a registro na Memória da Fita-Detalhe – MFD – multa no valor de 500 (quinhentas) UFESPs por cópia instalada, sem prejuízo da cobrança do imposto e da aplicação de penalidade por falta de emissão de documento fiscal;

- *Alínea "z1" acrescida pelo Decreto nº 51.199, de 17.10.2006 – DOE de 18.10.2006, e com redação dada pelo Decreto nº 55.437, de 17.2.2010 – DOE de 18.2.2010 – Efeitos a partir de 23.12.2009.*

z2) deixar de utilizar equipamento que permita o acompanhamento do trânsito de cargas, quando exigido – multa equivalente a 10% (dez por cento) do valor da carga;

- *Alínea "z2" acrescida pelo Decreto nº 55.437, de 17.2.2010 – DOE de 18.2.2010 – Efeitos a partir de 23.12.2009.*

z3) deixar de utilizar equipamento que permita o acompanhamento do trânsito de veículos, quando exigido – multa equivalente a 500 (quinhentas) UFESPs por veículo;

- *Alínea "z3" acrescida pelo Decreto nº 55.437, de 17.2.2010 – DOE de 18.2.2010 – Efeitos a partir de 23.12.2009.*

z4) deixar de franquear o acesso ou impossibilitar a intervenção em Equipamento Emissor de Cupom Fiscal – ECF a fabricante ou interventor, quando a estes tenha sido atribuída, mediante ato da Secretaria da Fazenda, a incumbência de efetuar verificações ou intervenções – multa de 150 (cento e cinquenta) UFESPs por equipamento;

- *Alínea "z4" acrescida pelo Decreto nº 55.437, de 17.2.2010 – DOE de 18.2.2010 – Efeitos a partir de 23.12.2009.*

IX – infrações relativas à intervenção técnica em Equipamento Emissor de Cupom Fiscal – ECF:

a) intervir em equipamento de controle fiscal sem a emissão e/ou entrega de atestado de intervenção ao Posto Fiscal a que estiver vinculado o contribuinte usuário – multa no valor de 100 (cem) UFESPs por intervenção realizada;

b) realizar intervenção em equipamento de controle fiscal sem emitir, no início e após o serviço, os cupons de leitura dos totalizadores que devam ser anexados aos respectivos atestados – multa no valor de 60 (sessenta) UFESPs por equipamento;

c) inicializar equipamento de controle fiscal não autorizado pelo fisco – multa no valor de 100 (cem) UFESPs;

d) deixar de inicializar a Memória Fiscal – MF ou a Memória da Fita-Detalhe – MFD, com a gravação da razão social, das inscrições federal e estadual, bem como dos demais requisitos previstos na legislação, na saída do revendedor ou do fabricante para o usuário final do equipamento – multa equivalente ao valor de 100 (cem) UFESPs, por equipamento;

- *Alínea "d" com redação dada pelo Decreto nº 55.437, de 17.2.2010 – DOE de 18.2.2010 – Efeitos a partir de 23.12.2009.*

e) confeccionar e utilizar formulário destinado à emissão de atestado de intervenção em máquina registradora, Terminal Ponto de Venda – PDV, Equipamento Emissor de Cupom Fiscal – ECF ou qualquer outro equipamento, sem autorização do fisco – multa no valor de 10 (dez) UFESPs por formulário, até o limite de 500 (quinhentas) UFESPs;

f) deixar de comunicar ao fisco qualquer mudança nos dados cadastrais do estabelecimento interventor credenciado – multa no valor de 20 (vinte) UFESPs por comunicação omitida;

g) lacrar e/ou atestar o funcionamento de equipamento de controle fiscal em desacordo com as exigências previstas na legislação – multa no valor de 100 (cem) UFESPs por equipamento;

h) deixar de entregar ao fisco o estoque de lacres e formulários de atestado de intervenção não utilizados, em caso de cessação de atividade, descredenciamento ou qualquer outro evento – multa no valor de 30 (trinta) UFESPs por lacre ou documento;

i) deixar de acompanhar o fisco em intervenção técnica de equipamentos de seu próprio cliente – multa equivalente ao valor de 100 (cem) UFESPs, por convocação;

- *Alínea "i" acrescida pelo Decreto nº 55.437, de 17.2.2010 – DOE de 18.2.2010 – Efeitos a partir de 23.12.2009.*

j) deixar de substituir versão de "software" básico, quando determinado pela legislação – multa equivalente ao valor de 6 (seis) UFESPs diárias, por equipamento, contados a partir do termo final do prazo previsto para substituição, aplicável também ao usuário e ao fabricante que tenha delegado as funções de lacração;

- *Alínea "j" acrescida pelo Decreto nº 55.437, de 17.2.2010 – DOE de 18.2.2010 – Efeitos a partir de 23.12.2009.*

k) emitir Atestado de Intervenção sem ter efetuado intervenção em equipamento de controle fiscal – multa equivalente a 100 (cem) UFESPs, por atestado emitido;

- *Alínea "k" acrescida pelo Decreto nº 55.437, de 17.2.2010 – DOE de 18.2.2010 – Efeitos a partir de 23.12.2009.*

l) fornecer ou instalar Memória Fiscal – MF ou Memória de Fita-Detalhe – MFD diversa daquela produzida pelo fabricante do Equipamento Emissor de Cupom Fiscal – ECF – multa equivalente a 200 (duzentas) UFESPs, por dispositivo eletrônico instalado;

- *Alínea "l" acrescida pelo Decreto nº 55.437, de 17.2.2010 – DOE de 18.2.2010 – Efeitos a partir de 23.12.2009.*

m) fornecer, prestar manutenção ou instalar programa aplicativo interagente com o Equipamento Emissor de Cupom Fiscal – ECF, que tenha capacidade de inibir ou sobrepor-se ao controle do "software" básico, de forma a obstar a concomitância da captura do item de venda ou serviço com a visualização, registro e impressão do cupom fiscal – multa equivalente ao valor de 500 (quinhentas) UFESPs, por cópia instalada;

- *Alínea "m" acrescida pelo Decreto nº 55.437, de 17.2.2010 – DOE de 18.2.2010 – Efeitos a partir de 23.12.2009.*

X – infrações relativas ao desenvolvimento de "softwares" aplicativos para Equipamento Emissor de Cupom Fiscal – ECF:

a) desenvolver, licenciar, ceder, fornecer, alterar, prestar manutenção ou instalar programa aplicativo interagente com o Equipamento Emissor de Cupom Fiscal – ECF, que tenha capacidade de inibir ou sobrepor-se ao controle do "software" básico, de forma a obstar a concomitância da captura do item de venda ou serviço com a visualização, registro e impressão do cupom fiscal, trazendo, como consequência, redução das operações tributáveis – multa equivalente ao valor de 500 (quinhentas) UFESPs, por cópia instalada;

- *Alínea "a" com redação dada pelo Decreto nº 55.437, de 17.2.2010 – DOE de 18.2.2010 – Efeitos a partir de 23.12.2009.*

b) desenvolver, licenciar, ceder, fornecer, alterar, prestar manutenção ou instalar programa aplicativo interagente com o Equipamento Emissor de Cupom Fiscal – ECF, que tenha capacidade de inibir ou sobrepor-se ao controle do "software" básico, de forma a obstar a concomitância da captura do item de venda ou serviço com a visualização, registro e impressão do cupom fiscal, trazendo, como consequência, prejuízo aos controles fiscais, ainda que não resulte em redução das operações tributáveis – multa equivalente ao valor de 300 (trezentas) UFESPs, por cópia instalada;

- *Alínea "b" com redação dada pelo Decreto nº 55.437, de 17.2.2010 – DOE de 18.2.2010 – Efeitos a partir de 23.12.2009.*

c) desenvolver, licenciar, ceder, fornecer, alterar, instalar ou prestar manutenção a programa aplicativo, com capacidade de gerar arquivo relativo a documentos emitidos, para fins de transmissão e registro eletrônico no sistema da Secretaria da Fazenda, que não correspondam a operações ou prestações de fato realizadas – multa no valor de 500 (quinhentas) UFESPs por cópia instalada;

- *Alínea "c" acrescida pelo Decreto nº 55.437, de 17.2.2010 – DOE de 18.2.2010 – Efeitos a partir de 23.12.2009.*

d) deixar de apresentar, quando exigido pela Secretaria da Fazenda, cópia de "software" aplicativo – multa no valor de 200 (duzentas) UFESPs por versão;

- *Alínea "d" acrescida pelo Decreto nº 55.437, de 17.2.2010 – DOE de 18.2.2010 – Efeitos a partir de 23.12.2009.*

e) deixar de efetuar a substituição de programa aplicativo incompatível com a legislação pertinente, exceto quando impedido pelo usuário – multa no valor de 150 (cento e cinquenta) UFESPs por cópia;

- *Alínea "e" acrescida pelo Decreto nº 55.437, de 17.2.2010 – DOE de 18.2.2010 – Efeitos a partir de 23.12.2009.*

f) deixar de efetuar o cadastro de desenvolvedor de Programa Aplicativo Fiscal – Emissor de Cupom Fiscal – PAF-ECF – multa no valor de 200 (duzentas) UFESPs;

- *Alínea "f" acrescida pelo Decreto nº 55.437, de 17.2.2010 – DOE de 18.2.2010 – Efeitos a partir de 23.12.2009.*

g) deixar de efetuar o cadastro de Programa Aplicativo Fiscal – Emissor de Cupom Fiscal – PAF-ECF, ou qualquer de suas versões – multa no valor de 200 (duzentas) UFESPs por versão do PAF-ECF não cadastrado;

- *Alínea "g" acrescida pelo Decreto nº 55.437, de 17.2.2010 – DOE de 18.2.2010 – Efeitos a partir de 23.12.2009.*

h) deixar de prestar informações relativas aos usuários de programas aplicativos desenvolvidos – multa de10 (dez) UFESPs por usuário não informado;

- *Alínea "h" acrescida pelo Decreto nº 55.437, de 17.2.2010 – DOE de 18.2.2010 – Efeitos a partir de 23.12.2009.*

XI – outras infrações:

a) diferença apurada por meio de levantamento fiscal relativa a operação ou prestação não sujeita ao pagamento do imposto – multa equivalente a 15% (quinze por cento) do valor da operação ou prestação;

b) confecção de livro fiscal ou de impressos sem prévia autorização do fisco, nos casos em que seja exigida tal providência – multa no valor de 150 (cento e cinquenta) UFESPs, aplicável ao impressor;

- *Alínea "b" com redação dada pelo Decreto nº 55.437, de 17.2.2010 – DOE de 18.2.2010 – Efeitos a partir de 23.12.2009.*

c) omissão ao público, no estabelecimento, de indicação dos documentos a que está obrigado a emitir – multa equivalente ao valor de 70 (setenta) UFESPs; na primeira reincidência, ao valor de 140 (cento e quarenta) UFESPs; na segunda reincidência, ao valor de 210 (duzentos e dez) UFESPs; nas demais, ao valor de 500 (quinhentas) UFESPs; a multa será aplicada, em qualquer caso, por indicação não efetuada;

- *Alínea "c" com redação dada pelo Decreto nº 55.437, de 17.2.2010 – DOE de 18.2.2010 – Efeitos a partir de 23.12.2009.*

d) violação de dispositivo de segurança, inclusive lacre utilizado pelo fisco para controle de mercadorias, bens, móveis, livros, documentos, impressos e quaisquer outros papéis – multa equivalente ao valor de 200 (duzentas) UFESPs por dispositivo ou lacre violado;

• *Alínea "d" com redação dada pelo Decreto nº 55.437, de 17.2.2010 – DOE de 18.2.2010 – Efeitos a partir de 23.12.2009.*

e) deixar de entregar à Secretaria da Fazenda a relação prevista no § 4º do art. 273 – multa equivalente ao valor do imposto devido, sem prejuízo do recolhimento do imposto (Lei nº 10.753/2001, art. 2º);

• *Alínea "e" acrescida pelo Decreto nº 45.824, de 25.5.2001 – DOE de 26.5.2001 – Efeitos a partir de 24.1.2001.*

f) não exibição à autoridade fiscalizadora de documentos comerciais, trabalhistas ou previdenciários, bem como de documentos que deem suporte aos lançamentos efetuados nos livros contábeis – multa equivalente ao valor de 15 (quinze) UFESPs por documento, caso seja possível sua quantificação, ou de 500 (quinhentas) UFESPs nas demais hipóteses;

• *Alínea "f" acrescida pelo Decreto nº 55.437, de 17.2.2010 – DOE de 18.2.2010 – Efeitos a partir de 23.12.2009.*

g) falta de prestação de informação sobre a confirmação da operação ou prestação de serviços – multa equivalente a 10% (dez por cento) do valor da operação ou prestação constante do documento, nunca inferior a 15 (quinze) UFESPs, por documento;

• *Alínea "g" acrescida pelo Decreto nº 55.437, de 17.2.2010 – DOE de 18.2.2010 – Efeitos a partir de 23.12.2009.*

h) não adoção ou não utilização de dispositivo de controle eletrônico destinado a monitoramento ou registro de suas atividades – multa equivalente ao valor de 1000 (mil) UFESPs por dispositivo;

• *Alínea "h" acrescida pelo Decreto nº 55.437, de 17.2.2010 – DOE de 18.2.2010 – Efeitos a partir de 23.12.2009.*

i) deixar o depositário estabelecido em recinto alfandegado de informar a entrega de mercadoria ou bem importados do exterior – multa equivalente a 10% (dez por cento) do valor da operação, nunca inferior a 15 (quinze) UFESPs.

• *Alínea "i" acrescida pelo Decreto nº 55.437, de 17.2.2010 – DOE de 18.2.2010 – Efeitos a partir de 23.12.2009.*

§ 1º. A aplicação das penalidades será feita sem prejuízo da exigência do imposto em auto de infração e das providências necessárias à instauração da ação penal cabível, inclusive por crime de desobediência.

§ 2º. As multas previstas no inciso III, na alínea "a" do inciso IV e nas alíneas "a", "b", "d" e "e" do inciso V serão aplicadas com redução de 50% (cinquenta por cento), quando as infrações se referirem a operações ou prestações amparadas por não incidência ou isenção.

§ 3º. Não deve ser aplicada cumulativamente a penalidade a que se refere (Lei nº 6.374/1989, art. 85, § 3º, na redação da Lei nº 11.001/2001, art. 1º, III):

1 – a alínea "l" do inciso I – nas hipóteses das alíneas "a", "b", "c", "d", "e" e "g" do inciso II, das alíneas "a", "b", "c" e "e" do inciso III, das alíneas "a", "b", "c", "d" e "e" do inciso IV e das alíneas "f" e "o" do inciso V;

2 – a alínea "a" do inciso IV – nas hipóteses da alínea "a" do inciso I e das alíneas "a", "b", "c" e "e" do inciso III;

3 – a alínea "e" do inciso VIII – na hipótese da alínea "f" do mesmo inciso.

• *§ 3º com redação dada pelo Decreto nº 46.529, de 4.2.2002 – DOE de 5.2.2002 – Efeitos a partir de 22.12.2001.*

§ 4º. Aplicam-se, no que couber, as penalidades previstas no inciso IV a outros documentos emitidos por máquina registradora ou por Terminal Ponto de Venda – PDV, Equipamento Emissor de Cupom Fiscal – ECF ou qualquer outro equipamento mecânico ou eletrônico, como fita-detalhe e listagem analítica, que para tal fim são equiparados:

1 – às vias do documento fiscal destinadas à exibição ao fisco, em função de cada operação ou prestação nele registrada;

2 – uma vez totalizados, ao conjunto de dados dos respectivos cupons fiscais.

§ 5º. Ressalvados os casos expressamente previstos, a imposição de multa para uma infração não excluirá a aplicação de penalidade fixada para outra, acaso verificada, nem a adoção das demais medidas fiscais cabíveis.

§ 6º. Não havendo outra importância expressamente determinada, as infrações à legislação do Imposto sobre Operações Relativas à Circulação de Mercadoria e sobre Prestação de Serviços de Transporte Interestadual e Intermunicipal e de Comunicação devem ser punidas com multa de valor equivalente a 100 (cem) UFESPs.

• *§ 6º com redação dada pelo Decreto nº 55.437, de 17.2.2010 – DOE de 18.2.2010 – Efeitos a partir de 23.12.2009.*

§ 7º. A multa não pode ser inferior ao valor equivalente a 70 (setenta) UFESPs.

• *§ 7 º com redação dada pelo Decreto nº 55.437, de 17.2.2010 – DOE de 18.2.2010 – Efeitos a partir de 23.12.2009.*

§ 8º. As multas baseadas em UFESPs – Unidades Fiscais do Estado de São Paulo:

1 – devem ser calculadas considerando-se o valor da UFESP vigente na data da lavratura do auto de infração;

2 – devem ser convertidas em reais na data da lavratura do auto de infração;

3 – se não recolhidas no prazo estabelecido na legislação, sobre o valor em reais incidirão juros de mora nos termos previstos no inciso II do art. 565.

• *§ 8º com redação dada pelo Decreto nº 55.437, de 17.2.2010 – DOE de 18.2.2010 – Efeitos a partir de 23.12.2009.*

§ 9º. As multas previstas neste artigo, excetuadas as expressas em UFESP, devem ser calculadas sobre os respectivos valores básicos atualizados observando-se o disposto no art. 565.

• *§ 9º com redação dada pelo Decreto nº 55.437, de 17.2.2010 – DOE de 18.2.2010 – Efeitos a partir de 23.12.2009.*

§ 10. O valor das multas deve ser arredondado, com desprezo de importância correspondente a fração da unidade monetária.

• *§ 10 com redação dada pelo Decreto nº 55.437, de 17.2.2010 – DOE de 18.2.2010 – Efeitos a partir de 23.12.2009.*

§ 11. A infração prevista na alínea "z4" do inciso IV somente será aplicada na hipótese da situação infracional não implicar aplicação de penalidade de valor mais gravoso.

• *§ 11 acrescido pelo Decreto nº 55.437, de 17.2.2010 – DOE de 18.2.2010 – Efeitos a partir de 23.12.2009.*

**Art. 527-A.** A multa aplicada nos termos do art. 527 poderá ser reduzida ou relevada por órgão julgador administrativo, desde que a infração tenha sido praticada sem dolo, fraude ou simulação, e não implique falta de pagamento do imposto (Lei nº 6.374/1989, art. 92 e § 2º, na redação da Lei nº 10.619/2000, art. 1º, XXXI, e Lei nº 10.941/2001, art. 44).

§ 1º. Na hipótese de redução, observar-se-á o disposto no § 7º do art. 527.

§ 2º. Não poderão ser relevadas, na reincidência, as penalidades previstas na alínea "a" do inciso VII e na alínea "x" do inciso VIII do art. 527.

§ 3º. Para aplicação deste artigo, serão levados em consideração, também, o porte econômico e os antecedentes fiscais do contribuinte.

• *Art. 527-A acrescido pelo Decreto nº 46.676, de 9.4.2002 – DOE de 10.4.2002 – Efeitos a partir de 1º.5.2002.*

**Art. 528.** O valor do imposto declarado ou transcrito pelo fisco, nos termos dos arts. 253 e 257, quando não recolhido no prazo estabelecido na legislação, fica sujeito à multa moratória, calculada sobre o valor do imposto ou da parcela, de (Lei nº 6.374/1989, art. 87, na redação da Lei nº 13.918/2009, art.11, XIV):

I – 2% (dois por cento), até o 30º (trigésimo) dia contado da data em que deveria ter sido feito o recolhimento;

II – 5% (cinco por cento), do 31º (trigésimo primeiro) ao 60º (sexagésimo) dia contado da data em que deveria ter sido feito o recolhimento;

III – 10% (dez por cento), após o 60º (sexagésimo) dia contado da data em que deveria ter sido feito o recolhimento;

IV – 20% (vinte por cento), a partir da data em que tiver sido inscrito na Dívida Ativa.

§ 1º. A multa prevista neste artigo, na hipótese de parcelamento de débito fiscal, será calculada até a data em que for protocolado o respectivo pedido.

§ 2º. O disposto neste artigo aplica-se aos demais débitos fiscais relativos ao imposto, enquanto não exigidos por meio de auto de infração.

• *Art. 528 com redação dada pelo Decreto nº 55.437, de 17.2.2010 – DOE de 18.2.2010 – Efeitos a partir de 23.12.2009.*

**Art. 529.** O contribuinte que procurar a repartição fiscal, antes de qualquer procedimento do fisco, para sanar irregularidade relacionada com o cumprimento de obrigação pertinente ao imposto, ficará a salvo das penalidades previstas no art. 527, desde que a irregularidade seja sanada no prazo cominado (Lei nº 6.374/1989, art. 88).

§ 1º. Tratando-se de infração que implique falta de pagamento do imposto, aplicam-se as disposições do artigo anterior.

• *§ 1º, primitivo parágrafo único, renumerado pelo Decreto nº 55.437, de 17.2.2010 – DOE de 18.2.2010 – Efeitos a partir de 23.12.2009.*

§ 2º. A critério da Secretaria da Fazenda, o contribuinte poderá ser comunicado sobre divergências ou inconsistências identificadas entre as informações por ele prestadas ao fisco e as informações prestadas por terceiros, recebidas ou coletadas pelo fisco no exercício regular de sua atividade, hipótese em que ficará a salvo das penalidades previstas no art. 527, desde que sane a irregularidade no prazo indicado na comunicação (Lei nº 6.374/1989, art. 88, § 4º, acrescentado pela Lei nº 13.918/2009, art.12, XIX).

• *§ 2º acrescido pelo Decreto nº 55.437, de 17.2.2010 – DOE de 18.2.2010 – Efeitos a partir de 23.12.2009.*

**Art. 530.** O pagamento da multa não eximirá o infrator da obrigação de reparar os danos resultantes da infração, nem o liberará do cumprimento de exigência prevista na legislação (Lei nº 6.374/1989, art. 86).

## CAPÍTULO II
## DOS CRIMES DE SONEGAÇÃO FISCAL E CONTRA A ORDEM TRIBUTÁRIA

**Art. 531.** O Agente Fiscal de Rendas que tiver conhecimento de fato que possa caracterizar infração penal de natureza tributária, tal como crime de sonegação fiscal ou crime contra a ordem tributária, conforme previsto na legislação federal pertinente, fará representação, a ser encaminhada ao Ministério Público, para início do processo judicial (Lei federal nº 4.729/1965, arts. 1º, 3º e 7º, e Lei federal nº 8.137/1990, arts. 1º a 3º e 16).

§ 1º. A representação será acompanhada de relatório circunstanciado sobre fato, autoria, tempo, lugar e outros elementos de convicção, bem como das principais peças do feito.

§ 2º. A representação será encaminhada ao Ministério Público no prazo de até 40 (quarenta) dias, contados do seu recebimento na repartição fiscal, independentemente do julgamento de 1ª instância administrativa.

# TÍTULO IV – DO PROCESSO FISCAL

• *Título IV com redação dada pelo Decreto nº 46.676, de 9.4.2002 – DOE de 10.4.2002 – Efeitos a partir de 1º.5.2002.*

## CAPÍTULO I – DO INÍCIO DO PROCEDIMENTO

• *Capítulo I com redação dada pelo Decreto nº 46.676, de 9.4.2002 – DOE de 10.4.2002 – Efeitos a partir de 1º.5.2002.*

**Art. 532.** O processo administrativo tributário referente ao imposto será regulado em ato normativo específico (Lei nº 10.941/2001, art. 1º).

• *Art. 532 com redação dada pelo Decreto nº 46.676, de 9.4.2002 – DOE de 10.4.2002 – Efeitos a partir de 1º.5.2002.*

**Art. 533.** Para efeito de excluir a espontaneidade do infrator, considera-se iniciado o procedimento fiscal (Lei nº 6.374/1989, art. 88, § 2º):

I – com a notificação, a intimação, ou a lavratura de termo de início de fiscalização ou de auto de infração;

II – com a lavratura de termo de apreensão de mercadoria, documento ou livro, ou de notificação para a sua apresentação.

§ 1º. O início do procedimento alcança todo aquele que estiver envolvido na infração apurada pela ação fiscal.

§ 2º. O ato excludente da espontaneidade, exceto a lavratura de auto de infração, valerá pelo prazo de 90 (noventa) dias, prorrogável, sucessivamente, por período igual ou menor, pelo Chefe da repartição fiscal a que o estabelecimento fiscalizado estiver vinculado.

• *Art. 533 com redação dada pelo Decreto nº 46.676, de 9.4.2002 – DOE de 10.4.2002 – Efeitos a partir de 1º.5.2002.*

## CAPÍTULO II – DO AUTO DE INFRAÇÃO E IMPOSIÇÃO DE MULTA

• *Capítulo II com redação dada pelo Decreto nº 46.676, de 9.4.2002 – DOE de 10.4.2002 – Efeitos a partir de 1º.5.2002.*

**Art. 534.** Verificada qualquer infração à legislação tributária, será lavrado auto de infração, observado o seguinte (Lei nº 6.374/1989, art. 72):

I – a sua lavratura compete privativamente ao Agente Fiscal de Rendas;

II – uma das vias do auto de infração será entregue ou remetida ao contribuinte autuado;

III – não invalida a ação fiscal a recusa do contribuinte em receber uma das vias do auto de infração ou o seu recebimento na ausência de testemunhas.

• *Art. 534 com redação dada pelo Decreto nº 46.676, de 9.4.2002 – DOE de 10.4.2002 – Efeitos a partir de 1º.5.2002.*

## CAPÍTULO III – DO PROCEDIMENTO ADMINISTRATIVO NÃO CONTENCIOSO

• *Capítulo III com redação dada pelo Decreto nº 46.676, de 9.4.2002 – DOE de 10.4.2002 – Efeitos a partir de 1º.5.2002.*

• *V. Lei nº 10.941, de 25.10.2002 – Dispõe sobre o processo administrativo tributário decorrente de lançamento de ofício e dá outras providências.*

**Art. 535.** Notificações, intimações e avisos sobre matéria fiscal serão feitos ao interessado por um dos seguintes modos:

I – em processo ou expediente administrativo, mediante "ciente", com a aposição de data e assinatura do interessado, seu representante ou preposto;

II – em livro fiscal ou em impresso de documento fiscal, na presença do interessado ou de seu representante, preposto ou empregado;

III – mediante comunicação expedida sob registro postal ou entregue pessoalmente, contra recibo, ao interessado, seu representante, preposto ou empregado;

IV – por publicação no Diário Oficial do Estado.

§ 1º. A comunicação será expedida para o endereço indicado pelo interessado à repartição.

§ 2º. A comunicação expedida para o endereço do representante, quando solicitado expressamente pelo interessado, dispensa a expedição para endereço deste.

§ 3º. Presume-se entregue a comunicação remetida para o endereço indicado pelo interessado.

§ 4º. O prazo para interposição recurso em procedimento administrativo não decorrente da lavratura de auto de infração, ou para cumprimento de exigência em relação à qual não caiba recurso, contar-se-á, conforme o caso, da data:

1 – da assinatura do interessado ou de seu representante, preposto ou empregado, no processo ou expediente;

2 – da lavratura do respectivo termo no livro ou no impresso de documento fiscal;

3 – da entrega pessoal da comunicação ao interessado, seu representante, preposto ou empregado;

4 – do terceiro dia útil posterior ao do registro postal;

5 – da publicação no Diário Oficial do Estado.

§ 5º. Quando a notificação, intimação ou aviso for feito por publicação no Diário Oficial, o interessado será cientificado da publicação mediante comunicação expedida sob registro postal, salvo se ele não houver indicado o endereço à repartição; os prazos serão contados, sempre, conforme o disposto no item 5 do parágrafo anterior.

§ 6º. A falta de entrega da comunicação referida no parágrafo anterior ou sua devolução pelo serviço postal não invalida a intimação, a notificação ou o aviso.

• *Art. 535 com redação dada pelo Decreto nº 46.676, de 9.4.2002 – DOE de 10.4.2002 – Efeitos a partir de 1º.5.2002.*

§ 7º. Quando se tratar de ato em que o interessado seja optante pelo Regime Especial Unificado de Arrecadação de Tributos e Contribuições devidos pelas Microempresas e Empresas de Pequeno Porte – "Simples Nacional", ou de qualquer ato relacionado com irregularidades cadastrais, a notificação poderá ser feita apenas por publicação no Diário Oficial do Estado e a cientificação da publicação de que trata o § 5º poderá ser feita por meio do Posto Fiscal Eletrônico da Secretaria da Fazenda.

• *§ 7º acrescido pelo Decreto nº 52.104, de 29.8.2007 – DOE de 30.8.2007 – Efeitos a partir da publicação.*

**Art. 536.** Da decisão proferida por autoridade administrativa em matéria fiscal estranha à competência dos órgãos de julgamento previstos na Lei nº 10.941, de 25.10.2001, caberá recurso, uma única vez, dentro do prazo de 30 (trinta) dias, a contar da notificação do despacho, para a autoridade imediatamente superior à que houver proferido a decisão (Lei nº 10.941/2001, art. 70).

• *Art. 536 com redação dada pelo Decreto nº 46.676, de 9.4.2002 – DOE de 10.4.2002 – Efeitos a partir de 1º.5.2002.*

**Art. 537.** O despacho ou decisão, proferidos por autoridade administrativa, em matéria fiscal estranha à competência dos órgãos de julgamento previstos na Lei nº 10.941, de 25.10.2001, favoráveis ao contribuinte, que importarem no reconhecimento de direito equivalente, monetariamente, a valor superior a 500 (quinhentas) UFESPs, ficam sujeitos, para sua validade e cumprimento, à ratificação pela autoridade imediatamente superior.

§ 1º. A autoridade ratificadora deverá ter, na hierarquia funcional, no mínimo, o nível de Delegado Regional Tributário.

§ 2º. O disposto neste artigo não se aplica ao despacho ou decisão proferidos pela própria autoridade administrativa superior, em decorrência de avocação da matéria ou de provimento de extensão de competência.

• *Art. 537 com redação dada pelo Decreto nº 46.676, de 9.4.2002 – DOE de 10.4.2002 – Efeitos a partir de 1º.5.2002.*

### CAPÍTULO IV
### DA DEFESA, DA DECISÃO EM 1ª INSTÂNCIA E DOS RECURSOS, DE OFÍCIO E VOLUNTÁRIO

**Arts. 538 a 540.** (Revogados).

• *Capítulo IV (arts. 538 a 540) revogado pelo art. 3º do Decreto nº 46.676, de 9.4.2002 – DOE de 10.4.2002 – Efeitos a partir de 1º.5.2002.*

### CAPÍTULO V – DOS RECURSOS EM 2ª INSTÂNCIA

**Arts. 541 a 551.** (Revogados).

• *Capítulo V (arts. 541 a 551) revogado pelo art. 3º do Decreto nº 46.676, de 9.4.2002 – DOE de 10.4.2002 – Efeitos a partir de 1º.5.2002.*

### CAPÍTULO VI – DO PEDIDO DE VISTA

**Arts. 552 a 556.** (Revogados).

• *Capítulo VI (arts. 552 a 556) revogado pelo art. 3º do Decreto nº 46.676, de 9.4.2002 – DOE de 10.4.2002 – Efeitos a partir de 1º.5.2002.*

### CAPÍTULO VII – DAS DEMAIS DISPOSIÇÕES

**Arts. 557 a 563.** (Revogados).

• *Capítulo VII (arts. 557 a 563) revogado pelo art. 3º do Decreto nº 46.676, de 9.4.2002 – DOE de 10.4.2002 – Efeitos a partir de 1º.5.2002.*

## TÍTULO V – DO DÉBITO FISCAL

### CAPÍTULO I
### DO PAGAMENTO DE MULTA COM DESCONTO

**Art. 564.** (Revogado).

• *Art. 564 revogado pelo Decreto nº 51.520, de 29.1.2007 – DOE de 30.1.2007 – Produzindo efeitos aos fatos geradores que ocorrerem a partir de 1º.2.2007.*

**Art. 564-A.** Pode o autuado pagar a multa aplicada nos termos do art. 527 com desconto (Lei nº 6.374/1989, art. 95, na redação da Lei nº 13.918/2009, art. 11, XV):

I – de 70% (setenta por cento), dentro do prazo de 15 (quinze) dias contados da notificação da lavratura do auto de infração;

II – de 60% (sessenta por cento), dentro do prazo de 30 (trinta) dias contados da notificação da lavratura do auto de infração;

III – de 45% (quarenta e cinco por cento) até o prazo de 30 (trinta) dias contados da intimação do julgamento da defesa;

IV – de 35% (trinta e cinco por cento) até o prazo de 30 (trinta) dias contados da intimação do julgamento do recurso apresentado pelo contribuinte;

V – antes de sua inscrição na Dívida Ativa:

a) de 25% (vinte e cinco por cento), após 30 (trinta) dias contados da intimação do julgamento do recurso apresentado pelo contribuinte;

b) de 35% (trinta e cinco por cento), após o prazo de 30 (trinta) dias contados da intimação do julgamento da defesa, quando não apresentado recurso pelo contribuinte;

c) de 45% (quarenta e cinco por cento), quando não apresentada a defesa, o pagamento ocorrer após 30 (trinta) dias contados da notificação da lavratura do auto de infração.

§ 1º. Condiciona-se o benefício ao integral pagamento do débito.

§ 2º. O pagamento efetuado nos termos deste artigo implica renúncia à defesa ou aos recursos previstos na legislação.

§ 3º. Na hipótese de pagamento nos termos dos incisos I e II, o prazo neles previsto não deve ser computado para efeito de incidência dos juros de mora e da atualização monetária.

§ 4º. Para o cálculo da redução prevista neste artigo será considerado o valor da multa e dos respectivos acréscimos previstos na legislação, calculados até a data do recolhimento.

§ 5º. Equipara-se à não apresentação de defesa ou recurso a sua apresentação e desistência antes do julgamento, conforme o caso.

§ 6º. Para fins de aplicação dos descontos deste artigo, o julgamento de recurso de ofício, será considerado como fase integrante do julgamento:

1 – da defesa, quando não houver interposição concomitante de recurso pelo contribuinte;

2 – do recurso, quando houver interposição concomitante de recurso pelo contribuinte.

§ 7º. Os pagamentos efetuados pelo contribuinte, enquanto pendente o resultado de recurso apresentado pela Secretaria da Fazenda, extinguem proporcionalmente a parte do crédito tributário a que se referem.

§ 8º. Tratando-se de penalidade aplicada sobre o valor do imposto, a aplicação dos descontos previstos neste artigo não poderá resultar em penalidade inferior a 25% (vinte e cinco por cento) do valor do imposto.

• *Art. 564-A acrescido pelo Decreto nº 55.437, de 17.2.2010 – DOE de 18.2.2010 – Efeitos a partir de 23.12.2009.*

## CAPÍTULO II – DOS JUROS DE MORA INCIDENTES SOBRE O DÉBITO FISCAL

**Art. 565.** O montante do imposto ou da multa, aplicada nos termos do art. 527, fica sujeito a juros de mora, que incidem (Lei nº 6.374/1989, art. 96, na redação da Lei nº 13.918/2009, art.11, XVI):

I – relativamente ao imposto:

a) a partir do dia seguinte ao do vencimento, caso se trate de imposto declarado ou transcrito pelo fisco nos termos dos arts. 253 e 257, de parcela devida por contribuinte enquadrado no regime de estimativa e de imposto exigido em auto de infração, nas hipóteses das alíneas "b", "c", "d", "e", "f", "g", "h", "i", "j", "l", "m" e "n" do inciso I do art. 527;

b) a partir do dia seguinte ao último do período abrangido pelo levantamento, caso se trate de imposto exigido em auto de infração na hipótese da alínea "a" do inciso I do art. 527;

c) a partir do último dia do mês em que, desconsiderada a importância creditada, o saldo tornar-se devedor, caso se trate de imposto exigido em auto de infração, nas hipóteses das alíneas "a", "b", "c", "d", "h", "i" e "j" do inciso II do art. 527;

d) a partir do dia seguinte àquele em que ocorra a falta de pagamento, nas demais hipóteses;

II – relativamente à multa aplicada nos termos do art. 527, a partir do segundo mês subsequente ao da lavratura do auto de infração.

§ 1º. A taxa de juros de mora será de 0,13% (treze centésimos por cento) ao dia.

§ 2º. O valor dos juros deve ser fixado e exigido na data do pagamento do débito fiscal, incluindo-se esse dia.

§ 3º. Na hipótese de auto de infração, os juros de mora incidentes sobre o imposto serão calculados até o dia da lavratura e, não sendo efetuado o pagamento do débito fiscal nos termos do art. 569, reiniciar-se-á a incidência a partir do dia seguinte ao da lavratura.

§ 4º. A atualização do valor básico para cálculo da multa prevista no art. 527 será efetuada mediante a aplicação da taxa prevista neste artigo, até a data da lavratura, e incidirá:

1 – a partir do dia seguinte ao do vencimento do imposto sobre o qual a multa será calculada, nas hipóteses das alíneas "b", "c", "d", "e", "f", "g", "h", "i", "j" "l", "m" e "n" do inciso I do art. 527;

2 – a partir do dia seguinte ao último do período abrangido pelo levantamento, caso se trate de multa calculada sobre o valor do imposto, na hipótese da alínea "a" do inciso I do art. 527;

3 – a partir do último dia do mês em que, desconsiderada a importância creditada, o saldo tornar-se devedor, caso se trate de multa calculada sobre o imposto, nas hipóteses das alíneas "h", "i" e "j" do inciso II do art. 527;

4 – a partir do dia seguinte àquele em que ocorra a falta de pagamento, nas hipóteses das alíneas "f" e "g" do inciso II do art. 527;

5 – a partir do último dia do mês em que tiver sido praticada a infração, nas demais hipóteses.

§ 5º. Os juros de mora previstos no § 1º poderão ser reduzidos por ato do Secretário da Fazenda, observando-se como parâmetro as taxas médias pré-fixadas das operações de crédito com recursos livres divulgadas pelo Banco Central do Brasil.

§ 6º. Em nenhuma hipótese a taxa de juros prevista neste artigo poderá ser inferior à taxa referencial do Sistema Especial de Liquidação e de Custódia – SELIC para títulos federais, acumulada mensalmente.

§ 7º. Ocorrendo a extinção, substituição ou modificação da taxa prevista no § 6º, o Poder Executivo adotará outro indicador oficial que reflita o custo do crédito no mercado financeiro.

§ 8º. A Secretaria da Fazenda divulgará, mensalmente, a taxa a que se refere este artigo.

- *Art. 565 com redação dada pelo Decreto nº 55.437, de 17.2.2010 – DOE de 18.2.2010 – Efeitos a partir de 23.12.2009.*
- *V. Decreto nº 47.067, de 10.9.2002 – Disciplina a dispensa e a redução de juros e multas de débitos fiscais relacionados com o Imposto sobre Circulação de Mercadorias e sobre Prestações de Serviços – ICMS.*
- *V. Decreto nº 47.216 – Disciplina a dispensa e a redução de juros e multas de débitos fiscais relacionados com o Imposto sobre Operações Relativas à Circulação de Mercadorias – ICM e com o Imposto sobre Circulação de Mercadorias e sobre Prestações de Serviços – ICMS nos termos do Convênio ICMS-129/2002 e altera dispositivos do Decreto nº 47.067, de 10.9.2002.*

## CAPÍTULO III – DA ATUALIZAÇÃO MONETÁRIA

- *V. art. 5º das DDTT – Suspende a atualização monetária dos débitos fiscais.*

**Art. 566.** (Revogado).

- *Art. 566 revogado pelo Decreto nº 55.437, de 17.2.2010 – DOE de 18.2.2010 – Efeitos a partir de 23.12.2009.*

## CAPÍTULO IV
## DAS DISPOSIÇÕES COMUNS AOS JUROS DE MORA E À ATUALIZAÇÃO MONETÁRIA

**Art. 567.** Poderá o contribuinte, em qualquer fase do processo administrativo ou judicial, depositar em dinheiro a importância questionada, operando-se a interrupção da incidência dos juros de mora e da atualização monetária de que tratam os arts. 565 e 566 a partir do mês seguinte àquele em que for efetuado o depósito (Lei nº 6.374/1989, art. 99).

§ 1º. Entende-se por importância questionada a exigida no respectivo processo, atualizada monetariamente até o dia em que ocorrer o depósito, acrescida dos juros de mora previstos no art. 565 e da multa a que se refere o art. 528.

§ 2º. O depósito será efetuado, em forma e condições estabelecidas pela Junta de Coordenação Financeira do Estado, em instituição financeira oficial integrada no sistema de crédito do Estado, em conta especial vinculada, incidindo sobre o seu valor correção monetária e juros, isolada ou englobadamente, nos termos da legislação pertinente.

§ 3º. Reduzida ou cancelada a exigência fiscal, será autorizada, dentro de 90 (noventa) dias, contados da decisão final, a liberação parcial ou integral do depósito, destinando-se ao contribuinte parte dos rendimentos do depósito, na proporção da importância liberada e convertendo-se a remanescente em renda do Estado.

**Art. 568.** (Revogado).

- *Art. 568 revogado pelo Decreto nº 55.437, de 17.2.2010 – DOE de 18.2.2010 – Efeitos a partir de 23.12.2009.*

**Art. 569.** Na exigência de débito fiscal por meio de auto de infração, se o pagamento for efetuado nos termos dos incisos I e II do art. 564-A, o termo final da incidência dos juros de mora, de que trata o art. 565, será a data da lavratura do auto de infração (Lei nº 6.374/1989, art. 95, § 3º).

- *Art. 569 com redação dada pelo Decreto nº 55.437, de 17.2.2010 – DOE de 18.2.2010 – Efeitos a partir de 23.12.2009.*
- *V. Decreto nº 46.081, de 6.9.2001 – Autoriza o recolhimento de diferença de débito fiscal de ICM e de ICMS relacionado com a disciplina contida no Decreto nº 44.970/2000, que dispensa juros e multas de débitos fiscais.*
- *V. Decreto nº 46.529, de 4.2.2002, arts. 4º, 5º e 6º – Dispõe sobre os procedimentos a serem adotados nos parcelamentos de débitos fiscais. Alterado o caput do art. 4º pelo art. 3º do Decreto nº 46.778, de 21.5.2002.*
- *V. Decreto nº 46.966, de 31.7.2002, art. 4º – Dispensa o recolhimento de juros e multas devidos pela falta de recolhimento do ICMS incidente nas ligações internacionais, realizadas no período de 1º de outubro de 1996 a 31 de dezembro de 1999, desde que o principal, devidamente atualizado seja integralmente recolhido integralmente, ou seja pedido o seu parcelamento. Alterado o art. 4º pelo art. 4º do Decreto nº 47.186, de 4.1.2002.*
- *V. Lei nº 10.175, de 30.12.1998 – Dispõe sobre taxa de juros de mora incidentes sobre impostos estaduais, suspensão da atualização monetária e dá outras providências.*
- *V. Lei nº 11.001, de 21.12.2001, art. 3º – Enquanto vigorar a suspensão da atualização de débitos fiscais prevista na Lei nº 10.175, de 30 de dezembro de 1998, não produzem efeito as menções à atualização monetária de débitos objeto de pedidos de parcelamento constantes no art. 100 da Lei nº 6.374, de 1º de março de 1989, na redação dada por esta Lei.*

## CAPÍTULO V
## DO PARCELAMENTO DE DÉBITO FISCAL

- *Capítulo V (arts. 570 a 584) com redação dada pelo Decreto nº 46.529, de 4.2.2002 – DOE de 5.2.2002 – Efeitos a partir de 22.12.2001.*

**Art. 570.** O débito fiscal poderá ser recolhido em parcelas mensais e consecutivas, nas condições estabelecidas neste capítulo (Lei nº 6.374/1989, art. 100, na redação da Lei nº 13.918/2009, art. 11, XVII).

- *Art. 570,* caput, *com redação dada pelo Decreto nº 56.276, de 13.10.2010 – DOE de 14.10.2010 – Efeitos a partir de 1º.1.2011.*

§ 1º. Considera-se débito fiscal a soma do imposto, das multas e demais acréscimos previstos na legislação, calculados até a data do deferimento do pedido, ressalvado o disposto no § 1º do art. 528.

- *§ 1º com redação dada pelo Decreto nº 56.276, de 13.10.2010 – DOE de 14.10.2010 – Efeitos a partir de 1º.1.2011.*

§ 2º. O parcelamento do débito fiscal não dispensa o pagamento de custas, emolumentos judiciais e honorários advocatícios.

- *§ 2º com redação dada pelo Decreto nº 46.529, de 4.2.2002 – DOE de 5.2.2002 – Efeitos a partir de 22.12.2001.*

§ 3º. O número máximo de parcelamentos, de parcelas e o seu valor mínimo serão fixados pela Secretaria da Fazenda, podendo ser estabelecidas distinções setoriais, regionais ou conjunturais, bem como entre débitos não inscritos e inscritos na dívida ativa.

- *§ 3º com redação dada pelo Decreto nº 46.529, de 4.2.2002 – DOE de 5.2.2002 – Efeitos a partir de 22.12.2001.*

§ 4º. São competentes para deferir os pedidos de parcelamento:

- *§ 4º,* caput, *com redação dada pelo Decreto nº 46.529, de 4.2.2002 – DOE de 5.2.2002 – Efeitos a partir de 22.12.2001.*

1 – o Secretário da Fazenda ou as autoridades por ele designadas, em se tratando de débito não inscrito na dívida ativa;

- *Item 1 com redação dada pelo Decreto nº 46.529, de 4.2.2002 – DOE de 5.2.2002 – Efeitos a partir de 22.12.2001.*

2 – o Procurador Geral do Estado ou as autoridades por ele designadas, em se tratando de débito inscrito.

- *Item 2 com redação dada pelo Decreto nº 50.152, de 3.11.2005, DOE de 4.11.2005, efeitos a partir da publicação.*

§ 5º. Para fins do disposto neste artigo, serão considerados em conjunto todos os estabelecimentos pertencentes ao mesmo titular, ressalvado o disposto em ato do Secretário da Fazenda.

- *§ 5º com redação dada pelo Decreto nº 56.276, de 13.10.2010 – DOE de 14.10.2010 – Efeitos a partir de 1º.1.2011.*

§ 6º. Na hipótese de parcelamento em que for exigida a garantia, esta deverá ser prestada por meio de fiança bancária ou seguro de obrigações contratuais, observadas as condições estabelecidas em ato do Secretário da Fazenda, e deverá:

1 – garantir o débito fiscal integralmente e ser irrevogável no transcorrer do período da garantia;

2 – oferecer cobertura pelo período em que durar o parcelamento, acrescido de 4 (quatro) meses.

- *§ 6º com redação dada pelo Decreto nº 56.276, de 13.10.2010 – DOE de 14.10.2010 – Efeitos a partir de 1º.1.2011.*
- *V. Decreto nº 47.067, de 10.9.2002 – Disciplina a dispensa e a redução de juros e multas de débitos fiscais relacionados com o Imposto sobre Circulação de Mercadorias e sobre Prestações de Serviços – ICMS.*

**Art. 570-A.** O parcelamento de débitos fiscais decorrentes de operações ou prestações de contribuinte que não esteja em situação regular perante o fisco, nos termos do item 4 do § 1º do art. 59, tratando-se de débito (Lei nº 6.374/1989, art. 100, na redação da Lei nº 13.918/2009, art. 11, XVII):

I – não inscrito na dívida ativa, será concedido mediante apresentação da garantia prevista no § 6º do art. 570 e observados os termos e condições estabelecidos em ato do Secretário da Fazenda;

II – inscrito na dívida ativa e ajuizado, poderá ser concedido pela Procuradoria Geral do Estado, observadas as condições da correspondente execução fiscal.

Parágrafo único. A concessão do parcelamento previsto neste artigo não implica reconhecimento pelo fisco da regularidade do contribuinte.

- *Art. 570-A acrescido pelo Decreto nº 56.276, de 13.10.2010 – DOE de 14.10.2010 – Efeitos a partir de 1º.1.2011.*
- *V. Lei nº 13.723, de 29.9.2009 (DOE 30.9.2009). Autoriza o Poder Executivo a ceder, a título oneroso, os direitos creditórios originários de créditos tributários e não tributários, objeto de parcelamentos administrativos ou judiciais, na forma que especifica.*
- *V. Decreto nº 52.061, de 15.8.2007 (DOE 16.8.2007). Dispõe sobre o parcelamento de débitos do ICM e ICMS para contribuintes optantes do Regime Especial Unificado de Arrecadação de Tributos e Contribuições devidos pelas Microempresas e Empresas de Pequeno Porte – Simples Nacional.*

**Art. 571.** O débito fiscal será (Lei nº 6.374/1989, art. 100, na redação da Lei nº 11.001/2001, art.1º, V):

I – quando apurado pelo fisco:

a) se o procedimento fiscal não tiver sido julgado, o indicado na notificação ou no auto de infração;

b) se o procedimento fiscal tiver sido julgado, o fixado na decisão administrativa proferida até a data da protocolização do pedido de parcelamento na repartição fiscal;

II – quando não apurado pelo fisco, o denunciado pelo contribuinte;

III – quando inscrito na dívida ativa, o constante no termo de inscrição.

§ 1º. Ao valor do imposto, atualizado monetariamente, conforme o caso:

1 – somar-se-á a multa prevista no art. 527, atualizada monetariamente;

2 – somar-se-á a multa prevista no art. 528, calculada sobre o imposto atualizado monetariamente;

3 – somar-se-ão os juros de mora previstos no art. 565, calculados sobre o imposto atualizado monetariamente e sobre a multa punitiva.

§ 2°. A atualização monetária do débito fiscal será calculada em conformidade com o art. 566, considerando-se o valor da UFESP da data do deferimento do pedido de parcelamento e computando-se os juros de mora até esse mesmo dia, inclusive.

- *Art. 571 com redação dada pelo Decreto n° 46.529, de 4.2.2002 – DOE de 5.2.2002 – Efeitos a partir de 22.12.2001.*

**Art. 572.** Consolidado o débito nos termos do artigo anterior, o valor total e o de cada parcela poderão ser expressos em UFESPs e sobre eles incidirá acréscimo financeiro sempre superior ao praticado no mercado, fixado por ato do Secretário da Fazenda (Lei n° 6.374/1989, art. 100, V e § 4°, na redação da Lei n° 11.001/2001, art. 1°, V).

§ 1°. O acréscimo financeiro integrará o débito fiscal para efeito deste capítulo.

§ 2°. O valor da parcela mensal a recolher será obtido mediante a multiplicação da quantidade determinada de UFESPs correspondente a essa parcela pelo valor da UFESP do dia do seu efetivo recolhimento, somado ao acréscimo financeiro calculado até o mês do recolhimento.

- *Art. 572 com redação dada pelo Decreto n° 46.529, de 4.2.2002 – DOE de 5.2.2002 – Efeitos a partir de 22.12.2001.*

**Art. 573.** No pagamento antecipado de débito fiscal parcelado, o acréscimo financeiro incidente sobre as parcelas vincendas será aquele fixado para o mês da efetiva liquidação (Lei n° 6.374/1989, art. 100, V, na redação da Lei n° 11.001/2001, art. 1°, V).

- *Art. 573 com redação dada pelo Decreto n° 46.529, de 4.2.2002 – DOE de 5.2.2002 – Efeitos a partir de 22.12.2001.*

**Art. 574.** (Revogado).

- *Art. 574 revogado pelo Decreto n° 51.520, de 29.1.2007 – DOE de 30.1.2007 – Produzindo efeitos aos fatos geradores que ocorrerem a partir de 1°.2.2007.*

**Art. 574-A.** A multa aplicada nos termos do art. 527, quando o parcelamento for requerido pelo autuado nos prazos do art. 564-A, será reduzida de acordo com o número de parcelas solicitadas, conforme segue (Lei n° 6.374/1989, art. 101, na redação da Lei n° 13.918/2009, art. 11, XVIII)

I – na hipótese prevista no inciso I do art. 564-A, tratando-se de débito parcelado em:

a) até 12 meses, em 55% (cinquenta e cinco por cento);

b) 13 até 24 meses, em 40% (quarenta por cento);

c) 25 até 36 meses, em 35% (trinta e cinco por cento);

d) 37 até 48 meses, em 30% (trinta por cento);

e) a partir de 49 meses, em 25% (vinte e cinco por cento);

II – na hipótese prevista no inciso II do art. 564-A, tratando-se de débito parcelado em:

a) até 12 meses, em 45% (quarenta e cinco por cento);

b) 13 até 24 meses, em 35% (trinta e cinco por cento);

c) 25 até 36 meses, em 30% (trinta por cento);

d) 37 até 48 meses, em 25% (vinte e cinco por cento);

e) a partir de 49 meses, em 20% (vinte por cento);

III – nas hipóteses previstas no inciso III e na alínea "c" do inciso V do art. 564-A, tratando-se de débito parcelado em:

a) até 12 meses, em 35% (trinta e cinco por cento);

b) 13 até 24 meses, em 25% (vinte e cinco por cento);

c) 25 até 36 meses, em 20% (vinte por cento);

d) 37 até 48 meses, em 15% (quinze por cento);

e) a partir de 49 meses, em 10% (dez por cento);

IV – na hipótese prevista no inciso IV e na alínea "b" do inciso V do art. 564-A, tratando-se de débito parcelado em:

a) até 12 meses, em 25% (vinte e cinco por cento);

b) 13 até 24 meses, em 20% (vinte por cento);

c) 25 até 36 meses, em 16% (dezesseis por cento);

d) 37 até 48 meses, em 12% (doze por cento);

e) a partir de 49 meses, em 8% (oito por cento);

V – na hipótese prevista na alínea "a" do inciso V do art. 564-A, tratando-se de débito parcelado em:

a) até 12 meses, em 18% (dezoito por cento);

b) 13 até 24 meses, em 13% (treze por cento);

c) 25 até 36 meses, em 11% (onze por cento);

d) 37 até 48 meses, em 9% (nove por cento);

e) a partir de 49 meses, em 7% (sete por cento).

§ 1°. A multa moratória será aplicada nos termos do art. 528.

§ 2°. Ocorrendo o rompimento do acordo, a redução da multa autorizada nos termos deste artigo será reincorporada ao saldo devedor, observado o seguinte:

1 – o percentual de redução a ser incorporado incidirá apenas sobre o montante das parcelas remanescentes em aberto;

2 – sobre o saldo em aberto será aplicado o disposto nos §§ 1° e 2° do art. 595.

§ 3°. O saldo devedor do parcelamento sujeita-se à incidência de juros de mora e demais acréscimos legais, até a sua efetiva liquidação.

§ 4°. Para o cálculo da redução prevista neste artigo será considerado o valor da multa e dos respectivos acréscimos previstos na legislação, calculados até a data do recolhimento.

§ 5º. Tratando-se de penalidade aplicada sobre o valor do imposto, a aplicação dos descontos previstos neste artigo não poderá resultar em quantia inferior a 25% (vinte e cinco por cento) do valor do imposto.

• *Art. 574-A acrescido pelo Decreto nº 55.437, de 17.2.2010 – DOE de 18.2.2010 – Efeitos a partir de 23.12.2009.*

**Art. 575.** O pedido de parcelamento de débito fiscal será efetuado na forma estabelecida pela Secretaria da Fazenda e, no caso de débito inscrito na dívida ativa, em conjunto com a Procuradoria Geral do Estado (Lei nº 6.374/1989, art. 100, na redação da Lei nº 11.001/2001, art. 1º,V).

• *Art. 575 com redação dada pelo Decreto nº 46.529, de 4.2.2002 – DOE de 5.2.2002 – Efeitos a partir de 22.12.2001.*

**Art. 576.** A declaração de débito no pedido de parcelamento é de exclusiva responsabilidade do contribuinte, não implicando a concessão do parcelamento reconhecimento do declarado, nem renúncia ao direito de apurar sua exatidão e exigir diferenças, com aplicação das sanções legais cabíveis.

• *Art. 576 com redação dada pelo Decreto nº 46.529, de 4.2.2002 – DOE de 5.2.2002 – Efeitos a partir de 22.12.2001.*

**Art. 577.** O pedido de parcelamento implicará confissão irretratável do débito fiscal, a desistência de quaisquer ações, defesas ou recursos a ele relativos, em âmbito administrativo ou judicial, e a expressa renúncia dos direitos sobre os quais se fundam.

• *Art. 577 com redação dada pelo Decreto nº 56.276, de 13.10.2010 – DOE de 14.10.2010 – Efeitos a partir de 1º.1.2011.*

**Art. 578.** Protocolizado o pedido, não se admitirá inclusão de outros débitos.

• *Art. 578 com redação dada pelo Decreto nº 46.529, de 4.2.2002 – DOE de 5.2.2002 – Efeitos a partir de 22.12.2001.*

**Art. 579.** (Revogado).

• *Art. 579 revogado pelo Decreto nº 58.475, de 22.10.2012 – DOE de 23.10.2012 – Efeitos a partir da publicação.*

**Art. 580.** O acordo para pagamento parcelado considerar-se-á (Lei nº 6.374/1989, art. 100, na redação da Lei nº 13.918/2009, art. 11, XVII):

I – celebrado:

a) após deferido, com o recolhimento da primeira parcela no prazo fixado, tratando-se de débito não inscrito na dívida ativa;

b) com a assinatura do termo de acordo e o recolhimento da primeira parcela no prazo fixado, das custas e demais despesas processuais em aberto, se inscrito e ajuizado;

II – rompido, com a falta de recolhimento, no prazo de 90 (noventa) dias, contados da data do vencimento, de qualquer das parcelas subsequentes à primeira.

• *Art. 580,* caput, *com redação dada pelo Decreto nº 56.276, de 13.10.2010 – DOE de 14.10.2010 – Efeitos a partir de 1º.1.2011.*

§ 1º. Deferido o parcelamento de débito inscrito e ajuizado, será o devedor notificado a, dentro do prazo de 15 (quinze) dias, retirar o termo de acordo e efetuar o recolhimento da primeira parcela.

• *§ 1º com redação dada pelo Decreto nº 46.529, de 4.2.2002 – DOE de 5.2.2002 – Efeitos a partir de 22.12.2001.*

§ 2º. Em se tratando de débito inscrito e ajuizado, a execução fiscal somente terá seu curso sustado após celebrado o acordo na forma da alínea "b" do inciso I e garantido o Juízo, ainda que o parcelamento tenha sido deferido antes da garantia processual.

• *§ 2º com redação dada pelo Decreto nº 46.529, de 4.2.2002 – DOE de 5.2.2002 – Efeitos a partir de 22.12.2001.*

§ 3º. Admitir-se-á o recolhimento de qualquer das parcelas subsequentes à primeira com atraso não superior a 90 (noventa) dias, sem aplicação do disposto no inciso II, desde que ao valor da parcela em atraso sejam aplicados os acréscimos financeiros fixados em ato do Secretário da Fazenda.

• *§ 3º com redação dada pelo Decreto nº 56.276, de 13.10.2010 – DOE de 14.10.2010 – Efeitos a partir de 1º.1.2011.*

§ 4º. Na hipótese de haver parcelas vencidas e não pagas e desde que não rompido o parcelamento, qualquer valor recolhido relativamente ao parcelamento será imputado de modo a liquidar, total ou parcialmente, essas parcelas na ordem cronológica de seus vencimentos.

• *§ 4º acrescido pelo Decreto nº 56.276, de 13.10.2010 – DOE de 14.10.2010 – Efeitos a partir de 1º.1.2011.*

**Art. 581.** Ocorrendo o rompimento do acordo, prosseguir-se-á na cobrança do débito remanescente, inclusive do valor reincorporado a que se refere o § 2º do art. 574-A, sujeitando-se o saldo devedor aos juros de mora e aos demais acréscimos previstos na legislação (Lei nº 6.374/1989, art. 100, § 5º, na redação da Lei nº 13.918/2009, art. 11, XVII).

• *Art. 581,* caput, *com redação dada pelo Decreto nº 56.276, de 13.10.2010 – DOE de 14.10.2010 – Efeitos a partir de 1º.1.2011.*

Parágrafo único. O rompimento do acordo acarretará, conforme o caso:

1 – a inscrição e o ajuizamento da execução fiscal, tratando-se de débito não inscrito na dívida ativa;

2 – o imediato prosseguimento da execução fiscal, tratando-se de débito inscrito e ajuizado.

• *Parágrafo único com redação dada pelo Decreto nº 46.529, de 4.2.2002 – DOE de 5.2.2002 – Efeitos a partir de 22.12.2001.*

**Art. 581-A.** Em se tratando de parcelamento de débito não inscrito na dívida ativa, o contribuinte poderá solicitar (Lei nº 6.374/1989, art. 100, § 5º, na redação da Lei nº 13.918/2009, art. 11, XVII):

I – a postergação de parcelas;

II – (revogado);

- *Inciso II revogado pelo Decreto nº 58.475, de 22.10.2012 – DOE de 23.10.2012 – Efeitos a partir da publicação.*

III – o reparcelamento.

§ 1º. Admitir-se-á a postergação de 1 (uma) parcela, exceto a primeira, a cada 12 (doze) parcelas, na forma definida em ato do Secretário da Fazenda, sem prejuízo dos acréscimos financeiros a que estiver submetido o parcelamento, desde que comprovado o recolhimento integral das parcelas vencidas até a data da solicitação da postergação de parcelas.

§ 2º. (Revogado).

- *§ 2º revogado pelo Decreto nº 58.475, de 22.10.2012 – DOE de 23.10.2012 – Efeitos a partir da publicação.*

§ 3º. Rompido o parcelamento, poderá ser solicitado o reparcelamento no prazo de 30 (trinta) dias contados da data do rompimento, observados os limites e condições previstos no ato a que se refere o § 3º do art. 570, bem como o disposto no § 2º do art. 574-A, sendo que:

1 – fica vedada a existência concomitante de mais de 1 (um) reparcelamento pelo conjunto de todos os estabelecimentos pertencentes ao mesmo titular, salvo se apresentada a garantia prevista no § 6º do art. 570;

2 – os débitos reparcelados:

a) não poderão ter parcelas postergadas;

- *Alínea "a" com redação dada pelo Decreto nº 58.475, de 22.10.2012 – DOE de 23.10.2012 – Efeitos a partir da publicação.*

b) poderão ser reparcelados mais uma única vez, desde que apresentada a garantia prevista no § 6º do art. 570.

3 – a inscrição e o ajuizamento da execução fiscal não serão efetuados antes do 30º (trigésimo) dia da ocorrência do rompimento do reparcelamento.

- *Art. 581-A acrescido pelo Decreto nº 56.276, de 13.10.2010 – DOE de 14.10.2010 – Efeitos a partir de 1º.1.2011.*

**Art. 582.** O recolhimento das parcelas deverá observar o que se segue: (Lei nº 6.374/1989, art. 66, parágrafo único):

I – quanto à primeira parcela, será efetuado por meio de guia de recolhimento disponibilizado pela Secretaria da Fazenda;

II – quanto às parcelas subsequentes à primeira, será efetuado por meio de débito em conta bancária.

§ 1º. Para fins do disposto no inciso II, será exigido do contribuinte autorização de débito automático do valor correspondente às parcelas subsequentes à primeira em conta corrente mantida em instituição bancária conveniada com a Secretaria da Fazenda.

§ 2º. Em substituição ao disposto no inciso II, observadas as condições estabelecidas em ato do Secretário da Fazenda, poderão ser emitidas guias para recolhimento das parcelas, que serão retiradas na repartição competente pelo contribuinte ou colocadas à sua disposição por outro meio.

- *Art. 582 com redação dada pelo Decreto nº 56.276, de 13.10.2010 – DOE de 14.10.2010 – Efeitos a partir de 1º.1.2011.*

**Art. 583.** A data de vencimento das parcelas subsequentes à primeira poderá ser indicada pelo contribuinte e será mantida inclusive nas hipóteses de reparcelamento e postergação da parcela.

- *Art. 583,* caput, *com redação dada pelo Decreto nº 58.475, de 22.10.2012 – DOE de 23.10.2012 – Efeitos a partir da publicação.*

Parágrafo único. Tratando-se de débito inscrito na dívida ativa, a data de vencimento de cada parcela será definida no termo de acordo.

- *Parágrafo único com redação dada pelo Decreto nº 46.529, de 4.2.2002 – DOE de 5.2.2002 – Efeitos a partir de 22.12.2001.*

**Art. 584.** (Revogado).

- *Art. 584 revogado pelo Decreto nº 56.276, de 13.10.2010 – DOE de 14.10.2010 – Efeitos a partir de 1º.1.2011.*

**Art. 585.** (Revogado).

- *Art. 585 revogado pelo Decreto nº 46.529, de 4.2.2002 – DOE de 5.2.2002 – Efeitos a partir de 22.12.2001.*

## CAPÍTULO VI
## DA LIQUIDAÇÃO DE DÉBITO FISCAL MEDIANTE A UTILIZAÇÃO DE CRÉDITO ACUMULADO

- *Título do Capítulo VI com redação dada pelo Decreto nº 53.836, de 17.12.2008 – DOE de 18.12.2008 – Efeitos a partir de 1º.11.2008.*

**Art. 586.** O contribuinte poderá requerer a liquidação de débitos fiscais prevista no art. 79, mediante utilização de crédito acumulado definido no art. 71 (Lei nº 6.374/1989, art. 102).

§ 1º. Para efeito deste artigo, considera-se débito fiscal a soma do imposto, das multas, da atualização monetária e dos juros de mora.

§ 2º. Tratando-se de débito apurado pelo fisco será passível de liquidação, no mínimo, a totalidade de cada espécie de infração, individualizada em relato e item próprio no Auto de Infração e Imposição de Multa.

§ 3º. Será admitida a liquidação de parcelas vincendas, sempre da última para a primeira, de débito fiscal objeto de parcelamento que esteja sendo regularmente cumprido, desde que haja saldo disponível de crédito acumulado apropriado suficiente para a liquidação integral de cada parcela, hipótese em que não se aplica o disposto no § 6º;

- *§ 3º com redação dada pelo Decreto nº 54.249, de 17.4.2009 – DOE de 18.4.2009 – Efeitos a partir de 1º.1.2010.*

§ 4º. Será admitida a liquidação de débito fiscal de outro contribuinte situado neste Estado, observadas, cumulativamente, as seguintes condições:

1 – em caso de débito do imposto declarado, deverá estar inscrito na dívida ativa;

2 – o devedor deverá anuir com a liquidação do seu débito mediante a utilização de crédito acumulado do imposto e formalizar desistência de eventual discussão, administrativa ou judicial, de embargos oferecidos à execução ou de qualquer ação visando à desconstituição do título ou da exigência fiscal;

3 – o contribuinte detentor do crédito acumulado, por qualquer de seus estabelecimentos, não poderá ter débito pendente de liquidação, inclusive decorrente de auto de infração e imposição de multa ou de saldo de parcelamento, salvo se o débito fiscal já tiver sido objeto de pedido de liquidação, nos termos deste artigo.

- *§ 4º acrescido dada pelo Decreto nº 54.249, de 17.4.2009 – DOE de 18.4.2009 – Efeitos a partir de 1º.1.2010.*

§ 5º. O pedido de liquidação implicará confissão irretratável do débito fiscal, expressa renúncia a qualquer defesa ou recurso administrativo e desistência dos já interpostos.

- *§ 5º, primitivo § 4º, renumerado pelo Decreto nº 54.249, de 17.4.2009 – DOE de 18.4.2009.*

§ 6º. O valor de cada pedido de liquidação não poderá ser inferior ao valor em reais correspondente a 500 (quinhentas) UFESPs.

- *§ 6º, primitivo § 5º, renumerado pelo Decreto nº 54.249, de 17.4.2009 – DOE de 18.4.2009.*

§ 7º. O pedido de liquidação de débito fiscal será formulado pelo estabelecimento que detiver o crédito acumulado conforme disciplina estabelecida pela Secretaria da Fazenda.

- *§ 7º, primitivo § 6º, renumerado pelo Decreto nº 54.249, de 17.4.2009 – DOE de 18.4.2009.*
- *Art. 586 com redação dada pelo Decreto nº 53.836, de 17.12.2008 – DOE de 18.12.2008 – Efeitos a partir de 1º.11.2008.*

**Art. 587.** O débito fiscal será (Lei nº 6.374/1989, art. 102):

I – quando apurado pelo fisco:

a) o fixado na decisão administrativa proferida até a data da protocolização do pedido de liquidação, se o procedimento fiscal tiver sido julgado;

b) o indicado na notificação ou no auto de infração, se o procedimento fiscal não tiver sido julgado;

II – quando não apurado pelo fisco, o denunciado pelo contribuinte;

III – quando inscrito na dívida ativa, o constante no termo de inscrição.

§ 1º. Em qualquer das hipóteses, aos valores do imposto e da multa somar-se-ão os da atualização monetária e dos juros de mora.

§ 2º. Na hipótese do § 3º do art. 586, o acréscimo financeiro incidente sobre a parcela vincenda objeto do pedido de liquidação integrará o débito fiscal para efeito deste capítulo e será aquele fixado para o mês do protocolo do requerimento.

- *Art. 587 com redação dada pelo Decreto nº 53.836, de 17.12.2008 – DOE de 18.12.2008 – Efeitos a partir de 1º.11.2008.*

**Art. 588.** O pedido de liquidação, que obedecerá à disciplina fixada pela Secretaria da Fazenda, implicará (Lei nº 6.374/1989, art. 102, § 2º):

I – interrupção da incidência, desde que atendido o disposto no *caput* do art. 590:

a) dos juros de mora, a partir do mês seguinte àquele em que tiver sido protocolado;

b) da atualização monetária, a partir do dia imediato àquele em que tiver sido protocolado;

II – obrigatoriedade de reserva:

a) de crédito acumulado suficiente para a liquidação do débito, se este for igual ou inferior àquele;

b) de todo o crédito acumulado, se o débito lhe for superior;

III – redução da multa prevista no § 1º do art. 528 ou aplicação do desconto previsto no art. 95 da Lei nº 6.374, de 1º março de 1989, de acordo com a data em que tiver sido protocolado o pedido, desde que atendido o disposto no *caput* do art. 590.

§ 1º. A reserva de crédito acumulado far-se-á na forma estabelecida pela Secretaria da Fazenda.

§ 2º. Até que se ultime a liquidação, o contribuinte não poderá utilizar, para outros fins, o crédito acumulado reservado.

§ 3º. A reserva de crédito acumulado excluirá a aplicação do disposto no art. 82 apenas em relação aos débitos indicados no pedido de liquidação cujo crédito reservado for suficiente para a compensação integral.

- *Art. 588 com redação dada pelo Decreto nº 53.836, de 17.12.2008 – DOE de 18.12.2008 – Efeitos a partir de 1º.11.2008.*

**Art. 589.** O pedido de liquidação será decidido pelo Secretário da Fazenda ou por autoridade por ele designada (Lei nº 6.374/1989, art. 102).

- *Art. 589 com redação dada pelo Decreto nº 53.836, de 17.12.2008 – DOE de 18.12.2008 – Efeitos a partir de 1º.11.2008.*

**Art. 590.** Deferido o pedido, o contribuinte deverá, no prazo de 30 (trinta) dias (Lei nº 6.374/1989, art. 102):

I – recolher a diferença entre o valor do débito fiscal e o do crédito acumulado reservado, se este for inferior àquele, com os devidos acréscimos legais;

II – recolher de uma só vez as custas e demais despesas judiciais.

§ 1º. Para efeito do recolhimento previsto no inciso I, deverá ser efetivada imputação do valor do crédito acumulado reservado, mediante distribuição proporcional entre os componentes do débito, assim entendidos o imposto ou a multa, a atualização monetária e os juros e multa de mora e o acréscimo financeiro devidos na data em que foi constituída a reserva de crédito acumulado.

§ 2º. No caso de débito fiscal de estabelecimento de outro contribuinte situado neste Estado os recolhimentos de que tratam os incisos I e II deverão ser feitos pelo contribuinte a que pertence a dívida.

- *§ 2º acrescido dada pelo Decreto nº 54.249, de 17.4.2009 – DOE de 18.4.2009 – Efeitos a partir de 1º.1.2010.*

§ 3º. Não sendo cumpridas as exigências previstas no *caput*:

1 – proceder-se-á à liquidação parcial do débito, até o valor do crédito acumulado reservado, ou somente das parcelas vincendas que couberem no valor da referida reserva de crédito, caso em que eventual excesso de reserva deverá ser reincorporado;

2 – prosseguir-se-á na cobrança do débito remanescente, observando-se, quando for o caso, quanto ao saldo devedor o disposto no art. 595;

3 – para determinação do débito remanescente será reincorporado ao valor do débito na data da constituição da reserva de crédito acumulado o valor do desconto ou da redução da multa, previstos no inciso III do art. 588.

- *§ 3º, primitivo § 2º, renumerado pelo Decreto nº 54.249, de 17.4.2009 – DOE de 18.4.2009.*
- *Art. 590 com redação dada pelo Decreto nº 53.836, de 17.12.2008 – DOE de 18.12.2008 – Efeitos a partir de 1º.11.2008.*

**Art. 591.** Cumpridas as exigências do caput do art. 590 será emitida declaração de liquidação firmada pela seguinte autoridade (Lei nº 6.374/1989, art. 102):

I – Chefe da repartição fiscal a que estiver vinculado o estabelecimento requerente, tratando-se de débito fiscal não inscrito na dívida ativa ou de parcela de parcelamento de débito fiscal não inscrito na dívida ativa;

II – Procurador-Chefe da Procuradoria Fiscal do Estado ou Procurador do Estado por ele designado, tratando-se de débito inscrito na dívida ativa ou de parcela de parcelamento de débito fiscal inscrito na dívida ativa.

Parágrafo único. A declaração prevista neste artigo poderá ser substituída por outro meio de comprovação, na forma estabelecida pela Secretaria da Fazenda.

- *Art. 591 com redação dada pelo Decreto nº 53.836, de 17.12.2008 – DOE de 18.12.2008 – Efeitos a partir de 1º.11.2008.*

**Art. 592.** Atendido o disposto no art. 590, ressalvada a hipótese prevista no seu § 2º, extingue-se a cobrança administrativa ou judicial (Lei nº 6.374/1989, art. 102).

- *Art. 592 com redação dada pelo Decreto nº 53.836, de 17.12.2008 – DOE de 18.12.2008 – Efeitos a partir de 1º.11.2008.*

## CAPÍTULO VII – DA DÍVIDA ATIVA

**Art. 593.** Determinada a inscrição do débito na dívida ativa pela Procuradoria Fiscal, cessará a competência dos demais órgãos administrativos, ressalvada a competência do Secretário da Fazenda prevista no § 4º do art. 570.

**Art. 594.** O Secretário da Fazenda poderá dispor sobre a prorrogação de prazo para a inscrição do débito na dívida ativa.

- *V. Lei Federal nº 6.830, de 22.9.1980 – Dispõe sobre a cobrança judicial da Dívida Ativa da Fazenda Pública, estabelecendo providências correlatas.*

## CAPÍTULO VIII – DAS DISPOSIÇÕES COMUNS

**Art. 595.** Verificado que o recolhimento do débito fiscal tenha sido efetuado com inobservância das disposições estabelecidas nos arts. 528, 565 e 566, será o devedor notificado a recolher a diferença, apurada de ofício, dentro de 10 (dez) dias, inscrevendo-se o débito na dívida ativa em caso de inadimplemento (Lei nº 6.374/1989, art. 103).

§ 1º. Diferença é o valor de imposto ou multa que restar devido após a imputação de que trata o parágrafo seguinte, acrescido de correção monetária e, quando for o caso, dos juros de mora, da multa de mora e dos honorários advocatícios.

§ 2º. A imputação deverá ser efetivada mediante distribuição proporcional do valor recolhido entre os componentes do débito, assim entendidos o imposto ou a multa, a atualização monetária, os juros de mora, a multa de mora e os honorários advocatícios devidos na data do recolhimento incompleto.

§ 3º. A notificação comportará reclamação em caso de erro de fato.

§ 4º. A reclamação deverá ser interposta no prazo deste artigo e será apreciada pela autoridade imediatamente superior à que tiver expedido a notificação.

- *V. Decreto nº 45.249, de 28.9.2000 – Dispõe sobre o cancelamento de débito fiscal, relativo as operações ou prestações realizadas até 31.12.1999, em qualquer fase que se encontrem, desde que seu valor, atualizado até 7.7.2000, não seja superior a R$ 399,03 (trezentos e noventa e nove reais e três centavos). Alterado pelo Decreto nº 45.644/2001, art. 4º.*

# LIVRO V
# DAS DISPOSIÇÕES FINAIS E TRANSITÓRIAS

## TÍTULO I
## DAS DISPOSIÇÕES FINAIS

### CAPÍTULO I – DA CONTAGEM DE PRAZOS

**Art. 596.** Salvo disposição expressa em contrário, os prazos contam-se em dias corridos, excluindo-se o dia do início e incluindo-se o do vencimento (Lei nº 6.374/1989, art. 108).

§ 1º. A contagem dos prazos só se inicia e o seu vencimento somente ocorre em dia de expediente normal da repartição, assim entendido o que é exercido no horário habitual.

§ 2º. Relativamente a obrigações que devam ser cumpridas em estabelecimento bancário, se o dia de vencimento ocorrer em feriado bancário estabelecido pelos órgãos competentes, o prazo fica prorrogado para o dia útil seguinte.

§ 3º. Havendo motivo impediente de extrema gravidade que impeça o contribuinte de cumprir obrigação tributária, poderá o Secretário da Fazenda admitir que ela seja cumprida no primeiro dia útil imediato ao da causa impeditiva.

§ 4º. O disposto no § 1º não se aplica aos prazos para cumprimento de obrigações, principal ou acessórias, que independam do funcionamento regular de repartições fiscais, tal como o recolhimento do imposto junto ao sistema bancário.

- *§ 4º acrescido pelo Decreto nº 47.278, de 29.10.2002 – DOE de 30.10.2002 – Efeitos a partir da publicação.*

### CAPÍTULO II
### DA CODIFICAÇÃO DAS OPERAÇÕES, PRESTAÇÕES E DAS SITUAÇÕES TRIBUTÁRIAS

#### Seção I
#### Da Codificação das Operações e Prestações

**Art. 597.** Todas as operações ou prestações realizadas pelo contribuinte serão codificadas mediante utilização do Código Fiscal de Operações e Prestações, constante no Anexo V (Convênio SINIEF de 15.12.1970, art. 5º, na redação do Ajuste SINIEF-3/94, cláusula primeira, II, Anexo referente ao Código Fiscal de Operações e Prestações, na redação do Ajuste SINIEF-11/89 e com alteração dos Ajustes SINIEF-3/94, SINIEF-6/95, SINIEF-7/96, SINIEF-3/98, SINIEF-6/98 e SINIEF-3/00).

Parágrafo único. As operações ou prestações relativas ao mesmo código serão aglutinadas em grupos homogêneos, para efeito de lançamento nos documentos e livros fiscais, de declaração em guia de informação e em outras hipóteses previstas na legislação.

#### Seção II
#### Da Codificação das Situações Tributárias

**Art. 598.** Toda mercadoria objeto de operação realizada pelo contribuinte será codificada, segundo a sua origem e conforme a tributação a que esteja sujeita, mediante a utilização do Código de Situação Tributária – CST, constante do Anexo V (Convênio SINIEF de 15.12.1970, art. 5º na redação do Ajuste SINIEF-3/94, cláusula primeira, II, e Anexos, Tabela A e Tabela B, esta na redação do Ajuste SINIEF-2/95, cláusula primeira, IV).

Parágrafo único. O código será utilizado na emissão da Nota Fiscal e em outras hipóteses previstas na legislação.

### CAPÍTULO III
### DO AJUSTE DE DIFERENÇAS

**Art. 599.** Será desconsiderada pelo fisco eventual diferença ocorrida na apuração ou no recolhimento de imposto, multa, atualização monetária ou acréscimos legais de valor correspondente a fração da unidade monetária (Lei nº 6.374/1989, art. 110).

### CAPÍTULO IV
### DAS OPERAÇÕES OU PRESTAÇÕES COM ENTIDADE DE DIREITO PÚBLICO OU SOCIEDADE PERTENCENTE AO PODER PÚBLICO

**Art. 600.** O contribuinte que realizar, com entidade de direito público, sociedade cujo maior acionista ou cujo acionista controlador, direta ou indiretamente, seja o Poder Público ou sociedade de economia mista, operações ou prestações sujeitas ao imposto fará, ao solicitar pagamento, prova do cumprimento de suas obrigações fiscais.

§ 1º. A prova será feita mediante entrega de cópia do correspondente documento fiscal e, quando for o caso, também, da guia de recolhimentos especiais.

§ 2º. A cópia dos documentos a que se refere o parágrafo anterior será remetida à Coordenadoria da Administração Tributária da Secretaria da Fazenda até o dia 10 (dez) de cada mês.

**Art. 601.** A entidade ou sociedade referida no artigo anterior não aceitará prestação de contas de adiantamento ou de aplicação de recursos sem que sejam apresentadas as provas na forma nele prevista.

**Art. 602.** O agente público que receber documentos fiscais, aceitar prestações de contas ou efetuar pagamentos com inobservância das exigências previstas neste capítulo responderá solidariamente pelo imposto não pago, sem prejuízo de outras penalidades em que por essas faltas incorrer.

## CAPÍTULO V DA UNIDADE FISCAL DO ESTADO DE SÃO PAULO – UFESP E SUA ATUALIZAÇÃO

**Art. 603.** A Unidade Fiscal do Estado de São Paulo – UFESP – terá o seu valor atualizado anualmente, segundo a variação acumulada do Índice de Preços ao Consumidor – IPC, calculado pela FIPE – Fundação Instituto de Pesquisas Econômicas da USP – Universidade de São Paulo, relativa à última aferição da segunda quadrissemana de cada mês (Lei nº 6.374/1989, art. 113, §§ 1º e 4º).

## CAPÍTULO VI DO DISTRITO FEDERAL

**Art. 604.** Salvo disposição em contrário, a referência aos Estados, neste Regulamento, abrange, também, o Distrito Federal.

## CAPÍTULO VII DAS MEDIDAS ESPECIAIS PARA O CUMPRIMENTO DAS OBRIGAÇÕES TRIBUTÁRIAS

**Art. 605.** O Secretário da Fazenda, para o fim do disposto no art. 112 da Lei nº 6.374/1989, de 1º.3.1989, sempre que ocorrerem hipóteses ali previstas, poderá, à vista de parecer fundamentado, mediante despacho em cada caso, instituir regime especial para cumprimento das obrigações tributárias (Lei nº 6.374/1989, art. 112).

## CAPÍTULO VIII – DOS CÓDIGOS DA NOMENCLATURA BRASILEIRA DE MERCADORIAS/SISTEMA HARMONIZADO

**Art. 606.** As reclassificações, agrupamentos e desdobramentos de códigos da Nomenclatura Brasileira de Mercadorias – Sistema Harmonizado – NBM/SH não implicam mudanças no tratamento tributário dispensado pela legislação às mercadorias e bens classificados nos correspondentes códigos (Convênio ICMS-117/96).

# TÍTULO II DAS DISPOSIÇÕES TRANSITÓRIAS

**Art. 1º. (DDTT).** O crédito do imposto com relação à entrada de energia elétrica e aos serviços de comunicação tomados pelo contribuinte, ocorridos a partir de 1º de janeiro de 2011 e até 31 de dezembro de 2019, somente será efetuado relativamente (Lei Complementar federal nº 87/1996, art. 33, II e IV, na redação da Lei Complementar nº 102/2000, art. 1º, com alteração da Lei Complementar nº 138/2010, art. 1º):

- *Art. 1º,* caput, *com redação dada pelo Decreto nº 56.805, de 3.3.2011 – DOE de 4.3.2011 – Efeitos a partir de 1º.1.2011.*

I – à entrada de energia elétrica no estabelecimento, quando:

a) for objeto de operação de saída de energia elétrica;

b) for consumida em processo de industrialização;

c) seu consumo resultar em operação de saída ou prestação para o exterior, na proporção destas sobre as saídas ou prestações totais;

II – ao recebimento de serviços de comunicação utilizados pelo contribuinte, quando:

a) tenham sido prestados na execução de serviços da mesma natureza;

b) de sua utilização resultar operação de saída ou prestação para o exterior, na proporção desta sobre as saídas ou prestações totais.

**Art. 2º. (DDTT).** (Revogado).

- *Art. 2º revogado pelo Decreto nº 47.452, de 16.12.2002 – DOE de 17.12.2002 – Efeitos a partir de 17.12.2002.*

**Art. 3º. (DDTT).** Com relação às entradas, ocorridas até 31 de dezembro de 2000, de mercadorias destinadas à integração no ativo permanente, o crédito do imposto, quando admitido, deverá ser efetuado integralmente no mês em que ocorrer a entrada da mercadoria no estabelecimento, observadas as regras gerais relativas ao crédito do imposto (Lei nº 6.374/1989, arts. 41 e 42, e Lei Complementar Federal nº 87/1996, art. 20, na redação original).

§ 1º. Salvo disposição em contrário, o contribuinte deverá proceder ao estorno do imposto de que se tiver creditado, quando:

1 – estiver relacionado com prestações de serviço ou com saídas de mercadorias isentas ou não tributadas, sem manutenção de crédito, caso em que o estorno se fará na proporção das saídas ou prestações isentas ou não tributadas, observado o disposto no § 2º;

2 – vier a ser objeto de saída, decorrente de alienação, antes de decorridos 5 (cinco) anos contados da data de aquisição, hipótese em que o estorno será de 20% (vinte por cento) por ano ou fração que faltar para completar o quinquênio, observado o disposto no § 2º;

3 – vier a se enquadrar em qualquer das hipóteses previstas no art. 66 deste Regulamento.

§ 2º. Para efeito do estorno previsto no parágrafo anterior, observar-se-á o que segue:

1 – será mantido no estabelecimento, na forma definida pela Secretaria da Fazenda, controle do crédito fiscal decorrente da entrada de bem destinado ao ativo permanente;

2 – em cada período, o montante do estorno será o que se obtiver multiplicando-se o respectivo crédito pelo fator igual a um sessenta avos da relação entre a soma das saídas e prestações isentas e não tributadas e o total das saídas e prestações no mesmo período, equiparando-se, para esse efeito, as saídas e prestações isentas ou não tributadas, em que haja previsão de manutenção de crédito, às tributadas;

3 – o quociente de um sessenta avos será proporcionalmente aumentado ou diminuído, "*pro rata die*", caso o período de apuração seja superior ou inferior a um mês;

4 – o montante que resultar da aplicação dos itens 2 e 3 será lançado no controle previsto no item 1 como estorno de crédito;

5 – ao fim do quinto ano contado da data do lançamento do crédito no controle previsto no item 1, o saldo remanescente do crédito será cancelado de modo a não mais ocasionar estornos.

§ 3º. Sem prejuízo das demais hipóteses previstas na legislação, o imposto creditado nos termos do inciso VIII do art. 63 deste Regulamento deverá, também, ser estornado integralmente quando o arrendatário, qualquer que seja o fator determinante, promover a devolução do bem ao arrendador, obedecida a forma estabelecida no § 2º.

**Art. 4º. (DDTT).** Na saída, com destino a outro estabelecimento do mesmo titular, de bem do ativo permanente que tenha entrado no estabelecimento até 31 de dezembro de 2000, em hipótese em que haja saldo remanescente do crédito do imposto no controle previsto no item 1 do § 2º do artigo anterior do estabelecimento de origem, observar-se-á o que segue (Lei nº 6.374/1989, art. 36, com alteração da Lei nº 9.359/1996, arts. 2º, I, e 67, § 1º; Lei Complementar Federal nº 87/1996, art. 20):

I – o estabelecimento remetente do bem transferirá o saldo credor remanescente, devendo:

a) indicar no campo "Informações Complementares" da correspondente Nota Fiscal o número, a data da Nota Fiscal de aquisição do bem e o valor do crédito original, seguidos da expressão "Ativo Permanente – Transferência de Crédito Remanescente – Valor de R$ (...)", anotando, ainda, o período faltante para o estorno previsto no § 1º do art. 21 da referida lei complementar, na sua redação original;

b) registrar no livro Registro de Apuração do ICMS o saldo remanescente do crédito, no quadro "Débito do Imposto – Estornos de Créditos", com a expressão "Ativo Permanente – Transferência de Crédito";

c) cancelar o saldo remanescente do crédito no controle referido no *caput*, anotando a expressão "Saldo Transferido pela Nota Fiscal nº (...), de __/__/__";

II – o estabelecimento destinatário do bem deverá:

a) registrar o saldo remanescente do crédito recebido em transferência no livro Registro de Apuração do ICMS, no quadro "Crédito do Imposto – Outros Créditos", com a expressão "Ativo Permanente – Transferência de Crédito";

b) adotar o controle referido no *caput*, para efeito do estorno previsto no § 4º do art. 21 da citada lei complementar, na sua redação original, destacando o período que resta para completar o quinquênio, contado da data da aquisição do bem.

Parágrafo único. O saldo remanescente previsto no *caput* é aquele que resultar da multiplicação de 1/60 (um sessenta avos) do valor do crédito original pela quantidade de meses que faltar para completar os 60 (sessenta) meses, contados da data da aquisição do bem.

**Art. 5º. (DDTT).** Fica suspensa a atualização monetária dos débitos fiscais prevista no art. 566 deste Regulamento (Lei nº 10.175/1998, art. 2º, *caput*).

**Art. 6º. (DDTT).** Até 31 de dezembro de 2002, o lançamento do imposto incidente nas operações decorrentes de doações de mercadorias efetuadas pelo Programa Mundial de Alimentos – PMA – à Companhia Nacional de Abastecimento – CONAB, vinculadas ao programa Comunidade Solidária, fica diferido para o momento em que ocorrer sua subsequente saída promovida por esta empresa (Convênio ICMS-63/95 e Convênio ICMS-10/01, cláusula primeira, V, "b").

- *Art. 6º com redação dada pelo Decreto nº 45.824, de 25.5.2001 – DOE de 26.5.2001 – Efeitos a partir de 1º.5.2001.*

**Art. 7º. (DDTT).** O estabelecimento frigorífico enquadrado no código da Classificação Nacional de Atividades Econômicas – CNAE 15113 de que trata o art. 372, poderá transferir para estabelecimento varejista ou industrial situado neste Estado, simultaneamente à operação de remessa de produtos comestíveis resultantes do abate de gado bovino ou suíno e na própria Nota Fiscal dessa remessa, crédito do imposto acumulado a partir de 1º de novembro de 1996, em razão da ocorrência prevista nos incisos I e II do art. 71 e vinculado à entrada de gado em pé bovino ou suíno de outro Estado, e crédito recebido em transferência de estabelecimento rural de produtor do gado bovino ou suíno, desde que o imposto transferido não seja superior ao correspondente à carga tributária máxima de 5% (cinco por cento) do valor da operação (Lei nº 6.374/1989, art. 46).

• *Art. 7º,* caput, *com redação dada pelo Decreto nº 46.529, de 4.2.2002 – DOE de 5.2.2002 – Efeitos a partir de 1º.1.2001.*

§ 1º. Para aplicação do disposto neste artigo observar-se-á disciplina estabelecida pela Secretaria da Fazenda.

§ 2º. O disposto neste artigo aplicar-se-á também em relação à operação da qual resulte aquisição de couro verde por estabelecimento que se dedique a processo de curtimento de couro.

§ 3º. O disposto neste artigo terá aplicação até 31 de dezembro de 2002.

• *§ 3º com redação dada pelo Decreto nº 46.413, de 21.12.2001 – DOE de 22.12.2001 – Efeitos a partir da publicação.*

• *V. arts. 71 e 372 do RICMS/2000.*

**Art. 8º. (DDTT).** (Revogado).

• *Art. 8º revogado pelo Decreto nº 51.299, de 23.11.2006 – DOE de 24.11.2006 – Efeitos a partir da publicação.*

**Art. 9º. (DDTT).** O estabelecimento fabricante de assentos utilizados em veículo automotor, classificados na posição 9401 da Nomenclatura Brasileira de Mercadorias – Sistema Harmonizado – NBM/SH, poderá transferir para estabelecimento fabricante de veículo automotor, localizado neste Estado, simultaneamente à operação de remessa desses produtos e na própria Nota Fiscal dessa remessa, crédito do imposto até a importância correspondente à carga tributária máxima de 6% (seis por cento) do valor da operação (Lei nº 6.374/1989, art. 46).

§ 1º. Para aplicação do disposto neste artigo observar-se-á disciplina estabelecida pela Secretaria da Fazenda.

§ 2º. O disposto neste artigo terá aplicação enquanto os assentos automotivos forem tributados à alíquota de 12% (doze por cento).

**Art. 10. (DDTT).** (Revogado).

• *Art. 10 revogado pelo Decreto nº 46.295, de 23.11.2001 – DOE de 24.11.2001 – Efeitos a partir de 1º.1.2002.*

**Art. 11. (DDTT).** Para efeito de recolhimento do imposto em prazo especial, a Secretaria da Fazenda enquadrará de ofício como contribuinte de pequeno porte os estabelecimentos industriais ou atacadistas pertencentes a empresa que tenha realizado, pelo conjunto de todos os seus estabelecimentos, saídas no exercício imediatamente anterior até o montante correspondente a 450.000 (quatrocentas e cinquenta mil) Unidades Fiscais do Estado de São Paulo – UFESPs (Lei nº 6.374/1989, art. 59).

§ 1º. Os estabelecimentos enquadrados na forma deste artigo poderão recolher o imposto, sem os acréscimos legais, tais como a multa prevista no art. 528 e os juros de mora, desde que observado o disposto no art. 566, até o dia 10 (dez) do segundo mês subsequente ao da ocorrência do fato gerador.

§ 2º. O disposto neste artigo não se aplica às seguintes atividades econômicas:

1 – distribuidor de combustíveis, como tal definido e autorizado por órgão federal competente;

2 – Transportador Revendedor Retalhista de combustíveis – TRR;

3 – comércio atacadista de lubrificantes.

§ 3º. O disposto neste artigo será aplicado aos fatos geradores que ocorrerem até 31 de março de 2007.

• *§ 3º com redação dada pelo Decreto nº 50.669, de 30.3.2006 – DOE de 31.3.2006 – Efeitos a partir da publicação.*

• *V. art. 112 do RICMS/2000.*

**Art. 12. (DDTT).** Os impressos de documentos fiscais, cuja confecção tenha sido efetivada ou autorizada até a entrada em vigor deste Regulamento, poderão ser utilizados até se esgotarem, ainda que mencionem dispositivos do regulamento anterior.

• *V. arts. 184 e 194 do RICMS/2000.*

**Art. 13. (DDTT).** Até que seja baixada a correspondente disciplina pela Secretaria da Fazenda, aplicam-se as disposições dos arts. 516 a 529 do Regulamento do Imposto sobre Circulação de Mercadorias e sobre Prestação de Serviços, aprovado pelo Decreto nº 33.118, de 14.3.1991, à emissão e escrituração de documentos e livros fiscais por processo mecanizado (Lei nº 6.374/1989, art. 67, § 1º, Convênio SINIEF de 15.12.1970, art. 10, § 6º, na redação do Ajuste SINIEF-2/88, cláusula primeira, e Convênio SINIEF-6/89, art. 89, *caput*).

• *V. arts. 193 e 199 do RICMS/2000.*

**Art. 14. (DDTT).** Enquanto não for proferida decisão definitiva na Ação Direta de Inconstitucionalidade nº 310 – 1/90, impetrada pelo Governo do Estado do Amazonas perante o Supremo Tribunal Federal, com deferimento de liminar em favor daquele Estado, não produzem efeitos as seguintes disposições deste Regulamento relacionadas com as remessas de produtos industrializados para os municípios de Manaus, Rio Preto da Eva e Presidente Figueiredo, prevalecendo, em todas as operações indicadas, a isenção nas remessas para as áreas incentivadas, com manutenção integral dos créditos fiscais relativos à mercadoria utilizada como matéria-prima ou material secundário na fabricação e embalagem dos produtos:

I – tributação de ICMS nas remessas de açúcar de cana – art. 84 do Anexo I;

II – tributação de produtos industrializados semielaborados com redução de base de cálculo – art. 84 do Anexo I e art. 21 do Anexo II;

III – estorno dos créditos fiscais a ser realizado pelos remetentes paulistas nas remessas de produtos beneficiados com isenção – art. 84 do Anexo I.

• *Art. 14 com redação dada pelo Decreto nº 45.824, de 25.5.2001 – DOE de 26.5.2001 – Efeitos a partir de 1º.1.2001.*

**Art. 15. (DDTT).** (Revogado).

• *Art. 15 revogado pelo Decreto nº 48.111, de 26.9.2003 – DOE de 27.9.2003 – Efeitos a partir da publicação.*

**Art. 16. (DDTT).** Excepcionalmente, em razão da alteração do limite de receita bruta dos contribuintes enquadrados no regime da microempresa e da empresa de pequeno porte, conforme estabelecido pela Lei nº 10.669, de 24.10.2000, em 1º de janeiro de 2001 serão automaticamente alterados os regimes tributários dos contribuintes a que se refere o Anexo XX, como segue:

I – de empresa de pequeno porte classe "A" para microempresa;

II – de empresa de pequeno porte classe "B" para empresa de pequeno porte classe "A".

§ 1º. Considera-se sem efeito o reenquadramento mencionado no caput caso o contribuinte tenha ultrapassado o limite de receita bruta no exercício de 2000, nos termos do § 2º do art. 3º do Anexo XX, e não tenha comunicado o fato à Secretaria da Fazenda.

§ 2º. Na hipótese do parágrafo anterior, o contribuinte deverá efetuar a comunicação prevista no § 1º do art. 4º do Anexo XX com a consequente alteração do regime tributário em que estiver enquadrado, sujeitando-se às penalidades previstas nos arts. 16 e 17 do referido anexo em caso de descumprimento.

**Art. 17. (DDTT).** Fica suspensa a disciplina do diferimento do lançamento do imposto prevista nos arts. 355 a 361 deste Regulamento enquanto vigorar o benefício fiscal de isenção previsto no art. 41 do Anexo I, exclusivamente em relação aos produtos ali indicados.

• *V. Seção VIII, Capítulo IV, Título II, Livro II, do RICMS/2000 (arts. 355 a 361).*

**Art. 18. (DDTT).** A obrigatoriedade do uso de Equipamento Emissor de Cupom Fiscal – ECF, nos termos do art. 251, não se aplica:

I – até 30 de junho de 2008, ao estabelecimento prestador de serviços de transporte interestadual e intermunicipal de passageiro, com receita bruta anual superior a R$ 120.000,00 (cento e vinte mil reais), mesmo em razão do início de suas atividades.

• *Inciso I com redação dada pelo Decreto nº 52.431, de 4.12.2007 – DOE de 5.12.2007 – Efeitos a partir de 1º.1.2008.*

II – no que se refere à adoção de Equipamento Emissor de Cupom Fiscal – ECF com Memória de Fita-Detalhe (MFD), ao estabelecimento com receita bruta anual a seguir indicada, ao qual poderá ser autorizado o uso de Equipamento Emissor de Cupom Fiscal – ECF sem Memória de Fita-Detalhe (MFD), até:

a) 31 de dezembro de 2006, superior a R$ 240.000,00 (duzentos e quarenta mil reais) até R$ 2.400.000,00 (dois milhões e quatrocentos mil reais);

b) 30 de junho de 2007, superior a R$ 120.000,00 (cento e vinte mil reais) até R$ 240.000,00 (duzentos e quarenta mil reais).

Parágrafo único. O estabelecimento autorizado, nos termos deste artigo, a utilizar Equipamento Emissor de Cupom Fiscal – ECF sem Memória de Fita-Detalhe (MFD), poderá utilizá-lo até ocorrer o esgotamento da Memória Fiscal (MF).

• *Art. 18 acrescido pelo Decreto nº 45.644, de 26.1.2001 – DOE de 27.1.2001, e com redação dada pelo Decreto nº 51.299, de 23.11.2006 – DOE de 24.11.2006 – Efeitos a partir da publicação.*

**Art. 19. (DDTT).** (Revogado).

• *Art. 19 acrescido pelo Decreto nº 45.644, de 26.1.2001 – DOE de 27.1.2001, e revogado pelo art. 3º do Decreto nº 46.027 de 22.8.2001 – DOE de 23.8.2001 – Efeitos a partir da publicação.*

• *V. art. 474-A que dispõe sobre a saída para outros Estados que especifica de mercadoria a título de consignação industrial.*

**Art. 20. (DDTT).** A partir de 1º de março de 2004, o contribuinte que promover operações interestaduais com combustíveis derivados de petróleo em que o imposto tenha sido retido anteriormente ou com etanol anidro combustível – EAC, cuja operação tenha ocorrido com diferimento do lançamento do imposto, deverá entregar as informações relativas a essas operações, simultaneamente (Convênio ICMS-54/02, com alterações do Convênio ICMS-121/02, do Convênio ICMS-108/03, cláusula segunda, e do Convênio ICMS-101/04, cláusula primeira, II):

• *Art. 20 (DDTT),* caput, *com redação dada pelo Decreto nº 59.997, de 20.12.2013 – DOE de 21.12.2013 – Efeitos a partir de 1º.3.2014.*

I – por transmissão eletrônica de dados, conforme previsto no art. 423-A deste Regulamento e;

• *Inciso I com redação dada pelo Decreto nº 48.475, de 28.1.2004 – DOE de 29.1.2004 – Efeitos a partir da publicação.*

II – por relatórios, nos termos do Convênio ICMS-54/02, de 28 de junho de 2002, cujos modelos, Anexos I a VII, foram aprovados pelo Convênio ICMS-121/02, de 20 de setembro de 2002:

a) pelo período de nove meses, para os contribuintes obrigados a entregar os Anexos VI e VII;

b) pelo período de seis meses, para os demais casos;

• *Inciso II com redação dada pelo Decreto nº 49.203, de 1º.12.2004 – DOE de 2.12.2004 – Efeitos a partir de 30.9.2004.*

§ 1º. Os relatórios de que trata o inciso II deverão ser entregues até as datas a seguir indicadas, compreendendo as operações realizadas no mês anterior:

1 – pelo contribuinte que tiver recebido o combustível de outro contribuinte substituído, até o dia 3 (três) de cada mês;

2 – pelo contribuinte que tiver recebido o combustível diretamente do sujeito passivo por substituição, até o dia 5 (cinco) de cada mês;

3 – pelo importador, até o dia 5 (cinco) de cada mês;

4 – pela refinaria de petróleo ou suas bases:

a) até o dia 13 (treze) de cada mês, em relação às operações cujo imposto tenha sido anteriormente retido por refinaria de petróleo ou suas bases;

b) até o dia 23 (vinte e três) de cada mês, em relação às operações cujo imposto tenha sido anteriormente retido por outros contribuintes.

- *§ 1º com redação dada pelo Decreto nº 48.831, de 29.7.2004 – DOE de 30.7.2004 – Efeitos a partir de 24.6.2004.*

§ 2º. O relatório a que se refere o modelo constante no Anexo I do Convênio ICMS 54/02, de 28 de junho de 2002, deverá ser entregue mensalmente, ainda que não tenham ocorrido operações interestaduais no mês anterior.

- *§ 2º com redação dada pelo Decreto nº 48.475, de 28.1.2004 – DOE de 29.1.2004 – Efeitos a partir de 29.1.2004.*
- *Art. 20 acrescido pelo Decreto nº 47.021, de 22.8.2002 – DOE de 23.8.2002 – Produzindo efeitos em relação aos fatos geradores que ocorrerem a partir de 1º de outubro de 2002.*

**Art. 21. (DDTT).** O contribuinte paulista detentor de crédito acumulado, que pretenda realizar investimentos neste Estado, para a modernização ou ampliação de suas plantas industriais e para construção de novas fábricas, poderá utilizar crédito acumulado do ICMS, apropriado até 30 de novembro de 2007, para:

- *Art. 21,* caput, *com redação dada pelo Decreto nº 51.134, de 26.9.2006 – DOE de 27.9.2006 – Efeitos a partir da publicação.*

I – pagamento de bens e mercadorias adquiridos, inclusive energia elétrica, exceto material de uso e consumo, a serem utilizados na realização do projeto de investimento neste Estado;

II – pagamento do ICMS relativo à importação de bens destinados ao seu ativo imobilizado;

III – transferência a contribuinte do ICMS, visando a realização do projeto de investimento.

§ 1º. O disposto neste artigo fica condicionado a que:

1 – o montante total do investimento a ser efetuado seja igual ou superior a R$ 50.000.000,00 (cinquenta milhões de reais);

2 – o montante total de crédito acumulado a ser utilizado nos termos deste artigo seja igual ou superior a R$ 25.000.000,00 (vinte e cinco milhões de reais) devidamente apropriado na data da protocolização do pedido;

3 – a execução do projeto de investimento seja realizada nos termos em que foi requerida e obedeça o cronograma de utilização do crédito acumulado apropriado aprovado pelo Secretário da Fazenda;

4 – os bens destinados ao ativo imobilizado permaneçam no estabelecimento paulista pelo prazo mínimo de 48 (quarenta e oito) meses, contados da data da conclusão do projeto de investimento;

5 – os bens importados pelo contribuinte, para fins de utilização na execução do projeto de investimento, sejam desembarcados e desembaraçados neste Estado;

6 – pelo menos 50% (cinquenta por cento) do valor total dos bens e mercadorias nacionais, para fins de execução do projeto de investimento, sejam adquiridos de fabricantes paulistas;

7 – sejam observados, naquilo que não conflitar com este artigo, o disposto nos arts. 71 e seguintes e a disciplina estabelecida pela Secretaria da Fazenda.

§ 2º. Para fins do disposto neste artigo, o contribuinte deverá protocolizar pedido dirigido aos Secretários da Fazenda e da Ciência e Tecnologia, até 31 de dezembro de 2007, na Secretaria da Ciência e Tecnologia, contendo no mínimo:

- *§ 2º,* caput, *com redação dada pelo Decreto nº 51.134, de 26.9.2006 – DOE de 27.9.2006 – Efeitos a partir da publicação.*

1 – sua natureza;

2 – o montante total estimado do investimento;

3 – sua localização;

4 – as datas prováveis de seu início e conclusão;

5 – lista com previsão dos bens e mercadorias a serem adquiridos, com valores totalizados por prováveis fornecedores;

6 – cronograma relativo:

a) ao montante de crédito a ser utilizado em cada mês de execução do projeto de investimento;

b) às aquisições de bens e mercadorias para o investimento;

7 – relação, contendo, no mínimo, a razão social, o endereço e os números de inscrição estadual e no CNPJ, dos prováveis:

a) fornecedores destinatários do crédito acumulado a ser transferido nos termos do inciso I;

b) destinatários do crédito acumulado a ser transferido nos termos do inciso III.

§ 3º. O pedido mencionado no § 2º deverá ser instruído, também, com memorial descritivo do projeto de investimento.

§ 4º. Compete ao Secretário da Ciência e Tecnologia analisar o pedido e elaborar parecer sobre sua viabilidade e oportunidade, encaminhando-os à Secretaria da Fazenda.

§ 5º. O Secretário da Fazenda apreciará o pedido, aprovando, se for o caso, o cronograma de utilização do crédito acumulado apropriado.

§ 6º. O contribuinte deverá apresentar ao Secretário da Ciência e Tecnologia relatório:

1 – relativamente à execução do projeto de investimento, semestralmente, a partir da data da aprovação do cronograma, demonstrando o cumprimento do cronograma de execução do projeto bem como, a efetiva aquisição dos bens e mercadorias e sua aplicação no projeto;

2 – até 180 (cento e oitenta) dias da conclusão do projeto, demonstrando a observância dos requisitos e condições estabelecidos.

§ 7º. O Secretário da Ciência e Tecnologia deverá:

1 – analisar os relatórios de que trata o § 6º, encaminhando seu parecer ao Secretário da Fazenda, no qual alertará sobre eventuais irregularidades constatadas;

2 – tratando-se de relatório referente à conclusão, elaborar parecer que deverá indicar inclusive a data de conclusão do projeto e encaminhá-lo ao Secretário da Fazenda;

3 – comunicar ao Secretário da Fazenda a não entrega de relatório no prazo fixado.

§ 8º. O descumprimento de qualquer das condições previstas no § 1º implica suspensão da autorização para transferência ou utilização de crédito acumulado.

§ 9º. A critério do Secretário da Fazenda, sanadas as irregularidades que motivaram a suspensão prevista no § 8º, poderá ser retomado o cronograma de transferência de crédito.

§ 10. Fica vedada a utilização de crédito acumulado quando ocorrer a suspensão prevista no § 8º por três vezes, consecutivas ou não.

§ 11. A critério do Secretário da Fazenda, o disposto neste artigo aplica-se também ao crédito gerado nos termos do art. 71, ainda não apropriado, desde que o contribuinte:

1 – apresente pedido dirigido ao Secretário da Fazenda, solicitando autorização para apropriação do crédito acumulado;

2 – ofereça garantia, mediante fiança bancária, seguro de obrigações contratuais ou garantia real, exceto penhor, de valor mínimo equivalente ao requerido, que deverá vigorar pelo prazo estipulado pelo Secretário da Fazenda.

- *Item 2 com redação dada pelo Decreto nº 51.134, de 26.9.2006 – DOE de 27.9.2006 – Efeitos a partir da publicação.*

- *Art. 21 acrescido como art. 22 pelo Decreto nº 49.239, de 13.12.2004 – DOE de 14.12.2004 – Renumerado pelo Decreto nº 49.275, de 21.12.2004 – DOE de 22.12.2004 – Efeitos a partir da publicação.*

**Art. 22. (DDTT).** Os contribuintes obrigados à inscrição nos termos do art. 4º do Anexo XVII deverão requerer a regularização de sua situação no prazo de 30 (trinta) dias contados da publicação da disciplina a ser estabelecida pela Secretaria da Fazenda.

- *Art. 22 acrescido pelo Decreto nº 49.344, de 24.1.2005 – DOE de 25.1.2005 – Efeitos a partir da publicação.*

**Art. 23. (DDTT).** Até 30 de setembro de 2005, nas hipóteses previstas nos incisos I e II do art. 293, quando a base de cálculo for formada a partir do preço praticado pelo estabelecimento distribuidor, depósito ou atacadista, nele incluídos os valores correspondentes a frete, carreto, seguro, impostos e outros encargos transferíveis ao varejista, será acrescida, sobre o referido montante, a importância resultante da aplicação de um dos seguintes percentuais de margem de valor agregado:

I – para bebidas hidroeletrolíticas (isotônicas):

a) em garrafa de vidro retornável igual a 600 ml, 40% (quarenta por cento);

b) em garrafa de vidro retornável acima de 600 ml, 20% (vinte por cento);

c) em garrafa plástica não retornável até 1 (um) litro, 20% (vinte por cento);

d) em lata e garrafa não retornável, 35% (trinta e cinco por cento);

e) em garrafa retornável com até 330 ml, 70% (setenta por cento);

II – para água natural, mineral, gasosa ou não, ou potável, em:

a) garrafa plástica ou de vidro retornável ou não com capacidade até 500 ml, 58% (cinquenta e oito por cento);

b) garrafa plástica ou de vidro retornável ou não com capacidade acima de 500 ml até 2 (dois) litros, 32% (trinta e dois por cento);

c) embalagem com capacidade igual ou superior a 5.000 ml, 32% (trinta e dois por cento);

d) copo plástico de até 300 ml, 92% (noventa e dois por cento);

e) outras embalagens, 40% (quarenta por cento).

- *Art. 23 acrescido pelo Decreto nº 49.361, de 1º.2.2005 – DOE de 3.2.2005, e com redação dada pelo Decreto nº 49.841, de 5.8.2005 – DOE de 6.8.2005 – Efeitos a partir de 1º.8.2005.*

**Art. 24. (DDTT).** (Revogado).

- *Art. 24 acrescido pelo Decreto nº 49.472, de 10.3.2005 – e revogado dada pelo Decreto nº 55.652, de 30.3.2010 – DOE de 31.3.2010 – Efeitos a partir da publicação.*

**Art. 25. (DDTT).** (Revogado).

- *Art. 25 acrescido pelo Decreto nº 49.610, de 23.5.2005 – DOE de 24.5.2005, e revogado pelo Decreto nº 50.093, de 7.10.2005 – DOE de 8.10.2005 – Efeitos a partir de 27.9.2005.*

**Art. 26. (DDTT).** O lançamento da diferença do valor entre o imposto incidente na saída interna de mercadoria promovida por contribuinte que exerça a atividade de Central de Negócios com destino a estabelecimento comercial associado e o valor do imposto relativo à entrada dessa mesma mercadoria, fica diferido para o momento em que o estabelecimento comercial associado da Central de Negócios, localizado neste Estado, promover a sua subsequente saída, nos termos e condições previstos em disciplina estabelecida pela Secretaria da Fazenda (Lei nº 6.374, de 1º de março de 1989, art. 8º, inciso XXIV, e § 10, na redação da Lei nº 9.176/1995, art. 1º).

§ 1º. Para os fins do disposto neste artigo:

1 – entende-se por:

a) Central de Negócios, a pessoa jurídica, sem fins lucrativos, regularmente inscrita no Cadastro de Contribuintes do ICMS, que tenha como atividade preponderante a aquisição de mercadoria de fabricante ou atacadista paulista para revenda a contribuinte que figure em seu quadro de associados;

b) Estabelecimento Comercial Associado, o contribuinte varejista regularmente inscrito no Cadastro de Contribuintes do ICMS, que figure no quadro de associados da Central de Negócios;

2 – será excluído da condição de Central de Negócios o contribuinte que:

a) promover saída de mercadoria para estabelecimento não associado em valor superior a 30% (trinta por cento) do valor total das saídas promovidas no mesmo mês;

b) praticar, em operação de saída para associado, valor superior a 10% (dez por cento) em relação ao valor da última entrada da mesma mercadoria;

c) deixar de emitir e escriturar documentos e livros fiscais por sistema eletrônico de processamento de dados, observado o disposto no art. 250;

d) tiver entre seus associados estabelecimento que não emitir ou escriturar documentos e livros fiscais por sistema eletrônico de processamento de dados, observado o disposto no art. 250.

§ 2º. O diferimento previsto no *caput* não se aplica na hipótese de a Central de Negócios promover saída:

1 – de mercadoria adquirida em operação interestadual;

2 – para contribuinte que não figure como estabelecimento comercial associado, ainda que estabelecido em território paulista;

3 – para contribuinte optante do Regime Especial Unificado de Arrecadação de Tributos e Contribuições devidos pelas Microempresas e Empresas de Pequeno Porte – "Simples Nacional", ainda que pertencente ao seu quadro de associados.

- *Item 3 com redação dada pelo Decreto nº 52.104, de 29.8.2007 – DOE de 30.8.2007 – Efeitos a partir da publicação.*

§ 3º. (*Omissis*).

§ 4º. Em relação às operações com mercadorias sujeitas ao regime da sujeição passiva por substituição tributária, em que o imposto já tenha sido retido anteriormente, a Central de Negócios deverá informar no campo Informações Complementares da Nota Fiscal por ela emitida:

1 – os dados do sujeito passivo por substituição: nome ou razão social, números de inscrição no CNPJ e no Cadastro de Contribuintes do ICMS;

2 – o número, a data e o valor da Nota Fiscal emitida pelo sujeito passivo por substituição;

3 – o valor do imposto retido.

§ 5º. O disposto neste artigo vigorará até 30 de junho de 2008.

- *§ 5º com redação dada pelo Decreto nº 52.431, de 4.12.2007 – DOE de 5.12.2007 – Efeitos a partir de 1º.1.2008.*
- *Art. 26 acrescido pelo Decreto nº 50.172, de 4.11.2005, DOE de 5.11.2005 – Efeitos a partir de 1º.1.2006.*

**Art. 27. (DDTT).** O lançamento do imposto incidente na saída interna promovida pelo estabelecimento fabricante das mercadorias relacionadas no § 1º diretamente a estabelecimento fabricante de vagão ferroviário de carga, fica diferido para o momento em que ocorrer a subsequente saída do destinatário da mesma mercadoria ou de outra resultante de sua industrialização (Lei nº 6.374/1989, art. 8º, XXIV e § 10, na redação da Lei nº 9.176/ 1995, art. 1º, I).

- *Art. 27 acrescido pelo Decreto nº 50.263, de 28.11.2005, DOE de 29.11.2005 – Efeitos a partir de 1º.12.2005.*

§ 1º. Estão abrangidas pelo diferimento exclusivamente as mercadorias a seguir relacionadas, segundo a posição, subposição ou código da Nomenclatura Brasileira de Mercadorias – Sistema Harmonizado – NBM/SH:

1 – bobina, chapa e barra de aço; 7208.36, 7208.37.00, 7208.38, 7208.40.00, 7208.51.00, 7213.99.90, 7214.91.00, 7214.9, 7215.10.00, 7225.30.00, 7225.40.90;

2 – perfil em L de aço, 7216.40.10;

3 – tubo de aço, 7304.10.90, 7304.31.10, 7306.30.00, 7306.50.00, 7326.90.00;

4 – pino, 7317.00.90;

5 – mola e folha de mola, 73.20;

6 – eixo, freio (travões) e suas partes, gancho e outros sistemas de engate, para-choques e suas partes e outras partes de veículos para vias férreas, 86.07.

§ 2º. O diferimento previsto neste artigo aplica-se, também, em relação ao estabelecimento fabricante de vagão ferroviário de carga:

1 – à saída promovida com a mercadoria, com destino a outro estabelecimento do mesmo titular, neste Estado;

2 – ao desembaraço aduaneiro da mercadoria decorrente de importação realizada diretamente do exterior pelo fabricante de vagão ferroviário de carga, para utilização na produção industrial neste Estado, desde que:

a) não haja similar produzido no país, conforme atestado por órgão federal competente ou entidade representativa de seu setor produtivo com abrangência nacional;

b) o desembarque e o desembaraço aduaneiro sejam efetuados neste Estado.

§ 3º. (Revogado).

● *§ 3º revogado pelo Decreto nº 60.366, de 15.4.2014 – DOE de 16.4.2014 – Efeitos a partir de 1º.7.2014.*

§ 4º. O diferimento previsto neste artigo condiciona-se a que:

1 – o contribuinte esteja em situação regular perante o fisco;

2 – o contribuinte não possua, por qualquer de seus estabelecimentos:

a) débitos fiscais inscritos na dívida ativa deste Estado;

b) débitos do imposto declarados e não pagos no prazo de até 30 (trinta) dias contados da data de seu vencimento;

c) débitos do imposto decorrentes de Auto de Infração e Imposição de Multa – AIIM, em relação ao qual não caiba mais defesa ou recurso na esfera administrativa, não pagos no prazo fixado para o seu recolhimento;

d) débitos decorrentes de Auto de Infração e Imposição de Multa – AIIM ainda não julgado definitivamente na esfera administrativa, relativos a crédito indevido do imposto proveniente de operações ou prestações amparadas por benefícios fiscais concedidos em desacordo com o disposto no art. 155, § 2º, XII, "g", da Constituição Federal;

3 – na hipótese de o contribuinte não atender ao disposto no item 2:

a) os débitos estejam garantidos por depósito, judicial ou administrativo, fiança bancária, seguro de obrigações contratuais ou outro tipo de garantia, a juízo da Procuradoria Geral do Estado, se inscritos na dívida ativa, ou a juízo do Coordenador da Administração Tributária, caso ainda pendentes de inscrição na dívida ativa;

b) os débitos declarados ou apurados pelo fisco sejam objeto de pedido de parcelamento deferido e celebrado, que esteja sendo regularmente cumprido;

c) o Auto de Infração e Imposição de Multa – AIIM ainda não julgado definitivamente na esfera administrativa seja garantido por depósito administrativo, fiança bancária, seguro de obrigações contratuais ou outro tipo de garantia, a juízo do Coordenador da Administração Tributária.

● *§ 4º acrescido pelo Decreto nº 55.304, de 30.12.2009 – DOE de 31.12.2009, e com redação dada pelo Decreto nº 56.850, de 18.3.2011 – DOE de 19.3.2011 – Efeitos a partir de 1º.4.2011.*

**Art. 28. (DDTT).** O contribuinte que optar pela disciplina prevista no inciso XXIX do art. 9º do Anexo III, poderá, ainda, relativamente às aquisições interestaduais de matéria-prima do referido produto, creditar-se nos seguintes percentuais:

● *Art. 28,* caput, *com redação dada pelo Decreto nº 50.924, de 29.6.2006 – DOE de 30.6.2006 – Efeitos a partir da publicação.*

I – 100% (cem por cento) do imposto devido nas aquisições realizadas no período de 1º de julho de 2006 a 31 de março de 2007;

● *Inciso I com redação dada pelo Decreto nº 51.436, de 28.12.2006 – DOE de 29.12.2006 – Efeitos a partir da publicação.*

II – 50% (cinquenta por cento) do imposto devido nas aquisições realizadas no período de 1º de abril de 2007 a 30 de junho de 2007.

● *Inciso II com redação dada pelo Decreto nº 51.436, de 28.12.2006 – DOE de 29.12.2006 – Efeitos a partir da publicação.*

**Art. 29. (DDTT).** Nas operações com bens destinados à integração ao ativo imobilizado:

● *Art. 29 acrescido pelo Decreto nº 54.007, de 12.2.2009 – DOE de 13.2.2009, e com redação dada pelo Decreto nº 54.422, de 5.6.2009 – DOE de 6.6.2009 – Efeitos a partir da publicação.*

I – o lançamento do imposto incidente no desembaraço aduaneiro desses bens, sem similar produzido no País, importados do exterior por estabelecimento industrial paulista, fica suspenso para o momento em que ocorrer a sua entrada no estabelecimento do importador;

II – o estabelecimento industrial que os adquirir diretamente de seu fabricante localizado neste Estado poderá apropriar-se, integralmente e de uma só vez, do montante correspondente ao crédito do imposto relativo a essa aquisição.

§ 1º. O disposto neste artigo fica condicionado:

1 – a que o contribuinte importador ou adquirente do bem esteja em situação regular perante o fisco e observe a disciplina estabelecida pela Secretaria da Fazenda;

2 – a que o contribuinte importador ou adquirente do bem não possua, por qualquer de seus estabelecimentos:

a) débitos fiscais inscritos na dívida ativa deste Estado;

b) débitos do imposto declarados e não pagos no prazo de até 30 (trinta) dias contados da data de seu vencimento;

c) débitos do imposto decorrentes de Auto de Infração e Imposição de Multa – AIIM, em relação ao qual não caiba mais defesa ou recurso na esfera administrativa, não pagos no prazo fixado para o seu recolhimento;

d) débitos decorrentes de Auto de Infração e Imposição de Multa – AIIM ainda não julgado definitivamente na esfera administrativa, relativos a crédito indevido do imposto proveniente de operações ou prestações amparadas por benefícios fiscais concedidos em desacordo com o disposto no art. 155, § 2º, XII, "g", da Constituição Federal;

3 – a que, na hipótese de o contribuinte não atender ao disposto no item 2:

a) os débitos estejam garantidos por depósito, judicial ou administrativo, fiança bancária, seguro de obrigações contratuais ou outro tipo de garantia, a juízo da Procuradoria Geral do Estado, se inscritos na dívida ativa, ou a juízo do Coordenador da Administração Tributária, caso ainda pendentes de inscrição na dívida ativa;

b) os débitos declarados ou apurados pelo fisco sejam objeto de pedido de parcelamento deferido e celebrado, que esteja sendo regularmente cumprido;

c) o Auto de Infração e Imposição de Multa – AIIM ainda não julgado definitivamente na esfera administrativa seja garantido por depósito administrativo, fiança bancária, seguro de obrigações contratuais ou outro tipo de garantia, a juízo do Coordenador da Administração Tributária.

4 – na hipótese do inciso I:

a) a que o lançamento do imposto devido seja efetuado em conta gráfica, à razão de 1/48 (um quarenta e oito avos) ao mês;

b) à inexistência de produto similar produzido no País, que deverá ser atestada por órgão federal competente ou por entidade representativa do setor produtivo de máquinas, aparelhos e equipamentos, com abrangência em todo território nacional;

c) a que o desembarque e o desembaraço aduaneiro do bem sejam realizados em território paulista;

5 – na hipótese do inciso II, a que o bem tenha sido produzido em estabelecimento localizado neste Estado.

• *§ 1º com redação dada pelo Decreto nº 56.873, de 23.3.2011 – DOE de 24.3.2011 – Efeitos a partir de 1º.4.2011.*

§ 2º. Para fins do disposto no inciso I, não será considerado similar nacional o produto fabricado em unidade da Federação que, por meio de lei, decreto, termo de acordo ou qualquer outro instrumento, dê tratamento discriminatório a qualquer mercadoria produzida no Estado de São Paulo.

§ 2º-A. Nas situações em que o estabelecimento adquirente do bem estiver em fase pré-operacional, poderá ser concedido regime especial autorizando que o imposto de que trata o inciso I do *caput* deste artigo:

1 – tenha seu lançamento suspenso para o momento em que ocorrer a saída do produto resultante da industrialização; ou

2 – na hipótese em que a saída referida no item 1 tenha previsão de diferimento, seja exigido no momento estabelecido na legislação.

• *§ 2º-A acrescido pelo Decreto nº 56.873, de 23.3.2011 – DOE de 24.3.2011, e com redação dada pelo Decreto nº 57.142, de 18.7.2011 – DOE de 19.7.2011 – Efeitos a partir da publicação.*

§ 2º-B. Nas hipóteses em que o estabelecimento adquirente do bem não tiver débitos do imposto em valor suficiente para absorver o crédito integral e imediato a que se refere o inciso II do *caput* deste artigo, poderá ser concedido regime especial autorizando que o imposto incidente na saída do bem do estabelecimento do fabricante seja exigido nos momentos previstos no § 2º-A.

• *§ 2º-B acrescido pelo Decreto nº 56.873, de 23.3.2011 – DOE de 24.3.2011, e com redação dada pelo Decreto nº 57.142, de 18.7.2011 – DOE de 19.7.2011 – Efeitos a partir da publicação.*

§ 2º-C. Caso o bem não permaneça no ativo imobilizado do estabelecimento adquirente pelo prazo de 48 (quarenta e oito) meses, deverá ser recolhida, mediante guia de recolhimento especial, a parcela correspondente ao período que faltar para completá-lo, relativamente ao imposto que tenha sido:

1 – suspenso, nos termos do inciso I do *caput* deste artigo;

2 – creditado integralmente, nos termos do inciso II do *caput* deste artigo;

3 – suspenso ou diferido, nos termos dos §§ 2º-A e 2º-B.

• *§ 2º-C acrescido pelo Decreto nº 57.142, de 18.7.2011 – DOE de 19.7.2011 – Efeitos a partir da publicação.*

§ 2º-D. Aplicar-se-á ainda o disposto no § 2º-C nas demais situações em que, nos termos da legislação, seja vedado o crédito ou não seja admitida a manutenção deste, integral ou parcial, relativamente ao imposto devido sobre a entrada de bem no ativo imobilizado de que trata este artigo.

• *§ 2º-D acrescido pelo Decreto nº 57.142, de 18.7.2011 – DOE de 19.7.2011 – Efeitos a partir da publicação.*

§ 3º. A aplicação do previsto neste artigo restringe-se às operações que tenham como destinatário estabelecimento industrial dos setores a seguir relacionados:

1 – preparação e fiação de fibras de algodão, CNAE 1311-1/00;

2 – preparação e fiação de fibras têxteis naturais, exceto algodão, CNAE 1312-0/00;

3 – fiação de fibras artificiais e sintéticas, CNAE 1313-8/00;

4 – fabricação de linhas para costurar e bordar, CNAE 1314-6/00;

5 – fabricação de artefatos têxteis para uso doméstico, CNAE 1351-1/00;

6 – fabricação de artefatos de tapeçaria, CNAE 1352-9/00;

7 – fabricação de artefatos de cordoaria, 1353-7/00;

8 – fabricação de tecidos especiais, inclusive artefatos, CNAE 1354-5/00;

9 – fabricação de outros produtos têxteis não especificados anteriormente, CNAE 1359-6/00;

10 – confecção de roupas íntimas, CNAE 1411-8/01;

11 – facção de roupas íntimas, CNAE 1411-8/02;

12 – confecção de peças do vestuário, exceto roupas íntimas e as confeccionadas sob medida, CNAE 1412-6/01;

• *Item 12 retificado no DOE de 10.6.2009 – Efeitos a partir da publicação.*

13 – confecção, sob medida, de peças do vestuário, exceto roupas íntimas, CNAE 1412-6/02;

14 – facção de peças do vestuário, exceto roupas íntimas, CNAE 1412-6/03;

15 – confecção de roupas profissionais, exceto sob medida, CNAE 1413-4/01;

16 – confecção, sob medida, de roupas profissionais, CNAE 1413-4/02;

17 – fabricação de acessórios do vestuário, exceto para segurança e proteção, CNAE 1414-2/00;

18 – fabricação de meias, CNAE 1421-5/00;

19 – fabricação de artigos do vestuário, produzidos em malharias e tricotagens, exceto meias, CNAE 1422- 3/00;

20 – fabricação de artigos para viagem, bolsas e semelhantes de qualquer material, CNAE 1521-1/00;

21 – fabricação de artefatos de couro não especificados anteriormente, CNAE 1529-7/00;

22 – fabricação de calçados de couro, CNAE 1531-9/01;

23 – acabamento de calçados de couro sob contrato, CNAE 1531-9/02;

24 – fabricação de tênis de qualquer material, CNAE 1532-7/00;

25 – fabricação de calçados de material sintético, CNAE 1533-5/00;

26 – fabricação de calçados de materiais não especificados anteriormente, CNAE 1539-4/00;

27 – fabricação de embalagens de papel, CNAE 1731-1/00;

28 – fabricação de embalagens de cartolina e papel-cartão, 1732-0/00;

29 – fabricação de chapas e de embalagens de papelão ondulado, CNAE 1733-8/00;

30 – fabricação de tintas, vernizes, esmaltes e lacas, CNAE 2071-1/00;

31 – fabricação de tintas de impressão, CNAE 2072-0/00;

32 – fabricação de impermeabilizantes, solventes e produtos afins, CNAE 2073-8/00;

33 – fabricação de laminados planos e tubulares de material plástico, CNAE 2221-8/00;

34 – fabricação de embalagens de material plástico, CNAE 2222-6/00;

35 – fabricação de tubos e acessórios de material plástico para uso na construção, CNAE 2223-4/00;

36 – fabricação de artefatos de material plástico para uso pessoal e doméstico, CNAE 2229-3/01;

37 – fabricação de artefatos de material plástico para usos industriais, CNAE 2229-3/02;

38 – fabricação de artefatos de material plástico para uso na construção, exceto tubos e acessórios, CNAE 2229-3/03;

39 – fabricação de artefatos de material plástico para outros usos não especificados anteriormente, CNAE 2229-3/99;

40 – fabricação de estruturas pré-moldadas de concreto armado, em série e sob encomenda, CNAE 2330-3/01;

41 – fabricação de artefatos de cimento para uso na construção, CNAE 2330-3/02;

42 – fabricação de artefatos de fibrocimento para uso na construção, CNAE 2330-3/03;

43 – fabricação de casas pré-moldadas de concreto, CNAE 2330-3/04;

44 – preparação de massa de concreto e argamassa para construção, CNAE 2330-3/05;

45 – fabricação de outros artefatos e produtos de concreto, cimento, fibrocimento, gesso e materiais semelhantes, CNAE 2330-3/99;

46 – fabricação de produtos cerâmicos refratários, CNAE 2341-9/00;

47 – fabricação de azulejos e pisos, CNAE 2342-7/01;

48 – fabricação de artefatos de cerâmica e barro cozido para uso na construção, exceto azulejos e pisos, CNAE 2342-7/02;

49 – fabricação de material sanitário de cerâmica, CNAE 2349-4/01;

50 – fabricação de produtos cerâmicos não refratários não especificados anteriormente, CNAE 2349-4/99;

51 – britamento de pedras, exceto associado à extração, CNAE 2391-5/01;

52 – aparelhamento de pedras para construção, exceto associado à extração, CNAE 2391-5/02;

53 – aparelhamento de placas e execução de trabalhos em mármore, granito, ardósia e outras pedras, CNAE 2391-5/03;

54 – fabricação de cal e gesso, CNAE 2392-3/00;

55 – decoração, lapidação, gravação, vitrificação e outros trabalhos em cerâmica, louça, vidro e cristal, CNAE 2399-1/01;

56 – fabricação de outros produtos de minerais não metálicos não especificados anteriormente, CNAE 2399-1/99;

57 – fundição de ferro e aço, CNAE 2451-2/00;

58 – fundição de metais não ferrosos e suas ligas, CNAE 2452-1/00;

59 – fabricação de estruturas metálicas, CNAE 2511-0/00;

60 – fabricação de esquadrias de metal, CNAE 2512-8/00;

61 – fabricação de obras de caldeiraria pesada, CNAE 2513-6/00;

62 – produção de forjados de aço, CNAE 2531-4/01;

63 – produção de forjados de metais não ferrosos e suas ligas, CNAE 2531-4/02;

64 – produção de artefatos estampados de metal, CNAE 2532-2/01;

65 – metalurgia do pó, CNAE 2532-2/02;

66 – serviços de usinagem, solda, tratamento e revestimento em metais, CNAE 2539-0/00;

67 – fabricação de artigos de cutelaria, CNAE 2541-1/00;

68 – fabricação de artigos de serralheria, exceto esquadrias, CNAE 2542-0/00;

69 – fabricação de ferramentas, CNAE 2543-8/00;

70 – fabricação de embalagens metálicas, CNAE 2591-8/00;

71 – fabricação de produtos de trefilados de metal padronizados, CNAE 2592-6/01;

72 – fabricação de produtos de trefilados de metal, exceto padronizados, CNAE 2592-6/02;

73 – fabricação de artigos de metal para uso doméstico e pessoal, CNAE 2593-4/00;

74 – serviços de confecção de armações metálicas para a construção, CNAE 2599-3/01;

75 – fabricação de outros produtos de metal não especificados anteriormente, CNAE 2599-3/99;

76 – fabricação de aparelhos e equipamentos de medida, teste e controle, CNAE 2651-5/00;

77 – fabricação de cronômetros e relógios, CNAE 2652-3/00;

78 – fabricação de aparelhos e equipamentos para distribuição e controle de energia elétrica, CNAE 2731- 7/00;

79 – fabricação de material elétrico para instalações em circuito de consumo, CNAE 2732-5/00;

80 – fabricação de fios, cabos e condutores elétricos isolados, CNAE 2733-3/00;

81 – fabricação de fogões, refrigeradores e máquinas de lavar e secar para uso doméstico, peças e acessórios, CNAE 2751-1/00;

82 – fabricação de aparelhos elétricos de uso pessoal, peças e acessórios, CNAE 2759-7/01;

83 – fabricação de outros aparelhos eletrodomésticos não especificados anteriormente, peças e acessórios, CNAE 2759-7/99;

84 – fabricação de eletrodos, contatos e outros artigos de carvão e grafita para uso elétrico, eletroímãs e isoladores, CNAE 2790-2/01;

85 – fabricação de equipamentos para sinalização e alarme, CNAE 2790-2/02;

86 – fabricação de outros equipamentos e aparelhos elétricos não especificados anteriormente, CNAE 2790-2/99;

87 – fabricação de fornos industriais, aparelhos e equipamentos não elétricos para instalações térmicas, peças e acessórios, CNAE 2821-6/01;

88 – fabricação de estufas e fornos elétricos para fins industriais, peças e acessórios, CNAE 2821-6/02;

89 – fabricação de máquinas, equipamentos e aparelhos para transporte e elevação de pessoas, peças e acessórios, CNAE 2822-4/01;

90 – fabricação de máquinas, equipamentos e aparelhos para transporte e elevação de cargas, peças e acessórios, CNAE 2822-4/02;

91 – fabricação de máquinas e aparelhos de refrigeração e ventilação para uso industrial e comercial, peças e acessórios, CNAE 2823-2/00;

92 – fabricação de aparelhos e equipamentos de ar condicionado para uso industrial, CNAE 2824-1/01;

93 – fabricação de aparelhos e equipamentos de ar condicionado para uso não industrial, CNAE 2824- 1/02;

94 – fabricação de máquinas e equipamentos para saneamento básico e ambiental, peças e acessórios, CNAE 2825-9/00;

95 – fabricação de máquinas de escrever, calcular e outros equipamentos não eletrônicos para escritório, peças e acessórios, CNAE 2829-1/01;

96 – fabricação de outras máquinas e equipamentos de uso geral não especificados anteriormente, peças e acessórios, CNAE 2829-1/99;

97 – fabricação de móveis com predominância de madeira, CNAE 3101-2/00;

98 – fabricação de móveis com predominância de metal, CNAE 3102-1/00;

99 – fabricação de móveis de outros materiais, exceto madeira e metal, CNAE 3103-9/00;

100 – fabricação de colchões, CNAE 3104-7/00;

101 – fabricação de instrumentos não eletrônicos e utensílios para uso médico, cirúrgico, odontológico e de laboratório, CNAE 3250-7/01;

102 – fabricação de mobiliário para uso médico, cirúrgico, odontológico e de laboratório, CNAE 3250-7/02;

103 – fabricação de aparelhos e utensílios para correção de defeitos físicos e aparelhos ortopédicos em geral sob encomenda, CNAE 3250-7/03;

104 – fabricação de aparelhos e utensílios para correção de defeitos físicos e aparelhos ortopédicos em geral, exceto sob encomenda, CNAE 3250-7/04;

105 – fabricação de materiais para medicina e odontologia, CNAE 3250-7/05;

106 – serviços de prótese dentária, CNAE 3250-7/06;

107 – fabricação de artigos ópticos, CNAE 3250-7/07;

108 – fabricação de artefatos de tecido não tecido para uso odonto-médico-hospitalar, CNAE 3250-7/08;

109 – fabricação de escovas, pincéis e vassouras, CNAE 3291-4/00;

110 – fabricação de roupas de proteção e segurança e resistentes a fogo, CNAE 3292-2/01;

111 – fabricação de equipamentos e acessórios para segurança pessoal e profissional, CNAE 3292-2/02;

112 – fabricação de canetas, lápis e outros artigos para escritório, CNAE 3299-0/02;

113 – fabricação de letras, letreiros e placas de qualquer material, exceto luminosos, CNAE 3299-0/03;

114 – fabricação de painéis e letreiros luminosos, CNAE 3299-0/04;

115 – fabricação de aviamentos para costura, CNAE 3299-0/05;

116 – fabricação de produtos diversos não especificados anteriormente, CNAE 3299-0/99;

117 – tecelagem de fios de algodão, CNAE 1321-9/00;

118 – tecelagem de fios de fibras têxteis naturais, exceto algodão, CNAE 1322-7/00;

119 – tecelagem de fios de fibras artificiais e sintéticas, CNAE 1323-5/00;

120 – fabricação de adesivos e selantes, CNAE 2091-6/00;

• *Item 120 acrescido pelo Decreto nº 55.304, de 30.12.2009 – DOE de 31.12.2009 – Efeitos a partir da publicação.*

121 – fabricação de pólvoras, explosivos e detonantes, CNAE 2092-4/01;

• *Item 121 acrescido pelo Decreto nº 55.304, de 30.12.2009 – DOE de 31.12.2009 – Efeitos a partir da publicação.*

122 – fabricação de artigos pirotécnicos, CNAE 2092-4/02;

• *Item 122 acrescido pelo Decreto nº 55.304, de 30.12.2009 – DOE de 31.12.2009 – Efeitos a partir da publicação.*

123 – fabricação de fósforos de segurança, CNAE 2092-4/03;

• *Item 123 acrescido pelo Decreto nº 55.304, de 30.12.2009 – DOE de 31.12.2009 – Efeitos a partir da publicação.*

124 – fabricação de aditivos de uso industrial, CNAE 2093-2/00;

• *Item 124 acrescido pelo Decreto nº 55.304, de 30.12.2009 – DOE de 31.12.2009 – Efeitos a partir da publicação.*

125 – fabricação de catalisadores, CNAE 2094-1/00;

• *Item 125 acrescido pelo Decreto nº 55.304, de 30.12.2009 – DOE de 31.12.2009 – Efeitos a partir da publicação.*

126 – fabricação de chapas, filmes, papéis e outros materiais e produtos químicos para fotografia, CNAE 2099-1/01;

• *Item 126 acrescido pelo Decreto nº 55.304, de 30.12.2009 – DOE de 31.12.2009 – Efeitos a partir da publicação.*

127 – fabricação de outros produtos químicos não especificados anteriormente, CNAE 2099-1/99;

• *Item 127 acrescido pelo Decreto nº 55.304, de 30.12.2009 – DOE de 31.12.2009 – Efeitos a partir da publicação.*

128 – fabricação de pneumáticos e de câmaras de ar, CNAE 2211-1/00;

• *Item 128 acrescido pelo Decreto nº 55.304, de 30.12.2009 – DOE de 31.12.2009 – Efeitos a partir da publicação.*

129 – reforma de pneumáticos usados, CNAE 2212- 9/00;

• *Item 129 acrescido pelo Decreto nº 55.304, de 30.12.2009 – DOE de 31.12.2009 – Efeitos a partir da publicação.*

130 – fabricação de artefatos de borracha não especificados anteriormente, CNAE 2219-6/00;

• *Item 130 acrescido pelo Decreto nº 55.304, de 30.12.2009 – DOE de 31.12.2009 – Efeitos a partir da publicação.*

131 – fabricação de geradores de corrente contínua e alternada, peças e acessórios, CNAE 2710-4/01;

• *Item 131 acrescido pelo Decreto nº 55.304, de 30.12.2009 – DOE de 31.12.2009 – Efeitos a partir da publicação.*

132 – fabricação de transformadores, indutores, conversores, sincronizadores e semelhantes, peças e acessórios, CNAE 2710-4/02;

• *Item 132 acrescido pelo Decreto nº 55.304, de 30.12.2009 – DOE de 31.12.2009 – Efeitos a partir da publicação.*

133 – fabricação de motores elétricos, peças e acessórios, CNAE 2710-4/03;

• *Item 133 acrescido pelo Decreto nº 55.304, de 30.12.2009 – DOE de 31.12.2009 – Efeitos a partir da publicação.*

134 – fabricação de motores e turbinas, peças e acessórios, exceto para aviões e veículos rodoviários, CNAE 2811-9/00;

• *Item 134 acrescido pelo Decreto nº 55.304, de 30.12.2009 – DOE de 31.12.2009 – Efeitos a partir da publicação.*

135 – fabricação de equipamentos hidráulicos e pneumáticos, peças e acessórios, exceto válvulas, CNAE 2812-7/00;

• *Item 135 acrescido pelo Decreto nº 55.304, de 30.12.2009 – DOE de 31.12.2009 – Efeitos a partir da publicação.*

136 – fabricação de válvulas, registros e dispositivos semelhantes, peças e acessórios, CNAE 2813-5/00;

- *Item 136 acrescido pelo Decreto nº 55.304, de 30.12.2009 – DOE de 31.12.2009 – Efeitos a partir da publicação.*

137 – fabricação de compressores para uso industrial, peças e acessórios, CNAE 2814-3/01;

- *Item 137 acrescido pelo Decreto nº 55.304, de 30.12.2009 – DOE de 31.12.2009 – Efeitos a partir da publicação.*

138 – fabricação de compressores para uso não industrial, peças e acessórios, CNAE 2814-3/02;

- *Item 138 acrescido pelo Decreto nº 55.304, de 30.12.2009 – DOE de 31.12.2009 – Efeitos a partir da publicação.*

139 – fabricação de rolamentos para fins industriais, CNAE 2815-1/01;

- *Item 139 acrescido pelo Decreto nº 55.304, de 30.12.2009 – DOE de 31.12.2009 – Efeitos a partir da publicação.*

140 – fabricação de equipamentos de transmissão para fins industriais, exceto rolamentos, CNAE 2815-1/02;

- *Item 140 acrescido pelo Decreto nº 55.304, de 30.12.2009 – DOE de 31.12.2009 – Efeitos a partir da publicação.*

141 – fabricação de cabines, carrocerias e reboques para caminhões, CNAE 2930-1/01;

- *Item 141 acrescido pelo Decreto nº 55.304, de 30.12.2009 – DOE de 31.12.2009 – Efeitos a partir da publicação.*

142 – fabricação de carrocerias para ônibus, CNAE 2930-1/02;

- *Item 142 acrescido pelo Decreto nº 55.304, de 30.12.2009 – DOE de 31.12.2009 – Efeitos a partir da publicação.*

143 – fabricação de cabines, carrocerias e reboques para outros veículos automotores, exceto caminhões e ônibus, CNAE 2930-1/03;

- *Item 143 acrescido pelo Decreto nº 55.304, de 30.12.2009 – DOE de 31.12.2009 – Efeitos a partir da publicação.*

144 – fabricação de papel, CNAE 1721-4/00;

- *Item 144 acrescido pelo Decreto nº 56.332, de 27.10.2010 – DOE de 28.10.2010 – Efeitos a partir da publicação.*

145 – fabricação de cartolina e papel-cartão, CNAE 1722-2/00;

- *Item 145 acrescido pelo Decreto nº 56.332, de 27.10.2010 – DOE de 28.10.2010 – Efeitos a partir da publicação.*

146 – fabricação de formulários contínuos, CNAE 1741-9/01;

- *Item 146 acrescido pelo Decreto nº 56.332, de 27.10.2010 – DOE de 28.10.2010 – Efeitos a partir da publicação.*

147 – fabricação de produtos de papel, cartolina, papel-cartão e papelão ondulado para uso comercial e de escritório, CNAE 1741-9/02;

- *Item 147 acrescido pelo Decreto nº 56.332, de 27.10.2010 – DOE de 28.10.2010 – Efeitos a partir da publicação.*

148 – fabricação de fraldas descartáveis, CNAE 1742-7/01;

- *Item 148 acrescido pelo Decreto nº 56.332, de 27.10.2010 – DOE de 28.10.2010 – Efeitos a partir da publicação.*

149 – fabricação de absorventes higiênicos, CNAE 1742-7/02;

- *Item 149 acrescido pelo Decreto nº 56.332, de 27.10.2010 – DOE de 28.10.2010 – Efeitos a partir da publicação.*

150 – fabricação de produtos de papel para uso doméstico e higiênico-sanitário não especificados anteriormente, CNAE 1742-7/99;

- *Item 150 acrescido pelo Decreto nº 56.332, de 27.10.2010 – DOE de 28.10.2010 – Efeitos a partir da publicação.*

151 – fabricação de produtos de pastas celulósicas, papel, cartolina, papel-cartão e papelão ondulado não especificados anteriormente, CNAE 1749-4/00;

- *Item 151 acrescido pelo Decreto nº 56.332, de 27.10.2010 – DOE de 28.10.2010 – Efeitos a partir da publicação.*

152 – fabricação de produtos petroquímicos básicos, CNAE 2021-5/00;

- *Item 152 acrescido pelo Decreto nº 56.332, de 27.10.2010 – DOE de 28.10.2010 – Efeitos a partir da publicação.*

153 – fabricação de intermediários para plastificantes, resinas e fibras, CNAE 2022-3/00;

- *Item 153 acrescido pelo Decreto nº 56.332, de 27.10.2010 – DOE de 28.10.2010 – Efeitos a partir da publicação.*

154 – fabricação de produtos químicos orgânicos não especificados anteriormente, CNAE 2029-1/00;

- *Item 154 acrescido pelo Decreto nº 56.332, de 27.10.2010 – DOE de 28.10.2010 – Efeitos a partir da publicação.*

155 – fabricação de sabões e detergentes sintéticos, CNAE 2061-4/00;

- *Item 155 acrescido pelo Decreto nº 56.332, de 27.10.2010 – DOE de 28.10.2010 – Efeitos a partir da publicação.*

156 – fabricação de produtos de limpeza e polimento, CNAE 2062-2/00;

- *Item 156 acrescido pelo Decreto nº 56.332, de 27.10.2010 – DOE de 28.10.2010 – Efeitos a partir da publicação.*

157 – fabricação de cosméticos, produtos de perfumaria e de higiene pessoal, CNAE 2063-1/00;

- *Item 157 acrescido pelo Decreto nº 56.332, de 27.10.2010 – DOE de 28.10.2010 – Efeitos a partir da publicação.*

158 – fabricação de medicamentos alopáticos para uso humano , CNAE 2121-1/01;

• *Item 158 acrescido pelo Decreto nº 56.332, de 27.10.2010 – DOE de 28.10.2010 – Efeitos a partir da publicação.*

159 – fabricação de medicamentos homeopáticos para uso humano, CNAE 2121-1/02;

• *Item 159 acrescido pelo Decreto nº 56.332, de 27.10.2010 – DOE de 28.10.2010 – Efeitos a partir da publicação.*

160 – fabricação de medicamentos fitoterápicos para uso humano, CNAE 2121-1/03;

• *Item 160 acrescido pelo Decreto nº 56.332, de 27.10.2010 – DOE de 28.10.2010 – Efeitos a partir da publicação.*

161 – fabricação de medicamentos para uso veterinário, CNAE 2122-0/00;

• *Item 161 acrescido pelo Decreto nº 56.332, de 27.10.2010 – DOE de 28.10.2010 – Efeitos a partir da publicação.*

162 – fabricação de preparações farmacêuticas, CNAE 2123-8/00;

• *Item 162 acrescido pelo Decreto nº 56.332, de 27.10.2010 – DOE de 28.10.2010 – Efeitos a partir da publicação.*

163 – fabricação de vidro plano e de segurança, CNAE 2311-7/00;

• *Item 163 acrescido pelo Decreto nº 56.332, de 27.10.2010 – DOE de 28.10.2010 – Efeitos a partir da publicação.*

164 – fabricação de embalagens de vidro, CNAE 2312-5/00;

• *Item 164 acrescido pelo Decreto nº 56.332, de 27.10.2010 – DOE de 28.10.2010 – Efeitos a partir da publicação.*

165 – fabricação de artigos de vidro, CNAE 2319-2/00;

• *Item 165 acrescido pelo Decreto nº 56.332, de 27.10.2010 – DOE de 28.10.2010 – Efeitos a partir da publicação.*

166 – fabricação de aguardente de cana-de-açúcar, CNAE 1111-9/01;

• *Item 166 acrescido pelo Decreto nº 56.332, de 27.10.2010 – DOE de 28.10.2010 – Efeitos a partir da publicação.*

167 – fabricação de outras aguardentes e bebidas destiladas, CNAE 1111-9/02;

• *Item 167 acrescido pelo Decreto nº 56.332, de 27.10.2010 – DOE de 28.10.2010 – Efeitos a partir da publicação.*

168 – fabricação de vinho, CNAE 1112-7/00;

• *Item 168 acrescido pelo Decreto nº 56.332, de 27.10.2010 – DOE de 28.10.2010 – Efeitos a partir da publicação.*

169 – fabricação de malte, inclusive malte uísque, CNAE 1113 -5/01;

• *Item 169 acrescido pelo Decreto nº 56.332, de 27.10.2010 – DOE de 28.10.2010 – Efeitos a partir da publicação.*

170 – fabricação de cervejas e chopes, CNAE 1113-5/02;

• *Item 170 acrescido pelo Decreto nº 56.332, de 27.10.2010 – DOE de 28.10.2010 – Efeitos a partir da publicação.*

171 – fabricação de águas envasadas, CNAE 1121-6/00;

• *Item 171 acrescido pelo Decreto nº 56.332, de 27.10.2010 – DOE de 28.10.2010 – Efeitos a partir da publicação.*

172 – fabricação de refrigerantes, CNAE 1122-4/01;

• *Item 172 acrescido pelo Decreto nº 56.332, de 27.10.2010 – DOE de 28.10.2010 – Efeitos a partir da publicação.*

173 – fabricação de chá mate e outros chás prontos para consumo, CNAE1122-4/02;

• *Item 173 acrescido pelo Decreto nº 56.332, de 27.10.2010 – DOE de 28.10.2010 – Efeitos a partir da publicação.*

174 – fabricação de refrescos, xaropes e pós para refrescos, exceto refrescos de frutas, CNAE 1122-4/03;

• *Item 174 acrescido pelo Decreto nº 56 332, de 27.10.2010 – DOE de 28.10.2010 – Efeitos a partir da publicação.*

175 – fabricação de outras bebidas não alcoólicas não especificadas anteriormente, CNAE 1122-4/99;

• *Item 175 acrescido pelo Decreto nº 56.332, de 27.10.2010 – DOE de 28.10.2010 – Efeitos a partir da publicação.*

176 – produção de semi-acabados de aço, CNAE 2421-1/00;

• *Item 176 acrescido pelo Decreto nº 56.332, de 27.10.2010 – DOE de 28.10.2010 – Efeitos a partir da publicação.*

177 – produção de laminados planos de aço ao carbono, revestidos ou não, CNAE 2422-9/01;

• *Item 177 acrescido pelo Decreto nº 56.332, de 27.10.2010 – DOE de 28.10.2010 – Efeitos a partir da publicação.*

178 – produção de laminados planos de aços especiais, CNAE 2422-9/02;

• *Item 178 acrescido pelo Decreto nº 56.332, de 27.10.2010 – DOE de 28.10.2010 – Efeitos a partir da publicação.*

179 – produção de tubos de aço sem costura, CNAE 2423-7/01;

• *Item 179 acrescido pelo Decreto nº 56.332, de 27.10.2010 – DOE de 28.10.2010 – Efeitos a partir da publicação.*

180 – produção de laminados longos de aço, exceto tubos, CNAE 2423-7/02;

• *Item 180 acrescido pelo Decreto nº 56.332, de 27.10.2010 – DOE de 28.10.2010 – Efeitos a partir da publicação.*

181 – produção de arames de aço, CNAE 2424-5/01;

- *Item 181 acrescido pelo Decreto nº 56.332, de 27.10.2010 – DOE de 28.10.2010 – Efeitos a partir da publicação.*

182 – produção de relaminados, trefilados e perfilados de aço, exceto arames, CNAE 2424-5/02;

- *Item 182 acrescido pelo Decreto nº 56.332, de 27.10.2010 – DOE de 28.10.2010 – Efeitos a partir da publicação.*

183 – produção de alumínio e suas ligas em formas primárias, CNAE 2441-5/01;

- *Item 183 acrescido pelo Decreto nº 56.332, de 27.10.2010 – DOE de 28.10.2010 – Efeitos a partir da publicação.*

184 – produção de laminados de alumínio, CNAE 2441-5/02;

- *Item 184 acrescido pelo Decreto nº 56.332, de 27.10.2010 – DOE de 28.10.2010 – Efeitos a partir da publicação.*

185 – metalurgia dos metais preciosos, CNAE 2442- 3/00;

- *Item 185 acrescido pelo Decreto nº 56.332, de 27.10.2010 – DOE de 28.10.2010 – Efeitos a partir da publicação.*

186 – metalurgia do cobre, CNAE 2443-1/00;

- *Item 186 acrescido pelo Decreto nº 56.332, de 27.10.2010 – DOE de 28.10.2010 – Efeitos a partir da publicação.*

187 – produção de zinco em formas primárias, CNAE 2449-1/01;

- *Item 187 acrescido pelo Decreto nº 56.332, de 27.10.2010 – DOE de 28.10.2010 – Efeitos a partir da publicação.*

188 – produção de laminados de zinco, CNAE 2449-1/02;

- *Item 188 acrescido pelo Decreto nº 56.332, de 27.10.2010 – DOE de 28.10.2010 – Efeitos a partir da publicação.*

189 – produção de soldas e anodos para galvanoplastia, CNAE 2449-1/03;

- *Item 189 acrescido pelo Decreto nº 56.332, de 27.10.2010 – DOE de 28.10.2010 – Efeitos a partir da publicação.*

190 – metalurgia de outros metais não ferrosos e suas ligas não especificados anteriormente, CNAE 2449-1/99;

- *Item 190 acrescido pelo Decreto nº 56.332, de 27.10.2010 – DOE de 28.10.2010 – Efeitos a partir da publicação.*

191 – fabricação de máquinas e equipamentos para a prospecção e extração de petróleo, peças e acessórios, CNAE 2851-8/00;

- *Item 191 acrescido pelo Decreto nº 56.332, de 27.10.2010 – DOE de 28.10.2010 – Efeitos a partir da publicação.*

192 – fabricação de outras máquinas e equipamentos para uso na extração mineral, peças e acessórios, exceto na extração de petróleo, CNAE 2852-6/00;

- *Item 192 acrescido pelo Decreto nº 56.332, de 27.10.2010 – DOE de 28.10.2010 – Efeitos a partir da publicação.*

193 – fabricação de tratores, peças e acessórios, exceto agrícolas, CNAE 2853-4/00;

- *Item 193 acrescido pelo Decreto nº 56.332, de 27.10.2010 – DOE de 28.10.2010 – Efeitos a partir da publicação.*

194 – fabricação de máquinas e equipamentos para terraplenagem, pavimentação e construção, peças e acessórios, exceto tratores, CNAE 2854-2/00;

- *Item 194 acrescido pelo Decreto nº 56.332, de 27.10.2010 – DOE de 28.10.2010 – Efeitos a partir da publicação.*

195 – fabricação de peças e acessórios para o sistema motor de veículos automotores, CNAE 2941-7/00;

- *Item 195 acrescido pelo Decreto nº 56.332, de 27.10.2010 – DOE de 28.10.2010 – Efeitos a partir da publicação.*

196 – fabricação de peças e acessórios para os sistemas de marcha e transmissão de veículos automotores, CNAE 2942-5/00;

- *Item 196 acrescido pelo Decreto nº 56.332, de 27.10.2010 – DOE de 28.10.2010 – Efeitos a partir da publicação.*

197 – fabricação de peças e acessórios para o sistema de freios de veículos automotores, CNAE 2943-3/00;

- *Item 197 acrescido pelo Decreto nº 56.332, de 27.10.2010 – DOE de 28.10.2010 – Efeitos a partir da publicação.*

198 – fabricação de peças e acessórios para o sistema de direção e suspensão de veículos automotores, CNAE 2944-1/00;

- *Item 198 acrescido pelo Decreto nº 56.332, de 27.10.2010 – DOE de 28.10.2010 – Efeitos a partir da publicação.*

199 – fabricação de material elétrico e eletrônico para veículos automotores, exceto baterias, CNAE 2945-0/00;

- *Item 199 acrescido pelo Decreto nº 56.332, de 27.10.2010 – DOE de 28.10.2010 – Efeitos a partir da publicação.*

200 – fabricação de bancos e estofados para veículos automotores, CNAE 2949-2/01;

- *Item 200 acrescido pelo Decreto nº 56.332, de 27.10.2010 – DOE de 28.10.2010 – Efeitos a partir da publicação.*

201 – fabricação de outras peças e acessórios para veículos automotores não especificadas anteriormente, CNAE 2949-2/99;

- *Item 201 acrescido pelo Decreto nº 56.332, de 27.10.2010 – DOE de 28.10.2010 – Efeitos a partir da publicação.*

202 – abate de aves, CNAE 1012-1/01;

• *Item 202 acrescido pelo Decreto nº 57.027, de 31.5.2011 – DOE de 1º.6.2011 – Efeitos a partir da publicação.*

203 – fabricação de amidos e féculas de vegetais, CNAE 1065-1/01;

• *Item 203 acrescido pelo Decreto nº 57.610, de 12.12.2011 – DOE de 13.12.2011 – Efeitos a partir da publicação.*

204 – fabricação de turbinas, motores e outros componentes e peças para aeronaves, CNAE 3042-3/00;

• *Item 204 acrescido pelo Decreto nº 57.610, de 12.12.2011 – DOE de 13.12.2011 – Efeitos a partir da publicação.*

205 – tratamento e disposição de resíduos não perigosos, CNAE 3821-1/00;

• *Item 205 acrescido pelo Decreto nº 59.039, de 3.4.2013 – DOE de 4.4.2013 – Efeitos a partir da publicação.*

206 – fabricação de óleos vegetais em bruto, exceto óleo de milho, CNAE 1041-4/00;

• *Item 206 acrescido pelo Decreto nº 59.039, de 3.4.2013 – DOE de 4.4.2013 – Efeitos a partir da publicação.*

207 – construção de embarcações para esporte e lazer, CNAE 3012-1/00;

• *Item 207 acrescido pelo Decreto nº 59.614, de 17.10.2013 – DOE de 18.10.2013 – Efeitos a partir da publicação.*

208 – fabricação de defensivos agrícolas, CNAE 2051-7/00;

• *Item 208 acrescido pelo Decreto nº 59.998, de 20.12.2013 – DOE de 21.12.2013 – Efeitos a partir da publicação.*

209 – (*omissis*);

210 – (*omissis*);

211 – fabricação de alimentos para animais, CNAE 1066-0/00;

• *Item 211 acrescido pelo Decreto nº 61.095, de 29.1.2015 – DOE de 30.1.2015 – Efeitos a partir da publicação.*

212 – fabricação de componentes eletrônicos, CNAE 2610-8/00.

• *Item 212 acrescido pelo Decreto nº 61.083, de 29.1.2015 – DOE de 30.1.2015 – Efeitos a partir da publicação.*

§ 3º-A. O disposto neste artigo também se aplica às operações que tenham como destinatário:

• *§ 3º-A acrescido pelo Decreto nº 56.873, de 23.3.2011 – DOE de 24.3.2011 – Efeitos a partir de 1º.4.2011.*

1 – contribuinte classificado no código 2751-1/00 da CNAE, que seja fabricante dos seguintes produtos de uso doméstico: de congeladores (freezers), combinações de refrigeradores e congeladores (freezers) ou máquinas de lavar louça, classificados nos códigos 8418.10.00, 8418.30.00, 8418.40.00 ou 8422.11.00 da Nomenclatura Comum do Mercosul – NCM;

2 – contribuinte classificado no código 2740-6/01 da CNAE, que seja fabricante de lâmpada LED (NCM 8543.70.99), luminária LED (NCM 9405.10.99), refletor LED (NCM 9405.10.93), fita LED (NCM 9405.40.90) e painel LED (NCM 8531.20.00);

• *Item 2 com redação dada pelo Decreto nº 60.063, de 14.1.2014 – DOE de 15.1.2014 – Efeitos a partir da publicação.*

3 – contribuinte classificado no código 1621-8/00 da CNAE, que seja fabricante de:

a) painéis de partículas de madeira (MDP) classificados nos códigos 4410.11.10 a 4410.11.90 da Nomenclatura Comum do Mercosul – NCM;

b) painéis de fibras de madeira de média densidade (MDF) classificados nos códigos 4411.12 a 4411.14 da Nomenclatura Comum do Mercosul – NCM;

c) chapas de fibras de madeira classificadas nos códigos 4411.92 a 4411.94 da Nomenclatura Comum do Mercosul – NCM;

4 – contribuinte classificado nos códigos 0210-1/01 (cultivo de eucalipto) ou 0210-1/03 (cultivo de pinus) da CNAE, que tenha a sua produção destinada a fabricantes de:

a) painéis de partículas de madeira (MDP) classificados nos códigos 4410.11.10 a 4410.11.90 da Nomenclatura Comum do Mercosul – NCM;

b) painéis de fibras de madeira de média densidade (MDF) classificados nos códigos 4411.12 a 4411.14 da Nomenclatura Comum do Mercosul – NCM;

c) chapas de fibras de madeira classificadas nos códigos 4411.92 a 4411.94 da Nomenclatura Comum do Mercosul – NCM;

5 – contribuinte que seja fabricante de células fotovoltaicas em módulos ou painéis, classificadas nos códigos 8541.40.31 ou 8541.40.32 da Nomenclatura Comum do Mercosul – NCM;

6 – contribuinte classificado no código 3511-5/01 da CNAE, que gere energia elétrica ou térmica a partir de biomassa resultante da industrialização e de resíduos da cana-de-açúcar.

• *Item 6 acrescido pelo Decreto nº 57.042, de 6.6.2011 – DOE de 7.6.2011, E com redação dada pelo Decreto nº 60.297, de 27.3.2014 – DOE de 28.3.2014 – Efeitos a partir da publicação.*

7 – contribuinte classificado no código 3511-5/01 da CNAE, que gere energia elétrica ou térmica a partir de gás, inclusive biogás ou biometano, observado o disposto no parágrafo único do art. 69 do Anexo II.

• *Item 7 acrescido pelo Decreto nº 57.610, de 12.12.2011 – DOE de 13.12.2011, E com redação dada pelo Decreto nº 60.298, de 27.3.2014 – DOE de 28.3.2014 – Efeitos a partir da publicação.*

8 – contribuinte classificado no código 2740-6/02 da CNAE, que seja fabricante de luminárias LED,

classificadas no código 9405.40.90 da Nomenclatura Comum do Mercosul – NCM;

• *Item 8 acrescido pelo Decreto nº 60.063, de 14.1.2014 – DOE de 15.1.2014 – Efeitos a partir da publicação.*

9 – contribuinte classificado no código 3511-5/01 da CNAE, que gere energia elétrica a partir de fonte solar fotovoltaica;

• *Item 9 acrescido pelo Decreto nº 60.298, de 27.3.2014 – DOE de 28.3.2014 – Efeitos a partir da publicação.*

10 – contribuinte classificado no código 3821-1/00 da CNAE, que gere energia elétrica a partir de resíduos sólidos urbanos;

• *Item 10 acrescido pelo Decreto nº 60.298, de 27.3.2014 – DOE de 28.3.2014 – Efeitos a partir da publicação.*

11 – contribuinte classificado no código 3520-4/01 da CNAE, que produza biogás ou biometano, observado o disposto no parágrafo único do art. 69 do Anexo II.

• *Item 11 acrescido pelo Decreto nº 60.298, de 27.3.2014 – DOE de 28.3.2014 – Efeitos a partir da publicação.*

§ 3º-B. O disposto neste artigo aplicar-se-á ainda às operações com bens destinados à integração ao ativo imobilizado, para uso exclusivo na geração de energia elétrica ou térmica a partir de biomassa resultante da industrialização e de resíduos da cana-de-açúcar, adquiridos por estabelecimento que tenha atividade secundária classificada no código 3511-5/-01 da CNAE e que esteja credenciado perante a Secretaria da Fazenda nos termos de disciplina por ela estabelecida.

• *§ 3º-B acrescido pelo Decreto nº 57.142, de 18.7.2011 – DOE de 19.7.2011, E com redação dada pelo Decreto nº 60.297, de 27.3.2014 – DOE de 28.3.2014 – Efeitos a partir da publicação.*

§ 3º-C. O disposto neste artigo aplica-se também às operações com bens destinados à integração ao ativo adquiridos por estabelecimento classificado no código 6143-4/00 da CNAE, observando-se que:

1 – o estabelecimento adquirente deverá estar previamente credenciado perante a Secretaria da Fazenda nos termos de disciplina por ela estabelecida;

2 – na hipótese em que o estabelecimento adquirente não puder apropriar crédito do imposto em razão de vedação prevista na legislação, poderá ser concedido regime especial autorizando que o imposto incidente no desembaraço aduaneiro do bem e o incidente na saída do bem do estabelecimento fornecedor sejam exigidos no momento em que o estabelecimento adquirente realizar a prestação de serviço sujeita à incidência do ICMS.

• *§ 3º-C acrescido pelo Decreto nº 61.094, de 29.1.2015 – DOE de 30.1.2015 – Efeitos a partir da publicação.*

§ 4º. (Revogado).

• *§ 4º revogado pelo Decreto nº 58.761, de 20.12.2012 – DOE de 21.12.2012 – Efeitos a partir de 1º.1.2013.*

**Art. 30. (DDTT).** O crédito acumulado gerado em decorrência das hipóteses previstas no art. 71, até o limite mensal de 10.000 (dez mil) UFESPs, poderá ser apurado pela Sistemática de Apuração Simplificada, em substituição à Sistemática de Custeio do art. 72-A, desde que observado o disposto neste artigo.

• *Art. 30,* caput, *com redação dada pelo Decreto nº 56.472, de 3.12.2010 – DOE de 4.12.2010 – Efeitos a partir de 1º.4.2010.*

§ 1º. A opção pela Sistemática de Apuração Simplificada, bem como a renúncia a ela, dar-se-á pela lavratura de termo no Livro Registro de Utilização de Documentos Fiscais e Termos de Ocorrências – RUDFTO, modelo 6, e da sua confirmação por meio da internet.

• *§ 1º com redação dada pelo Decreto nº 56.472, de 3.12.2010 – DOE de 4.12.2010 – Efeitos a partir de 1º.4.2010.*

§ 2º. O valor do crédito do imposto relativo à entrada dos insumos, mercadorias ou serviços será determinado com base no custo estimado das operações ou prestações geradoras do crédito acumulado, aplicando-se sobre esse custo o Percentual Médio de Crédito, observando-se o seguinte:

1 – o custo estimado será o resultado da divisão do valor da operação ou prestação geradora do crédito acumulado pela soma da unidade com o Índice de Valor Acrescido – IVA:

*Custo estimado = [Valor Operação / (1+IVA)];*

2 – o IVA utilizado no cálculo do custo estimado será o IVA Mediana publicado pela Secretaria da Fazenda para o segmento de atividade em que estiver classificado o estabelecimento ou o IVA do Próprio Estabelecimento, o que for maior;

3 – o IVA Mediana a ser considerado será o publicado para o período de geração do crédito acumulado ou, na sua ausência, o último publicado;

4 – na hipótese de ter sido efetuada operação ou prestação relacionada a atividade diversa daquela em que estiver classificado o estabelecimento, prevalecerá, para fins do disposto no item 2, o IVA Mediana do segmento de atividade que melhor se adequar à operação ou prestação geradora do crédito acumulado;

5 – o IVA do Próprio Estabelecimento referido no item 2 será o resultado da seguinte fórmula:

*[(Saídas – Entradas) / Entradas];*

6 – o cálculo do Percentual Médio de Crédito do imposto deverá considerar, quando cabível, o valor lançado no quadro "Crédito do Imposto – Outros Créditos" do livro Registro de Apuração do ICMS e transcrito na correspondente Guia de Informação e Apuração – GIA, relativo ao serviço tomado ou à mercadoria entrada no estabelecimento, quando a legislação estabelecer essa forma de escrituração;

7 – as variáveis "Saídas" e "Entradas" utilizadas no cálculo do IVA do Próprio Estabelecimento e o Percentual Médio de Crédito serão apurados com base nas informações econômico-fiscais, definidas pela Secretaria da Fazenda, desde que prestadas de acordo com a legislação e declaradas nas Guias de informações e Apuração – GIAs relativas:

a) ao período de janeiro a dezembro do próprio ano de geração do crédito acumulado, quando o pedido de apropriação for protocolizado em ano posterior ao da geração;

b) ao período de janeiro a dezembro do ano anterior ao da geração do crédito acumulado, quando o pedido de apropriação for protocolizado no ano da geração, até o mês de junho;

c) ao período de janeiro até o mês anterior ao do protocolo, quando o pedido de apropriação for protocolizado no ano da geração do crédito acumulado, após o mês de junho;

- *§ 2º com redação dada pelo Decreto nº 56.472, de 3.12.2010 – DOE de 4.12.2010 – Efeitos a partir de 1º.4.2010.*

§ 3º. O crédito outorgado lançado no quadro "Crédito do Imposto Outros Créditos" do livro Registro de Apuração do ICMS, quando admitido e escriturado na forma e prazo previstos na legislação, será considerado e identificado na apuração do crédito acumulado, não devendo ser considerado no cálculo do Percentual Médio de Crédito.

- *§ 3º com redação dada pelo Decreto nº 56.472, de 3.12.2010 – DOE de 4.12.2010 – Efeitos a partir de 1º.4.2010.*

§ 4º. O valor do débito do imposto relativo à operação ou prestação geradora de crédito acumulado, quando for o caso, será deduzido do valor do crédito do imposto determinado nos termos dos §§ 2º e 3º.

- *§ 4º com redação dada pelo Decreto nº 56.472, de 3.12.2010 – DOE de 4.12.2010 – Efeitos a partir de 1º.4.2010.*

§ 5º. As informações relativas às operações ou prestações geradoras de crédito acumulado efetuadas por estabelecimento, bem como as relativas à apuração do crédito acumulado, deverão ser apresentadas à Secretaria da Fazenda, por meio de arquivo digital, em padrão, forma e conteúdo previstos em disciplina por ela estabelecida.

- *§ 5º com redação dada pelo Decreto nº 56.472, de 3.12.2010 – DOE de 4.12.2010 – Efeitos a partir de 1º.4.2010.*

§ 6º. O crédito acumulado apurado nos termos deste artigo poderá ter a sua apropriação autorizada, a título precário, após verificação fiscal sumária favorável, nos termos de disciplina estabelecida pela Secretaria da Fazenda, desde que o pedido seja protocolado no prazo previsto no § 10.

- *§ 6º com redação dada pelo Decreto nº 56.472, de 3.12.2010 – DOE de 4.12.2010 – Efeitos a partir de 1º.4.2010.*

§ 7º. A opção pela Sistemática de Apuração Simplificada não impedirá o contribuinte de requerer crédito acumulado complementar apurado pela Sistemática de Custeio do art. 72-A. nos termos de disciplina estabelecida pela Secretaria da Fazenda.

- *§ 7º com redação dada pelo Decreto nº 59.654, de 25.10.2013 – DOE de 26.10.2013 – Efeitos a partir da publicação.*

§ 8º. A adoção da Sistemática de Custeio, prevista no art. 72-A, será obrigatória na apuração do crédito acumulado gerado a partir do mês seguinte em que ocorrer as seguintes hipóteses:

1 – (revogado);

- *Item 1 revogado pelo Decreto nº 60.568, de 24.6.2014 – DOE de 25.6.2014 – Efeitos a partir da publicação.*

2 – a renúncia à opção pela Sistemática de Apuração Simplificada;

3 – pedido de apropriação de crédito acumulado complementar na forma prevista no § 7º.

- *§ 8º com redação dada pelo Decreto nº 59.654, de 25.10.2013 – DOE de 26.10.2013 – Efeitos a partir da publicação.*

§ 9º. Na aplicação do disposto neste artigo deverão ser observadas, também, a disciplina estabelecida pela Secretaria da Fazenda e as demais disposições relativas ao crédito acumulado do imposto.

- *§ 9º com redação dada pelo Decreto nº 56.472, de 3.12.2010 – DOE de 4.12.2010 – Efeitos a partir de 1º.4.2010.*

§ 10. O disposto neste artigo aplica-se ao crédito acumulado gerado no período de abril de 2010 a junho de 2015, cujo pedido de apropriação seja protocolado até o último dia útil do mês de julho de 2015.

- *§ 10 com redação dada pelo Decreto nº 59.654, de 25.10.2013 – DOE de 26.10.2013 – Efeitos a partir da publicação.*

**Art. 31. (DDTT).** O estabelecimento que gerar crédito acumulado nas hipóteses previstas no art. 71 do regulamento do ICMS no período de 1º de janeiro a 31 de março de 2010, deverá requerer a sua apropriação e utilização, observando a sistemática vigente até 31 de dezembro de 2009.

- *Art. 31 acrescido pelo Decreto nº 55.407, de 9.2.2010 – DOE de 10.2.2010 – Efeitos a partir da publicação.*

**Art. 32. (DDTT).** O lançamento do imposto incidente no desembaraço aduaneiro de etanol anidro combustível, quando a importação for efetuada por fabricante de etanol, cooperativa de fabricantes de etanol ou empresa comercializadora de etanol, nos termos definidos em legislação federal, fica diferido para o momento em que ocorrer a saída da gasolina resultante da mistura com o etanol anidro combustível, promovida pelo distribuidor de combustíveis.

- *Art. 32,* caput, *acrescido pelo Decreto nº 56.915, de 8.4.2011 – DOE de 9.4.2011 – Efeitos a partir da publicação.*

§ 1º. O diferimento previsto neste artigo fica condicionado a que:

1 – o estabelecimento importador:

a) esteja autorizado pelo órgão federal competente;

b) esteja credenciado pela Secretaria da Fazenda nos termos do art. 418-A;

c) esteja cadastrado no sistema de controle previsto na alínea "a" do inciso I do art. 419;

d) protocolize requerimento na Supervisão de Combustíveis da Diretoria Executiva da Administração Tributária – DEAT, situada na Av. Rangel Pestana, nº 300, 8º andar, São Paulo-SP;

2 – o desembarque e o desembaraço aduaneiro ocorram em território paulista.

- *§ 1º acrescido pelo Decreto nº 56.915, de 8.4.2011 – DOE de 9.4.2011 – Efeitos a partir da publicação.*

§ 2º. O requerimento referido na alínea "d" do item 1 do § 1º deve ser instruído com:

1 – Guia para Liberação de Mercadoria Estrangeira sem Comprovação do Recolhimento do ICMS;

2 – extrato da Declaração de Importação – DI;

3 – Comprovante de Importação – CI;

4 – fatura comercial ("Invoice");

5 – conhecimento de transporte internacional – BL.

- *§ 2º acrescido pelo Decreto nº 56.915, de 8.4.2011 – DOE de 9.4.2011 – Efeitos a partir da publicação.*

§ 3º. Não satisfeitas as condições estabelecidas neste artigo, não prevalecerá o diferimento, hipótese em que o importador deverá recolher o imposto devido com multa e demais acréscimos legais, calculados desde a data do desembaraço aduaneiro, por meio de Guia de Arrecadação Estadual – GARE-ICMS.

- *§ 3º acrescido pelo Decreto nº 56.915, de 8.4.2011 – DOE de 9.4.2011 – Efeitos a partir da publicação.*

§ 4º. O disposto neste artigo vigorará até 31 de maio de 2011.

- *§ 4º acrescido pelo Decreto nº 56.915, de 8.4.2011 – DOE de 9.4.2011, e com redação dada pelo Decreto nº 56.968, de 29.4.2011 – DOE de 30.4.2011 – Efeitos a partir da publicação.*

**Art. 33. (DDTT).** No período de 1º de outubro de 2011 a 29 de fevereiro de 2012, o lançamento do imposto incidente no desembaraço aduaneiro de etanol anidro combustível, quando a importação for efetuada por fabricante de etanol, cooperativa de fabricantes de etanol ou empresa comercializadora de etanol, nos termos definidos em legislação federal, fica diferido para o momento em que ocorrer a saída da gasolina resultante da mistura com o etanol anidro combustível, promovida pelo distribuidor de combustíveis.

- *Art. 33,* caput, *acrescido pelo Decreto nº 57.395, de 4.10.2011 – DOE de 5.10.2011, e com redação dada pelo Decreto nº 57.754, de 24.1.2012 – DOE de 25.1.2012 – Efeitos a partir da publicação.*

§ 1º. O diferimento previsto neste artigo fica condicionado a que:

1 – o estabelecimento importador:

a) esteja autorizado pelo órgão federal competente;

b) esteja credenciado pela Secretaria da Fazenda nos termos do art. 418-A;

c) esteja cadastrado no sistema de controle previsto na alínea "a" do inciso I do art. 419;

d) protocolize, antes do desembaraço aduaneiro, requerimento na Supervisão de Combustíveis da Diretoria Executiva da Administração Tributária – DEAT, situada na Av. Rangel Pestana, nº 300, 8º andar, São Paulo-SP;

2 – o desembarque e o desembaraço aduaneiro ocorram em território paulista.

- *§ 1º acrescido pelo Decreto nº 57.395, de 4.10.2011 – DOE de 5.10.2011 – Efeitos a partir da publicação.*

§ 2º. O requerimento referido na alínea "d" do item 1 do § 1º deve ser instruído com:

1 – Guia para Liberação de Mercadoria Estrangeira sem Comprovação do Recolhimento do ICMS;

2 – extrato da Declaração de Importação – DI;

3 – Comprovante de Importação – CI;

4 – fatura comercial ("Invoice");

5 – conhecimento de transporte internacional – BL.

- *§ 2º acrescido pelo Decreto nº 57.395, de 4.10.2011 – DOE de 5.10.2011 – Efeitos a partir da publicação.*

§ 3º. Não satisfeitas as condições estabelecidas neste artigo, não prevalecerá o diferimento, hipótese em que o importador deverá recolher o imposto devido com multa e demais acréscimos legais, calculados desde a data do desembaraço aduaneiro, por meio de Guia de Arrecadação Estadual – GARE-ICMS.

- *§ 3º acrescido pelo Decreto nº 57.395, de 4.10.2011 – DOE de 5.10.2011 – Efeitos a partir da publicação.*

**Art. 34. (DDTT).** Para fins de obtenção de financiamento junto à Agência de Fomento do Estado de São Paulo, os estabelecimentos que efetuam o abate de aves em território deste Estado ficam autorizados a outorgar em garantia os créditos acumulados gerados no período de 1º de junho de 2012 a 31 de março de 2015 em decorrência da aplicação do disposto no art. 35 do Anexo III deste Regulamento.

- *Art. 34,* caput, *acrescido pelo Decreto nº 58.465, de 16.10.2012 – DOE de 17.10.2012, e com redação dada pelo Decreto nº 59.995, de 20.12.2013 – DOE de 21.12.2013 – Efeitos a partir de 1º.1.2014.*

§ 1º. Caberá à Secretaria da Fazenda, mediante solicitação da Agência de Fomento do Estado de São Paulo:

1 – efetuar o contingenciamento dos créditos referidos no *caput* deste artigo;

2 – transferir os créditos contingenciados à referida Agência de Fomento, de acordo com as condições constantes do instrumento de crédito do finan-

ciamento celebrado com os estabelecimentos referidos no *caput* deste artigo, caso o financiamento não seja regularmente liquidado;

3 – cancelar o contingenciamento dos créditos a que se refere o item 1 supra, na hipótese de liquidação regular do financiamento.

• *§ 1º acrescido pelo Decreto nº 58.465, de 16.10.2012 – DOE de 17.10.2012 – Efeitos a partir da publicação.*

§ 2º. Na hipótese de recebimento de créditos pela Agência de Fomento do Estado de São Paulo, na forma prevista no item 2 do § 1º deste artigo, esta fica autorizada a transferi-los para outros contribuintes, de conformidade com as práticas usuais do mercado.

• *§ 2º acrescido pelo Decreto nº 58.465, de 16.10.2012 – DOE de 17.10.2012 – Efeitos a partir da publicação.*

§ 3º. Para os fins previstos no § 2º deste artigo, a Secretaria da Fazenda fica autorizada a adotar os procedimentos necessários para a efetivação da transferência para os contribuintes indicados pela Agência de Fomento do Estado de São Paulo.

• *§ 3º acrescido pelo Decreto nº 58.465, de 16.10.2012 – DOE de 17.10.2012 – Efeitos a partir da publicação.*

# LIVRO VI
# DOS ANEXOS

## ANEXO I – ISENÇÕES
**(Isenções a que se refere o art. 8º deste Regulamento)**

**Art. 1º. (ADJUDICAÇÃO EFETUADA PELO ESTADO)** – Aquisição efetuada pelo Estado, por meio de adjudicação, de mercadoria oferecida à penhora (Convênio ICMS-57/00).

§ 1º. Não se exigirá o estorno do crédito do imposto relativo à mercadoria beneficiada com a isenção prevista neste artigo.

§ 2º. Na avaliação da mercadoria adjudicada deverá ser considerado o valor correspondente à concessão do benefício previsto neste artigo.

**Art. 2º. (AIDS – MEDICAMENTOS PARA TRATAMENTO)** – Operações a seguir indicadas com fármacos, produtos intermediários e medicamentos (Convênio ICMS-10/02):

- *Art. 2º com redação dada pelo Decreto nº 46.778 de 21.5.2002 – DOE de 22.5.2002 – Efeitos a partir de 9.4.2002.*

I – desembaraço aduaneiro, decorrente de importação do exterior de fármacos, produtos intermediários e medicamentos indicados no § 1º;

II – a saída interna ou interestadual de fármacos e de medicamentos indicados no § 2º.

§ 1º. Os produtos a que se refere o inciso I são os adiante indicados, observada a classificação segundo a Nomenclatura Brasileira de Mercadorias – Sistema Harmonizado – NBM/SH:

1 – produtos intermediários destinados à produção de medicamento de uso humano para o tratamento de portadores do vírus da AIDS (Convênio ICMS 10/02, cláusula primeira, I, "a", na redação do Convênio ICMS 32/04):

a) Ciclopropil-Acetileno, 2902.90.90;

b) Cloreto de Tritila, 2903.69.19;

c) Tiofenol, 2908.20.90;

d) Ácido3-hidroxi-2-metilbenzoico, 2918.19.90;

e) 4-Cloro-2-(trifluoroacetil)-anilina, 2921.42.29; N-tritil-4-cloro-2-(trifluoroacetil)-anilina, 2921.42.29; (S)-4-cloro-alfa-ciclopropiletinil-alfa-trifluorometil-anilina, 2921.42.29; 28-(s)-5-cloro-alfa-(ciclopropiletinil)-2-[((4-metoxifenil)-metil)amino]-alfa-(trifluormetil)benzenometanol, 2921.42.29 (Convênio ICMS-10/02, cláusula primeira, I, "a", com alteração do Convênio ICMS-80/08, cláusula primeira);

- *Alínea "e" com redação dada pelo Decreto nº 53.480, de 25.9.2008 – DOE de 26.9.2008 – Efeitos a partir de 25.7.2008.*

f) N-metil-2-pirrolidinona, 2924.21.90;

g) Glioxilato de L-Mentila, e 1,4-Ditiano 2,5 Diol, Mentiloxatiolano, 2930.90.39;

h) Cloreto de terc-butil-dimetil-silano, 2931.00.29;

i) Cloridrato de 3-cloro-metilpiridina, 2-Cloro-3-(2-clorometil-4-piridilcarboxamido)-4-metilpiridina, 2-Cloro-3-(2-ciclopropilamino-3-piridilcarboxamido)-4-metilpiridina, 2933.39.29; 3-(2-cloro-3-piridil-carbonil)-amino-2-cloro-4-metilpiridina, 2933.39.29; N-(2-cloro-4-metil-3-piridil-2-ciclopropilamino)-3-pridinocarboxamida. 2933.39.29;

j) Benzoato de [3S-(2(2S*3S*)2alfa,4aBeta, 8aBeta)]-N-(1,1-dimetiletil) decahidro-2-(2-hidroxi-3-amino-4-(feniltiobutil)-3-isoquinolina carboxamida, 2933.49.90;

l) N-terc-butil-1-(2(S)-hidroxi-4-(R)-[N-[(2)-hidroxiindan-1(S)-il]carbamoil]-5-fenilpentil) piperazina-2(S)- carboxamida, 2933.59.19; Indinavir Base: [1(1S,2R),5(S)]-2,3,5-trideoxi-N-(2,3-dihidro-2-hidroxi-1H-inden-1-il)-5-[2-[[(1,1-dimetiletil)-amino]carbonil]-4-(3-piridinilmetil)-1-piperazinil]-2-(fenilmetil)-D-eritro- pentonamida, 2933.59.19;

m) (3S,4aS,8aS)-2-{(2R)-2-[(4S)-2-(3-hidroxi-2-metil-fenil)-4,5-dihidro-1, 3-oxazol-4-il]-2-hidroxietil}-N-(1,1-dimetil-etil)-decahidroisoquinolina-3-carboxamida, 2933.49.90;

n) Citosina, 2933.59.99;

o) Timidina, 2934.99.23;

p) Oxetano (ou: 3,5-Anidro-timidina), 2934.99.29; 5-metil-uridina, 2934.99.29; Tritil-azido-timidina, 2334.99.29;

q) Hidroxibenzoato de (2R-cis)-4-amino-1-[2-hidroxi-metil)-1,3-oxatiolan-5-il]-2(1H)-pirimidinona, 2934.99.39; 2,3-Dideidro-2,3-dideoxi-inosina, 2934.99.39; Inosina, 2934.99.39;

r) (2R,5R)-5-(4-amino-2-oxo-2H-pirimidin-1-il)-[1,3]-oxatiolan-2-carboxilato de 2S-isopropil-5R-metil-1R-ciclohexila, 2934.99.99;

s) 5' – Benzoil – 2' – 3' – dideidro – 3' – deoxi--timidina.

- *Item 1 e suas alíneas "a" a "s" com redação dada Decreto nº 48.831, de 29.7.2004 – DOE de 30.7.2004 – Efeitos a partir de 13.7.2004.*

t) Chloromethyl Isopropil Carbonate, 2920.90.90 (Convênio ICMS-84/10);

- *Alínea "t" acrescida pelo Decreto nº 56.457, de 30.11.2010 – DOE de 1º.12.2010 – Efeitos a partir de 20.7.2010.*

u) (R)-[[2-(6-Amino-9H-purin-9-yl)-1-methylethoxy]methyl] phosporic acid, 2934.99.99 (Convênio ICMS-84/10);

• *Alínea "u" acrescida pelo Decreto nº 56.457, de 30.11.2010 – DOE de 1º.12.2010 – Efeitos a partir de 20.7.2010.*

2 – fármacos destinados à produção de medicamento de uso humano para o tratamento de portadores do vírus da AIDS:

a) Nelfinavir Base: 3S-[2(2S*,3S*),3alfa,4aBeta, 8aBeta]-N-(1,1-dimetiletil)decahidro-2-[2-hidroxi-3-[(3-hidroxi-2-etilbenzoil)amino]-4-(feniltio)butil]-3-isoquinolina carboxamida, 2933.49.90;

b) Zidovudina – AZT, 2934;

c) Sulfato de Indinavir, 2924.29.99;

d) Lamivudina, 2934.99.93;

e) Didanosina, 2934.99.29;

f) Nevirapina, 2934.99.99;

g) Mesilato de nelfinavir, 2933.49.90;

3 – medicamentos de uso humano para o tratamento de portadores do vírus da AIDS, a base de:

a) Zalcitabina, Didanosina, Estavudina, Delavirdina, Lamivudina, medicamento resultante da associação de Lopinavir e Ritonavir; 3003.90.99, 3004.90.99, 3003.90.69, 3004.90.59;

b) Saquinavir, Sulfato de Indinavir, Sulfato de Abacavir, 3003.90.78, 3004.90.68;

c) Ziagenavir, 3003.90.79, 3004.90.69

d) Efavirenz, Ritonavir; 3003.90.88; 3004.90.78;

e) Mesilato de Nelfinavir, 3004.90.68 e 3003.90.78;

f) Sulfato de Atazanavir, 3004.90.68 (Convênio ICMS-121/06).

• *Alínea "f" acrescida pelo Decreto nº 51.440, de 28.12.2006 – DOE de 29.12.2006 – Efeitos a partir de 8.12.2006.*

g) Darunavir, 3004.90.79 (Convênio ICMS-10/02, cláusula primeira, I, "c", na redação do Convênio ICMS-137/08, cláusula primeira, I).

• *Alínea "g" acrescida pelo Decreto nº 54.009, de 12.2.2009 – DOE de 13.2.2009 – Efeitos a partir de 1º.1.2009.*

§ 2º. Os produtos a que se refere o inciso II são os adiante indicados, observada a classificação segundo a Nomenclatura Brasileira de Mercadorias – Sistema Harmonizado – NBM/SH:

1 – fármacos destinados a produção de medicamentos de uso humano para o tratamento dos portadores do vírus da AIDS (Convênio ICMS-10/02 com alteração do Convênio ICMS-80/08, cláusula segunda):

a) Sulfato de Indinavir, 2924.29.99;

b) Ganciclovir, 2933.59.49;

c) Efavirenz, 2933.99.99;

d) Zidovudina, 2934.99.22;

e) Estavudina, 2934.99.27;

f) Didanosina, 2934.99.29;

g) Lamivudina, 2934.99.93;

h) Nevirapina, 2934.99.99;

• *Item 1 com redação dada pelo Decreto nº 53.480, de 25.9.2008 – DOE de 26.9.2008 – Efeitos a partir de 25.7.2008.*

i) Tenofovir, 2933.59.49 (Convênio ICMS-84/10);

• *Alínea "i" acrescida pelo Decreto nº 56.457, de 30.11.2010 – DOE de 1º.12.2010 – Efeitos a partir de 20.7.2010.*

2 – medicamentos de uso humano, destinados ao tratamento dos portadores do vírus da AIDS, a base de:

a) Ritonavir, 3003.90.88, 3004.90.78;

b) Zalcitabina, Didanosina, Estavudina, Delavirdina, Lamivudina, medicamento resultante da associação de Lopinavir e Ritonavir, 3003.90.99, 3004.90.99, 3003.90.69, 3004.90.59;

c) Saquinavir, Sulfato de Indinavir, Sulfato de Abacavir, 3003.90.78, 3004.90.68;

d) Ziagenavir, 3003.90.79, 3004.90.69;

e) Mesilato de Nelfinavir, 3004.90.68 e 3003.90.78;

f) Zidovudina – AZT e Nevirapina, 3004.90.79 e 3004.90.99 (Convênio ICMS-64/05, cláusula primeira);

• *alínea "f" acrescida pelo Decreto nº 49.910, de 22.8.2005 – DOE de 23.8.2005 – Efeitos a partir de 22.7.2005.*

g) Darunavir, 3004.90.79 (Convênio ICMS-10/02, cláusula primeira, II, "b", na redação do Convênio ICMS-137/08, cláusula primeira, II);

• *Alínea "g" acrescida pelo Decreto nº 54.009, de 12.2.2009 – DOE de 13.2.2009 – Efeitos a partir de 1º.1.2009.*

h) Fumarato de tenofovir desoproxila, 3003.90.78 (Convênio ICMS-150/10);

• *Alínea "h" acrescida pelo Decreto nº 56.457, de 30.11.2010 – DOE de 1º.12.2010 – Efeitos a partir de 1º.12.2010.*

i) Etravirina, 2933.59.99 (Convênio ICMS-130/11).

• *Alínea "i" acrescida pelo Decreto nº 58.283, de 8.8.2012 – DOE de 9.8.2012 – Efeitos a partir de 1º.3.2012.*

§ 3º. A isenção prevista neste artigo fica condicionada à concessão de isenção ou alíquota zero do Imposto de Importação ou do Imposto sobre Produtos Industrializados.

§ 4º. Não se exigirá o estorno do crédito do imposto relativo aos produtos beneficiados com a isenção prevista neste artigo.

• *Art. 2º com redação dada pelo Decreto nº 46.778 de 21.5.2002 – DOE de 22.5.2002 – Efeitos a partir de 9.4.2002.*

- *V. Decreto nº 52.665, de 24.1.2008 – Disciplina o recolhimento de ICMS relativo ao estoque de medicamentos, bebidas alcoólicas, produtos de perfumaria e de higiene pessoal recebidos antes do início do regime de retenção antecipada por substituição tributária.*

**Art. 3º. (AMOSTRA GRÁTIS)** – Saída interna ou interestadual, a título de distribuição gratuita, de amostras de diminuto ou nenhum valor comercial, desde que em quantidade estritamente necessária para dar a conhecer a natureza, espécie e qualidade da mercadoria (Convênio ICMS-29/90).

Parágrafo único. Para efeito da isenção prevista neste artigo, será considerada amostra gratuita a que:

1 – relativamente a medicamento contiver (Convênio ICMS-171/10):

- *Item 1,* caput, *com redação dada pelo Decreto nº 56.804, de 3.3.2011 – DOE de 4.3.2011 – Efeitos a partir de 1º.3.2011.*

a) quantidade suficiente para o tratamento de um paciente, tratando-se de antibióticos;

- *Alínea "a" com redação dada pelo Decreto nº 56.804, de 3.3.2011 – DOE de 4.3.2011 – Efeitos a partir de 1º.3.2011.*

b) 100% (cem por cento) da quantidade de peso, volume líquido ou unidades farmacotécnicas da apresentação registrada na Agência Nacional de Vigilância Sanitária – ANVISA e comercializada pela empresa, tratando-se de anticoncepcionais;

- *Alínea "b" com redação dada pelo Decreto nº 56.804, de 3.3.2011 – DOE de 4.3.2011 – Efeitos a partir de 1º.3.2011.*

c) no mínimo, 50% (cinquenta por cento) da quantidade total de peso, volume líquido ou unidades farmacotécnicas da apresentação registrada na ANVISA e comercializada pela empresa, nos demais casos (Convênio ICMS-61/11);

- *Alínea "c" com redação dada pelo Decreto nº 57.684, de 27.12.2011 – DOE de 28.12.2011 – Efeitos a partir de 1º.10.2011.*

d) na embalagem, as expressões "AMOSTRA GRÁTIS" e "VENDA PROIBIDA" de forma clara e não removível;

- *Alínea "d" com redação dada pelo Decreto nº 56.804, de 3.3.2011 – DOE de 4.3.2011 – Efeitos a partir de 1º.3.2011.*

e) o número de registro com treze dígitos correspondentes à embalagem original, registrada e comercializada, da qual se fez a amostra;

- *Alínea "e" com redação dada pelo Decreto nº 56.804, de 3.3.2011 – DOE de 4.3.2011 – Efeitos a partir de 1º.3.2011.*

f) no rótulo e no envoltório, as demais indicações de caráter geral ou especial exigidas ou estabelecidas pelo órgão competente do Ministério da Saúde;

- *Alínea "f" com redação dada pelo Decreto nº 56.804, de 3.3.2011 – DOE de 4.3.2011 – Efeitos a partir de 1º.3.2011.*

2 – relativamente aos demais produtos:

a) contiver a indicação, em caracteres bem visíveis, da expressão "Distribuição Gratuita";

b) consistir em quantidade não excedente a 20% (vinte por cento) do conteúdo ou do número de unidades da menor embalagem de apresentação comercial do mesmo produto, para venda a consumidor.

**Art. 4º. (APAE – IMPORTAÇÃO DE MEDICAMENTOS)** – Desembaraço aduaneiro dos remédios indicados na cláusula primeira do Convênio ICMS-41/91, de 7 de agosto de 1991, importados do exterior pela APAE – Associação de Pais e Amigos dos Excepcionais, sem similar nacional (Convênio ICMS-41/91).

- *Art. 4º,* caput, *com redação dada pelo Decreto nº 57.029, de 31.5.2011 – DOE de 1º.6.2011 – Efeitos a partir da publicação.*

Parágrafo único. Este benefício vigorará enquanto vigorar o Convênio ICMS-41/91, de 7 de agosto de 1991.

- *Parágrafo único com redação dada pelo Decreto nº 53.066, de 6.6.2008 – DOE de 7.6.2008 – Efeitos a partir de 1º.5.2008.*
- *V. Decreto nº 52.665, de 24.1.2008 – Disciplina o recolhimento de ICMS relativo ao estoque de medicamentos, bebidas alcoólicas, produtos de perfumaria e de higiene pessoal recebidos antes do início do regime de retenção antecipada por substituição tributária.*

**Art. 5º. (ÁREAS DE LIVRE COMÉRCIO)** – Saída de produto industrializado ou semielaborado de origem nacional para comercialização ou industrialização nas Áreas de Livre Comércio de Macapá e Santana, no Estado do Amapá, Bonfim e Boa Vista, no Estado de Roraima, Guajaramirim, no Estado de Rondônia, Tabatinga, no Estado do Amazonas, e Cruzeiro do Sul e Brasileia, com extensão para o município de Epitaciolândia, no Estado do Acre, exceto açúcar de cana, armas e munições, perfume, fumo, bebida alcoólica e automóvel de passageiros (Convênios ICMS-01/90, cláusula primeira, *caput*, e ICMS-52/92, com alteração dos Convênios ICMS-37/97, 06/07 e 25/08).

- *Art. 5º,* caput, *com redação dada pelo Decreto nº 53.833, de 17.12.2008 – DOE de 18.12.2008 – Efeitos a partir de 31.10.2008*

§ 1º. Para a fruição do benefício, observar-se-ão as condições e o procedimento estabelecidos no art. 84 deste Anexo.

§ 2º. (Revogado).

- *§ 2º revogado pelo Decreto nº 53.000, de 15.5.2008 – DOE de 16.4.2008 – Efeitos a partir de 1º.5.2008.*

§ 3º. Relativamente às saídas de produtos industrializados ou semielaborados de origem nacional para comercialização ou industrialização nas Áreas de Livre Comércio de Macapá e Santana, no Estado do Amapá, e Bonfim e Boa Vista, no Estado de Roraima, não se exigirá o estorno do crédito do imposto relativo às mercadorias beneficiadas com a isenção prevista neste artigo (Convênio ICMS-71/11, cláusula primeira, I, e Protocolo ICMS-52/11).

- *§ 3º acrescido pelo Decreto nº 57.684, de 27.12.2011 – DOE de 28.12.2011 – Efeitos a partir de 1º.9.2011.*

§ 4º. O benefício previsto no § 3º fica condicionado à vigência do Protocolo ICMS-52/11, que estabelece condições especiais de fiscalização nos estabelecimentos destinatários localizados nas Áreas de Livre Comércio, para fins de controle das entradas e saídas dos produtos nas áreas incentivadas, autorizando a Secretaria da Fazenda deste Estado, dentre outras medidas, a:

1 – estabelecer procedimentos de fiscalização no estabelecimento destinatário;

2 – notificar o estabelecimento destinatário a prestar informações, em meio digital, diretamente à Secretaria da Fazenda deste Estado, referentes a todas as operações de saída realizadas durante o prazo legal de vedação ao desinternamento, bem como a apresentar os livros fiscais e contábeis, ou a correspondente escrituração fiscal e contábil digital.

- *§ 4º acrescido pelo Decreto nº 57.684, de 27.12.2011 – DOE de 28.12.2011 – Efeitos a partir de 1º.9.2011.*

**Art. 6º.** (Revogado).

- *Art. 6º revogado pelo Decreto nº 59.556, de 27.9.2013 – DOE de 28.9.2013 – Efeitos a partir da publicação.*
- *Vide Anexo XXXI — Do Artesão e do Produto de Artesanato.*

**Art. 7º. (ARRENDAMENTO MERCANTIL)** – Operação de venda do bem objeto do contrato de arrendamento mercantil, decorrente do exercício da opção de compra pelo arrendatário (Convênio ICMS-4/97, cláusula quarta).

**Art. 8º. (BAGAGEM DE VIAJANTE)** – Recebimento, por viajante procedente do exterior, dos bens que integram sua bagagem, desde que a operação esteja isenta do Imposto de Importação (Convênio ICMS-18/95, cláusula primeira, VI, e § 1º).

**Art. 9º. (BANCO DE ALIMENTOS)** – Saída, por doação, de produtos alimentícios considerados como "perdas", com destino aos estabelecimentos do Banco de Alimentos (FOOD BANK) e do Instituto de Integração e de Promoção da Cidadania (INTEGRA), sociedades civis sem fins lucrativos, para entrega, após necessária industrialização ou reacondicionamento, a entidades, associações e fundações que devam distribuí-los gratuitamente a pessoas carentes (Convênio ICMS-136/94, cláusula primeira, na redação do Convênio ICMS-99/01, cláusula primeira, I).

- *Art. 9º,* caput, *com redação dada pelo Decreto nº 46.295, de 23.11.2001 – DOE de 24.11.2001 – Efeitos a partir de 22.10.2001.*

§ 1º. A isenção estende-se às saídas dos produtos recuperados de que trata este artigo promovidas:

1 – por estabelecimentos do Banco de Alimentos (Food Bank) e do Instituto de Integração e de Promoção da Cidadania (INTEGRA), com destino a entidades, associações e fundações, para distribuição a pessoas carentes, a título gratuito (Convênio ICMS-136/94, cláusula segunda, I, na redação do Convênio ICMS-99/01, cláusula primeira, II);

- *Item 1 com redação dada pelo Decreto nº 46.295, de 23.11.2001 – DOE de 24.11.2001 – Efeitos a partir de 22.10.2001.*

2 – pelas entidades, associações e fundações em razão de distribuição a pessoas carentes, a título gratuito.

§ 2º. São "perdas", para efeito deste artigo, os produtos que estiverem:

1 – com a data de validade vencida;

2 – impróprios para comercialização;

3 – com a embalagem danificada ou estragada.

**Art. 10. (BEFIEX)** – Operações a seguir indicadas, realizadas com máquina, equipamento, aparelho, instrumento ou material, seus respectivos acessórios, sobressalentes ou ferramentas, destinados a integração no ativo imobilizado de empresa industrial, para uso exclusivo na sua atividade produtiva (Convênio ICMS-130/94, com alteração dos Convênios ICMS-23/95 e ICMS-130/98):

I – desembaraço aduaneiro, pelo importador, desde que a importação também esteja isenta do Imposto de Importação;

II – saída interna ou interestadual.

§ 1º. As operações devem estar amparadas por Programa Especial de Exportação (BEFIEX) aprovado até 31 de dezembro de 1989.

§ 2º. Na hipótese do inciso II:

1 – a isenção não prevalecerá quando na importação das mercadorias haja redução do Imposto de Importação, hipótese em que se aplicará a redução prevista no inciso II do art. 2º do Anexo II;

2 – o fornecedor deverá manter comprovação de que o adquirente atende à condição prevista no parágrafo anterior;

3 – não se exigirá o estorno do crédito do imposto relativo aos produtos beneficiados com esta isenção.

**Art. 11. (BRITA E CIMENTO – DOAÇÃO)** – Saída interna promovida pela empresa S/A Indústrias Votorantim de 59.240 (cinquenta e nove mil, duzentas e quarenta) toneladas de brita e de 7.855 (sete mil, oitocentas e cinquenta e cinco) toneladas de cimento decorrente de doação efetuada ao Departamento de Estradas de Rodagem do Estado de São Paulo ou à Prefeitura Municipal de Votorantim (Convênio ICMS-79/98).

Parágrafo único. Não se exigirá o estorno do crédito do imposto relativo às mercadorias beneficiadas com esta isenção.

**Art. 12. (BULBO DE CEBOLA)** – Saída interna ou interestadual, promovida por estabelecimento rural que produza bulbo de cebola certificado ou fiscalizado, destinado à produção de semente (Convênios ICMS-58/91 e ICMS-5/99, cláusula primeira, IV, 8).

Parágrafo único. Este benefício vigorará enquanto vigorar o Convênio ICMS-58/91, de 26 de setembro de 1991.

- *Parágrafo único com redação dada pelo Decreto nº 52.564, de 27.12.2007 – DOE de 28.12.2007 – Efeitos a partir de 1º.11.2007.*

**Art. 13. (BUTANTAN – SOROS E VACINAS)** – Desembaraço aduaneiro decorrente de importação do exterior, promovida pelo Instituto Butantan e pela Fundação Butantan, de insumos destinados à produção de soros e vacinas de interesse do Ministério da Saúde (Convênio ICMS-73/00).

Parágrafo único. Este benefício vigorará até 31 de dezembro de 2000.

**Art. 14. (CIRURGIAS – EQUIPAMENTOS E INSUMOS)** – Operação com os equipamentos e insumos utilizados em cirurgias, arrolados no Anexo Único do Convênio ICMS-1/99, de 2 de março de 1999 (Convênio ICMS-1/99).

- *Art. 14,* caput, *com redação dada pelo Decreto nº 56.804, de 3.3.2011 – DOE de 4.3.2011 – Efeitos a partir de 1º.3.2011.*

§ 1º. A fruição do benefício previsto neste artigo fica condicionada a que a operação esteja amparada por isenção ou alíquota zero do Imposto sobre Produtos Industrializados ou do Imposto de Importação.

- *§ 1º com redação dada pelo Decreto nº 47.022, de 22.8.2002 – DOE de 23.8.2002 – Efeitos a partir de 23.7.2002.*

§ 2º. Não se exigirá o estorno do crédito do imposto relativo aos produtos beneficiados com esta isenção.

- *§ 2º com redação dada pelo Decreto nº 47.022, de 22.8.2002 – DOE de 23.8.2002 – Efeitos a partir de 23.7.2002.*

§ 3º. Este benefício vigorará enquanto vigorar o Convênio ICMS-01/99, de 2 de março de 1999.

- *§ 3º com redação dada pelo Decreto nº 57.740, de 18.1.2012 – DOE de 19.1.2012 – Efeitos a partir de 1º.1.2012.*

**Art. 15. (COLETORES DE VOTO)** – Operação realizada com Coletores Eletrônicos de Voto (CEV), suas partes, peças de reposição e acessórios, decorrente de aquisição direta do Tribunal Superior Eleitoral – TSE (Convênios ICMS-75/97, com alteração do Convênio ICMS-55/01, cláusula primeira).

- *Art. 15 com redação dada pelo Decreto nº 46.027 de 22.8.2001 – DOE de 23.8.2001 – Efeitos a partir de 9.8.2001.*

§ 1º. A fruição do benefício previsto neste artigo fica condicionada a que:

1 – a operação esteja amparada por isenção ou alíquota zero do Imposto de Importação ou do Imposto sobre Produtos Industrializados;

2 – a parcela relativa à receita bruta decorrente das operações previstas neste artigo esteja desonerada das contribuições para o Programa de Integração Social e de Formação do Patrimônio do Servidor Público – PIS/PASEP e para a Contribuição para o Financiamento da Seguridade Social – COFINS, a partir de 1º de janeiro de 2002.

- *§ 1º com redação dada pelo Decreto nº 46.501 de 18.1.2002 – DOE de 19.1.2002 – Efeitos a partir de 9.8.2001.*

§ 2º. Não se exigirá o estorno do crédito do imposto em relação ao produto de que trata este artigo.

- *§ 2º com redação dada pelo Decreto nº 46.501 de 18.1.2002 – DOE de 19.1.2002 – Efeitos a partir de 9.8.2001.*

§ 3º. Este benefício vigorará enquanto vigorar o Convênio ICMS-75/97, de 25 de julho de 1997.

- *§ 3º com redação dada pelo Decreto nº 52.379, de 19.11.2007 – DOE de 20.11.2007 – Efeitos a partir de 1º.9.2007.*

**Art. 16. (DEFICIENTES – CADEIRA DE RODAS E PRÓTESES)** – Operação realizada com os produtos adiante indicados, classificados na posição, subposição ou código da Nomenclatura Comum do Mercosul – NCM (Convênio ICMS-126/10):

- *Art. 16,* caput, *com redação dada pelo Decreto nº 56.457, de 30.11.2010 – DOE de 1º.12.2010 – Efeitos a partir da publicação.*

I – cadeira de rodas e outros veículos para deficientes físicos, mesmo com motor ou outro mecanismo de propulsão:

a) sem mecanismos de propulsão, 8713.10.00;

b) outros, 8713.90.00;

II – partes e acessórios destinados exclusivamente a aplicação em cadeiras de rodas ou outros veículos para deficientes físicos, 8714.20.00;

III – próteses articulares:

a) femurais, 9021.31.10;

b) mioelétricas, 9021.31.20;

c) outras, 9021.31.90;

IV – outros artigos e aparelhos ortopédicos, 9021.10.10;

V – outros artigos e aparelhos para fraturas, 9021.10.20;

VI – partes e acessórios de artigos e aparelhos de ortopedia, articulados, 9021.10.91;

VII – outras partes e acessórios, 9021.10.99;

VIII – partes de próteses modulares que substituem membros superiores ou inferiores, 9021.39.91;

IX – outros, 9021.39.99;

X – aparelhos para facilitar a audição dos surdos, exceto as partes e acessórios, 9021.40.00;

XI – partes e acessórios de aparelhos para facilitar a audição dos surdos, 9021.90.92.

XII – barra de apoio para portador de deficiência física, 7615.20.00;

XIII – implantes cocleares, 9021.90.19 (Convênio ICMS-30/12).

• *Inciso XIII acrescido pelo Decreto nº 59.210, de 17.5.2013 – DOE de 18.5.2013 – Efeitos a partir de 1º.6.2012.*

Parágrafo único. Não se exigirá o estorno do crédito do imposto relativo às mercadorias beneficiadas com a isenção prevista neste artigo.

• *Art. 16 com redação dada pelo Decreto nº 49.709, de 23.6.2005 – DOE de 24.6.2005 – Efeitos a partir de 25.4.2005.*

**Art. 17. (DEFICIENTES – PRODUTOS DIVERSOS)** – Operação interna que destine os produtos adiante indicados a pessoas portadoras de deficiência física, visual ou auditiva, classificados na posição, subposição ou código da Nomenclatura Brasileira de Mercadorias – Sistema Harmonizado – NBM/SH (Convênio ICMS-55/98):

I – acessórios e adaptações especiais para serem instalados em veículo automotor destinado ao uso exclusivo de pessoa portadora de deficiência física impossibilitada de dirigir veículo convencional (modelo comum):

• *Inciso I,* caput, *com redação dada pelo Decreto nº 49.709, de 23.6.2005 – DOE de 24.6.2005 – Efeitos a partir da publicação.*

a) embreagem manual, suas partes e acessórios, 8708.93.00;

b) embreagem automática, suas partes e acessórios, 8708.93.00;

c) freio manual, suas partes e acessórios, 8708.31.00;

d) acelerador manual, suas partes e acessórios, 8708.99.00;

e) inversão do pedal do acelerador, suas partes e acessórios, 8708.99.00;

f) prolongamento de pedais, suas partes e acessórios, 8708.99.00;

g) empunhadura, suas partes e acessórios, 8708.99.00;

h) servo acionadores de volante, suas partes e acessórios, 8708.99.00;

i) deslocamento de comandos do painel, suas partes e acessórios, 8708.29.99;

j) plataforma giratória para deslocamento giratório do assento de veículo, suas partes e acessórios, 9401.20.00;

l) trilho elétrico para deslocamento do assento dianteiro para outra parte do interior do veículo, suas partes e acessórios, 9401.20.00;

II – plataforma de elevação para cadeira de rodas, manual, eletro-hidráulica ou eletromecânica, especialmente desenhada e fabricada para uso por pessoa portadora de deficiência física, suas partes e acessórios, 8428.10.00;

III – rampa para cadeira de rodas, suas partes e acessórios, para uso por pessoa portadora de deficiência física, 7308.90.90;

IV – guincho para transportar cadeira de rodas, suas partes e acessórios, para uso por pessoa portadora de deficiência física, 8425.39.00;

V – destinados ao uso de pessoa portadora de deficiência visual:

a) bengala inteiriça, dobrável ou telescópica, com ponteira de "nylon", 6602.00.00;

b) relógio em "Braille", com sintetizador de voz com mostrador ampliado, 9102.99.00;

c) termômetro digital com sistema de voz, 9025.1;

d) calculadora digital com sistema de voz, com verbalização dos ajustes de minutos e horas, tanto no modo horário, como no modo alarme, e comunicação por voz dos dígitos de cálculo e resultados, 8470.10.00, 8470.2 e 8470.30.00;

e) agenda eletrônica com teclado em "Braille", com ou sem sintetizador de voz, 8471.30.11;

f) reglete para escrita em "Braille", 8442.50.00;

g) "display Braille" e teclado em "Braille" para uso em microcomputador, com sistema interativo para introdução e leitura de dados por meio de tabelas de caracteres "Braille", 8471.60.52;

h) máquina de escrever para escrita "Braille", manual ou elétrica, com teclado de datilografia comum ou na formação "Braille", 8469.12, 8469.20.00 e 8469.30;

i) impressora de caracteres "Braille" para uso com microcomputadores, com sistema de folha solta ou dois lados da folha, com ou sem sistema de comando de voz, com ou sem sistema acústico, 8471.60.1 e 8471.60.2;

j) equipamento sintetizador para reprodução em voz de sinais gerados por microcomputadores, permitindo a leitura de dados de arquivos, de uso interno ou externo, com padrão de protocolo SSIL de interface com "softwares" leitores de tela, 8471.80.90;

VI – produtos destinados ao uso de pessoas com deficiência auditiva:

a) aparelho telefônico com teclado alfanumérico e visor luminoso, com ou sem impressora embutida, que permite converter sinais transmitidos por sistema telefônico em caracteres e símbolos visuais, 8517.19;

b) relógio despertador vibratório e/ou luminoso, 9102.99.

§ 1º. Não se exigirá o estorno do crédito do imposto relativo às mercadorias beneficiadas com a isenção prevista neste artigo.

§ 2º. Relativamente aos produtos indicados no inciso I, a fruição do benefício:

1 – dependerá de reconhecimento prévio da Secretaria da Fazenda, nos termos de disciplina por ela estabelecida;

2 – somente se aplica se o adquirente não tiver débitos para com a Secretaria da Fazenda e nem tiver usufruído da isenção prevista no art. 19 deste Anexo nos últimos 2 (dois) anos, ressalvadas as hipóteses previstas na alínea "d" do item 1 do § 2º desse mesmo artigo.

- *Item 2 com redação dada pelo Decreto nº 58.897, de 20.2.2013 – DOE de 21.2.2013 – Efeitos a partir de 1º.1.2013.*

§ 3º. O adquirente dos produtos indicados no inciso I deverá recolher o imposto, com atualização monetária e acréscimos legais, sem prejuízo das sanções penais cabíveis, a contar da data da emissão do documento fiscal relativo à aquisição, na hipótese de:

1 – transmissão, a qualquer título, do veículo adaptado para seu uso exclusivo a pessoa que não faça jus ao mesmo tratamento fiscal, nos 2 (dois) primeiros anos contados da data da aquisição dos produtos beneficiados com a isenção;

- *Item 1 com redação dada pelo Decreto nº 58.897, de 20.2.2013 – DOE de 21.2.2013 – Efeitos a partir de 1º.1.2013.*

2 – modificação das características do veículo, para retirar-lhe o caráter de especialmente adaptado;

3 – emprego do veículo em finalidade ou por pessoa que não seja a que justificou a isenção.

- *§ 3º acrescido pelo Decreto nº 49.709, de 23.6.2005 – DOE de 24.6.2005 – Efeitos a partir da publicação.*

**Art. 18. (DEFICIENTES – PRODUTOS PARA INSTITUIÇÃO PÚBLICA OU ENTIDADE ASSISTENCIAL)** – Saída interna ou interestadual de equipamento ou acessório indicado no § 1º com destino a instituição pública ou entidade assistencial para atendimento exclusivo de pessoa portadora de deficiência física, auditiva, mental, visual ou múltipla (Convênios ICMS-38/91, com alteração do Convênio ICMS-47/97, cláusula terceira, e ICMS-5/99, cláusula primeira, IV, 5).

§ 1º. A isenção de que trata este artigo aplica-se aos seguintes produtos classificados segundo códigos ou posições da Nomenclatura Brasileira de Mercadorias – Sistema Harmonizado – NBM/SH vigente em 31 de dezembro de 1996:

1 – instrumentos e aparelhos para medicina, cirurgia, odontologia e veterinária, incluídos os aparelhos para cintolografia e outros aparelhos eletrônicos, bem como os aparelhos para testes visuais, aparelhos de eletrodiagnóstico (incluídos os aparelhos de exploração funcional e os de verificação de parâmetros fisiológicos):

a) eletrocardiógrafos, 9018.11.0000;

b) eletroencefalógrafos, 9018.19.0100;

c) outros, 9018.19.9900;

d) aparelhos de raios ultravioleta ou infravermelhos, 9018.20.0000;

2 – outros artigos e aparelhos de prótese (exceto as partes e acessórios) 9021.30;

3 – tomógrafo computadorizado, 9022.11.0401;

4 – aparelhos de raios X, móveis, não compreendidos nas subposições anteriores, 9022.11.05;

5 – aparelhos de radiocobalto (bomba de cobalto), 9022.21.0100;

6 – aparelhos de radioterapia (curieterapia), 9022.21.0200;

7 – aparelhos de gamaterapia, 9022.21.0300;

8 – outros, 9022.21.9900;

9 – densímetros, areômetros, pesa-líquidos, e instrumentos flutuantes semelhantes, termômetros, pirômetros, barômetros, higrômetros e psicômetros, registradores ou não, mesmo combinados entre si, 9025.

§ 2º. A isenção se estende ao desembaraço aduaneiro de equipamentos ou acessórios importados do exterior pelas instituições ou entidades mencionadas, desde que não exista similar de fabricação nacional.

§ 3º. O benefício fiscal previsto neste artigo será concedido desde que:

1 – a instituição pública estadual ou entidade assistencial esteja vinculada a programa de recuperação do portador de deficiência;

2 – a entidade assistencial não tenha finalidade lucrativa e sua renda líquida seja integralmente aplicada na manutenção de seus objetivos assistenciais, no país, sem distribuição de qualquer parcela a título de lucro ou participação;

§ 4º. A isenção será reconhecida pela Secretaria da Fazenda, a requerimento da interessada, em cada caso.

§ 5º. Este benefício vigorará enquanto vigorar o Convênio ICMS-38/91, de 7 de agosto de 1991.

- *§ 5º com redação dada pelo Decreto nº 52.564, de 27.12.2007 – DOE de 28.12.2007 – Efeitos a partir de 1º.11.2007.*

**Art. 19. (PESSOA COM DEFICIÊNCIA OU AUTISTA – VEÍCULO AUTOMOTOR)** – Saída interna e interestadual de veículo automotor novo adquirido, diretamente ou por meio de representante legal, por pessoa com deficiência física, visual, mental severa ou profunda, ou autista (Convênio ICMS-38/12).

§ 1º. Para fins do disposto neste artigo, considera-se:

1 – pessoa com deficiência:

a) física, aquela que apresenta alteração completa ou parcial de um ou mais segmentos do corpo, acarretando o comprometimento da função física, apresentando-se sob a forma de paraplegia, paraparesia, monoplegia, monoparesia, tetraplegia, tetraparesia, triplegia, triparesia, hemiplegia, hemiparesia, amputação ou ausência de membro, paralisia cerebral, membros com deformidade congênita ou adquirida, exceto as deformidades estéticas e as que não produzem dificuldades para o desempenho de funções;

b) visual, aquela que apresenta acuidade visual igual ou menor que 20/200 (tabela de Snellen) no melhor olho, após a melhor correção, ou campo visual inferior a 20°, ou ocorrência simultânea de ambas as situações;

c) mental severa ou profunda, aquela que apresenta o funcionamento intelectual significativamente inferior à média, com manifestação anterior aos dezoito anos e limitações associadas a duas ou mais áreas de habilidades adaptativas;

2 – autista, a pessoa que apresenta transtorno autista ou autismo atípico.

§ 2º. O benefício previsto neste artigo:

1 – fica condicionado a que:

a) a operação também esteja isenta do Imposto sobre Produtos Industrializados – IPI, nos termos da legislação federal vigente;

b) o adquirente não tenha débitos para com a Secretaria da Fazenda;

c) o veículo seja adquirido e registrado no DETRAN em nome da pessoa com deficiência ou autista;

d) seja utilizado uma única vez no período de 2 (dois) anos, contados da data da aquisição do veículo, ressalvados os casos de destruição completa do veículo ou de seu desaparecimento;

2 – deverá ser transferido ao adquirente do veículo, mediante correspondente redução no preço;

3 – aplica-se a veículo cujo preço de venda ao consumidor sugerido pelo fabricante, incluídos os tributos incidentes, não seja superior a R$ 70.000,00 (setenta mil reais).

§ 3º. A comprovação da condição de pessoa com deficiência física, visual, mental severa ou profunda, ou autista dar-se-á por laudo de avaliação, nos termos de disciplina estabelecida pela Secretaria da Fazenda.

§ 4º. A isenção será previamente reconhecida pela Secretaria da Fazenda, mediante entrega de requerimento instruído com os seguintes documentos, sem prejuízo da observância do disposto em disciplina estabelecida pela Secretaria da Fazenda:

1 – laudo de que trata o § 3º;

2 – comprovação de disponibilidade financeira ou patrimonial, da pessoa com deficiência ou autista, ou de parentes em primeiro grau em linha reta ou em segundo grau em linha colateral, do cônjuge ou companheiro em união estável, ou, ainda, de seu representante legal, suficiente para suprir os gastos com a aquisição e a manutenção do veículo a ser adquirido;

3 – comprovante de residência da pessoa com deficiência ou autista;

4 – cópia autenticada da autorização expedida pela Receita Federal do Brasil para aquisição do veículo com isenção do IPI;

5 – autorização emitida pela pessoa com deficiência ou autista ou pelo seu representante legal, identificando os condutores do veículo, de que trata o § 5º, se for o caso;

6 – cópia autenticada da Carteira Nacional de Habilitação – CNH de todos os condutores do veículo;

7 – documento que comprove a representação legal, se for o caso.

§ 5º. Caso a pessoa com deficiência ou autista, beneficiária da isenção, não seja a condutora do veículo, por qualquer motivo, o veículo deverá ser dirigido por pessoa autorizada pelo beneficiário ou representante legal, podendo ser indicados até 3 (três) condutores, nos termos de disciplina estabelecida pela Secretaria da Fazenda.

§ 6º. Caso a pessoa com deficiência física, beneficiária da isenção, seja a própria condutora do veículo, para fins de obter o benefício deverá apresentar, além dos documentos dispostos no § 4º, cópia autenticada da Carteira Nacional de Habilitação – CNH, na qual constem as restrições referentes ao condutor e as adaptações necessárias ao veículo.

§ 7º. Quando o interessado necessitar do veículo com característica específica para obter a Carteira Nacional de Habilitação – CNH, poderá adquiri-lo com isenção do imposto sem a apresentação da cópia autenticada da CNH, na qual constem as restrições referentes ao condutor e as adaptações necessárias ao veículo, desde que observado o disposto na alínea "a" do item 2 do § 9º.

§ 8º. Reconhecida a isenção, a autoridade competente emitirá autorização para que o interessado adquira o veículo com isenção do imposto, em 4 (quatro) vias, que terão a seguinte destinação:

1 – 1ª via deverá permanecer com o interessado;

2 – 2ª via será entregue à concessionária, que deverá remetê-la ao fabricante;

3 – 3ª via deverá ser arquivada pela concessionária que efetuou a venda ou intermediou a sua realização;

4 – 4ª via ficará em poder do Posto Fiscal que tiver reconhecido a isenção.

§ 9º. O interessado deverá apresentar no Posto Fiscal a que estiver vinculado, nos prazos a seguir relacionados, contados da data da aquisição do veículo:

1 – até o décimo quinto dia útil, cópia autenticada da Nota Fiscal relativa à aquisição;

2 – tratando-se de beneficiário com deficiência física que irá conduzir o veículo, além do disposto no item 1, até 180 (cento e oitenta) dias:

a) cópia autenticada da Carteira Nacional de Habilitação – CNH, na qual constem as restrições referentes ao condutor e as adaptações necessárias ao veículo;

b) cópia autenticada da Nota Fiscal referente à colocação do acessório ou adaptação efetuada pela oficina especializada ou pela concessionária autorizada, caso o veículo não tenha saído de fábrica com as características específicas discriminadas no documento previsto no § 6º.

§ 10. O contribuinte que efetuar a operação isenta deverá emitir a Nota Fiscal relativa à venda do veículo com as seguintes informações:

1 – número de inscrição do adquirente no Cadastro de Pessoas Físicas do Ministério da Fazenda – CPF;

2 – valor correspondente ao imposto não recolhido;

3 – declarações de que:

a) a operação é isenta de ICMS, nos termos do Convênio ICMS-38/12, de 30 de março de 2012;

b) nos primeiros 2 (dois) anos, contados da data da aquisição, o veículo não poderá ser alienado sem autorização do fisco.

§ 11. O beneficiário da isenção deverá recolher o imposto, com os acréscimos legais contados da data da aquisição constante na Nota Fiscal relativa à venda, e sem prejuízo das sanções penais cabíveis, nas hipóteses de:

1 – transmissão do veículo, a qualquer título, dentro do prazo de 2 (dois) anos da data da aquisição, à pessoa que não faça jus ao mesmo tratamento fiscal;

2 – emprego do veículo em finalidade que não seja a que justificou a isenção;

3 – não atendimento ao disposto no § 9º.

§ 12. Não se aplica o disposto no item 1 do § 11 nas hipóteses de:

1 – transmissão para a seguradora nos casos de roubo, furto ou perda total do veículo;

2 – transmissão do veículo em virtude do falecimento do beneficiário;

3 – alienação fiduciária em garantia.

§ 13. Não se exigirá o estorno de crédito do imposto relativo às mercadorias beneficiadas com esta isenção.

§ 14. Este benefício aplica-se aos pedidos protocolizados a partir de 1º de janeiro de 2013 e vigorará enquanto vigorar o Convênio ICMS-38/12, de 30 de março de 2012.

- *Art. 19 com redação dada pelo Decreto nº 58.897, de 20.2.2013 – DOE de 21.2.2013 – Efeitos a partir de 1º.1.2013.*

**Art. 20. (DIFERENCIAL DE ALÍQUOTA – ATIVO IMOBILIZADO)** – Entrada, em estabelecimento industrial ou agropecuário, de mercadoria oriunda de outro Estado, para integração no seu ativo imobilizado, em relação à importância do imposto correspondente à diferença entre a alíquota interna e a interestadual (Convênios ICMS-55/93 e ICMS-5/99, cláusula primeira, IV, 19).

Parágrafo único. Este benefício vigorará até 30 de abril de 2003 (Convênio ICMS-10/01, cláusula primeira, VI, "o").

- *Art. 20 com redação dada pelo Decreto nº 45.824, de 25.5.2001 – DOE de 26.5.2001 – Efeitos a partir de 1º.5.2001.*

**Art. 21. (DIFUSÃO SONORA)** – Prestação de serviço local de difusão sonora (Convênios ICMS-8/89, e ICMS-102/96, cláusula primeira, V, "b").

Parágrafo único. A fruição do benefício fica condicionada à divulgação, a título gratuito, quando solicitada pelo fisco, de matéria relativa ao imposto e de informação para conscientização do público, visando o combate à sonegação.

**Art. 22. (*DRAWBACK*)** – Desembaraço aduaneiro de mercadoria importada do exterior sob o regime de "drawback", na modalidade "suspensão", desde que a mercadoria seja empregada ou consumida no processo de industrialização de produto a ser exportado e (Convênio ICMS-27/90):

- *Art. 22,* caput, *com redação dada pelo Decreto nº 56.804, de 3.3.2011 – DOE de 4.3.2011 – Efeitos a partir de 1º.3.2011.*

I – o Ato Concessório do regime aduaneiro comprove tratar-se de "drawback", modalidade "suspensão", beneficiado com a suspensão do Imposto de Importação e do Imposto sobre Produtos Industriali

II – o importador promova a efetiva exportação do produto resultante da industrialização da mercadoria.

- *Inciso II com redação dada pelo Decreto nº 60.393, de 24.4.2014 – DOE de 25.4.2014 – Efeitos a partir da publicação.*

§ 1º. O contribuinte que realize operações ao amparo do benefício previsto neste artigo deverá manter sob sua guarda, pelo prazo previsto no art. 202 deste Regulamento, os documentos comprobatórios da regularidade fiscal dessas operações.

- *§ 1º com redação dada pelo Decreto nº 60.393, de 24.4.2014 – DOE de 25.4.2014 – Efeitos a partir da publicação.*

§ 2º. Na hipótese de descumprimento de qualquer das condições estabelecidas para a fruição da isenção prevista neste artigo, o ICMS objeto do referido benefício será exigido integralmente como se a isenção não tivesse existido, devendo o imposto ser recolhido observando-se o disposto na legislação, em especial o previsto no art. 11 deste Regulamento.

- *§ 2º com redação dada pelo Decreto nº 60.393, de 24.4.2014 – DOE de 25.4.2014 – Efeitos a partir da publicação.*

§ 3º. Nas Notas Fiscais Eletrônicas de entrada e de saída de mercadoria importada, bem como, na saída de produto resultante de sua industrialização, com o benefício deste artigo, deverá ser informado em campo próprio o número do Ato Concessório de "Drawback".

• *§ 3º com redação dada pelo Decreto nº 60.393, de 24.4.2014 – DOE de 25.4.2014 – Efeitos a partir da publicação.*

§ 4º. Para efeitos do disposto neste artigo, considera-se:

1 – empregada no processo de industrialização, a mercadoria que for integralmente incorporada ao produto a ser exportado;

2 – consumida, a mercadoria que for utilizada diretamente no processo de industrialização, na finalidade que lhe é própria, sem implicar sua integração ao produto a ser exportado.

• *§ 4º acrescido pelo Decreto nº 56.804, de 3.3.2011 – DOE de 4.3.2011 – Efeitos a partir de 1º.3.2011.*

§ 5º O disposto neste artigo não se aplica às operações com combustíveis e energia elétrica e térmica.

• *§ 5º acrescido pelo Decreto nº 56.804, de 3.3.2011 – DOE de 4.3.2011 – Efeitos a partir de 1º.3.2011.*

**Art. 23. (EMBARCAÇÃO NACIONAL)** – Saída de embarcação construída no país e fornecimento de peças, partes ou componentes utilizados pela indústria naval no seu reparo, conserto ou reconstrução, não se aplicando a isenção se a embarcação (Convênio ICM-33/77, cláusula primeira, com alteração dos Convênios ICM-59/87 e ICMS-1/92, e Convênios ICM-18/89, ICMS-44/90 e ICMS-102/96, cláusula primeira, V, "a"):

I – tiver menos de 3 (três) toneladas brutas de registro, salvo a de madeira utilizada na pesca artesanal;

II – destinar-se a recreação ou esporte;

III – estiver classificada no código 8905.10.0000 (dragas) da Nomenclatura Brasileira de Mercadorias – Sistema Harmonizado – NBM/SH vigente em 31 de dezembro de 1996.

**Art. 24. (EMBARCAÇÃO PESQUEIRA)** – Saída interna de óleo diesel destinado ao consumo por embarcação pesqueira nacional registrada neste Estado na Capitania dos Portos e no Instituto Brasileiro de Meio Ambiente e Recursos Renováveis – IBAMA, limitada à quantidade de consumo previsto para cada embarcação, por dia de efetivo trabalho (Convênio ICMS-58/96 e Protocolo ICMS-8/96).

§ 1º. A isenção será operacionalizada mediante ressarcimento do imposto pago, a ser efetuado pela empresa refinadora de petróleo, que abaterá o valor a ser ressarcido do recolhimento do imposto retido em razão do regime de substituição tributária.

§ 2º. Para efeito de determinação da quantidade de consumo por dia de efetivo trabalho serão consideradas as informações contidas na relação elaborada pelo órgão federal responsável pelo setor pesqueiro, conforme dispõe a cláusula terceira do Protocolo ICMS-8/96, de 25.6,1996.

§ 3º. A fruição do benefício dependerá de disciplina estabelecida pela Secretaria da Fazenda.

• *§ 3º com redação dada pelo Decreto nº 45.644, de 26.1.2001 – DOE de 27.1.2001 – Efeitos a partir de 1º.1.2001.*

§ 4º. Este benefício vigorará enquanto vigorar o Convênio ICMS-58/96, de 31 de maio de 1996.

• *§ 4º com redação dada pelo Decreto nº 53.973, de 27.1.2009 – DOE de 28.1.2009 – Efeitos a partir de 1º.1.2009.*

**Art. 25. (EMBARCAÇÕES E AERONAVES – COMBUSTÍVEIS E LUBRIFICANTES)** – Saída direta de combustíveis e lubrificantes para o abastecimento de embarcações ou aeronaves de bandeira nacional que se destinem ao exterior (Convênios ICMS-84/90, cláusula primeira e ICMS-151/94, cláusula primeira, VI, "q").

**Art. 26. (EMBRAPA – IMPORTAÇÃO DE PRODUTOS PARA PESQUISA)** – Desembaraço aduaneiro decorrente de importação efetuada diretamente pela Empresa Brasileira de Pesquisa Agropecuária – EMBRAPA, com financiamento de empréstimos internacionais firmados pelo Governo Federal, de aparelhos, máquinas e equipamentos, instrumentos técnico-científicos laboratoriais, partes e peças de reposição, acessórios, matérias-primas e produtos intermediários, destinados à pesquisa científica e tecnológica pela importadora (Convênio ICMS-64/95).

**Art. 27. (EMBRAPA – OPERAÇÕES DIVERSAS)** – Operações adiante indicadas: (Convênio ICMS-47/98):

I – realizadas com bens do ativo imobilizado ou de uso ou consumo:

a) saída de estabelecimento da Empresa Brasileira de Pesquisa Agropecuária – EMBRAPA para outro estabelecimento da mesma ou para estabelecimento de empresa estadual integrante do Sistema Nacional de Pesquisa Agropecuária;

b) relativamente a parcela do imposto decorrente da aplicação do diferencial de alíquota na aquisição interestadual realizada pela Empresa Brasileira de Pesquisa Agropecuária – EMBRAPA;

II – remessa de animais para a Empresa Brasileira de Pesquisa Agropecuária – EMBRAPA, para fins de inseminação e inovulação com animais de raça, e respectivo retorno, observados os mecanismos de controle estabelecidos pela Secretaria da Fazenda.

Parágrafo único. Este benefício vigorará enquanto vigorar o Convênio ICMS-47/98, de 19 de junho de 1998.

• *Parágrafo único com redação dada pelo Decreto nº 52.666, de 24.1.2008 – DOE de 25.1.2008 – Efeitos a partir de 1º.1.2008.*

**Art. 28. (EMBRIÃO/SÊMEN)** – Operação interna ou interestadual de embrião ou sêmen congelado ou resfriado de bovinos, de ovinos, de caprinos ou de suínos (Convênio ICMS-70/92, com alteração dos Convênios ICMS-36/99 e ICMS-27/02).

- *Redação dada ao art. 28 pelo inciso XI do art. 1º do Decreto nº 46.778 de 21.5.2002 – DOE de 22.5.2002 – Efeitos a partir de 9.4.2002.*

**Art. 29. (ENERGIA ELÉTRICA)** – Fornecimento de energia elétrica para consumo (Convênio ICMS-76/91, com alteração do Convênio ICMS-8/98; Convênio ICMS-20/89, cláusula primeira, com alteração dos Convênios ICMS-122/93 e ICMS-151/94, cláusula primeira, VI, "m"):

I – por estabelecimento rural, assim considerado o que efetivamente mantiver exploração agrícola ou pastoril e estiver inscrito no Cadastro de Contribuintes do ICMS;

II – residencial, em relação a:

a) conta que apresentar consumo mensal até 90 (noventa) Kwh. (Lei nº 12.185/2006);

- *Alínea "a" com redação dada pelo Decreto nº 50.473, de 20.1.2006 – Efeitos a partir de 1º.2.2006.*

b) conta que apresentar consumo mensal até 200 (duzentos) Kwh, quando a energia for gerada por fonte termoelétrica em sistema isolado.

§ 1º. O benefício fiscal previsto neste artigo deverá ser transferido aos consumidores, mediante redução do valor da operação no montante correspondente ao valor do imposto.

§ 2º. Na hipótese do inciso I, não se exigirá o estorno do crédito do imposto relativo à mercadoria beneficiada com a isenção prevista neste artigo.

**Art. 30. (ENERGIA SOLAR E EÓLICA)** – Operações com os produtos a seguir indicados, classificados nos códigos da Nomenclatura Brasileira de Mercadorias – Sistema Harmonizado – NBM/SH (Convênios ICMS-101/97, com alteração dos Convênios ICMS-46/98 e ICMS-61/00, e ICMS-7/00, cláusula primeira, IV, "n"):

I – aerogeradores para conversão de energia dos ventos em energia mecânica para fins de bombeamento de água e/ou moagem de grãos, 8412.80.00;

II – bomba para líquidos, para uso em sistema de energia solar fotovoltáico em corrente contínua, com potência não superior a 2bHP, 8413.81.00;

III – aquecedores solares de água, 8419.19.10;

IV – geradores fotovoltáicos (Convênio ICMS-101/97, cláusula primeira, *caput*, na redação do Convênio ICMS-93/01):

a) de potência não superior a 750W, 8501.31.20;

b) de potência superior a 750 W, mas não superior a 75 kW, 8501.32.20;

c) de potência superior a 75 kW, mas não superior a 375 kW, 8501.33.20;

d) de potência superior a 375 kW – 8501.34.20;

- *Inciso IV com redação dada pelo Decreto nº 46.295, de 23.11.2001 – DOE de 24.11.2001 – Efeitos a partir de 22.10.2001.*

V – aerogeradores de energia eólica, 8502.31.00;

VI – células solares (Convênio ICMS-101/07, cláusula primeira, *caput*, na redação do Convênio ICMS-93/01):

a) não montadas, 8541.40.16;

- *Inciso VI com redação dada pelo Decreto nº 46.295, de 23.11.2001 – DOE de 24.11.2001 – Efeitos a partir de 22.10.2001.*

b) em módulos ou painéis, 8541.40.32;

- *Alínea "b" com redação dada pelo Decreto nº 50.977, de 20.7.2006 – DOE de 21.7.2006 – Efeitos a partir da publicação.*

VII – torre para suporte de gerador de energia eólica, 7308.20.00 e 9406.00.99 (Convênio ICMS-101/97, cláusula primeira, XI, na redação do Convênio ICMS-19/10);

- *Inciso VII acrescido pelo Decreto nº 51.808, de 16.5.2007, e com redação dada pelo Decreto nº 55.790, de 10.5.2010 – DOE de 11.5.2010 – Efeitos a partir de 23.4.2010.*

VIII – pá de motor ou turbina eólica, 8503.00.90 (Convênio ICMS-25/11, cláusula primeira);

- *Inciso VIII acrescido dada pelo Decreto nº 56.804, de 3.3.2011 – DOE de 4.3.2011, e com redação dada pelo Decreto nº 57.145, de 18.7.2011 – DOE de 19.7.2011 – Efeitos a partir da publicação.*

IX – partes e peças utilizadas exclusiva ou principalmente em aerogeradores classificados no código 8502.31.00 da NCM/SH, 8503.00.90 (Convênio ICMS-25/11, cláusula segunda);

- *Inciso IX acrescido pelo Decreto nº 57.145, de 18.7.2011 – DOE de 19.7.2011 – Efeitos a partir da publicação.*

X – chapas de aço, 7308.90.10 (Convênio ICMS-11/11, cláusula primeira, I);

- *Inciso X acrescido pelo Decreto nº 57.145, de 18.7.2011 – DOE de 19.7.2011 – Efeitos a partir da publicação.*

XI – cabos de controle, 8544.49.00 (Convênio ICMS-11/11, cláusula primeira, I);

- *Inciso XI acrescido pelo Decreto nº 57.145, de 18.7.2011 – DOE de 19.7.2011 – Efeitos a partir da publicação.*

XII – cabos de potência, 8544.49.00 (Convênio ICMS-11/11, cláusula primeira, I);

- *Inciso XII acrescido pelo Decreto nº 57.145, de 18.7.2011 – DOE de 19.7.2011 – Efeitos a partir da publicação.*

XIII – anéis de modelagem, 8479.89.99 (Convênio ICMS-11/11, cláusula primeira, I).

- *Inciso XIII acrescido pelo Decreto nº 57.145, de 18.7.2011 – DOE de 19.7.2011 – Efeitos a partir da publicação.*

§ 1º. Não se exigirá o estorno de crédito do imposto relativo aos produtos beneficiados com a isenção prevista neste artigo.

§ 2º. A isenção prevista neste artigo:

1 – fica condicionada a que a operação esteja amparada por isenção ou alíquota zero do Imposto sobre Produtos Industrializados;

2 – somente se aplica aos produtos relacionados nos incisos X a XIII quando destinados à fabricação de torres para suporte de gerador de energia eólica (Convênio ICMS-11/11, cláusula primeira, II).

- *§ 2º com redação dada pelo Decreto nº 57.145, de 18.7.2011 – DOE de 19.7.2011 – Efeitos a partir da publicação.*

§ 3º. Este benefício vigorará enquanto vigorar o Convênio ICMS-101/97, de 12 de dezembro de 1997.

- *§ 3º com redação dada pelo Decreto nº 52.379, de 19.11.2007 – DOE de 20.11.2007 – Efeitos a partir de 1º.9.2007.*

**Art. 31. (ENTIDADE ASSISTENCIAL OU DE EDUCAÇÃO – PRODUÇÃO PRÓPRIA)** – Saída de mercadoria de produção própria promovida por instituição de assistência social ou de educação, desde que (Convênios ICM-38/82, com alteração do Convênio ICM-47/89, ICMS-52/90 e ICMS-121/95, cláusula primeira, VII, "b"):

I – a entidade não tenha finalidade lucrativa e sua renda líquida seja integralmente aplicada na manutenção de seus objetivos assistenciais ou educacionais no país, sem distribuição de qualquer parcela a título de lucro ou participação;

II – (revogado);

- *Inciso II revogado pelo Decreto nº 52.104, de 29.8.2007 – DOE de 30.8.2007 – Efeitos a partir da publicação.*

III – a isenção seja reconhecida pela Secretaria da Fazenda, a requerimento da interessada.

- *V. Decreto nº 46.778, de 21.5.2002 – Art. 6º. Cancela os débitos fiscais relacionados com o ICMS, decorrentes de operações ou prestações realizadas a partir de maio de 1999 e até 9 de abril de 2002 pela entidade assistencial Obra Social Nossa Senhora da Glória.*

**Art. 32. (ENTIDADE ASSISTENCIAL/EDUCACIONAL – IMPORTAÇÃO DE MERCADORIA DOADA)** – Desembaraço aduaneiro, bem como a posterior saída, de mercadoria importada do exterior em decorrência de doação efetuada por organização internacional ou estrangeira ou por país estrangeiro, destinada a distribuição gratuita em programa implementado por instituição educacional ou de assistência social relacionado com suas finalidades essenciais (Convênio ICMS-55/89, com alteração do Convênio ICMS-82/89).

**Art. 33. (EXPOSIÇÕES/FEIRAS)** – Saída de mercadoria com destino a exposições ou feiras para mostra ao público em geral, assim como o respectivo retorno, desde que a mercadoria retorne ao estabelecimento de origem no prazo de 60 (sessenta) dias, contado da data da saída (I Convênio do Rio de Janeiro, de 27.2.1967, cláusula primeira, 8, Convênio de Cuiabá, de 7.6.1967, Convênio ICMS-30/90, e ICMS-151/94, cláusula primeira, VI, "a").

**Art. 34. (FUNDAÇÃO NACIONAL DE SAÚDE – IMPORTAÇÃO – MEDICAMENTOS)** – Desembaraço aduaneiro, decorrente de importação do exterior realizada pela Fundação Nacional de Saúde e pelo Ministério da Saúde, por meio da Coordenadoria-Geral de Recursos Logísticos ou qualquer de suas unidades, dos produtos imunobiológicos, medicamentos, inseticidas e outros indicados no Anexo do Convênio ICMS-95/98, de 18 de setembro de 1998, destinados às campanhas de vacinação e de combate à dengue, malária e febre amarela, promovidas pelo Governo Federal (Convênio ICMS-95/98, com alteração do Convênio ICMS-147/05, cláusula primeira, e Anexo Único, na redação do Convênio ICMS-129/08, com alteração do Convênio ICMS-18/10).

- *Art. 34,* caput, *com redação dada pelo Decreto nº 55.790, de 10.5.2010 – DOE de 11.5.2010 – Efeitos a partir de 23.4.2010.*

Parágrafo único. Este benefício vigorará enquanto vigorar o Convênio ICMS-95/98, de 18 de setembro de 1998.

- *Parágrafo único com redação dada pelo Decreto nº 57.740, de 18.1.2012 – DOE de 19.1.2012 – Efeitos a partir de 1º.1.2012.*
- *V. Decreto nº 52.665, de 24.1.2008 – Disciplina o recolhimento de ICMS relativo ao estoque de medicamentos, bebidas alcoólicas, produtos de perfumaria e de higiene pessoal recebidos antes do início do regime de retenção antecipada por substituição tributária.*

**Art. 35. (GASODUTO BRASIL-BOLÍVIA)** – (Revogado).

- *Art. 35 revogado pelo Decreto nº 48.605, de 20.4.2004 – DOE de 21.4.2004 – Efeitos a partir da publicação.*

**Art. 36. (HORTIFRUTIGRANJEIROS)** – Operações com os seguintes produtos em estado natural, exceto quando destinados à industrialização (Convênio ICM-44/75, com alteração dos Convênios ICM-20/76, ICM-7/80, cláusula primeira, ICM-24/85, ICM-30/87, ICMS-68/90 e ICMS-17/93, e Convênio ICMS-124/93, cláusula primeira, V, 2):

- *Art. 36,* caput, *com redação dada pelo Decreto nº 52.836, de 26.3.2008 – DOE de 27.3.2008 – Efeitos a partir da publicação.*

I – abóbora, abobrinha, acelga, agrião, aipim, aipo, alcachofra, alecrim, alface, alfavaca, alfazema, almeirão, aneto, anis, araruta, arruda e azedim;

II – bardana, batata, batata-doce, berinjela, bertalha, beterraba, brócolos e brotos de vegetais usados na alimentação humana;

III – cacateira, cambuquira, camomila, cará, cardo, catalonha, cebola, cebolinha, cenoura, chicória, chuchu, coentro, cogumelo, cominho, couve e couve-flor;

IV – endívia, erva-cidreira, erva de santa maria, erva-doce, ervilha, escarola, espargo e espinafre;

V – funcho, flores e frutas frescas, exceto amêndoas, avelãs, castanhas, nozes, pêras e maçãs;

VI – gengibre, hortelã, inhame, jiló e losna;

VII – macaxeira, mandioca, manjericão, manjerona, maxixe, milho verde, moranga e mostarda;

VIII – nabiça e nabo;

IX – ovos;

X – palmito, pepino, pimenta e pimentão;

XI – quiabo, rabanete, raiz-forte, repolho, repolho chinês, rúcula, ruibarbo, salsa, salsão e segurelha;

XII – taioba, tampala, tomate, tomilho e vagem;

XIII – demais folhas usadas na alimentação humana.

§ 1º. Na remessa para industrialização dos produtos arrolados neste artigo, será observado o diferimento previsto no art. 353 deste Regulamento.

- *§ 1º com redação dada pelo Decreto nº 46.027 de 22.8.2001 – DOE de 23.8.2001 – Efeitos a partir da publicação.*

§ 2º. Não se exigirá o estorno do crédito do imposto relativo às mercadorias beneficiadas com a isenção prevista neste artigo.

§ 3º. O benefício previsto neste artigo aplica-se, também, às operações com os produtos abaixo relacionados, classificados nos respectivos códigos da Nomenclatura Brasileira de Mercadorias – Sistema Harmonizado – NBM/SH, quando comercializados em estado seco, ainda que triturados ou em pó:

1 – açafrão, 0910.20.00, e açafrão-da-terra, 0910.30.00;

2 – alecrim, 0910.99.00;

3 – erva doce e folhas de sene, 1211.90.90;

4 – folhas de louro, 0910.99.00;

5 – hortelã, 1211.90.90;

6 – manjerona e manjericão, 1211.90.90;

7 – orégano, 1211.90.10;

8 – sálvia, 0910.99.00;

9 – sementes de anis, 0909.10.10;

10 – sementes de badiana (anis estrelado), 0909.10.20;

11 – sementes de coentro, 0909.20.00;

12 – sementes de cominho, 0909.30.00;

13 – sementes de funcho, 0909.50.00;

14 – tomilho, 0910.99.00.

- *§ 3º acrescido pelo Decreto nº 54.315, de 8.5.2009 – DOE de 9.5.2009 – Efeitos a partir da publicação.*

**Art. 37. (IMPORTAÇÃO – HIPÓTESES DIVERSAS)** – Desembaraço aduaneiro em importação do exterior (Convênios ICMS-18/95, cláusula primeira, II, III, IV, V e VII, "a" e §§ 1º e 3º, ICMS-60/95 e ICMS-106/95, cláusulas primeira e segunda):

I – de mercadoria, em substituição de outra que foi devolvida pelo importador brasileiro em virtude de defeito impeditivo de sua utilização, desde que tenha sido pago o imposto por ocasião do desembaraço aduaneiro da mercadoria substituída;

II – de amostra sem valor comercial, tal como definida pela legislação federal que outorga a isenção do Imposto de Importação;

III – de bens contidos em encomendas aéreas internacionais ou remessas postais, destinados a pessoas físicas, de valor FOB não superior a US$ 50.00 (cinquenta dólares dos Estados Unidos da América) ou equivalente em outra moeda;

IV – de medicamentos importados do exterior por pessoa física;

V – de mercadoria ou bem importado do exterior, desde que obedecida a condição prevista no item 2 do § 2º.

VI – de mercadoria ou bem importados do exterior sob o Regime de Admissão Temporária, com suspensão total do pagamento dos impostos federais incidentes na importação, observados os prazos e condições estabelecidos na legislação federal, e quando destinados (Convênio ICMS-58/99, cláusula primeira):

- *Inciso VI acrescido pelo Decreto nº 46.027 de 22.8.2001 – DOE de 23.8.2001 – e* caput, *com redação dada pelo Decreto nº 53.833, de 17.12.2008 – DOE de 18.12.2008 – Efeitos a partir da publicação.*

a) a feiras, exposições, congressos e outros eventos, científicos ou técnicos;

b) a pesquisa ou expedição científica;

c) a espetáculos, exposições e outros eventos, artísticos ou culturais;

d) a competições ou exibições, esportivas;

e) a feiras e exposições, comerciais ou industriais;

f) a promoção comercial, inclusive amostras sem destinação comercial e mostruários de representantes comerciais;

g) a prestação, por técnico estrangeiro, de assistência técnica a bens importados, em virtude de garantia;

h) a reposição e conserto de embarcações, aeronaves e outros veículos, estrangeiros estacionados no território nacional, em trânsito ou em regime de admissão temporária, beneficiados com a isenção prevista neste artigo;

i) a reposição ou conserto de outros bens estrangeiros, submetidos ao regime de admissão temporária, beneficiados com a isenção prevista neste artigo;

j) a reposição temporária de bens importados, em virtude de garantia;

l) a beneficiamento, montagem, recondicionamento ou reacondicionamento de mercadoria ou bem beneficiados com a isenção prevista neste artigo;

m) a acondicionamento ou manuseio de outros bens importados, desde que reutilizáveis;

n) a identificação, acondicionamento ou manuseio de outros bens, destinados à exportação;

o) a reprodução de fonogramas e de obras audiovisuais, importados sob a forma de matrizes;

p) a atividades temporárias de interesse da agropecuária, inclusive animais para feiras e exposições, pastoreio, trabalho, cobertura e cuidados da medicina veterinária;

q) a assistência e salvamento em situações de calamidade ou de acidentes de que decorram dano ou ameaça de dano à coletividade ou ao meio ambiente;

r) a exercício temporário de atividade profissional de não residente;

s) à realização de serviços de lançamento de satélites, previamente autorizados pela Agência Espacial Brasileira;

t) a serem submetidos a ensaios, testes de funcionamento ou de resistência, conserto, reparo ou restauração.

- *Alíneas "a" a "t" acrescidas pelo Decreto nº 46.027 de 22.8.2001 – DOE de 23.8.2001 – Efeitos a partir da publicação.*

§ 1º. Na hipótese prevista nos incisos III e IV, fica o importador dispensado de apresentar o documento que comprove a desoneração do imposto, nos termos do § 1º do art. 137 deste Regulamento.

§ 2º. O disposto neste artigo fica condicionado a que, na operação de importação:

1 – em relação aos incisos I a IV:

a) não tenha havido contratação de câmbio;

b) não haja incidência do Imposto de Importação, mediante reconhecimento do fisco federal.

2 – em relação ao inciso V, haja isenção do Imposto de Importação e sujeição ao Regime de Tributação Simplificada.

§ 3º. O disposto no inciso VI não se aplica às operações com mercadorias abrangidas pelo Regime Aduaneiro Especial de Exportação e de Importação de Bens Destinados às Atividades de Pesquisa e de Lavra das Jazidas de Petróleo e de Gás – REPETRO, disciplinado pela legislação federal específica (Convênio ICMS-130/07, cláusula décima primeira).

- *§ 3º acrescido pelo Decreto nº 54.155, de 20 de março de 2009 – DOE de 21.3.2009 – Efeitos a partir de 1º.1.2009.*

**Art. 38. (IMPORTAÇÃO DE PRODUTOS HOSPITALARES)** – Desembaraço aduaneiro de produtos a seguir indicados decorrente de importação do exterior feita diretamente por órgão ou entidade da administração pública, direta ou indireta, bem como por fundação ou entidade beneficente de assistência social certificada nos termos da Lei Federal nº 12.101, de 27 de novembro de 2009 (Convênio ICMS-104/89, com alteração dos Convênios ICMS-95/95, cláusula primeira, 20/99, 24/00, 72/09 e 90/10):

- *Art. 38,* caput, *com redação dada pelo Decreto nº 56.321, de 26.10.2010 – DOE de 27.10.2010 – Efeitos a partir de 1º.9.2010.*

I – aparelho, máquina, equipamento ou instrumento médico-hospitalar ou técnico-científico-laboratorial, sem similar produzido no país;

II – partes e peças, para aplicação nas máquinas, aparelhos, equipamentos e instrumentos indicados no inciso anterior;

III – reagentes químicos destinados à pesquisa médico-hospitalar;

IV – os seguintes medicamentos reconhecidos pelos seus nomes genéricos: Acetato de Ciproterona, Acetato de Megestrol, Ácido Folínico, Albumina, Aldesleukina, Amicacina, Bleomicina, Carboplatina, Cefalotina, Cefoxitina, Ceftazidima, Ciclofosfamida, Cisplatina, Citarabina, Cladribina, Clindamicina, Cloridrato de Dobutamina, Dacarbazina, Domatostatina Cíclica Sintética, Doxorrubicina, Enflurano, Etoposide, Filgrastima, Fludarabina, 5 Fluoro Uracil, Granisetona, Idarrubicina, Imipenem, Interferon alfa 2ª, Iodamida Meglumínica, Isoflurano, Isosfamida, Lopamidol, Mesna (2Mercaptoetano-Sulfonato Sódico), Methotrexate, Midazolam, Mitomicina, Molgramostima, Ondansetron, Paclitaxel, Pamidronato Dissódico, Propofol, Ramitidina, Tamoxifeno, Teicoplanin, Teniposide, Tramadol, Vancomicina, Vincristina, Vinorelbine.

§ 1º. O benefício previsto neste artigo:

1 – somente será aplicado à mercadoria destinada à atividade de ensino, pesquisa ou prestação de serviço médico-hospitalar, exceção feita às mercadorias referidas no inciso III, cujo benefício está vinculado à destinação ali indicada;

2 – estender-se-á aos casos de doação, ainda que haja similar nacional do bem importado;

3 – em relação aos incisos II, III e IV, ficará condicionado a que a operação esteja amparada por isenção ou alíquota zero dos Impostos de Importação ou sobre Produtos Industrializados;

4 – dependerá de prévio reconhecimento pela Secretaria da Fazenda, em cada caso.

§ 2º. A inexistência de produto similar produzido no país será atestada (Convênio ICMS-104/89, cláusula primeira, § 5º, na redação do Convênio ICMS-110/04, cláusula primeira):

1 – por órgão federal competente ou por entidade representativa do setor produtivo de máquinas, aparelhos e equipamentos, com abrangência em todo território nacional, ficando dispensada a apresentação do atestado nas importações beneficiadas pela Lei federal nº 8.010, de 29.3.1990, realizadas pelo Conselho Nacional de Desenvolvimento Científico e Tecnológico (CNPq) e por entidades sem fins lucrativos por ele credenciadas, para fomento, coordenação e execução de programas de pesquisa científica e tecnológica ou de ensino;

2 – por órgão estadual reconhecido pela Secretaria da Fazenda deste Estado, na hipótese de partes, peças e reagentes químicos em que seja inaplicável o disposto no item 1.

- *§ 2º com redação dada pelo Decreto nº 49.344, de 24.1.2005 – DOE de 25.1.2005 – Efeitos a partir de 4.1.2005.*

§ 3º. O atestado, emitido para fins do disposto no § 2º, terá validade máxima de 6 (seis) meses (Convênio ICMS-104/89, cláusula primeira, § 7º, acrescentado pelo Convênio ICMS-110/04, cláusula segunda).

- *§ 3º com redação dada pelo Decreto nº 49.344, de 24.1.2005 – DOE de 25.1.2005 – Efeitos a partir de 4.1.2005.*

§ 4º. A Secretaria da Fazenda poderá dispensar a apresentação da certificação de que trata o *caput*, na hipótese de justificada urgência e relevância na prestação dos serviços a que os bens se destinem, combinada com o atraso na sua concessão pelo órgão competente.

- *§ 4º acrescido pelo Decreto nº 54.679, de 13.8.2009 – DOE de 14.8.2009, e com redação dada pelo Decreto nº 56.321, de 26.10.2010 – DOE de 27.10.2010 – Efeitos a partir de 1º.9.2010.*

§ 5º. Este benefício vigorará enquanto vigorar o Convênio ICMS-104/89, de 24 de outubro de 1989.

- *§ 5º, primitivo § 4º, renumerado pelo Decreto nº 54.679, de 13.8.2009 – DOE de 14.8.2009, e com redação dada pelo Decreto nº 52.564, de 27.12.2007 – DOE de 28.12.2007 – Efeitos a partir de 1º.11.2007.*

**Art. 39. (IMPORTAÇÃO – RETORNO DE EXPORTAÇÃO)** – Desembaraço aduaneiro, em retorno, por quem exportou, de mercadoria (Convênios ICMS-18/95, cláusula primeira, I, VII, "b", X, e §§ 1º e 2º, e ICMS-56/98):

I – não recebida pelo importador no exterior;

II – recebida pelo importador no exterior, mas com defeito impeditivo de sua utilização;

III – remetida a título de consignação mercantil e não comercializada;

IV – remetida para exposições ou feiras, para fins de exposição ao público em geral, desde que o retorno ocorra no prazo de 60 (sessenta) dias, contado da data da sua saída.

Parágrafo único. O disposto neste artigo ficará condicionado a que, na operação de importação, não tenha havido:

1 – contratação de câmbio;

2 – incidência do Imposto de Importação.

**Art. 40. (IMPORTAÇÃO – SANEAMENTO BÁSICO)** – Desembaraço aduaneiro, decorrente de importação do exterior efetuada por Companhia Estadual de Saneamento Básico, de produtos destinados à implantação de projeto de saneamento básico, adquiridos como resultado de concorrência internacional com participação de indústria do país, contra pagamento com recursos oriundos de divisas conversíveis, provenientes de contrato de empréstimo a longo prazo, celebrado com entidades financeiras internacionais (Convênios ICMS-42/95, na redação do Convênio ICMS-61/98, e ICMS-34/99, cláusula primeira, I, "a").

§ 1º. A fruição do benefício fica condicionada a que:

1 – a importação esteja beneficiada com isenção ou com alíquota zero dos Impostos de Importação ou sobre Produtos Industrializados;

2 – haja prévio reconhecimento, em cada caso, da Secretaria da Fazenda, mediante despacho em requerimento apresentado pela empresa importadora.

§ 2º. Este benefício vigorará enquanto vigorar o Convênio ICMS-42/95, de 28 de julho de 1995.

- *§ 2º com redação dada pelo Decreto nº 52.379, de 19.11.2007 – DOE de 20.11.2007 – Efeitos a partir de 1º.9.2007.*

**Art. 41. (INSUMOS AGROPECUÁRIOS)** – Operações internas realizadas com os insumos agropecuários a seguir indicados (Convênio ICMS-100/97, cláusulas primeira, com alteração dos Convênios ICMS-97/99 e ICMS-8/00, segunda, terceira, quinta e sétima, e Convênio ICMS-5/99, cláusula primeira, IV, 29):

- *V. art. 17 das DDTT. Suspende a aplicação do diferimento do lançamento do imposto, previsto nos arts. 355 a 361 do RICMS/2000, enquanto vigorar o benefício fiscal do art. 41 do Anexo I, exclusivamente em relação aos produtos ali indicados.*

I – inseticida, fungicida, formicida, herbicida, parasiticida, germicida, acaricida, nematicida, raticida, desfolhante, dessecante, espalhante, adesivo, estimulador ou inibidor de crescimento (regulador), vacina, soro ou medicamento, com destinação exclusiva a uso na agricultura, pecuária, apicultura, aquicultura, avicultura, cunicultura, ranicultura ou sericicultura, inclusive inoculante (Convênio ICMS-100/97, cláusula primeira, I, na redação do Convênio ICMS-99/04, cláusula primeira);

- *Inciso I com redação dada pelo Decreto nº 49.203, de 1º.12.2004 – DOE de 2.12.2004 – Efeitos a partir de 19.10.2004.*

II – ácido nítrico, ácido sulfúrico, ácido fosfórico, fosfato natural bruto ou enxofre na saída de estabelecimento extrator, fabricante ou importador para:

a) estabelecimento industrializador de adubo, simples ou composto, fertilizante ou fosfato bicálcio destinado à alimentação animal;

b) estabelecimento rural dedicado à agropecuária, nesta compreendidas a pecuária, a apicultura, a aquicultura, a avicultura, a cunicultura, a ranicultura e a sericicultura;

c) qualquer estabelecimento com fins exclusivamente de armazenagem, e respectivo retorno, real ou simbólico;

d) outro estabelecimento do mesmo titular;

III – com os produtos referidos no inciso anterior, em operação realizada entre os estabelecimentos ali mencionados;

IV – com os produtos referidos no inciso II, no desembaraço aduaneiro, em importação realizada por estabelecimento industrial, para fins de produção de adubo, simples ou composto, fertilizante ou fosfato bicálcio destinado à alimentação animal;

V – ração animal, concentrado, suplemento, aditivo, *premix* ou núcleo, sendo o fabricante ou o importador devidamente registrado no Ministério da Agricultura, Pecuária e Abastecimento – MAPA, observado o disposto no § 1°, com destinação exclusiva a uso na pecuária, apicultura, aquicultura, avicultura, cunicultura, ranicultura ou sericicultura, desde que o produto (Convênio ICMS-100/97, cláusula primeira, III, *caput*, na redação do Convênio ICMS-93/06, cláusula primeira):

a) esteja registrado no órgão competente do Ministério da Agricultura, Pecuária e Abastecimento, quando assim exigido, hipótese em que o número do registro deverá estar indicado no documento fiscal (Convênio ICMS- 17/11, cláusula primeira);

- *Alínea "a" com redação dada pelo Decreto nº 57.029, de 31.5.2011 – DOE de 1º.6.2011 – Efeitos a partir da publicação.*

b) contenha rótulo ou etiqueta de identificação;

- *Inciso V com redação dada pelo Decreto nº 55.379, de 29.1.2010 – DOE de 30.1.2010 – Efeitos a partir de 1º.8.2009.*
- *V. art. 3º do Decreto nº 57.029, de 31.5.2011.*

VI – para uso exclusivo na agricultura (Convênio ICMS-100/97, cláusula primeira, IV e XII, este último acrescentado pelo Convênio ICMS-25/03):

a) calcário ou gesso, como corretivo ou recuperador do solo;

b) casca de coco triturada;

- *Inciso VI com redação dada Decreto nº 47.858 de 3.6.2003 – DOE de 4.6.2003 – Efeitos a partir de 1º.5.2003.*

c) vermiculita para uso como condicionador e ativador de solo (Convênio ICMS 100/97, cláusula primeira, XIII, acrescentado pelo Convênio ICMS 93/03).

- *Alínea "c" acrescida pelo Decreto nº 48.294, de 2.12.2003 – DOE de 3.12.2003 – Efeitos a partir de 3.11.2003.*

VII – semente genética, semente básica, semente certificada de primeira geração – C1, semente certificada de segunda geração – C2, semente não certificada de primeira geração – S1 e semente não certificada de segunda geração – S2, destinadas à semeadura, observado o disposto no § 2°, desde que (Convênio ICMS-100/97, cláusula primeira, V, na redação do Convênio ICMS-16/05, cláusula primeira, I):

a) a semente seja certificada ou fiscalizada de acordo com as normas expedidas pelos órgãos competentes do Ministério da Agricultura, Pecuária e Abastecimento e da Secretaria da Agricultura;

b) as operações sejam realizadas por contribuintes registrados na Secretaria da Agricultura para o exercício da atividade de produção ou comercialização de sementes;

c) sejam observadas as disposições das legislações pertinentes;

- *Inciso VII com redação dada pelo Decreto nº 49.709, de 23.6.2005 – DOE de 24.6.2005 – Efeitos a partir de 25.4.2005.*

VIII – alho em pó, sorgo, milheto, sal mineralizado, farinhas de peixe, de ostra, de carne, de osso, de pena, de sangue e de víscera, calcário calcítico, caroço de algodão, farelos e tortas de algodão, de babaçu, de cacau, de amendoim, de linhaça, de mamona, de milho e de trigo, farelos de arroz, de girassol, de glúten de milho, de gérmen de milho desengordurado, de quirera de milho, de casca e de semente de uva e de polpa cítrica, glúten de milho, silagens de forrageiras e de produtos vegetais, feno, óleos de aves, e outros resíduos industriais, desde que se destinem quaisquer desses produtos à alimentação animal ou ao emprego na composição ou fabricação de ração animal, em qualquer caso com destinação exclusiva ao uso na pecuária, apicultura, aquicultura, avicultura, cunicultura, ranicultura ou sericicultura (Convênio ICMS-123/11, cláusula primeira, I);

- *Inciso VIII com redação dada pelo Decreto nº 58.283, de 8.8.2012 – DOE de 9.8.2012 – Efeitos a partir de 9.1.2012.*

IX – esterco animal;

X – mudas de plantas;

XI – sêmen, congelado ou resfriado, e embrião, exceto, em ambos os casos, os de bovinos, de ovinos ou de caprinos, hipótese em que se aplica a isenção indicada no art. 28 deste Anexo;

- *Inciso XI com redação dada pelo Decreto nº 46.295, de 23.11.2001 – DOE de 24.11.2001 – Efeitos a partir de 22.10.2001.*

XII – enzimas preparadas para decomposição de matéria orgânica animal, classificadas no código 3507.90.4 da Nomenclatura Brasileira de Mercadorias – Sistema Harmonizado – NBM/SH;

XIII – amônia, ureia, sulfato de amônio, nitrato de amônio, nitrocálcio, MAP (mono-amônio fosfato), DAP (di-amônio fosfato), cloreto de potássio, adubos simples e compostos, fertilizantes e DL Metionina e seus análogos, desde que se destinem quaisquer desses produtos à utilização na produção agrícola ou à fabricação de adubo simples ou composto, ou de fertilizante;

- *Inciso XIII com redação dada pelo Decreto nº 55.379, de 29.1.2010 – DOE de 30.1.2010 – Efeitos a partir de 1º.8.2009.*

XIV – girino, alevino, ovo fértil e aves de um dia, exceto as ornamentais (Convênio ICMS-100/97, cláusula primeira, IX, na redação do Convênio ICMS-89/01, cláusula primeira, I);

- *Inciso XIV acrescido pelo inciso VIII do art. 2º do Decreto nº 46.295, de 23.11.2001 – DOE de 24.11.2001 – Efeitos a partir de 22.10.2001.*

XV – gipsita britada destinada ao uso na agropecuária ou à fabricação de sal mineralizado (Convênio

ICMS-100/97, cláusula primeira, XI, na redação do Convênio ICMS-106/02);

- *Inciso XV acrescido pelo inciso V do art. 2º do Decreto nº 47.278, de 29.10.2002 – DOE de 30.10.2002 – Efeitos a partir de 14.10.2002.*

XVI – milho, quando destinado a produtor, à cooperativa de produtores, à indústria de ração animal ou órgão oficial de fomento e desenvolvimento agropecuário vinculado ao Estado (Convênio ICMS-123/11, cláusula primeira, II);

- *Inciso XVI com redação dada pelo Decreto nº 58.283, de 8.8.2012 – DOE de 9.8.2012 – Efeitos a partir de 9.1.2012.*

XVII – extrato pirolenhoso decantado, piro alho, silício líquido piro alho e bio bire plus, para uso na agropecuária (Convênio ICMS-100/97, cláusulas primeira e terceira, com a redação da cláusula primeira dada pelo Convênio ICMS-156/08);

- *Inciso XVII acrescido pelo Decreto nº 54.009, de 12.2.2009 – DOE de 13.2.2009 – Efeitos a partir de 1º.1.2009.*

XVIII – óleo, extrato seco e torta de Nim (Azadirachta indica A. Juss) (Convênio ICMS-55/09, cláusula segunda);

- *Inciso XVIII acrescido pelo Decreto nº 54.679, de 13.8.2009 – DOE de 14.8.2009 – Efeitos a partir de 1º.8.2009.*

XIX – farelos e tortas de soja e de canola, cascas e farelos de cascas de soja e de canola, sojas desativadas e seus farelos, quando destinados à alimentação animal ou ao emprego na fabricação de ração animal (Convênio ICMS-62/11);

- *Inciso XIX acrescido pelo Decreto nº 55.379, de 29.1.2010 – DOE de 30.1.2010, e com redação dada pelo Decreto nº 57.684, de 27.12.2011 – DOE de 28.12.2011 – Efeitos a partir de 1º.10.2011.*

XX – aveia e farelo de aveia, destinados à alimentação animal ou ao emprego na fabricação de ração animal, em qualquer caso com destinação exclusiva a uso na pecuária, apicultura, aquicultura, avicultura, cunicultura, ranicultura ou sericicultura (Convênio ICMS-149/05).

- *Inciso XX acrescido pelo Decreto nº 55.379, de 29.1.2010 – DOE de 30.1.2010 – Efeitos a partir de 1º.8.2009.*

XXI – condicionadores de solo e substratos para plantas, desde que os produtos estejam registrados no órgão competente do Ministério da Agricultura, Pecuária e Abastecimento e que o número do registro seja indicado no documento fiscal (Convênio ICMS-195/10);

- *Inciso XXI acrescido pelo Decreto nº 57.684, de 27.12.2011 – DOE de 28.12.2011 – Efeitos a partir de 1º.3.2011.*

XXII – torta de filtro e bagaço de cana, cascas e serragem de pinus e eucalipto, turfa, torta de oleaginosas, resíduo da indústria de celulose (dregs e grits), ossos de bovino autoclavado, borra de carnaúba, cinzas, resíduos agroindustriais orgânicos, destinados para uso exclusivo como matéria prima na fabricação de insumos para a agricultura (Convênio ICMS-49/11).

- *Inciso XXII acrescido pelo Decreto nº 57.684, de 27.12.2011 – DOE de 28.12.2011 – Efeitos a partir de 1º.10.2011.*

§ 1º. Relativamente ao disposto no inciso V:

1 – entende-se por:

a) RAÇÃO ANIMAL, qualquer mistura de ingredientes capaz de suprir as necessidades nutritivas para manutenção, desenvolvimento e produtividade dos animais a que se destinam;

b) CONCENTRADO, a mistura de ingredientes que, adicionada a um ou mais alimentos em proporção adequada e devidamente especificada pelo seu fabricante, constitua uma ração animal;

c) SUPLEMENTO, o ingrediente ou a mistura de ingredientes capaz de suprir a ração ou concentrado, em vitaminas, aminoácidos ou minerais, permitida a inclusão de aditivos (Convênio ICMS-100/97, cláusula primeira, § 2º, III, na redação do Convênio ICMS-20/02);

- *Alínea "c" com redação dada pelo Decreto nº 46.778 de 21.5.2002 – DOE de 22.5.2002 – Efeitos a partir de 9.4.2002.*

d) ADITIVO, substâncias e misturas de substâncias ou micro-organismos adicionados intencionalmente aos alimentos para os animais que tenham ou não valor nutritivo, e que afetem ou melhorem as características dos alimentos ou dos produtos destinados à alimentação dos animais (Convênio ICMS-100/97, cláusula primeira, § 2º, com alteração do Convênio ICMS-54/06, cláusula segunda);

- *Alínea "d" acrescida pelo Decreto nº 51.092, de 5.9.2006 – DOE de 6.9.2006 – Efeitos a partir de 1º.8.2006.*

e) PREMIX ou NÚCLEO, mistura de aditivos para produtos destinados à alimentação animal ou mistura de um ou mais destes aditivos com matérias-primas usadas como excipientes que não se destinam à alimentação direta dos animais (Convênio ICMS-100/97, cláusula primeira, § 2º, com alteração do Convênio ICMS-54/06, cláusula segunda).

- *Alínea "e" acrescida pelo Decreto nº 51.092, de 5.9.2006 – DOE de 6.9.2006 – Efeitos a partir de 1º.8.2006.*

2 – o benefício aplica-se, ainda, à ração animal preparada em estabelecimento rural, na transferência a outro estabelecimento rural do mesmo titular ou na remessa a outro estabelecimento rural em relação ao qual o titular remetente mantiver contrato de produção integrada.

§ 2º. Relativamente ao disposto no inciso VII:

- *§ 2º, caput, com redação dada pelo Decreto nº 49.203, de 1º.12.2004 – DOE de 2.12.2004 – Efeitos a partir de 19.10.2004.*

1 – o benefício estende-se à semente importada, hipótese em que o produto deve ser acobertado pelo Certificado Fitossanitário e pelo Boletim Internacional de Análises de Sementes;

• *Item 1 com redação dada pelo Decreto nº 49.203, de 1º.12.2004 – DOE de 2.12.2004 – Efeitos a partir de 19.10.2004.*

2 – a isenção não se aplica quando a semente não satisfizer os padrões estabelecidos pela Secretaria da Agricultura;

• *Item 2 com redação dada pelo Decreto nº 49.203, de 1º.12.2004 – DOE de 2.12.2004 – Efeitos a partir de 19.10.2004.*

3 – o benefício estende-se à saída interna do campo de produção, desde que (Convênio ICMS-100/97, cláusula terceira, §§ 1º e 2º, na redação do Convênio ICMS-63/05):

a) o campo de produção seja inscrito no Ministério da Agricultura, Pecuária e Abastecimento ou em órgão por ele delegado;

b) o destinatário seja beneficiador de sementes inscrito no Ministério da Agricultura, Pecuária e Abastecimento ou em órgão por ele delegado;

c) a produção de cada campo não exceda à quantidade estimada, por ocasião da aprovação de sua inscrição, pelo Ministério da Agricultura, Pecuária e Abastecimento ou por órgão por ele delegado, que deverão manter essa estimativa à disposição do fisco pelo prazo de 5 (cinco) anos;

d) a semente satisfaça o padrão estabelecido pelo Ministério da Agricultura, Pecuária e Abastecimento;

e) a semente não tenha outro destino que não seja a semeadura.

• *Item 3 com redação dada pelo Decreto nº 49.910, de 22.8.2005 – DOE de 23.8.2005 – Efeitos a partir de 22.7.2005.*

4 – as sementes poderão ser comercializadas, com a denominação "fiscalizadas", até 6 de agosto de 2005 (Convênio ICMS-99/04, cláusula segunda).

• *Item 4 com redação dada pelo Decreto nº 49.203, de 1º.12.2004 – DOE de 2.12.2004 – Efeitos a partir de 19.10.2004.*

§ 3º. Não se exigirá o estorno do crédito do imposto relativo às mercadorias beneficiadas com esta isenção.

§ 4º. (Revogado).

• *§ 4º revogado pelo Decreto nº 48.111, de 26.9.2003 – DOE de 27.9.2003 – Efeitos a partir da publicação.*

**Art. 42. (ITAIPU BINACIONAL)** – Saída de mercadoria com destino à Itaipu Binacional, desde que haja comprovação da efetiva entrega da mercadoria, mediante "Certificado de Recebimento" por ela emitido ou outro documento que vier a instituir, contendo, no mínimo, o número, a data da emissão e o valor da Nota Fiscal (Convênios ICM-10/75, com alteração do Convênio ICM-23/77, e ICMS-5/94).

§ 1º. O contribuinte deverá indicar na Nota Fiscal:

1 – estar a operação isenta do imposto por força do artigo XII do Tratado promulgado pelo Decreto federal nº 72.707, de 28.8.1973;

2 – o número da "Ordem de Compra" emitida pela Itaipu Binacional.

§ 2º. Dentro de 180 (cento e oitenta) dias, contados da data da saída da mercadoria, o contribuinte deverá dispor do "Certificado de Recebimento" para os fins previstos neste artigo.

§ 3º. A movimentação de mercadoria entre estabelecimentos da Itaipu Binacional será acompanhada por documento da própria empresa, denominado "Guia de Transferência", com numeração tipograficamente impressa e confeccionado mediante autorização prévia da repartição fiscal, na forma estabelecida neste Regulamento.

§ 4º. O documento previsto no parágrafo anterior poderá ser utilizado também na remessa de mercadoria a terceiro, para fins de industrialização ou conserto, desde que a mercadoria retorne à Itaipu Binacional.

§ 5º. O atendimento das exigências contidas neste artigo não dispensará o fornecedor do cumprimento das demais obrigações acessórias previstas neste Regulamento.

**Art. 43. (LEITE PASTEURIZADO)** – Saída interna de estabelecimento varejista de leite pasteurizado tipo especial, com 3,2% de gordura, de leite pasteurizado magro, reconstituído ou não, com até 2% de gordura, ou de leite pasteurizado tipo "A" ou "B", com destino a consumidor final (Convênio ICM-25/83, cláusulas primeira, na redação do Convênio ICMS-36/94, e segunda, Convênios ICM-10/84, cláusula primeira, ICM-19/84, cláusula primeira, ICMS-43/90, e ICMS-124/93, cláusula primeira, V, 6).

Parágrafo único. Na saída beneficiada com a isenção prevista neste artigo:

1 – não se exigirá o estorno do crédito do imposto relativo a essa operação;

2 – ficará dispensado o pagamento do imposto eventualmente diferido quando a operação estiver abrangida por este benefício;

3 – a adição de suplemento medicamentoso ao leite não descaracterizará a aplicação da isenção.

**Art. 44. (LOJA FRANCA)** – Operações, com produto industrializado, a seguir indicadas (Convênio ICMS-91/91):

I – desembaraço aduaneiro, em importação do exterior, de mercadoria destinada à comercialização, por loja franca instalada em zona primária de aeroporto de categoria internacional e autorizada a funcionar pelo órgão competente do Governo Federal;

II – saída de mercadoria:

1 – promovida por estabelecimento referido no inciso anterior;

2 – com destino a estabelecimento referido no inciso I, para comercialização, desde que o remetente

apresente à repartição fiscal a que estiver vinculado, antes da saída da mercadoria de seu estabelecimento, a respectiva Nota Fiscal, ocasião em que será visada a 1ª via e retida, para controle, a 3ª ou a 4ª via, conforme se tratar de operação interna ou interestadual.

Parágrafo único. Na hipótese do item 2 do inciso II, não se exigirá o estorno do crédito do imposto em relação aos produtos beneficiados com a isenção prevista neste artigo.

**Art. 45. (MÁQUINA DE SELECIONAR FRUTA – IMPORTAÇÃO)** – Desembaraço aduaneiro, decorrente de importação direta do exterior, de máquina de limpar e selecionar frutas, classificada no código 8433.60.90 da Nomenclatura Brasileira de Mercadorias – Sistema Harmonizado – NBM/SH, sem similar produzido no país, para integração no ativo imobilizado, destinado a uso exclusivo na atividade realizada pelo estabelecimento importador (Convênio ICMS-93/91, na redação do Convênio ICMS-128/98).

Parágrafo único. A inexistência de produto similar produzido no país será atestada por órgão federal competente ou por entidade representativa do setor produtivo de máquinas, aparelhos e equipamentos, com abrangência em todo o território nacional.

**Art. 46. (METRÔ)** – Operações internas que destinem à Companhia do Metropolitano de São Paulo – METRÔ as seguintes mercadorias (Convênio ICMS-24/98 com alteração do Convênio ICMS-26/08):

- *Art. 46,* caput, *com redação dada pelo Decreto nº 53.159, de 23.6.2008 – DOE de 24.6.2008 – Efeitos a partir de 30.4.2008.*

I – 27 (vinte e sete) trens metroviários, conforme contrato nº 0080031000;

- *Inciso I com redação dada pelo Decreto nº 53.159, de 23.6.2008 – DOE de 24.6.2008 – Efeitos a partir de 30.4.2008.*

II – equipamentos ATC's (controle automático de trem) dos 27 trens metroviários, conforme contrato nº 0007935000;

- *Inciso II com redação dada pelo Decreto nº 53.159, de 23.6.2008 – DOE de 24.6.2008 – Efeitos a partir de 30.4.2008.*

III – sistema de ventilação principal da extensão norte, conforme contrato nº 0057131001;

IV – sistema de alimentação elétrica da extensão norte, conforme contrato nº 0059131000;

V – sistema de sinalização e controle de movimentação de trens das extensões norte e leste, conforme contrato nº 0007935000;

VI – elevadores para transporte de pessoas portadoras de deficiência da extensão norte, conforme contrato nº 0100131101;

VII – equipamentos e materiais para reforma do Centro de Controle Operacional – CCO, conforme contrato nº 0102131001;

VIII – sistema de ar condicionado para o Centro de Controle Operacional – CCO, conforme contrato nº 6059621101;

IX – sistemas de alimentação elétrica, sinalização e controle, e ventilação principal, 3º trilho, escadas rolantes e elevadores da extensão norte, conforme contrato nº 0016731100;

X – equipamentos e materiais para instalação da via permanente da extensão leste, conforme contrato nº 0008731101;

XI – equipamentos e materiais para instalação da via permanente da extensão oeste, conforme contrato nº 0019721101;

XII – sistema de alimentação elétrica, captação de energia e ventilação principal, escadas rolantes e elevadores da extensão leste, conforme contrato nº 4162721100;

XIII – escadas rolantes para extensão norte, conforme contrato nº 4100721100;

XIV – equipamentos e materiais para reforma da subestação auxiliar do Centro de Controle Operacional – CCO, conforme contrato nº 0020731100;

XV – sistema de sinalização e controle da extensão leste, conforme contrato nº 4183721100.

Parágrafo único. Não se exigirá o estorno do crédito do imposto relativo aos produtos beneficiados com a isenção prevista neste artigo.

**Art. 47. (MICROCOMPUTADOR USADO – DOAÇÃO)** – Saída de microcomputador usado (seminovo), em decorrência de doação efetuada diretamente pelo estabelecimento fabricante ou suas filiais, a escola pública especial e profissionalizante, a associação de portadores de deficiência ou à comunidade carente (Convênio ICMS-43/99).

**Art. 48. (MINISTÉRIO DA EDUCAÇÃO E DO DESPORTO)** – Operações que destinem ao Ministério da Educação e do Desporto – MEC equipamentos didáticos, científicos e médico-hospitalares, inclusive peças de reposição e os materiais necessários às respectivas instalações, para atender ao "Programa de Modernização e Consolidação da Infraestrutura Acadêmica das Instituições Federais de Ensino Superior e Hospitais Universitários", instituído pela Portaria nº 469, de 25 de março de 1997, do Ministério da Educação e do Desporto (Convênios ICMS-123/97 e ICMS-5/99, cláusula primeira, IV, 32).

§ 1º. O disposto neste artigo aplicar-se-á, também, às saídas dessas mercadorias, promovidas pelo Ministério da Educação e do Desporto – MEC a cada uma das instituições beneficiadas.

§ 2º. A fruição do benefício fica condicionada a que:

1 – os produtos estejam contemplados com isenção ou com alíquota zero dos Impostos de Importação e sobre Produtos Industrializados;

2 – haja prévio reconhecimento, em cada caso, pela Secretaria da Fazenda, observada a disciplina por ela estabelecida;

3 – a parcela relativa à receita bruta decorrente das operações previstas neste artigo esteja desonerada das contribuições para o Programa de Integração Social e de Formação do Patrimônio do Servidor Público – PIS/PASEP e para a Contribuição para o Financiamento da Seguridade Social – COFINS, a partir de 1º de janeiro de 2002 (Convênio ICMS-123/97, cláusula primeira, § 2º, na redação do Convênio ICMS-56/01, cláusula primeira).

• *Item 3 acrescido pelo Decreto nº 46.027, de 22.8.2001 – DOE de 23.8.2001 – Efeitos a partir de 9.8.2001.*

§ 3º. Este benefício vigorará enquanto vigorar o Convênio ICMS-123/97, de 12 de dezembro de 1997.

• *§ 3º com redação dada pelo Decreto nº 52.564, de 27.12.2007 – DOE de 28.12.2007 – Efeitos a partir de 1º.11.2007.*

**Art. 49. (MOLUSCOS)** – Saída interna de mexilhão, marisco, ostra, berbigão e vieira, em estado natural, resfriado ou congelado (Convênios ICMS-147/92 e ICMS-7/00, cláusulas primeira, IV, "f", e segunda).

Parágrafo único. Este benefício vigorará enquanto vigorar o Convênio ICMS-147/92, de 15 de dezembro de 1992.

• *Parágrafo único com redação dada pelo Decreto nº 52.564, de 27.12.2007 – DOE de 28.12.2007 – Efeitos a partir de 1º.11.2007.*

**Art. 50. (MUDA DE PLANTA)** – Saída interna de muda de planta (Convênios ICMS 54/91 e 100/97, cláusula primeira, VIII).

• *Art. 50 com redação dada pelo Decreto nº 48.294, de 2.12.2003 – DOE de 3.12.2003 – Efeitos a partir da publicação.*

**Art. 51. (ÓLEO LUBRIFICANTE USADO OU CONTAMINADO)** – Saída de óleo lubrificante usado ou contaminado com destino a estabelecimento re-refinador ou coletor revendedor registrado e autorizado pelo órgão federal competente (Convênios ICMS-3/90 e ICMS-5/99, cláusula primeira, IV, 2).

Parágrafo único. Este benefício vigorará enquanto vigorar o Convênio ICMS-3/90, de 30 de maio de 1990.

• *Parágrafo único com redação dada pelo Decreto nº 52.564, de 27.12.2007 – DOE de 28.12.2007 – Efeitos a partir de 1º.11.2007.*

**Art. 52. (ÓRGÃOS PÚBLICOS – DOAÇÕES PARA A SECRETARIA DA EDUCAÇÃO)** – Saída interna e interestadual de mercadoria decorrente de doação efetuada à Secretaria da Educação do Estado, para distribuição, também por doação, a escolas ou ao seu corpo discente, da rede oficial de ensino (Convênios ICMS-78/92 e ICMS-5/99, cláusula primeira, IV, 14).

§ 1º. Não se exigirá o estorno do crédito do imposto relativo à mercadoria beneficiada com a isenção prevista neste artigo.

§ 2º. Este benefício vigorará enquanto vigorar o Convênio ICMS-78/92, de 30 de julho de 1992.

• *§ 2º com redação dada pelo Decreto nº 53.066, de 6.6.2008 – DOE de 7.6.2008 – Efeitos a partir de 1º.5.2008.*

**Art. 53. (ÓRGÃOS PÚBLICOS – DOAÇÕES PARA VÍTIMAS DA SECA)** – Saída de mercadoria decorrente de doação a órgãos ou entidades da administração direta ou indireta da União, dos Estados ou dos Municípios ou a entidade assistencial reconhecida como de utilidade pública, para assistência às vítimas de situação de seca localizadas na área de abrangência da SUDENE, bem como a prestação de serviço de transporte daquela mercadoria (Convênios ICMS-57/98, cláusulas primeira e terceira, e ICMS-5/99, cláusula primeira, IV, 33).

§ 1º. O disposto neste artigo não se aplica às saídas promovidas pela Companhia Nacional de Abastecimento – CONAB.

§ 2º. Não se exigirá o estorno do crédito do imposto relativo às operações ou prestações relacionadas com mercadoria amparada por esta isenção.

§ 3º. Este benefício vigorará enquanto vigorar o Convênio ICMS-57/98, de 19 de junho de 1998.

• *§ 3º com redação dada pelo Decreto nº 53.066, de 6.6.2008 – DOE de 7.6.2008 – Efeitos a partir de 1º.5.2008.*

**Art. 54. (ÓRGÃOS PÚBLICOS – DOAÇÕES PARA VÍTIMAS DE CATÁSTROFES)** – Saída de mercadoria em razão de doação efetuada ao Governo do Estado de São Paulo para distribuição gratuita a pessoas necessitadas ou vítimas de catástrofes, em decorrência de programa instituído para esse fim, bem como a prestação de serviço de transporte correspondente (Convênios ICMS-82/95, cláusula primeira, e ICMS-90/99, cláusula primeira, III, "b").

§ 1º. Em relação à operação ou prestação abrangida por esta isenção:

1 – não se exigirá o estorno do crédito do imposto relativo à mercadoria ou ao serviço isento;

2 – fica dispensado o pagamento do imposto eventualmente diferido.

§ 2º. Este benefício vigorará enquanto vigorar o Convênio ICMS-82/95, de 26 de outubro de 1995.

• *§ 2º com redação dada pelo Decreto nº 53.066, de 6.6.2008 – DOE de 7.6.2008 – Efeitos a partir de 1º.5.2008.*

**Art. 55. (ÓRGÃOS PÚBLICOS – AQUISIÇÃO DE BENS, MERCADORIAS OU SERVIÇOS)** – As operações e as prestações de serviços internas, relativas a aquisição de bens, mercadorias ou serviços por órgãos da Administração Pública Estadual Direta e suas Fundações e Autarquias (Convênios ICMS-48/93, ICMS-107/95 e ICMS-26/03).

§ 1º. O disposto neste artigo:

1 – não se aplica às operações com bens ou mercadorias e às prestações de serviços que tenham

sido recebidas com o imposto retido antecipadamente por sujeição passiva por substituição;

2 – na hipótese de qualquer operação com bem ou mercadoria importados do exterior, aplica-se somente àquela que tenha comprovação de inexistência de similar produzido no país;

§ 2º. A inexistência de similar produzido no país será atestada por órgão federal competente ou por entidade representativa do setor produtivo do bem ou da mercadoria com abrangência em todo o território nacional.

§ 3º. Ficam dispensadas da apresentação do atestado de inexistência de similaridade nacional de que trata o § 2º as importações:

1 – beneficiadas com as isenções previstas na Lei Federal nº 8.010, de 29 de março de 1990;

2 – promovidas pelas seguintes fundações públicas estaduais (Convênio ICMS-10/11, cláusula primeira):

a) Fundação de Amparo à Pesquisa do Estado de São Paulo – FAPESP;

b) Fundação para o Remédio Popular – FURP.

• *§ 3º com redação dada pelo Decreto nº 57.029, de 31.5.2011 – DOE de 1º.6.2011 – Efeitos a partir de 26.4.2011.*

§ 4º. O imposto excluído na forma deste artigo não será cobrado do órgão público destinatário do bem, da mercadoria ou tomador do serviço, devendo:

1 – o valor do imposto dispensado ser deduzido do valor do bem, da mercadoria ou do preço do serviço prestado;

2 – constar no documento fiscal emitido, conforme a operação ou a prestação, além dos requisitos e exigências estabelecidos na legislação tributária, a indicação, por bem, mercadoria ou serviço, do valor do imposto deduzido conforme previsto no item 1.

§ 5º. Não se exigirá o estorno do crédito do imposto relativo aos bens, mercadorias ou prestações de serviço beneficiados com a isenção prevista neste artigo.

• *Art. 55 com redação dada pelo Decreto nº 49.344, de 24.1.2005 – DOE de 25.1.2005 – Efeitos a partir da publicação.*

• *V. art. 4º do Decreto nº 57.029, de 31.5.2011.*

**Art. 56. (ÓRGÃOS PÚBLICOS – IMPORTAÇÃO)** – Desembaraço aduaneiro, em decorrência de importação direta (Convênios ICMS-80/95 e 93/98, na redação do Convênio ICMS-43/02):

• *Art. 56 com redação dada pelo Decreto nº 46.966 de 31.7.2002 – DOE de 1.8.2002 – Efeitos a partir de 17.4.2002.*

I – efetuada por órgãos da Administração Pública direta ou indireta de:

a) quaisquer produtos recebidos por doação;

b) de equipamentos científicos e de informática, suas partes, peças de reposição e acessórios, bem como de reagentes químicos, adquiridos a qualquer título;

II – de aparelhos, máquinas, equipamentos e instrumentos, suas partes e peças de reposição e acessórios, de matérias-primas e produtos intermediários, e de artigos de laboratório, em que a importação seja beneficiada com as isenções previstas na Lei Federal nº 8.010, de 29 de março de 1990, efetuada por:

a) institutos de pesquisa federais ou estaduais;

b) institutos de pesquisa sem fins lucrativos instituídos por leis federais ou estaduais;

c) universidades federais ou estaduais;

d) organizações sociais com contrato de gestão com o Ministério da Ciência e Tecnologia indicadas no § 2º;

e) fundações sem fins lucrativos das instituições referidas nas alíneas anteriores, que atendam aos requisitos previstos no art. 14 do Código Tributário Nacional, para o estrito cumprimento de suas finalidades estatuárias de apoio às entidades beneficiadas pela isenção prevista neste artigo (Convênio ICMS-93/98, cláusula primeira, V, na redação do Convênio ICMS-111/04, cláusula primeira);

• *Alínea "e" com redação dada pelo Decreto nº 49.344, de 24.1.2005 – DOE de 25.1.2005 – Efeitos a partir de 4.1.2005.*

f) pesquisadores e cientistas credenciados e no âmbito de projeto aprovado pelo Conselho Nacional de Desenvolvimento Científico e Tecnológico – CNPq (Convênio ICMS-93/98, cláusula primeira, VI, acrescentado pelo Convênio ICMS-57/05);

• *Alínea "f" acrescida pelo Decreto nº 49.910, de 22.8.2005 – DOE de 23.8.2005 – Efeitos a partir de 22.7.2005.*

g) fundações de direito privado, sem fins lucrativos, que atendam aos requisitos do art. 14 do Código Tributário Nacional, contratadas pelas instituições ou fundações referidas nas alíneas anteriores, nos termos da Lei Federal nº 8.958/1994, desde que os bens adquiridos integrem o patrimônio da contratante (Convênio ICMS-93/98, cláusula primeira, VII, acrescentado pelo Convênio ICMS-131/10).

• *Alínea "g" acrescida pelo Decreto nº 56.457, de 30.11.2010 – DOE de 1º.12.2010 – Efeitos a partir da publicação.*

§ 1º. Aplica-se também o disposto na alínea "a" do inciso I às importações efetuadas por fundações ou entidades beneficentes ou de assistência social que atendam aos requisitos previstos no art. 14 do Código Tributário Nacional.

• *§ 1º com redação dada pelo Decreto nº 47.278, de 29.10.2002 – DOE de 30.10.2002 – Efeitos a partir da publicação.*

§ 2º. O disposto no inciso II, relativamente às organizações sociais e suas fundações, somente se aplica a:

1 – Associação Rede Nacional de Ensino e Pesquisa (RNP);

2 – Associação Instituto de Matemática Pura e Aplicada (IMPA);

3 – Centro Nacional de Pesquisa em Energia e Materiais – CNPEM (Convênio ICMS-87-12);

• *Item 3 com redação dada pelo Decreto nº 59.211, de 17.5.2013 – DOE de 18.5.2013 – Efeitos a partir de 4.10.2012.*

4 – Centro de Gestão e Estudos Estratégicos – CGEE;

5 – Instituto de Desenvolvimento Sustentável Mamirauá.

§ 3º. A fruição do benefício previsto neste artigo fica condicionada a que:

1 – a importação seja isenta ou tributada com alíquota zero dos impostos de importação ou sobre produtos industrializados;

2 – os produtos previstos na alínea "b" do inciso I não possuam similar produzido no país, cuja comprovação será efetuada por meio de laudo emitido por órgão especializado do Ministério do Desenvolvimento, Indústria e Comércio Exterior ou por este credenciado (Convênio ICMS-80/95, cláusula segunda, parágrafo único);

• *Item 2 com redação dada pelo Decreto nº 55.790, de 10.5.2010 – DOE de 11.5.2010 – Efeitos a partir de 1º.5.2010.*

a) por órgão federal competente ou por entidade representativa do setor produtivo de máquinas, aparelhos e equipamentos, com abrangência em todo o território nacional;

b) por órgão estadual reconhecido pela Secretaria da Fazenda deste Estado, na hipótese de partes, peças e artigos de uso em laboratório em que seja inaplicável o disposto na alínea "a".

• *Item 2 com redação dada pelo Decreto nº 49.344, de 24.1.2005 – DOE de 25.1.2005 – Efeitos a partir de 4.1.2005.*

3 – haja prévio reconhecimento, em cada caso, da Secretaria da Fazenda, mediante despacho em requerimento apresentado pelo interessado, na forma por ela disciplinada;

4 – também, em relação ao disposto:

a) a alínea "a" do inciso I, não haja contratação de câmbio;

b) no inciso I, que os produtos sejam utilizados exclusivamente na consecução das atividades essenciais do importador;

c) no inciso II, que os produtos sejam utilizados exclusivamente nas atividades de ensino e pesquisa científica ou tecnológica do importador;

d) no inciso II, que as entidades estejam credenciadas pela fundação estadual de amparo a pesquisa ou entidade equivalente.

§ 4.º (Revogado).

• *§ 4º acrescido pelo Decreto nº 49.344, de 24.1.2005, e revogado pelo Decreto nº 55.790, de 10.5.2010 – DOE de 11.5.2010 – Efeitos a partir de 1º.5.2010.*

**Art. 57. (ÓRGÃOS PÚBLICOS – IMPORTAÇÃO)** – (Revogado).

• *Art. 57 revogado pelo Decreto nº 48.034, de 19.8.2003 – DOE de 20.8.2003 – Efeitos a partir da publicação.*

**Art. 58. (ÓRGÃOS PÚBLICOS – MERCADORIA PARA INDUSTRIALIZAÇÃO)** – Saída interna ou interestadual de mercadoria, promovida por órgão da administração pública, empresa pública, sociedade de economia mista ou empresa concessionária de serviço público, para fins de industrialização, desde que os produtos industrializados retornem ao órgão ou empresa remetente, neste Estado, devendo a mercadoria, no seu transporte, ser acompanhada de Nota Fiscal ou documento autorizado em regime especial (V Convênio do Rio de Janeiro, de 16.10.1968, cláusula nona, Convênios ICM-12/85, ICMS-31/90, e ICMS-151/94, cláusula primeira, VI, "b" e "I").

**Art. 59. (ÓRGÃOS PÚBLICOS – PRODUTO FARMACÊUTICO)** – Saída de produto farmacêutico realizada por órgão ou entidade, inclusive fundação, da administração direta ou indireta da União, dos Estados ou dos Municípios, com destino a (Convênios ICM-40/75, cláusula primeira, ICMS-41/90 e ICMS-151/94, cláusula primeira, VI, "i"):

I – outro órgão ou entidade de mesma natureza;

II – consumidor, se a saída for efetuada por preço não superior ao custo.

**Art. 60. (ÓRGÃOS PÚBLICOS – PRODUTOS E EQUIPAMENTOS MÉDICOS)** – Operação com os produtos e equipamentos utilizados em diagnóstico em imunohematologia, sorologia e coagulação, indicados no § 1º, destinados a órgãos ou entidades da administração pública, direta ou indireta, bem como suas autarquias e fundações (Convênios ICMS-84/97, com alteração do Convênio ICMS-66/00, e ICMS-5/99, cláusula primeira, IV, 28).

§ 1º. A isenção de que trata este artigo aplica-se aos seguintes produtos classificados segundo os códigos ou posições da Nomenclatura Brasileira de Mercadorias – Sistema Harmonizado – NBM/SH:

1 – da linha de imunohematologia: reagentes, painéis de hemácias e diluentes destinados à determinação dos grupos ou dos fatores sanguíneos pela técnica de Gel-Teste, 3006.20.00;

2 – da linha de coagulação: reagentes para diagnósticos de coagulação pelas técnicas de Gel-Teste e ID-PaGIA, 3006.20.00;

3 – da linha de sorologia (Convênio ICMS 87/97, cláusula primeira, com alteração do Convênio ICMS 55/03):

a) reagentes para diagnósticos de enfermidades transmissíveis pela técnica ID-PaGIA, 3822.00.00;

b) reagentes para diagnósticos de malária, em qualquer suporte, 3822.00.90;

• *Item 3 com redação dada pelo Decreto nº 48.294, de 2.12.2003 – DOE de 3.12.2003 – Efeitos a partir da publicação..*

4 – incubadoras para diagnósticos em imunoematologia, sorologia e coagulação pelas técnicas de Gel-Teste e ID-PaGIA, 8419.89.99;

5 – centrífugas para diagnósticos em imunoematologia, sorologia e coagulação pelas técnicas de Gel-Teste e ID-PaGIA, 8421.19.10;

6 – "readers" (leitor automático) para diagnósticos em imunoematologia, sorologia e coagulação pelas técnicas de Gel-Teste e ID-PaGIA, 8471.90.12;

7 – "samplers" (pipetador automático) para diagnósticos em imunohematologia, sorologia e coagulação pelas técnicas de Gel-Teste e ID-PaGIA, 8479.89.12;

§ 2º. Não se exigirá o estorno do crédito do imposto relativo aos produtos beneficiados com a isenção prevista neste artigo.

§ 3º. Este benefício vigorará enquanto vigorar o Convênio ICMS-84/97, de 26 de setembro de 1997.

- *§ 3º com redação dada pelo Decreto nº 53.066, de 6.6.2008 – DOE de 7.6.2008 – Efeitos a partir de 1º.5.2008.*

**Art. 61. (ÓRGÃOS PÚBLICOS – PROGRAMA DE MODERNIZAÇÃO FISCAL)** – Operação com mercadoria, bem como a prestação de serviço de transporte a ela relativa, destinada ao Programa de Fortalecimento e Modernização da Área Fiscal Estadual adquirida em decorrência de licitações ou contratações efetuadas com observância das normas estabelecidas pelo Banco Interamericano de Desenvolvimento – BID (Convênios ICMS-94/96 e ICMS-5/99, cláusula primeira, IV, 23).

Parágrafo único. Este benefício vigorará até 31 de dezembro de 2005 (Convênio ICMS-123/04, cláusula segunda, I).

- *Parágrafo único com redação dada pelo Decreto nº 49.344, de 24.1.2005 – DOE de 25.1.2005 – Efeitos a partir de 1º.1.2005.*

**Art. 62. (ÓRGÃOS PÚBLICOS – VEÍCULOS PARA A POLÍCIA FEDERAL, POLÍCIA RODOVIÁRIA FEDERAL E AERONÁUTICA)** – Operações a seguir indicadas (Convênios ICMS 75/00, 76/00, 069/01 e 122/03):

I – operações com veículos adquiridos (Convênios ICMS 75/00, 69/01 e 122/03):

a) pelo Departamento da Polícia Federal, no âmbito do Fundo para Aparelhamento e Operacionalização das Atividades-Fim da Polícia Federal, instituído pela Lei Complementar nº 89, de 18.2.1997, e regulamentado pelo Decreto nº 2.381, de 12.11.1997, e que estejam contempladas no processo de licitação nº 05/2000-CPL/CCA/DPF;

b) pelo Departamento de Polícia Rodoviária Federal, de acordo com o previsto no Plano Anual de Reaparelhamento da Polícia Rodoviária Federal, e que estejam contempladas no processo de licitação nº 05/2000-CPL/DPRF;

c) pelo Departamento de Polícia Rodoviária Federal e que estejam contempladas nos processos de licitação nº 08650.001237/2003-16 (aquisição de veículos caracterizados), nº 08650.001894/2003-63 (aquisição de veículos caracterizados tipo caminhonete 4x4), nº 08650.001895/2003-16 (aquisição de veículos caracterizados tipo camioneta), nº 08650.001896/2003-52 (aquisição de motocicletas caracterizadas) e nº 08650.001982/2003-65 (aquisição de veículos caracterizados tipo micro-ônibus);

II – saída de veículos de bombeiros, destinados a equipar os aeroportos nacionais, adquiridos pelo Ministério da Defesa, representado pelo Comando da Aeronáutica, por meio da Diretoria de Engenharia da Aeronáutica, por meio de licitação na modalidade da Concorrência nº 006/DIRENG/2000 (Convênio ICMS 76/00).

§ 1º. O benefício previsto no inciso II aplicar-se-á, também, ao desembaraço aduaneiro decorrente de importação do exterior de chassis e componentes de superestrutura, sem similar produzido no país, devidamente atestado por órgão federal competente, quando destinados a integrar os veículos ali referidos.

§ 2º. Relativamente ao benefício previsto neste artigo:

1 – sua fruição fica condicionada a que os produtos estejam contemplados com isenção ou alíquota zero do Imposto sobre Produtos Industrializados – IPI;

2 – não será exigido o estorno do crédito do imposto nas operações com os produtos beneficiados com a isenção prevista neste artigo.

§ 3º. A fruição do benefício de que trata este artigo fica condicionada, também, relativamente ao disposto (Convênios ICMS 75/00, 76/00, 69/01 e 122/03):

1 – no inciso I, a que o valor correspondente à concessão do benefício previsto neste artigo deva ser deduzido do preço contido nas propostas vencedoras dos processos de licitação;

2 – na alínea "b" do inciso I, a que a parcela relativa à receita bruta decorrente das operações esteja desonerada das contribuições para o Programa de Integração Social e de Formação do Patrimônio do Servidor Público – PIS/PASEP e para a Contribuição para o Financiamento da Seguridade Social – COFINS (Convênio ICMS 1/04).

- *Item 2 com redação dada pelo Decreto nº 48.534, de 9.3.2004 – DOE de 10.3.2004 – Efeitos a partir de 18.2.2004.*

- *Art. 62 (exceto item 2 do § 3º) com redação dada pelo Decreto nº 48.475, de 28.1.2004 – DOE de 29.1.2004 – Efeitos a partir de 6.1.2004.*

**Art. 63. (ÓRGÃOS PÚBLICOS – VEÍCULOS PARA AS SECRETARIAS DA FAZENDA E DE SEGURANÇA)** – Saída interna de veículos destinados à Secretaria da Fazenda do Estado de São Paulo, para reequipamento de sua fiscalização, e à Secretaria da Segurança Pública, para reequipamento policial da Polícia Militar, no âmbito de programa de reequipamento policial (Convênio ICMS-34/92, com alteração do Convênio ICMS-56/00).

§ 1º. Não se exigirá o estorno do crédito do imposto relativo às mercadorias beneficiadas com a isenção prevista neste artigo.

- *§ 1º, primitivo Parágrafo único, renumerado pelo Decreto nº 53.833, de 17.12.2008 – DOE de 18.12.2008 – Efeitos a partir de 12.11.2008.*

§ 2º. O benefício previsto neste artigo aplica-se, também, à parcela do imposto devida a este Estado quando ocorrer faturamento direto ao consumidor pela montadora ou importador (Convênio ICMS-126/08).

- *§ 2º acrescido pelo Decreto nº 53.833, de 17.12.2008 – DOE de 18.12.2008 – Efeitos a partir de 12.11.2008.*

**Art. 64. (PENITENCIÁRIAS – MERCADORIAS PRODUZIDAS POR DETENTOS)** – Saída interna de produto resultante do trabalho de reeducação dos detentos, promovida pelos estabelecimentos do Sistema Penitenciário do Estado (Convênio ICMS-85/94).

**Art. 65. (PÓS-LARVA DE CAMARÃO)** – Saída interna ou interestadual de pós-larva de camarão (Convênios ICMS-123/92 e ICMS-5/99, cláusula primeira, IV, 15).

Parágrafo único. Este benefício vigorará enquanto vigorar o Convênio ICMS-123/92, de 25 de setembro de 1992.

- *Parágrafo único com redação dada pelo Decreto nº 52.564, de 27.12.2007 – DOE de 28.12.2007 – Efeitos a partir de 1º.11.2007.*

**Art. 66. (PRESERVATIVOS)** – Operação com preservativo classificado no código 4014.10.00 da Nomenclatura Brasileira de Mercadorias – Sistema Harmonizado – NBM/SH, desde que seja abatido do preço da mercadoria o valor equivalente ao imposto que seria devido se não houvesse a isenção (Convênio ICMS-116/98, alterado pelos Convênios ICMS-90/99, cláusula primeira, III, "i", e 40/07, cláusula primeira, II).

- *Art. 66,* caput, *com redação dada pelo Decreto nº 51.801, de 9.5.2007 – DOE e 10.5.2007 – Efeitos a partir de 23.4.2007.*

§ 1º. Não se exigirá o estorno do crédito do imposto relativo às mercadorias beneficiadas com a isenção prevista neste artigo (Convênio ICMS 116/98, cláusula primeira, § 2º, acrescentado pelo Convênio ICMS 119/03, cláusula primeira).

- *§ 1º acrescido pelo Decreto nº 48.475, de 28.1.2004 – DOE de 29.1.2004 – Efeitos a partir de 1º.1.2004*

§ 2º. Este benefício vigorará enquanto vigorar o Convênio ICMS-116/98, de 11 de dezembro de 1998.

- *§ 2º com redação dada pelo Decreto nº 57.740, de 18.1.2012 – DOE de 19.1.2012 – Efeitos a partir de 1º.1.2012.*

**Art. 67. (PRODEA)** – Saída promovida dentro do Programa de Distribuição Emergencial de Alimentos no Nordeste Semiárido (PRODEA), pela Companhia Nacional de Abastecimento – CONAB, de arroz, feijão, milho e farinha de mandioca, doados à Superintendência de Desenvolvimento do Nordeste – SUDENE para serem distribuídos às populações alistadas em frentes de emergência constituídas no âmbito do Programa de Combate à Fome no Nordeste (Convênios ICMS-108/93 e ICMS-7/00, cláusula primeira, IV, "i").

Parágrafo único. Este benefício vigorará até 30 de abril de 2004 (Convênio ICMS-21/02, cláusula primeira, V, "i").

- *Parágrafo único com redação dada pelo Decreto nº 46.778 de 21.5.2002 – DOE de 22.5.2002 – Efeitos a partir de 1º.5.2002.*

**Art. 68. (PRÓ-TAMAR)** – Saída promovida pela Fundação Pró-Tamar de produto que objetive a divulgação de atividades preservacionistas vinculadas ao Programa Nacional de Proteção às Tartarugas Marinhas (Convênios ICMS-55/92, cláusula primeira, na redação do Convênio ICMS-25/93 e ICMS-5/99, cláusula primeira, IV, 13).

Parágrafo único. Este benefício vigorará enquanto vigorar o Convênio ICMS-55/92, de 25 de junho de 1992.

- *Parágrafo único com redação dada pelo Decreto nº 53.066, de 6.6.2008 – DOE de 7.6.2008 – Efeitos a partir de 1º.5.2008.*

**Art. 69. (REFEIÇÃO)** – Fornecimento de refeição promovido por (Convênios ICM-1/75, cláusula primeira, III, "f", ICMS-35/90 e ICMS-151/94, cláusula primeira, VI, "e"):

I – estabelecimento contribuinte do imposto diretamente a seus empregados;

II – agremiação estudantil, associação de pais e mestres, instituição de educação ou de assistência social, sindicato ou associação de classes, diretamente a seus empregados, associados, professores, alunos ou beneficiários;

III – contribuinte, a presos recolhidos às cadeias, desde que o fornecimento ou a aquisição dos produtos utilizados no preparo da refeição sejam acobertados por documento fiscal.

**Art. 70.** (Revogado).

- *Art. 70 revogado pelo Decreto nº 45.737 de 3.4.2001 – DOE de 4.4.2001 – Efeitos a partir da publicação.*

**Art. 71. (REPRESENTAÇÕES DIPLOMÁTICAS)** – Operações a seguir indicadas, envolvendo representações diplomáticas e funcionários (Convênios ICMS-158/94 e ICMS-90/97):

I – fornecimento de energia elétrica e prestação de serviço de telecomunicação a missão diplomática, repartição consular, representação de organismos internacionais, de caráter permanente e respectivos funcionários estrangeiros indicados pelo Ministério das Relações Exteriores;

II – saída de veículo, promovida por fabricante nacional, em decorrência de aquisição efetuada por missão diplomática, repartição consular de caráter permanente ou seus integrantes estrangeiros, bem como por representação de organismos internacionais de que o Brasil seja membro, ou seus funcionários de nacionalidade estrangeira, desde que a saída esteja isenta ou com alíquota zero do Imposto sobre Produtos Industrializados;

III – desembaraço aduaneiro de mercadorias, em importação direta do exterior, por missão diplomática, repartição consular de caráter permanente ou seus integrantes estrangeiros, bem como por representação de organismos internacionais de que o Brasil seja membro, ou seus funcionários de nacionalidade estrangeira, desde que tais mercadorias estejam beneficiadas com isenção ou com alíquota zero dos Impostos de Importação e sobre Produtos Industrializados;

IV – saída de mercadoria destinada a ampliação ou reforma de imóvel utilizado por missão diplomática, repartição consular ou representação de organismos internacionais de caráter permanente, indicados pelo Ministério das Relações Exteriores, desde que a mercadoria esteja beneficiada com isenção ou com alíquota zero do Imposto sobre Produtos Industrializados – IPI (Convênio ICMS-158/94, cláusula primeira, III, na redação do Convênio ICMS-34/01, cláusula primeira).

• *Inciso IV acrescido pelo Decreto nº 46.027 de 22.8.2001 – DOE de 23.8.2001 – Efeitos a partir de 9.8.2001.*

§ 1º. A concessão do benefício previsto neste artigo condiciona-se à existência de reciprocidade de tratamento tributário, declarada, anualmente, pelo Ministério das Relações Exteriores.

§ 2º. Relativamente ao benefício previsto no inciso I:

1 – sua fruição dependerá de pedido escrito da entidade interessada diretamente à empresa distribuidora de energia elétrica ou prestadora do serviço de telecomunicação, instruindo-o com a declaração de reciprocidade de tratamento tributário expedida pelo Ministério das Relações Exteriores do Brasil;

2 – o pedido de que trata o item anterior será:

a) renovado até o dia 31 de janeiro de cada ano;

b) arquivado na empresa distribuidora ou prestadora do serviço, conforme o caso, pelo prazo previsto no art. 202 deste Regulamento.

§ 3º. Na hipótese do inciso II, não se exigirá o estorno do crédito do imposto relacionado com a fabricação do veículo beneficiado com a isenção prevista neste artigo.

§ 4º. Na hipótese de importação de veículo por funcionário estrangeiro de missão diplomática, repartição consular ou representação de organismos internacionais, o benefício fiscal condiciona-se à observância do disposto na legislação federal aplicável.

§ 5º. Em substituição ao benefício previsto no inciso IV, o imposto pago na saída da mercadoria destinada à ampliação ou reforma de imóvel utilizado por missão diplomática, repartição consular ou representação de organismos internacionais de caráter permanente poderá ser ressarcido diretamente a essas entidades (Convênio ICMS-63/07, cláusula primeira).

• *§ 5º acrescido pelo Decreto nº 52.118, de 31.8.2007 – DOE de 1º.9.2007 – Efeitos a partir de 31.7.2007.*

**Art. 72. (REPRODUTOR CAPRINO – IMPORTAÇÃO)** – Desembaraço aduaneiro em decorrência de importação direta realizada por estabelecimento agropecuário devidamente inscrito no cadastro de contribuintes do imposto, de reprodutor ou matriz de caprino de comprovada superioridade genética (Convênio ICMS-20/92 e ICMS-5/99, cláusula primeira, IV, 12).

Parágrafo único. Este benefício vigorará enquanto vigorar o Convênio ICMS-20/92, de 3 de abril de 1992.

• *Parágrafo único com redação dada pelo Decreto nº 52.564, de 27.12.2007 – DOE de 28.12.2007 – Efeitos a partir de 1º.11.2007.*

**Art. 73. (REPRODUTOR/MATRIZ)** – Operações com reprodutor ou matriz de animal vacum, ovino, suíno e bufalino, puro de origem, puro por cruza ou de livro aberto de vacum, a seguir indicadas (Convênio ICM-35/77, cláusula décima primeira, com alteração dos Convênios ICM-9/78, ICMS-86/98 e ICMS-74/04, e Convênios ICMS-46/90, ICMS-124/93, cláusula primeira, V, 4):

• *Art. 73,* caput, *com redação dada pelo Decreto nº 49.203, de 1º.12.2004 – DOE de 2.12.2004 – Efeitos a partir de 19.10.2004.*

I – desembaraço aduaneiro pelo titular do estabelecimento importador, em condições de obter o registro genealógico oficial a que se refere o inciso seguinte;

II – saída interna ou interestadual, desde que o animal possua registro genealógico oficial e seja destinado a estabelecimento agropecuário devidamente inscrito no cadastro de contribuintes do imposto ou, quando não exigida esta inscrição, o número de inscrição no Cadastro Nacional de Pessoas Jurídicas do Ministério da Fazenda – CNPJ ou no cadastro do Imposto Territorial Rural – ITR ou ainda outro meio de prova.

Parágrafo único. O benefício previsto neste artigo também se aplica ao animal que ainda não tenha atingido a maturidade para reproduzir, obedecidas as condições estabelecidas no caput (Convênio ICMS 12/04).

• *Parágrafo único acrescido pelo Decreto nº 48.739, de 21.6.2004 – DOE de 22.6.2004 – Efeitos a partir de 28.4.2004.*

**Art. 74. (RORAIMA – INSUMOS E IMPLEMENTOS AGRÍCOLAS)** – Saída com destino ao Estado de Roraima a contribuinte abrangido pelo Projeto Integrado de Exploração Agropecuária e Agroindustrial daquele Estado, de insumos agropecuários arrolados no art. 41 deste Anexo e de máquinas e equipamentos para uso exclusivo na agricultura e na pecuária de que trata o art. 12 do Anexo II, desde que (Convênio ICMS-62/03):

I – (revogado);

• *Inciso I revogado pelo Decreto nº 56.457, de 30.11.2010 – DOE de 1º.12.2010 – Efeitos a partir da publicação.*

II – seja abatido do preço da mercadoria o valor equivalente ao imposto que seria devido se não houvesse a isenção;

III – no documento fiscal, além dos demais requisitos, seja indicado:

a) de forma detalhada, o abatimento previsto no inciso II;

b) o número da inscrição especial concedida pela Secretaria de Estado da Fazenda de Roraima aos contribuintes abrangidos pelo Projeto Integrado de Exploração Agropecuária e Agroindustrial do Estado de Roraima;

IV – haja a efetiva comprovação da entrada da mercadoria no estabelecimento do destinatário, que se fará mediante lista divulgada pela Secretaria da Fazenda do Estado de Roraima.

§ 1º. O benefício previsto neste artigo:

1 – somente se aplica nas aquisições autorizadas pelas cooperativas operacionalizadoras do projeto mencionado no *caput* (Convênio ICMS-62/03, cláusula primeira, parágrafo único, na redação do Convênio ICMS-153/10);

2 – relativamente à saída que destine esses produtos à pecuária, aplica-se, também, às remessas com destino à apicultura, avicultura, aquicultura, cunicultura, ranicultura ou sericicultura.

• *§ 1º com redação dada pelo Decreto nº 56.457, de 30.11.2010 – DOE de 1º.12.2010 – Efeitos a partir da publicação.*

§ 2º. O contribuinte remetente deverá entregar, até o dia 10 do mês subsequente ao da saída do produto, ao fisco do Estado de Roraima e à repartição fiscal a que estiver vinculado neste Estado, listagem em meio eletrônico relativa às saídas efetuadas nos termos deste artigo, contendo, no mínimo, as seguintes informações:

1 – nome ou razão social, números da inscrição estadual e no CNPJ e endereço do remetente;

2 – nome ou razão social, números da inscrição estadual, no CNPJ e no Programa de Desenvolvimento Rural do Estado de Roraima e endereço do destinatário;

3 – número, série, valor total e data da emissão da nota fiscal;

4 – descrição, quantidade e valor da mercadoria;

5 – números da inscrição estadual e no CNPJ ou CPF e endereço do transportador.

§ 3º. O contribuinte usuário do sistema eletrônico de processamento de dados deverá elaborar a listagem prevista no § 2º, em separado da listagem a que estão sujeitos os contribuintes usuários do sistema, conforme disciplina estabelecida pela Secretaria da Fazenda, sem prejuízo das demais informações a serem prestadas nos termos da mencionada disciplina.

§ 4º. Decorridos 120 (cento e vinte) dias da data da remessa das mercadorias sem que tenha havido a comprovação de seu ingresso no estabelecimento do destinatário, será o remetente notificado a, no prazo de 60 (sessenta) dias:

1 – apresentar prova da constatação do ingresso do produto no destinatário;

2 – comprovar, na falta dos documentos comprobatórios do ingresso da mercadoria no destinatário, o recolhimento do imposto e dos acréscimos legais devidos.

§ 5º. Na hipótese de o remetente apresentar os documentos mencionados no item 1 do § 4º, a Secretaria da Fazenda deste Estado deverá encaminhá-los à Secretaria da Fazenda do Estado de Roraima, que, no prazo de 30 (trinta) dias de seu recebimento, prestará as informações relativas à entrada da mercadoria no estabelecimento do destinatário e à autenticidade dos documentos.

§ 6º. Verificando-se,a qualquer tempo, que a mercadoria não tenha chegado ao destino ou que tenha sido comercializada pelo destinatário, antes de decorridos 5 (cinco) anos de sua remessa, fica o contribuinte que tiver dado causa a tais eventos, ainda que situado no Estado de Roraima, obrigado a recolher em favor deste Estado o imposto relativo à saída da mercadoria, por Guia Nacional de Recolhimento de Tributos Estaduais – GNRE, no prazo de 15 (quinze) dias da data da constatação do fato.

§ 7º. Não recolhido o imposto no prazo previsto parágrafo anterior, será ele exigido de imediato, a partir do vencimento do prazo em que o tributo deveria ter sido pago caso a operação não fosse efetuada com o benefício fiscal, observadas, quanto ao termo inicial de incidência, as normas reguladoras da matéria.

§ 8º. Não se exigirá o estorno do crédito do imposto relativo às mercadorias beneficiadas com a isenção prevista neste artigo.

§ 9º. Este benefício vigorará enquanto vigorar o Convênio ICMS-62/03, de 4 de julho de 2003.

• *§ 9º com redação dada pelo Decreto nº 52.379, de 19.11.2007 – DOE de 20.11.2007 – Efeitos a partir de 1º.9.2007.*

**Art. 75. (SANGUE – IMPORTAÇÃO DE INSUMOS POR ENTIDADE DE HEMATOLOGIA OU HEMOTERAPIA)** – Desembaraço aduaneiro de mercadoria importada do exterior com isenção ou alíquota zero do Imposto de Importação, a ser utilizada em processo de fracionamento e industrialização de componentes e derivados do sangue ou de sua embalagem, acondicionamento ou reacondicionamento, desde que realizado por órgão ou entidade de hematologia ou hemoterapia do Governo Federal, Estadual ou Municipal, sem fins lucrativos (Convênios ICMS-24/89 e ICMS-5/99, cláusula primeira, IV, 1).

Parágrafo único. Este benefício vigorará enquanto vigorar o Convênio ICMS-24/89, de 28 de março de 1989.

- *Parágrafo único com redação dada pelo Decreto nº 53.066, de 6.6.2008 – DOE de 7.6.2008 – Efeitos a partir de 1º.5.2008.*

**Art. 76. (SENAI, SENAC E SENAR)** – As operações a seguir indicadas (Convênios ICMS-60/92, 107/92 e 133/06):

I – saída interna ou interestadual de mercadoria constante das posições 8444 a 8453 da Nomenclatura Brasileira de Mercadorias – Sistema Harmonizado – NBM/SH vigente em 31 de dezembro de 1996, promovida por indústria de máquinas e equipamentos para os Centros de Formação de Recursos Humanos do Sistema SENAI – Serviço Nacional de Aprendizagem Industrial, em razão de doação ou cessão em regime de comodato, visando ao reequipamento desses centros;

II – desembaraço aduaneiro, decorrente de importação direta do exterior efetuada pelo Serviço Nacional de Aprendizagem Industrial – SENAI, pelo Serviço Nacional de Aprendizagem Comercial – SENAC ou pelo Serviço Nacional de Aprendizagem Rural – SENAR, de máquinas, aparelhos e equipamentos industriais, bem como suas partes e peças, relacionados no Anexo Único do Convênio ICMS-133/06, de 15 de dezembro de 2006, destinadas ao ativo imobilizado dessas entidades.

§ 1º. Relativamente ao disposto no inciso I:

1 – nas saídas interestaduais, somente se aplica às saídas com destino aos Estados da Bahia, Ceará, Minas Gerais, Paraíba, Paraná, Pernambuco, Rio de Janeiro, Rio Grande do Norte, Rio Grande do Sul, Rondônia, Roraima e Santa Catarina;

2 – não se exigirá o estorno do crédito do imposto relativo às mercadorias beneficiadas com a isenção.

§ 2º. A fruição do benefício previsto no inciso II fica condicionada à:

1 – inexistência de similar produzido no país;

2 – utilização dos bens nas atividades de pesquisa, ensino e aprendizagem realizadas pelas referidas entidades;

3 – prestação gratuita de serviços, até o valor equivalente ao imposto dispensado.

§ 3º. A comprovação da ausência de similar produzido no país deve ser feita por laudo emitido por entidade representativa do setor produtivo de máquinas, aparelhos e equipamentos, com abrangência em todo território nacional, ou por órgão federal especializado.

§ 4º. O benefício previsto no inciso II:

1 – será efetivado, em cada caso, por despacho da autoridade administrativa, à vista de requerimento da entidade interessada;

2 – vigorará enquanto vigorar o Convênio ICMS-133/06, de 15 de dezembro de 2006.

- *Item 2 com redação dada pelo Decreto nº 52.666, de 24.1.2008 – DOE de 25.1.2008 – Efeitos a partir de 1º.1.2008.*
- *Art. 76 com redação dada pelo Decreto nº 51.484, de 16.1.2007 – DOE de 17.1.2007 – Efeitos a partir de 8.1.2007.*

**Art. 77. (TÁXI – PRESTAÇÃO DE SERVIÇO)** – Prestação de serviço de transporte rodoviário de passageiros realizada por veículo registrado na categoria de aluguel – táxi (Convênio ICMS-99/89, cláusula primeira, I).

**Art. 78. (TRANSPORTE DE PASSAGEIROS)** – Prestação de serviço de transporte (Convênios ICMS-37/89 e ICMS-151/94, cláusula primeira, VI, "n"):

I – de estudantes ou trabalhadores, realizado sob fretamento contínuo em área metropolitana, assim entendida a formada por municípios adjacentes, constituintes de um mesmo mercado de trabalho, com urbanização contínua;

II – de passageiros, com características de transporte urbano ou metropolitano, comum ou seletivo, assim considerado aquele que:

a) obedecer a linha regular com itinerário e horários previamente estabelecidos e viagens intermitentes;

b) estiver destinado a transporte coletivo popular, mediante concessão do Poder Público;

c) for realizado por veículo apropriado com especificações aprovadas pelo órgão estadual competente.

Parágrafo único. (Revogado).

- *Parágrafo único revogado pelo Decreto nº 47.858 de 3.6.2003 – DOE de 4.6.2003 – Efeitos a partir da publicação.*

**Art. 79. (TRANSPORTE FERROVIÁRIO DE CARGA)** – Prestação de serviço de transporte ferroviário de carga vinculada à operação de exportação ou importação de países signatários do "Acordo sobre Transporte Internacional", desde que cumulativamente (Convênio ICMS-30/96):

I – haja a emissão do Conhecimento-Carta de Porte Internacional TIF/Declaração de Trânsito Aduaneiro – DTA, conforme previsto no Decreto nº 99.704, de 20.11.1990, e na Instrução Normativa nº 12, de 25.1.1993, da Secretaria da Receita Federal;

II – o transporte internacional de carga seja efetuado na forma prevista no Decreto nº 99.704, de 20.11.1990;

III – não haja mudança no modal de transporte, exceto a transferência de carga do vagão nacional para vagão da ferrovia de outro país ou vice-versa;

IV – a empresa transportadora contratada esteja impedida de efetuar, diretamente, o transporte ao destinatário, em razão da existência de bitolas diferentes nas linhas ferroviárias dos países de origem e de destino.

**Art. 80. (TRENS METROPOLITANOS – IMPORTAÇÃO)** – Desembaraço aduaneiro, em importação direta do exterior, efetuada pela Companhia Paulista de Trens Metropolitanos – CPTM, de trens unidades elétricos (TUE's), para serem utilizados no transporte de passageiros na região metropolitana da Grande São Paulo, bem como de partes, peças, componentes ou acessórios a serem aplicados nesses trens (Convênio ICMS-97/97, na redação do Convênio ICMS-40/99).

§ 1º. O benefício previsto neste artigo aplicar-se-á, também:

1 – na saída interna destinada à CPTM de partes, peças, componentes ou acessórios a serem aplicados nos trens importados nos termos do *caput*;

2 – nas operações com partes, peças, componentes ou acessórios referidas neste artigo, quando empregados nos trens nacionais utilizados pela CPTM, desde que, nesse caso, não haja similar produzido no país (Convênio ICMS-19/11, cláusula primeira).

- *§ 1º com redação dada pelo Decreto nº 57.029, de 31.5.2011 – DOE de 1º.6.2011 – Efeitos a partir de 26.4.2011.*

§ 2º. Não se exigirá o estorno do crédito do imposto relativo às saídas internas das mercadorias mencionadas no § 1º beneficiadas com a isenção prevista neste artigo.

- *§ 2º com redação dada pelo Decreto nº 57.029, de 31.5.2011 – DOE de 1º.6.2011 – Efeitos a partir de 26.4.2011.*

§ 3º. A inexistência de produto similar produzido no país deverá ser atestada por órgão federal competente ou por entidade representativa do setor produtivo de máquinas, aparelhos e equipamentos, com abrangência em todo o território nacional (Convênio ICMS-19/11, cláusula segunda).

- *§ 3º acrescido pelo Decreto nº 57.029, de 31.5.2011 – DOE de 1º.6.2011 – Efeitos a partir de 26.4.2011.*

**Art. 81. (USINAS PRODUTORAS DE ENERGIA ELÉTRICA)** – Operações com máquinas, aparelhos, equipamentos, suas partes e peças, quando adquiridos para construção ou ampliação das usinas produtoras de energia elétrica, como segue (Convênio ICMS-69/97, cláusula primeira, I, "b" e Anexo II, com alteração do Convênio ICMS-77/01, Convênios ICMS-18/98, ICMS-124/01, cláusula primeira, I e ICMS-19/02):

- *Art. 81,* caput, *com redação dada pelo Decreto nº 46.778 de 21.5.2002 – DOE de 22.5.2002 – Efeitos a partir de 9.4.2002.*

I – entrada em estabelecimento pertencente à usina produtora de energia elétrica, relativamente à parcela do imposto decorrente de aplicação da diferença entre a alíquota interna e a interestadual;

II – no desembaraço aduaneiro decorrente de importação, desde que o produto não tenha similar produzido no país.

- *Inciso II com redação dada pelo Decreto nº 46.778 de 21.5.2002 – DOE de 22.5.2002 – Efeitos a partir de 9.4.2002.*

§ 1º. Aos produtos indicados no Anexo:

1 – II do Convênio ICMS-69/97, de 26.6.1997, quando adquiridos por estabelecimento pertencente ao Consórcio da Usina Hidrelétrica de Igarapava, aplica-se, somente, o disposto no inciso I;

2 – I do Convênio ICMS-124/01, de 7.12.2001, quando destinados à Usina de Pederneiras, pertencente à empresa Duke Energy 1 Brasil Ltda., inscrita no CNPJ sob nº 03.394.342/0001-21, na Rodovia SP 261, km 138, no Município de Pederneiras, em São Paulo, aplica-se o disposto nos incisos I e II;

3 – II do Convênio ICMS-124/01, de 7.12.2001, quando destinados à Usina de Santo André, pertencente à empresa Capuava Cogeração Ltda., inscrita no CNPJ sob nº 115.595.831.114, na Av. Presidente Costa e Silva, 1178, no Município de Santo André, em São Paulo, aplica-se o disposto nos incisos I e II;

4 – no Anexo Único do Convênio ICMS-19/02, de 15.3.2002, quando destinadas à construção da usina produtora de energia elétrica pertencente à empresa Baixada Santista Energia Ltda., tendo como referência de localização a Área Sul das instalações da Refinaria Presidente Bernardes – RPBC, sita na Praça Mal. Stênio de Albuquerque Lima nº 01, Jardim das Indústria, na cidade de Cubatão – SP, com inscrições, estadual nº 283.102.892.115, e no CNPJ sob nº 03.059.729/0002-02, aplica-se somente o disposto no inciso II (Convênio ICMS-19/02, cláusula primeira);

- *Item 4 acrescido pelo Decreto nº 46.778, de 21.5.2002 – DOE de 22.5.2002 – Efeitos a partir de 9.4.2002.*

5 – I do Convênio ICMS-58/02, de 28 de junho de 2002, quando destinados à usina de Mogi-Guaçu-SP, pertencente à empresa Energy Works, inscrita no CNPJ sob o nº 01.825.701/007-18, situada na Rua Paula Bueno, nº 2935-parte, Jardim Samira, aplica-se o disposto nos incisos I e II (Convênio ICMS-58/02, cláusulas primeira e segunda);

- *Item 5 acrescido pelo Decreto nº 47.022, de 22.8.2002 – DOE de 23.8.2002 – Efeitos a partir de 23.7.2002.*

6 – II do Convênio ICMS-58/02, de 28 de junho de 2002, quando destinados à usina de Americana-SP, pertencente à empresa Diamond Energia Ltda, inscrita no CNPJ sob o nº 02.211.119/0001-39, situada na Av. São Jerônimo, s/nº, Glebas 11 e 12, Bairro São Jerônimo, objeto da matrícula nº 33.668, do Oficial de Registro de Imóveis de Americana, aplica-se o disposto nos incisos I e II (Convênio ICMS-58/02, cláusulas primeira e segunda).

- *Item 6 acrescido pelo Decreto nº 47.022, de 22.8.2002 – DOE de 23.8.2002 – Efeitos a partir de 23.7.2002.*

§ 2º. O benefício previsto neste artigo fica condicionado à comprovação do efetivo emprego das mercadorias e bens em obra de construção ou ampliação das referidas usinas.

§ 3º. A comprovação de ausência de similar produzido no país, a que se refere o inciso II, deverá ser efetuada por meio de laudo emitido por entidade representativa do setor produtivo de máquinas, aparelhos, equipamentos com abrangência em todo território nacional ou por órgão federal especializado.

§ 4º. Em relação ao disposto nos itens 4, 5 e 6 do § 1º, este benefício vigorará enquanto vigorarem os Convênios ICMS-19/02, de 15 de março de 2002, e 58/02, de 28 de junho de 2002.

- *§ 4º com redação dada pelo Decreto nº 52.379, de 19.11.2007 – DOE de 20.11.2007 – Efeitos a partir de 1º.9.2007.*

**Art. 82. (VASILHAME/RECIPIENTE/EMBALAGEM)** – Saída de vasilhame, recipiente ou embalagem, inclusive sacaria (Convênio ICMS-88/91, cláusula primeira, com alteração do Convênio ICMS-103/96):

I – que deva retornar ao estabelecimento remetente ou a outro do mesmo titular em condições de reutilização, nas seguintes hipóteses:

a) quando, acondicionando mercadoria, não for cobrado do destinatário, ou não for computado no valor da respectiva operação;

b) quando, remetido vazio, objetivar o acondicionamento de mercadoria que tiver por destinatário o próprio remetente dele;

II – em retorno ao estabelecimento do remetente ou a outro do mesmo titular, ou a depósito em seu nome;

III – decorrente da destroca de botijões vazios destinados ao acondicionamento de gás liquefeito de petróleo (GLP), promovida por distribuidor de gás, como tal definido pela legislação federal específica, seus revendedores credenciados e pelos estabelecimentos responsáveis pela destroca dos botijões.

**Art. 83. (VÍTIMAS DE CALAMIDADES – DOAÇÃO)** – Saída de mercadoria em decorrência de doação a entidade governamental ou a entidade assistencial reconhecida como de utilidade pública e que atenda aos requisitos previstos no art. 14 do Código Tributário Nacional, portadora do "Certificado de Entidade de Fins Filantrópicos" fornecido pelo Conselho Nacional de Serviço Social, para assistência a vítimas de calamidade pública declarada por ato de autoridade competente, bem como a prestação de serviço de transporte daquela mercadoria (Convênio ICM-26/75, com alteração do Convênio ICMS-58/92, e Convênios ICMS-39/90 e ICMS-151/94, cláusula primeira, VI, "g").

Parágrafo único. Não se exigirá o estorno do crédito do imposto relativo à mercadoria beneficiada com a isenção prevista neste artigo.

**Art. 84. (ZONA FRANCA DE MANAUS)** – Saída de produto industrializado de origem nacional para comercialização ou industrialização nos Municípios de Manaus, Rio Preto da Eva e Presidente Figueiredo, exceto de açúcar de cana, armas e munições, perfume, fumo, bebida alcoólica, automóvel de passageiros ou de produto semi-elaborado constante nos Convênios ICM-7/89, de 27.2.1989, e ICMS-15/91, de 25.4.1991, desde que (Convênios ICM-65/88, ICMS-1/90, cláusula primeira, *caput*, ICMS-2/90, cláusula primeira, *caput*, ICMS-6/90, ICMS-49/94 e ICMS-36/97, com alteração dos Convênios ICMS-16/99 e ICMS-40/00):

I – o estabelecimento destinatário esteja situado nos referidos municípios;

II – haja comprovação da entrada efetiva do produto no estabelecimento destinatário;

III – seja abatido do preço da mercadoria o valor equivalente ao imposto que seria devido se não houvesse a isenção;

IV – o abatimento previsto no inciso anterior seja indicado, de forma detalhada, no documento fiscal.

§ 1º. Na saída referida no *caput*, a Nota Fiscal será emitida, no mínimo, em 5 (cinco) vias, que terão a seguinte destinação:

1 – a 1ª via acompanhará a mercadoria e será entregue ao destinatário;

2 – a 2ª via ficará presa ao bloco, para exibição ao fisco;

3 – a 3ª via acompanhará a mercadoria e destinar-se-á ao controle da Secretaria da Fazenda do Estado do Amazonas – SEFAZ/AM;

4 – a 4ª via acompanhará a mercadoria e poderá ser retida pelo fisco deste Estado, mediante visto na 1ª via;

5 – a 5ª via acompanhará a mercadoria até o local de destino, devendo ser entregue, com uma via do Conhecimento de Transporte, à Superintendência da Zona Franca de Manaus – SUFRAMA.

§ 2º. É facultada ao contribuinte a emissão da Nota Fiscal em 4 (quatro) vias, caso em que será oferecida, para efeito do item 4, cópia reprográfica da 1ª via da Nota Fiscal.

§ 3º. O contribuinte, inclusive aquele enquadrado no regime de estimativa, deverá apresentar, de forma pormenorizada, no prazo e com periodicidade definidos pela Secretaria da Fazenda, informação acerca das saídas referidas no *caput*.

§ 4º. A vistoria física quando do ingresso da mercadoria nas áreas incentivadas será realizada com a apresentação das 1ª, 3ª e 5ª vias da Nota Fiscal e do Conhecimento de Transporte, ocasião em que serão retidas a 5ª via daquela e a 3ª via deste, para fins de processamento eletrônico desses documentos e ulterior formalização do processo de internamento.

§ 5º. Não constitui prova de ingresso da mercadoria a aposição de qualquer carimbo, autenticação, visto ou selo de controle pela SUFRAMA ou pela SEFAZ/AM, nas vias dos documentos apresentados para vistoria.

§ 6º. A constatação do ingresso da mercadoria nas áreas incentivadas será divulgada pela SUFRAMA, por meio de declaração disponível na "internet", após a análise, conferência e atendimento dos requisitos legais relativos aos documentos fiscais que acobertaram a sua remessa para aquelas áreas, retidos por ocasião da vistoria a que se refere o § 4º.

§ 7º. Não efetuada, por qualquer motivo, a divulgação prevista no parágrafo anterior, o contribuinte remetente poderá, desde que o imposto ainda não tenha sido reclamado mediante lançamento de ofício, solicitar da SEFAZ/AM ou da SUFRAMA a instauração do procedimento denominado "Vistoria Técnica" para o fim de comprovar o ingresso da mercadoria nas áreas incentivadas, observado o seguinte:

1 – o pedido deve estar instruído com:

a) cópia da Nota Fiscal e do Conhecimento de Transporte;

b) cópia do registro da operação no livro Registro de Entradas do destinatário;

c) declaração do remetente, assegurando que até a data da protocolização do pedido não foi notificado para efetuar o recolhimento do imposto relativo à operação ou que não foi efetuado o lançamento de ofício.

2 – após o exame da documentação, a SUFRAMA e a SEFAZ/AM emitirão parecer conjunto conclusivo e devidamente fundamentado sobre o Pedido de Vistoria Técnica no prazo de 30 (trinta) dias contado do recebimento e, sendo favorável à parte interessada, cópia do parecer será remetida ao fisco deste Estado, juntamente com todos os elementos que instruíram o pedido.

§ 8º. Relativamente à "Vistoria Técnica" prevista no parágrafo anterior:

1 – na hipótese de ser comprovada a falsidade da declaração referida na alínea "c" do item 1 do § 7º, o fisco comunicará o fato à SUFRAMA e à SEFAZ/AM, que declararão a nulidade do parecer anteriormente exarado;

2 – também poderá ser realizada *ex officio* ou por solicitação do fisco deste Estado, sempre que surgirem indícios de irregularidades na constatação do ingresso da mercadoria;

3 – também poderá ser solicitada pelo destinatário da mercadoria.

§ 9º. Decorridos 120 (cento e vinte) dias da remessa da mercadoria sem que tenha havido a comunicação do seu ingresso nas áreas incentivadas, será o remetente notificado a, no prazo de 60 (sessenta) dias (Convênio ICMS-17/03):

1 – apresentar prova da constatação do ingresso; ou

2 – apresentar o parecer conjunto exarado pela SUFRAMA e pela SEFAZ-AM, em Pedido de Vistoria Técnica;

3 – comprovar, na falta dos documentos relativos aos itens anteriores, o recolhimento do imposto efetuado com observância do disposto no art. 5º deste Regulamento.

• *§ 9º com redação dada pelo Decreto nº 47.858, de 3.6.2003 – DOE de 4.6.2003 – Efeitos a partir de 1º.6.2003.*

§ 10. Na hipótese de desatendimento à notificação prevista no parágrafo anterior, será lavrado o competente auto de infração.

§ 11. Salvo no caso de mercadoria submetida a processo de transformação industrial do qual resulte produto novo, hipótese em que não é aplicável a isenção, o prazo previsto no § 9º poderá ser ampliado, mediante regime especial, caso o produto deva, em trânsito direto, ser submetido a processo de industrialização por conta e ordem do adquirente da mercadoria, em estabelecimento, neste Estado, diverso do remetente.

§ 12. Verificando-se, a qualquer tempo, que a mercadoria não tenha chegado ao destino indicado ou que tenha sido reintroduzida no mercado interno do país, antes de decorridos 5 (cinco) anos de sua remessa, fica o contribuinte que tiver dado causa a tais eventos, ainda que situado no Estado do Amazonas, obrigado a recolher o imposto relativo à saída, por guia de recolhimentos especiais, no prazo de 15 (quinze) dias, contado da data da ocorrência do fato, com observância do disposto no art. 5º deste Regulamento.

§ 13. Não recolhido o imposto no prazo a que se refere o parágrafo anterior, o fisco poderá exigi-lo de imediato, com multa e demais acréscimos legais, nos termos do art. 5º deste Regulamento.

§ 14. Também será considerada desinternada a mercadoria que, remetida para fins de comercialização ou industrialização, tiver sido incorporada ao ativo imobilizado do estabelecimento destinatário ou utilizada para uso ou consumo do próprio estabelecimento, bem como a que tiver saído dos municípios referidos no *caput* em razão de empréstimo ou locação.

§ 15. Não configura a hipótese de desinternamento, a saída da mercadoria para fins de conserto, restauração, revisão, limpeza ou recondicionamento, desde que o retorno ocorra em prazo nunca superior a 180 (cento e oitenta) dias, contado da data da emissão da Nota Fiscal.

**Art. 85. (ÓRGÃOS PÚBLICOS – REEQUIPAMENTO HOSPITALAR)** – Operações que destinem ao Ministério da Saúde os equipamentos médico-hospitalares indicados no Anexo Único do Convênio ICMS-77/00, de 15.12.2000, para atender ao "Programa de Modernização Gerencial de Reequipamento da Rede Hospitalar", instituído pela Portaria nº 2.432, de 23.3.1998, do Ministério da Saúde (Convênio ICMS-77/00 e Anexo Único com alteração dos Convênios ICMS-126/01 e ICMS-78/02).

• *Art. 85 acrescido pelo Decreto nº 45.644, de 26.1.2001 – DOE de 27.1.2001, e com redação dada pelo Decreto nº 47.022, de 22.8.2002 – DOE de 23.8.2002 – Efeitos a partir de 23.7.2002.*

**Art. 86. (ÁGUA NATURAL CANALIZADA)** – Saída ou fornecimento de água natural proveniente de serviços públicos de captação, tratamento e distribuição para redes domiciliares, efetuada por órgão da Administração Pública, centralizada ou descentralizada, inclusive por empresa concessionária ou permissionária (Convênio ICMS-98/89, cláusula primeira, I);

• *Art. 86 acrescido pelo Decreto nº 45.824, de 25.5.2001 – DOE de 26.5.2001 – Efeitos a partir de 1º.1.2001.*

**Art. 87. (LÂMPADA FLUORESCENTE)** – Operação com lâmpada fluorescente de descarga em baixa pressão, de base única, com ou sem reator eletrônico incorporado, com eficiência superior a 40 lúmens por W, classificada no código 8539.31.00 da NBM/SH – Nomenclatura Brasileira de Mercadorias – Sistema Harmonizado, e com lâmpada de vapor de sódio, de alta pressão, classificada no código 8539.32.00 da NBM/SH – Nomenclatura Brasileira de Mercadorias – Sistema Harmonizado (Convênio ICMS-27/01).

§ 1º. O disposto no *caput* não se aplica à operação interestadual que destine as mercadorias aos Estados do Amazonas e de Roraima (Convênio ICMS-27/01, cláusula primeira, § 1º, II, na redação do Convênio ICMS-70/01, cláusula primeira).

• *§ 1º com redação dada pelo Decreto nº 46.027, de 22.8.2001 – DOE de 23.8.2001 – Efeitos a partir de 9.8.2001.*

§ 2º. Não se exigirá o estorno do crédito do imposto relativo aos produtos beneficiados com a isenção prevista neste artigo.

• *§ 2º com redação dada pelo Decreto nº 45.841, de 5.6.2001 – DOE de 6.6.2001 – Efeitos a partir de 31.7.2001.*

§ 3º. Este benefício vigorará até 31 de outubro de 2001 (Convênio ICMS-70/01, cláusula segunda).

• *§ 3º com redação dada pelo Decreto nº 46.027, de 22.8.2001 – DOE de 23.8.2001 – Efeitos a partir de 1º.8.2001.*

• *Art. 87 acrescido pelo Decreto nº 45.841, de 5.6.2001 – DOE de 6.6.2001 – Efeitos a partir da data da Ratificação Nacional do Convênio.*

**Art. 88. (TÁXI – VEÍCULO)** – A saída interna ou interestadual, do estabelecimento fabricante ou dos seus revendedores autorizados, de automóvel de passageiro, novo, com motor de cilindrada de até dois mil centímetros cúbicos (2.0l), quando destinado a motorista profissional, desde que cumulativa e comprovadamente (Convênio ICMS-38/01, com alteração dos Convênios ICMS-82/03, 104/05, 143/05, 33/06, 103/06 e 148/10):

• *Art. 88 acrescido pelo Decreto nº 46.053 de 24.8.2001 – DOE de 25.8.2001 e* caput*, com redação dada pelo Decreto nº 56.457, de 30.11.2010 – DOE de 1º.12.2010 – Efeitos a partir da publicação.*

I – o adquirente:

a) exerça, há pelo menos um ano, a atividade de condutor autônomo de automóvel de passageiros, na categoria de aluguel (táxi), em veículo de sua propriedade, exceto nos casos de ampliação do número de vagas de taxistas, nos limites estabelecidos em concorrência pública, do município interessado;

• *Alínea "a" com redação dada pelo Decreto nº 56.457, de 30.11.2010 – DOE de 1º.12.2010 – Efeitos a partir da publicação.*

b) utilize o veículo na atividade de condutor autônomo de automóvel de passageiros, na categoria de aluguel (táxi);

c) não tenha adquirido, nos últimos 2 (dois) anos, veículo com isenção ou com redução da base de cálculo do imposto (Convênio ICMS-38/01, cláusula primeira, I, "c", na redação do Convênio ICMS-33/06);

• *Alínea "c" com redação dada pelo Decreto nº 51.092, de 5.9.2006 – DOE de 6.9.2006 – Efeitos a partir de 31.7.2006.*

II – o benefício correspondente seja transferido ao adquirente do veículo, mediante redução de seu preço.

§ 1º. Para aquisição do veículo com o benefício previsto neste artigo, deverá, ainda, o interessado:

1 – obter, no Departamento Estadual de Trânsito – DETRAN, na Capital, ou na Circunscrição Regional de Trânsito – CIRETRAN, nos demais municípios, certidão de que possuía, há pelo menos um ano, e de que continua possuindo, matrícula para o exercício da atividade de condutor autônomo de passageiros, na categoria de automóvel de aluguel (táxi);

• *Item 1 com redação dada pelo Decreto nº 48.605, de 20.4.2004 – DOE de 21.4.2004 – Efeitos a partir de 3.11.2003.*

2 – obter, no órgão municipal competente, declaração, em 3 (três) vias, comprobatória de que exerce a atividade de condutor autônomo de passageiros, e já a exercia, há pelo menos um ano, na categoria de automóvel de aluguel (táxi) ou, declaração, em 3 (três) vias, comprobatória de que está autorizado a exercer a atividade de condutor autônomo de passageiros, na categoria de aluguel (taxi), nos termos e condições estabelecidos em concorrência pública destinada à ampliação do número de vagas de taxistas no município interessado;

• *Item 2 com redação dada pelo Decreto nº 56.457, de 30.11.2010 – DOE de 1º.12.2010 – Efeitos a partir da publicação.*

3 – entregar as três vias da declaração de que trata o item anterior ao revendedor autorizado, juntamente com o pedido do veículo;

4 – cópia da autorização expedida pela Receita Federal do Brasil concedendo isenção de Imposto sobre Produtos Industrializados – IPI (Convênio ICMS 38/01, cláusula sexta, III, na redação do Convênio ICMS 104/05, cláusula primeira, II);

- *Item 4 acrescido pelo Decreto nº 50.171, de 4.11.2005 – DOE de 5.11.2005 – Efeitos a partir de 24.10.2005.*

5 – atender a outras exigências, nos termos de disciplina estabelecida pela Secretaria da Fazenda.

- *Item 5, primitivo item 4, renumerado pelo Decreto nº 50.171, de 4.11.2005, DOE de 5.11.2005 – Efeitos a partir de 24.10.2005.*

§ 1º-A. A isenção prevista neste artigo aplica-se também às saídas promovidas pelos estabelecimentos fabricantes ou por seus revendedores autorizados destinadas a taxista Microempreendedor Individual – MEI, assim considerado nos termos do art. 18-A da Lei Complementar federal nº 123, de 14 de dezembro de 2006, e inscrito no Cadastro Nacional da Pessoa Jurídica – CNPJ com CNAE 4923-0/01, hipótese em que o interessado, para adquirir o veículo com benefício, além de observar as condições previstas neste artigo, deverá (Convênio ICMS-17/02):

1 – obter, no Ministério do Desenvolvimento, Indústria e Comércio Exterior, Certificado da Condição de Microempreendedor Individual – CCMEI", constando no registro o CNAE 4923-0/01;

2 – obter, no órgão municipal competente, declaração, em 3 (três) vias de que possuía, há pelo menos um ano, e de que continua possuindo, licença para o exercício da atividade de serviço de táxi, ou declaração, em 3 (três) vias, de que está autorizado a exercer a atividade de serviço de táxi nos termos e condições estabelecidos em concorrência pública destinada à ampliação do número de vagas de taxistas no município interessado;

3 – entregar as três vias da declaração de que trata o item 2 ao revendedor autorizado, juntamente com o pedido do veículo;

4 – obter cópia da autorização expedida pela Receita Federal do Brasil concedendo isenção do Imposto sobre Produtos Industrializados – IPI;

5 – atender a outras exigências, nos termos de disciplina estabelecida pela Secretaria da Fazenda.

- *Art. 1º-A acrescido pelo Decreto nº 59.270, de 7.6.2013 – DOE de 8.6.2013 – Efeitos a partir de 1º.6.2012.*

§ 2º. O revendedor autorizado, além do cumprimento das demais obrigações previstas na legislação, deverá:

1 – mencionar, na Nota Fiscal emitida para entrega do veículo ao adquirente:

a) que a operação é beneficiada com a isenção do imposto;

b) que, nos primeiros dois anos, o veículo não poderá ser alienado sem autorização do fisco (Convênio ICMS-38/01, cláusula sétima, I, na redação do Convênio ICMS-103/06, cláusula primeira);

- *Alínea "b" com redação dada pelo Decreto nº 51.300, de 23.11.2006 – DOE de 24.11.2006 – Efeitos a partir de 31.7.2006.*

c) o abatimento do valor equivalente ao imposto que seria devido se não houvesse a isenção;

2 – encaminhar, até o dia 10 de cada mês, à repartição fiscal a que estiver vinculado, relação em 2 (duas) vias, contendo os números das Notas Fiscais emitidas no mês anterior com o benefício, acompanhada de cópia reprográfica das mesmas e da primeira via das correspondentes declarações a que se refere o item 2 dos §§ 1º e 1º-A.

- *Item 2 com redação dada pelo Decreto nº 59.270, de 7.6.2013 – DOE de 8.6.2013 – Efeitos a partir de 1º.6.2012.*

3 – (revogado).

- *Item 3 revogado pelo Decreto nº 50.513, de 15.2.2006 – DOE de 16.2.2006 – Efeitos a partir de 9.1.2006.*

§ 3º. O estabelecimento fabricante, ao promover a saída do veículo com benefício previsto neste artigo mediante encomenda do revendedor autorizado, deverá:

1 – emitir a Nota Fiscal ao revendedor autorizado nos termos do disposto nas alíneas "a" e "b" do item 1 do parágrafo anterior;

2 – até o último dia de cada mês, elaborar relação das Notas Fiscais emitidas no mês anterior, indicando a quantidade de veículos e respectivos destinatários revendedores, separadamente por Estado, conservando-a à disposição do fisco pelo prazo indicado no art. 202;

3 – anotar na relação referida no item anterior, no prazo de 120 (cento e vinte) dias, as informações recebidas dos revendedores, mencionando:

a) nome e domicílio do adquirente final do veículo;

b) seu número no Cadastro de Pessoas Físicas – CPF ou no Cadastro Nacional da Pessoa Jurídica – CNPJ;

- *Alínea "b" com redação dada pelo Decreto nº 59.270, de 7.6.2013 – DOE de 8.6.2013 – Efeitos a partir de 1º.6.2012.*

c) número, série e data da Nota Fiscal emitida pelo revendedor.

§ 4º. O estabelecimento fabricante deverá, também, cumprir, no que couber, as obrigações cometidas ao revendedor, na hipótese de o faturamento ser efetuado diretamente ao adquirente.

§ 5º. O documento previsto no item 1 do § 1º poderá ser substituído por certidão expedida pelos órgãos públicos ali indicados, que comprove que o interessado possui automóvel de aluguel (táxi) registrado em seu nome há pelo menos um ano.

- *§ 5º com redação dada pelo Decreto nº 49.344, de 24.1.2005 – DOE de 25.1.2005 – Efeitos a partir da publicação.*

§ 6º. A obrigação aludida no item 3 do § 3º poderá ser suprida por relação elaborada no prazo ali previsto e contendo os elementos nele indicados, separadamente, por unidade da Federação.

§ 7º. A condição prevista na alínea "c" do inciso I não se aplica nas hipóteses em que ocorra a destruição completa do veículo ou seu desaparecimento, desde que o interessado apresente os documentos mencionados no § 1º, e (Convênio ICMS 38/01, cláusula primeira, parágrafo único, na redação do Convênio ICMS 82/03, cláusula segunda, e parágrafo único da cláusula sexta na redação do Convênio ICMS 104/05, cláusula primeira, II):

1 – Certidão de Baixa do Veículo, prevista em resolução do Conselho Nacional de Trânsito (CONTRAN), no caso de destruição completa do veículo;

2 – Certidão da Delegacia de Furtos e Roubos ou congênere, no caso de furto ou roubo.

- *§ 7º com redação dada pelo Decreto nº 56.457, de 30.11.2010 – DOE de 1º.12.2010 – Efeitos a partir da publicação.*

§ 8º. O benefício fiscal previsto neste artigo:

1 – não abrange acessório opcional cuja instalação não tenha sido feita pelo fabricante;

2 – fica condicionado à concessão de isenção do Imposto sobre Produtos Industrializados – IPI.

- *§ 8º com redação dada pelo Decreto nº 50.171, de 4.11.2005 – DOE de 5.11.2005 – Efeitos a partir de 24.10.2005.*

§ 9º. A alienação do veículo, adquirido com isenção do imposto, a pessoa que não satisfaça os requisitos e as condições estabelecidas na legislação sujeitará o alienante ao pagamento do imposto dispensado, monetariamente corrigido.

§ 10. A fraude, como tal considerada, também, a inobservância do disposto no inciso I deste artigo, acarretará, além da exigência da parcela integral do tributo dispensado, corrigida monetariamente, a imposição de multa punitiva e cobrança de juros moratórios.

§ 11. Não se exigirá o estorno do crédito do imposto relativo ao produto beneficiado com esta isenção.

§ 12. A isenção de que trata este artigo abrange, também, as operações com veículo fabricado nos países integrantes do tratado do MERCOSUL.

§ 13. O disposto neste artigo aplica-se às saídas promovidas:

1 – até 30 de novembro de 2015, pelo fabricante;

2 – até 31 de dezembro de 2015, pelas concessionárias.

- *§ 13 com redação dada pelo Decreto nº 59.270, de 7.6.2013 – DOE de 8.6.2013 – Efeitos a partir de 1º.6.2012.*
- *Art. 88 acrescido pelo Decreto nº 46.053, de 24.8.2001 – DOE de 25.8.2001 – Efeitos a partir de 9.8.2001.*

**Art. 89. (AGROTÓXICO – EMBALAGEM – VAZIA)** – A operação de devolução impositiva de embalagem vazia de agrotóxico e respectiva tampa, realizada sem ônus (Convênio ICMS-42/01).

- *Art. 89 acrescido pelo Decreto nº 46.027, de 22.8.2001 – DOE de 23.8.2001 – Efeitos a partir de 9.8.2001.*

**Art. 90. (MASP – OBRAS DE ARTE – IMPORTAÇÃO)** – Desembaraço aduaneiro das seguintes obras de arte recebidas em doação pelo Museu de Arte de São Paulo Assis Chateaubriand – MASP, CNPJ nº 60.664.745/0001-87 (Convênios ICMS 67/01 e ICMS 71/03):

I – duas esculturas chinesas da Dinastia Tang (618-906 AD), importadas da Inglaterra;

II – pintura realizada em óleo sobre madeira, constante de um tríptico na moldura original, do pintor renascentista flamengo Jan Van Domicke (Antuérpia 1470 – 1527), representando Cristo carregando a cruz, a crucificação e o sepultamento, importada da Europa.

- *Art. 90 acrescido pelo Decreto nº 46.027 de 22.8.2001 – DOE de 23.8.2001, e com redação dada pelo Decreto nº 48.187, de 28.10.2003 – DOE de 29.10.2003 – Efeitos a partir de 27.8.2003.*

**Art. 91. (FUNDO SOCIAL DE SOLIDARIEDADE – DOAÇÕES)** – As saídas de mercadorias com destino ao Fundo Social de Solidariedade do Governo do Estado de São Paulo, em decorrência de doação (Convênio ICMS-117/01).

§ 1º. Não se exigirá o estorno do crédito do imposto relativo às mercadorias beneficiadas com a isenção prevista neste artigo.

§ 2º. Este benefício vigorará enquanto vigorar o Convênio ICMS-117/01, de 7 de dezembro de 2001.

- *§ 2º com redação dada pelo Decreto nº 52.379, de 19.11.2007 – DOE de 20.11.2007 – Efeitos a partir de 1º.9.2007.*
- *Art. 91 acrescido pelo Decreto nº 46.501, de 18.1.2002 – DOE de 19.1.2002 – Efeitos a partir de 10.1.2002.*

**Art. 92 (MEDICAMENTOS)** – Operações com os medicamentos relacionados na cláusula primeira do Convênio ICMS-140/01, de 19 de dezembro de 2001 (Convênio ICMS-140/01).

- *Art. 92,* caput, *com redação dada pelo Decreto nº 57.029, de 31.5.2011 – DOE de 1º.6.2011 – Efeitos a partir de 26.4.2011.*
- *V. art. 7º do Decreto nº 47.278, de 29.10.2002.*
- *V. Decreto nº 52.665, de 24.1.2008 – Disciplina o recolhimento de ICMS relativo ao estoque de medicamentos, bebidas alcoólicas, produtos de perfumaria e de higiene pessoal recebidos antes do início do regime de retenção antecipada por substituição tributária.*

I – interferon alfa-2 A, 3002.10.39, interferon alfa-2 B, 3002.10.39, peg interferon alfa-2 A, 3004.90.95

e peg interferon alfa-2 B – 3004.90.99 (Convênio ICMS- 140/01, na redação do ICMS-120/05, com alteração do Convênio ICMS-118/07).

- *Inciso I com redação dada pelo Decreto nº 52.379, de 19.11.2007 – DOE de 20.11.2007 – Efeitos a partir de 22.10.2007.*

II – à base de mesilato de imatinib, 3003.90.78 e 3004.90.68 (Convênio ICMS-140/01, cláusula primeira, I, na redação do Convênio ICMS-17/05);

- *Inciso II com redação dada pelo do Decreto nº 49.709, de 23.6.2005 – DOE de 24.6.2005 – Efeitos a partir de 25.4.2005.*

III – à base de cloridrato de erlotinibe, 3004.90.69 (Convênio ICMS-140/01, cláusula primeira, VI, na redação do Convênio ICMS-62/09, cláusula primeira);

- *Inciso III com redação dada pelo Decreto nº 54.679, de 13.8.2009 – DOE de 14.8.2009 – Efeitos a partir de 1º.8.2009.*

IV – (revogado);

- *Inciso IV revogado pelo Decreto nº 53.480, de 25.9.2008 – DOE de 26.9.2008 – Efeitos a partir de 1º.8.2008.*

V – malato de sunitinibe, nas concentrações 12,5 mg, 25 mg e 50 mg, 3004.90.69 (Convênio ICMS-62/09, cláusula segunda);

- *Inciso V acrescido pelo Decreto nº 54.679, de 13.8.2009 – DOE de 14.8.2009 – Efeitos a partir de 1º.8.2009.*

VI – telbivudina 600 mg, 3003.90.89 e 3004.90.79 (Convênio ICMS-62/09, cláusula terceira);

- *Inciso VI acrescido pelo Decreto nº 54.679, de 13.8.2009 – DOE de 14.8.2009 – Efeitos a partir de 1º.8.2009.*

VII – ácido zoledrônico, 3003.90.79 e 3004.90.69 (Convênio ICMS-62/09, cláusula terceira);

- *Inciso VII acrescido pelo Decreto nº 54.679, de 13.8.2009 – DOE de 14.8.2009 – Efeitos a partir de 1º.8.2009.*

VIII – letrozol, 3003.90.78 e 3004.90.68 (Convênio ICMS-62/09, cláusula terceira);

- *Inciso VIII acrescido pelo Decreto nº 54.679, de 13.8.2009 – DOE de 14.8.2009 – Efeitos a partir de 1º.8.2009.*

IX – nilotinibe 200 mg, 3003.90.79 e 3004.90.69 (Convênio ICMS-62/09, cláusula terceira);

- *Inciso IX acrescido pelo Decreto nº 54.679, de 13.8.2009 – DOE de 14.8.2009 – Efeitos a partir de 1º.8.2009.*

X – sprycel 20 mg ou 50 mg, ambos com 60 comprimidos, 3003.90.89 e 3004.90.79 (Convênio ICMS-42/10);

- *Inciso X acrescido pelo Decreto nº 55.790, de 10.5.2010 – DOE de 11.5.2010 – Efeitos a partir de 1º.5.2010.*

XI – complexo protrombínico parcialmente ativado (a PCC), 3002.10.39 (Convênio ICMS-100/10);

- *Inciso XI acrescido pelo Decreto nº 56.321, de 26.10.2010 – DOE de 27.10.2010 – Efeitos a partir de 1º.9.2010.*

XII – rituximabe, 3002.10.38 (Convênio ICMS-159/10, cláusula primeira).

- *Inciso XII acrescido pelo Decreto nº 56.457, de 30.11.2010 – DOE de 1º.12.2010 – Efeitos a partir de 1º.12.2010.*

§ 1º. A fruição do benefício, a partir de 1º de outubro de 2002, fica condicionada a que a parcela relativa à receita bruta decorrente das operações previstas neste artigo esteja desonerada das contribuições para o Programa de Integração Social e de Formação do Patrimônio do Servidor Público – PIS/PASEP e para a Contribuição para o Financiamento da Seguridade Social – COFINS. (Convênio ICMS-140/01, cláusula primeira, parágrafo único, e cláusula segunda, I, ambos na redação do Convênio ICMS-119/02, cláusulas primeira e segunda)

- *§ 1º com redação dada pelo Decreto nº 47.278, de 29.10.2002 – DOE de 30.10.2002 – Efeitos a partir de 14.10.2002.*

§ 2º. Não se exigirá o estorno do crédito do imposto relativo aos medicamentos beneficiados com a isenção prevista neste artigo (Convênio ICMS-140/01, cláusula primeira, § 2º, na redação do Convênio ICMS-46/03).

- *§ 2º com redação dada pelo Decreto nº 47.923, de 3.7.2003 – DOE de 4.7.2003 – Efeitos a partir de 13.6.2003, renumerando-se o § 2º.*

§ 3º. Este benefício vigorará enquanto vigorar o Convênio ICMS-140/01, de 19 de dezembro de 2001.

- *§ 3º com redação dada pelo Decreto nº 53.066, de 6.6.2008 – DOE de 7.6.2008 – Efeitos a partir de 1º.5.2008.*
- *Art. 92 acrescido pelo Decreto nº 46.529, de 4.2.2002 – DOE de 5.2.2002 – Efeitos a partir de 15.1.2002.*

**Art. 93.** Saída, a título de retorno, de equipamentos e materiais destinados à pesquisa científica e tecnológica no Projeto Couro: Curtumes Integrados ao Meio Ambiente, incluído pelo CNPq no programa de cooperação científica oficial entre Brasil e Alemanha, ao Instituto Euvaldo Lodi de Santa Catarina – IEL/SC, localizado no Estado de Santa Catarina (Convênio ICMS-48/02, cláusula segunda).

§ 1º. A fruição do benefício de que trata este artigo fica condicionada a que:

1 – o retorno dos bens, exceto o do material que for consumido na pesquisa, ocorra no prazo de 180 (cento e oitenta) dias, contado da data da emissão da Nota Fiscal que os remeteu ao Estado de São Paulo, podendo ser prorrogado, a critério do fisco, por igual período;

2 – a remessa dos referidos equipamentos e materiais para território paulista tenha sido efetuada

ao abrigo da suspensão do imposto pelo Estado de Santa Catarina, com base no Convênio ICMS-48/02, de 10 de maio de 2002.

§ 2º. Este benefício vigorará até 31 de julho de 2005 (Convênio ICMS-123/04, cláusula primeira, I).

• *§ 2º com redação dada pelo Decreto nº 49.344, de 24.1.2005 – DOE de 25.1.2005 – Efeitos a partir de 1º.1.2005.*

• *Art. 93 acrescido pelo Decreto nº 46.966, de 31.7.2002 – DOE de 1º.8.2002 – Efeitos a partir de 3.6.2002.*

**Art. 94. (MEDICAMENTOS – ÓRGÃOS PÚBLICOS)** – Operações realizadas com os fármacos e medicamentos relacionados no Anexo Único do Convênio ICMS-87/02, de 28 de junho de 2002, destinados a órgãos da Administração Pública Direta e Indireta Federal, Estadual e Municipal e suas fundações públicas (Convênio ICMS-87/02).

• *Art. 94 acrescido pelo Decreto nº 47.022, de 22.8.2002 – DOE de 23.8.2002 – e* caput, *com redação dada pelo Decreto nº 57.029, de 31.5.2011 – DOE de 1º.6.2011 – Efeitos a partir da publicação.*

§ 1º. A fruição do benefício previsto neste artigo fica condicionada a que:

1 – os fármacos e medicamentos estejam beneficiados com isenção ou alíquota zero dos Impostos de Importação ou sobre Produtos Industrializados;

2 – a parcela relativa à receita bruta decorrente das operações previstas nesta cláusula esteja desonerada das contribuições do PIS/PASEP e COFINS;

3 – (revogado);

• *Item 3 revogado pelo Decreto nº 55.790, de 10.5.2010 – DOE de 11.5.2010 – Efeitos a partir de 23.4.2010.*

4 – não haja redução no montante de recursos destinados ao cofinanciamento dos Medicamentos Excepcionais constantes da Tabela do Sistema de Informações Ambulatoriais do Sistema Único de Saúde – SIA/SUS, repassados pelo Ministério da Saúde aos Estados e aos municípios.

§ 2º. Não se exigirá o estorno do crédito do imposto relativo à operação antecedente à saída do fármaco ou medicamento com destino às entidades públicas referidas no *caput* (Convênio ICMS-87/02, cláusula primeira, §§ 2º e 3º, na redação do Convênio ICMS-45/03).

• *§ 2º acrescido, renumerando-se o primitivo § 2º para § 3º, pelo Decreto nº 47.923, de 3.7.2003 – DOE de 4.7.2003 – Efeitos a partir de 13.6.2003.*

§ 3º. O valor correspondente ao benefício previsto neste artigo deverá ser deduzido do preço dos respectivos produtos, devendo o contribuinte demonstrar a dedução, expressamente, nas propostas do processo licitatório e nos documentos fiscais (Convênio ICMS-13/13).

• *§ 3º primitivo § 2º, renumerado pelo Decreto nº 47.923, de 3.7.2003 – DOE de 4.7.2003, e com redação dada pelo Decreto nº 59.241, de 28.5.2013 – DOE de 29.5.2013 – Efeitos a partir de 1º.6.2013.*

§ 4º. Este benefício vigorará enquanto vigorar o Convênio ICMS-87/02, de 28 de junho de 2002.

• *§ 4º, primitivo § 3º, renumerado pelo Decreto nº 55.790, de 10.5.2010 – DOE de 11.5.2010 – Efeitos a partir de 23.4.2010.*

• *V. Decreto nº 52.665, de 24.1.2008 – Disciplina o recolhimento de ICMS relativo ao estoque de medicamentos, bebidas alcoólicas, produtos de perfumaria e de higiene pessoal recebidos antes do início do regime de retenção antecipada por substituição tributária.*

**Art. 95. (FURNAS – DOAÇÃO)** – Ficam isentas as saídas, em decorrência de doação realizada pela empresa Furnas Centrais Elétricas S/A, de material de consumo, equipamentos e outros bens móveis, para associações de amparo a portadores de deficiência física, comunidades carentes, órgãos da Administração Pública Federal, Estadual ou Municipal, inclusive suas escolas e universidades, bem como fundações de direito público, autarquias e corporações mantidas pelo poder público (Convênio ICMS-120/02).

Parágrafo único. Na hipótese de o bem a ser doado pertencer ao ativo imobilizado, não se exigirá o estorno do crédito do imposto previsto na legislação.

• *Art. 95 acrescido pelo Decreto nº 47.278, de 29.10.2002 – DOE de 30.10.2002 – Efeitos a partir de 14.10.2002.*

**Art. 96. (MEDICAMENTOS NÃO REGISTRADOS PELA ANVISA)** – As seguintes operações realizadas com os medicamentos indicados no Anexo Único do Convênio ICMS-21/03, de 4 de abril de 2003.

• *Art. 96 acrescido pelo Decreto nº 47.858 de 3.6.2003 – DOE de 4.6.2003 – Efeitos a partir de 28.4.2003 e* caput *com redação dada pelo Decreto nº 61.089, de 29.1.2015 – DOE de 30.1.2015 – Vigência a partir da publicação e efeitos a partir de 1º.11.2014.*

I – desembaraço aduaneiro decorrente de importação do exterior por empresa patrocinadora do Programa Governamental denominado "Programa de Acesso Expandido" de que trata a Resolução RDC nº 38/13, de 12 de agosto de 2013, para doação a hospitais, clínicas e centros de pesquisa com a finalidade específica de serem empregados no tratamento de portadores de doenças graves e que ameaçam a vida dos integrantes do Programa, na ausência de droga específica disponível no mercado nacional;

• *Inciso I com redação dada pelo Decreto nº 61.089, de 29.1.2015 – DOE de 30.1.2015 – Vigência a partir da publicação e efeitos a partir de 1º.11.2014.*

II – saída do estabelecimento do importador, em doação, com destino aos estabelecimentos e para o fim específico indicados no inciso anterior.

§ 1º. O disposto neste artigo fica condicionado a que:

1 – o medicamento ainda não tenha registro na Agência Nacional de Vigilância Sanitária – ANVISA/MS;

2 – o importador satisfaça todas as condições prescritas na Resolução RDC nº 38/13, de 12 de agosto de 2013, e tenha obtido aprovação da Agência Nacional de Vigilância Sanitária – ANVISA/MS como patrocinadora do Programa;

- *Item 2 com redação dada pelo Decreto nº 61.089, de 29.1.2015 – DOE de 30.1.2015 – Vigência a partir da publicação e efeitos a partir de 1º.11.2014.*

3 – o fornecimento do medicamento ao paciente pelo hospital, clínica ou centro de pesquisa seja efetuado gratuitamente;

4 – o medicamento esteja beneficiado com isenção, alíquota zero ou não tributado pelos Impostos de Importação ou sobre Produtos Industrializados;

5 – o medicamento seja desonerado das contribuições para os Programas de Integração Social e de Formação do Patrimônio do Servidor Público (PIS/PASEP) e da Contribuição para o Financiamento da Seguridade Social (COFINS).

- *Item 5 acrescido pelo Decreto nº 61.089, de 29.1.2015 – DOE de 30.1.2015 – Vigência a partir da publicação e efeitos a partir de 1º.11.2014.*

§ 2º. Não se exigirá o estorno do crédito do imposto relativo aos medicamentos beneficiados com a isenção prevista neste artigo.

§ 3º. (Revogado).

- *§ 3º revogado pelo Decreto nº 61.089, de 29.1.2015 – DOE de 30.1.2015 – Vigência a partir da publicação e efeitos a partir de 1º.11.2014.*

§ 4º. Este benefício vigorará enquanto vigorar o Convênio ICMS-21/03, de 4 de abril de 2003.

- *§ 4º com redação dada pelo Decreto nº 57.740, de 18.1.2012 – DOE de 19.1.2012 – Efeitos a partir de 1º.1.2012.*
- *V. Decreto nº 52.665, de 24.1.2008 – Disciplina o recolhimento de ICMS relativo ao estoque de medicamentos, bebidas alcoólicas, produtos de perfumaria e de higiene pessoal recebidos antes do início do regime de retenção antecipada por substituição tributária.*

**Art. 97. (FOME ZERO)** – Ficam isentas do imposto as saídas internas e interestaduais de mercadorias, em decorrência de doação, destinadas ao atendimento do Programa intitulado Fome Zero (Convênio ICMS-18/03 e Ajuste SINIEF-2/03).

- *Art. 97 acrescido pelo Decreto nº 47.923, de 3.7.2003 – DOE de 4.7.2003 – Efeitos a partir da publicação.*

§ 1º. O disposto neste artigo aplica-se:

1 – somente às operações em que intervenham entidades assistenciais reconhecidas como de utilidade pública, nos termos do art. 14 do Código Tributário Nacional – CTN e municípios partícipes do programa;

2 – às prestações de serviço de transporte para distribuição de mercadorias recebidas por estabelecimentos credenciados pelo programa;

3 – também, às saídas em decorrência das aquisições de mercadorias efetuadas pela Companhia Nacional de Abastecimento – CONAB – junto a produtores rurais, suas cooperativas ou associações, nos termos de convênio celebrado com o Ministério do Desenvolvimento Social e Combate à Fome (Convênio ICMS-34/10, cláusula segunda).

- *Item 3 acrescido pelo Decreto nº 55.790, de 10.5.2010 – DOE de 11.5.2010 – Efeitos a partir de 1º.5.2010.*

§ 2º. A fruição do benefício previsto neste artigo:

1 – exclui a aplicação de qualquer outro;

2 – fica condicionada:

a) ao cumprimento de disciplina estabelecida pela Secretaria da Fazenda;

b) a que o contribuinte doador da mercadoria ou do serviço possua certificado de participante do programa, expedido pelo Ministério Extraordinário de Segurança Alimentar e Combate à Fome – MESA;

c) a que a entidade assistencial seja cadastrada pelo MESA;

d) a que a entidade assistencial ou o município partícipe do programa confirme ao doador o recebimento da mercadoria ou serviço no prazo de 120 (cento e vinte) dias, contado da emissão do documento fiscal, nos termos da disciplina estabelecida pela Secretaria da Fazenda.

§ 3º. Expirado o prazo previsto na alínea "d" do item 2 do parágrafo anterior sem que tenha havido a confirmação ali prevista, o contribuinte doador deverá recolher o imposto devido, com os acréscimos legais, no prazo de 15 (quinze) dias.

§ 4º. Verificado a qualquer tempo que a mercadoria foi objeto de posterior comercialização, o imposto será exigido daquele que desvirtuou a finalidade do referido programa, com os acréscimos legais devidos desde a data da saída da mercadoria, sem prejuízo das demais penalidades.

§ 5º. Este benefício vigorará enquanto vigorar o Convênio ICMS-18/03, de 4 de abril de 2003.

- *§ 5º com redação dada pelo Decreto nº 52.666, de 24.1.2008 – DOE de 25.1.2008 – Efeitos a partir de 1º.1.2008.*

**Art. 98. (ALGODÃO)** – As saídas internas (Lei nº 6.374/1989, arts. 67, § 1º, 69 e 112):

I – de algodão em caroço de produção paulista promovidas por estabelecimento rural com destino a estabelecimento beneficiador;

II – de algodão em pluma ou de caroço de algodão, resultantes do beneficiamento de algodão em caroço de produção paulista, promovidas pelo estabelecimento beneficiador com destino a estabelecimento industrial.

§ 1º. Para fruição do benefício previsto neste artigo, o estabelecimento beneficiador de algodão em caroço deverá:

1 – beneficiar em separado o de produção paulista;

2 – fazer constar nos fardos de algodão em pluma, além das exigências normais, uma das seguintes expressões, conforme o caso: "Originário de Algodão em Caroço de Produção Paulista", ou "Originário de Algodão em Caroço Produzido em Outro Estado".

§ 2º. O documento fiscal da operação com algodão em pluma, além dos demais requisitos, deverá conter:

1 – a identificação de cada fardo de algodão em pluma, mencionando o número e a marca do estabelecimento beneficiador, o número do fardo, seu peso de origem e o peso real;

2 – a indicação de que se trata de produto resultante de beneficiamento de algodão em caroço de produção paulista, quando for o caso.

§ 3º. Os dados do item 1 do § 2º poderão constar em relação autenticada pelo contribuinte e anexada a cada uma das vias do documento fiscal, que mencionará essa circunstância.

§ 4º. Não se exigirá o estorno do crédito do imposto relativo às mercadorias beneficiadas com a isenção prevista neste artigo.

- *Art. 98 acrescido pelo Decreto nº 48.114, de 26.9.2003 – DOE de 27.9.2003 – Efeitos a partir da publicação.*

**Art. 99. (BORRACHA)** – As saídas internas (Lei nº 6.374/1989, art. 112):

I – de borracha natural de produção paulista promovidas por estabelecimento rural com destino a estabelecimento industrial;

II – de látex e de borracha sólida decorrentes da industrialização de borracha natural de produção paulista com destino a estabelecimento industrial para a transformação em novos produtos."

Parágrafo único. Não se exigirá o estorno do crédito do imposto relativo às mercadorias beneficiadas com a isenção prevista neste artigo.

- *Art. 99 acrescido pelo Decreto nº 48.114, de 26.9.2003 – DOE de 27.9.2003 – Efeitos a partir da publicação.*

**Art. 100.** (Revogado).

- *Art. 100 acrescido pelo Decreto nº 48.114, de 26.9.2003 – DOE de 27.9.2003 – e revogado pelo Decreto nº 54.976, de 29.10.2009 – DOE de 30.10.2009 – Efeitos a partir de 1º.12.2009.*

**Art. 101. (COELHO E AVE)** – As operações seguintes (Lei nº 6.374/1989, art. 112):

I – as saídas internas de coelho vivo ou ave viva, de produção paulista, promovida por estabelecimento rural com destino a estabelecimento abatedor;

II – o desembaraço aduaneiro decorrente de operação de importação direta realizada por estabelecimento rural paulista, de pinto de um dia e de avestruz.

§ 1º. Na hipótese de que trata o inciso II, o benefício fica condicionado a que o desembarque e desembaraço aduaneiro ocorram em território paulista.

§ 2º. Não se exigirá o estorno do crédito do imposto relativo às mercadorias beneficiadas com a isenção prevista neste artigo.

- *Art. 101 acrescido pelo Decreto nº 48.114, de 26.9.2003 – DOE de 27.9.2003 – Efeitos a partir da publicação.*

**Art. 102. (GADO)** – A saída interna de gado de qualquer espécie promovida por estabelecimento rural com destino a estabelecimento abatedor (Lei nº 6.374/1989, art. 112).

Parágrafo único. Não se exigirá o estorno do crédito do imposto relativo às mercadorias beneficiadas com a isenção prevista neste artigo.

- *Art. 102 acrescido pelo Decreto nº 48.114, de 26.9.2003 – DOE de 27.9.2003 – Efeitos a partir da publicação.*

**Art. 103. (LEITE)** – A saída interna de leite cru, pasteurizado ou reidratado (Lei nº 6.374/1989, art. 112).

Parágrafo único. Não se exigirá o estorno do crédito do imposto relativo às mercadorias beneficiadas com a isenção prevista neste artigo.

- *Art. 103 acrescido pelo Decreto nº 48.114, de 26.9.2003 – DOE de 27.9.2003 – Efeitos a partir da publicação.*

**Art. 104. (HORTIFRUTIGRANJEIROS PARA INDUSTRIALIZAÇÃO)** – A saída interna dos produtos hortifrutigranjeiros em estado natural relacionados no art. 36 com destino a estabelecimento industrial localizado neste Estado (Lei nº 6.374/1989, art. 112).

Parágrafo único. Não se exigirá o estorno do crédito do imposto relativo às mercadorias beneficiadas com a isenção prevista neste artigo.

- *Art. 104 acrescido pelo Decreto nº 48.114, de 26.9.2003 – DOE de 27.9.2003 – Efeitos a partir da publicação.*

**Art. 105. (PARTES E PEÇAS PARA FABRICAÇÃO DE TRATOR, CAMINHÃO E ÔNIBUS)** – A saída interna promovida pelo estabelecimento fabricante das mercadorias a seguir relacionadas, classificadas nos códigos da Nomenclatura Brasileira de Mercadorias – Sistema Harmonizado – NBM/SH vigente em 31 de dezembro de 1996, diretamente a estabelecimento fabricante de trator, caminhão ou ônibus, classificados nas posições 8701, 8702 e 8704 da referida nomenclatura, e de chassis para montagem desses veículos (Lei nº 6.374/1989, art. 112):

I – Pneumáticos novos de borracha dos tipos utilizados em ônibus, caminhões e tratores, 4011.20.0000 e 4011.91.0200;

II – Vidros formados e folhas contracoladas de dimensões e formatos que permitam a sua aplicação em automóveis, veículos aéreos, barcos ou outros veículos, 7007.21.0000;

III – Molas de folhas e suas folhas, 7320.10.0000;

IV – Blocos de cilindros, cabeçotes, cárteres e carcaças, 8409.99.0200;

V – Virabrequins (árvore de manivela), para motores a explosão ou de combustão interna, 8483.10.0100;

VI – Acumuladores de chumbo, do tipo utilizado para arranque dos motores de pistão, 8507.10.0000;

VII – Cabinas, 8707.90.0102;

VIII – Para-lamas, 8708.29.0100;

IX – Eixo Dianteiro, 8708.50.0100;

X – Eixo Traseiro, 8708.50.0200;

XI – Vigas e Barras do Eixo Dianteiro, 8708.60.0000;

XII – Rodas, 8708.70.0200;

XIII – Radiadores, 8708.91.0000;

XIV – Longarina, 8708.99.0600.

§ 1º. O benefício previsto neste artigo:

1 – aplica-se exclusivamente às saídas de mercadorias destinadas à fabricação desses veículos;

2 – estende-se, ainda, em relação às mercadorias indicadas no *caput*:

a) ao desembaraço aduaneiro decorrente de operação de importação direta realizada por estabelecimento fabricante de trator, caminhão e ônibus, observado o disposto no § 2º.

b) à saída promovida com a mercadoria, com destino a outro estabelecimento do mesmo titular, neste Estado.

§ 2º. Na hipótese de que trata a alínea "a" do § 1º, o benefício fica condicionado a que o desembarque e desembaraço aduaneiro ocorram em território paulista.

§ 3º. Não se exigirá o estorno do crédito do imposto relativo às mercadorias beneficiadas com a isenção prevista neste artigo.

- *Art. 105 acrescido pelo Decreto nº 48.114, de 26.9.2003 – DOE de 27.9.2003 – Efeitos a partir da publicação.*

**Art. 106.** (Revogado).

- *Art. 106 revogado pelo Decreto nº 51.011, de 28.7.2006 – DOE de 29.7.2006 – Efeitos a partir de 1º.10.2006.*

**Art. 107. (INDÚSTRIA NAVAL / INFRAESTRUTURA PORTUÁRIA)** – Saídas de mercadorias promovidas pelo respectivo fabricante, destinadas à construção, conservação, modernização e reparo de embarcações utilizadas na prestação de serviço de transporte aquaviário de cargas, pré-registradas ou registradas no Registro Especial Brasileiro – REB, na navegação de cabotagem e de interior, no apoio "offshore", no apoio de serviços portuários e no comércio externo e interno (Lei nº 6.374/1989, art. 112).

§ 1º. Para fins do disposto neste artigo, considera-se:

1 – embarcação de apoio "offshore", a que opera em serviços de apoio às áreas de exploração, perfuração e produção de petróleo e gás natural;

2 – embarcações de apoio de serviços portuários, as dragas e as que operam nos portos prestando serviços de atracação e desatracação de navios, na manutenção do acesso marítimo nos portos e no carregamento e descarregamento de embarcações por mar.

§ 2º. A fruição do benefício previsto neste artigo fica condicionada a que sejam realizados neste Estado o desembarque e desembaraço aduaneiro dos insumos importados utilizados na fabricação dos produtos abrangidos pela isenção.

§ 3º. O disposto neste artigo não se aplica às mercadorias que se destinem ao uso ou consumo ou à integração no ativo imobilizado do destinatário.

§ 4º. (Revogado).

- *§ 4º revogado pelo Decreto nº 49.344, de 24.1.2005 – DOE de 25.1.2005 – Efeitos a partir da publicação.*

§ 5º. Não se exigirá o estorno do crédito fiscal do imposto relativo às mercadorias beneficiadas com a isenção prevista neste artigo.

- *Art. 107 acrescido pelo Decreto nº 48.115, de 26.9.2003 – DOE de 27.9.2003 – Efeitos a partir da publicação.*

**Art. 108. (REPETRO/INDÚSTRIA PAULISTA)** – (Revogado).

- *Art. 108 revogado pelo Decreto nº 53.833, de 17.12.2008 – DOE de 18.12.2008 – Efeitos a partir de 1º.1.2009.*

**Art. 109. (AERONAVES – INSUMOS PARA A FABRICAÇÃO)** – Operações a seguir indicadas, realizadas com insumos, matérias-primas, componentes, partes, peças, instrumentos, materiais e acessórios, destinados à fabricação de aeronaves (Convênio ICMS-65/07):

I – desembaraço aduaneiro decorrente de importação:

a) de matérias-primas, insumos, componentes, partes e peças realizada por estabelecimento fabricante e destinados à fabricação das mercadorias relacionadas no § 1º;

b) de máquinas, aparelhos e equipamentos, sem similar produzido no País, realizada diretamente por fabricante de aeronave e destinados ao seu ativo imobilizado;

II – saída:

a) com destino a estabelecimento fabricante da aeronave, das mercadorias relacionadas no § 1º, fabricadas em conformidade com as especificações técnicas e as normas de homologação aeronáutica;

b) promovida pelo estabelecimento industrializador, em retorno ao fabricante de aeronaves ou sua coligada, autor da encomenda, relativamente ao valor acrescido, quando observado o disposto no Convênio AE-15/74, de 11 de dezembro de 1974;

c) de mercadoria para depósito sob o regime de Depósito Alfandegado Certificado (DAC) e a posterior saída interna da mercadoria depositada destinada à fabricação de aeronaves.

§ 1º. As mercadorias a que se referem a alínea "a" do inciso I e as alíneas "a" e "c" do inciso II são as adiante indicadas, observada a classificação segundo a Nomenclatura Brasileira de Mercadorias – Sistema Harmonizado – NBM/SH:

1 – transparência de acrílicos para janelas de aeronaves, 3926.90;

2 – unidade de controle ambiental e de ar-condicionado de aeronaves, 8415.81;

3 – acumuladores hidráulicos para aeronaves, 8479.89;

4 – aparelhos elétricos de alarme contra incêndio ou sobreaquecimento para uso aeronáutico, 8531.10;

5 – aparelhos elétricos de sinalização acústica, visual ou luminosa internos de aeronaves, 8531.80;

6 – quadros, consoles, caixas e painéis de controle para aeronaves, 8537.10;

7 – cablagem elétrica para tensão não superior a 80 V, munidos de peças de conexão, 8544.41;

8 – cablagem elétrica para tensão não superior a 80 V, munidos de peças de conexão com armadura metálica, 8544.49;

9 – trens de aterrissagem, rodas, freios e suas partes para aeronaves, 8803.20;

10 – partes estruturais de aviões: fuselagem, porta, célula, longarina, nacele, reversor de empuxo, carenagem, conjunto para-brisa de aeronaves, conjunto de sistemas hidráulicos de aeronaves, 8803.30;

11 – partes controle e sustentação de aviões: asa, semiasa, deriva, flap, bordos de ataque e fuga, aileron, profundor, estabilizador, leme, manches e caixa de manetes de controle de comando de aeronaves, 8803.30;

12 – partes internas de aviões: conjunto de móveis, janelas montadas, "galley", lavatório, divisórias e revestimentos de interiores de aeronaves, 8803.30;

13 – aparelhos e instrumentos de navegação aérea, 9014.20;

14 – assentos e divãs utilizados em aeronaves, 9401.10;

15 – aparelhos elétricos de iluminação interna de aeronaves, 9405.40.

§ 2º. Aplica-se, também, o disposto na alínea "b" do inciso II na hipótese de o produto resultante da industrialização destinar-se ao uso e consumo ou ao ativo imobilizado do fabricante de aeronaves.

§ 3º. A comprovação de inexistência de similar produzido no País, relativamente às máquinas, aparelhos e equipamentos referidos na alínea "b" do inciso I, será atestada por órgão federal competente ou por entidade representativa do setor produtivo de máquinas, aparelhos e equipamentos, com abrangência em todo território nacional.

§ 4º. Não se exigirá o estorno do crédito do imposto relativo às mercadorias beneficiadas com a isenção de que trata este artigo.

§ 5º. Este benefício vigorará até 31 de dezembro de 2017.

- *Art. 109 acrescido pelo Decreto nº 48.115, de 26.9.2003 – DOE de 27.9.2003, e com redação dada pelo Decreto nº 52.192, de 24.9.2007 – DOE de 25.9.2007 – Efeitos a partir de 31.7.2007.*

**Art. 110. (INSTITUTO LUDWIG – DESEMBARAÇO ADUANEIRO)** – Desembaraço aduaneiro das mercadorias a seguir indicadas, importadas diretamente do exterior pelo Instituto Ludwig de Pesquisa sobre o Câncer, observada a classificação nos correspondentes códigos da Nomenclatura Brasileira de Mercadorias – Sistema Harmonizado – NBM/SH (Convênio ICMS 99/03):

I – camundongos – animais vivos, 0106.19.00;

II – semente de iodo, 2844.40.90;

III – ácidos nucléicos e sais, 2934.99.34;

IV – sangue humano, 3002.10.19;

V – enzimas, 3507.90.39;

VI – meios de cultura preparados para o desenvolvimento de micro-organismos, 3821.00.00;

VII – membrana de nylon, 3920.79.00;

VIII – artigos de laboratório, 3926.90.40;

IX – artefatos de vidro para laboratório, 7017.90.00;

X – lentes, 9001.90.10;

XI – partes e acessórios de microscópios eletrônicos, 9012.90.10.

§ 1º. A fruição do benefício previsto neste artigo fica condicionada à que as mercadorias:

1 – sejam destinadas à pesquisa médica relativa a câncer e a outras doenças neoplásicas, desenvolvida pelo Instituto Ludwig de Pesquisa sobre o Câncer, localizado neste Estado;

2 – estejam contempladas com isenção, alíquota reduzida a zero ou não tributadas pelos Impostos de Importação ou sobre Produtos Industrializados.

§ 2º. Na hipótese de as mercadorias terem destinação diversa da mencionada no item 1 do § 1º, o imposto deverá ser atualizado monetariamente e recolhido com os acréscimos legais devidos desde a data do desembaraço aduaneiro, observado o disposto no art. 5º deste Regulamento.

- *Art. 110 acrescido pelo Decreto nº 48.294, de 2.12.2003 – DOE de 3.12.2003 – Efeitos a partir de 3.11.2003.*

**Art. 111. (PIANO – IMPORTAÇÃO)** – Desembaraço aduaneiro de um piano de cauda Steinway Grand Concert Model D, com banco e demais acessórios, classificado no código 9201.20.00 da Nomenclatura Brasileira de Mercadorias – Sistema Harmonizado – NBM/SH, importado pela Associação Paulista São Pedro Pró-Cultura Paulista, por meio da Declaração de Importação de nº 04/0759756-0 (Convênio ICMS-105/04).

Parágrafo único. A fruição do benefício previsto neste artigo fica condicionada a que o instrumento musical referido no *caput* seja conservado pela Associação Paulista São Pedro Pró-Cultura Paulista e utilizado na programação do Theatro São Pedro, pelo período mínimo de 10 (dez) anos, contado de sua instalação.

- *Art. 111 acrescido pelo Decreto nº 49.203, de 1º.12.2004 – DOE de 2.12.2004 – Efeitos a partir de 19.10.2004.*

**Art. 112. (FUNDAÇÃO ZERBINI)** – Saída interna de mercadorias médico-hospitalares adiante indicadas, classificadas nos códigos da Nomenclatura Brasileira de Mercadorias – Sistema Harmonizado – NBM/SH, com destino à Fundação Zerbini, inscrita no CNPJ sob número 50.644.053/0001-13 (Convênio ICMS-128/04):

I – Desfibrilador, 9021.90.11;

II – Cardioversor desfibrilador, 9021.90.11;

III – Kit insuflador para cateter, 9018.90.99;

IV – Divisor com tubo com ligações, 9018.39.29;

V – Stent caroid, 9021.90.81.

- *Inciso V com redação dada pelo Decreto nº 49.779, de 18.7.2005 – DOE de 19.7.2005 – Efeitos a partir de 4.1.2005.*

§ 1º. O imposto dispensado nos termos deste artigo deverá:

1 – ser deduzido do valor da mercadoria;

2 – ser indicado na Nota Fiscal, no campo "Informações Complementares".

§ 2º. Não se exigirá o estorno do crédito do imposto relativo às mercadorias beneficiadas com a isenção prevista neste artigo.

§ 3º. Este benefício vigorará enquanto vigorar o Convênio ICMS-128/04, de 10 de dezembro de 2004.

- *§ 3º com redação dada pelo Decreto nº 53.973, de 27.1.2009 – DOE de 28.1.2009 – Efeitos a partir de 1º.1.2009.*

**Art. 113. (AMIGOS DO BEM – DOAÇÃO)** – Saída de bens e mercadorias recebidos em doação, promovida pela organização não governamental "AMIGOS DO BEM – Instituição Nacional Contra a Fome e a Miséria no Sertão Nordestino", inscrita no CNPJ sob número 05.108.918/0001-72, destinada a compor suas ações para a melhoria da situação alimentar e nutricional de famílias em situação de pobreza nas regiões Norte e Nordeste (Convênio ICMS 129/04).

§ 1º. O disposto neste artigo se aplica, também, à prestação de serviço de transporte, quando a responsabilidade pelo pagamento do imposto tenha sido atribuída à beneficiária.

§ 2º. A organização não governamental mencionada no *caput* fica dispensada da escrituração de livros fiscais e da apresentação de informações econômico-fiscais.

§ 3º. A fruição da isenção prevista neste artigo fica condicionada a que a beneficiária atenda a todos os requisitos do art. 14 do Código Tributário Nacional.

§ 4º. Este benefício vigorará enquanto vigorar o Convênio ICMS-129/04, de 10 de dezembro de 2004.

- *§ 4º com redação dada pelo Decreto nº 52.666, de 24.1.2008 – DOE de 25.1.2008 – Efeitos a partir de 1º.1.2008.*
- *Art. 113 acrescido pelo Decreto nº 49.344, de 24.1.2005 – DOE de 25.1.2005 – Efeitos a partir de 4.1.2005.*

**Art. 114. (INSTITUTO CRIAR DE TV E CINEMA)** – Desembaraço aduaneiro dos bens indicados no Anexo Único do Convênio ICMS-130/04, decorrente de importação do exterior realizada diretamente pelo Instituto Criar de TV e Cinema, inscrito no CNPJ sob número 05.600.020/0001-17 (Convênio ICMS-130/04).

§ 1º. A fruição do benefício previsto neste artigo fica condicionada a que:

1 – os bens sejam utilizados, pelo período mínimo de 5 (cinco) anos, no desenvolvimento de ações e programas culturais e educacionais voltados à formação profissional de jovens de baixa renda nas áreas de produção televisiva e cinematográfica;

2 – o beneficiário atenda, durante o período mencionado no item 1, aos requisitos previstos no art. 14 do Código Tributário Nacional;

3 – o desembarque e o desembaraço ocorram em território paulista.

§ 2º. Este benefício vigorará até 31 de dezembro de 2005.

- *Art. 114 acrescido pelo Decreto nº 49.344, de 24.1.2005 – DOE de 25.1.2005 – Efeitos a partir de 4.1.2005.*

**Art. 115. (FARMÁCIA POPULAR DO BRASIL)** – Operações a seguir indicadas, promovidas no âmbito do "Programa Farmácia Popular do Brasil", instituído pela Lei nº 10.858, de 13 de abril de 2004 (Convênio ICMS-81/08):

I – saída de produtos farmacêuticos e de fraldas geriátricas da Fundação Oswaldo Cruz – FIOCRUZ destinada às farmácias que façam parte do programa;

II – saída interna de produtos farmacêuticos e de fraldas geriátricas destinada a pessoa física, consumidor final, promovida por farmácia que conste como integrante do programa na relação disponibilizada pela Fundação Oswaldo Cruz – FIOCRUZ, na Internet.

- *Art. 115,* caput, *acrescido pelo Decreto nº 49.910, de 22.8.2005 – DOE de 23.8.2005, e com redação dada pelo Decreto nº 53.480, de 25.9.2008 – DOE de 26.9.2008 – Efeitos a partir de 25.7.2008.*

§ 1º. A fruição do benefício previsto neste artigo fica condicionada:

1 – à entrega do produto ao consumidor pelo valor de ressarcimento à Fundação Oswaldo Cruz –

FIOCRUZ, correspondente ao custo de produção ou aquisição, distribuição e dispensação;

2 – a que a parcela relativa à receita bruta decorrente das operações previstas neste artigo esteja desonerada das contribuições para os Programas de Integração Social e de Formação do Patrimônio do Servidor Público (PIS/PASEP) e da Contribuição para o Financiamento da Seguridade Social (COFINS).

- *§ 1º acrescido pelo Decreto nº 49.910, de 22.8.2005 – DOE de 23.8.2005, e com redação dada pelo Decreto nº 53.480, de 25.9.2008 – DOE de 26.9.2008 – Efeitos a partir de 25.7.2008.*

§ 2º. A farmácia integrante do programa que comercializar única e exclusivamente produtos farmacêuticos e fraldas geriátricas recebidos da Fundação Oswaldo Cruz – FIOCRUZ nos termos do inciso I:

1 – deverá:

a) ser inscrita no Cadastro de Contribuintes do ICMS deste Estado;

b) ser usuária de Equipamento Emissor de Cupom Fiscal – ECF, ou do Sistema de Autenticação e Transmissão de Cupom Fiscal Eletrônico – SAT-CF-e, ou da Nota Fiscal de Consumidor Eletrônica – NFC-e;

- *Alínea "b" com redação dada pelo Decreto nº 61.090, de 29.1.2015 – DOE de 30.1.2015 – Efeitos a partir da publicação.*

c) apresentar anualmente a Guia de Informação e Apuração do ICMS – GIA;

d) arquivar, em ordem cronológica e pelo prazo previsto no art. 202, os documentos fiscais relativos às compras, por estabelecimento fornecedor, e os documentos fiscais relativos às vendas;

e) escriturar o livro Registro de Utilização de Documentos Fiscais e Termos de Ocorrências, modelo 6;

2 – fica dispensada:

a) da escrituração dos livros Registro de Saídas, modelo 2 ou 2-A, e Registro de Apuração do ICMS, modelo 9;

b) do cumprimento das demais obrigações acessórias não previstas neste artigo.

- *§ 2º acrescido pelo Decreto nº 49.910, de 22.8.2005 – DOE de 23.8.2005, e com redação dada pelo Decreto nº 53.480, de 25.9.2008 – DOE de 26.9.2008 – Efeitos a partir de 25.7.2008.*

§ 3º. Na devolução de mercadorias pela farmácia integrante do programa à Fundação Oswaldo Cruz – FIOCRUZ, a Nota Fiscal relativa a essa operação poderá ser emitida pelo destinatário, devendo o respectivo DANFE acompanhar o trânsito das mercadorias (Convênio ICMS-65/11).

- *§ 3º acrescido pelo Decreto nº 57.676, de 26.12.2011 – DOE de 27.12.2011 – Efeitos a partir de 1º.10.2011.*

**Art. 116. (REPORTO – MODERNIZAÇÃO DE ZONAS PORTUÁRIAS)** – Saídas internas de bens produzidos no país e desembaraço aduaneiro de bens relacionados nos Anexos Únicos dos Convênios ICMS-3/06, de 29 de março de 2006, e ICMS-28/05, de 1º de abril de 2005, destinados a integrar o ativo imobilizado de empresas beneficiadas pelo Regime Tributário para Incentivo à Modernização e à Ampliação da Estrutura Portuária – REPORTO, para utilização exclusiva em portos localizados em território paulista, na execução de serviços de carga, descarga e movimentação de mercadorias (Convênio ICMS-28/05 e Anexo Único com alteração do Convênio ICMS-99/05, cláusula primeira, e Convênio ICMS-3/06 e Anexo Único).

§ 1º. O benefício previsto neste artigo condiciona-se:

1 – a que o bem esteja integralmente desonerado dos tributos federais, em razão de suspensão, isenção ou alíquota zero, nos termos e condições da Lei Federal nº 11.033/2004, de 21 de dezembro de 2004;

2 – à efetiva utilização do bem na execução dos serviços referidos no *caput*, pelo prazo mínimo de 5 (cinco) anos;

3 – ainda, no caso de desembaraço aduaneiro de bens:

a) que seja efetuado diretamente pelas empresas beneficiárias do REPORTO e que o bem seja destinado ao seu uso exclusivo;

b) à comprovação de inexistência de similar produzido no país, que deverá ser atestada por laudo emitido por entidade representativa do setor produtivo com abrangência em todo o território nacional ou por órgão federal especializado;

c) à que o desembarque e o desembaraço do bem sejam realizados em território paulista.

§ 2º. Não se exigirá o estorno do crédito do imposto relativo aos bens beneficiados com esta isenção.

§ 3º. Este benefício vigorará enquanto vigorarem os Convênios ICMS-28/05, de 1º de abril de 2005 e ICMS-03/06, de 24 de março de 2006.

- *§ 3º com redação dada pelo Decreto nº 52.666, de 24.1.2008 – DOE de 25.1.2008 – Efeitos a partir de 1º.1.2008.*
- *Art. 116 acrescido pelo Decreto nº 49.613, de 23.5.2005 – DOE de 24.5.2005, e com redação dada pelo Decreto nº 50.769, de 9.5.2006 – DOE de 10.5.2006 – Efeitos a partir de 18.4.2006.*

**Art. 117. (DEPÓSITO AFIANÇADO)** – Desembaraço aduaneiro de mercadoria ou bem importados sem cobertura cambial, destinados à manutenção e ao reparo de aeronave pertencente a empresa autorizada a operar no transporte comercial internacional, e utilizados nessa atividade para estocagem no Regime Aduaneiro Especial de Depósito Afiançado (DAF), nos termos da legislação federal (Convênio ICMS-09/05, cláusula quarta).

§ 1º. A fruição do benefício previsto neste artigo condiciona-se:

1 – à prévia habilitação do contribuinte no Regime Aduaneiro Especial de Depósito Afiançado (DAF), administrado pela Secretaria da Receita Federal;

2 – ao cumprimento das condições necessárias para a admissão da mercadoria ou bem no Regime Aduaneiro Especial de Depósito Afiançado (DAF) e à efetiva utilização de tal mercadoria ou bem na manutenção ou reparo de aeronaves.

§ 2º. Não cumpridas as condições previstas no § 1º, o contribuinte deverá recolher o imposto devido, observado o disposto no art. 327-B deste Regulamento.

§ 3º. O benefício previsto neste artigo aplica-se, também, nos voos internacionais, aos materiais que integrem provisões de bordo, assim considerados os alimentos, as bebidas, os uniformes e os utensílios necessários aos serviços de bordo (Convênio ICMS-9/05, cláusulas primeira e quarta, a primeira com alteração do Convênio ICMS-64/08, cláusula primeira).

- *§ 3º acrescido dada pelo Decreto nº 53.480, de 25.9.2008 – DOE de 26.9.2008 – Efeitos a partir de 1º.1.2008.*
- *Art. 117 acrescido pelo Decreto nº 49.709, de 23.6.2005 – DOE de 24.6.2005 – Efeitos a partir de 25.4.2005.*

**Art. 118. (TRATORES AGRÍCOLAS E COLHEITADEIRAS)** – Desembaraço aduaneiro, decorrente de importação direta do exterior, de tratores agrícolas de quatro rodas e de colheitadeiras mecânicas de algodão, classificados, respectivamente, no código 8701.90.00 e na subposição 8433.59 da Nomenclatura Brasileira de Mercadorias – Sistema Harmonizado – NBM/SH, sem similar produzido no país, para integração no ativo imobilizado, destinados ao uso exclusivo na atividade agrícola realizada pelo estabelecimento importador (Convênio ICMS-77/93, na redação do Convênio ICMS-129/98, e Convênio ICMS-24/05).

§ 1º. A fruição do benefício previsto neste artigo fica condicionada a que a operação esteja amparada por isenção ou alíquota zero dos Impostos de Importação e sobre Produtos Industrializados.

§ 2º. A inexistência de produto similar produzido no país será atestada por órgão federal competente ou por entidade representativa do setor produtivo de máquinas, aparelhos e equipamentos, com abrangência em todo o território nacional.

- *Art. 118 acrescido pelo Decreto nº 49.709, de 23.6.2005 – DOE de 24.6.2005 – Efeitos a partir de 25.4.2005.*

**Art. 119. (PILHAS E BATERIAS USADAS)** – Saída de pilhas e baterias usadas, após seu esgotamento energético, que contenham em sua composição chumbo, cádmio, mercúrio e seus compostos, com a finalidade de reutilização, reciclagem, tratamento ou disposição final ambientalmente adequada (Convênio ICMS-27/05).

§ 1º. Não se exigirá o estorno do crédito do imposto relativo às mercadorias beneficiadas com esta isenção.

§ 2º. Para efeito do disposto no *caput*, o estabelecimento destinatário deverá:

1 – emitir, diariamente, Nota fiscal para documentar o recebimento de pilhas e baterias, quando o remetente não for contribuinte obrigado à emissão de documento fiscal, consignando no campo "Informações Complementares" a seguinte expressão: "Produtos usados isentos do ICMS nos termos do art. 119 do Anexo I do RICMS";

2 – emitir Nota fiscal para documentar a remessa dos produtos coletados aos respectivos fabricantes ou importadores ou a terceiros repassadores, consignando no campo "Informações Complementares" a seguinte expressão: "Produtos usados isentos do ICMS nos termos do art. 119 do Anexo I do RICMS".

- *Art. 119 acrescido pelo Decreto nº 49.709, de 23.6.2005 – DOE de 24.6.2005 – Efeitos a partir de 25.4.2005.*

**Art. 120. (ÓRGÃOS PÚBLICOS – PROGRAMAS DE FORTALECIMENTO E MODERNIZAÇÃO ESTADUAL)** – Operações com mercadorias, bem como as prestações de serviços de transporte a elas relativas, destinadas a programas de fortalecimento e modernização das áreas fiscal, de gestão, de planejamento e de controle externo dos Estados e do Distrito Federal, adquiridas em decorrência de licitações ou contratações efetuadas com observância das normas estabelecidas pelo Banco Interamericano de Desenvolvimento – BID ou pelo Banco Nacional de Desenvolvimento Econômico e Social – BNDES (Convênio ICMS-79/05).

- *Art. 120,* caput, *acrescido pelo Decreto nº 49.910, de 22.8.2005 – DOE de 23.8.2005, e com redação dada pelo Decreto nº 57.684, de 27.12.2011 – DOE de 28.12.2011 – Efeitos a partir de 1º.9.2011.*

Parágrafo único. Este benefício vigorará enquanto vigorar o Convênio ICMS-79/05, de 1º de julho de 2005.

- *Parágrafo único acrescido pelo Decreto nº 49.910, de 22.8.2005 – DOE de 23.8.2005, e com redação dada pelo Decreto nº 56.321, de 26.10.2010 – DOE de 27.10.2010 – Efeitos a partir de 30.7.2010.*

**Art. 121.** (Revogado).

- *Art. 121 revogado pelo Decreto nº 52.838, de 26.3.2008 – DOE de 27.3.2008 – Efeitos a partir de 28.3.2008.*

**Art. 122. (AVIÕES)** – As saídas de aviões novos, de peso superior a 15.000 kg, vazios, classificados no código 8802.40 da NBM/SH – Nomenclatura Brasileira de Mercadorias – Sistema Harmonizado, promovidas pelo fabricante (Convênio ICMS 130/05).

§ 1º. A fruição do benefício previsto neste artigo fica condicionado a que:

1 – a aquisição ou o arredamento da mercadoria seja efetuado por concessionária de linha regular de transporte aéreo;

2 – a operação esteja beneficiada com isenção ou alíquota zero do Imposto sobre Produtos Industrializados.

§ 2º. Não se exigirá o estorno do crédito do imposto relativo às mercadorias beneficiadas com a isenção.

§ 3º. Este benefício vigorará enquanto vigorar o Convênio ICMS-130/05, de 16 de dezembro de 2005.

- *§ 3º com redação dada pelo Decreto nº 55.330, de 8.1.2010 – Efeitos a partir de 1º.1.2010 – DOE de 9.1.2010.*
- *Art. 122 acrescido pelo Decreto nº 50.513, de 15.2.2006 – DOE de 16.2.2006 – Efeitos a partir de 9.1.2006.*

**Art. 123. (FARINHA DE MANDIOCA)** – Operação interna com farinha de mandioca (Convênio ICMS 142/05).

- *Art. 123 acrescido pelo Decreto nº 50.513, de 15.2.2006 – DOE de 16.2.2006 – Efeitos a partir de 9.1.2006.*

**Art. 124. (GASODUTO BRASIL-BOLÍVIA – MANUTENÇÃO)** – A transferência de bens indicados no Anexo Único do Convênio ICMS-9/06, de 24 de março de 2006, destinados à manutenção do Gasoduto Brasil-Bolívia. (Convênio ICMS- 09/06).

§ 1º. O benefício somente se aplica aos bens transferidos dentro do território nacional pela Transportadora Brasileira Gasoduto Bolívia-Brasil (TBG).

§ 2º. A fruição do benefício fica condicionada à comprovação do efetivo emprego dos bens na manutenção do Gasoduto Brasil-Bolívia e aos controles estabelecidos pela Secretaria da Fazenda.

§ 3º. Na transferência efetuada nos termos deste artigo não se exigirá o estorno do crédito relativo ao bem.

§ 4º. Este benefício vigorará enquanto vigorar o Convênio ICMS-09/06, de 24 de março de 2006.

- *§ 4º com redação dada pelo Decreto nº 52.666, de 24.1.2008 – DOE de 25.1.2008 – Efeitos a partir de 1º.1.2008.*
- *Art. 124 acrescido pelo Decreto nº 50.769, de 9.5.2006 – DOE de 10.5.2006 – Efeitos a partir de 18.4.2006.*

**Art. 125. (LOCOMOTIVA E TRILHO – IMPORTAÇÃO)** – Desembaraço aduaneiro decorrente de importação direta do exterior, realizada por empresa concessionária de serviço de transporte ferroviário de cargas, dos produtos, sem similar produzido no país, classificados nos códigos da Nomenclatura Brasileira de Mercadorias – Sistema Harmonizado – NBM/SH, a seguir indicados, para serem utilizados na prestação de serviço de transporte ferroviário de cargas (Convênio ICMS-32/06):

I – locomotiva do tipo diesel-elétrico, com potência máxima superior a 3.000 (três mil) HP, 8602.10.00;

II – trilho para estrada de ferro, 7302.10.10.

§ 1º. A comprovação de ausência de similar produzido no país deverá ser efetuada por meio de laudo emitido por entidade representativa do setor produtivo de máquinas, aparelhos, equipamentos, com abrangência em todo território nacional ou por órgão federal especializado.

§ 2º. O benefício previsto neste artigo (Convênio ICMS-32/06, cláusula segunda, na redação do Convênio ICMS-45/07):

- *§ 2º,* caput, *com redação dada pelo Decreto nº 51.808, de 16.5.2007 – DOE de 17.5.2007 – Efeitos a partir de 9.5.2005.*

1 – fica condicionado a que o produto seja desonerado do Imposto de Importação (II);

- *Item 1 com redação dada pelo Decreto nº 51.808, de 16.5.2007 – DOE de 17.5.2007 – Efeitos a partir de 9.5.2005.*

2 – aplica-se, também, à saída subsequente e à entrada interestadual (Convênio ICMS-32/06, cláusula segunda, com alteração dos Convênios ICMS-45/07 e 64/07);

- *Item 2 com redação dada pelo Decreto nº 52.118, de 31.8.2007 – DOE de 1º.9.2007 – Efeitos a partir de 31.7.2007.*

3 – aplica-se à importação de componentes, partes e peças, sem similar produzido no País, destinados a estabelecimento industrial, exclusivamente para emprego na fabricação de locomotivas novas com potência máxima superior a 3.000 (três) mil HP (Convênio ICMS-32/06, cláusula segunda, com alteração do Convênio ICMS – 145/07).

- *Item 3 acrescido pelo Decreto nº 52.666, de 24.1.2008 – DOE de 25.1.2008 – Efeitos a partir de 4.1.2008.*

§ 3º. Este benefício vigorará enquanto vigorar o Convênio ICMS-32/06, de 7 de julho de 2006.

- *§ 3º com redação dada pelo Decreto nº 53.973, de 27.1.2009 – DOE de 28.1.2009 – Efeitos a partir de 1º.1.2009.*
- *Art. 125 acrescido pelo Decreto nº 51.092, de 5.9.2006 – DOE de 6.9.2006 – Efeitos a partir de 1º.8.2006.*

**Art. 126. (SISTEMA DE MEDIÇÃO DE VAZÃO)** – Saída de medidores de vazão, condutivímetros e aparelhos para o controle, registro e gravação dos quantitativos medidos que atendam às especificações fixadas pela Secretaria da Receita Federal e que sejam destinados a compor Sistema de Medição de Vazão, quando adquiridos por estabelecimentos industriais fabricantes dos produtos classificados nas posições 2202 e 2203 da Nomenclatura Brasileira de Mercadorias – Sistema Harmonizado – NBM/SH (Convênio ICMS-69/06).

§ 1º. O benefício previsto no *caput* aplica-se também às saídas de equipamentos, partes e peças necessárias à instalação do sistema de controle de produção de bebidas – Sicobe, que atendam às especificações fixadas pela Secretaria da Receita Federal do Brasil, quando adquiridas pelos estabelecimentos industriais envasadores de bebidas para atendimento ao disposto na legislação federal (Convênio ICMS-38/10, cláusula quarta).

- *§ 1º acrescido pelo Decreto nº 55.790, de 10.5.2010 – DOE de 11.5.2010 – Efeitos a partir de 1º.5.2010.*

§ 2º. A fruição do benefício previsto neste artigo fica condicionada a que os produtos sejam desonerados das contribuições para os Programas de Integração Social e de Formação do Patrimônio do Servidor Público (PIS/PASEP) e da Contribuição para o Financiamento da Seguridade Social (COFINS).

- *§ 2º, primitivo Parágrafo único, renumerado pelo Decreto nº 55.790, de 10.5.2010 – DOE de 11.5.2010 – Efeitos a partir de 1º.5.2010.*

- *Art. 126 acrescido pelo Decreto nº 51.131, de 25.9.2006 – DOE de 26.9.2006 – Efeitos a partir de 14.8.2006.*

**Art. 127. (PEÇA DE VEÍCULO AUTOMOTOR SUBSTITUÍDA EM GARANTIA)** – A remessa da peça defeituosa de veículo automotor para o fabricante, promovida pelo concessionário ou pela oficina autorizada, desde que ocorra até trinta dias depois do prazo de vencimento da garantia. (Convênio ICMS-129/06, cláusula quinta).

- *Art. 127 acrescido Decreto nº 51.484, de 16.1.2007 – DOE de 17.1.2007 – Efeitos a partir de 8.1.2007.*

**Art. 128. (OBRAS DE ARTE)** – Saída de obras de arte, decorrente de operações realizadas pelo próprio autor (Convênio ICMS-59/91, cláusula primeira, *caput*).

- *Art. 128 acrescido pelo Decreto nº 51.618, de 27.2.2007 – DOE de 28.2.2007 – Efeitos a partir de 1º.2.2007.*

Parágrafo único. O benefício previsto no *caput* aplica-se, também, nas operações de importação de obra de arte recebida em doação realizada pelo próprio autor ou quando adquirida com recursos da Secretaria de Fomento e Incentivo à Cultura do Ministério da Cultura. (Convênio ICMS-56/10).

- *Parágrafo único acrescido pelo Decreto nº 55.790, de 10.5.2010 – DOE de 11.5.2010 – Efeitos a partir de 1º.1.2011.*

**Art. 129. (REAGENTE PARA DIAGNÓSTICO DA DOENÇA DE CHAGAS)** – Saída de reagente para diagnóstico da Doença de Chagas pela técnica de enzimaimunoesai (ELISA) em microplacas utilizando uma mistura de Antígenos Recombinantes e Antígenos lisados purificados, para detecção simultânea qualitativa e semi-quantitativa de anticorpos IgG e IgM anti Trypanosoma cruzi em soro ou plasma humano, classificada na posição 3002.10.29 da NBM/SH, destinada a órgão ou entidade da administração pública direta, suas autarquias e fundações (Convênio ICMS-23/07):

§ 1º. A isenção de que trata este artigo fica condicionada:

1 – ao desconto no preço, do valor equivalente ao imposto dispensado;

2 – à indicação, no respectivo documento fiscal, do valor do desconto.

- *§ 1º com redação dada pelo Decreto nº 52.118, de 31.8.2007 – DOE de 1º.9.2007 – Efeitos a partir da publicação.*

§ 2º. Não se exigirá o estorno do crédito do imposto relativo às mercadorias beneficiadas com a isenção prevista neste artigo;

§ 3º. Este benefício vigorará enquanto vigorar o Convênio ICMS-23/07, de 30 de março de 2007.

- *§ 3º com redação dada pelo Decreto nº 53.973, de 27.1.2009 – DOE de 28.1.2009 – Efeitos a partir de 1º.1.2009.*

- *Art. 129 acrescido pelo Decreto nº 51.801, de 9.5.2007 – DOE de 10.5.2007 – Efeitos a partir de 23.4.2007.*

**Art. 130. (MEDICAMENTOS E EQUIPAMENTOS DESTINADOS À PESQUISA COM SERES HUMANOS)** – Operação interna ou interestadual de medicamentos e reagentes químicos arrolados no Anexo Único do Convênio ICMS-09/07, de 30 de março de 2007, kits laboratoriais e equipamentos, bem como suas partes e peças, destinados a pesquisas que envolvam seres humanos, destinadas ao desenvolvimento de novos medicamentos, inclusive em programas de acesso expandido (Convênio ICMS-09/07).

- *Art. 130,* caput, *com redação dada pelo Decreto nº 56.804, de 3.3.2011 – DOE de 4.3.2011 – Efeitos a partir de 1º.3.2011.*

§ 1º. (Revogado).

- *§ 1º revogado pelo Decreto nº 56.804, de 3.3.2011 – DOE de 4.3.2011 – Efeitos a partir de 1º.3.2011.*

§ 2º. A isenção de que trata este artigo fica condicionada a que:

1 – a pesquisa e o programa sejam registrados pela Agência Nacional de Vigilância Sanitária – ANVISA/MS – ou, se estes estiverem dispensados de registro, tenham sido aprovados pelo Comitê de Ética em Pesquisa – CEP – da instituição que for realizar a pesquisa ou o programa;

2 – os produtos sejam desonerados das contribuições para os Programas de Integração Social e de Formação do Patrimônio do Servidor Público (PIS/PASEP) e da Contribuição para o Financiamento da Seguridade Social (COFINS);

3 – na hipótese de desembaraço aduaneiro decorrente de importação do exterior:

a) tratando-se de equipamentos, suas partes e peças, não haja similar produzido no país, segundo laudo emitido por entidade representativa do setor produtivo de máquinas, aparelhos e equipamentos com abrangência em todo território nacional ou por órgão federal especializado;

b) para qualquer produto, haja total desoneração dos Impostos de Importação e sobre Produtos Industrializados.

§ 3º. Não se exigirá o estorno do crédito do imposto relativo às mercadorias beneficiadas com a isenção prevista neste artigo.

§ 4º. Este benefício vigorará enquanto vigorar o Convênio ICMS 09/07, de 30 de março de 2007.

- *§ 4º com redação dada pelo Decreto nº 58.759, de 20.12.2012 – DOE de 21.12.2012 – Efeitos a partir de 1º.1.2013.*
- *Art. 130 acrescido pelo Decreto nº 51.801, de 9.5.2007 – DOE de 10.5.2007 – Efeitos a partir de 23.4.2007.*
- *V. Decreto nº 52.665, de 24.1.2008 – Disciplina o recolhimento de ICMS relativo ao estoque de medicamentos, bebidas alcoólicas, produtos de perfumaria e de higiene pessoal recebidos antes do início do regime de retenção antecipada por substituição tributária.*

**Art. 131. (MÁQUINAS E EQUIPAMENTOS DE RADIODIFUSÃO)** – Desembaraço aduaneiro decorrente da importação do exterior de máquinas, equipamentos, aparelhos, instrumentos, suas respectivas partes, peças e acessórios, arrolados no Anexo Único do Convênio ICMS-10/07, sem similar produzido no País, efetuada por empresa concessionária da prestação de serviços públicos de radiodifusão sonora e de sons e imagens de recepção livre e gratuita (Convênio ICMS-10/07 e Anexo Único, com alteração dos Convênios ICMS-68/07 e 52/10).

- *Art. 131,* caput, *com redação dada pelo Decreto nº 55.790, de 10.5.2010 – DOE de 11.5.2010 – Efeitos a partir de 1º.5.2010.*

§ 1º. O benefício previsto neste artigo fica condicionado a que os produtos sejam totalmente desonerados do Imposto de Importação – II e das contribuições para os Programas de Integração Social e de Formação do Patrimônio do Servidor Público – PIS/PASEP e da Contribuição para o Financiamento da Seguridade Social – COFINS.

§ 2º. A inexistência de produto similar produzido no País será atestada por órgão federal competente ou por entidade representativa do setor produtivo de máquinas, aparelhos e equipamentos, com abrangência em todo território nacional.

§ 3º. Este benefício vigorará enquanto vigorar o Convênio ICMS-10/07, de 30 de março de 2007.

- *§ 3º com redação dada pelo Decreto nº 55.330, de 8.1.2010 – Efeitos a partir de 1º.1.2010 – DOE de 9.1.2010.*
- *Art. 131 acrescido pelo Decreto nº 51.801, de 9.5.2007 – DOE de 10.5.2007 – Efeitos a partir de 23.4.2007.*

**Art. 132. (PEÇA SUBSTITUÍDA EM VIRTUDE DE GARANTIA)** – A remessa de peça defeituosa para o fabricante, promovida pelo estabelecimento ou pela oficina credenciada ou autorizada, desde que ocorra até 30 (trinta) dias depois do vencimento da garantia (Convênio ICMS-27/07, cláusula quinta).

- *Art. 132 acrescido pelo Decreto nº 51.801, de 9.5.2007 – DOE de 10.5.2007 – Efeitos a partir de 1º.5.2007.*

**Art. 133. (METRÔ – IMPLANTAÇÃO DA LINHA 4)** – Operação interna realizada com os bens e mercadorias indicados no Anexo Único do Convênio ICMS-57/07, de 5 de junho de 2007, destinados à implantação da Linha 4 – Amarela da Companhia do Metropolitano de São Paulo – METRÔ (Convênio ICMS-57/07).

§ 1º. O benefício previsto neste artigo fica condicionado:

1 – à comprovação do efetivo emprego dos bens e mercadorias nas obras referidas no *caput*, segundo os controles estabelecidos pela Secretaria da Fazenda;

2 – tratando-se de operação de importação:

a) à inexistência de similar produzido no país, exceto em relação ao bem indicado no item 15 do Anexo Único do Convênio ICMS-57/07, de 5 de junho de 2007;

b) à prévia informação, pelo executor do projeto, ao Posto Fiscal do local onde se processará o despacho aduaneiro.

§ 2º. A inexistência de similar produzido no país, a que se refere a alínea "a" do item 2 do § 1º, deverá ser comprovada por meio de laudo emitido por órgão federal competente ou por entidade representativa do setor produtivo de máquinas, aparelhos e equipamentos, com abrangência em todo território nacional.

§ 3º. Não se exigirá o estorno do crédito do imposto relativo aos bens e mercadorias beneficiados com a isenção prevista neste artigo.

§ 4º. Este benefício vigorará enquanto vigorar o Convênio ICMS-57/07, de 5 de junho de 2007.

- *§ 4º com redação dada pelo Decreto nº 55.330, de 8.1.2010 – DOE de 9.1.2010 – Efeitos a partir de 1º.1.2010.*
- *Art. 133, acrescido pelo Decreto nº 52.191, de 24.9.2007 – DOE de 25.9.2007 – Efeitos a parir de 26.6.2007.*

**Art. 134. (PROGRAMA CAMINHO DA ESCOLA – MINISTÉRIO DA EDUCAÇÃO)** – Operações com ônibus, micro-ônibus e embarcações, destinados ao transporte escolar, adquiridos por órgãos da Administração Pública direta e indireta dos Estados, do Distrito Federal e dos Municípios, no âmbito do Programa Caminho da Escola, do Ministério da Educação – MEC, instituído pela Resolução FNDE/CD nº 003, de 28 de março de 2007 (Convênio ICMS-53/07).

§ 1º. A fruição do benefício previsto neste artigo fica condicionada a que a operação esteja amparada por isenção ou tributada à alíquota zero pelos Impostos de Importação (II) e sobre Produtos Industrializados (IPI) e, também, desonerada das contribuições para os Programas de Integração Social e de Formação do Patrimônio do Servidor Público (PIS/PASEP) e da Contribuição para o Financiamento da Seguridade Social (COFINS).

§ 2º. A isenção prevista neste artigo somente se aplica às aquisições realizadas por meio de Pregão de Registro de Preços realizado pelo Fundo Nacional de Desenvolvimento da Educação – FNDE.

§ 3º. O imposto dispensado nos termos deste artigo deverá ser:

1 – deduzido do preço dos produtos;

2 – indicado na Nota Fiscal, no campo "Informações Complementares".

§ 4º. Não se exigirá o estorno do crédito do imposto relativo aos produtos beneficiados com a isenção prevista neste artigo.

§ 5º. Este benefício vigorará enquanto vigorar o Convênio ICMS-53/07, de 16 de maio de 2007.

• *§ 5º com redação dada pelo Decreto nº 55.330, de 8.1.2010 – DOE de 9.1.2010 – Efeitos a partir de 1º.1.2010.*

• *Art. 134 acrescido pelo Decreto nº 52.118, de 31.8.2007 – DOE de 1º.9.2007 – Efeitos a partir de 6.6.2007.*

**Art. 135. (FARINHA DE TRIGO E PRODUTOS RESULTANTES DE SUA INDUSTRIALIZAÇÃO)** – Saída interna dos produtos adiante indicados, classificados nos seguintes códigos da Nomenclatura Brasileira de Mercadorias – Sistema Harmonizado – NBM/SH, realizada por contribuinte sujeito às normas do Regime Especial Unificado de Arrecadação de Tributos e Contribuições devidos pelas Microempresas e Empresas de Pequeno Porte – "Simples Nacional" (Lei nº 6.374/1989, art. 112):

I – farinha de trigo classificada na posição 1101.00 da Nomenclatura Brasileira de Mercadorias – Sistema Harmonizado – NBM/SH;

II – mistura pré-preparada de farinha de trigo para panificação, que contenha no mínimo 95% de farinha de trigo, classificada no código 1901.20 da Nomenclatura Brasileira de Mercadorias – Sistema Harmonizado – NBM/SH;

III – massas alimentícias não cozidas, nem recheadas ou preparadas de outro modo, desde que classificadas na posição 1902.11 ou 1902.19 da Nomenclatura Brasileira de Mercadorias – Sistema Harmonizado – NBM/SH;

IV – pão francês ou de sal, assim entendido aquele de consumo popular, obtido pela cocção de massa preparada com farinha de trigo, fermento biológico, água e sal, que não contenha ingrediente que venha a modificar o seu tipo, característica ou classificação e que sejam produzidos com o peso de até 1000 gramas, desde que classificado na posição 1905.90 da Nomenclatura Brasileira de Mercadorias – Sistema Harmonizado – NBM/SH;

V – biscoitos e bolachas derivados do trigo, dos tipos "cream cracker", "água e sal", "maisena", "maria" e outros de consumo popular, classificados na posição 1905.31 da Nomenclatura Brasileira de Mercadorias – Sistema Harmonizado – NBM/SH, desde que não sejam adicionados de cacau, recheados, cobertos ou amanteigados, independentemente de sua denominação comercial.

• *Art. 135 acrescido pelo Decreto nº 52.585, de 28.12.2007 – DOE de 29.12.2007 – Efeitos para os fatos geradores que ocorrerem a partir de 28.12.2007.*

**Art. 136. (GESAC – GOVERNO FEDERAL)** – Prestação de serviço de comunicação referente ao acesso à Internet e ao de conectividade em banda larga no âmbito do Programa Governo Eletrônico de Serviço do Atendimento do Cidadão – GESAC, instituído pelo Governo Federal (Convênio ICMS-141/07).

Parágrafo único. Não se exigirá o estorno do crédito do imposto relativo aos serviços beneficiados com a isenção prevista neste artigo.

• *Art. 136 acrescido pelo Decreto nº 52.666, de 24.1.2008 – DOE de 25.1.2008 – Efeitos a partir de 4.1.2008.*

**Art. 137. (ÓLEO COMESTÍVEL)** – Saída de óleo comestível usado destinado à utilização como insumo industrial, especialmente na indústria saboeira e na produção de biodiesel (B-100) (Convênio ICMS-144/07).

• *Art. 137 acrescido pelo Decreto nº 52.666, de 24.1.2008 – DOE de 25.1.2008 – Efeitos a partir de 4.1.2008.*

**Art. 138. (PROINFO – MINISTÉRIO DA EDUCAÇÃO)** – Operações com as mercadorias a seguir indicadas, adquiridas no âmbito do Programa Nacional de Informática na Educação – ProInfo – em seu Projeto Especial Um Computador por Aluno – UCA –, do Ministério da Educação – MEC -, instituído pela Portaria 522, de 9 de abril de 1997, do Programa Um Computador por Aluno – PROUCA e Regime Especial para Aquisição de Computadores para Uso Educacional – RECOMPE, instituídos pela Lei nº 12.249, de 11 de junho de 2010 e do Regime Especial de Incentivo a Computadores para Uso Educacional – REICOMP, instituído pela Medida Provisória 563, de 3 de abril de 2012 (Convênio ICMS-147/07):

• *Art. 138,* caput, *com redação dada pelo Decreto nº 59.211, de 17.5.2013 – DOE de 18.5.2013 – Efeitos a partir de 1º.12.2012.*

I – computadores portáteis educacionais, classificados nos códigos 8471.3012, 8471.3019 e 8471.3090;

II – kit completo para montagem de computadores portáteis educacionais.

§ 1º. A isenção de que trata este artigo:

1 – somente se aplica:

a) à operação que esteja contemplada com a desoneração das contribuições para o Programa de Integração Social e de Formação do Patrimônio do Servidor Público – PIS/PASEP – e da contribuição para o financiamento da seguridade social – COFINS;

b) à aquisição realizada por meio de Pregão, ou de outros processos licitatórios, realizados pelo Fundo Nacional de Desenvolvimento da Educação – FNDE;

2 – aplica-se também nas operações com embalagens, componentes, partes e peças para montagem de computadores portáteis educacionais no âmbito do PROUCA, ainda que adquiridos de forma individual.

- *§ 1º com redação dada pelo Decreto nº 59.211, de 17.5.2013 – DOE de 18.5.2013 – Efeitos a partir de 1º.12.2012.*

§ 2º. Na hipótese de importação das mercadorias de que tratam o inciso II do *caput* e o item 2 do § 1º deverá ocorrer também a desoneração do Imposto de Importação.

- *§ 2º com redação dada pelo Decreto nº 59.211, de 17.5.2013 – DOE de 18.5.2013 – Efeitos a partir de 1º.12.2012.*

§ 3º. Os tributos dispensados nos termos deste artigo deverão ser:

1 – deduzidos do preço das mercadorias;

2 – indicados na Nota Fiscal, no campo "Informações Complementares".

§ 4º. Não se exigirá o estorno do crédito do imposto relativo às mercadorias beneficiadas com a isenção prevista neste artigo.

§ 5º. Este benefício vigorará enquanto vigorar o Convênio ICMS-147/07, de 14 de dezembro de 2007.

- *Art. 138 acrescido pelo Decreto nº 52.666, de 24.1.2008 – DOE de 25.1.2008 – Efeitos a partir de 4.1.2008.*

**Art. 139.** (Revogado).

- *Art. 139 acrescido pelo Decreto nº 53.258, de 22.7.2008 – DOE de 23.7.2008 – e revogado pelo Decreto nº 53.361, de 29.8.2008 – DOE de 30.8.2008 – Efeitos a partir de 1º.9.2008.*

**Art. 140.** Operações internas com maçã e pêra (Convênio ICMS-94/05, cláusula primeira, e Convênio ICMS-60/08).

- *Art. 140 acrescido pelo Decreto nº 53.480, de 25.9.2008 – DOE de 26.9.2008 – Efeitos a partir de 1º.9.2008.*

**Art. 141. (TRATADO BINACIONAL BRASIL--UCRÂNIA)** – Operações de saída de bens ou mercadorias e respectivas prestações de serviço de transporte destinadas à Alcântara Cyclone Space – ACS, inscrita no CNPJ sob o nº 07.752.497/0001-43, realizadas no âmbito do Tratado Binacional Brasil--Ucrânia (Convênio ICMS-84/08).

§ 1º. Relativamente às saídas de bens ou mercadorias e às respectivas prestações de serviço de transporte destinadas à ACS, deverá ser indicada na Nota Fiscal, além dos demais requisitos, que:

1 – a operação é isenta do ICMS nos termos do art. 141 do RICMS;

2 – o valor correspondente ao imposto não recolhido deverá ser deduzido do preço das respectivas mercadorias, bens ou serviços.

§ 2º. Não será exigido o estorno do crédito do imposto relativo às mercadorias, bens ou serviços beneficiados com a isenção prevista neste artigo.

§ 3º. A fruição do benefício previsto neste artigo fica condicionada a que as operações e prestações estejam amparadas por isenção ou desoneradas dos Impostos de Importação (II) e sobre Produtos Industrializados (IPI).

- *Inciso I com redação dada pelo Decreto nº 53.480, de 25.9.2008 – DOE de 26.9.2008 – Efeitos a partir de 25.7.2008.*

**Art. 142. (AACD)** – Saídas internas de mercadorias produzidas ou recebidas em doação por qualquer estabelecimento da Associação de Assistência à Criança Deficiente – AACD, inscrita no CNPJ sob o nº 60.979.457, bem como o fornecimento de refeição a seus empregados, pacientes e acompanhantes, desde que, em ambos os casos, a renda decorrente seja integralmente revertida ao financiamento das atividades previstas em seu estatuto social (Convênios ICMS-24/09 e 81/14).

- *Art. 142 acrescido pelo Decreto nº 54.401, de 1º.6.2009 – DOE de 2.6.2009, e com redação dada pelo Decreto nº 60.809, de 29.9.2014 – DOE de 30.9.2014 – Efeitos a partir de 5.9.2014.*

Parágrafo único. Ficam convalidados os procedimentos adotados no período de 1º de abril de 2012 a 5 de setembro de 2014 que estejam de acordo com o disposto no *caput*, na redação dada pelo Decreto nº 60.809, de 29 de setembro de 2014 (Convênio ICMS-122/2014).

- *Parágrafo único acrescido pelo pelo Decreto nº 61.130, de 23.2.2015 – DOE de 24.2.2015 – Efeitos a partir da publicação.*

**Art. 143. (PEÇA DE AERONAVE SUBSTITUÍDA EM VIRTUDE DE GARANTIA)** – Operação de remessa (Convênio ICMS-26/09, cláusula primeira, parágrafo único, e cláusulas segunda, quinta e sétima):

I – da peça defeituosa para o fabricante;

II – da peça nova em substituição à defeituosa, a ser aplicada na aeronave.

§1º. O benefício previsto neste artigo:

1 – aplica-se, somente:

a) à empresa nacional da indústria aeronáutica que receber peça defeituosa substituída em virtude de garantia e de quem será cobrada a peça nova aplicada em substituição;

b) ao estabelecimento de rede de comercialização de produtos aeronáuticos, ou à oficina reparadora ou de conserto e manutenção de aeronaves, homologadas pelo Comando da Aeronáutica do Ministério da Defesa, que, com permissão do fabricante, promove substituição de peça em virtude de garantia;

2 – fica condicionado a que as remessas ocorram até 30 (trinta) dias depois do prazo de vencimento da garantia.

§ 2º. O prazo de garantia é aquele fixado em contrato ou estabelecido no certificado de garantia, contado da data de sua expedição ao consumidor.

§ 3º. Este benefício vigorará enquanto vigorar o Convênio ICMS-26/09, de 3 de abril de 2009.

• *Art. 143 acrescido com redação dada pelo Decreto nº 54.403, de 1º.6.2009 – DOE de 2.6.2009 – Efeitos a partir de 27.4.2009.*

**Art. 144. (CARNE)** – A saída interna de carne e demais produtos comestíveis frescos, resfriados, congelados, salgados, secos ou temperados, resultantes do abate de aves, leporídeos e gado bovino, bufalino, caprino, ovino e suíno (Convênio ICMS-89/05, cláusula segunda e art. 112 da Lei nº 6.374/1989).

§ 1º. Não se exigirá o estorno do crédito do imposto correspondente à entrada de gado bovino ou suíno em pé, relacionada à isenção prevista neste artigo.

• *§ 1º, primitivo Parágrafo único, renumerado pelo Decreto nº 57.143, de 18.7.2011 – DOE de 19.7.2011 – Efeitos a partir da publicação.*

§ 2º. O disposto neste artigo também se aplica à saída interna de "*jerked beef*".

• *§ 2º acrescido pelo Decreto nº 57.143, de 18.7.2011 – DOE de 19.7.2011 – Efeitos a partir da publicação.*

• *Art. 144 acrescido pelo Decreto nº 54.643, de 5.8.2009 – DOE de 6.8.2009 – Efeitos para os fatos geradores ocorridos a partir de 1º.9.2009.*

**Art. 145. (PROGRAMA BANDA LARGA POPULAR)** – Prestação de serviço de comunicação a pessoa física na modalidade de disponibilização de meios de acesso à Internet em banda larga (Convênio ICMS 38/09).

• *V. Decreto nº 54.921, de 15.10.2009.*

§ 1º. O benefício previsto neste artigo é condicionado a que o preço mensal do serviço – que inclui os equipamentos necessários, sua manutenção e os demais serviços inerentes à comunicação pela Internet, devidos à prestadora do serviço ou a terceiros, tais como provimento de serviço de conexão à internet ou atendimento ao assinante – seja igual ou inferior a:

1 – R$ 29,80 (vinte e nove reais e oitenta centavos), para os contratos em que a faixa de velocidade máxima de transferência de arquivos eletrônicos entre o prestador do serviço e o computador do tomador do serviço seja de 1000 Kbps (um mil kilobits por segundo) (Convênio ICMS-87/14);

2 – R$ 34,90 (trinta e quatro reais e noventa centavos), para os contratos em que a faixa de velocidade máxima de transferência de arquivos eletrônicos entre o prestador do serviço e o computador do tomador do serviço seja de 1500 Kbps (um mil e quinhentos kilobits por segundo) (Convênio ICMS-87/14);

3 – R$ 39,90 (trinta e nove reais e noventa centavos), para os contratos em que a faixa de velocidade máxima de transferência de arquivos eletrônicos entre o prestador do serviço e o computador do tomador do serviço seja de 2000 Kbps (dois mil kilobits por segundo) (Convênio ICMS 87/14).

• *§ 1º com redação dada pelo Decreto nº 60.835, de 16.10.2014 – DOE de 17.10.2014 – Efeitos a partir de 5.9.2014.*

§ 2º. Não será cobrada taxa de habilitação, exceto nos casos de rescisão do contrato pelo tomador antes do prazo de 12 (doze) meses previsto no § 5º, item 5, alínea "a", deste artigo.

§ 3º. A cobrança dos seguintes valores não impede a aplicação da isenção prevista neste artigo:

1 – intervenção técnica para disponibilização do serviço em até R$ 100,00 (cem reais):

a) no caso de o tomador solicitar nova contratação do serviço no âmbito do Programa Banda Larga Popular em prazo inferior a 12 (doze) meses à primeira contratação rescindida no âmbito desse Programa;

b) no caso de o tomador do serviço ter rescindido contrato de prestação de serviço de acesso à Internet em banda larga, que não esteja no âmbito do Programa Banda Larga Popular, nos últimos 12 (doze) meses;

2 – assistência técnica ou reparo, prestados na residência do tomador do serviço, em decorrência de dano ou uso incorreto do equipamento pelo tomador, em até R$ 50,00 (cinquenta reais).

§ 4º. Nos casos em que, por força de regulamentação, a empresa prestadora do serviço estiver impedida de prestar o provimento de serviço de conexão à internet, o preço da melhor oferta disponível desse serviço no mercado somado ao preço da oferta do serviço de comunicação a que se refere o *caput* deste artigo não poderá exceder os valores indicados no § 1º, conforme a faixa de velocidade máxima envolvida.

• *§ 4º com redação dada pelo Decreto nº 60.835, de 16.10.2014 – DOE de 17.10.2014 – Efeitos a partir de 5.9.2014.*

§ 5º. Relativamente ao serviço prestado:

1 – deverá ser oferecida faixa de velocidade mínima de transferência de arquivos eletrônicos entre o prestador do serviço e o computador do tomador do serviço, tanto no tráfego de descida como no de subida dos arquivos eletrônicos, nos termos e condições estabelecidos pelo órgão regulador setorial;

• *Item 1 com redação dada pelo Decreto nº 60.835, de 16.10.2014 – DOE de 17.10.2014 – Efeitos a partir de 5.9.2014.*

2 – o acesso deverá ser ilimitado, tanto no que se refere à quantidade total de dados transmitidos ou recebidos, bem como quanto ao horário ou tempo de utilização do serviço;

3 – nos casos em que a utilização do serviço pelo tomador ultrapasse o limite mensal para transferência de dados de 10 (dez) gigabytes (Gb), a empresa prestadora do serviço poderá reduzir a velocidade de transferência de arquivos eletrônicos respeitada

a velocidade mínima de 100 Kbps (cem kilobits por segundo) e vedada qualquer cobrança pela utilização excedente;

4 – deverá estar disponível a todos os assinantes da prestadora, salvo nos casos em que haja inviabilidade técnica;

5 – o contrato de prestação de serviço não poderá conter cláusula que preveja:

a) duração mínima do contrato superior a 12 (doze) meses;

b) exigência de contratação de outros serviços prestados pela empresa de comunicação ou de terceiro por ela indicado, exceto na hipótese prevista no § 4º.

§ 6º. O benefício de que trata este artigo aplica-se:

1 – a um único contrato firmado entre a prestadora de serviço e a pessoa física, devidamente identificada por seu número de inscrição no Cadastro de Pessoas Físicas (CPF) da Receita Federal do Brasil;

2 – a um único contrato para cada endereço.

§ 7º. Compete à empresa prestadora do serviço a verificação das limitações previstas neste artigo antes de usufruir do benefício.

§ 8º. O pagamento mensal pela prestação do serviço poderá ser exigido antecipadamente à prestação do serviço.

§ 9º. O prestador do serviço deverá emitir documento fiscal nos termos do Convênio ICMS 115, de 12 de dezembro de 2003, com a inserção da expressão "Banda Larga Popular – Isento de ICMS – Art. 145 do Anexo I do RICMS".

§ 10. Não se exigirá o estorno do crédito do imposto relativo aos serviços beneficiados com a isenção prevista neste artigo.

- *Art. 145 acrescido pelo Decreto nº 54.921, de 15.10.2009 – DOE de 16.10.2009 – Efeitos a partir da publicação.*

**Art. 146. (IMPORTAÇÃO – EQUIPAMENTO MÉDICO-HOSPITALAR)** – Desembaraço aduaneiro decorrente de importação do exterior de equipamento médico hospitalar sem similar produzido no país, promovida por clínica ou hospital que preste serviços médicos e realize exames radiológicos, de diagnóstico por imagem e laboratoriais (Lei nº 6.374/1989, art. 84-B, Convênios ICMS 05/98 e 118/13).

- *Art. 146,* caput, *com redação dada pelo Decreto nº 60.421, de 7.5.2014 – DOE de 8.5.2014 – Efeitos a partir da publicação.*

§ 1º. O benefício previsto neste artigo fica condicionado a que a clínica ou hospital preste serviços de saúde a usuários do Sistema Único de Saúde – SUS, nos termos de disciplina estabelecida pelas Secretarias da Fazenda e da Saúde.

- *§ 1º com redação dada pelo Decreto nº 55.555, de 11.3.2010 – DOE de 12.3.2010 – Efeitos a partir da publicação.*

§ 2º. A inexistência de produto similar produzido no país será atestada por órgão federal competente ou por entidade representativa do setor produtivo de máquinas, aparelhos e equipamentos, com abrangência em todo o território nacional.

- *§ 2º com redação dada pelo Decreto nº 55.555, de 11.3.2010 – DOE de 12.3.2010 – Efeitos a partir da publicação.*

§ 3º. Este benefício vigorará enquanto vigorar o Convênio ICMS-05/98, de 20 de março de 1998.

- *§ 3º acrescido pelo Decreto nº 60.421, de 7.5.2014 – DOE de 8.5.2014 – Efeitos a partir da publicação.*

**Art. 147. (ÓRGÃOS PÚBLICOS – EQUIPAMENTOS DE SEGURANÇA ELETRÔNICA)** – Operação e correspondente prestação de serviço de transporte relativa à aquisição de equipamentos de segurança eletrônica pelo Ministério da Justiça, por meio do Departamento Penitenciário Nacional, inscrito no CNPJ sob número 00.394.494/0008-02, bem como a distribuição desses equipamentos às diversas Unidades Prisionais Brasileiras (Convênio ICMS-43/10).

Parágrafo único. O benefício previsto neste artigo somente se aplica às operações e prestações que, cumulativamente, estejam desoneradas:

1 – do Imposto de Importação (II) ou do Imposto sobre Produtos Industrializados (IPI);

2 – das contribuições para os Programas de Integração Social e de Formação do Patrimônio do Servidor Público (PIS/PASEP) e para o Financiamento da Seguridade Social (COFINS).

- *Art. 147 acrescido pelo Decreto nº 55.790, de 10.5.2010 – DOE de 11.5.2010 – Efeitos a partir de 1º.5.2010.*

**Art. 148. (IMPORTAÇÃO – FORÇAS ARMADAS)** – Operações de importação de peças, partes e equipamentos e seus respectivos acessórios, sem similar produzido no país, realizadas pelas forças armadas, para utilização em suas atividades institucionais (Convênio ICMS-24/10).

Parágrafo único. A comprovação de não similaridade de que trata este artigo será efetuada mediante declaração do órgão interessado.

- *Art. 148 acrescido pelo Decreto nº 55.790, de 10.5.2010 – DOE de 11.5.2010 – Efeitos a partir de 1º.1.2009.*

**Art. 149. (SERVIÇO DE TRANSPORTE – EXPORTAÇÃO)** – Prestação de serviço de transporte interestadual ou intermunicipal de mercadoria destinada à exportação, quando esta for transportada desde o estabelecimento de origem, situado no território paulista, até:

- *Art. 149,* caput, *acrescido pelo Decreto nº 56.335, de 27.10.2010 – DOE de 28.10.2010 – Efeitos a partir da publicação.*

I – o local de embarque para o exterior;

II – o local de destino no exterior;

III – recinto ou armazém alfandegado para posterior remessa ao exterior;

IV – armazém geral ou Recinto Especial para Despacho Aduaneiro de Exportação – REDEX situado neste Estado, para depósito em nome do remetente, observado o disposto no § 3º.

• *Inciso IV acrescido pelo Decreto nº 58.389, de 14.9.2012 – DOE de 15.9.2012, e com redação dada pelo Decreto nº 59.655, de 25.10.2013 – DOE de 26.10.2013 – Efeitos a partir da publicação.*

§ 1º. O disposto neste artigo aplica-se:

1 – nas hipóteses dos incisos I, II e III, somente quando a saída da mercadoria do estabelecimento de origem de que trata o *caput* estiver fora do campo de incidência do imposto, nos termos do inciso V e da alínea "b" do item 1 do § 1º, ambos do art. 7º deste regulamento;

• *Item 1 com redação dada pelo Decreto nº 58.389, de 14.9.2012 – DOE de 15.9.2012 – Efeitos a partir da publicação.*

2 – também quando a prestação que trata o *caput* se tratar de redespacho ou subcontratação, observado o disposto no item 1.

§ 2º. Não se exigirá o estorno do crédito do imposto relativo às prestações beneficiadas com a isenção prevista neste artigo.

§ 3º. Relativamente ao inciso IV, a isenção:

1 – aplica-se apenas na hipótese em que o estabelecimento remetente da mercadoria esteja credenciado perante a Secretaria da Fazenda, nos termos de disciplina por ela estabelecida;

2 – fica condicionada à efetiva exportação da mercadoria no prazo de 180 (cento e oitenta) dias, contados da data da saída da mercadoria do estabelecimento remetente;

3 – não prevalecerá se houver descumprimento do disposto no item 2, hipótese em que se aplicará, ao estabelecimento remetente, a responsabilidade solidária pelo pagamento do imposto nos termos previstos na legislação.

• *§ 3º acrescido pelo Decreto nº 58.389, de 14.9.2012 – DOE de 15.9.2012 – Efeitos a partir da publicação.*

• *Art. 149 acrescido pelo Decreto nº 56.335, de 27.10.2010 – DOE de 28.10.2010 – Efeitos a partir da publicação.*

**Art. 150. (GRIPE A – MEDICAMENTO PARA TRATAMENTO)** – Operações com fosfato de oseltamivir, classificado no código 3003.90.79 ou 3004.90.69 da Nomenclatura Comum de Mercadorias – NCM, vinculadas ao Programa Farmácia Popular do Brasil – Aqui Tem Farmácia Popular e destinadas ao tratamento dos portadores da Gripe A (H1N1) (Convênio ICMS-73/10).

§ 1º. A isenção prevista neste artigo fica condicionada a que:

1 – o medicamento esteja beneficiado com isenção ou alíquota zero dos Impostos de Importação ou sobre Produtos Industrializados;

2 – a parcela relativa à receita bruta decorrente das operações previstas neste artigo esteja desonerada das contribuições para os Programas de Integração Social e de Formação do Patrimônio do Servidor Público (PIS/PASEP) e da Contribuição para o Financiamento da Seguridade Social (COFINS).

§ 2º. Não se exigirá o estorno do crédito do imposto relativo aos produtos beneficiados com a isenção prevista neste artigo.

§ 3º. Este benefício vigorará enquanto vigorar o Convênio ICMS-73/10, de 3 de maio de 2010.

• *Art. 150 acrescido pelo Decreto nº 56.457, de 30.11.2010 – DOE de 1º.12.2010 – Efeitos a partir de 21.5.2010.*

**Art. 151. (LOCOMOTIVA)** – Saída de locomotiva com potência superior a 3.000 (três mil) HP, classificada no código 8602.10.00 da Nomenclatura Comum de Mercadorias – NCM, produzida neste Estado e destinada à prestação de serviço de transporte ferroviário de cargas (Convênio ICMS-36/11).

• *Art. 151,* caput, *acrescido pelo Decreto nº 57.396, de 4.10.2011 – DOE de 5.10.2011 – Efeitos a partir da publicação.*

§ 1º. Não se exigirá o estorno do crédito do imposto relativo à mercadoria beneficiada com a isenção prevista neste artigo.

• *§ 1º acrescido pelo Decreto nº 58.390, de 14.9.2012 – DOE de 15.9.2012 – Efeitos a partir da publicação.*

§ 2º. Este benefício vigorará enquanto vigorar o Convênio ICMS-36/11, de 1º de abril de 2011.

• *§ 2º, acrescido como parágrafo único pelo Decreto nº 58.389, de 14.9.2012 – DOE de 15.9.2012 e renumerado pelo Decreto nº 58.390, de 14.9.2012 – DOE de 15.9.2012 – Efeitos a partir da publicação.*

**Art. 152. (UNIÃO DOS ESCOTEIROS DO BRASIL)** – Saída de mercadoria promovida pela União dos Escoteiros do Brasil com destino aos seus associados, para ser utilizada em atividades relacionadas ao escotismo (Convênio ICMS-142/92).

§ 1º. O disposto neste artigo somente se aplica à mercadoria:

1 – cujo valor unitário for inferior a 12 (doze) Unidades Fiscais do Estado de São Paulo – UFESPs;

2 – que não estiver sujeita ao regime jurídico da substituição tributária.

§ 2º. Este benefício vigorará enquanto vigorar o Convênio ICMS-142/92, de 15 de dezembro de 1992.

• *Art. 152 acrescido pelo Decreto nº 57.403, de 6.10.2011 – DOE de 7.10.2011 – Efeitos a partir da publicação.*

**Art. 153. (FUNDAÇÃO FACULDADE DE MEDICINA)** – Operações, a seguir indicadas, realizadas com medicamentos, aparelhos, máquinas, equipamentos e instrumentos hospitalares, seus acessórios, partes e peças de reposição e materiais de uso e consumo (Convênio ICMS-120/11):

I – desembaraço aduaneiro decorrente de importação do exterior promovida pela Fundação Faculdade de Medicina, inscrita no Cadastro Nacional da Pessoa Jurídica – CNPJ sob o número 56.577.059;

II – saída interna de mercadoria destinada à Fundação Faculdade de Medicina.

§ 1º. O benefício previsto neste artigo aplica-se também:

1 – relativamente à parcela do imposto correspondente ao diferencial de alíquota na aquisição interestadual de mercadoria de que trata o *caput* promovida pela Fundação Faculdade de Medicina;

2 – à saída interna de mercadoria de que trata o *caput* promovida pela Fundação Faculdade de Medicina com destino aos hospitais e institutos de ensino que atuam na prestação e desenvolvimento de assistência integral à saúde, relacionados a seguir:

a) Hospital das Clínicas da Faculdade de Medicina da Universidade de São Paulo;

b) Faculdade de Medicina da Universidade de São Paulo;

c) Instituto do Câncer do Estado de São Paulo;

d) Instituto de Medicina Física e Reabilitação – Rede Lucy Montoro;

e) hospitais públicos da Prefeitura do Município de São Paulo.

§ 2º. A fruição do benefício previsto neste artigo fica condicionado a que:

1 – seja abatido do preço da mercadoria o valor equivalente ao imposto que seria devido se não houvesse a isenção, devendo tal circunstância ser indicada nos documentos fiscais;

2 – não seja constatado, por nenhum dos órgãos fiscalizadores da fundação, desvio de recursos públicos ou de quaisquer finalidades constantes de seu Estatuto Social.

§ 3º. Não se exigirá o estorno do crédito do imposto em relação à mercadoria beneficiada com a isenção de que trata este artigo.

§ 4º. Este benefício vigorará enquanto vigorar o Convênio ICMS-120/11, de 16 de dezembro de 2011.

• *Art. 153 acrescido pelo Decreto nº 57.850, de 9.3.2012 – DOE de 10.3.2012 – Efeitos a partir de 1º.3.2012.*

**Art. 154. (TRATAMENTO DE CÂNCER)** – Operações com medicamentos utilizados no tratamento de câncer, relacionados no Anexo Único do Convênio ICMS-162/94, de 7 de dezembro de 1994 (Convênio ICMS-162/94).

§ 1º. Não se exigirá o estorno do crédito do imposto relativo aos produtos beneficiados com a isenção prevista neste artigo.

§ 1º-A. O valor correspondente à isenção do ICMS deverá ser deduzido do preço do respectivo produto, devendo o contribuinte demonstrar a dedução, expressamente, no documento fiscal (Convênio ICMS-32/14).

• *§ 1º-A acrescido pelo Decreto nº 60.569, de 24.6.2014 – DOE de 25.6.2014 – Efeitos a partir de 1º.6.2014.*

§ 2º. Este benefício vigorará enquanto vigorar o Convênio ICMS-162/94, de 7 de dezembro de 1994.

• *Art. 154 acrescido pelo Decreto nº 57.998, de 24.4.2012 – DOE de 25.4.2012 – Efeitos a partir da publicação.*

**Art. 155. (TRANSPORTE DE PASSAGEIROS – CPTM)** – Prestação de serviço de transporte ferroviário de passageiros realizada pela Companhia Paulista de Trens Metropolitanos – CPTM, desde que o serviço de transporte tenha início e término em território paulista (Convênio ICMS-87/10).

§ 1º. Não se exigirá o estorno do crédito do imposto relativo à prestação de que trata este artigo.

§ 2º. Este benefício vigorará enquanto vigorar o Convênio ICMS-87/10, de 9 de julho de 2010.

• *Art. 155 acrescido pelo Decreto nº 58.002, de 24.4.2012 – DOE de 25.4.2012 – Efeitos a partir da publicação.*

**Art. 156. (OBRA SOCIAL NOSSA SENHORA DA GLÓRIA)** – Saída interna de mercadoria promovida pela entidade assistencial Obra Social Nossa Senhora da Glória – Fazenda da Esperança e suas filiais, com CNPJ base número 48.555.775.

§ 1º. O benefício previsto neste artigo não se aplica às saídas de mercadorias sujeitas ao regime jurídico de substituição tributária.

§ 2º. Não se exigirá o estorno do crédito do imposto relativo às mercadorias beneficiadas com a isenção prevista neste artigo.

§ 3º. Este benefício vigorará enquanto vigorar o Convênio ICMS-24/12, de 30 de março de 2012.

• *Art. 156 acrescido pelo Decreto nº 58.090, de 29.5.2012 – DOE de 30.5.2012 – Efeitos a partir de 26.4.2012.*

**Art. 157. (HEMOBRÁS)** – Operações com fármacos e medicamentos derivados do plasma humano coletado nos hemocentros de todo o país, relacionados no Convênio ICMS-103/11, de 30 de setembro de 2011, realizadas pela Empresa Brasileira de Hemoderivados e Biotecnologia – Hemobrás (Convênio ICMS-103/11).

Parágrafo único. A fruição do benefício previsto neste artigo fica condicionada a que:

1 – os medicamentos estejam beneficiados com isenção ou alíquota zero do Imposto de Importação – II ou do Imposto sobre Produtos Industrializados – IPI;

2 – a parcela relativa à receita bruta decorrente das operações previstas neste artigo esteja desonerada das contribuições para o Programa de integração Social e de Formação do Patrimônio do Servidor Público – PIS/PASEP e para a Contribuição para o Financiamento da Seguridade Social – COFINS.

• *Art. 157 acrescido pelo Decreto nº 58.283, de 8.8.2012 – DOE de 9.8.2012 – Efeitos a partir de 21.10.2011.*

**Art. 158. (TREM, LOCOMOTIVA OU VAGÃO)** – Operação interna ou interestadual realizada com trens, locomotivas ou vagões, destinados às redes de transportes públicos sobre trilhos de passageiros (Convênio ICMS-94/12).

§ 1º. O benefício previsto neste artigo:

1 – aplica-se também relativamente à parcela do imposto correspondente ao diferencial de alíquota na aquisição interestadual de mercadorias de que trata o *caput*;

2 – fica condicionado à comprovação do efetivo emprego das mercadorias nas redes de transportes públicos sobre trilhos de passageiros;

3 – tratando-se de operação de importação:

a) aplica-se somente a trem, locomotiva ou vagão novos;

b) fica condicionado, além do disposto no item 2:

I – à inexistência de produto similar produzido no país, atestada por órgão federal competente ou por entidade representativa do setor produtivo de máquinas, aparelhos e equipamentos, com abrangência em todo território nacional;

II – a que o desembarque e o desembaraço aduaneiro sejam realizados em território paulista.

§ 2º. Não se exigirá o estorno do crédito do imposto em relação à mercadoria beneficiada com a isenção de que trata este artigo.

§ 3º. Este benefício vigorará enquanto vigorar o Convênio ICMS-94/12, de 28 de setembro de 2012.

• *Art. 158 acrescido pelo Decreto nº 58.491, de 26.10.2012 – DOE de 27.10.2012 – Efeitos a partir de 1º.12.2012.*

**Art. 159. (MATÉRIA-PRIMA, MATERIAL SECUNDÁRIO, EMBALAGENS, PARTES, PEÇAS, MÁQUINAS E EQUIPAMENTOS – TRANSPORTE PÚBLICO SOBRE TRILHOS DE PASSAGEIROS)** – Operações internas realizadas com matéria-prima, material secundário, embalagens, partes, peças, máquinas e equipamentos a serem empregados na fabricação, manutenção ou reparação de trens, locomotivas ou vagões destinados às redes de transportes públicos sobre trilhos de passageiros (Convênio ICMS-94/12).

§ 1º. O benefício previsto neste artigo:

1 – aplica-se também relativamente à parcela do imposto correspondente ao diferencial de alíquota na aquisição interestadual de mercadorias de que trata o *caput*;

2 – fica condicionado à comprovação do efetivo emprego das mercadorias na fabricação, manutenção ou reparação de trens, locomotivas ou vagões referidos no *caput*;

3 – tratando-se de operação de importação:

a) aplica-se somente a mercadorias novas;

b) fica condicionado, além do disposto no item 2:

I – à inexistência de produto similar produzido no país, atestada por órgão federal competente ou por entidade representativa do setor produtivo de máquinas, aparelhos e equipamentos, com abrangência em todo território nacional;

II – a que o desembarque e o desembaraço aduaneiro sejam realizados em território paulista.

§ 2º. Não se exigirá o estorno do crédito do imposto em relação à mercadoria beneficiada com a isenção de que trata este artigo.

§ 3º. Este benefício vigorará enquanto vigorar o Convênio ICMS-94/12, de 28 de setembro de 2012.

• *Art. 159 acrescido pelo Decreto nº 58.492, de 26.10.2012 – DOE de 27.10.2012 – Efeitos a partir de 1º.12.2012.*

**Art. 160. (METRÔ – IMPLANTAÇÃO DA LINHA 6)** – Operações internas realizadas com bens e mercadorias destinados à implantação da Linha 6 – Laranja da Companhia do Metropolitano de São Paulo – METRÔ (Convênio ICMS-94/12).

§ 1º. O benefício previsto neste artigo fica condicionado:

1 – à comprovação do efetivo emprego dos bens e mercadorias nas obras referidas no *caput*, conforme disciplina estabelecida pela Secretaria da Fazenda;

2 – ao credenciamento do contribuinte perante a Secretaria da Fazenda, nos termos de disciplina por ela estabelecida.

§ 2º. Tratando-se de operação de importação:

1 – aplica-se somente a bens e mercadorias novos;

2 – fica condicionado, além do disposto no § 1º:

a) à inexistência de produto similar produzido no país, atestada por órgão federal competente ou por entidade representativa do setor produtivo com abrangência em todo território nacional;

b) a que o desembarque e o desembaraço aduaneiro sejam realizados em território paulista.

§ 3º. A inobservância ou o descumprimento de qualquer das condições estabelecidas neste artigo implicará exigência integral do imposto devido, com os acréscimos legais cabíveis desde o vencimento do prazo em que o imposto deveria ter sido pago caso a operação não tivesse sido efetuada com isenção do ICMS.

§ 4º. Não se exigirá o estorno do crédito do imposto em relação à mercadoria beneficiada com a isenção de que trata este artigo.

§ 5º. Este benefício vigorará enquanto vigorar o Convênio ICMS-94/12, de 28 de setembro de 2012.

• *Art. 160 acrescido pelo Decreto nº 58.618, de 28.11.2012 – DOE de 29.11.2012 – Efeitos a partir de 1º.12.2012.*

**Art. 161. (METRÔ – IMPLANTAÇÃO DA LINHA 18)** – Operações internas realizadas com bens e mercadorias destinados à implantação da Linha 18 – Bronze da Companhia do Metropolitano de São Paulo – METRÔ (Convênio ICMS-94/12).

§ 1º. O benefício previsto neste artigo fica condicionado:

1 – à comprovação do efetivo emprego dos bens e mercadorias nas obras referidas no *caput*, conforme disciplina estabelecida pela Secretaria da Fazenda;

2 – ao credenciamento do contribuinte perante a Secretaria da Fazenda, nos termos de disciplina por ela estabelecida.

§ 2º. Tratando-se de operação de importação:

1 – aplica-se somente a bens e mercadorias novos;

2 – fica condicionado, além do disposto no § 1º:

a) à inexistência de produto similar produzido no país, atestada por órgão federal competente ou por entidade representativa do setor produtivo com abrangência em todo território nacional;

b) a que o desembarque e o desembaraço aduaneiro sejam realizados em território paulista.

§ 3º. A inobservância ou o descumprimento de qualquer das condições estabelecidas neste artigo implicará exigência integral do imposto devido, com os acréscimos legais cabíveis desde o vencimento do prazo em que o imposto deveria ter sido pago caso a operação não tivesse sido efetuada com isenção do ICMS.

§ 4º. Não se exigirá o estorno do crédito do imposto em relação à mercadoria beneficiada com a isenção de que trata este artigo.

§ 5º. Este benefício vigorará enquanto vigorar o Convênio ICMS-94/12, de 28 de setembro de 2012.

• *Art. 161 acrescido pelo Decreto nº 58.810, de 27.12.2012 – DOE de 28.12.2012 – Efeitos a partir da publicação.*

**Art. 162. (PARCERIA PÚBLICO-PRIVADA – HOSPITAIS)** – Operações internas realizadas com os produtos a seguir indicados, destinados às sociedades de propósito específico que celebrem, com o Estado de São Paulo, contrato de concessão de parceria público-privada, nos termos previstos na Lei Federal nº 11.079, de 30 de dezembro de 2004, para a construção de hospitais (Convênio ICMS-78/13):

I – bens e mercadorias destinados à construção de hospitais;

II – aparelhos, máquinas e equipamentos médico-hospitalares e instrumentais cirúrgicos, inclusive seus respectivos acessórios e peças, destinados a equipar os hospitais para a prestação de serviços de saúde.

§ 1º. O benefício previsto neste artigo:

1 – aplica-se também às operações internas realizadas com os produtos indicados no inciso II, destinados às sociedades de propósito específico, a título de investimento adicional no decorrer da execução do contrato referido no *caput*.

2 – fica condicionado:

a) à comprovação do efetivo emprego dos produtos nas respectivas finalidades, conforme disciplina estabelecida pela Secretaria da Fazenda;

b) ao cumprimento de normas de controle estabelecidas pela Secretaria da Fazenda, que poderá, dentre outras medidas, exigir o prévio credenciamento das pessoas remetentes ou destinatárias dos produtos objeto do benefício.

§ 2º. Tratando-se de operação de importação:

1 – aplica-se somente a produtos novos;

2 – fica condicionado, além do disposto no item 2 do § 1º:

a) à inexistência de produto similar produzido no país, atestada por órgão federal competente ou por entidade representativa do setor produtivo com abrangência em todo território nacional;

b) a que o desembarque e o desembaraço aduaneiro sejam realizados em território paulista.

§ 3º. A inobservância ou o descumprimento de qualquer das condições estabelecidas neste artigo implicará exigência integral do imposto devido, com os acréscimos legais cabíveis desde o vencimento do prazo em que o imposto deveria ter sido pago caso a operação não tivesse sido efetuada com isenção do ICMS.

§ 4º. Não se exigirá o estorno do crédito do imposto em relação à mercadoria beneficiada com a isenção de que trata este artigo.

§ 5º. Este benefício vigorará enquanto vigorar o Convênio ICMS-78/13, de 26 de julho de 2013.

• *Art. 162 acrescido pelo Decreto nº 59.620, de 18.10.2013 – DOE de 19.10.2013 – Efeitos a partir de 1º.10.2013.*

**Art. 163. (BOLA DE AÇO)** – Saídas realizadas com bolas de aço forjadas e fundidas, classificadas nos códigos 7326.11.00 e 7325.91.00 da Nomenclatura Comum do Mercosul – NCM, promovidas pelo estabelecimento fabricante, com destino a empresas exportadoras de minérios que importam as citadas bolas de aço pelo regime de "drawback" (Convênio ICMS-33-01).

§ 1º. O benefício previsto neste artigo fica condicionado a que o estabelecimento fabricante indique, no documento fiscal relativo à saída beneficiada, o número do contrato ou do pedido de fornecimento das bolas de aço à empresa exportadora, bem como o número do correspondente ato concessório do "drawback".

§ 2º. A inobservância ou descumprimento de qualquer das condições estabelecidas neste artigo implicará exigência integral do imposto devido, com os acréscimos legais cabíveis desde o vencimento do prazo em que o imposto deveria ter sido pago caso a operação não tivesse sido efetuada com isenção do ICMS.

§ 3º. Este benefício vigorará enquanto vigorar o Convênio ICMS-33/01, de 6 de julho de 2001.

• *Art. 163 acrescido pelo Decreto nº 60.059, de 14.1.2014 – DOE de 15.1.2014 – Efeitos a partir da publicação.*

**Art. 164. (Fundação Museu da Imagem e do Som – MIS)** – Operações com as mercadorias constantes no Anexo Único do Convênio ICMS 129/2012, de 17 de dezembro de 2012, nas quantidades nele indicadas, destinadas à Fundação Museu da Imagem e do Som – MIS, CNPJ 08.827.653/0001-50, localizada na cidade do Rio de Janeiro, RJ, realizadas pelas pessoas indicadas na cláusula primeira do referido Convênio. (Convênios ICMS-129/2012 e 30/2014)

§ 1º. O disposto neste artigo somente se aplica na hipótese de as mercadorias se destinarem à renovação e modernização da Fundação Museu da Imagem e do Som – MIS.

§ 2º. Na hipótese de mercadoria importada do exterior, a isenção de que trata o *caput* fica condicionada à comprovação de inexistência de similar produzido no país, atestada por órgão federal competente ou por entidade representativa do setor produtivo da mercadoria ou do bem com abrangência em todo o território nacional.

§ 3º. Deverá ser indicado, no campo "informações complementares" do documento fiscal relativo à operação beneficiada, a expressão: "Operação com a isenção prevista no art. 164 do Anexo I do RICMS".

§ 4º. O contribuinte deverá manter, à disposição do fisco, pelo prazo previsto no art. 202 deste Regulamento, a documentação comprobatória do atendimento das condições estabelecidas neste artigo.

§ 5º. A inobservância ou o descumprimento de qualquer das condições estabelecidas neste artigo implicará exigência integral do imposto devido, com os acréscimos legais cabíveis desde o vencimento do prazo em que o imposto deveria ter sido pago caso a operação não tivesse sido efetuada com isenção do ICMS.

§ 6º. Este benefício vigorará enquanto vigorar o Convênio ICMS-129/2012, de 17 de dezembro de 2012.

• *Art. 164 acrescido pelo Decreto nº 61.086, de 29.1.2015 – DOE de 30.1.2015 – Efeitos a partir da publicação.*

**Art. 165. (MUDAS DE SERINGUEIRA)** – Operações de saída de até quatrocentas mil mudas de seringueira destinadas ao Plano de Apoio ao Plantio de Seringueiros nas Regiões Norte e Noroeste do Paraná desenvolvido pela Secretaria da Agricultura e Abastecimento do Estado do Paraná (Convênio ICMS-91/14).

§ 1º. O benefício de que trata o *caput* fica condicionado a que haja isenção do ICMS correspondente ao diferencial de alíquota nas aquisições das mudas pelos contribuintes no Estado do Paraná.

§ 2º. Deverá ser indicado, no campo "informações complementares" do documento fiscal relativo à operação beneficiada, a expressão: "Operação com a isenção prevista no art. 165 do Anexo I do RICMS".

§ 3º. A inobservância ou o descumprimento de qualquer das condições estabelecidas neste artigo implicará exigência integral do imposto devido, com os acréscimos legais cabíveis desde o vencimento do prazo em que o imposto deveria ter sido pago caso a operação não tivesse sido efetuada com isenção do ICMS.

• *Art. 165 acrescido pelo Decreto nº 61.088, de 29.1.2015 – DOE de 30.1.2015 – Efeitos a partir da publicação.*

# ANEXO II – REDUÇÕES DE BASE DE CÁLCULO

**(Relação a que se refere o art. 51 deste Regulamento)**

**Art. 1º. (AERONAVES, PARTES E PEÇAS)** – Fica reduzida a base de cálculo do imposto incidente em operação interna ou interestadual com os produtos a seguir indicados de forma que a carga tributária resulte no percentual de 4% (quatro por cento) (Convênios ICMS-75/91, com alteração do Convênio ICMS-32/99, e ICMS-5/99, cláusula primeira, IV, 9):

- *V. Decreto nº 45.644, de 26.1.2001, art. 5º. Convalida procedimentos adotados, até 15.12.2000, pelas empresas relacionadas na Portaria Interministerial nº 206/1998.*
- *V. Decreto nº 45.824, de 25.5.2001, art. 6º – Convalida procedimentos adotados até 24 de janeiro de 2001 pelas empresas relacionadas na Portaria Interministerial nº 206 1998, de 13.8.1998, no tocante à redução da base de cálculo prevista no art. 1º do Anexo II do RICMS 2000, nos termos do Convênio ICMS-75 1991, de 5 de dezembro de 1991, sem a alteração introduzida no § 2º da cláusula primeira pelo Convênio ICMS-32 1999, de 23 de julho de 1999.*

I – avião:

a) monomotor, com qualquer tipo de motor, de peso bruto até 1.000 kg;

b) monomotor, com qualquer tipo de motor, de peso bruto acima de 1.000 kg;

c) monomotor ou bimotor, de uso exclusivamente agrícola, independentemente de peso, com qualquer tipo de motor ou propulsão;

d) multimotor, com motor de combustão interna, de peso bruto até 3.000 kg;

e) multimotor, com motor de combustão interna, de peso bruto de mais de 3.000 kg e até 6.000 kg;

f) multimotor, com motor de combustão interna, de peso bruto acima de 6.000 kg;

g) turboélice, monomotor ou multimotor, com peso bruto até 8.000 kg;

h) turboélice, monomotor ou multimotor, com peso bruto acima de 8.000 kg;

i) turbojato com peso bruto até 15.000 kg;

j) turbojato com peso bruto acima de 15.000 kg;

II – helicóptero;

III – planador ou motoplanador, com qualquer peso bruto;

IV – paraquedas giratório;

V – outras aeronaves;

VI – simulador de voo;

VII – paraquedas e suas partes, peças e acessórios;

- *Inciso VII com redação dada pelo Decreto nº 59.244, de 28.5.2013 – DOE de 29.5.2013 – Efeitos a partir de 1º.6.2012.*

VIII – catapulta ou outro engenho de lançamento semelhante e suas partes e peças separadas;

- *Inciso VIII com redação dada pelo Decreto nº 59.244, de 28.5.2013 – DOE de 29.5.2013 – Efeitos a partir de 1º.6.2012.*

IX – avião militar:

a) monomotor ou multimotor de treinamento militar com qualquer peso bruto e qualquer tipo de motor;

b) monomotor ou multimotor de combate com qualquer peso bruto, motor turboélice ou turbojato;

c) monomotor ou multimotor de sensoriamento, vigilância ou patrulhamento, inteligência eletrônica ou calibração de auxílios à navegação aérea, com qualquer peso bruto e qualquer tipo de motor;

d) monomotor ou multimotor de transporte cargueiro ou de uso geral com qualquer peso bruto e qualquer tipo de motor;

X – helicóptero militar monomotor ou multimotor, com qualquer peso bruto e qualquer tipo de motor;

XI – partes, peças, matérias-primas, acessórios ou componentes separados dos produtos de que tratam os incisos I, II, III, IV, V, VI, IX, X e XIII;

- *Inciso XI com redação dada pelo Decreto nº 59.244, de 28.5.2013 – DOE de 29.5.2013 – Efeitos a partir de 1º.6.2012.*

XII – partes, peças, matérias-primas, acessórios ou componentes separados para fabricação dos produtos de que tratam os incisos I, II, III, IV, V, VI, IX, X, XI e XIII, na importação por empresas nacionais da indústria aeronáutica e seus fornecedores nacionais;

- *Inciso XII com redação dada pelo Decreto nº 59.244, de 28.5.2013 – DOE de 29.5.2013 – Efeitos a partir de 1º.6.2012.*

XIII – equipamentos, gabaritos, ferramental ou materiais de uso ou consumo empregados na fabricação de aeronaves e simuladores.

§ 1º. O disposto nos incisos XI e XIII aplicar-se-á à operação efetuada pelo contribuinte a que se refere o parágrafo seguinte e seus revendedores, desde que o produto se destine a:

1 – empresa nacional da indústria aeronáutica e seus fornecedores nacionais, ou estabelecimento da rede de comercialização de produtos aeronáuticos;

- *Item 1 com redação dada pelo Decreto nº 59.244, de 28.5.2013 – DOE de 29.5.2013 – Efeitos a partir de 1º.6.2012.*

2 – empresa de transporte ou de serviço aéreo ou aeroclube, com registro no Departamento de Aviação Civil;

3 – oficina reparadora ou de conserto e manutenção de aeronave, homologada pelo Ministério da Aeronáutica;

4 – proprietários ou arrendatários de aeronaves identificados como tais pela anotação da respectiva matrícula e prefixo no documento fiscal (Convênio ICMS-75/91, cláusula primeira, § 1º, item 4, na redação do Convênio ICMS-25/09).

• *Item 4 com redação dada pelo Decreto nº 54.403, de 1º.6.2009 – DOE de 2.6.2009 – Efeitos a partir de 27.4.2009.*

§ 2º. O benefício previsto neste artigo será aplicado exclusivamente às empresas nacionais da indústria aeronáutica e seus fornecedores nacionais, às da rede de comercialização, inclusive as oficinas reparadoras ou de conserto de aeronaves e às importadoras de material aeronáutico, relacionadas em ato do Comando da Aeronáutica do Ministério da Defesa no qual deverão ser indicados, obrigatoriamente:

• *§ 2º,* caput, *com redação dada pelo Decreto nº 59.244, de 28.5.2013 – DOE de 29.5.2013 – Efeitos a partir de 1º.6.2012.*

1 – em relação a todas as empresas, o endereço completo e os números de inscrição no Cadastro Nacional de Pessoa Jurídica – CNPJ e no cadastro de contribuinte das unidades federadas;

2 – em relação às empresas nacionais da indústria aeronáutica, às da rede de comercialização e às importadoras, os produtos que cada uma delas está autorizada a fornecer em operações alcançadas pelo benefício fiscal;

3 – em relação às oficinas reparadoras ou de conserto de aeronaves, a indicação expressa do tipo de serviço que estão autorizadas a executar.

• *§ 2º com redação dada pelo Decreto nº 48.475, de 28.1.2004 – DOE de 29.1.2004 – Efeitos a partir de 6.1.2004.*

§ 3º. Não se exigirá o estorno proporcional do crédito do imposto relativo às mercadorias beneficiadas com a redução de base de cálculo prevista neste artigo.

• *§ 3º acrescido pelo Decreto nº 50.436, de 28.12.2005 – DOE de 29.12.2005 – Efeitos a partir da publicação.*

**Art. 2º. (BEFIEX)** – Fica reduzida a base de cálculo nas operações a seguir indicadas realizadas com máquina, equipamento, aparelho, instrumento ou material, seus respectivos acessórios, sobressalentes ou ferramentas, destinados à integração no ativo imobilizado de empresa industrial, para uso exclusivo na sua atividade produtiva, desde que na importação de tais produtos haja redução do Imposto de Importação (Convênio ICMS-130/94, com alteração dos Convênios ICMS-23/95 e ICMS-130/98):

I – recebimento, pelo importador, em decorrência de importação do exterior;

II – saída interna ou interestadual.

§ 1º. A redução prevista neste artigo será aplicada:

1 – caso estejam as operações amparadas por Programa Especial de Exportação (BEFIEX) aprovado até 31 de dezembro de 1989;

2 – proporcionalmente à redução do Imposto de Importação referida no *caput*.

§ 2º. Na hipótese do inciso II, o fornecedor deverá manter comprovação de que o adquirente atende a condição prevista no item 1 do parágrafo anterior.

§ 3º. Não se exigirá o estorno proporcional do crédito do imposto relativo às mercadorias beneficiadas com a redução de base de cálculo prevista neste artigo.

• *§ 3º acrescido pelo Decreto nº 50.436, de 28.12.2005 – DOE de 29.12.2005 – Efeitos a partir da publicação.*

**Art. 3º. (CESTA BÁSICA)** – Fica reduzida a base de cálculo do imposto incidente nas operações internas com os produtos a seguir indicados, de forma que a carga tributária resulte no percentual de 7% (sete por cento) (Convênio ICMS-128/94, cláusula primeira):

I – (revogado);

• *Inciso I revogado pelo Decreto nº 54.643, de 5.8.2009 – DOE de 6.8.2009 – Efeitos a partir de 1º.9.2009.*

II – leite em pó;

• *Inciso II com redação dada pelo Decreto nº 56.855, de 18.3.2011 – DOE de 19.3.2011 – Efeitos para os fatos geradores ocorridos a partir de 1º.4.2011.*

III – café torrado, em grão, moído e o descafeinado, classificado na subposição 0901.2 da Nomenclatura Brasileira de Mercadorias – Sistema Harmonizado – NBM/SH;

IV – óleos vegetais comestíveis refinados, semirrefinados, em bruto ou degomados, exceto o de oliva, e a embalagem destinada a seu acondicionamento;

V – açúcar cristal ou refinado classificado nos códigos 1701.11.00 e 1701.99.00 da Nomenclatura Brasileira de Mercadorias – Sistema Harmonizado – NBM/SH;

VI – alho;

VII – farinha de milho, fubá, inclusive o pré-cozido;

VIII – pescados, exceto crustáceos e moluscos, em estado natural, resfriados, congelados, salgados, secos, eviscerados, filetados, postejados ou defumados para conservação, desde que não enlatados ou cozidos;

IX – manteiga, margarina e creme vegetal;

• *Inciso IX com redação dada pelo Decreto nº 53.631, de 30.10.2008 – DOE de 31.10.2008 – Efeitos para os fatos geradores ocorridos a partir de 1º.1.2009.*

X – apresuntado;

XI – maçã e pêra;

XII – ovo de codorna seco, cozido, congelado ou conservado de outro modo;

XIII – (revogado):

• *Inciso XIII revogado pelo Decreto nº 50.456, de 29.12.2005 – DOE de 30.12.2005 – Efeitos a partir de 1º.1.2006.*

XIV – pão de forma, pão de especiarias, sem adição de frutas e chocolate e nem recobertos, e pão tipo bisnaga, classificados, respectivamente, nos códigos 1905.90.10, 1905.20.90 e 1905.90.90 da Nomenclatura Brasileira de Mercadorias – Sistema Harmonizado – NBM/SH;

- *Inciso XIV com efeitos a partir de 1º.10.2005.*

XV – (revogado);

- *Inciso XV revogado pelo Decreto nº 56.855, de 18.3.2011 – DOE de 19.3.2011 – Efeitos para os fatos geradores ocorridos a partir de 1º.4.2011.*

XVI – trigo em grão, exceto para semeadura, classificado na posição 1001.00 da Nomenclatura Brasileira de Mercadorias – Sistema Harmonizado – NBM/SH (§ 6º do art. 5º da Lei nº 6.374/1989, na redação da Lei nº 12.790/2007);

- *Inciso XVI acrescido pelo Decreto nº 52.585, de 28.12.2007 – DOE de 29.12.2007 – Efeitos para os fatos geradores que ocorrerem a partir de 28.12.2007.*

XVII – farinha de trigo classificada na posição 1101.00 da Nomenclatura Brasileira de Mercadorias – Sistema Harmonizado – NBM/SH (§ 6º do art. 5º da Lei nº 6.374/1989, na redação da Lei nº 12.790/2007);

- *Inciso XVII acrescido pelo Decreto nº 52.585, de 28.12.2007 – DOE de 29.12.2007 – Efeitos para os fatos geradores que ocorrerem a partir de 28.12.2007.*

XVIII – mistura pré-preparada de farinha de trigo para panificação, que contenha no mínimo 95% de farinha de trigo, classificada no código 1901.20 da Nomenclatura Brasileira de Mercadorias – Sistema Harmonizado – NBM/SH (§ 6º do art. 5º da Lei nº 6.374/1989, na redação da Lei nº 12.790/2007);

- *Inciso XVIII acrescido pelo Decreto nº 52.585, de 28.12.2007 – DOE de 29.12.2007 – Efeitos para os fatos geradores que ocorrerem a partir de 28.12.2007.*

XIX – massas alimentícias não cozidas, nem recheadas ou preparadas de outro modo, desde que classificadas na posição 1902.11 ou 1902.19 da Nomenclatura Brasileira de Mercadorias – Sistema Harmonizado – NBM/SH (§ 6º do art. 5º da Lei nº 6.374/1989, na redação da Lei nº 12.790/2007);

- *Inciso XIX acrescido pelo Decreto nº 52.585, de 28.12.2007 – DOE de 29.12.2007 – Efeitos para os fatos geradores que ocorrerem a partir de 28.12.2007.*

XX – biscoitos e bolachas derivados do trigo, dos tipos "cream cracker", "água e sal", "maisena", "maria" e outros de consumo popular, classificados na posição 1905.31 da Nomenclatura Brasileira de Mercadorias – Sistema Harmonizado – NBM/SH, desde que não sejam adicionados de cacau, recheados, cobertos ou amanteigados, independentemente de sua denominação comercial (§ 6º do art. 5º da Lei nº 6.374/1989, na redação da Lei nº 12.790/2007);

- *Inciso XX acrescido pelo Decreto nº 52.585, de 28.12.2007 – DOE de 29.12.2007 – Efeitos para os fatos geradores que ocorrerem a partir de 28.12.2007.*

XXI – pão francês ou de sal, assim entendido aquele de consumo popular, obtido pela cocção de massa preparada com farinha de trigo, fermento biológico, água e sal, que não contenham ingrediente que venha a modificar o seu tipo, característica ou classificação e que sejam produzidos com o peso de até 1000 gramas, desde que classificado na posição 1905.90 da Nomenclatura Brasileira de Mercadorias – Sistema Harmonizado – NBM/SH (§ 5º do art. 5º da Lei nº 6.374/1989, na redação da Lei nº 12.785/2007);

- *Inciso XXI acrescido pelo Decreto nº 52.585, de 28.12.2007 – DOE de 29.12.2007 – Efeitos para os fatos geradores que ocorrerem a partir de 28.12.2007.*

XXII – arroz, farinha de mandioca, feijão, charque e sal de cozinha (§ 5º do art. 5º da Lei nº 6.374/1989, na redação da Lei nº 12.785/2007);

- *Inciso XXII acrescido pelo Decreto nº 52.743, de 22.2.2008 – DOE de 23.2.2008 – Efeitos a partir da publicação.*

XXIII – linguiça, mortadela, salsicha, sardinha enlatada e vinagre (§ 5º do art. 5º da Lei nº 6.374/1989, na redação da Lei nº 12.785/2007);

- *Inciso XXIII acrescido pelo Decreto nº 52.743, de 22.2.2008 – DOE de 23.2.2008 – Efeitos a partir da publicação.*

XXIV – medicamentos com ação terapêutica e respectivos princípios ativos indicados a seguir:

a) Analgésico Antitérmico: Paracetamol;

b) Analgésico Opióide: Tramadol;

c) Antiasmático: Montelucaste de sódio;

d) Antibacteriano: Amoxicilina + Clavulanato;

e) Anticontraceptivo: Levonorgestrel isolado ou em associação;

f) Anticonvulsivantes: Carbamazepina;

g) Anti-inflamatório: Ibuprofeno;

h) Tratamento da Artrose: Sulfato de glicosamina/condroitina;

- *Inciso XXIV e alíneas acrescidos pelo Decreto nº 60.630, de 3.7.2014 – DOE de 4.7.2014 – Efeitos a partir da publicação.*

XXV – água mineral em embalagens retornáveis de 10 ou 20 litros.

- *Inciso XXV acrescido pelo Decreto nº 61.103, de 2.2.2015 – DOE de 3.2.2015 – Efeitos a partir da publicação.*

§ 1º. O benefício previsto neste artigo fica condicionado a que:

1 – a entrada e a saída sejam comprovadas mediante emissão de documento fiscal próprio;

2 – as operações, tanto a de aquisição como a de saída, sejam regularmente escrituradas.

§ 2º. Não se exigirá o estorno do crédito do imposto relativo à entrada de mercadoria, bem como à correspondente prestação de serviço de transporte, quando destinar-se a integração ou consumo em processo de industrialização das mercadorias indicadas nos incisos I a XV, XXII e seguintes.

- *§ 2º com redação dada pelo Decreto nº 60.630, de 3.7.2014 – DOE de 4.7.2014 – Efeitos a partir da publicação.*

§ 2º-A. O disposto no § 2º aplica-se também quando se tratar de beneficiamento de arroz.

- *§ 2º-A acrescido pelo Decreto nº 60.003, de 20.12.2013 – DOE de 21.12.2013 – Efeitos a partir da publicação.*
- *Redação dada aos demais tópicos do art. 3º pelo Decreto nº 50.071, de 30.9.2005 – DOE de 1º.10.2005 – Efeitos a partir de 1º.1.2006 – Exceto incisos XIV e XV, o § 1º, com efeitos a partir de 1º.10.2005.*

§ 3º. (Revogado).

- *§ 3º acrescido pelo Decreto nº 52.585, de 28.12.2007 – DOE de 29.12.2007 – e revogado pelo Decreto nº 52.743, de 22.2.2008 – DOE de 23.2.2008 – Efeitos a partir da publicação.*

**Art. 4º. (DIAMANTES E ESMERALDAS)** – Fica reduzida em 91,67% (noventa e um inteiros e sessenta e sete centésimos por cento) a base de cálculo do imposto incidente nas operações internas realizadas com diamantes e esmeraldas classificados na posição ou códigos 7102, 7103.10.0205 e 7103.91.0300 da Nomenclatura Brasileira de Mercadorias – Sistema Harmonizado – NBM/SH vigente em 31 de dezembro de 1996 (Convênios ICMS-155/92 e ICMS-5/99, cláusula primeira, IV, 16).

Parágrafo único. Este benefício vigorará até 31 de dezembro de 2001 (Convênio ICMS-51/01, cláusula primeira, II, "a").

- *Parágrafo único com redação dada pelo Decreto nº 46.027 de 22.8.2001 – DOE de 23.8.2001 – Efeitos a partir de 1º.8.2001.*

**Art. 5º. (EMPRESA JORNALÍSTICA/EDITORA DE LIVROS/EMPRESA DE RADIODIFUSÃO – IMPORTAÇÃO)** – Fica reduzida, de um dos percentuais a seguir indicados, a base de cálculo do imposto incidente no desembaraço aduaneiro em importação do exterior de máquina, equipamento, aparelho, instrumento, suas respectivas partes, peças e acessórios, todos sem similar produzidos no país, efetuada por empresa jornalística ou editora de livros destinados a emprego exclusivo no processo de industrialização de livro, jornal ou periódico, ou efetuada por empresa de radiodifusão, para emprego exclusivo na geração, emissão, recepção, transmissão, retransmissão, repetição ou ampliação de sinais de comunicação (Convênio ICMS – 58/00):

I – 100% (cem por cento) até 31 de dezembro de 2000;

II – 80% (oitenta por cento), de 1º de janeiro a 31 de dezembro de 2001;

III – 60% (sessenta por cento), de 1º de janeiro a 31 de dezembro de 2002.

§ 1º. O benefício somente alcança a empresa cuja atividade preponderante seja a prestação de serviço de radiodifusão ou a industrialização de livro, jornal ou periódico.

§ 2º. A inexistência de produto similar produzido no país será atestada por órgão federal competente ou por entidade representativa do setor produtivo de máquinas, aparelhos e equipamentos, com abrangência em todo o território nacional.

§ 3º. Na hipótese de a empresa referida neste artigo apresentar receita bruta anual igual ou inferior a R$ 3.600.000,00 (três milhões e seiscentos mil reais), a redução da base de cálculo prevista nos incisos II e III será de 100% (cem por cento).

§ 4º. Para os fins do disposto no parágrafo anterior:

1 – entende-se por receita bruta o produto da venda de bens e de serviços nas operações de conta própria, o preço dos serviços prestados e o resultado nas operações em conta alheia, não incluídas as vendas canceladas e os descontos incondicionais concedidos;

2 – a receita bruta considerada será a auferida pelo conjunto dos estabelecimentos da empresa situados em território paulista, no exercício imediatamente anterior, calculada proporcionalmente, em caso de início de atividade no próprio exercício.

**Art. 6º. (EQUINO PURO-SANGUE)** – Nas operações internas com equino puro-sangue, exceto puro-sangue inglês-PSI, fica reduzida a base de cálculo do imposto em 51,11% (cinquenta e um inteiros e onze centésimos por cento) (Convênio ICMS-50/92).

**Art. 7º. (FLOTIGAM EDA-B)** – Na saída interestadual do produto FLOTIGAM EDA-B, classificado no código 2924.29.9900 da Nomenclatura Brasileira de Mercadorias – Sistema Harmonizado – NBM/SH vigente em 31 de dezembro de 1996, fica reduzida a base de cálculo do imposto em 78% (setenta e oito por cento) (Convênio ICMS-64/94).

Parágrafo único. Não se exigirá o estorno proporcional do crédito do imposto relativo às mercadorias beneficiadas com a redução de base de cálculo prevista neste artigo.

- *Parágrafo único acrescido pelo Decreto nº 50.436, de 28.12.2005 – DOE de 29.12.2005 – Efeitos a partir da publicação.*

**Art. 8º. (GÁS LIQUEFEITO DE PETRÓLEO E GÁS NATURAL)** – Fica reduzida a base de cálculo do imposto incidente na saída interna de gás liquefeito de petróleo e de gás natural de tal forma que a carga tributária resulte no percentual de 12% (doze por cento) (Convênios ICMS-112/89, ICMS-18/92, ICMS-124/93, cláusula primeira, V, 8, e ICMS-151/94, cláusula primeira, VI, "s").

Parágrafo único. Não se exigirá o estorno proporcional do crédito do imposto relativo às mercadorias beneficiadas com a redução de base de cálculo prevista neste artigo.

- *Parágrafo único acrescido pelo Decreto nº 50.436, de 28.12.2005 – DOE de 29.12.2005 – Efeitos a partir da publicação.*

**Art. 9º. (INSUMOS AGROPECUÁRIOS)** – Fica reduzida em 60% (sessenta por cento) a base de cálculo do imposto incidente nas saídas interestaduais com insumos agropecuários adiante indicados (Convênios ICMS-100/97, cláusulas primeira, quinta e sétima, ICMS-5/99, cláusula primeira, IV, 29, ICMS-97/99 e ICMS-8/00).

I – inseticida, fungicida, formicida, herbicida, parasiticida, germicida, acaricida, nematicida, raticida, desfolhante, dessecante, espalhante, adesivo, estimulador ou inibidor de crescimento (regulador), vacina, soro ou medicamento, com destinação exclusiva a uso na agricultura, pecuária, apicultura, aquicultura, avicultura, cunicultura, ranicultura ou sericicultura, inclusive inoculante (Convênio ICMS-100/97, cláusula primeira, I, na redação do Convênio ICMS-99/04, cláusula primeira);

- *Inciso I com redação dada pelo Decreto nº 49.203, de 1º.12.2004 – DOE de 2.12.2004 – Efeitos a partir de 19.10.2004.*

II – ácido nítrico, ácido sulfúrico, ácido fosfórico, fosfato natural bruto ou enxofre saído de estabelecimento extrator, fabricante ou importador para:

a) estabelecimento industrializador de adubo, simples ou composto, fertilizante ou fosfato bi-cálcio destinado à alimentação animal;

b) estabelecimento rural dedicado à agropecuária, nesta compreendidas a pecuária, a apicultura, a aquicultura, a avicultura, a cunicultura, a ranicultura e a sericicultura;

c) qualquer estabelecimento com fins exclusivamente de armazenagem, e respectivo retorno, real ou simbólico;

d) outro estabelecimento do mesmo titular;

III – com os produtos referidos no inciso anterior, em qualquer saída interestadual promovida entre os estabelecimentos ali mencionados;

IV – ração animal, concentrado, suplemento, aditivo, *premix* ou núcleo, fabricados por indústria devidamente registrada no Ministério da Agricultura, Pecuária e Abastecimento – MAPA, observado o disposto no § 1º, desde que o produto (Convênio ICMS-100/97, cláusula primeira, III, *caput*, na redação do Convênio ICMS-93/06, cláusula primeira):

a) esteja registrado no órgão competente do Ministério da Agricultura, Pecuária e Abastecimento, quando assim exigido, hipótese em que o número do registro deverá estar indicado no documento fiscal (Convênio ICMS- 17/11, cláusula primeira);

- *Alínea "a" com redação dada pelo Decreto nº 57.029, de 31.5.2011 – DOE de 1º.6.2011 – Efeitos a partir da publicação.*

b) contenha rótulo ou etiqueta de identificação;

c) tenha destinação exclusiva a uso na pecuária, apicultura, aquicultura, avicultura, cunicultura, ranicultura ou sericicultura;

- *Inciso IV com redação dada pelo Decreto nº 51.300, de 23.11.2006 – DOE de 24.11.2006 – Efeitos a partir de 1º.8.2006.*
- *V. art. 3º do Decreto nº 57.029, de 31.5.2011.*

V – para uso exclusivo na agricultura: (Convênio ICMS-100/97, cláusula primeira, IV e XII, este último acrescentado pelo Convênio ICMS-25/03):

a) calcário ou gesso, como corretivo ou recuperador do solo;

b) casca de coco triturada;

- *Inciso V com redação dada pelo Decreto nº 47.858 de 3.6.2003 – DOE de 4.6.2003 – Efeitos a partir de 1º.5.2003.*

c) vermiculita para uso como condicionador e ativador de solo (Convênio ICMS 100/97, cláusula primeira, XIII, acrescentado pelo Convênio ICMS 93/03);

- *Alínea "c" acrescida pelo Decreto nº 48.294, de 2.12.2003 – DOE de 3.12.2003 – Efeitos a partir de 3.11.2003.*

VI – semente genética, semente básica, semente certificada de primeira geração – C1, semente certificada de segunda geração – C2, semente não certificada de primeira geração – S1 e semente não certificada de segunda geração – S2, destinadas à semeadura, observado o disposto no § 2º, desde que (Convênio ICMS-100/97, cláusula primeira, V, na redação do Convênio ICMS-16/05, cláusula primeira, I):

a) a semente seja certificada ou fiscalizada de acordo com as normas expedidas pelos órgãos competentes do Ministério da Agricultura, Pecuária e Abastecimento e da Secretaria da Agricultura;

b) as operações sejam realizadas por contribuintes registrados na Secretaria da Agricultura para o exercício da atividade de produção ou comercialização de sementes;

c) sejam observadas as disposições das legislações pertinentes;

- *Inciso VI com redação dada pelo Decreto nº 49.709, de 23.6.2005 – DOE de 24.6.2005 – Efeitos a partir de 25.4.2005.*

VII – alho em pó, sorgo, milheto, sal mineralizado, farinhas de peixe, de ostra, de carne, de osso, de pena, de sangue e de víscera, calcário calcítico, caroço de algodão, farelos e tortas de algodão, de babaçu, de cacau, de amendoim, de linhaça, de mamona, de milho e de trigo, farelos de arroz, de girassol, de glúten de milho, de gérmen de milho desengordurado, de quirera de milho, de casca e de semente de uva e de polpa cítrica, glúten de milho, silagens de forrageiras e de produtos vegetais, feno, óleos de aves, e outros resíduos industriais, desde que se destinem quaisquer desses produtos à alimentação animal ou ao emprego na composição ou fabricação de ração animal, em qualquer caso com destinação exclusiva ao uso na pecuária, apicultura, aquicultura, avicultura, cunicultura, ranicultura ou sericicultura (Convênio ICMS-123/11, cláusula primeira, I);

• *Inciso VII com redação dada pelo Decreto nº 58.283, de 8.8.2012 – DOE de 9.8.2012 – Efeitos a partir de 9.1.2012.*

VIII – esterco animal;

IX – muda de planta;

X – sêmen, congelado ou resfriado, e embrião, exceto quanto à operação interestadual com sêmen e embrião de bovinos, de ovinos ou de caprinos, hipótese em que se aplica a isenção indicada no art. 28 do Anexo I;

• *Inciso X com redação dada pelo Decreto nº 46.295, de 23.11.2001 – DOE de 24.11.2001 – Efeitos a partir de 22.10.2001.*

XI – enzimas preparadas para decomposição de matéria orgânica animal, classificadas no item 3507.90.4 da Nomenclatura Brasileira de Mercadorias – Sistema Harmonizado – NBM/SH;

XII – girino, alevino, ovo fértil e aves de um dia, exceto as ornamentais (Convênio ICMS-100/97, cláusula primeira, IX, na redação do Convênio ICMS-89/01, cláusula primeira, I);

• *Inciso XII acrescido pelo Decreto nº 46.295, de 23.11.2001 – DOE de 24.11.2001 – Efeitos a partir de 22.10.2001.*

XIII – gipsita britada destinada ao uso na agropecuária ou à fabricação de sal mineralizado (Convênio ICMS-100/97, cláusula primeira, XI, na redação do Convênio ICMS-106/02);

• *Inciso XIII acrescido pelo Decreto nº 47.278, de 29.10.2002 – DOE de 30.10.2002 – Efeitos a partir de 14.10.2002.*

XIV – extrato pirolenhoso decantado, piro alho, silício líquido piro alho e bio bire plus, para uso na agropecuária (Convênio ICMS-100/97, cláusula primeira, na redação do Convênio ICMS-156/08);

• *Inciso XIV acrescido pelo Decreto nº 54.009, de 12.2.2009 – DOE de 13.2.2009 – Efeitos a partir de 1º.1.2009.*

XV – óleo, extrato seco e torta de Nim (Azadirachta indica A. Juss) (Convênio ICMS-55/09, cláusula segunda);

• *Inciso XV acrescido pelo Decreto nº 54.679, de 13.8.2009 – DOE de 14.8.2009 – Efeitos a partir de 1º.8.2009.*

XVI – condicionadores de solo e substratos para plantas, desde que os produtos estejam registrados no órgão competente do Ministério da Agricultura, Pecuária e Abastecimento e que o número do registro seja indicado no documento fiscal (Convênio ICMS-195/10).

• *Inciso XVI acrescido pelo Decreto nº 56.804, de 3.3.2011 – DOE de 4.3.2011 – Efeitos a partir de 1º.3.2011.*

XVII – torta de filtro e bagaço de cana, cascas e serragem de pinus e eucalipto, turfa, torta de oleaginosas, resíduo da indústria de celulose (dregs e grits), ossos de bovino autoclavado, borra de carnaúba, cinzas, resíduos agroindustriais orgânicos, destinados para uso exclusivo como matéria prima na fabricação de insumos para a agricultura (Convênio ICMS-49/11).

• *Inciso XVII acrescido pelo Decreto nº 57.684, de 27.12.2011 – DOE de 28.12.2011 – Efeitos a partir de 1º.10.2011.*

§ 1º. Relativamente ao disposto no inciso IV:

1 – entende-se por:

a) RAÇÃO ANIMAL, qualquer mistura de ingredientes capaz de suprir as necessidades nutritivas para manutenção, desenvolvimento e produtividade dos animais a que se destinam;

b) CONCENTRADO, a mistura de ingredientes que, adicionada a um ou mais alimentos em proporção adequada e devidamente especificada pelo seu fabricante, constitua uma ração animal;

c) SUPLEMENTO, o ingrediente ou a mistura de ingredientes capaz de suprir a ração ou concentrado, em vitaminas, aminoácidos ou minerais, permitida a inclusão de aditivos (Convênio ICMS-100/97, cláusula primeira, § 2º, III, com alteração do Convênio ICMS-20/02);

• *Alínea "c" com redação dada pelo Decreto nº 46.778 de 21.5.2002 – DOE de 22.5.2002 – Efeitos a partir de 9.4.2002.*

d) ADITIVO, substâncias e misturas de substâncias ou micro-organismos adicionados intencionalmente aos alimentos para os animais que tenham ou não valor nutritivo, e que afetem ou melhorem as características dos alimentos ou dos produtos destinados à alimentação dos animais (Convênio ICMS-100/97, cláusula primeira, § 2º, com alteração do Convênio ICMS-54/06, cláusula segunda);

• *Alínea "d" acrescida pelo Decreto nº 51.092, de 5.9.2006 – DOE de 6.9.2006 – Efeitos a partir de 1º.8.2006.*

e) PREMIX ou NÚCLEO, mistura de aditivos para produtos destinados à alimentação animal ou mistura de um ou mais destes aditivos com matérias-primas usadas como excipientes que não se destinam à alimentação direta dos animais (Convênio ICMS-100/97, cláusula primeira, § 2º, com alteração do Convênio ICMS-54/06, cláusula segunda).

• *Alínea "e" acrescida pelo Decreto nº 51.092, de 5.9.2006 – DOE de 6.9.2006 – Efeitos a partir de 1º.8.2006.*

2 – o benefício aplica-se, ainda, à ração animal preparada em estabelecimento rural, na transferência a outro estabelecimento rural do mesmo titular ou na remessa a outro estabelecimento rural em relação ao qual o titular remetente mantiver contrato de produção integrada.

§ 2º. Relativamente ao disposto no inciso VI:

1 – o benefício estende-se à semente importada, hipótese em que o produto deve ser acobertado pelo Certificado Fitossanitário e pelo Boletim Internacional de Análises de Sementes;

2 – o benefício não se aplica quando a semente não satisfizer os padrões estabelecidos pelo Estado de destino;

3 – a semente poderá ser comercializada com a denominação "fiscalizada", até 6 de agosto de 2005 (Convênio ICMS-99/04, cláusula segunda).

- *§ 2º com redação dada pelo Decreto nº 49.203, de 1º.12.2004 – DOE de 2.12.2004 – Efeitos a partir de 19.10.2004.*

§ 3º. Este benefício vigorará enquanto vigorar o Convênio ICMS-100/97, de 4 de novembro de 1997.

- *§ 3º com redação dada pelo Decreto nº 53.066, de 6.6.2008 – DOE de 7.6.2008 – Efeitos a partir de 1º.5.2008.*

§ 4º. Não se exigirá o estorno proporcional do crédito do imposto relativo às mercadorias beneficiadas com a redução de base de cálculo prevista neste artigo.

- *§ 4º acrescido pelo Decreto nº 50.436, de 28.12.2005 – DOE de 29.12.2005 – Efeitos a partir da publicação.*

**Art. 10. (INSUMOS AGROPECUÁRIOS – RAÇÕES E ADUBOS)** – Fica reduzida em 30% (trinta por cento) a base de cálculo do imposto incidente nas saídas interestaduais dos seguintes insumos agropecuários (Convênio ICMS 100/97, cláusula segunda, com alterações do Convênio ICMS 57/03, 149/05 e 150/05, cláusula primeira I, Convênio ICMS 100/97, cláusulas quinta e sétima, Convênio ICMS 5/99, cláusula primeira, IV, 29 e Convênio ICMS 18/05, cláusula primeira, V, "h"):

I – milho, quando destinado a produtor, à cooperativa de produtores, à indústria de ração animal ou órgão oficial de fomento e desenvolvimento agropecuário vinculado ao Estado ou Distrito Federal (Convênio ICMS-123/11, cláusula primeira, II);

- *Inciso I com redação dada pelo Decreto nº 58.283, de 8.8.2012 – DOE de 9.8.2012 – Efeitos a partir de 9.1.2012.*

II – farelos e tortas de soja e de canola, cascas e farelos de cascas de soja e de canola, sojas desativadas e seus farelos, quando destinados à alimentação animal ou ao emprego na fabricação de ração animal (Convênio ICMS-62/11);

- *Inciso II com redação dada pelo Decreto nº 57.684, de 27.12.2011 – DOE de 28.12.2011 – Efeitos a partir de 1º.10.2011.*

III – amônia, ureia, sulfato de amônio, nitrato de amônio, nitrocálcio, MAP (mono-amônio fosfato), DAP (diamônio fosfato), cloreto de potássio, adubos simples ou composto, fertilizantes, DL Metionina e seus análogos, produzidos para uso na agricultura ou na pecuária, apicultura, aquicultura, avicultura, cunicultura, ranicultura ou sericicultura;

IV – aveia e farelo de aveia, destinados à alimentação animal ou ao emprego na fabricação de ração animal.

§ 1º. Não se exigirá o estorno proporcional do crédito do imposto relativo às mercadorias beneficiadas com a redução de base de cálculo prevista neste artigo.

§ 2º. Este benefício vigorará enquanto vigorar o Convênio ICMS-100/97, de 4 de novembro de 1997.

- *§ 2º com redação dada pelo Decreto nº 53.176, de 26.6.2008 – DOE de 27.6.2008 – Efeitos a partir de 1º.5.2008.*
- *Art. 10 com redação dada pelo Decreto nº 50.513, de 15.2.2006 – DOE de 16.2.2006 – Efeitos a partir de 9.1.2006.*

**Art. 11. (MÁQUINAS, APARELHOS E VEÍCULOS USADOS)** – Na saída de máquinas, aparelhos ou veículos usados a base de cálculo do imposto fica reduzida em um dos seguintes percentuais (Convênio ICM-15/81, cláusulas primeira e § 1º, segunda e terceira, ICMS-50/90, ICMS-33/93 e ICMS-151/94, cláusula primeira, VI, "j"):

I – veículos – 95%;

II – máquinas ou aparelhos:

a) os de uso agrícola, classificados nas posições 8432 e 8433 da Nomenclatura Brasileira de Mercadorias – Sistema Harmonizado – NBM/SH – 95%;

b) os demais – 80%.

§ 1º. O benefício fica condicionado a que:

1 – a operação da qual tiver decorrido a entrada não tenha sido onerada pelo imposto;

2 – a entrada e a saída sejam comprovadas mediante emissão de documento fiscal próprio;

3 – as operações sejam regularmente escrituradas.

§ 2º. Para efeito da redução prevista neste artigo, será considerada usada a mercadoria que já tiver sido objeto de saída com destino a usuário final.

§ 3º. O benefício fiscal aplicar-se-á, igualmente, às saídas subsequentes de máquina, aparelho ou veículo usado adquirido ou recebido com imposto recolhido sobre a base de cálculo reduzida.

§ 4º. O benefício fiscal não abrange a saída de peças, partes, acessórios ou equipamentos aplicados em máquinas, aparelhos ou veículos usados, em relação aos quais o imposto deverá ser calculado sobre o respectivo valor de venda no varejo.

§ 5º. Na hipótese do parágrafo anterior, quando o contribuinte não realizar venda a varejo, o imposto será calculado sobre o valor equivalente ao preço de aquisição, incluídas as despesas acessórias nela incorporadas e a parcela do Imposto sobre Produtos Industrializados, quando for o caso, acrescido de 30% (trinta por cento).

**Art. 12. (MÁQUINAS INDUSTRIAIS E IMPLEMENTOS AGRÍCOLAS)** – Fica reduzida a base de cálculo do imposto incidente nas operações com máquinas, aparelhos e equipamentos industriais, ou com máquinas e implementos agrícolas, arrolados nos Anexos I e II do Convênio ICMS-52/91, de 26 de setembro de 1991, de forma que a carga tributária final incidente corresponda a um dos percentuais a seguir indicados (Convênio ICMS-52/91):

- *Art. 12,* caput, *com redação dada pelo Decreto nº 56.804, de 3.3.2011 – DOE de 4.3.2011 – Efeitos a partir de 1º.3.2011.*

I – nas operações interestaduais com máquinas, aparelhos e equipamentos industriais:

a) com alíquota de 7% – com destino aos Estados das regiões Norte, Nordeste e Centro-Oeste ou ao Estado do Espírito Santo – 5,14% (cinco inteiros e catorze centésimos por cento);

b) com alíquota de 12% – com destino aos Estados das regiões Sul e Sudeste, exceto ao Estado do Espírito Santo – 8,80% (oito inteiros e oitenta centésimos por cento);

II – nas operações interestaduais com máquinas, aparelhos e equipamentos industriais realizadas com consumidor ou usuário final, não contribuinte, e nas operações internas – 8,80% (oito inteiros e oitenta centésimos por cento);

III – nas operações interestaduais com máquinas e implementos agrícolas:

a) com alíquota de 7% – com destino aos Estados das regiões Norte, Nordeste e Centro-Oeste ou ao Estado do Espírito Santo – 4,1% (quatro inteiros e um décimo por cento);

b) com alíquota de 12% – com destino aos Estados das regiões Sul e Sudeste, exceto ao Estado do Espírito Santo – 7% (sete por cento);

IV – nas operações interestaduais com máquinas e implementos agrícolas, realizadas com consumidor ou usuário final, não contribuinte, e nas operações internas – 5,6% (cinco inteiros e seis décimos por cento).

§ 1º. A redução de base de cálculo prevista neste artigo não poderá ser cumulada com qualquer outro benefício fiscal.

§ 2º. Este benefício vigorará enquanto vigorar o Convênio ICMS-52/91, de 26 de setembro de 1991.

- *§ 2º com redação dada pelo Decreto nº 52.564, de 27.12.2007 – DOE de 28.12.2007 – Efeitos a partir de 1º.11.2007.*

§ 3º. Não se exigirá o estorno proporcional do crédito do imposto relativo às mercadorias beneficiadas com a redução de base de cálculo prevista neste artigo.

- *§ 3º acrescido pelo Decreto nº 50.436, de 28.12.2005 – DOE de 29.12.2005 – Efeitos a partir da publicação.*

**Art. 13.** (Revogado).

- *Art. 13 revogado pelo Decreto nº 51.520, de 29.1.2007 – DOE de 30.1.2007 – Produzindo efeitos aos fatos geradores que ocorrerem a partir de 1º.2.2007.*

**Art. 14. (PEDRA BRITADA E PEDRA DE MÃO)** – Fica reduzida em 33,33% (trinta e três inteiros e trinta e três centésimos por cento) a base de cálculo do imposto incidente nas saídas internas de pedra britada ou de pedra de mão (Convênios ICMS-13/94, e ICMS-7/00, cláusula primeira, IV, "j").

Parágrafo único. Este benefício vigorará enquanto vigorar o Convênio ICMS-13/94, de 29 de março de 1994.

- *Parágrafo único com redação dada pelo Decreto nº 52.564, de 27.12.2007 – DOE de 28.12.2007 – Efeitos a partir de 1º.11.2007.*

**Art. 15. (PÓ DE ALUMÍNIO)** – Fica reduzida a base de cálculo do imposto incidente nas operações internas realizadas com pó de alumínio, classificado no código 7603.10.0000 da Nomenclatura Brasileira de Mercadorias – Sistema Harmonizado – NBM/SH vigente em 31 de dezembro de 1996, de forma que a carga tributária resulte no percentual de 12% (doze por cento) (Convênios ICMS-97/92, ICMS-97/93 e ICMS-7/00, cláusula primeira, IV, "d").

Parágrafo único. Este benefício vigorará enquanto vigorar o Convênio ICMS-97/92, de 25 de setembro de 1992.

- *Parágrafo único com redação dada pelo Decreto nº 52.379, de 19.11.2007 – DOE de 20.11.2007 – Efeitos a partir de 1º.9.2007.*

**Art. 16. (RADIOCHAMADA)** – Fica reduzida a base de cálculo do imposto incidente na prestação de serviço de radiochamada com transmissão unidirecional, de forma que a carga tributária resulte num dos percentuais a seguir indicados (Convênio ICMS-86/99, com alteração do Convênio ICMS-50/01):

I – 5% (cinco por cento), até 31 de julho de 2002;

II – 7,5% (sete inteiros e cinco centésimos por cento), de 1º de agosto de 2002 a 31 de dezembro de 2002;

III – 10% (dez por cento), a partir de 1º de janeiro de 2003.

- *Art. 16,* caput *e incisos, com redação dada pelo Decreto nº 46.027 de 22.8.2001 – DOE de 23.8.2001 – Efeitos a partir de 9.8.2001.*

§ 1º. O benefício previsto neste artigo é opcional e sua adoção pelo contribuinte implicará vedação ao aproveitamento de quaisquer créditos.

§ 2º. O contribuinte declarará a sua opção em termo lavrado no livro Registro de Utilização de Documentos Fiscais e Termos de Ocorrências, devendo a renúncia a ela ser objeto de novo termo, que produzirá efeitos, em cada caso, por período não inferior a 12 (doze) meses, contados do primeiro dia do mês subsequente ao da lavratura do correspondente termo.

**Art. 17. (REFEIÇÃO)** – No fornecimento de refeição promovido por bares, restaurantes e estabelecimentos similares, assim como na saída promovida por empresas preparadoras de refeições coletivas, excetuado, em qualquer dessas hipóteses, o fornecimento ou a saída de bebidas, a base de cálculo do imposto corresponderá a 70% (setenta por cento) do valor da operação (Convênios ICMS-9/93 e ICMS-7/00, cláusula primeira, II, "a").

- *Art. 17,* caput, *com redação dada pelo Decreto nº 50.669, de 30.3.2006 – DOE de 31.3.2006 – Efeitos a partir da publicação.*

§ 1º. Não se exigirá o estorno proporcional do crédito do imposto relativo às mercadorias beneficiadas com a redução de base de cálculo prevista neste artigo.

- *§ 1º com redação dada pelo Decreto nº 50.669, de 30.3.2006 – DOE de 31.3.2006 – Efeitos a partir da publicação.*

§ 2º. Este benefício vigorará enquanto vigorar o Convênio ICMS-9/93, de 30 de abril de 1993.

- *§ 2º com redação dada pelo Decreto nº 52.564, de 27.12.2007 – DOE de 28.12.2007 – Efeitos a partir de 1º.11.2007.*
- *V. Decreto nº 45.048, de 7.7.2000. Institui regime especial de tributação para contribuintes que tenham como atividade o fornecimento de alimentação. Alterado pelos Decretos nºs 45.225/2000 e 45.543/2000.*

**Art. 18. (TELEVISÃO POR ASSINATURA)** – Fica reduzida a base de cálculo do imposto incidente na prestação de serviço de televisão por assinatura, de forma que a carga tributária resulte num dos percentuais a seguir indicados (Convênio ICMS-57/99):

I – 5% (cinco por cento), até 31 de dezembro de 1999;

II – 7,5% (sete inteiros e cinco centésimos por cento), de 1º de janeiro a 31 de dezembro de 2000;

III – 10% (dez por cento), a partir de 1º de janeiro de 2001.

§ 1º. O benefício previsto neste artigo:

1 – é opcional e sua adoção pelo contribuinte implicará vedação ao aproveitamento de quaisquer créditos;

2 – fica condicionado ao regular cumprimento da obrigação principal, na forma e no prazo estabelecidos neste Regulamento;

3 – fica condicionado a que todos os meios e equipamentos necessários à prestação do serviço, quando fornecidos pela empresa prestadora, estejam incluídos no preço total do serviço de comunicação (Convênio ICMS-20/11).

- *Item 3 acrescido pelo Decreto nº 57.029, de 31.5.2011 – DOE de 1º.6.2011 – Efeitos a partir da publicação.*

4 – fica condicionado a que o contribuinte:

a) divulgue no seu site, de forma permanente e atualizada, a descrição de todos os tipos de pacotes de televisão por assinatura comercializados, isoladamente ou em conjunto com outros serviços, com os correspondentes preços e condições;

b) mantenha à disposição do fisco, em meio magnético, as ofertas comercializadas, por período de apuração;

- *Item 4 acrescido pelo Decreto nº 60.000, de 20.12.2013 – DOE de 21.12.2013 – Efeitos a partir de 1º.1.2014.*

5 – quando da comercialização conjunta, em pacotes, de serviço de televisão por assinatura e outros serviços, fica condicionado a que o contribuinte:

a) discrimine, nas respectivas faturas e notas fiscais, os preços correspondentes a cada modalidade de serviço, de forma a demonstrar a sua independência e aderência às ofertas divulgadas nos sites;

b) observe que o valor da prestação de serviço de televisão por assinatura não será superior ao preço do mesmo serviço, prestado isoladamente em iguais condições a assinantes individuais ou coletivos.

- *Item 5 acrescido pelo Decreto nº 60.000, de 20.12.2013 – DOE de 21.12.2013 – Efeitos a partir de 1º.1.2014.*

§ 2º. O contribuinte declarará a sua opção em termo lavrado no livro Registro de Utilização de Documentos Fiscais e Termos de Ocorrências, devendo a renúncia a ela ser objeto de novo termo, que produzirá efeitos, em cada caso, por período não inferior a 12 (doze) meses, contados do primeiro dia do mês subsequente ao da lavratura do correspondente termo.

§ 3º. O não cumprimento do disposto nos itens 1 a 5 do § 1º implica perda do benefício a partir do mês subsequente àquele em que se verificar o inadimplemento.

- *§ 3º com redação dada pelo Decreto nº 60.000, de 20.12.2013 – DOE de 21.12.2013 – Efeitos a partir de 1º.1.2014.*

§ 4º. Na hipótese do parágrafo anterior, ocorrendo o recolhimento do débito fiscal ou requerido seu parcelamento, o benefício ficará restabelecido a partir do mês subsequente ao da regularização.

**Art. 19. (TRANSPORTE DE LEITE)** – Fica reduzida a base de cálculo do imposto na prestação de serviço de transporte intermunicipal de leite cru ou pasteurizado, de forma que a carga tributária resulte no percentual de 5% (cinco por cento) (Convênios ICMS-17/92, cláusula primeira e ICMS-121/95, cláusula primeira, VII, "c").

§ 1º. O benefício previsto neste artigo:

1 – é opcional e sua adoção implicará vedação ao aproveitamento de quaisquer créditos;

2 – não será cumulativo com o benefício fiscal previsto no art. 11 do Anexo III deste Regulamento.

§ 2º. O contribuinte declarará a opção em termo lavrado no livro Registro de Utilização de Documentos Fiscais e Termos de Ocorrências, devendo a renúncia a ela ser objeto de novo termo.

**Art. 20. (USINAS PRODUTORAS DE ENERGIA ELÉTRICA)** – Fica reduzida a base de cálculo do imposto incidente nas operações internas com máquinas, aparelhos, equipamentos, suas partes e peças, de forma que a carga tributária resulte no percentual de 12% (doze por cento), destinados à construção ou ampliação das seguintes usinas produtoras de energia elétrica (Convênio ICMS-69/97, cláusula primeira, I, "b", com alteração do Convênio ICMS-77/01, e Convênios ICMS-18/98, ICMS-124/01, cláusula primeira, II, e ICMS-58/02, cláusulas primeira, segunda e quarta):

I – Igarapava, pertencente ao Consórcio da Usina Hidrelétrica de Igarapava, relativamente aos produtos indicados no Anexo II do Convênio ICMS-69/97, de 26 de junho de 1997;

II – Pederneiras, pertencente à empresa Duke Energy 1 Brasil Ltda., inscrita no CNPJ sob nº 03.394.342/0001-21, na Rodovia SP 261, km 138, no Município de Pederneiras, em São Paulo, relativamente aos produtos indicados no Anexo I do Convênio ICMS-124/01, de 7 de dezembro de 2001;

III – Santo André, pertencente à empresa Capuava Cogeração Ltda., inscrita no CNPJ sob nº 002.838.447/0001-60, na Av. Presidente Costa e Silva, 1178, no Município de Santo André, em São Paulo, relativamente aos produtos indicados no Anexo II do Convênio ICMS-124/01, de 7 de dezembro de 2001;

IV – Mogi-Guaçu, pertencente à empresa Energy Works, inscrita no CNPJ sob o nº 01.825.701/0007-18, situada na Rua Paula Bueno, nº 2935 – parte, Jardim Samira, no Município de Mogi-Guaçu, em São Paulo, relativamente aos produtos indicados no Anexo I do Convênio ICMS-58/02, de 28 de junho de 2002;

V – Americana, pertencente à empresa Diamond Energia Ltda, inscrita no CNPJ sob o nº 02.211.119/0001-39, situada na Av. São Jerônimo, s/nº, Glebas 11 e 12, Bairro São Jerônimo, no Município de Americana, em São Paulo, objeto da matrícula nº 33.668, do Oficial de Registro de Imóveis de Americana, relativamente aos produtos indicados no Anexo II do Convênio ICMS-58/02, de 28 de junho de 2002.

§ 1º. Relativamente ao desembaraço aduaneiro de produto indicado no *caput*, em decorrência de importação, efetuada pelos estabelecimentos ali indicados, o benefício alcança somente o produto que não possua similar produzido no país, cuja comprovação deverá ser efetuada por meio de laudo emitido por entidade representativa do setor produtivo de máquinas, aparelhos, equipamentos com abrangência em todo território nacional ou por órgão federal especializado.

§ 2º. O benefício previsto neste artigo fica condicionado à comprovação do efetivo emprego das mercadorias e bens em obra de construção ou ampliação das referidas usinas, conforme o caso.

§ 3º. Em relação ao disposto nos incisos IV e V, este benefício vigorará enquanto vigorar o Convênio ICMS-58/02, de 28 de junho de 2002.

- *§ 3º com redação dada pelo Decreto nº 52.379, de 19.11.2007 – DOE de 20.11.2007 – Efeitos a partir da publicação.*

§ 4º. Não se exigirá o estorno proporcional do crédito do imposto relativo às mercadorias beneficiadas com a redução de base de cálculo prevista neste artigo.

- *§ 4º acrescido pelo Decreto nº 50.436, de 28.12.2005 – DOE de 29.12.2005 – Efeitos a partir de 29.12.2005.*

**Art. 21. (ZONA FRANCA DE MANAUS)** – Na saída de produto semielaborado de origem nacional, para comercialização ou industrialização nos Municípios de Manaus, Rio Preto da Eva e Presidente Figueiredo, a base de cálculo será a fixada nos Convênios ICM-7/89, de 27.2.1989 e ICMS-15/91, de 25.4.1991, observado o procedimento estabelecido no art. 84 do Anexo I, e desde que (Convênio ICMS-2/90, cláusula primeira, parágrafo único, 1):

I – o estabelecimento destinatário esteja situado nos referidos municípios;

II – haja comprovação da entrada efetiva do produto no estabelecimento destinatário;

III – seja abatido do preço da mercadoria o valor equivalente à parcela reduzida do imposto;

IV – o abatimento previsto no inciso anterior seja indicado, de forma detalhada, no documento fiscal.

Parágrafo único. Não se exigirá o estorno proporcional do crédito do imposto relativo às mercadorias beneficiadas com a redução de base de cálculo prevista neste artigo.

- *Parágrafo único acrescido pelo Decreto nº 50.436, de 28.12.2005 – DOE de 29.12.2005 – Efeitos a partir da publicação.*
- *V. art. 14 das DDTT.*

**Art. 22. (MEDICAMENTOS E COSMÉTICOS)** – Fica reduzida a base de cálculo do imposto incidente na saída interestadual com os produtos classificados nas posições, itens e códigos adiante indicados da Nomenclatura Brasileira de Mercadorias – Sistema Harmonizado – NBM/SH, destinados a contribuintes, do valor das contribuições para o PIS/PASEP e a COFINS correspondentes à aplicação dos percentuais indicados no § 1º, quando tais tributos forem cobrados de acordo com a sistemática prevista na Lei nº 10.147, de 21 de dezembro de 2000 (Convênio ICMS-34/06):

- *Art. 22,* caput, *com redação dada pelo Decreto nº 51.131, de 25.9.2006 – DOE de 26.9.2006 – Efeitos a partir da publicação.*

I – posição 30.01;

II – posição 30.03, exceto o código 3003.90.56;

III – posição 30.04, exceto o código 3004.90.46;

IV – posições 3303.00 a 33.07;

V – itens 3002.10.1, 3002.10.2, 3002.10.3, 3002.20.1, 3002.20.2, 3006.30.1 e 3006.30.2;

VI – códigos 3002.90.20, 3002.90.92, 3002.90.99, 3005.10.10 e 3006.60.00;

VII – códigos 3401.11.90, 3401.20.10 e 9603.21.00.

§ 1º. A redução corresponderá ao valor obtido pela aplicação de um dos percentuais abaixo indicados, sobre a base de cálculo da operação, conforme a alíquota interestadual aplicável:

1 – para produto farmacêutico classificado nas posições, itens e códigos indicados nos incisos I, II, III, V e VI:

a) 9,04% (nove inteiros e quatro centésimos por cento), nas operações tributadas pela alíquota de 4% (Convênio ICMS-20/13, cláusula primeira, I);

b) 9,34% (nove inteiros e trinta e quatro centésimos por cento), nas operações tributadas pela alíquota de 7%;

c) 9,90% (nove inteiros e noventa centésimos por cento), nas operações tributadas pela alíquota de 12%;

- *Item 1 com redação dada pelo Decreto nº 59.241, de 28.5.2013 – DOE de 29.5.2013 – Efeitos a partir de 30.4.2013.*

2 – para produto de perfumaria, de toucador ou de higiene pessoal classificado nas posições 33.03 a 33.07 e nos códigos indicados no inciso VII:

a) 9,59% (nove inteiros e cinquenta e nove centésimos por cento), nas operações tributadas pela alíquota de 4% (Convênio ICMS-20/13, cláusula primeira, II);

b) 9,90% (nove inteiros e noventa centésimos por cento), nas operações tributadas pela alíquota de 7%;

c) 10,49% (dez inteiros e quarenta e nove centésimos por cento), nas operações tributadas pela alíquota de 12%.

- *Item 2 com redação dada pelo Decreto nº 59.241, de 28.5.2013 – DOE de 29.5.2013 – Efeitos a partir de 30.4.2013.*

§ 2º. O disposto neste artigo não se aplica:

1 – às operações realizadas com os produtos classificados nas posições, itens e códigos indicados nos incisos II, III, V e VI, e nos códigos 3001.20.90, 3001.90.10 e 3001.90.90, todos da Nomenclatura Brasileira de Mercadorias – Sistema Harmonizado – NBM/SH, quando os seus fabricantes ou importadores tiverem:

a) firmado com a União "Compromisso de Ajustamento de Conduta", nos termos do § 6º do art. 5º da Lei nº 7.347, de 24 de julho de 1985, ou;

b) preenchido os requisitos constantes na Lei nº 10.213, de 27 de março de 2001;

2 – quando ocorrer a exclusão de produtos da incidência das contribuições previstas no inciso I do *caput* do art. 1º da Lei nº 10.147/2000, na forma do § 2º do referido artigo;

3 – à transferência para outro estabelecimento do fabricante ou do importador;

4 – à saída com destino à industrialização;

5 – à remessa em que a mercadoria deva retornar ao estabelecimento remetente;

6 – à operação de venda ou faturamento direto ao consumidor final.

§ 3º. A Nota Fiscal que acobertar as operações indicadas no *caput* deverá conter, além dos demais requisitos, as seguintes indicações:

1 – a identificação dos produtos pelos respectivos códigos da NBM/SH e, em relação aos medicamentos, a indicação, também, do número do lote de fabricação;

2 – no campo "Informações Complementares":

a) existindo o regime especial de que trata o art. 3º da Lei nº 10.147/2000, o número do referido regime;

b) na situação prevista na alínea "b" do item 1 do § 2º, a expressão "o remetente preenche os requisitos constantes da Lei nº 10.213/2001";

c) nos demais casos, a expressão "Base de Cálculo com dedução do PIS/COFINS – Convênio ICMS-34/06".

§ 4º. Não se exigirá o estorno proporcional do crédito do imposto relativo às mercadorias beneficiadas com a redução de base de cálculo prevista neste artigo.

- *Art. 22 acrescido pelo Decreto nº 45.824, de 25.5.2001 – DOE de 26.5.2001, e com redação dada pelo Decreto nº 51.092, de 5.9.2006 – DOE de 6.9.2006 – Efeitos a partir de 31.7.2006.*

**Art. 23.** (Revogado).

- *Art. 23 acrescido pelo Decreto nº 46.027, de 22.8.2001 – DOE de 23.8.2001 – e revogado pelo Decreto nº 57.684, de 27.12.2011 – DOE de 28.12.2011 – Efeitos a partir de 1º.4.2012.*

**Art. 24. (PNEUS – CÂMARAS DE AR)** – Fica reduzida a base de cálculo do imposto incidente na operação interestadual, realizada por estabelecimento fabricante ou importador, com pneumáticos novos de borracha e câmaras de ar de borracha, classificados, respectivamente, nas posições 40.11 e 40.13 da Nomenclatura Brasileira de Mercadorias – Sistema Harmonizado – NBM/SH, em que a receita bruta decorrente da venda dessas mercadorias esteja sujeita ao pagamento das contribuições para o PIS/PASEP e COFINS, nos termos da Lei nº 10.485, de 3 de julho de 2002 (Convênio ICMS-06/09, cláusula primeira e cláusula terceira).

§ 1º. A redução corresponderá ao valor resultante da aplicação de um dos percentuais abaixo indicados, sobre a base de cálculo da operação (Convênio ICMS-21/13):

1 – 8,50% (oito inteiros e cinquenta centésimos por cento), nas operações tributadas pela alíquota de 4%;

2 – 8,78% (oito inteiros e setenta e oito centésimos por cento), nas operações tributadas pela alíquota de 7%;

3 – 9,30% (nove inteiros e trinta centésimos por cento), nas operações tributadas pela alíquota de 12%.

- *§ 1º com redação dada pelo Decreto nº 59.241, de 28.5.2013 – DOE de 29.5.2013 – Efeitos a partir de 30.4.2013.*

§ 2º. A Nota Fiscal que acobertar as operações indicadas no *caput* deverá conter, além dos demais requisitos, as seguintes indicações:

1 – a identificação das mercadorias pelos respectivos códigos da NBM/SH;

2 – no campo "Informações Complementares", a expressão: "Base de Cálculo reduzida nos termos do Convênio ICMS-06/09".

§ 3º. O disposto neste artigo não se aplica:

1 – à transferência para outro estabelecimento do fabricante ou do importador;

2 – à saída com destino à industrialização;

3 – à remessa em que a mercadoria deva retornar ao estabelecimento remetente;

4 – à operação de venda ou faturamento direto ao consumidor final.

§ 4º. A base de cálculo do imposto a ser retido por substituição tributária a que se refere o Convênio ICMS-85/93, de 10 de setembro de 1993, nas operações previstas no *caput* deste artigo, será obtida pela aplicação da seguinte fórmula:

BCST = [(BcR + IPI + Dd)x(1 + MVA)], onde:

1 – BCST é a base de cálculo do imposto a ser retido por substituição tributária;

2 – BcR é a base de cálculo da operação própria reduzida nos termos do § 1º deste artigo;

3 – IPI é o Imposto sobre Produtos Industrializados;

4 – Dd é a soma do frete e demais despesas debitadas ao destinatário da mercadoria, não incluídos na base de cálculo da operação própria;

5 – MVA é o Índice de Valor Adicionado Setorial – IVA-ST, calculado e divulgado pela Secretaria da Fazenda, dividido por 100 (cem).

- *§ 4º com redação dada pelo Decreto nº 60.566, de 24.6.2014 – DOE de 25.6.2014 – Efeitos a partir de 1º.7.2014.*

§ 5º. Este benefício vigorará enquanto vigorar o Convênio ICMS-06/09, de 3 de abril de 2009.

- *Art. 24 acrescido pelo Decreto nº 47.278, de 29.10.2002 – DOE de 30.10.2002, e com redação dada pelo Decreto nº 54.401, de 1º.6.2009 – DOE de 2.6.2009 – Efeitos a partir de 1º.8.2009.*

**Art. 25. (VEÍCULOS)** – Fica reduzida a base de cálculo do imposto incidente na operação interestadual, realizada por estabelecimento fabricante e importador, com os produtos relacionados nos Anexos I, II e III do Convênio ICMS-133/02, de 21 de outubro de 2002, dos percentuais adiante indicados (Convênio ICMS-133/02, com alteração do Convênio ICMS-166/02:

I – relativamente aos produtos indicados no Anexo I do Convênio ICMS-133/02, de 21 de outubro de 2002:

a) 5% (cinco por cento), nas operações tributadas pela alíquota de 4% (quatro por cento) (Convênio ICMS-22/13, cláusula primeira, I);

b) 5,1595% (cinco inteiros e um mil, quinhentos e noventa e cinco décimos de milésimo por cento), nas operações tributadas pela alíquota de 7% (sete por cento);

c) 5,4653% (cinco inteiros e quatro mil, seiscentos e cinquenta e três décimos de milésimo por cento), nas operações tributadas pela alíquota de 12% (doze por cento);

- *Inciso I com redação dada pelo Decreto nº 59.241, de 28.5.2013 – DOE de 29.5.2013 – Efeitos a partir de 30.4.2013.*

II – relativamente aos produtos indicados no Anexo II do Convênio ICMS-133/02, de 21 de outubro de 2002:

a) 2,29% (dois inteiros e vinte e nove centésimos por cento), nas operações tributadas pela alíquota de 4% (quatro por cento) (Convênio ICMS-22/13, cláusula primeira, II);

b) 2,3676% (dois inteiros e três mil, seiscentos e setenta e seis décimos de milésimos por cento), nas operações tributadas pela alíquota de 7% (sete por cento);

c) 2,5080% (dois inteiros e cinco mil e oitenta décimos de milésimo por cento), nas operações tributadas pela alíquota de 12% (doze por cento);

- *Inciso II com redação dada pelo Decreto nº 59.241, de 28.5.2013 – DOE de 29.5.2013 – Efeitos a partir de 30.4.2013.*

III – relativamente aos produtos indicados no Anexo III do Convênio ICMS-133/02, de 21 de outubro de 2002:

a) 0,6879% (seis mil, oitocentos e setenta e nove décimos de milésimo por cento), nas operações tributadas pela alíquota de 4% (quatro por cento) (Convênio ICMS-22/13, cláusula primeira, III);

b) 0,7129% (sete mil, cento e vinte e nove décimos de milésimo por cento), nas operações tributadas pela alíquota de 7% (sete por cento);

c) 0,7551% (sete mil, quinhentos e cinquenta e um décimos de milésimo por cento), nas operações tributadas pela alíquota de 12% (doze por cento).

- *Inciso III com redação dada pelo Decreto nº 59.241, de 28.5.2013 – DOE de 29.5.2013 – Efeitos a partir de 30.4.2013.*

§ 1º. O disposto neste artigo:

1 – aplica-se somente na hipótese de a receita bruta decorrente das vendas das mercadorias indicadas nos Anexos I, II e III do Convênio ICMS-133/02,

de 21 de outubro de 2002, estar sujeita ao pagamento das contribuições para os Programas de Integração Social e de Formação do Patrimônio do Servidor Público (PIS/PASEP) e da Contribuição para o Financiamento da Seguridade Social (COFINS) de acordo com a sistemática prevista na Lei nº 10.485, de 3 de julho de 2002;

2 – não se aplica:

a) à transferência para outro estabelecimento do fabricante ou do importador;

b) à saída com destino à industrialização;

c) à remessa em que a mercadoria deva retornar ao estabelecimento remetente;

d) à operação de venda ou faturamento direto ao consumidor final.

§ 2º. A redução de base de cálculo prevista neste artigo não deverá resultar diminuição da base de cálculo da operação subsequente quando essa corresponder ao preço de venda a consumidor constante de tabela estabelecida ou sugerida ao público por órgão competente ou sugerida pelo fabricante.

§ 3º. Na hipótese em que a base de cálculo da substituição tributária não corresponder ao preço de venda a consumidor constante de tabela estabelecida ou sugerida ao público por órgão competente ou sugerida pelo fabricante, a margem de valor agregado deverá incidir sobre o valor resultante da aplicação da redução prevista neste artigo.

§ 4º. O documento fiscal que acobertar as operações indicadas no *caput* deverá conter, além dos demais requisitos, as seguintes indicações:

I – a identificação das mercadorias pelos respectivos códigos dos Anexos I a III do citado convênio;

II – no campo "Informações Complementares", a expressão "Base de Cálculo reduzida nos termos do Convênio ICMS-133/02".

§ 5º. Este benefício vigorará enquanto vigorarem o Convênio ICMS-133/02, de 21 de outubro de 2002, e a Lei Federal nº 10.485, de 3 de julho de 2002.

- *§ 5º com redação dada pelo Decreto nº 52.379, de 19.11.2007 – DOE de 20.11.2007 – Efeitos a partir de 1º.9.2007.*

§ 6º. Não se exigirá o estorno proporcional do crédito do imposto relativo às mercadorias beneficiadas com a redução de base de cálculo prevista neste artigo.

- *§ 6º acrescido pelo Decreto nº 50.436, de 28.12.2005 -- DOE de 29.12.2005 – Efeitos a partir da publicação.*

- *Art. 25 acrescido pelo Decreto nº 47.626, de 5.2.2003 – DOE de 6.2.2003 – Efeitos a partir de 11.11.2002.*

**Art. 26. (DESENVOLVIMENTO INDUSTRIAL E AGROPECUÁRIO)** – Fica reduzida a base de cálculo do imposto incidente nas saídas internas dos produtos industrializados adiante indicados, realizadas pelo estabelecimento fabricante, de forma que a carga tributária corresponda ao percentual de 7% (sete por cento) (Lei nº 6.374/1989, art. 112):

I – (revogado);

- *Inciso I revogado pelo Decreto nº 58.767, de 20.12.2012 – DOE de 21.12.2012 – Efeitos a partir de 30.10.2012.*

II – embalagens para ovo *in natura*, do tipo bandeja ou estojo, com capacidade para acondicionamento de até 30 (trinta) unidades.

§ 1º. A redução de base de cálculo prevista neste artigo aplica-se, também:

1 – à saída interna de produto industrializado indicado no *caput* promovida por estabelecimento do mesmo titular do estabelecimento fabricante, que o tenha recebido em transferência deste;

2 – às saídas internas subsequentes à realizada por estabelecimento da empresa fabricante;

3 – ao desembaraço aduaneiro decorrente de importação, realizado por estabelecimento fabricante ou rural, de produto abrangido por esse benefício, para utilização na produção industrial ou agropecuária neste Estado, como insumo ou bem do ativo permanente, desde que:

a) não haja similar produzido no país, conforme atestado por órgão federal competente ou entidade representativa de seu setor produtivo com abrangência nacional;

b) o desembarque e o desembaraço aduaneiro sejam efetuados neste Estado.

§ 2º. A fruição do benefício previsto neste artigo fica condicionada a que sejam realizados neste Estado o desembarque e o desembaraço aduaneiro dos insumos importados utilizados na fabricação dos produtos abrangidos por esse benefício.

§ 3º. Para efeito de aplicação do disposto no inciso I, o contribuinte deve indicar nas Notas Fiscais relativas à saída:

1 – tratando-se da saída promovida pelo fabricante do produto, o número da portaria conjunta dos Ministérios da Ciência e Tecnologia e da Fazenda emitida nos termos do art. 4º da Lei nº 8.248, de 23.10.1991;

2 – tratando-se das demais saídas, além da indicação referida no item anterior, a identificação do fabricante e o número da Nota Fiscal relativa à aquisição original da indústria.

§ 4º. Na hipótese do § 3º, cada estabelecimento adquirente da mercadoria deve exigir do seu fornecedor as indicações referidas na nota anterior.

- *Art. 26 acrescido pelo Decreto nº 48.112, de 26.9.2003 – DOE de 27.9.2003 – Efeitos a partir da publicação.*

§ 5º. Não se exigirá o estorno proporcional do crédito do imposto relativo às aquisições internas dos insumos utilizados na fabricação das mercadorias beneficiadas com a redução de base de cálculo prevista no inciso I deste artigo.

- *§ 5º acrescido pelo Decreto nº 54.904, de 13.10.2009 – DOE de 14.10.2009 – Efeitos a partir de 1º.9.2009.*

**Art. 27. (DESENVOLVIMENTO INDUSTRIAL E AGROPECUÁRIO, PROGRAMA HABITACIONAL E OUTROS)** – Fica reduzida a base de cálculo do imposto incidente nas saídas internas dos produtos industrializados adiante indicados, realizadas pelo estabelecimento fabricante, de forma que a carga tributária corresponda ao percentual de 12% (doze por cento) (Lei nº 6.374/1989, art. 112):

I – implementos e tratores agrícolas, máquinas, aparelhos e equipamentos industriais, não abrangidos pelo art. 12, e produtos da indústria de processamento eletrônico de dados, não abrangidos pelo inciso I do art. 26, observadas a relação dos produtos alcançados e a disciplina de controle estabelecidas pela Secretaria da Fazenda;

II – ferros e aços não planos comuns, indicados no § 1º;

III – os produtos cerâmicos e de fibrocimento adiante indicados, observada a classificação segundo a Nomenclatura Brasileira de Mercadorias – Sistema Harmonizado – NBM/SH:

a) argamassa, 3214.90.00;

b) tijolos cerâmicos, não esmaltados nem vitrificados, 6904.10.00;

c) tijoleiras (peças ocas para tetos e pavimentos) e tapa-vigas (complementos da tijoleira) de cerâmica não esmaltada nem vitrificada, 6904.90.00;

d) telhas cerâmicas, não esmaltadas nem vitrificadas, 6905.10.00;

e) telhas e lajes planas pré-fabricadas, 6810.19.00;

f) painéis de lajes, 6810.91.00;

g) pré-lajes e pré-moldados, 6810.99.00;

h) blocos de concreto, 6810.11.00;

i) postes, 6810.99.00;

j) chapas onduladas de fibrocimento, 6811.10.00;

l) outras chapas de fibrocimento, 6811.20.00;

m) painéis e pranchas de fibrocimento, 6811.20.00;

n) calhas e cumeeiras de fibrocimento, 6811.20.00;

o) rufos, espigões e outros de fibrocimento, 6811.20.00;

p) abas, cantoneiras e outros de fibrocimento, 6811.20.00;

q) tanques e reservatórios de fibrocimento, 6811.90.00;

r) tampas de reservatórios de fibrocimento, 6811.90.00;

s) armações treliçadas para lajes, 7308.40.00.

IV – painéis de madeira industrializada, classificados nos códigos 4410.19.00, 4411.11.00, 4411.19.00, 4411.21.00, 4411.29.00 da Nomenclatura Brasileira de Mercadorias – Sistema Harmonizado – NBM/SH;

V – veículos automotores:

a) indicados nos arts. 299 e 301;

b) classificados nos códigos 8701.20.0200, 8701.20.9900, 8702.10.0100, 8702.10.0200, 8702.10.9900, 8704.21.0100, 8704.22.0100, 8704.23.0100, 8704.31.0100, 8704.32.0100, 8704.32.9900, 8706.00.0100 e 8706.00.0200 da Nomenclatura Brasileira de Mercadorias – Sistema Harmonizado – NBM/SH vigente em 31 de dezembro de 1996;

VI – segundo a Nomenclatura Brasileira de Mercadorias – Sistema Harmonizado – NBM/SH:

a) assentos, 9401, exceto os classificados no código 9401.20.00;

b) móveis, 9403;

c) suportes elásticos para camas, 9404.10;

d) colchões, 9404.2;

VII – segundo a Nomenclatura Brasileira de Mercadorias – Sistema Harmonizado – NBM/SH:

a) chapas, folhas, películas, tiras e lâminas de plásticos, 3921.90.1 e 3921.90.90;

b) papel e cartão revestidos impregnados, 4811.31.20;

VIII – segundo a Nomenclatura Brasileira de Mercadorias – Sistema Harmonizado – NBM/SH:

a) elevadores e monta cargas, 8428.10;

b) (revogada);

- *Alínea "b" revogada pelo Decreto nº 53.159, de 23.6.2008 – DOE de 24.6.2008 – Efeitos a partir de 30.4.2008.*

c) (revogada);

- *Alínea "c" revogada pelo Decreto nº 53.159, de 23.6.2008 – DOE de 24.6.2008 – Efeitos a partir de 30.4.2008.*

d) seringas descartáveis, 9018.31.19;

e) agulhas descartáveis, 9018.32.19;

IX – pão não abrangido pelo art. 3º, desde que classificado nas subposições 1905.10 ou 1905.20, ou no código 1905.90.90 e pão torrado, torradas ou produtos semelhantes da subposição 1905.40, todos da Nomenclatura Brasileira de Mercadorias – Sistema Harmonizado – NBM/SH.

X – (revogado);

- *Inciso X revogado pelo Decreto nº 58.985, de 21.3.2013 – DOE de 22.3.2013 – Efeitos a partir da publicação.*

§ 1º. Os produtos a que se refere o inciso II são os adiante indicados, observada a classificação segundo a Nomenclatura Brasileira de Mercadorias – NBM/SH:

1 – fio-máquina de ferro ou aços não ligados:

a) dentados, com nervuras, sulcos ou relevos, obtidos durante a laminagem, 7213.10.00;

b) outros, de aços para tornear, 7213.20.00;

2 – barras de ferro ou aços não ligados, simplesmente forjadas, laminadas, estiradas ou extrudadas,

a quente, incluídas as que tenham sido submetidas a torção após laminagem:

a) dentadas, com nervuras, sulcos ou relevos, obtidos durante a laminagem, ou torcidas após a laminagem, 7214.20.00;

b) outras: de seção transversal retangular, 7214.91.00; de seção circular, 7214.99.10; outras, 7214.99.90;

3 – perfis de ferro ou aços não ligados:

a) perfis em "U", "I" ou "H", simplesmente laminados, estirados ou extrudados, a quente, de altura inferior a 80 mm, 7216.10.00;

b) perfis em "L" simplesmente laminados, estirados ou extrudados, a quente, de altura inferior a 80 mm, 7216.21.00;

c) perfis em "T" simplesmente laminados, estirados ou extrudados, a quente, de altura inferior a 80 mm, 7216.22.00;

d) perfis em "U" simplesmente laminados, estirados ou extrudados, a quente, de altura igual ou superior a 80 mm, 7216.31.00;

e) perfis em "I" simplesmente laminados, estirados ou extrudados, a quente, de altura igual ou superior a 80 mm, 7216.32.00;

f) fios de ferro ou aços não ligados: outros, não revestidos, mesmo polidos, 7217.10.90;

4 – armações de ferro prontas, para estrutura de concreto armado ou argamassa armada, 7308.40.00;

5 – grades e redes, soldadas nos pontos de interseção, de fios com, pelo menos, 3 mm na maior dimensão do corte transversal e com malhas de 100 cm² ou mais, de superfície de aço, não revestidas, para estruturas ou obras de concreto armado ou argamassa armada, 7314.20.00;

6 – outras grades e redes, soldadas nos pontos de interseção:

a) galvanizadas, 7314.31.00;

b) de aço, não revestidas, para estruturas ou obras de concreto armado ou argamassa armada, 7314.39.00;

7 – outras telas metálicas, grades e redes:

a) galvanizadas, 7314.41.00;

b) recobertas de plásticos, 7314.42.00;

8 – arames:

a) galvanizados, 7217.20.90;

b) plastificados, 7217.90.00;

c) farpados, 7313.00.00;

9 – gabião, 7326.20.00;

10 – grampos de fio curvado, 7317.00.20;

11 – pregos, 7317.00.90.

§ 2°. A redução de base de cálculo prevista neste artigo aplica-se, também:

1 – à saída interna de produto industrializado indicado no *caput* promovida por estabelecimento do mesmo titular do estabelecimento fabricante, que o tenha recebido em transferência deste;

2 – às saídas internas subsequentes à realizada por estabelecimento da empresa fabricante;

3 – ao desembaraço aduaneiro decorrente de importação, realizado por estabelecimento fabricante ou rural, de produto abrangido por esse benefício, para utilização na produção industrial ou agropecuária neste Estado, como insumo ou bem do ativo permanente, desde que:

a) não haja similar produzido no país, conforme atestado por órgão federal competente ou entidade representativa de seu setor produtivo com abrangência nacional;

b) o desembarque e o desembaraço aduaneiro sejam efetuados neste Estado;

§ 3°. A fruição do benefício previsto neste artigo fica condicionada a que sejam realizados neste Estado o desembarque e o desembaraço aduaneiro dos insumos importados utilizados na fabricação dos produtos abrangidos por esse benefício.

• *Art. 27 acrescido pelo Decreto n° 48.112, de 26.9.2003 – DOE de 27.9.2003 – Efeitos a partir da publicação.*

**Art. 28. (DESENVOLVIMENTO INDUSTRIAL/ CONSTRUÇÃO CIVIL)** – Fica reduzida a base de cálculo do imposto incidente nas saídas de produtos para condicionamento de ar, classificados nos códigos 8414.30.19, 8414.59.90, 8415.82.10, 8415.82.90, 8418.61.10, 8418.61.90, 8418.69.90 da Nomenclatura Brasileira de Mercadorias – Sistema Harmonizado – NBM/SH, realizadas pelo estabelecimento fabricante, com destino a obra de construção civil, de forma que a carga tributária corresponda ao percentual de 12% (doze por cento) (Lei n° 6.374/1989, art. 112).

§ 1°. A redução de base de cálculo prevista neste artigo aplica-se, também, à saída interna das mercadorias indicadas, promovida por estabelecimento do mesmo titular do estabelecimento fabricante, que a tenha recebido em transferência deste.

§ 2°. Não se exigirá o estorno proporcional do crédito do imposto relativo às mercadorias beneficiadas com a redução de base de cálculo prevista neste artigo.

• *Art. 28 acrescido pelo Decreto n° 48.115, de 26.9.2003, e com redação dada pelo Decreto n° 50.473, de 20.1.2006 – DOE de 21.1.2006 – Efeitos a partir da publicação.*

**Art. 29. (CARROÇARIA DE ÔNIBUS)** – Fica reduzida a base de cálculo do imposto incidente nas saídas de carroçaria de ônibus quando montada em ônibus movido a diesel ou semidiesel classificado no código 8702.10.00 da Nomenclatura Brasileira de Mercadorias – Sistema Harmonizado – NBM/SH, de forma que a carga tributária corresponda ao percentual de 8% (oito por cento).

• *Art. 29,* caput, *acrescido pelo Decreto n° 48.115, de 26.9.2003 – DOE de 27.9.2003, e com redação dada pelo Decreto n° 60.002, de 20.12.2013 – DOE de 21.12.2013 – Efeitos a partir da publicação.*

§ 1º. O disposto neste artigo não se aplica na hipótese de saída interestadual em que a alíquota aplicável seja inferior a 8% (oito por cento).

- *§ 1º acrescido pelo Decreto nº 60.002, de 20.12.2013 – DOE de 21.12.2013 – Efeitos a partir da publicação.*

§ 2º. Não se exigirá o estorno proporcional do crédito do imposto relativo às mercadorias beneficiadas com a redução de base de cálculo prevista neste artigo.

- *§ 2º acrescido pelo Decreto nº 50.436, de 28.12.2005 como parágrafo único – DOE de 29.12.2005, e renumerado pelo Decreto nº 60.002, de 20.12.2013 – DOE de 21.12.2013 – Efeitos a partir da publicação.*

**Art. 30. (PRODUTOS DE COURO, SAPATOS, BOLSAS, CINTOS, CARTEIRAS E OUTROS ACESSÓRIOS)** – Fica reduzida a base de cálculo do imposto incidente na saída interna, exceto para consumidor final, de produtos de couro do Capítulo 41, de produtos dos Capítulos 42 e 64 e do código 3926.20.00, todos da Nomenclatura Comum do Mercosul – NCM/SH:

I – realizada pelo estabelecimento fabricante, de forma que a carga tributária corresponda ao percentual de 7% (sete por cento);

II – realizada pelo estabelecimento atacadista, de forma que a carga tributária corresponda ao percentual de 12% (doze por cento).

§ 1º. A redução de base de cálculo prevista no inciso I aplica-se, também, à saída interna das mercadorias indicadas no *caput* realizada:

1 – por outro estabelecimento do mesmo titular do estabelecimento fabricante localizado neste Estado, que as tenha recebido em transferência deste;

2 – pelo estabelecimento encomendante, na hipótese de as referidas mercadorias terem sido produzidas sob encomenda em estabelecimento de terceiro localizado neste Estado, desde que o encomendante, alternativamente:

a) tenha fornecido os insumos utilizados na fabricação das mercadorias;

b) seja o detentor da marca sob a qual a mercadoria será comercializada;

c) esteja credenciado perante a Secretaria da Fazenda, nas demais hipóteses de terceirização parcial ou integral da fabricação.

§ 2º. Não se exigirá o estorno proporcional do crédito do imposto relativo às mercadorias beneficiadas com a redução de base de cálculo prevista neste artigo.

§ 3º. (Revogado).

- *§ 3º revogado pelo Decreto nº 58.761, de 20.12.2012 – DOE de 21.12.2012 – Efeitos a partir de 1º.1.2013.*

- *Art. 30 acrescido pelo Decreto nº 48.115, de 26.9.2003 – DOE de 27.9.2003, e com redação dada pelo Decreto nº 57.996, de 23.4.2012 – DOE de 24.4.2012 – Efeitos a partir da publicação.*

**Art. 31. (ALGODÃO EM PLUMA)** – Fica reduzida a base de cálculo do imposto incidente na saída algodão em pluma em 60% (sessenta por cento) do valor da operação (Convênio ICMS 106/03).

§ 1º. O benefício previsto neste artigo é opcional e sua adoção implicará vedação ao aproveitamento de quaisquer créditos.

§ 2º. O contribuinte declarará a sua opção em termo lavrado no livro Registro de Utilização de Documentos Fiscais e Termos de Ocorrências, devendo a renúncia a ela ser objeto de novo termo, termos esses que produzirão efeitos por período não inferior a 12 (doze) meses, contados do primeiro dia do mês subsequente ao da sua lavratura.

- *Art. 31 acrescido pelo Decreto nº 48.475, de 28.1.2004 – DOE de 29.1.2004 – Efeitos a partir de 6.1.2004.*

**Art. 32. (ATACADISTA DE COURO)** – Fica reduzida a base de cálculo do imposto incidente na saída interna de couro do Capítulo 41 da Nomenclatura Brasileira de Mercadorias – sistema Harmonizado – NBM/SH, realizada por estabelecimento atacadista, com destino a estabelecimento de fabricante de produtos de couro dos Capítulos 42 e dos produtos do Capítulo 64, todos da Nomenclatura Brasileira de Mercadorias – sistema Harmonizado – NBM/SH, de forma que a carga tributária corresponda ao percentual de 12% (doze por cento) (Lei nº 6.374/1989, art. 112).

§ 1º. A redução de base de cálculo prevista neste artigo:

1 – fica condicionada à regular apresentação, pelo contribuinte remetente, de informações econômico-fiscais, nos termos de disciplina estabelecida pela Secretaria da Fazenda;

2 – aplica-se, também, à saída interna dos produtos indicados promovida por estabelecimento do mesmo titular do estabelecimento fabricante, que os tenha recebido em transferência deste.

§ 2º. Não se exigirá o estorno proporcional do crédito do imposto relativo às mercadorias beneficiadas com a redução de base de cálculo prevista neste artigo.

- *§ 2º com redação dada pelo Decreto nº 50.436, de 28.12.2005 – DOE de 29.12.2005 – Efeitos a partir da publicação.*

§ 3º. (Revogado).

- *§ 3º revogado pelo Decreto nº 58.761, de 20.12.2012 – DOE de 21.12.2012 – Efeitos a partir de 1º.1.2013.*

§ 4º. O benefício previsto neste artigo condiciona-se a que:

1 – o contribuinte esteja em situação regular perante o fisco;

2 – o contribuinte não possua, por qualquer de seus estabelecimentos:

a) débitos fiscais inscritos na dívida ativa deste Estado;

b) débitos do imposto declarados e não pagos no prazo de até 30 (trinta) dias contados da data de seu vencimento;

c) débitos do imposto decorrentes de Auto de Infração e Imposição de Multa – AIIM, em relação ao qual não caiba mais defesa ou recurso na esfera administrativa, não pagos no prazo fixado para o seu recolhimento;

d) débitos decorrentes de Auto de Infração e Imposição de Multa – AIIM ainda não julgado definitivamente na esfera administrativa, relativos a crédito indevido do imposto proveniente de operações ou prestações amparadas por benefícios fiscais concedidos em desacordo com o disposto no art. 155, § 2º, XII, "g", da Constituição Federal;

3 – na hipótese de o contribuinte não atender ao disposto no item 2:

a) os débitos estejam garantidos por depósito, judicial ou administrativo, fiança bancária, seguro de obrigações contratuais ou outro tipo de garantia, a juízo da Procuradoria Geral do Estado, se inscritos na dívida ativa, ou a juízo do Coordenador da Administração Tributária, caso ainda pendentes de inscrição na dívida ativa;

b) os débitos declarados ou apurados pelo fisco sejam objeto de pedido de parcelamento deferido e celebrado, que esteja sendo regularmente cumprido;

c) o Auto de Infração e Imposição de Multa – AIIM ainda não julgado definitivamente na esfera administrativa seja garantido por depósito administrativo, fiança bancária, seguro de obrigações contratuais ou outro tipo de garantia, a juízo do Coordenador da Administração Tributária.

- *§ 4º acrescido pelo Decreto nº 55.304, de 30.12.2009 – DOE de 31.12.2009, e com redação dada pelo Decreto nº 56.850, de 18.3.2011 – DOE de 19.3.2011 – Efeitos a partir de 1º.4.2011.*
- *Art. 32 acrescido pelo Decreto nº 48.962, de 21.9.2004 – DOE de 22.9.2004 – Efeitos a partir da publicação.*

**Art. 33. (VINHO)** – Fica reduzida a base de cálculo do imposto incidente na saída interna dos produtos a seguir indicados, classificados segundo a Nomenclatura Brasileira de Mercadorias – Sistema Harmonizado – NBM/SH, realizadas pelo estabelecimento fabricante, de forma que a carga tributária corresponda ao percentual de 12% (doze por cento) (Lei nº 6.374/1989, art. 112):

I – outros vinhos; mostos de uvas cuja fermentação tenha sido impedida ou interrompida por adição de álcool, 2204.2:

a) vinhos da madeira, do porto e de xerez, de málaga e outros licorosos;

b) mostos de uvas cuja fermentação tenha sido impedida ou interrompida por adição de álcool, compreendendo as mistelas;

c) vinhos de mesa comuns ou de consumo corrente, produzidos com uvas de variedades americanas ou híbridas, incluídos os frisantes com gaseificação máxima de 2 atmosferas e mínima de meia atmosfera e graduação alcoólica não superior a 13 G.L;

d) vinhos de mesa finos ou nobres e especiais produzidos com uvas viníferas, incluídos os frisantes com gaseificação máxima de 2 atmosferas e mínima de meia atmosfera e graduação alcoólica não superior a 13 G.L;

e) outros vinhos;

II – outros mostos de uva, 2204.30.00;

III – vermutes e outros vinhos de uvas frescas aromatizados por plantas ou substâncias aromáticas, 2205.

§ 1º. A redução de base de cálculo prevista neste artigo:

1 – fica condicionada à regular apresentação pelo contribuinte remetente de informações econômico-fiscais, nos termos de disciplina estabelecida pela Secretaria da Fazenda;

2 – aplica-se, também, à saída interna dos produtos industrializados indicados promovida por estabelecimento do mesmo titular do estabelecimento fabricante, que os tenha recebido em transferência deste;

3 – não se aplica às saídas destinadas a:

a) estabelecimento de contribuinte sujeito às normas do Regime Especial Unificado de Arrecadação de Tributos e Contribuições devidos pelas Microempresas e Empresas de Pequeno Porte – "Simples Nacional";

- *Alínea "a" com redação dada pelo Decreto nº 52.104, de 29.8.2007 – DOE de 30.8.2007 – Efeitos a partir da publicação.*

b) consumidor final.

§ 2º. Não se exigirá o estorno proporcional do crédito do imposto relativo às mercadorias beneficiadas com a redução de base de cálculo prevista neste artigo.

- *§ 2º com redação dada pelo Decreto nº 50.436, de 28.12.2005 – DOE de 29.12.2005 – Efeitos a partir da publicação.*

§ 3º. (Revogado).

- *§ 3º revogado pelo Decreto nº 58.761, de 20.12.2012 – DOE de 21.12.2012 – Efeitos a partir de 1º.1.2013.*

§ 4º. O benefício previsto neste artigo condiciona-se a que:

1 – o contribuinte esteja em situação regular perante o fisco;

2 – o contribuinte não possua, por qualquer de seus estabelecimentos:

a) débitos fiscais inscritos na dívida ativa deste Estado;

b) débitos do imposto declarados e não pagos no prazo de até 30 (trinta) dias contados da data de seu vencimento;

c) débitos do imposto decorrentes de Auto de Infração e Imposição de Multa – AIIM, em relação ao qual não caiba mais defesa ou recurso na esfera administrativa, não pagos no prazo fixado para o seu recolhimento;

d) débitos decorrentes de Auto de Infração e Imposição de Multa – AIIM ainda não julgado definitivamente na esfera administrativa, relativos a crédito indevido do imposto proveniente de operações ou prestações amparadas por benefícios fiscais concedidos em desacordo com o disposto no art. 155, § 2º, XII, "g", da Constituição Federal;

3 – na hipótese de o contribuinte não atender ao disposto no item 2:

a) os débitos estejam garantidos por depósito, judicial ou administrativo, fiança bancária, seguro de obrigações contratuais ou outro tipo de garantia, a juízo da Procuradoria Geral do Estado, se inscritos na dívida ativa, ou a juízo do Coordenador da Administração Tributária, caso ainda pendentes de inscrição na dívida ativa;

b) os débitos declarados ou apurados pelo fisco sejam objeto de pedido de parcelamento deferido e celebrado, que esteja sendo regularmente cumprido;

c) o Auto de Infração e Imposição de Multa – AIIM ainda não julgado definitivamente na esfera administrativa seja garantido por depósito administrativo, fiança bancária, seguro de obrigações contratuais ou outro tipo de garantia, a juízo do Coordenador da Administração Tributária.

- *§ 4º acrescido pelo Decreto nº 55.304, de 30.12.2009 – DOE de 31.12.2009, e com redação dada pelo Decreto nº 56.850, de 18.3.2011 – DOE de 19.3.2011 – Efeitos a partir de 1º.4.2011.*

- *Art. 33 acrescido pelo Decreto nº 48.961, de 21.9.2004 – DOE de 22.9.2004 – Efeitos a partir da publicação.*

**Art. 34. (PERFUMES, COSMÉTICOS E PRODUTOS DE HIGIENE PESSOAL)** – Fica reduzida a base de cálculo do imposto incidente na saída interna dos produtos adiante indicados, observada a classificação segundo a Nomenclatura Brasileira de Mercadorias do Sistema Harmonizado – NBM/SH, realizada por estabelecimento fabricante ou atacadista, de forma que a carga tributária corresponda ao percentual de 12% (doze por cento) (Lei nº 6.374/1989, art. 112):

I – papel higiênico, 4818.10.00;

II – fraldas descartáveis, 4818.40.10;

III – tampões higiênicos, 4818.40.20;

IV – absorventes higiênicos, 4818.40.90;

V – absorventes e tampões higiênicos e fraldas de fibras têxteis, 5601.10.00;

VI – perfumes e águas de colônia, 3303.00;

VII – produtos de beleza ou de maquilagem preparados e preparações para conservação ou cuidados da pele (exceto medicamentos), incluídas as preparações anti-solares e os bronzeadores; preparações para manicuros e pedicuros, 3304;

VIII – preparações capilares, 3305;

IX – preparações para barbear (antes, durante ou após), desodorantes corporais, preparações para banhos, depilatórios, outros produtos de perfumaria ou de toucador preparados e outras preparações cosméticas, não especificados nem compreendidos em outras posições; desodorantes de ambientes, preparados, mesmo não perfumados, com ou sem propriedades desinfetantes, 3307;

X – sabões; produtos e preparações orgânicos tensoativos utilizados como sabão, em barras, pães, pedaços ou figuras moldados, mesmo contendo sabão; papel, pastas ("ouates"), feltros e falsos tecidos, impregnados, revestidos ou recobertos de sabão ou de detergentes, 3401;

XI – dentifrícios, 3306.10.00;

- *Inciso XI acrescido pelo Decreto nº 49.115, de 10.11.2004 – DOE de 11.11.2004 – Efeitos a partir da publicação.*

XII – fios para limpar os espaços interdentais (fios dentais), 3306.20.00;

- *Inciso XII acrescido pelo Decreto nº 49.115, de 10.11.2004 – DOE de 11.11.2004 – Efeitos a partir da publicação.*

XIII – lenços (incluídos os de maquilagem) e toalhas de mão, 4818.20.00;

- *Inciso XIII acrescido pelo Decreto nº 49.115, de 10.11.2004 – DOE de 11.11.2004 – Efeitos a partir da publicação.*

XIV – toalhas e guardanapos, de mesa, 4818.30.00;

- *Inciso XIV acrescido pelo Decreto nº 49.115, de 10.11.2004 – DOE de 11.11.2004 – Efeitos a partir da publicação.*

XV – escovas de dentes, escovas e pincéis de barba, escovas para cabelos, para cílios ou para unhas e outras escovas de toucador de pessoas, incluídas as que sejam partes de aparelhos, 9603.2.

- *Inciso XV acrescido pelo Decreto nº 49.115, de 10.11.2004 – DOE de 11.11.2004 – Efeitos a partir da publicação.*

§ 1º. A redução de base de cálculo prevista neste artigo:

1 – não se aplica à saída destinada a:

a) estabelecimento de contribuinte sujeito às normas do Regime Especial Unificado de Arrecadação de Tributos e Contribuições devidos pelas Microempresas e Empresas de Pequeno Porte – "Simples Nacional",

- *Alínea "a" com redação dada pelo Decreto nº 52.104, de 29.8.2007 – DOE de 30.8.2007 – Efeitos a partir da publicação.*

b) a consumidor final;

2 – fica condicionada à regular apresentação pelo contribuinte remetente de informações econômico-fiscais, nos termos de disciplina estabelecida pela Secretaria da Fazenda;

3 – (revogado);

• *Item 3 revogado pelo Decreto nº 49.016, de 6.10.2004 – DOE de 7.10.2004 – Efeitos a partir de 22.9.2004.*

§ 2º. Não se exigirá o estorno proporcional do crédito do imposto relativo às mercadorias beneficiadas com a redução de base de cálculo prevista neste artigo.

• *§ 2º com redação dada pelo Decreto nº 50.436, de 28.12.2005 – DOE de 29.12.2005 – Efeitos a partir da publicação.*

§ 3º. (Revogado).

• *§ 3º revogado pelo Decreto nº 58.761, de 20.12.2012 – DOE de 21.12.2012 – Efeitos a partir de 1º.1.2013.*

§ 4º. O benefício previsto neste artigo condiciona-se a que:

1 – o contribuinte esteja em situação regular perante o fisco;

2 – o contribuinte não possua, por qualquer de seus estabelecimentos:

a) débitos fiscais inscritos na dívida ativa deste Estado;

b) débitos do imposto declarados e não pagos no prazo de até 30 (trinta) dias contados da data de seu vencimento;

c) débitos do imposto decorrentes de Auto de Infração e Imposição de Multa – AIIM, em relação ao qual não caiba mais defesa ou recurso na esfera administrativa, não pagos no prazo fixado para o seu recolhimento;

d) débitos decorrentes de Auto de Infração e Imposição de Multa – AIIM ainda não julgado definitivamente na esfera administrativa, relativos a crédito indevido do imposto proveniente de operações ou prestações amparadas por benefícios fiscais concedidos em desacordo com o disposto no art. 155, § 2º, XII, "g", da Constituição Federal;

3 – na hipótese de o contribuinte não atender ao disposto no item 2:

a) os débitos estejam garantidos por depósito, judicial ou administrativo, fiança bancária, seguro de obrigações contratuais ou outro tipo de garantia, a juízo da Procuradoria Geral do Estado, se inscritos na dívida ativa, ou a juízo do Coordenador da Administração Tributária, caso ainda pendentes de inscrição na dívida ativa;

b) os débitos declarados ou apurados pelo fisco sejam objeto de pedido de parcelamento deferido e celebrado, que esteja sendo regularmente cumprido;

c) o Auto de Infração e Imposição de Multa – AIIM ainda não julgado definitivamente na esfera administrativa seja garantido por depósito administrativo, fiança bancária, seguro de obrigações contratuais ou outro tipo de garantia, a juízo do Coordenador da Administração Tributária.

• *§ 4º acrescido pelo Decreto nº 55.304, de 30.12.2009 – DOE de 31.12.2009, e com redação dada pelo Decreto nº 56.850, de 18.3.2011 – DOE de 19.3.2011 – Efeitos a partir de 1º.4.2011.*

• *Art. 34 acrescido pelo Decreto nº 48.959, de 21.9.2004 – DOE de 22.9.2004 – Efeitos a partir da publicação.*

• *V. Decreto nº 52.665, de 24.1.2008 – Disciplina o recolhimento de ICMS relativo ao estoque de medicamentos, bebidas alcoólicas, produtos de perfumaria e de higiene pessoal recebidos antes do início do regime de retenção antecipada por substituição tributária.*

**Art. 35. (INSTRUMENTOS MUSICAIS)** – Fica reduzida a base de cálculo do imposto incidente na saída interna de instrumentos musicais classificados no Capítulo 92 da Nomenclatura Brasileira de Mercadorias do Sistema Harmonizado – NBM/SH, realizada por estabelecimento fabricante, de forma que a carga tributária corresponda ao percentual de 12% (doze por cento) (Lei nº 6.374/1989, art. 112).

§ 1º. A redução de base de cálculo prevista neste artigo:

1 – não se aplica à saída destinada a:

a) estabelecimento de contribuinte sujeito às normas do Regime Especial Unificado de Arrecadação de Tributos e Contribuições devidos pelas Microempresas e Empresas de Pequeno Porte – "Simples Nacional";

• *Alínea "a" com redação dada pelo Decreto nº 52.104, de 29.8.2007 – DOE de 30.8.2007 – Efeitos a partir da publicação.*

b) a consumidor final;

2 – fica condicionada à regular apresentação pelo contribuinte remetente de informações econômico-fiscais, nos termos de disciplina estabelecida pela Secretaria da Fazenda;

3 – aplica-se, também, à saída interna dos produtos industrializados indicados promovida por estabelecimento do mesmo titular do estabelecimento fabricante, que os tenha recebido em transferência deste.

• *Item 3 com redação dada pelo Decreto nº 49.016, de 6.10.2004 – DOE de 7.10.2004 – Efeitos a partir de 22.9.2004.*

§ 2º. Não se exigirá o estorno proporcional do crédito do imposto relativo às mercadorias beneficiadas com a redução de base de cálculo prevista neste artigo.

• *§ 2º com redação dada pelo Decreto nº 50.436, de 28.12.2005 – DOE de 29.12.2005 – Efeitos a partir da publicação.*

§ 3º. (Revogado).

• *§ 3º revogado pelo Decreto nº 58.761, de 20.12.2012 – DOE de 21.12.2012 – Efeitos a partir de 1º.1.2013.*

§ 4º. O benefício previsto neste artigo condiciona-se a que:

1 – o contribuinte esteja em situação regular perante o fisco;

2 – o contribuinte não possua, por qualquer de seus estabelecimentos:

a) débitos fiscais inscritos na dívida ativa deste Estado;

b) débitos do imposto declarados e não pagos no prazo de até 30 (trinta) dias contados da data de seu vencimento;

c) débitos do imposto decorrentes de Auto de Infração e Imposição de Multa – AIIM, em relação ao qual não caiba mais defesa ou recurso na esfera administrativa, não pagos no prazo fixado para o seu recolhimento;

d) débitos decorrentes de Auto de Infração e Imposição de Multa – AIIM ainda não julgado definitivamente na esfera administrativa, relativos a crédito indevido do imposto proveniente de operações ou prestações amparadas por benefícios fiscais concedidos em desacordo com o disposto no art. 155, § 2°, XII, "g", da Constituição Federal;

3 – na hipótese de o contribuinte não atender ao disposto no item 2:

a) os débitos estejam garantidos por depósito, judicial ou administrativo, fiança bancária, seguro de obrigações contratuais ou outro tipo de garantia, a juízo da Procuradoria Geral do Estado, se inscritos na dívida ativa, ou a juízo do Coordenador da Administração Tributária, caso ainda pendentes de inscrição na dívida ativa;

b) os débitos declarados ou apurados pelo fisco sejam objeto de pedido de parcelamento deferido e celebrado, que esteja sendo regularmente cumprido;

c) o Auto de Infração e Imposição de Multa – AIIM ainda não julgado definitivamente na esfera administrativa seja garantido por depósito administrativo, fiança bancária, seguro de obrigações contratuais ou outro tipo de garantia, a juízo do Coordenador da Administração Tributária.

- *§ 4º acrescido pelo Decreto nº 55.304, de 30.12.2009 – DOE de 31.12.2009, e com redação dada pelo Decreto nº 56.850, de 18.3.2011 – DOE de 19.3.2011 – Efeitos a partir de 1º.4.2011.*

- *Art. 35 acrescido pelo Decreto nº 48.960, de 21.9.2004 – DOE de 22.9.2004 – Efeitos a partir da publicação.*

**Art. 36. (AUTOPEÇAS)** – Fica reduzida a base de cálculo do imposto incidente na saída interna dos produtos adiante indicados, observada a classificação segundo a Nomenclatura Brasileira de Mercadorias do Sistema Harmonizado – NBM/SH, realizada por estabelecimento fabricante ou atacadista, de forma que a carga tributária corresponda ao percentual de 12% (doze por cento) (Lei nº 6.374/1989, art. 112):

I – silenciosos e tubos de escape, 8708.92.00;

II – ignição eletrônica digital, 8511.80.30;

III – vidros de segurança de dimensões e formatos que permitam a sua aplicação em veículos automotores, 7007.11.0000;

IV – vidros de dimensões e formatos que permitam a sua aplicação em veículos automotores, 7007.21.00;

V – filtros para óleos minerais para motores de ignição por centelha ou compressão, 8421.23.00;

VI – filtros para combustíveis para motores de ignição por centelha ou compressão, 8421.29.90;

VII – filtros de entrada de ar para motores de ignição por centelha ou compressão, 8421.31.00;

VIII – partes ou peças separadas dos filtros indicados no item 5, 6 ou 7, destinadas especificamente à filtragem de óleos minerais, combustíveis ou ar, 8421.99.99;

IX – acumuladores de chumbo, do tipo utilizado para o arranque dos motores de pistão, 8507.10.00;

X – velas de ignição, 8511.10.00;

XI – amortecedores de suspensão, 8708.80.00;

XII – radiadores, 8708.91.00.

§ 1º. A redução de base de cálculo prevista neste artigo:

1 – não se aplica à saída destinada a:

a) estabelecimento enquadrado como beneficiário do regime tributário atribuído à microempresa e empresa de pequeno porte;

b) a consumidor final;

2 – fica condicionada à regular apresentação pelo contribuinte remetente de informações econômico-fiscais, nos termos de disciplina estabelecida pela Secretaria da Fazenda;

3 – (revogado).

- *Item 3 revogado pelo Decreto nº 49.016, de 6.10.2004 – DOE de 7.10.2004 – Efeitos a partir da publicação.*

§ 2º. Este benefício vigorará até 31 de dezembro de 2005.

- *Art. 36 acrescido pelo Decreto nº 48.956, de 21.9.2004 – DOE de 22.9.2004 – Efeitos a partir da publicação.*

**Art. 37. (BRINQUEDOS)** – Fica reduzida a base de cálculo do imposto incidente na saída interna de brinquedos classificados nas subposições 9501.00 e 9504.10 e nas posições 9502 e 9503, todos da Nomenclatura Brasileira de Mercadorias do Sistema Harmonizado – NBM/SH, realizada por estabelecimento fabricante, de forma que a carga tributária corresponda ao percentual de 12% (doze por cento) (Lei nº 6.374/1989, art. 112).

§ 1º. A redução de base de cálculo prevista neste artigo:

1 – não se aplica à saída destinada a:

a) estabelecimento de contribuinte sujeito às normas do Regime Especial Unificado de Arrecadação de Tributos e Contribuições devidos pelas Microempresas e Empresas de Pequeno Porte – "Simples Nacional";

- *Alínea "a" com redação dada pelo Decreto nº 52.104, de 29.8.2007 – DOE de 30.8.2007 – Efeitos a partir da publicação.*

b) a consumidor final;

2 – fica condicionada à regular apresentação pelo contribuinte remetente de informações econômico-fiscais, nos termos de disciplina estabelecida pela Secretaria da Fazenda;

3 – aplica-se, também, à saída interna dos produtos industrializados indicados promovida por estabelecimento do mesmo titular do estabelecimento fabricante, que os tenha recebido em transferência deste.

• *Item 3 com redação dada pelo Decreto nº 49.016, de 6.10.2004 – DOE de 7.10.2004 – Efeitos a partir de 22.9.2004.*

§ 2º. Não se exigirá o estorno proporcional do crédito do imposto relativo às mercadorias beneficiadas com a redução de base de cálculo prevista neste artigo.

• *§ 2º com redação dada pelo Decreto nº 50.436, de 28.12.2005 – DOE de 29.12.2005 – Efeitos a partir da publicação.*

§ 3º. (Revogado).

• *§ 3º revogado pelo Decreto nº 58.761, de 20.12.2012 – DOE de 21.12.2012 – Efeitos a partir de 1º.1.2013.*

§ 4º. O benefício previsto neste artigo condiciona-se a que:

1 – o contribuinte esteja em situação regular perante o fisco;

2 – o contribuinte não possua, por qualquer de seus estabelecimentos:

a) débitos fiscais inscritos na dívida ativa deste Estado;

b) débitos do imposto declarados e não pagos no prazo de até 30 (trinta) dias contados da data de seu vencimento;

c) débitos do imposto decorrentes de Auto de Infração e Imposição de Multa – AIIM, em relação ao qual não caiba mais defesa ou recurso na esfera administrativa, não pagos no prazo fixado para o seu recolhimento;

d) débitos decorrentes de Auto de Infração e Imposição de Multa – AIIM ainda não julgado definitivamente na esfera administrativa, relativos a crédito indevido do imposto proveniente de operações ou prestações amparadas por benefícios fiscais concedidos em desacordo com o disposto no art. 155, § 2º, XII, "g", da Constituição Federal;

3 – na hipótese de o contribuinte não atender ao disposto no item 2:

a) os débitos estejam garantidos por depósito, judicial ou administrativo, fiança bancária, seguro de obrigações contratuais ou outro tipo de garantia, a juízo da Procuradoria Geral do Estado, se inscritos na dívida ativa, ou a juízo do Coordenador da Administração Tributária, caso ainda pendentes de inscrição na dívida ativa;

b) os débitos declarados ou apurados pelo fisco sejam objeto de pedido de parcelamento deferido e celebrado, que esteja sendo regularmente cumprido;

c) o Auto de Infração e Imposição de Multa – AIIM ainda não julgado definitivamente na esfera administrativa seja garantido por depósito administrativo, fiança bancária, seguro de obrigações contratuais ou outro tipo de garantia, a juízo do Coordenador da Administração Tributária.

• *§ 4º acrescido pelo Decreto nº 55.304, de 30.12.2009 – DOE de 31.12.2009, e com redação dada pelo Decreto nº 56.850, de 18.3.2011 – DOE de 19.3.2011 – Efeitos a partir de 1º.4.2011.*

• *Art. 37 acrescido pelo Decreto nº 48.958, de 21.9.2004 – DOE de 22.9.2004 – Efeitos a partir da publicação.*

**Art. 38. (REGIME DE ADMISSÃO TEMPORÁRIA)** – Fica reduzida a base de cálculo do imposto incidente no desembaraço aduaneiro decorrente de importação do exterior de bens destinados à prestação de serviços ou à fabricação de outros bens de capital, sob amparo do Regime Aduaneiro Especial de Admissão Temporária previsto em legislação federal específica, de forma que a tributação seja equivalente àquela adotada para cobrança dos tributos federais e desde que (Convênio ICMS-58/99, cláusula segunda):

I – a incidência do imposto seja proporcional ao tempo efetivo de permanência do bem no país;

II – sejam observados:

a) o disposto no § 1º do art. 2º deste Regulamento;

b) as condições previstas na legislação federal relativa ao Regime Aduaneiro Especial de Admissão Temporária;

III – o desembarque e o desembaraço aduaneiro sejam efetuados neste Estado.

Parágrafo único. A inobservância ou o descumprimento de qualquer das condições estabelecidas neste artigo implicará na exigência integral do imposto devido desde a data do desembaraço, com os acréscimos legais cabíveis.

• *Art. 38 acrescido pelo Decreto nº 49.069, de 25.10.2004 – DOE de 26.10.2004 – Efeitos a partir de 1º.11.2004.*

**Art. 39. (PRODUTOS ALIMENTÍCIOS)** – Fica reduzida a base de cálculo do imposto incidente nas saídas internas com os produtos alimentícios a seguir indicados, classificados segundo a Nomenclatura Brasileira de Mercadorias do Sistema Harmonizado – NBM/SH, realizadas por estabelecimento fabricante ou atacadista, de forma que a carga tributária corresponda ao percentual de 12% (doze por cento) (Lei nº 6.374/1989, art. 112):

I – peixes e crustáceos, moluscos e outros invertebrados aquáticos do capítulo 3;

II – laticínios, mel natural, outros produtos comestíveis de origem animal do capítulo 4, não especificados nem compreendidos em outros capítulos, exceto leite esterilizado (longa vida), iogurte e leite fermentado, classificados nos códigos 0401.10.10,

0401.20.10, 0403.10.00 e 0403.90.00 da Nomenclatura Comum do Mercosul – NCM;

• *Inciso II com redação dada pelo Decreto nº 56.892, de 30.3.2011 – DOE de 31.3.2011 – Efeitos para os fatos geradores ocorridos a partir de 31.3.2011.*

III – produtos hortícolas, plantas, raízes e tubérculos comestíveis do capítulo 7;

IV – frutas do capítulo 8;

V – chá, mate e especiarias das posições 0902 a 0910;

VI – produtos da indústria de moagem, amidos, féculas e glúten de trigo do capítulo 11;

VII – sementes e frutos oleaginosos do capítulo 12;

VIII – óleos vegetais comestíveis do capítulo 15;

IX – preparações de carne, de peixes ou de crustáceos, de moluscos ou de outros invertebrados aquáticos do capítulo 16;

X – açúcares e produtos de confeitaria do capítulo 17;

XI – cacau e suas preparações comestíveis do capítulo 18;

XII – preparações comestíveis à base de cereais, farinhas, amidos, féculas ou de leite; produtos de pastelaria – capítulo 19;

XIII – preparações de produtos hortícolas, de frutas ou de outras partes de plantas do capítulo 20, exceto suco de laranja classificado no código 2009.1 da NCM;

• *Inciso XIII com redação dada pelo Decreto nº 58.308, de 16.8.2012 – DOE de 17.8.2012 – Efeitos a partir da publicação.*

XIV – preparações alimentícias diversas do capítulo 21;

XV – vinagre e seus sucedâneos, obtidos a partir do ácido acético, para usos alimentícios – código 2209.00.00;

XVI – bebidas alimentares a base de soja ou leite e cacau e néctares de fruta – código 2202.90.00.

• *Inciso XVI acrescido pelo Decreto nº 49.472, de 10.3.2005 – DOE de 11.3.2005 – Efeitos a partir da publicação.*

§ 1º. A redução de base de cálculo prevista neste artigo:

1 – não se aplica, em qualquer caso, aos produtos:

a) não destinados à alimentação humana;

b) (revogada);

• *Alínea "b" revogada pelo Decreto nº 52.957, de 5.5.2008 – DOE de 6.5.2008 – Efeitos para os fatos geradores ocorridos a partir de 1º.5.2008.*

c) contemplados neste Regulamento com qualquer outro benefício fiscal;

2 – não se aplica à saída destinada a:

a) estabelecimento de contribuinte sujeito às normas do Regime Especial Unificado de Arrecadação de Tributos e Contribuições devidos pelas Microempresas e Empresas de Pequeno Porte – "Simples Nacional";

• *Alínea "a" com redação dada pelo Decreto nº 52.104, de 29.8.2007 – DOE de 30.8.2007 – Efeitos a partir da publicação.*

b) consumidor final;

3 – não poderá ser cumulada com qualquer outro benefício fiscal;

4 – fica condicionada à regular apresentação pelo contribuinte remetente de informações econômico-fiscais, nos termos de disciplina estabelecida pela Secretaria da Fazenda.

§ 2º. Não se exigirá o estorno proporcional do crédito do imposto relativo às mercadorias beneficiadas com a redução de base de cálculo prevista neste artigo.

• *§ 2º com redação dada pelo Decreto nº 50.436, de 28.12.2005 – DOE de 29.12.2005 – Efeitos a partir da publicação.*

§ 3º. (Revogado).

• *§ 3º revogado pelo Decreto nº 58.761, de 20.12.2012 – DOE de 21.12.2012 – Efeitos a partir de 1º.1.2013.*

§ 4º. O benefício previsto neste artigo condiciona-se a que:

1 – o contribuinte esteja em situação regular perante o fisco;

2 – o contribuinte não possua, por qualquer de seus estabelecimentos:

a) débitos fiscais inscritos na dívida ativa deste Estado;

b) débitos do imposto declarados e não pagos no prazo de até 30 (trinta) dias contados da data de seu vencimento;

c) débitos do imposto decorrentes de Auto de Infração e Imposição de Multa – AIIM, em relação ao qual não caiba mais defesa ou recurso na esfera administrativa, não pagos no prazo fixado para o seu recolhimento;

d) débitos decorrentes de Auto de Infração e Imposição de Multa – AIIM ainda não julgado definitivamente na esfera administrativa, relativos a crédito indevido do imposto proveniente de operações ou prestações amparadas por benefícios fiscais concedidos em desacordo com o disposto no art. 155, § 2º, XII, "g", da Constituição Federal;

3 – na hipótese de o contribuinte não atender ao disposto no item 2:

a) os débitos estejam garantidos por depósito, judicial ou administrativo, fiança bancária, seguro de obrigações contratuais ou outro tipo de garantia, a juízo da Procuradoria Geral do Estado, se inscritos na dívida ativa, ou a juízo do Coordenador da Administração Tributária, caso ainda pendentes de inscrição na dívida ativa;

b) os débitos declarados ou apurados pelo fisco sejam objeto de pedido de parcelamento deferido e celebrado, que esteja sendo regularmente cumprido;

c) o Auto de Infração e Imposição de Multa – AIIM ainda não julgado definitivamente na esfera administrativa seja garantido por depósito administrativo, fiança bancária, seguro de obrigações contratuais ou outro tipo de garantia, a juízo do Coordenador da Administração Tributária.

- *§ 4º acrescido pelo Decreto nº 55.304, de 30.12.2009 – DOE de 31.12.2009, e com redação dada pelo Decreto nº 56.850, de 18.3.2011 – DOE de 19.3.2011 – Efeitos a partir de 1º.4.2011.*
- *Art. 39 acrescido pelo Decreto nº 49.113, de 10.11.2004 – DOE de 11.11.2004 – Efeitos a partir de 1º.12.2004.*

**Art. 40. (CRISTAL E PORCELANA)** – Fica reduzida em 50% (cinquenta por cento) a base de cálculo do imposto incidente na saída promovida pelo estabelecimento fabricante dos produtos a seguir indicados, classificados nas posições, subposições e códigos da Nomenclatura Brasileira de Mercadorias – Sistema Harmonizado – NBM/SH (Convênio ICMS-153/04, cláusula segunda):

I – louças, outros artigos de uso doméstico e artigo de higiene ou toucador, de porcelana, classificados na posição 6911;

II – copos de cristal de chumbo, exceto os de vitrocerâmica, classificados no código 7013.21.0000;

III – objetos para serviço de mesa (exceto copos) ou de cozinha, de cristal de chumbo, exceto de vitrocerâmica, classificados no código 7013.31.0000;

IV – outros objetos de cristal de chumbo, classificados na subposição 7013.91.

§ 1º. O benefício previsto neste artigo é opcional e sua adoção implicará vedação ao aproveitamento de quaisquer créditos.

§ 2º. O contribuinte declarará a sua opção em termo lavrado no livro Registro de Utilização de Documentos Fiscais e Termos de Ocorrências, devendo a renúncia a ela ser objeto de novo termo, termos esses que produzirão efeitos por período não inferior a 12 (doze) meses, contados do primeiro dia do mês subsequente ao da sua lavratura.

§ 3º. Este benefício vigorará enquanto vigorar o Convênio ICMS-153/04, de 10 de dezembro de 2004.

- *§ 3º com redação dada pelo Decreto nº 52.379, de 19.11.2007 – DOE de 20.11.2007 – Efeitos a partir de 1º.9.2007.*
- *Art. 40 acrescido pelo Decreto nº 49.344, de 24.1.2005 – DOE de 25.1.2005 – Efeitos a partir de 10.1.2005.*

**Art. 41. (NOVILHO PRECOCE)** – Fica reduzida, nos percentuais adiante indicados, a base de cálculo do imposto incidente na saída de gado bovino qualificado como novilho precoce de estabelecimento rural com destino ao estabelecimento que irá promover o abate, localizado no território paulista (Convênio-ICMS 153/04, cláusula quarta):

I – 45% (quarenta e cinco por cento), se o animal a ser abatido apresentar as seguintes características:

a) ter, no máximo, 2 (dois) dentes incisivos permanentes ou idade inferior a 2 (dois) anos e peso igual ou superior a 225 (duzentos e vinte e cinco) quilogramas de carcaça, para os machos castrados, e a 180 (cento e oitenta) quilogramas, para as fêmeas;

b) não ter dente incisivo permanente ou ter idade inferior a 1 (um) ano e 6 (seis) meses e ter peso igual ou superior a 225 (duzentos e vinte e cinco) quilogramas de carcaça, para os machos não castrados;

II – 25% (vinte e cinco por cento), se o animal tiver no máximo 4 (quatro) dentes incisivos permanentes ou idade inferior a 2 (dois) anos e 6 (seis) meses e o peso igual ou superior a 225 (duzentos e vinte e cinco) quilogramas de carcaça, para os machos castrados, e a 180 (cento e oitenta) quilogramas, para as fêmeas.

§ 1º. Além dos requisitos previstos nos incisos I e II, o animal deverá possuir, por ocasião do abate, de 3 (três) a 10 (dez) milímetros de gordura de cobertura da carcaça.

§ 2º. O benefício previsto neste artigo fica condicionado a que:

1 – o estabelecimento rural esteja inscrito no cadastro dos produtores pecuários, conforme previsto no Decreto nº 40.152, de 23.6.1995 que instituiu o Programa de Produção de Carne Qualificada de Bovídeos;

2 – o estabelecimento abatedor seja credenciado pela Secretaria de Agricultura e Abastecimento;

3 – sejam indicados no documento fiscal que acompanhar o gado destinado ao abate, além dos demais requisitos, o número da inscrição de que trata o item 1 e a seguinte expressão "Operação Enquadrada no Programa Instituído pelo Decreto nº 40.152/1995";

4 – o atendimento das exigências previstas neste artigo seja atestado em documento expedido por técnicos do Serviço de Inspeção de Produtos de Origem Animal do Ministério da Agricultura e do Abastecimento ou da Secretaria de Agricultura e Abastecimento.

§ 3º. Constatado que o animal não atendia às exigências dos incisos I e II e do § 1º, não se aplica o benefício de que trata este artigo, devendo o débito decorrente da diferença de imposto ser recolhido no prazo de 5 (cinco) dias, contado do abate, com atualização monetária e acréscimos legais.

§ 4º. O benefício previsto neste artigo é opcional e sua adoção implicará vedação ao aproveitamento de quaisquer créditos.

§ 5º. O contribuinte declarará a sua opção em termo lavrado no livro Registro de Utilização de Documentos Fiscais e Termos de Ocorrências, devendo a renúncia a ela ser objeto de novo termo, termos esses que produzirão efeitos por período não inferior a 12 (doze) meses, contados do primeiro dia do mês subsequente ao da sua lavratura.

§ 6º. Este benefício vigorará enquanto vigorar o Convênio ICMS-153/04, de 10 de dezembro de 2004.

- *§ 6º com redação dada pelo Decreto nº 52.379, de 19.11.2007 – DOE de 20.11.2007 – Efeitos a partir de 1º.9.2007.*

- *Art. 41 acrescido pelo Decreto nº 49.344, de 24.1.2005 – DOE de 25.1.2005 – Efeitos a partir de 10.1.2005.*

**Art. 42. (ALHO)** – Fica reduzida em 50% (cinquenta por cento) a base de cálculo do imposto incidente na saída interestadual de alho, promovida pelo estabelecimento em que tiver sido produzido (Convênio ICMS-153/04, cláusula quinta).

- *Art. 42,* caput, *com redação dada pelo Decreto nº 49.709, de 23.6.2005 – DOE de 24.6.2005 – Efeitos a partir da publicação.*

§ 1º. O benefício previsto neste artigo é opcional e sua adoção implicará vedação ao aproveitamento de quaisquer créditos.

§ 2º. O contribuinte declarará a sua opção em termo lavrado no livro Registro de Utilização de Documentos Fiscais e Termos de Ocorrências, devendo a renúncia a ela ser objeto de novo termo, termos esses que produzirão efeitos por período não inferior a 12 (doze) meses, contados do primeiro dia do mês subsequente ao da sua lavratura.

§ 3º. Este benefício vigorará enquanto vigorar o Convênio ICMS-153/04, de 10 de dezembro de 2004.

- *§ 3º com redação dada pelo Decreto nº 52.379, de 19.11.2007 – DOE de 20.11.2007 – Efeitos a partir de 1º.9.2007.*

- *Art. 42 acrescido pelo Decreto nº 49.344, de 24.1.2005 – DOE de 25.1.2005 – Efeitos a partir de 10.1.2005.*

**Art. 43. (MANDIOCA)** – Fica reduzida a base de cálculo do imposto incidente na saída de produto resultante da industrialização de mandioca promovida pelo respectivo estabelecimento industrializador, de forma que a carga tributária resulte no percentual de 7% (sete por cento) (Convênio ICMS-153/04, cláusula sétima, com alterações dos Convênios ICMS-69/05 e ICMS-67/05).

- *Art. 43,* caput, *com redação dada pelo Decreto nº 49.910, de 22.8.2005 – DOE de 23.8.2005 – Efeitos a partir de 22.7.2005.*

§ 1º. Não se exigirá o estorno do crédito do imposto nas operações com o produto beneficiado com a redução de base de cálculo prevista neste artigo.

- *§ 1º com redação dada pelo Decreto nº 49.910, de 22.8.2005 – DOE de 23.8.2005 – Efeitos a partir de 22.7.2005.*

§ 2º. Este benefício vigorará enquanto vigorar o Convênio ICMS-153/04, de 10 de dezembro de 2004.

- *§ 2º com redação dada pelo Decreto nº 52.379, de 19.11.2007 – DOE de 20.11.2007 – Efeitos a partir de 1º.9.2007.*

- *Art. 43 acrescido pelo Decreto nº 49.344, de 24.1.2005 – DOE de 25.1.2005 – Efeitos a partir de 10.1.2005.*

**Art. 44. (TELECOMUNICAÇÕES – "CALL CENTER")** – Fica reduzida a base de cálculo do imposto incidente nas prestações de serviços de telefonia fixa a empresas de "call center" para a execução dos serviços terceirizados a seguir indicados, de modo que a carga tributária resulte no percentual de 15% (quinze por cento) (Lei nº 6.374/1989, art. 112):

- *Art. 44 acrescido pelo Decreto nº 49.611, de 23.5.2005 – DOE de 24.5.2005 – Efeitos a partir da publicação.*

I – serviços de atendimento ao consumidor;

II – televendas;

III – agendamento de visitas;

IV – pesquisa de mercado;

V – cobrança;

VI – "*help desk*";

VII – retenção de clientes.

§ 1º. Para fruição do benefício previsto neste artigo, a empresa de "call center" deverá ser previamente autorizada pela Secretaria da Fazenda, nos termos de disciplina por ela estabelecida.

§ 2º. (Revogado).

- *§ 2º revogado pelo Decreto nº 58.761, de 20.12.2012 – DOE de 21.12.2012 – Efeitos a partir de 1º.1.2013.*

§ 3º. Não se exigirá o estorno proporcional do crédito do imposto relativo às prestações de serviços beneficiadas com a redução de base de cálculo prevista neste artigo.

- *§ 3º com redação dada pelo Decreto nº 51.362, de 13.12.2006 – DOE de 14.12.2006 – Efeitos a partir da publicação.*

§ 4º. O benefício previsto neste artigo condiciona-se a que:

- *§ 4º,* caput, *acrescido pelo Decreto nº 55.304, de 30.12.2009 – DOE de 31.12.2009, e com redação dada pelo Decreto nº 56.850, de 18.3.2011 – DOE de 19.3.2011 – Efeitos a partir de 1º.4.2011.*

1 – o contribuinte esteja em situação regular perante o fisco;

- *Item 1 acrescido pelo Decreto nº 55.304, de 30.12.2009 – DOE de 31.12.2009, e com redação dada pelo Decreto nº 56.850, de 18.3.2011 – DOE de 19.3.2011 – Efeitos a partir de 1º.4.2011.*

2 – o contribuinte não possua, por qualquer de seus estabelecimentos:

a) débitos fiscais inscritos na dívida ativa deste Estado;

b) débitos do imposto declarados e não pagos no prazo de até 30 (trinta) dias contados da data de seu vencimento;

c) débitos do imposto decorrentes de Auto de Infração e Imposição de Multa – AIIM, em relação ao qual não caiba mais defesa ou recurso na esfera administrativa, não pagos no prazo fixado para o seu recolhimento;

d) débitos decorrentes de Auto de Infração e Imposição de Multa – AIIM ainda não julgado definitivamente na esfera administrativa, relativos a crédito indevido do imposto proveniente de operações ou prestações amparadas por benefícios fiscais concedidos em desacordo com o disposto no art. 155, § 2°, XII, "g", da Constituição Federal;

- *Item 2 acrescido pelo Decreto n° 55.304, de 30.12.2009 – DOE de 31.12.2009, e com redação dada pelo Decreto n° 56.850, de 18.3.2011 – DOE de 19.3.2011 – Efeitos a partir de 1°.4.2011.*

3 – na hipótese de o contribuinte não atender ao disposto no item 2:

- *Item 3,* caput, *acrescido pelo Decreto n° 55.304, de 30.12.2009 – DOE de 31.12.2009, e com redação dada pelo Decreto n° 56.850, de 18.3.2011 – DOE de 19.3.2011 – Efeitos a partir de 1°.4.2011.*

a) os débitos estejam garantidos por depósito, judicial ou administrativo, fiança bancária, seguro de obrigações contratuais ou outro tipo de garantia, a juízo da Procuradoria Geral do Estado, se inscritos na dívida ativa, ou a juízo do Coordenador da Administração Tributária, caso ainda pendentes de inscrição na dívida ativa;

- *Alínea "a" acrescida pelo Decreto n° 55.304, de 30.12.2009 – DOE de 31.12.2009, e com redação dada pelo Decreto n° 56.850, de 18.3.2011 – DOE de 19.3.2011 – Efeitos a partir de 1°.4.2011.*

b) os débitos declarados ou apurados pelo fisco sejam objeto de pedido de parcelamento deferido e celebrado, que esteja sendo regularmente cumprido;

- *Alínea "b" acrescida pelo Decreto n° 55.304, de 30.12.2009 – DOE de 31.12.2009, e com redação dada pelo Decreto n° 56.850, de 18.3.2011 – DOE de 19.3.2011 – Efeitos a partir de 1°.4.2011.*

c) o Auto de Infração e Imposição de Multa – AIIM ainda não julgado definitivamente na esfera administrativa seja garantido por depósito administrativo, fiança bancária, seguro de obrigações contratuais ou outro tipo de garantia, a juízo do Coordenador da Administração Tributária;

- *Alínea "c" acrescida pelo Decreto n° 55.304, de 30.12.2009 – DOE de 31.12.2009, e com redação dada pelo Decreto n° 56.850, de 18.3.2011 – DOE de 19.3.2011 – Efeitos a partir de 1°.4.2011.*

d) os débitos estejam com sua exigibilidade suspensa em razão de decisão judicial.

- *Alínea "d" acrescida pelo Decreto n° 58.287, de 8.8.2012 – DOE de 9.8.2012 – Efeitos a partir da publicação.*

**Art. 45. (CARNE)** – Fica reduzida a base de cálculo do imposto incidente na saída interestadual de carne e demais produtos comestíveis frescos resultantes do abate de ave, leporídeo e gado bovino, bufalino, caprino, ovino ou suíno, resfriados, congelados, salgados, secos ou temperados, de forma que a carga tributária resulte no percentual de 7% (sete por cento) (Convênio ICMS-89/05, cláusula primeira).

Parágrafo único. O disposto no *caput* também se aplica à saída interestadual de "jerked beef".

- *Parágrafo único acrescido pelo Decreto n° 57.143, de 18.7.2011 – DOE de 19.7.2011 – Efeitos a partir da publicação*
- *Art. 45 acrescido pelo Decreto n° 50.456, de 29.12.2005 – DOE de 30.12.2005 – Efeitos a partir de 1°.1.2006.*

**Art. 46. (BIODIESEL – B-100)** – Fica reduzida a base de cálculo do imposto incidente na saída de biodiesel (B-100) resultante da industrialização de grãos, sebo bovino, sementes ou palma, de forma que a carga tributária corresponda ao percentual de 12% (doze por cento) (Convênio ICMS-113/06, cláusula primeira, com alteração do Convênio ICMS-160/06, cláusula primeira).

- *Art. 46,* caput, *com redação dada pelo Decreto n° 51.484, de 16.1.2007 – DOE de 17.1.2007 – Efeitos a partir de 8.1.2007.*

§ 1°. Não se exigirá o estorno proporcional do crédito do imposto relativo à mercadoria beneficiada com a redução de base de cálculo prevista neste artigo.

§ 2°. Este benefício vigorará enquanto vigorar o Convênio ICMS-113/06, de 6 de outubro de 2006.

- *§ 2° com redação dada pelo Decreto n° 56.850, de 18.3.2011 – DOE de 19.3.2011 – Efeitos a partir de 1°.5.2011.*
- *Art. 46 acrescido pelo Decreto n° 51.300, de 23.11.2006 – DOE de 24.11.2006 – Efeitos a partir de 1°.11.2006.*

**Art. 47. (RASTREAMENTO DE VEÍCULO E CARGA)** – Fica reduzida a base de cálculo do imposto incidente na prestação de serviço de comunicação, na modalidade de monitoramento e rastreamento de veículo e de carga, de forma que a carga tributária resulte no percentual de (Convênio ICMS-139/06):

I – 5% (cinco por cento), até 31 de dezembro de 2007;

II – 7,5% (sete inteiros e cinco décimos por cento), de 1° de janeiro a 31 de dezembro de 2008;

III – 10% (dez por cento), de 1° de janeiro de 2009 a 31 de outubro de 2013;

- *Inciso III com redação dada pelo Decreto n° 59.652, de 25.10.2013 – DOE de 26.10.2013 – Efeitos a partir da publicação.*

IV – 5% (cinco por cento), a partir de 1° de novembro de 2013.

- *Inciso IV acrescido pelo Decreto n° 59.652, de 25.10.2013 – DOE de 26.10.2013 – Efeitos a partir da publicação.*

§ 1°. O benefício previsto neste artigo:

1 – é opcional e sua adoção implicará vedação à utilização de quaisquer créditos e à utilização de qualquer outro benefício fiscal;

2 – fica condicionado:

a) a que a base de cálculo seja o valor total da prestação do serviço de comunicação cobrado do tomador;

b) ao regular cumprimento da obrigação principal, na forma e no prazo estabelecidos neste Regulamento;

c) ao envio, até o dia 30 do mês subsequente ao do fato gerador, à Diretoria Executiva da Administração Tributária, da relação de que dispõe o § 3º, sem prejuízo de outras informações exigidas pelo fisco;

d) ao registro pelo contribuinte de sua opção em termo lavrado no livro Registro de Utilização de Documentos Fiscais e Termos de Ocorrências, devendo a renúncia a ela ser objeto de novo termo, que produzirá efeitos, em cada caso, por período não inferior a 12 (doze) meses, contados do primeiro dia do mês subsequente ao da lavratura do correspondente termo.

§ 2º. A empresa optante do regime de tributação de que trata este artigo deverá manter:

1 – apenas um de seus estabelecimentos inscrito no Cadastro de Contribuintes do ICMS, dispensados dessa exigência os demais locais onde exercer sua atividade;

2 – centralizada a escrituração fiscal e o recolhimento do ICMS correspondentes a todos os seus estabelecimentos existentes no território do Estado.

§ 3º. A relação prevista no § 1º, 2, "c", conterá, no mínimo:

1 – razão social, nome ou denominação do tomador do serviço, o número de inscrição no CNPJ/MF e no estado, ou inscrição no CPF/MF, quando o tomador for pessoa física;

2 – período de apuração (mês/ano);

3 – relação das Notas Fiscais de Serviços de Comunicação emitidas por tomador do serviço no período de apuração;

4 – valor total faturado do serviço prestado a cada tomador;

5 – base de cálculo;

6 – valor do ICMS.

§ 4º. Em substituição à entrega da relação prevista no § 1º, 2, "c", a empresa poderá ser notificada a prestar informações nos termos de disciplina estabelecida pela Secretaria da Fazenda.

§ 5º. O não cumprimento do disposto no § 1º, 1, ou a falta da entrega da relação mencionada no § 1º, 2, "c", ou o não atendimento à notificação mencionada no § 4º, implicarão perda do benefício a partir do mês subsequente àquele em que ocorrer o inadimplemento.

§ 6º. Na hipótese de o contribuinte regularizar as pendências, o benefício ficará restabelecido a partir do mês subsequente àquele em que se verificar a regularização.

§ 7º. A empresa localizada em outra unidade federada que preste serviços a tomadores paulistas deverá inscrever-se no Cadastro de Contribuintes deste Estado nos termos de disciplina estabelecida pela Secretaria da Fazenda.

- *Art. 47 acrescido pelo Decreto nº 51.484, de 16.1.2007 – DOE de 17.1.2007 – Efeitos a partir de 8.1.2007.*

**Art. 48. (PRODUTOS QUÍMICOS E PETROQUÍMICOS)** – Fica reduzida a base de cálculo do imposto incidente na operação interna com os produtos a seguir indicados, observada a classificação segundo a Nomenclatura Brasileira de Mercadorias do Sistema Harmonizado – NBM/SH, de forma que a carga tributária resulte em 12% (doze por cento) (Lei nº 6.374/1989, art. 112):

I – nafta petroquímica, 2710.11.41;

II – etano, 2901.10;

III – propano, 2711.12;

IV – etileno, 2901.21;

V – propeno (grau polímero), 2901.22;

VI – benzeno, 2902.20.00;

VII – estireno, 2902.50.00;

VIII – polietileno, 3901;

IX – polipropileno, 3902;

X – poliestireno, 3903;

XI – policloreto de vinila, 3904.

§ 1º. O benefício fica condicionado à aprovação de programa que preveja metas semestrais de arrecadação, investimentos e geração de empregos diretos ou indiretos, proposto por Sindicato localizado neste Estado que represente, no mínimo, 50% (cinquenta por cento) das empresas do setor petroquímico e 80% (oitenta por cento) do faturamento das operações com as mercadorias referidas no *caput*.

§ 2º. Para usufruir do benefício, o contribuinte deverá:

1 – solicitar credenciamento voluntário para emitir Nota Fiscal Eletrônica – NF-e, na forma instituída pelo Ajuste SINIEF 07/05, de 30 de setembro de 2005, e disciplinada pela Secretaria da Fazenda, em até 90 (noventa) dias da aprovação do programa de que trata o § 1º;

2 – passar a emitir Nota Fiscal Eletrônica – NF-e, devidamente autorizado pela Secretaria da Fazenda, a partir do mês subsequente ao 120º (centésimo vigésimo) dia da aprovação do programa de que trata o § 1º;

§ 3º. Compete à Comissão de Avaliação da Política de Desenvolvimento Econômico do Estado de São Paulo, instituída pela Resolução Conjunta nº 1, de 24 de janeiro de 2007, em relação ao programa de que trata o § 1º:

1 – estabelecer a forma pela qual deverá ser proposto o programa;

2 – aprovar o programa, no prazo de 30 (trinta) dias contados da data de entrega das informações

de que trata o § 1º, fazendo constar as datas das avaliações semestrais de cumprimento das metas de arrecadação, investimentos e geração de empregos diretos e indiretos;

3 – emitir propostas de aplicação do benefício de redução de base de cálculo, de forma que a carga tributária representada pelos produtos indicados no art. 1º, resulte no percentual previsto no *caput*;

4 – estabelecer os elementos necessários à avaliação do cumprimento das metas, cuja documentação deverá ser fornecida pela entidade mencionada no § 1º, em até 30 (trinta) dias após o término de cada período de avaliação;

5 – avaliar o cumprimento das metas e emitir parecer no prazo de 20 (vinte) dias, contados do recebimento de todos os elementos necessários à avaliação.

§ 4º. O benefício será cancelado nas seguintes hipóteses:

1 – não cumprimento das metas semestrais estabelecidas;

2 – falta de entrega dos elementos necessários à avaliação, no término do prazo previsto no item 4 do § 3º.

§ 5º. Caberá ao Secretário da Fazenda:

1 – conceder a aplicação do benefício com base na proposta da Comissão de Avaliação da Política de Desenvolvimento Econômico;

2 – cancelar a aplicação do benefício, em relação a quaisquer dos produtos constantes deste artigo, a partir do primeiro dia do mês subsequente ao período semestral sob avaliação, caso ocorra alguma das hipóteses previstas no § 4º.

§ 6º. O cancelamento de que trata o item 2 do § 5º:

1 – enquanto não efetivado, facultará ao beneficiário a aplicação do benefício;

2 – após sua efetivação, obrigará os contribuintes ao recolhimento do imposto correspondente à diferença entre a tributação integral das operações do período e a tributação com base de cálculo reduzida, que tiver sido aplicada nos termos do item 1, acrescida de juros moratórios, assegurada a escrituração, pelo destinatário da mercadoria com base em Nota Fiscal Complementar, do crédito do ICMS relativo ao imposto recolhido.

§ 7º. O benefício aplicar-se-á aos contribuintes do setor, independentemente de serem representados pela entidade mencionada no § 1º, observado o disposto no § 2º.

§ 8º. Não se exigirá o estorno proporcional do crédito do imposto relativo à entrada de mercadorias, cuja operação de saída esteja beneficiada com a redução de base de cálculo prevista neste artigo.

§ 9º. Este benefício vigorará até 31 de dezembro de 2009, podendo ser prorrogado mediante recomendação da Comissão de Avaliação da Política de Desenvolvimento Econômico do Estado de São Paulo.

- *Art. 48 acrescido pelo Decreto nº 52.430, de 4.12.2007 – DOE de 5.12.2007 – Efeitos a partir da publicação.*

**Art. 49. (PARTES DE ELEVADORES, ESCADAS E TAPETES ROLANTES)** – Fica reduzida a base de cálculo do imposto incidente na saída interna dos produtos a seguir indicados, observada a classificação segundo a Nomenclatura Brasileira de Mercadorias do Sistema Harmonizado – NBM/SH, de forma que a carga tributária resulte no percentual de 12% (doze por cento) (Convênio ICMS-16/08):

I – escadas e tapetes rolantes, 8428.40;

II – partes de elevadores, 8431.31.

§ 1º. Não se exigirá o estorno proporcional do crédito do imposto relativo à mercadoria beneficiada com a redução de base de cálculo prevista neste artigo.

§ 2º. Este benefício vigorará enquanto vigorar o Convênio ICMS-16/08, de 4 de abril de 2008.

- *Art. 49 acrescido pelo Decreto nº 53.159, de 23.6.2008 – DOE de 24.6.2008 – Efeitos a partir de 30.4.2008.*

**Art. 50. (VEICULAÇÃO DE MENSAGENS DE PUBLICIDADE E PROPAGANDA NA TELEVISÃO POR ASSINATURA)** – Fica reduzida a base de cálculo do imposto incidente na prestação de serviço de comunicação de veiculação de mensagens de publicidade ou propaganda na televisão por assinatura, de forma que a carga tributária resulte no percentual de (Convênio ICMS-9/08, cláusulas primeira, segunda, terceira e quinta):

- *Art. 50 acrescido pelo Decreto nº 53.354, de 26.8.2008 – DOE de 27.8.2008, produzindo efeitos para os fatos geradores ocorridos a partir de 1º.8.2008.*

I – 5% (cinco por cento), até 31 de dezembro de 2008;

II – 7,5% (sete inteiros e cinco décimos por cento), de 1º de janeiro a 31 de dezembro de 2009;

III – 10% (dez por cento), a partir de 1º de janeiro de 2010.

§ 1º. O benefício previsto neste artigo:

1 – é opcional e sua adoção implicará vedação à apropriação de quaisquer créditos relativos à execução desse serviço e à fruição de qualquer outro benefício fiscal, ressalvado o previsto no art. 18 deste Anexo;

2 – fica condicionado:

a) ao regular cumprimento das obrigações tributárias relativas ao imposto, nas formas e nos prazos estabelecidos na legislação;

b) ao registro pelo contribuinte de sua opção em termo lavrado no Livro Registro de Utilização de Documentos Fiscais e Termos de Ocorrências – RUDFTO, modelo 6, devendo a renúncia a ela ser objeto de novo termo, que produzirá efeitos, em cada caso, no início de cada ano civil;

c) à emissão regular de Nota Fiscal de Serviço de Comunicação em via única, em série distinta, por sistema eletrônico de processamento de dados, na forma de disciplina estabelecida pela Secretaria da Fazenda.

§ 2º. A base de cálculo a ser reduzida na forma do *caput*, relativamente a cada prestação de serviço de veiculação de mensagem de publicidade ou propaganda em território paulista, deverá ser aplicada:

1 – na hipótese de mensagem veiculada exclusivamente em território paulista, sobre o preço do serviço;

2 – na hipótese de mensagem veiculada em território paulista e em outras unidades federadas, sobre a fração do preço do serviço, obtida pela proporção do número de assinantes localizados em território paulista pelo número total de assinantes, considerados apenas aqueles qualificados ao recebimento das mensagens.

§ 3º. Para efeitos do § 2º, o contribuinte deverá elaborar mensalmente, até o ultimo dia útil do mês subsequente à ocorrência do fato gerador, e conservar pelo prazo definido no art. 202, relatório mensal elaborado na forma estabelecida pela Secretaria da Fazenda.

**Art. 51. (QUEIJOS)** – Fica reduzida a base de cálculo do imposto incidente na operação interna com queijos tipo mussarela, prato e de minas, de forma que a carga tributária resulte em 12% (doze por cento) (Convênio ICMS 128/94).

Parágrafo único. Não se exigirá o estorno proporcional do crédito do imposto relativo à mercadoria beneficiada com a redução de base de cálculo prevista neste artigo.

• *Art. 51 acrescido pelo Decreto nº 53.918, de 29.12.2008 – DOE de 30.12.2008 – Efeitos a partir de 1º.12.2008.*

**Art. 52. (PRODUTOS TÊXTEIS)** – Fica reduzida a base de cálculo do imposto incidente na saída interna efetuada pelo estabelecimento fabricante, exceto para consumidor final, dos produtos a seguir indicados, de forma que a carga tributária resulte no percentual de:

I – 12% (doze por cento), relativamente aos produtos classificados nos códigos 5402 a 5406, 5501 a 5507 e 5902.20.00 da Nomenclatura Comum do MERCOSUL – NCM;

II – 7% (sete por cento), relativamente aos seguintes produtos classificados segundo a Nomenclatura Comum do MERCOSUL – NCM:

a) produtos classificados nos capítulos 50 a 58 e 60 a 63, exceto os produtos das posições 5402 a 5406, 5501 a 5507, 5601 e 6309, ressalvado o disposto na alínea "e";

b) produtos classificados na posição 5901, exceto 5901.10.00;

c) botões, 9606;

d) fechos ecler (fechos de correr), 9607.1;

e) fibras têxteis de comprimento não superior a 5mm ("tontisses"), 5601.30;

f) edredões, almofadas, pufes e travesseiros, 9404.90.00;

g) bonés, 6505.00.1;

h) gorros, 6505.00.2;

i) chapéus, 6505.00.3.

§ 1º. A redução da base de cálculo prevista neste artigo aplica-se, também, à saída interna das mercadorias indicadas no *caput* realizada:

1 – por outro estabelecimento do mesmo titular do estabelecimento fabricante localizado neste Estado que as tenha recebido em transferência deste;

2 – pelo estabelecimento encomendante, na hipótese de as referidas mercadorias terem sido produzidas sob encomenda em estabelecimento de terceiro localizado neste Estado, desde que o encomendante, alternativamente:

a) tenha fornecido os insumos utilizados na fabricação das mercadorias;

b) seja o detentor da marca sob a qual a mercadoria será comercializada;

c) esteja credenciado perante a Secretaria da Fazenda, nas demais hipóteses de terceirização parcial ou integral de fabricação.

§ 2º. O benefício previsto neste artigo condiciona-se a que:

1 – o contribuinte esteja em situação regular perante o fisco;

2 – o contribuinte não possua, por qualquer de seus estabelecimentos:

a) débitos fiscais inscritos na dívida ativa deste Estado;

b) débitos do imposto declarados e não pagos no prazo de até 30 (trinta) dias contados da data de seu vencimento;

c) débitos do imposto decorrentes de Auto de Infração e Imposição de Multa – AIIM, em relação ao qual não caiba mais defesa ou recurso na esfera administrativa, não pagos no prazo fixado para o seu recolhimento;

d) débitos decorrentes de Auto de Infração e Imposição de Multa – AIIM ainda não julgado definitivamente na esfera administrativa, relativos a crédito indevido do imposto proveniente de operações ou prestações amparadas por benefícios fiscais concedidos em desacordo com o disposto no art. 155, § 2º, XII, "g", da Constituição Federal;

3 – na hipótese de o contribuinte não atender ao disposto no item 2:

a) os débitos estejam garantidos por depósito, judicial ou administrativo, fiança bancária, seguro de obrigações contratuais ou outro tipo de garantia, a juízo da Procuradoria Geral do Estado, se inscritos na dívida ativa, ou a juízo do Coordenador da Administração Tributária, caso ainda pendentes de inscrição na dívida ativa;

b) os débitos declarados ou apurados pelo fisco sejam objeto de pedido de parcelamento deferido e celebrado, que esteja sendo regularmente cumprido;

c) o Auto de Infração e Imposição de Multa – AIIM ainda não julgado definitivamente na esfera administrativa seja garantido por depósito administrativo, fiança bancária, seguro de obrigações contratuais ou outro tipo de garantia, a juízo do Coordenador da Administração Tributária.

§ 3º. Não se exigirá o estorno proporcional do crédito do imposto relativo às mercadorias beneficiadas com a redução de base de cálculo prevista neste artigo.

- *Art. 52 acrescido pelo Decreto nº 56.019, de 16.7.2010 – DOE de 17.7.2010, e com redação dada pelo Decreto nº 58.765, de 20.12.2012 – DOE de 21.12.2012 – Efeitos a partir de 1º.1.2013.*

**Art. 53. (HIDROCARBONETOS LÍQUIDOS – SOLVENTES)** – Fica reduzida a base de cálculo do imposto incidente na saída interna dos produtos adiante indicados, observada a classificação segundo a Nomenclatura Comum do MERCOSUL – NCM, com destino a estabelecimento industrial, que os utilize como insumo em seu processo de industrialização, de forma que a carga tributária corresponda ao percentual de 18% (dezoito por cento):

I – hidrocarbonetos saturados, 2710.19.19;

II – óleos minerais brancos – óleos de vaselina ou de parafina, 2710.19.91;

III – óleos minerais brancos técnicos, 2710.19.99;

IV – vaselina, 2712.10.00;

V – benzeno, 2902.20.00;

VI – o-xileno, 2902.41.00;

VII – estireno, 2902.50.00;

VIII – cumeno, 2902.70.00.

§ 1º. Não se exigirá o estorno proporcional do crédito do imposto relativo à mercadoria beneficiada com a redução de base de cálculo prevista neste artigo.

§ 2º. O benefício previsto neste artigo condiciona-se a que o contribuinte esteja previamente credenciado perante a Secretaria da Fazenda como fabricante ou revendedor dos produtos relacionados no *caput*, nos termos de disciplina específica.

- *§ 2º com redação dada pelo Decreto nº 56.850, de 18.3.2011 – DOE de 19.3.2011 – Efeitos a partir de 1º.4.2011.*
- *Art. 53 acrescido pelo Decreto nº 56.337, de 27.10.2010 – DOE de 28.10.2010 – Efeitos a partir de 1º.11.2010.*

**Art. 54. (ELETRODOMÉSTICOS)** – Fica reduzida a base de cálculo do imposto incidente na saída interna, exceto para consumidor final, efetuada pelo estabelecimento fabricante dos produtos a seguir relacionados, observada a classificação segundo a Nomenclatura Comum do Mercosul – NCM, de forma que a carga tributária resulte no percentual de 7% (sete por cento):

- *Art. 54 acrescido pelo Decreto nº 56.874, de 23.3.2011 – DOE de 24.3.2011 – e* caput, *com redação dada pelo Decreto nº 56.893, de 30.3.2011 – DOE de 31.3.2011 – Efeitos a partir de 1º.4.2011.*

I – fogões de cozinha de uso doméstico, 7321.11.00;

II – combinações de refrigeradores e congeladores ("freezers"), munidos de portas exteriores separadas, de uso doméstico, 8418.10.00;

III – refrigeradores do tipo doméstico, 8418.21.00;

IV – congeladores ("freezers") horizontais tipo arca, de capacidade não superior a 800 litros, de uso doméstico, 8418.30.00;

V – congeladores ("freezers") verticais tipo armário, de capacidade não superior a 900 litros, de uso doméstico, 8418.40.00;

VI – secadoras de roupa de uso doméstico, 8421.12.10;

VII – máquinas de lavar louça do tipo doméstico, 8422.11.00;

VIII – máquinas de lavar roupa, mesmo com dispositivos de secagem, de capacidade até 15 kg em peso de roupa seca, de uso doméstico, 8450.11.00, 8450.12.00, 8450.20.10 ou 8450.20.90;

- *Inciso VIII com redação dada pelo Decreto nº 57.024, de 31.5.2011 – DOE de 1º.6.2011 – Efeitos a partir da publicação.*

IX – máquinas de lavar roupa semi-automáticas de uso doméstico, 8450.19.00;

X – máquinas de secar de uso doméstico, 8451.21.00;

XI – fogões de cozinha a gás com resistência elétrica, 8516.60.00.

- *Inciso XI acrescido pelo Decreto nº 57.024, de 31.5.2011 – DOE de 1º.6.2011 – Efeitos a partir da publicação.*

§ 1º. O benefício previsto neste artigo condiciona-se:

1 – a que o contribuinte esteja em situação regular perante o fisco;

2 – a que o contribuinte não possua, por qualquer de seus estabelecimentos:

a) débitos fiscais inscritos na dívida ativa deste Estado;

b) débitos do imposto declarados e não pagos no prazo de até 30 (trinta) dias contados da data de seu vencimento;

c) débitos do imposto decorrentes de Auto de Infração e Imposição de Multa – AIIM, em relação ao qual não caiba mais defesa ou recurso na esfera administrativa, não pagos no prazo previsto na legislação;

d) débitos decorrentes de Auto de Infração e Imposição de Multa – AIIM ainda não julgado definitivamente na esfera administrativa, relativos a crédito indevido do imposto proveniente de operações ou prestações amparadas por benefícios fiscais concedidos em desacordo com o disposto no art. 155, § 2º, XII, "g", da Constituição Federal;

3 – a que, na hipótese de o contribuinte não atender ao disposto no item 2:

a) os débitos estejam garantidos por depósito, judicial ou administrativo, fiança bancária, seguro de obrigações contratuais ou outro tipo de garantia, a juízo da Procuradoria Geral do Estado, se inscritos na dívida ativa, ou a juízo do Coordenador da Administração Tributária, caso ainda pendentes de inscrição na dívida ativa;

b) os débitos declarados ou apurados pelo fisco sejam objeto de de pedido de parcelamento deferido e celebrado, que esteja sendo regularmente cumprido;

c) o Auto de Infração e Imposição de Multa – AIIM ainda não julgado definitivamente na esfera administrativa seja garantido por depósito administrativo, fiança bancária, seguro de obrigações contratuais ou outro tipo de garantia, a juízo do Coordenador da Administração Tributária;

4 – à regular apresentação pelo contribuinte remetente de informações econômico-fiscais, nos termos de disciplina estabelecida pela Secretaria da Fazenda.

§ 2º. Não se exigirá o estorno proporcional do crédito do imposto relativo às mercadorias beneficiadas com a redução de base de cálculo prevista neste artigo.

§ 3º. (Revogado).

• *§ 3º revogado pelo Decreto nº 58.761, de 20.12.2012 – DOE de 21.12.2012 – Efeitos a partir de 1º.1.2013.*

**Art. 55. (LÂMPADAS LED, LUMINÁRIAS LED, REFLETORES LED, FITAS LED E PAINÉIS LED)** – Fica reduzida a base de cálculo do imposto incidente na saída interna efetuada pelo estabelecimento fabricante, exceto para consumidor final, de lâmpada LED (NCM 8543.70.99), luminária LED (NCM 9405.40.90 e 9405.10.99), refletor LED (NCM 9405.10.93), fita LED (NCM 9405.40.90) e painel LED (NCM 8531.20.00) de forma que a carga tributária resulte no percentual de 7% (sete por cento).

• *Art. 55,* caput, *com redação dada pelo Decreto nº 60.063, de 14.1.2014 – DOE de 15.1.2014 – Efeitos a partir da publicação.*

§ 1º. O benefício previsto neste artigo condiciona-se:

1 – a que o contribuinte esteja em situação regular perante o fisco;

2 – a que o contribuinte não possua, por qualquer de seus estabelecimentos:

a) débitos fiscais inscritos na dívida ativa deste Estado;

b) débitos do imposto declarados e não pagos no prazo de até 30 (trinta) dias contados da data de seu vencimento;

c) débitos do imposto decorrentes de Auto de Infração e Imposição de Multa – AIIM, em relação ao qual não caiba mais defesa ou recurso na esfera administrativa, não pagos no prazo previsto na legislação;

d) débitos decorrentes de Auto de Infração e Imposição de Multa – AIIM ainda não julgado definitivamente na esfera administrativa, relativos a crédito indevido do imposto proveniente de operações ou prestações amparadas por benefícios fiscais concedidos em desacordo com o disposto no art. 155, § 2º, XII, "g", da Constituição Federal;

3 – a que, na hipótese de o contribuinte não atender ao disposto no item 2:

a) os débitos estejam garantidos por depósito, judicial ou administrativo, fiança bancária, seguro de obrigações contratuais ou outro tipo de garantia, a juízo da Procuradoria Geral do Estado, se inscritos na dívida ativa, ou a juízo do Coordenador da Administração Tributária, caso ainda pendentes de inscrição na dívida ativa;

b) os débitos declarados ou apurados pelo fisco sejam objeto de pedido de pedido de parcelamento deferido e celebrado, que esteja sendo regularmente cumprido;

c) o Auto de Infração e Imposição de Multa – AIIM ainda não julgado definitivamente na esfera administrativa seja garantido por depósito administrativo, fiança bancária, seguro de obrigações contratuais ou outro tipo de garantia, a juízo do Coordenador da Administração Tributária;

4 – à regular apresentação pelo contribuinte remetente de informações econômico-fiscais, nos termos de disciplina estabelecida pela Secretaria da Fazenda.

§ 2º. Não se exigirá o estorno proporcional do crédito do imposto relativo às mercadorias beneficiadas com a redução de base de cálculo prevista neste artigo.

§ 3º. (Revogado).

• *§ 3º revogado pelo Decreto nº 58.761, de 20.12.2012 – DOE de 21.12.2012 – Efeitos a partir de 1º.1.2013.*

• *Art. 55 acrescido pelo Decreto nº 56.874, de 23.3.2011 – DOE de 24.3.2011 – Efeitos a partir de 1º.4.2011.*

**Art. 56. (MDP, MDF E CHAPAS DE FIBRAS DE MADEIRA)** – Fica reduzida a base de cálculo do imposto incidente na saída interna efetuada pelo estabelecimento fabricante dos produtos a seguir relacionados, de forma que a carga tributária resulte no percentual de 7% (sete por cento):

I – quando destinados a estabelecimento fabricante de móveis, classificado no código 3101-2/00 da Classificação Nacional de Atividades Econômicas – CNAE:

a) painéis de partículas de madeira (MDP) classificados nos códigos 4410.11.10 a 4410.11.90 da Nomenclatura Comum do Mercosul – NCM, exceto o código 4410.11.21 (piso laminado);

b) painéis de fibras de madeira de média densidade (MDF) classificados nos códigos 4411.12 a 4411.14 da Nomenclatura Comum do Mercosul – NCM , exceto o código 4411.13.91 (piso laminado);

c) chapas de fibras de madeira classificadas nos códigos 4411.92 a 4411.94 da Nomenclatura Comum do Mercosul – NCM;

II – quando destinados a estabelecimento atacadista ou varejista: piso laminado classificado nos códigos 4410.11.21 ou 4411.13.91 da Nomenclatura Comum do MERCOSUL – NCM.

- *Art. 56 acrescido pelo Decreto nº 56.874, de 23.3.2011 – DOE de 24.3.2011 – e* caput *com redação dada pelo Decreto nº 56.893, de 30.3.2011 – DOE de 31.3.2011 – Efeitos a partir de 1º.4.2011.*

§ 1º. O benefício previsto neste artigo condiciona-se:

1 – a que o contribuinte esteja em situação regular perante o fisco;

2 – a que o contribuinte não possua, por qualquer de seus estabelecimentos:

a) débitos fiscais inscritos na dívida ativa deste Estado;

b) débitos do imposto declarados e não pagos no prazo de até 30 (trinta) dias contados da data de seu vencimento;

c) débitos do imposto decorrentes de Auto de Infração e Imposição de Multa – AIIM, em relação ao qual não caiba mais defesa ou recurso na esfera administrativa, não pagos no prazo previsto na legislação;

d) débitos decorrentes de Auto de Infração e Imposição de Multa – AIIM ainda não julgado definitivamente na esfera administrativa, relativos a crédito indevido do imposto proveniente de operações ou prestações amparadas por benefícios fiscais concedidos em desacordo com o disposto no art. 155, § 2º, XII, "g", da Constituição Federal;

3 – a que, na hipótese de o contribuinte não atender ao disposto no item 2:

a) os débitos estejam garantidos por depósito, judicial ou administrativo, fiança bancária, seguro de obrigações contratuais ou outro tipo de garantia, a juízo da Procuradoria Geral do Estado, se inscritos na dívida ativa, ou a juízo do Coordenador da Administração Tributária, caso ainda pendentes de inscrição na dívida ativa;

b) os débitos declarados ou apurados pelo fisco sejam objeto de pedido de pedido de parcelamento deferido e celebrado, que esteja sendo regularmente cumprido;

c) o Auto de Infração e Imposição de Multa – AIIM ainda não julgado definitivamente na esfera administrativa seja garantido por depósito administrativo, fiança bancária, seguro de obrigações contratuais ou outro tipo de garantia, a juízo do Coordenador da Administração Tributária;

4 – à regular apresentação pelo contribuinte remetente de informações econômico-fiscais, nos termos de disciplina estabelecida pela Secretaria da Fazenda.

§ 2º. Não se exigirá o estorno proporcional do crédito do imposto relativo às mercadorias beneficiadas com a redução de base de cálculo prevista neste artigo.

§ 3º. (Revogado).

- *§ 3º revogado pelo Decreto nº 58.761, de 20.12.2012 – DOE de 21.12.2012 – Efeitos a partir de 1º.1.2013.*

**Art. 57. (CÉLULAS FOTOVOLTAICAS)** – Fica reduzida a base de cálculo do imposto incidente na saída interna efetuada pelo estabelecimento fabricante, exceto para consumidor final, de células fotovoltaicas em módulos ou painéis, classificadas no código 8541.40.31 da Nomenclatura Comum do Mercosul – NCM, de forma que a carga tributária resulte no percentual de 7% (sete por cento).

§ 1º. O benefício previsto neste artigo condiciona-se:

1 – a que o contribuinte esteja em situação regular perante o fisco;

2 – a que o contribuinte não possua, por qualquer de seus estabelecimentos:

a) débitos fiscais inscritos na dívida ativa deste Estado;

b) débitos do imposto declarados e não pagos no prazo de até 30 (trinta) dias contados da data de seu vencimento;

c) débitos do imposto decorrentes de Auto de Infração e Imposição de Multa – AIIM, em relação ao qual não caiba mais defesa ou recurso na esfera administrativa, não pagos no prazo previsto na legislação;

d) débitos decorrentes de Auto de Infração e Imposição de Multa – AIIM ainda não julgado definitivamente na esfera administrativa, relativos a crédito indevido do imposto proveniente de operações ou prestações amparadas por benefícios fiscais concedidos em desacordo com o disposto no art. 155, § 2º, XII, "g", da Constituição Federal;

3 – a que, na hipótese de o contribuinte não atender ao disposto no item 2:

a) os débitos estejam garantidos por depósito, judicial ou administrativo, fiança bancária, seguro de obrigações contratuais ou outro tipo de garantia, a juízo da Procuradoria Geral do Estado, se inscritos na dívida ativa, ou a juízo do Coordenador da Administração Tributária, caso ainda pendentes de inscrição na dívida ativa;

b) os débitos declarados ou apurados pelo fisco sejam objeto de pedido de pedido de parcelamento deferido e celebrado, que esteja sendo regularmente cumprido;

c) o Auto de Infração e Imposição de Multa – AIIM ainda não julgado definitivamente na esfera administrativa seja garantido por depósito administrativo, fiança bancária, seguro de obrigações contratuais ou outro tipo de garantia, a juízo do Coordenador da Administração Tributária;

4 – à regular apresentação pelo contribuinte remetente de informações econômico-fiscais, nos termos de disciplina estabelecida pela Secretaria da Fazenda.

§ 2º. Não se exigirá o estorno proporcional do crédito do imposto relativo às mercadorias beneficiadas com a redução de base de cálculo prevista neste artigo.

§ 3º. (Revogado).

- *§ 3º revogado pelo Decreto nº 58.761, de 20.12.2012 – DOE de 21.12.2012 – Efeitos a partir de 1º.1.2013.*
- *Art. 57 acrescido pelo Decreto nº 56.874, de 23.3.2011 – DOE de 24.3.2011 – Efeitos a partir de 1º.4.2011.*

**Art. 58. (BARRAS DE AÇO)** – Fica reduzida a base de cálculo do imposto incidente na saída interna de barras de aço, classificadas nos códigos 7214.30.00, 7215.10.00, 7215.50.00, 7228.30.00 e 7228.50.00 da Nomenclatura Comum do Mercosul – NCM, de forma que a carga tributária resulte no percentual de 12% (doze por cento).

§ 1º. O benefício previsto neste artigo condiciona-se:

1 – a que o contribuinte esteja em situação regular perante o fisco;

2 – a que o contribuinte não possua, por qualquer de seus estabelecimentos:

a) débitos fiscais inscritos na dívida ativa deste Estado;

b) débitos do imposto declarados e não pagos no prazo de até 30 (trinta) dias contados da data de seu vencimento;

c) débitos do imposto decorrentes de Auto de Infração e Imposição de Multa – AIIM, em relação ao qual não caiba mais defesa ou recurso na esfera administrativa, não pagos no prazo previsto na legislação;

d) débitos decorrentes de Auto de Infração e Imposição de Multa – AIIM ainda não julgado definitivamente na esfera administrativa, relativos a crédito indevido do imposto proveniente de operações ou prestações amparadas por benefícios fiscais concedidos em desacordo com o disposto no art. 155, § 2º, XII, "g", da Constituição Federal;

3 – a que, na hipótese de o contribuinte não atender ao disposto no item 2:

a) os débitos estejam garantidos por depósito, judicial ou administrativo, fiança bancária, seguro de obrigações contratuais ou outro tipo de garantia, a juízo da Procuradoria Geral do Estado, se inscritos na dívida ativa, ou a juízo do Coordenador da Administração Tributária, caso ainda pendentes de inscrição na dívida ativa;

b) os débitos declarados ou apurados pelo fisco sejam objeto de pedido de pedido de parcelamento deferido e celebrado, que esteja sendo regularmente cumprido;

c) o Auto de Infração e Imposição de Multa – AIIM ainda não julgado definitivamente na esfera administrativa seja garantido por depósito administrativo, fiança bancária, seguro de obrigações contratuais ou outro tipo de garantia, a juízo do Coordenador da Administração Tributária;

4 – à regular apresentação pelo contribuinte remetente de informações econômico-fiscais, nos termos de disciplina estabelecida pela Secretaria da Fazenda.

§ 2º. Não se exigirá o estorno proporcional do crédito do imposto relativo à mercadoria beneficiada com a redução de base de cálculo prevista neste artigo.

§ 3º. (Revogado).

- *§ 3º revogado pelo Decreto nº 58.761, de 20.12.2012 – DOE de 21.12.2012 – Efeitos a partir de 1º.1.2013.*
- *Art. 58 acrescido pelo Decreto nº 57.024, de 31.5.2011 – DOE de 1º.6.2011 – Efeitos a partir da publicação.*

**Art. 59. (TRATAMENTO DE EFLUENTES DOMÉSTICOS E INDUSTRIAIS)** – Fica reduzida, de um dos percentuais a seguir indicados, a base de cálculo do imposto incidente nas operações com os produtos arrolados no Anexo Único do Convênio ICMS-8/11, de 1º de abril de 2011, promovidas por empresas licenciadas pelos órgãos estaduais competentes, destinados ao tratamento e controle de efluentes industriais e domésticos, mediante o emprego de tecnologia de aceleração da biodegradação (Convênio ICMS-8/11):

I – 60% (sessenta por cento), com estorno proporcional do crédito do imposto relativo aos produtos beneficiados com a redução da base de cálculo prevista neste artigo;

II – 35% (trinta e cinco por cento), com manutenção integral do crédito do imposto relativo aos produtos beneficiados com a redução da base de cálculo prevista neste artigo.

§ 1º. Caso o contribuinte opte pela aplicação do disposto no inciso I, deverá declarar a escolha em termo lavrado no livro Registro de Utilização de Documentos Fiscais e Termos de Ocorrências, devendo a renúncia à mesma ser objeto de novo termo, que produzirá efeitos, em cada caso, por período não inferior a 12 (doze) meses, contados do primeiro dia do mês subsequente ao da lavratura do correspondente termo.

§ 2º. Esse benefício vigorará enquanto vigorar o Convênio ICMS-8/11, de 1º de abril de 2011.

- *Art. 59 acrescido pelo Decreto nº 57.684, de 27.12.2011 – DOE de 28.12.2011 – Efeitos a partir da publicação.*

**Art. 60. (PAPEL CUTSIZE)** – Fica reduzida a base de cálculo do imposto incidente na saída interna de papel, do tipo utilizado para escrita, impressão ou outros fins gráficos, em folhas, de peso igual ou superior a 40 g/m² mas não superior a 150 g/m², nas quais um lado não seja superior a 435 mm e o outro a 297 mm, quando não dobradas, classificado na subposição 4802.56 da Nomenclatura Comum do Mercosul – NCM, excluídos os papéis para impressão de papel-moeda, de forma que a carga tributária corresponda a 12% (doze por cento).

- *Art. 60,* caput, *acrescido pelo Decreto nº 57.963, de 11.4.2012 – DOE de 12.4.2012 – Efeitos a partir da publicação.*

§ 1º. Não se exigirá o estorno proporcional do crédito do imposto relativo às mercadorias beneficiadas com a redução de base de cálculo prevista neste artigo.

- *§ 1º acrescido pelo Decreto nº 57.963, de 11.4.2012 – DOE de 12.4.2012 – Efeitos a partir da publicação.*

§ 2º. Este benefício vigorará no período de 1º de abril de 2012 a 31 de dezembro de 2015.

- *§ 2º acrescido pelo Decreto nº 57.963, de 11.4.2012 – DOE de 12.4.2012, e com redação dada pelo Decreto nº 60.307, de 31.3.2014 – DOE de 1º.4.2014 – Efeitos a partir de 1º.4.2014.*

**Art. 61. (SUCO DE LARANJA)** – Fica reduzida a base de cálculo do imposto incidente nas saídas internas de suco de laranja classificado no código 2009.1 da Nomenclatura Comum do Mercosul – NCM, de forma que a carga tributária corresponda ao percentual de 12% (doze por cento).

§ 1º. Não se exigirá o estorno proporcional do crédito do imposto relativo à mercadoria beneficiada com a redução de base de cálculo prevista neste artigo.

§ 2º. O benefício previsto neste artigo condiciona-se a que:

1 – o contribuinte esteja em situação regular perante o fisco;

2 – o contribuinte não possua, por qualquer de seus estabelecimentos:

a) débitos fiscais inscritos na dívida ativa deste Estado;

b) débitos do imposto declarados e não pagos no prazo de até 30 (trinta) dias contados da data de seu vencimento;

c) débitos do imposto decorrentes de Auto de Infração e Imposição de Multa – AIIM, em relação ao qual não caiba mais defesa ou recurso na esfera administrativa, não pagos no prazo fixado para o seu recolhimento;

d) débitos decorrentes de Auto de Infração e Imposição de Multa – AIIM ainda não julgado definitivamente na esfera administrativa, relativos a crédito indevido do imposto proveniente de operações ou prestações amparadas por benefícios fiscais concedidos em desacordo com o disposto no art. 155, § 2º, XII, 'g', da Constituição Federal;

3 – na hipótese de o contribuinte não atender ao disposto no item 2:

a) os débitos estejam garantidos por depósito, judicial ou administrativo, fiança bancária, seguro de obrigações contratuais ou outro tipo de garantia, a juízo da Procuradoria Geral do Estado, se inscritos na dívida ativa, ou a juízo do Coordenador da Administração Tributária, caso ainda pendentes de inscrição na dívida ativa;

b) os débitos declarados ou apurados pelo fisco sejam objeto de pedido de parcelamento deferido e celebrado, que esteja sendo regularmente cumprido;

c) o Auto de Infração e Imposição de Multa – AIIM ainda não julgado definitivamente na esfera administrativa seja garantido por depósito administrativo, fiança bancária, seguro de obrigações contratuais ou outro tipo de garantia, a juízo do Coordenador da Administração Tributária.

§ 3º. (Revogado).

- *Art. 61 acrescido pelo Decreto nº 58.308, de 16.8.2012 – DOE de 17.8.2012 – e revogado pelo Decreto nº 58.920, de 27.2.2013 – DOE de 28.2.2013 – Efeitos a partir da publicação.*

**Art. 62. (SOLUÇÃO PARENTERAL)** – Fica reduzida a base de cálculo do imposto incidente nas saídas internas das soluções parenterais abaixo indicadas, todas classificadas no código 3004.90.99 da Nomenclatura Brasileira de Mercadorias – Sistema Harmonizado – NBM/SH, realizadas pelo estabelecimento fabricante, de forma que a carga tributária corresponda ao percentual de 7% (sete por cento):

I – solução de glicose a 1,5%, 5%, 10%, 20%, 25%, 30%, 40%, 50% ou a 70%;

II – solução de cloreto de sódio a 0,9%, 10%, 17,7% ou a 20%;

III – solução glicofisiológica;

IV – solução de ringer, inclusive com lactato de sódio;

V – solução de gliconato de cálcio a 10%;

VI – manitol;

VII – diálise peritoneal a 1,5%, 2,5%, 4,25% ou a 7%;

VIII – água para injeção;

IX – água estéril para uso externo;

X – bicarbonato de sódio a 8,4% ou a 10%;

XI – dextran 40, com glicose ou com fisiológico;

XII – cloreto de potássio a 10%, 15% ou a 19,1%;

XIII – fosfato de potássio 2mEq/ml;

XIV – sulfato de magnésio 1mEq/ml, a 10% ou a 50%;

XV – fosfato monossódico + dissódico;

XVI – glicerina;

XVII – sorbitol a 3%;

XVIII – aminoácido;

XIX – dipeptiven;

XX – frutose;

XXI – haes-steril;

XXII – hisocel;

XXIII – hisoplex;

XXIV – lipídeos.

• *Art. 62,* caput, *acrescido pelo Decreto nº 58.985, de 21.3.2013 – DOE de 22.3.2013 – Efeitos a partir da publicação.*

§ 1º. A redução de base de cálculo prevista neste artigo aplica-se, também:

1 – à saída interna de produto industrializado indicado no *caput* promovida por estabelecimento do mesmo titular do estabelecimento fabricante, que o tenha recebido em transferência deste;

2 – às saídas internas subsequentes à realizada por estabelecimento da empresa fabricante;

3 – ao desembaraço aduaneiro decorrente de importação, realizado por estabelecimento fabricante, de produto abrangido por este benefício, para utilização na produção industrial neste Estado, como insumo, desde que:

a) não haja similar produzido no país, conforme atestado por órgão federal competente ou entidade representativa de seu setor produtivo com abrangência nacional;

b) o desembarque e o desembaraço aduaneiro sejam efetuados neste Estado.

• *§ 1º acrescido pelo Decreto nº 58.985, de 21.3.2013 – DOE de 22.3.2013 – Efeitos a partir da publicação.*

§ 2º. A fruição do benefício previsto neste artigo fica condicionada a que sejam realizados neste Estado o desembarque e o desembaraço aduaneiro dos insumos importados utilizados na fabricação dos produtos abrangidos por este benefício.

• *§ 2º acrescido pelo Decreto nº 58.985, de 21.3.2013 – DOE de 22.3.2013 – Efeitos a partir da publicação.*

§ 3º. Não se exigirá o estorno proporcional do crédito do imposto relativo às mercadorias beneficiadas com a redução de base de cálculo prevista neste artigo.

• *§ 3º acrescido pelo Decreto nº 59.324, de 26.6.2013 – DOE de 27.6.2013 – Efeitos a partir da publicação.*

**Art. 63. (REGIME DE TRIBUTAÇÃO UNIFICADA – RTU)** – Fica reduzida a base de cálculo do imposto incidente no desembaraço aduaneiro, decorrente de importação do Paraguai, por via terrestre, de bens e mercadorias, promovida por microempresa optante do Regime Especial Unificado de Arrecadação de Tributos e Contribuições – "Simples Nacional", de forma que a carga tributária resulte no percentual de 7% (sete por cento).

§ 1º. O benefício previsto neste artigo fica condicionado a que, cumulativamente:

1 – a microempresa esteja previamente habilitada a operar no Regime de Tributação Unificada – RTU, de que trata a Lei federal nº 11.898, de 8 de janeiro de 2009;

2 – o desembaraço aduaneiro seja realizado em Recinto Alfandegado da Delegacia da Receita Federal do Brasil em Foz do Iguaçu – PR;

3 – o ICMS incidente na operação de que trata o *caput* seja arrecadado pela Receita Federal do Brasil – RFB, por meio de Documento de Arrecadação de Receitas Federais – DARF, emitido eletronicamente pelo sistema RTU.

§ 2º. A redução de base de cálculo prevista neste artigo não poderá ser cumulada com qualquer outro benefício fiscal, sem prejuízo da aplicação do regime do Simples Nacional na subsequente saída da mercadoria.

§ 3º. Este benefício vigorará enquanto vigorar o Convênio ICMS-61/12, de 22 de junho de 2012.

• *Art. 63 acrescido pelo Decreto nº 59.015, de 28.3.2013 – DOE de 29.3.2013 – Efeitos a partir de 16.7.2012.*

**Art. 64. (VEÍCULOS MILITARES)** – Fica reduzida a base de cálculo do imposto incidente nas operações com as mercadorias abaixo indicadas, realizadas por estabelecimento fabricante com destino ao Exército Brasileiro, de forma que a carga tributária corresponda ao percentual de 4% (quatro por cento) (Convênio ICMS-95/12):

I – veículos militares:

a) viatura operacional militar;

b) carro blindado e carro de combate, terrestre ou anfíbio, sobre lagartas ou rodas, com ou sem armamento;

c) outros veículos de qualquer tipo, para uso pelo Exército Brasileiro, com especificação própria dos Órgãos Militares;

II – simuladores de veículos militares;

III – tratores de baixa ou de alta velocidades, para uso pelo Exército Brasileiro, sobre lagartas ou rodas, destinados às unidades de engenharia ou de artilharia, para obras ou para rebocar equipamentos pesados.

§ 1º. A redução de base de cálculo prevista neste artigo aplica-se:

1 – também, às operações realizadas pelo estabelecimento fabricante das partes, peças, matérias-primas, acessórios e componentes separados, das mercadorias de que tratam os incisos I a III, com destino ao estabelecimento fabricante dessas ou ao Exército Brasileiro;

2 – exclusivamente às empresas indicadas em Ato do Comando do Exército do Ministério da Defesa e relacionadas em Ato COTEPE previsto no § 3º da cláusula primeira do Convênio ICMS-95/12, de 28 de setembro de 2012;

3 – apenas às operações que, cumulativamente, estejam contempladas com:

a) isenção ou com alíquota zero dos Impostos de Importação – II ou sobre Produtos Industrializados – IPI;

b) desoneração das contribuições para os Programas de Integração Social e de Formação do Patrimônio do Servidor Público – PIS/PASEP e da Contribuição para o Financiamento da Seguridade Social – COFINS.

• *Art. 64,* caput, *acrescido pelo Decreto nº 59.799, de 22.11.2013 – DOE de 23.11.2013 – Efeitos a partir da publicação.*

§ 1º-A. Não se exigirá o estorno do crédito fiscal, nos termos do art. 21 da Lei Complementar nº 87, de 13 de setembro de 1996, nas operações de que trata este artigo (Convênio ICMS-23/14).

• *§ 1º-A acrescido pelo Decreto nº 61.087, de 29.1.2015 – DOE de 30.1.2015 – Efeitos a partir da publicação.*

§ 2º. Este benefício vigorará enquanto vigorar o Convênio ICMS-95/12, de 28 de setembro de 2012.

• *§ 2º acrescido pelo Decreto nº 59.799, de 22.11.2013 – DOE de 23.11.2013 – Efeitos a partir da publicação.*

**Art. 65. (CARROCERIAS SOBRE CHASSI, VAGÕES FERROVIÁRIOS DE CARGA, CARROCERIAS PARA VEÍCULOS AUTOMÓVEIS, REBOQUES E SEMIRREBOQUES)** – Fica reduzida a base de cálculo do imposto incidente nas operações internas de carrocerias sobre chassi, classificadas no código 8704.2 da Nomenclatura Comum do Mercosul – NCM, bem como nas saídas internas dos produtos a seguir indicados, de forma que a carga tributária resulte no percentual de 12% (doze por cento):

I – vagões ferroviários de carga (NCM 8606);

II – carrocerias para os veículos automóveis das posições 87.01 a 87.05 da NCM, incluindo as cabinas (NCM 8707);

III – reboques e semirreboques, para quaisquer veículos; outros veículos não autopropulsados; e suas partes (NCM 8716).

Parágrafo único. Não se exigirá o estorno proporcional do crédito do imposto relativo às mercadorias beneficiadas com a redução de base de cálculo prevista neste artigo.

• *Art. 65 acrescido pelo Decreto nº 60.064, de 14.1.2014 – DOE de 15.1.2014 – Efeitos a partir da publicação.*

**Art. 66. (TUBOS, LAMINADOS E LIGAS DE COBRE)** – Fica reduzida a base de cálculo do imposto incidente na saída interna dos produtos a seguir indicados, observada a Nomenclatura Comum do MERCOSUL – NCM, realizada por estabelecimento fabricante, exceto para consumidor ou usuário final, de forma que a carga tributária resulte no percentual de 12% (doze por cento):

I – tubos de cobre, 7411.10.10, 7411.10.90;

II – laminados de cobre e ligas de cobre, 7409.11.00, 7409.19.00, 7409.21.00, 7409.29.00, 7409.31.90, 7409.39.00, 7409.40.10, 7409.40.90, 7410.11.13, 7410.11.19, 7410.11.90 e 7410.12.00.

§ 1º. A fruição do benefício previsto neste artigo fica condicionada a que seja concedido regime especial ao estabelecimento fabricante dos produtos indicados no *caput*, nos termos de disciplina estabelecida pela Secretaria da Fazenda.

§ 2º. Não se exigirá o estorno proporcional do crédito do imposto relativo às mercadorias beneficiadas com a redução de base de cálculo prevista neste artigo.

• *Art. 66 acrescido pelo Decreto nº 60.057, de 14.1.2014 – DOE de 15.1.2014 – Efeitos a partir da publicação.*

**Art. 67. (VEICULAÇÃO DE MENSAGENS DE PUBLICIDADE E PROPAGANDA EM MÍDIA EXTERIOR)** – Fica reduzida a base de cálculo do imposto incidente na prestação de serviço de comunicação na modalidade de veiculação de mensagens de publicidade e propaganda em mídia exterior, de forma que a carga tributária corresponda ao percentual de 5% (cinco por cento).

• *Art. 67,* caput, *acrescido pelo Decreto nº 59.999, de 20.12.2013 – DOE de 21.12.2013 – Efeitos a partir da publicação.*

Parágrafo único. O benefício previsto neste artigo:

1 – é opcional e sua adoção implicará vedação à apropriação de quaisquer créditos relativos à prestação do serviço referido no *caput* e à fruição de qualquer outro benefício fiscal;

• *Item 1 acrescido pelo Decreto nº 59.999, de 20.12.2013 – DOE de 21.12.2013 – Efeitos a partir da publicação.*

2 – fica condicionado:

• *Item 2,* caput, *acrescido pelo Decreto nº 59.999, de 20.12.2013 – DOE de 21.12.2013 – Efeitos a partir da publicação.*

a) ao registro pelo contribuinte de sua opção em termo lavrado no Livro Registro de Utilização de Documentos Fiscais e Termos de Ocorrências – RUDFTO, modelo 6, devendo a renúncia a ela ser objeto de novo termo, que produzirá efeitos, em cada caso, no início de cada ano civil;

• *Alínea "a" acrescida pelo Decreto nº 59.999, de 20.12.2013 – DOE de 21.12.2013 – Efeitos a partir da publicação.*

b) à emissão regular de Nota Fiscal de Serviço de Comunicação em via única, em série distinta, por sistema eletrônico de processamento de dados, na forma de disciplina estabelecida pela Secretaria da Fazenda;

• *Alínea "b" acrescida pelo Decreto nº 59.999, de 20.12.2013 – DOE de 21.12.2013 – Efeitos a partir da publicação.*

c) à adoção como base de cálculo do ICMS incidente sobre as prestações de serviços de comunicação o valor total dos serviços cobrados do tomador (Convênio ICMS – 45/14);

• *Alínea "c" acrescida pelo Decreto nº 60.571, de 24.6.2014 – DOE de 25.6.2014 – Efeitos a partir da publicação.*

d) ao não questionamento, judicial ou administrativamente, da incidência do ICMS sobre as prestações de serviços de comunicação, ou desistência formal de ações judiciais e recursos administrativos de iniciativa do contribuinte contra a Fazenda Pública, visando ao afastamento da cobrança do ICMS sobre as prestações de serviços de comunicação (Convênio ICMS – 45/14)."

• *Alínea "d" acrescida pelo Decreto nº 60.571, de 24.6.2014 – DOE de 25.6.2014 – Efeitos a partir da publicação.*

**Art. 68. (COMPONENTES DE SISTEMAS ESPACIAIS)** – Fica reduzida a base de cálculo do imposto incidente nas operações com os produtos relacionados no Anexo Único do Convênio ICMS 148/13, de 18 de outubro de 2013, destinadas à empresa Visiona Tecnologia Espacial S.A., inscrita no CNPJ sob o nº 13.944.554/0001-99, com a finalidade de implantar o sistema do Satélite Geoestacionário de Defesa e Comunicações Estratégicas Brasileiro – SGDC, de forma que a carga tributária seja equivalente a 4% (quatro por cento).

§ 1º. Nas operações de importação, o benefício aplica-se apenas aos bens e mercadorias sem similar produzido no país.

§ 2º. A inexistência de similaridade com bens e mercadorias produzidos no país será atestada por órgão federal competente ou por entidade representativa do setor produtivo de máquinas, equipamentos, aparelhos e instrumentos, suas respectivas partes, peças e acessórios, com abrangência em todo território nacional.

• *Art. 68 acrescido pelo Decreto nº 60.058, de 14.1.2014 – DOE de 15.1.2014 – Efeitos a partir de 1º.1.2014.*

**Art. 69. (BIOGÁS E BIOMETANO)** – Fica reduzida a base de cálculo do imposto incidente nas saídas internas de biogás e biometano, de forma que a carga tributária corresponda ao percentual de 12% (doze por cento) (Convênio ICMS 112/13):

Parágrafo único. Para fins do disposto neste artigo:

1 – considera-se biogás o gás oriundo do processo de biodigestão anaeróbica de resíduos orgânicos, sobretudo, provenientes de produção agrícola e pecuária, aterros sanitários, estações de tratamento de efluentes, entre outras fontes geradoras e que seja composto majoritariamente de metano;

2 – o biogás será considerado biometano quando sua composição e características físico-químicas forem compatíveis com a Resolução da Agência Nacional de Petróleo, Gás Natural e Biocombustíveis – ANP nº 16, de 17 de junho de 2008.

• *Art. 69 acrescido pelo Decreto nº 60.001, de 20.12.2013 – DOE de 21.12.2013 – Efeitos a partir de 1º.1.2014.*

**Art. 70.** (*Omissis*).

**Art. 71. (AMIDO DE MILHO, GLICOSE E XAROPE DE GLICOSE, OUTROS AÇÚCARES E XAROPES DE AÇÚCARES ORIUNDOS DO MILHO, AMIDO MODIFICADO E DEXTRINA DE MILHO, COLAS À BASE DE AMIDOS DE MILHO, DE DEXTRINA OU DE OUTROS AMIDOS MODIFICADOS DE MILHO)** – Fica reduzida a base de cálculo do imposto incidente na saída interna dos produtos a seguir indicados, realizada por estabelecimento fabricante, de forma que a carga tributária resulte no percentual de 7% (sete por cento):

I – amido de milho – NCM 1108.12.00;

II – glicose e xarope de glicose, que não contenham frutose ou que contenham, em peso, no estado seco, menos de 20% de frutose – NCM 1702.30.11, 1702.30.19 e 1702.30.20;

III – glicose e xarope de glicose, que contenham, em peso, no estado seco, um teor de frutose igual ou superior a 20% e inferior a 50% – NCM 1702.40.10 e 1702.40.20;

IV – outros produtos oriundos do milho, incluindo outros açúcares e xaropes de açúcares – NCM 1702.90.00;

V – amido modificado e dextrina de milho – NCM 3505.10.00;

VI – colas à base de amidos de milho, de dextrina ou de outros amidos modificados de milho – NCM 3505.20.00.

§ 1º. Mediante regime especial requerido por estabelecimento fabricante localizado neste Estado, a redução de base de cálculo prevista neste artigo poderá ser aplicada à saída interna das mercadorias indicadas no *caput* realizada pelos centros de distribuição do referido fabricante, hipótese em que:

1 – deverá haver expressa adesão dos centros de distribuição ao regime especial;

2 – o lançamento do imposto incidente na saída promovida pelo estabelecimento fabricante com destino aos seus centros de distribuição ficará diferido para o momento em que estes promoverem a saída das mercadorias.

§ 2º. Não se exigirá o estorno proporcional do crédito do imposto relativo às mercadorias beneficiadas com a redução de base de cálculo prevista neste artigo.

• *Art. 71 acrescido pelo Decreto nº 61.105, de 3.2.2015 – DOE de 4.2.2015 – Efeitos a partir da publicação.*

# ANEXO III – CRÉDITOS OUTORGADOS
**(Relação a que se refere o art. 62 deste Regulamento)**

**Art. 1º. (ALHO)** – Na saída de alho, promovida pelo estabelecimento em que tiver sido produzido, este poderá creditar-se de importância equivalente à resultante da aplicação do percentual de 50% (cinquenta por cento) sobre o valor do imposto devido na operação (Convênios ICMS-88/98 e ICMS-90/99, cláusula primeira, III, "e").

§ 1º. O benefício previsto neste artigo é opcional e sua adoção implicará vedação ao aproveitamento de quaisquer créditos.

§ 2º. Este benefício vigorará até 31 de dezembro de 2004 (Convênio ICMS-97/04).

- *§ 2º com redação dada pelo Decreto nº 49.203, de 1º.12.2004 – DOE de 2.12.2004 – Efeitos a partir de 19.10.2004.*

**Art. 2º. (AMENDOIM)** – Na primeira saída, em operação interna com amendoim, em casca ou em grão, poderá creditar-se de importância equivalente à aplicação de 60% (sessenta por cento) do valor do imposto (Convênio ICMS-59/96):

I – o estabelecimento adquirente, na saída promovida pelo estabelecimento em que tiver sido produzido, com destino a comercialização ou industrialização;

II – o estabelecimento em que tiver sido produzido, quando a este incumba a responsabilidade sobre o recolhimento do imposto.

Parágrafo único. O crédito de que trata este artigo deverá ser estornado na hipótese de a operação de saída a qualquer título do amendoim ou do produto dele resultante do estabelecimento adquirente ser isenta ou não tributada.

**Art. 3º. (CRISTAL E PORCELANA)** – Na saída dos produtos a seguir discriminados, classificados nas posições, subposições e códigos da Nomenclatura Brasileira de Mercadorias – Sistema Harmonizado – NBM/SH vigente em 31 de dezembro de 1996, promovida pelo respectivo estabelecimento fabricante, poderá este estabelecimento creditar-se de importância equivalente à resultante da aplicação do percentual de 50% (cinquenta por cento) sobre o valor do imposto devido na operação (Convênio ICMS-50/94, com alteração do Convênio ICMS-104/94, e Convênio ICMS-7/00, cláusula primeira, II, "c").

I – louça, outros artigos de uso doméstico e artigos de higiene ou toucador, de porcelana, classificados na posição 6911;

II – copos de cristal de chumbo, exceto os de vitrocerâmica, classificados no código 7013.21.0000;

III – objetos para serviço de mesa (exceto copos) ou de cozinha, de cristal de chumbo, exceto os de vitrocerâmica, classificados no código 7013.31.0000;

IV – outros objetos de cristal de chumbo classificados na subposição 7013.91.

§ 1º. O disposto neste artigo será aplicado em substituição ao aproveitamento de quaisquer créditos fiscais relativos à fabricação e comercialização dos produtos indicados.

§ 2º. Este benefício vigorará até 31 de dezembro de 2004 (Convênio ICMS-97/04).

- *§ 2º com redação dada pelo Decreto nº 49.203, de 1º.12.2004 – DOE de 2.12.2004 – Efeitos a partir de 19.10.2004.*

**Art. 4º. (DIREITOS AUTORAIS)** – A empresa produtora de discos fonográficos ou de outros suportes com som gravados, vedado o aproveitamento de quaisquer outros créditos, poderá lançar em sua escrita fiscal, como crédito do imposto, o valor dos direitos autorais, artísticos e conexos, comprovadamente pagos a:

I – autor ou artista nacional;

II – empresa que representar o autor, da qual seja titular ou sócio majoritário;

III – empresa que mantenha com o autor contrato de edição, nos termos do art. 53 da Lei federal nº 9.610, de 19.1.1998;

IV – empresa que possua com o autor contrato de cessão ou de transferência de direitos autorais, nos termos do art. 49 da Lei federal nº 9.610, de 19.1.1998 (Convênio ICMS-23/90, com alteração dos Convênios ICMS-10/94 e ICMS-61/99, e Convênios ICMS-30/98 e ICMS-90/99, cláusula primeira, II, "a").

§ 1º. O crédito de que trata este artigo:

1 – somente poderá ser efetuado:

a) até o segundo mês subsequente àquele em que ocorreu o pagamento dos direitos autorais, artísticos e conexos;

b) até o limite de 40% (quarenta por cento) do valor do imposto debitado em cada período de apuração, correspondente às operações efetuadas com produto referido no *caput* (Convênio ICMS 23/90, cláusula primeira, § 1º, 2, na redação do Convênio ICMS 118/03, cláusula primeira);

- *Alínea "b" com redação dada pelo Decreto nº 48.475, de 28.1.2004 – DOE de 29.1.2004 – Efeitos a partir de 1º.1.2004.*

2 – terá vedado o aproveitamento do excedente em qualquer estabelecimento, do mesmo titular ou de terceiro, bem como a sua transferência de uma para outra empresa.

§ 2º. Para a apuração do imposto debitado e do limite a que se refere o parágrafo anterior, o contribuinte deverá:

1 – emitir documento fiscal individualizado em relação à respectiva operação;

2 – além de efetuar a escrituração regular das saídas no livro fiscal próprio, escriturar, na coluna "Observações", nas linhas correspondentes aos lançamentos, o valor do imposto debitado, totalizando-o no final do período de apuração;

3 – no final do período de apuração, elaborar demonstrativo no livro Registro de Entradas, indicando o valor do imposto debitado, a partir do total referido no item anterior deste parágrafo, e demonstrar a apuração do limite de que trata o § 1º.

§ 3º. O benefício ficará condicionado à entrega, até o dia 10 (dez) do mês subsequente ao do período de apuração, de:

1 – relação dos pagamentos efetuados no mês a título de direitos autorais, artísticos e conexos, com identificação dos beneficiários e indicação de seus domicílios e números de inscrição no Cadastro de Pessoas Físicas ou no Cadastro Nacional de Pessoas Jurídicas do Ministério da Fazenda:

a) à repartição fiscal a que estiver vinculado o estabelecimento;

b) ao Departamento da Receita Federal;

2 – declaração sobre o limite referido no § 1º, contendo reprodução do demonstrativo de que trata o item 3 do parágrafo anterior, à repartição fiscal a que estiver vinculado o estabelecimento.

§ 4º. Este benefício vigorará enquanto vigorar o Convênio ICMS-23/90, de 13 de setembro de 1990.

- *§ 4º com redação dada pelo Decreto nº 55.330, de 8.1.2010 – DOE de 9.1.2010 – Efeitos a partir de 1º.1.2010.*
- *§ 4º com redação dada pelo Decreto nº 49.344, de 24.1.2005 – DOE de 25.1.2005 – Efeitos a partir de 4.1.2005.*

**Art. 5º. (ECF – EQUIPAMENTO EMISSOR DE CUPOM FISCAL)** – O estabelecimento obrigado, nos termos do art. 251 deste Regulamento, ao uso de equipamento Emissor de Cupom Fiscal – ECF, cujo faturamento bruto anual seja de até R$ 720.000,00 (setecentos e vinte mil reais), e desde que receba da União benefício ou subsídio financeiro de igual valor ao concedido neste artigo, poderá, na aquisição daquele equipamento, creditar-se de até 50% (cinquenta por cento) do valor de aquisição, limitado ao valor referido no § 4º (Convênios ICMS-1/98, ICMS-49/99 e ICMS-55/00).

§ 1º. Para fins do disposto neste artigo:

1 – com relação à receita bruta, deverá ser observada a disciplina contida nos §§ 1º e 2º do art. 252 deste Regulamento;

2 – entende-se, por valor de aquisição do ECF, o valor despendido na aquisição do equipamento, incluídas as parcelas referentes a frete e seguros correspondentes ao seu transporte, acrescidos dos valores dos acessórios a seguir indicados, quando necessários ao funcionamento do ECF:

a) impressora matricial com "kit" de adaptação para o ECF homologado pela COTEPE/ICMS, nos termos do Convênio ICMS-156/94, de 7 de dezembro de 1994;

b) computador, usuário e servidor, com os correspondentes teclado, vídeo, placa de rede e programa de sistema operacional;

c) leitor óptico de código de barras;

d) impressora de código de barras;

e) gaveta para dinheiro;

f) estabilizador de tensão;

g) "*no break*";

h) balança, desde que funcione acoplada ao ECF;

i) programa de interligação em rede e programa aplicativo do usuário;

j) leitor de cartão de crédito, desde que utilizado acoplado ao ECF.

§ 2º. Com relação aos acessórios mencionados no item 2 do parágrafo anterior:

1 – para fins do benefício previsto neste artigo, não serão considerados os valores pagos a título de instalação ou preparação da base para montagem do equipamento;

2 – no cálculo do montante a ser creditado, quando for o caso, o valor dos acessórios de uso comum será rateado igualmente entre os ECF adquiridos.

§ 3º. O benefício de que trata este artigo:

1 – fica condicionado à adoção do ECF, conforme previsto nos arts. 251 e 252 deste Regulamento;

2 – aplica-se, também, na aquisição de equipamento efetuada mediante sistemática de arrendamento mercantil (*leasing*), desde que observado o disposto no § 5º do art. 63 e no § 2º do art. 67;

3 – não se aplica aos contribuintes enquadrados no regime tributário simplificado da microempresa, nos termos da legislação específica; em relação às empresas de pequeno porte disciplinadas nessa mesma legislação, o valor do benefício poderá, em substituição ao crédito a que se refere este artigo, ser aproveitado, mediante dedução do imposto a pagar, ao longo do período de que trata o § 4º.

§ 4º. O crédito previsto neste artigo, que, somado ao benefício ou subsídio da União, não poderá ser superior a R$ 2.000,00 (dois mil reais), será efetuado em 24 (vinte e quatro) parcelas iguais, mensais e sucessivas, a partir do período de apuração imediatamente posterior àquele em que houver ocorrido o início da efetiva utilização do equipamento.

§ 5º. O crédito deverá ser estornado integralmente quando ocorrer:

1 – a cessação de uso do equipamento em prazo inferior a 24 (vinte e quatro) meses, contado da data de início de sua efetiva utilização, exceto nos seguintes casos:

a) transferência do ECF para outro estabelecimento da mesma empresa, situado em território paulista;

b) mudança de titularidade do estabelecimento, desde que haja a continuidade da atividade comercial varejista ou de prestação de serviço, em razão de fusão, cisão ou incorporação da empresa, venda do estabelecimento ou do fundo do comércio;

2 – a devolução do equipamento ao arrendante, tratando-se de arrendamento mercantil (*leasing*), em prazo inferior ao referido no item precedente;

3 – a utilização do equipamento em desacordo com a legislação pertinente.

§ 6º. Aplica-se o disposto neste artigo ainda que a aquisição do equipamento ocorra mediante financiamento concedido por entidade oficial de crédito.

§ 7º. Este benefício será concedido em relação aos equipamentos adquiridos até 31 de dezembro de 2002 (Convênio ICMS-127/01, cláusula primeira, IV, "f".

• *§ 7º com redação dada pelo Decreto nº 46.501 de 18.1.2002 – DOE de 19.1.2002 – Efeitos a partir de 1º.1.2002.*

**Art. 6º. (MANDIOCA)** – Na saída interna ou interestadual de produto resultante da industrialização de mandioca promovida pelo respectivo estabelecimento industrializador, poderá este estabelecimento creditar-se de importância equivalente à aplicação de um dos percentuais a seguir indicados sobre o valor do imposto devido na operação (Convênios ICMS-39/93 e ICMS-5/99, cláusula primeira, IV, 18):

I – operação interestadual com alíquota de 12% (doze por cento), 41,666% (quarenta e um inteiros e seiscentos e sessenta e seis milésimos por cento);

II – operação interna:

a) com alíquota de 17% (dezessete por cento), 58,824% (cinquenta e oito inteiros e oitocentos e vinte e quatro milésimos por cento);

b) com alíquota de 18% (dezoito por cento), 61,112% (sessenta e um inteiros e cento e doze milésimos por cento).

§ 1º. O disposto neste artigo será aplicado em substituição ao aproveitamento de quaisquer créditos fiscais relativos aos produtos originários da mandioca.

§ 2º. Em relação às operações tributadas pela alíquota de 7% (sete por cento), o correspondente aproveitamento do crédito fiscal será efetuado na proporção dessas operações.

• *§ 2º com redação dada pelo Decreto nº 48.294, de 2.12.2003 – DOE de 3.12.2003 – Efeitos a partir de 3.12.2003.*

§ 3º. O benefício previsto neste artigo fica condicionado a que:

1 – a entrada e a saída sejam comprovadas mediante emissão de documento fiscal próprio;

2 – as operações, tanto a de aquisição como a de saída, sejam regularmente escrituradas.

§ 4º. Este benefício vigorará até 31 de dezembro de 2004 (Convênio ICMS-98/04).

• *§ 4º com redação dada pelo Decreto nº 49.203, de 1º.12.2004 – DOE de 2.12.2004 – Efeitos a partir de 19.10.2004.*

**Art. 7º.** (Revogado).

• *Art. 7º revogado pelo Decreto nº 51.520, de 29.1.2007 – DOE de 30.1.2007 – Produzindo efeitos aos fatos geradores que ocorrerem a partir de 1º.2.2007.*

**Art. 8º. (NOVILHO PRECOCE)** – Na saída de gado bovino qualificado como novilho precoce de estabelecimento rural com destino ao estabelecimento que irá promover o abate, localizado no território paulista, poderá o contribuinte creditar-se da importância equivalente ao resultado da aplicação de um dos percentuais a seguir sobre o valor do imposto incidente na operação (Convênios ICMS-60/01):

I – 45% (quarenta e cinco por cento), se o animal a ser abatido apresentar as seguintes características:

a) ter, no máximo, 2 (dois) dentes incisivos permanentes ou idade inferior a 2 (dois) anos e peso igual ou superior a 225 (duzentos e vinte e cinco) quilogramas de carcaça, para os machos castrados, e a 180 (cento e oitenta) quilogramas, para as fêmeas;

b) não ter dente incisivo permanente ou ter idade inferior a 1 (um) ano e 6 (seis) meses e ter peso igual ou superior a 225 (duzentos e vinte e cinco) quilogramas de carcaça, para os machos não castrados;

II – 25% (vinte e cinco por cento), se o animal tiver no máximo 4 (quatro) dentes incisivos permanentes ou idade inferior a 2 (dois) anos e 6 (seis) meses e o peso igual ou superior a 225 (duzentos e vinte e cinco) quilogramas de carcaça, para os machos castrados, e a 180 (cento e oitenta) quilogramas, para as fêmeas.

§ 1º. Além dos requisitos previstos nos incisos I e II, o animal deverá possuir, por ocasião do abate, de 1 (um) a 10 (dez) milímetros de gordura de cobertura da carcaça.

§ 2º. O benefício previsto neste artigo fica condicionado a que:

1 – o estabelecimento rural esteja inscrito no cadastro dos produtores pecuários, conforme previsto no Decreto nº 40.152, de 23.6.1995 que instituiu o Programa de Produção de Carne Qualificada de Bovídeos;

2 – o estabelecimento abatedor seja credenciado pela Secretaria de Agricultura e Abastecimento;

3 – sejam indicados no documento fiscal que acompanhar o gado destinado ao abate, além dos demais requisitos, o número da inscrição de que trata o item 1 e a seguinte expressão "Operação Enquadrada no Programa Instituído pelo Decreto nº 40.152/1995";

4 – o atendimento das exigências previstas neste artigo seja atestado em documento expedido por

técnicos do Serviço de Inspeção de Produtos de Origem Animal do Ministério da Agricultura e do Abastecimento ou da Secretaria de Agricultura e Abastecimento.

§ 3º. Constatado que o animal não atendia às exigências dos incisos I e II e do § 1º deste artigo, o crédito eventualmente deduzido deverá ser recolhido no prazo de 5 (cinco) dias, contado do abate, com atualização monetária e acréscimos legais.

§ 4º. A fruição do benefício previsto neste artigo será feita por opção do titular do estabelecimento, em substituição ao aproveitamento de quaisquer créditos fiscais relacionados com a aquisição ou produção do novilho.

§ 5º. A vedação prevista no parágrafo anterior não se aplicará se o titular do estabelecimento optar pela aplicação dos percentuais de 40% (quarenta por cento) e 20% (vinte por cento), em substituição aos previstos nos incisos I e II, respectivamente, opção essa que será registrada no livro fiscal e, se for o caso, comunicada por escrito ao estabelecimento abatedor.

- *Art. 8º com redação dada pelo Decreto nº 46.027 de 22.8.2001 – DOE de 23.8.2001 – Efeitos a partir de 9.8.2001.*

§ 6º. Este benefício vigorará até 31 de dezembro de 2004 (Convênio ICMS-96/04).

- *Redação dada ao § 6º pelo inciso XVII do art. 1º do Decreto nº 49.203, de 1º.12.2004 – DOE de 2.12.2004 – Efeitos a partir de 19.10.2004.*

**Art. 9º.** (Revogado).

- *Art. 9º revogado pelo Decreto nº 51.520, de 29.1.2007 – DOE de 30.1.2007 – Produzindo efeitos aos fatos geradores que ocorrerem a partir de 1º.2.2007.*

**Art. 10.** (Revogado).

- *Art. 10 revogado pelo Decreto nº 51.520, de 29.1.2007 – DOE de 30.1.2007 – Produzindo efeitos aos fatos geradores que ocorrerem a partir de 1º.2.2007.*

**Art. 11. (TRANSPORTE)** – O estabelecimento prestador de serviço de transporte, exceto o aéreo, poderá creditar-se da importância correspondente a 20% (vinte por cento) do valor do imposto devido na prestação (Convênio ICMS-106/96, com alteração do Convênio ICMS-95/99).

§ 1º. O benefício previsto neste artigo é opcional, devendo alcançar todos os estabelecimentos do contribuinte localizados no território nacional e sua adoção implicará vedação ao aproveitamento de quaisquer outros créditos.

§ 2º. O contribuinte declarará a opção em termo lavrado no livro Registro de Utilização de Documentos Fiscais e Termos de Ocorrências, devendo a renúncia a ela ser objeto de novo termo, termos esses que produzirão efeitos a partir do primeiro dia do mês subsequente ao da sua lavratura.

§ 3º. Na hipótese de o prestador de serviço não estar obrigado à inscrever-se no Cadastro de Contribuintes deste Estado ou à escrituração fiscal, o crédito concedido nos termos deste artigo poderá ser apropriado na guia de recolhimento, observado o disposto no § 3º do art. 115 (Convênio ICMS 106/96, cláusula primeira, § 3º, acrescentado pelo Convênio ICMS 85/03).

- *§ 3º acrescido pelo Decreto nº 48.294, de 2.12.2003 – DOE de 3.12.2003 – Efeitos a partir de 3.11.2003.*

**Art. 12. (TRANSPORTE AÉREO)** – O estabelecimento prestador de serviço de transporte aéreo poderá creditar-se da importância que resulte em carga tributária correspondente a 8% (oito por cento) (Convênio ICMS-120/96, cláusula primeira, §§ 1º e 2º).

§ 1º. O benefício previsto neste artigo é opcional e sua adoção implicará vedação ao aproveitamento de quaisquer outros créditos.

§ 2º. O contribuinte declarará a sua opção em termo lavrado no livro Registro de Utilização de Documentos Fiscais e Termos de Ocorrências, devendo a renúncia a ela ser objeto de novo termo, termos esses que produzirão efeitos por período não inferior a 12 (doze) meses, contados do primeiro dia do mês subsequente ao da sua lavratura.

**Art. 13.** Na saída do produto lã ou palha de aço ou ferro, classificado no código 7323.10.00 da Nomenclatura Brasileira de Mercadorias – Sistema Harmonizado – NBM/SH, promovida pelo estabelecimento fabricante, este estabelecimento, em substituição ao aproveitamento dos créditos do imposto relativos à aquisição de energia elétrica, óleo emulsionável e materiais de embalagem, exceto filme impresso BB8 (SAC), utilizados no processo industrial, poderá optar pelo crédito de importância equivalente à aplicação de 6,97% (seis inteiros e noventa e sete centésimos por cento) sobre o valor da operação de saída.

§ 1º. Não se compreende na operação de saída referida neste artigo aquela cujo produto seja objeto de posterior retorno, real ou simbólico.

§ 2º. O crédito correspondente ao percentual referido neste artigo condiciona-se a que a operação de saída seja tributada ou, não o sendo, haja expressa previsão para manutenção do crédito.

§ 3º. A opção prevista no caput será formalizada mediante termo lavrado no livro Registro de Utilização de Documentos Fiscais e Termos de Ocorrências, devendo a renúncia ser objeto de novo termo.

- *Art. 13 acrescido pelo Decreto nº 46.295, de 23.11.2001 – DOE de 24.11.2001 – Efeitos a partir de 1º.11.2001.*

**Art. 14. (ADESIVO HIDROXILADO – GARRAFAS PET)** – O fabricante de adesivo hidroxilado, cuja matéria-prima específica seja resultante da moagem ou trituração de garrafa PET, por ocasião da saída interna daquele produto de seu estabelecimento, poderá creditar-se de importância equivalente à aplicação de 60% (sessenta por cento) do valor do imposto incidente nessa saída (Convênio ICMS-08/03).

- *Art. 14,* caput*, com redação dada pelo Decreto nº 47.858 de 3.6.2003 – DOE de 4.6.2003 – Efeitos a partir de 28.4.2003.*

§ 1º. O crédito a que se refere o *caput* poderá ser efetuado sem prejuízo dos demais créditos.

- *§ 1º com redação dada pelo Decreto nº 47.858 de 3.6.2003 – DOE de 4.6.2003 – Efeitos a partir de 28.4.2003.*

§ 2º. Não se compreende na operação de saída referida neste artigo aquela cujo produto seja objeto de posterior retorno, real ou simbólico.

- *§ 2º com redação dada pelo Decreto nº 47.858 de 3.6.2003 – DOE de 4.6.2003 – Efeitos a partir de 28.4.2003.*

§ 3º. Este benefício vigorará enquanto vigorar o Convênio ICMS 08/03, de 4 de abril de 2003.

- *§ 3º com redação dada pelo Decreto nº 58.759, de 20.12.2012 – DOE de 21.12.2012 – Efeitos a partir de 1º.1.2013.*
- *Art. 14 acrescido pelo Decreto nº 47.278, de 29.10.2002 – DOE de 30.10.2002 – Efeitos a partir de 14.10.2002.*

**Art. 15. (MALTE PARA A FABRICAÇÃO DE CERVEJA OU CHOPE)** – Na saída de malte, classificado nos códigos 1107.10.10 ou 1107.20.10 da Nomenclatura Brasileira de Mercadorias – Sistema Harmonizado – NBM/SH, promovida pelo estabelecimento fabricante, este estabelecimento fica autorizado a creditar-se de importância equivalente à aplicação de 6,5% (seis inteiros e cinco décimos por cento) sobre o valor de sua saída interna, e de 2,9% (dois inteiros e nove décimos por cento) sobre o valor de sua saída interestadual.

- *Art. 15,* caput*, com redação dada pelo Decreto nº 52.069, de 17.8.2007 – DOE de 18.8.2007 – Efeitos a partir de 1º.8.2007.*

§ 1º. Somente darão direito ao benefício previsto no *caput* as saídas de malte para fermentação alcoólica em indústria de cerveja ou chope.

§ 2º. Não se compreende na operação de saída referida neste artigo:

1 – as transferências de mercadorias;

2 – as saídas em que as mercadorias sejam objeto de posterior retorno, real ou simbólico, ao estabelecimento fabricante;

3 – as saídas que, por qualquer motivo, não se sujeitem à incidência do imposto.

§ 3º. O benefício de que trata este artigo fica condicionado a que a importação de matéria-prima para a produção de malte seja realizada diretamente pelo estabelecimento industrializador e que o desembarque e desembaraço ocorram em território paulista.

- *§ 3º com redação dada pelo Decreto nº 50.436, de 28.12.2005 – DOE de 29.12.2005 – Efeitos a partir de 29.12.2005.*

§ 4º. Sem prejuízo do disposto no *caput*, o estabelecimento fabricante de malte poderá se creditar de importância equivalente à aplicação de 12% (doze por cento) sobre o valor das aquisições de cevada cervejeira produzida neste Estado e utilizada na sua produção de malte.

- *§ 4º com redação dada pelo Decreto nº 52.069, de 17.8.2007 – DOE de 18.8.2007 – Efeitos a partir de 1º.8.2007.*
- *Art. 15 acrescido (como 18) pelo Decreto nº 48.115, de 26.9.2003 – DOE de 27.9.2003 – renumerado e com redação dada pelo Decreto nº 48.294, de 2.12.2003 – DOE de 3.12.2003 – Efeitos a partir da publicação.*

**Art. 16. (ECF – AQUISIÇÃO)** – Na aquisição de equipamento Emissor de Cupom Fiscal – ECF que atenda aos requisitos legais, o contribuinte não obrigado ao uso do referido equipamento no exercício imediatamente anterior poderá se creditar de valor equivalente a até R$ 2.000,00 (dois mil reais) por estabelecimento (Convênio ICMS-108/04).

§ 1º. Para fins do disposto neste artigo, entende-se, por valor de aquisição do ECF, o valor despendido na aquisição do equipamento, incluídas as parcelas referentes a frete e seguros correspondentes ao seu transporte, acrescido dos valores dos acessórios a seguir indicados, excluídos os valores pagos a título de instalação ou preparação da base para montagem do equipamento:

1 – computador, usuário e servidor, com os correspondentes teclado, vídeo, placa de rede e programa de sistema operacional;

2 – leitor ótico de código de barras;

3 – balança.

§ 2º. O benefício fica limitado a R$ 2.000,00 (dois mil reais) por conjunto ("check out").

§ 3º. O crédito previsto neste artigo deverá ser apropriado:

1 – tratando-se de estabelecimento enquadrado no Regime Periódico de Apuração (RPA), em até 12 (doze) parcelas iguais, mensais e consecutivas, a partir do mês imediatamente posterior àquele em que houver ocorrido o início da efetiva utilização do equipamento;

2 – tratando-se de estabelecimento enquadrado no regime especial de tributação simplificada atribuído a Empresa de Pequeno Porte (EPP), mediante dedução do imposto a pagar, nas mesmas condições e período previstos no item 1;

3 – tratando-se de estabelecimento enquadrado no regime especial de tributação simplificada atribuído à microempresa (ME), a partir do momento em que se enquadrar no Regime Periódico de Apuração (RPA) ou no regime especial de tributação simplificada atribuído a Empresa de Pequeno Porte (EPP), observado o disposto nos itens 1 e 2.

§ 4º. A apropriação do crédito previsto neste artigo é limitada, mensalmente, ao débito de ICMS apurado no período.

§ 5º. O crédito previsto neste artigo deverá ser estornado:

1 – proporcionalmente, quando ocorrer a cessação de uso do equipamento em prazo inferior a 48 (quarenta e oito) meses, contado da data de início de sua efetiva utilização, exceto nas hipóteses de:

a) transferência do ECF para outro estabelecimento da mesma empresa, situado em território paulista;

b) mudança de titularidade do estabelecimento, desde que haja a continuidade da atividade comercial varejista ou de prestação de serviço, em razão de fusão, cisão ou incorporação da empresa, venda do estabelecimento ou do fundo de comércio;

2 – integralmente, quando ocorrer a utilização do equipamento em desacordo com a legislação.

§ 6º. O benefício previsto neste artigo aplica-se, também, na hipótese de aquisição de equipamento ECF e respectivos acessórios mediante financiamento concedido por entidade oficial de crédito.

§ 7º. Este benefício terá aplicação até 30 de abril de 2007 em relação à aquisição de equipamento ECF, e até 31 de dezembro de 2007 em relação à apropriação de créditos (Convênios ICMS-01/07, cláusula segunda, e ICMS-05/07, cláusula primeira, XXI).

- *§ 7º com redação dada pelo Decreto nº 51.639, de 12.3.2007 – DOE de 13.3.2007 – Efeitos a partir de 1º.1.2007.*

**Art. 17. (ECF – INTERLIGAÇÃO)** – Na interligação de sistema de pagamento por meio de cartão de crédito ou débito a equipamento Emissor de Cupom Fiscal – ECF, o contribuinte que tiver auferido, no exercício imediatamente anterior, receita bruta de até R$ 1.200.000,00 (um milhão e duzentos mil reais) poderá se creditar de valor equivalente a até R$ 2.000,00 (dois mil reais) por estabelecimento (Convênio ICMS-109/04).

§ 1º. Para fins do disposto neste artigo, serão considerados apenas os seguintes valores despendidos, incluídas as parcelas referentes a frete e seguros correspondentes ao transporte dos respectivos bens:

1 – na aquisição de leitor de cartão de crédito ou débito, desde que para ser utilizado integrado ao ECF;

2 – na aquisição de programa de comunicação com as administradoras de cartões;

3 – na aquisição de acessórios indispensáveis à interligação com o equipamento ECF;

4 – na contratação dos serviços de instalação dos referidos equipamentos, exceto as despesas de manutenção.

§ 2º. O crédito previsto neste artigo deverá ser apropriado:

1 – tratando-se de estabelecimento enquadrado no Regime Periódico de Apuração (RPA), em até 12 (doze) parcelas iguais, mensais e consecutivas, a partir do mês imediatamente posterior àquele em que houver ocorrido a efetiva implementação da integração do sistema TEF (Transferência Eletrônica de Fundos) ao equipamento ECF;

2 – tratando-se de estabelecimento enquadrado no regime especial de tributação simplificada atribuído a Empresa de Pequeno Porte (EPP), mediante dedução do imposto a pagar, nas mesmas condições e período previstos no item 1;

3 – tratando-se de estabelecimento enquadrado no regime especial de tributação simplificada atribuído à microempresa (ME), a partir do momento em que se enquadrar no Regime Periódico de Apuração (RPA) ou no regime especial de tributação simplificada atribuído a Empresa de Pequeno Porte (EPP), observado o disposto nos itens 1 e 2.

§ 3º. A apropriação do crédito previsto neste artigo é limitada:

1 – no seu total, ao valor de todos os bens adquiridos e serviços tomados;

2 – mensalmente, ao débito de ICMS apurado no período.

§ 4º. O crédito previsto neste artigo deverá ser estornado:

1 – proporcionalmente, quando ocorrer a cessação de uso do equipamento em prazo inferior a 48 (quarenta e oito) meses, contado da data de início de sua efetiva utilização, exceto nas hipóteses de:

a) transferência do ECF para outro estabelecimento da mesma empresa, situado em território paulista;

b) mudança de titularidade do estabelecimento, desde que haja a continuidade da atividade comercial varejista ou de prestação de serviço, em razão de fusão, cisão ou incorporação da empresa, venda do estabelecimento ou do fundo de comércio;

2 – integralmente, quando ocorrer a utilização do equipamento em desacordo com a legislação.

§ 5º. O benefício aplica-se, retroativamente, aos contribuintes que tiverem implementado a integração do sistema TEF ao equipamento ECF a partir de 1º de outubro de 2002, desde que observados os limites e condições estabelecidos neste artigo.

§ 6º. Este benefício terá aplicação até 30 de abril de 2007 em relação à interligação de equipamento ECF, e até 31 de dezembro de 2007 em relação à apropriação de créditos (Convênios ICMS-01/07, cláusula segunda, e ICMS-05/07, cláusula primeira, XXII).

- *§ 6º com redação dada pelo Decreto nº 51.639, de 12.3.2007 – DOE de 13.3.2007 – Efeitos a partir de 1º.1.2007.*

**Art. 18.** (Revogado).

- *Art. 18 revogado pelo Decreto nº 51.520, de 29.1.2007 – DOE de 30.1.2007 – Produzindo efeitos aos fatos geradores que ocorrerem a partir de 1º.2.2007.*

**Art. 19. (ECF – INTERVENÇÃO TÉCNICA)** – Na intervenção técnica em equipamento Emissor de Cupom Fiscal – ECF, realizada até 1º de julho de 2007, por fabricante ou importador e que atenda aos requisitos legais, o contribuinte usuário que tenha solicitado o uso do equipamento até 1º de março de 2006 poderá se creditar do valor estabelecido no Anexo Único do Convênio ICMS-155/05 (Convênio ICMS-155/05, cláusula primeira na redação do Convênio ICMS-159/06).

• *Art. 19,* caput, *com redação dada pelo Decreto nº 51.484, de 16.1.2007 – DOE de 17.1.2007 – Efeitos a partir de 8.1.2007.*

§ 1º. O benefício previsto neste artigo destina-se a ressarcir, no todo ou em parte, as despesas relativas à deslacração e lacração externa do equipamento, para controle e afixação de etiquetas ou lacres internos no dispositivo que contém o software básico, nas extremidades do cabo conector da Memória Fiscal e Memória de Fita-detalhe, se for o caso, e na Placa Controladora Fiscal e o gabinete do equipamento.

§ 2º. O crédito fiscal outorgado previsto:

1 – será concedido conforme critérios estabelecidos no Anexo Único do Convênio ICMS 155/05, de 16 de dezembro de 2005, sendo o custo do serviço considerado como se realizado no estabelecimento do fabricante ou a quem este delegar;

2 – deverá ser apropriado até 31 de dezembro de 2007 (Convênio ICMS-124/07, cláusula primeira, LXXXII):

• *Item 2 com redação dada pelo Decreto nº 52.564, de 27.12.2007 – DOE de 28.12.2007 – Efeitos a partir de 1º.11.2007.*

a) tratando-se de estabelecimento enquadrado no Regime de Apuração Mensal (RPA), em até 3 (três) parcelas iguais, mensais e consecutivas, nos termos da tabela do Anexo Único, a partir do mês imediatamente posterior àquele em que houver ocorrido a efetiva intervenção técnica no equipamento por parte do fabricante de equipamento;

b) tratando-se de estabelecimento enquadrado no regime especial de tributação simplificada atribuído a Empresa de Pequeno Porte (EPP), mediante dedução do imposto a pagar, na mesma condição e período previstos na alínea "a";

c) tratando-se de estabelecimento enquadrado no regime especial de tributação simplificada atribuído à microempresa a partir do seu reenquadramento no Regime de Apuração Mensal (RPA) ou no regime especial de tributação simplificada atribuído a Empresa de Pequeno Porte (EPP), observado o disposto nas alíneas "a" e "b".

§ 3º. A apropriação do crédito outorgado é limitada, mensalmente, ao débito de ICMS apurado no período, admitida a possibilidade de número superior de parcelas até esgotamento total do crédito, se o excesso não puder ser absorvido até a terceira parcela.

§ 4º. O crédito previsto neste artigo deverá ser estornado integralmente:

1 – quando ocorrer a cessação de uso do equipamento em prazo inferior a seis meses da relacração, exceto se o equipamento for substituído por outro;

2 – quando ocorrer a utilização do equipamento em desacordo com a legislação.

§ 5º. O disposto no § 4º não se aplica nas hipóteses de:

1 – transferência do ECF para outro estabelecimento da mesma empresa em território paulista;

2 – mudança de titularidade do estabelecimento, desde que haja a continuidade da atividade comercial varejista ou de prestação de serviço, em razão de fusão, cisão ou incorporação da empresa, venda do estabelecimento ou do fundo do comércio.

§ 6º. Aplica-se o disposto neste artigo à hipótese de ECF adquirido mediante financiamento concedido por entidade oficial de crédito.

§ 7º. A intervenção técnica prevista neste artigo é obrigatória aos usuários de ECF e será realizada por fabricante original de equipamento, que tenha modelo homologado ou registrado na COTEPE/ICMS, observada a disciplina estabelecida pela Secretaria da Fazenda.

§ 8º. O fabricante original do equipamento poderá delegar a intervenção técnica, com reserva de iguais poderes, a fabricante derivado (regime de OEM – "Original Equipament Manufactoring") ou, sob sua responsabilidade, a interventor técnico já credenciado.

§ 9º. Será observada especificação técnica de etiqueta adesiva e do lacre interno e externo a serem apostos no equipamento, vedado o uso de lacre de polipropileno e de etiqueta sem holografia e não destrutível na sua remoção.

§ 10. O fabricante de equipamento que efetuar a intervenção técnica fornecerá à Secretaria de Estado da Fazenda, arquivo eletrônico contendo as seguintes informações:

1 – CNPJ e IE do fabricante de equipamento;

2 – razão social do estabelecimento comercial;

3 – endereço completo, contendo logradouro, número, município, CEP;

4 – CNPJ e inscrição estadual do estabelecimento comercial;

5 – número de fabricação dos ECF que sofreram a intervenção técnica;

6 – marca, modelo, tipo do ECF, versão de "software" básico instalada;

7 – número das etiquetas instaladas no dispositivo que contém o "software" básico e no cabo ligado à Memória Fiscal ou Memória de Fita-detalhe;

8 – número do(s) lacre(s) externos fixados no equipamento;

9 – CNPJ e IE do responsável pela intervenção técnica;

10 – atestado de Intervenção Técnica informado ao Posto Fiscal Eletrônico;

11 – CNPJ ou CPF do desenvolvedor do "software" aplicativo que aciona o ECF;

12 – nome e versão do "software" aplicativo que aciona o ECF.

§ 11. Caso contribuinte usuário de equipamento ECF não permita a realização de intervenção técnica, o fabricante do equipamento fornecerá à Secretaria de Estado da Fazenda, observada especificação estabelecida, arquivo eletrônico contendo as seguintes informações:

1 – CNPJ e IE do fabricante de equipamento;

2 – razão social do estabelecimento comercial;

3 – endereço completo, contendo logradouro, número, município, CEP;

4 – CNPJ e inscrição estadual do estabelecimento comercial;

5 – número de fabricação dos ECF que não sofreram a intervenção técnica;

6 – marca, modelo, tipo do ECF, versão de "software" básico instalada;

7 – data da visita.

• *Art. 19 acrescido pelo Decreto nº 50.513, de 15.2.2006 – DOE de 16.2.2006 – Efeitos a partir de 9.1.2006.*

**Art. 20. (PROGRAMA DE AÇÃO CULTURAL)** – O contribuinte que apoiar financeiramente projeto cultural credenciado pela Secretaria de Estado da Cultura no âmbito do Programa de Ação Cultural – PAC, instituído pela Lei nº 12.268, de 20 de fevereiro de 2006, poderá creditar-se, total ou parcialmente, do valor destinado ao patrocínio do projeto (Lei nº 12.268/2006, art. 6º, e Convênio ICMS-27/06).

§ 1º. O crédito previsto no *caput*:

1 – fica condicionado a que o contribuinte:

a) esteja previamente credenciado e habilitado pela Secretaria da Fazenda, nos termos de disciplina por ela estabelecida;

b) esteja em situação regular perante o fisco, no que se refere ao cumprimento das obrigações tributárias principal e acessórias;

c) tenha apurado, nos termos do art. 85 deste Regulamento, imposto a recolher no ano imediatamente anterior ou em outro período, a critério da Secretaria da Fazenda;

• *Alínea "c" com redação dada pelo Decreto nº 53.838, de 17.12.2008 – DOE de 18.12.2008 – Efeitos a partir de 1º.12.2008.*

d) efetue, no mesmo mês do lançamento do crédito de que trata este artigo no livro Registro de Apuração do ICMS, no quadro "Crédito do Imposto – Outros Créditos", a transferência ao Programa de Ação Cultural – PAC do valor correspondente a esse crédito, nos termos de disciplina estabelecida pela Secretaria da Fazenda;

2 – fica limitado:

a) globalmente, em cada ano, a critério da Secretaria da Fazenda, a até 0,2% (dois décimos por cento) da parte estadual da arrecadação anual do ICMS relativa ao ano imediatamente anterior;

b) individual e mensalmente, à aplicação do percentual estabelecido pela Secretaria da Fazenda, quando da habilitação do contribuinte, ao valor do imposto a recolher apurado conforme o art. 85 deste Regulamento, referente aos fatos geradores ocorridos no 3º (terceiro) mês anterior ao do lançamento do crédito a ser efetuado nos termos deste artigo.

• *Alínea "b" com redação dada pelo Decreto nº 53.838, de 17.12.2008 – DOE de 18.12.2008 – Efeitos a partir de 1º.12.2008.*

§ 2º. O limite do crédito individual e mensal, conforme o percentual a que se refere a alínea "b" do item 2 do § 1º, será calculado com base na relação entre o valor anual máximo potencial e o imposto anual a recolher, sendo que:

1 – o percentual a que se refere a alínea "b" do item 2 do § 1º é obtido pela fórmula PC = { { [ ( IAC – LI + 0,01 ) * PFAIXA / 100 ] + CONSTFAIXA } / IAC } * 100, na qual:

a) PC é o percentual estabelecido pela Secretaria da Fazenda, quando da habilitação do contribuinte;

b) IAC é o imposto anual a recolher, apurado pelo contribuinte nos termos do art. 85 deste Regulamento, relativamente ao ano imediatamente anterior ou a outro período fixado a critério da Secretaria da Fazenda;

c) LI é o limite inferior da faixa de imposto anual a recolher na qual se enquadra o contribuinte, conforme a seguinte tabela de escalonamento por faixa de imposto anual a recolher:

| Limite Inferior da Faixa de Imposto Anual a Recolher [em R$] | Limite Superior da Faixa de Imposto Anual a Recolher [em R$] | Percentual (P-FAIXA) | Constante (CONST-FAIXA) [em R$] |
|---|---|---|---|
| 0,01 | 50.000.000,00 | 3,00% | 0,00 |
| 50.000.000,01 | 100.000.000,00 | 0,05% | 1.500.000,00 |
| 100.000.000,01 | Sem limite | 0,01% | 1.525.000,00 |

d) PFAIXA é o percentual da faixa de imposto anual a recolher na qual se enquadra o contribuinte, conforme tabela de escalonamento constante na alínea "c";

e) CONSTFAIXA é a constante da faixa de imposto anual a recolher na qual se enquadra o contribuinte, conforme tabela de escalonamento constante na alínea "c";

2 – o valor anual máximo potencial corresponde:

a) a 3% (três por cento) do valor do imposto anual a recolher, se o contribuinte tiver apurado imposto anual a recolher igual ou inferior a R$ 50.000.000,00 (cinquenta milhões de reais);

b) ao valor fixo de R$ 1.500.000,00 (um milhão e quinhentos mil reais), acrescido do valor resultante da aplicação do percentual de 0,05% (cinco centésimos por cento) sobre o montante que exceder R$ 50.000.000,00 (cinquenta milhões de reais), se o contribuinte tiver apurado imposto anual a recolher superior a R$ 50.000.000,00 (cinquenta milhões de reais) e igual ou inferior a R$ 100.000.000,00 (cem milhões de reais);

c) ao valor fixo de R$ 1.525.000,00 (um milhão, quinhentos e vinte e cinco mil reais), acrescido do valor resultante da aplicação do percentual de 0,01% (um centésimo por cento) sobre o montante que exceder R$ 100.000.000,00 (cem milhões de reais), se o contribuinte tiver apurado imposto anual a recolher superior a R$ 100.000.000,00 (cem milhões de reais).

- *§ 2º com redação dada pelo Decreto nº 53.838, de 17.12.2008 – DOE de 18.12.2008 – Efeitos a partir de 1º.12.2008.*

§ 3º. Compete à Secretaria da Cultura:

1 – analisar a viabilidade do projeto cultural para fins de credenciamento no Programa de Ação Cultural – PAC;

2 – manter atualizado o banco de dados, criado pela Secretaria da Fazenda, de projetos credenciados e habilitados a receber patrocínio nos termos da Lei nº 12.268, de 20 de fevereiro de 2006;

- *Item 2 com redação dada pelo Decreto nº 53.838, de 17.12.2008 – DOE de 18.12.2008 – Efeitos a partir de 1º.12.2008.*

3 – acompanhar a realização do projeto cultural patrocinado nos termos da Lei nº 12.268, de 20 de fevereiro de 2006.

§ 4º. Este benefício vigorará enquanto vigorar o Convênio ICMS-27/06, de 24 de março de 2006.

- *§ 4º com redação dada pelo Decreto nº 52.666, de 24.1.2008 – DOE de 25.1.2008 – Efeitos a partir de 1º.1.2008.*
- *Art. 20 acrescido pelo Decreto nº 50.856, de 6.6.2006 – DOE de 7.6.2006 – Efeitos a partir da publicação.*

**Art. 21.** Na saída de obra de arte, promovida por estabelecimento que a tiver recebido diretamente do autor com isenção do imposto, este estabelecimento poderá creditar-se de importância equivalente a 50% (cinquenta por cento) do imposto incidente na operação. (Convênio ICMS-59/91, cláusula primeira, parágrafo único).

- *Art. 21 acrescido pelo Decreto nº 51.618, de 27.2.2007 – DOE de 28.2.2007 – Efeitos a partir de 1º.2.2007.*

**Art. 22. (FARINHA DE TRIGO E PRODUTOS RESULTANTES DE SUA INDUSTRIALIZAÇÃO)** – O estabelecimento que promover saída interna dos produtos adiante indicados, classificados nos seguintes códigos da Nomenclatura Brasileira de Mercadorias – Sistema Harmonizado – NBM/SH, em substituição ao aproveitamento de quaisquer créditos, poderá optar pelo crédito de importância resultante da aplicação do percentual de 7% (sete por cento) sobre o valor da saída interna (Lei nº 6.374/1989, art. 112):

I – farinha de trigo classificada na posição 1101.00 da Nomenclatura Brasileira de Mercadorias – Sistema Harmonizado – NBM/SH;

II – mistura pré-preparada de farinha de trigo para panificação, que contenha no mínimo 95% de farinha de trigo, classificada no código 1901.20 da Nomenclatura Brasileira de Mercadorias – Sistema Harmonizado – NBM/SH;

III – massas alimentícias não cozidas, nem recheadas ou preparadas de outro modo, desde que classificadas na posição 1902.11 ou 1902.19 da Nomenclatura Brasileira de Mercadorias – Sistema Harmonizado – NBM/SH;

IV – pão francês ou de sal, assim entendido aquele de consumo popular, obtido pela cocção de massa preparada com farinha de trigo, fermento biológico, água e sal, que não contenha ingrediente que venha a modificar o seu tipo, característica ou classificação e que sejam produzidos com o peso de até 1000 gramas, desde que classificado na posição 1905.90 da Nomenclatura Brasileira de Mercadorias – Sistema Harmonizado – NBM/SH;

V – biscoitos e bolachas derivados do trigo, dos tipos “cream cracker”, “água e sal”, “maisena”, “maria” e outros de consumo popular, classificados na posição 1905.31 da Nomenclatura Brasileira de Mercadorias – Sistema Harmonizado – NBM/SH, desde que não sejam adicionados de cacau, recheados, cobertos ou amanteigados, independentemente de sua denominação comercial.

- *Art. 22,* caput, *acrescido pelo Decreto nº 52.585, de 28.12.2007 – DOE de 29.12.2007 – Efeitos para os fatos geradores que ocorrerem a partir de 28.12.2007.*

§ 1º. O disposto neste artigo:

1 – é opcional, devendo:

a) alcançar todos os estabelecimentos do contribuinte localizados neste Estado;

b) ser declarada a opção em termo no Livro Registro de Utilização de Documentos Fiscais e Termos de Ocorrência, devendo a renúncia a ela ser objeto de novo termo, que produzirá efeitos, em cada caso, por período não inferior a 12 (doze) meses, contados do primeiro dia do mês subsequente ao da lavratura do correspondente termo;

2 – condiciona-se a que a saída seja tributada ou, não o sendo, haja expressa autorização legal para que o crédito seja mantido.

- *§ 1º acrescido pelo Decreto nº 52.585, de 28.12.2007 – DOE de 29.12.2007 – Efeitos para os fatos geradores que ocorrerem a partir de 28.12.2007.*

§ 2º. Não se compreende na operação de saída referida no *caput* aquela cujos produtos ou outros deles resultantes sejam objeto de posterior retorno, real ou simbólico.

- *§ 2º acrescido pelo Decreto nº 52.585, de 28.12.2007 – DOE de 29.12.2007 – Efeitos para os fatos geradores que ocorrerem a partir de 28.12.2007.*

§ 3º. Para fins do disposto neste artigo, considera-se quaisquer créditos os créditos relativos à entrada dos produtos referidos no *caput*, quando recebidos para revenda, ou de mercadorias e serviços, quando utilizados na sua fabricação.

- *§ 3º acrescido pelo Decreto nº 52.838, de 26.3.2008 – DOE de 27.3.2008 – Efeitos a partir de 28.3.2008.*

**Art. 23. (ACETONA E BISFENOL)** – O contribuinte que promover saída interestadual de acetona e de bisfenol, classificados respectivamente, nas posições 2914.11 e 2907.23 da Nomenclatura Brasileira de Mercadorias – Sistema Harmonizado – NBM/SH, poderá se creditar da importância equivalente a 7% (sete por cento) do valor da operação (Lei nº 6.374/1989. art. 112).

§ 1º. O benefício de que trata este artigo fica condicionado a que o contribuinte:

1 – execute projeto de investimento de valor igual ou superior a R$ 60.000.000,00 (sessenta milhões de reais), em seus estabelecimentos paulistas;

2 – emita Nota Fiscal Eletrônica – NF-e em todas as operações, em substituição a Nota Fiscal modelo 1 ou 1-A, conforme disciplina estabelecida pela Secretaria da Fazenda, a partir de 1º de janeiro de 2009, exceto se prazo menor vier a ser estabelecido em legislação nacional;

3 – protocolize, na Secretaria do Desenvolvimento, pedido dirigido aos Secretários do Desenvolvimento, da Fazenda e da Economia e Planejamento contendo, no mínimo:

a) a descrição do projeto de investimento a que se refere o item 1;

b) o montante total estimado do investimento;

c) sua localização;

d) as datas prováveis de seu início e conclusão;

e) memorial descritivo;

4 – formalize sua adesão ao Programa Jovem Cidadão – Meu Primeiro Trabalho, nos termos estabelecidos pela Secretaria do Emprego e Relações do Trabalho do Estado de São Paulo.

§ 2º. Para os fins do crédito a que se refere este artigo, não se incluem as saídas cujo produto seja objeto de posterior retorno, real ou simbólico, ao estabelecimento de origem ou a qualquer outro estabelecimento em território paulista.

§ 3º. A análise do pedido de que trata o item 3 do § 1º caberá à Comissão de Avaliação da Política de Desenvolvimento Econômico e Social do Estado de São Paulo, constituída pela Resolução Conjunta nº 1, de 24 de janeiro de 2007, dos Secretários de Desenvolvimento, da Fazenda e da Economia e Planejamento, a qual elaborará parecer conclusivo recomendando sua aprovação ou rejeição, no prazo de 30 (trinta) dias, contados da data de recebimento do pedido.

§ 4º. Compete aos Secretários do Desenvolvimento, da Fazenda e da Economia e Planejamento, decidir conjuntamente, no prazo de 30 (trinta) dias, contados da data de elaboração do parecer de que trata o § 3º, sobre a viabilidade e oportunidade do pedido, definindo as medidas a serem adotadas no âmbito de suas pastas para viabilização do projeto.

§ 5º. O contribuinte deverá apresentar ao Secretário de Desenvolvimento relatório:

1 – semestral, relativamente à execução do projeto de investimento, a partir da data da aprovação do cronograma, demonstrando o cumprimento do cronograma de execução do projeto;

2 – até 180 (cento e oitenta) dias da conclusão do projeto, demonstrando a observância dos requisitos e condições estabelecidos.

§ 6º. O Secretário do Desenvolvimento:

1 – analisará os relatórios de que trata o § 5º, encaminhando seu parecer aos Secretários da Fazenda e da Economia e Planejamento, sucessivamente, no qual alertará sobre eventuais irregularidades constatadas;

2 – comunicará os demais Secretários da não entrega de relatório no prazo fixado.

§ 7º. O crédito a que se refere o *caput* será escriturado em apartado, sem prejuízo dos demais créditos a que o contribuinte tiver direito, relativamente a fatos geradores ocorridos a partir do primeiro dia do mês subsequente à aprovação do projeto, nos termos do § 4º, podendo ser utilizado somente para compensação de incremento real da arrecadação do contribuinte, após a conclusão do programa de investimento a que se refere o item 1 do § 1º, conforme definido pela Secretaria da Fazenda.

- *Art. 23 acrescido pelo Decreto nº 53.076, de 10.6.2008 – DOE de 11.6.2008 – Efeitos a partir da publicação.*

**Art. 24. (AQUISIÇÃO DE LEITE CRU PARA PRODUÇÃO DE QUEIJO OU REQUEIJÃO)** – O estabelecimento fabricante paulista de queijo classificado na posição 0406 da Nomenclatura Brasileira de Mercadorias – Sistema Harmonizado – NBM/SH, poderá se creditar da importância equivalente a até 12% (doze por cento) do valor da saída do produto (Lei nº 6.374/1989, art. 112).

- *Art. 24,* caput, *acrescido pelo Decreto nº 53.631, de 30.10.2008 – DOE de 31.10.2008, e com redação dada pelo Decreto nº 53.918, de 29.12.2008 – DOE de 30.12.2008 – Efeitos a partir de 1º.12.2008.*

§ 1º. O benefício de que trata este artigo aplica-se proporcionalmente às entradas de leite cru produzido por produtor paulista, em relação à entrada total de leite cru utilizado na produção dos referidos produtos no período, e condiciona-se a que:

1 – o leite recebido seja utilizado para a produção de queijo ou requeijão em estabelecimento fabril localizado neste Estado;

2 – a saída subsequente do queijo ou do requeijão seja tributada ou que haja expressa previsão de manutenção do crédito na hipótese de isenção ou não incidência;

3 – a emissão e a escrituração de documentos fiscais se dê por sistema eletrônico de processamento de dados;

4 – a partir de 1º de junho de 2009, seja emitida Nota Fiscal Eletrônica NF-e, Modelo 55, em substituição à Nota Fiscal, Modelo 1 ou 1-A.

- *§ 1º acrescido pelo Decreto nº 53.631, de 30.10.2008 – DOE de 31.10.2008, e com redação dada pelo Decreto nº 53.918, de 29.12.2008 – DOE de 30.12.2008 – Efeitos a partir de 1º.12.2008.*

§ 2º. O disposto no *caput* também se aplica ao recebimento de leite por intermédio de cooperativa de produtores paulistas de leite, desde que ela segregue, em seu estoque de leite, aquele proveniente de cooperado que o tenha produzido em território paulista.

- *§ 2º acrescido pelo Decreto nº 53.631, de 30.10.2008 – DOE de 31.10.2008, e com redação dada pelo Decreto nº 53.918, de 29.12.2008 – DOE de 30.12.2008 – Efeitos a partir de 1º.12.2008.*

§ 3º. O montante do crédito outorgado previsto neste artigo fica limitado de forma que o total de créditos do estabelecimento não exceda o total dos débitos no período de apuração.

- *§ 3º acrescido pelo Decreto nº 53.631, de 30.10.2008 – DOE de 31.10.2008, e com redação dada pelo Decreto nº 53.918, de 29.12.2008 – DOE de 30.12.2008 – Efeitos a partir de 1º.12.2008.*

§ 4º. (Revogado).

- *§ 4º acrescido pelo Decreto nº 53.631, de 30.10.2008 – DOE de 31.10.2008 – e revogado pelo Decreto nº 58.761, de 20.12.2012 – DOE de 21.12.2012 – Efeitos a partir de 1º.1.2013.*

§ 5º. O benefício de que trata este artigo poderá ser utilizado cumulativamente com a redução de base de cálculo prevista no art. 39 do Anexo II deste Regulamento, não se aplicando o disposto na alínea “c” do item 1 e no item 3, ambos do § 1º do referido dispositivo.

- *§ 5º acrescido pelo Decreto nº 58.286, de 8.8.2012 – DOE de 9.8.2012 – Efeitos a partir da publicação.*

**Art. 25. (FEIJÃO)** – O estabelecimento que efetuar o beneficiamento, acondicionamento ou reacondicionamento de feijão, em seu estado natural, poderá creditar-se, em substituição ao aproveitamento de quaisquer créditos, exceto o relativo ao pagamento decorrente do lançamento previsto na alínea “b” do inciso I do art. 348 deste Regulamento, de importância equivalente à aplicação do percentual de:

- *Art. 25,* caput, *com redação dada pelo Decreto nº 54.080, de 5.3.2009 – DOE de 6.3.2009 – Efeitos a partir de 1º.12.2008.*

I – 11% (onze por cento) sobre o valor da saída em operações sujeitas à alíquota de 12% (doze por cento);

II – 6% (seis por cento) sobre valor da saída em operações:

a) sujeitas à alíquota de 7% (sete por cento);

b) contempladas com a redução de base de cálculo prevista no art. 3º do Anexo II deste Regulamento.

III – 3% (três por cento) sobre o valor da saída em operações sujeitas à alíquota de 4% (quatro por cento).

- *Inciso III com redação dada pelo Decreto nº 60.061, de 14.1.2014 – DOE de 15.1.2014 – Efeitos a partir da publicação.*

Parágrafo único. O disposto neste artigo:

1 – é opcional, devendo ser declarada a opção em termo no Livro Registro de Utilização de Documentos Fiscais e Termos de Ocorrência – RUDFTO, e a renúncia a ela deve ser objeto de novo termo, que produzirá efeitos, em cada caso, a partir do primeiro dia do mês subsequente ao da lavratura do correspondente termo;

2 – não se aplica:

a) às saídas com posterior retorno, real ou simbólico;

b) aos contribuintes optantes do Simples Nacional.

- *Parágrafo único com redação dada pelo Decreto nº 54.080, de 5.3.2009 – DOE de 6.3.2009 – Efeitos a partir de 1º.3.2009.*
- *Art. 25 acrescido pelo Decreto nº 53.917, de 29.12.2008 – DOE de 30.12.2008 – Efeitos a partir de 1º.12.2008.*

**Art. 26. (EMBARCAÇÕES DE RECREIO OU DE ESPORTE)** – O estabelecimento fabricante de embarcações de recreio ou de esporte classificadas na posição 8903 da Nomenclatura Brasileira de Mercadorias – Sistema Harmonizado – NBM/SH poderá creditar-se da importância que resulte em carga tributária correspondente a 7% (sete por cento) (Lei nº 6.374/1989, art. 112).

§ 1º. O benefício previsto neste artigo é opcional e sua adoção implicará vedação ao aproveitamento de quaisquer outros créditos.

§ 2º. O contribuinte declarará a sua opção em termo lavrado no livro Registro de Utilização de Documentos Fiscais e Termos de Ocorrências – RUDFTO, devendo a renúncia a ela ser objeto de novo termo, termos esses que produzirão efeitos por período não inferior a 12 (doze) meses, contados do primeiro dia do mês subsequente ao da sua lavratura.

- *Art. 26 acrescido pelo Decreto nº 54.506, de 1º.7.2009 – DOE de 2.7.2009 – Efeitos a partir de 1º.7.2009.*

§ 3º. A vedação prevista no § 1º não se aplica aos créditos nas hipóteses a que se refere o art. 29 das Disposições Transitórias deste Regulamento.

- *§ 3º acrescido pelo Decreto nº 59.614, de 17.10.2013 – DOE de 18.10.2013 – Efeitos a partir da publicação.*

**Art. 27. (AVES/PRODUTOS DO ABATE EM FRIGORÍFICO PAULISTA)** – Na saída interestadual de carne e demais produtos comestíveis resultantes do abate de aves, frescos, resfriados, congelados, salgados, secos, temperados ou defumados para conservação, desde que não enlatados ou cozidos, promovida por estabelecimento abatedor que efetue o abate neste Estado, este estabelecimento poderá creditar-se de importância equivalente à aplicação do percentual de 7% (sete por cento) sobre o valor da saída interestadual, em substituição ao aproveitamento de quaisquer outros créditos. (Lei nº 6.374/1989, art. 112).

§ 1º. O disposto neste artigo:

1 – é opcional, devendo:

a) alcançar todos os estabelecimentos abatedores do contribuinte localizados neste Estado;

b) ser declarada a opção em termo no Livro Registro de Utilização de Documentos Fiscais e Termos de Ocorrência, devendo a renúncia a ela ser objeto de novo termo, que produzirá efeitos, em cada caso, por período não inferior a 12 (doze) meses, contados do primeiro dia do mês subsequente ao da lavratura do correspondente termo;

2 – condiciona-se a que a saída seja tributada ou não o sendo haja expressa autorização legal para que o crédito seja mantido.

§ 2º. Não se compreende na operação de saída referida no *caput* aquela cujos produtos ou outros deles resultantes sejam objeto de posterior retorno, real ou simbólico.

- *Art. 27 acrescido pelo Decreto nº 54.897, de 9.10.2009 – DOE de 10.10.2009 – Efeitos a partir de 1º.9.2009.*

**Art. 28. (AMIDO E FÉCULA DA MANDIOCA)** – O estabelecimento fabricante que promover saída interestadual dos produtos adiante indicados, classificados nos respectivos códigos da Nomenclatura Comum do MERCOSUL – NCM, poderá, em substituição ao aproveitamento de quaisquer outros créditos, creditar-se de importância de forma que a carga tributária dessa saída resulte no percentual de 3,5% (três inteiros e cinco décimos por cento) (Lei nº 6.374/1989, art. 112):

I – amido de mandioca, 1108.19.00;

II – amido modificado e dextrina de mandioca, 3505.10.00;

III – fécula de mandioca, 1108.14.00.

§ 1º. O benefício previsto neste artigo:

1 – é opcional, devendo:

a) alcançar todos os estabelecimentos do contribuinte localizados neste Estado;

b) ser declarada a opção em termo no Livro Registro de Utilização de Documentos Fiscais e Termos de Ocorrência, devendo a renúncia a ela ser objeto de novo termo, que produzirá efeitos, em cada caso, por período não inferior a 12 (doze) meses, contados do primeiro dia do mês subsequente ao da lavratura do correspondente termo;

2 – condiciona-se a que a saída seja tributada ou, não o sendo, haja expressa autorização legal para que o crédito seja mantido.

§ 2º. Não se compreende na operação de saída referida no *caput* aquela cujos produtos ou outros deles resultantes sejam objeto de posterior retorno, real ou simbólico.

§ 3º. O crédito, nos termos deste artigo, deverá ser lançado no campo "Outros Créditos" do Livro Registro de Apuração do ICMS – RAICMS, com a expressão "Crédito Presumido – art. 28 do Anexo III do RICMS".

- *Art. 28 acrescido pelo Decreto nº 54.946, de 21.10.2009 – DOE de 22.10.2009 – Efeitos a partir de 1º.11.2009.*

**Art. 29. (PRODUTOS DA MANDIOCA)** – O estabelecimento industrializador da mandioca poderá, em substituição ao aproveitamento de quaisquer outros créditos, creditar-se de importância correspondente à aplicação do percentual de 3,5% (três inteiros e cinco décimos por cento) sobre o valor das saídas dos produtos resultantes de sua industrialização.

§ 1º. O benefício previsto neste artigo:

1 – não poderá ser cumulativo com o benefício previsto no art. 28 do Anexo III;

2 – não veda a fruição do benefício da redução da base de cálculo previsto no art. 43 do Anexo II;

3 – aplica-se, também, às operações interestaduais com os produtos resultantes da industrialização da fécula de mandioca ou da farinha de mandioca, quando realizadas:

a) por estabelecimento industrializador da mandioca;

b) por outro estabelecimento pertencente ao mesmo titular de estabelecimento industrializador da mandioca, desde que o benefício não tenha sido utilizado quando da operação de transferência da mercadoria;

4 – condiciona-se a que a saída seja tributada ou, não o sendo, haja expressa autorização legal para que o crédito seja mantido.

§ 2º. Não se compreende na operação de saída referida no *caput* aquela cujos produtos ou outros deles resultantes sejam objeto de posterior retorno, real ou simbólico.

§ 3º. O crédito, nos termos deste artigo, deverá ser lançado no campo "Outros Créditos" do Livro Registro de Apuração do ICMS – RAICMS, com a expressão "Crédito Presumido – art. 29 do Anexo III do RICMS".

- *Art. 29 acrescido pelo Decreto nº 54.946, de 21.10.2009 – DOE de 22.10.2009 – Efeitos a partir de 1º.11.2009.*

**Art. 30. (PROGRAMA DE INCENTIVO AO ESPORTE)** – O contribuinte que apoiar financeiramente projeto desportivo credenciado pela Secretaria de Esporte, Lazer e Turismo no âmbito do Programa de Incentivo ao Esporte poderá creditar-se, total ou parcialmente, do valor destinado ao patrocínio do projeto (Lei nº 13.918/2009, art.16).

§ 1º. O crédito outorgado:

1 – fica condicionado a que o contribuinte:

a) esteja previamente credenciado e habilitado pela Secretaria da Fazenda, nos termos de disciplina por ela estabelecida;

b) esteja em situação regular perante o fisco, no que se refere ao cumprimento das obrigações tributárias principal e acessórias;

c) tenha apurado, nos termos do art. 85 deste Regulamento, imposto a recolher no ano imediatamente anterior ou em outro período, a critério da Secretaria da Fazenda;

d) efetue, no mesmo mês do lançamento do crédito de que trata este artigo no livro Registro de Apuração do ICMS, no quadro "Crédito do Imposto – Outros Créditos", a transferência ao Programa de Incentivo ao Esporte do valor correspondente a esse crédito, nos termos de disciplina estabelecida pela Secretaria da Fazenda;

2 – fica limitado:

a) globalmente, em cada ano, a critério da Secretaria da Fazenda, a até 0,2% (dois décimos por cento) da parte estadual da arrecadação anual do ICMS relativa ao ano imediatamente anterior;

b) individual e mensalmente, à aplicação do percentual estabelecido pela Secretaria da Fazenda, quando da habilitação do contribuinte, ao valor do imposto a recolher apurado conforme o art. 85 deste Regulamento, referente aos fatos geradores ocorridos no 3º (terceiro) mês anterior ao do lançamento do crédito a ser efetuado nos termos deste artigo.

§ 2º. O limite do crédito individual e mensal, conforme o percentual a que se refere a alínea "b" do item 2 do § 1º, será calculado com base na relação entre o valor anual máximo potencial e o imposto anual a recolher, sendo que:

1 – o percentual a que se refere a alínea "b" do item 2 do § 1º é obtido pela fórmula

PC = {{[(IAC – LI + 0,01) * PFAIXA / 100 ] + CONSTFAIXA } / IAC} * 100,

na qual:

a) PC é o percentual estabelecido pela Secretaria da Fazenda, quando da habilitação do contribuinte;

b) IAC é o imposto anual a recolher, apurado pelo contribuinte nos termos do art. 85 deste Regulamento, relativamente ao ano imediatamente anterior ou a outro período fixado a critério da Secretaria da Fazenda;

c) LI é o limite inferior da faixa de imposto anual a recolher na qual se enquadra o contribuinte, conforme a seguinte tabela de escalonamento por faixa de imposto anual a recolher:

| Limite Inferior da Faixa de Imposto Anual a Recolher [em R$] | Limite Superior da Faixa de Imposto Anual a Recolher [em R$] | Percentual (P-FAIXA) | Constante (CONST--FAIXA) [em R$] |
|---|---|---|---|
| 0,01 | 50.000.000,00 | 3,00% | 0,00 |
| 50.000.000,01 | 100.000.000,00 | 0,05% | 1.500.000,00 |
| 100.000.000,01 | Sem limite | 0,01% | 1.525.000,00 |

d) PFAIXA é o percentual da faixa de imposto anual a recolher na qual se enquadra o contribuinte, conforme tabela de escalonamento constante na alínea "c";

e) CONSTFAIXA é a constante da faixa de imposto anual a recolher na qual se enquadra o contribuinte, conforme tabela de escalonamento constante na alínea "c";

2 – o valor anual máximo potencial corresponde:

a) a 3% (três por cento) do valor do imposto anual a recolher, se o contribuinte tiver apurado imposto anual a recolher igual ou inferior a R$ 50.000.000,00 (cinquenta milhões de reais);

b) ao valor fixo de R$ 1.500.000,00 (um milhão e quinhentos mil reais), acrescido do valor resultante da aplicação do percentual de 0,05% (cinco centésimos por cento) sobre o montante que exceder R$ 50.000.000,00 (cinquenta milhões de reais), se o contribuinte tiver apurado imposto anual a recolher superior a R$ 50.000.000,00 (cinquenta milhões de reais) e igual ou inferior a R$ 100.000.000,00 (cem milhões de reais);

c) ao valor fixo de R$ 1.525.000,00 (um milhão, quinhentos e vinte e cinco mil reais), acrescido do valor resultante da aplicação do percentual de 0,01% (um centésimo por cento) sobre o montante que exceder R$ 100.000.000,00 (cem milhões de reais), se o contribuinte tiver apurado imposto anual a recolher superior a R$ 100.000.000,00 (cem milhões de reais).

§ 3º. Cabe à Secretaria de Esporte, Lazer e Turismo:

1 – analisar a viabilidade do projeto esportivo para fins de credenciamento no Programa de Incentivo ao Esporte;

2 – manter atualizado o banco de dados, criado pela Secretaria da Fazenda, de projetos credenciados e habilitados a receber patrocínio nos termos do art. 16 da Lei nº 13.918, de 22 de dezembro de 2009;

3 – acompanhar a realização do projeto esportivo patrocinado nos termos do art. 16 da Lei nº 13.918, de 22 de dezembro de 2009.

• *Art. 30 com redação dada pelo Decreto nº 55.789, de 10.5.2010 – DOE de 11.5.2010 – Efeitos a partir da publicação.*

**Art. 31. (CARNE – AQUISIÇÃO PELA INDÚSTRIA)** – O estabelecimento fabricante dos produtos classificados nos códigos da Nomenclatura Comum do MERCOSUL – NCM 16.01 e 16.02 poderá creditar-se de importância equivalente à aplicação do percentual de 7% (sete por cento) sobre o valor da entrada de carne e demais produtos comestíveis, resultantes do abate em território paulista de aves, leporídeos e gado bovino, bufalino, caprino, ovino e suíno, adquirida em operação interna para industrialização (Lei nº 6.374/1989, art. 112).

§ 1º. O benefício previsto neste artigo condiciona-se a que a saída dos mencionados produtos seja tributada.

§ 2º. O crédito, nos termos deste artigo, deverá ser lançado no campo "Outros Créditos" do Livro Registro de Apuração do ICMS – RAICMS, com a expressão "Crédito Outorgado – art. 31 do Anexo III do RICMS".

§ 3º. (Revogado).

- *§ 3º revogado pelo Decreto nº 58.761, de 20.12.2012 – DOE de 21.12.2012 – Efeitos a partir de 1º.1.2013.*

- *Art. 31 acrescido pelo Decreto nº 56.018, de 16.7.2010 – DOE de 17.7.2010 – Em vigor na data de sua publicação, produzindo efeitos para as operações ocorridas no período de 1º.7.2010 a 31.3.2011.*

**Art. 32. (LEITE LONGA VIDA)** – O estabelecimento fabricante de leite esterilizado (longa vida), classificado nos códigos 0401.10.10 e 0401.20.10 da Nomenclatura Comum do Mercosul – NCM, poderá creditar-se de importância equivalente à aplicação do percentual de 14% (quatorze por cento) sobre o valor das saídas internas da referida mercadoria produzida no próprio estabelecimento.

- *Art. 32,* caput, *acrescido pelo Decreto nº 56.855, de 18.3.2011 – DOE de 19.3.2011 – Efeitos para os fatos geradores ocorridos a partir de 1º.4.2011.*

§ 1º. O benefício previsto neste artigo condiciona-se a que a saída do mencionado produto seja tributada.

- *§ 1º acrescido pelo Decreto nº 56.855, de 18.3.2011 – DOE de 19.3.2011 – Efeitos para os fatos geradores ocorridos a partir de 1º.4.2011.*

§ 2º. O crédito nos termos deste artigo deverá ser lançado no campo "Outros Créditos" do Livro Registro de Apuração do ICMS – RAICMS, com a expressão "Crédito Outorgado – art. 32 do Anexo III do RICMS".

- *§ 2º acrescido pelo Decreto nº 56.855, de 18.3.2011 – DOE de 19.3.2011 – Efeitos para os fatos geradores ocorridos a partir de 1º.4.2011.*

§ 2º-A. O disposto neste artigo aplica-se também na hipótese de a mercadoria referida no *caput* ter sido produzida sob encomenda em estabelecimento de terceiro localizado neste Estado, desde que observadas as seguintes condições:

1 – os insumos utilizados na fabricação da mercadoria tenham sido fornecidos pelo encomendante;

2 – o crédito previsto no *caput* deste artigo será admitido apenas em relação às saídas internas da referida mercadoria promovidas pelo encomendante.

- *§ 2-A acrescido pelo Decreto nº 57.685, de 27.12.2011 – DOE de 28.12.2011 – Efeitos a partir de 1º.4.2011.*

§ 3º. (Revogado).

- *§ 3º acrescido pelo Decreto nº 58.308, de 16.8.2012 – DOE de 17.8.2012 – e revogado pelo Decreto nº 58.920, de 27.2.2013 – DOE de 28.2.2013 – Efeitos a partir da publicação.*

**Art. 33. (IOGURTE E LEITE FERMENTADO)** – O estabelecimento fabricante de iogurte e leite fermentado, classificados, respectivamente, nos códigos 0403.10.00 e 0403.90.00 da Nomenclatura Comum do Mercosul – NCM, poderá creditar-se de importância equivalente à aplicação do percentual de 12% (doze por cento) sobre o valor das saídas internas das referidas mercadorias produzidas no próprio estabelecimento.

- *Art. 33,* caput, *com redação dada pelo Decreto nº 57.025, de 31.5.2011 – DOE de 1º.6.2011 – Efeitos para os fatos geradores ocorridos a partir da publicação.*

§ 1º. O benefício previsto neste artigo condiciona-se a que a saída dos mencionados produtos seja tributada.

- *§ 1º acrescido pelo Decreto nº 56.855, de 18.3.2011 – DOE de 19.3.2011 – Efeitos para os fatos geradores ocorridos a partir de 1º.4.2011.*

§ 2º. O crédito nos termos deste artigo deverá ser lançado no campo "Outros Créditos" do Livro Registro de Apuração do ICMS – RAICMS, com a expressão "Crédito Outorgado – art. 33 do Anexo III do RICMS".

- *§ 2º acrescido pelo Decreto nº 56.855, de 18.3.2011 – DOE de 19.3.2011 – Efeitos para os fatos geradores ocorridos a partir de 1º.4.2011.*

§ 2º-A. O disposto neste artigo aplica-se também na hipótese de as mercadorias referidas no *caput* terem sido produzidas sob encomenda em estabelecimento de terceiro localizado neste Estado, desde que observadas as seguintes condições:

1 – os insumos utilizados na fabricação das mercadorias tenham sido fornecidos pelo encomendante;

2 – o crédito previsto no *caput* deste artigo será admitido apenas em relação às saídas internas das referidas mercadorias promovidas pelo encomendante.

- *§ 2-A acrescido pelo Decreto nº 57.685, de 27.12.2011 – DOE de 28.12.2011 – Efeitos para os fatos geradores ocorridos a partir de 1º.4.2011.*

§ 3º. (Revogado).

- *§ 3º acrescido pelo Decreto nº 58.308, de 16.8.2012 – DOE de 17.8.2012 – e revogado pelo Decreto nº 58.920, de 27.2.2013 – DOE de 28.2.2013 – Efeitos a partir da publicação.*

**Art. 34. (FABRICAÇÃO DE MÓVEIS)** – O estabelecimento fabricante de móveis, classificado no código 3101-2/00 da Classificação Nacional de Atividades Econômicas – CNAE, poderá creditar-se de importância equivalente à aplicação do percentual de 5% (cinco por cento) sobre o valor da entrada interna dos seguintes produtos:

I – painéis de partículas de madeira (MDP) classificados nos códigos 4410.11.10 a 4410.11.90 da Nomenclatura Comum do Mercosul – NCM, exceto o código 4410.11.21 (piso laminado);

II – painéis de fibras de madeira de média densidade (MDF) classificados nos códigos 4411.12 a 4411.14 da Nomenclatura Comum do Mercosul – NCM, exceto o código 4411.13.91 (piso laminado);

III – chapas de fibras de madeira classificadas nos códigos 4411.92 a 4411.94 da Nomenclatura Comum do Mercosul – NCM.

§ 1º. O benefício previsto neste artigo condiciona-se a que, cumulativamente:

1 – os produtos indicados nos incisos do *caput*:

a) tenham sido adquiridos diretamente do estabelecimento fabricante, localizado neste Estado;

b) sejam utilizados na fabricação de móveis pelo estabelecimento fabricante beneficiado;

- *Item 1 com redação dada pelo Decreto nº 56.893, de 30.3.2011 – DOE de 31.3.2011 – Efeitos a partir de 1º.4.2011.*

2 – a saída dos móveis fabricados seja tributada.

§ 2º. O crédito, nos termos deste artigo, deverá ser lançado no campo "Outros Créditos" do Livro Registro de Apuração do ICMS – RAICMS, com a expressão "Crédito Outorgado – art. 34 do Anexo III do RICMS".

§ 3º. (Revogado).

- *§ 3º revogado pelo Decreto nº 58.761, de 20.12.2012 – DOE de 21.12.2012 – Efeitos a partir de 1º.1.2013.*
- *Art. 34 acrescido pelo Decreto nº 56.874, de 23.3.2011 – DOE de 24.3.2011 – Efeitos a partir de 1º.4.2011.*

**Art. 35. (AVES/PRODUTOS DO ABATE EM FRIGORÍFICO PAULISTA)** – Nas saídas internas e para o exterior de carne e demais produtos comestíveis resultantes do abate de aves, frescos, resfriados, congelados, salgados, secos, temperados ou defumados para conservação, desde que não enlatados ou cozidos, promovidas por estabelecimento abatedor que efetue o abate neste Estado, este estabelecimento poderá creditar-se de importância equivalente à aplicação do percentual de 5% (cinco por cento) sobre o valor da saída, observando-se que:

I – o benefício a que se refere este artigo aplica-se na proporção do valor das entradas de aves vivas para abate originadas no Estado de São Paulo, em relação ao valor total das entradas de aves vivas para abate no estabelecimento abatedor;

II – para fins do disposto no inciso I, o valor da saída interna ou para o exterior deverá ser ajustado pela fórmula **V = S x A/T**, onde:

V = valor ajustado da saída, sobre o qual será aplicado o percentual de 5%

S = valor da saída interna ou para o exterior

A = valor das entradas, no estabelecimento abatedor, de aves vivas para abate originadas no Estado de São Paulo, realizadas durante o período de apuração do imposto em que se promoveu a saída interna ou para o exterior

T = valor total das entradas, no estabelecimento abatedor, de aves vivas para abate, realizadas durante o período de apuração do imposto em que se promoveu a saída interna ou para o exterior

III – nas saídas para o exterior, a exportação deve ser efetuada por meio de portos ou aeroportos paulistas;

IV – o crédito nos termos deste artigo deve ser lançado no campo "Outros Créditos" do Livro Registro de Apuração do ICMS – RAICMS, com a expressão "Crédito Outorgado – art. 35 do Anexo III do RICMS";

V – não se compreende na operação de saída referida neste artigo aquela cujos produtos ou outros deles resultantes sejam objeto de posterior retorno, real ou simbólico.

Parágrafo único. (Revogado).

- *Parágrafo único revogado pelo Decreto nº 58.761, de 20.12.2012 – DOE de 21.12.2012 – Efeitos a partir de 1º.1.2013.*
- *Art. 35 acrescido pelo Decreto nº 58.188, de 2.7.2012 – DOE de 3.7.2012 – Efeitos a partir de 1º.6.2012.*

**Art. 36. (PÁ CARREGADEIRA DE RODAS, ESCAVADEIRA HIDRÁULICA E RETROESCAVADEIRA)** – O estabelecimento fabricante localizado neste Estado que realizar saída interna, destinada a usuário final, ou interestadual de pá carregadeira de rodas (NCM 8429.51.99), escavadeira hidráulica (NCM 8429.52.19) e retroescavadeira (NCM 8429.59.00), produzidas no próprio estabelecimento, poderá creditar-se de importância de forma que a carga tributária dessas saídas resulte no percentual de 2% (dois por cento).

- *Art. 36,* caput, *acrescido pelo Decreto nº 59.668, de 29.10.2013 – DOE de 30.10.2013, e com redação dada pelo Decreto nº 60.062, de 14.1.2014 – DOE de 15.1.2014 – Efeitos a partir da publicação.*

§ 1º. O benefício previsto no *caput* condiciona-se a que a saída seja tributada ou, não o sendo, haja expressa autorização na legislação para que o crédito seja mantido.

- *§ 1º acrescido pelo Decreto nº 59.668, de 29.10.2013 – DOE de 30.10.2013 – Efeitos a partir da publicação.*

§ 2º. Não se compreende na operação de saída referida no *caput* aquela em que a mercadoria seja objeto de posterior retorno, real ou simbólico, devendo o crédito a que se refere este artigo ser estornado na hipótese de devolução da mercadoria.

- *§ 2º acrescido pelo Decreto nº 59.668, de 29.10.2013 – DOE de 30.10.2013 – Efeitos a partir da publicação.*

§ 3º. O crédito nos termos deste artigo deverá ser lançado no campo "Outros Créditos" do Livro Registro de Apuração do ICMS – RAICMS, com a expressão "Crédito Outorgado – art. 36 do Anexo III do RICMS".

- *§ 3º acrescido pelo Decreto nº 59.668, de 29.10.2013 – DOE de 30.10.2013 – Efeitos a partir da publicação.*

§ 4º. Mediante regime especial requerido pelo estabelecimento fabricante, o benefício previsto no *caput*, observadas as demais condições estabelecidas neste artigo, poderá ser concedido na saída interna, destinada a usuário final, ou interestadual realizada por distribuidores exclusivos do referido fabricante, localizados neste Estado, hipótese em que:

1 – deverá haver expressa adesão dos distribuidores exclusivos ao regime especial;

2 – o lançamento do imposto incidente nas saídas promovidas pelo estabelecimento fabricante com destino aos seus distribuidores exclusivos ficará parcialmente diferido, na proporção referida no item 3, para o momento em que estes promoverem a saída das mercadorias;

3 – o diferimento referido no item 2 será aplicado de forma que o débito do imposto na saída efetuada pelo estabelecimento fabricante seja equivalente a 2% sobre o valor da operação;

4 – o estabelecimento fabricante não poderá aproveitar-se do crédito previsto no *caput*.

- *§ 4º acrescido pelo Decreto nº 59.668, de 29.10.2013 – DOE de 30.10.2013 – Efeitos a partir da publicação.*

§ 5º. O disposto neste artigo vigorará até 31 de março de 2015.

- *§ 5º acrescido pelo Decreto nº 59.668, de 29.10.2013 – DOE de 30.10.2013, e com redação dada pelo Decreto nº 60.308, de 31.3.2014 – DOE de 1º.4.2014 – Efeitos a partir de 1º.4.2014.*

**Art. 37. (CÁTODO DE COBRE)** – O estabelecimento industrial que realizar desembaraço aduaneiro de cátodo de cobre, NCM 7403.11.00, com a suspensão de que trata o art. 327-I deste Regulamento, poderá creditar-se de importância equivalente à aplicação do percentual de 4% (quatro por cento) sobre o valor da base de cálculo do imposto incidente no referido desembaraço.

§ 1º. O benefício previsto neste artigo condiciona-se a que o estabelecimento industrial atenda às condições estabelecidas no art. 327-I.

§ 2º. O crédito, nos termos deste artigo, deverá ser lançado no campo "Outros Créditos" do Livro Registro de Apuração do ICMS – RAICMS, com a expressão "Crédito Outorgado – art. 37 do Anexo III do RICMS". (NR).

- *Art. 37 acrescido pelo Decreto nº 60.056, de 14.1.2014 – DOE de 15.1.2014 – Efeitos a partir da publicação.*

# ANEXO IV – PRAZOS DE RECOLHIMENTO DO IMPOSTO

**(a que se referem os arts. 112 e 283 deste Regulamento)**

• *Título do Anexo IV com redação dada pelo Decreto nº 52.836, de 26.3.2008 – DOE de 27.3.2008 – Efeitos a partir da publicação.*

**Art. 1º.** O recolhimento do imposto previsto nos arts. 112 e 283 deste Regulamento será feito segundo o Código de Prazo de Recolhimento – CPR, previsto no art. 3º.

• *Art. 1º com redação dada pelo Decreto nº 52.836, de 26.3.2008 – DOE de 27.3.2008 – Efeitos a partir da publicação.*

**Art. 2º.** O CPR corresponderá aos prazos de recolhimento a seguir indicados:

I – CPR 1031 – até o 3º dia útil do mês subsequente ao da ocorrência do fato gerador;

II – CPR 1090 – até o dia 9 do mês subsequente ao da ocorrência do fato gerador;

III – CPR 1100 – até o dia 10 do mês subsequente ao da ocorrência do fato gerador ou ao da apuração;

IV – CPR 1150 – até o dia 15 do mês subsequente ao da ocorrência do fato gerador;

V – CPR 1160 – até o dia 16 do mês subsequente ao da referência;

VI – CPR 1200 – até o dia 20 do mês subsequente ao da ocorrência do fato gerador;

VII – CPR 1210 – até o dia 21 do mês subsequente ao da ocorrência do fato gerador;

VIII – CPR 1250 – até o dia 25 do mês subsequente ao da ocorrência do fato gerador;

IX – CPR 2100 – até o dia 10 do segundo mês subsequente ao da ocorrência do fato gerador;

X – CPR 2102 – até o dia 10 do segundo mês subsequente ao da ocorrência do fato gerador;

XI – CPR 1220 – até o dia 22 do mês subsequente ao da ocorrência do fato gerador.

• *Inciso XI acrescido pelo Decreto nº 49.016, de 6.10.2004 – DOE de 7.10.2004 – Efeitos a partir da publicação.*

**Art. 3º.** Os contribuintes do ICMS serão enquadrados nos Códigos de Prazos de Recolhimento – CPRs adiante indicados, de acordo com o código de Classificação Nacional de Atividades Econômicas – CNAE em que estiver enquadrado, o seu regime de tributação do imposto ou o seu porte econômico, conforme segue:

I – CPR 1031:

a) 19217, 19225, 19322;

b) 35115, 35123, 35131, 35140, 35204;

c) 46818, 46826;

d) 53105, 53202;

II – CPR 1100:

a) 63119, 63194;

b) 73122;

III – CPR 1150: 60101, 61108, 61205, 61302, 61418, 61426, 61434, 61906;

IV – CPR 1160: o estabelecimento enquadrado no regime de estimativa, independente do código CNAE em que estiver classificado;

V – CPR 1200:

a) 01113, 01121, 01130, 01148, 01156, 01164, 01199, 01211, 01229, 01318, 01326, 01334, 01342, 01351, 01393, 01415, 01423, 01512, 01521, 01539, 01547, 01555, 01598, 01610, 01628, 01636, 01709, 02101, 02209, 02306, 03116, 03124, 03213, 03221, 05003, 06000, 07103, 07219, 07227, 07235, 07243, 07251, 07294, 08100, 08916, 08924, 08932, 08991, 09106, 09904;

b) 10333, 10538, 11119, 11127, 11135, 11216, 11224, 12107, 12204, 17109, 17214, 17222, 17311, 17320, 17338, 17419, 17427, 17494, 19101;

c) 20118, 20126, 20134, 20142, 20193, 20215, 20223, 20291, 20312, 20321, 20339, 20401, 20517, 20525, 20614, 20622, 20631, 20711, 20720, 20738, 20916, 20924, 20932, 20941, 20991, 21106, 21211, 21220, 21238, 22218, 22226, 22234, 22293, 23206, 23915, 23923, 24113, 24121, 24211, 24229, 24237, 24245, 24318, 24393, 24415, 24431, 24491, 24512, 24521, 25110, 25128, 25136, 25217, 25314, 25322, 25390, 25411, 25420, 25438, 25501, 25918, 25926, 25934, 25993, 26108, 26213, 26221, 26311, 26329, 26400, 26515, 26523, 26604, 26701, 26809, 27104, 27210, 27317, 27325, 27333, 27511, 27597, 27902, 28135, 28151, 28232, 28241, 28518, 28526, 28534, 28542, 29107, 29204, 29506;

d) 30113, 30121, 30318, 30504, 30911, 32124, 32205, 32302, 32400, 32507, 32914, 33112, 33121, 33139, 33147, 33155, 33163, 33171, 33198, 33210, 35301, 36006, 37011, 37029, 38114, 38122, 38211, 38220, 39005;

e) 41107, 41204, 42111, 42120, 42138, 42219, 42227, 42235, 42910, 42928, 42995, 43118, 43126, 43134, 43193, 43215, 43223, 43291, 43304, 43916, 43991, 45111, 45129, 45200, 45307, 45412, 45421, 45439, 46117, 46125, 46133, 46141, 46150, 46168, 46176, 46184, 46192, 46214, 46222, 46231, 46311, 46320, 46338, 46346, 46354, 46362, 46371, 46397, 46419, 46427, 46435, 46443, 46451, 46460, 46478, 46494, 46516, 46524, 46613, 46621, 46630, 46648, 46656, 46699, 46711, 46729, 46737, 46745, 46796, 46834, 46842, 46851, 46869, 46877, 46893, 46915, 46923, 46931, 47113, 47121, 47130, 47229, 47237,

47245, 47296, 47318, 47326, 47415, 47423, 47431, 47440, 47512, 47521, 47539, 47547, 47555, 47563, 47571, 47598, 47610, 47628, 47636, 47717, 47725, 47733, 47741, 47814, 47822, 47831, 47849, 47857, 47890, 49116, 49124, 49400, 49507;

f) 50114, 50122, 50211, 50220, 50301, 50912, 50998, 51111, 51129, 51200, 51307, 52117, 52125, 52214, 52222, 52231, 52290, 52311, 52320, 52397, 52401, 52508, 55108, 55906, 56112, 56121, 56201, 59111, 59120, 59138, 59146;

g) 60217, 60225, 62015, 62023, 62031, 62040, 62091, 63917, 63992, 64107, 64212, 64221, 64239, 64247, 64310, 64328, 64336, 64344, 64352, 64361, 64379, 64409, 64506, 64611, 64620, 64638, 64701, 64913, 64921, 64930, 64999, 65111, 65120, 65201, 65308, 65413, 65421, 65502, 66118, 66126, 66134, 66193, 66215, 66223, 66291, 66304, 68102, 68218, 68226, 69117, 69125, 69206;

h) 70204, 71111, 71120, 71197, 71201, 72100, 72207, 73114, 73190, 73203, 74102, 74200, 74901, 75001, 77110, 77195, 77217, 77225, 77233, 77292, 77314, 77322, 77331, 77390, 77403, 78108, 78205, 78302, 79112, 79121, 79902;

i) 80111, 80129, 80200, 80307, 81117, 81125, 81214, 81222, 81290, 81303, 82113, 82199, 82202, 82300, 82911, 82920, 82997, 84116, 84124, 84132, 84213, 84221, 84230, 84248, 84256, 84302, 85112, 85121, 85139, 85201, 85317, 85325, 85333, 85414, 85422, 85503, 85911, 85929, 85937, 85996, 86101, 86216, 86224, 86305, 86402, 86500, 86607, 86909, 87115, 87123, 87204, 87301, 88006;

j) 90019, 90027, 90035, 91015, 91023, 91031, 92003, 93115, 93123, 93131, 93191, 93212, 93298, 94111, 94120, 94201, 94308, 94910, 94928, 94936, 94995, 95118, 95126, 95215, 95291, 96017, 96025, 96033, 96092, 97005, 99008;

VI – CPR 1250:

a) 10112, 10121, 10139, 10201, 10317, 10325, 10414, 10422, 10431, 10511, 10520, 10619, 10627, 10635, 10643, 10651, 10660, 10694, 10716, 10724, 10813, 10821, 10911, 10929, 10937, 10945, 10953, 10961, 10996, 15106, 15211, 15297, 16102, 16218, 16226, 16234, 16293, 18113, 18121, 18130, 18211, 18229, 18300, 19314;

b) 22111, 22129, 22196, 23117, 23125, 23192, 23303, 23494, 23991, 24423, 25225, 27228, 27406, 28119, 28127, 28143, 28216, 28224, 28259, 28291, 28313, 28321, 28330, 28402, 28615, 28623, 28631, 28640, 28658, 28666, 28691, 29301, 29417, 29425, 29433, 29441, 29450, 29492;

c) 30326, 30920, 30997, 31012, 31021, 31039, 31047, 32116, 33295, 38319, 38327, 38394;

d) 47211, 49213, 49221, 49230, 49248, 49299, 49302;

e) 58115, 58123, 58131, 58191, 58212, 58221, 58239, 58298, 59201;

VII – CPR 2100:

a) 13111, 13120, 13138, 13146, 13219, 13227, 13235, 13308, 13405, 13511, 13529, 13537, 13545, 13596, 14118, 14126, 14134, 14142, 14215, 14223, 15319, 15327, 15335, 15394, 15408;

b) 23419, 23427;

c) 30415, 30423, 32922, 32990;

d) o estabelecimento com atividade preponderante de fabricação de telefone celular, de latas de chapa de alumínio ou de painéis de madeira MDF, independente do código CNAE em que estiver enquadrado.

§ 1º. Em relação ao imposto retido antecipadamente por substituição tributária, o estabelecimento será enquadrado, de acordo com a mercadoria, em um dos CPRs adiante indicados:

1 – energia elétrica (Convênio ICMS-83/00, cláusula terceira): CPR 1090;

2 – álcool anidro, demais combustíveis e lubrificantes derivados de petróleo (Convênio ICMS-110/07): CPR 1100;

3 – demais mercadorias, exceto as abrangidas pelos §§ 3º e 5º deste artigo: CPR 1200.

§ 2º. O estabelecimento enquadrado em código de CNAE que não identifique a mercadoria a que se refere a sujeição passiva por substituição, deverá recolher o imposto retido antecipadamente por sujeição passiva por substituição até o dia 20 do mês subsequente ao da retenção, correspondente ao CPR 1200.

§ 3º. Em relação ao estabelecimento refinador de petróleo e suas bases, observar-se-á o que segue:

1 – no que se refere ao imposto retido, na qualidade de sujeito passivo por substituição tributária, 80% (oitenta por cento) do seu montante será recolhido até o 3º dia útil do mês subsequente ao da ocorrência do fato gerador – CPR 1031 e o restante, até o dia 10 (dez) do correspondente mês – CPR 1100;

2 – no que se refere ao imposto decorrente das operações próprias, 95% (noventa e cinco por cento) será recolhido até o 3º dia útil do mês subsequente ao da ocorrência do fato gerador – CPR 1031 e o restante, até o dia 10 (dez) do correspondente mês – CPR 1100.

§ 4º. Sem prejuízo dos prazos fixados neste anexo, deverão ser observadas, ainda, as normas específicas deste regulamento relacionadas com o recolhimento do imposto.

§ 5º. O estabelecimento do refinador de petróleo e suas bases localizado em outra unidade federada, em relação ao imposto a ser repassado a este Estado, nos termos da alínea "a" do inciso III da cláusula vigésima segunda do Convênio ICMS-110/2007, de 28 de setembro de 2007, será classificado no CPR 1100.

- *Art. 3º com redação dada pelo Decreto nº 59.967, de 17.12.2013 – DOE de 18.12.2013 – Efeitos a partir da publicação em relação aos fatos geradores que ocorrerem a partir de 1º.1.2014.*

# ANEXO V
# CLASSIFICAÇÃO DAS OPERAÇÕES, PRESTAÇÕES E SITUAÇÕES TRIBUTÁRIAS

**(a que se refere o art. 597 deste Regulamento)**

## TABELA I – CÓDIGO FISCAL DE OPERAÇÕES E PRESTAÇÕES

**(Convênio de 15 de dezembro de 1970 – SINIEF, art. 5º, na redação do Ajuste SINIEF 7/2001, Anexo)**

• *Tabela I com redação dada pelo Decreto nº 46.966 de 31.7.2002 – DOE de 1º.8.2002 – Efeitos a partir de 1º.1.2003.*

### DAS ENTRADAS DE MERCADORIAS, BENS OU AQUISIÇÕES DE SERVIÇOS

| GRUPO | | | DESCRIÇÃO DA OPERAÇÃO OU PRESTAÇÃO |
|---|---|---|---|
| 1 | 2 | 3 | |
| 1.100 | 2.100 | 3.100 | COMPRA PARA INDUSTRIALIZAÇÃO, PRODUÇÃO RURAL, COMERCIALIZAÇÃO OU PRESTAÇÃO DE SERVIÇOS (Convênio SINIEF s/nº, de 15.12.1970, Anexo Único na redação do Ajuste SINIEF 07/01, com alteração do Ajuste SINIEF 05/05)<br>• *Item com redação dada pelo Decreto nº 50.171, de 4.11.2005 – DOE de 5.11.2005 – Efeitos a partir de 1º.1.2006.* |
| 1.101 | 2.101 | 3.101 | Compra para industrialização ou produção rural<br>• *Item com redação dada pelo Decreto nº 50.171, de 4.11.2005 – DOE de 5.11.2005 – Efeitos a partir de 1º.1.2006.* |
| | | | Classificam-se neste código as compras de mercadorias a serem utilizadas em processo de industrialização ou produção rural. Também serão classificadas neste código as entradas de mercadorias em estabelecimento industrial ou produtor rural de cooperativa recebidas de seus cooperados ou de estabelecimento de outra cooperativa. (Convênio SINIEF s/nº, de 15.12.1970, Anexo Único na redação do Ajuste SINIEF 07/01, com alteração do Ajuste SINIEF 05/05)<br>• *Item com redação dada pelo Decreto nº 50.171, de 4.11.2005 – DOE de 5.11.2005 – Efeitos a partir de 1º.1.2006.* |
| 1.102 | 2.102 | 3.102 | Compra para comercialização |
| | | | Classificam-se neste código as compras de mercadorias a serem comercializadas. Também serão classificadas neste código as entradas de mercadorias em estabelecimento comercial de cooperativa recebidas de seus cooperados ou de estabelecimento de outra cooperativa |
| 1.111 | 2.111 | | Compra para industrialização, de mercadoria recebida anteriormente em consignação industrial |
| | | | Classificam-se neste código as compras efetivas de mercadorias a serem utilizadas em processo de industrialização, recebidas anteriormente a título de consignação industrial |
| 1.113 | 2.113 | | Compra para comercialização, de mercadoria recebida anteriormente em consignação mercantil |
| | | | Classificam-se neste código as compras efetivas de mercadorias recebidas anteriormente a título de consignação mercantil |
| 1.116 | 2.116 | | Compra para industrialização ou produção rural originada de encomenda para recebimento futuro<br>• *Item com redação dada pelo Decreto nº 50.171, de 4.11.2005 – DOE de 5.11.2005 – Efeitos a partir de 1º.1.2006.* |
| | | | Classificam-se neste código as compras de mercadorias a serem utilizadas em processo de industrialização ou produção rural, quando da entrada real da mercadoria, cuja aquisição tenha sido classificada, respectivamente, nos códigos 1.922 ou 2.922 – "Lançamento efetuado a título de simples faturamento decorrente de compra para recebimento futuro" (Convênio SINIEF s/nº, de 15.12.1970, Anexo Único na redação do Ajuste SINIEF 07/01, com alteração do Ajuste SINIEF-05/05)<br>• *Item com redação dada pelo Decreto nº 50.171, de 4.11.2005 – DOE de 5.11.2005 – Efeitos a partir de 1º.1.2006.* |

| | | | |
|---|---|---|---|
| 1.117 | 2.117 | | Compra para comercialização originada de encomenda para recebimento futuro |
| | | | Classificam-se neste código as compras de mercadorias a serem comercializadas, quando da entrada real da mercadoria, cuja aquisição tenha sido classificada, respectivamente, nos códigos 1.922 ou 2.922 – "Lançamento efetuado a título de simples faturamento decorrente de compra para recebimento futuro" |
| 1.118 | 2.118 | | Compra de mercadoria para comercialização pelo adquirente originário, entregue pelo vendedor remetente ao destinatário, em venda à ordem |
| | | | Classificam-se neste código as compras de mercadorias já comercializadas, que, sem transitar pelo estabelecimento do adquirente originário, sejam entregues pelo vendedor remetente diretamente ao destinatário, em operação de venda à ordem, cuja venda seja classificada, pelo adquirente originário, respectivamente, nos códigos 5.120 ou 6.120 – "Venda de mercadoria adquirida ou recebida de terceiros entregue ao destinatário pelo vendedor remetente, em venda à ordem" |
| 1.120 | 2.120 | | Compra para industrialização, em venda à ordem, já recebida do vendedor remetente |
| | | | Classificam-se neste código as compras de mercadorias a serem utilizadas em processo de industrialização, em vendas à ordem, já recebidas do vendedor remetente, por ordem do adquirente originário |
| 1.121 | 2.121 | | Compra para comercialização, em venda à ordem, já recebida do vendedor remetente |
| | | | Classificam-se neste código as compras de mercadorias a serem comercializadas, em vendas à ordem, já recebidas do vendedor remetente por ordem do adquirente originário |
| 1.122 | 2.122 | | Compra para industrialização em que a mercadoria foi remetida pelo fornecedor ao industrializador sem transitar pelo estabelecimento adquirente |
| | | | Classificam-se neste código as compras de mercadorias a serem utilizadas em processo de industrialização, remetidas pelo fornecedor para o industrializador sem que a mercadoria tenha transitado pelo estabelecimento do adquirente |
| 1.124 | 2.124 | | Industrialização efetuada por outra empresa |
| | | | Classificam-se neste código as entradas de mercadorias industrializadas por terceiros, compreendendo os valores referentes aos serviços prestados e os das mercadorias de propriedade do industrializador empregadas no processo industrial. Quando a industrialização efetuada se referir a bens do ativo imobilizado ou de mercadorias para uso ou consumo do estabelecimento encomendante, a entrada deverá ser classificada, respectivamente, nos códigos – 1.551 ou 2.551 – "Compra de bem para o ativo imobilizado", ou respectivamente nos códigos 1.556 ou 2.556 – "Compra de material para uso ou consumo" |
| 1.125 | 2.125 | | Industrialização efetuada por outra empresa quando a mercadoria remetida para utilização no processo de industrialização não transitou pelo estabelecimento adquirente da mercadoria |
| | | | Classificam-se neste código as entradas de mercadorias industrializadas por outras empresas, em que as mercadorias remetidas para utilização no processo de industrialização não transitaram pelo estabelecimento do adquirente das mercadorias, compreendendo os valores referentes aos serviços prestados e os das mercadorias de propriedade do industrializador empregadas no processo industrial. Quando a industrialização efetuada se referir a bens do ativo imobilizado ou de mercadorias para uso ou consumo do estabelecimento encomendante, a entrada deverá ser classificada, respectivamente, nos códigos 1.551 ou 2.551 – "Compra de bem para o ativo imobilizado", ou respectivamente nos códigos 1.556 ou 2.556 – "Compra de material para uso ou consumo" |
| 1.126 | 2.126 | 3.126 | Compra para utilização na prestação de serviço sujeita ao ICMS |
| | | | Classificam-se neste código as entradas de mercadorias a serem utilizadas nas prestações de serviços sujeitas ao ICMS (Convênio SINIEF s/nº, de 15.12.1970, Anexo Único, na redação do Ajuste SINIEF-7/01, com alteração do Ajuste SINIEF-4/10, cláusula primeira).<br>• *Item com redação dada pelo Decreto nº 56.321, de 26.10.2010 – DOE de 27.10.2010 – Efeitos a partir de 1º.1.2011.* |
| | | 3.127 | Compra para industrialização sob o regime de "*drawback*" |
| | | | Classificam-se neste código as compras de mercadorias a serem utilizadas em processo de industrialização e posterior exportação do produto resultante, cujas vendas serão classificadas no código 7.127 – "Venda de produção do estabelecimento sob o regime de "drawback"" |

| | | | |
|---|---|---|---|
| 1.128 | 2.128 | 3.128 | Compra para utilização na prestação de serviço sujeita ao ISSQN |
| | | | Classificam-se neste código as entradas de mercadorias a serem utilizadas nas prestações de serviços sujeitas ao ISSQN (Ajuste SINIEF-4/10, cláusula segunda).<br>• *Item acrescido pelo Decreto nº 56.321, de 26.10.2010 – DOE de 27.10.2010 – Efeitos a partir de 1º.1.2011.* |
| 1.150 | 2.150 | | TRANSFERÊNCIA PARA INDUSTRIALIZAÇÃO, PRODUÇÃO RURAL, COMERCIALIZAÇÃO OU PRESTAÇÃO DE SERVIÇOS (Convênio SINIEF s/nº, de 15.12.1970, Anexo Único na redação do Ajuste SINIEF 07/01, com alteração do Ajuste SINIEF-05/05)<br>• *Item com redação dada pelo Decreto nº 50.171, de 4.11.2005 – DOE de 5.11.2005 – Efeitos a partir de 1º.1.2006.* |
| 1.151 | 2.151 | | Transferência para industrialização ou produção rural<br>• *Item com redação dada pelo Decreto nº 50.171, de 4.11.2005 – DOE de 5.11.2005 – Efeitos a partir de 1º.1.2006.* |
| | | | Classificam-se neste código as entradas de mercadorias recebidas em transferência de outro estabelecimento da mesma empresa, para serem utilizadas em processo de industrialização ou produção rural. (Convênio SINIEF s/nº, de 15.12.1970, Anexo Único na redação do Ajuste SINIEF 07/01, com alteração do Ajuste SINIEF-05/05)<br>• *Item com redação dada pelo Decreto nº 50.171, de 4.11.2005 – DOE de 5.11.2005 – Efeitos a partir de 1º.1.2006.* |
| 1.152 | 2.152 | | Transferência para comercialização |
| | | | Classificam-se neste código as entradas de mercadorias recebidas em transferência de outro estabelecimento da mesma empresa, para serem utilizadas em processo de comercialização |
| 1.153 | 2.153 | | Transferência de energia elétrica para distribuição |
| | | | Classificam-se neste código as entradas de energia elétrica recebida em transferência de outro estabelecimento da mesma empresa, para distribuição |
| 1.154 | 2.154 | | Transferência para utilização na prestação de serviço |
| | | | Classificam-se neste código as entradas de mercadorias recebidas em transferência de outro estabelecimento da mesma empresa, para serem utilizadas nas prestações de serviços |
| 1.200 | 2.200 | 3.200 | DEVOLUÇÕES DE VENDAS DE PRODUÇÃO PRÓPRIA, DE TERCEIROS OU ANULAÇÕES DE VALORES |
| 1.201 | 2.201 | 3.201 | Devolução de venda de produção do estabelecimento<br>• *Item com redação dada pelo Decreto nº 50.171, de 4.11.2005 – DOE de 5.11.2005 – Efeitos a partir de 1º.1.2006.* |
| | | | Classificam-se neste código as devoluções de vendas de produtos industrializados ou produzidos pelo próprio estabelecimento, cujas saídas tenham sido classificadas como "Venda de produção do estabelecimento" (Convênio SINIEF s/nº, de 15.12.1970, Anexo Único na redação do Ajuste SINIEF 07/01, com alteração do Ajuste SINIEF-05/05)<br>• *Item com redação dada pelo Decreto nº 50.171, de 4.11.2005 – DOE de 5.11.2005 – Efeitos a partir de 1º.1.2006.* |
| 1.202 | 2.202 | 3.202 | Devolução de venda de mercadoria adquirida ou recebida de terceiros |
| | | | Classificam-se neste código as devoluções de vendas de mercadorias adquiridas ou recebidas de terceiros, que não tenham sido objeto de industrialização no estabelecimento, cujas saídas tenham sido classificadas como "Venda de mercadoria adquirida ou recebida de terceiros" |
| 1.203 | 2.203 | | Devolução de venda de produção do estabelecimento, destinada à Zona Franca de Manaus ou Áreas de Livre Comércio<br>• *Item com redação dada pelo Decreto nº 50.171, de 4.11.2005 – DOE de 5.11.2005 – Efeitos a partir de 1º.1.2006.* |
| | | | Classificam-se neste código as devoluções de vendas de produtos industrializados ou produzidos pelo próprio estabelecimento, cujas saídas foram classificadas, respectivamente, nos códigos 5.109 ou 6.109 – "Venda de produção do estabelecimento, destinada à Zona Franca de Manaus ou Áreas de Livre Comércio". (Convênio SINIEF s/nº, de 15.12.1970, Anexo Único na redação do Ajuste SINIEF 07/01, com alteração do Ajuste SINIEF-05/05)<br>• *Item com redação dada pelo Decreto nº 50.171, de 4.11.2005 – DOE de 5.11.2005 – Efeitos a partir de 1º.1.2006.* |

| | | | |
|---|---|---|---|
| 1.204 | 2.204 | | Devolução de venda de mercadoria adquirida ou recebida de terceiros, destinada à Zona Franca de Manaus ou Áreas de Livre Comércio |
| | | | Classificam-se neste código as devoluções de vendas de mercadorias adquiridas ou recebidas de terceiros, cujas saídas foram classificadas, respectivamente, nos códigos 5.110 ou 6.110 – "Venda de mercadoria adquirida ou recebida de terceiros, destinada à Zona Franca de Manaus ou Áreas de Livre Comércio" |
| 1.205 | 2.205 | 3.205 | Anulação de valor relativo à prestação de serviço de comunicação |
| | | | Classificam-se neste código as anulações correspondentes a valores faturados indevidamente, decorrentes de prestações de serviços de comunicação |
| 1.206 | 2.206 | 3.206 | Anulação de valor relativo à prestação de serviço de transporte |
| | | | Classificam-se neste código as anulações correspondentes a valores faturados indevidamente, decorrentes de prestações de serviços de transporte |
| 1.207 | 2.207 | 3.207 | Anulação de valor relativo à venda de energia elétrica |
| | | | Classificam-se neste código as anulações correspondentes a valores faturados indevidamente, decorrentes de venda de energia elétrica |
| 1.208 | 2.208 | | Devolução de produção do estabelecimento, remetida em transferência<br>• *Item com redação dada pelo Decreto nº 50.171, de 4.11.2005 – DOE de 5.11.2005 – Efeitos a partir de 1º.1.2006.* |
| | | | Classificam-se neste código as devoluções de produtos industrializados ou produzidos pelo próprio estabelecimento, transferidos para outros estabelecimentos da mesma empresa. (Convênio SINIEF s/nº, de 15.12.1970, Anexo Único na redação do Ajuste SINIEF 07/01, com alteração do Ajuste SINIEF-05/05)<br>• *Item com redação dada pelo Decreto nº 50.171, de 4.11.2005 – DOE de 5.11.2005 – Efeitos a partir de 1º.1.2006.* |
| 1.209 | 2.209 | | Devolução de mercadoria adquirida ou recebida de terceiros, remetida em transferência |
| | | | Classificam-se neste código as devoluções de mercadorias adquiridas ou recebidas de terceiros, transferidas para outros estabelecimentos da mesma empresa |
| | | 3.211 | Devolução de venda de produção do estabelecimento sob o regime de "drawback" |
| | | | Classificam-se neste código as devoluções de vendas de produtos industrializados pelo estabelecimento sob o regime de "drawback" |
| 1.250 | 2.250 | 3.250 | COMPRAS DE ENERGIA ELÉTRICA |
| 1.251 | 2.251 | 3.251 | Compra de energia elétrica para distribuição ou comercialização |
| | | | Classificam-se neste código as compras de energia elétrica utilizada em sistema de distribuição ou comercialização. Também serão classificadas neste código as compras de energia elétrica por cooperativas para distribuição aos seus cooperados |
| 1.252 | 2.252 | | Compra de energia elétrica por estabelecimento industrial |
| | | | Classificam-se neste código as compras de energia elétrica utilizada no processo de industrialização. Também serão classificadas neste código as compras de energia elétrica utilizada por estabelecimento industrial de cooperativa |
| 1.253 | 2.253 | | Compra de energia elétrica por estabelecimento comercial |
| | | | Classificam-se neste código as compras de energia elétrica utilizada por estabelecimento comercial. Também serão classificadas neste código as compras de energia elétrica utilizada por estabelecimento comercial de cooperativa |
| 1.254 | 2.254 | | Compra de energia elétrica por estabelecimento prestador de serviço de transporte |
| | | | Classificam-se neste código as compras de energia elétrica utilizada por estabelecimento prestador de serviços de transporte |
| 1.255 | 2.255 | | Compra de energia elétrica por estabelecimento prestador de serviço de comunicação |
| | | | Classificam-se neste código as compras de energia elétrica utilizada por estabelecimento prestador de serviços de comunicação |
| 1.256 | 2.256 | | Compra de energia elétrica por estabelecimento de produtor rural |
| | | | Classificam-se neste código as compras de energia elétrica utilizada por estabelecimento de produtor rural |
| 1.257 | 2.257 | | Compra de energia elétrica para consumo por demanda contratada |
| | | | Classificam-se neste código as compras de energia elétrica para consumo por demanda contratada, que prevalecerá sobre os demais códigos deste subgrupo |

| | | | |
|---|---|---|---|
| 1.300 | 2.300 | 3.300 | AQUISIÇÕES DE SERVIÇOS DE COMUNICAÇÃO |
| 1.301 | 2.301 | 3.301 | Aquisição de serviço de comunicação para execução de serviço da mesma natureza |
| | | | Classificam-se neste código as aquisições de serviços de comunicação utilizados nas prestações de serviços da mesma natureza |
| 1.302 | 2.302 | | Aquisição de serviço de comunicação por estabelecimento industrial |
| | | | Classificam-se neste código as aquisições de serviços de comunicação utilizados por estabelecimento industrial. Também serão classificadas neste código as aquisições de serviços de comunicação utilizados por estabelecimento industrial de cooperativa |
| 1.303 | 2.303 | | Aquisição de serviço de comunicação por estabelecimento comercial |
| | | | Classificam-se neste código as aquisições de serviços de comunicação utilizados por estabelecimento comercial. Também serão classificadas neste código as aquisições de serviços de comunicação utilizados por estabelecimento comercial de cooperativa |
| 1.304 | 2.304 | | Aquisição de serviço de comunicação por estabelecimento de prestador de serviço de transporte |
| | | | Classificam-se neste código as aquisições de serviços de comunicação utilizados por estabelecimento prestador de serviço de transporte |
| 1.305 | 2.305 | | Aquisição de serviço de comunicação por estabelecimento de geradora ou de distribuidora de energia elétrica |
| | | | Classificam-se neste código as aquisições de serviços de comunicação utilizados por estabelecimento de geradora ou de distribuidora de energia elétrica |
| 1.306 | 2.306 | | Aquisição de serviço de comunicação por estabelecimento de produtor rural |
| | | | Classificam-se neste código as aquisições de serviços de comunicação utilizados por estabelecimento de produtor rural |
| 1.350 | 2.350 | 3.350 | AQUISIÇÕES DE SERVIÇOS DE TRANSPORTE |
| 1.351 | 2.351 | 3.351 | Aquisição de serviço de transporte para execução de serviço da mesma natureza |
| | | | Classificam-se neste código as aquisições de serviços de transporte utilizados nas prestações de serviços da mesma natureza |
| 1.352 | 2.352 | 3.352 | Aquisição de serviço de transporte por estabelecimento industrial |
| | | | Classificam-se neste código as aquisições de serviços de transporte utilizados por estabelecimento industrial. Também serão classificadas neste código as aquisições de serviços de transporte utilizados por estabelecimento industrial de cooperativa |
| 1.353 | 2.353 | 3.353 | Aquisição de serviço de transporte por estabelecimento comercial |
| | | | Classificam-se neste código as aquisições de serviços de transporte utilizados por estabelecimento comercial. Também serão classificadas neste código as aquisições de serviços de transporte utilizados por estabelecimento comercial de cooperativa |
| 1.354 | 2.354 | 3.354 | Aquisição de serviço de transporte por estabelecimento de prestador de serviço de comunicação |
| | | | Classificam-se neste código as aquisições de serviços de transporte utilizados por estabelecimento prestador de serviços de comunicação |
| 1.355 | 2.355 | 3.355 | Aquisição de serviço de transporte por estabelecimento de geradora ou de distribuidora de energia elétrica |
| | | | Classificam-se neste código as aquisições de serviços de transporte utilizados por estabelecimento de geradora ou de distribuidora de energia elétrica |
| 1.356 | 2.356 | 3.356 | Aquisição de serviço de transporte por estabelecimento de produtor rural |
| | | | Classificam-se neste código as aquisições de serviços de transporte utilizados por estabelecimento de produtor rural |
| 1.360 | | | Aquisição de serviço de transporte por contribuinte substituto em relação ao serviço de transporte<br>• *Item 1.360 acrescido pelo Decreto nº 52.118, de 31.8.2007 – DOE de 1º.9.2007 – Efeitos a partir de 1º.1.2008.* |
| | | | Classificam-se neste código as aquisições de serviços de transporte quando o adquirente for o substituto tributário do imposto decorrente da prestação dos serviços (Ajuste SINIEF-6/07). |
| 1.400 | 2.400 | | ENTRADAS DE MERCADORIAS SUJEITAS AO REGIME DE SUBSTITUIÇÃO TRIBUTÁRIA |

| | | | |
|---|---|---|---|
| 1.401 | 2.401 | | Compra para industrialização ou produção rural em operação com mercadoria sujeita ao regime de substituição tributária<br>• *Item com redação dada pelo Decreto nº 50.171, de 4.11.2005 – DOE de 5.11.2005 – Efeitos a partir de 1º.1.2006.* |
| | | | Classificam-se neste código as compras de mercadorias a serem utilizadas em processo de industrialização ou produção rural, decorrentes de operações com mercadorias sujeitas ao regime de substituição tributária. Também serão classificadas neste código as compras por estabelecimento industrial ou produtor rural de cooperativa de mercadorias sujeitas ao regime de substituição tributária. (Convênio SINIEF s/nº, de 15.12.1970, Anexo Único na redação do Ajuste SINIEF 07/01, com alteração do Ajuste SINIEF-05/05)<br>• *Item com redação dada pelo Decreto nº 50.171, de 4.11.2005 – DOE de 5.11.2005 – Efeitos a partir de 1º.1.2006.* |
| 1.403 | 2.403 | | Compra para comercialização em operação com mercadoria sujeita ao regime de substituição tributária |
| | | | Classificam-se neste código as compras de mercadorias a serem comercializadas, decorrentes de operações com mercadorias sujeitas ao regime de substituição tributária. Também serão classificadas neste código as compras de mercadorias sujeitas ao regime de substituição tributária em estabelecimento comercial de cooperativa |
| 1.406 | 2.406 | | Compra de bem para o ativo imobilizado cuja mercadoria está sujeita ao regime de substituição tributária |
| | | | Classificam-se neste código as compras de bens destinados ao ativo imobilizado do estabelecimento, em operações com mercadorias sujeitas ao regime de substituição tributária |
| 1.407 | 2.407 | | Compra de mercadoria para uso ou consumo cuja mercadoria está sujeita ao regime de substituição tributária |
| | | | Classificam-se neste código as compras de mercadorias destinadas ao uso ou consumo do estabelecimento, em operações com mercadorias sujeitas ao regime de substituição tributária |
| 1.408 | 2.408 | | Transferência para industrialização ou produção rural em operação com mercadoria sujeita ao regime de substituição tributária<br>• *Item com redação dada pelo Decreto nº 50.171, de 4.11.2005 – DOE de 5.11.2005 – Efeitos a partir de 1º.1.2006.* |
| | | | Classificam-se neste código as mercadorias recebidas em transferência de outro estabelecimento da mesma empresa, para serem industrializadas ou consumidas na produção rural no estabelecimento, em operações com mercadorias sujeitas ao regime de substituição tributária. (Convênio SINIEF s/nº, de 15.12.1970, Anexo Único na redação do Ajuste SINIEF 07/01, com alteração do Ajuste SINIEF-05/05)<br>• *Item com redação dada pelo Decreto nº 50.171, de 4.11.2005 – DOE de 5.11.2005 – Efeitos a partir de 1º.1.2006.* |
| 1.409 | 2.409 | | Transferência para comercialização em operação com mercadoria sujeita ao regime de substituição tributária |
| | | | Classificam-se neste código as mercadorias recebidas em transferência de outro estabelecimento da mesma empresa, para serem comercializadas, decorrentes de operações sujeitas ao regime de substituição tributária |
| 1.410 | 2.410 | | Devolução de venda de produção do estabelecimento em operação com produto sujeito ao regime de substituição tributária<br>• *Item com redação dada pelo Decreto nº 50.171, de 4.11.2005 – DOE de 5.11.2005 – Efeitos a partir de 1º.1.2006.* |
| | | | Classificam-se neste código as devoluções de produtos industrializados ou produzidos pelo próprio estabelecimento, cujas saídas tenham sido classificadas como "Venda de produção do estabelecimento em operação com produto sujeito ao regime de substituição tributária". (Convênio SINIEF s/nº, de 15.12.1970, Anexo Único na redação do Ajuste SINIEF 07/01, com alteração do Ajuste SINIEF-05/05)<br>• *Item com redação dada pelo Decreto nº 50.171, de 4.11.2005 – DOE de 5.11.2005 – Efeitos a partir de 1º.1.2006.* |

| | | | |
|---|---|---|---|
| 1.411 | 2.411 | | Devolução de venda de mercadoria adquirida ou recebida de terceiros em operação com mercadoria sujeita ao regime de substituição tributária |
| | | | Classificam-se neste código as devoluções de vendas de mercadorias adquiridas ou recebidas de terceiros, cujas saídas tenham sido classificadas como "Venda de mercadoria adquirida ou recebida de terceiros em operação com mercadoria sujeita ao regime de substituição tributária" |
| 1.414 | 2.414 | | Retorno de produção do estabelecimento, remetida para venda fora do estabelecimento em operação com produto sujeito ao regime de substituição tributária<br>• *Item com redação dada pelo Decreto nº 50.171, de 4.11.2005 – DOE de 5.11.2005 – Efeitos a partir de 1º.1.2006.* |
| | | | Classificam-se neste código as entradas, em retorno, de produtos industrializados ou produzidos pelo próprio estabelecimento, remetidos para vendas fora do estabelecimento, inclusive por meio de veículos, em operações com produtos sujeitos ao regime de substituição tributária, e não comercializadas. (Convênio SINIEF s/nº, de 15.12.1970, Anexo Único na redação do Ajuste SINIEF 07/01, com alteração do Ajuste SINIEF-05/05)<br>• *Item com redação dada pelo Decreto nº 50.171, de 4.11.2005 – DOE de 5.11.2005 – Efeitos a partir de 1º.1.2006.* |
| 1.415 | 2.415 | | Retorno de mercadoria adquirida ou recebida de terceiros, remetida para venda fora do estabelecimento em operação com mercadoria sujeita ao regime de substituição tributária |
| | | | Classificam-se neste código as entradas, em retorno, de mercadorias adquiridas ou recebidas de terceiros, remetidas para vendas fora do estabelecimento, inclusive por meio de veículos, em operações com mercadorias sujeitas ao regime de substituição tributária, e não comercializadas |
| 1.450 | | | SISTEMAS DE INTEGRAÇÃO |
| 1.451 | | | Retorno de animal do estabelecimento produtor |
| | | | Classificam-se neste código as entradas referentes ao retorno de animais criados pelo produtor no sistema integrado |
| 1.452 | | | Retorno de insumo não utilizado na produção |
| | | | Classificam-se neste código o retorno de insumos não utilizados pelo produtor na criação de animais pelo sistema integrado |
| 1.500 | 2.500 | 3.500 | ENTRADAS DE MERCADORIAS REMETIDAS PARA FORMAÇÃO DE LOTE OU COM FIM ESPECÍFICO DE EXPORTAÇÃO E EVENTUAIS DEVOLUÇÕES (Convênio SINIEF s/nº, de 15.12.1970, Anexo Único na redação do Ajuste SINIEF 07/01, com alteração do Ajuste SINIEF-9/05)<br>• *Item com redação dada pelo Decreto nº 50.513, de 15.2.2006 – DOE de 16.2.2006 – Efeitos a partir de 1º.7.2006.* |
| 1.501 | 2.501 | | Entrada de mercadoria recebida com fim específico de exportação |
| | | | Classificam-se neste código as entradas de mercadorias em estabelecimento de "trading company", empresa comercial exportadora ou outro estabelecimento do remetente, com fim específico de exportação |
| 1.503 | 2.503 | | Entrada decorrente de devolução de produto remetido com fim específico de exportação, de produção do estabelecimento<br>• *Item com redação dada pelo Decreto nº 50.171, de 4.11.2005 – DOE de 5.11.2005 – Efeitos a partir de 1º.1.2006.* |
| | | | Classificam-se neste código as devoluções de produtos industrializados ou produzidos pelo próprio estabelecimento, remetidos a *trading company*, a empresa comercial exportadora ou a outro estabelecimento do remetente, com fim específico de exportação, cujas saídas tenham sido classificadas, respectivamente nos códigos 5.501 ou 6.501 – "Remessa de produção do estabelecimento, com fim específico de exportação". (Convênio SINIEF s/nº, de 15.12.1970, Anexo Único na redação do Ajuste SINIEF 07/01, com alteração do Ajuste SINIEF-05/05)<br>• *Item com redação dada pelo Decreto nº 50.171, de 4.11.2005 – DOE de 5.11.2005 – Efeitos a partir de 1º.1.2006.* |

| | | | |
|---|---|---|---|
| | | 3.503 | Devolução de mercadoria exportada que tenha sido recebida com fim específico de exportação |
| | | | Classificam-se neste código as devoluções de mercadorias exportadas por "trading company", empresa comercial exportadora ou outro estabelecimento do remetente, recebidas com fim específico de exportação, cujas saídas tenham sido classificadas no código 7.501 – "Exportação de mercadorias recebidas com fim específico de exportação" |
| 1.504 | 2.504 | | Entrada decorrente de devolução de mercadoria remetida com fim específico de exportação, adquirida ou recebida de terceiros |
| | | | Classificam-se neste código as devoluções de mercadorias adquiridas ou recebidas de terceiros remetidas a "trading company", a empresa comercial exportadora ou a outro estabelecimento do remetente, com fim específico de exportação, cujas saídas tenham sido classificadas, respectivamente, nos códigos 5.502 ou 6.502 – "Remessa de mercadoria adquirida ou recebida de terceiros, com fim específico de exportação" |
| 1.505 | 2.505 | | Entrada decorrente de devolução simbólica de mercadorias remetidas para formação de lote de exportação, de produtos industrializados ou produzidos pelo próprio estabelecimento<br>• *Item acrescido pelo Decreto nº 50.513, de 15.2.2006 – DOE de 16.2.2006 – Efeitos a partir de 1º.7.2006.* |
| | | | Classificam-se neste código as devoluções simbólicas de mercadorias remetidas para formação de lote de exportação, cujas saídas tenham sido classificadas no código 5.504 ou 6.504 – "Remessa de mercadorias para formação de lote de exportação, de produtos industrializados ou produzidos pelo próprio estabelecimento" (Ajuste SINIEF 9/05) |
| 1.506 | 2.506 | | Entrada decorrente de devolução simbólica de mercadorias, adquiridas ou recebidas de terceiros, remetidas para formação de lote de exportação<br>• *Item acrescido pelo Decreto nº 50.513, de 15.2.2006 – DOE de 16.2.2006 – Efeitos a partir de 1º.7.2006.* |
| | | | Classificam-se neste código as devoluções simbólicas de mercadorias remetidas para formação de lote de exportação em armazéns alfandegados, entrepostos aduaneiros ou outros estabelecimentos que venham a ser definidos na legislação tributária, efetuadas pelo estabelecimento depositário, cujas saídas tenham sido classificadas no código 5.505 ou 6.505 – "Remessa de mercadorias, adquiridas ou recebidas de terceiros, para formação de lote de exportação" (Ajuste SINIEF 9/05) |
| 1.550 | 2.550 | 3.550 | OPERAÇÕES COM BENS DE ATIVO IMOBILIZADO E MATERIAIS PARA USO OU CONSUMO |
| 1.551 | 2.551 | 3.551 | Compra de bem para o ativo imobilizado |
| | | | Classificam-se neste código as compras de bens destinados ao ativo imobilizado do estabelecimento |
| 1.552 | 2.552 | | Transferência de bem do ativo imobilizado |
| | | | Classificam-se neste código as entradas de bens destinados ao ativo imobilizado recebidos em transferência de outro estabelecimento da mesma empresa |
| 1.553 | 2.553 | 3.553 | Devolução de venda de bem do ativo imobilizado |
| | | | Classificam-se neste código as devoluções de vendas de bens do ativo imobilizado, cujas saídas tenham sido classificadas, respectivamente, nos códigos 5.551, 6.551 ou 7.551 – "Venda de bem do ativo imobilizado" |
| 1.554 | 2.554 | | Retorno de bem do ativo imobilizado remetido para uso fora do estabelecimento |
| | | | Classificam-se neste código as entradas por retorno de bens do ativo imobilizado remetidos para uso fora do estabelecimento, cujas saídas tenham sido classificadas, respectivamente, nos códigos 5.554 ou 6.554 – "Remessa de bem do ativo imobilizado para uso fora do estabelecimento" |
| 1.555 | 2.555 | | Entrada de bem do ativo imobilizado de terceiro, remetido para uso no estabelecimento |
| | | | Classificam-se neste código as entradas de bens do ativo imobilizado de terceiros, remetidos para uso no estabelecimento |
| 1.556 | 2.556 | 3.556 | Compra de material para uso ou consumo |
| | | | Classificam-se neste código as compras de mercadorias destinadas ao uso ou consumo do estabelecimento |

| | | | |
|---|---|---|---|
| 1.557 | 2.557 | | Transferência de material para uso ou consumo |
| | | | Classificam-se neste código as entradas de materiais para uso ou consumo recebidos em transferência de outro estabelecimento da mesma empresa |
| 1.600 | 2.600 | | CRÉDITOS E RESSARCIMENTOS DE ICMS |
| 1.601 | | | Recebimento, por transferência, de crédito de ICMS |
| | | | Classificam-se neste código os lançamentos destinados ao registro de créditos de ICMS, recebidos por transferência de outras empresas |
| 1.602 | | | Recebimento, por transferência, de saldo credor de ICMS de outro estabelecimento da mesma empresa, para compensação de saldo devedor de ICMS |
| | | | Classificam-se neste código os lançamentos destinados ao registro da transferência de saldos credores de ICMS recebidos de outros estabelecimentos da mesma empresa, destinados à compensação do saldo devedor do estabelecimento, inclusive no caso de apuração centralizada do imposto. (Convênio SINIEF s/nº, de 15.12.1970, Anexo Único, com alteração do Ajuste SINIEF-9/03, cláusula segunda)<br>• *Redação dada à Nota Explicativa pelo Decreto nº 48.294, de 2.12.2003 – DOE de 3.12.2003 – Efeitos a partir de 1º.1.2004.* |
| 1.603 | 2.603 | | Ressarcimento de ICMS retido por substituição tributária |
| | | | Classificam-se neste código os lançamentos destinados ao registro de ressarcimento de ICMS retido por substituição tributária a contribuinte substituído, efetuado pelo contribuinte substituto, ou, ainda, quando o ressarcimento for apropriado pelo próprio contribuinte substituído, nas hipóteses previstas na legislação aplicável |
| 1.604 | | | Lançamento do crédito relativo à compra de bem para o ativo imobilizado |
| | | | Classificam-se neste código os lançamentos destinados ao registro da apropriação de crédito de bens do ativo imobilizado (Ajuste SINIEF-5/02)<br>• *Item acrescido pelo Decreto nº 47.784, de 23.4.2003 – DOE de 24.4.2003 – Efeitos a partir de 1º.1.2003.* |
| 1.605 | | | Recebimento, por transferência, de saldo devedor de ICMS de outro estabelecimento da mesma empresa (Convênio SINIEF s/nº, de 15.12.1970, Anexo Único na redação do Ajuste SINIEF-3/04)<br>• *Item acrescido pelo Decreto nº 48.739, de 21.6.2004 – DOE de 22.6.2004 – Efeitos a partir de 1º.1.2005.* |
| | | | Classificam-se neste código os lançamentos destinados ao registro da transferência de saldo devedor de ICMS recebido de outro estabelecimento da mesma empresa, para efetivação da apuração centralizada do imposto |
| 1.650 | 2.650 | 3.650 | ENTRADAS DE COMBUSTÍVEIS, DERIVADOS OU NÃO DE PETRÓLEO, E LUBRIFICANTES<br>• *Item acrescido pelo Decreto nº 48.294, de 2.12.2003 – DOE de 3.12.2003 – Efeitos a partir de 1º.1.2004.* |
| 1.651 | 2.651 | 3.651 | Compra de combustível ou lubrificante para industrialização subsequente<br>• *Item acrescido pelo Decreto nº 48.294, de 2.12.2003 – DOE de 3.12.2003 – Efeitos a partir de 1º.1.2004.* |
| | | | Classificam-se neste código as compras de combustíveis ou lubrificantes a serem utilizados em processo de industrialização do próprio produto |
| 1.652 | 2.652 | 3.652 | Compra de combustível ou lubrificante para comercialização<br>• *Item acrescido pelo Decreto nº 48.294, de 2.12.2003 – DOE de 3.12.2003 – Efeitos a partir de 1º.1.2004.* |
| | | | Classificam-se neste código as compras de combustíveis ou lubrificantes a serem comercializados |
| 1.653 | 2.653 | 3.653 | Compra de combustível ou lubrificante por consumidor ou usuário final<br>• *Item com redação dada pelo Decreto nº 50.171, de 4.11.2005 – DOE de 5.11.2005 – Efeitos a partir de 1º.1.2006.* |
| | | | Classificam-se neste código as compras de combustíveis ou lubrificantes a serem consumidos em processo de industrialização de outros produtos, na produção rural, na prestação de serviços ou por usuário final. (Convênio SINIEF s/nº, de 15.12.1970, Anexo Único na redação do Ajuste SINIEF 07/01, com alteração dos Ajustes SINIEF 09/03 e 05/05)<br>• *Item com redação dada pelo Decreto nº 50.171, de 4.11.2005 – DOE de 5.11.2005 – Efeitos a partir de 1º.1.2006.* |

| | | | |
|---|---|---|---|
| 1.658 | 2.658 | | Transferência de combustível e lubrificante para industrialização<br>• *Item acrescido pelo Decreto nº 48.294, de 2.12.2003 – DOE de 3.12.2003 – Efeitos a partir de 1º.1.2004.* |
| | | | Classificam-se neste código as entradas de combustíveis e lubrificantes recebidas em transferência de outro estabelecimento da mesma empresa para serem utilizados em processo de industrialização do próprio produto |
| 1.659 | 2.659 | | Transferência de combustível e lubrificante para comercialização<br>• *Item acrescido pelo Decreto nº 48.294, de 2.12.2003 – DOE de 3.12.2003 – Efeitos a partir de 1º.1.2004.* |
| | | | Classificam-se neste código as entradas de combustíveis e lubrificantes recebidas em transferência de outro estabelecimento da mesma empresa para serem comercializados |
| 1.660 | 2.660 | | Devolução de venda de combustível ou lubrificante destinado à industrialização subsequente<br>• *Item acrescido pelo Decreto nº 48.294, de 2.12.2003 – DOE de 3.12.2003 – Efeitos a partir de 1º.1.2004.* |
| | | | Classificam-se neste código as devoluções de vendas de combustíveis ou lubrificantes, cujas saídas tenham sido classificadas como "Venda de combustível ou lubrificante destinado à industrialização subsequente" |
| 1.661 | 2.661 | | Devolução de venda de combustível ou lubrificante destinado à comercialização<br>• *Item acrescido pelo Decreto nº 48.294, de 2.12.2003 – DOE de 3.12.2003 – Efeitos a partir de 1º.1.2004.* |
| | | | Classificam-se neste código as devoluções de vendas de combustíveis ou lubrificantes, cujas saídas tenham sido classificadas como "Venda de combustíveis ou lubrificantes para comercialização" |
| 1.662 | 2.662 | | Devolução de venda de combustível ou lubrificante destinado a consumidor ou usuário final<br>• *Item acrescido pelo Decreto nº 48.294, de 2.12.2003 – DOE de 3.12.2003 – Efeitos a partir de 1º.1.2004.* |
| | | | Classificam-se neste código as devoluções de vendas de combustíveis ou lubrificantes, cujas saídas tenham sido classificadas como "Venda de combustíveis ou lubrificantes por consumidor ou usuário final" |
| 1.663 | 2.663 | | Entrada de combustível ou lubrificante para armazenagem<br>• *Item acrescido pelo Decreto nº 48.294, de 2.12.2003 – DOE de 3.12.2003 – Efeitos a partir de 1º.1.2004.* |
| | | | Classificam-se neste código as entradas de combustíveis ou lubrificantes para armazenagem |
| 1.664 | 2.664 | | Retorno de combustível ou lubrificante remetido para armazenagem<br>• *Item acrescido pelo Decreto nº 48.294, de 2.12.2003 – DOE de 3.12.2003 – Efeitos a partir de 1º.1.2004.* |
| | | | Classificam-se neste código as entradas, ainda que simbólicas, por retorno de combustíveis ou lubrificantes, remetidos para armazenagem |
| 1.900 | 2.900 | 3.900 | OUTRAS ENTRADAS DE MERCADORIAS OU AQUISIÇÕES DE SERVIÇOS |
| 1.901 | 2.901 | | Entrada para industrialização por encomenda |
| | | | Classificam-se neste código as entradas de insumos recebidos para industrialização por encomenda de outra empresa ou de outro estabelecimento da mesma empresa |
| 1.902 | 2.902 | | Retorno de mercadoria remetida para industrialização por encomenda |
| | | | Classificam-se neste código o retorno dos insumos remetidos para industrialização por encomenda, incorporados ao produto final pelo estabelecimento industrializador |
| 1.903 | 2.903 | | Entrada de mercadoria remetida para industrialização e não aplicada no referido processo |
| | | | Classificam-se neste código as entradas em devolução de insumos remetidos para industrialização e não aplicados no referido processo |
| 1.904 | 2.904 | | Retorno de remessa para venda fora do estabelecimento |
| | | | Classificam-se neste código as entradas em retorno de mercadorias remetidas para venda fora do estabelecimento, inclusive por meio de veículos, e não comercializadas |

| | | | |
|---|---|---|---|
| 1.905 | 2.905 | | Entrada de mercadoria recebida para depósito em depósito fechado ou armazém-geral |
| | | | Classificam-se neste código as entradas de mercadorias recebidas para depósito em depósito fechado ou armazém-geral |
| 1.906 | 2.906 | | Retorno de mercadoria remetida para depósito fechado ou armazém-geral |
| | | | Classificam-se neste código as entradas em retorno de mercadorias remetidas para depósito em depósito fechado ou armazém-geral |
| 1.907 | 2.907 | | Retorno simbólico de mercadoria remetida para depósito fechado ou armazém-geral |
| | | | Classificam-se neste código as entradas em retorno simbólico de mercadorias remetidas para depósito em depósito fechado ou armazém-geral, quando as mercadorias depositadas tenham sido objeto de saída a qualquer título e que não tenham retornado ao estabelecimento depositante |
| 1.908 | 2.908 | | Entrada de bem por conta de contrato de comodato |
| | | | Classificam-se neste código as entradas de bens recebidos em cumprimento de contrato de comodato |
| 1.909 | 2.909 | | Retorno de bem remetido por conta de contrato de comodato |
| | | | Classificam-se neste código as entradas de bens recebidos em devolução após cumprido o contrato de comodato |
| 1.910 | 2.910 | | Entrada de bonificação, doação ou brinde |
| | | | Classificam-se neste código as entradas de mercadorias recebidas a título de bonificação, doação ou brinde |
| 1.911 | 2.911 | | Entrada de amostra grátis |
| | | | Classificam-se neste código as entradas de mercadorias recebidas a título de amostra grátis |
| 1.912 | 2.912 | | Entrada de mercadoria ou bem recebido para demonstração |
| | | | Classificam-se neste código as entradas de mercadorias ou bens recebidos para demonstração |
| 1.913 | 2.913 | | Retorno de mercadoria ou bem remetido para demonstração |
| | | | Classificam-se neste código as entradas em retorno de mercadorias ou bens remetidos para demonstração |
| 1.914 | 2.914 | | Retorno de mercadoria ou bem remetido para exposição ou feira |
| | | | Classificam-se neste código as entradas em retorno de mercadorias ou bens remetidos para exposição ou feira |
| 1.915 | 2.915 | | Entrada de mercadoria ou bem recebido para conserto ou reparo |
| | | | Classificam-se neste código as entradas de mercadorias ou bens recebidos para conserto ou reparo |
| 1.916 | 2.916 | | Retorno de mercadoria ou bem remetido para conserto ou reparo |
| | | | Classificam-se neste código as entradas em retorno de mercadorias ou bens remetidos para conserto ou reparo |
| 1.917 | 2.917 | | Entrada de mercadoria recebida em consignação mercantil ou industrial |
| | | | Classificam-se neste código as entradas de mercadorias recebidas a título de consignação mercantil ou industrial |
| 1.918 | 2.918 | | Devolução de mercadoria remetida em consignação mercantil ou industrial |
| | | | Classificam-se neste código as entradas por devolução de mercadorias remetidas anteriormente a título de consignação mercantil ou industrial |
| 1.919 | 2.919 | | Devolução simbólica de mercadoria vendida ou utilizada em processo industrial, remetida anteriormente em consignação mercantil ou industrial |
| | | | Classificam-se neste código as entradas por devolução simbólica de mercadorias vendidas ou utilizadas em processo industrial, remetidas anteriormente a título de consignação mercantil ou industrial |
| 1.920 | 2.920 | | Entrada de vasilhame ou sacaria |
| | | | Classificam-se neste código as entradas de vasilhame ou sacaria |
| 1.921 | 2.921 | | Retorno de vasilhame ou sacaria |
| | | | Classificam-se neste código as entradas em retorno de vasilhame ou sacaria |

| | | | |
|---|---|---|---|
| 1.922 | 2.922 | | Lançamento efetuado a título de simples faturamento decorrente de compra para recebimento futuro |
| | | | Classificam-se neste código os registros efetuados a título de simples faturamento decorrente de compra para recebimento futuro |
| 1.923 | 2.923 | | Entrada de mercadoria recebida do vendedor remetente, em venda à ordem |
| | | | Classificam-se neste código as entradas de mercadorias recebidas do vendedor remetente, em vendas à ordem, cuja compra do adquirente originário, foi classificada, respectivamente, nos códigos 1.120 ou 2.120 – "Compra para industrialização, em venda à ordem, já recebida do vendedor remetente", ou respectivamente nos códigos 1.121 ou 2.121 – "Compra para comercialização, em venda à ordem, já recebida do vendedor remetente" |
| 1.924 | 2.924 | | Entrada para industrialização por conta e ordem do adquirente da mercadoria, quando esta não transitar pelo estabelecimento do adquirente |
| | | | Classificam-se neste código as entradas de insumos recebidos para serem industrializados por conta e ordem do adquirente, nas hipóteses em que os insumos não tenham transitado pelo estabelecimento do adquirente dos mesmos |
| 1.925 | 2.925 | | Retorno de mercadoria remetida para industrialização por conta e ordem do adquirente da mercadoria, quando esta não transitar pelo estabelecimento do adquirente |
| | | | Classificam-se neste código o retorno dos insumos remetidos por conta e ordem do adquirente, para industrialização e incorporados ao produto final pelo estabelecimento industrializador, nas hipóteses em que os insumos não tenham transitado pelo estabelecimento do adquirente |
| 1.926 | | | Lançamento efetuado a título de reclassificação de mercadoria decorrente de formação de "kit" ou de sua desagregação |
| | | | Classificam-se neste código os registros efetuados a título de reclassificação decorrente de formação de "kit" de mercadorias ou de sua desagregação |
| | | 3.930 | Lançamento efetuado a título de entrada de bem sob amparo de regime especial aduaneiro de admissão temporária |
| | | | Classificam-se neste código os lançamentos efetuados a título de entrada de bens amparada por regime especial aduaneiro de admissão temporária |
| 1.931 | 2.931 | | Lançamento efetuado pelo tomador do serviço de transporte quando a responsabilidade de retenção do imposto for atribuída ao remetente ou alienante da mercadoria, pelo serviço de transporte realizado por transportador autônomo ou por transportador não inscrito na unidade da Federação onde iniciado o serviço (Convênio SINIEF s/nº, de 15.12.1970, Anexo Único na redação do Ajuste SINIEF-3/04)<br>• *Item acrescido pelo Decreto nº 48.739, de 21.6.2004 – DOE de 22.6.2004 – Efeitos a partir de 1º.1.2005.* |
| | | | Classificam-se neste código exclusivamente os lançamentos efetuados pelo tomador do serviço de transporte realizado por transportador autônomo ou por transportador não inscrito na unidade da Federação, onde iniciado o serviço, quando a responsabilidade pela retenção do imposto for atribuída ao remetente ou alienante da mercadoria |
| 1.932 | 2.932 | | Aquisição de serviço de transporte iniciado em unidade da Federação diversa daquela onde inscrito o prestador (Convênio SINIEF s/nº, de 15.12.1970, Anexo Único na redação do Ajuste SINIEF-3/04)<br>• *Item acrescido pelo Decreto nº 48.739, de 21.6.2004 – DOE de 22.6.2004 – Efeitos a partir de 1º.1.2005.* |
| | | | Classificam-se neste código as aquisições de serviços de transporte que tenham sido iniciados em unidade da Federação diversa daquela onde o prestador está inscrito como contribuinte |
| 1.933 | 2.933 | | Aquisição de serviço tributado pelo ISSQN<br>• *Item com redação dada pelo Decreto nº 50.171, de 4.11.2005 – DOE de 5.11.2005 – Efeitos a partir de 1º.1.2006.* |
| | | | Classificam-se neste código as aquisições de serviços, de competência municipal, desde que informados em Nota Fiscal modelo 1 ou 1-A. (Convênio SINIEF s/nº, de 15.12.1970, Anexo Único na redação do Ajuste SINIEF 07/01, com alteração dos Ajustes SINIEF 03/04 e 06/05)<br>• *Item com redação dada pelo Decreto nº 50.171, de 4.11.2005 – DOE de 5.11.2005 – Efeitos a partir de 1º.1.2006.* |

| | | | |
|---|---|---|---|
| 1.934 | 2.934 | | Entrada simbólica de mercadoria recebida para depósito fechado ou armazém geral |
| | | | Classificam-se neste código as entradas simbólicas de mercadorias recebidas para depósito em depósito fechado ou armazém geral, cuja remessa tenha sido classificada pelo remetente, respectivamente, nos códigos 5.934 ou 6.934 – "Remessa simbólica de mercadoria depositada em armazém geral ou depósito fechado" (Ajuste SINIEF-14/09, cláusula primeira, II).<br>• *Item acrescido pelo Decreto nº 56.321, de 26.10.2010 – DOE de 27.10.2010 – Efeitos a partir de 1º.7.2010.* |
| 1.949 | 2.949 | 3.949 | Outra entrada de mercadoria ou prestação de serviço não especificada |
| | | | Classificam-se neste código as outras entradas de mercadorias ou prestações de serviços que não tenham sido especificadas nos códigos anteriores |

| | |
|---|---|
| **NOTA GERAL 1 -** | Os códigos referentes a entrada de mercadoria ou bem estão agrupados segundo a localização do estabelecimento remetente, obedecido o seguinte critério: |
| Grupo 1 - | Compreende as operações em que o estabelecimento remetente estiver localizado no mesmo Estado; |
| Grupo 2 - | Compreende as operações em que o estabelecimento remetente estiver localizado em outro Estado; |
| Grupo 3 - | Compreende as entradas de mercadoria ou bem de procedência estrangeira, importado diretamente pelo estabelecimento, bem como as decorrentes de aquisição por arrematação, concorrência ou qualquer outra forma de alienação promovida pelo Poder Público. |
| **NOTA GERAL 2 -** | Os códigos referentes a aquisição de serviço estão agrupados segundo o local de início da prestação, obedecido o seguinte critério: |
| Grupo 1 - | Compreende as aquisições de serviços iniciados no mesmo Estado; |
| Grupo 2 - | Compreende as aquisições de serviços iniciados em outro Estado; |
| Grupo 3 - | Compreende as aquisições de serviços iniciados no exterior. |
| **NOTA GERAL 3 -** | Os grupos estão divididos em subgrupos que reúnem entradas ou aquisições de natureza correlata, identificados por códigos de dígito final 0 (zero), que serão utilizados somente em resumos, análises e intercâmbio de informações econômico-fiscais. |

## DAS SAÍDAS DE MERCADORIAS, BENS OU PRESTAÇÃO DE SERVIÇOS

| GRUPO | | | DESCRIÇÃO DA OPERAÇÃO OU PRESTAÇÃO |
|---|---|---|---|
| 5 | 6 | 7 | |
| 5.100 | 6.100 | 7.100 | VENDAS DE PRODUÇÃO PRÓPRIA OU DE TERCEIROS |
| 5.101 | 6.101 | 7.101 | Venda de produção do estabelecimento<br>• *Item com redação dada pelo Decreto nº 50.171, de 4.11.2005 – DOE de 5.11.2005 – Efeitos a partir de 1º.1.2006.* |
| | | | Classificam-se neste código as vendas de produtos industrializados ou produzidos pelo próprio estabelecimento. Também serão classificadas neste código as vendas de mercadorias por estabelecimento industrial ou produtor rural de cooperativa destinadas a seus cooperados ou a estabelecimento de outra cooperativa. (Convênio SINIEF s/nº, de 15.12.1970, Anexo Único na redação do Ajuste SINIEF 07/01, com alteração do Ajuste SINIEF 05/05)<br>• *Item com redação dada pelo Decreto nº 50.171, de 4.11.2005 – DOE de 5.11.2005 – Efeitos a partir de 1º.1.2006* |
| 5.102 | 6.102 | 7.102 | Venda de mercadoria adquirida ou recebida de terceiros |
| | | | Classificam-se neste código as vendas de mercadorias adquiridas ou recebidas de terceiros para industrialização ou comercialização, que não tenham sido objeto de qualquer processo industrial no estabelecimento. Também serão classificadas neste código as vendas de mercadorias por estabelecimento comercial de cooperativa destinadas a seus cooperados ou estabelecimento de outra cooperativa. |

| | | | |
|---|---|---|---|
| 5.103 | 6.103 | | Venda de produção do estabelecimento, efetuada fora do estabelecimento<br>• *Item com redação dada pelo Decreto nº 50.171, de 4.11.2005 – DOE de 5.11.2005 – Efeitos a partir de 1º.1.2006.* |
| | | | Classificam-se neste código as vendas efetuadas fora do estabelecimento, inclusive por meio de veículo, de produtos industrializados ou produzidos pelo próprio estabelecimento. (Convênio SINIEF s/nº, de 15.12.1970, Anexo Único na redação do Ajuste SINIEF 07/01, com alteração do Ajuste SINIEF 05/05)<br>• *Item com redação dada pelo Decreto nº 50.171, de 4.11.2005 – DOE de 5.11.2005 – Efeitos a partir de 1º.1.2006* |
| 5.104 | 6.104 | | Venda de mercadoria adquirida ou recebida de terceiros, efetuada fora do estabelecimento |
| | | | Classificam-se neste código as vendas efetuadas fora do estabelecimento, inclusive por meio de veículo, de mercadorias adquiridas ou recebidas de terceiros para industrialização ou comercialização, que não tenham sido objeto de qualquer processo industrial no estabelecimento |
| 5.105 | 6.105 | 7.105 | Venda de produção do estabelecimento, que não deva por ele transitar |
| | | | Classificam-se neste código as vendas de produtos industrializados no estabelecimento, armazenados em depósito fechado, armazém-geral ou outro sem que haja retorno ao estabelecimento depositante |
| 5.106 | 6.106 | 7.106 | Venda de mercadoria adquirida ou recebida de terceiros, que não deva por ele transitar |
| | | | Classificam-se neste código as vendas de mercadorias adquiridas ou recebidas de terceiros para industrialização ou comercialização, armazenadas em depósito fechado, armazém-geral ou outro, que não tenham sido objeto de qualquer processo industrial no estabelecimento sem que haja retorno ao estabelecimento depositante. Também serão classificadas neste código as vendas de mercadorias importadas, cuja saída ocorra do recinto alfandegado ou da repartição alfandegária onde se processou o desembaraço aduaneiro, com destino ao estabelecimento do comprador, sem transitar pelo estabelecimento do importador |
| | 6.107 | | Venda de produção do estabelecimento, destinada a não contribuinte<br>• *Item com redação dada pelo Decreto nº 50.171, de 4.11.2005 – DOE de 5.11.2005 – Efeitos a partir de 1º.1.2006.* |
| | | | Classificam-se neste código as vendas de produtos industrializados ou produzidos por estabelecimento de produtor rural, destinadas a não contribuintes. Quaisquer operações de venda destinadas a não contribuintes deverão ser classificadas neste código. (Convênio SINIEF s/nº, de 15.12.1970, Anexo Único na redação do Ajuste SINIEF 07/01, com alteração do Ajuste SINIEF 05/05)<br>• *Item com redação dada pelo Decreto nº 50.171, de 4.11.2005 – DOE de 5.11.2005 – Efeitos a partir de 1º.1.2006.* |
| | 6.108 | | Venda de mercadoria adquirida ou recebida de terceiros, destinada a não contribuinte |
| | | | Classificam-se neste código as vendas de mercadorias adquiridas ou recebidas de terceiros para industrialização ou comercialização, que não tenham sido objeto de qualquer processo industrial no estabelecimento, destinadas a não contribuintes. Quaisquer operações de venda destinadas a não contribuintes deverão ser classificadas neste código |
| 5.109 | 6.109 | | Venda de produção do estabelecimento, destinada à Zona Franca de Manaus ou Áreas de Livre Comércio<br>• *Item com redação dada pelo Decreto nº 50.171, de 4.11.2005 – DOE de 5.11.2005 – Efeitos a partir de 1º.1.2006.* |
| | | | Classificam-se neste código as vendas de produtos industrializados ou produzidos pelo próprio estabelecimento, destinados à Zona Franca de Manaus ou Áreas de Livre Comércio, desde que as operações sejam isentas ou não tributadas. (Convênio SINIEF s/nº, de 15.12.1970, Anexo Único na redação do Ajuste SINIEF 07/01, com alteração do Ajuste SINIEF- 05/05)<br>• *Item com redação dada pelo Decreto nº 50.171, de 4.11.2005 – DOE de 5.11.2005 – Efeitos a partir de 1º.1.2006.* |

| | | | |
|---|---|---|---|
| 5.110 | 6.110 | | Venda de mercadoria adquirida ou recebida de terceiros, destinada à Zona Franca de Manaus ou Áreas de Livre Comércio |
| | | | Classificam-se neste código as vendas de mercadorias adquiridas ou recebidas de terceiros, que não tenham sido objeto de qualquer processo industrial no estabelecimento, destinadas à Zona Franca de Manaus ou Áreas de Livre Comércio, desde que as operações sejam isentas ou não tributadas (Convênio SINIEF s/nº, de 15.12.1970, Anexo Único, na redação do Ajuste SINIEF-09/04, cláusulas segunda e quarta)<br>• *Item com redação dada pelo Decreto nº 48.831, de 29.7.2004 – DOE de 30.7.2004 – Efeitos a partir de 24.6.2004.* |
| 5.111 | 6.111 | | Venda de produção do estabelecimento remetida anteriormente em consignação industrial |
| | | | Classificam-se neste código as vendas efetivas de produtos industrializados no estabelecimento remetidos anteriormente a título de consignação industrial. |
| 5.112 | 6.112 | | Venda de mercadoria adquirida ou recebida de terceiros remetida anteriormente em consignação industrial |
| | | | Classificam-se neste código as vendas efetivas de mercadorias adquiridas ou recebidas de terceiros, que não tenham sido objeto de qualquer processo industrial no estabelecimento, remetidas anteriormente a título de consignação industrial |
| 5.113 | 6.113 | | Venda de produção do estabelecimento remetida anteriormente em consignação mercantil |
| | | | Classificam-se neste código as vendas efetivas de produtos industrializados no estabelecimento remetidos anteriormente a título de consignação mercantil |
| 5.114 | 6.114 | | Venda de mercadoria adquirida ou recebida de terceiros remetida anteriormente em consignação mercantil |
| | | | Classificam-se neste código as vendas efetivas de mercadorias adquiridas ou recebidas de terceiros, que não tenham sido objeto de qualquer processo industrial no estabelecimento, remetidas anteriormente a título de consignação mercantil |
| 5.115 | 6.115 | | Venda de mercadoria adquirida ou recebida de terceiros, recebida anteriormente em consignação mercantil |
| | | | Classificam-se neste código as vendas de mercadorias adquiridas ou recebidas de terceiros, recebidas anteriormente a título de consignação mercantil. |
| 5.116 | 6.116 | | Venda de produção do estabelecimento originada de encomenda para entrega futura<br>• *Item com redação dada pelo Decreto nº 50.171, de 4.11.2005 – DOE de 5.11.2005 – Efeitos a partir de 1º.1.2006.* |
| | | | Classificam-se neste código as vendas de produtos industrializados ou produzidos pelo próprio estabelecimento, quando da saída real do produto, cujo faturamento tenha sido classificado, respectivamente nos códigos 5.922 ou 6.922 – "Lançamento efetuado a título de simples faturamento decorrente de venda para entrega futura". (Convênio SINIEF s/nº, de 15.12.1970, Anexo Único na redação do Ajuste SINIEF 07/01, com alteração do Ajuste SINIEF- 05/05)<br>• *Item com redação dada pelo Decreto nº 50.171, de 4.11.2005 – DOE de 5.11.2005 – Efeitos a partir de 1º.1.2006.* |
| 5.117 | 6.117 | | Venda de mercadoria adquirida ou recebida de terceiros, originada de encomenda para entrega futura |
| | | | Classificam-se neste código as vendas de mercadorias adquiridas ou recebidas de terceiros, que não tenham sido objeto de qualquer processo industrial no estabelecimento, quando da saída real da mercadoria, cujo faturamento tenha sido classificado nos códigos 5.922 ou 6.922 – "Lançamento efetuado a título de simples faturamento decorrente de venda para entrega futura" |
| 5.118 | 6.118 | | Venda de produção do estabelecimento entregue ao destinatário por conta e ordem do adquirente originário, em venda à ordem |
| | | | Classificam-se neste código as vendas à ordem de produtos industrializados pelo estabelecimento, entregues ao destinatário por conta e ordem do adquirente originário |

| | | | |
|---|---|---|---|
| 5.119 | 6.119 | | Venda de mercadoria adquirida ou recebida de terceiros entregue ao destinatário por conta e ordem do adquirente originário, em venda à ordem |
| | | | Classificam-se neste código as vendas à ordem de mercadorias adquiridas ou recebidas de terceiros, que não tenham sido objeto de qualquer processo industrial no estabelecimento, entregues ao destinatário por conta e ordem do adquirente originário |
| 5.120 | 6.120 | | Venda de mercadoria adquirida ou recebida de terceiros entregue ao destinatário pelo vendedor remetente, em venda à ordem |
| | | | Classificam-se neste código as vendas à ordem de mercadorias adquiridas ou recebidas de terceiros, que não tenham sido objeto de qualquer processo industrial no estabelecimento, entregues pelo vendedor remetente ao destinatário, cuja compra seja classificada, pelo adquirente originário, respectivamente nos códigos 1.118 ou 2.118 – "Compra de mercadoria pelo adquirente originário, entregue pelo vendedor remetente ao destinatário, em venda à ordem" |
| 5.122 | 6.122 | | Venda de produção do estabelecimento remetida para industrialização, por conta e ordem do adquirente, sem transitar pelo estabelecimento do adquirente |
| | | | Classificam-se neste código as vendas de produtos industrializados no estabelecimento, remetidos para serem industrializados em outro estabelecimento, por conta e ordem do adquirente, sem que os produtos tenham transitado pelo estabelecimento do adquirente |
| 5.123 | 6.123 | | Venda de mercadoria adquirida ou recebida de terceiros remetida para industrialização, por conta e ordem do adquirente, sem transitar pelo estabelecimento do adquirente |
| | | | Classificam-se neste código as vendas de mercadorias adquiridas ou recebidas de terceiros, que não tenham sido objeto de qualquer processo industrial no estabelecimento, remetidas para serem industrializadas em outro estabelecimento, por conta e ordem do adquirente, sem que as mercadorias tenham transitado pelo estabelecimento do adquirente |
| 5.124 | 6.124 | | Industrialização efetuada para outra empresa |
| | | | Classificam-se neste código as saídas de mercadorias industrializadas para terceiros, compreendendo os valores referentes aos serviços prestados e os das mercadorias de propriedade do industrializador empregadas no processo industrial. |
| 5.125 | 6.125 | | Industrialização efetuada para outra empresa quando a mercadoria recebida para utilização no processo de industrialização não transitar pelo estabelecimento adquirente da mercadoria |
| | | | Classificam-se neste código as saídas de mercadorias industrializadas para outras empresas, em que as mercadorias recebidas para utilização no processo de industrialização não tenham transitado pelo estabelecimento do adquirente das mercadorias, compreendendo os valores referentes aos serviços prestados e os das mercadorias de propriedade do industrializador empregadas no processo industrial |
| | | 7.127 | Venda de produção do estabelecimento sob o regime de "drawback" |
| | | | Classificam-se neste código as vendas de produtos industrializados no estabelecimento sob o regime de "drawback", cujas compras foram classificadas no código 3.127 – "Compra para industrialização sob o regime de "drawback" |
| 5.150 | 6.150 | | TRANSFERÊNCIAS DE PRODUÇÃO PRÓPRIA OU DE TERCEIROS |
| 5.151 | 6.151 | | Transferência de produção do estabelecimento<br>• *Item com redação dada pelo Decreto nº 50.171, de 4.11.2005 – DOE de 5.11.2005 – Efeitos a partir de 1º.1.2006.* |
| | | | Classificam-se neste código os produtos industrializados ou produzidos pelo estabelecimento em transferência para outro estabelecimento da mesma empresa. (Convênio SINIEF s/nº, de 15.12.1970, Anexo Único na redação do Ajuste SINIEF 07/01, com alteração do Ajuste SINIEF- 05/05)<br>• *Item com redação dada pelo Decreto nº 50.171, de 4.11.2005 – DOE de 5.11.2005 – Efeitos a partir de 1º.1.2006.* |

| | | | |
|---|---|---|---|
| 5.152 | 6.152 | | Transferência de mercadoria adquirida ou recebida de terceiros |
| | | | Classificam-se neste código as mercadorias adquiridas ou recebidas de terceiros para industrialização, comercialização ou para utilização na prestação de serviços e que não tenham sido objeto de qualquer processo industrial no estabelecimento, transferidas para outro estabelecimento da mesma empresa (Convênio SINIEF s/nº, de 15.12.1970, Anexo Único, na redação do Ajuste SINIEF-5/03)<br>• *Nota Explicativa com redação dada pelo Decreto nº 48.034, de 19.8.2003 – DOE de 20.8.2003 – Efeitos a partir de 10.7.2003.* |
| 5.153 | 6.153 | | Transferência de energia elétrica |
| | | | Classificam-se neste código as transferências de energia elétrica para outro estabelecimento da mesma empresa, para distribuição |
| 5.155 | 6.155 | | Transferência de produção do estabelecimento, que não deva por ele transitar |
| | | | Classificam-se neste código as transferências para outro estabelecimento da mesma empresa, de produtos industrializados no estabelecimento que tenham sido remetidos para armazém-geral, depósito fechado ou outro, sem que haja retorno ao estabelecimento depositante |
| 5.156 | 6.156 | | Transferência de mercadoria adquirida ou recebida de terceiros, que não deva por ele transitar |
| | | | Classificam-se neste código as transferências para outro estabelecimento da mesma empresa, de mercadorias adquiridas ou recebidas de terceiros para industrialização ou comercialização, que não tenham sido objeto de qualquer processo industrial, remetidas para armazém-geral, depósito fechado ou outro, sem que haja retorno ao estabelecimento depositante |
| 5.200 | 6.200 | 7.200 | DEVOLUÇÕES DE COMPRAS PARA INDUSTRIALIZAÇÃO, PRODUÇÃO RURAL, COMERCIALIZAÇÃO OU ANULAÇÕES DE VALORES<br>• *Item com redação dada pelo Decreto nº 50.171, de 4.11.2005 – DOE de 5.11.2005 – Efeitos a partir de 1º.1.2006.* |
| 5.201 | 6.201 | 7.201 | Devolução de compra para industrialização ou produção rural<br>• *Item com redação dada pelo Decreto nº 50.171, de 4.11.2005 – DOE de 5.11.2005 – Efeitos a partir de 1º.1.2006.* |
| | | | Classificam-se neste código as devoluções de mercadorias adquiridas para serem utilizadas em processo de industrialização ou produção rural, cujas entradas tenham sido classificadas como "1.101 ou 2.101 – Compra para industrialização ou produção rural". (Convênio SINIEF s/nº, de 15.12.1970, Anexo Único na redação do Ajuste SINIEF 07/01, com alteração do Ajuste SINIEF- 05/05)<br>• *Item com redação dada pelo Decreto nº 50.171, de 4.11.2005 – DOE de 5.11.2005 – Efeitos a partir de 1º.1.2006.* |
| 5.202 | 6.202 | 7.202 | Devolução de compra para comercialização |
| | | | Classificam-se neste código as devoluções de mercadorias adquiridas para serem comercializadas, cujas entradas tenham sido classificadas como "Compra para comercialização" |
| 5.205 | 6.205 | 7.205 | Anulação de valor relativo à aquisição de serviço de comunicação |
| | | | Classificam-se neste código as anulações correspondentes a valores faturados indevidamente, decorrentes das aquisições de serviços de comunicação |
| 5.206 | 6.206 | 7.206 | Anulação de valor relativo à aquisição de serviço de transporte |
| | | | Classificam-se neste código as anulações correspondentes a valores faturados indevidamente, decorrentes das aquisições de serviços de transporte |
| 5.207 | 6.207 | 7.207 | Anulação de valor relativo à compra de energia elétrica |
| | | | Classificam-se neste código as anulações correspondentes a valores faturados indevidamente, decorrentes da compra de energia elétrica |

| | | | |
|---|---|---|---|
| 5.208 | 6.208 | | Devolução de mercadoria recebida em transferência para industrialização ou produção rural<br>• *Item com redação dada pelo Decreto nº 50.171, de 4.11.2005 – DOE de 5.11.2005 – Efeitos a partir de 1º.1.2006.* |
| | | | Classificam-se neste código as devoluções de mercadorias recebidas em transferência de outros estabelecimentos da mesma empresa, para serem utilizadas em processo de industrialização ou produção rural. (Convênio SINIEF s/nº, de 15.12.1970, Anexo Único na redação do Ajuste SINIEF 07/01, com alteração do Ajuste SINIEF- 05/05)<br>• *Item com redação dada pelo Decreto nº 50.171, de 4.11.2005 – DOE de 5.11.2005 – Efeitos a partir de 1º.1.2006.* |
| 5.209 | 6.209 | | Devolução de mercadoria recebida em transferência para comercialização |
| | | | Classificam-se neste código as devoluções de mercadorias recebidas em transferência de outro estabelecimento da mesma empresa, para serem comercializadas |
| 5.210 | 6.210 | 7.210 | Devolução de compra para utilização na prestação de serviço |
| | | | Classificam-se neste código as devoluções de mercadorias adquiridas para utilização na prestação de serviços, cujas entradas tenham sido classificadas, respectivamente, nos códigos 1.126, 2.126 ou 3.126 – "Compra para utilização na prestação de serviço sujeita ao ICMS" ou, respectivamente, 1.128, 2.128 e 3.128 – "Compra para utilização na prestação de serviço sujeita ao ISSQN" (Convênio SINIEF s/nº, de 15.12.1970, Anexo Único, na redação do Ajuste SINIEF-7/01, com alteração do Ajuste SINIEF-4/10, cláusula primeira)<br>• *Item com redação dada pelo Decreto nº 56.321, de 26.10.2010 – DOE de 27.10.2010 – Efeitos a partir de 1º.1.2011.* |
| | | 7.211 | Devolução de compras para industrialização sob o regime de *drawback* |
| | | | Classificam-se neste código as devoluções de mercadorias adquiridas para serem utilizadas em processo de industrialização sob o regime de "drawback" e não utilizadas no referido processo, cujas entradas tenham sido classificadas no código 3.127 – "Compra para industrialização sob o regime de *drawback*" |
| 5.250 | 6.250 | 7.250 | VENDAS DE ENERGIA ELÉTRICA |
| 5.251 | 6.251 | 7.251 | Venda de energia elétrica para distribuição ou comercialização |
| | | | Classificam-se neste código as vendas de energia elétrica destinada à distribuição ou comercialização. Também serão classificadas neste código as vendas de energia elétrica destinada a cooperativas para distribuição aos seus cooperados |
| 5.252 | 6.252 | | Venda de energia elétrica para estabelecimento industrial |
| | | | Classificam-se neste código as vendas de energia elétrica para consumo por estabelecimento industrial. Também serão classificadas neste código as vendas de energia elétrica destinada a estabelecimento industrial de cooperativa |
| 5.253 | 6.253 | | Venda de energia elétrica para estabelecimento comercial |
| | | | Classificam-se neste código as vendas de energia elétrica para consumo por estabelecimento comercial. Também serão classificadas neste código as vendas de energia elétrica destinada a estabelecimento comercial de cooperativa |
| 5.254 | 6.254 | | Venda de energia elétrica para estabelecimento prestador de serviço de transporte |
| | | | Classificam-se neste código as vendas de energia elétrica para consumo por estabelecimento de prestador de serviços de transporte. |
| 5.255 | 6.255 | | Venda de energia elétrica para estabelecimento prestador de serviço de comunicação |
| | | | Classificam-se neste código as vendas de energia elétrica para consumo por estabelecimento de prestador de serviços de comunicação |
| 5.256 | 6.256 | | Venda de energia elétrica para estabelecimento de produtor rural |
| | | | Classificam-se neste código as vendas de energia elétrica para consumo por estabelecimento de produtor rural |

| | | | |
|---|---|---|---|
| 5.257 | 6.257 | | Venda de energia elétrica para consumo por demanda contratada |
| | | | Classificam-se neste código as vendas de energia elétrica para consumo por demanda contratada, que prevalecerá sobre os demais códigos deste subgrupo |
| 5.258 | 6.258 | | Venda de energia elétrica a não contribuinte |
| | | | Classificam-se neste código as vendas de energia elétrica a pessoas físicas ou a pessoas jurídicas não indicadas nos códigos anteriores |
| 5.300 | 6.300 | 7.300 | PRESTAÇÕES DE SERVIÇOS DE COMUNICAÇÃO |
| 5.301 | 6.301 | 7.301 | Prestação de serviço de comunicação para execução de serviço da mesma natureza |
| | | | Classificam-se neste código as prestações de serviços de comunicação destinados às prestações de serviços da mesma natureza |
| 5.302 | 6.302 | | Prestação de serviço de comunicação a estabelecimento industrial |
| | | | Classificam-se neste código as prestações de serviços de comunicação a estabelecimento industrial. Também serão classificados neste código os serviços de comunicação prestados a estabelecimento industrial de cooperativa |
| 5.303 | 6.303 | | Prestação de serviço de comunicação a estabelecimento comercial |
| | | | Classificam-se neste código as prestações de serviços de comunicação a estabelecimento comercial. Também serão classificados neste código os serviços de comunicação prestados a estabelecimento comercial de cooperativa |
| 5.304 | 6.304 | | Prestação de serviço de comunicação a estabelecimento de prestador de serviço de transporte |
| | | | Classificam-se neste código as prestações de serviços de comunicação a estabelecimento prestador de serviço de transporte |
| 5.305 | 6.305 | | Prestação de serviço de comunicação a estabelecimento de geradora ou de distribuidora de energia elétrica |
| | | | Classificam-se neste código as prestações de serviços de comunicação a estabelecimento de geradora ou de distribuidora de energia elétrica. |
| 5.306 | 6.306 | | Prestação de serviço de comunicação a estabelecimento de produtor rural |
| | | | Classificam-se neste código as prestações de serviços de comunicação a estabelecimento de produtor rural |
| 5.307 | 6.307 | | Prestação de serviço de comunicação a não contribuinte |
| | | | Classificam-se neste código as prestações de serviços de comunicação a pessoas físicas ou a pessoas jurídicas não indicadas nos códigos anteriores |
| 5.350 | 6.350 | 7.350 | PRESTAÇÕES DE SERVIÇOS DE TRANSPORTE |
| 5.351 | 6.351 | | Prestação de serviço de transporte para execução de serviço da mesma natureza |
| | | | Classificam-se neste código as prestações de serviços de transporte destinados às prestações de serviços da mesma natureza |
| 5.352 | 6.352 | | Prestação de serviço de transporte a estabelecimento industrial |
| | | | Classificam-se neste código as prestações de serviços de transporte a estabelecimento industrial. Também serão classificados neste código os serviços de transporte prestados a estabelecimento industrial de cooperativa |
| 5.353 | 6.353 | | Prestação de serviço de transporte a estabelecimento comercial |
| | | | Classificam-se neste código as prestações de serviços de transporte a estabelecimento comercial. Também serão classificados neste código os serviços de transporte prestados a estabelecimento comercial de cooperativa |
| 5.354 | 6.354 | | Prestação de serviço de transporte a estabelecimento de prestador de serviço de comunicação |
| | | | Classificam-se neste código as prestações de serviços de transporte a estabelecimento prestador de serviços de comunicação |
| 5.355 | 6.355 | | Prestação de serviço de transporte a estabelecimento de geradora ou de distribuidora de energia elétrica |
| | | | Classificam-se neste código as prestações de serviços de transporte a estabelecimento de geradora ou de distribuidora de energia elétrica |

| | | | |
|---|---|---|---|
| 5.356 | 6.356 | | Prestação de serviço de transporte a estabelecimento de produtor rural |
| | | | Classificam-se neste código as prestações de serviços de transporte a estabelecimento de produtor rural |
| 5.357 | 6.357 | | Prestação de serviço de transporte a não contribuinte |
| | | | Classificam-se neste código as prestações de serviços de transporte a pessoas físicas ou a pessoas jurídicas não indicadas nos códigos anteriores |
| | | 7.358 | Prestação de serviço de transporte |
| | | | Classificam-se neste código as prestações de serviços de transporte destinado a estabelecimento no exterior |
| 5.359 | 6.359 | | Prestação de serviço de transporte a contribuinte ou a não contribuinte quando a mercadoria transportada está dispensada de emissão de nota fiscal (Convênio SINIEF s/nº, de 15.12.1970, Anexo Único na redação do Ajuste SINIEF-3/04)<br>● *Item acrescido pelo Decreto nº 48.739, de 21.6.2004 – DOE de 22.6.2004 – Efeitos a partir de 1º.1.2005.* |
| | | | Classificam-se neste código as prestações de serviços de transporte a contribuintes ou a não contribuintes, exclusivamente quando não existe a obrigação legal de emissão de nota fiscal para a mercadoria transportada |
| 5.360 | | | Prestação de serviço de transporte a contribuinte substituto em relação ao serviço de transporte<br>● *Item acrescido pelo Decreto nº 52.118, de 31.8.2007 – DOE de 1º.9.2007 – Efeitos a partir de 1º.1.2008.* |
| | | | Classificam-se neste código as prestações de serviços de transporte a contribuinte ao qual tenha sido atribuída a condição de substituto tributário do imposto sobre a prestação dos serviços (Ajuste SINIEF-6/07) |
| | 6.360 | | Prestação de serviço de transporte a contribuinte substituto em relação ao serviço de transporte<br>● *Item acrescido pelo Decreto nº 53.159, de 23.6.2008 – DOE de 24.6.2008 – Efeitos a partir de 1º.5.2008.* |
| | | | Classificam-se neste código as prestações de serviços de transporte a contribuinte ao qual tenha sido atribuída a condição de substituto tributário do imposto sobre a prestação dos serviços (Convênio SINIEF s/nº, de 15.12.1970, Anexo na redação do Ajuste SINIEF-7/01, com alteração do Ajuste SINIEF-3/08) |
| 5.400 | 6.400 | | SAÍDAS DE MERCADORIAS SUJEITAS AO REGIME DE SUBSTITUIÇÃO TRIBUTÁRIA |
| 5.401 | 6.401 | | Venda de produção do estabelecimento em operação com produto sujeito ao regime de substituição tributária, na condição de contribuinte substituto<br>● *Item com redação dada pelo Decreto nº 50.171, de 4.11.2005 – DOE de 5.11.2005 – Efeitos a partir de 1º.1.2006.* |
| | | | Classificam-se neste código as vendas de produtos industrializados ou produzidos pelo próprio estabelecimento em operações com produtos sujeitos ao regime de substituição tributária, na condição de contribuinte substituto. Também serão classificadas neste código as vendas de produtos industrializados por estabelecimento industrial ou produtor rural de cooperativa sujeitos ao regime de substituição tributária, na condição de contribuinte substituto. (Convênio SINIEF s/nº, de 15.12.1970, Anexo Único na redação do Ajuste SINIEF 07/01, com alteração do Ajuste SINIEF- 05/05)<br>● *Item com redação dada pelo Decreto nº 50.171, de 4.11.2005 – DOE de 5.11.2005 – Efeitos a partir de 1º.1.2006.* |
| 5.402 | 6.402 | | Venda de produção do estabelecimento de produto sujeito ao regime de substituição tributária, em operação entre contribuintes substitutos do mesmo produto |
| | | | Classificam-se neste código as vendas de produtos sujeitos ao regime de substituição tributária industrializados no estabelecimento, em operações entre contribuintes substitutos do mesmo produto |

| | | | |
|---|---|---|---|
| 5.403 | 6.403 | | Venda de mercadoria adquirida ou recebida de terceiros em operação com mercadoria sujeita ao regime de substituição tributária, na condição de contribuinte substituto |
| | | | Classificam-se neste código as vendas de mercadorias adquiridas ou recebidas de terceiros, na condição de contribuinte substituto, em operação com mercadorias sujeitas ao regime de substituição tributária |
| | 6.404 | | Venda de mercadoria sujeita ao regime de substituição tributária, cujo imposto já tenha sido retido anteriormente |
| | | | Classificam-se neste código as vendas de mercadorias sujeitas ao regime de substituição tributária, na condição de substituto tributário, exclusivamente nas hipóteses em que o imposto já tenha sido retido anteriormente |
| 5.405 | | | Venda de mercadoria adquirida ou recebida de terceiros em operação com mercadoria sujeita ao regime de substituição tributária, na condição de contribuinte substituído |
| | | | Classificam-se neste código as vendas de mercadorias adquiridas ou recebidas de terceiros em operação com mercadorias sujeitas ao regime de substituição tributária, na condição de contribuinte substituído |
| 5.408 | 6.408 | | Transferência de produção do estabelecimento em operação com produto sujeito ao regime de substituição tributária<br>• *Item com redação dada pelo Decreto nº 50.171, de 4.11.2005 – DOE de 5.11.2005 – Efeitos a partir de 1º.1.2006.* |
| | | | Classificam-se neste código os produtos industrializados ou produzidos no próprio estabelecimento em transferência para outro estabelecimento da mesma empresa de produtos sujeitos ao regime de substituição tributária. (Convênio SINIEF s/nº, de 15.12.1970, Anexo Único na redação do Ajuste SINIEF 07/01, com alteração do Ajuste SINIEF- 05/05)<br>• *Item com redação dada pelo Decreto nº 50.171, de 4.11.2005 – DOE de 5.11.2005 – Efeitos a partir de 1º.1.2006.* |
| 5.409 | 6.409 | | Transferência de mercadoria adquirida ou recebida de terceiros em operação com mercadoria sujeita ao regime de substituição tributária |
| | | | Classificam-se neste código as transferências para outro estabelecimento da mesma empresa, de mercadorias adquiridas ou recebidas de terceiros que não tenham sido objeto de qualquer processo industrial no estabelecimento, em operações com mercadorias sujeitas ao regime de substituição tributária |
| 5.410 | 6.410 | | Devolução de compra para industrialização ou produção rural em operação com mercadoria sujeita ao regime de substituição tributária<br>• *Item com redação dada pelo Decreto nº 50.171, de 4.11.2005 – DOE de 5.11.2005 – Efeitos a partir de 1º.1.2006.* |
| | | | Classificam-se neste código as devoluções de mercadorias adquiridas para serem utilizadas em processo de industrialização ou produção rural cujas entradas tenham sido classificadas como "Compra para industrialização ou produção rural em operação com mercadoria sujeita ao regime de substituição tributária". (Convênio SINIEF s/nº, de 15.12.1970, Anexo Único na redação do Ajuste SINIEF 07/01, com alteração do Ajuste SINIEF- 05/05)<br>• *Item com redação dada pelo Decreto nº 50.171, de 4.11.2005 – DOE de 5.11.2005 – Efeitos a partir de 1º.1.2006.* |
| 5.411 | 6.411 | | Devolução de compra para comercialização em operação com mercadoria sujeita ao regime de substituição tributária |
| | | | Classificam-se neste código as devoluções de mercadorias adquiridas para serem comercializadas, cujas entradas tenham sido classificadas como "Compra para comercialização em operação com mercadoria sujeita ao regime de substituição tributária" |
| 5.412 | 6.412 | | Devolução de bem do ativo imobilizado, em operação com mercadoria sujeita ao regime de substituição tributária |
| | | | Classificam-se neste código as devoluções de bens adquiridos para integrar o ativo imobilizado do estabelecimento, cuja entrada tenha sido classificada, respectivamente, nos códigos 1.406 ou 2.406 – "Compra de bem para o ativo imobilizado cuja mercadoria está sujeita ao regime de substituição tributária" |

| | | | |
|---|---|---|---|
| 5.413 | 6.413 | | Devolução de mercadoria destinada ao uso ou consumo, em operação com mercadoria sujeita ao regime de substituição tributária |
| | | | Classificam-se neste código as devoluções de mercadorias adquiridas para uso ou consumo do estabelecimento, cuja entrada tenha sido classificada, respectivamente, nos códigos 1.407 ou 2.407 – "Compra de mercadoria para uso ou consumo cuja mercadoria está sujeita ao regime de substituição tributária" |
| 5.414 | 6.414 | | Remessa de produção do estabelecimento para venda fora do estabelecimento em operação com produto sujeito ao regime de substituição tributária<br>• *Item com redação dada pelo Decreto nº 50.171, de 4.11.2005 – DOE de 5.11.2005 – Efeitos a partir de 1º.1.2006* |
| | | | Classificam-se neste código as remessas de produtos industrializados ou produzidos pelo próprio estabelecimento para serem vendidos fora do estabelecimento, inclusive por meio de veículos, em operações com produtos sujeitos ao regime de substituição tributária. (Convênio SINIEF s/nº, de 15.12.1970, Anexo Único na redação do Ajuste SINIEF 07/01, com alteração do Ajuste SINIEF- 05/05)<br>• *Item com redação dada pelo Decreto nº 50.171, de 4.11.2005 – DOE de 5.11.2005 – Efeitos a partir de 1º.1.2006.* |
| 5.415 | 6.415 | | Remessa de mercadoria adquirida ou recebida de terceiros para venda fora do estabelecimento, em operação com mercadoria sujeita ao regime de substituição tributária |
| | | | Classificam-se neste código as remessas de mercadorias adquiridas ou recebidas de terceiros para serem vendidas fora do estabelecimento, inclusive por meio de veículos, em operações com mercadorias sujeitas ao regime de substituição tributária |
| 5.450 | | | SISTEMAS DE INTEGRAÇÃO |
| 5.451 | | | Remessa de animal e de insumo para estabelecimento produtor |
| | | | Classificam-se neste código as saídas referentes à remessa de animais e de insumos para criação de animais no sistema integrado, tais como: pintos, leitões, rações e medicamentos |
| 5.500 | 6.500 | | REMESSAS PARA FORMAÇÃO DE LOTE E COM FIM ESPECÍFICO DE EXPORTAÇÃO E EVENTUAIS DEVOLUÇÕES (Convênio SINIEF s/nº, de 15.12.1970, Anexo Único na redação do Ajuste SINIEF 07/01, com alteração do Ajuste SINIEF 9/05)<br>• *Item com redação dada pelo Decreto nº 50.513, de 15.2.2006 – DOE de 16.2.2006 – Efeitos a partir de 1º.7.2006.* |
| 5.501 | 6.501 | | Remessa de produção do estabelecimento, com fim específico de exportação<br>• *Item com redação dada pelo Decreto nº 50.171, de 4.11.2005 – DOE de 5.11.2005 – Efeitos a partir de 1º.1.2006.* |
| | | | Classificam-se neste código as saídas de produtos industrializados ou produzidos pelo próprio estabelecimento, remetidos com fim específico de exportação a *trading company*, empresa comercial exportadora ou outro estabelecimento do remetente. (Convênio SINIEF s/nº, de 15.12.1970, Anexo Único na redação do Ajuste SINIEF 07/01, com alteração do Ajuste SINIEF- 05/05)<br>• *Item com redação dada pelo Decreto nº 50.171, de 4.11.2005 – DOE de 5.11.2005 – Efeitos a partir de 1º.1.2006.* |
| 5.502 | 6.502 | | Remessa de mercadoria adquirida ou recebida de terceiros, com fim específico de exportação |
| | | | Classificam-se neste código as saídas de mercadorias adquiridas ou recebidas de terceiros, remetidas com fim específico de exportação a "trading company", empresa comercial exportadora ou outro estabelecimento do remetente |
| 5.503 | 6.503 | | Devolução de mercadoria recebida com fim específico de exportação |
| | | | Classificam-se neste código as devoluções efetuadas por "trading company", empresa comercial exportadora ou outro estabelecimento do destinatário, de mercadorias recebidas com fim específico de exportação, cujas entradas tenham sido classificadas, respectivamente, nos códigos 1.501 ou 2.501 – "Entrada de mercadoria recebida com fim específico de exportação" |

| | | | |
|---|---|---|---|
| 5.504 | 6.504 | | Remessa de mercadorias para formação de lote de exportação, de produtos industrializados ou produzidos pelo próprio estabelecimento<br>• *Item acrescido pelo Decreto nº 50.513, de 15.2.2006 – DOE de 16.2.2006 – Efeitos a partir de 1º.7.2006.* |
| | | | Classificam-se neste código as remessas de mercadorias para formação de lote de exportação, de produtos industrializados ou produzidos pelo próprio estabelecimento (Ajuste SINIEF 9/05) |
| 5.505 | 6.505 | | Remessa de mercadorias, adquiridas ou recebidas de terceiros, para formação de lote de exportação<br>• *Item acrescido pelo Decreto nº 50.513, de 15.2.2006 – DOE de 16.2.2006 – Efeitos a partir de 1º.7.2006.* |
| | | | Classificam-se neste código as remessas de mercadorias, adquiridas ou recebidas de terceiros, para formação de lote de exportação (Ajuste SINIEF 9/05) |
| | | 7.500 | EXPORTAÇÃO DE MERCADORIAS RECEBIDAS COM FIM ESPECÍFICO DE EXPORTAÇÃO |
| | | 7.501 | Exportação de mercadorias recebidas com fim específico de exportação |
| | | | Classificam-se neste código as exportações das mercadorias recebidas anteriormente com finalidade específica de exportação, cujas entradas tenham sido classificadas, respectivamente, nos códigos 1.501 ou 2.501 – "Entrada de mercadoria recebida com fim específico de exportação" |
| 5.550 | 6.550 | 7.550 | OPERAÇÕES COM BENS DE ATIVO IMOBILIZADO E MATERIAIS PARA USO OU CONSUMO |
| 5.551 | 6.551 | 7.551 | Venda de bem do ativo imobilizado |
| | | | Classificam-se neste código as vendas de bens integrantes do ativo imobilizado do estabelecimento |
| 5.552 | 6.552 | | Transferência de bem do ativo imobilizado |
| | | | Classificam-se neste código os bens do ativo imobilizado transferidos para outro estabelecimento da mesma empresa |
| 5.553 | 6.553 | 7.553 | Devolução de compra de bem para o ativo imobilizado |
| | | | Classificam-se neste código as devoluções de bens adquiridos para integrar o ativo imobilizado do estabelecimento, cuja entrada foi classificada, respectivamente, nos códigos 1.551, 2.551 ou 3.551 – "Compra de bem para o ativo imobilizado" |
| 5.554 | 6.554 | | Remessa de bem do ativo imobilizado para uso fora do estabelecimento |
| | | | Classificam-se neste código as remessas de bens do ativo imobilizado para uso fora do estabelecimento |
| 5.555 | 6.555 | | Devolução de bem do ativo imobilizado de terceiro, recebido para uso no estabelecimento |
| | | | Classificam-se neste código as saídas em devolução, de bens do ativo imobilizado de terceiros, recebidos para uso no estabelecimento, cuja entrada tenha sido classificada, respectivamente, nos códigos 1.555 ou 2.555 – "Entrada de bem do ativo imobilizado de terceiro, remetido para uso no estabelecimento" |
| 5.556 | 6.556 | 7.556 | Devolução de compra de material de uso ou consumo |
| | | | Classificam-se neste código as devoluções de mercadorias destinadas ao uso ou consumo do estabelecimento, cuja entrada tenha sido classificada, respectivamente, nos códigos 1.556, 2.556 ou 3.556 – "Compra de material para uso ou consumo" |
| 5.557 | 6.557 | | Transferência de material de uso ou consumo |
| | | | Classificam-se neste código os materiais para uso ou consumo transferidos para outro estabelecimento da mesma empresa |
| 5.600 | 6.600 | | CRÉDITOS E RESSARCIMENTOS DE ICMS |
| 5.601 | | | Transferência de crédito de ICMS acumulado |
| | | | Classificam-se neste código os lançamentos destinados ao registro da transferência de créditos de ICMS para outras empresas |

| | | | |
|---|---|---|---|
| 5.602 | | | Transferência de saldo credor de ICMS para outro estabelecimento da mesma empresa, destinado à compensação de saldo devedor de ICMS |
| | | | Classificam-se neste código os lançamentos destinados ao registro da transferência de saldos credores de ICMS recebidos de outros estabelecimentos da mesma empresa, destinados à compensação do saldo devedor do estabelecimento, inclusive no caso de apuração centralizada do imposto. (Convênio SINIEF s/nº, de 15.12.1970, Anexo Único, com alteração do Ajuste SINIEF-9/03, cláusula segunda)<br>• *Nota Explicativa com redação dada pelo Decreto nº 48.294, de 2.12.2003 – DOE de 3.12.2003 – Efeitos a partir de 1º.1.2004.* |
| 5.603 | 6.603 | | Ressarcimento de ICMS retido por substituição tributária |
| | | | Classificam-se neste código os lançamentos destinados ao registro de ressarcimento de ICMS retido por substituição tributária a contribuinte substituído, efetuado pelo contribuinte substituto, nas hipóteses previstas na legislação aplicável |
| 5.605 | | | Transferência de saldo devedor de ICMS de outro estabelecimento da mesma empresa (Convênio SINIEF s/nº, de 15.12.1970, Anexo Único na redação do Ajuste SINIEF-3/04)<br>• *Item acrescido pelo Decreto nº 48.739, de 21.6.2004 – DOE de 22.6.2004 – Efeitos a partir de 1º.1.2005.* |
| | | | Classificam-se neste código os lançamentos destinados ao registro da transferência de saldo devedor de ICMS para outro estabelecimento da mesma empresa, para efetivação da apuração centralizada do imposto |
| 5.606 | | | Utilização de saldo credor de ICMS para extinção por compensação de débitos fiscais<br>• *Item acrescido pelo Decreto nº 53.159, de 23.6.2008 – DOE de 24.6.2008 – Efeitos a partir de 2.6.2008.* |
| | | | Classificam-se neste código os lançamentos destinados ao registro de utilização de saldo credor de ICMS em conta gráfica para extinção por compensação de débitos fiscais desvinculados de conta gráfica (Convênio SINIEF s/nº, de 15.12.1970, Anexo na redação do Ajuste SINIEF-7/01, com alteração do Ajuste SINIEF-2/05) |
| 5.650 | 6.650 | 7.650 | SAÍDAS DE COMBUSTÍVEIS, DERIVADOS OU NÃO DE PETRÓLEO, E LUBRIFICANTES<br>• *Item acrescido pelo Decreto nº 48.294, de 2.12.2003 – DOE de 3.12.2003 – Efeitos a partir de 1º.1.2004.* |
| 5.651 | 6.651 | | Venda de combustível ou lubrificante de produção do estabelecimento destinado à industrialização subsequente<br>• *Item acrescido pelo Decreto nº 48.294, de 2.12.2003 – DOE de 3.12.2003 – Efeitos a partir de 1º.1.2004.* |
| | | | Classificam-se neste código as vendas de combustíveis ou lubrificantes industrializados no estabelecimento destinados à industrialização do próprio produto, inclusive aquelas decorrentes de encomenda para entrega futura, cujo faturamento tenha sido classificado no código 5.922 – "Lançamento efetuado a título de simples faturamento decorrente de venda para entrega futura" |
| | | 7.651 | Venda de combustível ou lubrificante de produção do estabelecimento<br>• *Item acrescido pelo Decreto nº 48.294, de 2.12.2003 – DOE de 3.12.2003 – Efeitos a partir de 1º.1.2004.* |
| | | | Classificam-se neste código as vendas de combustíveis ou lubrificantes industrializados no estabelecimento destinados ao exterior. |
| 5.652 | 6.652 | | Venda de combustível ou lubrificante de produção do estabelecimento destinado à comercialização<br>• *Item acrescido pelo Decreto nº 48.294, de 2.12.2003 – DOE de 3.12.2003 – Efeitos a partir de 1º.1.2004.* |
| | | | Classificam-se neste código as vendas de combustíveis ou lubrificantes industrializados no estabelecimento destinados à comercialização, inclusive aquelas decorrentes de encomenda para entrega futura, cujo faturamento tenha sido classificado no código 5.922 – "Lançamento efetuado a título de simples faturamento decorrente de venda para entrega futura" |

| | | | |
|---|---|---|---|
| 5.653 | 6.653 | | Venda de combustível ou lubrificante de produção do estabelecimento destinado a consumidor ou usuário final<br>• *Item acrescido pelo Decreto nº 48.294, de 2.12.2003 – DOE de 3.12.2003 – Efeitos a partir de 1º.1.2004.* |
| | | | Classificam-se neste código as vendas de combustíveis ou lubrificantes industrializados no estabelecimento destinados a consumo em processo de industrialização de outros produtos, à prestação de serviços ou a usuário final, inclusive aquelas decorrentes de encomenda para entrega futura, cujo faturamento tenha sido classificado no código 5.922 – "Lançamento efetuado a título de simples faturamento decorrente de venda para entrega futura" |
| 5.654 | 6.654 | | Venda de combustível ou lubrificante adquirido ou recebido de terceiros destinado à industrialização subsequente<br>• *Item acrescido pelo Decreto nº 48.294, de 2.12.2003 – DOE de 3.12.2003 – Efeitos a partir de 1º.1.2004.* |
| | | | Classificam-se neste código as vendas de combustíveis ou lubrificantes adquiridos ou recebidos de terceiros destinados à industrialização do próprio produto, inclusive aquelas decorrentes de encomenda para entrega futura, cujo faturamento tenha sido classificado no código 5.922 – "Lançamento efetuado a título de simples faturamento decorrente de venda para entrega futura" |
| | | 7.654 | Venda de combustível ou lubrificante adquirido ou recebido de terceiros<br>• *Item acrescido pelo Decreto nº 48.294, de 2.12.2003 – DOE de 3.12.2003 – Efeitos a partir de 1º.1.2004.* |
| | | | Classificam-se neste código as vendas de combustíveis ou lubrificantes adquiridos ou recebidos de terceiros destinados ao exterior |
| 5.655 | 6.655 | | Venda de combustível ou lubrificante adquirido ou recebido de terceiros destinado à comercialização<br>• *Item acrescido pelo Decreto nº 48.294, de 2.12.2003 – DOE de 3.12.2003 – Efeitos a partir de 1º.1.2004.* |
| | | | Classificam-se neste código as vendas de combustíveis ou lubrificantes adquiridos ou recebidos de terceiros destinados à comercialização, inclusive aquelas decorrentes de encomenda para entrega futura, cujo faturamento tenha sido classificado no código 5.922 – "Lançamento efetuado a título de simples faturamento decorrente de venda para entrega futura" |
| 5.656 | 6.656 | | Venda de combustível ou lubrificante adquirido ou recebido de terceiros destinado a consumidor ou usuário final<br>• *Item acrescido pelo Decreto nº 48.294, de 2.12.2003 – DOE de 3.12.2003 – Efeitos a partir de 1º.1.2004.* |
| | | | Classificam-se neste código as vendas de combustíveis ou lubrificantes adquiridos ou recebidos de terceiros destinados a consumo em processo de industrialização de outros produtos, à prestação de serviços ou a usuário final, inclusive aquelas decorrentes de encomenda para entrega futura, cujo faturamento tenha sido classificado no código 5.922 – "Lançamento efetuado a título de simples faturamento decorrente de venda para entrega futura" |
| 5.657 | 6.657 | | Remessa de combustível ou lubrificante adquirido ou recebido de terceiros para venda fora do estabelecimento<br>• *Item acrescido pelo Decreto nº 48.294, de 2.12.2003 – DOE de 3.12.2003 – Efeitos a partir de 1º.1.2004.* |
| | | | Classificam-se neste código as remessas de combustíveis ou lubrificante, adquiridos ou recebidos de terceiros para serem vendidos fora do estabelecimento, inclusive por meio de veículos |
| 5.658 | 6.658 | | Transferência de combustível ou lubrificante de produção do estabelecimento<br>• *Item acrescido pelo Decreto nº 48.294, de 2.12.2003 – DOE de 3.12.2003 – Efeitos a partir de 1º.1.2004.* |
| | | | Classificam-se neste código as transferências de combustíveis ou lubrificantes, industrializados no estabelecimento, para outro estabelecimento da mesma empresa |

| | | | |
|---|---|---|---|
| 5.659 | 6.659 | | Transferência de combustível ou lubrificante adquirido ou recebido de terceiro<br>• *Item acrescido pelo Decreto nº 48.294, de 2.12.2003 – DOE de 3.12.2003 – Efeitos a partir de 1º.1.2004.* |
| | | | Classificam-se neste código as transferências de combustíveis ou lubrificantes, adquiridos ou recebidos de terceiros, para outro estabelecimento da mesma empresa |
| 5.660 | 6.660 | | Devolução de compra de combustível ou lubrificante adquirido para industrialização subsequente<br>• *Item acrescido pelo Decreto nº 48.294, de 2.12.2003 – DOE de 3.12.2003 – Efeitos a partir de 1º.1.2004.* |
| | | | Classificam-se neste código as devoluções de compras de combustíveis ou lubrificantes adquiridos para industrialização do próprio produto, cujas entradas tenham sido classificadas como "Compra de combustível ou lubrificante para industrialização subsequente" |
| 5.661 | 6.661 | | Devolução de compra de combustível ou lubrificante adquirido para comercialização<br>• *Item acrescido pelo Decreto nº 48.294, de 2.12.2003 – DOE de 3.12.2003 – Efeitos a partir de 1º.1.2004.* |
| | | | Classificam-se neste código as devoluções de compras de combustíveis ou lubrificantes adquiridos para comercialização, cujas entradas tenham sido classificadas como "Compra de combustível ou lubrificante para comercialização" |
| 5.662 | 6.662 | | Devolução de compra de combustível ou lubrificante adquirido por consumidor ou usuário final<br>• *Item acrescido pelo Decreto nº 48.294, de 2.12.2003 – DOE de 3.12.2003 – Efeitos a partir de 1º.1.2004.* |
| | | | Classificam-se neste código as devoluções de compras de combustíveis ou lubrificantes adquiridos para consumo em processo de industrialização de outros produtos, na prestação de serviços ou por usuário final, cujas entradas tenham sido classificadas como "Compra de combustível ou lubrificante por consumidor ou usuário final" |
| 5.663 | 6.663 | | Remessa para armazenagem de combustível ou lubrificante<br>• *Item acrescido pelo Decreto nº 48.294, de 2.12.2003 – DOE de 3.12.2003 – Efeitos a partir de 1º.1.2004.* |
| | | | Classificam-se neste código as remessas para armazenagem de combustíveis ou lubrificantes |
| 5.664 | 6.664 | | Retorno de combustível ou lubrificante recebido para armazenagem<br>• *Item acrescido pelo Decreto nº 48.294, de 2.12.2003 – DOE de 3.12.2003 – Efeitos a partir de 1º.1.2004.* |
| | | | Classificam-se neste código as remessas em devolução de combustíveis ou lubrificantes, recebidos para armazenagem |
| 5.665 | 6.665 | | Retorno simbólico de combustível ou lubrificante recebido para armazenagem<br>• *Item acrescido pelo Decreto nº 48.294, de 2.12.2003 – DOE de 3.12.2003 – Efeitos a partir de 1º.1.2004.* |
| | | | Classificam-se neste código os retornos simbólicos de combustíveis ou lubrificantes recebidos para armazenagem, quando as mercadorias armazenadas tenham sido objeto de saída a qualquer título e não devam retornar ao estabelecimento depositante |
| 5.666 | 6.666 | | Remessa por conta e ordem de terceiros de combustível ou lubrificante recebido para armazenagem<br>• *Item acrescido pelo Decreto nº 48.294, de 2.12.2003 – DOE de 3.12.2003 – Efeitos a partir de 1º.1.2004.* |
| 5.667 | | | Venda de combustível ou lubrificante a consumidor ou usuário final estabelecido em outra unidade da Federação (Ajuste SINIEF-5/09) |
| | | | Classificam-se neste código as vendas de combustíveis ou lubrificantes a consumidor ou a usuário final estabelecido em outra unidade da Federação, cujo abastecimento tenha sido efetuado na unidade da Federação do remetente<br>• *Item acrescido pelo Decreto nº 54.679, de 13.8.2009 – DOE de 14.8.2009 – Efeitos a partir de 1º.7.2009.* |

| | | | |
|---|---|---|---|
| | 6.667 | | Venda de combustível ou lubrificante a consumidor ou usuário final estabelecido em outra unidade da Federação diferente da que ocorrer o consumo (Ajuste SINIEF-5/09) |
| | | | Classificam-se neste código as vendas de combustíveis ou lubrificantes a consumidor ou a usuário final, cujo abastecimento tenha sido efetuado em unidade da Federação diferente do remetente e do destinatário<br>• *Item acrescido pelo Decreto nº 54.679, de 13.8.2009 – DOE de 14.8.2009 – Efeitos a partir de 1º.7.2009.* |
| | | 7.667 | Venda de combustível ou lubrificante a consumidor ou usuário final (Ajuste SINIEF-5/09) |
| | | | Classificam-se neste código as vendas de combustíveis ou lubrificantes a consumidor ou a usuário final, cuja operação tenha sido equiparada a uma exportação<br>• *Código acrescido pelo Decreto nº 54.679, de 13.8.2009 – DOE de 14.8.2009 – Efeitos a partir de 1º.7.2009.* |
| 5.900 | 6.900 | 7.900 | OUTRAS SAÍDAS DE MERCADORIAS OU PRESTAÇÕES DE SERVIÇOS |
| 5.901 | 6.901 | | Remessa para industrialização por encomenda |
| | | | Classificam-se neste código as remessas de insumos remetidos para industrialização por encomenda, a ser realizada em outra empresa ou em outro estabelecimento da mesma empresa |
| 5.902 | 6.902 | | Retorno de mercadoria utilizada na industrialização por encomenda |
| | | | Classificam-se neste código as remessas, pelo estabelecimento industrializador, dos insumos recebidos para industrialização e incorporados ao produto final, por encomenda de outra empresa ou de outro estabelecimento da mesma empresa. O valor dos insumos nesta operação deverá ser igual ao valor dos insumos recebidos para industrialização |
| 5.903 | 6.903 | | Retorno de mercadoria recebida para industrialização e não aplicada no referido processo |
| | | | Classificam-se neste código as remessas em devolução de insumos recebidos para industrialização e não aplicados no referido processo |
| 5.904 | 6.904 | | Remessa para venda fora do estabelecimento |
| | | | Classificam-se neste código as remessas de mercadorias para venda fora do estabelecimento, inclusive por meio de veículos |
| 5.905 | 6.905 | | Remessa para depósito fechado ou armazém-geral |
| | | | Classificam-se neste código as remessas de mercadorias para depósito em depósito fechado ou armazém-geral |
| 5.906 | 6.906 | | Retorno de mercadoria depositada em depósito fechado ou armazém-geral |
| | | | Classificam-se neste código os retornos de mercadorias depositadas em depósito fechado ou armazém-geral ao estabelecimento depositante |
| 5.907 | 6.907 | | Retorno simbólico de mercadoria depositada em depósito fechado ou armazém-geral |
| | | | Classificam-se neste código os retornos simbólicos de mercadorias recebidas para depósito em depósito fechado ou armazém-geral, quando as mercadorias depositadas tenham sido objeto de saída a qualquer título e que não devam retornar ao estabelecimento depositante |
| 5.908 | 6.908 | | Remessa de bem por conta de contrato de comodato |
| | | | Classificam-se neste código as remessas de bens para o cumprimento de contrato de comodato |
| 5.909 | 6.909 | | Retorno de bem recebido por conta de contrato de comodato |
| | | | Classificam-se neste código as remessas de bens em devolução após cumprido o contrato de comodato |
| 5.910 | 6.910 | | Remessa em bonificação, doação ou brinde |
| | | | Classificam-se neste código as remessas de mercadorias a título de bonificação, doação ou brinde |

| | | | |
|---|---|---|---|
| 5.911 | 6.911 | | Remessa de amostra grátis<br>Classificam-se neste código as remessas de mercadorias a título de amostra grátis |
| 5.912 | 6.912 | | Remessa de mercadoria ou bem para demonstração<br>Classificam-se neste código as remessas de mercadorias ou bens para demonstração |
| 5.913 | 6.913 | | Retorno de mercadoria ou bem recebido para demonstração<br>Classificam-se neste código as remessas em devolução de mercadorias ou bens recebidos para demonstração |
| 5.914 | 6.914 | | Remessa de mercadoria ou bem para exposição ou feira<br>Classificam-se neste código as remessas de mercadorias ou bens para exposição ou feira |
| 5.915 | 6.915 | | Remessa de mercadoria ou bem para conserto ou reparo<br>Classificam-se neste código as remessas de mercadorias ou bens para conserto ou reparo |
| 5.916 | 6.916 | | Retorno de mercadoria ou bem recebido para conserto ou reparo<br>Classificam-se neste código as remessas em devolução de mercadorias ou bens recebidos para conserto ou reparo |
| 5.917 | 6.917 | | Remessa de mercadoria em consignação mercantil ou industrial<br>Classificam-se neste código as remessas de mercadorias a título de consignação mercantil ou industrial |
| 5.918 | 6.918 | | Devolução de mercadoria recebida em consignação mercantil ou industrial<br>Classificam-se neste código as devoluções de mercadorias recebidas anteriormente a título de consignação mercantil ou industrial. |
| 5.919 | 6.919 | | Devolução simbólica de mercadoria vendida ou utilizada em processo industrial, recebida anteriormente em consignação mercantil ou industrial<br>Classificam-se neste código as devoluções simbólicas de mercadorias vendidas ou utilizadas em processo industrial, que tenham sido recebidas anteriormente a título de consignação mercantil ou industrial |
| 5.920 | 6.920 | | Remessa de vasilhame ou sacaria<br>Classificam-se neste código as remessas de vasilhame ou sacaria |
| 5.921 | 6.921 | | Devolução de vasilhame ou sacaria<br>Classificam-se neste código as saídas por devolução de vasilhame ou sacaria |
| 5.922 | 6.922 | | Lançamento efetuado a título de simples faturamento decorrente de venda para entrega futura<br>Classificam-se neste código os registros efetuados a título de simples faturamento decorrente de venda para entrega futura |
| 5.923 | 6.923 | | Remessa de mercadoria por conta e ordem de terceiros, em venda à ordem ou em operações com armazém geral ou depósito fechado<br>Classificam-se neste código as saídas correspondentes à entrega de mercadorias por conta e ordem de terceiros, em vendas à ordem, cuja venda ao adquirente originário foi classificada, respectivamente, nos códigos 5.118 ou 6.118 – "Venda de produção do estabelecimento entregue ao destinatário por conta e ordem do adquirente originário, em venda à ordem" ou, respectivamente, nos códigos 5.119 ou 6.119 – "Venda de mercadoria adquirida ou recebida de terceiros entregue ao destinatário por conta e ordem do adquirente originário, em venda à ordem". Também serão classificadas neste código as remessas, por conta e ordem de terceiros, de mercadorias depositadas ou para depósito em depósito fechado ou armazém geral (Convênio SINIEF s/nº, de 15.12.1970, Anexo Único, na redação do Ajuste SINIEF-7/01, com alteração do Ajuste SINIEF-14/09, cláusula primeira, II)<br>• *Item com redação dada pelo Decreto nº 56.321, de 26.10.2010 – DOE de 27.10.2010 – Efeitos a partir de 1º.7.2010.* |

| | | | |
|---|---|---|---|
| 5.924 | 6.924 | | Remessa para industrialização por conta e ordem do adquirente da mercadoria, quando esta não transitar pelo estabelecimento do adquirente |
| | | | Classificam-se neste código as saídas de insumos com destino a estabelecimento industrializador, para serem industrializados por conta e ordem do adquirente, nas hipóteses em que os insumos não tenham transitado pelo estabelecimento do adquirente dos mesmos |
| 5.925 | 6.925 | | Retorno de mercadoria recebida para industrialização por conta e ordem do adquirente da mercadoria, quando aquela não transitar pelo estabelecimento do adquirente |
| | | | Classificam-se neste código as remessas, pelo estabelecimento industrializador, dos insumos recebidos, por conta e ordem do adquirente, para industrialização e incorporados ao produto final, nas hipóteses em que os insumos não tenham transitado pelo estabelecimento do adquirente. O valor dos insumos nesta operação deverá ser igual ao valor dos insumos recebidos para industrialização |
| 5.926 | | | Lançamento efetuado a título de reclassificação de mercadoria decorrente de formação de "kit" ou de sua desagregação |
| | | | Classificam-se neste código os registros efetuados a título de reclassificação decorrente de formação de "kit" de mercadorias ou de sua desagregação. |
| 5.927 | | | Lançamento efetuado a título de baixa de estoque decorrente de perda, roubo ou deterioração |
| | | | Classificam-se neste código os registros efetuados a título de baixa de estoque decorrente de perda, roubo ou deterioração das mercadorias |
| 5.928 | | | Lançamento efetuado a título de baixa de estoque decorrente do encerramento da atividade da empresa |
| | | | Classificam-se neste código os registros efetuados a título de baixa de estoque decorrente do encerramento das atividades da empresa |
| 5.929 | 6.929 | | Lançamento efetuado em decorrência de emissão de documento fiscal relativo à operação ou prestação também registrada em equipamento Emissor de Cupom Fiscal – ECF |
| | | | Classificam-se neste código os registros relativos aos documentos fiscais emitidos em operações ou prestações que também tenham sido registradas em equipamento Emissor de Cupom Fiscal – ECF |
| | | 7.930 | Lançamento efetuado a título de devolução de bem cuja entrada tenha ocorrido sob amparo de regime especial aduaneiro de admissão temporária |
| | | | Classificam-se neste código os lançamentos efetuados a título de saída em devolução de bens cuja entrada tenha ocorrido sob amparo de regime especial aduaneiro de admissão temporária |
| 5.931 | 6.931 | | Lançamento efetuado em decorrência da responsabilidade de retenção do imposto por substituição tributária, atribuída ao remetente ou alienante da mercadoria, pelo serviço de transporte realizado por transportador autônomo ou por transportador não inscrito na unidade da Federação onde iniciado o serviço |
| | | | Classificam-se neste código exclusivamente os lançamentos efetuados pelo remetente ou alienante da mercadoria quando lhe for atribuída a responsabilidade pelo recolhimento do imposto devido pelo serviço de transporte realizado por transportador autônomo ou por transportador não inscrito na unidade da Federação onde iniciado o serviço |
| 5.932 | 6.932 | | Prestação de serviço de transporte iniciada em unidade da Federação diversa daquela onde inscrito o prestador |
| | | | Classificam-se neste código as prestações de serviço de transporte que tenham sido iniciadas em unidade da Federação diversa daquela onde o prestador está inscrito como contribuinte |
| 5.933 | 6.933 | | Prestação de serviço tributado pelo ISSQN<br>• *Item com redação dada pelo Decreto nº 50.171, de 4.11.2005 – DOE de 5.11.2005 – Efeitos a partir de 1º.1.2006.* |
| | | | Classificam-se neste código as prestações de serviços, de competência municipal, desde que informados em Nota Fiscal modelo 1 ou 1-A. (Convênio SINIEF s/nº, de 15.12.1970, Anexo Único na redação do Ajuste SINIEF 07/01, com alteração dos Ajustes SINIEF- 03/04 e 06/05)<br>• *Item com redação dada pelo Decreto nº 50.171, de 4.11.2005 – DOE de 5.11.2005 – Efeitos a partir de 1º.1.2006.* |

| | | | |
|---|---|---|---|
| 5.934 | 6.934 | | Remessa simbólica de mercadoria depositada em armazém geral ou depósito fechado |
| | | | Classificam-se neste código as remessas simbólicas de mercadorias depositadas em depósito fechado ou armazém geral, efetuadas nas situações em que haja a transmissão de propriedade com a permanência das mercadorias em depósito ou quando a mercadoria tenha sido entregue pelo remetente diretamente a depósito fechado ou armazém geral. (Ajuste SINIEF-14/09, cláusula primeira, II)<br>• *Item acrescido pelo Decreto nº 56.321, de 26.10.2010 – DOE de 27.10.2010 – Efeitos a partir de 1º.7.2010.* |
| 5.949 | 6.949 | 7.949 | Outra saída de mercadoria ou prestação de serviço não especificado |
| | | | Classificam-se neste código as outras saídas de mercadorias ou prestações de serviços que não tenham sido especificados nos códigos anteriores. |

| | |
|---|---|
| **NOTA GERAL 1 -** | Os códigos referentes a saída de mercadoria ou bem estão agrupados segundo a localização do estabelecimento destinatário, obedecido o seguinte critério: |
| Grupo 5 - | Compreende as operações em que os estabelecimentos envolvidos estiverem localizados no mesmo Estado; |
| Grupo 6 - | Compreende as operações em que os estabelecimentos envolvidos estiverem localizados em Estados distintos; |
| Grupo 7 - | Compreende as operações em que o destinatário estiver localizado em outro país. |
| **NOTA GERAL 2 -** | Os códigos referentes a prestação de serviço estão agrupados segundo a localização do estabelecimento adquirente, obedecido o seguinte critério: |
| Grupo 5 - | Compreende as prestações em que os estabelecimentos envolvidos estiverem localizados no mesmo Estado; |
| Grupo 6 - | Compreende as prestações em que os estabelecimentos envolvidos estiverem localizados em Estados distintos; |
| Grupo 7 - | Compreende as prestações em que o adquirente estiver localizado em outro país. |
| **NOTA GERAL 3 -** | Os grupos estão divididos em subgrupos que reúnem saídas ou prestações de serviços de natureza correlata, identificadas por códigos de dígito final 0 (zero), que serão utilizados somente em resumos, análises e intercâmbio de informações econômico-fiscais. |

## TABELA II – CÓDIGO DE SITUAÇÃO TRIBUTÁRIA
**(a que se refere o art. 598 deste Regulamento)**

*Nota Explicativa:* O código de Situação Tributária é composto de três dígitos na forma ABB, no qual o 1º dígito deve indicar a origem da mercadoria ou serviço, com base na Tabela A e os 2º e 3º dígitos a tributação pelo ICMS, com base na Tabela B (Convênio s/nº, de 15 de dezembro de 1970, Anexo, com alteração do Ajuste SINIEF-6/08, cláusula segunda).

• *Nota Explicativa com redação dada pelo Decreto nº 53.480, de 25.9.2008 – DOE de 26.9.2008 – Efeitos a partir de 1º.8.2008.*

### TABELA A – ORIGEM DA MERCADORIA OU SERVIÇO
(Convênio s/nº, de 15 de dezembro de 1970, Anexo, com alteração do Ajuste SINIEF-6/08, cláusula primeira)

• *Título da Tabela com redação dada pelo Decreto nº 53.480, de 25.9.2008 – DOE de 26.9.2008 – Efeitos a partir de 25.7.2008.*

0 – Nacional

1 – Estrangeira – Importação direta

2 – Estrangeira – Adquirida no mercado interno

## TABELA B – TRIBUTAÇÃO PELO ICMS

• *Tabela B com redação dada pelo Decreto nº 45.644, de 26.1.2001 – DOE de 27.1.2001 – Efeitos a partir de 1º.1.2001.*

00 – Tributada integralmente
10 – Tributada e com cobrança do ICMS por substituição tributária
20 – Com redução de base de cálculo
30 – Isenta ou não tributada e com cobrança do ICMS por substituição tributária
40 – Isenta
41 – Não tributada
50 – Suspensão
51 – Diferimento
60 – ICMS cobrado anteriormente por substituição tributária
70 – Com redução de base de cálculo e cobrança do ICMS por substituição tributária
90 – Outras

# ANEXO VI
# SUBSTITUIÇÃO TRIBUTÁRIA EM OPERAÇÕES OU PRESTAÇÕES INTERESTADUAIS – ESTADOS SIGNATÁRIOS DE ACORDOS –

• *Anexo VI com redação dada pelo Decreto nº 55.090, de 30.11.2009 – DOE de 1º.12.2009 – Efeitos a partir da publicação.*

Este anexo relaciona os acordos vigentes entre o Estado de São Paulo e as demais unidades federadas, relativos ao regime jurídico-tributário da substituição tributária em operações ou prestações interestaduais.

Seu teor meramente informativo visa a facilitar a pesquisa e o cumprimento das obrigações fiscais e não substitui, em cada caso, a confirmação pela consulta às publicações do Diário Oficial da União.

Os textos completos dos convênios e protocolos, referidos neste anexo estão disponíveis no site do Conselho Nacional de Política Fazendária – CONFAZ (<www.fazenda.gov.br/confaz>).

## TABELA I – CIMENTO DE QUALQUER ESPÉCIE
(art. 291, II, deste Regulamento)

**Parte I – Acordos que preveem a substituição tributária nas operações promovidas por contribuinte paulista com destino a contribuinte localizado em outra unidade federada.**

| ITEM | ESTADO | ACORDO | EFEITOS |
|---|---|---|---|
| 1 | Acre | Protocolo ICMS-20/89, de 29.5.1989 | a partir de 1º.7.1989 |
| 2 | Alagoas | Protocolo ICM-22/87, de 8.12.1987 | a partir de 1º.1.1988 |
| 3 | Amapá | Protocolo ICMS-18/92, de 25.6.1992 | a partir de 1º.8.1992 |
| 4 | Bahia | Protocolo ICM-11/85, de 27.6.1985 | a partir de 1º.9.1985 |
| 5 | Ceará | Protocolo ICM-22/87, de 8.12.1987 | a partir de 1º.1.1988 |
| 6 | Distrito Federal | Protocolo ICMS-45/02, de 20.9.2002 | a partir de 1º.11.2002 |
| 7 | Espírito Santo | Protocolo ICM-11/85, de 27.6.1985 | a partir de 1º.9.1985 |
| 8 | Goiás | Protocolo ICMS-07/03, de 4.4.2003 | a partir de 10.5.2003 |
| 9 | Maranhão | Protocolo ICMS-30/97, de 26.9.1997 | a partir de 1º.11.1997 |
| 10 | Mato Grosso | Protocolo ICMS-30/97, de 26.9.1997 | a partir de 1º.11.1997 |
| 11 | Mato Grosso do Sul | Protocolo ICM-25/85, de 27.9.1985 | a partir de 1º.11.1985 |
| 12 | Minas Gerais | Protocolo ICM-11/85, de 27.6.1985 | a partir de 1º.9.1985 |
| 13 | Pará | Protocolo ICMS-55/91, de 5.12.1991 | a partir de 1º.1.1992 |
| 14 | Paraíba | Protocolo ICM-3/86, de 29.4.1986 | a partir de 1º.6.1986 |
| 15 | Paraná | Protocolo ICM-11/85, de 27.6.1985 | a partir de 1º.9.1985 |
| 16 | Pernambuco | Protocolo ICMS-30/97, de 26.9.1997 | a partir de 1º.11.1997 |
| 17 | Piauí | Protocolo ICMS-30/97, de 26.9.1997 | a partir de 1º.11.1997 |
| 18 | Rio de Janeiro | Protocolo ICM-11/85, de 27.6.1985 | a partir de 1º.9.1985 |
| 19 | Rio Grande do Norte | Protocolo ICMS-30/97, de 26.9.1997 | a partir de 1º.11.1997 |
| 20 | Rio Grande do Sul | Protocolo ICM-37/85, de 11.12.1985 | a partir de 17.12.1985 |
| 21 | Rondônia | Protocolo ICM-11/87, de 30.6.1987 | a partir de 1º.8.1987 |
| 22 | Roraima | Protocolo ICMS-30/97, de 26.9.1997 | a partir de 1º.11.1997 |
| 23 | Santa Catarina | Protocolo ICMS-36/92, de 25.9.1992 | a partir de 1º.11.1992 |
| 24 | Sergipe | Protocolo ICM-22/87, de 8.12.1987 | a partir de 1º.1.1988 |
| 25 | Tocantins | Protocolo ICMS-30/97, de 26.9.1997 | a partir de 1º.11.1997 |

**Parte II – Acordos que preveem a substituição tributária nas operações promovidas por remetente localizado em outra unidade federada com destino a estabelecimento paulista.**

| ITEM | ESTADO | ACORDO | EFEITOS |
|---|---|---|---|
| 1 | Acre | Protocolo ICMS-20/89, de 29.5.1989 | a partir de 1º.7.1989 |
| 2 | Alagoas | Protocolo ICM-22/87, de 8.12.1987 | a partir de 1º.1.1988 |
| 3 | Amapá | Protocolo ICMS-18/92, de 25.6.1992 | a partir de 1º.8.1992 |
| 4 | Bahia | Protocolo ICM-11/85, de 27.6.1985 | a partir de 1º.9.1985 |
| 5 | Ceará | Protocolo ICM-22/87, de 8.12.1987 | a partir de 1º.1.1988 |
| 6 | Distrito Federal | Protocolo ICMS-45/02, de 20.9.2002 | a partir de 1º.11.2002 |
| 7 | Espírito Santo | Protocolo ICM-11/85, de 27.6.1985 | a partir de 1º.9.1985 |
| 8 | Goiás | Protocolo ICMS-07/03, de 4.4.2003 | a partir de 1º.5.2003 |
| 9 | Maranhão | Protocolo ICMS-30/97, de 26.9.1997 | a partir de 1º.11.1997 |
| 10 | Mato Grosso | Protocolo ICMS-30/97, de 26.9.1997 | a partir de 1º.11.1997 |
| 11 | Mato Grosso do Sul | Protocolo ICM-25/85, de 27.9.1985 | a partir de 1º.11.1985 |
| 12 | Minas Gerais | Protocolo ICM-11/85, de 27.6.1985 | a partir de 1º.9.1985 |
| 13 | Pará | Protocolo ICMS-55/91, de 5.12.1991 | a partir de 1º.1.1992 |
| 14 | Paraíba | Protocolo ICM-3/86, de 29.4.1986 | a partir de 1º.6.1986 |
| 15 | Paraná | Protocolo ICM-11/85, de 27.6.1985 | a partir de 1º.9.1985 |
| 16 | Pernambuco | Protocolo ICMS-30/97, de 26.9.1997 | a partir de 1º.11.1997 |
| 17 | Piauí | Protocolo ICMS-30/97, de 26.9.1997 | a partir de 1º.11.1997 |
| 18 | Rio de Janeiro | Protocolo ICM-11/85, de 27.6.1985 | a partir de 1º.9.1985 |
| 19 | Rio Grande do Norte | Protocolo ICMS-30/97, de 26.9.1997 | a partir de 1º.11.1997 |
| 20 | Rio Grande do Sul | Protocolo ICM-37/85, de 11.12.1985 | a partir de 17.12.1985 |
| 21 | Rondônia | Protocolo ICM-11/87, de 30.6.1987 | a partir de 1º.8.1987 |
| 22 | Roraima | Protocolo ICMS-30/97, de 26.9.1997 | a partir de 1º.11.1997 |
| 23 | Santa Catarina | Protocolo ICMS-36/92, de 25.9.1992 | a partir de 1º.11.1992 |
| 24 | Sergipe | Protocolo ICM-22/87, de 8.12.1987 | a partir de 1º.1.1988 |
| 25 | Tocantins | Protocolo ICMS-30/97, de 26.9.1997 | a partir de 1º.11.1997 |

## TABELA II – REFRIGERANTE, CERVEJA, INCLUSIVE CHOPE E ÁGUA

(art. 293, II, deste Regulamento)

**Parte I – Acordos que preveem a substituição tributária nas operações promovidas por contribuinte paulista com destino a contribuinte localizado em outra unidade federada.**

| ITEM | ESTADO | ACORDO | EFEITOS |
|---|---|---|---|
| 1 | Acre | Protocolo ICMS-11/91, de 21.5.1991 | a partir de 1º.6.1991 |
| 2 | Alagoas | Protocolo ICMS-7/97, de 17.2.1997 | a partir de 18.2.1997 |
| 3 | Amapá | Protocolo ICMS-34/92, de 25.9.1992 | a partir de 1º.11.1992 |
| 4 | Amazonas | Protocolo ICMS-30/99, de 10.12.1999 | a partir de 1º.2.2000 |
| 5 | Bahia | Protocolo ICMS-11/91, de 21.5.1991 | a partir de 1º.6.1991 |
| 6 | Ceará | Protocolo ICMS-05/04, de 29.1.2004 | a partir de 1º.3.2004 |
| 7 | Distrito Federal | Protocolo ICMS-49/92, de 15.12.1992 | a partir de 1º.1.1993 |
| 8 | Espírito Santo | Protocolo ICMS-11/91, de 21.5.1991 | a partir de 1º.6.1991 |
| 9 | Goiás | Protocolo ICMS-19/97, de 23.5.1997 | a partir de 1º.7.1997 |

| | | | |
|---|---|---|---|
| 10 | Maranhão | Protocolo ICMS-30/99, de 10.12.1999 | a partir de 1º.2.2000 |
| 11 | Mato Grosso | Protocolo ICMS-11/91, de 21.5.1991 | a partir de 1º.6.1991 |
| 12 | Mato Grosso do Sul | Protocolo ICMS-11/91, de 21.5.1991 | a partir de 1º.6.1991 |
| 13 | Minas Gerais | Protocolo ICMS-11/91, de 21.5.1991 | a partir de 1º.6.1991 |
| 14 | Pará | Protocolo ICMS-59/91, de 5.12.1991 | a partir de 1º.1.1992 |
| 15 | Paraíba | Protocolo ICMS-29/96, de 13.12.1996 | a partir de 20.12.1996 |
| 16 | Paraná | Protocolo ICMS-11/91, de 21.5.1991 | a partir de 1º.6.1991 |
| 17 | Pernambuco | Protocolo ICMS-4/96, de 31.5.1996 | a partir de 1º.7.1996 |
| 18 | Piauí | Protocolo ICMS-6/99, de 19.4.1999 | a partir de 1º.7.1999 |
| 19 | Rio de Janeiro | Protocolo ICMS-11/91, de 21.5.1991 | a partir de 1º.6.1991 |
| 20 | Rio Grande do Norte | Protocolo ICMS-34/03, de 12.12.2003 | a partir de 1º.1.2004 |
| 21 | Rio Grande do Sul | Protocolo ICMS-11/91, de 21.5.1991 | a partir de 1º.6.1991 |
| 22 | Rondônia | Protocolo ICMS-9/95, de 4.4.1995 | a partir de 1º.5.1995 |
| 23 | Roraima | Protocolo ICMS-10/00, de 24.3.2000 | a partir de 1º.5.2000 |
| 24 | Santa Catarina | Protocolo ICMS-11/91, de 21.5.1991 | a partir de 1º.6.1991 |
| 25 | Sergipe | Protocolo ICMS-08/04, de 2.4.2004 | a partir de 1º.7.2004 |
| 26 | Tocantins | Protocolo ICMS-19/97, de 23.5.1997 | a partir de 1º.7.1997 |

**Parte II – Acordos que preveem a substituição tributária nas operações promovidas por remetente localizado em outra unidade federada com destino a estabelecimento paulista.**

| ITEM | ESTADO | ACORDO | EFEITOS |
|---|---|---|---|
| 1 | Acre | Protocolo ICMS-11/91, de 21.5.1991 | a partir de 1º.6.1991 |
| 2 | Alagoas | Protocolo ICMS-7/97, de 17.2.1997 | a partir de 18.2.1997 |
| 3 | Amapá | Protocolo ICMS-34/92, de 25.9.1992 | a partir de 1º.11.1992 |
| 4 | Amazonas | Protocolo ICMS-30/99, de 10.12.1999 | a partir de 1º.2.2000 |
| 5 | Bahia | Protocolo ICMS-11/91, de 21.5.1991 | a partir de 1º.6.1991 |
| 6 | Ceará | Protocolo ICMS-05/04, de 29.1.2004 | a partir de 1º.3.2004 |
| 7 | Distrito Federal | Protocolo ICMS-49/92, de 15.12.1992 | a partir de 1º.1.1993 |
| 8 | Espírito Santo | Protocolo ICMS-11/91, de 21.5.1991 | a partir de 1º.6.1991 |
| 9 | Goiás | Protocolo ICMS-19/97, de 23.5.1997 | a partir de 1º.7.1997 |
| 10 | Maranhão | Protocolo ICMS-30/99, de 10.12.1999 | a partir de 1º.2.2000 |
| 11 | Mato Grosso | Protocolo ICMS-11/91, de 21.5.1991 | a partir de 1º.6.1991 |
| 12 | Mato Grosso do Sul | Protocolo ICMS-11/91, de 21.5.1991 | a partir de 1º.6.1991 |
| 13 | Minas Gerais | Protocolo ICMS-11/91, de 21.5.1991 | a partir de 1º.6.1991 |
| 14 | Paraíba | Protocolo ICMS-29/96, de 13.12.1996 | a partir de 20.12.1996 |
| 15 | Paraná | Protocolo ICMS-11/91, de 21.5.1991 | a partir de 1º.6.1991 |
| 16 | Pernambuco | Protocolo ICMS-4/96, de 31.5.1996 | a partir de 1º.7.1996 |
| 17 | Piauí | Protocolo ICMS-6/99, de 19.4.1999 | a partir de 1º.7.1999 |
| 18 | Rio de Janeiro | Protocolo ICMS-11/91, de 21.5.1991 | a partir de 1º.6.1991 |
| 19 | Rio Grande do Norte | Protocolo ICMS-34/03, de 12.12.2003 | a partir de 1º.1.2004 |
| 20 | Rio Grande do Sul | Protocolo ICMS-11/91, de 21.5.1991 | a partir de 1º.6.1991 |
| 21 | Rondônia | Protocolo ICMS-9/95, de 4.4.1995 | a partir de 1º.5.1995 |
| 22 | Roraima | Protocolo ICMS-10/00, de 24.3.2000 | a partir de 1º.5.2000 |
| 23 | Santa Catarina | Protocolo ICMS-11/91, de 21.5.1991 | a partir de 1º.6.1991 |
| 24 | Sergipe | Protocolo ICMS-08/04, de 2.4.2004 | a partir de 1º.7.2004 |
| 25 | Tocantins | Protocolo ICMS-19/97, de 23.5.1997 | a partir de 1º.7.1997 |

## TABELA III – SORVETE DE QUALQUER ESPÉCIE

(art. 295, II, deste Regulamento)

**Parte I – Acordos que preveem a substituição tributária nas operações promovidas por contribuinte paulista com destino a contribuinte localizado em outra unidade federada.**

| ITEM | ESTADO | ACORDO | EFEITOS |
|---|---|---|---|
| 1 | Alagoas | Protocolo ICMS-31/05, de 30.9.2005 | a partir de 1º.1.2006 |
| 2 | Amapá | Protocolo ICMS-31/05, de 30.9.2005 | a partir de 1º.11.2005 |
| 3 | Amazonas | Protocolo ICMS-61/08, de 4.7.2008 | a partir de 1º.9.2008 |
| 4 | Bahia | Protocolo ICMS-8/07, de 30.3.2007 | a partir de 1º.5.2007 |
| 5 | Distrito Federal | Protocolo ICMS-31/05, de 30.9.2005 | a partir de 1º.11.2005 |
| 6 | Espírito Santo | Protocolo ICMS-31/05, de 30.9.2005 | a partir de 1º.11.2005 |
| 7 | Mato Grosso | Protocolo ICMS-40/08, de 4.4.2008 | a partir de 1º.6.2008 |
| 8 | Mato Grosso do Sul | Protocolo ICMS-5/06, de 24.3.2006 | a partir de 1º.5.2006 |
| 9 | Minas Gerais | Protocolo ICMS-20/05, de 1º.7.2005 | a partir de 1º.9.2005 |
| 10 | Paraíba | Protocolo ICMS-31/05, de 30.9.2005 | a partir de 1º.11.2005 |
| 11 | Paraná | Protocolo ICMS-20/05, de 1º.7.2005 | a partir de 1º.9.2005 |
| 12 | Pernambuco | Protocolo ICMS-31/05, de 30.9.2005 | a partir de 1º.11.2005 |
| 13 | Piauí | Protocolo ICMS-31/05, de 30.9.2005 | a partir de 1º.11.2005 |
| 14 | Rio de Janeiro | Protocolo ICMS-20/05, de 1º.7.2005 | a partir de 1º.9.2005 |
| 15 | Rio Grande do Norte | Protocolo ICMS-31/05, de 30.9.2005 | a partir de 1º.1.2006 |
| 16 | Rio Grande do Sul | Protocolo ICMS-31/05, de 30.9.2005 | a partir de 1º.11.2005 |
| 17 | Rondônia | Protocolo ICMS-31/05, de 30.9.2005 | a partir de 1º.11.2005 |
| 18 | Roraima | Protocolo ICMS-61/08, de 4.7.2008 | a partir de 1º.9.2008 |
| 19 | Santa Catarina | Protocolo ICMS-31/05, de 30.9.2005 | a partir de 1º.11.2005 |
| 20 | Sergipe | Protocolo ICMS-31/05, de 30.9.2005 | a partir de 1º.1.2006 |
| 21 | Tocantins | Protocolo ICMS-31/05, de 30.9.2005 | a partir de 1º.11.2005 |

**Parte II – Acordos que preveem a substituição tributária nas operações promovidas por remetente localizado em outra unidade federada com destino a estabelecimento paulista.**

| ITEM | ESTADO | ACORDO | EFEITOS |
|---|---|---|---|
| 1 | Alagoas | Protocolo ICMS-31/05, de 30.9.2005 | a partir de 1º.1.2006 |
| 2 | Amapá | Protocolo ICMS-31/05, de 30.9.2005 | a partir de 1º.11.2005 |
| 3 | Amazonas | Protocolo ICMS-61/08, de 4.7.2008 | a partir de 1º.9.2008 |
| 4 | Bahia | Protocolo ICMS-8/07, de 30.3.2007 | a partir de 1º.5.2007 |
| 5 | Distrito Federal | Protocolo ICMS-31/05, de 30.9.2005 | a partir de 1º.11.2005 |
| 6 | Espírito Santo | Protocolo ICMS-31/05, de 30.9.2005 | a partir de 1º.11.2005 |
| 7 | Mato Grosso | Protocolo ICMS-40/08, de 4.4.2008 | a partir de 1º.6.2008 |
| 8 | Mato Grosso do Sul | Protocolo ICMS-5/06, de 24.3.2006 | a partir de 1º.5.2006 |
| 9 | Minas Gerais | Protocolo ICMS-20/05, de 1º.7.2005 | a partir de 1º.9.2005 |
| 10 | Paraíba | Protocolo ICMS-31/05, de 30.9.2005 | a partir de 1º.11.2005 |
| 11 | Paraná | Protocolo ICMS-20/05, de 1º.7.2005 | a partir de 1º.9.2005 |
| 12 | Pernambuco | Protocolo ICMS-31/05, de 30.9.2005 | a partir de 1º.11.2005 |
| 13 | Piauí | Protocolo ICMS-31/05, de 30.9.2005 | a partir de 1º.11.2005 |
| 14 | Rio de Janeiro | Protocolo ICMS-20/05, de 1º.7.2005 | a partir de 1º.9.2005 |
| 15 | Rio Grande do Norte | Protocolo ICMS-31/05, de 30.9.2005 | a partir de 1º.1.2006 |

| | | | |
|---|---|---|---|
| 16 | Rio Grande do Sul | Protocolo ICMS-31/05, de 30.9.2005 | a partir de 1º.11.2005 |
| 17 | Rondônia | Protocolo ICMS-31/05, de 30.9.2005 | a partir de 1º.11.2005 |
| 18 | Roraima | Protocolo ICMS-61/08, de 4.7.2008 | a partir de 1º.9.2008 |
| 19 | Santa Catarina | Protocolo ICMS-31/05, de 30.9.2005 | a partir de 1º.11.2005 |
| 20 | Sergipe | Protocolo ICMS-31/05, de 30.9.2005 | a partir de 1º.1.2006 |
| 21 | Tocantins | Protocolo ICMS-31/05, de 30.9.2005 | a partir de 1º.11.2005 |

## TABELA IV – VEÍCULOS

(art. 301 deste Regulamento)

| |
|---|
| Todos os Estados Convênio ICMS-132/92, de 25.9.1992, a partir de 1º.11.1992 |

## TABELA V
## PETRÓLEO, COMBUSTÍVEIS OU LUBRIFICANTES, DELE DERIVADOS, E ÁLCOOL CARBURANTE

(arts. 412, IV, 413, 414, § 1º, 2, e 418, II, deste Regulamento)

| |
|---|
| Todos os Estados Convênio ICMS-3/99, de 16.4.1999, a partir de 1º.6.1999 |

## TABELA VI – VEÍCULOS DE DUAS RODAS MOTORIZADOS

(art. 299 deste Regulamento)

| |
|---|
| Todos os Estados Convênio ICMS-52/93, de 30.4.1993, a partir de 1º.6.1993 |

## TABELA VII – CIGARROS E OUTROS PRODUTOS DERIVADOS DO FUMO

(art. 289, § 1º, 1, deste Regulamento)

| |
|---|
| Todos os Estados Convênio ICMS-37/94, de 29.3.1994, a partir de 1º.6.1994 |

## TABELA VIII – TINTAS, VERNIZES E OUTROS PRODUTOS DA INDÚSTRIA QUÍMICA

(art. 312, II, deste Regulamento)

| |
|---|
| Todos os Estados Convênio ICMS-74/94, de 29.6.1994, a partir de 1º.1.1995 |

## TABELA IX
## VENDA REALIZADA PORTA A PORTA ("MARKETING" DIRETO) OU EM BANCA DE JORNAL

(art. 288, II, deste Regulamento)

| |
|---|
| Todos os Estados Convênio ICMS-45/99, de 23.7.1999, a partir de 1º.10.1999 |

## TABELA X – PNEUMÁTICOS E AFINS

(art. 310 deste Regulamento)

| |
|---|
| Todos os Estados Convênio ICMS-85/93, de 10.9.1993, a partir de 1º.11.1993 |

## TABELA XI – FILME FOTOGRÁFICO E CINEMATOGRÁFICO E "SLIDE"

**Parte I – Acordos que preveem a substituição tributária nas operações promovidas por contribuinte paulista com destino a contribuinte localizado em outra unidade federada.**

| ITEM | ESTADO | ACORDO | EFEITOS |
|---|---|---|---|
| 1 | Acre | Protocolo ICMS-24/00, de 7.7.2000 | a partir de 1º.10.2000 |
| 2 | Alagoas | Protocolo ICMS-15/94, de 29.9.1994 | a partir de 1º.1.1995 |
| 3 | Amapá | Protocolo ICMS-5/99, de 16.4.1999 | a partir de 1º.6.1999 |
| 4 | Amazonas | Protocolo ICM-15/85, de 25.7.1985 | a partir de 1º.10.1985 |
| 5 | Bahia | Protocolo ICMS-14/97, de 23.5.1997 | a partir de 1º.8.1997 |
| 6 | Ceará | Protocolo ICMS-15/94, de 29.9.1994 | a partir de 1º.1.1995 |
| 7 | Distrito Federal | Protocolo ICMS-46/02, de 20.9.2002 | a partir de 1º.1.2003 |
| 8 | Espírito Santo | Protocolo ICMS-27/98, de 21.7.1998 | a partir de 1º.9.1998 |
| 9 | Maranhão | Protocolo ICMS-27/99, de 10.12.1999 | a partir de 1º.1.2000 |
| 10 | Mato Grosso | Protocolo ICMS-16/00, de 7.7.2000 | a partir de 1º.9.2000 |
| 11 | Mato Grosso do Sul | Protocolo ICM-26/85, de 27.9.1985 | a partir de 1º.11.1985 |
| 12 | Minas Gerais | Protocolo ICMS-17/98, de 11.5.1998 | a partir de 1º.7.1998 |
| 13 | Pará | Protocolo ICMS-56/91, de 5.12.1991 | a partir de 1º.1.1992 |
| 14 | Paraíba | Protocolo ICM-4/86, de 29.4.1986 | a partir de 1º.6.1986 |
| 15 | Paraná | Protocolo ICMS-35/98, de 11.12.1998 | a partir de 1º.2.1999 |
| 16 | Pernambuco | Protocolo ICMS-8/00, de 24.3.2000 | a partir de 1º.5.2000 |
| 17 | Piauí | Protocolo ICMS-15/00, de 7.7.2000 | a partir de 1º.9.2000 |
| 18 | Rio de Janeiro | Protocolo ICM-15/85, de 25.7.1985 | a partir de 1º.1.2008 (restabelecido pelo Decreto nº 52.428/2007) |
| 19 | Rio Grande do Norte | Protocolo ICMS-16/96, de 13.9.1996 | a partir de 1º.10.1996 |
| 20 | Rio Grande do Sul | Protocolo ICMS-5/99, de 16.4.1999 | a partir de 1º.6.1999 |
| 21 | Rondônia | Protocolo ICMS-5/99, de 16.4.1999 | a partir de 1º.6.1999 |
| 22 | Roraima | Protocolo ICMS-33/00, de 25.7.2000 | a partir de 1º.9.2000 |
| 23 | Santa Catarina | Protocolo ICMS-31/08, de 4.4.2008 | a partir de 1º.6.2008 |
| 24 | Sergipe | Protocolo ICMS-14/97, de 23.5.1997 | a partir de 1º.8.1997 |
| 25 | Tocantins | Protocolo ICMS-27/99, de 10.12.1999 | a partir de 1º.1.2000 |

## TABELA XII – LÂMINA DE BARBEAR, APARELHO DE BARBEAR DESCARTÁVEL E ISQUEIRO

- *Tabela com redação dada pelo Decreto nº 57.677, de 26.12.2011 – DOE de 27.12.2011 – Efeitos a partir da publicação.*

**Parte I – Acordos que preveem a substituição tributária nas operações promovidas por contribuinte paulista com destino a contribuinte localizado em outra unidade federada.**

| ITEM | ESTADO | ACORDO | EFEITOS |
|---|---|---|---|
| 1 | Acre | Protocolo ICMS-23/00, de 7.7.2000 | a partir de 1º.10.2000 |
| 2 | Alagoas | Protocolo ICMS-25/00, de 7.7.2000 | a partir de 1º.9.2000 |
| 3 | Amapá | Protocolo ICMS-4/99, de 16.4.1999 | a partir de 1º.6.1999 |
| 4 | Amazonas | Protocolo ICM-16/85, de 25.7.1985 | a partir de 1º.9.1985 |
| 5 | Bahia | Protocolo ICMS-15/97, de 23.5.1997 | a partir de 1º.8.1997 |
| 6 | Ceará | Protocolo ICMS-15/97, de 23.5.1997 | a partir de 1º.8.1997 |

| | | | |
|---|---|---|---|
| 7 | Distrito Federal | Protocolo ICMS-47/02, de 20.9.2002 | a partir de 1º.1.2003 |
| 8 | Espírito Santo | Protocolo ICMS-28/98, de 21.7.1998 | a partir de 1º.9.1998 |
| 9 | Goiás | Protocolo ICMS-18/01, de 6.7.2001 | a partir de 1º.8.2001 |
| 10 | Maranhão | Protocolo ICMS-26/99, de 10.12.1999 | a partir de 1º.1.2000 |
| 11 | Mato Grosso | Protocolo ICMS-17/00, de 7.7.2000 | a partir de 1º.9.2000 |
| 12 | Mato Grosso do Sul | Protocolo ICM-26/85, de 27.9.1985 | a partir de 1º.11.1985 |
| 13 | Minas Gerais | Protocolo ICMS-18/98, de 11.5.1998 | a partir de 1º.7.1998 |
| 14 | Pará | Protocolo ICMS-56/91, de 5.12.1991 | a partir de 1º.1.1992 |
| 15 | Paraíba | Protocolo ICM-4/86, de 29.4.1986 | a partir de 1º.6.1986 |
| 16 | Paraná | Protocolo ICM-129/08, de 5.12.2008 | a partir de 1º.1.2009 |
| 17 | Pernambuco | Protocolo ICMS-9/01, de 6.4.2001 | a partir de 1º.6.2001 |
| 18 | Piauí | Protocolo ICMS-5/00, de 24.3.2000 | a partir de 1º.7.2000 |
| 19 | Rio de Janeiro | Protocolo ICM-16/85, de 25.7.1985 | a partir de 1º.1.2008 (restabelecido pelo Decreto nº 52.428/2007) |
| 20 | Rio Grande do Norte | Protocolo ICMS-47/00, de 15.12.2000 | a partir de 1º.2.2001 |
| 21 | Rio Grande do Sul | Protocolo ICMS-4/99, de 16.4.1999 | a partir de 1º.6.1999 |
| 22 | Rondônia | Protocolo ICMS-4/99, de 16.4.1999 | a partir de 1º.6.1999 |
| 23 | Roraima | Protocolo ICMS-31/00, de 25.7.2000 | a partir de 1º.9.2000 |
| 24 | Santa Catarina | Protocolo ICMS-32/08, de 4.4.2008 | a partir de 1º.6.2008 |
| 25 | Sergipe | Protocolo ICMS-15/97, de 23.5.1997 | a partir de 1º.8.1997 |
| 26 | Tocantins | Protocolo ICMS-26/99, de 10.12.1999 | a partir de 1º.1.2000 |

**Parte II – Acordos que preveem a substituição tributária nas operações promovidas por remetente localizado em outra unidade federada com destino a estabelecimento paulista.**

| ITEM | ESTADO | ACORDO | EFEITOS |
|---|---|---|---|
| 1 | Acre | Protocolo ICMS-23/00, de 7.7.2000 | a partir de 1º.10.2000 |
| 2 | Alagoas | Protocolo ICMS-25/00, de 7.7.2000 | a partir de 1º.9.2000 |
| 3 | Amapá | Protocolo ICMS-14/00, de 7.7.2000 | a partir de 1º.8.2000 |
| 4 | Amazonas | Protocolo ICMS-14/00, de 7.7.2000 | a partir de 1º.8.2000 |
| 5 | Bahia | Protocolo ICMS-14/00, de 7.7.2000 | a partir de 1º.8.2000 |
| 6 | Ceará | Protocolo ICMS-14/00, de 7.7.2000 | a partir de 1º.8.2000 |
| 7 | Distrito Federal | Protocolo ICMS-47/02, de 29.9.2002 | a partir de 1º.1.2003 |
| 8 | Espírito Santo | Protocolo ICMS-14/00, de 7.7.2000 | a partir de 1º.8.2000 |
| 9 | Goiás | Protocolo ICMS-18/01, de 6.7.2001 | a partir de 1º.8.2001 |
| 10 | Maranhão | Protocolo ICMS-14/00, de 7.7.2000 | a partir de 1º.8.2000 |
| 11 | Mato Grosso | Protocolo ICMS-17/00, de 7.7.2000 | a partir de 1º.9.2000 |
| 12 | Mato Grosso do Sul | Protocolo ICMS-14/00, de 7.7.2000 | a partir de 1º.8.2000 |
| 13 | Minas Gerais | Protocolo ICMS-14/00, de 7.7.2000 | a partir de 1º.8.2000 |
| 14 | Pará | Protocolo ICMS-14/00, de 7.7.2000 | a partir de 1º.8.2000 |
| 15 | Paraíba | Protocolo ICMS-14/00, de 7.7.2000 | a partir de 1º.8.2000 |
| 16 | Paraná | Protocolo ICMS-129/08, de 5.12.2008 | a partir de 1º.1.2009 |
| 17 | Pernambuco | Protocolo ICMS-9/01, de 6.4.2001 | a partir de 1º.6.2001 |
| 18 | Piauí | Protocolo ICMS-14/00, de 7.7.1985 | a partir de 1º.8.2000 |
| 19 | Rio de Janeiro | Protocolo ICMS-16/85, de 25.7.1985 | a partir de 1º.1.2008 (restabelecido pelo Decreto nº 52.428/2007 |
| 20 | Rio Grande do Norte | Protocolo ICMS-47/00, de 15.12.2000 | a partir de 1º.2.2001 |

| | | | |
|---|---|---|---|
| 21 | Rio Grande do Sul | Protocolo ICMS-14/00, de 7.7.2000 | a partir de 1º.8.2000 |
| 22 | Rondônia | Protocolo ICMS-14/00, de 7.7.2000 | a partir de 1º.8.2000 |
| 23 | Roraima | Protocolo ICMS-31/00, de 25.7.2000 | a partir de 1º.9.2000 |
| 24 | Santa Catarina | Protocolo ICMS-32/08, de 4.4.2008 | a partir de 1º.6.2008 |
| 25 | Sergipe | Protocolo ICMS-14/00, de 7.7.2000 | a partir de 1º.8.2000 |
| 26 | Tocantins | Protocolo ICMS-14/00, de 7.7.2000 | a partir de 1º.8.2000 |

## TABELA XIII – LÂMPADA ELÉTRICA

**Parte I – Acordos que preveem a substituição tributária nas operações promovidas por contribuinte paulista com destino a contribuinte localizado em outra unidade federada.**

| ITEM | ESTADO | ACORDO | EFEITOS |
|---|---|---|---|
| 1 | Acre | Protocolo ICMS-23/00, de 7.7.2000 | a partir de 1º.10.2000 |
| 2 | Alagoas | Protocolo ICMS-27/00, de 7.7.2000 | a partir de 1º.9.2000 |
| 3 | Amapá | Protocolo ICMS-4/99, de 16.4.1999 | a partir de 1º.6.1999 |
| 4 | Amazonas | Protocolo ICM-17/85, de 25.7.1985 | a partir de 1º.9.1985 |
| 5 | Bahia | Protocolo ICMS-16/97, de 23.5.1997 | a partir de 1º.8.1997 |
| 6 | Ceará | Protocolo ICMS-07/96, de 31.7.1996 | a partir de 1º.7.1996 |
| 7 | Distrito Federal | Protocolo ICMS-48/02, de 20.9.2002 | a partir de 1º.1.2003 |
| 8 | Espírito Santo | Protocolo ICMS-28/98, de 21.7.1998 | a partir de 1º.9.1998 |
| 9 | Goiás | Protocolo ICMS-26/01, de 7.8.2001 | a partir de 1º.10.2001 |
| 10 | Maranhão | Protocolo ICMS-26/99, de 10.12.1999 | a partir de 1º.1.2000 |
| 11 | Mato Grosso | Protocolo ICMS-17/00, de 7.7.2000 | a partir de 1º.9.2000 |
| 12 | Mato Grosso do Sul | Protocolo ICM-26/85, de 27.9.1985 | a partir de 1º.11.1985 |
| 13 | Minas Gerais | Protocolo ICMS-18/98, de 11.5.1998 | a partir de 1º.7.1998 |
| 14 | Pará | Protocolo ICM-56/91, de 5.12.1991 | a partir de 1º.1.1992 |
| 15 | Paraíba | Protocolo ICM-04/86, de 29.4.1986 | a partir de 1º.6.1986 |
| 16 | Paraná | Protocolo ICMS-130/08, de 5.12.2008 | a partir de 1º.1.2009 |
| 17 | Pernambuco | Protocolo ICMS-10/01, de 6.4.2001 | a partir de 1º.6.2001 |
| 18 | Piauí | Protocolo ICMS-05/00, de 24.3.2000 | a partir de 1º.7.2000 |
| 19 | Rio de Janeiro | Protocolo ICM-17/85, de 25.7.1985 | a partir de 1º.1.2008 (restabelecido pelo Decreto nº 52.428/2007) |
| 20 | Rio Grande do Norte | Protocolo ICMS-48/00, de 15.12.2000 | a partir de 1º.2.2001 |
| 21 | Rio Grande do Sul | Protocolo ICMS-4/99, de 16.4.1999 | a partir de 1º.6.1999 |
| 22 | Rondônia | Protocolo ICMS-4/99, de 16.4.1999 | a partir de 1º.6.1999 |
| 23 | Roraima | Protocolo ICMS-31/00, de 25.7.2000 | a partir de 1º.9.2000 |
| 24 | Santa Catarina | Protocolo ICMS-33/08, de 4.4.2008 | a partir de 1º.6.2008 |
| 25 | Sergipe | Protocolo ICMS-16/97, de 23.5.1997 | a partir de 1º.8.1997 |
| 26 | Tocantins | Protocolo ICMS-26/99, de 10.12.1999 | a partir de 1º.1.2000 |

**Parte II – Acordos que preveem a substituição tributária nas operações promovidas por remetente localizado em outra unidade federada com destino a estabelecimento paulista.**

| ITEM | ESTADO | ACORDO | EFEITOS |
|---|---|---|---|
| 1 | Acre | Protocolo ICMS-42/08, de 4.4.2008 | a partir de 1º.5.2008 |
| 2 | Alagoas | Protocolo ICMS-42/08, de 4.4.2008 | a partir de 1º.5.2008 |

| | | | |
|---|---|---|---|
| 3 | Amapá | Protocolo ICMS-42/08, de 4.4.2008 | a partir de 1º.5.2008 |
| 4 | Amazonas | Protocolo ICMS-42/08, de 4.4.2008 | a partir de 1º.5.2008 |
| 5 | Bahia | Protocolo ICMS-42/08, de 4.4.2008 | a partir de 1º.5.2008 |
| 6 | Ceará | Protocolo ICMS-42/08, de 4.4.2008 | a partir de 1º.5.2008 |
| 7 | Distrito Federal | Protocolo ICMS-42/08, de 4.4.2008 | a partir de 1º.5.2008 |
| 8 | Espírito Santo | Protocolo ICMS-42/08, de 4.4.2008 | a partir de 1º.5.2008 |
| 9 | Goiás | Protocolo ICMS-42/08, de 4.4.2008 | a partir de 1º.5.2008 |
| 10 | Maranhão | Protocolo ICMS-42/08, de 4.4.2008 | a partir de 1º.5.2008 |
| 11 | Mato Grosso | Protocolo ICMS-42/08, de 4.4.2008 | a partir de 1º.5.2008 |
| 12 | Mato Grosso do Sul | Protocolo ICMS-42/08, de 4.4.2008 | a partir de 1º.5.2008 |
| 13 | Minas Gerais | Protocolo ICMS-42/08, de 4.4.2008 | a partir de 1º.5.2008 |
| 14 | Pará | Protocolo ICMS-42/08, de 4.4.2008 | a partir de 1º.5.2008 |
| 15 | Paraíba | Protocolo ICMS-42/08, de 4.4.2008 | a partir de 1º.5.2008 |
| 16 | Paraná | Protocolo ICMS-130/08, de 5.12.2008 | a partir de 1º.1.2009 |
| 17 | Pernambuco | Protocolo ICMS-42/08, de 4.4.2008 | a partir de 1º.5.2008 |
| 18 | Piauí | Protocolo ICMS-42/08, de 4.4.2008 | a partir de 1º.5.2008 |
| 19 | Rio de Janeiro | Protocolo ICMS-42/08, de 4.4.2008 | a partir de 1º.5.2008 |
| 20 | Rio Grande do Norte | Protocolo ICMS-42/08, de 4.4.2008 | a partir de 1º.5.2008 |
| 21 | Rio Grande do Sul | Protocolo ICMS-42/08, de 4.4.2008 | a partir de 1º.5.2008 |
| 22 | Rondônia | Protocolo ICMS-42/08, de 4.4.2008 | a partir de 1º.5.2008 |
| 23 | Roraima | Protocolo ICMS-42/08, de 4.4.2008 | a partir de 1º.5.2008 |
| 24 | Santa Catarina | Protocolo ICMS-33/08, de 4.4.2008 | a partir de 1º.5.2008 |
| 25 | Sergipe | Protocolo ICMS-42/08, de 4.4.2008 | a partir de 1º.5.2008 |
| 26 | Tocantins | Protocolo ICMS-42/08, de 4.4.2008 | a partir de 1º.5.2008 |

## TABELA XIV – PILHA E BATERIA ELÉTRICA

**Parte I – Acordos que preveem a substituição tributária nas operações promovidas por contribuinte paulista com destino a contribuinte localizado em outra unidade federada.**

| ITEM | ESTADO | ACORDO | EFEITOS |
|---|---|---|---|
| 1 | Acre | Protocolo ICMS-18/00, de 7.7.2000 | a partir de 1º.10.2000 |
| 2 | Alagoas | Protocolo ICMS-26/00, de 7.7.2000 | a partir de 1º.9.2000 |
| 3 | Amapá | Protocolo ICMS-3/99, de 16.4.1999 | a partir de 1º.6.1999 |
| 4 | Amazonas | Protocolo ICM-18/85, de 25.7.1985 | a partir de 1º.9.1985 |
| 5 | Bahia | Protocolo ICMS-17/97, de 23.5.1997 | a partir de 1º.8.1997 |
| 6 | Ceará | Protocolo ICMS-27/01, de 7.8.2001 | a partir de 1º.10.2001 |
| 7 | Distrito Federal | Protocolo ICMS-49/02, de 29.9.2002 | a partir de 1º.1.2003 |
| 8 | Espírito Santo | Protocolo ICMS-29/98, de 21.7.1998 | a partir de 1º.9.1998 |
| 9 | Goiás | Protocolo ICMS-27/01, de 7.8.2001 | a partir de 1º.10.2001 |
| 10 | Maranhão | Protocolo ICMS-25/99, de 10.12.1999 | a partir de 1º.1.2000 |
| 11 | Mato Grosso | Protocolo ICMS-21/00, de 7.7.2000 | a partir de 1º.9.2000 |
| 12 | Mato Grosso do Sul | Protocolo ICMS-26/85, de 27.9.1985 | a partir de 1º.11.1985 |
| 13 | Minas Gerais | Protocolo ICMS-19/98, de 11.5.1998 | a partir de 1º.7.1998 |
| 14 | Pará | Protocolo ICMS-56/91, de 5.12.1991 | a partir de 1º.1.1992 |
| 15 | Paraíba | Protocolo ICMS-04/86, de 29.4.1986 | a partir de 1º.6.1986 |

| | | | |
|---|---|---|---|
| 16 | Paraná | Protocolo ICMS-130/08, de 5.12.2008 | a partir de 1º.1.2009 |
| 17 | Pernambuco | Protocolo ICMS-12/93, de 30.4.1993 | a partir de 7.5.1993 |
| 18 | Piauí | Protocolo ICMS-6/00, de 24.3.2000 | a partir de 1º.7.2000 |
| 19 | Rio de Janeiro | Protocolo ICM-18/85, de 25.7.1985 | a partir de 1º.1.2008 (restabelecido pelo Decreto nº 52.428/2007) |
| 20 | Rio Grande do Norte | Protocolo ICMS-49/00, de 15.12.2000 | a partir de 1º.2.2001 |
| 21 | Rio Grande do Sul | Protocolo ICMS-3/99, de 16.4.1999 | a partir de 1º.6.1999 |
| 22 | Rondônia | Protocolo ICMS-3/99, de 16.4.1999 | a partir de 1º.6.1999 |
| 23 | Roraima | Protocolo ICMS-34/00, de 25.7.2000 | a partir de 1º.9.2000 |
| 24 | Santa Catarina | Protocolo ICMS-34/08, de 4.4.2008 | a partir de 1º.6.2008 |
| 25 | Sergipe | Protocolo ICMS-17/97, de 23.5.1997 | a partir de 1º.8.1997 |
| 26 | Tocantins | Protocolo ICMS-25/99, de 10.12.1999 | a partir de 1º.1.2000 |

**Parte II – Acordos que preveem a substituição tributária nas operações promovidas por remetente localizado em outra unidade federada com destino a estabelecimento paulista.**

| ITEM | ESTADO | ACORDO | EFEITOS |
|---|---|---|---|
| 1 | Acre | Protocolo ICMS-43/08, de 4.4.2008 | a partir de 1º.5.2008 |
| 2 | Alagoas | Protocolo ICMS-43/08, de 4.4.2008 | a partir de 1º.5.2008 |
| 3 | Amapá | Protocolo ICMS-43/08, de 4.4.2008 | a partir de 1º.5.2008 |
| 4 | Amazonas | Protocolo ICMS-43/08, de 4.4.2008 | a partir de 1º.5.2008 |
| 5 | Bahia | Protocolo ICMS-43/08, de 4.4.2008 | a partir de 1º.5.2008 |
| 6 | Ceará | Protocolo ICMS-43/08, de 4.4.2008 | a partir de 1º.5.2008 |
| 7 | Distrito Federal | Protocolo ICMS-43/08, de 4.4.2008 | a partir de 1º.5.2008 |
| 8 | Espírito Santo | Protocolo ICMS-43/08, de 4.4.2008 | a partir de 1º.5.2008 |
| 9 | Goiás | Protocolo ICMS-43/08, de 4.4.2008 | a partir de 1º.5.2008 |
| 10 | Maranhão | Protocolo ICMS-43/08, de 4.4.2008 | a partir de 1º.5.2008 |
| 11 | Mato Grosso | Protocolo ICMS-43/08, de 4.4.2008 | a partir de 1º.5.2008 |
| 12 | Mato Grosso do Sul | Protocolo ICMS-43/08, de 4.4.2008 | a partir de 1º.5.2008 |
| 13 | Minas Gerais | Protocolo ICMS-43/08, de 4.4.2008 | a partir de 1º.5.2008 |
| 14 | Pará | Protocolo ICMS-43/08, de 4.4.2008 | a partir de 1º.5.2008 |
| 15 | Paraíba | Protocolo ICMS-43/08, de 4.4.2008 | a partir de 1º.5.2008 |
| 16 | Paraná | Protocolo ICMS-130/08, de 5.12.2008 | a partir de 1º.1.2009 |
| 17 | Pernambuco | Protocolo ICMS-43/08, de 4.4.2008 | a partir de 1º.5.2008 |
| 18 | Piauí | Protocolo ICMS-43/08, de 4.4.2008 | a partir de 1º.5.2008 |
| 19 | Rio de Janeiro | Protocolo ICMS-43/08, de 4.4.2008 | a partir de 1º.5.2008 |
| 20 | Rio Grande do Norte | Protocolo ICMS-43/08, de 4.4.2008 | a partir de 1º.5.2008 |
| 21 | Rio Grande do Sul | Protocolo ICMS-43/08, de 4.4.2008 | a partir de 1º.5.2008 |
| 22 | Rondônia | Protocolo ICMS-43/08, de 4.4.2008 | a partir de 1º.5.2008 |
| 23 | Roraima | Protocolo ICMS-43/08, de 4.4.2008 | a partir de 1º.5.2008 |
| 24 | Santa Catarina | Protocolo ICMS-34/08, de 4.4.2008 | a partir de 1º.5.2008 |
| 25 | Sergipe | Protocolo ICMS-43/08, de 4.4.2008 | a partir de 1º.5.2008 |
| 26 | Tocantins | Protocolo ICMS-43/08, de 4.4.2008 | a partir de 1º.5.2008 |

## TABELA XV – DISCO FONOGRÁFICO, FITA VIRGEM OU GRAVADA

**Parte I – Acordos que preveem a substituição tributária nas operações promovidas por contribuinte paulista com destino a contribuinte localizado em outra unidade federada.**

| ITEM | ESTADO | ACORDO | EFEITOS |
|---|---|---|---|
| 1 | Acre | Protocolo ICMS-11/98, de 20.3.1998 | a partir de 1º.4.1998 |
| 2 | Alagoas | Protocolo ICMS-15/94, de 29.9.1994 | a partir de 1º.1.1995 |
| 3 | Amapá | Protocolo ICMS-2/99, de 16.4.1999 | a partir de 1º.6.1999 |
| 4 | Amazonas | Protocolo ICM-19/85, de 25.7.1985 | a partir de 1º.9.1985 |
| 5 | Bahia | Protocolo ICMS-18/97, de 23.5.1997 | a partir de 1º.8.1997 |
| 6 | Ceará | Protocolo ICMS-15/94, de 29.9.1994 | a partir de 1º.1.1995 |
| 7 | Distrito Federal | Protocolo ICMS-18/97, de 23.5.1997 | a partir de 1º.8.1997 |
| 8 | Espírito Santo | Protocolo ICMS-30/98, de 21.7.1998 | a partir de 1º.9.1998 |
| 9 | Goiás | Protocolo ICMS-19/01, de 6.7.2001 | a partir de 1º.8.2001 |
| 10 | Maranhão | Protocolo ICMS-50/00, de 15.12.2000 | a partir de 1º.3.2001 |
| 11 | Mato Grosso | Protocolo ICMS-51/00, de 15.12.2000 | a partir de 1º.3.2001 |
| 12 | Mato Grosso do Sul | Protocolo ICMS-26/85, de 27.9.1985 | a partir de 1º.11.1985 |
| 13 | Minas Gerais | Protocolo ICMS-20/98, de 11.5.1998 | a partir de 1º.7.1998 |
| 14 | Pará | Protocolo ICMS-56/91, de 5.12.1991 | a partir de 1º.1.1992 |
| 15 | Paraíba | Protocolo ICM-4/86, de 29.4.1986 | a partir de 1º.8.1986 |
| 16 | Paraná | Protocolo ICMS-38/98, de 11.12.1998 | a partir de 1º.2.1999 |
| 17 | Pernambuco | Protocolo ICMS-57/91, de 5.12.1991 | a partir de 1º.1.1992 |
| 18 | Piauí | Protocolo ICMS-32/97, de 12.12.1997 | a partir de 1º.1.1998 |
| 19 | Rio de Janeiro | Protocolo ICM-19/85, de 25.7.1985 | a partir de 1º.1.2008 (restabelecido pelo Decreto nº 52.428/2007) |
| 20 | Rio Grande do Norte | Protocolo ICMS-6/96, de 31.5.1996 | a partir de 1º.7.1996 |
| 21 | Rio Grande do Sul | Protocolo ICMS-2/99, de 16.4.1999 | a partir de 1º.6.1999 |
| 22 | Rondônia | Protocolo ICMS-2/99, de 16.4.1999 | a partir de 1º.6.1999 |
| 23 | Roraima | Protocolo ICMS-32/00, de 25.7.2000 | a partir de 1º.9.2000 |
| 24 | Santa Catarina | Protocolo ICMS-35/08, de 4.4.2008 | a partir de 1º.6.2008 |
| 25 | Sergipe | Protocolo ICMS-18/97, de 23.5.1997 | a partir de 1º.8.1997 |
| 26 | Tocantins | Protocolo ICMS-29/99, de 10.12.1999 | a partir de 1º.1.2000 |

**Parte II – Acordos que preveem a substituição tributária nas operações promovidas por remetente localizado em outra unidade federada com destino a estabelecimento paulista.**

| ITEM | ESTADO | ACORDO | EFEITOS |
|---|---|---|---|
| 1 | Acre | Protocolo ICMS-44/08 de 4.4.2008 | a partir de 1º.5.2008 |
| 2 | Alagoas | Protocolo ICMS-44/08 de 4.4.2008 | a partir de 1º.5.2008 |
| 3 | Amapá | Protocolo ICMS-44/08 de 4.4.2008 | a partir de 1º.5.2008 |
| 4 | Amazonas | Protocolo ICMS-44/08 de 4.4.2008 | a partir de 1º.5.2008 |
| 5 | Bahia | Protocolo ICMS-44/08 de 4.4.2008 | a partir de 1º.5.2008 |
| 6 | Ceará | Protocolo ICMS-44/08 de 4.4.2008 | a partir de 1º.5.2008 |
| 7 | Distrito Federal | Protocolo ICMS-44/08 de 4.4.2008 | a partir de 1º.5.2008 |
| 8 | Espírito Santo | Protocolo ICMS-44/08 de 4.4.2008 | a partir de 1º.5.2008 |
| 9 | Goiás | Protocolo ICMS-44/08 de 4.4.2008 | a partir de 1º.5.2008 |

| | | | |
|---|---|---|---|
| 10 | Maranhão | Protocolo ICMS-44/08 de 4.4.2008 | a partir de 1º.5.2008 |
| 11 | Mato Grosso | Protocolo ICMS-44/08 de 4.4.2008 | a partir de 1º.5.2008 |
| 12 | Mato Grosso do Sul | Protocolo ICMS-44/08 de 4.4.2008 | a partir de 1º.5.2008 |
| 13 | Minas Gerais | Protocolo ICMS-44/08 de 4.4.2008 | a partir de 1º.5.2008 |
| 14 | Pará | Protocolo ICMS-44/08 de 4.4.2008 | a partir de 1º.5.2008 |
| 15 | Paraíba | Protocolo ICMS-44/08 de 4.4.2008 | a partir de 1º.5.2008 |
| 16 | Paraná | Protocolo ICMS-44/08 de 4.4.2008 | a partir de 1º.5.2008 |
| 17 | Pernambuco | Protocolo ICMS-44/08 de 4.4.2008 | a partir de 1º.5.2008 |
| 18 | Piauí | Protocolo ICMS-44/08 de 4.4.2008 | a partir de 1º.5.2008 |
| 19 | Rio de Janeiro | Protocolo ICMS-44/08 de 4.4.2008 | a partir de 1º.5.2008 |
| 20 | Rio Grande do Norte | Protocolo ICMS-44/08 de 4.4.2008 | a partir de 1º.5.2008 |
| 21 | Rio Grande do Sul | Protocolo ICMS-44/08 de 4.4.2008 | a partir de 1º.5.2008 |
| 22 | Rondônia | Protocolo ICMS-44/08 de 4.4.2008 | a partir de 1º.5.2008 |
| 23 | Roraima | Protocolo ICMS-44/08 de 4.4.2008 | a partir de 1º.5.2008 |
| 24 | Santa Catarina | Protocolo ICMS-35/08 de 4.4.2008 | a partir de 1º.5.2008 |
| 25 | Sergipe | Protocolo ICMS-44/08 de 4.4.2008 | a partir de 1º.5.2008 |
| 26 | Tocantins | Protocolo ICMS-44/08 de 4.4.2008 | a partir de 1º.5.2008 |

## TABELA XVI – ÓLEOS COMESTÍVEIS

**Parte I – Acordos que preveem a substituição tributária nas operações promovidas por contribuinte paulista com destino a contribuinte localizado em outra unidade federada.**

| ITEM | ESTADO | ACORDO | EFEITOS |
|---|---|---|---|
| 1 | Espírito Santo | Protocolo ICMS-24/89, de 12.7.1989 | a partir de 1º.8.1989 |

## TABELA XVII – AÇÚCAR DE CANA

**Parte I – Acordos que preveem a substituição tributária nas operações promovidas por contribuinte paulista com destino a contribuinte localizado em outra unidade federada.**

| ITEM | ESTADO | ACORDO | EFEITOS |
|---|---|---|---|
| 1 | Bahia | Protocolo ICMS-35/91, de 10.10.1991 | a partir de 1º.11.1991 |
| 2 | Espírito Santo | Protocolo ICMS-21/91, de 7.8.1991 | a partir de 1º.9.1991 |
| 3 | Mato Grosso | Protocolo ICMS-21/91, de 7.8.1991 | a partir de 1º.9.1991 |
| 4 | Mato Grosso do Sul | Protocolo ICMS-21/91, de 7.8.1991 | a partir de 1º.9.1991 |
| 4-A | Minas Gerais | Protocolo ICMS-21/91, de 7.8.1991 e Protocolo ICMS-45/11, de 8.7.2011 | a partir de 15.7.2011 |
| | • *Item 4-A acrescido pelo Decreto nº 57.677, de 26.12.2011 – DOE de 27.12.2011 – Efeitos a partir da publicação.* | | |
| 5 | Pará | Protocolo ICMS-2/92, de 14.2.1992 | a partir de 1º.3.1992 |
| 6 | Rio de Janeiro | Protocolo ICMS-21/91, de 7.8.1991 | a partir de 1º.9.1991 |

## TABELA XVIII – PRODUTOS DE VENDA A DOMICÍLIO

**Parte I – Acordos que preveem a substituição tributária nas operações promovidas por contribuinte paulista com destino a contribuinte localizado em outra unidade federada.**

| ITEM | ESTADO | ACORDO | EFEITOS |
|---|---|---|---|
| 1 | Distrito Federal | Protocolo ICMS-19/92, de 25.6.1992 | a partir de 30.6.1992 |

## TABELA XIX – AÇÚCAR, FARINHA DE TRIGO, AGUARDENTE DE CANA, CERVEJA, CHOPE, REFRIGERANTE E XAROPE

**Parte I – Acordos que preveem a substituição tributária nas operações promovidas por contribuinte paulista com destino a contribuinte localizado em outra unidade federada.**

| ITEM | ESTADO | ACORDO | EFEITOS |
|---|---|---|---|
| 1 | Rio Grande do Norte | Protocolo ICMS-46/92, de 15.12.1992 | a partir de 1º.1.1993 |

## TABELA XX – LEITE EM PÓ

**Parte I – Acordos que preveem a substituição tributária nas operações promovidas por contribuinte paulista com destino a contribuinte localizado em outra unidade federada.**

| ITEM | ESTADO | ACORDO | EFEITOS |
|---|---|---|---|
| 1 | Ceará | Protocolo ICMS-12/96, de 13.9.1996 | a partir de 1º.10.1996 |

## TABELA XXI – PRODUTOS FARMACÊUTICOS, SOROS E VACINAS

**Parte I – Acordos que preveem a substituição tributária nas operações promovidas por contribuinte paulista com destino a contribuinte localizado em outra unidade federada.**

| ITEM | ESTADO | ACORDO | EFEITOS |
|---|---|---|---|
| 1 | Alagoas | Protocolo ICMS-35/07 de 6.7.2007 | a partir de 1º.8.2007 |
| 2 | Bahia | Protocolo ICMS-105/09, de 10.8.2009 | a partir de 1º.1.2010 |
| | • *Item 2 com redação dada pelo Decreto nº 57.677, de 26.12.2011 – DOE de 27.12.2011 – Efeitos a partir da publicação.* | | |
| 3 | Ceará | Protocolo ICMS-23/08, de 24.3.2008 | a partir de 1º.10.2011 |
| | • *Item 3 com redação dada pelo Decreto nº 57.677, de 26.12.2011 – DOE de 27.12.2011 – Efeitos a partir da publicação.* | | |
| 4 | Espírito Santo | Protocolo ICMS-25/09, de 3.6.2009 | a partir de 1º.8.2009 |
| 5 | Mato Grosso | Protocolo ICMS-7/08, de 5.3.2008 | a partir de 1º.5.2008 |
| 6 | Mato Grosso do Sul | Protocolo ICMS-12/07, de 23.4.2007 | a partir de 1º.7.2007 |
| 7 | Minas Gerais | Protocolo ICMS-37/09, de 5.6.2009 | a partir de 1º.8.2009 |
| 8 | Pernambuco | Protocolo ICMS-95/08, de 30.9.2008 | Vide Cláusula décima nona |
| 9 | Rio de Janeiro | Protocolo ICMS-68/07, de 10.12.2007 | a partir de 1º.1.2008 |

**Parte II – Acordos que preveem a substituição tributária nas operações promovidas por remetente localizado em outra unidade federada com destino a estabelecimento paulista.**

| ITEM | ESTADO | ACORDO | EFEITOS |
|---|---|---|---|
| 1 | Bahia | Protocolo ICMS-105/09, de 10.8.2009 | a partir de 1º.11.2009 |
| 2 | Ceará | Protocolo ICMS-23/08, de 24.3.2008 | Vide Cláusula décima nona |
| | • *Item 2 com redação dada pelo Decreto nº 57.677, de 26.12.2011 – DOE de 27.12.2011 – Efeitos a partir da publicação.* | | |

| | | | |
|---|---|---|---|
| 3 | Mato Grosso | Protocolo ICMS-7/08, de 5.3.2008 | Vide Cláusula décima nona |
| | • *Item 3 com redação dada pelo Decreto nº 57.677, de 26.12.2011 – DOE de 27.12.2011 – Efeitos a partir da publicação.* | | |
| 4 | Minas Gerais | Protocolo ICMS-37/09, de 5.6.2009 | a partir de 1º.8.2009 |
| 5 | Pernambuco | Protocolo ICMS-95/08, de 30.9.2008 | Vide Cláusula décima nona |
| 6 | Rio de Janeiro | Protocolo ICMS-68/07, de 10.12.2007 | Vide Cláusula oitava |
| | • *Item 6 com redação dada pelo Decreto nº 57.677, de 26.12.2011 – DOE de 27.12.2011 – Efeitos a partir da publicação.* | | |

## TABELA XXII – CAMA, COLCHÕES, TRAVESSEIROS E PILLOW

**Parte I – Acordos que preveem a substituição tributária nas operações promovidas por contribuinte paulista com destino a contribuinte localizado em outra unidade federada.**

| ITEM | ESTADO | ACORDO | EFEITOS |
|---|---|---|---|
| 1 | Alagoas | Protocolo ICMS-107/08, de 16.11.2008 | a partir de 1º.2.2009 |
| | • *Item 1 com redação dada pelo Decreto nº 56.334, de 27.10.2010 – DOE de 28.10.2010 – Efeitos a partir da publicação.* | | |
| 1-A | Bahia | Protocolo ICMS-26/11, de 13.4.2011 | Vide cláusulas segunda e nona |
| | • *Item 1-A acrescido pelo Decreto nº 57.028, de 31.5.2011 – DOE de 1º.6.2011 – Efeitos a partir da publicação.* | | |
| 2 | Ceará | Protocolo ICMS-20/08, de 14.3.2008 | a partir de 1º.1.2010 |
| 2-A | Espírito Santo | Protocolo ICMS-49/11, de 8.7.2011 | a partir de 1º.9.2011 |
| | • *Item 2-A acrescido pelo Decreto nº 57.677, de 26.12.2011 – DOE de 27.12.2011 – Efeitos a partir da publicação.* | | |
| 3 | Minas Gerais | Protocolo ICMS-30/09, de 5.6.2009 | a partir de 1º.8.2009 |
| 4 | Paraná | Protocolo ICMS-03/09, de 19.3.2009 | a partir de 1º.6.2009 |
| 5 | Pernambuco | Protocolo ICMS-92/08, de 30.9.2008 | Vide Cláusula oitava |
| 6 | Rio Grande do Sul | Protocolo ICMS-85/09, de 23.7.2009 (revogado o Protocolo ICMS-102/07, de 14.12.2007) | a partir de 1º.8.2009 até 31.9.2009 |

**Parte II – Acordos que preveem a substituição tributária nas operações promovidas por remetente localizado em outra unidade federada com destino a estabelecimento paulista.**

| ITEM | ESTADO | ACORDO | EFEITOS |
|---|---|---|---|
| 1 | (Revogado) | | |
| | • *Item 1 revogado pelo Decreto nº 56.334, de 27.10.2010 – DOE de 28.10.2010 – Efeitos a partir da publicação.* | | |
| 2 | Ceará | Protocolo ICMS-20/08, de 14.3.2008 | Vide Parágrafo único da Cláusula oitava |
| 3 | Minas Gerais | Protocolo ICMS-30/09, de 5.6.2009 | a partir de 1º.8.2009 |
| 4 | Paraná | Protocolo ICMS-03/09, de 19.3.2009 | a partir de 1º.6.2009 |
| 5 | Pernambuco | Protocolo ICMS-92/08, de 30.9.2008 | Vide Cláusula oitava |
| 6 | Rio Grande do Sul | Protocolo ICMS-85/09, de 23.7.2009 (revogado o Protocolo ICMS-102/07, de 14.12.2007) | a partir de 1º.9.2009 – Vide Parágrafo único da Cláusula oitava |

## TABELA XXIII – COSMÉTICOS, PERFUMARIA, ARTIGOS DE HIGIENE PESSOAL E TOUCADOR

**Parte I – Acordos que preveem a substituição tributária nas operações promovidas por contribuinte paulista com destino a contribuinte localizado em outra unidade federada.**

| ITEM | ESTADO | ACORDO | EFEITOS |
|---|---|---|---|
| 1 | Alagoas | Protocolo ICMS-106/08, de 16.11.2008 | a partir de 1º.9.2010 |
| | • *Item 1 com redação dada pelo Decreto nº 56.334, de 27.10.2010 – DOE de 28.10.2010 – Efeitos a partir da publicação.* | | |
| 2 | Ceará | Protocolo ICMS-13/08, de 24.3.2008 | a partir de 1º.8.2010 |
| 3 | Mato Grosso | Protocolo ICMS-10/08, de 5.3.2008 | a partir de 1º.5.2008 |
| 4 | Minas Gerais | Protocolo ICMS-36/2009, de 9.5.2009 | a partir de 1º.8.2009 |
| 5 | Paraná | Protocolo ICMS-77/10, de 26.3.2010 | a partir de 1º.5.2010 |
| | • *Item 5 com redação dada pelo Decreto nº 56.334, de 27.10.2010 – DOE de 28.10.2010 – Efeitos a partir da publicação.* | | |
| 6 | Pernambuco | Protocolo ICMS-93/08, de 30.9.2008 | Vide Cláusula oitava |
| 7 | Rio Grande do Sul | Protocolo ICMS-101/07, de 14.12.2007 (revogado) | a partir de 1º.5.2008 |
| | | Protocolo ICMS-98/09, de 23.7.209 | a partir de 1º.12.2009 |
| 8 | Roraima | Protocolo ICMS-25/91, de 3.9.1991 | a partir de 6.9.1991 |

**Parte II – Acordos que preveem a substituição tributária nas operações promovidas por remetente localizado em outra unidade federada com destino a estabelecimento paulista.**

| ITEM | ESTADO | ACORDO | EFEITOS |
|---|---|---|---|
| 1 | Alagoas | Protocolo ICMS-106/08, de 16.11.2008 | Vide § 3º da Cláusula primeira |
| | • *Item 1 com redação dada pelo Decreto nº 56.334, de 27.10.2010 – DOE de 28.10.2010 – Efeitos a partir da publicação.* | | |
| 2 | Ceará | Protocolo ICMS-13/08, de 24.3.2008 | Vide Parágrafo único da Cláusula oitava |
| 3 | Mato Grosso | Protocolo ICMS-10/08, de 5.3.2008 | Vide Parágrafo único da Cláusula décima nona |
| 4 | Minas Gerais | Protocolo ICMS-36/09, de 5.6.2009 | a partir de 1º.8.2009 |
| 5 | Paraná | Protocolo ICMS-77/10, de 26.3.2010 | a partir de 1º.5.2010 |
| | • *Item 5 com redação dada pelo Decreto nº 56.334, de 27.10.2010 – DOE de 28.10.2010 – Efeitos a partir da publicação.* | | |
| 6 | Pernambuco | Protocolo ICMS-93/08, de 30.9.2008 | Vide Cláusula oitava |
| 7 | Rio Grande do Sul | Protocolo ICMS-98/09, de 23.7.2009 | a partir de 1º.9.2009 |
| 8 | Roraima | Protocolo ICMS-25/91, de 3.9.1991 | a partir de 6.9.1991 |

## TABELA XXIV – MATERIAIS DE CONSTRUÇÃO

**Parte I – Acordos que preveem a substituição tributária nas operações promovidas por contribuinte paulista com destino a contribuinte localizado em outra unidade federada.**

| ITEM | ESTADO | ACORDO | EFEITOS |
|---|---|---|---|
| 1 | Acre | Protocolo ICMS-15/01, de 6.7.2001 | a partir de 1º.8.2001 |
| 2 | Alagoas | Protocolo ICMS-104/08, de 16.10.2008 | a partir de 1º.9.2010 |
| | • *Item 2 com redação dada pelo Decreto nº 56.334, de 27.10.2010 – DOE de 28.10.2010 – Efeitos a partir da publicação.* | | |

| | | | |
|---|---|---|---|
| 3 | Amapá | Protocolo ICMS-7/01, de 6.4.2001 | a partir de 1.5.2001 |
| 4 | Bahia | Protocolo ICMS-104/09, de 10.8.2009 | a partir de 1º.12.2009 |
| 5 | Ceará | Protocolo ICMS-38/93, de 9.12.1993<br>e Protocolo ICMS-21/08, de 14.3.2008 | a partir de 1º.1.1994<br>e a partir de 1º.1.2010 |
| 6 | Distrito Federal | Protocolo ICMS-14/93, de 30.4.1993<br>Protocolo ICMS-25/11, de 13.4.2011 | A partir de 1º.6.1993<br>e vide cláusula nona |
| | • *Item 6 com redação dada pelo Decreto nº 57.028, de 31.5.2011 – DOE de 1º.6.2011 – Efeitos a partir da publicação.* | | |
| 7 | Espírito Santo | Protocolo ICMS-31/98, de 21.7.1994 | a partir de 1º.10.1998 |
| 8 | Goiás | Protocolo ICMS-39/93, de 9.12.1993 | a partir de 1º.1.1994 |
| 9 | Mato Grosso | Protocolo ICMS-42/92, de 25.11.1992<br>e Protocolo ICMS-11/08, 5.3.2008 | a partir de 1º.11.1992<br>e a partir de 1º.5.2008 |
| 10 | Mato Grosso do Sul | Protocolo ICMS-32/92, de 30.7.1992 | a partir de 1º.9.1992 |
| 11 | Minas Gerais | Protocolo ICMS-32/92, de 30.7.1992<br>e Protocolo ICMS-32/09, de 3.6.2009 | a partir de 1º.9.1992<br>e a partir de 1º.8.2009 |
| 12 | Pará | Protocolo ICMS-20/00, de 7.7.2000 | a partir de 1º.9.2000 |
| 13 | Paraná | Protocolo ICMS-32/92, de 30.7.1992 | a partir de 1º.9.1992 |
| 14 | Pernambuco | Protocolo ICMS-96/08, de 30.9.2008 | Vide Cláusula oitava |
| 15 | Rio de Janeiro | Protocolo ICMS-32/92, de 30.7.1992 | a partir de 1º.9.1992 |
| 16 | Rio Grande do Sul | Protocolo ICMS-32/92, de 30.7.1992<br>e Protocolo ICMS-92/09, de 23.7.2009 | a partir de 1º.9.1992<br>e a partir de 1º.9.2009 |
| 17 | Santa Catarina | Protocolo ICMS-32/92, de 30.7.1992 | a partir de 1º.9.1992 |
| 18 | Sergipe | Protocolo ICMS-20/00, de 7.7.2000 | a partir de 1º.9.2000 |
| 19 | Tocantins | Protocolo ICMS-39/93, de 9.12.1993 | a partir de 1º.1.1994 |

**Parte II – Acordos que preveem a substituição tributária nas operações promovidas por remetente localizado em outra unidade federada com destino a estabelecimento paulista.**

| ITEM | ESTADO | ACORDO | EFEITOS |
|---|---|---|---|
| 1 | Alagoas | Protocolo ICMS-104/08, de 16.10.2008 | Vide § 3º da Cláusula primeira |
| | • *Item 1 com redação dada pelo Decreto nº 56.334, de 27.10.2010 – DOE de 28.10.2010 – Efeitos a partir da publicação.* | | |
| 2 | Bahia | Protocolo ICMS-104/09, de 10.8.2009 | a partir de 1º.12.2009 |
| 3 | Ceará | Protocolo ICMS-21/08, de 14.3.2008 | Vide Parágrafo único da Cláusula oitava |
| 4 | Mato Grosso | Protocolo ICMS-11/08, 5.3.2008 | Vide Parágrafo único da Cláusula décima nona |
| 5 | Minas Gerais | Protocolo ICMS-32/09, de 5.6.2009 | a partir de 1º.8.2009 |
| 6 | Pernambuco | Protocolo ICMS-96/08, de 30.9.2008 | Vide Cláusula oitava |
| 7 | Rio Grande do Sul | Protocolo ICMS-92/09, de 23.7.2009 | a partir de 1º.9.2009 |

## TABELA XXV – BEBIDAS QUENTES

**Parte I – Acordos que preveem a substituição tributária nas operações promovidas por contribuinte paulista com destino a contribuinte localizado em outra unidade federada.**

| ITEM | ESTADO | ACORDO | EFEITOS |
|---|---|---|---|
| 1 | Alagoas | Protocolo ICMS-37/07, de 6.7.2008 | a partir de 1º.3.2008 |
| 2 | Bahia | Protocolo ICMS-107/09, de 10.8.2009 | a partir de 1º.11.2009 |

| | | | |
|---|---|---|---|
| 3 | Ceará | Protocolo ICMS-14/08, de 14.3.2008 | a partir de 1º.5.2008 |
| 3-A | Espírito Santo | Protocolo ICMS-48/11, de 8.7.2011 | a partir de 1º.9.2011 |
| | • *Item 3-A acrescido pelo Decreto nº 57.677, de 26.12.2011 – DOE de 27.12.2011 – Efeitos a partir da publicação.* | | |
| 3-B | Goiás | Protocolo ICMS-11/11, de 1º.4.2011 | a partir de 1º.7.2011 |
| | • *Item 3-B acrescido pelo Decreto nº 57.677, de 26.12.2011 – DOE de 27.12.2011 – Efeitos a partir da publicação.* | | |
| 4 | Mato Grosso | Protocolo ICMS-6/08, de 5.3.2008 | a partir de 1º.5.2008 |
| 5 | Mato Grosso do Sul | Protocolo ICMS-14/07, de 23.4.2007 | a partir de 1º.5.2008 |
| 6 | Pernambuco | Protocolo ICMS-91/08, de 30.9.2008 | a partir de 1º.1.2009 |
| 7 | Rio Grande do Sul | Protocolo ICMS-96/09, de 23.7.2009 | a partir de 1º.10.2009 |

**Parte II – Acordos que preveem a substituição tributária nas operações promovidas por remetente localizado em outra unidade federada com destino a estabelecimento paulista.**

| ITEM | ESTADO | ACORDO | EFEITOS |
|---|---|---|---|
| 1 | Bahia | Protocolo ICMS-107/09, de 10.8.2009 | a partir de 1º.11.2009 |
| 2 | Ceará | Protocolo ICMS-14/08, de 14.3.2008 | Vide Parágrafo único da Cláusula oitava |
| 3 | Mato Grosso | Protocolo ICMS-6/08, de 5.3.2008 | Vide Parágrafo único da Cláusula décima nona |
| 4 | Pernambuco | Protocolo ICMS-133/08, de 5.12.2008 | a partir de 1º.3.2009 |
| 5 | Rio Grande do Sul | Protocolo ICMS-96/09, de 23.7.2009 | a partir de 1º.9.2009 |

## TABELA XXVI
## ELETRODOMÉSTICOS, ELETROELETRÔNICOS E EQUIPAMENTOS DE INFORMÁTICA

**Parte I – Acordos que preveem a substituição tributária nas operações promovidas por contribuinte paulista com destino a contribuinte localizado em outra unidade federada.**

| ITEM | ESTADO | ACORDO | EFEITOS |
|---|---|---|---|
| 1 | Alagoas | Protocolo ICMS-38/07, de 6.7.2007 | a partir de 1º.8.2007 |
| 2 | Ceará | Protocolo ICMS-19/08, de 14.3.2008 | a partir de 1º.1.2010 |
| 3 | Mato Grosso | Protocolo ICMS-8/08, de 5.3.2008 | a partir de 1º.5.2008 |
| 4 | Mato Grosso do Sul | Protocolo ICMS-15/07, de 23.4.2007 | a partir de 1º.7.2007 |
| 5 | Minas Gerais | Protocolo ICMS-31/09, de 5.6.2009 | a partir de 1º.8.2009 |
| 6 | Pernambuco | Protocolo ICMS-94/08, de 30.9.2008 | Vide Cláusula oitava |
| 7 | Rio Grande do Sul | Protocolo ICMS-88/09, de 23.7.2009 | a partir de 1º.11.2009 |

**Parte II – Acordos que preveem a substituição tributária nas operações promovidas por remetente localizado em outra unidade federada com destino a estabelecimento paulista.**

| ITEM | ESTADO | ACORDO | EFEITOS |
|---|---|---|---|
| 1 | Ceará | Protocolo ICMS-19/08, de 14.3.2008 | Vide Parágrafo único da Cláusula oitava |
| 2 | Mato Grosso | Protocolo ICMS-8/08, de 5.3.2008 | Vide Parágrafo único da Cláusula décima nona |
| 3 | Minas Gerais | Protocolo ICMS-31/09, de 5.6.2009 | a partir de 1º.8.2009 |
| 4 | Pernambuco | Protocolo ICMS-94/08, de 30.9.2008 | Vide Cláusula oitava |
| 5 | Rio Grande do Sul | Protocolo ICMS-88/09, de 23.7.2009 | a partir de 1º.10.2009 |

## TABELA XXVII - VINHOS E SIDRAS

**Parte I - Acordos que preveem a substituição tributária nas operações promovidas por contribuinte paulista com destino a contribuinte localizado em outra unidade federada.**

| ITEM | ESTADO | ACORDO | EFEITOS |
|---|---|---|---|
| 1 | Ceará | Protocolo ICMS-15/08, de 14.3.2008 | a partir de 1º.5.2008 |
| 2 | Pernambuco | Protocolo ICMS-99/08, de 30.9.2008 | Vide Cláusula oitava |

**Parte II - Acordos que preveem a substituição tributária nas operações promovidas por remetente localizado em outra unidade federada com destino a estabelecimento paulista.**

| ITEM | ESTADO | ACORDO | EFEITOS |
|---|---|---|---|
| 1 | Ceará | Protocolo ICMS-15/08, de 14.3.2008 | Vide Parágrafo único da Cláusula oitava |
| 2 | Pernambuco | Protocolo ICMS-99/08, de 30.9.2008 | Vide Cláusula oitava |

## TABELA XXVIII - AGUARDENTES

**Parte I - Acordos que preveem a substituição tributária nas operações promovidas por contribuinte paulista com destino a contribuinte localizado em outra unidade federada.**

| ITEM | ESTADO | ACORDO | EFEITOS |
|---|---|---|---|
| 1 | Ceará | Protocolo ICMS-16/08, de 14.3.2008 | a partir de 1º.1.2010 |
| 2 | Pernambuco | Protocolo ICMS-100/08, de 30.9.2008 | Vide Cláusula oitava |

**Parte II - Acordos que preveem a substituição tributária nas operações promovidas por remetente localizado em outra unidade federada com destino a estabelecimento paulista.**

| ITEM | ESTADO | ACORDO | EFEITOS |
|---|---|---|---|
| 1 | Ceará | Protocolo ICMS-16/08, de 14.3.2008 | Vide Parágrafo único da Cláusula oitava |
| 2 | Pernambuco | Protocolo ICMS-100/08, de 30.9.2008 | Vide Cláusula oitava |

## TABELA XXIX - MATERIAIS DE LIMPEZA

**Parte I - Acordos que preveem a substituição tributária nas operações promovidas por contribuinte paulista com destino a contribuinte localizado em outra unidade federada.**

| ITEM | ESTADO | ACORDO | EFEITOS |
|---|---|---|---|
| 1 | Alagoas | Protocolo ICMS-105/08, de 16.11.2008 | a partir de 1º.2.2009 |
| | • *Item 1 com redação dada pelo Decreto nº 56.334, de 27.10.2010 – DOE de 28.10.2010 – Efeitos a partir da publicação.* | | |
| 2 | Bahia | Protocolo ICMS-106/09, de 10.8.2009 | a partir de 1º.12.2009 |
| 3 | Ceará | Protocolo ICMS-18/08, de 14.3.2008 | a partir de 1º.1.2010 |
| 4 | Mato Grosso | Protocolo ICMS-12/08, de 5.3.2008 | a partir de 1º.5.2008 |
| 5 | Minas Gerais | Protocolo ICMS-33/09, de 5.6.2009 | a partir de 1º.8.2009 |
| 6 | Pernambuco | Protocolo ICMS-97/08, de 30.9.2008 | Vide Cláusula oitava |
| 7 | Rio Grande do Sul | Protocolo ICMS-93/09, de 23.7.2009 | a partir de 1º.10.2009 |

**Parte II – Acordos que preveem a substituição tributária nas operações promovidas por remetente localizado em outra unidade federada com destino a estabelecimento paulista.**

| ITEM | ESTADO | ACORDO | EFEITOS |
|---|---|---|---|
| 1 | Alagoas | Protocolo ICMS-105/08, de 16.11.2008 | Vide § 3º da Cláusula primeira |
| | • *Item 1 com redação dada pelo Decreto nº 56.334, de 27.10.2010 – DOE de 28.10.2010 – Efeitos a partir da publicação.* | | |
| 2 | Bahia | Protocolo ICMS-106/09, de 10.8.2009 | a partir de 1º.12.2009 |
| 3 | Ceará | Protocolo ICMS-18/08, de 14.3.2008 | Vide Parágrafo único da Cláusula oitava |
| 4 | Mato Grosso | Protocolo ICMS-12/08, de 5.3.2008 | Vide Parágrafo único da Cláusula décima nona |
| 5 | Minas Gerais | Protocolo ICMS-33/09, de 5.6.2009 | a partir de 1º.8.2009 |
| 6 | Pernambuco | Protocolo ICMS-97/08, de 30.9.2008 | Vide Cláusula oitava |
| 7 | Rio Grande do Sul | Protocolo ICMS-93/09, de 23.7.2009 | a partir de 1º.10.2009 |

## TABELA XXX – AUTOPEÇAS

**Parte I – Acordos que preveem a substituição tributária nas operações promovidas por contribuinte paulista com destino a contribuinte localizado em outra unidade federada.**

| ITEM | ESTADO | ACORDO | EFEITOS |
|---|---|---|---|
| 1 | Alagoas | Protocolo ICMS-119/08, de 5.12.2008 | a partir de 1º.1.2009 |
| 2 | Amapá | Protocolo ICMS-41/08, de 4.4.2008 | a partir de 1º.6.2008 |
| 3 | Amazonas | Protocolo ICMS-41/08, de 4.4.2008 | a partir de 1º.5.2008 |
| 4 | Bahia | Protocolo ICMS-41/08, de 4.4.2008 | a partir de 1º.5.2008 |
| 5 | Ceará | Protocolo ICMS-22/08, de 24.3.2008 | a partir de 1º.5.2008 |
| 6 | Distrito Federal | Protocolo ICMS-5/11, de 1º.4.2011 | Vide cláusulas quarta e quinta |
| | • *Item 6 com redação dada pelo Decreto nº 57.028, de 31.5.2011 – DOE de 1º.6.2011 – Efeitos a partir da publicação.* | | |
| 7 | Espírito Santo | Protocolo ICMS-24/09, de 3.6.2009 | a partir de 1º.8.2009 |
| 7-A | Goiás | Protocolo ICMS-5/11, de 1º.4.2011 | Vide cláusulas primeira e quinta |
| | • *Item 7-A acrescido pelo Decreto nº 57.028, de 31.5.2011 – DOE de 1º.6.2011 – Efeitos a partir da publicação.* | | |
| 8 | Maranhão | Protocolo ICMS-41/08, de 4.4.2008 | a partir de 1º.5.2008 |
| 9 | Mato Grosso | Protocolo ICMS-41/08, de 4.4.2008 | a partir de 1º.5.2008 |
| 10 | Minas Gerais | Protocolo ICMS-41/08, de 4.4.2008 | a partir de 1º.5.2008 |
| 11 | Pará | Protocolo ICMS-41/08, de 4.4.2008 | a partir de 1º.5.2008 |
| 12 | Paraná | Protocolo ICMS-41/08, de 4.4.2008 | a partir de 1º.5.2008 |
| 13 | Pernambuco | Protocolo ICMS-101/08, de 30.9.2008 | Vide Cláusula oitava |
| 14 | Piauí | Protocolo ICMS-41/08, de 4.4.2008 | a partir de 1º.5.2008 |
| 15 | Rio de Janeiro | Protocolo ICMS-17/09, de 3.4.2009 | a partir de 1º.5.2009 |
| 16 | Rio Grande do Sul | Protocolo ICMS-41/08, de 4.4.2008 | a partir de 1º.5.2008 |
| 17 | Santa Catarina | Protocolo ICMS-41/08, de 4.4.2008 | a partir de 1º.5.2008 |

**Parte II – Acordos que preveem a substituição tributária nas operações promovidas por remetente localizado em outra unidade federada com destino a estabelecimento paulista.**

| ITEM | ESTADO | ACORDO | EFEITOS |
|---|---|---|---|
| 1 | Alagoas | Protocolo ICMS-119/08, de 5.12.2008 | a partir de 1º.1.2009 |
| 2 | Amapá | Protocolo ICMS-41/08, de 4.4.2008 | a partir de 1º.5.2008 |
| 3 | Amazonas | Protocolo ICMS-41/08, de 4.4.2008 | a partir de 1º.5.2008 |
| 4 | Bahia | Protocolo ICMS-41/08, de 4.4.2008 | a partir de 1º.5.2008 |
| 5 | Ceará | Protocolo ICMS-22/08, de 24.3.2008 | Vide Parágrafo único da Cláusula oitava |
| 6 | Distrito Federal | Protocolo ICMS-41/08, de 4.4.2008 (denunciado) | 1º.5.2008 a 30.11.2008 |
| 7 | Maranhão | Protocolo ICMS-41/08, de 4.4.2008 | a partir de 1º.5.2008 |
| 8 | Mato Grosso | Protocolo ICMS-41/08, de 4.4.2008 | a partir de 1º.5.2008 |
| 9 | Minas Gerais | Protocolo ICMS-41/08, de 4.4.2008 | a partir de 1º.5.2008 |
| 10 | Pará | Protocolo ICMS-41/08, de 4.4.2008 | a partir de 1º.5.2008 |
| 11 | Paraná | Protocolo ICMS-41/08, de 4.4.2008 | a partir de 1º.5.2008 |
| 12 | Pernambuco | Protocolo ICMS-101/08, de 30.9.2008 | Vide Cláusula oitava |
| 13 | Piauí | Protocolo ICMS-41/08, de 4.4.2008 | a partir de 1º.5.2008 |
| 14 | Rio de Janeiro | Protocolo ICMS-17/09, de 3.4.2009 | a partir de 1º.5.2009 |
| 15 | Rio Grande do Sul | Protocolo ICMS-41/08, de 4.4.2008 | a partir de 1º.5.2008 |
| 16 | Santa Catarina | Protocolo ICMS-41/08, de 4.4.2008 | a partir de 1º.5.2008 |

## TABELA XXXI – RAÇÕES PARA ANIMAIS

**Parte I – Acordos que preveem a substituição tributária nas operações promovidas por contribuinte paulista com destino a contribuinte localizado em outra unidade federada.**

| ITEM | ESTADO | ACORDO | EFEITOS |
|---|---|---|---|
| 1 | Acre | Protocolo ICMS-45/08, de 4.4.2008 | a partir de 1º.5.2008 |
| 2 | Alagoas | Protocolo ICMS-45/08, de 4.4.2008 | a partir de 1º.5.2008 |
| 3 | Amapá | Protocolo ICMS-45/08, de 4.4.2008 | a partir de 1º.5.2008 |
| 4 | Amazonas | Protocolo ICMS-45/08, de 4.4.2008 | a partir de 1º.5.2008 |
| 5 | Bahia | Protocolo ICMS-63/08, de 4.7.2008 | a partir de 1º.11.2008 |
| 6 | Ceará | Protocolo ICMS-45/08, de 4.4.2008 | a partir de 1º.5.2008 |
| 7 | Distrito Federal | Protocolo ICMS-45/08, de 4.4.2008 | a partir de 1º.5.2008 |
| 8 | Espírito Santo | Protocolo ICMS-45/08, de 4.4.2008 | a partir de 1º.5.2008 |
| 8-A | Goiás | Protocolo ICMS-39/11, de 8.7.2011 | a partir de 1º.9.2011 |
| | • *Item 8-A acrescido pelo Decreto nº 57.677, de 26.12.2011 – DOE de 27.12.2011 – Efeitos a partir da publicação.* | | |
| 9 | Maranhão | Protocolo ICMS-45/08, de 4.4.2008 | a partir de 1º.5.2008 |
| 10 | Mato Grosso | Protocolo ICMS-45/08, de 4.4.2008 | a partir de 1º.5.2008 |
| 11 | Mato Grosso do Sul | Protocolo ICMS-45/08, de 4.4.2008 | a partir de 1º.5.2008 |
| 12 | Minas Gerais | Protocolo ICMS-45/08, de 4.4.2008 | a partir de 1º.5.2008 |
| 13 | Pará | Protocolo ICMS-45/08, de 4.4.2008 | a partir de 1º.5.2008 |
| 14 | Paraíba | Protocolo ICMS-45/08, de 4.4.2008 | a partir de 1º.5.2008 |

| | | | |
|---|---|---|---|
| 15 | Paraná | Protocolo ICMS-45/08, de 4.4.2008 | a partir de 1º.5.2008 |
| 16 | Pernambuco | Protocolo ICMS-45/08, de 4.4.2008 | a partir de 1º.5.2008 |
| 17 | Piauí | Protocolo ICMS-45/08, de 4.4.2008 | a partir de 1º.5.2008 |
| 18 | Rio de Janeiro | Protocolo ICMS-45/08, de 4.4.2008 | a partir de 1º.5.2008 |
| 19 | Rio Grande do Norte | Protocolo ICMS-45/08, de 4.4.2008 | a partir de 1º.5.2008 |
| 20 | Rio Grande do Sul | Protocolo ICMS-45/08, de 4.4.2008 | a partir de 1º.5.2008 |
| 21 | Rondônia | Protocolo ICMS-45/08, de 4.4.2008 | a partir de 1º.5.2008 |
| 22 | Roraima | Protocolo ICMS-45/08, de 4.4.2008 | a partir de 1º.5.2008 |
| 23 | Santa Catarina | Protocolo ICMS-45/08, de 4.4.2008 | a partir de 1º.5.2008 |
| 24 | Sergipe | Protocolo ICMS-45/08, de 4.4.2008 | a partir de 1º.5.2008 |
| 25 | Tocantins | Protocolo ICMS-45/08, de 4.4.2008 | a partir de 1º.5.2008 |

**Parte II – Acordos que preveem a substituição tributária nas operações promovidas por remetente localizado em outra unidade federada com destino a estabelecimento paulista.**

| ITEM | ESTADO | ACORDO | EFEITOS |
|---|---|---|---|
| 1 | Acre | Protocolo ICMS-45/08, de 4.4.2008 | a partir de 1º.5.2008 |
| 2 | Alagoas | Protocolo ICMS-45/08, de 4.4.2008 | a partir de 1º.5.2008 |
| 3 | Amapá | Protocolo ICMS-45/08, de 4.4.2008 | a partir de 1º.5.2008 |
| 4 | Amazonas | Protocolo ICMS-45/08, de 4.4.2008 | a partir de 1º.5.2008 |
| 5 | Bahia | Protocolo ICMS-63/08, de 4.7.2008 | a partir de 1º.11.2008 |
| 6 | Ceará | Protocolo ICMS-45/08, de 4.4.2008 | a partir de 1º.5.2008 |
| 7 | Distrito Federal | Protocolo ICMS-45/08, de 4.4.2008 | a partir de 1º.5.2008 |
| 8 | Espírito Santo | Protocolo ICMS-45/08, de 4.4.2008 | a partir de 1º.5.2008 |
| 8-A | Goiás | Protocolo ICMS-39/11, de 8.7.2011 | a partir de 1º.9.2011 |
| | • *Item 8-A acrescido pelo Decreto nº 57.677, de 26.12.2011 – DOE de 27.12.2011 – Efeitos a partir da publicação.* | | |
| 9 | Maranhão | Protocolo ICMS-45/08, de 4.4.2008 | a partir de 1º.5.2008 |
| 10 | Mato Grosso | Protocolo ICMS-45/08, de 4.4.2008 | a partir de 1º.5.2008 |
| 11 | Mato Grosso do Sul | Protocolo ICMS-45/08, de 4.4.2008 | a partir de 1º.5.2008 |
| 12 | Minas Gerais | Protocolo ICMS-45/08, de 4.4.2008 | a partir de 1º.5.2008 |
| 13 | Pará | Protocolo ICMS-45/08, de 4.4.2008 | a partir de 1º.5.2008 |
| 14 | Paraíba | Protocolo ICMS-45/08, de 4.4.2008 | a partir de 1º.5.2008 |
| 15 | Paraná | Protocolo ICMS-45/08, de 4.4.2008 | a partir de 1º.5.2008 |
| 16 | Pernambuco | Protocolo ICMS-45/08, de 4.4.2008 | a partir de 1º.5.2008 |
| 17 | Piauí | Protocolo ICMS-45/08, de 4.4.2008 | a partir de 1º.5.2008 |
| 18 | Rio de Janeiro | Protocolo ICMS-45/08, de 4.4.2008 | a partir de 1º.5.2008 |
| 19 | Rio Grande do Norte | Protocolo ICMS-45/08, de 4.4.2008 | a partir de 1º.5.2008 |
| 20 | Rio Grande do Sul | Protocolo ICMS-45/08, de 4.4.2008 | a partir de 1º.5.2008 |
| 21 | Rondônia | Protocolo ICMS-45/08, de 4.4.2008 | a partir de 1º.5.2008 |
| 22 | Roraima | Protocolo ICMS-45/08, de 4.4.2008 | a partir de 1º.5.2008 |
| 23 | Santa Catarina | Protocolo ICMS-45/08, de 4.4.2008 | a partir de 1º.5.2008 |
| 24 | Sergipe | Protocolo ICMS-45/08, de 4.4.2008 | a partir de 1º.5.2008 |
| 25 | Tocantins | Protocolo ICMS-45/08, de 4.4.2008 | a partir de 1º.5.2008 |

## TABELA XXXII – FERRAMENTAS

**Parte I – Acordos que preveem a substituição tributária nas operações promovidas por contribuinte paulista com destino a contribuinte localizado em outra unidade federada.**

| ITEM | ESTADO | ACORDO | EFEITOS |
|---|---|---|---|
| 1 | Minas Gerais | Protocolo ICMS-27/09, de 5.6.2009 | a partir de 1°.8.2009 |
| 2 | Rio Grande do Sul | Protocolo ICMS-89/09, de 23.7.2009 | a partir de 1°.9.2009 |

**Parte II – Acordos que preveem a substituição tributária nas operações promovidas por remetente localizado em outra unidade federada com destino a estabelecimento paulista.**

| ITEM | ESTADO | ACORDO | EFEITOS |
|---|---|---|---|
| 1 | Minas Gerais | Protocolo ICMS-27/09, de 5.6.2009 | a partir de 1°.8.2009 |
| 2 | Rio Grande do Sul | Protocolo ICMS-89/09, de 23.7.2009 | a partir de 1°.9.2009 |

## TABELA XXXIII – PRODUTOS ALIMENTÍCIOS

**Parte I – Acordos que preveem a substituição tributária nas operações promovidas por contribuinte paulista com destino a contribuinte localizado em outra unidade federada.**

| ITEM | ESTADO | ACORDO | EFEITOS |
|---|---|---|---|
| 1 | Minas Gerais | Protocolo ICMS-28/09, de 5.6.2009 | a partir de 1°.8.2009 |
| 2 | Rio Grande do Sul | Protocolo ICMS-95/09, de 23.7.2009 | a partir de 1°.10.2009 |

**Parte II – Acordos que preveem a substituição tributária nas operações promovidas por remetente localizado em outra unidade federada com destino a estabelecimento paulista.**

| ITEM | ESTADO | ACORDO | EFEITOS |
|---|---|---|---|
| 1 | Minas Gerais | Protocolo ICMS-28/09, de 5.6.2009 | a partir de 1°.8.2009 |
| 2 | Rio Grande do Sul | Protocolo ICMS-95/09, de 23.7.2009 | a partir de 1°.10.2009 |

## TABELA XXXIV – BICICLETAS

**Parte I – Acordos que preveem a substituição tributária nas operações promovidas por contribuinte paulista com destino a contribuinte localizado em outra unidade federada.**

| ITEM | ESTADO | ACORDO | EFEITOS |
|---|---|---|---|
| 1 | Bahia | Protocolo ICMS-110/09, de 10.8.2009 | a partir de 1°.12.2009 |
| 2 | Minas Gerais | Protocolo ICMS-29/09, de 5.6.2009 | a partir de 1°.8.2009 |
| 3 | Rio Grande do Sul | Protocolo ICMS-87/09, de 24.7.2009 | a partir de 1°.10.2009 |

**Parte II – Acordos que preveem a substituição tributária nas operações promovidas por remetente localizado em outra unidade federada com destino a estabelecimento paulista.**

| ITEM | ESTADO | ACORDO | EFEITOS |
|---|---|---|---|
| 1 | Bahia | Protocolo ICMS-110/09, de 10.8.2009 | a partir de 1°.12.2009 |
| 2 | Minas Gerais | Protocolo ICMS-29/09, de 5.6.2009 | a partir de 1°.8.2009 |
| 3 | Rio Grande do Sul | Protocolo ICMS-87/09, de 24.7.2009 | a partir de 1°.10.2009 |

## TABELA XXXV – ARTEFATOS DE USO DOMÉSTICO

**Parte I – Acordos que preveem a substituição tributária nas operações promovidas por contribuinte paulista com destino a contribuinte localizado em outra unidade federada.**

| ITEM | ESTADO | ACORDO | EFEITOS |
|---|---|---|---|
| 1 | Minas Gerais | Protocolo ICMS-34/09, de 5.6.2009 | a partir de 1º.8.2009 |
| 2 | Rio Grande do Sul | Protocolo ICMS-86/09, de 23.7.2009 | a partir de 1º.10.2009 |

**Parte II – Acordos que preveem a substituição tributária nas operações promovidas por remetente localizado em outra unidade federada com destino a estabelecimento paulista.**

| ITEM | ESTADO | ACORDO | EFEITOS |
|---|---|---|---|
| 1 | Minas Gerais | Protocolo ICMS-34/09, de 5.6.2009 | a partir de 1º.8.2009 |
| 2 | Rio Grande do Sul | Protocolo ICMS-86/09, de 23.7.2009 | a partir de 1º.10.2009 |

## TABELA XXXVI – BRINQUEDOS

**Parte I – Acordos que preveem a substituição tributária nas operações promovidas por contribuinte paulista com destino a contribuinte localizado em outra unidade federada.**

| ITEM | ESTADO | ACORDO | EFEITOS |
|---|---|---|---|
| 1 | Bahia | Protocolo ICMS-108/09, de 10.8.2009 | a partir de 1º.12.2009 |
| 2 | Minas Gerais | Protocolo ICMS-35/09, de 5.6.2009 | a partir de 1º.8.2009 |
| 3 | Rio Grande do Sul | Protocolo ICMS-97/09, de 23.7.2009 | a partir de 1º.10.2009 |

**Parte II – Acordos que preveem a substituição tributária nas operações promovidas por remetente localizado em outra unidade federada com destino a estabelecimento paulista.**

| ITEM | ESTADO | ACORDO | EFEITOS |
|---|---|---|---|
| 1 | Bahia | Protocolo ICMS-108/09, de 10.8.2009 | a partir de 1º.12.2009 |
| 2 | Minas Gerais | Protocolo ICMS-35/09, de 5.6.2009 | a partir de 1º.8.2009 |
| 3 | Rio Grande do Sul | Protocolo ICMS-97/09, de 23.7.2009 | a partir de 1º.10.2009 |

## TABELA XXXVII – INSTRUMENTOS MUSICAIS

**Parte I – Acordos que preveem a substituição tributária nas operações promovidas por contribuinte paulista com destino a contribuinte localizado em outra unidade federada.**

| ITEM | ESTADO | ACORDO | EFEITOS |
|---|---|---|---|
| 1 | Minas Gerais | Protocolo ICMS-38/08, de 5.6.2009 | a partir de 1º.8.2009 |
| 2 | Rio Grande do Sul | Protocolo ICMS-90/09, de 23.7.2009 | a partir de 1º.11.2009 |

**Parte II – Acordos que preveem a substituição tributária nas operações promovidas por remetente localizado em outra unidade federada com destino a estabelecimento paulista.**

| ITEM | ESTADO | ACORDO | EFEITOS |
|---|---|---|---|
| 1 | Minas Gerais | Protocolo ICMS-38/08, de 5.6.2009 | a partir de 1º.8.2009 |
| 2 | Rio Grande do Sul | Protocolo ICMS-90/09, de 23.7.2009 | a partir de 1º.11.2009 |

## TABELA XXXVIII – MATERIAIS ELÉTRICOS

**Parte I – Acordos que preveem a substituição tributária nas operações promovidas por contribuinte paulista com destino a contribuinte localizado em outra unidade federada.**

| ITEM | ESTADO | ACORDO | EFEITOS |
|---|---|---|---|
| 1 | Distrito Federal | Protocolo ICMS-22/11, de 13.4.2011 | Vide cláusula nona |
| 2 | Minas Gerais | Protocolo ICMS-39/09, de 5.6.2009 | a partir de 1º.8.2009 |
| 3 | Rio Grande do Sul | Protocolo ICMS-91/09, de 23.7.2009 | a partir de 1º.9.2009 |

• *Parte I com redação dada pelo Decreto nº 57.028, de 31.5.2011 – DOE de 1º.6.2011 – Efeitos a partir da publicação.*

**Parte II – Acordos que preveem a substituição tributária nas operações promovidas por remetente localizado em outra unidade federada com destino a estabelecimento paulista.**

| ITEM | ESTADO | ACORDO | EFEITOS |
|---|---|---|---|
| 1 | Minas Gerais | Protocolo ICMS-39/09, de 5.6.2009 | a partir de 1º.8.2009 |
| 2 | Rio Grande do Sul | Protocolo ICMS-91/09, de 23.7.2009 | a partir de 1º.9.2009 |

## TABELA XXXIX – ARTIGOS DE PAPELARIA

**Parte I – Acordos que preveem a substituição tributária nas operações promovidas por contribuinte paulista com destino a contribuinte localizado em outra unidade federada.**

| ITEM | ESTADO | ACORDO | EFEITOS |
|---|---|---|---|
| 1 | Bahia | Protocolo ICMS-109/09, de 10.8.2009 | a partir de 1º.9.2009 |
| 2 | Minas Gerais | Protocolo ICMS-40/09, de 5.6.2009 | a partir de 1º.8.2009 |
| 3 | Rio Grande do Sul | Protocolo ICMS-94/09, de 23.7.2009 | a partir de 1º.11.2009 |

**Parte II – Acordos que preveem a substituição tributária nas operações promovidas por remetente localizado em outra unidade federada com destino a estabelecimento paulista.**

| ITEM | ESTADO | ACORDO | EFEITOS |
|---|---|---|---|
| 1 | Bahia | Protocolo ICMS-109/09, de 10.8.2009 | a partir de 1º.9.2009 |
| 2 | Minas Gerais | Protocolo ICMS-40/09, de 5.6.2009 | a partir de 1º.8.2009 |
| 3 | Rio Grande do Sul | Protocolo ICMS-94/09, de 23.7.2009 | a partir de 1º.9.2009 |

## TABELA XL
## MÁQUINAS E APARELHOS MECÂNICOS, ELÉTRICOS, ELETROMECÂNICOS E AUTOMÁTICOS

• *Tabela XL acrescida pelo Decreto nº 56.334, de 27.10.2010 – DOE de 28.10.2010 – Efeitos a partir da publicação.*

**Parte I – Acordos que preveem a substituição tributária nas operações promovidas por contribuinte paulista com destino a contribuinte localizado em outra unidade federada.**

| ITEM | ESTADO | ACORDO | EFEITOS |
|---|---|---|---|
| 1 | Minas Gerais | Protocolo ICMS-159/09, de 1º.10.2009 | a partir de 1º.11.2009 |

**Parte II – Acordos que preveem a substituição tributária nas operações promovidas por remetente localizado em outra unidade federada com destino a estabelecimento paulista.**

| ITEM | ESTADO | ACORDO | EFEITOS |
|---|---|---|---|
| 1 | Minas Gerais | Protocolo ICMS-159/09, de 1º.10.2009 | a partir de 1º.11.2009 |

# ANEXO VII
# DEPÓSITO FECHADO, ARMAZÉM GERAL E EQUIPARADOS

## CAPÍTULO I – DEPÓSITO FECHADO

**Art. 1º.** Na saída de mercadoria do estabelecimento depositante com destino a depósito fechado, ambos pertencentes ao mesmo titular e localizados neste Estado, será emitida Nota Fiscal que conterá, além dos demais requisitos (Lei nº 6.374/1989, art. 67, § 1º, e Convênio SINIEF de 15.12.1970, art. 22):

I – o valor da mercadoria;

II – a natureza da operação: "Outras Saídas – Remessa para Depósito Fechado";

III – a indicação do dispositivo legal em que estiver prevista a não incidência do imposto: art. 7º, inciso II, deste Regulamento.

**Art. 2º.** Na saída de mercadoria em retorno ao estabelecimento depositante, remetida por depósito fechado, este emitirá Nota Fiscal que conterá, além dos demais requisitos (Lei nº 6.374/1989, art. 67, § 1º, e Convênio SINIEF de 15.12.1970, art. 23):

I – o valor da mercadoria;

II – a natureza da operação: "Outras Saídas – Retorno de Depósito Fechado";

III – a indicação do dispositivo legal em que estiver prevista a não incidência do imposto: art. 7º, inciso III, deste Regulamento.

**Art. 3º.** Na saída de mercadoria armazenada em depósito fechado, com destino a outro estabelecimento, ainda que da mesma empresa, o estabelecimento depositante emitirá Nota Fiscal que conterá, além dos demais requisitos (Lei nº 6.374/1989, art. 67, § 1º, e Convênio SINIEF de 15.12.1970, art. 24, com a alteração do Ajuste SINIEF-4/78, cláusula primeira):

I – o valor da operação;

II – a natureza da operação;

III – o destaque do valor do imposto, se devido;

IV – a indicação de que a mercadoria será retirada de depósito fechado, o endereço deste e seus números de inscrição, estadual e no CNPJ.

§ 1º. Na hipótese deste artigo, o depósito fechado, no ato da saída da mercadoria, emitirá Nota Fiscal em nome do estabelecimento depositante, sem destaque do valor do imposto, que conterá, além dos demais requisitos:

1 – o valor da mercadoria, que corresponderá àquele atribuído por ocasião de sua entrada no depósito fechado;

2 – a natureza da operação "Outras Saídas – Retorno Simbólico de Depósito Fechado";

3 – o número, a série, quando adotada, e a data da Nota Fiscal emitida pelo estabelecimento depositante;

4 – o nome do titular, o endereço e os números de inscrição, estadual e no CNPJ, do estabelecimento a que se destinar a mercadoria.

§ 2º. O depósito fechado indicará, no verso das vias da Nota Fiscal emitida pelo estabelecimento depositante destinadas a acompanhar a mercadoria, a data da sua efetiva saída, o número, a série, quando adotada, e a data da emissão da Nota Fiscal prevista no parágrafo anterior.

§ 3º. A Nota Fiscal a que alude o § 1º será enviada ao estabelecimento depositante, que deverá registrá-la, no livro Registro de Entradas, dentro de 10 (dez) dias, contados da saída efetiva da mercadoria do depósito fechado.

§ 4º. A mercadoria será acompanhada em seu transporte da Nota Fiscal emitida pelo estabelecimento depositante.

§ 5º. Se o estabelecimento depositante emitir a Nota Fiscal prevista no *caput* com uma via adicional para ser retida e arquivada pelo depósito fechado, poderá este, na hipótese do § 1º, emitir uma única Nota Fiscal de retorno simbólico que contenha resumo diário das saídas mencionadas neste artigo, dispensada a obrigação prevista no item 4 do referido parágrafo.

**Art. 4º.** Na saída de mercadoria para entrega a depósito fechado, por conta e ordem do estabelecimento destinatário, ambos localizados neste Estado e pertencentes ao mesmo titular, o estabelecimento destinatário será considerado depositante, devendo o remetente emitir Nota Fiscal que conterá, além dos demais requisitos, a indicação (Lei nº 6.374/1989, art. 67, § 1º, e Convênio SINIEF de 15.12.1970, art. 25):

I – como destinatário, do estabelecimento depositante;

II – do local da entrega, endereço e números de inscrição, estadual e no CNPJ, do depósito fechado.

§ 1º. O depósito fechado deverá:

1 – registrar a Nota Fiscal que tiver acompanhado a mercadoria no livro Registro de Entradas;

2 – mencionar a data da entrada efetiva da mercadoria na Nota Fiscal referida no item anterior, remetendo-a ao estabelecimento depositante.

§ 2º. O estabelecimento depositante deverá:

1 – registrar a Nota Fiscal no livro Registro de Entradas, dentro de 10 (dez) dias, contados da data da entrada efetiva da mercadoria no depósito fechado;

2 – emitir Nota Fiscal relativa à saída simbólica, dentro de 10 (dez) dias, contados da data da entrada efetiva da mercadoria no depósito fechado, na forma do art. 1º, mencionando, ainda, o número e a data do documento fiscal emitido pelo remetente;

3 – remeter a Nota Fiscal aludida no item anterior ao depósito fechado, dentro de 5 (cinco) dias, contados da respectiva emissão.

§ 3º. O depósito fechado deverá acrescentar na coluna "Observações" do livro Registro de Entradas, relativamente ao lançamento previsto no item 1 do § 1º, o número, a série, quando adotada, e a data da Nota Fiscal referida no item 2 do parágrafo anterior.

§ 4º. Todo e qualquer crédito do imposto, quando cabível, será conferido ao estabelecimento depositante.

**Art. 5º.** O depósito fechado deverá (Lei nº 6.374/1989, art. 67, § 1º):

I – armazenar, separadamente, as mercadorias de cada estabelecimento depositante, de modo a permitir a verificação das respectivas quantidades;

II – registrar no livro Registro de Inventário, separadamente, o estoque de cada estabelecimento depositante.

## CAPÍTULO II – ARMAZÉM GERAL

**Art. 6º.** Na saída de mercadoria para depósito em armazém geral, localizado no mesmo Estado do estabelecimento remetente, este emitirá Nota Fiscal que conterá, além dos demais requisitos (Lei nº 6.374/1989, art. 67, § 1º, e Convênio SINIEF de 15.12.1970, art. 26):

I – o valor da mercadoria;

II – a natureza da operação: "Outras Saídas – Remessa para Armazém Geral";

III – a indicação do dispositivo legal em que estiver prevista a não incidência do imposto: art. 7º, inciso I, deste Regulamento.

**Art. 7º.** Na saída da mercadoria referida no artigo anterior, em retorno ao estabelecimento depositante, o armazém geral emitirá Nota Fiscal que conterá, além dos demais requisitos (Lei nº 6.374/1989, art. 67, § 1º, e Convênio SINIEF de 15.12.1970, art. 27):

I – o valor da mercadoria;

II – a natureza da operação: "Outras Saídas – Retorno de Armazém Geral";

III – a indicação dos dispositivos legais em que estiver prevista a não incidência do imposto.

**Art. 8º.** Na saída de mercadoria depositada em armazém geral situado no mesmo Estado do estabelecimento depositante, com destino a outro estabelecimento, ainda que do mesmo titular, o depositante emitirá Nota Fiscal em nome do destinatário que conterá, além dos demais requisitos (Lei nº 6.374/1989, art. 67, § 1º, e Convênio SINIEF de 15.12.1970, art. 28):

I – o valor da operação;

II – a natureza da operação;

III – o destaque do valor do imposto, se devido;

IV – a indicação de que a mercadoria será retirada do armazém geral, o endereço e os números de inscrição, estadual e no CNPJ, deste.

§ 1º. Na hipótese deste artigo, o armazém geral, no ato da saída da mercadoria, emitirá Nota Fiscal em nome do estabelecimento depositante, sem destaque do valor imposto, que conterá, além dos demais requisitos:

1 – o valor da mercadoria, que corresponderá àquele atribuído por ocasião de sua entrada no armazém geral;

2 – a natureza da operação: "Outras Saídas – Retorno Simbólico de Armazém Geral";

3 – o número, a série, quando adotada, e a data da Nota Fiscal emitida pelo estabelecimento depositante, na forma do *caput*;

4 – o nome do titular, o endereço e os números de inscrição, estadual e no CNPJ, do estabelecimento a que se destinar a mercadoria.

§ 2º. O armazém geral indicará no verso das vias da Nota Fiscal emitida pelo estabelecimento depositante, destinadas a acompanhar a mercadoria, a data da sua efetiva saída, o número, a série, quando adotada, e a data da emissão da Nota Fiscal prevista no parágrafo anterior.

§ 3º. A Nota Fiscal a que alude o § 1º será enviada ao estabelecimento depositante, que deverá registrá-la no livro Registro de Entradas, dentro de 10 (dez) dias, contados da saída efetiva da mercadoria do armazém geral.

§ 4º. A mercadoria será acompanhada em seu transporte da Nota Fiscal emitida pelo estabelecimento depositante.

**Art. 9º.** Na hipótese do artigo anterior, se o depositante for produtor, emitirá Nota Fiscal de Produtor em nome do estabelecimento destinatário que conterá, além dos demais requisitos (Lei nº 6.374/1989, art. 67, § 1º, e Convênio SINIEF de 15.12.1970, arts. 29, 54, VI, na redação do Ajuste SINIEF-3/94, cláusula primeira, XII, e 58, I, na redação do Ajuste SINIEF-9/97, cláusula primeira, V):

I – o valor da operação;

II – a natureza da operação;

III – a indicação, conforme o caso:

a) dos dispositivos legais em que estiver prevista a não incidência, isenção, suspensão ou diferimento do lançamento do imposto;

b) do número e da data da guia de recolhimento e a identificação do órgão arrecadador, quando couber ao produtor recolher o imposto;

c) de que o imposto será pago pelo estabelecimento destinatário;

IV – a indicação de que a mercadoria será retirada do armazém geral, o endereço e os números de inscrição, estadual e no CNPJ, deste.

§ 1º. O armazém geral, no ato da saída da mercadoria, emitirá Nota Fiscal em nome do estabelecimento destinatário que conterá, além dos demais requisitos:

1 – o valor da operação, que corresponderá ao do documento fiscal emitido pelo produtor, na forma do *caput*;

2 – a natureza da operação: "Outras saídas – remessa simbólica por conta e ordem de terceiros" (Convênio SINIEF s/nº, de 15.12.1970, Anexo Único, na redação do Ajuste SINIEF-7/01, com alteração do Ajuste SINIEF-14/09, cláusula primeira, I);

• *Item 2 com redação dada pelo Decreto nº 56.321, de 26.10.2010 – DOE de 27.10.2010 – Efeitos a partir de 1º.7.2010.*

3 – o número e a data da Nota Fiscal de Produtor emitida na forma do *caput*, bem como o nome, o endereço e o número de inscrição estadual do produtor;

4 – o número e a data da guia de recolhimento, referida na alínea "b" do inciso III, e a identificação do órgão arrecadador.

§ 2º. A mercadoria será acompanhada no seu transporte da Nota Fiscal de Produtor referida no *caput* e da Nota Fiscal prevista no parágrafo anterior.

§ 3º. O estabelecimento destinatário, ao receber a mercadoria, emitirá Nota Fiscal relativa à entrada que conterá, além dos demais requisitos:

1 – o número e a data da Nota Fiscal de Produtor emitida na forma do *caput*;

2 – o número e a data da guia de recolhimento referida na alínea "b" do inciso III;

3 – o número, a série, quando adotada, e a data da Nota Fiscal emitida na forma do § 1º pelo armazém geral, bem como o nome do titular, o endereço e os números de inscrição, estadual e no CNPJ, deste.

**Art. 10.** Na saída de mercadoria depositada em armazém geral, situado em Estado diverso daquele do estabelecimento depositante, com destino a outro estabelecimento, ainda que do mesmo titular, o depositante emitirá Nota Fiscal que conterá, além dos demais requisitos (Lei nº 6.374/1989, art. 67, § 1º, e Convênio SINIEF de 15.12.1970, art. 30):

I – o valor da operação;

II – a natureza da operação;

III – a indicação de que a mercadoria será retirada do armazém geral, o endereço e os números de inscrição, estadual e no CNPJ, deste.

§ 1º. Na Nota Fiscal emitida pelo depositante na forma do *caput*, não será efetuado o destaque do valor do imposto.

§ 2º. Na hipótese deste artigo, o armazém geral, no ato da saída da mercadoria, emitirá:

1 – Nota Fiscal em nome do estabelecimento destinatário, que conterá, além dos demais requisitos:

a) o valor da operação, que corresponderá ao da Nota Fiscal emitida pelo estabelecimento depositante na forma do *caput*;

b) a natureza da operação: "Outras Saídas – Remessa por Conta e Ordem de Terceiro";

c) o número, a série, quando adotada, e a data da Nota Fiscal emitida na forma do *caput* pelo estabelecimento depositante, bem como o nome do titular, o endereço e os números de inscrição, estadual e no CNPJ, deste;

d) o destaque do valor do imposto, se devido, com a declaração: "O Pagamento do ICMS é de Responsabilidade do Armazém Geral";

2 – Nota Fiscal em nome do estabelecimento depositante, sem destaque do valor do imposto, que conterá, além dos demais requisitos:

a) o valor da mercadoria, que corresponderá àquele atribuído por ocasião de sua entrada no armazém geral;

b) a natureza da operação: "Outras Saídas – Retorno Simbólico de Armazém Geral";

c) o número, a série, quando adotada, e a data da Nota Fiscal emitida na forma do caput pelo estabelecimento depositante, bem como o nome do titular, o endereço e os números de inscrição, estadual e no CNPJ, deste;

d) o nome do titular, o endereço e os números de inscrição, estadual e no CNPJ, do estabelecimento destinatário, e o número, a série, quando adotada, e a data da emissão da Nota Fiscal prevista no item 1.

§ 3º. A mercadoria será acompanhada no seu transporte das Notas Fiscais referidas no *caput* e no item 1 do parágrafo anterior.

§ 4º. A Nota Fiscal a que se refere o item 2 do § 2º será enviada ao estabelecimento depositante, que deverá registrá-la no livro Registro de Entradas, dentro de 10 (dez) dias, contados da saída efetiva da mercadoria do armazém geral.

§ 5º. O estabelecimento destinatário, ao receber a mercadoria, registrará no livro Registro de Entradas a Nota Fiscal a que se refere o caput, acrescentando, na coluna "Observações", o número, a série, quando adotada, e a data da emissão da Nota Fiscal a que alude o item 1 do § 2º, bem como o nome do titular, o endereço e os números de inscrição, estadual e no CNPJ, do armazém geral, lançando, também, nas colunas próprias, quando admitido, o crédito do imposto pago pelo armazém geral.

**Art. 11.** Na hipótese do artigo anterior, se o depositante for produtor, emitirá Nota Fiscal de Produtor em nome do estabelecimento destinatário que conterá, além dos demais requisitos (Lei nº 6.374/1989, art. 67, § 1º, e Convênio SINIEF de 15.12.1970, arts. 31, 54, VI, na redação do Ajuste SINIEF-3/94, cláusula primeira, XII, e 58, I, na redação do Ajuste SINIEF-9/97, cláusula primeira, V):

I – o valor da operação;

II – a natureza da operação;

III – a declaração de que o imposto, se devido, será recolhido pelo armazém geral;

IV – a indicação de que a mercadoria será retirada do armazém geral, o endereço e os números de inscrição, estadual e no CNPJ, deste.

§ 1º. O armazém geral, no ato da saída da mercadoria, emitirá Nota Fiscal em nome do estabelecimento destinatário que conterá, além dos demais requisitos:

1 – o valor da operação, que corresponderá ao do documento fiscal emitido pelo produtor, na forma do *caput*;

2 – a natureza da operação: "Outras Saídas – Remessa por Conta e Ordem de Terceiro";

3 – o número e a data da Nota Fiscal de Produtor emitida na forma do *caput*, bem como o nome, o endereço e o número de inscrição estadual do emitente;

4 – o destaque do valor do imposto, se devido, com a declaração: "O Pagamento do ICMS é de Responsabilidade do Armazém Geral".

§ 2º. A mercadoria será acompanhada no seu transporte da Nota Fiscal de Produtor prevista no *caput* e da Nota Fiscal prevista no parágrafo anterior.

§ 3º. O estabelecimento destinatário, ao receber a mercadoria, emitirá Nota Fiscal que conterá, além dos demais requisitos:

1 – o número e a data da Nota Fiscal de Produtor emitida na forma do *caput*;

2 – o número, a série, quando adotada, e a data da Nota Fiscal emitida na forma do § 1º pelo armazém geral, bem como o nome do titular, o endereço e os números de inscrição, estadual e no CNPJ, deste;

3 – o valor do imposto, se devido, destacado na Nota Fiscal emitida na forma do § 1º.

**Art. 11-A.** Na saída de mercadoria depositada em armazém geral, situado em Estado diverso daquele do estabelecimento depositante, com destino a exportação, direta ou indireta, o depositante emitirá Nota Fiscal que conterá, além dos demais requisitos (Lei nº 6.374/1989, art. 67, e Lei Complementar Federal nº 87/1996, art. 3º, II, e art. 20, § 3º, II):

I – o valor da operação;

II – a natureza da operação;

III – a indicação de que a mercadoria será retirada do armazém geral, o endereço e os números de inscrição, estadual e no CNPJ, deste.

§ 1º. Na Nota Fiscal emitida pelo depositante na forma do *caput*, não será efetuado o destaque do valor do imposto.

§ 2º. Na hipótese deste artigo, o armazém geral, no ato da saída da mercadoria, emitirá:

1 – Nota Fiscal em nome do estabelecimento destinatário sem destaque do valor do imposto, que conterá, além dos demais requisitos:

a) o valor da operação, que corresponderá ao da Nota Fiscal emitida pelo estabelecimento depositante na forma do *caput*;

b) a natureza da operação: "Remessa por Conta e Ordem de Terceiro para Exportação Direta/Indireta";

c) o número, a série, quando adotada, e a data da Nota Fiscal emitida na forma do *caput* pelo estabelecimento depositante, bem como o nome do titular, o endereço e os números de inscrição, estadual e no CNPJ, deste;

2 – Nota Fiscal em nome do estabelecimento depositante, com destaque do valor do imposto, que conterá, além dos demais requisitos:

a) o valor da mercadoria, que corresponderá àquele atribuído por ocasião de sua entrada no armazém geral;

b) a base de cálculo e a alíquota, que serão as mesmas aplicadas na operação de remessa da mercadoria para o armazém geral;

c) a natureza da operação: "Outras Saídas – Retorno Simbólico de Armazém Geral";

d) o número, a série, quando adotada, e a data da Nota Fiscal emitida na forma do *caput* pelo estabelecimento depositante, bem como o nome do titular, o endereço e os números de inscrição, estadual e no CNPJ, deste;

e) o nome do titular, o endereço e os números de inscrição, estadual e no CNPJ, do estabelecimento destinatário, e o número, a série, quando adotada, e a data da emissão da Nota Fiscal prevista no item 1.

§ 3º. A mercadoria será acompanhada no seu transporte das Notas Fiscais referidas no *caput* e no item 1 do § 2º.

§ 4º. A Nota Fiscal a que se refere o item 2 do § 2º será enviada ao estabelecimento depositante, que deverá registrá-la no livro Registro de Entradas, dentro de 10 (dez) dias, contados da saída efetiva da mercadoria do armazém geral.

- *Art. 11-A acrescido pelo Decreto nº 53.834, de 17.12.2008 – DOE de 18.12.2008 – Efeitos a partir da publicação.*

**Art. 11-B.** Na hipótese do art. 11-A, se o depositante for produtor, emitirá Nota Fiscal de Produtor.

- *Art. 11-B acrescido pelo Decreto nº 53.834, de 17.12.2008 – DOE de 18.12.2008 – Efeitos a partir da publicação.*

**Art. 12.** Na saída de mercadoria para entrega em armazém geral situado no mesmo Estado do estabelecimento destinatário, este será considerado depositante, devendo o remetente emitir Nota Fiscal que conterá, além dos demais requisitos (Lei nº 6.374/1989, art. 67, § 1º, e Convênio SINIEF de 15.12.1970, art. 32):

I – como destinatário, o estabelecimento depositante;

II – o valor da operação;

III – a natureza da operação;

IV – o local da entrega, o endereço e os números de inscrição, estadual e no CNPJ, do armazém geral;

V – o destaque do valor do imposto, se devido.

§ 1º. O armazém geral deverá:

1 – registrar, no livro Registro de Entradas, a Nota Fiscal que tiver acompanhado a mercadoria;

2 – mencionar a data da entrada efetiva da mercadoria na Nota Fiscal referida no item anterior, remetendo-a ao estabelecimento depositante.

§ 2º. O estabelecimento depositante deverá:

1 – registrar a Nota Fiscal no livro Registro de Entradas dentro de 10 (dez) dias, contados da data da entrada efetiva da mercadoria no armazém geral;

2 – emitir Nota Fiscal relativa à saída simbólica, dentro de 10 (dez) dias, contados da data da entrada efetiva da mercadoria no armazém geral, na forma do art. 6º, fazendo constar o número e a data do documento fiscal emitido pelo remetente;

3 – remeter a Nota Fiscal aludida no item anterior ao armazém geral, dentro de 5 (cinco) dias, contados da data da sua emissão.

§ 3º. O armazém geral deverá acrescentar na coluna "Observações" do livro Registro de Entradas, relativamente ao lançamento previsto no item 1 do § 1º, o número, a série, quando adotada, e a data da emissão da Nota Fiscal prevista no item 2 do parágrafo anterior.

§ 4º. Todo e qualquer crédito do imposto, quando cabível, será conferido ao estabelecimento depositante.

**Art. 13.** Na hipótese do artigo anterior, se o remetente for produtor, deverá emitir Nota Fiscal de Produtor que conterá, além dos demais requisitos (Lei nº 6.374/1989, art. 67, § 1º, e Convênio SINIEF de 15.12.1970, arts. 33, 54, VI, na redação do Ajuste SINIEF-3/94, cláusula primeira, XII, e 58, I, na redação do Ajuste SINIEF-9/97, cláusula primeira, V):

I – como destinatário, o estabelecimento depositante;

II – o valor da operação;

III – a natureza da operação;

IV – o local da entrega, o endereço e os números de inscrição, estadual e no CNPJ, do armazém geral;

V – a indicação, conforme o caso:

a) dos dispositivos legais em que estiver prevista a não incidência, isenção, suspensão ou diferimento do lançamento do imposto;

b) do número e da data da guia de recolhimento e a identificação do órgão arrecadador, quando couber ao produtor recolher o imposto;

c) de que o imposto será pago pelo estabelecimento destinatário.

§ 1º. O armazém geral deverá:

1 – registrar, no livro Registro de Entradas, a Nota Fiscal de Produtor que tiver acompanhado a mercadoria;

2 – mencionar a data da entrada efetiva da mercadoria na Nota Fiscal de Produtor referida no item anterior, remetendo-a ao estabelecimento depositante.

§ 2º. O estabelecimento depositante deverá:

1 – emitir Nota Fiscal relativa à entrada simbólica da mercadoria em seu estabelecimento, que conterá, além dos demais requisitos:

a) o número e a data da Nota Fiscal de Produtor emitida na forma do *caput*;

b) o número e a data da guia de recolhimento referida na alínea "b" do inciso V;

c) a indicação de ter sido a mercadoria entregue no armazém geral, o endereço e os números de inscrição, estadual e no CNPJ, deste;

2 – emitir Nota Fiscal relativa à saída simbólica, dentro de 10 (dez) dias, contados da data da entrada efetiva da mercadoria no armazém geral, na forma do art. 6º, fazendo constar o número e a data da Nota Fiscal de Produtor e os da Nota Fiscal prevista no item 1;

3 – remeter a Nota Fiscal aludida no item anterior ao armazém geral, dentro de 5 (cinco) dias, contados da data da sua emissão.

§ 3º. O armazém geral deverá acrescentar na coluna "Observações" do livro Registro de Entradas, relativamente ao registro previsto no item 1 do § 1º, o número, a série, quando adotada, e a data da emissão da Nota Fiscal prevista no item 2 do parágrafo anterior.

§ 4º. Todo e qualquer crédito do imposto, quando cabível, será conferido ao estabelecimento depositante.

**Art. 14.** Na saída de mercadoria para entrega em armazém geral situado em Estado diverso daquele do estabelecimento destinatário, este será considerado depositante, devendo o remetente (Lei nº 6.374/1989, art. 67, § 1º, e Convênio SINIEF de 15.12.1970, art. 34):

I – emitir Nota Fiscal que conterá, além dos demais requisitos:

a) a indicação, como destinatário, do estabelecimento depositante;

b) o valor da operação;

c) a natureza da operação;

d) o local da entrega, o endereço e os números de inscrição, estadual e no CNPJ, do armazém geral;

e) o destaque do valor do imposto, se devido;

II – emitir Nota Fiscal para o armazém geral, para acompanhar o transporte da mercadoria, sem destaque do valor do imposto, que conterá, além dos demais requisitos:

a) o valor da operação;

b) a natureza da operação: "Outras Saídas – Para Depósito por Conta e Ordem de Terceiro";

c) o nome do titular, o endereço e os números de inscrição, estadual e no CNPJ, do estabelecimento destinatário e depositante;

d) o número, a série, quando adotada, e a data da Nota Fiscal prevista no inciso anterior.

§ 1º. O estabelecimento destinatário e depositante, dentro de 10 (dez) dias, contados da data da entrada efetiva da mercadoria no armazém geral, deverá emitir Nota Fiscal para este, relativa à saída simbólica, que conterá, além dos demais requisitos:

1 – o valor da operação;

2 – a natureza da operação: "Outras Saídas – Remessa para Armazém Geral";

3 – o destaque do valor do imposto, se devido;

4 – a indicação de ter sido a mercadoria entregue diretamente no armazém geral, o número, a série, quando adotada, e a data da Nota Fiscal emitida na forma do inciso I pelo estabelecimento remetente, bem como o nome do titular, o endereço e os números de inscrição, estadual e no CNPJ, deste.

§ 2º. A Nota Fiscal prevista no parágrafo anterior deverá ser remetida ao armazém geral dentro de 5 (cinco) dias, contados da data da sua emissão.

§ 3º. O armazém geral registrará a Nota Fiscal prevista no § 1º no livro Registro de Entradas, indicando na coluna "Observações" o número, a série, quando adotada, e a data da emissão da Nota Fiscal a que alude o inciso II, bem como o nome do titular, o endereço e os números de inscrição, estadual e no CNPJ, do estabelecimento remetente.

**Art. 15.** Na hipótese do artigo anterior, se o remetente for produtor, deverá (Lei nº 6.374/1989, art. 67, § 1º, e Convênio SINIEF de 15.12.1970, arts. 35, 54, VI, na redação do Ajuste SINIEF-3/94, cláusula primeira, XII, e 58, I, na redação do Ajuste SINIEF-9/97, cláusula primeira, V):

I – emitir Nota Fiscal de Produtor que conterá, além dos demais requisitos:

a) a indicação, como destinatário, do estabelecimento depositante;

b) o valor da operação;

c) a natureza da operação;

d) o local da entrega, o endereço e os números de inscrição, estadual e no CNPJ, do armazém geral;

e) a citação, quando for o caso, dos dispositivos legais em que estiver prevista a não incidência, isenção, suspensão ou diferimento do lançamento do imposto;

f) a indicação do número e da data da guia de recolhimento e a identificação do órgão arrecadador, quando couber ao produtor recolher o imposto;

g) a declaração, quando for o caso, de que o imposto será pago pelo estabelecimento destinatário;

II – emitir Nota Fiscal de Produtor para o armazém geral, para acompanhar o transporte da mercadoria, que conterá, além dos demais requisitos:

a) o valor da operação;

b) a natureza da operação: "Outras Saídas – Para Depósito por Conta e Ordem de Terceiro";

c) o nome do titular, o endereço e os números de inscrição, estadual e no CNPJ, do estabelecimento destinatário e depositante;

d) o número e a data da Nota Fiscal de Produtor prevista no inciso anterior;

e) a citação, quando for o caso, dos dispositivos legais em que estiver prevista a não incidência, isenção, suspensão ou diferimento do lançamento do imposto;

f) a indicação do número e da data da guia de recolhimento e a identificação do órgão arrecadador, quando couber ao produtor recolher o imposto;

g) a declaração, quando for o caso, de que o imposto será pago pelo estabelecimento destinatário.

§ 1º. O estabelecimento destinatário e depositante deverá:

1 – emitir Nota Fiscal relativa à entrada simbólica da mercadoria em seu estabelecimento, que conterá, além dos demais requisitos:

a) o número e a data da Nota Fiscal de Produtor emitida na forma do inciso I;

b) o número e a data da guia de recolhimento referida na alínea "f" do inciso I, quando for o caso;

c) a indicação de ter sido a mercadoria entregue no armazém geral, o endereço e os números, de inscrição, estadual e no CNPJ, deste;

2 – emitir Nota Fiscal para o armazém geral, dentro de 10 (dez) dias, contados da data da entrada efetiva da mercadoria no referido armazém, relativa à saída simbólica, que conterá, além dos demais requisitos:

a) o valor da operação;

b) a natureza da operação: "Outras Saídas – Remessa para Armazém Geral";

c) o destaque do valor do imposto, se devido;

d) a indicação de ter sido a mercadoria entregue diretamente no armazém geral, o número e a data da Nota Fiscal de Produtor emitida na forma do inciso I, bem como o nome, o endereço e o número de inscrição estadual deste;

3 – remeter a Nota Fiscal aludida no item anterior ao armazém geral, dentro de 5 (cinco) dias, contados da data da sua emissão.

§ 2º. O armazém geral registrará a Nota Fiscal prevista no item 2 do parágrafo anterior no livro Registro de Entradas, indicando na coluna "Observações" o número e a data da emissão da Nota Fiscal de Produtor a que alude o inciso II, bem como o nome, o endereço e o número de inscrição estadual do produtor remetente.

**Art. 16.** No caso de transmissão de propriedade de mercadoria, quando esta permanecer no armazém geral, situado no mesmo Estado do estabelecimento depositante e transmitente, este emitirá Nota Fiscal para o estabelecimento adquirente, que conterá, além dos demais requisitos (Lei nº 6.374/1989, art. 67, § 1º, e Convênio SINIEF de 15.12.1970, art. 36):

I – o valor da operação;

II – a natureza da operação;

III – o destaque do valor do imposto, se devido;

IV – a indicação de encontrar-se a mercadoria depositada em armazém geral, o endereço e os números de inscrição, estadual e no CNPJ, deste.

§ 1º. Na hipótese deste artigo, o armazém geral emitirá Nota Fiscal para o estabelecimento depositante e transmitente, sem destaque do valor do imposto, que conterá, além dos demais requisitos:

1 – o valor da mercadoria, que corresponderá àquele atribuído por ocasião de sua entrada no armazém geral;

2 – a natureza da operação: "Outras Saídas – Retorno Simbólico de Armazém Geral";

3 – o número, a série, quando adotada, e a data da Nota Fiscal emitida pelo estabelecimento depositante e transmitente na forma do *caput*;

4 – o nome do titular, o endereço e os números de inscrição, estadual e no CNPJ, do estabelecimento adquirente.

§ 2º. A Nota Fiscal a que alude o parágrafo anterior será enviada ao estabelecimento depositante e transmitente, que deverá registrá-la no livro Registro de Entradas, dentro de 10 (dez) dias, contados da data da sua emissão.

§ 3º. O estabelecimento adquirente deverá registrar a Nota Fiscal prevista no *caput* no livro Registro de Entradas, dentro de 10 (dez) dias, contados da data da sua emissão.

§ 4º. No prazo referido no parágrafo anterior, o estabelecimento adquirente emitirá Nota Fiscal para o armazém geral, sem destaque do valor do imposto, que conterá, além dos demais requisitos:

1 – o valor da mercadoria, que corresponderá ao da Nota Fiscal emitida pelo estabelecimento depositante na forma do *caput*;

2 – a natureza da operação: "Outras Saídas – Remessa Simbólica para Armazém Geral";

3 – o número, a série, quando adotada, e a data da Nota Fiscal emitida na forma do *caput* pelo estabelecimento depositante e transmitente, bem como o nome do titular, o endereço e os números de inscrição, estadual e no CNPJ, deste.

§ 5º. Se o estabelecimento adquirente estiver localizado fora do território paulista, na Nota Fiscal prevista no parágrafo anterior será efetuado o destaque do valor do imposto, se devido.

§ 6º. A Nota Fiscal a que alude o § 4º será enviada, dentro de 5 (cinco) dias, contados da data da sua emissão, ao armazém geral, que deverá registrá-la no livro Registro de Entradas, dentro de 5 (cinco) dias, contados da data do seu recebimento.

**Art. 17.** Na hipótese do artigo anterior, se o depositante e transmitente for produtor, deverá emitir Nota Fiscal de Produtor para o estabelecimento adquirente, que conterá, além dos demais requisitos (Lei nº 6.374/1989, art. 67, § 1º, e Convênio SINIEF de 15.12.1970, arts. 37, 54, VI, na redação do Ajuste SINIEF-3/94, cláusula primeira, XII, e 58, I, na redação do Ajuste SINIEF-9/97, cláusula primeira, V):

I – o valor da operação;

II – a natureza da operação;

III – a indicação, conforme o caso:

a) dos dispositivos legais em que estiver prevista a não incidência, isenção, suspensão ou diferimento do lançamento do imposto;

b) do número e da data da guia de recolhimento e a identificação do órgão arrecadador, quando couber ao produtor recolher o imposto;

c) de que o imposto será pago pelo estabelecimento destinatário;

IV – a informação de encontrar-se a mercadoria depositada em armazém geral, o endereço deste e seus números de inscrição, estadual e no CNPJ.

§ 1º. Na hipótese deste artigo, o armazém geral emitirá Nota Fiscal para o estabelecimento adquirente, sem destaque do valor do imposto, que conterá, além dos demais requisitos:

1 – o valor da operação, que corresponderá ao da Nota Fiscal de Produtor, emitida na forma do *caput*;

2 – a natureza da operação: "Outras Saídas – Remessa por Conta e Ordem de Terceiro";

3 – o número e a data da Nota Fiscal de Produtor emitida na forma do *caput*, bem como o nome, o endereço e o número de inscrição estadual do emitente;

4 – o número e a data da guia de recolhimento referida na alínea "b" do inciso III, quando for o caso.

§ 2º. O estabelecimento adquirente deverá:

1 – emitir Nota Fiscal relativa à entrada simbólica da mercadoria em seu estabelecimento, que conterá, além dos demais requisitos:

a) o número e a data da Nota Fiscal de Produtor emitida na forma do *caput*;

b) o número e a data da guia de recolhimento referida na alínea "b" do inciso III;

c) a informação de encontrar-se a mercadoria depositada em armazém geral, o endereço e os números de inscrição, estadual e no CNPJ, deste;

2 – emitir, na mesma data da emissão da Nota Fiscal prevista no item 1, Nota Fiscal para o armazém geral, sem destaque do valor do imposto, que conterá, além dos demais requisitos:

a) o valor da operação, que corresponderá ao da Nota Fiscal de Produtor;

b) a natureza da operação: "Outras Saídas – Remessa Simbólica para Armazém Geral";

c) o número e a data da Nota Fiscal de Produtor e da Nota Fiscal relativa à entrada simbólica, bem como o nome e o endereço do produtor.

§ 3º. Se o estabelecimento adquirente estiver localizado fora do território paulista, na Nota Fiscal prevista no item 2 do parágrafo anterior será efetuado o destaque do valor do imposto, se devido.

§ 4º. A Nota Fiscal a que alude o item 2 do § 2º será enviada, dentro de 5 (cinco) dias, contados da data da sua emissão, ao armazém geral, que deverá registrá-la no livro Registro de Entradas, dentro de 5 (cinco) dias, contados da data do seu recebimento.

**Art. 18.** Em caso de transmissão de propriedade de mercadoria, quando esta permanecer em armazém geral situado em Estado diverso daquele do estabelecimento depositante e transmitente, este emitirá Nota Fiscal para o estabelecimento adquirente, sem destaque do valor do imposto, que conterá, além dos demais requisitos (Lei nº 6.374/1989, art. 67, § 1º, e Convênio SINIEF de 15.12.1970, art. 38):

I – o valor da operação;

II – a natureza da operação;

III – a indicação de encontrar-se a mercadoria depositada em armazém geral, o endereço e os números de inscrição, estadual e no CNPJ, deste.

§ 1º. Na hipótese deste artigo, o armazém geral emitirá:

1 – Nota Fiscal para o estabelecimento depositante e transmitente, sem destaque do valor do imposto, que conterá, além dos demais requisitos:

a) o valor da mercadoria, que corresponderá àquele atribuído por ocasião de sua entrada no armazém geral;

b) a natureza da operação: "Outras Saídas – Retorno Simbólico de Armazém Geral";

c) o número, a série, quando adotada, e a data da Nota Fiscal emitida pelo estabelecimento depositante e transmitente na forma do *caput*;

d) o nome do titular, o endereço e os números de inscrição, estadual e no CNPJ, do estabelecimento adquirente;

2 – Nota Fiscal para o estabelecimento adquirente, que conterá, além dos demais requisitos:

a) o valor da operação, que corresponderá ao da Nota Fiscal emitida pelo estabelecimento depositante e transmitente;

b) a natureza da operação: "Outras Saídas – Transmissão de Propriedade de Mercadoria por Conta e Ordem de Terceiro";

c) o destaque do valor do imposto, se devido;

d) o número, a série, quando adotada, e a data da Nota Fiscal emitida na forma do *caput* pelo estabelecimento depositante e transmitente, bem como o nome do titular, o endereço e os números de inscrição, estadual e no CNPJ, deste.

§ 2º. A Nota Fiscal a que alude o item 1 do parágrafo anterior será enviada dentro de 5 (cinco) dias, contados da data da sua emissão, ao estabelecimento depositante e transmitente, que deverá registrá-la no livro Registro de Entradas, dentro de 5 (cinco) dias, contados da data do seu recebimento.

§ 3º. A Nota Fiscal a que alude o item 2 do § 1º será enviada dentro de 5 (cinco) dias, contados da data da sua emissão, ao estabelecimento adquirente, que deverá registrá-la no livro Registro de Entradas, dentro de 5 (cinco) dias, contados da data do seu recebimento, acrescentando na coluna "Observações" o número, a série, quando adotada, e a data da emissão da Nota Fiscal prevista no *caput*, bem como o nome do titular, o endereço e os números de inscrição, estadual e no CNPJ, do estabelecimento depositante e transmitente.

§ 4º. No prazo previsto no parágrafo anterior, o estabelecimento adquirente emitirá Nota Fiscal para o armazém geral, sem destaque do valor do imposto, que conterá, além dos demais requisitos:

1 – o valor da operação, que corresponderá ao da Nota Fiscal emitida pelo estabelecimento depositante e transmitente;

2 – a natureza da operação: "Outras Saídas – Remessa Simbólica para Armazém Geral";

3 – o número, a série, quando adotada, e a data da Nota Fiscal emitida na forma do *caput* pelo estabelecimento depositante e transmitente, bem como o nome do titular, o endereço e os números de inscrição, estadual e no CNPJ, deste.

§ 5º. Se o estabelecimento adquirente estiver localizado em Estado diverso daquele do armazém geral, na Nota Fiscal prevista no parágrafo anterior será efetuado o destaque do valor do imposto, se devido.

§ 6º. A Nota Fiscal a que alude o § 4º será enviada dentro de 5 (cinco) dias, contados da data da sua emissão, ao armazém geral, que deverá registrá-la no livro Registro de Entradas, dentro de 5 (cinco) dias, contados da data do seu recebimento.

**Art. 19.** Na hipótese do artigo anterior, se o depositante e transmitente for produtor, aplicar-se-á o disposto no art. 17 (Lei nº 6.374/1989, art. 67, § 1º, e Convênio SINIEF de 15.12.1970, arts. 39, 54, VI, na redação do Ajuste SINIEF-3/94, cláusula primeira, XII, e 58, I, na redação do Ajuste SINIEF-9/97, cláusula primeira, V).

**Art. 20.** O armazém geral comunicará, no prazo de 5 (cinco) dias, à repartição fiscal a que estiver vinculado, a entrega real ou simbólica de mercadoria, que efetuar a pessoa não inscrita no cadastro de contribuintes (Lei nº 6.374/1989, art. 69).

## CAPÍTULO III – DEPÓSITOS DE COMBUSTÍVEIS

**Art. 21.** Equipara-se a armazém geral, para efeito de aplicação da legislação tributária, o estabelecimento dotado de instalações para recebimento, armazenamento e fornecimento de combustíveis, conforme definido por órgão federal competente, para efeito deste capítulo denominado "base de distribuição", quando tenha por objeto a locação de espaço útil a terceiros, para depósito de combustíveis de qualquer natureza.

**Art. 22.** Na saída de combustível para entrega em base de distribuição neste Estado, por conta e ordem do estabelecimento destinatário, este será considerado depositante, devendo o remetente emitir Nota Fiscal que conterá, além dos demais requisitos (Lei nº 6.374/1989, art. 67, § 1º):

I – a indicação, como destinatário, do estabelecimento do depositante;

II – o valor da operação;

III – a natureza da operação;

IV – o local da entrega, o endereço e os números de inscrição, estadual e no CNPJ, do depositário;

V – o destaque do valor do imposto, se devido.

§ 1º. O estabelecimento depositário deverá registrar, no livro Registro de Entradas, a Nota Fiscal prevista no *caput*, remetendo-a, após, ao estabelecimento do depositante.

§ 2º. O estabelecimento depositante deverá:

1 – registrar a Nota Fiscal referida no parágrafo anterior no livro Registro de Entradas, dentro de 5 (cinco) dias contados da data de sua emissão;

2 – emitir Nota Fiscal de remessa simbólica para depósito, no prazo de 10 (dez) dias, contados da data da entrada efetiva do combustível no estabelecimento depositário, na forma do art. 6º, nela consignando, também, o número, a data, a quantidade de combustível e o valor constante do documento fiscal emitido pelo remetente, e que lhe foi enviada, nos termos do parágrafo anterior;

3 – remeter a Nota Fiscal, de que trata o item anterior, ao estabelecimento depositário, dentro de 5 (cinco) dias, contados da data de sua emissão.

§ 3º. O estabelecimento depositário deverá acrescentar na coluna "Observações" do livro Registro de Entradas, relativamente ao registro previsto no § 1º, o número, a série, quando adotada, e a data de emissão da Nota Fiscal prevista no item 2 do § 2º.

§ 4º. Todo e qualquer crédito, quando admissível, será conferido ao estabelecimento depositante.

**Art. 23.** Na saída de combustível, depositado na forma do artigo anterior, com destino a outro estabelecimento, ainda que do mesmo titular, o depositante emitirá Nota Fiscal em nome do destinatário, que conterá, além dos demais requisitos (Lei nº 6.374/1989, art. 67, § 1º):

I – o valor da operação:

II – a natureza da operação;

III – o destaque do valor do imposto, quando devido;

IV – a indicação de que o combustível será retirado do estabelecimento depositário, nome do titular, endereço e seus números de inscrição, estadual e no CNPJ.

§ 1º. Na hipótese deste artigo, o estabelecimento depositário, no ato da saída do combustível, emitirá Nota Fiscal de retorno simbólico, sem destaque do valor do imposto, que conterá, além dos demais requisitos:

1 – a indicação, como destinatário, do estabelecimento depositante;

2 – o valor do combustível, que corresponderá àquele atribuído por ocasião de sua entrada para depósito;

3 – a natureza da operação: "Retorno Simbólico";

4 – o número, a série, quando adotada, e a data das Notas Fiscais emitidas pelo depositante, na forma do *caput* e do item 2 do § 2º do art. 22;

5 – o nome do titular, o endereço e os números de inscrição, estadual e no CNPJ, do estabelecimento destinatário do combustível.

§ 2º. A Nota Fiscal de que trata o parágrafo anterior será enviada ao estabelecimento depositante, que deverá registrá-la no livro Registro de Entradas em prazo não superior a 5 (cinco) dias, contados da data de sua emissão, devendo ser escriturada pelo destinatário no mesmo mês em que se operou a saída consignada na Nota Fiscal emitida na forma do *caput*.

**Art. 24.** O combustível será acompanhado no seu transporte pela Nota Fiscal emitida pelo estabelecimento depositante nos termos do artigo anterior, cabendo ao depositário consignar, no verso de cada uma de suas vias, o número, a série, quando adotada, e a data da Nota Fiscal emitida para retorno simbólico, bem como a data e o horário da efetiva saída da mercadoria (Lei nº 6.374/1989, art. 67, § 1º).

**Art. 25.** O estabelecimento depositário deverá informar à repartição fiscal a que estiver vinculado, até o terceiro dia útil de cada decêndio, o estoque de combustível existente no decêndio imediatamente anterior, individualizado por tipo e por depositante, inclusive estoque próprio, se houver (Lei nº 6.374, de 1989, art. 69).

# ANEXO VIII
# OPERAÇÕES REALIZADAS POR INTERMÉDIO DE BOLSA

**Art. 1º.** O lançamento do imposto incidente nas sucessivas operações com produto primário agrícola, realizadas por intermédio de Bolsa, nos casos em que a mercadoria encontra-se depositada em armazém geral, fica diferido para o momento em que ocorrer a entrega real ou simbólica dessa mercadoria a pessoa identificada em documento oficial de entrega emitido pela Bolsa ou por empresa de registros independente, salvo se houver regra específica de diferimento do lançamento do imposto para essa operação, hipótese em que se observará a legislação pertinente (Lei nº 6.374/1989, art. 8º, XVII e § 10).

§ 1º. Além de outras hipóteses previstas na legislação, interrompem o diferimento de que trata este artigo:

1 – a aquisição da mercadoria efetuada por contribuinte do imposto localizado em outro Estado;

2 – a entrega da mercadoria a pessoa diversa da indicada no *caput*, exceto quando a mercadoria deva retornar ao estabelecimento depositante e desde que ainda não tenha havido qualquer operação por intermédio da Bolsa;

3 – o decurso do prazo de validade ou de revalidação constante em certificado relacionado com a mercadoria, que não poderá ser superior, considerado o dia de emissão daquele certificado, a:

a) 360 (trezentos e sessenta) dias, para o algodão;

b) 180 (cento e oitenta) dias, para o café;

c) 90 (noventa) dias, para outras mercadorias.

§ 2º. Em relação ao item 3 do parágrafo anterior:

1 – inexistindo certificado relacionado com a mercadoria, os prazos ali indicados serão contados da data da entrega da mercadoria para depósito no armazém geral;

2 – não se aplica quando a Bolsa ou a empresa de registros independente assumir a custódia das mercadorias depositadas e a responsabilidade pelo pagamento do imposto devido.

**Art. 2º.** A base de cálculo do imposto, observadas as demais regras a ela pertinentes, é o valor da operação, assim entendido o valor de registro da operação final realizada em Bolsa que dê causa à emissão do documento de entrega, real ou simbólica, da mercadoria ao adquirente (Lei nº 6.374/1989, arts. 24 e 30).

Parágrafo único. Na falta desse valor, adotar-se-á como base de cálculo, pela ordem:

1 – o valor fixado em pauta fiscal;

2 – o valor mínimo fixado pelo Governo Federal;

3 – o preço corrente da mercadoria ou de similar no mercado atacadista do local da operação.

**Art. 3º.** O imposto devido será recolhido mediante guia de recolhimentos especiais, antes da entrega real ou simbólica da mercadoria promovida pelo armazém geral depositário (Lei nº 6.374/1989, art. 59):

I – pelo adquirente da mercadoria identificado no documento de entrega, na hipótese do *caput* do art. 1º;

II – pelo adquirente da mercadoria, na hipótese do item 1 do § 1º do art. 1º;

III – pelo armazém geral:

a) em qualquer situação em que o depositante for estabelecido em outro Estado;

b) nas demais hipóteses;

IV – pela Bolsa ou pela empresa de registros independente, em substituição a qualquer das pessoas indicadas nos incisos anteriores, quando assumir a responsabilidade pelo pagamento do imposto devido, nos termos definidos pelo regime especial a que se refere o art. 5º.

§ 1º. O valor do crédito recebido por transferência nos termos do art. 4º poderá ser deduzido na própria guia de recolhimento.

§ 2º. Na hipótese do inciso III, o armazém geral poderá deduzir na própria guia de recolhimento o crédito relativo à mesma mercadoria, devendo ser efetuado o lançamento no livro Registro de Apuração do ICMS, no quadro "Débito de Imposto – Estorno de Créditos", com a expressão "Dedução Direta – Guia nº (...)".

§ 3º. Sem prejuízo do disposto nos §§ 1º e 2º, o pagamento do imposto efetuado pela Bolsa ou pela empresa de registros independente suprirá a obrigação de quaisquer das pessoas indicadas nos incisos I a III deste artigo.

§ 4º. Em relação ao inciso IV, o pagamento do imposto efetuado pela Bolsa ou pela empresa de registros independente fará cessar a responsabilidade por esse pagamento e pela custódia das mercadorias depositadas.

**Art. 4º.** É permitida a transferência de saldo de crédito do imposto do estabelecimento depositante para o estabelecimento adquirente da mercadoria identificado no documento de entrega da mercadoria previsto no art. 1º, ambos localizados neste Estado, até o limite de 30% (trinta por cento) do valor do imposto devido pelo adquirente, respeitado, em caso de produtor, o valor previsto nos termos do inciso I do art. 70 deste Regulamento (Lei nº 6.374/1989, arts. 36 e 67, § 1º).

§ 1º. A transferência do crédito far-se-á mediante a emissão do documento fiscal a seguir indicado, que conterá, além dos demais requisitos, a menção do seu valor, em algarismo e por extenso, e a expressão "Crédito do ICMS – Art. 4º do Anexo VIII do RICMS":

1 – tratando-se de estabelecimento rural de produtor, por meio de Nota Fiscal de Produtor, obedecida, no que couber, disciplina estabelecida pela Secretaria da Fazenda;

2 – tratando-se dos demais estabelecimentos, por meio de Nota Fiscal, observada, quanto à sua escrituração, o disposto no art. 76 deste Regulamento.

§ 2º. O valor do crédito deduzido na guia de recolhimentos especiais pelo destinatário será lançado no livro Registro de Apuração do ICMS, no quadro "Débito do Imposto – Estornos de Créditos", com a expressão "Dedução Direta – Guia nº (...)".

**Art. 5º.** A Bolsa ou a empresa de registros independente, conforme o caso, para os fins deste anexo, deverá requerer regime especial que:

I – definirá o documento oficial de entrega da mercadoria referido no art. 1º;

II – poderá estabelecer forma diversa de pagamento do imposto devido, bem como para emissão e escrituração dos documentos e livros fiscais;

III – fixará a responsabilidade da Bolsa ou da empresa de registros independente no credenciamento do Armazém Geral, devendo indicar forma e controle desse credenciamento.

# ANEXO IX
# CONTROLE FISCAL
# DAS ENTRADAS DE LEITE CRU NO ENTREPOSTO

**Art. 1º.** As disposições deste anexo aplicam-se somente ao estabelecimento que produzir leite cru e ao primeiro estabelecimento a que o produto se destine – o entreposto, situados neste Estado.

**Art. 2º.** Na saída de leite cru com destino ao entreposto, o estabelecimento que o tiver produzido, mesmo que obrigado à manutenção de escrita fiscal, fica dispensado da emissão de Nota Fiscal ou Nota Fiscal de Produtor (Lei nº 6.374/1989, art. 67, § 1º).

Parágrafo único. No transporte de leite cru do estabelecimento que o tiver produzido ao entreposto, deverá ser exibida autorização da repartição fiscal, que conterá as seguintes indicações:

1 – o título "Autorização para Transporte de Leite Cru sem Documento Fiscal – Art. 2º do Anexo IX do RICMS";

2 – o nome e o endereço do transportador;

3 – o nome do titular e o endereço do estabelecimento destinatário;

4 – o número da placa e as características do veículo;

5 – a zona de coleta do leite cru.

**Art. 3º.** O entreposto deverá registrar, diariamente, as entradas de leite cru em Lista de Recebimento.

§ 1º. A Lista de Recebimento conterá as seguintes indicações:

1 – o nome do titular, os números de inscrição, estadual e no CNPJ, e o município de situação do entreposto;

2 – o número de ordem impresso tipograficamente;

3 – o nome do titular do estabelecimento rural, o número de inscrição estadual e o respectivo município;

4 – a quantidade diária de leite bom e a de leite ácido, recebidas de cada produtor;

5 – a data do recebimento;

6 – o total recebido de cada produtor no mês e o total geral dos recebimentos;

7 – a quota mensal atribuída a cada estabelecimento rural;

8 – a quantidade extraquota recebida, no mês, de cada estabelecimento rural;

9 – a média mensal do teor de gordura;

10 – os números das Notas Fiscais referidas no art. 5º.

§ 2º. Poderá ser utilizada uma Lista de Recebimento para cada linha ou zona de coleta de leite cru.

§ 3º. A Lista de Recebimento constitui parte integrante do livro Registro de Entradas, devendo ser conservada pelo entreposto no prazo previsto para os livros fiscais.

**Art. 4º.** No final do dia, o entreposto emitirá Nota Fiscal identificada como entrada, que englobará as entradas de leite cru ocorridas no dia, na qual, dispensada a consignação do valor, constarão as seguintes indicações (Lei nº 6.374/1989, art. 67, § 1º, e Convênio de 15.12.1970-SINIEF, art. 54, VI, na redação do Ajuste SINIEF-3/94, cláusula primeira, XII):

I – em lugar do nome do remetente, a expressão "Entradas de Leite Cru do Dia __/__/__";

II – a quantidade total de leite cru, em litros, entrada no entreposto;

III – a observação "Emitida para Fins de Controle – Art. 4º do Anexo IX do RICMS".

§ 1º. Serão impressas, tipograficamente, as indicações dos incisos I e III.

§ 2º. Essa Nota Fiscal não será escriturada no livro Registro de Entradas.

**Art. 5º.** No último dia do mês o entreposto emitirá, relativamente às entradas do mês, uma Nota Fiscal para cada estabelecimento produtor de leite cru, com base nos elementos constantes na Lista de Recebimento (Lei nº 6.374/1989, art. 67, § 1º, e Convênio de 15.12.1970-SINIEF, art. 54, VI, na redação do Ajuste SINIEF-3/94, cláusula primeira, XII).

§ 1º. A Nota Fiscal também será emitida:

1 – em relação às entradas de leite remetido por estabelecimento obrigado à manutenção de escrita fiscal;

2 – no caso de reajuste de preço do leite.

§ 2º. A Nota Fiscal, que será datada do último dia do mês a que se referir, poderá ser emitida até o 5º (quinto) dia útil do mês subsequente.

§ 3º. Na Nota Fiscal, além dos demais requisitos, deverão ser mencionados o número da Lista de Recebimento e o teor de gordura.

**Art. 6º.** As Notas Fiscais emitidas na forma do artigo anterior serão lançadas no documento auxiliar de escrituração denominado "Listagem Mensal das Notas Fiscais de Entradas".

§ 1º. Essa listagem conterá, no mínimo, as seguintes indicações:

1 – o número da Nota Fiscal;

2 – o nome do estabelecimento rural fornecedor;

3 – o número da inscrição do estabelecimento rural e o município;

4 – o código fiscal da operação;

5 – a quantidade de leite fornecida, em litros;

6 – o valor total do fornecimento, constante na Nota Fiscal;

7 – o valor das deduções correspondentes a taxas e contribuições;

8 – o valor de outras deduções;

9 – o valor líquido do fornecimento.

§ 2º. Na listagem será elaborado resumo das operações com indicação dos valores relativos a cada código fiscal.

§ 3º. Nos casos previstos no item 2 do § 1º do artigo anterior, será elaborada listagem em separado, que conterá, também, no quadro destinado à data de emissão das Notas Fiscais, a expressão "Reajuste de Preços".

§ 4º. Com base na listagem serão feitos os lançamentos no livro Registro de Entradas, nas colunas "Operações ou Prestações sem Crédito do Imposto", com os dados referidos no § 2º, devendo constar:

1 – na coluna "Espécie", a expressão "listagem";

2 – na coluna "Série", a série correspondente às Notas Fiscais, se adotada;

3 – na coluna "Número", os números relativos às Notas Fiscais constantes na listagem;

4 – na coluna "Emitente", "Fornecedores de Leite".

§ 5º. Os lançamentos serão feitos em tantas linhas quantos forem os itens do Código Fiscal de Operações e Prestações – CFOP.

§ 6º. A listagem constituirá parte integrante do livro Registro de Entradas, devendo ser conservada pelo mesmo prazo previsto para os livros fiscais.

**Art. 7º.** O estabelecimento rural obrigado à manutenção de escrita fiscal deverá escriturar no livro Registro de Saídas as operações de que trata este anexo, à vista da 1ª via da Nota Fiscal emitida pelo entreposto na forma do art. 5º, observando o prazo de 5 (cinco) dias, contados do seu recebimento (Lei nº 6.374/1989, art. 67, § 1º).

# ANEXO X
# OPERAÇÕES COM MERCADORIAS DESTINADAS À FABRICAÇÃO DE AÇÚCAR, ÁLCOOL, MELAÇO E AGUARDENTE DE CANA-DE-AÇÚCAR

• *Título do Anexo X com redação dada pelo Decreto nº 61.104, de 3.2.2015 – DOE de 4.2.2015 – Efeitos a partir de 1º.3.2015.*

## CAPÍTULO I
## DAS OBRIGAÇÕES ACESSÓRIAS DOS ESTABELECIMENTOS ENVOLVIDOS NA PRODUÇÃO E TRANSPORTE DE MATÉRIAS-PRIMAS E NA FABRICAÇÃO DE AÇÚCAR, ÁLCOOL OU MELAÇO

• *Título do Capítulo I com redação dada pelo Decreto nº 61.104, de 3.2.2015 – DOE de 4.2.2015 – Efeitos a partir de 1º.3.2015.*

**Art. 1º.** Na entrada de matéria-prima no estabelecimentofabricante de açúcar, álcool ou melaço, serão emitidos pelo destinatário os seguintes documentos:

I – Certificado de Pesagem eletrônico;

II – Nota Fiscal Eletrônica – NF-e, diária, relativa à entrada de matéria-prima;

III – Nota Fiscal Eletrônica – NF-e, mensal, para registro das aquisições de matéria-prima.

Parágrafo único. Considera-se matéria-prima, para efeito deste Anexo, as seguintes mercadorias de origem agrícola ou florestal: cana-de-açúcar, sorgo sacarino, milho, eucalipto, bem como palha, cavaco e outros resíduos de sua colheita.

• *Art. 1º com redação dada pelo Decreto nº 61.104, de 3.2.2015 – DOE de 4.2.2015 – Efeitos a partir de 1º.3.2015.*

**Art. 2º.** O Certificado de Pesagem Eletrônico:

I – será emitido no ato de cada recebimento de matéria-prima;

II – será numerado sequencialmente, sendo a sua numeração contínua até completar 999.999, quando será reiniciada;

III – será emitido em relação às entradas de matéria-prima remetida por estabelecimento:

a) de produtor rural;

b) pertencente a pessoa jurídica obrigada à manutenção de escrita fiscal;

c) pertencente ao próprio fabricante de açúcar, álcool ou melaço.

IV – deverá conter, no mínimo, as seguintes informações:

a) número do certificado de pesagem eletrônico;

b) data e hora da emissão;

c) descrição da matéria-prima;

d) quantidade em quilogramas em cada balança;

e) números de inscrição, estadual e no CNPJ, e nome empresarial do remetente e do destinatário;

f) números de inscrição, estadual e no CNPJ, nome empresarial, placa do veículo e do reboque, do transportador;

g) no caso de transportador autônomo, o nome, o número de inscrição no CPF, a placa do veículo e do reboque, o Estado, o número da carteira de habilitação e o endereço completo;

h) Município de origem do transporte realizado;

i) nome, número e o Município do fundo agrícola.

Parágrafo único. O arquivo digital do Certificado de Pesagem deverá ser conservado pelo prazo indicado no art. 202 deste Regulamento, contado a partir do primeiro dia do exercício seguinte ao da apuração a que se referir, ficando à disposição da fiscalização tributária e do fornecedor de matéria-prima.

• *Art. 2º com redação dada pelo Decreto nº 61.104, de 3.2.2015 – DOE de 4.2.2015 – Efeitos a partir de 1º.3.2015.*

**Art. 3º.** Diariamente, o fabricante emitirá uma Nota Fiscal Eletrônica – NF-e para cada tipo de matéria-prima, que englobará todas as entradas ocorridas no dia, na qual, dispensada a consignação do valor, constarão as seguintes indicações (Lei nº 6.374/1989, art. 67, § 1º, e Convênio de 15.12.1970-SINIEF, art. 54, VI, na redação do Ajuste SINIEF-3/94, cláusula primeira, XII):

I – em lugar dos dados do destinatário, os dados do emitente da Nota Fiscal Eletrônica – NF-e;

II – no campo descrição do produto ou serviço, a expressão "Entrada diária de matéria-prima", sendo especificado o tipo de matéria-prima;

III – a quantidade total, em quilogramas, entrada no estabelecimento;

IV – no campo informações adicionais de interesse do fisco, a observação "Entrada de matéria-prima do dia ..../..../.... – Art. 3º do Anexo X do RICMS", sendo especificado o tipo de matéria-prima, conforme o caso;

V – no campo CFOP, o código 1.949 ou 2.949, conforme o caso.

§ 1º. A Nota Fiscal Eletrônica – NF-e de que trata este artigo poderá ser emitida até o dia útil seguinte, devendo constar nos campos data da emissão e data da entrada da mercadoria/produto, a data da efetiva entrada da matéria-prima.

§ 2º. A Nota Fiscal Eletrônica – NF-e de que trata este artigo deverá ter uma série específica.

• *Art. 3º com redação dada pelo Decreto nº 61.104, de 3.2.2015 – DOE de 4.2.2015 – Efeitos a partir de 1º.3.2015.*

**Art. 4º.** No último dia do mês, o estabelecimento fabricante emitirá, em relação às entradas de matéria-prima de cada fornecedor, ocorridas durante o mês, Nota Fiscal Eletrônica – NF-e para registro das aquisições de matéria-prima (Lei nº 6.374/1989, art. 67, § 1º).

§ 1º. Será emitida uma Nota Fiscal Eletrônica – NF-e por matéria-prima e por fornecedor.

§ 2º. O documento de que trata este artigo será emitido em relação às entradas de matéria-prima remetida por estabelecimento:

1 – de produtor rural;

2 – pertencente a pessoa jurídica obrigada à manutenção de escrita fiscal;

3 – pertencente ao próprio fabricante de açúcar, álcool ou melaço.

§ 3º. Será emitida Nota Fiscal Eletrônica – NF-e complementar, dentro do prazo fixado para pagamento aos fornecedores, quando houver reajuste no preço da matéria-prima.

§ 4º. A Nota Fiscal Eletrônica – NF-e referida no *caput* poderá ser emitida até o 5º (quinto) dia útil do mês subsequente, devendo constar, nos campos data da emissão e data da entrada da mercadoria/produto, a data do último dia do mês a que se referirem as operações.

§ 5º. O lançamento do crédito correspondente às aquisições somente poderá ser efetuado, quando permitido, após o respectivo pagamento nos termos dos §§ 1º a 3º do art. 345 deste Regulamento.

§ 6º. No documento de que trata este artigo, sem prejuízo dos demais requisitos previstos na legislação, constarão as seguintes indicações:

1 – a quantidade das entradas ocorridas no mês, em quilogramas;

2 – a observação "Entrada Mensal de Matéria-Prima – Art. 4º do Anexo X do RICMS", no campo informações adicionais de interesse do fisco, devendo ser especificado o tipo de matéria-prima;

3 – as informações relativas ao registro diário de aquisição de matéria-prima, contendo, no mínimo, as correspondentes datas e quantidades.

§ 7º. A Nota Fiscal Eletrônica – NF-e emitida deverá ser registrada na Escrituração Fiscal Digital – EFD, no mês de referência em que ocorreram as aquisições de matéria-prima nela indicadas.

§ 8º. A Nota Fiscal Eletrônica – NF-e de que trata este artigo deverá ter uma série específica.

- *Art. 4º com redação dada pelo Decreto nº 61.104, de 3.2.2015 – DOE de 4.2.2015 – Efeitos a partir de 1º.3.2015.*

**Art. 5º.** Na saída de matéria-prima efetuada diretamente para o fabricante, o estabelecimento remetente fica dispensado da emissão de Nota Fiscal Eletrônica – NF-e ou Nota Fiscal de Produtor.

Parágrafo único. A dispensa de que trata este artigo aplica-se às remessas efetuadas por estabelecimento:

1 – de produtor rural;

2 – pertencente à pessoa jurídica obrigada à manutenção de escrita fiscal;

3 – pertencente ao próprio fabricante de açúcar, álcool ou melaço.

- *Art. 5º com redação dada pelo Decreto nº 61.104, de 3.2.2015 – DOE de 4.2.2015 – Efeitos a partir de 1º.3.2015.*

**Art. 6º.** O estabelecimento rural obrigado à manutenção de escrita fiscal, mesmo que pertencente ao próprio fabricante de açúcar, álcool ou melaço, deverá registrar na Escrituração Fiscal Digital – EFD, as operações de que trata este capítulo, no mês de referência em que ocorreram as remessas de matéria-prima, à vista do arquivo XML da Nota Fiscal Eletrônica – NF-e emitida pelo estabelecimento fabricante na forma do art. 4º, observado o prazo de 5 (cinco) dias, contados do seu recebimento (Lei nº 6.374/1989, art. 67, § 1º).

Parágrafo único. O estabelecimento de que trata este artigo deverá manter arquivado o arquivo XML da Nota Fiscal Eletrônica – NF-e pelo prazo regulamentar determinado neste Regulamento.

- *Art. 6º com redação dada pelo Decreto nº 61.104, de 3.2.2015 – DOE de 4.2.2015 – Efeitos a partir de 1º.3.2015.*

**Art. 7º.** Fica o estabelecimento fabricante dispensado (Lei nº 6.374/1989, art. 67, § 1º):

I – de emitir documento fiscal no ato de cada fornecimento de combustível ou lubrificante destinado a fornecedor ou transportador de matéria-prima ou ainda para consumo próprio, devendo emitir, no último dia útil de cada período de apuração do imposto, Nota Fiscal Eletrônica – NF-e que conterá a descrição e o valor da mercadoria saída durante o período, com o CFOP 5.656, em relação a cada destinatário;

II – de emitir documento fiscal no ato de cada fornecimento de insumo agropecuário destinado ao fornecedor de matéria-prima, localizado neste Estado, devendo emitir, no último dia útil de cada período de apuração do imposto, Nota Fiscal Eletrônica – NF-e que conterá a descrição e o valor da mercadoria saída durante o período, com CFOP 5.101 ou 5.102, conforme o caso, em relação a cada destinatário;

III – de emitir documento fiscal no ato de cada transferência de combustível, lubrificante ou insumo agropecuário para os estabelecimentos rurais do mesmo titular, localizados neste Estado, devendo emitir, no último dia útil de cada período de apuração do imposto, Nota Fiscal Eletrônica – NF-e, que conterá a descrição e o valor da mercadoria saída durante o período, com o CFOP 5.659, 5.151 ou 5.152, conforme o caso, em relação a cada um de seus estabelecimentos;

IV – da escrituração do livro Registro de Controle da Produção e do Estoque, que será suprida pelos lançamentos efetuados nos seguintes livros exigidos pela legislação federal:

a) Livro de Produção Diária de Açúcar (LPD – Parte I);

b) Livro de Produção Diária de Álcool (LPD – Parte II).

Parágrafo único. A Nota Fiscal Eletrônica – NF-e referida nos incisos I a III poderá ser emitida até o 5º (quinto) dia útil do mês subsequente, devendo constar, nos campos data da emissão e data da saída da mercadoria/produto, a data do último dia do mês a que se referirem as saídas.

- *Art. 7º com redação dada pelo Decreto nº 61.104, de 3.2.2015 – DOE de 4.2.2015 – Efeitos a partir de 1º.3.2015.*

**Art. 8º.** Fica o estabelecimento centralizador de aquisição de insumos que pertença a sociedade que exerça exclusivamente atividade agropecuária dispensado de emitir documento fiscal no ato de cada transferência de combustível, insumo agropecuário ou materiais de uso e consumo para os estabelecimentos rurais do mesmo titular, localizados neste Estado, devendo emitir, no último dia útil de cada período de apuração do imposto, em relação a cada um de seus estabelecimentos, Nota Fiscal Eletrônica – NF-e, que conterá a descrição e o valor da mercadoria saída durante o período.

§ 1º. A Nota Fiscal Eletrônica – NF-e referida no *caput* poderá ser emitida até o 5º (quinto) dia útil do mês subsequente, devendo constar, nos campos data da emissão e data da saída da mercadoria/produto, a data do último dia do mês a que se referirem as saídas.

§ 2º. O disposto neste artigo aplica-se também às sociedades exclusivamente agropecuárias que exerçam, em um ou mais estabelecimentos, atividade de preparação de ração animal ou de outro insumo agropecuário a ser utilizado unicamente por estabelecimento do mesmo titular.

- *Art. 8º com redação dada pelo Decreto nº 61.104, de 3.2.2015 – DOE de 4.2.2015 – Efeitos a partir de 1º.3.2015.*

**Art. 9º.** O fabricante poderá emitir documentos e escriturar livros fiscais pertencentes a seus estabelecimentos que produzirem matéria-prima no seu estabelecimento industrial para onde for remetida a matéria-prima (Lei nº 6.374/1989, art. 67, § 1º).

- *Art. 9º com redação dada pelo Decreto nº 61.104, de 3.2.2015 – DOE de 4.2.2015 – Efeitos a partir de 1º.3.2015.*

**Art. 10.** Fica o transportador, desde que devidamente inscrito no Cadastro de Contribuintes do ICMS, dispensado da emissão do Conhecimento de Transporte Eletrônico – CT-e, para cada transporte de matéria-prima, com destino a estabelecimento fabricante de açúcar, álcool ou melaço, localizado neste Estado, devendo emitir, no último dia útil de cada período de apuração do imposto, um único CT-e, por município de origem, que englobará todos os transportes realizados durante o período.

§ 1º. O estabelecimento fabricante emitirá relatório com todas as prestações de serviço de transporte relativas às entradas de matéria-prima ocorridas no período, que deverá conter, no mínimo, as seguintes informações:

1 – nome empresarial, CNPJ e Inscrição Estadual do transportador;

2 – tipo de matéria-prima, data, quantidade transportada e valor de cada transporte realizado;

3 – Município de origem de cada transporte realizado;

4 – número do certificado de pesagem eletrônico a que se refere cada transporte realizado;

5 – tipo de transporte: intramunicipal ou intermunicipal.

§ 2º. Aplicam-se as mesmas disposições deste artigo quando o transporte de matéria-prima, com destino a estabelecimento fabricante, for prestado por transportador autônomo, pessoa física, ocasião em que o fabricante deverá emitir, ao final do período de apuração do imposto, uma única Nota Fiscal Eletrônica – NF-e de entrada, por transportador e Município de origem, que englobará todos os transportes realizados durante o período.

§ 3º. O Conhecimento de Transporte Eletrônico – CT-e referido no *caput*, poderá ser emitido até o 5º (quinto) dia útil do mês subsequente, devendo constar, nos campos, data da emissão e data da prestação de serviço, a data do último dia do mês a que se referirem as prestações de serviço.

- *Art. 10 com redação dada pelo Decreto nº 61.104, de 3.2.2015 – DOE de 4.2.2015 – Efeitos a partir de 1º.3.2015.*

## CAPÍTULO II
## DAS OBRIGAÇÕES ACESSÓRIAS DO ESTABELECIMENTO FABRICANTE DE AGUARDENTE DE CANA-DE-AÇÚCAR

**Art. 11.** O estabelecimento rural fabricante de aguardente de cana-de-açúcar – engenho – que mantiver relógio medidor, tipo hidrômetro, instalado no final da coluna de vazão do equipamento de fabricação da aguardente observará, relativamente à operação de que decorrer entrada de cana no estabelecimento, o controle fiscal previsto neste capítulo.

Parágrafo único. A utilização do relógio medidor fica condicionada à observância das seguintes disposições:

1 – o engenho exigirá do fabricante ou importador certificado de garantia contra defeitos técnicos do

aparelho, assegurando, após aferição feita na posição em que tiver sido instalado, que a margem de erro não excederá 3% (três por cento);

2 – o engenho, de posse do certificado de garantia, comunicará a sua opção à repartição fiscal a que estiver vinculado;

3 – a fiscalização lacrará todos os pontos anteriores ao relógio medidor suscetíveis de permitir desvio do produto antes de sua medição pelo aparelho;

4 – o rompimento de qualquer lacre referido no item anterior somente poderá ser feito pela fiscalização, que o reporá tão logo haja cessado a causa que tiver dado origem ao rompimento.

**Art. 12.** Na saída de cana-de-açúcar em caule de produção paulista com destino a engenho localizado neste Estado, o estabelecimento rural que a produziu, mesmo que pertencente a pessoa obrigada à manutenção de escrita fiscal ou ao próprio engenho, fica dispensado da emissão de Nota Fiscal ou Nota Fiscal de Produtor (Lei nº 6.374/1989, art. 67, § 1º).

**Art. 13.** Fica o engenho dispensado da emissão de Nota Fiscal a cada recebimento de cana remetida na forma do art. 12, devendo, diariamente, emitir Nota Fiscal que englobará todas as entradas de cana do dia anterior, na qual, dispensada a consignação do valor, constarão as seguintes indicações (Lei nº 6.374/1989, art. 67, § 1º, e Convênio de 15.12.70-SINIEF, art. 54, VI, na redação do Ajuste SINIEF-3/94, cláusula primeira, XII):

• *Art. 13,* caput, *com redação dada pelo Decreto nº 53.295, de 4.8.2008 – DOE de 5.8.2008 – Efeitos a partir da publicação.*

I – em lugar do nome do remetente, a expressão "Entradas de Cana do dia __/__/__";

II – a quantidade de cana, em quilogramas, entrada no engenho;

III – a observação: "Art. 13 do Anexo X do RICMS".

§ 1º. Serão impressas, tipograficamente, as indicações dos incisos I e III.

§ 2º. Essa Nota Fiscal não será escriturada no livro Registro de Entradas.

**Art. 14.** No último dia do período de apuração, o engenho emitirá Nota Fiscal em relação às entradas de cana de cada fornecedor ocorridas durante o período, a qual (Lei nº 6.374/1989, art. 67, § 1º, e Convênio de 15.12.1970-SINIEF, art. 54, VI, na redação do Ajuste SINIEF-3/94, cláusula primeira, XII):

I – será datada do último dia do período de apuração a que se referir;

II – poderá ser emitida até o 5º (quinto) dia útil do período subsequente;

III – será lançada no livro Registro de Entradas, nas colunas "Operações ou Prestações sem Crédito do Imposto – Outras";

IV – será também emitida em relação à entrada de cana remetida por estabelecimento pertencente a pessoa obrigada à manutenção de escrita fiscal ou ao próprio engenho.

**Art. 15.** O estabelecimento rural obrigado à manutenção de escrita fiscal deverá escriturar no livro Registro de Saídas as operações de que trata o art. 12, à vista da 1ª via da Nota Fiscal emitida pelo engenho na forma do artigo anterior, observado o prazo de 5 (cinco) dias, contado do seu recebimento (Lei nº 6.374/1989, art. 67, § 1º).

**Art. 16.** Em substituição ao livro Registro de Controle da Produção e do Estoque, o engenho deverá elaborar demonstrativos das entradas, da produção, das saídas e dos estoques, conforme modelos aprovados pela Secretaria da Fazenda (Lei nº 6.374/1989, art. 67, § 1º).

§ 1º. O disposto neste artigo aplica-se a estabelecimento que adquirir ou receber, a qualquer título, aguardente a granel ou por alguma forma acondicionada.

§ 2º. Os demonstrativos previstos neste artigo serão elaborados, diariamente, em 2 (duas) vias, que terão a seguinte destinação:

1 – 1ª via: repartição fiscal;

2 – 2ª via: contribuinte.

§ 3º. As 1ªs vias dos demonstrativos serão entregues, até o 3º (terceiro) dia útil do período de apuração seguinte àquele a que se referirem, à repartição fiscal, que visará a 2ª via do demonstrativo referente ao último dia do período, como prova de entrega de todos os demonstrativos.

**Art. 17.** O engenho que observar o controle fiscal previsto nos arts. 12 a 15 fica dispensado da elaboração diária dos demonstrativos de que trata o artigo anterior, devendo elaborar, no último dia de cada período de apuração, demonstrativo englobando os dados relativos ao período findo, o qual deverá ser apresentado na forma e prazo previstos no artigo anterior (Lei nº 6.374/1989, art. 67, § 1º).

**Art. 18.** A critério do fisco e desde que perfeitamente justificado, poderá o estabelecimento ser dispensado da elaboração ou da entrega dos demonstrativos de que trata o art. 16 (Lei nº 6.374/1989, art. 67, § 1º).

**Art. 19.** A Nota Fiscal relativa à saída de aguardente, emitida pelo estabelecimento de que cuida este capítulo, conterá, além dos demais requisitos, a graduação alcoólica, expressa em graus G.L., e a temperatura (Lei nº 6.374/1989, art. 67, § 1º).

# ANEXO XI
# OPERAÇÕES RELATIVAS À CONSTRUÇÃO CIVIL

**Art. 1º.** Considera-se empresa de construção civil, para fins de inscrição e cumprimento das demais obrigações fiscais previstas neste Regulamento, toda pessoa, natural ou jurídica, que executar obras de construção civil, promovendo a circulação de mercadorias em seu próprio nome ou no de terceiro.

§ 1º. Entendem-se por obras de construção civil, dentre outras, as adiante relacionadas, quando decorrentes de obras de engenharia civil:

1 – construção, demolição, reforma ou reparação de prédios ou de outras edificações;

2 – construção e reparação de estradas de ferro ou de rodagem, incluindo os trabalhos concernentes às estruturas inferior e superior de estradas e obras de arte;

3 – construção e reparação de pontes, viadutos, logradouros públicos e outras obras de urbanismo;

4 – construção de sistemas de abastecimento de água e de saneamento;

5 – obras de terraplenagem, de pavimentação em geral;

6 – obras hidráulicas, marítimas ou fluviais;

7 – obras destinadas a geração e transmissão de energia, inclusive gás;

8 – obras de montagem e construção de estruturas em geral.

§ 2º. O disposto neste anexo aplica-se também aos empreiteiros e subempreiteiros, responsáveis pela execução de obra, no todo ou em parte.

**Art. 2º.** O imposto não incide sobre (Decreto-Lei federal nº 406/68, art. 8º, itens 32 e 34 da Lista de Serviços, na redação da Lei Complementar Federal nº 56/87):

I – a execução de obra por administração sem fornecimento de material;

II – o fornecimento de material adquirido de terceiro pelo empreiteiro ou subempreiteiro para aplicação na obra;

III – a movimentação de material a que se refere o inciso anterior entre estabelecimentos do mesmo titular, entre estes e a obra ou de uma para outra obra;

IV – a saída de máquina, veículo, ferramenta ou utensílio para prestação de serviço em obra, desde que deva retornar ao estabelecimento do remetente.

**Art. 3º.** A empresa de construção civil inscrever-se-á no Cadastro de Contribuintes do ICMS antes de iniciar suas atividades (Lei nº 6.374/1989, art. 7º).

§ 1º. A empresa que mantiver mais de um estabelecimento, ainda que simples depósito, deverá inscrever-se em relação a cada um deles.

§ 2º. Não está sujeita à inscrição:

1 – a empresa que se dedicar a atividades profissionais relacionadas com a construção civil, para prestação de serviços técnicos tais como elaboração de plantas, projetos, estudos, cálculos, sondagens do solo e assemelhados;

2 – a empresa que se dedicar à exclusiva prestação de serviços em obras de construção civil, mediante contrato de administração, fiscalização, empreitada ou subempreitada, sem fornecimento de materiais.

§ 3º. A empresa, mencionada no parágrafo anterior, quando realizar operação relativa à circulação de mercadoria, em nome próprio ou no de terceiro, em decorrência de execução de obra de construção civil, fica obrigada à inscrição e ao cumprimento das demais obrigações previstas neste Regulamento.

§ 4º. Não será considerado estabelecimento o local de cada obra, podendo ser autorizada a inscrição facultativa, tanto da obra como de empresa referida no § 2º.

**Art. 4º.** O estabelecimento inscrito, sempre que promover saída de mercadoria ou transmissão de sua propriedade, fica obrigado à emissão de Nota Fiscal (Lei nº 6.374/1989, art. 67, § 1º).

§ 1º. A Nota Fiscal será emitida pelo estabelecimento que promover a saída da mercadoria; no caso de obra não inscrita, a emissão do documento será feita pelo estabelecimento – escritório, depósito, filial ou outro – que promover a saída a qualquer título, indicando-se os locais de procedência e destino.

§ 2º. Tratando-se de operação não sujeita ao tributo, a movimentação de mercadoria ou outro bem móvel entre estabelecimentos do mesmo titular, entre estes e a obra ou de uma para outra obra será feita mediante emissão de Nota Fiscal, com indicação dos locais de procedência e destino, que não dará origem a lançamento de débito ou crédito consignando-se, como natureza da operação, "Simples Remessa".

§ 3º. A mercadoria adquirida de terceiro poderá ser remetida pelo fornecedor diretamente para a obra, desde que no documento fiscal constem o nome, o endereço e os números de inscrição, estadual e no CNPJ, da empresa de construção, bem como a indicação expressa do local onde será entregue.

§ 4º. Na saída de máquina, veículo, ferramenta ou utensílio para utilização na obra, que deva retornar ao estabelecimento de origem, caberá a este a obrigação de emitir documento fiscal, tanto para a remessa como para o retorno, sempre que a obra não for inscrita.

§ 5º. O contribuinte poderá manter impressos de documentos fiscais em obra não inscrita, desde que na coluna "Observações" do livro Registro de Utilização de Documentos Fiscais e Termos de Ocorrências, sejam especificados os seus números e série, bem como o local da obra a que se destinarem.

**Art. 5º.** Os livros serão escriturados nos prazos e condições previstos neste Regulamento, observando-se, ainda, que (Lei nº 6.374/1989, art. 67, § 1º):

I – no livro Registro de Saídas, na coluna "Operações ou Prestações sem Débito do Imposto", será lançada:

a) a Nota Fiscal relativa à remessa, para a obra, de mercadoria adquirida de terceiro;

b) a Nota Fiscal relativa à remessa de mercadoria do depósito para a obra, desde que não sujeita ao tributo;

II – no livro Registro de Entradas, na coluna "Operações ou Prestações sem Crédito do Imposto", com menção do fato na coluna "Observações", será lançada a Nota Fiscal emitida pelo fornecedor quando a mercadoria for remetida diretamente ao local da obra, ainda que situada em município diverso.

Parágrafo único. A empresa que se dedicar exclusivamente à prestação de serviços e não efetuar operações de circulação de mercadoria, ainda que movimente máquinas, veículos, ferramentas ou utensílios, fica dispensada da manutenção de livros fiscais, com exceção do livro Registro de Utilização de Documentos Fiscais e Termos de Ocorrências.

# ANEXO XII
# OPERAÇÕES REALIZADAS POR FABRICANTE DE VEÍCULOS E SEUS CONCESSIONÁRIOS

## CAPÍTULO I
## DA APLICAÇÃO DO SISTEMA

**Art. 1º.** Aplica-se a estabelecimento fabricante de veículos e seus concessionários o sistema especial previsto neste Anexo no que respeita a operação:

I – de saída de veículo automotor, promovida por estabelecimento fabricante com destino a consumidor;

II – relativa à substituição de peça em virtude de garantia, promovida por estabelecimento concessionário.

## CAPÍTULO II
## DA SAÍDA DE VEÍCULO AUTOMOTOR, PROMOVIDA POR ESTABELECIMENTO FABRICANTE, COM DESTINO A CONSUMIDOR

**Art. 2º.** Na saída de veículo automotor, decorrente de venda ajustada entre estabelecimento fabricante e consumidor ou usuário final, em que a entrega seja feita por intermédio de estabelecimento de concessionário autorizado, para simples revisão, sem ônus para o usuário, fica autorizada a emissão de Nota Fiscal, que terá como destinatário o consumidor e fará referência a essa particularidade, bem como conterá a identificação do concessionário, incluídos seus números de inscrição, estadual e no CNPJ (Lei nº 6.374/1989, art. 67, § 1º).

Parágrafo único. O recebimento do veículo e sua posterior saída dispensam a emissão de documento fiscal pelo estabelecimento concessionário, servindo a documentação original do fabricante para acompanhar todo o transporte da mercadoria.

**Art. 3º.** A empresa concessionária fica obrigada a elaborar quadro demonstrativo mensal, que conservará com os demais documentos fiscais, especificando as entregas realizadas na forma deste capítulo.

Parágrafo único. O quadro discriminará, em colunas próprias, o nome do emitente, o número, a data e a série da Nota Fiscal, as características do veículo, o nome do comprador e a data da entrega.

## CAPÍTULO III
## DA SUBSTITUIÇÃO DE PEÇAS EM VIRTUDE DE GARANTIA

• *Capítulo III (arts. 4º a 11) com redação dada pelo Decreto nº 51.484, de 16.1.2007 – DOE de 17.1.2007 – Efeitos a partir de 8.1.2007.*

**Art. 4º.** O disposto neste capítulo aplica-se (Convênio ICMS 129/06, cláusula primeira):

I – ao estabelecimento concessionário de veículo automotor ou à oficina autorizada que, com permissão do fabricante, promover substituição de peça em virtude de garantia, tendo ou não efetuado a venda do veículo;

II – ao fabricante de veículo que receber peça defeituosa substituída, em virtude de garantia, de estabelecimento referido no inciso I e a quem será debitada a peça nova aplicada em substituição.

• *Art. 4º com redação dada pelo Decreto nº 51.484, de 16.1.2007 – DOE de 17.1.2007 – Efeitos a partir de 8.1.2007.*

**Art. 5º.** O prazo de garantia é aquele fixado no certificado de garantia, contado da data de sua expedição ao consumidor.

• *Art. 5º com redação dada pelo Decreto nº 51.484, de 16.1.2007 – DOE de 17.1.2007 – Efeitos a partir de 8.1.2007.*

**Art. 6º.** Na entrada da peça defeituosa a ser substituída, o concessionário de veículo automotor ou a oficina autorizada deverá emitir Nota Fiscal, sem destaque do imposto, que conterá, além dos demais requisitos, as seguintes indicações (Convênio ICMS-129/06, cláusula terceira):

I – a discriminação da peça defeituosa;

II – o valor atribuído à peça defeituosa, que será equivalente a 10% (dez por cento) do preço de venda da peça nova praticado pelo estabelecimento concessionário de veículo automotor ou pela oficina autorizada, conforme lista fornecida pelo fabricante, em vigor na data da substituição;

III – o número da Ordem de Serviço ou Nota Fiscal – Ordem de Serviço;

IV – o número, a data da expedição do certificado de garantia e o termo final de sua validade.

• *Art. 6º com redação dada pelo Decreto nº 51.484, de 16.1.2007 – DOE de 17.1.2007 – Efeitos a partir de 8.1.2007.*

**Art. 7º.** A Nota Fiscal de que trata o art. 6º poderá ser emitida no último dia do período de apuração, englobando as entradas de peças defeituosas ocorridas no período, desde que (Convênio ICMS-129/06, cláusula quarta):

I – na Ordem de Serviço ou Nota Fiscal – Ordem de Serviço, conste:

a) a discriminação da peça defeituosa substituída;

b) o número do chassi e outros elementos identificativos do veículo;

c) o número, a data da expedição do certificado de garantia e o termo final de sua validade;

II – a remessa, ao fabricante, das peças defeituosas substituídas, seja efetuada após o encerramento do período de apuração.

Parágrafo único. Nessa Nota Fiscal são dispensáveis as indicações referidas nos incisos I e IV do art. 6º.

- *Art. 7º com redação dada pelo Decreto nº 51.484, de 16.1.2007 – DOE de 17.1.2007 – Efeitos a partir de 8.1.2007.*

**Art. 8º.** A Nota Fiscal referida no art. 6º ou 7º será escriturada no livro Registro de Entradas, nas colunas "Operações ou Prestações sem Crédito do Imposto" (Lei nº 6.374/1989, art. 67, § 1º).

- *Art. 8º com redação dada pelo Decreto nº 51.484, de 16.1.2007 – DOE de 17.1.2007 – Efeitos a partir de 8.1.2007.*

**Art. 9º.** Na remessa da peça defeituosa para o fabricante, o concessionário ou a oficina autorizada deverá emitir Nota Fiscal, que conterá, além dos demais requisitos, a discriminação das peças e o valor atribuído à peça defeituosa referido no inciso II do art. 6º (Lei nº 6.374/1989, art. 67, § 1º).

Parágrafo único. Na hipótese de a remessa da peça defeituosa ao fabricante, promovida pelo concessionário ou pela oficina autorizada, não estar abrangida pela isenção prevista no art. 127 do Anexo I, a Nota Fiscal deverá conter, também, o destaque do imposto devido.

- *Art. 9º com redação dada pelo Decreto nº 51.484, de 16.1.2007 – DOE de 17.1.2007 – Efeitos a partir de 8.1.2007.*

**Art. 10.** O fabricante efetuará o lançamento da Nota Fiscal referida no art. 9º no livro Registro de Entradas, conforme o caso, nas colunas (Lei nº 6.374/1989, art. 67, § 1º):

I – "Operações ou Prestações sem Crédito do Imposto", na hipótese de a operação ter sido realizada ao abrigo da isenção prevista no art. 127 do Anexo I;

II – "Operações ou Prestações com Crédito do Imposto", se a operação de que decorrer a entrada tiver sido tributada.

Parágrafo único. Na hipótese do inciso II, o fabricante deverá proceder ao estorno do crédito se a peça defeituosa for inutilizada no estabelecimento, salvo quando transformada em outro produto, ou em resíduo, com saída tributada.

- *Art. 10 com redação dada pelo Decreto nº 51.484, de 16.1.2007 – DOE de 17.1.2007 – Efeitos a partir de 8.1.2007.*

**Art. 11.** Na saída da peça nova em substituição à defeituosa, em virtude de garantia, o concessionário de veículo automotor ou a oficina autorizada deverá emitir Nota Fiscal, com destaque do imposto, cuja base de cálculo é o preço da peça debitado ao fabricante e, qualquer que seja o Estado de localização deste, a alíquota é a aplicável às operações internas (Convênio ICMS-129/06, cláusula sétima).

Parágrafo único. O revendedor ou a oficina poderá utilizar uma via adicional ou uma cópia da Nota Fiscal prevista neste artigo para fins de ressarcimento junto ao fabricante.

- *Art. 11 com redação dada pelo Decreto nº 51.484, de 16.1.2007 – DOE de 17.1.2007 – Efeitos a partir de 8.1.2007.*

# ANEXO XIII
# OPERAÇÕES REALIZADAS POR OFICINA DE VEÍCULOS AUTOMOTORES

## CAPÍTULO I
## DAS DISPOSIÇÕES PRELIMINARES

**Art. 1º.** Fica facultada à empresa distribuidora de veículos automotores, nas operações realizadas por sua oficina de serviço, a adoção de sistema especial para emissão de documentos fiscais, na forma prevista neste anexo (Lei nº 6.374/1989, art. 67, § 1º).

Parágrafo único. Entende-se por empresa distribuidora de veículos automotores a que seja concessionária de indústria automobilística ou de tratores, para a venda de seus produtos e exercício de atividades afins ou correlatas, sob a denominação de concessionário, revenda autorizada, agente, distribuidor ou outra de igual sentido.

## CAPÍTULO II
## DOS INSTRUMENTOS DE CONTROLE

**Art. 2º.** A empresa distribuidora de veículos automotores, sempre que realizar serviço especificado no item 68, 69, 70 ou 72 da Lista de Serviços a que se refere o art. 8º do Decreto-Lei federal nº 406, de 31.12.1968, na redação dada pelo Decreto-Lei federal nº 834, de 8.9.1969, e pela Lei Complementar Federal nº 56, de 15.12.1987, ou promover saída de peças, acessórios ou outras mercadorias, poderá adotar (Lei nº 6.374/1989, art. 67, § 1º):

I – sistema de Equipamento Emissor de Cupom Fiscal – ECF conjugado com:

a) Nota Fiscal – Ordem de Serviço;

b) Requisição de Peças;

II – sistema de Nota Fiscal sem discriminação da mercadoria, conjugada com:

a) Ordem de Serviço;

b) Requisição de Peças.

Parágrafo único. Sendo remetente do veículo pessoa referida na alínea "a" do inciso I do art. 136 do regulamento, a emissão da Nota Fiscal – Ordem de Serviço ou da Ordem de Serviço dispensará a emissão da Nota Fiscal na entrada do veículo.

## CAPÍTULO III
## DA ADOÇÃO DE EQUIPAMENTO EMISSOR DE CUPOM FISCAL – ECF CONJUGADO COM NOTA FISCAL-ORDEM DE SERVIÇO E REQUISIÇÃO DE PEÇAS

**Art. 3º.** A adoção de Equipamento Emissor de Cupom Fiscal – ECF, na hipótese do inciso I do artigo anterior, far-se-á em conformidade com disciplina estabelecida pela Secretaria da Fazenda (Lei nº 6.374/1989, art. 71).

**Art. 4º.** A Nota Fiscal – Ordem de Serviço conterá as seguintes indicações (Lei nº 6.374/1989, art. 67, § 1º):

I – a denominação "Nota Fiscal – Ordem de Serviço";

II – o número de ordem, a série, o número e a destinação de cada via;

III – a data da emissão;

IV – o nome do titular, o endereço e os números de inscrição, estadual e no CNPJ, do estabelecimento emitente;

V – o nome, o endereço e os números de inscrição, estadual e no CNPJ, do cliente;

VI – os dados identificadores do veículo: marca, modelo, ano, cor, placa, número do chassi ou série, quilometragem e demais elementos que permitam sua perfeita identificação;

VII – os serviços a serem executados;

VIII – os números das Requisições de Peças emitidas;

IX – o valor das mercadorias aplicadas e o dos serviços prestados, demonstrados segundo a modalidade da operação e a incidência ou não do Imposto de Circulação de Mercadorias e de Prestação de Serviços, do Imposto sobre Serviços de Qualquer Natureza ou de imposto federal;

X – outras informações de interesse do contribuinte, desde que não prejudiquem a clareza do documento;

XI – o nome, o endereço e os números de inscrição, estadual e no CNPJ, do impressor do documento, a data e a quantidade da impressão, o número de ordem do primeiro e o do último documento impresso, a série e o número da Autorização de Impressão de Documentos Fiscais.

§ 1º. O impresso deverá conter campo próprio para utilização de controles relacionados com o uso de Equipamento Emissor de Cupom Fiscal – ECF.

§ 2º. As indicações dos incisos I, II, IV e XI serão impressas tipograficamente.

§ 3º. As indicações dos incisos III, V, VI e VII serão efetuadas no momento da entrada do veículo no estabelecimento.

§ 4º. As indicações dos incisos VIII e IX serão efetuadas quando da conclusão dos serviços.

**Art. 5º.** A Nota Fiscal – Ordem de Serviço será emitida em jogos soltos ou em formulários contínuos, numerados tipograficamente, em 2 (duas) vias, no mínimo, que terão a seguinte destinação (Lei nº 6.374/1989, art. 67, § 1º):

I – a 1ª via será entregue ao cliente;

II – a 2ª via será mantida pelo emitente para exibição ao fisco.

**Art. 6º.** A Requisição de Peças será emitida sempre que, nas operações da oficina, houver pedido interno de peças, materiais ou acessórios à seção de peças, para aplicação nos veículos.

**Art. 7º.** A Requisição de Peças conterá as seguintes indicações:

I – a denominação "Requisição de Peças";

II – o número de ordem, a série e o número da via;

III – a data da emissão;

IV – o nome do titular, o endereço e os números de inscrição, estadual e no CNPJ, do estabelecimento emitente;

V – o número e a série da Ordem de Serviço ou Nota Fiscal – Ordem de Serviço correspondente;

VI – a discriminação das mercadorias: quantidade, marca, tipo, modelo, espécie, qualidade e demais elementos que permitam sua perfeita identificação;

VII – os valores, unitário e total, das mercadorias e o valor total da operação;

VIII – outras informações de interesse do contribuinte, desde que não prejudiquem a clareza do documento;

IX – o nome, o endereço e os números de inscrição, estadual e no CNPJ, do impressor do documento, a data e a quantidade da impressão, o número de ordem do primeiro e o do último documento impresso, a série, e o número da Autorização de Impressão de Documentos Fiscais.

§ 1º. As indicações dos incisos I, II, IV e IX serão impressas tipograficamente.

§ 2º. É permitido o uso simultâneo de mais de uma série, desde que se distingam por letras maiúsculas, em ordem alfabética, podendo o fisco, a qualquer tempo, restringir o seu número.

**Art. 8º.** A Requisição de Peças, enfeixada em blocos de 20 (vinte) jogos, no mínimo, e 50 (cinquenta), no máximo, será emitida em no mínimo 2 (duas) vias, que terão a seguinte destinação:

I – a 1ª via será entregue ao cliente;

II – a 2ª via ficará presa ao bloco, para exibição ao fisco.

## CAPÍTULO IV
## DA ADOÇÃO DE NOTA FISCAL SEM DISCRIMINAÇÃO DE MERCADORIA CONJUGADA COM ORDEM DE SERVIÇO E REQUISIÇÃO DE PEÇAS

**Art. 9º.** A Nota Fiscal, na hipótese do inciso II do art. 2º, será emitida com os requisitos regulamentares, dispensada, apenas, a discriminação das mercadorias, devendo em seu lugar constar (Lei nº 6.374/1989, art. 67, § 1º):

I – o número e a série da Ordem de Serviço que dela constituirá parte integrante;

II – separadamente, por grupos, relativamente ao Imposto de Circulação de Mercadorias e de Prestação de Serviços, os valores totais das mercadorias tributadas, das sujeitas à substituição tributária, das não tributadas ou isentas, bem como o valor total dos serviços prestados, para efeito de controle, também, de outros tributos que incidirem na operação, de forma a atender às normas da legislação federal ou municipal pertinente.

Parágrafo único. A 1ª via da Ordem de Serviço e a da Requisição de Peças serão anexadas à 1ª via da Nota Fiscal, antes de sua entrega ao cliente.

**Art. 10.** A Ordem de Serviço conterá as seguintes indicações:

I – a denominação "Ordem de Serviço";

II – o número de ordem, a série, o número e a destinação de cada via;

III – a data da emissão;

IV – o nome do titular, o endereço e os números de inscrição, estadual e no CNPJ, do estabelecimento emitente;

V – o nome, o endereço e os números de inscrição, estadual e no CNPJ, do cliente;

VI – os dados identificadores do veículo: marca, modelo, ano, cor, placa, número do chassi ou série, quilometragem e demais elementos que permitam sua perfeita identificação;

VII – os serviços a serem executados;

VIII – os números das Requisições de Peças emitidas e os valores, demonstrados segundo a modalidade da operação e a do serviço prestado, conforme haja ou não incidência do Imposto de Circulação de Mercadorias e de Prestação de Serviços, do Imposto sobre Serviços de Qualquer Natureza ou de imposto federal;

IX – outras informações de interesse do contribuinte, desde que não prejudiquem a clareza do documento;

X – o nome, o endereço, os números de inscrição, estadual e no CNPJ, do impressor do documento, a data e a quantidade da impressão, o número de ordem do primeiro e o do último documento impresso, a série, e o número da Autorização de Impressão de Documentos Fiscais.

§ 1º. As indicações dos incisos I, II, IV e X serão impressas tipograficamente.

§ 2º. As indicações dos incisos III, V, VI e VII serão efetuadas no momento da entrada do veículo no estabelecimento.

§ 3º. As indicações do inciso VIII serão efetuadas quando da conclusão dos serviços.

§ 4º. Será permitido o uso simultâneo de mais de uma série, desde que se distingam por letras maiúsculas, em ordem alfabética, podendo o fisco, a qualquer tempo, restringir o seu número.

**Art. 11.** A Ordem de Serviço será emitida em jogos soltos ou formulários contínuos, numerados tipograficamente, em 2 (duas) vias, no mínimo, que terão a seguinte destinação:

I – a 1ª via será entregue ao cliente;

II – a 2ª via será mantida pelo emitente para exibição ao fisco.

**Art. 12.** Aplica-se à Requisição de Peças de que trata este capítulo o disposto nos arts. 6º a 8º.

## CAPÍTULO V – DAS DISPOSIÇÕES COMUNS

### Seção I – Do Pedido de Autorização

**Art. 13.** O pedido de autorização para uso de sistema previsto neste anexo será entregue em 2 (duas) vias, na repartição fiscal a que estiver vinculado o estabelecimento requerente, devidamente instruído com cópia em 3 (três) vias, por qualquer meio gráfico indelével, dos seguintes documentos:

I – relativamente ao sistema previsto no inciso I do art. 2º, sem prejuízo da observância da disciplina a que se refere o art. 3º:

a) da Nota Fiscal – Ordem de Serviço;

b) da Requisição de Peças;

II – relativamente ao sistema previsto no inciso II do art. 2º:

a) da Ordem de Serviço;

b) da Requisição de Peças.

### Seção II – Da Concessão da Autorização

**Art. 14.** Após o exame da documentação, o Chefe da repartição fiscal decidirá, dentro de 30 (trinta) dias, sobre a utilização do sistema, entregando ao contribuinte, se deferido o pedido de autorização, a 2ª via, acompanhada, conforme o caso, das 2ªs vias dos documentos indicados no inciso I ou II do artigo anterior, devidamente visadas e com menção do número do respectivo processo.

§ 1º. Considerar-se-á deferido o pedido se não houver decisão no prazo fixado neste artigo.

§ 2º. O início da vigência efetiva do sistema especial deverá ser assinalado, pelo contribuinte, previamente, mediante termo lavrado no livro Registro de Utilização de Documentos Fiscais e Termos de Ocorrências.

### Seção III – Do Cancelamento do Sistema

**Art. 15.** Dar-se-á o cancelamento de qualquer um dos sistemas de que trata este anexo por iniciativa do fisco ou do contribuinte.

§ 1º. Por iniciativa do fisco, deverá o ato de cancelamento constar no mesmo processo em que tiver sido concedida a autorização, dando-se ao contribuinte prazo não inferior a 15 (quinze) dias para retorno à emissão normal dos documentos fiscais previstos neste Regulamento.

§ 2º. Por iniciativa do contribuinte, deverá o cancelamento ser requerido à autoridade fiscal que o tiver autorizado, hipótese em que, decorrido o prazo de 30 (trinta) dias sem que tenha havido manifestação do fisco, será considerado cancelado o sistema.

§ 3º. Poderá o contribuinte passar de um sistema para outro, desde que cumpra o disposto no art. 13, considerando-se cancelado o sistema anterior na data em que entrar em vigor o novo sistema.

# ANEXO XIV
# OPERAÇÕES REALIZADAS POR EMPRESA SEGURADORA

## CAPÍTULO I – DA APLICAÇÃO DO SISTEMA

**Art. 1º.** Aplicar-se-á à empresa seguradora o sistema especial previsto neste anexo, no que respeita às operações:

I – de circulação de mercadoria identificada como salvado de sinistro;

II – de aquisição de peça que não deva transitar pelo estabelecimento da empresa seguradora, a ser empregada em conserto de veículo segurado.

## CAPÍTULO II – DO SALVADO DE SINISTRO

**Art. 2º.** Relativamente ao cumprimento das obrigações fiscais pertinentes a operações de circulação de mercadoria identificada como salvado de sinistro, a empresa seguradora observará as seguintes disposições (Lei nº 6.374/1989, art. 67, § 1º, e Convênio de 15.12.1970-SINIEF, art. 54, VI, na redação do Ajuste SINIEF-3/94, cláusula primeira, XII):

I – quando se tratar de operação relacionada com máquina, aparelho ou veículo:

a) a mercadoria entrada no estabelecimento da empresa seguradora deverá ser acompanhada de documento fiscal emitido pelo remetente indenizado, se este for inscrito no cadastro de contribuintes do imposto;

b) a empresa seguradora emitirá Nota Fiscal para a entrada de mercadoria em seu estabelecimento que servirá, se for o caso, para acompanhar o trânsito da mercadoria, se o remetente indenizado não for inscrito no cadastro de contribuintes do imposto;

c) na saída da mercadoria, a empresa seguradora emitirá Nota Fiscal na forma prevista neste Regulamento;

d) na saída de mercadoria cuja entrada não tiver sido onerada pelo imposto, observar-se-á eventual redução da base de cálculo nos termos da legislação;

II – quando se tratar de operações relacionadas com as demais mercadorias, aplicar-se-á o disposto nas alíneas "a", "b" e "c" do inciso anterior.

## CAPÍTULO III
## DO CONSERTO DE VEÍCULO SEGURADO

**Art. 3º.** A empresa seguradora, na aquisição de peça que não deva transitar pelo seu estabelecimento, para emprego em conserto de veículo acidentado, em virtude de cobertura de responsabilidade decorrente de contrato de seguro, remeterá ao fornecedor Pedido de Fornecimento de Peças, que conterá, no mínimo, as seguintes indicações:

I – a denominação "Pedido de Fornecimento de Peças";

II – o número de ordem, a série e o número da via;

III – a data da emissão;

IV – o nome, o endereço e os números de inscrição, estadual e no CNPJ, da empresa seguradora;

V – o nome, o endereço e os números de inscrição, estadual e no CNPJ, do fornecedor;

VI – a discriminação das peças;

VII – o nome do titular, o endereço e os números de inscrição, estadual e no CNPJ, da oficina que irá proceder ao conserto do veículo;

VIII – os dados identificativos do veículo a ser consertado;

IX – o número da apólice ou do bilhete de seguro;

X – em campo reservado, o número, a série e a data da Nota Fiscal emitida pelo fornecedor;

XI – o nome, o endereço e os números de inscrição, estadual e no CNPJ, do impressor do documento, a data e a quantidade da impressão, o número de ordem do primeiro e o do último documento impresso, a série, e o número da Autorização de Impressão de Documentos Fiscais.

§ 1º. As indicações dos incisos I, II, IV e XI serão impressas tipograficamente.

§ 2º. Será permitido o uso simultâneo de mais de uma série, desde que se distingam por letras maiúsculas, em ordem alfabética, podendo o fisco, a qualquer tempo, restringir o seu número.

§ 3º. O Pedido de Fornecimento de Peças será de tamanho não inferior a 14,8 x 21 cm, em qualquer sentido.

§ 4º. Aplicam-se ao Pedido de Fornecimento de Peças as disposições relativas aos documentos fiscais.

**Art. 4º.** O Pedido de Fornecimento de Peças será emitido em 3 (três) vias, que terão a seguinte destinação (Lei nº 6.374/1989, art. 67, § 1º):

I – a 1ª e a 2ª via serão remetidas ao fornecedor, que providenciará:

a) a anexação da 1ª via à 4ª via da Nota Fiscal por ele emitida, para encaminhamento à oficina, nos termos do inciso II do artigo seguinte;

b) o arquivamento da 2ª via, em ordem cronológica;

II – a 3ª via ficará presa ao bloco, para exibição ao fisco, e nela serão indicados, no campo próprio, o número e a data da Nota Fiscal emitida pelo fornecedor.

**Art. 5º.** Recebido o Pedido de Fornecimento de Peças, o estabelecimento fornecedor deverá (Lei nº 6.374/1989, art. 67, § 1º):

I – emitir Nota Fiscal, em 4 (quatro) vias, tendo como destinatária a empresa seguradora, na qual constarão, além dos demais requisitos, os seguintes:

a) número do Pedido de Fornecimento de Peças;

b) declaração de que a peça se destinará ao conserto de veículo segurado;

c) declaração do local de entrega, onde constarão o nome do titular, o endereço e os números de inscrição, estadual e no CNPJ, da oficina incumbida do conserto;

II – entregar a peça à oficina, acompanhada da 1ª, da 3ª e da 4ª via da Nota Fiscal.

Parágrafo único. A Nota Fiscal poderá ser emitida em 3 (três) vias, desde que, para exercer a função da 4ª via, seja extraída cópia reprográfica da 1ª.

**Art. 6º.** A oficina incumbida de proceder ao conserto do veículo deverá (Lei nº 6.374/1989, art. 67, § 1º):

I – recebida a peça, encaminhar à empresa seguradora, no prazo de 5 (cinco) dias, a 1ª e a 3ª via da Nota Fiscal emitida pelo fornecedor;

II – registrar a 4ª via da Nota Fiscal, sem direito a crédito do imposto, conservando-a em seu poder, juntamente com a 1ª via do Pedido de Fornecimento de Peças;

III – concluído o conserto, antes da saída do veículo, emitir Nota Fiscal, em nome da empresa seguradora, na qual constarão, além dos demais requisitos, os seguintes:

a) o número do Pedido de Fornecimento de Peças;

b) o nome, o endereço e os números de inscrição, estadual e no CNPJ, do fornecedor, e o número, a série e a data da Nota Fiscal por este emitida;

c) a discriminação e o valor da peça recebida;

d) o preço do serviço prestado;

e) a discriminação e o valor da peça empregada no conserto, fornecida pela própria oficina, que calculará o imposto sobre esse valor.

**Art. 7º.** A empresa seguradora apurará o imposto por ela devido considerando como base de cálculo o valor de aquisição da peça, acrescido dos outros valores e da parcela correspondente ao Imposto sobre Produtos Industrializados, quando for o caso, deduzindo o imposto pago pelo fornecedor e lançando a diferença no livro Registro de Apuração do ICMS, no quadro "Débito do Imposto – Outros Débitos" (Lei nº 6.374/1989, art. 59).

## CAPÍTULO IV – DAS DEMAIS DISPOSIÇÕES

**Art. 8º.** A empresa seguradora declarará as operações realizadas, nos termos dos arts. 253 a 258 deste Regulamento, recolhendo o imposto no prazo estabelecido no Anexo IV (Lei nº 6.374/1989, art. 59).

**Art. 9º.** Fica a empresa seguradora (Lei nº 6.374/1989, arts. 67, § 1º, e 69):

I – dispensada da manutenção de livros fiscais, exceto o livro Registro de Apuração do ICMS e o livro Registro de Utilização de Documentos Fiscais e Termos de Ocorrências, obrigando-se a arquivar os documentos fiscais, por espécie e em ordem cronológica, para exibição ao fisco;

II – sujeita ao cumprimento da obrigação principal e das obrigações acessórias, previstas neste Regulamento.

# ANEXO XV

## TRANSPORTE DE MERCADORIA DECORRENTE DE ENCOMENDA AÉREA INTERNACIONAL POR EMPRESA DE "COURIER" OU A ELA EQUIPARADA

**Art. 1º.** A mercadoria ou bem contidos em encomenda aérea internacional transportada por empresa de "courier" ou a ela equiparada, até sua entrega ao destinatário paulista, serão acompanhados, no seu transporte, do Conhecimento de Transporte Aéreo Internacional (AWB), da fatura comercial e, quando devido o imposto, da Guia Nacional de Recolhimento de Tributos Estaduais – GNRE ou, em caso de não sujeição ao pagamento do imposto, pela guia de exoneração do ICMS, que poderá, quando exigida, ser providenciada pela empresa de "courier" na repartição fiscal competente (Convênio ICMS-59/95, com a cláusula terceira, § 3º, na redação do Convênio ICMS-106/95, cláusula terceira, e com a cláusula quarta, parágrafo único, acrescentado pelo Convênio ICMS-38/96, cláusula primeira).

Parágrafo único. Com relação à Guia Nacional de Recolhimento de Tributos Estaduais – GNRE – referida no *caput*, observar-se-á o seguinte:

1 – será individualizada para cada destinatário das encomendas;

2 – ficará dispensada a indicação dos dados relativos às inscrições, estadual e no CNPJ, ao município e ao código de endereçamento postal (CEP);

3 – será a guia utilizada ainda que o desembaraço aduaneiro tenha sido processado em território paulista;

4 – será emitida em favor deste Estado mesmo que o desembaraço aduaneiro ocorra em Estado diverso;

5 – poderá ser emitida mediante o uso de sistema eletrônico de processamento de dados.

6 – no campo "Outras Informações", a empresa de "courier" ou a ela equiparada farão constar, entre outras indicações, sua razão social e seu número de inscrição no CNPJ.

**Art. 2º.** Caso o início da prestação ocorra em final de semana, em dia não útil ou na hipótese de indisponibilidade dos sistemas da Receita Federal do Brasil, em que não seja possível o recolhimento do ICMS incidente sobre as mercadorias ou bens, o seu transporte poderá ser realizado sem o acompanhamento do comprovante de pagamento do imposto, desde que:

- *Art. 2º,* caput, *com redação dada pelo Decreto nº 60.845, de 21.10.2014 – DOE de 22.10.2014 – Efeitos a partir da publicação.*

I – a empresa de "courier":

a) esteja autorizada mediante regime especial concedido pela Secretaria da Fazenda;

b) tenha assumido a responsabilidade solidária pelo pagamento daquele imposto;

II – o imposto seja recolhido no primeiro dia útil seguinte.

§ 1º. O regime especial previsto na alínea "a" do inciso I, ainda que concedido por outra unidade da Federação para empresa nela localizada:

1 – produzirá efeitos imediatos;

2 – terá cópia remetida, no prazo de 48 (quarenta e oito) horas, à Comissão Técnica Permanente do ICMS – COTEPE, sediada em Brasília.

§ 2º. A Secretaria da Fazenda, por meio, também, do regime especial previsto no *caput*, observadas as demais exigências e condições, poderá autorizar o recolhimento do imposto até o dia 9 (nove) de cada mês em um único documento de arrecadação, relativamente às operações realizadas no mês anterior, dispensado o comprovante do recolhimento do imposto a cada operação.

# ANEXO XVI
# EMPRESAS DE TRANSPORTE AÉREO, EXCETO TÁXI AÉREO E CONGÊNERES

**Art. 1°.** Fica facultado às empresas de transporte aéreo efetuar (Convênio ICMS-120/96, cláusula terceira):

I – a entrega de guia de informação prevista no art. 253 deste Regulamento até o último dia útil no mês subsequente ao da ocorrência do fato gerador;

II – o recolhimento do imposto em 2 (duas) parcelas, no mês subsequente ao da ocorrência do fato gerador, observado o disposto no art. 566 deste Regulamento, sendo:

a) até o dia 10 (dez), o valor equivalente a 70% (setenta por cento), no mínimo, do imposto devido no período de apuração anterior ao da ocorrência do fato gerador;

b) até o último dia útil, o valor restante.

Parágrafo único. As disposições deste artigo não se aplicam à prestação de serviço efetuada por táxi aéreo ou congênere.

**Art. 2°.** Nas prestações de serviço de transporte aéreo interestadual de pessoa, carga e mala postal, quando tomadas por pessoa não contribuinte do imposto ou a esta destinadas, a alíquota aplicável é a da prestação interna (Convênio ICMS-120/96, cláusula segunda).

# ANEXO XVII
# EMPRESAS DE COMUNICAÇÕES

• *Anexo XVII com redação dada pelo Decreto nº 53.835, de 17.12.2008 – DOE de 18.12.2008 – Efeitos a partir da publicação.*

## CAPÍTULO I
## DA APLICAÇÃO DO REGIME

**Art. 1º.** O regime especial previsto neste Anexo, aplicável aos prestadores de serviços de comunicação ou de telecomunicação, aqui mencionadas simplesmente como empresas de comunicações, deve ser observado:

I – pelas empresas prestadoras de Serviço Telefônico Fixo Comutado – STFC, Serviço Móvel Celular – SMC ou Serviço Móvel Pessoal – SMP;

• *Inciso I com redação dada pelo Decreto nº 59.651, de 25.10.2013 – DOE de 26.10.2013 – Efeitos a partir da publicação.*

II – pelas demais empresas de comunicações.

• *Inciso II com redação dada pelo Decreto nº 59.651, de 25.10.2013 – DOE de 26.10.2013 – Efeitos a partir da publicação.*

Parágrafo único. O disposto neste Anexo não se aplica:

1 – à Empresa Brasileira de Correios e Telégrafo – ECT, criada pelo Decreto-Lei nº 509, de 20 de março de 1969;

2 – às empresas que prestem serviços de comunicação exclusivamente na modalidade de veiculação de mensagem por difusão sonora ou visual, em pontos fixos ou móveis, tais como outdoors, carros de som e congêneres.

## CAPÍTULO II
## DAS DISPOSIÇÕES COMUNS

**Art. 2º.** As empresas de comunicações que prestarem serviços a usuário localizado neste Estado deverão:

I – inscrever apenas um de seus estabelecimentos no Cadastro de Contribuintes do ICMS, exceto quando prestarem serviços não medidos de televisão por assinatura, via satélite, cujo preço do serviço seja cobrado por períodos definidos, hipótese em que deverão requerer inscrição estadual específica para o estabelecimento que for exercer essa atividade (Convênio ICMS-52/05, cláusula quarta e Convênio ICMS-126/98, cláusula segunda, § 4º, com alteração do Convênio ICMS-22/11);

• *Inciso I com redação dada pelo Decreto nº 57.678, de 26.12.2011 – DOE de 27.12.2011 – Efeitos a partir da publicação.*

II – escriturar e recolher o imposto de forma centralizada, englobando todas as operações e prestações efetuadas neste Estado;

III – manter cópias dos contratos relativos aos serviços prestados neste Estado, para exibição ao Fisco, quando solicitado;

IV – elaborar em forma de arquivo digital e apresentar, quando solicitado pelo Fisco, livro Razão auxiliar contendo os registros das contas de ativo permanente, custos e receitas auferidas, tributadas, isentas e não tributadas, de todas as Unidades da Federação onde atue, de forma discriminada e segregada.

§ 1º. O disposto neste artigo não dispensa a adoção e a escrituração dos livros fiscais previstos na legislação.

§ 2º. Para fins da apuração do imposto devido no período deverão ser considerados os documentos fiscais emitidos no respectivo período.

§ 3º. Ressalvadas as hipóteses em que é exigido o recolhimento do imposto mediante guia de recolhimentos especiais, o imposto apurado na forma do inciso II deverá ser recolhido até o dia indicado no Anexo IV deste Regulamento.

§ 4º. Na hipótese de inexistência de estabelecimento no território paulista, para fins de inscrição no Cadastro de Contribuintes do ICMS, salvo disposição em contrário da Secretaria da Fazenda:

1 – como local de inscrição deverá ser indicado um dos seguintes endereços, observada a disciplina estabelecida pela Secretaria da Fazenda:

• *Item 1,* caput, *com redação dada pelo Decreto nº 57.678, de 26.12.2011 – DOE de 27.12.2011 – Efeitos a partir da publicação.*

a) de sua matriz ou filial localizada em outra unidade da Federação, no caso de empresa nacional;

b) de agência ou escritório de representação, ainda que localizada em outra unidade da Federação, no caso de empresa sediada no exterior;

2 – deverá ser indicado representante legal domiciliado no Estado de São Paulo e sujeito a prévia aprovação da Secretaria da Fazenda.

**Art. 3º.** As empresas de comunicações, observado o disposto no art. 253 deste Regulamento, deverão cumprir as obrigações necessárias à apuração do Índice de Participação dos Municípios – IPM inclusive relativamente aos estabelecimentos localizados neste Estado e dispensados da inscrição no Cadastro de Contribuintes do ICMS.

**Art. 4º.** A emissão do documento fiscal relativo à prestação dos serviços deverá ser feita em uma única via, por sistema eletrônico de processamento de dados, devendo suas informações serem armazenadas e transmitidas em arquivo digital, nos termos de disciplina estabelecida pela Secretaria da Fazenda.

§ 1º. Não será necessária a Autorização para Impressão de Documento Fiscal – AIDF para a impressão de Nota Fiscal de Serviço de Comunicação, Modelo 21 (NFSC), ou de Nota Fiscal de Serviço de Telecomunicações, Modelo 22 (NFST), em uma única via.

- *§ 1º primitivo parágrafo único, renumerado pelo Decreto nº 54.401, de 1º.6.2009 – DOE de 2.6.2009 – Efeitos a partir de 1º.5.2009.*

§ 2º. Deverá ser informado à Secretaria da Fazenda, as séries e subséries dos documentos fiscais que serão adotadas para cada tipo de prestação de serviço, antes do início de sua utilização, bem como nas hipóteses de alteração ou exclusão de série ou de subsérie adotada (Convênio ICMS-126/98, cláusula quinta, com alteração do Convênio ICMS-13/09, cláusula primeira, I).

- *§ 2º acrescido pelo Decreto nº 54.401, de 1º.6.2009 – DOE de 2.6.2009 – Efeitos a partir de 1º.5.2009.*

**Art. 5º.** As empresas de comunicações que prestarem serviços em mais de um Estado ficam autorizadas a emitir e imprimir os documentos fiscais de forma centralizada em qualquer Unidade da Federação onde atuarem, desde que:

I – sejam cumpridos todos os requisitos previstos neste Anexo;

II – as informações relativas ao seu faturamento neste Estado sejam disponibilizadas ao Fisco em arquivo digital nos termos do art. 4º.

**Art. 6º.** Nas modalidades pré-pagas de prestações de serviços de comunicação disponibilizadas por quaisquer meios físicos ou eletrônicos, as empresas de comunicações devem emitir, com destaque do imposto, a Nota Fiscal de Serviço de Comunicação, Modelo 21 (NFSC), ou a Nota Fiscal de Serviço de Telecomunicações, Modelo 22 (NFST).

§ 1º. A base de cálculo das prestações a que se refere o *caput* é o preço do serviço, assim entendido como o valor total cobrado do usuário final.

§ 2º. Nas operações interestaduais entre estabelecimentos de empresas indicadas no inciso I do art. 1º com quaisquer meios físicos, será emitida Nota Fiscal, modelo 1 ou 1-A, com destaque do valor do ICMS devido, calculado com base no valor de aquisição mais recente do meio físico.

§ 3º. A Secretaria da Fazenda poderá exigir relatórios analíticos de receitas com a respectiva documentação comprobatória, das prestações de serviços com créditos pré-pagos, nos termos de disciplina estabelecida.

## CAPÍTULO III DA IMPRESSÃO CONJUNTA DO DOCUMENTO FISCAL

**Art. 7º.** Poderão ser impressas conjuntamente em um único documento de cobrança as NFSC ou NFST referentes a serviços de comunicações prestados pelas empresas (Convênio ICMS-126/98, cláusula décima primeira, com alteração do Convênio ICMS-13/09, cláusula primeira, II e III):

I – indicadas no inciso I do art. 1º;

II – detentoras de concessão ou autorização da Agência Nacional de Telecomunicações – ANATEL nas seguintes modalidades:

a) Serviço Móvel Especializado – SME;

b) Serviço de Comunicação Multimídia – SCM.

§ 1º. Para fins do disposto no *caput*, as empresas envolvidas na impressão conjunta deverão observar as seguintes condições:

1 – as NFSC ou NFST devem referir-se ao mesmo usuário dos serviços e ao mesmo período de apuração;

2 – adotar subsérie específica para os documentos fiscais emitidos, impressos na forma deste artigo;

3 – requerer autorização, conjuntamente, na repartição fiscal a que estiver vinculada a empresa responsável pela impressão;

4 – informar, conjuntamente, à repartição fiscal a que estiver vinculada a empresa responsável pela impressão, as séries e as subséries dos documentos fiscais a serem utilizados na impressão conjunta, indicando para cada série e subsérie, a empresa emitente e a empresa impressora do documento, assim como qualquer tipo de alteração ou exclusão de série ou de subsérie adotada.

§ 2º. O documento impresso conjuntamente poderá conter, além das NFSC ou NFST emitidas individualmente pelas empresas, a fatura e os formulários relativos à cobrança.

§ 3º. A impressão das NFSC ou NFST na forma prevista neste artigo poderá ser feita apenas pelas empresas indicadas no inciso I.

§ 4º. As empresas responsáveis pela impressão dos documentos fiscais deverão elaborar e transmitir arquivos digitais contendo as informações dos documentos fiscais impressos conjuntamente no período de apuração, conforme disciplina estabelecida pela Secretaria da Fazenda.

- *§ 4º com redação dada pelo Decreto nº 60.125, de 4.2.2014 – DOE de 5.2.2014 – Efeitos a partir de 1º.1.2014.*

§ 5º. As empresas envolvidas na impressão conjunta do documento são responsáveis pelos dados contidos nas respectivas NFSC ou NFST, devendo efetuar, individualmente, o cumprimento das obrigações tributárias, inclusive a guarda e transmissão dos arquivos digitais.

- *Art. 7º com redação dada pelo Decreto nº 54.401, de 1º.6.2009 – DOE de 2.6.2009 – Efeitos a partir de 1º.5.2009.*

## CAPÍTULO IV – DO DIFERIMENTO DO LANÇAMENTO DO IMPOSTO

**Art. 8º.** Na prestação de serviços de telecomunicação entre empresas sujeitas a regime especial na cessão de meios de rede, relacionadas em Ato Cotepe, o lançamento do imposto incidente sobre a cessão dos meios de rede fica diferido para o momento em que ocorrer a prestação do serviço ao usuário final (Convênio ICMS-17/13, cláusula primeira).

- *Art. 8º,* caput, *com redação dada pelo Decreto nº 59.651, de 25.10.2013 – DOE de 26.10.2013 – Efeitos a partir da publicação.*

§ 1º. O diferimento previsto neste artigo:

1 – condiciona-se à comprovação do uso do serviço como meio de rede, mediante:

a) apresentação de demonstrativo de tráfego, contrato de cessão de meios de rede ou outro documento, contendo a natureza e o detalhamento dos serviços, endereços e características do local de instalação do meio;

b) declaração expressa do tomador do serviço confirmando o uso como meio de rede;

c) utilização de código específico para as prestações de que trata este artigo no arquivo digital previsto no art. 4º;

d) indicação, no corpo da Nota Fiscal, do número do contrato ou do relatório de tráfego ou de identificação específica do meio de rede que comprove a natureza dos serviços e sua finalidade;

2 – poderá ser aplicado também quando a cedente for empresa prestadora de Serviço Limitado Especializado – SLE, Serviço Móvel Especializado – SME e Serviço de Comunicação Multimídia – SCM e a cessionária for empresa relacionada em Ato Cotepe de que trata o *caput*, desde que:

- *Item 2 com redação dada pelo Decreto nº 59.651, de 25.10.2013 – DOE de 26.10.2013 – Efeitos a partir da publicação.*

a) a utilização do referido serviço como meio de rede seja comprovado na forma prevista no item 1;

b) seja observado o disposto no § 2º.

§ 2º. Na hipótese do item 2 do § 1º:

1 – o cedente deverá:

a) estar classificado em um dos códigos do Grupo 61 da Classificação Nacional de Atividades Econômicas – CNAE;

b) lavrar a opção em termo no livro Registro de Utilização de Documentos Fiscais e Termos de Ocorrências – Modelo 6, devendo a renúncia ser objeto de novo termo;

2 – a prestação deverá ser realizada por estabelecimento localizado em território paulista.

- *Art. 8º com redação dada pelo Decreto nº 54.401, de 1º.6.2009 – DOE de 2.6.2009 – Efeitos a partir de 1º.7.2009.*

§ 3º. Nas hipóteses de prestações de serviços a usuário final amparadas por isenção, não incidência ou redução de base de cálculo, consumo próprio, bem como de qualquer saída ou evento que impossibilite o lançamento do imposto incidente sobre a cessão dos meios de rede, a cessionária deverá recolher o imposto nos termos estabelecidos pela Secretaria da Fazenda (Convênios ICMS-128/10 e 17/13).

- *§ 3º acrescido pelo Decreto nº 56.457, de 30.11.2010 – DOE de 1º.12.2010, e com redação dada pelo Decreto nº 59.651, de 25.10.2013 – DOE de 26.10.2013 – Efeitos a partir da publicação.*

§ 4º. Para efeito do recolhimento previsto no § 3º (Convênios ICMS-128/10 e 17/13, cláusula terceira):

1 – a base de cálculo será o valor da cessão dos meios de rede multiplicado pela razão entre o valor das prestações referidas no § 3º e o total das prestações de serviço do período;

2 – caso o valor do imposto resultante do item 1 somado ao imposto resultante das prestações de serviço próprias seja inferior ao imposto incidente sobre a cessão dos meios de rede, a cessionária deverá pagar a diferença correspondente às prestações anteriores.

- *§ 4º acrescido pelo Decreto nº 56.457, de 30.11.2010 – DOE de 1º.12.2010, e com redação dada pelo Decreto nº 59.651, de 25.10.2013 – DOE de 26.10.2013 – Efeitos a partir da publicação.*

§ 5º. O diferimento previsto neste artigo não se aplica (Convênio ICMS-128/10):

1 – nas prestações a empresa:

a) não inscrita no Cadastro de Contribuintes do ICMS, nos termos do art. 2º;

b) optante pelo Simples Nacional.

2 – nas prestações realizadas por empresa optante pelo Simples Nacional.

- *§ 5º acrescido pelo Decreto nº 56.457, de 30.11.2010 – DOE de 1º.12.2010 – Efeitos a partir de 1º.11.2010.*

**Art. 9º.** Sem prejuízo do disposto no art. 8º, o lançamento do imposto incidente sobre as prestações de serviço de comunicação realizadas em território paulista para empresas de comunicações fica diferido para o momento em que ocorrer a prestação do serviço ao usuário final.

§ 1º. Além dos demais requisitos, o diferimento fica condicionado a que:

1 – a prestadora e a tomadora do serviço sejam detentoras de concessão ou autorização da Agência

Nacional de Telecomunicações – ANATEL para prestar serviços nas seguintes modalidades:

a) Serviço Telefônico Fixo Comutado – STFC;

b) Serviço Limitado Especializado – SLE;

c) Serviço de Comunicação Multimídia – SCM;

d) Serviço Móvel Celular – SMC;

e) Serviço Móvel Global por Satélite – SMGS;

f) Serviço Móvel Pessoal – SMP;

g) Serviço Móvel Especializado – SME;

h) Serviço de Rede de Transporte de Telecomunicações – SRTT;

2 – a prestadora e a tomadora do serviço tenham sido individualmente autorizadas a aplicar o disposto neste artigo, nos termos de disciplina estabelecida pela Secretaria da Fazenda;

3 – a prestação do serviço seja realizada na modalidade de cessão onerosa de meios das redes de telecomunicações, de modo que a cessionária utilize tais meios para prestar serviços dessa mesma espécie;

4 – a prestação do serviço, ao tomador que se caracterize como usuário final do serviço, ocorra exclusivamente em território paulista.

§ 2°. A autorização referida no item 2 do § 1° será:

1 – suspensa, em virtude de atraso ou não atendimento de notificação expedida pelo Fisco, inclusive na hipótese de recusa de fornecimento de cópias dos contratos de prestação de serviços celebrados, ainda que extintos;

2 – cassada, em caso de descumprimento da legislação, ainda que não tenha sido previamente suspensa.

§ 3°. Salvo disposição em contrário, a autorização, suspensão ou cassação do diferimento, produzirá efeito a partir do primeiro dia do mês subsequente ao da publicação de ato específico no Diário Oficial.

## CAPÍTULO V
## DO ESTORNO
## DO IMPOSTO INDEVIDAMENTE DEBITADO

• *Art. 2° do Decreto n° 53.835, de 17.12.2008: O disposto no art. 10 do Anexo XVII do Regulamento do ICMS aplica-se somente aos fatos geradores ocorridos a partir de 1° de maio de 2004.*

**Art. 10.** Na hipótese de imposto indevidamente debitado, as empresas indicadas no inciso I do art. 1° deverão solicitar autorização para efetuar o estorno do débito, observando o disposto neste artigo e a disciplina específica estabelecida pela Secretaria da Fazenda.

§ 1°. Para solicitar a autorização, o contribuinte deverá observar o seguinte procedimento:

1 – elaborar um único arquivo digital informando os dados das NFSC ou NFST com o imposto indevidamente debitado;

2 – transmitir o arquivo de que trata o item 1 para a Secretaria da Fazenda, por meio da Internet;

3 – protocolar a solicitação, conforme estabelecido em disciplina específica.

§ 2°. O contribuinte poderá apresentar apenas uma única solicitação de autorização de estorno de débito por mês calendário.

§ 3°. A análise do pedido administrativo será feita por amostragem das NFSC ou NFST referentes ao imposto indevidamente debitado, sendo denegada integralmente a autorização nas seguintes hipóteses:

1 – inconsistências nas informações constantes do arquivo digital de que trata o item 1 do § 1°;

2 – omissão na transmissão do arquivo digital de que trata o art. 4°, relativamente aos períodos de apuração objeto da solicitação de autorização de estorno;

3 – constatação de solicitação de estorno em documento fiscal já arrolado em solicitação anterior pendente de apreciação ou já deferido;

4 – constatação de solicitação de estorno em hipótese que não configure o débito indevido do imposto;

5 – não fornecimento de documentos comprobatórios ou outros esclarecimentos, quando solicitados pelo Fisco em notificação específica;

6 – constatação de irregularidade não prevista nos itens anteriores.

§ 4°. Sendo concedida a autorização, o contribuinte deverá emitir Nota Fiscal modelo 1 ou 1-A, para recuperar, de forma englobada, o valor equivalente ao imposto indevidamente debitado, contendo, além dos demais requisitos, no campo Informações Complementares:

1 – a expressão "Nota Fiscal emitida nos termos do art. 10 do Anexo XVII do RICMS";

2 – a identificação do protocolo da solicitação a que se refere o § 1°.

§ 5°. O indeferimento da solicitação será justificado pela Secretaria da Fazenda, hipótese na qual o contribuinte poderá formular nova solicitação corrigindo as falhas que motivaram o indeferimento.

§ 6°. Na hipótese de o contribuinte constatar a incorreção dos dados contidos na solicitação, feita na forma do § 1°, deverá desistir da solicitação originariamente apresentada e formular nova solicitação.

§ 7°. A autorização concedida pela Secretaria da Fazenda para o estorno do débito nos termos deste artigo não implicará reconhecimento de sua legitimidade, nem homologação dos lançamentos efetuados pelo contribuinte.

§ 8°. Caso a Secretaria da Fazenda não aprecie a solicitação de que trata este artigo no prazo de 6 meses contados da data do protocolo da solicitação, o contribuinte poderá adotar o procedimento previsto no § 4º para recuperar o valor equivalente ao imposto indevidamente debitado.

§ 9º. O procedimento adotado nos termos do § 8º tem caráter provisório e deverá ser cancelado na forma dos §§ 1º a 3º do art. 63 do Regulamento, em caso de superveniente decisão desfavorável.

## CAPÍTULO VI
## DAS DISPOSIÇÕES ESPECÍFICAS APLICÁVEIS ÀS EMPRESAS DE TELECOMUNICAÇÃO PRESTADORAS DE SERVIÇO TELEFÔNICO FIXO COMUTADO – STFC, SERVIÇO MÓVEL CELULAR – SMC OU SERVIÇO MÓVEL PESSOAL – SMP

- *Nome do Capítulo VI com redação dada pelo Decreto nº 59.651, de 25.10.2013 – DOE de 26.10.2013 – Efeitos a partir da publicação.*

**Art. 11.** As empresas indicadas no inciso I do art. 1º poderão, em relação a cada Posto de Serviço, em substituição à emissão do competente documento fiscal:

I – emitir, ao final do dia, documento interno que conterá, além dos demais requisitos, o resumo diário dos serviços prestados, a série e subsérie e o número ou código de controle correspondente ao posto;

II – manter impresso do documento interno de que trata o inciso I, em poder de preposto.

§ 1º. A adoção da permissão contida neste artigo implica observância, além das demais exigências, do que segue:

1 – indicação, no livro Registro de Utilização de Documentos Fiscais e Termos de Ocorrências, dos impressos dos documentos internos destinados a cada posto;

2 – no último dia de cada mês, emissão de NFSC ou NFST, de sub-série especial, abrangendo todos os documentos internos emitidos no mês, com destaque do ICMS devido.

§ 2º. Sujeitar-se-á o documento interno previsto neste artigo a todas as demais normas relativas a documentos fiscais previstas na legislação.

**Art. 12.** O Documento de Declaração de Tráfego e de Prestação de Serviços – DETRAF, instituído pelo Ministério das Comunicações e adotado como documento de controle relacionado com o imposto devido pelas empresas de telecomunicações indicadas no inciso I do art. 1º, assim como os demais documentos relacionados com os contratos de cessão de meios de rede, deverão ser conservados durante o prazo previsto no art. 202 deste Regulamento, para exibição ao Fisco.

**Art. 13.** Na remessa de bem integrado ao ativo permanente das empresas indicadas no inciso I do art. 1º, destinado a operações de interconexão com outras empresas descritas no inciso I do art. 1º, serão observados os seguintes procedimentos:

I – a empresa emitirá, na saída interna ou interestadual do bem, Nota Fiscal modelo 1 ou 1-A, sem débito do imposto, contendo, além dos demais requisitos, no campo "Informações Complementares", a expressão "Regime Especial – Convênio ICMS-80/01 e art. 13 do Anexo XVII do RICMS – bem destinado a operação de interconexão com outra operadora", escriturando-a da seguinte forma:

a) no livro Registro de Saídas, na coluna "Outras – Operações sem Débito do Imposto", anotando na coluna "Observações" a expressão: "Convênio ICMS-80/01 – art. 13 do Anexo XVII do RICMS";

b) no livro Registro de Inventário, anotando na coluna "Observações" a expressão: "Bem em Poder de Terceiros Destinado a Operações de Interconexão";

II – a empresa destinatária do bem escriturará a Nota Fiscal mencionada no inciso I:

a) no livro Registro de Entradas, na coluna "Outras – Operações sem Crédito do Imposto", anotando na coluna "Observações" a expressão: "Convênio ICMS-80/01 e art. 13 do Anexo XVII do RICMS";

b) no livro Registro de Inventário, anotando na coluna "Observações" a expressão: "Bem de Terceiro Destinado a Operações de Interconexão".

§ 1º. As empresas, remetente ou destinatária do bem de que trata este artigo, deverão manter à disposição do Fisco, no mínimo pelo prazo estabelecido no art. 202 deste Regulamento, os contratos que estabeleceram as condições para a interconexão de suas redes, na forma do art. 153 da Lei federal nº 9.472, de 16 de julho de 1997.

§ 2º. O disposto neste artigo não se aplica às operações efetuadas com empresas estabelecidas nos Estados do Espírito Santo, Mato Grosso e Mato Grosso do Sul.

# ANEXO XVIII
# DAS OPERAÇÕES COM ENERGIA ELÉTRICA

• *Anexo XVIII com redação dada pelo Decreto nº 54.177, de 30.3.2009 – DOE de 31.3.2009 – Retificação DOE de 1.4.2009 – Efeitos a partir de 1º.6.2009.*

## CAPÍTULO I
## DISPOSIÇÕES GERAIS

**Art. 1º.** Sem prejuízo das demais obrigações previstas na legislação do ICMS, aquele que praticar operação relativa à circulação de energia elétrica na condição de contribuinte ou que, nos termos dos arts. 425 a 426 do Regulamento, for responsável, na condição de substituto tributário, pelo lançamento e pagamento do imposto incidente sobre as sucessivas operações, internas ou interestaduais, relativas à circulação da energia elétrica, desde a sua importação ou produção, deverá cumprir o disposto neste Anexo.

**Art. 2º.** A empresa distribuidora de energia elétrica poderá centralizar em um único estabelecimento a escrita fiscal e o recolhimento do imposto correspondente às operações realizadas por todos os seus estabelecimentos situados no território do paulista.

**Art. 3º.** A empresa geradora ou distribuidora de energia elétrica que, não possuindo estabelecimento fixo neste Estado, praticar operação interestadual relativa à circulação de energia elétrica na hipótese prevista no art. 425-A, deverá, observado o disposto no art. 262, ambos deste Regulamento, manter inscrição no cadastro de contribuintes deste Estado.

Parágrafo único. Na hipótese deste artigo, a escrituração fiscal e a apuração do imposto poderão ser efetuadas fora do território paulista, desde que em local indicado em acordo firmado entre os Estados envolvidos, devendo a documentação, se mantida nesse local, ser apresentada em lugar determinado pelo fisco, no prazo de 5 (cinco) dias, contados da correspondente notificação.

## CAPÍTULO II
## DO ESTORNO DE DÉBITO

**Art. 4º.** Poderá a empresa distribuidora de energia elétrica creditar-se, independentemente de autorização, do valor do imposto debitado em Notas Fiscais/Contas de Energia Elétrica emitidas a consumidores, nas seguintes hipóteses:

I – erro de fato ocorrido no faturamento do produto ou na emissão do documento fiscal;

II – erro de medição, faturamento ou tarifação do produto;

III – formalização de discordância do consumidor, relativamente à cobrança ou aos respectivos valores;

IV – cobrança em duplicidade.

§ 1º. Para efetuar o crédito do imposto previsto neste artigo o contribuinte deverá:

1 – nas hipóteses dos incisos I, II e III, emitir, em substituição a cada Nota Fiscal/Conta de Energia Elétrica objeto de estorno, nova Nota Fiscal/ Conta de Energia Elétrica com os valores corretos, consignando na coluna "Descrição dos Produtos" do quadro "Dados do Produto" a observação "Nos termos do inciso I do § 1º do art. 4º do Anexo XVIII do RICMS/2000, esta Nota Fiscal/Conta de Energia Elétrica substitui, para todos os fins, a Nota Fiscal de nº xxxxx de xx/xx/xxxx, a qual não poderá ser utilizada para fins de crédito do imposto";

2 – elaborar relatório interno com base em arquivo eletrônico, conforme disciplina estabelecida pela Secretaria da Fazenda, que conterá as seguintes informações relativas às Notas Fiscais/Contas de Energia Elétrica emitidas nos termos do item 1 com data de vencimento na mesma referência que ocorrerá o crédito do imposto:

a) número, série, data de emissão e data de vencimento da Nota Fiscal/Conta de Energia Elétrica objeto de estorno de débito;

b) CNPJ, inscrição estadual e razão social do destinatário, se pessoa jurídica, ou o seu CPF e nome, se pessoa física;

c) código de identificação da unidade consumidora;

d) valor total, base de cálculo e valor do ICMS da Nota Fiscal/Conta de Energia Elétrica objeto de estorno de débito;

e) número da Nota Fiscal/Conta de Energia Elétrica emitida em substituição àquela objeto de estorno de débito;

f) simplificadamente, o motivo determinante do estorno;

3 – emitir Nota Fiscal relativa à entrada, para recuperar, de forma englobada, o montante do imposto apurado, anexando o relatório interno previsto no item 2, cujo arquivo eletrônico será vinculado por meio de chave de autenticação digital consignada no campo "Informações Complementares" da Nota Fiscal, bem como os elementos comprobatórios dos motivos do estorno de débito realizado.

§ 2º. Deverão ser mantidos pelo prazo previsto no art. 202 deste Regulamento:

1 – os elementos comprobatórios do motivo do estorno de débito realizado;

2 – as Notas Fiscais e os respectivos relatórios internos de que trata o item 3 do § 1º, que poderão ser exigidos em papel ou em meio eletrônico.

## CAPÍTULO III
## DO DIFERIMENTO DO LANÇAMENTO E DO PAGAMENTO DO IMPOSTO NAS OPERAÇÕES COM ENERGIA ELÉTRICA

- *Capítulo III com redação dada pelo Decreto nº 55.421, de 10.2.2010 – DOE de 11.2.2010 – Efeitos a partir de 1º.1.2010.*

### Seção I
### Do Lançamento e do Pagamento do Imposto Devido pelo Sujeito Passivo por Substituição Tributária

- *Seção I com redação dada pelo Decreto nº 55.421, de 10.2.2010 – DOE de 11.2.2010 – Efeitos a partir de 1º.1.2010.*

**Art. 5º.** A empresa distribuidora que, no termos do inciso I do art. 425 deste regulamento, for responsável pelo lançamento e pagamento do imposto incidente sobre as sucessivas operações internas relativas à circulação de energia elétrica, desde a sua importação ou produção, deverá, sem prejuízo do cumprimento das demais obrigações tributárias a que estiver sujeita nos termos na legislação aplicável:

I – emitir, mensalmente, a Nota Fiscal/Conta de Energia Elétrica, modelo 6, de que trata o art. 146 deste regulamento, com destaque do ICMS, relativamente:

a) às hipóteses previstas nas alíneas "a", "b" e "c" do inciso I do referido art. 425, cujos fatos geradores correspondentes tenham ocorrido no mês imediatamente anterior;

b) à energia elétrica que, tendo sido objeto da entrada de que trata o item 2 da alínea "b" do inciso II, tiver a sua saída subsequente mensurada ou estimada extemporaneamente no mês imediatamente anterior para fins de faturamento e de emissão do respectivo documento fiscal nas seguintes hipóteses, observado o disposto no § 1º:

1 – furto, praticado por meio da rede de distribuição por ela operada, cujo autor tenha sido identificado;

2 – qualquer outro evento que, não estando relacionado com a perda inerente ao processo industrial de transmissão da energia elétrica por meio da rede distribuição, configure a ocorrência de tal saída;

II – emitir a Nota Fiscal, modelo 1 ou 1-A, de que trata o inciso I do art. 124 deste regulamento:

a) no mês subsequente ao de ocorrência do fato gerador, sem destaque do ICMS, relativamente aos encargos de conexão e de uso apurados em razão de operações relativas à circulação da energia elétrica por ela praticadas e cobrados a título da industrialização, correspondente ao processo industrial de transmissão de energia elétrica mediante a conexão e uso da rede de distribuição por ela operada, promovida para outras empresas distribuidoras ou para terceiros que, na condição de responsáveis pela operação de linha, de rede ou de subsistema de distribuição ou de transmissão conectado à referida rede de distribuição, forem remetentes ou destinatários da energia elétrica por ela transmitida, quando esta deva ser objeto de operação subsequente a ser praticada por aquele que a tiver recebido;

b) no segundo mês subsequente àquele em que tiver ocorrido o fato gerador:

1 – sem destaque do ICMS, relativamente à entrada de energia elétrica ocorrida mensalmente na rede de distribuição por ela operada;

2 – com destaque do ICMS, relativamente à energia elétrica que tiver sido objeto de entrada na rede de distribuição por ela operada e cuja saída subsequente, sujeita à incidência do imposto, não for, total ou parcialmente, mensurada ou estimada para fins de faturamento e emissão do respectivo documento fiscal em razão de furto de autoria desconhecida ou por força de qualquer outro evento não relacionado com a perda inerente ao processo industrial de transmissão da energia elétrica por meio da referida rede de distribuição, observado o disposto no § 2º;

III – escriturar as Notas Fiscais de que tratam os incisos I e II observando o disposto no art. 250-A deste regulamento;

IV – apurar o saldo do imposto a recolher, se devedor, ou a transferir para o período de apuração subsequente, se credor, observando, no que couber, o disposto nos arts. 85 a 110, 250-A e no inciso I do art. 430, todos deste regulamento;

V – recolher o saldo devedor do imposto, quando houver, na forma prevista nos arts. 111, 112 e 114 deste regulamento;

VI – prestar informações, no interesse da Administração Tributária, conforme disciplina previamente estabelecida pela Secretaria da Fazenda, ou, na ausência de tal disciplina, quando for notificada pela autoridade administrativa competente, observado o disposto nos arts. 490 a 498 deste regulamento.

§ 1º. Nas hipóteses dos itens 1 e 2 da alínea "b" do inciso I, a empresa distribuidora poderá se creditar do montante do ICMS que, por força do cumprimento do disposto no item 2 da alínea "b" do inciso II, já tiver sido lançado e pago por ela em relação às sucessivas operações antecedentes, decorrentes da circulação da energia elétrica desde a sua importação ou produção, na proporção do valor resultante da multiplicação da quantidade discriminada na Nota Fiscal/Conta de Energia Elétrica que, nas hipóteses em referência, tiver sido emitida em nome do destinatário nela identificado pelo preço médio da energia elétrica correspondente à respectiva entrada dessa mercadoria na rede de distribuição por ela operada, conforme discriminado na Nota Fiscal emitida nos termos do referido item 2 da alínea "b" do inciso II.

§ 2º. Na hipótese do item 2 da alínea "b" do inciso II:

1 – a quantidade de energia elétrica objeto da operação a ser discriminada na respectiva Nota Fiscal deverá, a cada período de apuração, corresponder ao saldo remanescente da medição total da quantidade de energia elétrica recebida pela empresa distribuidora por meio da rede de distribuição por ela operada, depois de deduzidas, cumulativamente:

a) a quantidade total das saídas de energia elétrica ocorridas no período de medição correspondente, apurada por meio da soma das medições verificadas em todos os pontos de conexão da rede de distribuição por ela operada localizados na fronteira desta com outras linhas, redes ou subsistemas de distribuição ou de transmissão operados por terceiros que devam praticar operações subsequentes, relativas à circulação da energia elétrica objeto de tais saídas, ou vinculados a estabelecimentos ou domicílios, situados neste ou em outro Estado, aos quais a energia elétrica tenha sido destinada para consumo dos respectivos destinatários finais;

b) a quantidade de energia elétrica, em MWh, que tenha sido objeto da perda inerente ao processo industrial da sua transmissão por meio da rede de distribuição por ela operada, segundo estimativa baseada na multiplicação da quantidade total, em MWh, da energia elétrica que, no período de medição correspondente, tenha sido recebida por meio da referida rede de distribuição pelo índice de perda aplicável, expresso em termos decimais, não superior àquele que for reconhecido pelo poder concedente como sendo de natureza ordinária, apurado de acordo com a metodologia de cálculo de que trata o Anexo à Nota Técnica nº 0035/2007-SRD/ANEEL, da Agência Nacional de Energia Elétrica – ANEEL, de 22 de junho de 2007, e atestado por meio de laudo técnico expedido por engenheiro que possua junto ao Conselho Regional de Engenharia e Arquitetura – CREA registro que o habilite a exercer tal atividade, observadas as disposições da Lei federal n.º 5.194, de 24 de dezembro de 1966;

2 – o valor do lançamento do imposto a ser efetuado por meio da emissão da respectiva Nota Fiscal deverá corresponder ao montante do ICMS que, em face do disposto no inciso I do art. 425 deste regulamento, deixou de ser cobrado nas sucessivas saídas internas de energia elétrica, desde a sua importação ou produção, decorrentes de operações antecedentes relativas à sua circulação, e que, nos termos do inciso III do art. 428 deste regulamento, deve ser lançado e pago pela empresa distribuidora de que trata este artigo em razão do eventos indicados no item 2 da aliena "b" do inciso II em referência;

3 – a base de cálculo do imposto devido nos termos do item 2 será o preço médio da energia elétrica correspondente à respectiva entrada dessa mercadoria na rede de distribuição operada pela empresa distribuidora, conforme discriminado na Nota Fiscal a ser emitida nos termos do item 1 da alínea "b" do inciso II.

§ 3º. Na hipótese da alínea "a" do inciso I do art. 425 deste regulamento, a Nota Fiscal/Conta de Energia Elétrica, modelo 6, poderá, para fins da apuração periódica do imposto, ser escriturada no Livro Registro de Saídas com base na data do vencimento nela constante para pagamento do seu respectivo valor total.

- *§ 3º revogado pelo Decreto nº 57.177, de 27.7.2011 – DOE de 28.7.2011 – Efeitos a partir de 1º.1.2012.*

§ 4º. A Secretaria da Fazenda estabelecerá a disciplina necessária para fins do cumprimento do disposto nas alíneas "a" e "b" dos incisos I e II.

- *Art. 5º com redação dada pelo Decreto nº 55.867, de 27.5.2010 – DOE de 28.5.2010 – Efeitos a partir de 1º.1.2010.*

**Art. 6º.** O destinatário que, estando conectado diretamente à rede básica de transmissão na condição de consumidor, for, nos termos do inciso II do art. 425 deste regulamento, responsável pelo lançamento e pagamento do imposto incidente sobre as sucessivas operações internas relativas à circulação de energia elétrica, desde a sua importação ou produção, até a destinação para o consumo no seu estabelecimento ou domicílio situado no território paulista, deverá, relativamente à hipótese prevista naquele inciso:

I – emitir, mensalmente, Nota Fiscal, modelo 1 ou 1-A, até o último dia útil do segundo mês subsequente àquele em que tiver ocorrido o fato gerador, na qual deverão constar, além dos demais requisitos:

a) como destinatário, o próprio emitente;

b) o mês ao qual se refere o consumo;

c) a quantidade de energia elétrica consumida no mês de referência;

d) o valor da operação, nele incluído o montante do ICMS dele integrante, apurado nos termos do disposto item 2 do § 1º do art. 425 deste regulamento;

e) o preço médio unitário da energia elétrica consumida no mês de referência, resultante da divisão do valor total de que trata a alínea "d" pela quantidade mensal referida na alínea "c";

f) como base de cálculo, o valor da operação de que trata a alínea "d".

j) a alíquota aplicável;

k) o destaque do ICMS devido;

l) no campo "Informações Complementares", a expressão "ICMS devido pela entrada de energia elétrica no estabelecimento ou domicílio do emitente – Emitida nos termos do inciso I do art. 6º do Anexo XVIII do RICMS/2000 – mês de referência ___/___";

II – escriturar o documento fiscal referido no inciso I na forma prevista no art. 116 deste regulamento;

III – elaborar relatório, a ser conservado juntamente com todas as vias do documento fiscal emitido nos termos do inciso I pelo prazo previsto no art. 202 deste regulamento, no qual deverão constar as seguintes informações:

a) a sua identificação, com CNPJ e número de inscrição no Cadastro de Contribuintes do ICMS do Estado de São Paulo;

b) o valor da operação, nele incluído o montante do ICMS dele integrante, apurado nos termos do disposto item 2 do § 1º do art. 425 deste regulamento;

c) os valores dos encargos devidos a cada empresa transmissora pela conexão e pelo de uso dos respectivos subsistemas de transmissão por elas operados, integrantes da rede básica de transmissão de energia elétrica;

d) notas explicativas de interesse para a arrecadação e para a fiscalização do imposto.

§ 1º. O destinatário de energia elétrica de que trata este artigo:

1 – deverá inscrever-se no Cadastro de Contribuintes do ICMS;

2 – quando se encontre na condição de contribuinte, só poderá creditar-se do valor do imposto lançado e pago nos termos deste artigo, compensando-o com o ICMS por ele devido em relação a operações e prestações subsequentes por ele praticadas, nas hipóteses em que tal crédito for admitido pela legislação.

§ 2º. O disposto neste artigo aplica-se ao autoprodutor que, estando conectado à rede básica de transmissão, promover a entrada de energia elétrica no seu estabelecimento situado no território paulista para nele consumi-la.

• *Art. 6º com redação dada pelo Decreto nº 55.421, de 10.2.2010 – DOE de 11.2.2010 – Efeitos a partir de 1º.1.2010.*

**Seção II – Das Obrigações Tributárias Atribuídas às demais Pessoas**

• *Seção II com redação dada pelo Decreto nº 55.421, de 10.2.2010 – DOE de 11.2.2010 – Efeitos a partir de 1º.1.2010.*

**Art. 7º.** O alienante de energia elétrica que firmar, em ambiente de contratação livre, contrato de compra e venda dessa mercadoria com adquirente domiciliado ou estabelecido no território paulista deverá, nos termos de disciplina estabelecida pela Secretaria da Fazenda e sem prejuízo do cumprimento das demais obrigações tributárias a que estiver sujeito nos termos na legislação aplicável:

• *Art. 7º,* caput, *com redação dada pelo Decreto nº 55.867, de 27.5.2010 – DOE de 28.5.2010 – Efeitos a partir de 1º.1.2010.*

I – antes de iniciar suas atividades, inscrever, no Cadastro de Contribuintes do ICMS do Estado de São Paulo, observado o disposto nos arts. 19 a 31 deste regulamento:

a) todos os seus estabelecimentos situados no território paulista;

b) pelo menos um dos seus estabelecimentos localizados fora deste Estado, na hipótese de não possuir estabelecimento situado no território paulista;

• *Inciso I e alíneas com redação dada pelo Decreto nº 55.421, de 10.2.2010 – DOE de 11.2.2010 – Efeitos a partir de 1º.1.2010.*

II – emitir, mensalmente, por meio de um dos seus estabelecimentos inscritos no Cadastro de Contribuintes do ICMS do Estado de São Paulo nos termos do inciso I, Nota Fiscal, modelo 1 ou 1-A, sem destaque do ICMS, em nome do adquirente, a título de faturamento da parcela da energia elétrica objeto de alienação que corresponder ao fato gerador ocorrido no mês imediatamente anterior, quando a energia elétrica:

a) tiver sido destinada a domicílio ou a estabelecimento situado no território paulista para nele ser consumida pelo respectivo adquirente, nas hipóteses previstas nas alíneas "b" e "c" do inciso I do art. 425 deste regulamento;

b) deva ser objeto de operação subsequente relativa à sua circulação, praticada por adquirente estabelecido no território paulista;

c) tiver sido alienada a adquirente domiciliado ou estabelecido no território de outro Estado;

• *Inciso II e alíneas com redação dada pelo Decreto nº 55.867, de 27.5.2010 – DOE de 28.5.2010 – Efeitos a partir de 1º.1.2010.*

III – escriturar a Nota Fiscal de que trata o inciso II observando o disposto no art. 250-A deste regulamento.

• *Inciso III com redação dada pelo Decreto nº 55.421, de 10.2.2010 – DOE de 11.2.2010 – Efeitos a partir de 1º.1.2010.*

Parágrafo único. O disposto na alínea "c" do inciso II não se aplica ao alienante de energia elétrica que estiver sujeito ao cumprimento do disposto na alínea "b" do inciso I.

• *Parágrafo único com redação dada pelo Decreto nº 55.421, de 10.2.2010 – DOE de 11.2.2010 – Efeitos a partir de 1º.1.2010.*

**Art. 8º.** O contribuinte que, em razão do exercício da atividade de geração de energia elétrica, praticar operações relativas à circulação dessa mercadoria por meio de estabelecimento situado no território paulista deverá, conforme disciplina estabelecida pela Secretaria da Fazenda e sem prejuízo do cumprimento das demais obrigações tributárias a que estiver sujeito nos termos na legislação aplicável:

I – antes de iniciar suas atividades, inscrever, no Cadastro de Contribuintes do ICMS do Estado de São Paulo, todos os seus estabelecimentos situados no território paulista, observado o disposto nos arts. 19 a 31 deste regulamento;

II – quanto à energia elétrica por ele alienada em ambiente de contratação livre ou regulado que deva ser objeto de operação subsequente relativa à sua circulação, praticada pelo respectivo adquirente estabelecido no território paulista, emitir em nome deste, a cada mês, por meio do seu principal estabelecimento situado no Estado de São Paulo, matriz ou filial, Nota Fiscal, modelo 1 ou 1-A, sem destaque do ICMS, relativamente ao faturamento da parcela da energia elétrica objeto de alienação correspondente ao fato gerador ocorrido no mês imediatamente anterior;

III – quanto à energia elétrica por ele alienada em ambiente de contratação livre nas hipóteses das alíneas “b” e “c” do inciso I do art. 425 deste regulamento, emitir, por meio do seu principal estabelecimento situado no território paulista, matriz ou filial, a Nota Fiscal de que trata a alínea “a” do inciso II do art. 7º deste Anexo;

IV – quanto à energia elétrica por ele alienada a adquirente domiciliado ou estabelecido no território de outro Estado mediante contratos firmados em ambiente de contratação livre ou regulado, emitir, por meio do seu principal estabelecimento situado no território paulista, matriz ou filial, a Nota Fiscal de que trata a alínea “c” do inciso II do art. 7º deste Anexo;

V – quanto à energia elétrica que, tendo sido objeto de alienação em ambiente de contratação livre ou regulado, for por ele gerada e fisicamente destinada a empresa transmissora situada no território deste ou de outro Estado, emitir em nome desta, a cada mês, por meio do seu estabelecimento conectado ao respectivo subsistema de transmissão, Nota Fiscal, modelo 1 ou 1-A, sem destaque do ICMS, a título de remessa para industrialização da energia elétrica objeto de saída por ele promovida no mês imediatamente anterior;

VI – escriturar as Nota Fiscais de que tratam os incisos II, III, IV e V observando o disposto no art. 250-A deste regulamento.

- *Art. 8º com redação dada pelo Decreto nº 55.867, de 27.5.2010 – DOE de 28.5.2010 – Efeitos a partir de 1º.1.2010.*

**Art. 9º.** O contribuinte que promover a importação de energia elétrica do exterior para aliená-la a adquirente estabelecido ou domiciliado no território paulista deverá, conforme disciplina estabelecida pela Secretaria da Fazenda e sem prejuízo do cumprimento das demais obrigações tributárias a que estiver sujeito nos termos na legislação aplicável:

- *Art. 9º,* caput, *com redação dada pelo Decreto nº 55.421, de 10.2.2010 – DOE de 11.2.2010 – Efeitos a partir de 1º.1.2010.*

I – antes de iniciar suas atividades, inscrever, no Cadastro de Contribuintes do ICMS do Estado de São Paulo, observado o disposto nos arts. 19 a 31 deste regulamento:

a) todos os seus estabelecimentos situados no território paulista;

b) pelo menos um dos seus estabelecimentos localizados fora deste Estado, na hipótese de não possuir estabelecimento situado no território paulista;

- *Inciso I com redação dada pelo Decreto nº 55.421, de 10.2.2010 – DOE de 11.2.2010 – Efeitos a partir de 1º.1.2010.*

II – quanto à importação de energia elétrica, emitir, mensalmente, por meio do estabelecimento a partir do qual ela tiver sido promovida, Nota Fiscal, modelo 1 ou 1-A, sem destaque do ICMS, relativamente à entrada simbólica da energia elétrica no respectivo estabelecimento importador, correspondente ao fato gerador ocorrido no mês imediatamente anterior;

- *Inciso II com redação dada pelo Decreto nº 55.421, de 10.2.2010 – DOE de 11.2.2010 – Efeitos a partir de 1º.1.2010.*

III – quanto à energia elétrica por ele alienada em ambiente de contratação livre ou regulado que deva ser objeto de operação subsequente relativa à sua circulação, praticada pelo respectivo adquirente estabelecido no território paulista, emitir em nome deste, a cada mês, por meio do estabelecimento importador de que trata o inciso II, Nota Fiscal, modelo 1 ou 1-A, sem destaque do ICMS, relativamente ao faturamento da parcela da energia elétrica objeto de alienação correspondente ao fato gerador ocorrido no mês imediatamente anterior;

- *Inciso III com redação dada pelo Decreto nº 55.867, de 27.5.2010 – DOE de 28.5.2010 – Efeitos a partir de 1º.1.2010.*

IV – quanto à energia elétrica por ele alienada em ambiente de contratação livre nas hipóteses das alíneas “b” e “c” do inciso I do art. 425 deste regulamento, emitir, por meio do estabelecimento importador de que trata o inciso II, a Nota Fiscal de que trata alínea “a” do inciso II do art. 7º deste Anexo;

- *Inciso IV com redação dada pelo Decreto nº 55.421, de 10.2.2010 – DOE de 11.2.2010 – Efeitos a partir de 1º.1.2010.*

V – quanto à energia elétrica por ele alienada a adquirente domiciliado ou estabelecido no território de outro Estado, mediante contratos firmados em ambiente de contratação livre ou regulado, emitir, por meio do estabelecimento importador de que trata o inciso II, a Nota Fiscal de que trata a alínea “c” do inciso II do art. 7º deste Anexo;

- *Inciso V com redação dada pelo Decreto nº 55.421, de 10.2.2010 – DOE de 11.2.2010 – Efeitos a partir de 1º.1.2010.*

VI – escriturar as Nota Fiscais de que tratam os incisos II, III, IV e V observando o disposto no art. 250-A deste regulamento.

- *Inciso VI com redação dada pelo Decreto nº 55.421, de 10.2.2010 – DOE de 11.2.2010 – Efeitos a partir de 1º.1.2010.*

§ 1º. O contribuinte de que trata este artigo fica dispensado da emissão de documentos fiscais para acobertar a saída simbólica, ocorrida a partir do estabelecimento importador de que trata o inciso II, da energia elétrica que, tendo sido objeto de importação por ele promovida, for fisicamente destinada, pelo gerador do exterior, diretamente a empresa transmissora situada no território deste ou de outro Estado.

- *§ 1º com redação dada pelo Decreto nº 55.421, de 10.2.2010 – DOE de 11.2.2010 – Efeitos a partir de 1º.1.2010.*

§ 2º. O disposto no inciso V não se aplica ao contribuinte de que trata este artigo quando ele estiver sujeito ao cumprimento do disposto na alínea "b" do inciso I.

- *§ 2º com redação dada pelo Decreto nº 55.421, de 10.2.2010 – DOE de 11.2.2010 – Efeitos a partir de 1º.1.2010.*

**Art. 10.** O contribuinte que, em razão do exercício da atividade de transmissão de energia elétrica, praticar operações relativas à circulação dessa mercadoria por meio de estabelecimento situado no território paulista deverá, conforme disciplina estabelecida pela Secretaria da Fazenda e sem prejuízo do cumprimento das demais obrigações tributárias a que estiver sujeito nos termos na legislação aplicável:

- *Art. 10,* caput, *com redação dada pelo Decreto nº 55.421, de 10.2.2010 – DOE de 11.2.2010 – Efeitos a partir de 1º.1.2010.*

I – antes de iniciar suas atividades, inscrever, no Cadastro de Contribuintes do ICMS do Estado de São Paulo, todos os seus estabelecimentos situados no território paulista, observado o disposto nos arts. 19 a 31 deste regulamento;

- *Inciso I com redação dada pelo Decreto nº 55.421, de 10.2.2010 – DOE de 11.2.2010 – Efeitos a partir de 1º.1.2010.*

II – relativamente ao encargo de conexão, apurado em razão das operações relativas à circulação da energia elétrica por ele praticadas e cobrado de cada pessoa, natural ou jurídica, que, estando conectada ao subsistema de transmissão por ele operado, for remetente ou destinatária da energia elétrica transmitida, emitir em nome desta, no mês subsequente àquele em que tiver ocorrido o fato gerador do imposto, Nota Fiscal, modelo 1 ou 1-A, sem destaque do ICMS, a título da industrialização correspondente ao processo industrial da transmissão de energia elétrica por meio da conexão por ele operada;

- *Inciso II com redação dada pelo Decreto nº 55.867, de 27.5.2010 – DOE de 28.5.2010 – Efeitos a partir de 1º.1.2010.*

III – relativamente ao encargo de uso, apurado pelo Operador Nacional do Sistema – ONS em razão das operações relativas à circulação de energia elétrica praticadas por ele, contribuinte, e cobrado de cada pessoa, natural ou jurídica, que, estando conectada a subsistema de transmissão integrante da rede básica, for remetente ou destinatária da energia elétrica transmitida, emitir em nome desta, no segundo mês subsequente àquele em que tiver ocorrido o fato gerador do imposto, Nota Fiscal, modelo 1 ou 1-A, sem destaque do ICMS, a título da industrialização correspondente ao processo industrial da transmissão de energia elétrica por ele promovida;

- *Inciso III com redação dada pelo Decreto nº 55.867, de 27.5.2010 – DOE de 28.5.2010 – Efeitos a partir de 1º.1.2010.*

IV – escriturar as Nota Fiscais de que tratam os incisos II e III observando o disposto no art. 250-A deste regulamento.

- *Inciso IV com redação dada pelo Decreto nº 55.421, de 10.2.2010 – DOE de 11.2.2010 – Efeitos a partir de 1º.1.2010.*

Parágrafo único. O contribuinte de que trata este artigo fica dispensado da emissão de documentos fiscais para acobertar a entrada e a saída física, ocorridas no seu estabelecimento, de energia elétrica destinada à industrialização correspondente ao processo industrial da transmissão por ele promovida.

- *Parágrafo único com redação dada pelo Decreto nº 55.867, de 27.5.2010 – DOE de 28.5.2010 – Efeitos a partir de 1º.1.2010.*

**Art. 11.** A Câmara de Comercialização de Energia Elétrica – CCEE deverá, periodicamente, e sempre que solicitada, prestar, à Secretaria da Fazenda, nos termos de disciplina por esta estabelecida:

- *Art. 11,* caput, *com redação dada pelo Decreto nº 55.421, de 10.2.2010 – DOE de 11.2.2010 – Efeitos a partir de 1º.1.2010.*

I – informações relativas:

- *Inciso I,* caput, *com redação dada pelo Decreto nº 55.421, de 10.2.2010 – DOE de 11.2.2010 – Efeitos a partir de 1º.1.2010.*

a) aos contratos de compra e venda de energia elétrica nela registrados;

- *Alínea "a" com redação dada pelo Decreto nº 55.867, de 27.5.2010 – DOE de 28.5.2010 – Efeitos a partir de 1º.1.2010.*

b) à medição do consumo da energia elétrica para fins da liquidação dos contratos referidos na alínea "a";

- *Alínea "b" com redação dada pelo Decreto nº 55.421, de 10.2.2010 – DOE de 11.2.2010 – Efeitos a partir de 1º.1.2010.*

II – outras informações de interesse da Administração Tributária.

- *Inciso II com redação dada pelo Decreto nº 55.421, de 10.2.2010 – DOE de 11.2.2010 – Efeitos a partir de 1º.1.2010.*

## CAPÍTULO IV – DA SUBVENÇÃO DE TARIFA

- *Capítulo IV com redação dada pelo Decreto nº 55.421, de 10.2.2010 – DOE de 11.2.2010 – Efeitos a partir de 1º.1.2010.*

**Art. 12.** A empresa distribuidora de energia elétrica que receber qualquer valor a título de subvenção de tarifa relativa ao fornecimento de energia elétrica a consumidor por ela atendido, deverá, até o 3º (terceiro) dia útil do mês subsequente àquele em que ocorrer o referido recebimento:

I – emitir Nota Fiscal, modelo 1 ou 1-A, na qual deverão constar, além dos demais requisitos:

a) no quadro "Dados do Produto", o valor da subvenção, a alíquota e o valor do ICMS, correspondentes a cada uma das faixas e classes de consumo de energia elétrica às quais são aplicadas as isenções ou as alíquotas previstas neste regulamento, bem como os valores totais da subvenção recebida e do ICMS;

- *Alínea "a" com redação dada pelo Decreto nº 59.581, de 8.10.2013 – DOE de 9.10.2013 – Efeitos a partir da publicação.*

b) no campo "Código Fiscal de Operações e Prestações" (CFOP), o código 5.949;

c) no quadro "Destinatário/Remetente", a identificação da própria distribuidora de energia elétrica;

d) no campo "Informações Complementares", a expressão "Subvenção de Tarifa – Nota Fiscal emitida nos termos do inciso I do art. 12 do Anexo XVIII do RICMS – Período de referência:____/____";

II – elaborar relatórios, segregados por tipo de subvenção, discriminando todos os consumidores beneficiados pela subvenção de tarifa de que trata o *caput*, agrupando-os pelas faixas e classes de consumo de energia elétrica a que se refere a alínea "a" do inciso I, de acordo com o respectivo consumo de cada um no período de referência, no qual deverão constar, no mínimo, as seguintes informações:

a) o mês de referência de emissão, a série e o número da Nota Fiscal/Conta de Energia Elétrica;

b) o nome de cada consumidor relacionado, o código da sua respectiva unidade consumidora, a quantidade de kWh por ele consumida no período de referência e o valor do desconto aplicado ao fornecimento;

c) a quantidade total de kWh consumida por faixa de consumo e o correspondente valor do desconto aplicado;

d) a quantidade total de kWh consumida no período de referência, obtida pelo somatório dos totais de kWh consumidos e o correspondente valor do desconto aplicado;

e) o valor total da subvenção recebida e o período ao qual ela se refere;

- *Inciso II com redação dada pelo Decreto nº 59.581, de 8.10.2013 – DOE de 9.10.2013 – Efeitos a partir da publicação.*

III – recolher, por meio de Guia de Arrecadação Estadual – GARE-ICMS, o imposto apurado nos termos deste artigo.

§ 1º. Os relatórios previstos no inciso II deverão ser entregues ao fisco até o dia 15 do mês subsequente àquele em que ocorrer o recebimento da subvenção de que trata o *caput*.

- *§ 1º com redação dada pelo Decreto nº 59.581, de 8.10.2013 – DOE de 9.10.2013 – Efeitos a partir da publicação.*

§ 2º. (Revogado).

- *§ 2º revogado pelo Decreto nº 60.860, de 24.10.2014 – DOE de 25.10.2014 – Efeitos a partir da publicação.*

§ 3º. Para fins de apuração e recolhimento do ICMS devido nos termos deste artigo, a base de cálculo, à qual já está integrado o montante do próprio imposto, deverá corresponder:

1 – na hipótese da alínea "a" do inciso I, ao respectivo valor de subvenção discriminado para cada faixa e classe de consumo;

- *Item 1 com redação dada pelo Decreto nº 59.581, de 8.10.2013 – DOE de 9.10.2013 – Efeitos a partir da publicação.*

2 – na hipótese do item 1 do § 2º, ao valor total da subvenção recebida.

§ 4º. A distribuidora de energia elétrica deverá escriturar, no Livro Registro de Saídas, a Nota Fiscal emitida nos termos do inciso I, ou do § 2º, utilizando apenas as colunas sob os títulos "Documento Fiscal", "Valor Contábil" e "Codificação", e fazer constar na coluna "Observações" a expressão "ICMS recolhido por GARE – RICMS, Anexo XVIII, art. 12".

§ 5º. A autenticidade dos dados dos relatórios elaborados nos termos do inciso II será controlada por meio da vinculação estabelecida por chave de autenticação digital:

1 – obtida com a aplicação do algoritmo MD5 – "Message Digest" 5, de domínio público, sobre o respectivo arquivo eletrônico;

2 – indicada no campo "Observações" da Nota Fiscal emitida nos termos do inciso I.

- *§ 5º com redação dada pelo Decreto nº 59.581, de 8.10.2013 – DOE de 9.10.2013 – Efeitos a partir da publicação.*
- *Art. 12 com redação dada pelo Decreto nº 55.421, de 10.2.2010 – DOE de 11.2.2010 – Efeitos a partir de 1º.1.2010.*

§ 6º. Na hipótese em que o recebimento dos valores a título de subvenção de tarifa ocorrer antes do fornecimento de energia elétrica, os prazos referidos no *caput* e no § 1º passarão a ser, respectivamente, até o 3º (terceiro) dia útil e até o dia 15 (quinze), ambos do mês subsequente àquele em que ocorrer o fato gerador do imposto, devendo os valores ser correspondentes ao indicado para cada mês de referência, conforme o relatório de repasse expedido pela agência reguladora.

- *§ 6º acrescido pelo Decreto nº 60.860, de 24.10.2014 – DOE de 25.10.2014 – Efeitos a partir da publicação.*

## CAPÍTULO V
## DO CONSUMO DE ENERGIA ELÉTRICA POR PESSOA DISTINTA DAQUELA INDICADA COMO DESTINATÁRIA NA NOTA FISCAL/CONTA DE ENERGIA ELÉTRICA QUANDO AMBAS COMPARTILHAREM A OCUPAÇÃO DE IMÓVEL URBANO OU RURAL

• *Capítulo V acrescido pelo Decreto nº 55.421, de 10.2.2010 – DOE de 11.2.2010 – Efeitos a partir de 1º.1.2010.*

**Art. 13.** Na hipótese de haver consumo de energia elétrica por pessoa jurídica distinta daquela indicada como destinatária na Nota Fiscal/Conta de Energia Elétrica quando ambas compartilharem a ocupação de imóvel, urbano ou rural, sob o regime jurídico aplicável à sua locação ou arrendamento parciais ou, se for o caso, ao condomínio industrial ou comercial nele constituído:

I – a pessoa jurídica indicada como destinatária na Nota Fiscal/Conta de Energia Elétrica:

a) deverá emitir, mensalmente, Nota Fiscal, modelo 1 ou 1-A, com destaque do ICMS, na qual fará constar, como valor da operação, aquele que for cobrado da outra pessoa jurídica que tiver consumido a energia elétrica, segundo rateio do valor total da respectiva Nota Fiscal/Conta de Energia Elétrica, calculado proporcionalmente ao consumo individual de cada uma delas, conforme apurado por meio de medição independente ou estimado com base em laudo técnico;

b) poderá, observado, no que couber, o disposto nos arts. 59 a 70 deste regulamento, creditar-se do valor do ICMS destacado na Nota Fiscal/Conta de Energia Elétrica emitida em seu nome, proporcionalmente à quantidade de energia elétrica:

1 – objeto da saída subsequente, por ela promovida, com cobrança do imposto, desde que acobertada pela Nota Fiscal de que trata a alínea “a”;

2 – por ela consumida na industrialização de produtos cuja saída subsequente, a ser por ela promovida, deva sujeitar-se à tributação do ICMS mediante emissão de Nota Fiscal com destaque do imposto;

II – a pessoa jurídica que for contribuinte do ICMS e tiver consumido, no todo ou em parte, a energia elétrica originalmente destinada à pessoa jurídica de que trata o inciso I:

a) deverá, na hipótese de a pessoa jurídica de que trata o inciso I estar, nos termos do disposto no § 1º, dispensada da emissão da Nota Fiscal de que trata a alínea “a” daquele inciso, emitir, mensalmente, Nota Fiscal, modelo 1 ou 1-A, com destaque do ICMS, para acobertar a entrada, no seu estabelecimento, da energia elétrica por ela consumida, na qual fará constar, como valor da operação, aquele que lhe for cobrado pela outra pessoa jurídica, em nome do qual tiver sido emitida a Nota Fiscal/Conta de Energia Elétrica, segundo rateio do valor total desta, calculado proporcionalmente ao consumo individual de cada uma delas, conforme apurado por meio de medição independente ou estimado com base em laudo técnico;

b) poderá, observado, no que couber, o disposto nos arts. 59 a 70 deste regulamento, creditar-se do valor do ICMS destacado na Nota Fiscal de que trata a alínea anterior ou na Nota Fiscal de que trata a alínea “a” do inciso I, proporcionalmente à quantidade de energia elétrica por ela consumida na industrialização de produtos cuja saída subsequente, a ser por ela promovida, deva sujeitar-se à tributação do ICMS mediante a correspondente emissão de Nota Fiscal com destaque do imposto.

§ 1º. A pessoa jurídica de que trata o inciso I ficará dispensada do cumprimento das obrigações tributárias do ICMS a que estiver sujeita quando tais obrigações decorrerem exclusivamente da prática de operações relativas à circulação de energia elétrica na hipótese de que trata este artigo.

§ 2º. O disposto no inciso II aplica-se também na hipótese de a Nota Fiscal/Conta de Energia Elétrica ter sido emitida em nome de condomínio industrial ou comercial ou de sua administradora.

• *Art. 13 acrescido pelo Decreto nº 55.421, de 10.2.2010 – DOE de 11.2.2010 – Efeitos a partir de 1º.1.2010.*

# ANEXO XIX
# OPERAÇÕES REALIZADAS PELA COMPANHIA NACIONAL DE ABASTECIMENTO (CONAB)

• *Anexo XIX com redação dada pelo Decreto nº 49.910, de 22.8.2005 – DOE de 23.8.2005 – Efeitos a partir de 1º.8.2005.*

## CAPÍTULO I
## DAS OPERAÇÕES RELACIONADAS COM A POLÍTICA DE GARANTIA DE PREÇOS MÍNIMOS (PGPM)

### Seção I – Da Abrangência

**Art. 1º.** A disciplina de que trata este capítulo aplica-se a estabelecimentos da CONAB, incluídos os núcleos, superintendências regionais ou agentes financeiros, que promovam operações relacionadas com a Política de Garantia de Preços Mínimos (PGPM), doravante designados "CONAB/PGPM" (Convênio ICMS-49/95, cláusula primeira).

• *Art. 1º com redação dada pelo Decreto nº 49.910, de 22.8.2005 – DOE de 23.8.2005 – Efeitos a partir de 1º.8.2005.*

### Seção II
### Da Inscrição no Cadastro de Contribuintes do Imposto

**Art. 2º.** À CONAB será concedida inscrição única no Cadastro de Contribuintes do ICMS, no Município de São Paulo, em função das operações indicadas no artigo anterior, cujo número será utilizado pelos demais estabelecimentos, situados neste Estado, que efetuem tais operações (Lei nº 6.374/1989, arts. 16, § 4º, 59 e 67, § 1º, Convênio ICMS-49/95, cláusulas segunda, terceira, esta com alteração do Convênio ICMS-92/00, cláusula primeira, I, e sétima, § 1º, com as alterações do Convênio ICMS-87/96, cláusula segunda).

§ 1º. Incumbe ao estabelecimento inscrito nos termos deste artigo:

1 – a centralização da escrituração dos livros fiscais e do recolhimento do imposto correspondente às operações realizadas pelos demais estabelecimentos da CONAB existentes no território do Estado, referidos no art. 1º;

2 – indicar, no Livro Registro de Utilização de Documentos Fiscais e Termos de Ocorrências, a destinação dos impressos de documentos fiscais.

• *Art. 2º com redação dada pelo Decreto nº 49.910, de 22.8.2005 – DOE de 23.8.2005 – Efeitos a partir de 1º.8.2005.*

### Seção III – Dos Documentos Fiscais

**Art. 3º.** Na movimentação de mercadorias, a CONAB/PGPM emitirá Nota Fiscal, no mínimo, em 5 (cinco) vias, com a destinação abaixo indicada, observando, ainda, o que dispõe o § 1º do art. 199 deste Regulamento (Lei nº 6.374/1989, art. 67, § 1º, e Convênio ICMS-49/95, cláusula sétima, *caput*, na redação do Convênio ICMS-70/05, cláusula primeira, I):

I – 1ª via – destinatário;

II – 2ª via – emitente – escrituração (via fixa);

III – 3ª via – fisco deste Estado;

IV – 4ª via – fisco de destino;

V – 5ª via – armazém depositário.

• *Art. 3º com redação dada pelo Decreto nº 49.910, de 22.8.2005 – DOE de 23.8.2005 – Efeitos a partir de 1º.8.2005.*

**Art. 4º.** Nas aquisições efetuadas de produtor ou de cooperativa, para acobertar a entrada das mercadorias, o estabelecimento da CONAB/PGPM emitirá Nota Fiscal, no mínimo, com as seguintes vias (Lei nº 6.374/1989, art. 67, § 1º, e Convênio ICMS-49/95, cláusula oitava):

I – 1ª via – entregue ou enviada ao remetente da mercadoria;

II – 2ª via – emitente – escrituração (via fixa);

III – 3ª via – repartição fiscal local;

IV – 4ª via – uso interno da CONAB/PGPM;

V – 5ª via – armazém depositário, para registro.

Parágrafo único. Na hipótese deste artigo, fica dispensada a emissão de Nota Fiscal de Produtor na transmissão de propriedade da mercadoria à CONAB/PGPM.

• *Art. 4º com redação dada pelo Decreto nº 49.910, de 22.8.2005 – DOE de 23.8.2005 – Efeitos a partir de 1º.8.2005.*

**Art. 5º.** Tratando-se de mercadoria depositada em armazém geral, será considerada como documento hábil, para efeito de registro por parte do depositário, a 5ª via da Nota Fiscal, devendo ser anotada pelo armazém, no documento que acobertou a entrada da mercadoria, a observação "Mercadoria transmitida para a CONAB/PGPM conforme NF nº (...) de __ / __ / __", anexando a 5ª via deste documento àquele e conservando ambos pelo prazo previsto no art. 202 deste Regulamento (Convênio ICMS-49/95, cláusula nona, com alteração dos Convênios ICMS-62/98, cláusula primeira, III e ICMS-107/98, cláusula primeira, I).

§ 1º. A retenção da 5ª via da Nota Fiscal por parte do armazém implica dispensa da emissão de Nota Fiscal para devolução simbólica nas hipóteses previstas nos seguintes dispositivos do Anexo VII deste Regulamento:

1 – § 1º do art. 8º;

2 – item 2 do § 2º do art. 10;

3 – § 1º do art. 16;

4 – item 1 do § 1º do art. 18.

§ 2º. Quando o destinatário da mercadoria for estabelecimento da CONAB/PGPM ou de seus agentes, a retenção da 5ª via da Nota Fiscal pelo armazém de destino implica dispensa da emissão de Nota Fiscal para remessa simbólica nas hipóteses previstas nos seguintes dispositivos do Anexo VII deste Regulamento:

1 – item 2 do § 2º do art. 12;

2 – § 1º do art. 14;

3 – § 4º do art. 16;

4 – § 4º do art. 18.

§ 3º. Na transferência de mercadorias entre os armazéns cadastrados pela CONAB, sem que ocorra a mudança de titularidade, poderá ser emitida manualmente Nota Fiscal de série distinta, que será posteriormente inserida no sistema eletrônico de processamento de dados, para efeito de escrituração dos livros fiscais.

- *Art. 5º com redação dada pelo Decreto nº 49.910, de 22.8.2005 – DOE de 23.8.2005 – Efeitos a partir de 1º.8.2005.*

### Seção IV – Da Escrita Fiscal

**Art. 6º.** A centralização da escrita fiscal pelo estabelecimento referido no art. 2º obedecerá às seguintes disposições (Lei nº 6.374/1989, art. 67, § 1º, e Convênio ICMS-49/95, cláusula terceira, com alteração dos Convênios ICMS-92/00, cláusula primeira, I e ICMS-107/98, e cláusulas quarta e quinta):

I – serão adotados os seguintes livros fiscais:

a) Registro de Entradas, modelo 1-A;

b) Registro de Saídas, modelo 2-A;

c) Registro de Utilização de Documentos Fiscais e Termos de Ocorrências, modelo 6;

d) Registro de Apuração do ICMS, modelo 9;

II – os livros Registro de Controle da Produção e do Estoque e Registro de Inventário serão substituídos pelo Demonstrativo de Estoque – DES, emitido mensalmente, por estabelecimento da CONAB/PGPM, mesmo quando não houver movimento de entradas e/ou saídas, caso em que será informado "sem movimento" (Convênio ICMS-49/95, cláusula quarta, parágrafo único, na redação do Convênio ICMS-56/06, cláusula primeira, II);

- *Inciso II com redação dada pelo Decreto nº 51.092, de 5.9.2006 – DOE de 6.9.2006 – Efeitos a partir de 1º.8.2006.*

III – no 1º (primeiro) dia útil do período de apuração subsequente ao da ocorrência do fato gerador, os estabelecimentos da CONAB preencherão o documento denominado Demonstrativo de Estoque – DES, registrando em seu verso, ou em separado, hipótese esta em que passará a integrar o demonstrativo, segundo a natureza da operação, o somatório das entradas e das saídas a título de valores contábeis, os Códigos Fiscais de Operações ou Prestações – CFOP, a base de cálculo, o valor do ICMS, as operações e prestações isentas e outras, a ele anexando via dos documentos relativos às entradas e, relativamente às saídas, a 2ª via das notas fiscais correspondentes, remetendo-o ao estabelecimento centralizador;

IV – o estabelecimento centralizador deverá preencher o Demonstrativo de Estoque – DES, abrangendo todos os estabelecimentos a ele vinculados, até o 9º (nono) dia subsequente ao do encerramento do período de apuração.

§ 1º. Até o último dia de cada período de apuração, o estabelecimento centralizador da escrita fiscal da CONAB/PGPM remeterá à repartição fiscal a que estiver vinculado um resumo do Demonstrativo de Estoque – DES.

§ 2º. O Demonstrativo de Estoque – DES deverá ser mantido em meio digital, para apresentação ao fisco quando solicitado. (Convênio ICMS-49/95, cláusula quinta, na redação do Convênio ICMS-56/06, cláusula primeira, III).

- *§ 2º com redação dada pelo Decreto nº 51.092, de 5.9.2006 – DOE de 6.9.2006 – Efeitos a partir de 1º.8.2006.*
- *Art. 6º com redação dada pelo Decreto nº 49.910, de 22.8.2005 – DOE de 23.8.2005 – Efeitos a partir de 1º.8.2005.*

### Seção V
### Dos Momentos para Lançamento do Imposto, da Forma e do Prazo de seu Lançamento

**Art. 7º.** Na saída interna promovida por produtor ou cooperativa com destino a qualquer estabelecimento da CONAB, independentemente de estar relacionada a programa específico, bem como nas transferências internas realizadas entre estes estabelecimentos, o lançamento do imposto incidente fica diferido para o momento em que ocorrer a saída subsequente da mercadoria, esteja esta sujeita ou não ao pagamento do imposto (Lei nº 6.374/1989, art. 8º I e § 10, II, e Convênio ICMS-49/95, cláusula décima).

- *Art. 7º,* caput, *com redação dada pelo Decreto nº 55.302, de 30.12.2009 – Efeitos a partir de 1º.1.2010 – DOE de 31.12.2009.*

§ 1º. Tratando-se de saída promovida pela CONAB/PGPM, a base de cálculo do imposto será o valor mínimo fixado pelo Governo Federal, vigente na data da saída, salvo se o valor da operação for maior, hipótese em que sobre este valor será calculado o imposto.

- *§ 1º com redação dada pelo Decreto nº 55.302, de 30.12.2009 – Efeitos a partir de 1º.1.2010 – DOE de 31.12.2009.*

§ 2º. Além de outras hipóteses indicadas na legislação, encerra a fase de diferimento a inexistência, por qualquer motivo, de operação posterior.

- *§ 2º com redação dada pelo Decreto nº 49.910, de 22.8.2005 – DOE de 23.8.2005 – Efeitos a partir de 1º.8.2005.*

§ 3º. O imposto diferido será também recolhido, em relação ao estoque existente no último dia de cada bimestre civil, relativamente a mercadoria que esteja em estoque há mais de 720 (setecentos e vinte) dias, exceto se o imposto diferido já tiver sido pago.

- *§ 3º com redação dada pelo Decreto nº 55.302, de 30.12.2009 – DOE de 31.12.2009 – Efeitos a partir de 1º.1.2010.*

§ 4º. Relativamente ao disposto nos §§ 2º e 3º, o imposto será calculado sobre o preço mínimo fixado pelo Governo Federal, vigente por ocasião da ocorrência das situações neles previstas, devendo ser recolhido mediante Guia de Arrecadação Estadual – GARE-ICMS.

- *§ 4º com redação dada pelo Decreto nº 49.910, de 22.8.2005 – DOE de 23.8.2005 – Efeitos a partir de 1º.8.2005.*

§ 5º. O imposto recolhido nos termos do § 3º será lançado como crédito no livro fiscal próprio, não dispensando o lançamento a débito quando da efetiva saída da mercadoria.

- *§ 5º com redação dada pelo Decreto nº 49.910, de 22.8.2005 – DOE de 23.8.2005 – Efeitos a partir de 1º.8.2005.*

§ 6º. O diferimento previsto no *caput* estende-se à remessa, real ou simbólica, de mercadorias para depósito em fazendas ou sítios, localizados em território deste Estado, promovida pela CONAB, bem como o respectivo retorno, desde que em cada caso haja autorização expressa do fisco.

- *§ 6º com redação dada pelo Decreto nº 49.910, de 22.8.2005 – DOE de 23.8.2005 – Efeitos a partir de 1º.8.2005.*

§ 7º. O pagamento do imposto diferido nos termos do *caput* será feito:

1 – pelo destinatário contribuinte paulista, exceto produtor rural ou optante pelo Simples Nacional, mediante lançamento a débito no livro Registro de Apuração do ICMS quando receber a mercadoria;

2 – pelo destinatário, nos demais casos, mediante Guia de Arrecadação Estadual (GARE-ICMS), antes de receber a mercadoria.

- *§ 7º acrescido pelo Decreto nº 55.302, de 30.12.2009 – DOE de 31.12.2009 – Efeitos a partir de 1º.1.2010.*

§ 8º. Na hipótese do item 2 do § 7º, a CONAB deverá se certificar do recolhimento do imposto devido, mediante GARE, antes de entregar a mercadoria ao destinatário.

- *§ 8º acrescido pelo Decreto nº 55.302, de 30.12.2009 – DOE de 31.12.2009 – Efeitos a partir de 1º.1.2010.*

§ 9º. Fica também diferido o lançamento do imposto incidente nas saídas internas de café cru, em coco ou em grão promovidas pelo Fundo de Defesa da Economia Cafeeira – FUNCAFE com destino a qualquer estabelecimento da CONAB.

- *§ 9º acrescido pelo Decreto nº 56.927, de 13.4.2011 – DOE de 14.4.2011 – Efeitos a partir da publicação.*

**Art. 8º.** Na transferência de mercadorias para estabelecimento da CONAB/PGPM situado em outro Estado, adotar-se-á, como base de cálculo, o preço mínimo fixado pelo Governo Federal que estiver em vigor por ocasião da saída, acrescido dos valores do frete e do seguro e demais despesas acessórias (Convênio ICMS-49/95, cláusula décima segunda).

- *Art. 8º com redação dada pelo Decreto nº 49.910, de 22.8.2005 – DOE de 23.8.2005 – Efeitos a partir de 1º.8.2005.*

**Art. 9º.** O imposto devido pela CONAB/PGPM será recolhido, observado o disposto no art. 566 deste Regulamento, até o 20º (vigésimo) dia do mês subsequente (Lei nº 6.374/1989, arts. 59, 97, *caput*, e 109, e Convênio ICMS-49/95, cláusula décima primeira, na redação do Convênio ICMS-37/96, cláusula segunda):

I – ao da ocorrência dos fatos geradores;

II – ao do encerramento do diferimento, inclusive na hipótese prevista no § 2º do art. 7º;

III – ao das datas previstas no § 3º do art. 7º.

- *Art. 9º com redação dada pelo Decreto nº 49.910, de 22.8.2005 – DOE de 23.8.2005 – Efeitos a partir de 1º.8.2005.*

**Art. 10.** O estabelecimento centralizador da escrita fiscal apresentará, até o dia 25 do mês subsequente ao da ocorrência das operações, a guia de informação do imposto apurado (Lei nº 6.374/1989, art. 56 e Convênio ICMS-49/95, cláusula sexta).

- *Art. 10 com redação dada pelo Decreto nº 49.910, de 22.8.2005 – DOE de 23.8.2005 – Efeitos a partir de 1º.8.2005.*

### Seção VI – Das Demais Disposições

**Art. 11.** A CONAB/PGPM declarará, observado o disposto no art. 253 deste Regulamento, os dados informativos necessários à apuração dos índices de participação dos municípios no produto da arrecadação do imposto (Convênio ICMS-49/95, cláusula sexta).

- *Art. 11 com redação dada pelo Decreto nº 49.910, de 22.8.2005 – DOE de 23.8.2005 – Efeitos a partir de 1º.8.2005.*

**Art. 12.** Fica a CONAB/PGPM, relativamente às operações previstas neste capítulo, autorizada a emitir os documentos fiscais, bem como a efetuar a escrituração pelo sistema eletrônico de processamento de dados, independentemente da formalização do pedido, conforme exigido na legislação própria, devendo comunicar esta opção à repartição fiscal a que estiver vinculado o estabelecimento (Convênio ICMS-49/95, cláusula sétima, § 2º, acrescentado pelo Convênio ICMS-87/96, cláusula segunda).

- *Art. 12,* caput, *com redação dada pelo Decreto nº 49.910, de 22.8.2005 – DOE de 23.8.2005 – Efeitos a partir de 1º.8.2005.*

Parágrafo único. Fica facultada a emissão manual de Nota Fiscal de série distinta nas operações denominadas de venda em balcão, assim entendida a venda direta em pequenas quantidades a pequenos criadores, produtores rurais, beneficiadores e agroindústrias de pequeno porte, desde que, posteriormente, a referida Nota Fiscal seja inserida no sistema, para efeito de escrituração fiscal (Convênio ICMS-49/95, cláusula sétima, § 3º, acrescentado pelo Convênio ICMS-94/06).

- *Parágrafo único acrescido pelo Decreto nº 51.300, de 23.11.2006 – DOE de 24.11.2006 – Efeitos a partir de 31.10.2006.*

## CAPÍTULO II
## DAS OPERAÇÕES COM PRODUTOS AGRÍCOLAS REALIZADAS PELO GOVERNO FEDERAL

**Art. 13.** A disciplina de que trata este capítulo aplica-se às seguintes operações com produtos agrícolas realizadas pelo Governo Federal (Convênio ICMS-26/96, cláusula primeira e ICMS-63/98, cláusula primeira):

I – de compra e venda:

a) amparadas por contratos de opções denominados Mercado de Opções do Estoque Estratégico, previsto em legislação específica;

b) por intermédio da CONAB, resultantes de Empréstimos do Governo federal com Opção de Venda (EGF-COV);

II – decorrente de atos realizados em razão da securitização prevista na legislação pertinente.

- *Art. 13 com redação dada pelo Decreto nº 49.910, de 22.8.2005 – DOE de 23.8.2005 – Efeitos a partir de 1º.8.2005.*

**Art. 14.** À CONAB será concedida inscrição única no Cadastro de Contribuintes do ICMS, no Município de São Paulo, em função das operações indicadas no artigo anterior, cujo número será utilizado pelos demais estabelecimentos, situados neste Estado, que efetuem tais operações (Convênios ICMS-26/96, cláusula segunda, na redação do Convênio ICMS-11/98, e ICMS-63/98, cláusula segunda, na redação do Convênio ICMS-124/98).

Parágrafo único. Deverá constar na Nota Fiscal que acobertar as operações de que trata este capítulo, além dos demais requisitos, os dados identificativos da operação.

- *Art. 14 com redação dada pelo Decreto nº 49.910, de 22.8.2005 – DOE de 23.8.2005 – Efeitos a partir de 1º.8.2005.*

**Art. 15.** Às operações de que trata este capítulo aplicam-se, no que couber, as disposições contidas no Capítulo I deste Anexo.

- *Art. 15 com redação dada pelo Decreto nº 49.910, de 22.8.2005 – DOE de 23.8.2005 – Efeitos a partir de 1º.8.2005.*

## CAPÍTULO III
## DAS OPERAÇÕES DESTINADAS AO PROGRAMA FOME ZERO

**Art. 16.** Nas operações realizadas pela Companhia Nacional de Abastecimento – CONAB e exclusivamente relacionadas com o Programa intitulado Fome Zero fica permitido (Ajuste SINIEF-10/03):

I – que, nas aquisições de mercadoria efetuadas pela CONAB com a finalidade especifica de doação relacionada com o citado programa, por sua conta e ordem, o fornecedor efetue a entrega diretamente às entidades intervenientes indicadas no § 2º da cláusula primeira do Convênio ICMS-18/03, de 4 de abril de 2003, com o documento fiscal relativo à venda efetuada, observado o que segue:

a) sem prejuízo das demais exigências, no citado documento, no campo "Informações Complementares", deverão ser indicados, o local de entrega da mercadoria e o fato de que ela está sendo efetuada nos termos do Ajuste SINIEF 10/03;

b) a entidade recebedora da mercadoria deverá conservar uma via para exibição ao fisco, admitida cópia reprográfica do documento fiscal por meio do qual foi entregue a mercadoria, e remeter as demais vias à CONAB, no prazo de três dias;

II – à CONAB, relativamente à doação efetuada, emitir a correspondente Nota Fiscal para envio à entidade interveniente no prazo de três dias, anotando, no campo "Informações Complementares", a identificação detalhada do documento fiscal de venda, por meio do qual foi entregue a mercadoria.

Parágrafo único. Em substituição à Nota Fiscal indicada no inciso II, poderá a CONAB emitir, no último dia do mês, uma única Nota Fiscal, em relação a cada entidade destinatária, englobando todas as doações efetuadas, observado o que segue:

1 – em substituição à discriminação das mercadorias, serão indicados os dados identificativos dos documentos fiscais relativos às aquisições das mercadorias;

2 – a Nota Fiscal prevista neste parágrafo:

a) conterá a seguinte anotação, no campo "Informações Complementares": "Emissão nos termos do Ajuste SINIEF 10/03";

b) será remetida à entidade interveniente destinatária da mercadoria no prazo de três dias;

c) terá a via destinada à exibição ao fisco guardada juntamente com cópias de todos os documentos fiscais nela discriminados, relativos às aquisições das mercadorias.

• *Art. 16 com redação dada pelo Decreto nº 49.910, de 22.8.2005 – DOE de 23.8.2005 – Efeitos a partir de 1º.8.2005.*

## CAPÍTULO IV
## DAS OPERAÇÕES VINCULADAS AO PROGRAMA DE AQUISIÇÃO DE ALIMENTOS DA AGRICULTURA FAMILIAR (PAA)

**Art. 17.** A disciplina deste capítulo aplica-se exclusivamente aos estabelecimentos da CONAB, assim entendidos seus Núcleos, Superintendências Regionais e Polos de Compras, que realizarem operações vinculadas ao Programa de Aquisição de Alimentos da Agricultura Familiar (PAA), doravante denominados "CONAB/PAA" (Convênio ICMS-77/05, cláusula primeira).

• *Art. 17 com redação dada pelo Decreto nº 49.910, de 22.8.2005 – DOE de 23.8.2005 – Efeitos a partir de 1º.8.2005.*

**Art. 18.** À CONAB/PAA será concedida inscrição única no Município de São Paulo, em função das operações indicadas no art. 17, em que será centralizada a escrituração fiscal e o recolhimento do imposto (Convênio ICMS-77/05, cláusula segunda).

• *Art. 18 com redação dada pelo Decreto nº 49.910, de 22.8.2005 – DOE de 23.8.2005 – Efeitos a partir de 1º.8.2005.*

**Art. 19.** A CONAB/PAA emitirá a Nota Fiscal, no mínimo, em 5 (cinco) vias, com a destinação abaixo indicada (Convênio ICMS-77/05, cláusula terceira):

I – 1ª via – destinatário;

II – 2ª via – emitente, escrituração (via fixa);

III – 3ª via – fisco deste Estado;

IV – 4ª via – fisco de destino;

V – 5ª via – armazém de depósito.

Parágrafo único. Relativamente às operações previstas neste capítulo, a CONAB/PAA deverá efetuar a sua escrituração fiscal pelo sistema eletrônico de processamento de dados, observado o disposto no art. 250 deste Regulamento, independentemente da formalização do pedido de uso, alteração do uso ou desistência do uso do sistema eletrônico de processamento de dados para emissão de documentos fiscais e/ou escrituração de livros fiscais.

• *Art. 19 com redação dada pelo Decreto nº 49.910, de 22.8.2005 – DOE de 23.8.2005 – Efeitos a partir de 1º.8.2005.*

**Art. 20.** Fica dispensada a emissão de Nota Fiscal de produtor na saída destinada à negociação de mercadoria com a CONAB/PAA (Convênio ICMS-77/05, cláusula quarta).

• *Art. 20 com redação dada pelo Decreto nº 49.910, de 22.8.2005 – DOE de 23.8.2005 – Efeitos a partir de 1º.8.2005.*

**Art. 21.** A CONAB/PAA deverá emitir Nota Fiscal para fins de entrada nos Polos de Compra, no momento do recebimento da mercadoria (Convênio ICMS-77/05, cláusula quinta).

§ 1º. A Nota Fiscal para fins de entrada poderá ser emitida manualmente, em série distinta, hipótese em que será posteriormente inserida no sistema, para efeito de escrituração dos livros fiscais.

§ 2º. Será admitido o prazo máximo de 20 (vinte) dias entre a emissão da nota fiscal de entrada e a saída da mercadoria adquirida pelo Polo de Compras (Convênio ICMS-77/05, cláusula quinta, § 2º, na redação do Convênio ICMS-136/06, cláusula primeira, I).

• *§ 2º com redação dada pelo Decreto nº 51.484, de 16.1.2007 – DOE de 17.1.2007 – Efeitos a partir de 20.12.2006.*

• *Art. 21 com redação dada pelo Decreto nº 49.910, de 22.8.2005 – DOE de 23.8.2005 – Efeitos a partir de 1º.8.2005.*

**Art. 22.** A mercadoria poderá ser transportada dos Polos de Compra até o armazém de depósito com a Nota Fiscal para fins de entrada emitida pela CONAB/PAA (Convênio ICMS-77/05, cláusula sexta).

• *Art. 22 com redação dada pelo Decreto nº 49.910, de 22.8.2005 – DOE de 23.8.2005 – Efeitos a partir de 1º.8.2005.*

**Art. 23.** No caso de mercadoria depositada em armazém (Convênio ICMS-77/05, cláusula sétima):

I – a 5ª via da Nota Fiscal será o documento hábil para efeitos de registro no armazém;

II – nos casos de remessa ou devolução simbólica de mercadoria, a retenção da 5ª via da Nota Fiscal, pelo armazém dispensa a emissão de Nota Fiscal nas hipóteses previstas nos seguintes dispositivos do Anexo VII deste Regulamento:

1 – § 1º do art. 8º;

2 – item 2 do § 2º do art. 10;

3 – § 1º do art. 16;

4 – item 1 do § 1º do art. 18.

• *Art. 23 com redação dada pelo Decreto nº 49.910, de 22.8.2005 – DOE de 23.8.2005 – Efeitos a partir de 1º.8.2005.*

**Art. 24.** Poderá ser emitida por qualquer meio, inclusive manual, Nota Fiscal de série distinta, que será posteriormente inserida no sistema, para efeito de escrituração dos livros fiscais (Convênio ICMS-77/05, cláusula oitava, com alteração do Convênio ICMS-136/06, cláusula primeira, II):

I – na remoção de mercadoria, assim entendida a transferência de estoque entre os armazéns cadastrados pela CONAB/PAA, sem que ocorra a mudança de titularidade;

II – na operação denominada de venda em balcão, assim entendida a venda direta em pequenas quantidades a pequenos criadores, produtores rurais, beneficiadores e agroindústrias de pequeno porte.

• *Art. 24 com redação dada pelo Decreto nº 51.484, de 16.1.2007 – DOE de 17.1.2007 – Efeitos a partir de 20.12.2006.*

**Art. 25.** Na saída interna promovida por produtor agropecuário com destino à CONAB/PAA, o imposto devido será recolhido pela CONAB no dia 20 (vinte) do mês subsequente ao da aquisição (Convênio ICMS-77/05, cláusula nona).

§ 1º. O imposto será calculado sobre o preço pago ao produtor.

§ 2º. O imposto recolhido será lançado como crédito no livro fiscal próprio, não dispensando o débito do imposto, se devido, por ocasião da efetiva saída da mercadoria.

• *Art. 25 com redação dada pelo Decreto nº 49.910, de 22.8.2005 – DOE de 23.8.2005 – Efeitos a partir de 1º.8.2005.*

# ANEXO XX
# DA MICROEMPRESA E DA EMPRESA DE PEQUENO PORTE

• *Anexo XX revogado pelo Decreto nº 52.104, de 29.8.2007 – DOE de 30.8.2007 – Efeitos a partir da publicação.*

# ANEXO XXI
# DO ARTESÃO E DO PRODUTO DE ARTESANATO

- *Anexo XXI acrescido pelo Decreto nº 59.556, de 27.9.2013 – DOE de 28.9.2013 – Efeitos a partir da publicação.*

**Art. 1º.** Para fins do disposto neste anexo considera-se artesanato, o produto confeccionado por artesão sem a utilização de trabalho assalariado.

**Art. 2º.** Fica isenta a saída interna ou interestadual, destinada a consumidor final, de produto de artesanato promovida:

I – pelo próprio artesão;

II – por cooperativa de artesãos;

III – por associação de que o artesão faça parte ou seja assistido, sem fins lucrativos, cuja renda líquida seja integralmente aplicada na manutenção de seus objetivos assistenciais ou educacionais no país, sem distribuição de parcelas a título de lucro ou participação.

Parágrafo único. A isenção aplicar-se-á também nas remessas realizadas pelo artesão para as pessoas jurídicas indicadas nos incisos II e III, bem como nas remessas entre as respectivas pessoas ou seus estabelecimentos.

**Art. 3º.** Na saída interna de produto de artesanato promovida por pessoa mencionada no art. 2º com destino a contribuinte do ICMS não indicado no referido artigo, o lançamento do imposto incidente fica diferido para o momento em que ocorrer a saída do produto de artesanato do estabelecimento do adquirente.

**Art. 4º.** Para fins do disposto neste anexo, o artesão a que se refere o art. 1º fica dispensado da:

I – inscrição no Cadastro de Contribuintes do ICMS;

II – da emissão de documento fiscal relativo à saída de produto de artesanato.

§ 1º. O contribuinte do ICMS que receber produto de artesanato, a qualquer título, remetido pelo artesão a que se refere o art. 1º deverá emitir documento fiscal nos termos do art. 136 deste Regulamento.

§ 2º. A cooperativa ou a associação referidas nos incisos II e III do art. 2º:

1 – ficam autorizadas a emitir mensal e englobadamente documento fiscal relativo à entrada de produto de artesanato, remetido pelo artesão a que se refere o art. 1º, desde que mantenham à disposição do fisco, pelo período de cinco anos, relação contendo, no mínimo:

a) identificação do artesão remetente;

b) quantidade, unidade, descrição das mercadorias, valor unitário e total das respectivas operações diárias de entrada de artesanato ocorridas no mês;

2 – ficam dispensadas da emissão de documento fiscal nas saídas isentas a que se refere o art. 2º, desde que não exigido pelo consumidor, devendo, no final do dia, emitir documento fiscal englobando o total das operações em relação às quais não tenha emitido o documento fiscal;

3 – mediante solicitação do artesão a que se refere o art. 1º, poderão emitir documento fiscal para acobertar saída interestadual de artesanato por ele realizada, com destino a contribuinte do ICMS para fins de comercialização, hipótese em que:

a) a responsabilidade pelo pagamento do ICMS incidente sobre a operação fica atribuída à cooperativa ou associação;

b) no campo "observações" da nota fiscal, deverá ser identificado o artesão que está promovendo a operação.

# MODELOS

- *Os modelos de documentos e livros fiscais previstos neste Regulamento podem ser encontrados nos sites <www.fazenda.sp.gov.br> e <http://pfe.fazenda.sp.gov.br>.*

Nota Fiscal – Modelo 1 (a que se referem o inciso I e o § 3º do art. 124).

Nota Fiscal – Modelo 1-A (a que se referem o inciso I e o § 3º do art. 124).

Nota Fiscal de Venda a Consumidor – Modelo 2 (a que se referem o inciso II e o § 3º do art. 124).

Nota Fiscal de Produtor – Modelo 4 (a que se referem o inciso IV e o § 3º do art. 124).

Nota Fiscal/ Conta de Energia Elétrica – Modelo 6 (a que se referem o inciso V e o § 3º do art. 124).

- *Modelo 6 com redação dada pelo Decreto nº 51.300, de 23.11.2006 – DOE de 24.11.2006 – Efeitos a partir de 1º.11.2006.*

Nota Fiscal de Serviço de Transporte – Modelo 7 (a que se referem o inciso VI e o § 3º do art. 124).

Conhecimento de Transporte Rodoviário de Cargas – Modelo 8 (a que se referem o inciso VII e o § 3º do art. 124).

Conhecimento de Transporte Aquaviário de Cargas – Modelo 9 (a que se referem o inciso VIII e o § 3º do art. 124).

Conhecimento Aéreo – Modelo 10 (a que se referem o inciso IX e o § 3º do art. 124).

Conhecimento de Transporte Ferroviário de Cargas – Modelo 11 (a que se referem o inciso X e o § 3º do art. 124).

Bilhete de Passagem Rodoviário – Modelo 13 (a que se referem o inciso XI e o § 3º do art. 124).

Bilhete de Passagem Aquaviário – Modelo 14 (a que se referem o inciso XII e o § 4º do art. 124).

Bilhete de Passagem e Nota de Bagagem – Modelo 15 (a que se referem o inciso XIII e o § 3º do art. 124).

Bilhete de Passagem Ferroviário – Modelo 16 (a que se referem o inciso XIV e o § 3º do art. 124).

Despacho de Transporte – Modelo 17 (a que se referem o inciso XV e o § 3º do art. 124).

Resumo de Movimento Diário – Modelo 18 (a que se referem o inciso XVI e o § 3º do art. 124).

Ordem de Coleta de Carga – Modelo 20 (a que se referem o inciso XVII e o § 3º do art. 124).

Nota Fiscal de Serviço de Comunicação – Modelo 21 (a que se referem o inciso XVIII e o § 3º do art. 124).

Nota Fiscal de Serviço de Telecomunicação – Modelo 22 (a que se referem o inciso XIX e o § 3º do art. 124).

Manifesto de Carga – Modelo 25 (a que se referem o inciso XX e o § 3º do art. 124).

Conhecimento de Transporte Multimodal de Cargas – Modelo 26 (a que se refere o inciso XXI do art. 124)

- *Modelo acrescido pelo Decreto nº 48.294, de 2.12.2003 – DOE de 3.12.2003 – Efeitos a partir de 3.11.2003.*

Nota Fiscal Serviço de Transporte Ferroviário – Modelo 27 (a que se referem o inciso XXIV e o § 3º do art. 124)

- *Modelo acrescido pelo Decreto nº 51.300, de 23.11.2006 – DOE de 24.11.2006 – Efeitos a partir da publicação.*

Guia para Liberação de Mercadoria Estrangeira sem Comprovação do Recolhimento do ICMS (a que se refere o § 1º do art. 137).

Nota de Movimentação de Materiais e Equipamentos (a que se refere o § 4º do art. 35 do Anexo I).

Certificado de Pesagem de Cana (a que se refere o art. 2º, I do Anexo X).

Nota Fiscal – Registro de Aquisições de Cana (a que se refere o art. 4º, I, do Anexo X).

Listagem mensal das Notas Fiscais – Registro das Aquisições de Cana (a que se refere o art. 5º, I, do Anexo X).

Registro de Entradas – Modelo 1 (a que se referem o inciso I e o § 1º do art. 213).

Registro de Entradas – Modelo 1-A (a que se referem o inciso II e o § 1º do art. 213).

Registro de Saídas – Modelo 2 (a que se referem o inciso III e o § 1º do art. 213).

Registro de Saídas – Modelo 2-A (a que se referem o inciso IV e o § 1º do art. 213).

Registro de Controle da Produção e do Estoque – Modelo 3 (a que se referem o inciso V e o § 1º do art. 213).

Registro do Selo Especial de Controle – Modelo 4 (a que se referem o inciso VI e o § 1º do art. 213).

Registro de Impressão de Documentos Fiscais – Modelo 5 (a que se referem o inciso VII e o § 1º do art. 213).

Registro de Utilização de Documentos Fiscais e Termos de Ocorrências – Modelo 6 (a que se referem o inciso VIII e o § 1º do art. 213).

Registro de Inventário – Modelo 7 (a que se referem o inciso IX e o § 1º do art. 213).

Registro de Apuração do IPI – Modelo 8 (a que se referem o inciso X e o § 1º do art. 213).

Registro de Apuração do ICMS – Modelo 9 (a que se referem o inciso XI e o § 1º do art. 213).

Ficha – Índice da Utilização de Fichas de Controle da Produção e do Estoque (a que se refere o § 7º do art. 216).

Livro de Movimentação de Combustíveis – LMC (a que se referem o inciso XII e o § 1º do art. 213).

Demonstrativo de Apuração do ICMS – DAICMS – Energia Elétrica (a que se refere o art. 1º do Anexo XVIII). (Revogado).

- *Revogado Modelo pelo inciso II do art. 3º do Decreto nº 48.475, de 28.1.2004 – DOE de 29.1.2004 – Efeitos a partir de 1º.1.2004.*

Termo de Abertura de Livro Fiscal (a que se refere o § 1º do art. 224) – Acrescentado pelo Decreto nº 46.295, de 23.11.2001

Memorando-Exportação (a que se refere o art. 442) – Acrescentado pelo Decreto nº 46.501, de 18.1.2002

# LEGISLAÇÃO COMPLEMENTAR E ALTERADORA

## 001. DECRETO Nº 30.488, DE 27 DE SETEMBRO DE 1989

*Institui o Programa de Desenvolvimento do Estado de São Paulo e dá outras providências.*

Orestes Quércia, Governador do Estado de São Paulo, no uso de suas atribuições legais e

Considerando a necessidade de se corrigir desigualdades econômico-sociais entre as diversas regiões do Estado de São Paulo, de forma a propiciar o geral crescimento harmônico e a distribuição equitativa da renda, para assegurar melhor qualidade de vida à sua população;

Considerando a necessidade de apoio financeiro aos projetos de investimentos que contribuam para o desenvolvimento econômico no Estado, sobretudo nas regiões menos desenvolvidas;

Considerando que cabe ao Poder Público fomentar a atualização e o desenvolvimento tecnológico do setor produtivo no Estado e

Considerando, finalmente, que o meio eficaz para a implementação de uma política de desenvolvimento econômico impõe a associação do Estado com as classes empresariais, decreta:

**Art. 1º.** Fica instituído o Programa de Desenvolvimento do Estado de São Paulo, com o objetivo de apoiar o fomento da economia no Estado, priorizando o aprimoramento tecnológico da produção, a desconcentração industrial, a redução das disparidades regionais da renda e a preservação do meio ambiente.

**Art. 2º.** Fica criado o Conselho Estadual de Desenvolvimento Econômico – CEDE, com a competência para estabelecer as diretrizes a serem observadas na operacionalização do Programa instituído por este Decreto.

**Art. 3º.** O Conselho Estadual de Desenvolvimento econômico – CEDE terá a seguinte constituição:

I – Governador do Estado, que será seu Presidente;

II – Secretário da Ciência, Tecnologia e Desenvolvimento Econômico, que será seu Vice-Presidente;

III – Secretário da Fazenda;

IV – Secretário da Agricultura e Abastecimento;

V – Secretário de Planejamento e Gestão;

VI – Secretário do Meio Ambiente;

VII – Presidente do Banco do Estado de São Paulo;

VIII – Diretor Científico da Fundação de Amparo à Pesquisa do Estado de São Paulo – FAPESP;

IX – Presidente da Federação das indústrias do estado de São Paulo – FIESP;

X – Presidente da Federação da Agricultura do Estado de São Paulo – FAESP;

XI – Presidente da Federação do Comércio do Estado de São Paulo – FCESP;

XII – Presidente da Associação Comercial de São Paulo – ACESP.

- *Art. 3º com redação dada pelo Decreto nº 33.498, de 10.7.1991 – DOE de 11.7.1991 – Efeitos a partir da publicação.*

**Art. 4º.** Compete ao Conselho Estadual de Desenvolvimento Econômico – CEDE:

I – traçar diretrizes gerais do Programa de Desenvolvimento do Estado de São Paulo e estabelecer prioridades regionais de sua execução;

II – estabelecer prioridades para o desenvolvimento e atualização das práticas tecnológicas;

III – baixar normas e estabelecer condições para a operação do Programa de Desenvolvimento do Estado de São Paulo;

IV – organizar sua Secretaria Executiva e designar seus integrantes;

V – requisitar dos órgãos e entidades da Administração Centralizada e Descentralizada do Estado todos os subsídios e informações necessárias ao desempenho de suas atribuições;

VI – exercer outras atividades correlatas à sua finalidade.

**Art. 5º.** O Conselho Estadual de Desenvolvimento Econômico – CEDE – reunir-se-á, ordinariamente, uma vez por mês e, extraordinariamente, sempre que convocado por seu Presidente.

§ 1º. As decisões do Conselho serão tomadas por maioria simples de votos.

§ 2º. O Presidente do Conselho terá, além do voto ordinário, o de qualidade.

§ 3º. Nas suas ausências ou impedimentos, o Presidente do Conselho será substituído pelo Vice-Presidente.

§ 4º. Nas reuniões previstas para serem presididas pelo Vice-Presidente, os membros a que se referem os incisos III a XII, do art. 3º deste Decreto, poderão ser substituídos pelos seus representantes adiante mencionados, devendo tal indicação ser formalizada junto à Secretaria Executiva do Conselho:

1. Secretário Adjunto ou Chefe de Gabinete, nos casos dos incisos III a VI;

2. membro da Diretoria, nos casos dos incisos VII e IX a XII;

3. pelo substituto legal, no caso do inciso VIII.

• *§ 4º acrescido pelo Decreto nº 34.681, de 4.3.1992 – DOE de 5.3.1992 – Efeitos a partir da publicação.*

**Art. 6º.** O apoio financeiro no âmbito do Programa de Desenvolvimento do Estado de São Paulo, exclusivamente destinado à iniciativa privada, será implementado com recursos do Fundo ao Contribuinte – FUNAC, criado pelo Decreto-Lei nº 240, de 12 de maio de 1970, e do Fundo Estadual de Desenvolvimento Científico e Tecnológico – FUNCET, criado pela Lei nº 93, de 27 de dezembro de 1972.

Parágrafo único. É vedada a realização de operações de crédito sem garantia de reembolso integral dos recursos empregados nos financiamentos.

**Art. 7º.** O Banco do Estado de São Paulo S/A concederá empréstimo às empresas cujos projetos de implantação, expansão ou ampliação da capacidade produtiva, no Estado de São Paulo, tenham sido por ele previamente aprovados, nos termos deste Decreto.

• *Art. 7º com redação dada pelo Decreto nº 33.498, de 10.7.1991 – DOE de 11.7.1991 – Efeitos a partir da publicação.*

**Art. 7º-A.** Os financiamentos serão deferidos com base no valor do Imposto sobre Operações Relativas à Circulação de Mercadorias e Prestação de Serviços de Transporte Interestadual e de Comunicações – ICMS gerado, no caso de implantação, ou no valor de seu crescimento real, no caso de expansão ou de ampliação da capacidade produtiva.

Parágrafo único. Os órgãos técnicos da Secretaria da Fazenda e do Banco do Estado de São Paulo S/A., definirão os critérios de aferição de crescimento real mencionado neste artigo.

• *Art. 7º-A acrescido pelo Decreto nº 33.498, de 10.7.1991 – DOE de 11.7.1991 – Efeitos a partir da publicação.*

**Art. 7º-B.** Os financiamentos serão deferidos com recursos originários do Fundo de Apoio a Contribuintes do Estado de São Paulo – FUNAC e obedecerão os seguintes limites:

I – se o projeto for localizado na Grande São Paulo:

a) no 1º (primeiro) ano, até 40% (quarenta por cento) do ICMS adicional recolhido;

b) no 2º (segundo) ano, até 30% (trinta por cento) do ICMS adicional recolhido;

c) no 3º (terceiro) ano, até 20% (vinte por cento) do ICMS adicional recolhido;

II – se o projeto for localizado fora da Grande São Paulo:

a) no 1º (primeiro) ano, até 50% (cinquenta por cento) do ICMS adicional recolhido;

b) no 2º (segundo) ano, até 40% (quarenta por cento) do ICMS adicional recolhido;

c) no 3º (terceiro) ano, até 30% (trinta por cento) do ICMS adicional recolhido.

• *Art. 7º-B acrescido pelo Decreto nº 33.498, de 10.7.1991 – DOE de 11.7.1991 – Efeitos a partir da publicação.*

**Art. 7º-C.** O crédito será liberado mensalmente, nas datas estipuladas para recolhimento do Imposto sobre Operações relativas à Circulação de Mercadorias e Prestação de Serviços de Transporte Interestadual e Intermunicipal e de Comunicações – ICMS, e a amortização será feita por meio de 36 (trinta e seis) parcelas mensais e sucessivas, vencendo-se cada uma delas no 37º (trigésimo sétimo) mês, contado da respectiva liberação.

Parágrafo único. O valor de cada uma das parcelas de amortização corresponderá ao valor liberado, reajustado monetariamente de acordo com a variação da Taxa Referencial Diária – TRD, ou de índice que venha a substituí-la.

• *Art. 7º-C acrescido pelo Decreto nº 33.498, de 10.7.1991 – DOE de 11.7.1991 – Efeitos a partir da publicação.*

**Art. 7º-D.** Na eventualidade do financiamento ser deferido para empresa ligada ao grupo de sociedade, configurar-se-á causa de cancelamento do financiamento, com imediata exigibilidade de todo o saldo devedor, atualizado mensalmente pela Taxa Referencial Diária – TRD, ou de índice que venha a substituí-la, a redução, sem causa justificada, do nível de produção das empresas do grupo.

• *Art. 7º-D acrescido pelo Decreto nº 33.498, de 10.7.1991 – DOE de 11.7.1991 – Efeitos a partir da publicação.*

**Art. 7º-E.** O Banco do Estado de São Paulo S/A. concederá empréstimo para financiamento de investimentos que implique aumento da capacidade produtiva e do número de empregos diretos na produção, nas regiões mencionadas no Anexo I e cujos projetos industriais ou agroindustriais tenham sido por ele previamente aprovados, até o limite de 25% (vinte e cinco por cento) do valor investido, conforme escalonamento previsto no Anexo II.

• *Art. 7º-E,* caput, *acrescido pelo Decreto nº 33.498, de 10.7.1991 – DOE de 11.7.1991 – Efeitos a partir da publicação.*

§ 1º. Os créditos a que se refere este artigo serão liberados nas datas de vencimento do prazo de recolhimento do Imposto sobre Operações relativas à Circulação de Mercadorias e Prestação de Serviços de Transporte Interestadual e Intermunicipal e de Comunicações – ICMS, em 36 (trinta e seis) parcelas mensais e consecutivas, atualizadas monetariamente de acordo com a variação da Taxa Referencial Diária – TRD, ou de índice que venha a substituí-la, obedecido o limite de até 75%

(setenta e cinco por cento) do valor do ICMS a recolher em cada mês.

- *§ 1º acrescido pelo Decreto nº 33.498, de 10.7.1991 – DOE de 11.7.1991 – Efeitos a partir da publicação.*

§ 2º. Caso o valor da parcela ultrapasse o limite estabelecido no parágrafo anterior, o valor excedente será deduzido do empréstimo total pactuado.

- *§ 2º acrescido pelo Decreto nº 33.498, de 10.7.1991 – DOE de 11.7.1991 – Efeitos a partir da publicação.*

§ 3º. O pagamento das parcelas obedecerá os prazos e as condições estabelecidas no art. 7º-C, deste Decreto.

- *§ 3º acrescido pelo Decreto nº 33.498, de 10.7.1991 – DOE de 11.7.1991 – Efeitos a partir da publicação.*

§ 4º. Os projetos cujo investimento supere 50.000.000 (cinquenta milhões) de UFESPs e que, mediante resolução do Conselho Estadual de Desenvolvimento Econômico – CEDE, de iniciativa do Governador do Estado e aprovada pela maioria absoluta de seus membros, venham a ser considerados estratégicos para o desenvolvimento da economia paulista, poderão ter concessão de empréstimo até o limite fixado neste artigo, sem a observância do escalonamento previsto no Anexo II.

- *§ 4º acrescido pelo Decreto nº 36.057, de 13.11.1992 – DOE de 14.11.1992 – Efeitos a partir da publicação.*

**Art. 7º-F.** A Secretaria da Fazenda e o Banco do Estado de São Paulo S/A baixarão as normas visando a operacionalização dos financiamentos.

- *Art. 7º-F acrescido pelo Decreto nº 33.498, de 10.7.1991 – DOE de 11.7.1991 – Efeitos a partir da publicação.*

**Art. 8º.** Este Decreto entrará em vigor na data de sua publicação, ficando revogados os Decretos nºs 27.306, de 22 de janeiro de 1957; 30.889, de 12 de fevereiro de 1958; 44.702, de 7 de abril de 1965 e 46.780, de 19 de setembro de 1966.

Palácio dos Bandeirantes, 27 de setembro de 1989.

*Orestes Quércia – DOE de 28.9.1989*

## 002. DECRETO Nº 45.048, DE 7 DE JULHO DE 2000

*Institui regime especial de tributação para contribuintes que tenham como atividade o fornecimento de alimentação.*

Mário Covas, Governador do Estado de São Paulo, no uso de suas atribuições legais, considerando o disposto no item 2 do parágrafo único do art. 47 da Lei nº 6.374, de 1º de março de 1989, decreta:

**Art. 1º.** O contribuinte que exerça a atividade econômica de fornecimento de alimentação, tais como bares, restaurantes ou estabelecimentos similares e que utilize equipamento emissor de cupom fiscal – ECF, nos termos do art. 125 do Regulamento do Imposto sobre Circulação de Mercadorias e sobre Prestação de Serviços – ICMS, aprovado pelo Decreto nº 33.118, de 14 de março de 1991, e da disciplina infrarregulamentar correspondente, bem como as empresas preparadoras de refeições coletivas, poderão, em substituição ao regime de apuração do ICMS previsto no art. 82 do referido regulamento, apurar o imposto devido mensalmente mediante aplicação do percentual de 3,2% (três inteiros e dois décimos por cento) sobre a receita bruta auferida no período, excluídos os produtos sujeitos à substituição tributária.

- *Art. 1º,* caput, *com redação dada pelo Decreto nº 45.543, de 21.12.2000 – DOE de 22.12.2000 – Produzindo efeitos em relação aos fatos geradores a partir de 1º.1.2001.*

§ 1º. Para os efeitos deste artigo, considera-se receita bruta o produto da venda de bens e serviços nas operações em conta própria, o preço dos serviços prestados e o resultado auferido nas operações em conta alheia, não incluido o valor do Imposto sobre Produtos Industrializados – IPI, o das vendas canceladas e o dos descontos concedidos incondicionalmente.

§ 2º. Não se incluem na receita bruta o valor das operações ou prestações não tributadas por disposição constitucional e o das operações ou prestações submetidas ao regime jurídico-tributário de sujeição passiva por substituição com retenção do imposto.

§ 3º. Na saída de mercadoria do estabelecimento por valor superior ao que foi retido em razão da substituição tributária, o complemento do imposto em decorrência dessa diferença está abrangido pelo regime de apuração previsto neste artigo.

**Art. 2º.** O procedimento estabelecido no artigo anterior é opcional e veda o aproveitamento de quaisquer créditos do imposto, bem como a cumulação com quaisquer benefícios fiscais previstos na legislação do ICMS.

**Art. 3º.** A Secretaria da Fazenda poderá estabelecer disciplina para a aplicação da sistemática de tributação prevista neste Decreto.

**Art. 4º.** Este Decreto entra em vigor na data de sua publicação, produzindo efeitos em relação aos fatos geradores ocorridos a partir do 1º dia do mês subsequente ao da sua publicação.

Palácio dos Bandeirantes, 7 de julho de 2000.

*Mário Covas – DOE de 8.7.2000*

## 003. DECRETO Nº 45.249, DE 28 DE SETEMBRO DE 2000

*Dispõe sobre o cancelamento de débito fiscal, nas condições que especifica, e dá outras providências. (DOE de 29.9.2000)*

- *Pode ser considerado sem mais efeito em razão do cumprimento de seu prazo.*

## 004. DECRETO Nº 45.543, DE 21 DE DEZEMBRO DE 2000

*Introduz alteração no Decreto nº 45.048, de 7 de julho de 2000, que institui regime especial de tributação para contribuintes que tenham como atividade o fornecimento de alimentação.*

Mário Covas, Governador do Estado de São Paulo, no uso de suas atribuições legais, considerando o disposto nos itens 2 e 3 do parágrafo único do art. 47 da Lei nº 6.374, de 1º de março de 1989; decreta:

**Art. 1º.** Passa a vigorar com a redação que se segue o *caput* do art. 1º do Decreto nº 45.048, de 7 de julho de 2000:

- *Alterações já efetuadas no corpo do Decreto.*

**Art. 2º.** Este Decreto entrará em vigor na data de sua publicação, produzindo efeitos em relação aos fatos geradores que ocorrerem a partir do primeiro dia do mês subsequente ao da publicação.

Palácio dos Bandeirantes, 21 de dezembro de 2000.

*Mário Covas – DOE de 22.12.2000*

## 005. DECRETO Nº 45.583, DE 27 DE DEZEMBRO DE 2000

*Ratifica Convênios celebrados nos termos da Lei Complementar Federal nº 24, de 7 de janeiro de 1975, e aprova Convênios e Ajustes SINIEF e Protocolos e introduz alteração no Regulamento do ICMS.*

Mário Covas, Governador do Estado de São Paulo, no uso de suas atribuições legais e tendo em vista o disposto no art. 4º da Lei Complementar Federal nº 24, de 7 de janeiro de 1975, decreta:

**Art. 1º.** Ficam ratificados os Convênios ICMS 77/2000, 78/2000, 84/2000, 85/2000, 86/2000, 89/2000, 95/2000 e 101/2000, celebrados em Teresina, PI, no dia 15 de dezembro de 2000, publicados na Seção I, páginas 5 a 9 e 11 do Diário Oficial da União de 21 de dezembro de 2000.

**Art. 2º.** Ficam aprovados os Convênios ICMS 81/2000, 82/2000, 83/2000, 92/2000, 93/2000 e 94/2000, os Convênios ECF 2/2000 e 3/2000, os Ajustes SINIEF 4/2000, 5/2000, 6/2000, 7/2000 e 8/2000, e os Protocolos ICMS 47/2000, 48/2000, 49/2000, 50/2000, 51/2000, 52/2000, 53/2000, 54/2000 e 55/2000, celebrados em Teresina, PI, no dia 15 de dezembro de 2000, publicados na Seção I, páginas 3, 4, 6, 7, 9, 12, 13 e 14 do Diário Oficial da União de 21 de dezembro de 2000.

Parágrafo único. Independerá de outro ato deste Estado a aplicação do disposto nos Protocolos ICMS 47/2000, 48/2000, 49/2000, 50/2000, 51/2000, 53/2000, 54/2000 e 55/2000, aprovados por este artigo.

**Art. 3º.** Passa a vigorar com a redação a seguir indicada os itens 1 e 3 do § 3º do art. 380-A do Regulamento do Imposto sobre Circulação de Mercadorias e sobre Prestação de Serviços, aprovado pelo Decreto nº 33.118, de 14 de março de 1991:

- *Decreto nº 33.118, de 14.3.1991, revogado a partir de 1º.1.2001, pelo Decreto nº 45.490, de 30.11.2000.*

**Art. 4º.** Passa a vigorar com a redação que se segue os dispositivos adiante indicados do Regulamento do Imposto sobre Circulação de Mercadorias e sobre Prestação de Serviços, aprovado pelo Decreto nº 45.490, de 30 de novembro de 2000:

- *Alteração já efetuada no corpo do Decreto.*

**Art. 5º.** Este Decreto entra em vigor na data de sua publicação, produzindo efeitos em relação aos dispositivos a seguir indicados, a partir de:

I – 14 de novembro de 2000, o art. 3º;

II – 1º de janeiro de 2001, o art. 4º.

Palácio dos Bandeirantes, 27 de dezembro de 2000.

*Mário Covas – DOE de 28.12.2000*

## 006. DECRETO Nº 45.644, DE 26 DE JANEIRO DE 2001

*Introduz alterações no Regulamento do Imposto de Circulação de Mercadorias e Prestação de Serviços – RICMS e dá outras providências.*

Geraldo Alckmin Filho, Vice-Governador, no Exercício do Cargo de Governador do Estado de São Paulo, no uso de suas atribuições legais e tendo em vista o disposto nas Leis nº 10.708 e 10.709, ambas de 29.12.2000, e nos Convênios ICMS-77/00, 78/00, 81/00, 83/00, 84/00, 85/00, 86/00, 92/00, 95/00 e 101/00, no Convênio ECF-02/00, e nos Ajustes SINIEF-04/00 e 06/00, todos celebrados em Teresina, PI, em 15 de dezembro de 2000, aprovados ou ratificados pelo Decreto nº 45.583, de 27.12.2000, decreta:

**Art. 1º.** Passam a vigorar com a redação que se segue os dispositivos adiante enumerados do Regulamento do Imposto sobre Circulação de Mercadorias e sobre Prestação de Serviços, aprovado pelo Decreto nº 45.490, de 30.11.2000:

- *Alteração já efetuada no corpo do Decreto.*

**Art. 2º.** Ficam acrescentados os dispositivos adiante enumerados ao Regulamento do Imposto sobre Circulação de Mercadorias e sobre Prestação de Serviços, aprovado pelo Decreto nº 45.490, de 30 de novembro de 2000, com a seguinte redação:

- *Alteração já efetuada no corpo do Decreto.*

**Art. 3º.** Fica revogado o § 4º do art. 419 do Regulamento do Imposto sobre Circulação de Mercadorias e sobre Prestação de Serviços, aprovado pelo Decreto nº 45.490, de 30.11.2000 (Convênio ICMS-81/00, cláusula primeira, II).

- *Alteração já efetuada no corpo do Decreto.*

**Art. 4º.** Passa a vigorar com a seguinte redação o *caput* do art. 1º do Decreto nº 45.249, de 28.9.2000:

> *"**Art. 1º.** Ficam cancelados os débitos fiscais relacionados com o Imposto sobre Operações Relativas à Circulação de Mercadorias e sobre Prestações de Serviços de Transporte Interestadual e Intermunicipal e de Comunicação – ICMS decorrentes de fatos ocorridos até 31 de dezembro de 1999, em qualquer fase que se encontrem, cujos valores, atualizados até 7 de julho de 2000, não sejam superiores a RS 399,03 (trezentos e noventa e nove reais e três centavos) (Convênio ICMS-44 00)."*

**Art. 5º.** Ficam convalidados os procedimentos adotados até 15 de dezembro de 2000 pelas empresas relacionadas na Portaria Interministerial nº 206, de 13 de agosto de 1998, publicada no Diário Oficial da União de 14 de agosto de 1998, no que se relaciona à redução da base de cálculo prevista no item 3 da Tabela II do Anexo II do Regulamento do Imposto sobre Circulação de Mercadorias e Prestação de Serviços, aprovado pelo Decreto nº 33.118, de 14 de março de 1991, nos termos do Convênio ICMS-75/91, de 5 de dezembro de 1991, sem a alteração introduzida no § 2º da cláusula primeira pelo Convênio ICMS-32/99, de 23 de julho de 1999 (Convênio ICMS-101/00).

**Art. 6º.** A renúncia de receita tributária decorrente da aplicação deste Decreto foi considerada na estimativa de receita da lei orçamentária, Lei nº 10.707, de 29 de dezembro de 2000, nos termos do art. 14 da Lei Complementar nº 101, de 4 de maio de 2000.

**Art. 7º.** Este Decreto entra em vigor na data de sua publicação, com efeito retroativo a 1º de janeiro de 2001, exceto em relação aos dispositivos adiante enumerados que produzirão efeitos a partir das datas indicadas:

I – de 9 de janeiro de 2001, os incisos X, XII e XV do art. 1º e o inciso VII do art. 2º;

II – da publicação deste Decreto, o inciso VII do art. 1º, os incisos III e IV do art. 2º e o art. 5º;

III – dos fatos geradores ocorridos a partir de 1º dia do mês subsequente ao da publicação deste Decreto, os incisos VIII e XXII do art. 1º, este último unicamente em relação à alteração efetuada no item 9 do § 1º do art. 3º do Anexo IV do Regulamento do ICMS;

IV – de 1º de março de 2001, o inciso XXV do art. 1º.

Palácio dos Bandeirantes, 26 de janeiro de 2001.

*Geraldo Alckmin – DOE de 27.1.2001*

## 007. DECRETO Nº 45.737, DE 3 DE ABRIL DE 2001

*Revoga o Decreto nº 45.362, de 6 de novembro de 2000, e o art. 70 do Anexo I do Regulamento do ICMS, aprovado pelo Decreto nº 45.490, de 30 de novembro de 2000, que versa sobre a isenção do ICMS incidente nas operações com insumos, materiais e equipamentos destinados à indústria de construção e reparação naval e às atividades de pesquisa e de lavra das jazidas de petróleo e de gás.*

Geraldo Alckmin, Governador do Estado de São Paulo, no uso de suas atribuições legais e tendo em vista que o Supremo Tribunal Federal deferiu, por unanimidade, o pedido de medida cautelar (ADIN-2377-2) impetrado pelo Governo do Estado de Minas Gerais, para suspender a eficácia do Decreto nº 45.362, de 6 de novembro de 2000, considerando que a matéria, a partir de 1º de janeiro de 2001, está disciplinada no art. 70 do Anexo I do Regulamento do ICMS, aprovado pelo Decreto nº 45.490, de 30 de novembro de 2000, e considerando que este Estado editou as mencionadas normas com o intuito de amenizar a situação de desigualdade que se encontravam os contribuintes paulistas, que pretendiam fornecer insumos, materiais e equipamentos destinados à indústria de construção e reparação naval e às atividades de pesquisa e de lavra das jazidas de petróleo e de gás, em relação àqueles localizados em outras unidades da Federação, nas quais idênticas normas tinham sido editadas, decreta:

**Art. 1º.** Ficam revogados o Decreto nº 45.362, de 6 de novembro de 2000, e o art. 70 do Anexo I do Regulamento do Imposto sobre Circulação de Mercadorias e sobre Prestações de Serviços, aprovado pelo Decreto nº 45.490, de 30 de novembro de 2000.

• *Alteração já efetuada no corpo do Decreto.*

**Art. 2º.** Este Decreto entra em vigor na data de sua publicação.

Palácio dos Bandeirantes, 3 de abril de 2001.

*Geraldo Alckmin – DOE de 4.4.2001*

## 008. DECRETO Nº 45.774, DE 25 DE ABRIL DE 2001

*Ratifica convênios celebrados nos termos da Lei Complementar Federal nº 24, de 7 de janeiro de 1975, aprova Convênios, Protocolos e Ajuste SINIEF, e rejeita o convênio que especifica.*

Geraldo Alckmin, Governador do Estado de São Paulo, no uso de suas atribuições legais e tendo em vista o disposto no art. 42 da Lei Complementar Federal nº 24, de 7 de janeiro de 1975, decreta:

**Art. 1º.** Ficam ratificados os Convênios ICMS 10/01, 14/01, 16/01, 21/01 e 23/01, publicados na Seção I, páginas 3 a 6 do *Diário Oficial da União*, de 16 de abril de 2001, celebrados em Belém, PA, no dia 6 de abril de 2001.

**Art. 2º.** Ficam aprovados os Convênios ICMS 03/01, 06/01, 07/01, 08/01, 09/01, 15/01 e 19/01, os Protocolos ICMS – 06/01, 07/01, 08/01, 09/01, 10/01 e 11/01, e o Ajuste SINIEF 02/01, todos publicados na Seção I, páginas 2 a 8 do *Diário Oficial da União*, de 16 de abril de 2001, todos celebrados em Belém, PA, no dia 6 de abril de 2001, bem como o Protocolo ICMS s/n2, de 6 de abril de 2001, celebrado entre os Estados de São Paulo e de Pernambuco.

Parágrafo único. Independerá de outro ato deste Estado a aplicação do disposto nos Protocolos ICMS 06/01, 07/01, 09/01,10/01 e 11/01 e do Protocolo ICMS s/n/02, de 6 de abril de 2001, celebrado entre os Estados de São Paulo e de Pernambuco.

**Art. 3º.** Fica rejeitado o Convênio ICMS 04/01, publicado na Seção I, página 3 do *Diário Oficial da União* de 16 de abril de 2001, celebrado em Belém, PA, no dia 6 de abril de 2001.

**Art. 4º.** Este Decreto entra em vigor na data de sua publicação.

Palácio dos Bandeirantes, 25 de abril de 2001.

*Geraldo Alckmin – DOE de 26.4.2001*

## 009. DECRETO Nº 45.795, DE 4 DE MAIO DE 2001

*Ratifica convênios celebrados nos termos da Lei Complementar Federal nº 24, de 7 de janeiro de 1975, e aprova Convênio, Protocolo e Ajuste SINIEF.*

Geraldo Alckmin, Governador do Estado de São Paulo, no uso de suas atribuições legais e tendo em vista o disposto no art. 4º da Lei Complementar Federal nº 24, de 7 de Janeiro de 1975, decreta:

**Art. 1º.** Ficam ratificados os Convênios ICMS 24/01 e 25/01, publicados na Seção I, pagina 123 do *Diário Oficial da União*, de 20 de abril de 2001, celebrados em Brasília, DF, no dia 18 de abril de 2001.

**Art. 2º.** Ficam aprovados o Convênio ICMS 26/01, celebrado em Brasília, DF, no dia 18 de abril de 2001, retificado na Seção I, página 78 do *Diário Oficial da União*, de 23 de abril de 2001, o Protocolo ICMS 12/01 e o Ajuste SINEF 01/01, celebrados em Belém, PA, no dia 6 de abril de 2001, todos publicados na Seção I, páginas 123 a 126 do *Diário Oficial da União*, de 20 de abril de 2001.

**Art. 3º.** Este Decreto entra em vigor na data de sua publicação.

Palácio dos Bandeirantes, 4 de maio de 2001.

*Geraldo Alckmin – DOE de 5.5.2001*

## 010. DECRETO Nº 45.824, DE 25 DE MAIO DE 2001

*Introduz alterações no Regulamento do Imposto sobre Circulação de Mercadorias e sobre Prestação de Serviços – RICMS, aprova protocolos, e dá outras providências.*

Geraldo Alckmin, Governador do Estado de São Paulo, no uso de suas atribuições legais e considerando o disposto na Lei nº 10.753, de 23 de janeiro de 2001, no Convênio ICMS 98, de 24 de outubro de 1989, nos Convênios ICMS 3/2001, 6/2001, 9/2001, 10/2001, 14/2001, 16/2001, 19/2001, 21/2001 e 23/2001, e no Protocolo ICMS-8/2001, todos celebrados em Belém, PA, em 6 de abril de 2001, aprovados ou ratificados pelo Decreto nº 45.774, de 25 de abril de 2001, nos Convênios ICMS 24/2001 e 26/2001 e no Protocolo ICMS 12/2001, aprovados ou ratificados pelo Decreto nº 45.795, de 4 de maio de 2001, decreta:

**Art. 1º.** Passam a vigorar com a seguinte redação os dispositivos adiante enumerados do Regulamento do Imposto sobre Circulação de Mercadorias e sobre Prestação de Serviços – RICMS, aprovado pelo Decreto nº 45.490, de 30 de novembro de 2000:

• *Alteração já efetuada no corpo do Decreto.*

**Art. 2º.** Ficam acrescentados os dispositivos adiante enumerados ao Regulamento do Imposto sobre Circulação de Mercadorias e sobre Prestação de Serviços – RICMS, aprovado pelo Decreto nº 45.490, de 30 de novembro de 2000, com a seguinte redação:

• *Alteração já efetuada no corpo do Decreto.*

**Art. 3º.** Ficam aprovados o Protocolo ICMS 13/2001 e o Protocolo ECF 1/2001, celebrados em Belém, PA, no dia 6 de abril de 2001, e publicados na Seção I, páginas 6 e 7 do Diário Oficial da União de 30 de abril de 2001.

**Art. 4º.** Ficam cancelados os débitos fiscais exigidos da empresa DERSA – Desenvolvimento Rodoviário S.A., inscrita no Cadastro de Contribuintes do ICMS sob nº 108.119.995.114 e no CNPJ sob nº 62.464.904/0001-25, por meio dos Autos de Infração e Imposição de Multa da série "A" nºs 32561 e 32562, de 20 de agosto de 1997, e nºs 32567 e 32566, de 23 de janeiro de 1998 (Convênio ICMS 23/2001).

**Art. 5º.** Ficam convalidados os procedimentos relacionados com a retenção do imposto por substituição tributária, adotados até 16 de abril de 2001, para outros veículos classificados na posição 8711 da Nomenclatura Brasileira de Mercadorias – Sistema Harmonizado – NBM/SH, que não se encontravam abrangidos pelo *caput* do art. 299 do Regulamento do ICMS, na redação dada pelo inciso VI do art. 1º deste Decreto (Convênio ICMS 9/2001, cláusula segunda).

**Art. 6º.** Ficam convalidados os procedimentos adotados até 24 de janeiro de 2001 pelas empresas relacionadas na Portaria Interministerial nº 206, de 13 de agosto de 1998, publicada no Diário Oficial da União de 14 de agosto de 1998, no que se relaciona à redução da base de cálculo prevista no item 3 da Tabela II do Anexo II do Regulamento do ICMS aprovado pelo Decreto nº 33.118, de 14 de março de 1991, e no art. 1º do Anexo II do Regulamento do ICMS aprovado pelo Decreto nº 45.490, de 30 de novembro de 2000, nos termos do Convênio ICMS 75/91, de 5 de dezembro de 1991, sem a alteração introduzida no § 2º da cláusula primeira pelo Convênio ICMS 32/99, de 23 de julho de 1999 (Convênio ICMS 16/2001).

**Art. 7º.** Este Decreto entra em vigor na data de sua publicação, com efeito retroativo a 1º de maio de 2001, exceto em relação aos dispositivos adiante enumerados que produzirão efeitos a partir das datas indicadas:

I – 1º de janeiro de 2001, os incisos XVI e XLVII do art. 1º e o inciso V do art. 2º;

II – de 24 de janeiro de 2001, o inciso IV do art. 1º e o inciso IV do art. 2º;

III – de 16 de abril de 2001, os incisos VI, VIII, XVII, e XLVI do art. 1º e o inciso VIII do art. 2º;

IV – de 3 de maio de 2001, os incisos XVIII e XXXI do art. 1º;

V – da publicação deste Decreto, os incisos II, III, V, X, XI, XII, XIII e XIV do art. 1º, I, II, III e VII do art. 2º, e os artigos 3º, 4º, 5º e 6º;

VI – do 1º dia do mês subsequente ao da publicação deste Decreto, os incisos I, VII e IX do art. 1º.

Palácio do Bandeirantes, 25 de maio de 2001.

*Geraldo Alckmin – DOE de 26.5.2001*

## 011. DECRETO Nº 45.841, DE 5 DE JUNHO DE 2001

*Ratifica convênio celebrado nos termos da Lei Complementar Federal nº 24, de 7 de janeiro de 1975, e introduz alteração no Regulamento do Imposto sobre Circulação de Mercadorias e sobre Prestação de Serviços.*

Geraldo Alckmin, Governador do Estado de São Paulo, no uso de suas atribuições legais e tendo em vista o disposto no art. 4º da Lei Complementar Federal nº 24, de 7 de janeiro de 1975, decreta:

**Art. 1º.** Fica ratificado o Convênio ICMS 27/2001, celebrado em Brasília, DF, no dia 29 de maio de 2001.

**Art. 2º.** Fica acrescentado ao Anexo I do Regulamento do Imposto sobre Circulação de Mercadorias e sobre Prestação de Serviços, aprovado pelo Decreto nº 45.490, de 30 de novembro de 2000, o art. 87, com a seguinte redação:

• *Alteração já efetuada no corpo do Decreto.*

**Art. 3º.** Este Decreto entra em vigor na data de sua publicação, produzindo efeitos, em relação ao art. 2º, a partir da publicação da ratificação nacional do Convênio ICMS 27/2001.

Palácio dos Bandeirantes, 5 de junho de 2001.

*Geraldo Alckmin – DOE de 6.6.2001*

## 012. DECRETO Nº 45.850, DE 7 DE JUNHO DE 2001

*Disciplina a concessão de parcelamento de débitos fiscais relacionados com o Imposto sobre Circulação de Mercadorias e sobre Prestações de Serviços – ICMS e do Imposto sobre Circulação de Mercadorias ICM, em até 48 (quarenta e oito) parcelas mensais e consecutivas. (DOE de 8.6.2001)*

• *Pode ser considerado sem mais efeito em razão do cumprimento de seu prazo.*

## 013. DECRETO Nº 45.928, DE 18 DE JULHO DE 2001

*Ratifica Convênios celebrados nos termos da Lei Complementar Federal nº 24, de 7 de janeiro de 1975, e aprova Convênios e Ajustes SINIEF e Protocolo.*

Geraldo Alckmin, Governador do Estado de São Paulo, no uso de suas atribuições legais e em vista o disposto no art. 4º da Lei Complementar Federal nº 24, de 7 de Janeiro de 1975, decreta:

**Art. 1º.** Ficam ratificados os Convênios ICMS 32/01, 33/01, 34/01, 38/01, 42/01, 47/01, 50/01, 51/01, 55/01, 56/01, 58/01, 60/01, 62/01, 65/01, 67/01, 69/01, 70/01 e 78/01, celebrados em Goiânia, GO, no dia 6 de julho de 2001, publicados na Seção I, páginas 5, 6, 7, 9, 11, 12, 13 e 15 do *Diário Oficial da União* de 12 de julho de 2001.

**Art. 2º.** Ficam aprovados os Convênios ICMS 31/01, 39/01, 40/01, 63/01 e 64/01, o Convênio ECF-1/01, os Ajustes SINIEF 03/01, 04/01 e 05/01, e os Protocolos ICMS 15/01,18/01,19/01 e 20/01, celebrados em Goiânia, GO, no dia 6 de julho de 2001, publicados na Seção 'I, páginas 1 a 3 do Dáirio Oficial da Unãio de 17 de julho de 2001, o Ajuste SINIEF 05/01 e os demais nas páginas 2, 3, 4, 6, 12, 16 e 17 do *Diário Oficial da União* de 12 de julho de 2001.

Parágrafo único. Independerá de outro ato deste Estado a aplicação do disposto nos Protocolos ICMS 15/01, 18/01 e 19/01 aprovados por este artigo.

**Art. 3º.** Este Decreto entra em vigor na data de sua publicação.

Palácio dos Bandeirantes, 18 de julho de 2001.

*Geraldo Alckmin – DOE de 19.7.2001*

## 014. DECRETO Nº 45.936, DE 24 DE JULHO DE 2001

*Fixa prazos especiais para recolhimento do ICMS pelos contribuintes que aderirem às campanhas "Liquida São Paulo" e "Liquida Campinas". (DOE de 25.7.2001)*

- *Pode ser considerado sem mais efeito em razão do cumprimento de seu prazo.*

## 015. DECRETO Nº 46.027, DE 22 DE AGOSTO DE 2001

*Introduz alterações no Regulamento do Imposto de Circulação de Mercadorias e Prestação de Serviços – RICMS, aprova Protocolos e dá outras providências.*

Geraldo Alckmin, Governador do Estado de São Paulo, no uso de suas atribuições legais e tendo em vista o disposto nos Convênios ICMS-31/01, 34/01, 39/01, 47/01, 50/01, 51/01, 55/01, 56/01, 58/01, 60/01, 62/01, 65/01, 67/01, 69/01, 70/01, 78/01, no Ajuste SINIEF-04/01 e no Protocolo ICMS-20/01, todos celebrados em Goiânia, GO, em 6 de julho de 2001, aprovados ou ratificados pelo Decreto nº 45.928, de 18 de julho de 2001, no Convênio ICMS-58/99, de 22 de outubro de 1999, ratificado pelo Decreto nº 44.396, de 10 de novembro de 1999, e no Protocolo ICMS-25, 7 de agosto de 2001, celebrado em Brasília, DF, em 7 de agosto de 2001, decreta:

**Art. 1º.** Passam a vigorar com a redação que se segue os dispositivos adiante enumerados do Regulamento do Imposto sobre Circulação de Mercadorias e sobre Prestação de Serviços, aprovado pelo Decreto nº 45.490, de 30.11.2000:

- *Alteração já efetuada no corpo do Decreto.*

**Art. 2º.** Ficam acrescentados os dispositivos adiante enumerados ao Regulamento do Imposto sobre Circulação de Mercadorias e sobre Prestação de Serviços, aprovado pelo Decreto nº 45.490, de 30 de novembro de 2000, com a seguinte redação:

- *Alteração já efetuada no corpo do Decreto.*

**Art. 3º.** Fica revogado o art. 19 das Disposições Transitórias do Regulamento do Imposto sobre Circulação de Mercadorias e sobre Prestações de Serviços, aprovado pelo Decreto nº 45.490, de 30 de novembro de 2000.

- *Alteração já efetuada no corpo do Decreto.*

**Art. 4º.** Fica dispensado o pagamento dos débitos fiscais relativos ao Imposto sobre Circulação de Mercadorias e Prestações de Serviços – ICMS, inclusive juros e multas, decorrente de prestação de serviço de comunicação na modalidade de acesso à "Internet", realizada até 9 de agosto de 2001, compreendida no art. 23 do Anexo II do Regulamento do Imposto sobre Circulação de Mercadorias e sobre Prestação de Serviços, aprovado pelo Decreto nº 45.490, de 30 de novembro de 2000, acrescentado por este Decreto (Convênio ICMS-78/01, cláusula terceira).

Parágrafo único. O disposto neste artigo não autoriza a restituição ou compensação de importâncias recolhidas.

**Art. 5º.** Fica dispensado o recolhimento do Imposto sobre Circulação de Mercadorias e Prestações de Serviços – ICMS incidente no desembaraço aduaneiro, efetuado no período de 1º de agosto de 2000 a 24 de outubro de 2000, das mercadorias descritas no Convênio ICMS-53/91, de 26 de setembro de 1991, conforme segue (Convênio ICMS-32/01):

I – máquinas, equipamentos, aparelhos, instrumentos, suas respectivas partes, peças e acessórios, todos sem similar produzido no país, em importação efetuada por empresa jornalística ou editora de livro, destinados a emprego exclusivo no processo de industrialização de livro, jornal ou periódico;

II – máquinas, equipamentos, aparelhos, instrumentos, suas respectivas partes, peças e acessórios, todos sem similar produzido no país, em importação efetuada por empresa de radiodifusão, para emprego exclusivo na geração, emissão, recepção, transmissão, retransmissão, repetição ou ampliação de sinais de comunicação.

§ 1º. A inexistência de produto similar produzido no país será atestada por órgão federal competente ou por entidade representativa do setor produtivo de máquinas, aparelhos e equipamentos, com abrangência em todo o território nacional.

§ 2º. O disposto neste artigo:

1 – somente alcança as empresas cuja atividade preponderante seja a prestação de serviço de radiodifusão ou a industrialização de livro, jornal ou periódico;

2 – não autoriza a restituição ou compensação de importâncias recolhidas.

**Art. 6º.** Ficam aprovados o Protocolo ICMS-14/01, celebrado em Brasília, DF, em 15 de maio de 2001, publicado na Seção I, página 3 do Diário Oficial da União de 31 de maio de 2001, o Protocolo ICMS-21/01, celebrado em Goiânia, GO, em 6 de julho de 2001, publicado na Seção I, página 4 do Diário Oficial da União de 19 de julho de 2001, o Protocolo ICMS-25/01, celebrado em Brasília, DF, em 7 de agosto de 2001, publicado na Seção I, página 8 do Diário Oficial da União de 9 de agosto de 2001, e os Protocolos ECF-02 e 03/01, celebrados em Goiânia, GO, em 6 de julho de 2001, publicados na Seção I, página 7 do Diário Oficial da União de 9 de agosto de 2001.

Parágrafo único. A aplicação do disposto no Protocolo ICMS-21/01, de 6 de julho de 2001 e nos Protocolos ECF-02/01 e 03/01, independe de outro ato deste Estado.

**Art. 7º.** Este Decreto entra em vigor na data de sua publicação, com efeito retroativo a 1º de agosto de 2001, exceto em relação aos dispositivos adiante enumerados que produzirão efeitos a partir:

I – de 1º de janeiro de 2001, os incisos I, IV e XXX do art. 1º;

II – de 16 de abril de 2001, o inciso III do art. 1º;

III – de 12 de julho de 2001, o inciso X do art. 2º;

IV – da publicação deste Decreto, os incisos II, V, VI, VII e XI do art. 1º, os incisos II, III, IV, V e XI do art. 2º e os artigos 3º e 6º;

V – 9 de agosto de 2001, os incisos VIII, IX, XIII, XIV, XVII, XXII, XXIII, XXIV e XXIX, do art. 1º e os incisos VI, VII, VIII e IX do art. 2º e os arts. 4º e 5º.

Palácio dos Bandeirantes, 22 de agosto de 2001.

*Geraldo Alckmin – DOE de 23.8.2001*

## 016. DECRETO Nº 46.053, DE 24 DE AGOSTO DE 2001

*Introduz alteração no Regulamento do Imposto sobre Operações Relativas à Circulação de Mercadorias e sobre Prestação de Serviços de Transporte Interestadual e Intermunicipal e de Comunicação – RICMS, relativamente à isenção para veículos utilizados como táxi.*

Geraldo Alckmin, Governador do Estado de São Paulo, no uso de suas atribuições legais e considerando o disposto no Convênio ICMS-38, de 6 de julho de 2001, ratificado pelo Decreto nº 45.928, de 18 de julho de 2001, decreta:

**Art. 1º.** Fica acrescentado o art. 88 ao Anexo I do Regulamento do Imposto sobre Circulação de Mercadorias e sobre Prestações de Serviços, aprovado pelo Decreto nº 45.490, de 30 de novembro de 2000, com a seguinte redação:

- *Alteração já efetuada no corpo do Decreto.*

**Art. 2º.** Este Decreto entra em vigor na data de sua publicação, com efeitos retroativos a 9 de agosto de 2001.

Palácio dos Bandeirantes, 24 de agosto de 2001.

*Geraldo Alckmin – DOE de 25.8.2001*

## 017. DECRETO Nº 46.081, DE 6 DE SETEMBRO DE 2001

*Autoriza o recolhimento de diferença de débito fiscal de ICM e de ICMS relacionado com a disciplina contida no Decreto nº 44.970/2000, que dispensa juros e multas de débitos fiscais. (DOE de 7.9.2001)*

- *Pode ser considerado sem mais efeito em razão do cumprimento de seu prazo.*

## 018. DECRETO Nº 46.082, DE 6 DE SETEMBRO DE 2001

*Institui regime de diferimento relativamente ao ICMS incidente no fornecimento de insumos para a indústria naval.*

Geraldo Alckmin, Governador do Estado de São Paulo, no uso de suas atribuições legais, considerando o disposto no art. 112 da Lei nº 6.374, de 1º de março de 1989, na Lei Federal nº 9.432, de 8 de janeiro de 1997 que criou o Registro Especial Brasileiro (REB), e objetivando dar aos contribuintes paulistas o mesmo tratamento tributário concedido pelo Estado do Rio de Janeiro, por meio do Decreto nº 23.082, de 24 de abril de 1997, com alteração do Decreto nº 28.264, de 7 de maio de 2001, decreta:

**Art. 1º.** Fica diferido o Imposto sobre Operações relativas à Circulação de Mercadorias e sobre Prestações de Serviços de Transporte Interestadual e Intermunicipal e de Comunicação – ICMS incidente nas operações internas com insumos, materiais e equipamentos, para construção, conservação, modernização e reparo de embarcações, enquanto igual tratamento for concedido pelo Estado do Rio de Janeiro.

Parágrafo único. Excluem-se do disposto no *caput* as importações de insumos, materiais e equipamentos que possuam similar produzidos no país.

**Art. 2º.** A responsabilidade pelo recolhimento do imposto diferido nos termos do artigo anterior fica atribuída ao estabelecimento situado em território paulista cuja atividade econômica seja a de construção e reparação de embarcações.

**Art. 3º.** O recolhimento do ICMS diferido será efetuado no prazo de 48 (quarenta e oito) meses contados a partir da data da entrada da mercadoria ou bem no estabelecimento do responsável.

**Art. 4º.** Na hipótese de o contribuinte a que se refere o art. 2º utilizar insumos, materiais e equipamentos, para a construção, conservação, modernização e reparo de embarcações pré-registradas ou registradas no Registro Especial Brasileiro (REB), aplica-se, para os efeitos de sua responsabilidade tributária relativamente ao imposto diferido nos termos do art. 1º, a equiparação prevista no art. 11, § 9º, da Lei Federal nº 9.432, de 8 de janeiro de 1997, não se aplicando o disposto no art. 428 do Regulamento do Imposto sobre Circulação de Mercadorias e sobre Prestações de Serviços, aprovado pelo Decreto nº 45.490, de 30 de novembro de 2000.

§ 1º. O diferimento previsto no art. 1º e a equiparação a que se refere o *caput* não se aplicam:

1 – à aquisição de insumos e materiais destinados ao uso e consumo do próprio estabelecimento;

2 – à aquisição de máquina equipamento e quaisquer outros bens destinados ao ativo imobilizado;

3 – ao fornecimento de energia elétrica e às prestações de serviço de comunicação.

**Art. 5º.** A Secretaria da Fazenda poderá editar normas complementares para disciplinar a fruição da sistemática prevista neste Decreto.

**Art. 6º.** Este Decreto entrará em vigor na data de sua publicação.

Palácio dos Bandeirantes, 6 de setembro de 2001.

*Geraldo Alckmin – DOE de 7.9.2001*

## 019. DECRETO Nº 46.195, DE 18 DE OUTUBRO DE 2001

*Ratifica convênios celebrados nos termos da Lei Complementar Federal nº 24, de 7 de janeiro de 1975, e aprova Convênios, Ajustes SINIEF e Protocolos.*

Geraldo Alckmin, Governador do Estado de São Paulo, no uso de suas atribuições legais e tendo em vista o disposto no art. 4º da Lei Complementar Federal nº 24, de 7 de janeiro de 1975, decreta:

**Art. 1º.** Ficam ratificados os Convênios ICMS 83/01, 87/01, 89/01, 93/01, 97/01 e 99/01 celebrados em Recife, PE, no dia 28 de setembro de 2001, publicados na Seção I, páginas 25 e 39 a 42 do *Diário Oficial da União* de 4 de outubro de 2001.

**Art. 2º.** Ficam aprovados os Convênios ICMS 80/01, 81/01, 84/01, 85/01, 86/01, 94/01 e 95/01, os Ajustes SINIEF 06/01 e 07/01, celebrados em Recife, PE, no dia 28 de setembro de 2001, publicados na Seção 1, páginas 13 a 39 e 41 do *Diário Oficial da União* de 4 de outubro de 2001, o Protocolo ECF-4/01, celebrado em Brasília, DF, no dia 24 de setembro de 2001, publicado na Seção 1, página 8 do *Diário Oficial da União* de 25 de setembro de 2001 e republicado na Seção I, páginas 10 e 11, do *Diário Oficial da União* de 2 de outubro de 2001, e o Protocolo ICMS 28, celebrado em 4 de setembro de 2001, publicado na Seção 1, página 4 do *Diário Oficial da União* de 6 de setembro de 2001.

Parágrafo único. Independerá de outro ato deste Estado a aplicação do disposto no Protocolo ICMS 28/01, aprovado por este artigo.

**Art. 3º.** Este Decreto entra em vigor na data de sua publicação.

Palácio dos Bandeirantes, 18 de outubro de 2001.

*Geraldo Alckmin – DOE de 19.10.2001*

## 020. DECRETO Nº 46.295, DE 23 DE NOVEMBRO DE 2001

*Introduz alterações no Regulamento do Imposto de Circulação de Mercadorias e Prestação de Serviços – RICMS, aprova convênio e protocolos, e dá outras providências.*

Geraldo Alckmin, Governador do Estado de São Paulo, no uso de suas atribuições legais e tendo em vista o disposto nos Convênios ICMS-80/01, 81/01, 83/01, 86/01, 89/01, 93/01, 95/01, 97/01 e 99/01, todos celebrados em Recife, PE, em 28 de setembro de 2001, aprovados ou ratificados pelo Decreto nº 46.195, de 18 de outubro de 2001, e com base no Protocolo ICMS-34/01, celebrado em Recife, PE, em 28 de setembro de 2001, aprovado por este Decreto, decreta:

**Art. 1º.** Passam a vigorar com a redação que se segue os dispositivos adiante enumerados do Regulamento do Imposto sobre Circulação de Mercadorias e sobre Prestação de Serviços, aprovado pelo Decreto nº 45.490, de 30.11.2000:

• *Alteração já efetuada no corpo do Decreto.*

**Art. 2º.** Ficam acrescentados os dispositivos adiante enumerados ao Regulamento do Imposto sobre Circulação de Mercadorias e sobre Prestação de Serviços, aprovado pelo Decreto nº 45.490, de 30 de novembro de 2000, com a seguinte redação:

• *Alteração já efetuada no corpo do Decreto.*

**Art. 3º.** Os modelos do livro Registro de Saídas – modelo 2 e do livro Registro de Apuração do IPI – modelo 8 constantes no Anexo/Modelos do Regulamento do Imposto sobre Circulação de Mercadorias e sobre Prestação de Serviços, aprovado pelo Decreto nº 45.490, de 30 de novembro de 2000, ficam substituídos pelos modelos publicados em anexo a este Decreto.

**Art. 4º.** A concessionária de veículos paulista, relativamente ao estoque de veículos novos existente em 21 de outubro de 2001, incluídos no regime da substituição tributária pelo Convênio ICMS-81/01, de 28 de setembro de 2001, inseridos no § 1º do art. 301 do Regulamento do Imposto sobre Circulação de Mercadorias e sobre Prestação de Serviços, aprovado pelo Decreto nº 45.490, de 30 de novembro de 2000, na redação dada por este Decreto, e recebidos sem retenção do imposto devido por substituição tributária deverá:

I – elaborar, em duas vias, relação discriminada dos veículos indicando:

a) os correspondentes códigos da Nomenclatura Brasileira de Mercadorias – Sistema Harmonizado – NBM/SH;

b) seu valor, considerando o custo da aquisição mais recente;

c) o valor da base de cálculo obtida nos termos do 302 do Regulamento do Imposto sobre Circulação de Mercadorias e sobre Prestação de Serviços, aprovado pelo Decreto nº 45.490, de 30 de novembro de 2000;

II – recolher o imposto devido, aplicando sobre a base de cálculo, obtida nos termos da alínea “c” do inciso anterior, a alíquota de 12% (doze por cento) prevista no inciso X do art. 54 do Regulamento do Imposto sobre Circulação de Mercadorias e sobre Prestação de Serviços, aprovado pelo Decreto nº 45.490, de 30 de novembro de 2000, por meio de guia de recolhimentos especiais, até o dia 10 de janeiro de 2002.

§ 1º. Poderá ser deduzido do imposto devido nos termos do inciso II eventual saldo credor existente no estabelecimento, observando-se, sem prejuízo das demais exigências, o que segue:

1 – a dedução deverá ser discriminada na relação a que se refere o inciso I;

2 – o saldo do imposto devido, após a dedução, deverá ser recolhido no prazo estabelecido no inciso II;

3 – a importância deduzida deverá ser lançada no livro Registro de Apuração do ICMS, no período correspondente ao da dedução, no quadro "Débito do Imposto" – "Estorno de Crédito", anotando a expressão: "Substituição Tributária – Decreto nº /2001 – art. 4º".

§ 2º. O disposto neste artigo aplica-se, também, em relação aos veículos recebidos após o termo de início dos efeitos do § 1º do art. 301 Regulamento do Imposto sobre Circulação de Mercadorias e sobre Prestações de Serviços, aprovado pelo Decreto nº 45.490, de 30 de novembro de 2000, na redação dada por este Decreto, cuja saída do remetente tenha ocorrido anteriormente àquela data sem a retenção antecipada do imposto.

§ 3º. A relação prevista no inciso I deverá ser conservada pelo prazo previsto no art. 202 do Regulamento do Imposto sobre Circulação de Mercadorias e sobre Prestações de Serviços, aprovado pelo Decreto nº 45.490, de 30 de novembro de 2000.

**Art. 5º.** Fica aprovado o Programa SICOPI – Sistema de Controle de Operações Interestaduais com Combustível, versão 1.0, destinado a informar as operações interestaduais com combustíveis derivados de petróleo e com álcool etílico anidro carburante, conforme previsto na cláusula décima terceira do Convênio ICMS-3/99, de 16 de abril de 1999.

**Art. 6º.** Ficam revogados os dispositivos adiante indicados do Regulamento do Imposto sobre Circulação de Mercadorias e sobre Prestações de Serviços, aprovado pelo Decreto nº 45.490, de 30 de novembro de 2000:

• *Alteração já efetuada no corpo do Decreto.*

**Art. 7º.** Ficam aprovados o Convênio ICMS-103/01, celebrado em Brasília, DF, em 29 de outubro de 2001, publicado na Seção I, página 10 do Diário Oficial da União de 31 de outubro de 2001, e os Protocolos ICMS-31/01, 32/01, 33/01 e 34/01, celebrados em Recife, PE, em 28 de setembro de 2001, publicados no Diário Oficial da União de 4 de outubro de 2001.

**Art. 8º.** Este Decreto entra em vigor na data de sua publicação, exceto em relação aos dispositivos adiante enumerados, que produzem efeitos a partir das datas a seguir indicadas:

I – 1º de janeiro de 2001, o inciso II do art. 1º e o art. 3º;

II – 1º de outubro de 2001, o inciso III do art. 2º e o art. 5º;

III – 4 de outubro de 2001, os incisos III, V, XVII e XVIII do art. 1º, e os incisos XI e XII do art. 2º;

IV – 22 de outubro de 2001, os incisos IV, VII, IX, X, XII, XIII e XIV do art. 1º e os incisos IV, V, VI, VII, VIII e IX do art. 2º;

V – 31 de outubro de 2001, o inciso XIII do art. 2º;

VI – 7 de novembro de 2001, o inciso II do art. 2º;

VII – 1º dia do mês da sua publicação, o inciso X do art. 2º;

VIII – 1º de janeiro de 2002, o inciso I do art. 2º e o inciso II do art. 6º.

Palácio dos Bandeirantes, 23 de novembro de 2001.

*Geraldo Alckmin – DOE de 24.11.2001*

## 021. DECRETO Nº 46.343, DE 4 DE DEZEMBRO DE 2001

*Dispõe sobre o recolhimento do Imposto sobre Circulação de Mercadorias e Prestação de Serviços – ICMS em operações que destinem gasolina automotiva ao Estado de São Paulo, na hipótese que especifica.*

Geraldo Alckmin, Governador do Estado de São Paulo, no uso de suas atribuições legais, decreta:

**Art. 1º.** Sem prejuízo do disposto no art. 413 do Regulamento do Imposto sobre Circulação de Mercadorias e sobre Prestação de Serviços, aprovado pelo Decreto nº 45.490, de 30.11.2000 e das demais normas relativas ao instituto jurídico-tributário da sujeição passiva por substituição com retenção antecipada do imposto, nas operações de remessa de gasolina automotiva em que não tenha ocorrido a retenção do imposto na operação anterior, promovidas por estabelecimento localizado em outra unidade federada, o imposto devido a este Estado, incidente nas operações subsequentes até o consumo final, deve ser recolhido pelo remetente por ocasião da saída da mercadoria do estabelecimento, por meio da Guia Nacional de Recolhimento de Tributos Estaduais – GNRE, observando-se o seguinte:

I – será emitida uma guia para cada destinatário;

II – deverá constar no campo "Informações Complementares" da guia o número da Nota Fiscal a que se refere o correspondente recolhimento;

III – uma via da GNRE deverá acompanhar o transporte da mercadoria.

**Art. 2º.** Para fins do disposto no artigo anterior, a base de cálculo será o montante formado pelo valor da operação com gasolina automotiva acrescido dos valores correspondentes a frete, seguro, impostos e outros encargos transferíveis ou cobrados do destinatário, adicionados, ainda, do valor resultante da aplicação do percentual de 111,73% (cento e onze inteiros e setenta e três centésimos por cento), a título de margem de valor agregado.

**Art. 3º.** Este Decreto entra em vigor na data de sua publicação.

Palácio dos Bandeirantes, 4 de dezembro de 2001.

*Geraldo Alckmin – DOE de 5.12.2001*

## 022. DECRETO Nº 46.413, DE 21 DE DEZEMBRO DE 2001

*Ratifica convênios celebrados nos termos da Lei Complementar Federal nº 24, de 7 de janeiro de 1975, aprova Convênios, Protocolos e Ajustes SINIEF e introduz alterações no Regulamento do Imposto sobre Circulação de Mercadorias e sobre Prestação de Serviços – RICMS.*

Geraldo Alckmin, Governador do Estado de São Paulo, no uso de suas atribuições legais e tendo em vista o disposto no art. 4º da Lei Complementar Federal nº 24, de 7 de janeiro de 1975, e no Convênio ICMS-128/94, de 20, de outubro de 1994, decreta:

**Art. 1º.** Ficam ratificados os Convênios ICMS-105/01, 106/01, 110/01, 117/01, 124/01, 126/01, 127/01 e 135/01, celebrados em Brasília, DF, no dia 7 de dezembro de 2001, e publicados na Seção I, páginas 68 a 80 do Diário Oficial da União, de 14 de dezembro de 2001.

**Art. 2º.** Ficam aprovados os Convênios ICMS-108/01, 109/01, 111/01, 112/01, 113/01, 114/01 e 118/01 o Convênio ECF-02/01, os Ajustes SINIEF-08/01, 09/01 e 10/01, e os Protocolos ICMS-37/01 e 38/01, todos celebrados em Brasília, DF, no dia 7 de dezembro de 2001, e publicados na Seção I, páginas 68 a 80 do Diário Oficial da União, de 14 de dezembro de 2001.

Parágrafo único. Independerá de outro ato deste Estado a aplicação do disposto nos Protocolos ICMS-37/01 e 38/01.

**Art. 3º.** Passam a vigorar com a seguinte redação os dispositivos adiante enumerados do Regulamento do Imposto sobre Circulação de Mercadorias e sobre Prestação de Serviços, aprovado pelo Decreto nº 45.490, de 30 de novembro de 2000:

• *Alteração já efetuada no corpo do Decreto.*

**Art. 4º.** Este Decreto entra em vigor na data de sua publicação.

Palácio dos Bandeirantes, 21 de dezembro de 2001.

*Geraldo Alckmin – DOE de 22.12.2001*

## 023. DECRETO Nº 46.439, DE 27 DE DEZEMBRO DE 2001

*Dispõe sobre as alterações na legislação do Imposto sobre Circulação de Mercadorias e Prestação de Serviços – ICMS relativa a operações com combustíveis derivados de petróleo.*

Geraldo Alckmin, Governador do Estado de São Paulo, no uso de suas atribuições legais, decreta:

**Art. 1º.** A partir de 1º de janeiro de 2002, os contribuintes que realizam operações com combustíveis derivados de petróleo, na qualidade de refinarias, formuladores, importadores, distribuidoras ou transportadores revendedores retalhistas, deverão observar as alterações introduzidas no Convênio ICMS-3/99, de 16.4.1999, pelo Convênio ICMS-138/01, celebrado em 19 de dezembro de 2001 e publicado em anexo a este Decreto, especialmente no que se refere a:

I – recolhimento do imposto devido em importações;

II – base de cálculo do ICMS;

III – disciplina relativa a operações interestaduais;

IV – normas específicas para operações realizadas por importador ou por formulador.

**Art. 2º.** Este Decreto entra em vigor na data de sua publicação.

Palácio dos Bandeirantes, 27 de dezembro de 2001.

*Geraldo Alckmin – DOE de 28.12.2001*

## 024. DECRETO Nº 46.487, DE 7 DE JANEIRO DE 2002

*Ratifica convênios celebrados nos termos da Lei Complementar Federal nº 24, de 7 de janeiro de 1975, aprova convênios e introduz alterações no Regulamento do Imposto sobre Circulação de Mercadorias e Prestações de Serviços – RICMS.*

Geraldo Alckmin, Governador do Estado de São Paulo, no uso de suas atribuições legais e tendo em vista o disposto no art. 4º da Lei Complementar Federal nº 24, de 7 de janeiro de 1975, decreta:

**Art. 1º.** Ficam ratificados os Convênios ICMS-140/01 e 141/01, celebrados em Brasília, DF, no dia 19 de dezembro de 2001, e publicados na Seção I, página 128 do Diário Oficial da União, de 27 de dezembro de 2001.

**Art. 2º.** Ficam aprovados os Convênios ICMS-107/01 e 131/01, celebrados em Brasília, DF, no dia 7 de dezembro de 2001, os Convênios ICMS-138/01, 139/01e 142/01, celebrados em Brasília, DF, no dia 19 de dezembro de 2001, publicados, o primeiro na Seção I, página 73 do Diário Oficial da União, de 26 de dezembro de 2001, e os demais na Seção I, páginas 217 a 225 do Diário Oficial da União, de 29 de dezembro de 2001.

Parágrafo único. A disciplina contida no Convênio ICMS-139/01 não será implementada no Estado de São Paulo.

**Art. 3º.** Passa a vigorar com a redação que se segue o art. 417 do Regulamento do Imposto sobre Circulação de Mercadorias e Prestações de Serviços, aprovado pelo Decreto nº 45.490, de 30 de novembro de 2000:

• *Alteração já efetuada no corpo do Decreto.*

**Art. 4º.** Este Decreto entra em vigor na data de sua publicação.

Palácio dos Bandeirantes, 7 de janeiro de 2002.

*Geraldo Alckmin – DOE de 8.1.2002*

## 025. DECRETO Nº 46.501, DE 18 DE JANEIRO DE 2002

*Introduz alterações no Regulamento do Imposto sobre Circulação de Mercadorias e Prestações de Serviços – RICMS.*

Geraldo Alckmin, Governador do Estado de São Paulo, no uso de suas atribuições legais e tendo em vista o disposto nos Convênios ICMS-107/01, 117/01, 124/01, 126/01 e 127/01, e no Convênio ECF-2/01, todos celebrados em Brasília, DF, em 7 de dezembro de 2001, o primeiro aprovado pelo Decreto nº 46.847, de 7 de janeiro de 2002, e os demais aprovados ou ratificados pelo Decreto nº 46.413, de 21 de dezembro de 2001, decreta:

**Art. 1º.** Passam a vigorar com a redação que se segue os dispositivos adiante enumerados do Regulamento do Imposto sobre Circulação de Mercadorias e sobre Prestações de Serviços, aprovado pelo Decreto nº 45.490, de 30 de novembro de 2000:

• *Alteração já efetuada no corpo do Decreto.*

**Art. 2º.** Ficam acrescentados os dispositivos adiante enumerados ao Regulamento do Imposto sobre Circulação de Mercadorias e sobre Prestações de Serviços, aprovado pelo Decreto nº 45.490, de 30 de novembro de 2000, com a seguinte redação:

• *Alteração já efetuada no corpo do Decreto.*

**Art. 3º.** Este Decreto entra em vigor na data de sua publicação, com efeitos retroativos a 1º de janeiro de 2002, exceto em relação aos dispositivos adiante enumerados que produzirão efeitos a partir:

I – de 9 de agosto de 2001, o inciso V do art. 1º;

II – de 10 de janeiro de 2002, os incisos IX, X e XII do art. 1º e o inciso III do art. 2º;

III – da publicação deste Decreto, o inciso I do art. 1º e o inciso I do art. 2º.

Palácio dos Bandeirantes, 18 de janeiro de 2002.

*Geraldo Alckmin – DOE de 19.1.2002*

## 026. DECRETO Nº 46.529, DE 4 DE FEVEREIRO DE 2002

*Introduz alterações no Regulamento do Imposto sobre Circulação de Mercadorias e Prestações de Serviços – RICMS, aprova convênios e dá outras providências.*

Geraldo Alckmin, Governador do Estado de São Paulo, no uso de suas atribuições legais e tendo em vista o disposto nas Leis nº 10.991 e nº 11.001, ambas de 21.12.2001, e nos Convênios ICMS-106, de 7.12.2001, ratificado pelo Decreto nº 46.413, de 21.12.2001, ICMS-140/01 e 141/01, ambos celebrados em Brasília, DF, em 19.12.2001, ratificados pelo Decreto nº 46.847, de 7.1.2002, decreta:

**Art. 1º.** Passam a vigorar com a redação que se segue os dispositivos adiante enumerados do Regulamento do Imposto sobre Circulação de Mercadorias e sobre Prestações de Serviços, aprovado pelo Decreto nº 45.490, de 30.11.2000:

- *Alteração já efetuada no corpo do Decreto.*

**Art. 2º.** Ficam acrescentados os dispositivos adiante enumerados ao Regulamento do Imposto sobre Circulação de Mercadorias e sobre Prestações de Serviços, aprovado pelo Decreto nº 45.490, de 30 de novembro de 2000, com a seguinte redação:

- *Alteração já efetuada no corpo do Decreto.*

**Art. 3º.** Fica revogado o art. 585 do Regulamento do Imposto sobre Circulação de Mercadorias e sobre Prestações de Serviços, aprovado pelo Decreto nº 45.490, de 30 de novembro de 2000.

- *Alteração já efetuada no corpo do Decreto.*

**Art. 4º.** Os débitos fiscais decorrentes de fatos geradores ocorridos até 31 de dezembro de 2001, relativos a operações realizadas por cooperativas habilitadas à utilização do Programa de Revitalização de Cooperativas de Produção Agropecuária – RECOOP, relacionados com o Imposto sobre Circulação de Mercadorias e sobre Prestações de Serviços – ICMS e com o Imposto sobre Circulação de Mercadorias – ICM, inscritos ou não inscritos na dívida ativa, poderão ser liquidados em até 120 (cento e vinte) parcelas mensais e consecutivas, desde que o pedido seja protocolizado até 31 de dezembro de 2002, nos seguintes locais (Convênio ICMS-102/01, cláusula primeira, na redação do Convênio ICMS-116/02, cláusula primeira):

- *Caput do art. 4º com redação dada pelo Decreto nº 47.278, de 29.10.2002.*

I – na Diretoria de Arrecadação, situada na Av. Rangel Pestana, 300, 3º andar, São Paulo – SP, tratando-se de contribuinte inscrito na Capital ou na região da Grande São Paulo;

II – no protocolo da sede da Delegacia Regional Tributária correspondente à área onde se encontra inscrito o contribuinte, nos demais casos.

§ 1º. Considera-se débito fiscal a soma do imposto, das multas, da correção monetária, dos juros de mora e dos demais acréscimos legais.

§ 2º. O parcelamento será concedido uma única vez, abrangendo todos os débitos relativos a fatos geradores indicados no *caput* que o contribuinte queira parcelar, devendo os requerimentos ser distintos para débitos inscritos e não inscritos.

- *§ 2º do art. 4º com redação dada pelo Decreto nº 47.278, de 29.10.2002.*

§ 3º. Não será concedido o parcelamento previsto no *caput* a débito fiscal que em 7 de dezembro de 2001 seja objeto de parcelamento em curso.

§ 4º. O pedido de parcelamento implica confissão irretratável do débito fiscal e expressa renúncia a qualquer defesa ou recurso, bem como a desistência dos já interpostos.

§ 5º. Acarretará a resolução do acordo, além do inadimplemento das demais condições estabelecidas neste artigo, a falta de recolhimento:

1 – por três meses consecutivos ou não, do pagamento integral das parcelas.

2 – regular do imposto apurado em cada mês durante o curso do parcelamento, quando assim exigido pela Secretaria da Fazenda.

§ 6º. Tratando-se de débito fiscal inscrito e ajuizado:

1 – o benefício não dispensa o contribuinte do pagamento de custas e emolumentos judiciais e honorários advocatícios;

2 – a suspensão da execução fiscal em curso durante o período do parcelamento fica condicionada à realização de suficiente garantia em juízo;

3 – somente será admitido o aproveitamento de depósito administrativo ou judicial relacionado à discussão do débito a ser parcelado, hipótese em que o valor levantado será aproveitado para liquidação das parcelas finais, da última para a primeira.

§ 7º. O pedido de parcelamento deverá ser instruído com:

1 – termo de acordo assinado pelos representantes legais do contribuinte, com poderes para tanto, devidamente comprovados com documentos arquivados na Junta Comercial do Estado de São Paulo – JUCESP;

2 – relação de bens imóveis e do ativo imobilizado da empresa;

3 – prova de eventuais recolhimentos parciais;

4 – declaração de inexistência de questionamento jurídico correlato ou de desistência homologada dos pendentes.

§ 8º. Caso o pedido de parcelamento inclua dívida ainda não ajuizada, a apreciação do pedido ficará vinculada ao imediato ajuizamento da execução fiscal correspondente.

§ 9º. Será considerado celebrado o acordo com o deferimento do pedido e o pagamento da primeira parcela.

§ 10. Caberá à Procuradoria Geral do Estado disciplinar o procedimento necessário em relação aos débitos inscritos e ajuizados.

**Art. 5º.** O benefício de que trata o art. 4º deste Decreto não confere ao sujeito passivo direito a restituição ou a compensação de valores eventualmente pagos até a data da sua vigência.

**Art. 6º.** Aplica-se ao parcelamento regulado pelo art. 4º deste Decreto, no que não contrariar as normas por eles estabelecidas, o disposto nos arts. 570 a 584 do Regulamento do Imposto sobre Operações Relativas à Circulação de Mercadorias e sobre Prestações de Serviços de Transporte Interestadual e Intermunicipal e de Comunicação – RICMS, aprovado pelo Decreto nº 45.490, de 30 de novembro de 2000, na redação dada por este Decreto.

**Art. 7º.** Ficam aprovados os Convênios ICMS-01/02, 02/02, 04/02, 05/02 e 06/02, celebrados em Brasília, DF, no dia 11 de janeiro de 2002, publicados na Seção 1, páginas 6 e 7 do Diário Oficial da União, de 15 janeiro de 2002.

**Art. 8º.** Este Decreto entra em vigor na data de sua publicação, com efeitos retroativos a 22 de dezembro de 2001, exceto em relação aos dispositivos adiante enumerados que produzirão efeitos a partir:

I – 1º de janeiro de 2001, o inciso XV do art. 1º;

II – 1º de janeiro de 2002, o inciso X do art. 1º;

III – 10 de janeiro de 2002, os artigos 4º, 5º e 6º;

IV – 15 de janeiro de 2002, o inciso XVI do art. 1º, os incisos II e III do art. 2º;

V – publicação deste Decreto, os incisos IX, XIV, XVII e XVIII do art. 1º, o inciso IV do art. 2º e o art. 7º.

Palácio dos Bandeirantes, 4 de fevereiro de 2002.

*Geraldo Alckmin – DOE de 5.2.2002*

## 027. DECRETO Nº 46.588, DE 8 DE MARÇO DE 2002

*Introduz alterações no Regulamento do Imposto de Circulação de Mercadorias e Prestações de Serviços – RICMS e dá outras providências.*

Geraldo Alckmin, Governador do Estado de São Paulo, no uso de suas atribuições legais e tendo em vista o disposto nos Convênios ICMS-138/01, celebrado em Brasília, DF, em 19 de dezembro de 2001, aprovado pelo Decreto nº 46.487, de 7 de janeiro de 2002, e nos Convênios ICMS-4/02 e 05/02, celebrados em Brasília, em 11 de janeiro de 2002, aprovados pelo Decreto nº 46.529, de 4 de fevereiro de 2002, decreta:

**Art. 1º.** Passam a vigorar com a redação que se segue os dispositivos adiante enumerados do Regulamento do Imposto sobre Circulação de Mercadorias e sobre Prestação de Serviços, aprovado pelo Decreto nº 45.490, de 30 de novembro de 2000:

• *Alteração já efetuada no corpo do Decreto.*

**Art. 2º.** Ficam acrescentados os dispositivos adiante indicados ao Regulamento do Imposto sobre Circulação de Mercadorias e sobre Prestação de Serviços, aprovado pelo Decreto nº 45.490, de 30 de novembro de 2000, com a seguinte redação:

• *Alteração já efetuada no corpo do Decreto.*

**Art. 3º.** Fica revogado o parágrafo único do art. 411 do Regulamento do Imposto sobre Circulação de Mercadorias e sobre Prestação de Serviços, aprovado pelo Decreto nº 45.490, de 30.11.2000.

• *Alteração já efetuada no corpo do Decreto.*

**Art. 4º.** Até que seja implantada a nova versão do Programa SICOPI – Sistema de Controle das Operações Interestaduais com Combustível, o contribuinte deverá apresentar as informações relativas a operações interestaduais com combustíveis por meio de demonstrativos e relatórios, cujos modelos constam nos Anexos I a IX do Convênio ICMS-138, de 19.12.2001.

**Art. 5º.** Este Decreto entra em vigor na data de sua publicação, exceto com relação aos dispositivos adiante indicados, cujos efeitos ocorrem a partir:

I – 22 de dezembro de 2001, o inciso III do art. 1º;

II – 1º de janeiro de 2002, o inciso IV do art. 1º, exceto em relação ao art. 417 que vigora a partir de 14 de janeiro de 2002; os incisos V e VI do art. 1º, o inciso II do art. 2º e o art. 4º;

III – de 5 de fevereiro de 2002, o inciso II do art. 1º;

IV – fatos geradores ocorridos a partir do mês subsequente ao da publicação deste Decreto os incisos I e III do art. 2º.

Palácio dos Bandeirantes, 8 de março de 2002.

*Geraldo Alckmin – DOE de 9.3.2002*

## 028. DECRETO Nº 46.654, DE 1º DE ABRIL DE 2002

*Ratifica convênios celebrados nos termos da Lei Complementar Federal nº 24, de 7 de janeiro de 1975, aprova Convênios, Protocolos e Ajuste SINIEF e introduz alterações no Regulamento do Imposto sobre Circulação de Mercadorias e sobre Prestações de Serviços – RICMS.*

Geraldo Alckmin, Governador do Estado de São Paulo, no uso de suas atribuições legais e tendo em vista o disposto no art. 4º da Lei Complementar Federal nº 24, de 7 de janeiro de 1975, decreta:

**Art. 1º.** Ficam ratificados os Convênios ICMS-10/02, 19/02, 20/02, 21/02, 24/02, 25/02, 27/02 e 33/02, celebrados em São Paulo, SP, no dia 15 de março de 2002, publicados na Seção 1, páginas 11, 15, 17 e 19, do Diário Oficial da União de 21 de março de 2002.

**Art. 2º.** Ficam aprovados os Convênios ICMS-09/02, 29/02, 30/02 e 34/02, os Ajustes SINIEF-01/02 e 02/02, os Protocolos ICMS-01/02, 02/02, 03/02 e 04/02, publicados na Seção 1, páginas 11, 18, 19 e 38, do Diário Oficial da União de 21 de março de 2002, e os Convênios ICMS-28/02 e 38/02, publicados na Seção 1, páginas 15 e 16, do Diário Oficial da União de 26 de março de 2003, todos celebrados em São Paulo, SP, no dia 15 de março de 2002.

Parágrafo único. Independerá de outro ato deste Estado a aplicação do disposto nos Protocolos ICMS-01/02, 02/02, 03/02 e 04/02.

**Art. 3º.** Passam a vigorar com a seguinte redação os dispositivos adiante enumerados do Regulamento do Imposto sobre Circulação de Mercadorias e sobre Prestações de Serviços, aprovado pelo Decreto nº 45.490, de 30 de novembro de 2000:

• *Alteração já efetuada no corpo do Decreto.*

**Art. 4º.** Fica acrescentado, com a redação que se segue, o item 4 ao parágrafo único do art. 82 do Regulamento do Imposto sobre Circulação de Mercadorias e sobre Prestações de Serviços, aprovado pelo Decreto nº 45.490, de 30 de novembro de 2000:

• *Alteração já efetuada no corpo do Decreto.*

**Art. 5º.** O prazo para apresentação da Declaração do Simples relativa ao exercício de 2001 fica, excepcionalmente, prorrogado para 30 de abril de 2002.

**Art. 6º.** Este Decreto entra em vigor na data de sua publicação.

Palácio dos Bandeirantes, 1º de abril de 2002.

*Geraldo Alckmin – DOE de 2.4.2002*

## 029. DECRETO Nº 46.676, DE 9 DE ABRIL DE 2002

*Introduz alterações no Regulamento do Imposto sobre Circulação de Mercadorias e Prestações de Serviços – RICMS.*

Geraldo Alckmin, Governador do Estado de São Paulo, no uso de suas atribuições legais e tendo em vista o disposto na Lei nº 10.941, de 25 de outubro de 2001, que dispõe sobre o processo administrativo tributário decorrente de lançamento de ofício, decreta:

**Art. 1º.** Passa a vigorar com a redação que se segue o Título IV do Livro IV do Regulamento do Imposto sobre Circulação de Mercadorias e sobre Prestações de Serviços, aprovado pelo Decreto nº 45.490, de 30 de novembro de 2000:

• *Alteração já efetuada no corpo do Decreto.*

**Art. 2º.** Ficam acrescentados os dispositivos adiante enumerados ao Regulamento do Imposto sobre Circulação de Mercadorias e sobre Prestações de Serviços, aprovado pelo Decreto nº 45.490, de 30 de novembro de 2000, com a seguinte redação:

• *Alteração já efetuada no corpo do Decreto.*

**Art. 3º.** Ficam revogados os arts. 538 a 563 do Regulamento do Imposto sobre Circulação de Mercadorias e sobre Prestações de Serviços, aprovado pelo Decreto nº 45.490, de 30 de novembro de 2000.

• *Alteração já efetuada no corpo do Decreto.*

**Art. 4º.** Este Decreto entra em vigor na data de sua publicação, produzindo efeitos a partir da vigência do Decreto que regulamentar a Lei nº 10.941, de 25 de outubro de 2001.

• *Lei regulamentada pelo Decreto nº 46.674, de 9.4.2002, DOE de 10.4.2002.*

Palácio dos Bandeirantes, 9 de abril de 2002.

*Geraldo Alckmin – DOE de 10.4.2002*

## 030. DECRETO Nº 46.699, DE 19 DE ABRIL DE 2002

*Ratifica convênio celebrado nos termos da Lei Complementar Federal nº 24, de 7 de janeiro de 1975, aprova convênios e protocolos.*

Geraldo Alckmin, Governador do Estado de São Paulo, no uso de suas atribuições legais e tendo em vista o disposto no art. 4º da Lei Complementar Federal nº 24, de 7 de janeiro de 1975, decreta:

**Art. 1º.** Fica ratificado o Convênio ICMS 43/02, celebrado em Brasília, DF, no dia 26 de março de 2002, publicado na Seção 1, páginas 17 e 18, do *Diário Oficial da União* de 28 de março de 2002.

**Art. 2º.** Ficam aprovados os Convênios ICMS 44/02 e 45/02, e os Protocolos ICMS 7/02 e 8/02, celebrados em Brasília, DF, no dia 26 de março de 2002, publicados na Seção 1, páginas 18, 19 e 20, do *Diário Oficial da União* de 28 de março de 2002.

Parágrafo único. Independerá de outro ato deste Estado a aplicação do disposto nos Protocolos ICMS 07/02 e 08/02.

**Art. 4º.** Este Decreto entra em vigor na data de sua publicação.

Palácio dos Bandeirantes, 19 de abril de 2002.

*Geraldo Alckmin – DOE de 20.4.2002*

## 031. DECRETO Nº 46.778, DE 21 DE MAIO DE 2002

*Introduz alterações no Regulamento do Imposto sobre Circulação de Mercadorias e Prestações de Serviços – RICMS, e dá outras providências.*

Geraldo Alckmin, Governador do Estado de São Paulo, no uso de suas atribuições legais e tendo em vista o disposto nos Convênios ICMS-10/02, 19/02, 20/02, 21/02, 24/02, 25/02, 27/02, 33/02, 34/02 e 38/02, todos celebrados em São Paulo, SP, em 15 de março de 2002, aprovados ou ratificados pelo Decreto nº 46.654, de 1º.4.2002, e o disposto no Convênio ICMS-43/02, celebrado em 26 de março de 2002 e ratificado pelo Decreto nº 46.699, de 19.4.2002, decreta:

**Art. 1º.** Passam a vigorar com a redação que se segue os dispositivos adiante enumerados do Regulamento do Imposto sobre Circulação de Mercadorias e sobre Prestações de Serviços, aprovado pelo Decreto nº 45.490, de 30 de novembro de 2000:

• *Alteração já efetuada no corpo do Decreto.*

**Art. 2º.** Ficam acrescentados os dispositivos adiante enumerados ao Regulamento do Imposto sobre Circulação de Mercadorias e sobre Prestações de Serviços, aprovado pelo Decreto nº 45.490, de 30 de novembro de 2000, com a seguinte redação:

• *Alteração já efetuada no corpo do Decreto.*

**Art. 3º.** Passa a vigorar com a redação que se segue o *caput* do art. 4º, mantidos seus incisos, do Decreto nº 46.529, de 4 de fevereiro de 2002:

• *Alterações já efetuadas no corpo do Decreto.*

**Art. 4º.** Ficam revogados os §§ 4º e 5º do art. 53 do Regulamento do Imposto sobre Circulação de Mercadorias e sobre Prestações de Serviços – RICMS, aprovado pelo Decreto nº 45.490,de 30.11.2000.

• *Alteração já efetuada no corpo do Decreto.*

**Art. 5º.** Fica dispensado o recolhimento do imposto devido no desembaraço aduaneiro efetuado até 9 de abril de 2002 de mercadorias importadas do exterior constantes do Anexo Único do Convênio ICMS-19/02, de 15.3.2002, quando destinadas à construção da usina produtora de energia elétrica pertencente à empresa Baixada Santista Energia Ltda., tendo como referência de localização a Área Sul das instalações da Refinaria Presidente Bernardes – RPBC, sita na Praça Mal. Stênio de Albuquerque Lima nº 01, Jardim das Indústria, na cidade de Cubatão – SP, com inscrições, estadual nº 283.102.892.115, e no CNPJ sob nº 03.059.729/0002-02 (Convênio ICMS-19/02, cláusula terceira).

**Art. 6º.** Ficam cancelados os débitos fiscais relacionados com o Imposto sobre Operações Relativas à Circulação de Mercadorias e sobre Prestações de Serviços de Transporte Interestadual e Intermunicipal e de Comunicação – ICMS, decorrentes de operações ou prestações realizadas a partir de maio de 1999 e até 9 de abril de 2002 pela entidade assistencial Obra Social Nossa Senhora da Glória, inscrita no Cadastro de Contribuintes do ICMS, com inscrições estaduais nº 332.037.540.114, 332.055.842.114, 332.054.580.112, 332.078.112 e 174.077.373.111, e inscrições no CNPJ, respectivamente, sob nºs 48.555.775/0005-83, 48.555.775/0011-21, 48.555.775/0007-45, 48.555.775/0019-89 e 48.555.775/009-07 (Convênio ICMS-33/02).

Parágrafo único. O disposto neste artigo não autoriza a restituição ou a compensação de importâncias pagas.

**Art. 7º.** Este Decreto entra em vigor na data de sua publicação, produzindo efeitos a partir de 1º de maio de 2002, exceto em relação aos dispositivos adiante enumerados que produzirão efeitos a partir:

I – de 12 de março de 2002, os incisos III, IV e V do art. 1º;

II – de 9 de abril de 2002, os incisos II, IX, XI, XV, XXI, XXII, XXIV e XXV do art. 1º, os incisos III, IV e V do art. 2º e o art. 3º;

III – 17 de abril de 2002, o inciso XIX do art. 1º;

IV – da publicação deste Decreto, os incisos VI, VII, VIII, XVIII do art. 1º, I e II do art. 2º, e os arts. 4º, 5º e 6º;

V – do 1º dia do mês subsequente ao da publicação deste Decreto, o inciso I do art. 1º.

Palácio dos Bandeirantes, 21 de maio de 2002.

*Geraldo Alckmin – DOE de 22.5.2002*

## 032. DECRETO Nº 46.795, DE 31 DE MAIO DE 2002

*Ratifica convênios celebrados nos termos da Lei Complementar Federal nº 24, de 7 de janeiro de 1975, aprova convênios e protocolos.*

Geraldo Alckmin, Governador do Estado de São Paulo, no uso de suas atribuições legais e tendo em vista o disposto no art. 4º da Lei Complementar Federal nº 24, de 7 de janeiro de 1975, decreta:

**Art. 1º.** Ficam ratificados os Convênios ICMS 48/02 e 49/02, celebrados em Brasília, DF, no dia 10 de maio de 2002, publicados na Seção I, página 37 do *Diário Oficial da União* de 14 de maio de 2002.

**Art. 2º.** Ficam aprovados os Convênios ICMS 46/02 e 47/02, celebrados em Brasília, DF, no dia 2 de maio de 2002, publicados na Seção I, páginas 37 e 38 do *Diário Oficial da União* de 6 de maio de 2002, o Convênio ICMS 52/02, e o Protocolo ICMS 12/02, celebrados em Brasília, DF, no dia 10 de maio de 2002, publicados na Seção I, páginas 41, 49 e 50 do *Diário Oficial da União* de 14 de maio de 2002.

§ 1º. A disciplina contida no Convênio ICMS 46/02 será implementada no Estado de São Paulo.

§ 2º. Independerá de outro ato deste Estado a aplicação do disposto no Protocolo ICMS 12/02.

**Art. 3º.** Este Decreto entra em vigor na data de sua publicação.

Palácio dos Bandeirantes, 31 de maio de 2002.

*Geraldo Alckmin – DOE de 1º.6.2002*

## 033. DECRETO Nº 46.899, DE 5 DE JULHO DE 2002

*Acrescenta dispositivo ao Regulamento do Imposto sobre Circulação de Mercadorias e Prestações de Serviços – RICMS.*

Geraldo Alckmin, Governador do Estado de São Paulo, no uso de suas atribuições legais, decreta:

**Art. 1º.** Fica acrescentado, com a redação que se segue, o § 6º ao art. 419 do Regulamento do Imposto sobre Circulação de Mercadorias e sobre Prestações de Serviços, aprovado pelo Decreto nº 45.490, de 30.11.2000:

• *Alteração já efetuada no corpo do Decreto.*

**Art. 2º.** Este Decreto entra em vigor na data de sua publicação.

Palácio dos Bandeirantes, 5 de julho de 2002.

*Geraldo Alckmin – DOE de 6.7.2002*

## 034. DECRETO Nº 46.932, DE 19 DE JULHO DE 2002

*Introduz alterações no Regulamento do Imposto sobre Circulação de Mercadorias e Prestações de Serviços – RICMS.*

Geraldo Alckmin, Governador do Estado de São Paulo, no uso de suas atribuições legais e tendo em vista o disposto no § 6º do art. 38 da Lei 6.374/89, de 1º de março de 1989, e no Convênio ICMS-128/94, de 20 de outubro de 1994, ratificado pelo Decreto nº 9.533, de 17 de novembro de 1994, decreta:

**Art. 1º.** Passa a vigorar com a redação que se segue o *caput* do art. 372 do Regulamento do Imposto sobre Circulação de Mercadorias e sobre Prestações de Serviços, aprovado pelo Decreto nº 45.490, de 30 de novembro de 2000:

• *Alteração já efetuada no corpo do Decreto.*

**Art. 2º.** Fica acrescentado, com a redação que se segue, o inciso XV ao art. 3º do Anexo II Regulamento do Imposto sobre Circulação de Mercadorias e sobre Prestações de Serviços, aprovado pelo Decreto nº 45.490, de 30 de novembro de 2000:

• *Art. 2º com redação dada pelo Decreto nº 46.966, de 31.7.2002 e com as alterações já efetuadas no corpo do Regulamento.*

**Art. 3º.** Este Decreto entra em vigor na data de sua publicação.

Palácio dos Bandeirantes, 19 de julho de 2002.

*Geraldo Alckmin – DOE de 20.7.2002*

## 035. DECRETO Nº 46.946, DE 25 DE JULHO DE 2002

*Ratifica convênios celebrados nos termos da Lei Complementar Federal nº 24, de 7 de janeiro de 1975, aprova Convênios.*

Geraldo Alckmin, Governador do Estado de São Paulo, no uso de suas atribuições legais e tendo em vista o disposto no art. 4º da Lei Complementar Federal nº 24, de 7 de janeiro de 1975, decreta:

**Art. 1º.** Ficam ratificados os Convênios ICMS 53/02, 55/02, 58/02, 67/02, 78/02, 79/02, 80/02, 81/02 e 87/02, celebrados em Porto Alegre, RS, no dia 28 de junho de 2002, publicados na Seção I, páginas 16 a 50, do *Diário Oficial da União*, de 5 de julho de 2002.

**Art. 2º.** Ficam aprovados os Convênios ICMS 54/02, 57/02, 59/02, 60/02, 68/02, 69/02, 73/02, 84/02, 85/02, 86/02 e 91/02 e Convênio ECF-02/02, celebrados em Porto Alegre, RS, no dia 28 de junho de 2002, publicados na Seção I, páginas 16 a 50, do *Diário Oficial da União*, de 5 de julho de 2002.

**Art. 3º.** Este Decreto entra em vigor na data de sua publicação.

Palácio dos Bandeirantes, 25 de julho de 2002.

*Geraldo Alckmin – DOE de 26.7.2002*

## 036. DECRETO Nº 46.966, DE 31 DE JULHO DE 2002

*Introduz alterações no Regulamento do Imposto sobre Circulação de Mercadorias e Prestações de Serviços – RICMS, e dá outras providências.*

Geraldo Alckmin, Governador do Estado de São Paulo, no uso de suas atribuições legais e tendo em vista o disposto nos arts. 8º, III, 28, § 2º e 66-F da Lei nº 6.374, de 1º de março de 1989, no Ajuste 7/01, de 28 de setembro de 2001, nos Convênios ICMS 48/2002 e 49/2002, e no Protocolo ICMS 12/2002, todos celebrados em Brasília, DF, em 10 de maio de 2002, aprovados ou ratificados pelo Decreto nº 46.795, de 31 de maio de 2002, e no Convênio ICMS 53/2002, celebrado em Porto Alegre, em 28 de junho de 2002, decreta:

**Art. 1º.** Passam a vigorar com a redação que se segue os dispositivos adiante enumerados do Regulamento do Imposto sobre Circulação de Mercadorias e sobre Prestações de Serviços, aprovado pelo Decreto nº 45.490, de 30 de novembro de 2000:

- *Alteração já efetuada no corpo do Decreto.*

**Art. 2º.** Ficam acrescentados os dispositivos adiante indicados ao Regulamento do Imposto sobre Circulação de Mercadorias e sobre Prestações de Serviços, aprovado pelo Decreto nº 45.490, de 30 de novembro de 2000, com a seguinte redação:

- *Alteração já efetuada no corpo do Decreto.*

**Art. 3º.** Passa a vigorar com a seguinte redação o art. 2º do Decreto nº 46.932, de 19 de julho de 2002:

- *Alterações já efetuadas no corpo do Decreto.*

**Art. 4º.** Ficam as empresas de telecomunicações dispensadas do pagamento dos juros e multas devidos pela falta de recolhimento do Imposto sobre Circulação de Mercadorias e sobre Prestações de Serviços – ICMS incidente na prestação de serviço de telecomunicação que possibilita a ligação telefônica internacional, realizada no período de 1º de outubro de 1996 a 31 de dezembro de 1999, desde que o débito remanescente, devidamente atualizado, seja integralmente recolhido até 30 de dezembro de 2002, ou seja solicitado, até 30 de novembro de 2002, o seu parcelamento na forma prevista no Regulamento do ICMS, aprovado pelo Decreto nº 45.490, de 30.11.2000 (Convênio ICMS-53/02, com alteração do Convênio ICMS-102/02).

Parágrafo único. O disposto neste artigo:

1 – não autoriza a restituição ou compensação de importâncias já recolhidas;

2 – fica condicionado ao pagamento dos honorários e custas pertinentes, tratando-se de débito ajuizado.

- *Art. 4º com redação dada pelo Decreto nº 47.186, de 4.10.2002, efeitos a partir de 10.9.2002.*

**Art. 5º.** Fica dispensado o pagamento do imposto devido nas operações com medicamentos realizadas no período de 1º de maio de 2002 até 3 de junho de 2002, nos termos do art. 92 do Anexo I do Regulamento do Imposto sobre Circulação de Mercadorias e sobre Prestações de Serviços, aprovado pelo Decreto nº 45.490, de 30 de novembro de 2000, sem que tenha sido satisfeita a condição prevista em seu § 1º (Convênio ICMS 49/2002, cláusula segunda).

Parágrafo único. O disposto neste artigo não autoriza a restituição ou a compensação de importâncias recolhidas.

**Art. 6º.** Este Decreto entra em vigor na data de sua publicação, exceto em relação aos dispositivos adiante indicados que produzem efeitos a partir das seguintes datas:

I – 17 de abril de 2002, o inciso III do art. 1º;

II – 21 de maio de 2002, o inciso I do art. 1º;

III – 3 de junho de 2002, o inciso IV do art. 1º e o inciso II do art. 2º;

IV – 20 de julho de 2002, o art. 3º;

V – 23 de julho de 2002, o art. 4º;

VI – fatos geradores ocorridos a partir de 1º de setembro de 2002, o inciso V do art. 1º e o inciso I do art. 2º;

VII – 1º de janeiro de 2003, o inciso VI do art. 1º.

Palácio dos Bandeirantes, 31 de julho de 2002.

*Geraldo Alckmin – DOE de 1º.8.2002*

## 037. DECRETO Nº 47.021, DE 22 DE AGOSTO DE 2002

*Introduz alterações no Regulamento do Imposto sobre Circulação de Mercadorias e Prestações de Serviços – RICMS.*

Geraldo Alckmin, Governador do Estado de São Paulo, no uso de suas atribuições legais e tendo em vista o disposto nos Convênios ICMS-54/02 e 59/02, celebrados em Porto Alegre, RS, em 28 de junho de 2002, aprovados pelo Decreto nº 46.946, de 25 de julho de 2002, decreta:

**Art. 1º.** Passam a vigorar com a redação que se segue os dispositivos adiante enumerados do Regulamento do Imposto sobre Circulação de Mercadorias e sobre Prestações de Serviços, aprovado pelo Decreto nº 45.490, de 30 de novembro de 2000:

• *Alteração já efetuada no corpo do Decreto.*

**Art. 2º.** Fica revogado o art. 415-A do Regulamento do Imposto sobre Circulação de Mercadorias e sobre Prestações de Serviços, aprovado pelo Decreto nº 45.490, de 30 de novembro de 2000 (Convênio ICMS-59/02, cláusula quarta).

• *Alteração já efetuada no corpo do Decreto.*

**Art. 3º.** Fica acrescentado o art. 20 às Disposições Transitórias do Regulamento do Imposto sobre Circulação de Mercadorias e sobre Prestações de Serviço, aprovado pelo Decreto nº 45.490, de 30 de novembro de 2000, com a seguinte redação:

• *Alteração já efetuada no corpo do Decreto.*

**Art. 4º.** Este Decreto entra em vigor na data de sua publicação, produzindo efeitos em relação aos fatos geradores que ocorrerem a partir de 1º de outubro de 2002 (Convênio ICMS-103/02).

• *Art. 4º com redação dada pelo Decreto nº 47.186, de 4.10.2002.*

Palácio dos Bandeirantes, 22 de agosto de 2002.

*Geraldo Alckmin – DOE de 23.8.2002*

## 038. DECRETO Nº 47.022, DE 22 DE AGOSTO DE 2002

*Introduz alterações no Regulamento do Imposto sobre Circulação de Mercadorias e Prestações de Serviços – RICMS, ratifica convênio celebrado nos termos da Lei Complementar Federal nº 24, de 7 de janeiro de 1975, aprova Convênio e Protocolos e dá outras providências.*

Geraldo Alckmin, Governador do Estado de São Paulo, no uso de suas atribuições legais e tendo em vista o disposto no art. 4º da Lei Complementar Federal nº 24, de 7 de janeiro de 1975, nos Convênios ICMS-55/02, 57/02, 58/02, 67/02, 73/02, 78/02, 79/02, 80/02, 84/02, 87/02 e 91/02, todos celebrados em Porto Alegre, RS, em 28 de junho de 2002, aprovados ou ratificados pelo Decreto nº 46.946, de 25 de julho de 2002, decreta:

**Art. 1º.** Passam a vigorar com a redação que se segue os dispositivos adiante enumerados do Regulamento do Imposto sobre Circulação de Mercadorias e sobre Prestações de Serviços, aprovado pelo Decreto nº 45.490, de 30 de novembro de 2000:

• *Alteração já efetuada no corpo do Decreto.*

**Art. 2º.** Ficam acrescentados os dispositivos adiante indicados ao Regulamento do Imposto sobre Circulação de Mercadorias e sobre Prestações de Serviços, aprovado pelo Decreto nº 45.490, de 30 de novembro de 2000, com a seguinte redação:

• *Alteração já efetuada no corpo do Decreto.*

**Art. 3º.** Fica dispensado o pagamento do imposto devido no desembaraço aduaneiro, efetuado no período de 1º de janeiro de 2002 até 23 de julho de 2002, de mercadorias importadas do exterior constantes do Anexo I do Convênio ICMS-58/02, de 28.6.2002, destinadas à construção da usina produtora de energia localizada no Município de Mogi-Guaçu – SP, pertencente à empresa Energy Works, inscrita no CNPJ sob o nº 01.825.701/0007-18, situada na Rua Paula Bueno, nº 2935-parte, Jardim Samira (Convênio ICMS-58/02, cláusula terceira).

Parágrafo único. O disposto neste artigo não autoriza a restituição ou compensação de importâncias já recolhidas.

**Art. 4º.** Fica dispensado o recolhimento dos débitos fiscais relacionados com o Imposto sobre Operações Relativas à Circulação de Mercadorias e sobre Prestações de Serviços de Transporte Interestadual e Intermunicipal e de Comunicação – ICMS, decorrentes de operações ou prestações realizadas até 23 de julho de 2002 pela entidade assistencial Fundação Casa do Pequeno Trabalhador, inscrição estadual nº 108.671.191.117 (Convênio ICMS-67/02).

Parágrafo único. O disposto neste artigo:

1 – aplicar-se-á independentemente do recolhimento das despesas processuais e dos honorários advocatícios;

2 – não autoriza a restituição ou a compensação de importâncias já recolhidas ou depositadas em juízo, estas relativamente à situação em que haja decisão transitado em julgado.

**Art. 5º.** Ficam aprovados o Convênio ICMS-92/02, celebrado em Brasília, DF, no dia 30 de julho de 2002, publicado na Seção 1, página 10 do Diário Oficial da União de 1º de agosto de 2002, e o Protocolo ICMS-17/02 celebrado em Brasília, DF, no dia 19 de junho de 2002, publicado na Seção 1, página 60 do Diário Oficial da União de 5 de julho de 2002.

**Art. 6º.** Fica ratificado o Convênio ICMS-93/02, celebrado em Brasília, DF, no dia 30 de julho de 2002, publicado na Seção 1, página 10 do Diário Oficial da União, de 1º de agosto de 2002.

**Art. 7º.** Este Decreto entra em vigor na data de sua publicação, produzindo efeitos a partir de 23 de julho de 2002, exceto em relação aos dispositivos adiante enumerados que produzem efeitos:

I – desde 5 de julho de 2002, os incisos III, IV, V, VI, XIII do art. 1º e os incisos I e II do art. 2º;

II – a partir da publicação, os incisos I e II do art. 1º, os artigos 3º, 4º, 5º e 6º.

Palácio dos Bandeirantes, 22 de agosto de 2002.

*Geraldo Alckmin – DOE de 23.8.2002*

## 039. DECRETO Nº 47.023, DE 23 DE AGOSTO DE 2002

*Introduz alterações no Regulamento do Imposto de Circulação de Mercadorias e Prestação de Serviços – RICMS.*

Geraldo Alckmin, Governador do Estado de São Paulo, no uso de suas atribuições legais e tendo em vista o disposto no art. 38, § 6º, da Lei nº 6.374/89, de 1º de março de 1989, decreta:

**Art. 1º.** Fica acrescentado o parágrafo único ao art. 15 das Disposições Transitórias do Regulamento do Imposto sobre Circulação de Mercadorias e sobre Prestação de Serviços, aprovado pelo Decreto nº 45.490, de 30 de novembro de 2000, com a seguinte redação:

• *Alteração já efetuada no corpo do Decreto.*

**Art. 2º.** Este Decreto entra em vigor na data de sua publicação.

Palácio dos Bandeirantes, 23 de agosto de 2002.

*Geraldo Alckmin – DOE de 24.8.2002*

## 040. DECRETO Nº 47.045, DE 30 DE AGOSTO DE 2002

*Ratifica convênios celebrados nos termos da Lei Complementar Federal nº 24, de 7 de janeiro de 1975, e aprova convênios.*

Geraldo Alckmin, Governador do Estado de São Paulo, no uso de suas atribuições legais e tendo em vista o disposto no art. 4º da Lei Complementar Federal nº 24, de 7 de janeiro de 1975, decreta:

**Art. 1º.** Ficam ratificados os Convênios ICMS 96/02, 98/02 e 102/02, celebrados em Brasília, DF, no dia 20 de agosto de 2002, publicados na Seção I, páginas 12 a 14, do *Diário Oficial da União* de 22 de agosto de 2002.

**Art. 2º.** Ficam aprovados os convênios a seguir indicados:

I – ICMS 94/02 e 95/02, celebrados em Brasília, DF, no dia 9 de agosto de 2002, publicados na Seção I do *Diário Oficial da União* de 13 de agosto de 2002;

II – ICMS 97/02, 99/02 e 100/02, celebrados em Brasília, DF, no dia 20 de agosto de 2002, publicados na Seção I, páginas 12 e 13, do *Diário Oficial da União* de 22 de agosto de 2002;

III – ICMS 103/02, celebrado em Brasília, DF, em 26 de agosto de 2002 e publicado na Seção I do *Diário Oficial da União* de 27 de agosto de 2002.

**Art. 3º.** Este Decreto entra em vigor na data de sua publicação.

Palácio dos Bandeirantes, 30 de agosto de 2002.

*Geraldo Alckmin – DOE de 31.8.2002*

## 041. DECRETO Nº 47.064, DE 6 DE SETEMBRO DE 2002

*Introduz alterações no Regulamento do Imposto de Circulação de Mercadorias e Prestação de Serviços – RICMS.*

Geraldo Alckmin, Governador do Estado de São Paulo, no uso de suas atribuições legais e tendo em vista o disposto no art. 38, § 6º, da Lei nº 6.374/1989, de 1º de março de 1989, decreta:

**Art. 1º.** Ficam acrescentados, com a redação que segue, os dispositivos adiante enumerados do Regulamento do Imposto sobre Circulação de Mercadorias e sobre Prestação de Serviços, aprovado pelo Decreto nº 45.490, de 30 de novembro de 2000:

- *Alteração já efetuada no corpo do Decreto.*

**Art. 2º.** Este Decreto entra em vigor na data de sua publicação.

Palácio dos Bandeirantes, 6 de setembro de 2002.

*Geraldo Alckmin – DOE de 7.9.2002*

## 042. DECRETO Nº 47.065, DE 6 DE SETEMBRO DE 2002

*Introduz alterações no Regulamento do Imposto sobre Circulação de Mercadorias e Prestações de Serviços – RICMS para disciplinar a confecção, a distribuição e o uso do Selo de Controle e o credenciamento de estabelecimento gráfico.*

Geraldo Alckmin, Governador do Estado de São Paulo, no uso de suas atribuições legais e considerando o disposto nos arts. 67, *caput*, 68 e 69 da Lei nº 6.374, de 1º.3.1989, decreta:

**Art. 1º.** Passam a vigorar com a redação que se segue os dispositivos adiante enumerados do Regulamento do Imposto sobre Circulação de Mercadorias e sobre Prestações de Serviços, aprovado pelo Decreto nº 45.490, de 30.11.2000:

- *Alteração já efetuada no corpo do Decreto.*

**Art. 2º.** Ficam acrescentados os dispositivos adiante indicados ao Regulamento do Imposto sobre Circulação de Mercadorias e sobre Prestações de Serviços, aprovado pelo Decreto nº 45.490, de 30.11.2000, com a seguinte redação:

- *Alteração já efetuada no corpo do Decreto.*

**Art. 3º.** Este Decreto entra em vigor na data da sua publicação, observando-se o que segue:

I – a aplicação do Selo de Controle aos impressos de Nota Fiscal, modelo 1 ou 1-A, será exigida para os pedidos de Autorização de Impressão de Documentos Fiscais – AIDF apresentados a partir de 1º de janeiro de 2005;

II – os impressos de Nota Fiscal, modelo 1 ou 1-A, confeccionados sem a aposição do Selo de Controle até a data prevista no inciso anterior poderão ser utilizados até 30 de junho de 2005.

- *Art. 3º com redação dada pelo Decreto nº 48.475, de 28.1.2004 – DOE de 29.1.2004 – Efeitos a partir da publicação.*

Palácio dos Bandeirantes, 6 de setembro de 2002.

*Geraldo Alckmin – DOE de 7.9.2002*

## 043. DECRETO Nº 47.067, DE 10 DE SETEMBRO DE 2002

*Disciplina a dispensa e a redução de juros e multas de débitos fiscais relacionados com o Imposto sobre Circulação de Mercadorias e sobre Prestações de Serviços – ICMS. (DOE de 11.9.2002)*

- *Pode ser considerado sem mais efeito em razão do cumprimento de seu prazo.*

## 044. DECRETO Nº 47.092, DE 17 DE SETEMBRO DE 2002

*Introduz alterações no Regulamento do Imposto de Circulação de Mercadorias e Prestação de Serviços – RICMS.*

Geraldo Alckmin, Governador do Estado de São Paulo, no uso de suas atribuições legais e tendo em vista o disposto no art. 38, § 6º, da Lei nº 6.374, de 1º de março de 1989, decreta:

**Art. 1º.** Passa a vigorar com a redação que se segue o *caput* do art. 7º do Anexo III do Regulamento do Imposto sobre Circulação de Mercadorias e sobre Prestação de Serviços, aprovado pelo Decreto nº 45.490, de 30.11.2000:

• *Alteração já efetuada no corpo do Decreto.*

**Art. 2º.** Este Decreto entra em vigor na data de sua publicação.

Palácio dos Bandeirantes, 17 de setembro de 2002.

*Geraldo Alckmin – DOE de 18.9.2002*

## 045. DECRETO Nº 47.186, DE 4 DE OUTUBRO DE 2002

*Ratifica convênios celebrados nos termos da Lei Complementar Federal nº 24, de 7.1.1975, aprova ajustes, convênios e protocolos, Introduz alteração no Regulamento do Imposto de Circulação de Mercadorias e Prestações de Serviços – RICMS, e dá outras providências.*

Geraldo Alckmin, Governador do Estado de São Paulo, no uso de suas atribuições legais e tendo em vista o disposto no art. 4º da Lei Complementar Federal nº 24, de 7.1.1975, e nos Convênios ICMS-102/02, de 20.8.2002, e ICMS-103/02, de 26.8.2002, decreta:

**Art. 1º.** Ficam ratificados os Convênios ICMS-105/02, 106/02, 108/02, 116/02, 118/02, 119/02, 120/02, 126/02, 127/02 e 129/02, celebrados em Fortaleza, CE, no dia 20 de setembro de 2002, publicados na Seção I, páginas 7 a 22 do Diário Oficial da União de 25 de setembro de 2002.

**Art. 2º.** Ficam aprovados:

I – os Convênios ICMS-107/02, 111/02, 112/02, 121/02, 122/02 e 128/02, os Ajustes SINIEF-3/02 e 4/02, e os Protocolos ICMS-36/02, 38/02, 41/02 e 42/02, celebrados em Fortaleza, CE, no dia 20 de setembro de 2002, publicados na Seção I, páginas 8, 9, 13 a 22, e 32 a 35 do Diário Oficial da União de 25 de setembro de 2002;

• *Inciso I com redação dada pelo Decreto nº 47.278, de 29.10.2002.*

II – os Convênios ICMS-125/02 e 130/02 e os Protocolos ICMS-44/02, 45/02, 46/02, 47/02, 48/02 e 49/02, celebrados em Fortaleza, CE, no dia 20 de setembro de 2002, publicados na Seção I, páginas 26, 27, 55 e 56 do Diário Oficial da União de 26 de setembro de 2002.

Parágrafo único. Independerá de outro ato deste Estado a aplicação do disposto nos Protocolos ICMS-36/02, 38/02, 41/02, 42/02, 44/02, 46/02, 47/02, 48/02 e 49/02.

**Art. 3º.** Passa a vigorar com a seguinte redação o art. 212-F do Regulamento do Imposto sobre Circulação de Mercadorias e sobre Prestações de Serviços, aprovado pelo Decreto nº 45.490, de 30.11.2000:

• *Alteração já efetuada no corpo do Decreto.*

**Art. 4º.** Passam a vigorar com a redação que se segue os dispositivos adiante indicados:

I – o art. 4º do Decreto nº 46.966, de 31.7.2002:

• *Alteração já efetuada no corpo do Decreto.*

II – o art. 4º do Decreto nº 47.021, de 22.8.2002:

• *Alteração já efetuada no corpo do Decreto.*

**Art. 5º.** Este Decreto entra em vigor na data de sua publicação, exceto em relação ao inciso I do art. 4º, que produz efeitos a partir de 10 de setembro de 2002.

Palácio dos Bandeirantes, 4 de outubro de 2002.

*Geraldo Alckmin – DOE de 5.10.2002*

## 046. DECRETO Nº 47.187, DE 4 DE OUTUBRO DE 2002

*Ratifica convênio celebrado nos termos da Lei Complementar Federal nº 24, de 7.1.1975.*

Geraldo Alckmin, Governador do Estado de São Paulo, no uso de suas atribuições legais e tendo em vista o disposto no art. 4º da Lei Complementar Federal nº 24, de 7.1.1975, decreta:

**Art. 1º.** Fica ratificado o Convênio ICMS 115/02, celebrado em Fortaleza, CE, no dia 20 de setembro de 2002, publicado na Seção I, página 9 do *Diário Oficial da União* de 25 de setembro de 2002.

**Art. 2º.** Este Decreto entra em vigor na data de sua publicação.

Palácio dos Bandeirantes, 4 de outubro de 2002.

*Geraldo Alckmin – DOE de 5.10.2002*

## 047. DECRETO Nº 47.216, DE 15 DE OUTUBRO DE 2002

*Disciplina a dispensa e a redução de juros e multas de débitos fiscais relacionados com o Imposto sobre Operações Relativas à Circulação de Mercadorias – ICM e com o Imposto sobre Circulação de Mercadorias e sobre Prestações de Serviços – ICMS nos termos do Convênio ICMS 129/02 e altera dispositivos do Decreto nº 47.067, de 10.9.2002. (DOE de 16.10.2002)*

• *Pode ser considerado sem mais efeito em razão do cumprimento de seu prazo.*

## 048. DECRETO Nº 47.277, DE 29 DE OUTUBRO DE 2002

*Introduz alteração no Regulamento do Imposto sobre Circulação de Mercadorias e Prestações de Serviços – RICMS.*

Geraldo Alckmin, Governador do Estado de São Paulo, no uso de suas atribuições legais e tendo em vista o disposto no Convênio 115/02, celebrado em Fortaleza, CE, em 20 de setembro de 2002, ratificado pelo Decreto nº 47.186, de 4 de outubro de 2002, decreta:

**Art. 1º.** Passa a vigorar com a redação que se segue o § 13 do art. 88 do Anexo I do Regulamento do Imposto sobre Circulação de Mercadorias e sobre Prestações de Serviços, aprovado pelo Decreto nº 45.490, de 30 de novembro de 2000:

• *Alteração já efetuada no corpo do Decreto.*

**Art. 2º.** Este Decreto entra em vigor na data de sua publicação.

Palácio dos Bandeirantes, 29 de outubro de 2002.

*Geraldo Alckmin – DOE de 30.10.2002*

## 049. DECRETO Nº 47.278, DE 29 DE OUTUBRO DE 2002

*Introduz alterações no Regulamento do Imposto sobre Circulação de Mercadorias e Prestações de Serviços – RICMS, ratifica e aprova convênios e dá outras providências.*

Geraldo Alckmin, Governador do Estado de São Paulo, no uso de suas atribuições legais e tendo em vista o disposto no art. 4º da Lei Complementar Federal nº 24, de 7 de janeiro de 1975, nos Convênios ICMS-105/02, 106/02, 108/02, 111/02, 112/02, 116/02, 118/02, 119/02, 120/02, 121/02, 122/02, 126/02 e 127/02, no Protocolo ICMS-45/02, todos celebrados em Fortaleza, CE, em 20 de setembro de 2002, aprovados ou ratificados pelo Decreto nº 47.186, de 4 de outubro de 2002, e no Convênio ICMS-131/02, de 8 de outubro de 2002, aprovado por este Decreto, decreta:

**Art. 1º.** Passam a vigorar com a redação que se segue os dispositivos adiante enumerados do Regulamento do Imposto sobre Circulação de Mercadorias e sobre Prestações de Serviços, aprovado pelo Decreto nº 45.490, de 30 de novembro de 2000:

• *Alteração já efetuada no corpo do Decreto.*

**Art. 2º.** Ficam acrescentados os dispositivos adiante indicados ao Regulamento do Imposto sobre Circulação de Mercadorias e sobre Prestações de Serviços, aprovado pelo Decreto nº 45.490, de 30 de novembro de 2000, com a seguinte redação:

• *Alteração já efetuada no corpo do Decreto.*

**Art. 3º.** Ficam revogados os §§ 1º e 4º do art. 129 do Regulamento do Imposto sobre Circulação de Mercadorias e sobre Prestações de Serviços, aprovado pelo Decreto nº 45.490, de 30 de novembro de 2000.

• *Alteração já efetuada no corpo do Decreto.*

**Art. 4º.** Passam a vigorar com a seguinte redação os dispositivos adiante indicados:

I – o *caput* e o § 2º do art. 4º, mantidos seus incisos, do Decreto nº 46.529, de 4 de fevereiro de 2002:

II – o inciso I do art. 2º do Decreto nº 47.186, de 4 de outubro de 2002:

• *Alterações já efetuadas no corpo do Decreto.*

**Art. 5º.** Ficam convalidados os procedimentos adotados pela empresa TRANSIT DO BRASIL LTDA., relativamente às prestações de serviço efetuadas, no período de 5 de julho de 2002 a 25 de setembro de 2002, nos termos do disposto no Convênio ICMS-126/98, de 11 de dezembro de 1998 (Convênio ICMS-112/02, cláusula segunda).

**Art. 6º.** As empresas de telecomunicação que já estiverem usufruindo da sistemática prevista no parágrafo único do art. 8º do Anexo XVII do Regulamento do Regulamento do Imposto Sobre Operações Relativas à Circulação de Mercadorias e Sobre Prestações de Serviços de Transporte Interestadual e Intermunicipal e de Comunicação – RICMS, aprovado pelo Decreto nº 45.490, de 30 de novembro de 2000, sem observar as exigências previstas no referido dispositivo, de acordo com a redação dada por este Decreto, deverão cumpri-las no prazo de 30 (trinta) dias, contado da data de publicação deste Decreto (Convênio ICMS-111/02).

**Art. 7º.** Fica dispensado o recolhimento do Imposto sobre Operações Relativas à Circulação de Mercadorias e sobre Prestações de Serviços de Transporte Interestadual e Intermunicipal e de Comunicação – ICMS incidente nas operações realizadas no período de 1º de setembro de 2002 a 14 de outubro de 2002, com os produtos indicados no art. 92 do Anexo I do Regulamento do Imposto Sobre Operações Relativas à Circulação de Mercadorias e Sobre Prestações de Serviços de Transporte Interestadual e Intermunicipal e de Comunicação – RICMS, aprovado pelo Decreto nº 45.490, de 30 de novembro de 2000 (Convênio ICMS-119/02, cláusula terceira).

Parágrafo único. O disposto neste artigo não autoriza a restituição ou compensação de importância já paga.

**Art. 8º.** Ficam ratificados, o Convênio ICMS-132/02, celebrado em Brasília, DF, no dia 8 de outubro de 2002, publicado na Seção I, páginas 12 e 13 do Diário Oficial da União de 10 de outubro de 2002, e o Convênio ICMS-133/02, celebrado em 21 de outubro de 2002, publicado na Seção I, página 22 do Diário Oficial da União de 23 de outubro de 2002.

**Art. 9º.** Fica aprovado o Convênio ICMS-131/02, celebrado em Brasília, DF, no dia 8 de outubro de 2002, publicado na Seção I, página 12 do Diário Oficial da União de 10 de outubro de 2002.

**Art. 10.** Este Decreto entra em vigor na data de sua publicação, produzindo efeitos a partir de 14 de outubro de 2002, exceto em relação aos dispositivos adiante enumerados que produzem efeitos a partir:

I – de 13 de agosto de 2002, o inciso VII do art. 1º;

II – de 25 de setembro de 2002, os incisos VIII e XV do art. 1º;

III – de 1º de outubro de 2002, os incisos III, IV, V e VI do art. 1º;

IV – de 10 de outubro de 2002, o inciso XIV do art. 1º;

V – de 1º de novembro de 2002, o inciso XIII do art. 1º;

VI – da publicação deste Decreto, os incisos I e X do art. 1º, os incisos I, III, IV e X do art. 2º, o art. 3º, o inciso II do art. 4º e os artigos 5º, 6º, 7º, 8º e 9º;

VII – dos fatos geradores ocorridos a partir do mês subsequente ao da publicação deste Decreto, o inciso II do art. 1º.

Palácio dos Bandeirantes, 29 de outubro de 2002.

*Geraldo Alckmin – DOE de 30.10.2002*

## 050. DECRETO Nº 47.452, DE 16 DE DEZEMBRO DE 2002

*Introduz alterações no Regulamento do Imposto sobre Circulação de Mercadorias e Prestações de Serviços – RICMS e dá outras providências.*

Geraldo Alckmin, Governador do Estado de São Paulo, no uso de suas atribuições legais e tendo em vista o disposto nas Leis nºs 11.266, de 19 de novembro de 2002, e 11.270, de 29 de novembro de 2002, e no Convênio ICMS-134/02, de 4 de novembro de 2002, decreta:

**Art. 1º.** Passam a vigorar com a redação que se segue os dispositivos adiante indicados do Regulamento do Imposto sobre Circulação de Mercadorias e sobre Prestações de Serviços, aprovado pelo Decreto nº 45.490, de 30 de novembro de 2000:

• *Alteração já efetuada no corpo do Decreto.*

**Art. 2º.** Ficam acrescentados os dispositivos adiante indicados ao Regulamento do Imposto sobre Circulação de Mercadorias e sobre Prestações de Serviços, aprovado pelo Decreto nº 45.490, de 30 de novembro de 2000, com a seguinte redação:

• *Alteração já efetuada no corpo do Decreto.*

**Art. 3º.** O § 1º do art. 39 do Regulamento do Imposto sobre Circulação de Mercadorias e sobre Prestações de Serviços, aprovado pelo Decreto nº 45.490, de 30 de novembro de 2000, passa a denominar-se parágrafo único.

• *Alteração já efetuada no corpo do Decreto.*

**Art. 4º.** Fica revogado o art. 2º das Disposições Transitórias do Regulamento do Imposto sobre Circulação de Mercadorias e sobre Prestações de Serviços, aprovado pelo Decreto nº 45.490, de 30 de novembro de 2000.

• *Alteração já efetuada no corpo do Decreto.*

**Art. 5º.** Passa a vigorar com a seguinte redação o art. 3º do Decreto nº 47.065, de 6 de setembro de 2002:

• *Alterações já efetuadas no corpo do Decreto.*

**Art. 6º.** Ficam convalidados os procedimentos adotados pela montadora ou pelo importador de veículos, relativamente à aplicação dos percentuais de margem de valor agregado, para obtenção da base de cálculo do imposto devido nas operações com veículos automotores novos realizadas no período de 9 de agosto de 2002 até 12 de agosto de 2002, em que decorreu uma menor base de cálculo do ICMS na operação própria realizada nos termos do disposto nos artigos 303 a 309 do Regulamento do Imposto sobre Circulação de Mercadorias e sobre Prestações de Serviços, aprovado pelo Decreto nº 45.490, de 30 de novembro de 2000, nos casos de aplicação das alíquotas de 9%, 14% e 16% do Imposto sobre Produtos Industrializados – IPI, fixadas pelo Decreto federal nº 4.317, de 31 de julho de 2002.

Parágrafo único. O disposto neste artigo não autoriza a restituição ou compensação de importâncias já recolhidas.

**Art. 7º.** Este Decreto entra em vigor na data de sua publicação, produzindo efeitos em relação aos dispositivos abaixo indicados a partir das datas a seguir:

I – 5 de outubro de 2002, o inciso III do art. 1º;

II – 5 de novembro de 2002, o inciso IV do art. 1º;

III – 20 de novembro de 2002, o inciso I do art. 2º;

IV – 1º de dezembro de 2002, os incisos IX, X, XI e XII do art. 1º e os incisos II e III do art. 2º;

V – da data da publicação deste Decreto, os incisos I, II e VIII do art. 1º e os artigos 3º, 4º, 5º e 6º;

VI – de 1º de janeiro de 2003, os incisos V, VI e VII do art. 1º.

Palácio dos Bandeirantes, 16 de dezembro de 2002.

*Geraldo Alckmin – DOE de 17.12.2002*

## 051. DECRETO Nº 47.534, DE 27 DE DEZEMBRO DE 2002

*Ratifica convênios celebrados nos termos da Lei Complementar Federal nº 24, de 7.1.1975 e aprova ajustes e convênios.*

Geraldo Alckmin, Governador do Estado de São Paulo, no uso de suas atribuições legais e tendo em vista o disposto no art. 4º da Lei Complementar Federal nº 24, de 7 de janeiro de 1975, decreta:

**Art. 1º.** Ficam ratificados os Convênios ICMS 149/02, 152/02, 157/02, 158/02, 163/02, 166/02 e 168/02, celebrados em Natal, RN, no dia 13 de dezembro de 2002, publicados na Seção I, páginas 23 a 33 do *Diário Oficial da União* de 19 de dezembro de 2002.

**Art. 2º.** Ficam aprovados os Convênios ICMS 135/02, 142/02, 143/02, 144/02, 146/02, 148/02, 155/02, 159/02, 160/02 e 161/02 e os Ajustes SINIEF 5/02, 6/02 e 7/02, e, ainda, os Convênios ICMS 140/02 e 167/02, todos celebrados em Natal, RN, no dia 13 de dezembro de 2002, publicados, os primeiros, na Seção I, páginas 23 a 33 do *Diário Oficial da União* de 19 de dezembro de 2002, e, os dois últimos, na Seção I, páginas 61 e 64 do *Diário Oficial da União* de 20 de dezembro de 2002.

**Art. 3º.** Este Decreto entra em vigor na data de sua publicação.

Palácio dos Bandeirantes, 27 de dezembro de 2002.

*Geraldo Alckmin – DOE de 28.12.2002*

## 052. DECRETO Nº 47.584, DE 10 DE JANEIRO DE 2003

*Introduz alterações no Regulamento do Imposto sobre Circulação de Mercadorias e sobre Prestações de Serviços – RICMS.*

Geraldo Alckmin, Governador do Estado de São Paulo, no uso de suas atribuições legais e considerando o disposto no art. 112 da Lei nº 6.374, de 1º de março de 1989, decreta:

**Art. 1º.** Passa a vigorar com a redação que se segue o art. 23 do Anexo II do Regulamento do Imposto sobre Circulação de Mercadorias e sobre Prestações de Serviços, aprovado pelo Decreto nº 45.490, de 30 de novembro de 2000:

• *Alteração já efetuada no corpo do Decreto.*

**Art. 2º.** Este Decreto entra em vigor na data de sua publicação, retroagindo seus efeitos a 1º de janeiro de 2003.

Palácio dos Bandeirantes, 10 de janeiro de 2003.

*Geraldo Alckmin – DOE de 11.1.2003*

## 053. DECRETO Nº 47.626, DE 5 DE FEVEREIRO DE 2003

*Introduz alterações no Regulamento do Imposto sobre Circulação de Mercadorias e Prestações de Serviços – RICMS, ratifica e aprova convênios e dá outras providências.*

Geraldo Alckmin, Governador do Estado de São Paulo, no uso de suas atribuições legais e tendo em vista o disposto no art. 4º da Lei Complementar Federal nº 24, de 7 de janeiro de 1975, nos Convênios ICMS-140/02, 141/02, 143/02, 148/02, 152/02, 155/02, 158/02, 163/02, 166/02 e no Ajuste SINIEF-7/02 todos celebrados em Natal, RN, em 13 de dezembro de 2002, aprovados ou ratificados pelo Decreto nº 47.534, de 27 de dezembro de 2002, e nos Convênios ICMS-156/02, ICMS-165/02, de

13 de dezembro de 2002, e ICMS-1/03, de 17 de janeiro de 2003, aprovados por este Decreto, decreta:

**Art. 1º.** Passam a vigorar com a redação que se segue os dispositivos adiante enumerados do Regulamento do Imposto sobre Circulação de Mercadorias e sobre Prestações de Serviços, aprovado pelo Decreto nº 45.490, de 30 de novembro de 2000:

• *Alteração já efetuada no corpo do Decreto.*

**Art. 2º.** Ficam acrescentados os dispositivos adiante indicados ao Regulamento do Imposto sobre Circulação de Mercadorias e sobre Prestações de Serviços, aprovado pelo Decreto nº 45.490, de 30 de novembro de 2000, com a seguinte redação:

• *Alterações já efetuadas no corpo do Decreto.*

**Art. 3º.** Ficam revogados os §§ 4º e 5º do art. 418 do Regulamento Imposto sobre Circulação de Mercadorias e sobre Prestações de Serviços – RICMS, aprovado pelo Decreto nº 45.490, de 30 de novembro de 2000.

• *Alterações já efetuadas no corpo do Decreto.*

**Art. 4º.** Ficam convalidados os procedimentos adotados pelo fabricante e ou pelo importador nas operações interestaduais com os produtos relacionados nos Anexos I, II e III do Convênio ICMS-133/02, de 21 de outubro de 2002, realizadas no período de 1º a 11 de novembro de 2002, relativamente à redução da base de cálculo do imposto incidente nessas operações, nos termos do Convênio ICMS-133/02, de 21 de outubro de 2002, com alteração do Convênio ICMS-166/02 (Convênio ICMS-133/02, cláusula quarta).

**Art. 5º.** Ficam convalidados os procedimentos adotados durante o período de 17 de abril de 2002 a 8 de janeiro de 2003 no recebimento dos bens importados pelas associações sem fins lucrativos com o benefício de que trata a alínea "e" do inciso II do art. 56 do Anexo I do Regulamento do Imposto sobre Operações Relativas à Circulação de Mercadorias e sobre Prestações de Serviços de Transporte Interestadual e Intermunicipal e de Comunicação – RICMS, aprovado pelo Decreto nº 45.490, de 30 de novembro de 2000, na redação dada por este Decreto (Convênio ICMS-141/02, cláusula segunda).

• *Art. 5º com redação dada pelo Decreto nº 47.784, de 23.4.2003.*

**Art. 6º.** Ficam aprovados os Convênios ICMS-156/02 e ICMS-165/02, celebrado em Natal, RN, no dia 13 de dezembro de 2002, publicados na Seção I, respectivamente nas páginas 39 e 40 do Diário Oficial da União de 30 de dezembro de 2002, bem como o Convênio ICMS-1/03, celebrado em Brasília, DF, em 17 de janeiro de 2003 e publicado na Seção I, pág. 19, do Diário Oficial da União de 23 de janeiro de 2003.

**Art. 7º.** Este Decreto entra em vigor na data de sua publicação, exceto em relação aos dispositivos adiante enumerados que produzem efeitos a partir:

I – de 11 de novembro de 2002, o inciso VI do art. 2º;

II – de 19 de dezembro de 2002, os incisos I e II do art. 1º e o inciso I do art. 2º;

III – de 30 de dezembro de 2002, os incisos III, IV e V do art. 1º;

IV – 1º de janeiro de 2003, os incisos VIII, IX, X e XI do art. 1º e os incisos IV e V do art. 2º;

V – de 8 de janeiro de 2003, o inciso XII do art. 1º;

VI – de 1º de abril de 2003, o inciso II do art. 2º.

• *Inciso VI com redação dada pelo Decreto nº 47.784, de 23.4.2003, produzindo efeitos a partir de 1º.3.2003.*

Palácio dos Bandeirantes, 5 de fevereiro de 2003.

*Geraldo Alckmin – DOE de 6.2.2003*

## 054. DECRETO Nº 47.649, DE 14 DE FEVEREIRO DE 2003

*Introduz alterações no Regulamento do Imposto sobre Circulação de Mercadorias e Prestações de Serviços – RICMS, ratifica e aprova convênios.*

Geraldo Alckmin, Governador do Estado de São Paulo, no uso de suas atribuições legais e tendo em vista o disposto no art. 4º da Lei Complementar Federal nº 24, de 7 de janeiro de 1975, no art. 8º, XXIV e § 10, 2, da Lei nº 6.374/1989, de 1º de março de 1989, decreta:

**Art. 1º.** Passam a vigorar com a redação que se segue os dispositivos adiante enumerados do Regulamento do Imposto sobre Circulação de Mercadorias e sobre Prestações de Serviços, aprovado pelo Decreto nº 45.490, de 30 de novembro de 2000:

• *Alteração já efetuada no corpo do Decreto.*

**Art. 2º.** Fica aprovado o Convênio ICMS-3/03, celebrado em Brasília, DF, no dia 17 de janeiro de 2003, publicado na Seção I, página 20 do Diário Oficial da União de 23 de janeiro de 2003 e ficam ratificados os Convênios ICMS-4/03 e ICMS-5/03, celebrados em Brasília, DF, no dia 31 de janeiro de 2003 e publicados na Seção I, pág. 12, do Diário Oficial da União de 3 de fevereiro de 2003.

**Art. 3º.** Este Decreto entra em vigor na data de sua publicação, exceto em relação aos dispositivos adiante enumerados que produzem efeitos a partir:

I – de 1º de janeiro de 2003, o inciso II do art. 1º;

II – de 1º de março de 2003, o inciso I do art. 1º.

Palácio dos Bandeirantes, 14 de fevereiro de 2003.

*Geraldo Alckmin – DOE de 15.2.2003*

## 055. DECRETO Nº 47.778, DE 22 DE ABRIL DE 2003

*Introduz alterações no Regulamento do Imposto de Circulação de Mercadorias e Prestações de Serviços – RICMS.*

Geraldo Alckmin, Governador do Estado de São Paulo, no uso de suas atribuições legais e tendo em vista o disposto no art. 8º, XXIV, e § 10 da Lei nº 6.374, de 1º.3.1989, na redação da Lei nº 9.176/1995, art. 1º, I, decreta:

**Art. 1º.** Fica acrescentada a Seção XXII ao Capítulo IV do Título II do Livro II, composta pelo art. 400-B, ao Regulamento do Imposto sobre Circulação de Mercadorias e sobre Prestações de Serviços, aprovado pelo Decreto nº 45.490, de 30 de novembro de 2000, com a seguinte redação:

• *Alteração já efetuada no corpo do Decreto.*

**Art. 2º.** Este Decreto entra em vigor na data de sua publicação, produzindo efeitos a partir do primeiro dia do mês subsequente à data de publicação.

Palácio dos Bandeirantes, 22 de abril de 2003.

*Geraldo Alckmin – DOE de 23.4.2003*

## 056. DECRETO Nº 47.784, DE 23 DE ABRIL DE 2003

*Introduz alterações no Regulamento do Imposto sobre Circulação de Mercadorias e Prestações de Serviços – RICMS e dá outras providências.*

Geraldo Alckmin, Governador do Estado de São Paulo, no uso de suas atribuições legais e tendo em vista o disposto nos Convênios ICMS-141/02 e ICMS-4/03 e no Ajuste SINIEF-5/02, decreta:

**Art. 1º.** Passam a vigorar com a redação que se segue os dispositivos adiante enumerados do Regulamento do Imposto sobre Circulação de Mercadorias e sobre Prestações de Serviços, aprovado pelo Decreto nº 45.490, de 30 de novembro de 2000:

• *Alteração já efetuada no corpo do Decreto.*

**Art. 2º.** Fica acrescentado à Tabela I do Anexo V do Regulamento do Imposto sobre Circulação de Mercadorias e sobre Prestações de Serviços – RICMS, aprovado pelo Decreto nº 45.490, de 30 de novembro de 2000, o seguinte Código Fiscal de Operação ou Prestação – CFOP com a respectiva Nota Explicativa:

• *Alteração já efetuada no corpo do Decreto.*

**Art. 3º.** Fica revogado o inciso III do art. 212-E do Regulamento Imposto sobre Circulação de Mercadorias e sobre Prestações de Serviços – RICMS, aprovado pelo Decreto nº 45.490, de 30 de novembro de 2000.

• *Alteração já efetuada no corpo do Decreto.*

**Art. 4º.** Ficam convalidados os procedimentos adotados, no período de 1º de janeiro de 2003 até a data da publicação deste Decreto, por contribuintes que usufruíram do benefício de isenção do imposto nas operações com medicamentos previsto no art. 92 do Anexo I do Regulamento do Imposto sobre Operações Relativas à Circulação de Mercadorias e sobre Prestações de Serviços de Transporte Interestadual e Intermunicipal e de Comunicação – RICMS, aprovado pelo Decreto nº 45.490, de 30 de novembro de 2000, vedada a restituição de importância paga nessa circunstância a título de imposto e demais acréscimos legais (Convênio ICMS-4/03, cláusula segunda).

**Art. 5º.** Passa a vigorar com a seguinte redação o art. 5º do Decreto nº 47.626, de 5 de fevereiro de 2003:

• *Alterações já efetuadas no corpo do Decreto.*

**Art. 6º.** Passa a vigorar com a seguinte redação o inciso VI do art. 7º do Decreto nº 47.626, de 5 de fevereiro de 2003:

**Art. 7º.** Este Decreto entra em vigor na data de sua publicação, exceto em relação aos dispositivos adiante enumerados que produzem efeitos a partir:

I – de 3 dias após a publicação deste Decreto, o inciso II do art. 1º;

II – de 1º de janeiro de 2003, o inciso IV do art. 1º e o art. 2º;

III – de 6 de fevereiro de 2003, o art. 5º;

IV – de 1º de março de 2003, o art. 6º.

Palácio dos Bandeirantes, 23 de abril de 2003.

*Geraldo Alckmin – DOE de 24.4.2003*

## 057. DECRETO Nº 47.785, DE 23 DE ABRIL DE 2003

*Ratifica convênios celebrados nos termos da Lei Federal nº 24, de 7.1.1975, aprova convênios, protocolos e introduz alterações no Regulamento do ICMS.*

Geraldo Alckmin, Governador do Estado de São Paulo, no uso de suas atribuições legais e tendo em vista o disposto no art. 4º da Lei Complementar Federal nº 24, de 7 de janeiro de 1975, decreta:

**Art. 1º.** Ficam ratificados os Convênios ICMS-08/03, 10/03, 18/03, 21/03, 25/03, 26/03, 30/03 e 31/03, celebrados em Salvador, BA, no dia 4 de abril de 2003, publicados na Seção I, páginas 13 a 20 do Diário Oficial da União de 9 de abril de 2003.

**Art. 2º.** Ficam aprovados os Convênios ICMS-07/03, 13/03, 15/03, 16/03, 17/03, 32/03 e 40/03, os Convênios ECF-01/03, 02/03 e 03/03, os Protocolos ICMS-06/03, 07/03, 08/03 e 09/03 e o Ajuste SINIEF-01/03, celebrados em Salvador, BA, no dia 4 de abril de 2003, publicados, o quarto, na Seção I, páginas 17 a 20 do Diário Oficial da União de 11 de abril de 2003, o quinto, na Seção I, página 29 do Diário Oficial da União de 16 de abril de 2003, os demais, na Seção I, págs. 12 a 24 do Diário Oficial da União de 9 de abril de 2003, republicado, o décimo primeiro, na Seção I, página 21 do Diário Oficial da União de 11 de abril de 2003.

Parágrafo único. A aplicação dos disposto nos Protocolos mencionados no *caput* independem de outro ato.

**Art. 3º.** Passa a vigorar com a redação que segue o § 5º do art. 23 do Anexo II do Regulamento do Imposto sobre Circulação de Mercadorias e sobre Prestações de Serviços, aprovado pelo Decreto nº 45.490, de 30 de novembro de 2000:

• *Alteração já efetuada no corpo do Decreto.*

**Art. 4º.** Este Decreto entra em vigor na data de sua publicação.

Palácio dos Bandeirantes, 23 de abril de 2003.

*Geraldo Alckmin – DOE de 24.4.2003*

## 058. DECRETO Nº 47.857, DE 3 DE JUNHO DE 2003

*Ratifica convênios celebrados nos termos da Lei Complementar Federal nº 24, de 7.1.1975, e aprova ajuste.*

Geraldo Alckmin, Governador do Estado de São Paulo, no uso de suas atribuições legais e tendo em vista o disposto no art. 4º da Lei Complementar Federal nº 24, de 7.1.1975, decreta:

**Art. 1º.** Ficam ratificados os Convênios ICMS 45/03 e ICMS 46/03, celebrados em Brasília, DF, no dia 23 de maio de 2003, publicados na Seção I, página 35 do *Diário Oficial da União* de 27 de maio de 2003.

**Art. 2º.** Fica aprovado o Ajuste SINIEF 02/03, celebrado em Brasília, DF, no dia 23 de maio de 2003, publicados na Seção I, página 34 do *Diário Oficial da União* de 27 de maio de 2003;

**Art. 3º.** Este Decreto entra em vigor na data de sua publicação.

Palácio dos Bandeirantes, 3 de junho de 2003.

*Geraldo Alckmin – DOE de 4.6.2003*

## 059. DECRETO Nº 47.858, DE 3 DE JUNHO DE 2003

*Introduz alterações no Regulamento do Imposto sobre Circulação de Mercadorias e Prestações de Serviços – RICMS e dá outras providências.*

Geraldo Alckmin, Governador do Estado de São Paulo, no uso de suas atribuições legais e tendo em vista o disposto nos Convênios ICMS-07/03, 08/03, 10/03, 13/03, 17/03, 21/03, 25/03, 30/03, 31/03 e 40/03 e no Protocolo ICMS-07/03, todos celebrados em Salvador, BA, no dia 4 de abril de 2003, ratificados ou aprovados pelo Decreto nº 47.785, de 23 de abril de 2003, decreta:

**Art. 1º.** Passam a vigorar com a redação que se segue os dispositivos adiante enumerados do Regulamento do Imposto sobre Circulação de Mercadorias e sobre Prestações de Serviços, aprovado pelo Decreto nº 45.490, de 30 de novembro de 2000:

- *Alteração já efetuada no corpo do Decreto.*

**Art. 2º.** Fica acrescentado o art. 96 ao Anexo I do Regulamento do Imposto sobre Circulação de Mercadorias e sobre Prestações de Serviços, aprovado pelo Decreto nº 45.490, de 30 de novembro de 2000, com a seguinte redação:

- *Alteração já efetuada no corpo do Decreto.*

**Art. 3º.** Ficam revogados os dispositivos adiante indicados do Regulamento Imposto sobre Circulação de Mercadorias e sobre Prestações de Serviços – RICMS, aprovado pelo Decreto nº 45.490, de 30 de novembro de 2000:

I – o parágrafo único do art. 78 do Anexo I;

II – a Nota Geral Única da Tabela I do Anexo VI.

- *Alterações já efetuadas no corpo do Decreto.*

**Art. 4º.** Ficam convalidados os procedimentos adotados, no período de 1º de janeiro de 2003 até 28 de abril de 2003, por contribuintes que usufruíram do benefício de isenção do imposto nas operações com equipamentos didáticos, científicos e médico-hospitalares previsto no art. 48 do Anexo I do Regulamento do Imposto sobre Operações Relativas à Circulação de Mercadorias e sobre Prestações de Serviços de Transporte Interestadual e Intermunicipal e de Comunicação – RICMS, aprovado pelo Decreto nº 45.490, de 30 de novembro de 2000, vedada a restituição de importância paga nessa circunstância a título de imposto e demais acréscimos legais (Convênio ICMS-31/03, cláusula primeira e parágrafo único).

**Art. 5º.** Passa a vigorar com a seguinte redação o art. 3º do Decreto nº 47.065, de 6 de setembro de 2002:

- *Alterações já efetuadas no corpo do Decreto.*

**Art. 6º.** Este Decreto entra em vigor na data de sua publicação, produzindo efeitos desde 1º de maio de 2003, exceto em relação aos dispositivos adiante enumerados, que produzem efeitos:

I – desde 9 de abril de 2003, os incisos I, II e XXVI do art. 1º;

II – desde 28 de abril de 2003, os incisos IX, XXIII, XXV do art. 1º e o art. 2º;

III – para os fatos geradores ocorridos a partir de 1º de junho de 2003, o inciso XIX do art. 1º;

IV – desde a publicação deste Decreto, os artigos 3º, 4º e 5º.

Palácio dos Bandeirantes, 3 de junho de 2003.

*Geraldo Alckmin – DOE de 4.6.2003*

## 060. DECRETO Nº 47.923, DE 3 DE JULHO DE 2003

*Introduz alterações no Regulamento do Imposto sobre Circulação de Mercadorias e Prestações de Serviços – RICMS e aprova Convênio.*

Geraldo Alckmin, Governador do Estado de São Paulo, no uso de suas atribuições legais e tendo em vista o disposto no Convênio ICMS 18/2003, celebrado em Salvador, BA, no dia 4 de abril de 2003, ratificado pelo Decreto nº 47.785, de 23 de abril de 2003, e o disposto nos Convênios ICMS 45/2003 e 46/2003 e no Ajuste SINIEF 2/2003, celebrados em Brasília, DF, em 23 de maio de 2003, os primeiros ratificados e o último aprovado pelo Decreto nº 47.857, de 3 de junho de 2003, decreta:

**Art. 1º.** Passam a vigorar com a redação que se segue os dispositivos adiante enumerados do Regulamento do Imposto sobre Circulação de Mercadorias e sobre Prestações de Serviços, aprovado pelo Decreto nº 45.490, de 30 de novembro de 2000:

- *Alterações já efetuadas no corpo do Decreto.*

**Art. 2º.** Fica acrescentado o art. 97 ao Anexo I do Regulamento do Imposto sobre Circulação de Mercadorias e sobre Prestações de Serviços, aprovado pelo Decreto nº 45.490, de 30 de novembro de 2000, com a seguinte redação:

- *Alterações já efetuadas no corpo do Decreto.*

**Art. 3º.** Fica aprovado o Convênio ICMS 49/2003, celebrado em Brasília, DF, no dia 12 de junho de 2003, publicado na Seção I, página 28 do Diário Oficial da União de 17 de junho de 2003, retificado na Seção I, pág. 24 do Diário Oficial da União de 24 de junho de 2003.

**Art. 4º.** Este Decreto entra em vigor na data de sua publicação, exceto os incisos III e IV do art. 1º, cujos efeitos retroagem a 13 de junho de 2003.

Palácio dos Bandeirantes, 3 de julho de 2003.

*Geraldo Alckmin – DOE de 4.7.2003*

## 061. DECRETO Nº 47.981, DE 23 DE JULHO DE 2003

*Ratifica convênios celebrados nos termos da Lei Complementar Federal nº 24, de 7.1.1975, aprova convênios e ajustes.*

Geraldo Alckmin, Governador do Estado de São Paulo, no uso de suas atribuições legais e tendo em vista o disposto no art. 4º da Lei Complementar Federal nº 24, de 7.1.1975, decreta:

**Art. 1º.** Ficam ratificados os Convênios ICMS 50/03, 55/03, 57/03, 61/03 e 62/03, celebrados em São João Del Rei, MG, no dia 4.7.2003, publicados na Seção I, páginas 24 a 31 do *Diário Oficial da União* de 10.7.2003.

**Art. 2º.** Ficam aprovados os Convênios ICMS 51/03 e 60/03 e os Ajustes SINIEF 03/03, 04/03 e 05/03, celebrados em São João Del Rei, MG, no dia 4.7.2003, publicados na Seção I, páginas 24 a 31 do *Diário Oficial da União* de 10.7.2003.

**Art. 3º.** Este Decreto entra em vigor na data de sua publicação.

Palácio dos Bandeirantes, 23 de julho de 2003.

*Geraldo Alckmin – DOE de 24.7.2003*

## 062. DECRETO Nº 47.986, DE 30 DE JULHO DE 2003

*Ratifica convênio celebrado nos termos da Lei Complementar Federal nº 24, de 7 de janeiro de 1975.*

Geraldo Alckmin, Governador do Estado de São Paulo, no uso de suas atribuições legais e tendo em vista o disposto no art. 4º da Lei Complementar Federal nº 24, de 7 de janeiro de 1975, decreta:

**Art. 1º.** Fica ratificado o Convênio ICMS 69/03, celebrado em Brasília, DF, no dia 18 de julho de 2003, publicado na Seção I, página 15, do *Diário Oficial da União*, de 21 de julho de 2003.

**Art. 2º.** Este Decreto entra em vigor na data de sua publicação.

Palácio dos Bandeirantes, 30 de julho de 2003.

*Geraldo Alckmin – DOE de 31.7.2003*

## 063. DECRETO Nº 48.034, DE 19 DE AGOSTO DE 2003

*Introduz alterações no Regulamento do Imposto sobre Circulação de Mercadorias e Prestações de Serviços – RICMS.*

Geraldo Alckmin, Governador do Estado de São Paulo, no uso de suas atribuições legais e tendo em vista o disposto no Convênio ICMS-05/03, celebrado em Brasília, DF, em 31 de janeiro de 2003, ratificado pelo Decreto nº 47.649, de 14 de fevereiro de 2003, no Convênio ICMS-26/03, celebrado em Salvador, BA, em 4 de abril de 2003, ratificado pelo Decreto nº 47.785, de 23 de abril de 2003, nos Convênios ICMS-50/03, 51/03, 55/03, 57/03 e 62/03 e nos Ajustes SINIEF-3/03 e 5/03, celebrados em São João Del Rei, MG, em 4 de julho de 2003, aprovados ou ratificados pelo Decreto nº 47.981, de 23 de julho de 2003, no Convênio ICMS-69/03, celebrado em Brasília, DF, no dia 18 de julho de 2003, ratificado pelo Decreto nº 47.986, de 30 de julho de 2003, e considerando, ainda, o disposto nas Resoluções da Comissão Nacional de Classificação do Ministério do Planejamento, Orçamento e Gestão – CONCLA nºs 6/2002, 7/2002 e 8/2003, editadas, respectivamente, em 9.12.2002, 16.12.2002 e 17.2.2003 e publicadas no *Diário Oficial da União* em 12.12.2002, 24.12.2002 e 18.2.2003, que divulgam nova tabela de códigos da Classificação Nacional de Atividades Econômicas – fiscal – CNAE-fiscal, decreta:

**Art. 1º.** Passam a vigorar com a redação que se segue os dispositivos adiante enumerados do Regulamento do Imposto sobre Circulação de Mercadorias e sobre Prestações de Serviços, aprovado pelo Decreto nº 45.490, de 30 de novembro de 2000:

• *Alterações já efetuadas no corpo do Decreto.*

**Art. 2º.** Fica acrescentado, com a redação que se segue, o inciso XVI ao *caput* do art. 41 do Anexo I do Regulamento do Imposto sobre Circulação de Mercadorias e sobre Prestações de Serviços – RICMS, aprovado pelo Decreto nº 45.490, de 30 de novembro de 2000:

• *Alteração já efetuada no corpo do Decreto.*

**Art. 3º.** Ficam revogados os seguintes dispositivos do Regulamento do Imposto sobre Circulação de Mercadorias e sobre Prestações de Serviços, aprovado pelo Decreto nº 45.490, de 30 de novembro de 2000:

**Art. 4º.** Este Decreto entra em vigor na data de sua publicação, exceto em relação aos dispositivos adiante enumerados, que produzem efeitos:

I – desde 3 de fevereiro de 2003, o inciso I do art. 3º;

II – desde 10 de julho de 2003, os incisos XVIII e XIX do art. 1º;

III – desde 29 de julho de 2003, os incisos IV, V e VII do art. 1º e o art. 2º;

IV – desde 1º de agosto de 2003, os incisos II e VIII a XII do art. 1º;

V – para os fatos geradores ocorridos a partir de 1º de agosto de 2003, os incisos XIII a XVII do art. 1º;

VI – a partir de 1º de setembro de 2003, o inciso I do art. 1º.

Palácio dos Bandeirantes, 19 de agosto de 2003.

*Geraldo Alckmin – DOE de 20.8.2003*

## 064. DECRETO Nº 48.042, DE 21 DE AGOSTO DE 2003

*Introduz alteração no Regulamento do Imposto sobre Circulação de Mercadorias e Prestações de Serviços – RICMS.*

Geraldo Alckmin, Governador do Estado de São Paulo, no uso de suas atribuições legais e tendo em vista o disposto no art. 8º, XXIV, § 10, da Lei nº 6.374, de 1º de março de 1989, decreta:

**Art. 1º.** Fica acrescentada a Seção XXIII ao Capítulo IV do Título II do Livro II, composta pelo art. 400-C ao Regulamento do Imposto sobre Circulação de Mercadorias e sobre Prestações de Serviços, aprovado pelo Decreto nº 45.490, de 30 de novembro de 2000:

• *Alteração já efetuada no corpo do Decreto.*

**Art. 2º.** Este Decreto entra em vigor na data de sua publicação, produzindo efeitos em relação aos fatos geradores ocorridos a partir de 1º de setembro de 2003.

Palácio dos Bandeirantes, 21 de agosto de 2003.

*Geraldo Alckmin – DOE de 22.8.2003*

## 065. DECRETO Nº 48.050, DE 26 AGOSTO DE 2003

*Ratifica convênio celebrado nos termos da Lei Complementar Federal nº 24, de 7.1.1975, e aprova convênio.*

Geraldo Alckmin, Governador do Estado de São Paulo, no uso de suas atribuições legais e tendo em vista o disposto no art. 4º da Lei Complementar Federal nº 24, de 7.1.1975, decreta:

**Art. 1º.** Fica aprovado o Convênio ICMS 70/03, celebrado em Brasília, DF, no dia 15 de agosto de 2003, publicado na Seção I, página 30, do *Diário Oficial da União* de 19 de agosto de 2003.

**Art. 2º.** Fica ratificado o Convênio ICMS 71/03, celebrado em Brasília, DF, no dia 15 de agosto de 2003, publicado na Seção I, página 30, do *Diário Oficial da União* de 19 de agosto de 2003.

**Art. 3º.** Este Decreto entra em vigor na data de sua publicação.

Palácio dos Bandeirantes, 26 de agosto de 2003.

*Geraldo Alckmin – DOE de 27.8.2003*

## 066. DECRETO Nº 48.110, DE 26 DE SETEMBRO DE 2003

*Introduz alterações no Regulamento do Imposto sobre Circulação de Mercadorias e sobre Prestações de Serviços – RICMS.*

Geraldo Alckmin, Governador do Estado de São Paulo, no uso de suas atribuições legais e tendo em vista o disposto na cláusula primeira do Convênio ICMS 128/94, de 20 de outubro de 1994, e art. 112 da Lei nº 6.374/1989, de 1º de março de 1989, decreta:

**Art. 1º.** Passa a vigorar com a redação adiante indicada o § 2º do art. 3º do Anexo II do Regulamento do Imposto sobre Circulação de Mercadorias e sobre Prestações de Serviços, aprovado pelo Decreto nº 45.490, de 30 de novembro de 2000:

- *Alteração já efetuada no corpo do Decreto. – Ver Decreto nº 50.071, de 30.9.2005.*

**Art. 2º.** Ficam acrescentados os incisos XVI, XVII, XVIII e XIX ao art. 3º do Anexo II do Regulamento do Imposto sobre Circulação de Mercadorias e sobre Prestações de Serviços, aprovado pelo Decreto nº 45.490, de 30 de novembro de 2000, com a seguinte redação:

- *Alteração já efetuada no corpo do Decreto. – Ver Decreto nº 50.071, de 30.9.2005.*

**Art. 3º.** Este Decreto entra em vigor na data de sua publicação.

Palácio dos Bandeirantes, 26 de setembro de 2003.

*Geraldo Alckmin – DOE de 27.9.2003*

## 067. DECRETO Nº 48.111, DE 26 DE SETEMBRO DE 2003

*Introduz alterações no Regulamento do Imposto sobre Circulação de Mercadorias e sobre Prestações de Serviços – RICMS.*

Geraldo Alckmin, Governador do Estado de São Paulo, no uso de suas atribuições legais e tendo em vista o disposto nos arts. 38, § 6º e 112 da Lei nº 6.374, de 1º de março de 1989, decreta:

**Art. 1º.** Passam a vigorar com a redação adiante indicada os §§ 2º e 3º do art. 9º do Anexo III do Regulamento do Imposto sobre Circulação de Mercadorias e sobre Prestações de Serviços, aprovado pelo Decreto nº 45.490, de 30 de novembro de 2000:

- *Alteração já efetuada no corpo do Decreto.*

**Art. 2º.** Fica acrescentado com a redação adiante indicada o § 5º, ao art. 9º do Anexo III Regulamento do Imposto sobre Circulação de Mercadorias e sobre Prestações de Serviços, aprovado pelo Decreto nº 45.490, de 30 de novembro de 2000:

- *Alteração já efetuada no corpo do Decreto.*

**Art. 3º.** Ficam revogados os dispositivos a seguir indicados do Regulamento do Imposto sobre Circulação de Mercadorias e Prestações de Serviços, aprovado pelo Decreto nº 45.490, de 30 de novembro de 2000:

I – o art. 15 das Disposições Transitórias;

II – o § 4º do art. 41 do Anexo I;

III – o § 3º do art. 1º do Anexo II;

IV – o § 5º do art. 23 do Anexo II.

- *Alteração já efetuada no corpo do Decreto.*

**Art. 4º.** Este Decreto entra em vigor na data de sua publicação.

Palácio dos Bandeirantes, 26 de setembro de 2003.

*Geraldo Alckmin – DOE de 27.9.2003*

## 068. DECRETO Nº 48.112, DE 26 DE SETEMBRO DE 2003

*Introduz alterações no Regulamento do Imposto sobre Circulação de Mercadorias e Prestações de Serviços – RICMS.*

Geraldo Alckmin, Governador do Estado de São Paulo, no uso de suas atribuições legais e tendo em vista o disposto no art. 112 da Lei nº 6.374/1989, de 1º de março de 1989, decreta:

**Art. 1º.** Ficam acrescentados, com a redação que se segue, os seguintes dispositivos ao Anexo II do Regulamento do Imposto sobre Circulação de Mercadorias e sobre Prestações de Serviços – RICMS, aprovado pelo Decreto nº 45.490, de 30 de novembro de 2000:

I – o art. 26:

II – o art. 27:

- *Alterações já efetuadas no corpo do Decreto.*

**Art. 2º.** Este Decreto entra em vigor na data de sua publicação.

Palácio dos Bandeirantes, 26 de setembro de 2003.

*Geraldo Alckmin – DOE de 27.9.2003*

## 069. DECRETO Nº 48.113, DE 26 DE SETEMBRO DE 2003

*Introduz alterações no Regulamento do Imposto sobre Circulação de Mercadorias e Prestações de Serviços – RICMS.*

Geraldo Alckmin, Governador do Estado de São Paulo, no uso de suas atribuições legais e tendo em vista o disposto no art. 112 da Lei nº 6.374/1989, de 1º de março de 1989, decreta:

**Art. 1º.** Ficam acrescentados, com a redação que se segue, os dispositivos adiante indicados ao art. 7º do Anexo III do Regulamento do Imposto sobre Circulação de Mercadorias e sobre Prestações de Serviços, aprovado pelo Decreto nº 45.490, de 30 de novembro de 2000:

I – os incisos VIII a XVIII:

II – o § 4º:

- *Alterações já efetuadas no corpo do Decreto.*

**Art. 2º.** Fica revogado o § 2º do art. 7º do Anexo III do Regulamento do Imposto sobre Circulação de Mercadorias e sobre Prestações de Serviços, aprovado pelo Decreto nº 45.490, de 30 de novembro de 2000.

- *Alteração já efetuada no corpo do Decreto.*

**Art. 3º.** Este Decreto entra em vigor na data de sua publicação.

Palácio dos Bandeirantes, 26 de setembro de 2003.

*Geraldo Alckmin – DOE de 27.9.2003*

## 070. DECRETO Nº 48.114, DE 26 DE SETEMBRO DE 2003

*Introduz alterações no Regulamento do Imposto sobre Circulação de Mercadorias e Prestações de Serviços - RICMS.*

Geraldo Alckmin, Governador do Estado de São Paulo, no uso de suas atribuições legais e tendo em vista o disposto no art. 112 da Lei nº 6.374, de 1º de março de 1989, decreta:

**Art. 1º.** Ficam acrescentados, com a redação que se segue, os dispositivos adiante indicados ao Anexo I do Regulamento do Imposto sobre Circulação de Mercadorias e sobre Prestações de Serviços, aprovado pelo Decreto nº 45.490, de 30 de novembro de 2000:

I – o art. 98:

II – o art. 99:

III – o art. 100:

IV – o art. 101:

V – o art. 102:

VI – o art. 103:

VII – o art. 104:

VIII – o art. 105:

IX – o art. 106:

• *Alterações já efetuadas no corpo do Decreto.*

**Art. 2º.** Este Decreto entra em vigor na data de sua publicação.

Palácio dos Bandeirantes, 26 de setembro de 2003.

*Geraldo Alckmin – DOE de 27.9.2003*

## 071. DECRETO Nº 48.115, DE 26 DE SETEMBRO DE 2003

*Introduz alterações no Regulamento do Imposto sobre Circulação de Mercadorias e Prestações de Serviços - RICMS.*

Geraldo Alckmin, Governador do Estado de São Paulo, no uso de suas atribuições legais e tendo em vista o disposto no art. 112 da Lei nº 6.374, de 1º de março de 1989, decreta:

**Art. 1º.** Ficam acrescentados, com a redação que se segue, os dispositivos adiante indicados ao Anexo I do Regulamento do Imposto sobre Circulação de Mercadorias e sobre Prestações de Serviços, aprovado pelo Decreto nº 45.490, de 30 de novembro de 2000:

I – ao Anexo I, o art. 107:

II – ao Anexo I, o art. 108:

III – ao Anexo I, o art. 109:

IV – ao Anexo II, o art. 28:

V – ao Anexo II, o art. 29:

VI – ao Anexo II, o art. 30:

VII – ao Anexo III, o art. 18:

• *Inciso VII alterado pelo Decreto nº 48.294, de 2.12.2003, efeitos a partir de 3.12.2003.*

• *Alterações já efetuadas no corpo do Decreto.*

**Art. 2º.** Este Decreto entra em vigor na data de sua publicação.

Palácio dos Bandeirantes, 26 de setembro de 2003.

*Geraldo Alckmin – DOE de 27.9.2003*

## 072. DECRETO Nº 48.139, DE 8 DE OUTUBRO DE 2003

*Introduz alterações no Regulamento do Imposto sobre Circulação de Mercadorias e Prestações de Serviços - RICMS, relativamente à prestação de informações fiscais por contribuintes do setor de combustíveis.*

Geraldo Alckmin, Governador do Estado de São Paulo, no uso de suas atribuições legais, e com fundamento no art. 67 da Lei nº 6.374, de 1º de março de 1989, decreta:

**Art. 1º.** Ficam acrescentados, com a redação que se segue, os arts. 424-B a 424-D ao Regulamento do Imposto sobre Circulação de Mercadorias e sobre Prestações de Serviços, aprovado pelo Decreto nº 45.490, de 30 de novembro de 2000:

• *Alteração já efetuada no corpo do Decreto.*

**Art. 2º.** Este Decreto entra em vigor na data de sua publicação, produzindo efeitos em relação às operações realizadas a partir de 1º de janeiro de 2004.

Palácio dos Bandeirantes, 8 de outubro de 2003.

*Geraldo Alckmin – DOE de 9.10.2003*

## 073. DECRETO Nº 48.175, DE 23 DE OUTUBRO DE 2003

*Ratifica convênio celebrado nos termos da Lei Complementar Federal nº 24, de 7 de janeiro de 1975.*

Geraldo Alckmin, Governador do Estado de São Paulo, no uso de suas atribuições legais e tendo em vista o disposto no art. 4º da Lei Complementar Federal nº 24, de 7 de janeiro de 1975, decreta:

**Art. 1º.** Fica ratificado o Convênio ICMS – 104/03, celebrado em Brasília, DF, no dia 17 de outubro de 2003, publicado na Seção I, página 21 do *Diário Oficial da União*, de 21 de outubro de 2003.

**Art. 2º.** Este Decreto entra em vigor na data de sua publicação.

Palácio dos Bandeirantes, 23 de outubro de 2003.

*Geraldo Alckmin – DOE de 24.10.2003*

## 074. DECRETO Nº 48.187, DE 28 DE OUTUBRO DE 2003

*Ratifica convênios celebrados nos termos da Lei Federal nº 24, de 7.1.1975, aprova convênios, ajustes e protocolos.*

Geraldo Alckmin, Governador do Estado de São Paulo, no uso de suas atribuições legais e tendo em vista o disposto no art. 4º da Lei Complementar Federal nº 24, de 7 de janeiro de 1975, decreta:

**Art. 1º.** Ficam ratificados os Convênios ICMS 79/03, 80/03, 82/03, 85/03, 93/03, 94/03 e 99/03, celebrados em São Luís, MA, no dia 10 de outubro de 2003, publicados, o primeiro, na Seção I, páginas 21 e 22 do *Diário Oficial da União* de 14.10.2003, e os demais, na Seção I, páginas 16 a 25, do *Diário Oficial da União* de 15.10.2003.

**Art. 2º.** Ficam aprovados:

I – os Convênios ICMS 72/03, 73/03, 75/03, 77/03, 83/03 e 96/03, o Convênio de Arrecadação nº 1/03, os Ajustes SINIEF-6/03, 8/03 e 10/03, e o Protocolo ICMS

17/03, celebrados em São Luís, MA, no dia 10 de outubro de 2003, publicados na Seção I, páginas 16 a 25 do *Diário Oficial da União* de 15.10.2003;

II – o Convênio ICMS 76/03 e os Ajustes SINIEF-7/03 e 9/03, celebrados em São Luís, MA, no dia 10 de outubro de 2003, publicados na Seção I, páginas 28 a 34 do *Diário Oficial da União* de 16.10.2003;

Parágrafo único. A aplicação dos disposto no Protocolo ICMS 17/03 independe de outro ato.

**Art. 3º.** Passa a vigorar com a redação adiante indicada o art. 90 do Anexo I do Regulamento do Imposto sobre Operações Relativas à Circulação de Mercadorias e sobre Prestações de Serviços de Transporte Interestadual e Intermunicipal e de Comunicação, aprovado pelo Decreto nº 45.490, de 30 de novembro de 2000:

• *Alteração já efetuada no corpo do Decreto.*

**Art. 4º.** Este Decreto entra em vigor na data de sua publicação, exceto o disposto no art. 3º que produz efeitos desde 27 de agosto de 2003.

Palácio dos Bandeirantes, 28 de outubro de 2003.

*Geraldo Alckmin – DOE de 29.10.2003*

## 075. DECRETO Nº 48.195, DE 30 DE OUTUBRO DE 2003

*Introduz alterações no Regulamento do Imposto sobre Circulação de Mercadorias e Prestações de Serviços – RICMS, relativamente à geração e apropriação de crédito acumulado.*

Geraldo Alckmin, Governador do Estado de São Paulo, no uso de suas atribuições legais, e com fundamento no art. 46 da Lei nº 6.374, de 1º de março de 1989, decreta:

**Art. 1º.** Passam a vigorar com a seguinte redação os §§ 1º, 4º e 5º do art. 72 do Regulamento do Imposto sobre Circulação de Mercadorias e sobre Prestações de Serviços, aprovado pelo Decreto nº 45.490, de 30 de novembro de 2000:

• *Alteração já efetuada no corpo do Decreto.*

**Art. 2º.** Este Decreto entra em vigor na data de sua publicação.

Palácio dos Bandeirantes, 30 de outubro de 2003.

*Geraldo Alckmin – DOE de 31.10.2003*

## 076. DECRETO Nº 48.237, DE 13 DE NOVEMBRO DE 2003

*Disciplina a dispensa e a redução de juros e multas e o parcelamento de débitos fiscais relacionados com o ICM e o ICMS, nas situações e condições que especifica.*

Geraldo Alckmin, Governador do Estado de São Paulo, no uso de suas atribuições legais e considerando o que dispõem o art. 100 da Lei nº 6.374, de 1º de março de 1989, e o Convênio ICMS 104/03, de 17 de outubro de 2003, decreta:

**Art. 1º.** Fica dispensado o pagamento de 50% (cinquenta por cento) dos juros e de 100% (cem por cento) das multas, calculados até a data do recolhimento, na liquidação de débitos fiscais decorrentes de fatos geradores ocorridos até 31 de julho de 2003, relacionados com o Imposto sobre Operações Relativas à Circulação de Mercadorias (ICM) e com o Imposto sobre Operações Relativas a Circulação de Mercadorias e sobre Prestações de Serviços de Transporte Interestadual e Intermunicipal e de Comunicação (ICMS), desde que o valor do débito, atualizado nos termos da legislação vigente, seja integralmente recolhido até o dia 22 de dezembro de 2003.

§ 1º. Os débitos decorrentes exclusivamente de penalidades pecuniárias por descumprimento de obrigações acessórias relativas ao ICM e ao ICMS, cujos fatos geradores tenham ocorrido até 31 de julho de 2003, poderão ser liquidados com redução de 70% (setenta por cento) do seu valor atualizado, mediante recolhimento em uma única parcela até o dia 22 de dezembro de 2003.

§ 2º. O pagamento nas condições previstas neste artigo:

1 – implica confissão irretratável do débito fiscal e expressa renúncia a qualquer defesa ou recurso, bem como desistência dos já interpostos;

2 – aplica-se a parcelamento celebrado e em andamento na data da publicação deste Decreto, apurando-se o saldo devedor sem o acréscimo financeiro que incidiria nas parcelas vincendas;

3 – no que se refere a multas, será feito sem prejuízo do disposto no art. 564 do Regulamento do Imposto sobre Circulação de Mercadorias e sobre Prestações de Serviços – RICMS, aprovado pelo Decreto nº 45.490, de 30 de novembro de 2000;

4 – em relação ao disposto no *caput* deste artigo, aplica-se a autos de infração lavrados nos quais, por qualquer de seus itens, tenha havido exigência simultânea de imposto.

**Art. 2º.** Os débitos fiscais relacionados com o ICM e o ICMS decorrentes de fatos geradores ocorridos até 31 de julho de 2003 poderão ser liquidados em até 36 (trinta e seis) parcelas mensais e sucessivas, desde que o pedido seja protocolado até 15 de dezembro de 2003 e o pagamento da parcela inicial seja efetuado até 22 de dezembro de 2003.

§ 1º. O parcelamento previsto no *caput* não se aplica a débito fiscal:

1 – com parcelamento em curso em 17 de outubro de 2003;

2 – decorrente de desembaraço aduaneiro de mercadoria importada do exterior, quando destinada à comercialização ou à industrialização;

3 – de operação submetida ao regime da sujeição passiva por substituição tributária, em relação ao imposto retido;

4 – de contribuinte inscrito no regime da empresa de pequeno porte.

§ 2º. O pedido de parcelamento implica:

1 – confissão irrevogável e irretratável do débito fiscal;

2 – expressa renúncia a qualquer defesa ou recurso administrativo ou judicial, bem como desistência dos já interpostos, relativamente aos débitos fiscais incluídos no pedido por opção do contribuinte;

3 – consolidação do valor do débito fiscal na data do pagamento da primeira parcela, com os acréscimos previstos na legislação estadual.

§ 3º. O acordo de parcelamento será considerado rompido, com o prosseguimento da cobrança do saldo devedor, na forma da lei, nas seguintes hipóteses:

1 – recolhimento não integral de qualquer uma das parcelas;

2 – atraso superior a 30 (trinta) dias no recolhimento de qualquer uma das parcelas.

§ 4º. Na hipótese de recolhimento de parcela com atraso não superior a 30 (trinta) dias, ao seu valor deverá ser acrescido o montante correspondente a duas vezes a taxa de acréscimo financeiro.

§ 5º. Aplicam-se ao parcelamento previsto neste artigo, no que não contrariarem as normas estabelecidas neste Decreto, as disposições dos arts. 570 a 584 do Regulamento do Imposto sobre Circulação de Mercadorias e sobre Prestações de Serviços – RICMS, aprovado pelo Decreto nº 45.490, de 30 de novembro de 2000, e as demais normas legais em vigor relativas a parcelamento de débitos fiscais.

**Art. 3º.** Para efeito deste Decreto:

I – considera-se débito fiscal a soma do imposto, das multas, da atualização monetária, dos juros de mora e dos demais acréscimos previstos na legislação estadual;

II – a concessão dos benefícios mencionados nos arts. 1º e 2º não dispensa o pagamento das custas, emolumentos judiciais e honorários advocatícios, estes fixados na seguinte proporção:

a) 5% (cinco por cento) do valor do débito, para pagamento nos termos do art. 1º;

b) 10% (dez por cento) do valor do débito, para pagamento nos termos do art. 2º.

**Art. 4º.** Ficam cancelados os débitos relativos a ICM e ICMS decorrentes de fatos geradores ocorridos até 31 de julho de 2003, inscritos ou não como dívida ativa, ajuizados ou não, cujos valores, atualizados em 17 de outubro de 2003, forem iguais ou inferiores a R$ 300,00 (trezentos reais).

§ 1º. O disposto neste artigo não se aplica em caso de pendência de decisão administrativa ou judicial que puder eventualmente restabelecer a exigência de valor superior ao indicado no *caput*;

§ 2º. O arquivamento das execuções fiscais relativas aos débitos cancelados nos termos deste artigo será requerido independentemente do recolhimento das despesas processuais e honorários advocatícios.

§ 3º. As providências necessárias ao cancelamento dos débitos fiscais de que trata este artigo serão determinadas e adotadas pela Secretaria da Fazenda em relação aos débitos não inscritos e pela Procuradoria Geral do Estado em relação aos débitos inscritos ou ajuizados.

**Art. 5º.** O disposto neste Decreto não autoriza a restituição ou compensação de importância já recolhida ou o levantamento de importância depositada em juízo, quando houver decisão transitada em julgado a favor do Estado.

**Art. 6º.** Este Decreto entra em vigor na data da publicação de sua publicação. (*)

• *(*) Conforme DOE.*

Palácio dos Bandeirantes, 13 de novembro de 2003.

*Geraldo Alckmin – DOE de 14.11.2003*

## 077. DECRETO Nº 48.294, DE 2 DE DEZEMBRO DE 2003

*Introduz alterações no Regulamento do Imposto sobre Circulação de Mercadorias e sobre Prestações de Serviços – RICMS e dá outras providências.*

Geraldo Alckmin, Governador do Estado de São Paulo, no uso de suas atribuições legais e tendo em vista o disposto nos Convênios ICMS 72/03, 73/03, 77/03, 79/03, 80/03, 82/03, 85/03, 93/03 e 99/03. Nos Ajustes SINIEF-06/03, 09/03, ratificados ou aprovados pelo Decreto nº 48.187, de 28 de outubro de 2003, e no Convênio ICMS 70, de 15 de agosto de 2003, aprovado pelo Decreto nº 48.050, de 36 de agosto de 2003, decreta:

**Art. 1º.** Passam a vigorar com a redação que se segue os dispositivos a seguir enumerados do Regulamento do Imposto sobre Circulação de Mercadorias e sobre Prestações de Serviços, aprovado pelo Decreto nº 45.490, de 30 de novembro de 2000:

I – o *caput* do art. 194:

II – o *caput* do art. 239:

III – o art. 250:

IV – o *caput* do art. 305:

V – o § 8º do art. 388:

VI – o *caput* do art. 413:

VII – o § 3º do art. 460:

VIII – o art. 50 do Anexo I:

IX – o item 3 do § 1º do art. 60 do Anexo I:

X – a alínea "a" do inciso I e o § 13 do art. 88 do Anexo I:

XI – o § 2º do art. 6º do Anexo III:

XII – a Nota Explicativa relativa aos CFOP 1.602 e 5.602 da Tabela I do Anexo V:

XIII – o *caput* do art. 1º do Anexo XVII:

• *Alterações já efetuadas no corpo do Decreto.*

**Art. 2º.** Ficam acrescentados, com a redação que segue, os dispositivos adiante indicados ao Regulamento do Imposto sobre Circulação de Mercadorias e sobre Prestações de Serviços, aprovado pelo Decreto nº 45.490, de 30 de novembro de 2000:

I – ao § 5º do art. 36, o item 3:

II – ao art. 124, o inciso XXI:

III – à Seção III do Capítulo I do Título IV, a Subseção V-A, composta pelos arts. 163-A a 163-D:

IV – o art. 413-A:

V – ao art. 415, o § 3º:

VI – ao art. 16 do Anexo I, o inciso XII:

VII – ao inciso VI do art. 41 do Anexo I, a alínea "c":

VIII – ao Anexo I, o art. 110:

IX – ao inciso V do art. 9º do Anexo II, a alínea "c":

X – ao art. 11 do Anexo III, o § 3º:

XI – à Tabela I do Anexo X (*), os grupos 1.650, 2.650, 3.650, 5.650, 6.650, 7.650:

• *(*) Retificado pelo art. 4º do Decreto nº 48.379, de 29.12.2003, efeitos a partir de 30.12.2003, como "Anexo V". Alteração já efetuada no corpo do Decreto.*

XII – ao Anexo XIX, o Capítulo VII, composto pelo art. 13:

XIII – ao Anexo XX – Modelos, o modelo de Conhecimento de Transporte Multimodal de Cargas, modelo 26:

• *Alterações já efetuadas no corpo do Decreto.*

**Art. 3º.** Passa a vigorar com a redação que se segue o inciso VII do art. 2º do Decreto nº 48.115, de 27.9.2003:

VII – ao Anexo III, o art. 15:

• *Alteração já efetuada no corpo do Decreto.*

**Art. 4º.** Este Decreto entra em vigor na data de sua publicação, produzindo efeitos a partir de 3 de novembro de 2003, exceto em relação aos dispositivos adiante enumerados que produzem efeitos:

I – a partir de 19 de agosto de 2003, o inciso IV do art. 1º;

II – a partir de 15 de outubro de 2003, o inciso XIII do art. 1º e os incisos IV e XII do art. 2º;

III – a partir de 1º de novembro de 2003, o inciso VI do art. 1º e o inciso V do art. 2º;

IV – a partir da data de publicação deste Decreto, os incisos I, II, III, VII, VIII, IX e XI do art. 1º e o art. 3º;

V – a partir de 1º de janeiro de 2004, o inciso XII do art. 1º e o inciso III do art. 2º;

VI – aos fatos geradores que ocorrerem a partir de 1º de janeiro de 2004, o inciso XI do art. 2º.

Palácio dos Bandeirantes, 2 de dezembro de 2003.

*Geraldo Alckmin – DOE de 3.12.2003*

## 078. DECRETO Nº 48.379, DE 29 DE DEZEMBRO DE 2003

*Ratifica convênios celebrados nos termos da Lei Complementar Federal nº 24, de 7.1.1975, aprova convênios, protocolos e ajustes SINIEF, introduz alterações no Regulamento do Imposto sobre Circulação de Mercadorias e sobre Prestações de Serviços – RICMS e dá outras providências.*

Geraldo Alckmin, Governador do Estado de São Paulo, no uso de suas atribuições legais e tendo em vista o disposto no art. 4º da Lei Complementar Federal nº 24, de 7 de janeiro de 1975, e na Lei nº 11.593, de 4 de dezembro de 2003, decreta:

**Art. 1º.** Ficam ratificados os Convênios ICMS 106/03, 116/03, 118/03, 119/03, 120/03, 121/03 e 122/03, celebrados em Joinville, SC, no dia 12 de dezembro de 2003, publicados na Seção I, páginas 40 a 61, do Diário Oficial da União de 17 de dezembro de 2003.

**Art. 2º.** Ficam aprovados os Convênios ICMS 107/03, 108/03, 110/03, 111/02, 112/03, 113/03, 114/03, 115/03, 117/03 e 142/03, os Ajustes SINIEF- 11/03, 12/03, 13/03, 14/03 e 15/03 e os Protocolos ICMS 25/03, 26/03, 27/03 e 28/03, celebrados em Joinville, SC, no dia 12 de dezembro de 2003, publicados na Seção I, páginas 40 a 61, do Diário Oficial da União de 17 de dezembro de 2003.

Parágrafo único. A aplicação do disposto no Protocolo ICMS 26/03 independe de outro ato.

**Art. 3º.** Passam a vigorar com a redação que se segue os dispositivos a seguir enumerados do Regulamento do Imposto sobre Circulação de Mercadorias e sobre Prestações de Serviços, aprovado pelo Decreto nº 45.490, de 30 de novembro de 2000:

I – o inciso VI do art. 54:

II – o inciso XXVI do art. 55:

III – o § 4º do art. 8º das Disposições Transitórias:

IV – o art. 18 das Disposições Transitórias:

• *Alterações já efetuadas no corpo do Decreto.*

**Art. 4º.** A alteração inserida no Regulamento do ICMS, aprovado pelo Decreto nº 45.490, de 30 de novembro de 2003, por meio do inciso XI do art. 2º do Decreto nº 48.294, de 2 de dezembro de 2003, é efetuada na Tabela I do Anexo V.

• *Alteração já efetuada no corpo do Decreto.*

**Art. 5º.** Este Decreto entra em vigor na data de sua publicação, exceto em relação aos dispositivos adiante enumerados que produzem efeitos a partir de:

I – 5 de dezembro de 2003, os incisos I e II do art. 3º;

II – 1º de janeiro de 2004, os incisos III e IV do art. 3º.

Palácio dos Bandeirantes, 29 de dezembro de 2003.

*Geraldo Alckmin – DOE de 30.12.2003*

## 079. DECRETO Nº 48.475, DE 28 DE JANEIRO DE 2004

*Introduz alterações no Regulamento do Imposto sobre Circulação de Mercadorias e Prestações de Serviços – RICMS e dá outras providências.*

Geraldo Alckmin, Governador do Estado de São Paulo, no uso de suas atribuições legais e tendo em vista o disposto nos Convênios ICMS 106/03, 107/03, 108/03, 117/03, 118/03, 119/03, 120/03, 121/03 e 122/03, nos Ajustes SINIEF-11/03 e 12/03 e nos Protocolos ICMS 27/03 e 28/03, todos celebrados em Joinville, SC, no dia 12 de dezembro de 2003, ratificados ou aprovados pelo Decreto nº 48.379, de 29 de dezembro de 2003, decreta:

**Art. 1º.** Passam a vigorar com a seguinte redação os dispositivos adiante enumerados do Regulamento do Imposto sobre Circulação de Mercadorias e sobre Prestações de Serviços, aprovado pelo Decreto nº 45.490, de 30 de novembro de 2000:

I – o inciso I do art. 70:

II – o art. 129:

III – o § 2º do art. 293:

IV – o art. 415:

V – o art. 424-A:

VI – o art. 474-A:

VII – o art. 20 das Disposições Transitórias:

VIII – o parágrafo único do art. 34 do Anexo I:

IX – o parágrafo único do art. 61 do Anexo I:

X – o art. 62 do Anexo I:

XI – o § 2º do art. 91 do Anexo I:

XII – o § 2º do art. 1º do Anexo II:

XIII – o parágrafo único do art. 17 do Anexo II:

XIV – a alínea "b" do item 1 do § 1º do art. 4º do Anexo III:

XV – o § 4º do art. 4º do Anexo III:

XVI – o art. 1º do Anexo XVII:

XVII – o art. 1º do Anexo XVIII:

• *Alterações já efetuadas no corpo do Decreto.*

**Art. 2º.** Ficam acrescentados os dispositivos adiante indicados ao Regulamento do Imposto sobre Circulação de Mercadorias e sobre Prestações de Serviços, aprovado pelo Decreto nº 45.490, de 30 de novembro de 2000, com a seguinte redação:

I – ao § 25 do art. 127, o item 3:

II – ao art. 250, os §§ 1º e 2º:

III – à Seção V do Capítulo VI do Título II do Livro II, o art. 423-A:

IV – à Seção V do Capítulo VI do Título II do Livro II, o art. 423-B:

V – ao art. 66 do Anexo I, o § 1º, passando o seu atual parágrafo único a denominar-se § 2º, com a seguinte redação:

VI – ao Anexo II, o art. 31:

• *Alterações já efetuadas no corpo do Decreto.*

**Art. 3º.** Ficam revogados os seguintes dispositivos do Regulamento do Imposto sobre Circulação de Mercadorias e Prestação de Serviços – RICMS, aprovado pelo Decreto nº 45.490, de 30 de novembro de 2000:

I – o art. 2º do Anexo XVIII (Ajuste SINIEF 11/03);

II – o modelo constante no Anexo/Modelos denominado: "Demonstrativo de Apuração do ICMS – DAICMS – Energia Elétrica" (Ajuste SINIEF 11/03).

• *Alterações já efetuadas no corpo do Decreto.*

**Art. 4º.** Passa a vigorar com a seguinte redação o art. 3º do Decreto nº 47.065, de 6 de setembro de 2002:

• *Alteração já efetuada no corpo do Decreto.*

**Art. 5º.** Este Decreto entra em vigor na data da sua publicação, exceto em relação aos dispositivos adiante enumerados que produzirão efeitos a partir de:

I – 17 de dezembro de 2003, os incisos VI e XVI do art. 1º e os incisos III e IV do art. 2º;

II – 1º de janeiro de 2004, os incisos VIII, IX, XI, XIII, XIV e XV do art. 1º, o inciso V do art. 2º e o art. 3º;

III – 6 de janeiro de 2004, os incisos X e XII do art. 1º e o inciso VI do art. 2º;

IV – 1º de fevereiro de 2004, o inciso II do art. 1º;

V – 1º de maio de 2004, o inciso I do art. 2º.

Palácio dos Bandeirantes, 28 de janeiro de 2004.

*Geraldo Alckmin – DOE 29.1.2004*

## 080. DECRETO Nº 48.495, DE 13 DE FEVEREIRO DE 2004

*Ratifica convênio celebrados nos termos da Lei Federal nº 24, de 7.1.1975, aprova protocolos e introduz alterações no Regulamento do ICMS.*

Geraldo Alckmin, Governador do Estado de São Paulo, no uso de suas atribuições legais e tendo em vista o disposto no art. 4º da Lei Complementar Federal nº 24, de 7 de janeiro de 1975. decreta:

**Art. 1º.** Fica ratificado o Convênio ICMS 01/04, celebrado em Brasília, DF, no dia 29 de janeiro de 2004, e publicado na Seção I do Diário Oficial da União de 30 de janeiro de 2004, página 17.

**Art. 2º.** Ficam aprovados os Protocolos ICMS 34/03, ICMS 04/04 e ICMS 05/04 e o Convênio ICMS 03/04, o primeiro celebrado em Joinville, SC, em 12 de dezembro de 2003, e publicado no Diário Oficial da União de 23 de dezembro de 2003, página 36, os demais celebrados em Brasília, DF, no dia 29 de janeiro de 2004, e publicados no Diário Oficial da União de 04 de fevereiro de 2004, Seção I, páginas 29 a 32, exceto o Protocolo ICMS 05/04, publicado na Seção I, página 16, do Diário Oficial da União de 06 de fevereiro de 2004.

**Art. 3º.** Passam a vigorar com a seguinte redação os dispositivos adiante indicados do Regulamento do Imposto sobre Circulação de Mercadorias e sobre Prestações de Serviços, aprovado pelo Decreto nº 45.490, de 30 de novembro de 2000:

I – os itens 1 e 2 do § 1º do art. 400-B:

II – o § 4º do art. 24 do Anexo I:

• *Alterações já efetuadas no corpo do Decreto.*

**Art. 4º.** Ficam acrescentados os seguintes itens ao Anexo VI do Regulamento do Imposto sobre Circulação de Mercadorias e sobre Prestações de Serviços, aprovado pelo Decreto nº 45.490, de 30 de novembro de 2000:

I – os itens 5-A e 17-A à Tabela II:

II – o item 6-A à Tabela III:

• *Alterações já efetuadas no corpo do Decreto.*

**Art. 5º.** Este Decreto entra em vigor na data de sua publicação, exceto em relação ao disposto no inciso II do art. 3º, cujos efeitos retroagem a 1º de janeiro de 2004.

Palácio dos Bandeirantes, 13 de fevereiro de 2004.

*Geraldo Alckmin – DOE 14.2.2004*

## 081. DECRETO Nº 48.534, DE 9 DE MARÇO DE 2004

*Introduz alterações no Regulamento do Imposto sobre Circulação de Mercadorias e Prestações de Serviços – RICMS e dá outras providências.*

Geraldo Alckmin, Governador do Estado de São Paulo, no uso de suas atribuições legais e com fundamento nos arts. 28, 28-A e 59 da Lei nº 6.374, de 1º de março de 1989, no Convênio ICMS 1/04, celebrado em 29 de janeiro de 2004 e ratificado pelo Decreto nº 48.495, de 13 de fevereiro de 2004, e no Protocolo ICMS 28/03, celebrado em 10 de dezembro de 2003 e aprovado pelo Decreto nº 48.379, de 29 de dezembro de 2003, decreta:

**Art. 1º.** Passam a vigorar com a seguinte redação os dispositivos adiante enumerados do Regulamento do Imposto sobre Circulação de Mercadorias e sobre Prestações de Serviços, aprovado pelo Decreto nº 45.490, de 30 de novembro de 2000:

I – o § 3º do art. 11 das Disposições Transitórias:

II – o item 2 do § 3º do art. 62 do Anexo I:

• *Alterações já efetuadas no corpo do Decreto.*

**Art. 2º.** O estabelecimento comercial paulista, exceto o enquadrado no regime tributário de microempresa e da empresa de pequeno porte, em relação ao estoque existente no dia 31 de janeiro de 2004 de bebidas hidroeletrolíticas (isotônicas) e energéticas classificadas nas posições 2106.90 e 2202.90 da Nomenclatura Brasileira de Mercadorias, Sistema Harmonizado – NBM/SH, excetuadas as já incluídas no regime constante do art. 293 do Regulamento do ICMS, deverá:

I – elaborar, em duas vias, relação discriminada das mercadorias indicando:

a) seu valor, considerando o custo da aquisição mais recente;

b) o valor da base de cálculo e do imposto devido;

c) os correspondentes códigos da Nomenclatura Brasileira de Mercadorias – Sistema Harmonizado (NBM/SH);

II – entregar, até o último dia útil do mês de fevereiro de 2004, a relação de que trata o inciso I na repartição fiscal a que estiver vinculado, a qual devolverá a 2ª via ao contribuinte, devidamente protocolizada, como recibo;

III – recolher o imposto devido pela própria operação e pelas subsequentes, resultante da aplicação da alíquota vigente para as operações internas sobre a base de cálculo legalmente prevista, por meio de guia de recolhimentos especiais, mediante o código 063-2, até 10 de março de 2004.

§ 1°. A base de cálculo do imposto devido será o total dos valores de que trata a alínea "a" do inciso I, incluídos os valores de frete, seguro, impostos e outros encargos assumidos pela adquirente, acrescida da parcela resultante da aplicação dos seguintes percentuais de margem de valor agregado sobre o montante devido:

1 – 35% (trinta e cinco por cento), no caso de estabelecimento exclusivamente varejista;

2 – 66% (sessenta e seis por cento), no caso dos demais estabelecimentos.

§ 2°. Existindo saldo credor do imposto no dia em que for efetuado o correspondente levantamento de estoque, mediante a sua utilização, poderá ser deduzido do valor do imposto devido, observando-se, sem prejuízo das demais exigências, o que segue:

1 – a dedução deverá ser discriminada na relação a que se refere o inciso I;

2 – o saldo do imposto devido, após a dedução referida, deverá ser recolhido nos termos prescritos no inciso III;

3 – a importância deduzida será lançada no Registro de Apuração do ICMS, na folha destinada à apuração das operações e prestações próprias do período em que ocorrer o aludido levantamento de estoque, no campo "Estornos de Crédito" do quadro "Débito do Imposto", com a indicação da expressão "Substituição Tributária – art. 293, § 2°, do RICMS".

§ 3°. Os procedimentos estabelecidos neste artigo aplicam-se, igualmente, em relação à mercadoria recebida após 1° de fevereiro de 2004, cuja saída do remetente tenha ocorrido anteriormente a essa data sem a retenção antecipada do imposto.

• *Art. 2°, efeitos a partir de 27.1.2004.*

**Art. 3°.** Este Decreto entra em vigor na data de sua publicação, produzindo efeitos:

I – o inciso II do art. 1°, a partir de 18 de fevereiro de 2004;

II – o art. 2°, a partir de 27 de janeiro de 2004.

Palácio dos Bandeirantes, 9 de março de 2004.

*Geraldo Alckmin – DOE de 10.3.2004*

## 082. DECRETO N° 48.605, DE 20 DE ABRIL DE 2004

*Ratifica convênios celebrados nos termos da Lei Complementar Federal n° 24, de 7.1.1975, aprova Convênios, Protocolos e Ajustes SINIEF, e introduz alterações no Regulamento do Imposto sobre Circulação de Mercadorias e Prestações de Serviços – RICMS.*

Geraldo Alckmin, Governador do Estado de São Paulo, no uso de suas atribuições legais e tendo em vista o disposto no art. 4° da Lei Complementar Federal n° 24, de 7 de janeiro de 1975, e no Convênio ICMS 82/03, de 10 de outubro de 2003, ratificado pelo Decreto n° 48.137, de 28 de outubro de 2003, decreta:

**Art. 1°.** Ficam ratificados os Convênios ICMS 4/04, 9/04, 10/04 e 12/04, celebrados em Vitória, ES, no dia 2 de abril de 2004, publicados na Seção I, páginas 69 a 79, do Diário Oficial da União de 8 de abril de 2004.

**Art. 2°.** Ficam aprovados:

I – os Convênios ICMS 5/04, 6/04, 8/04, 18/04, 19/04, 20/04 e 27/04, os Ajustes SINIEF-1/04, 2/04, 3/04, 4/04, 5/04 e 6/04 e os Protocolos ICMS 7/04, 8/04, 9/04, 10/04, 12/04, e 15/04, celebrados em Vitória, ES, no dia 2 de abril de 2004, publicados na Seção I, páginas 67 a 81, do Diário Oficial da União de 8 de abril de 2004;

II – o Convênio ICMS 21/03 e o Convênio ECF-2/04, celebrados em Vitória, ES, no dia 2 de abril de 2004, publicados na Seção I, página 15, do Diário Oficial da União de 13 de abril de 2004, e o Protocolo ICMS 19/04, celebrado na mesma data e publicado na Seção I, página 22 do Diário Oficial da União de 12 de abril de 2004.

Parágrafo único. A aplicação do disposto nos Protocolos ICMS 9/04, 10/04, 15/04 e 19/04 independem de outro ato.

**Art. 3°.** Passam a vigorar com a seguinte redação os dispositivos adiante indicados do Regulamento do Imposto sobre Circulação de Mercadorias e sobre Prestações de Serviços, aprovado pelo Decreto n° 45.490, de 30 de novembro de 2000:

I – os itens 1 e 2 do § 1° do art. 88 do Anexo I:

II – o § 7° do art. 88 do Anexo I:

• *Alterações já efetuadas no corpo do Decreto.*

**Art. 4°.** Fica revogado o art. 35 do Anexo I do Regulamento do Imposto sobre Circulação de Mercadorias e sobre Prestações de Serviços, aprovado pelo Decreto n° 45.490, de 30 de novembro de 2000.

• *Alteração já efetuada no corpo do Decreto.*

**Art. 5°.** Este Decreto entra em vigor na data de sua publicação, produzindo efeitos os incisos I e II do art. 3° desde 3 de novembro de 2003.

Palácio dos Bandeirantes, 20 de abril de 2004.

*Geraldo Alckmin – DOE de 21.4.2004*

## 083. DECRETO N° 48.628, DE 6 DE MAIO DE 2004

*Fixa prazos especiais para recolhimento do ICMS nas saídas de mercadorias decorrentes do evento que especifica e dá outras providências. [20ª Convenção e Feira Paulista de Supermercados] (DOE de 7.5.2004).*

• *Pode ser considerado sem mais efeito em razão do cumprimento de seu prazo.*

## 084. DECRETO Nº 48.664, DE 17 DE MAIO DE 2004

*Introduz alterações no Regulamento do Imposto sobre Circulação de Mercadorias e Prestações de Serviços – RICMS.*

Geraldo Alckmin, Governador do Estado de São Paulo, no uso de suas atribuições legais, com fundamento no Convênio ICMS 6, de 2 de abril de 2004, aprovado pelo Decreto nº 48.605, de 20 de abril de 2004, decreta:

**Art. 1º.** Passa a vigorar com a seguinte redação o art. 5º do Anexo XVIII do Regulamento do Imposto sobre Circulação de Mercadorias e sobre Prestações de Serviços, aprovado pelo Decreto nº 45.490, de 30 de novembro de 2000:

• *Alteração já efetuada no corpo do Decreto.*

**Art. 2º.** Ficam acrescentados os arts. 6º a 9º ao Anexo XVIII do Regulamento do Imposto sobre Circulação de Mercadorias e sobre Prestações de Serviços, aprovado pelo Decreto nº 45.490, de 30 de novembro de 2000, com a seguinte redação:

• *Alteração já efetuada no corpo do Decreto.*

**Art. 3º.** Este Decreto entra em vigor na data de sua publicação.

Palácio dos Bandeirantes, 17 de maio de 2004.

*Geraldo Alckmin – DOE de 18.5.2004*

## 085. DECRETO Nº 48.665, DE 17 DE MAIO DE 2004

*Introduz alterações no Regulamento do Imposto sobre Circulação de Mercadorias e Prestações de Serviços – RICMS.*

Geraldo Alckmin, Governador do Estado de São Paulo, no uso de suas atribuições legais, e com fundamento no art. 67 da Lei nº 6.374, de 1º de março de 1989, decreta:

**Art. 1º.** Passam a vigorar com a redação que se segue os dispositivos adiante enumerados do Anexo XVII do Regulamento do Imposto sobre Circulação de Mercadorias e sobre Prestações de Serviços, aprovado pelo Decreto nº 45.490, de 30 de novembro de 2000:

I – o *caput* do art. 2º:

II – o item 1 do parágrafo único do art. 8º:

• *Alterações já efetuadas no corpo do Decreto.*

**Art. 2º.** Ficam acrescentados ao Anexo XVII do Regulamento do Imposto sobre Circulação de Mercadorias e sobre Prestações de Serviços, aprovado pelo Decreto nº 45.490, de 30 de novembro de 2000, os dispositivos adiante indicados:

I – o art. 8º-A:

II – o art. 11:

• *Alterações já efetuadas no corpo do Decreto.*

**Art. 3º.** Este Decreto entra em vigor na data de sua publicação.

Palácio dos Bandeirantes, 17 de maio de 2004.

*Geraldo Alckmin – DOE de 18.5.2004*

## 086. DECRETO Nº 48.739, DE 21 DE JUNHO DE 2004

*Introduz alterações no Regulamento do Imposto sobre Circulação de Mercadorias e Prestações de Serviços – RICMS e dá outras providências.*

Geraldo Alckmin, Governador do Estado de São Paulo, no uso de suas atribuições legais e tendo em vista o disposto nos Convênios ICMS 5/04, 8/04, 9/04, 10/04, 12/04, 18/04, 19/04 e 20/04, nos Ajustes SINIEF-1/04, 3/04 e 6/04, nos Protocolos ICMS 7/04, 8/04 e 12/04 e no Convênio ECF-2/04, todos celebrados em Vitória, ES, no dia 2 de abril de 2004, ratificados ou aprovados pelo Decreto nº 48.605, de 20 de abril de 2004, decreta:

**Art. 1º.** Passam a vigorar com a seguinte redação os dispositivos adiante enumerados do Regulamento do Imposto sobre Circulação de Mercadorias e sobre Prestações de Serviços, aprovado pelo Decreto nº 45.490, de 30 de novembro de 2000:

I – o *caput* do inciso XVII do art. 54, mantidas as suas alíneas:

II – a alínea "a" do inciso III do art. 130:

III – a alínea "d" do inciso IV do art. 130:

IV – o *caput* do art. 250:

V – o item 4 do § 1º do art. 417:

VI – o inciso II do art. 440:

VII – o item 3 do § 2º do art. 442:

VIII – o *caput* do art. 474-A, mantidos os incisos:

IX – o § 3º do art. 14 do Anexo I:

X – o § 7º do art. 19 do Anexo I:

XI – o § 3º do art. 30 do Anexo I:

XII – o § 3º do art. 38 do Anexo I:

XIII – o § 2º do art. 40 do Anexo I:

XIV – o § 2º do art. 12 do Anexo II:

XV – o parágrafo único do art. 14 do Anexo II:

XVI – o parágrafo único do art. 15 do Anexo II:

XVII – o § 5º do art. 24 do Anexo II:

XVIII – o § 5º do art. 25 do Anexo II:

XIX – o *caput* do art. 1º do Anexo XVII:

XX – o inciso III do art. 3º do Anexo XX:

• *Alterações já efetuadas no corpo do Decreto.*

**Art. 2º.** Ficam acrescentados os dispositivos adiante indicados ao Regulamento do Imposto sobre Circulação de Mercadorias e sobre Prestações de Serviços, aprovado pelo Decreto nº 45.490, de 30 de novembro de 2000, com a seguinte redação:

I – o § 8º ao art. 130:

II – a alínea "e" ao item 1 do § 3º do art. 251:

III – o parágrafo único ao art. 440:

IV – o parágrafo único ao art. 73 do Anexo I:

V – o parágrafo único ao art. 30 do Anexo II:

VI – à Tabela I do Anexo V, os Códigos Fiscais de Operações e Prestações a seguir indicados, com as respectivas Notas Explicativas:

VII – o item 21-A à Tabela II do Anexo VI:

VIII – o § 6º ao art. 1º do Anexo XX:

• *Alterações já efetuadas no corpo do Decreto.*

**Art. 3º.** A exigência prevista no item 3 do § 25 do art. 127 do Regulamento do Imposto sobre Circulação de Mercadorias e sobre Prestações de Serviços, aprovado pelo Decreto nº 45.490, de 30 de novembro de 2000, produzirá efeitos a partir de 1º de outubro de 2004 (Ajuste SINIEF-06/04).

- *Art. 3º do Decreto nº 48.739, de 21.6.2004 – DOE de 22.6.2004: "A exigência prevista no item 3 do § 25 do art. 127 do Regulamento do Imposto sobre Circulação de Mercadorias e sobre Prestações de Serviços, aprovado pelo Decreto nº 45.490, de 30 de novembro de 2000, produzirá efeitos a partir de 1º de outubro de 2004 (Ajuste SINIEF-06/04)."*
- *Alteração já efetuada no corpo do Decreto.*

**Art. 4º.** Ficam convalidados os procedimentos adotados, com base no Convênio ICMS 126/98, de 11 de dezembro de 1988, pela empresa Brasil Telecom S/A no período entre 22 de janeiro de 2004 e 8 de abril de 2004 (Convênio ICMS 09/04).

- *Efeitos a partir de 28.4.2004.*

**Art. 5º.** Este Decreto entra em vigor na data da sua publicação, produzindo efeitos a partir de 1º de maio de 2004, exceto em relação aos dispositivos a seguir enumerados que produzem efeitos:

I – desde 1º de dezembro de 2002, o inciso VIII do art. 2º;

II – desde 8 de abril de 2004, os incisos V e VIII do art. 1º;

III – desde 28 de abril de 2004, o inciso IV do art. 2º e o art. 4º;

IV – na data de publicação deste Decreto, os incisos I, II, III, IV, VI, VII, XIX e XX do art. 1º, os incisos I, III, V e VII do art. 2º e o art. 3º;

V – em relação às operações e prestações realizadas a partir de 1º de janeiro de 2005, o inciso VI do art. 2º.

Palácio dos Bandeirantes, 21 de junho de 2004.

*Geraldo Alckmin – DOE de 22.6.2004*

## 087. DECRETO Nº 48.785, DE 8 DE JULHO DE 2004

*Ratifica convênios celebrados nos termos da Lei Complementar Federal nº 24, de 7 de janeiro de 1975, aprova convênios, protocolos e ajustes SINIEF.*

Geraldo Alckmin, Governador do Estado de São Paulo, no uso de suas atribuições legais e tendo em vista o disposto no art. 4º da Lei Complementar Federal nº 24, de 7 de janeiro de 1975, decreta:

**Art. 1º.** Ficam ratificados os Convênios ICMS 31/04, 32/04, 40/04, 45/04, 47/04, 54/04, 55/04, 59/04 e 60/04, celebrados em João Pessoa, PB, no dia 18 de junho de 2004, publicados na Seção I, páginas 35 a 45, do *Diário Oficial da União* de 24 de junho de 2004.

**Art. 2º.** Ficam aprovados os Convênios ICMS 30/04, 33/04, 34/04, 35/04, 36/04, 37/04, 38/04, 39/04 e 64/04, os Ajustes SINIEF 07/04, 08/04 e 09/04, publicados na Seção I, páginas 35 a 45, do *Diário Oficial da União* de 24 de junho de 2004, e os Protocolos ICMS 22/04, 23/04, 27/04 e 30/04, publicados na Seção I, páginas 29 e 30, do *Diário Oficial da União* de 25 de junho de 2004, todos celebrados em João Pessoa, PB, no dia 18 de junho de 2004.

Parágrafo único. A aplicação dos disposto nos protocolos referidos no *caput* independe de outro ato.

**Art. 3º.** Este Decreto entra em vigor na data de sua publicação.

Palácio dos Bandeirantes, 8 de julho de 2004.

*Geraldo Alckmin – DOE de 9.7.2004*

## 088. DECRETO Nº 48.786, DE 13 DE JULHO DE 2004

*Introduz alterações no Regulamento do Imposto sobre Circulação de Mercadorias e Prestações de Serviços – RICMS.*

Geraldo Alckmin, Governador do Estado de São Paulo, no uso de suas atribuições legais e tendo em vista o disposto no art. 112 da Lei nº 6.374/1989, de 1º de março de 1989, e no Convênio ICMS 10/04, de 2 de abril de 2004, ratificado pelo Decreto nº 48.605, de 20 de abril de 2004, decreta:

**Art. 1º.** Passam a vigorar com a redação que se segue os dispositivos adiante enumerados do Regulamento do Imposto sobre Circulação de Mercadorias e sobre Prestações de Serviços, aprovado pelo Decreto nº 45.490, de 30 de novembro de 2000:

I – o parágrafo único do art. 49 do Anexo I:

II – o *caput* do art. 30 do Anexo II:

- *Alterações já efetuadas no corpo do Decreto.*

**Art. 2º.** Este Decreto entra em vigor na data de sua publicação, exceto em relação ao inciso I do art. 1º, cujos efeitos são retroativos a 1º de maio de 2004.

Palácio dos Bandeirantes, 13 de julho de 2004.

*Geraldo Alckmin – DOE de 14.7.2004*

## 089. DECRETO Nº 48.831, DE 29 DE JULHO DE 2004

*Introduz alterações no Regulamento do Imposto sobre Circulação de Mercadorias e Prestações de Serviços – RICMS e dá outras providências.*

Geraldo Alckmin, Governador do Estado de São Paulo, no uso de suas atribuições legais e tendo em vista o disposto nos Convênios ICMS 32/04, 34/04, 35/04, 36/04, 37/04, 40/04, 47/04, 54/04, 55/04, 59/04 e 60/04, nos Ajustes SINIEF-07/04, 08/04 e 09/04, e no Protocolo ICMS 23/04, todos celebrados em João Pessoa, PB, no dia 18 de junho de 2004, ratificados ou aprovados pelo Decreto nº 48.785, de 8 de julho de 2004, no Ajuste SINIEF-01/04 e no Convênio 06/04, ambos celebrados em Vitória, ES, no dia 2 de abril de 2004, e aprovados pelo Decreto nº 48.065, de 20 de abril de 2004, decreta:

**Art. 1º.** Passam a vigorar com a seguinte redação os dispositivos adiante enumerados do Regulamento do Imposto sobre Circulação de Mercadorias e sobre Prestações de Serviços, aprovado pelo Decreto nº 45.490, de 30 de novembro de 2000:

I – o item 3 do § 25 do art. 127:

II – a alínea "a" do item 1 do § 4º do art. 214:

III – o item 2 do § 4º do art. 214:

IV – o art. 305:

V – o item 2 do § 1º do art. 316:

VI – o art. 424-A:

VII – o § 1º do art. 20 das Disposições Transitórias:

VIII – o item 1 do § 1º do art. 2º do Anexo I:

IX – o § 7º do art. 19 do Anexo I:

X – o *caput* do art. 34 do Anexo I:

XI – o parágrafo único do art. 17 do Anexo II:

XII – o § 2º do art. 1º do Anexo III:

XIII – o § 2º do art. 3º do Anexo III:

XIV – o § 4º do art. 4º do Anexo III:

XV – o § 4º do art. 6º do Anexo III:

XVI – o § 6º do art. 8º do Anexo III:

XVII – as Notas Explicativas dos Códigos Fiscais de Operações e Prestações a seguir indicados, constantes na Tabela I do Anexo V:

XVIII – o *caput* do art. 1º do Anexo XVII:

XIX – o inciso II do art. 5º do Anexo XVIII:

XX – o art. 8º do Anexo XVIII:

• *Alterações já efetuadas no corpo do Decreto.*

**Art. 2º.** Ficam acrescentados os dispositivos adiante indicados ao Regulamento do Imposto sobre Circulação de Mercadorias e sobre Prestações de Serviços, aprovado pelo Decreto nº 45.490, de 30 de novembro de 2000, com a seguinte redação:

I – os itens 7-A e 7-B à Tabela III do Anexo VI:

II – o § 7º ao art. 3º do Anexo XVII:

• *Alterações já efetuadas no corpo do Decreto.*

**Art. 3º.** Fica aprovado o Protocolo ICMS 29/04, celebrado em João Pessoa, PB, no dia 18 de junho de 2004, e publicado na Seção I, página 28, do Diário Oficial da União de 30 de junho de 2004.

• *Efeitos a partir de 30.7.2004.*

**Art. 4º.** Ficam convalidados os procedimentos adotados, no período de 1º de maio de 2003 a 13 de fevereiro de 2004, pelo estabelecimento gráfico que tenha promovido a saída de impressos em papelão ondulado com o diferimento de que trata o art. 400-B do Regulamento do Imposto sobre Circulação de Mercadorias e sobre Prestações de Serviços, aprovado pelo Decreto nº 45.490, de 30 de novembro de 2000, na redação dada pelo inciso I do art. 3º do Decreto nº 48.495, de 13 de fevereiro de 2004, desde que observado o cumprimento das demais obrigações principal e acessórias previstas no mencionado Regulamento.

Parágrafo único. O disposto no *caput* não autoriza a restituição de importância já recolhida.

• *Efeitos a partir de 30.7.2004.*

**Art. 5º.** Este Decreto entra em vigor na data da sua publicação, produzindo efeitos a partir de 13 de julho de 2004, exceto em relação aos dispositivos a seguir enumerados que produzem efeitos:

I – desde 24 de junho de 2004, os incisos IV, VI, VII, XVII e XVIII do art. 1º e o inciso II do art. 2º;

II – na data de publicação deste Decreto, os incisos XIX e XX do art. 1º, o inciso I do art. 2º e os arts. 3º e 4º;

III – a partir de 1º de janeiro de 2005, os incisos I, II, III e V do art. 1º.

Palácio dos Bandeirantes, 29 de julho de 2004.

*Geraldo Alckmin – DOE de 30.7.2004*

## 090. DECRETO Nº 48.920, DE 2 DE SETEMBRO DE 2004

*Aprova convênios, introduz alterações no Regulamento do Imposto sobre Circulação de Mercadorias e Prestações de Serviços – RICMS, e dá outra providência.*

Geraldo Alckmin, Governador do Estado de São Paulo, no uso de suas atribuições legais, e considerando o disposto no art. 67 da Lei nº 6.374/1989, de 1º de março de 1989, e nos Convênios ICMS 30/04, de 18 de junho de 2004, e ICMS 67/04, de 13 de agosto de 2004, decreta:

**Art. 1º.** Fica aprovado o Convênio ICMS 67/04, celebrado em Brasília – DF, no dia 13 de agosto de 2004, e publicado na Seção I, página 31 do Diário Oficial da União de 20 de agosto de 2004.

**Art. 2º.** Passam a vigorar com a redação que se segue os dispositivos adiante enumerados do Regulamento do Imposto sobre Circulação de Mercadorias e sobre Prestações de Serviços, aprovado pelo Decreto nº 45.490, de 30 de novembro de 2000:

I – o item 3 do § 25 do art. 127:

II – o § 4º do art. 4º do Anexo III:

• *Alterações já efetuadas no corpo do Decreto.*

**Art. 3º.** Ficam acrescentados, com a redação que se segue, os dispositivos adiante indicados ao Regulamento do Imposto sobre Circulação de Mercadorias e sobre Prestações de Serviços, aprovado pelo Decreto nº 45.490, de 30 de novembro de 2000:

I – o art. 411-A:

II – o art. 10 ao Anexo (*):

• *Número do Anexo omitido no DOE, cremos ser o XVIII.*

• *Alterações já efetuadas no corpo do Decreto.*

**Art. 4º.** Ficam convalidados os procedimentos adotados pela montadora ou pelo importador relativamente à aplicação dos percentuais previstos nas alíneas "e" e "o" dos incisos I e II do art. 305 do Regulamento do Imposto sobre Circulação de Mercadorias e sobre Prestações de Serviços, aprovado pelo Decreto nº 45.490, de 30 de novembro de 2000, na redação dada pelo Decreto nº 48.831, de 29 de julho de 2004, para obtenção da base de cálculo do imposto devido nas operações com veículos automotores novos realizadas no período de 1º de maio de 2004 a 23 de junho de 2004 (Convênio ICMS 67/04).

Parágrafo único. O disposto neste artigo não autoriza a restituição ou compensação de importâncias já recolhidas.

**Art. 5º.** Este Decreto entra em vigor na data de sua publicação, exceto em relação ao inciso I do art. 2º, que produzirá efeitos a partir de 1º de janeiro de 2005.

Palácio dos Bandeirantes, 2 de setembro de 2004.

*Geraldo Alckmin – DOE de 3.9.2004*

## 091. DECRETO Nº 48.956, DE 21 DE SETEMBRO DE 2004

*Introduz alterações no Regulamento do Imposto sobre Circulação de Mercadorias e Prestações de Serviços – RICMS.*

Geraldo Alckmin, Governador do Estado de São Paulo, no uso de suas atribuições legais e considerando o que dispõe o art. 112 da Lei nº 6.374/1989, de 1º de março de 1989, decreta:

**Art. 1º.** Fica acrescentado, com a redação que segue, o art. 36 ao Anexo II do Regulamento do Imposto sobre Circulação de Mercadorias e sobre Prestações de Serviços, aprovado pelo Decreto nº 45.490, de 30 de novembro de 2000:

• *Alteração já efetuada no corpo do Decreto.*

**Art. 2º.** Este Decreto entra em vigor na data de sua publicação.

Palácio dos Bandeirantes, 21 de setembro de 2004.

*Geraldo Alckmin – DOE de 22.9.2004*

## 092. DECRETO Nº 48.957, DE 21 DE SETEMBRO DE 2004

*Introduz alterações no Regulamento do Imposto sobre Circulação de Mercadorias e Prestações de Serviços – RICMS.*

Geraldo Alckmin, Governador do Estado de São Paulo, no uso de suas atribuições legais e considerando o disposto no art. 8º, XXIV e § 10, da Lei nº 6.374, de 1º de março de 1989, na redação dada pela Lei nº 9.176/1995, art. 1º, I, e no art. 59, também da Lei nº 6.374, de 1º de março de 1989, decreta:

**Art. 1º.** Fica acrescentada a Seção V ao Capítulo IV do Título I do Livro III, composta pelos arts. 450-A a 450-I, ao Regulamento do Imposto sobre Circulação de Mercadorias e sobre Prestações de Serviços, aprovado pelo Decreto nº 45.490, de 30 de novembro de 2000, com a seguinte redação:

• *Alteração já efetuada no corpo do Decreto.*

**Art. 2º.** Este Decreto entra em vigor na data de sua publicação, produzindo efeitos a partir de 1º de novembro de 2004.

Palácio dos Bandeirantes, 21 de setembro de 2004.

*Geraldo Alckmin – DOE de 22.9.2004*

## 093. DECRETO Nº 48.958, DE 21 DE SETEMBRO DE 2004

*Introduz alterações no Regulamento do Imposto sobre Circulação de Mercadorias e Prestações de Serviços – RICMS.*

Geraldo Alckmin, Governador do Estado de São Paulo, no uso de suas atribuições legais e considerando o que dispõe o art. 112 da Lei nº 6.374/1989, de 1º de março de 1989, decreta:

**Art. 1º.** Fica acrescentado, com a redação que segue, o art. 37 ao Anexo II do Regulamento do Imposto sobre Circulação de Mercadorias e sobre Prestações de Serviços, aprovado pelo Decreto nº 45.490, de 30 de novembro de 2000:

• *Alteração já efetuada no corpo do Decreto.*

**Art. 2º.** Este Decreto entra em vigor na data de sua publicação.

Palácio dos Bandeirantes, 21 de setembro de 2004.

*Geraldo Alckmin – DOE de 22.9.2004*

## 094. DECRETO Nº 48.959, DE 21 DE SETEMBRO DE 2004

*Introduz alterações no Regulamento do Imposto sobre Circulação de Mercadorias e Prestações de Serviços – RICMS.*

Geraldo Alckmin, Governador do Estado de São Paulo, no uso de suas atribuições legais e considerando o que dispõe o art. 112 da Lei nº 6.374/1989, de 1º de março de 1989, decreta:

**Art. 1º.** Fica acrescentado, com a redação que segue, o art. 34 ao Anexo II do Regulamento do Imposto sobre Circulação de Mercadorias e sobre Prestações de Serviços, aprovado pelo Decreto nº 45.490, de 30 de novembro de 2000:

• *Alteração já efetuada no corpo do Decreto.*

**Art. 2º.** Este Decreto entra em vigor na data de sua publicação.

Palácio dos Bandeirantes, 21 de setembro de 2004.

*Geraldo Alckmin – DOE de 22.9.2004*

## 095. DECRETO Nº 48.960, DE 21 DE SETEMBRO DE 2004

*Introduz alterações no Regulamento do Imposto sobre Circulação de Mercadorias e Prestações de Serviços – RICMS.*

Geraldo Alckmin, Governador do Estado de São Paulo, no uso de suas atribuições legais e considerando o que dispõe o art. 112 da Lei nº 6.374/1989, de 1º de março de 1989, decreta:

**Art. 1º.** Fica acrescentado, com a redação que segue, o art. 35 ao Anexo II do Regulamento do Imposto sobre Circulação de Mercadorias e sobre Prestações de Serviços, aprovado pelo Decreto nº 45.490, de 30 de novembro de 2000:

• *Alteração já efetuada no corpo do Decreto.*

**Art. 2º.** Este Decreto entra em vigor na data de sua publicação.

Palácio dos Bandeirantes, 21 de setembro de 2004.

*Geraldo Alckmin – DOE de 22.9.2004*

## 096. DECRETO Nº 48.961, DE 21 DE SETEMBRO DE 2004

*Introduz alterações no Regulamento do Imposto sobre Circulação de Mercadorias e Prestações de Serviços – RICMS.*

Geraldo Alckmin, Governador do Estado de São Paulo, no uso de suas atribuições legais e considerando o que dispõe o art. 112 da Lei nº 6.374/1989, de 1º de março de 1989, decreta:

**Art. 1º.** Fica acrescentado, com a redação que segue, o art. 33 ao Anexo II do Regulamento do Imposto sobre Circulação de Mercadorias e sobre Prestações de Serviços, aprovado pelo Decreto nº 45.490, de 30 de novembro de 2000:

• *Alteração já efetuada no corpo do Decreto.*

**Art. 2º.** Este Decreto entra em vigor na data de sua publicação.

Palácio dos Bandeirantes, 21 de setembro de 2004.

*Geraldo Alckmin – DOE de 22.9.2004*

## 097. DECRETO Nº 48.962, DE 21 DE SETEMBRO DE 2004

*Introduz alteração no Regulamento do Imposto sobre Circulação de Mercadorias e Prestações de Serviços – RICMS.*

Geraldo Alckmin, Governador do Estado de São Paulo, no uso de suas atribuições legais e considerando o que dispõe o art. 112 da Lei nº 6.374/1989, de 1º de março de 1989, decreta:

**Art. 1º.** Fica acrescentado o art. 32 ao Anexo II do Regulamento do Imposto sobre Circulação de Mercadorias e sobre Prestações de Serviços, aprovado pelo Decreto nº 45.490, de 30 de novembro de 2000:

• *Alteração já efetuada no corpo do Decreto.*

**Art. 2º.** Este Decreto entra em vigor na data de sua publicação.

Palácio dos Bandeirantes, 21 de setembro de 2004.

*Geraldo Alckmin – DOE de 22.9.2004*

## 098. DECRETO Nº 49.016, DE 6 DE OUTUBRO DE 2004

*Introduz alterações no Regulamento do Imposto sobre Circulação de Mercadorias e Prestações de Serviços – RICMS.*

Geraldo Alckmin, Governador do Estado de São Paulo, no uso de suas atribuições legais e considerando o que dispõe o art. 59 da Lei nº 6.374, de 1º de março de 1989, decreta:

**Art. 1º.** Passam a vigorar com a redação que se segue os dispositivos adiante enumerados do Regulamento do Imposto sobre Circulação de Mercadorias e sobre Prestações de Serviços, aprovado pelo Decreto nº 45.490, de 30 de novembro de 2000:

I – o item 3 do § 1º do art. 35 do Anexo II:

II – o item 3 do § 1º do art. 37 do Anexo II:

III – a alínea "a" do inciso I do art. 3º do Anexo IV:

• *Alterações já efetuadas no corpo do Decreto.*

**Art. 2º.** Ficam acrescentados, com a redação que segue, os dispositivos adiante indicados ao Regulamento do Imposto sobre Circulação de Mercadorias e sobre Prestações de Serviços, aprovado pelo Decreto nº 45.490, de 30 de novembro de 2000:

I – ao art. 2º do Anexo IV, o inciso XI:

II – ao art. 3º do Anexo IV, o inciso XI:

• *Alterações já efetuadas no corpo do Decreto.*

**Art. 3º.** Ficam revogados o item 3 do § 1º do art. 34 e o item 3 do § 1º do art. 36, ambos do Anexo II do Regulamento do Imposto sobre Circulação de Mercadorias e sobre Prestações de Serviços, aprovado pelo Decreto nº 45.490, de 30 de novembro de 2000:

• *Alteração já efetuada no corpo do Decreto.*

**Art. 4º.** Este Decreto entra em vigor na data de sua publicação, produzindo efeitos:

I – desde 22 de setembro de 2004, os incisos I e II do art. 1º e o art. 3º;

II – em relação aos fatos geradores ocorridos a partir de 1º de outubro de 2004, o inciso III do art. 1º e o inciso II do art. 2º.

Palácio dos Bandeirantes, 6 de outubro de 2004.

*Geraldo Alckmin – DOE de 7.10.2004*

## 099. DECRETO Nº 49.021, DE 15 DE OUTUBRO DE 2004

*Ratifica convênios celebrados nos termos da Lei Federal nº 24, de 7.1.1975, aprova convênios ajustes SINIEF e protocolos.*

Geraldo Alckmin, Governador do Estado de São Paulo, no uso de suas atribuições legais e tendo em vista o disposto no art. 4º da Lei Complementar Federal nº 24, de 7 de janeiro de 1975, decreta:

**Art. 1º.** Ficam ratificados os Convênios ICMS 74/04, 77/04, 79/04, 90/04, 94/04, 96/04, 97/04, 98/04, 99/04, 104/04, 105/04, 108/04 e 109/04, celebrados em Aracaju, SE, no dia 24 de setembro de 2004, publicados na Seção I, páginas 25 a 38 do *Diário Oficial da União* de 30 de setembro de 2004.

**Art. 2º.** Ficam aprovados os Convênios ICMS 69/04, 75/04, 101/04, 102/04 e 103/04, os Ajustes SINIEF 10/04 e 11/04, celebrados em Aracaju, SE, no dia 24 de setembro de 2004, publicados na Seção I, páginas 25 a 38 do *Diário Oficial da União* de 30 de setembro de 2004, e os Protocolos ICMS 32/04, 33/04, 34/04, 38/04 e 42/04, celebrados em Aracaju, SE, no dia 24 de setembro de 2004, publicados na Seção I, páginas 303 a 305 do *Diário Oficial da União* de 7 de outubro de 2004.

**Art. 3º.** Este Decreto entra em vigor na data de sua publicação.

Palácio dos Bandeirantes, 15 de outubro de 2004.

*Geraldo Alckmin – DOE de 16.10.2004*

## 100. DECRETO Nº 49.069, DE 25 DE OUTUBRO DE 2004

*Introduz alterações no Regulamento do Imposto sobre Circulação de Mercadorias e Prestações de Serviços – RICMS.*

Geraldo Alckmin, Governador do Estado de São Paulo, no uso de suas atribuições legais e considerando o que dispõe o Convênio ICMS-58/99, de 22 de outubro de 1999, ratificado pelo Decreto nº 44.396, de 10 de novembro de 1999, decreta:

**Art. 1º.** Fica acrescentado, com a redação que se segue, o art. 38 ao Anexo II do Regulamento do Imposto sobre Circulação de Mercadorias e sobre Prestações de Serviços, aprovado pelo Decreto nº 45.490, de 30 de novembro de 2000:

• *Alteração já efetuada no corpo do Decreto.*

**Art. 2º.** Este Decreto entra em vigor na data de sua publicação, produzindo efeitos em relação às operações realizadas a partir do 1º dia do mês subsequente ao da publicação.

Palácio dos Bandeirantes, 25 de outubro de 2004.

*Geraldo Alckmin – DOE de 26.10.2004*

## 101. DECRETO Nº 49.113, DE 10 DE NOVEMBRO DE 2004

*Introduz alterações no Regulamento do Imposto sobre Circulação de Mercadorias e Prestações de Serviços – RICMS.*

Geraldo Alckmin, Governador do Estado de São Paulo, no uso de suas atribuições legais e considerando o que dispõe o art. 112 da Lei nº 6.374/1989, de 1º de março de 1989, decreta:

**Art. 1º.** Fica acrescentado, com a redação que segue, o art. 39 ao Anexo II do Regulamento do Imposto sobre Circulação de Mercadorias e sobre Prestações de Serviços, aprovado pelo Decreto nº 45.490, de 30 de novembro de 2000:

• *Alteração já efetuada no corpo do Decreto.*

**Art. 2º.** Este Decreto entra em vigor na data de sua publicação, produzindo efeitos em relação às operações realizadas a partir de 1º de dezembro de 2004.

Palácio dos Bandeirantes, 10 de novembro de 2004.

*Geraldo Alckmin – DOE de 11.11.2004*

## 102. DECRETO Nº 49.115, DE 10 DE NOVEMBRO DE 2004

*Introduz alterações no Regulamento do Imposto sobre Circulação de Mercadorias e Prestações de Serviços – RICMS.*

Geraldo Alckmin, Governador do Estado de São Paulo, no uso de suas atribuições legais e considerando o que dispõem os arts. 67, *caput*, 68, 69 e 112 da Lei nº 6.374/1989, de 1º de março de 1989, decreta:

**Art. 1º.** Passam a vigorar com a redação que se segue os dispositivos adiante indicados do Regulamento do Imposto sobre Circulação de Mercadorias e sobre Prestações de Serviços, aprovado pelo Decreto nº 45.490, de 30 de novembro de 2000:

I – a alínea "b" do inciso VII do art. 127:

II – o § 2º do art. 293:

• *Alterações já efetuadas no corpo do Decreto.*

**Art. 2º.** Ficam acrescentados os incisos XI a XV ao *caput* do art. 34 do Anexo II do Regulamento do Imposto sobre Circulação de Mercadorias e sobre Prestações de Serviços, aprovado pelo Decreto nº 45.490, de 30 de novembro de 2000, com a seguinte redação:

• *Alteração já efetuada no corpo do Decreto.*

**Art. 3º.** Fica revogada a Seção VI do Capítulo I do Título IV do Livro I, composta pelos arts. 212-A a 212-N do Regulamento do Imposto sobre Circulação de Mercadorias e sobre Prestações de Serviços, aprovado pelo Decreto nº 45.490, de 30 de novembro de 2000.

• *Alteração já efetuada no corpo do Decreto.*

**Art. 4º.** Este Decreto entra em vigor na data da sua publicação.

Palácio dos Bandeirantes, 10 de novembro de 2004.

*Geraldo Alckmin – DOE de 11.11.2004*

## 103. DECRETO Nº 49.203, DE 1º DE DEZEMBRO DE 2004

*Introduz alterações no Regulamento do Imposto sobre Circulação de Mercadorias e Prestações de Serviços – RICMS.*

Geraldo Alckmin, Governador do Estado de São Paulo, no uso de suas atribuições legais e tendo em vista o disposto nos Convênios ICMS-74/04, 77/04, 90/04, 94/04, 96/04, 97/04, 98/04, 99/04, 101/04, 104/04, 105/04, 108/04 e 109/04, no Ajuste SINIEF-11/04 e no Protocolo ICMS-42/04, todos celebrados em Aracajú, SE, no dia 24 de setembro de 2004, ratificados ou aprovados pelo Decreto nº 49.021, de 15 de outubro de 2004, decreta:

**Art. 1º.** Passam a vigorar com a seguinte redação os dispositivos adiante enumerados do Regulamento do Imposto sobre Circulação de Mercadorias e sobre Prestações de Serviços, aprovado pelo Decreto nº 45.490, de 30 de novembro de 2000:

I – o *caput* do art. 400-A:

II – o *caput* e o inciso II do art. 20 das Disposições Transitórias, mantidos os demais incisos:

III – o *caput* do art. 14 do Anexo I:

IV – o art. 19 do Anexo I:

V – o inciso I do art. 41 do Anexo I:

VI – o inciso VII do art. 41 do Anexo I:

VII – o § 2º do art. 41 do Anexo I:

VIII – o *caput* do art. 73 do Anexo I, mantidos os seus incisos:

IX – o *caput* do art. 96 do Anexo I, mantidos os seus incisos:

X – o § 3º do art. 96 do Anexo I, passando o atual § 3º a denominar-se § 4º:

XI – o inciso I do art. 9º do Anexo II:

XII – o inciso VI do art. 9º do Anexo II:

XIII – o § 2º do art. 9º do Anexo II:

XIV – o § 2º do art. 1º do Anexo III:

XV – o § 2º do art. 3º do Anexo III:

XVI – o § 4º do art. 6º do Anexo III:

XVII – o § 6º do art. 8º do Anexo III:

• *Alterações já efetuadas no corpo do Decreto.*

**Art. 2º.** Ficam acrescentados os dispositivos adiante indicados ao Regulamento do Imposto sobre Circulação de Mercadorias e sobre Prestações de Serviços, aprovado pelo Decreto nº 45.490, de 30 de novembro de 2000, com a seguinte redação:

I – o art. 111 ao Anexo I:

II – o art. 16 ao Anexo III:

III – o art. 17 ao Anexo III:

IV – os itens 6-B e 11-A à Tabela III do Anexo VI:

• *Alterações já efetuadas no corpo do Decreto.*

**Art. 3º.** Este Decreto entra em vigor na data da sua publicação, produzindo efeitos a partir de 19 de outubro de 2004, exceto em relação aos dispositivos a seguir enumerados que produzem efeitos:

I – desde 30 de setembro de 2004, o inciso II do art. 1º;

II – a partir da publicação, o inciso I do art. 1º e o inciso IV do art. 2º.

Palácio dos Bandeirantes, 1º de dezembro de 2004.

*Geraldo Alckmin – DOE de 2.12.2004*

## 104. DECRETO Nº 49.239, DE 13 DE DEZEMBRO DE 2004

*Introduz alterações no Regulamento do Imposto sobre Circulação de Mercadorias e Prestações de Serviços – RICMS.*

Geraldo Alckmin, Governador do Estado de São Paulo, no uso de suas atribuições legais e tendo em vista o disposto no art. 46 da Lei nº 6.374, de 1º de março de 1989, decreta:

**Art. 1º.** Fica acrescentado o art. 22 às Disposições Transitórias do Regulamento do Imposto sobre Circulação de Mercadorias e sobre Prestações de Serviços, aprovado pelo Decreto nº 45.490, de 30 de novembro de 2000, com a seguinte redação:

• *Alteração já efetuada no corpo do Decreto.*

**Art. 2º.** Este Decreto entra em vigor na data de sua publicação.

Palácio dos Bandeirantes, 13 de dezembro de 2004.

*Geraldo Alckmin – DOE de 14.12.2004*

## 105. DECRETO Nº 49.275, DE 21 DE DEZEMBRO DE 2004

*Ratifica convênios celebrados nos termos da Lei Federal nº 24, de 7.1.1975, aprova convênios, ajustes SINIEF e introduz alterações no Regulamento do Imposto sobre Circulação de Mercadorias e Prestações de Serviços – RICMS.*

Geraldo Alckmin, Governador do Estado de São Paulo, no uso de suas atribuições legais e tendo em vista o disposto no art. 4º da Lei Complementar Federal nº 24, de 7 de janeiro de 1975, decreta:

**Art. 1º.** Ficam ratificados os Convênios ICMS-110/04, 111/04, 115/04, 119/04, 120/04, 122/04, 123/04, 124/04, 128/04, 129/04, 130/04, 136/04, 139/04, 140/04, 142/04, 143/04, 148/04 e 151/04, celebrados em Foz do Iguaçu, PR, no dia 10 de dezembro de 2004, publicados na Seção I, páginas 107 a 115 do Diário Oficial da União de 15 de dezembro de 2004.

**Art. 2º.** Ficam aprovados os Convênios ICMS-113/04, 114/04, 116/04, 117/04, 118/04, 121/04, 131/04, 141/04, os Ajustes SINIEF-12/04, 13/04 e 14/04, celebrados em Foz do Iguaçu, PR, no dia 10 de dezembro de 2004, publicados na Seção I, páginas 107 a 115 do Diário Oficial da União de 15 de dezembro de 2004, e os Protocolos ICMS-52/04 e 54/04.

**Art. 3º.** Passa a vigorar com a seguinte redação o § 4º do art. 8º das Disposições Transitórias do Regulamento do Imposto sobre Circulação de Mercadorias e sobre Prestações de Serviços, aprovado pelo Decreto nº 45.490, de 30 de novembro de 2000:

• *Alteração já efetuada no corpo do Decreto.*

**Art. 4º.** Passa a vigorar como art. 21 o art. 22 das Disposições Transitórias do Regulamento do Imposto sobre Circulação de Mercadorias e sobre Prestações de Serviços, aprovado pelo Decreto no 45.490, de 30 de novembro de 2000, que foi acrescentado pelo Decreto nº 49.239, de 13 de dezembro de 2004.

• *Alteração já efetuada no corpo do Decreto.*

**Art. 5º.** Este Decreto entra em vigor na data de sua publicação.

Palácio dos Bandeirantes, 21 de dezembro de 2004.

*Geraldo Alckmin – DOE de 22.12.2004*

## 106. DECRETO Nº 49.329, DE 30 DE DEZEMBRO DE 2004

*Ratifica convênio celebrado nos termos da Lei Complementar Federal nº 24, de 7 de janeiro de 1975, e aprova protocolos.*

Geraldo Alckmin, Governador do Estado de São Paulo, no uso de suas atribuições legais e tendo em vista o disposto no art. 4º da Lei Complementar Federal nº 24, de 7 de janeiro de 1975, decreta:

**Art. 1º.** Fica ratificado o Convênio ICMS 153/04, celebrado em Foz do Iguaçu, PR, no dia 10 de dezembro de 2004, publicado na Seção I, páginas 26 e 27, do *Diário Oficial da União* de 22 de dezembro de 2004.

**Art. 2º.** Ficam aprovados os Protocolos ICMS 52/04 e 54/04, celebrados em Foz do Iguaçu, PR, no dia 10 de dezembro de 2004, publicados na Seção I, página 28, do *Diário Oficial da União* de 22 de dezembro de 2004.

Parágrafo único. A aplicação do disposto nos protocolos referidos no *caput* independe de outro ato.

**Art. 3º.** Este Decreto entra em vigor na data de sua publicação.

Palácio dos Bandeirantes, 30 de dezembro de 2004.

*Geraldo Alckmin – DOE de 31.12.2004*

## 107. DECRETO Nº 49.338, DE 14 DE JANEIRO DE 2005

*Dispõe sobre a possibilidade de contribuintes do comércio varejista parcelarem o ICMS devido pelas saídas promovidas em dezembro de 2004. (DOE de 15.1.2005)*

• *Pode ser considerado sem mais efeito em razão do cumprimento de seu prazo.*

## 108. DECRETO Nº 49.344, DE 24 DE JANEIRO DE 2005

*Introduz alterações no Regulamento do Imposto sobre Circulação de Mercadorias e Prestações de Serviços – RICMS e dá outras providências.*

Geraldo Alckmin, Governador do Estado de São Paulo, no uso de suas atribuições legais e tendo em vista o disposto nos Convênios ICMS-110/04, 111/04, 113/04, 114/04, 117/04, 121/04, 122/04, 123/04, 124/04, 128/04, 129/04, 130/04, 139/04 e 153/04, no Ajuste SINIEF-12/04 e no Protocolo ICMS-52/04, todos celebrados em Foz do Iguaçu, PR, no dia 10 de dezembro de 2004, ratificados ou aprovados pelos Decretos nº 49.275, de 21 de dezembro de 2004, e nº 49.329, de 30 de dezembro de 2004, decreta:

**Art. 1º.** Passam a vigorar com a seguinte redação os dispositivos adiante enumerados do Regulamento do Imposto sobre Circulação de Mercadorias e sobre Prestações de Serviços, aprovado pelo Decreto nº 45.490, de 30 de novembro de 2000:

I – o *caput* do art. 250:

II – o art. 18 das Disposições Transitórias:

III – o § 3º do art. 15 do Anexo I:

IV – o § 4º do art. 24 do Anexo I:

V – o parágrafo único do art. 27 do Anexo I:

VI – o § 2º do art. 38 do Anexo I:

VII – o § 3º do art. 38 do Anexo I, passando o atual § 3º a denominar-se § 4º:

VIII – o art. 55 do Anexo I:

IX – a alínea "e" do inciso II do art. 56 do Anexo I:

X – o item 2 do § 3º do art. 56 do Anexo I:

XI – o parágrafo único do art. 61 do Anexo I:

XII – o § 5º do art. 88 do Anexo I:

XIII – o § 2º do art. 93 do Anexo I:

XIV – o § 4º do art. 4º do Anexo III:

XV – o § 3º do art. 14 do Anexo III:

XVI – o *caput* do art. 1º do Anexo XVII:

XVII – o art. 4º do Anexo XVII:

• *Alterações já efetuadas no corpo do Decreto.*

**Art. 2º.** Ficam acrescentados os dispositivos adiante indicados ao Regulamento do Imposto sobre Circulação de Mercadorias e sobre Prestações de Serviços, aprovado pelo Decreto nº 45.490, de 30 de novembro de 2000, com a seguinte redação:

I – o art. 22 às Disposições Transitórias:

II – o § 4º ao art. 56 do Anexo I:

III – o art. 112 ao Anexo I:

IV – o art. 113 ao Anexo I:

V – o art. 114 ao Anexo I:

VI – o art. 40 ao Anexo II:

VII – o art. 41 ao Anexo II:

VIII – o art. 42 ao Anexo II:

IX – o art. 43 ao Anexo II:

X – o item 2-A à Tabela III do Anexo VI:

XI – os arts. 11 e 12 ao Anexo XVIII:

• *Alterações já efetuadas no corpo do Decreto.*

**Art. 3º.** Fica revogado o § 4º do art. 107 do Anexo I do Regulamento do Imposto sobre Circulação de Mercadorias e Prestações de Serviços, aprovado pelo Decreto nº 45.490, de 30 de novembro de 2000.

• *Alteração já efetuada no corpo do Decreto.*

**Art. 4º.** Ficam convalidados os procedimentos adotados, com base no Convênio ICMS 126/98, de 11 de dezembro de 1998, pela empresa GVT Global Village Telecom Ltda. no período de 24 de março de 2004 até 4 de janeiro de 2005 (Convênio ICMS-122/04).

• *Efeitos a partir de 25.1.2005.*

**Art. 5º.** Este Decreto entra em vigor na data da sua publicação, produzindo efeitos a partir de 4 de janeiro de 2005, exceto em relação aos dispositivos a seguir enumerados que produzem efeitos:

I – desde 15 de dezembro de 2004, o inciso XVI do art. 1º;

II – desde 1º de janeiro de 2005, os incisos II, III, IV, V, XI, XIII e XV do art. 1º e o inciso XI do art. 2º;

III – desde 10 de janeiro de 2005, os incisos VI, VII, VIII e IX do art. 2º;

IV – a partir da publicação deste Decreto, os incisos I, VIII, XII e XVII do art. 1º, os incisos I e X do art. 2º e os arts. 3º e 4º.

Palácio dos Bandeirantes, 24 de janeiro de 2005.

*Geraldo Alckmin – DOE de 25.1.2005*

## 109. DECRETO Nº 49.345, DE 24 DE JANEIRO DE 2005

*Introduz alterações no Regulamento do Imposto sobre Circulação de Mercadorias e Prestações de Serviços – RICMS.*

Geraldo Alckmin, Governador do Estado de São Paulo, no uso de suas atribuições legais e tendo em vista o disposto no art. 8º, IX, da Lei nº 6.374/1989, de 1º de março de 1989, decreta:

**Art. 1º.** Passa a vigorar com a redação que se segue o *caput* do art. 294, mantidos seus incisos, do Regulamento do Imposto sobre Circulação de Mercadorias e sobre Prestações de Serviços, aprovado pelo Decreto nº 45.490, de 30 de novembro de 2000:

• *Alteração já efetuada no corpo do Decreto.*

**Art. 2º.** Fica revogado o parágrafo único do art. 294 do Regulamento do Imposto sobre Circulação de Mercadorias e sobre Prestações de Serviços, aprovado pelo Decreto nº 45.490, de 30 de novembro de 2000.

• *Alteração já efetuada no corpo do Decreto.*

**Art. 3º.** Este Decreto entra em vigor na data de sua publicação, produzindo efeitos em relação às operações realizadas a partir de 1º de fevereiro de 2005.

Palácio dos Bandeirantes, 24 de janeiro de 2005.

*Geraldo Alckmin – DOE de 25.1.2005*

## 110. DECRETO Nº 49.361, DE 1º DE FEVEREIRO DE 2005

*Ratifica convênio celebrado nos termos da Lei Complementar Federal nº 24, de 7 de janeiro de 1975 e introduz alteração no Regulamento do Imposto sobre Circulação de Mercadorias e Prestações de Serviços – RICMS.*

Geraldo Alckmin, Governador do Estado de São Paulo, no uso de suas atribuições legais e tendo em vista o disposto no art. 4º da Lei Complementar Federal nº 24, de 7 de janeiro de 1975, e no art. 8º, IX, da Lei nº 6.374, de 1º de março de 1989, decreta:

**Art. 1º.** Fica ratificado o Convênio ICMS-03/05, celebrado em Brasília, DF, no dia 25 de janeiro de 2005, publicado na Seção I, página 11, do Diário Oficial da União de 27 de janeiro de 2005.

**Art. 2º.** Fica acrescentado o art. 23 às Disposições Transitórias do Regulamento do Imposto sobre Circulação de Mercadorias e Prestações de Serviços, aprovado pelo Decreto nº 45.490, de 30 de novembro de 2000, com a seguinte redação:

• *Alteração já efetuada no corpo do Decreto.*

**Art. 3º.** Este Decreto entra em vigor na data de sua publicação, exceto em relação ao art. 2º, que produzirá efeitos a partir de 1º de fevereiro de 2005.

Palácio dos Bandeirantes, 1º de fevereiro de 2005.

*Geraldo Alckmin – DOE de 3.2.2005*

## 111. DECRETO Nº 49.393, DE 22 DE FEVEREIRO DE 2005

*Fixa prazos especiais para recolhimento do ICMS pelos contribuintes que aderirem à campanha "Liquida São Paulo". (DOE de 23.2.2005)*

• *Pode ser considerado sem mais efeito em razão do cumprimento de seu prazo.*

## 112. DECRETO Nº 49.472, DE 10 DE MARÇO DE 2005

*Introduz alterações no Regulamento do Imposto sobre Circulação de Mercadorias e Prestações de Serviços – RICMS e dá outras providências.*

Cláudio Lembo, Vice-Governador, em exercício no cargo de Governador do Estado de São Paulo, no uso de suas atribuições legais e tendo em vista o disposto no Convênio ICMS-03/05, celebrado em Brasília, DF, no dia 25 de janeiro de 2005, e ratificado pelo Decreto nº 49.361, de 1º de fevereiro de 2005, e no art. 112 da Lei nº 6.374, de 1º de março de 1989, decreta:

**Art. 1º.** Passa a vigorar com a seguinte redação o § 3º do art. 11 das Disposições Transitórias do Regulamento do Imposto sobre Circulação de Mercadorias e sobre Prestações de Serviços, aprovado pelo Decreto nº 45.490, de 30 de novembro de 2000:

• *Alteração já efetuada no corpo do Decreto.*

**Art. 2º.** Ficam acrescentados os dispositivos adiante indicados ao Regulamento do Imposto sobre Circulação de Mercadorias e sobre Prestações de Serviços, aprovado pelo Decreto nº 45.490, de 30 de novembro de 2000, com a seguinte redação:

I – às Disposições Transitórias, o art. 24:

II – ao art. 39 do Anexo II, o inciso XVI:

III – ao art. 40 do Anexo II, o § 3º:

IV – ao art. 41 do Anexo II, o § 6º:

V – ao art. 42 do Anexo II, o § 3º:

VI – ao art. 43 do Anexo II, o § 4º:

• *Alterações já efetuadas no corpo do Decreto.*

**Art. 3º.** Ficam convalidados os procedimentos adotados no período de 1º de janeiro de 2005 até 9 de janeiro de 2005 pelo estabelecimento que tenha observado as disciplinas contidas nos arts. 40, 41, 42 e 43 do Anexo II do Regulamento do Imposto sobre Circulação de Mercadorias e sobre Prestações de Serviços, aprovado pelo Decreto nº 45.490, de 30 de novembro de 2000, desde que cumpridas as demais obrigações principal e acessórias previstas no mencionado Regulamento (Convênio ICMS-03/05, cláusula segunda).

• *Alteração já efetuada no corpo do Decreto.*

Parágrafo único. O disposto neste artigo não autoriza a restituição ou compensação de importâncias já recolhidas.

**Art. 4º.** Este Decreto entra em vigor na data da sua publicação.

Palácio dos Bandeirantes, 10 de março de 2005.

*Cláudio Lembo – DOE de 11.3.2005*

## 113. DECRETO Nº 49.546, DE 19 DE ABRIL DE 2005

*Dispõe sobre a dispensa de juros e multas relativos ao ICMS nas situações e condições que especifica. (DOE de 20.4.2005)*

• *Pode ser considerado sem mais efeito em razão do cumprimento de seu prazo.*

## 114. DECRETO Nº 49.547, DE 19 DE ABRIL DE 2005

*Ratifica convênios celebrados nos termos da Lei Complementar Federal nº 24, de 7 de janeiro de 1975, aprova convênios e ajustes SINIEF e introduz alteração no Regulamento do Imposto sobre Circulação de Mercadorias e Prestações de Serviços – RICMS.*

Geraldo Alckmin, Governador do Estado de São Paulo, no uso de suas atribuições legais e tendo em vista o disposto no art. 4º da Lei Complementar Federal nº 24, de 7 de janeiro de 1975, decreta:

**Art. 1º.** Ficam ratificados os Convênios ICMS-08/05, 09/05, 11/05, 16/05, 17/05, 18/05, 19/05, 24/05, 27/05, 28/05, 29/05, 38/05 e 50/05, celebrados em Maceió, AL, no dia 1º de abril de 2005, publicados na Seção I, páginas 21 a 35, do *Diário Oficial da União* de 5 de abril de 2005.

**Art. 2º.** Ficam aprovados os Convênios ICMS-10/05, 12/05, 13/05, 15/05, 20/05, 33/05, 34/05, 35/05 e 43/05 e os Ajustes SINIEF-01/05 e 02/05, publicados na Seção I, páginas 21 a 35, do *Diário Oficial da União* de 5 de abril de 2005.

**Art. 3º.** Passa a vigorar com a redação que se segue o art. 248 do Regulamento do Imposto sobre Circulação de Mercadorias e sobre Prestações de Serviços, aprovado pelo Decreto nº 45.490, de 30 de novembro de 2000:

• *Alteração já efetuada no corpo do Decreto.*

**Art. 4º.** Este Decreto entra em vigor na data de sua publicação.

Palácio dos Bandeirantes, 19 de abril de 2005.

*Geraldo Alckmin – DOE de 20.4.2005*

## 115. DECRETO Nº 49.567, DE 25 DE ABRIL DE 2005

*Fixa prazos especiais para recolhimento do ICMS nas saídas de mercadorias decorrentes do evento que especifica e dá outras providências. (DOE de 26.4.2005)*

• *Pode ser considerado sem mais efeito em razão do cumprimento de seu prazo.*

## 116. DECRETO Nº 49.610, DE 23 DE MAIO DE 2005

*Introduz alterações no Regulamento do Imposto sobre Circulação de Mercadorias e Prestações de Serviços - RICMS.*

Geraldo Alckmin, Governador do Estado de São Paulo, no uso de suas atribuições legais e tendo em vista o disposto nos arts. 8º, XVII e § 10, e 59, ambos da Lei nº 6.374, de 1º de março de 1989, decreta:

**Art. 1º.** Fica acrescentado, com a redação que se segue, o art. 25 às Disposições Transitórias do Regulamento do Imposto sobre Circulação de Mercadorias e sobre Prestações de Serviços, aprovado pelo Decreto nº 45.490, de 30 de novembro de 2000:

- *Alteração já efetuada no corpo do Decreto.*

**Art. 2º.** Ficam revogados:

I – o inciso X do art. 350 do Regulamento do Imposto sobre Circulação de Mercadorias e sobre Prestações de Serviços, aprovado pelo Decreto nº 45.490, de 30 de novembro de 2000;

II – os regimes especiais relacionados com as disposições do art. 25 das Disposições Transitórias do Regulamento do Imposto sobre Circulação de Mercadorias e sobre Prestações de Serviços, aprovado pelo Decreto nº 45.490, de 30 de novembro de 2000, introduzido pelo art. 1º deste Decreto.

- *Alterações já efetuadas no corpo do Decreto.*

**Art. 3º.** Este Decreto entra em vigor na data de sua publicação, produzindo efeitos a partir de 1º de junho de 2005.

Palácio dos Bandeirantes, 23 de maio de 2005.

*Geraldo Alckmin – DOE de 24.5.2005*

## 117. DECRETO Nº 49.611, DE 23 DE MAIO DE 2005

*Introduz alteração no Regulamento do Imposto sobre Circulação de Mercadorias e Prestações de Serviços - RICMS.*

Geraldo Alckmin, Governador do Estado de São Paulo, no uso de suas atribuições legais e tendo em vista o disposto no art. 112 da Lei nº 6.374, de 1º de março de 1989, decreta:

**Art. 1º.** Fica acrescentado, com a redação que se segue, o art. 44 ao Anexo II do Regulamento do Imposto sobre Circulação de Mercadorias e sobre Prestações de Serviços, aprovado pelo Decreto nº 45.490, de 30 de novembro de 2000:

- *Alteração já efetuada no corpo do Decreto.*

**Art. 2º.** Este Decreto entra em vigor na data da sua publicação.

Palácio dos Bandeirantes, 23 de maio de 2005.

*Geraldo Alckmin – DOE de 24.5.2005*

## 118. DECRETO Nº 49.612, DE 23 DE MAIO DE 2005

*Introduz alterações no Regulamento do Imposto sobre Circulação de Mercadorias e Prestações de Serviços - RICMS.*

Geraldo Alckmin, Governador do Estado de São Paulo, no uso de suas atribuições legais e tendo em vista o disposto no art. 8º, XVI, XXIV e § 10, da Lei nº 6.374, de 1º de março de 1989, decreta:

**Art. 1º.** Ficam acrescentados, com a redação que segue, os dispositivos adiante indicados ao Capítulo IV do Título II do Livro II do Regulamento do Imposto sobre Circulação de Mercadorias e Sobre Prestações de Serviços, aprovado pelo Decreto nº 45.490, de 30 de novembro de 2000:

I – o art. 393-A à Subseção I da Seção XIV:

II – a Seção XXIV, composta pelos arts. 400-D e 400-E:

- *Redação dada ao* caput *do inciso II pelo art. 6º do Decreto nº 49.709, de 23.6.2005 – DOE de 24.6.2005 – Efeitos a partir de 24.6.2005.*
- *Alterações já efetuadas no corpo do Decreto.*

**Art. 2º.** Este Decreto entra em vigor na data de sua publicação, produzindo efeitos em relação aos fatos geradores ocorridos a partir de 1º de junho de 2005.

Palácio dos Bandeirantes, 23 de maio de 2005.

*Geraldo Alckmin – DOE de 24.5.2005*

## 119. DECRETO Nº 49.613, DE 23 DE MAIO DE 2005

*Introduz alteração no Regulamento do Imposto sobre Circulação de Mercadorias e Prestações de Serviços - RICMS.*

Geraldo Alckmin, Governador do Estado de São Paulo, no uso de suas atribuições legais e tendo em vista o disposto no Convênio ICMS-28/05, de 1º de abril de 2005, decreta:

**Art. 1º.** Fica acrescentado o art. 116 ao Anexo I do Regulamento do Imposto sobre Circulação de Mercadorias e sobre Prestações de Serviços, aprovado pelo Decreto nº 45.490, de 30 de novembro de 2000, com a seguinte redação:

- *Alteração já efetuada no corpo do Decreto.*

**Art. 2º.** Este Decreto entra em vigor na data de sua publicação, produzindo efeitos desde 25 de abril de 2005.

Palácio dos Bandeirantes, 23 de maio de 2005.

*Geraldo Alckmin – DOE de 24.5.2005*

## 120. DECRETO Nº 49.621, DE 25 DE MAIO DE 2005

*Introduz alterações no Regulamento do Imposto sobre Circulação de Mercadorias e Prestações de Serviços - RICMS e dá outras providências.*

Geraldo Alckmin, Governador do Estado de São Paulo, no uso de suas atribuições legais e considerando o que dispõem os arts. 24, inciso I e § 1º, item 1, 34, 59 e 67 da Lei nº 6.374, de 1º de março de 1989, decreta:

**Art. 1º.** Fica acrescentado o art. 13 ao Anexo XVIII do Regulamento do Imposto sobre Circulação de Mercadorias e sobre Prestações de Serviços, aprovado pelo Decreto nº 45.490, de 30 de novembro de 2000, com a seguinte redação:

- *Alteração já efetuada no corpo do Decreto.*

**Art. 2º.** No que se refere aos valores recebidos a título de subvenção de tarifa de energia elétrica no período de 1º de janeiro a 30 de abril de 2005, a distribuidora de energia elétrica deverá, até 30 de junho de 2005:

I – relativamente a cada período de referência, emitir Nota Fiscal e elaborar o respectivo relatório nos termos dos incisos I e II do art. 13 do Anexo XVIII do Regulamento do ICMS, aprovado pelo Decreto nº 45.490, de 30 de novembro de 2000, acrescentado por este Decreto, ou emitir Nota Fiscal nos termos do § 2º desse mesmo artigo;

II – recolher, englobadamente, por meio de uma única Guia de Arrecadação Estadual -GARE-ICMS, o valor total do imposto devido.

**Art. 3º.** O disposto no art. 13 do Anexo XVIII do Regulamento do ICMS, aprovado pelo Decreto nº 45.490, de 30 de novembro de 2000, acrescentado por este Decreto, poderá ser adotado para fins de apuração do imposto devido nos termos do Decreto nº 49.546, de 19 de abril de 2005.

**Art. 4º.** Este Decreto entra em vigor na data de sua publicação.

Palácio dos Bandeirantes, 25 de maio de 2005.

*Geraldo Alckmin – DOE de 26.5.2005*

## 121. DECRETO Nº 49.680, DE 8 DE JUNHO DE 2005

*Fixa prazos especiais de recolhimento do ICMS relativamente a contribuintes localizados no Município de Indaiatuba, atingidos por tornado. (DOE de 9.6.2005)*

- *Pode ser considerado sem mais efeito em razão do cumprimento de seu prazo.*

## 122. DECRETO Nº 49.681, DE 9 DE JUNHO DE 2005

*Fixa prazos especiais para recolhimento do ICMS pelos contribuintes que aderirem à campanha "Liquida São Paulo". (DOE de 10.6.2005)*

- *Pode ser considerado sem mais efeito em razão do cumprimento de seu prazo.*

## 123. DECRETO Nº 49.709, DE 23 DE JUNHO DE 2005

*Introduz alterações no Regulamento do Imposto sobre Circulação de Mercadorias e Prestações de Serviços – RICMS, aprova protocolos e dá outras providências.*

Geraldo Alckmin, Governador do Estado de São Paulo, no uso de suas atribuições legais e tendo em vista o disposto nos Convênios ICMS-09/05, 16/05, 17/05, 18/05, 19/05, 24/05, 27/05, 29/05, 38/05 e 50/05 e no Protocolo ICMS-09/05, todos celebrados em Maceió, AL, no dia 1º de abril de 2005, ratificados ou aprovados pelo Decreto nº 49.547, de 19 de abril de 2005, exceto o Protocolo ICMS-09/05, aprovado por este Decreto, decreta:

**Art. 1º.** Passam a vigorar com a seguinte redação os dispositivos adiante enumerados do Regulamento do Imposto sobre Circulação de Mercadorias e sobre Prestações de Serviços, aprovado pelo Decreto nº 45.490, de 30 de novembro de 2000:

I – o inciso XVI do art. 54:

II – o parágrafo único do art. 4º do Anexo I:

III – o § 2º do art. 5º do Anexo I:

IV – o parágrafo único do art. 12 do Anexo I:

V – o art. 16 do Anexo I:

VI – o *caput* do inciso I do art. 17 do Anexo I, mantidas as suas alíneas:

VII – o § 2º do art. 17 do Anexo I:

VIII – o § 5º do art. 18 do Anexo I:

IX – o § 11 do art. 19 do Anexo I:

X – o § 14 do art. 19 do Anexo I, passando o atual § 14 a denominar-se § 15:

XI – o inciso VII do *caput* do art. 41 do Anexo I:

XII – a alínea "b" do item 3 do § 2º do art. 41 do Anexo I:

XIII – o § 3º do art. 48 do Anexo I:

XIV – o parágrafo único do art. 51 do Anexo I:

XV – o § 2º do art. 52 do Anexo I:

XVI – o § 3º do art. 53 do Anexo I:

XVII – o § 2º do art. 54 do Anexo I:

XVIII – o § 3º do art. 60 do Anexo I:

XIX – o parágrafo único do art. 65 do Anexo I:

XX – o parágrafo único do art. 68 do Anexo I:

XXI – o parágrafo único do art. 72 do Anexo I:

XXII – o § 9º do art. 74 do Anexo I:

XXIII – o parágrafo único do art. 75 do Anexo I:

XXIV – o inciso II do art. 92 do Anexo I:

XXV – o § 3º do art. 92 do Anexo I:

XXVI – o § 3º do art. 94 do Anexo I:

XXVII – o § 4º do art. 96 do Anexo I:

XXVIII – o inciso VI do art. 9º do Anexo II:

XXIX – o § 3º do art. 9º do Anexo II:

XXX – o parágrafo único do art. 10 do Anexo II:

XXXI – o parágrafo único do art. 17 do Anexo II:

XXXII – o § 3º do art. 40 do Anexo II:

XXXIII – o § 6º do art. 41 do Anexo II:

XXXIV – o *caput* do art. 42 do Anexo II:

XXXV – o § 3º do art. 42 do Anexo II:

XXXVI – o § 4º do art. 43 do Anexo II:

XXXVII – a alínea "d" do inciso I do art. 3º do Anexo IV:

XXXVIII – a alínea "h" do inciso III do art. 3º do Anexo IV:

XXXIX – o item 14 da Tabela II do Anexo VI:

- *Alterações já efetuadas no corpo do Decreto.*

**Art. 2º.** Ficam acrescentados os dispositivos adiante indicados ao Regulamento do Imposto sobre Circulação de Mercadorias e sobre Prestações de Serviços, aprovado pelo Decreto nº 45.490, de 30 de novembro de 2000, com a seguinte redação:

I – ao Capítulo III do Título II do Livro II, a Seção IV, composta pelos arts. 327-A a 327-C:

II – ao art. 17 do Anexo I, o § 3º:

III – ao Anexo I, o art. 117:

IV – ao Anexo I, o art. 118;

V – ao Anexo I, o art. 119;

VI – ao art. 15 do Anexo III, o § 3º;

• *Alterações já efetuadas no corpo do Decreto.*

**Art. 3º.** Ficam revogados os dispositivos adiante indicados do Regulamento do Imposto sobre Circulação de Mercadorias e Prestações de Serviços, aprovado pelo Decreto nº 45.490, de 30 de novembro de 2000:

I – o art. 400-A;

II – o item 5 do § 2º do art. 19 do Anexo I.

• *Alterações já efetuadas no corpo do Decreto.*

**Art. 4º.** Ficam aprovados o Protocolo ECF-01/05 e os Protocolos 07/05 e 09/05, publicados na Seção I, páginas 55 a 57, do Diário Oficial da União de 12 de abril de 2005.

• *Efeitos a partir de 24.6.2005.*

**Art. 5º.** Ficam convalidados os procedimentos adotados com base no Convênio ICMS-09/05, de 1º de abril de 2005, no período de 25 de abril de 2005 até a publicação deste Decreto, desde que não resultem em falta de pagamento do imposto (Convênio ICMS-09/05, cláusula sétima).

• *Efeitos a partir de 24.6.2005.*

**Art. 6º.** Passa a vigorar com a seguinte redação o inciso II do art. 1º do Decreto nº 49.612, de 23 de maio de 2005:

• *Alteração já efetuada no corpo do Decreto.*

**Art. 7º.** Este Decreto entra em vigor na data da sua publicação, produzindo efeitos a partir de 1º de maio de 2005, exceto em relação aos dispositivos a seguir enumerados que produzem efeitos:

I – desde 25 de abril de 2005, os incisos V, XI, XII, XXIV e XXVIII do art. 1º, os incisos I, III, IV e V do art. 2º e o art. 3º;

II – a partir da publicação deste Decreto, os incisos VI, VII, IX, X, XXXIV e XXXIX do art. 1º, os incisos II e VI do art. 2º e os arts. 4º, 5º e 6º;

III – sobre os fatos geradores ocorridos a partir de 1º de junho de 2005, os incisos XXXVII e XXXVIII do art. 1º.

Palácio dos Bandeirantes, 23 de junho de 2005.

*Geraldo Alckmin – DOE de 24.6.2005*

## 124. DECRETO Nº 49.778, DE 18 DE JULHO DE 2005

*Introduz alteração no Regulamento do Imposto sobre Circulação de Mercadorias e Prestações de Serviços – RICMS.*

Geraldo Alckmin, Governador do Estado de São Paulo, no uso de suas atribuições legais e tendo em vista o disposto nos arts. 8º, XXIV, § 10, e 59 da Lei nº 6.374, de 1º de março de 1989, decreta:

**Art. 1º.** Passa a vigorar com a seguinte redação o art. 450-A do Regulamento do Imposto sobre Circulação de Mercadorias e sobre Prestações de Serviços, aprovado pelo Decreto nº 45.490, de 30 de novembro de 2000:

• *Alteração já efetuada no corpo do Decreto.*

**Art. 2º.** Este Decreto entra em vigor na data de sua publicação, produzindo efeitos a partir de 1º de outubro de 2005.

Palácio dos Bandeirantes, 18 de julho de 2005.

*Geraldo Alckmin – DOE de 19.7.2005*

## 125. DECRETO Nº 49.779, DE 18 DE JULHO DE 2005

*Introduz alterações no Regulamento do Imposto sobre Circulação de Mercadorias e Prestações de Serviços – RICMS.*

Geraldo Alckmin, Governador do Estado de São Paulo, no uso de suas atribuições legais e tendo em vista o disposto no Convênio ICMS-128/04, de 10 de dezembro de 2004, no art. 8º, XVI, XVII e XXIV e § 10, e no art. 59, ambos da Lei nº 6.374, de 1º de março de 1989, decreta:

**Art. 1º.** Passam a vigorar com a redação que se segue os dispositivos adiante indicados do Regulamento do Imposto sobre Circulação de Mercadorias e sobre Prestações de Serviços, aprovado pelo Decreto nº 45.490, de 30 de novembro de 2000:

I – o inciso III do art. 400-D;

II – o inciso I do art. 25 das Disposições Transitórias, mantidas as suas alíneas;

III – o inciso V do art. 112 do Anexo I;

IV – o item 14 da Tabela II do Anexo VI;

• *Alterações já efetuadas no corpo do Decreto.*

**Art. 2º.** Fica acrescentado ao Regulamento do Imposto sobre Circulação de Mercadorias e sobre Prestações de Serviços, aprovado pelo Decreto nº 45.490, de 30 de novembro de 2000, com a redação que se segue, o § 2º ao art. 25 às Disposições Transitórias, passando o atual § 2º a denominar-se § 3º:

• *Alteração já efetuada no corpo do Decreto.*

**Art. 3º.** Este Decreto entra em vigor na data de sua publicação, exceto em relação aos dispositivos a seguir indicados que produzem efeitos:

I – o inciso III do art. 1º, desde 4 de janeiro de 2005;

II – os incisos I e II do art. 1º e o art. 2º, desde 1º de junho de 2005;

• *Redação dada ao inciso II pelo art. 3º do Decreto nº 49.841, de 5.8.2005, DOE de 6.8.2005 – Efeitos a partir de 6.8.2005.*

III – o inciso IV do art. 1º, desde 24 de junho de 2005.

Palácio dos Bandeirantes, 18 de julho de 2005.

*Geraldo Alckmin – DOE de 19.7.2005*

## 126. DECRETO Nº 49.810, DE 21 DE JULHO DE 2005

*Ratifica convênios celebrados nos termos da Lei Complementar Federal nº 24, de 7 de janeiro de 1975, e aprova convênios e protocolos.*

Geraldo Alckmin, Governador do Estado de São Paulo, no uso de suas atribuições legais e tendo em vista o disposto no art. 4º da Lei Complementar Federal nº 24, de 7 de janeiro de 1975, decreta:

**Art. 1º.** Ficam ratificados os Convênios ICMS 56/05, 57/05, 63/05, 64/05, 67/05, 69/05, 70/05, 73/05, 75/05,

79/05 e 80/05, celebrados em São Paulo, SP, no dia 1º de julho de 2005, publicados na Seção I, páginas 17 a 29, do *Diário Oficial da União* de 5 de julho de 2005.

**Art. 2º.** Ficam aprovados os Convênios ICMS 52/05, 53/05, 54/05, 55/05, 59/05, 60/05, 61/05, 62/05, 74/05, 77/05, 78/05, 82/05 e 86/05, publicados na Seção I, páginas 17 a 29, do *Diário Oficial da União* de 5 de julho de 2005, os Protocolos ICMS 14/05, 20/05, 21/05, 22/05 e 25/05 e o Protocolo ECF 02/05, publicados na Seção I, páginas 20 a 25, do *Diário Oficial da União* de 11 de julho de 2005, todos celebrados em São Paulo, SP, no dia 1º de julho de 2005.

Parágrafo único. Independerá de outro ato deste Estado a aplicação do disposto nos Protocolos ICMS 14/05, 21/05 e 25/05 e no Protocolo ECF 02/05.

**Art. 3º.** Este Decreto entra em vigor na data de sua publicação.

Palácio dos Bandeirantes, 21 de julho de 2005.

*Geraldo Alckmin – DOE de 22.7.2005*

## 127. DECRETO Nº 49.841, DE 5 DE AGOSTO DE 2005

*Introduz alterações no Regulamento do Imposto sobre Circulação de Mercadorias e Prestações de Serviços – RICMS e dá outra providência.*

Geraldo Alckmin, Governador do Estado de São Paulo, no uso de suas atribuições legais e tendo em vista o disposto nos arts. 8º, IX, 28 e 28-A da Lei nº 6.374, de 1º de março de 1989, e no Protocolo ICMS-11/91, de 21 de maio de 1991, decreta:

**Art. 1º.** Passam a vigorar com a redação que se segue os dispositivos adiante indicados do Regulamento do Imposto sobre Circulação de Mercadorias e sobre Prestações de Serviços, aprovado pelo Decreto nº 45.490, de 30 de novembro de 2000:

I – o art. 23 das Disposições Transitórias:

II – o § 2º do art. 44 do Anexo II:

• *Alterações já efetuadas no corpo do Decreto.*

**Art. 2º.** Fica acrescentado o inciso IV ao art. 294 do Regulamento do Imposto sobre Circulação de Mercadorias e sobre Prestações de Serviços, aprovado pelo Decreto nº 45.490, de 30 de novembro de 2000, com a redação que se segue:

• *Alteração já efetuada no corpo do Decreto.*

**Art. 3º.** Passa a vigorar com a redação que se segue o inciso II do art. 3º do Decreto nº 49.779, de 18 de julho de 2005:

• *Alteração já efetuada no corpo do Decreto.*

**Art. 4º.** Este Decreto entra em vigor na data de sua publicação, exceto o inciso I do art. 1º e o art. 2º, que produzem efeitos a partir de 1º de agosto de 2005.

Palácio dos Bandeirantes, 5 de agosto de 2005.

*Geraldo Alckmin – DOE de 6.8.2005*

## 128. DECRETO Nº 49.908, DE 22 DE AGOSTO DE 2005

*Introduz alterações no Regulamento do Imposto sobre Circulação de Mercadorias e Prestações de Serviços – RICMS.*

Geraldo Alckmin, Governador do Estado de São Paulo, no uso de suas atribuições legais e tendo em vista o disposto no Protocolo ICMS-20/05, de 1º de julho de 2005, decreta:

**Art. 1º.** Passam a vigorar com a redação que se segue os dispositivos adiante indicados do Regulamento do Imposto sobre Circulação de Mercadorias e sobre Prestações de Serviços, aprovado pelo Decreto nº 45.490, de 30 de novembro de 2000:

I – o art. 295:

II – o art. 296:

III – a Tabela III do Anexo VI:

• *Alterações já efetuadas no corpo do Decreto.*

**Art. 2º.** Este Decreto entra em vigor na data de sua publicação, produzindo efeitos em relação aos fatos geradores ocorridos a partir de 1º de setembro de 2005.

Palácio dos Bandeirantes, 22 de agosto de 2005.

*Geraldo Alckmin – DOE de 23.8.2005*

## 129. DECRETO Nº 49.909, DE 22 DE AGOSTO DE 2005

*Introduz alterações no Regulamento do Imposto sobre Circulação de Mercadorias e Prestações de Serviços – RICMS.*

Geraldo Alckmin, Governador do Estado de São Paulo, no uso de suas atribuições legais e considerando o disposto no art. 8º, XXIV, § 10, e 59 da Lei nº 6.374, de 1º de março de 1989, decreta:

**Art. 1º.** Passam a vigorar com a redação que se segue os dispositivos adiante indicados do Regulamento do Imposto sobre Circulação de Mercadorias e sobre Prestações de Serviços, aprovado pelo Decreto nº 45.490, de 30 de novembro de 2000:

I – o inciso III do art. 450-D:

II – o inciso V do art. 450-D:

III – o parágrafo único do art. 450-D:

IV – o art. 450-E:

V – o inciso II do art. 450-H:

• *Alterações já efetuadas no corpo do Decreto.*

**Art. 2º.** Este Decreto entra em vigor na data de sua publicação.

Palácio dos Bandeirantes, 22 de agosto de 2005.

*Geraldo Alckmin – DOE de 23.8.2005*

## 130. DECRETO Nº 49.910, DE 22 DE AGOSTO DE 2005

*Introduz alterações no Regulamento do Imposto sobre Circulação de Mercadorias e Prestações de Serviços – RICMS e dá outras providências.*

Geraldo Alckmin, Governador do Estado de São Paulo, no uso de suas atribuições legais e tendo em vista o disposto no Convênio ICMS-33/05, celebrado em Maceió, AL, no dia 1º de abril de 2005, aprovado pelo Decreto nº 49.547, de 19 de abril de 2005, e nos Convênios ICMS-55/05, 56/05, 57/05, 59/05, 60/05, 61/05, 63/05, 64/05, 67/05, 69/05, 70/05, 73/05, 75/05, 77/05, 79/05, e no Protocolo ICMS-21/05 celebrados em São Paulo,

SP, no dia 1º de julho de 2005, ratificados ou aprovados pelo Decreto nº 49.810, de 21 de julho de 2005, decreta:

**Art. 1º.** Passam a vigorar com a seguinte redação os dispositivos adiante enumerados do Regulamento do Imposto sobre Circulação de Mercadorias e sobre Prestações de Serviços, aprovado pelo Decreto nº 45.490, de 30 de novembro de 2000:

I – o art. 424-A:

II – o *caput* do art. 474-A:

III – o *caput* do art. 14 do Anexo I:

IV – o item 3 do § 2º do art. 41 do Anexo I:

V – o *caput* do art. 94 do Anexo I:

VI – o § 3º do art. 40 do Anexo II:

VII – o § 6º do art. 41 do Anexo II:

VIII – o § 3º do art. 42 do Anexo II:

IX – o art. 43 do Anexo II:

X – o *caput* do art. 1º do Anexo XVII:

XI – o art. 6º do Anexo XVII:

XII – o art. 12 do Anexo XVIII:

XIII – o Anexo XIX:

• *Alterações já efetuadas no corpo do Decreto.*

**Art. 2º.** Ficam acrescentados os dispositivos adiante indicados ao Regulamento do Imposto sobre Circulação de Mercadorias e sobre Prestações de Serviços, aprovado pelo Decreto nº 45.490, de 30 de novembro de 2000, com a seguinte redação:

I – ao § 5º do art. 36, o item 4:

II – o art. 301-A:

III – ao item 2 do § 2º do art. 2º do Anexo I, a alínea "f":

IV – ao inciso II do art. 56 do Anexo I, a alínea "f":

V – ao Anexo I, o art. 115:

VI – ao Anexo I, o art. 120:

• *Alterações já efetuadas no corpo do Decreto.*

**Art. 3º.** O estabelecimento fabricante que efetuar a retenção do imposto relativo a saída de veículo novo nos termos do art. 301 do Regulamento do ICMS, aprovado pelo Decreto nº 45.490, de 30 de novembro de 2000, deverá remeter à Secretaria da Fazenda, nos termos de disciplina por ela estabelecida, até 30 de setembro de 2005, a tabela de preços sugeridos que vigoraram desde janeiro de 2000, em arquivo eletrônico (Convênio ICMS-60/05, cláusula segunda).

• *Efeitos a partir de 23.8.2005.*

**Art. 4º.** Fica dispensado o pagamento do Imposto sobre Circulação de Mercadorias e sobre Prestações de Serviços – ICMS incidente nas saídas dos medicamentos de uso humano destinados ao tratamento de portadores do vírus da AIDS, à base de Zidovudina – AZT e Nevirapina, classificados nos códigos 3004.90.79 e 3004.90.99 da Nomenclatura Brasileira de Mercadorias – NBM/SH, realizadas no período de 8 de abril de 2002 a 22 de julho de 2005, nos termos do Convênio ICMS-10/02, de 15 de março de 2002 (Convênio ICMS-64/05, cláusula segunda).

Parágrafo único. O disposto neste artigo não autoriza a restituição ou compensação de importância já paga.

• *Efeitos a partir de 23.8.2005.*

**Art. 5º.** Este Decreto entra em vigor na data da sua publicação, produzindo efeitos a partir de 22 de julho de 2005, exceto em relação aos dispositivos a seguir enumerados que produzem efeitos:

I – desde 5 de julho de 2005, os incisos X e XII do art. 1º;

II – desde 11 de julho de 2005, o inciso II do art. 1º;

II – (*) a partir de 1º de agosto de 2005, os incisos VI, VII, VIII e XIII do art. 1º;

• *(*) Numeração dos Incisos conforme DOE de 23.8.2005 (nº II, repetido).*

III – a partir da publicação deste Decreto, o inciso I do art. 1º, o inciso II do art. 2º, o art. 3º e o art. 4º;

IV – a partir de 1º de setembro de 2005, os incisos II e XI do art. 1º e o inciso I do art. 2º.

IV – a partir de 1º de janeiro de 2006, o inciso XI do art. 1º e o inciso I do art. 2º (Convênio ICMS 88/05, cláusula primeira).

• *Inciso IV com redação dada pelo Decreto nº 49.921, de 25.8.2005 – DOE de 26.8.2005 – Efeitos a partir da publicação.*

Palácio dos Bandeirantes, 22 de agosto de 2005.

*Geraldo Alckmin – DOE de 23.8.2005*

## 131. DECRETO Nº 49.921, DE 25 DE AGOSTO DE 2005

*Ratifica convênio celebrado nos termos da Lei Complementar Federal nº 24, de 7 de janeiro de 1975, aprova convênio e ajuste SINIEF, e altera dispositivo do Decreto nº 49.910, de 22 de agosto de 2005.*

Geraldo Alckmin, Governador do Estado de São Paulo, no uso de suas atribuições legais e tendo em vista o disposto no art. 4º da Lei Complementar Federal nº 24, de 7 de janeiro de 1975, decreta:

**Art. 1º.** Fica ratificado o Convênio ICMS 89/05, celebrado em Brasília, DF, no dia 17 de agosto de 2005, publicado na Seção I, páginas 27 e 28, do *Diário Oficial da União* de 23 de agosto de 2005.

**Art. 2º.** Ficam aprovados, o Convênio ICMS 88/05 e o Ajuste SINIEF 03/05 e 02/05, celebrados em Brasília, DF, no dia 17 de agosto de 2005, publicados na Seção I, páginas 27 e 28, do *Diário Oficial da União* de 23 de agosto de 2005.

**Art. 3º.** Passa a vigorar com a redação que se segue o inciso IV do art. 5º do Decreto nº 49.910, de 22 de agosto de 2005:

• *Alteração já efetuada no corpo do Decreto.*

**Art. 4º.** Este Decreto entra em vigor na data de sua publicação.

Palácio dos Bandeirantes, 25 de agosto de 2005.

*Geraldo Alckmin – DOE de 26.8.2005*

## 132. DECRETO Nº 50.070, DE 30 DE SETEMBRO DE 2005

*Introduz alteração no Regulamento do Imposto sobre Circulação de Mercadorias e Prestações de Serviços – RICMS.*

Geraldo Alckmin, Governador do Estado de São Paulo, no uso de suas atribuições legais e tendo em vista o disposto no art. 112 da Lei nº 6.374, de 1º de março de 1989, decreta:

**Art. 1º.** Passa a vigorar com a redação adiante indicada o *caput* do art. 30 do Anexo II do Regulamento do Imposto sobre Circulação de Mercadorias e sobre Prestações de Serviços, aprovado pelo Decreto nº 45.490, de 30 de novembro de 2000:

• *Alteração já efetuada no corpo do Decreto.*

**Art. 2º.** Este Decreto entra em vigor na data de sua publicação.

Palácio dos Bandeirantes, 30 de setembro de 2005.

*Geraldo Alckmin – DOE de 1º.10.2005*

## 133. DECRETO Nº 50.071, DE 30 DE SETEMBRO DE 2005

*Introduz alteração no Regulamento do Imposto sobre Circulação de Mercadorias e Prestações de Serviços – RICMS.*

Geraldo Alckmin, Governador do Estado de São Paulo, no uso de suas atribuições legais e tendo em vista o disposto no Convênio ICMS-128/94, de 20 de outubro de 1994, decreta:

**Art. 1º.** Passa a vigorar com a redação que se segue o art. 3º do Anexo II do Regulamento do Imposto sobre Circulação de Mercadorias e sobre Prestações de Serviços, aprovado pelo Decreto nº 45.490, de 30 de novembro de 2000:

• *Alteração já efetuada no corpo do Decreto.*

**Art. 2º.** Este Decreto entra em vigor na data de sua publicação, produzindo efeitos a partir de 1º de janeiro de 2006, exceto em relação:

I – ao pão de forma, pão de especiarias, sem adição de frutas e chocolate e nem recobertos, e pão tipo bisnaga, classificados, respectivamente, nos códigos 1905.90.10, 1905.20.90 e 1905.90.90 da Nomenclatura Brasileira de Mercadorias – Sistema Harmonizado – NBM/SH, cujos efeitos ocorrem a partir da publicação;

II – ao iogurte e leite fermentado, classificados, respectivamente, nos códigos 0403.10.00 e 0403.90.00 da Nomenclatura Brasileira de Mercadorias – Sistema Harmonizado – NBM/SH, cujos efeitos ocorrem a partir da publicação.

• *Alteração já efetuada no corpo do Decreto.*

Palácio dos Bandeirantes, 30 de setembro de 2005.

*Geraldo Alckmin – DOE de 1º.10.2005*

## 134. DECRETO Nº 50.093, DE 7 DE OUTUBRO DE 2005

*Introduz alterações no Regulamento do Imposto sobre Circulação de Mercadorias e Prestações de Serviços – RICMS.*

Geraldo Alckmin, Governador do Estado de São Paulo, no uso de suas atribuições legais e tendo em vista o disposto na Lei nº 12.058, de 26 de setembro de 2005, decreta:

**Art. 1º.** Fica acrescentado o art. 121 ao Anexo I do Regulamento do Imposto sobre Circulação de Mercadorias e sobre Prestações de Serviços, aprovado pelo Decreto nº 45.490, de 30 de novembro de 2000, com a seguinte redação:

• *Alteração já efetuada no corpo do Decreto.*

**Art. 2º.** Fica revogado o art. 25 das Disposições Transitórias do Regulamento do Imposto sobre Circulação de Mercadorias e sobre Prestações de Serviços, aprovado pelo Decreto nº 45.490, de 30 de novembro de 2000.

• *Alteração já efetuada no corpo do Decreto.*

**Art. 3º.** Este Decreto entra em vigor na data da sua publicação, produzindo efeitos a partir de 27 de setembro de 2005.

Palácio dos Bandeirantes, 7 de outubro de 2005.

*Geraldo Alckmin – DOE de 8.10.2005*

## 135. DECRETO Nº 50.110, DE 14 DE OUTUBRO DE 2005

*Ratifica convênios celebrados nos termos da Lei Complementar Federal nº 24, de 7 de janeiro de 1975, e aprova convênios, Ajustes SINIEF e Protocolos ICMS.*

Geraldo Alckmin, Governador do Estado de São Paulo, no uso de suas atribuições legais e tendo em vista o disposto no art. 4º da Lei Complementar Federal nº 24, de 7 de janeiro de 1975, decreta:

**Art. 1º.** Ficam ratificados os Convênios ICMS 99/05, 102/05, 103/05, 104/05, 106/05, 113/05, 115/05 e 120/05, celebrados em Manaus, AM no dia 30 de setembro de 2005, publicados na Seção I, páginas 24 a 34, do *Diário Oficial da União* de 5 de outubro de 2005.

**Art. 2º.** Ficam aprovados os Convênios ICMS 95/05, 97/05, 98/05, 111/05 e 112/05, os Ajustes SINIEF 04/05, 05/05, 06/05 e 07/05, publicados na Seção I, páginas 24 a 34, do *Diário Oficial da União* de 5 de outubro de 2005, e os Protocolos ICMS 31/05 e 36/05 e ECF 03/05, publicados na Seção I, páginas 27 a 40, do *Diário Oficial da União* de 10 de outubro de 2005, todos celebrados em Manaus, AM, no dia 30 de setembro de 2005.

Parágrafo único. Independerá de outro ato deste Estado a aplicação do disposto nos Protocolos ICMS 31/05 e 36/05 e ECF 03/05.

**Art. 3º.** Este Decreto entra em vigor na data de sua publicação.

Palácio dos Bandeirantes, 14 de outubro de 2005.

*Geraldo Alckmin – DOE de 15.10.2005*

## 136. DECRETO Nº 50.152, DE 3 DE NOVEMBRO DE 2005

*Introduz alteração no Regulamento do Imposto sobre Circulação de Mercadorias e Prestações de Serviços – RICMS.*

Geraldo Alckmin, Governador do Estado de São Paulo, no uso de suas atribuições legais e tendo em vista o disposto no art. 100 da Lei nº 6.374, de 1º de março de 1989, na redação do inciso V do art. 1º da Lei nº 11.001, de 21 de dezembro de 2001, decreta:

**Art. 1º.** Passa a vigorar com a redação que se segue o § 4º do art. 570 do Regulamento do Imposto sobre Circulação de Mercadorias e sobre Prestações de Serviços, aprovado pelo Decreto nº 45.490, de 30 de novembro de 2000:

• *Alteração já efetuada no corpo do Decreto.*

**Art. 2º.** Este Decreto entra em vigor na data de sua publicação.

Palácio dos Bandeirantes, 3 de novembro de 2005.

*Geraldo Alckmin – DOE de 4.11.2005*

## 137. DECRETO Nº 50.171, DE 4 DE NOVEMBRO DE 2005

*Introduz alterações no Regulamento do Imposto sobre Operações Relativas à Circulação de Mercadorias e sobre Prestações de Serviços de Transporte Interestadual e Intermunicipal e de Comunicação – RICMS e dá outras providências.*

Geraldo Alckmin, Governador do Estado de São Paulo, no uso de suas atribuições legais e tendo em vista o disposto nos Ajustes SINIEF 05/05 e 06/05, Convênios ICMS-97/05, 98/05, 99/05, 102/05, 103/05, 104/05, 106/05, 113/05, 115/05 e 120/05 e Protocolo ICMS 31/05, todos celebrados em Manaus, AM no dia 30 de setembro de 2005, ratificados ou aprovados pelo Decreto nº 50.110, de 14 de outubro de 2005, decreta:

**Art. 1º.** Passam a vigorar com a seguinte redação os dispositivos adiante enumerados do Regulamento do Imposto sobre Operações Relativas à Circulação de Mercadorias e sobre Prestações de Serviços de Transporte Interestadual e Intermunicipal e de Comunicação, aprovado pelo Decreto nº 45.490, de 30 de novembro de 2000:

I – o *caput* do art. 14 do Anexo I:

II – o item 4 do § 1º, passando o atual item 4 a ser denominado item 5, e os §§ 7º e 8º do art. 88 do Anexo I:

III – o inciso I do art. 92 do Anexo I:

IV – o *caput* do art. 94 do Anexo I:

– o *caput* do art. 116 do Anexo I:

VI – o art. 12 do Anexo II mantidos seus incisos:

VII – o § 3º do art. 40 do Anexo II:

VIII – o § 6º do art. 41 do Anexo II:

IX – o § 3º do art. 42 do Anexo II:

X – o § 2º do art. 43 do Anexo II:

• *Inciso X com redação dada pelo Decreto nº 50.436, de 28.12.2005, DOE de 29.12.2005.*

XI – os códigos 1.100, 1.101, 1.116, 1.150, 1.151, 1.201, 1.203, 1.208, 1.401, 1.408, 1.410, 1.414, 1.503, 1.653, 1.933, 2.101, 2.116, 2.150, 2.151, 2.201, 2.203, 2.208, 2.401, 2.408, 2.410, 2.141, 2.503, 2.653, 2.933, 3.101, 3.201, 3.653, 5.101, 5.103, 5.109, 5.116, 5.151, 5.200, 5.201, 5.208, 5.401, 5.408, 5.410, 5.141, 5.501, 5.933, 6.101, 6.103, 6.107, 6.109, 6.116, 6.151, 6.200, 6.201, 6.208, 6.401, 6.408, 6.410, 6.414, 6.501, 6.933, 7.101, 7.200 e 7.201 da Tabela I do Anexo V:

XII – a Tabela III do Anexo VI:

XIII – o *caput* do art. 1º do Anexo XVII:

XIV – o art. 3º do Anexo XVII:

• *Alterações já efetuadas no corpo do Decreto.*

**Art. 2º.** Fica dispensado o pagamento do Imposto sobre Operações Relativas à Circulação de Mercadorias e sobre Prestações de Serviços de Transporte Interestadual e Intermunicipal e de Comunicação – ICMS incidente no desembaraço aduaneiro realizado nos termos do art. 116 do Anexo I do Regulamento do ICMS aprovado pelo Decreto nº 45.490, de 30 de novembro de 2000, no período de 25 de abril de 2005 até 24 de outubro de 2005, relativamente aos bens, destinados à modernização de zonas portuárias do Estado, classificados nos códigos 8426.41.10 e 8426.41.90 da Nomenclatura Brasileira de Mercadorias – NBM/SH (Convênio ICMS 99/05, cláusula terceira).

Parágrafo único. O disposto neste artigo não autoriza a restituição ou compensação de importância já paga.

• *Art. 2º, efeitos a partir de 5.11.2005.*

**Art. 3º.** As empresas de telecomunicação que comunicaram nos termos do item 1 do § 5º do art. 3º do Anexo XVII do Regulamento Imposto sobre Operações Relativas à Circulação de Mercadorias e sobre Prestações de Serviços de Transporte Interestadual e Intermunicipal e de Comunicação, aprovado pelo Decreto nº 45.490, de 30 de novembro de 2000, a adoção da impressão conjunta referida no inciso III do referido art. 3º, na redação vigente até a data da publicação deste Decreto, deverão requerer autorização para essa impressão até 31 de dezembro de 2005, observado o disposto no art. 3º do Anexo XVII do citado regulamento, na redação dada por este Decreto (Convênio ICMS 97/05, cláusula quarta).

• *Art. 3º, efeitos a partir de 5.11.2005.*

**Art. 4º.** Este Decreto entra em vigor na data da sua publicação, produzindo efeitos a partir de 24 de outubro de 2005, exceto em relação aos dispositivos a seguir indicados que produzem efeitos a partir:

I – de 5 de outubro de 2005, o inciso XIII do art. 1º;

II – de 1º de novembro de 2005, os incisos VII, VIII, IX, X e XIV do art. 1º;

III – da publicação, o inciso XII do art. 1º e os arts. 2º e 3º;

IV – dos fatos geradores que ocorrerem a partir de 1º de janeiro de 2006, o inciso XI do art. 1º.

Palácio dos Bandeirantes, 4 de novembro de 2005.

*Geraldo Alckmin – DOE de 5.11.2005*

## 138. DECRETO Nº 50.172, DE 4 DE NOVEMBRO DE 2005

*Introduz alterações no Regulamento do Imposto sobre Operações Relativas à Circulação de Mercadorias e sobre Prestações de Serviços de Transporte Interestadual e Intermunicipal e de Comunicação – RICMS.*

Geraldo Alckmin, Governador do Estado de São Paulo, no uso de suas atribuições legais e considerando o disposto no art. 8º, inciso XXIV, e § 10 da Lei nº 6.374, de 1º de março de 1989, decreta:

**Art. 1º.** Fica acrescentado, com a redação que se segue, o art. 26 às Disposições Transitórias do Regulamento do Imposto sobre Operações Relativas à Circulação de Mercadorias e sobre Prestações de Serviços de Transporte Interestadual e Intermunicipal e de Comunicação, aprovado pelo Decreto nº 45.490, de 30 de novembro de 2000:

• *Alteração já efetuada no corpo do Decreto.*

**Art. 2º.** Este Decreto entra em vigor na data de sua publicação, produzindo efeitos a partir do primeiro dia do segundo mês subsequente ao da publicação.

Palácio dos Bandeirantes, 4 de novembro de 2005.

*Geraldo Alckmin – DOE de 5.11.2005*

## 139. DECRETO Nº 50.182, DE 4 DE NOVEMBRO DE 2005

*Ratifica e aprova convênio e dispõe sobre a possibilidade de contribuintes do comércio varejista parcelarem o ICMS devido pelas saídas promovidas em dezembro de 2005.*

Geraldo Alckmin, Governador do Estado de São Paulo, no uso de suas atribuições legais e tendo em vista o disposto no art. 4º da Lei Complementar Federal nº 24, de 7 de janeiro de 1975, decreta:

**Art. 1º.** Fica ratificado o Convênio ICMS 127/05, celebrado em Brasília, DF, no dia 27 de outubro de 2005, publicado na Seção I, página 53, do *Diário Oficial da União* de 28 de outubro de 2005.

**Art. 2º.** Os contribuintes do comércio varejista poderão recolher o ICMS – Imposto sobre Operações Relativas a Circulação de Mercadorias e sobre Prestações de Serviços de Transporte Interestadual e Intermunicipal e de Comunicação referente às saídas de mercadorias realizadas no mês de dezembro de 2005 em 3 (três) parcelas mensais e consecutivas, com dispensa do pagamento de juros e multas, desde que:

I – as parcelas sejam recolhidas:

a) até o dia 20 de cada mês, se o contribuinte estiver enquadrado no Regime Periódico de Apuração – RPA;

b) até o dia 21 de cada mês, se o contribuinte for beneficiário do regime tributário simplificado atribuído à empresa de pequeno porte;

II – o recolhimento da primeira parcela ocorra no mês de janeiro de 2006, sem qualquer acréscimo;

III – as duas últimas parcelas sejam recolhidas com acréscimo calculado com base na taxa SELIC, sendo que:

a) à segunda parcela acrescenta-se a taxa SELIC do mês de janeiro de 2006;

b) à terceira parcela acrescenta-se a taxa SELIC acumulada dos meses de janeiro e fevereiro de 2006.

§ 1º. O disposto neste artigo:

1 – aplica-se aos contribuintes enquadrados nos códigos da Classificação Nacional de Atividades Econômicas - CNAE 50300 (exceto os CNAEs fiscais 50300/01, 50300/02 e 50300/88), 50415 (exceto os CNAEs fiscais 50415/01, 50415/02 e 50415/88), 52116 a 52469 e 52493 a 52698;

2 – não se aplica, em qualquer caso, aos contribuintes que deixaram de efetuar, até a data de publicação deste Decreto, a complementação do enquadramento nos códigos de CNAE – fiscal, nos termos da legislação em vigor.

§ 2º. O recolhimento do ICMS na forma prevista neste Decreto é opcional, ficando facultado ao contribuinte efetuar o recolhimento integral do imposto no mês de janeiro de 2006, até a data estabelecida no Anexo IV do Regulamento do ICMS – RICMS, aprovado pelo Decreto no 45.490, de 30 de novembro de 2000.

§ 3º. O contribuinte que deixar de efetuar o recolhimento de qualquer das parcelas até as datas previstas no *caput* ou efetuar o recolhimento em valores inferiores ao devido perderá direito ao benefício, ficando os valores recolhidos sujeitos à imputação, nos termos do art. 595 do Regulamento do ICMS, aprovado pelo Decreto nº 45.490, de 30 de novembro de 2000.

**Art. 3º.** O recolhimento de cada uma das parcelas deverá ser efetuado por meio de Guia de Arrecadação Estadual – GARE-ICMS, observando-se o seguinte:

I – no campo 03 (Código de Receita), deverá ser consignado: "046-2";

II – no campo 07 (Referência), deverá ser consignado: "12/2005";

III – no campo 09 (Valor do Imposto), deverá ser indicado o valor correspondente a 1/3 (um terço) do valor total do imposto devido;

IV – no campo 10 (Juros de Mora), deverá ser consignado o valor resultante da aplicação da taxa SELIC, conforme previsto no inciso III do art. 1º.

**Art. 4º.** A Secretaria da Fazenda divulgará, nos meses de fevereiro e março de 2006, os índices da taxa SELIC a serem aplicados aos recolhimentos referidos no inciso III do art. 2º.

**Art. 5º.** Fica aprovado o Convênio ICMS 128/05, celebrado em Brasília, DF, no dia 27 de outubro de 2005 e publicado na Seção I, página 53, do *Diário Oficial da União* de 28 de outubro de 2005.

**Art. 6º.** Este Decreto entra em vigor na data de sua publicação.

Palácio dos Bandeirantes, 4 de novembro de 2005.

*Geraldo Alckmin – DOE de 5.11.2005*

## 140. DECRETO Nº 50.218, DE 8 DE NOVEMBRO DE 2005

*Aprova o Protocolo ICMS 30/05, celebrado em Brasília, DF, no dia 30.9.2005.*

• *Revogado pelo Decreto nº 50.367, de 19.12.2005.*

## 141. DECRETO Nº 50.263, DE 28 DE NOVEMBRO DE 2005

*Introduz alterações no Regulamento do Imposto sobre Operações Relativas à Circulação de Mercadorias e sobre Prestações de Serviços de Transporte Interestadual e Intermunicipal e de Comunicação – RICMS.*

Geraldo Alckmin, Governador do Estado de São Paulo, no uso de suas atribuições legais e considerando o disposto no art. 8º, inciso XXIV, e § 10 da Lei nº 6.374, de 1º de março de 1989, decreta:

**Art. 1º.** Fica acrescentado, com a redação que se segue, o art. 27 às Disposições Transitórias do Regulamento do Imposto sobre Operações Relativas à Circulação de Mercadorias e sobre Prestações de Serviços de Transporte Interestadual e Intermunicipal e de Comunicação, aprovado pelo Decreto nº 45.490, de 30 de novembro de 2000:

• *Alteração já efetuada no corpo do Decreto.*

**Art. 2º.** Este Decreto entra em vigor na data de sua publicação, produzindo efeitos a partir do primeiro dia do mês subsequente ao da publicação.

Palácio dos Bandeirantes, 28 de novembro de 2005.

*Geraldo Alckmin – DOE de 29.11.2005*

## 142. DECRETO Nº 50.319, DE 7 DE DEZEMBRO DE 2005

*Introduz alteração no Regulamento do Imposto sobre Operações Relativas à Circulação de Mercadorias e sobre Prestações de Serviços de Transporte Interestadual e Intermunicipal e de Comunicação – RICMS, e dá outras providências.*

Geraldo Alckmin, Governador do Estado de São Paulo, no uso de suas atribuições legais e tendo em vista o disposto no art. 8º, IV, e § 10 da Lei nº 6.374, de 1º de março de 1989, na redação da Lei nº 10.619, de 19 de julho de 2000, decreta:

**Art. 1º.** Passa a vigorar com a redação adiante indicada o art. 419 do Regulamento do Imposto sobre Operações Relativas à Circulação de Mercadorias e sobre Prestações de Serviços de Transporte Interestadual e Intermunicipal e de Comunicação aprovado pelo Decreto nº 45.490, de 30 de novembro de 2000:

• *Alteração já efetuada no corpo do Decreto.*

**Art. 2º.** O contribuinte do Imposto sobre Operações Relativas à Circulação de Mercadorias e sobre Prestações de Serviços de Transporte Interestadual e Intermunicipal e de Comunicação – ICMS que exerça as atividades adiante indicadas fica obrigado a renovar sua inscrição, no período de 1º de janeiro a 31 de outubro de 2006, nos termos e condições estabelecidos pela Secretaria da Fazenda:

• *§ 2º,* caput, *com redação dada pelo Decreto nº 50.924, de 29.6.2006 – DOE de 30.6.2006 – Efeitos a partir da publicação.*

I – fabricante ou importador de combustível, derivado ou não de petróleo, inclusive de solvente;

II – distribuidor de combustível e Transportador Revendedor Retalhista – TRR como tal definidos e autorizados por órgão federal competente, inscrito no Cadastro de Contribuintes do ICMS;

III – comércio atacadista de solvente;

IV – posto revendedor de combustíveis.

§ 1º. O contribuinte que não renovar sua inscrição perante a Secretaria da Fazenda, será considerado não inscrito, sujeitando-se às penalidades estabelecidas na legislação, e terá cassada a eficácia da inscrição de todos os seus estabelecimentos localizados neste Estado, nos termos do art. 24 do Regulamento do Imposto sobre Operações Relativas à Circulação de Mercadorias e sobre Prestações de Serviços de Transporte Interestadual e Intermunicipal e de Comunicação, aprovado pelo Decreto nº 45.490, de 30 de novembro de 2000.

• *Não consta o § 2º no DOE de 8.12.2005.*

**Art. 3º.** Este Decreto entra em vigor na data da sua publicação, exceto em relação ao art. 1º, que produz efeitos a partir dos fatos geradores que ocorrerem a partir de 1º de janeiro de 2006.

Palácio dos Bandeirantes, 7 de dezembro de 2005.

*Geraldo Alckmin – DOE de 8.12.2005*

## 143. DECRETO Nº 50.367, DE 19 DE DEZEMBRO DE 2005

*Revoga o Decreto nº 50.218, de 8.11.2005, que aprova o Protocolo ICMS 30, de 30.9.2005.*

Geraldo Alckmin, Governador do Estado de São Paulo, no uso de suas atribuições legais, decreta:

**Art. 1º.** Fica revogado o Decreto nº 50.218, de 8 de novembro de 2005.

**Art. 2º.** Este Decreto entra em vigor na data de sua publicação.

Palácio dos Bandeirantes, 19 de dezembro de 2005.

*Geraldo Alckmin – DOE de 20.12.2005*

## 144. DECRETO Nº 50.436, DE 28 DE DEZEMBRO DE 2005

*Introduz alterações no Regulamento do Imposto sobre Circulação de Mercadorias e sobre Prestações de Serviços de Transporte Interestadual e Intermunicipal e de Comunicação – RICMS, e dá outras providências.*

Geraldo Alckmin, Governador do Estado de São Paulo, no uso de suas atribuições legais, tendo em vista o disposto no art. 8º, XXIV, § 10, no art. 46 e no art. 112 da Lei nº 6.374, de 1º de março de 1989, decreta:

**Art. 1º.** Passam a vigorar com a seguinte redação os dispositivos adiante indicados do Regulamento do Imposto sobre Circulação de Mercadorias e sobre Prestações de Serviços de Transporte Interestadual e Intermunicipal e de Comunicação, aprovado pelo Decreto nº 45.490, de 30 de novembro de 2000:

I – o § 4º do art. 8º das Disposições Transitórias:

II – o art. 18 das Disposições Transitórias:

III – o art. 24 das Disposições Transitórias:

IV – o § 2º do art. 32 do Anexo II:

V – o § 2º do art. 33 do Anexo II:

VI – o § 2º do art. 34 do Anexo II:

VII – o § 2º do art. 35 do Anexo II:

VIII – o § 2º do art. 37 do Anexo II:

IX – o § 2º do art. 39 do Anexo II:

X – o § 3º do art. 15 do Anexo III, passando o atual § 3º a vigorar como § 4º, ambos com a seguinte redação:

• *Alterações já efetuadas no corpo do Decreto.*

**Art. 2º.** Ficam acrescentados, com a redação que segue, os dispositivos adiante indicados ao Imposto sobre Circulação de Mercadorias e sobre Prestações de Serviços de Transporte Interestadual e Intermunicipal e de Comunicação, aprovado pelo Decreto nº 45.490, de 30 de novembro de 2000:

I – o parágrafo único ao art. 60:

II – o inciso VI ao art. 66:

III – o inciso VI ao art. 67:

IV – o § 3º ao art. 1º do Anexo II:

V – o § 3º ao art. 2º do Anexo II:

VI – o parágrafo único ao art. 7º do Anexo II:

VII – o parágrafo único ao art. 8º do Anexo II:

VIII – o § 4º ao art. 9º do Anexo II:

IX – o parágrafo único ao art. 10 do Anexo II:

X – o § 3º ao art. 12 do Anexo II:

XI – o parágrafo único ao art. 17 do Anexo II:

XII – o § 4º ao art. 20 do Anexo II:

XIII – o parágrafo único ao art. 21 do Anexo II:

XIV – o § 4º ao art. 22 do Anexo II:

XV – o § 6º ao art. 24 do Anexo II:

XVI – o § 6º ao art. 25 do Anexo II:

XVII – o parágrafo único ao art. 29 do Anexo II:

XVIII – o § 2º ao art. 30 do Anexo II, renumerando-se o atual parágrafo único para § 1º:

XIX – o § 3º ao art. 32 do Anexo II:

XX – o § 3º ao art. 33 do Anexo II:

XXI – o § 3º ao art. 34 do Anexo II:

XXII – o § 3º ao art. 35 do Anexo II:

XXIII – o § 3º ao art. 37 do Anexo II:

XXIV – o § 3º ao art. 39 do Anexo II:

XXV – o § 3º ao art. 44 do Anexo II:

• *Alterações já efetuadas no corpo do Decreto.*

**Art. 3º.** Passa a vigorar com a seguinte redação o inciso X do art. 1º do Decreto nº 50.171, de 4 de novembro de 2005:

• *Alteração já efetuada no corpo do Decreto.*

**Art. 4º.** Este Decreto entra em vigor na data da sua publicação, produzindo efeitos os incisos I, II e III do art. 2º a partir de 1º de abril de 2006.

Palácio dos Bandeirantes, 28 de dezembro de 2005.

*Geraldo Alckmin – DOE de 29.12.2005*

## 145. DECRETO Nº 50.437, DE 28 DE DEZEMBRO DE 2005

*Introduz alterações no Regulamento do Imposto sobre Circulação de Mercadorias e sobre Prestações de Serviços de Transporte Interestadual e Intermunicipal e de Comunicação – RICMS.*

Geraldo Alckmin, Governador do Estado de São Paulo, no uso de suas atribuições legais e tendo em vista o disposto no art. 67, §§ 1º e 3º e no Ajuste SINIEF 7/5, de 5 de outubro de 2005, decreta:

**Art. 1º.** Passa a vigorar com a redação que se segue o § 3º do art. 124 do Regulamento do Imposto sobre Circulação de Mercadorias e sobre Prestações de Serviços de Transporte Interestadual e Intermunicipal e de Comunicação, aprovado pelo Decreto nº 45.490, de 30 de novembro de 2000:

• *Alteração já efetuada no corpo do Decreto.*

**Art. 2º.** Ficam acrescentados, com a redação que se segue, os dispositivos adiante indicados ao Regulamento do Imposto sobre Circulação de Mercadorias e sobre Prestações de Serviços de Transporte Interestadual e Intermunicipal e de Comunicação, aprovado pelo Decreto nº 45.490, de 30 de novembro de 2000:

I – ao art. 124, os incisos XXII e XXIII:

II – o art. 131-A:

III – o art. 131-B:

• *Alterações já efetuadas no corpo do Decreto.*

**Art. 3º.** Este Decreto entra em vigor na data de sua publicação.

Palácio dos Bandeirantes, 28 de dezembro de 2005.

*Geraldo Alckmin – DOE de 29.12.2005*

## 146. DECRETO Nº 50.438, DE 28 DE DEZEMBRO DE 2005

*Ratifica convênios celebrados nos termos da Lei Complementar Federal nº 24, de 7 de janeiro de 1975, e aprova convênios, Ajustes SINIEF e Protocolos ICMS (Introduz alterações no Regulamento do Imposto sobre Circulação de Mercadorias e sobre Prestações de Serviços de Transporte Interestadual e Intermunicipal e de Comunicação – RICMS).*

Geraldo Alckmin, Governador do Estado De São Paulo, no uso de suas atribuições legais e tendo em vista o disposto no art. 4º da Lei Complementar Federal nº 24, de 7 de janeiro de 1975, decreta:

**Art. 1º.** Ficam ratificados os Convênios ICMS 130/05, 131/05, 132/05, 137/05, 139/05, 142/05, 143/05, 147/05, 149/05, 150/05 e 155/05, celebrados em Mata de São João, BA, no dia 16 de dezembro de 2005, publicados na Seção I, páginas 49 a 62, do Diário Oficial da União de 21 de dezembro de 2005.

**Art. 2º.** Ficam aprovados os Convênios ICMS 129/05, 133/05, 135/05, 136/05, 153/05, 154/05 e 168/05, o Convênio ECF 4/05, os Ajustes SINIEF 8/05, 9/05, e 10/05, publicados na Seção I, páginas 49 a 62, do Diário Oficial da União de 21 de dezembro de 2005, e os Protocolos ICMS 40/05 e 47/05, publicados na Seção I, páginas 73 e 75, do Diário Oficial da União de 23 de dezembro de 2005, todos celebrados em Mata de São João, BA, no dia 16 de dezembro de 2005.

Parágrafo único. Independerá de outro ato deste Estado a aplicação do disposto no Protocolo ICMS 47/05.

**Art. 3º.** Passa a vigorar com a seguinte redação o § 4º do art. 24 do Anexo I do Regulamento do Imposto sobre Circulação de Mercadorias e sobre Prestações de Serviços, aprovado pelo Decreto nº 45.490, de 30 de novembro de 2000:

• *Alteração já efetuada no corpo do Decreto.*

**Art. 4º.** Este Decreto entra em vigor na data de sua publicação, produzindo efeitos o art. 3º a partir de 1º de janeiro de 2006.

Palácio dos Bandeirantes, 28 de dezembro de 2005.

*Geraldo Alckmin – DOE de 29.12.2005*

## 147. DECRETO Nº 50.456, DE 29 DE DEZEMBRO DE 2005

*Introduz alterações no Regulamento do Imposto sobre Operações Relativas à Circulação de Mercadorias e*

*sobre Prestações de Serviços de Transporte Interestadual e Intermunicipal e de Comunicação – RICMS.*

Geraldo Alckmin, Governador do Estado de São Paulo, no uso de suas atribuições legais e tendo em vista o disposto nos arts. 8°, XXIV, e § 10 e 59 da Lei n° 6.374, de 1° de março de 1989, e no Convênio ICMS-89/05 celebrado em Brasília, DF, no dia 17 de agosto de 2005, ratificado pelo Decreto n° 49.921, de 25 de agosto de 2005, decreta:

**Art. 1°.** Passam a vigorar com a seguinte redação os dispositivos adiante enumerados do Regulamento do Imposto sobre Operações Relativas à Circulação de Mercadorias e sobre Prestações de Serviços de Transporte Interestadual e Intermunicipal e de Comunicação, aprovado pelo Decreto n° 45.490, de 30 de novembro de 2000:

I – o art. 383:

II – o inciso I do art. 3° do Anexo II:

• *Alterações já efetuadas no corpo do Decreto.*

**Art. 2°.** Ficam acrescentados os dispositivos adiante indicados ao Regulamento do Imposto sobre Operações Relativas à Circulação de Mercadorias e sobre Prestações de Serviços de Transporte Interestadual e Intermunicipal e de Comunicação, aprovado pelo Decreto n° 45.490, de 30 de novembro de 2000, com a seguinte redação:

I – ao Anexo II, o art. 45:

II – ao Anexo III, o art. 18:

• *Alterações já efetuadas no corpo do Decreto.*

**Art. 3°.** Ficam revogados os dispositivos adiante indicados do Regulamento do Imposto sobre Operações Relativas à Circulação de Mercadorias e sobre Prestações de Serviços de Transporte Interestadual e Intermunicipal e de Comunicação aprovado pelo Decreto n° 45.490, de 30 de novembro de 2000,

I – os §§ 2°, 3° e 4° do art. 363;

II – o art. 372;

III – o inciso XIII do art. 3° do Anexo II;

IV – o § 4° do art. 9° do Anexo III.

• *Alterações já efetuadas no corpo do Decreto.*

**Art. 4°.** Este Decreto entra em vigor na data da sua publicação, produzindo efeitos para os fatos geradores que ocorrerem a partir de 1° de janeiro de 2006.

Palácio dos Bandeirantes, 29 de dezembro de 2005.

*Geraldo Alckmin – DOE de 30.12.2005*

## 148. DECRETO N° 50.473, DE 20 DE JANEIRO DE 2006

*Introduz alterações no Regulamento do Imposto sobre Operações Relativas à Circulação de Mercadorias e sobre Prestações de Serviços de Transporte Interestadual e Intermunicipal e de Comunicação – RICMS.*

Geraldo Alckmin, Governador do Estado de São Paulo, no uso de suas atribuições legais e tendo em vista o disposto na Lei n° 12.185, de 5 de janeiro de 2006, na Lei n° 12.220 e na Lei n° 12.221, ambas de 9 de janeiro de 2006, decreta:

**Art. 1°.** Passam a vigorar com a seguinte redação os dispositivos adiante indicados do Regulamento do Imposto sobre Operações Relativas à Circulação de Mercadorias e sobre Prestações de Serviços de Transporte Interestadual e Intermunicipal e de Comunicação – RICMS, aprovado pelo Decreto n° 45.490, de 30 de novembro de 2000:

I – a alínea "a" do inciso II do art. 29 do Anexo I:

II – o art. 28 do Anexo II:

• *Alterações já efetuadas no corpo do Decreto.*

**Art. 2°.** Ficam acrescentados os dispositivos adiante indicados ao Regulamento do Imposto sobre Operações Relativas à Circulação de Mercadorias e sobre Prestações de Serviços de Transporte Interestadual e Intermunicipal e de Comunicação – RICMS, aprovado pelo Decreto n° 45.490, de 30 de novembro de 2000, com a seguinte redação:

I – ao art. 54, o inciso XVIII:

II – ao § 2° do art. 54, os itens 19, 20, 21 e 22:

• *Alterações já efetuadas no corpo do Decreto.*

**Art. 3°.** Este Decreto entra em vigor na data de sua publicação, produzindo efeitos para os fatos geradores ocorridos a partir de:

I – 10 de janeiro de 2006, em relação ao art. 2°;

II – 1° de fevereiro de 2006, em relação ao inciso I do art. 1°.

Palácio dos Bandeirantes, 20 de janeiro de 2006.

*Geraldo Alckmin – DOE de 21.1.2006*

## 149. DECRETO N° 50.474, DE 20 DE JANEIRO DE 2006

*Fixa prazos especiais para recolhimento do ICMS pelos contribuintes que aderirem à campanha "Liquida São Paulo". (DOE de 21.1.2006)*

• *Pode ser considerado sem mais efeito em razão do cumprimento de seu prazo.*

## 150. DECRETO N° 50.513, DE 15 DE FEVEREIRO DE 2006

*Introduz alterações no Regulamento do Imposto sobre Operações relativas à Circulação de Mercadorias e Prestações de Serviços de Transporte Interestadual e Intermunicipal e de Comunicação – RICMS e dá outras providências.*

Geraldo Alckmin, Governador do Estado de São Paulo, no uso de suas atribuições legais e tendo em vista o disposto nos Convênios ICMS 129/05, 130/05, 132/05, 133/05, 135/05, 136/05, 137/05, 139/05, 142/05, 143/05, 147/05, 149/05, 150/05, 155/05 e no Ajuste SINIEF 9/05, todos celebrados em Mata de São João, BA, no dia 16 de dezembro de 2005, ratificados ou aprovados pelo Decreto n° 50.438, de 28 de dezembro de 2005, decreta:

**Art. 1°.** Passam a vigorar com a seguinte redação os dispositivos adiante enumerados do Regulamento do Imposto sobre Operações relativas à Circulação de Mercadorias e sobre Prestações de Serviços de Transporte Interestadual e Intermunicipal e de Comunicação, aprovado pelo Decreto n° 45.490, de 30 de novembro de 2000:

I – o § 2° do art. 250:

II – o *caput* do art. 34 do Anexo I:

III – o inciso VIII do art. 41 do Anexo I:

IV – o *caput* do art. 94 do Anexo I:

V – o *caput* do art. 120 do Anexo I:

VI – o art. 10 do Anexo II:

VII – o § 3º do art. 40 do Anexo II:

VIII – o § 6º do art. 41 do Anexo II:

IX – o § 3º do art. 42 do Anexo II:

X – o § 2º do art. 43 do Anexo II:

XI – o § 7º do art. 16 do Anexo III:

XII – o § 6º do art. 17 do Anexo III:

XIII – os códigos 1.500, 2.500, 5.500 e 6.500 da Tabela I do Anexo V:

XIV – o *caput* do art. 1º do Anexo XVII:

XV – os arts. 11 e 12 do Anexo XVIII:

• *Alterações já efetuadas no corpo do Decreto.*

**Art. 2º.** Ficam acrescentados os dispositivos adiante indicados ao Regulamento do Imposto sobre Operações relativas à Circulação de Mercadorias e sobre Prestações de Serviços de Transporte Interestadual e Intermunicipal e de Comunicação, aprovado pelo Decreto nº 45.490, de 30 de novembro de 2000, com a seguinte redação:

I – o § 10 ao art. 419:

II – ao Anexo I, o art. 122:

III – ao Anexo I o art. 123:

IV – o art. 19 ao Anexo III:

V – à Tabela I do Anexo V, os códigos 1.505, 1.506, 2.505, 2.506, 5.504, 5.505, 6.504 e 6.505, com a respectiva Nota Explicativa:

• *Alterações já efetuadas no corpo do Decreto.*

**Art. 3º.** Fica revogado o item 3 do § 2º do art. 88 do Anexo I do Regulamento do Imposto sobre Circulação de Mercadorias e Prestações de Serviços de Transporte Interestadual e Intermunicipal e de Comunicação, aprovado pelo Decreto nº 45.490, de 30 de novembro de 2000 (Convênio ICMS 143/05, cláusula segunda).

• *Alteração já efetuada no corpo do Decreto.*

**Art. 4º.** Este Decreto entra em vigor na data da sua publicação, produzindo efeitos a partir de 9 de janeiro de 2006, exceto em relação aos dispositivos a seguir enumerados que produzem efeitos:

I – os incisos I, XIV e XV do art. 1º, desde 21 de dezembro de 2005;

II – o inciso I do art. 2º, relativamente aos fatos geradores que ocorrerem a partir de 1º de fevereiro de 2006;

III – o inciso XIII do art. 1º e o inciso V do art. 2º, relativamente aos fatos geradores que ocorrerem a partir de 1º de julho de 2006;

IV – os incisos VII, VIII, IX e X do art. 1º, a partir de 1º de janeiro de 2006.

• *Inciso IV acrescido pelo Decreto nº 50.750, de 27.4.2006 – DOE de 28.4.2006 – Efeitos a partir da publicação.*

Palácio dos Bandeirantes, 15 de fevereiro de 2006.

*Geraldo Alckmin – DOE de 16.2.2006*

## 151. DECRETO Nº 50.588, DE 14 DE MARÇO DE 2006

*Introduz alterações no Anexo XX do Regulamento do Imposto sobre operações relativas à Circulação de Mercadorias e sobre prestações de Serviços de Transporte Intermunicipal e Interestadual e de Comunicação – RICMS.*

Geraldo Alckmin, Governador do Estado de São Paulo, no uso de suas atribuições legais e tendo em vista o disposto na Lei nº 12.186, de 5 de janeiro de 2006, que altera dispositivos da Lei nº 10.086, de 19 de novembro de 1998, que dispõe sobre o regime tributário simplificado da microempresa e da empresa de pequeno porte do Estado de São Paulo, decreta:

**Art. 1º.** Passam a vigorar com a seguinte redação os dispositivos adiante indicados do Anexo XX do Regulamento do Imposto sobre operações relativas à Circulação de Mercadorias e sobre Prestações de Serviços de Transporte Interestadual e Intermunicipal e de Comunicação, aprovado pelo Decreto nº 45.490, de 30 de novembro de 2000:

• *Anexo XX revogado pelo Decreto nº 52.104, de 29.8.2007 – DOE de 30.8.2007 – Efeitos a partir da publicação.*

**Art. 2º.** Fica acrescentado o parágrafo único ao art. 7º do Anexo XX do Regulamento do Imposto sobre operações relativas à Circulação de Mercadorias e sobre Prestações de Serviços de Transporte Interestadual e Intermunicipal e de Comunicação, aprovado pelo Decreto nº 45.490, de 30 de novembro de 2000, com a seguinte redação:

**Art. 3º.** Fica revogado o item 3 do § 3º, do art. 4º do Anexo XX do Regulamento do Imposto sobre operações relativas à Circulação de Mercadorias e sobre Prestações de Serviços de Transporte Interestadual e Intermunicipal e de Comunicação, aprovado pelo Decreto nº 45.490, de 30 de novembro de 2000.

**Art. 4º.** A microempresa, assim definida nos termos da Lei nº 6.267, de 15 de dezembro de 1988, inscrita no Cadastro de Contribuintes do ICMS em 6 de janeiro de 2006, que teve a isenção prevista no inciso I do art. 8º, assegurada pelo art. 17, ambos da Lei nº 10.086/1998, em sua redação original, deverá solicitar seu enquadramento no regime tributário simplificado até 31 de março de 2006, observada a disciplina estabelecida pela Secretaria da Fazenda (Lei nº 12.186/2006, art. 4º).

**Art. 5º.** Este Decreto entra em vigor na data de sua publicação, produzindo efeitos a partir de 1º de janeiro de 2006.

Palácio dos Bandeirantes, 14 de março de 2006.

*Geraldo Alckmin – DOE de 15.3.2006*

## 152. DECRETO Nº 50.595, DE 22 DE MARÇO DE 2006

*Acrescenta dispositivo ao Regulamento do Imposto sobre Operações Relativas à Circulação de Mercadorias e sobre Prestações de Serviços de Transporte Interestadual e Intermunicipal e de Comunicação – RICMS.*

Geraldo Alckmin, Governador do Estado de São Paulo, no uso de suas atribuições legais, decreta:

**Art. 1º.** Fica acrescentado, com a redação que se segue, o art. 28 às Disposições Transitórias do Regulamento do Imposto sobre Operações Relativas à Circulação de Mercadorias e sobre Prestações de Serviços de Transporte Interestadual e Intermunicipal e de Comunicação, aprovado pelo Decreto nº 45.490, de 30 de novembro de 2000:

• *Alteração já efetuada no corpo do Decreto.*

**Art. 2º.** Este Decreto entra em vigor na data de sua publicação, produzindo efeitos para os fatos geradores que ocorrerem a partir de 1º de abril de 2006.

Palácio dos Bandeirantes, 22 de março de 2006.

*Geraldo Alckmin – DOE de 23.3.2006 – Retificação DOE de 30.3.2006*

## 153. DECRETO Nº 50.607, DE 29 DE MARÇO DE 2006

*Introduz alterações no Regulamento do Imposto sobre Operações Relativas à Circulação de Mercadorias e sobre Prestações de Serviços de Transporte Interestadual e Intermunicipal e de Comunicação – RICMS.*

Geraldo Alckmin, Governador do Estado de São Paulo, no uso de suas atribuições legais e com fundamento nos arts. 17 e 46 da Lei nº 6.374, de 1º de março de 1989, o primeiro na redação da Lei nº 12.294, de 6 de março de 2006, decreta:

**Art. 1º.** Passam a vigorar com a redação que se segue os seguintes dispositivos do Regulamento do Imposto sobre Operações Relativas à Circulação de Mercadorias e sobre Prestações de Serviços de Transporte Interestadual e Intermunicipal e de Comunicação, aprovado pelo Decreto nº 45.490, de 30 de novembro de 2000:

I – o *caput*, o inciso III, mantidos os demais incisos, e o parágrafo único do art. 34:

II – o § 2º do art. 70:

III – o art. 8º das Disposições Transitórias:

• *Alterações já efetuadas no corpo do Decreto.*

**Art. 2º.** Fica acrescentado o inciso VI ao art. 70 do Regulamento do Imposto sobre Operações Relativas à Circulação de Mercadorias e sobre Prestações de Serviços de Transporte Interestadual e Intermunicipal e de Comunicação, aprovado pelo Decreto nº 45.490, de 30 de novembro de 2000, com a seguinte redação:

• *Alterações já efetuadas no corpo do Decreto.*

**Art. 3º.** Fica revogado o art. 35 do Regulamento do Imposto sobre Operações Relativas à Circulação de Mercadorias e sobre Prestações de Serviços de Transporte Interestadual e Intermunicipal e de Comunicação, aprovado pelo Decreto nº 45.490, de 30 de novembro de 2000.

• *Alterações já efetuadas no corpo do Decreto.*

**Art. 4º.** Este Decreto entra em vigor na data de sua publicação, produzindo efeitos a partir de:

I – 20 de março de 2006, o inciso I do art. 1º e o art. 3º;

II – 1º de abril de 2006, os demais dispositivos.

Palácio dos Bandeirantes, 29 de março de 2006.

*Geraldo Alckmin – DOE de 30.3.2006*

## 154. DECRETO Nº 50.669, DE 30 DE MARÇO DE 2006

*Aprova convênio e introduz alterações no Regulamento do Imposto sobre Operações Relativas à Circulação de Mercadorias e sobre Prestações de Serviços de Transporte Interestadual e Intermunicipal e de Comunicação – RICMS.*

Geraldo Alckmin, Governador do Estado de São Paulo, no uso de suas atribuições legais, decreta:

**Art. 1º.** Fica aprovado o Convênio ICMS 01/06 publicado na Seção 1, página 26 do Diário Oficial da União de 10 de fevereiro de 2006, celebrado na reunião extraordinária do CONFAZ, realizada em Brasília-DF, no dia 9 de fevereiro de 2006.

**Art. 2º.** Passam a vigorar com a seguinte redação os dispositivos adiante indicados do Regulamento do Imposto sobre Operações relativas à Circulação de Mercadorias e sobre Prestações de Serviços de Transporte Interestadual e Intermunicipal e de Comunicação, aprovado pelo Decreto nº 45.490, de 30 de novembro de 2000:

I – o inciso XXV do art. 55:

II – o inciso I do art. 68:

III – o parágrafo único do art. 236:

IV – o art. 236-A:

V – o § 3º do art. 11 das Disposições Transitórias:

VI – o art. 17 do Anexo II:

• *Alterações já efetuadas no corpo do Decreto.*

**Art. 3º.** Este Decreto entra em vigor na data de sua publicação, produzindo efeitos a partir de 1º de janeiro de 2006 o inciso II do art. 2º.

Palácio dos Bandeirantes, 30 de março de 2006.

*Geraldo Alckmin – DOE de 31.3.2006*

## 155. DECRETO Nº 50.698, DE 5 DE ABRIL DE 2006

*Introduz alterações no Regulamento do Imposto sobre Operações Relativas à Circulação de Mercadorias e sobre Prestações de Serviços de Transporte Interestadual e Intermunicipal e de Comunicação – RICMS, e dá outra providência.*

Cláudio Lembo, Governador do Estado de São Paulo, no uso de suas atribuições legais e tendo em vista o disposto nos arts. 12, § 2º, e 65-A, parágrafo único, da Lei nº 6.374, de 1º de março de 1989, acrescentados pela Lei nº 11.929, de 12 de abril de 2005, com veto parcial pela mensagem nº 49 de 2005 do Sr. Governador, mas mantidos pela Assembleia Legislativa no texto publicado no Diário Oficial do Estado, Caderno Legislativo, de 13 de dezembro de 2005, decreta:

**Art. 1º.** Ficam acrescentados, com a redação que se segue, os dispositivos adiante indicados ao Regulamento do Imposto sobre Operações Relativas à Circulação de Mercadorias e sobre Prestações de Serviços de Transporte Interestadual e Intermunicipal e de Comunicação aprovado pelo Decreto nº 45.490, de 30 de novembro de 2000:

I – ao art. 16, o inciso III:

II – ao art. 66, o inciso VII:

III – ao art. 101, o inciso III:

IV – ao art. 270, o § 5º:

• *Alterações já efetuadas no corpo do Decreto.*

**Art. 2º.** O contribuinte titular de estabelecimento onde se realize a atividade de revenda de combustíveis e de outros derivados de petróleo, conforme definida em legislação federal, considerado autônomo pelo inciso III do art. 16 do Regulamento do Imposto sobre Operações Relativas à Circulação de Mercadorias e sobre Prestações de Serviços de Transporte Interestadual e Intermunicipal e de Comunicação, aprovado pelo Decreto nº 45.490, de 30 de novembro de 2000, em atividade na data da publicação deste Decreto, deverá fazer a inscrição desse estabelecimento no Cadastro de Contribuintes do ICMS até 30 de abril de 2006.

**Art. 3º.** Este Decreto entra em vigor na data da sua publicação, produzindo efeitos desde 13 de dezembro de 2005.

Palácio dos Bandeirantes, 5 de abril de 2006.

*Cláudio Lembo – DOE de 6.4.2006*

## 156. DECRETO Nº 50.721, DE 11 DE ABRIL DE 2006

*Ratifica convênios celebrados nos termos da Lei Complementar Federal nº 24, de 7 de janeiro de 1975, e aprova convênios, Ajustes SINIEF e Protocolos ICMS.*

Cláudio Lembo, Governador do Estado de São Paulo, no uso de suas atribuições legais e tendo em vista o disposto no art. 4º da Lei Complementar Federal nº 24, de 7 de janeiro de 1975, decreta:

**Art. 1º.** Ficam ratificados os Convênios ICMS 3/06, 9/06, 20/06 e 27/06 celebrados em Ipojuca, PE, no dia 24 de março de 2006, publicados na Seção I, páginas 46 a 55, do *Diário Oficial da União* de 29 de março de 2006.

**Art. 2º.** Ficam aprovados os Convênios ICMS 4/06, 5/06, 6/06, 7/06, 10/06, 11/06, 12/06, 14/06, 15/06, 16/06 e 22/06, os Ajustes SINIEF 1/06, 2/06 e 3/06, publicados na Seção I, páginas 46 a 55, do *Diário Oficial da União* de 29 de março de 2006, os Protocolos ICMS 2/06 e 5/06 e o Protocolo ECF 1/06, publicados na Seção I, páginas 26 a 28, do *Diário Oficial da União* de 3 de abril de 2006, todos celebrados em Ipojuca, PE, no dia 24 de março de 2006.

Parágrafo único. Independerá de outro ato deste Estado a aplicação do disposto nos Protocolos ICMS 2/06 e 05/06.

**Art. 3º.** Este Decreto entra em vigor na data de sua publicação.

Palácio dos Bandeirantes, 11 de abril de 2006.

*Cláudio Lembo – DOE de 12.4.2006*

## 157. DECRETO Nº 50.725, DE 13 DE ABRIL DE 2006

*Fixa prazos especiais para recolhimento do ICMS nas saídas de mercadorias decorrentes do evento que especifica e dá outras providências. [APAS-2006 – 22º Congresso de Gestão e Feira Internacional de Negócios em Supermercados] (DOE de 14.4.2006)*

• *Pode ser considerado sem mais efeito em razão do cumprimento de seu prazo.*

## 158. DECRETO Nº 50.750, DE 27 DE ABRIL DE 2006

*Introduz alterações no Regulamento do Imposto sobre Operações relativas à Circulação de Mercadorias e sobre Prestações de Serviços de Transporte Interestadual e Intermunicipal e de Comunicação – RICMS e dá outras providências.*

Cláudio Lembo, Governador do Estado de São Paulo, no uso de suas atribuições legais e tendo em vista o disposto no Convênio ICMS 128, de 20 de outubro de 1994, decreta:

**Art. 1º.** Passa a vigorar com a seguinte redação o § 2º do art. 3º do Anexo II do Regulamento do Imposto sobre Operações Relativas à Circulação de Mercadorias e sobre Prestações de Serviços de Transporte Interestadual e Intermunicipal e de Comunicação, aprovado pelo Decreto nº 45.490, de 30 de novembro de 2000:

• *Alterações já efetuadas no corpo do Decreto.*

**Art. 2º.** Fica acrescentado o inciso IV ao art. 4º do Decreto nº 50.513, de 15 de fevereiro de 2006:

• *Alterações já efetuadas no corpo do Decreto.*

**Art. 3º.** Este Decreto entra em vigor na data de sua publicação, exceto em relação ao art. 1º cujos efetivos retroagem a 1º de janeiro de 2006.

Palácio dos Bandeirantes, 27 de abril de 2006.

*Cláudio Lembo – DOE de 28.4.2006*

## 159. DECRETO Nº 50.769, DE 9 DE MAIO DE 2006

*Introduz alterações no Regulamento do Imposto sobre Operações Relativas à Circulação de Mercadorias e sobre Prestações de Serviços de Transporte Interestadual e Intermunicipal e de Comunicação – RICMS.*

Cláudio Lembo, Governador do Estado de São Paulo, no uso de suas atribuições legais e tendo em vista o disposto nos Convênios ICMS-3/06, 9/06, 12/06, 14/06, 15/06, 16/06 e 20/06 e no Protocolo ICMS-5/06, todos celebrados em Ipojuca, PE, no dia 24 de março de 2006, ratificados ou aprovados pelo Decreto nº 50.721, de 11 de abril de 2006, decreta:

**Art. 1º.** Passam a vigorar com a seguinte redação os dispositivos adiante enumerados do Regulamento do Imposto sobre Operações Relativas à Circulação de Mercadorias e sobre Prestações de Serviços de Transporte Interestadual e Intermunicipal e de Comunicação, aprovado pelo Decreto nº 45.490, de 30 de novembro de 2000:

I – o *caput* do art. 250:

II – o § 2º do art. 250:

III – o item 2 do parágrafo único do art. 261:

IV – o art. 116 do Anexo I:

V – o § 3º do art. 40 do Anexo II:

VI – o § 6º do art. 41 do Anexo II:

VII – o § 3º do art. 42 do Anexo II:

VIII – o § 2º do art. 43 do Anexo II:

IX – o *caput* do art. 1º do Anexo XVII:

• *Alterações já efetuadas no corpo do Decreto.*

**Art. 2º.** Ficam acrescentados os dispositivos adiante indicados ao Regulamento do Imposto sobre Operações Relativas à Circulação de Mercadorias e sobre Prestações de Serviços de Transporte Interestadual e Intermunicipal e de Comunicação, aprovado pelo Decreto nº 45.490, de 30 de novembro de 2000:

I – ao Anexo I, o art. 124:

II – o item 4-A, à Tabela III do Anexo VI:

- *Alterações já efetuadas no corpo do Decreto.*

**Art. 3º.** Este Decreto entra em vigor na data de sua publicação, exceto em relação aos dispositivos a seguir indicados, que produzem efeitos a partir de:

I – 29 de março de 2006, os incisos I e IX do art. 1º;

II – 18 de abril de 2006, os incisos III e IV do art. 1º e o inciso I do art. 2º;

III – 1º de maio de 2006, os incisos II, V, VI, VII e VIII do art. 1º.

Palácio dos Bandeirantes, 9 de maio de 2006.

*Cláudio Lembo – DOE de 10.5.2006*

## 160. DECRETO Nº 50.850, DE 1º DE JUNHO DE 2006

*Fixa prazos especiais para recolhimento do ICMS nas saídas de mercadorias decorrentes do evento que especifica e dá outras providências. [Fispal Tecnologia 2006 – 22ª Feira para o Desenvolvimento das Indústrias de Alimentos e Bebidas e Fispal Food Service 2006 – 22ª Feira Internacional de Produtos e Serviços para Alimentação] (DOE de 2.6.2006).*

- *Pode ser considerado sem mais efeito em razão do cumprimento de seu prazo.*

## 161. DECRETO Nº 50.856, DE 6 DE JUNHO DE 2006

*Introduz alteração no Regulamento do Imposto sobre Operações Relativas à Circulação de Mercadorias e sobre Prestações de Serviços de Transporte Interestadual e Intermunicipal e de Comunicação – RICMS.*

Cláudio Lembo, Governador do Estado de São Paulo, no uso de suas atribuições legais e tendo em vista o disposto na Lei nº 12.268, de 20 de fevereiro de 2006, e no Convênio ICMS-27/06, de 24 de março de 2006, ratificado pelo Decreto nº 50.721, de 11 de abril de 2006, decreta:

**Art. 1º.** Fica acrescentado o art. 20 ao Anexo III do Regulamento do Imposto sobre Operações Relativas à Circulação de Mercadorias e sobre Prestações de Serviços de Transporte Interestadual e Intermunicipal e de Comunicação, aprovado pelo Decreto nº 45.490, de 30 de novembro de 2000, com a seguinte redação:

- *Alteração já efetuada no corpo do Decreto.*

**Art. 2º.** Este Decreto entra em vigor na data de sua publicação.

Palácio dos Bandeirantes, 6 de junho de 2006.

*Cláudio Lembo – DOE de 7.6.2006*

## 162. DECRETO Nº 50.917, DE 29 DE JUNHO DE 2006

*Fixa prazos especiais para recolhimento do ICMS devido pelos contribuintes que aderirem à campanha "Liquida São Paulo". (DOE de 30.6.2006)*

- *Pode ser considerado sem mais efeito em razão do cumprimento de seu prazo.*

## 163. DECRETO Nº 50.924, DE 29 DE JUNHO DE 2006

*Introduz alterações no Regulamento do Imposto sobre Operações Relativas à Circulação de Mercadorias e sobre Prestações de Serviços de Transporte Interestadual e Intermunicipal e de Comunicação – RICMS e dá outras providências.*

Cláudio Lembo, Governador do Estado de São Paulo, no uso de suas atribuições legais e tendo em vista o disposto nos arts. 67, § 1º, e 112 da Lei nº 6.374, de 1º de março de 1989, decreta:

**Art. 1º.** Passam a vigorar com a redação que se segue os dispositivos adiante indicados do Regulamento do Imposto sobre Operações Relativas à Circulação de Mercadorias e sobre Prestações de Serviços de Transporte Interestadual e Intermunicipal e de Comunicação, aprovado pelo Decreto nº 45.490, de 30 de novembro de 2000:

I – o art. 28 das Disposições Transitórias:

II – o item 2 do § 3º do art. 34 do Anexo II:

III – o § 4º do art. 15 do Anexo III:

- *Alterações já efetuadas no corpo do Decreto.*

**Art. 2º.** Fica acrescentado o item 4 ao § 3º do art. 251 do Regulamento do Imposto sobre Operações Relativas à Circulação de Mercadorias e sobre Prestações de Serviços de Transporte Interestadual e Intermunicipal e de Comunicação, aprovado pelo Decreto nº 45.490, de 30 de novembro de 2000, com a seguinte redação:

- *Alterações já efetuadas no corpo do Decreto.*

**Art. 3º.** Passa a vigorar com a redação que se segue o *caput* do art. 2º do Decreto nº 50.319, de 7 de dezembro de 2005, mantidos os seus incisos:

- *Alterações já efetuadas no corpo do Decreto.*

**Art. 4º.** Este Decreto entra em vigor na data de sua publicação.

Palácio dos Bandeirantes, 29 de junho de 2006.

*Cláudio Lembo – DOE de 30.6.2006*

## 164. DECRETO Nº 50.928, DE 30 DE JUNHO DE 2006

*Introduz alterações no Regulamento do Imposto sobre Operações Relativas à Circulação de Mercadorias e sobre Prestações de Serviços de Transporte Interestadual e Intermunicipal e de Comunicação – RICMS.*

Cláudio Lembo, Governador do Estado de São Paulo, no uso de suas atribuições legais e tendo em vista as disposições da Lei nº 12.279, de 21 de fevereiro de 2006, e da Lei nº 12.294, de 6 de março de 2006, decreta:

**Art. 1º.** Passa a vigorar com a redação que se segue o Capítulo IV do Título I do Livro I do Regulamento do Imposto sobre Operações Relativas à Circulação de Mercadorias e sobre Prestações de Serviços de Transporte Interestadual e Intermunicipal e de Comunicação, aprovado pelo Decreto nº 45.490, de 30 de novembro de 2000, composto pelos arts. 19 a 35:

• *Alterações já efetuadas no corpo do Decreto.*

**Art. 2º.** Este Decreto entra em vigor na data de sua publicação.

Palácio dos Bandeirantes, 30 de junho de 2006.

*Cláudio Lembo – DOE de 1.7.2006*

## 165. DECRETO Nº 50.977, DE 20 DE JULHO DE 2006

*Ratifica convênios celebrados nos termos da Lei Complementar Federal nº 24, de 7 de janeiro de 1975, aprova convênios, protocolos e ajustes SINIEF e introduz alterações no Regulamento do Imposto sobre Operações Relativas à Circulação de Mercadorias e sobre Prestações de Serviços de Transporte Interestadual e Intermunicipal e de Comunicação – RICMS.*

Cláudio Lembo, Governador do Estado de São Paulo, no uso de suas atribuições legais e tendo em vista o disposto no art. 4º da Lei Complementar Federal nº 24, de 7 de janeiro de 1975, e no Convênio ICMS-101, de 12 de dezembro de 1997, ratificado pelo Decreto nº 42.767, de 30 de dezembro de 1997, decreta:

**Art. 1º.** Ficam ratificados os Convênios ICMS-30/06, 32/06, 33/06, 34/06, 36/06, 53/06, 54/06, 56/06 e 60/06, celebrados em Cuiabá, MT, no dia 7 de julho de 2006, publicados na Seção I, páginas 43 a 54, do Diário Oficial da União de 12 de julho de 2006.

**Art. 2º.** Ficam aprovados os Convênios ICMS-41/06, 48/06, 52/06, 55/06 e 62/06, e o Ajuste SINIEF-04/06, publicados na Seção I, páginas 43 a 54, do Diário Oficial da União de 12 de julho de 2006, e o Protocolo ICMS-12/06, publicado na Seção I, página 54, do Diário Oficial da União de 14 de julho de 2006, todos celebrados em Cuiabá, MT, no dia 7 de julho de 2006.

**Art. 3º.** Deixa de ser aprovado o Convênio ICMS-64/06, celebrado em Cuiabá, MT, no dia 7 de julho de 2006, publicado na Seção I, página 53, do Diário Oficial da União de 12 de julho de 2006, não se aplicando as suas disposições ao Estado de São Paulo.

**Art. 4º.** Passam a vigorar com a redação que se segue os dispositivos adiante enumerados do Regulamento do Imposto sobre Operações Relativas à Circulação de Mercadorias e sobre Prestações de Serviços de Transporte Interestadual e Intermunicipal e de Comunicação, aprovado pelo Decreto nº 45.490, de 30 de novembro de 2000:

I – o § 14 do art. 19 do Anexo I:

II – a alínea "b" do inciso VI do art. 30 do Anexo I:

• *Alterações já efetuadas no corpo do Decreto.*

**Art. 5º.** Este Decreto entra em vigor na data de sua publicação.

Palácio dos Bandeirantes, 20 de julho de 2006.

*Cláudio Lembo – DOE de 21.7.2006*

## 166. DECRETO Nº 51.011, DE 28 DE JULHO DE 2006

*Introduz alterações no Regulamento do Imposto sobre Operações Relativas à Circulação de Mercadorias e sobre Prestações de Serviços de Transporte Interestadual e Intermunicipal e de Comunicação – RICMS e dá outras providências.*

Cláudio Lembo, Governador do Estado de São Paulo, no uso de suas atribuições legais e tendo em vista o disposto no art. 8º, XXIV e § 10 da Lei nº 6.374, de 1º de março de 1989, decreta:

**Art. 1º.** Passa a vigorar com a redação adiante indicada a Seção XVI do Capítulo IV do Título II do Livro II, composta pelo art. 396, do Regulamento do Imposto sobre Operações Relativas à Circulação de Mercadorias e sobre Prestações de Serviços de Transporte Interestadual e Intermunicipal e de Comunicação – RICMS, aprovado pelo Decreto nº 45.490, de 30 de novembro de 2000:

• *Alterações já efetuadas no corpo do Decreto.*

**Art. 2º.** Fica revogado o art. 106 do Anexo I do Regulamento do Imposto sobre Operações Relativas à Circulação de Mercadorias e sobre Prestações de Serviços de Transporte Interestadual e Intermunicipal e de Comunicação – RICMS, aprovado pelo Decreto nº 45.490, de 30 de novembro de 2000.

• *Alterações já efetuadas no corpo do Decreto.*

**Art. 3º.** Ficam revogadas as disposições de regimes especiais relacionadas com a matéria constante neste Decreto.

**Art. 4º.** Este Decreto entra em vigor na data de sua publicação, produzindo efeitos para os fatos geradores que ocorrerem a partir de 1º de outubro de 2006.

Palácio dos Bandeirantes, 28 de julho de 2006.

*Cláudio Lembo – DOE de 29.7.2006*

## 167. DECRETO Nº 51.024, DE 3 DE AGOSTO DE 2006

*Ratifica convênio celebrado nos termos da Lei Complementar Federal nº 24, de 7 de janeiro de 1975, e aprova convênio*

Cláudio Lembo, Governador do Estado de São Paulo, no uso de suas atribuições legais e tendo em vista o disposto no art. 4º da Lei Complementar Federal nº 24, de 7 de janeiro de 1975, decreta:

**Art. 1º.** Fica ratificado o Convênio ICMS 69/06, celebrado em Brasília, DF, no dia 24 de julho de 2006, publicado na Seção I, página 33, do *Diário Oficial da União* de 26 de julho de 2006.

**Art. 2º.** Fica aprovado o Convênio ICMS 68/06, celebrado em Brasília, DF, no dia 24 de julho de 2006, publicado na Seção I, página 33, do *Diário Oficial da União* de 26 de julho de 2006.

**Art. 3º.** Este Decreto entra em vigor na data de sua publicação.

Palácio dos Bandeirantes, 3 de agosto de 2006.

*Cláudio Lembo – DOE de 4.8.2006*

## 168. DECRETO Nº 51.053, DE 14 DE AGOSTO DE 2006

*Ratifica convênios celebrados nos termos da Lei Complementar Federal nº 24, de 7 de janeiro de 1975, e aprova protocolo.*

Cláudio Lembo, Governador do Estado de São Paulo, no uso de suas atribuições legais e tendo em vista o disposto no art. 4º da Lei Complementar Federal nº 24, de 7 de janeiro de 1975, decreta:

**Art. 1º.** Ficam ratificados os Convênios ICMS 72/06, 73/06 e 74/06, celebrados em Brasília, DF, no dia 3 de agosto de 2006, publicados na Seção I, páginas 41 e 42, do *Diário Oficial da União* de 7 de agosto de 2006.

**Art. 2º.** Fica aprovado o Protocolo ICMS 26/06, celebrado em Brasília, DF, no dia 3 de agosto de 2006, publicado na Seção I, página 14, do *Diário Oficial da União* de 10 de agosto de 2006.

**Art. 3º.** Este Decreto entra em vigor na data de sua publicação.

Palácio dos Bandeirantes, 14 de agosto de 2006.

*Cláudio Lembo – DOE de 15.8.2006*

## 169. DECRETO Nº 51.092, DE 5 DE SETEMBRO DE 2006

*Introduz alterações no Regulamento do Imposto sobre Operações Relativas à Circulação de Mercadorias e sobre Prestações de Serviços de Transporte Interestadual e Intermunicipal e de Comunicação – RICMS.*

Cláudio Lembo, Governador do Estado de São Paulo, no uso de suas atribuições legais e tendo em vista o disposto nos Convênios ICMS-32/06, 33/06, 34/06, 36/06, 48/06, 54/06, 56/06 e 60/06, celebrados em Cuiabá, MT, no dia 7 de julho de 2006, ratificados ou aprovados pelo Decreto nº 50.977, de 20 de julho de 2006, decreta:

**Art. 1º.** Passam a vigorar com a redação que se segue os dispositivos adiante indicados do Regulamento do Imposto sobre Operações Relativas à Circulação de Mercadorias e sobre Prestações de Serviços de Transporte Interestadual e Intermunicipal e de Comunicação, aprovado pelo Decreto nº 45.490, de 30 de novembro de 2000:

I – o *caput* do art. 14 do Anexo I:

II – o inciso V do art. 41 do Anexo I:

III – a alínea "c" do inciso I do art. 88 do Anexo I:

IV – o inciso IV do art. 9º do Anexo II:

V – o art. 22 do Anexo II:

VI – o *caput* do art. 19 do Anexo III:

VII – o *caput* do art. 1º do Anexo XVII:

VIII – o inciso II e o § 2º do art. 6º do Anexo XIX:

• *Alterações já efetuadas no corpo do Decreto.*

**Art. 2º.** Ficam acrescentados os dispositivos adiante indicados ao Regulamento do Imposto sobre Operações Relativas à Circulação de Mercadorias e sobre Prestações de Serviços de Transporte Interestadual e Intermunicipal e de Comunicação, aprovado pelo Decreto nº 45.490, de 30 de novembro de 2000, com a seguinte redação:

I – ao item 1 do § 1º do art. 41 do Anexo I, as alíneas "d" e "e":

II – ao Anexo I, o art. 125:

III – ao item 1 do § 1º do art. 9º do Anexo II, as alíneas "d" e "e":

• *Alterações já efetuadas no corpo do Decreto.*

**Art. 3º.** Ficam convalidados os procedimentos adotados pelos contribuintes, no período de 13 de novembro de 2002 até 31 de julho de 2006, efetuados nos termos do Convênio ICMS-34, de 7 de julho de 2006, e da Lei nº 10.147, de 21 de dezembro de 2000, relativamente às mercadorias não mencionadas no Convênio ICMS-24, de 18 de abril de 2001 (Convênio ICMS-34/06, cláusula quinta).

Parágrafo único. O disposto neste artigo não autoriza a restituição ou compensação de importâncias já recolhidas.

**Art. 4º.** Este Decreto entra em vigor na data da sua publicação, produzindo efeitos a partir de 31 de julho de 2006, exceto em relação aos dispositivos a seguir indicados, que produzem efeitos a partir:

I – de 12 de julho de 2006, o inciso VII do art. 1º;

II – de 1º de agosto de 2006, os incisos II, IV e VIII do art. 1º e os incisos I e III do art. 2º;

III – da publicação, o art. 3º.

Palácio dos Bandeirantes, 5 de setembro de 2006.

*Cláudio Lembo – DOE de 6.9.2006*

## 170. DECRETO Nº 51.131, DE 25 DE SETEMBRO DE 2006

*Introduz alterações no Regulamento do Imposto sobre Operações Relativas à Circulação de Mercadorias e sobre Prestações de Serviços de Transporte Interestadual e Intermunicipal e de Comunicação – RICMS.*

Cláudio Lembo, Governador do Estado de São Paulo, no uso de suas atribuições legais e tendo em vista o disposto no art. 12, § 2º, item 3, art. 16, § 6º, art. 65-A, parágrafo único, e art. 102, § 3º, da Lei nº 6.374, de 1º de março de 1989, acrescentados pela Lei nº 11.929, de 12 de abril de 2005, no Convênio ICMS-34/06, ratificado pelo Decreto nº 50.977, de 20 de julho de 2006, no Convênio ICMS-69/06, ratificado pelo Decreto nº 51.024, de 3 de agosto de 2006, e no § 2º do art. 21 da Lei Complementar nº 87, de 13 de setembro de 1996, decreta:

**Art. 1º.** Passam a vigorar com a redação que se segue os dispositivos adiante indicados do Regulamento do Imposto sobre Operações Relativas à Circulação de Mercadorias e sobre Prestações de Serviços de Transporte Interestadual e Intermunicipal e de Comunicações – RICMS, aprovado pelo Decreto nº 45.490, de 30 de novembro de 2000:

I – o inciso III do art. 16:

II – o inciso I do art. 68:

III – o inciso III do art. 101:

IV – o § 5º do art. 270:

V – o *caput* do art. 22 do Anexo II, mantidos os seus incisos:

• *Alterações já efetuadas no corpo do Decreto.*

**Art. 2º.** Ficam acrescentados os dispositivos adiante indicados ao Regulamento do Imposto sobre Operações Relativas à Circulação de Mercadorias e sobre Prestações de Serviços de Transporte Interestadual e Intermunicipal e de Comunicação – RICMS, aprovado pelo Decreto nº 45.490, de 30 de novembro de 2000, com a seguinte redação:

I – ao art. 19, o § 3º:

II – ao art. 68, o inciso IV:

III – ao Anexo I, o art. 126:

• *Alterações já efetuadas no corpo do Decreto.*

**Art. 3º.** Este Decreto entra em vigor na data de sua publicação, exceto em relação aos dispositivos a seguir indicados, que produzem efeitos desde:

I – 1º de janeiro de 2006, o inciso II do art. 1º e o inciso II do art. 2º;

II – 14 de agosto de 2006, o inciso III do art. 2º.

Palácio dos Bandeirantes, 25 de setembro de 2006.

*Cláudio Lembo – DOE de 26.9.2006*

## 171. DECRETO Nº 51.134, DE 26 DE SETEMBRO DE 2006

*Introduz alterações no Regulamento do Imposto sobre Operações Relativas à Circulação de Mercadorias e sobre Prestações de Serviços de Transporte Interestadual e Intermunicipal e de Comunicação – RICMS.*

Cláudio Lembo, Governador do Estado de São Paulo, no uso de suas atribuições legais e tendo em vista o disposto no art. 46 da Lei nº 6.374, de 1º de março de 1989, decreta:

**Art. 1º.** Passam a vigorar com a redação que se segue os dispositivos adiante indicados do Regulamento do Imposto sobre Operações Relativas à Circulação de Mercadorias e sobre Prestações de Serviços de Transporte Interestadual e Intermunicipal e de Comunicação, aprovado pelo Decreto nº 45.490, de 30 de novembro de 2000:

I – o *caput* do art. 21 das Disposições Transitórias, mantidos os seus incisos:

II – o *caput* do § 2º do art. 21 das Disposições Transitórias, mantidos os seus itens:

III – o item 2 do § 11 do art. 21 das Disposições Transitórias:

• *Alterações já efetuadas no corpo do Decreto.*

**Art. 2º.** Este Decreto entra em vigor na data de sua publicação.

Palácio dos Bandeirantes, 26 de setembro de 2006.

*Cláudio Lembo – DOE de 27.9.2006*

## 172. DECRETO Nº 51.198, DE 17 DE OUTUBRO DE 2006

*Introduz alterações no Regulamento do Imposto sobre Operações Relativas à Circulação de Mercadorias e sobre Prestações de Serviços de Transporte Interestadual e Intermunicipal e de Comunicação – RICMS e dá outras providências.*

Cláudio Lembo, Governador do Estado de São Paulo, no uso de suas atribuições legais e tendo em vista o disposto no art. 8º, XXIV e § 10, da Lei nº 6.374, de 1º de março de 1989, decreta:

**Art. 1º.** Fica acrescentada a Seção XXV, composta pelos arts. 400-F e 400-G, ao Capítulo IV do Título II do Livro II do Regulamento do Imposto sobre Operações Relativas à Circulação de Mercadorias e sobre Prestações de Serviços de Transporte Interestadual e Intermunicipal e de Comunicação, aprovado pelo Decreto nº 45.490, de 30 de novembro de 2000, com a seguinte redação:

• *Alterações já efetuadas no corpo do Decreto.*

**Art. 2º.** Ficam revogadas as disposições de regimes especiais relacionadas com a matéria constante neste Decreto.

**Art. 3º.** Este Decreto entra em vigor na data de sua publicação, produzindo efeitos para os fatos geradores que ocorrerem a partir de 1º de dezembro de 2006.

Palácio dos Bandeirantes, 17 de outubro de 2006.

*Cláudio Lembo – DOE de 18.10.2006*

## 173. DECRETO Nº 51.199, DE 17 DE OUTUBRO DE 2006

*Introduz alterações no Regulamento do Imposto sobre Operações Relativas à Circulação de Mercadorias e sobre Prestações de Serviços de Transporte Interestadual e Intermunicipal e de Comunicação – RICMS.*

Cláudio Lembo, Governador do Estado de São Paulo, no uso de suas atribuições legais e tendo em vista o disposto no § 1º do art. 67 da Lei nº 6.374, de 1º de março de 1989, e nos incisos X e XI do art. 75 e na alínea "z1" do inciso VIII do art. 85 da Lei nº 6.374, de 1º de março de 1989, acrescentados pela Lei nº 12.294, de 6 de março de 2006, decreta:

**Art. 1º.** Passa a vigorar com a redação que se segue o art. 195 do Regulamento do Imposto sobre Operações Relativas à Circulação de Mercadorias e sobre Prestações de Serviços de Transporte Interestadual e Intermunicipal e de Comunicação, aprovado pelo Decreto nº 45.490, de 30 de novembro de 2000:

• *Alterações já efetuadas no corpo do Decreto.*

**Art. 2º.** Ficam acrescentados os dispositivos adiante indicados ao Regulamento do Imposto sobre Operações Relativas à Circulação de Mercadorias e sobre Prestações de Serviços de Transporte Interestadual e Intermunicipal e de Comunicação, aprovado pelo Decreto nº 45.490, de 30 de novembro de 2000, com a seguinte redação:

I – ao art. 125, o § 6º:

II – ao art. 184, os incisos XI e XII:

III – ao art. 494, os incisos X e XI:

IV – ao inciso VIII do art. 527, a alínea "z1":

• *Alterações já efetuadas no corpo do Decreto.*

**Art. 3º.** Este Decreto entra em vigor na data de sua publicação, exceto em relação aos dispositivos a seguir indicados, que produzem efeitos:

I – desde 7 de março de 2006, os incisos III e IV do art. 2º;

II – a partir de 1º de janeiro de 2007, o inciso I do art. 2º.

• *Inciso II com redação dada pelo Decreto nº 51.318, de 30.11.2006 – DOE de 1º.12.2006 – Efeitos a partir da publicação.*

Palácio dos Bandeirantes, 17 de outubro de 2006.

*Cláudio Lembo – DOE de 18.10.2006*

## 174. DECRETO Nº 51.220, DE 25 DE OUTUBRO DE 2006

*Ratifica convênios celebrados nos termos da Lei Complementar Federal nº 24, de 7 de janeiro de 1975, aprova convênios, protocolos e ajustes SINIEF.*

Cláudio Lembo, Governador do Estado de São Paulo, no uso de suas atribuições legais e tendo em vista o disposto no art. 4º da Lei Complementar Federal nº 24, de 7 de janeiro de 1975, decreta:

**Art. 1º.** Ficam ratificados os Convênios ICMS 84/06, 90/06, 92/06, 93/06, 94/06, 97/06, 100/06, 101/06, 103/06, 104/06, 106/06, 113/06 e 116/06, celebrados em Belém, PA, no dia 6 de outubro de 2006, publicados na Seção I, páginas 30 a 41, do *Diário Oficial da União* de 11 de outubro de 2006.

**Art. 2º.** Ficam aprovados os Convênios ICMS 82/06, 83/06, 87/06, 107/06, 111/06, 112/06 e os Ajustes SINIEF 05/06, 06/06 e 07/06, publicados na Seção I, páginas 30 a 41, do *Diário Oficial da União* de 11 de outubro de 2006, e os Protocolos ICMS 31/06, 35/06, 36/06, 37/06, 38/06 e 40/06, publicados na Seção I, páginas 32 a 35, do *Diário Oficial da União* de 16 de outubro de 2006, todos celebrados em Belém, PA, no dia 6 de outubro de 2006.

**Art. 3º.** Este Decreto entra em vigor na data de sua publicação.

Palácio dos Bandeirantes, 25 de outubro de 2006.

*Cláudio Lembo – DOE de 26.10.2006*

## 175. DECRETO Nº 51.242, DE 3 DE NOVEMBRO DE 2006

*Regulamenta a Lei nº 12.187, de 5 de janeiro de 2006, que institui o Programa ME COMPETITIVA para equalização de taxas de juros em financiamentos concedidos a microempresas e empresas de pequeno porte estabelecidas no Estado de São Paulo.*

• *Revogado pelo Decreto nº 54.227, de 13.4.2009.*

## 176. DECRETO Nº 51.299, DE 23 DE NOVEMBRO DE 2006

*Introduz alterações no Regulamento do Imposto sobre Operações Relativas à Circulação de Mercadorias e sobre Prestações de Serviços de Transporte Interestadual e Intermunicipal e de Comunicação – RICMS.*

Cláudio Lembo, Governador do Estado de São Paulo, no uso de suas atribuições legais e tendo em vista o disposto nos arts. 46 e 67, § 1º, da Lei nº 6.374, de 1º de março de 1989, decreta:

**Art. 1º.** Passam a vigorar com a redação que se segue os dispositivos adiante indicados do Regulamento do Imposto sobre Operações Relativas à Circulação de Mercadorias e sobre Prestações de Serviços de Transporte Interestadual e Intermunicipal e de Comunicação, aprovado pelo Decreto nº 45.490, de 30 de novembro de 2000:

I – o art. 70:

II – o item 3 do § 3º do art. 251:

III – o *caput* do art. 252:

IV – o art. 18 das DDTT:

• *Alterações já efetuadas no corpo do Decreto.*

**Art. 2º.** Fica revogado o art. 8º das Disposições Transitórias do Regulamento do Imposto sobre Operações Relativas à Circulação de Mercadorias e sobre Prestações de Serviços de Transporte Interestadual e Intermunicipal e de Comunicação, aprovado pelo Decreto nº 45.490, de 30 de novembro de 2000.

• *Alterações já efetuadas no corpo do Decreto.*

**Art. 3º.** Este Decreto entra em vigor na data de sua publicação, exceto em relação aos dispositivos a seguir indicados, que produzem efeitos a partir de:

I – 1º de novembro de 2006, o inciso III do art. 1º;

II – 1º de março de 2007, o inciso II do art. 1º.

Palácio dos Bandeirantes, 23 de novembro de 2006.

*Cláudio Lembo – DOE de 24.11.2006*

## 177. DECRETO Nº 51.300, DE 23 DE NOVEMBRO DE 2006

*Introduz alterações no Regulamento do Imposto sobre Operações Relativas à Circulação de Mercadorias e sobre Prestações de Serviços de Transporte Interestadual e Intermunicipal e de Comunicação – RICMS e dá outras providências.*

Cláudio Lembo, Governador do Estado de São Paulo, no uso de suas atribuições legais e tendo em vista o disposto nos Convênios ICMS-83/06, 84/06, 87/06, 92/06, 93/06, 94/06, 103/06, 113/06 e 116/06 e nos Ajustes SINIEF-06/06 e 07/06, celebrados em Belém, PA, no dia 6 de outubro de 2006, ratificados ou aprovados pelo Decreto nº 51.220, de 25 de outubro de 2006, decreta:

**Art. 1º.** Passam a vigorar com a redação que se segue os dispositivos adiante indicados do Regulamento do Imposto sobre Operações Relativas à Circulação de Mercadorias e sobre Prestações de Serviços de Transporte Interestadual e Intermunicipal e de Comunicação, aprovado pelo Decreto nº 45.490, de 30 de novembro de 2000:

I – o *caput* do art. 445:

II – o § 5º do art. 26 das Disposições Transitórias:

III – o § 3º do art. 27 das Disposições Transitórias:

IV – a alínea "b" do item 1 do § 2º do art. 88 do Anexo I:

V – o § 13 do art. 88 do Anexo I:

VI – o *caput* do art. 94 do Anexo I:

VII – o inciso IV do art. 9º do Anexo II:

VIII – o § 3º do art. 40 do Anexo II:

IX – o § 6º do art. 41 do Anexo II:

X – o § 3º do art. 42 do Anexo II:

XI – o § 2º do art. 43 do Anexo II:

XII – o § 2º do art. 44 do Anexo II:

XIII – o *caput* do art. 1º do Anexo XVII:

XIV – o modelo da Nota Fiscal / Conta de Energia Elétrica do Anexo/Modelos:

• *Alterações já efetuadas no corpo do Decreto.*

**Art. 2º.** Ficam acrescentados os dispositivos adiante indicados ao Regulamento do Imposto sobre Operações Relativas à Circulação de Mercadorias e sobre Prestações de Serviços de Transporte Interestadual e Intermunicipal e de Comunicação, aprovado pelo Decreto nº 45.490, de 30 de novembro de 2000, com a seguinte redação:

I – ao art. 124, o inciso XXIV:

II – à Seção III do Capítulo I do Título IV do Livro I, a Subseção I-A, composta pelos arts. 151-A a 151-C:

III – à Seção I do Capítulo IV do Título I do Livro III, os arts. 440-A e 440-B:

IV – ao Anexo II, o art. 46:

V – ao art. 12 do Anexo XIX, o parágrafo único:

VI – ao Anexo/Modelos, o modelo da Nota Fiscal de Serviço de Transporte Ferroviário:

• *Alterações já efetuadas no corpo do Decreto.*

**Art. 3º.** Fica revogado o art. 15 do Anexo XX do Regulamento do Imposto sobre Operações Relativas à Circulação de Mercadorias e sobre Prestações de Serviços de Transporte Interestadual e Intermunicipal e de Comunicação, aprovado pelo Decreto nº 45.490, de 30 de novembro de 2000.

• *Alterações já efetuadas no corpo do Decreto.*

**Art. 4º.** Passa a vigorar com a redação adiante indicada o inciso II do art. 3º do Decreto nº 51.199, de 17 de outubro de 2006:

• *Alterações já efetuadas no corpo do Decreto.*

**Art. 5º.** Este Decreto entra em vigor na data de sua publicação, produzindo efeitos a partir de 1º de novembro de 2006, exceto em relação aos dispositivos a seguir indicados, que produzem efeitos:

I – desde 31 de julho de 2006, o inciso IV do art. 1º;

II – desde 1º de agosto de 2006, o inciso VII do art. 1º;

III – desde 11 de outubro de 2006, o inciso XIII do art. 1º;

IV – desde 31 de outubro de 2006, os incisos VI, VIII, IX, X e XI do art. 1º e o inciso V do art. 2º;

V – na data da publicação, os incisos II, III e XII do art. 1º, o inciso VI do art. 2º e os arts. 3º e 4º;

VI – a partir de 1º de janeiro de 2007, os incisos I e II do art. 2º.

Palácio dos Bandeirantes, 23 de novembro de 2006.

*Cláudio Lembo – DOE de 24.11.2006*

## 178. DECRETO Nº 51.305, DE 24 DE NOVEMBRO DE 2006

*Introduz alterações no Regulamento do Imposto sobre Operações Relativas à Circulação de Mercadorias e sobre Prestações de Serviços de Transporte Interestadual e Intermunicipal e de Comunicação – RICMS.*

Cláudio Lembo, Governador do Estado de São Paulo, no uso de suas atribuições legais e tendo em vista o disposto na Lei nº 12.279, de 21 de fevereiro de 2006, e na Lei nº 12.294, de 6 de março de 2006, decreta:

**Art. 1º.** Passa a vigorar com a redação que se segue o Capítulo IV do Título I do Livro I do Regulamento do Imposto sobre Operações Relativas à Circulação de Mercadorias e sobre Prestações de Serviços de Transporte Interestadual e Intermunicipal e de Comunicação, aprovado pelo Decreto nº 45.490, de 30 de novembro de 2000, composto pelos arts. 19 a 34:

• *Alterações já efetuadas no corpo do Decreto.*

**Art. 2º.** Este Decreto entrará em vigor na data de sua publicação.

Palácio dos Bandeirantes, 24 de novembro de 2006.

*Cláudio Lembo – DOE de 25.11.2006*

## 179. DECRETO Nº 51.318, DE 30 DE NOVEMBRO DE 2006

*Ratifica convênios celebrados nos termos da Lei Complementar Federal nº 24, de 7 de janeiro de 1975, e dá outras providências.*

Cláudio Lembo, Governador do Estado de São Paulo, no uso de suas atribuições legais e tendo em vista o disposto no art. 4º da Lei Complementar Federal nº 24, de 7 de janeiro de 1975, e no Convênio ICMS 100/06, de 6 de outubro de 2006, decreta:

**Art. 1º.** Ficam ratificados os Convênios ICMS 120/06 e 121/06, celebrados em Brasília, DF, no dia 17 de novembro de 2006, publicados na Seção I, páginas 31 e 32, do *Diário Oficial da União* de 21 de novembro de 2006.

**Art. 2º.** O disposto na alínea "b" do item 1 do § 1º do art. 1º do Decreto nº 50.474, de 20 de janeiro de 2006, não se aplica aos recolhimentos do Imposto sobre Circulação de Mercadorias e sobre Prestações de Serviços de Transporte Interestadual e Intermunicipal e de Comunicação – ICMS efetuados no primeiro dia útil seguinte ao do vencimento estabelecido no referido decreto (Convênio ICMS 100/06).

Parágrafo único. O disposto neste artigo fica condicionado ao cumprimento das demais condições estabelecidas no Decreto nº 50.474, de 20 de janeiro de 2006.

**Art. 3º.** Passa a vigorar com a redação adiante indicada o inciso II do art. 3º do Decreto nº 51.199, de 17 de outubro de 2006:

• *Alteração já efetuada no corpo do Decreto.*

**Art. 4º.** Este Decreto entra em vigor na data de sua publicação.

Palácio dos Bandeirantes, 30 de novembro de 2006.

*Cláudio Lembo – DOE de 1º.12.2006*

## 180. DECRETO Nº 51.362, DE 13 DE DEZEMBRO DE 2006

*Ratifica convênios celebrados nos termos da Lei Complementar Federal nº 24, de 7 de janeiro de 1975 e introduz alterações no Regulamento do Imposto sobre Operações Relativas à Circulação de Mercadorias e sobre Prestações de Serviços de Transporte Interestadual e Intermunicipal e de Comunicação – RICMS.*

Cláudio Lembo, Governador do Estado de São Paulo, no uso de suas atribuições legais e tendo em vista o disposto no art. 4º da Lei Complementar Federal nº 24, de 7 de janeiro de 1975, decreta:

**Art. 1º.** Ficam ratificados o Convênio ICMS-124/06, celebrado em Brasília, DF, no dia 28 de novembro de 2006, publicado na Seção I, página 42, do Diário Oficial da União de 29 de novembro de 2006, e os Convênios ICMS-126/06 e 127/06, celebrados em Brasília, DF, no dia 11 de dezembro de 2006, publicados na Seção I, página 24, do Diário Oficial da União de 12 de dezembro de 2006.

**Art. 2º.** Passa a vigorar com a redação que se segue o § 3º do art. 44 do Anexo II do Regulamento do Imposto sobre Operações Relativas à Circulação de Mercadorias e sobre Prestações de Serviços de Transporte Interestadual e Intermunicipal e de Comunicação – RICMS, aprovado pelo Decreto nº 45.490, de 30 de novembro de 2000:

• *Alterações já efetuadas no corpo do Decreto.*

**Art. 3º.** Fica revogado o inciso II do art. 148 do Regulamento do Imposto sobre Operações Relativas à Circulação de Mercadorias e sobre Prestações de Serviços de Transporte Interestadual e Intermunicipal e de Comunicação – RICMS, aprovado pelo Decreto nº 45.490, de 30 de novembro de 2000.

• *Alterações já efetuadas no corpo do Decreto.*

**Art. 4º.** Este Decreto entra em vigor na data de sua publicação, exceto em relação ao art. 3º, que produz efeitos a partir de 1º de janeiro de 2007.

Palácio dos Bandeirantes, 13 de dezembro de 2006.

*Cláudio Lembo – DOE de 14.12.2006*

## 181. DECRETO Nº 51.436, DE 28 DE DEZEMBRO DE 2006

*Ratifica convênios celebrados nos termos da Lei Complementar Federal nº 24, de 7 de janeiro de 1975, aprova convênios, protocolos e ajuste SINIEF e introduz alterações no Regulamento do Imposto sobre Operações Relativas à Circulação de Mercadorias e sobre Prestações de Serviços de Transporte Interestadual e Intermunicipal e de Comunicação.*

Cláudio Lembo, Governador do Estado de São Paulo, no uso de suas atribuições legais e tendo em vista o disposto no art. 4º da Lei Complementar Federal nº 24, de 7 de janeiro de 1975, e no art. 1º da Lei Complementar Federal nº 122, de 12 de dezembro de 2006, decreta:

**Art. 1º.** Ficam ratificados os Convênios ICMS 129/06, 133/06, 139/06, 145/06, 147/06, 148/06, 149/06, 150/06, 152/06, 157/06, 159/06, 160/06 e 167/06, celebrados em Macapá, AP, no dia 15 de dezembro de 2006, publicados na Seção I, páginas 59 a 73, do *Diário Oficial da União* de 20 de dezembro de 2006.

**Art. 2º.** Ficam aprovados os Convênios ICMS 131/06, 134/06, 136/06, 137/06, 140/06, 141/06, 143/06, 154/06 e 158/06 e o Ajuste SINIEF 08/06, publicados na Seção I, páginas 59 a 73, do *Diário Oficial da União* de 20 de dezembro de 2006, os Protocolos ICMS 48/06 e 49/06, publicados na Seção I, página 110, do *Diário Oficial da União* de 22 de dezembro de 2006, e o Protocolo ICMS 41/06, publicado na Seção I, página 42, do *Diário Oficial da União* de 27 de dezembro de 2006, todos celebrados em Macapá, AP, no dia 15 de dezembro de 2006.

Parágrafo único. Independerá de outro ato deste Estado a aplicação do disposto nos Protocolos ICMS 41/06 e 49/06.

**Art. 3º.** Deixa de ser aprovado o Convênio ICMS 135/06, celebrado em Macapá, AP, no dia 15 de dezembro de 2006, publicado na Seção I, página 61, do *Diário Oficial da União* de 20 de dezembro de 2006, não se aplicando as suas disposições ao Estado de São Paulo.

**Art. 4º.** Passam a vigorar com a redação que se segue os dispositivos adiante indicados do Regulamento do Imposto sobre Operações Relativas à Circulação de Mercadorias e sobre Prestações de Serviços de Transporte Interestadual e Intermunicipal e de Comunicação, aprovado pelo Decreto nº 45.490, de 30 de novembro de 2000:

I – o *caput* do art. 1º das Disposições Transitórias, mantidos os seus incisos:

II – os incisos I e II do art. 28 das Disposições Transitórias:

• *Alterações já efetuadas no corpo do Decreto.*

**Art. 5º.** Este Decreto entra em vigor na data de sua publicação.

Palácio dos Bandeirantes, 28 de dezembro de 2006.

*Cláudio Lembo – DOE de 29.12.2006*

## 182. DECRETO Nº 51.440, DE 28 DE DEZEMBRO DE 2006

*Introduz alterações no Regulamento do Imposto sobre Operações Relativas à Circulação de Mercadorias e sobre Prestações de Serviços de Transporte Interestadual e Intermunicipal e de Comunicação – RICMS.*

Cláudio Lembo, Governador do Estado de São Paulo, no uso de suas atribuições legais e tendo em vista o disposto nos Convênios ICMS-120/06 e 121/06, ratificados pelo Decreto nº 51.318, de 30 de novembro de 2006, decreta:

**Art. 1º.** Ficam acrescentados os dispositivos adiante indicados ao Regulamento do Imposto sobre Operações Relativas à Circulação de Mercadorias e sobre Prestações de Serviços de Transporte Interestadual e Intermunicipal e de Comunicação – RICMS, aprovado pelo Decreto nº 45.490, de 30 de novembro de 2000, com a seguinte redação:

I – ao item 3 do § 1º do art. 2º do Anexo I, a alínea "f":

II – ao art. 92 do Anexo I, o inciso III:

• *Alterações já efetuadas no corpo do Decreto.*

**Art. 2º.** Este Decreto entra em vigor na data de sua publicação, produzindo efeitos desde 8 de dezembro de 2006.

Palácio dos Bandeirantes, 28 de dezembro de 2006.

*Cláudio Lembo – DOE de 29.12.2006*

## 183. DECRETO Nº 51.477, DE 10 DE JANEIRO DE 2007

*Introduz alterações no Regulamento do Imposto sobre Operações Relativas à Circulação de Mercadorias e sobre Prestações de Serviços de Transporte Interestadual e Intermunicipal e de Comunicação –*

*RICMS e dispõe sobre a possibilidade de contribuintes do comércio varejista parcelarem o ICMS devido pelas saídas promovidas em dezembro de 2006.*

José Serra, Governador do Estado de São Paulo, considerando o que dispõe o Convênio ICMS-167/06, de 15 de dezembro de 2006, ratificado pelo Decreto nº 51.436, de 28 de dezembro de 2006, o art. 59 da Lei nº 6.374, de 1º de março de 1989, e as Resoluções da Comissão Nacional de Classificação do Ministério do Planejamento, Orçamento e Gestão – CONCLA nºs 1/2006 e 2/2006, editadas, respectivamente, em 4 de setembro de 2006 e 15 de dezembro de 2006 e publicadas no Diário Oficial da União em 5 de setembro de 2006 e 18 de dezembro de 2006, que divulgam a nova tabela de códigos da Classificação Nacional de Atividades Econômicas – CNAE, decreta:

**Art. 1º.** Passa a vigorar com a redação que se segue o *caput* do art. 3º do Anexo IV do Regulamento do Imposto sobre Operações Relativas à Circulação de Mercadorias e sobre Prestações de Serviços de Transporte Interestadual e Intermunicipal e de Comunicação – RICMS, aprovado pelo Decreto nº 45.490, de 30 de novembro de 2000:

- *Alterações já efetuadas no corpo do Decreto.*

**Art. 2º.** Os contribuintes do comércio varejista poderão recolher o ICMS – Imposto sobre Operações Relativas a Circulação de Mercadorias e sobre Prestações de Serviços de Transporte Interestadual e Intermunicipal e de Comunicação referente às saídas de mercadorias realizadas no mês de dezembro de 2006 em 2 (duas) parcelas mensais e consecutivas, com dispensa do recolhimento de multas, desde que (Convênio ICMS-167/06):

I – as parcelas sejam recolhidas:

a) até o dia 22 do mês de janeiro de 2007;

b) até o dia 22 do mês de fevereiro de 2007;

II – o recolhimento da primeira parcela ocorra no mês de janeiro de 2007, sem qualquer acréscimo;

III – a segunda parcela seja recolhida no mês de fevereiro de 2007, com acréscimo calculado com base na taxa SELIC do mês de janeiro de 2007.

§ 1º. O disposto neste artigo aplica-se aos contribuintes que, em 31 de dezembro de 2006, tinham como código de atividade principal as seguintes CNAE-Fiscais:

1 – 50300 (exceto as CNAE-Fiscais 50300/01, 50300/02 e 50300/88);

2 – 50415 (exceto as CNAE-Fiscais 50415/01, 50415/02 e 50415/88);

3 – 52116 a 52469;

4 – 52493 a 52698.

§ 2º. O recolhimento do ICMS na forma prevista neste artigo é opcional, ficando facultado ao contribuinte efetuar o recolhimento integral do imposto no mês de janeiro de 2007, até a data estabelecida no Anexo IV do Regulamento do ICMS – RICMS, aprovado pelo Decreto nº 45.490, de 30 de novembro de 2000.

§ 3º. O contribuinte que deixar de efetuar o recolhimento de qualquer das parcelas até as datas previstas no *caput* ou efetuar o recolhimento em valores inferiores ao devido perderá direito ao benefício, ficando os valores recolhidos sujeitos à imputação, nos termos do art. 595 do Regulamento do ICMS – RICMS, aprovado pelo Decreto nº 45.490, de 30 de novembro de 2000.

**Art. 3º.** O recolhimento de cada uma das parcelas previstas no art. 2º deverá ser efetuado por meio de Guia de Arrecadação Estadual – GARE-ICMS, observando-se o seguinte:

I – no campo 03 (Código de Receita), deverá ser consignado: "046-2";

II – no campo 07 (Referência), deverá ser consignado: "12/2006";

III – no campo 09 (Valor do Imposto), deverá ser indicado o valor correspondente a, no mínimo, 50% (cinquenta por cento) do valor total do imposto devido;

IV – no campo 10 (Juros de Mora), deverá ser consignado o valor resultante da aplicação da taxa SELIC, conforme previsto no inciso III do art. 2º.

**Art. 4º.** A Secretaria da Fazenda divulgará, no mês de fevereiro de 2007, o índice da taxa SELIC a ser aplicado ao recolhimento referido no inciso III do art. 2º.

**Art. 5º.** Este Decreto entra em vigor na data de sua publicação, exceto em relação ao art. 1º, que produzirá efeitos para fatos geradores que ocorrerem a partir de 1º de janeiro de 2007.

Palácio dos Bandeirantes, 10 de janeiro de 2007.

*José Serra – DOE de 11.1.2007*

## 184. DECRETO Nº 51.484, DE 16 DE JANEIRO DE 2007

*Introduz alterações no Regulamento do Imposto sobre Operações Relativas à Circulação de Mercadorias e sobre Prestações de Serviços de Transporte Interestadual e Intermunicipal e de Comunicação – RICMS.*

José Serra, Governador do Estado de São Paulo, no uso de suas atribuições legais e tendo em vista o disposto nos Convênios ICMS 129/06, 133/06, 136/06, 139/06, 141/06, 147/06, 148/06, 150/06, 157/06, 159/06 e 160/06, celebrados em Macapá, AP, em 15 de outubro de 2006, ratificados ou aprovados pelo Decreto nº 51.436, de 28 de dezembro de 2006, decreta:

**Art. 1º.** Passam a vigorar com a redação que se segue os dispositivos adiante indicados do Regulamento do Imposto sobre Operações Relativas à Circulação de Mercadorias e sobre Prestações de Serviços de Transporte Interestadual e Intermunicipal e de Comunicação, aprovado pelo Decreto nº 45.490, de 30 de novembro de 2000:

I – o § 15 do art. 19 do Anexo I:

II – o § 4º do art. 24 do Anexo I:

III – o art. 76 do Anexo I:

IV – o *caput* do art. 94 do Anexo I:

V – o *caput* do art. 12 do Anexo II, mantidos os seus incisos:

VI – o *caput* do art. 46 do Anexo II:

VII – o *caput* do art. 19 do Anexo III:

VIII – o *caput* do item 2 do § 2º do art. 19 do Anexo III, mantidas as suas alíneas:

IX – o Capítulo III, composto pelos arts. 4º a 11, do Anexo XII:

X – o *caput* do art. 1º do Anexo XVII:

XI – o § 2º do art. 21 do Anexo XIX:

XII – o art. 24 do Anexo XIX:

• *Alterações já efetuadas no corpo do Decreto.*

**Art. 2º.** Ficam acrescentados os dispositivos adiante indicados ao Regulamento do Imposto sobre Operações Relativas à Circulação de Mercadorias e sobre Prestações de Serviços de Transporte Interestadual e Intermunicipal e de Comunicação, aprovado pelo Decreto nº 45.490, de 30 de novembro de 2000, com a seguinte redação:

I – ao art. 92 do Anexo I, o inciso IV:

II – ao Anexo I, o art. 127:

III – ao Anexo II, o art. 47:

IV – ao inciso X do art. 3º do Anexo IV, a alínea "d":

• *Alterações já efetuadas no corpo do Decreto.*

**Art. 3º.** Este Decreto entra em vigor na data da sua publicação, produzindo efeitos a partir de 8 de janeiro de 2007, exceto em relação aos dispositivos a seguir indicados, que produzem efeitos a partir:

I – (revogado);

• *Inciso I revogado pelo Decreto nº 51.801, de 9.5.2007 – DOE de 10.5.2007 – Efeitos a partir de 4.4.2007.*

II – de 20 de dezembro de 2006, os incisos X, XI e XII do art. 1º;

III – de 1º de janeiro de 2007, os incisos I e II do art. 1º e inciso IV do art. 2º.

Palácio dos Bandeirantes, 16 de janeiro de 2007.

*José Serra – DOE de 17.1.2007*

## 185. DECRETO Nº 51.520, DE 29 DE JANEIRO DE 2007

*Introduz alterações no Regulamento do Imposto sobre Operações Relativas à Circulação de Mercadorias e sobre Prestações de Serviços de Transporte Interestadual e Intermunicipal e de Comunicação – RICMS.*

José Serra, Governador do Estado de São Paulo, no uso de suas atribuições legais, decreta:

**Art. 1º.** Ficam revogados os dispositivos adiante indicados do Regulamento do Imposto sobre Operações Relativas à Circulação de Mercadorias e sobre Prestações de Serviços de Transporte Interestadual e Intermunicipal e de Comunicação, aprovado pelo Decreto nº 45.490, de 30 de novembro de 2000:

I – o § 9º do art. 61 e o inciso II do art. 68;

II – os arts. 50, 53, 106, 395, 396, 397, 398, 399, 400, 403, 479, 564 e 574;

III – o art. 13 do Anexo II;

IV – os arts. 7º, 9º, 10 e 18 do Anexo III;

V – os arts. 9º e 10 do Anexo XX.

• *Alterações já efetuadas no corpo do Decreto.*

**Art. 2º.** Este Decreto entra em vigor na data de sua publicação, produzindo efeitos aos fatos geradores que ocorrerem a partir de 1º de fevereiro de 2007.

Palácio dos Bandeirantes, 29 de janeiro de 2007.

*José Serra – DOE de 30.1.2007*

## 186. DECRETO Nº 51.521, DE 29 DE JANEIRO DE 2007

*Ratifica convênios celebrados nos termos da Lei Complementar Federal nº 24, de 7 de janeiro de 1975.*

José Serra, Governador do Estado de São Paulo, no uso de suas atribuições legais e tendo em vista o disposto no art. 4º da Lei Complementar Federal nº 24, de 7 de janeiro de 1975, decreta:

**Art. 1º.** Ficam ratificados o Convênio ICMS 01/07, celebrado em Brasília, DF, no dia 16 de janeiro de 2007 e publicado na Seção I, página 29, do *Diário Oficial da União* de 17 de janeiro de 2007, e os Convênios ICMS 03/07 e 05/07, celebrados em Brasília, DF, no dia 19 de janeiro de 2007 e publicados na Seção I, páginas 14 e 15, do *Diário Oficial da União* de 22 de janeiro de 2007.

**Art. 2º.** Este Decreto entra em vigor na data de sua publicação.

Palácio dos Bandeirantes, 29 de janeiro de 2007.

*José Serra – DOE de 30.1.2007*

## 187. DECRETO Nº 51.584, DE 14 DE FEVEREIRO DE 2007

*Introduz alterações no Regulamento do Imposto sobre Operações Relativas à Circulação de Mercadorias e sobre Prestações de Serviços de Transporte Interestadual e Intermunicipal e de Comunicação – RICMS.*

José Serra, Governador do Estado de São Paulo, no uso de suas atribuições legais e considerando o que dispõe o art. 46 da Lei nº 6.374, de 1º de março de 1989, decreta:

**Art. 1º.** Passam a vigorar com a redação que se segue os seguintes dispositivos do Regulamento do Imposto sobre Operações Relativas à Circulação de Mercadorias e sobre Prestações de Serviços de Transporte Interestadual e Intermunicipal e de Comunicação, aprovado pelo Decreto nº 45.490, de 30 de novembro de 2000:

I – o § 1º do art. 72:

II – o § 6º do art. 72:

• *Alteração já efetuada no corpo do Decreto.*

**Art. 2º.** Ficam revogados os §§ 5º e 12 do art. 72 do Regulamento do Imposto sobre Operações Relativas à Circulação de Mercadorias e sobre Prestações de Serviços de Transporte Interestadual e Intermunicipal e de Comunicação, aprovado pelo Decreto nº 45.490, de 30 de novembro de 2000.

• *Alteração já efetuada no corpo do Decreto.*

**Art. 3º.** Este Decreto entra em vigor na data da sua publicação, produzindo efeitos para as operações geradoras de crédito acumulado ocorridas a partir de 1º de março de 2007.

Palácio dos Bandeirantes, 14 de fevereiro de 2007.

*José Serra – DOE de 15.2.2007*

## 188. DECRETO Nº 51.597, DE 23 DE FEVEREIRO DE 2007

*Institui regime especial de tributação pelo Imposto sobre Operações Relativas à Circulação de Mercadorias e sobre Prestações de Serviços de Transporte Interes-*

*tadual e Intermunicipal e de Comunicação – ICMS para contribuintes que tenham como atividade o fornecimento de alimentação.*

José Serra, Governador do Estado de São Paulo, no uso de suas atribuições legais e tendo em vista o disposto na Lei nº 6.374, de 1º de março de 1989, decreta:

**Art. 1º.** O contribuinte do ICMS que exercer atividade econômica de fornecimento de alimentação, tal como a de bar, restaurante, lanchonete, pastelaria, casa de chá, de suco, de doces e salgados, cafeteria ou sorveteria, e que utilize Equipamento Emissor de Cupom Fiscal – ECF ou Nota Fiscal emitida por sistema eletrônico de processamento de dados, bem como as empresas preparadoras de refeições coletivas, poderão apurar o imposto devido mensalmente mediante a aplicação do percentual de 3,2% (três inteiros e dois décimos por cento) sobre a receita bruta auferida no período, em substituição ao regime de apuração do ICMS previsto no art. 47 da Lei nº 6.374, de 1º de março de 1989.

§ 1º. Para efeito deste artigo:

1 – considera-se receita bruta o produto da venda de bens e serviços nas operações em conta própria, o preço dos serviços prestados e o resultado auferido nas operações em conta alheia, não incluído o valor do Imposto sobre Produtos Industrializados – IPI, o das vendas canceladas e o dos descontos concedidos incondicionalmente;

2 – tratando-se de contribuinte que promova, além do fornecimento de alimentação, outra espécie de operação ou prestação sujeita ao ICMS, o regime especial de tributação de que trata este artigo somente se aplica-se o fornecimento de alimentação constituir-se atividade preponderante;

3 – tratando-se de hotéis, pensões ou similares, aplica-se o regime especial de tributação no que se refere ao fornecimento ou à saída de alimentos por eles promovidas, desde que sujeitas ao ICMS.

§ 1º-A. O disposto no item 2 do § 1º não se aplica ao estabelecimento varejista que exerça as atividades de padaria ou confeitaria e que esteja classificado nos códigos 1091-1/02 e 4721-1/02 da Classificação Nacional de Atividades Econômicas - CNAE, o qual poderá optar pelo regime especial de tributação de que trata este Decreto ainda que o fornecimento de alimentação não se constitua atividade preponderante.

- *§ 1º-A acrescido pelo Decreto nº 59.781, de 21.11.2013 – DOE de 22.11.2013 – Efeitos a partir da publicação.*

§ 2º. Não se incluem, ainda, na receita bruta:

- *§ 2º,* caput, *com redação dada pelo Decreto nº 58.375, de 6.9.2012 – DOE de 7.9.2012 – Efeitos a partir da publicação.*

1 – o valor das operações ou prestações não tributadas por disposição constitucional;

- *Item 1 com redação dada pelo Decreto nº 58.375, de 6.9.2012 – DOE de 7.9.2012 – Efeitos a partir da publicação.*

2 – o valor das operações ou prestações submetidas ao regime jurídico-tributário de sujeição passiva por substituição com retenção do imposto;

- *Item 2 com redação dada pelo Decreto nº 58.375, de 6.9.2012 – DOE de 7.9.2012 – Efeitos a partir da publicação.*

3 – o valor correspondente à gorjeta, quando se tratar de fornecimento de alimentação e bebidas promovido por bares, restaurantes, hotéis e estabelecimentos similares, observando-se que:

a) não poderá ultrapassar 10% (dez por cento) do valor da conta;

b) tratando-se de gorjeta cobrada pelo contribuinte ao cliente, como adicional na conta, o valor deverá ser discriminado no respectivo documento fiscal;

c) tratando-se de gorjeta espontânea, para ter reconhecida a exclusão do valor da gorjeta da base de cálculo do ICMS, o contribuinte deverá manter à disposição da fiscalização, pelo prazo previsto no art. 202 do Regulamento do ICMS, aprovado pelo Decreto nº 45.490, de 30 de novembro de 2000:

I – documentação comprobatória de que os empregados trabalham, nos termos de legislação, acordo ou convenção coletiva, sob a modalidade de gorjeta espontânea;

II – expressa indicação nas contas, cardápios ou em avisos afixados no estabelecimento de que o serviço (gorjeta) não é obrigatório;

III – demonstrativo mensal do valor da gorjeta espontânea que circulou pelos meios de recebimento da receita do estabelecimento.

- *Item 3 com redação dada pelo Decreto nº 58.375, de 6.9.2012 – DOE de 7.9.2012 – Efeitos a partir da publicação.*

4 – o valor das saídas internas, quando promovidas por estabelecimento varejista referido no § 1º-A, de pão francês ou de sal, assim entendido aquele de consumo popular, obtido pela cocção de massa preparada com farinha de trigo, fermento biológico, água e sal, que não contenha ingrediente que venha a modificar o seu tipo, característica ou classificação e que seja produzido com o peso de até 1000 gramas, desde que classificado no código 1905.90.90 da Nomenclatura Comum do Mercosul, hipótese em que aplicar-se-ão as disposições do inciso XXI do art. 3º do Anexo II e do inciso IV do art. 22 do Anexo III, ambos do Regulamento do Imposto sobre Operações Relativas à Circulação de Mercadorias e sobre Prestações de Serviços de Transporte Interestadual e Intermunicipal e de Comunicação, aprovado pelo Decreto nº 45.490, de 30 de novembro de 2000.

- *Item 4 acrescido pelo Decreto nº 59.781, de 21.11.2013 – DOE de 22.11.2013 – Efeitos a partir da publicação.*

§ 3º. Na saída de mercadoria do estabelecimento por valor superior ao que serviu para cálculo do imposto retido em razão da substituição tributária, o complemento do imposto em decorrência dessa diferença está abrangido pelo regime de apuração previsto neste artigo.

§ 4º. O contribuinte optante pelo regime especial de tributação de que trata este artigo que receber mercadoria com imposto retido por substituição tributária poderá deduzir, do valor do imposto apurado nos termos do *caput* e §§ 1º a 3º, a importância equivalente à resultante da aplicação do percentual de 3,9% (três inteiros e nove décimos por cento) sobre o valor da entrada da referida mercadoria, desde que esta esteja arrolada:

1 – no § 1º do art. 313-W do Regulamento do ICMS, aprovado pelo Decreto nº 45.490, de 30 de novembro de

2000, e seja utilizada como ingrediente na preparação de alimentos ou de refeições coletivas;

2 – nos itens 1, 4 e 7 do § 1º do art. 313-Z15 e 32 do § 1º do art. 313-G do Regulamento do ICMS e seja utilizada como material de embalagem ou produto descartável no fornecimento de alimentos ou na preparação de refeições coletivas.

- *§ 4º acrescido pelo Decreto nº 57.404, de 6.10.2011 – DOE de 7.10.2011 – Produzindo efeitos para os fatos geradores ocorridos a partir de 1º.9.2011.*

**Art. 1º-A.** O procedimento estabelecido no art. 1º:

I – é opcional;

II – veda o aproveitamento de quaisquer outros créditos do imposto;

III – veda a cumulação com quaisquer outros benefícios fiscais previstos na legislação;

IV – não se aplica ao contribuinte sujeito às normas do Regime Especial Unificado de Arrecadação de Tributos e Contribuições devidos pelas Microempresas e Empresas de Pequeno Porte – "Simples Nacional".

- *Art. 1º-A acrescido pelo Decreto nº 57.404, de 6.10.2011 – DOE de 18.8.2011 – Produzindo efeitos para os fatos geradores ocorridos a partir de 1º.9.2011.*

**Art. 2º.** Este Decreto entra em vigor na data de sua publicação, produzindo efeitos para fatos geradores que ocorrerem a partir de 1º de fevereiro de 2007.

Palácio dos Bandeirantes, 23 de fevereiro de 2007.

*José Serra – DOE de 24.2.2007*

## 189. DECRETO Nº 51.598, DE 23 DE FEVEREIRO DE 2007

*Institui regime especial de tributação do Imposto sobre Operações Relativas à Circulação de Mercadorias e sobre Prestações de Serviços de Transporte Interestadual e Intermunicipal e de Comunicação – ICMS para contribuintes que realizarem operações com produtos alimentícios.*

José Serra, Governador do Estado de São Paulo, no uso de suas atribuições legais e tendo em vista o disposto no § 6º do art. 38 e no art. 112 da Lei nº 6.374, de 1º de março de 1989, decreta:

**Art. 1º.** O estabelecimento fabricante que promover saída dos produtos adiante indicados, classificados nos correspondentes códigos da Nomenclatura Brasileira de Mercadorias – Sistema Harmonizado – NBM/SH, em substituição ao aproveitamento dos créditos do imposto relativos à aquisição de produtos agropecuários, energia elétrica, telecomunicação e óleo combustível utilizados no processo industrial, poderá optar pelo crédito de importância equivalente à aplicação de 8% (oito por cento) sobre o valor da operação:

- *Art. 1º, caput, com redação dada pelo Decreto nº 52.586, de 28.12.2007 – DOE de 29.12.2007 – Produzindo efeitos para os fatos geradores ocorridos a partir de 1º.1.2008.*

I – milho para pipoca, 1005.90;

II – doce de leite, 1901.90.20;

III – pepino ou pepininho em conserva, 2001.10.00;

IV – cebola ou cebolinha em conserva, 2001.20.00;

V – "pickles", pimenta ou alcaparra em conserva, 2001.90.00;

VI – polpa de tomate, tomate seco ou pelado, 2002.10.00;

VII – extrato de tomate ou purê, 2002.90.90;

VIII – cogumelo em conserva, 2003.10.00;

IX – ervilha em conserva, 2005.40.00;

X – aspargo em conserva, 2005.60.00;

XI – azeitona em conserva, 2005.70.00;

XII – milho em conserva, 2005.80.00;

XIII – ervilha e cenoura, ervilha e milho, jardineira ou seleta, 2005.90.00;

XIV – polpa de goiaba, 2007.10.00;

XV – doce, geleia, "marmelade", purê ou pasta de frutas, 2007.99;

XVI – abacaxi em calda, 2008.20.10;

XVII – cereja em calda, 2008.60.10;

XVIII – pêssego em calda ou cozido, 2008.70;

XIX – palmito em conserva, 2008.91.00;

XX – salada de frutas em conserva, 2008.92.10;

XXI – ameixa, figo ou goiaba em calda, 2008.99.00;

XXII – suco de tomate, 2009.50.00;

XXIII – molho de soja, 2103.10;

XXIV – molho de tomate ou "Ketchup", 2103.20;

XXV – mostarda, 2103.30.2;

XXVI – maionese, 2103.90.1;

XXVII – condimentos e temperos compostos, 2103.90.2;

XXVIII – molhos, 2103.90.9;

XXIX – (revogado).

- *Inciso XXIX revogado pelo Decreto nº 52.586, de 28.12.2007 – DOE de 29.12.2007 – Produzindo efeitos para os fatos geradores ocorridos a partir de 1º.1.2008.*

§ 1º. Não se compreende na operação de saída referida neste artigo aquela cujo produto seja objeto de posterior retorno, real ou simbólico.

§ 2º. O crédito correspondente ao percentual de que trata este artigo condiciona-se a que:

1 – a operação de saída seja tributada ou, não o sendo, haja expressa previsão de manutenção do crédito;

2 – as mercadorias:

a) sejam industrializadas neste Estado;

b) tenham como matéria-prima principal, utilizada na sua fabricação, produtos agropecuários.

- *§ 2º com redação dada pelo Decreto nº 52.586, de 28.12.2007 – DOE de 29.12.2007 – Produzindo efeitos para os fatos geradores ocorridos a partir de 1º.1.2008.*

§ 3º. A opção prevista neste artigo será declarada em termo lavrado no livro Registro de Utilização de Documentos Fiscais e Termos de Ocorrências, devendo a renúncia ser objeto de novo termo, que produzirá efeitos, em cada caso, no primeiro dia do mês subsequente ao da lavratura do correspondente termo.

**Art. 2º.** Este Decreto entra em vigor na data de sua publicação, produzindo efeitos para fatos geradores que ocorrerem a partir de 1º de fevereiro de 2007.

Palácio dos Bandeirantes, 23 de fevereiro de 2007.

*José Serra – DOE de 24.2.2007*

## 190. DECRETO Nº 51.608, DE 26 DE FEVEREIRO DE 2007

*Implementa sujeição passiva por substituição na sistemática de lançamento do Imposto sobre Operações Relativas à Circulação de Mercadorias e sobre Prestações de Serviços de Transporte Interestadual e Intermunicipal e de Comunicação – ICMS incidente nas saídas internas de máquinas ou implementos agrícolas.*

José Serra, Governador do Estado de São Paulo, no uso de suas atribuições legais e tendo em vista o disposto no art. 8º, XVII e § 10, da Lei nº 6.374, de 1º de março de 1989, decreta:

**Art. 1º.** Nas sucessivas saídas internas de máquina ou implemento agrícola, o lançamento do ICMS incidente fica diferido para o momento em que ocorrer a saída, do estabelecimento rural, dos produtos resultantes sujeitos ao imposto.

§ 1º. O pagamento do imposto diferido será efetuado nos termos do art. 430 do Regulamento do Imposto sobre Operações Relativas à Circulação de Mercadorias e sobre Prestações de Serviços de Transporte Interestadual e Intermunicipal e de Comunicação, aprovado pelo Decreto nº 45.490, de 30 de novembro de 2000, ressalvada a aplicação do disposto no art. 432 desse mesmo Regulamento.

§ 2º. As máquinas e os implementos agrícolas a que se refere este artigo são os discriminados na relação prevista no inciso V do art. 54 do referido Regulamento do ICMS.

**Art. 2º.** Este Decreto entra em vigor na data de sua publicação, produzindo efeitos para fatos geradores que ocorrerem a partir de 1º de fevereiro de 2007.

Palácio dos Bandeirantes, 26 de fevereiro de 2007.

*José Serra – DOE de 27.2.2007*

## 191. DECRETO Nº 51.609, DE 26 DE FEVEREIRO DE 2007

*Institui regime especial de tributação do Imposto sobre Operações Relativas à Circulação de Mercadorias e sobre Prestações de Serviços de Transporte Interestadual e Intermunicipal e de Comunicação – ICMS para contribuintes que realizarem operações com produtos cerâmicos.*

José Serra, Governador do Estado de São Paulo, no uso de suas atribuições legais e tendo em vista o disposto no § 6º do art. 38 da Lei nº 6.374, de 1º de março de 1989, decreta:

**Art. 1º.** O estabelecimento fabricante que promover saída dos produtos adiante indicados, classificados nos seguintes códigos da Nomenclatura Brasileira de Mercadorias – Sistema Harmonizado – NBM/SH, destinados à construção civil, poderá, para o cálculo do ICMS devido, optar pelo crédito de importância equivalente à aplicação de 7% (sete por cento) sobre o valor de sua operação de saída, em substituição ao aproveitamento de quaisquer créditos:

I – tijolos cerâmicos, não esmaltados nem vitrificados, 6904.10.00;

II – tijoleiras (peças ocas para tetos e pavimentos), tapa-vigas (complementos de tijoleira) de cerâmica não esmaltada nem vitrificada, 6904.90.00;

III – telhas cerâmicas, não esmaltadas nem vitrificadas, 6905.10.00;

IV – manilhas cerâmicas, não esmaltadas nem vitrificadas, 6906.00.00.

§ 1º. O crédito correspondente ao percentual referido neste artigo condiciona-se a que a operação de saída seja tributada ou, não o sendo, haja expressa autorização para que o crédito seja mantido.

§ 2º. Não se compreende na operação de saída referida neste artigo aquela cujo produto seja objeto de posterior retorno, real ou simbólico.

§ 3º. A opção aludida neste artigo será declarada em termo lavrado no livro Registro de Utilização de Documentos Fiscais e Termos de Ocorrências, devendo a renúncia ser objeto de novo termo.

**Art. 2º.** Este Decreto entra em vigor na data de sua publicação, produzindo efeitos para fatos geradores que ocorrerem a partir de 1º de fevereiro de 2007.

Palácio dos Bandeirantes, 26 de fevereiro de 2007.

*José Serra – DOE de 27.2.2007*

## 192. DECRETO Nº 51.618, DE 27 DE FEVEREIRO DE 2007

*Introduz alterações no Regulamento do Imposto sobre Operações Relativas à Circulação de Mercadorias e sobre Prestações de Serviços de Transporte Interestadual e Intermunicipal e de Comunicação – RICMS.*

José Serra, Governador do Estado de São Paulo, no uso de suas atribuições legais e tendo em vista o disposto no Convênio ICMS-59/91, de 26 de setembro de 1991, ratificado pelo Decreto nº 33.921, de 10 de outubro de 1991, decreta:

**Art. 1º.** Ficam acrescentados os dispositivos adiante indicados ao Regulamento do Imposto sobre Operações Relativas à Circulação de Mercadorias e sobre Prestações de Serviços de Transporte Interestadual e Intermunicipal e de Comunicação, aprovado pelo Decreto nº 45.490, de 30 de novembro de 2000, com a seguinte redação:

I – ao Anexo I, o art. 128:

II – ao Anexo III, o art. 21:

- *Alteração já efetuada no corpo do Decreto.*

**Art. 2º.** Este Decreto entra em vigor na data de sua publicação, produzindo efeitos a partir de 1º de fevereiro de 2007.

Palácio dos Bandeirantes, 27 de fevereiro de 2007.

*José Serra – DOE de 28.2.2007*

## 193. DECRETO Nº 51.619, DE 27 DE FEVEREIRO DE 2007

*Introduz cálculo específico da base de tributação do Imposto sobre Operações Relativas à Circulação de Mercadorias e sobre Prestações de Serviços de Transporte*

*Interestadual e Intermunicipal e de Comunicação – ICMS em operações com programas de computador.*

José Serra, Governador do Estado de São Paulo, no uso de suas atribuições legais e tendo em vista o disposto no art. 112 da Lei nº 6.374, de 1º de março de 1989, decreta:

**Art. 1º.** Na operação realizada com programa para computador ("software"), personalizado ou não, o ICMS será calculado sobre uma base de cálculo que corresponderá ao dobro do valor de mercado do seu suporte informático.

Parágrafo único. O disposto no *caput* não se aplica aos jogos eletrônicos de vídeo ("videogames"), ainda que educativos, independentemente da natureza do seu suporte físico e do equipamento no qual sejam empregados.

**Art. 2º.** Este Decreto entra em vigor na data de sua publicação, produzindo efeitos para fatos geradores que ocorrerem a partir de 1º de fevereiro de 2007.

Palácio dos Bandeirantes, 27 de fevereiro de 2007.

*José Serra – DOE de 28.2.2007*

## 194. DECRETO Nº 51.624, DE 28 DE FEVEREIRO DE 2007

*Institui regime especial de tributação pelo Imposto sobre Operações Relativas à Circulação de Mercadorias e sobre Prestação de Serviços de Transporte Interestadual e Intermunicipal e de Comunicação – ICMS para contribuintes da indústria de informática.*

José Serra, Governador do Estado de São Paulo, no uso de suas atribuições legais e tendo em vista o disposto nos arts. 38, § 6º e 112 da Lei nº 6.374, de 1º de março de 1989, decreta:

**Art. 1º.** O estabelecimento fabricante que promover saída tributada pelo ICMS dos produtos adiante relacionados, classificados nos seguintes códigos da Nomenclatura Brasileira de Mercadorias – Sistema Harmonizado – NBM/SH, poderá, em substituição ao aproveitamento de quaisquer créditos, optar pelo crédito de importância equivalente à aplicação de 7,0% (sete por cento) sobre o valor de sua operação de saída interestadual, e, quando se tratar de saída interna, pelo crédito de importância equivalente à carga tributária incidente sobre a respectiva operação:

- *Art. 1º,* caput, *com redação dada pelo Decreto nº 58.876, de 5.2.2013 – DOE de 6.2.2013 – Produzindo efeitos a partir de 30.10.2012.*

I – monitor de vídeo com tubo de raios catódicos policromático, para computador – 8471.60.72;

II – monitor de vídeo de LCD (Cristal Líquido) e PLASMA, para computador – 8471.60.74;

III – telefone celular atributo AB, tecnologia digital Dual CDMA/AMPS/GSM/TDMA/WLL – 8525.20.22;

IV – terminal fixo de telefonia celular, tecnologia digital CDMA/WLL – 8525.20.23;

V – terminal digital de processamento, com acesso WEB – 8471.50.10;

VI – unidade de disco para leitura de dados por meios ópticos (unidade de disco óptico – CD-Rom) – 8471.70.21;

VII – unidade de disco para leitura ou gravação de dados por meios ópticos (unidade de disco óptico – CDR R/W) – 8471.70.29;

VIII – unidade de processamento digital de pequena capacidade – 8471.50.10;

IX – unidade de processamento digital de média capacidade – 8471.50.20;

X – distribuidores automáticos de papel moeda, incluídos os que efetuam outras operações bancárias – 8472.90.10;

XI – quiosque microprocessado integrado de autoatendimento – 8471.60.80;

XII – computador de mão – 8471.41.10;

XIII – microcomputador portátil, com teclado de 80 teclas ou mais e tela de LCD integrados – 8471.30.12 e 8471.30.19;

XIV – impressoras fiscais – 8471.60.14;

XV – leitoras de códigos de barras – 8471.90.12;

XVI – teclado operador destinado a automação comercial – 8471.41.90;

XVII – mouse ortopédico com adaptadores intercambiáveis para diferentes tamanhos de mão – 8471.60.53;

XVIII – HDD – unidade acionadora de disco magnético rígido – 8471.70.12.

XIX – terminal para pagamento eletrônico por meio de cartão de crédito ou de débito – 8470.50.11;

- *Inciso XIX acrescido pelo Decreto nº 52.156, de 12.9.2007 – DOE de 13.9.2007 – Efeitos a partir da publicação.*

XX – cartão para transmissão de dados de máquinas portáteis para processamento de dados digitais – 8473.30.99;

- *Inciso XX acrescido pelo Decreto nº 53.915, de 29.12.2008 – DOE de 30.12.2008 – Efeitos a partir de 1º.12.2008.*

XXI – Máquinas que executem pelo menos duas das seguintes funções: impressão, cópia ou transmissão de telecópia (fax) – 8443.31.11, 8443.31.13, 8443.31.14, 8443.31.15, 8443.31.16 e 8443.31.99;

- *Inciso XXI acrescido pelo Decreto nº 54.904, de 13.10.2009 – DOE de 14.10.2009 – Efeitos a partir de 1º.9.2009.*

XXII – Impressoras – 8443.32.31, 8443.32.33, 8443.32.34, 8443.32.35, 8443.32.36, 8443.32.37 e 8443.32.40.

- *Inciso XXII acrescido pelo Decreto nº 54.904, de 13.10.2009 – DOE de 14.10.2009 – Efeitos a partir de 1º.9.2009.*

XXIII – (revogado);

- *Inciso XXIII revogado pelo Decreto nº 58.767, de 20.12.2012 – DOE de 21.12.2012 – Efeitos a partir de 30.10.2012.*

XXIV – aparelhos transmissores digitais para televisão – 8525.50.29;

- *Inciso XXIV acrescido pelo Decreto nº 57.961, de 10.4.2012 – DOE de 11.4.2012 – Efeitos a partir da publicação.*

XXV – transceptores táticos e estratégicos de radiocomunicação militares – 8517.69.00;

- *Inciso XXV acrescido pelo Decreto nº 57.961, de 10.4.2012 – DOE de 11.4.2012 – Efeitos a partir da publicação.*

XXVI – aparelhos receptores digitais para radiomonitoragem – 8517.69.00;

- *Inciso XXVI acrescido pelo Decreto nº 57.961, de 10.4.2012 – DOE de 11.4.2012 – Efeitos a partir da publicação.*

XXVII – aparelhos testadores e medidores de radiofrequência em equipamentos de radiocomunicação celular, com microprocessador incorporado, para testes de calibração de módulos de comunicação GSM/GPRS/EDGE/UMTS/HSDPA nas frequências de 850/900/1.800/1.900MHz – 9030.40.90;

- *Inciso XXVII acrescido pelo Decreto nº 57.961, de 10.4.2012 – DOE de 11.4.2012 – Efeitos a partir da publicação.*

XXVIII – analisadores de espectro de frequência – 9030.89.20;

- *Inciso XXVIII acrescido pelo Decreto nº 57.961, de 10.4.2012 – DOE de 11.4.2012 – Efeitos a partir da publicação.*

XXIX – ecógrafos com análise espectral *doppler* – 9018.12.10;

- *Inciso XXIX acrescido pelo Decreto nº 59.246, de 28.5.2013 – DOE de 29.5.2013 – Efeitos a partir de 1º.6.2013.*

XXX – aparelhos de eletrodiagnóstico por varredura ultrassônica (ultrassom) – 9018.12.90;

- *Inciso XXX acrescido pelo Decreto nº 59.246, de 28.5.2013 – DOE de 29.5.2013 – Efeitos a partir de 1º.6.2013.*

XXXI – aparelhos de tomografia computadorizada – 9022.12.00;

- *Inciso XXXI acrescido pelo Decreto nº 59.246, de 28.5.2013 – DOE de 29.5.2013 – Efeitos a partir de 1º.6.2013.*

XXXII – outras unidades de máquinas automáticas para processamento de dados – 8471.80.00;

- *Inciso XXXII acrescido pelo Decreto nº 59.246, de 28.5.2013 – DOE de 29.5.2013 – Efeitos a partir da publicação.*

XXXIII – placas-mãe montadas (circuitos impressos com componentes elétricos ou eletrônicos, montados) – 8473.30.41;

- *Inciso XXXIII acrescido pelo Decreto nº 59.246, de 28.5.2013 – DOE de 29.5.2013 – Efeitos a partir da publicação.*

XXXIV – outros transformadores elétricos de potência não superior a 1 kVA para frequências inferiores ou iguais a 60 Hz – 8504.31.19;

- *Inciso XXXIV acrescido pelo Decreto nº 59.246, de 28.5.2013 – DOE de 29.5.2013 – Efeitos a partir da publicação.*

XXXV – multiplexadores por divisão de tempo, digitais síncronos, com velocidade de transmissão igual ou superior a 155 Mbits/s – 8517.62.12;

- *Inciso XXXV acrescido pelo Decreto nº 59.246, de 28.5.2013 – DOE de 29.5.2013 – Efeitos a partir da publicação.*

XXXVI – transcodificadores ou conversores de padrões de televisão – 8543.70.40;

- *Inciso XXXVI acrescido pelo Decreto nº 59.246, de 28.5.2013 – DOE de 29.5.2013 – Efeitos a partir da publicação.*

XXXVII – outras máquinas e aparelhos elétricos com função própria – 8543.70.99;

- *Inciso XXXVII acrescido pelo Decreto nº 59.246, de 28.5.2013 – DOE de 29.5.2013 – Efeitos a partir da publicação.*

XXXVIII – partes de máquinas e aparelhos amplificadores de radiofrequência e vídeo – 8543.90.10;

- *Inciso XXXII acrescido pelo Decreto nº 59.246, de 28.5.2013 – DOE de 29.5.2013 – Efeitos a partir da publicação.*

XXXIX – cartuchos de tinta – 8443.99.23;

- *Inciso XXXII acrescido pelo Decreto nº 59.246, de 28.5.2013 – DOE de 29.5.2013 – Efeitos a partir da publicação.*

XL – cartuchos de revelador (*toners*) – 8443.99.33;

- *Inciso XXXII acrescido pelo Decreto nº 59.246, de 28.5.2013 – DOE de 29.5.2013 – Efeitos a partir da publicação.*

XLI – aparelhos emissores com receptor incorporado, digitais, de frequência inferior a 15 GHz e de taxa de transmissão inferior ou igual a 34 Mbits/s ("Smartwatch"), exceto os de sistema bidirecional de radiomensagens de taxa de transmissão inferior ou igual a 112 kbits/s – 8517.62.72

- *Inciso XLI acrescido pelo Decreto nº 59.622, de 18.10.2013 – DOE de 19.10.2013 – Efeitos a partir da publicação.*

§ 1º. Não se compreende na operação de saída referida neste artigo aquela cujo produto deva ser objeto de posterior retorno, real ou simbólico.

§ 2º. A opção aludida neste artigo será declarada em termo lavrado no livro Registro de Utilização de Documentos Fiscais e Termos de Ocorrências, devendo a renúncia ser objeto de novo termo.

§ 3º. O crédito previsto no *caput*:

1 – fica condicionado a que, na importação de insumos destinados à fabricação dos produtos ali mencionados, o desembarque e desembaraço aduaneiro ocorram em território paulista;

2 – não se aplica em relação às saídas destinadas ao exterior, inclusive na hipótese prevista no § 1º do art. 7º do Regulamento do Imposto sobre Operações Relativas à Circulação de Mercadorias e sobre Prestações de Serviços de Transporte Interestadual e Intermunicipal e de Comunicação, aprovado pelo Decreto 45.490, de 30 de novembro de 2000:

- *Item 2 com redação dada pelo Decreto nº 58.118, de 12.6.2012 – DOE de 13.6.2012 – Efeitos a partir de 1º.1.2012.*

3 – será efetuado sem prejuízo do valor do crédito previsto no art. 11 deste Decreto.

- *Item 3 acrescido pelo Decreto nº 54.940, de 13.10.2009 – DOE de 14.10.2009 – Efeitos a partir de 1º.9.2009.*

§ 4º. Relativamente aos incisos XXIV e seguintes, o crédito previsto no *caput* fica condicionado a que a empresa e os produtos estejam abrangidos pelo art. 4º da Lei Federal nº 8.248, de 23 de outubro de 1991, na redação vigente em 13 de dezembro de 2000, e pela redação dada a esse artigo pela Lei nº 10.176, de 11 de janeiro de 2001.

- *§ 4º acrescido pelo Decreto nº 57.961, de 10.4.2012 – DOE de 11.4.2012, e com redação dada pelo Decreto nº 59.246, de 28.5.2013 – DOE de 29.5.2013 – Efeitos a partir de 1º.6.2013.*

§ 5º. Na hipótese de industrialização por encomenda realizada no território do Estado de São Paulo do produto indicado no inciso XIX, o crédito previsto no *caput* poderá ser efetuado pelo estabelecimento encomendante, desde que atendido o seguinte:

1 – o estabelecimento encomendante deverá estar previamente credenciado perante a Secretaria da Fazenda, conforme disciplina por ela estabelecida;

2 – o lançamento do ICMS incidente na saída do produto industrializado promovida pelo estabelecimento industrializador ficará diferido para o momento da saída subsequente do referido produto promovida pelo estabelecimento encomendante;

3 – o estabelecimento industrializador deverá estornar os créditos relativos às mercadorias utilizadas no processo de industrialização do produto.

• *§ 5º acrescido pelo Decreto nº 59.657, de 25.10.2013 – DOE de 26.10.2013 – Efeitos a partir da publicação.*

**Art. 2º.** Este Decreto entra em vigor na data de sua publicação, produzindo efeitos para fatos geradores que ocorrerem a partir de 1º de fevereiro de 2007.

Palácio dos Bandeirantes, 28 de fevereiro de 2007.

*José Serra – DOE de 1º.3.2007*

## 195. DECRETO Nº 51.625, DE 28 DE FEVEREIRO DE 2007

*Institui regime especial de tributação do Imposto sobre Operações Relativas à Circulação de Mercadorias e sobre Prestações de Serviços de Transporte Interestadual e Intermunicipal e de Comunicação – ICMS para contribuintes que realizarem operações com carne e produtos resultantes do abate em frigorífico paulista.*

• *Revogado pelo Decreto nº 54.643, de 5.8.2009.*

## 196. DECRETO Nº 51.633, DE 7 DE MARÇO DE 2007

*Introduz alterações no Regulamento do Imposto sobre Operações Relativas à Circulação de Mercadorias e sobre Prestações de Serviços de Transporte Interestadual e Intermunicipal e de Comunicação – RICMS.*

José Serra, Governador do Estado de São Paulo, no uso de suas atribuições legais, e considerando o disposto no art. 71 da Lei nº 6.374, de 1º de março de 1989, decreta:

**Art. 1º.** Fica acrescentado o art. 479-A à Seção I do Capítulo I do Título II do Livro III do Regulamento do Imposto sobre Operações Relativas à Circulação de Mercadorias e sobre Prestações de Serviços de Transporte Interestadual e Intermunicipal e de Comunicação, aprovado pelo Decreto nº 45.490, de 30 de novembro de 2000, com a seguinte redação:

• *Alteração já efetuada no corpo do Decreto.*

**Art. 2º.** Passa a vigorar com a redação que se segue o art. 489 do Regulamento do Imposto sobre Operações Relativas à Circulação de Mercadorias e sobre Prestações de Serviços de Transporte Interestadual e Intermunicipal e de Comunicação, aprovado pelo Decreto nº 45.490, de 30 de novembro de 2000:

• *Alteração já efetuada no corpo do Decreto.*

**Art. 3º.** Este Decreto entra em vigor na data de sua publicação, produzindo efeitos a partir de 1º de fevereiro de 2007.

Palácio dos Bandeirantes, 7 de março de 2007.

*José Serra – DOE de 8.3.2007*

## 197. DECRETO Nº 51.639, DE 12 DE MARÇO DE 2007

*Introduz alterações no Regulamento do Imposto sobre Operações Relativas à Circulação de Mercadorias e sobre Prestações de Serviços de Transporte Interestadual e Intermunicipal e de Comunicação – RICMS.*

José Serra, Governador do Estado de São Paulo, no uso de suas atribuições legais e tendo em vista o disposto nos Convênios ICMS-01/07, 03/07 e 05/07, ratificados pelo Decreto nº 51.521, de 29 de janeiro de 2007, decreta:

**Art. 1º.** Passam a vigorar com a redação que se segue os dispositivos adiante indicados do Regulamento do Imposto sobre Operações Relativas à Circulação de Mercadorias e sobre Prestações de Serviços de Transporte Interestadual e Intermunicipal e de Comunicação – RICMS, aprovado pelo Decreto nº 45.490, de 30 de novembro de 2000:

I – o § 3º do art. 15 do Anexo I:

II – o art. 19 do Anexo I:

III – o § 9º do art. 74 do Anexo I:

IV – o § 4º do art. 81 do Anexo I:

V – o § 3º do art. 20 do Anexo II:

VI – o § 3º do art. 40 do Anexo II:

VII – o § 6º do art. 41 do Anexo II:

VIII – o § 3º do art. 42 do Anexo II:

IX – o § 2º do art. 43 do Anexo II:

X – o § 7º do art. 16 do Anexo III:

XI – o § 6º do art. 17 do Anexo III:

• *Alterações já efetuadas no corpo do Decreto.*

**Art. 2º.** Este Decreto entra em vigor na data de sua publicação, produzindo efeitos desde 1º de janeiro de 2007, exceto em relação ao inciso II do art. 1º, que produz efeitos a partir de 1º de fevereiro de 2007.

Palácio dos Bandeirantes, 12 de março de 2007.

*José Serra – DOE de 13.3.2007*

## 198. DECRETO Nº 51.640, DE 12 DE MARÇO DE 2007

*Ratifica convênios celebrados nos termos da Lei Complementar Federal nº 24, de 7 de janeiro de 1975.*

José Serra, Governador do Estado de São Paulo, no uso de suas atribuições legais e tendo em vista o disposto no art. 4º da Lei Complementar Federal nº 24, de 7 de janeiro de 1975, decreta:

**Art. 1º.** Ficam ratificados os Convênios ICMS 06/07 e 07/07, celebrados em Brasília, DF, no dia 28 de fevereiro de 2007 e publicados na Seção I, página 43, do *Diário Oficial da União* de 1º de março de 2007.

**Art. 2º.** Este Decreto entra em vigor na data de sua publicação.

Palácio dos Bandeirantes, 12 de março de 2007.

*José Serra – DOE de 13.3.2007*

## 199. DECRETO Nº 51.671, DE 16 DE MARÇO DE 2007

*Isenta do Imposto sobre Operações Relativas à Circulação de Mercadorias e sobre Prestações de Serviços de Transporte Interestadual e Intermunicipal e de Comunicação – ICMS as saídas de ônibus novos, chassis ou carrocerias, para uso no transporte coletivo no Estado do Rio de Janeiro.*

José Serra, Governador do Estado de São Paulo, no uso de suas atribuições legais e tendo em vista o disposto no art. 170, inciso IV, da Constituição Federal de 1988, no art. 112 da Lei nº 6.374, de 1º de março de 1989, e inciso XXIV do art. 40 da Lei fluminense nº 2.657, de 26 de dezembro de 1996, decreta:

**Art. 1º.** Ficam isentas do ICMS as saídas de ônibus novos, inclusive chassis ou carrocerias, de estabelecimento fabricante localizado no Estado de São Paulo para empresas concessionárias e permissionárias de transporte coletivo de passageiros do Estado do Rio de Janeiro e de seus municípios, para uso nos seus respectivos territórios.

Parágrafo único. A isenção prevista no *caput* estende-se à prestação de serviço de transporte, relativamente ao trecho compreendido entre o estabelecimento do fabricante paulista e o endereço do adquirente, localizado no Estado do Rio de Janeiro.

**Art. 2º.** Este Decreto entra em vigor na data de sua publicação, produzindo efeitos para as aquisições que ocorrerem até 30 de maio de 2007.

Parágrafo único. A Secretaria da Fazenda estabelecerá o termo final para a ocorrência das operações e prestações com a isenção de que trata este Decreto.

Palácio dos Bandeirantes, 16 de março de 2007.

*José Serra – DOE de 17.3.2007*

## 200. DECRETO Nº 51.688, DE 22 DE MARÇO DE 2007

*Altera o regime especial de tributação do Imposto sobre Operações Relativas à Circulação de Mercadorias e sobre Prestações de Serviços de Transporte Interestadual e Intermunicipal e de Comunicação – ICMS instituído pelo Decreto nº 51.598, de 23 fevereiro de 2007, para contribuintes que realizarem operações com leite esterilizado.*

José Serra, Governador do Estado de São Paulo, no uso de suas atribuições legais e tendo em vista o disposto no § 6º do art. 38 e no art. 112 da Lei nº 6.374, de 1º de março de 1989, e no Decreto nº 51.598, de 23 fevereiro de 2007, decreta:

**Art. 1º.** O contribuinte que optar pela disciplina prevista no inciso XXIX do art. 1º do Decreto nº 51.598, de 23 fevereiro de 2007, para as saídas tributadas pelo ICMS de leite esterilizado (longa vida), classificado na Nomenclatura Brasileira de Mercadorias – Sistema Harmonizado – NBM/SH nas posições 0401.10.10 e 0401.20.10, poderá creditar-se do imposto devido nas aquisições interestaduais de matéria-prima do referido produto.

**Art. 2º.** Este Decreto entra em vigor na data de sua publicação, produzindo efeitos para as operações realizadas de 1º de fevereiro de 2007 a 31 de dezembro de 2007.

• *Art. 2º com redação dada pelo Decreto nº 52.380, de 19.11.2007 – DOE de 20.11.2007 – Efeitos a partir da publicação.*

Palácio dos Bandeirantes, 22 de março de 2007.

*José Serra – DOE de 23.3.2007*

## 201. DECRETO Nº 51.689, DE 22 DE MARÇO DE 2007

*Introduz alteração no Regulamento do Imposto sobre Operações Relativas à Circulação de Mercadorias e sobre Prestações de Serviços de Transporte Interestadual e Intermunicipal e de Comunicação – ICMS.*

José Serra, Governador do Estado de São Paulo, no uso de suas atribuições legais e tendo em vista o disposto no art. 112 da Lei nº 6.374, de 1º de março de 1989, decreta:

**Art. 1º.** Passa a vigorar com a redação que se segue o item 2 do § 3º do art. 34 do Anexo II do Regulamento do Imposto sobre Operações Relativas à Circulação de Mercadorias e sobre Prestações de Serviços de Transporte Interestadual e Intermunicipal e de Comunicação, aprovado pelo Decreto nº 45.490, de 30 de novembro de 2000:

• *Alteraçao já efetuada no corpo do Decreto.*

**Art. 2º.** Este Decreto entra em vigor na data de sua publicação, produzindo efeitos para fatos geradores que ocorrerem a partir de 1º de abril de 2007.

Palácio dos Bandeirantes, 22 de março de 2007.

*José Serra – DOE de 23.3.2007*

## 202. DECRETO Nº 51.714, DE 28 DE MARÇO DE 2007

*Introduz alteração no Regulamento do Imposto sobre Operações Relativas à Circulação de Mercadorias e sobre Prestações de Serviços de Transporte Interestadual e Intermunicipal e de Comunicação – RICMS.*

José Serra, Governador do Estado de São Paulo, no uso de suas atribuições legais e tendo em vista o disposto na Lei nº 6.374, de 1º de março de 1989, decreta:

**Art. 1º.** Fica revogado o § 6º do art. 419 do Regulamento do Imposto sobre Operações Relativas à Circulação de Mercadorias e sobre Prestações de Serviços de Transporte Interestadual e Intermunicipal e de Comunicação, aprovado pelo Decreto nº 45.490, de 30 de novembro de 2000.

• *Alteração já efetuada no corpo do Decreto.*

**Art. 2º.** Este Decreto entra em vigor na data de sua publicação, produzindo efeitos a partir de 1º de abril de 2007.

Palácio dos Bandeirantes, 28 de março de 2007.

*José Serra – DOE de 29.3.2007*

## 203. DECRETO Nº 51.733, DE 4 DE ABRIL DE 2007

*Introduz alteração no Regulamento do Imposto sobre Operações Relativas à Circulação de Mercadorias e sobre Prestações de Serviços de Transporte Interestadual e Intermunicipal e de Comunicação – RICMS.*

José Serra, Governador do Estado de São Paulo, no uso de suas atribuições legais e tendo em vista o disposto no inciso VII do art. 20 da Lei nº 6.374, de 1º de março de 1989, decreta:

**Art. 1º.** Fica acrescentado o item 7 ao § 2º do art. 31 do Regulamento do Imposto sobre Operações Relativas à Circulação de Mercadorias e sobre Prestações de Serviços de Transporte Interestadual e Intermunicipal e de Comunicação, aprovado pelo Decreto nº 45.490, de 30 de novembro de 2000, com a seguinte redação:

- *Alteração já efetuada no corpo do Decreto.*

**Art. 2º.** Este Decreto entra em vigor na data de sua publicação.

Palácio dos Bandeirantes, 4 de abril de 2007.

*José Serra – DOE de 5.4.2007*

## 204. DECRETO Nº 51.734, DE 4 DE ABRIL DE 2007

*Introduz alteração no Regulamento do Imposto sobre Operações Relativas à Circulação de Mercadorias e sobre Prestações de Serviços de Transporte Interestadual e Intermunicipal e de Comunicação – RICMS e dá outras providências.*

José Serra, Governador do Estado de São Paulo, no uso de suas atribuições legais e tendo em vista o disposto nos Convênios ICMS-06/07 e 07/07, ratificados pelo Decreto nº 51.640, de 12 de março de 2007, decreta:

**Art. 1º.** Passa a vigorar com a redação que se segue o *caput* do art. 5º do Anexo I do Regulamento do Imposto sobre Operações Relativas à Circulação de Mercadorias e sobre Prestações de Serviços de Transporte Interestadual e Intermunicipal e de Comunicação – RICMS, aprovado pelo Decreto nº 45.490, de 30 de novembro de 2000:

- *Alteração já efetuada no corpo do Decreto.*

**Art. 2º.** Ficam isentas do ICMS as saídas internas e interestaduais de veículo automotor novo realizadas até 31 de maio de 2007, nos termos e nas condições previstas no Convênio ICMS-77/04, de 24 de setembro de 2004, cujos pedidos tenham sido protocolizados até 31 de janeiro de 2007.

**Art. 3º.** Este Decreto entra em vigor na data de sua publicação, produzindo efeitos:

I – desde 1º de fevereiro de 2007, o art. 2º;

II – desde 20 de março de 2007, o art. 1º.

Palácio dos Bandeirantes, 4 de abril de 2007.

*José Serra – DOE de 5.4.2007*

## 205. DECRETO Nº 51.735, DE 4 DE ABRIL DE 2007

*Dispõe sobre a redução de débito decorrente de penalidade pecuniária por descumprimento de obrigações acessórias relativas ao Imposto sobre Operações Relativas à Circulação de Mercadorias – ICM e ao Imposto sobre Operações Relativas à Circulação de Mercadorias e sobre Prestações de Serviços de Transporte Interestadual e Intermunicipal e de Comunicação – ICMS, nas condições que especifica. (DOE de 5.4.2007)*

- *Pode ser considerado sem mais efeito em razão do cumprimento de seu prazo.*

## 206. DECRETO Nº 51.740, DE 5 DE ABRIL DE 2007

*Dispõe sobre remissão parcial condicionada do Imposto sobre Operações Relativas à Circulação de Mercadorias e sobre Prestações de Serviços de Transporte Interestadual e Intermunicipal e de Comunicação – ICMS e dispensa parcial de acréscimos legais e de multas punitivas, decorrente de prestações de serviços de comunicação. (DOE de 6.4.2007)*

- *Pode ser considerado sem mais efeito em razão do cumprimento de seu prazo.*

## 207. DECRETO Nº 51.754, DE 13 DE ABRIL DE 2007

*Dispõe sobre redução de juros e multas e sobre remissão parcial condicionada do Imposto sobre Operações Relativas à Circulação de Mercadorias e sobre Prestações de Serviços de Transporte Interestadual e Intermunicipal e de Comunicação – ICMS decorrente de prestações de serviços de comunicação. (DOE de 14.4.2007)*

- *Pode ser considerado sem mais efeito em razão do cumprimento de seu prazo.*

## 208. DECRETO Nº 51.755, DE 13 DE ABRIL DE 2007

*Ratifica convênios celebrados nos termos da Lei Complementar Federal nº 24, de 7 de janeiro de 1975, e aprova convênios ICMS e ajustes SINIEF.*

José Serra, Governador do Estado de São Paulo, no uso de suas atribuições legais e tendo em vista o disposto no art. 4º da Lei Complementar Federal nº 24, de 7 de janeiro de 1975, e no art. 1º da Lei Complementar Federal nº 122, de 12 de dezembro de 2006, decreta:

**Art. 1º.** Ficam ratificados os Convênios ICMS 09/07, 10/07, 23/07, 24/07, 26/07, 28/07, 34/07, 35/07, 39/07, 40/07 e 42/07, celebrados em Natal, RN, no dia 30 de março de 2007, publicados na Seção I, páginas 38 a 52, do *Diário Oficial da União* de 4 de abril de 2007.

**Art. 2º.** Ficam aprovados os Convênios ICMS 08/07, 11/07, 12/07, 13/07, 15/07, 18/07, 22/07, 27/07, 29/07, 31/07, 33/07 e os Ajustes SINIEF 01/07, 02/07, 03/07, 04/07 e 05/07, celebrados em Natal, RN, no dia 30 de março de 2007, publicados na Seção I, páginas 38 a 52, do *Diário Oficial da União* de 4 de abril de 2007.

**Art. 3º.** Este Decreto entra em vigor na data de sua publicação.

Palácio dos Bandeirantes, 13 de abril de 2007.

*José Serra – DOE de 14.4.2007*

## 209. DECRETO Nº 51.756, DE 13 DE ABRIL DE 2007

*Dispõe sobre redução de juros e multas e sobre remissão parcial condicionada do Imposto sobre Operações Relativas à Circulação de Mercadorias e sobre Prestações de Serviços de Transporte Interestadual e Intermunicipal e de Comunicação – ICMS decorrente de prestações de serviços de comunicação, na modalidade de monitoramento e rastreamento de veículos e cargas. (DOE de 14.4.2007)*

• *Pode ser considerado sem mais efeito em razão do cumprimento de seu prazo.*

## 210. DECRETO Nº 51.777, DE 26 DE ABRIL DE 2007

*Ratifica convênios celebrados nos termos da Lei Complementar Federal nº 24, de 7 de janeiro de 1975.*

José Serra, Governador do Estado de São Paulo, no uso de suas atribuições legais e tendo em vista o disposto no art. 4º da Lei Complementar Federal nº 24, de 7 de janeiro de 1975, decreta:

**Art. 1º.** Ficam ratificados os Convênios ICMS 44/07, 45/07, 46/07, 48/07, 50/07 e 51/07, celebrados em Brasília, DF, no dia 18 de abril 2007, publicados na Seção I, páginas 32 a 35, do *Diário Oficial da União* de 20 de abril de 2007.

**Art. 2º.** Este Decreto entra em vigor na data de sua publicação.

Palácio dos Bandeirantes, 26 de abril de 2007.

*José Serra – DOE de 27.4.2007*

## 211. DECRETO Nº 51.798, DE 9 DE MAIO DE 2007

*Prorroga disposição do Regulamento do Imposto sobre Operações Relativas à Circulação de Mercadorias e sobre Prestações de Serviços de Transporte Interestadual e Intermunicipal e de Comunicação – RICMS. (DOE de 10.5.2007)*

• *Pode ser considerado sem mais efeito em razão do cumprimento de seu prazo.*

## 212. DECRETO Nº 51.799, DE 9 DE MAIO DE 2007

*Fixa prazos especiais para recolhimento do ICMS nas saídas de mercadorias decorrentes do evento que especifica e dá outras providências. [Fispal Tecnologia 2007 e Fispal Food Service 2007] (DOE de 10.5.2007)*

• *Pode ser considerado sem mais efeito em razão do cumprimento de seu prazo.*

## 213. DECRETO Nº 51.800, DE 9 DE MAIO DE 2007

*Fixa prazos especiais para recolhimento do ICMS nas saídas de mercadorias decorrentes do evento que especifica e dá outras providências. [APAS-2007 – 23º Congresso de Gestão e Feira Internacional de Negócios em Supermercados] (DOE de 10.5.2007)*

• *Pode ser considerado sem mais efeito em razão do cumprimento de seu prazo.*

## 214. DECRETO Nº 51.801, DE 9 DE MAIO DE 2007

*Introduz alterações no Regulamento do Imposto sobre Operações Relativas à Circulação de Mercadorias e sobre Prestações de Serviços de Transporte Interestadual e Intermunicipal e de Comunicação – RICMS e dá outras providências.*

José Serra, Governador do Estado de São Paulo, no uso de suas atribuições legais e tendo em vista o disposto nos Convênios ICMS ICMS-08/07, 09/07, 10/07, 12/07, 15/07, 22/07, 23/07, 24/07, 26/07, 27/07, 28/07, 33/07, 40/07 e 42/07 e nos Ajustes SINIEF 01/07, 03/07 e 05/07, celebrados em Natal, RN, no dia 30 de março de 2007, ratificados ou aprovados pelo Decreto nº 51.755, de 13 de abril de 2007, decreta:

**Art. 1º.** Passam a vigorar com a redação que se segue os dispositivos adiante indicados do Regulamento do Imposto sobre Operações Relativas à Circulação de Mercadorias e sobre Prestações de Serviços de Transporte Interestadual e Intermunicipal e de Comunicação – RICMS, aprovado pelo Decreto nº 45.490, de 30 de novembro de 2000:

I – o item 4 do § 5º do art. 36:

II – o art. 151-A:

III – o *caput* do art. 250:

IV – do art. 14 do Anexo I:

a) o *caput*:

b) o § 3º:

V – do art. 34 do Anexo I:

a) o *caput*:

b) o parágrafo único:

VI – do art. 38 do Anexo I:

b) o *caput*, mantidos seus incisos:

b) o § 4º:

VII – do art. 66 do Anexo I:

a) o *caput*:

b) o § 2º:

VIII – o *caput* do art. 94 do Anexo I:

IX – do art. 96 do Anexo I:

a) o *caput*, mantidos seus incisos:

b) o § 4º:

X – o art. 1º do Anexo XVII:

XI – o art. 6º do Anexo XVII:

XII – o *caput* do art. 5º do Anexo XVIII, mantidos os seus incisos:

XIII – o art. 6º do Anexo XVIII:

XIV – o art. 7º do Anexo XVIII:

XV – o *caput* do art. 8º do Anexo XVIII, mantidos seus incisos:

XVI – o art. 9º do Anexo XVIII:

• *Alterações já efetuadas no corpo do Decreto.*

**Art. 2º.** Ficam acrescentados os dispositivos adiante indicados ao Regulamento do Imposto sobre Operações Relativas à Circulação de Mercadorias e sobre Prestações de Serviços de Transporte Interestadual e Intermunicipal e de Comunicação – RICMS, aprovado pelo Decreto nº 45.490, de 30 de novembro de 2000, com a seguinte redação:

I – ao art. 131-A, o § 3º:

II – ao art. 183, o § 3º:

III – ao Anexo I, o art. 129:

IV – ao Anexo I, o art. 130:

V – ao Anexo I, o art. 131:

VI – ao Anexo I, o art. 132:

• *Alterações já efetuadas no corpo do Decreto.*

**Art. 3º.** Fica revogado o inciso I do art. 3º do Decreto nº 51.484, de 16 de janeiro de 2007.

• *Alteração já efetuada no corpo do Decreto.*

**Art. 4º.** Este Decreto entra em vigor na data de sua publicação, produzindo efeitos a partir de 23 de abril de 2007, exceto em relação aos dispositivos adiante enumerados, que produzem efeitos:

I – desde 1º de janeiro de 2007, o inciso II do art. 1º;

II – desde 1º de maio de 2007, o inciso VI do art. 2º;

III – desde 4 de abril de 2007, os incisos I, III, X, XI, XII, XIII, XIV, XV, XVI do art. 1º e os incisos I e II do art. 2º e o art. 3º.

Palácio dos Bandeirantes, 9 de maio de 2007.

*José Serra – DOE de 10.5.2007*

## 215. DECRETO Nº 51.808, DE 16 DE MAIO DE 2007

*Introduz alterações no Regulamento do Imposto sobre Operações Relativas à Circulação de Mercadorias e sobre Prestações de Serviços de Transporte Interestadual e Intermunicipal e de Comunicação – RICMS.*

José Serra, Governador do Estado de São Paulo, no uso de suas atribuições legais e tendo em vista o disposto nos Convênios ICMS-45/07, 46/07 e 48/07, ratificados pelo Decreto nº 51.777, de 26 de abril de 2007, e no art. 100 da Lei nº 6.374, de 1º de março de 1989, decreta:

**Art. 1º.** Passam a vigorar com a redação que se segue os dispositivos adiante indicados do Regulamento do Imposto sobre Operações Relativas à Circulação de Mercadorias e sobre Prestações de Serviços de Transporte Interestadual e Intermunicipal e de Comunicação, aprovado pelo Decreto nº 45.490, de 30 de novembro de 2000:

I – o § 3º do art. 15 do Anexo I:

II – o § 3º do art. 30 do Anexo I:

III – o § 2º do art. 40 do Anexo I:

IV – o § 9º do art. 74 do Anexo I:

V – o § 4º do art. 81 do Anexo I:

VI – o § 2º do art. 91 do Anexo I:

VII – o § 2º do art. 125 do Anexo I:

VIII – o parágrafo único do art. 15 do Anexo II:

IX – o § 3º do art. 20 do Anexo II:

X – o § 5º do art. 24 do Anexo II:

XI – o § 5º do art. 25 do Anexo II:

XII – o § 3º do art. 40 do Anexo II:

XIII – o § 6º do art. 41 do Anexo II:

XIV – o § 3º do art. 42 do Anexo II:

XV – o § 2º do art. 43 do Anexo II:

XVI – o item 3 do § 5º do art. 570:

• *Alterações já efetuadas no corpo do Decreto.*

**Art. 2º.** Fica acrescentado o inciso VII ao art. 30 do Anexo I ao Regulamento do Imposto sobre Operações Relativas à Circulação de Mercadorias e sobre Prestações de Serviços de Transporte Interestadual e Intermunicipal e de Comunicação, aprovado pelo Decreto nº 45.490, de 30 de novembro de 2000, com a seguinte redação:

• *Alteração já efetuada no corpo do Decreto.*

**Art. 3º.** Este Decreto entra em vigor na data de sua publicação, produzindo efeitos desde 1º de maio de 2007, exceto em relação aos dispositivos adiante indicados, que produzem efeitos:

I – desde 24 de novembro de 2006, o inciso XVI do art. 1º;

II – desde 9 de maio de 2007, o inciso VII do art. 1º.

Palácio dos Bandeirantes, 16 de maio de 2007.

*José Serra – DOE de 17.5.2007*

## 216. DECRETO Nº 51.901, DE 15 DE JUNHO DE 2007

*Isenta do Imposto sobre Operações Relativas à Circulação de Mercadorias e sobre Prestações de Serviços de Transporte Interestadual e Intermunicipal e de Comunicação – ICMS a importação de equipamentos hospitalares pela Fundação Pio XII – Hospital do Câncer de Barretos.*

José Serra, Governador do Estado de São Paulo, no uso de suas atribuições legais e tendo em vista o disposto no Convênio ICMS 42/07, de 30 de março de 2007, e no Convênio ICMS 55/07, de 16 de maio de 2007, decreta:

**Art. 1º.** Fica isento do ICMS o desembaraço aduaneiro decorrente da importação do exterior dos seguintes equipamentos, efetuada pela Fundação Pio XII – Hospital do Câncer de Barretos, inscrita no CNPJ sob nº 49.150.352/0001-12:

I – 1 (um) mamógrafo GE Alpha ST, fabricado pela General Eletric;

II – 3 (três) homogeinizadores de Sangue Modelo L & K BM 323, fabricados pela Ljungberg e Kogel AB, sem similar produzido no País.

Parágrafo único. A comprovação de inexistência de similar produzido no País, relativamente aos equipamentos referidos no inciso II, será atestada por órgão federal competente ou por entidade representativa do setor produtivo de máquinas, aparelhos e equipamentos, com abrangência em todo território nacional.

**Art. 2º.** Este Decreto entra em vigor na data de sua publicação, produzindo efeitos desde 6 de junho de 2007.

Palácio dos Bandeirantes, 15 de junho de 2007.

*José Serra – DOE de 16.6.2007*

## 217. DECRETO Nº 51.943, DE 29 DE JUNHO DE 2007

*Isenta do Imposto sobre Operações Relativas à Circulação de Mercadorias e sobre Prestações de Serviços de Transporte Interestadual e Intermunicipal e de Comunicação – ICMS a importação de equipamentos a serem utilizados no âmbito dos XV Jogos Pan-americanos e dos III Jogos Parapan-americanos. (DOE de 30.6.2007)*

• *Pode ser considerado sem mais efeito em razão do cumprimento de seu prazo.*

## 218. DECRETO Nº 51.944, DE 29 DE JUNHO DE 2007

*Introduz alteração no Regulamento do Imposto sobre Operações Relativas à Circulação de Mercadorias e sobre Prestações de Serviços de Transporte Interestadual e Intermunicipal e de Comunicação – RICMS.*

José Serra, Governador do Estado de São Paulo, no uso de suas atribuições legais e tendo em vista o disposto no art. 6º da Lei nº 12.268, de 20 de fevereiro de 2006, decreta:

**Art. 1º.** Passa a vigorar com a redação que se segue o § 2º do art. 20 do Anexo III do Regulamento do Imposto sobre Operações Relativas à Circulação de Mercadorias e sobre Prestações de Serviços de Transporte Interestadual e Intermunicipal e de Comunicação – RICMS, aprovado pelo Decreto nº 45.490, de 30 de novembro de 2000:

- *Alteração já efetuada no corpo do Decreto.*

**Art. 2º.** Este Decreto entra em vigor na data de sua publicação, produzindo efeitos a partir de 1º de julho de 2007.

Palácio dos Bandeirantes, 29 de junho de 2007.

*José Serra – DOE de 30.6.2007*

## 219. DECRETO Nº 51.945, DE 29 DE JUNHO DE 2007

*Introduz alteração no Regulamento do Imposto sobre Operações Relativas à Circulação de Mercadorias e sobre Prestações de Serviços de Transporte Interestadual e Intermunicipal e de Comunicação – RICMS e dá outras providências.*

José Serra, Governador do Estado de São Paulo, no uso de suas atribuições legais e tendo em vista o disposto no art. 112 da Lei nº 6.374, de 1º de março de 1989, decreta:

**Art. 1º.** Passa a vigorar com a redação que se segue o item 2 do § 3º do art. 34 do Anexo II do Regulamento do Imposto sobre Operações Relativas à Circulação de Mercadorias e sobre Prestações de Serviços de Transporte Interestadual e Intermunicipal e de Comunicação – RICMS, aprovado pelo Decreto nº 45.490, de 30 de novembro de 2000:

- *Alteração já efetuada no corpo do Decreto.*

**Art. 2º.** Passa a vigorar com a redação que se segue o art. 2º do Decreto nº 51.688, de 22 de março de 2007:

- *Alteração já efetuada no corpo do Decreto.*

**Art. 3º.** Este Decreto entra em vigor na data de sua publicação, produzindo efeitos para os fatos geradores ocorridos a partir de 1º de julho de 2007.

Palácio dos Bandeirantes, 29 de junho de 2007.

*José Serra – DOE de 30.6.2007*

## 220. DECRETO Nº 51.960, DE 4 DE JULHO DE 2007

*Institui o Programa de Parcelamento Incentivado – PPI ICM/ICMS no Estado de São Paulo, para a liquidação de débitos fiscais relacionados com o Imposto sobre Operações Relativas à Circulação de Mercadorias – ICM e com o Imposto sobre Operações Relativas à Circulação de Mercadorias e sobre Prestações de Serviços de Transporte Interestadual e Intermunicipal e de Comunicação – ICMS.*

José Serra, Governador do Estado de São Paulo, no uso de suas atribuições legais e considerando o disposto no Convênio ICMS 51/07, de 18 de abril de 2007, e no Parecer PA nº 35/2007, exarado pela Procuradoria Geral do Estado, Decreta:

**Art. 1º.** Fica instituído o Programa de Parcelamento Incentivado no Estado de São Paulo – PPI ICM/ICMS, que dispensa o recolhimento, nos percentuais abaixo indicados, do valor dos juros e das multas punitivas e moratórias na liquidação de débitos fiscais relacionados com o ICM e com o ICMS decorrente de fatos geradores ocorridos até 31 de dezembro de 2006, constituídos ou não, inscritos ou não em dívida ativa, inclusive ajuizados, desde que o valor do débito, atualizado nos termos da legislação vigente, seja recolhido, em moeda corrente:

I – em parcela única, com redução de 75% (setenta e cinco por cento) do valor atualizado das multas punitiva e moratória e de 60% (sessenta por cento) do valor dos juros incidentes sobre o imposto e sobre a multa punitiva;

II – em até 120 (cento e vinte) parcelas mensais e consecutivas, com redução de 50% (cinquenta por cento) do valor atualizado das multas punitiva e moratória e 40% (quarenta por cento) do valor dos juros incidentes sobre o imposto e sobre a multa punitiva, sendo que na liquidação em:

a) até 12 (doze) parcelas, incidirão juros de 1% (um por cento) ao mês, de acordo com a tabela Price, observado o disposto no § 2º;

b) mais de 12 (doze) parcelas, incidirão juros equivalentes à taxa referencial do Sistema Especial de Liquidação e Custódia – SELIC, acumulada mensalmente e calculada a partir do mês subsequente ao do recolhimento da primeira parcela, e 1% (um por cento) relativamente ao mês em que o pagamento da parcela estiver sendo efetuado, observado o disposto no § 2º;

III – até 180 (cento e oitenta) parcelas mensais e consecutivas, com redução de 50% (cinquenta por cento) do valor atualizado das multas punitiva e moratória e 40% (quarenta por cento) do valor atualizado dos juros incidentes sobre o imposto e sobre a multa punitiva, sendo que:

a) o valor da primeira parcela não poderá ser inferior a 1% (um por cento) da média da receita bruta mensal auferida no exercício de 2006 por todos os estabelecimentos da pessoa jurídica e nenhuma das parcelas subsequentes poderá ter valor inferior ao da primeira parcela;

b) as parcelas subsequentes à primeira serão acrescidas de juros equivalentes à taxa SELIC, acumulada mensalmente e calculada a partir do mês subsequente ao do recolhimento da primeira parcela, e de 1% (um por cento) relativamente ao mês em que o pagamento da parcela estiver sendo efetuado;

c) considera-se receita bruta a totalidade das receitas auferidas pela pessoa jurídica, sendo irrelevantes o tipo de atividade nela exercida e a classificação contábil adotada para as receitas;

d) será exigida garantia bancária ou hipotecária de bens imóveis situados no território paulista, em valor igual ou superior ao valor dos débitos consolidados.

- *Alínea "d" com redação dada pelo Decreto nº 52.424, de 29.11.2007 – DOE de 30.11.2007 – Efeitos a partir de 1º.12.2007.*

§ 1º. Aplica-se a redução prevista nos incisos I a III deste artigo, cumulativamente às estabelecidas no art. 95 e no § 3º do art. 100, ambos da Lei nº 6.374, de 1º de março de 1989.

- *§ 1º com redação dada pelo Decreto nº 52.424, de 29.11.2007 – DOE de 30.11.2007 – Efeitos a partir de 1º.12.2007.*

§ 2º. Para fins do parcelamento referido nos incisos II e III, o valor de cada parcela não poderá ser inferior a R$ 500,00 (quinhentos reais).

§ 3º. Relativamente ao disposto na alínea "d" do inciso III, a garantia bancária deverá ser expressa por meio de carta de fiança e a garantia hipotecária, por meio de escritura pública registrada no Cartório de Registro de Imóveis.

§ 4º. Poderá ser liquidado, exclusivamente, nos termos do inciso I, débito fiscal decorrente de:

1 – desembaraço aduaneiro de mercadoria importada do exterior, quando destinada à comercialização ou industrialização;

2 – imposto a ser recolhido a título de sujeição passiva por substituição tributária;

3 – operações ou prestações de contribuinte que não esteja em situação cadastral regular perante o fisco, nos termos do item 4 do § 1º do art. 36 da Lei nº 6.374, de 1º de março de 1989.

§ 5º. Poderá ser concedido parcelamento, nos termos dos incisos II e III, de débito fiscal decorrente de operações ou prestações de contribuinte que não esteja em situação cadastral regular perante o fisco, se o débito estiver inscrito e ajuizado, conforme previsto no § 10 do art. 100 da Lei nº 6.374, de 1º de março de 1989.

§ 6º. A Secretaria da Fazenda poderá disciplinar a utilização de crédito acumulado do ICMS legítimo devidamente apropriado pelo próprio contribuinte para liquidação, conforme previsto no art. 79 do Regulamento do ICMS, aprovado pelo Decreto nº 45.490, de 30 de novembro de 2000, de:

1 – débitos fiscais, em parcela única, nos termos do inciso I do *caput*, sendo que o débito poderá ser liquidado, no todo ou em parte, com crédito acumulado;

2 – parcelas vincendas relativas a parcelamentos de débitos fiscais celebrados nos termos dos incisos II e III do *caput*, sendo que a liquidação deverá ser efetuada sempre da última para a primeira parcela.

- *§ 6º acrescido pelo Decreto nº 53.335, de 20.8.2008 – DOE de 21.8.2008, e com redação dada pelo Decreto nº 53.671, de 10.11.2008 – DOE de 11.11.2008 – Efeitos a partir de 10.11.2008.*

§ 7º. A liquidação de débitos fiscais com crédito acumulado, conforme previsto no § 6º, condiciona-se à prévia adesão do contribuinte ao Programa de Parcelamento Incentivado – PPI ICM/ICMS.

- *§ 7º acrescido pelo Decreto nº 53.671, de 10.11.2008 – DOE de 11.11.2008 – Efeitos a partir de 10.11.2008.*

**Art. 2º.** O disposto neste Decreto aplica-se também a:

I – valores espontaneamente denunciados ou informados ao fisco pelo contribuinte, decorrentes de infrações relacionadas a fatos geradores ocorridos até 31.12.2006;

II – débito decorrente exclusivamente de penalidade pecuniária por descumprimento de obrigação acessória, exigida por meio de auto de infração no qual não haja exigência de imposto por qualquer de seus itens;

III – saldo remanescente de parcelamento rompido até 9 de maio de 2007;

IV – contribuinte enquadrado no regime tributário simplificado da microempresa e da empresa de pequeno porte, previsto na Lei nº 10.086, de 19 de novembro de 1998, ou na Lei Complementar Federal nº 123, de 14 de dezembro de 2006.

- *Inciso IV com redação dada pelo Decreto nº 52.424, de 29.11.2007 – DOE de 30.11.2007 – Efeitos a partir de 1º.12.2007.*

**Art. 3º.** Para efeito deste Decreto, considera-se débito:

I – fiscal, a soma do imposto, das multas, da atualização monetária, dos juros de mora e dos demais acréscimos previstos na legislação;

II – consolidado, o somatório dos débitos fiscais selecionados pelo beneficiário, na página do Programa de Parcelamento Incentivado – PPI ICM/ICMS, no endereço eletrônico <www.ppidoicms.sp.gov.br>.

**Art. 4º.** O contribuinte poderá aderir ao Programa de Parcelamento Incentivado – PPI ICM/ICMS, até 30 de dezembro de 2008, mediante acesso ao endereço eletrônico <www.ppidoicms.sp.gov.br>, no qual deverá (Convênio ICMS-124/08):

I – selecionar os débitos fiscais a serem recolhidos ou liquidados com crédito acumulado nos termos deste Decreto;

II – emitir a Guia de Arrecadação Estadual – GAREICMS correspondente à primeira parcela ou à parcela única, ou o "Pedido de Liquidação de Parcelas do PPI com Crédito Acumulado", conforme o caso.

- *Art. 4º,* caput, *com redação dada pelo Decreto nº 53.671, de 10.11.2008 – DOE de 11.11.2008 – Efeitos a partir de 10.11.2008.*

§ 1º. O vencimento da Guia de Arrecadação Estadual – GARE-ICMS correspondente à primeira parcela ou à parcela única será:

- *§ 1º,* caput, *com redação dada pelo Decreto nº 53.671, de 10.11.2008 – DOE de 11.11.2008 – Efeitos a partir de 10.11.2008.*

1 – no dia 25 do mês corrente, para as adesões ocorridas entre os dias 1º e 15;

2 – no dia 10 do mês subsequente, para as adesões ocorridas entre os dias 16 e 30 ou 31, se for o caso.

§ 2º. Na hipótese de parcelamento nos termos dos incisos II e III do art. 1º, o vencimento das parcelas subsequentes à primeira será no mesmo dia dos meses subsequentes ao do vencimento da primeira parcela.

**Art. 5º.** O parcelamento ou pagamento em parcela única nos termos deste Decreto:

I – implica confissão irrevogável e irretratável do débito fiscal;

II – expressa renúncia a qualquer defesa ou recurso administrativo ou judicial, bem como desistência dos já interpostos, relativamente aos débitos fiscais incluídos no parcelamento ou objeto de liquidação em parcela única.

§ 1º. A desistência das ações judiciais e dos embargos à execução fiscal deverá ser comprovada, no prazo de 60 (sessenta) dias contados da data do recolhimento da primeira parcela ou da parcela única, mediante apresentação de cópia das petições devidamente protocolizadas.

§ 2º. Os documentos destinados a comprovar a desistência mencionada no § 1º deverão ser entregues na Procuradoria responsável pelo acompanhamento das respectivas ações.

§ 3º. O recolhimento efetuado, integral ou parcial, embora autorizado pelo fisco, não importa em presunção de correção dos cálculos efetuados, ficando resguardado o direito do fisco de exigir eventuais diferenças apuradas posteriormente.

**Art. 6º.** O parcelamento previsto neste Decreto será considerado:

I – celebrado, conforme o caso, com:

a) o recolhimento da primeira parcela no prazo fixado;

b) a protocolização do "Pedido de Liquidação de Parcelas do PPI com Crédito Acumulado";

- *Inciso I com redação dada pelo Decreto nº 53.671, de 10.11.2008 – DOE de 11.11.2008 – Efeitos a partir de 10.11.2008.*

II – rompido, na hipótese de:

a) inobservância de qualquer das condições estabelecidas neste Decreto;

b) atraso superior a 90 (noventa) dias contados do vencimento, no recolhimento de qualquer das parcelas subsequentes à primeira;

c) não apresentação da garantia prevista na alínea "d" do inciso III do art. 1º, na forma prevista no § 3º desse mesmo artigo, no prazo de 90 (noventa) dias contados da celebração do parcelamento, ou sua desconstituição;

d) inadimplemento do imposto devido, por qualquer estabelecimento da pessoa jurídica beneficiária do parcelamento, relativamente a fatos geradores ocorridos após a celebração do parcelamento;

e) descumprimento de outras condições a serem estabelecidas em resolução conjunta pela Secretaria da Fazenda e pela Procuradoria Geral do Estado.

§ 1º. Não caracteriza desconstituição da garantia a substituição da garantia inicialmente apresentada, desde que observado o disposto na alínea "d" do inciso III e § 3º do art. 1º deste Decreto.

§ 2º. Para fins do disposto na alínea "d" do inciso II, considera-se inadimplemento o não recolhimento do imposto devido no prazo de 30 (trinta) dias contados do seu vencimento.

§ 3º. O rompimento de cada parcelamento firmado nos termos deste Decreto:

1 – implica imediato cancelamento dos benefícios fiscais previstos nos incisos II e III do art. 1º, reincorporando-se integralmente ao débito fiscal objeto do benefício os valores reduzidos e tornando o débito imediatamente exigível, com os acréscimos legais previstos na legislação;

2 – acarretará, conforme o caso:

a) em se tratando de débito não inscrito na dívida ativa, a inscrição e o ajuizamento da execução fiscal;

b) em se tratando de débito inscrito e ajuizado, o imediato prosseguimento da execução fiscal.

§ 4º. O disposto no § 3º aplica-se, também, no caso de a Guia de Arrecadação Estadual – GARE-ICMS correspondente à primeira parcela ou à parcela única não ser recolhida impreterivelmente até a data estabelecida no § 1º do art. 4º.

- *§ 4º com redação dada pelo Decreto nº 53.671, de 10.11.2008 – DOE de 11.11.2008 – Efeitos a partir de 10.11.2008.*

**Art. 7º.** Para a liquidação do débito fiscal, nos termos dos incisos II e III do art. 1º, será exigido do beneficiário autorização de débito automático do valor correspondente às parcelas subsequentes à primeira em conta corrente mantida em instituição bancária conveniada com a Secretaria da Fazenda.

Parágrafo único. Na hipótese de recolhimento de parcela em atraso, serão aplicados, além dos juros referentes ao parcelamento, os seguintes percentuais de acréscimo:

1 – 5% (cinco por cento), se a parcela for recolhida até 30 (trinta) dias após o vencimento;

2 – 10% (dez por cento), se a parcela for recolhida de 31 (trinta e um) a 60 (sessenta) dias após o vencimento;

3 – 20% (vinte por cento), se a parcela for recolhida de 61 (sessenta e um) a 90 (noventa) dias após o vencimento.

**Art. 8º.** A concessão dos benefícios previstos neste Decreto:

I – não dispensa, na hipótese de débitos ajuizados, o pagamento das custas, dos emolumentos judiciais e dos honorários advocatícios, que:

a) ficam reduzidos para 1% (um por cento) do valor do débito fiscal;

b) não podem ser liquidados com crédito acumulado do ICMS.

- *Inciso I com redação dada pelo Decreto nº 53.671, de 10.11.2008 – DOE de 11.11.2008 – Efeitos a partir de 10.11.2008.*

II – não autoriza a restituição, no todo ou em parte, de importância recolhida anteriormente ao início da vigência deste Decreto.

**Art. 9º.** Poderá ser abatido do débito a ser recolhido nos termos deste Decreto o valor dos depósitos judiciais efetivados em garantia do juízo referente aos débitos incluídos no parcelamento, sendo que eventual saldo em favor do:

I – fisco permanecerá no referido parcelamento;

II – beneficiário ser-lhe-á restituído.

§ 1º. Para fins do abatimento previsto neste artigo, o beneficiário deverá:

1 – informar, na página do Programa de Parcelamento Incentivado – PPI ICM/ICMS, no endereço eletrô-

nico <www.ppidoicms.sp.gov.br>, no momento de selecionar os débitos que serão parcelados ou liquidados em parcela única, o valor atualizado dos depósitos judiciais existentes;

2 – autorizar a Procuradoria Geral do Estado a efetuar o levantamento dos depósitos judiciais, nos autos da ação em que houver sido realizado.

§ 2º. A cópia da autorização a que se refere o item 2 do § 1º deverá ser entregue na Procuradoria responsável pelo acompanhamento da ação em que o levantamento deverá ser realizado, instruída com o comprovante do valor depositado, no prazo de 60 (sessenta) dias contados da celebração do parcelamento ou do recolhimento da parcela única.

§ 3º. O abatimento de que trata este artigo será definitivo, ainda que o parcelamento venha a ser rompido.

**Art. 10.** O contribuinte optante pelo Regime Especial Unificado de Arrecadação de Tributos e Contribuições devidos pelas Microempresas e Empresas de Pequeno Porte – Simples Nacional, instituído pelo art. 12 da Lei Complementar Federal nº 123, de 14 de dezembro de 2006, poderá, para fins de observância ao disposto no inciso V do art. 17 da referida lei complementar, liquidar débitos fiscais relacionados com o ICM e com o ICMS decorrente de fatos geradores ocorridos até 31 de dezembro de 2006, nos termos deste Decreto, desde que o recolhimento da primeira parcela ou da parcela única seja efetuado até 30 de setembro de 2007.

- *Art. 10 com redação dada pelo Decreto nº 52.024, de 31.7.2007 – DOE de 1º.8.2007 – Efeitos a partir da publicação.*

**Art. 11.** Este Decreto entra em vigor na data de sua publicação.

Palácio dos Bandeirantes, 4 de julho de 2007.

*José Serra – DOE de 5.7.2007*

## 221. DECRETO Nº 51.999, DE 24 DE JULHO DE 2007

*Fixa prazo especial para recolhimento do ICMS nas saídas de mercadorias decorrentes do evento que especifica e dá outras providências. [Feira Abióptica 2007] (DOE de 25.7.2007).*

- *Pode ser considerado sem mais efeito em razão do cumprimento de seu prazo.*

## 222. DECRETO Nº 52.016, DE 27 DE JULHO DE 2007

*Altera o Regulamento do Imposto sobre Operações Relativas à Circulação de Mercadorias e sobre Prestações de Serviços de Transporte Interestadual e Intermunicipal e de Comunicação – ICMS e dá outras providências.*

José Serra, Governador do Estado de São Paulo, no uso de suas atribuições legais, decreta:

**Art. 1º.** Passa a vigorar com a redação que se segue o art. 450-B do Regulamento do Imposto sobre Operações Relativas à Circulação de Mercadorias e sobre Prestações de Serviços de Transporte Interestadual e Intermunicipal e de Comunicação, aprovado pelo Decreto nº 45.490, de 30 de novembro de 2000:

- *Alteração já efetuada no corpo do Decreto.*

**Art. 2º.** Relativamente aos credenciamentos já concedidos, o beneficiário do Regime Especial Simplificado de Exportação deverá apresentar ao Posto Fiscal de sua vinculação, no prazo de em 30 (trinta) dias, a relação de contribuintes fornecedores a cujas saídas será aplicado o diferimento previsto no art. 450-B do Regulamento do Imposto sobre Operações Relativas à Circulação de Mercadorias e sobre Prestações de Serviços de Transporte Interestadual e Intermunicipal e de Comunicação.

**Art. 3º.** Este Decreto entra em vigor na data de sua publicação, produzindo efeitos o art. 1º a partir de 1º de setembro de 2007 e o art. 2º a partir da data de publicação.

Palácio dos Bandeirantes, 27 de julho de 2007.

*José Serra – DOE de 28.7.2007*

## 223. DECRETO Nº 52.018, DE 27 DE JULHO DE 2007

*Dispõe sobre os procedimentos dos contribuintes do ICMS relativamente ao período de transição para o Regime de Tributação Unificado de que trata a Lei Complementar nº 123, de 14 de dezembro de 2006, que dispõe sobre o Estatuto Nacional da Microempresa e da Empresa de Pequeno Porte.*

José Serra, Governador do Estado de São Paulo, no uso de suas atribuições legais e tendo em vista o disposto na Lei Complementar nº 123, de 14 de dezembro de 2006, e na legislação de regência do Imposto sobre Operações Relativas à Circulação de Mercadorias e sobre Prestações de Serviços de Transporte Interestadual e Intermunicipal e de Comunicação – ICMS, decreta:

**Art. 1º.** O contribuinte sujeito às normas do Regime Especial Unificado de Arrecadação de Tributos e Contribuições devidos pelas Microempresas e Empresas de Pequeno Porte – "Simples Nacional", instituído pela Lei Complementar nº 123, de 14 de dezembro de 2006, deverá, a partir de 1º de julho de 2007, observar as regras diferenciadas desse regime (Lei Complementar nº 123/06, art. 13).

**Art. 2º.** Não farão jus à apropriação e nem transferirão créditos relativos ao ICMS as microempresas e as empresas de pequeno porte optantes pelo "Simples Nacional", inclusive as que (Lei Complementar nº 123/06, arts. 16 e 23):

I – se encontravam no regime de tributação do "Simples Federal" até 30 de junho de 2007 e tiverem sido automaticamente enquadradas no "Simples Nacional";

II – optarem pelo "Simples Nacional" durante o mês de julho de 2007, na forma estabelecida em ato do Comitê Gestor, e tiverem deferido o ingresso nesse regime.

**Art. 3º.** O contribuinte de que trata o art. 2º que, no período de 1º de julho de 2007 até a data da confirmação de seu ingresso no "Simples Nacional", tiver emitido documento fiscal com destaque do ICMS deverá adotar os seguintes procedimentos:

I – comunicar, no prazo de 30 (trinta) dias contados da confirmação de seu ingresso no "Simples Nacional", a cada destinatário contribuinte enquadrado no regime periódico de apuração:

a) que o creditamento do imposto destacado nos seus documentos fiscais é indevido e que tal crédito não poderá ser aproveitado em razão de sua nova situação tributária;

b) que ele deverá proceder ao estorno do crédito, caso o creditamento já tenha sido efetuado;

II – solicitar ao destinatário contribuinte que confirme o não aproveitamento do crédito ou o seu estorno, devendo essa confirmação ser mantida pelos prazos legais, para efeito de fiscalização;

III – na hipótese de não recebimento da confirmação de que trata o inciso II, comunicar o fato ao Posto Fiscal de sua vinculação, até 31 de outubro de 2007.

**Art. 4º.** O contribuinte que não ingressar no "Simples Nacional" deverá, relativamente aos fatos geradores do ICMS ocorridos a partir de 1º de julho de 2007, cumprir as obrigações principal e acessórias previstas no regime periódico de apuração, estabelecidas na legislação de regência do ICMS – Lei nº 6.374, de 1º de março de 1989, Regulamento do ICMS, aprovado pelo Decreto nº 45.490, de 30 de novembro de 2000, e disciplina complementar.

§ 1º. O disposto no *caput* aplica-se ao contribuinte que, durante o mês de julho de 2007:

1 – não optar pelo "Simples Nacional";

2 – tendo optado pelo "Simples Nacional", tiver o ingresso negado;

3 – tendo sido enquadrado automaticamente no "Simples Nacional", tenha solicitado a sua exclusão desse regime.

§ 2º. O contribuinte de que trata o *caput* que, no período de 1º de julho de 2007 até a data da confirmação de seu não ingresso no "Simples Nacional", tiver emitido documentos fiscais sem destaque do ICMS, deverá, quando devido o destaque, adotar, alternativamente, um dos seguintes procedimentos:

1 – emitir, até 31 de agosto de 2007, documento fiscal complementar, com destaque do ICMS, para cada documento fiscal sem destaque emitido para destinatário contribuinte do imposto, na forma do art. 182, IV, do Regulamento do ICMS, aprovado pelo Decreto nº 45.490, de 30 de novembro de 2000;

2 – elaborar listagem das operações e prestações realizadas, para cada destinatário contribuinte, e emitir Nota Fiscal complementar única, para cada um deles, até o dia 31 de agosto de 2007, com destaque do ICMS.

§ 3º. O documento fiscal complementar emitido nos termos do § 2º integrará a apuração do ICMS do mês em que for emitido.

§ 4º. Na hipótese de a Nota Fiscal conter expressão vedando a transferência de crédito, o contribuinte deverá incluir nova declaração: "Este documento é válido para transferência de crédito do ICMS, nos termos do Decreto (___)".

**Art. 5º.** Na falta de inventário permanente, deverá levantar o inventário periódico, na forma do art. 221 do Regulamento do ICMS, relativo aos estoques do dia 30 de junho de 2007, o contribuinte que migrar:

I – do "Simples Paulista" para o regime periódico de apuração, previsto no art. 87 do Regulamento do ICMS;

II – do regime periódico de apuração, previsto no art. 87 do Regulamento do ICMS, para o "Simples Nacional".

Parágrafo único. Na hipótese prevista no inciso I será admitido, nos termos da legislação pertinente, o crédito do imposto relativo às mercadorias existentes no estoque final do dia 30 de junho de 2007, cujo valor a ser creditado será apurado com base nos respectivos documentos fiscais relativos às correspondentes entradas no estabelecimento, identificados com base no método contábil PEPS – primeiro que entra, primeiro que sai.

**Art. 6º.** O contribuinte que tiver sido desenquadrado do "Simples Paulista" em razão da entrada em vigor do "Simples Nacional" deverá apresentar, até 30 de setembro de 2007, a Declaração do Simples, de que trata o art. 12 do Anexo XX do Regulamento do ICMS, relativamente ao período de 1º de janeiro a 30 de junho de 2007.

**Art. 7º.** Este Decreto entra em vigor na data de sua publicação.

Palácio dos Bandeirantes, 27 de julho de 2007.

*José Serra – DOE de 28.7.2007*

## 224. DECRETO Nº 52.024, DE 31 DE JULHO DE 2007

*Altera o Decreto nº 51.960, de 4.7.2007, que institui o Programa de Parcelamento Incentivado – PPI ICM/ICMS no Estado de São Paulo.*

José Serra, Governador do Estado de São Paulo, no uso de suas atribuições legais e considerando o disposto na Lei Complementar Federal nº 123, de 14 de dezembro de 2006, decreta:

**Art. 1º.** Passa a vigorar com a redação que se segue o art. 10 do Decreto nº 51.960, de 4 de julho de 2007:

- *Alterações já efetuadas no corpo do Decreto.*

**Art. 2º.** Este Decreto entra em vigor na data de sua publicação.

Palácio dos Bandeirantes, 31 de julho de 2007.

*José Serra – DOE de 1º.8.2007*

## 225. DECRETO Nº 52.025, DE 31 DE JULHO DE 2007

*Introduz alteração no Regulamento do Imposto sobre Operações Relativas à Circulação de Mercadorias e sobre Prestações de Serviços de Transporte Interestadual e Intermunicipal e de Comunicação – RICMS.*

José Serra, Governador do Estado de São Paulo, no uso de suas atribuições legais e tendo em vista o disposto no art. 112 da Lei nº 6.374, de 1º de março de 1989, decreta:

**Art. 1º.** Passa a vigorar com a redação que se segue o § 4º do art. 15 do Anexo III do Regulamento do Imposto sobre Operações Relativas à Circulação de Mercadorias e sobre Prestações de Serviços de Transporte Interestadual e Intermunicipal e de Comunicação – RICMS, aprovado pelo Decreto nº 45.490, de 30 de novembro de 2000:

- *Alteração já efetuada no corpo do Decreto.*

**Art. 2º.** Este Decreto entra em vigor na data de sua publicação, produzindo efeitos desde 1º de julho de 2007.

Palácio dos Bandeirantes, 31 de julho de 2007.

*José Serra – DOE de 1.8.2007*

## 226. DECRETO Nº 52.045, DE 9 DE AGOSTO DE 2007

*Isenta do Imposto sobre Operações Relativas à Circulação de Mercadorias e sobre Prestações de Serviços de Transporte Interestadual e Intermunicipal e de Comunicação – ICMS a comercialização de sanduíches denominados "Big Mac" efetuada durante o evento "McDia Feliz". (DOE de 10.8.2007)*

- *Pode ser considerado sem mais efeito em razão do cumprimento de seu prazo.*

## 227. DECRETO Nº 52.061, DE 15 DE AGOSTO DE 2007

*Dispõe sobre o parcelamento de débitos do ICM e ICMS para contribuintes optantes do Regime Especial Unificado de Arrecadação de Tributos e Contribuições devidos pelas Microempresas e Empresas de Pequeno Porte – Simples Nacional.*

José Serra, Governador do Estado de São Paulo, no uso de suas atribuições legais e considerando o disposto no art. 79 da Lei Complementar Federal nº 123, de 14 de dezembro de 2006, alterado pela Lei Complementar nº 127, de 14 de agosto de 2007, e nos arts. 20 a 23 da Resolução nº 4, de 30 de maio de 2007, do Comitê Gestor do Simples Nacional, decreta:

**Art. 1º.** Todos os débitos fiscais relacionados com o ICM e com o ICMS de contribuinte optante pelo Regime Especial Unificado de Arrecadação de Tributos e Contribuições devidos pelas Microempresas e Empresas de Pequeno Porte – Simples Nacional, decorrentes de fatos geradores ocorridos até 31 de maio de 2007, constituídos ou não, inscritos ou não em dívida ativa, inclusive ajuizados, poderão ser parcelados na forma e condições estabelecidas no presente decreto.

§ 1º. O parcelamento poderá ser concedido em até 120 (cento e vinte) parcelas mensais e consecutivas.

§ 2º. O valor de cada parcela não poderá ser inferior a R$ 100,00 (cem reais).

§ 3º. O parcelamento de que trata este Decreto não se aplica a débitos que já tenham sido objeto de parcelamento anterior.

§ 4º. O requerimento de parcelamento deve ser efetuado até o dia 20 de agosto de 2007.

§ 5º. O indeferimento do pedido de opção pelo Simples Nacional implicará a rescisão dos acordos de parcelamento celebrados com base neste Decreto.

§ 6º. O vencimento da primeira parcela ocorrerá impreterivelmente no dia 20 de agosto de 2007.

**Art. 2º.** O parcelamento nos termos deste Decreto implica:

I – aceitação plena e irretratável, pelo sujeito passivo, de todas as condições estabelecidas neste Decreto;

II – confissão irrevogável e irretratável da dívida relativa aos débitos tributários nele incluídos, com reconhecimento expresso da certeza e liquidez do crédito correspondente;

III – expressa renúncia a qualquer defesa ou recurso administrativo ou judicial, bem como desistência dos já interpostos, relativamente aos débitos fiscais incluídos no parcelamento;

IV – interrupção da prescrição prevista no parágrafo único do art. 174 do Código Tributário Nacional – Lei nº 5.172, de 25 de outubro de 1966, e alterações, e no inciso VI do art. 202 do Código Civil – Lei nº 10.406, de 10 de janeiro de 2002.

§ 1º. A desistência das ações judiciais e dos embargos à execução fiscal deverá ser comprovada, no prazo de 60 (sessenta) dias contados da data do recolhimento da primeira parcela, mediante apresentação de cópia das petições devidamente protocolizadas.

§ 2º. Os documentos destinados a comprovar a desistência mencionada no § 1º deverão ser entregues na Procuradoria do Estado de São Paulo responsável pelo acompanhamento das respectivas ações.

§ 3º. O recolhimento efetuado, integral ou parcial, embora autorizado pelo fisco, não importa em presunção de correção dos cálculos efetuados, ficando resguardado o direito do fisco de exigir eventuais diferenças apuradas posteriormente.

**Art. 3º.** Aplica-se, no que couber, o disposto nos arts. 570 a 584 do Regulamento do ICMS, aprovado pelo Decreto nº 45.490, de 30 de novembro de 2000.

**Art. 4º.** Este Decreto entra em vigor na data de sua publicação.

Palácio dos Bandeirantes, 15 de agosto de 2007.

*José Serra – DOE de 16.8.2007*

## 228. DECRETO Nº 52.069, DE 17 DE AGOSTO DE 2007

*Introduz alterações no Regulamento do Imposto sobre Operações Relativas à Circulação de Mercadorias e sobre Prestações de Serviços de Transporte Interestadual e Intermunicipal e de Comunicação – RICMS.*

José Serra, Governador do Estado de São Paulo, no uso de suas atribuições legais e tendo em vista o disposto no art. 112 da Lei nº 6.374, de 1º de março de 1989, decreta:

**Art. 1º.** Passam a vigorar com a redação que se segue o *caput* e o § 4º do art. 15 do Anexo III do Regulamento do Imposto sobre Operações Relativas à Circulação de Mercadorias e sobre Prestações de Serviços de Transporte Interestadual e Intermunicipal e de Comunicação – RICMS, aprovado pelo Decreto nº 45.490, de 30 de novembro de 2000:

- *Alteração já efetuada no corpo do Decreto.*

**Art. 2º.** Este Decreto entra em vigor na data de sua publicação, produzindo efeitos para os fatos geradores ocorridos a partir de 1º de agosto de 2007.

Palácio dos Bandeirantes, 17 de agosto de 2007.

*José Serra – DOE de 18.8.2007*

## 229. DECRETO Nº 52.096, DE 28 DE AGOSTO DE 2007

*Regulamenta o Programa de Estímulo à Cidadania Fiscal do Estado de São Paulo e dá outras providências.*

- *Revogado pelo Decreto nº 54.179, de 30.3.2009.*

## 230. DECRETO Nº 52.097, DE 28 DE AGOSTO DE 2007

*Introduz alterações no Regulamento do Imposto sobre Operações Relativas à Circulação de Mercadorias e sobre Prestações de Serviços de Transporte Interestadual e Intermunicipal e de Comunicação – RICMS e dá outras providências.*

José Serra, Governador do Estado de São Paulo, no uso de suas atribuições legais e tendo em vista o disposto nos arts. 67, 68 e 69 da Lei nº 6.374, de 1º de março de 1989, decreta:

**Art. 1º.** Passam a vigorar com a redação que se segue os dispositivos adiante indicados do Regulamento do Imposto sobre Operações Relativas à Circulação de Mercadorias e sobre Prestações de Serviços de Transporte Interestadual e Intermunicipal e de Comunicação – RICMS, aprovado pelo Decreto nº 45.490, de 30 de novembro de 2000:

I – o item 2 do § 4º do art. 61:

II – o inciso XXII do art. 124:

III – o art. 133:

● *Alterações já efetuadas no corpo do Decreto.*

**Art. 2º.** Ficam acrescentados os dispositivos adiante indicados ao Regulamento do Imposto sobre Operações Relativas à Circulação de Mercadorias e sobre Prestações de Serviços de Transporte Interestadual e Intermunicipal e de Comunicação – RICMS, aprovado pelo Decreto nº 45.490, de 30 de novembro de 2000, com a seguinte redação:

I – ao art. 61, o § 14:

II – o art. 132-A:

III – ao art. 135, o § 6º:

IV – ao art. 184, os incisos XIII e XIV:

V – ao Capítulo I do Título IV do Livro I, a Seção VII, composta pelos arts. 212-O a 212-Q:

● *Alterações já efetuadas no corpo do Decreto.*

**Art. 3º.** Ficam revogados os arts. 131-A e 131-B do Regulamento do Imposto sobre Operações Relativas à Circulação de Mercadorias e sobre Prestações de Serviços de Transporte Interestadual e Intermunicipal e de Comunicação – RICMS, aprovado pelo Decreto nº 45.490, de 30 de novembro de 2000.

● *Alteração já efetuada no corpo do Decreto.*

**Art. 4º.** A obrigatoriedade de registrar eletronicamente os documentos fiscais emitidos, para fins de geração do Registro Eletrônico de Documento Fiscal – REDF, será implementada conforme cronograma estabelecido pela Secretaria da Fazenda.

**Art. 5º.** Este Decreto entra em vigor na data de sua publicação.

Palácio dos Bandeirantes, 28 de agosto de 2007.

*José Serra – DOE de 29.8.2007*

## 231. DECRETO Nº 52.104, DE 29 DE AGOSTO DE 2007

*Introduz alterações no Regulamento do Imposto sobre Operações Relativas à Circulação de Mercadorias e sobre Prestações de Serviços de Transporte interestadual e Intermunicipal e de Comunicação – ICMS.*

José Serra, Governador do Estado de São Paulo, no uso de suas atribuições legais e tendo em vista o disposto na Lei Complementar nº 123, de 14 de dezembro de 2006, que instituiu o Regime Especial Unificado de Arrecadação de Tributos e Contribuições devidos pelas Microempresas e Empresas de Pequeno Porte – "Simples Nacional", decreta:

**Art. 1º.** Passam a vigorar com a seguinte redação os dispositivos adiante indicados do Regulamento do Imposto sobre Operações Relativas à Circulação de Mercadorias e sobre Prestações de Serviços de Transporte Interestadual e Intermunicipal e de Comunicação – ICMS, aprovado pelo Decreto nº 45.490 de 30 de novembro de 2000:

I – o art. 51:

II – o *caput* do art. 52, mantidos seus incisos:

III – a alínea "c" do inciso I do art. 63:

IV – o item 1 do § 24 do art. 127:

V – o *caput* do art. 263:

VI – o inciso II do art. 264:

VII – o inciso III do art. 269:

VIII – o *caput* do art. 316:

IX – o item 3 do § 2º do art. 316:

X – o *caput* do art. 317:

XI – a alínea "a" do inciso I do art. 318:

XII – o art. 325:

XIII – o *caput* do art. 454, mantidos seus incisos:

XIV – o item 3 do § 2º do art. 26 das Disposições Transitórias:

XV – a alínea "a" do item 3 do § 1º do art. 33 do Anexo II:

XVI – a alínea "a" do item 1 do § 1º do art. 34 do Anexo II:

XVII – a alínea "a" do item 1 do § 1º do art. 35 do Anexo II:

XVIII – a alínea "a" do item 1 do § 1º do art. 37 do Anexo II:

XIX – a alínea "a" do item 2 do § 1º do art. 39 do Anexo II:

● *Alterações já efetuadas no corpo do Decreto.*

**Art. 2º.** Ficam acrescentados os seguintes dispositivos ao Regulamento do Imposto sobre Operações Relativas à Circulação de Mercadorias e sobre Prestações de Serviços de Transporte Interestadual e Intermunicipal e de Comunicação – ICMS, aprovado pelo Decreto nº 45.490, de 30 de novembro de 2000:

I – o inciso XVI ao *caput* do art. 2º:

II – o § 6º ao art. 2º:

III – o art. 56-B:

IV – o § 13 ao art. 61:

V – o inciso VIII ao *caput* do art. 66:

VI – o inciso XV-A ao *caput* do art. 115:

VII – os §§ 7º e 8º ao art. 115:

VIII – o § 2º ao art. 268 passando o atual parágrafo único a denominar-se § 1º:

IX – o § 3º ao art. 277:

X – o art. 282-A:

XI – o art. 318-A:

XII – o item 4 ao § 1º do art. 367:

XIII – o item 4 ao § 1º do art. 392:

XIV – o item 4 ao parágrafo único do art. 400-D:

XV – o inciso III ao *caput* do art. 430:

XVI – o art. 434-A:

XVII – o § 7º ao art. 535:

• *Alterações já efetuadas no corpo do Decreto.*

**Art. 3º.** Ficam revogados os dispositivos adiante indicados do Regulamento do Imposto sobre Operações Relativas à Circulação de Mercadorias e sobre Prestações de Serviços de Transporte Interestadual e Intermunicipal e de Comunicação – ICMS, aprovado pelo Decreto nº 45.490, de 30 de novembro de 2000:

I – a alínea "c" do inciso II do *caput* e o § 3º do art. 348;

II – o inciso IV do art. 383;

III – a alínea "c" do inciso I do art. 400-C;

IV – o art. 477;

V – o anexo XX;

VI – o inciso II do art. 31 do Anexo I.

• *Alterações já efetuadas no corpo do Decreto.*

**Art. 4º.** Este Decreto entra em vigor na data de sua publicação.

Palácio dos Bandeirantes, 29 de agosto de 2007.

*José Serra – DOE de 30.8.2007*

## 232. DECRETO Nº 52.118, DE 31 DE AGOSTO DE 2007

*Introduz alterações no Regulamento do Imposto sobre Operações Relativas à Circulação de Mercadorias e sobre Prestações de Serviços de Transporte Interestadual e Intermunicipal e de Comunicação – RICMS.*

José Serra, Governador do Estado de São Paulo, no uso de suas atribuições legais e tendo em vista o disposto no Convênio ICMS-53/07, celebrado em Brasília, DF, no dia 16 de maio de 2007, e no Ajuste SINIEF-6/07 e Convênios ICMS-59/07, 63/07, 64/07, 67/07, 68/07, 70/07, 75/07 e 76/07, celebrados em Domingos Martins, ES, no dia 6 de julho de 2007, decreta:

**Art. 1º.** Passam a vigorar com a redação que se segue os dispositivos adiante indicados do Regulamento do Imposto sobre Operações Relativas à Circulação de Mercadorias e sobre Prestações de Serviços de Transporte Interestadual e Intermunicipal e de Comunicação, aprovado pelo Decreto nº 45.490, de 30 de novembro de 2000:

I – o § 3º do art. 183:

II – o *caput* do art. 250:

III – o § 3º do art. 15 do Anexo I:

IV – o § 3º do art. 30 do Anexo I:

V – o § 2º do art. 40 do Anexo I:

VI – o § 9º do art. 74 do Anexo I:

VII – o § 4º do art. 81 do Anexo I:

VIII – o § 2º do art. 91 do Anexo I:

IX – o *caput* do art. 94 do Anexo I:

X – o item 2 do § 2º do art. 125 do Anexo I:

XI – o § 1º do art. 129 do Anexo I:

XII – o *caput* do art. 131 do Anexo I:

XIII – o parágrafo único do art. 15 do Anexo II:

XIV – o § 3º do art. 20 do Anexo II:

XV – o § 5º do art. 24 do Anexo II:

XVI – o § 5º do art. 25 do Anexo II:

XVII – o § 3º do art. 40 do Anexo II:

XVIII – o § 6º do art. 41 do Anexo II:

XIX – o § 3º do art. 42 do Anexo II:

XX – o § 2º do art. 43 do Anexo II:

XXI – o art. 1º do Anexo XVII:

• *Alterações já efetuadas no corpo do Decreto.*

**Art. 2º.** Ficam acrescentados os dispositivos adiante indicados ao Regulamento do Imposto sobre Operações Relativas à Circulação de Mercadorias e sobre Prestações de Serviços de Transporte Interestadual e Intermunicipal e de Comunicação, aprovado pelo Decreto nº 45.490, de 30 de novembro de 2000, com a seguinte redação:

I – ao art. 71 do Anexo I, o § 5º:

II – ao Anexo I, o art. 134:

III – à Seção II do Capítulo IV do Título I do Livro III, o art. 441-A:

IV – à Tabela I do Anexo V, os códigos 1.360 e 5.360, com a respectiva Nota Explicativa:

• *Alterações já efetuadas no corpo do Decreto.*

**Art. 3º.** Este Decreto entra em vigor na data de sua publicação, produzindo efeitos desde 1º de agosto de 2007, exceto em relação aos dispositivos adiante indicados, que produzem efeitos:

I – desde 6 de junho de 2007, o inciso II do art. 2º;

II – desde 12 de julho de 2007, o inciso II do art. 1º e o inciso III do art. 2º;

III – desde 31 de julho de 2007, os incisos IX, X e XII do art. 1º e o inciso I do art. 2º;

IV – na data da publicação deste Decreto, os incisos I, XI e XXI do art. 1º;

V – a partir de 1º de janeiro de 2008, o inciso IV do art. 2º.

Palácio dos Bandeirantes, 31 de agosto de 2007.

*José Serra – DOE de 1º.9.2007*

## 233. DECRETO Nº 52.147, DE 10 DE SETEMBRO DE 2007

*Introduz alterações no Regulamento do Imposto sobre Operações Relativas à Circulação de Mercadorias e sobre Prestações de Serviços de Transporte Interestadual e Intermunicipal e de Comunicação – RICMS e dá outras providências.*

José Serra, Governador do Estado de São Paulo, no uso de suas atribuições legais e tendo em vista o disposto na Lei Complementar Federal nº 123, de 14 de dezembro de 2006, e nos arts. 67, 68 e 69 da Lei nº 6.374, de 1º de março de 1989, decreta:

**Art. 1º.** Passam a vigorar com a redação que se segue os dispositivos adiante indicados do Regulamento do Imposto sobre Operações Relativas à Circulação de Mercadorias e sobre Prestações de Serviços de Transporte Interestadual e Intermunicipal e de Comunicação – RICMS, aprovado pelo Decreto nº 45.490, de 30 de novembro de 2000:

I – o § 8º do art. 115:

II – o inciso II do art. 132-A:

III – o inciso VII do art. 212-O:

IV – a alínea "a" do item 4 do § 3º do art. 212-O:

V – a alínea "b" do § 3º do art. 212-P:

VI – o § 4º do art. 212-P:

VII – o § 7º do art. 212-P:

• *Alterações já efetuadas no corpo do Decreto.*

**Art. 2º.** Fica acrescentado o § 8º ao art. 212-P do Regulamento do Imposto sobre Operações Relativas à Circulação de Mercadorias e sobre Prestações de Serviços de Transporte Interestadual e Intermunicipal e de Comunicação – RICMS, aprovado pelo Decreto nº 45.490, de 30 de novembro de 2000, com a seguinte redação:

• *Alteração já efetuada no corpo do Decreto.*

**Art. 3º.** Este Decreto entra em vigor na data de sua publicação.

Palácio dos Bandeirantes, 10 de setembro de 2007.

*José Serra – DOE de 11.9.2007*

## 234. DECRETO Nº 52.148, DE 10 DE SETEMBRO DE 2007

*Introduz alterações no Regulamento do Imposto sobre Operações Relativas à Circulação de Mercadorias e sobre Prestações de Serviços de Transporte Interestadual e Intermunicipal e de Comunicação – RICMS.*

José Serra, Governador do Estado de São Paulo, no uso de suas atribuições legais e tendo em vista o disposto na Lei nº 12.681, de 24 de julho de 2007, decreta:

**Art. 1º.** Passam a vigorar com a redação que se segue os dispositivos adiante indicados do Regulamento do Imposto sobre Operações Relativas à Circulação de Mercadorias e sobre Prestações de Serviços de Transporte Interestadual e Intermunicipal e de Comunicação – RICMS, aprovado pelo Decreto nº 45.490, de 30 de novembro de 2000:

I – o art. 41:

II – o art. 43:

III – o art. 44:

IV – do art. 295:

a) o *caput*, mantidos os seus incisos:

b) o inciso III:

V – o art. 296:

VI – o inciso I do art. 302:

• *Alterações já efetuadas no corpo do Decreto.*

**Art. 2º.** Ficam acrescentados os dispositivos adiante indicados ao Regulamento do Imposto sobre Operações Relativas à Circulação de Mercadorias e sobre Prestações de Serviços de Transporte Interestadual e Intermunicipal e de Comunicação – RICMS, aprovado pelo Decreto nº 45.490, de 30 de novembro de 2000, com a seguinte redação:

I – o art. 40-A:

II – ao § 2º do art. 295, o item 3:

• *Alterações já efetuadas no corpo do Decreto.*

**Art. 3º.** Este Decreto entra em vigor na data de sua publicação, produzindo efeitos desde 25 de julho de 2007.

Palácio dos Bandeirantes, 10 de setembro de 2007.

*José Serra – DOE de 11.9.2007 – Retificação DOE de 13.9.2007*

## 235. DECRETO Nº 52.156, DE 12 DE SETEMBRO DE 2007

*Altera o Decreto nº 51.624, de 28.2.2007, que institui regime especial de tributação pelo Imposto sobre Operações Relativas à Circulação de Mercadorias e sobre Prestação de Serviços de Transporte Interestadual e Intermunicipal e de Comunicação – ICMS para contribuintes da indústria de informática.*

José Serra, Governador do Estado de São Paulo, no uso de suas atribuições legais e tendo em vista o disposto nos arts. 38, § 6º, e 112 da Lei nº 6.374, de 1º de março de 1989, decreta:

**Art. 1º.** Fica acrescentado o inciso XIX ao art. 1º do Decreto nº 51.624, de 28 de fevereiro de 2007, com a seguinte redação:

• *Alteração já efetuada no corpo do Decreto.*

**Art. 2º.** Este Decreto entra em vigor na data de sua publicação.

Palácio dos Bandeirantes, 12 de setembro de 2007.

*José Serra – DOE de 13.9.2007*

## 236. DECRETO Nº 52.161, DE 14 DE SETEMBRO DE 2007

*Institui o Programa de Incentivo à Revitalização de Áreas Urbanas Degradadas – PRO-URBE.*

José Serra, Governador do Estado de São Paulo, no uso de suas atribuições legais e tendo em vista o disposto no art. 46 da Lei nº 6.374, de 1º de março de 1989, decreta:

**Art. 1º.** Fica instituído o Programa de Incentivo à Revitalização de Áreas Urbanas Degradadas – PRO-URBE, com o objetivo de incentivar a recuperação e o desenvolvimento econômico e social de áreas urbanas degradadas.

**Art. 2º.** Para fins do disposto neste Decreto considera-se:

I – investidor, a pessoa jurídica domiciliada no Brasil, contribuinte ou não do ICMS, que tiver a intenção de efetuar investimento empresarial, nas formas e condições deste Decreto;

II – área urbana degradada, a área identificada pela prefeitura municipal, objeto de programas, projetos ou ações articuladas visando à recuperação de uso e ao desenvolvimento que integre as dimensões social, econômica, urbana, ambiental e cultural, inserida na malha urbana, dotada de infra-estrutura, serviços públicos, equipamentos urbanos e comunitários, transportes coletivos e oportunidades de trabalho, mas que se encontra em processo de desuso ou de subutilização, em geral com imóveis antigos, em estado de conservação precário ou degradados.

**Art. 3º.** Pelo Programa de Incentivo à Revitalização de Áreas Urbanas Degradadas – PRO-URBE, o investidor poderá utilizar crédito acumulado de Imposto sobre Operações Relativas à Circulação de Mercadorias e sobre Prestações de Serviços de Transporte Interestadual e Intermunicipal e de Comunicação – ICMS, decorrente de suas operações ou recebido em transferência, para investimento em área urbana degradada, observada a disciplina estabelecida pela Secretaria da Fazenda.

Parágrafo único. O disposto neste artigo fica condicionado a que:

1. o investimento total seja de, no mínimo, R$ 500.000,00 (quinhentos mil reais);

2. o montante de crédito acumulado de ICMS a ser utilizado não ultrapasse a fração de 75% (setenta e cinco por cento) do valor total do investimento;

3. do crédito acumulado, no mínimo 50% (cinquenta por cento) sejam utilizados na aquisição de bens e serviços destinados à construção e reforma de imóveis;

4. a obra seja aprovada pela prefeitura do município e integre programa de revitalização de área urbana degradada, instituído por lei municipal que:

a) delimite a área a ser revitalizada, a qual não poderá exceder a fração de 1% (um por cento) da área total do município;

b) estabeleça programa de incentivo fiscal para a área por prazo não inferior a 5 (cinco) anos, com renúncia fiscal não inferior a 50% (cinquenta por cento) do Imposto Predial e Territorial Urbano – IPTU, do Imposto sobre a Transmissão de Bens Imóveis por Ato Oneroso "inter vivos" – ITBI e do Imposto sobre Serviços de Qualquer Natureza – ISS, observado o disposto no art. 88 das disposições transitórias da Constituição Federal.

**Art. 4°.** O investidor interessado em utilizar créditos acumulados de ICMS nos termos deste Decreto deverá solicitar aprovação à Secretaria da Fazenda do Estado de São Paulo, até 31 de dezembro de 2010, mediante requerimento dirigido ao Secretário da Fazenda, instruído com:

- *Art. 4º,* caput, *com redação dada pelo Decreto nº 54.023, de 16.2.2009 – DOE de 17.2.2009 – Efeitos a partir de 1º.1.2009.*

I – cópia do ato constitutivo da pessoa jurídica, endereço e números de inscrição estadual e no CNPJ;

II – cópia dos documentos de identidade e comprovante de residência dos sócios, pessoa natural, e cópia dos atos constitutivos e comprovante de domicílio dos sócios pessoa jurídica, na hipótese de sociedade empresarial ou simples;

III – nome, telefone e endereço eletrônico da pessoa responsável pelo projeto junto à Secretaria da Fazenda;

IV – relativamente ao investimento:

a) cópia do projeto aprovado pela prefeitura municipal;

b) informação sobre a estimativa do montante total do investimento e o montante a ser investido em imóveis e nas construções e reformas de imóveis;

c) cronograma de execução física e financeira do investimento;

V – relativamente ao crédito acumulado de ICMS:

a) informação sobre o montante que pretende utilizar e respectivo cronograma;

b) relação dos contribuintes do ICMS de quem pretende adquirir os créditos acumulados, contendo os números de inscrição estadual e no CNPJ, telefone e nome da pessoa para contato;

c) relação dos contribuintes do ICMS a quem pretenda ceder ou transferir os créditos acumulados, contendo os números de inscrição estadual e no CNPJ, telefone e nome da pessoa para contato.

**Art. 5°.** O Secretário da Fazenda apreciará o pedido, aprovando o projeto, se for o caso, e autorizando a utilização do crédito acumulado de ICMS conforme cronograma estabelecido, no todo ou em parte.

**Art. 6°.** A Secretaria da Fazenda poderá, a qualquer tempo:

I – solicitar informações e documentos relativos ao projeto de investimento e seus efeitos sobre a área urbana degradada;

II – solicitar informações e documentos relativos ao cronograma de aquisição, cessão, utilização ou transferência de crédito acumulado de ICMS;

III – acompanhar e fiscalizar a execução do projeto.

**Art. 7°.** O descumprimento de quaisquer das condições previstas neste Decreto implica suspensão da autorização concedida para a utilização de créditos acumulados de ICMS.

§ 1°. A critério da Secretária da Fazenda do Estado de São Paulo, sanadas as irregularidades que motivaram a suspensão prevista no *caput*, poderá ser autorizada a retomada do cronograma de utilização dos créditos acumulados de ICMS.

§ 2°. Será definitivamente cancelada a autorização na hipótese de a suspensão prevista no § 1° ocorrer por 3 (três) vezes, consecutivas ou não.

**Art. 8°.** Caberá à Secretaria da Fazenda:

I – estabelecer, para cada exercício financeiro, o limite global de crédito acumulado de ICMS que poderá ser utilizado no âmbito do PRO-URBE;

II – baixar as normas complementares necessárias à implementação deste Decreto.

**Art. 9°.** Este Decreto entra em vigor na data de sua publicação.

Palácio dos Bandeirantes, 14 de setembro de 2007.

*José Serra – DOE de 15.9.2007*

## 237. DECRETO N° 52.191, DE 24 DE SETEMBRO DE 2007

*Introduz alteração no Regulamento do Imposto sobre Operações Relativas à Circulação de Mercadorias e sobre Prestações de Serviços de Transporte Interestadual e Intermunicipal e de Comunicação – RICMS.*

José Serra, Governador do Estado de São Paulo, no uso de suas atribuições legais e tendo em vista o disposto no Convênio ICMS-57/07, de 5 de junho de 2007, decreta:

**Art. 1°.** Fica acrescentado o art. 133 ao Anexo I do Regulamento do Imposto sobre Operações Relativas à Circulação de Mercadorias e sobre Prestações de Serviços de Transporte Interestadual e Intermunicipal e de Comunicação – RICMS, aprovado pelo Decreto nº 45.490, de 30 de novembro de 2000, com a seguinte redação:

- *Alteração já efetuada no corpo do Decreto.*

**Art. 2º.** Este Decreto entra em vigor na data de sua publicação, produzindo efeitos desde 26 de junho de 2007.

Palácio dos Bandeirantes, 24 de setembro de 2007.

*José Serra – DOE de 25.9.2007*

## 238. DECRETO Nº 52.192, DE 24 DE SETEMBRO DE 2007

*Introduz alteração no Regulamento do Imposto sobre Operações Relativas à Circulação de Mercadorias e sobre Prestações de Serviços de Transporte Interestadual e Intermunicipal e de Comunicação – RICMS.*

José Serra, Governador do Estado de São Paulo, no uso de suas atribuições legais e tendo em vista o disposto no Convênio ICMS-65/07, celebrado em Domingos Martins, ES, no dia 6 de julho de 2007, decreta:

**Art. 1º.** Passa a vigorar com a redação que se segue o art. 109 do Anexo I do Regulamento do Imposto sobre Operações Relativas à Circulação de Mercadorias e sobre Prestações de Serviços de Transporte Interestadual e Intermunicipal e de Comunicação, aprovado pelo Decreto nº 45.490, de 30 de novembro de 2000:

• *Alteração já efetuada no corpo do Decreto.*

**Art. 2º.** Este Decreto entra em vigor na data de sua publicação, produzindo efeitos desde 31 de julho de 2007.

Palácio dos Bandeirantes, 24 de setembro de 2007.

*José Serra – DOE de 25.9.2007*

## 239. DECRETO Nº 52.364, DE 13 DE NOVEMBRO DE 2007

*Introduz alterações no Regulamento do Imposto sobre Operações Relativas à Circulação de Mercadorias e sobre Prestações de Serviços de Transporte Interestadual e Intermunicipal e de Comunicação – RICMS.*

José Serra, Governador do Estado de São Paulo, no uso de suas atribuições legais e tendo em vista o disposto no art. 8º, incisos XIV, XXVI, XXIX e XXX, da Lei nº 6.374, de 1º de março de 1989, decreta:

**Art. 1º.** Ficam acrescentados os dispositivos adiante indicados ao Regulamento do Imposto sobre Operações Relativas à Circulação de Mercadorias e sobre Prestações de Serviços de Transporte Interestadual e Intermunicipal e de Comunicação – RICMS, aprovado pelo Decreto nº 45.490, de 30 de novembro de 2000, com a seguinte redação:

I – ao Capítulo I do Título II do Livro II, a Seção XI, composta pelos arts. 313-A e 313-B:

II – ao Capítulo I do Título II do Livro II, a Seção XII, composta pelos arts. 313-C e 313-D:

III – ao Capítulo I do Título II do Livro II, a Seção XIII, composta pelos arts. 313-E e 313-F:

IV – ao Capítulo I do Título II do Livro II, a Seção XIV, composta pelos arts. 313-G e 313-H:

• *Alterações já efetuadas no corpo do Decreto.*

**Art. 2º.** Este Decreto entra em vigor na data de sua publicação, produzindo efeitos para os fatos geradores ocorridos a partir de 1º de fevereiro de 2008.

• *Art. 2º com redação dada pelo Decreto nº 52.587, de 28.12.2007 – DOE de 29.12.2007 – Efeitos a partir da publicação.*

Palácio dos Bandeirantes, 13 de novembro de 2007.

*José Serra – DOE de 14.11.2007*

## 240. DECRETO Nº 52.378, DE 19 DE NOVEMBRO DE 2007

*Introduz alteração no Regulamento do Imposto sobre Operações Relativas à Circulação de Mercadorias e sobre Prestações de Serviços de Transporte Interestadual e Intermunicipal e de Comunicação – RICMS.*

José Serra, Governador do Estado de São Paulo, no uso de suas atribuições legais e tendo em vista o disposto no art. 112 da Lei nº 6.374, de 1º de março de 1989, decreta:

**Art. 1º.** Passa a vigorar com a redação que se segue o § 3º do art. 34 do Anexo II, do Regulamento do Imposto sobre Operações Relativas à Circulação de Mercadorias e sobre Prestações de Serviços de Transporte Interestadual e Intermunicipal e de Comunicação, aprovado pelo Decreto nº 45.490, de 30 de novembro de 2000:

• *Alteração já efetuada no corpo do Decreto.*

**Art. 2º.** Este Decreto entra em vigor na data de sua publicação, produzindo efeitos para os fatos geradores ocorridos a partir de 1º de outubro de 2007.

Palácio dos Bandeirantes, 19 de novembro de 2007.

*José Serra – DOE de 20.11.2007*

## 241. DECRETO Nº 52.379, DE 19 DE NOVEMBRO DE 2007

*Introduz alterações no Regulamento do Imposto sobre Operações Relativas à Circulação de Mercadorias e sobre Prestações de Serviços de Transporte Interestadual e Intermunicipal e de Comunicação – RICMS, e dá outras providências.*

José Serra, Governador do Estado de São Paulo, no uso de suas atribuições legais e tendo em vista o disposto nos Convênios ICMS-97/92, 42/95, 75/97, 101/97, 117/01, 19/02, 58/02, 133/02, 10/03, 62/03 e 153/04 e nos Convênios ICMS-111/07, 113/07, 116/07 e 118/07, celebrados em Florianópolis, SC, no dia 28 de setembro de 2007, decreta:

**Art. 1º.** Passam a vigorar com a redação que se segue os dispositivos adiante indicados do Regulamento do Imposto sobre Operações Relativas à Circulação de Mercadorias e sobre Prestações de Serviços de Transporte Interestadual e Intermunicipal e de Comunicação, aprovado pelo Decreto nº 45.490, de 30 de novembro de 2000:

I – do art. 383:

a) o *caput*:

b) o § 1º:

II – o § 3º do art. 15 do Anexo I:

III – o § 3º do art. 30 do Anexo I:

IV – o § 2º do art. 40 do Anexo I:

V – do art. 74 do Anexo I:

a) o inciso I do *caput*:

b) o § 9º:

VI – o § 4º do art. 81 do Anexo I:

VII – o § 2º do art. 91 do Anexo I:

VIII – o inciso I do *caput* do art. 92 do Anexo I:

IX – o parágrafo único do art. 15 do Anexo II:

X – o § 3º do art. 20 do Anexo II:

XI – o § 5º do art. 24 do Anexo II:

XII – o § 5º do art. 25 do Anexo II:

XIII – o § 3º do art. 40 do Anexo II:

XIV – o § 6º do art. 41 do Anexo II:

XV – o § 3º do art. 42 do Anexo II:

XVI – o § 2º do art. 43 do Anexo II:

XVII – o § 3º do art. 14 do Anexo III:

• *Alterações já efetuadas no corpo do Decreto.*

**Art. 2º.** Ficam revogados os dispositivos adiante indicados do Regulamento do Imposto sobre Operações Relativas à Circulação de Mercadorias e sobre Prestações de Serviços de Transporte Interestadual e Intermunicipal e de Comunicação, aprovado pelo Decreto nº 45.490, de 30 de novembro de 2000:

I – o § 2º do art. 383;

II – o art. 384;

III – o art. 393;

IV – o art. 394;

V – o art. 475;

VI – o art. 476.

• *Alterações já efetuadas no corpo do Decreto.*

**Art. 3º.** Este Decreto entra em vigor na data de sua publicação, produzindo efeitos desde 1º de setembro de 2007, exceto em relação aos dispositivos adiante indicados, que produzem efeitos:

I – desde 22 de outubro de 2007, a alínea "a" do inciso V e os incisos VIII e XVII do art. 1º;

II – desde 1º de novembro de 2007, o inciso I do art. 1º e o art. 2º.

Palácio dos Bandeirantes, 19 de novembro de 2007.

*José Serra – DOE de 20.11.2007*

## 242. DECRETO Nº 52.380, DE 19 DE NOVEMBRO DE 2007

*Altera o Decreto nº 51.688, de 22 de março de 2007, que trata de regime especial de tributação pelo Imposto sobre Operações Relativas à Circulação de Mercadorias e sobre Prestação de Serviços de Transporte Interestadual e Intermunicipal e de Comunicação – ICMS para contribuintes que realizarem operações com leite esterilizado.*

José Serra, Governador do Estado de São Paulo, no uso de suas atribuições legais e tendo em vista o disposto nos arts. 38, § 6º, e 112 da Lei nº 6.374, de 1º de março de 1989, decreta:

**Art. 1º.** Passa a vigorar com a redação adiante indicada o art. 2º do Decreto nº 51.688, de 22 de março de 2007:

• *Alteração já efetuada no corpo do Decreto.*

**Art. 2º.** Este Decreto entra em vigor na data de sua publicação.

Palácio dos Bandeirantes, 19 de novembro de 2007.

*José Serra – DOE de 20.11.2007*

## 243. DECRETO Nº 52.381, DE 19 DE NOVEMBRO DE 2007

*Instituia regime especial de tributação do Imposto sobre Operações Relativas à Circulação de Mercadorias e sobre Prestações de Serviços de Transporte Interestadual e Intermunicipal e de Comunicação – ICMS para contribuintes que realizarem operações com leite longa vida e laticínios.*

• *Decreto nº 52.381, de 19.11.2007, revogado pelo Decreto nº 56.855, de 18.3.2011 – DOE de 19.3.2011 – Efeitos a partir de 1º.4.2011.*

## 244. DECRETO Nº 52.424, DE 29 DE NOVEMBRO DE 2007

*Altera o Decreto nº 51.960, de 4.7.2007, que institui o Programa de Parcelamento Incentivado – PPI ICM/ICMS no Estado de São Paulo, para a liquidação de débitos fiscais relacionados com o Imposto sobre Operações Relativas à Circulação de Mercadorias – ICM e com o Imposto sobre Operações Relativas à Circulação de Mercadorias e sobre Prestações de Serviços de Transporte Interestadual e Intermunicipal e de Comunicação – ICMS.*

José Serra, Governador do Estado de São Paulo, no uso de suas atribuições legais e considerando o disposto no Convênio ICMS 114/07, de 28 de setembro de 2007, e no Parecer PA nº 35/2007, exarado pela Procuradoria Geral do Estado, decreta:

**Art. 1º.** Passam a vigorar com a redação que se segue os dispositivos adiante indicados do Decreto nº 51.960, de 4 de julho de 2007:

I – a alínea "d" do inciso III do art. 1º:

II – o § 1º do art. 1º:

III – o inciso IV do art. 2º:

IV – o *caput* do art. 4º mantidos os seus incisos:

• *Alterações já efetuadas no corpo do Decreto.*

**Art. 2º.** Os contribuintes que tiverem aderido ao PPI nos termos do Decreto nº 51.960, de 4 de julho de 2007, em sua redação original, mas que não tiverem recolhido a primeira parcela ou a parcela única no prazo fixado, poderão aderir novamente, conforme as regras estabelecidas no mencionado Decreto nº 51.960, com as alterações previstas no art. 1º deste Decreto.

**Art. 3º.** Este Decreto entra em vigor na data de sua publicação, produzindo efeitos a partir de 1º de dezembro de 2007.

Palácio dos Bandeirantes, 29 de novembro de 2007.

*José Serra – DOE de 30.11.2007*

## 245. DECRETO Nº 52.428, DE 30 DE NOVEMBRO DE 2007

*Restabelece a aplicação dos Protocolos ICM 15/85, 16/85, 17/85, 18/85 e 19/85, no tocante às operações interestaduais realizadas entre contribuintes do ICMS situados neste Estado destinadas a contribuintes situados no Estado do Rio de Janeiro.*

José Serra, Governador do Estado de São Paulo, no uso de suas atribuições legais e considerando que este Estado é signatário dos Protocolos ICM 15/85,

16/85, 17/85, 18/85 e 19/85, concernentes ao Imposto sobre Operações Relativas à Circulação de Mercadorias e sobre a Prestação de Serviços de Transporte Interestadual e Intermunicipal e de Comunicação – ICMS, que dispõem sobre a aplicação da disciplina da substituição tributária nas operações interestaduais com as mercadorias neles arroladas, decreta:

**Art. 1º.** Fica restabelecida a aplicação dos Protocolos ICM 15/85, 16/85, 17/85, 18/85 e 19/85, que dispõem sobre a disciplina da substituição tributária nas operações interestaduais com as mercadorias neles arroladas, no tocante às operações realizadas por contribuintes do ICMS situados neste Estado destinadas a contribuintes do Estado do Rio de Janeiro.

**Art. 2º.** Este Decreto entra em vigor na data de sua publicação, produzindo efeitos a partir de 1º de janeiro de 2008.

Palácio dos Bandeirantes, 30 de novembro de 2007.

*José Serra – DOE de 1º.12.2007*

## 246. DECRETO Nº 52.430, DE 4 DE DEZEMBRO DE 2007

*Institui o Programa de Incentivo ao Desenvolvimento da Indústria Plástica de São Paulo.*

José Serra, Governador do Estado de São Paulo, no uso de suas atribuições legais e tendo em vista o disposto no art. 112 da Lei nº 6.374, de 1º de março de 1989, decreta:

**Art. 1º.** Fica instituído o Programa de Incentivo ao Desenvolvimento da Indústria Plástica de São Paulo, com o objetivo de melhorar a competitividade da indústria paulista de plásticos.

**Art. 2º.** Fica acrescentado o art. 48 ao Anexo II do Regulamento do Imposto sobre Operações Relativas à Circulação de Mercadorias e sobre Prestações de Serviços de Transporte Interestadual e Intermunicipal e de Comunicação – RICMS, aprovado pelo Decreto nº 45.490, de 30 de novembro de 2000, com a seguinte redação:

- *Alteração já efetuada no corpo do Decreto.*

**Art. 3º.** Este Decreto entra em vigor na data de sua publicação.

Palácio dos Bandeirantes, 4 de dezembro de 2007.

*José Serra – DOE de 5.12.2007*

## 247. DECRETO Nº 52.431, DE 4 DE DEZEMBRO DE 2007

*Introduz alterações no Regulamento do Imposto sobre Circulação de Mercadorias e sobre Prestações de Serviços de Transporte Interestadual e Intermunicipal e de Comunicação – RICMS.*

José Serra, Governador do Estado de São Paulo, no uso de suas atribuições legais e tendo em vista o disposto no art. 112 da Lei nº 6.374, de 1º de março de 1989, decreta:

**Art. 1º.** Passam a vigorar com a seguinte redação os dispositivos adiante indicados do Regulamento do Imposto sobre Circulação de Mercadorias e sobre Prestações de Serviços de Transporte Interestadual e Intermunicipal e de Comunicação, aprovado pelo Decreto nº 45.490, de 30 de novembro de 2000:

I – o inciso I do art. 18 das Disposições Transitórias:

II – o art. 24 das Disposições Transitórias:

III – o § 5º do art. 26 das Disposições Transitórias:

IV – o § 3º do art. 27 das Disposições Transitórias:

V – o § 3º do art. 32 do Anexo II:

VI – o § 3º do art. 33 do Anexo II :

VII – o § 3º do art. 35 do Anexo II:

VIII – o § 3º do art. 37 do Anexo II:

IX – o § 3º do art. 39 do Anexo II:

X – o § 2º do art. 44 do Anexo II:

- *Alterações já efetuadas no corpo do Decreto.*

**Art. 2º.** Este Decreto entra em vigor na data da sua publicação, produzindo efeitos a partir de 1º de janeiro de 2008.

Palácio dos Bandeirantes, 4 de dezembro de 2007.

*José Serra – DOE de 5.12.2007*

## 248. DECRETO Nº 52.514, DE 20 DE DEZEMBRO DE 2007

*Disciplina o recolhimento do imposto relativo ao estoque de medicamentos, bebidas alcoólicas, produtos de perfumaria e de higiene pessoal recebidos antes do início do regime de retenção antecipada por substituição tributária.*

- *Revogado pelo Decreto nº 52.587, de 28.12.2007 – DOE de 29.12.2007.*

## 249. DECRETO Nº 52.515, DE 20 DE DEZEMBRO DE 2007

*Introduz alterações no Regulamento do Imposto sobre Operações Relativas à Circulação de Mercadorias e sobre Prestações de Serviços de Transporte Interestadual e Intermunicipal e de Comunicação – RICMS e dá outras providências.*

José Serra, Governador do Estado de São Paulo, no uso de suas atribuições legais e tendo em vista o disposto nos arts. 2º e 66-A a 66-G, da Lei nº 6.374, de 1º de março de 1989, decreta:

**Art. 1º.** Ficam acrescentados os dispositivos adiante indicados ao Regulamento do Imposto sobre Operações Relativas à Circulação de Mercadorias e sobre Prestações de Serviços de Transporte Interestadual e Intermunicipal e de Comunicação – RICMS, aprovado pelo Decreto nº 45.490, de 30 de novembro de 2000, com a seguinte redação:

I – ao art. 2º, o § 7º:

II – ao Título II do Livro II, o Capítulo VIII, composto pelo art. 246-A: (*)

- *Alterações já efetuadas no corpo do Decreto.*
- *(*) Conforme DOE – O correto é art. 426-A.*

**Art. 2º.** Este Decreto entra em vigor na data de sua publicação, produzindo efeitos a partir de 1º de fevereiro de 2008.

- *Art. 2º com redação dada pelo Decreto nº 52.587, de 28.12.2007 – DOE de 29.12.2007 – Efeitos a partir da publicação.*

Palácio dos Bandeirantes, 20 de dezembro de 2007.

*José Serra – DOE de 21.12.2007*

## 250. DECRETO Nº 52.564, DE 27 DE DEZEMBRO DE 2007

*Introduz alterações no Regulamento do Imposto sobre Operações Relativas à Circulação de Mercadorias e sobre Prestações de Serviços de Transporte Interestadual e Intermunicipal e de Comunicação – RICMS.*

José Serra, Governador do Estado de São Paulo, no uso de suas atribuições legais e tendo em vista o disposto nos Convênios ICMS-104/89, 3/90, 38/91, 52/91, 58/91, 20/92, 123/92, 147/92, 9/93, 13/94 e 123/97 e no Convênio ICMS-124/07, celebrado em Brasília, DF, no dia 25 de outubro de 2007, decreta:

**Art. 1º.** Passam a vigorar com a redação que se segue os dispositivos adiante indicados do Regulamento do Imposto sobre Operações Relativas à Circulação de Mercadorias e sobre Prestações de Serviços de Transporte Interestadual e Intermunicipal e de Comunicação, aprovado pelo Decreto nº 45.490, de 30 de novembro de 2000:

I – o parágrafo único do art. 12 do Anexo I:

II – o § 5º do art. 18 do Anexo I:

III – o § 4º do art. 38 do Anexo I:

IV – o § 3º do art. 48 do Anexo I:

V – o parágrafo único do art. 49 do Anexo I:

VI – o parágrafo único do art. 51 do Anexo I:

VII – o parágrafo único do art. 65 do Anexo I:

VIII – o parágrafo único do art. 72 do Anexo I:

IX – o § 2º do art. 12 do Anexo II:

X – o parágrafo único do art. 14 do Anexo II:

XI – o § 2º do art. 17 do Anexo II:

XII – o item 2 do § 2º do art. 19 do Anexo III:

• *Alterações já efetuadas no corpo do Decreto.*

**Art. 2º.** Este Decreto entra em vigor na data de sua publicação, produzindo efeitos desde 1º de novembro de 2007.

Palácio dos Bandeirantes, 27 de dezembro de 2007.

*José Serra – DOE de 28.12.2007*

## 251. DECRETO Nº 52.585, DE 28 DE DEZEMBRO DE 2007

*Introduz alterações no Regulamento do Imposto sobre Operações Relativas à Circulação de Mercadorias e sobre Prestações de Serviços de Transporte Interestadual e Intermunicipal e de Comunicação – RICMS.*

José Serra, Governador do Estado de São Paulo, no uso de suas atribuições legais e tendo em vista o disposto nos §§ 5º, 6º e 7º do art. 5º e no art. 112 da Lei nº 6.374, de 1º de março de 1989 e no Convênio ICMS-128/94, de 20 de outubro de 1994, decreta:

**Art. 1º.** Ficam acrescentados os dispositivos adiante indicados ao Regulamento do Imposto sobre Operações Relativas à Circulação de Mercadorias e sobre Prestações de Serviços de Transporte Interestadual e Intermunicipal e de Comunicação – RICMS, aprovado pelo Decreto nº 45.490, de 30 de novembro de 2000:

I – o art. 352-A:

II – os incisos XVI a XXI e o § 3º ao art. 3º do Anexo II:

III – o art. 22 ao Anexo III:

IV – o art. 135 ao Anexo I:

• *Alterações já efetuadas no corpo do Decreto.*

**Art. 2º.** Este Decreto entra em vigor na data de sua publicação, produzindo efeitos para os fatos geradores que ocorrerem a partir de 28 de dezembro de 2007.

Palácio dos Bandeirantes, 28 de dezembro de 2007.

*José Serra – DOE de 29.12.2007*

## 252. DECRETO Nº 52.586, DE 28 DE DEZEMBRO DE 2007

*Altera o regime de tributação do Imposto sobre Operações Relativas à Circulação de Mercadorias e sobre Prestações de Serviços de Transporte Interestadual e Intermunicipal e de Comunicação – ICMS para operações com leite longa vida e laticínios.*

José Serra, Governador do Estado de São Paulo, no uso de suas atribuições legais e tendo em vista o disposto nos arts. 38, § 6º, e 112 da Lei nº 6.374, de 1º de março de 1989, decreta:

**Art. 1º.** Passa a vigorar com a seguinte redação o inciso II do art. 3º do Anexo II do Regulamento do ICMS – Imposto sobre Operações Relativas à Circulação de Mercadorias e sobre Prestações de Serviços de Transporte Interestadual e Intermunicipal e de Comunicação, aprovado pelo Decreto nº 45.490, de 30 de novembro de 2000:

• *Alteração já efetuada no corpo do Decreto.*

**Art. 2º.** Passam a vigorar com a redação que se segue os dispositivos adiante indicados do Decreto nº 51.598, de 23 de fevereiro de 2007:

I – o *caput* do art. 1º, mantidos os seus incisos:

II – o § 2º do art. 1º:

• *Alterações já efetuadas no corpo do Decreto.*

**Art. 3º.** Passam a vigorar com a redação que se segue os dispositivos adiante indicados do Decreto nº 52.381, de 19 de novembro de 2007:

I – o *caput* do art. 1º:

II – o art. 2º:

• *Alterações já efetuadas no corpo do Decreto.*

**Art. 4º.** Fica revogado o inciso XXIX do art. 1º do Decreto nº 51.598, de 23 de fevereiro de 2007.

• *Alteração já efetuada no corpo do Decreto.*

**Art. 5º.** Este Decreto entra em vigor na data de sua publicação, produzindo efeitos para fatos geradores que ocorrerem a partir de 1º de janeiro de 2008.

Palácio dos Bandeirantes, 28 de dezembro de 2007.

*José Serra – DOE de 29.12.2007*

## 253. DECRETO Nº 52.587, DE 28 DE DEZEMBRO DE 2007

*Altera dispositivos da legislação tributária relativos à substituição tributária e ao recolhimento antecipado do imposto nas operações com medicamentos, bebidas alcoólicas, produtos de perfumaria e de higiene pessoal e dá outras providências.*

José Serra, Governador do Estado de São Paulo, no uso de suas atribuições legais e tendo em vista o disposto nos arts. 2º, 8º, incisos XIV, XXVI, XXIX e XXX, 59, 60 e 66-A a 66-G, inciso III, da Lei nº 6.374, de 1º de março de 1989, decreta:

**Art. 1º.** Passam a vigorar com a redação que se segue os dispositivos adiante indicados:

I – o art. 2º do Decreto nº 52.364, de 13 de novembro de 2007:

II – o art. 2º do Decreto nº 52.515, de 20 de dezembro de 2007:

• *Alterações já efetuadas no corpo do Decreto.*

**Art. 2º.** Fica revogado o Decreto nº 52.514, de 20 de dezembro de 2007.

**Art. 3º.** Este Decreto entra em vigor na data de sua publicação.

Palácio dos Bandeirantes, 28 de dezembro de 2007.

*José Serra – DOE de 29.12.2007*

## 254. DECRETO Nº 52.665, DE 24 DE JANEIRO DE 2008

*Disciplina o recolhimento de ICMS relativo ao estoque de medicamentos, bebidas alcoólicas, produtos de perfumaria e de higiene pessoal recebidos antes do início do regime de retenção antecipada por substituição tributária.*

José Serra, Governador do Estado de São Paulo, no uso de suas atribuições legais e tendo em vista o disposto nos arts. 59, 60 e 66-F, inciso III, da Lei nº 6.374, de 1º de março de 1989, e no art. 2º do Decreto nº 52.364, de 13 de novembro de 2007, decreta:

**Art. 1º.** (MEDICAMENTOS) – O estabelecimento paulista, exceto o indicado no inciso I do art. 313-A do Regulamento do Imposto sobre Operações Relativas à Circulação de Mercadorias e sobre Prestações de Serviços de Transporte Interestadual e Intermunicipal e de Comunicação – RICMS, aprovado pelo Decreto nº 45.490, de 30 de novembro de 2000, relativamente ao estoque de medicamentos existente no final do dia 31 de janeiro de 2008, deverá (Lei nº 6.374/1989, arts. 8º, XIV, e 60, I):

I – efetuar a contagem do estoque de medicamentos classificados nas posições 3003 e 3004 da Nomenclatura Brasileira de Mercadorias – Sistema Harmonizado – NBM/SH;

II – elaborar relação, indicando, para cada item:

a) o valor das mercadorias em estoque e a base de cálculo para fins de incidência do ICMS, considerando a entrada mais recente da mercadoria;

b) a alíquota interna aplicável;

c) o valor do imposto devido, calculado conforme os §§ 1º ou 2º;

d) o correspondente código na Nomenclatura Brasileira de Mercadorias – Sistema Harmonizado (NBM/SH);

III – na hipótese de estar sujeito ao Regime Periódico de Apuração – RPA, transmitir, até 15 de maio de 2008, arquivo digital à Secretaria da Fazenda, conforme disciplina por ela estabelecida, contendo a relação de que trata o inciso II e demais informações requeridas;

• *Inciso III com redação dada pelo Decreto nº 52.835, de 26.3.2008 – DOE de 27.3.2008 – Efeitos a partir da publicação.*

IV – na hipótese de estar sujeito ao Regime Especial Unificado de Arrecadação de Tributos e Contribuições devidos pelas Microempresas e Empresas de Pequeno Porte – "Simples Nacional", manter a relação de que trata o inciso II em arquivo, pelo prazo de 5 (cinco) anos, para apresentação ao fisco, quando solicitado;

V – recolher o valor do imposto devido em razão da operação própria e das subsequentes, por meio de guia de recolhimentos especiais, conforme disciplina estabelecida pela Secretaria da Fazenda.

• *Inciso V com redação dada pelo Decreto nº 52.835, de 26.3.2008 – DOE de 27.3.2008 – Efeitos a partir da publicação.*

§ 1º. O valor do imposto devido pela operação própria e pelas subsequentes será calculado com base no Índice de Valor Adicionado Setorial – IVA-ST divulgado pela Secretaria da Fazenda:

1 – mediante a seguinte fórmula:

a) em se tratando de contribuinte sujeito ao Regime Periódico de Apuração – RPA: Imposto devido = (base de cálculo x alíquota interna) + (base de cálculo x IVA-ST x alíquota interna);

b) em se tratando de contribuinte sujeito ao "Simples Nacional": Imposto devido = base de cálculo x IVA-ST x alíquota interna;

2 – considerando-se, para determinação da base de cálculo, o valor da entrada mais recente da mercadoria.

§ 2º. Quando existir preço final a consumidor divulgado pela Secretaria da Fazenda, em substituição ao disposto no § 1º, o valor do imposto devido pela operação própria e pelas subsequentes deverá ser calculado:

1 – mediante a seguinte fórmula:

a) em se tratando de contribuinte sujeito ao Regime Periódico de Apuração – RPA: Imposto devido = base de cálculo x alíquota interna;

b) em se tratando de contribuinte sujeito ao "Simples Nacional": Imposto devido = (base de cálculo da saída – base de cálculo da entrada) x alíquota interna;

2 – considerando-se, para determinação da base de cálculo da saída, o preço final a consumidor, divulgado pela Secretaria da Fazenda;

3 – desconsiderando-se, na hipótese da alínea "b" do item 1, os itens em que a base de cálculo da entrada for igual ou superior à base de cálculo da saída.

§ 3º. O imposto devido poderá ser recolhido em até 10 (dez) parcelas mensais, iguais e sucessivas, com vencimento no último dia útil de cada mês, sendo que a primeira parcela deverá ser recolhida até o último dia útil do mês de março de 2008.

• *§ 3º com redação dada pelo Decreto nº 53.175, de 26.6.2008 – DOE de 27.6.2008 – Efeitos a partir da publicação.*

§ 4º. Na hipótese de contribuinte sujeito ao Regime Periódico de Apuração – RPA que possua saldo credor de ICMS em 31 de janeiro de 2008, este poderá ser utilizado para deduzir, no todo ou em parte, o imposto a recolher nos termos do inciso V, observando-se, sem prejuízo das demais exigências, o que segue:

1 – o valor do saldo credor utilizado para pagar o imposto calculado nos termos do § 1º ou § 2º deverá ser discriminado no final da relação a que se refere o inciso II;

2 – o montante de saldo credor utilizado para pagamento do imposto devido nos termos deste parágrafo será lançado no livro Registro de Apuração do ICMS – RAICMS, na folha destinada à apuração das operações e prestações próprias do período em que ocorrer o aludido levantamento de estoque, no campo "Estorno de Créditos" do quadro "Débito do Imposto", com a indicação da expressão "Liquidação (parcial ou total) do imposto devido por substituição tributária relativo ao estoque existente em __/__/__ - Decreto ___".

- *Item 2 com redação dada pelo Decreto nº 52.835, de 26.3.2008 – DOE de 27.3.2008 – Efeitos a partir da publicação.*

§ 5º. O disposto neste artigo aplica-se, também, no que couber, às mercadorias referidas no inciso I cuja saída do estabelecimento remetente tenha ocorrido até 31 de janeiro de 2008, mesmo que o seu recebimento tenha se efetivado após essa data.

- *§ 5º com redação dada pelo Decreto nº 52.835, de 26.3.2008 – DOE de 27.3.2008 – Efeitos a partir da publicação.*

**Art. 2º.** (BEBIDAS ALCOÓLICAS) – O estabelecimento paulista, exceto o indicado no inciso I do art. 313-C do Regulamento do ICMS, relativamente ao estoque de bebida alcoólica, exceto cerveja e chope, existente no final do dia 31 de janeiro de 2008, deverá (Lei nº 6.374/1989, art. 8º, XXVI e § 8º, 1):

I – efetuar a contagem do estoque de bebidas alcoólicas, exceto cerveja e chope;

II – elaborar relação, indicando, para cada item:

a) o valor das mercadorias em estoque e a base de cálculo para fins de incidência do ICMS, considerando a entrada mais recente da mercadoria;

b) a alíquota interna aplicável;

c) o valor do imposto devido, calculado conforme os §§ 1º ou 2º;

d) o correspondente código na Nomenclatura Brasileira de Mercadorias – Sistema Harmonizado (NBM/SH);

III – na hipótese de estar sujeito ao Regime Periódico de Apuração – RPA, transmitir, até 15 de maio de 2008, arquivo digital à Secretaria da Fazenda, conforme disciplina por ela estabelecida, contendo a relação de que trata o inciso II e demais informações requeridas;

- *Inciso III com redação dada pelo Decreto nº 52.835, de 26.3.2008 – DOE de 27.3.2008 – Efeitos a partir da publicação.*

IV – na hipótese de estar sujeito ao Regime Especial Unificado de Arrecadação de Tributos e Contribuições devidos pelas Microempresas e Empresas de Pequeno Porte – "Simples Nacional", manter a relação de que trata o inciso II em arquivo, pelo prazo de 5 (cinco) anos, para apresentação ao fisco, quando solicitado;

V – recolher o valor do imposto devido em razão da operação própria e das subsequentes, por meio de guia de recolhimentos especiais, conforme disciplina estabelecida pela Secretaria da Fazenda.

- *Inciso V com redação dada pelo Decreto nº 52.835, de 26.3.2008 – DOE de 27.3.2008 – Efeitos a partir da publicação.*

§ 1º. O valor do imposto devido pela operação própria e pelas subsequentes será calculado com base no Índice de Valor Adicionado Setorial – IVA-ST divulgado pela Secretaria da Fazenda:

1 – mediante a seguinte fórmula:

a) em se tratando de contribuinte sujeito ao Regime Periódico de Apuração – RPA: Imposto devido = (base de cálculo x alíquota interna) + (base de cálculo x IVA-ST x alíquota interna);

b) em se tratando de contribuinte sujeito ao "Simples Nacional": Imposto devido = base de cálculo x IVA-ST x alíquota interna;

2 – considerando-se, para determinação da base de cálculo, o valor da entrada mais recente da mercadoria.

§ 2º. Quando existir preço final a consumidor divulgado pela Secretaria da Fazenda, em substituição ao disposto no § 1º, o valor do imposto devido pela operação própria e pelas subsequentes deverá ser calculado:

1 – mediante a seguinte fórmula:

a) em se tratando de contribuinte sujeito ao Regime Periódico de Apuração – RPA: Imposto devido = base de cálculo x alíquota interna;

b) em se tratando de contribuinte sujeito ao "Simples Nacional": Imposto devido = (base de cálculo da saída – base de cálculo da entrada) x alíquota interna;

2 – considerando-se, para determinação da base de cálculo da saída, o preço final a consumidor, divulgado pela Secretaria da Fazenda;

3 – desconsiderando-se, na hipótese da alínea "b" do item 1, os itens em que a base de cálculo da entrada for igual ou superior à base de cálculo da saída.

§ 3º. O imposto devido poderá ser recolhido em até 10 (dez) parcelas mensais, iguais e sucessivas, com vencimento no último dia útil de cada mês, sendo que a primeira parcela deverá ser recolhida até o último dia útil do mês de março de 2008.

- *§ 3º com redação dada pelo Decreto nº 53.175, de 26.6.2008 – DOE de 27.6.2008 – Efeitos a partir da publicação.*

§ 4º. Na hipótese de contribuinte sujeito ao Regime Periódico de Apuração – RPA que possua saldo credor de ICMS em 31 de janeiro de 2008, este poderá ser utilizado para deduzir, no todo ou em parte, o imposto a recolher nos termos do inciso V, observando-se, sem prejuízo das demais exigências, o que segue:

1 – o valor do saldo credor utilizado para pagar o imposto calculado nos termos do § 1º ou § 2º deverá ser discriminado no final da relação a que se refere o inciso II;

2 – o montante de saldo credor utilizado para pagamento do imposto devido nos termos deste parágrafo será lançado no livro Registro de Apuração do ICMS – RAICMS, na folha destinada à apuração das operações e prestações próprias do período em que ocorrer o aludido levantamento de estoque, no campo "Estorno de Créditos" do quadro "Débito do Imposto", com a indicação da expressão "Liquidação (parcial ou total) do imposto devido por substituição tributária relativo ao estoque existente em __/__/__ - Decreto ___".

- *Item 2 com redação dada pelo Decreto nº 52.835, de 26.3.2008 – DOE de 27.3.2008 – Efeitos a partir da publicação.*

§ 5º. O disposto neste artigo aplica-se, também, no que couber, às mercadorias referidas no inciso I cuja saída do estabelecimento remetente tenha ocorrido até 31 de janeiro de 2008, mesmo que o seu recebimento tenha se efetivado após essa data.

- *§ 5º com redação dada pelo Decreto nº 52.835, de 26.3.2008 – DOE de 27.3.2008 – Efeitos a partir da publicação.*

§ 6º. As fórmulas previstas nas alíneas "b" do item 1 dos §§ 1º e 2º poderão ser utilizadas, também, conforme o caso, para calcular o imposto devido nos termos deste artigo pelo contribuinte que, cumulativamente:

1 – exerce a atividade econômica de fornecimento de alimentação;

2 – é optante pelo regime especial de tributação instituído pelo Decreto nº 51.597, de 23 de fevereiro de 2007;

3 – não tenha efetuado o crédito do imposto relativamente à entrada das mercadorias a que se refere este artigo.

- *§ 6º acrescido pelo Decreto nº 52.835, de 26.3.2008 – DOE de 27.3.2008 – Efeitos a partir da publicação.*

**Art. 3º.** (PERFUMARIA) – O estabelecimento paulista, exceto o indicado no inciso I do art. 313-E do Regulamento do ICMS, relativamente ao estoque de mercadorias arroladas no § 6º existente no final do dia 31 de janeiro de 2008, deverá (Lei nº 6.374/1989, art. 8º, XXIX, e § 8º, 1):

I – efetuar a contagem do estoque das mercadorias arroladas no § 6º;

II – elaborar relação, indicando, para cada item:

a) o valor das mercadorias em estoque e a base de cálculo para fins de incidência do ICMS, considerando a entrada mais recente da mercadoria;

b) a alíquota interna aplicável;

c) o valor do imposto devido, calculado conforme os §§ 1º ou 2º;

d) o correspondente código na Nomenclatura Brasileira de Mercadorias – Sistema Harmonizado (NBM/SH);

III – na hipótese de estar sujeito ao Regime Periódico de Apuração – RPA, transmitir, até 15 de maio de 2008, arquivo digital à Secretaria da Fazenda, conforme disciplina por ela estabelecida, contendo a relação de que trata o inciso II e demais informações requeridas;

- *Inciso III com redação dada pelo Decreto nº 52.835, de 26.3.2008 – DOE de 27.3.2008 – Efeitos a partir da publicação.*

IV – na hipótese de estar sujeito ao Regime Especial Unificado de Arrecadação de Tributos e Contribuições devidos pelas Microempresas e Empresas de Pequeno Porte – "Simples Nacional", manter a relação de que trata o inciso II em arquivo, pelo prazo de 5 (cinco) anos, para apresentação ao fisco, quando solicitado;

V – recolher o valor do imposto devido em razão da operação própria e das subsequentes, por meio de guia de recolhimentos especiais, conforme disciplina estabelecida pela Secretaria da Fazenda.

- *Inciso V com redação dada pelo Decreto nº 52.835, de 26.3.2008 – DOE de 27.3.2008 – Efeitos a partir da publicação.*

§ 1º. O valor do imposto devido pela operação própria e pelas subsequentes será calculado com base no Índice de Valor Adicionado Setorial – IVA-ST divulgado pela Secretaria da Fazenda:

1 – mediante a seguinte fórmula:

a) em se tratando de contribuinte sujeito ao Regime Periódico de Apuração – RPA: Imposto devido = (base de cálculo x alíquota interna) + (base de cálculo x IVA-ST x alíquota interna);

b) em se tratando de contribuinte sujeito ao "Simples Nacional": Imposto devido = base de cálculo x IVA-ST x alíquota interna;

2 – considerando-se, para determinação da base de cálculo, o valor da entrada mais recente da mercadoria.

§ 2º. Quando existir preço final a consumidor divulgado pela Secretaria da Fazenda, em substituição ao disposto no § 1º, o valor do imposto devido pela operação própria e pelas subsequentes deverá ser calculado:

1 – mediante a seguinte fórmula:

a) em se tratando de contribuinte sujeito ao Regime Periódico de Apuração – RPA: Imposto devido = base de cálculo x alíquota interna;

b) em se tratando de contribuinte sujeito ao "Simples Nacional": Imposto devido = (base de cálculo da saída – base de cálculo da entrada) x alíquota interna;

2 – considerando-se, para determinação da base de cálculo da saída, o preço final a consumidor, divulgado pela Secretaria da Fazenda;

3 – desconsiderando-se, na hipótese da alínea "b" do item 1, os itens em que a base de cálculo da entrada for igual ou superior à base de cálculo da saída.

§ 3º. O imposto devido poderá ser recolhido em até 10 (dez) parcelas mensais, iguais e sucessivas, com vencimento no último dia útil de cada mês, sendo que a primeira parcela deverá ser recolhida até o último dia útil do mês de março de 2008.

- *§ 3º com redação dada pelo Decreto nº 53.175, de 26.6.2008 – DOE de 27.6.2008 – Efeitos a partir da publicação.*

§ 4º. Na hipótese de contribuinte sujeito ao Regime Periódico de Apuração – RPA que possua saldo credor de ICMS em 31 de janeiro de 2008, este poderá ser utilizado para deduzir, no todo ou em parte, o imposto a recolher nos termos do inciso V, observando-se, sem prejuízo das demais exigências, o que segue:

1 – o valor do saldo credor utilizado para pagar o imposto calculado nos termos do § 1º ou § 2º deverá ser discriminado no final da relação a que se refere o inciso II;

2 – o montante de saldo credor utilizado para pagamento do imposto devido nos termos deste parágrafo será lançado no livro Registro de Apuração do ICMS – RAICMS, na folha destinada à apuração das operações e prestações próprias do período em que ocorrer o aludido levantamento de estoque, no campo "Estorno de Créditos" do quadro "Débito do Imposto", com a indicação da expressão "Liquidação (parcial ou total) do imposto devido por substituição tributária relativo ao estoque existente em __/__/__ – Decreto ___".

- *Item 2 com redação dada pelo Decreto nº 52.835, de 26.3.2008 – DOE de 27.3.2008 – Efeitos a partir da publicação.*

§ 5º. O disposto neste artigo aplica-se, também, no que couber, às mercadorias arroladas no § 6º cuja saída do estabelecimento remetente tenha ocorrido até 31 de janeiro de 2008, mesmo que o seu recebimento tenha se efetivado após essa data.

- *§ 5º com redação dada pelo Decreto nº 52.835, de 26.3.2008 – DOE de 27.3.2008 – Efeitos a partir da publicação.*

§ 6º. O rol de mercadorias a que se refere o *caput*, com o respectivo código na Nomenclatura Brasileira de Mercadorias – Sistema Harmonizado – NBM/SH, é o seguinte:

1 – perfumes (extratos), 3303.00.10;

2 – águas de colônia, 3303.00.20;

3 – produtos de maquilagem para os lábios, 3304.10.00;

4 – sombra, delineador, lápis para sobrancelhas e rímel, 3304.20.10;

5 – outros produtos de maquilagem para os olhos, 3304.20.90;

6 – preparações para manicuros e pedicuros, 3304.30.00;

7 – pós, incluídos os compactos, para maquilagem, 3304.91.00;

8 – outros produtos de beleza ou de maquilagem preparados e preparações para conservação ou cuidados da pele, 3304.99.90;

9 – preparações para ondulação ou alisamento, permanentes, dos cabelos, 3305.20.00;

10 – laquês para o cabelo, 3305.30.00;

11 – cremes de beleza, cremes nutritivos e loções tônicas, 3304.99.10;

12 – outras preparações capilares, 3305.90.00.

**Art. 4º.** (HIGIENE) – O estabelecimento paulista, exceto o indicado no inciso I do art. 313-G do Regulamento do ICMS, relativamente ao estoque de mercadorias arroladas no § 6º existente no final do dia 31 de janeiro de 2008, deverá (Lei nº 6.374/1989, art. 8º, XXX e § 8º, 1):

I – efetuar a contagem do estoque das mercadorias arroladas no § 6º;

II – elaborar relação, indicando, para cada item:

a) o valor das mercadorias em estoque e a base de cálculo para fins de incidência do ICMS, considerando a entrada mais recente da mercadoria;

b) a alíquota interna aplicável;

c) o valor do imposto devido, calculado conforme os §§ 1º ou 2º;

d) o correspondente código na Nomenclatura Brasileira de Mercadorias – Sistema Harmonizado (NBM/SH);

III – na hipótese de estar sujeito ao Regime Periódico de Apuração – RPA, transmitir, até 15 de maio de 2008, arquivo digital à Secretaria da Fazenda, conforme disciplina por ela estabelecida, contendo a relação de que trata o inciso II e demais informações requeridas;

- *Inciso III com redação dada pelo Decreto nº 52.835, de 26.3.2008 – DOE de 27.3.2008 – Efeitos a partir da publicação.*

IV – na hipótese de estar sujeito ao Regime Especial Unificado de Arrecadação de Tributos e Contribuições devidos pelas Microempresas e Empresas de Pequeno Porte – "Simples Nacional", manter a relação de que trata o inciso II em arquivo, pelo prazo de 5 (cinco) anos, para apresentação ao fisco, quando solicitado;

V – recolher o valor do imposto devido em razão da operação própria e das subsequentes, por meio de guia de recolhimentos especiais, conforme disciplina estabelecida pela Secretaria da Fazenda.

- *Inciso V com redação dada pelo Decreto nº 52.835, de 26.3.2008 – DOE de 27.3.2008 – Efeitos a partir da publicação.*

§ 1º. O valor do imposto devido pela operação própria e pelas subsequentes será calculado com base no Índice de Valor Adicionado Setorial – IVA-ST divulgado pela Secretaria da Fazenda:

1 – mediante a seguinte fórmula:

a) em se tratando de contribuinte sujeito ao Regime Periódico de Apuração – RPA: Imposto devido = (base de cálculo x alíquota interna) + (base de cálculo x IVA-ST x alíquota interna);

b) em se tratando de contribuinte sujeito ao "Simples Nacional": Imposto devido = base de cálculo x IVA-ST x alíquota interna;

2 – considerando-se, para determinação da base de cálculo, o valor da entrada mais recente da mercadoria.

§ 2º. Quando existir preço final a consumidor divulgado pela Secretaria da Fazenda, em substituição ao disposto no § 1º, o valor do imposto devido pela operação própria e pelas subsequentes deverá ser calculado:

1 – mediante a seguinte fórmula:

a) em se tratando de contribuinte sujeito ao Regime Periódico de Apuração – RPA: Imposto devido = base de cálculo x alíquota interna;

b) em se tratando de contribuinte sujeito ao "Simples Nacional": Imposto devido = (base de cálculo da saída – base de cálculo da entrada) x alíquota interna;

2 – considerando-se, para determinação da base de cálculo da saída, o preço final a consumidor, divulgado pela Secretaria da Fazenda;

3 – desconsiderando-se, na hipótese da alínea "b" do item 1, os itens em que a base de cálculo da entrada for igual ou superior à base de cálculo da saída.

§ 3º. O imposto devido poderá ser recolhido em até 10 (dez) parcelas mensais, iguais e sucessivas, com vencimento no último dia útil de cada mês, sendo que a primeira parcela deverá ser recolhida até o último dia útil do mês de março de 2008.

- *§ 3º com redação dada pelo Decreto nº 53.175, de 26.6.2008 – DOE de 27.6.2008 – Efeitos a partir da publicação.*

§ 4º. Na hipótese de contribuinte sujeito ao Regime Periódico de Apuração – RPA que possua saldo credor de ICMS em 31 de janeiro de 2008, este poderá ser utilizado para deduzir, no todo ou em parte, o imposto a recolher nos termos do inciso V, observando-se, sem prejuízo das demais exigências, o que segue:

1 – o valor do saldo credor utilizado para pagar o imposto calculado nos termos do § 1º ou § 2º deverá ser discriminado no final da relação a que se refere o inciso II;

2 – o montante de saldo credor utilizado para pagamento do imposto devido nos termos deste parágrafo será lançado no livro Registro de Apuração do ICMS –

RAICMS, na folha destinada à apuração das operações e prestações próprias do período em que ocorrer o aludido levantamento de estoque, no campo "Estorno de Créditos" do quadro "Débito do Imposto", com a indicação da expressão "Liquidação (parcial ou total) do imposto devido por substituição tributária relativo ao estoque existente em __/__/__ – Decreto ___".

• *Item 2 com redação dada pelo Decreto nº 52.835, de 26.3.2008 – DOE de 27.3.2008 – Efeitos a partir da publicação.*

§ 5º. O disposto neste artigo aplica-se, também, no que couber, às mercadorias arroladas no § 6º cuja saída do estabelecimento remetente tenha ocorrido até 31 de janeiro de 2008, mesmo que o seu recebimento tenha se efetivado após essa data.

• *§ 5º com redação dada pelo Decreto nº 52.835, de 26.3.2008 – DOE de 27.3.2008 – Efeitos a partir da publicação.*

§ 6º. O rol de mercadorias a que se refere o *caput* com o respectivo código na Nomenclatura Brasileira de Mercadorias – Sistema Harmonizado – NBM/SH, é o seguinte:

1 – xampus para o cabelo, 3305.10.00;

2 – dentifrícios, 3306.10.00;

3 – fios utilizados para limpar os espaços interdentais (fio dental), 3306.20.00;

4 – outras preparações para higiene bucal ou dentária, 3306.90.00;

5 – preparações para barbear (antes, durante ou após), 3307.10.00;

6 – desodorantes corporais e antiperspirantes, líquidos, 3307.20.10;

7 – outros desodorantes corporais e antiperspirantes, 3307.20.90;

8 – sais perfumados e outras preparações para banhos, 3307.30.00;

9 – outros produtos de perfumaria ou de toucador preparados, 3307.90.00;

10 – outros sabões, produtos e preparações, em barras, pedaços ou figuras moldados, 3401.19.00.

**Art. 5º.** Este Decreto entrará em vigor na data de sua publicação.

Palácio dos Bandeirantes, 24 de janeiro de 2008.

*José Serra – DOE de 25.1.2008*

## 255. DECRETO Nº 52.666, DE 24 DE JANEIRO DE 2008

*Introduz alterações no Regulamento do Imposto sobre Operações Relativas à Circulação de Mercadorias e sobre Prestações de Serviços de Transporte Interestadual e Intermunicipal e de Comunicação – RICMS.*

José Serra, Governador do Estado de São Paulo, no uso de suas atribuições legais e tendo em vista o disposto no Protocolo ICMS 8/96, nos Convênios ICMS-58/96, 47/98, 18/03, 129/04, 28/05, 03/06, 09/06, 27/06 e 133/06, no Ajuste SINIEF 10/07 e Convênios ICMS-136/07, 141/07, 142/07, 143/07, 144/07, 145/07, 147/07 e 148/07, celebrados em Fortaleza, CE, no dia 14 de dezembro de 2007, decreta:

**Art. 1º.** Passam a vigorar com a redação que se segue os dispositivos adiante indicados do Regulamento do Imposto sobre Operações Relativas à Circulação de Mercadorias e sobre Prestações de Serviços de Transporte Interestadual e Intermunicipal e de Comunicação, aprovado pelo Decreto nº 45.490, de 30 de novembro de 2000:

I – o *caput* do art. 250:

II – o § 4º do art. 24 do Anexo I:

III – o parágrafo único do art. 27 do Anexo I:

IV – o item 2 do § 4º do art. 76 do Anexo I:

V – o § 5º do art. 97 do Anexo I:

VI – o § 4º do art. 113 do Anexo I:

VII – o § 3º do art. 116 do Anexo I:

VIII – o § 4º do art. 124 do Anexo I:

IX – o § 4º do art. 20 do Anexo III:

X – o art. 1º do Anexo XVII:

• *Alterações já efetuadas no corpo do Decreto.*

**Art. 2º.** Ficam acrescentados os dispositivos adiante indicados ao Regulamento do Imposto sobre Operações Relativas à Circulação de Mercadorias e sobre Prestações de Serviços de Transporte Interestadual e Intermunicipal e de Comunicação, aprovado pelo Decreto nº 45.490, de 30 de novembro de 2000, com a seguinte redação:

I – o art. 129-A:

II – ao § 2º do art. 125 do Anexo I, o item 3:

III – ao Anexo I, o art. 136:

IV – ao Anexo I, o art. 137:

V – ao Anexo I, o art. 138:

• *Alterações já efetuadas no corpo do Decreto.*

**Art. 3º.** Este Decreto entra em vigor na data de sua publicação, produzindo efeitos desde 1º de janeiro de 2008, exceto em relação aos dispositivos adiante indicados, que produzem efeitos:

I – desde 18 de dezembro de 2007, o inciso X do art. 1º e o inciso I do art. 2º;

II – desde 4 de janeiro de 2008, os incisos II, III, IV e V do art. 2º.

Palácio dos Bandeirantes, 24 de janeiro de 2008.

*José Serra – DOE de 25.1.2008*

## 256. DECRETO Nº 52.667, DE 24 DE JANEIRO DE 2008

*Introduz alteração no Regulamento do Imposto sobre Operações Relativas à Circulação de Mercadorias e sobre Prestações de Serviços de Transporte Interestadual e Intermunicipal e de Comunicação – RICMS e dá outras providências.*

José Serra, Governador do Estado de São Paulo, no uso de suas atribuições legais e tendo em vista o disposto nos arts. 2º e 66-A a 66-G da Lei nº 6.374, de 1º de março de 1989, decreta:

**Art. 1º.** Passa a vigorar com a redação que se segue o *caput* do art. 426-A do Regulamento do Imposto sobre Operações Relativas à Circulação de Mercadorias e sobre Prestações de Serviços de Transporte Interestadual e Intermunicipal e de Comunicação – RICMS, aprovado pelo Decreto nº 45.490, de 30 de novembro de 2000, mantidos os seus incisos:

• *Alteração já efetuada no corpo do Decreto.*

**Art. 2º.** Este Decreto entra em vigor na data de sua publicação, produzindo efeitos a partir de 1º de fevereiro de 2008.

Palácio dos Bandeirantes, 24 de janeiro de 2008.

*José Serra – DOE de 25.1.2008*

## 257. DECRETO Nº 52.668, DE 24 DE JANEIRO DE 2008

*Introduz alterações no Regulamento do Imposto sobre Operações Relativas à Circulação de Mercadorias e sobre Prestações de Serviços de Transporte Interestadual e Intermunicipal e de Comunicação – RICMS.*

José Serra, Governador do Estado de São Paulo, no uso de suas atribuições legais e tendo em vista o disposto no art. 67, §1º da Lei nº 6.374, de 1º de março de 1989, decreta:

**Art. 1º.** Passam a vigorar com a redação que se segue os dispositivos adiante indicados do Regulamento do Imposto sobre Operações Relativas à Circulação de Mercadorias e sobre Prestações de Serviços de Transporte Interestadual e Intermunicipal e de Comunicação – RICMS, aprovado pelo Decreto nº 45.490, de 30 de novembro de 2000:

I – o § 6º do art. 125:

II – o inciso II do art. 195:

III – o § 3º do art. 212-O:

• *Alterações já efetuadas no corpo do Decreto.*

**Art. 2º.** Este Decreto entra em vigor na data de sua publicação.

Palácio dos Bandeirantes, 24 de janeiro de 2008.

*José Serra – DOE de 25.1.2008*

## 258. DECRETO Nº 52.680, DE 30 DE JANEIRO DE 2008

*Altera o Decreto nº 51.960, de 4.7.2007, que institui o Programa de Parcelamento Incentivado – PPI ICM/ICMS no Estado de São Paulo, para a liquidação de débitos fiscais relacionados com o Imposto sobre Operações Relativas à Circulação de Mercadorias – ICM e com o Imposto sobre Operações Relativas à Circulação de Mercadorias e sobre Prestações de Serviços de Transporte Interestadual e Intermunicipal e de Comunicação – ICMS.*

José Serra, Governador do Estado de São Paulo, no uso de suas atribuições legais e considerando o disposto no Convênio ICMS 114/07, de 28 de setembro de 2007, e no Parecer PA nº 35/2007, exarado pela Procuradoria Geral do Estado, decreta:

**Art. 1º.** Passa a vigorar com a redação que se segue o dispositivo adiante indicado do Decreto nº 51.960, de 4 de julho de 2007:

I – o *caput* do art. 4º, mantidos os seus incisos:

• *Alteração já efetuada no corpo do Decreto.*

**Art. 2º.** Os contribuintes que tiverem aderido ao PPI nos termos do Decreto nº 51.960, de 4 de julho de 2007, e que possuírem parcelas vencidas há mais de 90 dias e não pagas, poderão efetuar o recolhimento dessas parcelas, até o dia 31 de março de 2008, com os acréscimos previstos no parágrafo único do art. 7º, do mencionado Decreto.

§ 1º. O disposto no art. 6º, inciso II, alínea "b", do Decreto nº 51.960, de 4 de julho de 2007, não se aplica aos contribuintes que efetuarem o recolhimento nos termos definidos neste artigo.

§ 2º. Ficam convalidados os recolhimentos efetuados até 31 de janeiro de 2008, em atraso, referentes ao pagamento da 1ª parcela ou parcela única, desde que tenham sido recolhidos com os acréscimos previstos no parágrafo único do art. 7º do Decreto nº 51.960, de 4 de julho de 2007.

**Art. 3º.** Os contribuintes que aderiram ao PPI, nos termos do art. 1º, incisos II, alínea "b", e III, do Decreto nº 51.960, de 4 de julho de 2007, poderão solicitar a diminuição do número de parcelas.

**Art. 4º.** Este Decreto entra em vigor na data de sua publicação, produzindo efeitos a partir de 1º de fevereiro de 2008.

Palácio dos Bandeirantes, 30 de janeiro de 2008.

*José Serra – DOE de 31.1.2008*

## 259. DECRETO Nº 52.742, DE 22 DE FEVEREIRO DE 2008

*Introduz alterações no Regulamento do Imposto sobre Operações Relativas à Circulação de Mercadorias e sobre Prestações de Serviços de Transporte Interestadual e Intermunicipal e de Comunicação – RICMS.*

Decreta:

**Art. 1º.** Passam a vigorar com a redação que se segue os dispositivos adiante indicados do Regulamento do Imposto sobre Operações Relativas à Circulação de Mercadorias e sobre Prestações de Serviços de Transporte Interestadual e Intermunicipal e de Comunicação – RICMS, aprovado pelo Decreto nº 45.490, de 30 de novembro de 2000:

I – o § 3º do art. 277:

II – o art. 426-A:

• *Alterações já efetuadas no corpo do Decreto.*

**Art. 2º.** Ficam acrescentados os dispositivos adiante indicados ao Regulamento do Imposto sobre Operações Relativas à Circulação de Mercadorias e sobre Prestações de Serviços de Transporte Interestadual e Intermunicipal e de Comunicação – RICMS, aprovado pelo Decreto nº 45.490, de 30 de novembro de 2000, com a seguinte redação:

I – ao *caput* do art. 277, o inciso III:

II – ao art. 277, o § 4º:

• *Alterações já efetuadas no corpo do Decreto.*

**Art. 3º.** Ficam convalidados os procedimentos adotados, no período compreendido entre 1º de fevereiro de 2008 e a data da publicação deste Decreto, pelo contribuinte paulista que tiver recebido mercadoria procedente de outra unidade da Federação, em operações sujeitas ao recolhimento antecipado do imposto a que se refere o art. 426-A do Regulamento do Imposto sobre Operações Relativas à Circulação de Mercadorias e sobre Prestações de Serviços de Transporte Interestadual e Intermunicipal e de Comunicação – RICMS, desde que o imposto eventualmente devido seja recolhido, sem multa e acréscimos legais, até o dia 10 de março de 2008, por meio de Guia de Arrecadação Estadual – GARE-ICMS, sob o código de receita 063-2 (outros recolhimentos especiais), sem prejuízo da observância, no que couber, das disposições do art. 277 do referido regulamento, na redação dada por este Decreto.

**Art. 4º.** Este Decreto entra em vigor na data de sua publicação, produzindo efeitos a partir de 1º de fevereiro de 2008.

Palácio dos Bandeirantes, 22 de fevereiro de 2008.

*José Serra – DOE de 23.2.2008*

## 260. DECRETO Nº 52.743, DE 22 DE FEVEREIRO DE 2008

*Introduz alterações no Regulamento do Imposto sobre Operações Relativas à Circulação de Mercadorias e sobre Prestações de Serviços de Transporte Interestadual e Intermunicipal e de Comunicação – RICMS.*

José Serra, Governador do Estado de São Paulo, no uso de suas atribuições legais e tendo em vista o disposto nos arts. 5º, § 5º, e 34, § 1º, da Lei nº 6.374, de 1º de março de 1989, e no Convênio ICMS-128/94, de 20 de outubro de 1994, decreta:

**Art. 1º.** Passa a vigorar com a redação que se segue o § 2º do art. 3º do Anexo II do Regulamento do Imposto sobre Operações Relativas à Circulação de Mercadorias e sobre Prestações de Serviços de Transporte Interestadual e Intermunicipal e de Comunicação, aprovado pelo Decreto nº 45.490, de 30 de novembro de 2000:

• *Alteração já efetuada no corpo do Decreto.*

**Art. 2º.** Ficam acrescentados os dispositivos adiante indicados ao Regulamento do Imposto sobre Operações Relativas à Circulação de Mercadorias e sobre Prestações de Serviços de Transporte Interestadual e Intermunicipal e de Comunicação, aprovado pelo Decreto nº 45.490, de 30 de novembro de 2000, com a seguinte redação:

I – ao art. 51, o parágrafo único:

II – o art. 53-A:

III – ao art. 3º do Anexo II, os incisos XXII e XXIII:

• *Alterações já efetuadas no corpo do Decreto.*

**Art. 3º.** Fica revogado o § 3º do art. 3º do Anexo II do Regulamento do Imposto sobre Operações Relativas à Circulação de Mercadorias e sobre Prestações de Serviços de Transporte Interestadual e Intermunicipal e de Comunicação, aprovado pelo Decreto nº 45.490, de 30 de novembro de 2000.

• *Alteração já efetuada no corpo do Decreto.*

**Art. 4º.** Este Decreto entra em vigor na data de sua publicação.

Palácio dos Bandeirantes, 22 de fevereiro de 2008.

*José Serra – DOE de 23.2.2008*

## 261. DECRETO Nº 52.761, DE 28 DE FEVEREIRO DE 2008

*Fixava prazo especial para recolhimento do ICMS devido, na condição de sujeito passivo por substituição, pelas operações subsequentes com as mercadorias que especifica.*

• *Revogado pelo Decreto nº 53.812, de 12.12.2008.*

## 262. DECRETO Nº 52.804, DE 13 DE MARÇO DE 2008

*Introduz alterações no Regulamento do Imposto sobre Operações Relativas à Circulação de Mercadorias e sobre Prestações de Serviços de Transporte Interestadual e Intermunicipal e de Comunicação – RICMS.*

José Serra, Governador do Estado de São Paulo, no uso de suas atribuições legais e tendo em vista o disposto no art. 8º, incisos XIV, XXVIII, XXX, XXXI, XXXII, XXXIV, XXXV, XXXVI e XXXVII, da Lei nº 6.374, de 1º de março de 1989, decreta:

**Art. 1º.** Passam a vigorar com a redação que se segue os dispositivos adiante indicados do Regulamento do Imposto sobre Operações Relativas à Circulação de Mercadorias e sobre Prestações de Serviços de Transporte Interestadual e Intermunicipal e de Comunicação – RICMS, aprovado pelo Decreto nº 45.490, de 30 de novembro de 2000:

I – o art. 313-A:

II – o § 1º do art. 426-A:

• *Alterações já efetuadas no corpo do Decreto.*

**Art. 2º.** Ficam acrescentados os dispositivos adiante indicados ao Regulamento do Imposto sobre Operações Relativas à Circulação de Mercadorias e sobre Prestações de Serviços de Transporte Interestadual e Intermunicipal e de Comunicação – RICMS, aprovado pelo Decreto nº 45.490, de 30 de novembro de 2000, com a seguinte redação:

I – ao § 1º do art. 313-G, os itens 11 a 19:

II – ao Capítulo I do Título II do Livro II, a Seção XV, composta pelos arts. 313-I e 313-J:

III – ao Capítulo I do Título II do Livro II, a Seção XVI, composta pelos arts. 313-K e 313-L:

IV – ao Capítulo I do Título II do Livro II, a Seção XVII, composta pelos arts. 313-M e 313-N:

V – ao Capítulo I do Título II do Livro II, a Seção XVIII, composta pelos arts. 313-O e 313-P:

VI – ao Capítulo I do Título II do Livro II, a Seção XIX, composta pelos arts. 313-Q e 313-R:

VII – ao Capítulo I do Título II do Livro II, a Seção XX, composta pelos arts. 313-S e 313-T:

VIII – ao Capítulo I do Título II do Livro II, a Seção XXI, composta pelos arts. 313-U e 313-V:

• *Alterações já efetuadas no corpo do Decreto.*

**Art. 3º.** Este Decreto entra em vigor na data de sua publicação, produzindo efeitos a partir de 1º de abril de 2008.

Palácio dos Bandeirantes, 13 de março de 2008.

*José Serra – DOE de 14.3.2008*

## 263. DECRETO Nº 52.823, DE 20 DE MARÇO DE 2008

*Suspende o pagamento do Imposto sobre Operações Relativas à Circulação de Mercadorias e sobre Prestações de Serviços de Transporte Interestadual e Intermunicipal e de Comunicação – ICMS incidente sobre a importação de quatro mamógrafos pela Fundação Pio XII – Hospital do Câncer de Barretos. (DOE de 21.3.2008)*

• *Pode ser considerado sem mais efeito em razão do cumprimento de seu prazo.*

## 264. DECRETO Nº 52.824, DE 20 DE MARÇO DE 2008

*Altera o regime de tributação do Imposto sobre Operações Relativas à Circulação de Mercadorias e sobre Prestações de Serviços de Transporte Interestadual e Intermunicipal e de Comunicação – ICMS para operações com leite longa vida.*

José Serra, Governador do Estado de São Paulo, no uso de suas atribuições legais e tendo em vista o disposto no art. 112 da Lei nº 6.374, de 1º de março de 1989, decreta:

**Art. 1º.** Passa a vigorar com a redação que se segue o inciso II do art. 39 do Anexo II do Regulamento do Imposto sobre Operações Relativas à Circulação de Mercadorias e sobre Prestações de Serviços de Transporte Interestadual e Intermunicipal e de Comunicação, aprovado pelo Decreto nº 45.490, de 30 de novembro de 2000:

• *Alteração já efetuada no corpo do Decreto.*

**Art. 2º.** Passa a vigorar com a redação que se segue o parágrafo único do art. 1º do Decreto nº 52.381, de 19 de novembro de 2007, que passa a denominar-se § 1º:

• *Alteração já efetuada no corpo do Decreto.*

**Art. 3º.** Fica acrescentado o § 2º ao art. 1º do Decreto nº 52.381, de 19 de novembro de 2007:

• *Alteração já efetuada no corpo do Decreto.*

**Art. 4º.** Este Decreto entra em vigor na data de sua publicação.

Palácio dos Bandeirantes, 20 de março de 2008.

*José Serra – DOE de 21.3.2008*

## 265. DECRETO Nº 52.825, DE 20 DE MARÇO DE 2008

*Altera o Decreto nº 52.761, de 28.2.2008, que fixa prazo especial para recolhimento do ICMS devido, na condição de sujeito passivo por substituição, pelas operações subsequentes com as mercadorias que especifica.*

• *O Decreto nº 52.761, de 28.2.2008 foi revogado pelo Decreto nº 53.812, de 12.12.2008.*

## 266. DECRETO Nº 52.835, DE 26 DE MARÇO DE 2008

*Altera o Decreto nº 52.665, de 24.1.2008, que disciplina o recolhimento de ICMS relativo ao estoque de medicamentos, bebidas alcoólicas, produtos de perfumaria e de higiene pessoal recebidos antes do início do regime de retenção antecipada por substituição tributária.*

José Serra, Governador do Estado de São Paulo, no uso de suas atribuições legais e tendo em vista o disposto nos arts. 59, 60 e 66-F, inciso III, da Lei nº 6.374, de 1º de março de 1989, e no art. 2º do Decreto nº 52.364, de 13 de novembro de 2007, decreta:

**Art. 1º.** Passam a vigorar com a redação que se segue os dispositivos adiante indicados do Decreto nº 52.665, de 24 de janeiro de 2008:

I – do art. 1º (Medicamentos):

a) o inciso III do *caput*:

b) o inciso V do *caput*:

c) o item 2 do § 4º:

d) o § 5º:

II – do art. 2º (Bebidas alcoólicas):

a) o inciso III do *caput*:

b) o inciso V do *caput*:

c) o item 2 do § 4º:

d) o § 5º:

III – do art. 3º (Perfumaria):

a) o inciso III do *caput*:

b) o inciso V do *caput*:

c) o item 2 do § 4º:

d) o § 5º:

IV – do art. 4º (Higiene):

a) o inciso III do *caput*:

b) o inciso V do *caput*:

c) o item 2 do § 4º:

d) o § 5º:

• *Alterações já efetuadas no corpo do Decreto.*

**Art. 2º.** Fica acrescentado o § 6º ao art. 2º do Decreto nº 52.665, de 24 de janeiro de 2008, com a seguinte redação:

• *Alteraçcao já efetuada no corpo do Decreto.*

**Art. 3º.** Este Decreto entrará em vigor na data de sua publicação.

Palácio dos Bandeirantes, 26 de março de 2008.

*José Serra – DOE de 27.3.2008*

## 267. DECRETO Nº 52.836, DE 26 DE MARÇO DE 2008

*Introduz alterações no Regulamento do Imposto sobre Operações Relativas à Circulação de Mercadorias e sobre Prestações de Serviços de Transporte Interestadual e Intermunicipal e de Comunicação – RICMS.*

José Serra, Governador do Estado de São Paulo, no uso de suas atribuições legais e tendo em vista o disposto nos arts. 2º e 66-A a 66-G da Lei nº 6.374, de 1º de março de 1989, no Protocolo ICMS-20/05, de 1º de julho de 2005, na Súmula 575 do Supremo Tribunal Federal e na Súmula 20 do Superior Tribunal de Justiça, decreta:

**Art. 1º.** Passam a vigorar com a redação que se segue os dispositivos adiante indicados do Regulamento do Imposto sobre Operações Relativas à Circulação de Mercadorias e sobre Prestações de Serviços de Transporte Interestadual e Intermunicipal e de Comunicação, aprovado pelo Decreto nº 45.490, de 30 de novembro de 2000:

I – o art. 283:

II – o item 2 do § 6º do art. 426-A:

III – o *caput* do art. 36 do Anexo I, mantidos os seus incisos:

IV – do Anexo IV:

a) o título:

b) o art. 1º:

c) o item 10 do § 1º do art. 3º do Anexo IV:

• *Alterações já efetuadas no corpo do Decreto.*

**Art. 2º.** Ficam acrescentados os dispositivos adiante indicados ao Regulamento do Imposto sobre Operações Relativas à Circulação de Mercadorias e sobre Prestações de Serviços de Transporte Interestadual e Intermunicipal e de Comunicação, aprovado pelo Decreto nº 45.490, de 30 de novembro de 2000, com a seguinte redação:

I – ao art. 426-A, o § 6º-A;

II – ao § 1º do art. 3º do Anexo IV, os itens 11 a 21:

- *Alterações já efetuadas no corpo do Decreto.*

**Art. 3º.** Este Decreto entra em vigor na data de sua publicação, exceto em relação ao inciso II do art. 2º, que produz efeitos a partir de 1º de abril de 2008.

Palácio dos Bandeirantes, 26 de março de 2008.

*José Serra – DOE de 27.3.2008*

## 268. DECRETO Nº 52.837, DE 26 DE MARÇO DE 2008

*Introduz alteração no Regulamento do Imposto sobre Operações Relativas à Circulação de Mercadorias e sobre Prestações de Serviços de Transporte Interestadual e Intermunicipal e de Comunicação – RICMS.*

José Serra, Governador do Estado de São Paulo, no uso de suas atribuições legais e tendo em vista o disposto no inciso XXXIV do art. 8º da Lei nº 6.374, de 1º de março de 1989, decreta:

**Art. 1º.** Passa a vigorar com a redação que se segue o art. 313-O do Regulamento do Imposto sobre Operações Relativas à Circulação de Mercadorias e sobre Prestações de Serviços de Transporte Interestadual e Intermunicipal e de Comunicação – RICMS, aprovado pelo Decreto nº 45.490, de 30 de novembro de 2000:

- *Alteração já efetuada no corpo do Decreto.*

**Art. 2º.** Este Decreto entra em vigor na data de sua publicação.

Palácio dos Bandeirantes, 26 de março de 2008.

*José Serra – DOE de 27.3.2008*

## 269. DECRETO Nº 52.838, DE 26 DE MARÇO DE 2008

*Introduz alterações no Regulamento do Imposto sobre Operações Relativas à Circulação de Mercadorias e sobre Prestações de Serviços de Transporte Interestadual e Intermunicipal e de Comunicação – RICMS.*

José Serra, Governador do Estado de São Paulo, no uso de suas atribuições legais, decreta:

**Art. 1º.** Acrescenta o § 3º ao art. 22 do Anexo III do Regulamento do Imposto sobre Operações Relativas à Circulação de Mercadorias e sobre Prestações de Serviços de Transporte Interestadual e Intermunicipal e de Comunicação – RICMS, aprovado pelo Decreto nº 45.490, de 30 de novembro de 2000, com a seguinte redação:

- *Alteração já efetuada no corpo do Decreto.*

**Art. 2º.** Fica revogado o art. 121 do Anexo I do Regulamento do Imposto sobre Operações Relativas à Circulação de Mercadorias e sobre Prestações de Serviços de Transporte Interestadual e Intermunicipal e de Comunicação – RICMS, aprovado pelo Decreto nº 45.490, de 30 de novembro de 2000.

- *Alteração já efetuada no corpo do Decreto.*

**Art. 3º.** Este Decreto entra em vigor na data de sua publicação, produzindo efeitos, o art. 2º, a partir de 28 de março de 2008.

Palácio dos Bandeirantes, 26 de março de 2008.

*José Serra – DOE de 27.3.2008*

## 270. DECRETO Nº 52.847, DE 31 DE MARÇO DE 2008

*Disciplina o recolhimento de ICMS relativo ao estoque de ração animal, produtos de limpeza, produtos fonográficos, autopeças, pilhas e baterias, lâmpadas elétricas, papel, produtos de higiene pessoal e contraceptivos recebidos antes do início da vigência do regime de retenção antecipada por substituição tributária.*

José Serra, Governador do Estado de São Paulo, no uso de suas atribuições legais e tendo em vista o disposto nos arts. 59, 60 e 66-F, inciso III, da Lei nº 6.374, de 1º de março de 1989, e no art. 2º do Decreto nº 52.804, de 13 de março de 2008, decreta:

**Art. 1º.** O estabelecimento paulista, exceto o indicado no inciso I dos arts. 313-A, 313-G, 313-I, 313-K, 313-M, 313-O, 313-Q, 313-S e 313-U do Regulamento do Imposto sobre Operações Relativas à Circulação de Mercadorias e sobre Prestações de Serviços de Transporte Interestadual e Intermunicipal e de Comunicação – RICMS, aprovado pelo Decreto nº 45.490, de 30 de novembro de 2000, relativamente ao estoque de mercadorias relacionadas no § 6º existente no final do dia 31 de março de 2008, deverá (Lei nº 6.374/1989, arts. 8º, XIV, e 60, I):

I – efetuar a contagem do estoque das mercadorias;

II – elaborar relação, indicando, para cada item:

a) o valor das mercadorias em estoque e a base de cálculo para fins de incidência do ICMS, considerando a entrada mais recente da mercadoria;

b) a alíquota interna aplicável;

c) o valor do imposto devido, calculado conforme os §§ 1º ou 2º;

d) o correspondente código na Nomenclatura Brasileira de Mercadorias – Sistema Harmonizado (NBM/SH);

III – na hipótese de estar sujeito ao Regime Periódico de Apuração – RPA, transmitir, até 15 de maio de 2008, arquivo digital à Secretaria da Fazenda, conforme disciplina por ela estabelecida, contendo a relação de que trata o inciso II e demais informações requeridas;

IV – na hipótese de estar sujeito ao Regime Especial Unificado de Arrecadação de Tributos e Contribuições devidos pelas Microempresas e Empresas de Pequeno Porte – "Simples Nacional", manter a relação de que trata o inciso II em arquivo, pelo prazo de 5 (cinco) anos, para apresentação ao fisco, quando solicitado;

V – recolher o valor do imposto devido em razão da operação própria e das subsequentes, por meio de guia de recolhimentos especiais, conforme disciplina estabelecida pela Secretaria da Fazenda.

§ 1º. O valor do imposto devido pela operação própria e pelas subsequentes será calculado com base no Índice de Valor Adicionado Setorial – IVA-ST divulgado pela Secretaria da Fazenda:

1 – mediante a seguinte fórmula:

a) em se tratando de contribuinte sujeito ao Regime Periódico de Apuração – RPA:

*Imposto devido = (base de cálculo x alíquota interna) + (base de cálculo x IVA-ST x alíquota interna);*

b) em se tratando de contribuinte sujeito ao "Simples Nacional":

*Imposto devido = base de cálculo x IVA-ST x alíquota interna;*

2 – considerando-se, para determinação da base de cálculo, o valor da entrada mais recente da mercadoria.

§ 2°. Quando existir preço final a consumidor divulgado pela Secretaria da Fazenda, em substituição ao disposto no § 1°, o valor do imposto devido pela operação própria e pelas subsequentes deverá ser calculado:

1 – mediante a seguinte fórmula:

a) em se tratando de contribuinte sujeito ao Regime Periódico de Apuração – RPA:

*Imposto devido = base de cálculo x alíquota interna;*

b) em se tratando de contribuinte sujeito ao "Simples Nacional":

Imposto devido = (base de cálculo da saída – base de cálculo da entrada) x alíquota interna;

2 – considerando-se, para determinação da base de cálculo da saída, o preço final a consumidor, divulgado pela Secretaria da Fazenda;

3 – desconsiderando-se, na hipótese da alínea "b" do item 1, os itens em que a base de cálculo da entrada for igual ou superior à base de cálculo da saída.

§ 3°. O imposto devido poderá ser recolhido em até 8 (oito) parcelas mensais, iguais e sucessivas, com vencimento no último dia útil de cada mês, sendo que a primeira parcela deverá ser recolhida até 30 de maio de 2008.

- *§ 3° com redação dada pelo Decreto n° 53.174, de 26.6.2008 – DOE de 27.6.2008 – Efeitos a partir da publicação.*

§ 4°. Na hipótese de contribuinte sujeito ao Regime Periódico de Apuração – RPA que possua saldo credor de ICMS em 31 de março de 2008, este poderá ser utilizado para deduzir, no todo ou em parte, o imposto a recolher nos termos do inciso V, observando-se, sem prejuízo das demais exigências, o que segue:

1 – o valor do saldo credor utilizado para pagar o imposto calculado nos termos do § 1° ou § 2° deverá ser discriminado no final da relação a que se refere o inciso II;

2 – o montante de saldo credor utilizado para pagamento do imposto devido nos termos deste parágrafo será lançado no livro Registro de Apuração do ICMS – RAICMS, na folha destinada à apuração das operações e prestações próprias do período em que ocorrer o aludido levantamento de estoque, no campo "Estorno de Créditos" do quadro "Débito do Imposto", com a indicação da expressão "Liquidação (parcial ou total) do imposto devido por substituição tributária relativo ao estoque existente em __/__/__ – Decreto ___".

§ 5°. O disposto neste artigo aplica-se, também, no que couber, às mercadorias referidas no § 6° na hipótese de sua saída do estabelecimento remetente ter ocorrido até 31 de março de 2008 e o seu recebimento ter se efetivado após essa data.

§ 6°. As mercadorias a que se refere o *caput* são as seguintes:

1 – preparações químicas contraceptivas à base de hormônios ou de espermicidas, classificadas na subposição 3006.60 da Nomenclatura Brasileira de Mercadorias – Sistema Harmonizado – NBM/SH;

2 – produtos de higiene pessoal arrolados nos itens 11 a 19 do § 1° do art. 313-G do Regulamento do ICMS;

3 – ração tipo "pet" para animais domésticos, classificada na posição 23.09 da Nomenclatura Brasileira de Mercadorias – Sistema Harmonizado – NBM/SH;

4 – produtos de limpeza arrolados no § 1° do art. 313-K do Regulamento do ICMS;

5 – produtos fonográficos arrolados no § 1° do art. 313-M do Regulamento do ICMS;

6 – autopeças arroladas no § 1° do art. 313-O do Regulamento do ICMS;

7 – pilhas e baterias novas, classificadas na posição 85.06 da Nomenclatura Brasileira de Mercadorias – Sistema Harmonizado – NBM/SH;

8 – lâmpadas elétricas e demais produtos arrolados no § 1° do art. 313-S do Regulamento do ICMS;

9 – papel, do tipo utilizado para escrita, impressão ou outros fins gráficos, em folhas, de peso igual ou superior a 40 g/m² mas não superior a 150 g/m², nas quais um lado não seja superior a 435 mm e o outro a 297 mm, quando não dobradas, classificado na subposição 4802.56 da Nomenclatura Brasileira de Mercadorias – Sistema Harmonizado – NBM/SH, excluídos os papéis para impressão de papel-moeda.

**Art. 2°.** Este Decreto entrará em vigor na data de sua publicação.

Palácio dos Bandeirantes, 31 de março de 2008.

*José Serra – DOE de 1°.4.2008*

## 271. DECRETO N° 52.858, DE 2 DE ABRIL DE 2008

*Introduz alterações no Regulamento do Imposto sobre Operações Relativas à Circulação de Mercadorias e sobre Prestações de Serviços de Transporte Interestadual e Intermunicipal e de Comunicação – RICMS e dá outras providências.*

José Serra, Governador do Estado de São Paulo, no uso de suas atribuições legais e tendo em vista o disposto na Lei Complementar Federal n° 123, de 14 de dezembro de 2006, decreta:

**Art. 1°.** Passam a vigorar com a redação que se segue os dispositivos adiante indicados do Regulamento do Imposto sobre Operações Relativas à Circulação de Mercadorias e sobre Prestações de Serviços de Transporte Interestadual e Intermunicipal e de Comunicação – RICMS, aprovado pelo Decreto n° 45.490, de 30 de novembro de 2000:

I – o § 6° do art. 2°:

II – do art. 115:

a) a alínea "a" do inciso XV-A:

b) o § 8°:

IV – o art. 282-A:

- *Alterações já efetuadas no corpo do Decreto.*

**Art. 2°.** Ficam convalidados os procedimentos adotados, no período de 1° de julho de 2007 a 31 de março de 2008, pelos contribuintes sujeitos às normas do Regime Especial Unificado de Arrecadação de Tributos e Contribuições devidos pelas Microempresas e Empresas de Pequeno Porte – "Simples Nacional", relativamente ao imposto devido pela entrada em seus estabelecimentos de mercadoria destinada a industrialização ou comercialização, material de uso ou consumo ou bem do ativo permanente provenientes de outra unidade da Federação.

**Art. 3º.** Este Decreto entra em vigor na data de sua publicação.

Palácio dos Bandeirantes, 2 de abril de 2008.

*José Serra – DOE de 3.4.2008*

## 272. DECRETO Nº 52.862, DE 3 DE ABRIL DE 2008

*Introduz alteração no Regulamento do Imposto sobre Operações Relativas à Circulação de Mercadorias e sobre Prestações de Serviços de Transporte Interestadual e Intermunicipal e de Comunicação – RICMS.*

José Serra, Governador do Estado de São Paulo, no uso de suas atribuições legais e tendo em vista o disposto nos arts. 8º, XXXIV, e 60, da Lei nº 6.374/1989, de 1º de março de 1989, e no art. 313-O do Regulamento do ICMS, decreta:

**Art. 1º.** Fica acrescentado o § 3º ao art. 313-O do Regulamento do Imposto sobre Operações Relativas à Circulação de Mercadorias e sobre Prestações de Serviços de Transporte Interestadual e Intermunicipal e de Comunicação – RICMS, aprovado pelo Decreto nº 45.490, de 30 de novembro de 2000, com a seguinte redação:

- *Alteração já efetuada no corpo do Decreto.*

**Art. 2º.** Fica revogado o item 60 do § 1º do art. 313-O do Regulamento do Imposto sobre Operações Relativas à Circulação de Mercadorias e sobre Prestações de Serviços de Transporte Interestadual e Intermunicipal e de Comunicação – RICMS, aprovado pelo Decreto nº 45.490, de 30 de novembro de 2000.

- *Alteração já efetuada no corpo do Decreto.*

**Art. 3º.** Este Decreto entra em vigor na data de sua publicação.

Palácio dos Bandeirantes, 3 de abril de 2008.

*José Serra – DOE de 4.4.2008*

## 273. DECRETO Nº 52.863, DE 3 DE ABRIL DE 2008

*Introduz alteração no Regulamento do Imposto sobre Operações Relativas à Circulação de Mercadorias e sobre Prestações de Serviços de Transporte Interestadual e Intermunicipal e de Comunicação – RICMS.*

José Serra, Governador do Estado de São Paulo, no uso de suas atribuições legais e tendo em vista o disposto no art. 112 da Lei nº 6.374, de 1º de março de 1989, decreta:

**Art. 1º.** Passa a vigorar com a redação que se segue o § 4º do art. 34 do Anexo II do Regulamento do Imposto sobre Operações Relativas à Circulação de Mercadorias e sobre Prestações de Serviços de Transporte Interestadual e Intermunicipal e de Comunicação – RICMS, aprovado pelo Decreto nº 45.490, de 30 de novembro de 2000:

- *Alteração já efetuada no corpo do Decreto.*

**Art. 2º.** Este Decreto entra em vigor na data de sua publicação, produzindo efeitos para os fatos geradores ocorridos a partir de 1º de abril de 2008.

Palácio dos Bandeirantes, 3 de abril de 2008.

*José Serra – DOE de 4.4.2008 – Retificação DOE de 5.4.2008*

## 274. DECRETO Nº 52.896, DE 11 DE ABRIL DE 2008

*Dispõe sobre a obrigatoriedade de apresentação da Declaração do Simples Nacional-SP pelo contribuinte do ICMS optante do Simples Nacional.*

José Serra, Governador do Estado de São Paulo, no uso de suas atribuições legais e tendo em vista o disposto no § 2º do art. 14 da Resolução do Comitê Gestor do Simples Nacional – CGSN nº 10, de 28 de junho de 2007, com redação dada pela Resolução CGSN nº 25, de 20 de dezembro de 2007; decreta:

**Art. 1º.** O contribuinte do ICMS optante pelo Simples Nacional, por meio da Declaração do Simples Nacional-SP, nos termos da disciplina estabelecida pela Secretaria da Fazenda, deverá apresentar as seguintes informações econômico-fiscais, relativamente ao período de 1º de julho a 31 de dezembro de 2007:

I – os valores mensais das operações ou prestações internas de entrada e saída;

II – os valores mensais das operações ou prestações interestaduais de entrada e saída;

III – os valores mensais das operações de exportação;

IV – o valor do ICMS devido pelas operações ou prestações próprias;

V – o valor do ICMS devido nas operações ou prestações sujeitas ao regime de substituição tributária;

VI – o valor do ICMS devido relativo à diferença entre a alíquota interna e a interestadual, nas aquisições de outros Estados e Distrito Federal;

VII – as informações necessárias à apuração do Índice de Participação dos Municípios na Arrecadação do ICMS – DIPAM.

Parágrafo único. A Declaração do Simples Nacional-SP não dispensa a apresentação de informações aos demais entes tributantes, relativamente ao mesmo período, caso venha a ser exigida por Resolução do Comitê Gestor do Simples Nacional.

**Art. 2º.** A Declaração do Simples Nacional-SP deverá ser apresentada até o dia 12 de maio de 2008.

**Art. 3º.** Este Decreto entra em vigor na data de sua publicação.

Palácio dos Bandeirantes, 11 de abril de 2008.

*José Serra – DOE de 12.4.2008*

## 275. DECRETO Nº 52.920, DE 18 DE ABRIL DE 2008

*Introduz alterações no Regulamento do Imposto sobre Operações Relativas à Circulação de Mercadorias e sobre Prestações de Serviços de Transporte Interestadual e Intermunicipal e de Comunicação – RICMS.*

José Serra, Governador do Estado de São Paulo, no uso de suas atribuições legais e tendo em vista o disposto nos arts. 8º, XXXI e XXXIV, e 60, da Lei nº 6.374, de 1º de março de 1989, decreta:

**Art. 1º.** Passam a vigorar com a redação que se segue os dispositivos adiante indicados do Regulamento do Imposto sobre Operações Relativas à Circulação de Mercadorias e sobre Prestações de Serviços de Transporte Interestadual e Intermunicipal e de Comunicação – RICMS, aprovado pelo Decreto nº 45.490, de 30 de novembro de 2000:

I – do § 1º do art. 313-K:

a) o item 10;

b) o item 11;

II – o art. 313-O;

• *Alterações já efetuadas no corpo do Decreto.*

**Art. 2º.** Este Decreto entra em vigor na data de sua publicação, produzindo efeitos desde 1º de abril de 2008.

Palácio dos Bandeirantes, 18 de abril de 2008.

*José Serra – DOE de 19.4.2008*

## 276. DECRETO Nº 52.921, DE 18 DE ABRIL DE 2008

*Introduz alterações no Regulamento do Imposto sobre Operações Relativas à Circulação de Mercadorias e sobre Prestações de Serviços de Transporte Interestadual e Intermunicipal e de Comunicação – RICMS.*

José Serra, Governador do Estado de São Paulo, no uso de suas atribuições legais e tendo em vista o disposto no art. 8º, incisos XXVII e XXXIII, da Lei nº 6.374, de 1º de março de 1989, decreta:

**Art. 1º.** Passam a vigorar com a redação que se segue os dispositivos adiante indicados ao Regulamento do Imposto sobre Operações Relativas à Circulação de Mercadorias e sobre Prestações de Serviços de Transporte Interestadual e Intermunicipal e de Comunicação – RICMS, aprovado pelo Decreto nº 45.490, de 30 de novembro de 2000:

I – o art. 313-M;

II – o § 1º do art. 426-A;

III – o inciso II do art. 3º do Anexo IV;

• *Alterações já efetuadas no corpo do Decreto.*

**Art. 2º.** Ficam acrescentados os dispositivos adiante indicados ao Regulamento do Imposto sobre Operações Relativas à Circulação de Mercadorias e sobre Prestações de Serviços de Transporte Interestadual e Intermunicipal e de Comunicação – RICMS, aprovado pelo Decreto nº 45.490, de 30 de novembro de 2000, com a seguinte redação:

I – ao Capítulo I do Título II do Livro II, a Seção XXII, composta pelos arts. 313-W e 313-X;

II – ao Capítulo I do Título II do Livro II, a Seção XXIII, composta pelos arts. 313-Y e 313-Z;

III – ao § 1º do art. 3º do Anexo IV, os itens 22 e 23;

• *Alterações já efetuadas no corpo do Decreto.*

**Art. 3º.** Fica revogado o § 2º do art. 56-A do Regulamento do Imposto sobre Operações Relativas à Circulação de Mercadorias e sobre Prestações de Serviços de Transporte Interestadual e Intermunicipal e de Comunicação – RICMS, aprovado pelo Decreto nº 45.490, de 30 de novembro de 2000.

• *Alteração já efetuada no corpo do Decreto.*

**Art. 4º.** Este Decreto entra em vigor na data de sua publicação, produzindo efeitos a partir de 1º de maio de 2008.

Palácio dos Bandeirantes, 18 de abril de 2008.

*José Serra – DOE de 19.4.2008*

## 277. DECRETO Nº 52.942, DE 29 DE ABRIL DE 2008

*Disciplina o recolhimento de ICMS relativo ao estoque de produtos da indústria alimentícia e de materiais de construção e congêneres recebidos antes do início da vigência do regime de retenção antecipada por substituição tributária.*

José Serra, Governador do Estado de São Paulo, no uso de suas atribuições legais e tendo em vista o disposto nos arts. 59, 60 e 66-F, inciso III, da Lei nº 6.374, de 1º de março de 1989, e no art. 2º do Decreto nº 52.921, de 18 de abril de 2008, decreta:

**Art. 1º.** O estabelecimento paulista, exceto o indicado no inciso I dos arts. 313-W e 313-Y do Regulamento do Imposto sobre Operações Relativas à Circulação de Mercadorias e sobre Prestações de Serviços de Transporte Interestadual e Intermunicipal e de Comunicação – RICMS, aprovado pelo Decreto nº 45.490, de 30 de novembro de 2000, relativamente ao estoque de mercadorias relacionadas no § 6º existente no final do dia 30 de abril de 2008, deverá (Lei nº 6.374/1989, arts. 8º, XIV, e 60, I):

I – efetuar a contagem do estoque das mercadorias;

II – elaborar relação, indicando, para cada item:

a) o valor das mercadorias em estoque e a base de cálculo para fins de incidência do ICMS, considerando a entrada mais recente da mercadoria;

b) a alíquota interna aplicável;

c) o valor do imposto devido, calculado conforme os §§ 1º ou 2º;

d) o correspondente código na Nomenclatura Brasileira de Mercadorias – Sistema Harmonizado (NBM/SH);

III – na hipótese de estar sujeito ao Regime Periódico de Apuração – RPA, transmitir, até 15 de junho de 2008, arquivo digital à Secretaria da Fazenda, conforme disciplina por ela estabelecida, contendo a relação de que trata o inciso II e demais informações requeridas;

IV – na hipótese de estar sujeito ao Regime Especial Unificado de Arrecadação de Tributos e Contribuições devidos pelas Microempresas e Empresas de Pequeno Porte – "Simples Nacional", manter a relação de que trata o inciso II em arquivo, pelo prazo de 5 (cinco) anos, para apresentação ao fisco, quando solicitado;

V – recolher o valor do imposto devido em razão da operação própria e das subsequentes, por meio de guia de recolhimentos especiais, conforme disciplina estabelecida pela Secretaria da Fazenda.

§ 1º. O valor do imposto devido pela operação própria e pelas subsequentes será calculado com base no Índice de Valor Adicionado Setorial – IVA-ST divulgado pela Secretaria da Fazenda:

1 – mediante a seguinte fórmula:

a) em se tratando de contribuinte sujeito ao Regime Periódico de Apuração – RPA:

*Imposto devido = (base de cálculo x alíquota interna) + (base de cálculo x IVA-ST x alíquota interna);*

b) em se tratando de contribuinte sujeito ao "Simples Nacional":

*Imposto devido = base de cálculo x IVA-ST x alíquota interna;*

2 – considerando-se, para determinação da base de cálculo, o valor da entrada mais recente da mercadoria.

§ 2º. Quando existir preço final a consumidor divulgado pela Secretaria da Fazenda, em substituição ao disposto no § 1º, o valor do imposto devido pela operação própria e pelas subsequentes deverá ser calculado:

1 – mediante a seguinte fórmula:

a) em se tratando de contribuinte sujeito ao Regime Periódico de Apuração – RPA:

*Imposto devido = base de cálculo x alíquota interna;*

b) em se tratando de contribuinte sujeito ao "Simples Nacional":

*Imposto devido = (base de cálculo da saída – base de cálculo da entrada) x alíquota interna;*

2 – considerando-se, para determinação da base de cálculo da saída, o preço final a consumidor, divulgado pela Secretaria da Fazenda;

3 – desconsiderando-se, na hipótese da alínea "b" do item 1, os itens em que a base de cálculo da entrada for igual ou superior à base de cálculo da saída.

§ 3º. O imposto devido poderá ser recolhido em até 8 (oito) parcelas mensais, iguais e sucessivas, com vencimento no último dia útil de cada mês, sendo que a primeira parcela deverá ser recolhida até 30 de junho de 2008.

● *§ 3º com redação dada pelo Decreto nº 53.177, de 26.6.2008 – DOE de 27.6.2008 – Efeitos a partir da publicação.*

§ 4º. Na hipótese de contribuinte sujeito ao Regime Periódico de Apuração – RPA que possua saldo credor de ICMS em 30 de abril de 2008, este poderá ser utilizado para deduzir, no todo ou em parte, o imposto a recolher nos termos do inciso V, observando-se, sem prejuízo das demais exigências, o que segue:

1 – o valor do saldo credor utilizado para pagar o imposto calculado nos termos do § 1º ou § 2º deverá ser discriminado no final da relação a que se refere o inciso II;

2 – o montante de saldo credor utilizado para pagamento do imposto devido nos termos deste parágrafo será lançado no livro Registro de Apuração do ICMS – RAICMS, na folha destinada à apuração das operações e prestações próprias do período em que ocorrer o aludido levantamento de estoque, no campo "Estorno de Créditos" do quadro "Débito do Imposto", com a indicação da expressão "Liquidação (parcial ou total) do imposto devido por substituição tributária relativo ao estoque existente em __/__/__ – Decreto ___".

§ 5º. O disposto neste artigo aplica-se, também, no que couber, às mercadorias referidas no § 6º na hipótese de sua saída do estabelecimento remetente ter ocorrido até 30 de abril de 2008 e o seu recebimento ter se efetivado após essa data.

§ 6º. As mercadorias a que se refere o *caput* são as seguintes:

1 – produtos da indústria alimentícia arrolados no § 1º do art. 313-W do Regulamento do ICMS;

2 – materiais de construção e congêneres arrolados no § 1º do art. 313-Y do Regulamento do ICMS.

§ 7º. As fórmulas previstas nas alíneas "b" do item 1 dos §§ 1º e 2º poderão ser utilizadas, também, conforme o caso, para calcular o imposto devido nos termos deste artigo, relativamente às mercadorias indicadas no item 1 do § 6º, pelo contribuinte que, cumulativamente:

1 – exerce a atividade econômica de fornecimento de alimentação;

2 – é optante pelo regime especial de tributação instituído pelo Decreto nº 51.597, de 23 de fevereiro de 2007;

3 – não tenha efetuado o crédito do imposto relativamente à entrada dessas mercadorias.

**Art. 2º.** Este Decreto entrará em vigor na data de sua publicação.

Palácio dos Bandeirantes, 29 de abril de 2008.

*José Serra – DOE de 30.4.2008*

## 278. DECRETO Nº 52.943, DE 29 DE ABRIL DE 2008

*Fixa prazo especial para recolhimento do ICMS devido, na condição de sujeito passivo por substituição, pelas operações subsequentes com produtos da indústria alimentícia e com materiais de construção e congêneres.*

● *Revogado pelo Decreto nº 53.812, de 12.12.2008.*

## 279. DECRETO Nº 52.957, DE 5 DE MAIO DE 2008

*Introduz alteração no Regulamento do Imposto sobre Operações Relativas à Circulação de Mercadorias e sobre Prestações de Serviços de Transporte Interestadual e Intermunicipal e de Comunicação – RICMS.*

José Serra, Governador do Estado de São Paulo, no uso de suas atribuições legais e tendo em vista o disposto no art. 112 da Lei nº 6.374, de 1º de março de 1989, decreta:

**Art. 1º.** Fica revogada a alínea "b" do item 1 do § 1º do art. 39 do Anexo II do Regulamento do Imposto sobre Operações Relativas à Circulação de Mercadorias e sobre Prestações de Serviços de Transporte Interestadual e Intermunicipal e de Comunicação, aprovado pelo Decreto nº 45.490, de 30 de novembro de 2000.

● *Alteração já efetuada no corpo do Decreto.*

**Art. 2º.** Este Decreto entra em vigor na data de sua publicação, produzindo efeitos para os fatos geradores ocorridos a partir de 1º de maio de 2008.

Palácio dos Bandeirantes, 5 de maio de 2008.

*José Serra – DOE de 6.5.2008*

## 280. DECRETO Nº 52.999, DE 15 DE MAIO DE 2008

*Alterava o Decreto nº 52.096, de 28.8.2007, que regulamenta o Programa de Estímulo à Cidadania Fiscal do Estado de São Paulo.*

• *Revogado pelo Decreto nº 54.179, de 30.3.2009. – DOE de 16.5.2008*

## 281. DECRETO Nº 53.000, DE 15 DE MAIO DE 2008

*Introduz alteração no Regulamento do Imposto sobre Operações Relativas à Circulação de Mercadorias e sobre Prestações de Serviços de Transporte Interestadual e Intermunicipal e de Comunicação – RICMS.*

José Serra, Governador do Estado de São Paulo, no uso de suas atribuições legais, decreta:

**Art. 1º.** Fica revogado o § 2º do art. 5º do Anexo I do Regulamento do Imposto sobre Operações Relativas à Circulação de Mercadorias e sobre Prestações de Serviços de Transporte Interestadual e Intermunicipal e de Comunicação, aprovado pelo Decreto nº 45.490, de 30 de novembro de 2000.

• *Alteração já efetuada no corpo do Decreto.*

**Art. 2º.** Este Decreto entra em vigor na data de sua publicação, produzindo efeitos desde 1º de maio de 2008.

Palácio dos Bandeirantes, 15 de maio de 2008.

*José Serra – DOE de 16.5.2008*

## 282. DECRETO Nº 53.001, DE 15 DE MAIO DE 2008

*Isenta do Imposto sobre Operações Relativas à Circulação de Mercadorias e sobre Prestações de Serviços de Transporte Interestadual e Intermunicipal e de Comunicação – ICMS a importação de quatro mamógrafos pela Fundação Pio XII – Hospital do Câncer de Barretos.*

José Serra, Governador do Estado de São Paulo, no uso de suas atribuições legais e tendo em vista o disposto no Convênio ICMS 4/08, de 4 de abril de 2008, e no Parecer PA nº 35/2007, exarado pela Procuradoria Geral do Estado, decreta:

**Art. 1º.** Fica isento do ICMS o desembaraço aduaneiro decorrente da importação, efetuada pela Fundação Pio XII – Hospital do Câncer de Barretos, inscrita no CNPJ sob número 49.150.352/0001-12, de 4 (quatro) mamógrafos, modelo Peforma, com os respectivos "buckys" e kit para instalação em unidade móvel, fabricados pela General Eletric.

**Art. 2º.** Este Decreto entra em vigor na data de sua publicação, produzindo efeitos desde 30 de abril de 2008.

Palácio dos Bandeirantes, 15 de maio de 2008.

*José Serra – DOE de 16.5.2008*

## 283. DECRETO Nº 53.002, DE 15 DE MAIO DE 2008

*Introduz alterações no Regulamento do Imposto sobre Operações Relativas à Circulação de Mercadorias e sobre Prestações de Serviços de Transporte Interestadual e Intermunicipal e de Comunicação – RICMS.*

José Serra, Governador do Estado de São Paulo, no uso de suas atribuições legais e tendo em vista o disposto no art. 8º, incisos XIV e XXVI a XXXVII, da Lei nº 6.374, de 1º de março de 1989, decreta:

**Art. 1º.** Passam a vigorar com a redação que se segue os dispositivos adiante indicados ao Regulamento do Imposto sobre Operações Relativas à Circulação de Mercadorias e sobre Prestações de Serviços de Transporte Interestadual e Intermunicipal e de Comunicação – RICMS, aprovado pelo Decreto nº 45.490, de 30 de novembro de 2000:

I – o item 1 do § 2º do art. 313-A:

II – o item 1 do parágrafo único do art. 313-C:

III – o item 1 do § 2º do art. 313-E:

IV – o item 1 do § 2º do art. 313-G:

V – o item 1 do parágrafo único do art. 313-I:

VI – o item 1 do § 2º do art. 313-K:

VII – o item 1 do § 2º do art. 313-M:

VIII – o item 1 do § 2º do art. 313-O:

IX – o item 1 do parágrafo único do art. 313-Q:

X – o item 1 do § 2º do art. 313-S:

XI – o item 1 do § 2º do art. 313-U:

XII – o item 1 do § 2º do art. 313-W:

XIII – o item 1 do § 2º do art. 313-Y:

XIV – o § 1º do art. 426-A:

• *Alterações já efetuadas no corpo do Decreto.*

**Art. 2º.** Ficam acrescentados os dispositivos adiante indicados ao Regulamento do Imposto sobre Operações Relativas à Circulação de Mercadorias e sobre Prestações de Serviços de Transporte Interestadual e Intermunicipal e de Comunicação – RICMS, aprovado pelo Decreto nº 45.490, de 30 de novembro de 2000, com a seguinte redação:

I – ao *caput* do art. 313-C, o inciso III:

II – ao *caput* do art. 313-I, o inciso III:

III – ao *caput* do art. 313-M, o inciso III:

IV – ao caput do art. 313-O, o inciso IV:

V – ao *caput* do art. 313-Q, o inciso III:

VI – ao *caput* do art. 313-S, o inciso III:

VII – o art. 426-B:

• *Alterações já efetuadas no corpo do Decreto.*

**Art. 3º.** Este Decreto entra em vigor na data de sua publicação.

Palácio dos Bandeirantes, 15 de maio de 2008.

*José Serra – DOE de 16.5.2008*

## 284. DECRETO Nº 53.040, DE 29 DE MAIO DE 2008

*Introduz alteração no Regulamento do Imposto sobre Operações Relativas à Circulação de Mercadorias e sobre Prestações de Serviços de Transporte Interestadual e Intermunicipal e de Comunicação – RICMS.*

José Serra, Governador do Estado de São Paulo, no uso de suas atribuições legais e tendo em vista o disposto no inciso XXXIV do art. 8º da Lei nº 6.374, de 1º de março de 1989, e no Protocolo ICMS-41/08, de 4 de abril de 2008, com alteração do Protocolo ICMS-49/08, de 8 de maio de 2008, decreta:

**Art. 1º.** Passa a vigorar com a redação que se segue o § 1º do art. 313-O do Regulamento do Imposto sobre Operações Relativas à Circulação de Mercadorias e sobre Prestações de Serviços de Transporte Interestadual e Intermunicipal e de Comunicação – RICMS, aprovado pelo Decreto nº 45.490, de 30 de novembro de 2000:

- *Alteração já efetuada no corpo do Decreto.*

**Art. 2º.** Este Decreto entra em vigor na data de sua publicação, produzindo efeitos a partir de 1º de junho de 2008.

Palácio dos Bandeirantes, 29 de maio de 2008.

*José Serra – DOE de 30.5.2008*

## 285. DECRETO Nº 53.041, DE 29 DE MAIO DE 2008

*Disciplina o recolhimento do ICMS relativo ao estoque de autopeças que especifica, recebidas antes do início da vigência do regime de retenção antecipada por substituição tributária.*

José Serra, Governador do Estado de São Paulo, no uso de suas atribuições legais e tendo em vista o disposto nos arts. 59, 60 e 66-F, inciso III, da Lei nº 6.374, de 1º de março de 1989, e no Protocolo ICMS-41/08, de 4 de abril de 2008, com alteração do Protocolo ICMS-49/08, de 8 de maio de 2008, decreta:

**Art. 1º.** O estabelecimento paulista, exceto o indicado no inciso I do art. 313-O do Regulamento do Imposto sobre Operações Relativas à Circulação de Mercadorias e sobre Prestações de Serviços de Transporte Interestadual e Intermunicipal e de Comunicação – RICMS, aprovado pelo Decreto nº 45.490, de 30 de novembro de 2000, relativamente ao estoque de mercadorias relacionadas no § 6º existente no final do dia 31 de maio de 2008, deverá (Lei nº 6.374/1989, arts. 8º, XIV, e 60, I):

I – efetuar a contagem do estoque das mercadorias;

II – elaborar relação, indicando, para cada item:

a) o valor das mercadorias em estoque e a base de cálculo para fins de incidência do ICMS, considerando a entrada mais recente da mercadoria;

b) a alíquota interna aplicável;

c) o valor do imposto devido, calculado conforme os §§ 1º ou 2º;

d) o correspondente código na Nomenclatura Brasileira de Mercadorias – Sistema Harmonizado (NBM/SH);

III – na hipótese de estar sujeito ao Regime Periódico de Apuração – RPA, transmitir, até 15 de julho de 2008, arquivo digital à Secretaria da Fazenda, conforme disciplina por ela estabelecida, contendo a relação de que trata o inciso II e demais informações requeridas;

IV – na hipótese de estar sujeito ao Regime Especial Unificado de Arrecadação de Tributos e Contribuições devidos pelas Microempresas e Empresas de Pequeno Porte – "Simples Nacional", manter a relação de que trata o inciso II em arquivo, pelo prazo de 5 (cinco) anos, para apresentação ao fisco, quando solicitado;

V – recolher o valor do imposto devido em razão da operação própria e das subsequentes, por meio de guia de recolhimentos especiais, conforme disciplina estabelecida pela Secretaria da Fazenda.

§ 1º. O valor do imposto devido pela operação própria e pelas subsequentes será calculado com base no Índice de Valor Adicionado Setorial – IVA-ST divulgado pela Secretaria da Fazenda:

1 – mediante a seguinte fórmula:

a) em se tratando de contribuinte sujeito ao Regime Periódico de Apuração – RPA:

Imposto devido = (base de cálculo x alíquota interna) + (base de cálculo x IVA-ST x alíquota interna);

b) em se tratando de contribuinte sujeito ao "Simples Nacional":

Imposto devido = base de cálculo x IVA-ST x alíquota interna;

2 – considerando-se, para determinação da base de cálculo, o valor da entrada mais recente da mercadoria.

§ 2º. Quando existir preço final a consumidor divulgado pela Secretaria da Fazenda, em substituição ao disposto no § 1º, o valor do imposto devido pela operação própria e pelas subsequentes deverá ser calculado:

1 – mediante a seguinte fórmula:

a) em se tratando de contribuinte sujeito ao Regime Periódico de Apuração – RPA:

*Imposto devido = base de cálculo x alíquota interna;*

b) em se tratando de contribuinte sujeito ao "Simples Nacional":

*Imposto devido = (base de cálculo da saída – base de cálculo da entrada) x alíquota interna;*

2 – considerando-se, para determinação da base de cálculo da saída, o preço final a consumidor, divulgado pela Secretaria da Fazenda;

3 – desconsiderando-se, na hipótese da alínea "b" do item 1, os itens em que a base de cálculo da entrada for igual ou superior à base de cálculo da saída.

§ 3º. O imposto devido poderá ser recolhido em até 6 (seis) parcelas mensais, iguais e sucessivas, com vencimento no último dia útil de cada mês, sendo que a primeira parcela deverá ser recolhida até 31 de julho de 2008.

§ 4º. Na hipótese de contribuinte sujeito ao Regime Periódico de Apuração – RPA que possua saldo credor de ICMS em 31 de maio de 2008, este poderá ser utilizado para deduzir, no todo ou em parte, o imposto a recolher nos termos do inciso V, observando-se, sem prejuízo das demais exigências, o que segue:

1 – o valor do saldo credor utilizado para pagar o imposto calculado nos termos do § 1º ou § 2º deverá ser discriminado no final da relação a que se refere o inciso II;

2 – o montante de saldo credor utilizado para pagamento do imposto devido nos termos deste parágrafo será lançado no livro Registro de Apuração do ICMS – RAICMS, na folha destinada à apuração das operações e prestações próprias do período em que ocorrer o aludido levantamento de estoque, no campo "Estorno de Créditos" do quadro "Débito do Imposto", com a indicação da expressão "Liquidação (parcial ou total) do imposto devido por substituição tributária relativo ao estoque existente em __/__/__ – Decreto ___".

§ 5º. O disposto neste artigo aplica-se, também, no que couber, às mercadorias referidas no § 6º na hipótese de sua saída do estabelecimento remetente ter ocorrido até 31 de maio de 2008 e o seu recebimento ter se efetivado após essa data.

§ 6º. As mercadorias a que se refere o *caput* são as abaixo relacionadas, classificadas nas seguintes posições, subposições ou códigos da Nomenclatura Brasileira de Mercadorias – Sistema Harmonizado – NBM/SH:

1 – correias de transmissão, de matérias têxteis, mesmo impregnadas, revestidas ou recobertas, de plástico, ou estratificadas com plástico ou reforçadas com metal ou com outras matérias, 4010.3 ou 5910.0000;

2 – juntas, gaxetas e outros elementos com função semelhante de vedação, 4016.93.00 ou 4823.90.9;

3 – mangueiras e tubos semelhantes, de matérias têxteis, mesmo com reforço ou acessórios de outras matérias, 5909.00.00;

4 – peso de chumbo para balanceamento de roda, 7806.00;

5 – peso para balanceamento de roda e outros utensílios de estanho, 8007.00.90;

6 – dobradiças, guarnições, ferragens e artigos semelhantes de metais comuns, 8302.10.10;

7 – cilindros hidráulicos, 8412.21.10;

8 – bombas de vácuo, 8414.10.00;

9 – compressores e turbocompressores de ar, 8414.80.1;

10 – partes das bombas, compressores e turbocompressores dos itens 31, 32 e 33 do § 1º do art. 313-O do Regulamento do ICMS, 84.14.90.10 ou 84.14.90.3, exceto 8414.90.39;

11 – filtros a vácuo, 8421.29.90;

12 – partes dos aparelhos para filtrar ou depurar líquidos ou gases, 8421.9;

13 – extintores, mesmo carregados, 8424.10.00;

14 – partes para macacos do item 42 do § 1º do art. 313-O do Regulamento do ICMS, 8431.1010;

15 – partes reconhecíveis como exclusiva ou principalmente destinadas às máquinas agrícolas ou rodoviárias, 84.31.49.20 ou 84.33.90.90;

16 – rolamentos, 84.82;

17 – juntas metaloplásticas; jogos ou sortidos de juntas de composições diferentes, apresentados em bolsas, envelopes ou embalagens semelhantes; juntas de vedação mecânicas (selos mecânicos), 84.84;

18 – aparelhos de reprodução de som, 85.19.81, exceto 85.19.81.90;

19 – aparelhos transmissores (emissores) de radiotelefonia ou radiotelegrafia (rádio receptor/transmissor), 8525.50.1 ou 8525.60.10;

20 – circuitos impressos, 8534.00.00;

21 – cabos coaxiais e outros condutores elétricos coaxiais, 8544.20.00;

22 – engates para reboques e semirreboques, 8716.90.90.

**Art. 2º.** Este Decreto entrará em vigor na data de sua publicação.

Palácio dos Bandeirantes, 29 de maio de 2008.

*José Serra – DOE de 30.5.2008*

## 286. DECRETO Nº 53.051, DE 3 DE JUNHO DE 2008

*Institui o Programa de Incentivo ao Investimento pelo Fabricante de Veículo Automotor – ProVeículo.*

José Serra, Governador do Estado de São Paulo, no uso de suas atribuições legais e tendo em vista o disposto no art. 46 da Lei nº 6.374, de 1º de março de 1989, decreta:

**Art. 1º.** Fica instituído o Programa de Incentivo ao Investimento pelo Fabricante de Veículo Automotor – ProVeículo.

Parágrafo único. Para aderir ao ProVeículo, as empresas fabricantes de máquinas, equipamentos e veículos automotores, classificados nos Capítulos 84 e 87 da Nomenclatura Brasileira de Mercadorias – Sistema Harmonizado – NBM/SH deverão apresentar projeto de investimento para a modernização, ampliação de suas plantas industriais, construção de novas fábricas, desenvolvimento de novos produtos ou, ainda, ampliação dos negócios neste Estado.

**Art. 2º.** O fabricante dos produtos descritos no parágrafo único do art. 1º poderá utilizar o crédito acumulado do ICMS apropriado até 31 de dezembro de 2015, ou passível de apropriação, para:

- *Art. 2º,* caput, *com redação dada pelo Decreto nº 60.570, de 24.6.2014 – DOE de 25.6.2014 – Efeitos a partir de 1º.7.2014.*

I – pagamento de bens e mercadorias adquiridos, inclusive energia elétrica, a serem utilizados na realização do projeto de investimento neste Estado, exceto material destinado a uso ou consumo;

II – pagamento do ICMS relativo à importação de bens destinados ao seu ativo imobilizado, desde que o desembarque e o desembaraço aduaneiro sejam efetuados neste Estado;

III – transferência a contribuinte do ICMS, visando à realização do projeto de investimento.

§ 1º. O disposto neste artigo fica condicionado a que:

1 – o montante total do investimento a ser efetuado seja igual ou superior a R$ 30.000.000,00 (trinta milhões de reais);

2 – o montante total do saldo credor do ICMS, passível de apropriação, nos termos do art. 71 do Regulamento do ICMS, ou do crédito acumulado devidamente apropriado, a ser utilizado seja igual ou superior a R$ 5.000.000,00 (cinco milhões de reais), devidamente escriturado na data da protocolização do pedido;

3 – a execução do projeto de investimento seja realizada nos termos em que for apresentado e obedeça ao cronograma de utilização do crédito acumulado apropriado e aprovado pelo Secretário da Fazenda;

4 – os bens destinados ao ativo imobilizado permaneçam contabilizados no estabelecimento paulista, ainda que em poder de terceiros, localizados no Estado de São Paulo pelo prazo mínimo de 48 (quarenta e oito) meses, contados da data da conclusão do projeto de investimento;

5 – pelo menos 50% (cinquenta por cento) do valor total dos bens e mercadorias nacionais, para fins de execução do projeto de investimento, sejam adquiridos de fabricantes paulistas;

6 – seja observado, naquilo que não conflitar com este Decreto, o disposto nos arts. 71 e seguintes do RICMS e a disciplina estabelecida pela Secretaria da Fazenda;

7 – o contribuinte formalize sua adesão ao programa Jovem Cidadão – Meu Primeiro Trabalho, nos termos estabelecidos pela Secretaria do Emprego e Relações do Trabalho do Estado de São Paulo.

§ 2º. Em se tratando de projeto de investimento que esteja em andamento na data de protocolização do pedido a que se refere o art. 3º, a utilização de crédito acumulado somente abrangerá os dispêndios ocorridos a partir dessa data.

§ 3º. As despesas relativas ao desenvolvimento do projeto de investimento que esteja em andamento, nos termos do § 2º, incorridas anteriormente à protocolização, poderão ser consideradas no montante do projeto.

§ 4º. Considera-se também como investimento, para efeitos desde decreto, aquele realizado para produção, modernização, aperfeiçoamento e lançamento de novos produtos.

**Art. 3º.** Para fins de utilização do crédito acumulado do ICMS, nos termos deste Decreto, o contribuinte deverá protocolar pedido junto à Secretaria de Desenvolvimento, dirigido à Comissão de Avaliação da Política de Desenvolvimento Econômico do Estado de São Paulo, até 31 de janeiro de 2016, contendo no mínimo:

- *Art. 3º,* caput, *com redação dada pelo Decreto nº 60.570, de 24.6.2014 – DOE de 25.6.2014 – Efeitos a partir de 1º.7.2014.*

I – o montante total estimado do investimento;

II – a localização do investimento;

III – as datas prováveis de seu início e conclusão;

IV – lista com previsão dos bens e mercadorias a serem adquiridos, com valores totalizados por prováveis fornecedores;

V – cronograma relativo:

a) ao montante de crédito a ser utilizado em cada mês de execução do projeto de investimento;

b) às aquisições de bens e mercadorias para o investimento;

VI – relação, contendo, no mínimo, a razão social, o endereço e os números de inscrição estadual e no CNPJ, dos prováveis:

a) fornecedores destinatários do crédito acumulado a ser transferido;

b) destinatários do crédito acumulado a ser transferido;

VII – memorial descritivo do projeto de investimento;

VIII – declaração assinada por representante legal do contribuinte ou procurador devidamente constituído por ele, atestando a previsão de incremento do faturamento e do número de empregos diretos que serão gerados no âmbito do projeto de investimento;

IX – contrato ou estatuto social consolidado do contribuinte.

Parágrafo único. As informações previstas nos incisos IV, V e VI poderão ser alteradas.

**Art. 4º.** A Comissão de Avaliação da Política de Desenvolvimento Econômico do Estado de São Paulo, deverá analisar o pedido de que trata o art. 3º e, considerando a sua viabilidade e oportunidade e consultadas as áreas técnicas, aprovar o projeto de investimento.

- *Art. 4º com redação dada pelo Decreto nº 54.614, de 29.7.2009 – DOE de 30.7.2009 – Efeitos a partir da publicação.*

**Art. 5º.** Após a aprovação do projeto de investimento de que trata o art. 4º, compete:

I – ao Secretário da Fazenda, aprovar o cronograma de utilização do crédito acumulado a ser utilizado em cada mês de execução do projeto de investimento;

II – à Secretaria de Desenvolvimento, comunicar a decisão final ao contribuinte.

- *Art. 5º com redação dada pelo Decreto nº 54.614, de 29.7.2009 – DOE de 30.7.2009 – Efeitos a partir da publicação.*

**Art. 6º.** Aprovado o programa de incentivo, o contribuinte deverá apresentar ao Secretário de Desenvolvimento:

I – relatório contendo demonstrativo do cumprimento do cronograma de execução do projeto de investimento, bem como da efetiva aquisição dos bens e mercadorias e de sua aplicação no projeto, em até 60 (sessenta) dias do encerramento de cada semestre;

II – demonstrativo da observância dos requisitos e condições estabelecidos, em até 180 (cento e oitenta) dias da conclusão do projeto.

**Art. 7º.** O Secretário de Desenvolvimento deverá:

I – analisar os relatórios e demonstrativos de que trata o art. 6º e encaminhar o seu parecer aos Secretários da Fazenda e de Economia e Planejamento, no qual alertará sobre eventuais irregularidades constatadas;

II – tratando-se do relatório referente à conclusão, elaborar parecer, indicando, inclusive, a data de conclusão do projeto e encaminhá-lo aos Secretários da Fazenda e de Economia e Planejamento;

III – comunicar aos Secretários da Fazenda e de Economia e Planejamento a não entrega de relatório, pelo contribuinte, no prazo fixado.

**Art. 8º.** O descumprimento pelo contribuinte de qualquer das condições estipuladas implica suspensão dos incentivos de que trata este Decreto.

§ 1º. A critério do Secretário da Fazenda, poderão ser sanadas as irregularidades que motivaram a suspensão e retomados os incentivos.

§ 2º. Ficam revogados os incentivos quando ocorrer a suspensão prevista neste artigo por três vezes, consecutivas ou não.

**Art. 9º.** O contribuinte poderá utilizar, para os mesmos fins do art. 2º, créditos gerados nos termos do art. 71 do Regulamento de ICMS, ainda não apropriados, desde que:

I – protocolize pedido junto ao Posto Fiscal;

II – ofereça garantia, mediante fiança bancária ou seguro de obrigações contratuais, de valor equivalente ao requerido, que deverá vigorar pelo prazo estipulado pelo Secretário da Fazenda, não superior a 1 (um) ano;

III – não tenha pendente de liquidação, por qualquer de seus estabelecimentos, débito declarado ou Auto de Infração e Imposição de Multa, ou, em o tendo, apresente requerimento para a liquidação do débito fiscal com crédito acumulado, constituindo a competente reserva ou ofereça garantia, mediante depósito administrativo, fiança bancária ou seguro de obrigações contratuais ou garantia real, exceto penhor, no valor equivalente ao total do crédito constituído.

Parágrafo único. Em substituição às garantias previstas no inciso II, poderá ser constituída provisão de crédito acumulado, mediante reserva no demonstrativo de Crédito Acumulado – DCA, no valor equivalente ao requerido, a qual vigorará pelo prazo estipulado pelo Secretário da Fazenda, não superior a 1 (um) ano.

**Art. 10.** O valor da garantia, para fins de utilização de crédito gerado e não apropriado, prevista no inciso II ou no parágrafo único do art. 9º, poderá ser reduzido em até 75% (setenta e cinco por cento) do valor requerido, desde que o contribuinte, cumulativamente:

- *Art. 10,* caput*, com redação dada pelo Decreto nº 54.171, de 26.3.2009 – DOE de 27.3.2009 – Efeitos a partir da publicação.*

I – esteja realizando investimento nos termos deste Decreto ou tenha realizado investimento com base no art. 21 das Disposições Transitórias do Regulamento do ICMS, no mínimo há 12 (doze) meses;

II – por um período mínimo, de 12 (doze) meses, anteriores à protocolização do pedido, não tenha:

a) dado causa a efetiva execução da garantia prevista neste artigo ou no item 2 do § 11 do art. 21 das Disposições Transitórias do mencionado Regulamento;

b) dado causa a suspensão da autorização para transferência ou utilização de crédito acumulado, nos termos do art. 7º deste Decreto ou do art. 21 das Disposições Transitórias do Regulamento;

III – seja usuário do sistema eletrônico de processamento de dados para a emissão e escrituração de documentos fiscais, nos termos de disciplina estabelecida pela Secretaria da Fazenda;

IV – esteja regular, em todos os seus estabelecimentos, com o cumprimento das obrigações principais e acessórias, especialmente quanto à entrega de arquivos eletrônicos, nos termos de disciplina estabelecida pela Secretaria da Fazenda;

V – apresente pedido, por escrito, dirigido ao Secretário da Fazenda, contendo no mínimo:

a) o nome do requerente, o endereço, os números de inscrição, estadual e no CNPJ, o CNAE e o número do processo relativo ao projeto de investimento;

b) declaração de inexistência de débitos fiscais em todo o estabelecimento da empresa, ou, em havendo, que foram apresentadas as garantias exigidas na legislação;

c) a data e a assinatura do contribuinte, sócio, diretor ou representante legal;

d) procuração outorgada ao represente legal, quando o requerente estiver representado;

Parágrafo único. O pedido a que se refere este artigo:

1 – será entregue no Posto Fiscal de vinculação do requerente e formulado em três vias, que terão a seguinte destinação:

a) a 1ª via deverá ser juntada ao processo

b) a 2ª via será arquivada no Posto Fiscal;

c) a 3ª via será devolvida ao requerente com o correspondente número de protocolo;

2 – tramitará nos termos de disciplina estabelecida pela Secretaria da Fazenda;

3 – será analisado pelo Coordenador de Administração Tributária, que manifestar-se-á sobre o mérito, após o que o encaminhará para decisão do Secretário da Fazenda.

**Art. 11.** Atendidas as demais disposições deste Decreto, fica a Secretaria da Fazenda autorizada a conceder Regime Especial, nos termos dos arts. 480 a 487 do Regulamento do ICMS, para:

I – suspender o pagamento do ICMS incidente na importação, do exterior, de mercadorias, equipamentos, partes e peças, sem similar nacional, destinados à integração no ativo permanente, que poderá ser liquidado mediante lançamento em conta gráfica, à razão de 1/48 (um por quarenta e oito avos) por mês;

II – diferir o ICMS incidente na aquisição, no Estado de São Paulo, de mercadorias, equipamentos, partes e peças destinados à integração no ativo permanente, que poderá ser liquidado mediante lançamento em conta gráfica, à razão de 1/48 (um por quarenta e oito avos) por mês ou, alternativamente, autorizar o crédito imediato do valor integral do imposto referente a essa aquisição;

§ 1º. A suspensão do pagamento do imposto a que se refere o inciso I somente poderá ser aplicada quando da inexistência de crédito acumulado apropriado ou saldo credor que possa ser utilizado no pagamento do imposto devido.

§ 2º. Para os fins deste Decreto, não será considerado similar nacional o produto fabricado em unidade da federação que, por meio de lei, decreto, termo de acordo ou qualquer outro instrumento, dê tratamento discriminatório a qualquer mercadoria produzida no Estado de São Paulo.

**Art. 12.** A expedição de normas complementares para a regulamentação deste Decreto ficará a cargo das Secretarias de Desenvolvimento, de Economia e Planejamento e da Fazenda, no âmbito de suas competências.

**Art. 13.** Os projetos apresentados conforme a disciplina estabelecida no art. 21 das Disposições Transitórias do Regulamento do ICMS, aprovado pelo Decreto nº 45.490, de 30 de novembro de 2000, poderão:

I – ser reapresentados, nos termos estabelecidos neste Decreto;

II – inclusive em relação às garantias já oferecidas, usufruir da redução prevista no art. 10 deste Decreto.

- *Art. 13 com redação dada pelo Decreto nº 54.171, de 26.3.2009 – DOE de 27.3.2009 – Efeitos a partir da publicação.*

**Art. 14.** Este Decreto entra em vigor na data da sua publicação.

Palácio dos Bandeirantes, 3 de junho de 2008.

*José Serra – DOE de 4.6.2008*

## 287. DECRETO Nº 53.065, DE 6 DE JUNHO DE 2008

*Dá nova redação ao Anexo VI do Regulamento do Imposto sobre Operações Relativas à Circulação de Mercadorias e sobre Prestações de Serviços de Transporte Interestadual e Intermunicipal e de Comunicação – RICMS.*

José Serra, Governador do Estado de São Paulo, no uso de suas atribuições legais, decreta:

**Art. 1º.** Passa a vigorar com a redação que se segue o Anexo VI do Regulamento do Imposto sobre Operações Relativas à Circulação de Mercadorias e sobre Prestações de Serviços de Transporte Interestadual e Intermunicipal e de Comunicação, aprovado pelo Decreto nº 45.490, de 30 de novembro de 2000:

• *Alteração já efetuada no corpo do Decreto.*

**Art. 2º.** Este Decreto entra em vigor na data de sua publicação.

Palácio dos Bandeirantes, 6 de junho de 2008.

*José Serra – DOE de 7.6.2008*

## 288. DECRETO Nº 53.066, DE 6 DE JUNHO DE 2008

*Introduz alterações no Regulamento do Imposto sobre Operações Relativas à Circulação de Mercadorias e sobre Prestações de Serviços de Transporte Interestadual e Intermunicipal e de Comunicação – RICMS.*

José Serra, Governador do Estado de São Paulo, no uso de suas atribuições legais e tendo em vista o disposto nos Convênios ICMS-24/89, 41/91, 55/92, 78/92, 82/95, 84/97, 100/97, 57/98, 140/01, 87/02 e no Convênio ICMS-53/08 celebrado em Brasília, DF, no dia 29 de abril de 2008, decreta:

**Art. 1º.** Passam a vigorar com a redação que se segue os dispositivos adiante indicados do Regulamento do Imposto sobre Operações Relativas à Circulação de Mercadorias e sobre Prestações de Serviços de Transporte Interestadual e Intermunicipal e de Comunicação, aprovado pelo Decreto nº 45.490, de 30 de novembro de 2000:

I – o parágrafo único do art. 4º do Anexo I:

II – o § 2º do art. 52 do Anexo I:

III – o § 3º do art. 53 do Anexo I:

IV – o § 2º do art. 54 do Anexo I:

V – o § 3º do art. 60 do Anexo I:

VI – o parágrafo único do art. 68 do Anexo I:

VII – o parágrafo único do art. 75 do Anexo I:

VIII – o § 3º do art. 92 do Anexo I:

IX – o § 3º do art. 94 do Anexo I:

X – o § 3º do art. 9º do Anexo II:

• *Alterações já efetuadas no corpo do Decreto.*

**Art. 2º.** Este Decreto entra em vigor na data de sua publicação, produzindo efeitos desde 1º de maio de 2008.

Palácio dos Bandeirantes, 6 de junho de 2008.

*José Serra – DOE de 7.6.2008*

## 289. DECRETO Nº 53.067, DE 6 DE JUNHO DE 2008

*Fixa prazo especial para recolhimento do ICMS nas saídas de mercadorias decorrentes do evento "Feira Abióptica 2008". (DOE de 7.6.2008).*

• *Pode ser considerado sem mais efeito em razão do cumprimento de seu prazo.*

## 290. DECRETO Nº 53.076, DE 10 DE JUNHO DE 2008

*Introduz alteração no Regulamento do Imposto sobre Operações Relativas à Circulação de Mercadorias e sobre Prestações de Serviços de Transporte Interestadual e Intermunicipal e de Comunicação – RICMS, para conceder crédito outorgado na saída interestadual de acetona e bisfenol.*

José Serra, Governador do Estado de São Paulo, no uso de suas atribuições legais e tendo em vista o disposto no art. 112 da Lei nº 6.374, de 1º de março de 1989, decreta:

**Art. 1º.** Fica acrescentado, com a redação que se segue, o art. 23 ao Anexo III do Regulamento do Imposto sobre Operações Relativas à Circulação de Mercadorias e sobre Prestações de Serviços de Transporte Interestadual e Intermunicipal e de Comunicação – ICMS, aprovado pelo Decreto nº 45.490, de 30 de novembro de 2000:

• *Alteração já efetuada no corpo do Decreto.*

**Art. 2º.** Este Decreto entra em vigor na data de sua publicação.

Palácio dos Bandeirantes, de 10 de junho de 2008.

*José Serra – DOE de 11.6.2008*

## 291. DECRETO Nº 53.085, DE 11 DE JUNHO DE 2008

*Regulamenta a aplicação de penalidade relativa a violação de direito do consumidor no âmbito do Programa de Estímulo à Cidadania Fiscal do Estado de São Paulo e dá providências correlatas.*

José Serra, Governador do Estado de São Paulo, no uso de suas atribuições legais e tendo em vista o disposto no art. 7º da Lei nº 12.685, de 28 de agosto de 2007, decreta:

**Seção I – Da Penalidade**

**Art. 1º.** O fornecedor que deixar de emitir ou entregar documento fiscal hábil ao consumidor de mercadorias, bens ou serviços de transporte intermunicipal ou interestadual estará sujeito a multa no valor equivalente a 100 (cem) UFESPs – Unidades Fiscais do Estado de São Paulo, por documento não emitido ou não entregue, sem prejuízo de outras penalidades previstas na legislação.

• *Art. 1º,* caput, *com redação dada pelo Decreto nº 54.178, de 30.3.2009 – DOE de 31.3.2009 – Efeitos a partir da publicação.*

§ 1º. Ficará sujeito à mesma penalidade o fornecedor que violar o direito do consumidor pela prática das seguintes condutas:

1 – emitir documento fiscal que não seja hábil ou que não seja o adequado ao respectivo fornecimento;

2 – deixar de efetuar o Registro Eletrônico do documento fiscal na forma, prazo e condições estabelecidos pela Secretaria da Fazenda do Estado de São Paulo;

3 – dificultar ao consumidor o exercício dos direitos previstos na Lei nº 12.685, de 28 de agosto de 2007, inclusive por meio de omissão de informações ou pela criação de obstáculos procedimentais;

4 – induzir, por qualquer meio, o consumidor a não exercer os direitos previstos na Lei nº 12.685, de 28 de agosto de 2007.

• *§ 1º com redação dada pelo Decreto nº 54.178, de 30.3.2009 – DOE de 31.3.2009 – Efeitos a partir da publicação.*

§ 2º. Para fins de aplicação da penalidade de que trata este artigo, considera-se não hábil, além dos casos previstos na legislação tributária, o documento fiscal que não contenha o número de inscrição do consumidor no Cadastro Pessoas Físicas – CPF ou no Cadastro Nacional de Pessoas Jurídicas – CNPJ, quando por ele solicitado.

• *§ 2º com redação dada pelo Decreto nº 54.178, de 30.3.2009 – DOE de 31.3.2009 – Efeitos a partir da publicação.*

§ 3º. A multa prevista neste artigo visa à proteção do consumidor e não impede a aplicação de penalidades previstas na legislação tributária.

• *§ 3º com redação dada pelo Decreto nº 54.178, de 30.3.2009 – DOE de 31.3.2009 – Efeitos a partir da publicação.*

§ 4º. A multa de que trata este artigo será reduzida:

1 – em se tratando de empresa optante pelo Regime Especial Unificado de Arrecadação de Tributos e Contribuições – Simples Nacional, instituído pela Lei Complementar Federal nº 123, de 14 de dezembro de 2006, em:

a) 60% (sessenta por cento), se o autuado não tiver autuação;

b) 45% (quarenta e cinco por cento), se o autuado tiver até 10 (dez) autuações;

c) 30% (trinta por cento), se o autuado tiver entre 11 (onze) e 20 (vinte) autuações;

2 – nos demais casos, em:

a) 40% (quarenta por cento), se o autuado não tiver autuação;

b) 30% (trinta por cento), se o autuado tiver até 10 (dez) autuações;

c) 20% (vinte por cento), se o autuado tiver entre 11 (onze) e 20 (vinte) autuações.

• *§ 4º com redação dada pelo Decreto nº 54.178, de 30.3.2009 – DOE de 31.3.2009 – Efeitos a partir da publicação.*

§ 5º. Para fins do disposto no § 4º consideram-se:

1 – as autuações efetuadas com base no art. 7º da Lei nº 12.685, de 28 de agosto de 2007;

2 – as autuações que tenham transitado em julgado na esfera administrativa nos 36 (trinta e seis) meses anteriores à data da ocorrência do fato que ensejou a lavratura do novo auto de infração, excetuando-se aquelas que tenham sido integralmente pagas no prazo de 30 (trinta) dias da notificação do Auto de Infração sem apresentação de defesa ou recurso;

3 – cada estabelecimento do fornecedor independente, ainda que exista mais de um estabelecimento do mesmo titular localizado neste Estado.

• *§ 5º com redação dada pelo Decreto nº 55.818, de 14.5.2010 – DOE de 15.5.2010 – Efeitos a partir da publicação.*

§ 6º. O fornecedor poderá recolher o valor devido com redução de:

1 – 50% (cinquenta por cento), no prazo de 30 (trinta) dias, contado do recebimento da notificação da lavratura do AI – Auto de Infração;

2 – 30% (trinta por cento), no prazo de 30 (trinta) dias, contado da data da notificação da decisão administrativa que julgar defesa do fornecedor interposta tempestivamente;

3 – 20% (vinte por cento), no prazo de 60 (sessenta) dias, contado da data do trânsito em julgado da autuação no âmbito administrativo.

• *§ 6º com redação dada pelo Decreto nº 54.178, de 30.3.2009 – DOE de 31.3.2009 – Efeitos a partir da publicação.*

§ 7º. Na hipótese de o fornecedor, relativamente à mesma aquisição, praticar conjuntamente as condutas previstas nos itens 3 e 4 do § 1º, ou praticá-las juntamente com qualquer outra infração prevista neste artigo, ser-lhe-ão aplicadas, cumulativamente, as respectivas penalidades.

• *§ 7º com redação dada pelo Decreto nº 54.178, de 30.3.2009 – DOE de 31.3.2009 – Efeitos a partir da publicação.*

§ 8º. As reduções ao valor da multa e o desconto no recolhimento do valor devido aplicam-se às autuações efetuadas desde 1º de outubro de 2007.

• *§ 8º com redação dada pelo Decreto nº 54.178, de 30.3.2009 – DOE de 31.3.2009 – Efeitos a partir da publicação.*

**Seção II – Da Fiscalização e Aplicação da Penalidade**

**Art. 2º.** Compete à Fundação de Proteção e Defesa do Consumidor – PROCON-SP:

I – fiscalizar e aplicar a penalidade prevista no art. 1º, na forma da legislação de proteção e defesa do consumidor;

II – julgar eventual defesa ou pedido de reconsideração;

III – estabelecer disciplina para a execução do disposto neste Decreto.

Parágrafo único. Fica a Secretaria da Fazenda autorizada a representar o Estado de São Paulo na celebração de convênio com a Fundação de Proteção e Defesa do Consumidor – PROCON-SP, observada a interveniência da Secretaria da Justiça e da Defesa da Cidadania, tendo por objeto a execução do disposto neste Decreto, inclusive delegando-se à Pasta inicialmente citada, no todo ou em parte, as competências a que alude o *caput* deste artigo.

**Seção III – Da Reclamação**

**Art. 3º.** O consumidor poderá registrar reclamação, pessoalmente ou por meio da Internet, observado o disposto no parágrafo único, até o décimo quinto dia do segundo mês subsequente ao da aquisição da mercadoria, bem ou serviço, nas hipóteses de:

I – falta de emissão ou de entrega de documento fiscal hábil;

II – recusa do fornecedor a indicar, no documento fiscal relativo à aquisição, o número de inscrição do consumidor no CPF ou no CNPJ;

III – falta de registro eletrônico na Secretaria da Fazenda do documento fiscal relativo à aquisição (REDF), na forma, prazo e condições estabelecidos pela referida Secretaria;

• *Inciso III com redação dada pelo Decreto nº 54.178, de 30.3.2009 – DOE de 31.3.2009 – Efeitos a partir da publicação.*

IV – divergência entre as informações constantes do documento fiscal relativo à aquisição e seu registro eletrônico na Secretaria da Fazenda (REDF);

V – ter o fornecedor dificultado ao consumidor o exercício dos direitos previstos na Lei nº 12.685, de 28 de agosto de 2007, inclusive por meio de omissão de informações ou pela criação de obstáculos procedimentais;

• *Inciso V acrescido pelo Decreto nº 54.178, de 30.3.2009 – DOE de 31.3.2009 – Efeitos a partir da publicação.*

VI – ter o fornecedor induzido, por qualquer meio, o consumidor a não exercer os direitos previstos na Lei nº 12.685, de 28 de agosto de 2007.

• *Inciso VI acrescido pelo Decreto nº 54.178, de 30.3.2009 – DOE de 31.3.2009 – Efeitos a partir da publicação.*

Parágrafo único. Para registrar a reclamação a que alude o *caput* deste artigo, observar-se-á o seguinte:

1. na hipótese de a reclamação ser registrada por meio da Internet, o consumidor deverá acessar o sítio da Nota Fiscal Paulista, no endereço eletrônico <www.nfp.fazenda.sp.gov.br>, e preencher os dados do formulário eletrônico;

2. na hipótese de a reclamação ser registrada pessoalmente, o consumidor deverá comparecer a um dos postos de atendimento da Fundação de Proteção e Defesa do Consumidor – PROCON-SP ou a um dos órgãos conveniados;

3. em qualquer das hipóteses a que aludem os itens 1 e 2, o consumidor deverá se cadastrar, previamente, por meio da Internet, acessando o endereço eletrônico indicado no item 1, ou num dos postos ou órgãos mencionados no item 2.

**Art. 4º.** Registrada a reclamação, o fornecedor da mercadoria, bem ou serviço será comunicado, por meio de mensagem eletrônica (e-mail) ou por via postal, para, no prazo de 10 (dez) dias contados da data de envio da comunicação, manifestar-se sobre a reclamação apresentada pelo consumidor.

§ 1º. A manifestação a que alude o *caput* dar-se-á uma única vez, somente por meio da Internet.

§ 2º. Poderá o fornecedor da mercadoria, bem ou serviço, mediante consulta ao endereço eletrônico <www.nfp.fazenda.sp.gov.br>, manifestar-se também sobre outras reclamações que lhe tenham sido dirigidas, observado o prazo assinalado no *caput*.

**Art. 5º.** Os dados contidos na reclamação a que se refere o artigo anterior ficarão disponíveis, pelo prazo mínimo de 5 (cinco) anos, no endereço eletrônico <www.nfp.fazenda.sp.gov.br> para fins de consulta:

I – pelo reclamante;

II – pela Fundação de Proteção e Defesa do Consumidor – PROCON-SP;

III – pela Secretaria da Fazenda;

IV – pelo fornecedor da mercadoria, bem ou serviço.

**Art. 6º.** O consumidor deverá, no período compreendido entre o vigésimo e o trigésimo dia após o registro da reclamação, por meio da Internet, no sítio <www.nfp.fazenda.sp.gov.br>, ou pessoalmente, informar se o fato reclamado foi esclarecido pelo fornecedor ou efetuar denúncia, nos termos do art. 7º, § 2º, deste Decreto.

§ 1º. A reclamação será arquivada se o consumidor informar que o fato reclamado foi esclarecido ou se não se manifestar no prazo de que trata o *caput*.

§ 2º. Será considerada válida a informação ou denúncia efetuada pelo consumidor antes do prazo previsto no *caput* deste artigo, desde que tenha transcorrido o prazo de que trata o *caput* do art. 4º.

• *§ 2º com redação dada pelo Decreto nº 54.178, de 30.3.2009 – DOE de 31.3.2009 – Efeitos a partir da publicação.*

**Seção IV – Da Denúncia**

**Art. 7º.** O consumidor poderá oferecer denúncia contra o fornecedor, pessoalmente ou por meio da Internet (endereço eletrônico <www.fazenda.sp.gov.br>), nas hipóteses previstas nos incisos I a VI, do art. 3º, deste Decreto.

• *Art. 7º,* caput, *com redação dada pelo Decreto nº 54.178, de 30.3.2009 – DOE de 31.3.2009 – Efeitos a partir da publicação.*

§ 1º. A denúncia apresentada pessoalmente deverá estar acompanhada de cópia dos documentos que comprovem a ocorrência do fato reclamado.

§ 2º. A denúncia por meio da Internet depende de prévio registro da reclamação a que alude o art. 3º, devendo a cópia dos documentos que comprovem a ocorrência do fato reclamado ser remetida a um dos postos de atendimento da Fundação de Proteção e Defesa do Consumidor – PROCON-SP, pessoalmente ou por via postal, ou transmitida pela Internet, para o endereço eletrônico assinalado no *caput* deste artigo, no prazo de até 10 (dez) dias, contados da data de sua formalização.

**Art. 8º.** Para a instrução da denúncia são necessários os seguintes documentos:

I – cópia de documento que comprove a aquisição efetuada pelo consumidor no estabelecimento fornecedor ou comprovante de pagamento relativo à aquisição, na hipótese de falta de emissão de documento fiscal;

II – cópia do documento fiscal emitido pelo fornecedor, nas hipóteses contempladas nos incisos II, III e IV do art. 3º.

§ 1º. As denúncias efetuadas sem a apresentação ou o envio dos documentos necessários serão arquivadas.

§ 2º. A cópia de documentos referida neste artigo:

1. não será considerada válida para fins de instrução da denúncia quando apresentar rasura ou estiver ilegível;

2. será destruída após sua digitalização.

§ 3°. A instrução da denúncia nas hipóteses dos incisos V e VI do art. 3° será efetuada conforme disciplina a ser estabelecida pela Secretaria da Fazenda.

- *§ 3° acrescido pelo Decreto nº 54.178, de 30.3.2009 – DOE de 31.3.2009 – Efeitos a partir da publicação.*

**Seção V – Da Análise da Denúncia e Lavratura do Auto de Infração**

**Art. 9°.** Recebida a denúncia e os documentos que a instruírem, o fornecedor será comunicado, por mensagem eletrônica (e-mail) ou por via postal, para, no prazo de 15 (quinze) dias contados da data de envio da comunicação, manifestar-se sobre a conduta que se lhe atribui.

§ 1°. Decorrido o prazo previsto no *caput* deste artigo, a denúncia será analisada pelo agente competente, independentemente de haver manifestação do fornecedor.

§ 2°. Na hipótese de a denúncia fundar-se no inciso I do art. 3° deste Decreto e o fornecedor alegar a regular emissão do documento fiscal, a Fundação de Proteção e Defesa do Consumidor – PROCON-SP deverá solicitar a manifestação da Coordenadoria da Administração Tributária da Secretaria da Fazenda, relativamente ao cumprimento das obrigações tributárias acessórias pelo denunciado.

§ 3°. Na hipótese de a denúncia ser julgada procedente, será lavrado o respectivo Auto de Infração.

§ 4°. Julgada improcedente a denúncia, seguir-se-á seu arquivamento.

**Seção VI – Do Julgamento e do Recurso**

**Art. 10.** Lavrado o Auto de Infração, o fornecedor será intimado, pessoalmente, por carta registrada ou por edital publicado no Diário Oficial do Estado, para, no prazo de 30 (trinta) dias contados do recebimento da intimação, apresentar defesa, dirigida à Diretoria Executiva da Fundação de Proteção e Defesa do Consumidor – PROCON-SP, sendo-lhe facultada a apresentação de provas.

§ 1°. Serão admitidas prova testemunhal, desde que reduzida a termo e firmada pelo declarante, sob as penas da lei, e prova pericial, a ser elaborada por perito contratado pelo fornecedor.

- *§ 1°, primitivo parágrafo único, renumerado pelo Decreto nº 55.818, de 14.5.2010 – DOE de 15.5.2010 – Efeitos a partir da publicação.*

§ 2°. Todas as provas deverão ser apresentadas no mesmo momento, junto com a defesa.

- *§ 2° acrescido pelo Decreto nº 55.818, de 14.5.2010 – DOE de 15.5.2010 – Efeitos a partir da publicação.*

§ 3°. Não apresentada a defesa, ou sendo esta parcial, deverá o fornecedor proceder ao recolhimento do valor da multa incontroversa no prazo de 30 (trinta) dias contados da data da intimação do Auto de Infração, sob pena de inscrição do débito na Dívida Ativa.

- *§ 3° acrescido pelo Decreto nº 55.818, de 14.5.2010 – DOE de 15.5.2010 – Efeitos a partir da publicação.*

§ 4°. Na hipótese de pagamento parcial, não sendo indicado pelo fornecedor a que fato se refere, este será imputado por ordem cronológica do registro da reclamação.

- *§ 4° acrescido pelo Decreto nº 55.818, de 14.5.2010 – DOE de 15.5.2010 – Efeitos a partir da publicação.*

**Art. 11.** Julgado subsistente, no todo ou em parte, o Auto de Infração, caberá pedido de reconsideração, no prazo de 15 (quinze) dias contados da intimação da decisão, a ser processado com efeito suspensivo.

§ 1°. Julgada procedente a defesa, o Auto de Infração será considerado insubsistente e o processo arquivado.

§ 2°. Não apresentado pedido de reconsideração ou sendo-lhe negado provimento, deverá o fornecedor proceder ao recolhimento da multa no prazo de 30 (trinta) dias contados da data da intimação da respectiva decisão, sob pena de inscrição do débito na dívida ativa.

**Seção VII – Das Disposições Finais**

**Art. 12.** A renda proveniente da aplicação da multa de que trata o art. 1° constitui recurso da Fundação de Proteção e Defesa do Consumidor – PROCON-SP, nos termos do art. 7°, inciso VI, da Lei nº 9.192, de 23 de novembro de 1995.

Parágrafo único. O produto da arrecadação de que trata o *caput* deste artigo poderá ser destinado, mediante a celebração de convênio, a órgãos ou entidades públicas para fins de cumprimento do disposto neste Decreto.

**Art. 13.** Aplica-se subsidiariamente ao processo administrativo de que trata este Decreto, no que couber, o disposto na Lei nº 10.177, de 30 de dezembro de 1998.

**Art. 14.** No caso de aplicação da penalidade prevista neste Decreto, decorrente de fiscalização efetuada pelo PROCON, ainda que não tenha sido iniciada em razão da denúncia de que trata o art. 7°, aplica-se, no que couber, o disposto nos arts. 10 e 11 deste Decreto.

**Art. 15.** Na hipótese de lavratura de Auto de Infração em decorrência de reclamação registrada pelo consumidor nos termos do art. 3°, o valor relativo à aquisição da mercadoria, bem ou serviço será considerado para fins de atribuição do crédito de que trata o art. 2° da Lei nº 12.685, de 28 de agosto de 2007, a ser calculado e disponibilizado conforme disciplina estabelecida pela Secretaria da Fazenda.

**Art. 16.** A Secretaria da Fazenda poderá conceder crédito ao consumidor que tenha realizado aquisição de mercadorias, bens e serviços a partir de 1° de outubro de 2007, cujos documentos não tenham sido regularmente emitidos ou registrados pelo fornecedor, desde que o consumidor tenha efetuado a respectiva reclamação por meio da Internet (endereço eletrônico <www.fazenda.sp.gov.br>), até 16 de outubro de 2008.

§ 1°. O cálculo do valor do crédito de que trata o *caput* deste artigo será feito mediante a multiplicação do valor da aquisição pelo IMC – Índice Médio de Crédito relativo ao mês da aquisição.

§ 2°. Compete à Secretaria da Fazenda calcular o IMC – Índice Médio de Crédito relativo ao mês da aquisição, com base no valor médio global efetivamente distribuído nos termos do *caput* do art. 3° da Lei nº 12.685, de 28 de agosto de 2007.

§ 3°. A Secretaria da Fazenda poderá estabelecer limite de valor para o crédito a ser concedido nos termos do *caput* deste artigo.

- *Art. 16 com redação dada pelo Decreto nº 54.178, de 30.3.2009 – DOE de 31.3.2009 – Efeitos a partir da publicação.*

**Art. 16-A.** O fornecedor que tiver recolhido a multa aplicada nos termos da Lei nº 12.685, de 28 de agosto de 2007, poderá, conforme disciplina a ser estabelecida pela Secretaria da Fazenda e pelo PROCON-SP, solicitar restituição do valor correspondente à diferença entre a importância efetivamente paga e aquela que seria devida de acordo com o disposto no art. 7º, §§ 2º a 5º, do mencionado diploma legal, na redação dada pela Lei nº 13.441, de 10 de março de 2009.

- *Art. 16-A acrescido pelo Decreto nº 54.178, de 30.3.2009 – DOE de 31.3.2009 – Efeitos a partir da publicação.*

**Art. 16-B.** O fornecedor que não tiver recolhido a multa aplicada nos termos da Lei nº 12.685, de 28 de agosto de 2007, poderá, no prazo de 30 (trinta) dias, contado da data a ser estabelecida pela Secretaria da Fazenda e pelo PROCON-SP, recolher o valor devido de acordo com o disposto no art. 7º, §§ 2º a 5º, do mencionado diploma legal, na redação dada pela Lei nº 13.441, de 10 de março de 2009.

- *Art. 16-B acrescido pelo Decreto nº 54.178, de 30.3.2009 – DOE de 31.3.2009 – Efeitos a partir da publicação.*

**Art. 17.** Este Decreto entra em vigor na data de sua publicação, produzindo efeitos, no tocante aos arts. 3º a 9º, a partir de 16 de outubro de 2008, ficando revogadas as disposições em contrário, em especial o art. 6º do Decreto nº 52.096, de 28 de agosto de 2007.

- *Art. 16 com redação dada pelo Decreto nº 53.360, de 29.8.2008 – DOE de 30.8.2008 – Efeitos a partir da publicação.*

Palácio dos Bandeirantes, 11 de junho de 2008.

*José Serra – DOE de 12.6.2008*

## 292. DECRETO Nº 53.158, DE 23 DE JUNHO DE 2008

*Introduz alterações no Regulamento do Imposto sobre Operações Relativas à Circulação de Mercadorias e sobre Prestações de Serviços de Transporte Interestadual e Intermunicipal e de Comunicação – RICMS.*

José Serra, Governador do Estado de São Paulo, no uso de suas atribuições legais e tendo em vista o disposto no art. 8º, inciso XVII, e § 10 da Lei nº 6.374/1989, decreta:

**Art. 1º.** Ficam acrescentados os arts. 346-A e 346-B ao Regulamento do Imposto sobre Operações Relativas à Circulação de Mercadorias e sobre Prestações de Serviços de Transporte Interestadual e Intermunicipal e de Comunicação – RICMS, aprovado pelo Decreto nº 45.490, de 30 de novembro de 2000, com a seguinte redação:

- *Alteração já efetuada no corpo do Decreto.*

**Art. 2º.** Este Decreto entra em vigor na data de sua publicação.

Palácio dos Bandeirantes, 23 de junho de 2008.

*José Serra – DOE de 24.6.2008*

## 293. DECRETO Nº 53.159, DE 23 DE JUNHO DE 2008

*Introduz alterações no Regulamento do Imposto sobre Operações Relativas à Circulação de Mercadorias e sobre Prestações de Serviços de Transporte Interestadual e Intermunicipal e de Comunicação – RICMS.*

José Serra, Governador do Estado de São Paulo, no uso de suas atribuições legais e tendo em vista o disposto nos Ajustes SINIEF-2/05, 2/08 e 3/08 e nos Convênios ICMS-16/08, 26/08 e 36/08, celebrados no Rio de Janeiro, RJ, no dia 4 de abril de 2008, decreta:

**Art. 1º.** Passam a vigorar com a redação que se segue os dispositivos adiante indicados do Regulamento do Imposto sobre Operações Relativas à Circulação de Mercadorias e sobre Prestações de Serviços de Transporte Interestadual e Intermunicipal e de Comunicação, aprovado pelo Decreto nº 45.490, de 30 de novembro de 2000:

I – o inciso II do art. 4º:

II – o item 2 do § 3º do art. 183:

III – do art. 46 do Anexo I:

a) o *caput*:

b) o inciso I:

c) o inciso II:

IV – o *caput* do art. 94 do Anexo I:

- *Alterações já efetuadas no corpo do Decreto.*

**Art. 2º.** Ficam acrescentados os dispositivos adiante indicados ao Regulamento do Imposto sobre Operações Relativas à Circulação de Mercadorias e sobre Prestações de Serviços de Transporte Interestadual e Intermunicipal e de Comunicação, aprovado pelo Decreto nº 45.490, de 30 de novembro de 2000, com a seguinte redação:

I – o art. 206-A:

II – o art. 206-B:

III – ao Anexo II, o art. 49:

IV – à Tabela I do Anexo V:

a) o código 5.606, com a respectiva Nota Explicativa:

b) o código 6.360, com a respectiva Nota Explicativa:

- *Alterações já efetuadas no corpo do Decreto.*

**Art. 3º.** Ficam revogadas as alíneas "b" e "c" do inciso VIII do art. 27 do Anexo II do Regulamento do Imposto sobre Operações Relativas à Circulação de Mercadorias e sobre Prestações de Serviços de Transporte Interestadual e Intermunicipal e de Comunicação, aprovado pelo Decreto nº 45.490, de 30 de novembro de 2000.

- *Alteração já efetuada no corpo do Decreto.*

**Art. 4º.** Este Decreto entra em vigor na data de sua publicação, produzindo efeitos desde 30 de abril de 2008, exceto em relação aos dispositivos adiante indicados, que produzem efeitos:

I – desde 1º de maio de 2008, a alínea "b" do inciso IV do art. 2º

II – a partir de 2 de junho de 2008, os incisos I e II do art. 1º, os incisos I e II do art. 2º e a alínea "a" do inciso IV do art. 2º.

Palácio dos Bandeirantes, 23 de junho de 2008.

*José Serra – DOE de 24.6.2008*

## 294. DECRETO Nº 53.172, DE 26 DE JUNHO DE 2008

*Altera o Decreto nº 52.943, de 29.4.2008, que fixa prazo especial para recolhimento do ICMS devido, na condição de sujeito passivo por substituição, pelas operações subsequentes com produtos da indústria alimentícia e com materiais de construção e congêneres.*

- *O Decreto nº 52.943, de 29.4.2008 foi revogado pelo Decreto nº 53.812, de 12.12.2008.*

## 295. DECRETO Nº 53.173, DE 26 DE JUNHO DE 2008

*Altera o Decreto nº 52.761, de 28.2.2008, que fixa prazo especial para recolhimento do ICMS devido, na condição de sujeito passivo por substituição, pelas operações subsequentes com as mercadorias que especifica.*

- *O Decreto nº 52.761, de 28.2.2008 foi revogado pelo Decreto nº 53.812, de 12.12.2008.*

## 296. DECRETO Nº 53.174, DE 26 DE JUNHO DE 2008

*Altera o Decreto nº 52.847, de 31.3.2008, que disciplina o recolhimento de ICMS relativo ao estoque de ração animal, produtos de limpeza, produtos fonográficos, autopeças, pilhas e baterias, lâmpadas elétricas, papel, produtos de higiene pessoal e contraceptivos recebidos antes do início da vigência do regime de retenção antecipada por substituição tributária, e dá outras providências.*

José Serra, Governador do Estado de São Paulo, no uso de suas atribuições legais e tendo em vista o disposto nos arts. 59, 60 e 66-F, inciso III, da Lei nº 6.374, de 1º de março de 1989, e no art. 2º do Decreto nº 52.804, de 13 de março de 2008, decreta:

**Art. 1º.** Passa a vigorar com a redação que se segue o § 3º do art. 1º do Decreto nº 52.847, de 31 de março de 2008:

- *Alteração já efetuada no corpo do Decreto.*

**Art. 2º.** Para fins de aplicação do disposto no art. 1º deste Decreto, o contribuinte deverá recalcular o valor das parcelas vincendas, procedendo do seguinte modo:

I – deduzir os valores correspondentes às parcelas já recolhidas do valor do imposto devido relativamente ao estoque de mercadorias existente no final do dia 31 de março de 2008;

II – dividir o saldo obtido nos termos do inciso I pelo número de parcelas a vencer, considerando o limite de até 8 (oito) parcelas mensais, iguais e sucessivas.

**Art. 3º.** Este Decreto entrará em vigor na data de sua publicação.

Palácio dos Bandeirantes, 26 de junho de 2008.

*José Serra – DOE de 27.6.2008*

## 297. DECRETO Nº 53.175, DE 26 DE JUNHO DE 2008

*Altera o Decreto nº 52.665, de 24.1.2008, que disciplina o recolhimento de ICMS relativo ao estoque de medicamentos, bebidas alcoólicas, produtos de perfumaria e de higiene pessoal recebidos antes do início do regime de retenção antecipada por substituição tributária, e dá outras providências.*

José Serra, Governador do Estado de São Paulo, no uso de suas atribuições legais e tendo em vista o disposto nos arts. 59, 60 e 66-F, inciso III, da Lei nº 6.374, de 1º de março de 1989, e no art. 2º do Decreto nº 52.364, de 13 de novembro de 2007, decreta:

**Art. 1º.** Passam a vigorar com a redação que se segue os dispositivos adiante indicados do Decreto nº 52.665, de 24 de janeiro de 2008:

I – o § 3º do art. 1º (Medicamentos):

II – o § 3º do art. 2º (Bebidas alcoólicas):

III – o § 3º do art. 3º (Perfumaria):

IV – o § 3º do art. 4º (Higiene):

- *Alterações já efetuadas no corpo do Decreto.*

**Art. 2º.** Para fins de aplicação do disposto no art. 1º deste Decreto, o contribuinte deverá recalcular o valor das parcelas vincendas, procedendo do seguinte modo:

I – deduzir os valores correspondentes às parcelas já recolhidas do valor do imposto devido relativamente ao estoque de mercadorias existente no final do dia 31 de janeiro de 2008;

II – dividir o saldo obtido nos termos do inciso I pelo número de parcelas a vencer, considerando o limite de até 10 (dez) parcelas mensais, iguais e sucessivas.

**Art. 3º.** Este Decreto entrará em vigor na data de sua publicação.

Palácio dos Bandeirantes, 26 de junho de 2008.

*José Serra – DOE de 27.6.2008*

## 298. DECRETO Nº 53.176, DE 26 DE JUNHO DE 2008

*Introduz alterações no Regulamento do Imposto sobre Operações Relativas à Circulação de Mercadorias e sobre Prestações de Serviços de Transporte Interestadual e Intermunicipal e de Comunicação – RICMS.*

José Serra, Governador do Estado de São Paulo, no uso de suas atribuições legais e tendo em vista o disposto nos Convênios ICMS-128/94, de 20 de outubro de 1994, 100/97, de 4 de novembro de 1997, e 53/08, de 29 de abril de 2008, e no Protocolo ICMS-26/08, de 4 de abril de 2008, decreta:

**Art. 1º.** Passam a vigorar com a redação que se segue os dispositivos adiante indicados do Regulamento do Imposto sobre Operações Relativas à Circulação de Mercadorias e sobre Prestações de Serviços de Transporte Interestadual e Intermunicipal e de Comunicação, aprovado pelo Decreto nº 45.490, de 30 de novembro de 2000:

I – o item 3 do § 2º do art. 295:

II – o § 2º do art. 10 do Anexo II:

- *Alterações já efetuadas no corpo do Decreto.*

**Art. 2º.** Fica revogado o item 2 do § 2º do art. 3º do Anexo II do Regulamento do Imposto sobre Operações Relativas à Circulação de Mercadorias e sobre Prestações de Serviços de Transporte Interestadual e Intermunicipal e de Comunicação, aprovado pelo Decreto nº 45.490, de 30 de novembro de 2000.

- *Alteração já efetuada no corpo do Decreto.*

**Art. 3º.** Este Decreto entra em vigor na data de sua publicação, exceto em relação ao art. 1º, que produz efeitos desde:

I – 14 de abril de 2008, o inciso I;

II – 1º de maio de 2008, o inciso II.

Palácio dos Bandeirantes, 26 de junho de 2008.

*José Serra – DOE de 27.6.2008*

## 299. DECRETO Nº 53.177, DE 26 DE JUNHO DE 2008

*Altera o Decreto nº 52.942, de 29.4.2008, que disciplina o recolhimento de ICMS relativo ao estoque de produtos da indústria alimentícia e de materiais de construção e congêneres recebidos antes do início da vigência do regime de retenção antecipada por substituição tributária, e dá outras providências.*

José Serra, Governador do Estado de São Paulo, no uso de suas atribuições legais e tendo em vista o disposto nos arts. 59, 60 e 66-F, inciso III, da Lei nº 6.374, de 1º de março de 1989, e no art. 2º do Decreto nº 52.921, de 18 de abril de 2008, decreta:

**Art. 1º.** Passa a vigorar com a redação que se segue o § 3º do art. 1º do Decreto nº 52.942, de 29 de abril de 2008:

• *Alteração já efetuada no corpo do Decreto.*

**Art. 2º.** Para fins de aplicação do disposto no art. 1º deste Decreto, o contribuinte deverá recalcular o valor das parcelas vincendas, procedendo do seguinte modo:

I – na hipótese de ainda não ter recolhido nenhuma parcela, dividir o valor do imposto devido relativamente ao estoque de mercadorias existente no final do dia 30 de abril de 2008 pelo número máximo de 8 (oito) parcelas;

II – na hipótese de já ter recolhido uma ou mais parcelas:

a) deduzir os valores correspondentes às parcelas já recolhidas do valor do imposto devido relativamente ao estoque de mercadorias existente no final do dia 30 de abril de 2008;

b) dividir o saldo obtido nos termos da alínea "a" pelo número de parcelas a vencer, considerando o limite de até 8 (oito) parcelas mensais, iguais e sucessivas.

**Art. 3º.** Este Decreto entrará em vigor na data de sua publicação.

Palácio dos Bandeirantes, 26 de junho de 2008.

*José Serra – DOE de 27.6.2008*

## 300. DECRETO Nº 53.186, DE 27 DE JUNHO DE 2008

*Introduz alterações no Regulamento do Imposto sobre Operações Relativas à Circulação de Mercadorias e sobre Prestações de Serviços de Transporte Interestadual e Intermunicipal e de Comunicação – RICMS e dá outras providências.*

José Serra, Governador do Estado de São Paulo, no uso de suas atribuições legais e tendo em vista o disposto nos arts. 8º, inciso XXIV, § 10, e 112 da Lei nº 6.374, de 1º de março de 1989, decreta:

**Art. 1º.** Passam a vigorar com a redação que se segue os dispositivos adiante indicados do Regulamento do Imposto sobre Operações Relativas à Circulação de Mercadorias e sobre Prestações de Serviços de Transporte Interestadual e Intermunicipal e de Comunicação – RICMS, aprovado pelo Decreto nº 45.490, de 30 de novembro de 2000:

I – das Disposições Transitórias:

a) o art. 24;

b) o § 3º do art. 27;

II – o § 3º do art. 32 do Anexo II;

III – o § 3º do art. 33 do Anexo II;

IV – o § 3º do art. 34 do Anexo II;

V – o § 3º do art. 35 do Anexo II;

VI – o § 3º do art. 37 do Anexo II;

VII – o § 3º do art. 39 do Anexo II;

VIII – o § 2º do art. 44 do Anexo II;

• *Alterações já efetuadas no corpo do Decreto.*

**Art. 2º.** Após 31 de dezembro de 2008, as prorrogações dos benefícios de que trata o art. 1º serão condicionadas à aprovação de programas de desenvolvimento pela Comissão de Avaliação de Desenvolvimento Econômico do Estado de São Paulo, instituída pela Resolução Conjunta nº 1, de 24 de janeiro de 2007.

§ 1º. Os programas de desenvolvimento serão propostos por entidades representativas das empresas dos respectivos setores de atividade econômica na forma, condições e prazos estipulados pela Comissão de Avaliação de Desenvolvimento Econômico do Estado de São Paulo e deverão prever planos e metas semestrais, tais como de arrecadação de impostos, de investimentos e de geração de empregos diretos ou indiretos.

§ 2º. A não apresentação ou descumprimento dos programas de desenvolvimento importará a não prorrogação de benefícios fiscais.

**Art. 3º.** Fica revogado o § 4º do art. 34 do Anexo II do Regulamento do Imposto sobre Operações Relativas à Circulação de Mercadorias e sobre Prestações de Serviços de Transporte Interestadual e Intermunicipal e de Comunicação – RICMS, aprovado pelo Decreto nº 45.490, de 30 de novembro de 2000.

• *Alteração já efetuada no corpo do Decreto.*

**Art. 4º.** Este Decreto entra em vigor na data de sua publicação, produzindo efeitos a partir de 1º de julho de 2008.

Palácio dos Bandeirantes, 27 de junho de 2008.

*José Serra – DOE de 28.6.2008*

## 301. DECRETO Nº 53.199, DE 1º DE JULHO DE 2008

*Introduz alterações no Regulamento do Imposto sobre Operações Relativas à Circulação de Mercadorias e sobre Prestações de Serviços de Transporte Interestadual e Intermunicipal e de Comunicação – RICMS.*

José Serra, Governador do Estado de São Paulo, no uso de suas atribuições legais e tendo em vista o disposto nos arts. 16, § 1º, 19 e 21 da Lei nº 6.374 de 1º de março de 1989, na redação da Lei nº 12.294, de 6 de março de 2006, decreta:

**Art. 1º.** Fica alterado, com a redação que se segue, o *caput* do art. 21 do Regulamento do Imposto sobre Operações Relativas à Circulação de Mercadorias e sobre Prestações de Serviços de Transporte Interestadual e Intermunicipal e de Comunicação, aprovado pelo Decreto nº 45.490, de 30 de novembro de 2000:

• *Alteração já efetuada no corpo do Decreto.*

**Art. 2º.** Ficam acrescentados ao Regulamento do Imposto sobre Operações Relativas à Circulação de Mercadorias e sobre Prestações de Serviços de Transporte Interestadual e Intermunicipal e de Comunicação, aprovado pelo Decreto nº 45.490, de 30 de novembro de 2000, os seguintes dispositivos:

I – o item 7 do § 3º do art. 21:

II – o inciso V ao art. 24:

III – o inciso VIII ao art. 31:

• *Alterações já efetuadas no corpo do Decreto.*

**Art. 3º.** Este Decreto entrará em vigor na data de sua publicação.

Palácio dos Bandeirantes, 1º de julho de 2008.

*José Serra – DOE de 2.7.2008*

## 302. DECRETO Nº 53.216, DE 7 DE JULHO DE 2008

*Introduz alteração no Regulamento do Imposto sobre Operações Relativas à Circulação de Mercadorias e sobre Prestações de Serviços de Transporte Interestadual e Intermunicipal e de Comunicação – RICMS.*

José Serra, Governador do Estado de São Paulo, no uso de suas atribuições legais e tendo em vista o disposto na Lei Complementar Federal nº 123, de 14 de dezembro de 2006, decreta:

**Art. 1º.** Fica acrescentado o § 5º ao art. 117 do Regulamento do Imposto sobre Operações Relativas à Circulação de Mercadorias e sobre Prestações de Serviços de Transporte Interestadual e Intermunicipal e de Comunicação – RICMS, aprovado pelo Decreto nº 45.490, de 30 de novembro de 2000, com a seguinte redação:

• *Alteração já efetuada no corpo do Decreto.*

**Art. 2º.** Este Decreto entra em vigor na data de sua publicação.

Palácio dos Bandeirantes, 7 de julho de 2008.

*José Serra – DOE de 8.7.2008*

## 303. DECRETO Nº 53.217, DE 7 DE JULHO DE 2008

*Introduz alterações no Regulamento do Imposto sobre Operações Relativas à Circulação de Mercadorias e sobre Prestações de Serviços de Transporte Interestadual e Intermunicipal e de Comunicação – RICMS e dá outras providências.*

José Serra, Governador do Estado de São Paulo, no uso de suas atribuições legais e tendo em vista o disposto nos arts. 67, 68 e 69 da Lei nº 6.374, de 1º de março de 1989, decreta:

**Art. 1º.** Passa a vigorar com a redação que se segue o § 7º do art. 212-P do Regulamento do Imposto sobre Operações Relativas à Circulação de Mercadorias e sobre Prestações de Serviços de transporte Interestadual e Intermunicipal e de Comunicação – RICMS, aprovado pelo Decreto nº 45.490, de 30 de novembro de 2000:

• *Alteração já efetuada no corpo do Decreto.*

**Art. 2º.** Ficam acrescentados os dispositivos adiante indicados ao Regulamento do Imposto sobre Operações Relativas à Circulação de Mercadorias e sobre Prestações de Serviços de Transporte Interestadual e Intermunicipal e de Comunicação, aprovado pelo Decreto nº 45.490, de 30 de novembro de 2000, com a seguinte redação:

I – ao art. 67, o inciso VII:

• *Alteração já efetuada no corpo do Decreto.*

II – ao art. 132-A, o parágrafo único:

• *Alteração já efetuada no corpo do Decreto.*

**Art. 3º.** Este Decreto entra em vigor na data de sua publicação.

Palácio dos Bandeirantes, 7 de julho de 2008.

*José Serra – DOE de 8.7.2008*

## 304. DECRETO Nº 53.218, DE 7 DE JULHO DE 2008

*Dispõe sobre a apropriação e utilização de crédito acumulado do ICMS por contribuinte optante do Simples Nacional.*

José Serra, Governador do Estado de São Paulo, no uso de suas atribuições legais e tendo em vista o disposto nos arts. 71 a 84 do Regulamento do Imposto sobre Operações Relativas à Circulação de Mercadorias e sobre Prestações de Serviços de Transporte Interestadual e Intermunicipal e de Comunicação, aprovado pelo Decreto nº 45.490, de 30 de novembro de 2000, e na Lei Complementar Federal nº 123, de 14 de dezembro de 2006, decreta:

**Art. 1º.** O contribuinte paulista do ICMS sujeito às normas do Regime Especial Unificado de Arrecadação de Tributos e Contribuições devidos pelas Microempresas e Empresas de Pequeno Porte – Simples Nacional que:

I – possuir crédito acumulado do imposto, devidamente apropriado nos termos do art. 72 do Regulamento do ICMS, antes de sua opção pelo Simples Nacional, poderá utilizá-lo até 31 de dezembro de 2008;

II – possuir pedido de autorização de apropriação de crédito acumulado do imposto, apresentado antes de sua opção pelo Simples Nacional e ainda pendente de decisão da Secretaria da Fazenda, terá o prazo até 31 de dezembro de 2008 ou de 90 (noventa) dias contados da data da autorização, o que ocorrer depois, para utilizar o crédito acumulado do imposto;

III – não tenha solicitado, ainda, a apropriação do crédito acumulado, gerado em razão das hipóteses previstas no art. 71 do Regulamento do ICMS e antes de sua opção pelo Simples Nacional, poderá apresentar o pedido de apropriação à Secretaria da Fazenda, até 31 de dezembro de 2008, nos termos de disciplina por ela estabelecida, e utilizar o referido crédito no prazo referido no inciso II.

§ 1º. Interrompem-se os prazos previstos nos incisos I a III quando a utilização do crédito acumulado sujeitar-se à prévia autorização do Secretário da Fazenda, hipótese na qual deverão ser observados os prazos e condições estabelecidos na referida autorização.

§ 2º. A utilização do crédito acumulado, em qualquer das hipóteses previstas neste artigo, deverá observar o disposto nos arts. 73 a 76 e 84 do Regulamento do ICMS.

**Art. 2º.** O contribuinte paulista do ICMS que vier a optar pelo Regime Especial Unificado de Arrecadação de Tributos e Contribuições devidos pelas Microempresas e Empresas de Pequeno Porte – Simples Nacional após a data da publicação deste Decreto poderá, relativamente ao crédito acumulado gerado antes dessa opção:

I – apresentar pedido de apropriação de crédito acumulado, até 31 de janeiro do mesmo ano em que efetuar a opção pelo Simples Nacional, conforme disciplina estabelecida pela Secretaria da Fazenda;

II – utilizar, até 31 de dezembro do mesmo ano em que efetuar a opção pelo Simples Nacional ou no prazo de 90 (noventa) dias contados da data da autorização de apropriação, o que ocorrer depois, o crédito acumulado devidamente apropriado nos termos da legislação, observado o disposto nos §§ 1º e 2º do art. 1º.

**Art. 3º.** Ao contribuinte paulista do ICMS que, a partir de 1º de julho de 2007, passou a sujeitar-se às normas do Regime Especial Unificado de Arrecadação de Tributos e Contribuições devidos pelas Microempresas e Empresas de Pequeno Porte – Simples Nacional e que, posteriormente a essa data, reenquadrou-se no Regime Periódico de Apuração – RPA aplica-se o disposto no inciso III e §§ 1º e 2º do art. 1º, relativamente ao crédito acumulado gerado antes de sua opção pelo Simples Nacional.

**Art. 4º.** Em qualquer das hipóteses previstas neste Decreto, o crédito acumulado considerar-se-á apropriado quando lançado nos termos do inciso II do art. 72 do Regulamento do ICMS, devendo a apropriação ser efetuada pelo contribuinte no último período de apuração pelo Regime Periódico de Apuração – RPA, anterior a sua sujeição às normas do Regime Especial Unificado de Arrecadação de Tributos e Contribuições devidos pelas Microempresas e Empresas de Pequeno Porte – Simples Nacional, mediante substituição da Guia de Informação e Apuração do ICMS – GIA, se for o caso.

**Art. 5º.** Este Decreto entra em vigor na data de sua publicação.

Palácio dos Bandeirantes, 7 de julho de 2008.

*José Serra – DOE de 8.7.2008*

## 305. DECRETO Nº 53.219, DE 7 DE JULHO DE 2008

*Introduz alteração no Regulamento do Imposto sobre Operações Relativas à Circulação de Mercadorias e sobre Prestações de Serviços de Transporte Interestadual e Intermunicipal e de Comunicação – RICMS.*

José Serra, Governador do Estado de São Paulo, no uso de suas atribuições legais e tendo em vista o disposto no Convênio ICMS-128/94, de 20 de outubro de 1994, decreta:

**Art. 1º.** Passa a vigorar com a redação que se segue o § 2º do art. 3º do Anexo II do Regulamento do Imposto sobre Operações Relativas à Circulação de Mercadorias e sobre Prestações de Serviços de Transporte Interestadual e Intermunicipal e de Comunicação, aprovado pelo Decreto nº 45.490, de 30 de novembro de 2000:

• *Alteração já efetuada no corpo do Decreto.*

**Art. 2º.** Este Decreto entra em vigor na data de sua publicação.

Palácio dos Bandeirantes, 7 de julho de 2008.

*José Serra – DOE de 8.7.2008*

## 306. DECRETO Nº 53.257, DE 22 DE JULHO DE 2008

*Introduz alteração no Regulamento do Imposto sobre Operações Relativas à Circulação de Mercadorias e sobre Prestações de Serviços de Transporte Interestadual e Intermunicipal e de Comunicação – RICMS.*

José Serra, Governador do Estado de São Paulo, no uso de suas atribuições legais, decreta:

**Art. 1º.** Fica acrescentado com a redação que se segue o item 3 ao § 1º do art. 7º do Regulamento do Imposto sobre Operações Relativas à Circulação de Mercadorias e sobre Prestações de Serviços de Transporte Interestadual e Intermunicipal e de Comunicação, aprovado pelo Decreto nº 45.490, de 30 de novembro de 2000:

• *Alteração já efetuada no corpo do Decreto.*

**Art. 2º.** Este Decreto entra em vigor na data de sua publicação.

Palácio dos Bandeirantes, 22 de julho de 2008.

*José Serra – DOE de 23.7.2008*

## 307. DECRETO Nº 53.258, DE 22 DE JULHO DE 2008

*Introduz alterações no Regulamento do Imposto sobre Operações Relativas à Circulação de Mercadorias e sobre Prestações de Serviços de Transporte Interestadual e Intermunicipal e de Comunicação – RICMS.*

José Serra, Governador do Estado de São Paulo, no uso de suas atribuições legais e tendo em vista o disposto no Convênio ICMS-04/04, de 2 de abril de 2004, e no Parecer PA nº 35/2007, exarado pela Procuradoria Geral do Estado, decreta:

**Art. 1º.** Passa a vigorar com a redação que se segue o *caput* do art. 316 do Regulamento do Imposto sobre Operações Relativas à Circulação de Mercadorias e sobre Prestações de Serviços de Transporte Interestadual e Intermunicipal e de Comunicação, aprovado pelo Decreto nº 45.490, de 30 de novembro de 2000:

• *Alteração já efetuada no corpo do Decreto.*

**Art. 2º.** Fica acrescentado o art. 139 ao Anexo I do Regulamento do Imposto sobre Operações Relativas à Circulação de Mercadorias e sobre Prestações de Serviços de Transporte Interestadual e Intermunicipal e de Comunicação, aprovado pelo Decreto nº 45.490, de 30 de novembro de 2000, com a seguinte redação:

• *Alteração já efetuada no corpo do Decreto.*

**Art. 3º.** Ficam revogados os arts. 317 e 318 e o § 2º do art. 358, todos do Regulamento do Imposto sobre Operações Relativas à Circulação de Mercadorias e sobre Prestações de Serviços de Transporte Interestadual e Intermunicipal e de Comunicação, aprovado pelo Decreto nº 45.490, de 30 de novembro de 2000.

• *Alteração já efetuada no corpo do Decreto.*

**Art. 4º.** Este Decreto entra em vigor na data de sua publicação, produzindo efeitos a partir de 1º de agosto de 2008.

Palácio dos Bandeirantes, 22 de julho de 2008.

*José Serra – DOE de 23.7.2008*

## 308. DECRETO Nº 53.259, DE 22 DE JULHO DE 2008

*Introduz alteração no Regulamento do Imposto sobre Operações Relativas à Circulação de Mercadorias e sobre Prestações de Serviços de Transporte Interestadual e Intermunicipal e de Comunicação – RICMS.*

José Serra, Governador do Estado de São Paulo, no uso de suas atribuições legais e tendo em vista o disposto no art. 67, § 1º da Lei nº 6.374, de 1º de março de 1989, decreta:

**Art. 1º.** Passa a vigorar com a seguinte redação a alínea "h" do inciso I do art. 140 do Regulamento do Imposto sobre Operações Relativas à Circulação de Mercadorias e sobre Prestações de Serviços de Transporte Interestadual e Intermunicipal e de Comunicação – RICMS, aprovado pelo Decreto nº 45.490, de 30 de novembro de 2000:

• *Alteração já efetuada no corpo do Decreto.*

**Art. 2º.** Este Decreto entra em vigor na data de sua publicação.

Palácio dos Bandeirantes, 22 de julho de 2008.

*José Serra – DOE de 23.7.2008*

## 309. DECRETO Nº 53.276, DE 24 DE JULHO DE 2008

*Isenta do Imposto sobre Operações Relativas à Circulação de Mercadorias e sobre Prestações de Serviços de Transporte Interestadual e Intermunicipal e de Comunicação – ICMS a importação de equipamento hospitalar que especifica pela Fundação Antônio Prudente. (DOE de 25.7.2008)*

• *Pode ser considerado sem mais efeito em razão do cumprimento de seu prazo.*

## 310. DECRETO Nº 53.295, DE 4 DE AGOSTO DE 2008

*Introduz alterações no Regulamento do Imposto sobre Operações Relativas à Circulação de Mercadorias e sobre Prestações de Serviços de Transporte Interestadual e Intermunicipal e de Comunicação – RICMS e dá outras providências.*

José Serra, Governador do Estado de São Paulo, no uso de suas atribuições legais e tendo em vista o disposto nos arts. 67, 68 e 69 da Lei nº 6.374, de 1º de março de 1989, decreta:

**Art. 1º.** Passam a vigorar com a redação que se segue os dispositivos adiante indicados do Regulamento do Imposto sobre Operações Relativas à Circulação de Mercadorias e sobre Prestações de Serviços de transporte Interestadual e Intermunicipal e de Comunicação – RICMS, aprovado pelo Decreto nº 45.490, de 30 de novembro de 2000:

I – o § 1º do art. 273:

II – o *caput* do art. 3º do Anexo X, mantidos os incisos:

III – o *caput* do art. 13 do Anexo X, mantidos os incisos:

• *Alterações já efetuadas no corpo do Decreto.*

**Art. 2º.** Fica acrescentado o inciso III ao art. 273 do Regulamento do Imposto sobre Operações Relativas à Circulação de Mercadorias e sobre Prestações de Serviços de Transporte Interestadual e Intermunicipal e de Comunicação – RICMS, aprovado pelo Decreto nº 45.490, de 30 de novembro de 2000, com a seguinte redação:

• *Alteração já efetuada no corpo do Decreto.*

**Art. 3º.** Produzem os efeitos atribuídos pelo inciso III do art. 273 do Regulamento do ICMS, na redação dada pelo art. 2º deste Decreto, os destaques do ICMS sobre a operação própria nas Notas Fiscais Eletrônicas – NF-e e nos Documentos Auxiliares da Nota Fiscal Eletrônica – DANFEs, que tenham sido emitidos por sujeito passivo por substituição tributária anteriormente a publicação deste Decreto.

**Art. 4º.** Este Decreto entra em vigor na data de sua publicação.

Palácio dos Bandeirantes, 4 de agosto de 2008.

*José Serra – DOE de 5.8.2008*

## 311. DECRETO Nº 53.335, DE 20 DE AGOSTO DE 2008

*Altera o Decreto nº 51.960, de 4.7.2007, que institui o Programa de Parcelamento Incentivado – PPI ICM/ICMS no Estado de São Paulo, para a liquidação de débitos fiscais relacionados com o Imposto sobre Operações Relativas à Circulação de Mercadorias – ICM e com o Imposto sobre Operações Relativas à Circulação de Mercadorias e sobre Prestações de Serviços de Transporte Interestadual e Intermunicipal e de Comunicação – ICMS.*

Alberto Goldman, Vice-Governador, em Exercício no Cargo de Governador do Estado de São Paulo, no uso de suas atribuições legais e considerando o disposto no Convênio ICMS 68/08, de 4 de julho de 2008, e no Parecer PA 35/2007, exarado pela Procuradoria Geral do Estado, decreta:

**Art. 1º.** Passa a vigorar com a redação que se segue o *caput* do art. 4º do Decreto nº 51.960, de 4 de julho de 2007, mantidos os seus incisos:

• *Alteração já efetuada no corpo do Decreto.*

**Art. 2º.** Fica acrescentado o § 6º ao art. 1º do Decreto nº 51.960, de 4 de julho de 2007, com a seguinte redação:

• *Alteração já efetuada no corpo do Decreto.*

**Art. 3º.** Excepcionalmente, os contribuintes que tiverem aderido ao PPI ICM/ICMS nos termos do Decreto nº 51.960, de 4 de julho de 2007, e que possuírem parcelas vencidas há mais de 90 (noventa) dias e não pagas poderão efetuar o recolhimento dessas parcelas até o dia 30 de setembro de 2008, acrescidas do percentual previsto no item 3 do parágrafo único do art. 7º do referido decreto e dos juros referentes ao parcelamento.

Parágrafo único. Efetuado o recolhimento nos termos deste artigo, não se aplica o disposto na alínea "b" do inciso II do art. 6º do Decreto nº 51.960, de 4 de julho de 2007.

**Art. 4º.** Este Decreto entra em vigor na data de sua publicação, produzindo efeitos a partir de 18 de agosto de 2008.

Palácio dos Bandeirantes, 20 de agosto de 2008.

*Alberto Goldman – DOE de 21.8.2008*

## 312. DECRETO Nº 53.353, DE 26 DE AGOSTO DE 2008

*Isenta do Imposto sobre Operações Relativas à Circulação de Mercadorias e sobre Prestações de Serviços de Transporte Interestadual e Intermunicipal e de Comunicação – ICMS a comercialização de sanduíches denominados "Big Mac" efetuada durante o evento "McDia Feliz". (DOE de 27.8.2008)*

• *Pode ser considerado sem mais efeito em razão do cumprimento de seu prazo.*

## 313. DECRETO Nº 53.354, DE 26 DE AGOSTO DE 2008

*Acrescenta o art. 50 ao Anexo II do Regulamento do Imposto sobre Operações Relativas à Circulação de Mercadorias e sobre Prestações de Serviços de Transporte Interestadual e Intermunicipal e de Comunicação – ICMS.*

José Serra, Governador do Estado de São Paulo, no uso de suas atribuições legais e considerando o disposto no Convênio ICMS-9/08, de 4 de abril de 2008, e no Parecer PA nº 35/2007, exarado pela Procuradoria Geral do Estado, decreta:

**Art. 1º.** Fica acrescentado o art. 50 ao Anexo II do Regulamento do Imposto sobre Operações Relativas à Circulação de Mercadorias e sobre Prestações de Serviços de Transporte Interestadual e Intermunicipal e de Comunicação – RICMS, aprovado pelo Decreto nº 45.490, de 30 de novembro de 2000, com a seguinte redação:

• *Alteração já efetuada no corpo do Decreto.*

**Art. 2º.** Este Decreto entra em vigor na data de sua publicação, produzindo efeitos para os fatos geradores ocorridos a partir de 1º de agosto de 2008.

Palácio dos Bandeirantes, 26 de agosto de 2008.

*José Serra – DOE de 27.8.2008*

## 314. DECRETO Nº 53.355, DE 26 DE AGOSTO DE 2008

*Introduz alterações no Regulamento do Imposto sobre Operações Relativas à Circulação de Mercadorias e sobre Prestações de Serviços de Transporte Interestadual e Intermunicipal e de Comunicação – RICMS.*

José Serra, Governador do Estado de São Paulo, no uso de suas atribuições legais e tendo em vista o disposto no art. 65-A da Lei nº 6.374, de 1º de março de 1989, decreta:

**Art. 1º.** Passa a vigorar com a redação que se segue a Subseção III da Seção II do Capítulo VI do Título II do Livro I, composta pelos arts. 96 a 102 do Regulamento do Imposto sobre Operações Relativas à Circulação de Mercadorias e sobre Prestações de Serviços de Transporte Interestadual e Intermunicipal e de Comunicação – RICMS, aprovado pelo Decreto nº 45.490, de 30 de novembro de 2000:

• *Alteração já efetuada no corpo do Decreto.*

**Art. 2º.** Este Decreto entra em vigor na data de sua publicação, produzindo efeitos a partir do período de apuração relativo a agosto de 2008.

Palácio dos Bandeirantes, 26 de agosto de 2008.

*José Serra – DOE de 27.8.2008*

## 315. DECRETO Nº 53.356, DE 26 DE AGOSTO DE 2008

*Introduz alterações no Regulamento do Imposto sobre Operações Relativas à Circulação de Mercadorias e sobre Prestações de Serviços de Transporte Interestadual e Intermunicipal e de Comunicação – RICMS.*

José Serra, Governador do Estado de São Paulo, no uso de suas atribuições legais e tendo em vista o disposto na Lei Complementar Federal nº 123, de 14 de dezembro de 2006, e no art. 36 da Lei nº 6.374, de 1º de março de 1989, decreta:

**Art. 1º.** Ficam acrescentados os dispositivos adiante indicados ao Regulamento do Imposto sobre Operações Relativas à Circulação de Mercadorias e sobre Prestações de Serviços de Transporte Interestadual e Intermunicipal e de Comunicação, aprovado pelo Decreto nº 45.490, de 30 de novembro de 2000, com a seguinte redação:

I – ao *caput* do art. 63, os incisos IX e X:

II – ao art. 63, o § 6º:

• *Alterações já efetuadas no corpo do Decreto.*

**Art. 2º.** Este Decreto entra em vigor na data de sua publicação, produzindo efeitos desde 1º de julho de 2007.

Palácio dos Bandeirantes, 26 de agosto de 2008.

*José Serra – DOE de 27.8.2008*

## 316. DECRETO Nº 53.359, DE 29 DE AGOSTO DE 2008

*Dispõe sobre redução de juros e multas e sobre remissão parcial condicionada do Imposto sobre Operações Relativas à Circulação de Mercadorias e sobre Prestações de Serviços de Transporte Interestadual e Intermunicipal e de Comunicação – ICMS decorrente de prestações de serviços de comunicação de veiculação de mensagens de publicidade ou propaganda na televisão por assinatura. (DOE de 30.8.2008)*

• *Pode ser considerado sem mais efeito em razão do cumprimento de seu prazo.*

## 317. DECRETO Nº 53.360, DE 29 DE AGOSTO DE 2008

*Prorroga prazos relativos ao Programa de Estímulo à Cidadania Fiscal do Estado de São Paulo.*

José Serra, Governador do Estado de São Paulo, no uso de suas atribuições legais e tendo em vista o disposto na Lei estadual nº 12.685, de 28 de agosto de 2007, decreta:

**Art. 1º.** Passam a vigorar com a redação que se segue os dispositivos adiante indicados do Decreto nº 53.085, de 11 de junho de 2008:

I – o art. 16:

II – o art. 17:

• *Alterações já efetuadas no corpo do Decreto.*

**Art. 2º.** Este Decreto entra em vigor na data de sua publicação.

Palácio dos Bandeirantes, 29 de agosto de 2008.

*José Serra – DOE de 30.8.2008*

## 318. DECRETO Nº 53.361, DE 29 DE AGOSTO DE 2008

*Revoga o art. 139 do Anexo I do Regulamento do Imposto sobre Operações Relativas à Circulação de Mercadorias e sobre Prestações de Serviços de Transporte Interestadual e Intermunicipal e de Comunicação – RICMS e dá outras providências.*

José Serra, Governador do Estado de São Paulo, no uso de suas atribuições legais, decreta:

**Art. 1º.** Fica revogado o art. 139 do Anexo I do Regulamento do Imposto sobre Operações Relativas à Circulação de Mercadorias e sobre Prestações de Serviços de Transporte Interestadual e Intermunicipal e de Comunicação, aprovado pelo Decreto nº 45.490, de 30 de novembro de 2000.

**Art. 2º.** As empresas de transporte rodoviário, enquadradas nos códigos da Classificação Nacional de Atividades Econômicas - CNAEs 4930-2/01, 4930-2/02, 4930-2/03 e 4930-2/04, deverão recolher o imposto previsto nos arts. 112 e 283 do Regulamento do ICMS, sem os acréscimos legais, nos seguintes prazos:

I – até o dia 28 do segundo mês subsequente ao da ocorrência dos fatos geradores que ocorrerem durante os meses de setembro a dezembro de 2008;

II – relativamente aos fatos geradores ocorridos no mês de:

a) janeiro de 2009, até o dia 20 de março de 2009;

b) fevereiro de 2009, até o dia 12 de abril de 2009;

c) março de 2009, até o dia 6 de maio de 2009;

d) abril de 2009, até o dia 28 de maio de 2009;

e) maio de 2009, até o dia 20 de junho de 2009;

f) junho de 2009, até o dia 12 de julho de 2009.

• *Inciso II com redação dada pelo Decreto nº 54.060, de 26.2.2009 – DOE de 27.2.2009 – Efeitos a partir da publicação.*

**Art. 3º.** Não será exigido o estorno do crédito do imposto relativo à prestação do serviço de transporte beneficiada com a isenção prevista no art. 139 do Anexo I do Regulamento do ICMS.

**Art. 4º.** A Secretaria da Fazenda poderá estabelecer disciplina específica em relação às prestações de serviço de transporte ocorridas nos meses de agosto e setembro de 2008, sem prejuízo do recolhimento do imposto devido.

**Art. 5º.** Este Decreto entra em vigor na data de sua publicação, produzindo efeitos a partir de 1º de setembro de 2008.

Palácio dos Bandeirantes, 29 de agosto de 2008.

*José Serra – DOE de 30.8.2008*

## 319. DECRETO Nº 53.480, DE 25 DE SETEMBRO DE 2008

*Introduz alterações no Regulamento do Imposto sobre Operações Relativas à Circulação de Mercadorias e sobre Prestações de Serviços de Transporte Interestadual e Intermunicipal e de Comunicação – RICMS.*

José Serra, Governador do Estado de São Paulo, no uso de suas atribuições legais e tendo em vista o disposto no Convênio ICMS-110/07, celebrado em Florianópolis, SC, no dia 28 de setembro de 2007, nos Convênios ICMS-60/08, 62/08, 64/08, 80/08, 81/08, 82/08, 84/08 e 85/08, nos Ajustes SINIEF-6/08, 8/08 e 9/08, e nos Protocolos ICMS-61/08, 63/08 e 72/08, todos celebrados em Palmas, TO, no dia 4 de julho de 2008, decreta:

**Art. 1º.** Passam a vigorar com a redação que se segue os dispositivos adiante indicados do Regulamento do Imposto sobre Operações Relativas à Circulação de Mercadorias e sobre Prestações de Serviços de Transporte Interestadual e Intermunicipal e de Comunicação, aprovado pelo Decreto nº 45.490, de 30 de novembro de 2000:

I – do § 1º do art. 313-O:

a) o item 34:

b) o item 44:

II – o inciso I do art. 467:

III – do art. 2º do Anexo I:

a) a alínea "e" do item 1 do § 1º:

b) o item 1 do § 2º:

IV – o *caput* do art. 94 do Anexo I:

V – o art. 115 do Anexo I:

VI – o § 1º do art. 130 do Anexo I:

VII – do Anexo V:

a) a Nota Explicativa da Tabela II:

b) o título da Tabela A:

• *Alterações já efetuadas no corpo do Decreto.*

**Art. 2º.** Ficam acrescentados os dispositivos adiante indicados ao Regulamento do Imposto sobre Operações Relativas à Circulação de Mercadorias e sobre Prestações de Serviços de Transporte Interestadual e Intermunicipal e de Comunicação, aprovado pelo Decreto nº 45.490, de 30 de novembro de 2000, com a seguinte redação:

I – ao art. 67, o § 4º:

II – o art. 129-B:

III – o art. 129-C:

IV – ao art. 327-A, o § 2º, passando o atual parágrafo único a denominar-se § 1º:

V – ao art. 117 do Anexo I, o § 3º:

VI – ao Anexo I, o art. 140:

VII – ao Anexo I, o art. 141:

VIII – às partes I e II da Tabela III do Anexo VI, os itens 2-A e 16-A:

IX – às partes I e II da Tabela XXXI do Anexo VI, o item 4-A:

• *Alterações já efetuadas no corpo do Decreto.*

**Art. 3º.** Fica revogado o inciso IV do art. 92 do Anexo I do Regulamento do Imposto sobre Operações Relativas à Circulação de Mercadorias e sobre Prestações de Serviços de Transporte Interestadual e Intermunicipal e de Comunicação, aprovado pelo Decreto nº 45.490, de 30 de novembro de 2000 (Convênio ICMS-85/08, de 4.7.2008).

• *Alteração já efetuada no corpo do Decreto.*

**Art. 4º.** Este Decreto entra em vigor na data de sua publicação, produzindo efeitos desde 25 de julho de 2008, exceto em relação aos dispositivos adiante indicados, que produzem efeitos:

I – desde 1º de janeiro de 2008, os incisos IV e V do art. 2º;

II – desde 1º de maio de 2008, a alínea "b" do inciso I do art. 1º;

III – desde 14 de julho de 2008, a alínea "a" do inciso I do art. 1º;

IV – desde 1º de agosto de 2008, os incisos II e VII do art. 1º, os incisos II e III do art. 2º e o art. 3º;

V – desde 1º de setembro de 2008, os incisos I, VI e VIII do art. 2º;

VI – a partir de 1º de novembro de 2008, o inciso IX do art. 2º.

Palácio dos Bandeirantes, 25 de setembro de 2008.

*José Serra – DOE de 26.9.2008*

## 320. DECRETO Nº 53.511, DE 6 DE OUTUBRO DE 2008

*Introduz alterações no Regulamento do Imposto sobre Operações Relativas à Circulação de Mercadorias e sobre Prestações de Serviços de Transporte Interestadual e Intermunicipal e de Comunicação – RICMS.*

José Serra, Governador do Estado de São Paulo, no uso de suas atribuições legais e tendo em vista o disposto no art. 8º, incisos XIV, XXVII, XXX, XXXI e XXXIII, da Lei nº 6.374, de 1º de março de 1989, decreta:

**Art. 1º.** Passam a vigorar com a redação que se segue os dispositivos adiante indicados do Regulamento do Imposto sobre Operações Relativas à Circulação de Mercadorias e sobre Prestações de Serviços de Transporte Interestadual e Intermunicipal e de Comunicação – RICMS, aprovado pelo Decreto nº 45.490, de 30 de novembro de 2000:

I – o item 6 do § 1º do art. 313-K:

II – do § 1º do art. 313-W:

a) as alíneas "a", "b" e "d" do item 1:

b) as alíneas "c" e "e" do item 2:

c) o título do item 4:

d) a alínea "a" do item 5:

e) o item 7, passando o atual item 7 a denominar-se item 11:

III – os itens 2, 8, 9, 12 e 38 do § 1º do art. 313-Y:

• *Alterações já efetuadas no corpo do Decreto.*

**Art. 2º.** Ficam acrescentados os dispositivos adiante indicados ao Regulamento do Imposto sobre Operações Relativas à Circulação de Mercadorias e sobre Prestações de Serviços de Transporte Interestadual e Intermunicipal e de Comunicação – RICMS, aprovado pelo Decreto nº 45.490, de 30 de novembro de 2000, com a seguinte redação:

I – ao item 1 do § 1º do art. 313-A, as alíneas "c" a "i":

II – ao § 1º do art. 313-G, os itens 20 a 43:

III – ao § 1º do art. 313-K, os itens 14 a 43:

IV – ao § 1º do art. 313-W:

a) as alíneas "e" a "i" ao item 1:

b) a alínea "i" ao item 2:

c) as alíneas "f" a "k" ao item 3:

d) a alínea "d" ao item 4:

e) as alíneas "g" a "i" ao item 5:

f) a alínea "c" ao item 6:

g) os item 8 a 10:

h) as alíneas "c" a "l" ao item 11:

V – ao § 1º do art. 313-Y, os itens 47 a 122:

• *Alterações já efetuadas no corpo do Decreto.*

**Art. 3º.** Este Decreto entra em vigor na data de sua publicação, produzindo efeitos a partir de 1º de março de 2009.

• *Art. 3º com redação dada pelo Decreto nº 53.813, de 12.12.2008 – DOE de 13.12.2008 – Efeitos a partir da publicação.*

Palácio dos Bandeirantes, 6 de outubro de 2008.

*José Serra – DOE de 7.10.2008 – Retificação DOE de 10.10.2008*

## 321. DECRETO Nº 53.574, DE 17 DE OUTUBRO DE 2008

*Institui o Programa de Incentivo à Indústria de Produção e de Exploração de Petróleo e de Gás Natural no Estado de São Paulo.*

• *Revogado pelo Decreto nº 58.388, de 14.9.2012.*

## 322. DECRETO Nº 53.625, DE 30 DE OUTUBRO DE 2008

*Disciplina o recolhimento do ICMS relativo ao estoque das mercadorias que especifica, recebidas antes do início da vigência do regime de retenção antecipada por substituição tributária e dá outras providências.*

José Serra, Governador do Estado de São Paulo, no uso de suas atribuições legais e tendo em vista o disposto nos arts. 59, 60 e 66-F, inciso III, da Lei nº 6.374, de 1º de março de 1989, e no Decreto nº 53.511, de 6 de outubro de 2008, decreta:

**Art. 1º.** O estabelecimento paulista, exceto o indicado no inciso I dos arts. 313-A, 313-G, 313-K, 313-W e 313-Y do Regulamento do Imposto sobre Operações Relativas à Circulação de Mercadorias e sobre Prestações de Serviços de Transporte Interestadual e Intermunicipal e de Comunicação – RICMS, aprovado pelo Decreto nº 45.490, de 30 de novembro de 2000, relativamente ao estoque de mercadorias relacionadas no § 6º existente no final do dia 28 de fevereiro de 2009, deverá (Lei nº 6.374/1989, arts. 8º, XIV, e 60, I):

• *Art. 1º,* caput. *com redação dada pelo Decreto nº 53.972, de 27.1.2009 – DOE de 28.1.2009 – Efeitos a partir da publicação.*

I – efetuar a contagem do estoque das mercadorias;

II – elaborar relação, indicando, para cada item:

a) o valor das mercadorias em estoque e a base de cálculo para fins de incidência do ICMS, considerando a entrada mais recente da mercadoria;

b) a alíquota interna aplicável;

c) o valor do imposto devido, calculado conforme os §§ 1º ou 2º;

d) o correspondente código na Nomenclatura Brasileira de Mercadorias – Sistema Harmonizado (NBM/SH);

III – na hipótese de estar sujeito ao Regime Periódico de Apuração – RPA, transmitir, até 15 de abril de 2009, arquivo digital à Secretaria da Fazenda, conforme disciplina por ela estabelecida, contendo a relação de que trata o inciso II e demais informações requeridas;

- *Inciso III com redação dada pelo Decreto nº 53.972, de 27.1.2009 – DOE de 28.1.2009 – Efeitos a partir da publicação.*

IV – na hipótese de estar sujeito ao Regime Especial Unificado de Arrecadação de Tributos e Contribuições devidos pelas Microempresas e Empresas de Pequeno Porte – "Simples Nacional", manter a relação de que trata o inciso II em arquivo, pelo prazo de 5 (cinco) anos, para apresentação ao fisco, quando solicitado;

V – recolher o valor do imposto devido em razão da operação própria e das subsequentes, por meio de guia de recolhimentos especiais, conforme disciplina estabelecida pela Secretaria da Fazenda.

§ 1º. O valor do imposto devido pela operação própria e pelas subsequentes será calculado com base no Índice de Valor Adicionado Setorial – IVA-ST divulgado pela Secretaria da Fazenda:

1 – mediante a seguinte fórmula:

a) em se tratando de contribuinte sujeito ao Regime Periódico de Apuração – RPA:

Imposto devido = (base de cálculo x alíquota interna) + (base de cálculo x IVA-ST x alíquota interna);

b) em se tratando de contribuinte sujeito ao "Simples Nacional":

Imposto devido = base de cálculo x IVA-ST x alíquota interna;

2 – considerando-se, para determinação da base de cálculo, o valor da entrada mais recente da mercadoria.

§ 2º. Quando existir preço final a consumidor divulgado pela Secretaria da Fazenda, em substituição ao disposto no § 1º, o valor do imposto devido pela operação própria e pelas subsequentes deverá ser calculado:

1 – mediante a seguinte fórmula:

a) em se tratando de contribuinte sujeito ao Regime Periódico de Apuração – RPA:

*Imposto devido = base de cálculo x alíquota interna;*

b) em se tratando de contribuinte sujeito ao "Simples Nacional":

*Imposto devido = (base de cálculo da saída – base de cálculo da entrada) x alíquota interna;*

2 – considerando-se, para determinação da base de cálculo da saída, o preço final a consumidor, divulgado pela Secretaria da Fazenda;

3 – desconsiderando-se, na hipótese da alínea "b" do item 1, os itens em que a base de cálculo da entrada for igual ou superior à base de cálculo da saída.

§ 3º. O imposto devido poderá ser recolhido em até 10 (dez) parcelas mensais, iguais e sucessivas, com vencimento no último dia útil de cada mês, sendo que a primeira parcela deverá ser recolhida até 30 de abril de 2009.

- *§ 3º com redação dada pelo Decreto nº 53.972, de 27.1.2009 – DOE de 28.1.2009 – Efeitos a partir da publicação.*

§ 4º. Na hipótese de contribuinte sujeito ao Regime Periódico de Apuração – RPA que possua saldo credor de ICMS em 28 de fevereiro de 2009, este poderá ser utilizado para deduzir, no todo ou em parte, o imposto a recolher nos termos do inciso V, observando-se, sem prejuízo das demais exigências, o que segue:

- *§ 4º,* caput, *com redação dada pelo Decreto nº 53.972, de 27.1.2009 – DOE de 28.1.2009 – Efeitos a partir da publicação.*

1 – o valor do saldo credor utilizado para pagar o imposto calculado nos termos do § 1º ou § 2º deverá ser discriminado no final da relação a que se refere o inciso II;

2 – o montante de saldo credor utilizado para pagamento do imposto devido nos termos deste parágrafo será lançado no livro Registro de Apuração do ICMS – RAICMS, na folha destinada à apuração das operações e prestações próprias do período em que ocorrer o aludido levantamento de estoque, no campo "Estorno de Créditos" do quadro "Débito do Imposto", com a indicação da expressão "Liquidação (parcial ou total) do imposto devido por substituição tributária relativo ao estoque existente em __/__/__ Decreto__".

§ 5º. O disposto neste artigo aplica-se, também, no que couber, às mercadorias referidas no § 6º na hipótese de sua saída do estabelecimento remetente ter ocorrido até 28 de fevereiro de 2009 e o seu recebimento ter se efetivado após essa data.

- *§ 5º com redação dada pelo Decreto nº 53.972, de 27.1.2009 – DOE de 28.1.2009 – Efeitos a partir da publicação.*

§ 6º. As mercadorias a que se refere o *caput* são:

1 – os seguintes medicamentos, classificados nas respectivas posições, subposições ou códigos da Nomenclatura Brasileira de Mercadorias – Sistema Harmonizado – NBM/SH:

a) provitaminas e vitaminas, naturais ou reproduzidas por síntese (incluídos os concentrados naturais), bem como os seus derivados utilizados principalmente como vitaminas, misturados ou não entre si, mesmo em quaisquer soluções, 29.36;

b) soros e vacinas, exceto para uso veterinário, 3002;

c) algodão, atadura, esparadrapo, haste flexível ou não, com uma ou ambas extremidades de algodão, gazes, pensos, sinapismos, e outros, impregnados ou recobertos de substâncias farmacêuticas ou acondicionados para venda a retalho para usos medicinais, cirúrgicos ou dentários, 3005;

d) luvas cirúrgicas e luvas de procedimento, 4015.11.00 ou 4015.19.00;

e) seringas, 9018.31;

f) agulhas para seringas, 9018.32.1;

g) contraceptivos (dispositivos intrauterinos – DIU), 9018.90.99;

2 – os seguintes produtos de higiene pessoal:

a) escovas de dentes, escovas e pincéis de barba, escovas para cabelos, para cílios ou para unhas e outras escovas de toucador de pessoas, incluídas as que sejam partes de aparelhos, classificados na subposição 9603.2 da Nomenclatura Brasileira de Mercadorias – Sistema Harmonizado – NBM/SH, exceto os classificados no código 9603.21.00;

b) os relacionados nos itens 20 a 38 e 40 a 43 do § 1º do art. 313-G do Regulamento do ICMS;

c) hastes flexíveis, classificadas na posição 5601.21.90 da Nomenclatura Brasileira de Mercadorias – Sistema Harmonizado – NBM/SH;

• *Alínea "c" acrescida pelo Decreto nº 54.134, de 17.3.2009 – DOE de 18.3.2009 – Efeitos a partir da publicação.*

3 – os produtos de limpeza relacionados nos itens 14 a 43 do § 1º do art. 313-K do Regulamento do ICMS;

4 – os produtos da indústria alimentícia relacionados nos itens 7 a 10 do § 1º do art. 313-W e aos seguintes produtos, classificados nas respectivas posições, subposições ou códigos da Nomenclatura Brasileira de Mercadorias – Sistema Harmonizado – NBM/SH:

a) bombons, inclusive à base de chocolate branco, caramelos, confeitos, pastilhas e outros produtos de confeitaria, sem cacau, 1704.90.20 e 1704.90.90;

b) gomas de mascar com ou sem açúcar, 1704.10.00 e 2106.90.50;

c) bombons, balas, caramelos, confeitos, pastilhas e outros produtos de confeitaria, contendo cacau, 1806.90.00;

d) balas, caramelos, confeitos, pastilhas e produtos semelhantes sem açúcar, 2106.90.60 e 2106.90.90;

e) refrescos e outras bebidas prontas para beber a base de chá e mate, 2202.10.00;

f) leite "longa vida" (UHT – "Ultra High Temperature"), em recipiente de conteúdo inferior ou igual a 2 litros, 0401.10.10 e 0401.20.10;

g) iogurte e leite fermentado, em recipiente de conteúdo inferior ou igual a 2 litros, 04.03;

h) creme de leite e leite condensado, em recipiente de conteúdo inferior ou igual a 1 kg, 04.02;

i) manteiga, em embalagem de conteúdo inferior ou igual a 1 kg, 04.05;

j) requeijão e similares, em recipiente de conteúdo inferior ou igual a 1 kg, 04.04 e 04.06;

k) margarina, em recipiente de conteúdo inferior ou igual a 1 kg, 15.17;

l) amendoim e castanhas tipo aperitivo, em embalagem de conteúdo inferior ou igual a 500 gramas, 2008.1;

m) tomates preparados ou conservados, exceto em vinagre ou em ácido acético, em embalagens de conteúdo inferior ou igual a 1 kg, 20.02;

n) molhos de tomate em embalagens imediatas de conteúdo inferior ou igual a 1 kg, 2103.20.10;

o) vinagres e seus sucedâneos obtidos a partir do ácido acético, para usos alimentares, em embalagens imediatas de conteúdo inferior ou igual a 1 litro, 2209.00.00;

• *Alínea "o" com redação dada pelo Decreto nº 53.972, de 27.1.2009 – DOE de 28.1.2009 – Efeitos a partir da publicação.*

p) complementos alimentares compreendendo, entre outros, shakes para ganho ou perda de peso, barras e pós de proteínas, tabletes ou barras de fibras vegetais, suplementos alimentares de vitaminas e minerais em geral, ômega 3 e demais suplementos similares, ainda que em cápsulas, 2106.10.00, 2106.90.30 e 2106.90.90;

q) caldos e sopas preparados, 2104.10.2;

r) café torrado e moído, em embalagens de conteúdo inferior ou igual a 2 kg, 09.01;

s) chá, mesmo aromatizado, 09.02;

t) mate, 0903.00;

u) açúcar, em embalagens de conteúdo inferior ou igual a 2 kilos, exceto as embalagens contendo envelopes individualizados (sachês) de conteúdo igual ou inferior a 10 gramas, 1701.1 e 1701.99;

• *Alínea "u" com redação dada pelo Decreto nº 54.134, de 17.3.2009 – DOE de 18.3.2009 – Efeitos a partir da publicação.*

v) milho para pipoca (micro-ondas), 2008.19.00;

w) extratos, essências e concentrados de café e preparações à base destes extratos, essências ou concentrados ou à base de café, em embalagens de conteúdo inferior ou igual a 500g, 2101.1;

x) extratos, essências e concentrados de chá ou de mate e preparações à base destes extratos, essências ou concentrados ou à base de chá ou de mate, em embalagens de conteúdo inferior ou igual a 500g, exceto as bebidas prontas à base de mate ou chá, 2101.20;

y) pós, inclusive com adição de açúcar ou outro edulcorante, para a fabricação de pudins, cremes, sorvetes, flans, gelatinas ou preparações similares, de conteúdo inferior ou igual a 500g, 2106.90.2;

z) edulcorantes em geral (aspartame, sacarina e seus sais, ácido ciclâmico de sódio e seus sais, manitol, d-glucitol, sorbitol, poliálcool, maltitol), 2924.29.91, 2925.11.00, 2929.90.11, 2905.43.00, 2905.44.00 ou 2940.00.93;

z1) chocolate branco, em embalagens de conteúdo igual a 1 kilo, 1704.90.10;

• *Item z1 acrescido pelo Decreto nº 53.972, de 27.1.2009 – DOE de 28.1.2009 – Efeitos a partir da publicação.*

z2) chocolates contendo cacau, em embalagens de conteúdo igual a 1 kilo, 1806.31.10 ou 1806.31.20;

• *Item z2 acrescido pelo Decreto nº 53.972, de 27.1.2009 – DOE de 28.1.2009 – Efeitos a partir da publicação.*

z3) chocolates e outras preparações alimentícias contendo cacau, em embalagens de conteúdo igual a 1 kilo, 1806.90;

• *Item z3 acrescido pelo Decreto nº 53.972, de 27.1.2009 – DOE de 28.1.2009 – Efeitos a partir da publicação.*

z4) achocolatados em pó, em embalagens de conteúdo igual ou inferior a 1 kilo, 1806.90;

• *Item z4 acrescido pelo Decreto nº 53.972, de 27.1.2009 – DOE de 28.1.2009 – Efeitos a partir da publicação.*

z5) refrescos e outras bebidas não alcoólicas, exceto as prontas para beber, os refrigerantes e as demais bebidas de que trata o art. 293 deste Regulamento, 2202.10.00;

• *Item z5 acrescido pelo Decreto nº 53.972, de 27.1.2009 – DOE de 28.1.2009 – Efeitos a partir da publicação.*

z6) sucos de frutas, ou mistura de sucos de frutas, exceto as prontas para beber, 2009.

- *Item z6 acrescido pelo Decreto nº 53.972, de 27.1.2009 – DOE de 28.1.2009 – Efeitos a partir da publicação.*

5 – os seguintes materiais de construção e congêneres:

a) argamassas, seladoras, massas para revestimento, aditivos para argamassas e afins, classificados no código 3214.10.20 da Nomenclatura Brasileira de Mercadorias – Sistema Harmonizado – NBM/SH, exceto os constantes no § 1º do art. 312 do Regulamento do ICMS;

- *Alínea "a" com redação dada pelo Decreto nº 54.134, de 17.3.2009 – DOE de 18.3.2009 – Efeitos a partir da publicação.*

b) artefatos para apetrechamento de construções, de plásticos, não especificados nem compreendidos em outras posições, incluindo persianas, sancas, molduras, apliques e rosetas, portas, janelas, caixilhos de polietileno e outros plásticos – exceto telhas, cumeeiras e caixas d'água de polietileno e outros plásticos -, classificados nos códigos 3925.10.00 ou 3925.90.00 da Nomenclatura Brasileira de Mercadorias – Sistema Harmonizado – NBM/SH;

c) aparelhos para interrupção, seccionamento, proteção, derivação, ligação ou conexão de circuitos elétricos (por exemplo, interruptores, comutadores, relés, corta-circuitos, eliminadores de onda, plugues e tomadas de corrente, suportes para lâmpadas e outros conectores, caixas de junção), para uma tensão não superior a 1.000V; conectores para fibras ópticas, feixes ou cabos de fibras ópticas, classificados no código 8536.50.90 da Nomenclatura Brasileira de Mercadorias – Sistema Harmonizado – NBM/SH;

d) os relacionados nos itens 47 a 122 do § 1º do art. 313-Y do Regulamento do ICMS.

e) veda rosca, lona plástica, fitas isolantes e afins, classificados nas posições 39.19 e 39.21 da Nomenclatura Brasileira de Mercadorias – Sistema Harmonizado – NBM/SH;

- *Alínea "e" acrescida pelo Decreto nº 54.134, de 17.3.2009 – DOE de 18.3.2009 – Efeitos a partir da publicação.*

6 – as autopeças relacionadas nos itens 85 a 100 do § 1º do art. 313-O do Regulamento do ICMS.

- *Item 6 acrescido pelo Decreto nº 54.134, de 17.3.2009 – DOE de 18.3.2009 – Efeitos a partir da publicação.*

§ 7º. As fórmulas previstas nas alíneas "b" do item 1 dos §§ 1º e 2º poderão ser utilizadas, também, conforme o caso, para calcular o imposto devido nos termos deste artigo, relativamente às mercadorias indicadas no item 4 do § 6º, pelo contribuinte que, cumulativamente:

1 – exerça a atividade econômica de fornecimento de alimentação;

2 – seja optante pelo regime especial de tributação instituído pelo Decreto nº 51.597, de 23 de fevereiro de 2007;

3 – não tenha efetuado o crédito do imposto relativamente à entrada dessas mercadorias.

§ 8º. O disposto neste Decreto não se aplica na hipótese de as mercadorias referidas no § 6º terem sido recebidas já com a retenção antecipada do imposto por substituição tributária.

- *§ 8º acrescido pelo Decreto nº 53.972, de 27.1.2009 – DOE de 28.1.2009 – Efeitos a partir da publicação.*

**Art. 2º.** Este Decreto entra em vigor na data de sua publicação.

Palácio dos Bandeirantes, 30 de outubro de 2008.

*José Serra – DOE de 31.10.2008*

## 323. DECRETO Nº 53.626, DE 30 DE OUTUBRO DE 2008

*Introduz alterações no Regulamento do Imposto sobre Operações Relativas à Circulação de Mercadorias e sobre Prestações de Serviços de Transporte Interestadual e Intermunicipal e de Comunicação – RICMS.*

José Serra, Governador do Estado de São Paulo, no uso de suas atribuições legais e tendo em vista o disposto na Lei nº 6.374/1989, arts. 8º, XXXIV, e 60, I, e no Protocolo ICMS-83/08, de 26 de setembro de 2008, decreta:

**Art. 1º.** Passam a vigorar com a redação que se segue os dispositivos adiante indicados do Regulamento do Imposto sobre Operações Relativas à Circulação de Mercadorias e sobre Prestações de Serviços de Transporte Interestadual e Intermunicipal e de Comunicação, aprovado pelo Decreto nº 45.490, de 30 de novembro de 2000:

I – os itens 6 e 25 do § 1º do art. 313-O:

II – o § 4º do art. 313-O:

- *Alterações já efetuadas no corpo do Decreto.*

**Art. 2º.** Este Decreto entra em vigor na data de sua publicação, produzindo efeitos a partir de 1º de novembro de 2008.

Palácio dos Bandeirantes, 30 de outubro de 2008.

*José Serra – DOE de 31.10.2008*

## 324. DECRETO Nº 53.627, DE 30 DE OUTUBRO DE 2008

*Disciplina o recolhimento do ICMS relativo ao estoque de autopeças que especifica, recebidas antes do início da vigência do regime de retenção antecipada por substituição tributária.*

José Serra, Governador do Estado de São Paulo, no uso de suas atribuições legais e tendo em vista o disposto nos arts. 59, 60 e 66-F, inciso III, da Lei nº 6.374, de 1º de março de 1989, e no Protocolo ICMS-41/08, de 4 de abril de 2008, com alteração do Protocolo ICMS-83/08, de 26 de setembro de 2008, decreta:

**Art. 1º.** O estabelecimento paulista, exceto o indicado no inciso I do art. 313-O do Regulamento do Imposto sobre Operações Relativas à Circulação de Mercadorias e sobre Prestações de Serviços de Transporte Interestadual e Intermunicipal e de Comunicação – RICMS, aprovado pelo Decreto nº 45.490, de 30 de novembro de 2000, relativamente ao estoque de mercadorias existente no final do dia 31 de outubro de 2008, deverá (Lei nº 6.374/1989, arts. 8º, XIV, e 60, I):

I – efetuar a contagem do estoque de:

a) correias de transmissão de borracha vulcanizada, de matérias têxteis, mesmo impregnadas, revestidas ou recobertas, de plástico, ou estratificadas com plástico ou reforçadas com metal ou com outras matérias, classificadas na subposição 4010.3 ou no código 5910.0000 da Nomenclatura Brasileira de Mercadorias – Sistema Harmonizado – NBM/SH;

b) dobradiças, guarnições, ferragens e artigos semelhantes de metais comuns, classificados no código 8302.10.00 da Nomenclatura Brasileira de Mercadorias – Sistema Harmonizado – NBM/SH;

II – elaborar relação, indicando, para cada item:

a) o valor das mercadorias em estoque e a base de cálculo para fins de incidência do ICMS, considerando a entrada mais recente da mercadoria;

b) a alíquota interna aplicável;

c) o valor do imposto devido, calculado conforme os §§ 1º ou 2º;

d) o correspondente código na Nomenclatura Brasileira de Mercadorias – Sistema Harmonizado (NBM/SH);

III – na hipótese de estar sujeito ao Regime Periódico de Apuração – RPA, transmitir, até 15 de dezembro de 2008, arquivo digital à Secretaria da Fazenda, conforme disciplina por ela estabelecida, contendo a relação de que trata o inciso II e demais informações requeridas;

IV – na hipótese de estar sujeito ao Regime Especial Unificado de Arrecadação de Tributos e Contribuições devidos pelas Microempresas e Empresas de Pequeno Porte – "Simples Nacional", manter a relação de que trata o inciso II em arquivo, pelo prazo de 5 (cinco) anos, para apresentação ao fisco, quando solicitado;

V – recolher o valor do imposto devido em razão da operação própria e das subsequentes, por meio de guia de recolhimentos especiais, conforme disciplina estabelecida pela Secretaria da Fazenda.

§ 1º. O valor do imposto devido pela operação própria e pelas subsequentes será calculado com base no Índice de Valor Adicionado Setorial – IVA-ST divulgado pela Secretaria da Fazenda:

1 – mediante a seguinte fórmula:

a) em se tratando de contribuinte sujeito ao Regime Periódico de Apuração – RPA:

*Imposto devido = (base de cálculo x alíquota interna) + (base de cálculo x IVA-ST x alíquota interna);*

b) em se tratando de contribuinte sujeito ao "Simples Nacional":

*Imposto devido = base de cálculo x IVA-ST x alíquota interna;*

2 – considerando-se, para determinação da base de cálculo, o valor da entrada mais recente da mercadoria.

§ 2º. Quando existir preço final a consumidor divulgado pela Secretaria da Fazenda, em substituição ao disposto no § 1º, o valor do imposto devido pela operação própria e pelas subsequentes deverá ser calculado:

1 – mediante a seguinte fórmula:

a) em se tratando de contribuinte sujeito ao Regime Periódico de Apuração – RPA:

*Imposto devido = base de cálculo x alíquota interna;*

b) em se tratando de contribuinte sujeito ao "Simples Nacional":

*Imposto devido = (base de cálculo da saída – base de cálculo da entrada) x alíquota interna;*

2 – considerando-se, para determinação da base de cálculo da saída, o preço final a consumidor, divulgado pela Secretaria da Fazenda;

3 – desconsiderando-se, na hipótese da alínea "b" do item 1, os itens em que a base de cálculo da entrada for igual ou superior à base de cálculo da saída.

§ 3º. O imposto devido poderá ser recolhido em até 6 (seis) parcelas mensais, iguais e sucessivas, com vencimento no último dia útil de cada mês, sendo que a primeira parcela deverá ser recolhida até 30 de dezembro de 2008.

§ 4º. Na hipótese de contribuinte sujeito ao Regime Periódico de Apuração – RPA que possua saldo credor de ICMS em 31 de outubro de 2008, este poderá ser utilizado para deduzir, no todo ou em parte, o imposto a recolher nos termos do inciso V, observando-se, sem prejuízo das demais exigências, o que segue:

1 – o valor do saldo credor utilizado para pagar o imposto calculado nos termos do § 1º ou § 2º deverá ser discriminado no final da relação a que se refere o inciso II;

2 – o montante de saldo credor utilizado para pagamento do imposto devido nos termos deste parágrafo será lançado no livro Registro de Apuração do ICMS – RAICMS, na folha destinada à apuração das operações e prestações próprias do período em que ocorrer o aludido levantamento de estoque, no campo "Estorno de Créditos" do quadro "Débito do Imposto", com a indicação da expressão "Liquidação (parcial ou total) do imposto devido por substituição tributária relativo ao estoque existente em __/__/__ – Decreto ___".

§ 5º. O disposto neste artigo aplica-se, também, no que couber, às mercadorias referidas no inciso I do *caput* na hipótese de sua saída do estabelecimento remetente ter ocorrido até 31 de outubro de 2008 e o seu recebimento ter se efetivado após essa data.

**Art. 2º.** Este Decreto entrará em vigor na data de sua publicação.

Palácio dos Bandeirantes, 30 de outubro de 2008.

*José Serra – DOE de 31.10.2008*

## 325. DECRETO Nº 53.628, DE 30 DE OUTUBRO DE 2008

*Introduz alterações no Regulamento do Imposto sobre Operações Relativas à Circulação de Mercadorias e sobre Prestações de Serviços de Transporte Interestadual e Intermunicipal e de Comunicação – RICMS.*

José Serra, Governador do Estado de São Paulo, no uso de suas atribuições legais, Decreta:

**Art. 1º.** Fica revogado o art. 400-B do Regulamento do Imposto sobre Operações Relativas à Circulação de Mercadorias e sobre Prestações de Serviços de Transporte Interestadual e Intermunicipal e de Comunicação, aprovado pelo Decreto nº 45.490, de 30 de novembro de 2000.

• *Alteração já efetuada no corpo do Decreto.*

**Art. 2º.** Este Decreto entra em vigor na data de sua publicação, produzindo efeitos a partir de 1º de novembro de 2008.

Palácio dos Bandeirantes, 30 de outubro de 2008.

*José Serra – DOE de 31.10.2008*

## 326. DECRETO Nº 53.629, DE 30 DE OUTUBRO DE 2008

*Introduz alterações no Regulamento do Imposto sobre Operações Relativas à Circulação de Mercadorias e sobre Prestações de Serviços de Transporte Interestadual e Intermunicipal e de Comunicação – RICMS.*

José Serra, Governador do Estado de São Paulo, no uso de suas atribuições legais e tendo em vista o disposto no art. 67, § 1º da Lei nº 6.374, de 1º de março de 1989, e no Ajuste SINIEF-9, de 25 de outubro de 2007, decreta:

**Art. 1º.** Ficam acrescentados os dispositivos adiante indicados ao Regulamento do Imposto sobre Operações Relativas à Circulação de Mercadorias e sobre Prestações de Serviços de Transporte Interestadual e Intermunicipal e de Comunicação, aprovado pelo Decreto nº 45.490, de 30 de novembro de 2000, com a seguinte redação:

I – o inciso VIII ao art. 212-O:

II – o § 6º ao art. 212-O:

• *Alterações já efetuadas no corpo do Decreto.*

**Art. 2º.** Este Decreto entra em vigor na data de sua publicação.

Palácio dos Bandeirantes, 30 de outubro de 2008.

*José Serra – DOE de 31.10.2008*

## 327. DECRETO Nº 53.630, DE 30 DE OUTUBRO DE 2008

*Introduz alterações no Regulamento do Imposto sobre Operações Relativas à Circulação de Mercadorias e sobre Prestações de Serviços de Transporte Interestadual e Intermunicipal e de Comunicação – RICMS, e dá outras providências.*

José Serra, Governador do Estado de São Paulo, no uso de suas atribuições legais e tendo em vista o disposto na Lei nº 6.374/1989, art. 8º, XXI, no Convênio ICMS-25/90, cláusula segunda, e na Lei Complementar Federal nº 123/2006, art. 13, § 1º, XIII, decreta:

**Art. 1º.** Passam a vigorar com a redação que se segue os dispositivos adiante indicados do Regulamento do Imposto sobre Operações Relativas à Circulação de Mercadorias e sobre Prestações de Serviços de Transporte Interestadual e Intermunicipal e de Comunicação, aprovado pelo Decreto nº 45.490, de 30 de novembro de 2000:

I – o *caput* do art. 316:

II – o § 1º do art. 358:

• *Alterações já efetuadas no corpo do Decreto.*

**Art. 2º.** Relativamente aos serviços de transporte intermunicipal rodoviário, ferroviário ou aquaviário de bem ou mercadoria prestados no período de 1º de agosto de 2008 a 30 de setembro de 2008, ficam convalidados os procedimentos adotados pelo remetente, destinatário, tomador e prestador de serviço de transporte, no que se refere à emissão e à escrituração dos documentos fiscais relativos aos serviços de transporte prestados no referido período, desde que o imposto devido tenha sido recolhido, seja mediante retenção antecipada ou por meio de guia de recolhimentos.

**Art. 3º.** Este Decreto entra em vigor na data de sua publicação, produzindo efeitos a partir de 1º de outubro de 2008.

Palácio dos Bandeirantes, 30 de outubro de 2008.

*José Serra – DOE de 31.10.2008*

## 328. DECRETO Nº 53.631, DE 30 DE OUTUBRO DE 2008

*Introduz alterações no Regulamento do Imposto sobre Operações Relativas à Circulação de Mercadorias e sobre Prestações de Serviços de Transporte Interestadual e Intermunicipal e de Comunicação – RICMS.*

José Serra, Governador do Estado de São Paulo, no uso de suas atribuições legais e tendo em vista o disposto no art. 112 da Lei nº 6.374, de 1º de março de 1989, decreta:

**Art. 1º.** Passa a vigorar com a seguinte redação o inciso IX do art. 3º do Anexo II do Regulamento do ICMS – Imposto sobre Operações Relativas à Circulação de Mercadorias e sobre Prestações de Serviços de Transporte Interestadual e Intermunicipal e de Comunicação, aprovado pelo Decreto nº 45.490, de 30 de novembro de 2000:

• *Alteração já efetuada no corpo do Decreto.*

**Art. 2º.** Fica acrescentado, com a redação que se segue, o art. 24 ao Anexo III do Regulamento do Imposto sobre Operações Relativas à Circulação de Mercadorias e sobre Prestações de Serviços de Transporte Interestadual e Intermunicipal e de Comunicação – ICMS, aprovado pelo Decreto nº 45.490, de 30 de novembro de 2000:

• *Alteração já efetuada no corpo do Decreto.*

**Art. 3º.** Fica acrescentado o § 2º ao art. 2º do Decreto nº 52.381, de 19 de novembro de 2007, passando o atual parágrafo único a denominar-se § 1º:

• *Alteração já efetuada no corpo do Decreto.*

**Art. 4º.** Este Decreto entra em vigor na data de sua publicação, produzindo efeitos relativamente ao art. 1º a partir de 1º de janeiro de 2009.

Palácio dos Bandeirantes, 30 de outubro de 2008.

*José Serra – DOE de 31.10.2008*

## 329. DECRETO Nº 53.659, DE 6 DE NOVEMBRO DE 2008

*Isenta do Imposto sobre Operações Relativas à Circulação de Mercadorias e sobre Prestações de Serviços de Transporte Interestadual e Intermunicipal e de Comunicação – ICMS a importação de pianos pela Associação dos Amigos do Centro de Estudos Musicais Tom Jobim.*

José Serra, Governador do Estado de São Paulo, no uso de suas atribuições legais e tendo em vista o disposto no Convênio ICMS 120/08, de 26 de setembro de 2008, e no Parecer PA nº 35/2007, exarado pela Procuradoria Geral do Estado, decreta:

**Art. 1º.** Fica isento do ICMS o desembaraço aduaneiro decorrente de importação dos pianos a seguir indicados, realizada pela Associação dos Amigos do Centro de Estudos Musicais Tom Jobim, inscrita no CNPJ sob nº 03.758.906/0001-68:

I – 1 (um) piano de cauda Steinway Grand Concert Model D, com banco e demais acessórios – Declaração de Importação 08/1012315-5;

II – 2 (dois) pianos Steinway Modelo B, 3/4 cauda, com banco e demais acessórios – Declaração de Importação 08/1175381-0.

§ 1º. A fruição do benefício previsto neste artigo fica condicionada a que os referidos instrumentos musicais sejam conservados pela Associação dos Amigos do Centro de Estudos Musicais Tom Jobim pelo período mínimo de 10 (dez) anos, contados de sua instalação.

§ 2º. Não cumprida a condição prevista no § 1º, o imposto devido deverá ser recolhido integralmente, com multa e demais acréscimos legais.

**Art. 2º.** Este Decreto entra em vigor na data de sua publicação, produzindo efeitos desde 20 de outubro de 2008.

Palácio dos Bandeirantes, 6 de novembro de 2008.

*José Serra – DOE de 7.11.2008*

## 330. DECRETO Nº 53.660, DE 6 DE NOVEMBRO DE 2008

*Introduz alterações no Regulamento do Imposto sobre Operações Relativas à Circulação de Mercadorias e sobre Prestações de Serviços de Transporte Interestadual e Intermunicipal e de Comunicação – RICMS.*

José Serra, Governador do Estado de São Paulo, no uso de suas atribuições legais e tendo em vista o disposto nos Convênios ICMS-104/08, 105/08, 112/08 e 113/08, celebrados em Salvador, BA, no dia 26 de setembro de 2008, e no Protocolo ICMS-91/08, de 30 de setembro de 2008, decreta:

**Art. 1º.** Passam a vigorar com a redação que se segue os dispositivos adiante indicados do Regulamento do Imposto sobre Operações Relativas à Circulação de Mercadorias e sobre Prestações de Serviços de Transporte Interestadual e Intermunicipal e de Comunicação, aprovado pelo Decreto nº 45.490, de 30 de novembro de 2000:

I – do art. 312:

a) o § 1º:

b) o § 2º:

II – o art. 313:

III – o *caput* do art. 4º do Anexo I:

IV – o *caput* do art. 94 do Anexo I:

V – o *caput* do art. 12 do Anexo II, mantidos os seus incisos:

• *Alterações já efetuadas no corpo do Decreto.*

**Art. 2º.** Fica acrescentado o item 5 à Parte I da Tabela XXV do Anexo VI do Regulamento do Imposto sobre Operações Relativas à Circulação de Mercadorias e sobre Prestações de Serviços de Transporte Interestadual e Intermunicipal e de Comunicação, aprovado pelo Decreto nº 45.490, de 30 de novembro de 2000, com a seguinte redação:

• *Alteração já efetuada no corpo do Decreto.*

**Art. 3º.** Este Decreto entra em vigor na data de sua publicação, produzindo efeitos desde 20 de outubro de 2008, exceto em relação aos incisos I e II do art. 1º e ao art. 2º, que produzem efeitos a partir de 1º de janeiro de 2009.

Palácio dos Bandeirantes, 6 de novembro de 2008.

*José Serra – DOE de 7.11.2008*

## 331. DECRETO Nº 53.671, DE 10 DE NOVEMBRO DE 2008

*Altera o Decreto nº 51.960, de 4.7.2007, que institui o Programa de Parcelamento Incentivado – PPI ICM/ICMS no Estado de São Paulo, para a liquidação de débitos fiscais relacionados com o Imposto sobre Operações Relativas à Circulação de Mercadorias – ICM e com o Imposto sobre Operações Relativas à Circulação de Mercadorias e sobre Prestações de Serviços de Transporte Interestadual e Intermunicipal e de Comunicação – ICMS.*

José Serra, Governador do Estado de São Paulo, no uso de suas atribuições legais e considerando o disposto no Convênio ICMS 124/08, de 26 de setembro de 2008, e no Parecer PA 35/2007, exarado pela Procuradoria Geral do Estado, decreta:

**Art. 1º.** Passam a vigorar com a redação que se segue os dispositivos adiante indicados do Decreto nº 51.960, de 4 de julho de 2007:

I – o § 6º do art. 1º:

II – do art. 4º:

a) o *caput*:

b) o *caput* do § 1º, mantidos os seus itens:

III – do art. 6º:

a) o inciso I do *caput*:

b) o § 4º:

IV – o inciso I do art. 8º:

• *Alterações já efetuadas no corpo do Decreto.*

**Art. 2º.** Fica acrescentado o § 7º ao art. 1º do Decreto nº 51.960, de 4 de julho de 2007, com a seguinte redação:

• *Alteração já efetuada no corpo do Decreto.*

**Art. 3º.** Excepcionalmente, os contribuintes que tiverem aderido ao PPI ICM/ICMS nos termos do Decreto nº 51.960, de 4 de julho de 2007, e que possuírem parcelas vencidas há mais de 90 (noventa) dias e não pagas poderão efetuar o recolhimento dessas parcelas até o dia 30 de dezembro de 2008, acrescidas do percentual previsto no item 3 do parágrafo único do art. 7º do referido decreto e dos juros referentes ao parcelamento.

Parágrafo único. Efetuado o recolhimento nos termos deste artigo, não se aplica o disposto na alínea "b" do inciso II do art. 6º do Decreto nº 51.960, de 4 de julho de 2007.

**Art. 4º.** Este Decreto entra em vigor na data de sua publicação, produzindo efeitos a partir de 10 de novembro de 2008.

Palácio dos Bandeirantes, 10 de novembro de 2008.

*José Serra – DOE de 11.11.2208*

## 332. DECRETO Nº 53.715, DE 24 DE NOVEMBRO DE 2008

*Altera o Decreto nº 53.511, de 6.10.2008, que introduz alterações no Regulamento do Imposto sobre Operações Relativas à Circulação de Mercadorias e sobre Prestações de Serviços de Transporte Interestadual e Intermunicipal e de Comunicação – RICMS.*

José Serra, Governador do Estado de São Paulo, no uso de suas atribuições legais e tendo em vista o disposto no art. 8º, incisos XIV, XXVII, XXX, XXXI e XXXIII, da Lei nº 6.374, de 1º de março de 1989, decreta:

**Art. 1º.** Passa a vigorar com a redação que se segue o art. 3º do Decreto nº 53.511, de 6 de outubro de 2008:

- *Alteração já efetuada no corpo do Decreto.*

**Art. 2º.** Este Decreto entra em vigor na data de sua publicação.

Palácio dos Bandeirantes, 24 de novembro de 2008.

*José Serra – DOE de 25.11.2008*

## 333. DECRETO Nº 53.745, DE 1º DE DEZEMBRO DE 2008

*Disciplina o recolhimento do ICMS relativo ao estoque de autopeças que especifica, recebidas antes do início da vigência do regime de retenção antecipada por substituição tributária*

José Serra, Governador do Estado de São Paulo, no uso de suas atribuições legais e tendo em vista o disposto nos arts. 59, 60 e 66-F, inciso III, da Lei nº 6.374, de 1º de março de 1989, e no Protocolo ICMS-41/08, de 4 de abril de 2008, com alteração do Protocolo ICMS-72/08, de 4 de julho de 2008, decreta:

**Art. 1º.** O estabelecimento paulista, exceto o indicado no inciso I do art. 313-O do Regulamento do Imposto sobre Operações Relativas à Circulação de Mercadorias e sobre Prestações de Serviços de Transporte Interestadual e Intermunicipal e de Comunicação – RICMS, aprovado pelo Decreto nº 45.490, de 30 de novembro de 2000, relativamente ao estoque de mercadorias existente no final do dia 30 de novembro de 2008, deverá (Lei nº 6.374/1989, arts. 8º, XIV, e 60, I):

I – efetuar a contagem do estoque de:

a) partes das bombas, compressores e turbocompressores dos itens 31, 32 e 33 do § 1º do art. 313-O do Regulamento do ICMS, classificados no código 84.13.91.90 da Nomenclatura Brasileira de Mercadorias – Sistema Harmonizado – NBM/SH;

b) partes reconhecíveis como exclusiva ou principalmente destinadas às máquinas agrícolas ou rodoviárias, classificadas no código 84.31.49.2 da Nomenclatura Brasileira de Mercadorias – Sistema Harmonizado – NBM/SH;

II – elaborar relação, indicando, para cada item:

a) o valor das mercadorias em estoque e a base de cálculo para fins de incidência do ICMS, considerando a entrada mais recente da mercadoria;

b) a alíquota interna aplicável;

c) o valor do imposto devido, calculado conforme os §§ 1º ou 2º;

d) o correspondente código na Nomenclatura Brasileira de Mercadorias – Sistema Harmonizado (NBM/SH);

III – na hipótese de estar sujeito ao Regime Periódico de Apuração – RPA, transmitir, até 15 de janeiro de 2009, arquivo digital à Secretaria da Fazenda, conforme disciplina por ela estabelecida, contendo a relação de que trata o inciso II e demais informações requeridas;

IV – na hipótese de estar sujeito ao Regime Especial Unificado de Arrecadação de Tributos e Contribuições devidos pelas Microempresas e Empresas de Pequeno Porte – "Simples Nacional", manter a relação de que trata o inciso II em arquivo, pelo prazo de 5 (cinco) anos, para apresentação ao fisco, quando solicitado;

V – recolher o valor do imposto devido em razão da operação própria e das subsequentes, por meio de guia de recolhimentos especiais, conforme disciplina estabelecida pela Secretaria da Fazenda.

§ 1º. O valor do imposto devido pela operação própria e pelas subsequentes será calculado com base no Índice de Valor Adicionado Setorial – IVA-ST divulgado pela Secretaria da Fazenda:

1 – mediante a seguinte fórmula:

a) em se tratando de contribuinte sujeito ao Regime Periódico de Apuração – RPA:

Imposto devido = (base de cálculo x alíquota interna) + (base de cálculo x IVA-ST x alíquota interna);

b) em se tratando de contribuinte sujeito ao "Simples Nacional":

Imposto devido = base de cálculo x IVA-ST x alíquota interna;

2 – considerando-se, para determinação da base de cálculo, o valor da entrada mais recente da mercadoria.

§ 2º. Quando existir preço final a consumidor divulgado pela Secretaria da Fazenda, em substituição ao disposto no § 1º, o valor do imposto devido pela operação própria e pelas subsequentes deverá ser calculado:

1 – mediante a seguinte fórmula:

a) em se tratando de contribuinte sujeito ao Regime Periódico de Apuração – RPA:

Imposto devido = base de cálculo x alíquota interna;

b) em se tratando de contribuinte sujeito ao "Simples Nacional":

Imposto devido = (base de cálculo da saída – base de cálculo da entrada) x alíquota interna;

2 – considerando-se, para determinação da base de cálculo da saída, o preço final a consumidor, divulgado pela Secretaria da Fazenda;

3 – desconsiderando-se, na hipótese da alínea "b" do item 1, os itens em que a base de cálculo da entrada for igual ou superior à base de cálculo da saída.

§ 3º. O imposto devido poderá ser recolhido em até 6 (seis) parcelas mensais, iguais e sucessivas, com vencimento no último dia útil de cada mês, sendo que a primeira parcela deverá ser recolhida até 30 de janeiro de 2009.

§ 4º. Na hipótese de contribuinte sujeito ao Regime Periódico de Apuração – RPA que possua saldo credor de ICMS em 30 de novembro de 2008, este poderá ser utilizado para deduzir, no todo ou em parte, o imposto a recolher nos termos do inciso V, observando-se, sem prejuízo das demais exigências, o que segue:

1 – o valor do saldo credor utilizado para pagar o imposto calculado nos termos do § 1º ou § 2º deverá ser discriminado no final da relação a que se refere o inciso II;

2 – o montante de saldo credor utilizado para pagamento do imposto devido nos termos deste parágrafo será lançado no livro Registro de Apuração do ICMS – RAICMS, na folha destinada à apuração das operações e prestações próprias do período em que ocorrer o aludido levantamento de estoque, no campo "Estorno de Cré-

ditos" do quadro "Débito do Imposto", com a indicação da expressão "Liquidação (parcial ou total) do imposto devido por substituição tributária relativo ao estoque existente em __/__/__ – Decreto ___".

§ 5º. O disposto neste artigo aplica-se, também, no que couber, às mercadorias referidas no inciso I do *caput* na hipótese de sua saída do estabelecimento remetente ter ocorrido até 30 de novembro de 2008 e o seu recebimento ter se efetivado após essa data.

**Art. 2º.** O disposto neste Decreto não se aplica na hipótese de as mercadorias referidas no inciso I do art. 1º já terem sido recebidas com a retenção antecipada do imposto por substituição tributária.

**Art. 3º.** Relativamente às mercadorias, referidas no inciso I do art. 1º, recebidas sem a retenção antecipada do imposto no período compreendido entre o início da vigência do regime de substituição tributária e 30 de novembro de 2008 e que não integrem o estoque apurado no final do dia 30 de novembro de 2008, aplicar-se-á o seguinte:

I – na hipótese de a saída da mercadoria ter sido tributada normalmente, ficam convalidados os procedimentos adotados pelo contribuinte;

II – na hipótese de a saída da mercadoria não ter sido tributada, o contribuinte deverá recolher o imposto devido nos prazos e condições previstos no inciso V e no § 3º, ambos do art. 1º deste Decreto.

Parágrafo único. Para fins do disposto neste Decreto, considera-se como data de início da vigência do regime da substituição tributária:

1 – 1º de maio de 2008, em relação à mercadoria indicada na alínea "b" do inciso I do art. 1º;

2 – 14 de julho de 2008, em relação à mercadoria indicada na alínea "a" do inciso I do art. 1º.

**Art. 4º.** Este Decreto entra em vigor na data de sua publicação.

Palácio dos Bandeirantes, 1º de dezembro de 2008.

*José Serra – DOE de 2.12.2008*

## 334. DECRETO Nº 53.810, DE 12 DE DEZEMBRO DE 2008

*Fixa prazo especial para recolhimento do ICMS devido em decorrência das saídas de mercadorias ocorridas durante o mês de dezembro de 2008. (DOE de 13.12.2008)*

• *Pode ser considerado sem mais efeito em razão do cumprimento de seu prazo.*

## 335. DECRETO Nº 53.811, DE 12 DE DEZEMBRO DE 2008

*Introduz alterações no Regulamento do Imposto sobre Operações Relativas à Circulação de Mercadorias e sobre Prestações de Serviços de Transporte Interestadual e Intermunicipal e de Comunicação – RICMS e dá outras providências.*

José Serra, Governador do Estado de São Paulo, no uso de suas atribuições legais e tendo em vista o disposto nos arts. 8º, inciso XXIV, § 10, e 112 da Lei nº 6.374, de 1º de março de 1989, decreta:

**Art. 1º.** Passam a vigorar com a redação que se segue os dispositivos adiante indicados do Regulamento do Imposto sobre Operações Relativas à Circulação de Mercadorias e sobre Prestações de Serviços de Transporte Interestadual e Intermunicipal e de Comunicação – RICMS, aprovado pelo Decreto nº 45.490, de 30 de novembro de 2000:

I – das Disposições Transitórias:

a) o art. 24:

b) o § 3º do art. 27:

II – o § 3º do art. 32 do Anexo II:

III – o § 3º do art. 33 do Anexo II:

IV – o § 3º do art. 34 do Anexo II:

V – o § 3º do art. 35 do Anexo II:

VI – o § 3º do art. 37 do Anexo II:

VII – o § 3º do art. 39 do Anexo II:

VIII – o § 2º do art. 44 do Anexo II:

• *Alterações já efetuadas no corpo do Decreto.*

**Art. 2º.** Após 30 de junho de 2009, as prorrogações dos benefícios de que trata o art. 1º serão condicionadas à aprovação de programas de desenvolvimento pela Comissão de Avaliação de Desenvolvimento Econômico do Estado de São Paulo, instituída pela Resolução Conjunta nº 1, de 24 de janeiro de 2007.

§ 1º. Os programas de desenvolvimento serão propostos por entidades representativas das empresas dos respectivos setores de atividade econômica na forma, condições e prazos estipulados pela Comissão de Avaliação de Desenvolvimento Econômico do Estado de São Paulo e deverão prever planos e metas semestrais, tais como de arrecadação de impostos, de investimentos e de geração de empregos diretos ou indiretos.

§ 2º. A não apresentação ou descumprimento dos programas de desenvolvimento importará a não prorrogação dos benefícios fiscais.

**Art. 3º.** Este Decreto entra em vigor na data de sua publicação, produzindo efeitos a partir de 1º de janeiro de 2009.

Palácio dos Bandeirantes, 12 de dezembro de 2008.

*José Serra – DOE de 13.12.2008*

## 336. DECRETO Nº 53.812, DE 12 DE DEZEMBRO DE 2008

*Fixa prazo especial para recolhimento do ICMS devido, na condição de sujeito passivo por substituição, pelas operações subsequentes com as mercadorias que especifica.*

José Serra, Governador do Estado de São Paulo, no uso de suas atribuições legais e tendo em vista o disposto no art. 59 da Lei nº 6.374, de 1º de março de 1989, decreta:

**Art. 1º.** O prazo previsto no Anexo IV do Regulamento do Imposto sobre Operações Relativas à Circulação de Mercadorias e sobre Prestações de Serviços de Transporte Interestadual e Intermunicipal e de Comunicação, aprovado pelo Decreto nº 45.490, de 30 de novembro de 2000, para o recolhimento do ICMS devido, na condição de sujeito passivo por substituição, pelas operações subsequentes com as mercadorias sujeitas ao regime da substituição tributária referidas nos itens 11 a 33 do § 1º do art. 3º do mencionado anexo, fica prorrogado para o último dia do segundo mês subsequente ao do mês de referência da apuração.

• *Art. 1º, caput, com redação dada pelo Decreto nº 54.351, de 19.5.2009 – DOE de 20.5.2009 – Efeitos a partir de 1º.6.2009.*

Parágrafo único. A prorrogação de prazo prevista neste artigo aplica-se também ao prazo estabelecido no item 3 do § 2º do art. 268 do Regulamento do ICMS, para que o contribuinte sujeito às normas do Regime Especial Unificado de Arrecadação de Tributos e Contribuições devidos pelas Microempresas e Empresas de Pequeno Porte – Simples Nacional recolha o imposto devido na condição de sujeito passivo por substituição tributária.

**Art. 2º.** Ficam revogados os Decretos nº 52.761, de 28 de fevereiro de 2008, e nº 52.943, de 29 de abril de 2008.

**Art. 3º.** Este Decreto entra em vigor na data de sua publicação, produzindo efeitos para os fatos geradores ocorridos até 31 de dezembro de 2009.

Palácio dos Bandeirantes, 12 de dezembro de 2008.

*José Serra – DOE de 13.12.2008*

## 337. DECRETO Nº 53.813, DE 12 DE DEZEMBRO DE 2008

*Altera o Decreto nº 53.511, de 6.10.2008, que introduz alterações no Regulamento do Imposto sobre Operações Relativas à Circulação de Mercadorias e sobre Prestações de Serviços de Transporte Interestadual e Intermunicipal e de Comunicação – RICMS.*

José Serra, Governador do Estado de São Paulo, no uso de suas atribuições legais e tendo em vista o disposto no art. 8º, incisos XIV, XXVII, XXX, XXXI e XXXIII, da Lei nº 6.374, de 1º de março de 1989, decreta:

**Art. 1º.** Passa a vigorar com a redação que se segue o art. 3º do Decreto nº 53.511, de 6 de outubro de 2008:

• *Alteração já efetuada no corpo do Decreto.*

**Art. 2º.** Este Decreto entra em vigor na data de sua publicação.

Palácio dos Bandeirantes, 12 de dezembro de 2008.

*José Serra – DOE de 13.12.2008*

## 338. DECRETO Nº 53.826, DE 16 DE DEZEMBRO DE 2008

*Institui incentivos no âmbito dos parques tecnológicos integrantes do Sistema Paulista de Parques Tecnológicos, de que tratam a Lei Complementar nº 1.049, de 19 de junho de 2008, e o Decreto nº 50.504, 6 de fevereiro de 2006.*

José Serra, Governador do Estado de São Paulo, no uso de suas atribuições legais, decreta:

**Art. 1º.** As empresas integrantes de parques tecnológicos que compõem o Sistema Paulista de Parques Tecnológicos, a serem relacionadas por resolução conjunta dos Secretários de Estado da Fazenda, de Planejamento e Desenvolvimento Regional e de Desenvolvimento Econômico, Ciência e Tecnologia poderão utilizar o crédito acumulado do ICMS apropriado até 31 de dezembro de 2015, ou passível de apropriação, para:

• *Art. 1º, caput, com redação dada pelo Decreto nº 60.570, de 24.6.2014 – DOE de 25.6.2014 – Efeitos a partir de 1º.7.2014.*

I – pagamento de bens e mercadorias adquiridos, inclusive energia elétrica, a serem utilizados na realização do projeto de investimento neste Estado em um dos parques tecnológicos integrante do Sistema Paulista de Parques Tecnológicos, exceto material destinado a uso ou consumo;

II – pagamento do ICMS relativo à importação de bens destinados ao seu ativo imobilizado, desde que o desembarque e o desembaraço aduaneiro sejam efetuados neste Estado em um dos parques tecnológicos integrante do Sistema Paulista de Parques Tecnológicos;

III – transferência a contribuinte do ICMS, visando à realização do projeto de investimento.

• *Inciso III acrescido pelo Decreto nº 57.241, de 17.8.2011 – DOE de 18.8.2011 – Efeitos a partir da publicação.*

§ 1º. Inclui-se no crédito acumulado de que trata este artigo o valor do crédito recebido de terceiros, após sua apropriação, nos termos do art. 81 do Regulamento do ICMS, aprovado pelo Decreto nº 45.490, de 30 de novembro de 2000.

• *§ 1º acrescido pelo Decreto nº 54.906, de 13.10.2009 – DOE de 14.10.2009 – Efeitos a partir da publicação.*

§ 2º. Aplicam-se às empresas a que se refere o *caput* as disposições dos arts. 3º ao 9º e 11 do Decreto nº 53.051, de 3 de junho de 2008.

• *§ 2º, primitivo parágrafo único, renumerado pelo Decreto nº 54.906, de 13.10.2009 – DOE de 14.10.2009 – Efeitos a partir da publicação.*

**Art. 2º.** A fruição dos benefícios a que se refere o art. 1º sujeitar-se-á às seguintes condições:

I – o montante total do investimento a ser efetuado seja igual ou superior a R$ 500.000,00 (quinhentos mil reais);

II – o montante total do saldo credor do ICMS, passível de apropriação, nos termos do art. 71 do Regulamento do ICMS, ou do crédito acumulado devidamente apropriado, a ser utilizado seja igual ou superior a R$ 100.000,00 (cem mil reais), devidamente escriturado na data da protocolização do pedido;

III – a execução do projeto de investimento seja realizada nos termos em que for apresentado e obedeça ao cronograma de utilização do crédito acumulado apropriado e aprovado pelo Secretário da Fazenda;

IV – os bens destinados ao ativo imobilizado permaneçam contabilizados no estabelecimento paulista, ainda que em poder de terceiros, localizados no Estado de São Paulo pelo prazo mínimo de 48 (quarenta e oito) meses, contados da data da conclusão do projeto de investimento;

V – pelo menos 50% (cinquenta por cento) do valor total dos bens e mercadorias nacionais, para fins de execução do projeto de investimento, sejam adquiridos de fabricantes paulistas;

VI – seja observado, naquilo que não conflitar com este Decreto, o disposto nos arts. 71 e seguintes do RICMS e a disciplina estabelecida pela Secretaria da Fazenda;

**Art. 3º.** Este Decreto entra em vigor na data de sua publicação.

Palácio dos Bandeirantes, 16 de dezembro de 2008.

*José Serra – DOE de 17.12.2008*

## 339. DECRETO Nº 53.832, DE 17 DE DEZEMBRO DE 2008

*Disciplina o recolhimento do ICMS relativo ao estoque de tintas, vernizes e outras mercadorias da indústria química que especifica, recebidos antes do início da vigência do regime de retenção antecipada por substituição tributária.*

José Serra, Governador do Estado de São Paulo, no uso de suas atribuições legais e tendo em vista o disposto nos arts. 59, 60 e 66-F, inciso III, da Lei nº 6.374, de 1º de março de 1989, na alínea "a" do inciso I do art. 1º do Decreto nº 53.660, de 6 de novembro de 2008, e no Convênio ICMS-104/08, de 26 de setembro de 2008, decreta:

**Art. 1º.** O estabelecimento paulista, exceto o indicado no inciso I do art. 312 do Regulamento do Imposto sobre Operações Relativas à Circulação de Mercadorias e sobre Prestações de Serviços de Transporte Interestadual e Intermunicipal e de Comunicação – RICMS, aprovado pelo Decreto nº 45.490, de 30 de novembro de 2000, relativamente ao estoque de mercadorias relacionadas no § 6º existente no final do dia 31 de dezembro de 2008, deverá (Lei nº 6.374/1989, arts. 8º, XIV, e 60, I):

I – efetuar a contagem do estoque das mercadorias;

II – elaborar relação, indicando, para cada item:

a) o valor das mercadorias em estoque e a base de cálculo para fins de incidência do ICMS, considerando a entrada mais recente da mercadoria;

b) a alíquota interna aplicável;

c) o valor do imposto devido, calculado conforme os §§ 1º ou 2º;

d) o correspondente código na Nomenclatura Brasileira de Mercadorias – Sistema Harmonizado (NBM/SH);

III – na hipótese de estar sujeito ao Regime Periódico de Apuração – RPA, transmitir, até 15 de fevereiro de 2009, arquivo digital à Secretaria da Fazenda, conforme disciplina por ela estabelecida, contendo a relação de que trata o inciso II e demais informações requeridas;

IV – na hipótese de estar sujeito ao Regime Especial Unificado de Arrecadação de Tributos e Contribuições devidos pelas Microempresas e Empresas de Pequeno Porte – "Simples Nacional", manter a relação de que trata o inciso II em arquivo, pelo prazo de 5 (cinco) anos, para apresentação ao fisco, quando solicitado;

V – recolher o valor do imposto devido em razão da operação própria e das subsequentes, por meio de guia de recolhimentos especiais, conforme disciplina estabelecida pela Secretaria da Fazenda.

§ 1º. O valor do imposto devido pela operação própria e pelas subsequentes será calculado com base no Índice de Valor Adicionado Setorial – IVA-ST divulgado pela Secretaria da Fazenda:

1 – mediante a seguinte fórmula:

a) em se tratando de contribuinte sujeito ao Regime Periódico de Apuração – RPA:

*Imposto devido = (base de cálculo x alíquota interna) + (base de cálculo x IVA-ST x alíquota interna);*

b) em se tratando de contribuinte sujeito ao "Simples Nacional":

*Imposto devido = base de cálculo x IVA-ST x alíquota interna;*

2 – considerando-se, para determinação da base de cálculo, o valor da entrada mais recente da mercadoria.

§ 2º. Quando existir preço final a consumidor divulgado pela Secretaria da Fazenda, em substituição ao disposto no § 1º, o valor do imposto devido pela operação própria e pelas subsequentes deverá ser calculado:

1 – mediante a seguinte fórmula:

a) em se tratando de contribuinte sujeito ao Regime Periódico de Apuração – RPA:

*Imposto devido = base de cálculo x alíquota interna;*

b) em se tratando de contribuinte sujeito ao "Simples Nacional":

*Imposto devido = (base de cálculo da saída – base de cálculo da entrada) x alíquota interna;*

2 – considerando-se, para determinação da base de cálculo da saída, o preço final a consumidor, divulgado pela Secretaria da Fazenda;

3 – desconsiderando-se, na hipótese da alínea "b" do item 1, os itens em que a base de cálculo da entrada for igual ou superior à base de cálculo da saída.

§ 3º. O imposto devido poderá ser recolhido em até 6 (seis) parcelas mensais, iguais e sucessivas, com vencimento no último dia útil de cada mês, sendo que a primeira parcela deverá ser recolhida até 28 de fevereiro de 2009.

§ 4º. Na hipótese de contribuinte sujeito ao Regime Periódico de Apuração – RPA que possua saldo credor de ICMS em 31 de dezembro de 2008, este poderá ser utilizado para deduzir, no todo ou em parte, o imposto a recolher nos termos do inciso V, observando-se, sem prejuízo das demais exigências, o que segue:

1 – o valor do saldo credor utilizado para pagar o imposto calculado nos termos do § 1º ou § 2º deverá ser discriminado no final da relação a que se refere o inciso II;

2 – o montante de saldo credor utilizado para pagamento do imposto devido nos termos deste parágrafo será lançado no livro Registro de Apuração do ICMS – RAICMS, na folha destinada à apuração das operações e prestações próprias do período em que ocorrer o aludido levantamento de estoque, no campo "Estorno de Créditos" do quadro "Débito do Imposto", com a indicação da expressão "Liquidação (parcial ou total) do imposto devido por substituição tributária relativo ao estoque existente em __/__/__ – Decreto ___".

§ 5º. O disposto neste artigo aplica-se, também, no que couber, às mercadorias referidas no § 6º na hipótese de sua saída do estabelecimento remetente ter ocorrido até 31 de dezembro de 2008 e o seu recebimento ter se efetivado após essa data.

§ 6º. As mercadorias a que se refere o *caput* são as abaixo relacionadas, classificadas nas seguintes posições, subposições ou códigos da Nomenclatura Brasileira de Mercadorias – Sistema Harmonizado – NBM/SH:

1 – tintas, vernizes e outros, 3208, 3209 ou 3210;

2 – preparações concebidas para solver, diluir ou remover tintas, vernizes e outros, 2707, 2710 (exceto posição 2710.11.30), 2901, 2902, 3805, 3807, 3810 ou 3814;

3 – massas, pastas, ceras, encáusticas, líquidos, preparações e outros para dar brilho, limpeza, polimento ou conservação, 3404, 3405.20, 3405.30, 3405.90, 3905, 3907 ou 3910;

4 – xadrez e pós assemelhados, 2821, 3204.17 ou 3206;

5 – piche, 2706.00.00 ou 2715.00.00;

6 – produtos impermeabilizantes, imunizantes para madeira, alvenaria e cerâmica, colas e adesivos, 2707, 2713, 2714, 2715.00.00, 3214, 3506, 3808, 3824, 3907, 3910 ou 6807;

7 – secantes preparados, 3211.00.00;

8 – preparações iniciadoras ou aceleradoras de reação, preparações catalísticas, aglutinantes, aditivos, agentes de cura para aplicação em tintas, vernizes, bases, cimentos, concretos, rebocos e argamassas, 3815 ou 3824;

9 – indutos, mástiques, massas para acabamento, pintura ou vedação, 3214, 3506, 3909 ou 3910;

10 – corantes para aplicação em bases, tintas e vernizes, 3204, 3205.00.00, 3206 ou 3212.

§ 7º. O disposto neste Decreto não se aplica na hipótese de a mercadoria referida no § 6º ter sido recebida já com a retenção antecipada do imposto por substituição tributária.

**Art. 2º.** Este Decreto entrará em vigor na data de sua publicação.

Palácio dos Bandeirantes, 17 de dezembro de 2008.

*José Serra – DOE de 18.12.2008*

## 340. DECRETO Nº 53.833, DE 17 DE DEZEMBRO DE 2008

*Introduz alterações no Regulamento do Imposto sobre Operações Relativas à Circulação de Mercadorias e sobre Prestações de Serviços de Transporte Interestadual e Intermunicipal e de Comunicação – RICMS.*

José Serra, Governador do Estado de São Paulo, no uso de suas atribuições legais e tendo em vista o disposto nos Convênios ICMS-126/08 e 129/08, celebrados em Brasília, DF, no dia 22 de outubro de 2008, e nos Convênios ICMS-130/07, de 27 de novembro de 2007, e 25/08, de 4 de abril de 2008, decreta:

**Art. 1º.** Passam a vigorar com a redação que se segue os dispositivos adiante indicados do Regulamento do Imposto sobre Operações Relativas à Circulação de Mercadorias e sobre Prestações de Serviços de Transporte Interestadual e Intermunicipal e de Comunicação, aprovado pelo Decreto nº 45.490, de 30 de novembro de 2000:

I – o inciso IV do art. 37:

II – o *caput* do art. 5º do Anexo I:

III – o *caput* do art. 34 do Anexo I:

IV – o inciso VI do art. 37 do Anexo I, mantidas as suas alíneas:

• *Alterações já efetuadas no corpo do Decreto.*

**Art. 2º.** Ficam acrescentados os dispositivos adiante indicados ao Regulamento do Imposto sobre Operações Relativas à Circulação de Mercadorias e sobre Prestações de Serviços de Transporte Interestadual e Intermunicipal e de Comunicação, aprovado pelo Decreto nº 45.490, de 30 de novembro de 2000, com a seguinte redação:

I – ao art. 37, o § 8º:

II – ao art. 63 do Anexo I, o § 2º, passando o atual parágrafo único a denominar-se § 1º:

• *Alterações já efetuadas no corpo do Decreto.*

**Art. 3º.** Fica revogado o art. 108 do Anexo I do Regulamento do Imposto sobre Operações Relativas à Circulação de Mercadorias e sobre Prestações de Serviços de Transporte Interestadual e Intermunicipal e de Comunicação, aprovado pelo Decreto nº 45.490, de 30 de novembro de 2000.

• *Alteração já efetuada no corpo do Decreto.*

**Art. 4º.** Este Decreto entra em vigor na data de sua publicação, exceto em relação aos dispositivos adiante indicados, que produzem efeitos:

I – desde 31 de outubro de 2008, o inciso II do art. 1º;

II – desde 12 de novembro de 2008, o inciso III do art. 1º e o inciso II do art. 2º;

III – a partir de 1º de janeiro de 2009, o art. 3º.

Palácio dos Bandeirantes, 17 de dezembro de 2008.

*José Serra – DOE de 18.12.2008*

## 341. DECRETO Nº 53.834, DE 17 DE DEZEMBRO DE 2008

*Introduz alterações no Regulamento do Imposto sobre Operações Relativas à Circulação de Mercadorias e sobre Prestações de Serviços de Transporte Interestadual e Intermunicipal e de Comunicação – RICMS.*

José Serra, Governador do Estado de São Paulo, no uso de suas atribuições legais e tendo em vista o disposto no art. 67 da Lei nº 6.374, de 1º de março de 1989, decreta:

**Art. 1º.** Ficam acrescentados os arts. 11-A e 11-B ao Anexo VII do Regulamento do Imposto sobre Operações Relativas à Circulação de Mercadorias e sobre Prestações de Serviços de Transporte Interestadual e Intermunicipal e de Comunicação, aprovado pelo Decreto nº 45.490, de 30 de novembro de 2000, com a seguinte redação:

• *Alteração já efetuada no corpo do Decreto.*

**Art. 2º.** Este Decreto entra em vigor na data de sua publicação.

Palácio dos Bandeirantes, 17 de dezembro de 2008.

*José Serra – DOE de 18.12.2008*

## 342. DECRETO Nº 53.835, DE 17 DE DEZEMBRO DE 2008

*Introduz alterações no Regulamento do Imposto sobre Operações Relativas à Circulação de Mercadorias e*

*sobre Prestações de Serviços de Transporte Interestadual e Intermunicipal e de Comunicação – RICMS.*

José Serra, Governador do Estado de São Paulo, no uso de suas atribuições legais e tendo em vista o disposto nos Convênios ICMS-126/98, 123/05 e 38/08, decreta:

**Art. 1º.** Passam a vigorar com a redação que segue os seguintes dispositivos do Regulamento do Imposto sobre Operações Relativas à Circulação de Mercadorias e sobre Prestações de Serviços de Transporte Interestadual e Intermunicipal e de Comunicação, aprovado pelo Decreto nº 45.490, de 30 de novembro de 2000:

I – o item 4 do § 5º do art. 36:

II – o inciso VIII do art. 478:

III – o Anexo XVII:

• *Alterações já efetuadas no corpo do Decreto.*

**Art. 2º.** O disposto no art. 10 do Anexo XVII do Regulamento do ICMS aplica-se somente aos fatos geradores ocorridos a partir de 1º de maio de 2004.

**Art. 3º.** Este Decreto entra em vigor na data de sua publicação.

Palácio dos Bandeirantes, 17 de dezembro de 2008.

*José Serra – DOE de 18.12.2008*

## 343. DECRETO Nº 53.836, DE 17 DE DEZEMBRO DE 2008

*Introduz alterações no Regulamento do Imposto sobre Operações Relativas à Circulação de Mercadorias e sobre Prestações de Serviços de Transporte Interestadual e Intermunicipal e de Comunicação – RICMS.*

José Serra, Governador do Estado de São Paulo, no uso de suas atribuições legais e com fundamento no art. 102 da Lei nº 6.374, de 1º de março de 1989, decreta:

**Art. 1º.** Passa a vigorar com a redação que se segue o Capítulo VI do Título V do Livro IV, composto pelos arts. 586 a 592 do Regulamento do Imposto sobre Operações Relativas à Circulação de Mercadorias e sobre Prestações de Serviços de Transporte Interestadual e Intermunicipal e de Comunicação, aprovado pelo Decreto nº 45.490, de 30 de novembro de 2000:

• *Alteração já efetuada no corpo do Decreto.*

**Art. 2º.** Este Decreto entra em vigor na data de sua publicação, produzindo efeitos a partir de 1º de novembro de 2008.

Palácio dos Bandeirantes, 17 de dezembro de 2008.

*José Serra – DOE de 18.12.2008*

## 344. DECRETO Nº 53.837, DE 17 DE DEZEMBRO DE 2008

*Introduz alterações no Regulamento do Imposto sobre Operações Relativas à Circulação de Mercadorias e sobre Prestações de Serviços de Transporte Interestadual e Intermunicipal e de Comunicação – RICMS.*

José Serra, Governador do Estado de São Paulo, no uso de suas atribuições legais e tendo em vista o disposto no art. 8º, incisos XX-VII e XXXIII, da Lei nº 6.374, de 1º de março de 1989, decreta:

**Art. 1º.** Passam a vigorar com a redação que se segue os dispositivos adiante indicados do Regulamento do Imposto sobre Operações Relativas à Circulação de Mercadorias e sobre Prestações de Serviços de Transporte Interestadual e Intermunicipal e de Comunicação – RICMS, aprovado pelo Decreto nº 45.490, de 30 de novembro de 2000:

I – do § 1º do art. 313-W:

a) as alíneas "a", "c", "e", "f" e "i" do item 5:

b) a alínea "c" do item 7:

c) a alínea "g" do item 11:

II – os itens 24 e 25 do § 1º do art. 313-Y:

• *Alterações já efetuadas no corpo do Decreto.*

**Art. 2º.** Este Decreto entra em vigor na data de sua publicação, produzindo efeitos a partir de 1º de março de 2009, exceto o inciso II do art. 1º, que produz efeitos a partir de 1º de janeiro de 2009.

Palácio dos Bandeirantes, 17 de dezembro de 2008.

*José Serra – DOE de 18.12.2008*

## 345. DECRETO Nº 53.838, DE 17 DE DEZEMBRO DE 2008

*Introduz alterações no Regulamento do Imposto sobre Operações Relativas à Circulação de Mercadorias e sobre Prestações de Serviços de Transporte Interestadual e Intermunicipal e de Comunicação – RICMS.*

José Serra, Governador do Estado de São Paulo, no uso de suas atribuições legais e tendo em vista o disposto na Lei nº 12.268, de 20 de fevereiro 2006, e no Convênio ICMS-27/06, de 24 de março 2006, decreta:

**Art. 1º.** Passam a vigorar com a redação que se segue os dispositivos adiante indicados do art. 20 do Anexo III do Regulamento do Imposto sobre Operações Relativas à Circulação de Mercadorias e sobre Prestações de Serviços de transporte Interestadual e Intermunicipal e de Comunicação – RICMS, aprovado pelo Decreto nº 45.490, de 30 de novembro de 2000:

I – a alínea "c" do item 1 do § 1º:

II – a alínea "b" do item 2 do § 1º:

III – o § 2º:

IV – o item 2 do § 3º:

• *Alterações já efetuadas no corpo do Decreto.*

**Art. 2º.** Este Decreto entra em vigor na data de sua publicação, produzindo efeitos a partir de 1º de dezembro de 2008.

Palácio dos Bandeirantes, 17 de dezembro de 2008.

*José Serra – DOE de 18.12.2008*

## 346. DECRETO Nº 53.915, DE 29 DE DEZEMBRO DE 2008

*Altera o Decreto nº 51.624, de 28.2.2007, que institui regime especial de tributação pelo Imposto sobre Operações Relativas à Circulação de Mercadorias e sobre Prestações de Serviços de Transporte Interestadual e Intermunicipal e de Comunicação – ICMS para contribuintes da indústria de informática.*

José Serra, Governador do Estado de São Paulo, no uso de suas atribuições legais e tendo em vista o disposto no art. 112 da Lei nº 6.374, de 1º de março de 1989, decreta:

**Art. 1º.** Passa a vigorar com a redação que se segue o item 2 do § 3º do art. 1º do Decreto nº 51.624, de 28 de fevereiro de 2007:

• *Alterações já efetuadas no corpo do Decreto.*

**Art. 2º.** Fica acrescentado o inciso XX ao *caput* do art. 1º do Decreto nº 51.624, de 28 de fevereiro de 2007, com a seguinte redação:

• *Alteração já efetuada no corpo do Decreto.*

**Art. 3º.** Este Decreto entra em vigor na data de sua publicação, produzindo efeitos desde 1º de dezembro de 2008.

Palácio dos Bandeirantes, 29 de dezembro de 2008.

*José Serra – DOE de 30.12.2008*

## 347. DECRETO Nº 53.916, DE 29 DE DEZEMBRO DE 2008

*Introduz alterações no Regulamento do Imposto sobre Operações Relativas à Circulação de Mercadorias e sobre Prestações de Serviços de Transporte Interestadual e Intermunicipal e de Comunicação – RICMS.*

José Serra, Governador do Estado de São Paulo, no uso de suas atribuições legais e tendo em vista o disposto nos arts. 16, § 1º, 19, 20 e 21 da Lei nº 6.374, de 1º de março de 1989, na redação da Lei nº 12.294, de 6 de março de 2006, decreta:

**Art. 1º.** Passam a vigorar com a redação que se segue os dispositivos adiante indicados ao Regulamento do Imposto sobre Operações Relativas à Circulação de Mercadorias e sobre Prestações de Serviços de Transporte Interestadual e Intermunicipal e de Comunicação – RICMS, aprovado pelo Decreto nº 45.490, de 30 de novembro de 2000:

I – do art. 21:

a) o *caput*:

b) o item 7 do § 3º:

c) o § 5º:

II – do art. 24:

a) o inciso V:

b) o *caput* do parágrafo único, mantidos os seus itens:

III – o inciso VIII do art. 31:

• *Alterações já efetuadas no corpo do Decreto.*

**Art. 2º.** Fica acrescentado o inciso V ao art. 20 do Regulamento do Imposto sobre Operações Relativas à Circulação de Mercadorias e sobre Prestações de Serviços de Transporte Interestadual e Intermunicipal e de Comunicação – RICMS, aprovado pelo Decreto nº 45.490, de 30 de novembro de 2000, com a seguinte redação:

• *Alteração já efetuada no corpo do Decreto.*

**Art. 3º.** Fica revogado o § 6º do art. 125 do Regulamento do ICMS.

• *Alteração já efetuada no corpo do Decreto.*

**Art. 4º.** Este Decreto entra em vigor na data de sua publicação.

Palácio dos Bandeirantes, 29 de dezembro de 2008.

*José Serra – DOE de 30.12.2008*

## 348. DECRETO Nº 53.917, DE 29 DE DEZEMBRO DE 2008

*Introduz alteração no Regulamento do Imposto sobre Operações Relativas à Circulação de Mercadorias e sobre Prestações de Serviços de Transporte Interestadual e Intermunicipal e de Comunicação – RICMS.*

José Serra, Governador do Estado de São Paulo, no uso de suas atribuições legais e tendo em vista o disposto no art. 112 da Lei nº 6.374, de 1º de março de 1989, decreta:

**Art. 1º.** Fica acrescentado, com a redação que se segue, o art. 25 ao Anexo III do Regulamento do Imposto sobre Operações Relativas à Circulação de Mercadorias e sobre Prestações de Serviços de Transporte Interestadual e Intermunicipal e de Comunicação, aprovado pelo Decreto nº 45.490, de 30 de novembro de 2000:

• *Alteração já efetuada no corpo do Decreto.*

**Art. 2º.** Este Decreto entra em vigor na data de sua publicação, produzindo efeitos para os fatos geradores ocorridos a partir de 1º de dezembro de 2008.

Palácio dos Bandeirantes, 29 de dezembro de 2008.

*José Serra – DOE de 30.12.2008*

## 349. DECRETO Nº 53.918, DE 29 DE DEZEMBRO DE 2008

*Introduz alterações no Regulamento do Imposto sobre Operações Relativas à Circulação de Mercadorias e sobre Prestações de Serviços de Transporte Interestadual e Intermunicipal e de Comunicação – RICMS.*

José Serra, Governador do Estado de São Paulo, no uso de suas atribuições legais e tendo em vista o disposto no art. 112 da Lei nº 6.374, de 1º de março de 1989, decreta:

**Art. 1º.** Passa a vigorar com a seguinte redação o art. 24 do Anexo III do Regulamento do Imposto sobre Operações Relativas à Circulação de Mercadorias e sobre Prestações de Serviços de Transporte Interestadual e Intermunicipal e de Comunicação, aprovado pelo Decreto nº 45.490, de 30 de novembro de 2000:

• *Alteração já efetuada no corpo do Decreto.*

**Art. 2º.** Fica acrescentado, com a redação que se segue, o art. 51 ao Anexo II do Regulamento do Imposto sobre Operações Relativas à Circulação de Mercadorias e sobre Prestações de Serviços de Transporte Interestadual e Intermunicipal e de Comunicação – ICMS, aprovado pelo Decreto nº 45.490, de 30 de novembro de 2000:

• *Alteração já efetuada no corpo do Decreto.*

**Art. 3º.** Este Decreto entra em vigor na data de sua publicação, produzindo efeitos a partir de 1º de dezembro de 2008.

Palácio dos Bandeirantes, 29 de dezembro de 2008.

*José Serra – DOE de 30.12.2008*

## 350. DECRETO Nº 53.919, DE 29 DE DEZEMBRO DE 2008

*Isenta do Imposto sobre Operações Relativas à Circulação de Mercadorias e sobre Prestações de Serviços de Transporte Interestadual e Intermunicipal e de Comu-*

*nicação – ICMS as operações com mercadorias, bem como os serviços de transporte destinados ao socorro e atendimento às vítimas das calamidades climáticas ocorridas no Estado de Santa Catarina. (DOE de 30.12.2008)*

- *Pode ser considerado sem mais efeito em razão do cumprimento de seu prazo.*

## 351. DECRETO Nº 53.933, DE 31 DE DEZEMBRO DE 2008

*Introduz alterações no Regulamento do Imposto sobre Operações Relativas à Circulação de Mercadorias e sobre Prestações de Serviços de Transporte Interestadual e Intermunicipal e de Comunicação – RICMS.*

José Serra, Governador do Estado de São Paulo, no uso de suas atribuições legais e tendo em vista o disposto no Convênio ICMS-110/07, de 28 de setembro de 2007, alterado pelo Convênio ICMS-136/08, de 5 de dezembro de 2008, decreta:

**Art. 1º.** Passa a vigorar com a redação que se segue a Subseção II, da Seção I, do Capítulo VI, do Título II, do Livro II, composta pelo art. 419 do Regulamento do Imposto sobre Operações Relativas à Circulação de Mercadorias e sobre Prestações de Serviços de Transporte Interestadual e Intermunicipal e de Comunicação, aprovado pelo Decreto nº 45.490, de 30 de novembro de 2000:

- *Alteração já efetuada no corpo do Decreto.*

**Art. 2º.** Ficam acrescentados os seguintes dispositivos ao Regulamento do Imposto sobre Operações Relativas à Circulação de Mercadorias e sobre Prestações de Serviços de Transporte Interestadual e Intermunicipal e de Comunicação, aprovado pelo Decreto nº 45.490, de 30 de novembro de 2000:

I – o § 4º ao art. 54:

II – o § 5º ao art. 67:

- *Alterações já efetuadas no corpo do Decreto.*

**Art. 3º.** Este Decreto entra em vigor na data da publicação, produzindo efeitos a partir de 1º de janeiro de 2009.

Palácio dos Bandeirantes, 31 de dezembro de 2008.

*José Serra – DOE de 1º.1.2009*

## 352. DECRETO Nº 53.934, DE 31 DE DEZEMBRO DE 2008

*Introduz alteração no Regulamento do Imposto sobre Operações Relativas à Circulação de Mercadorias e sobre Prestações de Serviços de Transporte Interestadual e Intermunicipal e de Comunicação – RICMS.*

José Serra, Governador do Estado de São Paulo, no uso de suas atribuições legais, e tendo em vista o disposto no Convênio ICMS-143/06, celebrado em Macapá, AP, no dia 15 de dezembro de 2006, decreta:

**Art. 1º.** Fica acrescentado o art. 250-A ao Regulamento do Imposto sobre Operações Relativas à Circulação de Mercadorias e sobre Prestações de Serviços de Transporte Interestadual e Intermunicipal e de Comunicação, aprovado pelo Decreto nº 45.490, de 30 de novembro de 2000, com a seguinte redação:

- *Alteração já efetuada no corpo do Decreto.*

**Art. 2º.** Este Decreto entra em vigor na data de sua publicação, produzindo efeitos a partir de 1º de janeiro de 2009.

Palácio dos Bandeirantes, 31 de dezembro de 2008.

*José Serra – DOE de 1º.1.2009*

## 353. DECRETO Nº 53.972, DE 27 DE JANEIRO DE 2009

*Altera o Decreto nº 53.625, de 30.10.2008, que disciplina o recolhimento do ICMS relativo ao estoque das mercadorias que especifica, recebidas antes do início da vigência do regime de retenção antecipada por substituição tributária*

José Serra, Governador do Estado de São Paulo, no uso de suas atribuições legais e tendo em vista o disposto nos arts. 59, 60 e 66-F, inciso III, da Lei nº 6.374, de 1º de março de 1989, no Decreto nº 53.511, de 6 de outubro de 2008, com alteração do Decreto nº 53.813, de 12 de dezembro de 2008, e no Decreto nº 53.837, de 17 de dezembro de 2008, decreta:

**Art. 1º.** Passam a vigorar com a redação que se segue os dispositivos adiante indicados do art. 1º do Decreto nº 53.625, de 30 de outubro de 2008:

I – o *caput*, mantidos os seus incisos:

II – o inciso III:

III – o § 3º:

IV – o *caput* do § 4º, mantidos os seus itens:

V – o § 5º:

VI – as alíneas "o" e "u" do item 4 do § 6º:

- *Alterações já efetuadas no corpo do Decreto.*

**Art. 2º.** Ficam acrescentados os dispositivos adiante indicados ao Decreto nº 53.625, de 30 de outubro de 2008, com a seguinte redação:

I – ao item 4 do § 6º do art. 1º, as alíneas "z1" a "z6":

II – ao art. 1º, o § 8º:

- *Alterações já efetuadas no corpo do Decreto.*

**Art. 3º.** Este Decreto entra em vigor na data de sua publicação.

Palácio dos Bandeirantes, 27 de janeiro de 2009.

*José Serra – DOE de 28.1.2009*

## 354. DECRETO Nº 53.973, DE 27 DE JANEIRO DE 2009

*Introduz alterações no Regulamento do Imposto sobre Operações Relativas à Circulação de Mercadorias e sobre Prestações de Serviços de Transporte Interestadual e Intermunicipal e de Comunicação – RICMS.*

José Serra, Governador do Estado de São Paulo, no uso de suas atribuições legais e tendo em vista o disposto nos Convênios ICMS-58/96, 128/04, 32/06, 03/07, 23/07 e no Convênio ICMS-138/08, celebrado em Foz do Iguaçu, PR, no dia 5 de dezembro de 2008, decreta:

**Art. 1º.** Passam a vigorar com a redação que se segue os dispositivos adiante indicados do Regulamento do Imposto sobre Operações Relativas à Circulação de Mercadorias e sobre Prestações de Serviços de Transporte Interestadual e Intermunicipal e de Comunicação, aprovado pelo Decreto nº 45.490, de 30 de novembro de 2000:

I – o § 13 do art. 19 do Anexo I;

II – o § 4º do art. 24 do Anexo I;

III – o § 3º do art. 112 do Anexo I;

IV – o § 3º do art. 125 do Anexo I;

V – o § 3º do art. 129 do Anexo I;

• *Alterações já efetuadas no corpo do Decreto.*

**Art. 2º.** Este Decreto entra em vigor na data de sua publicação, produzindo efeitos desde 1º de janeiro de 2009.

Palácio dos Bandeirantes, 27 de janeiro de 2009.

*José Serra – DOE de 28.1.2009*

## 355. DECRETO Nº 54.006, DE 12 DE FEVEREIRO DE 2009

*Introduz alterações no Regulamento do Imposto sobre Operações Relativas à Circulação de Mercadorias e sobre Prestações de Serviços de Transporte Interestadual e Intermunicipal e de Comunicação – RICMS e dá outras providências.*

José Serra, Governador do Estado de São Paulo, no uso de suas atribuições legais e tendo em vista o disposto nos arts. 8º, inciso XXIV, § 10, e 112 da Lei nº 6.374, de 1º de março de 1989, decreta:

**Art. 1º.** Passam a vigorar com a redação que se segue os dispositivos adiante indicados do Regulamento do Imposto sobre Operações Relativas à Circulação de Mercadorias e sobre Prestações de Serviços de Transporte Interestadual e Intermunicipal e de Comunicação – RICMS, aprovado pelo Decreto nº 45.490, de 30 de novembro de 2000:

I – das Disposições Transitórias:

a) o art. 24;

b) o § 3º do art. 27;

II – o § 3º do art. 32 do Anexo II;

III – o § 3º do art. 33 do Anexo II;

IV – o § 3º do art. 34 do Anexo II;

V – o § 3º do art. 35 do Anexo II;

VI – o § 3º do art. 37 do Anexo II;

VII – o § 3º do art. 39 do Anexo II;

VIII – o § 2º do art. 44 do Anexo II;

• *Alterações já efetuadas no corpo do Decreto.*

**Art. 2º.** Após 31 de dezembro de 2009, as prorrogações dos benefícios de que trata o art. 1º serão condicionadas à aprovação de programas de desenvolvimento pela Comissão de Avaliação de Desenvolvimento Econômico do Estado de São Paulo, instituída pela Resolução Conjunta nº 1, de 24 de janeiro de 2007.

§ 1º. Os programas de desenvolvimento serão propostos por entidades representativas das empresas dos respectivos setores de atividade econômica na forma, condições e prazos estipulados pela Comissão de Avaliação de Desenvolvimento Econômico do Estado de São Paulo e deverão prever planos e metas semestrais, tais como de arrecadação de impostos, de investimentos e de geração de empregos diretos ou indiretos.

§ 2º. A não apresentação ou descumprimento dos programas de desenvolvimento importará a não prorrogação dos benefícios fiscais.

**Art. 3º.** Este Decreto entra em vigor na data de sua publicação, produzindo efeitos a partir de 1º de julho de 2009.

Palácio dos Bandeirantes, 12 de fevereiro de 2009.

*José Serra – DOE de 13.2.2009*

## 356. DECRETO Nº 54.007, DE 12 DE FEVEREIRO DE 2009

*Introduz alterações no Regulamento do Imposto sobre Operações Relativas à Circulação de Mercadorias e sobre Prestações de Serviços de Transporte Interestadual e Intermunicipal e de Comunicação – RICMS e dá outras providências.*

José Serra, Governador do Estado de São Paulo, no uso de suas atribuições legais e tendo em vista o disposto nos arts. 8º e 59 da Lei nº 6.374, de 1º de março de 1989, decreta:

**Art. 1º.** Fica acrescentado o art. 29 nas Disposições Transitórias do Regulamento do Imposto sobre Operações Relativas à Circulação de Mercadorias e sobre Prestações de Serviços de Transporte Interestadual e Intermunicipal e de Comunicação – RICMS, aprovado pelo Decreto nº 45.490, de 30 de novembro de 2000, com a seguinte redação:

• *Alteração já efetuada no corpo do Decreto.*

**Art. 2º.** Este Decreto entra em vigor na data de sua publicação, produzindo efeitos a partir de 1º de março de 2009.

Palácio dos Bandeirantes, 12 de fevereiro de 2009.

*José Serra – DOE de 13.2.2009*

## 357. DECRETO Nº 54.008, DE 12 DE FEVEREIRO DE 2009

*Introduz alterações no Regulamento do Imposto sobre Operações Relativas à Circulação de Mercadorias e sobre Prestações de Serviços de Transporte Interestadual e Intermunicipal e de Comunicação – RICMS.*

José Serra, Governador do Estado de São Paulo, no uso de suas atribuições legais, tendo em vista o disposto nos arts. 67, 68 e 69 da Lei nº 6.374, de 1º de março de 1989, decreta:

**Art. 1º.** Passam a vigorar com a redação que se segue os seguintes dispositivos do Regulamento do Imposto sobre Operações Relativas à Circulação de Mercadorias e sobre Prestações de Serviços de Transporte Interestadual e Intermunicipal e de Comunicação – RICMS, aprovado pelo Decreto nº 45.490, de 30 de novembro de 2000:

I – o inciso II do art. 456;

II – os itens 1 e 2 do § 2º do art. 456;

• *Alterações já efetuadas no corpo do Decreto.*

**Art. 2º.** Este Decreto entra em vigor na data de sua publicação.

Palácio dos Bandeirantes, 12 de fevereiro de 2009.

*José Serra – DOE de 13.2.2009*

## 358. DECRETO Nº 54.009, DE 12 DE FEVEREIRO DE 2009

*Introduz alterações no Regulamento do Imposto sobre Operações Relativas à Circulação de Mercadorias e sobre Prestações de Serviços de Transporte Interestadual e Intermunicipal e de Comunicação – RICMS.*

José Serra, Governador do Estado de São Paulo, no uso de suas atribuições legais e tendo em vista o disposto nos Convênios ICMS-137/08 e 156/08, celebrados em Foz do Iguaçu, PR, no dia 5 de dezembro de 2008, decreta:

**Art. 1º.** Ficam acrescentados os dispositivos adiante indicados ao Regulamento do Imposto sobre Operações Relativas à Circulação de Mercadorias e sobre Prestações de Serviços de Transporte Interestadual e Intermunicipal e de Comunicação, aprovado pelo Decreto nº 45.490, de 30 de novembro de 2000, com a seguinte redação:

I – do art. 2º do Anexo I:

a) ao item 3 do § 1º, a alínea "g":

b) ao item 2 do § 2º, a alínea "g":

II – ao art. 41 do Anexo I, o inciso XVII:

III – ao art. 9º do Anexo II, o inciso XIV:

• *Alterações já efetuadas no corpo do Decreto.*

**Art. 2º.** Este Decreto entra em vigor na data de sua publicação, produzindo efeitos desde 1º de janeiro de 2009.

Palácio dos Bandeirantes, 12 de fevereiro de 2009.

*José Serra – DOE de 13.2.2009*

## 359. DECRETO Nº 54.023, DE 16 DE FEVEREIRO DE 2009

*Altera o Decreto nº 52.161, de 14.9.2007, que instituiu o Programa de Incentivo à Revitalização de Áreas Urbanas Degradadas – PRO-URBE.*

José Serra, Governador do Estado de São Paulo, no uso de suas atribuições legais e tendo em vista o disposto no art. 46 da Lei nº 6.374, de 1º de março de 1989, decreta:

**Art. 1º.** Passa a vigorar com a redação que se segue o *caput* do art. 4º do Decreto nº 52.161, de 14 de setembro de 2007, mantidos os seus incisos:

• *Alteração já efetuada no corpo do Decreto.*

**Art. 2º.** Este Decreto entra em vigor na data de sua publicação, produzindo efeitos a partir de 1º de janeiro de 2009.

Palácio dos Bandeirantes, 16 de fevereiro de 2009.

*José Serra – DOE de 17.2.2009*

## 360. DECRETO Nº 54.060, DE 26 DE FEVEREIRO DE 2009

*Altera o Decreto nº 53.361, de 29.8.2008, que revoga o art. 139 do Anexo I do Regulamento do Imposto sobre Operações Relativas à Circulação de Mercadorias e sobre Prestações de Serviços de Transporte Interestadual e Intermunicipal e de Comunicação – RICMS e dá outras providências.*

Alberto Goldman, Vice-Governador, em exercício no cargo de Governador do Estado de São Paulo, no uso de suas atribuições legais, decreta:

**Art. 1º.** Passa a vigorar com a redação que se segue o inciso II do art. 2º do Decreto nº 53.361, de 29 de agosto de 2008:

• *Alteração já efetuada no corpo do Decreto.*

**Art. 2º.** Este Decreto entra em vigor na data de sua publicação.

Palácio dos Bandeirantes, 26 de fevereiro de 2009.

*Alberto Goldman – Vice-Governador, em exercício no cargo de Governador do Estado – DOE de 27.2.2009*

## 361. DECRETO Nº 54.080, DE 5 DE MARÇO DE 2009

*Introduz alteração no Regulamento do Imposto sobre Operações Relativas à Circulação de Mercadorias e sobre Prestações de Serviços de Transporte Interestadual e Intermunicipal e de Comunicação – RICMS.*

José Serra, Governador do Estado de São Paulo, no uso de suas atribuições legais e tendo em vista o disposto no art. 112 da Lei nº 6.374, de 1º de março de 1989, decreta:

**Art. 1º.** Passam a vigorar com a redação que se segue os dispositivos adiante indicados do art. 25 do Anexo III do Regulamento do Imposto sobre Operações Relativas à Circulação de Mercadorias e sobre Prestações de Serviços de Transporte Interestadual e Intermunicipal e de Comunicação, aprovado pelo Decreto nº 45.490, de 30 de novembro de 2000:

I – o *caput*, mantidos os seus incisos:

II – o parágrafo único:

• *Alterações já efetuadas no corpo do Decreto.*

**Art. 2º.** Este Decreto entra em vigor na data de sua publicação, produzindo efeitos:

I – no que respeita ao *caput*, para os fatos geradores ocorridos a partir de 1º de dezembro de 2008;

II – no que respeita ao parágrafo único, a partir de 1º de março de 2009.

Palácio dos Bandeirantes, 5 de março de 2009.

*José Serra – DOE de 6.3.2009*

## 362. DECRETO Nº 54.092, DE 10 DE MARÇO DE 2009

*Introduz alterações no Regulamento do Imposto sobre Operações Relativas à Circulação de Mercadorias e sobre Prestações de Serviços de Transporte Interestadual e Intermunicipal e de Comunicação – RICMS.*

José Serra, Governador do Estado de São Paulo, no uso de suas atribuições legais e tendo em vista o disposto no art. 8º, incisos XXVII, XXX, XXXI, XXXIII e XXXIV, da Lei nº 6.374, de 1º de março de 1989, e no Protocolo ICMS-127/08, de 5 de dezembro de 2008, decreta:

**Art. 1º.** Passam a vigorar com a redação que se segue os dispositivos adiante indicados ao Regulamento do Imposto sobre Operações Relativas à Circulação de Mercadorias e sobre Prestações de Serviços de Transporte Interestadual e Intermunicipal e de Comunicação

– RICMS, aprovado pelo Decreto nº 45.490, de 30 de novembro de 2000:

I – os itens 20, 23, 24 e 26 do § 1º do art. 313-G:

II – os itens 17, 22, 25, 36, 39 e 40 do § 1º do art. 313-K:

III – a alínea "g" do item 11 do § 1º do art. 313-W:

IV – os itens 2, 7, 8, 84, 105, 109 e 117 do § 1º do art. 313-Y:

• *Alterações já efetuadas no corpo do Decreto.*

**Art. 2º.** Ficam acrescentados os dispositivos adiante indicados ao Regulamento do Imposto sobre Operações Relativas à Circulação de Mercadorias e sobre Prestações de Serviços de Transporte Interestadual e Intermunicipal e de Comunicação – RICMS, aprovado pelo Decreto nº 45.490, de 30 de novembro de 2000, com a seguinte redação:

I – ao § 1º do art. 313-G, o item 44:

II – ao § 1º do art. 313-O, os itens 85 a 100:

• *Alterações já efetuadas no corpo do Decreto.*

**Art. 3º.** Ficam revogados os itens 23, 31 e 48 do § 1º do art. 313-Y do Regulamento do Imposto sobre Operações Relativas à Circulação de Mercadorias e sobre Prestações de Serviços de Transporte Interestadual e Intermunicipal e de Comunicação – RICMS, aprovado pelo Decreto nº 45.490, de 30 de novembro de 2000.

• *Alteração já efetuada no corpo do Decreto.*

**Art. 4º.** Ficam convalidados os procedimentos adotados pelo remetente e pelo destinatário da mercadoria no que se refere à emissão e à escrituração dos documentos fiscais relativos às seguintes operações, desde que o imposto devido tenha sido regularmente pago:

I – operações com as autopeças arroladas no inciso II do art. 2º deste Decreto, realizadas no período de 1º de fevereiro de 2009 à data da publicação deste Decreto;

II – operações com as mercadorias arroladas no art. 1º e no inciso I do art. 2º, ambos deste Decreto, realizadas no período de 1º de março de 2009 à data da publicação deste Decreto.

**Art. 5º.** Este Decreto entra em vigor na data de sua publicação, produzindo efeitos desde 1º de março de 2009.

Palácio dos Bandeirantes, 10 de março de 2009.

*José Serra – DOE de 11.3.2009*

## 363. DECRETO Nº 54.105, DE 12 DE MARÇO DE 2009

*Introduz alterações no Regulamento do Imposto sobre Operações Relativas à Circulação de Mercadorias e sobre Prestações de Serviços de Transporte Interestadual e Intermunicipal e de Comunicação – RICMS.*

José Serra, Governador do Estado de São Paulo, no uso de suas atribuições legais e tendo em vista o disposto no art. 8º, incisos XXXIX, XL, XLV e XLVII, da Lei nº 6.374, de 1º de março de 1989, decreta:

**Art. 1º.** Ficam acrescentados os dispositivos adiante indicados ao Regulamento do Imposto sobre Operações Relativas à Circulação de Mercadorias e sobre Prestações de Serviços de Transporte Interestadual e Intermunicipal e de Comunicação – RICMS, aprovado pelo Decreto nº 45.490, de 30 de novembro de 2000, com a seguinte redação:

I – ao Capítulo I do Título II do Livro II, a Seção XXIV, composta pelos arts. 313-Z1 e 313-Z2:

II – ao Capítulo I do Título II do Livro II, a Seção XXV, composta pelos arts. 313-Z3 e 313-Z4:

III – ao Capítulo I do Título II do Livro II, a Seção XXVI, composta pelos arts. 313-Z5 e 313-Z6:

IV – ao Capítulo I do Título II do Livro II, a Seção XXVII, composta pelos arts. 313-Z7 e 313-Z8:

• *Alterações já efetuadas no corpo do Decreto.*

**Art. 2º.** Este Decreto entra em vigor na data de sua publicação, produzindo efeitos a partir de 1º de abril de 2009.

Palácio dos Bandeirantes, 12 de março de 2009.

*José Serra – DOE de 13.3.2009*

## 364. DECRETO Nº 54.134, DE 17 DE MARÇO DE 2009

*Altera o Decreto nº 53.625, de 30.10.2008, que disciplina o recolhimento do ICMS relativo ao estoque das mercadorias que especifica, recebidas antes do início da vigência do regime de retenção antecipada por substituição tributária.*

José Serra, Governador do Estado de São Paulo, no uso de suas atribuições legais e tendo em vista o disposto nos arts. 59, 60 e 66-F, inciso III, da Lei nº 6.374, de 1º de março de 1989, no Decreto nº 54.092, de 10 de março de 2009, decreta:

**Art. 1º.** Passa a vigorar com a redação que se segue os dispositivos adiante indicados do § 6º do art. 1º do Decreto nº 53.625, de 30 de outubro de 2008:

I – a alínea "u" do item 4:

II – a alínea "a" do item 5:

• *Alterações já efetuadas no corpo do Decreto.*

**Art. 2º.** Ficam acrescentados os dispositivos adiante indicados ao § 6º do art. 1º do Decreto nº 53.625, de 30 de outubro de 2008, com a seguinte redação:

I – ao item 2, a alínea "c":

II – ao item 5, a alínea "e":

III – o item 6:

• *Alterações já efetuadas no corpo do Decreto.*

**Art. 3º.** Este Decreto entra em vigor na data de sua publicação.

Palácio dos Bandeirantes, 17 de março de 2009.

*José Serra – DOE de 18.3.2009*

## 365. DECRETO Nº 54.135, DE 17 DE MARÇO DE 2009

*Introduz alteração no Regulamento do Imposto sobre Operações Relativas à Circulação de Mercadorias e sobre Prestações de Serviços de Transporte Interestadual e Intermunicipal e de Comunicação – RICMS.*

José Serra, Governador do Estado de São Paulo, no uso de suas atribuições legais e tendo em vista o disposto no art. 13, § 1º, XIII, "a" e "g", e § 6º, e no art. 23 da Lei Complementar Federal nº 123, de 14 de dezembro de 2006, e na Resolução CGSN 51, de 22 de dezembro de 2008, decreta:

**Art. 1º.** Passa a vigorar com a redação que se segue o § 3º do art. 426-A do Regulamento do Imposto sobre Operações Relativas à Circulação de Mercadorias e sobre Prestações de Serviços de Transporte Interestadual e Intermunicipal e de Comunicação – RICMS, aprovado pelo Decreto nº 45.490, de 30 de novembro de 2000:

• *Alteração já efetuada no corpo do Decreto.*

**Art. 2º.** Este Decreto entra em vigor na data de sua publicação, produzindo efeitos para os fatos geradores ocorridos a partir de 1º de janeiro de 2009.

Palácio dos Bandeirantes, 17 de março de 2009.

*José Serra – DOE de 18.3.2009*

## 366. DECRETO Nº 54.136, DE 17 DE MARÇO DE 2009

*Introduz alterações no Regulamento do Imposto sobre Operações Relativas à Circulação de Mercadorias e sobre Prestações de Serviços de Transporte Interestadual e Intermunicipal e de Comunicação – RICMS.*

José Serra, Governador do Estado de São Paulo, no uso de suas atribuições legais e tendo em vista o disposto no art. 23 da Lei Complementar Federal nº 123, de 14 de dezembro de 2006, e nos arts. 2º-A a 2º-D da Resolução CGSN 10, de 28 de junho de 2007, decreta:

**Art. 1º.** Passa a vigorar com a redação que se segue o § 13 do art. 61 do Regulamento do Imposto sobre Operações Relativas à Circulação de Mercadorias e sobre Prestações de Serviços de Transporte Interestadual e Intermunicipal e de Comunicação – RICMS, aprovado pelo Decreto nº 45.490, de 30 de novembro de 2000:

• *Alteração já efetuada no corpo do Decreto.*

**Art. 2º.** Ficam acrescentados os dispositivos adiante indicados ao art. 63 do Regulamento do Imposto sobre Operações Relativas à Circulação de Mercadorias e sobre Prestações de Serviços de Transporte Interestadual e Intermunicipal e de Comunicação – RICMS, aprovado pelo Decreto nº 45.490, de 30 de novembro de 2000, com a seguinte redação:

I – ao *caput*, o inciso XI:

II – os §§ 7º e 8º:

• *Alterações já efetuadas no corpo do Decreto.*

**Art. 3º.** Este Decreto entra em vigor na data de sua publicação, produzindo efeitos para os fatos geradores ocorridos a partir de 1º de janeiro de 2009.

Palácio dos Bandeirantes, 17 de março de 2009.

*José Serra – DOE de 18.3.2009*

## 367. DECRETO Nº 54.137, DE 17 DE MARÇO DE 2009

*Introduz alteração no Regulamento do Imposto sobre Operações Relativas à Circulação de Mercadorias e sobre Prestações de Serviços de Transporte Interestadual e Intermunicipal e de Comunicação – RICMS.*

José Serra, Governador do Estado de São Paulo, no uso de suas atribuições legais e tendo em vista o disposto na alínea "a" do inciso XIII do § 1º do art. 13 da Lei Complementar Federal nº 123, de 14 de dezembro de 2006, e na Resolução CGSN 51, de 22 de dezembro de 2008, decreta:

**Art. 1º.** Passa a vigorar com a redação que se segue o art. 268 do Regulamento do Imposto sobre Operações Relativas à Circulação de Mercadorias e sobre Prestações de Serviços de Transporte Interestadual e Intermunicipal e de Comunicação – RICMS, aprovado pelo Decreto nº 45.490, de 30 de novembro de 2000:

• *Alteração já efetuada no corpo do Decreto.*

**Art. 2º.** Este Decreto entra em vigor na data de sua publicação, produzindo efeitos para os fatos geradores ocorridos desde 1º de janeiro de 2009.

Palácio dos Bandeirantes, 17 de março de 2009.

*José Serra – DOE de 18.3.2009*

## 368. DECRETO Nº 54.155, DE 20 DE MARÇO DE 2009

*Introduz alterações no Regulamento do Imposto sobre Operações Relativas à Circulação de Mercadorias e sobre Prestações de Serviços de Transporte Interestadual e Intermunicipal e de Comunicação – RICMS.*

José Serra, Governador do Estado de São Paulo, no uso de suas atribuições legais e tendo em vista o disposto nos arts. 49, § 4º, e 59 da Lei nº 6.374, de 1º de março de 1989, e na cláusula décima primeira do Convênio ICMS-130/07, de 27 de novembro de 2007, decreta:

**Art. 1º.** Ficam acrescentados os dispositivos adiante indicados ao Regulamento do Imposto sobre Operações Relativas à Circulação de Mercadorias e sobre Prestações de Serviços de Transporte Interestadual e Intermunicipal e de Comunicação, aprovado pelo Decreto nº 45.490, de 30 de novembro de 2000, com a seguinte redação:

I – ao art. 37 do Anexo I, § 3º:

II – ao § 1º do art. 3º do Anexo IV, os itens 24 a 27:

• *Alterações já efetuadas no corpo do Decreto.*

**Art. 2º.** Este Decreto entra em vigor na data de sua publicação, produzindo efeitos a partir de 1º de abril de 2009, exceto em relação ao inciso I do art. 1º, que produz efeitos desde 1º de janeiro de 2009.

Palácio dos Bandeirantes, 20 de março de 2009.

*José Serra – DOE de 21.3.2009*

## 369. DECRETO Nº 54.169, DE 26 DE MARÇO DE 2009

*Disciplina o recolhimento de ICMS relativo ao estoque de produtos de colchoaria, ferramentas, bicicletas e instrumentos musicais recebidos antes do início da vigência do regime de retenção antecipada por substituição tributária.*

José Serra, Governador do Estado de São Paulo, no uso de suas atribuições legais e tendo em vista o disposto nos arts. 59, 60 e 66-F, inciso III, da Lei nº 6.374, de 1º de março de 1989, e no Decreto nº 54.105, de 12 de março de 2009, decreta:

**Art. 1º.** O estabelecimento paulista, exceto o indicado no inciso I dos arts. 313-Z1, 313-Z3, 313-Z5 e 313-Z7 do Regulamento do Imposto sobre Operações Relativas à Circulação de Mercadorias e sobre Prestações de Serviços de Transporte Interestadual e Intermunicipal e de Comunicação – RICMS, aprovado pelo Decreto nº 45.490, de 30 de novembro de 2000, relativamente ao estoque de mercadorias relacionadas no § 6º existente no final do dia 31 de março de 2009, deverá (Lei nº 6.374/1989, arts. 8º, XIV, e 60, I):

I – efetuar a contagem do estoque das mercadorias;

II – elaborar relação, indicando, para cada item:

a) o valor das mercadorias em estoque e a base de cálculo para fins de incidência do ICMS, considerando a entrada mais recente da mercadoria;

b) a alíquota interna aplicável;

c) o valor do imposto devido, calculado conforme os §§ 1º ou 2º;

d) o correspondente código na Nomenclatura Brasileira de Mercadorias – Sistema Harmonizado (NBM/SH);

III – na hipótese de estar sujeito ao Regime Periódico de Apuração – RPA, transmitir, até 15 de maio de 2009, arquivo digital à Secretaria da Fazenda, conforme disciplina por ela estabelecida, contendo a relação de que trata o inciso II e demais informações requeridas;

IV – na hipótese de estar sujeito ao Regime Especial Unificado de Arrecadação de Tributos e Contribuições devidos pelas Microempresas e Empresas de Pequeno Porte – "Simples Nacional", manter a relação de que trata o inciso II em arquivo, pelo prazo de 5 (cinco) anos, para apresentação ao fisco, quando solicitado;

V – recolher o valor do imposto devido em razão da operação própria e das subsequentes, por meio de guia de recolhimentos especiais, conforme disciplina estabelecida pela Secretaria da Fazenda.

§ 1º. O valor do imposto devido pela operação própria e pelas subsequentes será calculado com base no Índice de Valor Adicionado Setorial – IVA-ST divulgado pela Secretaria da Fazenda:

1 – mediante a seguinte fórmula:

a) em se tratando de contribuinte sujeito ao Regime Periódico de Apuração – RPA:

*Imposto devido = (base de cálculo x alíquota interna) + (base de cálculo x IVA-ST x alíquota interna);*

b) em se tratando de contribuinte sujeito ao "Simples Nacional":

*Imposto devido = base de cálculo x IVA-ST x alíquota interna;*

2 – considerando-se, para determinação da base de cálculo, o valor da entrada mais recente da mercadoria.

§ 2º. Quando existir preço final a consumidor divulgado pela Secretaria da Fazenda, em substituição ao disposto no § 1º, o valor do imposto devido pela operação própria e pelas subsequentes deverá ser calculado:

1 – mediante a seguinte fórmula:

a) em se tratando de contribuinte sujeito ao Regime Periódico de Apuração – RPA:

*Imposto devido = base de cálculo x alíquota interna;*

b) em se tratando de contribuinte sujeito ao "Simples Nacional":

*Imposto devido = (base de cálculo da saída – base de cálculo da entrada) x alíquota interna;*

2 – considerando-se, para determinação da base de cálculo da saída, o preço final a consumidor, divulgado pela Secretaria da Fazenda;

3 – desconsiderando-se, na hipótese da alínea "b" do item 1, os itens em que a base de cálculo da entrada for igual ou superior à base de cálculo da saída.

§ 3º. O imposto devido poderá ser recolhido em até 10 (dez) parcelas mensais, iguais e sucessivas, com vencimento no último dia útil de cada mês, sendo que a primeira parcela deverá ser recolhida até 30 de maio de 2009.

§ 4º. Na hipótese de contribuinte sujeito ao Regime Periódico de Apuração – RPA que possua saldo credor de ICMS em 31 de março de 2009, este poderá ser utilizado para deduzir, no todo ou em parte, o imposto a recolher nos termos do inciso V, observando-se, sem prejuízo das demais exigências, o que segue:

1 – o valor do saldo credor utilizado para pagar o imposto calculado nos termos do § 1º ou § 2º deverá ser discriminado no final da relação a que se refere o inciso II;

2 – o montante de saldo credor utilizado para pagamento do imposto devido nos termos deste parágrafo será lançado no livro Registro de Apuração do ICMS – RAICMS, na folha destinada à apuração das operações e prestações próprias do período em que ocorrer o aludido levantamento de estoque, no campo "Estorno de Créditos" do quadro "Débito do Imposto", com a indicação da expressão "Liquidação (parcial ou total) do imposto devido por substituição tributária relativo ao estoque existente em __/__/__ – Decreto ___".

§ 5º. O disposto neste artigo aplica-se, também, no que couber, às mercadorias referidas no § 6º na hipótese de sua saída do estabelecimento remetente ter ocorrido até 31 de março de 2009 e o seu recebimento ter se efetivado após essa data.

§ 6º. As mercadorias a que se refere o *caput* são as seguintes:

1 – produtos de colchoaria arrolados no § 1º do art. 313-Z1 do Regulamento do ICMS;

2 – ferramentas arroladas no § 1º do art. 313-Z3 do Regulamento do ICMS;

3 – bicicletas e suas partes, peças e acessórios arrolados no § 1º do art. 313-Z5 do Regulamento do ICMS;

4 – instrumentos musicais arrolados no § 1º do art. 313-Z7 do Regulamento do ICMS.

§ 7º. O disposto neste Decreto não se aplica na hipótese de a mercadoria referida no § 6º ter sido recebida já com a retenção antecipada do imposto por substituição tributária.

**Art. 2º.** Este Decreto entra em vigor na data de sua publicação.

Palácio dos Bandeirantes, 26 de março de 2009.

*José Serra – DOE de 27.3.2009*

## 370. DECRETO Nº 54.170, DE 26 DE MARÇO DE 2009

*Alterava o Decreto nº 53.812, de 12.12.2008, que fixa prazo especial para recolhimento do ICMS devido, na condição de sujeito passivo por substituição, pelas operações subsequentes com as mercadorias que especifica. (DOE de 27.3.2009)*

- *Com posterior redação dada pelo Decreto nº 54.351, de 19.5.2009 – DOE de 20.5.2009 – Efeitos a partir de 1º.6.2009.*

## 371. DECRETO Nº 54.171, DE 26 DE MARÇO DE 2009

*Altera o Decreto nº 53.051, de 3.6.2008, que instituiu o Programa de Incentivo ao Investimento pelo Fabricante de Veículo Automotor – Pró-Veículo.*

José Serra, Governador do Estado de São Paulo, no uso de suas atribuições legais e tendo em vista o disposto no art. 46 da Lei nº 6.374, de 1º de março de 1989, decreta:

**Art. 1º.** Passam a vigorar com a redação que se segue os dipositivos adiante indicados do Decreto nº 53.051 de 3 de junho de 2008:

I – o *caput* do art. 10, mantidos os seus incisos:

II – o art. 13:

● *Alterações já efetuadas no corpo do Decreto.*

**Art. 2º.** Este Decreto entrará em vigor na data da sua publicação.

Palácio dos Bandeirantes, 26 de março de 2009.

*José Serra – DOE de 27.3.2009*

## 372. DECRETO Nº 54.172, DE 26 DE MARÇO DE 2009

*Introduz alterações no Regulamento do Imposto sobre Operações Relativas à Circulação de Mercadorias e sobre Prestações de Serviços de Transporte Interestadual e Intermunicipal e de Comunicação – RICMS.*

José Serra, Governador do Estado de São Paulo, no uso de suas atribuições legais e tendo em vista o disposto no art. 112 da Lei nº 6.374, de 1º de março de 1989, decreta:

**Art. 1º.** Passa a vigorar com a redação que se segue o item 4 do § 1º do art. 24 do Anexo III do Regulamento do Imposto sobre Operações Relativas à Circulação de Mercadorias e sobre Prestações de Serviços de Transporte Interestadual e Intermunicipal e de Comunicação, aprovado pelo Decreto nº 45.490, de 30 de novembro de 2000:

● *Alteração já efetuada no corpo do Decreto.*

**Art. 2º.** Este Decreto entra em vigor na data de sua publicação.

Palácio dos Bandeirantes, 26 de março de 2009.

*José Serra – DOE de 27.3.2009*

## 373. DECRETO Nº 54.177, DE 30 DE MARÇO DE 2009

*Introduz alterações no Regulamento do Imposto sobre Operações Relativas à Circulação de Mercadorias e sobre Prestações de Serviços de Transporte Interestadual e Intermunicipal e de Comunicação – RICMS.*

José Serra, Governador do Estado de São Paulo, no uso de suas atribuições legais e tendo em vista o disposto no art. 8º, VI da Lei nº 6.374, de 1º de março de 1989, decreta:

**Art. 1º.** Passam a vigorar com a redação que se segue os dispositivos adiante indicados do Regulamento do Imposto sobre Operações Relativas à Circulação de Mercadorias e sobre Prestações de Serviços de Transporte Interestadual e Intermunicipal e de Comunicação – RICMS, aprovado pelo Decreto nº 45.490, de 30 de novembro de 2000:

I – o inciso IX do art. 478:

II – o Capítulo VII do Livro II do Título II, composto pelos arts. 425 a 426:

III – o Anexo XVIII:

● *Alterações já efetuadas no corpo do Decreto.*

**Art. 2º.** Este Decreto entra em vigor na data de sua publicação, gerando efeitos para os fatos geradores ocorridos a partir de 1º de junho de 2009.

Palácio dos Bandeirantes, 30 de março de 2009.

*José Serra – DOE de 31.3.2009 – Retificação DOE de 1.4.2009*

## 374. DECRETO Nº 54.178, DE 30 DE MARÇO DE 2009

*Altera o Decreto nº 53.085, de 11 de junho de 2008, que regulamenta a aplicação de penalidade relativa à violação de direito do consumidor no âmbito do Programa de Estímulo à Cidadania Fiscal do Estado de São Paulo e dá providências correlatas.*

José Serra, Governador do Estado de São Paulo, no uso de suas atribuições legais e tendo em vista o disposto na Lei nº 13.441, de 10 de março de 2009, decreta:

**Art. 1º.** Passam a vigorar com a seguinte redação os dispositivos adiante indicados do Decreto nº 53.085, de 11 de junho de 2008:

I – o art. 1º:

II – o inciso III do art. 3º:

III – o § 2º do art. 6º:

IV – o *caput* do art. 7º:

V – o art. 16:

● *Alterações já efetuadas no corpo do Decreto.*

**Art. 2º.** Ficam acrescentados ao Decreto nº 53.085, de 11 de junho de 2008, os seguintes dispositivos:

I – ao *caput* do art. 3º os incisos V e VI:

II – ao art. 8º o § 3º:

III – o art. 16-A:

IV – o art. 16-B:

● *Alterações já efetuadas no corpo do Decreto.*

**Art. 3º.** Este Decreto entra em vigor na data de sua publicação.

Palácio dos Bandeirantes, 30 de março de 2009.

*José Serra – DOE de 31.3.2009*

## 375. DECRETO Nº 54.179, DE 30 DE MARÇO DE 2009

*Regulamenta o Programa de Estímulo à Cidadania Fiscal do Estado de São Paulo e dá outras providências.*

José Serra, Governador do Estado de São Paulo, no uso de suas atribuições legais e tendo em vista o disposto na Lei nº 12.685, de 28 de agosto de 2007, com as alterações das Leis nºs 12.943, de 24 de abril de 2008, e 13.441, de 10 de março de 2009, decreta:

**Art. 1º.** O Programa de Estímulo à Cidadania Fiscal do Estado de São Paulo, instituído pela Lei nº 12.685, de

28 de agosto de 2007, com o objetivo de incentivar os adquirentes de mercadorias, bens e serviços de transporte interestadual e intermunicipal a exigir do fornecedor a entrega de documento fiscal hábil, será implementado conforme disposto neste Decreto.

**Art. 2º.** A pessoa física ou jurídica que adquirir mercadorias, bens ou serviços de transporte interestadual e intermunicipal de fornecedor localizado no Estado de São Paulo, inscrito no Cadastro de Contribuintes do ICMS – Imposto sobre Operações Relativas à Circulação de Mercadorias e sobre Prestações de Serviços de Transporte Interestadual e Intermunicipal e de Comunicação, fará jus ao recebimento de créditos do Tesouro do Estado.

§ 1º. Os créditos previstos no *caput* deste artigo somente serão concedidos se:

1 – o fornecedor emitir um dos seguintes documentos:

a) Nota Fiscal Eletrônica – NF-e;

b) Nota Fiscal de Venda a Consumidor "On-Line" – NFVC – "On-Line";

c) Cupom Fiscal emitido por equipamento Emissor de Cupom Fiscal – ECF, ou Nota Fiscal ou Nota Fiscal de Venda a Consumidor – NFVC emitidas mediante a utilização de impresso fiscal, e, em qualquer caso, desde que efetuado o respectivo Registro Eletrônico de Documento Fiscal – REDF.

2 – o adquirente, inscrito no Cadastro de Pessoas Físicas do Ministério da Fazenda – CPF/MF ou no Cadastro Nacional de Pessoas Jurídicas do Ministério da Fazenda – CNPJ/MF, for:

a) pessoa física;

b) empresa optante pelo Regime Especial Unificado de Arrecadação de Tributos e Contribuições – Simples Nacional, instituído pela Lei Complementar Federal nº 123, de 14 de dezembro de 2006, conforme disciplina a ser estabelecida pela Secretaria da Fazenda;

c) entidade de direito privado sem fins lucrativos, conforme disciplina a ser estabelecida pela Secretaria da Fazenda;

d) condomínio edilício.

§ 2º. Os créditos previstos no *caput* deste artigo não serão concedidos:

1 – na hipótese de aquisições não sujeitas à tributação pelo ICMS;

2 – relativamente às operações de fornecimento de energia elétrica, gás canalizado ou de serviço de comunicação;

3 – na hipótese de o documento emitido pelo fornecedor:

a) não ser documento fiscal hábil;

b) não indicar corretamente o número de inscrição do adquirente no CPF/MF ou CNPJ/MF;

c) tiver sido emitido mediante fraude, dolo ou simulação.

**Art. 3º.** O valor correspondente a até 30% (trinta por cento) do ICMS que cada estabelecimento tenha efetivamente recolhido será distribuído como crédito entre os respectivos adquirentes de mercadorias, bens e serviços de transporte interestadual e intermunicipal, favorecidos na forma do art. 2º e do inciso III do art. 6º, na proporção do valor de suas aquisições.

§ 1º. Para fins de cálculo do valor do crédito a ser distribuído aos adquirentes, será considerado:

1 – o mês de referência em que ocorreram as aquisições;

2 – o valor das aquisições, deduzidas eventuais alterações, conforme disciplina a ser estabelecida pela Secretaria da Fazenda;

3 – o valor do ICMS recolhido pelo fornecedor relativamente ao mês de referência indicado no item 1, desde que recolhido no respectivo prazo de pagamento ou até o último dia do segundo mês subsequente àquele em que ocorreu a aquisição.

§ 2º. Os valores distribuídos na forma do *caput* serão disponibilizados como créditos aos adquirentes, desde que atendidas as condições previstas no art. 2º.

§ 3º. O crédito calculado na forma deste artigo fica limitado a 7,5% (sete e meio por cento) do valor do documento fiscal.

**Art. 4º.** Na hipótese de mercadoria, bem ou serviço adquirido de fornecedor cuja atividade econômica preponderante seja a indústria ou o comércio atacadista, será observado o disposto neste artigo, em substituição ao estabelecido no art. 3º.

§ 1º. Nas aquisições de que trata o *caput*, os adquirentes favorecidos na forma do art. 2º e do inciso III do art. 6º, ressalvado o disposto no § 2º deste artigo, receberão crédito cujo valor será calculado por meio da multiplicação do valor da aquisição pelo IMC – Índice Médio de Crédito relativo ao mês da aquisição.

§ 2º. Na hipótese de o adquirente ser empresa optante pelo regime do Simples Nacional, o crédito de que trata o § 1º:

1 – somente será concedido se a receita bruta da empresa adquirente não superar R$ 240.000,00 (duzentos e quarenta mil reais) durante o ano-calendário em que ocorreu a aquisição;

2 – será limitado ao valor do ICMS recolhido pela empresa adquirente para o Estado de São Paulo, por meio do regime do Simples Nacional, no ano-calendário em que ocorreu a aquisição.

§ 3º. O IMC – Índice Médio de Crédito relativo ao mês da aquisição será calculado pela Secretaria da Fazenda com base no valor médio global efetivamente distribuído nos termos do art. 3º.

§ 4º. Para fins de cálculo do valor do crédito a ser concedido aos adquirentes, será considerado o valor das aquisições, deduzidas eventuais alterações, conforme disciplina a ser estabelecida pela Secretaria da Fazenda.

§ 5º. Os valores distribuídos na forma deste artigo serão disponibilizados como créditos aos adquirentes, desde que atendidas as condições previstas no art. 2º.

§ 6º. O disposto neste artigo será implementado conforme cronograma a ser estabelecido pela Secretaria da Fazenda, tendo por base a atividade econômica preponderante do fornecedor e o adquirente favorecido pelo crédito.

**Art. 5º.** Quando o fornecedor apurar o valor do ICMS devido nos termos do art. 25 da Lei Complementar nº 87, de 13 de setembro de 1996, deverá ser considerado o conjunto de estabelecimentos neste Estado.

**Art. 6º.** A Secretaria da Fazenda poderá, atendidas as demais condições previstas neste Decreto:

I – estabelecer cronograma para a implementação do Programa de Estímulo à Cidadania Fiscal do Estado de São Paulo, em razão da atividade econômica preponderante, do regime de apuração do imposto ou do porte econômico do fornecedor;

II – instituir sistema de sorteio de prêmios para consumidor final que seja pessoa física, condomínio edilício e pessoa enquadrada no inciso III deste artigo, identificado no Documento Fiscal Eletrônico relativo à aquisição;

III – estabelecer a forma e as condições em que poderão ser indicadas como favorecidas pelo crédito do Tesouro do Estado relativo a documento fiscal relacionado no item 1 do § 1º do art. 2º, no caso de o Documento Fiscal Eletrônico não indicar o nome do consumidor:

a) entidades paulistas de assistência social, sem fins lucrativos, cadastradas na Secretaria da Fazenda;

b) entidades paulistas de direito privado da área da saúde, sem fins lucrativos, conforme disciplina a ser estabelecida pela Secretaria da Fazenda.

IV – disciplinar a execução do Programa de Estímulo à Cidadania Fiscal do Estado de São Paulo.

§ 1º. Para fins da participação no sorteio de que trata o inciso II, será atribuído gratuitamente ao consumidor um bilhete a cada R$ 100,00 (cem reais) utilizados na aquisição de mercadorias, bens e serviços, desde que atendidas as condições previstas no art. 2º.

§ 2º. As entidades de que trata o inciso III, sem fins lucrativos, previamente cadastradas na Secretaria da Fazenda, poderão participar do sorteio de que trata o inciso II, desde que se inscrevam como favorecidas pelo crédito do Tesouro relativo a aquisição de mercadorias, bens ou serviços, cujo correspondente documento fiscal, cumulativamente:

1 – não contenha a identificação do consumidor;

2 – esteja relacionado no item 1 do § 1º do art. 2º.

§ 3º. Na hipótese de duas ou mais entidades inscreverem-se como favorecidas pelo crédito de uma mesma aquisição, o crédito será atribuído apenas à entidade que primeiro cadastrou o documento fiscal correspondente.

§ 4º. Compete à Secretaria da Fazenda disciplinar a forma e as condições em que ocorrerá o cadastramento das entidades de que trata o inciso III para finsdo disposto neste Decreto, podendo ser realizado em conjunto com as Secretarias da Saúde e de Assistência e Desenvolvimento Social.

§ 5º. Os casos omissos serão disciplinados por ato da Secretaria da Fazenda.

**Art. 7º.** A pessoa física ou jurídica que receber os créditos a que se refere o art. 2º deste Decreto, na forma e nas condições estabelecidas pela Secretaria da Fazenda, poderá:

I – utilizar os créditos para reduzir o valor do débito do Imposto sobre a Propriedade de Veículos Automotores – IPVA do exercício seguinte;

II – transferir os créditos para outra pessoa física ou jurídica que conste na base de dados da Secretaria da Fazenda;

III – solicitar depósito dos créditos em conta corrente ou poupança, mantida em instituição do Sistema Financeiro Nacional;

IV – utilizar os créditos em outras finalidades, conforme disciplina a ser estabelecida pela Secretaria da Fazenda.

§ 1º. O depósito a que se refere o inciso III somente poderá ser solicitado pelo favorecido se o valor a ser creditado corresponder a, no mínimo, R$ 25,00 (vinte e cinco reais) e se o valor já estiver disponível.

§ 2º. Serão cancelados os créditos que não forem utilizados no prazo de 5 (cinco) anos, contados da data em que tiverem sido disponibilizados pela Secretaria da Fazenda.

§ 3º. As pessoas físicas ou jurídicas que estiverem inadimplentes com o Estado de São Paulo, em relação a obrigações pecuniárias de natureza tributária ou não tributária, não poderão utilizar, transferir ou solicitar o depósito de seus créditos enquanto permanecerem nessa situação.

§ 4º. A utilização dos créditos ocorrerá conforme cronograma a ser estabelecido pela Secretaria da Fazenda.

§ 5º. A possibilidade de utilização dos créditos para pagamento do IPVA, prevista no inciso I, não implicará decréscimo na parcela do valor da arrecadação destinada aos municípios.

**Art. 8º.** À Secretaria da Fazenda compete fiscalizar os atos relativos à concessão e utilização do crédito previsto no art. 2º, bem como à realização do sorteio a que se refere o inciso II do art. 6º, com o objetivo de assegurar o cumprimento do disposto na Lei nº 12.685, de 28 de agosto de 2007, e a proteção ao erário.

§ 1º. No exercício da competência prevista no *caput* deste artigo, a Secretaria da Fazenda poderá, dentre outras providências:

1 – suspender a concessão e utilização do crédito previsto no art. 2º e a participação no sorteio a que se refere o inciso II do art. 6º quando houver indícios de ocorrência de irregularidades;

2 – cancelar os benefícios mencionados no item 1 do § 1º deste artigo, se a ocorrência das irregularidades for confirmada após regular processo administrativo, conforme disciplina a ser estabelecida pela Secretaria da Fazenda.

§ 2º. Na hipótese de, ao final do processo administrativo, não se confirmar a ocorrência de irregularidades, serão restabelecidos os benefícios referidos no item 1 do § 1º deste artigo, salvo em relação à participação em sorteio, a qual ficará prejudicada se não mais houver o certame em razão do encerramento da promoção.

**Art. 9º.** A Secretaria da Fazenda poderá divulgar e disponibilizar por meio da Internet estatísticas do Programa de Estímulo à Cidadania Fiscal do Estado de São Paulo, incluindo-se as relativas à quantidade de reclamações e denúncias registradas em seu âmbito.

§ 1º. As estatísticas de que trata o *caput* deste artigo poderão ser segregadas por atividade econômica preponderante e por fornecedores, inclusive com a indicação do nome empresarial, CNPJ e endereço.

§ 2º. Sem prejuízo do disposto no § 1º deste artigo, quando se tratar de reclamações e denúncias, as estatísticas versarão sobre apontamentos e registros objetivos do respectivo banco de dados, sem a realização de qualquer juízo de valor sobre as práticas ou condutas comerciais dos fornecedores nele catalogados, e não poderão conter informações negativas referentes a período superior a cinco anos.

§ 3º. O disposto no § 2º não prejudicará a divulgação do Cadastro de Reclamações Fundamentadas previsto no art. 44 da Lei nº 8.078, de 11 de setembro de 1990, com o qual não se confunde o banco de dados de que trata este artigo.

**Art. 10.** A Secretaria da Fazenda encaminhará à Assembleia Legislativa, quadrimestralmente, Relatório de Prestação de Contas e Balanço dos créditos concedidos nos moldes do exercício do direito de que trata o art. 2º deste Decreto, com indicação detalhada de todas as operações realizadas, contendo no mínimo:

I – o valor total dos créditos do Tesouro do Estado que foram concedidos no período;

II – o número de consumidores favorecidos pelos créditos concedidos;

III – o número de documentos fiscais de que trata o item 1 do § 1º do art. 2º emitidos no período.

Parágrafo único. O relatório deverá ser encaminhado em até 120 (cento e vinte) dias depois de encerrado cada quadrimestre do ano civil.

**Art. 11.** Este Decreto entra em vigor na data de sua publicação, salvo em relação aos arts. 2º a 5º, que produzirão efeitos a partir de 1º de abril de 2009.

**Art. 12.** Ficam revogadas as disposições em contrário, em especial o Decreto nº 52.096, de 28 de agosto de 2007, salvo em relação aos seus arts. 2º e 3º, que perderão efeitos a partir de 1º de abril de 2009.

Palácio dos Bandeirantes, 30 de março de 2009.

*José Serra – DOE de 31.3.2009*

## 376. DECRETO Nº 54.227, DE 13 DE ABRIL DE 2009

*Dispõe sobre o regulamento da Lei nº 12.187, de 5 de janeiro de 2006, que autorizou a instituição do Programa ME COMPETITIVA.*

José Serra, Governador do Estado de São Paulo, no uso de suas atribuições legais, decreta:

**Art. 1º.** Fica instituído o Programa ME COMPETITIVA, destinado ao apoio financeiro às microempresas e empresas de pequeno porte que tenham sede no Estado de São Paulo e cuja receita bruta anual não ultrapasse R$ 2.400.000,00 (dois milhões e quatrocentos mil reais).

§ 1º. O apoio financeiro referido no *caput* deste artigo será prestado mediante subvenção econômica em financiamentos concedidos pela Nossa Caixa Desenvolvimento – Agência de Fomento do Estado de São Paulo S.A. (NCD-AFESP) ou por quaisquer instituições financeiras credenciadas.

§ 2º. A subvenção econômica será alocada no orçamento anual da Secretaria da Fazenda.

§ 3º. Os benefícios do Programa ME COMPETITIVA poderão ser combinados com a prestação de garantia pelo Fundo de Aval de que trata a Lei nº 10.016, de 29 de junho de 1998.

§ 4º. A Secretaria da Fazenda poderá, mediante ato próprio, alterar o valor mencionado no *caput* para ajustá-lo aos propósitos do Programa.

§ 5º. As linhas de financiamento a serem contempladas pelo Programa ME Competitiva, bem como suas condições, são as definidas pelo Conselho de Administração da NCD-AFESP.

**Art. 2º.** Os recursos obtidos pelas microempresas e empresas de pequeno porte no âmbito do Programa ME COMPETITIVA serão obrigatoriamente aplicados na aquisição de máquinas e equipamentos novos, fabricados por indústria paulista ou em operações de capital de giro, preferencialmente associadas a investimento.

Parágrafo único. Caso não haja produção em território paulista as aquisições poderão ser realizadas junto às indústrias localizadas em outras unidades da Federação ou na sua inexistência importados de outros Países.

**Art. 3º.** Constitui requisito necessário para o acesso ao Programa ME COMPETITIVA a comprovação da situação de regularidade junto ao fisco estadual das empresas beneficiárias do Programa, constatada mediante apresentação de certidão comprobatória de regularidade fiscal relativa ao Imposto sobre Circulação de Mercadorias – ICMS e de outros tributos estaduais.

**Art. 4º.** O credenciamento de instituições financeiras para concessão de financiamentos no âmbito do Programa ME COMPETITIVA será realizado pela NCD-AFESP, observando-se, no mínimo, o que segue:

I – procedimento de seleção ou leilão públicos, garantida a sua ampla divulgação;

II – participação exclusivamente de instituições financeiras autorizadas a funcionar pelo Banco Central do Brasil, na forma definida pela Lei Federal nº 4.595, de 31 de dezembro de 1964, e suas atualizações, e que possuam, no mínimo, 100 (cem) agências ou postos de atendimento bancário instalados no Estado de São Paulo;

III – critério de seleção apurado com base no menor coeficiente de compensação demandada, levando em conta o montante total de empréstimos que a instituição pretende conceder no âmbito do Programa ME COMPETIVA e o valor requerido a título de subvenção econômica do Estado, destinado à equalização da taxa de juros a ser praticada, reservando-se ao Estado a possibilidade de recusa parcial ou total das propostas apresentadas, quando incompatíveis com o valor da subvenção econômica efetivamente disponibilizada para o correspondente leilão;

IV – faculdade, a critério da Secretaria da Fazenda, de utilização de coeficiente de compensação único, admitindo-se, nesse caso, todas as propostas que contemplem coeficiente igual ou inferior ao apurado, distribuindo-se o valor disponibilizado proporcionalmente às propostas aceitas, desprezando-se a parcela não inteira desse resultado.

Parágrafo único. O coeficiente de compensação mencionado no inciso III deste artigo, deverá ser apurado de acordo com a seguinte fórmula:

COEF = VS/VF

onde

COEF = coeficiente de compensação correspondente ao valor da subvenção, com 6 (seis) casas decimais, sem arredondamento;

VS = valor pretendido de subvenção econômica em Reais;

VF = valor que a instituição pretende conceder em Reais.

**Art. 5º.** Nos editais de seleção de credenciamento a NCD-AFESP poderá incluir condições que privilegiem programas de fomento regional, setorial ou municipais ou atividades econômicas que estejam estruturadas em aglomeração empresarial, arranjos produtivos locais, cooperativas de produção ou de exportação, incubadoras de empresas, consórcios, associações empresariais, parques tecnológicos, ou outras formas de associação.

**Art. 6º.** Nas reuniões da NCD-AFESP em que forem tratados os assuntos relativos a ME Competitiva, para acompanhar as atividades, poderão ser convidados representantes de entidades empresariais, sem fins lucrativos, sediadas no Estado de São Paulo e com comprovada atuação de apoio às Micro, Pequenas e Médias Empresas paulistas.

**Art. 7º.** À NCD-AFESP será assegurado o direito à subvenção nas mesmas condições praticadas pelas instituições financeiras credenciadas no processo seletivo mencionado no inciso I do art. 4º deste Decreto.

**Art. 8º.** A Nossa Caixa Desenvolvimento – Agência de Fomento do Estado de São Paulo, será responsável pela gestão do Programa, podendo, para tanto, editar atos próprios para detalhar as disposições deste Decreto, ouvido o seu Conselho de Administração.

Parágrafo único. A NCD-AFESP deverá apresentar ao seu Conselho de Administração relatório mensal pormenorizado, relativo às operações realizadas com base neste Decreto.

**Art. 9º.** Este Decreto entra em vigor na data de sua publicação, ficando revogado o Decreto nº 51.242, de 3 de novembro de 2006.

Palácio dos Bandeirantes, 13 de abril de 2009.

*José Serra – DOE de 14.4.2009*

## 377. DECRETO Nº 54.238, DE 14 DE ABRIL DE 2009

*Dispõe sobre a não exigência de créditos tributários da associação beneficente Liceu de Artes e Ofícios de São Paulo.*

José Serra, Governador do Estado de São Paulo, no uso de suas atribuições legais e tendo em vista o disposto no Convênio ICMS 121/08, de 26 de setembro de 2008, e no Parecer PA nº 35/2007, exarado pela Procuradoria Geral do Estado, decreta:

**Art. 1º.** Não serão exigidos os créditos tributários decorrentes de apropriação e destaques indevidos do Imposto sobre Operações Relativas à Circulação de Mercadorias e sobre Prestações de Serviços de Transporte Interestadual e Intermunicipal e de Comunicação – ICMS feitos pela associação beneficente Liceu de Artes e Ofícios de São Paulo, CNPJ 60.761.889/0001-51, relativos às operações realizadas até 31 de agosto de 2008.

**Art. 2º.** Este Decreto entra em vigor na data de sua publicação.

Palácio dos Bandeirantes, 14 de abril de 2009.

*José Serra – DOE de 15.4.2009*

## 378. DECRETO Nº 54.239, DE 14 DE ABRIL DE 2009

*Introduz alterações no Regulamento do Imposto sobre Operações Relativas à Circulação de Mercadorias e sobre Prestações de Serviços de Transporte Interestadual e Intermunicipal e de Comunicação – RICMS e dá outras providências.*

José Serra, Governador do Estado de São Paulo, no uso de suas atribuições legais e tendo em vista o disposto no § 3º do art. 66-B da Lei nº 6.374, de 1º de março de 1989, acrescentado pela Lei nº 13.291, de 22 de dezembro de 2008, decreta:

**Art. 1º.** Passam a vigorar com a redação que se segue os dispositivos adiante indicados do Regulamento do Imposto sobre Operações Relativas à Circulação de Mercadorias e sobre Prestações de Serviços de Transporte Interestadual e Intermunicipal e de Comunicação, aprovado pelo Decreto nº 45.490, de 30 de novembro de 2000:

I – o art. 42:

II – o art. 265:

III – o art. 266:

IV – o art. 280:

V – o § 6º-A do art. 426-A:

• *Alterações já efetuadas no corpo do Decreto.*

**Art. 2º.** Fica acrescentado o § 6º ao art. 269 do Regulamento do Imposto sobre Operações Relativas à Circulação de Mercadorias e sobre Prestações de Serviços de Transporte Interestadual e Intermunicipal e de Comunicação, aprovado pelo Decreto nº 45.490, de 30 de novembro de 2000, com a seguinte redação:

• *Alteração já efetuada no corpo do Decreto.*

**Art. 3º.** O imposto devido nos termos do art. 42 do Regulamento do ICMS, relativamente a períodos de apuração anteriores, poderá ser pago, sem multa e demais acréscimos legais, até o mês subsequente ao da data da publicação deste Decreto.

**Art. 4º.** Este Decreto entra em vigor na data de sua publicação, produzindo efeitos desde 23 de dezembro de 2008, exceto os incisos III e V do art. 1º, que produzem efeitos a partir da data da publicação deste Decreto.

Palácio dos Bandeirantes, 14 de abril de 2009.

*José Serra – DOE de 15.4.2009*

## 379. DECRETO Nº 54.249, DE 17 DE ABRIL DE 2009

*Introduz alterações no Regulamento do Imposto sobre Operações Relativas à Circulação de Mercadorias e sobre Prestações de Serviços de Transporte Interestadual e Intermunicipal e de Comunicação – RICMS.*

José Serra, Governador do Estado de São Paulo, no uso de suas atribuições legais e com fundamento no art. 46 da Lei nº 6.374, de 1º de março de 1989, decreta:

**Art. 1º.** Passam a vigorar com a redação que se segue o Capítulo V do Título III do Livro I, composto pelos arts. 71 a 84 do Regulamento do Imposto sobre Operações Relativas à Circulação de Mercadorias e sobre Prestações de Serviços de Transporte Interestadual e Intermunicipal e de Comunicação, aprovado pelo Decreto nº 45.490, de 30 de novembro de 2000:

• *Alteração já efetuada no corpo do Decreto.*

**Art. 2º.** Passa a vigorar com a redação que se segue o § 3º do art. 586 do Regulamento do Imposto sobre Operações Relativas à Circulação de Mercadorias e sobre Prestações de Serviços de Transporte Interestadual e Intermunicipal e de Comunicação, aprovado pelo Decreto nº 45.490, de 30 de novembro de 2000:

• *Alteração já efetuada no corpo do Decreto.*

**Art. 3º.** Ficam acrescentados, com a redação que se segue os dispositivos adiante indicados, ao Regulamento do Imposto sobre Operações Relativas à Circulação de Mercadorias e sobre Prestações de Serviços de Transporte Interestadual e Intermunicipal e de Comunicação, aprovado pelo Decreto nº 45.490, de 30 de novembro de 2000:

I – o § 4º ao art. 586, renumerando-se os atuais §§ 4º, 5º e 6º para §§ 5º, 6º e 7º:

II – o § 2º ao art. 590, renumerando-se o atual § 2º para § 3º:

III – o art. 30 às Disposições Transitórias:

• *Alterações já efetuadas no corpo do Decreto.*

**Art. 4º.** O disposto no art. 72-C do Regulamento do ICMS somente se aplicará em relação à apropriação do crédito acumulado gerado a partir da data fixada para os efeitos deste Decreto.

Parágrafo único. No que se refere ao imposto exigido mediante auto de infração e imposição de multa correspondente a período anterior à data fixada para os efeitos deste Decreto, aplicar-se-ão as restrições até então previstas na correspondente legislação.

**Art. 5º.** A partir da data fixada para os efeitos deste Decreto, fica revogado o inciso V do art. 70 do Regulamento do ICMS.

**Art. 6º.** Este Decreto entra em vigor na data de sua publicação, produzindo efeitos a partir de 1º de janeiro de 2010.

Parágrafo único. Para fins de apropriação, o disposto neste Decreto aplicar-se-á para o crédito acumulado gerado a partir de 1º de janeiro de 2010.

Palácio dos Bandeirantes, 17 de abril de 2009.

*José Serra – DOE de 18.4.2009*

## 380. DECRETO Nº 54.250, DE 17 DE ABRIL DE 2009

*Introduz alterações no Regulamento do Imposto sobre Operações Relativas à Circulação de Mercadorias e sobre Prestações de Serviços de Transporte Interestadual e Intermunicipal e de Comunicação – RICMS.*

José Serra, Governador do Estado de São Paulo, no uso de suas atribuições legais e tendo em vista o disposto no art. 8º, incisos XXXIX, XL, XLV e XLVII, da Lei nº 6.374, de 1º de março de 1989, decreta:

**Art. 1º.** Passam a vigorar com a redação que se segue os dispositivos adiante indicados ao Regulamento do Imposto sobre Operações Relativas à Circulação de Mercadorias e sobre Prestações de Serviços de Transporte Interestadual e Intermunicipal e de Comunicação – RICMS, aprovado pelo Decreto nº 45.490, de 30 de novembro de 2000:

I – o item 1 do § 2º do art. 313-Z1:

II – o item 1 do § 2º do art. 313-Z3:

III – o item 1 do § 2º do art. 313-Z5:

IV – o item 1 do § 2º do art. 313-Z7:

• *Alterações já efetuadas no corpo do Decreto.*

**Art. 2º.** Este Decreto entra em vigor na data de sua publicação, produzindo efeitos a partir de 1º de abril de 2009.

Palácio dos Bandeirantes, 17 de abril de 2009.

*José Serra – DOE de 18.4.2009*

## 381. DECRETO Nº 54.251, DE 17 DE ABRIL DE 2009

*Introduz alterações no Regulamento do Imposto sobre Operações Relativas à Circulação de Mercadorias e sobre Prestações de Serviços de Transporte Interestadual e Intermunicipal e de Comunicação – RICMS.*

José Serra, Governador do Estado de São Paulo, no uso de suas atribuições legais e tendo em vista o disposto no art. 8º, incisos XXXVIII, XLII, XLIII, XLIV e XLVI, da Lei nº 6.374, de 1º de março de 1989, decreta:

**Art. 1º.** Passa a vigorar com a redação que se segue o § 1º do art. 426-A do Regulamento do Imposto sobre Operações Relativas à Circulação de Mercadorias e sobre Prestações de Serviços de Transporte Interestadual e Intermunicipal e de Comunicação – RICMS, aprovado pelo Decreto nº 45.490, de 30 de novembro de 2000:

• *Alteração já efetuada no corpo do Decreto.*

**Art. 2º.** Ficam acrescentados os dispositivos adiante indicados ao Regulamento do Imposto sobre Operações Relativas à Circulação de Mercadorias e sobre Prestações de Serviços de Transporte Interestadual e Intermunicipal e de Comunicação – RICMS, aprovado pelo Decreto nº 45.490, de 30 de novembro de 2000, com a seguinte redação:

I – ao Capítulo I do Título II do Livro II, a Seção XXVIII, composta pelos arts. 313-Z9 e 313-Z10:

II – ao Capítulo I do Título II do Livro II, a Seção XXIX, composta pelos arts. 313-Z11 e 313-Z12:

III – ao Capítulo I do Título II do Livro II, a Seção XXX, composta pelos arts. 313-Z13 e 313-Z14:

IV – ao Capítulo I do Título II do Livro II, a Seção XXXI, composta pelos arts. 313-Z15 e 313-Z16:

V – ao Capítulo I do Título II do Livro II, a Seção XXXII, composta pelos arts. 313-Z17 e 313-Z18:

VI – ao § 1º do art. 3º do Anexo IV, os itens 28 a 32:

• *Alterações já efetuadas no corpo do Decreto.*

**Art. 3º.** Este Decreto entra em vigor na data de sua publicação, produzindo efeitos a partir de 1º de maio de 2009.

Palácio dos Bandeirantes, 17 de abril de 2009.

*José Serra – DOE de 18.4.2009*

## 382. DECRETO Nº 54.252, DE 17 DE ABRIL DE 2009

*Introduz alteração no Regulamento do Imposto sobre Operações Relativas à Circulação de Mercadorias e sobre Prestações de Serviços de Transporte Interestadual e Intermunicipal e de Comunicação – RICMS.*

José Serra, Governador do Estado de São Paulo, no uso de suas atribuições legais e tendo em vista o disposto no Decreto nº 54.105, de 12 de março de 2009, decreta:

**Art. 1º.** Passa a vigorar com a redação que se segue o § 1º do art. 426-A do Regulamento do Imposto sobre Operações Relativas à Circulação de Mercadorias e sobre Prestações de Serviços de Transporte Interestadual e Intermunicipal e de Comunicação – RICMS, aprovado pelo Decreto nº 45.490, de 30 de novembro de 2000:

• *Alteração já efetuada no corpo do Decreto.*

**Art. 2º.** Este Decreto entra em vigor na data de sua publicação, produzindo efeitos a partir de 1º de abril de 2009.

Palácio dos Bandeirantes, 17 de abril de 2009.

*José Serra – DOE de 18.4.2009*

## 383. DECRETO Nº 54.289, DE 4 DE MAIO DE 2009

*Disciplina o recolhimento de ICMS relativo ao estoque de brinquedos, máquinas e aparelhos mecânicos, elétricos, eletromecânicos e automáticos, produtos de papelaria, artefatos de uso doméstico e materiais elétricos, recebidos antes do início da vigência do regime de retenção antecipada por substituição tributária.*

José Serra, Governador do Estado de São Paulo, no uso de suas atribuições legais e tendo em vista o disposto nos arts. 59, 60 e 66-F, inciso III, da Lei nº 6.374, de 1º de março de 1989, e no Decreto nº 54.251, de 17 de abril de 2009, decreta:

**Art. 1º.** O estabelecimento paulista, exceto o indicado no inciso I dos arts. 313-Z9, 313-Z11, 313-Z13, 313-Z15 e 313-Z17 do Regulamento do Imposto sobre Operações Relativas à Circulação de Mercadorias e sobre Prestações de Serviços de Transporte Interestadual e Intermunicipal e de Comunicação – RICMS, aprovado pelo Decreto nº 45.490, de 30 de novembro de 2000, relativamente ao estoque de mercadorias relacionadas no § 6º existente no final do dia 30 de abril de 2009, deverá:

I – efetuar a contagem do estoque das mercadorias;

II – elaborar relação, indicando, para cada item:

a) o valor das mercadorias em estoque e a base de cálculo para fins de incidência do ICMS, considerando a entrada mais recente da mercadoria;

b) a alíquota interna aplicável;

c) o valor do imposto devido, calculado conforme os §§ 1º ou 2º;

d) o correspondente código na Nomenclatura Brasileira de Mercadorias – Sistema Harmonizado (NBM/SH);

III – na hipótese de estar sujeito ao Regime Periódico de Apuração – RPA, transmitir, até 15 de junho de 2009, arquivo digital à Secretaria da Fazenda, conforme disciplina por ela estabelecida, contendo a relação de que trata o inciso II e demais informações requeridas;

IV – na hipótese de estar sujeito ao Regime Especial Unificado de Arrecadação de Tributos e Contribuições devidos pelas Microempresas e Empresas de Pequeno Porte – "Simples Nacional", manter a relação de que trata o inciso II em arquivo, pelo prazo de 5 (cinco) anos, para apresentação ao fisco, quando solicitado;

V – recolher o valor do imposto devido em razão da operação própria e das subsequentes, por meio de guia de recolhimentos especiais, conforme disciplina estabelecida pela Secretaria da Fazenda.

§ 1º. O valor do imposto devido pela operação própria e pelas subsequentes será calculado com base no Índice de Valor Adicionado Setorial – IVA-ST divulgado pela Secretaria da Fazenda:

1 – mediante a seguinte fórmula:

a) em se tratando de contribuinte sujeito ao Regime Periódico de Apuração – RPA:

*Imposto devido = (base de cálculo x alíquota interna) + (base de cálculo x IVA-ST x alíquota interna);*

b) em se tratando de contribuinte sujeito ao "Simples Nacional":

*Imposto devido = base de cálculo x IVA-ST x alíquota interna;*

2 – considerando-se, para determinação da base de cálculo, o valor da entrada mais recente da mercadoria.

§ 2º. Quando existir preço final a consumidor divulgado pela Secretaria da Fazenda, em substituição ao disposto no § 1º, o valor do imposto devido pela operação própria e pelas subsequentes deverá ser calculado:

1 – mediante a seguinte fórmula:

a) em se tratando de contribuinte sujeito ao Regime Periódico de Apuração – RPA:

*Imposto devido = base de cálculo x alíquota interna;*

b) em se tratando de contribuinte sujeito ao "Simples Nacional":

*Imposto devido = (base de cálculo da saída – base de cálculo da entrada) x alíquota interna;*

2 – considerando-se, para determinação da base de cálculo da saída, o preço final a consumidor, divulgado pela Secretaria da Fazenda;

3 – desconsiderando-se, na hipótese da alínea "b" do item 1, os itens em que a base de cálculo da entrada for igual ou superior à base de cálculo da saída.

§ 3º. O imposto devido poderá ser recolhido em até 10 (dez) parcelas mensais, iguais e sucessivas, com vencimento no último dia útil de cada mês, sendo que a primeira parcela deverá ser recolhida até 30 de junho de 2009.

§ 4º. Na hipótese de contribuinte sujeito ao Regime Periódico de Apuração – RPA que possua saldo credor de ICMS em 30 de abril de 2009, este poderá ser utilizado para deduzir, no todo ou em parte, o imposto a recolher nos termos do inciso V, observando-se, sem prejuízo das demais exigências, o que segue:

1 – o valor do saldo credor utilizado para pagar o imposto calculado nos termos do § 1º ou § 2º deverá ser discriminado no final da relação a que se refere o inciso II;

2 – o montante de saldo credor utilizado para pagamento do imposto devido nos termos deste parágrafo será lançado no livro Registro de Apuração do ICMS – RAICMS, na folha destinada à apuração das operações

e prestações próprias do período em que ocorrer o aludido levantamento de estoque, no campo "Estorno de Créditos" do quadro "Débito do Imposto", com a indicação da expressão "Liquidação (parcial ou total) do imposto devido por substituição tributária relativo ao estoque existente em __/__/__ – Decreto ___".

§ 5º. O disposto neste artigo aplica-se, também, no que couber, às mercadorias referidas no § 6º na hipótese de sua saída do estabelecimento remetente ter ocorrido até 30 de abril de 2009 e o seu recebimento ter se efetivado após essa data.

§ 6º. As mercadorias a que se refere o *caput* são as seguintes:

1 – brinquedos arrolados no § 1º do art. 313-Z9 do Regulamento do ICMS;

2 – máquinas e aparelhos mecânicos, elétricos, eletromecânicos e automáticos arrolados no § 1º do art. 313-Z11 do Regulamento do ICMS;

3 – produtos de papelaria arrolados no § 1º do art. 313-Z13 do Regulamento do ICMS;

4 – artefatos de uso doméstico arrolados no § 1º do art. 313-Z15 do Regulamento do ICMS;

5 – materiais elétricos arrolados no § 1º do art. 313-Z17 do Regulamento do ICMS.

§ 7º. O disposto neste Decreto não se aplica na hipótese de a mercadoria referida no § 6º ter sido recebida já com a retenção antecipada do imposto por substituição tributária.

**Art. 2º.** Este Decreto entra em vigor na data de sua publicação.

Palácio dos Bandeirantes, 4 de maio de 2009.

*José Serra – DOE de 5.5.2009*

## 384. DECRETO Nº 54.300, DE 6 DE MAIO DE 2009

*Altera o Decreto nº 53.812, de 12.12.2008, que fixa prazo especial para recolhimento do ICMS devido, na condição de sujeito passivo por substituição, pelas operações subsequentes com as mercadorias que especifica.*

- *Com posterior redação dada pelo Decreto nº 54.351, de 19.5.2009 – DOE de 20.5.2009 – Efeitos a partir de 1º.6.2009.*

## 385. DECRETO Nº 54.314, DE 8 DE MAIO DE 2009

*Introduz alterações no Regulamento do Imposto sobre Operações Relativas à Circulação de Mercadorias e sobre Prestações de Serviços de Transporte Interestadual e Intermunicipal e de Comunicação – RICMS.*

José Serra, Governador do Estado de São Paulo, no uso de suas atribuições legais e tendo em vista o disposto no inciso IV do art. 24 da Lei 6.374, de 1º de março de 1989, e no Decreto Federal nº 6.759, de 5 de fevereiro de 2009, que regulamenta a administração das atividades aduaneiras, e a fiscalização, o controle e a tributação das operações de comércio exterior (Regulamento Aduaneiro), decreta:

**Art. 1º.** Passa a vigorar com a redação que se segue o § 8º do art. 37 do Regulamento do Imposto sobre Operações Relativas à Circulação de Mercadorias e sobre Prestações de Serviços de Transporte Interestadual e Intermunicipal e de Comunicação, aprovado pelo Decreto nº 45.490, de 30 de novembro de 2000:

- *Alteração já efetuada no corpo do Decreto.*

**Art. 2º.** Fica acrescentado o inciso XVII ao caput do art. 7º do Regulamento do Imposto sobre Operações Relativas à Circulação de Mercadorias e sobre Prestações de Serviços de Transporte Interestadual e Intermunicipal e de Comunicação, aprovado pelo Decreto nº 45.490, de 30 de novembro de 2000, com a seguinte redação:

- *Alteração já efetuada no corpo do Decreto.*

**Art. 3º.** Fica revogado o art. 401 do Regulamento do Imposto sobre Operações Relativas à Circulação de Mercadorias e sobre Prestações de Serviços de Transporte Interestadual e Intermunicipal e de Comunicação, aprovado pelo Decreto nº 45.490, de 30 de novembro de 2000.

- *Alteração já efetuada no corpo do Decreto.*

**Art. 4º.** Este Decreto entra em vigor na data de sua publicação.

Palácio dos Bandeirantes, 8 de maio de 2009.

*José Serra – DOE de 9.5.2009*

## 386. DECRETO Nº 54.315, DE 8 DE MAIO DE 2009

*Introduz alteração no Regulamento do Imposto sobre Operações Relativas à Circulação de Mercadorias e sobre Prestações de Serviços de Transporte Interestadual e Intermunicipal e de Comunicação – RICMS.*

José Serra, Governador do Estado de São Paulo, no uso de suas atribuições legais e tendo em vista o disposto no Convênio AE-17/72, cláusula primeira, parágrafo único, e no Convênio ICM-44/75, cláusula primeira, I, decreta:

**Art. 1º.** Fica acrescentado o § 3º ao art. 36 do Anexo I do Regulamento do Imposto sobre Operações Relativas à Circulação de Mercadorias e sobre Prestações de Serviços de Transporte Interestadual e Intermunicipal e de Comunicação, aprovado pelo Decreto nº 45.490, de 30 de novembro de 2000, com a seguinte redação:

- *Alteração já efetuada no corpo do Decreto.*

**Art. 2º.** Este Decreto entra em vigor na data de sua publicação.

Palácio dos Bandeirantes, 8 de maio de 2009.

*José Serra – DOE de 9.5.2007*

## 387. DECRETO Nº 54.337, DE 15 DE MAIO DE 2009

*Fixa prazos especiais para recolhimento do ICMS nas saídas de mercadorias decorrentes do evento que especifica e dá outras providências. [APAS-2009 – 25º Congresso de Gestão e Feira Internacional de Negócios em Supermercados] (DOE de 16.5.2009).*

- *Pode ser considerado sem mais efeito em razão do cumprimento de seu prazo.*

## 388. DECRETO Nº 54.338, DE 15 DE MAIO DE 2009

*Introduz alterações no Regulamento do Imposto sobre Operações Relativas à Circulação de Mercadorias e sobre Prestações de Serviços de Transporte Interestadual e Intermunicipal e de Comunicação – RICMS.*

José Serra, Governador do Estado de São Paulo, no uso de suas atribuições legais e tendo em vista o disposto no art. 8º, incisos XXXIII, XLI e XLIII, da Lei nº 6.374, de 1º de março de 1989, decreta:

**Art. 1º.** Passam a vigorar com a redação que se segue os dispositivos adiante indicados do Regulamento do Imposto sobre Operações Relativas à Circulação de Mercadorias e sobre Prestações de Serviços de Transporte Interestadual e Intermunicipal e de Comunicação – RICMS, aprovado pelo Decreto nº 45.490, de 30 de novembro de 2000:

I – os itens 2, 4, 5 e 20 do § 1º do art. 313-Z17:

II – o § 1º do art. 426-A:

• *Alterações já efetuadas no corpo do Decreto.*

**Art. 2º.** Ficam acrescentados os dispositivos adiante indicados ao Regulamento do Imposto sobre Operações Relativas à Circulação de Mercadorias e sobre Prestações de Serviços de Transporte Interestadual e Intermunicipal e de Comunicação – RICMS, aprovado pelo Decreto nº 45.490, de 30 de novembro de 2000, com a seguinte redação:

I – ao Capítulo I do Título II do Livro II, a Seção XXXIII, composta pelos arts. 313-Z19 e 313-Z20:

• *Alteração já efetuada no corpo do Decreto.*

II – ao § 1º do art. 3º do Anexo IV, o item 33:

• *Alteração já efetuada no corpo do Decreto.*

**Art. 3º.** Ficam revogados os itens 36 a 44, 46, 104, 105 e 107 a 122 do § 1º do art. 313-Y do Regulamento do Imposto sobre Operações Relativas à Circulação de Mercadorias e sobre Prestações de Serviços de Transporte Interestadual e Intermunicipal e de Comunicação – RICMS, aprovado pelo Decreto nº 45.490, de 30 de novembro de 2000.

• *Alteração já efetuada no corpo do Decreto.*

**Art. 4º.** Este Decreto entra em vigor na data de sua publicação, produzindo efeitos a partir de 1º de junho de 2009.

Palácio dos Bandeirantes, 15 de maio de 2009.

*José Serra – DOE de 16.5.2009*

## 389. DECRETO Nº 54.351, DE 19 DE MAIO DE 2009

*Altera o Decreto nº 53.812, de 12.12.2008, que fixa prazo especial para recolhimento do ICMS devido, na condição de sujeito passivo por substituição, pelas operações subsequentes com as mercadorias que especifica.*

José Serra, Governador do Estado de São Paulo, no uso de suas atribuições legais e tendo em vista o disposto no art. 59 da Lei nº 6.374, de 1º de março de 1989, decreta:

**Art. 1º.** Passa a vigorar com a redação que se segue o *caput* do art. 1º do Decreto nº 53.812, de 12 de dezembro de 2008:

• *Alteração já efetuada no corpo do Decreto.*

**Art. 2º.** Este Decreto entra em vigor na data de sua publicação, produzindo efeitos a partir de 1º de junho de 2009.

Palácio dos Bandeirantes, 19 de maio de 2009.

*José Serra – DOE de 20.5.2009*

## 390. DECRETO Nº 54.352, DE 19 DE MAIO DE 2009

*Disciplina o recolhimento de ICMS relativo ao estoque de produtos eletrônicos, eletroeletrônicos e eletrodomésticos recebidos antes do início da vigência do regime de retenção antecipada por substituição tributária.*

José Serra, Governador do Estado de São Paulo, no uso de suas atribuições legais e tendo em vista o disposto nos arts. 59, 60 e 66-F, inciso III, da Lei nº 6.374, de 1º de março de 1989, e no Decreto nº 54.338, de 15 de maio de 2009, decreta:

**Art. 1º.** O estabelecimento paulista, exceto o indicado no inciso I do art. 313-Z19 do Regulamento do Imposto sobre Operações Relativas à Circulação de Mercadorias e sobre Prestações de Serviços de Transporte Interestadual e Intermunicipal e de Comunicação – RICMS, aprovado pelo Decreto nº 45.490, de 30 de novembro de 2000, relativamente ao estoque de mercadorias relacionadas no § 6º existente no final do dia 31 de maio de 2009, deverá:

I – efetuar a contagem do estoque das mercadorias;

II – elaborar relação, indicando, para cada item:

a) o valor das mercadorias em estoque e a base de cálculo para fins de incidência do ICMS, considerando a entrada mais recente da mercadoria;

b) a alíquota interna aplicável;

c) o valor do imposto devido, calculado conforme os §§ 1º ou 2º;

d) o correspondente código na Nomenclatura Brasileira de Mercadorias – Sistema Harmonizado (NBM/SH);

III – na hipótese de estar sujeito ao Regime Periódico de Apuração – RPA, transmitir, até 15 de julho de 2009, arquivo digital à Secretaria da Fazenda, conforme disciplina por ela estabelecida, contendo a relação de que trata o inciso II e demais informações requeridas;

IV – na hipótese de estar sujeito ao Regime Especial Unificado de Arrecadação de Tributos e Contribuições devidos pelas Microempresas e Empresas de Pequeno Porte – "Simples Nacional", manter a relação de que trata o inciso II em arquivo, pelo prazo de 5 (cinco) anos, para apresentação ao fisco, quando solicitado;

V – recolher o valor do imposto devido em razão da operação própria e das subsequentes, por meio de guia de recolhimentos especiais, conforme disciplina estabelecida pela Secretaria da Fazenda.

§ 1º. O valor do imposto devido pela operação própria e pelas subsequentes será calculado com base no Índice de Valor Adicionado Setorial – IVA-ST divulgado pela Secretaria da Fazenda:

1 – mediante a seguinte fórmula:

a) em se tratando de contribuinte sujeito ao Regime Periódico de Apuração – RPA:

*Imposto devido = (base de cálculo x alíquota interna) + (base de cálculo x IVA-ST x alíquota interna);*

b) em se tratando de contribuinte sujeito ao "Simples Nacional":

*Imposto devido = base de cálculo x IVA-ST x alíquota interna;*

2 – considerando-se, para determinação da base de cálculo, o valor da entrada mais recente da mercadoria.

§ 2º. Quando existir preço final a consumidor divulgado pela Secretaria da Fazenda, em substituição ao disposto no § 1º, o valor do imposto devido pela operação própria e pelas subsequentes deverá ser calculado:

1 – mediante a seguinte fórmula:

a) em se tratando de contribuinte sujeito ao Regime Periódico de Apuração – RPA:

*Imposto devido = base de cálculo x alíquota interna;*

b) em se tratando de contribuinte sujeito ao "Simples Nacional":

*Imposto devido = (base de cálculo da saída – base de cálculo da entrada) x alíquota interna;*

2 – considerando-se, para determinação da base de cálculo da saída, o preço final a consumidor, divulgado pela Secretaria da Fazenda;

3 – desconsiderando-se, na hipótese da alínea "b" do item 1, os itens em que a base de cálculo da entrada for igual ou superior à base de cálculo da saída.

§ 3º. O imposto devido poderá ser recolhido em até 10 (dez) parcelas mensais, iguais e sucessivas, com vencimento no último dia útil de cada mês, sendo que a primeira parcela deverá ser recolhida até 31 de julho de 2009.

§ 4º. Na hipótese de contribuinte sujeito ao Regime Periódico de Apuração – RPA que possua saldo credor de ICMS em 31 de maio de 2009, este poderá ser utilizado para deduzir, no todo ou em parte, o imposto a recolher nos termos do inciso V, observando-se, sem prejuízo das demais exigências, o que segue:

1 – o valor do saldo credor utilizado para pagar o imposto calculado nos termos do § 1º ou § 2º deverá ser discriminado no final da relação a que se refere o inciso II;

2 – o montante de saldo credor utilizado para pagamento do imposto devido nos termos deste parágrafo será lançado no livro Registro de Apuração do ICMS – RAICMS, na folha destinada à apuração das operações e prestações próprias do período em que ocorrer o aludido levantamento de estoque, no campo "Estorno de Créditos" do quadro "Débito do Imposto", com a indicação da expressão "Liquidação (parcial ou total) do imposto devido por substituição tributária relativo ao estoque existente em __/__/__ – Decreto ___".

§ 5º. O disposto neste artigo aplica-se, também, no que couber, às mercadorias referidas no § 6º na hipótese de sua saída do estabelecimento remetente ter ocorrido até 31 de maio de 2009 e o seu recebimento ter se efetivado após essa data.

§ 6º. As mercadorias a que se refere o *caput* são os produtos eletrônicos, eletroeletrônicos e eletrodomésticos arrolados no § 1º do art. 313-Z19 do Regulamento do ICMS.

§ 7º. O disposto neste Decreto não se aplica na hipótese de a mercadoria referida no § 6º ter sido recebida já com a retenção antecipada do imposto por substituição tributária.

**Art. 2º.** Este Decreto entra em vigor na data de sua publicação.

Palácio dos Bandeirantes, 19 de maio de 2009.

*José Serra – DOE de 20.5.2009*

## 391. DECRETO Nº 54.375, DE 26 DE MAIO DE 2009

*Introduz alterações no Regulamento do Imposto sobre Operações Relativas à Circulação de Mercadorias e sobre Prestações de Serviços de Transporte Interestadual e Intermunicipal e de Comunicação – RICMS.*

José Serra, Governador do Estado de São Paulo, no uso de suas atribuições legais e tendo em vista o disposto no art. 8º da Lei 6.374, de 1º de março de 1989, decreta:

**Art. 1º.** Ficam acrescentados os dispositivos adiante indicados ao Regulamento do Imposto sobre Operações Relativas à Circulação de Mercadorias e sobre Prestações de Serviços de Transporte Interestadual e Intermunicipal e de Comunicação – RICMS, aprovado pelo Decreto nº 45.490, de 30 de novembro de 2000, com a redação que se segue:

I – ao § 2º do art. 313-A, o item 4:

II – ao parágrafo único do art. 313-C, o item 4:

III – ao § 2º do art. 313-E, o item 4:

IV – ao § 2º do art. 313-G, o item 4:

V – ao parágrafo único do art. 313-I, o item 4:

VI – ao § 2º do art. 313-K, o item 4:

VII – ao § 2º do art. 313-M, o item 4:

VIII – ao § 2º do art. 313-O, o item 4:

IX – ao parágrafo único do art. 313-Q, o item 4:

X – ao § 2º do art. 313-S, o item 4:

XI – ao § 2º do art. 313-U, o item 4:

XII – ao § 2º do art. 313-W, o item 4:

XIII – ao § 2º do art. 313-Y, o item 4:

XIV – ao § 2º do art. 313-Z1, o item 4:

XV – ao § 2º do art. 313-Z3, o item 4:

XVI – ao § 2º do art. 313-Z5, o item 4:

XVII – ao § 2º do art. 313-Z7, o item 4:

XVIII – ao § 2º do art. 313-Z9, o item 4:

XIX – ao § 2º do art. 313-Z11, o item 4:

XX – ao § 2º do art. 313-Z13, o item 4:

XXI – ao § 2º do art. 313-Z15, o item 4:

XXII – ao § 2º do art. 313-Z17, o item 4:

XXIII – ao § 2º do art. 313-Z19, o item 4:

• *Alterações já efetuadas no corpo do Decreto.*

**Art. 2º.** Este Decreto entra em vigor na data de sua publicação, produzindo efeitos a partir de 1º de junho de 2009.

Palácio dos Bandeirantes, 26 de maio de 2009.

*José Serra – DOE de 27.5.2009*

## 392. DECRETO Nº 54.401, DE 1º DE JUNHO DE 2009

*Introduz alterações no Regulamento do Imposto sobre Operações Relativas à Circulação de Mercadorias e sobre Prestações de Serviços de Transporte Interestadual e Intermunicipal e de Comunicação – RICMS.*

José Serra, Governador do Estado de São Paulo, no uso de suas atribuições legais e tendo em vista o disposto no Ajuste SINIEF-02/09, nos Convênios ICMS-06/09, 13/09, 24/09, 27/09 e 30/09, todos celebrados em Teresina, PI, no dia 3 de abril de 2009, e nos Convênios ICMS-126/98, 117/08, 152/08 e 03/09, decreta:

**Art. 1º.** Passam a vigorar com a redação que se segue os dispositivos adiante indicados do Regulamento do Imposto sobre Operações Relativas à Circulação de Mercadorias e sobre Prestações de Serviços de Transporte Interestadual e Intermunicipal e de Comunicação, aprovado pelo Decreto nº 45.490, de 30 de novembro de 2000:

I – o *caput* do art. 250-A, mantidos os seus incisos:

II – o art. 305:

III – o *caput* do art. 14 do Anexo I:

IV – o item 34 do § 1º do art. 130 do Anexo I:

V – o art. 24 do Anexo II:

VI – do Anexo XVII:

a) o art. 7º:

b) o art. 8º:

• *Alterações já efetuadas no corpo do Decreto.*

**Art. 2º.** Ficam acrescentados os dispositivos adiante indicados ao Regulamento do Imposto sobre Operações Relativas à Circulação de Mercadorias e sobre Prestações de Serviços de Transporte Interestadual e Intermunicipal e de Comunicação, aprovado pelo Decreto nº 45.490, de 30 de novembro de 2000, com a seguinte redação:

I – ao Anexo I, o art. 142:

II – o § 2º ao art. 4º do Anexo XVII, passando o atual parágrafo único a denominar-se § 1º:

• *Alterações já efetuadas no corpo do Decreto.*

**Art. 3º.** Ficam convalidados os procedimentos adotados pela Associação de Assistência à Criança Deficiente – AACD, CNPJ nº 60.979.457/0001-11, até 8 de abril de 2009, relativamente às operações de saídas internas de mercadorias produzidas ou recebidas em doação, bem como ao fornecimento de refeição, promovido por seus estabelecimentos, a seus empregados, pacientes e acompanhantes, nos termos do disposto no Convênio ICMS-24/09, de 3 de abril de 2009 (Convênio ICMS-24/09, cláusula segunda).

**Art. 4º.** Este Decreto entra em vigor na data de sua publicação, produzindo efeitos desde 27 de abril de 2009, exceto em relação aos dispositivos adiante indicados, que produzem efeitos:

I – desde 12 de dezembro de 2008, o inciso II do art. 1º;

II – desde 8 de abril de 2009, o inciso I do art. 1º;

III – desde 1º de maio de 2009, o inciso II do art. 2º, e a alínea "a" do inciso VI do art. 1º;

IV – a partir de 1º de julho de 2009, a alínea "b" do inciso VI do art. 1º;

V – a partir de 1º de agosto de 2009, o inciso V do art. 1º.

Palácio dos Bandeirantes, 1º de junho de 2009.

*José Serra – DOE de 2.6.2009*

## 393. DECRETO Nº 54.402, DE 1º DE JUNHO DE 2009

*Introduz alterações no Regulamento do Imposto sobre Operações Relativas à Circulação de Mercadorias e sobre Prestações de Serviços de Transporte Interestadual e Intermunicipal e de Comunicação – RICMS.*

José Serra, Governador do Estado de São Paulo, no uso de suas atribuições legais e tendo em vista o disposto no art. 8º, incisos XV, XXVII, XXXI, XL, XLI e XLII, da Lei 6.374, de 1º de março de 1989, decreta:

**Art. 1º.** Passam a vigorar com a redação que se segue os dispositivos adiante indicados ao Regulamento do Imposto sobre Operações Relativas à Circulação de Mercadorias e sobre Prestações de Serviços de Transporte Interestadual e Intermunicipal e de Comunicação – RICMS, aprovado pelo Decreto nº 45.490, de 30 de novembro de 2000:

I – a alínea "d" do item 4 do § 1º do art. 313-W:

II – o item 4 do § 1º do art. 313-Z3:

III – os itens 1 e 11 do § 1º do art. 313-Z11:

IV – o item 11 do § 1º do art. 313-Z19:

• *Alterações já efetuadas no corpo do Decreto.*

**Art. 2º.** Ficam revogados os itens 15 e 34 do § 1º do art. 313-K do Regulamento do Imposto sobre Operações Relativas à Circulação de Mercadorias e sobre Prestações de Serviços de Transporte Interestadual e Intermunicipal e de Comunicação – RICMS, aprovado pelo Decreto nº 45.490, de 30 de novembro de 2000.

• *Alteração já efetuada no corpo do Decreto.*

**Art. 3º.** Este Decreto entra em vigor na data de sua publicação, produzindo efeitos a partir de 1º de junho de 2009.

Palácio dos Bandeirantes, 1º de junho de 2009.

*José Serra – DOE de 2.6.2009 –Retificação DOE de 3.6.2009*

## 394. DECRETO Nº 54.403, DE 1º DE JUNHO DE 2009

*Introduz alterações no Regulamento do Imposto sobre Operações Relativas à Circulação de Mercadorias e sobre Prestações de Serviços de Transporte Interestadual e Intermunicipal e de Comunicação – RICMS.*

José Serra, Governador do Estado de São Paulo, no uso de suas atribuições legais e tendo em vista o disposto nos Convênios ICMS-23/09, 25/09 e 26/09, celebrados em Teresina, PI, no dia 3 de abril de 2009, decreta:

**Art. 1º.** Passa a vigorar com a redação que se segue o item 4 do § 1º do art. 1º do Anexo II do Regulamento do Imposto sobre Operações Relativas à Circulação de Mercadorias e sobre Prestações de Serviços de Transporte Interestadual e Intermunicipal e de Comunicação, aprovado pelo Decreto nº 45.490, de 30 de novembro de 2000:

• *Alteração já efetuada no corpo do Decreto.*

**Art. 2º.** Ficam acrescentados os dispositivos adiante indicados ao Regulamento do Imposto sobre Operações Relativas à Circulação de Mercadorias e sobre Prestações de Serviços de Transporte Interestadual e Intermunicipal e de Comunicação, aprovado pelo Decreto nº 45.490, de 30 de novembro de 2000, com a seguinte redação:

I – ao Anexo I, o art. 143:

II – ao Capítulo III do Título II do Livro II, a Seção V, composta pelos arts. 327-D a 327-G:

• *Alterações já efetuadas no corpo do Decreto.*

**Art. 3º.** Este Decreto entra em vigor na data de sua publicação, produzindo efeitos desde 27 de abril de 2009, exceto em relação ao inciso II do art. 2º que produz efeitos desde 1º de maio de 2009.

Palácio dos Bandeirantes, 1º de junho de 2009.

*José Serra – DOE de 2.6.2009*

## 395. DECRETO Nº 54.422, DE 5 DE JUNHO DE 2009

*Introduz alterações no Regulamento do Imposto sobre Operações Relativas à Circulação de Mercadorias e sobre Prestações de Serviços de Transporte Interestadual e Intermunicipal e de Comunicação – RICMS.*

José Serra, Governador do Estado de São Paulo, no uso de suas atribuições legais e tendo em vista o disposto no art. 112 da Lei nº 6.374, de 1º de março de 1989, decreta:

**Art. 1º.** Passa a vigorar com a redação que se segue o art. 29 das Disposições Transitórias do Regulamento do Imposto sobre Operações Relativas à Circulação de Mercadorias e sobre Prestações de Serviços de Transporte Interestadual e Intermunicipal e de Comunicação – RICMS, aprovado pelo Decreto nº 45.490, de 30 de novembro de 2000:

• *Alteração já efetuada no corpo do Decreto.*

**Art. 2º.** Este Decreto entra em vigor na data de sua publicação.

Palácio dos Bandeirantes, 5 de junho de 2009.

*José Serra – DOE de 6.6.2009 – Retificação DOE de 10.6.2009*

## 396. DECRETO Nº 54.447, DE 16 DE JUNHO DE 2009

*Introduz alteração no Regulamento do Imposto sobre Operações Relativas à Circulação de Mercadorias e sobre Prestações de Serviços de Transporte Interestadual e Intermunicipal e de Comunicação – RICMS.*

José Serra, Governador do Estado de São Paulo, no uso de suas atribuições legais e tendo em vista o disposto no art. 8º, XVII e § 10, da Lei nº 6.374, de 1º de março de 1989, decreta:

**Art. 1º.** Passa a vigorar com a redação que se segue o *caput* do inciso XI, mantidas as suas alíneas, do art. 350 do Regulamento do Imposto sobre Operações Relativas à Circulação de Mercadorias e sobre Prestações de Serviços de Transporte Interestadual e Intermunicipal e de Comunicação – RICMS, aprovado pelo Decreto nº 45.490, de 30 de novembro de 2000:

• *Alteração já efetuada no corpo do Decreto.*

**Art. 2º.** Este Decreto entra em vigor na data de sua publicação.

Palácio dos Bandeirantes, 16 de junho de 2009.

*José Serra – DOE de 17.6.2009*

## 397. DECRETO Nº 54.448, DE 16 DE JUNHO DE 2009

*Introduz alterações no Regulamento do Imposto sobre Operações Relativas à Circulação de Mercadorias e sobre Prestações de Serviços de Transporte Interestadual e Intermunicipal e de Comunicação – RICMS.*

José Serra, Governador do Estado de São Paulo, no uso de suas atribuições legais e tendo em vista o disposto no art. 8º, incisos XXX, XXXI e XXXVI, da Lei nº 6.374, de 1º de março de 1989, decreta:

**Art. 1º.** Passam a vigorar com a redação que se segue os dispositivos adiante indicados ao Regulamento do Imposto sobre Operações Relativas à Circulação de Mercadorias e sobre Prestações de Serviços de Transporte Interestadual e Intermunicipal e de Comunicação – RICMS, aprovado pelo Decreto nº 45.490, de 30 de novembro de 2000:

I – o item 28 do § 1º do art. 313-G:

II – os itens 2, 10, 11, 36 e 39 do § 1º do art. 313-K:

III – o item 4 do § 1º do art. 313-S:

• *Alterações já efetuadas no corpo do Decreto.*

**Art. 2º.** Ficam revogados os itens 23 e 31 do § 1º do art. 313-K do Regulamento do Imposto sobre Operações Relativas à Circulação de Mercadorias e sobre Prestações de Serviços de Transporte Interestadual e Intermunicipal e de Comunicação – RICMS, aprovado pelo Decreto nº 45.490, de 30 de novembro de 2000.

• *Alterações já efetuadas no corpo do Decreto.*

**Art. 3º.** Este Decreto entra em vigor na data de sua publicação.

• *Art. 3º com redação dada pelo Decreto nº 54.491, de 26.6.2009.*

Palácio dos Bandeirantes, 16 de junho de 2009.

*José Serra – DOE de 17.6.2009*

## 398. DECRETO Nº 54.491, DE 26 DE JUNHO DE 2009

*Disciplina o recolhimento do ICMS relativo ao estoque de mercadorias que especifica, recebidas antes do início da vigência do regime de retenção antecipada por substituição tributária, e dá outras providências.*

José Serra, Governador do Estado de São Paulo, no uso de suas atribuições legais e tendo em vista o disposto nos arts. 59, 60 e 66-F, inciso III, da Lei nº 6.374, de 1º de março de 1989, e no Decreto nº 54.448, de 16 de junho de 2009, decreta:

**Art. 1º.** O estabelecimento paulista, exceto o indicado no inciso I dos arts. 313-G, 313-K e 313-S do Regulamento do Imposto sobre Operações Relativas à Circulação de Mercadorias e sobre Prestações de Serviços de Transporte Interestadual e Intermunicipal e de Comunicação – RICMS, aprovado pelo Decreto nº 45.490, de 30 de novembro de 2000, relativamente ao estoque de mercadorias relacionadas no § 6º existente no final do dia 16 de junho de 2009, deverá:

I – efetuar a contagem do estoque das mercadorias;

II – elaborar relação, indicando, para cada item:

a) o valor das mercadorias em estoque e a base de cálculo para fins de incidência do ICMS, considerando a entrada mais recente da mercadoria;

b) a alíquota interna aplicável;

c) o valor do imposto devido, calculado conforme os §§ 1º ou 2º;

d) o correspondente código na Nomenclatura Brasileira de Mercadorias – Sistema Harmonizado (NBM/SH);

III – na hipótese de estar sujeito ao Regime Periódico de Apuração – RPA, transmitir, até 15 de agosto de 2009, arquivo digital à Secretaria da Fazenda, conforme disciplina por ela estabelecida, contendo a relação de que trata o inciso II e demais informações requeridas;

IV – na hipótese de estar sujeito ao Regime Especial Unificado de Arrecadação de Tributos e Contribuições devidos pelas Microempresas e Empresas de Pequeno Porte – "Simples Nacional", manter a relação de que trata o inciso II em arquivo, pelo prazo de 5 (cinco) anos, para apresentação ao fisco, quando solicitado;

V – recolher o valor do imposto devido em razão da operação própria e das subsequentes, por meio de guia de recolhimentos especiais, conforme disciplina estabelecida pela Secretaria da Fazenda.

§ 1º. O valor do imposto devido pela operação própria e pelas subsequentes será calculado com base no Índice de Valor Adicionado Setorial – IVA-ST divulgado pela Secretaria da Fazenda:

1 – mediante a seguinte fórmula:

a) em se tratando de contribuinte sujeito ao Regime Periódico de Apuração – RPA:

*Imposto devido = (base de cálculo x alíquota interna) + (base de cálculo x IVA-ST x alíquota interna);*

b) em se tratando de contribuinte sujeito ao "Simples Nacional":

*Imposto devido = base de cálculo x IVA-ST x alíquota interna;*

2 – considerando-se, para determinação da base de cálculo, o valor da entrada mais recente da mercadoria.

§ 2º. Quando existir preço final a consumidor divulgado pela Secretaria da Fazenda, em substituição ao disposto no § 1º, o valor do imposto devido pela operação própria e pelas subsequentes deverá ser calculado:

1 – mediante a seguinte fórmula:

a) em se tratando de contribuinte sujeito ao Regime Periódico de Apuração – RPA:

*Imposto devido = base de cálculo x alíquota interna;*

b) em se tratando de contribuinte sujeito ao "Simples Nacional":

*Imposto devido = (base de cálculo da saída – base de cálculo da entrada) x alíquota interna;*

2 – considerando-se, para determinação da base de cálculo da saída, o preço final a consumidor, divulgado pela Secretaria da Fazenda;

3 – desconsiderando-se, na hipótese da alínea "b" do item 1, os itens em que a base de cálculo da entrada for igual ou superior à base de cálculo da saída.

§ 3º. O imposto devido poderá ser recolhido em até 10 (dez) parcelas mensais, iguais e sucessivas, com vencimento no último dia útil de cada mês, sendo que a primeira parcela deverá ser recolhida até 31 de agosto de 2009.

§ 4º. Na hipótese de contribuinte sujeito ao Regime Periódico de Apuração – RPA que possua saldo credor de ICMS em 16 de junho de 2009, este poderá ser utilizado para deduzir, no todo ou em parte, o imposto a recolher nos termos do inciso V, observando-se, sem prejuízo das demais exigências, o que segue:

1 – o valor do saldo credor utilizado para pagar o imposto calculado nos termos do § 1º ou § 2º deverá ser discriminado no final da relação a que se refere o inciso II;

2 – o montante de saldo credor utilizado para pagamento do imposto devido nos termos deste parágrafo será lançado no livro Registro de Apuração do ICMS – RAICMS, na folha destinada à apuração das operações e prestações próprias do período em que ocorrer o aludido levantamento de estoque, no campo "Estorno de Créditos" do quadro "Débito do Imposto", com a indicação da expressão "Liquidação (parcial ou total) do imposto devido por substituição tributária relativo ao estoque existente em __/__/__ – Decreto ___".

§ 5º. O disposto neste artigo aplica-se, também, no que couber, às mercadorias referidas no § 6º na hipótese de sua saída do estabelecimento remetente ter ocorrido até 16 de junho de 2009 e o seu recebimento ter se efetivado após essa data.

§ 6º. As mercadorias a que se refere o *caput* são os abaixo relacionados:

1 – mamadeiras, classificadas no código 3924.90.00 da Nomenclatura Brasileira de Mercadorias – Sistema Harmonizado – NBM/SH;

2 – odorizantes/desodorizantes de ambiente e superfície, classificados no código 3808.94.19 da Nomenclatura Brasileira de Mercadorias – Sistema Harmonizado – NBM/SH;

3 – inseticidas, rodenticidas, fungicidas, raticidas e outros produtos semelhantes, apresentados em formas ou embalagens exclusivamente para uso domissanitário direto, classificados na subposição 3808.91 (exceto 3808.91.1) da Nomenclatura Brasileira de Mercadorias – Sistema Harmonizado – NBM/SH;

4 – repelentes apresentados em formas ou embalagens exclusivamente para uso domissanitário direto, classificados nas subposições ou códigos 3808.50.10, 3808.91, 3808.92.1 e 3808.99.1 da Nomenclatura Brasileira de Mercadorias – Sistema Harmonizado – NBM/SH;

5 – desinfetantes apresentados em quaisquer formas ou embalagens classificados na subposição 3808.94 da Nomenclatura Brasileira de Mercadorias – Sistema Harmonizado – NBM/SH (exceto os apresentados em formas ou embalagens exclusivamente para uso domissanitário direto e classificados nos códigos 3808.94.1 ou 3808.94.29 da NBM/SH);

6 – algicidas classificados na subposição 3808.94 da Nomenclatura Brasileira de Mercadorias – Sistema Harmonizado – NBM/SH;

7 – redutor de pH: produtos em solução não aquosa, de ácidos clorídricos classificados no código 2806.10.20 da Nomenclatura Brasileira de Mercadorias – Sistema

Harmonizado – NBM/SH, sulfúrico classificados no código 2807.00.10 da NBM/SH, fosfórico classificados na subposição 2809.20.1 da NBM/SH, e outros redutores de pH classificados na posição 3824.90.79 da NBM/SH, todos utilizados em piscinas;

8 – "starter" classificado na subposição 8536.50 (exceto 8536.50.30) da Nomenclatura Brasileira de Mercadorias – Sistema Harmonizado – NBM/SH.

§ 7º. O disposto neste Decreto não se aplica na hipótese de a mercadoria referida no § 6º ter sido recebida já com a retenção antecipada do imposto por substituição tributária.

**Art. 2º.** Passa a vigorar com a redação que se segue o art. 3º do Decreto nº 54.448, de 16 de junho de 2009:

• *Alteração já efetuada no corpo do Decreto.*

**Art. 3º.** Este Decreto entra em vigor na data de sua publicação.

Palácio dos Bandeirantes, 26 de junho de 2009.

*José Serra – DOE de 27.6.2009*

## 399. DECRETO Nº 54.506, DE 1º DE JULHO DE 2009

*Introduz alteração no Regulamento do Imposto sobre Operações Relativas à Circulação de Mercadorias e sobre Prestações de Serviços de Transporte Interestadual e Intermunicipal e de Comunicação – RICMS.*

José Serra, Governador do Estado de São Paulo, no uso de suas atribuições legais e tendo em vista o disposto no art. 112 da Lei nº 6.374, de 1º de março de 1989, decreta:

**Art. 1º.** Fica acrescentado, com a redação que se segue, o art. 26 ao Anexo III do Regulamento do Imposto sobre Operações Relativas à Circulação de Mercadorias e sobre Prestações de Serviços de Transporte Interestadual e Intermunicipal e de Comunicação, aprovado pelo Decreto nº 45.490, de 30 de novembro de 2000:

• *Alteração já efetuada no corpo do Decreto.*

**Art. 2º.** Este Decreto entra em vigor na data de sua publicação, produzindo efeitos para os fatos geradores ocorridos a partir de 1º de julho de 2009.

Palácio dos Bandeirantes, 1º de julho de 2009.

*José Serra – DOE de 2.7.2008*

## 400. DECRETO Nº 54.614, DE 29 DE JULHO DE 2009

*Altera o Decreto nº 53.051, de 3.6.2008, que instituiu o Programa de Incentivo ao Investimento pelo Fabricante de Veículo Automotor – Pró-Veículo.*

José Serra, Governador do Estado de São Paulo, no uso de suas atribuições legais e tendo em vista o disposto no art. 46 da Lei nº 6.374, de 1º de março de 1989, decreta:

**Art. 1º.** Passam a vigorar com a redação que se segue os arts. 4º e 5º do Decreto nº 53.051, de 3 de junho de 2008:

• *Alterações já efetuadas no corpo do Decreto.*

**Art. 2º.** Este Decreto entra em vigor na data da sua publicação.

Palácio dos Bandeirantes, 29 de julho de 2009.

*José Serra – DOE de 30.7.2009*

## 401. DECRETO Nº 54.643, DE 5 DE AGOSTO DE 2009

*Introduz alterações no Regulamento do Imposto sobre Operações Relativas à Circulação de Mercadorias e sobre Prestações de Serviços de Transporte Interestadual e Intermunicipal e de Comunicação – RICMS e revoga o Decreto nº 51.625, de 28.2.2007, que institui regime especial de tributação do ICMS para contribuintes que realizarem operações com carne e produtos resultantes do abate em frigorífico paulista.*

José Serra, Governador do Estado de São Paulo, no uso de suas atribuições legais e tendo em vista o disposto no Convênio ICMS-89/05 e no art. 112 da Lei nº 6.374, de 1º de março de 1989, decreta:

**Art. 1º.** Fica acrescentado o art. 144 ao Anexo I do Regulamento do Imposto sobre Operações Relativas à Circulação de Mercadorias e sobre Prestações de Serviços de Transporte Interestadual e Intermunicipal e de Comunicação, aprovado pelo Decreto nº 45.490, de 30 de novembro de 2000, com a seguinte redação:

• *Alterações já efetuadas no corpo do Decreto.*

**Art. 2º.** Ficam revogados:

I – o inciso I do art. 3º do Anexo II do Regulamento do Imposto sobre Operações Relativas à Circulação de Mercadorias e sobre Prestações de Serviços de Transporte Interestadual e Intermunicipal e de Comunicação, aprovado pelo Decreto nº 45.490, de 30 de novembro de 2000;

II – o Decreto nº 51.625, de 28 de fevereiro de 2007.

• *Alterações já efetuadas no corpo do Decreto.*

**Art. 3º.** Este Decreto entra em vigor na data de sua publicação, produzindo efeitos para os fatos geradores ocorridos a partir de 1º de setembro de 2009.

Palácio dos Bandeirantes, 5 de agosto de 2009.

*José Serra – DOE de 6.8.2009*

## 402. DECRETO Nº 54.649, DE 6 DE AGOSTO DE 2009

*Isenta do Imposto sobre Operações Relativas à Circulação de Mercadorias e sobre Prestações de Serviços de Transporte Interestadual e Intermunicipal e de Comunicação – ICMS a comercialização de sanduíches denominados "Big Mac" efetuada durante o evento "McDia Feliz". (DOE de 7.8.2009)*

• *Pode ser considerado sem mais efeito em razão do cumprimento de seu prazo.*

## 403. DECRETO Nº 54.650, DE 6 DE AGOSTO DE 2009

*Introduz alterações no Regulamento do Imposto sobre Operações Relativas à Circulação de Mercadorias e sobre Prestações de Serviços de Transporte Interestadual e Intermunicipal e de Comunicação – RICMS*

José Serra, Governador do Estado de São Paulo, no uso de suas atribuições legais e tendo em vista o disposto nos arts. 2º, § 3º-A, 66-D e 66-E da Lei nº 6.374, de 1º de março de 1989 e na Resolução CGSN nº 61, de 13 de julho de 2009, decreta:

**Art. 1º.** Passam a vigorar com a redação que se segue os dispositivos adiante indicados do Regulamento do Imposto sobre Operações Relativas à Circulação de Mercadorias e sobre Prestações de Serviços de Transporte Interestadual e Intermunicipal e de Comunicação – RICMS, aprovado pelo Decreto nº 45.490, de 30 de novembro de 2000:

I – o art. 51:

II – o item 1 do § 2º do art. 268:

III – o § 4º do art. 274:

IV – o item 2 do § 3º do art. 426-A:

• *Alterações já efetuadas no corpo do Decreto.*

**Art. 2º.** Este Decreto entra em vigor na data de sua publicação, produzindo efeitos a partir de 1º de agosto de 2009.

Palácio dos Bandeirantes, 6 de agosto de 2009.

*José Serra – DOE de 7.8.2009*

## 404. DECRETO Nº 54.655, DE 7 DE AGOSTO DE 2009

*Dispensa a apresentação do Certificado de Entidade de Fins Filantrópicos para efeito da isenção do ICMS na importação de produtos hospitalares na situação que especifica. (DOE de 8.8.2009)*

• *Pode ser considerado sem mais efeito em razão do cumprimento de seu prazo.*

## 405. DECRETO Nº 54.672, DE 12 DE AGOSTO DE 2009

*Isenta do Imposto sobre Operações Relativas à Circulação de Mercadorias e sobre Prestações de Serviços de Transporte Interestadual e Intermunicipal e de Comunicação – ICMS a importação de equipamentos hospitalares pela Fundação Pio XII – Hospital do Câncer de Barretos. (DOE de 13.8.2009)*

• *Pode ser considerado sem mais efeito em razão do cumprimento de seu prazo.*

## 406. DECRETO Nº 54.679, DE 13 DE AGOSTO DE 2009

*Introduz alterações no Regulamento do Imposto sobre Operações Relativas à Circulação de Mercadorias e sobre Prestações de Serviços de Transporte Interestadual e Intermunicipal e de Comunicação – RICMS*

José Serra, Governador do Estado de São Paulo, no uso de suas atribuições legais e tendo em vista o disposto no Ajuste SINIEF-05/09, e nos Convênios ICMS-40/09, 52/09, 54/09, 55/09, 62/09, 72/09 e 78/09, todos celebrados em Manaus/AM, no dia 3 de julho de 2009, decreta:

**Art. 1º.** Passam a vigorar com a redação que se segue os dispositivos adiante indicados do Regulamento do Imposto sobre Operações Relativas à Circulação de Mercadorias e sobre Prestações de Serviços de Transporte Interestadual e Intermunicipal e de Comunicação, aprovado pelo Decreto nº 45.490, de 30 de novembro de 2000:

I – do art. 312:

a) o item 4 do § 1º:

b) o § 2º:

II – o item 2 do § 1º do art. 19 do Anexo I:

III – o § 4º do art. 38 do Anexo I, passando o atual § 4º a denominar-se § 5º:

IV – o inciso VIII do art. 41 do Anexo I:

V – o inciso III do art. 92 do Anexo I:

VI – o *caput* do art. 94 do Anexo I:

VII – do § 1º do art. 130 do Anexo I:

a) o item 13:

b) o item 14:

c) o item 42:

VIII – o inciso VII do art. 9º do Anexo II:

• *Alterações já efetuadas no corpo do Decreto.*

**Art. 2º.** Ficam acrescentados os dispositivos adiante indicados ao Regulamento do Imposto sobre Operações Relativas à Circulação de Mercadorias e sobre Prestações de Serviços de Transporte Interestadual e Intermunicipal e de Comunicação, aprovado pelo Decreto nº 45.490, de 30 de novembro de 2000, com a seguinte redação:

I – ao art. 41 do Anexo I, o inciso XVIII:

II – ao art. 92 do Anexo I, os incisos V a IX:

III – ao art. 9º do Anexo II, o inciso XV:

IV – à Tabela I do Anexo V, os códigos 5.667, 6.667 e 7.667, com as respectivas Notas Explicativas:

• *Alterações já efetuadas no corpo do Decreto.*

**Art. 3º.** Este Decreto entra em vigor na data de sua publicação, produzindo efeitos desde 1º de agosto de 2009, exceto em relação aos dispositivos adiante indicados, que produzem efeitos:

I – desde 1º de julho de 2009, o inciso IV do art. 2º;

II – desde 28 de julho de 2009, os incisos II e III do art. 1º.

Palácio dos Bandeirantes, 13 de agosto de 2009.

*José Serra – DOE de 14.8.2009*

## 407. DECRETO Nº 54.715, DE 27 DE AGOSTO DE 2009

*Instituia o Programa de Incentivo à Expansão e Modernização do Transporte Ferroviário no Estado de São Paulo.*

• *Revogado pelo Decreto nº 58.491, de 26.10.2012.*

## 408. DECRETO Nº 54.717, DE 27 DE AGOSTO DE 2009

*Fixa prazos especiais para recolhimento do ICMS nas saídas de mercadorias decorrentes do evento que especifica e dá outras providências. [Escolar PaperBrasil – 23ª Feira Internacional de Produtos, Serviços e Tecnologia para Escolas, Escritórios e Papelarias] (DOE de 28.8.2009)*

• *Pode ser considerado sem mais efeito em razão do cumprimento de seu prazo.*

## 409. DECRETO Nº 54.735, DE 2 DE SETEMBRO DE 2009

*Introduz alterações no Regulamento do Imposto sobre Operações Relativas à Circulação de Mercadorias e sobre Prestações de Serviços de Transporte Interestadual e Intermunicipal e de Comunicação – RICMS.*

José Serra, Governador do Estado de São Paulo, no uso de suas atribuições legais e tendo em vista o disposto no art. 8º, incisos XXVII, XXX e XXXI, e no art. 67 da Lei nº 6.374, de 1º de março de 1989, decreta:

**Art. 1º.** Passa a vigorar, com a redação que se segue, o item 10 do § 1º do art. 313-K do Regulamento do Imposto sobre Operações Relativas à Circulação de Mercadorias e sobre Prestações de Serviços de Transporte Interestadual e Intermunicipal e de Comunicação, aprovado pelo Decreto nº 45.490, de 30 de novembro de 2000:

• *Alterações já efetuadas no corpo do Decreto.*

**Art. 2º.** Ficam acrescentados os dispositivos adiante indicados ao Regulamento do Imposto sobre Operações Relativas à Circulação de Mercadorias e sobre Prestações de Serviços de Transporte Interestadual e Intermunicipal e de Comunicação, aprovado pelo Decreto nº 45.490, de 30 de novembro de 2000, com a seguinte redação:

I – ao art. 125, o § 7º:

II – ao § 1º do art. 313-G, o item 45:

III – ao item 3 do § 1º do art. 313-W, a alínea "l":

• *Alterações já efetuadas no corpo do Decreto.*

**Art. 3º.** Este Decreto entra em vigor na data de sua publicação, exceto o art. 1º e os incisos II e III do art. 2º, que produzem efeito a partir de 1º de setembro

Palácio dos Bandeirantes, 2 de setembro de 2009.

*José Serra – DOE de 3.9.2009*

## 410. DECRETO Nº 54.845, DE 30 DE SETEMBRO DE 2009

*Alterava o Decreto nº 53.574, de 17.10.2008, que institui o Programa de Incentivo à Indústria de Produção e de Exploração de Petróleo e de Gás Natural no Estado de São Paulo.*

• *Decreto nº 53.574, de 17.10.2008 revogado pelo Decreto nº 58.388, de 14.9.2012.*

## 411. DECRETO Nº 54.846, DE 30 DE SETEMBRO DE 2009

*Introduz alterações no Regulamento do Imposto sobre Operações Relativas à Circulação de Mercadorias e sobre Prestações de Serviços de Transporte Interestadual e Intermunicipal e de Comunicação – RICMS.*

José Serra, Governador do Estado de São Paulo, no uso de suas atribuições legais e tendo em vista o disposto no art. 8º, incisos XXXVIII e XLI, da Lei nº 6.374, de 1º de março de 1989, decreta:

**Art. 1º.** Passam a vigorar com a redação que se segue os dispositivos adiante indicados ao Regulamento do Imposto sobre Operações Relativas à Circulação de Mercadorias e sobre Prestações de Serviços de Transporte Interestadual e Intermunicipal e de Comunicação – RICMS, aprovado pelo Decreto nº 45.490, de 30 de novembro de 2000:

I – o item 17 do § 1º do art. 313-K:

II – o item 17 do § 1º do art. 313-Z13:

III – o item 1 do § 1º do art. 313-Z19:

• *Alterações já efetuadas no corpo do Decreto.*

**Art. 2º.** Este Decreto entra em vigor na data de sua publicação, produzindo efeitos a partir de 1º de outubro de 2009.

Palácio dos Bandeirantes, 30 de setembro de 2009.

*José Serra – DOE de 1º.10.2009*

## 412. DECRETO Nº 54.869, DE 2 DE OUTUBRO DE 2009

*Introduz alterações no Regulamento do Imposto sobre Operações Relativas à Circulação de Mercadorias e sobre Prestações de Serviços de Transporte Interestadual e Intermunicipal e de Comunicação – RICMS.*

José Serra, Governador do Estado de São Paulo, no uso de suas atribuições legais, tendo em vista o disposto nos arts. 67, 68 e 69 da Lei nº 6.374, de 1º de março de 1989, decreta:

**Art. 1º.** Passam a vigorar com a redação que se segue os dispositivos adiante indicados do Regulamento do Imposto sobre Operações Relativas à Circulação de Mercadorias e sobre Prestações de Serviços de Transporte Interestadual e Intermunicipal e de Comunicação – RICMS, aprovado pelo Decreto nº 45.490, de 30 de novembro de 2000:

I – o § 3º do art. 124:

II – o *caput* do art. 135, mantidos seus incisos:

• *Alterações já efetuadas no corpo do Decreto.*

**Art. 2º.** Ficam acrescentados os dispositivos adiante indicados ao Regulamento do Imposto sobre Operações Relativas à Circulação de Mercadorias e sobre Prestações de Serviços de Transporte Interestadual e Intermunicipal e de Comunicação – RICMS, aprovado pelo Decreto nº 45.490, de 30 de novembro de 2000, com a seguinte redação:

I – ao art. 124, o inciso XXV:

II – ao art. 135, o § 7º:

• *Alterações já efetuadas no corpo do Decreto.*

**Art. 3º.** Este Decreto entra em vigor na data de sua publicação, sendo que o inciso II do art. 2º produz efeitos a partir de 1º dezembro de 2009.

Palácio dos Bandeirantes, 2 de outubro de 2009.

*José Serra – DOE de 3.10.2009*

## 413. DECRETO Nº 54.897, DE 9 DE OUTUBRO DE 2009

*Introduz alteração no Regulamento do Imposto sobre Operações Relativas à Circulação de Mercadorias e sobre Prestações de Serviços de Transporte Interestadual e Intermunicipal e de Comunicação – RICMS.*

José Serra, Governador do Estado de São Paulo, no uso de suas atribuições legais e tendo em vista o disposto no art. 112 da Lei nº 6.374, de 1º de março de 1989, decreta:

**Art. 1º.** Fica acrescentado o art. 27 ao Anexo III do Regulamento do Imposto sobre Operações Relativas à Circulação de Mercadorias e sobre Prestações de Serviços de Transporte Interestadual e Intermunicipal e de Comunicação, aprovado pelo Decreto nº 45.490, de 30 de novembro de 2000, com a seguinte redação:

• *Alterações já efetuadas no corpo do Decreto.*

**Art. 2º.** Este Decreto entra em vigor na data da sua publicação, produzindo efeitos para os fatos geradores que ocorrem a partir de 1º de setembro de 2009.

Palácio dos Bandeirantes, 9 de outubro de 2009.

*José Serra – DOE de 10.10.2009*

## 414. DECRETO Nº 54.904, DE 13 DE OUTUBRO DE 2009

*Institui o Programa de Incentivo ao Investimento pelo Fabricante de Produtos da Indústria de Processamento Eletrônico de Dados – Pro-Informática e dá outras providências.*

José Serra, Governador do Estado de São Paulo, no uso de suas atribuições legais e tendo em vista o disposto nos arts. 46 e 112 da Lei nº 6.374, de 1º de março de 1989, decreta:

**Art. 1º.** Fica instituído o Programa de Incentivo ao Investimento pelo fabricante de produtos da indústria de processamento eletrônico de dados, abrangido pelo art. 4º da Lei Federal nº 8.248, de 23 de outubro de 1991 – Pro-Informática.

Parágrafo único. Para aderir ao Pro-Informática, as empresas fabricantes de produtos da indústria de processamento eletrônico de dados, abrangidas pelo art. 4º da Lei Federal nº 8.248, de 23 de outubro de 1991, deverão apresentar projeto de investimento para a modernização ou ampliação de suas plantas industriais, construção de novas unidades, desenvolvimento de novas tecnologias ou de novos produtos ou, ainda, ampliação dos negócios neste Estado.

**Art. 2º.** O crédito acumulado do ICMS, apropriado até 31 de dezembro de 2015, nos termos do art. 72, II, do Regulamento do ICMS, aprovado pelo Decreto nº 45.490, de 30 de novembro de 2000, ou apropriado nos termos do art. 9º deste Decreto, poderá ser:

• *Art. 2º,* caput, *com redação dada pelo Decreto nº 60.570, de 24.6.2014 – DOE de 25.6.2014 – Efeitos a partir de 1º.7.2014.*

I – utilizado pela empresa que aderir ao Pro-Informática para pagamento:

a) de bens e mercadorias adquiridos, inclusive energia elétrica, para serem utilizados na realização do projeto de investimento neste Estado, exceto material destinado a uso ou consumo;

b) do ICMS relativo à importação de bens destinados ao seu ativo imobilizado ou de mercadorias destinadas à industrialização desde que o desembarque e o desembaraço aduaneiro sejam efetuados neste Estado;

II – transferido para outro contribuinte do ICMS, visando à realização do projeto de investimento.

§ 1º. O disposto neste artigo fica condicionado a que:

1 – o montante total do investimento a ser efetuado seja igual ou superior a R$ 5.000.000,00 (cinco milhões de reais);

2 – o montante total do saldo credor do ICMS, passível de apropriação nos termos do art. 71 do Regulamento do ICMS, ou do crédito acumulado devidamente apropriado a ser utilizado seja igual ou superior a R$ 1.000.000,00 (um milhão de reais) e esteja devidamente escriturado na data da protocolização do pedido;

3 – a execução do projeto de investimento seja realizada nos termos em que for apresentado e obedeça ao cronograma de utilização do crédito acumulado apropriado aprovado pelo Secretário da Fazenda;

4 – os bens destinados ao ativo imobilizado permaneçam contabilizados no estabelecimento paulista, ainda que em poder de terceiros localizados no Estado de São Paulo, pelo prazo mínimo de 48 (quarenta e oito) meses, contados da data da conclusão do projeto de investimento;

5 – seja observado, naquilo que não conflitar com este Decreto, o disposto nos arts. 71 e seguintes do Regulamento do ICMS e a disciplina estabelecida pela Secretaria da Fazenda.

6 – pelo menos 50% (cinquenta por cento) do valor total dos bens e mercadorias nacionais, para fins de execução do projeto de investimento, sejam adquiridos de fabricantes paulistas;

7 – o contribuinte formalize sua adesão ao programa Jovem Cidadão – Meu Primeiro Trabalho, nos termos estabelecidos pela Secretaria do Emprego e Relações do Trabalho do Estado de São Paulo.

§ 2º. Em se tratando de projeto de investimento que esteja em andamento na data da protocolização do pedido a que se refere o art. 3º, a utilização de crédito acumulado somente abrangerá os dispêndios ocorridos a partir dessa data.

§ 3º. Para os efeitos do item 1 do § 1º, poderão ser consideradas no referido montante as despesas relativas ao desenvolvimento do projeto de investimento que esteja em andamento, ainda que incorridas anteriormente à protocolização do pedido.

**Art. 3º.** Para fins de utilização do crédito acumulado do ICMS, nos termos deste Decreto, o contribuinte deverá protocolar pedido junto à Secretaria de Desenvolvimento, dirigido à Comissão de Avaliação da Política de Desenvolvimento Econômico do Estado de São Paulo, até 31 de janeiro de 2016, contendo no mínimo:

• *Art. 3º,* caput, *com redação dada pelo Decreto nº 60.570, de 24.6.2014 – DOE de 25.6.2014 – Efeitos a partir de 1º.7.2014.*

I – o montante total estimado do investimento;

II – o local onde será desenvolvido o projeto de investimento;

III – as datas prováveis de início e de conclusão do projeto de investimento;

IV – lista com previsão dos bens e mercadorias a serem adquiridos, com valores totalizados por prováveis fornecedores;

V – cronograma relativo:

a) ao montante de crédito acumulado a ser utilizado em cada mês de execução do projeto de investimento;

b) às aquisições de bens e mercadorias para o projeto de investimento;

VI – relação, contendo, no mínimo, a razão social, o endereço e os números de inscrição, estadual e no CNPJ, dos prováveis:

a) fornecedores de bens ou mercadorias que receberão crédito acumulado como pagamento;

b) destinatários do crédito acumulado a ser transferido;

VII – memorial descritivo do projeto de investimento;

VIII – declaração assinada por representante legal do contribuinte ou procurador devidamente constituído por ele, atestando a previsão de incremento do faturamento e do número de empregos diretos que serão gerados no âmbito do projeto de investimento;

IX – contrato ou estatuto social consolidado do contribuinte.

Parágrafo único. As eventuais alterações nas informações previstas neste artigo deverão ser objeto de adendo ao mencionado pedido.

**Art. 4º.** A Comissão de Avaliação da Política de Desenvolvimento Econômico do Estado de São Paulo, deverá analisar o pedido de que trata o art. 3º e, considerando a sua viabilidade e oportunidade e consultadas as áreas técnicas, aprovar o projeto de investimento.

**Art. 5º.** Após a aprovação do projeto de investimento de que trata o art. 4º, compete:

I – ao Secretário da Fazenda, aprovar o cronograma de utilização do crédito acumulado a ser utilizado em cada mês de execução do projeto de investimento;

II – à Secretaria de Desenvolvimento, comunicar a decisão final ao contribuinte.

**Art. 6º.** Aprovado o projeto de investimento e a utilização de crédito acumulado, o contribuinte deverá apresentar ao Secretário de Desenvolvimento:

I – em até 60 (sessenta) dias contados do encerramento de cada semestre, relatório contendo demonstrativo do cumprimento do cronograma de execução do projeto de investimento, bem como da efetiva aquisição dos bens e mercadorias e de sua aplicação no projeto;

II – em até 180 (cento e oitenta) dias contados da conclusão do projeto, prorrogável por mais 60 dias, demonstrativo da observância dos requisitos e condições estabelecidos.

**Art. 7º.** O Secretário de Desenvolvimento deverá:

I – analisar os relatórios e demonstrativos de que trata o art. 6º e encaminhar o seu parecer aos Secretários da Fazenda e de Economia e Planejamento, no qual alertará sobre eventuais irregularidades constatadas;

II – tratando-se do relatório referente à conclusão do projeto, elaborar parecer, indicando, inclusive, a data de conclusão do projeto e encaminhá-lo aos Secretários da Fazenda e de Economia e Planejamento;

III – comunicar aos Secretários da Fazenda e de Economia e Planejamento a não entrega de relatório, pelo contribuinte, no prazo fixado.

**Art. 8º.** O descumprimento pelo contribuinte de qualquer das condições estabelecidas implica suspensão dos incentivos de que trata este Decreto.

§ 1º. A critério do Secretário da Fazenda, poderão ser sanadas as irregularidades que motivaram a suspensão e retomados os incentivos.

§ 2º. Ficam revogados os incentivos quando ocorrer a suspensão prevista neste artigo por três vezes, consecutivas ou não.

**Art. 9º.** O contribuinte poderá utilizar, para os fins do art. 2º, créditos gerados nos termos do art. 71 do Regulamento de ICMS, ainda não apropriados na data da apresentação do projeto de investimento, desde que:

I – protocolize pedido de apropriação junto ao Posto Fiscal de sua vinculação;

II – ofereça garantia, mediante fiança bancária ou seguro de obrigações contratuais, de valor equivalente ao requerido, que deverá vigorar pelo prazo estipulado pelo Secretário da Fazenda, não superior a 1 (um) ano;

III – não tenha pendente de liquidação, por qualquer de seus estabelecimentos, débito declarado ou Auto de Infração e Imposição de Multa, ou, em o tendo, apresente requerimento para a liquidação do débito fiscal com crédito acumulado, constituindo a competente reserva ou ofereça garantia, mediante depósito administrativo, fiança bancária ou seguro de obrigações contratuais ou garantia real, exceto penhor, no valor equivalente ao total do crédito constituído.

§ 1º. A Secretaria da Fazenda poderá estabelecer disciplina específica para apropriação do crédito acumulado de que trata este artigo.

§ 2º. Em substituição às garantias previstas no inciso II, poderá ser constituída provisão de crédito acumulado, mediante reserva no demonstrativo de Crédito Acumulado – DCA, no valor equivalente ao requerido, a qual vigorará pelo prazo estipulado pelo Secretário da Fazenda, não superior a 1 (um) ano.

**Art. 10.** O valor da garantia, para fins de utilização de crédito gerado e não apropriado, prevista no inciso II ou no § 2º do art. 9º, poderá ser reduzido em até 75% (setenta e cinco por cento) do valor requerido, desde que o contribuinte, cumulativamente:

I – esteja realizando investimento nos termos deste Decreto no mínimo há 12 (doze) meses;

II – por um período mínimo de 12 (doze) meses anteriores à protocolização do pedido, não tenha dado causa a:

a) efetiva execução da garantia prevista neste artigo;

b) suspensão da autorização para transferência ou utilização de crédito acumulado, nos termos do art. 8º deste Decreto;

III – seja usuário do sistema eletrônico de processamento de dados para a emissão e escrituração de documentos fiscais, nos termos de disciplina estabelecida pela Secretaria da Fazenda;

IV – esteja com todos os seus estabelecimentos regulares quanto ao cumprimento das obrigações principal e acessórias, especialmente quanto à entrega de arquivos eletrônicos, nos termos de disciplina estabelecida pela Secretaria da Fazenda;

V – apresente pedido, por escrito, dirigido ao Secretário da Fazenda, contendo no mínimo:

a) o nome do requerente, o endereço, os números de inscrição, estadual e no CNPJ, o CNAE e o número do processo relativo ao projeto de investimento;

b) declaração de inexistência de débitos fiscais em qualquer de seus estabelecimentos, ou, em havendo, que foram apresentadas as garantias exigidas na legislação;

c) a data e a assinatura do contribuinte, sócio, diretor ou representante legal;

d) procuração outorgada ao represente legal, quando o requerente estiver representado.

Parágrafo único. O pedido a que se refere este artigo:

1 – será entregue no Posto Fiscal de vinculação do requerente e formulado em 3 (três) vias, que terão a seguinte destinação:

a) a 1ª via deverá ser juntada ao processo;

b) a 2ª via será arquivada no Posto Fiscal;

c) a 3ª via será devolvida ao requerente com o correspondente número de protocolo;

2 – tramitará nos termos de disciplina estabelecida pela Secretaria da Fazenda;

3 – será analisado pelo Coordenador de Administração Tributária, que manifestar-se-á sobre o mérito antes de encaminhá-lo para decisão do Secretário da Fazenda.

**Art. 11.** Atendidas as demais disposições deste Decreto, fica a Secretaria da Fazenda autorizada a conceder Regime Especial, nos termos dos art. 480 a 487 do Regulamento do ICMS, para:

I – suspender o pagamento do ICMS incidente na importação, do exterior, de mercadorias, equipamentos, partes e peças, sem similar nacional, destinados à integração no ativo permanente, que poderá ser liquidado mediante lançamento em conta gráfica, à razão de 1/48 (um quarenta e oito avos) por mês;

II – diferir o ICMS incidente na aquisição interna, de mercadorias, equipamentos, partes e peças destinados à integração no ativo permanente, produzidos neste Estado, que poderá ser liquidado mediante lançamento em conta gráfica, à razão de 1/48 (um quarenta e oito avos) por mês ou, alternativamente, autorizar o crédito imediato do valor integral do imposto referente a essa aquisição.

§ 1º. O disposto neste artigo fica condicionado a que o contribuinte importador ou adquirente do bem destinado à integração ao ativo imobilizado esteja em situação regular perante o fisco e não possua:

a) débitos fiscais inscritos na dívida ativa deste Estado;

b) débitos do imposto declarados e não pagos;

c) Auto de Infração e Imposição de Multa – AIIM relativo a crédito indevido do imposto;

d) Autos de Infração e Imposição de Multa – AIIMs cuja somatória dos valores exigidos seja superior a 100.000 (cem mil) UFESPs;

§ 2º. Não impedem a concessão do regime especial, os débitos de que trata o § 1º, desde que garantidos por depósito, judicial ou administrativo, fiança bancária, seguro de obrigações contratuais ou outro tipo de garantia, a juízo da Procuradoria Geral do Estado, ou ainda, sejam objeto de pedido de parcelamento deferido e celebrado, que esteja sendo regularmente cumprido.

§ 3º. A suspensão do pagamento do imposto a que se refere o inciso I somente poderá ser aplicada quando da inexistência de crédito acumulado apropriado ou saldo credor que possa ser utilizado no pagamento do imposto devido e que o desembarque e desembaraço aduaneiro sejam realizados em território paulista.

§ 4º. Para os fins deste Decreto, não será considerado similar nacional o produto fabricado em unidade da federação que, por meio de lei, decreto, termo de acordo ou qualquer outro instrumento, dê tratamento discriminatório a qualquer mercadoria produzida no Estado de São Paulo.

**Art. 12.** A expedição de normas complementares para a regulamentação deste Programa de Incentivo ao Investimento pelo fabricante de produtos da indústria de processamento eletrônico de dados, ficará a cargo das Secretarias de Desenvolvimento, de Economia e Planejamento e da Fazenda, no âmbito de suas competências.

**Art. 13.** Fica acrescentado o § 5º ao art. 26 do Anexo II do Regulamento do Imposto sobre Operações Relativas à Circulação de Mercadorias e sobre Prestações de Serviços de Transporte Interestadual e Intermunicipal e de Comunicação, aprovado pelo Decreto nº 45.490, de 30 de novembro de 2000, com a seguinte redação:

• *Alteração já efetuada no corpo do Decreto.*

**Art. 14.** Passam a vigorar com a redação que se segue as alíneas "a" e "b" do item 2 do § 3º do art. 1º do Decreto nº 51.624, de 28 de fevereiro de 2007:

• *Alterações já efetuadas no corpo do Decreto.*

**Art. 15.** Ficam acrescentados os dispositivos adiante indicados ao art. 1º do Decreto nº 51.624, de 28 de fevereiro de 2007, com a seguinte redação:

I – ao *caput*, os incisos XXI e XXII:

II – ao § 3º, o item 3:

• *Alterações já efetuadas no corpo do Decreto.*

**Art. 16.** Este Decreto entra em vigor na data de sua publicação, produzindo efeitos a partir de 1º de setembro de 2009.

Palácio dos Bandeirantes, 13 de outubro de 2009.

*José Serra – DOE de 14.10.2009*

## 415. DECRETO Nº 54.905, DE 13 DE OUTUBRO DE 2009

*Introduz alterações no Regulamento do Imposto sobre Operações Relativas à Circulação de Mercadorias e sobre Prestações de Serviços de Transporte Interestadual e Intermunicipal e de Comunicação – RICMS.*

José Serra, Governador do Estado de São Paulo, no uso de suas atribuições legais e tendo em vista o disposto nos arts. 8º, XXIV, § 10 e 112 da Lei nº 6.374, de 1º de março de 1989, decreta:

**Art. 1º.** Passam a vigorar com a redação que se segue os dispositivos adiante indicados do Regulamento do Imposto sobre Operações Relativas à Circulação de Mercadorias e sobre Prestações de Serviços de Transporte Interestadual e Intermunicipal e de Comunicação, aprovado pelo Decreto nº 45.490, de 30 de novembro de 2000:

I – o *caput* do art. 400-F:

II – a alínea "b" do item 2 do § 2º do art. 400-F:

III – o *caput* do art. 400-G:

• *Alterações já efetuadas no corpo do Decreto.*

**Art. 2º.** Este Decreto entra em vigor na data de sua publicação.

Palácio dos Bandeirantes, 13 de outubro de 2009.

*José Serra – DOE de 14.10.2009*

## 416. DECRETO Nº 54.906, DE 13 DE OUTUBRO DE 2009

*Altera o Decreto nº 53.826, de 16 de dezembro de 2008, que instituiu incentivos no âmbito dos parques tecnológicos integrantes do Sistema Paulista de Parques Tecnológicos, de que tratam a Lei Complementar nº 1.049, de 19 de junho de 2008 e o Decreto nº 50.504, de 6 de fevereiro de 2006.*

José Serra, Governador do Estado de São Paulo, no uso de suas atribuições legais e tendo em vista o disposto no art. 46 da Lei nº 6.374, de 1º de março de 1989, decreta:

**Art. 1º.** Fica acrescentado o § 1º ao art. 1º do Decreto nº 53.826, de 16 de dezembro de 2008, com a seguinte redação, renomeando-se o seu parágrafo único para § 2º:

• *Alteração já efetuada no corpo do Decreto.*

**Art. 2º.** Este Decreto entra em vigor na data da sua publicação.

Palácio dos Bandeirantes, 13 de outubro de 2009.

*José Serra – DOE de 14.10.2009*

## 417. DECRETO Nº 54.921, DE 15 DE OUTUBRO DE 2009

*Cria o Programa Banda Larga Popular e introduz alteração no Regulamento do Imposto sobre Operações Relativas à Circulação de Mercadorias e sobre Prestações de Serviços de Transporte Interestadual e Intermunicipal e de Comunicação – RICMS.*

José Serra, Governador do Estado de São Paulo, no uso de suas atribuições legais e tendo em vista o disposto no Convênio ICMS-38/09, celebrado em Teresina, PI, no dia 3 de abril de 2009, decreta:

**Art. 1º.** Fica instituído o Programa Banda Larga Popular de inclusão digital no Estado de São Paulo.

Parágrafo único. O objetivo do programa é facilitar o acesso da população, preferencialmente de baixa renda, do Estado de São Paulo ao serviço de comunicação à pessoa física na modalidade de disponibilização de meios de acesso à Internet em banda larga por meio de incentivos fiscais às empresas prestadoras desse serviço.

**Art. 2º.** Fica acrescentado, com a redação que se segue, o art. 145 ao Anexo I do Regulamento do Imposto sobre Operações Relativas à Circulação de Mercadorias e sobre Prestações de Serviços de Transporte Interestadual e Intermunicipal e de Comunicação – RICMS, aprovado pelo Decreto nº 45.490, de 30 de novembro de 2000:

• *Alterações já efetuadas no corpo do Decreto.*

**Art. 2º-A.** Para fins de fruição dos benefícios previstos no Decreto nº 54.921, de 15 de outubro de 2009, a empresa deverá assinar, junto a Secretaria da Fazenda, o Termo de Adesão ao Programa Banda Larga Popular.

• *Art. 2º-A acrescido pelo Decreto nº 55.216, de 21.12.2009 – DOE de 22.12.2009 – Efeitos a partir de 22.12.2009*

**Art. 2º-B.** Fica a Secretaria da Fazenda autorizada a editar normas complementares do Programa Banda Larga Popular, instituído pelo Decreto nº 54.921, de 15 de outubro de 2009.

• *Art. 2º-B acrescido pelo Decreto nº 55.216, de 21.12.2009 – DOE de 22.12.2009 – Efeitos a partir de 22.12.2009*

**Art. 3º.** Este Decreto entra em vigor na data de sua publicação.

Palácio dos Bandeirantes, 15 de outubro de 2009.

*José Serra – DOE de 16.10.2009*

## 418. DECRETO Nº 54.944, DE 21 DE OUTUBRO DE 2009

*Introduz alteração no Regulamento do Imposto sobre Operações Relativas à Circulação de Mercadorias e sobre Prestações de Serviços de Transporte Interestadual e Intermunicipal e de Comunicação – RICMS.*

José Serra, Governador do Estado de São Paulo, no uso de suas atribuições legais e tendo em vista o disposto no art. 59 da Lei nº 6.374, de 1º de março de 1989, decreta:

**Art. 1º.** Fica acrescentada a Seção VI, composta pelo art. 327-H, ao Capítulo III do Título II do Livro II do Regulamento do Imposto sobre Operações Relativas à Circulação de Mercadorias e sobre Prestações de Serviços de Transporte Interestadual e Intermunicipal e de Comunicação, aprovado pelo Decreto nº 45.490, de 30 de novembro de 2000, com a seguinte redação:

• *Alterações já efetuadas no corpo do Decreto.*

**Art. 2º.** Este Decreto entra em vigor na data de sua publicação.

Palácio dos Bandeirantes, 21 de outubro de 2009.

*José Serra – DOE de 22.10.2009*

## 419. DECRETO Nº 54.946, DE 21 DE OUTUBRO DE 2009

*Introduz alteração no Regulamento do Imposto sobre Operações Relativas à Circulação de Mercadorias e sobre Prestações de Serviços de Transporte Interestadual e Intermunicipal e de Comunicação – RICMS.*

José Serra, Governador do Estado de São Paulo, no uso de suas atribuições legais e tendo em vista o disposto no art. 112 da Lei nº 6.374, de 1º de março de 1989, decreta:

**Art. 1º.** Ficam acrescentados os dispositivos adiante indicados ao Anexo III do Regulamento do Imposto sobre Operações Relativas à Circulação de Mercadorias e sobre Prestações de Serviços de Transporte Interestadual e Intermunicipal e de Comunicação, aprovado pelo Decreto nº 45.490, de 30 de novembro de 2000, com a seguinte redação:

I – o art. 28:

II – o art. 29:

• *Alterações já efetuadas no corpo do Decreto.*

**Art. 2º**. Este Decreto entra em vigor na data da sua publicação, produzindo efeitos para os fatos geradores que ocorrem a partir de 1º de novembro de 2009.

Palácio dos Bandeirantes, 21 de outubro de 2009.

*José Serra – DOE de 22.10.2009*

## 420. DECRETO Nº 54.976, DE 29 DE OUTUBRO DE 2009

*Introduz alterações no Regulamento do Imposto sobre Operações Relativas à Circulação de Mercadorias e sobre Prestações de Serviços de Transporte Interestadual e Intermunicipal e de Comunicação – RICMS.*

José Serra, Governador do Estado de São Paulo, no uso de suas atribuições legais e tendo em vista o disposto nos arts. 8º, IV, XVII, § 10, 28 e 66-F, I da Lei nº 6.374, de 1º de março de 1989 e no Convênio ICMS – 110/2007, decreta:

**Art. 1º**. Passam a vigorar com a redação que se segue os dispositivos adiante indicados do Regulamento do Imposto sobre Operações Relativas à Circulação de Mercadorias e sobre Prestações de Serviços de Transporte Interestadual e Intermunicipal e de Comunicação, aprovado pelo Decreto nº 45.490, de 30 de novembro de 2000:

I – o inciso II do art. 345:

II – o *caput* do art. 418, mantidos seus incisos:

III – o § 1º do art. 418:

IV – o § 3º do art. 418:

• *Alterações já efetuadas no corpo do Decreto.*

**Art. 2º**. Ficam acrescentados os dispositivos adiante indicados ao Regulamento do Imposto sobre Operações Relativas à Circulação de Mercadorias e sobre Prestações de Serviços de Transporte Interestadual e Intermunicipal e de Comunicação, aprovado pelo Decreto nº 45.490, de 30 de novembro de 2000, com a seguinte redação:

I – os §§ 1º a 3º ao art. 345:

II – o art. 418-A:

III – o art. 418-B:

• *Alterações já efetuadas no corpo do Decreto.*

**Art. 3º**. Fica revogado o art. 100 do Anexo I do Regulamento do Imposto sobre Operações Relativas à Circulação de Mercadorias e sobre Prestações de Serviços de Transporte Interestadual e Intermunicipal e de Comunicação, aprovado pelo Decreto nº 45.490, de 30 de novembro de 2000.

• *Alterações já efetuadas no corpo do Decreto.*

**Art. 4º**. Este Decreto entra em vigor na data de sua publicação, produzindo efeitos a partir de 1º de dezembro de 2009.

Palácio dos Bandeirantes, 29 de outubro de 2009.

*José Serra – DOE de 30.10.2009*

## 421. DECRETO Nº 55.000, DE 9 DE NOVEMBRO DE 2009

*Introduz alterações no Regulamento do Imposto sobre Operações Relativas à Circulação de Mercadorias e sobre Prestações de Serviços de Transporte Interestadual e Intermunicipal e de Comunicação – RICMS.*

José Serra, Governador do Estado de São Paulo, no uso de suas atribuições legais e tendo em vista o disposto no art. 8º, incisos XIV e XXVI a XLVII, da Lei nº 6.374, de 1º de março de 1989, decreta:

**Art. 1º**. Passam a vigorar com a redação que se segue os dispositivos adiante indicados ao Regulamento do Imposto sobre Operações Relativas à Circulação de Mercadorias e sobre Prestações de Serviços de Transporte Interestadual e Intermunicipal e de Comunicação – RICMS, aprovado pelo Decreto nº 45.490, de 30 de novembro de 2000:

I – o inciso III do *caput* do art. 313-C:

II – o inciso III do *caput* do art. 313-I:

III – o inciso III do *caput* do art. 313-M:

IV – o inciso IV do *caput* do art. 313-O:

V – o inciso III do *caput* do art. 313-Q:

VI – o inciso III do *caput* do art. 313-S:

• *Alterações já efetuadas no corpo do Decreto.*

**Art. 2º**. Ficam acrescentados os dispositivos adiante indicados ao Regulamento do Imposto sobre Operações Relativas à Circulação de Mercadorias e sobre Prestações de Serviços de Transporte Interestadual e Intermunicipal e de Comunicação – RICMS, aprovado pelo Decreto nº 45.490, de 30 de novembro de 2000, com a seguinte redação:

I – ao *caput* do art. 313-A, o inciso III:

II – ao *caput* do art. 313-E, o inciso III:

III – ao *caput* do art. 313-G, o inciso III:

IV – ao *caput* do art. 313-K, o inciso III:

V – ao *caput* do art. 313-U, o inciso III:

VI – ao *caput* do art. 313-W, o inciso III:

VII – ao *caput* do art. 313-Y, o inciso III:

VIII – ao *caput* do art. 313-Z1, o inciso III:

IX – ao *caput* do art. 313-Z3, o inciso III:

X – ao *caput* do art. 313-Z5, o inciso III:

XI – ao *caput* do art. 313-Z7, o inciso III:

XII – ao *caput* do art. 313-Z9, o inciso III:

XIII – ao *caput* do art. 313-Z11, o inciso III:

XIV – ao *caput* do art. 313-Z13, o inciso III:

XV – ao *caput* do art. 313-Z15, o inciso III:

XVI – ao *caput* do art. 313-Z17, o inciso III:

XVII – ao *caput* do art. 313-Z19, o inciso III:

• *Alterações já efetuadas no corpo do Decreto.*

**Art. 3º**. Este Decreto entra em vigor na data de sua publicação.

Palácio dos Bandeirantes, 9 de novembro de 2009.

*José Serra – DOE de 10.11.2009*

## 422. DECRETO Nº 55.001, DE 9 DE NOVEMBRO DE 2009

*Introduz alterações no Regulamento do Imposto sobre Operações Relativas à Circulação de Mercadorias e sobre Prestações de Serviços de Transporte Interestadual e Intermunicipal e de Comunicação – RICMS.*

José Serra, Governador do Estado de São Paulo, no uso de suas atribuições legais e tendo em vista o disposto no Ajuste SINIEF-11/09, e nos Convênios ICMS-89/09 e 90/09, todos celebrados em São Luís, MA, no dia 25 de setembro de 2009, decreta:

**Art. 1º.** Passam a vigorar com a redação que se segue os dispositivos adiante indicados do Regulamento do Imposto sobre Operações Relativas à Circulação de Mercadorias e sobre Prestações de Serviços de Transporte Interestadual e Intermunicipal e de Comunicação, aprovado pelo Decreto nº 45.490, de 30 de novembro de 2000:

I – a alínea "c" do inciso IV do art. 127:

II – o § 1º do art. 130 do Anexo I:

III – o *caput* do art. 12 do Anexo II, mantidos os seus incisos:

• *Alterações já efetuadas no corpo do Decreto.*

**Art. 2º.** Fica acrescentado o § 26 ao art. 127 do Regulamento do Imposto sobre Operações Relativas à Circulação de Mercadorias e sobre Prestações de Serviços de Transporte Interestadual e Intermunicipal e de Comunicação, aprovado pelo Decreto nº 45.490, de 30 de novembro de 2000, com a seguinte redação:

• *Alterações já efetuadas no corpo do Decreto.*

**Art. 3º.** Fica revogado o § 11 do art. 127 do Regulamento do Imposto sobre Operações Relativas à Circulação de Mercadorias e sobre Prestações de Serviços de Transporte Interestadual e Intermunicipal e de Comunicação – ICMS, aprovado pelo Decreto nº 45.490, de 30 de novembro de 2000 (Ajuste SINIEF-11/09, cláusula terceira).

• *Alterações já efetuadas no corpo do Decreto.*

**Art. 4º.** Este Decreto entra em vigor na data de sua publicação, produzindo efeitos desde 15 de outubro de 2009, exceto em relação ao inciso I do art. 1º e arts. 2º e 3º, que produzem efeitos a partir de 1º de janeiro de 2010.

Palácio dos Bandeirantes, 9 de novembro de 2009.

*José Serra – DOE de 10.11.2009*

## 423. DECRETO Nº 55.029, DE 12 DE NOVEMBRO DE 2009

*Introduz alterações no Regulamento do Imposto sobre Operações Relativas à Circulação de Mercadorias e sobre Prestações de Serviços de Transporte Interestadual e Intermunicipal e de Comunicação – RICMS.*

José Serra, Governador do Estado de São Paulo, no uso de suas atribuições legais e tendo em vista o disposto nos arts. 8º, IV, XVII, § 10, 28 e 66-F, I da Lei nº 6.374, de 1º de março de 1989 e no Convênio ICMS – 110/2007, decreta:

**Art. 1º.** Passam a vigorar com a redação que se segue os dispositivos adiante indicados do Regulamento do Imposto sobre Operações Relativas à Circulação de Mercadorias e sobre Prestações de Serviços de Transporte Interestadual e Intermunicipal e de Comunicação, aprovado pelo Decreto nº 45.490, de 30 de novembro de 2000:

I – o *caput* do art. 418, mantidos seus incisos:

II – o *caput* do art. 418-A:

III – o § 1º do art. 418-A:

IV – a alínea "a" do inciso II e seu item 1, do art. 418-B, mantidos o seu item 2:

V – o *caput* do § 2º do art. 418-B, mantidos seus itens:

VI – o *caput* do § 3º do art. 418-B, mantidos seus itens:

VII – os §§ 6º, 7º e 8º do art. 418-B:

• *Alterações já efetuadas no corpo do Decreto.*

**Art. 2º.** Este Decreto entra em vigor na data de sua publicação, produzindo efeitos a partir de 1º de dezembro de 2009.

Palácio dos Bandeirantes, 12 de novembro de 2009.

*José Serra – DOE de 13.11.2009*

## 424. DECRETO Nº 55.090, DE 30 DE NOVEMBRO DE 2009

*Dá nova redação ao Anexo VI do Regulamento do Imposto sobre Operações Relativas à Circulação de Mercadorias e sobre Prestações de Serviços de Transporte Interestadual e Intermunicipal e de Comunicação – RICMS.*

José Serra, Governador do Estado de São Paulo, no uso de suas atribuições legais, decreta:

**Art. 1º.** Passa a vigorar com a redação que se segue o Anexo VI do Regulamento do Imposto sobre Operações Relativas à Circulação de Mercadorias e sobre Prestações de Serviços de Transporte Interestadual e Intermunicipal e de Comunicação, aprovado pelo Decreto nº 45.490, de 30 de novembro de 2000:

• *Alterações já efetuadas no corpo do Decreto.*

**Art. 2º.** Este Decreto entra em vigor na data de sua publicação.

Palácio dos Bandeirantes, 30 de novembro de 2009.

*José Serra – DOE de 1º.12.2009*

## 425. DECRETO Nº 55.092, DE 30 DE NOVEMBRO DE 2009

*Introduz alterações no Regulamento do Imposto sobre Operações Relativas à Circulação de Mercadorias e sobre Prestações de Serviços de Transporte Interestadual e Intermunicipal e de Comunicação – RICMS.*

José Serra, Governador do Estado de São Paulo, no uso de suas atribuições legais e tendo em vista o disposto nos arts. 1º e 7º da Lei nº 6.374, de 1º de março de 1989, decreta:

**Art. 1º.** Ficam acrescentados os dispositivos adiante indicados ao art. 7º do Regulamento do Imposto sobre Operações Relativas à Circulação de Mercadorias e sobre Prestações de Serviços de Transporte Interestadual e Intermunicipal e de Comunicação, aprovado pelo Decreto nº 45.490, de 30 de novembro de 2000, com a seguinte redação:

I – o inciso XVIII:

II – o § 5º:

• *Alterações já efetuadas no corpo do Decreto.*

**Art. 2º.** Este Decreto entra em vigor na data de sua publicação.

Palácio dos Bandeirantes, 30 de novembro de 2009.

*José Serra – DOE de 1º.12.2009*

## 426. DECRETO Nº 55.216, DE 21 DE DEZEMBRO DE 2009

*Inclui dispositivos no Decreto nº 54.921, de 15 de outubro de 2009 que cria o Programa Banda Larga Popular e introduz alteração no Regulamento do Imposto sobre Operações Relativas à Circulação de Mercadorias e sobre Prestações de Serviços de Transporte Interestadual e Intermunicipal e de Comunicação – RICMS.*

José Serra, Governador do Estado de São Paulo, no uso de suas atribuições legais e tendo em vista o disposto no Convênio ICMS-38/09, celebrado em Teresina, PI, no dia 3 de abril de 2009, decreta:

**Art. 1º.** Ficam acrescentados os dispositivos adiante indicados ao Decreto nº 54.921, de 15 de outubro de 2009, com a seguinte redação:

I – o art. 2º-A:

II – o art. 2º-B:

• *Alterações já efetuadas no corpo do Decreto.*

**Art. 2º.** Este Decreto entra em vigor na data de sua publicação.

Palácio dos Bandeirantes, 21 de dezembro de 2009.

*José Serra – DOE de 21.12.2009 – Retificação DOE de 22.12.2009*

## 427. DECRETO 55.302, DE 30 DE DEZEMBRO DE 2009

*Introduz alterações no Regulamento do Imposto sobre Operações Relativas à Circulação de Mercadorias e sobre Prestações de Serviços de Transporte Interestadual e Intermunicipal e de Comunicação – RICMS.*

José Serra, Governador do Estado de São Paulo, no uso de suas atribuições legais e tendo em vista o disposto nos art. 8º, I e § 10, II da Lei nº 6.374, de 1º de março de 1989 e no Convênio ICMS- 49/95, de 28 de junho de 1995, decreta:

**Art. 1º.** Passam a vigorar com a redação que se segue os dispositivos adiante indicados do Regulamento do Imposto sobre Operações Relativas à Circulação de Mercadorias e sobre Prestações de Serviços de Transporte Interestadual e Intermunicipal e de Comunicação, aprovado pelo Decreto nº 45.490, de 30 de novembro de 2000:

I – o *caput* do art. 7º do Anexo XIX:

II – o § 1º do art. 7º do Anexo XIX:

III – o § 3º do art. 7º do Anexo XIX:

• *Alterações já efetuadas no corpo do Decreto.*

**Art. 2º.** Ficam acrescentados os §§ 7º e 8º ao art. 7º do Anexo XIX do Regulamento do Imposto sobre Operações Relativas à Circulação de Mercadorias e sobre Prestações de Serviços de Transporte Interestadual e Intermunicipal e de Comunicação, aprovado pelo Decreto nº 45.490, de 30 de novembro de 2000, com a seguinte redação:

• *Alterações já efetuadas no corpo do Decreto.*

**Art. 3º.** Este Decreto entra em vigor na data de sua publicação, produzindo efeitos a partir de 1º de janeiro de 2010.

Palácio dos Bandeirantes, 30 de dezembro de 2009.

*José Serra – DOE de 31.12.2009*

## 428. DECRETO Nº 55.303, DE 30 DE DEZEMBRO DE 2009

*Introduz alteração no Regulamento do Imposto sobre Operações Relativas à Circulação de Mercadorias e sobre Prestações de Serviços de Transporte Interestadual e Intermunicipal e de Comunicação – RICMS.*

José Serra, Governador do Estado de São Paulo, no uso de suas atribuições legais e tendo em vista o disposto no art. 8º, inciso XLII, da Lei nº 6.374, de 1º de março de 1989, decreta:

**Art. 1º.** Fica acrescentado o item 21 ao § 1º do art. 313-Z11 do Regulamento do Imposto sobre Operações Relativas à Circulação de Mercadorias e sobre Prestações de Serviços de Transporte Interestadual e Intermunicipal e de Comunicação – RICMS, aprovado pelo Decreto nº 45.490, de 30 de novembro de 2000, com a seguinte redação:

• *Alterações já efetuadas no corpo do Decreto.*

**Art. 2º.** Este Decreto entra em vigor na data de sua publicação, produzindo efeitos a partir de 1º de janeiro de 2010.

Palácio dos Bandeirantes, 30 de dezembro de 2009.

*José Serra – DOE de 31.12.2009*

## 429. DECRETO Nº 55.304, DE 30 DE DEZEMBRO DE 2009

*Introduz alterações no Regulamento do Imposto sobre Operações Relativas à Circulação de Mercadorias e sobre Prestações de Serviços de Transporte Interestadual e Intermunicipal e de Comunicação – RICMS e dá outras providências.*

José Serra, Governador do Estado de São Paulo, no uso de suas atribuições legais e tendo em vista o disposto nos arts. 8º, inciso XXIV, § 10, e 112 da Lei nº 6.374, de 1º de março de 1989, decreta:

**Art. 1º.** Passam a vigorar com a redação que se segue os dispositivos adiante indicados do Regulamento do Imposto sobre Operações Relativas à Circulação de Mercadorias e sobre Prestações de Serviços de Transporte Interestadual e Intermunicipal e de Comunicação – RICMS, aprovado pelo Decreto nº 45.490, de 30 de novembro de 2000:

I – das Disposições Transitórias:

a) o *caput* do art. 24:

b) o § 3º do art. 27:

II – o § 3º do art. 32 do Anexo II:

III – o § 3º do art. 33 do Anexo II:

IV – o § 3º do art. 34 do Anexo II:

V – o § 3º do art. 35 do Anexo II:

VI – o § 3º do art. 37 do Anexo II:

VII – o § 3º do art. 39 do Anexo II:

VIII – o § 2º do art. 44 do Anexo II:

• *Alterações já efetuadas no corpo do Decreto.*

**Art. 2º.** Ficam acrescentados os dispositivos adiante indicados ao Regulamento do Imposto sobre Operações Relativas à Circulação de Mercadorias e sobre Prestações de Serviços de Transporte Interestadual e Intermunicipal e de Comunicação, aprovado pelo Decreto nº 45.490, de 30 de novembro de 2000, com a seguinte redação:

I – o parágrafo único ao art. 24 das Disposições Transitórias:

II – o § 4º ao art. 27 das Disposições Transitórias:

III – o § 4º ao art. 32 do Anexo II:

IV – o § 4º ao art. 33 do Anexo II:

V – o § 4º ao art. 34 do Anexo II:

VI – o § 4º ao art. 35 do Anexo II:

VII – o § 4º ao art. 37 do Anexo II:

VIII – o § 4º ao art. 39 do Anexo II:

IX – o § 4º ao art. 44 do Anexo II:

• *Alterações já efetuadas no corpo do Decreto.*

**Art. 3º.** (Revogado).

• *Art. 3º revogado pelo Decreto nº 56.852, de 18.3.2011 – DOE de 19.3.2011 – Efeitos a partir de 1º.4.2011.*

**Art. 4º.** Este Decreto entra em vigor na data de sua publicação, produzindo efeitos, o art. 2º, a partir de 1º de março de 2010.

Palácio dos Bandeirantes, 30 de dezembro de 2009.

*José Serra – DOE de 31.12.2009*

## 430. DECRETO Nº 55.305, DE 30 DE DEZEMBRO DE 2009

*Introduz alterações no Regulamento do Imposto sobre Operações Relativas à Circulação de Mercadorias e sobre Prestações de Serviços de Transporte Interestadual e Intermunicipal e de Comunicação – RICMS.*

José Serra, Governador do Estado de São Paulo, no uso de suas atribuições legais e tendo em vista o disposto no art. 112 da Lei nº 6.374, de 1º de março de 1989, decreta:

**Art. 1º.** Passa a vigorar com a redação que se segue o § 4º do art. 29 das Disposições Transitórias do Regulamento do Imposto sobre Operações Relativas à Circulação de Mercadorias e sobre Prestações de Serviços de Transporte Interestadual e Intermunicipal e de Comunicação – RICMS, aprovado pelo Decreto nº 45.490, de 30 de novembro de 2000:

• *Alterações já efetuadas no corpo do Decreto.*

**Art. 2º.** Ficam acrescentados os itens 120 a 143 ao § 3º do art. 29 das Disposições Transitórias do Regulamento do Imposto sobre Operações Relativas à Circulação de Mercadorias e sobre Prestações de Serviços de Transporte Interestadual e Intermunicipal e de Comunicação – RICMS, aprovado pelo Decreto nº 45.490, de 30 de novembro de 2000, com a seguinte redação:

• *Alterações já efetuadas no corpo do Decreto.*

**Art. 3º.** Este Decreto entra em vigor na data de sua publicação.

Palácio dos Bandeirantes, 30 de dezembro de 2009.

*José Serra – DOE de 31.12.2009*

## 431. DECRETO Nº 55.306, DE 30 DE DEZEMBRO DE 2009

*Introduz alteração no Regulamento do Imposto sobre Operações Relativas à Circulação de Mercadorias e sobre Prestações de Serviços de Transporte Interestadual e Intermunicipal e de Comunicação – RICMS.*

José Serra, Governador do Estado de São Paulo, no uso de suas atribuições legais e tendo em vista o disposto no art. 112 da Lei nº 6.374, de 1º de março de 1989, decreta:

**Art. 1º.** Passa a vigorar com a seguinte redação o § 4º do art. 24 do Anexo III do Regulamento do Imposto sobre Operações Relativas à Circulação de Mercadorias e sobre Prestações de Serviços de Transporte Interestadual e Intermunicipal e de Comunicação, aprovado pelo Decreto nº 45.490, de 30 de novembro de 2000:

• *Alterações já efetuadas no corpo do Decreto.*

**Art. 2º.** Este Decreto entra em vigor na data de sua publicação.

Palácio dos Bandeirantes, 30 de dezembro de 2009.

*José Serra – DOE de 31.12.2009*

## 432. DECRETO Nº 55.307, DE 30 DE DEZEMBRO DE 2009

*Fixava prazo especial para recolhimento do ICMS devido, na condição de sujeito passivo por substituição, pelas operações subsequentes com as mercadorias que especifica. [DOE de 31.12.2009]*

• *Decreto nº 55.307, de 30.12.2099, revogado pelo Decreto nº 59.967, de 17.12.2013 – DOE de 18.12.2013 – Efeitos a partir de 1º.1.2014.*

## 433. DECRETO Nº 55.308, DE 30 DE DEZEMBRO DE 2009

*Introduz alteração no Regulamento do Imposto sobre Operações Relativas à Circulação de Mercadorias e sobre Prestações de Serviços de Transporte Interestadual e Intermunicipal e de Comunicação – RICMS.*

José Serra, Governador do Estado de São Paulo, no uso de suas atribuições legais e tendo em vista o disposto no art. 150, VI, alínea "d", da Constituição Federal e no art. 3º, inciso I, da Lei Complementar Federal nº 87/1996, assim como nos arts. 1º e 67 da Lei nº 6.374, de 1º de março de 1989, decreta:

**Art. 1º.** Fica acrescentado o § 6º ao art. 7º do Regulamento do Imposto sobre Operações Relativas à Circulação de Mercadorias e sobre Prestações de Serviços de Transporte Interestadual e Intermunicipal e de Comunicação, aprovado pelo Decreto nº 45.490, de 30 de novembro de 2000, com a seguinte redação:

• *Alterações já efetuadas no corpo do Decreto.*

**Art. 2º.** Este Decreto entra em vigor na data de sua publicação, produzindo efeitos a partir de 1º de abril de 2010.

Palácio dos Bandeirantes, 30 de dezembro de 2009.

*José Serra – DOE de 31.12.2009*

## 434. DECRETO Nº 55.325, DE 6 DE JANEIRO DE 2010

*Fixa prazo especial para recolhimento do ICMS devido pelos contribuintes de São Luiz do Paraitinga, em decorrência das saídas internas de mercadorias ocor-*

*ridas durante o mês de dezembro de 2009. (DOE de 7.1.2010)*

• *Pode ser considerado sem mais efeito em razão do cumprimento de seu prazo.*

## 435. DECRETO Nº 55.329, DE 8 DE JANEIRO DE 2010

*Dispõe sobre a possibilidade de contribuintes que exercem a atividade de comércio varejista parcelarem o ICMS devido pelas saídas de mercadorias promovidas em dezembro de 2009. (DOE de 9.1.2010)*

• *Pode ser considerado sem mais efeito em razão do cumprimento de seu prazo.*

## 436. DECRETO Nº 55.330, DE 8 DE JANEIRO DE 2010

*Introduz alterações no Regulamento do Imposto sobre Operações Relativas à Circulação de Mercadorias e sobre Prestações de Serviços de Transporte Interestadual e Intermunicipal e de Comunicação – RICMS.*

José Serra, Governador do Estado de São Paulo, no uso de suas atribuições legais e tendo em vista o disposto nos Convênios ICMS-23/90, 38/01, 130/05, 10/07, 53/07, 57/07 e nos Convênios ICMS-119/09 e 121/09, celebrados em Gramado, RS, no dia 11 de dezembro de 2009, decreta:

**Art. 1º.** Passam a vigorar com a redação que se segue os dispositivos adiante indicados do Regulamento do Imposto sobre Operações Relativas à Circulação de Mercadorias e sobre Prestações de Serviços de Transporte Interestadual e Intermunicipal e de Comunicação, aprovado pelo Decreto nº 45.490, de 30 de novembro de 2000:

I – o § 13 do art. 88 do Anexo I:

II – o § 3º do art. 122 do Anexo I:

III – o § 3º do art. 131 do Anexo I:

IV – o § 4º do art. 133 do Anexo I:

V – o § 5º do art. 134 do Anexo I:

VI – o § 4º do art. 4º do Anexo III:

• *Alterações já efetuadas no corpo do Decreto.*

**Art. 2º.** Este Decreto entra em vigor na data de sua publicação, produzindo efeitos desde 1º de janeiro de 2010, exceto o inciso I do art. 1º, que produz efeitos desde 1º de dezembro de 2009.

Palácio dos Bandeirantes, 8 de janeiro de 2010.

*José Serra – DOE de 9.1.2010*

## 437. DECRETO Nº 55.379, DE 29 DE JANEIRO DE 2010

*Introduz alterações no Regulamento do Imposto sobre Operações Relativas à Circulação de Mercadorias e sobre Prestações de Serviços de Transporte Interestadual e Intermunicipal e de Comunicação – RICMS.*

José Serra, Governador do Estado de São Paulo, no uso de suas atribuições legais e tendo em vista o disposto nos Convênios ICMS-100/97, de 4 de novembro de 1997, e 90/2009, de 25 de setembro de 2009, decreta:

**Art. 1º.** Passam a vigorar com a redação que se segue os dispositivos adiante indicados do Regulamento do Imposto sobre Operações Relativas à Circulação de Mercadorias e sobre Prestações de Serviços de Transporte Interestadual e Intermunicipal e de Comunicação – RICMS, aprovado pelo Decreto nº 45.490, de 30 de novembro de 2000:

I – os incisos V, XIII e XVI do *caput* do art. 41 do Anexo I:

II – o item 64 do § 1º do art. 130 do Anexo I:

• *Alterações já efetuadas no corpo do Decreto.*

**Art. 2º.** Ficam acrescentados os incisos XIX e XX ao *caput* do art. 41 do Anexo I do Regulamento do Imposto sobre Operações Relativas à Circulação de Mercadorias e sobre Prestações de Serviços de Transporte Interestadual e Intermunicipal e de Comunicação – RICMS, aprovado pelo Decreto nº 45.490, de 30 de novembro de 2000, com a seguinte redação:

• *Alterações já efetuadas no corpo do Decreto.*

**Art. 3º.** Este Decreto entra em vigor na data de sua publicação, produzindo efeitos desde 1º de agosto de 2009, exceto em relação ao inciso II do art. 1º, que produz efeitos desde 15 de outubro de 2009.

Palácio dos Bandeirantes, 29 de janeiro de 2010.

*José Serra – DOE de 30.1.2010*

## 438. DECRETO Nº 55.380, DE 29 DE JANEIRO DE 2010

*Disciplina o recolhimento do ICMS relativo ao estoque de talhas, cadernais e moitões, recebidos antes do início da vigência do regime de retenção antecipada por substituição tributária.*

José Serra, Governador do Estado de São Paulo, no uso de suas atribuições legais e tendo em vista o disposto nos arts. 59, 60 e 66-F, inciso III, da Lei nº 6.374, de 1º de março de 1989, e no Decreto nº 55.303, de 30 de dezembro de 2009, decreta:

**Art. 1º.** O estabelecimento paulista, exceto o indicado no inciso I do art. 313-Z11 do Regulamento do Imposto sobre Operações Relativas à Circulação de Mercadorias e sobre Prestações de Serviços de Transporte Interestadual e Intermunicipal e de Comunicação – RICMS, aprovado pelo Decreto nº 45.490, de 30 de novembro de 2000, relativamente ao estoque de mercadorias existente no final do dia 31 de dezembro de 2009, deverá:

I – efetuar a contagem do estoque de talhas, cadernais e moitões;

II – elaborar relação, indicando, para cada item:

a) o valor das mercadorias em estoque e a base de cálculo para fins de incidência do ICMS, considerando a entrada mais recente da mercadoria;

b) a alíquota interna aplicável;

c) o valor do imposto devido, calculado conforme os §§ 1º ou 2º;

d) o correspondente código na Nomenclatura Brasileira de Mercadorias – Sistema Harmonizado (NBM/SH);

III – na hipótese de estar sujeito ao Regime Periódico de Apuração – RPA, transmitir, até 15 de fevereiro de 2010, arquivo digital à Secretaria da Fazenda, conforme disciplina por ela estabelecida, contendo a relação de que trata o inciso II e demais informações requeridas;

IV – na hipótese de estar sujeito ao Regime Especial Unificado de Arrecadação de Tributos e Contribuições devidos pelas Microempresas e Empresas de Pequeno Porte – "Simples Nacional", manter a relação de que trata o inciso II em arquivo, pelo prazo de 5 (cinco) anos, para apresentação ao fisco, quando solicitado;

V – recolher o valor do imposto devido em razão da operação própria e das subsequentes, por meio de guia de recolhimentos especiais, conforme disciplina estabelecida pela Secretaria da Fazenda.

§ 1º. O valor do imposto devido pela operação própria e pelas subsequentes será calculado com base no Índice de Valor Adicionado Setorial – IVA-ST divulgado pela Secretaria da Fazenda:

1 – mediante a seguinte fórmula:

a) em se tratando de contribuinte sujeito ao Regime Periódico de Apuração – RPA:

Imposto devido = (base de cálculo x alíquota interna) + (base de cálculo x IVA-ST x alíquota interna);

b) em se tratando de contribuinte sujeito ao "Simples Nacional":

Imposto devido = base de cálculo x IVA-ST x alíquota interna;

2 – considerando-se, para determinação da base de cálculo, o valor da entrada mais recente da mercadoria.

§ 2º. Quando existir preço final a consumidor divulgado pela Secretaria da Fazenda, em substituição ao disposto no § 1º, o valor do imposto devido pela operação própria e pelas subsequentes deverá ser calculado:

1 – mediante a seguinte fórmula:

a) em se tratando de contribuinte sujeito ao Regime Periódico de Apuração – RPA:

Imposto devido = base de cálculo da saída x alíquota interna;

b) em se tratando de contribuinte sujeito ao "Simples Nacional":

Imposto devido = (base de cálculo da saída – base de cálculo da entrada) x alíquota interna;

2 – considerando-se, para determinação da base de cálculo da saída, o preço final a consumidor, divulgado pela Secretaria da Fazenda;

3 – desconsiderando-se, na hipótese da alínea "b" do item 1, os itens em que a base de cálculo da entrada for igual ou superior à base de cálculo da saída.

§ 3º. O imposto devido poderá ser recolhido em até 10 (dez) parcelas mensais, iguais e sucessivas, com vencimento no último dia útil de cada mês, sendo que a primeira parcela deverá ser recolhida até 28 de fevereiro de 2010.

§ 4º. Na hipótese de contribuinte sujeito ao Regime Periódico de Apuração – RPA que possua saldo credor de ICMS em 31 de dezembro de 2009, este poderá ser utilizado para deduzir, no todo ou em parte, o imposto a recolher nos termos do inciso V, observando-se, sem prejuízo das demais exigências, o que segue:

1 – o valor do saldo credor utilizado para pagar o imposto calculado nos termos do § 1º ou 2º deverá ser discriminado no final da relação a que se refere o inciso II;

2 – o montante de saldo credor utilizado para pagamento do imposto devido nos termos deste parágrafo será lançado no livro Registro de Apuração do ICMS – RAICMS, na folha destinada à apuração das operações e prestações próprias do período em que ocorrer o aludido levantamento de estoque, no campo "Estorno de Créditos" do quadro "Débito do Imposto", com a indicação da expressão "Liquidação (parcial ou total) do imposto devido por substituição tributária relativo ao estoque existente em __/__/__ – Decreto___".

§ 5º. O disposto neste artigo aplica-se, também, no que couber, às mercadorias referidas no inciso I do art. 1º na hipótese de sua saída do estabelecimento remetente ter ocorrido até 31 de dezembro de 2009 e o seu recebimento ter se efetivado após essa data.

§ 6º. O disposto neste Decreto não se aplica na hipótese de a mercadoria referida no inciso I do art. 1º ter sido recebida já com a retenção antecipada do imposto por substituição tributária.

**Art. 2º.** Este Decreto entra em vigor na data de sua publicação.

Palácio dos Bandeirantes, 29 de janeiro de 2010.

*José Serra – DOE de 30.1.2010*

## 439. DECRETO Nº 55.386, DE 1º DE FEVEREIRO DE 2010

*Introduz alteração no Regulamento do Imposto sobre Operações Relativas à Circulação de Mercadorias e sobre Prestações de Serviços de Transporte Interestadual e Intermunicipal e de Comunicação – RICMS.*

José Serra, Governador do Estado de São Paulo, no uso de suas atribuições legais e tendo em vista o disposto no art. 20, inciso VII, da Lei nº 6.374, de 1º de março de 1989, no art. 1º da Lei nº 12.540, de 19 de janeiro de 2007, e no art. 1º da Lei nº 13.600, de 25 de agosto de 2009, decreta:

**Art. 1º.** Fica acrescentado o art. 31-A ao Regulamento do Imposto sobre Operações Relativas à Circulação de Mercadorias e sobre Prestações de Serviços de Transporte Interestadual e Intermunicipal e de Comunicação, aprovado pelo Decreto nº 45.490, de 30 de novembro de 2000, com a seguinte redação:

• *Alterações já efetuadas no corpo do Decreto.*

**Art. 2º.** Este Decreto entra em vigor na data de sua publicação.

Palácio dos Bandeirantes, 1º de fevereiro de 2010.

*José Serra – DOE de 2.2.2010*

## 440. DECRETO Nº 55.387, DE 1º DE FEVEREIRO DE 2010

*Regulamenta o art. 15 da Lei nº 13.918, de 22 de dezembro de 2009.*

José Serra, Governador do Estado de São Paulo, no uso de suas atribuições legais e tendo em vista o disposto no art. 15 da Lei nº 13.918, de 22 de dezembro de 2009, decreta:

**Art. 1º.** Os créditos do ICMS relativos a operações realizadas ao abrigo de incentivos fiscais e financeiros, vinculados ao ICMS, concedidos ou autorizados sem observância dos requisitos previstos no art. 155, § 2º, XII, "g", da Constituição Federal e na Lei Complementar Federal nº 24, de 7 de janeiro de 1975, referentes a fatos geradores realizados até 31 de outubro de 2009, poderão ser reduzidos da parcela do ICMS efetivamente recolhida nas etapas anteriores, nesta ou em outra unidade da federação, desde que se efetue o recolhimento do valor remanescente no prazo, forma e condições estabelecidas neste Decreto.

§ 1º. Para os efeitos deste Decreto, considera-se:

1 – parcela do ICMS efetivamente recolhida nas etapas anteriores a soma do montante pago:

a) à unidade federada de origem da mercadoria ou serviço, na operação ou prestação da qual o estabelecimento paulista tenha sido destinatário ou tomador;

b) ao Estado de São Paulo, relativamente à operação ou prestação imediatamente anterior à referida na alínea "a", descontando-se a parcela eventualmente admitida como crédito na operação ou prestação nela referida;

2 – valor remanescente, a diferença entre o crédito efetuado pelo estabelecimento paulista e a parcela do ICMS efetivamente recolhida, calculada na forma do item 1, atualizado com os acréscimos legais previstos na legislação.

§ 2º. O disposto neste Decreto:

1 – aplica-se aos débitos exigidos ou não por Auto de Infração e Imposição de Multa – AIIM, inclusive os inscritos em dívida ativa;

2 – não se aplica aos parcelamentos deferidos.

§ 3º. A opção pelo recolhimento do valor remanescente nos termos deste Decreto implica confissão irretratável desse valor e expressa renúncia a qualquer defesa ou recurso administrativo ou judicial, bem como a desistência dos já interpostos e não dispensa o pagamento integral das custas e emolumentos judiciais e honorários advocatícios.

**Art. 2º.** O valor remanescente apurado nos termos deste Decreto poderá ser recolhido, em moeda corrente:

I – em parcela única, com redução de 75% (setenta e cinco por cento) do valor atualizado das multas punitiva e moratória e de 60% (sessenta por cento) do valor dos juros incidentes sobre o valor remanescente e sobre a multa punitiva;

II – em até 10 (dez) parcelas mensais e consecutivas, com redução de 60% (sessenta por cento) do valor atualizado das multas punitiva e moratória e 50% (cinquenta por cento) do valor dos juros incidentes sobre o valor remanescente e sobre a multa punitiva, sendo que na liquidação incidirão juros equivalentes à taxa referencial do Sistema Especial de Liquidação e Custódia – SELIC, acumulada mensalmente e calculada a partir do mês subsequente ao do recolhimento da primeira parcela, e 1% (um por cento) relativamente ao mês em que o pagamento da parcela estiver sendo efetuado, na hipótese de o contribuinte efetuar a opção de que trata o art. 3º até o dia 26 de março de 2010;

• *Inciso II com redação dada pelo Decreto nº 55.496, de 26.2.2010 – DOE de 27.2.1010 – Efeitos a partir da publicação.*

III – em até 11 (onze) parcelas mensais e consecutivas, com redução de 60% (sessenta por cento) do valor atualizado das multas punitiva e moratória e 50% (cinquenta por cento) do valor dos juros incidentes sobre o valor remanescente e sobre a multa punitiva, sendo que na liquidação incidirão juros equivalentes à taxa referencial do Sistema Especial de Liquidação e Custódia – SELIC, acumulada mensalmente e calculada a partir do mês subsequente ao do recolhimento da primeira parcela, e 1% (um por cento) relativamente ao mês em que o pagamento da parcela estiver sendo efetuado, na hipótese de o contribuinte efetuar a opção de que trata o art. 3º até o dia 26 de fevereiro de 2010.

• *Inciso III acrescido pelo Decreto nº 55.496, de 26.2.2010 – DOE de 27.2.1010 – Efeitos a partir da publicação.*

Parágrafo único. Para efeito do disposto neste artigo, a base de cálculo das multas e dos juros será o valor remanescente, tal como definido no item 2 do § 1º do art. 1º.

**Art. 3º.** O recolhimento do valor remanescente nos termos deste Decreto é opcional, devendo o contribuinte fazer a opção até o dia 26 de março de 2010, mediante apresentação de requerimento contendo sua adesão incondicional aos termos e condições deste Decreto.

• *Art. 3º,* caput, *com redação dada pelo Decreto nº 55.496, de 26.2.2010 – DOE de 27.2.1010 – Efeitos a partir da publicação.*

§ 1º. O requerimento referente a cada estabelecimento deverá ser instruído com:

1 – demonstrativo do montante a recolher, na forma de disciplina a ser estabelecida pela Secretaria da Fazenda;

2 – material probatório referente ao demonstrativo de que trata o item 1;

3 – comprovante de recolhimento da primeira parcela ou da parcela única.

§ 2º. Os locais de apresentação do requerimento de que trata este artigo serão divulgados pela Secretaria da Fazenda.

§ 3º. O montante a recolher constante no demonstrativo ficará sujeito a posterior homologação.

§ 4º. A título de material probatório, poderão ser apresentados documentos que possam comprovar a veracidade do demonstrativo, tais como documentos e livros fiscais ou contábeis, legislação da unidade federada de origem e termos de acordos de regime especial.

**Art. 4º.** O contribuinte requerente poderá, em substituição à apresentação de material probatório, optar pela adoção, como parcela do ICMS efetivamente recolhida nas etapas anteriores, do montante correspondente a 4% (quatro por cento) do valor da base de cálculo da operação ou prestação referida na alínea "a" do item 1 do § 1º do art. 1º.

• *Art. 4º,* caput, *com redação dada pelo Decreto nº 55.496, de 26.2.2010 – DOE de 27.2.1010 – Efeitos a partir da publicação.*

Parágrafo único. O disposto no *caput* deverá ser aplicado a todas as operações ou prestações relativas às hipóteses constantes do requerimento.

**Art. 5º.** O demonstrativo do montante a recolher e o material probatório, a que se referem os itens 1 e 2 do § 1º do art. 3º, serão submetidos a verificação fiscal.

§ 1°. Constatada divergência entre o montante declarado em relação a cada hipótese constante do requerimento e o apurado na verificação fiscal, será o contribuinte notificado a recolher a respectiva diferença, no prazo de 30 (trinta) dias, sem os benefícios previstos neste Decreto.

§ 2°. O contribuinte poderá apresentar contestação à notificação referida no § 1°, no mesmo prazo cominado para o recolhimento, dirigida ao chefe do Posto Fiscal de sua vinculação, e, sobrevindo decisão que lhe for desfavorável, caberá recurso, uma única vez, dentro do prazo de 30 (trinta) dias contados da notificação do despacho, para a autoridade imediatamente superior nos termos do art. 536 do Regulamento do ICMS, aprovado pelo Decreto n° 45.490/2000.

§ 3°. Em sendo efetuado o recolhimento da diferença, o requerimento será encaminhado para a autoridade competente para a respectiva homologação.

§ 4°. Não sendo efetuado o recolhimento da diferença e sendo, total ou parcialmente, desfavoráveis ao contribuinte as decisões referidas no § 2°, serão adotadas as seguintes providências:

1 – tratando-se de débito exigido por meio de Auto de Infração e Imposição de Multa – AIIM, o recolhimento efetuado não fará jus às reduções previstas no art. 2° e será considerado como pagamento parcial, nos termos do art. 103 da Lei n° 6.374, de 1° de março de 1989;

2 – nas demais hipóteses, a diferença apurada será exigida mediante lavratura de Auto de Infração e Imposição de Multa – AIIM.

**Art. 6°.** O parcelamento previsto neste Decreto será considerado rompido, na hipótese de:

I – inobservância de qualquer das condições estabelecidas neste Decreto;

II – atraso superior a 90 (noventa) dias no recolhimento de qualquer das parcelas subsequentes à primeira.

Parágrafo único. O rompimento do parcelamento firmado nos termos deste Decreto:

1 – implica imediato cancelamento das reduções previstas no art. 2°, reincorporando-se os valores reduzidos ao montante exigido, com os acréscimos legais previstos na legislação;

2 – acarretará, conforme o caso:

a) em se tratando de débito não inscrito na dívida ativa, a inscrição e o ajuizamento da execução fiscal;

b) em se tratando de débito inscrito e ajuizado, o imediato prosseguimento da execução fiscal.

**Art. 7°.** Fica suspensa, até o dia 26 de fevereiro de 2010, a lavratura de autos de infração relativamente às operações e prestações mencionadas no art. 1°.

Parágrafo único. Excetua-se da suspensão prevista no *caput* a constituição do crédito tributário para evitar a decadência até tal data, sem prejuízo da possibilidade de aplicação do disposto no art. 3° em relação ao débito incluído no lançamento.

**Art. 8°.** Este Decreto entra em vigor na data de sua publicação.

Palácio dos Bandeirantes, 1° de fevereiro de 2010.

*José Serra – DOE de 2.2.2010*

## 441. DECRETO N° 55.407, DE 9 DE FEVEREIRO DE 2010

*Introduz alterações no Regulamento do Imposto sobre Operações Relativas à Circulação de Mercadorias e sobre Prestações de Serviços de Transporte Interestadual e Intermunicipal e de Comunicação – RICMS.*

José Serra, Governador do Estado de São Paulo, no uso de suas atribuições legais e com fundamento no art. 46 da Lei n° 6.374, de 1° de março de 1989, decreta:

**Art. 1°.** Passam a vigorar com a redação que se segue os dispositivos do Regulamento do Imposto sobre Operações Relativas à Circulação de Mercadorias e sobre Prestações de Serviços de Transporte Interestadual e Intermunicipal e de Comunicação, aprovado pelo Decreto n° 45.490, de 30 de novembro de 2000:

I – o § 4° do art. 72-B;

II – o § 10 do art. 30 das Disposições Transitórias:

- *Alterações já efetuadas no corpo do Decreto.*

**Art. 2°.** Acrescenta o art. 31 às Disposições Transitórias do Regulamento do Imposto sobre Operações Relativas à Circulação de Mercadorias e sobre Prestações de Serviços de Transporte Interestadual e Intermunicipal e de Comunicação, aprovado pelo Decreto n° 45.490, de 30 de novembro de 2000, com a seguinte redação:

- *Alterações já efetuadas no corpo do Decreto.*

**Art. 3°.** O estabelecimento que gerar crédito acumulado nas hipóteses previstas no art. 71 do regulamento do ICMS no período a partir de 1° de abril de 2010, deverá observar a sistemática conforme dispõe o Decreto 54.249, de 17 de abril de 2009.

- *V. art. 3° do Decreto n° 55.407, de 9.2.2010 – DOE de 10.2.2010.*

**Art. 4°.** Ficam revogados os §§ 2° dos arts. 78 e 79 do Regulamento do Imposto sobre Operações Relativas à Circulação de Mercadorias e sobre Prestações de Serviços de Transporte Interestadual e Intermunicipal e de Comunicação, aprovado pelo Decreto n° 45.490, de 30 de novembro de 2000, passando os atuais §§ 1° a parágrafos únicos.

- *Alterações já efetuadas no corpo do Decreto.*

**Art. 5°.** Este Decreto entra em vigor na data de sua publicação.

Palácio dos Bandeirantes, 9 de fevereiro de 2010.

*José Serra – DOE de 10.2.2010*

## 442. DECRETO N° 55.421, DE 10 DE FEVEREIRO DE 2010

*Introduz alterações no Regulamento do Imposto sobre Operações Relativas à Circulação de Mercadorias e sobre Prestações de Serviços de Transporte Interestadual e Intermunicipal e de Comunicação – RICMS.*

José Serra, Governador do Estado de São Paulo, no uso de suas atribuições legais e tendo em vista o disposto no art. 67, § 1°, da Lei n° 6.374, de 1° de março de 1989, decreta:

**Art. 1°.** Passam a vigorar, com a redação que se segue, os dispositivos adiante indicados do Regulamento do Imposto sobre Operações Relativas à Circulação de Mercadorias e sobre Prestações de Serviços de Transporte Interestadual e Intermunicipal e de Comunicação – RICMS, aprovado pelo Decreto nº 45.490, de 30 de novembro de 2000:

I – o art. 146:

II – o Capítulo III do Anexo XVIII:

III – o Capítulo IV do Anexo XVIII:

• *Alterações já efetuadas no corpo do Decreto.*

**Art. 2º.** Fica acrescentado ao Anexo XVIII do Regulamento do Imposto sobre Operações Relativas à Circulação de Mercadorias e sobre Prestações de Serviços de Transporte Interestadual e Intermunicipal e de Comunicação – RICMS, aprovado pelo Decreto nº 45.490, de 30 de novembro de 2000, o seguinte capítulo V:

• *Alterações já efetuadas no corpo do Decreto.*

**Art. 3º.** O contribuinte poderá, entre 1º de fevereiro e 30 de junho de 2010, deixar de emitir e escriturar, no período de apuração correspondente, os documentos fiscais de que tratam os incisos I, na hipótese da alínea "b", e II do art. 5º, os incisos II, IV e V do art. 8º, os incisos II, III, e V do art. 9º e os incisos II e III do art. 10, todos do Anexo XVIII do RICMS, na nova redação dada por este Decreto, desde que promova a emissão e a escrituração extemporânea de tais documentos fiscais até 31 de julho de 2010.

§ 1º. O contribuinte que, entre 1º de fevereiro e 30 de junho de 2010, emitir e escriturar qualquer dos documentos fiscais de que trata este artigo em desacordo com legislação tributária aplicável aos fatos geradores ocorridos a partir de 1º de janeiro de 2010 deverá, até 31 de julho de 2010:

1 – emitir, no termos do disposto no § 3º do art. 183 do RICMS, carta de correção para fins de regularização do respectivo documento fiscal;

2 – adotar os procedimentos necessários, conforme previstos na legislação tributária aplicável, para fins da regularização da escrituração do documento fiscal correspondente;

3 – declarar novamente à Secretaria da Fazenda, por meio da guia de informação de que trata o art. 253 do RICMS, as informações que devam ser prestadas em face da legislação tributária aplicável aos fatos geradores ocorridos a partir de 1º de janeiro de 2010, relativas ao respectivo período de apuração, para o estabelecimento correspondente.

§ 2º. A guia de informação referida no item 3 do § 1º substituirá, para os efeitos que lhe são próprios, a guia de informação que eventualmente já tenha sido declarada à Secretaria da Fazenda em relação ao mesmo período de apuração, para o mesmo estabelecimento, hipótese em que o contribuinte deverá, quando for o caso, recolher, até 31 de julho de 2010, o imposto que deixou de ser pago em razão da apuração originalmente declarada.

§ 3º. A Secretaria da Fazenda estabelecerá a disciplina necessária para fins do cumprimento no disposto neste artigo.

• *Art. 3º com redação dada pelo Decreto nº 55.867, de 27.5.2010 – DOE de 28.5.2010 – Efeitos a partir de 1º.1.2010.*

**Art. 4º.** Este Decreto entra em vigor na data de sua publicação, gerando efeitos para os fatos geradores ocorridos a partir de 1º de janeiro de 2010, exceto quanto ao disposto no inciso I do art. 1º, que produzirá efeitos para os fatos geradores ocorridos a partir de 1º de setembro de 2010.

• *Art. 4º com redação dada pelo Decreto nº 55.867, de 27.5.2010 – DOE de 28.5.2010 – Efeitos a partir de 1º.1.2010.*

Palácio dos Bandeirantes, 10 de fevereiro de 2010.

*José Serra – DOE de 11.2.2010*

## 443. DECRETO Nº 55.437, DE 17 DE FEVEREIRO DE 2010

*Introduz alterações no Regulamento do Imposto sobre Operações Relativas à Circulação de Mercadorias e sobre Prestações de Serviços de Transporte Interestadual e Intermunicipal e de Comunicação – RICMS.*

José Serra, Governador do Estado de São Paulo, no uso de suas atribuições legais e tendo em vista as alterações introduzidas pela Lei nº 13.918, de 22 de dezembro de 2009, na Lei nº 6.374, de 1º de março de 1989, decreta:

**Art. 1º.** Passam a vigorar com a redação que se segue os dispositivos adiante indicados ao Regulamento do Imposto sobre Operações Relativas à Circulação de Mercadorias e sobre Prestações de Serviços de Transporte Interestadual e Intermunicipal e de Comunicação – RICMS, aprovado pelo Decreto nº 45.490, de 30 de novembro de 2000:

I – as alíneas "b" e "c" do inciso VII do art. 11:

II – o art. 13:

III – o inciso V do art. 20:

IV – o § 5º do art. 31:

V – o art. 119:

VI – o art. 497:

VII – o *caput* e o § 4º do art. 509:

VIII – do art. 527:

a) o *caput*, mantidos seus incisos:

b) a alínea "l" do inciso I:

c) as alíneas "f" e "g" do inciso II:

d) as alíneas "l", "q" e "t" do inciso IV:

e) o *caput* do inciso V e sua alínea "l", mantidas as demais alíneas:

f) as alíneas "a" a "h" do inciso VI:

g) a alínea "a" do inciso VII:

h) as alíneas "g", "p" e "z1" do inciso VIII:

i) alínea "d" do inciso IX:

j) as alíneas "a" e "b" do inciso X:

k) as alíneas "b", "c" e "d" do inciso XI:

l) os §§ 6º a 10:

IX – o art. 528:

X – o art. 565:

XI – o art. 569:

• *Alterações já efetuadas no corpo do Decreto.*

**Art. 2º.** Ficam acrescentados com a redação que se segue os dispositivos adiante indicados ao Regulamento do Imposto sobre Operações Relativas à Circulação de Mercadorias e sobre Prestações de Serviços de Transporte Interestadual e Intermunicipal e de Comunicação

– RICMS, aprovado pelo Decreto nº 45.490, de 30 de novembro de 2000:

I – o inciso VII ao art. 4º:

II – o inciso V ao art. 10:

III – os incisos XIV, XV e XVI ao art. 11:

IV – os incisos IX a XII ao art. 12:

V – o § 1º ao art. 14, passando o atual parágrafo único a denominar-se § 2º:

VI – o § 5º ao art. 20:

VII – o parágrafo único ao art. 28:

VIII – o inciso V ao art. 36:

IX – o inciso XXVII ao art. 55:

X – o art. 426-C:

XI – os incisos XII a XVI ao art. 494:

XII – o art. 498-A:

XIII – o parágrafo único ao art. 508:

XIV – o Capítulo V, composto pelo art. 509-A, ao Título I do Livro IV:

XV – ao art. 527:

a) as alíneas "m" e "n" ao inciso I:

b) a alínea "g" ao inciso III:

c) as alíneas "y" a "z5" ao inciso IV:

d) as alíneas "p", "q" e "r" ao inciso V:

e) a alínea "i" ao inciso VI:

f) a alínea "f" ao inciso VII:

g) as alíneas "z2", "z3" e "z4" ao inciso VIII:

h) as alíneas "i" a "m" ao inciso IX:

i) as alíneas "c" a "h" ao inciso X:

j) as alíneas "f" a "i" ao inciso XI:

k) o § 11:

XVI – o § 2º ao art. 529, passando o atual parágrafo único a denominar-se § 1º:

XVII – o art. 564-A:

XVIII – o art. 574-A:

• *Alterações já efetuadas no corpo do Decreto.*

**Art. 3º.** Ficam revogados os arts. 566 e 568 do Regulamento do Imposto sobre Operações Relativas à Circulação de Mercadorias e sobre Prestações de Serviços de Transporte Interestadual e Intermunicipal e de Comunicação – RICMS, aprovado pelo Decreto nº 45.490, de 30 de novembro de 2000:

• *Alterações já efetuadas no corpo do Decreto.*

**Art. 4º.** Este Decreto entra em vigor na data de publicação da Lei nº 13.918, de 22 de dezembro de 2009, exceto em relação ao inciso IX do art. 2º que gera efeitos para fatos ocorridos a partir de 24 de março de 2010.

Palácio dos Bandeirantes, 17 de fevereiro de 2010.

*José Serra – DOE de 18.2.2010*

## 444. DECRETO Nº 55.438, DE 17 DE FEVEREIRO DE 2010

*Introduz alterações no Regulamento do Imposto sobre Operações Relativas à Circulação de Mercadorias e sobre Prestações de Serviços de Transporte Interestadual e Intermunicipal e de Comunicação – RICMS.*

José Serra, Governador do Estado de São Paulo, no uso de suas atribuições legais e tendo em vista o disposto no art. 67, § 1º, da Lei nº 6.374, de 1º de março de 1989, e no Protocolo ICMS-182/09, celebrado em Gramado, RS, no dia 11 de dezembro de 2009, decreta:

**Art. 1º.** Passa a vigorar com a redação que se segue o art. 474-A do Regulamento do Imposto sobre Operações Relativas à Circulação de Mercadorias e sobre Prestações de Serviços de Transporte Interestadual e Intermunicipal e de Comunicação, aprovado pelo Decreto nº 45.490, de 30 de novembro de 2000:

• *Alterações já efetuadas no corpo do Decreto.*

**Art. 2º.** Fica acrescentado o § 7º ao art. 5º do Anexo X do Regulamento do Imposto sobre Operações Relativas à Circulação de Mercadorias e sobre Prestações de Serviços de Transporte Interestadual e Intermunicipal e de Comunicação, aprovado pelo Decreto nº 45.490, de 30 de novembro de 2000, com a seguinte redação:

• *Alterações já efetuadas no corpo do Decreto.*

**Art. 3º.** Este Decreto entra em vigor na data de sua publicação, exceto o art. 1º, que produz efeitos desde 21 de dezembro de 2009.

Palácio dos Bandeirantes, 17 de fevereiro de 2010.

*José Serra – DOE de 18.2.2010*

## 445. DECRETO Nº 55.496, DE 26 DE FEVEREIRO DE 2010

*Altera o Decreto nº 55.387, de 1º de fevereiro de 2010, que regulamenta o art. 15 da Lei nº 13.918, de 22 de dezembro de 2009.*

José Serra, Governador do Estado de São Paulo, no uso de suas atribuições legais e tendo em vista o disposto no art. 15 da Lei nº 13.918, de 22 de dezembro de 2009, decreta:

**Art. 1º.** Passam a vigorar, com a redação que se segue, os dispositivos adiante indicados do Decreto nº 55.387, de 1º de fevereiro de 2010:

I – o inciso II do *caput* do art. 2º:

II – o *caput* do art. 3º:

III – o *caput* do art. 4º:

• *Alterações já efetuadas no corpo do Decreto.*

**Art. 2º.** Fica acrescentado o inciso III ao *caput* do art. 2º do Decreto nº 55.387, de 1º de fevereiro de 2010, com a seguinte redação:

• *Alteração já efetuada no corpo do Decreto.*

**Art. 3º.** Este Decreto entra em vigor na data de sua publicação.

Palácio dos Bandeirantes, 26 de fevereiro de 2010.

*José Serra – DOE de 27.2.2010*

## 446. DECRETO Nº 55.534, DE 4 DE MARÇO DE 2010

*Regulamenta o art. 10 da Lei nº 13.723, de 29 de setembro de 2009.*

José Serra, Governador do Estado de São Paulo, no uso de suas atribuições legais e tendo em vista o disposto no art. 10 da Lei nº 13.723, de 29 de setembro de 2009, decreta:

**Art. 1º.** Relativamente aos acordos de parcelamento celebrados no âmbito do Programa de Parcelamento Incentivado – PPI do ICM/ICMS no Estado de São Paulo, conforme previsto no Decreto nº 51.960, de 4 de julho de 2007, será concedida a possibilidade de repactuação do recolhimento das parcelas vencidas e não pagas, nos termos e condições previstos neste Decreto.

§ 1º. A repactuação do recolhimento das parcelas vencidas e não pagas prevista neste artigo fica condicionada a que, cumulativamente:

1 – o contribuinte tenha celebrado acordo de parcelamento nos termos do inciso I do art. 6º do Decreto nº 51.960, de 4 de julho de 2007;

2 – o contribuinte interessado faça a opção pela repactuação, entre os dias 15 e 31 de março de 2010, mediante registro da opção "repactuação" no sistema do PPI do ICM/ICMS, disponível no endereço eletrônico <www.ppidoicms.sp.gov.br>;

3 – haja pelo menos uma parcela vencida até 30 de setembro de 2009 e não paga no prazo de 90 (noventa) dias contados de seu vencimento.

§ 2º. Atendidas as condições previstas no § 1º, poderá ser repactuado o recolhimento:

1 – das parcelas vencidas até 30 de setembro de 2009 e não pagas;

2 – de eventuais parcelas vencidas nos meses de outubro de 2009 a março de 2010 e ainda não pagas.

**Art. 2º.** A repactuação do recolhimento das parcelas vencidas e não pagas será realizada na seguinte conformidade:

I – na hipótese de parcelamentos em que o vencimento da última parcela esteja previsto para até 31 de março de 2010:

a) se existir apenas uma parcela vencida e não paga até 30 de setembro de 2009, essa parcela terá seu vencimento postergado para o mês de abril de 2010;

b) se houver mais de uma parcela vencida e não paga, essas parcelas terão seus vencimentos fixados para os meses de abril de 2010 e subsequentes, seguindo a ordem cronológica de seus vencimentos iniciais;

II – na hipótese de parcelamentos em que o vencimento da última parcela esteja previsto para depois de 31 de março de 2010:

a) se existir apenas uma parcela vencida e não paga até 30 de setembro de 2009, essa parcela terá seu vencimento postergado para o mês subsequente ao do vencimento da última parcela;

b) se houver mais de uma parcela vencida e não paga, essas parcelas terão seus vencimentos fixados para os meses subsequentes ao do vencimento da última parcela, seguindo a ordem cronológica de seus vencimentos iniciais.

§ 1º. Na hipótese do inciso II, a repactuação fica condicionada ao recolhimento de todas as parcelas vincendas a partir de abril de 2010 nas formas e condições previstas no Decreto nº 51.960, de 4 de julho de 2007.

§ 2º. O valor da parcela vencida e não paga, cujo recolhimento for repactuado nos termos deste Decreto, deverá ser atualizado com a aplicação dos juros e acréscimos previstos no art. 1º e no parágrafo único do art. 7º do Decreto nº 51.960, de 4 de julho de 2007.

§ 3º. O vencimento das parcelas, cujo recolhimento for repactuado, será no mesmo dia do vencimento das parcelas referentes ao acordo de parcelamento inicialmente celebrado.

**Art. 3º.** A não observância dos termos e condições previstos neste Decreto implicará o rompimento do parcelamento, aplicando-se, no que couber, o disposto no § 3º do art. 6º do Decreto nº 51.960, de 4 de julho de 2007.

**Art. 4º.** O disposto neste Decreto não se aplica aos parcelamentos rompidos em razão da ocorrência das hipóteses previstas nas alíneas "a", "c", "d" e "e" do inciso II do art. 6º do Decreto nº 51.960, de 4 de julho de 2007.

**Art. 5º.** Este Decreto entra em vigor na data de sua publicação.

Palácio dos Bandeirantes, 4 de março de 2010.

*José Serra – DOE de 5.3.2010*

## 447. DECRETO Nº 55.555, DE 11 DE MARÇO DE 2010

*Introduz alteração no Regulamento do Imposto sobre Operações Relativas à Circulação de Mercadorias e sobre Prestações de Serviços de Transporte Interestadual e Intermunicipal e de Comunicação – RICMS.*

José Serra, Governador do Estado de São Paulo, no uso de suas atribuições legais e tendo em vista o disposto no art. 84-B da Lei nº 6.374, de 1º de março de 1989, decreta:

**Art. 1º.** Fica acrescentado o art. 146 ao Anexo I do Regulamento do Imposto sobre Operações Relativas à Circulação de Mercadorias e sobre Prestações de Serviços de Transporte Interestadual e Intermunicipal e de Comunicação, aprovado pelo Decreto nº 45.490, de 30 de novembro de 2000, com a seguinte redação:

- *Alteração já efetuada no corpo do Decreto.*

**Art. 2º.** Este Decreto entra em vigor na data de sua publicação.

Palácio dos Bandeirantes, 11 de março de 2010.

*José Serra – DOE de 12.3.2010*

## 448. DECRETO Nº 55.556, DE 11 DE MARÇO DE 2010

*Introduz alteração no Regulamento do Imposto sobre Operações Relativas à Circulação de Mercadorias e sobre Prestações de Serviços de Transporte Interestadual e Intermunicipal e de Comunicação – RICMS.*

José Serra, Governador do Estado de São Paulo, no uso de suas atribuições legais e tendo em vista o disposto nos Convênios ICM-32/75 e ICMS-151/94, decreta:

**Art. 1º.** Fica acrescentado o parágrafo único ao art. 6º do Anexo I do Regulamento do Imposto sobre Operações Relativas à Circulação de Mercadorias e sobre Prestações de Serviços de Transporte Interestadual e Intermunicipal e de Comunicação, aprovado pelo Decreto nº 45.490, de 30 de novembro de 2000, com a seguinte redação:

- *Alteração já efetuada no corpo do Decreto.*

**Art. 2º.** Este Decreto entra em vigor na data de sua publicação.

Palácio dos Bandeirantes, 11 de março de 2010.

*José Serra – DOE de 12.3.2010*

## 449. DECRETO Nº 55.598, DE 22 DE MARÇO DE 2010

*Introduz alteração no Regulamento do Imposto sobre Operações Relativas à Circulação de Mercadorias e sobre Prestações de Serviços de Transporte Interestadual e Intermunicipal e de Comunicação – RICMS.*

José Serra, Governador do Estado de São Paulo, no uso de suas atribuições legais e tendo em vista o disposto no art. 8º, inciso XXX, da Lei nº 6.374, de 1º de março de 1989, decreta:

**Art. 1º.** Passa a vigorar com a redação que se segue o item 45 do § 1º do art. 313-G do Regulamento do Imposto sobre Operações Relativas à Circulação de Mercadorias e sobre Prestações de Serviços de Transporte Interestadual e Intermunicipal e de Comunicação – RICMS, aprovado pelo Decreto nº 45.490, de 30 de novembro de 2000:

- *Alteração já efetuada no corpo do Decreto.*

**Art. 2º.** Este Decreto entra em vigor na data de sua publicação.

Palácio dos Bandeirantes, 22 de março de 2010.

*José Serra – DOE de 23.3.2010*

## 450. DECRETO Nº 55.599, DE 22 DE MARÇO DE 2010

*Fixa prazo especial para recolhimento do ICMS nas saídas de mercadorias decorrentes do evento "Expo Abióptica". (DOE de 23.3.2010)*

- *Pode ser considerado sem mais efeito em razão do cumprimento de seu prazo.*

## 451. DECRETO Nº 55.634, DE 26 DE MARÇO DE 2010

*Isenta do Imposto sobre Operações Relativas à Circulação de Mercadorias e sobre Prestações de Serviços de Transporte Interestadual e Intermunicipal e de Comunicação – ICMS as operações com mercadorias e bens destinados à construção, ampliação, reforma ou modernização de estádios a serem utilizados na Copa do Mundo da FIFA de 2014.*

José Serra, Governador do Estado de São Paulo, no uso de suas atribuições legais e tendo em vista o disposto no Convênio ICMS 108/08, de 26 de setembro de 2008, e no Parecer PA nº 35/2007, exarado pela Procuradoria Geral do Estado, decreta:

**Art. 1º.** Ficam isentas do ICMS as operações com mercadorias e bens destinados à construção, ampliação, reforma ou modernização de estádios a serem utilizados na Copa do Mundo da FIFA (Federação Internacional de Futebol) de 2014.

§ 1º. A isenção prevista neste artigo somente se aplica:

1 – às operações que, cumulativamente, estejam desoneradas:

a) dos Impostos de Importação (II) ou sobre Produtos Industrializados (IPI);

b) das contribuições para os Programas de Integração Social e de Formação do Patrimônio do Servidor Público (PIS/PASEP) e para a Contribuição para o Financiamento da Seguridade Social (COFINS);

2 – na importação do exterior, nas hipóteses em que as mercadorias ou bens importados não possuírem similares produzidos no país, devendo a inexistência de similares produzidos no país ser atestada por órgão federal competente ou por entidade representativa do setor produtivo com abrangência em todo o território nacional.

§ 2º. A fruição do benefício previsto neste artigo fica condicionada:

1 – à comprovação do efetivo emprego das mercadorias e bens nas obras a que se refere o *caput*;

2 – ao adimplemento de outras condições ou controles previstos em disciplina estabelecida pela Secretaria da Fazenda.

§ 3º. Na hipótese de revenda de mercadorias ou bens adquiridos com a isenção prevista neste artigo, o imposto será devido integralmente, com os acréscimos previstos na legislação, calculados desde a data da aquisição ou do desembaraço aduaneiro.

§ 4º. Não se exigirá o estorno do crédito do imposto relativo às mercadorias e bens beneficiados com a isenção prevista neste Decreto.

- *§ 4º acrescido pelo Decreto nº 58.500, de 31.10.2012 – DOE de 1º.11.2012 – Efeitos a partir da publicação.*

**Art. 2º.** Este Decreto entra em vigor na data de sua publicação, produzindo efeitos até 31 de julho de 2014.

Palácio dos Bandeirantes, 26 de março de 2010.

*José Serra – DOE de 27.3.2010*

## 452. DECRETO Nº 55.635, DE 26 DE MARÇO DE 2010

*Isentava do Imposto sobre Operações Relativas à Circulação de Mercadorias e sobre Prestações de Serviços de Transporte Interestadual e Intermunicipal e de Comunicação – ICMS as operações e prestações vinculadas à realização da Copa das Confederações da FIFA de 2013 e da Copa do Mundo da FIFA de 2014. [DOE de 27.3.2010] (Revogado).*

- *Decreto nº 55.635, de 26.3.2010, revogado pelo Decreto nº 60.338, de 4.4.2014 – DOE de 5.4.2014 – Efeitos a partir da publicação.*

## 453. DECRETO Nº 55.636, DE 26 DE MARÇO DE 2010

*Regulamenta o art. 16 da Lei nº 13.918, de 22 de dezembro de 2009.*

José Serra, Governador do Estado de São Paulo, no uso de suas atribuições legais e tendo em vista o disposto no art. 16 da Lei nº 13.918, de 22 de dezembro de 2009, decreta:

**Art. 1º.** Este Decreto regulamenta o art. 16 de Lei nº 13.918, de 22 de dezembro de 2009, que autoriza o Poder Executivo a conceder crédito outorgado correspondente ao valor do Imposto sobre Operações Relativas à Circulação de Mercadorias e sobre Prestações de Serviços de Transporte Interestadual e Intermunicipal e de Comunicação – ICMS destinado pelos respectivos contribuintes a projetos desportivos e paradesportivos credenciados pela Secretaria Estadual de Esporte, Lazer e Turismo de São Paulo – SELT.

- *Art. 1º com redação dada pelo Decreto nº 56.344, de 28.10.2010 – DOE de 29.10.2010 – Efeitos a partir da publicação.*

**Capítulo I – Dos Procedimentos Relacionados à Secretaria de Esporte, Lazer e Turismo**

***Seção I – Disposições Preliminares***

**Art. 2º.** Os recursos serão destinados a projetos desportivos que contemplem atividades sócio-desportivas educacionais, ao desporto e paradesporto, concentradas nas seguintes áreas:

I – Área Educacional: projetos voltados como disciplina ou atividade extracurricular desportiva no âmbito da educação básica, fundamental, médio e superior promovendo atividades no contra turno escolar, objetivando o desenvolvimento integral do indivíduo;

II – Área de Formação Desportiva: projetos voltados para a iniciação e desenvolvimento motor geral de crianças e adolescentes por meio da prática de atividades desportivas e físicas orientadas;

III – Área de Rendimento: projetos que finalizem a formação e iniciem o rendimento desportivo, de forma técnica e metodológica, na área do treinamento desportivo, atendendo equipes e atletas com idade igual ou superior a 14 anos, vinculadas a entidades de práticas desportivas e objetivando a formação e especialização, inclusive de alto rendimento;

IV – Área Sociodesportiva: projetos que utilizem o desporto como ferramenta de inserção social, propiciando as pessoas de baixa renda oportunidades para práticas desportivas;

V – Área Participativa:

a) projetos voltados para ampla participação de pessoas em eventos desportivos que evitem a seletividade e a hipercompetitividade de seus participantes, atendendo crianças, adolescentes, adultos, idosos, pessoas com deficiências, além de modalidades e respectivos públicos que sintetizem atividades físicas representativas de valores da nossa identidade cultural;

b) projetos voltados à distribuição gratuita de ingressos para eventos de caráter desportivo e paradesportivo por pessoa jurídica, para integrantes da rede publica de ensino ou a integrantes de comunidade de vulnerabilidade social, devidamente comprovadas na futura prestação de contas;

VI – Área de Gestão e Desenvolvimento Desportivo: projetos voltados a capacitação, treinamento, intercâmbios nacionais e internacionais e bolsas de treinamento, objetivando atender técnicos, atletas e gestores desportivos buscando desenvolver e aperfeiçoar a gestão sobre a administração, técnicas e equipamentos desportivos;

VII – Área de Infraestrutura: projetos voltados à construção, reformas e adequação de espaços, equipamentos e instalações desportivas, desde que situados em próprios públicos.

Parágrafo único. É vedada a apresentação de projetos que preveja a cobrança de qualquer valor pecuniário aos beneficiários.

**Art. 3º.** Os recursos captados não poderão ser utilizados em:

I – palestras e cursos de temas não relacionados diretamente com atividades desportivas;

II – eventos desportivos cujo título contenha somente o nome de patrocinador;

III – patrocínios em favor de projetos que beneficiem, diretamente, pessoa física ou jurídica vinculada ao patrocinador, como o cônjuge, os parentes até terceiro grau, inclusive os afins, e os dependentes do patrocinador, dos titulares, dos administradores, dos acionistas ou dos sócios do patrocinador;

IV – pagamento de salário a atletas ou remuneração a entidades de administração ou de pratica desportiva de qualquer modalidade;

V – despesas de manutenção e organização de equipes profissionais de alto rendimento ou competições profissionais;

VI – aquisição de espaços publicitários em qualquer meio de comunicação.

Parágrafo único. Eventuais receitas e apoios econômicos mensuráveis que sejam auferidos em razão do projeto a ser incentivado deverão estar contemplados no orçamento do projeto apresentado.

**Art. 4º.** Neste Decreto conceitualmente considera-se:

I – projeto desportivo – conjunto de ações ordenadas e sistematizadas, desenvolvidas por entidade de natureza desportiva;

II – proponente – pessoa jurídica de direito publico ou privado com fins não econômicos de natureza desportiva que captará os recursos e fará a gestão do projeto, sendo indelegável sua responsabilidade pela apresentação, execução e prestação de contas;

III – gestor técnico-desportivo – profissional de educação física inscrito no CREF que responderá tecnicamente pela execução do projeto e que será indicado pelo proponente, exceto para projetos inseridos no inciso VII, do art. 2º da Área de Infraestrutura;

IV – patrocinador – pessoa jurídica que aporte recursos oriundos do ICMS para realização de projetos desportivos aprovados pela SELT.

***Seção II – Do Cadastro Geral do Proponente***

**Art. 5º.** No âmbito da Secretaria Estadual de Esporte, Lazer e Turismo, fica instituído o Cadastro Geral de Proponentes – CGP, cujos procedimentos de inclusão serão disciplinados por Resolução do Titular da Pasta.

***Seção III – Da Composição e Atribuição do Núcleo de Gerenciamento e Análise de Projetos***

**Art. 6º.** O Núcleo de Gerenciamento será constituído por servidores da Pasta designados pelo Secretário de Esporte, Lazer e Turismo, cabendo-lhe a recepção e análise documental e técnica relativa ao cadastro de proponentes, bem como a avaliação do projeto emitindo parecer.

***Seção IV – Da Comissão de Análise e Aprovação de Projetos***

**Art. 7º.** O Secretário de Esporte, Lazer e Turismo designará 8 (oito) membros que comporão a Comissão de Análise e Aprovação de Projetos – CAAP, para um mandato de 2 (dois) anos.

§ 1º. Necessariamente 2 (dois) membros serão afetos à área do paradesporto, sendo 1 (um) servidor público e 1 (um) representante da sociedade civil, com mandato de 2 (dois) anos, prorrogáveis por mais 2 (dois) anos.

§ 2º. Exceptuado o disposto no parágrafo anterior e observada a paridade entre servidores públicos e representantes da sociedade civil, poderá haver recondução para mais um período de 2 (dois) anos até o limite de 50% (cinquenta por cento) dos seus membros.

- *Art. 7º com redação dada pelo Decreto nº 56.344, de 28.10.2010 – DOE de 29.10.2010 – Efeitos a partir da publicação.*

**Art. 8º.** A presidência da CAAP será exercida por funcionário da Secretaria de Esporte, Lazer e Turismo indicado pelo titular da Pasta, para um mandato de 2 (dois) anos, que além de voto próprio, terá o de desempate.

**Art. 9º.** A análise e aprovação dos projetos desportivos e paradesportivos apresentados deverão utilizar os seguintes critérios:

- *Art. 9º,* caput, *com redação dada pelo Decreto nº 56.344, de 28.10.2010 – DOE de 29.10.2010 – Efeitos a partir da publicação.*

I – interesse público e desportivo;

II – atendimento à legislação vigente;

III – qualidade do projeto apresentado e capacidade do proponente para realização do projeto;

IV – compatibilidade e realidade dos custos representados;

V – atendimento às pessoas com deficiência.

- *Inciso V acrescido pelo Decreto nº 56.344, de 28.10.2010 – DOE de 29.10.2010 – Efeitos a partir da publicação.*

§ 1º. Quando necessário, poderá a CAAP:

1 – solicitar ao proponente dados complementares ao projeto;

2 – encaminhar o projeto para análise e manifestação de órgãos setoriais e especialistas da Secretaria de Esporte, Lazer e Turismo.

§ 2º. Serão priorizados projetos que:

1 – apresentarem contrapartida do proponente;

2 – apresentarem documentação comprobatória assegurando a captação do contribuinte patrocinador ao projeto apresentado;

3 – obedeçam às prioridades anuais para aplicação dos recursos de que trata este Decreto, definidas pelo Poder Executivo;

4 – sejam destinados prioritariamente a comunidades em situação de vulnerabilidade social.

§ 3º. Somente poderão ser aprovados projetos em que fique demonstrada:

1 – comprovada capacidade técnico-operativa do proponente;

2 – o funcionamento do proponente há, no mínimo, 12 (doze) meses, na data de cadastramento do projeto.

**Art. 10.** As reuniões da CAAP serão registradas em atas devendo ser publicado no Diário Oficial do Estado os projetos aprovados, no prazo de 10 (dez) dias úteis.

Parágrafo único. Caberão recursos das decisões da CAAP, a serem encaminhados ao Secretário da Pasta, observados os requisitos e prazos estabelecidos na Lei nº 10.177, de 30 de dezembro de 1998.

**Art. 11.** A Secretaria de Esporte, Lazer e Turismo emitirá o Certificado de Incentivo ao Desporto, contendo a identificação do proponente, a denominação do projeto e sua respectiva área de ação desportiva, data de aprovação e o valor autorizado para captação de recursos.

***Seção V – Do Incentivo Fiscal***

**Art. 12.** Os recursos financeiros correspondentes ao valor do ICMS destinado pelos contribuintes a projetos desportivos deverão ser depositados e movimentados em contas correntes bancárias vinculadas a cada um dos projetos aprovados, mantidas no Banco do Brasil S/A.

§ 1º. Para cada projeto deverão ser abertas 2 (duas) contas correntes bancárias, destinadas a captação dos recursos e à sua movimentação.

§ 2º. Somente poderá transferir recursos da conta de captação para a conta de movimentação, após solicitação escrita à SELT, o proponente que houver captado ao menos 35% (trinta e cinco por cento) do valor solicitado.

**Art. 13.** Para aberturas de contas correntes bancárias de que trata o art. 12, bem como para receber o depósito inicial, o titular deverá receber autorização escrita da SELT.

**Art. 14.** O projeto destinado à obtenção de incentivo fiscal possuirá validade para captação de recursos até 180 (cento e oitenta) dias após o recebimento do Certificado de Incentivo ao Desporto.

Parágrafo único. O prazo de validade citado no *caput* não será prorrogado.

**Art. 15.** O saldo eventualmente existente em conta corrente bancária resultante da finalização ou cancelamento do projeto, deverá ser recolhido ou transferido por mecanismo bancário próprio, diretamente ao Fundo Especial de Despesas da Coordenadoria de Esporte e Lazer da SELT, no prazo máximo de 30 (trinta) dias contados do respectivo projeto.

Parágrafo único. Caso o proponente desejar transferir o saldo de recursos para conta corrente bancária, vinculada a outro projeto já aprovado, deverá solicitar por escrito a SELT, devendo tal pedido ter a prévia aprovação da empresa patrocinadora, da CAAP e do titular da Pasta.

**Art. 16.** Os recursos captados serão considerados patrocínios, sendo vedada à empresa patrocinadora, bem como a seus proprietários, sócios ou diretores, cônjuges e parentes em primeiro grau, participação nos direitos patrimoniais ou na receita resultante da veiculação, comercialização ou disponibilização pública do projeto desportivo ou produto dele resultante, inclusive nos 12 (doze) meses que antecedem a data de cadastramento do projeto apresentado.

**Art. 17.** Os projetos apresentados não poderão receber recursos de renúncia fiscal de outras fontes sob pena de devolução dos recursos.

**Art. 18.** Cada proponente poderá apresentar até 3 (três) projetos para análise, até o limite global de 60.901 UFESPs, por proponente.

§ 1º- O percentual máximo do valor captado para despesas administrativas será de 15% (quinze por cento), calculado sobre o valor básico do projeto e por acréscimo.

§ 2º. Os custos de produção do projeto serão de:

1 – 10%, limitado ao máximo de R$ 30.000,00 (trinta mil reais) para os projetos contemplados nos incisos I e VI do art. 2º deste Decreto;

2 – 7,5%, limitado ao máximo de R$ 22.500,00 (vinte e dois mil e quinhentos reais) para os projetos contemplados nos incisos II, IV e V do art. 2º deste Decreto;

3 – 5%, limitado ao máximo de R$ 15.000,00 (quinze mil reais) para os projetos contemplados nos incisos III e VII do art. 2º deste Decreto.

§ 3º. Poderão ser incluídas nas despesas administrativas aquelas decorrentes do pagamento de encargos sociais e trabalhistas, de recolhimento obrigatório pelo empregador, em conformidade com a planilha de custos apresentada no cadastramento do projeto.

***Seção VII – Da Prestação de Contas***

**Art. 19.** A prestação de contas dos recursos captados deverá ser entregue pelo proponente à SELT no prazo de 30 (trinta) dias após o encerramento da execução do projeto ou do indeferimento da renovação do prazo de captação parcial.

Parágrafo único. Em resolução própria, o titular da SELT estabelecerá as normas para a prestação de contas que deverá ser subscrita por profissional regularmente inscrito no Conselho Regional de Contabilidade.

**Art. 20.** Após 60 (sessenta) dias da entrega da prestação de contas, poderá o proponente apresentar novo projeto, desde que não haja pendência na referida prestação de contas, exceto nos casos de projetos continuados.

§ 1º. Em relação aos projetos continuados com duração igual ou superior a 360 (trezentos e sessenta dias) dias, o proponente deverá prestar contas semestralmente.

§ 2º. A não aprovação da prestação de contas impedirá a aprovação de outro projeto do mesmo proponente.

***Seção VIII – Disposições Gerais***

**Art. 21.** Todas as contratações e aquisições obedecerão ao disposto na Lei Federal nº 8.666, de 21 de junho de 1993, priorizando-se, sempre que couber, a modalidade de pregão eletrônico.

**Art. 22.** Projetos com mesmo objeto, local e destinação não poderão ser apresentados fragmentados ou parcelados por proponentes diferentes.

**Art. 23.** Proponentes inadimplentes e seus responsáveis assim declarados por aplicação inadequada dos recursos recebidos não poderão celebrar qualquer outro ajuste ou receber recursos do Governo do Estado por um período de 5 (anos).

**Art. 24.** A SELT poderá solicitar a contratação, pelo proponente e as expensas deste, de auditoria independente para análise da execução do projeto ou após sua finalização.

Parágrafo único. O proponente poderá reservar 1% (um por cento) das despesas administrativas para esta finalidade.

**Art. 25.** A aprovação de projetos pela CAAP deverá observar o princípio da não concentração por área e por proponente, do montante de recursos e da quantidade de projetos.

**Art. 26.** Deverá constar de todo material de divulgação ou indicação dos projetos beneficiados, o logo do Governo do Estado de São Paulo, conforme orientação da SELT.

**Art. 27.** Fica vedada a concessão do incentivo:

I – a projeto desenvolvido em caráter privado e/ou em que haja comprovada capacidade de atrair investimentos;

II – a proponente inadimplente com a Fazenda Pública estadual.

**Art. 28.** A Secretaria de Esportes, Lazer e Turismo realizará o monitoramento, acompanhamento e avaliação dos projetos aprovados, bem como disponibilizará na internet a relação de projetos aprovados, contendo:

I – razão social e CNPJ do proponente;

II – nome do projeto;

III – valor autorizado para captação e valor efetivamente captado;

IV – abrangência geográfica e quantitativos de atendimento do projeto.

**Art. 29.** A utilização de recursos em desacordo com a forma prevista neste Decreto sujeitará a empresa patrocinadora ao cancelamento dos benefícios, com prejuízo dos valores eventualmente depositados.

**Art. 30.** O Secretário de Esporte, Lazer e Turismo editará Resolução normativa complementar deste Decreto.

**Capítulo II – Dos Procedimentos Relacionados à Secretaria da Fazenda**

**Art. 31.** (Revogado).

• *Art. 31 revogado pelo Decreto nº 55.789, de 10.5.2010 – DOE de 11.5.2010 – Efeitos a partir da publicação.*

**Art. 32.** Este Decreto entra em vigor na data de sua publicação.

Palácio dos Bandeirantes, 26 de março de 2010.

*José Serra – DOE de 27.3.2010*

## 454. DECRETO Nº 55.652, DE 30 DE MARÇO DE 2010

*Introduz alterações no Regulamento do Imposto sobre Operações Relativas à Circulação de Mercadorias e sobre Prestações de Serviços de Transporte Interestadual e Intermunicipal e de Comunicação – ICMS e dá outras providências.*

José Serra, Governador do Estado de São Paulo, no uso de suas atribuições legais e tendo em vista o disposto no art. 84-B da Lei nº 6.374, de 1º de março de 1989, decreta:

**Art. 1º.** Passa a vigorar com a redação que se segue o art. 400-C do Regulamento do Imposto sobre Operações Relativas à Circulação de Mercadorias e sobre Prestações de Serviços de Transporte Interestadual e Intermunicipal e de Comunicação, aprovado pelo Decreto nº 45.490, de 30 de novembro de 2000:

• *Alteração já efetuada no corpo do Decreto.*

**Art. 2º.** Fica revogado o art. 24 das Disposições Transitórias do Regulamento do Imposto sobre Operações Relativas à Circulação de Mercadorias e sobre Prestações de Serviços de Transporte Interestadual e Intermunicipal e de Comunicação, aprovado pelo Decreto nº 45.490, de 30 de novembro de 2000.

• *Alteração já efetuada no corpo do Decreto.*

**Art. 3º.** As entidades representativas do setor beneficiado com o diferimento previsto no art. 400-C do Regulamento do ICMS deverão apresentar à Secretaria da Fazenda, até 30 de abril de 2010, Termo no qual deverá constar:

I – compromisso de orientação e divulgação a todos os associados que a redução correspondente ao imposto diferido seja repassado integralmente aos preços praticados pelo beneficiário do diferimento, como forma de tornar mais competitivo o produto paulista;

II – as projeções de investimentos e de geração de empregos do setor, com os benefícios previstos no § 3º do art. 1º.

§ 1º. A aplicação do diferimento poderá ser suspensa:

1 – mediante publicação de ato pela Secretaria da Fazenda, na hipótese do Termo previsto no *caput* deste artigo não ser apresentado conforme estabelecido neste artigo;

2 – na hipótese de a Comissão de Avaliação da Política de Desenvolvimento Econômico do Estado de São Paulo, com base na avaliação semestral de desempenho do setor beneficiado, recomendar a sua suspensão.

§ 2º. A prorrogação do prazo de vigência do diferimento referido neste artigo fica condicionada à prévia apresentação de novo Termo de Compromisso pelas entidades representativas do setor.

**Art. 4º.** Este Decreto entra em vigor na data de sua publicação.

Palácio dos Bandeirantes, 30 de março de 2010.

*José Serra – DOE de 31.3.2010*

## 455. DECRETO Nº 55.789, DE 10 DE MAIO DE 2010

*Introduz alteração no Regulamento do Imposto sobre Operações Relativas à Circulação de Mercadorias e sobre Prestações de Serviços de Transporte Interestadual e Intermunicipal e de Comunicação – RICMS.*

Alberto Goldman, Governador do Estado de São Paulo, no uso de suas atribuições legais e tendo em vista o disposto no art. 16 da Lei nº 13.918, de 22 de dezembro de 2009, decreta:

**Art. 1º.** Fica acrescentado o art. 30 ao Anexo III do Regulamento do Imposto sobre Operações Relativas à Circulação de Mercadorias e sobre Prestações de Serviços de Transporte Interestadual e Intermunicipal e de Comunicação, aprovado pelo Decreto nº 45.490, de 30 de novembro de 2000, com a seguinte redação:

• *Alteração já efetuada no corpo do Decreto.*

**Art. 2º.** Fica revogado o art. 31 do Decreto nº 55.636, de 26 de março de 2010.

• *Alteração já efetuada no corpo do Decreto.*

**Art. 3º.** Este Decreto entra em vigor na data de sua publicação.

Palácio dos Bandeirantes, 10 de maio de 2010.

*Alberto Goldman – DOE de 11.5.2010*

## 456. DECRETO Nº 55.790, DE 10 DE MAIO DE 2010

*Introduz alterações no Regulamento do Imposto sobre Operações Relativas à Circulação de Mercadorias e sobre Prestações de Serviços de Transporte Interestadual e Intermunicipal e de Comunicação – RICMS e dá outras providências.*

Alberto Goldman, Governador do Estado de São Paulo, no uso de suas atribuições legais e tendo em vista o disposto nos Convênios ICMS-18/10, 19/10, 20/10, 34/10, 35/10, 38/10, 41/10, 42/10, 43/10, 49/10, 50/10, 51/10, 52/10, 56/10 e 57/10, todos celebrados em Boa Vista, RR, no dia 26 de março de 2010, decreta:

**Art. 1º.** Passam a vigorar com a redação que se segue os dispositivos adiante indicados do Regulamento do Imposto sobre Operações Relativas à Circulação de Mercadorias e sobre Prestações de Serviços de Transporte Interestadual e Intermunicipal e de Comunicação, aprovado pelo Decreto nº 45.490, de 30 de novembro de 2000:

I – o Item 1 do parágrafo único do art. 3º do Anexo I;

II – o inciso VII do *caput* do art. 30 do Anexo I;

III – o *caput* do art. 34 do Anexo I;

IV – o item 2 do § 3º do art. 56 do Anexo I;

V – do art. 94 do Anexo I:

a) o *caput*;

b) o § 3º, passando o atual § 3º a denominar-se § 4º;

VI – o *caput* do art. 131 do Anexo I;

VII – o *caput* do art. 12 do Anexo II, mantidos os seus incisos:

• *Alterações já efetuadas no corpo do Decreto.*

**Art. 2º.** Ficam acrescentados os dispositivos adiante indicados ao Regulamento do Imposto sobre Operações Relativas à Circulação de Mercadorias e sobre Prestações de Serviços de Transporte Interestadual e Intermunicipal e de Comunicação, aprovado pelo Decreto nº 45.490, de 30 de novembro de 2000, com a seguinte redação:

I – ao *caput* do art. 92 do Anexo I, o inciso X;

II – ao § 1º do art. 97 do Anexo I, o item 3;

III – ao art. 126 do Anexo I, o § 1º, passando o atual parágrafo único a denominar-se § 2º;

IV – ao art. 128 do Anexo I, o parágrafo único;

V – ao § 1º do art. 130 do Anexo I, os itens 69 a 86;

VI – ao Anexo I, o art. 147;

VII – ao Anexo I, o art. 148:

• *Alterações já efetuadas no corpo do Decreto.*

**Art. 3º.** Ficam revogados os dispositivos adiante indicados do Regulamento do Imposto sobre Operações Relativas à Circulação de Mercadorias e sobre Prestações de Serviços de Transporte Interestadual e Intermunicipal e de Comunicação, aprovado pelo Decreto nº 45.490, de 30 de novembro de 2000:

I – o § 4º do art. 56 do Anexo I (Convênio ICMS-41/10, cláusula segunda);

II – o item 3 do § 1º do art. 94 do Anexo I (Convênio ICMS-57/10, cláusula terceira).

• *Alterações já efetuadas no corpo do Decreto.*

**Art. 4º.** Ficam convalidados os atos praticados nos termos do art. 58 das Disposições Transitórias do Regulamento do Imposto de Circulação de Mercadorias, aprovado pelo Decreto nº 17.727, de 25 de setembro de 1981, na redação dada pelo Decreto nº 30.042, de 9 de junho de 1989, por empresa produtora de discos fonográficos ou de outros suportes com som, gravados, relativamente ao lançamento, como crédito do imposto, de valores dos direitos autorais, artísticos e conexos, comprovadamente pagos a autor ou artista nacional, no período de 1º de maio de 1990 a 16 de novembro de 1999 (Convênio ICMS-35/2010).

Parágrafo único. O disposto neste artigo:

1 – não confere ao sujeito passivo qualquer direito à restituição ou compensação das importâncias já pagas;

2 – somente poderá ser concedido, a pedido do contribuinte, aos débitos ainda não inscritos em dívida ativa, nos termos de disciplina a ser estabelecida pela Secretaria da Fazenda.

**Art. 5º.** Este Decreto entra em vigor na data de sua publicação, produzindo efeitos desde 23 de abril de 2010, exceto em relação aos dispositivos a seguir enumerados que produzem efeitos:

I – desde 1º de janeiro de 2009, o inciso VII do art. 2º;

II – desde 1º de maio de 2010, os incisos IV e VI do art. 1º, os incisos I, II, III e VI do art. 2º e o inciso I do art. 3º;

III – a partir de 1º de janeiro de 2011, o inciso IV do art. 2º.

Palácio dos Bandeirantes, 10 de maio de 2010.

*Alberto Goldman – DOE de 11.5.2010*

## 457. DECRETO Nº 55.791, DE 10 DE MAIO DE 2010

*Isenta do Imposto sobre Operações Relativas à Circulação de Mercadorias e sobre Prestações de Serviços de Transporte Interestadual e Intermunicipal e de Comunicação – ICMS a importação de equipamentos hospitalares pela Fundação Pio XII – Hospital do Câncer de Barretos.*

Alberto Goldman, Governador do Estado de São Paulo, no uso de suas atribuições legais e tendo em vista o disposto no Convênio ICMS 13/10, de 26 de março de 2010, e no Parecer PA nº 35/2007, exarado pela Procuradoria Geral do Estado, decreta:

**Art. 1º.** Fica isenta do ICMS a importação, efetuada pela Fundação Pio XII – Hospital do Câncer de Barretos, inscrita no CNPJ sob número 49.150.352/0001-12, de 2 (dois) mamógrafos digitais, modelo Senographe Essential, fabricados pela General Eletric.

**Art. 2º.** Este Decreto entra em vigor na data de sua publicação, produzindo efeitos desde 23 de abril de 2010.

Palácio dos Bandeirantes, 10 de maio de 2010.

*Alberto Goldman – DOE de 11.5.2010*

## 458. DECRETO Nº 55.792, DE 10 DE MAIO DE 2010

*Isenta do Imposto sobre Operações Relativas à Circulação de Mercadorias e sobre Prestações de Serviços de Transporte Interestadual e Intermunicipal e de Comunicação – ICMS as doações destinadas às vítimas dos desastres naturais ocorridos no Haiti. (DOE de 11.5.2010)*

- *Pode ser considerado sem mais efeito em razão do cumprimento de seu prazo.*

## 459. DECRETO Nº 55.818, DE 14 DE MAIO DE 2010

*Altera o Decreto nº 53.085, de 11 de junho de 2008, que regulamenta a aplicação de penalidade relativa à violação de direito do consumidor no âmbito do Programa de Estímulo à Cidadania Fiscal do Estado de São Paulo e dá providências correlatas.*

Alberto Goldman, Governador do Estado de São Paulo, no uso de suas atribuições legais e tendo em vista o disposto na Lei nº 12.685, de 28 de agosto de 2007, decreta:

**Art. 1º.** Passa a vigorar com a seguinte redação o § 5º do art. 1º do Decreto nº 53.085, de 11 de junho de 2008:

- *Alterações já efetuadas no corpo do Decreto.*

**Art. 2º.** Ficam acrescentados ao art. 10 do Decreto nº 53.085, de 11 de junho de 2008, os §§ 2º a 4º, passando o atual parágrafo único a ser renumerado para § 1º:

- *Alterações já efetuadas no corpo do Decreto.*

**Art. 3º.** Este Decreto entra em vigor na data de sua publicação.

Palácio dos Bandeirantes, 14 de maio de 2010.

*Alberto Goldman – DOE de 15.5.2010*

## 460. DECRETO Nº 55.827, DE 17 DE MAIO DE 2010

*Dispõe sobre a repactuação do recolhimento das parcelas vencidas e não pagas de acordos de parcelamento celebrados no âmbito do Programa de Parcelamento Incentivado – PPI do ICM/ICMS do Estado de São Paulo. (DOE de 18.5.2010)*

- *Pode ser considerado sem mais efeito em razão do cumprimento de seu prazo.*

## 461. DECRETO Nº 55.867, DE 27 DE MAIO DE 2010

*Introduz alterações no Regulamento do Imposto sobre Operações Relativas à Circulação de Mercadorias e sobre Prestações de Serviços de Transporte Interestadual e Intermunicipal e de Comunicação – RICMS.*

Alberto Goldman, Governador do Estado de São Paulo, no uso de suas atribuições legais e tendo em vista o disposto no art. 67, § 1º, da Lei nº 6.374, de 1º de março de 1989, decreta:

**Art. 1º.** Passam a vigorar, com a redação que se segue, os dispositivos adiante indicados do Regulamento do Imposto sobre Operações Relativas à Circulação de Mercadorias e sobre Prestações de Serviços de Transporte Interestadual e Intermunicipal e de Comunicação – RICMS, aprovado pelo Decreto nº 45.490, de 30 de novembro de 2000:

I – o inciso IX do art. 146:

II – os seguintes dispositivos do Anexo XVIII:

a) o art. 5º:

b) o *caput* do art. 7º, mantidos seus incisos:

c) o inciso II do art. 7º:

d) o art. 8º:

e) o inciso III do art. 9º:

f) os incisos II e III do art. 10:

g) o parágrafo único do art. 10:

h) a alínea "a" do inciso I do art. 11:

**Art. 2º.** Passam a vigorar, com a redação que se segue, os arts. 3º e 4º do Decreto nº 55.421, de 10 de fevereiro de 2010, que introduziu alterações no RICMS:

• *Alterações já efetuadas no corpo do Decreto.*

**Art. 3º.** Fica revogado o art. 110 do RICMS.

• *Alterações já efetuadas no corpo do Decreto.*

**Art. 4º.** Este Decreto entra em vigor na data de sua publicação, gerando efeitos para os fatos geradores ocorridos a partir de 1º de janeiro de 2010, exceto quanto ao disposto no inciso I do art. 1º, que produzirá efeitos para os fatos geradores ocorridos a partir de 1º de setembro de 2010.

Palácio dos Bandeirantes, 27 de maio de 2010.

*Alberto Goldman – DOE de 28.5.2010*

## 462. DECRETO Nº 55.868, DE 27 DE MAIO DE 2010

*Introduz alterações no Regulamento do Imposto sobre Operações Relativas à Circulação de Mercadorias e sobre Prestações de Serviços de Transporte Interestadual e Intermunicipal e de Comunicação – RICMS.*

Alberto Goldman, Governador do Estado de São Paulo, no uso de suas atribuições legais e tendo em vista o disposto no art. 8º, incisos XXVII, XXXIV, XXXVIII, XLI e XLIII, da Lei nº 6.374, de 1º de março de 1989, decreta:

**Art. 1º.** Passam a vigorar com a redação que se segue os dispositivos adiante indicados do Regulamento do Imposto sobre Operações Relativas à Circulação de Mercadorias e sobre Prestações de Serviços de Transporte Interestadual e Intermunicipal e de Comunicação – RICMS, aprovado pelo Decreto nº 45.490, de 30 de novembro de 2000:

I – o item 44 do § 1º do art. 313-O:

II – a alínea "c" do item 7 do § 1º do art. 313-W:

III – o item 24 do § 1º do art. 313-Z13:

IV – o item 5 do § 1º do art. 313-Z17:

V – o item 23 do § 1º do art. 313-Z19:

**Art. 2º.** Ficam acrescentados os itens 59 a 65 ao § 1º do art. 313-Z19 do Regulamento do Imposto sobre Operações Relativas à Circulação de Mercadorias e sobre Prestações de Serviços de Transporte Interestadual e Intermunicipal e de Comunicação – RICMS, aprovado pelo Decreto nº 45.490, de 30 de novembro de 2000, com a seguinte redação:

**Art. 3º.** Este Decreto entra em vigor na data de sua publicação, produzindo efeitos a partir de 1º de julho de 2010.

Palácio dos Bandeirantes, 27 de maio de 2010.

*Alberto Goldman – DOE de 28.5.2010*

## 463. DECRETO Nº 55.901, DE 9 DE JUNHO DE 2010

*Institui o Programa de Incentivo ao Setor Ferroviário – Pro-Trens.*

Alberto Goldman, Governador do Estado de São Paulo, no uso de suas atribuições legais e tendo em vista o disposto nos arts. 59, 67, § 1º, 84-B e 112 da Lei nº 6.374, de 1º de março de 1989, decreta:

**Art. 1º.** Fica suspenso o lançamento do Imposto sobre Operações Relativas à Circulação de Mercadorias e sobre Prestações de Serviços de Transporte Interestadual e Intermunicipal e de Comunicação – ICMS incidente no desembaraço aduaneiro decorrente de importação do exterior das mercadorias referidas no § 1º, realizada por contribuinte localizado em território paulista, para o momento em que ocorrer a sua entrada no estabelecimento do importador.

§ 1º. A suspensão de que trata este artigo aplica-se exclusivamente às mercadorias sem similar nacional e adiante indicadas:

1 – locomotivas diesel elétricas usadas com potência máxima superior a 3.000 (três mil) HP, quando a importação for efetuada diretamente por estabelecimento que realizar serviço de reforma em locomotiva;

2 – partes, peças e componentes a serem empregados na reforma das locomotivas indicadas no item 1;

§ 2º. A comprovação de ausência de similar nacional deverá ser efetuada por meio de laudo emitido por entidade representativa do setor ferroviário de cargas com abrangência em todo o território nacional, preferencialmente da ABIFER (Associação Brasileiro da Indústria Ferroviária) e SIMEFRE (Sindicato Interestadual da Indústria de Materiais e Equipamentos Ferroviários e Rodoviários), ou por órgão federal especializado.

§ 3º. O disposto neste artigo condiciona-se a que:

1 – o desembarque e o desembaraço aduaneiro sejam realizados em território paulista;

2 – o contribuinte importador esteja em situação regular perante o fisco;

3 – o contribuinte importador não possua, por qualquer de seus estabelecimentos:

a) débitos fiscais inscritos na dívida ativa deste Estado;

b) débitos do imposto declarados e não pagos no prazo de até 30 (trinta) dias contados da data de seu vencimento;

c) débitos do imposto decorrentes de Auto de Infração e Imposição de Multa – AIIM, em relação ao qual não caiba mais defesa ou recurso na esfera administrativa, não pagos no prazo fixado para o seu recolhimento;

d) débitos decorrentes de Auto de Infração e Imposição de Multa – AIIM ainda não julgado definitivamente na esfera administrativa, relativos a crédito indevido do imposto proveniente de operações ou prestações amparadas por benefícios fiscais concedidos em desacordo com o disposto no art. 155, § 2º, XII, "g", da Constituição Federal;

4 – na hipótese de o contribuinte não atender ao disposto no item 3:

a) os débitos estejam garantidos por depósito, judicial ou administrativo, fiança bancária, seguro de obrigações contratuais ou outro tipo de garantia, a juízo da Procuradoria Geral do Estado, se inscritos na dívida ativa, ou a juízo do Coordenador da Administração Tributária, caso ainda pendentes de inscrição na dívida ativa;

b) os débitos declarados ou apurados pelo fisco sejam objeto de pedido de parcelamento deferido e celebrado, que esteja sendo regularmente cumprido;

c) o Auto de Infração e Imposição de Multa – AIIM ainda não julgado definitivamente na esfera administrativa seja garantido por depósito administrativo, fiança bancária, seguro de obrigações contratuais ou outro tipo de garantia, a juízo do Coordenador da Administração Tributária.

• *§ 3º com redação dada pelo Decreto nº 56.853, de 18.3.2011 – DOE de 19.3.2011 – Efeitos a partir de 1º.4.2011.*

§ 4º. (Revogado).

• *§ 4º revogado pelo Decreto nº 56.853, de 18.3.2011 – DOE de 19.3.2011 – Efeitos a partir de 1º.4.2011.*

§ 5º. Para os fins deste Decreto, não será considerado similar nacional o produto fabricado em unidade da Federação que, por meio de lei, decreto, termo de acordo ou qualquer outro instrumento, dê tratamento discriminatório a qualquer mercadoria produzida no Estado de São Paulo;

§ 6º. O pagamento do imposto suspenso nos termos deste artigo será efetuado conforme previsto nos incisos I e II do art. 116 do Regulamento do ICMS, aprovado pelo Decreto nº 45.490, de 30 de novembro de 2000.

**Art. 2º.** Fica diferido o lançamento do ICMS incidente na saída interna de partes, peças e componentes para o momento em que ocorrer a sua entrada no estabelecimento do contribuinte que irá aplicá-las na reforma de locomotivas diesel elétricas com potência máxima acima de 3.000 (três mil) HP.

Parágrafo único. O pagamento do imposto diferido nos termos deste artigo será efetuado conforme previsto nos incisos I e II do art. 116 do Regulamento do ICMS, aprovado pelo Decreto nº 45.490, de 30 de novembro de 2000.

**Art. 3º.** Fica diferido o lançamento do ICMS incidente na saída interna de locomotivas diesel elétricas acima de 3.000 (três mil) HP reformadas, destinadas à empresa concessionária de serviço de transporte ferroviário de cargas, para o momento em que ocorrer a sua entrada no estabelecimento adquirente para incorporação ao seu ativo imobilizado.

Parágrafo único. O imposto diferido nos termos deste artigo deverá ser pago em conta gráfica à razão de 1/48 (um quarenta e oito avos) ao mês.

**Art. 4º.** Na hipótese do estabelecimento que efetuar a reforma na locomotiva incorporar o referido bem no seu ativo imobilizado, fica dispensado o estorno do crédito efetuado por ocasião das entradas das mercadorias referidas no § 1º do art. 1º e no art. 2º

**Art. 5º.** Este Decreto entra em vigor na data de sua publicação.

Palácio dos Bandeirantes, 9 de junho de 2010.

*Alberto Goldman – DOE de 10.6.2010*

## 464. DECRETO Nº 55.906, DE 10 DE JUNHO DE 2010

*Disciplina o recolhimento do ICMS relativo ao estoque das mercadorias que especifica, recebidas antes do início da vigência do regime de retenção antecipada por substituição tributária.*

Alberto Goldman, Governador do Estado de São Paulo, no uso de suas atribuições legais e tendo em vista o disposto nos arts. 59, 60 e 66-F, inciso III, da Lei nº 6.374, de 1º de março de 1989, e no Decreto nº 55.868, de 27 de maio de 2010, decreta:

**Art. 1º.** O estabelecimento paulista, exceto o indicado no inciso I dos arts. 313-K e 313-Z19 do Regulamento do Imposto sobre Operações Relativas à Circulação de Mercadorias e sobre Prestações de Serviços de Transporte Interestadual e Intermunicipal e de Comunicação – RICMS, aprovado pelo Decreto nº 45.490, de 30 de novembro de 2000, relativamente ao estoque de mercadorias relacionadas no § 6º existente no final do dia 30 de junho de 2010, deverá:

• *Art. 1º,* caput, *com redação dada pelo Decreto nº 55.950, de 24.6.2010 – DOE de 25.6.2010 – Efeitos a partir da publicação.*

I – efetuar a contagem do estoque das mercadorias;

II – elaborar relação, indicando, para cada item:

a) o valor das mercadorias em estoque e a base de cálculo para fins de incidência do ICMS, considerando a entrada mais recente da mercadoria;

b) a alíquota interna aplicável;

c) o valor do imposto devido, calculado conforme os §§ 1º ou 2º;

d) o correspondente código na Nomenclatura Brasileira de Mercadorias – Sistema Harmonizado (NBM/SH);

III – na hipótese de estar sujeito ao Regime Periódico de Apuração – RPA, transmitir, até 15 de agosto de 2010, arquivo digital à Secretaria da Fazenda, conforme disciplina por ela estabelecida, contendo a relação de que trata o inciso II e demais informações requeridas;

IV – na hipótese de estar sujeito ao Regime Especial Unificado de Arrecadação de Tributos e Contribuições devidos pelas Microempresas e Empresas de Pequeno Porte – "Simples Nacional", manter a relação de que trata o inciso II em arquivo, pelo prazo de 5 (cinco) anos, para apresentação ao fisco, quando solicitado;

V – recolher o valor do imposto devido em razão da operação própria e das subsequentes, por meio de guia de recolhimentos especiais, conforme disciplina estabelecida pela Secretaria da Fazenda.

§ 1º. O valor do imposto devido pela operação própria e pelas subsequentes será calculado com base no Índice de Valor Adicionado Setorial – IVA-ST divulgado pela Secretaria da Fazenda:

1 – mediante a seguinte fórmula:

a) em se tratando de contribuinte sujeito ao Regime Periódico de Apuração – RPA:

*Imposto devido = (base de cálculo x alíquota interna) + (base de cálculo x IVA-ST x alíquota interna);*

b) em se tratando de contribuinte sujeito ao "Simples Nacional":

*Imposto devido = base de cálculo x IVA-ST x alíquota interna;*

2 – considerando-se, para determinação da base de cálculo, o valor da entrada mais recente da mercadoria.

§ 2º. Quando existir preço final a consumidor divulgado pela Secretaria da Fazenda, em substituição ao disposto no § 1º, o valor do imposto devido pela operação própria e pelas subsequentes deverá ser calculado:

1 – mediante a seguinte fórmula:

a) em se tratando de contribuinte sujeito ao Regime Periódico de Apuração – RPA:

*Imposto devido = base de cálculo x alíquota interna;*

b) em se tratando de contribuinte sujeito ao "Simples Nacional":

*Imposto devido = (base de cálculo da saída – base de cálculo da entrada) x alíquota interna;*

2 – considerando-se, para determinação da base de cálculo da saída, o preço final a consumidor, divulgado pela Secretaria da Fazenda;

3 – desconsiderando-se, na hipótese da alínea "b" do item 1, os itens em que a base de cálculo da entrada for igual ou superior à base de cálculo da saída.

§ 3º. O imposto devido poderá ser recolhido em até 10 (dez) parcelas mensais, iguais e sucessivas, com vencimento no último dia útil de cada mês, sendo que a primeira parcela deverá ser recolhida até 31 de agosto de 2010.

§ 4º. Na hipótese de contribuinte sujeito ao Regime Periódico de Apuração – RPA que possua saldo credor de ICMS em 30 de junho de 2010, este poderá ser utilizado para deduzir, no todo ou em parte, o imposto a recolher nos termos do inciso V, observando-se, sem prejuízo das demais exigências, o que segue:

1 – o valor do saldo credor utilizado para pagar o imposto calculado nos termos do § 1º ou § 2º deverá ser discriminado no final da relação a que se refere o inciso II;

2 – o montante de saldo credor utilizado para pagamento do imposto devido nos termos deste parágrafo será lançado no livro Registro de Apuração do ICMS – RAICMS, na folha destinada à apuração das operações e prestações próprias do período em que ocorrer o aludido levantamento de estoque, no campo "Estorno de Créditos" do quadro "Débito do Imposto", com a indicação da expressão "Liquidação (parcial ou total) do imposto devido por substituição tributária relativo ao estoque existente em __/__/__ – Decreto ___".

§ 5º. O disposto neste artigo aplica-se, também, no que couber, às mercadorias referidas no § 6º na hipótese de sua saída do estabelecimento remetente ter ocorrido até 30 de junho de 2010 e o seu recebimento ter se efetivado após essa data.

§ 6º. As mercadorias a que se refere o *caput* são as abaixo relacionadas, classificadas nos respectivos códigos da Nomenclatura Brasileira de Mercadorias – Sistema Harmonizado – NBM/SH:

1 – multiplexadores e concentradores, 8517.62.1;

2 – centrais automáticas privadas, de capacidade inferior ou igual a 25 ramais, 8517.62.22;

3 – outros aparelhos para comutação, 8517.62.39;

4 – roteadores digitais, em redes com ou sem fio, 8517.62.4;

5 – aparelhos emissores com receptor incorporado de sistema troncalizado ("trunking"), de tecnologia celular, 8517.62.62;

6 – outros aparelhos de recepção, conversão e transmissão ou regeneração de voz, imagens ou outros dados, incluindo os aparelhos de comutação e roteamento, 8517.62.9;

7 – antenas próprias para telefones celulares portáteis, exceto as telescópicas, 8517.70.21;

8 – água sanitária, branqueador ou alvejante, 3808.94.19.

- *Item 8 acrescido pelo Decreto nº 55.950, de 24.6.2010 – DOE de 25.6.2010 – Efeitos a partir da publicação.*

§ 7º. O disposto neste Decreto não se aplica na hipótese de a mercadoria referida no § 6º ter sido recebida já com a retenção antecipada do imposto por substituição tributária.

**Art. 2º.** Este Decreto entra em vigor na data de sua publicação.

Palácio dos Bandeirantes, 10 de junho de 2010.

*Alberto Goldman – DOE de 11.6.2010*

## 465. DECRETO Nº 55.937, DE 21 DE JUNHO DE 2010

*Introduz alteração no Regulamento do Imposto sobre Operações Relativas à Circulação de Mercadorias e sobre Prestações de Serviços de Transporte Interestadual e Intermunicipal e de Comunicação – RICMS.*

Alberto Goldman, Governador do Estado de São Paulo, no uso de suas atribuições legais e tendo em vista o disposto no art. 8º, inciso XXXI, da Lei nº 6.374, de 1º de março de 1989, decreta:

**Art. 1º.** Passa a vigorar com a redação que se segue o item 1 do § 1º do art. 313-K do Regulamento do Imposto sobre Operações Relativas à Circulação de Mercadorias e sobre Prestações de Serviços de Transporte Interestadual e Intermunicipal e de Comunicação – RICMS, aprovado pelo Decreto nº 45.490, de 30 de novembro de 2000:

- *Alterações já efetuadas no corpo do Decreto.*

**Art. 2º.** Este Decreto entra em vigor na data de sua publicação, produzindo efeitos a partir de 1º de julho de 2010.

Palácio dos Bandeirantes, 21 de junho de 2010.

*Alberto Goldman – DOE de 22.6.2010*

## 466. DECRETO Nº 55.950, DE 24 DE JUNHO DE 2010

*Altera o Decreto nº 55.906, de 10.6.2010, que disciplina o recolhimento do ICMS relativo ao estoque das mercadorias que especifica, recebidas antes do início da vigência do regime de retenção antecipada por substituição tributária.*

Alberto Goldman, Governador do Estado de São Paulo, no uso de suas atribuições legais e tendo em vista o disposto nos arts. 59, 60 e 66-F, inciso III, da Lei nº 6.374, de 1º de março de 1989, e no Decreto nº 55.937, de 21 de junho de 2010, decreta:

**Art. 1º.** Passa a vigorar com a redação que se segue o *caput* do art. 1º do Decreto nº 55.906, de 10 de junho de 2010, mantidos os seus incisos:

• *Alteração já efetuada no corpo do Decreto.*

**Art. 2º.** Fica acrescentado o item 8 ao § 6º do art. 1º do Decreto nº 55.906, de 10 de junho de 2010, com a seguinte redação:

• *Alteração já efetuada no corpo do Decreto.*

**Art. 3º.** Este Decreto entra em vigor na data de sua publicação.

Palácio dos Bandeirantes, 24 de junho de 2010.

*Alberto Goldman – DOE de 25.6.2010*

## 467. DECRETO Nº 55.951, DE 24 DE JUNHO DE 2010

*Introduz alteração no Regulamento do Imposto sobre Operações Relativas à Circulação de Mercadorias e sobre Prestações de Serviços de Transporte Interestadual e Intermunicipal e de Comunicação – RICMS.*

Alberto Goldman, Governador do Estado de São Paulo, no uso de suas atribuições legais e tendo em vista o disposto no art. 8º, inciso XXXVIII, da Lei nº 6.374, de 1º de março de 1989, decreta:

**Art. 1º.** Passa a vigorar com a redação que se segue o item 24 do § 1º do art. 313-Z13 do Regulamento do Imposto sobre Operações Relativas à Circulação de Mercadorias e sobre Prestações de Serviços de Transporte Interestadual e Intermunicipal e de Comunicação – RICMS, aprovado pelo Decreto nº 45.490, de 30 de novembro de 2000:

• *Alterações já efetuadas no corpo do Decreto.*

**Art. 2º.** Este Decreto entra em vigor na data de sua publicação, produzindo efeitos a partir de 1º de julho de 2010.

Palácio dos Bandeirantes, 24 de junho de 2010.

*Alberto Goldman – DOE de 25.6.2010*

## 468. DECRETO Nº 55.967, DE 30 DE JUNHO DE 2010

*Introduz alteração no Regulamento do Imposto sobre Operações Relativas à Circulação de Mercadorias e sobre Prestações de Serviços de Transporte Interestadual e Intermunicipal e de Comunicação – RICMS.*

Alberto Goldman, Governador do Estado de São Paulo, no uso de suas atribuições legais e tendo em vista o disposto no art. 112 da Lei nº 6.374, de 1º de março de 1989, decreta:

**Art. 1º.** Passa a vigorar com a redação que se segue o § 4º do art. 29 das Disposições Transitórias do Regulamento do Imposto sobre Operações Relativas à Circulação de Mercadorias e sobre Prestações de Serviços de Transporte Interestadual e Intermunicipal e de Comunicação – RICMS, aprovado pelo Decreto nº 45.490, de 30 de novembro de 2000:

• *Alterações já efetuadas no corpo do Decreto.*

**Art. 2º.** Este Decreto entra em vigor na data de sua publicação.

Palácio dos Bandeirantes, 30 de junho de 2010.

*Alberto Goldman – DOE de 1º.7.2010*

## 469. DECRETO Nº 56.018, DE 16 DE JULHO DE 2010

*Introduz alteração no Regulamento do Imposto sobre Operações Relativas à Circulação de Mercadorias e sobre Prestações de Serviços de Transporte Interestadual e Intermunicipal e de Comunicação – RICMS.*

Alberto Goldman, Governador do Estado de São Paulo, no uso de suas atribuições legais e tendo em vista o disposto no art. 112 da Lei nº 6.374, de 1º de março de 1989, decreta:

**Art. 1º.** Fica acrescentado o art. 31 ao Anexo III do Regulamento do Imposto sobre Operações Relativas à Circulação de Mercadorias e sobre Prestações de Serviços de Transporte Interestadual e Intermunicipal e de Comunicação, aprovado pelo Decreto nº 45.490, de 30 de novembro de 2000, com a seguinte redação:

• *Alterações já efetuadas no corpo do Decreto.*

**Art. 2º.** Este Decreto entra em vigor na data de sua publicação, produzindo efeitos para as operações ocorridas no período de 1º de julho de 2010 a 31 de março de 2011.

Palácio dos Bandeirantes, 16 de julho de 2010.

*Alberto Goldman – DOE de 17.7.2010*

## 470. DECRETO Nº 56.019, DE 16 DE JULHO DE 2010

*Introduz alterações no Regulamento do Imposto sobre Operações Relativas à Circulação de Mercadorias e sobre Prestações de Serviços de Transporte Interestadual e Intermunicipal e de Comunicação – ICMS e dá outras providências.*

Alberto Goldman, Governador do Estado de São Paulo, no uso de suas atribuições legais e tendo em vista o disposto nos arts. 84-B e 112 da Lei nº 6.374, de 1º de março de 1989, decreta:

**Art. 1º.** Fica acrescentado o art. 52 ao Anexo II do Regulamento do Imposto sobre Operações Relativas à Circulação de Mercadorias e sobre Prestações de Serviços de Transporte Interestadual e Intermunicipal e de Comunicação – RICMS, aprovado pelo Decreto nº 45.490, de 30 de novembro de 2000, com a seguinte redação:

• *Alterações já efetuadas no corpo do Decreto.*

**Art. 2º.** Fica revogado o art. 400-C do Regulamento do Imposto sobre Operações Relativas à Circulação de Mercadorias e sobre Prestações de Serviços de Transporte Interestadual e Intermunicipal e de Comunicação, aprovado pelo Decreto nº 45.490, de 30 de novembro de 2000.

• *Alterações já efetuadas no corpo do Decreto.*

**Art. 3º.** (Revogado).

• *Art. 3º revogado pelo Decreto nº 56.854, de 18.3.2011 – DOE de 19.3.2011 – Efeitos a partir de 1º.4.2011.*

**Art. 4º.** Este Decreto entra em vigor na data de sua publicação.

Palácio dos Bandeirantes, 16 de julho de 2010.

*Alberto Goldman – DOE de 17.7.2010*

## 471. DECRETO Nº 56.021, DE 19 DE JULHO DE 2010

*Isenta do Imposto sobre Operações Relativas à Circulação de Mercadorias e sobre Prestações de Serviços de Transporte Interestadual e Intermunicipal e de Comunicação – ICMS as doações de mercadorias para socorro e atendimento às vítimas das calamidades climáticas recentemente ocorridas nos Estados de Alagoas e Pernambuco, bem como os serviços de transportes relativos às doações. (DOE de 20.7.2010)*

• *Pode ser considerado sem mais efeito em razão do cumprimento de seu prazo.*

## 472. DECRETO Nº 56.045, DE 26 DE JULHO DE 2010

*Dispõe sobre o reconhecimento dos recolhimentos efetuados em operações de importação por conta e ordem de terceiros ao Estado do Espírito Santo. (DOE de 27.7.2010)*

• *Pode ser considerado sem mais efeito em razão do cumprimento de seu prazo.*

## 473. DECRETO Nº 56.066, DE 4 DE AGOSTO DE 2010

*Introduz alteração no Regulamento do Imposto sobre Operações Relativas à Circulação de Mercadorias e sobre Prestações de Serviços de Transporte Interestadual e Intermunicipal e de Comunicação – RICMS.*

Alberto Goldman, Governador do Estado de São Paulo, no uso de suas atribuições legais e tendo em vista o disposto nos arts. 84-B e 112 da Lei nº 6.374, de 1º de março de 1989, decreta:

**Art. 1º.** Passa a vigorar com a redação que se segue o *caput* do art. 52, mantidos seus incisos, do Anexo II do Regulamento do Imposto sobre Operações Relativas à Circulação de Mercadorias e sobre Prestações de Serviços de Transporte Interestadual e Intermunicipal e de Comunicação – RICMS, aprovado pelo Decreto nº 45.490, de 30 de novembro de 2000:

• *Alterações já efetuadas no corpo do Decreto.*

**Art. 2º.** Este Decreto entra em vigor na data de sua publicação.

Palácio dos Bandeirantes, 4 de agosto de 2010.

*Alberto Goldman – DOE de 5.8.2010*

## 474. DECRETO Nº 56.089, DE 16 DE AGOSTO DE 2010

*Introduz alterações no Regulamento do Imposto sobre Operações Relativas à Circulação de Mercadorias e sobre Prestações de Serviços de Transporte Interestadual e Intermunicipal e de Comunicação – RICMS.*

Alberto Goldman, Governador do Estado de São Paulo, no uso de suas atribuições legais e tendo em vista o disposto no art. 8º, XVII e § 10, da Lei nº 6.374, de 1º de março de 1989, decreta:

**Art. 1º.** Passam a vigorar com a redação que se segue os dispositivos adiante indicados do art. 350 do Regulamento do Imposto sobre Operações Relativas à Circulação de Mercadorias e sobre Prestações de Serviços de Transporte Interestadual e Intermunicipal e de Comunicação, aprovado pelo Decreto nº 45.490, de 30 de novembro de 2000:

I – o inciso VII:

II – o inciso VIII:

• *Alterações já efetuadas no corpo do Decreto.*

**Art. 2º.** Este Decreto entra em vigor na data de sua publicação.

Palácio dos Bandeirantes, 16 de agosto de 2010.

*Alberto Goldman – DOE de 17.8.2010*

## 475. DECRETO Nº 56.101, DE 18 DE AGOSTO DE 2010

*Introduz alterações no Regulamento do Imposto sobre Operações Relativas à Circulação de Mercadorias e sobre Prestações de Serviços de Transporte Interestadual e Intermunicipal e de Comunicação – RICMS.*

Alberto Goldman, Governador do Estado de São Paulo, no uso de suas atribuições legais e com fundamento nos arts. 46 da Lei nº 6.374, de 1º de março de 1989, decreta:

**Art. 1º.** Ficam acrescentados os dispositivos adiante indicados ao Regulamento do Imposto sobre Operações Relativas à Circulação de Mercadorias e sobre Prestações de Serviços de Transporte Interestadual e Intermunicipal e de Comunicação – RICMS, aprovado pelo Decreto nº 45.490, de 30 de novembro de 2000, com seguinte redação:

I – a alínea "d" ao inciso III do art. 73:

II – o § 2º ao art. 78:

• *Alterações já efetuadas no corpo do Decreto.*

**Art. 2º.** Este Decreto entra em vigor na data de sua publicação, produzindo efeitos a partir de 1º de abril de 2010.

Palácio dos Bandeirantes, 18 de agosto de 2010.

*Alberto Goldman – DOE de 19.8.2010*

## 476. DECRETO Nº 56.102, DE 18 DE AGOSTO DE 2010

*Regulamenta a hipótese de rompimento de parcelamento celebrado no âmbito do Programa de Parcelamento Incentivado – PPI do ICM/ICMS por inadimplemento do imposto devido relativamente a fato gerador ocorrido após a data da celebração do parcelamento.*

Alberto Goldman, Governador do Estado de São Paulo, no uso de suas atribuições legais e considerando o disposto no Convênio ICMS 125/10, de 6 de agosto de 2010, e na alínea "d" do inciso II do art. 6º do Decreto nº 51.960/2007, de 4 de julho de 2007, decreta:

**Art. 1º.** Será considerado rompido o parcelamento celebrado no âmbito do Programa de Parcelamento Incentivado – PPI do ICM/ICMS por inadimplência do contribuinte quanto ao ICMS devido, relativamente a fato gerador ocorrido após a data da celebração do parcelamento, na hipótese em que cumulativamente:

I – o débito fiscal relativo a fato gerador ocorrido após a celebração do parcelamento no PPI do ICM/ICMS for inscrito na dívida ativa a partir de 1º de setembro de 2012;

• *Inciso I com redação dada pelo Decreto nº 58.010, de 26.4.2012 – DOE de 27.4.2012 – Efeitos a partir de 1º.3.2012.*

II – o somatório dos valores dos débitos fiscais inscritos for superior ao saldo do parcelamento não liquidado, na data de inscrição dos débitos de que trata o inciso I.

Parágrafo único. Para efeito do disposto neste artigo, serão considerados todos os estabelecimentos do contribuinte beneficiário do PPI do ICM/ ICMS.

**Art. 2º.** Não será rompido o parcelamento pela hipótese prevista na alínea "d" do inciso II do art. 6º do Decreto nº 51.960/07, de 4 de julho de 2007, no caso de cessão, a título oneroso, do direito creditório originário do crédito tributário para a Companhia Paulista de Securitização, nos termos da Lei nº 13.723/09, de 29 de setembro de 2009.

**Art. 3º.** Este Decreto entra em vigor na data de sua publicação.

Palácio dos Bandeirantes, 18 de agosto de 2010.

*Alberto Goldman – DOE de 19.8.2010*

## 477. DECRETO Nº 56.105, DE 18 DE AGOSTO DE 2010

*Isenta do Imposto sobre Operações Relativas à Circulação de Mercadorias e sobre Prestações de Serviços de Transporte Interestadual e Intermunicipal e de Comunicação – ICMS a comercialização de sanduíches denominados "Big Mac" efetuada durante o evento "McDia Feliz". (DOE de 19.8.2010)*

- *Pode ser considerado sem mais efeito em razão do cumprimento de seu prazo.*

## 478. DECRETO Nº 56.112, DE 19 DE AGOSTO DE 2010

*Implementa o Convênio ICMS 82, de 27 de maio de 2010.*

Alberto Goldman, Governador do Estado de São Paulo, no uso de suas atribuições legais e tendo em vista o disposto no Convênio ICMS 82, de 27 de maio de 2010, decreta:

**Art. 1º.** Ficam convalidados os atos praticados pelas empresas produtoras de discos fonográficos e de outros materiais de gravação de som relativamente à dedução, do montante do Imposto sobre Operações Relativas à Circulação de Mercadorias e sobre Prestação de Serviços de Transporte Interestadual e Intermunicipal e de Comunicação – ICMS, do valor dos direitos autorais, artísticos e conexos, comprovadamente pagos pela empresa, no mesmo período, aos autores e artistas, nacionais ou domiciliados no país, assim como seus herdeiros e sucessores, mesmo através de entidades que os representem, no período compreendido entre os dias 1º de maio de 1989 e 16 de novembro de 1999.

Parágrafo único. O disposto neste artigo:

1 – não confere ao sujeito passivo qualquer direito à restituição ou compensação das importâncias já pagas;

2 – será concedido, a pedido do contribuinte, aos débitos ainda não inscritos em dívida ativa, desde que o beneficiário:

a) relativamente aos débitos fiscais incluídos no pedido, renuncie a qualquer defesa ou recurso administrativo, bem como desista dos já interpostos;

b) quite todos os demais débitos tributários pendentes ou remanescentes para com o Estado de São Paulo, não beneficiados na forma deste convênio, ou solicite parcelamento em relação a eles, na forma regulamentar, protocolizando o pedido até 31 de agosto de 2010.

**Art. 2º.** O Tribunal de Impostos e Taxas, relativamente aos autos de infração e imposição de multa – AIIMs pendentes de julgamento, em qualquer instância administrativa:

I – verificará o atendimento do disposto na alínea "a" do item 2 do parágrafo único do art. 1º deste Decreto;

II – remeterá os autos à Coordenadoria da Administração Tributária, para apuração da ocorrência do disposto nos itens 1 e 2, "b", do parágrafo único, bem como do *caput*, do art. 1º deste Decreto.

**Art. 3º.** Este Decreto entra em vigor na data de sua publicação.

Palácio dos Bandeirantes, 19 de agosto de 2010.

*Alberto Goldman – DOE de 20.8.2010*

## 479. DECRETO Nº 56.133, DE 25 DE AGOSTO DE 2010

*Introduz alterações no Regulamento do Imposto sobre Operações Relativas à Circulação de Mercadorias e sobre Prestações de Serviços de Transporte Interestadual e Intermunicipal e de Comunicação – RICMS.*

Alberto Goldman, Governador do Estado de São Paulo, no uso de suas atribuições legais e tendo em vista o disposto nos arts. 46 e 67, § 1º, da Lei nº 6.374, de 1º de março de 1989, decreta:

**Art. 1º.** Passam a vigorar com a redação que se segue os dispositivos adiante indicados do Regulamento do Imposto sobre Operações Relativas à Circulação de Mercadorias e sobre Prestações de Serviços de Transporte Interestadual e Intermunicipal e de Comunicação, aprovado pelo Decreto nº 45.490, de 30 de novembro de 2000:

I – o art. 70:

II – a alínea "a" do item 2 do § 1º do art. 81:

- *Alterações já efetuadas no corpo do Decreto.*

**Art. 2º.** Fica acrescentada, com a redação que se segue, a Subseção VII da Seção V do Capítulo IV do Titulo III do Livro I, composta pelos arts. 70-A a 70-H do Regulamento do Imposto sobre Operações Relativas à Circulação de Mercadorias e sobre Prestações de Serviços de Transporte Interestadual e Intermunicipal e de Comunicação, aprovado pelo Decreto nº 45.490, de 30 de novembro de 2000:

- *Alterações já efetuadas no corpo do Decreto.*

**Art. 3º.** Este Decreto entra em vigor na data de sua publicação, produzindo efeitos a partir de 1º de janeiro de 2012.

- *Art. 3º com redação dada pelo Decreto nº 57.084, de 27.6.2011 – DOE de 28.6.2011 – Efeitos a partir da publicação.*

Palácio dos Bandeirantes, 25 de agosto de 2010.

*Alberto Goldman – DOE de 26.8.2010*

## 480. DECRETO Nº 56.134, DE 25 DE AGOSTO DE 2010

*Fixa prazos especiais para recolhimento do ICMS nas saídas de mercadorias decorrentes do evento que especifica e dá outras providências. [Office Paper – Brasil Escolar – 24ª Feira Internacional de Produtos, Suprimentos e Acessórios para Escritórios, Papelarias e Escolas] (DOE de 26.8.2010)*

- *Pode ser considerado sem mais efeito em razão do cumprimento de seu prazo.*

## 481. DECRETO Nº 56.179, DE 10 DE SETEMBRO DE 2010

*Dispõe sobre o cancelamento de débitos fiscais relativos ao Imposto sobre Operações Relativas à Circulação de Mercadorias (ICM) e ao Imposto sobre Operações Relativas à Circulação de Mercadorias e sobre Prestações de Serviços de Transporte Interestadual e Intermunicipal e de Comunicação (ICMS), nas condições que especifica.*

Alberto Goldman, Governador do Estado de São Paulo, no uso de suas atribuições legais, tendo em vista o disposto no Convênio ICMS 119/10, celebrado em Porto Velho, RO, no dia 9 de julho de 2010, e no Parecer PA nº 35/2007, exarado pela Procuradoria Geral do Estado, decreta:

**Art. 1º.** Ficam cancelados por remissão os débitos fiscais constituídos relativos ao ICM e ao ICMS, inclusive os espontaneamente denunciados pelo interessado, inscritos ou não em dívida ativa, ainda que ajuizados, desde que em 31 de dezembro de 2009, cumulativamente:

I – a soma dos débitos seja igual ou inferior a R$ 3.170,00 (três mil, cento e setenta reais);

II – os débitos estejam vencidos há 5 (cinco) anos ou mais.

§ 1º. Considera-se débito fiscal a soma do principal, multas, juros e demais acréscimos previstos na legislação, exceto os honorários advocatícios eventualmente devidos.

§ 2º. Para fins do limite previsto no inciso I, deverá ser considerado:

1 – relativamente aos débitos inscritos, o valor ou saldo remanescente relativo à certidão de dívida ativa, ainda que composta por mais de um débito fiscal;

2 – relativamente aos débitos não inscritos, o valor declarado na Guia de Informação e Apuração (GIA) referente a cada período de apuração.

§ 3º. O disposto neste artigo aplica-se inclusive aos débitos com exigibilidade suspensa em 31 de dezembro de 2009, ressalvado o previsto no inciso III do art. 4º.

**Art. 2º.** Ficam cancelados por remissão os débitos fiscais relativos ao ICM e ao ICMS, qualquer que seja o valor, constituídos ou não, inclusive os espontaneamente denunciados pelo interessado, inscritos ou não em dívida ativa, ainda que ajuizados, cujos fatos geradores tenham ocorrido há mais de 15 (quinze) anos contados da data da publicação deste Decreto, desde que há mais de 5 (cinco) anos, alternativamente:

I – o estabelecimento esteja inativo e o titular ou sócio gerente em local incerto e não sabido;

II – o processo administrativo ou judicial do crédito tributário correspondente esteja sem tramitação.

Parágrafo único. Para fins deste artigo, considera-se débito fiscal a soma do principal, multas, juros e demais acréscimos previstos na legislação, exceto os honorários advocatícios eventualmente devidos, na seguinte conformidade:

1 – relativamente aos débitos inscritos, deverá ser considerada individualmente cada certidão de dívida ativa;

2 – relativamente aos débitos não inscritos, deverá ser considerado individualmente cada processo administrativo ou cada fato gerador.

**Art. 3º.** O cancelamento de débito fiscal previsto neste Decreto, quando ajuizada a correspondente execução fiscal, independe do recolhimento das custas, despesas processuais e honorários advocatícios, inclusive se devidos em sede de embargos à execução fiscal.

**Art. 4º.** O disposto neste Decreto:

I – não autoriza a restituição ou compensação de importância já recolhida;

II – não autoriza o levantamento, pelo contribuinte-nou pelo interessado, de importância depositada em juízo, quando houver decisão transitada em julgado a favor do Estado;

III – não se aplica aos débitos parcelados, inclusive os decorrentes do Decreto nº 51.960, de 4 de julho de 2007, cujo parcelamento esteja em andamento na data da publicação deste Decreto ou, caso já integralmente pago, encontre-se pendente de formalização administrativa do movimento de liquidação.

**Art. 5º.** As providências necessárias para o cancelamento dos débitos fiscais de que trata este Decreto serão determinadas e adotadas pela Procuradoria Geral do Estado ou pela Secretaria da Fazenda, no âmbito de suas atribuições.

**Art. 6º.** Este Decreto entra em vigor na data de sua publicação.

Palácio dos Bandeirantes, 10 de setembro de 2010.

*Alberto Goldman – DOE de 11.9.2010*

## 482. DECRETO Nº 56.271, DE 8 DE OUTUBRO DE 2010

*Autoriza a Secretaria da Fazenda a representar o Estado na celebração de convênios com Municípios paulistas, visando a cooperação técnica na área de administração tributária e dá providências correlatas.*

Alberto Goldman, Governador do Estado de São Paulo, no uso de suas atribuições legais e com fundamento no art. 199 da Lei nº 5.172, de 25 de outubro de 1966, (Código Tributário Nacional), decreta:

**Art. 1º.** Fica a Secretaria da Fazenda autorizada a representar o Estado de São Paulo na celebração de convênios com municípios paulistas, visando a cooperação técnica na área de administração tributária.

Parágrafo único. Os Convênios de que trata o *caput* deste artigo deverão obedecer às minutas-padrão constantes dos Anexos I, II e III deste Decreto, conforme o caso, podendo o Secretário da Fazenda promover as adaptações que venham a se tornar necessárias em razão das pecularidades de cada partícipe, vedada a alteração do objeto.

**Art. 2º.** A instrução dos processos referentes a cada convênio deverá incluir parecer da Consultoria Jurídica que serve a Secretaria da Fazenda e observar, no que couber, o disposto no Decreto nº 40.722, de 20 de março de 1996.

**Art. 3º.** Os Convênios já celebrados e implementados até a data da publicação deste Decreto, havendo interesse do Município, poderão ser renovados segundo normas a serem expedidas pela Secretaria da Fazenda.

**Art. 4º.** Este Decreto entra em vigor na data de sua publicação, ficando revogado o Decreto nº 40.450, de 16 de novembro de 1995.

Palácio dos Bandeirantes, 8 de outubro de 2010.

*Alberto Goldman – DOE de 9.10.2010*

**Anexos**

Anexo I a que se refere o parágrafo único do art. 1º do Decreto nº 56.271, de 8 de outubro de 2010 – Termo de Convênio que entre si celebram o Estado de São Paulo, por intermédio da Secretaria da Fazenda, e o Município de, visando a instalação de Unidades de Atendimento ao Público (UAP)

Anexo II a que se refere o parágrafo único do art. 1º do Decreto nº 56.271, de 8 de outubro de 2010 – Termo de Convênio que entre si celebram o Estado de São Paulo, por intermédio da Secretaria da Fazenda, e o Município de, visando a cooperação técnica na área de administração tributária

Anexo III a que se refere o parágrafo único do art. 1º do Decreto nº 56.271, de 8 de outubro de 2010 – Termo de Convênio que entre si celebram o Estado de São Paulo, por intermédio da Secretaria da Fazenda, e o Município de, visando o incremento da arrecadação de tributos e o intercâmbio de dados cadastrais e informações econômico-fiscais

• *Anexos disponívesi no site:*
*<http: www.al.sp.gov.br alesp legislacao.html>.*

## 483. DECRETO Nº 56.276, DE 13 DE OUTUBRO DE 2010

*Introduz alterações no Regulamento do Imposto sobre Operações Relativas à Circulação de Mercadorias e sobre Prestações de Serviços de Transporte Interestadual e Intermunicipal e de Comunicação – RICMS.*

Alberto Goldman, Governador do Estado de São Paulo, no uso de suas atribuições legais e tendo em vista o disposto na Lei nº 13.918, de 22 de dezembro de 2009, decreta:

**Art. 1º.** Passam a vigorar com a redação que se segue os dispositivos adiante indicados do Regulamento do Imposto sobre Operações Relativas à Circulação de Mercadorias e sobre Prestações de Serviços de Transporte Interestadual e Intermunicipal e de Comunicação, aprovado pelo Decreto nº 45.490, de 30 de novembro de 2000:

I – do art. 124:

a) o *caput*, mantidos os seus incisos:

b) o § 1º:

II – o art. 502:

III – o item 2 do parágrafo único do art. 505:

IV – o parágrafo único do art. 521:

V – do art. 570:

a) o *caput*:

b) o § 1º:

c) o § 5º:

d) o § 6º:

VI – o art. 577:

VII – do art. 580:

a) o *caput*:

b) o § 3º:

VIII – o *caput* do art. 581:

IX – o art. 582:

X – o *caput* do art. 583:

**Art. 2º.** Ficam acrescentados os dispositivos adiante indicados ao Regulamento do Imposto sobre Operações Relativas à Circulação de Mercadorias e sobre Prestações de Serviços de Transporte Interestadual e Intermunicipal e de Comunicação, aprovado pelo Decreto nº 45.490, de 30 de novembro de 2000, com a seguinte redação:

I – o art. 570-A:

II – ao art. 580, o § 4º:

III – o art. 581-A:

• *Alterações já efetuadas no corpo do Decreto.*

**Art. 3º.** Fica revogado o art. 584 do Regulamento do Imposto sobre Operações Relativas à Circulação de Mercadorias e sobre Prestações de Serviços de Transporte Interestadual e Intermunicipal e de Comunicação – RICMS, aprovado pelo Decreto nº 45.490, de 30 de novembro de 2000.

• *Alterações já efetuadas no corpo do Decreto.*

**Art. 4º.** Este Decreto entra em vigor na data de sua publicação, exceto os dispositivos adiante indicados, que passam a produzir efeitos a partir de 1º de janeiro de 2011:

I – os incisos V a X do art. 1º;

II – o art. 2º;

III – o art. 3º.

Palácio dos Bandeirantes, 13 de outubro de 2010.

*Alberto Goldman – DOE de 14.10.2010*

## 484. DECRETO Nº 56.321, DE 26 DE OUTUBRO DE 2010

*Introduz alterações no Regulamento do Imposto sobre Operações Relativas à Circulação de Mercadorias e sobre Prestações de Serviços de Transporte Interestadual e Intermunicipal e de Comunicação – RICMS.*

Alberto Goldman, Governador do Estado de São Paulo, no uso de suas atribuições legais e tendo em vista o disposto nos Convênios ICMS-90/10, 96/10, 97/10 e 100/10 e nos Ajustes SINIEF-4/10 e 6/10, todos celebrados em Porto Velho, RO, no dia 9 de julho de 2010, e no Ajuste SINIEF-14/09, celebrado em Gramado, RS, no dia 11 de dezembro de 2009, decreta:

**Art. 1º.** Passam a vigorar com a redação que se segue os dispositivos adiante indicados do Regulamento do Imposto sobre Operações Relativas à Circulação de

Mercadorias e sobre Prestações de Serviços de Transporte Interestadual e Intermunicipal e de Comunicação, aprovado pelo Decreto nº 45.490, de 30 de novembro de 2000:

I – do Anexo I:

a) o *caput* do art. 14:

b) o *caput* do art. 38, mantidos os seus incisos:

c) o § 4º do art. 38:

d) o parágrafo único do art. 120:

II – da Tabela I do Anexo V:

a) os códigos 1.126, 2.126 e 3.126 e suas respectivas Notas Explicativas:

b) os códigos 5.210, 6.210 e 7.210 e suas respectivas Notas Explicativas:

c) os códigos 5.923 e 6.923 e suas respectivas Notas Explicativas:

III – o item 2 do § 1º do art. 9º do Anexo VII:

• *Alterações já efetuadas no corpo do Decreto.*

**Art. 2º.** Ficam acrescentados os dispositivos adiante indicados ao Regulamento do Imposto sobre Operações Relativas à Circulação de Mercadorias e sobre Prestações de Serviços de Transporte Interestadual e Intermunicipal e de Comunicação, aprovado pelo Decreto nº 45.490, de 30 de novembro de 2000, com a seguinte redação:

I – ao art. 147, o § 4º:

II – ao art. 92 do Anexo I, o inciso XI:

III – à Tabela I do Anexo V:

a) os códigos 1.128, 2.128 e 3.128 e suas respectivas Notas Explicativas:

b) os códigos 1.934 e 2.934 e suas respectivas Notas Explicativas:

c) os códigos 5.934 e 6.934 e suas respectivas Notas Explicativas:

• *Alterações já efetuadas no corpo do Decreto.*

**Art. 3º.** Este Decreto entra em vigor na data de sua publicação, produzindo efeitos:

I – desde 1º de julho de 2010, a alínea "c" do inciso II e o inciso III, ambos do art. 1º, e as alíneas "b" e "c" do inciso III do art. 2º;

II – desde 30 de julho de 2010, a alínea "d" do inciso I do art. 1º;

III – desde 1º de setembro de 2010, as alíneas "a", "b" e "c" do inciso I do art. 1º e os incisos I e II do art. 2º;

IV – a partir de 1º de janeiro de 2011, as alíneas "a" e "b" do inciso II do art. 1º e a alínea "a" do inciso III do art. 2º.

Palácio dos Bandeirantes, 26 de outubro de 2010.

*Alberto Goldman – DOE de 27.10.2010*

## 485. DECRETO Nº 56.332, DE 27 DE OUTUBRO DE 2010

*Introduz alterações no Regulamento do Imposto sobre Operações Relativas à Circulação de Mercadorias e sobre Prestações de Serviços de Transporte Interestadual e Intermunicipal e de Comunicação – RICMS.*

Alberto Goldman, Governador do Estado de São Paulo, no uso de suas atribuições legais e tendo em vista o disposto no art. 112 da Lei nº 6.374, de 1º de março de 1989, decreta:

**Art. 1º.** Passa a vigorar com a redação que se segue o § 4º do art. 29 das Disposições Transitórias do Regulamento do Imposto sobre Operações Relativas à Circulação de Mercadorias e sobre Prestações de Serviços de Transporte Interestadual e Intermunicipal e de Comunicação – RICMS, aprovado pelo Decreto nº 45.490, de 30 de novembro de 2000:

• *Alterações já efetuadas no corpo do Decreto.*

**Art. 2º.** Ficam acrescentados os itens 144 a 201 ao § 3º do art. 29 das Disposições Transitórias do Regulamento do Imposto sobre Operações Relativas à Circulação de Mercadorias e sobre Prestações de Serviços de Transporte Interestadual e Intermunicipal e de Comunicação – RICMS, aprovado pelo Decreto nº 45.490, de 30 de novembro de 2000, com a seguinte redação:

• *Alterações já efetuadas no corpo do Decreto.*

**Art. 3º.** Este Decreto entra em vigor na data de sua publicação.

Palácio dos Bandeirantes, 27 de outubro de 2010.

*Alberto Goldman – DOE de 28.10.2010*

## 486. DECRETO Nº 56.333, DE 27 DE OUTUBRO DE 2010

*Introduz alteração no Regulamento do Imposto sobre Operações Relativas à Circulação de Mercadorias e sobre Prestações de Serviços de Transporte Interestadual e Intermunicipal e de Comunicação – RICMS.*

Alberto Goldman, Governador do Estado de São Paulo, Alberto Goldman, Governador do Estado de São Paulo, no uso de suas atribuições legais e tendo em vista o disposto no art. 8º, XXIV e §§ 10, 11 e 12 da Lei nº 6.374, de 1º de março de 1989, decreta:

**Art. 1º.** Fica acrescentada, com a redação que se segue, a Seção XXVI ao Capítulo IV do Título II do Livro II do Regulamento do Imposto sobre Operações Relativas à Circulação de Mercadorias e sobre Prestações de Serviços de Transporte Interestadual e Intermunicipal e de Comunicação, aprovado pelo Decreto nº 45.490, de 30 de novembro de 2000, composta pelos arts. 400-H e 400-I:

• *Alterações já efetuadas no corpo do Decreto.*

**Art. 2º.** Este Decreto entra em vigor na data de sua publicação

Palácio dos Bandeirantes, 27 de outubro de 2010.

*Alberto Goldman – DOE de 28.10.2010*

## 487. DECRETO Nº 56.334, DE 27 DE OUTUBRO DE 2010

*Introduz alterações no Regulamento do Imposto sobre Operações Relativas à Circulação de Mercadorias e sobre Prestações de Serviços de Transporte Interestadual e Intermunicipal e de Comunicação – RICMS.*

Alberto Goldman, Governador do Estado de São Paulo, no uso de suas atribuições legais e considerando o disposto nos Protocolos ICMS-104/08, 105/08, 106/08 e 107/08, de 16 de novembro de 2008, 159/09, de 1º de outubro de 2009, e 77/10, de 26 de março de 2010, decreta:

**Art. 1º.** Passam a vigorar com a redação que se segue os dispositivos adiante indicados do Regulamento do Imposto sobre Operações Relativas à Circulação de Mercadorias e sobre Prestações de Serviços de Transporte Interestadual e Intermunicipal e de Comunicação, aprovado pelo Decreto nº 45.490, de 30 de novembro de 2000:

I – o art. 78:

II – do Anexo VI:

a) o item 1 da Parte I da Tabela XXII – CAMA, COLCHÕES, TRAVESSEIROS E PILLOW:

b) os itens 1 e 5 da Parte I da Tabela XXIII – COSMÉTICOS, PERFUMARIA, ARTIGOS DE HIGIENE PESSOAL E TOUCADOR:

c) os itens 1 e 5 da Parte II da Tabela XXIII – COSMÉTICOS, PERFUMARIA, ARTIGOS DE HIGIENE PESSOAL E TOUCADOR:

d) o item 2 da Parte I da Tabela XXIV – MATERIAIS DE CONSTRUÇÃO:

e) o item 1 da Parte II da Tabela XXIV – MATERIAIS DE CONSTRUÇÃO:

f) o item 1 da Parte I da Tabela XXIX – MATERIAIS DE LIMPEZA:

g) o item 1 da Parte II da Tabela XXIX – MATERIAIS DE LIMPEZA:

• *Alterações já efetuadas no corpo do Decreto.*

**Art. 2º.** Fica acrescentada a Tabela XL ao Anexo VI do Regulamento do Imposto sobre Operações Relativas à Circulação de Mercadorias e sobre Prestações de Serviços de Transporte Interestadual e Intermunicipal e de Comunicação, aprovado pelo Decreto nº 45.490, de 30 de novembro de 2000, com a seguinte redação:

• *Alterações já efetuadas no corpo do Decreto.*

**Art. 3º.** Fica revogado o item 1 da Parte II da Tabela XXII do Anexo VI do Regulamento do Imposto sobre Operações Relativas à Circulação de Mercadorias e sobre Prestações de Serviços de Transporte Interestadual e Intermunicipal e de Comunicação, aprovado pelo Decreto nº 45.490, de 30 de novembro de 2000.

• *Alterações já efetuadas no corpo do Decreto.*

**Art. 4º.** Este Decreto entra em vigor na data de sua publicação.

Palácio dos Bandeirantes, 27 de outubro de 2010.

*Alberto Goldman – DOE de 28.10.2010*

## 488. DECRETO Nº 56.335, DE 27 DE OUTUBRO DE 2010

*Introduz alteração no Regulamento do Imposto sobre Operações Relativas à Circulação de Mercadorias e sobre Prestações de Serviços de Transporte Interestadual e Intermunicipal e de Comunicação – RICMS.*

Alberto Goldman, Governador do Estado de São Paulo, no uso de suas atribuições legais e tendo em vista o disposto nos arts. 84-B e 112, da Lei nº 6.374, de 1º de março de 1989, decreta:

**Art. 1º.** Fica acrescentado o art. 149 ao Anexo I do Regulamento do Imposto sobre Operações Relativas à Circulação de Mercadorias e sobre Prestações de Serviços de Transporte Interestadual e Intermunicipal e de Comunicação, aprovado pelo Decreto nº 45.490, de 30 de novembro de 2000, com a seguinte redação:

• *Alterações já efetuadas no corpo do Decreto.*

**Art. 2º.** Este Decreto entra em vigor na data de sua publicação.

Palácio dos Bandeirantes, 27 de outubro de 2010.

*Alberto Goldman – DOE de 20.10.2010*

## 489. DECRETO Nº 56.336, DE 27 DE OUTUBRO DE 2010

*Introduz alteração no Regulamento do Imposto sobre Operações Relativas à Circulação de Mercadorias e sobre Prestações de Serviços de Transporte Interestadual e Intermunicipal e de Comunicação – RICMS, e dá outras providências.*

Alberto Goldman, Governador do Estado de São Paulo, no uso de suas atribuições legais e tendo em vista o disposto no art. 8º, XXIV e § 10, da Lei nº 6.374, de 1º de março de 1989, decreta:

**Art. 1º.** Fica acrescentada, com a redação que se segue, a Seção XV-A ao Capitulo IV do Título II do Livro II do Regulamento do Imposto sobre Operações Relativas à Circulação de Mercadorias e sobre Prestações de Serviços de Transporte Interestadual e Intermunicipal e de Comunicação, aprovado pelo Decreto nº 45.490, de 30 de novembro de 2000, composta pelos arts. 395-A e 395-B:

• *Alterações já efetuadas no corpo do Decreto.*

**Art. 2º.** Os regimes especiais vigentes na data da publicação deste Decreto produzirão efeitos até o prazo fixado para seu termo final, podendo ser revalidado.

**Art. 3º.** Este Decreto entra em vigor na data de sua publicação

Palácio dos Bandeirantes, 27 de outubro de 2010.

*Alberto Goldman – DOE de 28.10.2010*

## 490. DECRETO Nº 56.337, DE 27 DE OUTUBRO DE 2010

*Introduz alteração no Regulamento do Imposto sobre Operações Relativas à Circulação de Mercadorias e sobre Prestações de Serviços de Transporte Interestadual e Intermunicipal e de Comunicação – RICMS.*

Alberto Goldman, Governador do Estado de São Paulo, no uso de suas atribuições legais e tendo em vista o disposto no § 9º do art. 34 da Lei nº 6.374, de 1º de março de 1989, decreta:

**Art. 1º.** Fica acrescentado o art. 53 ao Anexo II do Regulamento do Imposto sobre Operações Relativas à Circulação de Mercadorias e sobre Prestações de Serviços de Transporte Interestadual e Intermunicipal e de Comunicação – RICMS, aprovado pelo Decreto nº 45.490, de 30 de novembro de 2000, com a seguinte redação:

• *Alterações já efetuadas no corpo do Decreto.*

**Art. 2º.** Este Decreto entra em vigor na data de sua publicação, produzindo efeitos para os fatos geradores ocorridos a partir de 1º de novembro de 2010.

Palácio dos Bandeirantes, 27 de outubro de 2010.

*Alberto Goldman – DOE de 28.10.2010*

## 491. DECRETO Nº 56.338, DE 27 DE OUTUBRO DE 2010

*Introduz alteração no Regulamento do Imposto sobre Operações Relativas à Circulação de Mercadorias e sobre Prestações de Serviços de Transporte Interestadual e Intermunicipal e de Comunicação – RICMS e dá outras providências.*

Alberto Goldman, Governador do Estado de São Paulo, no uso de suas atribuições legais e tendo em vista o disposto no § 20-A do art. 18 da Lei Complementar Federal nº 123, de 14 de dezembro de 2006, decreta:

**Art. 1º.** Fica acrescentado o parágrafo único ao art. 8º do Regulamento do Imposto sobre Operações Relativas à Circulação de Mercadorias e sobre Prestações de Serviços de Transporte Interestadual e Intermunicipal e de Comunicação – RICMS, aprovado pelo Decreto nº 45.490, de 30 de novembro de 2000, com a seguinte redação:

- *Alterações já efetuadas no corpo do Decreto.*

**Art. 2º.** Ficam convalidados os procedimentos adotados, até 31 de outubro de 2010, pelos contribuintes sujeitos às normas do "Simples Nacional", relativamente às operações e prestações previstas no Anexo I do RICMS.

**Art. 3º.** Este Decreto entra em vigor na data de sua publicação, produzindo efeitos para os fatos geradores ocorridos a partir de 1º de novembro de 2010.

Palácio dos Bandeirantes, 27 de outubro de 2010.

*Alberto Goldman – DOE de 28.10.2010*

## 492. DECRETO Nº 56.339, DE 27 DE OUTUBRO DE 2010

*Altera o Decreto nº 53.051, de 3 de junho de 2008, que institui o Programa de Incentivo ao Investimento pelo Fabricante de Veículo Automotor – ProVeículo. (DOE de 28.10.2010)*

- *Os dispositivos citados foram posteriormente alterados pelo Decreto nº 56.847, de 18.3.2011 – DOE de 19.3.2011 – Efeitos a partir de 1º.4.2011.*

## 493. DECRETO Nº 56.340, DE 27 DE OUTUBRO DE 2010

*Altera o Decreto nº 53.826, de 16 de dezembro de 2008, que institui incentivos no âmbito dos parques tecnológicos integrantes do Sistema Paulista de Parques Tecnológicos, de que tratam a Lei Complementar nº 1.049, de 19 de junho de 2008, e o Decreto nº 50.504, de 6 de fevereiro de 2006. (DOE de 28.10.2010)*

- *O dispositivo citado foi posteriormente alterado pelo Decreto nº 56.848, de 18.3.2011 – DOE de 19.3.2011 – Efeitos a partir de 1º.4.2011.*

## 494. DECRETO Nº 56.341, DE 27 DE OUTUBRO DE 2010

*Alterava o Decreto nº 56.102, de 18 de agosto de 2010, que regulamenta a hipótese de rompimento de parcelamento celebrado no âmbito do Programa de Parcelamento Incentivado – PPI do ICM/ICMS por inadimplemento do imposto devido relativamente a fato gerador ocorrido após a data da celebração do parcelamento. (DOE de 28.10.2010)*

- *Este dispositivo foi posteriormente alterado pelo Decreto nº 56.841, de 16.3.2011 – DOE de 17.3.2011 – Efeitos a partir de 1º.3.2011.*

## 495. DECRETO Nº 56.344, DE 28 DE OUTUBRO DE 2010

*Altera dispositivos que especifica no Decreto nº 55.636, de 26 de março de 2010, que regulamenta o art. 16 da Lei nº 13.918, de 22 de dezembro de 2009.*

Alberto Goldman, Governador do Estado de São Paulo, no uso de suas atribuições legais, decreta:

**Art. 1º.** Os dispositivos adiante enumerados do Decreto nº 55.636, de 26 de março de 2010, passam a vigorar com a seguinte redação:

I – o art. 1º:

II – o art. 7º:

III – o *caput* do art. 9º:

- *Alterações já efetuadas no corpo do Decreto.*

**Art. 2º.** Fica incluído no art. 9º do Decreto nº 53.636, de 26 de março de 2010, o inciso V, com a seguinte redação:

- *Alteração já efetuada no corpo do Decreto.*

**Art. 3º.** Este Decreto entra em vigor na data de sua publicação.

Palácio dos Bandeirantes, 28 de outubro de 2010.

*Alberto Goldman – DOE de 29.10.2010*

## 496. DECRETO Nº 56.457, DE 30 DE NOVEMBRO DE 2010

*Introduz alterações no Regulamento do Imposto sobre Operações Relativas à Circulação de Mercadorias e sobre Prestações de Serviços de Transporte Interestadual e Intermunicipal e de Comunicação – RICMS, e dá outras providências.*

Alberto Goldman, Governador do Estado de São Paulo, no uso de suas atribuições legais e tendo em vista o disposto no Convênio ICMS-116/09, celebrado em Gramado, RS, no dia 11 de dezembro de 2009, no Convênio ICMS-73/10, celebrado em Brasília, DF, no dia 3 de maio de 2010, nos Convênios ICMS-126/10, 128/10, 131/10, 140/10, 144/10, 148/10, 149/10, 150/10, 153/10, 159/10 e Ajustes SINIEF-12/10 e 13/10, todos celebrados em Belo Horizonte, MG, no dia 24 de setembro de 2010, e no Convênio ICMS-160/10, celebrado em Brasília, DF, no dia 7 de outubro de 2010, decreta:

**Art. 1º.** Passam a vigorar com a redação que se segue os dispositivos adiante indicados do Regulamento do Imposto sobre Operações Relativas à Circulação de Mercadorias e sobre Prestações de Serviços de Transporte Interestadual e Intermunicipal e de Comunicação – RICMS, aprovado pelo Decreto nº 45.490, de 30 de novembro de 2000:

I – o art. 70-G:

II – o art. 305:

III – o *caput* do art. 316:

IV – o *caput* do art. 16 do Anexo I, mantidos os seus incisos:

V – o § 1º do art. 74 do Anexo I:

VI – do art. 88 do Anexo I:

a) o *caput*, mantidos os seus incisos:

b) a alínea "a" do inciso I:

c) o item 2 do § 1º:

d) o § 7º:

VII – o *caput* do art. 94 do Anexo I:

VIII – o *caput* do art. 12 do Anexo II, mantidos os seus incisos:

• *Alterações já efetuadas no corpo do Decreto.*

**Art. 2º.** Ficam acrescentados os dispositivos adiante indicados ao Regulamento do Imposto sobre Operações Relativas à Circulação de Mercadorias e sobre Prestações de Serviços de Transporte Interestadual e Intermunicipal e de Comunicação, aprovado pelo Decreto nº 45.490, de 30 de novembro de 2000, com a seguinte redação:

I – ao art. 135, o § 8º:

II – o § 6º ao art. 316:

III – do art. 2º do Anexo I:

a) ao item 1 do § 1º, as alíneas "t" e "u":

b) ao item 1 do § 2º, a alínea "i":

c) ao item 2 do § 2º, a alínea "h":

IV – ao inciso II do art. 56 do Anexo I, a alínea "g":

V – ao art. 92 do Anexo I, o inciso XII:

VI – ao § 1º do art. 130 do Anexo I, os itens 87 a 90:

VII – ao Anexo I, o art. 150:

VIII – ao art. 8º do Anexo XVII:

a) o § 3º:

b) o § 4º:

c) o § 5º:

• *Alterações já efetuadas no corpo do Decreto.*

**Art. 3º.** Ficam revogados os seguintes dispositivos do Regulamento do Imposto sobre Operações Relativas à Circulação de Mercadorias e sobre Prestações de Serviços de Transporte Interestadual e Intermunicipal e de Comunicação, aprovado pelo Decreto nº 45.490, de 30 de novembro de 2000.

I – do art. 136 (Ajuste SINIEF-13/10):

a) o inciso II do *caput*;

b) o § 4º;

II – o inciso III do art. 138 (Ajuste SINIEF-13/10).

III – do art. 214 (Ajuste SINIEF-13/10):

a) a alínea "a" do item 1 do § 4º;

b) o item 2 do § 4º;

c) o § 6º;

IV – do § 3º do art. 251:

a) a alínea "a" do item 1;

b) os itens 3 e 4;

V – o inciso I do art. 74 do Anexo I.

• *Alterações já efetuadas no corpo do Decreto.*

Art. 4º. Ficam convalidados os procedimentos adotados no período de 1º de outubro de 2009 a 15 de dezembro de 2009, pelas montadoras e importadoras de veículos automotores, relativamente às operações com veículos automotores novos por elas realizadas nos termos do Convênio ICMS 116/09, de 11 de dezembro de 2009 (Convênio ICMS-144/2010).

• *Art. 4º efeitos a partir de 1º.12.2010.*

**Art. 5º.** Este Decreto entra em vigor na data de sua publicação, produzindo efeitos a partir de 1º de dezembro de 2010, exceto em relação aos dispositivos a seguir enumerados que produzem efeitos:

I – desde 16 de dezembro de 2009, o inciso II do art. 1º;

II – desde 21 de maio de 2010, o inciso VII do art. 2º;

III – desde 20 de julho de 2010, as alíneas "a" e "b" do inciso III do art. 2º;

IV – desde 1º de novembro de 2010, os incisos I e VIII do art. 2º e o inciso IV do art. 3º;

V – desde a data da publicação deste Decreto, o inciso I do art. 1º, a alínea "d" do inciso VI do art. 1º e o art. 4º;

VI – a partir de 1º de março de 2011, os incisos I, II e III do art. 3º.

Palácio dos Bandeirantes, 30 de novembro de 2010.

*Alberto Goldman – DOE de 1º.12.2010*

## 497. DECRETO Nº 56.472, DE 3 DE DEZEMBRO DE 2010

*Introduz alteração no Regulamento do Imposto sobre Operações Relativas à Circulação de Mercadorias e sobre Prestações de Serviços de Transporte Interestadual e Intermunicipal e de Comunicação – RICMS.*

Alberto Goldman, Governador do Estado de São Paulo, no uso de suas atribuições legais e tendo em vista o disposto no art. 46 da Lei nº 6.374, de 1º de março de 1989, decreta:

**Art. 1º.** Passa a vigorar com a redação que se segue o art. 30 das Disposições Transitórias do Regulamento do Imposto sobre Operações Relativas à Circulação de Mercadorias e sobre Prestações de Serviços de Transporte Interestadual e Intermunicipal e de Comunicação, aprovado pelo Decreto nº 45.490, de 30 de novembro de 2000:

• *Alteração já efetuada no corpo do Decreto.*

**Art. 2º.** Este Decreto entra em vigor na data de sua publicação, produzindo efeitos desde de 1º de abril de 2010.

Palácio dos Bandeirantes, 3 de dezembro de 2010.

*Alberto Goldman – DOE de 4.12.2010*

## 498. DECRETO Nº 56.473, DE 3 DE DEZEMBRO DE 2010

*Altera o Decreto nº 56.133, de 25.8.2010, que introduz alterações no Regulamento do Imposto sobre Operações Relativas à Circulação de Mercadorias e sobre Prestações de Serviços de Transporte Interestadual e Intermunicipal e de Comunicação – RICMS.*

Alberto Goldman, Governador do Estado de São Paulo, no uso de suas atribuições legais e tendo em vista o disposto nos arts. 46 e 67, § 1º, da Lei nº 6.374, de 1º de março de 1989, decreta:

**Art. 1º.** Passa a vigorar com a redação que se segue o art. 3º do Decreto nº 56.133, de 25 de agosto de 2010:

• *Alteração já efetuada no corpo do Decreto.*

**Art. 2º.** Este Decreto entra em vigor na data de sua publicação.

Palácio dos Bandeirantes, 3 de dezembro de 2010.

*Alberto Goldman – DOE de 4.12.2010*

## 499. DECRETO Nº 56.538, DE 20 DE DEZEMBRO DE 2010

*Dispõe sobre a possibilidade de contribuintes que exercem a atividade de comércio varejista parcelarem o ICMS devido pelas saídas de mercadorias promovidas em dezembro de 2010. (DOE de 21.12.2010)*

• *Pode ser considerado sem mais efeito em razão do cumprimento de seu prazo.*

## 500. DECRETO Nº 56.539, DE 20 DE DEZEMBRO DE 2010

*Isenta do Imposto sobre Operações Relativas à Circulação de Mercadorias e sobre Prestações de Serviços de Transporte Interestadual e Intermunicipal e de Comunicação – ICMS a importação de equipamento hospitalar pela Fundação Pio XII – Hospital do Câncer de Barretos. (DOE de 21.12.2010)*

• *Pode ser considerado sem mais efeito em razão do cumprimento de seu prazo.*

## 501. DECRETO Nº 56.540, DE 20 DE DEZEMBRO DE 2010

*Altera o Decreto nº 55.307, de 30.12.2009, que fixa prazo especial para recolhimento do ICMS devido, na condição de sujeito passivo por substituição, pelas operações subsequentes com as mercadorias que especifica. (DOE de 21.12.2010)*

• *O dispositivo citado foi posteriormente alterado pelo Decreto nº 56.851, de 18.3.2011 – DOE de 19.3.2011 – Efeitos a partir de 1º.4.2011.*

## 502. DECRETO Nº 56.541, DE 20 DE DEZEMBRO DE 2010

*Altera o Decreto nº 56.021, de 17.7.2010, que isenta do Imposto sobre Operações Relativas à Circulação de Mercadorias e sobre Prestações de Serviços de Transporte Interestadual e Intermunicipal e de Comunicação – ICMS as doações de mercadorias para socorro e atendimento às vítimas das calamidades climáticas recentemente ocorridas nos Estados de Alagoas e Pernambuco, bem como os serviços de transportes relativos às doações. (DOE de 21.12.2010)*

• *Pode ser considerado sem mais efeito em razão do cumprimento de seu prazo.*

## 503. DECRETO Nº 56.587, DE 24 DE DEZEMBRO DE 2010

*Introduz alterações no Regulamento do Imposto sobre Operações Relativas à Circulação de Mercadorias e sobre Prestações de Serviços de Transporte Interestadual e Intermunicipal e de Comunicação – RICMS e dá outras providências.*

Alberto Goldman, Governador do Estado de São Paulo, no uso de suas atribuições legais e tendo em vista o disposto nos arts. 67, 68 e 69 da Lei nº 6.374, de 1º de março de 1989, e no Ajuste SINIEF 11/10, de 24 de setembro de 2010, decreta:

**Art. 1º.** Passam a vigorar, com a redação que se segue, os seguintes dispositivos do Regulamento do Imposto sobre Operações Relativas à Circulação de Mercadorias e sobre Prestações de Serviços de Transporte Interestadual e Intermunicipal e de Comunicação – RICMS, aprovado pelo Decreto nº 45.490, de 30 de novembro de 2000:

I – o § 3º do art. 212-O:

II – a alínea "d" do item 1 do § 3º do art. 251:

• *Alterações já efetuadas no corpo do Decreto.*

**Art. 2º.** Ficam acrescentados os dispositivos adiante indicados ao Regulamento do Imposto sobre Operações Relativas à Circulação de Mercadorias e sobre Prestações de Serviços de Transporte Interestadual e Intermunicipal e de Comunicação – RICMS, aprovado pelo Decreto nº 45.490, de 30 de novembro de 2000, com a seguinte redação:

I – o inciso XV ao art. 184:

II – o inciso IX ao art. 212-O:

III – o § 5º ao art. 251:

• *Alterações já efetuadas no corpo do Decreto.*

**Art. 3º.** A Secretaria da Fazenda estabelecerá o cronograma de implementação da obrigatoriedade da emissão do Cupom Fiscal eletrônico – CF-e, modelo 59, e a consequente dispensa da obrigatoriedade do uso do equipamento Emissor de Cupom Fiscal – ECF.

Parágrafo único. Sem prejuízo das limitações de ordem técnica, o equipamento Emissor de Cupom Fiscal – ECF cuja instalação tenha sido autorizada pela Secretaria da Fazenda nos termos do disposto no Convênio ICMS-85/01, de 28 de setembro de 2001, poderá continuar em uso até o início da obrigatoriedade de emissão do CF-e.

**Art. 4º.** Fica revogado o § 6º do art. 212-O do Regulamento do Imposto sobre Operações Relativas à Circulação de Mercadorias e sobre Prestações de Serviços de Transporte Interestadual e Intermunicipal e de Comunicação – RICMS, aprovado pelo Decreto nº 45.490, de 30 de novembro de 2000.

• *Alterações já efetuadas no corpo do Decreto.*

**Art. 5º.** Este Decreto entra em vigor na data de sua publicação.

Palácio dos Bandeirantes, 24 de dezembro de 2010.

*Alberto Goldman – DOE de 25.12.2010*

## 504. DECRETO Nº 56.649, DE 11 DE JANEIRO DE 2011

*Introduz alterações no Regulamento do Imposto sobre Operações Relativas à Circulação de Mercadorias e sobre Prestações de Serviços de Transporte Interestadual e Intermunicipal e de Comunicação – RICMS.*

Geraldo Alckmin, Governador do Estado de São Paulo, no uso de suas atribuições legais e tendo em vista o disposto no art. 20 da Lei nº 6.374, de 1º de março de 1989, decreta:

**Art. 1º.** Passa a vigorar com a redação que se segue o item 7 do § 3º do art. 21 do Regulamento do Imposto sobre Operações Relativas à Circulação de Mercadorias e sobre Prestações de Serviços de Transporte Interestadual e Intermunicipal e de Comunicação, aprovado pelo Decreto nº 45.490, de 30 de novembro de 2000:

• *Alterações já efetuadas no corpo do Decreto.*

**Art. 2º.** Ficam acrescentados os incisos IX e X ao art. 31 do Regulamento do Imposto sobre Operações Relativas à Circulação de Mercadorias e sobre Prestações de Serviços de Transporte Interestadual e Intermunicipal e de Comunicação, aprovado pelo Decreto nº 45.490, de 30 de novembro de 2000, com a seguinte redação:

• *Alterações já efetuadas no corpo do Decreto.*

**Art. 3º.** Este Decreto entra em vigor na data de sua publicação.

Palácio dos Bandeirantes, 11 de janeiro de 2011.

*Geraldo Alckmin – DOE de 12.1.2011*

## 505. DECRETO Nº 56.672, DE 18 DE JANEIRO DE 2011

*Isenta do Imposto sobre Operações Relativas à Circulação de Mercadorias e sobre Prestações de Serviços de Transporte Interestadual e Intermunicipal e de Comunicação – ICMS a importação de bens realizada pela Fundação Pio XII – Hospital do Câncer de Barretos. (DOE de 19.1.2011)*

• *Pode ser considerado sem mais efeito em razão do cumprimento de seu prazo.*

## 506. DECRETO Nº 56.692, DE 27 DE JANEIRO DE 2011

*Introduz alterações no Regulamento do Imposto sobre Operações Relativas à Circulação de Mercadorias e sobre Prestações de Serviços de Transporte Interestadual e Intermunicipal e de Comunicação – RICMS.*

Geraldo Alckmin, Governador do Estado de São Paulo, no uso de suas atribuições legais e tendo em vista o disposto no § 1º do art. 67 da Lei nº 6.374, de 1° de março de 1989, decreta:

**Art. 1º.** Passa a vigorar, com a redação que se segue, o § 2º do art. 251 do Regulamento do Imposto sobre Operações Relativas à Circulação de Mercadorias e sobre Prestações de Serviços de Transporte Interestadual e Intermunicipal e de Comunicação – RICMS, aprovado pelo Decreto nº 45.490, de 30 de novembro de 2000:

• *Alterações já efetuadas no corpo do Decreto.*

**Art. 2º.** Fica acrescentado, com a redação que se segue, o § 6º ao art. 251 do Regulamento do Imposto sobre Operações Relativas à Circulação de Mercadorias e sobre Prestações de Serviços de Transporte Interestadual e Intermunicipal e de Comunicação – RICMS, aprovado pelo Decreto nº 45.490, de 30 de novembro de 2000:

• *Alterações já efetuadas no corpo do Decreto.*

**Art. 3º.** Este Decreto entra em vigor na data de sua publicação.

Palácio dos Bandeirantes, 27 de janeiro de 2011.

*Geraldo Alckmin – DOE de 28.1.2011*

## 507. DECRETO Nº 56.804, DE 3 DE MARÇO DE 2011

*Introduz alterações no Regulamento do Imposto sobre Operações* Relativas à Circulação de Mercadorias e sobre Prestações de Serviços de Transporte Interestadual e Intermunicipal e de Comunicação – RICMS, e dá outras providências.

Geraldo Alckmin, Governador do Estado de São Paulo, no uso de suas atribuições legais e tendo em vista o disposto no Ajuste SINIEF-15/10, nos Convênios ICMS-168/10, 171/10, 172/10, 176/10, 180/10, 181/10, 182/10, 185/10, 187/10, 188/10 e 190/10, todos celebrados em Vitória (ES), em 10 de dezembro de 2010, e nos Convênios ICMS-195/10 e 199/10, celebrados em Brasília (DF), em 20 de dezembro de 2010, decreta:

**Art. 1º.** Passam a vigorar com a redação que se segue os dispositivos adiante indicados do Regulamento do Imposto sobre Operações Relativas à Circulação de Mercadorias e sobre Prestações de Serviços de Transporte Interestadual e Intermunicipal e de Comunicação – RICMS, aprovado pelo Decreto nº 45.490, de 30 de novembro de 2000:

I – do art. 312:

a) os itens 5 e 6 do § 1º:

b) o § 2º:

II – o *caput* do art. 413-A, mantidos os incisos:

III – o item 1 do parágrafo único do art. 3º do Anexo I:

IV – o *caput* do art. 14 do Anexo I:

V – o *caput* do art. 22 do Anexo I, mantidos os incisos:

VI – o *caput* do art. 130 do Anexo I:

VII – o *caput* do art. 138 do Anexo I, mantidos os incisos:

VIII – o *caput* do art. 12 do Anexo II, mantidos os incisos:

• *Alterações já efetuadas no corpo do Decreto.*

**Art. 2º.** Ficam acrescentados os dispositivos adiante indicados ao Regulamento do Imposto sobre Operações Relativas à Circulação de Mercadorias e sobre Prestações de Serviços de Transporte Interestadual e Intermunicipal e de Comunicação, aprovado pelo Decreto nº 45.490, de 30 de novembro de 2000, com a seguinte redação:

I – ao item 3 do § 3º do art. 212-O, a alínea "c":

II – ao art. 22 do Anexo I, os §§ 4º e 5º:

III – ao art. 30 do Anexo I, o item VIII:

IV – ao art. 9º do Anexo II, o inciso XVI:

• *Alterações já efetuadas no corpo do Decreto.*

**Art. 3º.** Fica revogado o § 1º do art. 130 do Anexo I do Regulamento do Imposto sobre Operações Relativas à Circulação de Mercadorias e sobre Prestações de Serviços de Transporte Interestadual e Intermunicipal e de

Comunicação, aprovado pelo Decreto nº 45.490, de 30 de novembro de 2000.

- *Alterações já efetuadas no corpo do Decreto.*

**Art. 4º.** Ficam convalidadas as operações acobertadas pela Nota Fiscal modelo 1 ou 1-A emitidas após a data de início da obrigatoriedade de emissão da Nota Fiscal Eletrônica -NF-e e realizadas pelos contribuintes a seguir indicados (Convênios ICMS-190/10 e 199/10):

I – optantes do Simples Nacional, desde que as operações tenham sido realizadas até 90 (noventa) dias após a data indicada no Anexo Único do Protocolo ICMS-42/09, de 3 de julho de 2009;

II – enquadrados no código 4618-4/99 (outros representantes comerciais e agentes do comércio de jornais, revistas e outras publicações) da Classificação Nacional de Atividades Econômicas, desde que as operações tenham sido realizadas no período de 1º de outubro de 2010 a 1º de dezembro de 2010.

- *Efeitos a partir 4.3.2011.*

**Art. 5º.** Este Decreto entra em vigor na data de sua publicação, produzindo efeitos a partir de 1º de março de 2011, exceto em relação ao art. 4º, que produz efeitos a partir da data da publicação.

Palácio dos Bandeirantes, 3 de março de 2011.

*Geraldo Alckmin – DOE de 4.3.2011 – Retificação DOE de 10.3.2011*

## 508. DECRETO Nº 56.805, DE 3 DE MARÇO DE 2011

*Introduz alteração no Regulamento do Imposto sobre Operações Relativas à Circulação de Mercadorias e sobre Prestações de Serviços de Transporte Interestadual e Intermunicipal e de Comunicação – RICMS.*

Geraldo Alckmin, Governador do Estado de São Paulo, no uso de suas atribuições legais e tendo em vista o disposto na Lei Complementar Federal 138, de 29 de dezembro de 2010, decreta:

**Art. 1º.** Passa a vigorar com a redação que se segue o *caput* do art. 1º das Disposições Transitórias do Regulamento do Imposto sobre Operações Relativas à Circulação de Mercadorias e sobre Prestações de Serviços de Transporte Interestadual e Intermunicipal e de Comunicação – RICMS, aprovado pelo Decreto nº 45.490, de 30 de novembro de 2000, mantidos os seus incisos:

- *Alterações já efetuadas no corpo do Decreto.*

**Art. 2º.** Este Decreto entra em vigor na data de sua publicação, produzindo efeitos desde 1º de janeiro de 2011.

Palácio dos Bandeirantes, 3 de março de 2011.

*Geraldo Alckmin – DOE de 4.3.2011*

## 509. DECRETO Nº 56.841, DE 16 DE MARÇO DE 2011

*Alterava o Decreto nº 56.102, de 18 de agosto de 2010, que regulamenta a hipótese de rompimento de parcelamento celebrado no âmbito do Programa de Parcelamento Incentivado – PPI do ICM/ICMS por inadimplemento do imposto devido relativamente a fato gerador ocorrido após a data da celebração do parcelamento. (DOE de 17.3.2011)*

- *Dispositivo posteriormente alterado pelo Decreto nº 57.488, de 4.11.2011 – DOE de 5.11.2011 – Efeitos a partir de 1º.9.2011.*

## 510. DECRETO Nº 56.846, DE 18 DE MARÇO DE 2011

*Introduz alterações no Regulamento do Imposto sobre Operações Relativas à Circulação de Mercadorias e sobre Prestações de Serviços de Transporte Interestadual e Intermunicipal e de Comunicação – RICMS.*

Geraldo Alckmin, Governador do Estado de São Paulo, no uso de suas atribuições legais e tendo em vista o disposto no art. 8º, XVII e § 10, da Lei nº 6.374, de 1º de março de 1989, decreta:

**Art. 1º.** Passa a vigorar, com a redação que se segue, o *caput* do art. 350 do Regulamento do Imposto sobre Operações Relativas à Circulação de Mercadorias e sobre Prestações de Serviços de Transporte Interestadual e Intermunicipal e de Comunicação – RICMS, aprovado pelo Decreto nº 45.490, de 30 de novembro de 2000, mantidos os seus incisos:

- *Alterações já efetuadas no corpo do Decreto.*

**Art. 2º.** Fica acrescentado, com a redação que se segue, o art. 351-A ao Regulamento do Imposto sobre Operações Relativas à Circulação de Mercadorias e sobre Prestações de Serviços de Transporte Interestadual e Intermunicipal e de Comunicação – RICMS, aprovado pelo Decreto nº 45.490, de 30 de novembro de 2000:

- *Alterações já efetuadas no corpo do Decreto.*

**Art. 3º.** Este Decreto entra em vigor na data de sua publicação.

Palácio dos Bandeirantes, 18 de março de 2011.

*Geraldo Alckmin – DOE de 19.3.2011*

## 511. DECRETO Nº 56.847, DE 18 DE MARÇO DE 2011

*Altera o Decreto nº 53.051, de 3 de junho de 2008, que institui o Programa de Incentivo ao Investimento pelo Fabricante de Veículo Automotor – ProVeículo.*

Geraldo Alckmin, Governador do Estado de São Paulo, no uso de suas atribuições legais e tendo em vista o disposto no art. 46 da Lei nº 6.374, de 1º de março de 1989, decreta:

**Art. 1º.** Passam a vigorar com a redação que se segue os dispositivos adiante indicados do Decreto nº 53.051, de 3 de junho de 2008:

I – o *caput* do art. 2º, mantidos os seus incisos:

II – o *caput* do art. 3º, mantidos os seus incisos:

- *Alterações já efetuadas no corpo do Decreto.*

**Art. 2º.** Este Decreto entra em vigor na data de sua publicação, produzindo efeitos a partir de 1º de abril de 2011.

Palácio dos Bandeirantes, 18 de março de 2011.

*Geraldo Alckmin – DOE de 19.3.2011*

## 512. DECRETO Nº 56.848, DE 18 DE MARÇO DE 2011

*Altera o Decreto nº 53.826, de 16 de dezembro de 2008, que institui incentivos no âmbito dos parques tecnológicos integrantes do Sistema Paulista de Parques Tecnológicos, de que tratam a Lei Complementar nº 1.049, de 19 de junho de 2008, e o Decreto nº 50.504, de 6 de fevereiro de 2006.*

Geraldo Alckmin, Governador do Estado de São Paulo, no uso de suas atribuições legais, decreta:

**Art. 1º.** Passa a vigorar com a redação que se segue o *caput* do art. 1º do Decreto nº 53.826, de 16 de dezembro de 2008, mantidos os seus incisos:

• *Alteração já efetuada no corpo do Decreto.*

**Art. 2º.** Este Decreto entra em vigor na data de sua publicação, produzindo efeitos a partir de 1º de abril de 2011.

Palácio dos Bandeirantes, 18 de março de 2011.

*Geraldo Alckmin – DOE de 19.3.2011*

## 513. DECRETO Nº 56.849, DE 18 DE MARÇO DE 2011

*Altera o Decreto nº 54.904, de 13 de outubro de 2009, que institui o Programa de Incentivo ao Investimento pelo Fabricante de Produtos da Indústria de Processamento Eletrônico de Dados – Pro-Informática. (DOE de 19.3.2011)*

• *Dispositivos posteriormente alterados pelo Decreto nº 58.768, de 20.12.2012 – DOE de 21.12.2012 – Efeitos a partir de 1º.1.2013.*

## 514. DECRETO Nº 56.850, DE 18 DE MARÇO DE 2011

*Introduz alterações no Regulamento do Imposto sobre Operações Relativas à Circulação de Mercadorias e sobre Prestações de Serviços de Transporte Interestadual e Intermunicipal e de Comunicação – RICMS.*

Geraldo Alckmin, Governador do Estado de São Paulo, no uso de suas atribuições legais e tendo em vista o disposto nos arts. 8º, XXIV e § 10, e 112 da Lei nº 6.374, de 1º de março de 1989, decreta:

**Art. 1º.** Passam a vigorar com a redação que se segue os dispositivos adiante indicados do Regulamento do Imposto sobre Operações Relativas à Circulação de Mercadorias e sobre Prestações de Serviços de Transporte Interestadual e Intermunicipal e de Comunicação – RICMS, aprovado pelo Decreto nº 45.490, de 30 de novembro de 2000:

I – os §§ 3º e 4º do art. 27 das Disposições Transitórias:

II – os §§ 3º e 4º do art. 32 do Anexo II:

III – os §§ 3º e 4º do art. 33 do Anexo II:

IV – os §§ 3º e 4º do art. 34 do Anexo II:

V – os §§ 3º e 4º do art. 35 do Anexo II:

VI – os §§ 3º e 4º do art. 37 do Anexo II:

VII – os §§ 3º e 4º do art. 39 do Anexo II:

VIII – os §§ 2º e 4º do art. 44 do Anexo II:

IX – o § 2º do art. 46 do Anexo II:

X – os §§ 1º, 2º e 3º do art. 52 do Anexo II:

XI – o § 2º do art. 53 do Anexo II:

XII – o § 4º do art. 24 do Anexo III:

• *Alterações já efetuadas no corpo do Decreto.*

**Art. 2º.** Ficam acrescentados, com a redação que se segue, os seguintes dispositivos ao Regulamento do Imposto sobre Operações Relativas à Circulação de Mercadorias e sobre Prestações de Serviços de Transporte Interestadual e Intermunicipal e de Comunicação – RICMS, aprovado pelo Decreto nº 45.490, de 30 de novembro de 2000:

I – ao art. 52 do Anexo II, o § 4º:

II – ao art. 31 do Anexo III, o § 3º:

• *Alterações já efetuadas no corpo do Decreto.*

**Art. 3º.** Este Decreto entra em vigor na data de sua publicação, produzindo efeitos a partir de 1º de abril de 2011, exceto o inciso IX do art. 1º, que produz efeitos a partir de 1º de maio de 2011.

Palácio dos Bandeirantes, 18 de março de 2011.

*Geraldo Alckmin – DOE de 19.3.2011*

## 515. DECRETO Nº 56.851, DE 18 DE MARÇO DE 2011

*Altera o Decreto nº 55.307, de 30.12.2009, que fixa prazo especial para recolhimento do ICMS devido, na condição de sujeito passivo por substituição, pelas operações subsequentes com as mercadorias que especifica. (DOE de 19.3.2011)*

• *Dispositivo posteriormente alterado pelo Decreto nº 58.769, de 20.12.2012 – DOE de 21.12.2012 – Efeitos a partir da publicação.*

## 516. DECRETO Nº 56.852, DE 18 DE MARÇO DE 2011

*Altera o Decreto nº 55.304, de 30.12.2009, que introduz alterações no Regulamento do Imposto sobre Operações Relativas à Circulação de Mercadorias e sobre Prestações de Serviços de Transporte Interestadual e Intermunicipal e de Comunicação – RICMS e dá outras providências.*

Geraldo Alckmin, Governador do Estado de São Paulo, no uso de suas atribuições legais e tendo em vista o disposto nos arts. 8º, XXIV e § 10, e 112 da Lei nº 6.374, de 1º de março de 1989, decreta:

**Art. 1º.** Fica revogado o art. 3º do Decreto nº 55.304, de 30 de dezembro de 2009.

• *Alterações já efetuadas no corpo do Decreto.*

**Art. 2º.** Este Decreto entra em vigor na data de sua publicação, produzindo efeitos a partir de 1º de abril de 2011.

Palácio dos Bandeirantes, 18 de março de 2011.

*Geraldo Alckmin – DOE de 19.3.2011*

## 517. DECRETO Nº 56.853, DE 18 DE MARÇO DE 2011

*Altera o Decreto nº 55.901, de 9 de junho de 2010, que institui o Programa de Incentivo ao Setor Ferroviário – Pro-Trens.*

Geraldo Alckmin, Governador do Estado de São Paulo, no uso de suas atribuições legais e tendo em vista o disposto nos arts. 59, 67, § 1°, 84-B e 112 da Lei n° 6.374, de 1° de março de 1989, decreta:

**Art. 1°.** Passa a vigorar com a redação que se segue o § 3° do art. 1° do Decreto n° 55.901, de 9 de junho de 2010:

• *Alterações já efetuadas no corpo do Decreto.*

**Art. 2°.** Fica revogado o § 4° do art. 1° do Decreto n° 55.901, de 9 de junho de 2010.

• *Alteração já efetuada no corpo do Decreto.*

**Art. 3°.** Este Decreto entra em vigor na data de sua publicação, produzindo efeitos a partir de 1° de abril de 2011.

Palácio dos Bandeirantes, 18 de março de 2011.

*Geraldo Alckmin – DOE de 19.3.2011*

## 518. DECRETO N° 56.854, DE 18 DE MARÇO DE 2011

*Altera o Decreto n° 56.019, de 16.7.2010, que introduz alterações no Regulamento do Imposto sobre Operações Relativas à Circulação de Mercadorias e sobre Prestações de Serviços de Transporte Interestadual e Intermunicipal e de Comunicação – RICMS e dá outras providências.*

Geraldo Alckmin, Governador do Estado de São Paulo, no uso de suas atribuições legais e tendo em vista o disposto nos arts. 84-B e 112 da Lei n° 6.374, de 1° de março de 1989, decreta:

**Art. 1°.** Fica revogado o art. 3° do Decreto n° 56.019, de 16 de julho de 2010.

• *Alterações já efetuadas no corpo do Decreto.*

**Art. 2°.** Este Decreto entra em vigor na data de sua publicação, produzindo efeitos a partir de 1° de abril de 2011.

Palácio dos Bandeirantes, 18 de março de 2011.

*Geraldo Alckmin – DOE de 19.3.2011*

## 519. DECRETO N° 56.855, DE 18 DE MARÇO DE 2011

*Introduz alterações no Regulamento do Imposto sobre Operações Relativas à Circulação de Mercadorias e sobre Prestações de Serviços de Transporte Interestadual e Intermunicipal e de Comunicação – RICMS e revoga o Decreto n° 52.381, de 19.11.2007.*

Geraldo Alckmin, Governador do Estado de São Paulo, no uso de suas atribuições legais e tendo em vista o disposto no art. 112 da Lei n° 6.374, de 1° de março de 1989, decreta:

**Art. 1°.** Passa a vigorar com a redação que se segue o inciso II do art. 3° do Anexo II do Regulamento do Imposto sobre Operações Relativas à Circulação de Mercadorias e sobre Prestações de Serviços de Transporte Interestadual e Intermunicipal e de Comunicação – RICMS, aprovado pelo Decreto n° 45.490, de 30 de novembro de 2000:

• *Alterações já efetuadas no corpo do Decreto.*

**Art. 2°.** Ficam acrescentados, com a redação que se segue, os arts. 32 e 33 ao Anexo III do Regulamento do Imposto sobre Operações Relativas à Circulação de Mercadorias e sobre Prestações de Serviços de Transporte Interestadual e Intermunicipal e de Comunicação – RICMS, aprovado pelo Decreto n° 45.490, de 30 de novembro de 2000:

• *Alterações já efetuadas no corpo do Decreto.*

**Art. 3°.** Ficam revogados:

I – o inciso XV do art. 3° do Anexo II do Regulamento do Imposto sobre Operações Relativas à Circulação de Mercadorias e sobre Prestações de Serviços de Transporte Interestadual e Intermunicipal e de Comunicação – RICMS, aprovado pelo Decreto n° 45.490, de 30 de novembro de 2000;

• *Alterações já efetuadas no corpo do Decreto.*

II – o Decreto n° 52.381, de 19 de novembro de 2007.

• *Alterações já efetuadas no corpo do Decreto.*

**Art. 4°.** Este Decreto entra em vigor na data de sua publicação, produzindo efeitos para os fatos geradores ocorridos a partir de 1° de abril de 2011.

Palácio dos Bandeirantes, 18 de março de 2011.

*Geraldo Alckmin – DOE de 19.3.2011*

## 520. DECRETO N° 56.873, DE 23 DE MARÇO DE 2011

*Introduz alterações no Regulamento do Imposto sobre Operações Relativas à Circulação de Mercadorias e sobre Prestações de Serviços de Transporte Interestadual e Intermunicipal e de Comunicação – RICMS.*

Geraldo Alckmin, Governador do Estado de São Paulo, no uso de suas atribuições legais e tendo em vista o disposto no art. 112 da Lei n° 6.374, de 1° de março de 1989, decreta:

**Art. 1°.** Passam a vigorar com a redação que se segue os §§ 1° e 4° do art. 29 das Disposições Transitórias do Regulamento do Imposto sobre Operações Relativas à Circulação de Mercadorias e sobre Prestações de Serviços de Transporte Interestadual e Intermunicipal e de Comunicação – RICMS, aprovado pelo Decreto n° 45.490, de 30 de novembro de 2000:

• *Alterações já efetuadas no corpo do Decreto.*

**Art. 2°.** Ficam acrescentados os dispositivos a seguir indicados ao art. 29 das Disposições Transitórias do Regulamento do Imposto sobre Operações Relativas à Circulação de Mercadorias e sobre Prestações de Serviços de Transporte Interestadual e Intermunicipal e de Comunicação – RICMS, aprovado pelo Decreto n° 45.490, de 30 de novembro de 2000, com a seguinte redação:

I – os §§ 2°-A e 2°-B:

II – o § 3°-A:

• *Alterações já efetuadas no corpo do Decreto.*

**Art. 3°.** Este Decreto entra em vigor na data de sua publicação, produzindo efeitos a partir de 1° de abril de 2011.

Palácio dos Bandeirantes, 23 de março de 2011.

*Geraldo Alckmin – DOE de 24.3.2011*

## 521. DECRETO Nº 56.874, DE 23 DE MARÇO DE 2011

*Introduz alterações no Regulamento do Imposto sobre Operações Relativas à Circulação de Mercadorias e sobre Prestações de Serviços de Transporte Interestadual e Intermunicipal e de Comunicação – RICMS.*

Geraldo Alckmin, Governador do Estado de São Paulo, no uso de suas atribuições legais e tendo em vista o disposto no art. 112 da Lei nº 6.374, de 1º de março de 1989, decreta:

**Art. 1º.** Ficam acrescentados os dispositivos adiante indicados ao Regulamento do Imposto sobre Operações Relativas à Circulação de Mercadorias e sobre Prestações de Serviços de Transporte Interestadual e Intermunicipal e de Comunicação – RICMS, aprovado pelo Decreto nº 45.490, de 30 de novembro de 2000, com a seguinte redação:

I – ao art. 350, os §§ 1º e 2º:

II – ao Capitulo IV do Título II do Livro II, a Seção XV-B, composta pelos arts. 395-C a 395-E:

III – ao Capitulo IV do Título II do Livro II, a Seção XV-C, composta pelos arts. 395-F a 395-H:

IV – ao Capitulo IV do Título II do Livro II, a Seção XV-D, composta pelos arts. 395-I a 395-K:

V – ao Capitulo IV do Título II do Livro II, a Seção XV-E, composta pelo art. 395-L:

VI – ao Anexo II, o art. 54:

VII – ao Anexo II, o art. 55:

VIII – ao Anexo II, o art. 56:

IX – ao Anexo II, o art. 57:

X – ao Anexo III, o art. 34:

• *Alterações já efetuadas no corpo do Decreto.*

**Art. 2º.** Este Decreto entra em vigor na data de sua publicação, produzindo efeitos a partir de 1º de abril de 2011.

Palácio dos Bandeirantes, 23 de março de 2011.

*Geraldo Alckmin – DOE de 24.3.2011*

## 522. DECRETO Nº 56.892, DE 30 DE MARÇO DE 2011

*Introduz alterações no Regulamento do Imposto sobre Operações Relativas à Circulação de Mercadorias e sobre Prestações de Serviços de Transporte Interestadual e Intermunicipal e de Comunicação – RICMS.*

Geraldo Alckmin, Governador do Estado de São Paulo, no uso de suas atribuições legais e tendo em vista o disposto no art. 112 da Lei nº 6.374, de 1º de março de 1989, decreta:

**Art. 1º.** Passa a vigorar com a redação que se segue o inciso II do art. 39 do Anexo II do Regulamento do Imposto sobre Operações Relativas à Circulação de Mercadorias e sobre Prestações de Serviços de Transporte Interestadual e Intermunicipal e de Comunicação – RICMS, aprovado pelo Decreto nº 45.490, de 30 de novembro de 2000:

• *Alterações já efetuadas no corpo do Decreto.*

**Art. 2º.** Este Decreto entra em vigor na data de sua publicação, produzindo efeitos para os fatos geradores ocorridos a partir de 1º de abril de 2011.

Palácio dos Bandeirantes, 30 de março de 2011.

*Geraldo Alckmin – DOE de 31.3.2011*

## 523. DECRETO Nº 56.893, DE 30 DE MARÇO DE 2011

*Introduz alterações no Regulamento do Imposto sobre Operações Relativas à Circulação de Mercadorias e sobre Prestações de Serviços de Transporte Interestadual e Intermunicipal e de Comunicação – RICMS.*

Geraldo Alckmin, Governador do Estado de São Paulo, no uso de suas atribuições legais e tendo em vista o disposto no art. 8º, XVII e § 10, e no art. 112 da Lei nº 6.374, de 1º de março de 1989, decreta:

**Art. 1º.** Passam a vigorar, com a redação que se segue, os dispositivos adiante indicados do Regulamento do Imposto sobre Operações Relativas à Circulação de Mercadorias e sobre Prestações de Serviços de Transporte Interestadual e Intermunicipal e de Comunicação – RICMS, aprovado pelo Decreto nº 45.490, de 30 de novembro de 2000:

I – o *caput* do art. 54 do Anexo II:

II – o *caput* do art. 56 do Anexo II:

III – o item 1 do § 1º do art. 34 do Anexo III:

• *Alterações já efetuadas no corpo do Decreto.*

**Art. 2º.** Este Decreto entra em vigor na data de sua publicação, produzindo efeitos a partir de 1º de abril de 2011.

Palácio dos Bandeirantes, 30 de março de 2011.

*Geraldo Alckmin – DOE de 31.3.2011*

## 524. DECRETO Nº 56.915, DE 8 DE ABRIL DE 2011

*Introduz alteração no Regulamento do Imposto sobre Operações Relativas à Circulação de Mercadorias e sobre Prestações de Serviços de Transporte Interestadual e Intermunicipal e de Comunicação – RICMS.*

Geraldo Alckmin, Governador do Estado de São Paulo, no uso de suas atribuições legais e tendo em vista o disposto no art. 8º, IV, da Lei nº 6.374, de 1º de março de 1989, decreta:

**Art. 1º.** Fica acrescentado, com a redação que se segue, o art. 32 às Disposições Transitórias do Regulamento do Imposto sobre Operações Relativas à Circulação de Mercadorias e sobre Prestações de Serviços de Transporte Interestadual e Intermunicipal e de Comunicação – RICMS, aprovado pelo Decreto nº 45.490, de 30 de novembro de 2000:

• *Alteração já efetuada no corpo do Decreto.*

**Art. 2º.** Este Decreto entra em vigor na data de sua publicação.

Palácio dos Bandeirantes, 8 de abril de 2011.

*Geraldo Alckmin – DOE de 9.4.2011*

## 525. DECRETO Nº 56.927, DE 13 DE ABRIL DE 2011

*Introduz alteração no Regulamento do Imposto sobre Operações Relativas à Circulação de Mercadorias e sobre Prestações de Serviços de Transporte Interestadual e Intermunicipal e de Comunicação – RICMS.*

Geraldo Alckmin, Governador do Estado de São Paulo, no uso de suas atribuições legais e tendo em vista

o disposto no art. 8º, I, XVII e § 10, da Lei nº 6.374, de 1º de março de 1989, decreta:

**Art. 1º.** Fica acrescentado o § 9º ao art. 7º do Anexo XIX do Regulamento do Imposto sobre Operações Relativas à Circulação de Mercadorias e sobre Prestações de Serviços de Transporte Interestadual e Intermunicipal e de Comunicação, aprovado pelo Decreto nº 45.490, de 30 de novembro de 2000, com a seguinte redação:

• *Alteração já efetuada no corpo do Decreto.*

**Art. 2º.** Este Decreto entra em vigor na data de sua publicação.

Palácio dos Bandeirantes, 13 de abril de 2011.

*Geraldo Alckmin – DOE de 14.4.2011*

## 526. DECRETO Nº 56.954, DE 25 DE ABRIL DE 2011

*Fixa prazos especiais para recolhimento do ICMS nas saídas de mercadorias decorrentes do evento que especifica e dá outras providências. [APAS-2011 – 27º Congresso de Gestão e Feira Internacional de Negócios em Supermercados] (DOE de 30.4.2011)*

• *Pode ser considerado sem mais efeito em razão do cumprimento de seu prazo.*

## 527. DECRETO Nº 56.967, DE 29 DE ABRIL DE 2011

*Fixa prazos especiais para recolhimento do ICMS nas saídas de mercadorias decorrentes do evento que especifica e dá outras providências. [Office Paper Brasil Escolar – 25ª Feira Internacional de Produtos, Suprimentos e Acessórios para Escritórios, Papelarias e Escolas] (DOE de 30.4.2011)*

• *Pode ser considerado sem mais efeito em razão do cumprimento de seu prazo.*

## 528. DECRETO Nº 56.968, DE 29 DE ABRIL DE 2011

*Introduz alteração no Regulamento do Imposto sobre Operações Relativas à Circulação de Mercadorias e sobre Prestações de Serviços de Transporte Interestadual e Intermunicipal e de Comunicação – RICMS.*

Geraldo Alckmin, Governador do Estado de São Paulo, no uso de suas atribuições legais e tendo em vista o disposto no art. 8º, IV, da Lei nº 6.374, de 1º de março de 1989, decreta:

**Art. 1º.** Passa a vigorar com a redação que se segue o § 4º do art. 32 das Disposições Transitórias do Regulamento do Imposto sobre Operações Relativas à Circulação de Mercadorias e sobre Prestações de Serviços de Transporte Interestadual e Intermunicipal e de Comunicação – RICMS, aprovado pelo Decreto nº 45.490, de 30 de novembro de 2000:

• *Alterações já efetuadas no corpo do Decreto.*

**Art. 2º.** Este Decreto entra em vigor na data de sua publicação.

Palácio dos Bandeirantes, 29 de abril de 2011.

*Geraldo Alckmin – DOE de 30.4.2011*

## 529. DECRETO Nº 57.024, DE 31 DE MAIO DE 2011

*Introduz alterações no Regulamento do Imposto sobre Operações Relativas à Circulação de Mercadorias e sobre Prestações de Serviços de Transporte Interestadual e Intermunicipal e de Comunicação – RICMS.*

Geraldo Alckmin, Governador do Estado de São Paulo, no uso de suas atribuições legais e tendo em vista o disposto no art. 112 da Lei nº 6.374, de 1º de março de 1989, decreta:

**Art. 1º.** Passa a vigorar, com a redação que se segue, o inciso VIII do art. 54 do Anexo II do Regulamento do Imposto sobre Operações Relativas à Circulação de Mercadorias e sobre Prestações de Serviços de Transporte Interestadual e Intermunicipal e de Comunicação – RICMS, aprovado pelo Decreto nº 45.490, de 30 de novembro de 2000:

• *Alterações já efetuadas no corpo do Decreto.*

**Art. 2º.** Ficam acrescentados os dispositivos adiante indicados ao Regulamento do Imposto sobre Operações Relativas à Circulação de Mercadorias e sobre Prestações de Serviços de Transporte Interestadual e Intermunicipal e de Comunicação – RICMS, aprovado pelo Decreto nº 45.490, de 30 de novembro de 2000, com a seguinte redação:

I – ao art. 54 do Anexo II, o inciso XI:

II – ao Anexo II, o art. 58:

• *Alterações já efetuadas no corpo do Decreto.*

**Art. 3º.** Este Decreto entra em vigor na data de sua publicação, produzindo efeitos a partir de 1º de junho de 2011.

Palácio dos Bandeirantes, 31 de maio de 2011.

*Geraldo Alckmin – DOE de 1º.6.2011*

## 530. DECRETO Nº 57.025, DE 31 DE MAIO DE 2011

*Introduz alteração no Regulamento do Imposto sobre Operações Relativas à Circulação de Mercadorias e sobre Prestações de Serviços de Transporte Interestadual e Intermunicipal e de Comunicação – RICMS.*

Geraldo Alckmin, Governador do Estado de São Paulo, no uso de suas atribuições legais e tendo em vista o disposto no art. 112 da Lei nº 6.374, de 1º de março de 1989, decreta:

**Art. 1º.** Passa a vigorar com a redação que se segue o *caput* do art. 33 do Anexo III do Regulamento do Imposto sobre Operações Relativas à Circulação de Mercadorias e sobre Prestações de Serviços de Transporte Interestadual e Intermunicipal e de Comunicação – RICMS, aprovado pelo Decreto nº 45.490, de 30 de novembro de 2000:

• *Alterações já efetuadas no corpo do Decreto.*

**Art. 2º.** Este Decreto entra em vigor na data de sua publicação, produzindo efeitos para os fatos geradores ocorridos a partir de 1º de junho de 2011.

Palácio dos Bandeirantes, 31 de maio de 2011.

*Geraldo Alckmin – DOE de 1º.6.2011*

## 531. DECRETO Nº 57.026, DE 31 DE MAIO DE 2011

*Altera o Decreto nº 56.967, de 29.4.2011, que fixa prazos especiais para recolhimento do ICMS nas saídas de mercadorias decorrentes do evento que especifica e dá outras providências. (DOE de 1º.6.2011)*

• *Pode ser considerado sem mais efeito em razão do cumprimento de seu prazo.*

## 532. DECRETO Nº 57.027, DE 31 DE MAIO DE 2011

*Introduz alteração no Regulamento do Imposto sobre Operações Relativas à Circulação de Mercadorias e sobre Prestações de Serviços de Transporte Interestadual e Intermunicipal e de Comunicação – RICMS.*

Geraldo Alckmin, Governador do Estado de São Paulo, no uso de suas atribuições legais e tendo em vista o disposto no art. 112 da Lei nº 6.374, de 1º de março de 1989, decreta:

**Art. 1º.** Fica acrescentado o item 202 ao § 3º do art. 29 das Disposições Transitórias do Regulamento do Imposto sobre Operações Relativas à Circulação de Mercadorias e sobre Prestações de Serviços de Transporte Interestadual e Intermunicipal e de Comunicação – RICMS, aprovado pelo Decreto nº 45.490, de 30 de novembro de 2000, com a seguinte redação:

• *Alterações já efetuadas no corpo do Decreto.*

**Art. 2º.** Este Decreto entra em vigor na data de sua publicação, produzindo efeitos a partir de 1º de junho de 2011.

Palácio dos Bandeirantes, 31 de maio de 2011.

*Geraldo Alckmin – DOE de 1º.6.2011*

## 533. DECRETO Nº 57.028, DE 31 DE MAIO DE 2011

*Introduz alterações no Regulamento do Imposto sobre Operações Relativas à Circulação de Mercadorias e sobre Prestações de Serviços de Transporte Interestadual e Intermunicipal e de Comunicação – RICMS.*

Geraldo Alckmin, Governador do Estado de São Paulo, no uso de suas atribuições legais e tendo em vista o disposto nos Protocolos ICMS-5/11, 22/11, 25/11 e 26/11, todos celebrados no Rio de Janeiro, RJ, no dia 1º de abril de 2011, decreta:

**Art. 1º.** Passam a vigorar com a redação que se segue os dispositivos adiante indicados do Anexo VI do Regulamento do Imposto sobre Operações Relativas à Circulação de Mercadorias e sobre Prestações de Serviços de Transporte Interestadual e Intermunicipal e de Comunicação – RICMS, aprovado pelo Decreto nº 45.490, de 30 de novembro de 2000:

I – o item 6 da Parte I da Tabela XXX – AUTOPEÇAS:

II – o item 6 da Parte I da Tabela XXIV – MATERIAIS DE CONSTRUÇÃO:

III – a Parte I da Tabela XXXVIII – MATERIAIS ELÉTRICOS:

• *Alterações já efetuadas no corpo do Decreto.*

**Art. 2º.** Ficam acrescentados os dispositivos adiante indicados ao Anexo VI do Regulamento do Imposto sobre Operações Relativas à Circulação de Mercadorias e sobre Prestações de Serviços de Transporte Interestadual e Intermunicipal e de Comunicação, aprovado pelo Decreto nº 45.490, de 30 de novembro de 2000, com a seguinte redação:

I – à Parte I da Tabela XXII – CAMA, COLCHÕES, TRAVESSEIROS E PILLOW, o item 1-A:

II – à Parte I da Tabela XXX – AUTOPEÇAS, o item 7-A:

III – à Parte II da Tabela XXX – AUTOPEÇAS, o item 6-A:

• *Alterações já efetuadas no corpo do Decreto.*

**Art. 3º.** Este Decreto entra em vigor na data de sua publicação.

Palácio dos Bandeirantes, 31 de maio de 2011.

*Geraldo Alckmin – DOE de 1º.6.2011*

## 534. DECRETO Nº 57.029, DE 31 DE MAIO DE 2011

*Introduz alterações no Regulamento do Imposto sobre Operações Relativas à Circulação de Mercadorias e sobre Prestações de Serviços de Transporte Interestadual e Intermunicipal e de Comunicação – RICMS, e dá outras providências.*

Geraldo Alckmin, Governador do Estado de São Paulo, no uso de suas atribuições legais e tendo em vista o disposto no Ajuste SINIEF-1/11 e nos Convênios ICMS-10/11, 17/11, 18/11, 19/11, 20/11, 26/11 e 33/11, todos celebrados no Rio de Janeiro, RJ, no dia 1º de abril de 2011, decreta:

**Art. 1º.** Passam a vigorar com a redação que se segue os dispositivos adiante indicados do Regulamento do Imposto sobre Operações Relativas à Circulação de Mercadorias e sobre Prestações de Serviços de Transporte Interestadual e Intermunicipal e de Comunicação – RICMS, aprovado pelo Decreto nº 45.490, de 30 de novembro de 2000:

I – o § 3º do art. 168:

II – o *caput* do art. 4º do Anexo I:

III – a alínea "a" do inciso V do art. 41 do Anexo I:

IV – o § 3º do art. 55 do Anexo I:

V – os §§ 1º e 2º do art. 80 do Anexo I:

VI – o *caput* do art. 92 do Anexo I:

VII – o *caput* do art. 94 do Anexo I:

VIII – a alínea "a" do inciso IV do art. 9º do Anexo II:

• *Alterações já efetuadas no corpo do Decreto.*

**Art. 2º.** Ficam acrescentados os dispositivos adiante indicados ao Regulamento do Imposto sobre Operações Relativas à Circulação de Mercadorias e sobre Prestações de Serviços de Transporte Interestadual e Intermunicipal e de Comunicação, aprovado pelo Decreto nº 45.490, de 30 de novembro de 2000, com a seguinte redação:

I – ao art. 80 do Anexo I, o § 3º:

II – ao § 1º do art. 18 do Anexo II, o item 3:

• *Alterações já efetuadas no corpo do Decreto.*

**Art. 3º.** Ficam convalidadas as operações praticadas no período de 16 de dezembro de 2010 a 31 de maio de 2011 com ração animal, concentrado, suplemento, aditivo, *premix* ou núcleo, nos termos do art. 41, inciso V, do Anexo I e do art. 9º, inciso IV, do Anexo II, ambos do Regulamento do ICMS, aprovado pelo Decreto nº 45.490, de 30 de novembro de 2000, em cujo documento fiscal não conste a indicação do número do registro do produto no órgão competente do Ministério da Agricultura, Pecuária e Abastecimento (Convênio ICMS-17/11, cláusula segunda).

**Art. 4º.** Ficam a Fundação de Amparo à Pesquisa do Estado de São Paulo – FAPESP e a Fundação para o Remédio Popular – FURP dispensadas do recolhimento dos débitos fiscais de ICMS, constituídos ou não, decorrentes de operações de importação de bens ou mercadorias realizadas nos termos do art. 55 do Anexo I do Regulamento do ICMS, aprovado pelo Decreto nº 45.490, de 30 de novembro de 2000, sem a comprovação de inexistência de similar produzido no país (Convênio ICMS-10/11, cláusula segunda).

**Art. 5º.** Este Decreto entra em vigor na data de sua publicação, sendo que os dispositivos adiante indicados produzem efeitos:

I – desde 26 de abril de 2011, os incisos IV, V e VI do art. 1º e o inciso I do art. 2º;

II – a partir de 1º de junho de 2011, os incisos I, II, III, VII e VIII do art. 1º e o inciso II do art. 2º.

Palácio dos Bandeirantes, 31 de maio de 2011.

*Geraldo Alckmin – DOE de 1º.6.2011*

## 535. DECRETO Nº 57.042, DE 6 DE JUNHO DE 2011

*Introduz alteração no Regulamento do Imposto sobre Operações Relativas à Circulação de Mercadorias e sobre Prestações de Serviços de Transporte Interestadual e Intermunicipal e de Comunicação – RICMS.*

Geraldo Alckmin, Governador do Estado de São Paulo, no uso de suas atribuições legais e tendo em vista o disposto no art. 112 da Lei nº 6.374, de 1º de março de 1989, decreta:

**Art. 1º.** Fica acrescentado o item 6 ao § 3º-A do art. 29 das Disposições Transitórias do Regulamento do Imposto sobre Operações Relativas à Circulação de Mercadorias e sobre Prestações de Serviços de Transporte Interestadual e Intermunicipal e de Comunicação – RICMS, aprovado pelo Decreto nº 45.490, de 30 de novembro de 2000, com a seguinte redação:

• *Alterações já efetuadas no corpo do Decreto.*

**Art. 2º.** Este Decreto entra em vigor na data de sua publicação.

Palácio dos Bandeirantes, 6 de junho de 2011.

*Geraldo Alckmin – DOE de 7.6.2011*

## 536. DECRETO Nº 57.078, DE 22 DE JUNHO DE 2011

*Fixa prazos especiais para recolhimento do ICMS nas saídas de mercadorias decorrentes do evento que especifica e dá outras providências. [Encontro da Moda realizado no Centro de Convenções Frei Caneca, na cidade de São Paulo] (DOE de 23.6.2011)*

• *Pode ser considerado sem mais efeito em razão do cumprimento de seu prazo.*

## 537. DECRETO Nº 57.079, DE 22 DE JUNHO DE 2011

*Fixa prazos especiais para recolhimento do ICMS nas saídas de mercadorias decorrentes do evento que especifica e dá outras providências. [Salão Moda Brasil – SMB 2011] (DOE de 23.6.2011)*

• *Pode ser considerado sem mais efeito em razão do cumprimento de seu prazo.*

## 538. DECRETO Nº 57.084, DE 27 DE JUNHO DE 2011

*Altera o Decreto nº 56.133, de 25.8.2010, que introduz alterações no Regulamento do Imposto sobre Operações Relativas à Circulação de Mercadorias e sobre Prestações de Serviços de Transporte Interestadual e Intermunicipal e de Comunicação – RICMS.*

Geraldo Alckmin, Governador do Estado de São Paulo, no uso de suas atribuições legais e tendo em vista o disposto nos arts. 46 e 67, § 1º, da Lei nº 6.374, de 1º de março de 1989, decreta:

**Art. 1º.** Passa a vigorar com a redação que se segue o art. 3º do Decreto nº 56.133, de 25 de agosto de 2010:

• *Alterações já efetuadas no corpo do Decreto.*

**Art. 2º.** Este Decreto entra em vigor na data de sua publicação.

Palácio dos Bandeirantes, 27 de junho de 2011.

*Geraldo Alckmin – DOE de 28.6.2011*

## 539. DECRETO Nº 57.085, DE 27 DE JUNHO DE 2011

*Introduz alterações no Regulamento do Imposto sobre Operações Relativas à Circulação de Mercadorias e sobre Prestações de Serviços de Transporte Interestadual e Intermunicipal e de Comunicação – RICMS.*

Geraldo Alckmin, Governador do Estado de São Paulo, no uso de suas atribuições legais e tendo em vista o disposto no art. 8º, incisos XXVII e XXXI, da Lei nº 6.374, de 1º de março de 1989, decreta:

**Art. 1º.** Passam a vigorar com a redação que se segue os dispositivos adiante indicados do Regulamento do Imposto sobre Operações Relativas à Circulação de Mercadorias e sobre Prestações de Serviços de Transporte Interestadual e Intermunicipal e de Comunicação – RICMS, aprovado pelo Decreto nº 45.490, de 30 de novembro de 2000:

I – os itens 9, 20, 22, 25, 28, 29, 32, 36, 38 e 39 do § 1º do art. 313-K:

II – a alínea "I" do item 11 do § 1º do art. 313-W:

• *Alterações já efetuadas no corpo do Decreto.*

**Art. 2º.** Este Decreto entra em vigor na data de sua publicação, produzindo efeitos a partir de 1º de agosto de 2011.

Palácio dos Bandeirantes, 27 de junho de 2011.

*Geraldo Alckmin – DOE de 28.6.2011*

## 540. DECRETO Nº 57.086, DE 27 DE JUNHO DE 2011

*Introduz alterações no Regulamento do Imposto sobre Operações Relativas à Circulação de Mercadorias e sobre Prestações de Serviços de Transporte Interestadual e Intermunicipal e de Comunicação – RICMS.*

Geraldo Alckmin, Governador do Estado de São Paulo, no uso de suas atribuições legais e tendo em vista o disposto no Protocolo ICMS-5/11, celebrado no Rio de Janeiro, RJ, no dia 1º de abril de 2011, decreta:

**Art. 1º.** Passam a vigorar com a redação que se segue os itens 30, 46, 62, 76, 77 e 99 do § 1º do art. 313-O do Regulamento do Imposto sobre Operações Relativas à Circulação de Mercadorias e sobre Prestações de Serviços de Transporte Interestadual e Intermunicipal e de Comunicação – RICMS, aprovado pelo Decreto nº 45.490, de 30 de novembro de 2000:

• *Alterações já efetuadas no corpo do Decreto.*

**Art. 2º.** Ficam acrescentados os itens 101 a 124 ao § 1º do art. 313-O do Regulamento do Imposto sobre Operações Relativas à Circulação de Mercadorias e sobre Prestações de Serviços de Transporte Interestadual e Intermunicipal e de Comunicação, aprovado pelo Decreto nº 45.490, de 30 de novembro de 2000, com a seguinte redação:

• *Alterações já efetuadas no corpo do Decreto.*

**Art. 3º.** Fica revogado o item 67 do § 1º do art. 313-O do Regulamento do Imposto sobre Operações Relativas à Circulação de Mercadorias e sobre Prestações de Serviços de Transporte Interestadual e Intermunicipal e de Comunicação, aprovado pelo Decreto nº 45.490, de 30 de novembro de 2000 (Protocolo ICMS-5/11, cláusula terceira).

• *Alterações já efetuadas no corpo do Decreto.*

**Art. 4º.** Este Decreto entra em vigor na data de sua publicação, produzindo efeitos para os fatos geradores ocorridos a partir de 1º de julho de 2011.

Palácio dos Bandeirantes, 27 de junho de 2011.

*Geraldo Alckmin – DOE de 28.6.2011*

## 541. DECRETO Nº 57.087, DE 27 DE JUNHO DE 2011

*Disciplina o recolhimento do ICMS relativo ao estoque das autopeças que especifica, recebidas antes do início da vigência do regime de retenção antecipada por substituição tributária.*

Geraldo Alckmin, Governador do Estado de São Paulo, no uso de suas atribuições legais e tendo em vista o disposto nos arts. 59, 60 e 66-F, inciso III, da Lei nº 6.374, de 1º de março de 1989, no Protocolo ICMS 5/11, de 1º de abril de 2011, e no art. 313-O do Regulamento do Imposto sobre Operações Relativas à Circulação de Mercadorias e sobre Prestações de Serviços de Transporte Interestadual e Intermunicipal e de Comunicação – RICMS, aprovado pelo Decreto nº 45.490, de 30 de novembro de 2000, decreta:

**Art. 1º.** O estabelecimento paulista, exceto o indicado no inciso I do art. 313-O do Regulamento do Imposto sobre Operações Relativas à Circulação de Mercadorias e sobre Prestações de Serviços de Transporte Interestadual e Intermunicipal e de Comunicação – RICMS, aprovado pelo Decreto nº 45.490, de 30 de novembro de 2000, relativamente ao estoque de mercadorias relacionadas no § 6º existente no final do dia 30 de junho de 2011, deverá:

I – efetuar a contagem do estoque das mercadorias;

II – elaborar relação, indicando, para cada item:

a) o valor das mercadorias em estoque e a base de cálculo para fins de incidência do ICMS, considerando a entrada mais recente da mercadoria;

b) a alíquota interna aplicável;

c) o valor do imposto devido, calculado conforme os §§ 1º ou 2º;

d) o correspondente código na Nomenclatura Brasileira de Mercadorias – Sistema Harmonizado (NBM/SH);

III – na hipótese de estar sujeito ao Regime Periódico de Apuração – RPA, transmitir, até 15 de agosto de 2011, arquivo digital à Secretaria da Fazenda, conforme disciplina por ela estabelecida, contendo a relação de que trata o inciso II e demais informações requeridas;

IV – na hipótese de estar sujeito ao Regime Especial Unificado de Arrecadação de Tributos e Contribuições devidos pelas Microempresas e Empresas de Pequeno Porte – "Simples Nacional", manter a relação de que trata o inciso II em arquivo, pelo prazo de 5 (cinco) anos, para apresentação ao fisco, quando solicitado;

V – recolher o valor do imposto devido em razão da operação própria e das subsequentes, por meio de guia de recolhimentos especiais, conforme disciplina estabelecida pela Secretaria da Fazenda.

§ 1º. O valor do imposto devido pela operação própria e pelas subsequentes será calculado com base no Índice de Valor Adicionado Setorial – IVA-ST divulgado pela Secretaria da Fazenda:

1 – mediante a seguinte fórmula:

a) em se tratando de contribuinte sujeito ao Regime Periódico de Apuração – RPA:

Imposto devido = (base de cálculo x alíquota interna) + (base de cálculo x IVA-ST x alíquota interna);

b) em se tratando de contribuinte sujeito ao "Simples Nacional":

Imposto devido = base de cálculo x IVA-ST x alíquota interna;

2 – considerando-se, para determinação da base de cálculo, o valor da entrada mais recente da mercadoria.

§ 2º. Quando existir preço final a consumidor divulgado pela Secretaria da Fazenda, em substituição ao disposto no § 1º, o valor do imposto devido pela operação própria e pelas subsequentes deverá ser calculado:

1 – mediante a seguinte fórmula:

a) em se tratando de contribuinte sujeito ao Regime Periódico de Apuração – RPA:

Imposto devido = base de cálculo x alíquota interna;

b) em se tratando de contribuinte sujeito ao "Simples Nacional":

Imposto devido = (base de cálculo da saída – base de cálculo da entrada) x alíquota interna;

2 – considerando-se, para determinação da base de cálculo da saída, o preço final a consumidor, divulgado pela Secretaria da Fazenda;

3 – desconsiderando-se, na hipótese da alínea "b" do item 1, os itens em que a base de cálculo da entrada for igual ou superior à base de cálculo da saída.

§ 3º. O imposto devido poderá ser recolhido em até 10 (dez) parcelas mensais, iguais e sucessivas, com vencimento no último dia útil de cada mês, sendo que a primeira parcela deverá ser recolhida até 31 de agosto de 2011.

§ 4º. Na hipótese de contribuinte sujeito ao Regime Periódico de Apuração – RPA que possua saldo credor de ICMS em 30 de junho de 2011, este poderá ser utilizado para deduzir, no todo ou em parte, o imposto a recolher nos termos do inciso V, observando-se, sem prejuízo das demais exigências, o que segue:

1 – o valor do saldo credor utilizado para pagar o imposto calculado nos termos do § 1º ou 2º deverá ser discriminado no final da relação a que se refere o inciso II;

2 – o montante de saldo credor utilizado para pagamento do imposto devido nos termos deste parágrafo será lançado no livro Registro de Apuração do ICMS – RAICMS, na folha destinada à apuração das operações e prestações próprias do período em que ocorrer o aludido levantamento de estoque, no campo "Estorno de Créditos" do quadro "Débito do Imposto", com a indicação da expressão "Liquidação (parcial ou total) do imposto devido por substituição tributária relativo ao estoque existente em __/__/__ – Decreto ___".

§ 5º. O disposto neste artigo aplica-se, também, no que couber, às mercadorias referidas no § 6º na hipótese de sua saída do estabelecimento remetente ter ocorrido até 30 de junho de 2011 e o seu recebimento ter se efetivado após essa data.

§ 6º. As mercadorias a que se refere o *caput* são as seguintes, observada a classificação segundo a Nomenclatura Comum do Mercosul – NCM:

1 – perfilados de borracha vulcanizada não endurecida, 4008.11.00;

2 – catálogos contendo informações relativas a veículos, 4911.10.10;

3 – artefatos de pasta de fibra para uso automotivo, 5601.22.19;

4 – tapetes/carpetes – naylon, 5703.20.00;

5 – tapetes de matérias têxteis sintéticas, 5703.30.00;

6 – forração interior capacete, 5911.90.00;

7 – outros para-brisas, 6903.90.99;

8 – moldura com espelho, 7007.29.00;

9 – corrente de transmissão, 7314.50.00;

10 – corrente transmissão, 7315.11.00;

11 – condensador tubular metálico, 8418.99.00;

12 – trocadores de calor, 8419.50;

13 – partes de aparelhos mecânicos de pulverizar ou dispersar, 8424.90.90;

14 – macacos hidráulicos para veículos, 8425.49.10;

15 – caçambas, pás, ganchos e tenazes para máquinas rodoviárias, 8431.41.00;

16 – geradores de corrente alternada de potencia não superior a 75 kVA, 8501.61.00;

17 – aparelhos elétricos para alarme de uso automotivo, 8531.10.90;

18 – bússolas, 9014.10.00;

19 – indicadores de temperatura, 9025.19.90;

20 – partes de indicadores de temperatura, 9025.90.10;

21 – partes de aparelhos de medida ou controle, 9026.90;

22 – termostatos, 9032.10.10;

23 – instrumentos e aparelhos para regulação, 9032.10.90;

24 – pressostatos, 9032.20.00;

25 – motores hidráulicos, 8412.2;

26 – válvulas para transmissão óleo-hidráulicas ou pneumáticas, 8481.2;

27 – interruptores e seccionadores e comutadores, 8535.30 ou 8536.5;

28 – medidores de nível; medidores de vazão, 9026.10;

29 – aparelhos para medida ou controle da pressão, 9026.20;

30 – instrumentos para regulação de grandezas não elétricas, 9032.89.8 ou 9032.89.9.

§ 7º. O disposto neste Decreto não se aplica na hipótese de a mercadoria referida no § 6º ter sido recebida já com a retenção antecipada do imposto por substituição tributária.

**Art. 2º.** Este Decreto entra em vigor na data de sua publicação.

Palácio dos Bandeirantes, 27 de junho de 2011.

*Geraldo Alckmin – DOE de 28.6.2011*

## 542. DECRETO Nº 57.142, DE 18 DE JULHO DE 2011

*Introduz alteração no Regulamento do Imposto sobre Operações Relativas à Circulação de Mercadorias e sobre Prestações de Serviços de Transporte Interestadual e Intermunicipal e de Comunicação – RICMS.*

Geraldo Alckmin, Governador do Estado de São Paulo, no uso de suas atribuições legais e tendo em vista o disposto nos arts. 84-B e 112 da Lei nº 6.374, de 1º de março de 1989, decreta:

**Art. 1º.** Passam a vigorar com a redação que se segue os §§ 2º-A e 2º-B do art. 29 das Disposições Transitórias do Regulamento do Imposto sobre Operações Relativas à Circulação de Mercadorias e sobre Prestações de Serviços de Transporte Interestadual e Intermunicipal e de Comunicação – RICMS, aprovado pelo Decreto nº 45.490, de 30 de novembro de 2000:

• *Alterações já efetuadas no corpo do Decreto.*

**Art. 2º.** Ficam acrescentados os §§ 2º-C, 2º-D e 3º-B ao art. 29 das Disposições Transitórias do Regulamento do Imposto sobre Operações Relativas à Circulação de Mercadorias e sobre Prestações de Serviços de Transporte Interestadual e Intermunicipal e de Comunicação – RICMS, aprovado pelo Decreto nº 45.490, de 30 de novembro de 2000, com a seguinte redação:

• *Alterações já efetuadas no corpo do Decreto.*

**Art. 3º.** Este Decreto entra em vigor na data de sua publicação.

Palácio dos Bandeirantes, 18 de julho de 2011.

*Geraldo Alckmin – DOE de 19.7.2011*

## 543. DECRETO Nº 57.143, DE 18 DE JULHO DE 2011

*Introduz alteração no Regulamento do Imposto sobre Operações Relativas à Circulação de Mercadorias e sobre Prestações de Serviços de Transporte Interestadual e Intermunicipal e de Comunicação – RICMS.*

Geraldo Alckmin, Governador do Estado de São Paulo, no uso de suas atribuições legais e tendo em vista o disposto no Convênio ICMS-89/05 e nos arts. 84-B e 112 da Lei nº 6.374, de 1º de março de 1989, decreta:

**Art. 1º.** Ficam acrescentados os dispositivos adiante indicados ao Regulamento do ICMS, aprovado pelo Decreto nº 45.490, de 30 de novembro de 2000, com a seguinte redação:

I – o § 2º ao art. 144 do Anexo I, passando o atual parágrafo único a denominar-se § 1º:

II – o parágrafo único ao art. 45 do Anexo II:

- *Alterações já efetuadas no corpo do Decreto.*

**Art. 2º.** Este Decreto entra em vigor na data de sua publicação.

Palácio dos Bandeirantes, 18 de julho de 2011.

*Geraldo Alckmin – DOE de 19.7.2011*

## 544. DECRETO Nº 57.144, DE 18 DE JULHO DE 2011

*Introduz alteração no Regulamento do Imposto sobre Operações Relativas à Circulação de Mercadorias e sobre Prestações de Serviços de Transporte Interestadual e Intermunicipal e de Comunicação – RICMS.*

Geraldo Alckmin, Governador do Estado de São Paulo, no uso de suas atribuições legais e tendo em vista o disposto nos arts.s 38-A, 84-B e 112 da Lei nº 6.374, de 1º de março de 1989, decreta:

**Art. 1º.** Fica acrescentado o inciso XXIII ao art. 1º do Decreto nº 51.624, de 28 de fevereiro de 2007, com a seguinte redação:

- *Alterações já efetuadas no corpo do Decreto.*

**Art. 2º.** Este Decreto entra em vigor na data de sua publicação.

Palácio dos Bandeirantes, 18 de julho de 2011.

*Geraldo Alckmin – DOE de 19.7.2011*

## 545. DECRETO Nº 57.145, DE 18 DE JULHO DE 2011

*Introduz alterações no Regulamento do Imposto sobre Operações Relativas à Circulação de Mercadorias e sobre Prestações de Serviços de Transporte Interestadual e Intermunicipal e de Comunicação – RICMS*

Geraldo Alckmin, Governador do Estado de São Paulo, no uso de suas atribuições legais e tendo em vista o disposto nos Convênios ICMS-11/11 e 25/11, celebrados no Rio de Janeiro, RJ, no dia 1º de abril de 2011, e no art. 8º, XXIV e §10, da Lei nº 6.374, de 1º de março de 1989, decreta:

**Art. 1º.** Passam a vigorar com a redação que se segue os dispositivos adiante indicados do Regulamento do Imposto sobre Operações Relativas à Circulação de Mercadorias e sobre Prestações de Serviços de Transporte Interestadual e Intermunicipal e de Comunicação – RICMS, aprovado pelo Decreto nº 45.490, de 30 de novembro de 2000:

I – o art. 400-H:

II – o *caput* do art. 400-I:

III – do art. 30 do Anexo I:

a) o inciso VIII:

b) o § 2º:

- *Alterações já efetuadas no corpo do Decreto.*

**Art. 2º.** Ficam acrescentados os incisos IX a XIII ao *caput* do art. 30 do Anexo I do Regulamento do Imposto sobre Operações Relativas à Circulação de Mercadorias e sobre Prestações de Serviços de Transporte Interestadual e Intermunicipal e de Comunicação – RICMS, aprovado pelo Decreto nº 45.490, de 30 de novembro de 2000, com a seguinte redação:

- *Alterações já efetuadas no corpo do Decreto.*

**Art. 3º.** Este Decreto entra em vigor na data de sua publicação.

Palácio dos Bandeirantes, 18 de julho de 2011.

*Geraldo Alckmin – DOE de 19.7.2011*

## 546. DECRETO Nº 57.167, DE 26 DE JULHO DE 2011

*Introduz alterações no Regulamento do Imposto sobre Operações Relativas à Circulação de Mercadorias e sobre Prestações de Serviços de Transporte Interestadual e Intermunicipal e de Comunicação – RICMS.*

- *Tornado insubsistente pelo Decreto nº 57.176, de 27.7.2011, por duplicidade, prevalecendo sobre o assunto o Decreto nº 57.145, de 18.7.2011 – DOE de 19.7.2011.*

*Geraldo Alckmin – DOE de 27.7.2011*

## 547. DECRETO Nº 57.176, DE 27 DE JULHO DE 2011

*Torna insubsistente o Decreto nº 57.167, de 26 de julho de 2011.*

Geraldo Alckmin, Governador do Estado de São Paulo, no uso de suas atribuições legais, decreta:

**Art. 1º.** Fica insubsistente o Decreto nº 57.167, de 26 de julho de 2011, que introduz alterações no Regulamento do Imposto sobre Operações Relativas à Circulação de Mercadorias e sobre Prestações de Serviços de Transporte Interestadual e Intermunicipal e de Comunicação – RICMS, por duplicidade, prevalecendo sobre o assunto o Decreto nº 57.145, de 18, publicado no Diário Oficial do Estado de 19 de julho de 2011.

**Art. 2º.** Este Decreto entra em vigor na data de sua publicação.

Palácio dos Bandeirantes, 27 de julho de 2011.

*Geraldo Alckmin – DOE de 28.7.2011*

## 548. DECRETO Nº 57.177, DE 27 DE JULHO DE 2011

*Introduz alteração no Regulamento do Imposto sobre Operações Relativas à Circulação de Mercadorias e sobre prestações de Serviços de Transporte Interestadual e Intermunicipal e de Comunicação – RICMS e dá outras providências.*

Geraldo Alckmin, Governador do Estado de São Paulo, no uso de suas atribuições legais e tendo em vista o disposto nos arts. 84-B e 112 da Lei nº 6.374, de 1º de março de 1989, decreta:

**Art. 1º.** Fica revogado, a partir de 1º de janeiro de 2012, o § 3º do art. 5º do Anexo XVIII do Regulamento do Imposto sobre Operações Relativas à Circulação de Mercadorias e sobre Prestações de Serviços de Transporte Interestadual e Intermunicipal e de Comunicação – RICMS, aprovado pelo Decreto nº 45.490, de 30 de novembro de 2000.

• *Alterações já efetuadas no corpo do Decreto.*

**Art. 2º.** O ICMS relativo à Nota Fiscal/Conta de Energia Elétrica, modelo 6, emitida, até 31 de dezembro de 2011, por empresa distribuidora na operação relativa à circulação de energia elétrica, referida na alínea "a" do inciso I do art. 425 do Regulamento do ICMS, sem prejuízo de seu regular lançamento no Livro Registro de Saídas:

I – com data de vencimento para pagamento em janeiro de 2012, poderá ser recolhido em 4 (quatro) parcelas iguais, nos dias 5 de março, 4 de abril, 4 de maio e 5 de junho de 2012;

II – com data de vencimento para pagamento em meses posteriores a janeiro de 2012, deverá ser apurado nos respectivos meses de vencimento.

**Art. 3º.** O valor do imposto devido a ser recolhido nos termos do inciso I do art. 2º deverá ser lançado no livro Registro de Apuração do ICMS e na correspondente Guia de Informação e Apuração do ICMS – GIA, conforme segue:

I – no mês de janeiro de 2012, o valor integral no campo "Outros Créditos" do quadro "Crédito do Imposto", com a expressão "Valor a ser pago nos meses de março, abril, maio e junho de 2012, conforme Decreto nº xx.xxx/2011";

II – no mês de fevereiro de 2012, 1/4 (um quarto) do valor no campo "Outros Débitos" do quadro "Débito do Imposto", com a expressão "Valor a ser pago no mês de março de 2012 conforme Decreto nº xx.xxx/2011";

III – no mês de março de 2012, 1/4 (um quarto) do valor no campo "Outros Débitos" do quadro "Débito do Imposto", com a expressão "Valor a ser pago no mês de abril de 2012 conforme Decreto nº xx.xxx/2011";

IV – no mês de abril de 2012 1/4 (um quarto) do valor no campo "Outros Débitos" do quadro "Débito do Imposto", com a expressão "Valor a ser pago no mês de maio de 2012 conforme Decreto nº xx.xxx/2011";

V – no mês de maio de 2012, 1/4 (um quarto) do valor no campo "Outros Débitos" do quadro "Débito do Imposto", com a expressão "Valor a ser pago no mês de junho de 2012 conforme Decreto nº xx.xxx/2012".

**Art. 4º.** Este Decreto entra em vigor na data de sua publicação, produzindo efeitos a partir de 1º de janeiro de 2012.

Palácio dos Bandeirantes, 27 de julho de 2011.

*Geraldo Alckmin – DOE de 28.7.2011*

## 549. DECRETO Nº 57.241, DE 17 DE AGOSTO DE 2011

*Altera o Decreto nº 53.826, de 16 de dezembro de 2008, que institui incentivos no âmbito dos parques tecnológicos integrantes do Sistema Paulista de Parques Tecnológicos, de que tratam a Lei Complementar nº 1.049, de 19 de junho de 2008, e o Decreto nº 50.504, de 6 de fevereiro de 2006.*

Geraldo Alckmin, Governador do Estado de São Paulo, no uso de suas atribuições legais, decreta:

**Art. 1º.** Fica acrescentado o inciso III ao art. 1º do Decreto nº 53.826, de 16 de dezembro de 2008, com a seguinte redação:

• *Alteração já efetuada no corpo do Decreto.*

**Art. 2º.** Este Decreto entra em vigor na data de sua publicação.

Palácio dos Bandeirantes, 17 de agosto de 2011.

*Geraldo Alckmin – DOE de 18.8.2011*

## 550. DECRETO Nº 57.254, DE 19 DE AGOSTO DE 2011

*Introduz alteração no Regulamento do Imposto sobre Operações Relativas à Circulação de Mercadorias e sobre Prestações de Serviços de Transporte Interestadual e Intermunicipal e de Comunicação – RICMS.*

Geraldo Alckmin, Governador do Estado de São Paulo, no uso de suas atribuições legais e tendo em vista o disposto no art. 59 da Lei nº 6.374, de 1º de março de 1989, decreta:

**Art. 1º.** Passam a vigorar com a redação que se segue os seguintes dispositivos do Regulamento do ICMS, aprovado pelo Decreto nº 45.490, de 30 de novembro de 2000:

I – a alínea "d" do inciso I do art. 3º do Anexo IV;

II – a alínea "d" do inciso IX do art. 3º do Anexo IV;

• *Alterações já efetuadas no corpo do Decreto.*

**Art. 2º.** Este Decreto entra em vigor na data de sua publicação, produzindo efeitos para fatos geradores ocorridos a partir do mês de agosto de 2011.

Palácio dos Bandeirantes, 19 de agosto de 2011.

*Geraldo Alckmin – DOE de 20.8.2011 – Retificação DOE de 24.8.2011*

## 551. DECRETO Nº 57.255, DE 19 DE AGOSTO DE 2011

*Isenta do Imposto sobre Operações Relativas à Circulação de Mercadorias e sobre Prestações de Serviços de Transporte Interestadual e Intermunicipal e de Comunicação – ICMS a comercialização de sanduíches denominados "Big Mac" efetuada durante o evento "McDia Feliz". (DOE de 20.8.2011)*

• *Pode ser considerado sem mais efeito em razão do cumprimento de seu prazo.*

## 552. DECRETO Nº 57.395, DE 4 DE OUTUBRO DE 2011

*Introduz alteração no Regulamento do Imposto sobre Operações Relativas à Circulação de Mercadorias e so-*

*bre Prestações de Serviços de Transporte Interestadual e Intermunicipal e de Comunicação – RICMS.*

Geraldo Alckmin, Governador do Estado de São Paulo, no uso de suas atribuições legais e tendo em vista o disposto no art. 8º, IV, da Lei nº 6.374, de 1º de março de 1989, decreta:

**Art. 1º.** Fica acrescentado, com a redação que se segue, o art. 33 às Disposições Transitórias do Regulamento do Imposto sobre Operações Relativas à Circulação de Mercadorias e sobre Prestações de Serviços de Transporte Interestadual e Intermunicipal e de Comunicação – RICMS, aprovado pelo Decreto nº 45.490, de 30 de novembro de 2000:

• *Alterações já efetuadas no corpo do Decreto.*

**Art. 2º.** Este Decreto entra em vigor na data de sua publicação.

Palácio dos Bandeirantes, 4 de outubro de 2011.

*Geraldo Alckmin – DOE de 5.10.2011*

## 553. DECRETO Nº 57.396, DE 4 DE OUTUBRO DE 2011

*Introduz alteração no Regulamento do Imposto sobre Operações Relativas à Circulação de Mercadorias e sobre Prestações de Serviços de Transporte Interestadual e Intermunicipal e de Comunicação – RICMS.*

Geraldo Alckmin, Governador do Estado de São Paulo, no uso de suas atribuições legais e tendo em vista o disposto no Convênio ICMS-36/11, de 1º de abril de 2011, decreta:

**Art. 1º.** Fica acrescentado o art. 151 ao Anexo I do Regulamento do ICMS, aprovado pelo Decreto nº 45.490, de 30 de novembro de 2000, com a seguinte redação:

• *Alterações já efetuadas no corpo do Decreto.*

**Art. 2º.** Este Decreto entra em vigor na data de sua publicação.

Palácio dos Bandeirantes, 4 de outubro de 2011.

*Geraldo Alckmin – DOE de 5.10.2011*

## 554. DECRETO Nº 57.399, DE 5 DE OUTUBRO DE 2011

*Dispõe sobre dispensa de recolhimento de débitos fiscais decorrentes de operações com insumos destinados a próteses dentárias na hipótese que especifica.*

Geraldo Alckmin, Governador do Estado de São Paulo, no uso de suas atribuições legais e tendo em vista o disposto no Convênio ICMS 176/10, de 10 de dezembro de 2010, e no Parecer PA nº 35/2007, exarado pela Procuradoria Geral do Estado, decreta:

**Art. 1º.** Fica dispensado o recolhimento dos débitos fiscais relacionados com o Imposto sobre Operações Relativas à Circulação de Mercadorias e sobre Prestações de Serviços de Transporte Interestadual e Intermunicipal e de Comunicação – ICMS, decorrentes de operações realizadas até 1º de março de 2011 com as mercadorias descritas no item 194 do Anexo Único do Convênio ICMS 1/99, de 2 de março de 1999, na redação dada pelo Convênio ICMS 176/10, de 10 de dezembro de 2010 (Convênio ICMS 176/10, cláusula segunda).

§ 1º. O disposto neste artigo se aplica:

1 – aos débitos fiscais exigidos ou não por Auto de Infração e Imposição de Multa – AIIM, inclusive os inscritos em dívida ativa;

2 – aos débitos fiscais remanescentes de parcelamentos anteriores em curso.

§ 2º. Para efeito deste Decreto, considera-se débito fiscal a soma do imposto, das multas, da atualização monetária, dos juros de mora e dos demais acréscimos previstos na legislação.

**Art. 2º.** O disposto neste Decreto não autoriza a restituição ou compensação de importância já recolhida ou o levantamento de importância depositada em juízo, quando houver decisão transitada em julgado a favor do Estado.

**Art. 3º.** Este Decreto entra em vigor na data de sua publicação.

Palácio dos Bandeirantes, 5 de outubro de 2011.

*Geraldo Alckmin – DOE de 6.10.2011*

## 555. DECRETO Nº 57.403, DE 6 DE OUTUBRO DE 2011

*Introduz alteração no Regulamento do Imposto sobre Operações Relativas à Circulação de Mercadorias e sobre Prestações de Serviços de Transporte Interestadual e Intermunicipal e de Comunicação – RICMS.*

Geraldo Alckmin, Governador do Estado de São Paulo, no uso de suas atribuições legais e tendo em vista o disposto no Convênio ICMS-142/92, de 15 de dezembro de 1992, com alteração do Convênio ICMS-46/11, de 23 de maio de 2011, decreta:

**Art. 1º.** Fica acrescentado o art. 152 ao Anexo I do Regulamento do Imposto sobre Operações Relativas à Circulação de Mercadorias e sobre Prestações de Serviços de Transporte Interestadual e Intermunicipal e de Comunicação – RICMS, aprovado pelo Decreto nº 45.490, de 30 de novembro de 2000, com a seguinte redação:

• *Alterações já efetuadas no corpo do Decreto.*

**Art. 2º.** Este Decreto entra em vigor na data de sua publicação.

Palácio dos Bandeirantes, 6 de outubro de 2011.

*Geraldo Alckmin – DOE de 7.10.2011*

## 556. DECRETO Nº 57.404, DE 6 DE OUTUBRO DE 2011

*Introduz alteração no Decreto nº 51.597, de 23 de fevereiro de 2007, que institui regime especial de tributação para contribuintes que tenham como atividade o fornecimento de alimentação ou a preparação de refeições coletivas.*

Geraldo Alckmin, Governador do Estado de São Paulo, no uso de suas atribuições legais e tendo em vista o disposto no art. 84-B da Lei nº 6.374, de 1º de março de 1989, decreta:

**Art. 1º.** Ficam acrescentados os dispositivos adiante indicados ao Decreto nº 51.597, de 23 de fevereiro de 2007, com a seguinte redação:

I – ao art. 1º, o § 4º:

II – o art. 1º-A:

• *Alterações já efetuadas no corpo do Decreto.*

**Art. 2º.** Fica revogado o art. 107 do Regulamento do ICMS, aprovado pelo Decreto nº 45.490, de 30 de novembro de 2000.

• *Alteração já efetuada no corpo do Decreto.*

**Art. 3º.** Este Decreto entra em vigor na data de sua publicação, produzindo efeitos para fatos geradores ocorridos a partir de 1º de setembro de 2011.

Palácio dos Bandeirantes, 6 de outubro de 2011.

*Geraldo Alckmin – DOE de 7.10.2011*

## 557. DECRETO Nº 57.488, DE 4 DE NOVEMBRO DE 2011

*Altera o Decreto nº 56.102, de 18 de agosto de 2010, que regulamenta a hipótese de rompimento de parcelamento celebrado no âmbito do Programa de Parcelamento Incentivado – PPI do ICM/ICMS por inadimplemento do imposto devido relativamente a fato gerador ocorrido após a data da celebração do parcelamento. (DOE de 5.11.2011)*

• *Dispositivo posteriormente alterado pelo Decreto nº 58.010, de 26.4.2012 – DOE de 27.4..2012 – Efeitos a partir de 1º.3.2012.*

## 558. DECRETO Nº 57.607, DE 12 DE DEZEMBRO DE 2011

*Dispõe sobre a possibilidade de contribuintes que exercem a atividade de comércio varejista parcelarem o ICMS devido pelas saídas de mercadorias promovidas em dezembro de 2011. (DOE de 13.12.2011)*

• *Pode ser considerado sem mais efeito em razão do cumprimento de seu prazo.*

## 559. DECRETO Nº 57.608, DE 12 DE DEZEMBRO DE 2011

*Disciplina a concessão de regime especial para atribuição da condição de substituto tributário às empresas varejistas que realizem operações com mercadorias por meio de centros de distribuição localizados neste Estado, para fins de retenção e recolhimento do ICMS incidente sobre as saídas subsequentes.*

Geraldo Alckmin, Governador do Estado de São Paulo, no uso de suas atribuições legais e tendo em vista o disposto nos arts. 8º, § 15, 71 e 84-B da Lei nº 6.374, de 1º de março de 1989, decreta:

**Do regime especial**

**Art. 1º.** O contribuinte varejista cujas operações resultem em acumulação de valores a serem ressarcidos, decorrente da realização de saídas interestaduais de mercadorias recebidas com imposto retido antecipadamente por substituição tributária, bem como de outras situações previstas no art. 269 do Regulamento do ICMS, aprovado pelo Decreto nº 45.490, de 30 de novembro de 2000, poderá requerer regime especial para que seu estabelecimento, localizado neste Estado, que atue como centro de distribuição, passe a ser o responsável pela retenção e pagamento do imposto incidente sobre as saídas subsequentes.

§ 1º. O regime especial a que se refere o *caput* observará a disciplina estabelecida no art. 489 do Regulamento do ICMS, bem como o disposto em atos expedidos pela Secretaria da Fazenda.

§ 2º. O pedido de concessão de regime especial, além das demais informações previstas na legislação citada no § 1º, deverá conter a descrição detalhada das atividades do contribuinte que ensejam acumulação de valores a serem ressarcidos nos termos do art. 269 do Regulamento do ICMS.

§ 3º. Para fins do disposto neste Decreto, consideram- se:

1 – centro de distribuição: o estabelecimento comercial que promova exclusivamente operações de saída de mercadorias para estabelecimentos varejistas ou atacadistas:

a) da mesma pessoa jurídica do centro de distribuição; ou

b) de outras pessoas jurídicas, desde que integrantes do mesmo grupo empresarial a que pertence a pessoa jurídica do centro de distribuição.

2 – empresas do mesmo grupo empresarial: a sociedade controladora e suas controladas, bem como as sociedades coligadas, observando-se que:

a) considera-se controlada a sociedade na qual a controladora, diretamente ou através de outras controladas, é titular de direitos de sócio que lhe assegurem, de modo permanente, preponderância nas deliberações sociais e o poder de eleger a maioria dos administradores;

b) consideram-se coligadas as sociedades nas quaisa investidora tenha influência significativa;

c) considera-se que há influência significativa quando a investidora detém ou exerce o poder de participar nas decisões das políticas financeira ou operacional da investida, sem controlá-la;

d) é presumida influência significativa quando a investidora for titular de 20% (vinte por cento) ou mais do capital votante da investida, sem controlá-la.

§ 4º. A Secretaria da Fazenda:

1 – poderá, de ofício, enquadrar contribuintes no regime especial a que se refere o *caput*;

2 – divulgará, no endereço eletrônico <www.fazenda.sp.gov.br>, a relação dos contribuintes detentores do regime especial a que se refere o *caput*.

§ 5º. O estabelecimento detentor do regime especial previsto neste artigo deverá observar, no que couber, a disciplina regulamentar inerente às obrigações dos contribuintes substitutos tributários.

**Da entrada de mercadoria no centro de distribuição**

**Art. 2º.** O contribuinte substituto tributário, assim definido na legislação estadual e nos convênios e protocolos de que este Estado seja signatário, quando promover saída de mercadoria sujeita ao regime de substituição tributária a destinatário detentor do regime especial a que se refere o art. 1º, fica desobrigado da retenção e recolhimento do imposto incidente sobre as operações subsequentes, ficando a referida saída subordinada ao regime comum de tributação.

Parágrafo único. Na operação de saída referida no *caput*, a Nota Fiscal e/ou DANFE destinados a estabelecimento detentor do regime especial, além dos demais requisitos estabelecidos na legislação, devem conter, no campo "Informações Complementares", a indicação

"Contribuinte detentor do Regime Especial processo nº... nos termos do Decreto nº... (indicar o número deste Decreto)".

**Art. 3º.** O estabelecimento detentor do regime especial a que se refere o art. 1º:

I – fica dispensado do recolhimento antecipado do imposto, previsto no art. 426-A do Regulamento do ICMS, relativamente à entrada no território deste Estado de mercadoria procedente de outra unidade da Federação;

II – quando receber mercadoria de contribuinte substituído tributário:

a) poderá se creditar da parcela do valor do imposto devido a este Estado, retido por substituição tributária, indicado no documento fiscal na forma estabelecida pelo § 3º do art. 274 do RICMS, e do imposto incidente sobre a operação própria do remetente, cujo cálculo deverá observar o disposto nos §§ 1º e 2º do art. 271 do RICMS;

b) o valor total do crédito referido na alínea "a" não poderá ser superior ao resultante da aplicação da alíquota interna sobre o valor da base de cálculo da retenção efetuada pelo sujeito passivo por substituição.

Parágrafo único. Na hipótese de a mercadoria ser recebida de contribuinte substituído tributário pertencente ao mesmo grupo empresarial, o valor do crédito referido nas alíneas "a" e "b' do inciso II deverá ter por base o documento fiscal que acobertou a primeira entrada da mercadoria em estabelecimento do grupo empresarial.

**Das obrigações acessórias**

**Art. 4º.** O estabelecimento detentor do regime especial a que se refere o art. 1º, além das demais obrigações previstas na legislação, deverá apresentar à Secretaria da Fazenda, conforme disciplina por ela estabelecida:

I – até o último dia do mês subsequente ao de encerramento de cada trimestre civil, relatório, em arquivo digital, informando:

a) o estoque de mercadorias sujeitas ao regime de substituição tributária existente no último dia de cada mês do trimestre;

b) as operações relativas ao crédito do imposto, admitido nos termos do inciso II do art. 3º;

II – anualmente, registro de inventário em arquivo digital, que consolidará as informações prestadas na forma do inciso I.

Parágrafo único. Caso sejam encontradas inconsistências no relatório apresentado, o contribuinte será notificado para regularizá-las no prazo de 30 (trinta) dias, contados a partir da data da notificação.

**Art. 5º.** Com a finalidade de facilitar a identificação e controle das operações de entrada e saída de mercadorias, o estabelecimento detentor do regime especial a que se refere o art. 1º deverá, no cumprimento de obrigações perante a Secretaria da Fazenda, indicar, para cada mercadoria, um único código padrão GTIN-EAN-13, definido pela GS1 Brasil – Associação Brasileira de Automação, observando-se que:

I – a Secretaria da Fazenda disciplinará as situações em que o disposto no *caput* deverá ser cumprido pelo contribuinte;

II – o código padrão GTIN-EAN-13 será aquele impresso, pelo fabricante, na menor unidade de comercialização da mercadoria;

III – se o fabricante não tiver indicado o código padrão GTIN-EAN-13 na menor unidade de comercialização da mercadoria, o estabelecimento detentor do regime especial deverá atribuir, à mercadoria, código próprio de identificação;

IV – se, após adotado um dos códigos referidos nos incisos II e III, a mercadoria for comercializada pelo grupo empresarial em unidades diversas das previstas, o estabelecimento detentor do regime especial deverá atribuir novo código próprio para identificar as mercadorias comercializadas nessa situação.

Parágrafo único. Nas hipóteses dos incisos III e IV, o estabelecimento detentor do regime especial deverá apresentar à Secretaria da Fazenda, conforme disciplina por ela estabelecida, relatório, em arquivo digital, informando a vinculação entre o código padrão GTINEAN-13 e o código próprio adotado, assim como o correspondente fator de conversão de unidades de comercialização.

**Da saída de mercadoria do centro de distribuição**

**Art. 6º.** Fica vedado, ao estabelecimento detentor do regime especial a que se refere o art. 1º, promover saída com destino a consumidor final.

§ 1º. Na hipótese em que a operação de comercialização a consumidor final seja realizada por outro estabelecimento varejista do mesmo titular do estabelecimento detentor do regime especial, este fica autorizado a realizar a entrega da mercadoria ao adquirente (remessa física), por conta e ordem do estabelecimento vendedor.

§ 2º. Para realizar operações de comercialização a consumidor final não enquadradas no § 1º, o contribuinte detentor do regime especial deverá requerer inscrição específica no Cadastro de Contribuintes do ICMS, observando-se que:

1 – será dispensada a demonstração da segregação física dos estabelecimentos e de estoques;

2 – a remessa física da mercadoria ao consumidor final deverá ser realizada pelo estabelecimento detentor da inscrição estadual referida no *caput* deste parágrafo.

§ 3º. Nas hipóteses previstas nos §§ 1º e 2º, o imposto relativo à substituição tributária será devido, pelo estabelecimento detentor do regime especial, no momento da realização da operação de saída simbólica da mercadoria para o estabelecimento que realizou a venda a consumidor final.

**Do valor da operação própria realizada pelo estabelecimento detentor do regime especial**

**Art. 7º.** Nas saídas internas de mercadoria sujeita à substituição tributária promovidas pelo estabelecimento detentor do regime especial a que se refere o art. 1º, destinadas aos demais estabelecimentos do mesmo grupo empresarial, o valor da operação própria será o custo médio de aquisição da mercadoria acrescido do ICMS recuperável calculado com base na alíquota incidente sobre a operação própria do remetente da mercadoria.

Parágrafo único. Para fins do disposto neste Decreto, o custo médio de aquisição da mercadoria:

1 – será determinado com base no registro permanente de estoques na data de ocorrência do fato gerador;

2 – compreenderá os custos de transporte e seguro até o estabelecimento do contribuinte e os tributos devidos na aquisição ou importação, bem como os gastos com desembaraço aduaneiro;

3 – não compreenderá os impostos recuperáveis por meio de créditos na escrita fiscal.

**Da base de cálculo do imposto a ser retido por ST**

**Art. 8º.** A base de cálculo da substituição tributária, nas saídas internas de mercadorias realizadas pelo estabelecimento detentor do regime especial a que se refere o art. 1º, destinadas aos demais estabelecimentos do mesmo grupo empresarial, será:

I – o preço final a consumidor, único ou máximo, autorizado ou fixado por autoridade competente, ou o preço final a consumidor sugerido pelo fabricante ou importador, aprovado e divulgado pela Secretaria da Fazenda, ou o preço final a consumidor por ela fixado, apurado por levantamento de preços;

II – na hipótese de inexistência dos preços referidos no inciso I, o custo médio de aquisição da mercadoria, conforme definido no parágrafo único do art. 7º, acrescido dos tributos recuperáveis, calculados com base nas alíquotas incidentes sobre a operação própria do remetente da mercadoria, e do valor resultante da aplicação do percentual de margem de valor agregado setorial, inclusive ajustado quando originado de operação interestadual, conforme previsto na legislação aplicável.

§ 1º. Na hipótese de o detentor do regime especial promover saída de mercadoria que tenha sido recebida de outro contribuinte substituído, a base de cálculo da substituição tributária será aquela indicada:

1 – no documento fiscal do substituído, nos termos estabelecidos no item 1 do § 3º do art. 274 do RICMS/SP; ou

2 – no *caput* deste artigo, na impossibilidade de o estabelecimento detentor do regime especial atender ao disposto no item 1.

§ 2º. Na hipótese de a mercadoria ser recebida de contribuinte substituído tributário pertencente ao mesmo grupo empresarial, a base de cálculo a que se refere o item 1 do § 1º deste artigo deverá ser aquela indicada no documento fiscal que acobertou a primeira entrada da mercadoria em estabelecimento do grupo empresarial.

§ 3º. O detentor do regime especial que adquirir determinada mercadoria tanto de contribuinte substituto quanto de contribuinte substituído deverá:

1 – atribuir código próprio à mercadoria, conforme disciplina estabelecida pela Secretaria da Fazenda, para fins de identificação do respectivo fornecedor e utilização da correspondente base de cálculo da substituição tributária; ou

2 – utilizar, dentre as bases de cálculo da substituição tributária previstas no *caput* e §§ 1º e 2º deste artigo, aquela que corresponder ao maior valor de imposto a ser retido.

**Do prazo para recolhimento do imposto devido por ST**

**Art. 9º.** O estabelecimento detentor do regime especial a que se refere o art. 1º deverá recolher o imposto devido por substituição tributária até o último dia do mês subsequente ao da ocorrência do fato gerador.

**Dos procedimentos relativos aos estoques existentes no início de vigência do regime especial**

**Art. 10.** O estabelecimento detentor do regime especial a que se refere o art. 1º deverá, relativamente às mercadorias sujeitas à substituição tributária, existentes em estoque no final do dia anterior ao do início de vigência do regime especial:

I – relacionar o estoque de mercadorias com base no registro permanente de estoque do estabelecimento ou no Controle de Estoque, modelo 3, previsto na Portaria CAT nº 17, de 5 de março de 1999, indicando, para cada item:

a) a descrição da mercadoria, a correspondente classificação fiscal na Nomenclatura Comum do Mercosul (NCM/SH) e o respectivo código conforme definido no art. 5º;

b) a quantidade da mercadoria e a identificação da unidade de medida utilizada;

c) o valor da mercadoria, considerando-se o seu custo médio de aquisição, conforme definido no parágrafo único do art. 7º, acrescido dos tributos recuperáveis calculados com base nas alíquotas incidentes sobre a operação própria do remetente da mercadoria;

d) a base de cálculo do ICMS incidente sobre a operação própria do remetente, referida no art. 11;

e) a base de cálculo do ICMS retido por substituição tributária, referida no art. 12;

f) a alíquota interna aplicável;

g) o valor do ICMS relativo à operação própria do remetente, nos termos do art. 11;

h) o valor do ICMS retido por substituição tributária, nos termos do art. 12;

i) a correspondente alíquota relativa ao PIS/COFINS;

II – transmitir arquivo digital à Secretaria da Fazenda conforme disciplina por ela estabelecida, contendo a relação de que trata o inciso I e demais informações requeridas, no prazo de 30 dias contados da data do início de vigência do regime especial.

**Do crédito do imposto incidente sobre a operação própria do remetente, relativamente aos estoques existentes no início de vigência do regime especial**

**Art. 11.** O estabelecimento detentor do regime especial a que se refere o art. 1º poderá se creditar do valor do imposto destacado no documento fiscal incidente sobre a operação própria do remetente, relativamente às mercadorias recebidas com imposto retido antecipadamente por substituição tributária, existentes em estoque no final do dia anterior ao do início de vigência do referido regime, observado o disposto no art. 10.

§ 1º. Na hipótese de a mercadoria ter sido recebida de contribuinte substituído, o valor do crédito será calculado mediante aplicação da alíquota interna sobre a base de cálculo que seria atribuída à operação própria do remetente, caso estivesse submetida ao regime comum de tributação.

§ 2º. O valor do crédito na hipótese prevista no § 1º não poderá ser superior ao resultante da aplicação da alíquota interna sobre o valor da base de cálculo da retenção efetuada pelo sujeito passivo por substituição.

§ 3º. Tratando-se de mercadoria recebida de contribuinte optante pelo regime do Simples Nacional, o valor do crédito relativo à operação própria do remetente corresponderá ao valor do crédito do imposto indicado no campo "informações complementares" ou no corpo do documento fiscal relativo à entrada.

§ 4º. Na impossibilidade de identificação, pelo estabelecimento detentor do regime especial, do valor do crédito correspondente à operação própria do remetente da mercadoria, este será obtido pela fórmula C = M x A, onde:

C = valor do crédito correspondente à operação própria do remetente da mercadoria

M = custo médio de aquisição da mercadoria, conforme definido no parágrafo único do art. 7º, existente no final do dia anterior ao do início de vigência do regime especial.

A = alíquota interna aplicável à mercadoria.

§ 5º. O valor do "custo médio de aquisição da mercadoria" de que trata o § 3º poderá ser acrescido dos tributos recuperáveis, quando estes tiverem sido deduzidos na ocasião do cálculo do custo de aquisição.

§ 6º. Para fins do disposto neste artigo, o estabelecimento detentor do regime especial escriturará o crédito, quando admitido, na apuração do imposto próprio relativo ao primeiro mês de vigência do regime especial, no livro Registro de Apuração do ICMS, no quadro "Crédito do Imposto – Outros Créditos", com a expressão "Centro de Distribuição – Crédito Relativo à Operação Própria do Remetente – Artigo 11 do Decreto nº... (indicar o número deste Decreto).".

**Do crédito do imposto retido por substituição tributária incluído nas mercadorias em estoque existentes no início da vigência do regime especial**

**Art. 12.** O estabelecimento detentor do regime especial a que se refere o art. 1º poderá se creditar do valor do imposto retido antecipadamente por substituição tributária, informado no documento fiscal da respectiva entrada, relativamente às mercadorias existentes em estoque no final do dia anterior ao do início de vigência do regime especial, em 10 (dez) parcelas mensais, iguais e sucessivas, sendo a primeira parcela creditada na apuração do imposto relativo ao primeiro mês de vigência do regime especial, observado o disposto no art. 10.

§ 1º. Na hipótese de a mercadoria ter sido recebida de outro contribuinte substituído:

1 – o crédito corresponderá à parcela do valor do imposto retido indicado no documento fiscal do remetente, na forma estabelecida no § 3º do art. 274 do RICMS;

2 – o valor do crédito não poderá ser superior ao resultante da aplicação da alíquota interna sobre o valor da base de cálculo da retenção efetuada pelo sujeito passivo por substituição.

§ 2º. Caso a mercadoria tenha sido recebida de contribuinte substituído tributário pertencente ao mesmo grupo empresarial, o valor do crédito referido nos itens 1 e 2 do § 1º deverá ter por base o documento fiscal que acobertou a primeira entrada da mercadoria em estabelecimento do grupo empresarial.

§ 3º. Tratando-se de mercadoria cujo imposto tenha sido retido por substituição tributária com base no art. 426-A do Regulamento do ICMS, o valor do imposto retido corresponderá ao valor calculado na forma dos §§ 2º e 3º daquele artigo.

§ 4º. Na impossibilidade de identificação, pelo estabelecimento detentor do regime especial, do valor do imposto retido, este será obtido pela fórmula I = (B – M) x A, onde:

I = valor do imposto retido.

B = base de cálculo utilizada para a retenção antecipada.

M = custo médio de aquisição da mercadoria, conforme definido no parágrafo único do art. 7º, existente no final do dia anterior ao do início de vigência do regime especial.

A = alíquota interna aplicável à mercadoria.

§ 5º. Para fins do disposto no § 4º, será considerado como "base de cálculo utilizada para a retenção antecipada":

1 – o preço final a consumidor, único ou máximo, autorizado ou fixado por autoridade competente, ou o preço final a consumidor sugerido pelo fabricante ou importador, aprovado e divulgado pela Secretaria da Fazenda, ou o preço a consumidor final por ela fixado, apurado por levantamento de preços;

2 – na hipótese de inexistência dos preços referidos no item 1, o custo médio de aquisição da mercadoria, conforme definido no parágrafo único do art. 7º, acrescido dos tributos recuperáveis calculados com base nas alíquotas incidentes sobre a operação própria do remetente da mercadoria e do valor resultante da aplicação do percentual de margem de valor agregado setorial conforme previsto na legislação.

§ 6º. Em substituição ao disposto no § 5º, poderá ser utilizado o valor constante na coluna 19 do Controle de Estoque, modelo 3, previsto na Portaria CAT nº 17, de 5 de março de 1999, relativamente às mercadorias existentes em estoque no final do dia anterior ao do início de vigência do regime especial.

§ 7º. O valor do "custo médio de aquisição da mercadoria" de que trata o § 4º deverá ser acrescido dos tributos recuperáveis calculados com base nas alíquotas incidentes sobre a operação própria do remetente da mercadoria, quando estes tiverem sido deduzidos na ocasião do cálculo do custo de aquisição.

§ 8º. O estabelecimento detentor do regime especial escriturará o crédito, quando admitido, no livro Registro de Apuração do ICMS, na folha correspondente à apuração do imposto devido por substituição tributária, no quadro "Crédito do Imposto – Outros Créditos", com a expressão: "Centro de Distribuição – Crédito Relativo ao Imposto Retido – Artigo 12 do Decreto nº... (indicar o número deste Decreto)".

**Do ressarcimento do imposto retido relativo a período anterior ao da concessão do regime especial**

**Art. 13.** O estabelecimento detentor do regime especial a que se refere o art. 1º que tiver imposto retido por substituição tributária a ser ressarcido, nos termos do art. 269 do RICMS, relativo a período anterior à sua concessão:

I – poderá apresentar pedido de ressarcimento nos termos da Portaria CAT nº 17, de 5 de março de 1999;

II – após validação do arquivo digital e constatado o cumprimento da integralidade das instruções correspondentes pela Secretaria da Fazenda, independentemente de verificação fiscal, ficará autorizado a promover o ressarcimento do imposto retido por substituição tributária, observando-se que:

a) o ressarcimento será realizado por meio de compensação escritural, nos termos do inciso I do art. 270 do RICMS, conjuntamente com a apuração do imposto relativo às operações submetidas ao regime comum de tributação, mediante lançamento no livro Registro de Apuração do ICMS;

b) poderá ser compensado, a cada mês:

1 – até 10% (dez por cento) do montante total do ressarcimento, respeitado o limite máximo de 20% (vinte por cento) do valor total do imposto a ser recolhido a título de ICMS devido pela operação própria e por substituição tributária; ou

2 – 1/36 (um trinta e seis avos) do montante total do ressarcimento.

§ 1º. Para fins do disposto neste artigo, a Secretaria da Fazenda, mediante requerimento do contribuinte, poderá conceder regime especial para permitir a apresentação de controle de estoque, em arquivo digital, diverso do previsto na Portaria CAT nº 17, de 5 de março de 1999, desde que contenha os dados necessários para a apuração do imposto a ser ressarcido.

§ 2º. O disposto neste artigo aplica-se também ao estabelecimento detentor do regime especial que tiver efetuado o lançamento do ressarcimento na forma do art. 270 do RICMS e ainda apresentar, em sua escrituração, saldo credor decorrente desse lançamento, devendo ser realizado o estorno desse saldo antes da formalização do pedido de ressarcimento.

§ 3º. A Secretaria da Fazenda poderá determinar a suspensão da compensação prevista no inciso II do *caput* deste artigo na hipótese de relevante constatação, nas verificações fiscais, de irregularidade ou incorreta apuração dos valores a serem ressarcidos, bem como de descumprimento das disposições legais e regulamentares pertinentes e das normas estabelecidas no regime especial.

**Art. 14.** Este Decreto entra em vigor na data de sua publicação, produzindo efeitos a partir de 1º de janeiro de 2012.

Palácio dos Bandeirantes, 12 de dezembro de 2011.

*Geraldo Alckmin – DOE de 13.12.2011*

## 560. DECRETO Nº 57.609, DE 12 DE DEZEMBRO DE 2011

*Introduz alteração no Regulamento do Imposto sobre Operações Relativas à Circulação de Mercadorias e sobre Prestações de Serviços de Transporte Interestadual e Intermunicipal e de Comunicação – RICMS.*

Geraldo Alckmin, Governador do Estado de São Paulo, no uso de suas atribuições legais e tendo em vista o disposto nos arts. 46 e 102 da Lei nº 6.374, de 1º de março de 1989, decreta:

**Art. 1º.** Ficam acrescentados os dispositivos adiante indicados ao Regulamento do Imposto sobre Operações Relativas à Circulação de Mercadorias e sobre Prestações de Serviços de Transporte Interestadual e Intermunicipal e de Comunicação, aprovado pelo Decreto nº 45.490, de 30 de novembro de 2000:

I – os §§ 7º e 8º ao art. 70:

II – o inciso VIII ao art. 73:

• *Alterações já efetuadas no corpo do Decreto.*

**Art. 2º.** Este Decreto entra em vigor na data de sua publicação, produzindo efeitos a partir de 1º de janeiro de 2012.

Palácio dos Bandeirantes, 12 de dezembro de 2011.

*Geraldo Alckmin – DOE de 13.12.2011*

## 561. DECRETO Nº 57.610, DE 12 DE DEZEMBRO DE 2011

*Introduz alteração no Regulamento do Imposto sobre Operações Relativas à Circulação de Mercadorias e sobre Prestações de Serviços de Transporte Interestadual e Intermunicipal e de Comunicação – RICMS.*

Geraldo Alckmin, Governador do Estado de São Paulo, no uso de suas atribuições legais e tendo em vista o disposto no art. 112 da Lei nº 6.374, de 1º de março de 1989, decreta:

**Art. 1º.** Ficam acrescentados os seguintes dispositivos ao art. 29 das Disposições Transitórias do Regulamento do Imposto sobre Operações Relativas à Circulação de Mercadorias e sobre Prestações de Serviços de Transporte Interestadual e Intermunicipal e de Comunicação – RICMS, aprovado pelo Decreto nº 45.490, de 30 de novembro de 2000:

I – ao § 3º do art. 29, os itens 203 e 204:

II – ao § 3º-A do art. 29, o item 7:

• *Alterações já efetuadas no corpo do Decreto.*

**Art. 2º.** Este Decreto entra em vigor na data de sua publicação.

Palácio dos Bandeirantes, 12 de dezembro de 2011.

*Geraldo Alckmin – DOE de 13.12.2011*

## 562. DECRETO Nº 57.621, DE 12 DE DEZEMBRO DE 2011

*Introduz alterações no Regulamento do Imposto sobre Operações Relativas à Circulação de Mercadorias e sobre Prestações de Serviços de Transporte Interestadual e Intermunicipal e de Comunicação – RICMS.*

Geraldo Alckmin, Governador do Estado de São Paulo, no uso de suas atribuições legais e tendo em vista o disposto nos arts. 36 e 67 da Lei nº 6.374, de 1º de março de 1989, decreta:

**Art. 1º.** Passam a vigorar com a redação que se segue os dispositivos adiante indicados do Regulamento do Imposto sobre Operações Relativas à Circulação de Mercadorias e sobre Prestações de Serviços de Transporte Interestadual e Intermunicipal e de Comunicação – RICMS, aprovado pelo Decreto nº 45.490, de 30 de novembro de 2000:

I – o art. 369:

II – o art. 379:

• *Alterações já efetuadas no corpo do Decreto.*

**Art. 2º.** Ficam revogados os dispositivos adiante indicados do Regulamento do Imposto sobre Operações Relativas à Circulação de Mercadorias e sobre Prestações de Serviços de Transporte Interestadual e Intermunicipal e de Comunicação – RICMS, aprovado pelo Decreto nº 45.490, de 30 de novembro de 2000:

I – o art. 34;

II – o art. 370;

III – do art. 373:

a) o item 3 do § 1º;

b) o § 2º;

IV – do art. 377:

a) o inciso IV;

b) os §§ 1º e 2º;

V – o art. 378.

• *Alterações já efetuadas no corpo do Decreto.*

**Art. 3º.** Este Decreto entra em vigor na data de sua publicação, produzindo efeitos a partir de 1º de janeiro de 2012.

Palácio dos Bandeirantes, 12 de dezembro de 2011.

*Geraldo Alckmin – DOE de 13.12.2011*

## 563. DECRETO Nº 57.675, DE 26 DE DEZEMBRO DE 2011

*Introduz alteração no Regulamento do Imposto sobre Operações Relativas à Circulação de Mercadorias e sobre Prestações de Serviços de Transporte Interestadual e Intermunicipal e de Comunicação – RICMS.*

Geraldo Alckmin, Governador do Estado de São Paulo, no uso de suas atribuições legais e tendo em vista o disposto no art. 46 da Lei nº 6.374, de 1º de março de 1989, decreta:

**Art. 1º.** Passa a vigorar com a redação que se segue o § 10 do art. 30 das Disposições Transitórias do Regulamento do Imposto sobre Operações Relativas à Circulação de Mercadorias e sobre Prestações de Serviços de Transporte Interestadual e Intermunicipal e de Comunicação – RICMS, aprovado pelo Decreto nº 45.490, de 30 de novembro de 2000:

• *Alterações já efetuadas no corpo do Decreto.*

**Art. 2º.** Este Decreto entra em vigor na data de sua publicação.

Palácio dos Bandeirantes, 26 de dezembro de 2011.

*Geraldo Alckmin – DOE de 27.12.2011*

## 564. DECRETO Nº 57.676, DE 26 DE DEZEMBRO DE 2011

*Introduz alterações no Regulamento do Imposto sobre Operações Relativas à Circulação de Mercadorias e sobre Prestações de Serviços de Transporte Interestadual e Intermunicipal e de Comunicação – RICMS, e dá outras providências.*

Geraldo Alckmin, Governador do Estado de São Paulo, no uso de suas atribuições legais e tendo em vista o disposto no Ajuste SINIEF-5/11 e no Convênio ICMS-65/11, celebrados em Curitiba, PR, no dia 8 de julho de 2011, decreta:

**Art. 1º.** Fica acrescentado o § 3º ao art. 115 do Anexo I do Regulamento do Imposto sobre Operações Relativas à Circulação de Mercadorias e sobre Prestações de Serviços de Transporte Interestadual e Intermunicipal e de Comunicação, aprovado pelo Decreto nº 45.490, de 30 de novembro de 2000, com a seguinte redação:

• *Alterações já efetuadas no corpo do Decreto.*

**Art. 2º.** Fica autorizada a utilização, até 31 de dezembro de 2011, dos impressos fiscais confeccionados para a emissão do Bilhete de Passagem Rodoviário nos termos do § 3º do art. 168 do Regulamento do Imposto sobre Operações Relativas à Circulação de Mercadorias e sobre Prestações de Serviços de Transporte Interestadual e Intermunicipal e de Comunicação, aprovado pelo Decreto nº 45.490, de 30 de novembro de 2000, na redação vigente até 31 de maio de 2011 (Ajuste SINIEF-5/11).

**Art. 3º.** Ficam convalidados os Bilhetes de Passagens Rodoviários emitidos no período de 1º de junho de 2011 até a data da publicação deste Decreto, nos termos do § 3º do art. 168 do Regulamento do Imposto sobre Operações Relativas à Circulação de Mercadorias e sobre Prestações de Serviços de Transporte Interestadual e Intermunicipal e de Comunicação, aprovado pelo Decreto nº 45.490, de 30 de novembro de 2000, na redação vigente até 31 de maio de 2011.

**Art. 4º.** Este Decreto entra em vigor na data de sua publicação, sendo que o disposto no art. 1º produz efeitos desde 1º de outubro de 2011.

Palácio dos Bandeirantes, 26 de dezembro de 2011.

*Geraldo Alckmin – DOE de 27.12.2011*

## 565. DECRETO Nº 57.677, DE 26 DE DEZEMBRO DE 2011

*Introduz alterações no Regulamento do Imposto sobre Operações Relativas à Circulação de Mercadorias e sobre Prestações de Serviços de Transporte Interestadual e Intermunicipal e de Comunicação – RICMS, e dá outras providências.*

Geraldo Alckmin, Governador do Estado de São Paulo, no uso de suas atribuições legais e tendo em vista o disposto nos Protocolos ICMS-39/11, 45/11, 48/11 e 49/11, celebrados em Curitiba, PR, no dia 8 de julho de 2011, e no Protocolo ICMS-11/11, celebrado no Rio de Janeiro, RJ, no dia 1º de abril de 2011, decreta:

**Art. 1º.** Passam a vigorar com a redação que se segue os dispositivos adiante indicados do Regulamento do Imposto sobre Operações Relativas à Circulação de Mercadorias e sobre Prestações de Serviços de Transporte Interestadual e Intermunicipal e de Comunicação – RICMS, aprovado pelo Decreto nº 45.490, de 30 de novembro de 2000:

I – a Tabela XII – LÂMINA DE BARBEAR, APARELHO DE BARBEAR DESCARTÁVEL E ISQUEIRO do Anexo VI:

II – da Tabela XXI – PRODUTOS FARMACÊUTICOS, SOROS E VACINAS do Anexo VI:

a) os itens 2 e 3 da Parte I:

b) os itens 2, 3 e 6 da Parte II:

• *Alterações já efetuadas no corpo do Decreto.*

**Art. 2º.** Ficam acrescentados os dispositivos adiante indicados ao Anexo VI do Regulamento do Imposto sobre Operações Relativas à Circulação de Mercadorias e sobre Prestações de Serviços de Transporte Interestadual e Intermunicipal e de Comunicação, aprovado pelo Decreto nº 45.490, de 30 de novembro de 2000:

I – à Parte I da Tabela XVII – AÇÚCAR DE CANA, o item 4-A:

II – à Parte I da Tabela XXII – CAMA, COLCHÕES, TRAVESSEIROS E PILLOW, o item 2-A:

III – à Parte I da Tabela XXV – BEBIDAS QUENTES, os itens 3-A e 3-B:

IV – às Partes I e II da Tabela XXXI – RAÇÕES PARA ANIMAIS, o item 8-A:

• *Alterações já efetuadas no corpo do Decreto.*

**Art. 3º.** Este Decreto entra em vigor na data de sua publicação.

Palácio dos Bandeirantes, 26 de dezembro de 2011.

*Geraldo Alckmin – DOE de 27.12.2011*

## 566. DECRETO 57.678, DE 26 DE DEZEMBRO DE 2011

*Introduz alterações no Regulamento do Imposto sobre Operações Relativas à Circulação de Mercadorias e sobre Prestações de Serviços de Transporte Interestadual e Intermunicipal e de Comunicação – RICMS.*

Geraldo Alckmin, Governador do Estado de São Paulo, no uso de suas atribuições legais e tendo em vista o disposto no Convênio ICMS-52/05, celebrado em São Paulo, SP, no dia 1º de julho de 2005, e no Convênio ICMS-22/11, celebrado no Rio de Janeiro, RJ, no dia 1º de abril de 2011, decreta:

**Art. 1º.** Passam a vigorar com a redação que se segue os dispositivos adiante indicados do art. 2º do Anexo XVII do Regulamento do Imposto sobre Operações Relativas à Circulação de Mercadorias e sobre Prestações de Serviços de Transporte Interestadual e Intermunicipal e de Comunicação – RICMS, aprovado pelo Decreto nº 45.490, de 30 de novembro de 2000:

I – o inciso I:

II – o item 1 do § 4º, mantidas as suas alíneas:

• *Alterações já efetuadas no corpo do Decreto.*

**Art. 2º.** Este Decreto entra em vigor na data de sua publicação.

Palácio dos Bandeirantes, 26 de dezembro de 2011.

*Geraldo Alckmin – DOE de 27.12.2011*

## 567. DECRETO Nº 57.684, DE 27 DE DEZEMBRO DE 2011

*Introduz alterações no Regulamento do Imposto sobre Operações Relativas à Circulação de Mercadorias e sobre Prestações de Serviços de Transporte Interestadual e Intermunicipal e de Comunicação – RICMS, e dá outras providências.*

Geraldo Alckmin, Governador do Estado de São Paulo, no uso de suas atribuições legais e tendo em vista o disposto no Protocolo ICMS 52/11 e nos Convênios ICMS-49/11, 61/11, 62/11, 67/11 e 71/11, todos celebrados em Curitiba, PR, no dia 8 de julho de 2011, no Convênio ICMS-8/11, celebrado no Rio de Janeiro, RJ, no dia 1º de abril de 2011, e no Convênio ICMS-195/10, celebrado em Brasília, DF, no dia 20 de dezembro de 2010, decreta:

**Art. 1º.** Passam a vigorar com a redação que se segue os dispositivos adiante indicados do Regulamento do Imposto sobre Operações Relativas à Circulação de Mercadorias e sobre Prestações de Serviços de Transporte Interestadual e Intermunicipal e de Comunicação – RICMS, aprovado pelo Decreto nº 45.490, de 30 de novembro de 2000:

I – a alínea "c" do item 1 do parágrafo único do art. 3º do Anexo I:

II – o inciso XIX do art. 41 do Anexo I:

III – o *caput* do art. 120 do Anexo I:

IV – o inciso II do art. 10 do Anexo II:

• *Alterações já efetuadas no corpo do Decreto.*

**Art. 2º.** Ficam acrescentados os dispositivos adiante indicados ao Regulamento do Imposto sobre Operações Relativas à Circulação de Mercadorias e sobre Prestações de Serviços de Transporte Interestadual e Intermunicipal e de Comunicação, aprovado pelo Decreto nº 45.490, de 30 de novembro de 2000, com a seguinte redação:

I – ao art. 5º do Anexo I, os §§ 3º e 4º:

II – ao art. 41 do Anexo I:

a) o inciso XXI:

b) o inciso XXII:

III – ao art. 9º do Anexo II, o inciso XVII:

IV – ao Anexo II, o art. 59:

• *Alterações já efetuadas no corpo do Decreto.*

**Art. 3º.** A partir de 1º de abril de 2012, fica revogado o art. 23 do Anexo II do Regulamento do Imposto sobre Operações Relativas à Circulação de Mercadorias e sobre Prestações de Serviços de Transporte Interestadual e Intermunicipal e de Comunicação, aprovado pelo Decreto nº 45.490, de 30 de novembro de 2000.

• *Alterações já efetuadas no corpo do Decreto.*

**Art. 4º.** Este Decreto entra em vigor na data de sua publicação, sendo que os dispositivos adiante indicados produzem efeitos:

I – desde 1º de março de 2011, a alínea "a" do inciso II do art. 2º;

II – desde 1º de agosto de 2011, o inciso III do art. 1º;

III – desde 1º de setembro de 2011, o inciso I do art. 2º;

IV – desde 1º de outubro de 2011, os incisos I, II e IV do art. 1º, e a alínea "b" do inciso II e o inciso III do art. 2º.

Palácio dos Bandeirantes, 27 de dezembro de 2011.

*Geraldo Alckmin – DOE de 28.12.2011*

## 568. DECRETO Nº 57.685, DE 27 DE DEZEMBRO DE 2011

*Introduz alteração no Regulamento do Imposto sobre Operações Relativas à Circulação de Mercadorias e sobre Prestações de Serviços de Transporte Interestadual e Intermunicipal e de Comunicação – RICMS.*

Geraldo Alckmin, Governador do Estado de São Paulo, no uso de suas atribuições legais e tendo em vista o disposto no art. 112 da Lei nº 6.374, de 1º de março de 1989, decreta:

**Art. 1º.** Passam a vigorar com a redação que se segue os seguintes dispositivos do Regulamento do Imposto sobre Operações Relativas à Circulação de Mercadorias e sobre Prestações de Serviços de Transporte Interestadual e Intermunicipal e de Comunicação – RICMS, aprovado pelo Decreto nº 45.490, de 30 de novembro de 2000:

I – o § 3º do art. 32 do Anexo III:

II – o § 3º do art. 33 do Anexo III:

• *Alterações já efetuadas no corpo do Decreto.*

**Art. 2º.** Ficam acrescentados os seguintes dispositivos ao Regulamento do Imposto sobre Operações Relativas à Circulação de Mercadorias e sobre Prestações de Serviços de Transporte Interestadual e Intermunicipal e de Comunicação – RICMS, aprovado pelo Decreto nº 45.490, de 30 de novembro de 2000:

I – o § 2º-A ao art. 32 do Anexo III;

II – o § 2º-A ao art. 33 do Anexo III:

• *Alterações já efetuadas no corpo do Decreto.*

**Art. 3º.** Este Decreto entra em vigor na data de sua publicação, sendo que o art. 2º produz efeitos para os fatos geradores ocorridos desde 1º de abril de 2011.

Palácio dos Bandeirantes, 27 de dezembro de 2011.

*Geraldo Alckmin – DOE de 28.12.2011*

## 569. DECRETO Nº 57.686, DE 27 DE DEZEMBRO DE 2011

*Disciplina a concessão de regime especial para apropriação e utilização de crédito acumulado do ICMS por contribuinte classificado nos códigos 1011-2 e 1012-1 da CNAE, que realize saídas de carne e demais produtos comestíveis resultantes do abate de aves, gado e leporídeos.*

Geraldo Alckmin, Governador do Estado de São Paulo, no uso de suas atribuições legais e tendo em vista o disposto no art. 71 da Lei nº 6.374, de 1º de março de 1989, decreta:

**Art. 1º.** O contribuinte classificado nos códigos 1011-2, 1012-1 e 1013-9 da CNAE, que realize saídas de carne e demais produtos comestíveis frescos, resfriados, congelados, salgados, secos ou temperados, resultantes do abate de aves, gado e leporídeos, bem como o classificado no código 1510-6 da CNAE, que realize saídas de produtos resultantes do curtimento e outras preparações de couro, poderá requerer ao Secretário da Fazenda concessão de regime especial para que seja autorizada a apropriação e utilização do crédito acumulado, gerado nas hipóteses de que trata o art. 71 do Regulamento do ICMS – RICMS, aprovado pelo Decreto nº 45.490/2000, observando-se a disciplina estabelecida em legislação e o que segue:

• *Art. 1º,* caput, *com redação dada pelo Decreto nº 58.922, de 27.2.2013 – DOE de 28.2.2013 – Efeitos a partir da publicação.*

I – o débito fiscal relativo ao imposto decorrente de crédito indevido do ICMS proveniente de operações ou prestações interestaduais amparadas por benefícios fiscais concedidos pela unidade federada de origem em desacordo com o disposto no art. 155, § 2º, XII, "g", da Constituição Federal, ou decorrente de transferência de crédito acumulado considerada indevida pelo mesmo motivo, não será considerado impediente, nos termos do art. 82, ou suspensivo, nos termos do art. 72, § 9º, item 2, vigente até 31 de março de 2010, ou do art. 72-C, do RICMS, para fins de apropriação e utilização de crédito acumulado;

II – poderão ser afastadas:

a) a vedação prevista no art. 82 do RICMS relativamente ao débito fiscal da empresa sucedida, para fins de apropriação e utilização de crédito acumulado gerado em estabelecimento responsável por sucessão;

b) a vedação prevista no art. 82 e a suspensão de que tratam os arts. 72, § 9º, item 2, vigente até 31 de março de 2010, e 72-C, do RICMS, relativamente a outras hipóteses de débitos fiscais decorrentes de auto de infração e imposição de multa, além das referidas no inciso I.

Parágrafo único. O disposto neste Decreto aplica-se também ao estabelecimento classificado no código 1066-0 da CNAE, fabricante de alimentos para aves, desde que haja outro estabelecimento da mesma empresa neste Estado, classificado no código 1012-1 da CNAE de que trata o *caput*.

• *Parágrafo único com redação dada pelo Decreto nº 59.656, de 25.10.2013 – DOE de 26.10.2013 – Efeitos a partir da publicação.*

**Art. 2º.** O regime especial poderá dispor sobre:

I – a apropriação e utilização do crédito acumulado gerado anteriormente à data de início de vigência do regime especial, ainda pendente de apropriação em razão da existência dos débitos referidos no art. 1º;

II – a utilização do crédito acumulado em outras hipóteses, além das previstas no RICMS.

**Art. 3º.** Este Decreto entra em vigor na data de sua publicação, produzindo efeitos até 31 de março de 2015.

• *Art. 3º com redação dada pelo Decreto nº 59.996, de 20.12.2013 – DOE de 21.12.2013 – Efeitos a partir da publicação.*

Palácio dos Bandeirantes, 27 de dezembro de 2011.

*Geraldo Alckmin – DOE de 28.12.2011*

## 570. DECRETO Nº 57.740, DE 18 DE JANEIRO DE 2012

*Introduz alterações no Regulamento do Imposto sobre Operações Relativas à Circulação de Mercadorias e sobre Prestações de Serviços de Transporte Interestadual e Intermunicipal e de Comunicação – RICMS.*

Geraldo Alckmin, Governador do Estado de São Paulo, no uso de suas atribuições legais e tendo em vista o disposto nos Convênios ICMS-95/98, 116/98, 01/99, 21/03 e 104/11, decreta:

**Art. 1º.** Passam a vigorar com a redação que se segue os dispositivos adiante indicados do Regulamento do Imposto sobre Operações Relativas à Circulação de Mercadorias e sobre Prestações de Serviços de Transporte Interestadual e Intermunicipal e de Comunicação – RICMS, aprovado pelo Decreto nº 45.490, de 30 de novembro de 2000:

I – o § 3º do art. 14 do Anexo I;

II – o parágrafo único do art. 34 do Anexo I;

III – o § 2º do art. 66 do Anexo I;

IV – o § 4º do art. 96 do Anexo I:

• *Alterações já efetuadas no corpo do Decreto.*

**Art. 2º.** Este Decreto entra em vigor na data de sua publicação, produzindo efeitos desde 1º de janeiro de 2012.

Palácio dos Bandeirantes, 18 de janeiro de 2012.

*Geraldo Alckmin – DOE de 19.1.2012*

## 571. DECRETO Nº 57.754, DE 24 DE JANEIRO DE 2012

*Introduz alteração no Regulamento do Imposto sobre Operações Relativas à Circulação de Mercadorias e sobre Prestações de Serviços de Transporte Interestadual e Intermunicipal e de Comunicação – RICMS.*

Geraldo Alckmin, Governador do Estado de São Paulo, no uso de suas atribuições legais e tendo em vista o disposto no art. 8º, IV, da Lei nº 6.374, de 1º de março de 1989, decreta:

**Art. 1º.** Passa a vigorar com a redação que se segue o *caput* do art. 33 das Disposições Transitórias do Regulamento do Imposto sobre Operações Relativas à Circulação de Mercadorias e sobre Prestações de Serviços de Transporte Interestadual e Intermunicipal e de Comunicação – RICMS, aprovado pelo Decreto nº 45.490, de 30 de novembro de 2000:

• *Alterações já efetuadas no corpo do Decreto.*

**Art. 2º.** Este Decreto entra em vigor na data de sua publicação.

Palácio dos Bandeirantes, 24 de janeiro de 2012.

*Geraldo Alckmin – DOE de 25.1.2012*

## 572. DECRETO Nº 57.814, DE 27 DE FEVEREIRO DE 2012

*Altera o Decreto nº 57.686, de 27 de dezembro de 2011, que disciplina a concessão de regime especial para apropriação e utilização de crédito acumulado do ICMS por contribuinte que realize saídas de carne e demais produtos comestíveis resultantes do abate de aves, gado e leporídeos.*

Geraldo Alckmin, Governador do Estado de São Paulo, no uso de suas atribuições legais e tendo em vista o disposto no art. 71 da Lei nº 6.374, de 1º de março de 1989,

Parte inferior do formulário decreta:

**Art. 1º.** Passa a vigorar com a redação que se segue o art. 1º do Decreto nº 57.686, de 27 de dezembro de 2011:

• *Alterações já efetuadas no corpo do Decreto.*

**Art. 2º.** Este Decreto entra em vigor na data de sua publicação, produzindo efeitos no período de 28 de dezembro de 2011 a 31 de dezembro de 2012.

Palácio dos Bandeirantes, 27 de fevereiro de 2012.

*Geraldo Alckmin – DOE de 28.2.2012*

## 573. DECRETO Nº 57.815, DE 27 DE FEVEREIRO DE 2012

*Introduz alterações no Regulamento do Imposto sobre Operações Relativas à Circulação de Mercadorias e sobre Prestações de Serviços de Transporte Interestadual e Intermunicipal e de Comunicação – RICMS.*

Geraldo Alckmin, Governador do Estado de São Paulo, no uso de suas atribuições legais e tendo em vista o disposto no art. 8º, incisos XXVII e XXX, da Lei nº 6.374, de 1º de março de 1989, decreta:

**Art. 1º.** Passam a vigorar com a redação que se segue os dispositivos adiante indicados do Regulamento do Imposto sobre Operações Relativas à Circulação de Mercadorias e sobre Prestações de Serviços de Transporte Interestadual e Intermunicipal e de Comunicação – RICMS, aprovado pelo Decreto nº 45.490, de 30 de novembro de 2000:

I – os itens 10, 16, 17, 18, 39, 44 e 45 do § 1º do art. 313-G:

II – do § 1º do art. 313-W:

a) as alíneas "i", "j" e "k" do item 3:

b) a alínea "h" do item 10:

c) a alínea "l" do item 11:

• *Alterações já efetuadas no corpo do Decreto.*

**Art. 2º.** Fica acrescentado, com a redação que se segue, o item 46 ao § 1º do art. 313-G do Regulamento do Imposto sobre Operações Relativas à Circulação de Mercadorias e sobre Prestações de Serviços de Transporte Interestadual e Intermunicipal e de Comunicação – RICMS, aprovado pelo Decreto nº 45.490, de 30 de novembro de 2000:

• *Alterações já efetuadas no corpo do Decreto.*

**Art. 3º.** Este Decreto entra em vigor na data de sua publicação, produzindo efeitos a partir de 1º de março de 2012.

Palácio dos Bandeirantes, 27 de fevereiro de 2012.

*Geraldo Alckmin – DOE de 28.2.2012*

## 574. DECRETO Nº 57.816, DE 27 DE FEVEREIRO DE 2012

*Introduz alterações no Regulamento do Imposto sobre Operações Relativas à Circulação de Mercadorias e sobre Prestações de Serviços de Transporte Interestadual e Intermunicipal e de Comunicação – RICMS.*

Geraldo Alckmin, Governador do Estado de São Paulo, no uso de suas atribuições legais e tendo em vista o disposto no art. 84-B da Lei nº 6.374, de 1º de março de 1989, decreta:

**Art. 1º.** Passa a vigorar com a redação que se segue o art. 313-B do Regulamento do Imposto sobre Operações Relativas à Circulação de Mercadorias e sobre Prestações de Serviços de Transporte Interestadual e Intermunicipal e de Comunicação – RICMS, aprovado pelo Decreto nº 45.490, de 30 de novembro de 2000:

• *Alterações já efetuadas no corpo do Decreto.*

**Art. 2º.** Este Decreto entra em vigor na data de sua publicação, produzindo efeitos a partir de 1º de janeiro de 2012.

Palácio dos Bandeirantes, 27 de fevereiro de 2012.

*Geraldo Alckmin – DOE de 28.2.2012*

## 575. DECRETO Nº 57.850, DE 9 DE MARÇO DE 2012

*Introduz alteração no Regulamento do Imposto sobre Operações Relativas à Circulação de Mercadorias e sobre Prestações de Serviços de Transporte Interestadual e Intermunicipal e de Comunicação – RICMS e dá outras providências.*

Geraldo Alckmin, Governador do Estado de São Paulo, no uso de suas atribuições legais e tendo em vista o disposto no Convênio ICMS-120/11, de 16 de dezembro de 2011, decreta:

**Art. 1º.** Fica acrescentado o art. 153 ao Anexo I do Regulamento do Imposto sobre Operações Relativas à Circulação de Mercadorias e sobre Prestações de Serviços de Transporte Interestadual e Intermunicipal e de Comunicação – RICMS, aprovado pelo Decreto nº 45.490, de 30 de novembro de 2000, com a seguinte redação:

• *Alterações já efetuadas no corpo do Decreto.*

**Art. 2º.** Ficam convalidados os atos relativos à emissão de documentos fiscais e à escrituração fiscal praticados pela Fundação Faculdade de Medicina até 29 de fevereiro de 2012, desde que não tenha decorrido falta de pagamento de imposto.

Parágrafo único. O disposto no *caput* não autoriza a restituição ou compensação de importância já recolhida.

**Art. 3º.** Este Decreto entra em vigor na data de sua publicação, produzindo efeitos a partir de 1º de março de 2012.

Palácio dos Bandeirantes, 9 de março de 2012.

*Geraldo Alckmin – DOE de 10.3.2012*

## 576. DECRETO Nº 57.954, DE 5 DE ABRIL DE 2012

*Introduz alterações no Regulamento do Imposto sobre Operações Relativas à Circulação de Mercadorias e sobre Prestações de Serviços de Transporte Interestadual e Intermunicipal e de Comunicação – RICMS.*

Geraldo Alckmin, Governador do Estado de São Paulo, no uso de suas atribuições legais e tendo em vista o disposto no art. 8º, incisos XXVII e XXXIII, da Lei nº 6.374, de 1º de março de 1989, decreta:

**Art. 1º.** Passa a vigorar com a redação que se segue o item 8 do § 1º do art. 313-W do Regulamento do Imposto sobre Operações Relativas à Circulação de Mercadorias e sobre Prestações de Serviços de Transporte Interestadual e Intermunicipal e de Comunicação – RICMS, aprovado pelo Decreto nº 45.490, de 30 de novembro de 2000:

• *Alterações já efetuadas no corpo do Decreto.*

**Art. 2º.** Fica revogado o item 19 do § 1º do art. 313-Y do Regulamento do Imposto sobre Operações Relativas à Circulação de Mercadorias e sobre Prestações de Serviços de Transporte Interestadual e Intermunicipal e de Comunicação – RICMS, aprovado pelo Decreto nº 45.490, de 30 de novembro de 2000.

• *Alterações já efetuadas no corpo do Decreto.*

**Art. 3º.** Este Decreto entra em vigor na data de sua publicação, produzindo efeitos a partir de 1º de março de 2012.

Palácio dos Bandeirantes, 5 de abril de 2012.

*Geraldo Alckmin – DOE de 6.4.2012*

## 577. DECRETO Nº 57.955, DE 5 DE ABRIL DE 2012

*Isenta do Imposto sobre Operações Relativas à Circulação de Mercadorias e sobre Prestações de Serviços de Transporte Interestadual e Intermunicipal e de Comunicação – ICMS as operações com obras de arte comercializadas na Feira Internacional de Arte de São Paulo – SP Arte/2012. (DOE de 6.4.2012)*

• *Pode ser considerado sem mais efeito em razão do cumprimento de seu prazo.*

## 578. DECRETO Nº 57.961, DE 10 DE ABRIL DE 2012

*Altera o Decreto nº 51.624, de 28 de fevereiro de 2007, e autoriza a concessão de regime especial para contribuintes do ICMS nas hipóteses que especifica.*

Geraldo Alckmin, Governador do Estado de São Paulo, no uso de suas atribuições legais e tendo em vista o disposto no art. 112 da Lei nº 6.374, de 1º de março de 1989, decreta:

**Art. 1º.** Ficam incluídos os seguintes dispositivos ao art. 1º do Decreto nº 51.624, de 28 de fevereiro de 2007:

I – os incisos XXIV a XXVIII:

II – o § 4º:

• *Alterações já efetuadas no corpo do Decreto.*

**Art. 2º.** Excepcionalmente, a Secretaria da Fazenda poderá conceder regime especial para permitir que a empresa que não esteja habilitada ao incentivo previsto no art. 4º da Lei Federal 8.248, de 23 de outubro de 1991, na redação vigente em 13 de dezembro de 2000, e pela redação dada a esse artigo pela Lei nº 10.176, de 11 de janeiro de 2001, possa usufruir, mediante a apresentação de comprovante de protocolo de requerimento de habilitação, expedido pelos Ministérios de Desenvolvimento, Indústria e Comércio Exterior e da Ciência e Tecnologia:

I – do crédito previsto aos incisos XXIV a XXVIII do art. 1º do Decreto nº 51.624, de 28 de fevereiro de 2007;

II – da suspensão prevista no art. 396-A do Regulamento do ICMS, aprovado pelo Decreto nº 45.490, de 30 de novembro de 2000;

III – da redução da base de cálculo prevista no art. 26 do Anexo II do Regulamento do ICMS;

IV – da suspensão e do diferimento previstos no art. 11 do Decreto nº 54.904, de 13 de outubro de 2009.

§ 1º. A fruição da disciplina prevista no regime especial indicado no *caput* será concedida sob a condição resolutiva de ser obtida a habilitação requerida, mediante a expedição da competente portaria interministerial.

§ 2º. Sobrevindo indeferimento do requerimento, que não comporte recurso administrativo, a empresa deverá efetuar o recolhimento do imposto devido em razão das operações beneficiadas cuja condição resolutiva não se implementou, com os acréscimos legais.

**Art. 3º.** Este Decreto entra em vigor na data de sua publicação.

Palácio dos Bandeirantes, 10 de abril de 2012.

*Geraldo Alckmin – DOE de 11.4.2012*

## 579. DECRETO Nº 57.963, DE 11 DE ABRIL DE 2012

*Introduz alteração no Regulamento do Imposto sobre Operações Relativas à Circulação de Mercadorias e sobre Prestações de Serviços de Transporte Interestadual e Intermunicipal e de Comunicação – RICMS.*

Geraldo Alckmin, Governador do Estado de São Paulo, no uso de suas atribuições legais e tendo em vista o disposto no art. 112 da Lei nº 6.374, de 1º de março de 1989, decreta:

**Art. 1º.** Fica acrescentado o art. 60 ao Anexo II do Regulamento do Imposto sobre Operações Relativas à

Circulação de Mercadorias e sobre Prestações de Serviços de Transporte Interestadual e Intermunicipal e de Comunicação, aprovado pelo Decreto nº 45.490, de 30 de novembro de 2000, com a seguinte redação:

- *Alterações já efetuadas no corpo do Decreto.*

**Art. 2º.** As entidades representativas do setor beneficiado com a redução da base de cálculo do imposto prevista no art. 60 do Anexo II do Regulamento do ICMS deverão apresentar à Secretaria da Fazenda Termo contendo compromisso de:

I – orientar todos os associados no sentido de que o valor correspondente à redução do imposto seja repassado integralmente aos preços;

II – ao final dos doze meses de vigência do benefício previsto no art. 60 do Anexo II do Regulamento do ICMS, haver incremento de arrecadação de ICMS gerado pelas operações com o produto beneficiado, conforme meta estabelecida junto à Secretaria da Fazenda.

Parágrafo único. A prorrogação do prazo de vigência do benefício referido no art. 60 do Anexo II do Regulamento do ICMS fica condicionada ao cumprimento dos compromissos mencionados no *caput* deste artigo e à prévia apresentação de novo Termo de Compromisso pelas entidades representativas do setor.

**Art. 3º.** Este Decreto entra em vigor na data de sua publicação.

Palácio dos Bandeirantes, 11 de abril de 2012.

*Geraldo Alckmin – DOE de 12.4.2012*

## 580. DECRETO Nº 57.971, DE 12 DE ABRIL DE 2012

*Introduz alteração no Regulamento do Imposto sobre Operações Relativas à Circulação de Mercadorias e sobre Prestações de Serviços de Transporte Interestadual e Intermunicipal e de Comunicação – ICMS e dá outras providências.*

Geraldo Alckmin, Governador do Estado de São Paulo, no uso de suas atribuições legais e tendo em vista o disposto no art. 8º, XXIV, e § 10, 2 da Lei nº 6.374, de 1º de março de 1989, decreta:

**Art. 1º.** Passam a vigorar com a redação que se segue, os seguintes dispositivos do Regulamento do Imposto sobre Operações Relativas à Circulação de Mercadorias e sobre Prestações de Serviços de Transporte Interestadual e Intermunicipal e de Comunicação, aprovado pelo Decreto nº 45.490, de 30 de novembro de 2000:

I – o art. 411:

II – o art. 411-A:

- *Alterações já efetuadas no corpo do Decreto.*

**Art. 2º.** Este Decreto entra em vigor na data de sua publicação, produzindo efeitos a partir do 5º dia após a data da publicação.

Palácio dos Bandeirantes, 12 de abril de 2012.

*Geraldo Alckmin – DOE de 13.4.2012*

## 581. DECRETO Nº 57.996, DE 23 DE ABRIL DE 2012

*Introduz alteração no Regulamento do Imposto sobre Operações Relativas à Circulação de Mercadorias e sobre Prestações de Serviços de Transporte Interestadual e Intermunicipal e de Comunicação – RICMS.*

Geraldo Alckmin, Governador do Estado de São Paulo, no uso de suas atribuições legais e tendo em vista o disposto no art. 112 da Lei nº 6.374, de 1º de março de 1989, decreta:

**Art. 1º.** Passa a vigorar com a redação que se segue o art. 30 do Anexo II do Regulamento do Imposto sobre Operações Relativas à Circulação de Mercadorias e sobre Prestações de Serviços de Transporte Interestadual e Intermunicipal e de Comunicação – RICMS, aprovado pelo Decreto nº 45.490, de 30 de novembro de 2000:

- *Alterações já efetuadas no corpo do Decreto.*

**Art. 2º.** Este Decreto entra em vigor na data de sua publicação.

Palácio dos Bandeirantes, 23 de abril de 2012.

*Geraldo Alckmin – DOE de 24.4.2012*

## 582. DECRETO Nº 57.998, DE 24 DE ABRIL DE 2012

*Introduz alteração no Regulamento do Imposto sobre Operações Relativas à Circulação de Mercadorias e sobre Prestações de Serviços de Transporte Interestadual e Intermunicipal e de Comunicação – RICMS.*

Geraldo Alckmin, Governador do Estado de São Paulo, no uso de suas atribuições legais e tendo em vista o disposto no Convênio ICMS-162/94, de 7 de dezembro de 1994, decreta:

**Art. 1º.** Fica acrescentado, com a redação que se segue, o art. 154 ao Anexo I do Regulamento do Imposto sobre Operações Relativas à Circulação de Mercadorias e sobre Prestações de Serviços de Transporte Interestadual e Intermunicipal e de Comunicação – RICMS, aprovado pelo Decreto nº 45.490, de 30 de novembro de 2000:

- *Alterações já efetuadas no corpo do Decreto.*

**Art. 2º.** Este Decreto entra em vigor na data de sua publicação.

Palácio dos Bandeirantes, 24 de abril de 2012.

*Geraldo Alckmin – DOE de 25.4.2012*

## 583. DECRETO Nº 57.999, DE 24 DE ABRIL DE 2012

*Fixa prazos especiais para recolhimento do ICMS nas saídas de mercadorias decorrentes do evento que especifica e dá outras providências. [Office Paper Brasil Escolar – 26ª Feira Internacional de Produtos, Serviços e Tecnologia para Escolas, Escritórios e Papelarias] (DOE de 25.4.2012)*

- *Pode ser considerado sem mais efeito em razão do cumprimento de seu prazo.*

## 584. DECRETO Nº 58.000, DE 24 DE ABRIL DE 2012

*Altera o Decreto nº 57.955, de 5.4.2012, que isenta do Imposto sobre Operações Relativas à Circulação de Mercadorias e sobre Prestações de Serviços de Transporte Interestadual e Intermunicipal e de Comunicação*

*– ICMS as operações com obras de arte comercializadas na Feira Internacional de Arte de São Paulo – SP Arte/2012. (DOE de 25.4.2012)*

• *Pode ser considerado sem mais efeito em razão do cumprimento de seu prazo.*

## 585. DECRETO N 58.001, DE 24 DE ABRIL DE 2012

*Fixa prazos especiais para recolhimento do ICMS nas saídas de mercadorias decorrentes do evento que especifica e dá outras providências. [APAS-2012 – 28º Congresso de Gestão e Feira Internacional de Negócios em Supermercados] (DOE de 25.4.2012)*

• *Pode ser considerado sem mais efeito em razão do cumprimento de seu prazo.*

## 586. DECRETO Nº 58.002, DE 24 DE ABRIL DE 2012

*Introduz alteração no Regulamento do Imposto sobre Operações Relativas à Circulação de Mercadorias e sobre Prestações de Serviços de Transporte Interestadual e Intermunicipal e de Comunicação – RICMS.*

Geraldo Alckmin, Governador do Estado de São Paulo, no uso de suas atribuições legais e tendo em vista o disposto no Convênio ICMS-87, de 9 de julho de 2010, decreta:

**Art. 1º.** Fica acrescentado o art. 155 ao Anexo I do Regulamento do Imposto sobre Operações Relativas à Circulação de Mercadorias e sobre Prestações de Serviços de Transporte Interestadual e Intermunicipal e de Comunicação – RICMS, aprovado pelo Decreto nº 45.490, de 30 de novembro de 2000, com a seguinte redação:

• *Alterações já efetuadas no corpo do Decreto.*

**Art. 2º.** Este Decreto entra em vigor na data de sua publicação.

Palácio dos Bandeirantes, 24 de abril de 2012.

*Geraldo Alckmin – DOE de 25.4.2012*

## 587. DECRETO Nº 58.010, DE 26 DE ABRIL DE 2012

*Altera o Decreto nº 56.102, de 18 de agosto de 2010, que regulamenta a hipótese de rompimento de parcelamento celebrado no âmbito do Programa de Parcelamento Incentivado – PPI do ICM/ICMS por inadimplemento do imposto devido relativamente a fato gerador ocorrido após a data da celebração do parcelamento.*

Geraldo Alckmin, Governador do Estado de São Paulo, no uso de suas atribuições legais e tendo em vista o disposto no Convênio ICMS 125/10, de 6 de agosto de 2010, e na alínea "d" do inciso II do art. 6º do Decreto nº 51.960, de 4 de julho de 2007, decreta:

**Art. 1º.** Passa a vigorar com a redação que se segue o inciso I do art. 1º do Decreto nº 56.102, de 18 de agosto de 2010:

• *Alteração já efetuada no corpo do Decreto.*

**Art. 2º.** Este Decreto entra em vigor na data de sua publicação, produzindo efeitos desde 1º de março de 2012.

Palácio dos Bandeirantes, 26 de abril de 2012.

*Geraldo Alckmin – DOE* de 27.4.2012

## 588. DECRETO Nº 58.031, DE 9 DE MAIO DE 2012

*Dispõe sobre redução de juros e multas e sobre remissão parcial do ICMS decorrente de prestações de serviços de comunicação na hipótese que especifica.*

Geraldo Alckmin, Governador do Estado de São Paulo, no uso de suas atribuições legais e tendo em vista o disposto no Convênio ICMS 81/11, de 5 de agosto de 2011, e no Parecer PA-35/07, exarado pela Procuradoria Geral do Estado, decreta:

**Art. 1º.** Fica dispensado o recolhimento de 100% (cem por cento) do valor dos juros e das multas relativos ao não pagamento do Imposto sobre Operações Relativas à Circulação de Mercadorias e sobre Prestações de Serviços de Transporte Interestadual e Intermunicipal e de Comunicação – ICMS decorrente de prestações de serviços de comunicação visual em mídia exterior, realizadas até 25 de agosto de 2011, desde que o valor do imposto devido seja recolhido nos termos deste Decreto.

§ 1º. O imposto deverá ser calculado mediante a aplicação dos seguintes percentuais:

1. 9% (nove por cento), relativamente a fatos geradores ocorridos até 31 de dezembro de 2008;

2. 16% (dezesseis por cento), relativamente a fatos geradores ocorridos no período de 1º de janeiro a 31 de dezembro de 2009;

3. 19% (dezenove por cento), relativamente a fatos geradores ocorridos no período de 1º de janeiro a 31 de dezembro de 2010;

4. 25% (vinte e cinco por cento), relativamente a fatos geradores ocorridos no período de 1º de janeiro a 25 de agosto de 2011.

§ 2º. A aplicação dos percentuais de que tratam os itens 1 a 3 do § 1º fica condicionada à não apropriação dos créditos decorrentes das entradas de quaisquer mercadorias ou serviços utilizados nas prestações de serviços de comunicação.

§ 3º. São consideradas multas relativas ao não pagamento do imposto as previstas no art. 527, incisos I, II, e IV, e a multa moratória prevista no art. 528 do Regulamento do ICMS, aprovado pelo Decreto nº 45.490, de 30 de novembro de 2000.

**Art. 2º.** O disposto neste Decreto fica condicionado:

I – ao recolhimento integral do Imposto sobre Operações Relativas à Circulação de Mercadorias e sobre Prestações de Serviços de Transporte Interestadual e Intermunicipal e de Comunicação – ICMS incidente nas prestações e serviços de comunicação, relativamente a todos os fatos geradores de que trata o art. 1º, no prazo de 10 (dez) dias úteis contados da data da publicação deste Decreto;

II – a que o contribuinte beneficiado:

a) não questione, judicial ou administrativamente, a incidência do ICMS sobre as prestações de serviços de comunicação;

b) adote como base de cálculo do ICMS incidente sobre as prestações de serviços de comunicação o valor total dos serviços cobrados do tomador;

c) desista formalmente de ações judiciais e recursos administrativos de sua iniciativa contra a Fazenda Pública, visando ao afastamento da cobrança do ICMS sobre as prestações de serviços de comunicação;

d) observe disciplina a ser estabelecida pela Secretaria da Fazenda.

Parágrafo único. O descumprimento do disposto neste artigo implica imediato cancelamento dos benefícios fiscais concedidos por este Decreto, restaurando-se integralmente o débito fiscal objeto do benefício e tornando-o imediatamente exigível.

**Art. 3º.** A concessão dos benefícios previstos neste Decreto não dispensa o pagamento das custas, dos emolumentos judiciais e dos honorários advocatícios quando devidos, estes fixados em 5% (cinco por cento) do valor do débito fiscal.

**Art. 4º.** O disposto neste Decreto:

I – aplica-se a parcelamento celebrado e em andamento na data da publicação deste Decreto, apurando-se o saldo devedor sem o acréscimo financeiro que incidiria nas parcelas vincendas;

II – não autoriza a restituição ou compensação de importância já recolhida ou o levantamento de importância depositada em juízo, quando houver decisão transitada em julgado a favor do Estado.

**Art. 5º.** Este Decreto entra em vigor na data de sua publicação.

Palácio dos Bandeirantes, 9 de maio de 2012.

*Geraldo Alckmin – DOE de 10.5.2012*

## 589. DECRETO Nº 58.090, DE 29 DE MAIO DE 2012

*Introduz alteração no Regulamento do Imposto sobre Operações Relativas à Circulação de Mercadorias e sobre Prestações de Serviços de Transporte Interestadual e Intermunicipal e de Comunicação – RICMS e dá outras providências.*

Geraldo Alckmin, Governador do Estado de São Paulo, no uso de suas atribuições legais e tendo em vista o disposto no Convênio ICMS-24/12, de 30 de março de 2012, decreta:

**Art. 1º.** Fica acrescentado, com a redação que se segue, o art. 156 ao Anexo I do Regulamento do Imposto sobre Operações Relativas à Circulação de Mercadorias e sobre Prestações de Serviços de Transporte Interestadual e Intermunicipal e de Comunicação – RICMS, aprovado pelo Decreto nº 45.490, de 30 de novembro de 2000:

- *Alterações já efetuadas no corpo do Decreto.*

**Art. 2º.** Fica dispensado o recolhimento dos débitos fiscais relacionados com o Imposto sobre Operações Relativas à Circulação de Mercadorias e sobre Prestações de Serviços de Transporte Interestadual e Intermunicipal e de Comunicação – ICMS, decorrentes de saídas internas de mercadorias promovidas até o dia 25 de abril de 2012 pela entidade assistencial Obra Social Nossa Senhora da Glória – Fazenda da Esperança e suas filiais, com CNPJ base número 48.555.775.

§ 1º. O disposto neste artigo se aplica:

1 – aos débitos fiscais exigidos ou não por Auto de Infração e Imposição de Multa – AIIM, inclusive os inscritos em dívida ativa;

2 – aos débitos fiscais remanescentes de parcelamentos anteriores em curso.

§ 2º. Para efeito deste artigo considera-se débito fiscal a soma do imposto, das multas, da atualização monetária, dos juros de mora e demais acréscimos previstos na legislação.

§ 3º. O disposto neste artigo não autoriza a restituição ou compensação de importância já recolhida ou o levantamento de importância depositada em juízo, quando houver decisão transitada em julgado a favor do Estado.

**Art. 3º.** Este Decreto entra em vigor na data de sua publicação, produzindo efeitos desde 26 de abril de 2012.

Palácio dos Bandeirantes, 29 de maio de 2012.

*Geraldo Alckmin – DOE de 30.5.2012*

## 590. DECRETO Nº 58.107, DE 5 DE JUNHO DE 2012

*Institui a Estratégia para o Desenvolvimento Sustentável do Estado de São Paulo 2020, e dá providências correlatas.*

Geraldo Alckmin, Governador do Estado de São Paulo, no uso de suas atribuições legais, decreta:

**Art. 1º.** Fica instituída a Estratégia para o Desenvolvimento Sustentável do Estado de São Paulo 2020, que visa estabelecer uma agenda para o desenvolvimento sustentável do Estado de São Paulo, apresentando metas setoriais que definirão a ação do Governo do Estado de São Paulo até 2020, nos termos do Anexo que faz parte integrante deste Decreto.

**Art. 2º.** A Estratégia, concebida no contexto da Conferência das Nações Unidas sobre Desenvolvimento Sustentável – Rio+20, a realizar no Rio de Janeiro em junho de 2012, é pautada pelos principais temas desta conferência, quais sejam a economia verde no contexto do desenvolvimento sustentável e da erradicação da pobreza, e o quadro institucional para o desenvolvimento sustentável.

**Art. 3º.** A Subsecretaria de Gestão Estratégica, da Casa Civil, será responsável pela coordenação e monitoramento das ações necessárias visando a implementação da Estratégia instituída pelo art. 1º deste Decreto.

**Art. 4º.** Este Decreto entra em vigor na data de sua publicação.

Palácio dos Bandeirantes, 5 de junho de 2012.

**Anexo**

- *Anexo disponível no site: <http://www.al.sp.gov.br/alesp/legislacao.html>.*

*Geraldo Alckmin – DOE de 6.6.2012*

## 591. DECRETO Nº 58.118, DE 12 DE JUNHO DE 2012

*Altera o Decreto nº 51.624, de 28.2.2007, que institui regime especial de tributação pelo Imposto sobre Operações Relativas à Circulação de Mercadorias e sobre Prestações de Serviços de Transporte Interestadual e Intermunicipal e de Comunicação – ICMS para contribuintes da indústria de informática.*

Geraldo Alckmin, Governador do Estado de São Paulo, no uso de suas atribuições legais e tendo em vista

o disposto no art. 112 da Lei nº 6.374, de 1º de março de 1989, decreta:

**Art. 1º.** Passa a vigorar com a redação que se segue o item 2 do § 3º do art. 1º do Decreto nº 51.624, de 28 de fevereiro de 2007:

• *Alteração já efetuada no corpo do Decreto.*

**Art. 2º.** Este Decreto entra em vigor na data de sua publicação, produzindo efeitos desde 1º de janeiro de 2012.

Palácio dos Bandeirantes, 12 de junho de 2012.

*Geraldo Alckmin – DOE de 13.6.2012*

## 592. DECRETO Nº 58.188, DE 2 DE JULHO DE 2012

*Introduz alteração no Regulamento do Imposto sobre Operações Relativas à Circulação de Mercadorias e sobre Prestações de Serviços de Transporte Interestadual e Intermunicipal e de Comunicação – RICMS.*

Geraldo Alckmin, Governador do Estado de São Paulo, no uso de suas atribuições legais e tendo em vista o disposto nos arts. 84-B e 112 da Lei nº 6.374, de 1º de março de 1989, decreta:

**Art. 1º.** Fica acrescentado o art. 35 ao Anexo III do Regulamento do Imposto sobre Operações Relativas à Circulação de Mercadorias e sobre Prestações de Serviços de Transporte Interestadual e Intermunicipal e de Comunicação, aprovado pelo Decreto nº 45.490, de 30 de novembro de 2000, com a seguinte redação:

• *Alterações já efetuadas no corpo do Decreto.*

**Art. 2º.** Este Decreto entra em vigor na data de sua publicação, produzindo efeitos para as saídas ocorridas a partir de 1º de junho de 2012.

Palácio dos Bandeirantes, 2 de julho de 2012.

*Geraldo Alckmin – DOE de 3.7.2012*

## 593. DECRETO Nº 58.281, DE 8 DE AGOSTO DE 2012

*Altera o Decreto nº 57.999, de 24 de abril de 2012, que fixa prazos especiais para recolhimento do ICMS nas saídas de mercadorias decorrentes do evento que especifica e dá outras providências. (DOE de 9.8.2012)*

• *Pode ser considerado sem mais efeito em razão do cumprimento de seu prazo.*

## 594. DECRETO Nº 58.282, DE 8 DE AGOSTO DE 2012

*Introduz alterações no Regulamento do Imposto sobre Operações Relativas à Circulação de Mercadorias e sobre Prestações de Serviços de Transporte Interestadual e Intermunicipal e de Comunicação – RICMS, e dá outras providências.*

Geraldo Alckmin, Governador do Estado de São Paulo, no uso de suas atribuições legais e tendo em vista o disposto no art. 8º da Lei nº 6.374, de 1º de março de 1989, e no Convênio ICMS-08/12, de 30 de março de 2012, decreta:

**Art. 1º.** Passam a vigorar com a redação que se segue os dispositivos adiante indicados do Regulamento do Imposto sobre Operações Relativas à Circulação de Mercadorias e sobre Prestações de Serviços de Transporte Interestadual e Intermunicipal e de Comunicação – RICMS, aprovado pelo Decreto nº 45.490, de 30 de novembro de 2000:

I – os itens 3 e 8 do § 1º do art. 312:

II – do § 1º do art. 313-W:

a) a alínea "k" do item 3:

b) a alínea "c" do item 8:

• *Alterações já efetuadas no corpo do Decreto.*

**Art. 2º.** O estabelecimento paulista, exceto o indicado no inciso I do art. 312 do Regulamento do Imposto sobre Operações Relativas à Circulação de Mercadorias e sobre Prestações de Serviços de Transporte Interestadual e Intermunicipal e de Comunicação – RICMS, aprovado pelo Decreto nº 45.490, de 30 de novembro de 2000, relativamente ao estoque de mercadorias relacionadas no § 5º existente no final do dia 31 de agosto de 2012, deverá:

I – efetuar a contagem do estoque das mercadorias;

II – elaborar relação, indicando, para cada item:

a) o valor das mercadorias em estoque e a base de cálculo para fins de incidência do ICMS, considerando a entrada mais recente da mercadoria;

b) a alíquota interna aplicável;

c) o valor do imposto devido, calculado conforme o § 1º;

d) o correspondente código na Nomenclatura Brasileira de Mercadorias – Sistema Harmonizado (NBM/SH);

III – na hipótese de estar sujeito ao Regime Periódico de Apuração – RPA, transmitir, até 15 de outubro de 2012, arquivo digital à Secretaria da Fazenda, conforme disciplina por ela estabelecida, contendo a relação de que trata o inciso II e demais informações requeridas;

IV – na hipótese de estar sujeito ao Regime Especial Unificado de Arrecadação de Tributos e Contribuições devidos pelas Microempresas e Empresas de Pequeno Porte – "Simples Nacional", manter a relação de que trata o inciso II em arquivo, pelo prazo de 5 (cinco) anos, para apresentação ao fisco, quando solicitado;

V – recolher o valor do imposto devido em razão da operação própria e das subsequentes, por meio de guia de recolhimentos especiais, conforme disciplina estabelecida pela Secretaria da Fazenda.

§ 1º. O valor do imposto devido pela operação própria e pelas subsequentes será calculado com base no Índice de Valor Adicionado Setorial – IVA-ST divulgado pela Secretaria da Fazenda:

1 – mediante a seguinte fórmula:

a) em se tratando de contribuinte sujeito ao Regime Periódico de Apuração – RPA:

Imposto devido = (base de cálculo x alíquota interna) + (base de cálculo x IVA-ST x alíquota interna);

b) em se tratando de contribuinte sujeito ao "Simples Nacional":

Imposto devido = base de cálculo x IVA-ST x alíquota interna;

2 – considerando-se, para determinação da base de cálculo, o valor da entrada mais recente da mercadoria.

§ 2º. O imposto devido poderá ser recolhido em até 10 (dez) parcelas mensais, iguais e sucessivas, com vencimento no último dia útil de cada mês, sendo que a primeira parcela deverá ser recolhida até 31 de outubro de 2012.

§ 3º. Na hipótese de contribuinte sujeito ao Regime Periódico de Apuração – RPA que possua saldo credor de ICMS em 31 de agosto de 2012, este poderá ser utilizado para deduzir, no todo ou em parte, o imposto a recolher nos termos do inciso V, observando-se, sem prejuízo das demais exigências, o que segue:

1 – o valor do saldo credor utilizado para pagar o imposto calculado nos termos do § 1º deverá ser discriminado no final da relação a que se refere o inciso II;

2 – o montante de saldo credor utilizado para pagamento do imposto devido nos termos deste parágrafo será lançado no livro Registro de Apuração do ICMS – RAICMS, na folha destinada à apuração das operações e prestações próprias do período em que ocorrer o aludido levantamento de estoque, no campo "Estorno de Créditos" do quadro "Débito do Imposto", com a indicação da expressão "Liquidação (parcial ou total) do imposto devido por substituição tributária relativo ao estoque existente em 31.8.2012 – Decreto ___ (indicar o número deste Decreto)".

§ 4º. O disposto neste artigo aplica-se, também, no que couber, às mercadorias referidas no § 5º na hipótese de sua saída do estabelecimento remetente ter ocorrido até 31 de agosto de 2012 e o seu recebimento ter se efetivado após essa data.

§ 5º. As mercadorias a que se refere o *caput* são as seguintes, observada a classificação segundo a NBM/SH:

1 – massas, pastas, ceras, encáusticas, líquidos, preparações e outros para dar brilho, limpeza, polimento ou conservação, 2710;

2 – preparações iniciadoras ou aceleradoras de reação, preparações catalíticas, aglutinantes, aditivos, agentes de cura para aplicação em tintas, vernizes, bases, cimentos, concretos, rebocos e argamassas, 3208, 3909 e 3911;

§ 6º. O disposto neste artigo não se aplica na hipótese de a mercadoria referida no § 5º ter sido recebida já com a retenção antecipada do imposto por substituição tributária.

**Art. 3º.** Fica revogado o item 94 do § 1º do art. 313-Y do Regulamento do Imposto sobre Operações Relativas à Circulação de Mercadorias e sobre Prestações de Serviços de Transporte Interestadual e Intermunicipal e de Comunicação – RICMS, aprovado pelo Decreto nº 45.490, de 30 de novembro de 2000.

• *Alterações já efetuadas no corpo do Decreto.*

**Art. 4º.** Este Decreto entra em vigor na data de sua publicação, exceto:

I – o art. 1º, que entra em vigor em 1º de setembro de 2012;

II – o art. 3º, que produz efeitos desde 1º de agosto de 2012.

Palácio dos Bandeirantes, 8 de agosto de 2012.

*Geraldo Alckmin – DOE de 9.8.2012*

## 595. DECRETO Nº 58.283, DE 8 DE AGOSTO DE 2012

*Introduz alterações no Regulamento do Imposto sobre Operações Relativas à Circulação de Mercadorias e sobre Prestações de Serviços de Transporte Interestadual e Intermunicipal e de Comunicação – RICMS, e dá outras providências.*

Geraldo Alckmin, Governador do Estado de São Paulo, no uso de suas atribuições legais e tendo em vista o disposto no Convênio ICMS-103/11, celebrado em Manaus, AM, no dia 30 de setembro de 2011, e nos Convênios ICMS-123/11 e 130/11, ambos celebrados em São Paulo, SP, no dia 16 de dezembro de 2011, decreta:

**Art. 1º.** Passam a vigorar com a redação que se segue os dispositivos adiante indicados do Regulamento do Imposto sobre Operações Relativas à Circulação de Mercadorias e sobre Prestações de Serviços de Transporte Interestadual e Intermunicipal e de Comunicação – RICMS, aprovado pelo Decreto nº 45.490, de 30 de novembro de 2000:

I – do art. 41 do Anexo I:

a) o inciso VIII:

b) o inciso XVI:

II – o inciso VII do art. 9º do Anexo II:

III – o inciso I do art. 10 do Anexo II:

• *Alterações já efetuadas no corpo do Decreto.*

**Art. 2º.** Ficam acrescentados os dispositivos adiante indicados ao Regulamento do Imposto sobre Operações Relativas à Circulação de Mercadorias e sobre Prestações de Serviços de Transporte Interestadual e Intermunicipal e de Comunicação, aprovado pelo Decreto nº 45.490, de 30 de novembro de 2000, com a seguinte redação:

I – ao item 2 do § 2º do art. 2º do Anexo I, a alínea "i":

II – ao Anexo I, o art. 157:

• *Alterações já efetuadas no corpo do Decreto.*

**Art. 3º.** Ficam convalidadas até 8 de janeiro de 2012 as saídas de silagens de forrageiras e de produtos vegetais realizadas com isenção ou redução da base de cálculo do imposto, nos termos dos arts. 41 do Anexo I e 9º e 10 do Anexo II, todos do Regulamento do ICMS (Convênio ICMS-123/11, cláusula segunda).

**Art. 4º.** Este Decreto entra em vigor na data de sua publicação, produzindo efeitos desde 9 de janeiro de 2012, exceto os dispositivos adiante indicados, que produzem efeitos:

I – desde 21 de outubro de 2011, o inciso II do art. 2º;

II – desde 1º de março de 2012, o inciso I do art. 2º.

Palácio dos Bandeirantes, 8 de agosto de 2012.

*Geraldo Alckmin – DOE de 9.8.2012*

## 596. DECRETO Nº 58.284, DE 8 DE AGOSTO DE 2012

*Introduz alteração no Decreto nº 56.672, de 18.1.2011, que isenta do Imposto sobre Operações Relativas à Circulação de Mercadorias e sobre Prestações de Serviços de Transporte Interestadual e Intermunicipal e de Comunicação – ICMS a importação de bens realizada pela Fundação Pio XII – Hospital do Câncer de Barretos. (DOE de 9.8.2012)*

• *Pode ser considerado sem mais efeito em razão do cumprimento de seu prazo.*

## 597. DECRETO Nº 58.285, DE 8 DE AGOSTO DE 2012

*Introduz alterações no Regulamento do Imposto sobre Operações Relativas à Circulação de Mercadorias e sobre Prestações de Serviços de Transporte Interestadual e Intermunicipal e de Comunicação – RICMS.*

Geraldo Alckmin, Governador do Estado de São Paulo, no uso de suas atribuições legais e tendo em vista o disposto no art. 8º, incisos XXXI, XLIV, XL e XLI, da Lei nº 6.374, de 1º de março de 1989, decreta:

**Art. 1º.** Passam a vigorar com a redação que se segue os dispositivos adiante indicados do Regulamento do Imposto sobre Operações Relativas à Circulação de Mercadorias e sobre Prestações de Serviços de Transporte Interestadual e Intermunicipal e de Comunicação – RICMS, aprovado pelo Decreto nº 45.490, de 30 de novembro de 2000:

I – os itens 16 e 29 do § 1º do art. 313-K:

II – os itens 6, 9 e 12 do § 1º do art. 313-Z3:

III – o item 7 do § 1º do art. 313-Z15:

IV – os itens 39, 50, 53 e 58 do § 1º do art. 313-Z19:

• *Alterações já efetuadas no corpo do Decreto.*

**Art. 2º.** Este Decreto entra em vigor na data de sua publicação.

Palácio dos Bandeirantes, 8 de agosto de 2012.

*Geraldo Alckmin – DOE de 9.8.2012*

## 598. DECRETO Nº 58.286, DE 8 DE AGOSTO DE 2012

*Introduz alterações no Regulamento do Imposto sobre Operações Relativas à Circulação de Mercadorias e sobre Prestações de Serviços de Transporte Interestadual e Intermunicipal e de Comunicação – RICMS.*

Geraldo Alckmin, Governador do Estado de São Paulo, no uso de suas atribuições legais e tendo em vista o disposto nos arts. 84-B e 112 da Lei nº 6.374, de 1º de março de 1989, decreta:

**Art. 1º.** Fica acrescentado, com a redação que se segue, o § 5º ao art. 24 do Anexo III do Regulamento do Imposto sobre Operações Relativas à Circulação de Mercadorias e sobre Prestações de Serviços de Transporte Interestadual e Intermunicipal e de Comunicação, aprovado pelo Decreto nº 45.490, de 30 de novembro de 2000:

• *Alterações já efetuadas no corpo do Decreto.*

**Art. 2º.** Ficam convalidados os procedimentos adotados pelos contribuintes, até a data da entrada em vigor deste Decreto, relativamente à utilização do benefício de que trata o art. 24 do Anexo III de forma cumulativa com a redução de base de cálculo prevista no art. 39 do Anexo II, ambos do Regulamento do ICMS.

**Art. 3º.** Este Decreto entra em vigor na data de sua publicação.

Palácio dos Bandeirantes, 8 de agosto de 2012.

*Geraldo Alckmin – DOE de 9.8.2012*

## 599. DECRETO Nº 58.287, DE 8 DE AGOSTO DE 2012

*Introduz alteração no Regulamento do Imposto sobre Operações Relativas à Circulação de Mercadorias e sobre Prestações de Serviços de Transporte Interestadual e Intermunicipal e de Comunicação – RICMS.*

Geraldo Alckmin, Governador do Estado de São Paulo, no uso de suas atribuições legais e tendo em vista o disposto no art. 112 da Lei nº 6.374, de 1º de março de 1989, decreta:

**Art. 1º.** Fica acrescentada a alínea "d" ao item 3 do § 4º do art. 44 do Anexo II do Regulamento do Imposto sobre Operações Relativas à Circulação de Mercadorias e sobre Prestações de Serviços de Transporte Interestadual e Intermunicipal e de Comunicação, aprovado pelo Decreto nº 45.490, de 30 de ovembro de 2000, com a seguinte redação:

• *Alterações já efetuadas no corpo do Decreto.*

**Art. 2º.** Este Decreto entra em vigor na data de sua publicação.

Palácio dos Bandeirantes, 8 de agosto de 2012.

*Geraldo Alckmin – DOE de 9.8.2012*

## 600. DECRETO Nº 58.308, DE 16 DE AGOSTO DE 2012

*Introduz alteração no Regulamento do Imposto sobre Operações Relativas à Circulação de Mercadorias e sobre Prestações de Serviços de Transporte Interestadual e Intermunicipal e de Comunicação – RICMS.*

Geraldo Alckmin, Governador do Estado de São Paulo, no uso de suas atribuições legais e tendo em vista o disposto nos arts. 84-B e 112 da Lei nº 6.374, de 1º de março de 1989, decreta:

**Art. 1º.** Passa a vigorar com a redação que se segue o inciso XIII do art. 39 do Anexo II do Regulamento do Imposto sobre Operações Relativas à Circulação de Mercadorias e sobre Prestações de Serviços de Transporte Interestadual e Intermunicipal e de Comunicação, aprovado pelo Decreto nº 45.490, de 30 de novembro de 2000:

• *Alterações já efetuadas no corpo do Decreto.*

**Art. 2º.** Fica acrescentado o art. 61 ao Anexo II do Regulamento do Imposto sobre Operações Relativas à Circulação de Mercadorias e sobre Prestações de Serviços de Transporte Interestadual e Intermunicipal e de Comunicação, aprovado pelo Decreto nº 45.490, de 30 de novembro de 2000, com a seguinte redação:

• *Alterações já efetuadas no corpo do Decreto.*

**Art. 3º.** Este Decreto entra em vigor na data de sua publicação.

Palácio dos Bandeirantes, 16 de agosto de 2012.

*Geraldo Alckmin – DOE de 17.8.2012*

## 601. DECRETO Nº 58.325, DE 23 DE AGOSTO DE 2012

*Isenta do Imposto sobre Operações Relativas à Circulação de Mercadorias e sobre Prestações de Serviços de Transporte Interestadual e Intermunicipal e de Comunicação – ICMS a comercialização de sanduíches deno-*

*minados "Big Mac" efetuada durante o evento "McDia Feliz". (DOE de 24.8.2012)*

- *Pode ser considerado sem mais efeito em razão do cumprimento de seu prazo.*

## 602. DECRETO Nº 58.374, DE 6 DE SETEMBRO DE 2012

*Introduz alteração no Regulamento do Imposto sobre Operações Relativas à Circulação de Mercadorias e sobre Prestações de Serviços de Transporte Interestadual e Intermunicipal e de Comunicação – RICMS.*

Geraldo Alckmin, Governador do Estado de São Paulo, no uso de suas atribuições legais e tendo em vista o disposto no Convênio ICMS-125/11, de 16 de dezembro de 2011, e no § 20-A do art. 18 da Lei Complementar nº 123, de 14 de dezembro de 2006, decreta:

**Art. 1º.** Fica acrescentado, com a redação que se segue, o § 4º-A ao art. 37 do Regulamento do Imposto sobre Operações Relativas à Circulação de Mercadorias e sobre Prestações de Serviços de Transporte Interestadual e Intermunicipal e de Comunicação, aprovado pelo Decreto nº 45.490, de 30 de novembro de 2000:

- *Alterações já efetuadas no corpo do Decreto.*

**Art. 2º.** Este Decreto entra em vigor na data de sua publicação.

Palácio dos Bandeirantes, 6 de setembro de 2012.

*Geraldo Alckmin – DOE de 7.9.2012*

## 603. DECRETO Nº 58.375, DE 6 DE SETEMBRO DE 2012

*Altera o Decreto nº 51.597, de 23 de fevereiro de 2007.*

Geraldo Alckmin, Governador do Estado de São Paulo, no uso de suas atribuições legais e tendo em vista o disposto no Convênio ICMS 125/11, de 16 de dezembro de 2011, decreta:

**Art. 1º.** Passa a vigorar, com a redação que se segue, o § 2º do art. 1º do Decreto nº 51.597, de 23 de fevereiro de 2007:

- *Alterações já efetuadas no corpo do Decreto.*

**Art. 2º.** Este Decreto entra em vigor na data de sua publicação.

Palácio dos Bandeirantes, 6 de setembro de 2012.

*Geraldo Alckmin – DOE de 7.9.2012*

## 604. DECRETO Nº 58.388, DE 14 DE SETEMBRO DE 2012

*Disciplina o Programa de Incentivo à Indústria de Produção e de Exploração de Petróleo e de Gás Natural no Estado de São Paulo.*

Geraldo Alckmin, Governador do Estado de São Paulo, no uso de suas atribuições legais e tendo em vista o disposto no Convênio ICMS 130/07, de 27 de novembro de 2007, e no Parecer PA nº 35/2007, exarado pela Procuradoria Geral do Estado, decreta:

**Art. 1º. (REPETRO – Produção ou lavra) –** No desembaraço aduaneiro de bens ou mercadorias constantes no Anexo Único do Convênio ICMS 130/07, de 27 de novembro de 2007, importados sob o amparo do Regime Aduaneiro Especial de Admissão Temporária, para aplicação nas instalações de produção ou lavra de petróleo e gás natural, nos termos das normas federais específicas, que regulamentam o Regime Aduaneiro Especial de Exportação e de Importação de Bens Destinados às Atividades de Pesquisa e de Lavra das Jazidas de Petróleo e de Gás Natural – REPETRO, disciplinado pelo Decreto federal nº 4.543, de 26 de dezembro de 2002, fica reduzida a base de cálculo do ICMS incidente na operação de forma que a carga tributária seja equivalente a 7,5% (sete inteiros e cinco décimos por cento), com a apropriação do crédito correspondente, ou, alternativamente, a critério do contribuinte, a 3% (três inteiros por cento), sem apropriação do crédito correspondente.

§ 1º. O benefício previsto neste artigo aplica-se:

1 – também, a máquinas e equipamentos sobressalentes, a ferramentas e aparelhos e outras partes e peças destinados a garantir a operacionalidade dos referidos bens;

2 – exclusivamente à entrada de bem ou mercadoria importados do exterior por pessoa jurídica:

a) detentora de concessão ou autorização para exercer no país as atividades de pesquisa ou de lavra de jazidas de petróleo e de gás natural, nos termos da Lei Federal nº 9.478, de 6 de agosto de 1997;

b) contratada pela concessionária ou autorizada para a prestação de serviços destinados à execução das atividades, objeto da concessão ou autorização, bem assim às subcontratadas;

c) importadora autorizada pela contratada, na forma da alínea "b", quando esta não for sediada no país.

§ 2º. Relativamente ao benefício previsto neste artigo:

1 – a empresa importadora, quando optar pela carga tributária equivalente a 7,5% (sete inteiros e cinco décimos por cento), poderá:

a) creditar-se do montante do imposto incidente na forma do *caput* a partir do 24º (vigésimo quarto) mês do seu efetivo recolhimento, à razão de 1/48 (um quarenta e oito avos) por mês, não se aplicando o estorno relativamente à proporção das operações de saídas ou prestações isentas ou não tributadas sobre o total das operações de saídas ou prestações efetuadas no mesmo período;

b) transferir o saldo credor para outro contribuinte localizado em território paulista, observado o disposto na alínea "a" e os critérios previstos em disciplina estabelecida pela Secretaria da Fazenda;

2 – os bens deverão ser de propriedade de pessoa sediada no exterior e importados, sem cobertura cambial, pelas pessoas jurídicas referidas no item 2 do § 1º;

3 – considera-se iniciada a fase de produção ou lavra quando da aprovação do Plano de Desenvolvimento do Campo pela Agência Nacional do Petróleo, Gás Natural e Biocombustíveis – ANP.

**Art. 2º. (REPETRO – Exploração ou pesquisa) –** Fica isento do ICMS o desembaraço aduaneiro de bens ou mercadorias constantes do Anexo Único do Convênio ICMS 130/07, de 27 de novembro de 2007, importados sob o amparo do Regime Aduaneiro Especial de Admissão Temporária, para aplicação nas instalações de exploração ou pesquisa de petróleo e gás natural, nos termos das normas federais específicas que regulamentam o REPETRO.

**Art. 3º. (REPETRO – Operações antecedentes) –** Nas operações antecedentes à saída destinada a pessoa sediada no exterior dos bens e mercadorias fabricados no país que venham a ser subsequentemente importados nos termos dos arts. 1º e 2º deste Decreto, sob o amparo do Regime Aduaneiro Especial de Admissão Temporária, para utilização nas atividades de exploração e produção de petróleo e de gás natural, independentemente da Unidade federada onde se localize o fabricante, fica reduzida a base de cálculo do ICMS incidente na operação de forma que a carga tributária seja equivalente a 7,5% (sete inteiros e cinco décimos por cento), com a apropriação do crédito correspondente, ou, alternativamente, a critério do contribuinte, a 3% (três inteiros por cento), sem apropriação do crédito correspondente.

§ 1º. Poderá ser diferido para o momento em que ocorrer a saída destinada a pessoa sediada no exterior dos bens e mercadorias fabricados no país, nos termos de disciplina estabelecida pela Secretaria da Fazenda, o lançamento do imposto incidente:

1 – nas saídas imediatamente antecedentes à saída destinada a pessoa sediada no exterior;

2 – nas saídas internas de matéria-prima e produto intermediário destinadas a estabelecimento fabricante que promover as saídas diferidas previstas no item 1.

§ 2º. Aplica-se ao diferimento previsto no § 1º, quando for o caso, o disposto no item 1 do parágrafo único do art. 429 do Regulamento do Imposto sobre Operações Relativas à Circulação de Mercadorias e sobre Prestações de Serviços de Transporte Interestadual e Intermunicipal e de Comunicação – RICMS, aprovado pelo Decreto nº 45.490, de 30 de novembro de 2000.

§ 3º. O previsto neste artigo:

1 – aplica-se, também:

a) aos equipamentos, máquinas, acessórios, aparelhos, peças e mercadorias, utilizados como insumos na construção e montagem de sistemas flutuantes e de plataformas de produção ou perfuração, bem como de suas unidades modulares a serem processadas, industrializadas ou montadas em unidades industriais;

b) aos cascos e módulos, quando utilizados como insumos na construção, reparo e montagem de sistemas flutuantes e de plataformas de produção ou perfuração;

c) às operações realizadas sob o amparo do Regime Aduaneiro Especial de Drawback, na modalidade suspensão, no que se refere à comprovação do adimplemento nos termos da legislação federal específica;

2 – aplica-se, apenas, às operações imediatamente antecedentes à saída destinada a pessoa sediada no exterior, com exceção do disposto no § 1º, 2.

§ 3º. Para fins do disposto neste Decreto, a operação de saída destinada a pessoa sediada no exterior, mesmo que não ocorra a saída do bem ou mercadoria do território aduaneiro, será equiparada à exportação, até mesmo para efeito de comprovação do adimplemento das obrigações decorrentes da aplicação do regime de Drawback, na modalidade suspensão.

**Art. 4º. (Importação) –** No desembaraço aduaneiro decorrente de importação do exterior de bens ou mercadorias constantes no Anexo Único do Convênio ICMS 130/07, de 27 de novembro de 2007, a operação de importação fica isenta do ICMS, desde que os bens ou mercadorias sejam:

I – utilizados exclusivamente na fase de exploração ou pesquisa de petróleo e gás natural;

II – de uso interligado às fases de exploração e de produção que ingressem no território nacional para realizar serviços temporários no país por um prazo de permanência inferior a 24 (vinte e quatro) meses;

III – utilizados em plataformas de produção ou lavra que estejam em trânsito para sofrerem reparos ou manutenção em unidades industriais.

Parágrafo único. O benefício previsto neste artigo aplica-se também a máquinas e equipamentos sobressalentes, a ferramentas e aparelhos e outras partes e peças destinados a garantir a operacionalidade dos bens de que trata o *caput*.

**Art. 5º.** A fruição dos benefícios previstos neste Decreto:

I – fica condicionada a que:

a) as mercadorias, objeto das operações, sejam desoneradas dos impostos federais em razão de isenção, suspensão ou alíquota zero;

b) sem prejuízo das demais exigências, seja colocado à disposição do fisco sistema informatizado de controle contábil e de estoques, que possibilite realizar o acompanhamento da aplicação do REPETRO, bem como da utilização dos bens na atividade para a qual foram adquiridos ou importados, a qualquer tempo, mediante acesso direto;

II – é opcional, devendo o contribuinte declarar a sua opção em termo lavrado no livro Registro de Utilização de Documentos Fiscais e Termos de Ocorrências – RUDFTO, sendo que a renúncia a ela deverá ser objeto de novo termo.

**Art. 6º. (*Drawback*) –** Aplica-se a isenção no desembaraço aduaneiro de bem ou mercadoria importados do exterior sob amparo do regime de "drawback" na modalidade de suspensão e que fiquem submetidos ao REPETRO, conforme previsto no art. 22 do Anexo I do RICMS.

**Art. 7º.** A inobservância ou o descumprimento de qualquer das condições estabelecidas neste Decreto implicará a exigência integral do ICMS devido, com os acréscimos legais cabíveis.

**Art. 8º.** Este Decreto entra em vigor em 1º de outubro de 2012, quando ficará revogado o Decreto nº 53.574, de 17 de outubro de 2008.

Palácio dos Bandeirantes, 14 de setembro de 2012.

*Geraldo Alckmin – DOE de 15.9.2012 – Retificação DOE de 19.9.2012*

## 605. DECRETO Nº 58.389, DE 14 DE SETEMBRO DE 2012

*Introduz alterações no Regulamento do Imposto sobre Operações Relativas à Circulação de Mercadorias e sobre Prestações de Serviços de Transporte Interestadual e Intermunicipal e de Comunicação – RICMS.*

Geraldo Alckmin, Governador do Estado de São Paulo, no uso de suas atribuições legais e tendo em vista o disposto nos arts. 84-B e 112 da Lei nº 6.374, de 1º de março de 1989, decreta:

**Art. 1º.** Passa a vigorar com a redação que se segue o item 1 do § 1º do art. 149 do Anexo I do Regulamento do Imposto sobre Operações Relativas à Circulação de Mercadorias e sobre Prestações de Serviços de Transporte Interestadual e Intermunicipal e de Comunicação – RICMS, aprovado pelo Decreto nº 45.490, de 30 de novembro de 2000:

• *Alterações já efetuadas no corpo do Decreto.*

**Art. 2º.** Ficam acrescentados os dispositivos adiante indicados ao art. 149 do Anexo I do Regulamento do Imposto sobre Operações Relativas à Circulação de Mercadorias e sobre Prestações de Serviços de Transporte Interestadual e Intermunicipal e de Comunicação, aprovado pelo Decreto nº 45.490, de 30 de novembro de 2000, com a seguinte redação:

I – o inciso IV:

II – o § 3º:

• *Alterações já efetuadas no corpo do Decreto.*

**Art. 3º.** Este Decreto entra em vigor na data de sua publicação.

Palácio dos Bandeirantes, 14 de setembro de 2012.

*Geraldo Alckmin – DOE de 15.9.2012*

## 606. DECRETO Nº 58.390, DE 14 DE SETEMBRO DE 2012

*Introduz alteração no Regulamento do Imposto sobre Operações Relativas à Circulação de Mercadorias e sobre Prestações de Serviços de Transporte Interestadual e Intermunicipal e de Comunicação – RICMS.*

Geraldo Alckmin, Governador do Estado de São Paulo, no uso de suas atribuições legais e tendo em vista o disposto no Convênio ICMS-58/12, de 22 de junho de 2012, decreta:

**Art. 1º.** Fica acrescentado, com a redação que se segue, o § 1º ao art. 151 do Anexo I do Regulamento do Imposto sobre Operações Relativas à Circulação de Mercadorias e sobre Prestações de Serviços de Transporte Interestadual e Intermunicipal e de Comunicação – RICMS, aprovado pelo Decreto nº 45.490, de 30 de novembro de 2000, passando o atual parágrafo único a denominar-se § 2º:

• *Alterações já efetuadas no corpo do Decreto.*

**Art. 2º.** Este Decreto entra em vigor na data de sua publicação.

Palácio dos Bandeirantes, 14 de setembro de 2012.

*Geraldo Alckmin – DOE de 15.9.2012*

## 607. DECRETO Nº 58.391, DE 14 DE SETEMBRO DE 2012

*Introduz alterações no Regulamento do Imposto sobre Operações Relativas à Circulação de Mercadorias e sobre Prestações de Serviços de Transporte Interestadual e Intermunicipal e de Comunicação – RICMS.*

Geraldo Alckmin, Governador do Estado de São Paulo, no uso de suas atribuições legais e tendo em vista o disposto no art. 8º, XXIV e § 10, da Lei nº 6.374, de 1º de março de 1989, decreta:

**Art. 1º.** Fica acrescentada a Seção XXVII ao Capítulo IV do Título II do Livro II do Regulamento do Imposto sobre Operações Relativas à Circulação de Mercadorias e sobre Prestações de Serviços de Transporte Interestadual e Intermunicipal e de Comunicação, aprovado pelo Decreto nº 45.490, de 30 de novembro de 2000, com a seguinte redação:

• *Alterações já efetuadas no corpo do Decreto.*

**Art. 2º.** Este Decreto entra em vigor no primeiro dia do mês subsequente ao de sua publicação.

Palácio dos Bandeirantes, 14 de setembro de 2012.

*Geraldo Alckmin – DOE de 15.9.2012*

## 608. DECRETO Nº 58.442, DE 10 DE OUTUBRO DE 2012

*Introduz alteração no Regulamento do Imposto sobre Operações Relativas à Circulação de Mercadorias e sobre Prestações de Serviços de Transporte Interestadual e Intermunicipal e de Comunicação – RICMS.*

Geraldo Alckmin, Governador do Estado de São Paulo, no uso de suas atribuições legais e tendo em vista o disposto nos arts. 46 e 102 da Lei nº 6.374, de 1º de março de 1989, decreta:

**Art. 1º.** Ficam acrescentados os dispositivos adiante indicados ao Regulamento do Imposto sobre Operações Relativas à Circulação de Mercadorias e sobre Prestações de Serviços de Transporte Interestadual e Intermunicipal e de Comunicação, aprovado pelo Decreto nº 45.490, de 30 de novembro de 2000:

I – o § 9º ao art. 70:

II – a Subseção VIII da Seção V do Capítulo IV do Título III do Livro I, composta pelo art. 70-I:

• *Alterações já efetuadas no corpo do Decreto.*

**Art. 2º.** Este Decreto entra em vigor na data de sua publicação.

Palácio dos Bandeirantes, 10 de outubro de 2012.

*Geraldo Alckmin – DOE de 11.10.2012*

## 609. DECRETO Nº 58.451, DE 11 DE OUTUBRO DE 2012

*Introduz alteração no Regulamento do Imposto sobre Operações Relativas à Circulação de Mercadorias e sobre Prestações de Serviços de Transporte Interestadual e Intermunicipal e de Comunicação – RICMS.*

Geraldo Alckmin, Governador do Estado de São Paulo, no uso de suas atribuições legais e tendo em vista o disposto nos arts. 16, § 1º e 19 da Lei nº 6.374, de 1º de março de 1989, decreta:

**Art. 1º.** Fica acrescentado, com a redação que se segue, o § 2º ao art. 24 do Regulamento do Imposto sobre Operações Relativas à Circulação de Mercadorias e sobre Prestações de Serviços de Transporte Interestadual e Intermunicipal e de Comunicação, aprovado pelo Decreto nº 45.490, de 30 de novembro de 2000, passando o atual parágrafo único a denominar-se § 1º:

• *Alterações já efetuadas no corpo do Decreto.*

**Art. 2º.** Este Decreto entra em vigor na data de sua publicação.

Palácio dos Bandeirantes, 11 de outubro de 2012.

*Geraldo Alckmin – DOE de 12.10.2012*

## 610. DECRETO Nº 58.465, DE 16 DE OUTUBRO DE 2012

*Introduz alterações no Regulamento do Imposto sobre Operações Relativas à Circulação de Mercadorias e sobre Prestações de Serviços de Transporte Interestadual e Intermunicipal e de Comunicação – RICMS.*

Geraldo Alckmin, Governador do Estado de São Paulo, no uso de suas atribuições legais e com fundamento no art. 46 da Lei nº 6.374, de 1º de março de 1989, decreta:

**Art. 1º.** Fica acrescentado, com a redação que segue, o art. 34 às Disposições Transitórias do Regulamento do ICMS, aprovado pelo Decreto nº 45.490, de 30 de novembro de 2000:

• *Alterações já efetuadas no corpo do Decreto.*

**Art. 2º.** Este Decreto entra em vigor na data de sua publicação.

Palácio dos Bandeirantes, 16 de outubro de 2012.

*Geraldo Alckmin – DOE de 17.10.2012*

## 611. DECRETO Nº 58.475, DE 22 DE OUTUBRO DE 2012

*Introduz alterações no Regulamento do Imposto sobre Operações Relativas à Circulação de Mercadorias e sobre Prestações de Serviços de Transporte Interestadual e Intermunicipal e de Comunicação – RICMS.*

Geraldo Alckmin, Governador do Estado de São Paulo, no uso de suas atribuições legais e tendo em vista o disposto no art. 100 da Lei nº 6.374/1989, decreta:

**Art. 1º.** Passam a vigorar com a redação que se segue os seguintes dispositivos do Regulamento do Imposto sobre Operações Relativas à Circulação de Mercadorias e sobre Prestações de Serviços de Transporte Interestadual e Intermunicipal e de Comunicação – RICMS, aprovado pelo Decreto nº 45.490, de 30 de novembro de 2000:

I – a alínea "a" do item 2 do § 3º do art. 581-A:

II – o art. 583:

• *Alterações já efetuadas no corpo do Decreto.*

**Art. 2º.** Ficam revogados os seguintes dispositivos do Regulamento do Imposto sobre Operações Relativas à Circulação de Mercadorias e sobre Prestações de Serviços de Transporte Interestadual e Intermunicipal e de Comunicação – RICMS, aprovado pelo Decreto nº 45.490, de 30 de novembro de 2000:

I – o art. 579;

II – do art. 581-A:

a) o inciso II;

b) o § 2º.

• *Alterações já efetuadas no corpo do Decreto.*

**Art. 3º.** Este Decreto entra em vigor na data de sua publicação.

Palácio dos Bandeirantes, 22 de outubro de 2012.

*Geraldo Alckmin – DOE de 23.10.2012*

## 612. DECRETO Nº 58.491, DE 26 DE OUTUBRO DE 2012

*Introduz alteração no Regulamento do Imposto sobre Operações Relativas à Circulação de Mercadorias e sobre Prestações de Serviços de Transporte Interestadual e Intermunicipal e de Comunicação – RICMS e dá outras providências.*

Geraldo Alckmin, Governador do Estado de São Paulo, no uso de suas atribuições legais e tendo em vista o disposto no Convênio ICMS-94, de 28 de setembro de 2012, decreta:

**Art. 1º.** Fica acrescentado o art. 158 ao Anexo I do Regulamento do Imposto sobre Operações Relativas à Circulação de Mercadorias e sobre Prestações de Serviços de Transporte Interestadual e Intermunicipal e de Comunicação – RICMS, aprovado pelo Decreto nº 45.490, de 30 de novembro de 2000, com a seguinte redação:

• *Alterações já efetuadas no corpo do Decreto.*

**Art. 2º.** Fica revogado, a partir de 1º de dezembro de 2012, o Decreto nº 54.715, de 27 de agosto de 2009.

• *Alterações já efetuadas no corpo do Decreto.*

**Art. 3º.** Este Decreto entra em vigor em 1º de dezembro de 2012.

Palácio dos Bandeirantes, 26 de outubro de 2012.

*Geraldo Alckmin – DOE de 27.10.2012*

## 613. DECRETO Nº 58.492, DE 26 DE OUTUBRO DE 2012

*Introduz alteração no Regulamento do Imposto sobre Operações Relativas à Circulação de Mercadorias e sobre Prestações de Serviços de Transporte Interestadual e Intermunicipal e de Comunicação – RICMS.*

Geraldo Alckmin, Governador do Estado de São Paulo, no uso de suas atribuições legais e tendo em vista o disposto no Convênio ICMS-94, de 28 de setembro de 2012, decreta:

**Art. 1º.** Fica acrescentado o art. 159 ao Anexo I do Regulamento do Imposto sobre Operações Relativas à Circulação de Mercadorias e sobre Prestações de Serviços de Transporte Interestadual e Intermunicipal e de Comunicação – RICMS, aprovado pelo Decreto nº 45.490, de 30 de novembro de 2000, com a seguinte redação:

• *Alterações já efetuadas no corpo do Decreto.*

**Art. 2º.** Este Decreto entra em vigor em 1º de dezembro de 2012.

Palácio dos Bandeirantes, 26 de outubro de 2012.

*Geraldo Alckmin – DOE de 27.10.2012*

## 614. DECRETO Nº 58.500, DE 31 DE OUTUBRO DE 2012

*Introduz alteração no Decreto nº 55.634, de 26.3.2010, que isenta do Imposto sobre Operações Relativas à Circulação de Mercadorias e sobre Prestações de Serviços de Transporte Interestadual e Intermunicipal e de Comunicação – ICMS as operações com mercadorias e bens destinados à construção, ampliação, reforma ou modernização de estádios a serem utilizados na Copa do Mundo da FIFA de 2014.*

Geraldo Alckmin, Governador do Estado de São Paulo, no uso de suas atribuições legais e tendo em vista o disposto no Convênio ICMS 54/11, de 8 de julho de 2011, decreta:

**Art. 1º.** Fica acrescentado, com a redação que se segue, o § 4º ao art. 1º do Decreto nº 55.634, de 26 de março de 2010:

• *Alterações já efetuadas no corpo do Decreto.*

**Art. 2º.** Este Decreto entra em vigor na data de sua publicação.

Palácio dos Bandeirantes, 31 de outubro de 2012.

*Geraldo Alckmin – DOE de 1º.11.2012*

## 615. DECRETO Nº 58.618, DE 28 DE NOVEMBRO DE 2012

*Introduz alteração no Regulamento do Imposto sobre Operações Relativas à Circulação de Mercadorias e sobre Prestações de Serviços de Transporte Interestadual e Intermunicipal e de Comunicação – RICMS.*

Geraldo Alckmin, Governador do Estado de São Paulo, no uso de suas atribuições legais e tendo em vista o disposto no Convênio ICMS-94, de 28 de setembro de 2012, decreta:

**Art. 1º.** Fica acrescentado o art. 160 ao Anexo I do Regulamento do Imposto sobre Operações Relativas à Circulação de Mercadorias e sobre Prestações de Serviços de Transporte Interestadual e Intermunicipal e de Comunicação – RICMS, aprovado pelo Decreto nº 45.490, de 30 de novembro de 2000, com a seguinte redação:

• *Alterações já efetuadas no corpo do Decreto.*

**Art. 2º.** Este Decreto entra em vigor em 1º de dezembro de 2012.

Palácio dos Bandeirantes, 28 de novembro de 2012.

*Geraldo Alckmin – DOE de 29.11.2012*

## 616. DECRETO Nº 58.757, DE 20 DE DEZEMBRO DE 2012

*Dispõe sobre a possibilidade de contribuintes que exercem a atividade de comércio varejista parcelarem o ICMS devido pelas saídas de mercadorias promovidas em dezembro de 2012.*

Geraldo Alckmin, Governador do Estado de São Paulo, no uso de suas atribuições legais e tendo em vista o disposto no Convênio ICMS 74/06, de 3 de agosto de 2006, e no art. 59 da Lei nº 6.374, de 1º de março de 1989, decreta:

**Art. 1º.** Os contribuintes que exercem a atividade de comércio varejista poderão recolher o Imposto sobre Operações Relativas à Circulação de Mercadorias e sobre Prestações de Serviços de Transporte Interestadual e Intermunicipal e de Comunicação – ICMS referente às saídas de mercadorias realizadas no mês de dezembro de 2012 em 2 (duas) parcelas mensais e consecutivas, com dispensa de juros e multas, desde que:

I – a primeira parcela seja recolhida até o dia 21 do mês de janeiro de 2013;

II – a segunda parcela seja recolhida até o dia 22 do mês de fevereiro de 2013.

§ 1º. O disposto neste artigo aplica-se aos contribuintes que, em 31 de dezembro de 2012, tenham a sua atividade principal enquadrada em um dos seguintes códigos da Classificação Nacional de Atividades Econômicas – CNAE:

1 – 36006;

2 – 45307 (exceto 4530-7/01, 4530-7/02 e 4530-7/06);

3 – 45412 (exceto 4541-2/01 e 4541-2/02);

4 – 47113, 47121, 47130, 47211, 47229, 47237, 47245, 47296, 47415, 47423, 47431, 47440, 47512, 47521, 47539, 47547, 47555, 47563, 47571, 47598, 47610, 47628, 47636, 47717, 47725, 47733, 47741, 47814, 47822, 47831, 47857 e 47890.

§ 2º. O recolhimento do ICMS na forma prevista neste artigo é opcional, ficando facultado ao contribuinte efetuar o recolhimento integral do imposto no mês de janeiro de 2013, até a data estabelecida no Anexo IV do Regulamento do ICMS – RICMS, aprovado pelo Decreto nº 45.490, de 30 de novembro de 2000.

§ 3º. O contribuinte que deixar de efetuar o recolhimento de qualquer das parcelas até as datas previstas no *caput* ou efetuar o recolhimento em valores inferiores ao devido perderá direito ao benefício, ficando os valores recolhidos sujeitos à imputação, nos termos do art. 595 do Regulamento do ICMS – RICMS, aprovado pelo Decreto nº 45.490, de 30 de novembro de 2000.

**Art. 2º.** O recolhimento de cada uma das parcelas previstas no art. 1º deverá ser efetuado por meio de Guia de Arrecadação Estadual – GARE-ICMS, observando-se o seguinte:

I – no campo 03 (Código de Receita), deverá ser consignado "046-2";

II – no campo 07 (Referência), deverá ser consignado "12/2012";

III – no campo 09 (Valor do Imposto), deverá ser indicado o valor correspondente a 50% (cinquenta por cento) do valor total do imposto devido.

**Art. 3º.** Este Decreto entra em vigor na data de sua publicação.

Palácio dos Bandeirantes, 20 de dezembro de 2012.

*Geraldo Alckmin – DOE de 21.12.2012*

## 617. DECRETO Nº 58.758, DE 20 DE DEZEMBRO DE 2012

*Introduz alterações no Regulamento do Imposto sobre Operações Relativas à Circulação de Mercadorias e sobre Prestações de Serviços de Transporte Interestadual e Intermunicipal e de Comunicação – RICMS.*

Geraldo Alckmin, Governador do Estado de São Paulo, no uso de suas atribuições legais e tendo em vista o disposto no art. 8º da Lei nº 6.374, de 1º de março de 1989, decreta:

**Art. 1º.** Passa a vigorar com a redação que se segue a alínea "b" do item 5 do § 1º do art. 313-W do Regulamento do Imposto sobre Operações Relativas à Circulação de Mercadorias e sobre Prestações de Serviços de Transporte Interestadual e Intermunicipal e de Comunicação – RICMS, aprovado pelo Decreto nº 45.490, de 30 de novembro de 2000:

• *Alterações já efetuadas no corpo do Decreto.*

**Art. 2º.** Fica acrescentado, com a redação que se segue, o item 31-A ao § 1º do art. 313-Y do Regulamento do Imposto sobre Operações Relativas à Circulação de Mercadorias e sobre Prestações de Serviços de Transporte Interestadual e Intermunicipal e de Comunicação, aprovado pelo Decreto nº 45.490, de 30 de novembro de 2000:

• *Alterações já efetuadas no corpo do Decreto.*

**Art. 3º.** O estabelecimento paulista, exceto o indicado no inciso I do art. 313-Y do Regulamento do ICMS, aprovado pelo Decreto nº 45.490, de 30 de novembro de 2000, relativamente ao estoque de mercadorias relacionadas no § 5º existente no final do dia 31 de dezembro de 2012, deverá:

I – efetuar a contagem do estoque das mercadorias;

II – elaborar relação, indicando, para cada item:

a) o valor das mercadorias em estoque e a base de cálculo para fins de incidência do ICMS, considerando a entrada mais recente da mercadoria;

b) a alíquota interna aplicável;

c) o valor do imposto devido, calculado conforme o § 1º;

d) o correspondente código na Nomenclatura Brasileira de Mercadorias – Sistema Harmonizado (NBM/SH);

III – na hipótese de estar sujeito ao Regime Periódico de Apuração – RPA, transmitir, até 15 de fevereiro de 2013, arquivo digital à Secretaria da Fazenda, conforme disciplina por ela estabelecida, contendo a relação de que trata o inciso II e demais informações requeridas;

IV – na hipótese de estar sujeito ao Regime Especial Unificado de Arrecadação de Tributos e Contribuições devidos pelas Microempresas e Empresas de Pequeno Porte – "Simples Nacional", manter a relação de que trata o inciso II em arquivo, pelo prazo de 5 (cinco) anos, para apresentação ao fisco, quando solicitado;

V – recolher o valor do imposto devido em razão da operação própria e das subsequentes, por meio de guia de recolhimentos especiais, conforme disciplina estabelecida pela Secretaria da Fazenda.

§ 1º. O valor do imposto devido pela operação própria e pelas subsequentes será calculado com base no Índice de Valor Adicionado Setorial – IVA-ST divulgado pela Secretaria da Fazenda:

1 – mediante a seguinte fórmula:

a) em se tratando de contribuinte sujeito ao Regime Periódico de Apuração – RPA:

Imposto devido = (base de cálculo x alíquota interna) + (base de cálculo x IVA-ST x alíquota interna);

b) em se tratando de contribuinte sujeito ao "Simples Nacional":

Imposto devido = base de cálculo x IVA-ST x alíquota interna;

2 – considerando-se, para determinação da base de cálculo, o valor da entrada mais recente da mercadoria.

§ 2º. O imposto devido poderá ser recolhido em até 10 (dez) parcelas mensais, iguais e sucessivas, com vencimento no último dia útil de cada mês, sendo que a primeira parcela deverá ser recolhida até 28 de fevereiro de 2013.

§ 3º. Na hipótese de contribuinte sujeito ao Regime Periódico de Apuração – RPA que possua saldo credor de ICMS em 31 de dezembro de 2012, este poderá ser utilizado para deduzir, no todo ou em parte, o imposto a recolher nos termos do inciso V, observando-se, sem prejuízo das demais exigências, o que segue:

1 – o valor do saldo credor utilizado para pagar o imposto calculado nos termos do § 1º deverá ser discriminado no final da relação a que se refere o inciso II;

2 – o montante de saldo credor utilizado para pagamento do imposto devido nos termos deste parágrafo será lançado no livro Registro de Apuração do ICMS – RAICMS, na folha destinada à apuração das operações e prestações próprias do período em que ocorrer o aludido levantamento de estoque, no campo "Estorno de Créditos" do quadro "Débito do Imposto", com a indicação da expressão "Liquidação (parcial ou total) do imposto devido por substituição tributária relativo ao estoque existente em 31/12/2012 – Decreto ___ (indicar o número deste Decreto)".

§ 4º. O disposto neste artigo aplica-se, também, no que couber, às mercadorias referidas no § 5º na hipótese de sua saída do estabelecimento remetente ter ocorrido até 31 de dezembro de 2012 e o seu recebimento ter se efetivado após essa data.

§ 5º. As mercadorias a que se refere o *caput* são tubos de alumínio e suas ligas, para refrigeração e ar condicionado, de uso na construção civil, classificados na posição 7608 da NBM/SH.

§ 6º. O disposto neste artigo não se aplica na hipótese de as mercadorias referidas no § 5º terem sido recebidas já com a retenção antecipada do imposto por substituição tributária.

**Art. 4º.** Este Decreto entra em vigor na data de sua publicação, exceto os arts. 1º e 2º, que entram em vigor em 1º de janeiro de 2013.

Palácio dos Bandeirantes, 20 de dezembro de 2012.

*Geraldo Alckmin – DOE de 21.12.2012*

## 618. DECRETO Nº 58.759, DE 20 DE DEZEMBRO DE 2012

*Introduz alterações no Regulamento do Imposto sobre Operações Relativas à Circulação de Mercadorias e sobre Prestações de Serviços de Transporte Interestadual e Intermunicipal e de Comunicação – RICMS.*

Geraldo Alckmin, Governador do Estado de São Paulo, no uso de suas atribuições legais e tendo em vista o disposto no Convênio ICMS 101/12, celebrado em Campo Grande, MS, no dia 28 de setembro de 2012, decreta:

**Art. 1º.** Passam a vigorar com a redação que se segue os dispositivos adiante indicados do Regulamento do Imposto sobre Operações Relativas à Circulação de Mercadorias e sobre Prestações de Serviços de Transporte Interestadual e Intermunicipal e de Comunicação – RICMS, aprovado pelo Decreto nº 45.490, de 30 de novembro de 2000:

I – o § 4º do art. 130 do Anexo I:

II – o § 3º do art. 14 do Anexo III:

• *Alterações já efetuadas no corpo do Decreto.*

**Art. 2º.** Este Decreto entra em vigor na data de sua publicação, produzindo efeitos a partir de 1º de janeiro de 2013.

Palácio dos Bandeirantes, 20 de dezembro de 2012.

*Geraldo Alckmin – DOE de 21.12.2012*

## 619. DECRETO Nº 58.760, DE 20 DE DEZEMBRO DE 2012

*Introduz alterações no Regulamento do Imposto sobre Operações Relativas à Circulação de Mercadorias e sobre Prestações de Serviços de Transporte Interestadual e Intermunicipal e de Comunicação – RICMS.*

Geraldo Alckmin, Governador do Estado de São Paulo, no uso de suas atribuições legais e tendo em vista o disposto no art. 8º da Lei nº 6.374, de 1º de março de 1989, Decreta:

**Art. 1º.** Passam a vigorar com a redação que se segue os itens 1 e 2 do § 1º do art. 313-Z1 do Regulamento do Imposto sobre Operações Relativas à Circulação de Mercadorias e sobre Prestações de Serviços de Transporte Interestadual e Intermunicipal e de Comunicação – RICMS, aprovado pelo Decreto nº 45.490, de 30 de novembro de 2000:

• *Alterações já efetuadas no corpo do Decreto.*

**Art. 2º.** Este Decreto entra em vigor em 1º de janeiro de 2013.

Palácio dos Bandeirantes, 20 de dezembro de 2012.

*Geraldo Alckmin – DOE de 21.12.2012*

## 620. DECRETO Nº 58.761, DE 20 DE DEZEMBRO DE 2012

*Introduz alterações no Regulamento do Imposto sobre Operações Relativas à Circulação de Mercadorias e sobre Prestações de Serviços de Transporte Interestadual e Intermunicipal e de Comunicação – RICMS.*

Geraldo Alckmin, Governador do Estado de São Paulo, no uso de suas atribuições legais e tendo em vista o disposto no inciso IV do art. 170 da Constituição Federal e no inciso III do art. 47 da Constituiçao Estadual, decreta:

**Art. 1º.** Ficam revogados os dispositivos adiante indicados do Regulamento do Imposto sobre Operações Relativas à Circulação de Mercadorias e sobre Prestações de Serviços de Transporte Interestadual e Intermunicipal e de Comunicação – RICMS, aprovado pelo Decreto nº 45.490, de 30 de novembro de 2000:

I – o § 4º do art. 29 das Disposições Transitórias;

II – o § 3º do art. 30 do Anexo II;

III – o § 3º do art. 32 do Anexo II;

IV – o § 3º do art. 33 do Anexo II;

V – o § 3º do art. 34 do Anexo II;

VI – o § 3º do art. 35 do Anexo II;

VII – o § 3º do art. 37 do Anexo II;

VIII – o § 3º do art. 39 do Anexo II;

IX – o § 2º do art. 44 do Anexo II;

X – o § 3º do art. 54 do Anexo II;

XI – o § 3º do art. 55 do Anexo II;

XII – o § 3º do art. 56 do Anexo II;

XIII – o § 3º do art. 57 do Anexo II;

XIV – o § 3º do art. 58 do Anexo II;

XV – o § 4º do art. 24 do Anexo III;

XVI – o § 3º do art. 31 do Anexo III;

XVII – o § 3º do art. 34 do Anexo III;

XVIII – o parágrafo único do art. 35 do Anexo III.

• *Alterações já efetuadas no corpo do Decreto.*

**Art. 2º.** Este Decreto entra em vigor na data de sua publicação, produzindo efeitos a partir de 1º de janeiro de 2013.

Palácio dos Bandeirantes, 20 de dezembro de 2012.

*Geraldo Alckmin – DOE de 21.12.2012*

## 621. DECRETO Nº 58.762, DE 20 DE DEZEMBRO DE 2012

*Introduz alterações no Regulamento do Imposto sobre Operações Relativas à Circulação de Mercadorias e sobre Prestações de Serviços de Transporte Interestadual e Intermunicipal e de Comunicação – RICMS.*

Geraldo Alckmin, Governador do Estado de São Paulo, no uso de suas atribuições legais e tendo em vista o disposto nos arts. 8º, XXIV e § 10, e 47, parágrafo único, item 2, da Lei nº 6.374, de 1º de março de 1989, decreta:

**Art. 1º.** Passam a vigorar com a redação que se segue os dispositivos adiante indicados do Regulamento do Imposto sobre Operações Relativas à Circulação de Mercadorias e sobre Prestações de Serviços de Transporte Interestadual e Intermunicipal e de Comunicação – RICMS, aprovado pelo Decreto nº 45.490, de 30 de novembro de 2000:

I – o § 2º do art. 350:

II – o § 2º do art. 395-C:

III – o § 3º do art. 395-D:

IV – o § 2º do art. 395-F:

V – o § 3º do art. 395-G:

VI – o § 2º do art. 395-I:

VII – o § 3º do art. 395-J:

VIII – o § 3º do art. 395-L:

IX – o § 3º do art. 27 das Disposições Transitórias:

• *Alterações já efetuadas no corpo do Decreto.*

**Art. 2º.** Este Decreto entra em vigor na data de sua publicação, produzindo efeitos a partir de 1º de janeiro de 2013.

Palácio dos Bandeirantes, 20 de dezembro de 2012.

*Geraldo Alckmin – DOE de 21.12.2012*

## 622. DECRETO Nº 58.763, DE 20 DE DEZEMBRO DE 2012

*Introduz alterações no Regulamento do Imposto sobre Operações Relativas à Circulação de Mercadorias e sobre Prestações de Serviços de Transporte Interestadual e Intermunicipal e de Comunicação – RICMS.*

Geraldo Alckmin, Governador do Estado de São Paulo, no uso de suas atribuições legais e tendo em vista o disposto no art. 8º, XXIV e § 10, da Lei nº 6.374, de 1º de março de 1989, decreta:

**Art. 1º.** Fica acrescentado o art. 396-B à Seção XVI do Capítulo IV do Título II do Livro II do Regulamento do Imposto sobre Operações Relativas à Circulação de Mercadorias e sobre Prestações de Serviços de Transporte Interestadual e Intermunicipal e de Comunicação, aprovado pelo Decreto nº 45.490, de 30 de novembro de 2000, com a seguinte redação:

• *Alterações já efetuadas no corpo do Decreto.*

**Art. 2º.** Este Decreto entra em vigor na data de sua publicação, produzindo efeitos desde 30 de outubro de 2012.

Palácio dos Bandeirantes, 20 de dezembro de 2012.

*Geraldo Alckmin – DOE de 21.12.2012*

## 623. DECRETO Nº 58.764, DE 20 DE DEZEMBRO DE 2012

*Introduz alterações no Regulamento do Imposto sobre Operações Relativas à Circulação de Mercadorias e sobre Prestações de Serviços de Transporte Interestadual e Intermunicipal e de Comunicação – RICMS.*

Geraldo Alckmin, Governador do Estado de São Paulo, no uso de suas atribuições legais e com fundamento no art. 46 da Lei nº 6.374, de 1º de março de 1989, decreta:

**Art. 1º.** Passa a vigorar com a redação que se segue o *caput* do art. 34 das Disposições Transitórias do Regulamento do ICMS, aprovado pelo Decreto nº 45.490, de 30 de novembro de 2000:

• *Alterações já efetuadas no corpo do Decreto.*

**Art. 2º.** Este Decreto entra em vigor em 1º de janeiro de 2013.

Palácio dos Bandeirantes, 20 de dezembro de 2012.

*Geraldo Alckmin – DOE de 21.12.2012*

## 624. DECRETO Nº 58.765, DE 20 DE DEZEMBRO DE 2012

*Introduz alterações no Regulamento do Imposto sobre Operações Relativas à Circulação de Mercadorias e sobre Prestações de Serviços de Transporte Interestadual e Intermunicipal e de Comunicação – RICMS.*

Geraldo Alckmin, Governador do Estado de São Paulo, no uso de suas atribuições legais e tendo em vista o disposto no inciso IV do art. 170 da Constituição Federal e no inciso III do art. 47 da Constituição Estadual, decreta:

**Art. 1º.** Passa a vigorar com a redação que se segue o art. 52 do Anexo II do Regulamento do ICMS, aprovado pelo Decreto nº 45.490, de 30 de novembro de 2000:

• *Alterações já efetuadas no corpo do Decreto.*

**Art. 2º.** Este Decreto entra em vigor em 1º de janeiro de 2013.

Palácio dos Bandeirantes, 20 de dezembro de 2012.

*Geraldo Alckmin – DOE de 21.12.2012*

## 625. DECRETO Nº 58.766, DE 20 DE DEZEMBRO DE 2012

*Introduz alterações no Regulamento do Imposto sobre Operações Relativas à Circulação de Mercadorias e sobre Prestações de Serviços de Transporte Interestadual e Intermunicipal e de Comunicação – RICMS.*

Geraldo Alckmin, Governador do Estado de São Paulo, no uso de suas atribuições legais e tendo em vista o disposto no art. 46 da Lei nº 6.374, de 1º de março de 1989, decreta:

**Art. 1º.** Passa a vigorar com a redação que se segue o § 10 do art. 30 das Disposições Transitórias do Regulamento do Imposto sobre Operações Relativas à Circulação de Mercadorias e sobre Prestações de Serviços de Transporte Interestadual e Intermunicipal e de Comunicação – RICMS, aprovado pelo Decreto nº 45.490, de 30 de novembro de 2000:

• *Alterações já efetuadas no corpo do Decreto.*

**Art. 2º.** Este Decreto entra em vigor na data de sua publicação.

Palácio dos Bandeirantes, 20 de dezembro de 2012.

*Geraldo Alckmin – DOE de 21.12.2012*

## 626. DECRETO Nº 58.767, DE 20 DE DEZEMBRO DE 2012

*Altera o Regulamento do ICMS e o Decreto nº 51.624, de 28 de fevereiro de 2007.*

Geraldo Alckmin, Governador do Estado de São Paulo, no uso de suas atribuições legais e tendo em vista a decisão liminar proferida pelo Supremo Tribunal Federal na Ação Direta de Inconstitucionalidade nº 4.635, decreta:

**Art. 1º.** Ficam revogados:

I – o inciso I do art. 26 do Anexo II do Regulamento do Imposto sobre Operações Relativas à Circulação de Mercadorias e sobre Prestações de Serviços de Transporte Interestadual e Intermunicipal e de Comunicação – RICMS, aprovado pelo Decreto nº 45.490, de 30 de novembro de 2000;

II – o inciso XXIII do art. 1º do Decreto nº 51.624, de 28 de fevereiro de 2007.

• *Alterações já efetuadas no corpo do Decreto.*

**Art. 2º.** Este Decreto entra em vigor na data de sua publicação, produzindo efeitos desde 30 de outubro de 2012.

Palácio dos Bandeirantes, 20 de dezembro de 2012.

*Geraldo Alckmin – DOE de 21.12.2012*

## 627. DECRETO Nº 58.768, DE 20 DE DEZEMBRO DE 2012

*Altera os Decretos nºs 53.051/2008, 53.826/2008 e 54.904/2009, que tratam, respectivamente, do Programa de Incentivo ao Investimento pelo Fabricante de Veículo Automotor, dos Incentivos no Âmbito dos Parques Tecnológicos e do Programa de Incentivo ao Investimento pelo Fabricante de Produtos da Indústria de Processamento Eletrônico de Dados.*

Geraldo Alckmin, Governador do Estado de São Paulo, no uso de suas atribuições legais e tendo em vista o disposto no art. 46 da Lei nº 6.374, de 1º de março de 1989, decreta:

**Art. 1º.** Passam a vigorar com a redação que se segue os dispositivos adiante indicados do Decreto nº 53.051, de 3 de junho de 2008:

I – o *caput* do art. 2º, mantidos os seus incisos:

II – o *caput* do art. 3º, mantidos os seus incisos:

• *Alterações já efetuadas no corpo do Decreto.*

**Art. 2º.** Passa a vigorar com a redação que se segue o *caput* do art. 1º do Decreto nº 53.826, de 16 de dezembro de 2008, mantidos os seus incisos:

• *Alterações já efetuadas no corpo do Decreto.*

**Art. 3º.** Passam a vigorar com a redação que se segue os dispositivos adiante indicados do Decreto nº 54.904, de 13 de outubro de 2009:

I – o *caput* do art. 2º, mantidos os seus incisos:

II – o *caput* do art. 3º, mantidos os seus incisos:

• *Alterações já efetuadas no corpo do Decreto.*

**Art. 4º.** Este Decreto entra em vigor na data de sua publicação, produzindo efeitos a partir de 1º de janeiro de 2013.

Palácio dos Bandeirantes, 20 de dezembro de 2012.

*Geraldo Alckmin – DOE de 21.12.2012*

## 628. DECRETO Nº 58.769, DE 20 DE DEZEMBRO DE 2012

*Altera o Decreto nº 55.307, de 30.12.2009, que fixa prazo especial para recolhimento do ICMS devido, na condição de sujeito passivo por substituição, pelas operações subsequentes com as mercadorias que especifica.*

Geraldo Alckmin, Governador do Estado de São Paulo, no uso de suas atribuições legais e tendo em vista o disposto no art. 59 da Lei nº 6.374, de 1º de março de 1989, decreta:

**Art. 1º.** Passa a vigorar com a redação que se segue o art. 2º do Decreto nº 55.307, de 30 de dezembro de 2009:

• *Alterações já efetuadas no corpo do Decreto.*

**Art. 2º.** Este Decreto entra em vigor na data de sua publicação, produzindo efeitos para os fatos geradores ocorridos a partir de 1º de janeiro de 2013.

Palácio dos Bandeirantes, 20 de dezembro de 2012.

*Geraldo Alckmin – DOU de 21.12.2012*

## 629. DECRETO Nº 58.770, DE 20 DE DEZEMBRO DE 2012

*Altera o Decreto nº 57.686, de 27 de dezembro de 2011, que disciplina a concessão de regime especial para apropriação e utilização de crédito acumulado do ICMS por contribuinte classificado nos códigos 1011-2 e 1012-1 da Classificação Nacional de Atividades Econômicas (CNAE), que realize saídas de carne e demais produtos comestíveis resultantes do abate de aves, gado e leporídeos.*

Geraldo Alckmin, Governador do Estado de São Paulo, no uso de suas atribuições legais e tendo em vista o disposto no art. 71 da Lei nº 6.374, de 1º de março de 1989, decreta:

**Art. 1º.** Passa a vigorar com a redação que se segue o art. 3º do Decreto nº 57.686, de 27 de dezembro de 2011:

• *Alterações já efetuadas no corpo do Decreto.*

**Art. 2º.** Este Decreto entra em vigor na data de sua publicação, produzindo efeitos a partir de 1º de janeiro de 2013.

Palácio dos Bandeirantes, 20 de dezembro de 2012.

*Geraldo Alckmin – DOE de 21.12.2012*

## 630. DECRETO Nº 58.809, DE 27 DE DEZEMBRO DE 2012

*Introduz alterações no Regulamento do Imposto sobre Operações Relativas à Circulação de Mercadorias e sobre Prestações de Serviços de Transporte Interestadual e Intermunicipal e de Comunicação – RICMS.*

Geraldo Alckmin, Governador do Estado de São Paulo, no uso de suas atribuições legais e tendo em vista o disposto no art. 8º da Lei nº 6.374, de 1º de março de 1989, decreta:

**Art. 1º.** Passam a vigorar com a redação que se segue os dispositivos adiante indicados do Regulamento do Imposto sobre Operações Relativas à Circulação de Mercadorias e sobre Prestações de Serviços de Transporte Interestadual e Intermunicipal e de Comunicação – RICMS, aprovado pelo Decreto nº 45.490, de 30 de novembro de 2000:

I – os itens 5, 9 e 11 do § 1º do art. 313-Z11:

II – os itens 43 e 49 do § 1º do art. 313-Z19:

• *Alterações já efetuadas no corpo do Decreto.*

**Art. 2º.** Ficam acrescentados os itens 66 a 76 ao § 1º do art. 313-Z19 do Regulamento do Imposto sobre Operações Relativas à Circulação de Mercadorias e sobre Prestações de Serviços de Transporte Interestadual e Intermunicipal e de Comunicação – RICMS, aprovado pelo Decreto nº 45.490, de 30 de novembro de 2000, com a seguinte redação:

• *Alterações já efetuadas no corpo do Decreto.*

**Art. 3º.** Ficam revogados os seguintes dispositivos do Regulamento do Imposto sobre Operações Relativas à Circulação de Mercadorias e sobre Prestações de Serviços de Transporte Interestadual e Intermunicipal e de Comunicação – RICMS, aprovado pelo Decreto nº 45.490, de 30 de novembro de 2000:

I – os itens 56 e 59 do § 1º do art. 313-O;

II – os itens 1 a 4, 14 e 18 a 20 do § 1º do art. 313-Z11.

• *Alterações já efetuadas no corpo do Decreto.*

**Art. 4º.** Este Decreto entra em vigor na data de sua publicação, produzindo efeitos a partir de 1º de janeiro de 2013.

Palácio dos Bandeirantes, 27 de dezembro de 2012.

*Geraldo Alckmin – DOE de 28.12.2012*

## 631. DECRETO Nº 58.810, DE 27 DE DEZEMBRO DE 2012

*Introduz alteração no Regulamento do Imposto sobre Operações Relativas à Circulação de Mercadorias e sobre Prestações de Serviços de Transporte Interestadual e Intermunicipal e de Comunicação – RICMS.*

Geraldo Alckmin, Governador do Estado de São Paulo, no uso de suas atribuições legais e tendo em vista o disposto no Convênio ICMS-94, de 28 de setembro de 2012, decreta:

**Art. 1º.** Fica acrescentado o art. 161 ao Anexo I do Regulamento do Imposto sobre Operações Relativas à Circulação de Mercadorias e sobre Prestações de Serviços de Transporte Interestadual e Intermunicipal e de Comunicação – RICMS, aprovado pelo Decreto nº 45.490, de 30 de novembro de 2000, com a seguinte redação:

• *Alterações já efetuadas no corpo do Decreto.*

**Art. 2º.** Este Decreto entra em vigor na data de sua publicação.

Palácio dos Bandeirantes, 27 de dezembro de 2012.

*Geraldo Alckmin – DOE de 28.12.2012*

## 632. DECRETO Nº 58.811, DE 27 DE DEZEMBRO DE 2012

*Institui o Programa Especial de Parcelamento – PEP do ICMS no Estado de São Paulo, para a liquidação de débitos fiscais relacionados com o Imposto sobre Operações Relativas à Circulação de Mercadorias – ICM e com o Imposto sobre Operações Relativas à Circulação de Mercadorias e sobre Prestações de Serviços de Transporte Interestadual e Intermunicipal e de Comunicação – ICMS.*

Geraldo Alckmin, Governador do Estado de São Paulo, no uso de suas atribuições legais e tendo em vista o disposto no Convênio ICMS 108/12, de 4 de outubro de 2012, decreta:

**Art. 1º.** Fica instituído o Programa Especial de Parcelamento – PEP do ICMS, que dispensa o recolhimento, nos percentuais indicados a seguir, do valor dos juros e das multas punitivas e moratórias na liquidação de débitos fiscais relacionados com o ICM e com o ICMS decorrente de fatos geradores ocorridos até 31 de julho de 2012, constituídos ou não, inscritos ou não em dívida ativa, inclusive ajuizados, desde que o valor do débito, atualizado nos termos da legislação vigente, seja recolhido, em moeda corrente:

I – em parcela única, com redução de 75% (setenta e cinco por cento) do valor atualizado das multas punitiva e moratória e de 60% (sessenta por cento) do valor dos juros incidentes sobre o imposto e sobre a multa punitiva;

II – em até 120 (cento e vinte) parcelas mensais e consecutivas, com redução de 50% (cinquenta por cento) do valor atualizado das multas punitiva e moratória e 40% (quarenta por cento) do valor dos juros incidentes sobre o imposto e sobre a multa punitiva, sendo que na liquidação em:

a) até 24 (vinte e quatro) parcelas, incidirão acréscimos financeiros de 0,64% (sessenta e quatro centésimos por cento) ao mês;

b) 25 (vinte e cinco) a 60 (sessenta) parcelas, incidirão acréscimos financeiros de 0,80% (oitenta centésimo por cento) ao mês;

c) 61 (sessenta e uma) a 120 (cento e vinte) parcelas, incidirão acréscimos financeiros de 1% (um por cento) ao mês.

§ 1º. Relativamente ao débito exigido por meio de Auto de Infração e Imposição de Multa – AIIM não inscrito em dívida ativa, as reduções previstas nos incisos I e II aplicam-se cumulativamente aos seguintes descontos sobre o valor atualizado da multa punitiva:

1 – 70% (setenta por cento), no caso de recolhimento em parcela única mediante adesão ao programa no prazo de até 15 (quinze) dias contados da data da notificação da lavratura do Auto de Infração e Imposição de Multa – AIIM;

2 – 60% (sessenta por cento), no caso de recolhimento em parcela única mediante adesão ao programa no prazo de 16 (dezesseis) a 30 (trinta) dias contados da data da notificação da lavratura do Auto de Infração e Imposição de Multa – AIIM;

3 – 45% (quarenta e cinco por cento), nos demais casos de ICM/ICMS exigido por meio de Auto de Infração e Imposição de Multa – AIIM.

- *§ 1º com redação dada pelo Decreto nº 58.921, de 27.2.2013 – DOE de 28.2.2013 – Efeitos a partir de 1º.3.2013.*

§ 2º. Para fins do parcelamento referido no inciso II, o valor de cada parcela não poderá ser inferior a R$ 500,00 (quinhentos reais).

§ 3º. Poderá ser liquidado exclusivamente em parcela única, nos termos deste artigo, débito fiscal decorrente de:

1 – (revogado);

- *Item 1 revogado pelo Decreto nº 59.413, de 8.8.2013 – DOE de 9.8.2013 – Efeitos a partir da publicação.*

2 – (revogado);

- *Item 2 revogado pelo Decreto nº 59.413, de 8.8.2013 – DOE de 9.8.2013 – Efeitos a partir da publicação.*

3 – operações ou prestações de contribuinte que não esteja em situação cadastral regular perante o fisco, nos termos do item 4 do § 1º do art. 36 da Lei nº 6.374, de 1º de março de 1989, ressalvado o disposto no § 4º.

§ 4º. Poderá ser concedido parcelamento, nos termos do inciso II, de débito fiscal decorrente de operações ou prestações de contribuinte que não esteja em situação cadastral regular perante o fisco, se o débito estiver inscrito e ajuizado.

§ 5º. A Secretaria da Fazenda e a Procuradoria Geral do Estado disciplinarão a utilização de crédito acumulado e do valor do imposto a ser ressarcido conforme disposto no § 2º do art. 270 do Regulamento do ICMS, para liquidação de débitos fiscais nos termos deste Decreto.

- *§ 5º com redação dada pelo Decreto nº 59.254, de 3.6.2013 – DOE de 4.6.2013 – Efeitos a partir da publicação.*

§ 6º. Consolidado o débito fiscal, será aplicado o percentual de acréscimo financeiro previsto no inciso II, de modo a se obter o valor da parcela mensal, o qual permanecerá constante da primeira até a última, desde que recolhidas nos respectivos vencimentos fixados no acordo de parcelamento.

**Art. 2º.** O disposto neste Decreto aplica-se também a:

I – valores espontaneamente denunciados ou informados ao fisco pelo contribuinte, decorrentes de infrações relacionadas a fatos geradores ocorridos até 31 de julho de 2012 não informados por meio de GIA, exceto os débitos referidos na alínea "a" do item 2 do parágrafo único.

II – débito decorrente exclusivamente de penalidade pecuniária por descumprimento de obrigação acessória, que não comporte exigência do imposto pela mesma infração no lançamento de ofício, ocorrida até 31 de julho de 2012;

III – saldo remanescente de parcelamento celebrado no âmbito do Programa de Parcelamento Incentivado – PPI do ICMS, instituído pelo Decreto nº 51.960, de 4 de julho de 2007, e rompido até 31 de maio de 2012, desde que esteja inscrito em dívida ativa;

IV – débitos do contribuinte sujeito às normas do Regime Especial Unificado de Arrecadação de Tributos e Contribuições devidos pelas Microempresas e Empresas de Pequeno Porte – Simples Nacional, observado o parágrafo único;

V – saldo remanescente de parcelamento deferido nos termos dos arts. 570 a 583 do Regulamento do ICMS, aprovado pelo Decreto nº 45.490, de 30 de novembro de 2000.

• *Inciso V acrescido pelo Decreto nº 58.921, de 27.2.2013 – DOE de 28.2.2013 – Efeitos a partir de 1º.3.2013.*

Parágrafo único. Na hipótese de débitos de contribuintes do Simples Nacional:

1 – poderão ser liquidados os débitos fiscais relacionados:

a) à substituição tributária ou ao recolhimento antecipado, em parcela única, nos termos do art. 1º;

b) ao diferencial de alíquota, em parcela única ou parceladamente, nos termos do art. 1º;

2 – não poderão ser liquidados os débitos:

a) informados por meio da Declaração Anual do Simples Nacional – DASN ou do PGDAS-D.

b) exigidos por meio de auto de infração lavrado conforme os arts. 79 e 129 da Resolução nº 94/2011 do Comitê Gestor do Simples Nacional.

**Art. 3º.** Para efeito deste Decreto, considera-se débito:

I – fiscal, a soma do imposto, das multas, da atualização monetária, dos juros de mora e dos demais acréscimos previstos na legislação;

II – consolidado, o somatório dos débitos fiscais selecionados pelo beneficiário, no Programa Especial de Parcelamento – PEP do ICMS, no endereço eletrônico <www.pepdoicms.sp.gov.br>.

**Art. 4º.** O contribuinte poderá aderir ao Programa Especial de Parcelamento – PEP do ICMS no período de 1º de março a 31 de agosto de 2013, mediante acesso ao endereço eletrônico <www.pepdoicms.sp.gov.br>, no qual deverá:

• *Art. 4º,* caput, *com redação dada pelo Decreto nº 59.255, de 3.6.2013 – DOE de 4.6.2013 – Efeitos a partir da publicação.*

I – selecionar os débitos fiscais a serem liquidados nos termos deste Decreto;

II – emitir a Guia de Arrecadação Estadual – GARE-ICMS correspondente à primeira parcela ou à parcela única.

§ 1º. O vencimento da primeira parcela ou da parcela única será:

1 – no dia 25 do mês corrente, para as adesões ocorridas entre os dias 1º e 15;

2 – no dia 10 do mês subsequente, para as adesões ocorridas entre os dias 16 e o último dia do mês.

§ 2º. Na hipótese de parcelamento nos termos do inciso II do art. 1º, o vencimento das parcelas subsequentes à primeira será no mesmo dia dos meses subsequentes ao do vencimento da primeira parcela.

§ 3º. Considera-se adesão ao parcelamento a aceitação das condições estabelecidas neste Decreto e a obtenção do número PEP do ICMS, gerado pelo sistema.

§ 4º. A adesão ao programa não implica, necessariamente, celebração do parcelamento, nos termos do inciso I do art. 6º.

§ 5º. Tratando-se de débitos fiscais inscritos em dívida ativa, a adesão ao PEP deverá corresponder a:

1 – todos os débitos de uma mesma Certidão de Dívida Ativa;

2 – todas as Certidões de Dívida Ativa quando agrupadas numa execução fiscal.

• *§ 5º acrescido pelo Decreto nº 59.254, de 3.6.2013 – DOE de 4.6.2013 – Efeitos a partir da publicação.*

**Art. 5º.** O parcelamento ou pagamento em parcela única nos termos deste Decreto implica:

I – confissão irrevogável e irretratável do débito fiscal;

II – expressa renúncia a qualquer defesa ou recurso administrativo ou judicial, bem como desistência dos já interpostos, relativamente aos débitos fiscais incluídos.

§ 1º. A desistência das ações judiciais e dos embargos à execução fiscal deverá ser comprovada, no prazo de 60 (sessenta) dias contados da data do recolhimento da primeira parcela ou da parcela única, mediante apresentação de cópia das petições devidamente protocolizadas.

§ 2º. Os documentos destinados a comprovar a desistência mencionada no § 1º deverão ser entregues na Procuradoria responsável pelo acompanhamento das respectivas ações.

§ 3º. O recolhimento efetuado, integral ou parcial, embora autorizado pelo fisco, não importa em presunção de correção dos cálculos efetuados, ficando resguardado o direito do fisco de exigir eventuais diferenças apuradas posteriormente.

**Art. 6º.** O parcelamento previsto neste Decreto será considerado:

I – celebrado, com o recolhimento da primeira parcela no prazo fixado;

II – rompido, na hipótese de:

a) inobservância de qualquer das condições estabelecidas neste Decreto, constatada a qualquer tempo;

b) falta de pagamento de 4 (quatro) ou mais parcelas, consecutivas ou não, excetuada a primeira;

c) falta de pagamento de até 3 (três) parcelas, excetuada a primeira, após 90 (noventa) dias do vencimento da última prestação do parcelamento;

d) não comprovação da desistência e do recolhimento das custas e encargos de eventuais ações, embargos à execução fiscal, impugnações, defesas e recursos apresentados no âmbito judicial;

e) declaração incorreta, na data de adesão, do valor atualizado do depósito judicial para fins de abatimento do saldo devedor, ou cujo depósito não guarde relação com os débitos incluídos no parcelamento;

f) descumprimento de outras condições a serem estabelecidas em resolução conjunta pela Secretaria da Fazenda e pela Procuradoria Geral do Estado.

Parágrafo único. O rompimento do parcelamento celebrado nos termos deste Decreto:

1 – implica imediato cancelamento dos descontos previstos no inciso II do art. 1º, reincorporando-se integralmente ao débito fiscal os valores reduzidos e tornando o débito imediatamente exigível, com os acréscimos legais previstos na legislação;

2 – acarretará:

a) em se tratando de débito não inscrito na dívida ativa, a inscrição e o ajuizamento da execução fiscal;

b) em se tratando de débito inscrito e ajuizado, o imediato prosseguimento da execução fiscal.

**Art. 7º.** Para a liquidação do débito fiscal nos termos do inciso II do art. 1º, será exigido do beneficiário autorização para débito automático do valor correspondente às parcelas subsequentes à primeira em conta corrente mantida em instituição bancária conveniada com a Secretaria da Fazenda.

§ 1º. Em substituição ao disposto no *caput*, observadas as condições estabelecidas em ato conjunto do Secretário da Fazenda e do Procurador Geral do Estado, poderão ser utilizadas guias para recolhimento.

§ 2º. Na hipótese de recolhimento de parcela em atraso, serão aplicados, além dos acréscimos financeiros referentes ao parcelamento, juros de 0,1% (um décimo por cento) ao dia sobre o valor da parcela em atraso.

**Art. 8º.** A concessão dos benefícios previstos neste Decreto:

I – não dispensa, na hipótese de débitos ajuizados, a efetivação de garantia integral da execução fiscal, bem como o pagamento das custas, das despesas judiciais e dos honorários advocatícios, ficando estes reduzidos para 5% (cinco por cento) do valor do débito fiscal;

II – não autoriza a restituição, no todo ou em parte, de importância recolhida anteriormente ao início da vigência deste Decreto.

**Art. 9º.** O valor dos depósitos judiciais efetivados espontaneamente em garantia do juízo, referente aos débitos incluídos no parcelamento, poderá ser abatido do débito a ser recolhido, desde que não tenha havido na ação decisão favorável à Fazenda Pública do Estado de São Paulo com trânsito em julgado, sendo que eventual saldo:

I – do débito fiscal será liquidado nos termos deste Decreto;

II – do depósito judicial em favor do beneficiário, ser-lhe-á restituído.

§ 1º. Para fins do abatimento, o beneficiário deverá:

1 – informar, no endereço eletrônico <www.pepdoicms.sp.gov.br>, após selecionar os débitos que serão parcelados ou liquidados em parcela única, o valor atualizado, na data de adesão, dos depósitos judiciais existentes;

2 – autorizar a Procuradoria Geral do Estado a efetuar o levantamento dos depósitos judiciais, encaminhando petição nos autos da ação em que houver sido realizado o depósito,com a renúncia expressa aos recursos cabíveis e desistência daqueles já apresentados.

§ 2º. A cópia da petição protocolada a que se refere o item 2 do § 1º deverá ser entregue na Procuradoria responsável pelo acompanhamento da ação em que o levantamento deverá ser realizado, instruída com o comprovante do valor depositado, no prazo de 60 (sessenta) dias contados da celebração do parcelamento ou do recolhimento da parcela única.

§ 3º. O abatimento de que trata este artigo será definitivo, ainda que o parcelamento venha a ser rompido.

**Art. 10.** Caberá ao Procurador Geral do Estado e ao Secretário da Fazenda, nas hipóteses de débitos inscritos e não inscritos na dívida ativa, respectivamente, decidir sobre os casos omissos.

**Art. 11.** Este Decreto entra em vigor na data de sua publicação.

Palácio dos Bandeirantes, 27 de dezembro de 2012.

*Geraldo Alckmin – DOE de 28.12.2012*

## 633. DECRETO Nº 58.846, DE 15 DE JANEIRO DE 2013

*Introduz alterações no Regulamento do Imposto sobre Operações Relativas à Circulação de Mercadorias e sobre Prestações de Serviços de Transporte Interestadual e Intermunicipal e de Comunicação – RICMS.*

Geraldo Alckmin, Governador do Estado de São Paulo, no uso de suas atribuições legais e tendo em vista o disposto no art. 67 da Lei nº 6.374, de 1º de março de 1989, e no Ajuste SINIEF-11/10, de 24 de setembro de 2010, decreta:

**Art. 1º.** Passam a vigorar com a redação que se segue os dispositivos adiante indicados do Regulamento do Imposto sobre Operações Relativas à Circulação de Mercadorias e sobre Prestações de Serviços de Transporte Interestadual e Intermunicipal e de Comunicação – RICMS, aprovado pelo Decreto nº 45.490, de 30 de novembro de 2000:

I – o parágrafo único do art. 132-A:

II – o inciso XV do art. 184:

III – o inciso IX do art. 212-O:

IV – do § 3º do art. 212-O:

a) a alínea “b” do item 3:

b) o item 4:

c) o item 6:

d) a alínea “b” do item 8:

e) a alínea “c” do item 9:

f) o item 11:

g) a alínea “c” do item 12:

V – do art. 251:

a) o § 2º:

b) a alínea “d” do item 1 do § 3º:

c) o § 5º:

• *Alterações já efetuadas no corpo do Decreto.*

**Art. 2º.** Este Decreto entra em vigor na data de sua publicação.

Palácio dos Bandeirantes, 15 de janeiro de 2013.

*Geraldo Alckmin – DOE de 16.1.2013*

## 634. DECRETO Nº 58.876, DE 5 DE FEVEREIRO DE 2013

*Altera o Decreto nº 51.624, de 28 de fevereiro de 2007, e o Regulamento do ICMS.*

Geraldo Alckmin, Governador do Estado de São Paulo, no uso de suas atribuições legais e tendo em vista

o disposto no inciso IV do art. 170 da Constituição Federal e no inciso III do art. 47 da Constituição Estadual, decreta:

**Art. 1°.** Passa a vigorar com a redação que se segue o art. 1° do Decreto n° 51.624, de 28 de fevereiro de 2007:

• *Alteração já efetuada no corpo do Decreto.*

**Art. 2°.** Fica revogado o art. 396-B do Regulamento do Imposto sobre Operações Relativas à Circulação de Mercadorias e sobre Prestações de Serviços de Transporte Interestadual e Intermunicipal e de Comunicação – RICMS, aprovado pelo Decreto n° 45.490, de 30 de novembro de 2000.

• *Alteração já efetuada no corpo do Decreto.*

**Art. 3°.** Este Decreto entra em vigor na data de sua publicação, produzindo efeitos desde 30 de outubro de 2012.

Palácio dos Bandeirantes, 5 de fevereiro de 2013.

*Geraldo Alckmin – DOE de 6.2.2013*

## 635. DECRETO N° 58.897, DE 20 DE FEVEREIRO DE 2013

*Introduz alterações no Regulamento do Imposto sobre Operações Relativas à Circulação de Mercadorias e sobre Prestações de Serviços de Transporte Interestadual e Intermunicipal e de Comunicação – RICMS e dá outras providências.*

Geraldo Alckmin, Governador do Estado de São Paulo, no uso de suas atribuições legais e tendo em vista o disposto no Convênio ICMS-38/12, celebrados em Cuiabá, MT, no dia 30 de março de 2012, decreta:

**Art. 1°.** Passam a vigorar, com a redação que se segue, os dispositivos adiante indicados do Anexo I do Regulamento do Imposto sobre Operações Relativas à Circulação de Mercadorias e sobre Prestações de Serviços de Transporte Interestadual e Intermunicipal e de Comunicação – RICMS, aprovado pelo Decreto n° 45.490, de 30 de novembro de 2000:

I – do art. 17:

a) o item 2 do § 2°:

b) o item 1 do § 3°:

II – o art. 19:

• *Alterações já efetuadas no corpo do Decreto.*

**Art. 2°.** O prazo previsto na alínea "d" do item 1 do § 2° do art. 19 do Anexo I, na redação dada por este decreto, aplica-se também em relação às isenções reconhecidas ou aos pedidos protocolizados para concessão de isenção durante a vigência do Convênio ICMS-03/07, de 19 de janeiro de 2007.

**Art. 3°.** Este Decreto entra em vigor na data de sua publicação, produzindo efeitos desde 1° de janeiro de 2013.

Palácio dos Bandeirantes, 20 de fevereiro de 2013.

*Geraldo Alckmin – DOE de 21.2.2013*

## 636. DECRETO N° 58.918, DE 27 DE FEVEREIRO DE 2013

*Introduz alteração no Regulamento do Imposto sobre Operações Relativas à Circulação de Mercadorias e sobre Prestações de Serviços de Transporte Interestadual e Intermunicipal e de Comunicação – RICMS.*

Geraldo Alckmin, Governador do Estado de São Paulo, no uso de suas atribuições legais e tendo em vista o disposto no art. 60-A da Lei n° 6.374, de 1° de março de 1989, decreta:

**Art. 1°.** Passa a vigorar com a seguinte redação o art. 426-C do Regulamento do Imposto sobre Operações Relativas à Circulação de Mercadorias e sobre Prestações de Serviços de Transporte Interestadual e Intermunicipal e de Comunicação – RICMS, aprovado pelo Decreto n° 45.490, de 30 de novembro de 2000:

• *Alterações já efetuadas no corpo do Decreto.*

**Art. 2°.** Este Decreto entra em vigor no primeiro dia do mês subsequente ao da sua publicação.

Palácio dos Bandeirantes, 27 de fevereiro de 2013.

*Geraldo Alckmin – DOE de 28.2.2013*

## 637. DECRETO N° 58.919, DE 27 DE FEVEREIRO DE 2013

*Introduz alteração no Regulamento do Imposto sobre Operações Relativas à Circulação de Mercadorias e sobre Prestações de Serviços de Transporte Interestadual e Intermunicipal e de Comunicação – RICMS.*

Geraldo Alckmin, Governador do Estado de São Paulo, no uso de suas atribuições legais, decreta:

**Art. 1°.** Passa a vigorar, com a redação que se segue, o § 4° do art. 7° do Anexo XVII do Regulamento do Imposto sobre Operações Relativas à Circulação de Mercadorias e sobre Prestações de Serviços de Transporte Interestadual e Intermunicipal e de Comunicação – RICMS, aprovado pelo Decreto n° 45.490, de 30 de novembro de 2000:

• *Alterações já efetuadas no corpo do Decreto.*

**Art. 2°.** Este Decreto entra em vigor na data de sua publicação, produzindo efeitos para fatos geradores ocorridos a partir de 1° de junho de 2013.

Palácio dos Bandeirantes, 27 de fevereiro de 2013.

*Geraldo Alckmin – DOE de 28.2.2013*

## 638. DECRETO N° 58.920, DE 27 DE FEVEREIRO DE 2013

*Introduz alterações no Regulamento do Imposto sobre Operações Relativas à Circulação de Mercadorias e sobre Prestações de Serviços de Transporte Interestadual e Intermunicipal e de Comunicação – RICMS.*

Geraldo Alckmin, Governador do Estado de São Paulo, no uso de suas atribuições legais e tendo em vista o disposto no inciso IV do art. 170 da Constituição Federal e no inciso III do art. 47 da Constituição Estadual, decreta:

**Art. 1°.** Ficam revogados os dispositivos adiante indicados do Regulamento do Imposto sobre Operações Relativas à Circulação de Mercadorias e sobre Prestações de Serviços de Transporte Interestadual e Intermunicipal e de Comunicação – RICMS, aprovado pelo Decreto n° 45.490, de 30 de novembro de 2000:

I – o § 3° do art. 61 do Anexo II;

II – o § 3º do art. 32 do Anexo III;

III – o § 3º do art. 33 do Anexo III.

**Art. 2º.** Este Decreto entra em vigor na data de sua publicação.

Palácio dos Bandeirantes, 27 de fevereiro de 2013.

*Geraldo Alckmin – DOE de 28.2.2013*

## 639. DECRETO Nº 58.921, DE 27 DE FEVEREIRO DE 2013

*Altera o Decreto nº 58.811, de 27.12.2012, que institui o Programa Especial de Parcelamento – PEP do ICMS no Estado de São Paulo, para a liquidação de débitos fiscais relacionados com o Imposto sobre Operações Relativas à Circulação de Mercadorias – ICM e com o Imposto sobre Operações Relativas à Circulação de Mercadorias e sobre Prestações de Serviços de Transporte Interestadual e Intermunicipal e de Comunicação – ICMS.*

Geraldo Alckmin, Governador do Estado de São Paulo, no uso de suas atribuições legais e tendo em vista o disposto no Convênio ICMS-108/12, de 4 de outubro de 2012, decreta:

**Art. 1º.** Passa a vigorar, com a redação que se segue, o § 1º do art. 1º do Decreto nº 58.811, de 27 de dezembro de 2012:

• *Alteração já efetuada no corpo do Decreto.*

**Art. 2º.** Fica acrescentado o inciso V ao *caput* do art. 2º do Decreto nº 58.811, de 27 de dezembro de 2012, com a seguinte redação:

• *Alteração já efetuada no corpo do Decreto.*

**Art. 3º.** Este Decreto entra em vigor em 1º de março de 2013.

Palácio dos Bandeirantes, 27 de fevereiro de 2013.

*Geraldo Alckmin – DOE de 28.2.2013*

## 640. DECRETO Nº 58.922, DE 27 DE FEVEREIRO DE 2013

*Altera o Decreto nº 57.686, de 27 de dezembro de 2011, que disciplina a concessão de regime especial para apropriação e utilização de crédito acumulado do ICMS por contribuinte que realize saídas de carne e demais produtos comestíveis resultantes do abate de aves, gado e leporídeos.*

Geraldo Alckmin, Governador do Estado de São Paulo, no uso de suas atribuições legais e tendo em vista o disposto no art. 71 da Lei nº 6.374, de 1º de março de 1989, decreta:

**Art. 1º.** Passam a vigorar com a redação que se segue os seguintes dispositivos do Decreto nº 57.686, de 27 de dezembro de 2011:

I – o *caput* do art. 1º, mantidos os seus incisos:

II – o parágrafo único do art. 1º:

• *Alterações já efetuadas no corpo do Decreto.*

**Art. 2º.** Este Decreto entra em vigor na data de sua publicação.

Palácio dos Bandeirantes, 27 de fevereiro de 2013.

*Geraldo Alckmin – DOE de 28.2.2013*

## 641. DECRETO Nº 58.923, DE 27 DE FEVEREIRO DE 2013

*Introduz alterações no Regulamento do Imposto sobre Operações Relativas à Circulação de Mercadorias e sobre Prestações de Serviços de Transporte Interestadual e Intermunicipal e de Comunicação – RICMS.*

Geraldo Alckmin, Governador do Estado de São Paulo, no uso de suas atribuições legais, e considerando o disposto na Resolução do Senado Federal nº 13, de 25 de abril de 2012, decreta:

**Art. 1º.** Passam a vigorar, com a redação que se segue, os dispositivos adiante indicados do Regulamento do Imposto sobre Operações Relativas à Circulação de Mercadorias e sobre Prestações de Serviços de Transporte Interestadual e Intermunicipal e de Comunicação – RICMS, aprovado pelo Decreto nº 45.490, de 30 de novembro de 2000:

I – do art. 52:

a) o *caput*, mantidos seus incisos:

b) os incisos II e III:

II – o § 8º do art. 115:

III – o item 1 do § 5º do art. 117:

• *Alterações já efetuadas no corpo do Decreto.*

**Art. 2º.** Ficam acrescentados os dispositivos adiante indicados ao Regulamento do Imposto sobre Operações Relativas à Circulação de Mercadorias e sobre Prestações de Serviços de Transporte Interestadual e Intermunicipal e de Comunicação, aprovado pelo Decreto nº 45.490, de 30 de novembro de 2000:

I – o § 2º ao art. 52, passando o atual parágrafo único a denominar-se § 1º:

II – o § 6º ao art. 117:

• *Alterações já efetuadas no corpo do Decreto.*

**Art. 3º.** Este Decreto entra em vigor na data de sua publicação, produzindo efeitos desde 1º de janeiro de 2013.

Palácio dos Bandeirantes, 27 de fevereiro de 2013.

*Geraldo Alckmin – DOE de 28.2.2013*

## 642. DECRETO Nº 58.924, DE 27 DE FEVEREIRO DE 2013

*Introduz alterações no Regulamento do Imposto sobre Operações Relativas à Circulação de Mercadorias e sobre Prestações de Serviços de Transporte Interestadual e Intermunicipal e de Comunicação – RICMS.*

Geraldo Alckmin, Governador do Estado de São Paulo, no uso de suas atribuições legais, e considerando o disposto no art. 8º, XXIV, § 10, da Lei nº 6.374, de 1º de março de 1989, decreta:

**Art. 1º.** Passa a vigorar, com a redação que se segue, a Seção XXV, composta pelos arts. 400-F e 400-G, do Capítulo IV do Título II do Livro II do Regulamento do Imposto sobre Operações Relativas à Circulação de Mercadorias e sobre Prestações de Serviços de Transporte Interestadual e Intermunicipal e de Comunicação – RICMS, aprovado pelo Decreto nº 45.490, de 30 de novembro de 2000:

• *Alterações já efetuadas no corpo do Decreto.*

**Art. 2º.** Este Decreto entra em vigor na data de sua publicação.

Palácio dos Bandeirantes, 27 de fevereiro de 2013.

*Geraldo Alckmin – DOE de 28.2.2013*

## 643. DECRETO Nº 58.977, DE 18 DE MARÇO DE 2013

*Concede diferimento do lançamento do ICMS na saída de etanol a ser utilizado na operacionalização de transporte dutoviário.*

Geraldo Alckmin, Governador do Estado de São Paulo, no uso de suas atribuições legais e considerando o disposto no art. 8º, inciso XXIV e § 10, da Lei nº 6.374, de 1º de março de 1989, decreta:

**Art. 1º.** O lançamento do imposto incidente na saída interna de etanol hidratado combustível – EHC e etanol anidro combustível – EAC, para ser utilizado na operacionalização de transporte dutoviário de etanol combustível, fica diferido para o momento em que ocorrer a saída subsequente da mercadoria.

§ 1º. O diferimento previsto neste artigo fica condicionado a que o estabelecimento destinatário solicite autorização prévia, a cada aquisição, à Supervisão de Combustíveis da Diretoria Executiva da Administração Tributária – DEAT, situada na Av. Rangel Pestana, nº 300, 8º andar, São Paulo – SP.

§ 2º. O pedido de que trata o § 1º deste artigo deverá conter, dentre outras informações, a indicação do tipo e do volume de etanol a ser adquirido e dos trechos das instalações dutoviárias nos quais o produto será utilizado, bem como a demonstração da necessidade daquele volume para os fins previstos no *caput*.

**Art. 2º.** Na saída de etanol a que se refere o art. 1º deste Decreto, para ser utilizado na operacionalização de transporte dutoviário, deverá ser emitida Nota Fiscal Eletrônica – NF – e, modelo 55, constando no campo "Informações Complementares" do quadro "Dados Adicionais":

I – a expressão: "Diferimento – Decreto [indicar o número e data deste Decreto]";

II – o número da autorização de que trata o § 1º do art. 1º deste Decreto.

**Art. 3º.** Na ocorrência da saída subsequente a que alude o *caput* do art. 1º deste Decreto, o respectivo estabelecimento efetuará, na qualidade de responsável, o pagamento do imposto diferido de uma só vez, englobadamente com o imposto devido pela saída que realizar, sem direito a crédito.

**Art. 4º.** Na hipótese de perda do etanol adquirido com o diferimento previsto neste Decreto, ou de qualquer outro evento que impossibilite o lançamento do imposto no momento indicado no *caput* de seu art. 1º, o estabelecimento destinatário deverá efetuar o pagamento do ICMS diferido, mediante lançamento no livro "Registro de Apuração do ICMS", no quadro "Débito do imposto – Outros Débitos", com a expressão "Diferimento – art. 4º do Decreto [indicar o número e data deste Decreto]", sem direito a crédito.

Parágrafo único. No campo "Observações", o estabelecimento destinatário identificará o motivo da perda ou do evento de que trata o *caput* deste artigo, o tipo e o volume da redução do etanol deles decorrente e o período correspondente, e demonstrará a apuração do imposto devido.

**Art. 5º.** Não satisfeitas as condições estabelecidas neste Decreto, o imposto deverá ser recolhido, por meio de Guia de Arrecadação Estadual (GARE-ICMS), com multa e demais acréscimos legais, como se o diferimento não tivesse existido.

Parágrafo único. O imposto deverá ser recolhido pelo:

1. estabelecimento remetente, caso a saída tenha sido realizada sem a autorização referida no § 1º do art. 1º deste Decreto;

2. estabelecimento destinatário, nas demais hipóteses.

**Art. 6º.** Este Decreto entra em vigor na data de sua publicação.

Palácio dos Bandeirantes, 18 de março de 2013.

*Geraldo Alckmin – DOE de 19.3.2013*

## 644. DECRETO Nº 58.985, DE 21 DE MARÇO DE 2013

*Introduz alterações no Regulamento do Imposto sobre Operações Relativas à Circulação de Mercadorias e sobre Prestações de Serviços de Transporte Interestadual e Intermunicipal e de Comunicação – RICMS.*

Geraldo Alckmin, Governador do Estado de São Paulo, no uso de suas atribuições legais e tendo em vista o disposto no art. 170, IV, da Constituição Federal, no art. 47, III, da Constituição Estadual, decreta:

**Art. 1º.** Fica acrescentado o art. 62 ao Anexo II do Regulamento do Imposto sobre Operações Relativas à Circulação de Mercadorias e sobre Prestações de Serviços de Transporte Interestadual e Intermunicipal e de Comunicação, aprovado pelo Decreto nº 45.490, de 30 de novembro de 2000, com a seguinte redação:

• *Alteração já efetuada no corpo do Decreto.*

**Art. 2º.** Fica revogado o inciso X do *caput* do art. 27 do Anexo II do Regulamento do Imposto sobre Operações Relativas à Circulação de Mercadorias e sobre Prestações de Serviços de Transporte Interestadual e Intermunicipal e de Comunicação, aprovado pelo Decreto nº 45.490, de 30 de novembro de 2000.

• *Alteração já efetuada no corpo do Decreto.*

**Art. 3º.** Este Decreto entra em vigor na data de sua publicação.

Palácio dos Bandeirantes, 21 de março de 2013.

*Geraldo Alckmin – DOE de 22.3.2013.*

## 645. DECRETO Nº 58.997, DE 25 DE MARÇO DE 2013

*Introduz alterações no Regulamento do Imposto sobre Operações Relativas à Circulação de Mercadorias e sobre Prestações de Serviços de Transporte Interestadual e Intermunicipal e de Comunicação – RICMS.*

Geraldo Alckmin, Governador do Estado de São Paulo, no uso de suas atribuições legais e tendo em vista

o disposto no art. 170, IV, da Constituição Federal, no art. 47, III, da Constituição Estadual e no art. 8º, XXIV, da Lei nº 6.374, de 1º de março de 1989, decreta:

**Art. 1º.** Fica acrescentada a Seção XXIX, composta pelos arts. 400-M e 400-N, ao Capítulo IV do Título II do Livro II do Regulamento do Imposto sobre Operações Relativas à Circulação de Mercadorias e sobre Prestações de Serviços de Transporte Interestadual e Intermunicipal e de Comunicação, aprovado pelo Decreto nº 45.490, de 30 de novembro de 2000, com a seguinte redação:

• *Alteração já efetuada no corpo do Decreto.*

**Art. 2º.** Este Decreto entra em vigor na data de sua publicação.

Palácio dos Bandeirantes, 25 de março de 2013.

*Geraldo Alckmin – DOE de 26.3.2013*

## 646. DECRETO Nº 58.998, DE 25 DE MARÇO DE 2013

*Isenta do Imposto sobre Operações Relativas à Circulação de Mercadorias e sobre Prestações de Serviços de Transporte Interestadual e Intermunicipal e de Comunicação – ICMS as operações com obras de arte comercializadas na Feira Internacional de Arte de São Paulo – SP Arte/2013 e dá outras providências. (DOE de 26.3.2013)*

• *Pode ser considerado sem mais efeito em razão do cumprimento do seu prazo.*

## 647. DECRETO Nº 58.999, DE 25 DE MARÇO DE 2013

*Isenta do Imposto sobre Operações Relativas à Circulação de Mercadorias e sobre Prestações de Serviços de Transporte Interestadual e Intermunicipal e de Comunicação – ICMS a saída interestadual de rações para animais e dos insumos utilizados na sua fabricação, cujos destinatários estejam em municípios declarados em situação de emergência ou estado de calamidade pública, decorrente de estiagem.*

Geraldo Alckmin, Governador do Estado de São Paulo, no uso de suas atribuições legais e tendo em vista o disposto no Convênio ICMS-54/12, de 25 de maio de 2012, decreta:

**Art. 1º.** Fica isenta do ICMS a saída interestadual de rações para animais e dos insumos utilizados em sua fabricação, adiante indicados, cujo destinatário esteja em município relacionado no Anexo I do Convênio ICMS-54/12, de 25 de maio de 2012, em virtude de situação de emergência ou de calamidade pública declarada em decreto estadual, decorrente da estiagem que atinge o Semiárido brasileiro:

I – ácido nítrico e ácido sulfúrico, ácido fosfórico, fosfato natural bruto e enxofre;

II – rações para animais, concentrados, suplementos, aditivos, premix ou núcleo, fabricados pelas respectivas indústrias devidamente registradas no Ministério da Agricultura, Pecuária e Abastecimento – MAPA, desde que:

a) os produtos estejam registrados no órgão competente do Ministério da Agricultura, Pecuária e Abastecimento e o número do registro seja indicado no documento fiscal;

b) haja o respectivo rótulo ou etiqueta identificando o produto;

c) os produtos se destinem exclusivamente ao uso na pecuária;

III – alho em pó, sorgo, milheto, sal mineralizado, farinhas de peixe, de ostra, de carne, de osso, de pena, de sangue e de víscera, calcário calcítico, caroço de algodão, farelos e tortas de algodão, de babaçu, de cacau, de amendoim, de linhaça, de mamona, de milho e de trigo, farelos de arroz, de girassol, de glúten de milho, de gérmen de milho desengordurado, de quirera de milho, de casca e de semente de uva e de polpa cítrica, glúten de milho, silagens de forrageiras e de produtos vegetais, feno, óleos de aves, e outros resíduos industriais;

IV – farelos e tortas de soja e de canola, cascas e farelos de cascas de soja e de canola, sojas desativadas e seus farelos;

V – milho, quando destinado a produtor, à cooperativa de produtores, à indústria de ração animal ou órgão oficial de fomento e desenvolvimento agropecuário vinculado ao estado ou Distrito Federal;

VI – aveia e farelo de aveia.

Parágrafo único. O documento fiscal relativo à saída referida no *caput*, além dos demais requisitos, deverá conter, no campo Informações Complementares, a expressão: "operação isenta nos termos do Convênio ICMS 54/12".

**Art. 2º.** O disposto no art. 1º aplica-se, também, na saída cujo destinatário esteja em município localizado fora do Semi-árido brasileiro, desde que a sua situação de emergência ou de calamidade pública, decorrente da estiagem, esteja declarada em Portaria do Ministério da Integração Regional.

**Art. 3º.** A vigência do benefício de que trata este Decreto será a indicada no Convênio ICMS-54/12, de 25 de maio de 2012.

**Art. 4º.** Este Decreto entra em vigor na data de sua publicação, produzindo efeitos a partir de:

I – 15 de junho de 2012, relativamente ao art. 1º;

II – 26 de outubro de 2012, relativamente ao art. 2º.

Palácio dos Bandeirantes, 25 de março de 2013.

*Geraldo Alckmin – DOE de 26.3.2013*

## 648. DECRETO Nº 59.015, DE 28 DE MARÇO DE 2013

*Introduz alteração no Regulamento do Imposto sobre Operações Relativas à Circulação de Mercadorias e sobre Prestações de Serviços de Transporte Interestadual e Intermunicipal e de Comunicação – RICMS.*

Geraldo Alckmin, Governador do Estado de São Paulo, no uso de suas atribuições legais e tendo em vista o disposto no Convênio ICMS- 61/12, de 22 de junho de 2012, decreta:

**Art. 1º.** Fica acrescentado, com a redação que se segue, o art. 63 ao Anexo II do Regulamento do Imposto sobre Operações Relativas à Circulação de Mercadorias e sobre Prestações de Serviços de Transporte Interestadual e Intermunicipal e de Comunicação – RICMS, aprovado pelo Decreto nº 45.490, de 30 de novembro de 2000:

• *Alteração já efetuada no corpo do Decreto.*

**Art. 2º.** Este Decreto entra em vigor na data de sua publicação, produzindo efeitos desde 16 de julho de 2012.

Palácio dos Bandeirantes, 28 de março de 2013.

*Geraldo Alckmin – DOE de 29.3.2013*

## 649. DECRETO Nº 59.016, DE 28 DE MARÇO DE 2013

*Introduz alterações no Regulamento do Imposto sobre Operações Relativas à Circulação de Mercadorias e sobre Prestações de Serviços de Transporte Interestadual e Intermunicipal e de Comunicação – RICMS.*

Geraldo Alckmin, Governador do Estado de São Paulo, no uso de suas atribuições legais e tendo em vista o disposto no inciso IV do art. 170 da Constituição Federal e no inciso III do art. 47 da Constituição Estadual, decreta:

**Art. 1º.** Passa a vigorar com a redação que se segue o § 2º do art. 60 do Anexo II do Regulamento do Imposto sobre Operações Relativas à Circulação de Mercadorias e sobre Prestações de Serviços de Transporte Interestadual e Intermunicipal e de Comunicação – RICMS, aprovado pelo Decreto nº 45.490, de 30 de novembro de 2000:

• *Alteração já efetuada no corpo do Decreto.*

**Art. 2º.** Este Decreto entra em vigor na data de sua publicação, produzindo efeitos a partir de 1º de abril de 2013.

Palácio dos Bandeirantes, 28 de março de 2013.

*Geraldo Alckmin – DOE de 29.3.2013*

## 650. DECRETO Nº 59.039, DE 3 DE ABRIL DE 2013

*Introduz alterações no Regulamento do Imposto sobre Operações Relativas à Circulação de Mercadorias e sobre Prestações de Serviços de Transporte Interestadual e Intermunicipal e de Comunicação – RICMS.*

Geraldo Alckmin, Governador do Estado de São Paulo, no uso de suas atribuições legais e tendo em vista o disposto no art. 170, IV, da Constituição Federal, no art. 47, III, da Constituição Estadual e no art. 8º, XXIV e §§ 10, 11 e 12, da Lei nº 6.374, de 1º de março de 1989, decreta:

**Art. 1º.** Ficam acrescentados os dispositivos adiante indicados ao Regulamento do Imposto sobre Operações Relativas à Circulação de Mercadorias e sobre Prestações de Serviços de Transporte Interestadual e Intermunicipal e de Comunicação, aprovado pelo Decreto nº 45.490, de 30 de novembro de 2000, com a seguinte redação:

I – ao § 1º do art. 400-H, o item 5:

II – ao Capítulo IV do Título II do Livro II, a Seção XXVIII, composta pelos arts. 400-K e 400-L:

III – ao § 3º do art. 29 das Disposições Transitórias, os itens 205 e 206:

• *Alterações já efetuadas no corpo do Decreto.*

**Art. 2º.** Este Decreto entra em vigor na data de sua publicação

Palácio dos Bandeirantes, 3 de abril de 2013.

*Geraldo Alckmin – DOE de 4.4.2013*

## 651. DECRETO Nº 59.088, DE 15 DE ABRIL DE 2013

*Introduz alteração no Regulamento do Imposto sobre Operações Relativas à Circulação de Mercadorias e sobre Prestações de Serviços de Transporte Interestadual e Intermunicipal e de Comunicação – RICMS.*

Geraldo Alckmin, Governador do Estado de São Paulo, no uso de suas atribuições legais, e considerando o disposto no art. 67, § 1º, da Lei nº 6.374, de 1º de março de 1989, decreta:

**Art. 1º.** Passa a vigorar, com a redação que se segue, o § 4º do art. 146 do Regulamento do Imposto sobre Operações Relativas à Circulação de Mercadorias e sobre Prestações de Serviços de Transporte Interestadual e Intermunicipal e de Comunicação – RICMS, aprovado pelo Decreto nº 45.490, de 30 de novembro de 2000:

• *Alteração já efetuada no corpo do Decreto.*

**Art. 2º.** Este Decreto entra em vigor na data de sua publicação, produzindo efeitos a partir de 1º de maio de 2013.

Palácio dos Bandeirantes, 15 de abril de 2013.

*Geraldo Alckmin – DOE de 16.4.2013*

## 652. DECRETO Nº 59.089, DE 15 DE ABRIL DE 2013

*Introduz alterações no Regulamento do Imposto sobre Operações Relativas à Circulação de Mercadorias e sobre Prestações de Serviços de Transporte Interestadual e Intermunicipal e de Comunicação – RICMS.*

Geraldo Alckmin, Governador do Estado de São Paulo, no uso de suas atribuições legais e tendo em vista o disposto nos arts. 8º, § 15, e 66-F da Lei nº 6.374, de 1º de março de 1989, decreta:

**Art. 1º.** Passa a vigorar, com a redação que se segue, o § 1º do art. 264 do Regulamento do Imposto sobre Operações Relativas à Circulação de Mercadorias e sobre Prestações de Serviços de Transporte Interestadual e Intermunicipal e de Comunicação – RICMS, aprovado pelo Decreto nº 45.490, de 30 de novembro de 2000:

• *Alteração já efetuada no corpo do Decreto.*

**Art. 2º.** Ficam acrescentados os seguintes dispositivos ao art. 264 do Regulamento do Imposto sobre Operações Relativas à Circulação de Mercadorias e sobre Prestações de Serviços de Transporte Interestadual e Intermunicipal e de Comunicação – RICMS, aprovado pelo Decreto nº 45.490, de 30 de novembro de 2000:

I – o inciso VI ao *caput* do artigo:

II – o § 3º-A:

• *Alterações já efetuadas no corpo do Decreto.*

**Art. 3º.** Este Decreto entra em vigor na data de sua publicação.

Palácio dos Bandeirantes, 15 de abril de 2013.

*Geraldo Alckmin – DOE de 16.4.2013*

## 653. DECRETO Nº 59.125, DE 25 DE ABRIL DE 2013

*Introduz alterações no Regulamento do Imposto sobre Operações Relativas à Circulação de Mercadorias e*

*sobre Prestações de Serviços de Transporte Interestadual e Intermunicipal e de Comunicação – RICMS.*

Geraldo Alckmin, Governador do Estado de São Paulo, no uso de suas atribuições legais e tendo em vista o disposto no Convênio ICMS-87/12, celebrado em Campo Grande, MS, no dia 28 de setembro de 2012, decreta:

**Art. 1º.** Passa a vigorar, com a redação que se segue, o item 3 do § 2º do art. 56 do Anexo I do Regulamento do Imposto sobre Operações Relativas à Circulação de Mercadorias e sobre Prestações de Serviços de Transporte Interestadual e Intermunicipal e de Comunicação – RICMS, aprovado pelo Decreto nº 45.490, de 30 de novembro de 2000:

• *Alteração já efetuada no corpo do Decreto.*

**Art. 2º.** Este Decreto entra em vigor na data de sua publicação, produzindo efeitos desde 1º de dezembro de 2012.

Palácio dos Bandeirantes, 25 de abril de 2013.

*Geraldo Alckmin – DOE de 26.4.2013*

## 654. DECRETO Nº 59.140, DE 29 DE ABRIL DE 2013

*Fixa prazos especiais para recolhimento do ICMS nas saídas de mercadorias decorrentes do evento que especifica (APAS-2013 – 29º Congresso de Gestão e Feira Internacional de Negócios em Supermercados) e dá outras providências. (DOE de 30.4.2013)*

• *Pode ser considerado sem mais efeito em razão do cumprimento do seu prazo.*

## 655. DECRETO Nº 59.170, DE 13 DE MAIO DE 2013

*Introduz alterações no Regulamento do Imposto sobre Operações Relativas à Circulação de Mercadorias e sobre Prestações de Serviços de Transporte Interestadual e Intermunicipal e de Comunicação – RICMS.*

Geraldo Alckmin, Governador do Estado de São Paulo, no uso de suas atribuições legais e tendo em vista o disposto no art. 20, inciso VII, da Lei nº 6.374, de 1º de março de 1989, decreta:

**Art. 1º.** Passa a vigorar, com a redação que se segue, o art. 31-A do Regulamento do Imposto sobre Operações Relativas à Circulação de Mercadorias e sobre Prestações de Serviços de Transporte Interestadual e Intermunicipal e de Comunicação, aprovado pelo Decreto nº 45.490, de 30 de novembro de 2000:

• *Alteração já efetuada no corpo do Decreto.*

**Art. 2º.** Este Decreto entra em vigor na data de sua publicação.

Palácio dos Bandeirantes, 13 de maio de 2013.

*Geraldo Alckmin – DOE de 14.5.2013*

## 656. DECRETO Nº 59.210, DE 17 DE MAIO DE 2013

*Introduz alterações no Regulamento do Imposto sobre Operações Relativas à Circulação de Mercadorias e sobre Prestações de Serviços de Transporte Interestadual e Intermunicipal e de Comunicação – RICMS.*

Geraldo Alckmin, Governador do Estado de São Paulo, no uso de suas atribuições legais e tendo em vista o disposto no Convênio ICMS 30/12, celebrado em Cuiabá, MT, em 30 de março de 2012, decreta:

**Art. 1º.** Fica acrescentado, com a redação que se segue, o inciso XIII ao *caput* do art. 16 do Anexo I do Regulamento do Imposto sobre Operações Relativas à Circulação de Mercadorias e sobre Prestações de Serviços de Transporte Interestadual e Intermunicipal e de Comunicação, aprovado pelo Decreto nº 45.490, de 30 de novembro de 2000:

• *Alteração já efetuada no corpo do Decreto.*

**Art. 2º.** Este Decreto entra em vigor na data de sua publicação, produzindo efeitos desde 1º de junho de 2012.

Palácio dos Bandeirantes, 17 de maio de 2013.

*Geraldo Alckmin – DOE de 18.5.2013*

## 657. DECRETO Nº 59.211, DE 17 DE MAIO DE 2013

*Introduz alterações no Regulamento do Imposto sobre Operações Relativas à Circulação de Mercadorias e sobre Prestações de Serviços de Transporte Interestadual e Intermunicipal e de Comunicação – RICMS.*

Geraldo Alckmin, Governador do Estado de São Paulo, no uso de suas atribuições legais e tendo em vista o disposto nos Convênios ICMS 87/12, 89/12 e 98/12, todos celebrados em Campo Grande, MS, no dia 28 de setembro de 2012, decreta:

**Art. 1º.** Passam a vigorar, com a redação que se segue, os dispositivos adiante indicados do Regulamento do Imposto sobre Operações Relativas à Circulação de Mercadorias e sobre Prestações de Serviços de Transporte Interestadual e Intermunicipal e de Comunicação – RICMS, aprovado pelo Decreto nº 45.490, de 30 de novembro de 2000:

I – o art. 305:

II – o art. 306:

III – o item 3 do § 2º do art. 56 do Anexo I:

IV – do art. 138 do Anexo I:

a) o *caput*, mantidos os seus incisos:

b) o § 1º:

c) o § 2º:

• *Alterações já efetuadas no corpo do Decreto.*

**Art. 2º.** Ficam convalidados os procedimentos adotados no período de 21 de maio de 2012 a 3 de outubro de 2012, pelas montadoras e importadoras de veículos automotores, relativamente às operações com veículos automotores novos por elas realizadas nos termos do Convênio ICMS 98/12, de 28 de setembro de 2012.

**Art. 3º.** Este Decreto entra em vigor na data de sua publicação, exceto em relação aos dispositivos a seguir indicados, que produzem efeitos:

I – os incisos I e II do art. 1º, desde 4 de outubro de 2012;

II – os incisos III IV do art. 1º, desde 1º de dezembro de 2012.

Palácio dos Bandeirantes, 17 de maio de 2013.

*Geraldo Alckmin – DOE de 18.5.2013*

## 658. DECRETO Nº 59.232, DE 27 DE MAIO DE 2013

*Introduz alterações no Regulamento do Imposto sobre Operações Relativas à Circulação de Mercadorias e sobre Prestações de Serviços de Transporte Interestadual e Intermunicipal e de Comunicação – RICMS.*

Geraldo Alckmin, Governador do Estado de São Paulo, no uso de suas atribuições legais e tendo em vista o disposto no art. 8º, XXIV e § 10, da Lei nº 6.374, de 1º de março de 1989, decreta:

**Art. 1º.** Fica acrescentada a Seção XXX, composta pelos arts. 400-O a 400-S, ao Capítulo IV do Título II do Livro II do Regulamento do Imposto sobre Operações Relativas à Circulação de Mercadorias e sobre Prestações de Serviços de Transporte Interestadual e Intermunicipal e de Comunicação, aprovado pelo Decreto nº 45.490, de 30 de novembro de 2000, com a seguinte redação:

• *Alteração já efetuada no corpo do Decreto.*

**Art. 2º.** Este Decreto entra em vigor na data de sua publicação.

Palácio dos Bandeirantes, 27 de maio de 2013.

*Geraldo Alckmin – DOE de 28.5.2013*

## 659. DECRETO Nº 59.233, DE 27 DE MAIO DE 2013

*Isenta do Imposto sobre Operações Relativas à Circulação de Mercadorias e sobre Prestações de Serviços de Transporte Interestadual e Intermunicipal e de Comunicação – ICMS a importação de tesseras para mosaico, realizada pelo Santuário Nacional de Nossa Senhora da Conceição Aparecida. (DOE de 28.5.2013)*

• *Pode ser considerado sem mais efeito em razão do cumprimento do seu prazo.*

## 660. DECRETO Nº 59.241, DE 28 DE MAIO DE 2013

*Introduz alterações no Regulamento do Imposto sobre Operações Relativas à Circulação de Mercadorias e sobre Prestações de Serviços de Transporte Interestadual e Intermunicipal e de Comunicação – RICMS.*

Geraldo Alckmin, Governador do Estado de São Paulo, no uso de suas atribuições legais e tendo em vista o disposto no Ajuste SINIEF-06/13 e nos Convênios ICMS-13/13, 20/13, 21/13 e 22/13, todos celebrados em Ipojuca, PE, no dia 5 de abril de 2013, decreta:

**Art. 1º.** Passam a vigorar com a redação que se segue os dispositivos adiante indicados do Regulamento do Imposto sobre Operações Relativas à Circulação de Mercadorias e sobre Prestações de Serviços de Transporte Interestadual e Intermunicipal e de Comunicação – RICMS, aprovado pelo Decreto nº 45.490, de 30 de novembro de 2000:

I – o § 4º do art. 147:

II – o § 3º do art. 94 do Anexo I:

III – aos itens 1 e 2 do § 1º do art. 22 do Anexo II:

IV – o § 1º do art. 24 do Anexo II:

V – os incisos I a III do *caput* do art. 25 do Anexo II:

• *Alterações já efetuadas no corpo do Decreto.*

**Art. 2º.** Ficam convalidados os procedimentos adotados, no período de 1º de janeiro de 2013 a 29 de abril de 2013, em conformidade com o disposto nos seguintes dispositivos do Regulamento do ICMS, aprovados pelo Decreto nº 45.490, de 30 de novembro de 2000, na redação dada por este Decreto:

I – alínea "a" dos itens 1 e 2 do § 1º do art. 22 do Anexo II (Convênio ICMS-20/13, cláusula segunda);

II – alínea "a" dos incisos I a III do *caput* do art. 25 do Anexo II (Convênio ICMS-22/13, cláusula segunda).

**Art. 3º.** Este Decreto entra em vigor na data de sua publicação, exceto em relação aos dispositivos adiante indicados, que produzem efeitos:

I – desde 12 de abril de 2013, o inciso I do art. 1º;

II – desde 30 de abril de 2013, os incisos III, IV e V do art. 1º;

III – a partir de 1º de junho de 2013, o inciso II do art. 1º.

Palácio dos Bandeirantes, 28 de maio de 2013.

*Geraldo Alckmin – DOE de 29.5.2013*

## 661. DECRETO Nº 59.242, DE 28 DE MAIO DE 2013

*Introduz alterações no Regulamento do Imposto sobre Operações Relativas à Circulação de Mercadorias e sobre Prestações de Serviços de Transporte Interestadual e Intermunicipal e de Comunicação – RICMS.*

Geraldo Alckmin, Governador do Estado de São Paulo, no uso de suas atribuições legais e tendo em vista o disposto no art. 8º da Lei nº 6.374, de 1º de março de 1989, decreta:

**Art. 1º.** Passam a vigorar com a redação que se segue os seguintes dispositivos do Regulamento do Imposto sobre Operações Relativas à Circulação de Mercadorias e sobre Prestações de Serviços de Transporte Interestadual e Intermunicipal e de Comunicação, aprovado pelo Decreto nº 45.490, de 30 de novembro de 2000:

I – o *caput* do art. 400-M:

II – o *caput* do art. 400-N:

III – o § 1º do art. 400-N:

• *Alterações já efetuadas no corpo do Decreto.*

**Art. 2º.** Este Decreto entra em vigor na data de sua publicação, produzindo efeitos desde 26 de março de 2013.

Palácio dos Bandeirantes, 28 de maio de 2013.

*Geraldo Alckmin – DOE de 29.5.2013*

## 662. DECRETO Nº 59.243, DE 28 DE MAIO DE 2013

*Introduz alteração no Regulamento do Imposto sobre Operações Relativas à Circulação de Mercadorias e sobre Prestações de Serviços de Transporte Interestadual e Intermunicipal e de Comunicação – RICMS, e dá outras providências.*

Geraldo Alckmin, Governador do Estado de São Paulo, no uso de suas atribuições legais, e considerando o disposto no art. 8º, inciso XXXIV, da Lei nº 6.374, de 1º de março de 1989, decreta:

**Art. 1º.** Passa a vigorar, com a redação que se segue, o item 9 do § 1º do art. 313-O do Regulamento do Imposto sobre Operações Relativas à Circulação de Mercadorias e sobre Prestações de Serviços de Transporte Interestadual e Intermunicipal e de Comunicação – RICMS, aprovado pelo Decreto nº 45.490, de 30 de novembro de 2000:

• *Alteração já efetuada no corpo do Decreto.*

**Art. 2º.** O estabelecimento paulista, exceto o indicado no inciso I do art. 313-O do Regulamento do ICMS, aprovado pelo Decreto nº 45.490, de 30 de novembro de 2000, relativamente ao estoque de mercadorias relacionadas no § 5º existente no final do dia 30 de junho de 2013, deverá:

I – efetuar a contagem do estoque das mercadorias;

II – elaborar relação, indicando, para cada item:

a) o valor das mercadorias em estoque e a base de cálculo para fins de incidência do ICMS, considerando a entrada mais recente da mercadoria;

b) a alíquota interna aplicável;

c) o valor do imposto devido, calculado conforme o § 1º;

d) o correspondente código na Nomenclatura Comum do Mercosul – NCM;

III – na hipótese de estar sujeito ao Regime Periódico de Apuração – RPA, transmitir, até 15 de agosto de 2013, arquivo digital à Secretaria da Fazenda, conforme disciplina por ela estabelecida, contendo a relação de que trata o inciso II e demais informações requeridas;

IV – na hipótese de estar sujeito ao Regime Especial Unificado de Arrecadação de Tributos e Contribuições devidos pelas Microempresas e Empresas de Pequeno Porte – "Simples Nacional", manter a relação de que trata o inciso II em arquivo, pelo prazo de 5 (cinco) anos, para apresentação ao fisco, quando solicitado;

V – recolher o valor do imposto devido em razão da operação própria e das subsequentes, por meio de guia de recolhimentos especiais, conforme disciplina estabelecida pela Secretaria da Fazenda.

§ 1º. O valor do imposto devido pela operação própria e pelas subsequentes será calculado com base no Índice de Valor Adicionado Setorial – IVA-ST divulgado pela Secretaria da Fazenda:

1 – mediante a seguinte fórmula:

a) em se tratando de contribuinte sujeito ao Regime Periódico de Apuração – RPA:

Imposto devido = (base de cálculo x alíquota interna) + (base de cálculo x IVA-ST x alíquota interna);

b) em se tratando de contribuinte sujeito ao "Simples Nacional":

Imposto devido = base de cálculo x IVA-ST x alíquota interna;

2 – considerando-se, para determinação da base de cálculo, o valor da entrada mais recente da mercadoria.

§ 2º. O imposto devido poderá ser recolhido em até 10 (dez) parcelas mensais, iguais e sucessivas, com vencimento no último dia útil de cada mês, sendo que a primeira parcela deverá ser recolhida até 31 de agosto de 2013.

§ 3º. Na hipótese de contribuinte sujeito ao Regime Periódico de Apuração – RPA que possua saldo credor de ICMS em 30 de junho de 2013, este poderá ser utilizado para deduzir, no todo ou em parte, o imposto a recolher nos termos do inciso V, observando-se, sem prejuízo das demais exigências, o que segue:

1 – o valor do saldo credor utilizado para pagar o imposto calculado nos termos do § 1º deverá ser discriminado no final da relação a que se refere o inciso II;

2 – o montante de saldo credor utilizado para pagamento do imposto devido nos termos deste parágrafo será lançado no livro Registro de Apuração do ICMS – RAICMS, na folha destinada à apuração das operações e prestações próprias do período em que ocorrer o aludido levantamento de estoque, no campo "Estorno de Créditos" do quadro "Débito do Imposto", com a indicação da expressão "Liquidação (parcial ou total) do imposto devido por substituição tributária relativo ao estoque existente em 30.6.2013 – Decreto [...] (indicar o número e a data deste Decreto)".

§ 4º. O disposto neste artigo aplica-se, também, no que couber, às mercadorias referidas no § 5º na hipótese de sua saída do estabelecimento remetente ter ocorrido até 30 de junho de 2013 e o seu recebimento ter se efetivado após essa data.

§ 5º. As mercadorias a que se refere o *caput* são batentes, buchas e coxins, classificados no código 4016.99.90 da NCM.

§ 6º. O disposto neste artigo não se aplica na hipótese de as mercadorias referidas no § 5º terem sido recebidas já com a retenção antecipada do imposto por substituição tributária.

**Art. 3º.** Este Decreto entra em vigor na data de sua publicação, exceto o art. 1º, que entra em vigor em 1º de julho de 2013.

Palácio dos Bandeirantes, 28 de maio de 2013.

*Geraldo Alckmin – DOE de 29.5.2013*

## 663. DECRETO Nº 59.244, DE 28 DE MAIO DE 2013

*Introduz alterações no Regulamento do Imposto sobre Operações Relativas à Circulação de Mercadorias e sobre Prestações de Serviços de Transporte Interestadual e Intermunicipal e de Comunicação – RICMS.*

Geraldo Alckmin, Governador do Estado de São Paulo, no uso de suas atribuições legais e tendo em vista o disposto no Convênio ICMS 12/12, celebrado em Cuiabá, MT, em 30 de março de 2012, decreta:

**Art. 1º.** Passam a vigorar, com a redação que se segue, os seguintes dispositivos do art. 1º do Anexo II do Regulamento do Imposto sobre Operações Relativas à Circulação de Mercadorias e sobre Prestações de Serviços de Transporte Interestadual e Intermunicipal e de Comunicação – RICMS, aprovado pelo Decreto nº 45.490, de 30 de novembro de 2000:

I – os incisos VII, VIII, XI e XII:

II – o item 1 do § 1º:

III – o *caput* do § 2º, mantidos os seus itens:

• *Alterações já efetuadas no corpo do Decreto.*

**Art. 2º.** Este Decreto entra em vigor na data de sua publicação, produzindo efeitos desde 1º de junho de 2012.

Palácio dos Bandeirantes, 28 de maio de 2013.

*Geraldo Alckmin – DOE de 29.5.2013*

## 664. DECRETO Nº 59.246, DE 28 DE MAIO DE 2013

*Altera o Decreto nº 51.624, de 28.2.2007, que institui regime especial de tributação pelo Imposto sobre Operações Relativas à Circulação de Mercadorias e sobre Prestações de Serviços de Transporte Interestadual e Intermunicipal e de Comunicação – ICMS para contribuintes da indústria de informática.*

Geraldo Alckmin, Governador do Estado de São Paulo, no uso de suas atribuições legais e tendo em vista o disposto no inciso IV do art. 170 da Constituição Federal e no inciso III do art. 47 da Constituição Estadual, decreta:

**Art. 1º.** Passa a vigorar com a redação que se segue o § 4º do art. 1º do Decreto nº 51.624, de 28 de fevereiro de 2007:

• *Alteração já efetuada no corpo do Decreto.*

**Art. 2º.** Ficam acrescentados os incisos XXIX a XXXI ao *caput* do art. 1º do Decreto nº 51.624, de 28 de fevereiro de 2007, com a seguinte redação:

• *Alterações já efetuadas no corpo do Decreto.*

**Art. 3º.** Ficam acrescentados os incisos XXXII a XL ao *caput* do art. 1º do Decreto nº 51.624, de 28 de fevereiro de 2007, com a seguinte redação:

• *Alterações já efetuadas no corpo do Decreto.*

**Art. 4º.** Este Decreto entra em vigor na data de sua publicação, exceto os arts. 1º e 2º, que produzem efeitos desde 1º de janeiro de 2013.

Palácio dos Bandeirantes, 28 de maio de 2013.

*Geraldo Alckmin – DOE de 29.5.2013*

## 665. DECRETO Nº 59.254, DE 3 DE JUNHO DE 2013

*Altera o Decreto nº 58.811, de 27.12.2012, que institui o Programa Especial de Parcelamento – PEP do ICMS no Estado de São Paulo, para a liquidação de débitos fiscais relacionados com o Imposto sobre Operações Relativas à Circulação de Mercadorias – ICM e com o Imposto sobre Operações Relativas à Circulação de Mercadorias e sobre Prestações de Serviços de Transporte Interestadual e Intermunicipal e de Comunicação – ICMS.*

Geraldo Alckmin, Governador do Estado de São Paulo, no uso de suas atribuições legais e tendo em vista o disposto no Convênio ICMS-108/12, de 4 de outubro de 2012, com a alteração promovida pelo Convênio ICMS-35/13, de 11 de abril de 2013, decreta:

**Art. 1º.** Passa a vigorar com a redação que se segue o § 5º do art. 1º do Decreto nº 58.811, de 27 de dezembro de 2012:

• *Alteração já efetuada no corpo do Decreto.*

**Art. 2º.** Fica acrescentado o § 5º ao art. 4º do Decreto nº 58.811, de 27 de dezembro de 2012, com a seguinte redação:

• *Alteração já efetuada no corpo do Decreto.*

**Art. 3º.** Este Decreto entra em vigor na data de sua publicação.

Palácio dos Bandeirantes, 3 de junho de 2013.

*Geraldo Alckmin – DOE de 4.6.2013*

## 666. DECRETO Nº 59.255, DE 3 DE JUNHO DE 2013

*Altera o Decreto nº 58.811, de 27.12.2012, que institui o Programa Especial de Parcelamento – PEP do ICMS no Estado de São Paulo, para a liquidação de débitos fiscais relacionados com o Imposto sobre Operações Relativas à Circulação de Mercadorias – ICM e com o Imposto sobre Operações Relativas à Circulação de Mercadorias e sobre Prestações de Serviços de Transporte Interestadual e Intermunicipal e de Comunicação – ICMS.*

Geraldo Alckmin, Governador do Estado de São Paulo, no uso de suas atribuições legais e tendo em vista o disposto no Convênio ICMS-108/12, de 4 de outubro de 2012, com a alteração promovida pelo Convênio ICMS-35/13, de 11 de abril de 2013, decreta:

**Art. 1º.** Passa a vigorar com a redação que se segue o *caput* do art. 4º, mantidos os seus incisos, do Decreto nº 58.811, de 27 de dezembro de 2012:

• *Alteração já efetuada no corpo do Decreto.*

**Art. 2º.** Este Decreto entra em vigor na data de sua publicação.

Palácio dos Bandeirantes, 3 de junho de 2013.

*Geraldo Alckmin – DOE de 4.6.2013*

## 667. DECRETO Nº 59.270, DE 7 DE JUNHO DE 2013

*Introduz alterações no Regulamento do Imposto sobre Operações Relativas à Circulação de Mercadorias e sobre Prestações de Serviços de Transporte Interestadual e Intermunicipal e de Comunicação – RICMS.*

Geraldo Alckmin, Governador do Estado de São Paulo, no uso de suas atribuições legais e tendo em vista o disposto no Convênio ICMS 17/12, celebrado em Cuiabá, MT, em 30 de março de 2012, decreta:

**Art. 1º.** Passam a vigorar, com a redação que se segue, os dispositivos adiante indicados do art. 88 do Anexo I do Regulamento do Imposto sobre Operações Relativas à Circulação de Mercadorias e sobre Prestações de Serviços de Transporte Interestadual e Intermunicipal e de Comunicação – RICMS, aprovado pelo Decreto nº 45.490, de 30 de novembro de 2000:

I – o item 2 do § 2º:

II – a alínea "b" do item 3 do § 3º:

III – o § 13:

• *Alterações já efetuadas no corpo do Decreto.*

**Art. 2º.** Fica acrescentado, com a redação que se segue, o § 1º-A ao art. 88 do Anexo I do Regulamento do Imposto sobre Operações Relativas à Circulação de Mercadorias e sobre Prestações de Serviços de Transporte Interestadual e Intermunicipal e de Comunicação, aprovado pelo Decreto nº 45.490, de 30 de novembro de 2000:

• *Alteração já efetuada no corpo do Decreto.*

**Art. 3º.** Este Decreto entra em vigor na data de sua publicação, produzindo efeitos desde 1º de junho de 2012.

Palácio dos Bandeirantes, 7 de junho de 2013.

*Geraldo Alckmin – DOE de 8.6.2013*

## 668. DECRETO Nº 59.302, DE 19 DE JUNHO DE 2013

*Concede tratamento diferenciado para o cumprimento de obrigações tributárias relativas ao ICMS na prestação de serviço de transporte e na armazenagem de etanol no sistema dutoviário.*

Geraldo Alckmin, Governador do Estado de São Paulo, no uso de suas atribuições legais e tendo em vista o disposto no art. 71 da Lei nº 6.374, de 1º de março de 1989, decreta:

### Capítulo I – Da Concessão do Tratamento Diferenciado por Regime Especial

**Art. 1º.** A aplicação do tratamento diferenciado para o cumprimento de obrigações tributárias relativas ao ICMS, nos termos previstos neste decreto, fica condicionada a que os prestadores de serviços de transporte e depositários que operarem no sistema dutoviário de etanol solicitem regime especial à Secretaria da Fazenda, nos termos dos arts. 479-A e seguintes do Regulamento do Imposto sobre Operações Relativas à Circulação de Mercadorias e sobre Prestações de Serviços de Transporte Interestadual e Intermunicipal e de Comunicação – RICMS, aprovado pelo Decreto nº 45.490, de 30 de novembro de 2000.

§ 1º. A fruição do tratamento diferenciado de que trata este decreto dependerá da apresentação, pelas pessoas relacionadas no *caput*, de sistema de controle de movimentação de etanol, que deverá ser previamente testado e aprovado pela Secretaria da Fazenda, sem prejuízo dos demais documentos exigidos.

§ 2º. Os prestadores de serviços de transporte e depositários de que trata o *caput* deverão inscrever no Cadastro de Contribuintes do ICMS cada um dos terminais de entrada e de saída de etanol do sistema, bem como cada um dos locais nos quais a mercadoria permanecer depositada.

§ 3º. A adoção do tratamento diferenciado estabelecido neste decreto não dispensa a obrigatoriedade do prestador de serviço de transporte, detentor do regime especial, da observância das demais obrigações tributárias previstas na legislação.

### Capítulo II – Da Prestação de Serviço de Transporte Dutoviário de Etanol

#### *Seção I*
#### *Da Contratação pelo Remetente do Etanol*

**Art. 2º.** Na saída de etanol a ser transportado por sistema dutoviário, quando a prestação do serviço de transporte for contratada pelo remetente da mercadoria, deverá ser por ele emitida Nota Fiscal Eletrônica – NF-e, modelo 55, sem destaque do imposto, na qual constará, além dos demais requisitos previstos na legislação:

I – como destinatário, o estabelecimento do prestador dutoviário no qual se dará a saída do etanol do sistema;

II – como natureza da operação, "Remessa para Transporte por Sistema Dutoviário";

III – no campo CFOP, o código relativo a outras saídas de mercadoria ou prestações de serviço não especificados;

IV – no grupo "G – Identificação do Local de Entrega", a identificação do estabelecimento do prestador dutoviário no qual se dará a entrada do etanol no sistema.

**Art. 3º.** Na saída do etanol do sistema dutoviário, deverá ser emitida Nota Fiscal Eletrônica – NF-e, modelo 55:

I – pelo estabelecimento do prestador dutoviário no qual se dará a saída do sistema, sem destaque do imposto, na qual constará, além dos demais requisitos previstos na legislação:

a) como destinatário, o estabelecimento adquirente do etanol;

b) como natureza da operação, "Saída de Etanol do Sistema Dutoviário";

c) no campo CFOP, o código relativo a outras saídas de mercadoria ou prestações de serviço não especificados;

d) no campo "Informações Complementares" do quadro "Dados Adicionais", a indicação das chaves de acesso das Notas Fiscais emitidas na forma do art. 2º;

II – pelo remetente, relativa à operação, com destaque do imposto, se devido, na qual constará, além dos demais requisitos previstos na legislação:

a) como destinatário, o estabelecimento adquirente do etanol;

b) no campo "Chave de Acesso da NF-e Referenciada", a indicação da Nota Fiscal de que trata o inciso I;

c) no grupo "F – Identificação do Local de Retirada", a identificação do estabelecimento do prestador dutoviário no qual se dará a saída do etanol do sistema.

Parágrafo único. Na hipótese de o volume de etanol indicado na Nota Fiscal emitida na forma do inciso I corresponder a apenas parte do volume constante das Notas Fiscais emitidas na forma do art. 2º, a informação de que trata a alínea "d" do inciso I deverá conter a porcentagem ou volume do etanol correspondente às respectivas frações.

#### *Seção II*
#### *Da Contratação pelo Adquirente do Etanol*

**Art. 4º.** Na saída de etanol a ser transportado por sistema dutoviário, quando a prestação do serviço de transporte for contratada pelo adquirente do etanol, deverá ser por ele emitida Nota Fiscal Eletrônica – NF-e, modelo 55, sem destaque do imposto, na qual constará, além dos demais requisitos previstos na legislação:

I – como destinatário, o estabelecimento do prestador dutoviário no qual se dará a saída do etanol do sistema;

II – como natureza da operação, "Remessa para Transporte por Sistema Dutoviário";

III – no campo CFOP, o código relativo a outras saídas de mercadoria ou prestações de serviço não especificados;

IV – no grupo "F – Identificação do Local de Retirada", o local no qual o etanol foi disponibilizado pelo remetente e retirado pelo adquirente;

V – no grupo "G – Identificação do Local de Entrega", a identificação do estabelecimento do prestador dutoviário no qual se dará a entrada do etanol no sistema;

VI – no campo "Chave de Acesso da NF-e Referenciada", a indicação da Nota Fiscal relativa à operação de saída do estabelecimento remetente.

Parágrafo único. Na hipótese deste artigo, se o remetente tiver o dever contratual de entregar a mercadoria em terminal do sistema dutoviário, a Nota Fiscal por ele emitida, relativa à operação, deverá indicar, no grupo "G – Identificação do Local de Entrega", o estabelecimento do prestador dutoviário no qual se dará a entrada do etanol no sistema.

**Art. 5°.** Na saída do etanol do sistema dutoviário, deverá ser emitida Nota Fiscal Eletrônica – NF-e, modelo 55, pelo estabelecimento do prestador dutoviário no qual se dará a saída do sistema, sem destaque do imposto, na qual constará, além dos demais requisitos previstos na legislação:

I – como destinatário, o adquirente do etanol;

II – como natureza da operação, "Saída de Etanol do Sistema Dutoviário";

III – no campo CFOP, o código relativo a outras saídas de mercadoria ou prestações de serviço não especificados;

IV – no campo "Informações Complementares" do quadro "Dados Adicionais", a indicação das chaves de acesso das Notas Fiscais emitidas na forma do *caput* do art. 4°.

Parágrafo único. Na hipótese de o volume de etanol indicado na Nota Fiscal emitida na forma deste artigo corresponder a apenas parte do volume constante das Notas Fiscais emitidas na forma do *caput* do art. 4°, a informação de que trata o inciso IV deverá conter a porcentagem ou volume do etanol correspondente às respectivas frações.

## Capítulo III – Da Armazenagem de Etanol no Sistema Dutoviário

### *Seção I – Das Disposições Gerais*

**Art. 6°.** Fica suspenso o lançamento do imposto incidente na remessa de etanol para armazenagem no sistema dutoviário abrangido pelo tratamento diferenciado de que trata este decreto, devendo ser efetivado no momento em que, após o retorno simbólico da mercadoria ao estabelecimento depositante, for promovida sua subsequente saída.

§ 1°. A suspensão compreende:

1. a remessa do etanol com destino ao terminal de armazenagem do sistema dutoviário;

2. o retorno simbólico do etanol armazenado ao estabelecimento depositante.

§ 2°. Constitui condição da suspensão prevista neste artigo o retorno do etanol ao estabelecimento depositante, no prazo de 180 (cento e oitenta) dias, contados da data da remessa para armazenagem.

§ 3°. Decorrido o prazo de que trata o § 2° sem que ocorra o retorno do etanol, o imposto será considerado devido como se a suspensão não tivesse existido, sujeitando-se o recolhimento aos juros de mora e demais acréscimos previstos na legislação.

### *Seção II – Da Remessa para Armazenagem pelo Depositante*

**Art. 7°.** Na remessa de etanol para armazenagem no sistema dutoviário, deverá ser emitida, pelo estabelecimento depositante, Nota Fiscal Eletrônica – NF-e, modelo 55, sem destaque do imposto, na qual constará, além dos demais requisitos previstos na legislação:

I – como destinatário, o estabelecimento do operador dutoviário no qual o etanol permanecerá armazenado;

II – como natureza da operação, "Remessa para Armazenagem de Combustível";

III – no campo "Informações Complementares" do quadro "Dados Adicionais" a expressão: "Suspensão – Art. 6° do Decreto (indicar o número e a data deste decreto)";

IV – no grupo "G – Identificação do Local de Entrega", a identificação do estabelecimento do operador dutoviário no qual se dará a entrada do etanol no sistema.

Parágrafo único. Na hipótese de a remessa para armazenagem ser realizada por adquirente de etanol, a Nota Fiscal por ele emitida na forma do *caput* deverá conter também:

1. no grupo "Identificação do Local de Retirada", a identificação do local no qual o etanol foi retirado pelo adquirente;

2. no campo "Chave de Acesso da NF-e Referenciada", a indicação da Nota Fiscal relativa à operação praticada pelo estabelecimento remetente.

**Art. 8°.** Na saída do etanol armazenado no sistema dutoviário com destino a estabelecimento diverso do depositante, ainda que pertencente ao mesmo titular, deverá ser emitida, pelo estabelecimento depositante, Nota Fiscal Eletrônica – NF-e, modelo 55, com destaque do imposto, se devido, na qual constará, além dos demais requisitos previstos na legislação, no grupo "F – Identificação do Local de Retirada", a identificação do estabelecimento do operador dutoviário no qual se dará a saída do etanol do sistema.

§ 1°. Na hipótese deste artigo, o estabelecimento do operador dutoviário no qual o etanol permaneceu armazenado, observado o disposto no § 3° do art. 1°, deverá emitir:

1. Nota Fiscal Eletrônica – NF-e, modelo 55, sem destaque do imposto, na qual constará, além dos demais requisitos:

a) como destinatário, o estabelecimento depositante;

b) como valores unitários, os constantes das Notas Fiscais de que trata o art. 7°;

c) como natureza da operação: "Retorno Simbólico de Combustível Recebido para Armazenagem";

d) no campo "Informações Complementares" do quadro "Dados Adicionais", a indicação das chaves de acesso das Notas Fiscais emitidas na forma do art. 7°, bem como a expressão: "Suspensão – Art. 6° do Decreto (indicar o número e data deste decreto)";

2. Nota Fiscal Eletrônica – NF-e, modelo 55, sem destaque do imposto, na qual constará, além dos demais requisitos:

a) como destinatário, o estabelecimento destinatário;

b) como valor, o da Nota Fiscal de que trata o *caput*;

c) como natureza da operação: "Remessa por Conta e Ordem de Terceiros de Combustível Recebido para Armazenagem";

d) no campo "Chave de Acesso da NF-e Referenciada", a indicação da Nota Fiscal de que trata o *caput*.

§ 2º. Na hipótese de o volume de etanol indicado na Nota Fiscal emitida na forma do item 1 do § 1º corresponder a apenas parte do volume constante das Notas Fiscais emitidas na forma do art. 7º, a informação de que trata a alínea "d" do item 1 do § 1º deverá conter a porcentagem ou volume do etanol correspondente às respectivas frações.

### *Seção III – Da Remessa para Armazenagem por Conta e Ordem do Adquirente*

**Art. 9º.** Na saída de etanol para entrega em estabelecimento de operador dutoviário para armazenagem, por conta e ordem do adquirente da mercadoria, este será considerado depositante, devendo o remetente emitir Nota Fiscal Eletrônica – NF-e, modelo 55, na qual constará, além dos demais requisitos:

I – o destaque do imposto, se devido;

II – como destinatário, o estabelecimento depositante;

III – no grupo "G – Identificação do Local de Entrega", a identificação do estabelecimento do operador dutoviário no qual se dará a entrada do etanol no sistema.

Parágrafo único. O estabelecimento depositante deverá emitir Nota Fiscal Eletrônica – NF-e, modelo 55, na qual constará, além dos demais requisitos previstos na legislação:

1. como destinatário, o estabelecimento do operador dutoviário no qual o etanol permanecerá armazenado;

2. como natureza da operação, "Remessa Simbólica para Armazenagem de Combustível";

3. no campo CFOP, o código 5.949;

4. no campo "Chave de Acesso da NF-e Referenciada", a indicação da Nota Fiscal de que trata o *caput*.

5. no campo "Informações Complementares" do quadro "Dados Adicionais" a expressão: "Suspensão – Art. 6º do Decreto (indicar o número e a data deste decreto)".

**Art. 10.** Na saída do etanol armazenado no sistema dutoviário com destino a estabelecimento diverso do depositante, ainda que pertencente ao mesmo titular, deverá ser emitida, pelo estabelecimento depositante, Nota Fiscal Eletrônica – NF-e, modelo 55, com destaque do imposto, se devido, na qual constará, além dos demais requisitos previstos na legislação, no grupo "F – Identificação do Local de Retirada", a identificação do estabelecimento do operador dutoviário no qual se dará a saída do etanol do sistema.

§ 1º. Na hipótese deste artigo, o estabelecimento do operador dutoviário no qual o etanol permaneceu armazenado, observado o disposto no § 3º do art. 1º, deverá emitir:

1. Nota Fiscal Eletrônica – NF-e, modelo 55, sem destaque do imposto, na qual constará, além dos demais requisitos:

a) como destinatário, o estabelecimento depositante;

b) como valores unitários, os constantes das Notas Fiscais de que trata o parágrafo único do art. 9º;

c) como natureza da operação: "Retorno Simbólico de Combustível Recebido para Armazenagem";

d) no campo "Informações Complementares" do quadro "Dados Adicionais", a indicação das chaves de acesso das Notas Fiscais emitidas na forma do parágrafo único do art. 9º, bem como a expressão: "Suspensão – Art. 6º do Decreto (indicar o número e a data deste decreto)";

2. Nota Fiscal Eletrônica – NF-e, modelo 55, sem destaque do imposto, na qual constará, além dos demais requisitos:

a) como destinatário, o estabelecimento destinatário;

b) como valor, o da Nota Fiscal de que trata o *caput*;

c) como natureza da operação: "Remessa por Conta e Ordem de Terceiros de Combustível Recebido para Armazenagem";

d) no campo "Chave de Acesso da NF-e Referenciada", a indicação da Nota Fiscal de que trata o *caput*.

§ 2º. Na hipótese de o volume de etanol indicado na Nota Fiscal emitida na forma do item 1 do § 1º corresponder a apenas parte do volume constante das Notas Fiscais emitidas na forma do parágrafo único do art. 9º, a informação de que trata a alínea "d" do item 1 do § 1º deverá conter a porcentagem ou volume do etanol correspondente às respectivas frações.

### Capítulo IV – Da Transmissão de Propriedade de Etanol Armazenado no Sistema Dutoviário

**Art. 11.** Na hipótese de transmissão de propriedade de etanol, quando este permanecer armazenado no sistema dutoviário, o estabelecimento depositante e transmitente emitirá Nota Fiscal Eletrônica – NF-e, modelo 55, com destaque do imposto, se devido, na qual constará, além dos demais requisitos:

I – como destinatário, o estabelecimento adquirente;

II – no campo "Informações Complementares" do quadro "Dados Adicionais" a indicação de encontrar-se a mercadoria depositada em sistema dutoviário, com a identificação do estabelecimento do operador dutoviário no qual o etanol permaneceu armazenado.

§ 1º. Na hipótese deste artigo, o estabelecimento do operador dutoviário no qual o etanol permaneceu armazenado deverá emitir, observado o disposto no § 3º do art. 1º, Nota Fiscal Eletrônica – NF-e, modelo 55, sem destaque do valor do imposto, na qual constará, além dos demais requisitos:

1. como destinatário, o estabelecimento depositante e transmitente;

2. como valores unitários, os das Notas Fiscais emitidas anteriormente pelo depositante e transmitente, relativas às operações que remeteram física ou simbolicamente o etanol para armazenagem;

3. como natureza da operação: "Retorno Simbólico de Combustível Recebido para Armazenagem";

4. no campo "Informações Complementares" do quadro "Dados Adicionais", a indicação das chaves de acesso das Notas Fiscais emitidas anteriormente pelo depositante e transmitente, relativas às operações que remeteram física ou simbolicamente o etanol para armazenagem.

§ 2º. O estabelecimento adquirente emitirá Nota Fiscal Eletrônica – NF-e, modelo 55, sem destaque do valor do imposto, na qual constará, além dos demais requisitos:

1. como destinatário, o estabelecimento do operador dutoviário no qual o etanol permanecerá armazenado;

2. como natureza da operação, "Remessa Simbólica para Armazenagem de Combustível";

3. no campo CFOP, o código 5.949;

4. no campo "Informações Complementares" do quadro "Dados Adicionais" a expressão: "Suspensão – Art. 6º do Decreto (indicar o número e a data deste decreto)";

5. no campo "Chave de Acesso da NF-e Referenciada", a indicação da Nota Fiscal de que trata o *caput*.

§ 3º. Na hipótese de o volume de etanol indicado na Nota Fiscal emitida na forma do § 1º corresponder a apenas parte do volume constante das Notas Fiscais emitidas anteriormente pelo depositante e transmitente, relativas às operações que remeteram física ou simbolicamente o etanol para armazenagem, a informação de que trata o item 4 do § 1º deverá conter a porcentagem ou volume do etanol correspondente às respectivas frações.

**Art. 12.** Na hipótese do art. 11, quando se tratar de operação interna, o lançamento do imposto incidente na transmissão da propriedade do etanol fica diferido para o momento em que ocorrer:

I – sua saída para outro Estado ou para o exterior;

II – a saída física do sistema dutoviário.

Parágrafo único. Na hipótese do *caput*, a Nota Fiscal de que trata o *caput* do art. 11 deverá ser emitida, pelo estabelecimento depositante e transmitente, sem destaque do imposto, devendo constar, além dos demais requisitos, no campo "Informações Complementares" do quadro "Dados Adicionais" a expressão: "Transmissão de propriedade de etanol armazenado em sistema dutoviário – Diferimento – Art. 12 do Decreto (indicar o número e a data deste decreto)".

## Capítulo V – Das Perdas de Etanol no Sistema Dutoviário

### *Seção I – Da Perda Decorrente da Degradação por Interface*

**Art. 13.** Relativamente à perda decorrente da degradação por interface, assim entendida a transformação não intencional de etanol anidro em etanol hidratado ocorrida durante o transporte ou armazenagem em sistema dutoviário, o prestador do serviço de transporte ou depositário, operador do sistema dutoviário, deverá:

I – apurar diariamente o volume da transformação do etanol anidro e hidratado;

II – totalizar, mensalmente, o volume da transformação, com base na apuração diária correspondente ao período do dia 26 (vinte e seis) do mês anterior ao dia 25 (vinte e cinco) do mês da totalização;

III – emitir, até o último dia de cada mês, para cada contratante do serviço de transporte ou armazenagem, Nota Fiscal Eletrônica – NF-e, modelo 55, sem destaque do imposto, na qual deverá constar, além dos demais requisitos previstos na legislação:

a) como destinatário, o contratante do serviço de transporte ou depositante;

b) como valor, o valor do etanol transformado no período, considerando-se o valor unitário constante da Nota Fiscal que documentou a remessa física ou simbólica do etanol ao sistema;

c) como natureza da operação, "Devolução Simbólica – Perda de Etanol Anidro Decorrente de Degradação por Interface";

d) no campo CFOP, o código relativo a outras saídas de mercadoria ou prestações de serviço não especificados.

Parágrafo único. A Nota Fiscal prevista no inciso III será emitida pelo estabelecimento do operador dutoviário indicado como destinatário na Nota Fiscal que documentou a remessa física ou simbólica do etanol ao sistema.

**Art. 14.** O contratante do serviço de transporte ou depositante deverá emitir Nota Fiscal Eletrônica – NF-e, modelo 55, sem destaque do imposto, na qual deverá constar, além dos demais requisitos previstos na legislação:

a) como destinatário, o estabelecimento do operador dutoviário mencionado no parágrafo único do art. 13;

b) como natureza da operação "Remessa Simbólica de Etanol Hidratado Resultante da Degradação por Interface";

c) no campo CFOP, o código relativo a outras saídas de mercadoria ou prestações de serviço não especificados.

### *Seção II – Das Perdas Gerais Ocorridas no Sistema Dutoviário*

**Art. 15.** Relativamente às perdas de etanol ocorridas durante o transporte ou armazenagem em sistema dutoviário, excetuada a hipótese de que trata o art. 13, o prestador do serviço de transporte ou depositário, operador do sistema dutoviário, deverá:

I – apurar diariamente o volume das perdas de etanol no sistema;

II – totalizar, mensalmente, o volume das perdas, com base na apuração diária correspondente ao período do dia 26 (vinte e seis) do mês anterior ao dia 25 (vinte e cinco) do mês da totalização;

III – emitir, até o último dia de cada mês, para cada contratane do serviço de transporte ou armazenagem, Nota Fiscal Eletrônica – NF-e modelo 55, sem destaque do imposto, na qual deverá constar, além dos demais requisitos previstos na legislação:

a) como destinatário, o contratante do serviço de transporte ou depositante;

b) como valor, o valor do etanol perdido no período, considerando-se o valor unitário constante da Nota Fiscal que documentou a remessa física ou simbólica do etanol ao sistema;

c) como natureza da operação, "Devolução Simbólica – Perda de Etanol no Sistema Dutoviário";

d) no campo CFOP, o código relativo a outras saídas de mercadoria ou prestações de serviço não especificados.

Parágrafo único. A Nota Fiscal prevista no inciso III será emitida pelo estabelecimento do operador dutoviário indicado como destinatário na Nota Fiscal que documentou a remessa física ou simbólica do etanol ao sistema.

**Art. 16.** O contratante do serviço de transporte ou depositante deverá lançar o valor do imposto relativo ao etanol perdido no sistema dutoviário diretamente no livro Registro de Apuração do ICMS – RAICMS, no quadro "Débito do Imposto – Outros Débitos", com a expressão "ICMS relativo à perda de etanol em sistema dutoviário".

§ 1º. O lançamento de que trata o *caput* deverá ser realizado dentro do período da emissão da Nota Fiscal prevista no inciso III do art. 15.

§ 2º. O imposto a ser lançado na forma do *caput* deverá ser calculado mediante a aplicação da alíquota prevista na legislação sobre o valor total constante da Nota Fiscal prevista no inciso III do art. 15.

### Capítulo VI – Das Demais Obrigações

**Art. 17.** Os prestadores de serviços de transporte e depositários detentores do regime especial de que trata o art. 1º, além das demais obrigações previstas na legislação, deverão verificar, nas operações com etanol cujo transporte ou armazenagem seja realizado pelo sistema dutoviário:

I – quando se tratar de operação com etanol hidratado, se as informações constantes das respectivas Notas Fiscais estão em consonância com o previsto no art. 418-B do RICMS;

II – quando se tratar de operação que destinar etanol anidro a estabelecimento de distribuidor de combustíveis, se:

a) o estabelecimento do remetente está cadastrado no Sistema de Controle do Diferimento do Imposto nas Operações com AEAC – CODIF, conforme as disposições do art. 419 do RICMS e disciplina estabelecida pela Secretaria da Fazenda;

b) o diferimento do lançamento do imposto incidente na operação está autorizado pelo CODIF, constando da Nota Fiscal correspondente o número da autorização.

Parágrafo único. A não observância do *caput* implicará a responsabilidade solidária do detentor do regime pelo pagamento do imposto devido nas respectivas operações (Lei nº 6.374/89, art. 9º, I, "c", e II, "c", e art. 68).

### Capítulo VII
### Disposições Finais e Transitórias

**Art. 18.** O prestador de serviço de transporte dutoviário deverá emitir o Conhecimento de Transporte Eletrônico – CT-e, modelo 57, conforme disciplina estabelecida pela Secretaria da Fazenda.

Parágrafo único. Na hipótese em que o prestador de serviço de transporte, detentor do regime especial de que trata o art. 1º, prestar serviço na condição de Operador de Transporte Multimodal – OTM, ele deverá emitir o CT-e de que trata o *caput*, em substituição ao Conhecimento de Transporte Multimodal de Cargas – CTMC, até que sobrevenha legislação que discipline a emissão e o armazenamento deste último documento em meio exclusivamente eletrônico.

**Art. 19.** Este decreto entra em vigor na data de sua publicação.

Palácio dos Bandeirantes, 19 de junho de 2013.

*Geraldo Alckmin – DOE de 20.6.2013*

## 669. DECRETO Nº 59.324, DE 26 DE JUNHO DE 2013

*Introduz alteração no Regulamento do Imposto sobre Operações Relativas à Circulação de Mercadorias e sobre Prestações de Serviços de Transporte Interestadual e Intermunicipal e de Comunicação – RICMS.*

Geraldo Alckmin, Governador do Estado de São Paulo, no uso de suas atribuições legais e tendo em vista o disposto no art. 170, inciso IV, da Constituição Federal, e no art. 47, inciso III, da Constituição Estadual, decreta:

**Art. 1º.** Fica acrescentado o § 3º ao art. 62 do Anexo II do Regulamento do Imposto sobre Operações Relativas à Circulação de Mercadorias e sobre Prestações de Serviços de Transporte Interestadual e Intermunicipal e de Comunicação, aprovado pelo Decreto nº 45.490, de 30 de novembro de 2000, com a seguinte redação:

- *Alteração já efetuada no corpo do Decreto.*

**Art. 2º.** Este Decreto entra em vigor na data de sua publicação.

Palácio dos Bandeirantes, 26 de junho de 2013.

*Geraldo Alckmin – DOE de 27.6.2013*

## 670. DECRETO Nº 59.339, DE 3 DE JULHO DE 2013

*Implementa o Convênio ICMS 38/13 no que se refere à remissão dos créditos tributários relativos ao ICMS constituídos ou não em virtude do descumprimento das obrigações acessórias instituídas pelo Ajuste SINIEF nº 19, de 7 de novembro de 2012.*

Geraldo Alckmin, Governador do Estado de São Paulo, no uso de suas atribuições legais e tendo em vista o disposto no Convênio ICMS-38/13, de 22 de maio de 2013, decreta:

**Art. 1º.** Ficam remitidos os créditos tributários relativos ao ICMS constituídos ou não em virtude do descumprimento das obrigações acessórias instituídas pelo Ajuste SINIEF nº 19, de 7 de novembro de 2012.

**Art. 2º.** Este Decreto entra em vigor na data de sua publicação.

Palácio dos Bandeirantes, 3 de julho de 2013.

*Geraldo Alckmin – DOE de 4.7.2013*

## 671. DECRETO Nº 59.357, DE 15 DE JULHO DE 2013

*Introduz alteração no Regulamento do Imposto sobre Operações Relativas à Circulação de Mercadorias e sobre Prestações de Serviços de Transporte Interestadual e Intermunicipal e de Comunicação – RICMS.*

Geraldo Alckmin, Governador do Estado de São Paulo, no uso de suas atribuições legais e tendo em vista

o disposto no art. 8º, inciso II, da Lei nº 6.374, de 1º de março de 1989, e no Convênio ICMS-45/99, de 23 de julho de 1999, decreta:

**Art. 1º.** Passa a vigorar com a redação que se segue o art. 288 do Regulamento do Imposto sobre Operações Relativas à Circulação de Mercadorias e sobre Prestações de Serviços de Transporte Interestadual e Intermunicipal e de Comunicação, aprovado pelo Decreto nº 45.490, de 30 de novembro de 2000:

• *Alteração já efetuada no corpo do Decreto.*

**Art. 2º.** Este Decreto entra em vigor na data de sua publicação.

Palácio dos Bandeirantes, 15 de julho de 2013.

*Geraldo Alckmin – DOE de 16.7.2013*

## 672. DECRETO Nº 59.369, DE 22 DE JULHO DE 2013

*Isenta do Imposto sobre Operações Relativas à Circulação de Mercadorias e sobre Prestações de Serviços de Transporte Interestadual e Intermunicipal e de Comunicação – ICMS a comercialização de sanduíches denominados "Big Mac" efetuada durante o evento "McDia Feliz". (DOE de 23.7.2013)*

• *Pode ser considerado sem mais efeito em razão do cumprimento do seu prazo.*

## 673. DECRETO Nº 59.375, DE 22 DE JULHO DE 2013

*Introduz alteração no Regulamento do Imposto sobre Operações Relativas à Circulação de Mercadorias e sobre Prestações de Serviços de Transporte Interestadual e Intermunicipal e de Comunicação – RICMS.*

Geraldo Alckmin, Governador do Estado de São Paulo, no uso de suas atribuições legais e tendo em vista o disposto no art. 8º, inciso III, e nos arts. 28-A, 28-B e 28-C da Lei nº 6.374, de 1º de março de 1989, decreta:

**Art. 1º.** Passa a vigorar com a redação que se segue o § 1º do art. 422-A do Regulamento do Imposto sobre Operações Relativas à Circulação de Mercadorias e sobre Prestações de Serviços de Transporte Interestadual e Intermunicipal e de Comunicação, aprovado pelo Decreto nº 45.490, de 30 de novembro de 2000:

• *Alteração já efetuada no corpo do Decreto.*

**Art. 2º.** Este Decreto entra em vigor em 1º de agosto de 2013.

Palácio dos Bandeirantes, 22 de julho de 2013.

*Geraldo Alckmin – DOE de 23.7.2013*

## 674. DECRETO Nº 59.413, DE 8 DE AGOSTO DE 2013

*Altera o Decreto nº 58.811, de 27.12.2012, que institui o Programa Especial de Parcelamento – PEP do ICMS no Estado de São Paulo, para a liquidação de débitos fiscais relacionados com o Imposto sobre Operações Relativas à Circulação de Mercadorias – ICM e com o Imposto sobre Operações Relativas à Circulação de Mercadorias e sobre Prestações de Serviços de Transporte Interestadual e Intermunicipal e de Comunicação – ICMS.*

Geraldo Alckmin, Governador do Estado de São Paulo, no uso de suas atribuições legais e tendo em vista o disposto no Convênio ICMS-108/12, de 4 de outubro de 2012, com a alteração promovida pelo Convênio ICMS-35/13, de 11 de abril de 2013, decreta:

**Art. 1º.** Ficam revogados os itens 1 e 2 do § 3º do art. 1º do Decreto nº 58.811, de 27 de dezembro de 2012.

• *Alterações já efetuadas no corpo do Decreto.*

**Art. 2º.** Este Decreto entra em vigor na data de sua publicação.

Palácio dos Bandeirantes, 8 de agosto de 2013.

*Geraldo Alckmin – DOE de 9.8.2013*

## 675. DECRETO Nº 59.456, DE 21 DE AGOSTO DE 2013

*Fixa prazos especiais para recolhimento do ICMS nas saídas de mercadorias decorrentes do evento que especifica e dá outras providências. (DOE de 22.8.2013)*

• *Pode ser considerado sem mais efeito em razão do cumprimento do seu prazo.*

## 676. DECRETO Nº 59.486, DE 30 DE AGOSTO DE 2013

*Introduz alteração no Regulamento do Imposto sobre Operações Relativas à Circulação de Mercadorias e sobre Prestações de Serviços de Transporte Interestadual e Intermunicipal e de Comunicação – RICMS e dá outras providências.*

Geraldo Alckmin, Governador do Estado de São Paulo, no uso de suas atribuições legais, e considerando o disposto no art. 8º, inciso XLI, da Lei nº 6.374, de 1º de março de 1989, decreta:

**Art. 1º.** Passa a vigorar, com a redação que se segue, o item 71 do § 1º do art. 313-Z19 do Regulamento do Imposto sobre Operações Relativas à Circulação de Mercadorias e sobre Prestações de Serviços de Transporte Interestadual e Intermunicipal e de Comunicação – RICMS, aprovado pelo Decreto nº 45.490, de 30 de novembro de 2000:

• *Alteração já efetuada no corpo do Decreto.*

**Art. 2º.** Ficam acrescentados os itens 77 e 78 ao § 1º do art. 313-Z19 do Regulamento do Imposto sobre Operações Relativas à Circulação de Mercadorias e sobre Prestações de Serviços de Transporte Interestadual e Intermunicipal e de Comunicação – RICMS, aprovado pelo Decreto nº 45.490, de 30 de novembro de 2000, com a seguinte redação:

• *Alterações já efetuadas no corpo do Decreto.*

**Art. 3º.** O estabelecimento paulista, exceto o indicado no inciso I do art. 313-Z19 do Regulamento do ICMS, aprovado pelo Decreto nº 45.490, de 30 de novembro de 2000, relativamente ao estoque de mercadorias relacionadas no § 5º existente no final do dia 30 de setembro de 2013, deverá:

I – efetuar a contagem do estoque das mercadorias;

II – elaborar relação, indicando, para cada item:

a) o valor das mercadorias em estoque e a base de cálculo para fins de incidência do ICMS, considerando a entrada mais recente da mercadoria;

b) a alíquota interna aplicável;

c) o valor do imposto devido, calculado conforme o § 1º;

d) o correspondente código na Nomenclatura Comum do Mercosul – NCM;

III – na hipótese de estar sujeito ao Regime Periódico de Apuração – RPA, transmitir, até 18 de novembro de 2013, arquivo digital à Secretaria da Fazenda, conforme disciplina por ela estabelecida, contendo a relação de que trata o inciso II e demais informações requeridas;

IV – na hipótese de estar sujeito ao Regime Especial Unificado de Arrecadação de Tributos e Contribuições devidos pelas Microempresas e Empresas de Pequeno Porte – "Simples Nacional", manter a relação de que trata o inciso II em arquivo, pelo prazo de 5 (cinco) anos, para apresentação ao fisco, quando solicitado;

V – recolher o valor do imposto devido em razão da operação própria e das subsequentes, por meio de guia de recolhimentos especiais, conforme disciplina estabelecida pela Secretaria da Fazenda.

§ 1º. O valor do imposto devido pela operação própria e pelas subsequentes será calculado com base no Índice de Valor Adicionado Setorial – IVA-ST divulgado pela Secretaria da Fazenda:

1 – mediante a seguinte fórmula:

a) em se tratando de contribuinte sujeito ao Regime Periódico de Apuração – RPA:

Imposto devido = (base de cálculo x alíquota interna) + (base de cálculo x IVA-ST x alíquota interna);

b) em se tratando de contribuinte sujeito ao "Simples Nacional":

Imposto devido = base de cálculo x IVA-ST x alíquota interna;

2 – considerando-se, para determinação da base de cálculo, o valor da entrada mais recente da mercadoria.

§ 2º. O imposto devido poderá ser recolhido em até 10 (dez) parcelas mensais, iguais e sucessivas, com vencimento no último dia útil de cada mês, sendo que a primeira parcela deverá ser recolhida até 30 de novembro de 2013.

§ 3º. Na hipótese de contribuinte sujeito ao Regime Periódico de Apuração – RPA que possua saldo credor de ICMS em 30 de setembro de 2013, este poderá ser utilizado para deduzir, no todo ou em parte, o imposto a recolher nos termos do inciso V, observando-se, sem prejuízo das demais exigências, o que segue:

1 – o valor do saldo credor utilizado para pagar o imposto calculado nos termos do § 1º deverá ser discriminado no final da relação a que se refere o inciso II;

2 – o montante de saldo credor utilizado para pagamento do imposto devido nos termos deste parágrafo será lançado no livro Registro de Apuração do ICMS – RAICMS, na folha destinada à apuração das operações e prestações próprias do período em que ocorrer o aludido levantamento de estoque, no campo "Estorno de Créditos" do quadro "Débito do Imposto", com a indicação da expressão "Liquidação (parcial ou total) do imposto devido por substituição tributária relativo ao estoque existente em 30.9.2013 – Decreto ___ (indicar o número e a data deste Decreto)".

§ 4º. O disposto neste artigo aplica-se, também, no que couber, às mercadorias referidas no § 5º na hipótese de sua saída do estabelecimento remetente ter ocorrido até 30 de setembro de 2013 e o seu recebimento ter se efetivado após essa data.

§ 5º. As mercadorias a que se refere o *caput* são climatizadores de ar – NCM 8479.60.00 e outras partes para máquinas e aparelhos de ar-condicionado que contenham um ventilador motorizado e dispositivos próprios para modificar a temperatura e a umidade, incluindo as máquinas e aparelhos em que a umidade não seja regulável separadamente – NCM 8415.90.90.

§ 6º. O disposto neste artigo não se aplica na hipótese de as mercadorias referidas no § 5º terem sido recebidas já com a retenção antecipada do imposto por substituição tributária.

**Art. 4º.** Este Decreto entra em vigor na data de sua publicação, exceto o art. 2º, que entra em vigor em 1º de outubro de 2013.

Palácio dos Bandeirantes, 30 de agosto de 2013.

*Geraldo Alckmin – DOE de 31.8.2013*

## 677. DECRETO Nº 59.502, DE 5 DE SETEMBRO DE 2013

*Introduz alterações no Regulamento do Imposto sobre Operações Relativas à Circulação de Mercadorias e sobre Prestações de Serviços de Transporte Interestadual e Intermunicipal e de Comunicação – RICMS.*

Geraldo Alckmin, Governador do Estado de São Paulo, no uso de suas atribuições legais e tendo em vista o disposto no art. 8º da Lei nº 6.374, de 1º de março de 1989, decreta:

**Art. 1º.** Fica acrescentada a Seção XXXI, composta pelo art. 400-T, ao Capítulo IV do Título II do Livro II do Regulamento do Imposto sobre Operações Relativas à Circulação de Mercadorias e sobre Prestações de Serviços de Transporte Interestadual e Intermunicipal e de Comunicação, aprovado pelo Decreto nº 45.490, de 30 de novembro de 2000, com a seguinte redação:

- *Alteração já efetuada no corpo do Decreto.*

**Art. 2º.** Este Decreto entra em vigor na data de sua publicação.

Palácio dos Bandeirantes, 5 de setembro de 2013.

*Geraldo Alckmin – DOE de 6.9.2013*

## 678. DECRETO Nº 59.551, DE 26 DE SETEMBRO DE 2013

*Fixa prazo especial para recolhimento do ICMS devido pelos contribuintes de Taquarituba. (DOE de 27.9.2013)*

- *Pode ser considerado sem mais efeito em razão do cumprimento do seu prazo.*

## 679. DECRETO Nº 59.556, DE 27 DE SETEMBRO DE 2013

*Introduz alterações no Regulamento do Imposto sobre Operações Relativas à Circulação de Mercadorias e sobre Prestações de Serviços de Transporte Interestadual e Intermunicipal e de Comunicação – RICMS.*

Geraldo Alckmin, Governador do Estado de São Paulo, no uso de suas atribuições legais e tendo em vista o disposto nos arts. 16, § 2º, e 71 da Lei nº 6.374, de 1º de março de 1989, e no Convênio ICM-32/75, de 5 de novembro de 1975, decreta:

**Art. 1º.** Fica acrescentado, com a redação que se segue, o Anexo XXI ao Regulamento do Imposto sobre Operações Relativas à Circulação de Mercadorias e sobre Prestações de Serviços de Transporte Interestadual e Intermunicipal e de Comunicação – RICMS, aprovado pelo Decreto nº 45.490, de 30 de novembro de 2000:

• *Alteração já efetuada no corpo do Decreto.*

**Art. 2º.** As disposições do Anexo XXI do Regulamento do ICMS aplicam-se, no que couber, às operações promovidas pela Superintendência do Trabalho Artesanal nas Comunidades – SUTACO, enquanto suas atribuições comportarem a comercialização de artesanato.

**Art. 3º.** Fica revogado o art. 6º do Anexo I do Regulamento do Imposto sobre Operações Relativas à Circulação de Mercadorias e sobre Prestações de Serviços de Transporte Interestadual e Intermunicipal e de Comunicação – RICMS, aprovado pelo Decreto nº 45.490, de 30 de novembro de 2000.

• *Alteração já efetuada no corpo do Decreto.*

**Art. 4º.** Este Decreto entra em vigor na data de sua publicação.

Palácio dos Bandeirantes, 27 de setembro de 2013.

*Geraldo Alckmin – DOE de 28.9.2013*

## 680. DECRETO Nº 59.565, DE 1º DE OUTUBRO DE 2013

*Introduz alterações no Regulamento do Imposto sobre Operações Relativas à Circulação de Mercadorias e sobre Prestações de Serviços de Transporte Interestadual e Intermunicipal e de Comunicação – RICMS.*

Geraldo Alckmin, Governador do Estado de São Paulo, no uso de suas atribuições legais e tendo em vista o disposto nos arts. 67, 68 e 69 da Lei nº 6.374, de 1º de março de 1989, e no Ajuste SINIEF 21/10, de 10 de dezembro de 2010, decreta:

**Art. 1º.** Passam a vigorar com a redação que se segue os dispositivos adiante indicados do art. 212-O do Regulamento do Imposto sobre Operações Relativas à Circulação de Mercadorias e sobre Prestações de Serviços de Transporte Interestadual e Intermunicipal e de Comunicação – RICMS, aprovado pelo Decreto nº 45.490, de 30 de novembro de 2000:

I – o *caput* do § 3º, mantidos os seus itens:

II – a alínea "a" do item 8 do § 3º:

• *Alterações já efetuadas no corpo do Decreto.*

**Art. 2º.** Ficam acrescentados os dispositivos adiante indicados ao Regulamento do Imposto sobre Operações Relativas à Circulação de Mercadorias e sobre Prestações de Serviços de Transporte Interestadual e Intermunicipal e de Comunicação – RICMS, aprovado pelo Decreto nº 45.490, de 30 de novembro de 2000, com a seguinte redação:

I – ao art. 124, o inciso XXVI:

II – do art. 212-O:

a) o inciso X ao *caput*:

b) a alínea "d" ao item 9 do § 3º:

c) a alínea "d" ao item 12 do § 3º:

d) o item 15 ao § 3º:

• *Alterações já efetuadas no corpo do Decreto.*

**Art. 3º.** Este Decreto entra em vigor na data de sua publicação.

Palácio dos Bandeirantes, 1º de outubro de 2013.

*Geraldo Alckmin – DOE de 2.10.2013*

## 681. DECRETO Nº 59.581, DE 8 DE OUTUBRO DE 2013

*Introduz alterações no Regulamento do Imposto sobre Operações Relativas à Circulação de Mercadorias e sobre Prestações de Serviços de Transporte Interestadual e Intermunicipal e de Comunicação – RICMS.*

Geraldo Alckmin, Governador do Estado de São Paulo, no uso de suas atribuições legais e tendo em vista o disposto no art. 67, § 1º, da Lei nº 6.374, de 1º de março de 1989, decreta:

**Art. 1º.** Passam a vigorar com a redação que se segue os dispositivos adiante indicados do art. 12 do Anexo XVIII do Regulamento do Imposto sobre Operações Relativas à Circulação de Mercadorias e sobre Prestações de Serviços de Transporte Interestadual e Intermunicipal e de Comunicação – RICMS, aprovado pelo Decreto nº 45.490, de 30 de novembro de 2000:

I – a alínea "a" do inciso I do *caput*:

II – o inciso II do *caput*:

III – o § 1º:

IV – o item 1 do § 2º:

V – o item 1 do § 3º:

VI – o § 5º:

• *Alterações já efetuadas no corpo do Decreto.*

**Art. 2º.** Este Decreto entra em vigor na data de sua publicação.

Palácio dos Bandeirantes, 8 de outubro de 2013.

*Geraldo Alckmin – DOE de 9.10.2013*

## 682. DECRETO Nº 59.614, DE 17 DE OUTUBRO DE 2013

*Introduz alterações no Regulamento do Imposto sobre Operações Relativas à Circulação de Mercadorias e sobre Prestações de Serviços de Transporte Interestadual e Intermunicipal e de Comunicação – RICMS.*

Geraldo Alckmin, Governador do Estado de São Paulo, no uso de suas atribuições legais e tendo em vista o disposto no art. 170, IV, da Constituição Federal, no art. 47, III, da Constituição Estadual e no art. 8º, XXIV e §§ 10, 11 e 12, da Lei nº 6.374, de 1º de março de 1989, decreta:

**Art. 1º.** Ficam acrescentados os dispositivos adiante indicados ao Regulamento do Imposto sobre Operações Relativas à Circulação de Mercadorias e sobre Prestações de Serviços de Transporte Interestadual e Intermunicipal e de Comunicação, aprovado pelo Decreto nº 45.490, de 30 de novembro de 2000, com a seguinte redação:

I – ao Capítulo IV do Título II do Livro II, a Seção XXXII, composta pelos arts. 400-U e 400-V:

II – ao § 3º do art. 29 das Disposições Transitórias, o item 207:

III – ao art. 26 do Anexo III, o § 3º:

• *Alterações já efetuadas no corpo do Decreto.*

**Art. 2º.** Este Decreto entra em vigor na data de sua publicação.

Palácio dos Bandeirantes, 17 de outubro de 2013.

*Geraldo Alckmin – DOE de 18.10.2013*

## 683. DECRETO Nº 59.619, DE 18 DE OUTUBRO DE 2013

*Introduz alterações no Regulamento do Imposto sobre Operações Relativas à Circulação de Mercadorias e sobre Prestações de Serviços de Transporte Interestadual e Intermunicipal e de Comunicação – RICMS e dá outras providências.*

Geraldo Alckmin, Governador do Estado de São Paulo, no uso de suas atribuições legais e tendo em vista o disposto no art. 8º, inciso XXX, da Lei nº 6.374, de 1º de março de 1989, decreta:

**Art. 1º.** Passam a vigorar com a redação que se segue os itens 24 e 34 do § 1º do art. 313-G do Regulamento do Imposto sobre Operações Relativas à Circulação de Mercadorias e sobre Prestações de Serviços de Transporte Interestadual e Intermunicipal e de Comunicação – RICMS, aprovado pelo Decreto nº 45.490, de 30 de novembro de 2000:

• *Alterações já efetuadas no corpo do Decreto.*

**Art. 2º.** Fica acrescentado, com a redação que se segue, o item 47 ao § 1º do art. 313-G do Regulamento do Imposto sobre Operações Relativas à Circulação de Mercadorias e sobre Prestações de Serviços de Transporte Interestadual e Intermunicipal e de Comunicação – RICMS, aprovado pelo Decreto nº 45.490, de 30 de novembro de 2000:

• *Alteração já efetuada no corpo do Decreto.*

**Art. 3º.** Fica revogado o item 33 do § 1º do art. 313-G do Regulamento do Imposto sobre Operações Relativas à Circulação de Mercadorias e sobre Prestações de Serviços de Transporte Interestadual e Intermunicipal e de Comunicação – RICMS, aprovado pelo Decreto nº 45.490, de 30 de novembro de 2000.

• *Alteração já efetuada no corpo do Decreto.*

**Art. 4º.** O estabelecimento paulista, exceto o indicado no inciso I do art. 313-G do Regulamento do ICMS, aprovado pelo Decreto nº 45.490, de 30 de novembro de 2000, relativamente ao estoque de mercadorias relacionadas no § 5º existente no final do dia 31 de outubro de 2013, deverá:

I – efetuar a contagem do estoque das mercadorias;

II – elaborar relação, indicando, para cada item:

a) o valor das mercadorias em estoque e a base de cálculo para fins de incidência do ICMS, considerando a entrada mais recente da mercadoria;

b) a alíquota interna aplicável;

c) o valor do imposto devido, calculado conforme o § 1º;

d) o correspondente código na Nomenclatura Comum do Mercosul – NCM;

III – na hipótese de estar sujeito ao Regime Periódico de Apuração – RPA, transmitir, até 16 de dezembro de 2013, arquivo digital à Secretaria da Fazenda, conforme disciplina por ela estabelecida, contendo a relação de que trata o inciso II e demais informações requeridas;

IV – na hipótese de estar sujeito ao Regime Especial Unificado de Arrecadação de Tributos e Contribuições devidos pelas Microempresas e Empresas de Pequeno Porte – "Simples Nacional", manter a relação de que trata o inciso II em arquivo, pelo prazo de 5 (cinco) anos, para apresentação ao fisco, quando solicitado;

V – recolher o valor do imposto devido em razão da operação própria e das subsequentes, por meio de guia de recolhimentos especiais, conforme disciplina estabelecida pela Secretaria da Fazenda.

§ 1º. O valor do imposto devido pela operação própria e pelas subsequentes será calculado com base no Índice de Valor Adicionado Setorial – IVA-ST divulgado pela Secretaria da Fazenda:

1 – mediante a seguinte fórmula:

a) em se tratando de contribuinte sujeito ao Regime Periódico de Apuração – RPA:

Imposto devido = (base de cálculo x alíquota interna) + (base de cálculo x IVA-ST x alíquota interna);

b) em se tratando de contribuinte sujeito ao "Simples Nacional":

Imposto devido = base de cálculo x IVA-ST x alíquota interna;

2 – considerando-se, para determinação da base de cálculo, o valor da entrada mais recente da mercadoria.

§ 2º. O imposto devido poderá ser recolhido em até 10 (dez) parcelas mensais, iguais e sucessivas, com vencimento no último dia útil de cada mês, sendo que a primeira parcela deverá ser recolhida até 31 de dezembro de 2013.

§ 3º. Na hipótese de contribuinte sujeito ao Regime Periódico de Apuração – RPA que possua saldo credor de ICMS em 31 de outubro de 2013, este poderá ser utilizado para deduzir, no todo ou em parte, o imposto a recolher nos termos do inciso V, observando-se, sem prejuízo das demais exigências, o que segue:

1 – o valor do saldo credor utilizado para pagar o imposto calculado nos termos do § 1º deverá ser discriminado no final da relação a que se refere o inciso II;

2 – o montante de saldo credor utilizado para pagamento do imposto devido nos termos deste parágrafo será lançado no livro Registro de Apuração do ICMS – RAICMS, na folha destinada à apuração das operações e prestações próprias do período em que ocorrer o aludido levantamento de estoque, no campo "Estorno de Créditos" do quadro "Débito do Imposto", com a indicação da expressão "Liquidação (parcial ou total) do imposto devido por substituição tributária relativo ao estoque existente em 31/10/2013 – Decreto ___ (indicar o número e a data deste Decreto)".

§ 4º. O disposto neste artigo aplica-se, também, no que couber, às mercadorias referidas no § 5º na hipótese de sua saída do estabelecimento remetente ter ocorrido até 31 de outubro de 2013 e o seu recebimento ter se efetivado após essa data.

§ 5°. As mercadorias a que se refere o *caput* são os aparelhos e lâminas de barbear, classificados nos códigos 8212.20.10 ou 8212.10.20 da Nomenclatura Comum do Mercosul – NCM.

§ 6°. O disposto neste artigo não se aplica na hipótese de as mercadorias referidas no § 5° terem sido recebidas já com a retenção antecipada do imposto por substituição tributária.

**Art. 5°.** Este Decreto entra em vigor em 1° de novembro de 2013, exceto o art. 4°, que produz efeitos a partir da data da publicação deste Decreto.

Palácio dos Bandeirantes, 18 de outubro de 2013.

*Geraldo Alckmin – DOE de 19.10.2013*

## 684. DECRETO N° 59.620, DE 18 DE OUTUBRO DE 2013

*Introduz alterações no Regulamento do Imposto sobre Operações Relativas à Circulação de Mercadorias e sobre Prestações de Serviços de Transporte Interestadual e Intermunicipal e de Comunicação – RICMS.*

Geraldo Alckmin, Governador do Estado de São Paulo, no uso de suas atribuições legais e tendo em vista o disposto no Convênio ICMS-78/13, celebrado em Natal (RN) em 26 de julho de 2013, decreta:

**Art. 1°.** Fica acrescentado o art. 162 ao Anexo I do Regulamento do Imposto sobre Operações Relativas à Circulação de Mercadorias e sobre Prestações de Serviços de Transporte Interestadual e Intermunicipal e de Comunicação – RICMS, aprovado pelo Decreto n° 45.490, de 30 de novembro de 2000, com a seguinte redação:

• *Alteração já efetuada no corpo do Decreto.*

**Art. 2°.** Este Decreto entra em vigor na data de sua publicação, produzindo efeitos a partir de 1° de outubro de 2013.

Palácio dos Bandeirantes, 18 de outubro de 2013.

*Geraldo Alckmin – DOE de 19.10.2013*

## 685. DECRETO N° 59.621, DE 18 DE OUTUBRO DE 2013

*Introduz alterações no Regulamento do Imposto sobre Operações Relativas à Circulação de Mercadorias e sobre Prestações de Serviços de Transporte Interestadual e Intermunicipal e de Comunicação – RICMS e dá outras providências.*

Geraldo Alckmin, Governador do Estado de São Paulo, no uso de suas atribuições legais e tendo em vista o disposto no art. 8°, inciso XXVII, da Lei n° 6.374, de 1° de março de 1989, decreta:

**Art. 1°.** Passam a vigorar com a redação que se segue os dispositivos adiante indicados do § 1° do art. 313-W do Regulamento do Imposto sobre Operações Relativas à Circulação de Mercadorias e sobre Prestações de Serviços de Transporte Interestadual e Intermunicipal e de Comunicação – RICMS, aprovado pelo Decreto n° 45.490, de 30 de novembro de 2000:

I – as alíneas "h" e "k" do item 3:

II – a alínea "b" do item 5:

III – a alínea "c" do item 8:

IV – a alínea "e" do item 11:

• *Alterações já efetuadas no corpo do Decreto.*

**Art. 2°.** Fica acrescentada a alínea "m" ao item 11 do § 1° do art. 313-W do Regulamento do Imposto sobre Operações Relativas à Circulação de Mercadorias e sobre Prestações de Serviços de Transporte Interestadual e Intermunicipal e de Comunicação – RICMS, aprovado pelo Decreto n° 45.490, de 30 de novembro de 2000, com a seguinte redação:

• *Alteração já efetuada no corpo do Decreto.*

**Art. 3°.** O estabelecimento paulista, exceto o indicado no inciso I do art. 313-W do Regulamento do ICMS, aprovado pelo Decreto n° 45.490, de 30 de novembro de 2000, relativamente ao estoque de mercadorias relacionadas no § 5° existente no final do dia 31 de outubro de 2013, deverá:

I – efetuar a contagem do estoque das mercadorias;

II – elaborar relação, indicando, para cada item:

a) o valor das mercadorias em estoque e a base de cálculo para fins de incidência do ICMS, considerando a entrada mais recente da mercadoria;

b) a alíquota interna aplicável;

c) o valor do imposto devido, calculado conforme o § 1°;

d) o correspondente código na Nomenclatura Comum do Mercosul – NCM;

III – na hipótese de estar sujeito ao Regime Periódico de Apuração – RPA, transmitir, até 16 de dezembro de 2013, arquivo digital à Secretaria da Fazenda, conforme disciplina por ela estabelecida, contendo a relação de que trata o inciso II e demais informações requeridas;

IV – na hipótese de estar sujeito ao Regime Especial Unificado de Arrecadação de Tributos e Contribuições devidos pelas Microempresas e Empresas de Pequeno Porte – "Simples Nacional", manter a relação de que trata o inciso II em arquivo, pelo prazo de 5 (cinco) anos, para apresentação ao fisco, quando solicitado;

V – recolher o valor do imposto devido em razão da operação própria e das subsequentes, por meio de guia derecolhimentos especiais, conforme disciplina estabelecida pela Secretaria da Fazenda.

§ 1°. O valor do imposto devido pela operação própria e pelas subsequentes será calculado com base no Índice de Valor Adicionado Setorial – IVA-ST divulgado pela Secretaria da Fazenda:

1 – mediante a seguinte fórmula:

a) em se tratando de contribuinte sujeito ao Regime Periódico de Apuração – RPA:

Imposto devido = (base de cálculo x alíquota interna) + (base de cálculo x IVA-ST x alíquota interna);

b) em se tratando de contribuinte sujeito ao "Simples Nacional":

Imposto devido = base de cálculo x IVA-ST x alíquota interna;

2 – considerando-se, para determinação da base de cálculo, o valor da entrada mais recente da mercadoria.

§ 2°. O imposto devido poderá ser recolhido em até 10 (dez) parcelas mensais, iguais e sucessivas, com vencimento no último dia útil de cada mês, sendo que a primeira parcela deverá ser recolhida até 30 de dezembro de 2013.

§ 3º. Na hipótese de contribuinte sujeito ao Regime Periódico de Apuração – RPA que possua saldo credor de ICMS em 31 de outubro de 2013, este poderá ser utilizado para deduzir, no todo ou em parte, o imposto a recolher nos termos do inciso V, observando-se, sem prejuízo das demais exigências, o que segue:

1 – o valor do saldo credor utilizado para pagar o imposto calculado nos termos do § 1º deverá ser discriminado no final da relação a que se refere o inciso II;

2 – o montante de saldo credor utilizado para pagamento do imposto devido nos termos deste parágrafo será lançado no livro Registro de Apuração do ICMS – RAICMS, na folha destinada à apuração das operações e prestações próprias do período em que ocorrer o aludido levantamento de estoque, no campo "Estorno de Créditos" do quadro "Débito do Imposto", com a indicação da expressão "Liquidação (parcial ou total) do imposto devido por substituição tributária relativo ao estoque existente em 31/10/2013 – Decreto ___ (indicar o número e a data deste Decreto)".

§ 4º. O disposto neste artigo aplica-se, também, no que couber, às mercadorias referidas no § 5º na hipótese de sua saída do estabelecimento remetente ter ocorrido até 31 de outubro de 2013 e o seu recebimento ter se efetivado após essa data.

§ 5º. As mercadorias a que se refere o *caput* são:

1 – bebidas lácteas em recipientes de conteúdo inferior ou igual a 2 litros, classificadas na posição 04.03 da Nomenclatura Comum do Mercosul – NCM;

2 – cremes vegetais em recipientes de conteúdo inferior a 1 kg, exceto as embalagens individuais de conteúdo igual ou inferior a 10 gramas, classificados na posição 15.17 da Nomenclatura Comum do Mercosul – NCM;

3 – chás, mesmo aromatizados, classificados nos códigos 1211.90.90 e 2106.90.90 da Nomenclatura Comum do Mercosul – NCM;

4 – preparações em pó para cappuccino, em embalagens de conteúdo inferior ou igual a 500 gramas, classificadas no código 1901.90.90 da Nomenclatura Comum do Mercosul – NCM.

§ 6º. O disposto neste artigo não se aplica na hipótese de as mercadorias referidas no § 5º terem sido recebidas já com a retenção antecipada do imposto por substituição tributária.

**Art. 4º.** Este Decreto entra em vigor em 1º de novembro de 2013, exceto o art. 3º, que produz efeitos a partir da data da publicação deste Decreto.

Palácio dos Bandeirantes, 18 de outubro de 2013.

*Geraldo Alckmin – DOE de 19.10.2013*

## 686. DECRETO Nº 59.622, DE 18 DE OUTUBRO DE 2013

*Altera o Decreto nº 51.624, de 28.2.2007, que institui regime especial de tributação pelo Imposto sobre Operações Relativas à Circulação de Mercadorias e sobre Prestações de Serviços de Transporte Interestadual e Intermunicipal e de Comunicação – ICMS para contribuintes da indústria de informática.*

Geraldo Alckmin, Governador do Estado de São Paulo, no uso de suas atribuições legais e tendo em vista o disposto no inciso IV do art. 170 da Constituição Federal e no inciso III do art. 47 da Constituição Estadual, decreta:

**Art. 1º.** Fica acrescentado o inciso XLI ao *caput* do art. 1º do Decreto nº 51.624, de 28 de fevereiro de 2007, com a seguinte redação:

• *Alteração já efetuada no corpo do Decreto.*

**Art. 2º.** Este Decreto entra em vigor na data de sua publicação.

Palácio dos Bandeirantes, 18 de outubro de 2013.

*Geraldo Alckmin – DOE de 19.10.2013*

## 687. DECRETO Nº 59.651, DE 25 DE OUTUBRO DE 2013

*Introduz alterações no Regulamento do Imposto sobre Operações Relativas à Circulação de Mercadorias e sobre Prestações de Serviços de Transporte Interestadual e Intermunicipal e de Comunicação – RICMS.*

Geraldo Alckmin, Governador do Estado de São Paulo, no uso de suas atribuições legais e tendo em vista o disposto nos Convênios ICMS-16/13 e 17/13, ambos de 5 de abril de 2013, decreta:

**Art. 1º.** Passam a vigorar com a redação que se segue os dispositivos adiante indicados do Anexo XVII do Regulamento do Imposto sobre Operações Relativas à Circulação de Mercadorias e sobre Prestações de Serviços de Transporte Interestadual e Intermunicipal e de Comunicação, aprovado pelo Decreto nº 45.490, de 30 de novembro de 2000:

I – os incisos I e II do art. 1º;

II – o *caput* do art. 8º;

III – o *caput* do item 2 do § 1º do art. 8º, mantidas as suas alíneas;

IV – os §§ 3º e 4º do art. 8º;

V – o título do capítulo VI;

• *Alterações já efetuadas no corpo do Decreto.*

**Art. 2º.** Este Decreto entra em vigor na data de sua publicação.

Palácio dos Bandeirantes, 25 de outubro de 2013.

*Geraldo Alckmin – DOE de 26.10.2013*

## 688. DECRETO Nº 59.652, DE 25 DE OUTUBRO DE 2013

*Introduz alteração no Regulamento do Imposto sobre Operações Relativas à Circulação de Mercadorias e sobre Prestações de Serviços de Transporte Interestadual e Intermunicipal e de Comunicação – RICMS.*

Geraldo Alckmin, Governador do Estado de São Paulo, no uso de suas atribuições legais, e tendo em vista o Convênio ICMS – 139/06, decreta:

**Art. 1º.** Passa a vigorar, com a redação que se segue, o inciso III do art. 47 do Anexo II do Regulamento do Imposto sobre Operações Relativas à Circulação de Mercadorias e sobre Prestações de Serviços de Transporte Interestadual e Intermunicipal e de Comunicação – RICMS, aprovado pelo Decreto nº 45.490, de 30 de novembro de 2000:

• *Alteração já efetuada no corpo do Decreto.*

**Art. 2º.** Fica acrescentado o inciso IV ao art. 47 do Anexo II do Regulamento do Imposto sobre Operações Relativas à Circulação de Mercadorias e sobre Prestações de Serviços de Transporte Interestadual e Intermunicipal e de Comunicação – RICMS, aprovado pelo Decreto nº 45.490, de 30 de novembro de 2000, com a seguinte redação:

• *Alteração já efetuada no corpo do Decreto.*

**Art. 3º.** Este Decreto entra em vigor na data de sua publicação.

Palácio dos Bandeirantes, 25 de outubro de 2013.

*Geraldo Alckmin – DOE de 26.10.2013*

## 689. DECRETO Nº 59.653, DE 25 DE OUTUBRO DE 2013

*Introduz alteração no Regulamento do Imposto sobre Operações Relativas à Circulação de Mercadorias e sobre Prestações de Serviços de Transporte Interestadual e Intermunicipal e de Comunicação – RICMS e dá outras providências.*

Geraldo Alckmin, Governador do Estado de São Paulo, no uso de suas atribuições legais, e considerando o disposto no art. 8º, inciso XXIV e § 10, item 2 da Lei nº 6.374/1989, de 1º de março de 1989, decreta:

**Art. 1º.** Fica acrescentado o art. 422-B ao Regulamento do Imposto sobre Operações Relativas à Circulação de Mercadorias e sobre Prestações de Serviços de Transporte Interestadual e Intermunicipal e de Comunicação – RICMS, aprovado pelo Decreto nº 45.490, de 30 de novembro de 2000, com a seguinte redação:

• *Alteração já efetuada no corpo do Decreto.*

**Art. 2º.** Este Decreto entra em vigor na data de sua publicação.

Palácio dos Bandeirantes, 25 de outubro de 2013.

*Geraldo Alckmin – DOE de 26.10.2013*

## 690. DECRETO Nº 59.654, DE 25 DE OUTUBRO DE 2013

*Introduz alteração no Regulamento do Imposto sobre Operações Relativas à Circulação de Mercadorias e sobre Prestações de Serviços de Transporte Interestadual e Intermunicipal e de Comunicação – RICMS.*

Geraldo Alckmin, Governador do Estado de São Paulo, no uso de suas atribuições legais e tendo em vista o disposto no art. 46 da Lei nº 6.374, de 1º de março de 1989, decreta:

**Art. 1º.** Passam a vigorar com a redação que se segue os dispositivos adiante indicados do Regulamento do Imposto sobre Operações Relativas à Circulação de Mercadorias e sobre Prestações de Serviços de Transporte Interestadual e Intermunicipal e de Comunicação – RICMS, aprovado pelo Decreto nº 45.490, de 30 de novembro de 2000:

I – o inciso IV do *caput* do art. 72-B:

• *Alteração já efetuada no corpo do Decreto.*

II – os §§ 7º, 8º e 10 do art. 30 das Disposições Transitórias:

• *Alterações já efetuadas no corpo do Decreto.*

**Art. 2º.** Este Decreto entra em vigor na data de sua publicação.

Palácio dos Bandeirantes, 25 de outubro de 2013.

*Geraldo Alckmin – DOE de 26.10.2013*

## 691. DECRETO Nº 59.655, DE 25 DE OUTUBRO DE 2013

*Introduz alteração no Regulamento do Imposto sobre Operações Relativas à Circulação de Mercadorias e sobre Prestações de Serviços de Transporte Interestadual e Intermunicipal e de Comunicação – RICMS.*

Geraldo Alckmin, Governador do Estado de São Paulo, no uso de suas atribuições legais e tendo em vista o disposto no inciso IV do art. 170 da Constituição Federal e no inciso III do art. 47 da Constituição Estadual, decreta:

**Art. 1º.** Passa a vigorar com a redação que se segue o inciso IV do *caput* do art. 149 do Anexo I do Regulamento do Imposto sobre Operações Relativas à Circulação de Mercadorias e sobre Prestações de Serviços de Transporte Interestadual e Intermunicipal e de Comunicação – RICMS, aprovado pelo Decreto nº 45.490, de 30 de novembro de 2000:

• *Alteração já efetuada no corpo do Decreto.*

**Art. 2º.** Este Decreto entra em vigor na data de sua publicação.

Palácio dos Bandeirantes, 25 de outubro de 2013.

*Geraldo Alckmin – DOE de 26.10.2013*

## 692. DECRETO Nº 59.656, DE 25 DE OUTUBRO DE 2013

*Altera o Decreto nº 57.686, de 27 de dezembro de 2011, que disciplina a concessão de regime especial para apropriação e utilização de crédito acumulado do ICMS por contribuinte que realize saídas de carne e demais produtos comestíveis resultantes do abate de aves, gado e leporídeos.*

Geraldo Alckmin, Governador do Estado de São Paulo, no uso de suas atribuições legais e tendo em vista o disposto no art. 71 da Lei nº 6.374, de 1º de março de 1989, decreta:

**Art. 1º.** Passa a vigorar com a redação que se segue o parágrafo único do art. 1º do Decreto nº 57.686, de 27 de dezembro de 2011:

• *Alteração já efetuada no corpo do Decreto.*

**Art. 2º.** Este Decreto entra em vigor na data de sua publicação.

Palácio dos Bandeirantes, 25 de outubro de 2013.

*Geraldo Alckmin – DOE de 26.10.2013*

## 693. DECRETO Nº 59.657, DE 25 DE OUTUBRO DE 2013

*Altera o Decreto nº 51.624, de 28.2.2007, que institui regime especial de tributação pelo Imposto sobre Operações Relativas à Circulação de Mercadorias e sobre Prestações de Serviços de Transporte Interestadual e Intermunicipal e de Comunicação – ICMS para contribuintes da indústria de informática.*

Geraldo Alckmin, Governador do Estado de São Paulo, no uso de suas atribuições legais e tendo em vista o disposto no inciso IV do art. 170 da Constituição Federal e no inciso III do art. 47 da Constituição Estadual, decreta:

**Art. 1º.** Fica acrescentado o § 5º ao art. 1º do Decreto nº 51.624, de 28 de fevereiro de 2007, com a seguinte redação:

- *Alteração já efetuada no corpo do Decreto.*

**Art. 2º.** Este Decreto entra em vigor na data de sua publicação.

Palácio dos Bandeirantes, 25 de outubro de 2013.

*Geraldo Alckmin – DOE de 26.10.2013*

## 694. DECRETO Nº 59.668, DE 29 DE OUTUBRO DE 2013

*Introduz alteração no Regulamento do Imposto sobre Operações Relativas à Circulação de Mercadorias e sobre Prestações de Serviços de Transporte Interestadual e Intermunicipal e de Comunicação – RICMS.*

Geraldo Alckmin, Governador do Estado de São Paulo, no uso de suas atribuições legais e tendo em vista o disposto no art. 170, IV, da Constituição Federal, no art. 47, III, da Constituição Estadual, decreta:

**Art. 1º.** Fica acrescentado o art. 36 ao Anexo III do Regulamento do Imposto sobre Operações Relativas à Circulação de Mercadorias e sobre Prestações de Serviços de Transporte Interestadual e Intermunicipal e de Comunicação – RICMS, aprovado pelo Decreto nº 45.490, de 30 de novembro de 2000, com a seguinte redação:

- *Alteração já efetuada no corpo do Decreto.*

**Art. 2º.** Este Decreto entra em vigor na data de sua publicação.

Palácio dos Bandeirantes, 29 de outubro de 2013.

*Geraldo Alckmin – DOE de 30.10.2013*

## 695. DECRETO Nº 59.781, DE 21 DE NOVEMBRO DE 2013

*Altera o Decreto nº 51.597, de 23 de fevereiro de 2007.*

Geraldo Alckmin, Governador do Estado de São Paulo, no uso de suas atribuições legais e tendo em vista o disposto no Convênio ICMS-91/12, de 28 de setembro de 2012, decreta:

**Art. 1º.** Ficam acrescentados, com a redação que se segue, os seguintes dispositivos ao art. 1º do Decreto nº 51.597, de 23 de fevereiro de 2007:

I – o § 1º-A:

II – o item 4 ao § 2º:

- *Alterações já efetuadas no corpo do Decreto.*

**Art. 2º.** Este Decreto entra em vigor na data de sua publicação.

Palácio dos Bandeirantes, 21 de novembro de 2013.

*Geraldo Alckmin – DOE de 22.11.2013*

## 696. DECRETO Nº 59.799, DE 22 DE NOVEMBRO DE 2013

*Introduz alteração no Regulamento do Imposto sobre Operações Relativas à Circulação de Mercadorias e sobre Prestações de Serviços de Transporte Interestadual e Intermunicipal e de Comunicação – RICMS.*

Geraldo Alckmin, Governador do Estado de São Paulo, no uso de suas atribuições legais e tendo em vista o disposto no Convênio ICMS-95/12, de 28 de setembro de 2012, decreta:

**Art. 1º.** Fica acrescentado, com a redação que se segue, o art. 64 ao Anexo II do Regulamento do Imposto sobre Operações Relativas à Circulação de Mercadorias e sobre Prestações de Serviços de Transporte Interestadual e Intermunicipal e de Comunicação – RICMS, aprovado pelo Decreto nº 45.490, de 30 de novembro de 2000:

- *Alteração já efetuada no corpo do Decreto.*

**Art. 2º.** Este Decreto entra em vigor na data de sua publicação.

Palácio dos Bandeirantes, 22 de novembro de 2013.

*Geraldo Alckmin – DOE de 23.11.2013*

## 697. DECRETO Nº 59.966, DE 17 DE DEZEMBRO DE 2013

*Dispõe sobre a possibilidade de contribuintes que exercem a atividade de comércio varejista parcelarem o ICMS devido pelas saídas de mercadorias promovidas em dezembro de 2013. (DOE de 18.12.2013)*

- *Pode ser considerado sem mais efeito em razão do cumprimento do seu prazo.*

## 698. DECRETO Nº 59.967, DE 17 DE DEZEMBRO DE 2013

*Introduz alterações no Regulamento do Imposto sobre Operações Relativas à Circulação de Mercadorias e sobre Prestações de Serviços de Transporte Interestadual e Intermunicipal e de Comunicação – RICMS.*

Geraldo Alckmin, Governador do Estado de São Paulo, no uso de suas atribuições legais e considerando o que dispõe o art. 59 da Lei nº 6.374, de 1º de março de 1989, decreta:

**Art. 1º.** Passam a vigorar com a redação que se segue os dispositivos adiante indicados do Regulamento do Imposto sobre Operações Relativas à Circulação de Mercadorias e sobre Prestações de Serviços de Transporte Interestadual e Intermunicipal e de Comunicação – RICMS, aprovado pelo Decreto nº 45.490, de 30 de novembro de 2000:

I – o *caput* do inciso XV-A do art. 115, mantidas as suas alíneas:

II – o item 3 do § 2º do art. 268:

III – o item 2 do § 4º do art. 277:

IV – o item 4 do § 1º do art. 392:

V – o item 4 do parágrafo único do art. 400-D:

VI – o § 4º do art. 426-A:

VII – o inciso III do art. 430:

VIII – o art. 3º do Anexo IV:

- *Alterações já efetuadas no corpo do Decreto.*

**Art. 2º.** Excepcionalmente, para os fatos geradores que ocorrerem no período de 1º de janeiro de 2014 a 31 de março de 2015, relativamente ao imposto retido antecipadamente por substituição tributária, o estabelecimento sujeito ao Regime Periódico de Apuração (RPA) será enquadrado, de acordo com a mercadoria, em um dos CPRs ou prazo de recolhimento adiante indicados, não se aplicando, no referido período, o § 1º do art. 3º do Anexo IV do RICMS:

I – energia elétrica (Convênio ICMS-83/00, cláusula terceira): CPR 1090;

II – álcool anidro, demais combustíveis e lubrificantes derivados de petróleo (Convênio ICMS-110/07): CPR 1100;

III – cimento (Protocolo ICMS-11/85): CPR 1200;

IV – refrigerante, cerveja, chope e água, exceto água natural, mineral, gasosa ou não, ou potável, em embalagem com capacidade igual ou superior a 5.000 ml (Protocolo ICMS-11/91): CPR 1200;

V – veículo novo (Convênio ICMS-132/92): CPR 1200;

VI – veículo novo motorizado a que se refere o *caput* do art. 299 deste regulamento (Convênio ICMS-52/93): CPR 1200;

VII – pneumáticos, câmaras de ar e protetores de borracha (Convênio ICMS-85/93): CPR 1200;

VIII – fumo e seus sucedâneos manufaturados (Convênio ICMS-37/94): CPR 1200;

IX – tintas, vernizes e outros produtos químicos (Convênio ICMS-74/94): CPR 1200;

X – sorvete de qualquer espécie e preparado para fabricação de sorvete em máquina (Protocolo ICMS-20/05): CPR 1200;

XI – água natural, mineral, gasosa ou não, ou potável, em embalagem com capacidade igual ou superior a 5.000 ml (Protocolo ICMS-11/91): até o último dia do segundo mês subsequente ao mês de referência da apuração;

XII – demais mercadorias, exceto as abrangidas pelos §§ 3º e 5º do art. 3º do Anexo IV do RICMS: até o último dia do segundo mês subsequente ao mês de referência da apuração.

**Art. 3º.** Ficam convalidados os procedimentos adotados, no período entre 1º de julho de 2007 e a data da publicação deste Decreto, pelo contribuinte paulista sujeito às normas do "Simples Nacional", relativamente ao recolhimento do imposto retido antecipadamente por substituição tributária, desde que o imposto devido tenha sido recolhido até o último dia do segundo mês subsequente ao mês de referência da apuração, vedada a restituição ou compensação de importância já recolhida.

**Art. 4º.** Fica revogado, a partir de 1º de janeiro de 2014, o Decreto nº 55.307, de 30 de dezembro de 2009.

• *Alterações já efetuadas no corpo do Decreto.*

**Art. 5º.** Este Decreto entra em vigor na data de sua publicação, produzindo efeitos em relação aos fatos geradores que ocorrerem a partir de 1º de janeiro de 2014.

Palácio dos Bandeirantes, 17 de dezembro de 2013.

*Geraldo Alckmin – DOE de 18.12.2013*

## 699. DECRETO Nº 59.995, DE 20 DE DEZEMBRO DE 2013

*Introduz alterações no Regulamento do Imposto sobre Operações Relativas à Circulação de Mercadorias e sobre Prestações de Serviços de Transporte Interestadual e Intermunicipal e de Comunicação – RICMS.*

Geraldo Alckmin, Governador do Estado de São Paulo, no uso de suas atribuições legais e com fundamento no art. 46 da Lei nº 6.374, de 1º de março de 1989, decreta:

**Art. 1º.** Passa a vigorar com a redação que se segue o *caput* do art. 34 das Disposições Transitórias do Regulamento do ICMS, aprovado pelo Decreto nº 45.490, de 30 de novembro de 2000:

• *Alteração já efetuada no corpo do Decreto.*

**Art. 2º.** Este Decreto entra em vigor em 1º de janeiro de 2014.

Palácio dos Bandeirantes, 20 de dezembro de 2013.

*Geraldo Alckmin – DOE de 21.12.2013*

## 700. DECRETO Nº 59.996, DE 20 DE DEZEMBRO DE 2013

*Altera o Decreto nº 57.686, de 27 de dezembro de 2011, que disciplina a concessão de regime especial para apropriação e utilização de crédito acumulado do ICMS por contribuinte que realize saídas de carne e demais produtos comestíveis resultantes do abate de aves, gado e leporídeos.*

Geraldo Alckmin, Governador do Estado de São Paulo, no uso de suas atribuições legais e tendo em vista o disposto no art. 71 da Lei nº 6.374, de 1º de março de 1989, decreta:

**Art. 1º.** Passa a vigorar com a redação que se segue o art. 3º do Decreto nº 57.686, de 27 de dezembro de 2011:

• *Alteração já efetuada no corpo do Decreto.*

**Art. 2º.** Este Decreto entra em vigor na data de sua publicação.

Palácio dos Bandeirantes, 20 de dezembro de 2013.

*Geraldo Alckmin – DOE de 21.12.2013*

## 701. DECRETO Nº 59.997, DE 20 DE DEZEMBRO DE 2013

*Introduz alterações no Regulamento do Imposto sobre Operações Relativas à Circulação de Mercadorias e sobre Prestações de Serviços de Transporte Interestadual e Intermunicipal e de Comunicação – RICMS.*

Geraldo Alckmin, Governador do Estado de São Paulo, no uso de suas atribuições legais e tendo em vista o disposto nos arts. 8º e 66-F da Lei nº 6.374, de 1º de março de 1989, e no Convênio ICMS-110/07, de 28 de setembro de 2007, decreta:

**Art. 1º.** Passam a vigorar com a redação que se segue os dispositivos adiante indicados do Regulamento do Imposto sobre Operações Relativas à Circulação de Mercadorias e sobre Prestações de Serviços de Transporte Interestadual e Intermunicipal e de Comunicação, aprovado pelo Decreto nº 45.490, de 30 de novembro de 2000:

I – o inciso VI do *caput* do art. 54:

II – o inciso XXVI do *caput* do art. 55:

III – os §§ 4º e 5º do art. 67:

IV – o *caput* do art. 413-A, mantidos os seus incisos:

V – o art. 417:

VI – a Seção II do Capítulo VI do Título II do Livro II, composta pelos arts. 418, 418-A, 418-B, 418-C, 418-D, 418-E, 418-F, 419, 419-A e 420:

VII – os incisos I e III do *caput* do art. 423:

VIII – o *caput* do art. 423-A:

IX – o art. 424-A:

X – o *caput* do art. 424-C:

XI – o *caput* do art. 20 das Disposições Transitórias, mantidos os seus incisos:

• *Alterações já efetuadas no corpo do Decreto.*

**Art. 2º.** Fica acrescentada a Seção II-A, composta pelos arts. 420-A, 420-B e 420-C, ao Capítulo VI do Título II do Livro II do Regulamento do Imposto sobre Operações Relativas à Circulação de Mercadorias e sobre Prestações de Serviços de Transporte Interestadual e Intermunicipal e de Comunicação, aprovado pelo Decreto nº 45.490, de 30 de novembro de 2000, com a seguinte redação:

• *Alteração já efetuada no corpo do Decreto.*

**Art. 3º.** Este Decreto entra em vigor em 1º de março de 2014, exceto em relação ao art. 418-F do Regulamento de ICMS, na redação dada por este Decreto, que entra em vigor em 1º de fevereiro de 2014.

Palácio dos Bandeirantes, 20 de dezembro de 2013.

*Geraldo Alckmin – DOE de 21.12.2013*

## 702. DECRETO Nº 59.998, DE 20 DE DEZEMBRO DE 2013

*Introduz alterações no Regulamento do Imposto sobre Operações Relativas à Circulação de Mercadorias e sobre Prestações de Serviços de Transporte Interestadual e Intermunicipal e de Comunicação – RICMS.*

Geraldo Alckmin, Governador do Estado de São Paulo, no uso de suas atribuições legais e tendo em vista o disposto no art. 170, IV, da Constituição Federal, e no art. 47, III, da Constituição Estadual, decreta:

**Art. 1º.** Fica acrescentado o item 208 ao § 3º do art. 29 das Disposições Transitórias do Regulamento do Imposto sobre Operações Relativas à Circulação de Mercadorias e sobre Prestações de Serviços de Transporte Interestadual e Intermunicipal e de Comunicação – RICMS, aprovado pelo Decreto nº 45.490, de 30 de novembro de 2000, com a seguinte redação:

• *Alteração já efetuada no corpo do Decreto.*

**Art. 2º.** Este Decreto entra em vigor na data de sua publicação.

Palácio dos Bandeirantes, 20 de dezembro de 2013.

*Geraldo Alckmin – DOE de 21.12.2013*

## 703. DECRETO Nº 59.999, DE 20 DE DEZEMBRO DE 2013

*Introduz alteração no Regulamento do Imposto sobre Operações Relativas à Circulação de Mercadorias e sobre Prestações de Serviços de Transporte Interestadual e Intermunicipal e de Comunicação – RICMS.*

Geraldo Alckmin, Governador do Estado de São Paulo, no uso de suas atribuições legais, e tendo em vista o disposto no art. 170, IV, da Constituição Federal e no art. 47, III, da Constituiçao Estadual, decreta:

**Art. 1º.** Fica acrescentado o art. 67 ao Anexo II do Regulamento do Imposto sobre Operações Relativas à Circulação de Mercadorias e sobre Prestações de Serviços de Transporte Interestadual e Intermunicipal e de Comunicação – RICMS, aprovado pelo Decreto nº 45.490, de 30 de novembro de 2000, com a seguinte redação:

• *Alteração já efetuada no corpo do Decreto.*

**Art. 2º.** Este Decreto entra em vigor na data de sua publicação.

Palácio dos Bandeirantes, 20 de dezembro de 2013.

*Geraldo Alckmin – DOE de 21.12.2013*

## 704. DECRETO Nº 60.000, DE 20 DE DEZEMBRO DE 2013

*Introduz alteração no Regulamento do Imposto sobre Operações Relativas à Circulação de Mercadorias e sobre Prestações de Serviços de Transporte Interestadual e Intermunicipal e de Comunicação – RICMS.*

Geraldo Alckmin, Governador do Estado de São Paulo, no uso de suas atribuições legais e tendo em vista o disposto no Convênio ICMS-135/13, celebrado em Fortaleza, CE, no dia 11 de outubro de 2013, decreta:

**Art. 1º.** Ficam acrescentados, com a redação que se segue, os itens 4 e 5 ao § 1º do art. 18 do Anexo II do Regulamento do Imposto sobre Operações Relativas à Circulação de Mercadorias e sobre Prestações de Serviços de Transporte Interestadual e Intermunicipal e de Comunicação – RICMS, aprovado pelo Decreto nº 45.490, de 30 de novembro de 2000:

• *Alterações já efetuadas no corpo do Decreto.*

**Art. 2º.** Passa a vigorar com a redação que se segue o § 3º do art. 18 do Anexo II do Regulamento do Imposto sobre Operações Relativas à Circulação de Mercadorias e sobre Prestações de Serviços de Transporte Interestadual e Intermunicipal e de Comunicação – RICMS, aprovado pelo Decreto nº 45.490, de 30 de novembro de 2000:

• *Alteração já efetuada no corpo do Decreto.*

**Art. 3º.** Este Decreto entra em vigor na data de sua publicação, produzindo efeitos a partir de 1º de janeiro de 2014.

Palácio dos Bandeirantes, 20 de dezembro de 2013.

*Geraldo Alckmin – DOE de 21.12.2013*

## 705. DECRETO Nº 60.001, DE 20 DE DEZEMBRO DE 2013

*Introduz alteração no Regulamento do Imposto sobre Operações Relativas à Circulação de Mercadorias e sobre Prestações de Serviços de Transporte Interestadual e Intermunicipal e de Comunicação – RICMS.*

Geraldo Alckmin, Governador do Estado de São Paulo, no uso de suas atribuições legais e tendo em vista o disposto no Convênio ICMS-112/13, celebrado em Fortaleza, CE, no dia 11 de outubro de 2013, decreta:

**Art. 1º.** Fica acrescentado, com a redação que se segue, o art. 69 ao Anexo II do Regulamento do Imposto sobre Operações Relativas à Circulação de Mercadorias e sobre Prestações de Serviços de Transporte Interestadual e Intermunicipal e de Comunicação – RICMS, aprovado pelo Decreto nº 45.490, de 30 de novembro de 2000:

• *Alteração já efetuada no corpo do Decreto.*

**Art. 2º.** Este Decreto entra em vigor em 1º de janeiro de 2014.

Palácio dos Bandeirantes, 20 de dezembro de 2013.

*Geraldo Alckmin – DOE de 21.12.2013*

## 706. DECRETO Nº 60.002, DE 20 DE DEZEMBRO DE 2013

*Introduz alteração no Regulamento do Imposto sobre Operações Relativas à Circulação de Mercadorias e sobre Prestações de Serviços de Transporte Interestadual e Intermunicipal e de Comunicação – RICMS.*

Geraldo Alckmin, Governador do Estado de São Paulo, no uso de suas atribuições legais, e tendo em vista o disposto no art. 170, IV, da Constituição Federal e no art. 47, III, da Constituição Estadual, decreta:

**Art. 1º.** Passa a vigorar, com a redação que se segue, o *caput* do art. 29 do Anexo II do Regulamento do Imposto sobre Operações Relativas à Circulação de Mercadorias e sobre Prestações de Serviços de Transporte Interestadual e Intermunicipal e de Comunicação – RICMS, aprovado pelo Decreto nº 45.490, de 30 de novembro de 2000:

• *Alteração já efetuada no corpo do Decreto.*

**Art. 2º.** Fica acrescendo o § 1º ao art. 29 do Anexo II do Regulamento do Imposto sobre Operações Relativas à Circulação de Mercadorias e sobre Prestações de Serviços de Transporte Interestadual e Intermunicipal e de Comunicação – RICMS, aprovado pelo Decreto nº 45.490, de 30 de novembro de 2000, com a seguinte redação, passando o atual parágrafo único a denominar-se § 2º:

• *Alterações já efetuadas no corpo do Decreto.*

**Art. 3º.** Este Decreto entra em vigor na data de sua publicação.

Palácio dos Bandeirantes, 20 de dezembro de 2013.

*Geraldo Alckmin – DOE de 21.12.2013*

## 707. DECRETO Nº 60.003, DE 20 DE DEZEMBRO DE 2013

*Introduz alteração no Regulamento do Imposto sobre Operações Relativas à Circulação de Mercadorias e sobre Prestações de Serviços de Transporte Interestadual e Intermunicipal e de Comunicação – RICMS.*

Geraldo Alckmin, Governador do Estado de São Paulo, no uso de suas atribuições legais, e tendo em vista o disposto no Convênio ICMS-128/94, de 20 de outubro de 1994, decreta:

**Art. 1º.** Passa a vigorar, com a redação que se segue, o § 2º do art. 3º do Anexo II do Regulamento do Imposto sobre Operações Relativas à Circulação de Mercadorias e sobre Prestações de Serviços de Transporte Interestadual e Intermunicipal e de Comunicação – RICMS, aprovado pelo Decreto nº 45.490, de 30 de novembro de 2000:

• *Alteração já efetuada no corpo do Decreto.*

**Art. 2º.** Fica acrescentado o § 2º-A ao art. 3º do Anexo II do Regulamento do Imposto sobre Operações Relativas à Circulação de Mercadorias e sobre Prestações de Serviços de Transporte Interestadual e Intermunicipal e de Comunicação – RICMS, aprovado pelo Decreto nº 45.490, de 30 de novembro de 2000, com a seguinte redação:

• *Alteração já efetuada no corpo do Decreto.*

**Art. 3º.** Ficam convalidados os procedimentos adotados pelos contribuintes até a data da publicação deste Decreto, que estejam em conformidade com o disposto no § 2º-A do art. 3º do Anexo II do RICMS, na redação dada por este Decreto, vedada a restituição ou compensação de importâncias já recolhidas.

**Art. 4º.** Este Decreto entra em vigor na data de sua publicação.

Palácio dos Bandeirantes, 20 de dezembro de 2013.

*Geraldo Alckmin – DOE de 21.12.2013*

## 708. DECRETO Nº 60.041, DE 9 DE JANEIRO DE 2014

*Fixa prazos especiais para recolhimento do ICMS nas saídas de mercadorias decorrentes do evento que especifica [Couromoda – Feira Internacional de Calçados, Artefatos de Couro e Acessórios de Moda] e dá outras providências. (DOE de 10.1.2014)*

• *Pode ser considerado sem mais efeito em razão do cumprimento do seu prazo.*

## 709. DECRETO Nº 60.042, DE 9 DE JANEIRO DE 2014

*Altera o Decreto nº 59.233/2013 que isenta do Imposto sobre Operações Relativas à Circulação de Mercadorias e sobre Prestações de Serviços de Transporte Interestadual e Intermunicipal e de Comunicação – ICMS a importação de tesseras para mosaico, realizada pelo Santuário Nacional de Nossa Senhora da Conceição Aparecida. (DOE de 10.1.2014)*

• *Pode ser considerado sem mais efeito em razão do cumprimento do seu prazo.*

## 710. DECRETO Nº 60.056, DE 14 DE JANEIRO DE 2014

*Introduz alteração no Regulamento do Imposto sobre Operações Relativas à Circulação de Mercadorias e sobre Prestações de Serviços de Transporte Interestadual e Intermunicipal e de Comunicação – RICMS.*

Geraldo Alckmin, Governador do Estado de São Paulo, no uso de suas atribuições legais e tendo em vista o disposto no art. 170, IV, da Constituição Federal, no art. 47, III, da Constituição Estadual, decreta:

**Art. 1º.** Ficam acrescentados, com a redação que se segue, os seguintes dispositivos ao Regulamento do Imposto sobre Operações Relativas à Circulação de Mercadorias e sobre Prestações de Serviços de Transporte Interestadual e Intermunicipal e de Comunicação – RICMS, aprovado pelo Decreto nº 45.490, de 30 de novembro de 2000:

I – a Seção VII, composta pelo art. 327-I, ao Capítulo III do Título II do Livro II:

II – o art. 37 ao Anexo III:

• *Alterações já efetuadas no corpo do Decreto.*

**Art. 2º.** Este Decreto entra em vigor na data de sua publicação.

Palácio dos Bandeirantes, 14 de janeiro de 2014.

*Geraldo Alckmin – DOE de 15.1.2014*

## 711. DECRETO Nº 60.057, DE 14 DE JANEIRO DE 2014

*Introduz alteração no Regulamento do Imposto sobre Operações Relativas à Circulação de Mercadorias e sobre Prestações de Serviços de Transporte Interestadual e Intermunicipal e de Comunicação – RICMS.*

Geraldo Alckmin, Governador do Estado de São Paulo, no uso de suas atribuições legais e tendo em vista o disposto no art. 170, IV, da Constituição Federal, no art. 47, III, da Constituição Estadual, decreta:

**Art. 1º.** Fica acrescentado, com a redação que se segue, o art. 66 ao Anexo II do Regulamento do Imposto sobre Operações Relativas à Circulação de Mercadorias e sobre Prestações de Serviços de Transporte Interestadual e Intermunicipal e de Comunicação – RICMS, aprovado pelo Decreto nº 45.490, de 30 de novembro de 2000:

• *Alteração já efetuada no corpo do Decreto.*

**Art. 2º.** Este Decreto entra em vigor na data de sua publicação.

Palácio dos Bandeirantes, 14 de janeiro de 2014.

*Geraldo Alckmin – DOE de 15.1.2014*

## 712. DECRETO Nº 60.058, DE 14 DE JANEIRO DE 2014

*Introduz alteração no Regulamento do Imposto sobre Operações Relativas à Circulação de Mercadorias e sobre Prestações de Serviços de Transporte Interestadual e Intermunicipal e de Comunicação – RICMS.*

Geraldo Alckmin, Governador do Estado de São Paulo, no uso de suas atribuições legais e tendo em vista o disposto no Convênio ICMS-148/13, celebrado em Brasília, DF, no dia 18 de outubro de 2013, decreta:

**Art. 1º.** Fica acrescentado, com a redação que se segue, o art. 68 ao Anexo II do Regulamento do Imposto sobre Operações Relativas à Circulação de Mercadorias e sobre Prestações de Serviços de Transporte Interestadual e Intermunicipal e de Comunicação – RICMS, aprovado pelo Decreto nº 45.490, de 30 de novembro de 2000:

• *Alteração já efetuada no corpo do Decreto.*

**Art. 2º.** Este Decreto entra em vigor na data de sua publicação, produzindo efeitos a partir de 1º de janeiro de 2014.

Palácio dos Bandeirantes, 14 de janeiro de 2014.

*Geraldo Alckmin – DOE de 15.1.2014*

## 713. DECRETO Nº 60.059, DE 14 DE JANEIRO DE 2014

*Introduz alterações no Regulamento do Imposto sobre Operações Relativas à Circulação de Mercadorias e sobre Prestações de Serviços de Transporte Interestadual e Intermunicipal e de Comunicação – RICMS.*

Geraldo Alckmin, Governador do Estado de São Paulo, no uso de suas atribuições legais e tendo em vista o disposto no Convênio ICMS-33/01, de 6 de julho de 2001, decreta:

**Art. 1º.** Fica acrescentado o art. 163 ao Anexo I do Regulamento do Imposto sobre Operações Relativas à Circulação de Mercadorias e sobre Prestações de Serviços de Transporte Interestadual e Intermunicipal e de Comunicação – RICMS, aprovado pelo Decreto nº 45.490, de 30 de novembro de 2000, com a seguinte redação:

• *Alteração já efetuada no corpo do Decreto.*

**Art. 2º.** Este Decreto entra em vigor na data de sua publicação.

Palácio dos Bandeirantes, 14 de janeiro de 2014.

*Geraldo Alckmin – DOE de 15.1.2014*

## 714. DECRETO Nº 60.060, DE 14 DE JANEIRO DE 2014

*Introduz alterações no Regulamento do Imposto sobre Operações Relativas à Circulação de Mercadorias e sobre Prestações de Serviços de Transporte Interestadual e Intermunicipal e de Comunicação – RICMS.*

Geraldo Alckmin, Governador do Estado de São Paulo, no uso de suas atribuições legais e tendo em vista o disposto no Ajuste Sinief 13/13, celebrado em Natal (RN) em 26 de julho de 2013, decreta:

**Art. 1º.** Passa a vigorar com a redação que se segue o art. 129-A do Regulamento do Imposto sobre Operações Relativas à Circulação de Mercadorias e sobre Prestações de Serviços de Transporte Interestadual e Intermunicipal e de Comunicação – RICMS, aprovado pelo Decreto nº 45.490, de 30 de novembro de 2000:

• *Alteração já efetuada no corpo do Decreto.*

**Art. 2º.** Este Decreto entra em vigor na data de sua publicação.

Palácio dos Bandeirantes, 14 de janeiro de 2014.

*Geraldo Alckmin – DOE de 15.1.2014*

## 715. DECRETO Nº 60.061, DE 14 DE JANEIRO DE 2014

*Introduz alteração no Regulamento do Imposto sobre Operações Relativas à Circulação de Mercadorias e sobre Prestações de Serviços de Transporte Interestadual e Intermunicipal e de Comunicação – RICMS.*

Geraldo Alckmin, Governador do Estado de São Paulo, no uso de suas atribuições legais e tendo em vista o disposto no art. 170, IV, da Constituição Federal, no art. 47, III, da Constituição Estadual, decreta:

**Art. 1º.** Fica acrescentado o inciso III ao *caput* do art. 25 do Anexo III do Regulamento do Imposto sobre Operações Relativas à Circulação de Mercadorias e sobre Prestações de Serviços de Transporte Interestadual e Intermunicipal e de Comunicação – RICMS, aprovado pelo Decreto nº 45.490, de 30 de novembro de 2000, com a seguinte redação:

• *Alteração já efetuada no corpo do Decreto.*

**Art. 2º.** Este Decreto entra em vigor na data de sua publicação.

Palácio dos Bandeirantes, 14 de janeiro de 2014.

*Geraldo Alckmin – DOE de 15.1.2014*

## 716. DECRETO Nº 60.062, DE 14 DE JANEIRO DE 2014

*Introduz alteração no Regulamento do Imposto sobre Operações Relativas à Circulação de Mercadorias e sobre Prestações de Serviços de Transporte Interestadual e Intermunicipal e de Comunicação – RICMS.*

Geraldo Alckmin, Governador do Estado de São Paulo, no uso de suas atribuições legais e tendo em vista o disposto no art. 170, IV, da Constituição Federal, no art. 47, III, da Constituição Estadual, decreta:

**Art. 1º.** Passa a vigorar, com a redação que se segue, o *caput* do art. 36 do Anexo III do Regulamento do Imposto sobre Operações Relativas à Circulação de Mercadorias e sobre Prestações de Serviços de Transporte Interestadual e Intermunicipal e de Comunicação – RICMS, aprovado pelo Decreto nº 45.490, de 30 de novembro de 2000:

• *Alteração já efetuada no corpo do Decreto.*

**Art. 2º.** Este Decreto entra em vigor na data de sua publicação.

Palácio dos Bandeirantes, 14 de janeiro de 2014.

*Geraldo Alckmin – DOE de 15.1.2014*

## 717. DECRETO Nº 60.063, DE 14 DE JANEIRO DE 2014

*Introduz alterações no Regulamento do Imposto sobre Operações Relativas à Circulação de Mercadorias e sobre Prestações de Serviços de Transporte Interestadual e Intermunicipal e de Comunicação – RICMS.*

Geraldo Alckmin, Governador do Estado de São Paulo, no uso de suas atribuições legais e tendo em vista o disposto no art. 170, IV, da Constituição Federal, no art. 47, III, da Constituição Estadual e no art. 8º, XXIV e § 10 da Lei nº 6.374/1989, decreta:

**Art. 1º.** Passa a vigorar, com a redação que se segue, os dispositivos adiante indicados do Regulamento do Imposto sobre Operações Relativas à Circulação de Mercadorias e sobre Prestações de Serviços de Transporte Interestadual e Intermunicipal e de Comunicação – RICMS, aprovado pelo Decreto nº 45.490, de 30 de novembro de 2000:

I – do art. 395-F:

a) o *caput*:

b) o item 1 do § 1º:

II – o *caput* do art. 395-G:

III – o item 2 do § 3º-A do art. 29 das Disposições Transitórias:

IV – o *caput* do art. 55 do Anexo II:

• *Alterações já efetuadas no corpo do Decreto.*

**Art. 2º.** Fica acrescentado o item 8 ao § 3º-A do art. 29 das Disposições Transitórias do Regulamento do Imposto sobre Operações Relativas à Circulação de Mercadorias e sobre Prestações de Serviços de Transporte Interestadual e Intermunicipal e de Comunicação – RICMS, aprovado pelo Decreto nº 45.490, de 30 de novembro de 2000, com a seguinte redação:

• *Alteração já efetuada no corpo do Decreto.*

**Art. 3º.** Este Decreto entra em vigor na data de sua publicação.

Palácio dos Bandeirantes, 14 de janeiro de 2014.

*Geraldo Alckmin – DOE de 15.1.2014*

## 718. DECRETO Nº 60.064, DE 14 DE JANEIRO DE 2014

*Introduz alteração no Regulamento do Imposto sobre Operações Relativas à Circulação de Mercadorias e sobre Prestações de Serviços de Transporte Interestadual e Intermunicipal e de Comunicação – RICMS.*

Geraldo Alckmin, Governador do Estado de São Paulo, no uso de suas atribuições legais e tendo em vista o disposto no art. 170, IV, da Constituição Federal, no art. 47, III, da Constituição Estadual, e no Convênio ICMS – 80/11, decreta:

**Art. 1º.** Fica acrescentado, com a redação que se segue, o art. 65 ao Anexo II do Regulamento do Imposto sobre Operações Relativas à Circulação de Mercadorias e sobre Prestações de Serviços de Transporte Interestadual e Intermunicipal e de Comunicação – RICMS, aprovado pelo Decreto nº 45.490, de 30 de novembro de 2000:

• *Alteração já efetuada no corpo do Decreto.*

**Art. 2º.** Este Decreto entra em vigor na data de sua publicação.

Palácio dos Bandeirantes, 14 de janeiro de 2014.

*Geraldo Alckmin – DOE de 15.1.2014*

## 719. DECRETO Nº 60.065, DE 14 DE JANEIRO DE 2014

*Isenta do Imposto sobre Operações Relativas à Circulação de Mercadorias e sobre Prestações de Serviços de Transporte Interestadual e Intermunicipal e de Comunicação – ICMS as operações com obras de arte comercializadas na Feira Internacional de Arte de São Paulo – SP Arte e dá outras providências. (DOE de 5.1.2014)*

• *Pode ser considerado sem mais efeito em razão do cumprimento do seu prazo.*

## 720. DECRETO Nº 60.125, DE 4 DE FEVEREIRO DE 2014

*Introduz alteração no Regulamento do Imposto sobre Operações Relativas à Circulação de Mercadorias e sobre Prestações de Serviços de Transporte Interestadual e Intermunicipal e de Comunicação – RICMS.*

Geraldo Alckmin, Governador do Estado de São Paulo, no uso de suas atribuições legais, e tendo em vista o disposto no Convênio ICMS-126/98, de 11 de dezembro de 1998, decreta:

**Art. 1º.** Passa a vigorar com a redação que se segue o § 4º do art. 7º do Anexo XVII do Regulamento do Imposto sobre Operações Relativas à Circulação de Mercadorias e sobre Prestações de Serviços de Transporte Interestadual e Intermunicipal e de Comunicação, aprovado pelo Decreto nº 45.490, de 30 de novembro de 2000:

• *Alteração já efetuada no corpo do Decreto.*

**Art. 2º.** Este Decreto entra em vigor na data de sua publicação, produzindo efeitos para fatos geradores ocorridos a partir de 1º de janeiro de 2014.

Palácio dos Bandeirantes, 4 de fevereiro de 2014.

*Geraldo Alckmin – DOE de 5.2.2014*

## 721. DECRETO Nº 60.297, DE 27 DE MARÇO DE 2014

*Introduz alterações no Regulamento do Imposto sobre Operações Relativas à Circulação de Mercadorias e sobre Prestações de Serviços de Transporte Interestadual e Intermunicipal e de Comunicação – RICMS.*

Geraldo Alckmin, Governador do Estado de São Paulo, no uso de suas atribuições legais e tendo em vista o disposto no art. 170, IV, da Constituição Federal, e no art. 47, III, da Constituição Estadual, decreta:

**Art. 1º.** Passam a vigorar com a redação que se segue os seguintes dispositivos do art. 29 das Disposições Transitórias do Regulamento do Imposto sobre Operações Relativas à Circulação de Mercadorias e sobre Prestações de Serviços de Transporte Interestadual e Intermunicipal e de Comunicação – RICMS, aprovado pelo Decreto nº 45.490, de 30 de novembro de 2000:

I – o item 6 do § 3º-A:

II – o § 3º-B:

• *Alterações já efetuadas no corpo do Decreto.*

**Art. 2º.** Este Decreto entra em vigor na data de sua publicação.

Palácio dos Bandeirantes, 27 de março de 2014.

*Geraldo Alckmin – DOE de 28.3.2014*

## 722. DECRETO Nº 60.298, DE 27 DE MARÇO DE 2014

*Introduz alterações no Regulamento do Imposto sobre Operações Relativas à Circulação de Mercadorias e sobre Prestações de Serviços de Transporte Interestadual e Intermunicipal e de Comunicação – RICMS.*

Geraldo Alckmin, Governador do Estado de São Paulo, no uso de suas atribuições legais e tendo em vista o disposto no art. 170, IV, da Constituição Federal, e no art. 47, III, da Constituição Estadual, decreta:

**Art. 1º.** Passa a vigorar com a redação que se segue o item 7 do § 3º-A do art. 29 das Disposições Transitórias do Regulamento do Imposto sobre Operações Relativas à Circulação de Mercadorias e sobre Prestações de Serviços de Transporte Interestadual e Intermunicipal e de Comunicação – RICMS, aprovado pelo Decreto nº 45.490, de 30 de novembro de 2000:

• *Alteração já efetuada no corpo do Decreto.*

**Art. 2º.** Ficam acrescentados, com a redação que se segue, os itens 9 a 11 ao § 3º-A do art. 29 das Disposições Transitórias do Regulamento do Imposto sobre Operações Relativas à Circulação de Mercadorias e sobre Prestações de Serviços de Transporte Interestadual e Intermunicipal e de Comunicação – RICMS, aprovado pelo Decreto nº 45.490, de 30 de novembro de 2000:

• *Alterações já efetuadas no corpo do Decreto.*

**Art. 3º.** Este Decreto entra em vigor na data de sua publicação.

Palácio dos Bandeirantes, 27 de março de 2014.

*Geraldo Alckmin – DOE de 28.3.2014*

## 723. DECRETO Nº 60.307, DE 31 DE MARÇO DE 2014

*Introduz alterações no Regulamento do Imposto sobre Operações Relativas à Circulação de Mercadorias e sobre Prestações de Serviços de Transporte Interestadual e Intermunicipal e de Comunicação – RICMS.*

Geraldo Alckmin, Governador do Estado de São Paulo, no uso de suas atribuições legais e tendo em vista o disposto no inciso IV do art. 170 da Constituição Federal e no inciso III do art. 47 da Constituiçao Estadual, decreta:

**Art. 1º.** Passa a vigorar com a redação que se segue o § 2º do art. 60 do Anexo II do Regulamento do Imposto sobre Operações Relativas à Circulação de Mercadorias e sobre Prestações de Serviços de Transporte Interestadual e Intermunicipal e de Comunicação – RICMS, aprovado pelo Decreto nº 45.490, de 30 de novembro de 2000:

• *Alteração já efetuada no corpo do Decreto.*

**Art. 2º.** Este Decreto entra em vigor na data de sua publicação, produzindo efeitos a partir de 1º de abril de 2014.

Palácio dos Bandeirantes, 31 de março de 2014.

*Geraldo Alckmin – DOE de 1º.4.2014*

## 724. DECRETO Nº 60.308, DE 31 DE MARÇO DE 2014

*Introduz alteração no Regulamento do Imposto sobre Operações Relativas à Circulação de Mercadorias e sobre Prestações de Serviços de Transporte Interestadual e Intermunicipal e de Comunicação – RICMS.*

Geraldo Alckmin, Governador do Estado de São Paulo, no uso de suas atribuições legais e tendo em vista o disposto no art. 170, IV, da Constituição Federal, no art. 47, III, da Constituição Estadual, decreta:

**Art. 1º.** Passa a vigorar, com a redação que se segue, o § 5º do art. 36 do Anexo III do Regulamento do Imposto sobre Operações Relativas à Circulação de Mercadorias e sobre Prestações de Serviços de Transporte Interestadual e Intermunicipal e de Comunicação – RICMS, aprovado pelo Decreto nº 45.490, de 30 de novembro de 2000:

• *Alteração já efetuada no corpo do Decreto.*

**Art. 2º.** Fica prorrogado, até 31 de março de 2015, o prazo de vigência dos regimes especiais aludidos no § 4º do art. 36 do Anexo III do Regulamento do ICMS – RICMS, concedidos anteriormente à data da publicação deste Decreto.

**Art. 3º.** Este Decreto entra em vigor na data de sua publicação, produzindo efeitos a partir de 1º de abril de 2014.

Palácio dos Bandeirantes, 31 de março de 2014.

*Geraldo Alckmin – DOE de 1º.4.2014*

## 725. DECRETO Nº 60.338, DE 4 DE ABRIL DE 2014

*Dispõe sobre o Convênio ICMS-142/11.*

Geraldo Alckmin, Governador do Estado de São Paulo, no uso de suas atribuições legais e tendo em vista o disposto no Convênio ICMS-142/11, de 16 de dezembro de 2011, e no parecer PA nº 35/2007, exarado pela Procuradoria Geral do Estado, decreta:

**Art. 1º.** Ficam concedidos os benefícios constantes do Convênio ICMS-142/11, de 16 de dezembro de 2011, com as alterações efetuadas pelos Convênios ICMS-33/12, 74/12, 83/12, 90/12, 138/12, 36/13, 40/13 e 164/13, desde que sejam observadas as condições estabelecidas nos citados atos e as demais disposições previstas na legislação.

**Art. 2º.** Fica revogado o Decreto nº 55.635, de 26 de março de 2010.

• *Alteração já efetuada no corpo do Decreto.*

**Art. 3º.** Este Decreto entra em vigor na data de sua publicação.

Palácio dos Bandeirantes, 4 de abril de 2014.

*Geraldo Alckmin – DOE de 5.4.2014*

## 726. DECRETO Nº 60.366, DE 15 DE ABRIL DE 2014

*Introduz alterações no Regulamento do Imposto sobre Operações Relativas à Circulação de Mercadorias e sobre Prestações de Serviços de Transporte Interestadual e Intermunicipal e de Comunicação – RICMS.*

Geraldo Alckmin, Governador do Estado de São Paulo, no uso de suas atribuições legais e tendo em vista o disposto nos arts. 8º, XXIV e § 10, e 47, parágrafo único, item 2, da Lei nº 6.374, de 1º de março de 1989, decreta:

**Art. 1º.** Ficam revogados os dispositivos adiante indicados do Regulamento do Imposto sobre Operações Relativas à Circulação de Mercadorias e sobre Prestações de Serviços de Transporte Interestadual e Intermunicipal e de Comunicação – RICMS, aprovado pelo Decreto nº 45.490, de 30 de novembro de 2000:

I – o § 2º do art. 350;

II – o § 2º do art. 395-C;

III – o § 3º do art. 395-D;

IV – o § 2º do art. 395-F;

V – o § 3º do art. 395-G;

VI – o § 2º do art. 395-I;

VII – o § 3º do art. 395-J;

VIII – o § 3º do art. 395-L;

IX – o § 3º do art. 27 das Disposições Transitórias.

• *Alterações já efetuadas no corpo do Decreto.*

**Art. 2º.** Este Decreto entra em vigor na data de sua publicação, produzindo efeitos a partir de 1º de julho de 2014.

Palácio dos Bandeirantes, 15 de abril de 2014.

*Geraldo Alckmin – DOE de 16.4.2014*

## 727. DECRETO Nº 60.392, DE 24 DE ABRIL DE 2014

*Introduz alterações no Regulamento do Imposto sobre Operações Relativas à Circulação de Mercadorias e sobre Prestações de Serviços de Transporte Interestadual e Intermunicipal e de Comunicação – RICMS.*

Geraldo Alckmin, Governador do Estado de São Paulo, no uso de suas atribuições legais e tendo em vista o disposto no art. 104 da Lei nº 6.374, de 1º de março de 1989, decreta:

**Art. 1º.** Passam a vigorar com a redação que se segue os dispositivos adiante indicados do Regulamento do Imposto sobre Operações Relativas à Circulação de Mercadorias e sobre Prestações de Serviços de Transporte Interestadual e Intermunicipal e de Comunicação – RICMS, aprovado pelo Decreto nº 45.490, de 30 de novembro de 2000:

I – do art. 513:

a) o *caput*:

b) o § 3º:

II – o art. 514:

III – o *caput* do art. 515:

IV – o art. 524:

• *Alterações já efetuadas no corpo do Decreto.*

**Art. 2º.** Este Decreto entra em vigor na data de sua publicação.

Palácio dos Bandeirantes, 24 de abril de 2014.

*Geraldo Alckmin – DOE de 25.4.2014*

## 728. DECRETO Nº 60.393, DE 24 DE ABRIL DE 2014

*Introduz alteração no Regulamento do Imposto sobre Operações Relativas à Circulação de Mercadorias e sobre Prestações de Serviços de Transporte Interestadual e Intermunicipal e de Comunicação – RICMS.*

Geraldo Alckmin, Governador do Estado de São Paulo, no uso de suas atribuições legais e tendo em vista o disposto no Convênio ICMS-27/90, decreta:

**Art. 1º.** Passam a vigorar com a redação que se segue os dispositivos adiante indicados do art. 22 do Anexo I do Regulamento do Imposto sobre Operações Relativas à Circulação de Mercadorias e sobre Prestações de Serviços de Transporte Interestadual e Intermunicipal e de Comunicação – RICMS, aprovado pelo Decreto nº 45.490, de 30 de novembro de 2000:

I – o inciso II do *caput*:

II – os §§ 1º ao 3º:

• *Alterações já efetuadas no corpo do Decreto.*

**Art. 2º.** Este Decreto entra em vigor na data de sua publicação.

Palácio dos Bandeirantes, 24 de abril de 2014.

*Geraldo Alckmin – DOE de 25.4.2014*

## 729. DECRETO Nº 60.409, DE 5 DE MAIO DE 2014

*Fixa prazos especiais para recolhimento do ICMS nas saídas de mercadorias decorrentes do evento que especifica e dá outras providências.* [APAS-2014 – 30º Congresso de Gestão e Feira Internacional de Negócios em Supermercados] – (*DOE de 6.5.2014*).

• *Pode ser considerado sem mais efeito em razão do cumprimento do seu prazo.*

## 730. DECRETO Nº 60.421, DE 7 DE MAIO DE 2014

*Introduz alterações no Regulamento do Imposto sobre Operações Relativas à Circulação de Mercadorias e sobre Prestações de Serviços de Transporte Interestadual e Intermunicipal e de Comunicação – RICMS.*

Geraldo Alckmin, Governador do Estado de São Paulo, no uso de suas atribuições legais e tendo em vista o disposto nos Convênios ICMS-05/98, celebrado em Recife – PE, no dia 20 de março de 1998 e 118/13, celebrado em Fortaleza – CE, no dia 11 de outubro de 2013, decreta:

**Art. 1º.** Passa a vigorar, com a redação que se segue, o *caput* do art. 146 do Anexo I do Regulamento do Imposto sobre Operações Relativas à Circulação de Mercadorias e sobre Prestações de Serviços de Transporte Interestadual e Intermunicipal e de Comunicação – RICMS, aprovado pelo Decreto nº 45.490, de 30 de novembro de 2000:

• *Alteração já efetuada no corpo do Decreto.*

**Art. 2º.** Fica acrescentado, com a redação que se segue, o § 3º ao art. 146 ao Anexo I do Regulamento do Imposto sobre Operações Relativas à Circulação de Mercadorias e sobre Prestações de Serviços de Transporte Interestadual e Intermunicipal e de Comunicação – RICMS, aprovado pelo Decreto nº 45.490, de 30 de novembro de 2000:

• *Alteração já efetuada no corpo do Decreto.*

**Art. 3º.** Este Decreto entra em vigor na data de sua publicação.

Palácio dos Bandeirantes, 7 de maio de 2014.

*Geraldo Alckmin – DOE de 8.5.2014*

## 731. DECRETO Nº 60.444, DE 13 DE MAIO DE 2014

*Institui o Programa Especial de Parcelamento – PEP do ICMS no Estado de São Paulo, para a liquidação de débitos fiscais relacionados com o Imposto sobre Operações Relativas à Circulação de Mercadorias – ICM e com o Imposto sobre Operações Relativas à Circulação de Mercadorias e sobre Prestações de Serviços de Transporte Interestadual e Intermunicipal e de Comunicação – ICMS.*

Geraldo Alckmin, Governador do Estado de São Paulo, no uso de suas atribuições legais e tendo em vista o disposto no Convênio ICMS- 24/14, de 21 de março de 2014, decreta:

**Art. 1º.** Fica instituído o Programa Especial de Parcelamento – PEP do ICMS, que dispensa o recolhimento, nos percentuais indicados a seguir, do valor dos juros e das multas punitivas e moratórias na liquidação de débitos fiscais relacionados com o ICM e com o ICMS decorrentes de fatos geradores ocorridos até 31 de dezembro de 2013, constituídos ou não, inscritos ou não em dívida ativa, inclusive ajuizados, desde que o valor do débito, atualizado nos termos da legislação vigente, seja recolhido, em moeda corrente:

I – em parcela única, com redução de 75% (setenta e cinco por cento) do valor atualizado das multas punitiva e moratória e de 60% (sessenta por cento) do valor dos juros incidentes sobre o imposto e sobre a multa punitiva;

II – em até 120 (cento e vinte) parcelas mensais e consecutivas, com redução de 50% (cinquenta por cento) do valor atualizado das multas punitiva e moratória e 40% (quarenta por cento) do valor dos juros incidentes sobre o imposto e sobre a multa punitiva, sendo que na liquidação em:

a) até 24 (vinte e quatro) parcelas, incidirão acréscimos financeiros de 0,64% (sessenta e quatro centésimos por cento) ao mês;

b) 25 (vinte e cinco) a 60 (sessenta) parcelas, incidirão acréscimos financeiros de 0,80% (oitenta centésimos por cento) ao mês;

c) 61 (sessenta e uma) a 120 (cento e vinte) parcelas, incidirão acréscimos financeiros de 1% (um por cento) ao mês.

§ 1º. Relativamente ao débito exigido por meio de Auto de Infração e Imposição de Multa – AIIM não inscrito em dívida ativa, as reduções previstas nos incisos I e II aplicam-se cumulativamente aos seguintes descontos sobre o valor atualizado da multa punitiva:

1 – 70% (setenta por cento), no caso de recolhimento em parcela única mediante adesão ao programa no prazo de até 15 (quinze) dias contados da data da notificação da lavratura do Auto de Infração e Imposição de Multa – AIIM;

2 – 60% (sessenta por cento), no caso de recolhimento em parcela única mediante adesão ao programa no prazo de 16 (dezesseis) a 30 (trinta) dias contados da data da notificação da lavratura do Auto de Infração e Imposição de Multa – AIIM;

3 – 45% (quarenta e cinco por cento), nos demais casos de ICM/ICMS exigido por meio de Auto de Infração e Imposição de Multa – AIIM.

§ 2º. Para fins do parcelamento referido no inciso II, o valor de cada parcela não poderá ser inferior a R$ 500,00 (quinhentos reais).

§ 3º. Poderá ser liquidado exclusivamente em parcela única nos termos deste artigo, débito fiscal decorrente de operações ou prestações de contribuinte que não esteja em situação cadastral regular perante o fisco, nos termos do item 4 do § 1º do art. 36 da Lei nº 6.374, de 1º de março de 1989, ressalvado o disposto no § 4º.

§ 4º. Poderá ser concedido parcelamento, nos termos do inciso II, de débito fiscal decorrente de operações ou prestações de contribuinte que não esteja em situação cadastral regular perante o fisco, se o débito estiver inscrito e ajuizado.

§ 5º. A Secretaria da Fazenda e a Procuradoria Geral do Estado disciplinarão a utilização de crédito acumulado e do valor do imposto a ser ressarcido conforme disposto no § 2º do art. 270 do Regulamento do ICMS, para liquidação de débitos fiscais nos termos deste Decreto.

§ 6º. Consolidado o débito fiscal, será aplicado o percentual de acréscimo financeiro previsto no inciso II, de modo a se obter o valor da parcela mensal, o qual permanecerá constante da primeira até a última, desde que recolhidas nos respectivos vencimentos fixados no acordo de parcelamento.

**Art. 2º.** O disposto neste Decreto aplica-se também a:

I – valores espontaneamente denunciados ou informados ao fisco pelo contribuinte, decorrentes de infrações relacionadas a fatos geradores ocorridos até 31 de dezembro de 2013 não informados por meio de GIA, exceto os débitos referidos na alínea "a" do item 2 do parágrafo único;

II – débito decorrente exclusivamente de penalidade pecuniária por descumprimento de obrigação acessória, que não comporte exigência do imposto pela mesma infração no lançamento de ofício, ocorrida até 31 de dezembro de 2013;

III – saldo remanescente de parcelamento celebrado no âmbito do Programa de Parcelamento Incentivado – PPI do ICMS, instituído pelo Decreto nº 51.960, de 4 de julho de 2007, e rompido até 31 de maio de 2012, desde que esteja inscrito em dívida ativa;

IV – saldo remanescente de parcelamento celebrado no âmbito do Programa Especial de Parcelamento – PEP do ICMS, instituído pelo Decreto nº 58.811, de 27 de dezembro de 2012, e rompido, desde que esteja inscrito em dívida ativa;

V – saldo remanescente de parcelamento deferido nos termos dos arts. 570 a 583 do Regulamento do ICMS, aprovado pelo Decreto nº 45.490, de 30 de novembro de 2000;

VI – débitos do contribuinte sujeito às normas do Regime Especial Unificado de Arrecadação de Tributos e Contribuições devidos pelas Microempresas e Empresas de Pequeno Porte – Simples Nacional, observado o parágrafo único.

Parágrafo único. Na hipótese de débitos de contribuintes do Simples Nacional:

1 – poderão ser liquidados os débitos fiscais relacionados ao diferencial de alíquota, à substituição tributária e ao recolhimento antecipado, em parcela única ou parceladamente, nos termos do art. 1º;

2 – não poderão ser liquidados os débitos:

a) informados por meio da Declaração Anual do Simples Nacional – DASN ou do PGDAS-D;

b) exigidos por meio de auto de infração lavrado conforme os arts. 79 e 129 da Resolução nº 94/2011 do Comitê Gestor do Simples Nacional.

**Art. 3º.** Para efeito deste Decreto, considera-se débito:

I – fiscal, a soma do imposto, das multas, da atualização monetária, dos juros de mora e dos demais acréscimos previstos na legislação;

II – consolidado, o somatório dos débitos fiscais selecionados pelo beneficiário, no Programa Especial de Parcelamento – PEP do ICMS, no endereço eletrônico <www.pepdoicms.sp.gov.br>.

**Art. 4º.** O contribuinte poderá aderir ao Programa Especial de Parcelamento – PEP do ICMS no período de 19 de maio de 2014 a 29 de agosto de 2014, mediante acesso ao endereço eletrônico <www.pepdoicms.sp.gov.br>, no qual deverá:

- *Art. 4º, caput, com redação dada pelo Decreto nº 60.599, de 3.7.2014 – DOE de 4.7.2014 – Efeitos a partir da publicação.*

I – selecionar os débitos fiscais a serem liquidados nos termos deste Decreto;

II – emitir a Guia de Arrecadação Estadual – GARE-ICMS correspondente à primeira parcela ou à parcela única.

§ 1º. O vencimento da primeira parcela ou da parcela única será:

1 – no dia 25 do mês corrente, para as adesões ocorridas entre os dias 1º e 15;

2 – no dia 10 do mês subsequente, para as adesões ocorridas entre o dia 16 e o último dia do mês.

§ 2º. Na hipótese de parcelamento nos termos do inciso II do art. 1º, o vencimento das parcelas subsequentes à primeira será no mesmo dia dos meses subsequentes ao do vencimento da primeira parcela.

§ 3º. Considera-se adesão ao parcelamento a aceitação das condições estabelecidas neste Decreto e a obtenção do número PEP do ICMS, gerado pelo sistema.

§ 4º. A adesão ao programa não implica, necessariamente, celebração do parcelamento, nos termos do inciso I do art. 6º.

§ 5º. Tratando-se de débitos fiscais inscritos em dívida ativa, a adesão ao PEP deverá corresponder a:

1 – todos os débitos de uma mesma Certidão de Dívida Ativa;

2 – todas as Certidões de Dívida Ativa quando agrupadas numa execução fiscal.

**Art. 5º.** O parcelamento ou pagamento em parcela única nos termos deste Decreto implica:

I – confissão irrevogável e irretratável do débito fiscal;

II – expressa renúncia a qualquer defesa ou recurso administrativo ou judicial, bem como desistência dos já interpostos, relativamente aos débitos fiscais incluídos.

§ 1º. A desistência das ações judiciais e dos embargos à execução fiscal deverá ser comprovada, no prazo de 60 (sessenta) dias contados da data do recolhimento da primeira parcela ou da parcela única, mediante apresentação de cópia das petições devidamente protocolizadas.

§ 2º. Os documentos destinados a comprovar a desistência mencionada no § 1º deverão ser entregues na Procuradoria responsável pelo acompanhamento das respectivas ações.

§ 3º. O recolhimento efetuado, integral ou parcial, embora autorizado pelo fisco, não importa em presunção de correção dos cálculos efetuados, ficando resguardado o direito do fisco de exigir eventuais diferenças apuradas posteriormente.

**Art. 6º.** O parcelamento previsto neste Decreto será considerado:

I – celebrado, com o recolhimento da primeira parcela no prazo fixado;

II – rompido, na hipótese de:

a) inobservância de qualquer das condições estabelecidas neste Decreto, constatada a qualquer tempo;

b) falta de pagamento de 4 (quatro) ou mais parcelas, consecutivas ou não, excetuada a primeira;

c) falta de pagamento de até 3 (três) parcelas, excetuada a primeira, após 90 (noventa) dias do vencimento da última prestação do parcelamento;

d) não comprovação da desistência e do recolhimento das custas e encargos de eventuais ações, embargos à execução fiscal, impugnações, defesas e recursos apresentados no âmbito judicial;

e) declaração incorreta, na data de adesão, do valor atualizado do depósito judicial para fins de abatimento do saldo devedor, ou cujo depósito não guarde relação com os débitos incluídos no parcelamento;

f) descumprimento de outras condições a serem estabelecidas em resolução conjunta pela Secretaria da Fazenda e pela Procuradoria Geral do Estado.

Parágrafo único. O rompimento do parcelamento celebrado nos termos deste Decreto:

1 – implica imediato cancelamento dos descontos previstos no inciso II do art. 1º, reincorporando-se integralmente ao débito fiscal os valores reduzidos e tornando o débito imediatamente exigível, com os acréscimos legais previstos na legislação;

2 – acarretará:

a) em se tratando de débito não inscrito na dívida ativa, a inscrição e o ajuizamento da execução fiscal;

b) em se tratando de débito inscrito e ajuizado, o imediato prosseguimento da execução fiscal.

**Art. 7º.** Para a liquidação do débito fiscal nos termos do inciso II do art. 1º, será exigido do beneficiário autorização para débito automático do valor correspondente às parcelas subsequentes à primeira em conta corrente mantida em instituição bancária conveniada com a Secretaria da Fazenda.

§ 1º. Em substituição ao disposto no caput, observadas as condições estabelecidas em ato conjunto do Secretário da Fazenda e do Procurador Geral do Estado, poderão ser utilizadas guias para recolhimento.

§ 2º. Na hipótese de recolhimento de parcela em atraso, serão aplicados, além dos acréscimos financeiros referentes ao parcelamento, juros de 0,1% (um décimo por cento) ao dia sobre o valor da parcela em atraso.

**Art. 8º.** A concessão dos benefícios previstos neste Decreto:

I – não dispensa, na hipótese de débitos ajuizados, a efetivação de garantia integral da execução fiscal, bem como o pagamento das custas, das despesas judiciais e dos honorários advocatícios, ficando estes reduzidos para 5% (cinco por cento) do valor do débito fiscal;

II – não autoriza a restituição, no todo ou em parte, de importância recolhida anteriormente ao início da vigência deste Decreto.

**Art. 9º.** O valor dos depósitos judiciais efetivados espontaneamente em garantia do juízo, referente aos débitos incluídos no parcelamento, poderá ser abatido do débito a ser recolhido, desde que não tenha havido na ação decisão favorável à Fazenda Pública do Estado de São Paulo com trânsito em julgado, sendo que eventual saldo:

I – do débito fiscal será liquidado nos termos deste Decreto;

II – do depósito judicial em favor do beneficiário, ser-lhe-á restituído.

§ 1º. Para fins do abatimento, o beneficiário deverá:

1 – informar, no endereço eletrônico <www.pepdoicms.sp.gov.br>, após selecionar os débitos que serão parcelados ou liquidados em parcela única, o valor atualizado, na data de adesão, dos depósitos judiciais existentes;

2 – autorizar a Procuradoria Geral do Estado a efetuar o levantamento dos depósitos judiciais, encaminhando petição nos autos da ação em que houver sido realizado o depósito, com a renúncia expressa aos recursos cabíveis e desistência daqueles já apresentados.

§ 2º. A cópia da petição protocolada a que se refere o item 2 do § 1º deverá ser entregue na Procuradoria responsável pelo acompanhamento da ação em que o levantamento deverá ser realizado, instruída com o comprovante do valor depositado, no prazo de 60 (sessenta) dias contados da celebração do parcelamento ou do recolhimento da parcela única.

§ 3º. O abatimento de que trata este artigo será definitivo, ainda que o parcelamento venha a ser rompido.

**Art. 10.** Caberá ao Procurador Geral do Estado e ao Secretário da Fazenda, nas hipóteses de débitos inscritos e não inscritos na dívida ativa, respectivamente, decidir sobre os casos omissos.

**Art. 11.** Este Decreto entra em vigor na data de sua publicação.

Palácio dos Bandeirantes, 13 de maio de 2014.

*Geraldo Alckmin – DOE de 14.5.2014*

## 732. DECRETO Nº 60.499, DE 30 DE MAIO DE 2014

*Introduz alteração no Regulamento do Imposto sobre Operações Relativas à Circulação de Mercadorias e sobre Prestações de Serviços de Transporte Interestadual e Intermunicipal e de Comunicação – RICMS.*

Geraldo Alckmin, Governador do Estado de São Paulo, no uso de suas atribuições legais e tendo em vista o disposto nos Ajustes Sinief 1 a 3 , de 21 de março de 2014, decreta:

**Art. 1º.** Passam a vigorar, com a redação que se segue, os dispositivos adiante indicados do Regulamento do Imposto sobre Operações Relativas à Circulação de Mercadorias e sobre Prestações de Serviços de Transporte Interestadual e Intermunicipal e de Comunicação – RICMS, aprovado pelo Decreto nº 45.490, de 30 de novembro de 2000:

I – o § 7º do art. 125:

II – o *caput* do art. 129-A:

• *Alterações já efetuadas no corpo do Decreto.*

**Art. 2º.** Fica revogado o § 12 do art. 127 do Regulamento do Imposto sobre Operações Relativas à Circulação de Mercadorias e sobre Prestações de Serviços de Transporte Interestadual e Intermunicipal e de Comunicação – RICMS, aprovado pelo Decreto nº 45.490, de 30 de novembro de 2000.

• *Alteração já efetuada no corpo do Decreto.*

**Art. 3º.** Este Decreto entra em vigor na data de sua publicação.

Palácio dos Bandeirantes, 30 de maio de 2014.

*Geraldo Alckmin – DOE de 31.5.2014*

## 733. DECRETO Nº 60.566, DE 24 DE JUNHO DE 2014

*Introduz alterações no Regulamento do Imposto sobre Operações Relativas à Circulação de Mercadorias e sobre Prestações de Serviços de Transporte Interestadual e Intermunicipal e de Comunicação – RICMS e dá outras providências.*

Geraldo Alckmin, Governador do Estado de São Paulo, no uso de suas atribuições legais e tendo em vista o disposto no art. 8º da Lei nº 6.374, de 1º de março de 1989, decreta:

**Art. 1º.** Passam a vigorar, com a redação que se segue, os dispositivos adiante indicados do Regulamento do Imposto sobre Operações Relativas à Circulação de Mercadorias e sobre Prestações de Serviços de Transporte Interestadual e Intermunicipal e de Comunicação – RICMS, aprovado pelo Decreto nº 45.490, de 30 de novembro de 2000:

I – o art. 292:

II – o *caput* e o § 1º do art. 311:

III – o § 4º do art. 24 do Anexo II:

• *Alterações já efetuadas no corpo do Decreto.*

**Art. 2º.** Este Decreto entra em vigor em 1º de julho de 2014.

Palácio dos Bandeirantes, 24 de junho de 2014.

*Geraldo Alckmin – DOE de 25.6.2014*

## 734. DECRETO Nº 60.567, DE 24 DE JUNHO DE 2014

*Introduz alterações no Regulamento do Imposto sobre Operações Relativas à Circulação de Mercadorias e sobre Prestações de Serviços de Transporte Interestadual e Intermunicipal e de Comunicação – RICMS.*

Geraldo Alckmin, Governador do Estado de São Paulo, no uso de suas atribuições legais e tendo em vista o disposto no art. 8º da Lei nº 6.374, de 1º de março de 1989, decreta:

**Art. 1º.** Passa a vigorar com a redação que se segue o *caput* do art. 400-T do Regulamento do Imposto sobre Operações Relativas à Circulação de Mercadorias e sobre Prestações de Serviços de Transporte Interestadual e Intermunicipal e de Comunicação, aprovado pelo Decreto nº 45.490, de 30 de novembro de 2000:

• *Alteração já efetuada no corpo do Decreto.*

**Art. 2º.** Este Decreto entra em vigor na data de sua publicação.

Palácio dos Bandeirantes, 24 de junho de 2014.

*Geraldo Alckmin – DOE de 25.6.2014*

## 735. DECRETO Nº 60.568, DE 24 DE JUNHO DE 2014

*Introduz alteração no Regulamento do Imposto sobre Operações Relativas à Circulação de Mercadorias e sobre Prestações de Serviços de Transporte Interestadual e Intermunicipal e de Comunicação – RICMS.*

Geraldo Alckmin, Governador do Estado de São Paulo, no uso de suas atribuições legais e tendo em vista o disposto no art. 46 da Lei nº 6.374, de 1º de março de 1989, decreta:

**Art. 1º.** Fica revogado o item 1 do § 8º do art. 30 das Disposições Transitórias do Regulamento do Imposto sobre Operações Relativas à Circulação de Mercadorias e sobre Prestações de Serviços de Transporte Interestadual e Intermunicipal e de Comunicação – RICMS, aprovado pelo Decreto nº 45.490, de 30 de novembro de 2000.

• *Alteração já efetuada no corpo do Decreto.*

**Art. 2º.** Este Decreto entra em vigor na data de sua publicação, produzindo efeitos em relação aos pedidos de apropriação formalizados a partir de 1º de fevereiro de 2014, que se refiram a crédito acumulado gerado a partir de 1º de abril de 2010.

Palácio dos Bandeirantes, 24 de junho de 2014.

*Geraldo Alckmin – DOE de 25.6.2014*

## 736. DECRETO Nº 60.569, DE 24 DE JUNHO DE 2014

*Introduz alteração no Regulamento do Imposto sobre Operações Relativas à Circulação de Mercadorias e sobre Prestações de Serviços de Transporte Interestadual e Intermunicipal e de Comunicação – RICMS.*

Geraldo Alckmin, Governador do Estado de São Paulo, no uso de suas atribuições legais e tendo em vista o disposto no Convênio ICMS-32/2014, de 21 de março de 2014, decreta:

**Art. 1º.** Fica acrescentado o § 1º-A ao art. 154 do Anexo I do Regulamento do Imposto sobre Operações Relativas à Circulação de Mercadorias e sobre Prestações de Serviços de Transporte Interestadual e Intermunicipal e de Comunicação – RICMS, aprovado pelo Decreto nº 45.490, de 30 de novembro de 2000, com a seguinte redação:

• *Alteração já efetuada no corpo do Decreto.*

**Art. 2º.** Este Decreto entra em vigor na data de sua publicação, produzindo efeitos a partir de 1º.6.2014.

Palácio dos Bandeirantes, 24 de junho de 2014.

*Geraldo Alckmin – DOE de 25.6.2014*

## 737. DECRETO Nº 60.570, DE 24 DE JUNHO DE 2014

*Altera os Decretos nºs 53.051/08, 53.826/08 e 54.904/09, que tratam, respectivamente, do Programa de Incentivo ao Investimento pelo Fabricante de Veículo Automotor, dos Incentivos no Âmbito dos Parques Tecnológicos e do Programa de Incentivo ao Investimento pelo Fabricante de Produtos da Indústria de Processamento Eletrônico de Dados.*

Geraldo Alckmin, Governador do Estado de São Paulo, no uso de suas atribuições legais e tendo em vista o disposto no art. 46 da Lei nº 6.374, de 1º de março de 1989, decreta:

**Art. 1º.** Passam a vigorar com a redação que se segue os dispositivos adiante indicados do Decreto nº 53.051, de 3 de junho de 2008:

I – o *caput* do art. 2º, mantidos os seus incisos:

II – o *caput* do art. 3º, mantidos os seus incisos:

• *Alterações já efetuadas no corpo do Decreto.*

**Art. 2º.** Passa a vigorar com a redação que se segue o *caput* do art. 1º do Decreto nº 53.826, de 16 de dezembro de 2008, mantidos os seus incisos:

• *Alteração já efetuada no corpo do Decreto.*

**Art. 3º.** Passam a vigorar com a redação que se segue os dispositivos adiante indicados do Decreto nº 54.904, de 13 de outubro de 2009:

I – o *caput* do art. 2º, mantidos os seus incisos:

II – o *caput* do art. 3º, mantidos os seus incisos:

• *Alterações já efetuadas no corpo do Decreto.*

**Art. 4º.** Este Decreto entra em vigor na data de sua publicação, produzindo efeitos a partir de 1º de julho de 2014.

Palácio dos Bandeirantes, 24 de junho de 2014.

*Geraldo Alckmin – DOE de 25.6.2014*

## 738. DECRETO Nº 60.571, DE 24 DE JUNHO DE 2014

*Dispõe sobre a dispensa de multa e demais acréscimos legais do ICMS incidente sobre a prestação de serviço de comunicação por meio de mídia exterior.*

Geraldo Alckmin, Governador do Estado de São Paulo, no uso de suas atribuições legais e tendo em vista o disposto no Convênio ICMS-45/2014, de 22 de abril de 2014, e no Parecer PA nº 35/2007, exarado pela Procuradoria Geral do Estado, decreta:

**Art. 1º.** Ficam acrescentadas as alíneas "c" e "d" ao parágrafo único do art. 67 do Anexo II do Regulamento do Imposto sobre Operações Relativas à Circulação de Mercadorias e sobre Prestações de Serviços de Transporte Interestadual e Intermunicipal e de Comunicação – RICMS, aprovado pelo Decreto nº 45.490, de 30 de novembro de 2000, na redação que se segue:

• *Alterações já efetuadas no corpo do Decreto.*

**Art. 2º.** Fica dispensado o recolhimento de 100% (cem por cento) do valor das multas e demais acréscimos legais relativos ao não pagamento do Imposto sobre Operações Relativas à Circulação de Mercadorias e sobre Prestações de Serviços de Transporte Interestadual e Intermunicipal e de Comunicação – ICMS decorrente de prestações de serviços de comunicação visual em mídia exterior, realizadas até 31 de dezembro de 2013, desde que o valor do imposto devido seja recolhido, em até 24 (vinte e quatro) parcelas mensais e sucessivas, nos termos deste Decreto.

§ 1º. A adesão ao parcelamento de que trata o caput deve ser exercida pelo contribuinte até 30 de junho de 2014.

§ 2º. O imposto a que se refere o caput deverá ser calculado mediante a aplicação do percentual de 5%.

§ **3º.** São consideradas multas relativas ao não pagamento do imposto as previstas no art. 527, incisos I, II e IV, e a multa moratória prevista no art. 528 do Regulamento do ICMS, aprovado pelo Decreto nº 45.490, de 30 de novembro de 2000.

**Art. 3º.** O disposto no art. 2º condicionado a que o contribuinte beneficiado:

I – não aproprie quaisquer créditos relativos à prestação do serviço de comunicação de que este Decreto, bem como à fruição de qualquer outro benefício fiscal;

II – adote como base de cálculo do ICMS incidente sobre as prestações de serviços de comunicação o valor total dos serviços cobrados do tomador;

III – não questione, judicial ou administrativamente, a incidência do ICMS sobre as prestações de serviços de comunicação;

IV – desista formalmente de ações judiciais e recursos administrativos de sua iniciativa contra a Fazenda Pública, visando ao afastamento da cobrança do ICMS sobre as prestações de serviços de comunicação;

V – observe disciplina a ser estabelecida pela Secretaria da Fazenda.

**Art. 4º.** A concessão dos benefícios previstos neste Decreto não dispensa o pagamento das custas, dos emolumentos judiciais e dos honorários advocatícios quando devidos, estes fixados em 5% (cinco por cento) do valor do débito fiscal.

**Art. 5º.** O disposto neste Decreto:

I – aplica-se a parcelamento celebrado e em andamento na data da publicação deste Decreto, apurando-se o saldo devedor sem o acréscimo financeiro que incidiria nas parcelas vincendas;

II – não autoriza a restituição ou compensação de importância já recolhida ou o levantamento de importância depositada em juízo, quando houver decisão transitada em julgado a favor do Estado.

**Art. 6º.** O descumprimento das condições previstas neste Decreto implica imediato cancelamento dos benefícios fiscais nele previstos, restaurando-se integralmente o débito fiscal objeto do benefício e tornando-o imediatamente exigível.

**Art. 7º.** Este Decreto entra em vigor na data de sua publicação.

Palácio dos Bandeirantes, 24 de junho de 2014.

*Geraldo Alckmin – DOE de 25.6.2014*

## 739. DECRETO Nº 60.599, DE 3 DE JULHO DE 2014

*Altera o Decreto nº 60.444, de 13 de maio de 2014, que institui o Programa Especial de Parcelamento – PEP do ICMS no Estado de São Paulo, para a liquidação de débitos fiscais relacionados com o Imposto sobre Operações Relativas à Circulação de Mercadorias – ICM e com o Imposto sobre Operações Relativas à Circulação de Mercadorias e sobre Prestações de Serviços de Transporte Interestadual e Intermunicipal e de Comunicação – ICMS.*

Geraldo Alckmin, Governador do Estado de São Paulo, no uso de suas atribuições legais e tendo em vista o disposto no Convênio ICMS-59/14, de 13 de junho de 2014, decreta:

**Art. 1º.** Passa a vigorar com a redação que se segue o *caput* do art. 4º, mantidos os seus incisos, do Decreto nº 60.444, de 13 de maio de 2014:

• *Alteração já efetuada no corpo do Decreto.*

**Art. 2º.** Este Decreto entra em vigor na data de sua publicação.

Palácio dos Bandeirantes, 3 de julho de 2014.

*Geraldo Alckmin – DOE de 4.7.2014*

## 740. DECRETO Nº 60.629, DE 3 DE JULHO DE 2014

*Fixa prazos especiais para recolhimento do ICMS nas saídas de mercadorias decorrentes do evento que especifica e dá outras providências.* [Office Brasil Escolar – 28ª Feira Internacional de Produtos para Papelarias, Escritórios e Escolas] – (*DOE de 4.7.2014*).

- *Pode ser considerado sem mais efeito em razão do cumprimento do seu prazo.*

## 741. DECRETO Nº 60.630, DE 3 DE JULHO DE 2014

*Introduz alteração no Regulamento do Imposto sobre Operações Relativas à Circulação de Mercadorias e sobre Prestações de Serviços de Transporte Interestadual e Intermunicipal e de Comunicação – RICMS.*

Geraldo Alckmin, Governador do Estado de São Paulo, no uso de suas atribuições legais, e tendo em vista o disposto no Convênio ICMS-128/94, de 20 de outubro de 1994, decreta:

**Art. 1º.** Passa a vigorar, com a redação que se segue, o § 2º do art. 3º do Anexo II do Regulamento do Imposto sobre Operações Relativas à Circulação de Mercadorias e sobre Prestações de Serviços de Transporte Interestadual e Intermunicipal e de Comunicação – RICMS, aprovado pelo Decreto nº 45.490, de 30 de novembro de 2000:

- *Alteração já efetuada no corpo do Decreto.*

**Art. 2º.** Fica acrescentado o inciso XXIV ao art. 3º do Anexo II do Regulamento do Imposto sobre Operações Relativas à Circulação de Mercadorias e sobre Prestações de Serviços de Transporte Interestadual e Intermunicipal e de Comunicação – RICMS, aprovado pelo Decreto nº 45.490, de 30 de novembro de 2000, com a seguinte redação:

- *Alteração já efetuada no corpo do Decreto.*

**Art. 3º.** Este Decreto entra em vigor na data de sua publicação.

Palácio dos Bandeirantes, 3 de julho de 2014.

*Geraldo Alckmin – DOE de 4.7.2014*

## 742. DECRETO Nº 60.742, DE 21 DE AGOSTO DE 2014

*Isenta do Imposto sobre Operações Relativas à Circulação de Mercadorias e sobre Prestações de Serviços de Transporte Interestadual e Intermunicipal e de Comunicação – ICMS a comercialização de sanduíches denominados "Big Mac" efetuada durante o evento "Mc-Dia Feliz".* (*DOE de 22.8.2014*).

- *Pode ser considerado sem mais efeito em razão do cumprimento do seu prazo.*

## 743. DECRETO Nº 60.743, DE 21 DE AGOSTO DE 2014

*Fixa prazos especiais para recolhimento do ICMS devido pelos contribuintes que aderirem ao evento "Liquida Campinas" e dá outras providências.* (*DOE de 22.8.2014*).

- *Pode ser considerado sem mais efeito em razão do cumprimento do seu prazo.*

## 744. DECRETO Nº 60.809, DE 29 DE SETEMBRO DE 2014

*Introduz alteração no Regulamento do Imposto sobre Operações Relativas à Circulação de Mercadorias e sobre Prestações de Serviços de Transporte Interestadual e Intermunicipal e de Comunicação – RICMS.*

Geraldo Alckmin, Governador do Estado de São Paulo, no uso de suas atribuições legais e tendo em vista o disposto no Convênio ICMS-81/14, de 15 de agosto de 2014, decreta:

**Art. 1º.** Passa a vigorar com a redação que se segue o art. 142 do Anexo I do Regulamento do Imposto sobre Operações Relativas à Circulação de Mercadorias e sobre Prestações de Serviços de Transporte Interestadual e Intermunicipal e de Comunicação – RICMS, aprovado pelo Decreto nº 45.490, de 30 de novembro de 2000:

- *Alteração já efetuada no corpo do Decreto.*

**Art. 2º.** Este Decreto entra em vigor na data de sua publicação, produzindo efeitos a partir de 5 de setembro de 2014.

Palácio dos Bandeirantes, 29 de setembro de 2014.

*Geraldo Alckmin – DOE de 30.9.2014*

## 745. DECRETO Nº 60.835, DE 16 DE OUTUBRO DE 2014

*Introduz alteração no Regulamento do Imposto sobre Operações Relativas à Circulação de Mercadorias e sobre Prestações de Serviços de Transporte Interestadual e Intermunicipal e de Comunicação – RICMS.*

Geraldo Alckmin, Governador do Estado de São Paulo, no uso de suas atribuições legais e tendo em vista o disposto no Convênio ICMS-87/14, de 15 de agosto de 2014, decreta:

**Art. 1º.** Passam a vigorar com a redação que se segue os dispositivos adiante indicados do art. 145 do Anexo I do Regulamento do Imposto sobre Operações Relativas à Circulação de Mercadorias e sobre Prestações de Serviços de Transporte Interestadual e Intermunicipal e de Comunicação – RICMS, aprovado pelo Decreto nº 45.490, de 30 de novembro de 2000:

I – o § 1º:

II – o § 4º:

III – o item 1 do § 5º:

- *Alterações já efetuadas no corpo do Decreto.*

**Art. 2º.** Este Decreto entra em vigor na data de sua publicação, produzindo efeitos a partir de 5 de setembro de 2014.

Palácio dos Bandeirantes, 16 de outubro de 2014.

*Geraldo Alckmin – DOE de 17.10.2014*

## 746. DECRETO Nº 60.845, DE 21 DE OUTUBRO DE 2014

*Introduz alterações no Regulamento do Imposto sobre Operações Relativas à Circulação de Mercadorias e sobre Prestações de Serviços de Transporte Interestadual e Intermunicipal e de Comunicação – RICMS.*

Geraldo Alckmin, Governador do Estado de São Paulo, no uso de suas atribuições legais e tendo em vista

o disposto no Convênio ICMS – 175/13, celebrado em Vitória, ES, no dia 6 de dezembro de 2013, decreta:

**Art. 1º.** Passa a vigorar, com a redação que se segue, o *caput* do art. 2º, mantidos os seus incisos, do Anexo XV do Regulamento do Imposto sobre Operações Relativas à Circulação de Mercadorias e sobre Prestações de Serviços de Transporte Interestadual e Intermunicipal e de Comunicação – RICMS, aprovado pelo Decreto nº 45.490, de 30 de novembro de 2000:

• *Alteração já efetuada no corpo do Decreto.*

**Art. 2º.** Este Decreto entra em vigor na data de sua publicação.

Palácio dos Bandeirantes, 21 de outubro de 2014.

*Geraldo Alckmin – DOE de 22.10.2014*

## 747. DECRETO Nº 60.860, DE 24 DE OUTUBRO DE 2014

*Introduz alteração no Regulamento do Imposto sobre Operações Relativas à Circulação de Mercadorias e sobre Prestações de Serviços de Transporte Interestadual e Intermunicipal e de Comunicação – RICMS.*

Geraldo Alckmin, Governador do Estado de São Paulo, no uso de suas atribuições legais e tendo em vista o disposto no [art.] 67, § 1º, da Lei nº 6.374, de 1º de março de 1989, decreta:

**Art. 1º.** Fica acrescentado o § 6º ao art. 12 do Anexo XVIII do Regulamento do Imposto sobre Operações Relativas à Circulação de Mercadorias e sobre Prestações de Serviços de Transporte Interestadual e Intermunicipal e de Comunicação – RICMS, aprovado pelo Decreto nº 45.490, de 30 de novembro de 2000, com a seguinte redação:

• *Alteração já efetuada no corpo do Decreto.*

**Art. 2º.** Fica revogado o § 2º do art. 12 do Anexo XVIII do Regulamento do Imposto sobre Operações Relativas à Circulação de Mercadorias e sobre Prestações de Serviços de Transporte Interestadual e Intermunicipal e de Comunicação – RICMS.

• *Alteração já efetuada no corpo do Decreto.*

**Art. 3º.** Este Decreto entra em vigor na data de sua publicação.

Palácio dos Bandeirantes, 24 de outubro de 2014.

*Geraldo Alckmin – DOE de 25.10.2014*

## 748. DECRETO Nº 60.949, DE 4 DE DEZEMBRO DE 2014

*Introduz alterações no Regulamento do Imposto sobre Operações Relativas à Circulação de Mercadorias e sobre Prestações de Serviços de Transporte Interestadual e Intermunicipal e de Comunicação – RICMS e dá outras providências.*

Geraldo Alckmin, Governador do Estado de São Paulo, no uso de suas atribuições legais e tendo em vista o disposto no art. 8º, inciso XXXVI, da Lei nº 6.374, de 1º de março de 1989, decreta:

**Art. 1º.** Fica acrescentado, com a redação que se segue, o item 5 ao § 1º do art. 313-S do Regulamento do Imposto sobre Operações Relativas à Circulação de Mercadorias e sobre Prestações de Serviços de Transporte Interestadual e Intermunicipal e de Comunicação – RICMS, aprovado pelo Decreto nº 45.490, de 30 de novembro de 2000:

• *Alteração já efetuada no corpo do Decreto.*

**Art. 2º.** O estabelecimento paulista, exceto o indicado no inciso I do art. 313-S do Regulamento do ICMS, aprovado pelo Decreto nº 45.490, de 30 de novembro de 2000, relativamente ao estoque de mercadorias relacionadas no § 5º existente no final do dia 31 de março de 2015, deverá:

I – efetuar a contagem do estoque das mercadorias;

II – elaborar relação, indicando, para cada item:

a) o valor das mercadorias em estoque e a base de cálculo para fins de incidência do ICMS, considerando a entrada mais recente da mercadoria;

b) a alíquota interna aplicável;

c) o valor do imposto devido, calculado conforme o § 1º;

d) o correspondente código na Nomenclatura Comum do Mercosul – NCM;

III – na hipótese de estar sujeito ao Regime Periódico de Apuração – RPA, transmitir, até 15 de maio de 2015, arquivo digital à Secretaria da Fazenda, conforme disciplina por ela estabelecida, contendo a relação de que trata o inciso II e demais informações requeridas;

IV – na hipótese de estar sujeito ao Regime Especial Unificado de Arrecadação de Tributos e Contribuições devidos pelas Microempresas e Empresas de Pequeno Porte – "Simples Nacional", manter a relação de que trata o inciso II em arquivo, pelo prazo de 5 (cinco) anos, para apresentação ao fisco, quando solicitado;

V – recolher o valor do imposto devido em razão da operação própria e das subsequentes, por meio de guia de recolhimentos especiais, conforme disciplina estabelecida pela Secretaria da Fazenda.

§ 1º. O valor do imposto devido pela operação própria e pelas subsequentes será calculado com base no Índice de Valor Adicionado Setorial – IVA-ST divulgado pela Secretaria da Fazenda:

1 – mediante a seguinte fórmula:

a) em se tratando de contribuinte sujeito ao Regime Periódico de Apuração – RPA:

Imposto devido = (base de cálculo x alíquota interna) + (base de cálculo x IVA-ST x alíquota interna);

b) em se tratando de contribuinte sujeito ao "Simples Nacional":

Imposto devido = base de cálculo x IVA-ST x alíquota interna;

2 – considerando-se, para determinação da base de cálculo, o valor da entrada mais recente da mercadoria.

§ 2º. O imposto devido poderá ser recolhido em até 10 (dez) parcelas mensais, iguais e sucessivas, com vencimento no último dia útil de cada mês, sendo que a primeira parcela deverá ser recolhida até 31 de maio de 2015.

§ 3º. Na hipótese de contribuinte sujeito ao Regime Periódico de Apuração – RPA que possua saldo credor de ICMS em 31 de março de 2015, este poderá ser utilizado para deduzir, no todo ou em parte, o imposto a recolher nos termos do inciso V, observando-se, sem prejuízo das demais exigências, o que segue:

1 – o valor do saldo credor utilizado para pagar o imposto calculado nos termos do § 1º deverá ser discriminado no final da relação a que se refere o inciso II;

2 – o montante de saldo credor utilizado para pagamento do imposto devido nos termos deste parágrafo será lançado no livro Registro de Apuração do ICMS – RAICMS, na folha destinada à apuração das operações e prestações próprias do período em que ocorrer o aludido levantamento de estoque, no campo "Estorno de Créditos" do quadro "Débito do Imposto", com a indicação da expressão "Liquidação (parcial ou total) do imposto devido por substituição tributária relativo ao estoque existente em 31.3.2015 – Decreto [___] (indicar o número e a data deste Decreto)".

§ 4º. O disposto neste artigo aplica-se, também, no que couber, às mercadorias referidas no § 5º na hipótese de sua saída do estabelecimento remetente ter ocorrido até 31 de março de 2015 e o seu recebimento ter se efetivado após essa data.

§ 5º. As mercadorias a que se refere o *caput* são as lâmpadas de LED (Diodos Emissores de Luz), classificadas no código 8543.70.99 da Nomenclatura Comum do Mercosul – NCM.

§ 6º. O disposto neste artigo não se aplica na hipótese de as mercadorias referidas no § 5º terem sido recebidas já com a retenção antecipada do imposto por substituição tributária.

**Art. 3º.** Este Decreto entra em vigor na data de sua publicação, exceto o art. 1º, que produz efeitos a partir de 1º de abril de 2015.

Palácio dos Bandeirantes, 4 de dezembro de 2014.

*Geraldo Alckmin – DOE de 5.12.2014*

## 749. DECRETO Nº 60.982, DE 12 DE DEZEMBRO DE 2014

*Dispõe sobre a possibilidade de contribuintes que exercem a atividade de comércio varejista parcelarem o ICMS devido pelas saídas de mercadorias promovidas em dezembro de 2014. (DOE de 13.12.2014)*

• *Pode ser considerado sem mais efeito em razão do cumprimento do seu prazo.*

## 750. DECRETO Nº 61.083, DE 29 DE JANEIRO DE 2015

*Introduz alteração no Regulamento do Imposto sobre Operações Relativas à Circulação de Mercadorias e sobre Prestações de Serviços de Transporte Interestadual e Intermunicipal e de Comunicação – RICMS.*

Geraldo Alckmin, Governador do Estado de São Paulo, no uso de suas atribuições legais e tendo em vista o disposto no art. 170, IV, da Constituição Federal e no art. 47, III, da Constituição Estadual, decreta:

**Art. 1º.** Fica acrescentado o item 212 ao § 3º do art. 29 das Disposições Transitórias do Regulamento do Imposto sobre Operações Relativas à Circulação de Mercadorias e sobre Prestações de Serviços de Transporte Interestadual e Intermunicipal e de Comunicação – RICMS, aprovado pelo Decreto nº 45.490, de 30 de novembro de 2000, com a seguinte redação:

• *Alteração já efetuada no corpo do Decreto.*

**Art. 2º.** Este Decreto entra em vigor na data de sua publicação.

Palácio dos Bandeirantes, 29 de janeiro de 2015.

*Geraldo Alckmin – DOE de 30.1.2015*

## 751. DECRETO Nº 61.084, DE 29 DE JANEIRO DE 2015

*Introduz alterações no Regulamento do Imposto sobre Operações Relativas à Circulação de Mercadorias e sobre Prestações de Serviços de Transporte Interestadual e Intermunicipal e de Comunicação – RICMS.*

Geraldo Alckmin, Governador do Estado de São Paulo, no uso de suas atribuições legais e tendo em vista o disposto no art. 67 da Lei nº 6.374/1989 e alterações posteriores, decreta:

**Art. 1º.** Passam a vigorar, com a redação que se segue, os dispositivos adiante indicados do Regulamento do Imposto sobre Operações Relativas à Circulação de Mercadorias e sobre Prestações de Serviços de Transporte Interestadual e Intermunicipal e de Comunicação – RICMS, aprovado pelo Decreto nº 45.490, de 30 de novembro de 2000:

I – o § 3º do art. 124:

II – do art. 132-A:

a) o inciso II:

b) o parágrafo único:

III – os §§ 7º e 8º do art. 135:

IV – o *caput* do art. 206-B, mantidos os seus incisos:

V – o art. 212-O:

VI – do art. 251:

a) a alínea "d" do item 1 do § 3º:

b) o § 5º:

c) o item 1 do § 6º:

VII – o art. 434:

• *Alterações já efetuadas no corpo do Decreto.*

**Art. 2º.** Ficam acrescentados os dispositivos adiante indicados ao Regulamento do Imposto sobre Operações Relativas à Circulação de Mercadorias e sobre Prestações de Serviços de Transporte Interestadual e Intermunicipal e de Comunicação, aprovado pelo Decreto nº 45.490, de 30 de novembro de 2000, com a seguinte redação:

I – os incisos XXVII e XXVIII ao art. 124:

II – o art. 285-A:

• *Alterações já efetuadas no corpo do Decreto.*

**Art. 3º.** Fica revogado o art. 434-A do Regulamento do Imposto sobre Operações Relativas à Circulação de Mercadorias e sobre Prestações de Serviços de Transporte Interestadual e Intermunicipal e de Comunicação, aprovado pelo Decreto nº 45.490, de 30 de novembro de 2000.

• *Alteração já efetuada no corpo do Decreto.*

**Art. 4º.** Este Decreto entra em vigor na data de sua publicação, exceto em relação aos dispositivos adiante indicados, que produzem efeitos a partir do primeiro dia do segundo mês subsequente ao da publicação deste Decreto:

I – o inciso VII do art. 1º;

II – o inciso II do art. 2º;

III – o art. 3º.

Palácio dos Bandeirantes, 29 de janeiro de 2015.

*Geraldo Alckmin – DOE de 30.1.2015*

## 752. DECRETO Nº 61.085, DE 29 DE JANEIRO DE 2015

*Introduz alteração no Regulamento do Imposto sobre Operações Relativas à Circulação de Mercadorias e sobre Prestações de Serviços de Transporte Interestadual e Intermunicipal e de Comunicação – RICMS, e dá outras providências.*

Geraldo Alckmin, Governador do Estado de São Paulo, no uso de suas atribuições legais e tendo em vista o disposto no art. 8º, inciso XV, da Lei nº 6.374, de 1º de março de 1989, e no Convênio ICMS 134/14, de 5 de dezembro de 2014, decreta:

**Art. 1º.** Passa a vigorar com a redação que se segue, a partir de 1º.3.2015, o item 5 do § 1º do art. 312 do Regulamento do Imposto sobre Operações Relativas à Circulação de Mercadorias e sobre Prestações de Serviços de Transporte Interestadual e Intermunicipal e de Comunicação – RICMS, aprovado pelo Decreto nº 45.490, de 30 de novembro de 2000:

• *Alteração já efetuada no corpo do Decreto.*

**Art. 2º.** Fica revogado, a partir de 1º.3.2015, o § 2º do art. 312 do Regulamento do Imposto sobre Operações Relativas à Circulação de Mercadorias e sobre Prestações de Serviços de Transporte Interestadual e Intermunicipal e de Comunicação – RICMS, aprovado pelo Decreto nº 45.490, de 30 de novembro de 2000.

• *Alteração já efetuada no corpo do Decreto.*

**Art. 3º.** O estabelecimento, exceto o indicado no inciso I do art. 312 e o que tenha aplicado o disposto no art. 272, ambos do Regulamento do ICMS, relativamente às mercadorias classificadas nas NCMs 2713 e 2715.00.00, excluídas da substituição tributária nos termos deste Decreto, que tenham sido recebidas com imposto retido antecipadamente, existentes em estoque no final do dia 28.2.2015, deverá:

I – efetuar a contagem do estoque da mercadoria;

II – elaborar relatório contendo as seguintes informações:

a) descrição e quantidade da mercadoria;

b) valor total da mercadoria, tendo por base a entrada mais recente;

c) valor total do ICMS que incidiu sobre as operações anteriores realizadas com a mercadoria, a título de operação própria e substituição tributária, apurado conforme disposto no art. 4º;

d) identificação dos documentos fiscais utilizados para a obtenção das informações referidas nas alíneas "b" e "c", indicando-se o número e a data de emissão de cada documento fiscal e sua respectiva chave de acesso, quando tratar-se de Nota Fiscal Eletrônica (NF-e), bem como o nome empresarial e inscrição estadual e no CNPJ do emitente;

III – na hipótese de estar sujeito ao Regime Periódico de Apuração – RPA:

a) efetuar, na apuração do imposto próprio relativo ao mês de março/2015, o lançamento do valor aludido na alínea "c" do inciso II no livro Registro de Apuração do ICMS, no quadro "Crédito do Imposto – Outros Créditos", fazendo-se expressa menção a este Decreto;

b) aplicar o regime comum de tributação às saídas da mercadoria que ocorrerem a partir de 1º.3.2015;

c) manter o relatório de que trata o inciso II em arquivo digital, pelo prazo previsto no art. 202 do Regulamento do ICMS, para apresentação ao fisco, quando solicitado;

IV – na hipótese de ser optante pelo Regime do Simples Nacional, instituído pela Lei Complementar Federal nº 123, de 14.12.2006:

a) manter o regime da substituição tributária nas saídas que ocorrerem, a partir de 1º.3.2015, com a mercadoria relacionada no relatório de que trata o inciso II, observando a disciplina regulamentar inerente aos contribuintes substituídos;

b) indicar, no documento fiscal relativo às saídas referidas na alínea "a", no campo "informações complementares", a expressão "operação amparada pelo Decreto nº ___, de __/__/___" (indicar o número e a data deste Decreto);

c) acrescentar, ao relatório de que trata o inciso II, o controle das saídas referidas na alínea "a" deste inciso, indicando-se a data e a quantidade de mercadoria de cada saída, bem como o número e a data de emissão do respectivo documento fiscal e sua respectiva chave de acesso, quando tratar-se de Nota Fiscal Eletrônica (NF-e);

d) manter o relatório de que trata o inciso II em arquivo digital, pelo prazo previsto no art. 202 do Regulamento do ICMS, para apresentação ao fisco, quando solicitado.

Parágrafo único. O contribuinte que receber a mercadoria de que trata a alínea "a" do inciso IV deverá:

1 – elaborar planilha de controle das entradas e saídas da mercadoria, indicando a data e a quantidade de cada entrada e saída, bem como o número e a data de emissão do respectivo documento fiscal e sua respectiva chave de acesso, quando tratar-se de Nota Fiscal Eletrônica (NF-e);

2 – manter o regime da substituição tributária nas saídas da mercadoria, observando a disciplina regulamentar inerente às obrigações dos contribuintes substituídos;

3 – indicar, no documento fiscal de saída da mercadoria, no campo "informações complementares", a expressão "operação amparada pelo Decreto nº ___, de __/__/___" (indicar o número e a data deste Decreto);

4 – manter a planilha de que trata o item 1 em arquivo digital, pelo prazo previsto no art. 202 do Regulamento do ICMS, para apresentação ao fisco, quando solicitado.

**Art. 4º.** O valor total do ICMS, a que se refere a alínea "c" do inciso II do art. 3º, corresponderá, na hipótese de o estabelecimento detentor do estoque:

I – ter adquirido a mercadoria diretamente daquele que efetuou a retenção por substituição tributária: ao valor do imposto destacado a título de operação própria, adicionado do valor retido por substituição tributária, ambos indicados no documento fiscal relativo à entrada da mercadoria no estabelecimento;

II – ter sido responsável pelo recolhimento antecipado por ocasião da entrada da mercadoria em território paulista ou em seu estabelecimento: ao valor do imposto destacado a título de operação própria no documento fiscal relativo à entrada, adicionado do valor recolhido antecipadamente pelo estabelecimento detentor do estoque, a título de operação própria e por substituição tributária;

III – ter adquirido a mercadoria de contribuinte substituído ou de contribuinte que tenha sido responsável pelo recolhimento antecipado do imposto por ocasião da entrada da mercadoria em território paulista ou no estabelecimento: ao valor resultante da aplicação da alíquota interna sobre a base de cálculo utilizada para a retenção do imposto, indicada no documento fiscal relativo à entrada.

Parágrafo único. Na hipótese de não ser possível estabelecer correspondência entre a mercadoria em estoque e seu respectivo documento fiscal de entrada, o valor a que se referem os incisos do *caput* será calculado com base nos dados constantes dos documentos fiscais relativos às entradas mais recentes, suficientes para comportar a quantidade de mercadoria em estoque.

**Art. 5º.** Este Decreto entra em vigor na data de sua publicação.

Palácio dos Bandeirantes, 29 de janeiro de 2015.

*Geraldo Alckmin – DOE de 30.1.2015*

## 753. DECRETO Nº 61.086, DE 29 DE JANEIRO DE 2015

*Introduz alteração no Regulamento do Imposto sobre Operações Relativas à Circulação de Mercadorias e sobre Prestações de Serviços de Transporte Interestadual e Intermunicipal e de Comunicação – RICMS.*

Geraldo Alckmin, Governador do Estado de São Paulo, no uso de suas atribuições legais e tendo em vista o disposto no Convênio ICMS-30/2014, decreta:

**Art. 1º.** Fica acrescentado o art. 164 ao Anexo I do Regulamento do Imposto sobre Operações Relativas à Circulação de Mercadorias e sobre Prestações de Serviços de Transporte Interestadual e Intermunicipal e de Comunicação – RICMS, aprovado pelo Decreto nº 45.490, de 30 de novembro de 2000, na redação que se segue:

• *Alteração já efetuada no corpo do Decreto.*

**Art. 2º.** Este Decreto entra em vigor na data de sua publicação.

Palácio dos Bandeirantes, 29 de janeiro de 2015.

*Geraldo Alckmin – DOE de 30.1.2015*

## 754. DECRETO Nº 61.087, DE 29 DE JANEIRO DE 2015

*Introduz alteração no Regulamento do Imposto sobre Operações Relativas à Circulação de Mercadorias e sobre Prestações de Serviços de Transporte Interestadual e Intermunicipal e de Comunicação – RICMS.*

Geraldo Alckmin, Governador do Estado de São Paulo, no uso de suas atribuições legais e tendo em vista o disposto no Convênio ICMS-23/2014, de 21 de março de 2014, decreta:

**Art. 1º.** Fica acrescentado o § 1º-A ao art. 64 do Anexo II do Regulamento do Imposto sobre Operações Relativas à Circulação de Mercadorias e sobre Prestações de Serviços de Transporte Interestadual e Intermunicipal e de Comunicação – RICMS, aprovado pelo Decreto nº 45.490, de 30 de novembro de 2000, com a seguinte redação:

• *Alteração já efetuada no corpo do Decreto.*

**Art. 2º.** Este Decreto entra em vigor na data de sua publicação.

Palácio dos Bandeirantes, 29 de janeiro de 2015.

*Geraldo Alckmin – DOE de 30.1.2015*

## 755. DECRETO Nº 61.088, DE 29 DE JANEIRO DE 2015

*Introduz alteração no Regulamento do Imposto sobre Operações Relativas à Circulação de Mercadorias e sobre Prestações de Serviços de Transporte Interestadual e Intermunicipal e de Comunicação – RICMS.*

Geraldo Alckmin, Governador do Estado de São Paulo, no uso de suas atribuições legais e tendo em vista o disposto no Convênio ICMS-91/2014, decreta:

**Art. 1º.** Fica acrescentado o art. 165 ao Anexo I do Regulamento do Imposto sobre Operações Relativas à Circulação de Mercadorias e sobre Prestações de Serviços de Transporte Interestadual e Intermunicipal e de Comunicação – RICMS, aprovado pelo Decreto nº 45.490, de 30 de novembro de 2000, com a seguinte redação:

• *Alteração já efetuada no corpo do Decreto.*

**Art. 2º.** Este Decreto entra em vigor na data de sua publicação.

Palácio dos Bandeirantes, 29 de janeiro de 2015.

*Geraldo Alckmin – DOE de 30.1.2015*

## 756. DECRETO Nº 61.089, DE 29 DE JANEIRO DE 2015

*Introduz alteração no Regulamento do Imposto sobre Operações Relativas à Circulação de Mercadorias e sobre Prestações de Serviços de Transporte Interestadual e Intermunicipal e de Comunicação – RICMS.*

Geraldo Alckmin, Governador do Estado de São Paulo, no uso de suas atribuições legais e tendo em vista o disposto no Convênio ICMS-79/14, de 15 de agosto de 2014, decreta:

**Art. 1º.** Passam a vigorar, com a redação que se segue, os dispositivos adiante indicados do art. 96 do Anexo I do Regulamento do Imposto sobre Operações Relativas à Circulação de Mercadorias e sobre Prestações de Serviços de Transporte Interestadual e Intermunicipal e de Comunicação – RICMS, aprovado pelo Decreto nº 45.490, de 30 de novembro de 2000:

I – o *caput*, mantidos os seus incisos:

II – o inciso I:

III – o item 2 do § 1º:

• *Alterações já efetuadas no corpo do Decreto.*

**Art. 2º.** Fica acrescentado o item 5 ao § 1º do art. 96 do Anexo I do Regulamento do Imposto sobre Operações Relativas à Circulação de Mercadorias e sobre Prestações de Serviços de Transporte Interestadual e Intermunicipal e de Comunicação – RICMS, aprovado pelo Decreto nº 45.490, de 30 de novembro de 2000:

• *Alteração já efetuada no corpo do Decreto.*

**Art. 3º.** Fica revogado o § 3º do art. 96 do Anexo I do Regulamento do Imposto sobre Operações Relativas à Circulação de Mercadorias e sobre Prestações de Serviços de Transporte Interestadual e Intermunicipal e de Comunicação – RICMS, aprovado pelo Decreto nº 45.490, de 30 de novembro de 2000.

• *Alteração já efetuada no corpo do Decreto.*

**Art. 4º.** Este Decreto entra em vigor na data de sua publicação, produzindo efeitos a partir de 1º de novembro de 2014.

Palácio dos Bandeirantes, 29 de janeiro de 2015.

*Geraldo Alckmin – DOE de 30.1.2015*

## 757. DECRETO Nº 61.090, DE 29 DE JANEIRO DE 2015

*Introduz alterações no Regulamento do Imposto sobre Operações Relativas à Circulação de Mercadorias e sobre Prestações de Serviços de Transporte Interestadual e Intermunicipal e de Comunicação – RICMS.*

Geraldo Alckmin, Governador do Estado de São Paulo, no uso de suas atribuições legais e tendo em vista o disposto no Convênio ICMS 162/13, de 6 de dezembro de 2013, decreta:

**Art. 1º.** Passa a vigorar, com a redação que se segue, a alínea "b" do item 1 do § 2º do art. 115 do Anexo I do Regulamento do Imposto sobre Operações Relativas à Circulação de Mercadorias e sobre Prestações de Serviços de Transporte Interestadual e Intermunicipal e de Comunicação – RICMS, aprovado pelo Decreto nº 45.490, de 30 de novembro de 2000:

• *Alteração já efetuada no corpo do Decreto.*

**Art. 2º.** Este Decreto entra em vigor na data de sua publicação.

Palácio dos Bandeirantes, 29 de janeiro de 2015.

*Geraldo Alckmin – DOE de 30.1.2015*

## 758. DECRETO Nº 61.091, DE 29 DE JANEIRO DE 2015

*Introduz alteração no Regulamento do Imposto sobre Operações Relativas à Circulação de Mercadorias e sobre Prestações de Serviços de Transporte Interestadual e Intermunicipal e de Comunicação – RICMS, e dá outras providências.*

Geraldo Alckmin, Governador do Estado de São Paulo, no uso de suas atribuições legais, e considerando o disposto no art. 8º, inciso XLIII, da Lei nº 6.374, de 1º de março de 1989, decreta:

**Art. 1º.** Fica revogado, a partir de 1º.3.2015, o item 8 do § 1º do art. 313-Z17 do Regulamento do ICMS, aprovado pelo Decreto nº 45.490, de 30 de novembro de 2000, correspondente à mercadoria "condensador elétrico, fixo, variável ou ajustável, classificado no código 8532 da NCM, exceto o destinado à construção civil".

• *Alteração já efetuada no corpo do Decreto.*

**Art. 2º.** O estabelecimento, exceto o indicado no inciso I do art. 313-Z17 e o que tenha aplicado o disposto no art. 272, ambos do Regulamento do ICMS, relativamente à mercadoria aludida no art. 1º, recebida com imposto retido antecipadamente por substituição tributária, existente em estoque no final do dia 28.2.2015, deverá:

I – efetuar a contagem do estoque da mercadoria;

II – elaborar relatório contendo as seguintes informações:

a) descrição e quantidade da mercadoria;

b) valor total da mercadoria, tendo por base a entrada mais recente;

c) valor total do ICMS que incidiu sobre as operações anteriores realizadas com a mercadoria, a título de operação própria e substituição tributária, apurado conforme disposto no art. 3º;

d) identificação dos documentos fiscais utilizados para a obtenção das informações referidas nas alíneas "b" e "c", indicando-se o número e a data de emissão de cada documento fiscal e sua respectiva chave de acesso, quando tratar-se de Nota Fiscal Eletrônica (NF-e), bem como o nome empresarial e inscrição estadual e no CNPJ do emitente;

III – na hipótese de estar sujeito ao Regime Periódico de Apuração – RPA:

a) efetuar, na apuração do imposto próprio relativo ao mês de março/2015, o lançamento do valor aludido na alínea "c" do inciso II no livro Registro de Apuração do ICMS, no quadro "Crédito do Imposto – Outros Créditos", fazendo-se expressa menção a este Decreto;

b) aplicar o regime comum de tributação às saídas da mercadoria que ocorrerem a partir de 1º.3.2015;

c) manter o relatório de que trata o inciso II em arquivo digital, pelo prazo previsto no art. 202 do Regulamento do ICMS, para apresentação ao fisco, quando solicitado;

IV – na hipótese de ser optante pelo Regime do Simples Nacional, instituído pela Lei Complementar Federal nº 123, de 14.12.2006:

a) manter o regime da substituição tributária nas saídas que ocorrerem, a partir de 1º.3.2015, com a mercadoria relacionada no relatório de que trata o inciso II, observando a disciplina regulamentar inerente aos contribuintes substituídos;

b) indicar, no documento fiscal relativo às saídas referidas na alínea "a", no campo "informações complementares", a expressão "operação amparada pelo Decreto nº ___, de __/___/___" (indicar o número e a data deste Decreto);

c) acrescentar, ao relatório de que trata o inciso II, o controle das saídas referidas na alínea "a" deste inciso, indicando-se a data e a quantidade de mercadoria de cada saída, bem como o número e a data de emissão do respectivo documento fiscal e sua respectiva chave de acesso, quando tratar-se de Nota Fiscal Eletrônica (NF-e);

d) manter o relatório de que trata o inciso II em arquivo digital, pelo prazo previsto no art. 202 do Regulamento do ICMS, para apresentação ao fisco, quando solicitado.

Parágrafo único. O contribuinte que receber a mercadoria de que trata a alínea "a" do inciso IV deverá:

1 – elaborar planilha de controle das entradas e saídas da mercadoria, indicando a data e a quantidade de cada entrada e saída, bem como o número e a data de emissão do respectivo documento fiscal e sua respectiva chave de acesso, quando tratar-se de Nota Fiscal Eletrônica (NF-e);

2 – manter o regime da substituição tributária nas saídas da mercadoria, observando a disciplina regulamentar inerente às obrigações dos contribuintes substituídos;

3 – indicar, no documento fiscal de saída da mercadoria, no campo "informações complementares", a expressão "operação amparada pelo Decreto nº ___, de __/___/___" (indicar o número e a data deste Decreto);

4 – manter a planilha de que trata o item 1 em arquivo digital, pelo prazo previsto no art. 202 do Regulamento do ICMS, para apresentação ao fisco, quando solicitado.

**Art. 3º.** O valor total do ICMS, a que se refere a alínea "c" do inciso II do art. 2º, corresponderá, na hipótese de o estabelecimento detentor do estoque:

I – ter adquirido a mercadoria diretamente daquele que efetuou a retenção por substituição tributária: ao valor do imposto destacado a título de operação própria, adicionado do valor retido por substituição tributária, ambos indicados no documento fiscal relativo à entrada da mercadoria no estabelecimento;

II – ter sido responsável pelo recolhimento antecipado por ocasião da entrada da mercadoria em território paulista ou em seu estabelecimento: ao valor do imposto destacado a título de operação própria no documento fiscal relativo à entrada, adicionado do valor recolhido antecipadamente pelo estabelecimento detentor do estoque, a título de operação própria e por substituição tributária;

III – ter adquirido a mercadoria de contribuinte substituído ou de contribuinte que tenha sido responsável pelo recolhimento antecipado do imposto por ocasião da entrada da mercadoria em território paulista ou no estabelecimento: ao valor resultante da aplicação da alíquota interna sobre a base de cálculo utilizada para a retenção do imposto, indicada no documento fiscal relativo à entrada.

Parágrafo único. Na hipótese de não ser possível estabelecer correspondência entre a mercadoria em estoque e seu respectivo documento fiscal de entrada, o valor a que se referem os incisos do *caput* será calculado com base nos dados constantes dos documentos fiscais relativos às entradas mais recentes, suficientes para comportar a quantidade de mercadoria em estoque.

**Art. 4º.** Este Decreto entra em vigor na data de sua publicação.

Palácio dos Bandeirantes, 29 de janeiro de 2015.

*Geraldo Alckmin – DOE de 30.1.2015*

## 759. DECRETO Nº 61.092, DE 29 DE JANEIRO DE 2015

*Introduz alteração no Regulamento do Imposto sobre Operações Relativas à Circulação de Mercadorias e sobre Prestações de Serviços de Transporte Interestadual e Intermunicipal e de Comunicação – RICMS e dá outras providências.*

Geraldo Alckmin, Governador do Estado de São Paulo, no uso de suas atribuições legais, e considerando o disposto no art. 8º, inciso XLI, da Lei nº 6.374, de 1º de março de 1989, decreta:

**Art. 1º.** Fica acrescentado o item 79 ao § 1º do art. 313-Z19 do Regulamento do Imposto sobre Operações Relativas à Circulação de Mercadorias e sobre Prestações de Serviços de Transporte Interestadual e Intermunicipal e de Comunicação – RICMS, aprovado pelo Decreto nº 45.490, de 30 de novembro de 2000, com a seguinte redação:

• *Alteração já efetuada no corpo do Decreto.*

**Art. 2º.** O estabelecimento paulista, exceto o indicado no inciso I do art. 313-Z19 do Regulamento do ICMS, aprovado pelo Decreto nº 45.490, de 30 de novembro de 2000, relativamente ao estoque de mercadorias relacionadas no § 5º existente no final do dia 31 de março de 2015, deverá:

I – efetuar a contagem do estoque das mercadorias;

II – elaborar relação, indicando, para cada item:

a) o valor das mercadorias em estoque e a base de cálculo para fins de incidência do ICMS, considerando a entrada mais recente da mercadoria;

b) a alíquota interna aplicável;

c) o valor do imposto devido, calculado conforme o § 1º;

d) o correspondente código na Nomenclatura Comum do Mercosul – NCM;

III – na hipótese de estar sujeito ao Regime Periódico de Apuração – RPA, transmitir, até 15 de maio de 2015, arquivo digital à Secretaria da Fazenda, conforme disciplina por ela estabelecida, contendo a relação de que trata o inciso II e demais informações requeridas;

IV – na hipótese de estar sujeito ao Regime Especial Unificado de Arrecadação de Tributos e Contribuições devidos pelas Microempresas e Empresas de Pequeno Porte – "Simples Nacional", manter a relação de que trata o inciso II em arquivo, pelo prazo de 5 (cinco) anos, para apresentação ao fisco, quando solicitado;

V – recolher o valor do imposto devido em razão da operação própria e das subsequentes, por meio de guia de recolhimentos especiais, conforme disciplina estabelecida pela Secretaria da Fazenda.

§ 1º. O valor do imposto devido pela operação própria e pelas subsequentes será calculado com base no Índice de Valor Adicionado Setorial – IVA-ST divulgado pela Secretaria da Fazenda:

1 – mediante a seguinte fórmula:

a) em se tratando de contribuinte sujeito ao Regime Periódico de Apuração – RPA:

Imposto devido = (base de cálculo x alíquota interna) + (base de cálculo x IVA-ST x alíquota interna);

b) em se tratando de contribuinte sujeito ao "Simples Nacional":

Imposto devido = base de cálculo x IVA-ST x alíquota interna;

2 – considerando-se, para determinação da base de cálculo, o valor da entrada mais recente da mercadoria.

§ 2º. O imposto devido poderá ser recolhido em até 10 (dez) parcelas mensais, iguais e sucessivas, com vencimento no último dia útil de cada mês, sendo que a primeira parcela deverá ser recolhida até 31 de maio de 2015.

§ 3º. Na hipótese de contribuinte sujeito ao Regime Periódico de Apuração – RPA que possua saldo credor de ICMS em 31 de março de 2015, este poderá ser utilizado para deduzir, no todo ou em parte, o imposto a recolher nos termos do inciso V, observando-se, sem prejuízo das demais exigências, o que segue:

1 – o valor do saldo credor utilizado para pagar o imposto calculado nos termos do § 1º deverá ser discriminado no final da relação a que se refere o inciso II;

2 – o montante de saldo credor utilizado para pagamento do imposto devido nos termos deste parágrafo será lançado no livro Registro de Apuração do ICMS – RAICMS, na folha destinada à apuração das operações e prestações próprias do período em que ocorrer o aludido levantamento de estoque, no campo "Estorno de Créditos" do quadro "Débito do Imposto", com a indicação da expressão "Liquidação (parcial ou total) do imposto devido por substituição tributária relativo ao estoque existente em 31.3.2015 – Decreto _____ (indicar o número e a data deste Decreto)".

§ 4º. O disposto neste artigo aplica-se, também, no que couber, às mercadorias referidas no § 5º na hipótese de sua saída do estabelecimento remetente ter ocorrido até 31 de março de 2015 e o seu recebimento ter se efetivado após essa data.

§ 5º. As mercadorias a que se refere o caput são as câmeras de televisão e suas partes, classificadas no código 8525.80.19 da Nomenclatura Comum do Mercosul – NCM.

§ 6º. O disposto neste artigo não se aplica na hipótese de as mercadorias referidas no § 5º terem sido recebidas já com a retenção antecipada do imposto por substituição tributária.

**Art. 3º.** Este Decreto entra em vigor na data de sua publicação, exceto o art. 1º, que produz efeitos a partir de 1º de abril de 2015.

Palácio dos Bandeirantes, 29 de janeiro de 2015.

*Geraldo Alckmin – DOE de 30.1.2015*

## 760. DECRETO Nº 61.093, DE 29 DE JANEIRO DE 2015

*Introduz alterações no Regulamento do Imposto sobre Operações Relativas à Circulação de Mercadorias e sobre Prestações de Serviços de Transporte Interestadual e Intermunicipal e de Comunicação – RICMS e dá outras providências.*

Geraldo Alckmin, Governador do Estado de São Paulo, no uso de suas atribuições legais e tendo em vista o disposto no art. 8º, inciso XXVII, da Lei nº 6.374, de 1º de março de 1989, decreta:

**Art. 1º.** Passam a vigorar com a redação que se segue os dispositivos adiante indicados do § 1º do art. 313-W do Regulamento do Imposto sobre Operações Relativas à Circulação de Mercadorias e sobre Prestações de Serviços de Transporte Interestadual e Intermunicipal e de Comunicação – RICMS, aprovado pelo Decreto nº 45.490, de 30 de novembro de 2000:

I – as alíneas "a" e "b" do item 6:

II – as alíneas "i" e "m" do item 11:

● *Alterações já efetuadas no corpo do Decreto.*

**Art. 2º.** O estabelecimento paulista, exceto o indicado no inciso I do art. 313-W do Regulamento do ICMS, aprovado pelo Decreto nº 45.490, de 30 de novembro de 2000, relativamente ao estoque de mercadorias relacionadas no § 5º existente no final do dia 28 de fevereiro de 2015, deverá:

I – efetuar a contagem do estoque das mercadorias;

II – elaborar relação, indicando, para cada item:

a) o valor das mercadorias em estoque e a base de cálculo para fins de incidência do ICMS, considerando a entrada mais recente da mercadoria;

b) a alíquota interna aplicável;

c) o valor do imposto devido, calculado conforme o § 1º;

d) o correspondente código na Nomenclatura Comum do Mercosul – NCM;

III – na hipótese de estar sujeito ao Regime Periódico de Apuração – RPA, transmitir, até 15 de abril de 2015, arquivo digital à Secretaria da Fazenda, conforme disciplina por ela estabelecida, contendo a relação de que trata o inciso II e demais informações requeridas;

IV – na hipótese de estar sujeito ao Regime Especial Unificado de Arrecadação de Tributos e Contribuições devidos pelas Microempresas e Empresas de Pequeno Porte – "Simples Nacional", manter a relação de que trata o inciso II em arquivo, pelo prazo de 5 (cinco) anos, para apresentação ao fisco, quando solicitado;

V – recolher o valor do imposto devido em razão da operação própria e das subsequentes, por meio de guia de recolhimentos especiais, conforme disciplina estabelecida pela Secretaria da Fazenda.

§ 1º. O valor do imposto devido pela operação própria e pelas subsequentes será calculado com base no Índice de Valor Adicionado Setorial – IVA-ST divulgado pela Secretaria da Fazenda:

1 – mediante a seguinte fórmula:

a) em se tratando de contribuinte sujeito ao Regime Periódico de Apuração – RPA:

Imposto devido = (base de cálculo x alíquota interna) + (base de cálculo x IVA-ST x alíquota interna);

b) em se tratando de contribuinte sujeito ao "Simples Nacional":

Imposto devido = base de cálculo x IVA-ST x alíquota interna;

2 – considerando-se, para determinação da base de cálculo, o valor da entrada mais recente da mercadoria.

§ 2º. O imposto devido poderá ser recolhido em até 10 (dez) parcelas mensais, iguais e sucessivas, com vencimento no último dia útil de cada mês, sendo que a primeira parcela deverá ser recolhida até 30 de abril de 2015.

§ 3º. Na hipótese de contribuinte sujeito ao Regime Periódico de Apuração – RPA que possua saldo credor de ICMS em 28 de fevereiro de 2015, este poderá ser utilizado para deduzir, no todo ou em parte, o imposto a recolher nos termos do inciso V, observando-se, sem prejuízo das demais exigências, o que segue:

1 – o valor do saldo credor utilizado para pagar o imposto calculado nos termos do § 1º deverá ser discriminado no final da relação a que se refere o inciso II;

2 – o montante de saldo credor utilizado para pagamento do imposto devido nos termos deste parágrafo será lançado no livro Registro de Apuração do ICMS – RAICMS, na folha destinada à apuração das operações e prestações próprias do período em que ocorrer o aludido levantamento de estoque, no campo "Estorno de Créditos" do quadro "Débito do Imposto", com a indicação da expressão "Liquidação (parcial ou total) do imposto devido por substituição tributária relativo ao estoque existente em 28.2.2015 – Decreto ___ (indicar o número e a data deste Decreto)".

§ 4º. O disposto neste artigo aplica-se, também, no que couber, às mercadorias referidas no § 5º na hipótese de sua saída do estabelecimento remetente ter ocorrido até 28 de fevereiro de 2015 e o seu recebimento ter se efetivado após essa data.

§ 5º. As mercadorias a que se refere o caput são:

1 – barra de cereais, classificada no código 1704.90.90 da Nomenclatura Comum do Mercosul – NCM;

2 – barra de cereais contendo cacau, classificada nos códigos 1806.31.20 e 1806.32.20 da Nomenclatura Comum do Mercosul – NCM;

3 – preparações em pó para cappuccino, em embalagens de conteúdo inferior ou igual a 500 gramas, classificadas nos códigos 2101.11.90 e 2101.12.00 da Nomenclatura Comum do Mercosul – NCM.

§ 6º. O disposto neste artigo não se aplica na hipótese de as mercadorias referidas no § 5º terem sido recebidas já com a retenção antecipada do imposto por substituição tributária.

**Art. 3º.** Este Decreto entra em vigor em 1º de março de 2015, exceto o art. 2º, que produz efeitos a partir da data da publicação deste Decreto.

Palácio dos Bandeirantes, 29 de janeiro de 2015.

*Geraldo Alckmin – DOE de 30.1.2015*

## 761. DECRETO Nº 61.094, DE 29 DE JANEIRO DE 2015

*Introduz alteração no Regulamento do Imposto sobre Operações Relativas à Circulação de Mercadorias e sobre Prestações de Serviços de Transporte Interestadual e Intermunicipal e de Comunicação – RICMS.*

Geraldo Alckmin, Governador do Estado de São Paulo, no uso de suas atribuições legais e tendo em vista o disposto no art. 170, IV, da Constituição Federal e no art. 47, III, da Constituição Estadual, decreta:

**Art. 1º.** Fica acrescentado o § 3º-C ao art. 29 das Disposições Transitórias do Regulamento do Imposto sobre Operações Relativas à Circulação de Mercadorias e sobre Prestações de Serviços de Transporte Interestadual e Intermunicipal e de Comunicação – RICMS, aprovado pelo Decreto nº 45.490, de 30 de novembro de 2000, com a seguinte redação:

• *Alteração já efetuada no corpo do Decreto.*

**Art. 2º.** Este Decreto entra em vigor na data de sua publicação.

Palácio dos Bandeirantes, 29 de janeiro de 2015.

*Geraldo Alckmin – DOE de 30.1.2015*

## 762. DECRETO Nº 61.095, DE 29 DE JANEIRO DE 2015

*Introduz alteração no Regulamento do Imposto sobre Operações Relativas à Circulação de Mercadorias e sobre Prestações de Serviços de Transporte Interestadual e Intermunicipal e de Comunicação – RICMS.*

Geraldo Alckmin, Governador do Estado de São Paulo, no uso de suas atribuições legais e tendo em vista o disposto no art. 170, IV, da Constituição Federal e no art. 47, III, da Constituição Estadual, decreta:

**Art. 1º.** Fica acrescentado o item 211 ao § 3º do art. 29 das Disposições Transitórias do Regulamento do Imposto sobre Operações Relativas à Circulação de Mercadorias e sobre Prestações de Serviços de Transporte Interestadual e Intermunicipal e de Comunicação – RICMS, aprovado pelo Decreto nº 45.490, de 30 de novembro de 2000, com a seguinte redação:

• *Alteração já efetuada no corpo do Decreto.*

**Art. 2º.** Este Decreto entra em vigor na data de sua publicação.

Palácio dos Bandeirantes, 29 de janeiro de 2015.

*Geraldo Alckmin – DOE de 30.1.2015*

## 763. DECRETO Nº 61.096, DE 29 DE JANEIRO DE 2015

*Isenta do ICMS operações com bens ou mercadorias comercializados na Feira Escandinava.*

Geraldo Alckmin, Governador do Estado de São Paulo, no uso de suas atribuições legais e tendo em vista o disposto no Convênio ICMS-106/14, de 21 de outubro de 2014, decreta:

**Art. 1º.** Ficam isentas do Imposto sobre Operações Relativas à Circulação de Mercadorias e sobre Prestações de Serviços de Transporte Interestadual e Intermunicipal e de Comunicação – ICMS as seguintes operações realizadas pela Associação Beneficente Escandinava Nordlyset, inscrita no CNPJ sob o nº 61.634.770/0001-80:

I – importação de bens ou mercadorias destinados à comercialização na Feira Escandinava;

II – saída interna de bens ou mercadorias, realizada durante a Feira Escandinava, destinada a consumidor final.

Parágrafo único. A Feira Escandinava será realizada uma vez por ano, por um período máximo de 2 dias.

**Art. 2º.** Este Decreto entra em vigor na data de sua publicação, produzindo efeitos até 31 de dezembro de 2016.

Palácio dos Bandeirantes, 29 de janeiro de 2015.

*Geraldo Alckmin – DOE de 30.1.2015*

## 764. DECRETO Nº 61.097, DE 29 DE JANEIRO DE 2015

*Dispõe sobre o Convênio ICMS 133/08.*

Geraldo Alckmin, Governador do Estado de São Paulo, no uso de suas atribuições legais e tendo em vista o disposto no Convênio ICMS-133/08, de 5 de dezembro de 2008, e no Parecer PA nº 35/2007, exarado pela Procuradoria Geral do Estado, decreta:

**Art. 1º.** Ficam concedidos os benefícios constantes do Convênio ICMS-133/08, de 5 de dezembro de 2008, desde que sejam observadas as condições nele estabelecidas e as demais disposições previstas na legislação, com as seguintes ressalvas:

I – os benefícios não se aplicam às:

a) operações realizadas pelas pessoas indicadas no inciso XI do § 1º da cláusula primeira do Convênio ICMS-133/08;

b) aquisições de energia elétrica;

II – para fins de aplicação dos benefícios, deverão estar habilitados pela Secretaria da Receita Federal do Brasil, nos termos do art. 19 da Lei Federal nº 12.780, de 9 de janeiro de 2013:

a) o importador, em se tratando de desembaraço aduaneiro;

b) o remetente e o destinatário, nas saídas interna e interestadual;

c) o remetente, o destinatário, o prestador e o tomador, na hipótese de prestação de serviço.

Parágrafo único. Deverá ser indicado, no campo "informações complementares" do documento fiscal relativo à operação ou prestação beneficiada:

1 – o número do Ato Declaratório Executivo (ADE) que deferiu a habilitação referida no inciso II do *caput* deste artigo;

2 – A expressão "Com os benefícios concedidos pelo Decreto ___" (indicar o número e a data deste Decreto).

**Art. 2º.** Este Decreto entra em vigor na data de sua publicação.

Palácio dos Bandeirantes, 29 de janeiro de 2015.

*Geraldo Alckmin – DOE de 30.1.2015*

## 765. DECRETO Nº 61.103, DE 2 DE FEVEREIRO DE 2015

*Introduz alteração no Regulamento do Imposto sobre Operações Relativas à Circulação de Mercadorias e sobre Prestações de Serviços de Transporte Interestadual e Intermunicipal e de Comunicação – RICMS.*

Geraldo Alckmin, Governador do Estado de São Paulo, no uso de suas atribuições legais e tendo em vista o disposto no Convênio ICMS-128/94, de 20 de outubro de 1994, decreta:

**Art. 1º.** Fica acrescentado o inciso XXV ao *caput* do art. 3º do Anexo II do Regulamento do Imposto sobre Operações Relativas à Circulação de Mercadorias e sobre Prestações de Serviços de Transporte Interestadual e Intermunicipal e de Comunicação, aprovado pelo Decreto nº 45.490, de 30 de novembro de 2000, com a seguinte redação:

- *Alteração já efetuada no corpo do Decreto.*

**Art. 2º.** Este Decreto entra em vigor na data de sua publicação.

Palácio dos Bandeirantes, 2 de fevereiro de 2015.

*Geraldo Alckmin – DOE de 3.2.2015*

## 766. DECRETO Nº 61.104, DE 3 DE FEVEREIRO DE 2015

*Introduz alteração no Regulamento do Imposto sobre Operações Relativas à Circulação de Mercadorias e sobre Prestações de Serviços de Transporte Interestadual e Intermunicipal e de Comunicação – RICMS.*

Geraldo Alckmin, Governador do Estado de São Paulo, no uso de suas atribuições legais e tendo em vista o disposto nos arts. 8º, 59 e 67 da Lei nº 6.374/1989, de 1° de março de 1989, decreta:

**Art. 1º.** Passa a vigorar, com a redação que se segue, os seguintes dispositivos do Regulamento do Imposto sobre Operações Relativas à Circulação de Mercadorias e sobre Prestações de Serviços de Transporte Interestadual e Intermunicipal e de Comunicação, aprovado pelo Decreto nº 45.490, de 30 de novembro de 2000:

I – a denominação da Seção IV do Capítulo IV do Título II do Livro II:

II – os arts. 345 e 346:

III – os incisos I e II do art. 346-A:

IV – o art. 346-B:

V – a denominação do Anexo X:

VI – o Capítulo I do Anexo X, composto pelos arts. 1º ao 10:

- *Alterações já efetuadas no corpo do Decreto.*

**Art. 2º.** Fica acrescentada a Seção XXXIII, composta pelo art. 400-W, ao Capítulo IV do Título II do Livro II do Regulamento do ICMS, aprovado pelo Decreto nº 45.490, de 30 de novembro de 2000, com a seguinte redação:

- *Alteração já efetuada no corpo do Decreto.*

**Art. 3º.** Este Decreto entra em vigor em 1º.3.2015.

Palácio dos Bandeirantes, 3 de fevereiro de 2015.

*Geraldo Alckmin – DOE de 4.2.2015*

## 767. DECRETO Nº 61.105, DE 3 DE FEVEREIRO DE 2015

*Introduz alteração no Regulamento do Imposto sobre Operações Relativas à Circulação de Mercadorias e sobre Prestações de Serviços de Transporte Interestadual e Intermunicipal e de Comunicação – RICMS.*

Geraldo Alckmin, Governador do Estado de São Paulo, no uso de suas atribuições legais, e tendo em vista o disposto no art. 170, IV, da Constituição Federal e no art. 47, III, da Constituiçao Estadual, decreta:

**Art. 1º.** Fica acrescentado o art. 71 ao Anexo II do Regulamento do Imposto sobre Operações Relativas à Circulação de Mercadorias e sobre Prestações de Serviços de Transporte Interestadual e Intermunicipal e de Comunicação – RICMS, aprovado pelo Decreto nº 45.490, de 30 de novembro de 2000, com a seguinte redação:

- *Alteração já efetuada no corpo do Decreto.*

**Art. 2º.** Este Decreto entra em vigor na data de sua publicação.

Palácio dos Bandeirantes, 3 de fevereiro de 2015.

*Geraldo Alckmin – DOE de 4.2.2015*

## 768. DECRETO Nº 61.130, DE 23 DE FEVEREIRO DE 2015

*Introduz alteração no Regulamento do Imposto sobre Operações Relativas à Circulação de Mercadorias e sobre Prestações de Serviços de Transporte Interestadual e Intermunicipal e de Comunicação – RICMS.*

Geraldo Alckmin, Governador do Estado de São Paulo, no uso de suas atribuições legais e tendo em vista o disposto no Convênio ICMS-122/2014, de 5 de dezembro de 2014, decreta:

**Art. 1º.** Fica acrescentado o parágrafo único ao art. 142 do Anexo I do Regulamento do Imposto sobre Operações Relativas à Circulação de Mercadorias e sobre Prestações de Serviços de Transporte Interestadual e Intermunicipal e de Comunicação – RICMS, aprovado pelo Decreto nº 45.490, de 30 de novembro de 2000, com a seguinte redação:

• *Alteração já efetuada no corpo do Decreto.*

**Art. 2º.** Este Decreto entra em vigor na data de sua publicação.

Palácio dos Bandeirantes, 23 de fevereiro de 2015.

*Geraldo Alckmin – DOE de 24.2.2015*

# ÍNDICE REMISSIVO

**REDUÇÕES DE BASE DE CÁLCULO** (Anexo II)

NOVO
SUPERSIMPLES
ESTATUTO NACIONAL DA MICROEMPRESA E DA EMPRESA DE PEQUENO PORTE
edipro

2015
CONSTITUIÇÃO
DA REPÚBLICA FEDERATIVA DO BRASIL
edipro

2015
CÓDIGO DE TRÂNSITO BRASILEIRO
NOVOS VALORES DE MULTAS
edipro

## Outras Publicações edipro

# Série Legislação

**Imposto de Renda da Pessoa Física**

Normas Legais

**Código Sanitário do Estado de São Paulo**

Normas Técnicas

Legislação Complementar

**Código de Obras e Edificações do Município de São Paulo**

Lei e Regulamento